NomosKommentar

Joachim Linck † | Manfred Baldus |
Joachim Lindner | Holger Poppenhäger |
Matthias Ruffert [Hrsg.]

Die Verfassung des Freistaats Thüringen

Handkommentar

Sebastian von Ammon, Ministerialrat, ThürVerfGH | **Prof. Dr. Manfred Aschke**, Vorsitzender Richter, ThürOVG | **Prof. Dr. Manfred Baldus**, Universität Erfurt | **Volker Bathe**, Vorsitzender Richter, ThürOVG | **Prof. Dr. Hermann-Josef Blanke**, Universität Erfurt | **Prof. Dr. Michael Brenner**, Friedrich-Schiller-Universität Jena | **Dr. Hans Walter Sebastian Dette**, Präsident, Thür. Rechnungshof | **Bernd Th. Drößler**, Ministerialrat, Thür. Ministerium für Bildung, Wissenschaft und Kultur | **Prof. Dr. Dr. h.c. Eberhard Eichenhofer**, Friedrich-Schiller-Universität Jena | **Prof. Dr. Frank Fechner**, TU Ilmenau | **Dr. Holger Fibich**, Richter, ThürOLG | **Prof. Dr. Rolf Gröschner**, Friedrich-Schiller-Universität Jena | **Prof. Dr. Martina Haedrich**, Friedrich-Schiller-Universität Jena | **Elke Heßelmann**, Präsidentin, VG Weimar | **Jörg Hopfe**, Ministerialdirigent, Thür. Landtag | **Prof. Dr. Jürgen John**, Friedrich-Schiller-Universität Jena | **Prof. Dr. Siegfried Jutzi**, Ministerialdirigent, Ministerium der Justiz und für Verbraucherschutz Rheinland-Pfalz | **Prof. Dr. Joachim Linck** †, Direktor a.D., Thür. Landtag | **Joachim Lindner**, Präsident, ThürVerfGH | **Dr. Iris Martin-Gehl**, Rechtsanwältin, Weimar | **Prof. Dr. Karl-Ulrich Meyn**, Friedrich-Schiller-Universität Jena | **Prof. Dr. Christoph Ohler**, LL.M., Friedrich-Schiller-Universität Jena | **Dr. Holger Poppenhäger**, Minister, Thür. Justizministerium | **Dr. Thomas Poschmann**, Leitender Ministerialrat, Thür. Landtag | **Petra Reiser-Uhlenbruch**, Richterin, AG Mühlhausen | **Prof. Dr. Matthias Ruffert**, Friedrich-Schiller-Universität Jena | **Dietrich Stöffler**, Ministerialrat, Thür. Landtag | **Prof. Dr. Hans-Joachim Strauch**, Präsident a.D., ThürOVG | **Dr. Klaus von der Weiden**, Richter, BVerwG

Nomos

Die Deutsche Nationalbibliothek verzeichnet diese Publikation in der Deutschen Nationalbibliografie; detaillierte bibliografische Daten sind im Internet über http://dnb.d-nb.de abrufbar.

ISBN 978-3-8329-7245-5

1. Auflage 2013

Geleitwort

Drei Verfassungen hat sich das Land Thüringen im 20. Jahrhundert gegeben. Zwei der drei Verfassungen verloren nach nur wenigen Jahren ihre Gültigkeit. Die Landesverfassung von 1921 war de jure bis 1946 gültig, de facto jedoch nur bis zur Gleichschaltung der Länder durch die Nationalsozialisten im Jahr 1933. Die Verfassung von 1946 hatte nur bis 1952 Bestand, als Thüringen im Rahmen einer zentralistisch motivierten Verwaltungsreform aufgelöst und die Verfassung damit außer Kraft gesetzt wurde.

Das Verlangen der Bürgerinnen und Bürger, in einem der Demokratie und dem Rechtsstaatsprinzip verpflichteten Land Thüringen zu leben, war jedoch nie erloschen. Die Verfassung von 1993 greift diese über viele Generationen gereiften Bestrebungen auf. Sie verankert die Demokratie als das politische Ordnungsprinzip unseres Gemeinwesens und die unveräußerlichen Grundrechte als Grenzen aller Staatsgewalt. Die Verfassung von 1993 hat für uns die Bedeutung einer „Magna Charta", weil in ihr die vielfältigen Freiheitsbestrebungen mehrerer Jahrhunderte gipfeln. Sie ist im Hinblick auf den Wirkungsbereich und die Praxis unserer Demokratie ein Meilenstein in der Verfassungsgeschichte Thüringens.

Gleichwohl ist mit dieser staatlichen Grundordnung die verfassungsrechtliche Entwicklung Thüringens nicht an ihren Endpunkt gelangt. Auch ein Verfassungstext und dessen gelebte Interpretation, die Staatspraxis, unterliegen dem Wandel. Angestoßen wird solcher Wandel durch politische Bestrebungen von innen, Einflüsse von außen wie die Gesetzgebung des Bundes und auch die Entwicklung Europas und nicht zuletzt durch die Rechtsprechung namentlich des Thüringer Verfassungsgerichtshofs. So haben etwa Neuerungen bei den Beteiligungsrechten der Bürger und deren Grenzen im Rahmen der (verfassungsändernden) Volksgesetzgebung, bei den Mitwirkungsrechten der Gemeinden und dem Schutz ihrer Integrität und finanziellen Ausstattung, bei der Ausübung des Petitionsrechts, den Rechten der Abgeordneten im Rahmen der parlamentarischen Kontrolle ebenso wie die Ausgestaltung einzelner Grundrechte eine besondere, über Thüringen hinausreichende Beachtung erfahren.

Rückblickend auf die vergangenen 20 Jahre lässt sich resümieren: Unsere Verfassung hat sich bewährt, weil sie eine stabile Entwicklung des Freistaats ermöglicht hat. Gleichwohl haben Verfassungstext und Verfassungswirklichkeit durch Einflüsse von innen und außen Änderungen erfahren. Allein zur Änderung des Verfassungstextes wurden 29 Initiativen eingebracht; vier davon waren erfolgreich. Diese vier Modifikationen betreffen die Indexierung der Abgeordnetenentschädigung, die Regelungen zur Dauer einer Wahlperiode und die Höhe der Quoren bei Bürgerantrag, Volksbegehren und Volksentscheid.

Jenseits dieser Änderungen blieb auch die Gesetzgebung des Bundes und der Europäischen Union nicht ohne Folge für die Verfassungspraxis im Freistaat Thüringen. So wurden einerseits die Zuständigkeiten des Freistaats als Konsequenz der Föderalismuskommission I in einigen Bereichen ausgedehnt und damit die Aufgaben des Landtags in der Gesetzgebung gemehrt; andererseits ist der Bund bei den Gemeinschaftsaufgaben an den originären Obliegenheiten der Länder nach wie vor beteiligt. Darüber hinaus wurde dem Freistaat Thüringen – wie den anderen Ländern – die Möglichkeit eröffnet, über den Bundesrat Einfluss auf die Politik der Europäischen Union zu nehmen. Der Lissabonner Vertrag ermöglicht den Landesparlamenten zudem die Wahrnehmung der Kontrollfunktion bei der Einhaltung des Subsidiaritätsprinzips.

Trotz dieser Änderungen sowohl des Verfassungstextes wie der Staatspraxis steht die Stabilität unserer staatlichen Grundordnung außer Frage. Diese Modifikationen beweisen vielmehr, wie vorausschauend unsere Verfassung konzipiert ist. Denn sie erweist sich als flexibel genug, an wissenschaftliche Erkenntnisse und verfassungsrechtliche Diskussionen auf nationaler und supranationaler Ebene anzuschließen.

Im Hinblick auf diesen Verfassungswandel hat sich eine umfassende Überarbeitung der juristischen Kommentierung erforderlich gemacht. Der vorliegende Kommentar zur Verfassung des Freistaats Thüringen informiert umfassend über den neuesten Stand der Rechtsprechung und Staatspraxis. Seine Autoren sind ausgewiesene Experten, die insbesondere als Vertreter der Gerichtsbarkeit, als Wissenschaftler oder als (aktive wie ehemalige) Mitarbeiter des Thüringer Landtags ganz unmittelbar mit Verfassungsfragen betraut sind.

Der Kommentar soll den Verantwortlichen in Politik und Verwaltung als Handreichung bei der täglichen Arbeit dienen. Möge er über diesen Personenkreis hinaus eine interessierte Leserschaft erreichen. Jedem, der sich gezielt darüber informieren möchte, auf welcher rechtlichen Grundlage Legislative, Exekutive und Judikative in Thüringen handeln, sei dieser Kommentar empfohlen.

Birgit Diezel
Präsidentin des Thüringer Landtags

Vorwort

Als die Vorauflage dieses von *Joachim Linck* begründeten Kommentars erschien (gemeinsam verfasst mit *Siegfried Jutzi* und *Jörg Hopfe*), enthielt das Vorwort den Hinweis, dass „sich die staatlichen Institutionen noch im Aufbau befinden". Verfassungsrechtlich kommt der Abschluss dieser Aufbauphase mit großer Deutlichkeit im zwanzigjährigen Jubiläum der Verfassung des Freistaats Thüringen am 25. Oktober 2013 zum Ausdruck.

Es ist den Herausgebern eine große Freude, zu diesem Termin eine Neukommentierung der Verfassung vorzulegen. Sie möge belegen, wie lebendig und tief landesverfassungsrechtliche Fragen in Thüringen behandelt werden, nicht zuletzt im Hinblick auf die ebenfalls bald zwanzigjährige Rechtsprechung des Thüringer Verfassungsgerichtshofs, deren Dokumentation und wissenschaftlich-kritische Diskussion ein wichtiges Anliegen der Neukommentierung ist. Zu diesem Zweck ist im Kreis der Autoren die Vielfalt der juristischen, mit Verfassungsfragen befassten Berufe, „Milieus" und Institutionen vereint. Als Herausgeber hoffen wir, hierdurch einen spezifisch Thüringer Beitrag zum Verfassungsföderalismus leisten zu können.

Es ist uns eine angenehme Pflicht, Dank zu sagen: Den Autoren danken wir für ihre Beiträge, die sie trotz vielfältiger kollidierender Verpflichtungen so pünktlich abgeliefert haben, dass der Kommentar zum Verfassungstag 2013 erscheinen konnte. Besonderer Dank gebührt dem Thüringer Landtag, der Thüringer Landesregierung und dem Justizministerium, dem Thüringer Verfassungsgerichtshof und Rechnungshof, den Universitätsbibliotheken von Jena und Erfurt, dem Landkreistag sowie dem Sparkassen- und Giroverband Hessen-Thüringen. Sie alle haben sich zur Abnahme eines Teils der Auflage verpflichtet. Durch diese Abnahmezusage sowie den Verzicht aller Beteiligten auf jegliche Honorare wurde die Finanzierung des Projekts möglich. Dem Nomos-Verlag danken wir für die verlegerische Betreuung, Frau *Sigrid Hesse-Bathe* und Herrn VorsRiOVG *Volker Bathe* für die organisatorische, technische und lektorierende Unterstützung.

Dem Begründer und unermüdlichen Motor dieses Kommentars war es nicht vergönnt, sein Erscheinen noch zu erleben. Unser Mitherausgeber, Kollege und Freund Prof. Dr. *Joachim Linck* ist völlig unerwartet am 16. Februar diesen Jahres verstorben. Seine Kommentierungen hatte er noch fertigstellen können; um die redaktionelle Weiterbearbeitung hat sich seine Ehefrau, Frau Dr. med. *Inge Linck,* verdient gemacht, wofür wir ihr großen und aufrichtigen Dank schulden. Der Kommentar ist in allererster Linie sein Werk – vom inhaltlichen Konzept, über die Zusammensetzung des Herausgeber- und Autorenkreises, bis hin zur Organisation der Herstellung, Finanzierung und Öffentlichkeitsarbeit trägt alles die unverwechselbare Handschrift von *Joachim Linck*. Uns bleibt, sein Anliegen in die Tat umzusetzen, zum Verfassungsjubiläum in diesem Jahr eine Neuauflage vorzulegen.

Erfurt/Jena/Weimar, im September 2013

Manfred Baldus, Joachim Lindner, Holger Poppenhäger, Matthias Ruffert

Inhaltsverzeichnis

Verfassung des Freistaats Thüringen

Erster Teil
Grundrechte, Staatsziele und Ordnung des Gemeinschaftslebens

Erster Abschnitt Menschenwürde, Gleichheit und Freiheit

Zweiter Teil
Der Freistaat Thüringen

Erster Abschnitt Grundlagen

Zweiter Abschnitt Der Landtag

Dritter Abschnitt Die Landesregierung

Vierter Abschnitt Der Verfassungsgerichtshof

Fünfter Abschnitt Die Gesetzgebung

Sechster Abschnitt Die Rechtspflege

Siebter Abschnitt Die Verwaltung

Achter Abschnitt Das Finanzwesen

Dritter Teil
Übergangs- und Schlußbestimmungen

Autoren- und Herausgeberverzeichnis

Sebastian von Ammon ist Ministerialrat beim Thüringer Verfassungsgerichtshof. Er studierte Rechtswissenschaften in Heidelberg, Lausanne und München und trat 1997 in den richterlichen Dienst des Freistaats Thüringen ein. Nach seiner Ernennung zum Richter auf Lebenszeit am Landgericht Gera war er von 2001 bis 2004 als Referatsleiter im Thüringer Justizministerium tätig. Seit 2009 ist er wissenschaftlicher Mitarbeiter und Referent des Thüringer Verfassungsgerichtshofs.

Kommentierungen: Art. 3, 4 und 5 ThürVerf

Manfred Aschke studierte Rechtswissenschaften und Politikwissenschaft an den Universitäten Marburg/Lahn und Genf. Von 1974 bis 1979 war er wissenschaftlicher Mitarbeiter an der Professur für Öffentliches Recht und Steuerrecht an der Justus-Liebig-Universität Gießen. Dort wurde er 1985 promoviert, 2003 zum Honorarprofessor ernannt und 2006 für die Fächer Öffentliches Recht und Rechtssoziologie habilitiert. 1982 trat er in den Justizdienst des Landes Hessen ein. 1992 wurde er zum Richter am Hessischen Verwaltungsgerichtshof in Kassel ernannt. Seit 1995 ist er als Vorsitzender Richter am Thüringer Oberverwaltungsgericht in Weimar tätig.

Kommentierung: Art. 93 ThürVerf

Manfred Baldus studierte Politikwissenschaft, Philosophie und Rechtswissenschaften an den Universitäten Trier, Bonn, Paris und Berlin. 1988 legte er das Erste juristische Staatsexamen in Köln ab, 1995 folgte das Zweite Staatsexamen in Hamburg. An der Universität Frankfurt/Main wurde er 1994 promoviert und 1998 habilitiert. Seit 2003 ist er an der Universität Erfurt als Professor für Öffentliches Recht und Neuere Rechtsgeschichte und seit 2008 am Thüringer Verfassungsgerichtshof als Richter tätig.

Kommentierungen: Anwendung und Auslegung der Thüringer Verfassung, Thüringer Landesverfassungsrecht und Bundesverfassungsrecht, Art. 1, 9, 42 Abs. 1 bis 4, 68, 82 und 90 ThürVerf

Volker Bathe studierte Rechtswissenschaften in Trier und Köln sowie an der Hochschule für Verwaltungswissenschaften in Speyer. Von 1991 bis 1993 war er als Richter zunächst am Kreisgericht Erfurt, dann am Verwaltungsgericht Weimar tätig. Bis 1999 folgte eine Abordnung als Referatsgruppenleiter Öffentliches Recht im Thüringer Justizministerium. Nach seiner Ernennung zum Richter am Oberverwaltungsgericht war er seit 2000 am Thüringer Oberverwaltungsgericht in Weimar beschäftigt. Von 2010 bis 2012 leitete er erneut das Verfassungsrechtsreferat und war Stellvertretender Abteilungsleiter der Gesetzgebungsabteilung im Justizministerium in Erfurt. 2013 wurde er zum Vorsitzenden Richter am Oberverwaltungsgericht ernannt.

Kommentierungen: Art. 84 und 85 ThürVerf; (gemeinsam mit Thomas Poschmann) Verfassungsentwicklung seit 1993

Hermann-Josef Blanke studierte Rechtswissenschaften und Romanistik an den Universitäten Bonn, Madrid und Florenz. 1990 erfolgte die Promotion zum Dr. iur. ("Föderalismus und Integrationsgewalt"), 1997 die Habilitation ("Vertrauensschutz im deutschen und europäischen Verwaltungsrecht"). Seit 2000 ist er Inhaber des Lehrstuhls für Öffentliches Recht, Völkerrecht und Europäische Integration an der Universität Erfurt. Er nahm Gastprofessuren in Italien, Argentinien und Brasilien wahr und koordinierte das internationale DAAD-Projekt "Rechtsstaatlichkeit: Verwaltungsrecht und Verwaltungsrechtsschutz in Lateinamerika" (2009-2012).

Kommentierungen: Art. 39, 41, 45, 47 und 104 ThürVerf; (gemeinsam mit Bernd Drößler) Art. 25 und 40 ThürVerf

Michael Brenner studierte Rechtswissenschaften in München und, als Stipendiat des Deutschen Akademischen Austauschdienstes, in Genf/Schweiz. Von 1982 bis 1983 und von 1983 bis 1986 war er als studentischer Mitarbeiter und während des Referendariats von 1986 bis 1990 zugleich als wissenschaftlicher Mitarbeiter am Institut für Politik und Öffentliches Recht der Universität München tätig. Im Anschluss an die Promotion im Jahr 2000 bis zur Habilitation im Jahr 2004 war er als Wissenschaftlicher Assistent tätig. Seit 1995 ist er Inhaber des Lehrstuhls für Deutsches und Europäisches Verfassungs- und Verwaltungsrecht an der Friedrich-Schiller-Universität Jena.

Kommentierungen: Art. 20, 21, 22, 23, 24, 26 und 97 ThürVerf

Hans Walter Sebastian Dette wurde 1958 in Daun/Eifel geboren und besuchte bis 1977 das Werner-Heisenberg-Gymnasium in Neuwied/Rhein. Seinen Wehrdienst leistete er von 1977 bis 1979 in Budel/NL und Nörvenich/Düren. Anschließend studierte er Rechtswissenschaften an der Johannes-Gutenberg-Universität in Mainz und legte dort 1983 das Referendarexamen ab. Nach Stationen unter anderem beim Landtag Rheinland-Pfalz in Mainz und an der Universität in Speyer folgte 1986 das Assessor-Examen in Mainz. Parallel zu Studium und Referendarzeit war er in Mainz am Lehrstuhl von Prof. Dr. Teichmann tätig, bei dem er 1985 mit einer Arbeit zur Rechtstheorie zum Dr. jur. promovierte. Von 1986 bis 1990 war er bei Kreisverwaltung und Bezirksregierung in Trier sowie im Ministerium für Umwelt und Gesundheit in Mainz eingesetzt. Von 1990 bis 2003 leitete er den Parlamentsdienst und Wissenschaftlichen Dienst beim Thüringer Landtag in Erfurt. 2003 wurde er Richter am Bundesverwaltungsgericht in Leipzig. Seit 2010 ist er Präsident des Thüringer Rechnungshofs in Rudolstadt.

Kommentierungen: Art. 50, 51, 52, 86 und 88 ThürVerf

Bernd Th. Drößler studierte Evangelische Theologie in Göttingen und Rechtswissenschaften in Göttingen und Speyer. Seit 1992 leitet er das Referat für Rechtsbeziehungen zwischen Staat und Kirchen, Religions- und Weltanschauungsgemeinschaften, Religions- und Ethikunterricht/ Staatskirchenrecht im Thüringer Kultusministerium/Thüringer Ministerium für Bildung, Wissenschaft und Kultur. Seit 1998 war er ständiges Mitglied der Arbeitsgruppe Kirchenrecht/ Staatskirchenrecht der Forschungsstelle der Evangelischen Studiengemeinschaft e.V. (FEST) Heidelberg und ist seit 2003 Lehrbeauftragter für Religionsverfassungsrecht an der Universität Erfurt. Ferner ist er Kurator der Evangelischen Akademie Neudietendorf, Mitglied der Bildungskammer der Evangelischen Kirche in Mitteldeutschland, Mitherausgeber der Zeitschrift "Kirche und Recht" sowie Herausgeber von "Staat und Kirche in Hessen, Rheinland-Pfalz, Saarland und Thüringen".

Kommentierungen: (gemeinsam mit Hermann-Josef Blanke) Art. 25 und 40 ThürVerf

Eberhard Eichenhofer wurde 1950 geboren und studierte in Tübingen und Saarbrücken. Promoviert wurde er 1979 („Leitende Angestellte als Begriff des Unternehmensrechts“) durch die Universität des Saarlandes (Saarbrücken). 1980 bis 1982 war er als wissenschaftlicher Mitarbeiter am Bundessozialgericht und 1982 bis 1989 als wissenschaftlicher Referent am Max-Planck-Institut für ausländisches und internationales Sozialrecht tätig, dort mit den Aufgaben „Internationales und Europäisches Sozialrecht“ und „Sozialrecht Nordamerikas“ betraut. 1987 erfolgte die Habilitation an der Universität des Saarlandes Saarbrücken. Ihm wurde die Lehrbefugnis für Bürgerliches Recht, Internationales Privatrecht, deutsches und internationales Arbeits- und Sozialrecht verliehen. 1989 bis 1997 lehrte er als Professor für Bürgerliches Recht und Sozialrecht an der Universität, seither lehrt er an der Universität Jena. 2002 war er Gutachter des 64. Deutschen Juristentages zum Verhältnis von Sozialleistungen und Familie. 2003 verlieh ihm die Universität Göteborg den Ehrendoktortitel. Seit 2012 ist er Korrespondierendes Mitglied der Wissenschaftlichen Akademie zu Göttingen. Ferner ist er tätig als Mitherausgeber von Zeitschriften und Kommentaren (Kommentator bei Staudinger und Münchener Kommentar zum BGB), als Autor von Büchern zum deutschen, europäischen, US-amerikanischen, kanadischen und britischen Sozialrecht sowie von Veröffentlichungen zum bürgerlichen, internationalen Privat-, Arbeits- und Sozialrecht (Neuere Bücher: Geschichte des Sozialstaats in Europa, 2007; Sozialer Schutz unter den Bedingungen der Globalisierung, 2009; Sozialrecht, 2012, 8. Auflage; Soziale Menschenrechte im Völker-, Europa- und deutschen Recht, 2012).

Kommentierungen: Art. 15, 16, 36 und 37 ThürVerf

Frank Fechner ist Leiter des Fachgebiets Öffentliches Recht an der TU Ilmenau. Er studierte Rechtswissenschaften in Tübingen und Lausanne. Nach dem Zweiten Juristischen Staatsexamen promovierte er 1989 über das Thema „Thomas Mann und die Demokratie“, 1996 habilitierte er sich mit dem Thema „Geistiges Eigentum und Verfassung“ an der Universität Tübingen und war Vertretungsprofessor an der LMU München und der Universität Halle-Wittenberg. Seit 2000 ist er Professor für Öffentliches Recht, insbesondere öffentlich-rechtliches Wirtschaftsrecht und Medienrecht an der Technischen Universität Ilmenau. 2004-2006 war er Prodekan, 2006-2008 Dekan der Fakultät für Wirtschaftswissenschaften. Er ist Vorsitzender des Schlichtungsausschusses und des Wahlprüfungsausschusses der TU Ilmenau, stellvertretender Vorsitzender der Verbandsgruppe Ilmenau des Deutschen Hochschulverbandes, Mitglied des Vorstands der Wissenschaftlichen Buchgesellschaft und Justiziar der Gesellschaft für Thüringer Schlösser und Gärten e.V. Seine Forschungsschwerpunkte sind Öffentliches Recht, Staatsrecht, Europarecht, Medienrecht, Kulturverwaltungsrecht sowie das Recht des geistigen Eigentums. Seine zentrale Publikation trägt den Titel „Medienrecht. Lehrbuch des gesamten Medienrechts unter besonderer Berücksichtigung von Presse, Rundfunk und Multimedia"; 2013 ist sie in der 14. Auflage erschienen.

Kommentierungen: Art. 8, 11, 12 und 34 ThürVerf

Holger Fibich wurde 1964 geboren und studierte Rechtswissenschaften in Göttingen und Freiburg i. Br. Während des Referendariats absolvierte er eine Wahlstation in der Gemeinsamen Verfassungskommission von Bundestag und Bundesrat. Nach dem Assessor-Examen 1993 war er zunächst in der Verwaltung des Deutschen Bundestages tätig. Danach wechselte er nach Thüringen, wo er, mehrfach unterbrochen durch eine Tätigkeit in der Gesetzgebungsabteilung des Thüringer Justizministeriums, als Richter eingesetzt war. Im Jahre 2000 wurde er an der Friedrich-Schiller-Universität Jena promoviert. Seit 2008 ist er Richter am Thüringer Oberlandesgericht Jena.

Kommentierung: Art. 81 ThürVerf

Rolf Gröschner studierte Wirtschaftswissenschaften und Rechtswissenschaft in Nürnberg, Erlangen und München. Nach Diplom sowie Erster und Zweiter Juristischer Staatsprüfung wurde er in Erlangen promoviert und habilitiert. 1991 bis 1993 war er Professor für Öffentliches Recht in Mainz, 1993 bis zu seiner Pensionierung am 31.03.2013 hatte er den Lehrstuhl für Öffentliches Recht und Rechtsphilosophie an der Friedrich-Schiller-Universität Jena inne. 2009 und 2010 war er Fellow am Max-Weber-Kolleg für kultur- und sozialwissenschaftliche Studien in Erfurt, 2004 bis 2013 Vorsitzender des Hellmuth-Loening-Zentrums für Staatswissenschaften in Jena.

Kommentierungen: Präambel, Art. 44 ThürVerf

Martina Haedrich studierte Rechtswissenschaften in Jena und Berlin. 1976 wurde sie promoviert und 1985 habilitiert. An der Friedrich-Schiller-Universität Jena hatte sie 1989 den Lehrstuhl für Völkerrecht inne und von 1993 bis 2013 die Professur für Öffentliches Recht und Völkerrecht. Sie leitet derzeit ein Forschungsprojekt zum nationalen und internationalen Menschenrechtsschutz und ist politikberatend auf dem Gebiet des Völkerrechts tätig.

Kommentierungen: Art. 31, 32, 33 und 43 ThürVerf

Elke Heßelmann studierte Rechtswissenschaften an den Universitäten Erlangen und Bonn. Sie legte 1982 das Erste und 1986 das Zweite juristische Staatsexamen ab. 1986 wurde sie zur (Probe-) Richterin am Verwaltungsgericht Köln ernannt. 1994 folgte die Versetzung an das Verwaltungsgericht Weimar und die Ernennung zur Vorsitzenden und Vizepräsidentin. Präsidentin des Verwaltungsgerichts Weimar ist sie seit November 2005, Mitglied des Thüringer Verfassungsgerichtshofs seit 2010.

Kommentierung: Art. 30 ThürVerf

Jörg Hopfe studierte Rechtswissenschaften an der Johann-Wolfgang-Goethe-Universität in Frankfurt/Main und war dort am Institut für Rechtsvergleichung als wissenschaftlicher Mitarbeiter tätig. Während des Studiums arbeitete er in der Rechtsabteilung und später in der Geschäftsleitung eines mittelständischen Unternehmens der Spirituosenindustrie. Nach einer mehrjährigen Tätigkeit als Rechtsanwalt wechselte er Anfang 1991 in die Verwaltung des Thüringer Landtags, um die Arbeit des Verfassungs- und Geschäftsordnungsausschusses und seines Unterausschusses juristisch zu begleiten. Ministerialdirigent Hopfe ist stellvertretender Direktor sowie Leiter der Zentralabteilung des Thüringer Landtags. Er war Mitautor und -herausgeber des ersten Kommentars zur Thüringer Verfassung von 1994.

Kommentierungen: Entstehungsgeschichte, Art. 62 ThürVerf

Jürgen John wurde 1942 geboren und studierte Geschichte und Kunstgeschichte in Jena und Halle. Er war an der Universität Jena und im Verband der Film- und Fernsehschaffenden in Berlin und an der Akademie der Wissenschaften Berlin tätig. Von 1995 bis 2007 hatte er eine Universitätsprofessur in Jena inne. Er forschte und publizierte zur Geschichte der Unternehmerverbände, der Weimarer Republik und der NS-Zeit, zur Regional-, Verfassungs-, Universitäts-, Wissenschafts- und Erinnerungsgeschichte; darunter zuletzt u.a.: „Die NS-Gaue“ (2007); „Jena – ein nationaler Erinnerungsort?“ (2007); „Nationale Identitäten und Erinnerungskulturen“ (2008); „Die Jenaer Universität 1918-1945“ (2009) „Universität und Politik im 20. Jahrhundert“ (2010); „Wartburgtreffen der Deutschen Studentenschaft 1948“ (2010); „Peter Petersen und die Jenaplan-Pädagogik“ (2012).

Kommentierung: Verfassungsgeschichte Thüringens

Siegfried Jutzi studierte Rechtswissenschaften an der Johannes Gutenberg-Universität, Mainz, an der er 1977 („Die Deutschen Schulen im Ausland“; Prof. Dr. Walter Rudolf) promovierte. Nach dem Zweiten juristischen Staatsexamen war er zunächst Verwaltungsrichter, danach Referent und ist seit 1988 Abteilungsleiter im rheinland-pfälzischen Justizministerium sowie seit 1989 im Nebenamt Vertreter des öffentlichen Interesses des Landes Rheinland-Pfalz. Von 1990 bis 1991 war er u. a. kommissarischer Leiter der Gesetzgebungsabteilung des Thüringer Justizministeriums. An den Beratungen des Verfassungs- und Geschäftsordnungsausschusses des Thüringer Landtags zur Erarbeitung der Thüringer Verfassung nahm er von 1992 bis 1993 teil. In dem 1994 erschienenen Kommentar der Verfassung des Freistaats Thüringen von Joachim Linck/Siegfried Jutzi/Jörg Hopfe hat er den Grundrechtsteil sowie die Abschnitte „Verfassungsgerichtshof“ und „Rechtspflege“ kommentiert. Seit 2001 ist er an der Johannes Gutenberg-Universität als Lehrbeauftragter und seit 2007 als Honorarprofessor tätig. Für die 2007 erstmals erschiene Zeitschrift für Landes- und

Kommunalrecht Hessen/Rheinland-Pfalz/Saarland (LKRZ), deren Mitherausgeber er ist, obliegt ihm die Hauptschriftleitung.

Kommentierungen: Art. 79 und 80 ThürVerf

Joachim Linck studierte Rechtswissenschaften in Berlin, Bonn und Marburg und wurde 1970 in Köln (Prof. Dr. Friauf) zum Dr. iur. utr. promoviert. Nach Zeiten wissenschaftlicher Assistenz an den Universitäten Marburg und der FU Berlin wechselte er 1973 in den Dienst des Landes Rheinland-Pfalz, zunächst als Referatsleiter in der Staatskanzlei, danach als stellvertretender Abteilungsleiter im Wissenschaftlichen Dienst des Landtags. Ab September 1990 war er Berater beim Aufbau des Thüringer Landtags und ab 1992 dessen Direktor bis zu seiner Pensionierung 2005. Er war Mitautor und -herausgeber des ersten Kommentars zur Thüringer Verfassung von 1994. 2010 erschienen im Böhlau-Verlag seine Erinnerungen eines westdeutschen Aufbauhelfers unter dem Titel: Wie ein Landtag laufen lernte. Als Honorarprofessor der FSU Jena seit 2004 war er auch Gastprofessor an verschiedenen Auslandsuniversitäten, u.a. an der Lomonossow-Universität in Moskau und der China Universität für Politik- und Rechtswissenschaften in Peking. Er war Mitglied im Landesvorstand Thüringen von "Mehr Demokratie e.V.“ Joachim Linck ist am 16. Februar 2013 unerwartet verstorben.

Kommentierungen: Art. 48, 53, 54, 55, 56, 57, 58, 59, 60, 61, 63, 66, 67, 105 a und 106 ThürVerf

Joachim Lindner, geboren 1946 in Meißen, studierte nach Verwaltungsausbildungen und Abitur im Zweiten Bildungsweg Rechtswissenschaften in Frankfurt am Main. Von 1977 bis 1981 war er wissenschaftlicher Mitarbeiter in der Begleitforschung zur Einphasigen Juristenausbildung an der Universität Bremen. 1981 begann er seine Tätigkeit als Richter und wurde 1983 zum Richter am Verwaltungsgericht Bremen ernannt. Eine Abordnung an das Bundesverwaltungsgericht in Berlin als wissenschaftlicher Mitarbeiter von 1988 bis 1990 folgte. Im Mai 1993 wechselte er in die Verwaltungsgerichtsbarkeit des Freistaats und war zuletzt Vizepräsident des Oberverwaltungsgerichts. Seit seiner Wahl im Mai 2010 ist er Präsident des Thüringer Verfassungsgerichtshofs.

Kommentierungen: Art. 2, 10, 13 und 96 ThürVerf

Iris Martin-Gehl studierte Rechtswissenschaften und promovierte 1983 an der Universität Leipzig. Von 1984 bis 1986 war sie als Richterin am Kreisgericht Leipzig und von 1986 bis 1991 als wissenschaftliche Mitarbeiterin am Lehrstuhl für Zivil-und Zivilprozessrecht der Universität Leipzig tätig. Seit 1991 arbeitet sie in Weimar als Rechtsanwältin in eigener Praxis. Sie ist seit dem Jahr 2000 Mitglied des Thüringer Verfassungsgerichtshofs. Derzeit besetzt sie eine Vertretungsprofessur für das Recht der sozialen Arbeit an der Hochschule für Technik, Wirtschaft und Kultur (HTWK) in Leipzig.

Kommentierungen: Art. 19 ThürVerf

Karl-Ulrich Meyn studierte Rechtswissenschaften, Publizistik, Volkswirtschaft, Geschichte und Philosophie an den Universitäten Berlin und Kiel. Nach Professuren an den Universitäten Hamburg und Osnabrück folgte er 1992 einem Ruf an die Universität Jena. Von 1993 bis 1997 war er Prorektor der Universität. Im Jahre 2000 wurde er zum Rektor der Universität Jena gewählt. Dieses Amt übte er bis zu seiner Emeritierung im Jahre 2004 aus. Von 2005 bis 2008 war er Mitglied des Thüringer Verfassungsgerichtshofs.

Kommentierungen: Art. 91, 92 und 94 ThürVerf

Christoph Ohler studierte Rechtswissenschaften in Bayreuth und Brügge und wurde 1996 in Bayreuth promoviert. Von 1998 bis 1999 arbeitete er als Rechtsanwalt in Frankfurt am Main und war anschließend, von 2000 bis 2003, als Wissenschaftlicher Assistent in Passau und Bayreuth tätig. Von 2003 bis 2005 war er Stipendiat des Bayerischen Habilitationsförderpreises und habilitierte 2005 an der LMU München. Seit 2006 ist er Professor für Öffentliches Recht, Europarecht, Völkerrecht und internationales Wirtschaftsrecht an der FSU Jena und seit 2010 stellvertretendes Mitglied des Thüringer Verfassungsgerichtshofs.

Kommentierungen: Art. 98, 99, 100, 101, 102 und 103 ThürVerf

Holger Poppenhäger studierte Rechtswissenschaften an der Justus-Liebig-Universität in Gießen und legte 1988 die Zweite Juristische Staatsprüfung ab. 1994 wurde er zum Thema „Die Übermittlung und Veröffentlichung statistischer Daten im Lichte des Rechts auf informationelle Selbstbestimmung“ zum Dr. jur. promoviert. Nach Tätigkeiten als Verwaltungsjurist im Regierungspräsidium Gießen und dem Statistischen Bundesamt in Wiesbaden wechselte er 1994 zum Thüringer Landtag, an dem er in unterschiedlichen Funktionen im Wissenschaftlichen Dienst und der Zentralabteilung tätig war, zuletzt als Justiziar und stellvertretender Leiter der Zentralabteilung. Seit November 2009 ist er Thüringer Justizminister.

Kommentierungen: Art. 6, 7 und 69 ThürVerf

Thomas Poschmann, geb. 1966, ist Leitender Ministerialrat in der Verwaltung des Thüringer Landtages. Er studierte Wirtschaftswissenschaften in Hagen sowie Rechtswissenschaften und Informatik in Passau. Von 1992 an war er als Lehrbeauftragter bzw. als Wissenschaftlicher Mitarbeiter am Lehrstuhl für Öffentliches Recht, Sicherheitsrecht und Internetrecht (Prof. Heckmann) tätig und absolvierte das Rechtsreferendariat u. a. mit Stationen am Bundesverfassungsgericht (Richter am BVerfG Kruis) und an der DHV Speyer. 1999 promovierte er mit einer Arbeit zur Grundrechtsfähigkeit gemischt-wirtschaftlicher Unternehmen (Prof. Bethge). Seit 1999 ist er Referatsleiter in der Verwaltung des Thüringer Landtags (Juristischer Dienst, Ausschussdienst) und war insbesondere für Untersuchungsausschüsse, den Wirtschafts-, den Justiz- und Europa- sowie den Haushalts- und Finanzausschuss zuständig. Seit 2010 ist er stellvertretender Abteilungsleiter. Er nimmt seit 2003 Lehraufträge für Parlamentsrecht an der Universität Erfurt wahr, seit 2011 auch an der Friedrich-Schiller-Universität Jena. Er ist Mitglied der Prüfungsabteilung I des Landesjustizprüfungsamtes.

Kommentierungen: Art. 64 und 83 ThürVerf; (gemeinsam mit Volker Bathe) Entwicklung des Landesverfassungsrechts von 1993 bis 2012

Petra Reiser-Uhlenbruch studierte von 1979 bis 1984 evangelische Theologie in Bielefeld-Bethel und Marburg. Das Studium schloss sie mit dem Theologischen Universitäts-Examen ab. 1986 bis 1990 folgte das Studium der Rechtswissenschaften an der Universität Marburg. Das Erste juristische Staatsexamen legte sie im gleichen Jahr ab, das Zweite 1994, wobei sie während des Referendariats ein Semester an der Hochschule für Verwaltungswissenschaften in Speyer studierte. Von 1994 bis 1997 war sie als Richterin auf Probe tätig. Seit 1996 ist sie Familienrichterin. Die Ernennung zur Richterin am Amtsgericht, zunächst in Bad Langensalza, jetzt in Mühlhausen, erfolgte 1997. Im Februar 2011 wurde sie zum stellvertretenden Mitglied des Thüringer Verfassungsgerichtshofs gewählt. Sie hat zahlreiche Vorträge zum Betreuungs- und Familienrecht gehalten.
Kommentierungen: Art. 17 und 18 ThürVerf

Matthias Ruffert wurde 1966 in Gießen geboren. Er studierte 1987 bis 1992 Rechtswissenschaft in Passau, London (King's College) und Trier. 1992/1993 war er Stagiaire in der Europäischen Kommission (GD XI - Umweltschutz, Brüssel), von 1994 bis 1996 Rechtsreferendar in Kiel. In Trier folgte 1996 die Promotion und 2000 die Habilitation. Von 1996 bis 2001 war er als Wissenschaftlicher Assistent bei Prof. Dr. Meinhard Schröder in Trier tätig. Seit dem Wintersemester 2002/2003 ist er Inhaber des Lehrstuhls für Öffentliches Recht, Europarecht und Völkerrecht an der Rechtwissenschaftlichen Fakultät der Friedrich-Schiller-Universität Jena. 2006 nahm er eine Gastprofessur an der Université de Paris XI wahr. Richter am Thüringer Oberverwaltungsgericht (im Nebenamt) ist er seit Mai 2006, Mitglied des Thüringer Verfassungsgerichtshofs zudem seit Oktober 2010. 2010 wurde er zum Sprecher des Fachkollegiums Rechtswissenschaft der Deutschen Forschungsgemeinschaft gewählt und 2012 zum Mitglied des Vorstands der Vereinigung der Deutschen Staatsrechtslehrer.

Kommentierungen: Landesverfassung und Europarecht, Art. 35, 38, 70, 71, 72, 73, 74, 75, 76, 77 und 78 ThürVerf

Dietrich Stöffler studierte Rechts- und Politikwissenschaften in Mainz und Dijon. Seit 1991 ist er im Juristischen Dienst und Ausschussdienst des Thüringer Landtags tätig und war lange Jahre Sekretär des Justizausschusses bzw. des Innenausschusses des Thüringer Landtags.
Kommentierungen: Art. 14 und 65 ThürVerf

Hans-Joachim Strauch studierte in Frankfurt/Main und Genf. Promoviert wurde er 1975. Er ist Honorarprofessor für Verwaltungsrecht und Rechtstheorie an der Friedrich-Schiller-Universität Jena und war Präsident des Thüringer Oberverwaltungsgerichts. Zuvor war er Richter am Bundesverwaltungsgericht. Zu seinen Forschungsschwerpunkten zählen das Wissenschafts- und Planungsrecht sowie die Rechtsprechungstheorie und Methodenlehre.

Kommentierungen: Art. 27, 28, 29 und 42 Abs. 5 ThürVerf

Klaus von der Weiden studierte von 1982 bis 1986 Rechtswissenschaften in Mainz, wo er 1991 promoviert wurde. 1989 begann er seinen Berufsweg in der rheinland-pfälzischen Verwaltungsgerichtsbarkeit, 1992 erfolgte die Ernennung zum Richter am Verwaltungsgericht in Koblenz. Von 1993 bis 1995 war er Wissenschaftlicher Mitarbeiter beim Bundesverwaltungsgericht in Berlin. 1996 wechselte er zum Thüringer Oberverwaltungsgericht in Weimar, wo er 1997 zum Richter am Oberverwaltungsgericht ernannt wurde und bis 1999 tätig war. Von 2000 bis 2006 arbeitete er im Thüringer Justizministerium. Dort leitete er ab 2002 die Gesetzgebungsabteilung und wurde 2006 zum Ministerialdirigenten ernannt. 2006 wechselte er in die Thüringer Staatskanzlei und leitete bis 2011 die Abteilung „Grundsatzangelegenheiten und Ressortkoordinierung“. Seit 2011 ist er Richter am Bundesverwaltungsgericht in Leipzig.

Kommentierungen: Art. 46, 49, 87, 89, 95 und 105 ThürVerf

Abkürzungs- und Literaturverzeichnis

aA	andere(r) Ansicht
aaO	am angegebenen Ort
Abg.	Abgeordnete(r)
ABl.	Amtsblatt, insbesondere Amtsblatt der Europäischen Gemeinschaften bzw. der Europäischen Union
ABl. TMBWK	Amtsblatt des Thüringer Ministeriums für Bildung, Wissenschaft und Kultur
Abs.	Absatz
Achterberg	Norbert Achterberg, Parlamentsrecht, Tübingen 1984
AdR	Ausschuss der Regionen
ä.L.	ältere Linie
AEMR	Allgemeine Erklärung der Menschenrechte
ÄndBeschl.	Änderungsbeschluss
ÄndG	Änderungsgesetz
AEUV	Vertrag über die Arbeitsweise der Europäischen Union
aF	alte Fassung
AfNS	Amt für Nationale Sicherheit
AGG	Allgemeines Gleichbehandlungsgesetz
AK-GG	Erhard Denninger/Wolfgang Hoffmann-Riem/Hans-Peter Schneider/Ekkehart Stein (Hrsg.), Kommentar zum Grundgesetz für die Bundesrepublik Deutschland, Reihe Alternativkommentare, 3. Aufl., Loseblattausgabe, abgeschlossen mit Stand: 2. Erg. 2002 (zit. *Bearbeiter*, in: AK-GG)
allg.	allgemein(e/er/es)
amtl.	amtlich
AmtsBl.	Amtsblatt
Anm.	Anmerkung
ANTh	Amts- und Nachrichtenblatt für Thüringen
AöR	Archiv des öffentlichen Rechts
ArbRB	Der Arbeits-Rechts-Berater
Art.	Artikel
AS	Amtliche Sammlung
AsylVfG	Asylverfahrensgesetz
AufenthG	Aufenthaltsgesetz
Aufl.	Auflage
AVR	Archiv für Völkerrecht
Badura	Peter Badura, Staatsrecht, 5. Aufl. 2012
BAG	Bundesarbeitsgericht
BAGE	Entscheidungen des Bundesarbeitsgerichts
BAnz	Bundesanzeiger
BArch	Bundesarchiv
BayVBl	Bayerische Verwaltungsblätter
BayVerf	Verfassung des Freistaates Bayern
BayVerfGH	Bayerischer Verfassungsgerichtshof

BayVerfGHE	Sammlung von Entscheidungen des Bayerischen Verwaltungsgerichtshofs mit Entscheidungen des Bayerischen Verfassungsgerichtshofs, Teil 2: Verfassungsgerichtshof
BayVGHE	Sammlung von Entscheidungen des Bayerischen Verwaltungsgerichtshofs mit Entscheidungen des Bayerischen Verfassungsgerichtshofs, Teil 1: Verwaltungsgerichtshof
BBG	Bundesbeamtengesetz
BbgVerf	Verfassung des Landes Brandenburg
BbgVerfG	Verfassungsgericht des Landes Brandenburg
Bd.	Band, Bände
BeamtStG	Beamtenstatusgesetz
BeckRS	Beck-Rechtsprechung
Begr.	Begründung, Begründer
Bek.	Bekanntmachung
Benda/Klein	Ernst Benda/Eckart Klein, Verfassungsprozessrecht, Ein Lehr- und Handbuch, 3. Aufl. 2012
ber.	berichtigt
BerDGVR	Berichte der Deutschen Gesellschaft für Völkerrecht
Bernzen/Sohnke	Uwe Bernzen/Michael Sohnke, Verfassung der Freien und Hansestadt Hamburg. Kommentar mit Entscheidungsregister, 1977
Beschl.	Beschluss
BGBl.	Bundesgesetzblatt
BGHSt	Entscheidungen des Bundesgerichtshofes in Strafsachen
BGHZ	Entscheidungen des Bundesgerichtshofes in Zivilsachen
Birkmann/Walsmann	Andreas Birkmann/Marion Walsmann, Verfassung des Freistaats Thüringen – im Jahr der Wahlen, 11. Aufl. 2004
BK	Rudolf Dolzer u.a. (Hrsg.), Das Bonner Grundgesetz, Kommentar, Loseblattausgabe, Stand: 157. Erg. 2012 (zit. *Bearbeiter*, in: BK)
BKA	Bundeskriminalamt
Bl.	Blatt, Blätter
BM	Bundesministerium
BRat	Bundesrat
Braun	Klaus Braun, Kommentar zur Verfassung des Landes Baden-Württemberg, 1984, mit Ergänzungsband 1997
BR-Drs.	Bundesratsdrucksache
BReg	Bundesregierung
BremStGH	Staatsgerichtshof der Freien Hansestadt Bremen
BremVerf	Landesverfassung der Freien Hansestadt Bremen
BSGE	Entscheidungen des Bundessozialgerichts
bspw	beispielsweise
BT	Bundestag

BT-Drs.	Bundestagsdrucksache
BullBReg	Bulletin der Bundesregierung
BVerfG	Bundesverfassungsgericht
BVerfG, Linien der Rspr	Hartmut Rensen u.a. (Hrsg.), Linien der Rechtsprechung des Bundesverfassungsgerichts, erörtert von den wissenschaftlichen Mitarbeitern, Bd. I, 2009; Bd. II, 2011
BVerfGE	Entscheidungen des Bundesverfassungsgerichts
BVerfGG	Bundesverfassungsgerichtsgesetz
BVerfGK	Kammerentscheidungen des Bundesverfassungsgerichts
BVerwG	Bundesverwaltungsgericht
BVerwGE	Entscheidungen des Bundesverwaltungsgerichts
BVFG	(Bundes-)Gesetz über die Angelegenheiten der Vertriebenen und Flüchtlinge
BWahlG	Bundeswahlgesetz
BWStGH	Staatsgerichtshof des Landes Baden-Württemberg
BWVerf	Verfassung des Landes Baden-Württemberg
bzw	beziehungsweise
Calliess/Ruffert	Christian Calliess/Matthias Ruffert (Hrsg.), EUV/AEUV, Kommentar, 4. Aufl. 2011 (zit. *Verfasser*, in: Calliess/Ruffert)
Caspar/Ewer/Nolte/Waack	Johannes Caspar/Wolfgang Ewer/Martin Nolte/Hans-Joachim Waack (Hrsg.), Verfassung des Landes Schleswig-Holstein, Kommentar, 2006 (zit. *Bearbeiter*, in: Caspar/Ewer/Nolte/Waack)
CDU	Christlich Demokratische Union Deutschlands
CR	Computer und Recht
David	Klaus David, Verfassung der Freien und Hansestadt Hamburg, Kommentar, 2. Aufl. 2004
DDP	Deutsche Demokratische Partei
DDR	Deutsche Demokratische Republik
Degenhart	Christoph Degenhart, Staatsrecht I, Staatsorganisationsrecht, 27. Aufl. 2011
Degenhart/Meissner	Christoph Degenhart/Claus Meissner (Hrsg.), Handbuch der Verfassung des Freistaates Sachsen, 1997 (zit. *Bearbeiter*, in: Degenhart/Meissner)
Diss.	Dissertation
DJT	Deutscher Juristentag
DÖH	Der Öffentliche Haushalt
DÖV	Die Öffentliche Verwaltung
Dreier	Horst Dreier (Hrsg.), Grundgesetz, Kommentar, Bd. I (Art. 1-19), 2. Aufl. 2004; Bd. II (Art. 20-82), 2. Aufl. 2006, mit Suppl., 2. Aufl. 2007; Bd. III (Art. 83-146), 2. Aufl. 2008; Suppl. Föderalismusreform II und Job-Center, 2. Aufl. 2010 (zit. *Bearbeiter*, in: Dreier)
Driehaus	Hans-Joachim Driehaus (Hrsg.), Verfassung von Berlin, Taschenkommentar, 3. Aufl. 2009 (zit. *Bearbeiter*, in: Driehaus)

DRiG	Deutsches Richtergesetz
DRiZ	Deutsche Richterzeitung
Drs.	Drucksache
DRZ	Deutsche Rechts-Zeitschrift
DuD	Datenschutz und Datensicherheit
DV	Die Verwaltung
DVBl.	Deutsches Verwaltungsblatt
DVO	Durchführungsverordnung
DVP	Deutsche Volkspartei; Deutsche Verwaltungspraxis
EA	Europa-Archiv
ebd.	ebenda
EG	Europäische Gemeinschaft(en)
EGMR	Europäischer Gerichtshof für Menschenrechte
EGV	Vertrag zur Gründung der Europäischen Gemeinschaft
Ehlers/Krebs	Dirk Ehlers/Walter Krebs (Hrsg.), Grundfragen des Verwaltungsrechts und des Kommunalrechts. Symposion aus Anlaß der Emeritierung von Professor Dr. Hans-Uwe Erichsen am 5. Mai 2000 in Münster, 2000
EildLKTNW	Eildienst Landkreistag Nordrhein-Westfalen (Zeitschrift)
EinigungsV	Einigungsvertrag
EMRK	Europäische Menschenrechtskonvention
Entstehung ThürVerf	Die Entstehung der Verfassung des Freistaats Thüringen 1991 – 1993, Dokumentation, Thüringer Landtag (Hrsg.), Tilde Bayer (Bearb.), 2003, mit CD-ROM: Wort- und Ergebnisprotokolle des VerfA und des VerfUA nebst Vorlagen
EPIL	Rudolf Bernhardt (ed.), Encyclopedia of Public International Law, vol. I-V, 1992-2003
Epping	Volker Epping, Grundrechte, 5. Aufl. 2012
Epping/Butzer	Volker Epping/Hermann Butzer (Hrsg.), Hannoverscher Kommentar zur Niedersächsischen Verfassung, Handkommentar, 2012 (zit. *Bearbeiter*, in: Epping/Butzer)
Epping/Hillgruber	Volker Epping/Christian Hillgruber (Hrsg.), Grundgesetz, Kommentar, 2009 (zit. *Bearbeiter*, in: Epping/Hillgruber)
ErfK	Thomas Dieterich u.a. (Hrsg.), Erfurter Kommentar zum Arbeitsrecht, 13. Aufl. 2013 (erschienen 2012)
Erg.	Ergänzung(slieferung)
Erichsen/Ehlers	Hans-Uwe Erichsen/Dirk Ehlers (Hrsg.), Allgemeines Verwaltungsrecht, 14. Aufl. 2010 (zit. *Bearbeiter*, in: Erichsen/Ehlers)
Erl.	Erlass; Erläuterung

ESVGH	Entscheidungssammlung des Hessischen Verwaltungsgerichtshofs und des Verwaltungsgerichtshofs Baden-Württemberg mit Entscheidungen der Staatsgerichtshöfe beider Länder
EU	Europäische Union
EU-DSchRL	Richtlinie 95/46/EG des Europäischen Parlaments und des Rates vom 24.10.1995 zum Schutz natürlicher Personen bei der Verarbeitung personenbezogener Daten und zum freien Datenverkehr (ABl. L 281 vom 23.11.1995, S. 31)
EuGH	Europäischer Gerichtshof
EU-GRCh	Charta der Grundrechte der Europäischen Union
EuGRZ	Europäische Grundrechte-Zeitschrift
EuR	Europarecht
EurUP	Zeitschrift für europäisches Umwelt- und Planungsrecht
EUV	Vertrag über die Europäische Union
EUZBLG	Gesetz über die Zusammenarbeit von Bund und Ländern in Angelegenheiten der Europäischen Union
EuZW	Europäische Zeitschrift für Wirtschaftsrecht
F.D.P.	Freie Demokratische Partei
FamFG	Gesetz über das Verfahren in Familiensachen und in den Angelegenheiten der freiwilligen Gerichtsbarkeit
FamRZ	Zeitschrift für das gesamte Familienrecht
FDP	Freie Demokratische Partei
Feuchte	Paul Feuchte, Verfassung des Landes Baden-Württemberg, Kommentar, 1987
FG	Festgabe
FG BVerfG (1976)	Bundesverfassungsgericht und Grundgesetz, Festgabe aus Anlaß des 25-jährigen Bestehens des Bundesverfassungsgerichts, Hrsg.: Christian Starck, Bd. I-II, 1976
FG Werner Blischke (1982)	Plenarsitzungen des Deutschen Bundestages, Festgabe für Werner Blischke, Hrsg.: Hans-Achim Roll, 1982
Fibich	Holger Fibich, Das Verhältnis zwischen Landtag und Landesregierung nach der Verfassung des Freistaats Thüringen vom 25. Oktober 1993, 2001
Fn.	Fußnote
FPR	Familie, Partnerschaft, Recht
Friauf/Höfling	Karl Heinrich Friauf/Wolfram Höfling (Hrsg.), Berliner Kommentar zum Grundgesetz, Loseblattausgabe, Stand: 38. Erg. 2012
FS	Festschrift
FS BayVerfGH (1997)	Verfassung als Verantwortung und Verpflichtung, Festschrift zum 50-jährigen Bestehen des Bayerischen Verfassungsgerichtshofs, Hrsg.: Bayerischer Verfassungsgerichtshof, 1997
FS BVerfG (2001)	Festschrift 50 Jahre Bundesverfassungsgericht, Hrsg.: Peter Badura und Horst Dreier, Bd. I-II, 2001

FS Carl Bilfinger (1954)	Völkerrechtliche und staatsrechtliche Abhandlungen, Carl Bilfinger zum 75. Geburtstag am 21. Januar 1954, Hrsg.: Max-Planck-Institut für Ausländisches Öffentliches Recht und Völkerrecht, 1954
FS Ernst Gottfried Mahrenholz (1994)	Gegenrede : Aufklärung – Kritik – Öffentlichkeit, Festschrift für Ernst Gottfried Mahrenholz, Hrsg.: Herta Däubler-Gmelin u.a., 1994
FS Franz Knöpfle (1996)	Der Verwaltungsstaat im Wandel, Festschrift für Franz Knöpfle zum 70. Geburtstag, Hrsg.: Detlef Merten u.a., 1996
FS Friedrich von Zezschwitz (2005)	Selbstbestimmung und Gemeinwohl, Festschrift zum 70. Geburtstag von Professor Dr. Friedrich von Zezschwitz, Hrsg.: Manfred Aschke u.a., 2005
FS Gebhard Müller (1970)	Festschrift für Gebhard Müller, zum 70. Geburtstag des Präsidenten des Bundesverfassungsgerichts, Hrsg.: Theo Ritterspach u.a., 1970
FS Hans Eberhardt (1993)	Thüringische Forschungen, Festschrift für Hans Eberhardt zum 85. Geburtstag am 25. September 1993, Hrsg.: Michael Gockel und Volker Wahl, 1993
FS Hans Herbert von Arnim (2004)	Gemeinwohl und Verantwortung, Festschrift für Hans Herbert von Arnim zum 65. Geburtstag, Hrsg.: Stefan Brink u.a., 2004
FS Hans Mommsen (1995)	Von der Aufgabe der Freiheit, Festschrift für Hans Mommsen zum 5. November 1995, Hrsg.: Christian Jansen u.a., 1995
FS Hans Peter Ipsen (1977)	Hamburg, Deutschland, Europa, Beiträge zum deutschen und europäischen Verfassungs-, Verwaltungs- und Wirtschaftsrecht, Festschrift für Hans Peter Ipsen zum siebzigsten Geburtstag, Hrsg.: Rolf Stödter u.a., 1977
FS Hans-Joachim Driehaus (2005)	Zwischen Abgabenrecht und Verfassungsrecht, Hans-Joachim Driehaus zum 65. Geburtstag, Hrsg.: Hans-Jörg Birk u.a., 2005
FS Herbert Bethge (2009)	Recht als Medium der Staatlichkeit, Festschrift für Herbert Bethge zum 70. Geburtstag, Hrsg.: Steffen Detterbeck u.a., 2009
FS Ian Kershaw (2003)	Working towards the Führer, essays in honour of Sir Ian Kershaw, ed. by Anthony McElligott and Tim Kirk, Manchester [u.a.] 2003
FS Johannes Broermann (1982)	Demokratie in Anfechtung und Bewährung, Festschrift für Johannes Broermann, Hrsg.: Joseph Listl und Herbert Schambeck, 1982
FS Jürgen Meyer (2006)	Freiheit, Sicherheit und Recht, Festschrift für Jürgen Meyer zum 70. Geburtstag, Hrsg.: Hans-Jörg Derra u.a., 2006
FS Jürgen Seifert (1998)	Opposition als Triebkraft der Demokratie, Jürgen Seifert zum 70. Geburtstag, Hrsg.: Michael Buckmiller u.a., 1998

FS Karl Carstens (1984)	Einigkeit und Recht und Freiheit, Festschrift für Karl Carstens zum 70. Geburtstag am 14. Dezember 1984, Hrsg.: Bodo Börner u.a., Bd. I-II, 1984
FS Karl Schmitt (2009)	Parteiendemokratie in der Bewährung, Festschrift für Karl Schmitt, Hrsg.: Antonius Liedhegener und Torsten Oppelland, 2009
FS Klaus König (2004)	Institutionenwandel in Regierung und Verwaltung, Festschrift für Klaus König zum 70. Geburtstag, Hrsg.: Arthur Benz u.a., 2004
FS Klaus Stern (1997)	Verfassungsstaatlichkeit, Festschrift für Klaus Stern zum 65. Geburtstag, Hrsg.: Joachim Burmeister u.a., 1997
FS Klaus Stern (2012)	Der grundrechtsgeprägte Verfassungsstaat, Festschrift für Klaus Stern zum 80. Geburtstag, Hrsg.: Michael Sachs und Helmut Siekmann, 2012
FS Konrad Redeker (1993)	Rechtsstaat zwischen Sozialgestaltung und Rechtsschutz, Festschrift für Konrad Redeker zum 70. Geburtstag, Hrsg.: Bernd Bender u.a., 1993
FS Martin Heckel (1999)	Festschrift für Martin Heckel zum siebzigsten Geburtstag, Hrsg.: Karl-Hermann Kästner u.a., 1999
FS Paul Kirchhof (2013)	Leitgedanken des Rechts, Paul Kirchhof zum 70. Geburtstag, Hrsg.: Hanno Kube u.a., Bd. I-II, 2013
FS Peter Badura (2004)	Der Staat des Grundgesetzes - Kontinuität und Wandel, Festschrift für Peter Badura zum siebzigsten Geburtstag, Hrsg.: Michael Brenner u.a., 2004
FS Richard Bartlsperger (2006)	Planung - Steuerung – Kontrolle, Festschrift für Richard Bartlsperger zum 70. Geburtstag, Hrsg.: Max-Emanuel Geis u.a., 2006
FS Rupert Scholz (2007)	Wege gelebter Verfassung in Recht und Politik, Festschrift für Rupert Scholz zum 70. Geburtstag, Hrsg.: Rainer Pitschas u.a., 2007
FS Walter Hallstein (1966)	Probleme des europäischen Rechts, Festschrift für Walter Hallstein zu seinem 65. Geburtstag, Hrsg.: Ernst von Caemmerer u.a., 1966
FS Werner Lorenz (2001)	Festschrift für Werner Lorenz zum 80. Geburtstag, Hrsg.: Thomas Rauscher u.a., 2001
FS Wilfried Fiedler (2011)	Verfassung - Völkerrecht – Kulturgüterschutz, Festschrift für Wilfried Fiedler zum 70. Geburtstag, Hrsg.: Michaela Wittinger u.a., 2011
FS Wolfgang Rüfner (2003)	Kirche und Religion im sozialen Rechtsstaat, Festschrift für Wolfgang Rüfner zum 70. Geburtstag, Hrsg.: Stefan Muckel, 2003
FS Wolf-Rüdiger Schenke (2011)	Staat, Verwaltung und Rechtsschutz, Festschrift für Wolf-Rüdiger Schenke zum 70. Geburtstag, Hrsg.: Peter Baumeister u.a., 2011
GbDDR	Gesetzblatt der Deutschen Demokratischen Republik
Geiger/Khan/Kotzur	Rudolf Geiger/Daniel-Erasmus Khan/Markus Kotzur, EUV/AEUV, Kommentar, 5. Aufl. 2010

GesR	GesundheitsRecht, Zeitschrift für Arztrecht, Krankenhausrecht, Apotheken- und Arzneimittelrecht
GG	Grundgesetz; Gesetz-Sammlung für den Staat Gotha
GKÖD	Walther Fürst/Ingeborg Franke/Hans-Dietrich Weiß (Hrsg.), Gesamtkommentar öffentliches Dienstrecht, Loseblattausgabe, Bd. I, Beamtenrecht des Bundes und der Länder, Richterrecht und Wehrrecht, Stand: Erg. 13/2012
Glauben/Brocker, PUAG	Paul J. Glauben/Lars Brocker, PUAG, Kommentar zum Gesetz zur Regelung des Rechts der Untersuchungsausschüsse des Deutschen Bundestages, 2011
GMBl.	Gemeinsames Ministerialblatt
GO	Geschäftsordnung(en)
GOBT	Geschäftsordnung des Deutschen Bundestages
Gola/Schomerus	Peter Gola/Rudolf Schomerus (Hrsg.), BDSG Bundesdatenschutzgesetz, Kommentar, 11. Aufl. 2012
GR	Gesetzsammlung für beide Freistaaten Reuß
Grawert	Rolf Grawert, Verfassung für das Land Nordrhein-Westfalen, Kommentar, 2. Aufl. 2008
grds.	grundsätzlich
Grimm/Caesar	Christoph Grimm/Peter Caesar, Verfassung für Rheinland-Pfalz, Kommentar, 2001
GSchS	Gesetzsammlung für das Fürstentum Schwarzburg-Sondershausen
GTh	Gesetzsammlung für Thüringen
Günther	Herbert Günther, Verfassungsgerichtsbarkeit in Hessen, Kommentar zum Gesetz über den Staatsgerichtshof, 2004
GVBl.	Gesetz- und Verordnungsblatt (siehe auch ThürGVBl.)
Härth/von Lampe/von Löhning	Wolfgang Härth/Gisela von Lampe/Bernd von Löhning, Verfassung von Berlin, Kommentar, 2. Aufl. 1987
Hagebölling	Lothar Hagebölling, Niedersächsische Verfassung, 2. Aufl. 2011
HambVerf	Verfassung der Freien und Hansestadt Hamburg
HambVerfG	Hamburgisches Verfassungsgericht
Hdb	Handbuch
Hdb UA	Paul J. Glauben/Lars Brocker, Das Recht der parlamentarischen Untersuchungsausschüsse in Bund und Ländern, ein Handbuch, 2. Aufl. 2011
HdbPolR	Hans Lisken/Erhard Denninger (Hrsg.), Handbuch des Polizeirechts, 5. Aufl. 2012 (zit. *Bearbeiter*, in: HdbPolR)
HdbStKirchR	Handbuch des Staatskirchenrechts der Bundesrepublik Deutschland
Hesse	Konrad Hesse, Grundzüge des Verfassungsrechts der Bundesrepublik Deutschland, 20. Aufl. 1995 (Neudruck 1999)

HessStGH	Staatsgerichtshof des Landes Hessen
HessVerf	Verfassung des Landes Hessen
Heusch/Schönenbroicher	Andreas Heusch/Klaus Schönenbroicher, Die Landesverfassung Nordrhein-Westfalen, Kommentar, 2010
HHStAW	Hessisches Hauptstaatsarchiv Wiesbaden
Hillgruber/Goos	Christian Hillgruber/Christoph Goos, Verfassungsprozessrecht, 3. Aufl. 2011
Hinkel	Karl Reinhard Hinkel, Verfassung des Landes Hessen, Kommentar, 1999
HKWP	Thomas Mann/Günter Püttner (Hrsg.), Handbuch der kommunalen Wissenschaft und Praxis, Bd. I, 3. Aufl. 2007; Bd. II, 3. Aufl. 2011
hL	herrschende Lehre
hM	herrschende Meinung
Hömig	Dieter Hömig, Grundgesetz, Kommentar, 9. Aufl. 2010
HRG	Handwörterbuch zur deutschen Rechtsgeschichte; Hochschulrahmengesetz
Hrsg.	Herausgeber
HStR	Josef Isensee/Paul Kirchhof (Hrsg), Handbuch des Staatsrechts der Bundesrepublik Deutschland, Bd. I, 3. Aufl. 2003; Bd. II, 3. Aufl. 2004; Bd. III, 3. Aufl. 2005; Bd. IV, 3. Aufl. 2006; Bd. V, 3. Aufl. 2007; Bd. VI, 3. Aufl. 2008; Bd. VII, 3. Aufl. 2009; Bd. VIII, 3. Aufl. 2010; Bd. IX, 3. Aufl. 2011; Bd. X, 3. Aufl. 2012 (zit. *Bearbeiter*, in: HStR)
Huber	Peter M. Huber (Hrsg.), Thüringer Staats- und Verwaltungsrecht, 2000
HVerfR	Ernst Benda/Werner Maihofer/Hans-Jochen Vogel (Hrsg.), Handbuch des Verfassungsrechts der Bundesrepublik Deutschland, 2. Aufl. 1994; auch als Studienausgabe in 2 Bd., 2. Aufl., unveränd. Nachdr. 1995 (zit. *Bearbeiter*, in: HVerfR)
idF	in der Fassung
IfZ	Institut für Zeitgeschichte (München-Berlin)
insb.	insbesondere
IPbpR	Internationaler Pakt über bürgerliche und politische Rechte
Ipsen, KommunalR	Jörn Ipsen, Niedersächsisches Kommunalrecht, 4. Aufl. 2011
Ipsen, NV	Jörn Ipsen, Niedersächsische Verfassung, Kommentar, 2011
Ipsen, StaatsR I	Jörn Ipsen, Staatsrecht I, Staatsorganisationsrecht, 23. Aufl. 2011
Ipsen, StaatsR II	Jörn Ipsen, Staatsrecht II, Grundrechte, 14. Aufl. 2011
iSd	im Sinne des/der
iÜ	im Übrigen
iVm	in Verbindung mit

j.L.	jüngere Linie
JA	Juristische Arbeitsblätter
Jarass	Hans Dieter Jarass, Charta der Grundrechte der Europäischen Union, Kommentar, 2010
Jarass/Pieroth	Hans Dieter Jarass/Bodo Pieroth, Grundgesetz für die Bundesrepublik Deutschland, 12. Aufl. 2012 (zit. *Bearbeiter*, in: Jarass/Pieroth)
JBl	Juristische Blätter
JöR	Jahrbuch des öffentlichen Rechts (der Gegenwart)
JöR N.F.	Jahrbuch des öffentlichen Rechts der Gegenwart, Neue Folge
JURA	Juristische Ausbildung
JuS	Juristische Schulung
JZ	Juristenzeitung
K&R	Kommunikation & Recht
Kap.	Kapitel
Kifög	Kinderförderungsgesetz
Kloepfer	Michael Kloepfer, Verfassungsrecht, Bd. I, 2011; Bd. II, 2010
Knack/Henneke	Hans Joachim Knack/Hans-Günter Henneke, Verwaltungsverfahrensgesetz. Kommentar, 9. Aufl. 2010 (zit. *Bearbeiter*, in: Knack/Hennecke)
KommJur	Kommunaljurist
Korte/Rebe	Heinrich Korte/Bernd Rebe, Verfassung und Verwaltung des Landes Niedersachsen, 2. Aufl. 1986 (zit. *Bearbeiter*, in: Korte/Rebe)
KPD	Kommunistische Partei Deutschlands
KritV	Kritische Vierteljahresschrift für Gesetzgebung und Rechtswissenschaft
KSZE	Konferenz über Sicherheit und Zusammenarbeit in Europa
Kunzmann/Baumann-Hasske	Bernd Kunzmann/Harald Baumann-Hasske (Hrsg.), Die Verfassung des Freistaates Sachsen, 3. Aufl. 2011 (zit. *Bearbeiter*, in: Kunzmann/Baumann-Hasske)
KuR	Kirche & Recht
LDP(D)	Liberaldemokratische Partei (Deutschlands)
Lechner/Zuck	Hans Lechner/Rüdiger Zuck, Bundesverfassungsgerichtsgesetz, Kommentar, 6. Aufl. 2011 (zit. *Bearbeiter*, in: Lechner/Zuck)
Leibholz/Rinck/Hesselberger	Gerhard Leibholz/Hans-Justus Rinck/Dieter Hesselberger, Grundgesetz für die Bundesrepublik Deutschland, Kommentar an Hand der Rechtsprechung des Bundesverfassungsgerichts, Loseblattausgabe, Stand: 60. Erg. 2012 (zit. *Bearbeiter*, in: Leibholz/Rinck/Hesselberger)
LHO	Landeshaushaltsordnung
Lieber/Iwers/Ernst	Hasso Lieber/Steffen Iwers/Martina Ernst, Verfassung des Landes Brandenburg, Kommentar, 2012

Linck/Jutzi/Hopfe	Joachim Linck/Siegfried Jutzi/Jörg Hopfe, Die Verfassung des Freistaats Thüringen, Kommentar, 1994
Lindner/Möstl/Wolff	Josef Franz Lindner/Markus Möstl/Heinrich Amadeus Wolff (Hrsg.), Verfassung des Freistaates Bayern, 2009
Lit.	Literatur
Litten/Wallerath	Rainer Litten/Maximilian Wallerath, Verfassung des Landes Mecklenburg-Vorpommern, Kommentar, 2007
LKA	Landeskriminalamt
LKRZ	Zeitschrift für Landes- und Kommunalrecht Hessen, Rheinland-Pfalz, Saarland
LKV	Landes- und Kommunalverwaltung
LL/PDS	Linke Liste/Partei des Demokratischen Sozialismus
Löwer/Tettinger	Wolfgang Löwer/Peter J. Tettinger, Kommentar zur Verfassung des Landes Nordrhein-Westfalen, 2002 (zit. *Bearbeiter*, in: Löwer/Tettinger)
LReg	Landesregierung
LRH	Landesrechnungshof
LS	Leitsatz(-sätze)
LT	Landtag
LT-Drs.	Landtagsdrucksache
LThStB	Landtag von Thüringen, Stenographische Berichte
LT-Prot.	Landtagsprotokoll
LVerf LSA	Verfassung des Landes Sachsen-Anhalt
LVerfG Bbg	Landesverfassungsgericht Brandenburg
LVerfG LSA	Landesverfassungsgericht Sachsen-Anhalt
LVerfG M-V	Landesverfassungsgericht Mecklenburg-Vorpommern
LVerfG SchlH	Landesverfassungsgericht Schleswig-Holstein
LVerfGE	Entscheidungen der Verfassungsgerichte der Länder Baden-Württemberg, Berlin, Brandenburg, Bremen, Hamburg, Hessen, Mecklenburg-Vorpommern, Niedersachsen, Saarland, Sachsen, Sachsen-Anhalt, Schleswig-Holstein, Thüringen
von Mangoldt/Klein/Starck	Hermann von Mangoldt/Friedrich Klein/Christian Starck (Hrsg.), Kommentar zum Grundgesetz, Bd. I (Art. 1-19), 6. Aufl. 2010; Bd. II (Art. 20-82), 6. Aufl. 2010; Bd. III (Art. 83-146), 6. Aufl. 2011 (zit. *Bearbeiter*, in: von Mangoldt/Klein/Starck)
Manssen	Gerrit Manssen, Staatsrecht II, Grundrechte, 8. Aufl. 2011
Maunz/Dürig	Theodor Maunz/Günter Dürig/Roman Herzog/Rupert Scholz/Hans-Hugo Klein/Matthias Herdegen (Hrsg.), Grundgesetz, Kommentar, Loseblattausgabe, Stand: 65. Erg. 2012 (zit. *Bearbeiter*, in: Maunz/Dürig)

Maunz/Schmidt-Bleibtreu	Theodor Maunz/Bruno Schmidt-Bleibtreu/Franz Klein/Herbert Bethge u.a., Bundesverfassungsgerichtsgesetz, Kommentar, Loseblattausgabe, Stand: 37. Erg. 2012 (zit. *Bearbeiter*, in: Maunz/Schmidt-Bleibtreu)
Maurer, Allg. VerwR	Hartmut Maurer, Allgemeines Verwaltungsrecht, 18. Aufl. 2011
Maurer, StaatsR	Hartmut Maurer, Staatsrecht I, Grundlagen, Verfassungsorgane, Staatsfunktion, 6. Aufl. 2010
Meder	Theodor Meder, Die Verfassung des Freistaates Bayern, Handkommentar, 4. Aufl. 1992
Merten/Papier	Detlef Merten/Hans-Jürgen Papier (Hrsg.), Handbuch der Grundrechte in Deutschland und Europa, Bd. I, II, III, IV, VI/1, VI/2, VII/1, VII/2, 2004 ff. (zit. *Bearbeiter*, in: Merten/Papier)
Meyer	Jürgen Meyer (Hrsg.), Charta der Grundrechte der Europäischen Union, 3. Aufl. 2011
MfS	Ministerium für Staatssicherheit
Michael/Morlok, Grundrechte	Lothar Michael/Martin Morlok, Grundrechte, 3. Aufl. 2012
Michael/Morlok, StaatsR	Lothar Michael/Martin Morlok, Staatsorganisationsrecht, 2013 (erschienen 2012)
MinPräs	Ministerpräsident
Mio	Millionen
Mrd	Milliarden
Müller	Klaus Müller, Verfassung des Freistaats Sachsen, Kommentar, 1993
von Münch	Ingo von Münch, Staatsrecht, Bd. I, 7. Aufl. 2009; Bd. II, 5. Aufl. 2002
von Münch/Kunig	Ingo von Münch/Philip Kunig (Hrsg.), Grundgesetz-Kommentar, Bd. I-II, 6. Aufl. 2012 (zit. *Bearbeiter*, in: von Münch/Kunig)
von Mutius/Wuttke/Hübner	Albert von Mutius/Horst Wuttke/Peter Hübner (Hrsg.), Kommentar zur Landesverfassung Schleswig-Holstein, 1995 (zit. *Bearbeiter*, in: von Mutius/Wuttke/Hübner)
M-V	Mecklenburg-Vorpommern
M-VVerf	Verfassung des Landes Mecklenburg Vorpommern
mwN	mit weiteren Nachweisen
n.p.	nicht paginiert
n.v.	nicht veröffentlicht
Nawiasky	Hans Nawiasky/Karl Schweiger/Franz Knöpfle (Hrsg.), Die Verfassung des Freistaates Bayern. Kommentar, Loseblattausgabe, abgeschlossen mit Stand: 14. Erg. 2008 (zit. *Bearbeiter*, in: Nawiasky)
NdsStGH	Niedersächsischer Staatsgerichtshof
NdsStGHG	Niedersächsisches Gesetz über den Staatsgerichtshof
NdsVBl	Niedersächsische Verwaltungsblätter

Neumann, Brem	Heinzgeorg Neumann, Die Verfassung der Freien Hansestadt Bremen, Kommentar, 1996
Neumann, Nds	Heinzgeorg Neumann, Die niedersächsische Verfassung, Handkommentar, 3. Aufl. 2000
nF	neue Fassung
NF/GR/DJ	Neues Forum/Grüne/Demokratie Jetzt
NJ	Neue Justiz
NJW	Neue Juristische Wochenschrift
NJW-RR	NJW-Rechtsprechungs-Report Zivilrecht
NordÖR	Zeitschrift für öffentliches Recht in Norddeutschland
Nr.	Nummer
NS	nationalsozialistisch
NSDAP	Nationalsozialistische Deutsche Arbeiterpartei
NStZ	Neue Zeitschrift für Strafrecht
NStZ-RR	Neue Zeitschrift für Strafrecht, Rechtsprechungs-Report
NuR	Natur und Recht
NV	Niedersächsische Verfassung
NVwZ	Neue Zeitschrift für Verwaltungsrecht
NVwZ-RR	Neue Zeitschrift für Verwaltungsrecht – Rechtsprechungs-Report
NWVBl	Nordrhein-Westfälische Verwaltungsblätter
öst., österr.	österreichisch(e/en/es)
OSZE	Organisation für Sicherheit und Zusammenarbeit in Europa
OVG	Oberverwaltungsgericht
OVGE	Entscheidungen der Oberverwaltungsgerichte für das Land Nordrhein-Westfalen in Münster sowie für die Länder Niedersachsen und Schleswig-Holstein in Lüneburg, mit Entscheidungen des Verfassungsgerichtshofes Nordrhein-Westfalen und des Niedersächsischen Staatsgerichtshofes
ParlVers	Parlamentarische Versammlung
PER/PELJ	Potchefstroomse elektroniese regsblad = Potchefstroom electronic law journal
PersV	Die Personalvertretung
Pestalozza	Christian Pestalozza, Verfassungsprozeßrecht, 3. Aufl. 1991
Pfennig/Neumann	Gero Pfennig/Manfred J. Neumann (Hrsg.), Verfassung von Berlin, 3. Aufl. 2000 (zit. *Bearbeiter*, in: Pfennig/Neumann)
Pieroth/Schlink	Bodo Pieroth/Bernhard Schlink, Staatsrecht II, Grundrechte, 27. Aufl. 2011
PräsLT	Präsident(in) des Landtages
PrGS	Preußische Gesetzsammlung
ptl.	parteilos
PW	Parlamentarisches Wortprotokoll
RÄStV	Rundfunkänderungsstaatsvertrag
RdA	Recht der Arbeit

RdC	Recueil des Cours
RdErl.	Runderlass
RdJB	Recht der Jugend und des Bildungswesens
RdL	Recht der Landwirtschaft
RdLH	Rechtsdienst der Lebenshilfe
RdSchr.	Rundschreiben
RegE	Regierungsentwurf
Reich	Andreas Reich, Verfassung des Landes Sachsen-Anhalt, Kommentar, 2. Aufl. 2004
RGBl.	Reichsgesetzblatt
RiA	Recht im Amt
RiStBV	Richtlinien für das Strafverfahren und das Bußgeldverfahren
Ritzel/Bücker/Schreiner	Heinrich G. Ritzel/Joseph Bücker/Hermann J. Schreiner, Handbuch für die Parlamentarische Praxis, mit Kommentar zur Geschäftsordnung des Deutschen Bundestages, Loseblattausgabe, Stand: 28. Erg. 2011
RL	Richtlinie(n)
Rn.	Randnummer
RNSWE	Regierungs- und Nachrichtenblatt für Sachsen-Weimar-Eisenach
Rs.	Rechtssache
Rspr	Rechtsprechung
RStV	Rundfunkstaatsvertrag
RTh	Regierungsblatt für Thüringen
Rücker	Norbert Rücker/Gerhard Oehler/Axel W.-O. Schmidt, Kommunalverfassungsrecht Thüringen. Kommentare, Loseblattausgabe, Stand: 25. Erg. 2012
RuP	Recht und Politik
RVO	Rechtsverordnung(en)
RW	Rechtswissenschaft – Zeitschrift für rechtswissenschaftliche Forschung
SaarlVerf	Verfassung des Saarlandes
SaarlVerfGH	Verfassungsgerichtshof des Saarlandes
Sachs, GG	Michael Sachs (Hrsg.), Grundgesetz, Kommentar, 6. Aufl. 2011 (zit. *Bearbeiter*, in: Sachs, GG)
Sachs, VerfPR	Michael Sachs, Verfassungsprozessrecht, 3. Aufl. 2010
SächsVBl	Sächsische Verwaltungsblätter
SächsVerf	Verfassung des Freistaates Sachsen
SächsVerfGH	Verfassungsgerichtshof des Freistaates Sachsen
SBZ	Sowjetische Besatzungszone (Deutschlands)
Schlaich/Korioth	Klaus Schlaich/Stefan Korioth, Das Bundesverfassungsgericht, 9. Aufl. 2012
SchlHVerf	Verfassung des Landes Schleswig-Holstein
Schmidt-Aßmann	Eberhard Schmidt-Aßmann (Hrsg.), Besonderes Verwaltungsrecht, 14. Aufl. 2008 (zit. *Bearbeiter*, in: Schmidt-Aßmann)

Schmidt-Bleibtreu/ Hofmann/Hopfauf	Bruno Schmidt-Bleibtreu/Hans Hofmann/Axel Hopfauf, Kommentar zum Grundgesetz, 12. Aufl. 2011 (zit. *Bearbeiter*, in: Schmidt-Bleibtreu/ Hofmann/Hopfauf)
Schmitt	Karl Schmitt (Hrsg.), Die Verfassung des Freistaats Thüringen, 1995
Schneider/Zeh	Hans-Peter Schneider/Wolfgang Zeh, Parlamentsrecht und Parlamentspraxis, 1989
SED	Sozialistische Einheitspartei Deutschlands
SGB	Sozialgesetzbuch
Slg.	Sammlung [gemeint ist die Slg. der Rspr des EuGH]
SMA(D)	Sowjetische Militäradministration (in Deutschland)
SMATh	Sowjetische Militäradministration in/für das Land Thüringen
Sodan	Helge Sodan, Grundgesetz, Kommentar, 2. Aufl. 2011 (zit. *Bearbeiter*, in: Sodan)
SPD	Sozialdemokratische Partei Deutschlands
St.d.B.	Stand der Bearbeitung
st. Rspr	ständige Rechtsprechung
Starck/Stern	Christian Starck/Klaus Stern, Landesverfassungsgerichtsbarkeit, Bd. I-III, 1983 (zit. *Bearbeiter*, in: Starck/Stern)
Stein/Frank	Ekkehart Stein/Götz Frank, Staatsrecht, 20. Aufl. 2007
Stern	Klaus Stern, Das Staatsrecht der Bundesrepublik Deutschland, Bd. I, 2. Aufl. 1984; Bd. II, 1980; Bd. III/1, 1988; Bd. III/2, 1994; Bd. IV/1, 2006; Bd. IV/2, 2011; Bd. V, 2000 (zit. *Bearbeiter*, in: Stern)
Stern/Becker	Klaus Stern/Florian Becker, Grundrechte-Kommentar, 2010 (zit. *Bearbeiter*, in: Stern/Becker)
StGB	Strafgesetzbuch
StGH BW	Staatsgerichtshof für das Land Baden-Württemberg
StPO	Strafprozessordnung
str	streitig
Streinz	Rudolf Streinz, EUV/AEUV, Kommentar, 2. Aufl. 2012
StV	Strafverteidiger
Suppl.	Supplement(um)
ThHStAW	Thüringisches Hauptstaatsarchiv Weimar
ThHStAW, BMP	Thüringisches Hauptstaatsarchiv Weimar, Land Thüringen – Büro des Ministerpräsidenten
ThHStAW, PA	Thüringisches Hauptstaatsarchiv Weimar, Thüringisches Staatsministerium, Präsidialabteilung
ThHStAW, RStThH	Thüringisches Hauptstaatsarchiv Weimar, Der Reichsstatthalter in Thüringen
ThHStAW, ThL	Thüringisches Hauptstaatsarchiv Weimar, Thüringer Landtag

ThHStAW, ThMdI	Thüringisches Hauptstaatsarchiv Weimar, Thüringisches Ministerium des Innern
Thiele/Pirsch/Wedemeyer	Burkhard Thiele/Jürgen Pirsch/Kai Wedemeyer, Die Verfassung des Landes Mecklenburg-Vorpommern, Kommentierte Textausgabe, 1995 (zit. *Bearbeiter*, in: Thiele/Pirsch/Wedemeyer)
Thieme	Werner Thieme, Verfassung der Freien und Hansestadt Hamburg, Kommentar, 1998
ThJG	Thüringer Jagdgesetz
ThLB	Thüringer Landbund
ThLStB	Thüringer Landtag, Stenographische Berichte
ThStAR	Thüringisches Staatsarchiv Rudolstadt
ThürAbfG	Thüringer Abfallwirtschaftsgesetz
ThürAbgG	Thüringer Abgeordnetengesetz
ThürAbgÜpG	Thüringer Gesetz zur Überprüfung von Abgeordneten
ThürAbwAG	Thüringer Abwasserabgabengesetz
ThürAGG10	Thüringer Gesetz zur Ausführung des Artikel 10-Gesetzes
ThürAGVwGO	Thüringer Gesetz zur Ausführung der Verwaltungsgerichtsordnung
ThürAzVO	Thüringer Verordnung über die Arbeitszeit der Beamten
ThürBeamtVG	Thüringer Beamtenversorgungsgesetz
ThürBekVO	Thüringer Bekanntmachungsverordnung
ThürBesG	Thüringer Besoldungsgesetz
ThürBG	Thüringer Beamtengesetz
ThürBKG	Thüringer Brand- und Katastrophenschutzgesetz
ThürBO	Thüringer Bauordnung
ThürBodSchG	Thüringer Bodenschutzgesetz
ThürBüBG	Thüringer Bürgerbeauftragtengesetz
ThürBVVG	Thüringer Gesetz über das Verfahren bei Bürgerantrag, Volksbegehren und Volksentscheid
ThürDG	Thüringer Disziplinargesetz
ThürDSchG	Thüringer Denkmalschutzgesetz
ThürDSG	Thüringer Datenschutzgesetz
ThürEG	Thüringer Enteignungsgesetz
ThürFAG	Thüringer Finanzausgleichsgesetz
ThürFischG	Thüringer Fischereigesetz
ThürFKG	Thüringer Gesetz zur Förderung der Teilnahme an Früherkennungsuntersuchungen für Kinder
ThürFSG	Thüringer Förderschulgesetz
ThürFtG	Thüringer Feiertagsgesetz
ThürGBl.	Gesetzblatt für das Land Thüringen (1990, Nr. 1; 1991, Nr. 1)
ThürGGO	Gemeinsame Geschäftsordnung für die Landesregierung sowie für die Ministerien und die Staatskanzlei des Freistaats Thüringen

ThürGIG	Thüringer Gesetz zur Gleichstellung und Verbesserung der Integration von Menschen mit Behinderungen
ThürGIGAVO	Verordnung zur Ausführung des Thüringer Gesetzes zur Gleichstellung und Verbesserung der Integration von Menschen mit Behinderungen
ThürGleichG	Thüringer Gleichstellungsgesetz
ThürGOLT	Geschäftsordnung des Thüringer Landtags
ThürGVBl.	Gesetz- und Verordnungsblatt für den Freistaat Thüringen (1991, Nr. 2 - 1993, Nr. 30: Gesetz- und Verordnungsblatt für das Land Thüringen)
ThürHG	Thüringer Hochschulgesetz
ThürIFG	Thüringer Informationsfreiheitsgesetz
ThürJMBl.	Justiz-Ministerialblatt für Thüringen
ThürJStVollzG	Thüringer Jugendstrafvollzugsgesetz
ThürKAG	Thüringer Kommunalabgabengesetz
ThürKGG	Thüringer Gesetz über die kommunale Gemeinschaftsarbeit
ThürKitaG	Thüringer Kindertageseinrichtungsgesetz
ThürKJHAG	Thüringer Kinder- und Jugendhilfe-Ausführungsgesetz
ThürKO	Thüringer Kommunalordnung
ThürKWBG	Thüringer Gesetz über kommunale Wahlbeamte
ThürKWG	Thüringer Kommunalwahlgesetz
ThürKWO	Thüringer Kommunalwahlordnung
ThürLbVO	Thüringer Laufbahnverordnung
ThürLHO	Thüringer Landeshaushaltsordnung
ThürLLVO	Thüringer Lehr- und Lernmittelverordnung
ThürLMG	Thüringer Landesmediengesetz
ThürLPlG	Thüringer Landesplanungsgesetz
ThürLSG	Thüringer Landessozialgericht
ThürLWG	Thüringer Landeswahlgesetz
ThürLWO	Thüringer Landeswahlordnung
ThürMeldeG	Thüringer Meldegesetz
ThürMinG	Thüringer Ministergesetz
ThürNatG	Thüringer Naturschutzgesetz
ThürNGG	Thüringer Neugliederungsgesetz
ThürNRG	Thüringer Nachbarrechtsgesetz
ThürOBG	(Thüringer) Ordnungsbehördengesetz
ThürOVG	Thüringer Oberverwaltungsgericht
ThürPAG	(Thüringer) Polizeiaufgabengesetz
ThürPetG	Thüringer Gesetz über das Petitionswesen
ThürPresseG	Thüringer Pressegesetz (amtliche Abkürzung: TPG)
ThürPsychKG	Thüringer Gesetz zur Hilfe und Unterbringung psychisch kranker Menschen
ThürRHG	Gesetz über den Thüringer Rechnungshof
ThürRiG	Thüringer Richtergesetz
ThürRKG	Thüringer Reisekostengesetz
ThürSchfTG	Thüringer Gesetz über Schulen in freier Trägerschaft

ThürSchulG	Thüringer Schulgesetz
ThürStAnz.	Thüringer Staatsanzeiger
ThürStOGVO	Thüringer Stellenobergrenzenverordnung
ThürStrG	Thüringer Straßengesetz
ThürStULBeauftrG	Thüringer Landesbeauftragtengesetz
ThürSÜG	Thüringer Sicherheitsüberprüfungsgesetz
ThürTGV	Thüringer Trennungsgeldverordnung
ThürUAG	(Thüringer) Untersuchungsausschußgesetz
ThürUIG	Thüringer Umweltinformationsgesetz
ThürUKG	Thüringer Umzugskostengesetz
ThürUrlV	Thüringer Urlaubsverordnung
ThürUVollzG	Thüringer Untersuchungshaftvollzugsgesetz
ThürVBl	Thüringer Verwaltungsblätter
ThürVBl.	Verordnungsblatt für das Land Thüringen (1990, Nr. 1; 1991, Nr. 1 – 2)
ThürVerf	Verfassung des Freistaats Thüringen
ThürVerfGH	Thüringer Verfassungsgerichtshof
ThürVerfGHG	Thüringer Verfassungsgerichtshofsgesetz
ThürVerfSchutzG	Thüringer Verfassungsschutzgesetz
ThürVerkG	(Thüringer) Verkündungsgesetz
ThürVGRspr.	Rechtsprechung der Thüringer Verwaltungsgerichte
ThürVwVfG	Thüringer Verwaltungsverfahrensgesetz
ThürVwZVG	Thüringer Verwaltungszustellungs- und Vollstreckungsgesetz
ThürWaldG	Thüringer Waldgesetz
ThürWappG	Gesetz über die Hoheitszeichen des Landes Thüringen
ThürWG	Thüringer Wassergesetz
TierSG	Tierseuchengesetz
TKG	Telekommunikationsgesetz
u.a.	und andere; unter anderem
UAbs.	Unterabsatz
Uckel/Hauth/Hoffmann	Herbert Uckel/Rudolf Hauth/Hans-Gerd Hoffmann (Hrsg.), Kommunalrecht in Thüringen. Rechtssammlung mit Erläuterungen für die kommunale Praxis, Loseblattausgabe, Stand: 59. Erg. 2012
UdSSR	Union der Sozialistischen Sowjetrepubliken
Umbach/Clemens	Dieter C. Umbach/Thomas Clemens (Hrsg.), Grundgesetz, Mitarbeiterkommentar und Handbuch, Bd. I-II, 2002 (zit. *Bearbeiter*, in: Umbach/Clemens)
Umbach/Clemens/ Dollinger	Dieter C. Umbach/Thomas Clemens/Franz-Wilhelm Dollinger (Hrsg.), Bundesverfassungsgerichtsgesetz, Mitarbeiterkommentar und Handbuch, 2. Aufl. 2005 (zit. *Bearbeiter*, in: Umbach/Clemens/Dollinger)
UN	United Nations
UN Doc	United Nations Document
UNESCO	United Nations Educational, Scientific and Cultural Organization
Urt.	Urteil

US(A)	United States (of America)
USPD	Unabhängige Sozialdemokratische Partei Deutschlands
v.	vom
Var.	Variante
VBlBW	Verwaltungsblätter für Baden-Württemberg
Vedder/Heintschel von Heinegg	Christoph Vedder/Wolff Heintschel von Heinegg (Hrsg.), Europäisches Unionsrecht, EUV, AEUV, Grundrechte-Charta, Handkommentar, 2012 (zit. *Bearbeiter*, in: Vedder/Heintschel von Heinegg)
Verf NW	Verfassung für das Land Nordrhein-Westfalen
Verf Rh-Pf	Verfassung für Rheinland-Pfalz
VerfA	Verfassungs- und Geschäftsordnungsausschuss
VerfE CDU	Verfassungsentwurf der CDU-Fraktion (LT-Drs. 1/285)
VerfE F.D.P.	Verfassungsentwurf der F.D.P.-Fraktion (LT-Drs. 1/301)
VerfE LL/PDS	Verfassungsentwurf der Fraktion LL/PDS (LT-Drs. 1/678)
VerfE NF/GR/DJ	Verfassungsentwurf der Fraktion NF/GR/DJ (LT-Drs. 1/659)
VerfE SPD	Verfassungsentwurf der SPD-Fraktion (LT-Drs. 1/590)
VerfGH Berl	Verfassungsgerichtshof des Landes Berlin
VerfGH NW	Verfassungsgerichtshof für das Land Nordrhein-Westfalen
VerfGH Rh-Pf	Verfassungsgerichtshof des Landes Rheinland-Pfalz
VerfUA	Unterausschuss des Verfassungs- und Geschäftsordnungsausschusses
VersammlG	Versammlungsgesetz
VerwArch	Verwaltungsarchiv
VfZ	Vierteljahrshefte für Zeitgeschichte
VG	Verwaltungsgericht
VGH	Verwaltungsgerichtshof
vgl.	vergleiche
VIZ	Zeitschrift für Vermögens- und Immobilienrecht
VLSWE	Verhandlungen des Landtags und der Gebietsvertretung von Sachsen-Weimar-Eisenach
VN	Vereinte Nationen
VNV	Vorläufige Niedersächsische Verfassung
VO	Verordnung(en)
Vorbem.	Vorbemerkung
Vorl.LS	Vorläufige Landessatzung
VR	Verwaltungsrundschau
VV	Verwaltungsvorschrift(en)
VvB	Verfassung von Berlin
VVD	Verhandlungen des Volksrates von Thüringen 1919/20, Drucksachen

VVDStRL	Veröffentlichungen der Vereinigung der Deutschen Staatsrechtslehrer
VVStB	Verhandlungen des Volksrates von Thüringen, Stenographische Berichte
VwVfG	Verwaltungsverfahrensgesetz
Wachsmuth/Oehler	Hans-Joachim Wachsmuth/Gerhard Oehler (Hrsg.), Thüringer Kommunalrecht, Loseblattausgabe, Stand: 25. Erg. 2012
Waechter, KommunalR	Kay Waechter, Kommunalrecht, 3. Aufl. 1997
Waechter, POR	Kay Waechter, Polizei- und Ordnungsrecht, 2000
Wendt/Rixecker	Rudolf Wendt/Roland Rixecker, Verfassung des Saarlandes – Kommentar, Hrsg. von den Mitgliedern des Verfassungsgerichtshofs des Saarlandes, 2009
WP	Wahlperiode
WRV	Weimarer Reichsverfassung
ZaöRV	Zeitschrift für ausländisches öffentliches Recht und Völkerrecht
ZAR	Zeitschrift für Ausländerrecht und Ausländerpolitik
ZBR	Zeitschrift für Beamtenrecht
ZevKR	Zeitschrift für evangelisches Kirchenrecht
ZFIS	Zeitschrift für innere Sicherheit in Deutschland und Europa
ZfSH/SGB	Zeitschrift für Sozialhilfe und Sozialgesetzbuch, ab Jg. 36, 1997: ZFSH, SGB - Zeitschrift für die sozialrechtliche Praxis
ZG	Zeitschrift für Gesetzgebung – Vierteljahresschrift für staatliche und kommunale Rechtsetzung
ZHR	Zeitschrift für das gesamte Handelsrecht und Wirtschaftsrecht
Zinn/Stein	Georg August Zinn/Erwin Stein (Hrsg.), Verfassung des Landes Hessen. Kommentar, Loseblattausgabe, abgeschlossen mit Stand: 1999 (zit. *Bearbeiter*, in: Zinn/Stein)
Zippelius/Würtenberger	Reinhold Zippelius/Thomas Würtenberger, Deutsches Staatsrecht, 32. Aufl. 2008
ZIS	Zeitschrift für Internationale Strafrechtsdogmatik
ZKF	Zeitschrift für Kommunalfinanzen
ZLR	Zeitschrift für das gesamte Lebensmittelrecht
ZÖR	Zeitschrift für öffentliches Recht
ZParl	Zeitschrift für Parlamentsfragen
ZRP	Zeitschrift für Rechtspolitik
ZStW	Zeitschrift für die gesamte Strafrechtswissenschaft
ZUM	Zeitschrift für Urheber- und Medienrecht
ZUR	Zeitschrift für Umweltrecht
ZVThG	Zeitschrift des Vereins für Thüringische Geschichte
ZVThGA N.F.	Zeitschrift des Vereins für Thüringische Geschichte und Altertumskunde, Neue Folge

E1 Landesverfassungsgeschichte Thüringens 1918/20 bis 1952

Literatur

80 Jahre Weimarer Reichsverfassung (1919-1999), (Schriften zur Geschichte des Parlamentarismus in Thüringen 14), Weimar 1999; 1918. Aufbruch in die Weimarer Republik, ZEIT-Geschichte 2008/3; *Heike Amos,* Die Entstehung der Verfassung in der Sowjetischen Besatzungszone/DDR 1946 – 1949. Darstellung und Dokumentation, (Diktatur und Widerstand 12), Münster 2006; Auf dem Wege zur Demokratie. Erste konstituierende Sitzung des Thüringer Landtages zu Weimar am 21. November 1946, (Dokumentarreihe der Thüringer Verlagsanstalt 4), Weimar 1947; *Uwe Bachnik,* Die Verfassungsreformvorstellungen im nationalsozialistischen Deutschen Reich und ihre Verwirklichung, Berlin 1995; *Walter Baum,* Die „Reichsreform" im Dritten Reich, VfZ 3 (1955), S. 36-56; *Wolfgang Benz* (Hrsg.), Deutschland unter alliierter Besatzung 1945-1949/55, Berlin 1999; *Heinrich Best/Heinz Mestrup* (Hrsg.), Die Ersten und Zweiten Sekretäre der SED – Machtstrukturen und Herrschaftspraxis in den thüringischen Bezirken der DDR, Weimar/Jena 2003; *Dorlis Blume/Ursula Breymayer/ Bernd Ulrich* (Hrsg.), Im Namen der Freiheit! Verfassung und Verfassungswirklichkeit in Deutschland, Dresden 2008; *Gerhard Braas*, Die Entstehung der Länderverfassungen in der Sowjetischen Besatzungszone Deutschlands 1946/47, (Mannheimer Untersuchungen zu Politik und Geschichte der DDR 4), Köln 1987; *Carl Freiherr v. Brandenstein*, Der Zusammenschluß Thüringens, in: Anschütz, Gerhard u.a. (Hrsg.), Handbuch der Politik, Bd. 5: Der Weg in die Zukunft, 3. Aufl., Berlin 1922, S. 345-347; *Wilhelm Brauneder/Norbert Leser* (Hrsg.), Staatsgründungen 1918, (Rechts- und sozialwissenschaftliche Reihe 24), Frankfurt/M 1999; *Hermann Brill*, Reichsreform – eine thüringische Schicksalsfrage, Altenburg 1932; *Martin Broszat*, Der Staat Hitlers. Grundlegung und Entwicklung seiner inneren Verfassung, 13. Aufl., München 1992; *Martin Broszat/Hermann Weber* (Hrsg.), SBZ-Handbuch. Staatliche Verwaltungen, Parteien, gesellschaftliche Organisationen und ihre Führungskräfte in der Sowjetischen Besatzungszone Deutschlands 1945-1949, München 1990 [unveränderte 2. Aufl. 1993]; *Detlev Brunner/Werner Müller/Andreas Röpcke* (Hrsg.), Land – Zentrale – Besatzungsmacht. Landesverwaltung und Landesregierung in der Sowjetischen Besatzungszone, Frankfurt/M 2003; *Falk Burkhardt*, Revolution von 1848/49 und thüringische Identität, Comparativ 13 (2003), Heft 2, S. 116-150; *Fritz Dieckmann,* Die Regierungsbildung in Thüringen als Modell der Machtergreifung. Ein Brief Hitlers aus dem Jahre 1930, VfZ 14 (1966), S. 454-464; *Johannes Dieckmann*, Die gegenwärtigen Länderverfassungen in Deutschland vergleichend betrachtet, (Schriftenreihe des Deutschen Volksrates 3), Berlin 1948; *Martin Drath*, Die Rechtsgrundlagen unserer Staatsgewalt [MS 1946, in: IfZ, ED 188 (NL Karl Schultes) Bd. 29 n.p.]; *Guido Dressel* (Bearb.), 75 Jahre Freistaat Thüringen. Wahlen und Abstimmungsergebnisse 1920-1995, (Quellen zur Geschichte Thüringens 4), Erfurt 1995; *Guido Dressel,* Der Thüringer Landbund – agrarischer Berufsverband als politische Partei in Thüringen 1919-1933, (Schriften zur Geschichte des Parlamentarismus in Thüringen 12), Weimar 1998; *Karl DuMont*, Der Zusammenschluß Thüringens. Eine staatswissenschaftliche Untersuchung, Gotha 1927; *Jörg Echternkamp* (Hrsg.), Die deutsche Kriegsgesellschaft 1939 bis 1945, (Das Deutsche Reich und der Zweite Weltkrieg 9), 1. Halbbd.: Politisierung, Vernichtung, Überleben, München 2004, 2. Halbbd.: Ausbeutung, Deutungen, Ausgrenzung München 2005; *Lothar Ehrlich/Jürgen John* (Hrsg.), Weimar 1930. Politik und Kultur im Vorfeld der NS-Diktatur, Köln/Weimar/Wien 1998; *Markus Fleischhauer*, Der NS-Gau Thüringen 1939-1945. Eine Struktur- und Funktionsgeschichte, (Veröffentlichungen der Historischen Kommission für Thüringen. Kleine Reihe 28), Köln/Weimar/Wien 2010; *Moritz Föllmer/Rüdiger Graf* (Hrsg.), Die „Krise" der Weimarer Republik. Zur Kritik eines Deutungsmusters, Frankfurt/M/New York 2005; *Jan Foitzik* (Bearb.), Inventar der Befehle des Obersten Chefs der Sowjetischen Militäradministration in Deutschland (SMAD) 1945-1949 – Offene Serie, (Texte und Materialien zur Zeitgeschichte 8), München u.a. 1995; *Johannes Frackowiak*, Soziale Demokratie als Ideal. Die Verfassungsdiskussionen in Sachsen nach 1918 und 1945 (Demokratische Bewegungen in Mitteldeutschland 10), Köln/Weimar/Wien 2005; *Ernst Fraenkel*, Der Doppelstaat, hrsg. und eingeleitet von Alexander v. Brünneck, 2. Aufl., Hamburg 2001; *Albert Funk*, Kleine Geschichte des Föderalismus. Vom Fürstenbund zur Bundesrepublik, Paderborn u.a. 2010; Geschichte des Staates und Rechts der DDR. Dokumente 1945-1949, Berlin 1984; *Herbert Gottwald*, Der Thüringer Landtag 1946-1952, (Schriften zur Geschichte des Parlamentarismus in Thüringen 5), Jena 1994; *Jochen Grass*,

Studien zur Politik der bürgerlichen Parteien Thüringens in der Weimarer Zeit 1920-1932. Ein Beitrag zur Landesgeschichte, (Studien zur Zeitgeschichte 11), Hamburg 1997; Groß-Thüringen. Öffentliche Versammlung am Sonntag, den 5. Januar 1919. Stenographische Niederschrift, Erfurt 1919; *Christoph Gusy* (Hrsg.), Demokratisches Denken in der Weimarer Republik, (Interdisziplinäre Studien zu Recht und Staat 16), Baden-Baden 2000; *Christoph Gusy,* Die Verfassungssituation in Deutschland 1918/19, in: Brauneder/Leser, Staatsgründungen 1918, Frankfurt/M 1999, S. 113-133; *Christoph Gusy,* Die Weimarer Verfassung und ihre Wirkung auf das Grundgesetz, in: Die Weimarer Verfassung – Wert und Wirkung für die Demokratie, Erfurt 2009, S. 27-50; *Rüdiger Hachtmann*, Elastisch, dynamisch und von katastrophaler Effizienz – zur Struktur der Neuen Staatlichkeit des Nationalsozialismus, in: Reichardt/Seibel (Hrsg.), Der prekäre Staat. Herrschen und Verwalten im Nationalsozialismus, Frankfurt/M/New York 2011, S. 29-73; *Rüdiger Hachtmann*, „Neue Staatlichkeit" – Überlegungen zu einer systematischen Theorie des NS-Herrschaftssystems und ihrer Anwendung auf die mittlere Ebene der Gaue, in: John/Möller/Schaarschmidt (Hrsg.), Die NS-Gaue, München 2007, S. 56-79; *Rüdiger Hachtmann/Winfried Süß* (Hrsg.), Hitlers Kommissare. Sondergewalten in der nationalsozialistischen Diktatur, (Beiträge zur Geschichte des Nationalsozialismus 22), Göttingen 2006; *Beate Häupel*, Die Gründung des Landes Thüringen. Staatsbildung und Reformpolitik 1918-1923, (Demokratische Bewegungen in Mitteldeutschland 2), Weimar/Köln/Wien 1995; *Hans-Werner Hahn/Werner Greiling* (Hrsg.): Die Revolution von 1848/49 in Thüringen, Rudolstadt/Jena 1998; *Karl-Heinz Hajna*, Länder – Bezirke – Länder. Zur Territorialstruktur im Osten Deutschlands 1945-1990, Frankfurt/M u.a. 1995; *Karl-Heinz Hajna*, Die Landtagswahlen 1946 in der SBZ. Eine Untersuchung der Begleitumstände der Wahl, (Empirische und methodologische Beiträge zur Sozialwissenschaft 18), Frankfurt/M u.a. 2000; *Detlev Heiden/Gunther Mai* (Hrsg.), Nationalsozialismus in Thüringen, Weimar/Köln/Wien 1995; *Klaus-Dietmar Henke*, Die amerikanische Besetzung Deutschlands, (Quellen und Darstellungen zur Zeitgeschichte 27), 2. Aufl., München 1996; *Ulrich Heß,* Geschichte Thüringens 1866 bis 1914. Aus dem Nachlaß hrsg. von Volker Wahl, Weimar 1991; *Ulrich Heß,* Land Thüringen – Der Ministerpräsident – Büro des Ministerpräsidenten. Behördengeschichte, [MS o. J. im ThHStAW]; *Ulrich Heß,* Landespräsident, Ministerpräsident und Landesregierung in Thüringen 1945-1952, [MS 1959 im ThHStAW]; *Mario Hesselbarth*, Zur Novemberrevolution 1918/1919 in Thüringen, in: Plener, Ulla (Hrsg.), Die Novemberrevolution 1918/1919 in Deutschland. Für bürgerliche und sozialistische Demokratie, Berlin 2009, S. 147-162; *Arthur Hofmann*, Thüringer Kleinstaatenjammer. Ein Weckruf an alle Thüringer ohne Unterschied der Parteizugehörigkeit, Saalfeld 1906; *Kurt Hoßfeld*, Freistaat Thüringen, Gotha 1919; *Ernst Rudolf Huber*, Deutsche Verfassungsgeschichte seit 1789, 7 Bände, Stuttgart u.a. 1957-1984, Nachaufl. 1985-1993; *Ernst Rudolf Huber,* Verfassungsrecht des Großdeutschen Reiches, 2. Aufl., Hamburg 1937/39; *Peter Hüttenberger*, Die Gauleiter. Studie zum Wandel des Machtgefüges in der NSDAP, Stuttgart 1969; *Ernst Jahn,* Kann das Land Thüringen seine Eigenstaatlichkeit bis zur Bildung von Reichsprovinzen behaupten? Vortrag, gehalten am 20. Januar 1929 in Weimar auf dem ordentlichen Parteitag des Landesverbandes Thüringen der Deutschen Demokratischen Partei, Weimar 1929; *Oliver Janz/Pierangelo Schiera/Hannes Siegrist* (Hrsg.), Zentralismus und Föderalismus im 19. und 20. Jahrhundert. Deutschland und Italien im Vergleich, (Schriften des Italienisch-Deutschen Historischen Instituts in Trient 15), Berlin 2000; *Jürgen John,* Erfurt als Zentralort, Residenz und Hauptstadt, in: Weiß, Ulman (Hrsg.), Erfurt. Geschichte und Gegenwart, Weimar 1995, S. 25-44; *Jürgen John,* Die Gaue im NS-System, in: John/Möller/Schaarschmidt (Hrsg.), Die NS-Gaue, München 2007, S. 22-55; *Jürgen John,* Grundzüge der Landesverfassungsgeschichte Thüringens 1918 bis 1952, in: Thüringische Verfassungsgeschichte, Jena 1993, S. 49-113; *Jürgen John,* „Land im Aufbruch". Thüringer Demokratie- und Gestaltungspotenziale nach 1918, in: Ulbricht, Justus H. (Hrsg.), Weimar 1919, Köln u.a. 2009, S. 17-46; *Jürgen John* (Hrsg.), „Mitteldeutschland". Begriff – Geschichte – Konstrukt, Rudolstadt/Jena 2001; *Jürgen John,* Der NS-Gau Thüringen 1933 bis 1945 – Grundzüge seiner Struktur- und Funktionsgeschichte, in: Ulbricht, Justus H. (Hrsg.), Klassikerstadt und Nationalsozialismus. Kultur und Politik in Weimar 1933 bis 1945, (Weimarer Schriften 56), Weimar 2002, S. 25-52; *Jürgen John,* „Thüringer Frage" und „Deutsche Mitte". Das Land Thüringen im Spannungsfeld endogener und exogener Faktoren, in: Richter/Schaarschmidt/Schmeitzner, Länder, Gaue und Bezirke, Dresden 2007, S. 85-103; *Jürgen John,* Der Thüringer Landes- und Ministerpräsident Rudolf Paul oder: Die „Ära Paul" in Thüringen 1945 bis 1947 (in Vorbereitung); *Jürgen John,* Thüringer Verfassungsdebatten und Landesgründung 1918 bis 1921, in: 80 Jahre Weimarer Reichsverfassung (1919-1999), Weimar 1999, S. 67-121; *Jürgen John,* Die thüringischen Landesverfassungen 1920/21 und 1946, in: Schmitt, Karl (Hrsg.), Die Verfassung des Freistaats Thüringen, Weimar u.a. 1995, S. 132-185; *Jürgen John,* „Unitarischer Bundesstaat", „Reichsreform" und „Reichs-Neugliederung" in der Weimarer Republik, in: John, Jürgen (Hrsg.), „Mitteldeutschland", Rudolstadt u.a. 2001, S. 297-375; *Jürgen John,* Vorgeschichte und Hintergründe der thüringischen Landesverfassung von 1946, in: FS Hans Eberhardt (1993), S. 563-591; *Jürgen John/Horst Möller/Thomas Schaarschmidt* (Hrsg.), Die NS-Gaue. Regionale Mittelinstanzen im zentralistischen „Führerstaat", München 2007; *Reinhard Jonscher,* Thüringische Verfassungsgeschichte im 19. Jahrhundert – Ein Abriß, in: Thüringische Verfassungsgeschichte, Jena 1993, S. 7-48; *Steffen Kachel,* Ein rot-roter Sonderweg? Sozialdemokraten und Kommunisten in Thüringen 1919 bis 1949, (Veröffentlichungen der Historischen Kommission für Thüringen. Kleine Reihe 29), Köln/Weimar/Wien 2011; *Holm Kirsten,* „Weimar im Banne des Führers". Die Besuche Adolf Hitlers 1925-1940, Köln/Weimar/Wien 2001; *Rudolf Knauth/Kurt Wagner* (Hrsg.), Landesverwaltungsordnung für Thüringen vom 10. Juni 1926, erläutert von Rudolf Knauth u. Kurt Wagner, Weimar 1927; *Otto Koellreutter,* Die Gestaltung der deutschen politischen Einheit. Rede gehalten bei der Reichsgründungsfeier der Universität München am 18. Januar 1934, München/Berlin/Leipzig 1934; *Bernhard Kroener/Rolf-Dieter Müller/Hans Umbreit* (Hrsg.), Organisation und Mobilisierung des deutschen Machtbereiches, (Das Deutsche Reich und der Zweite Weltkrieg 5), Halbbd. 1: Kriegsverwaltung, Wirtschaft und personelle Ressourcen 1939-1941, Stuttgart 1988, Halbbd. 2: Kriegsverwaltung, Wirtschaft und personelle Ressourcen 1942-1944/45, Stuttgart 1999; *Oliver Lemuth,* Thüringen und „Mitteldeutschland", in: John, Jürgen (Hrsg.), „Mitteldeutschland", Rudolstadt u.a. 2001, S. 393-408; *Joachim Lilla,* Die Vertreter der Thüringischen Staaten und Thüringens bei Reich und Bund (1867 bis 2010) unter Einschluss der Länderkammer der DDR, (Schriften zur Geschichte des Parlamentarismus in Thüringen 29), Weimar 2010; *Gerhard Lingelbach,* Eduard Rosenthal (1859-1926). Rechtsgelehrter und „Vater" der Thüringer Verfassung von 1920/21, (Schriften zur Geschichte des Parlamentarismus in Thüringen 25), Erfurt 2006; *Hellmuth Loening,* Kampf um den Rechtsstaat in Thüringen, AöR 75 (1949), S. 56-102; *Hellmuth Loening* (Hrsg.), Die Verfassung des Landes Thüringen, 3. Aufl., Weimar 1925; *Jürgen Louis,* Die Liberal-Demokratische Partei in Thüringen 1945-1952, Köln/Weimar/Wien 1996; *Ralf Lunau,* Auf der Schwelle dieser Demokratie. Normentstehung und Normbestand der Verfassung des Landes Thüringen vom 20. Dezember 1946, (Jenaer Schriften zum Recht 32), Stuttgart u.a. 2003; *Diemut Majer,* Grundlagen des Besatzungsrechts 1945-1949, in: Volkmann, Hans-Erich (Hrsg.): Ende des Dritten Reiches, München u.a. 1995, S. 141-171; *Klaus-Jürgen Matz,* Länderneugliederung. Zur Genese einer deutschen Obsession seit dem Ausgang des Alten Reiches, (Historisches Seminar NF 9), Idstein 1997; *Heinz Mestrup,* Die thüringischen Bezirke und ihre Ersten Sekretäre, in: Richter/Schaarschmidt/Schmeitzner (Hrsg.), Länder, Gaue und Bezirke, Dresden 2007, S. 191-212; *Henning Mielke,* Die Auflösung der Länder in der SBZ/DDR 1945-1952. Von der deutschen Selbstverwaltung zum sozialistisch-zentralistischen Einheitsstaat nach sowjetischem Modell 1945-1952, (Beiträge zur Wirtschafts- und Sozialgeschichte 66), Stuttgart 1995; Mitteldeutschland auf dem Wege zur Einheit. Denkschrift über die Wirkung der innerstaatlichen Schranken, i. A. des Provinzialausschusses der Provinz Sachsen hrsg. v. Landeshauptmann der Provinz Sachsen, Merseburg 1927; *Horst Möller/Alexandr O. Tschubarjan* (Hrsg.): SMAD-Handbuch. Die Sowjetische Militäradministration in Deutschland 1945-1949, München 2009; *Martin Moll* (Bearb.), „Führer-Erlasse" 1939-1945. Edition sämtlicher überlieferter, nicht im Reichsgesetzblatt abgedruckter, von Hitler während des Zweiten Weltkrieges schriftlich erteilter Direktiven aus den Bereichen Staat, Partei, Wirtschaft, Besatzungspolitik und Militärverwaltung, Stuttgart 1997; *Rudolf Morsey* (Hrsg.), Das „Ermächtigungsgesetz" vom 24. März 1933. Quellen zur Geschichte und Interpretation des „Gesetzes zur Behebung der Not von Volk und Staat", Düsseldorf 1992; *Walter Naasner,* Neue Machtzentren in der deutschen Kriegswirtschaft 1942-1945. Die Wirtschaftsorganisation der SS, das Amt des Generalbevollmächtigten für den Arbeitseinsatz und das Reichsministerium für Bewaffnung und Munition/Rüstung und Kriegsproduktion im nationalsozialistischen Herrschaftssystem, Boppard am Rhein 1994; *Wilhelm Neliba,* Wilhelm Frick und Thüringen als Experimentierfeld für die nationalsozialistische Machtergreifung, in: Heiden/Mai, Nationalsozialismus in Thüringen, Weimar u.a. 1995, S. 75-94;

Das neue Thüringen, Heft 1 – 8/9, Erfurt 1919/20; *Jeremy Noakes*, ‚Viceroys of the Reich'? Gauleiters 1925-45, in: FS Ian Kershaw (2003), S. 118-152; *Manfred Overesch*, Gesamtdeutsche Initiativen. Hessisch-thüringische Beziehungen 1945/46, Nassauische Annalen 91 (1980), S. 247-258; *Manfred Overesch*, Hermann Brill in Thüringen 1895-1946. Ein Kämpfer gegen Hitler und Ulbricht, (Politik- und Gesellschaftsgeschichte 29), Bonn 1992; *Rudolf Paul*, Die Möglichkeiten des politischen Föderalismus in Deutschland [MS 1948 für den Chef der hessischen Staatskanzlei Hermann Brill, in: HHStAW, Abt. 502, Nr. 1513, Bl. 136r-148r]; *Rudolf Paul*, Werdender Staat. Ein Zeitdokument über Thüringens Neuaufbau. Rede des Präsidenten des Landes Thüringen Dr. Rudolf Paul, gehalten am 27. Februar 1946, Gera 1946; *Dietmar Petzina*, Autarkiepolitik im Dritten Reich. Der nationalsozialistische Vierjahresplan, Stuttgart 1968; *Bernhard Post* (Bearb.), 75 Jahre Freistaat Thüringen. Verfassungen und Gesetze 1920-1995, (Quellen zur Geschichte Thüringens 5), Erfurt 1995; *Bernhard Post,* Thüringen unter nationalsozialistischer Herrschaft 1932-1945. Staat und Verwaltung, in: Thüringen 1933-1945. Aspekte nationalsozialistischer Herrschaft, Erfurt 1997, S. 9-52; *Bernhard Post/Volker Wahl* (Hrsg.), Thüringen-Handbuch. Territorium, Verfassung, Parlament, Regierung und Verwaltung in Thüringen 1920 bis 1995, (Veröffentlichungen aus thüringischen Staatsarchiven 1), Weimar 1999; Das preußische Thüringen. Abhandlungen zur Geschichte seiner Volksvertretungen, (Schriften zur Geschichte des Parlamentarismus in Thüringen 17), Rudolstadt/Jena 2001; *Thomas Raithel/Irene Strenge*, Die Reichstagsbrandverordnung. Grundlegung der Diktatur mit den Instrumenten des Weimarer Ausnahmezustandes, VfZ 48 (2000), S. 413-460; *Steffen Raßloff*, Fritz Sauckel. Hitlers „Muster-Gauleiter" und „Sklavenhalter", Erfurt 2007; *Dieter Rebentisch*, Führerstaat und Verwaltung im Zweiten Weltkrieg. Verfassungsentwicklung und Verwaltungspolitik 1939-1945, Stuttgart 1989; *Dieter Rebentisch/Karl Teppe* (Hrsg.), Verwaltung contra Menschenführung im Staat Hitlers. Studien zum politisch-administrativen System, Göttingen 1986; *Immo Rebitschek* (Hrsg.), Die Thüringer Landesgründung. Der Weg zum Freistaat über Wunsch, Programm und Reform 1989-1993, (Quellen zur Geschichte Thüringens 35), Erfurt 2010; *Edwin Redslob*, Von Weimar nach Europa. Erlebtes und Durchdachtes, Nachaufl., hrsg. von Paul Raabe, Jena 1998; *Michael Richter*, Die Entstehung der neuen Bundesländer 1989/90, in: Richter/Schaarschmidt/Schmeitzner, Länder, Gaue und Bezirke, Dresden 2007, S. 279-306; *Michael Richter/Thomas Schaarschmidt/Mike Schmeitzner* (Hrsg.), Länder, Gaue und Bezirke. Mitteldeutschland im 20. Jahrhundert, Dresden 2007; *Gerhard Riege/Guido Henke/Ralf Lunau* (Hrsg.), Dokumente zum Thüringer Staatsrecht 1920-1952, Stuttgart u.a. 1991; *Eduard Rosenthal*, Die Entwicklung des Verfassungsrechts in den thüringischen Staaten seit November 1918 und die Bestrebungen zur Bildung eines Staates Thüringen, JöR 9 (1920), S. 226-244; *Karsten Rudolph*, Nationalsozialisten in Ministersesseln. Die Machtübernahme der NSDAP und die Länder 1929-1933, in: FS Hans Mommsen (1995), S. 247-266; *Karsten Rudolph*, Zum mitteldeutschen Format der demokratischen Bewegungen in Sachsen, Thüringen und Anhalt (1848-1933), in: John, Jürgen (Hrsg.), „Mitteldeutschland", Rudolstadt u.a. 2001, S. 269-281; *Moritz Saemisch*, Gutachten über die Landesverwaltung Thüringens. Erstattet am 4. Oktober 1929 vom Reichssparkommissar Staatsminister a. D. Dr. Saemisch, Weimar 1929; *Willy A. Schilling*, Die Entwicklung des faschistischen Herrschaftssystems in Thüringen 1933-1939, Berlin 2001; *Jörg Schmidt*, Otto Koellreutter 1883-1972. Sein Leben, sein Werk, seine Zeit, Frankfurt/M 1995; *Karl Schmitt* (Hrsg.), Die Verfassung des Freistaats Thüringen, (Jenaer Beiträge zur Politikwissenschaft 3), Weimar/Köln/Wien 1995; *Karl Schultes*, Der Aufbau der Länderverfassungen in der sowjetischen Besatzungszone, (Staat und Recht im neuen Deutschland 1), Berlin 1948; *Karl Schultes*, Die Entstehung der Verfassung des Landes Thüringen vom 20. Dezember 1946, [MS 1947 in: ThHStAW, BMP, Nr. 1864, Bl. 249r-257r]; *Karl Schultes*, Gesetzgebung und Rechtsentwicklung im Lande Thüringen (nach dem Stand vom 20.10.1946), [MS in: ThHStAW, BMP, Nr. 1869 (n.p.)]; *Karl Schultes*, Der Niedergang des staatsrechtlichen Denkens im Faschismus. Die Lehren des Herrn Professor Carl Schmitt, Kronjurist der Gegenrevolution, (Bausteine unseres neuen Weltbilds 2), Weimar 1947; *Karl Schultes*, Die Rechtsentwicklung im Lande Thüringen, DRZ 1 (1946), S. 56-58; *Karl Schultes*, Die süddeutschen Länderverfassungen, (Staat und Recht im neuen Deutschland 2), Berlin 1948; *Karl Schultes*, Die Verfassung des Landes Thüringen, Weimar 1947; *Gerhard Schulz*, Die Novemberrevolution 1918 in Thüringen, (Beiträge zur Geschichte Thüringens), Erfurt 1976; *Gerhard Schulz*, Zwischen Demokratie und Diktatur. Verfassungspolitik und Reichsreform in der Weimarer Republik, 3 Bände, Berlin/New York 1963-1992; *Josef Schwarz,* Die linkssozialistische Regierung Frölich in Thüringen 1923. Hoffnung und Scheitern, Schkeuditz 2000; *Detlev Snell,* Die Führererlasse vom 1. April 1944 und das Schicksal des Regierungsbezirkes Erfurt sowie des Landkreises Herrschaft Schmalkalden, ZVThG 49 (1995), S. 9-21; *Katharina Sobota*, Neubeginn oder Kontinuität: Zur rechtlichen Identität des Freistaats Thüringen, Erfurt 1997; *Klaus Stern*, Die geschichtlichen Grundlagen des deutschen Staatsrechts. Die Verfassungsentwicklung vom Alten Deutschen Reich zur wiedervereinigten Bundesrepublik Deutschland (Das Staatsrecht der Bundesrepublik Deutschland 5), München 2000; *Michael Stolleis,* Staats- und Verwaltungsrechtswissenschaft in Republik und Diktatur 1914-1945, (Geschichte des öffentlichen Rechts in Deutschland 3), München 1999; Die Thüringer Frage. Denkschrift über die Vereinheitlichung in Gesetzgebung und Verwaltung der Thüringischen Staaten, Hrsg. vom Landesausschusse der Nationalliberalen Partei in Thüringen, Gera 1918; Die Thüringische Frage, Heft 1-4, Halle 1919/20; Thüringische Verfassungsgeschichte im 19. und 20. Jahrhundert, (Schriften zur Geschichte des Parlamentarismus in Thüringen 3), Jena 1993; *Adam Tooze*, Ökonomie der Zerstörung. Die Geschichte der Wirtschaft im Nationalsozialismus, München 2007; *Donald R. Tracey*, Der Aufstieg der NSDAP bis 1930, in: Heiden/Mai, Nationalsozialismus in Thüringen, Weimar u.a. 1995, S. 49-72; *Justus H. Ulbricht* (Hrsg.), Weimar 1919. Chancen einer Republik, Köln/Weimar/Wien 2009; Die vergessenen Parlamente. Landtage und Gebietsvertretungen in den Thüringer Staaten und Gebieten 1919 bis 1923, (Schriften zur Geschichte des Parlamentarismus in Thüringen 19), Rudolstadt/Jena 2002; *Hans-Erich Volkmann* (Hrsg.), Ende des Dritten Reiches – Ende des Zweiten Weltkriegs. Eine perspektivische Rückschau, München/Zürich 1995; *Helmut Wagner*, Die territoriale Gliederung Deutschlands in Länder seit der Reichsgründung. Eine politische Studie zur Raumordnung, in: Studien zur territorialen Gliederung Deutschlands im 19. und 20. Jahrhundert, Hannover 1971, S. 1-148; *Volker Wahl,* Der Beginn der antifaschistisch-demokratischen Umwälzung in Thüringen. Die Organisierung der gesellschaftlichen Kräfte und der Neuaufbau der Landesverwaltung 1945, Gesellschaftswiss. Diss. Jena 1976 (MS); *Volker Wahl,* Der „Thüringen-Ausschuß" 1945. Dokumente zum Wirken eines vorparlamentarischen Gremiums auf Landesebene während der amerikanischen Besatzungszeit und nach dem Besatzungswechsel Juni/Juli 1945, (Schriften zur Geschichte des Parlamentarismus in Thüringen 9), Weimar 1997; *Volker Wahl/Dieter Marek/Gereon Lamers/Michael Borchard*, Thüringer Regierungschefs 1920 bis 2003, 2. Aufl., Erfurt 2007; *Ralf Walkenhaus*, Konservatives Staatsdenken. Eine wissenssoziologische Studie zu Ernst Rudolf Huber, Berlin 1997; *Helga A. Welsh*, Revolutionärer Wandel auf Befehl? Entnazifizierungs- und Personalpolitik in Thüringen und Sachsen (1945-1948), (Schriftenreihe der VfZ 58), München 1989; *Christian Welzbacher*, Edwin Redslob. Biografie eines unverbesserlichen Idealisten, Berlin 2009; *Paul Wentzcke*, Thüringische Einigungsbestrebungen im Jahre 1848. Ein Beitrag zur Geschichte der deutschen Einheitsbewegung, (ZVThGA N.F., Beiheft 7), Jena 1917; *Oliver Werner* (Hrsg.), Mobilisierung im Nationalsozialismus, Paderborn u.a. (im Druck, erscheint 2013); *Dietmar Willoweit*, Deutsche Verfassungsgeschichte. Vom Frankenreich bis zur Wiedervereinigung Deutschlands. 3. Aufl., München 1997; *Walter Ziegler*, Gaue und Gauleiter im Dritten Reich, in: Möller/Wirsching/Ziegler, (Hrsg.), Nationalsozialismus in der Region. Beiträge zur regionalen und lokalen Forschung und zum internationalen Vergleich, München 1996, S. 139-159; Zwischen Landesgründung und Gleichschaltung. Die Regierungsbildungen in Thüringen seit 1920 und das Ende der parlamentarischen Demokratie 1932/33, (Schriften zur Geschichte des Parlamentarismus in Thüringen 18), Rudolstadt/Jena 2001.

I. Staats- und Verfassungsbildung

1 Die Thüringer Landesverfassungsgeschichte wurzelt in der **Revolution** und **Republikgründung 1918/19**. Der „Aufbruch 1918" ermöglichte Landesgründung und -verfassung.[1] Bis dahin war die Verfassungsgeschichte Thüringens monarchisch, einzel- und kleinstaatlich geprägt.[2] Sechs Thüringer Staaten erhielten schon im frühen Deutschen Bund Verfassungen. Die übrigen folgten im Vormärz und in der Revolution. Nur das extrem konservativ regierte reußische Fürstentum ä.L. (Greiz) wurde erst beim Beitritt zum Norddeutschen Bund konstitutionell. Diese kleinstaatlichen Verfassungen galten – meist in revidierter Form der 1850er Jahre – bis 1918. Die Thüringer Staaten fanden im Deutschen Kaiserreich durchaus ihren Platz,[3] obwohl der „Kleinstaatenjammer" dieser „Deutschen Mitte" zunehmend beklagt wurde.[4] Die „Thüringer Frage" galt als Teil der „deutschen Frage" und ihre Lösung als wichtiger Schritt zur inneren „Reichsreform".[5] Ein **Zusammenschluss der Thüringer Staaten** stand schon in der Revolution 1848 auf der Tagesordnung.[6] Er scheiterte mit ihrer Niederlage. Während des Ersten Weltkrieges wurde die Lösung der „Thüringer Frage" erneut diskutiert.[7] Doch erst die zweite deutsche Revolution 1918 brach einer staatlichen Neuordnung Bahn. Deren Protagonisten wollten anfangs eine „Provinz Thüringen als Teil der Einheitsrepublik Deutschland"[8] mit dem preußischen Erfurt als Zentrum schaffen. Allerdings scheiterten solch „großthüringisch"-unitarische Zusammenschlusspläne am Widerstand Preußens und an den Gründungskompromissen der Weimarer Republik. Auch ein „Freistaat Thüringen"[9] auf „großthüringischer" Grundlage kam nicht zustande. Möglich wurde nur ein „kleinthüringischer" Zusammenschluss der Kleinstaaten ohne das „preußische Thüringen".[10]

2 Doch war diese Gründung des Landes Thüringen 1920 immerhin die größte deutsche **Territorialreform** seit 1866/67 und die umfassendste der Weimarer Zeit. Mit ihr wollten die sozialdemokratischen und liberalen Landesgründer in der Gründungsregion der Republik einen vorbildlichen demokratischen „Einheitsstaat" schaffen, nachdem der Zusammenschluss- und Neugliederungs-Gedanke „hier im Herzen des Reiches" erstmals „zur Tat reifte".[11] Trotz politisch instabiler Lage leisteten sie so einen wichtigen regionalen Beitrag zu den **Staats-**

---

1 1918, ZEIT-Geschichte 2008/3; *Häupel*, Die Gründung des Landes Thüringen, 1995; *John*, „Land im Aufbruch", 2009.

2 *Jonscher*, Thüringische Verfassungsgeschichte im 19. Jahrhundert, 1993; Anlage 1.

3 *Heß*, Geschichte Thüringens 1866 bis 1914, 1991.

4 *Hofmann*, Thüringer Kleinstaatenjammer, 1906.

5 *John*, „Thüringer Frage" und „Deutsche Mitte", in: Richter/Schaarschmidt/Schmeitzner, Länder, Gaue und Bezirke, 2007, S. 85 ff.; *ders.*, „Unitarischer Bundesstaat", „Reichsreform" und „Reichs-Neugliederung" in der Weimarer Republik, in: John, „Mitteldeutschland", 2001, S. 297 ff.; *Schulz*, Zwischen Demokratie und Diktatur, 3 Bände, 1963-1992.

6 *Wentzcke*, Thüringische Einigungsbestrebungen im Jahre 1848, 1917; *Hahn/Greiling*, Die Revolution von 1848/49 in Thüringen, 1998; *Burkhardt*, Comparativ 13 (2003), Heft 2, S. 116 ff.

7 Die Thüringer Frage, 1918.

8 So die Resolution der Erfurter Konferenz vom 10.12.1918 – ThHStAW, PA, Nr. 1, Bl. 11v.

9 *Hoßfeld*, Freistaat Thüringen, 1919.

10 Das preußische Thüringen, 2001.

11 *Brandenstein*, Der Zusammenschluß Thüringens, in: Anschütz, Handbuch der Politik, Bd. 5, 3. Aufl. 1922, S. 345 ff. (345).

gründungsprozessen nach dem Ersten Weltkrieg.[12] Darin schlugen sich die sozialliberalen Demokratie-, Reform- und Gestaltungspotenziale mitteldeutscher Länder[13] ebenso nieder wie Chancen, Reform- und Gestaltungsfähigkeit der Weimarer Demokratie, die neuerdings zu Recht gegenüber dem wohlfeilen Deutungsmuster „Krise" betont werden.[14] In Gemeinschaftsvertrag, Landesverfassungen und Landesausbaugesetzen 1919 bis 1923 fand das seinen staatsrechtlichen Ausdruck. Weimar – 1919 Gründungsort der ersten deutschen Republik – wurde 1920 Landeshauptstadt.

Freilich blieb dem neuen Land Thüringen nur eine geringe demokratische Ent- 3
faltungszeit. Seit 1924 wandelte sich seine politische Kultur. 1930 bildeten rechtskonservative Parteien eine Koalition mit der NSDAP. 1932 gehörte Thüringen zu den bereits nationalsozialistisch regierten Ländern. Seit dem **NS-Machtantritt** im Reich **1933** und der „Gleichschaltung" der Länder sanken sie im NS-„Führerstaat" auf das Niveau von Reichs-Verwaltungsbezirken und Hilfsorganen der NS-Gaue herab. Nach dem Ende des NS-Regimes und des Zweiten Weltkrieges begann 1945 unter wechselnder – zunächst amerikanischer, dann sowjetischer – Besatzung der Aufbau einer neuen Landesverwaltung unter Einschluss der preußischen Gebiete. Weimar blieb bis 1949 Landeshauptstadt; dann wurde der Regierungssitz nach Erfurt verlegt. Dieser Neuaufbau der Landesverwaltung – gleichsam die zweite Gründung des Landes Thüringen – fand Ende 1946 mit Regierungsbildung und Landesverfassung seinen Abschluss. Seit 1947 verloren die SBZ-Länder weitgehend ihre Kompetenzen. Mit der **DDR-Verwaltungsreform 1952** wurden sie de facto aufgelöst, im Vorfeld des **DDR-Beitritts zur Bundesrepublik 1990** wieder eingeführt.[15] Damit begann die dritte Gründung des Landes Thüringen, die nicht Darstellungsgegenstand dieses Beitrages ist. Er konzentriert sich auf die Staats- und Verfassungsbildung nach 1918 und nach 1945.[16] Verfassungswirklichkeit, politische Trends und Einzelkonstellationen können dabei nur angedeutet werden. Die ganz anders gelagerten Vorgänge der NS-Zeit werden knapp skizziert. Die allgemeine Verfassungs-,

12 *Brauneder/Leser,* Staatsgründungen 1918, 1999.

13 *Rudolph,* Zum mitteldeutschen Format der demokratischen Bewegungen in Sachsen, Thüringen und Anhalt, in: John, „Mitteldeutschland", 2001, S. 269 ff.; *Frackowiak*, Soziale Demokratie als Ideal, 2005.

14 *Gusy*, Die Verfassungssituation in Deutschland 1918/19, in: Brauneder/Leser, Staatsgründungen 1918, 1999, S. 113 ff.; *ders.*, Die Weimarer Verfassung und ihre Wirkung auf das Grundgesetz, in: Die Weimarer Verfassung – Wert und Wirkung für die Demokratie, 2009, S. 27 ff.; *ders.*, Demokratisches Denken in der Weimarer Republik, 2000; *Ulbricht,* Weimar 1919, 2009; *Föllmer/Graf*, Die „Krise" der Weimarer Republik, 2005.

15 *Richter*, Die Entstehung der neuen Bundesländer 1989/90, in: Richter/Schaarschmidt/Schmeitzner, Länder, Gaue und Bezirke, 2007, S. 279 ff.; *Sobota,* Neubeginn oder Kontinuität, 1997; *Rebitschek*, Die Thüringer Landesgründung, 2010.

16 Zum Überblick vgl. *John*, Grundzüge der Landesverfassungsgeschichte Thüringens 1918 bis 1952, in: Thüringische Verfassungsgeschichte, 1993, S. 49 ff.; *ders.*, Die thüringischen Landesverfassungen 1920/21 und 1946, in: Schmitt, Die Verfassung des Freistaats Thüringen, 1995, S. 132 ff.; *Post/Wahl*: Thüringen-Handbuch, 1999; Die Verfassungen und weitere Thüringer Staatsrechtsdokumente sind in dessen Editionsteilen abgedruckt sowie bei *Riege/Henke/Lunau*, Dokumente zum Thüringer Staatsrecht, 1991; *Post*: 75 Jahre Freistaat Thüringen, 1995.

Föderalismus- und Territorialgeschichte Deutschlands kommt nur im für die Zwecke dieses Beitrages unerlässlichen Maße ins Bild.[17]

II. Freistaaten und Gemeinschaftsvertrag 1918/19

4 Unter **Revolutionsdruck** dankten die Herzöge und Fürsten der Thüringer Kleinstaaten vom 9. bis 25. November 1918 ab.[18] Im Zusammenwirken von neuen Staatsregierungen, Räten und Anfang 1919 gewählten Landtagen wurden die Herzog- und Fürstentümer in parlamentarisch-republikanische „Freistaaten" umgewandelt. Mit dem Begriff **„Freistaat"** (oder „Volksstaat") grenzte man sich von der bisherigen monarchischen Staatsform ab. Dieser Begriff bringe „die demokratische Natur des Staates, die republikanische Grundlage des Gemeinwesens zum Ausdruck", erklärte der Jenaer Rechtswissenschaftler Eduard Rosenthal (DDP).[19] Staatsrechtlich erfolgte das von November 1918 bis April 1919 durch verfassungsändernde Gesetze.[20] Der zeitweise an den Rand des Bürgerkrieges geratende Staat Gotha erließ erst im Dezember 1919 ein solches Gesetz. Im Gegensatz zu Reich und Preußen verzichteten die Thüringer Staaten auf die Wahl verfassungsgebender Parlamente und meist auch auf freistaatliche Verfassungen. Sie bereiteten sich bereits auf ihren Zusammenschluss vor. Einzelstaatliche Verfassungsgebungsprozesse erschienen da unnötig und hinderlich.

5 Nur Schwarzburg-Sondershausen (01.04.1919) und Sachsen-Weimar-Eisenach (19.05.1919) gaben sich – „bis zur Entstehung eines Staates Thüringen" – **neue freistaatliche Verfassungen.**[21] Die weimarische Verfassungsdebatte stand bereits im Zeichen der Neuordnung Thüringens.[22] Die Verfassung stammte federführend von Rosenthal, der auch die spätere Thüringer Landesverfassung entwarf.[23] Coburg und Gotha trennten sich am 12.04.1919 per Staatsvertrag.[24] Die beiden reußischen Staaten schlossen sich am 04.04.1919 zum „Volksstaat Reuß" (Gera) zusammen.[25] Er verstand sich als Vorreiter der staatlichen Neuordnung Thüringens. Die dabei maßgebliche Rolle kam freilich dem Freistaat Weimar zu – anfangs in Konkurrenz mit dem preußischen Erfurt und von den

17 Stellvertretend aus der Fülle entsprechender Grundsatzliteratur: *Huber*, Deutsche Verfassungsgeschichte seit 1789, 7 Bände, 1957-1984; *Willoweit,* Deutsche Verfassungsgeschichte, 3. Aufl. 1997; *Stern*, Die geschichtlichen Grundlagen des deutschen Staatsrechts, (=Stern, Bd. V), 2000; *Blume/Breymayer/Ulrich*, Im Namen der Freiheit!, 2008; *Wagner*, Die territoriale Gliederung Deutschlands in Länder seit der Reichsgründung, in: Studien zur territorialen Gliederung Deutschlands im 19. und 20. Jahrhundert, 1971, S. 1 ff.; *Matz,* Länderneugliederung, 1997; *Janz/Schiera/Siegrist*, Zentralismus und Föderalismus im 19. und 20. Jahrhundert, 2000; *Funk*, Kleine Geschichte des Föderalismus, 2010.

18 *Schulz*, Die Novemberrevolution 1918 in Thüringen, 1976; *Hesselbarth*, Zur Novemberrevolution 1918/1919 in Thüringen, in: Plener, Die Novemberrevolution 1918/1919 in Deutschland, 2009, S. 147 ff.

19 Am 02.05.1919 im Bericht des Verfassungsausschusses an den Weimarer Landtag – VLS-WE 1919-1921, S. 28.

20 Vgl. Anlage 2.

21 GSchS 1919, S. 41; RNSWE 1919, Teil I, S. 149; bei amtlichen Veröffentlichungen der Verfassungen und anderer Staatsrechtdokumente wird nur die jeweils 1. Seite angeführt.

22 Ausführlich zu den Verfassungsdebatten im Weimarer Landtag, Staatenausschuss, Volksrat und Thüringer Landtag: *John*, Thüringer Verfassungsdebatten und Landesgründung 1918 bis 1921, in: 80 Jahre Weimarer Reichsverfassung (1919-1999), 1999, S. 67 ff.

23 *Rosenthal*, JöR 9 (1920), 226 ff.; *Lingelbach*, Eduard Rosenthal, 2006.

24 GG 1919, S. 45.

25 GR 1919, S. 27.

anderen Staaten wegen möglicher hegemonialer Ansprüche beargwöhnt. Er war der größte unter den Thüringer Staaten, obwohl die Stadt Weimar (45.000 Einwohner) erheblich kleiner als das reußische Gera (74.000 Einwohner) war. Ihm kam zudem die räumliche Nähe zu Nationalversammlung und Reichsinstanzen zugute.

Von Weimar gingen im November 1918 die ersten Initiativen zur staatlichen **Neuordnung Thüringens** aus. Sie erreichten mit der Erfurter Tagung der Räte-, Staats- und Städtevertreter des Reichstags-Wahlkreises Thüringen (10.12.1918), mit dem „Zwölfer-Ausschuss zur Vorbereitung der staatlichen Vereinigung Thüringens" (23.12.1918) und mit der Erfurter „Großthüringen"-Tagung der Wirtschaftsverbände (05.01.1919) ihren ersten Höhepunkt.[26] Auf der Staatenkonferenz von Reich und Ländern (25.01.1919) stellten sich die Vertreter der zusammenschlusswilligen Thüringer Staaten auf den Boden der Preuß'schen Verfassungs-Denkschrift. Sie hofften auf den Rückhalt des Reiches. Von einer rigorosen Reichs-Neugliederung und der Auflösung Preußens versprachen sie sich am ehesten eine staatliche Neuordnung Thüringens. Gegen die Ansicht, das „föderative Element" sei weltweit „ein konstitutives Element der kommenden Demokratie",[27] sahen sie Reich und Demokratie durch föderalistische Ansprüche der Einzelstaaten gefährdet. „Die Revolution", erklärte der reußische Vertreter Karl Freiherr v. Brandenstein (SPD), „hat sich in einem großen Teile von Thüringen vollkommen unter dem Gesichtspunkt der Errichtung einer einheitlichen deutschen Republik vollzogen. Den Jammer der Kleinstaaten kann Niemand ermessen, der nicht in Thüringen gewesen ist. Wir müssen ihn ausrotten. Am liebsten wäre uns eine einheitliche Republik Deutschland."[28] 6

Eine solch entschieden unitarische Position war in den Verfassungs- und Neugliederungsberatungen des Staatenausschusses und der Nationalversammlung aber nicht mehrheitsfähig. Deshalb setzten die Thüringer Vertreter alles daran, die sich abzeichnenden bundesstaatlichen Kompromisse für die **Neuordnung Thüringens** zu nutzen. Widerstände kamen vor allem von der preußischen Staatsregierung. Sie hatte zwar nichts gegen den Anschluss Thüringer Staaten an Preußen – etwa im Rahmen einer preußischen „Provinz Thüringen".[29] Den Anschluss preußischer Gebiete an eine Thüringer Gemeinschaft lehnte sie aber selbst dann ab, wenn – wie es dem Kreis um den Erfurter Museumsdirektor und späteren Reichskunstwart Edwin Redslob vorschwebte – Erfurt (etwa 127.000 Einwohner) deren Hauptstadt und Zentralort werden sollte.[30] Auch unter den Thüringer Staaten gab es zentrifugale Tendenzen. Am deutlichsten im Falle Coburgs, das zu Bayern tendierte. Meiningen schwankte längere Zeit zwischen Bayern, Preußen und einer Thüringer Gemeinschaft. Altenburg erwog zeitweise einen Anschluss an Sachsen. 7

26 ThHStAW, PA, Nr. 1, Bl. 4r-12 r, 36r-40 v; Groß-Thüringen, 1919; vgl. auch *Post/Wahl*, Thüringen-Handbuch, 1999, S. 78-82; *Rosenthal*, JöR 9 (1920), 226 ff.; *DuMont*, Der Zusammenschluß Thüringens, 1927.

27 So der bayerische Ministerpräsident Kurt Eisner (USPD) auf der Staatenkonferenz -ThStAR, Staatsministerium Rudolstadt, Nr. 771, Bl. 97 (gedr. Konferenzprotokoll, S. 1-31), S. 11.

28 Ebd., S. 30.

29 Die Thüringische Frage (1919/20).

30 Das neue Thüringen (1919/20); Groß-Thüringen, 1919; vgl. auch: *John*, Erfurt als Zentralort, Residenz und Hauptstadt, in: Weiß, Erfurt, 1995, S. 25 ff.; *Redslob*, Von Weimar nach Europa, Nachaufl. 1998; *Welzbacher*, Edwin Redslob, 2009.

8 Es gab also dringenden Handlungsbedarf. Am 24./25.03.1919 sprachen sich die Thüringer Staatsregierungen auf ihrer Verwaltungskonferenz für den Zusammenschluss aus[31] – die Vertreter Coburgs und Meiningens allerdings nur unter Vorbehalt. Die Weimarer Regierung wurde beauftragt, einen Gemeinschaftsvertrag zu entwerfen. Die Konferenz der Landtagspräsidenten Ostern 1919 ließ einen eigenen Entwurf ausarbeiten, der einen raschen Zusammenschluss vor der Vermögensauseinandersetzung der Einzelstaaten vorsah. Am 19./20.05.1919 stimmten die Regierungen und Landtagspräsidenten diesem Entwurf zu.[32] Im Mai/Juni 1919 billigten die Landtage – außer denen Coburgs und Meiningens – den Vertrag. Er bestimmte die „Vorbereitung einer gänzlichen Verschmelzung" der Beitrittsstaaten als Zweck der Gemeinschaft, ermächtigte sie zu entsprechenden Verhandlungen, regelte ihre Organisation, Zuständigkeit, Rechte und Finanzen sowie die gemeinschaftsbezogenen Pflichten der Einzelstaaten. Seit dem 14.07.1919 vertrat der von den Staatsregierungen gebildete „Staatsrat von Thüringen" unter Vorsitz des Weimarer Staatsministers Arnold Paulssen (DDP) die Gemeinschaft.[33] Seine Verhandlungen mit Preußen und Coburg scheiterten. Meiningen erhielt Sonderrechte für den Beitritt. Die Coburger Volksabstimmung (30.11.1919) ergab eine klare Mehrheit für den Anschluss an Bayern.

9 Am 16.12.1919 konstituierte sich der vorher nur provisorisch zusammengetretene „Volksrat von Thüringen" als Vertretung der Landtage. Man gab sich gedämpft optimistisch. Nicht alle Blütenträume könnten reifen, erklärte Paulssen. Preußen habe sich verweigert. Coburg sei abgesprungen. Meiningen erhalte Sonderrechte. Doch sei das nun erreichte „**Kleinthüringen**" mit seinen 1,5 Millionen Einwohnern durchaus lebens- und zukunftsfähig. Das bisherige Gemeinschaftsgefühl sei ein „guter Leitstern", um den Staatenbund zu jenem „Einheitsstaat Thüringen zu bilden, der würdig ist, Deutschlands Herz zu sein."[34] Der vom Volksrat bestätigte und von den Landtagen ratifizierte Gemeinschaftsvertrag trat am 04.01.1920 mit einer „Denkschrift über den Eintritt von Sachsen-Meiningen in die thüringische Gemeinschaft" als Anlage in Kraft.[35]

III. Landesgründung und -verfassung 1920 bis 1923

10 Dem Volksrat lag am 16.12.1919 eine Verfassungsvorlage des Staatsrates vor. Man habe mehrere Varianten geprüft und ausschließen müssen. Der Gemeinschaftsvertrag biete keine ausreichende Grundlage für ein einheitliches Land. Dafür sei eine Verfassung nötig. Rosenthals Vorschlag, sie bereits vom Volkrat verabschieden zu lassen, müsse wegen möglicher Schwierigkeiten mit dem Reich verworfen werden. Wahlen für eine verfassungsgebende Landesversammlung brächten nur zeitraubende Arbeit. Nötig sei eine rasche Landesgründung, um die Bevölkerung nicht weiter zu beunruhigen. Deshalb schlage man dem Volksrat vor, eine **vorläufige Landesverfassung** zu verabschieden, über die dann der noch zu wählende Landtag endgültig zu befinden habe.[36] Parallel dazu sollte

31 ThHStAW, PA, Nr. 1, Bl. 108r-112v.
32 Ebd., Bl. 184r-186 r, 217r-220 r; Presseerklärung Bl. 192 r.
33 ThHStAW, PA, Nr. 49, Bl. 2r-36 r (Protokoll der 1. Tagung am 14./15.07.1919).
34 VVStB, 1. Sitzung v. 16.12.1919, S. 1-4.
35 GTh 1920, S. 1; mit allen Anlagen abgedr. bei: *Riege/Henke/Lunau*, Dokumente zum Thüringer Staatsrecht, 1991, S. 15-32; *Post/Wahl*, Thüringen-Handbuch, 1999, S. 376-389.
36 VVStB, 1. Sitzung v. 16.12.1919, S. 7 f; VVD, Nr. 2, S. 8 f.

mit dem Reich über ein nach Art. 18 WRV erforderliches Reichsgesetz verhandelt werden. In diesem Sinne wurde verfahren.

Paulssen trat seit Januar 1920 mit dem Reichsinnenminister in Schriftwechsel.[37] 11
Der Volksrat beauftragte Rosenthal, einen **Verfassungsentwurf** auszuarbeiten. Dessen Entwurf griff auf die weimarische Verfassung vom Mai 1919 zurück und passte sie der – durch Reichsverfassung und Staatsgrundgesetze anderer Länder – neuen Verfassungslage an. Der Staatsrat verschickte diesen Entwurf am 01.02.1920 an die Staatsministerien zur Stellungnahme.[38] Die weiteren Schritte wurden vom Kapp-Putsch und seinen Folgen überschattet. Der **Volksrat** konnte erst am 31.03.1920 zur Aussprache über die politische Lage nach Putsch, Generalstreik, Reichsexekution und Ausnahmezustand zusammentreten.[39] Am 06.04. verschickte der Staatsrat einen präzisierten Verfassungsentwurf. Am 12.04. beriet er über das weitere Vorgehen und über das nötige Reichsgesetz. Dafür änderte er die im Verfassungsentwurf vorgesehene Staatsbezeichnung „Freistaat" in „Land Thüringen".[40] Den Reichsinnenminister bat er, die erforderlichen Schritte bald einzuleiten. Am 23.04. begründete der Staatsrat noch einmal die Notwendigkeit einer vorläufigen Verfassung und eines mit dem Reich abgestimmten Vorgehens: Die Landesgründung müsse per Reichsgesetz erfolgen. Das Verfassungsrecht der einzelnen deutschen Länder könne nicht nach deren freien Ermessen gestaltet werden. Es sei an die staatsrechtlichen Vorschriften des Art. 17 WRV gebunden.[41] Das von der Nationalversammlung am 23.04. verabschiedete, am 30.04.1920 verkündete **Reichsgesetz** schloss die Staaten der Thüringer Gemeinschaft zum 01.05.1920 zum Land Thüringen zusammen.[42] Der Volksrat beriet vom 29.04. bis 03.05. über Wahlgesetz und vorläufige Landesverfassung,[43] die er am 12.05.1920 in zweiter Lesung verabschiedete und die am gleichen Tage in Kraft trat.[44]

Der im Juni 1920 gewählte **I. Landtag** von Thüringen war zunächst mit der – 12
schwierigen – Regierungsbildung befasst, die sich bis November hinzog. Die Lösung der Exekutivprobleme erschien dringlicher als eine reguläre Verfassung. Änderungsanträge überwies der Landtag am 04.02.1921 seinem Verfassungs- und Gesetzgebungsausschuss. Am 02.03. nahm er dessen Bericht entgegen. Vom 03. bis 11.03. beriet er die Änderungsanträge. Die polarisierte Generaldebatte am 02.03.1921[45] zeigte die tiefen politischen Gräben im Lande. Die Abgeordneten der politischen Rechten beteuerten, sie hätten mit dem Kapp-Putsch und den Reichswehraktionen nichts zu tun gehabt. Von der USPD zur KPD übergewechselte Abgeordnete stellten Verfassungen überhaupt in Frage. Der Kapp-Putsch habe ja gezeigt, dass sie dann, wenn es ernst werde, nur „Fetzen Papier" darstellten. DDP-Abgeordnete mahnten, die „Zukunft des Landes" hänge davon ab, die noch schmale Basis der Verfassung „zu erweitern, zu befestigen und zu

37 Abschriften überliefert in: ThHStAW, PA, Nr. 2-1 und 17; in Auszügen abgedr. bei: *Post/Wahl*, Thüringen-Handbuch, 1999, S. 88-91.
38 ThHStAW, PA, Nr. 17, Bl. 1r-7v.
39 VVStB, 16. Sitzung v. 31.03.1920.
40 ThHStAW, PA, Nr. 50, Bl. 181 r, 182 r.
41 ThHStAW, PA, Nr. 48, Bl. 95r-96 r.
42 RGBl. I 1920, S. 841.
43 VVStB, 18. Sitzung v. 29.04.1920 bis 20. Sitzung v. 03.05.1920.
44 VVStB, 24. Sitzung v. 12.05.1920, S. 564-608; GTh 1920, S. 67.
45 1. LThStB, 42. Sitzung v. 02.03.1921.

vertiefen".[46] Der USPD-Abgeordnete Hermann Brill sah die „thüringische Frage" noch lange nicht gelöst, rechtfertigte aber die Verfassung als „den endgültigen Schlußstein unter die Fürstenherrschaft und die Kleinstaaterei in Thüringen".[47] Am 11.03.1921 nahm der Landtag die Verfassung an, die am gleichen Tage in Kraft trat.[48] Der Landtagspräsident Artur Drechsler (USPD) bezeichnete den jungen Verfassungsstaat als „Produkt der Revolution".[49] Der Regierungschef Paulssen sprach von einem „Markstein in der Geschichte Thüringens".[50]

13 Wie alle Landesverfassungen folgte auch die Thüringer den **Vorgaben der Reichsverfassung.** Der „unitarische Bundesstaat" der Weimarer Republik räumte dem Reich erheblich mehr Kompetenzen ein als das Kaiserreich. Die früheren „Gliedstaaten" galten nun als „Länder", ihre Verfassungen als Bestandteile der Reichsverfassung. Deshalb enthielten sie keine eigenen Grundrechte. § 1 der **Thüringer Landesverfassung** lautete gemäß Art. 17 WRV: „Das Land Thüringen ist ein Freistaat und ein Glied des Deutschen Reiches". Das umschrieb die republikanische Staatsform und das parlamentarische Regierungssystem. Die Staatsbezeichnung lautete – anders als bei Preußen, Bayern, Hessen oder Sachsen – „Land Thüringen". Die Verfassung umfasste 73 Paragraphen in sieben Abschnitten mit Übergangs- und Schlussbestimmungen. Abschnitt 1 behandelte Staatsgebiet und Staatsgewalt, Abschnitt 2 den Landtag, Abschnitt 3 Volksbegehren und Volksentscheid, Abschnitt 4 die Gesetzgebung, Abschnitt 5 die Landesregierung, Abschnitt 6 den Staatsgerichtshof, Abschnitt 7 das Finanzwesen. Wahlberechtigt für den Landtag waren alle im Lande wohnenden reichsdeutschen Männer und Frauen über 20 Jahre. Beim Reich war das neue Land mit einem ständigen Bevollmächtigten und mit zwei Stimmen im Reichsrat vertreten.[51]

14 Im Abschnitt 5 und in den Übergangsbestimmungen kamen die **Besonderheiten der Gründungsgeschichte** und des weiteren Landesausbaus zum Ausdruck. Die Landesregierung („Staatsministerium") bestand aus gleichberechtigten Ressortministern. Zahl und Struktur der Ministerien sollten durch Gesetz bestimmt werden. Sie wechselten in den folgenden Jahren häufig. An der Spitze stand ein leitender Staatsminister, kein Ministerpräsident. Zur Integration der Gründerstaaten sah die Verfassung eine durch Gesetz zu regelnde „Übergangszeit" vor. Das entsprechende Gesetz hatte der Landtag auf Initiative der Regierung Paulssen bereits am 09.12.1920 erlassen und zunächst bis zum 01.04.1922 befristet.[52] In der Übergangszeit bestanden die Gründerstaaten als „Gebiete" mit „Gebietsvertretungen", „Gebietsregierungen" und „Gebietssatzungen" fort. Sie waren durch „Staatsräte" (ohne Ressort) in der Staatsregierung vertreten. In der Übergangszeit bis 1923 führten die Regierungen Paulssen (DDP/SPD, 1920/21) und Frölich (SPD/USPD, 1921/24) mit ihren im I. und II. Landtag vertretenen

46 Ebd., S. 974 f.
47 Ebd., S. 978.
48 1. LThStB, 48. Sitzung v. 11.03.1921, S. 1138; GTh 1921, S. 57.
49 Ebd., S. 1138 f.
50 Ebd., S. 1139.
51 *Lilla,* Die Vertreter der Thüringischen Staaten und Thüringens bei Reich und Bund (1867 bis 2010) unter Einschluss der Länderkammer der DDR, 2010, S. 38 ff.
52 GTh 1920, S. 256; vgl. auch: 1. LThStB, 20. Sitzung v. 30.11.1920 und 26. Sitzung v. 09.12.1920 sowie: Die vergessenen Parlamente, 2002, S. 42 ff.

Regierungsparteien die wichtigsten Maßnahmen zum Landesausbau durch.[53] Allerdings war die politische Lage im Lande instabil. Beide Landtage wurden vorzeitig aufgelöst. Beide Regierungen mussten vor dem Ende ihrer Amtszeit zurücktreten. Das Ende der linkssozialistischen Regierung Frölich[54] war dramatisch.

Mit dem Stichtag 01.04.1921 gingen bisher einzel- oder mehrstaatlich getragene Institutionen – darunter Universität, Oberlandes- und Oberverwaltungsgerichte in Jena, das 1919 gegründete Weimarer Bauhaus, die Carl-Zeiss-Stiftung und die Wartburg-Stiftung – auf das Land über. Per Gesetz wurden Landespolizei, Staatsbank, Rechnungskammer, Beamtenrecht, Verwaltungsgerichtsbarkeit und die Vermögensauseinandersetzung mit den Einzelstaaten/Gebieten geregelt. Die Vergleichs- und Abfindungsverträge mit den früheren Fürstenhäusern und Landeskirchen zogen sich bis 1926 hin. Die kleinstaatlichen Landeskirchen lösten sich schrittweise von den Einzelstaaten / Gebieten. Mit Ausnahme der Landeskirche des früheren Reuß ä.L. schlossen sie sich 1921 zur Thüringer Evangelischen Kirche zusammen. Kreiseinteilungsgesetz (16.06.1922) und Gemeinde- und Kreisordnung (20.07.1922) vereinheitlichten die Territorial- und Verwaltungsstrukturen, Einheitsschul- (24.02.1922), Lehrerbildungs- (08.07.1922) und Schulverwaltungs- (09.05.1923) Gesetze das Schulwesen. Das Industrie- und Handelskammergesetz (10.02.1923) schuf eine neue Kammerstruktur, das Gerichtssitzgesetz (15.06.1923) ein einheitliches Land- und Amtsgerichtssystem. Am 01.04.1923 endete die Übergangszeit. Wie der 01.05.1920 als „Geburtstag des Landes Thüringen“, so galt der 01.04.1923 als „Tag seiner Mündigkeit“.[55] Die **dramatischen Ereignisse Ende 1923** – Reichs- und Landeskrise, Reichsintervention, Ausnahmezustand, vorzeitiges Ende des Landtages und der Frölich-Regierung – verzögerten letzte Schritte zur Verwaltungseinheit. Erst 1926 gab eine Landesverwaltungsordnung einheitliche Vorschriften für die Verwaltungsgerichtsbarkeit, Staats- und Selbstverwaltung des Landes.[56] 15

IV. Die „Ära Frick“ und das Ermächtigungsgesetz 1930

Aus der **Landtagswahl** vom **Februar 1924** ging eine **Bürgerblock-Regierung** hervor. Erstmals zogen Abgeordnete einer völkisch-nationalsozialistischen Liste in den Landtag ein. Das traf zwar auch auf den Reichstag und auf andere Landtage zu. In Thüringen ließ sich aber die Minderheitsregierung des „Thüringer Ordnungsbundes“ von diesen Abgeordneten parlamentarisch tolerieren. Das hatte seinen Preis. Republikanisch gesinnte Beamte wurden entlassen, mehrere Gesetze der Übergangszeit revidiert. Die **NSDAP** fand in Thüringen fortan güns- 16

53 Zu Parteien, Wahlen, Landtagen, Regierungen und Regierungsmitgliedern vgl. *Post/Wahl*, Thüringen-Handbuch, 1999; *Wahl/Marek/Lamers/Borchard*, Thüringer Regierungschefs 1920 bis 2003, 2. Aufl. 2007; Zwischen Landesgründung und Gleichschaltung, 2001; *Dressel*, 75 Jahre Freistaat Thüringen, 1995; *ders.*, Der Thüringer Landbund – agrarischer Berufsverband als politische Partei in Thüringen 1919 – 1933, 1998; *Grass*, Studien zur Politik der bürgerlichen Parteien Thüringens in der Weimarer Zeit 1920-1932, 1997; *Kachel*, Ein rot-roter Sonderweg?, 2011.

54 *Schwarz,* Die linkssozialistische Regierung Frölich in Thüringen 1923, 2000.

55 *Loening,* Die Verfassung des Landes Thüringen, 3. Aufl. 1925, S. 5.

56 GTh 1926, S. 177; *Knauth/Wagner,* Landesverwaltungsordnung für Thüringen vom 10. Juni 1926, 1927.

tige Entfaltungsmöglichkeiten.[57] Hitler konnte hier erstmals wieder öffentlich auftreten. Zwar endete diese Konstellation 1927. Doch blieb die **SPD** als wichtigste Gründungs- und Trägerpartei der Republik und des Landes – anders als im Reich – auch fortan von der Landesregierung ausgeschlossen. Außerdem geriet das junge Land unter den Druck provinzsächsischer „Mitteldeutschland"-Fusionspläne.[58]

17 Bei den Wahlen zum **V. Thüringer Landtag** im Dezember **1929** wurde die **NSDAP** bei einem parlamentarischen Patt mit sechs Mandaten zum Zünglein an der Waage. Sie nutzte das, um reichsweit erstmals in eine Regierung eintreten und Thüringen zur „Probebühne" künftiger „Machtergreifung" machen zu können.[59] Im Januar 1930 entstand so eine Koalitionsregierung unter Erwin Baum (ThLB) mit Wilhelm Frick (NSDAP) als Innen- und Volksbildungsminister.[60] Zwar zerbrach sie schon nach einem Jahr. Doch konnte Frick ein ganzes Bündel verwaltungs-, personal-, polizei-, kultur-, wissenschafts-, schul- und bildungspolitischer Maßnahmen durchsetzen, die – parallel zum Beginn des Präsidialsystems im Reich – reichsweites Aufsehen erregten. Das Thüringer Beispiel machte zudem Schule. In Braunschweig entstand 1931 eine ähnliche Koalition. „Weimar 1930" wurde so zum Sinnbild des ersten politischen „Durchbruchs" der NSDAP.[61] 1932 gehörte Thüringen zu jenen kleineren Ländern, in denen die NSDAP die kompletten Landesregierungen stellte. In Thüringen wurde der NSDAP-Gauleiter Fritz Sauckel am 26.08.1932 Innen- und leitender Staatsminister.

18 Zu den beklemmenden Vorgriffen der „Ära Frick" auf spätere Praktiken gehörte das am 29.03.1930 erlassene, bis zum 30.09. befristete **Ermächtigungsgesetz.**[62] Solche Gesetze waren bislang nur in der Reichskrise Ende 1923 auf Reichsebene erlassen worden. Das mit der „Not von Land und Volk" begründete und sich auf das Thüringen-Gutachten des Reichssparkommissars[63] berufende Gesetz räumte der **Baum-Frick-Regierung** weit reichende Vollmachten zum **Verwaltungsum- und -abbau** ein. Frick nutzte sie, um noch verbliebene politische Gegner zu entlassen, Nationalsozialisten auf Schlüsselposten zu berufen und die Landesverwaltungsordnung zu revidieren. Das Thüringer Ermächtigungsgesetz alarmierte die Anhänger der parlamentarischen Demokratie. Diejenigen, die mit Verwaltungsreformen den Länderparlamentarismus überwinden wollten, lobten es: „Nur ein zielbewußter Staatswille konnte in dieser kurzen Zeit so grundlegende Änderungen schaffen. Ein Parlament wäre dazu nicht imstande gewesen."[64] Fricks Maßnahmen höhlten die parlamentarische Demokratie des Landes von innen aus, Brünings Spar- und Deflationspolitik von außen.

57 *Tracey*, Der Aufstieg der NSDAP bis 1930, in: Heiden/Mai, Nationalsozialismus in Thüringen, 1995, S. 49 ff.; *Kirsten*, „Weimar im Banne des Führers", 2001.
58 Mitteldeutschland auf dem Wege zur Einheit, 1927; *Jahn*, Kann das Land Thüringen seine Eigenstaatlichkeit bis zur Bildung von Reichsprovinzen behaupten?, 1929; *Brill*, Reichsreform – eine thüringische Schicksalsfrage, 1932; vgl. auch *Lemuth*, Thüringen und „Mitteldeutschland", in: John, „Mitteldeutschland", 2001, S. 393 ff.
59 *Dieckmann*, VfZ 14 (1966), 454 ff.
60 *Neliba*, Wilhelm Frick und Thüringen als Experimentierfeld für die nationalsozialistische Machtergreifung, in: Heiden/Mai, Nationalsozialismus in Thüringen, 1995, S. 75 ff.
61 *Ehrlich/John*, Weimar 1930, 1998; *Rudolph*, in: FS Hans Mommsen (1995), S. 247 ff.
62 GTh 1930, S. 23.
63 *Saemisch*, Gutachten über die Landesverwaltung Thüringens, 1929.
64 Reich und Länder. Zeitschrift für die Entwicklung der Verfassung und Verwaltung in Deutschland 4 (1930), 25-30, 234-240 (239).

Sie beschnitt den Handlungsraum der Länder drastisch, griff in ihr Verfassungsrecht ein und beschränkte die Rechte der Parlamente. Die sog. Dietramszeller Notverordnung des Reichspräsidenten „zur Sicherung der Haushalte von Ländern und Gemeinden“ vom 24.08.1931[65] ermächtigte die Landesregierungen, ohne Mitwirkung der Parlamente und abweichend vom Verfassungsrecht, Sparmaßnahmen zu ergreifen und die Kommunen dazu zu zwingen.

V. Ländergleichschaltung und NS-Gau

Mit der Berufung Hitlers zum Reichskanzler am 30.01.**1933** begann der schritt- 19
weise **Auf- und Ausbau der NS-Diktatur.** Das schloss Terror, politische und rassische Ausgrenzung einer- wie „Gleichschaltungs“- und Integrationsmaßnahmen andererseits ein. Die „nationale Revolution“ ersetzte das politische „System von Weimar“ durch ein diktatorisches, terroristisches, rassistisches, in der Konsequenz kriegsgerichtetes, expansives und genozidales System. Sie zerstörte – wie NS-Staatsrechtler den Aufbau des „völkischen Führer- und Bewegungsstaates“ zustimmend beschrieben – den „Verfassungskern des Weimarer Systems“, der „in den Grundsätzen der Demokratie, des Liberalismus, des Parlamentarismus, des Parteienstaates, des Föderalismus, der Gewaltenteilung, des bürgerlichen Rechtsstaates“ bestand;[66] sie habe dem föderativ-parlamentarischen „Spuk ein Ende gemacht“ und den Länderparlamentarismus beseitigt.[67] Das geschah auf „normen“- wie „maßnahmestaatlichem“ Wege[68] scheinbar verfassungskonform mit den Instrumenten des Weimarer Ausnahmerechtes und ohne die Reichsverfassung förmlich außer Kraft zu setzen. Diese pseudolegalen Maßnahmen erfolgten bis 1935 noch weitgehend durch Gesetze und Verordnungen.[69] Seit 1936 traten dann andere – „neustaatlich“-mobilisierende – Maßnahmen in den Vordergrund.[70]

Die formelle **„Gleichschaltung der Länder mit dem Reich“** begann mit der Ver- 20
ordnung „zum Schutz von Volk und Staat“ („Reichstagsbrandverordnung“) vom 28.02.1933.[71] Sie setzte die Grundrechte außer Kraft, führte den Dauer-Ausnahmezustand ein, legalisierte Terror und „Schutzhaft“-Praxis und ermächtigte die Reichsregierung, „Befugnisse der obersten Landesbehörden vorübergehend wahrzunehmen“. Auf dieser Grundlage wurden in noch nicht NS-regierten Ländern **Reichskommissare** eingesetzt. Thüringen hatte seit Sommer 1932 bereits eine NS-Regierung; hier war das nicht nötig. Die weiteren Maßnahmen erfolgten mit der Blankovollmacht des Reichs-Ermächtigungsgesetzes vom

---

65 RGBl. I 1931, S. 453; zum Kontext vgl. *Schulz*, Zwischen Demokratie und Diktatur, Bd. 3, 1992.

66 *Huber*, Verfassungsrecht des Großdeutschen Reiches, 2. Aufl. 1937/39, S. 51; vgl. auch *Walkenhaus*, Konservatives Staatsdenken, 1997; *Stolleis*, Staats- und Verwaltungsrechtswissenschaft in Republik und Diktatur 1914-1945, 1999.

67 *Koellreutter*, Die Gestaltung der deutschen politischen Einheit, 1934, S. 10; vgl. auch *Schmidt*, Otto Koellreutter 1883-1972, 1995.

68 *Fraenkel*, Der Doppelstaat, 2. Aufl. 2001.

69 Sie sind deshalb auch verfassungsgeschichtlich noch erfass- und darstellbar; aus der Fülle der Literatur vgl. etwa *Broszat*, Der Staat Hitlers, 13. Aufl. 1992, S. 130 ff.; *Stern*, Die geschichtlichen Grundlagen des deutschen Staatsrechts, (=Stern, Bd. V), 2000, S. 774 ff.

70 *Hachtmann*, „Neue Staatlichkeit“, in: John/Möller/Schaarschmidt, Die NS-Gaue, 2007, S. 56 ff.; *ders.*, Elastisch, dynamisch und von katastrophaler Effizienz – zur Struktur der Neuen Staatlichkeit des Nationalsozialismus, in: Reichardt/Seibel, Der prekäre Staat, 2011, S. 29 ff.; *Werner*, Mobilisierung im Nationalsozialismus, (im Druck).

71 RGBl. I 1933, S. 83; *Raithel/Strenge*, VfZ 48 (2000), 413 ff.

23./24.03.1933.[72] Das erste „Gleichschaltungs"-Gesetz (31.03.)[73] ermächtigte die Landesregierungen, verfassungsabweichend zu handeln, löste die Landes- und Kommunalparlamente auf und ernannte neue – ohne Vertreter der de facto bereits verbotenen KPD. Der so ernannte VII. Landtag von Thüringen tagte vom 01. bis 15.05.1933, erließ ein **Ermächtigungsgesetz** (03.05.)[74] und stellte dann seine Tätigkeit ein. Das zweite „Gleichschaltungs"-Gesetz (07.04.)[75] setzte in den Ländern NSDAP-Gauleiter[76] als Reichsstatthalter mit umfangreichen „Gleichschaltungs"- und Kontrollbefugnissen ein. Für Preußen behielt sich Hitler die Reichsstatthalter-Befugnisse selbst vor. Zum Reichsstatthalter für das Land Thüringen berief der Reichspräsident am 05.05.1933 den Gauleiter Sauckel, der dafür auf sein Regierungsamt verzichtete und am 08.05.1933 den NS-Wirtschaftsminister Willy Marschler zum – wie es nun hieß – Thüringer Ministerpräsidenten ernannte.[77]

21 Im Juni 1933 wurden die SPD verboten und die übrigen **Parteien zur Selbstauflösung** gezwungen. Seit dem 01.12.1933 war die NSDAP gesetzliche Staatspartei. Im August 1934 wurde der „Führer und Reichskanzler" Hitler zugleich Staatsoberhaupt. Währenddessen endeten die Sondervollmachten der 1933 eingesetzten Reichsstatthalter. Das „Gesetz über den Neuaufbau des Reiches" (30.01.1934)[78] übertrug die **Hoheitsrechte der Länder** dem Reich und unterstellte die Landesregierungen der Reichsregierung. Im Februar 1934 wurde der Reichsrat als Ländervertretung aufgehoben.[79] An die Stelle der Thüringen-Vertretung beim Reich trat das vom NSDAP-Gauwirtschaftsberater geleitete „Thüringen-Haus". Die Reichsstatthalter kamen mit dem „Neuaufbau"-Gesetz und mit dem zweiten Reichsstatthaltergesetz (30.01.1935)[80] unter Dienstaufsicht des Reichsinnenministers. Die Kompetenzen der Länderministerien wurden „verreichlicht", die Justizministerien aufgelöst. Die Länder sanken auf das Niveau bloßer Reichsverwaltungsbezirke herab. In kleineren Ländern wie Thüringen übernahm der Ministerpräsident alle Fachressorts. Die „Deutsche Gemeindeordnung" (30.01.1935)[81] schloss die 1933 begonnene „Gleichschaltung" der Städte und Gemeinden ab. Die Thüringer Landesverwaltungsordnung wurde am 25.09.1935 dem veränderten Zustand angepasst.[82]

22 Mit dem kriegsvorbereitenden „Vierjahresplan" 1936 begannen „neustaatliche" **Mobilisierungsprozesse**, die sich während des Krieges steigerten.[83] Die **NS-Gaue** wurden nun über ihre Parteifunktionen hinaus vom Reich mit Steuerungs- und

---

72 RGBl. I 1933, S. 141; *Morsey*, Das „Ermächtigungsgesetz" vom 24. März 1933, 1992.
73 RGBl. I 1933, S. 153.
74 GTh 1933, S. 253.
75 RGBl. I 1933, S. 173.
76 *Hüttenberger*, Die Gauleiter, 1969; *Ziegler*, Gaue und Gauleiter im Dritten Reich, in: Möller/Wirsching/Ziegler, Nationalsozialismus in der Region, 1996, S. 139 ff.; *Noakes*, in: FS Ian Kershaw (2003), S. 118 ff.
77 GTh 1933, S. 271.
78 RGBl. I 1934, S. 75.
79 RGBl. I 1934, S. 89.
80 RGBl. I 1935, S. 65.
81 RGBl. I 1935, S. 49.
82 GTh 1935, S. 119.
83 *Petzina*, Autarkiepolitik im Dritten Reich, 1968; *Tooze*, Ökonomie der Zerstörung, 2007; *Kroener/Müller/Umbreit,:* Organisation und Mobilisierung des deutschen Machtbereiches, 2 Halbbde, 1988/1999; *Echternkamp*, Die deutsche Kriegsgesellschaft 1939 bis 1945, 2 Halbbde. 2004/05.

Mobilisierungsfunktionen ausgestattet und ihnen dafür die jeweiligen Landes- und Provinzialverwaltungen als Hilfsorgane zugeordnet. Die Mobilmachungsmaßnahmen bei Kriegsbeginn 1939 schufen neue Mittelinstanzen in der Wirtschaftsverwaltung. Sie richteten bei den Wehrkreisen Reichsverteidigungsbezirke „zur einheitlichen Steuerung der zivilen Verwaltung" ein und beriefen Gauleiter mit Staatsämtern zu Reichsverteidigungskommissaren.[84] 1942/43 wurden diese Bezirke den Gaustrukturen angepasst, alle Gauleiter Reichsverteidigungskommissare und sämtliche regionalen Steuerungs- und Mobilisierungsfunktionen auf die Gaue ausgerichtet. Wie auf allen Handlungsebenen geschah das nicht mehr durch Gesetze, gelegentlich noch durch Verordnungen, meist aber durch „Führer-Erlasse", Sondermaßnahmen und -gewalten.[85] Auf Gauebene bildeten sich so bis in die letzten Kriegsmonate hinein wirksame Steuerungs- und Mobilisierungsgeflechte in enger Kooperation mit Reichsinstanzen heraus. Die vor 1933 auf Reichstags-Wahlkreis-Basis gebildeten Parteigaue wandelten sich seit 1936 und im Kriege zu „neustaatlichen" Reichsmittelinstanzen und bildeten – ohne förmliche Reichsreform[86] – die informelle neue Regionalstruktur des „Altreiches" und der „Anschlussgebiete" von 1938/39.[87]

Diese Prozesse lassen sich beim **NS-Gau Thüringen**[88] geradezu idealtypisch verfolgen. Er umfasste das Land Thüringen, den preußischen Regierungsbezirk Erfurt (Provinz Sachsen) und den preußischen Kreis Schmalkalden (Provinz Hessen-Nassau). Sitz der Gauleitung war Weimar. Der Gauleiter Sauckel[89] gehörte zu jenen Parteiführern, die die „neustaatlichen" Entwicklungstrends der Gaue frühzeitig erkannten und zu gestalten wussten. Nicht zuletzt deshalb stieg er 1942 als Generalbevollmächtigter für den Arbeitseinsatz in den engeren Kreis der Sonder-Kommissare des „totalen Krieges" auf.[90] Schon im Vorfeld des „Vierjahresplanes" engagierte er sich für den Aus- und Umbau der Gaue zu Reichs-Mittelinstanzen. Im Januar 1936 wandte sich Sauckel mit einer entsprechenden, gegen den „Ressort-Partikularismus" der Reichsministerien gerichteten Denkschrift an Hitler.[91] Im Februar 1936 baute er – gestützt auf eine Anordnung Hitlers – seine Reichsstatthalter-Behörde zu einer informellen Regionalregierung für den gesamten Gau aus.[92] Seine Denkschrift für einen „Vierjahresplan"-Gaustab vom Januar 1937 wies dem Thüringer Ministerpräsidenten 23

84 RGBl. I 1939, S. 1495, 1565; *Rebentisch*, Führerstaat und Verwaltung im Zweiten Weltkrieg, 1989; *Rebentisch/Teppe*, Verwaltung contra Menschenführung im Staat Hitlers, 1986.

85 *Moll*, „Führer-Erlasse" 1939-1945, 1997; *Hachtmann/Süß*, Hitlers Kommissare, 2006.

86 *Baum*, VfZ 3 (1955), 36 ff.; *Bachnik*, Die Verfassungsreformvorstellungen im nationalsozialistischen Deutschen Reich und ihre Verwirklichung, 1995.

87 *John*, Die Gaue im NS-System, in: John/Möller/Schaarschmidt, Die NS-Gaue, 2007, S. 22 ff.

88 *John*, Der NS-Gau Thüringen 1933 bis 1945, in: Ulbricht, Klassikerstadt und Nationalsozialismus, 2002, S. 25 ff.; *Heiden/Mai*, Nationalsozialismus in Thüringen, 1995; *Post*, Thüringen unter nationalsozialistischer Herrschaft 1932-1945, in: Dornheim/Post/Stenzel, Thüringen 1933-1945, 1997, S. 9 ff.; *Schilling*, Die Entwicklung des faschistischen Herrschaftssystems in Thüringen 1933-1939, 2001; *Fleischhauer*, Der NS-Gau Thüringen 1939-1945, 2010.

89 *Raßloff*, Fritz Sauckel, 2007.

90 *Naasner*, Neue Machtzentren in der deutschen Kriegswirtschaft 1942-1945, 1994.

91 BArch, R 43 II, Nr. 494; ThHStAW, RStHTh, Nr. 102/1; *Hüttenberger*, Die Gauleiter, 1969, S. 112 ff.; *Rebentisch*, Führerstaat und Verwaltung im Zweiten Weltkrieg, 1989, S. 237 ff.

92 ANTh I 1936, S. 55; GTh 1936, S. 13.

und dem Erfurter Regierungspräsidenten nachgeordnete Funktionen zu.[93] Das war zwar noch nicht völlig durchsetzbar, wies aber bereits in die Funktionspraxis während des Krieges. Bei Kriegsbeginn wurde Sauckel zum Reichsverteidigungskommissar für den Wehrkreis / Reichsverteidigungsbezirk IX (Dienstsitz Kassel) ernannt,[94] in dem er Ende November 1939 einen Teilbezirk IX b für den Gau Thüringen durchsetzen konnte.[95] Am 16.11.1942 wurden die Reichsverteidigungsbezirke den Gaustrukturen angepasst und Sauckel Reichsverteidigungskommissar im Reichsverteidigungsbezirk / Gau Thüringen.[96] Am 01.04.1944 teilten „Führer-Erlasse" die preußischen Provinzen Sachsen und Hessen-Nassau. Sie wurden den Gaustrukturen angepasst, der Kreis Schmalkalden dem Regierungsbezirk Erfurt zugeordnet und dieser Sauckel als Oberpräsidenten unterstellt.[97]

VI. Landesverwaltung und -verfassung 1945/46

24 Den Rahmen für den Neubeginn nach dem Ende des NS-Regimes schufen die **Kapitulation** und **Besetzung Deutschlands.**[98] Die Siegermächte übernahmen die deutsche Staatsgewalt, ohne über fest umrissene, gemeinsame oder miteinander abgestimmte deutschland- und besatzungspolitische Konzepte zu verfügen. Ihre Vereinbarungen zur Nachkriegsordnung blieben vage. Das **Potsdamer Abkommen** enthielt unterschiedlich interpretierbare Grundprinzipien. Spätere deutschlandpolitische Initiativen standen im Zeichen des heraufziehenden Ost-West-Konfliktes. Die Gesetze und Direktiven des **Alliierten Kontrollrates** mussten von den zonalen **Militärregierungen** umgesetzt werden, um wirksam zu werden. Letztlich entschieden die Besatzungsmächte über das, was in ihren Zonen geschah. Bei allen Kontrasten hielten sie sich in den ersten Besatzungsjahren aber durchaus noch an das gemeinsame Vereinbarte. Alle vier **Besatzungsmächte** stellten sich 1945 auf die föderalen Strukturen Deutschlands ein, auch die Sowjetunion – solange gemeinsame alliierte Politik möglich schien. Wahlen, Regierungsbildung und Landesverfassungen erfolgten 1946/47 in einem ähnlichen zeitlichen Rhythmus. Schon vor der **Auflösung Preußens** durch den Kontrollrat (Februar 1947) wurden in allen vier Besatzungszonen Länder und preußische Gebiete zusammengeschlossen und so die territoriale Struktur tief greifend verändert. Als Militärregierung für die **sowjetische Besatzungszone (SBZ)**[99] fungierte die **Sowjetische Militäradministration in Deutschland (SMAD).**[100] Sie bildete im Juli 1945 Militäradministrationen und deutsche Verwaltungen für die fünf Länder / Provinzen der SBZ.[101] Die am 27.07. als SMAD-Hilfsorgane eingerichteten Deutschen (Zentral) Verwaltungen suchten von Anfang an in die Kompetenzen der Landes- und Provinzialverwaltungen einzugreifen. Anders als in der US-Zone (Länderrat) verfügten diese über kein gemeinsames Vertretungs- und Koordinationsorgan.

93 ThHStAW, ThMdI, Abt. D, Nr. 1638.
94 ANTh I 1939, S. 319 (Mitteilung über das Zuständigkeitsgebiet).
95 ThHStAW, RStHTh, Nr. 285, Bl. 12r-13v.
96 RGBl. I 1942, S. 649; ThHStAW, RStHTh, Nr. 470.
97 RGBl. I 1944, S. 109, 110; ThHStAW, RStHTh, Nr. 111; *Snell,* ZVThG 49 (1995), 9 ff.
98 *Benz*, Deutschland unter alliierter Besatzung 1945-1949/55, 1999.
99 *Broszat/Weber*, SBZ-Handbuch, 2. Aufl. 1993.
100 *Möller/Tschubarjan,* SMAD-Handbuch, 2009.
101 *Brunner/Müller/Röpcke,* Land – Zentrale – Besatzungsmacht, 2003.

Vom 01. bis 16.04.1945 befreiten und besetzten amerikanische Truppen Thüringen.[102] Die jeweiligen Militärkommandeure setzten neue Bürgermeister und Landräte ein. Eher geduldet als gefördert, entstanden **„Antifaschistische Komitees“**. Weimar wurde zur administrativen, das befreite Konzentrationslager Buchenwald zur politischen Keimzelle der neuen Landesverwaltung. Hier formierte sich ein „Thüringen-Komitee“, aus dem der „Thüringen-Ausschuss“ antifaschistischer Ausschüsse und provisorischer Parteien (08.06. bis 18.07.1945) hervorging.[103] Der neue Weimarer Oberbürgermeister übertrug am 07.05. dem Linkssozialisten und bisherigen Buchenwald-Häftling Hermann Brill[104] „die Geschäfte des Thüringischen Staatsministeriums“. Brill setzte Bevollmächtigte für einzelne Fachressorts ein und erhielt von der Militärregierung den Auftrag zum Neuaufbau der Verwaltung. Auf ihrer ersten Sitzung am 26.05. billigten die Bevollmächtigten seine Entnazifizierungs-Richtlinien.[105] Brills Verwaltungsplan und -richtlinien für eine „Provinz Thüringen“ sahen die völlige Integration der preußischen Gebiete, den Wiederaufbau rechtstaatlicher Strukturen und einen Landesrat zur Vertretung der Bevölkerung vor.[106] Am 09.06.1945 ernannte ihn die Militärregierung zum Regierungspräsidenten.[107] Am 12.06. berief er Regierungsdirektoren aus dem Kreis bisheriger Buchenwald-Mithäftlinge und „innerer Emigranten“ einschließlich der am 12.05. eingesetzten Bevollmächtigten. Am 02.07. wurde diese Provinzialregierung offiziell bekannt gegeben.[108] Am gleichen Tage begann der Aufbau einer Präsidialkanzlei.[109] 25

Unterdes erfolgte vom 01. bis zum 06.07.1945 der Besatzungswechsel, da Thüringen zu der seit 1943 alliiert vereinbarten sowjetischen Besatzungszone gehörte. Am 16.07. konstituierte sich die Militäradministration für Thüringen und berief ein **Landespräsidium.**[110] Zum Landespräsidenten Thüringens ernannte der SMATh-Chef Tschuikow den Juristen Rudolf Paul (ehem. DDP).[111] Er hatte in der NS-Zeit Berufsverbot als Rechtsanwalt, wurde im Mai 1945 zum Geraer Oberbürgermeister ernannt, blieb zunächst parteilos und trat 1946 der SED bei. Die drei Vizepräsidenten Ernst Busse (KPD), Georg Appell (SPD) und Max Kolter (CDU) hatten bereits der Provinzialregierung unter Brill angehört; Busse war ehemaliger Buchenwald-Häftling; Appell und Kolter kamen wie Paul aus der „inneren Emigration“. Am 17.07. nahm das Landespräsidium seine Tätigkeit auf.[112] Mit einer Thüringen-Rundfahrt verschaffte sich der Landespräsident ein 26

102 *Henke*, Die amerikanische Besetzung Deutschlands, 2. Aufl. 1996.

103 *Wahl*, Der „Thüringen-Ausschuß“ 1945, 1997.

104 *Overesch*, Hermann Brill in Thüringen 1895-1946, 1992.

105 ThHStAW, BMP, Nr. 459, Bl. 2 r; vgl. auch *Overesch*, Hermann Brill in Thüringen 1895-1946, 1992, S. 327 ff.; *Welsh*, Revolutionärer Wandel auf Befehl?, 1989.

106 ThHStAW, BMP, Nr. 1078, Bl. 7r-19 r; Nr. 1077, Bl. 1r-3 r; *Overesch*, Hermann Brill in Thüringen 1895-1946, 1992, S. 318 ff.; Brills Plan knüpfte an frühere unitarische Positionen an – vgl. Anm. 8 und 28; *Brill*, Reichsreform – eine thüringische Schicksalsfrage, 1932.

107 ThHStAW, BMP, Nr. 1079, Bl. 9 r.

108 RTh I 1945, S. 1.

109 Seit 1946 Präsidialamt, seit 1947 Präsidialabteilung, seit 1950 Büro des Ministerpräsidenten – vgl. *Heß*, Land Thüringen – Der Ministerpräsident – Büro des Ministerpräsidenten (MS, o. J. im ThHStAW).

110 ThHStAW, BMP, Nr. 459, Bl. 26 r, 31r-33 r; zur SMATh vgl. *Möller/Tschubarjan*, SMAD-Handbuch, 2009, S. 557 ff.

111 *John*, Der Thüringer Landes- und Ministerpräsident Rudolf Paul oder: Die „Ära Paul“ in Thüringen 1945 bis 1947 (in Vorbereitung).

112 ThHStAW, BMP, Nr. 459, Bl. 29 r, 30 r.

Bild über die Kriegsfolgenlage. Mit dem für Thüringen maßgeblichen SMATh-Verwaltungschef Kolesnitschenko traf er sich im Juli mehrfach zu Lagebesprechungen.[113] Daraus ging eine Serie häufiger, meist ad hoc einberufener Besprechungen bis 1947 hervor.[114] Besatzungsrechtlich beruhte das Verhältnis zur Militäradministration auf dem Befehlswesen. Wichtige Maßnahmen oder Anweisungen erfolgten durch SMAD-Befehle[115] oder Befehle regionaler Militäradministrationen. Befehle waren Ausdruck des Besatzungsrechtes; sie setzten Besatzungsrecht und mussten befolgt werden.[116] Oft kamen sie – wie die Banken-, Sequestrations- und Demontagebefehle – unverhofft. Andere Befehle hingegen waren mit deutschen Stellen vorbereitet worden. Mitunter setzte die Militäradministration missliebige Personen per Befehl ab – so am 05.11.1945 Kolter als Landesdirektor für Landwirtschaft und im September 1946 seinen Nachfolger Hans Lukaschek.

27 Der Aufbau der Landesverwaltung zog sich bis Ende August hin. Am 20.08. erhielt der **Landespräsident** die **vorläufige Gesetzgebungsgewalt** im Land Thüringen.[117] Das unterstrich seine exponierte Stellung. In der Überzeugung, „in einem jungen Staat müsse der Begriff der Autorität wieder aufgerichtet werden“, ohne aber bürokratisch „vom grünen Tisch aus zu entscheiden“,[118] suchte er die Zusammenarbeit mit den seit dem 17.08. im Landesblock zusammenwirkenden Parteien.[119] Am 01.09.1945 bildete sich die Landesverwaltung mit Landespräsident, Vizepräsidenten und neun Landesdirektoren, die Landesämter als Fachressorts leiteten.[120] Dem 1. Vizepräsidenten Busse unterstanden Landespolizei und Bodenreform- und Sequestrationskommissionen. Appell und Kolter waren zugleich Landesdirektoren für Verkehr und Landwirtschaft. Ebenfalls aus Brills Provinzialregierung kamen die Landesdirektoren für Finanzen Leonhard Moog (LDP) und Volksbildung Walter Wolf (KPD, ehemaliger Buchenwald-Häftling).

28 Der Plan eines straffenden **Umbaus der Landesverwaltung** vom 09.10.1945[121] blieb unverwirklicht. Aus ihm ging aber ein dem Landespräsidenten direkt unterstellter Wirtschaftsstab hervor, über den 1945/46 intensive Wirtschaftskon-

113 ThHStAW, BMP, Nr. 459, Bl. 36r-46 v, 50 r, 50 v; Nr. 1637, Bl. 11 r, 12 r.

114 ThHStAW, BMP, Nr. 513 und 514.

115 *Foitzik*, Inventar der Befehle des Obersten Chefs der Sowjetischen Militäradministration in Deutschland (SMAD) 1945-1949 – Offene Serie, 1995.

116 ThHStAW, BMP, Nr. 513, Bl. 390r-402 r und Nr. 645, Bl. 40 r, 128 r, 141 r, 141 v; *Barth*, Welches Recht gilt? Besatzungsrecht steht vor deutschem Recht, in: Tribüne, 10.11.1945; *Majer*, Grundlagen des Besatzungsrechts 1945-1949, in: Volkmann, Ende des Dritten Reiches, 1995, S. 141 ff.

117 RTh I 1945, S. 9; *Lunau*, Auf der Schwelle dieser Demokratie, 2003, S. 106 ff; Dieses und weitere Landesgesetze 1945 sind auch in den in Anm. 16 genannten Editionen abgedruckt.

118 ThHStAW, ThL, Nr. 1, Bl. 1r-5 r (Protokoll der 1. Sitzung der Landesverwaltung mit Parteienvertretern am 11.01.1946), (Bl. 1 r).

119 *Louis*, Die Liberal-Demokratische Partei in Thüringen 1945-1952, 1996; *Kachel*, Ein rot/roter Sonderweg?, 2011; *Lunau*, Auf der Schwelle dieser Demokratie, 2003, S. 210 ff.

120 RTh I 1945, S. 5; *Heß*, Landespräsident, Ministerpräsident und Landesregierung in Thüringen 1945-1952, (MS 1959 im ThHStAW); *Wahl*, Der Beginn der antifaschistisch-demokratischen Umwälzung in Thüringen, Gesellschaftswiss. Diss. Jena 1976; *Lunau*, Auf der Schwelle dieser Demokratie, 2003, S. 101 ff.

121 ThHStAW, BMP, Nr. 246, Bl. 56r-62 r.

takte in die amerikanische und britische Zone liefen.[122] In Schreiben an die Ministerpräsidenten Bayerns und Hessens betonte Paul die Notwendigkeit „engen wirtschaftlichen Zusammengehens aller deutschen Länder".[123] Daraus erwuchsen zeitweise enge – durch wechselseitige Staatsbesuche bekräftigte – hessisch-thüringische Kontakte.[124] Zugleich versuchte der Wirtschaftsstab, den länderübergreifenden Warenverkehr innerhalb der SBZ zu koordinieren.[125] Mit Nachdruck wandte sich Paul aber gegen ebenfalls mit Koordinationszwängen begründete Eingriffe Berliner Zentralverwaltungen. Damit laufe – schrieb er am 29.10.1945 an den SMAD-Chef Shukow – „die in den dezentralisierten Selbstverwaltungen der Länder und Provinzen verkörperte Idee der Demokratie ... Gefahr, durch eine zentral gesteuerte Bürokratie ersetzt zu werden."[126] Dass der SMAD-Chef dem Gehör schenkte und mit einer Koordinationsberatung am 13./14.11.1945 die Zentralverwaltungen in die Schranken wies, stärkte das Selbstvertrauen und den Handlungswillen der Landesverwaltung.

Die **Landesausbaugesetze** seit September 1945 griffen auf das bis 1933 geltende Staats- und Verwaltungsrecht zurück oder sollten rechtsstaatliche Umgestaltungswege ermöglichen – so die Bodenreform- (10.09.), Wiedergutmachungs- (14.09.), Staatsbeamten- (05.10.), Sequestrations- (09.10.), Wiederaufbau- (18.10.), Strafgesetzbuch- (01.11.) und Gerichtsverfassungs- (05.12.) Gesetze. Ein Landesgesetz vom 26.11.1945 passte die Landesverwaltungsordnung dem neuen Staatsaufbau an; es griff dabei auf Brills Verwaltungsrichtlinien zurück und hob die Maßnahmen von 1935 auf.[127] Im August 1945 und Juni 1946 nahmen die Oberlandes- und Oberverwaltungsgerichte in Gera und Jena ihre Tätigkeit auf. „Thüringen ist ein Rechtsstaat", erklärte der Landespräsident am 05.11.1945 in einem Erlass zur Einhaltung der Landesgesetze.[128] Für sie seien – schrieb der Oberverwaltungsgerichtspräsident Hellmuth Loening rückblickend – „im großen und ganzen rechtsstaatliche Gesichtspunkte maßgebend" gewesen.[129] Zwar mussten die **Bodenreform- und Sequestrationsgesetze** auf Befehl der Besatzungsmacht revidiert bzw. rückgängig gemacht werden. Die meisten Gesetze hatten aber längere Zeit Bestand. Man war deshalb überzeugt, mit ihnen dem Land gleichsam eine **„vorläufige Verfassung"** auf rechtsstaatlich-reformatorischer Grundlage gegeben und im Sinne „sozialer Demokratie" einen mittleren „thüringischen Weg" eingeschlagen zu haben[130] – so der aus Brills Umfeld kommende linkssozialistische Jurist Karl Schultes, der als Leiter der Gesetzge- 29

122 ThHStAW, BMP, Nr. 1361, Bl. 335r-338 v (Memorandum des Wirtschaftsstab-Leiters v. 07.01.1946).
123 ThHStAW, BMP, Nr. 389, Bl. 21 r (Schreiben v. 06.10.1945 an den bayerischen Ministerpräsidenten Hoegner), 194 r (Schreiben v. 13.12.1945 an den hessischen Ministerpräsidenten Geiler, Zitat).
124 *Overesch*, Nassauische Annalen 91 (1980), 247 ff.
125 ThHStAW, BMP, Nr. 1361, Bl. 333r-334 v (Memorandum des Wirtschaftsstab-Leiters v. 05.01.1946).
126 ThHStAW, BMP, Nr. 1361, Bl. 13r-16 r (Bl. 13 r).
127 RTh I 1946, S. 53; *Lunau*, Auf der Schwelle dieser Demokratie, 2003, S. 113 ff.; vgl. auch Anm. 56, 82 und 106.
128 ThHStAW, BMP, Nr. 1361, Bl. 35 r, 35 v (Bl. 35 v).
129 *Loening*, AöR 75 (1949), 56 (56).
130 *Schultes*, Gesetzgebung und Rechtsentwicklung im Lande Thüringen (nach dem Stand vom 20.10.1946), [MS in: ThHStAW, BMP, Nr. 1869 (n.p.)]; *ders.*, DRZ 1 (1946), 56-58; Vortrag vor dem Berliner SED-Rechtsausschuss am 04.01.1947, in: IfZ, ED 188 (NL Karl Schultes), Bd. 26 (n.p.).

bungsabteilung, als SED-Jurist und einschlägiger Publizist[131] maßgeblich am Verfassungsgebungsprozess beteiligt war.

30 Der **Weg zur Landesverfassung** begann mit den informellen Beratungen der Landesverwaltung und Parteienvertreter im Januar 1946.[132] Man vereinbarte eine engere Zusammenarbeit und einen Tätigkeitsbericht der Landesverwaltung, der am 27.02.1946 unter dem Motto „Werdender Staat" erfolgte.[133] Im Mai regte die SED im zentralen Berliner Parteienblock beratende Körperschaften in den Ländern an. Das entsprechende Thüringer Gesetz erging am 12.06.1946.[134] Auf seiner Grundlage entstand unter dem Ehrenvorsitz der Schriftstellerin Ricarda Huch die „Beratende Landesversammlung Thüringen", die vom 24.06. bis zum 25.09.1946 zu fünf Sitzungen zusammentrat.[135] Vom 01. bis 15.09.1946 – in Thüringen am 08.09. – fanden SBZ-Wahlen zu kommunalen Parlamenten statt, am 20.10. Kreis- und Landtagswahlen.[136] Am 22.09. wurde die Thüringer Gemeindeverfassung erlassen.[137] Am 21.11. konstituierte sich der **Thüringer Landtag** mit der Wahl des Landtagspräsidenten August Frölich (SED) und einer Willenserklärung der drei Fraktionen (SED, LDP, CDU) zur „Einheit Deutschlands".[138] In der Debatte verurteilte Heinrich Hoffmann (SED) unter Verweis auf das frühere „Elend der Kleinstaaterei" alle „separatistischen, partikularistischen und föderalistischen Tendenzen"; die Länder könne man nur als vorübergehende Bausteine zum Einheitsstaat akzeptieren.[139] Dagegen plädierte Georg Grosse (CDU) für einen gesamtdeutschen Bundesstaat und warnte vor der noch virulenten „Gefahr totalitärer Ideen" in zentralistischen Staaten.[140] Am 27.11. übertrug ein SMAD-Befehl die Gesetzgebungsgewalt von den Präsidenten auf die Landtage.[141] Am 04.12. erließ der Thüringer Landtag Regierungsbildungs- und Überleitungsgesetze und wählte die Landesregierung als Koalition der drei Landtagsparteien mit dem bisherigen Landespräsidenten Paul als Ministerpräsidenten.[142] Alle sechs Minister waren schon zuvor – wenn auch zum Teil für andere Ressorts – Landesdirektoren gewesen.

31 Zwar wurde die **SED** bei den Wahlen 1946 stärkste Partei. Doch blieben die Wahlergebnisse hinter ihren Erwartungen zurück. Umso mehr war sie bemüht, deutschland- und verfassungspolitisch in die Offensive zu kommen. Von August bis November 1946 legte der Berliner SED-Parteivorstand Verfassungsentwürfe

131 *Schultes*, Der Niedergang des staatsrechtlichen Denkens im Faschismus, 1947; *ders.*, Der Aufbau der Länderverfassungen in der sowjetischen Besatzungszone, 1948; *ders.*, Die süddeutschen Länderverfassungen, 1948.

132 ThHStAW, ThL, Nr. 1, Bl. 1r-8 r.

133 *Paul*, Werdender Staat, 1946; ThHStAW, BMP, Nr. 251, n.p. (Tagungsbericht).

134 RTh I 1946, S. 89.

135 ThHStAW, ThL, Nr. 1 (Protokolle); *Gottwald*, Der Thüringer Landtag 1946-1952, 1994, S. 11 ff.; *Lunau*, Auf der Schwelle dieser Demokratie, 2003, S. 245 ff.

136 Wahlergebnisse bei: *Dressel*, 75 Jahre Freistaat Thüringen, 1995, S. 154 ff.; vgl. auch *Hajna, Die* Landtagswahlen 1946 in der SBZ, 2000.

137 RTh I 1946, S. 8.

138 ThLStB, 1. konstituierende Sitzung v. 21.11.1946; Auf dem Wege zur Demokratie, 1947; *Gottwald*, Der Thüringer Landtag 1946-1952, 1994, S. 22 f.

139 ThLStB, 1. konstituierende Sitzung v. 21.11.1946, S. 7-9.

140 Ebd., S. 11 f.

141 Abgedr. in: Geschichte des Staates und Rechts der DDR, 1984, S. 93; kritisch dazu: *Draht*, Die Rechtsgrundlagen unserer Staatsgewalt [MS 1946, in: IfZ, ED 188 (NL Karl Schultes) Bd. 29 n.p.].

142 ThLStB, 2. und 3. Sitzung v. 04.12.1946; RTh I 1946, S. 147, 148; ein weiteres Organisations- und Überleitungsgesetz erging am 30.01.1947 – RTh I 1947, S. 26.

für eine deutsche Republik, eine Grundrechteerklärung sowie Musterentwürfe für SBZ-einheitliche Gemeinde-, Kreis- und Landesordnungen vor.[143] Das war – auch in Reaktion auf die deutschlandpolitische Rede des amerikanischen Außenministers (06.09.) – gesamtdeutsch ausgerichtet, barg aber bereits die alternative Option eines Zonenstaates. Im September wurden die Länder und Provinzen aufgefordert, **Landesverfassungsentwürfe** auszuarbeiten. Schultes empfahl dem Landespräsidenten am 18./20.09., eine Landesverfassungskommission einzusetzen und auf die Thüringer Landesverfassung von 1921 zurückzugreifen, wofür er ein Exposé vorlegte.[144] Daraus wurde freilich nichts. Die Berliner SED-Spitze erhöhte nach den Landtagswahlen ihren inhaltlichen und zeitlichen Druck auf die Verfassungsgebung. Ihr zweiter Entwurf einer Republikverfassung (14.11.) reduzierte die Rechte der Länder und billigte ihnen nur noch „Landesordnungen" zu. Das stieß auf den Widerstand vor allem der CDU, die sich zum Fürsprecher föderativer Länderrechte machte und eigene Verfassungspläne vorlegte. Die SED-Spitze musste auf Druck der SMAD nachgeben. Am 29.11. und Mitte Dezember legte sie neue Entwürfe für – nun wieder – „Landesverfassungen" vor und ließ sie in den Landtagen einbringen. Alles in allem gelang es der SED-Spitze aber, den Prozess so zu beschleunigen, dass die Verfassungen aller fünf Länder bis März 1947 beraten, beschlossen und in Kraft gesetzt werden konnten.[145]

Am raschesten geschah das in Thüringen. Obwohl sich die Juristen gerade hier 32
auf eine gründliche Verfassungsdiskussion vorbereitet hatten, wurde die **Thüringer Landesverfassung** „im Schnellzugtempo" verabschiedet.[146] Am 03./04.12.1946 brachte die SED ihren Verfassungsentwurf im Landtag ein. Vom 06. bis 16.12. beriet ihn der Rechts- und Verfassungsausschuss nahezu in Permanenz.[147] Dabei machte die SED der CDU zwar beträchtliche Zugeständnisse, verhinderte aber – bei überwiegender Stimmenthaltung der LDP – eine Mitbehandlung des CDU-Entwurfs vom 06.12. Am 19.12. kam es deshalb bei der ersten Lesung der Ausschussvorlage im Thüringer Landtag zum Eklat. Die CDU-Abgeordneten verließen unter Protest den Landtag.[148] Erst am 20.12.1946 einigten sich die Landtagsfraktionen auf einen Kompromiss und nahmen in

143 *Amos*, Die Entstehung der Verfassung in der Sowjetischen Besatzungszone/DDR 1946-1949, 2006, S. 37 ff.

144 ThHStAW, BMP, Nr. 1863, Bl. 131 r, 133r-134 r.

145 *Braas*, Die Entstehung der Länderverfassungen in der Sowjetischen Besatzungszone Deutschlands 1946/47, 1987; *Amos*, Die Entstehung der Verfassung in der Sowjetischen Besatzungszone/DDR 1946-1949, 2006, S. 81 ff.

146 So Schultes am 01./02.03.1947 auf der zentralen SED-Juristenkonferenz – IfZ, ED 188 (NL Karl Schultes), Bd. 26, n.p.; vgl. auch *Schultes*, Die Entstehung der Verfassung des Landes Thüringen vom 20. Dezember 1946, [MS 1947 in: ThHStAW, BMP, Nr. 1864, Bl. 249r-257r]; *John*, in: FS Hans Eberhardt (1993), S. 563 ff.; *Lunau*, Auf der Schwelle dieser Demokratie, 2003 sowie aus rückblickender Sicht des geflohenen Ministerpräsidenten: *Paul*, Die Möglichkeiten des politischen Föderalismus in Deutschland [MS 1948 für den Chef der hessischen Staatskanzlei Hermann Brill, in: HHStAW, Abt. 502, Nr. 1513, Bl. 136r-148r].

147 ThHStAW, ThL, Nr. 206 und 248; BMP, Nr. 1864, Bl. 249r-257 r.

148 ThLStB, 4. Sitzung v. 19.12.1946, S. 8-26.

zweiter Lesung die Landesverfassung an, die am gleichen Tage zusammen mit der Kreisordnung als erste SBZ-Verfassung in Kraft trat.[149]

33 Sie umfasste 81 Artikel und gliederte sich in 11 Abschnitte: Landesaufbau, Landtag, Landesregierung, Landesgesetzgebung, Rechtspflege, Verwaltung, Wirtschaft, Finanzwesen, Volksbildung, Religionsgesellschaften, Übergangs- und Schlussbestimmungen. Art. 1 bezeichnete das Land Thüringen als „Glied der Deutschen Demokratischen Republik"; Art. 41 bestimmte: „Gesamtdeutsches Recht bricht Landesrecht". Wie die SED hatte sich auch die LDP in der Verfassungsdebatte gegen jeden „Verfassungs-Föderalismus" und für ausgedehnte Kompetenzen eines künftigen Gesamtstaates ausgesprochen. Deshalb trug sie den Art. 41 mit. Wie die CDU kritisierte sie aber den Bezug auf eine „Deutsche Demokratische Republik". Das hebe die SBZ-Verfassungen von den westzonalen ab, leiste der Sonderentwicklung der SBZ Vorschub und sei ein verfassungswidriger Vorgriff auf eine noch ausstehende Reichsverfassung.[150] Im Sinne der SED-Entwürfe lagen auch jene Artikel, die bereits durchgeführte SBZ-Gesellschafts-, Wirtschafts- und Bildungsreformen festschrieben und die dem Landtag nach dem Grundsatz der „Gewalteneinheit statt Gewaltenteilung" erhebliche Kontrollrechte gegenüber Regierung und Verwaltung einräumten. In den meisten Abschnitten und Artikeln trug die Verfassung aber Kompromisscharakter und hob sich deutlich von den SED-Entwürfen ab.

VII. Ausblick

34 Die 1946/47 in der SBZ verabschiedeten Landesverfassungen[151] entstanden in einer zwar schon vom Ost-West-Konflikt gezeichneten, aber deutschlandpolitisch noch offenen Situation. Auch die Länder der westlichen Besatzungszonen gaben sich zu diesem Zeitpunkt Verfassungen. Während des Jahres 1947 veränderte sich die deutschlandpolitische und ostzonale Lage. Das Scheitern der gesamtdeutschen **Münchner Ministerpräsidentenkonferenz** Anfang Juni 1947 setzte alarmierende, das Scheitern der alliierten **Londoner Außenministerkonferenz** Ende 1947 unmissverständliche Zeichen. 1948 wuchsen die Separations- und Konfrontationstendenzen. Die einstigen Alliierten der Anti-Hitler-Koalition stellten ihre Zusammenarbeit weitgehend ein. Im März 1948 endete ihr **Kontrollrat**. Die 1948 in den Westzonen und in der Ostzone einsetzenden Staatsbildungsprozesse wiesen in eine zweistaatliche statt gesamtdeutsche Richtung. Die ostzonale Verfassungsgebung 1948/49 im Rahmen des Deutschen Volkrates[152] ließ die Landesverfassungen von 1946/47 zwar unverändert. Sie bestanden auch nach der **Gründung der DDR 1949** im Rahmen der DDR-Verfassung formell weiter. Die Verfassungswirklichkeit sah aber seit 1947 anders aus. Die SBZ-Länder büßten schrittweise ihre Rechte und Kompetenzen ein. Schon im Febru-

149 ThLStB, 5. Sitzung v. 20.12.1946, S. 22-29; RTh I 1947, S. 1, 5; *Schultes*, Die Verfassung des Landes Thüringen, 1947; Abdruck der Landesverfassung 1946 u.a. bei *Riege/Henke/Lunau*, Dokumente zum Thüringer Staatsrecht 1920–1952, 1991, S. 86-101; *Post/Wahl*, Thüringen-Handbuch, 1999, S. 329-342.

150 ThHStAW, ThL, Nr. 425, n.p. (Bericht Frölichs v. 22.01.1947 an die SMATh); BMP, Nr. 1074, n.p. (Gutachten des OVG-Präsidenten Loening v. 23.01.1947).

151 Vgl. auch *Schultes*, Der Aufbau der Länderverfassungen in der sowjetischen Besatzungszone, 1948; *Dieckmann*, Die gegenwärtigen Länderverfassungen in Deutschland vergleichend betrachtet, 1948.

152 *Amos*, Die Entstehung der Verfassung in der Sowjetischen Besatzungszone/DDR 1946–1949, 2006, S. 130 ff.

ar 1947 mussten sie einen großen Teil ihrer Wirtschaftskompetenzen an die Zentralverwaltungen abgeben. Die 1947 gegründete, 1948 umgebildete **Deutsche Wirtschaftskommission** erhielt Verordnungs- und Weisungsbefugnisse auch gegenüber den Ländern. In Thüringen eskalierten 1947 die Konflikte zwischen dem Ministerpräsidenten Paul und der SED-Landesleitung. Anfang September 1947 floh Paul in die amerikanische Besatzungszone. Ihm folgten im gleichen Monat der Schriftsteller Theodor Plivier und der liberaldemokratische Jenaer Oberbürgermeister Heinrich Mertens, später Regierungsmitglieder und -beamte – der Justizminister Helmut Külz (LDP, 1948), der Finanzminister Leonhard Moog (LDP, 1950) und der an der Landesverfassung 1946 maßgeblich beteiligte Karl Schultes (SED, 1950). Im Verlaufe des Jahres 1949 bildeten sich die westzonale Bundesrepublik Deutschland und die ostzonale Deutsche Demokratische Republik. Sie entstand aus den 1948/49 entstandenen SBZ-Gremien: „Deutsche Wirtschaftskommission", „Deutscher Volksrat", „Deutscher Volkskongreß" (am 15./16.05.1949 mit Einheitslisten gewählt), der sich am 07.10.1949 als provisorische „Volkskammer" konstituierte und die **DDR-Verfassung** verabschiedete.

Formell und verfassungsrechtlich war die DDR noch ein Bundesstaat. Die bishe- 35
rigen fünf SBZ-Länder führten in ihr freilich nur noch ein Schattendasein. Die **DDR-Verfassung** begrenzte ihre Kompetenzen weit über das im Verfassungsentwurf Ende 1946 vorgesehene Maß hinaus. In der politischen Praxis waren die Länder von den Berliner Anweisungen abhängig. Ihre Vertretung – die „Länderkammer" – hatte keine nennenswerten Befugnisse. Die DDR-Verwaltungsreform 1952 ersetzte die fünf Länder schließlich durch 14 Bezirke.[153] Die Länder wurden so de facto, im staatsrechtlichen Sinne aber nicht de jure aufgelöst. Die Länderkammer blieb bis 1958 bestehen. Die zweite DDR-Verfassung 1968 erwähnte die Länder nicht mehr. Die von einem Sonderstab beim DDR-Ministerpräsidenten vorbereitete Bezirksbildung 1952 erfolgte vor allem nach wirtschafts- und sicherheitspolitischen Kriterien. Sie hielt sich weitgehend – nicht immer – an die bisherigen Landesgrenzen. Neben den bisherigen Landeshauptstädten (Erfurt, Dresden, Halle, Potsdam, Schwerin) wurden Industriestädte mit zentralörtlichen Verwaltungsfunktionen Bezirks(haupt)städte. Ein Volkskammergesetz vom 23.07.1952 wies die Länder an, jeweils zwei bzw. drei Bezirke zu bilden und ihre Regierungs- und Verwaltungskompetenzen auf diese zu übertragen; dafür erging tags darauf eine Aufbau- und Arbeitsweiseordnung.[154] Das Thüringer Durchführungsgesetz vom 25.07.1952 ersetzte das Land Thüringen durch die **Bezirke Erfurt, Gera und Suhl.**[155] Das Altenburger Gebiet kam zum Bezirk Leipzig. An die Stelle der Landesregierung traten die „Räte der Bezirke", an die Stelle des 1950 zuletzt gewählten Landtages drei zunächst aus Abgeordneten des Landtages zusammengesetzte, später nach Einheitslisten gewählte „Bezirkstage". Alle Parteien und sog. Massenorganisationen stellten ihre Strukturen von der Landes- auf die Bezirksebene um. Die **Bezirksleitungen der SED** und ih-

153 *Hajna*, Länder – Bezirke – Länder, 1995; *Mielke*, Die Auflösung der Länder in der SBZ/DDR 1945-1952, 1995.

154 GbDDR I 1952, S. 613, 621.

155 RTh 1952, S. 177; *Best/Mestrup*, Die Ersten und Zweiten Sekretäre der SED – Machtstrukturen und Herrschaftspraxis in den thüringischen Bezirken der DDR, 2003, *Mestrup*, Die thüringischen Bezirke und ihre Ersten Sekretäre, in: Richter/Schaarschmidt/Schmeitzner, Länder, Gaue und Bezirke, 2007, S. 191 ff.

re 1. Sekretäre spielten fortan – in den Grenzen des zentralistischen Staates – die maßgebliche politische Rolle in den Bezirken. Nach dem **Organisationsprinzip des „demokratischen Zentralismus"** waren die Bezirke lediglich nach geordnete Verwaltungsstrukturen ohne wirkliche Selbstverwaltungsbefugnisse.

Anlage 1: Verfassungen Thüringer Staaten (1809) / 1816 bis 1867[156]

36

Konstitution der vereinigten Landschaft[157]	Sachsen-Weimar-Eisenach	20.09.1809
Anordnung einer Repräsentation des Volkes	Schwarzburg-Rudolstadt	08.01.1816
Landtagsabschied	–„–	21.04.1821
Grundgesetz	–„–	21.03.1854
Grundgesetz einer landständischen Verfassung[158]	Sachsen-Weimar-Eisenach	05.05.1816
Revidiertes Grundgesetz	–„–	15.10.1850
Landesgrundgesetz[159]	Sachsen-Hildburghausen	19.03.1818
Verfassungsurkunde[160]	Sachsen-Coburg-Saalfeld	08.08.1821
Grundgesetz über die landständische Verfassung[161]	Sachsen-Coburg-Meiningen	04.09.1824

Hauptsukzessionsvertrag für das ernestinische Gothaer Haus 12.11.1826[162]

Grundgesetz für die vereinigte landschaftliche Verfassung	Sachsen-Meiningen	23.08.1829
Grundgesetz	Sachsen-Altenburg	29.04.1831
Landes-Grundgesetz	Schwarzburg-Sondershausen	24.09.1841
[Landständische Verfassungsurkunde[163]	–„–	28.12.1830]
Verfassungsgesetz	–„–	12.12.1849
Landesgrundgesetz	–„–	08.07.1857

156 In chronologischere Reihenfolge der jeweils ersterlassenen Verfassungen; nachfolgende bzw. in den 1850er Jahren revidierte Verfassungen eingerückt.

157 „Konstitution der vereinigten Landschaft der Herzoglich Weimarischen und Eisenachischen Lande mit Einschluß der Jenaischen Landesportion" – vereinigte die drei Landesteile und ihre separaten Stände zu einer gemeinsam ständischen (nicht gewählten) Deputation.

158 Der nach dem Grundgesetz gewählte Landtag von Sachsen-Weimar-Eisenach trat 1817 als erster gewählter Landtag eines Mitgliedes des Deutschen Bundes zusammen.

159 Gültig für das Fürstentum Hildburghausen bis zum Meininger Grundgesetz 1829.

160 Gültig für das Fürstentum Saalfeld bis zum Meininger Grundgesetz 1829, für das Coburger Fürstentum bis zum gemeinsamen Coburg-Gothaer Grundgesetz 1852.

161 Gültig bis 1829.

162 (Neu)Gründung der Herzogtümer Sachsen-Altenburg, Sachsen-Meiningen, Sachsen-Coburg und Gotha.

163 Nicht in Kraft getreten.

Staatsgrundgesetz	Sachsen-Gotha	25.03.1849
Staatsgrundgesetz	Reuß j.L.[164]	30.11.1849
Revidiertes Grundgesetz	–„–	14.05.1852
Staatsgrundgesetz	Sachsen-Coburg und Gotha	03.05.1852
Verfassungsgesetz	Reuß ä.L.	28.03.1867

Anlage 2: Übergang zum parlamentarisch-republikanischen Regierungssystem in den Thüringer Staaten 1918/19[165]

Gesetz betr. Gesetzgebung und Verwaltung	Sachsen-Meiningen *10.11.1918* [09.03.1919]	15.11.1918	37
Gesetz betr. die Gesetzgebung und Verwaltung	Schwarzburg-Rudolstadt *22.11.1918* [16.03.1919]	22.11.1918	
Gesetz über eine Ergänzung des Landesgrundgesetzes	Schwarzburg-Sondershausen *25.11.1918* [26.01.1919]	25.11.1918	
Landesgrundgesetz	–„–	01.04.1919	
Notgesetz über die Gemeinschaft in Gesetzgebung, Verwaltung und Rechtspflege	Reuß j.L. und Reuß ä.L. *10./11.11.1918*[166] [02.02.1919]	21.12.1918	
Vereinigungsgesetz[167]	–„–	04.04.1919	
Vorläufiges Gesetz über die Gesetzgebung und Verwaltung	Sachsen-Coburg *14.11.1918* [09.02.1919]	10.03.1919	
Gesetz über die vorläufige Regelung der Verfassung	Sachsen-Altenburg *13.11.1918* [26.01.1919]	27.03.1919	
Staatsvertrag (Trennung) der Freistaaten Coburg und Gotha		12.04.1919	

164 Im November 1848 durch Zusammenschluss der drei reußischen Fürstentümer j.L. gebildet.

165 Verfassungsändernde Gesetze in chronologischer Reihenfolge; spätere Verfassungen bzw. Staatsverträge eingerückt; Abdankung bzw. Absetzung der Landesfürsten *kursiv*; Landtagswahlen in Klammern [].

166 Am 10.11. für Reuß j.L., am 11.11.1918 für Reuß ä.L.

167 Gesetz über die Vereinigung der beiden Freistaaten Reuß zu einem Volksstaat Reuß sowie über die vorläufige Verfassung und Verwaltung.

Gesetz über die vorläufige Ordnung der Staatsgewalt	Sachsen-Weimar-Eisenach *9.11.1918* [09.03.1919]	14.04.1919
Verfassung	–„–	19.05.1919
Gesetz über die vorläufige Regierungsgewalt	Sachsen-Gotha *9.11.1918*[168] [23.02.1919]	24.12.1919

168 Am 09.11.1918 in Gotha abgesetzt, am 14.11.1918 für Coburg und Gotha abgedankt.

E2 Entstehung der Thüringer Verfassung 1990 bis 1994

Literatur

Joachim Linck, Die Vorläufige Landessatzung für das Land Thüringen, ThürVBl 1992, 1 ff.; *Hans-Peter Schneider*, Verfassungszeit – Ortstermine von Jena bis Tripolis, 2012; *Christian Starck*, Verfassunggebung in Thüringen, ThürVBl 1992, 10 ff.

A. Die „Wiedergeburt" Thüringens, der Landtag als verfassungsgebende Landesversammlung und die Vorläufige Landessatzung[1]

Nach § 1 **Ländereinführungsgesetz** vom 22.07.1990 (GBl. der DDR I S. 955) in Verbindung mit Art. 9 Abs. 2, Anlage II (Kap. II, Sachgebiet A, Abschn. II) des Einigungsvertrages vom 31.08.1990 (BGBl. II S. 889) wurde Thüringen durch die „Zusammenlegung der Bezirksterritorien Erfurt, Gera und Suhl zuzüglich der Kreise Altenburg, Artern und Schmölln gebildet". Hierdurch erhielt Thüringen wieder Staatsqualität.[2] Folgerichtig bestimmte § 23 Abs. 2 S. 1 Ländereinführungsgesetz ausdrücklich, dass dem „**erstgewählten Landtag**" „zugleich die Aufgabe einer **verfassungsgebenden Landesversammlung** obliegt". 1

Der am 14.10.1990 gewählte Thüringer Landtag hatte somit im Wege der Verfassungsgebung eine neue Verfassung zu beschließen.[3] Allein schon wegen der für nötig befundenen Einbeziehung der Bevölkerung in die Verfassungsdiskussion erschien eine schnelle Verabschiedung einer kompletten Verfassung kaum möglich. Gleichzeitig wurde eine zeitnahe verbindliche Verständigung über einige Essentials der Staatsorganisation, insbesondere des Verhältnisses zwischen Parlament und Regierung für erforderlich gehalten. Im Landtag bestand daher, jedenfalls mehrheitlich, die Auffassung, dass vorab eine nur vorläufige Rumpfverfassung verabschiedet werden sollte.[4] 2

Deren Entwurf wurde in der Landtagsverwaltung vorbereitet.[5] Am 07.11.1990 wurde die „**Vorläufige Landessatzung für das Land Thüringen**" (Vorl.LS) vom Landtag nach – im Vergleich zu anderen Ländern – relativ intensiven Beratungen beschlossen und sodann unverzüglich verkündet (ThürGBl. S. 1). Diese vorläufige Verfassung enthielt Regelungen über die Grundlagen sowohl für ein funktionstüchtiges parlamentarisches Regierungssystem als auch eine voll legitimierte, auf die Dauer der Wahlperiode gewählte Regierung.[6] Nicht enthalten war hingegen ein Grundrechtskatalog. Dies war unschädlich, da die im Grundgesetz verankerten Grundrechte in Thüringen als einem Land der Bundesrepublik Deutschland nach Art. 3 des Einigungsvertrages unmittelbar geltendes Recht waren. Eine pauschale und unbesehene Übernahme der Grundrechtskataloge des Grundgesetzes oder der Landesverfassungen eines der thüringischen Partnerländer (Bayern, Hessen, Rheinland-Pfalz) widersprach dem Selbstverständnis der Thüringer Parlamentarier.[7] 3

1 Der Beitrag basiert auf den Darlegungen von *Linck*, in: Linck/Jutzi/Hopfe, Einl., Buchst. A, Rn. 13 ff.
2 Vgl.: *Linck*, in: Linck/Jutzi/Hopfe, Einl., Buchst. A, Rn. 13; *Starck*, ThürVBl 1992, 10.
3 Vgl.: *Linck*, in: Linck/Jutzi/Hopfe, Einl., Buchst. A, Rn. 13; *Linck*, ThürVBl 1992, 2.
4 Vgl.: *Linck*, in: Linck/Jutzi/Hopfe, Einl., Buchst. A, Rn. 14.
5 Vgl.: *Linck*, in: Linck/Jutzi/Hopfe, Einl., Buchst. A, Rn. 14.
6 Vgl.: *Linck*, ThürVBl 1992, 2 ff.
7 Vgl.: *Linck*, in: Linck/Jutzi/Hopfe, Einl., Buchst. A, Rn. 15.

4 Die Vorl.LS sollte spätestens am 13.12.1992 außer Kraft treten und bis zu diesem Zeitpunkt durch die endgültige Verfassung für das Land Thüringen ersetzt werden (§ 18 Abs. 2 Vorl.LS). Der Landtag wollte sich dadurch bei seinen Verfassungsberatungen selbst unter Zeitdruck setzen, konnte den beabsichtigten Zeitplan jedoch nicht einhalten, so dass er die Vorl.LS am 15.12.1992 verlängern musste (ThürGVBl. S. 575), diesmal – ohne Festsetzung eines festen Endtermins – bis zum „Inkrafttreten der Verfassung des Landes Thüringen".

B. Der Gang der Beratungen über die „Verfassung des Freistaats Thüringen", die Entscheidungen des Landtags und die Volksabstimmung[8]

5 Die Fraktionen des 1. Thüringer Landtags, CDU, SPD, LL-PDS, F.D.P. und NF/GR/DJ, kamen im Dezember 1990 überein, nicht den Justizausschuss oder eine Enquetekommission mit der Erarbeitung eines Verfassungsentwurfs zu beauftragen, sondern jeweils eigene Gesetzentwürfe vorzulegen. Ob die Entwürfe lediglich Grundlage für interfraktionelle Diskussionen über einen gemeinsam einzubringenden Verfassungsentwurf oder ob sie allesamt Gegenstand der parlamentarischen Verfassungsberatungen sein sollten, war zu diesem Zeitpunkt noch nicht klar. Erst im dann folgenden Frühjahr kam die Klärung – der zweite Weg sollte beschritten werden. Folglich brachten die **fünf Fraktionen** im Zeitraum zwischen April und September 1991 ihre **eigenständigen Verfassungsentwürfe** in den Landtag ein (Gesetzentwurf der Fraktion der CDU, Verfassung des Landes Thüringen, LT-Drs. 1/285 vom 10.04.1991; Gesetzentwurf der Fraktion der F.D.P., Verfassung des Landes Thüringen, LT-Drs. 1/301 vom 25.04.1991; Gesetzentwurf der Fraktion der SPD, Verfassung für das Land Thüringen, LT-Drs. 1/590 vom 09.07.1991; Gesetzentwurf der Fraktion NF/GR/DJ, Verfassung für das Land Thüringen, LT-Drs. 1/659 vom 23.08.1991; Gesetzentwurf der Fraktion der LL-PDS, Verfassung des Landes Thüringen, LT-Drs. 1/678 vom 09.09.1991). Die Einbringung eines **Verfassungsentwurfs** durch die **Landesregierung** erfolgte **nicht**.[9]

6 Der Landtag beschäftigte sich in seiner 28. Sitzung am 12.09.1991 in **erster Beratung** mit den fünf Entwürfen. Sie wurden von den jeweiligen Fraktionssprechern begründet und sodann in den von **allen Fraktionen** beschickten **Verfassungs- und Geschäftsordnungsausschuss** (VerfA) (zur Zusammensetzung des Ausschusses vgl. die Übersicht I im Anschluss unter Rn. 17) überwiesen.[10]

7 Der VerfA beschloss Ende Oktober 1991 die Einsetzung eines aus je einem Vertreter **jeder Fraktion** bestehenden **Unterausschusses** (VerfUA; zur Zusammensetzung dieses Ausschusses vgl. die Übersicht II im Anschluss unter Rn. 18).[11]

8 Der VerfUA beriet über die Gesetzentwürfe auf der Grundlage einer von der Landtagsverwaltung erstellten **Synopse der Verfassungsentwürfe** von Mitte November 1991 bis Ende Januar 1993 in insgesamt 26 intensiven, überwiegend ganztägigen Klausurtagungen. In diesen Sitzungen wurde zunächst um konsensfähige und in der Schlussphase, in der unter anderem die Ausgestaltung der

---

8 Der Beitrag basiert auf den Darlegungen von *Hopfe*, in: Linck/Jutzi/Hopfe, Einl., Buchst. B, Rn. 1 ff.

9 Vgl.: *Hopfe*, in: Linck/Jutzi/Hopfe, Einl., Buchst. B, Rn. 1; *Schneider*, Verfassungszeit – Ortstermine von Jena bis Tripolis, 2012, S. 212 f.

10 Vgl.: *Hopfe*, in: Linck/Jutzi/Hopfe, Einl., Buchst. B, Rn. 2; *Schneider (Fn. 9)* S. 213.

11 Vgl.: *Hopfe*, in: Linck/Jutzi/Hopfe, Einl., Buchst. B, Rn. 4; *Schneider (Fn. 9)* S. 213.

Staatsziele „Arbeit“ und „Wohnen“, der plebiszitären Elemente und der Präambel behandelt wurde, um mehrheitsfähige Empfehlungen für die Formulierung bzw. weitere Behandlung der einzelnen Verfassungsbestimmungen im VerfA gerungen. Hierbei gelang es, zu etwa **90 Prozent** der Verfassungsbestimmungen **konsensfähige Vorschläge** dem VerfA zu unterbreiten.[12]

Der VerfA beriet die einzelnen Vorschläge von Ende November 1991 bis Ende 9
März 1993 in insgesamt 18 ebenfalls überwiegend ganztägigen Sitzungen. Hierbei wurden hin und wieder die Texte der früheren **Thüringer Landesverfassungen von 1921 und 1946** sowie des Öfteren die Texte der **Verfassungsentwürfe und Verfassungen der anderen neuen Länder**, der **„Altländer“-Verfassungen** und vor allem des Grundgesetzes vergleichend herangezogen.[13] Das **Grundgesetz** fand jedoch nicht nur unter dem redaktionellen Gesichtspunkt Beachtung. Besondere Aufmerksamkeit schenkte man den Vorschriften, die die Verteilung der **Gesetzgebungskompetenzen** zwischen dem Bund und den Ländern behandeln. Berücksichtigt wurden außerdem die neuesten Entwicklungen in Bundesgesetzgebung, Rechtsprechung und Fachliteratur bei den von besonderer Sachlichkeit sowie Kompromiss- und Konsensbereitschaft gekennzeichneten Diskussionen. Diese wurden **begleitet von Verfassungsrechtlern aus Wissenschaft und Praxis** (vgl. die Übersicht III im Anschluss unter Rn. 19), die von den einzelnen Fraktionen als Berater für die Verfassungsberatungen benannt worden waren.[14]

Der Beratungsmarathon hatte schließlich zum Ergebnis, dass die **fünf Gesetzent-** 10
würfe zu einem neuen Entwurf zusammengefasst wurden. Dieser wurde dem Landtag vorgelegt; gleichzeitig wurde empfohlen, den Entwurf in den VerfA rückzuüberweisen und den Ausschuss mit der Durchführung von **Anhörungen** zu beauftragen (Beschlussempfehlung des VerfA, LT-Drs. 1/2106 vom 01.04.1993).[15]

Dieser Empfehlung folgte der Landtag. Er beschloss in der **zweiten Verfassungs-** 11
beratung in der 79. Sitzung am 21.04.1993, dass der Verfassungsentwurf unverändert – Änderungsanträge der Fraktionen LL-PDS und Bündnis 90/Die Grünen (LT-Drs. 1/2167/2173/2174/2175/2176/2177/2178/2179/2180) hatten keine Mehrheit gefunden – an den VerfA zurücküberwiesen wird, der Ausschuss auf der Grundlage des Entwurfs **Anhörungen** durchführt, der Öffentlichkeit bis Ende Juli 1993 Gelegenheit zur Stellungnahme zu dem Verfassungsentwurf gegeben wird, bis Mitte Oktober 1993 eine Beschlussempfehlung abgegeben werden soll und sodann eine dritte Beratung durchgeführt wird.[16]

12 Vgl.: *Hopfe*, in: Linck/Jutzi/Hopfe, Einl., Buchst. B, Rn. 5; *Schneider (Fn. 9)* S. 214, kritisiert das Verhältnis zwischen VerfA und VerfUA als „verschachtelte Konstruktion“, die sich „für die Arbeit im Verfassungsausschuss als großes Hindernis erwiesen“ habe. Diese Kritik ist angesichts der Erfolgsbilanz des VerfUA kaum nachvollziehbar.

13 *Schneider(Fn. 9)* S. 209.

14 Vgl.: *Hopfe*, in: Linck/Jutzi/Hopfe, Einl., Buchst. B, Rn. 6; die Einschätzung von *Schneider(Fn. 9)* S. 214, dass die Beteiligung von Sachverständigen auf einem „Überraschungscoup“ der SPD-Fraktion beruht haben soll, vermag der Verfasser, der als Vertreter der Landtagsverwaltung an allen Sitzungen des VerfA, des VerfUA und der Verfassungsredaktionskommission aktiv teilgenommen hat, nicht nachzuvollziehen.

15 Vgl.: *Hopfe*, in: Linck/Jutzi/Hopfe, Einl., Buchst. B, Rn. 8; *Schneider (Fn. 9)* S. 220.

16 Vgl.: *Hopfe*, in: Linck/Jutzi/Hopfe, Einl., Buchst. B, Rn. 9; *Schneider (Fn. 9)* S. 220.

12 Der Präsident des Landtags veröffentlichte wenige Tage später den **Verfassungsentwurf als Zeitungsbeilage** in einer Auflage von rund 800.000 Stück und bat die Bevölkerung um Mitwirkung am Prozess der Verfassungsgebung.[17]

13 Der VerfA führte zusätzlich in zwei öffentlichen Sitzungen Mitte Mai 1993 zu dem Verfassungsentwurf Anhörungen durch, zu denen von 38 geladenen Verbänden und Institutionen 21 erschienen. Außerdem wurden die mündlich Anzuhörenden sowie 12 weitere Verbände und Institutionen um eine schriftliche Stellungnahme gebeten. Dieser Bitte wurde in 26 Fällen entsprochen. Knapp 400 Zuschriften mit rund 3.000 Einzelanregungen zum Verfassungsentwurf erreichten nach der zweiten Beratung den Ausschuss.[18]

14 Die **Auswertung der Stellungnahmen der Angehörten und der Bevölkerung** wurde vom VerfUA in zwei Sitzungen im August und September 1993 vorbereitet und darauf basierend vom VerfA in zwei Sitzungen Mitte September 1993 vorgenommen. Hierbei wurde der Verfassungsentwurf nur in einigen wenigen Punkten teils redaktionell, teils inhaltlich geändert:

- Der Verfassungstext erhielt die Überschrift „Verfassung des Freistaats Thüringen".
- Art. 2 Abs. 4 S. 1 wurde umformuliert. Der Satz „Menschen mit Behinderung genießen den besonderen Schutz des Freistaats" wurde ersetzt durch den Satz „Menschen mit Behinderung stehen unter dem besonderen Schutz des Freistaats".
- Art. 12 Abs. 2 wurde in seinem Anwendungsbereich dahin gehend erweitert, dass nicht nur die Aufsichtsgremien der öffentlich-rechtlichen Rundfunkanstalten, sondern auch die vergleichbaren Aufsichtsgremien über den privaten Rundfunk erfasst sind.
- Art. 31 Abs. 2 S. 1 wurde ergänzt, so dass nicht nur wie ursprünglich vorgesehen der Naturhaushalt, sondern auch seine Funktionstüchtigkeit zu schützen ist.
- Art. 53 erhielt einen dritten Absatz, mit dem eigentlich eine Selbstverständlichkeit betont wird, nämlich dass jeder Abgeordnete die Pflicht hat, die Verfassung zu achten und seine Kraft für das Wohl des Landes und seiner Bürger einzusetzen.
- Art. 54 Abs. 2 wurde klarer formuliert – es wurde verdeutlicht, für welche Abgeordnetenentschädigung welcher Index (Einkommensindex/Preisindex) Maßstab ist.
- In Art. 58 S. 1 wurde klargestellt, dass Abgeordnete der gleichen Liste im Sinne von Listenvereinigung das Recht zum Fraktionszusammenschluss haben.
- In Art. 68 Abs. 3 und in Art. 82 Abs. 3 wurden jeweils die Quoren für Bürgeranträge bzw. Volksbegehren auf den bundesweiten Durchschnitt reduziert.
- Art. 90 erhielt zusätzlich einen dritten und einen vierten Satz zur Thematik „Errichtung der staatlichen Behörden im einzelnen".
- Art. 91 wurde gestrafft, er befasst sich nur noch mit den Trägern der kommunalen Selbstverwaltung und nicht mehr mit den sonstigen Körperschaf-

17 Vgl.: *Hopfe*, in: Linck/Jutzi/Hopfe, Einl., Buchst. B, Rn. 10.
18 Vgl.: *Hopfe*, in: Linck/Jutzi/Hopfe, Einl., Buchst. B, Rn. 11.

ten, den Anstalten und den Stiftungen des öffentlichen Rechts, die bis dahin ebenfalls in Art. 91 Abs. 2 S. 1 erwähnt waren.

Den geringfügig geänderten Verfassungsentwurf anzunehmen, empfahl der VerfA dem Landtag (vgl. Beschlussempfehlung des VerfA, LT-Drs. 1/2660 vom 20.09.1993).[19]

Der Landtag widmete der **dritten Verfassungsberatung** zwei Plenartage. 15

In der 94. Sitzung am 22.10.1993 wurden nach einer mehrstündigen, teils kontrovers, aber sachlich geführten Aussprache zunächst die Änderungsanträge der Fraktionen LL-PDS und Bündnis 90/Die Grünen (LT-Drs. 1/2741/2743/2763) sowie die Verfassungsbestimmungen nebst Überschriften und Inhaltsübersicht im Einzelnen und sodann der vom VerfA empfohlene Verfassungsentwurf im ganzen zur Abstimmung gestellt. 24 Einzelabstimmungen sowie die Gesamtabstimmung erfolgten in namentlicher Abstimmung. Nach einem fast vierstündigen Abstimmungsmarathon stand fest, dass keinem der Änderungsanträge Erfolg beschieden war und dass der vom VerfA vorgeschlagene Verfassungsentwurf in dritter Beratung mit großer Mehrheit angenommen worden war.

In der 95. Landtagssitzung am 25.10.1993, zu der sich das Plenum eigens im geschichtsträchtigen **Palas der Wartburg** in Eisenach zusammengefunden hatte, erhielt für jede Fraktion je ein Abgeordneter und für die Landesregierung der Ministerpräsident das Wort für eine Schlusserklärung. Hierbei würdigten die Redner der Fraktionen CDU, SPD und F.D.P. sowie der Ministerpräsident das harte, aber sachliche Ringen um Kompromisse. Sie böten Gewähr dafür, dass die neue Verfassungsordnung Bestand habe, da sie nicht nur von den Abgeordneten der Regierungsfraktionen, sondern ebenfalls von der SPD-Fraktion getragen und damit auch von der Anhängerschaft zumindest bedeutender Teile der Opposition in der Bevölkerung akzeptiert werden könne. Mit der Zustimmung von CDU, SPD und F.D.P. wurde – gemessen am Ergebnis der Wahl zum 1. Thüringer Landtag – der politische Wille von über 77 % der Wähler repräsentiert. Demgegenüber bezeichneten die Vertreter der Fraktionen LL-PDS und Bündnis 90/Die Grünen die Kompromisse als unakzeptabel, wobei sie als Kritikpunkte u. a. die Ausgestaltung der Staatsziele „Wohnen", „Arbeit" und „Umwelt", der plebiszitären Elemente und des Verhältnisses zwischen Legislative und Exekutive nannten. Den Schlusserklärungen folgte die **Schlussabstimmung** (§ 61 Abs. 1 S. 1 Vorl. GO), bei der die Fraktionen CDU, SPD und F.D.P. für und die Fraktionen LL-PDS und Bündnis 90/Die Grünen gegen die Verfassung stimmten. Damit war die **Verfassung mit** der in Art. 106 Abs. 1 S. 1 vorgesehenen **Mehrheit von zwei Dritteln der Mitglieder des Landtags angenommen** worden.[20]

Im unmittelbaren **Anschluss fertigte der Präsident des Landtags** im Burghof der Wartburg die „**Verfassung** des Freistaats Thüringen" **aus.** Sie wurde am 29.10.1993 im Gesetz- und Verordnungsblatt (ThürGVBl. S. 625) **verkündet** und trat am 30.10.1993 vorläufig in Kraft (Art. 106 Abs. 1 S. 2, Abs. 2; vgl. Linck, Art. 106, Rn. 1). **Endgültig** ist die Verfassung **in Kraft getreten**, nachdem ihr am 16.10.1994, dem Tag der Wahl zum 2. Thüringer Landtag, bei einem **Volksentscheid** 70,13 vom Hundert der Abstimmenden zugestimmt hatten 16

19 Vgl.: *Hopfe*, in: Linck/Jutzi/Hopfe, Einl., Buchst. B, Rn. 12; *Schneider (Fn. 9)* S. 220.
20 Vgl.: *Hopfe*, in: Linck/Jutzi/Hopfe, Einl., Buchst. B, Rn. 13.

(Art. 106 Abs. 3 S. 1; vgl. Bekanntmachung vom 26.10.1994, ThürGVBl. S. 1194).[21]

17 ▶ **Übersicht I (Mitglieder des VerfA)**[22]

Vorname und Name:	Dr. *Frank-Michael Pietzsch*
Geburtsdatum:	24.08.1942
Beruf:	Facharzt für Innere Medizin und Radiologie
Fraktion:	CDU
Funktion:	Mitglied und Vorsitzender bis Ende September 1992
Vorname und Name:	*Harald Stauch*
Geburtsdatum:	31.07.1953
Beruf:	Dipl.-Ing. für Verfahrenstechnik
Fraktion:	CDU
Funktion:	Mitglied und Vorsitzender seit Ende September 1992
Vorname und Name:	Dr. *Andreas Kniepert*
Geburtsdatum:	11.04.1950
Beruf:	Dipl.-Ing. für Verfahrenstechnik
Fraktion:	F.D.P.
Funktion:	Mitglied und stellvertretender Vorsitzender
Vorname und Name:	*Dieter Althaus*
Geburtsdatum:	29.06.1958
Beruf:	Diplomlehrer für Physik und Mathematik
Fraktion:	CDU
Funktion:	Mitglied von Anfang bis Ende Februar 1992
Vorname und Name:	*Johanna Arenhövel*
Geburtsdatum:	24.03.1950
Beruf:	Apothekenfacharbeiterin
Fraktion:	CDU
Funktion:	Mitglied
Vorname und Name:	Dr. *Hans Henning Axthelm*
Geburtsdatum:	24.08.1941
Beruf:	Facharzt für Arbeitsmedizin
Fraktion:	CDU
Funktion:	Mitglied seit Anfang Dezember 1992
Vorname und Name:	*Josef Duchač*
Geburtsdatum:	19.02.1938
Beruf:	Dipl.-Ing. oec.
Fraktion:	CDU
Funktion:	Mitglied von Mitte März bis Anfang Dezember 1992
Vorname und Name:	Dr. *Hans-Peter Häfner*
Geburtsdatum:	03.04.1938
Beruf:	Dipl.-Bergbauingenieur
Fraktion:	CDU
Funktion:	Mitglied von Ende Februar bis Mitte März 1992
Vorname und Name:	*Reinhard Lothholz*
Geburtsdatum:	16.02.1941
Beruf:	Diplomlandwirt

21 Vgl.: *Hopfe*, in: Linck/Jutzi/Hopfe, Einl., Buchst. B, Rn. 14; angesichts des durchaus respektablen, aber keineswegs selbstverständlichen Ergebnisses des Volksentscheids erstaunt die Feststellung von *Schneider (Fn. 9)* S. 221, dass „die abschließende Bestätigung durch Volksentscheid … nur noch Formsache" war.

22 Vgl.: *Hopfe*, in: Linck/Jutzi/Hopfe, Einl., Buchst. B, Rn. 3.

Fraktion:	CDU
Funktion:	Mitglied
Vorname und Name:	*Horst Schulz*
Geburtsdatum:	30.09.1938
Beruf:	Kraftwerksingenieur
Fraktion:	CDU
Funktion:	Mitglied seit Mitte November 1992
Vorname und Name:	*Andreas Sonntag*
Geburtsdatum:	29.03.1953
Beruf:	Dipl.-Ing. für Verfahrenstechnik
Fraktion:	CDU
Funktion:	Mitglied bis Mitte November 1992
Vorname und Name:	*Dietmar Werner*
Geburtsdatum:	24.11.1941
Beruf:	Fachingenieur Korrosion/Korrosionsschutz
Fraktion:	CDU
Funktion:	Mitglied bis Anfang Februar 1992
Vorname und Name:	*Andreas Enkelmann*
Geburtsdatum:	31.12.1958
Beruf:	Pfarrer
Fraktion:	SPD
Funktion:	Mitglied
Vorname und Name:	*Frieder Lippmann*
Geburtsdatum:	03.09.1936
Beruf:	Dipl.-Ing. oec., Bergingenieur
Fraktion:	SPD
Funktion:	Mitglied
Vorname und Name:	Dr. *Roland Hahnemann*
Geburtsdatum:	02.04.1954
Beruf:	Germanist
Fraktion:	LL-PDS
Funktion:	Mitglied
Vorname und Name:	*Siegfried Geißler*
Geburtsdatum:	26.03.1929
Beruf:	Dirigent, Komponist
Fraktion:	ehemals NF/GR/DJ, danach fraktionslos
Funktion:	Mitglied bis Ende Dezember 1992
Vorname und Name:	*Christine Grabe*
Geburtsdatum:	29.06.1948
Beruf:	Krankenpflegerin
Fraktion:	Bündnis 90/Die Grünen
Funktion:	Mitglied von Ende Dezember 1992 bis Mitte März 1993
Vorname und Name:	*Olaf Möller*
Geburtsdatum:	18.02.1962
Beruf:	Dipl.-Mathematiker
Fraktion:	Bündnis 90/Die Grünen
Funktion:	Mitglied seit Mitte März 1993

18 ▶ **Übersicht II (Mitglieder des VerfUA)**[23]

Vorname und Name: *Frieder Lippmann*
Funktion: Mitglied und Vorsitzender
Vorname und Name: *Reinhard Lothholz*
Funktion: Mitglied
Vorname und Name: Dr. *Roland Hahnemann*
Funktion: Mitglied
Vorname und Name: Dr. *Andreas Kniepert*
Funktion: Mitglied
Vorname und Name: *Siegfried Geißler*
Funktion: Mitglied bis Ende Dezember 1992
Vorname und Name: *Christine Grabe*
Funktion: Mitglied von Ende Dezember 1992 bis Mitte März 1993
Vorname und Name: *Olaf Möller*
Funktion: Mitglied seit Mitte März 1993

19 ▶ **Übersicht III (Berater der Fraktionen)**[24]

Berater der Fraktion CDU
- Prof. Dr. *Albrecht Randelzhofer*, Berlin
- Prof. Dr. *Thomas Würtenberger*, Freiburg

Berater der Fraktion SPD
- Prof. Dr. *Hans-Peter Schneider*, Hannover
- Prof. Dr. *Rudolf Steinberg*, Frankfurt/M.

Berater der Fraktion LL-PDS
- Prof. Dr. *Werner Grahn*, Erfurt
- Prof. Dr. *Peter Römer*, Marburg

Berater der Fraktion F.D.P.
- Dr. *Siegfried Jutzi*, Mainz
- Prof. Dr. *Edzard Schmidt-Jortzig*, Kiel

Berater der Fraktion Bündnis 90/Die Grünen
- Rechtsanwältin *Birgit Laubach*, Eppstein
- Prof. Dr. *Ulrich K. Preuß*, Bremen ◀

23 Vgl.: *Hopfe*, in: Linck/Jutzi/Hopfe, Einl., Buchst. B, Rn. 4.
24 Vgl.: *Hopfe*, in: Linck/Jutzi/Hopfe, Einl., Buchst. B, Rn. 7.

E3 Entwicklung des Landesverfassungsrechts von 1993 bis 2012

Literatur

Ulrich Böttger, Beobachtung von Landtagsabgeordneten durch den Thüringer Verfassungsschutz, ThürVBl 1995, 125 ff.; *Siegfried Broß*, Überlegungen zur Stellung der Länder in der Bundesrepublik Deutschland im Europäischen Integrationsprozeß nach Lissabon, in: Der Thüringer Landtag – Ein Rückblick, Thüringer Landtag (Hrsg.), 2011; *Ralf Burchardt / Thees Burfeind*, Die Zuständigkeit zur Bestimmung einer Hymne für den Freistaat Thüringen, ThürVBl 1995, 125 ff.; *Christoph Degenhart*, Volksgesetzgebungsverfahren und Verfassungsänderung nach der Verfassung des Freistaats Thüringen, ThürVBl 2001, 201 ff; *Florian Edinger*, Indexierung der Abgeordnetendiäten verfassungsgemäß – Altersversorgung unangemessen hoch: Die Diäten-Entscheidung des Thüringer Verfassungsgerichtshofs vom 16.12.1998, ZParl 1999, 296 ff.; *Tim Fellmann / Marco Naujoks*, Zur Entwicklung der direkten Demokratie in Thüringen in den Jahren 2000 – 2003 – ein chronologischer und inhaltlicher Überblick, ThürVBl 2005, 78 ff.; *Karl-Heinz Gasser*, 10 Jahre Verfassung des Freistaats Thüringen, ThürVBl 2004, 33 ff.; *Rolf Gröschner*, Unterstützungsquoren für Volksbegehren: eine Frage des Legitimationsniveaus plebiszitärer Gesetzesinitiativen, ThürVBl 2001, 193 ff.; *Andreas Grube*, Der Bürgerantrag gemäß Artikel 68 der Verfassung des Freistaats Thüringen, ThürVBl 1998, 217 ff., 245 ff.; *ders.*, Verfassungsrechtliche Anforderungen an Mandatsverlusttatbestände, LKV 2000, 435 ff.; *Peter M. Huber*, Zur Diätenregelung in Thüringen, ThürVBl 1995, 80 ff.; *ders.*, Vom Aufbau der Staats- und Verwaltungsorganisation in Thüringen – Gestaltung zwischen bundesrechtlichen Vorgaben und europarechtlichen Anforderungen, ThürVBl 1997, 49 ff.; *ders.*, Thüringer Staats- und Verfassungsrecht, Stuttgart 2000; *ders.*, Entwicklung des Landesverfassungsrechts in Thüringen, JöR N.F. 52, 2004, S. 323 ff.; *ders.*, Die Bayerische Verfassung als lebendige Grundlage politischen und gesellschaftlichen Lebens, BayVBl 2012, 257 ff.; *ders.*, *Stefan Storr*, Der kommunale Finanzausgleich als Verfassungsproblem, 1999; *Josef Isensee*, Volksgesetzgebung – Vitalisierung oder Störung der parlamentarischen Demokratie – Zu den Grenzen der Weitung des plebiszitären Potentials der Thüringer Verfassung, DVBl 2001, 1161 ff.; *Siegfried Jutzi*, Staatsziele der Verfassung des Freistaats Thüringen – zugleich ein Beitrag zur Bedeutung landesverfassungsrechtlicher Staatsziele im Bundesstaat, ThürVBl 1995, 25 ff., 54 ff.; *ders.*, Parlamentarisches Fragerecht und gubernative Meinungsbildungspflicht – Zum Urteil des Thüringer Verfassungsgerichtshofes vom 4. April 2003 – 8/02, ZParl. 2003, 478 ff.; *Otmar Jung*, Direkte Demokratie in Thüringen: Der Freistaat im Ranking der Bundesländer, ThürVBl 2002, 269 ff.; *Bernd Kunzmann*, Wie in Stein gehauen – Die letzten 20 Jahre sächsischer Verfassungsgeschichte im Vergleich, SächsVBl 2012, 152 ff.; *Joachim Linck*, Indexierung der Abgeordnetendiäten. Das Thüringer Modell gegen den bösen Schein der Selbstbedienung, ZParl 1995, 372 ff.; *ders*, Zur Verfassungsmäßigkeit des Thüringer Modells einer Indexierung der Abgeordnetendiäten, ThürVBl. 1995, 104 ff.; *Gerhard Lingelbach*, Eduard Rosenthal (1859 – 1926), Rechtsgelehrter und „Vater" der Thüringer Verfassung von 1920/21, (Schriften zur Geschichte des Parlamentarismus in Thüringen, Thüringer Landtag (Hrsg.), Bd. 25, 2006; *Klaus Müller*, Verfassung des Landes Thüringen. Von den thüringischen Kleinstaaten nach Zerfall des Alten Reiches bis zum Freistaat Thüringen. Eine völkerrechtliche und verfassungsrechtliche Betrachtung. 1. Auflage, 2010; *Hans v. Mangoldt*, 20 Jahre Sächsische Verfassung, SächsVBl. 2012, 146 ff.; *Peter Neumann*, Sachunmittelbare Demokratie in Thüringen, Baden-Baden 2002; *Holger Poppenhäger*, Parlamentarisches Fragerecht und Verantwortlichkeit der Landesregierung in Thüringen, ThürVBl 2000, 121 ff., 152 ff.; *ders.*, Die parlamentarische Kontrolle des Verfassungsschutzes in Thüringen, ThürVBl 2004, 1 ff.; *Thomas Poschmann*, Gesetzesfolgenabschätzung – Chance für ein bürgeroffenes und transparentes Parlament. Zweite Gemeinsame Tagung von Abgeordneten der Landtage von Thüringen und Vorarlberg am 24.3.2003 im Thüringer Landtag/Erfurt, ThürVBl 2004, 19 ff.; *Ludwig Renck*, Bemerkungen zu den sog. Staatskirchenverträgen, ThürVBl 1995, 31 ff.; *ders.*, Anmerkungen zum Vertrag zwischen dem Land Thüringen und den Evangelischen Kirchen, ThürVBl 1999, 6 ff.; *Johannes Rux*, Anmerkung zum Urteil des Thüringer Verfassungsgerichtshofs vom 15.8.2001 – VerfGH 4/01; „Mehr Demokratie in Thüringen" – verfassungswidrig!, ThürVBl 2002, 46 ff.; *Jürgen Rühmann*, Die Spinne im Netz – Der Sächsische Verfassungsgerichtshof und das Kräftefeld der Staatsgewalten, SächsVBl 2012, 131 ff., 173 ff.; *Michael Sachs*, Verlust des Landtagsmandats wegen Zusammenarbeit mit dem MfS, JuS 2001, 77 ff.; *Guido Sampels*, Bürgerpartizipation in den neuen Länderverfassungen. Eine verfassungshistorische und verfassungsrechtliche Analyse, 1998; *Hartmut Schwan*, Der Thüringer Verfassungsgerichtshof als „außerplanmäßige Revisionsinstanz“, ThürVBl 2012, 121 ff.; *Stefan Storr*, Staats- und Verfassungsrecht. Thüringer Landesrecht, 1998; *ders.*, Verfassungsgebung in den Ländern. Zur Verfassungsgebung unter den Bedingungen des Grundgesetzes, Diss. (Jenaer Schriften zum Recht Bd. 4, 1995); *Thüringer Landtag (Hrsg.)*, Zehn Jahre Thüringer Landesverfassung (1993 – 2003) (Schriften zur Geschichte des Parlamentarismus in Thüringen, Bd. 22, 2004); *Thüringer Landtag (Hrsg.)*, Landstände in Thüringen, Vorparlamentarische Strukturen und politische Kultur im Alten Reich (Schriften zur Geschichte des Parlamentarismus in Thüringen, Bd. 27, 2008); *Thüringer Landtag (Hrsg.)*, Der Thüringer Landtag – Ein Rückblick, Erfurt 2011; *Fabian Wittreck (Hrsg.)*, Volks- und Parlamentsgesetzgeber: Konkurrenz oder Konkordanz? Dokumentation eines Thüringer Verfassungsstreits, 2012; *Thomas Würtenberger, Ursula Seelhorst*, Zum Wohnsitz als Voraussetzung des aktiven und passiven Wahlrechts – zugleich eine Anmerkung zur Entscheidung des Thüringer Verfassungsgerichtshofs, Thür VerfGH 15/95, ThürVBl 1997, 204, ThürVBl 1998, 49 ff.

I. Schwerpunkte und Quellen der verfassungsrechtlichen Entwicklung

1 Die verfassungsrechtliche Entwicklung des Freistaats Thüringen seit 1993 spiegelt sich zunächst in den formellen Änderungen ihres Textes wider. Dies allein erfasst jedoch noch nicht die seitdem festzustellende Verfassungsentwicklung. Zunächst fehlt Thüringen als Gliedstaat der Bundesrepublik Deutschland die so genannte Kompetenz-Kompetenz. In seinem Aufgabenzuschnitt hängt Thüringen damit unmittelbar von Änderungen der Bundesverfassung und zunehmend auch der Europäischen Union ab. Darüber hinaus vollzieht sich die verfassungsrechtliche Entwicklung jenseits einer textlichen Änderung zunächst durch Auslegung der unbestimmten Rechtsbegriffe durch den ThürVerfGH und die Ausbildung der konkretisierungsbedürftigen verfassungsrechtlichen Vorgaben durch die Staatspraxis, insbesondere den Landtag und die Landesregierung. Schließlich können im Wege des Verfassungswandels Verfassungsbestimmungen durch Zeitablauf in ihrer Bedeutung geschmälert oder fortentwickelt werden.[1]

II. Verfassungsänderungen und erfolglose Änderungsinitiativen

2 Insgesamt wurden 30 Initiativen zur Änderung der ThürVerf unternommen, davon 29 Initiativen im Rahmen der parlamentarischen Gesetzgebung und eine Initiative durch Volksgesetzgebung.[2] Bisher traten 4 Änderungen der Verfassung in Kraft.

3 Ein Großteil der **erfolglosen Initiativen** behandelte Themen, die bereits im Rahmen der Verfassungsberatung eine Rolle spielten und sich dort nicht durchsetzen konnten. Dies betrifft etwa die Abschaffung der Indexierung der Abgeordnetenentschädigung, die Öffentlichkeit der Ausschusssitzungen des Landtags,

1 *Badura*, in: HStR VII, 1. Aufl. 1992, § 160 Rn. 13–15.

2 Übersicht nach Wahlperioden: 1. WP 1 Initiative, 2. WP 3 Initiativen, 3. WP 8 Initiativen, 4. WP 7 Initiativen, 5. WP bisher 11 Initiativen. Vgl. für Einzelheiten für die ersten drei WPen Mittelsdorf/Poschmann, in: Zehn Jahre Thüringer Landesverfassung, S. 93–105.

Modifikationen des parlamentarischen Untersuchungsrechts, die Änderungen bei der Wahl der Richter und der Stellung der Richterwahlausschüsse, Verfahrenserleichterungen und gegenständliche Erweiterungen im Bereich der direkten Demokratie sowie die Einführung des Instruments der Ministeranklage[3] und der Verankerung des Verbots der Wiederbelebung und Verbreitung nationalsozialistischen Gedankengutes durch eine ausdrückliche Bestimmung in der Verfassung. Obwohl zum Teil mehrfach – auch mehrfach in einer Wahlperiode des Landtags – eingebracht,[4] konnte (mit Ausnahme der Veränderungen bei der Zulassung direkt demokratischer Verfahren) keine dieser Initiativen eine Änderung der Verfassung bewirken; zum Teil wurden sie ohne vorherige Ausschussberatung abgelehnt[5].

Als neue Themen der verfassungspolitischen Diskussion sind insbesondere Erleichterungen der **freiwilligen kommunalen Neugliederung,**[6] die Festschreibung der Ermöglichung eines **kostenfreien Hochschulzugangs**[7] sowie die Einführung eines Neuverschuldungsverbots durch eine so genannte **Schuldenbremse** auch in der Landesverfassung[8] hinzugekommen. 4

Die vier erfolgreichen **Änderungen der ThürVerf** befassen sich in zwei Fällen ebenfalls mit der **Indexierung der Abgeordnetenentschädigung** gemäß Art. 54 Abs. 2 ThürVerf. Zunächst wurde durch das Erste Gesetz zur Änderung der Verfassung des Freistaats Thüringen vom 12.12.1997 durch Einfügung des Art. 105 a eine zeitlich befristete Aussetzung der Indexierung eingeführt, um durch die Korrektur eines zu hoch angesetzten Ausgangswertes einen „Geburtsfehler der Thüringer Index-Regelung“[9] auszubessern. Dieses Moratorium wurde durch das Vierte Gesetz zur Änderung der Verfassung vom 11.10.2004 nochmals modifiziert und die Anpassung der Entschädigung zukünftig an die Veränderungen des vorausgegangenen Jahres in der allgemeinen Einkommensentwicklung der Bürger gebunden. 5

Die dritte Änderung der Verfassung diente der Neufassung und Flexibilisierung der Regelungen über die **Dauer der Wahlperiode** und den Termin zur Wahl des Landtags (Art. 50 ThürVerf);[10] für den Beginn der fünften Wahlperiode wurde eine Sonderregelung eingefügt. Die Änderungsinitiative wurde von allen im damaligen Landtag vertretenen Fraktionen getragen und diente dem Ziel, den Wahlkampf und die Wahl zum Landtag in einen gewissen Abstand zu den Sommerferien zu legen. Dadurch sollte die politische Partizipation verbessert und die 6

3 LT-Drs. 5/4533.

4 Erfolglos wurden etwa 7 Initiativen zur Aufhebung bzw. Modifizierung und Aussetzung der Indexierung der Abgeordnetenentschädigung (LT-Drs. 1/3593, 2/2345, 3/2911, 4/1319, 4/4151, 5/1397, 5/1554), 3 Initiativen zur Öffentlichkeit von Sitzungen der Landtagsauschüsse (LT-Drs. 1/3593, 5/1308, 5/1311), 4 Initiativen zur Änderungen des Rechts der Richterwahl (LT-Drs. 1/3593, 3/1458, 3/1549,5/3234) 2 Initiativen zur Einführung eines Verbots nationalsozialistischer Propaganda (LT-Drs. 4/1309, 5/4336) und 1 Initiative zur Änderung des Rechts der parlamentarischen Untersuchung (LT-Drs. 2/1300) eingebracht.

5 Vgl. etwa LT-Drs. 5/4336 (Verbot nationalsozialistischer Propaganda) oder LT-Drs. 5/5837 (Personalvertretung im öffentlichen Dienst).

6 Initiative in LT-Drs. 3/1596.

7 3 Initiativen in LT-Drs. 4/578, 4/4241 und 5/57.

8 2 Initiativen in LT-Drs. 4/4969 und 5/2406.

9 So *Linck*, Initiativen zur Änderung der Landesverfassung, in: Thüringer Landtag (Hrsg.), Zehn Jahre Thüringer Landesverfassung, S. 89.

10 Initiative in LT-Drs. 3/3651.

Legitimationskraft der Landtagswahl als eigenständige Willensbildung des Thüringer Staatsvolks erhöht werden.

7 Gegenstand der vierten Verfassungsänderung war die schon in den Verfassungsberatungen umstrittene Frage[11] der erforderlichen bzw. ausreichenden Höhe der Quoren bei **Bürgerantrag, Volksbegehren und Volksentscheid** nach Art. 68, 82 und 83 ThürVerf. Ein im Wege der Volksgesetzgebung eingebrachter Gesetzentwurf (Gesetz zur Stärkung der Rechte der Bürger)[12] wurde nach mehrfacher Beratung im Landtag und im Justizausschuss schlussendlich mit Feststellung der Unzulässigkeit der Initiative durch den ThürVerfGH durch Urteil vom 15.5.2001 erledigt.[13] Der ThürVerfGH sah in der Zusammenschau der vorgesehenen Regelungen das in Art. 83 Abs. 3 i.V.m. Art. 44 Abs. 1, 45 ThürVerf geschützte Demokratieprinzip in einer die **Ewigkeitsgarantie** der Verfassung berührenden Frage verletzt. Zugleich äußerte der ThürVerfGH Kritik an der vom Volksbegehren vorgesehenen partiellen Erstreckung der Volksgesetzgebung auf Gegenstände des Landeshaushalts. Gleichwohl bekannte sich der Landtag mit seinem Beschluss „Initiativen zur Stärkung bürgerschaftlichen Engagements in Thüringen" vom 11.10.2001 zu einer Änderungsabsicht.[14] In der Folge brachten sowohl die Oppositionsfraktionen[15] als auch die Landesregierung[16] eigenständige Gesetzesentwürfe ein. Nach jeweils einer ersten Beratung im Landtag und in einem eigens hierfür eingesetzten Unterausschuss des Justizausschusses und einer erneuten Rücküberweisung durch das Plenum an den Justizausschuss wurden schließlich beide Entwürfe zusammengefasst und mit dem Gesetz vom 24.11.2003 eine Verfassungsänderung beschlossen.[17] Dabei einigte sich der Landtag auf eine begrenzte Absenkung der Unterstützungs- und der Abstimmungsquoren sowie auf die fakultative Zulassung der freien Sammlung der Unterstützungsunterschriften neben der amtlichen Sammlung mit jeweils unterschiedlichen Verfahrensanforderungen. Auf die Erweiterung der Volksgesetzgebung auf Gegenstände des Landeshaushalts wurde verzichtet.[18] Als weitere Neuerung erhielten die Vertreter der Initiative die Möglichkeit der Anhörung in einem Ausschuss des Landtags. Die verfassungsgerichtliche Prüfung erfolgt nunmehr verpflichtend vor der Sammlung der Unterschriften (Art. 82 Abs. 3 ThürVerf).

III. Bund und Europa

8 Durch Änderungen des Grundgesetzes seit 1993 sind dem Freistaat zahlreiche neue verfassungsrechtliche Verantwortlichkeiten erwachsen. So wurden in Folge der sog. Föderalismuskommission I die **Zuständigkeiten zur Gesetzgebung** zwischen Bund und Ländern einerseits entflochten und der Freistaat Thüringen für zahlreiche Materien zuständig; von den Zuständigkeiten hat der Freistaat be-

11 Vgl. Entstehung ThürVerf, Art. 83, S. 220 f. m.w.N.
12 LT-Drs. 3/1449.
13 ThürVerfGH, Urt. v. 15.08.2001 – 4/01 – ThürVBl 2002, 31 ff.
14 LT-Drs. 3/1892.
15 LT-Drs. 3/1911.
16 LT-Drs. 3/2237.
17 ThürGVBl. 2003, 493 ff.
18 Die Erstreckung direktdemokratischer Verfahren auf Abgaben war Gegenstand einer späteren Volksinitiative; dazu ablehnend ThürVerfGH, Urt. v. 10.04.2013 – 22/08 – S. 9 ff. des Umdrucks.

reits im erheblichen Umfang Gebrauch gemacht.[19] Weiterhin kann der Freistaat nunmehr in zahlreichen Fällen von geltendem Bundesrecht abweichen (Art. 72

19 Auf den Gebieten der vormals dem Bund zustehenden Gesetzgebungskompetenzen hat Thüringen von seinen neuen Zuständigkeiten bisher Gebrauch gemacht (Stand 17.08.2012):
- Strafvollzug einschließlich Vollzug der Untersuchungshaft: Thüringer Gesetz über den Vollzug der Jugendstrafe (Thüringer Jugendstrafvollzugsgesetz) v. 20.12.2007, GVBl. S. 211; Thüringer Gesetz über den Vollzug der Untersuchungshaft und zur Regelung des Datenschutzes und der Videoüberwachung beim Vollzug der Freiheitsstrafe und der Sicherungsverwahrung v. 08.07.2009,ThürGVBl. S. 553.
- Ladenschlussrecht: Thüringer Ladenöffnungsgesetz v. 20.11.2006, ThürGVBl. S. 541; Erstes Gesetz zur Änderung des Thüringer Ladenöffnungsgesetzes v. 21.12.2011, ThürGVBl. S. 540.
- Gaststättenrecht: Thüringer Gesetz zum Schutz vor den Gefahren des Passivrauchens (Thüringer Nichtraucherschutzgesetz) v. 20.12.2007, ThürGVBl. S. 257; Thüringer Gaststättengesetz v. 09.10.2008, ThürGVBl. S. 36; Erstes Gesetz zur Änderung des Thüringer Nichtraucherschutzgesetzes v. 26.06.2010, ThürGVBl. S. 250; Zweites Gesetz zur Änderung des Thüringer Nichtraucherschutzgesetzes v. 02.07.2012, ThürGVBl. S. 245.
- Recht der Laufbahnen, Besoldung und Versorgung der Beamten des Landes etc.: Thüringer Vorschaltgesetz zur Beamtenbesoldung und Beamtenversorgung v. 30.01. 2007, ThürGVBl. S. 1; Thüringer Besoldungsneuregelungs- und -vereinfachungsgesetz v. 24.06.2008, ThürGVBl. S. 134, 350; Thüringer Gesetz zur Änderung des Beamtenrechts v. 20.03.2009, ThürGVBl. S. 138; Gesetz zur Anpassung besoldungs- und versorgungsrechtlicher Regelungen sowie zur Änderung des Thüringer Verwaltungsfachhochschulgesetzes v. 19.06.2009, ThürGVBl. S. 425; Gesetz zur Änderung des Thüringer Besoldungsgesetzes und des Thüringer Pensionsfondsgesetzes v. 09.03. 2011 (ThürGVBl. S. 26); Thüringer Gesetz zur Regelung der Versorgung der Beamten und Richter sowie zur Änderung weiterer dienstrechtlicher Vorschriften v. 22.06.2011, ThürGVBl. S. 99; Thüringer Gesetz zur Änderung dienstrechtlicher Vorschriften v. 22.09.2011, ThürGVBl. S. 233; Thüringer Gesetz zur Anpassung der Besoldung und der Versorgung in den Jahren 2011 und 2012 sowie zur Änderung besoldungs- und versorgungsrechtlicher Vorschriften v. 22.09.2011, ThürGVBl. S. 235.
- Recht der allgemeinen Grundsätze des Hochschulwesens: Erstes Gesetz zur Änderung des Thüringer Hochschulzulassungsgesetzes v. 08.06.2010, ThürGVBl. S. 205; Erstes Gesetz zur Änderung des Thüringer Hochschulgebühren- und -entgeltgesetzes v. 08.02.2011, ThürGVBl. S. 26; Zweites Gesetz zur Änderung des Thüringer Hochschulzulassungsgesetzes v. 23.05.2011, ThürGVBl. S. 87.

Von der Möglichkeit zur Bestimmung des Steuersatzes bei der Grunderwerbssteuer nach Art. 105 Abs. 2 a Satz 2 GG hat Thüringen durch das Thüringer Gesetz über die Bestimmung des Steuersatzes bei der Grunderwerbsteuer v. 29.03.2011, ThürGVBl. S. 66 Gebrauch gemacht.

Keine Regelungen wurden erlassen auf den Gebieten des Versammlungsrechts, des Heimrechts, des Rechts der Spielhallen/Schaustellung von Personen, des Rechts der Messen, Ausstellungen und Märkte, des Flurbereinigungsrechts, des Rechts des landwirtschaftlichen Grundstücksverkehrs, des landwirtschaftlichen Pachtwesens, des Wohnungswesens, des Siedlungs- und Heimstättenwesens, des Rechts des Schutzes vor verhaltensbezogenem Lärm und des Rechts der allgemeinen Verhältnisse der Presse.

Abs. 3 GG)[20] oder von bundesrechtlichen Ermächtigungen zum Erlass von Rechtsverordnungen durch Gesetz Gebrauch machen (Art. 80 Abs. 4 GG).[21] Andererseits wurden im Bereich der **Gemeinschaftsaufgaben** in Fortsetzung der Politik des „Goldenen Zügels" neuen Möglichkeiten der Mitwirkung des Bundes bei der Erfüllung der Aufgaben der Länder die Tore geöffnet. So können Bund und Länder beispielsweise bei der Entwicklung informationstechnischer Systeme zusammenwirken (Art. 91 c GG) oder Leistungsvergleiche ihrer Verwaltung durchführen (Art. 91 d GG).[22] Durch die Föderalismuskommission II wurde schließlich die Eigenständigkeit der Haushaltswirtschaft von Bund und Ländern durch die Einführung einer grundgesetzlichen **Schuldenbremse** in Art. 109 Abs. 3 GG eingeschränkt und die Länder mit einem festen Prozentsatz zur Tragung von Sanktionsmaßnahmen der Europäischen Gemeinschaft im Zusammenhang mit den Bestimmungen des Art. 104 des Vertrages zur Gründung der Europäischen Gemeinschaft zur Einhaltung der Haushaltsdisziplin verpflichtet (Art. 109 Abs. 5 GG).[23] In Zukunft werden sich weitere Beschränkungen der **Haushaltsautonomie** des Freistaats aufgrund europarechtlicher Vorgaben ergeben.[24]

9 Mit der Neufassung des so genannten Europaartikels des Grundgesetzes (Art. 23 GG) sind in Reaktion auf die zunehmende Kompetenzauszehrung der Länder durch europäische Integrationsmaßnahmen dem Bundesrat neue Zuständigkeiten erwachsen. Die Länder wirken nunmehr durch den Bundesrat in allen **Angelegenheiten der Europäischen Union** mit und sind hier zum frühestmöglichen Zeitpunkt durch die Bundesregierung (neben dem Bundestag) zu unterrichten. In allen Angelegenheiten, in denen die Länder an einer innerstaatlichen Maßnahme mitzuwirken hätten oder hierbei zuständig wären, ist der Bundesrat an der Willensbildung des Bundes zu beteiligen (Art. 23 Abs. 4 GG), wobei die Intensität bzw. Maßgeblichkeit seiner Beteiligung mit zunehmender Betroffenheit

---

20 Von der Abweichungsmöglichkeit nach Art. 72 Abs. 3 Satz 1 i.V.m. Art. 125 b Abs. 1 Satz 3 GG hat Thüringen Gebrauch gemacht (Stand 17.08.2012) auf dem Gebiet der Hochschulzulassung und Hochschulabschlüsse durch das Erste Gesetz zur Änderung des Thüringer Hochschulzulassungsgesetzes v. 08.06.2010, ThürGVBl. S. 91 und auf dem Gebiet des Naturschutzes, der Landschaftspflege, der Bodenverteilung und des Wasserhaushalts durch das Erstes Gesetz zur Änderung des Thüringer Gesetzes für Landschaft und Kultur v. 09.03.2011 (ThürGVBl. S. 25).
Weiterhin ist Thüringen von verfahrens- und organisationsrechtlichen Vorgaben des Bundes gemäß Art. 84 Abs. 1 Satz 2 i.V.m. 125 b Abs. 2 GG abgewichen durch das Thüringer Gesetz zur Weiterentwicklung zur Zusammenarbeit von Jugendhilfe und Schule v. 12.12.2008, ThürGVBl. S. 556 und durch das Thüringer Gesetz zur Änderung der Geltungsdauer von Gesetzen aus dem Geschäftsbereich des Ministeriums für Soziales, Familie und Gesundheit und zur Regelung der Dienstaufsicht im Bereich der Kriegsopferversorgung v. 08.04.2009, ThürGVBl. S. 322.

21 In der Folge unterrichtet die Landesregierung den Landtag über sich ergebende Rechtsetzungsmöglichkeiten.

22 Vgl. BGBl. I 2006, 2034 (sog. Föderalismusreform I).

23 Vgl. BGBl. I 2009, 2248 (sog. Föderalismusreform II).

24 Vgl. im Rahmen des sog. Fiskalpakts etwa die – im Widerspruch zu Art. 100 ThürVerf stehende – Verpflichtung zur vorjährigen Haushaltsaufstellung gem. Vorschlag zu einer Verordnung des Europäischen Parlaments und des Rates über gemeinsame Bestimmungen für die Überwachung und Bewertung der Übersichten über die gesamtstaatliche Haushaltsplanung und für die Gewährleistung der Korrektur überplanmäßiger Defizite der Mitgliedstaaten im Euro-Währungsgebiet (KOM (2011) 821). Dazu Geltendmachung von Subsidiaritätsbedenken gem. Beschluss des Europaausschusses v. 20.01.2012, LT-Drs. 5/3937.

steigt (Art. 23 Abs. 5 und 6 GG). Im Rahmen der Subsidiaritätskontrolle gegenüber der EU wird eine der beiden Deutschland zustehenden Stimmen durch den Bundesrat wahrgenommen (Art. 23 Abs. 1 a GG). Diese Zuständigkeitsmehrungen kommen innerhalb Thüringens nicht allein der Landesregierung zugute. Vielmehr unterliegt sie vollumfänglich der parlamentarischen Kontrolle (Art. 48 Abs. 2 i.V.m. Art. 67 Abs. 4 ThürVerf). Die Aktualisierung und Effektivierung der parlamentarischen Kontrolle ist insofern eine der zentralen Fragen der verfassungspraktischen Entwicklung in Thüringen.

IV. Stellung des Landtags und parlamentarische Kontrolle

Der Landtag ist nach der ThürVerf das einzige unmittelbar vom Volk durch Wahl legitimierte Staatsorgan und zugleich – unbeschadet des Bekenntnisses der Verfassung zur Gewaltenteilung[25] – „**oberstes Organ** der politischen Willensbildung“ (Art. 48 Abs. 1 ThürVerf).[26] Diese verfassungsrechtliche Stellung hat der Landtag für alle seine Funktionen nach Art. 48 Abs. 2 ThürVerf mit Leben erfüllen und ausbauen können. Für den Bereich der **Gesetzgebung**[27] hat der ThüVerfGH dem Landtag eine „Prävalenz“ im Verhältnis zur Volksgesetzgebung zugebilligt.[28] Die Sachorientierung parlamentarischer Gesetzgebung zeigt sich neben der ausgiebigen Einbeziehung der Fachöffentlichkeit im Rahmen von (i.d.R. öffentlichen) Anhörungsverfahren gem. § 79 ThürGOLT bspw. auch in der Praxis der Ausschüsse des Landtags seit dem Jahr 2000, bei Bedarf interne Prüffragen der Landesregierung zur Notwendigkeit von Gesetzentwürfen und ihrer Folgen zu den Beratungen anzufordern (**Gesetzesfolgenabschätzung**).[29] 10

Ungeachtet der zentralen Stellung des Landtags hat Thüringen auch das in den Verfassungsberatungen intensiv erörterte Ziel einer Verbesserung der politischen **Partizipation** nicht aus den Augen verloren. So hat der Landtag – angeregt durch eine Entscheidung des ThürVerfGH[30] – das verfassungsmäßige Beteiligungsrecht der **kommunalen Spitzenverbände** gem. Art. 91 Abs. 4 ThürVerf geschäftsordnungsrechtlich optimiert (§ 79 Abs. 2 und 3 ThürGOLT) und – entsprechend der Erleichterung direktdemokratischer Willensbildung auf staatlicher Ebene – auch den **Bürgerentscheid** auf kommunaler Ebene befördert.[31] 11

---

25 Vgl. zur lediglich politischen Bedeutung sog. einfacher Parlamentsbeschlüsse im Verhältnis zur Landesregierung: ThürVerfGH, Urt. v. 02.02.2011 - 20/09 - ThürVBl 2011, 131 ff.

26 Vgl. zur Entstehung dieser Bestimmung auch *Mai*, Die Vorläufer der Landesverfassung unter besonderer Berücksichtigung der Arbeiten des „Politisch beratenden Ausschusses zur Bildung des Landes Thüringen“, in: Zehn Jahre Thüringer Landesverfassung, S. 25 (36 ff.).

27 Der Landtag hat in seinen 5 Wahlperioden in insgesamt 540 Plenarsitzungen (Stichtag 14.08.2012) 22124 Drucksachen beraten, davon 948 Gesetzentwürfe. 662 Gesetze wurden verabschiedet.

28 ThürVerfGH, Urt. v. 15.08.2001 – VerfGH 4/1 – ThürVBl 2002, 31 – 46.

29 Der Ältestenrat hatte den Ausschüssen bereits durch Beschluss v. 15.09.1998 die verstärkte Nutzung der Methodik der Gesetzesfolgenabschätzung empfohlen. Der Landtag hat mit Beschluss v. 12.12.2003 die Landesregierung aufgefordert, bei ausgewählten Regelungsvorhaben von großer Wirkungsbreite die Gesetzesfolgenabschätzung zu erproben (LT-Drs. 3/968/3027/3456), dazu *Poschmann*, ThürVBl 2004, 19 (20,23).

30 ThürVerfGH, Urt. v. 12.10.2004 – 16/02 – ThürVBl 2005, 11 – 17.

31 Gesetz für mehr direkte Demokratie in Thüringer Kommunen (ThürGVBl. 2009, 320 – 321), Begleitgesetz zum Gesetz zur Änderung der Thüringer Kommunalordnung (Gesetz für mehr direkte Demokratie in Thüringer Kommunen) – Volksbegehren-Begleitgesetz (ThürGVBl. 2009, 345 – 347).

Ebenso dienen die Einrichtung eines **Thüringer Bürgerbeauftragten,**[32] die Einführung **öffentlicher Petitionen**[33] und die Einrichtung eines Online-Diskussionsforums für die in Beratung befindlichen Gesetze[34] der Schaffung von zusätzlichen Beteiligungsmöglichkeiten ebenso wie dem Bemühen um sachgerechte politische Entscheidungen von hoher Integrationskraft.

12 Im Rahmen seiner **Kreationsfunktion** vermittelt der Landtag zahlreichen neuen Behörden ihre personale Legitimation;[35] dabei sind zwischenzeitlich auch Vorschlagsrechte von der Landesregierung auf den Landtag übergegangen (Thüringer Datenschutzbeauftragter). Die Erörterung der öffentlichen Angelegenheiten (**Repräsentationsfunktion**) nimmt der Thüringer Landtag im Rahmen seiner Geschäftsordnungsautonomie durch eine großzügige Handhabung bspw des Instruments der Aktuellen Stunde (§ 93 ThürGOLT) oder des Grundrederechts jedes Abgeordneten (§ 29 Abs. 1 Satz 3 ThürGOLT analog) erfolgreich wahr. Durch neue technische Möglichkeiten (Plenum online) und besondere Angebote (Tag der offenen Tür) hat der Landtag zusätzliche Angebote im Sinne der Attraktivität und Wirksamkeit der politischen Debatte unterbreitet. Im Vorfeld konkreter Entscheidungen haben **Enquetekommissionen** des Landtags (Art. 63 ThürVerf i.V.m. § 84 ThürGOLT) komplexe Sachverhalte aufgearbeitet und unterschiedliche Problemlösungen für die politische Beratung aufbereitet.[36]

13 Eine besondere Stärkung hat die **Kontrollfunktion** des Landtags erfahren. Im Sinne der parlamentarischen Kontrolle der öffentlichen Gewalt durch den Landtag haben die Abgeordneten des Thüringer Landtags von ihrem verfassungsrechtlichen Fragerecht gemäß Art. 67 ThürVerf umfangreich Gebrauch gemacht.[37] Der ThürVerfGH hat hierbei das **Fragerecht** rechtlich geschärft und erheblich gestärkt.[38] Von der Möglichkeit der eigenständigen Sachverhaltsaufklärungen gem. Art. 64 ThürVerf hat der Landtag in bisher 13 Untersuchungsausschüssen Gebrauch gemacht und dabei das **Untersuchungsrecht** wirksam auch auf das Handeln der Exekutive in Privatrechtsform ausgedehnt. Diese Untersuchungsverfahren wurden – sicherlich eine Besonderheit der Thüringer Rechtsentwicklung – zum Teil durch einvernehmliche Berichte abgeschlossen.[39] In

32 Thüringer Gesetz über den Bürgerbeauftragten (ThürGVBl. 2007, 54 ff.).

33 Erstes Gesetz zur Änderung des Thüringer Gesetzes über das Petitionswesen v. 28.03.2013, ThürGVBl. S. 59 ff.

34 www.forum-landtag.thueringen.de.

35 Thüringer Bürgerbeauftragte, Landesbeauftragte für die Unterlagen des Staatssicherheitsdienstes der ehemaligen DDR, Thüringer Landesbeauftragter für den Datenschutz.

36 Vgl. insbes. die Berichte der Enquetekommissionen der 3. und 4. WP (LT-Drs. 3/1771 (Wirtschaftsförderung in Thüringen); LT-Drs. 3/3854 (Wahrung der Würde des menschlichen Lebens in Grenzsituationen); LT-Drs. 3/4141 (Erziehung und Bildung in Thüringen); LT-Drs. 4/5172 (Zukunftsfähige Verwaltungs-, Gemeindegebiets- und Kreisgebietsstrukturen in Thüringen und Neuordnung der Aufgabenverteilung zwischen Land und Kommunen).

37 Anzahl der Mündlichen, Kleinen und Großen Anfragen pro WP: 1. WP (823, 708, 33, insg. 1564); 2. WP (1151, 1327, 26, insg. 2504); 3. WP (981, 1212, 20, insg. 2213); 4. WP (936, 2945, 22); 5. WP (bis 14.8.2012) (667, 2480, 14); insg. über alle WP (4558, 8672, 115, insg. 13345). Teilweise wurde das Fragerecht bis zur Exzessgrenze beansprucht, so in der 4. WP bei über 600 gleichlautenden Kleinen Anfragen kommunale Sachverhalte betreffend (Anfragen 1307 – 1958).

38 Vgl. u.a. ThürVerfGH, Urt. v. 04.04. 2003 – VerfGH 8/02 – ThürVBl 2003, 178 ff.

39 In der 1., 3. und 4. WP wurden jeweils 4 Untersuchungsausschüsse eingesetzt, in der 5. WP bisher einer. Die Untersuchungsausschüsse der 4. WP erstatteten dem Landtag einvernehmlich beschlossene Berichte gem. § 28 Abs. 1 ThürUAG.

Ausfüllung des Verfassungsauftrags zum **Schutz der verfassungsmäßigen Ordnung** gemäß Art. 97 ThürVerf hat der Landtag seine parlamentarische Kontrollkommission gestärkt[40] und auf die europarechtliche Vorgabe der Unabhängigkeit des Datenschutzbeauftragten durch Erstreckung des Fragerechts auf den Thüringer **Datenschutzbeauftragten** reagiert und so unter Vermeidung ministerialfreier Hoheitsräume die demokratische Legitimation der Behörde gestärkt.

Eine besondere Ausweitung hat ferner die Verpflichtung der Landesregierung 14
nach **Art. 67 Abs. 4 ThürVerf** erfahren, den Landtag rechtzeitig insbesondere über Bundesratsangelegenheiten und Angelegenheiten der EU zu unterrichten, soweit diese für das Land von grundsätzlicher Bedeutung sind. In Ausfüllung dieser verfassungsrechtlichen Verpflichtung haben Landtag und Landesregierung am 07.07.2011 eine „**Vereinbarung** über die Unterrichtung und Beteiligung des Landtags in Angelegenheiten der EU“[41] geschlossen. Danach wird der Landtag durch ein mehrstufiges Unterrichtungssystem insbesondere über alle Vorhaben der EU unterrichtet, die Gesetzgebungsbefugnisse oder sonstige Interessen des Landes oder das Recht der kommunalen Selbstverwaltung der Gemeinden und Gemeindeverbände sowie die Fragen der kommunalen Daseinsvorsorge wesentlich betreffen. Zugleich beteiligt sich der Landtag wirksam im Rahmen des europäischen Subsidiaritätsfrühwarnsystems nach dem Vertrag von Lissabon.[42] In der Vereinbarung hat sich die Landesregierung generell zur Berücksichtigung der Stellungnahme des Landtags bei ihrer Willensbildung bekannt und sich in den Fällen, in denen durch eine Gesetzesinitiative der Europäischen Union Gesetzgebungsbefugnisse des Landes berührt werden auch verpflichtet, nicht gegen das Parlamentsvotum zu entscheiden.[43] Zur Ausfüllung dieser Vereinbarung hat der Thüringer Landtag einen Europaausschuss als beschließenden und größtenteils öffentlich tagenden Ausschuss eingerichtet und damit die Voraussetzungen für die aktive Kontrolle der Europapolitik der Landesregierung einerseits und andererseits für die Erfüllung seiner Integrationsverantwortung durch politische Erörterung der das Land betreffenden europapolitischen Angelegenheiten im Landtag geschaffen (§§ 54 a, 54 b ThürGOLT).[44]

V. Verfassungsrechtsprechung

Impulse der Verfassungsentwicklung gehen insbesondere von der Institution 15
aus, die in der Konzeption der ThürVerf als deren Hüterin gedacht ist, dem **ThürVerfGH**. Das Gericht setzt zwar formell nicht selbst Verfassungsrecht. Sei-

40 Thüringer Verfassungsschutzgesetz (ThürVBl. 2012, 340 ff.).

41 Veröffentlicht als Anlage 3 zur ThürGOLT, LT-Drs. 5/4750.

42 *Broß*, Überlegungen zur Stellung der Länder im europäischen Integrationsprozess nach Lissabon, in: Thüringer Landtag (Hrsg.), Der Thüringer Landtag 2011 – Ein Rückblick, S. 14 – 23.

43 Die Verpflichtung besteht unbeschadet ihrer sich aus Bundes- und Landesverfassungsrecht ergebenden Rechtsstellung.

44 Auf dieser Grundlage hat der Landtag bzw. der Europaausschuss seit Mai 2011 zu 67 (von 234 von der LReg übermittelten) Frühwarndokumenten inhaltlich beraten und dabei in 6 Fällen Stellungnahmen zur Erhebung einer Subsidiaritätsrüge durch die LReg im BRat und in 14 Fällen zur Anmeldung von Subsidiaritätsbedenken empfohlen (Stand 02. 2013). Die LReg ist entsprechend der Vereinbarung den Empfehlungen gefolgt; die durch den BRat erhobenen 6 Subsidiaritätsrügen wurden in 5 Fällen durch Thüringen unterstützt. Vgl. auch Strittmatter, Subsidiaritätskontrolle – Mitspracherecht des Thüringer Landtags in EU-Angelegenheiten, in: Thüringer Landtag (Hrsg.), Der Thüringer Landtag 2011 – Ein Rückblick, S. 24 – 27.

ne Aufgabe ist es aber, die Verfassung letztverbindlich auszulegen.[45] Diese Kompetenz verleiht ihm die Möglichkeit in einem materiellen Sinn die **Verfassungsentwicklung** wesentlich zu bestimmen.[46] Die Verfassung enthält als Grundordnung des staatlichen Lebens naturgemäß erhebliche Interpretationsspielräume, die angesichts des Interpretationsmonopols des ThürVerfGH dessen starke Stellung im Verfassungsleben begründen. Im Streitfall muss das Gericht die Freiräume verbindlich – auch mit Gesetzeskraft – konkretisieren.

16 Dieser Aufgabe ist der ThürVerfGH in seiner fast 20-jährigen Rechtsprechungspraxis im Rahmen von Verfassungsbeschwerden, abstrakten und konkreten Normenkontrollen und Organstreitverfahren vielfältig nachgekommen und hat das Verfassungsverständnis entscheidend geprägt und vorgegeben.

17 Neben der bereits erwähnten Rechtsprechung zum Verhältnis des Landtags zur Volksgesetzgebung, zum Anhörungsrecht kommunaler Spitzenverbände (Art. 91 ThürVerf), zum parlamentarischen Fragerecht (Art. 53 und 67 ThürVerf) und der fehlenden Bindungswirkung einfacher Parlamentsbeschlüsse hat besondere bundesweite Aufmerksamkeit im parlamentsrechtlichen Bereich die Rechtsprechung zur grundsätzlich akzeptierten Indexzierungsregelung der Abgeordnetenentschädigung (Art. 54 ThürVerf)[47] und der nur beschränkten Zulässigkeit von Funktionszulagen an Abgeordnete[48] gefunden. Wesentliche Feststellungen des Gerichts betrafen mehrere Verfahren zur Überprüfung von Abgeordneten wegen früherer Zusammenarbeit mit dem MfS; im Falle einer Zusammenarbeit ist dies nach der ThürVerf zwar kein Verlusttatbestand, jedoch steht die Verfassung einer Erklärung der Parlamentsunwürdigkeit nicht entgegen.[49] Von weit über Thüringen hinausgehender Bedeutung ist die Rechtsprechung zum Landtagswahlrecht, mit der das Gericht die bislang geltende enge Verzahnung zwischen Melderecht und Wahlrecht gelockert hat; die melderechtliche Hauptwohnung ist keine zwingende Voraussetzung für das aktive und passive Wahlrecht mehr.[50]

18 Angesichts der Domäne der Landesgesetzgebung im Bereich des Kommunalrechts betrifft ein wesentlicher Teil der verfassungskonkretisierenden Rechtsprechung des ThürVerfGH die Angelegenheiten der Gemeinden und Kreise. Dabei standen zunächst die Anforderungen der Verfassung an kommunale Neugliederungsmaßnahmen im Focus des Gerichts. Auch hier hat mit bundesweiter Resonanz das Gericht in verfahrensmäßiger Hinsicht ein 3-Stufen-Modell bei umfassenden Neugliederungsmaßnahmen entwickelt,[51] wobei auf jeder dieser Stufen eine Konkretisierung der die Neugliederungsmaßnahme rechtfertigenden Gemeinwohlbelange durch den Gesetzgeber zu erfolgen hat. Die erste Stufe um-

45 Vgl. BVerfGE 69, 112 (117), vgl. auch Art. 79 Rz. 7 ff.

46 Zur Wirkungsmacht der Landesverfassungsgerichte: *Rühmann*, SächsVBl. 2012, 131; *Flick*, ZParl 2011, 587 ff.; *Huber*, ThürVBl. 2003, 73 ff.; *Lerche*, in: Macke (Hrsg.), Verfassung und Verfassungsgerichtsbarkeit auf Landesebene, 1998, S. 215 ff.

47 ThürVerfGH, Urt. v. 16.12.1998 – 20/95 – LVerfGE 9, 413.

48 ThürVerfGH, Urt. v. 14.07.2003 – 2/01 – NVwZ-RR 2003, 793.

49 ThürVerfGH, Urt. v. 17.10.1997 – 18/95 – LVerfGE 7, 337, v. 25.05.2000 – 2/99 – LKV 2000, 441 und v. 01.07.2009 – 38/06 – JURIS.

50 ThürVerfGH, Urt. v. 12.06.1997 – 13/95 – LVerfGE 6, 387; vgl. hierzu: *Würtenberger/Seehorst*, ThürVBl 1998, 49; *Schreiber*, NJW 1998, 492.

51 ThürVerfGH, Urt. v. 18.12.1996 – 2/95, 6/95 – LVerfGE 5, 391, v. 08.09.1997 – 9/95 – LVerfGE 7, 389, v. 18.09.1998 – 1/97, 4/97 – JURIS, v. 28.05.1999 – 39/97 – LKV 2000, 31 und v. 01.03.2001 – 20/00 – ThürVGRspr. 2001, 129.

fasst den Entschluss, überhaupt eine grundlegende Umgestaltung der kommunalen Ebene vorzunehmen. Auf der zweiten Stufe werden die Leitbilder und Leitlinien der Neuordnung festgelegt, die die künftige Struktur der Selbstverwaltungskörperschaften bestimmen und die Umgestaltung in jedem Einzelfall dirigieren sollen. Auf der dritten Stufe erfolgt die Umsetzung der allgemeinen Maßstäbe im konkreten einzelnen Neugliederungsfall, wobei insbesondere auf dieser Stufe die kommunalen Anhörungsrechte zu berücksichtigen sind.

Von nicht weniger Relevanz sind die Festlegungen des Gerichts zur kommuna- 19
len Finanzausstattung. Das Gericht räumt den Kommunen, insoweit tendenziell weitergehender als andere Landesverfassungsgerichte, eine starke Position ein.[52] Der unantastbare Kernbereich des Rechts auf kommunale Selbstverwaltung ist dann verletzt, wenn den Kommunen die Wahrnehmung freiwilliger Selbstverwaltungsaufgaben infolge einer unzureichenden Finanzausstattung überhaupt nicht mehr möglich ist. Diese finanzielle Mindestausstattung nach Art. 93 Abs. 1 Satz 1 ThürVerf ist den Kommunen unabhängig von der Leistungskraft des Landes zu gewähren, ebenso wie der nach Satz 2 dieser Verfassungsnorm bestehende Mehrbelastungsausgleich im Falle der Übertragung staatlicher Aufgaben auf die Kommunen. Die durchschnittliche Kostenbelastung der Kommunen ist zu ermitteln und dem Finanzausgleich zu Grunde zu legen. Unmittelbare Folge dieser Rechtsprechung war eine umfassende Novellierung des kommunalen Finanzausgleichssystems zu Gunsten der Kommunen. Ganz im Sinne der Stärkung der kommunalen Finanzsituation hat der ThürVerfGH sodann auch Teile der Novellierung des Thüringer Kommunalabgabengesetzes für nichtig erklärt, mit denen öffentliche Belange des Landes allein zulasten der kommunalen Haushalte befriedigt wurden.[53]

Im Anschluss an die Rechtsprechung des BVerfG und anderer Landesverfas- 20
sungsgerichte hat der ThürVerfGH auch auf Grundlage der ThürVerf die Fünf-Prozent-Sperrklausel auf Kommunalebene für verfassungswidrig erklärt.[54]

Eng angelehnt an die bundesverfassungsgerichtlichen Rechtsprechung stehen 21
ebenso die wenigen Entscheidungen des ThürVerfGH zu den grundrechtlichen Gewährleistungen, so zu den Anforderungen aus Art. 11 und 12 ThürVerf an das Rundfunkverfassungsrecht und die Staatsferne der Rundfunkgestaltung,[55] zu den Maßgaben des Art. 37 Abs. 3 ThürVerf an die Mitbestimmung in der öffentlichen Verwaltung,[56] zu den gesetzgeberischen Pflichten beim Nichtraucherschutz[57] und zur Auslegung des Eigentumsgrundrechts nach Art. 34 ThürVerf.[58] Umfangreicher ist hingegen die – ebenfalls eng an der Rechtsprechung des BVerfG angebundene – Judikatur zu den Justizgrundrechten.[59]

---

52 ThürVerfGH, Urt. v. 21.06.2005 – 28/03 – LKV 2005, 553 und v. 02.11.2011 – 13/10 – ThürVBl 2012, 55; vgl. hierzu: *Joritz*, KommJur 2006, 6 ff, *Henneke*, ZG 2006, 73 ff.

53 ThürVerfGH, Urt. v. 23.04.2009 – 32/05 – NVwZ-RR 2009, 612.

54 ThürVerfGH, Urt. v. 11.04.2008 – 22/05 – NVwZ-RR 2009, 1.

55 ThürVerfGH, Urt. v. 19.06.1998 – 10/96 – LVerfGE 8, 337.

56 ThürVerfGH, Urt. v. 20.04.2004 – 14/02 – LKV 2004, 461.

57 ThürVerfGH, Beschl. v. 05.12.2008 – 26/08, 34/08 – ThürVBl 2009, 54.

58 ThürVerfGH, Beschl. v. 07.09.2010 – 27/07 – LKV 2010, 558.

59 Vgl. hierzu nur, auch zur Abgrenzung von bundes- und landesverfassungsrechtlichen Gewährleistungen: ThürVerfGH, Beschl. v. 07.09.2011 – 13/09 – ThürVBl 2012, 31 (rechtliches Gehör); Beschl. V. 30.01.2010 – 28/06 – ThürVBl 2011, 58 (überlange Verfahrensdauer).

VI. Stabilität der Verfassung und verfassungspolitischer Wandel

22 Gemessen am Merkmal der Stabilität hat sich die Thüringer Verfassung von 1993 bewährt. Der verfassungsändernde Gesetzgeber hat – mit Ausnahme der zunächst strikteren Haltung hinsichtlich der Zulassung von Volksbegehren und Volksentscheiden – an seinen ursprünglich getroffenen verfassungsrechtlichen Grundentscheidungen festgehalten und der Bewährung dieser Regelungen in der verfassungsgerichtlichen Auslegung und der Staatspraxis Raum gegeben. Die Teilnahme an Wahlen und Abstimmungen und die Inanspruchnahme beispielsweise des Petitionsrechts oder der Möglichkeit, sich an den Thüringer Bürgerbeauftragten zu wenden,[60] sprechen für eine hohe Akzeptanz der Verfassung in der Thüringer Bevölkerung.

23 Dies bedeutet freilich nicht, dass sich alle Regelungen in gleicher Weise in der Staatspraxis bewährt haben oder ihre Bedeutung ungeschmälert bewahren konnten. Beispielsweise wird der Sinn einer – gut gedachten – Indexierungsregelung im Rahmen der Abgeordnetenentschädigung gemäß Art. 54 Abs. 2 ThürVerf fraglich, wenn statt einer sonst erforderlichen jährlichen Gesetzesanpassung im Durchschnitt im zweijährigen Turnus über eine Verfassungsänderung zur Aussetzung der Indexierung beraten wird.[61]

60 Vgl jeweils die Nachweise in den jährlichen Berichten des Petitionsausschusses und des Thüringer Bürgerbeauftragten.

61 Vgl. oben Rn. 5. Bisher wurden zur Abgeordnetenentschädigung 9 Verfassungsänderungen beraten. Davon waren 2 erfolgreich.

E4 Anwendung und Auslegung der Thüringer Verfassung

Literatur

Ernst-Wolfgang Böckenförde, Die Methoden der Verfassungsinterpretation – Bestandsaufnahme und Kritik, NJW 1976, 2089 ff.; *ders.*, Verfassungsgerichtsbarkeit. Strukturfragen, Organisation, Legitimation, NJW 1999, 9 ff.; *Christian Hillgruber*, Verfassungsinterpretation, in: Depenheuer/Grabenwarter, Verfassungstheorie, 2010, § 15; *Matthias Jestaedt*, Wie das Recht, so die Auslegung, ZöR 2000, 133 ff.; *Friedrich Müller/Ralph Christensen*, Juristische Methodik, Bd. I, 8. Aufl. 2002; *Christian Starck*, Die Verfassungsauslegung, in: HStR VII, 1. Aufl. 1992, § 164.

I. Anwendung und Auslegung der Verfassung

Die Anwendung von Verfassungsrecht setzt dessen Erkenntnis voraus, die im 1
Wege der Auslegung (Interpretation) positiver Verfassungsbestimmungen zu gewinnen ist. **Anwendung** und **Auslegung** von Verfassungsrecht sind mithin voneinander **zu trennen**. Die Erkenntnis von Verfassungsrecht durch Auslegung von Verfassungsbestimmungen (dazu unten Rn. 2 ff.) ist als geistig-rationaler Vorgang zu begreifen, der darauf zielt, den Sinngehalt der jeweiligen Bestimmungen zutreffend zu erfassen. Willenhaft-dezisionistische Momente haften dagegen der Anwendung des so erkannten Verfassungsrechts an, mithin seiner Übertragung auf konkrete Fälle und deren Entscheidung. Dies führt zu schwierigen und bislang ungelösten Legitimationsproblemen (dazu unten Rn. 15 ff.).

II. Auslegung der Verfassung

1. Tradierte Auslegungsregeln. Die Bestimmungen der Thüringer Verfassung 2
sind ebenso wie andere Normen des positiven Rechts mit Hilfe der tradierten und anerkannten Regeln[1] auszulegen. Eine **Verfassungsbestimmung** nach ihrem **Wortsinn** auszulegen, bedeutet daher, nach dem üblichen Verständnis eines Wortes zu fragen, das die Verfassung verwendet. Weicht dieses von dem Verständnis ab, das der Verfassungsgeber zugrunde gelegt hat, stellt sich die Frage, ob und inwieweit die Auslegung der Verfassung sozialen Wandel berücksichtigen darf und muss (vgl. dazu unten Rn. 2 ff.). Verwendet die Verfassung ein Wort mehrfach, so muss dies nicht bedeuten, dass dieses Wort überall denselben Inhalt hat.[2] Mit dem Gebot, Verfassungsänderungen nur durch ausdrückliche Änderung oder Ergänzungen ihres Wortlautes herbeizuführen (Art. 83 Abs. 1), unterstreicht die Verfassung zwar die besondere Relevanz der Auslegung nach dem Wortlaut einer Verfassungsbestimmung; bei den häufig offenen und unbe-

1 Vgl. *Starck*, HStR VII, 1. Aufl. 1992, § 164 Rn. 16.
2 BVerfGE 6, 32 (38).

stimmten Verfassungsbegriffen bleibt die Wortsinnauslegung dennoch regelmäßig unergiebig.[3]

3 Die **systematische Auslegung** fordert, andere Bestimmungen der Thüringer Verfassung mit dem Ziel einzubeziehen, Widersprüche zwischen ihnen und der zu interpretierenden Bestimmung möglichst zu vermeiden.[4] Leitend bei der systematischen Auslegung ist die Wahrung der **„Einheit der Verfassung"**, die als Interpretationsprinzip von herausragender Bedeutung gilt.[5] Treten Widersprüche zwischen Verfassungsnormen auf, so sind überkommene Kollisionsregeln wie etwa der Grundsatz vom **Vorrang der spezielleren Norm** anzuwenden, um eine systematische Einheit von Verfassungsnormen herzustellen.[6] Diesem Ziel der Auflösung und Vermeidung von Widersprüchen dient auch der **Grundsatz der praktischen Konkordanz**. Er verbietet, dass sich bei einer Kollision zweier Verfassungsgüter das eine gänzlich auf Kosten des anderen durchsetzt; vielmehr ist ein verhältnismäßiger Ausgleich anzustreben, bei dem *beiden* Gütern Grenzen gezogen und sie beide so zur maximal möglichen Entfaltung gebracht werden.[7] In besonderer Weise ausgeformt ist der dem Grundsatz der praktischen Konkordanz zugrunde liegende Gedanke des Güterausgleichs auch etwa in der grundrechtlichen **Schrankendogmatik**. In ihr werden die Spannungen aufzulösen versucht, die zwischen den jeweiligen kollidierenden grundrechtlichen Freiheiten der Grundrechtsträger bestehen oder zwischen diesen Freiheiten und den Erfordernissen des Wohles aller bzw. des öffentlichen Interesses.

4 Von besonderer Bedeutung für die Auslegung der Thüringer Verfassung ist auch die **entstehungsgeschichtliche (genetische) Auslegung.**[8] Sie verlangt, den Willen des Verfassungsgebers zu ermitteln. Ihre Legitimation findet die genetische Auslegung vor allem durch den Verweis auf die in einer Demokratie maßgebliche Größe der (verfassungs-)gesetzgebenden Gewalt. Insbesondere in der Rechtsprechung des Bundesverfassungsgerichts wird dem entstehungsgeschichtlichen Argument nicht nur bei der Auslegung von Kompetenznormen[9] eine oftmals dominierende Rolle zuerkannt.[10] Mit Hilfe der Dokumentation zur Entstehung der Verfassung des Freistaats Thüringen[11] sind die jeweiligen Regelungsabsichten der am Prozess der Verfassungsgebung Beteiligten zu ermitteln.

---

3 Vgl. etwa dazu BVerfGE 74, 51 (57).
4 Vgl. dazu ThürVerfGH, Urt. v. 05.12.2007 – 47/06 – S. 20 des Umdrucks (= ThürVBl 2008, 56 [59]).
5 BVerfGE 19, 206 (220); 55, 274 (300), 99, 1 (12).
6 BVerfGE 107, 299 (312).
7 BVerfGE 93, 1 (21) – im Anschluss an *Hesse*, § 2 Rn. 72.
8 Vgl. dazu ThürVerfGH, Urt. v. 05.12.2007 – 47/06 – S. 22 des Umdrucks (= ThürVBl 2008, 56 [59]).
9 Besondere Relevanz des genetischen Arguments bei der Auslegung von Kompetenznormen in BVerfGE 68, 319 (328); 106, 62 (105); 107, 339 (361 f.); 109, 279 (317 f.), 116, 24 (37 ff.).
10 Besondere Betonung der Regelungstradition und der Entstehungsgeschichte etwa in: BVerfGE 7, 198 (209 f.); 25, 269 (287); 33, 52 (73); 74, 51 (57); 74, 102 (116); 79, 127 (144), 88, 40 (56 f.); 102, 176 (185). Rechtsprechungsanalysen zeigen zudem, dass das entstehungsgeschichtliche Argument praktisch oft entscheidend ist, auch wenn sich dies häufig nicht mit den methodenbezogenen Äußerungen des Bundesverfassungsgerichts deckt; vgl. dazu *Sachs*, DVBl. 1984, 73 ff.; *Ziekow*, Über Freizügigkeit und Aufenthalt, 1997, S. 396 ff.; *Schneider*, in: FS Klaus Stern (1997), S. 903 ff.
11 Vgl. Entstehung ThürVerf.

Die **historische Auslegung** weist hingegen über den unmittelbaren entstehungsgeschichtlichen Kontext hinaus. Sie bezieht Normvorläufer der jeweils auszulegenden Bestimmung mit ein – oder aber übergreifende Ideen, die durch diese Vorläufer repräsentiert wurden. Soweit erkennbar wird, dass eine auszulegende Bestimmung an Normen früherer Epochen anknüpft, sind diese als Element der Auslegung zu beachten.[12] Am augenfälligsten ist dies im Falle des Art. 40, der Art. 140 GG in die Thüringer Verfassung inkorporiert, wobei dieser dann wiederum die staatskirchenrechtlichen Bestimmungen der Weimarer Verfassung zum Bestandteil des Grundgesetzes erklärt. Gelegentlich wird aber auch ein darüber hinausgehendes, extensiveres Verständnis der historischen Auslegungsmethode vertreten.[13] 5

Die **teleologische Auslegung** zielt auf den Sinn und Zweck einer Norm.[14] Die Erkenntnis des jeweiligen Sinnes und Zweckes ergibt sich indessen nicht aus der Norm selbst. Vielmehr bedarf es des Rückriffs auf andere Bereiche; diese Auslegung kommt ohne eine Berücksichtigung der Regelungsabsichten des Verfassungsgebers regelmäßig nicht aus.[15] 6

Der **Vorrang** einer der genannten **Auslegungsmethoden** wäre mit Blick auf das im Rechtsstaatsprinzip wurzelnde Gebot der Rechtssicherheit sehr wünschenswert. Durchgesetzt hat sich die Annahme eines solchen Vorrangs jedoch nicht, so dass häufig ein hohes Maß an Pluralismus und Beliebigkeit der Methodenwahl festzustellen ist.[16] Eine mögliche Abstufung der genannten Auslegungsregeln hängt in entscheidendem Maße von der Bestimmung des **Auslegungszieles** ab. Zielt die Auslegung auf den **Willen des (Verfassungs-)Normsetzers**, so nimmt die genetische Auslegung gewiss eine primäre Rolle ein. Die anderen Auslegungsmethoden dienen ergänzend dazu, jenen Willen zu rekonstruieren. Demgegenüber beansprucht eine Auslegung, die den angeblich **objektiven Willen des (Verfassungs-)Gesetzes** zu erkennen versucht, der teleologischen Auslegung besonderes Gewicht beizumessen. Die damit einhergehende Frage nach dem angeblich objektiven Sinn und Zweck einer Bestimmung hinsichtlich des konkreten Auslegungs- und Regelungsproblems führt allerdings dazu, dass sich am Ende der als objektiv bezeichnete Wille des Gesetzes regelmäßig als Wille des jeweiligen Gesetzesinterpreten entpuppt, ja dieser Wille des Interpreten sich zum entscheidenden Medium der Auslegung erhebt[17] – mit der Folge, dass im Gewande der Auslegung richterliche Rechtsfortbildung betrieben wird (dazu unten Rn. 15 ff.). Dieser Kritik entzieht sich hingegen das **Prinzip optimaler Wirksamkeit**, von dem ebenfalls eine gewisse hierarchisierende Wirkung ausgehen kann. Nach diesem Prinzip soll „derjenigen Auslegung der Vorzug zu geben" sein, „die ihre Wirksamkeit am stärksten entfaltet".[18] 7

2. Besondere Auslegungsmaximen. a) Grundgesetzkonforme Auslegung. Ein fest verbindlicher Kanon zulässiger Auslegungsregeln existiert nicht. Zusätzlich 8

12 BVerfGE 83, 37 (57); 90, 286 (383 f.); 99, 1, (13 f.); 103, 111 (136 f.); 107, 395 (404 f.); 109, 190 (215 ff.). Aus der Literatur: *Eichenhofer* (Hrsg.), 80 Jahre Weimarer Reichsverfassung, 1999.

13 BVerfGE 90, 286 (383 ff.).

14 BVerfGE 74, 51 (57).

15 *Müller/Christensen*, Juristische Methodik, Bd. I, 8. Aufl. 2002, Rn. 364.

16 *Hillgruber*, Verfassungsinterpretation, in: Depenheuer/Grabenwarter, Verfassungstheorie, 2010, § 15 Rn. 34; *Sachs*, in: Sachs, GG, Einführung, Rn. 39.

17 Kritisch dazu auch etwa *Jestaedt*, ZöR 2000, 133 (155 f.).

18 BVerfGE 43, 154 (167); 51, 97 (110); 103, 142 (153).

zu den genannten Regeln (Rn. 2 ff.) sind **besondere Maximen der Auslegung** einer Landesverfassung anerkannt. Zunächst ist dabei die **grundgesetzkonforme Auslegung** zu nennen.[19] Eine solche Auslegung ist notwendig, da die **Homogenitätsgebote** des Grundgesetzes (Art. 28 Abs. 1 GG) sowie dessen **Durchgriffsnormen** die Verfassungsautonomie des Freistaates Thüringen beschränken. So darf die Auslegung und Anwendung der Landesverfassung nicht in Widerspruch zu den Grundrechten des Grundgesetzes stehen, an die nach Art. 1 Abs. 3 GG auch die Staatsgewalt der Länder einschließlich ihrer Landesverfassungsgerichte gebunden sind – ungeachtet der im Übrigen bestehenden Autonomie.[20] Darüber hinaus ist eine grundgesetzkonforme Auslegung aber auch dann gefordert, wenn erkennbar wird, dass der thüringische Verfassungsgeber sich bei einer bestimmten Norm am Vorbild einer grundgesetzlichen Regelung oder sogar an der Rechtsprechung des Bundesverfassungsgerichts orientiert hat. Dies ist bei zahlreichen grundrechtlichen[21] wie staatsorganisationsrechtlichen Regelungen[22] der Fall.

9 b) **Verfassungsvergleichung.** Zu den besonderen Auslegungsmaximen ist auch die Vergleichung des Landesverfassungsrechts zu nennen. **Vergleiche mit dem Landesverfassungsrecht anderer Bundesländer** liefern regelmäßig eine hilfreiche Grundlage für Erkenntnis und Verständnis der jeweils auszulegenden Bestimmung der Thüringer Verfassung. Die Ergebnisse eines solchen Vergleichs erbringen für sich genommen jedoch noch kein entscheidendes verfassungsrechtliches Argument. Relevanz und Geltungsanspruch landesrechtsvergleichender Argumente sind bislang noch ungeklärt.[23] In Zweifelsfällen mag ihnen – wie der Rechtsvergleichung im Allgemeinen – eine **Inspirations- und Kontrollfunktion** zukommen.[24] Die Feststellung, dass andere Verfassungen Rechtsfragen in einer bestimmten Weise beantwortet haben, ist selbst ohne determinierende Kraft. Anders ist dies nur, wenn nachgewiesen werden kann, dass der Verfassungsgeber an Regelungen anderer Verfassungen anknüpfen wollte.[25] Durch Verfassungsvergleichung ist keine vorgelagerte Rechtsmasse zu enthüllen, die besondere Regelungen in den jeweiligen Länderverfassungen zu überspielen vermag.[26] Der Thüringer Verfassungsgerichtshof scheint Argumenten, die aus einem Ver-

19 Zu unspezifisch dazu *Huber*, ThürVBl 2003, 73 (77), der hier nur von rechtsvergleichender Auslegung spricht; ähnlich *Starck*, in: HStR VI, 3. Aufl. 2008, § 130 Rn. 89.

20 BVerfGE 97, 298 (314).

21 Vgl. insbesondere Art. 6 Abs. 1, Abs. 2 sowie Art. 12 Abs. 1, in denen der Thüringer Verfassungsgeber bundesverfassungsgerichtliche Grundrechtsjudikatur positiviert hat; dazu auch *Huber*, ThürVBl 1993, B4 (B6).

22 Vgl. etwa Art. 91 und 93 ThürVerf, die nach der Rechtsprechung des ThürVerfGH (Urt. v. 21.06.2005 – 28/03 – JURIS, Rn. 127 f.) an die in Art. 30 und 28 Abs. 2 GG zum Ausdruck kommenden Grundsätze des kommunalen Finanzausgleichs anknüpfen wollten.

23 *Tschentscher*, JZ 2007, 807 ff.

24 Vgl. *Augenhofer*, in: Krüper (Hrsg.), Grundlagen des Rechts, 2011, § 10 Rn. 28; *Mössner*, AöR 99 (1974), 193 (242); *Menzel*, in: Löwer/Tettinger, Einführung: Landesverfassung im Bundesstaat, Rn. 26 f.

25 Vgl. dazu etwa BVerfGE 6, 309 (357 f.): Art. 7 GG wurde vor dem Hintergrund der vor Inkrafttreten des Grundgesetzes schon geltenden Verfassungen einiger Länder interpretiert. Die Literatur ist insoweit großzügiger: vgl. zu einer darüber hinausgehenden, im Wege der Rechtsvergleichung erfolgenden Einwirkung des Landesverfassungsrechts auf das Bundesverfassungsrecht: *Sachs*, DVBl. 1987, 857 (864); *Huber*, 1. Teil, Rn. 77; *Möstl*, AöR 130 (2005), 350 (386, Fn. 185) mwN; *Starck*, in: HStR VI, 3. Aufl. 2008, § 130 Rn. 89.

26 Vgl. *Herdegen*, in: HStR VI, 3. Aufl. 2008, § 129 Rn. 94 f.

gleich mit anderen Landesverfassungen resultieren, einschließlich der zu ihr ergangenen Rechtsprechung der anderen Landesverfassungsgerichte, aber auch schon unter weniger strengen Maßgaben Relevanz beizumessen.[27] Dies gilt auch für Entscheidungen, in denen der Gerichtshof einen **Vergleich mit dem Landesverfassungsrecht anderer Länder *und* dem Grundgesetz** durchführt.[28] Gelegentlich zielt seine Methode sogar darauf, **gemeindeutsche Verfassungsgrundsätze** zu erkennen.[29]

c) **Europarechtskonforme Auslegung.** Die landesverfassungsgerichtliche Recht- 10
sprechung praktiziert ebenfalls die Methode **europarechtskonformer Auslegung.** So sollen insbesondere die Grundrechte der Landesverfassungen auch im Lichte internationaler Grundrechte, insbesondere der der Europäischen Menschenrechtskonvention auszulegen sein. Die Begründung lautet: Die Konvention verpflichte als völkerrechtlicher Vertrag die Bundesrepublik Deutschland und sei daher von allen deutschen Staatsorganen, mithin auch von denen der Länder, zu beachten.[30] Bei dieser Begründung bleibt allerdings ausgeblendet, dass die völkerrechtlichen Verpflichtungen, die aus der Menschenrechtskonvention resultieren, nur im Rang eines *einfachen*, unter dem Grundgesetz einzuordnenden Gesetzes stehen. Die Europäische Menschenrechtskonvention ist Teil der deutschen Rechtsordnung nur aufgrund der Zustimmungsgesetze nach Art. 59 Abs. 2 GG.[31] Bei der Verfassungsauslegung eine Bindung der Bundesrepublik Deutschland und ihrer Organe an einfaches Recht anzunehmen, widerspräche dem Vorrang der Verfassung (Art. 20 Abs. 3 GG). Gleichwohl soll die Konvention aufgrund Art. 1 Abs. 2 GG als Auslegungshilfe zumindest des Grundgesetzes heranzuziehen sein.[32] Die Berücksichtigung der Menschenrechtskonvention bei der Auslegung von Landesverfassungsrecht bedarf aber einer darüber hinausgehenden Begründung, da die Landesverfassungsgeber ihre eigenen Verfassungsräume ausfüllen und dabei insoweit nur durch die Art. 28 Abs. 1, Art. 1 Abs. 3 und

---

27 ThürVerfGH, Urt. v. 06.09.1996 – 4/95 – JURIS, Rn. 32: Dass Anhörungen von Gemeinden bei Gebiets- und Bestandsänderungen der Landkreise nicht zur Mindestgarantie der kommunalen Selbstverwaltung gehören, ergäbe sich vor allem aus einem Vergleich mit Verfassungen anderer Bundesländer. Ähnliche Argumentation im Hinblick auf Art. 82 Abs. 2 in: ThürVerfGH, Urt. v. 19.09.2001 – 04/01 – S. 53 des Umdrucks (= ThürVBl 2002, 31 [39]); sehr kritisch zur rechtsvergleichenden Praxis des ThürVerfGH: *Wittreck*, JöR N.F. 53 (2005), 111 (177).

28 ThürVerfGH, Urt. v. 25.05.2000 – 2/99 – S. 25 des Umdrucks: Die Notwendigkeit eines verfassungsändernden Gesetzes, um Abgeordneten, die für parlamentsunwürdig erklärt werden, das Mandat zu entziehen, wurde auf Art. 139 GG und auf einen Vergleich mit ähnlichen landesverfassungsrechtlichen Bestimmungen gestützt.

29 ThürVerfGH, Urt. v 18.12.1996 – 2/95 – JURIS, Rn. 73: Anhörungen von Gemeinden bei Gebietsänderungen gehörten nicht zu dem als gemeindeutscher Verfassungsgrundsatz verbürgten Mindestinhalt der kommunalen Selbstverwaltungsgarantie (unter Verweis auf BayVerfGH, BayVBl 1978, 497 [500]); ThürVerfGH, Urt. v. 08.08.1997 – 9/95 - JURIS, Rn. 63: gemeindeutsche Garantie der kommunalen Selbstverwaltung. Ein Versuch, diese Kategorie eines gemeindeutschen Verfassungsrechts näher zu beschreiben, findet sich bei *Menzel*, Landesverfassungsrecht, 2002, S. 233 f.

30 SächsVerfGH, LVerfGE 4, 303 (335); BbgVerfG, LKV 1998, 395; LKV 1999, 450 (451). Der ThürVerfGH beschränkt die europarechtskonforme Auslegung nicht auf Fragen des Grundrechtsschutzes; vgl. Urt. v. 25.05.2000 – 2/99 – S. 26 des Umdrucks: Die Notwendigkeit eines verfassungsändernden Gesetzes, um Abgeordneten, die für parlamentsunwürdig erklärt werden, das Mandat zu entziehen, wurde dort auch mit einer Resolution der parlamentarischen Versammlung des Europarates begründet.

31 BVerfG, Urt. v. 04.05.2011 – 2 BvR 2365/08, Rn. 87.

32 BVerfG, Urt. v. 04.05.2011 – 2 BvR 2365/08, Rn. 88, 90.

Art. 142 GG gebunden sind. Diese Begründung dürfte sich indessen im Falle der Thüringer Verfassung aus Art. 1 Abs. 2 ergeben.[33]

11 d) **Berücksichtigung von Sachgegebenheiten.** Eine besondere Problematik wirft die nicht selten bei der Verfassungsauslegung zu beobachtende **Berücksichtigung von Sachgegebenheiten** auf, etwa in Gestalt einer bestehenden Staatspraxis,[34] der Natur der Sache[35] oder eines Verweises auf faktische Veränderungen der sozialen Welt, die zur Annahme eines Bedeutungswandels einer Verfassungsnorm führen.[36] Diese Auslegungsmethode birgt die Gefahr, dem Faktischen unvermittelt normative Relevanz zuzuerkennen[37] und sie führt zur Frage nach der Legitimation und den Grenzen verfassungsgerichtlicher Rechtsbildung und -fortbildung (dazu unten 15 ff.).

12 Sachgegebenheiten werden gewiss auch durch die **Methode der Folgenberücksichtigung** in den Vorgang der Verfassungsauslegung mit einbezogen. Wird die Folgenberücksichtigung darauf beschränkt, die realen Konsequenzen bestimmter Auslegungsergebnisse zu analysieren und mit Blick auf deren mögliche Verfassungsnähe oder -ferne zu bewerten, so weist sie damit dem Tatsächlichen jedenfalls keine unmittelbar normative Qualität zu und ist damit ein akzeptables Instrument der Verfassungsauslegung. Geht sie darüber hinaus, so sieht sie sich allerdings mit der Schwierigkeit konfrontiert, verbindliche Kriterien für die Folgenbewertung zu benennen.[38]

13 **3. Konkretisierung von Grundsätzen und Leitideen.** Die Erkenntnis von Verfassungsrecht erschöpft sich nicht in der Auslegung konkreter Bestimmungen einer Verfassung mit Hilfe der tradierten Regeln und besonderer Maximen. Das geltende Verfassungsrecht besteht nicht allein aus den Bestimmungen der Verfassung und der Gehalte, die mit Hilfe jener Regeln und Maximen abgeleitet werden. Daneben existieren **Grundsätze und Leitideen,** die sich übergreifender Reflexionen mehrerer Verfassungsnormen, bestimmter politischer Ordnungskonzepte sowie Gerechtigkeits- und Angemessenheitsüberlegungen verdanken, welche wiederum in der Ideengeschichte der neuzeitlichen Sozialphilosophie und der Realgeschichte des westlichen Verfassungsstaates wurzeln. Die aufgrund solcher Reflexionen verdichteten Grundsätze und Leitideen bilden das ideelle **Fundament der Verfassung** und auch sie werden **bei der Auslegung *und* Anwendung konkreter Verfassungsnormen** als orientierende Größen **herangezogen.** Als Beispiele lassen sich etwa die Grundsätze der Rechtssicherheit, des Vertrauensschutzes oder der Verhältnismäßigkeit nennen, die auf der Idee des modernen Rechtsstates beruhen. Die Ausarbeitung und Konkretisierung solcher Grundsätze und leitenden Ideen geschieht regelmäßig durch die Rechtsprechung der Verfassungsgerichte im Wege **richterlicher Rechtsbildung** und **-fortbildung** (dazu unten 15 ff.). Bei dieser Art der Rechtsfindung durch Konkretisierung von Grundsätzen und Leitideen besteht allerdings stets die Gefahr, die Singehalte

33 Vgl. Art 1, Rn. 27 ff.

34 BVerfGE 41, 205 (220); 109, 190 (213).

35 BVerfGE 11, 89 (99); 12, 341 (348).

36 Etwa BVerfGE 34, 269 (288 ff.); 59, 336 (356 ff.); 61, 1 (67 f.); 74, 297 (350 f.). Aus der Rechtsprechung des ThürVerfGH: Urt. v. 14.03.1997 – 13/95 – S. 15 des Umdrucks (= ThürVBl 1997, 204 [205]). Vgl. dazu auch *Hesse*, S. 69.

37 *Böckenförde*, NJW 1976, 2089 (2085).

38 Dazu *Koch/Rüssmann*, Juristische Begründungslehre, 1982, S. 227 ff.; *Hensche*, Rechtstheorie, 1998, 102 (107 ff.).

positiver Verfassungsbestimmungen zu überspielen und die Schleusen für den Einbruch des Subjektiven und Voluntaristischen allzu weit zu öffnen.

III. Grenzen der Verfassungsauslegung und -anwendung

Die Auslegung und Anwendung von Verfassungsrecht ist durch ein hohes Maß an **Unsicherheit** geprägt. Die **Gründe** liegen im Fehlen eines festen Kanons zulässiger Auslegungsregeln und einer Rangordnung der anerkannten Regeln, in der Ungewissheit über Stärke und Reichweite besonderer Maximen der Verfassungsauslegung sowie in der Existenz von Grundsätzen und Leitideen, die als Fundament der positiven Verfassungsbestimmungen angesehen und im Prozess der Rechtsfindung herangezogen werden. 14

Dieses Maß an Unsicherheit mag allenfalls graduell reduzierbar sein durch den Versuch, die Grenzen der Verfassungsauslegung dort zu ziehen, „wo einer nach Wortlaut und Sinn eindeutigen Vorschrift ein entgegengesetzter Sinn verliehen, der normative Gehalt der auszulegenden Norm grundlegend neu bestimmt oder das normative Ziel in einem wesentlichen Punkt verfehlt würde."[39] Denn nur in seltenen Ausnahmefällen dürften Verfassungsnormen eindeutig sein und konsensfähige Kriterien angesichts der Frage vorliegen, ab wann eine Neubestimmung der Norm anzunehmen ist oder das normative Ziel in einem wesentlichen Punkt verfehlt wird.[40] Die **Grenzen der Verfassungsauslegung** sind zudem deshalb **kaum exakt bestimmbar**, da bei der Frage nach Reichweite und Verbindlichkeit bestimmter Auslegungsregeln und -maximen zugleich die Frage nach der Legitimation verfassungsgerichtlicher Rechtsbildung und -fortbildung hineinwirkt. 15

Die **Legitimation verfassungsgerichtlicher Rechtsbildung und –fortbildung** auch des Thüringer Verfassungsgerichtshofs mag darin gesehen werden, dass die Thüringer Verfassung durch Art. 80 dem Gerichtshof die Aufgabe der letztverbindlichen Auslegung überträgt, zahlreiche ihrer Bestimmungen aber inhaltlich ausgesprochen unbestimmt bleiben. Dementsprechend wird es zuweilen begrüßt und als wesentliche Komponente des Konzepts einer zukunftsoffenen Verfassung angesehen, wenn auch die Rechtsprechung des Thüringer Verfassungsgerichtshofs die Verfassung so auslegt, dass sie bei wechselnden gesellschaftlichen, ökonomischen und historischen Rahmenbedingungen ihre Funktion erfüllen kann, den rechtlichen Rahmen für einen freiheitlichen Prozess zu bilden und den Bürgern Freiheit und Gleichheit zu gewährleisten.[41] Dies trifft sich mit der Vorstellung, dass die **Auslegung des Verfassungsrechts** den Charakter eines **Diskurses** habe, in dem auch bei methodisch einwandfreier Arbeit nicht absolut richtige, unter Fachkundigen nicht mehr bezweifelbare Aussagen dargeboten, sondern lediglich Gründe geltend gemacht und andere Gründe dagegen gestellt werden, bis am Ende schließlich die besseren Gründe den Ausschlag geben.[42] 16

Gegenüber dieser Sichtweise ist jedoch daran zu erinnern, dass auch verfassungsgerichtliche Rechtsbildung und -fortbildung methodische, funktionell- 17

39 BVerfGE 109, 279 (316 f.). Dazu auch ThürVerfGH, Urt. v. 01.07.2009 – 38/06 – Sondervotum, S. 31 ff. des Umdrucks.

40 *Voßkuhle*, AöR 125 (2000), 177 (186 f.).

41 *Würtenberger*, Einführung, in: Landeszentrale für politische Bildung Thüringen, Verfassung des Freistaats Thüringen und Grundgesetz für die Bundesrepublik Deutschland, 9. Aufl. 2010, S. 31.

42 BVerfGE 82, 30 (38 f.).

rechtliche und verfassungstheoretische Grenzen zu beachten hat.[43] Eine **Änderung** auch der Thüringer Verfassung bedarf einer **Änderung des Verfassungstextes**, die allein der Landtag beschließen kann (Art. 83 Abs. 1). Je weiter sich die Auslegung und Anwendung einer Verfassung von anerkannten Auslegungsregeln und -maximen entfernt, desto mehr läuft sie Gefahr, das **System der Gewaltenteilung** zu sprengen, das sich auch in der Thüringer Verfassung manifestiert. Jeder verfassungsgerichtliche Entscheidungsprozess fordert daher stets auch eine **Gratwanderung** zwischen dem **Gebot der Rechtsanwendung** und Streitentscheidung sowie dem **Verbot gerichtlicher Verfassungsänderung.** Allgemeingültige Maßstäbe für die Frage, wann in unzulässiger Weise verfassungsgerichtliche Interpretationsmacht ausgeübt und damit Verfassungsrecht gebildet oder unter Verweis auf einen Wandel der Anschauungen Verfassungsrecht fortgebildet[44] wird, existieren allerdings nicht. Die Antwort hängt wesentlich von den **Vorverständnissen** der in den jeweiligen Spruchkörpern zur Entscheidung berufenen Richter ab. Jedes Verfassungsgericht, d.h. jede konkrete Besetzung, ist gehalten, eine Haltung gegenüber diesem Spannungsfeld zu entwickeln, wobei sowohl die Erwartungen an eine den Rechtsstreit befriedende Entscheidung zu berücksichtigen sind, wie auch die Bedingungen für deren Akzeptanz, zu denen nicht zuletzt auch juristische Rationalität und Methodenbewusstsein zählt.

IV. Vorgaben des Verfassungsrechts für die Auslegung einfachen Rechts

18 Die **Verfassung fordert**, einfaches Recht mit den **tradierten und anerkannten Regeln** (dazu oben Rn. 2 ff.) auszulegen. Widerspricht eine Auslegung dem Wortlaut der Normen und ihrer systematischen Einbindung in den jeweiligen Normkontext, ihrer Zwecksetzung und der mit ihnen verbundenen gesetzgeberischen Intention, so ist ein darauf gestützter hoheitlicher Akt nicht durch die verfassungsmäßige Ordnung gedeckt. Er griffe in einer nicht mehr gerechtfertigten Weise in die grundrechtlich geschützte allgemeine Handlungsfreiheit ein.[45] Der **Wortlautauslegung** kommt im **Strafrecht** eine besondere Bedeutung zu: Der mögliche Wortsinn einer Vorschrift zieht der Auslegung mit Blick auf den auch in der Thüringer Verfassung enthaltenen nulla poena sine lege-Grundsatz (Art. 88 Abs. 2) eine Grenze, die nicht überschritten werden darf.[46]

19 Führt die Anwendung der tradierten und anerkannten Auslegungsregeln zu unterschiedlichen Ergebnissen, von denen jedenfalls eines verfassungsgemäß ist, so ist dieses maßgeblich.[47] Begründen lässt sich dieses **Gebot verfassungskonformer Auslegung** einfachen Rechts durch den Vorrang der Verfassung (Art. 47 Abs. 4 ThürVerf). Ist eine verfassungskonforme Auslegung möglich, ist es ohne Belang, ob dem subjektiven Willen des Gesetzgebers eine der Verfassung nicht entsprechende Auslegung eher entsprochen hätte.[48] Eine **Grenze** soll die verfassungskonforme Auslegung im Wortlaut und dem klar erkennbaren Willen des Gesetz-

43 Zu diesen Grenzen etwa *Riecken*, Verfassungsgerichtsbarkeit in der Demokratie, 2003, S. 325 ff., 390 ff., 429 ff.
44 Vgl. dazu etwa BVerfGE 95, 322 (334): Rechtfertigung einer Weiterentwicklung und Fortbildung des Rechts durch gewandelte Anschauungen mit Blick auf die Anforderungen an den gesetzlichen Richter im Sinne von Art. 101 Abs. 1 Satz 2 GG.
45 BVerfGE 113, 88 (104).
46 Vgl. dazu BVerfGE 85, 69 (73); 105, 135 (157); 110, 226 (248) zu dem mit Art. 88 Abs. 2 ThürVerf inhaltsgleichen Art. 103 Abs. 2 GG.
47 Vgl. BVerfGE 69, 1 (55); 93, 37 (81); 99, 341 (358); 112, 164 (182 f.); 118, 212 (243).
48 BVerfGE 69, 1 (55); 93, 37 (81).

gebers finden.[49] Grundsätzlich ergibt sie sich aus dem ordnungsgemäßen Gebrauch der anerkannten Auslegungsmethoden.[50] Missachten Rechtsanwender diese Grenze, verletzen sie die Rechte des demokratisch legitimierten Gesetzgebers.[51]

Die verfassungsrechtlich gebotene Bindung der Rechtsanwender an die tradierten und anerkannten Auslegungsregeln schließt eine **Rechtsfortbildung** nicht aus.[52] Sie wird legitimiert durch planwidrige Lücken der Rechtsordnung[53] sowie den beschleunigten Wandel der gesellschaftlichen Verhältnisse, der begrenzten Reaktionsmöglichkeiten des Gesetzgebers sowie der offenen Formulierungen zahlreicher Normen.[54] Zu den Instrumenten der Rechtsfortbildung zählen grundsätzlich die Analogie[55] und die teleologische Reduktion,[56] nicht aber eine contra-legem-Auslegung.[57] 20

Die **Grenzen der Rechtsfortbildung** sind nicht exakt bestimmbar. Es wird sogar für zulässig erachtet, dass im Wege richterlicher Rechtsfortbildung ein früher als richtig angesehenes Normverständnis aufgegeben und abweichend entschieden wird.[58] Als unzulässig, weil die Kompetenzen des demokratisch legitimierten Gesetzgebers verletzend, wird eine Rechtsfortbildung jedoch dann angesehen, wenn sie den klaren Wortlaut des Gesetzes hintanstellt, ihren Widerhall nicht im Gesetz findet und vom Gesetzgeber nicht ausdrücklich oder stillschweigend gebilligt wird.[59] Die Feststellung, ob diese Grenze beachtet wurde, geschieht im Wege der Auslegung. Der Richter hat hierbei den anerkannten Methoden der Gesetzesauslegung zu folgen.[60] Die Grenzen sollen weiter zu ziehen sein, wenn verfassungsmäßigen Rechten des einzelnen zum Durchbruch verholfen wird, da insoweit eine auch den Gesetzgeber treffende Vorgabe der höherrangigen Verfassung konkretisiert wird.[61] Enger gesteckt seien die Grenzen der Rechtsfortbildung hingegen dann, wenn Rechtspositionen des Einzelnen durch die von der Rechtsprechung gewählten Lösungen verkürzt werden.[62] Gleichwohl soll auch bei Grundrechtseinschränkungen eine Analogie möglich sein.[63] 21

49 BVerfGE 95, 64 (93); 101, 312 (329). Zur Problematik einer solchen Grenzziehung vgl. oben Rn. 2.
50 BVerfGE 119, 247 (274).
51 BVerfGE 112, 164 (183).
52 BVerfGE 111, 54 (81 f. mwN).
53 BVerfGE 98, 49 (59 f.); 108, 150 (160).
54 BVerfGE 96, 375 (394).
55 BVerfGE 108, 150 (160); 116, 69 (83).
56 BVerfGE 88, 145 (167); 97, 186 (196).
57 BVerfGE 84, 212 (226 f.); 88, 103 (116). AA BVerfGE 34, 269 (284).
58 BVerfGE 122, 248 (267).
59 BVerfGE 118, 212 (243).
60 BVerfG, Beschl. v. 25.01.2011 – 1 BvR 918/10, Rn. 53 mwN.
61 BVerfGE 122, 248 (286) – Sondervotum, unter Bezugnahme auf BVerGE 34, 269 (284 ff.).
62 BVerfGE 65, 182 (194 f.); 71, 354 (362 f.).
63 BVerfGE 98, 49 (59 f.); 108, 150 (160). AA BVerfGK, NJW 1996, 3146.

E5 Thüringer Landesverfassungsrecht und Bundesverfassungsrecht

Literatur

Henner Joerg Boehl, Verfassunggebung im Bundesstaat, 1997; *Horst Dreier*, Grundrechtsschutz durch Landesverfassungsgerichte, 2000; *Thomas Groß*, Gliedstaatliche Verfassungsautonomie im Vergleich, in: FS Friedrich von Zezschwitz (2005), S. 16 ff.; *Peter M. Huber*, Die Landesverfassungsgerichtsbarkeit zwischen Anspruch und Wirklichkeit, ThürVBl 2004, 73 ff.; *Siegfried Jutzi*, Grundrechte der Landesverfassungen und Ausführung von Bundesrecht, DÖV 1983, 836 ff.; *Eckart Klein*, Landesverfassung und Landesverfassungsbeschwerde, DVBl. 1993, 1329 ff.; *Winfried Kluth*, Vorlagepflichten der Landesverfassungsgerichte nach Art. 100 Abs. 3 GG bei der Anwendung von Landesgrundrechten, NdsVBl 2010, 130 ff.; *Heike Krieger*, Bundesverfassungsgericht und Landesverfassungsgerichtsbarkeit – Was bleibt von der Föderalismusreform?, NdsVBl 2010, 134 ff.; *Klaus Lange*, Kontrolle bundesrechtlich geregelter Verfahren durch Landesverfassungsgerichte, NJW 1999, 1278 ff.; *Markus Möstl*, Landesverfassungsrecht – zum Schattendasein verurteilt?, AöR 130 (2005), S. 350 ff.; *Michael Sachs*, Die Landesverfassung im Rahmen der bundesstaatlichen Rechts- und Verfassungsordnung, ThürVBl 1993, 121 ff.; *Ute Sacksofsky*, Landesverfassung und Grundgesetz – am Beispiel der Verfassungen der neuen Bundesländer, NVwZ 1993, 235 ff.; *Thomas Starke*, Aufhebung von Landesgesetzen durch Landesverfassungsgerichte wegen fehlender Gesetzgebungskompetenz?, SächsVBl 2004, 49 ff.; *Stefan Storr*, Verfassunggebung in den Ländern, 1995; *Maximilian Wallerath*, Landesverfassungsgerichtsbarkeit in den „neuen" Bundesländern, NdsVBl 2005, 43 ff.; *Fabian Wittreck*, Das Bundesverfassungsgericht und die Kassationsbefugnis der Landesverfassungsgerichte – Anmerkungen zu BVerfGE 96, 345, DÖV 1999, 634 ff.

Leitentscheidungen des ThürVerfGH und des BVerfG

ThürVerfGH, Beschl. v. 11.01.2001 – 3/99 - (Überprüfung von Bundesrecht); Beschl. v. 05.12.2003 – 10/02 - (Parallele Verfassungsbeschwerden); Beschl. v. 16.08.2007 – 25/05 - (Überprüfung von Bundesrecht mit Konkretisierungsspielraum); Beschl. v. 07.09.2011 – 13/09 - (Sachentscheidung und Anhörungsrügeentscheidung); Urt. v. 21.11.2012 – 19/09 - (Polizeiaufgabengesetz).

BVerfGE 1, 14 (Südweststaat); 8, 104 (Volksbefragung); 36, 34 (Niedersächsisches Besoldungsgesetz); 60, 175 (Startbahn West); 96, 345 (Landesverfassungsgerichte); 97, 298 (Extra-Radio); 103, 332 (Naturschutzgesetz Schleswig-Holstein).

I. Landesverfassungsrecht

1 **1. Landesverfassungsrecht als Verfassungsrecht eines „Staates"? a) „Staatlichkeit der Länder".** Die „Verfassung des Freistaats Thüringen" vom 25. Oktober 1993 ist nach Lehre des Bundesverfassungsgerichts die **rechtliche Grundordnung eines Staates.** Das Gericht sieht in den Ländern als Glieder des Bundes Staaten mit eigener, nicht vom Bund abgeleiteter, sondern anerkannter, wenn auch gegenständlich beschränkter staatlicher Hoheitsmacht.[1] Diese **Lehre von der Staatlichkeit der Länder**, so überkommen und herrschend sie auch sein mag, sieht sich erheblichen Zweifeln ausgesetzt. Vielleicht lässt sich tatsächlich noch von einem Volk des jeweiligen Landes sprechen; auch die Präambel der Verfassung bezieht sich auf das „Volk des Freistaats Thüringen". Und zudem verfügt der Bund seit 1994 nicht mehr über die konkurrierende Kompetenz zur Regelung der „Staatsangehörigkeit in den Ländern".[2] Doch schon bei einem Blick auf das zweite Kriterium moderner Staatlichkeit, nämlich auf das des Staatsgebietes, wird deutlich, dass es sich bei der „Staatlichkeit der Länder" um eine ganz eigentümliche Staatlichkeit handeln muss. Denn eigenständig über ihr

1 BVerfGE 1, 14 (34); 34, 9 (19 f.); 36, 342 (360 f.); 60, 175 (207).
2 Gesetz zur Änderung des GG vom 27.10.1995 (BGBl. I, S. 3146).

Staatsgebiet entscheiden können sie nicht; dies untersagt ihnen das Grundgesetz (Art. 29 GG). Außerdem verfügen sie nicht über ein völkerrechtliches Sezessionsrecht; Träger des völkerrechtlichen Selbstbestimmungsrechts ist das deutsche Volk als Nation,[3] nicht das Volk eines Gliedstaates als Teil des deutschen Volkes.[4] Zieht man darüber hinaus noch in Betracht, dass die Staatsgewalt der Länder in einer sehr umfassenden Weise bei der rechtlichen Gestaltung ihrer Grundordnung durch die Bundesverfassung gebunden ist,[5] so ist eine Erkenntnis unausweichlich: Die **Staatsgewalt**, die das Bundesverfassungsgericht den Ländern zuschreibt, ist eine Staatsgewalt **ohne Souveränität**.[6] Einer politischen Gemeinschaft, die über ihre Grundordnung nicht selbst bestimmen kann, sondern erheblichen rechtlichen Bindungen und Grenzen unterliegt, fehlt die Kompetenz-Kompetenz.

b) **Verfassungsautonomie der Länder.** Gleichwohl leitet das Bundesverfassungsgericht aus der Staatsqualität der Länder ihre **Freiheit zur selbstbestimmten Verfassungsgebung** ab.[7] Das **Recht der Länder**, sich eine **Vollverfassung** zu geben, lässt sich vor allem aber aus Art. 28 Abs. 1 GG ableiten.[8] Der damit gesicherten Verfassungsautonomie der Länder[9] entspricht die Präambel der Thüringer Verfassung, nach der sich das Volk des Freistaates Thüringen in freier Selbstbestimmung eine Verfassung gegeben hat. Dennoch: Frei in der Ausgestaltung ihrer Verfassung waren und sind die Länder nur, soweit das Grundgesetz nicht bindet und begrenzt.[10] Verfassungsgebung in den Ländern ist daher Verfassungsgesetzgebung unter der Geltung des Grundgesetzes. Die Thüringer Verfassung bringt dies selbst zum Ausdruck, indem sie den Freistaat Thüringen in Art. 44 Abs. 1 ThürVerf als „Land der Bundesrepublik Deutschland“ bezeichnet. 2

Das **Grundgesetz begrenzt** die **Verfassungsautonomie der Länder**, indem es einmal in Gestalt des in **Art. 28 Abs. 1 GG** enthaltenen **Homogenitätsgebotes** fordert, dass die verfassungsmäßige Ordnung in den Ländern den Grundsätzen des republikanischen, demokratischen und sozialen Rechtsstaates im Sinne des Grundgesetzes entspricht und dass in den Ländern, Kreisen und Gemeinden das Volk eine Vertretung haben muss, die aus allgemeinen, unmittelbaren, freien, gleichen und geheimen Wahlen hervorgegangen ist. Das Grundgesetz verlangt mithin eine **„gewisse Übereinstimmung der Bundesverfassung und der Landes-** 3

3 BVerfGE 36, 1 (17).
4 *Storr*, Verfassunggebung in den Ländern, 1995, S. 132 ff.
5 Siehe Art. 1 bis 19; 20 Abs. 2 und 3, 28 Abs. 1, 31, 33, 48 Abs. 3, 83, 101 bis 104, 105, 142 GG.
6 Gegen die Staatsqualität der Länder argumentiert *März*, Bundesrecht bricht Landesrecht, 1989, S. 176 f. mit Fn. 321; ähnlich *Dreier*, in: Dreier, Art. 28 Rn. 53 (Ländern fehlten Insignien nationaler Souveränität). Dagegen nimmt *Hesse*, Rn. 217, eine Staatlichkeit der Länder im Zusammenspiel mit dem Bund an. Vgl. auch etwa *Dittmann*, in: HStR VI, 3. Aufl. 2008, § 127, Rn. 9: „Staaten im Sinne und nach Maßgabe der Bundesverfassung“.
7 BVerfGE 1, 14 (34); 36, 342 (361); 60, 175 (207).
8 Ähnlich *Sachs*, in: FS Klaus Stern (1997), S. 475 (497 ff.): Kompetenz der Länder zur Verfassungsgebung in 28 Abs. 1 GG und Art. 70 ff. GG implizit enthalten.
9 BVerfGE 90, 60 (84).
10 BVerfGE 60, 187 (208); 96, 345 (368 f.); 103, 332 (350). *Möstl*, AöR 130 (2005), 350 (352): Verfassungshoheit der Länder von vornherein nur nach Maßgabe der Bundesverfassung.

verfassungen" (dazu unten Rn. 18 ff., 25 ff., 28 ff.).[11] Mit dieser Norm beschränkt das Grundgesetz die Verfassungsautonomie der Länder und liefert die nötige Legitimation; Landesverfassungsrecht, das außerhalb des durch Art. 28 Abs. 1 GG gezogenen Rahmens liegt, verliert seine Geltung (dazu unten Rn. 21).[12] Zudem ziehen zahlreiche andere Normen des Grundgesetzes der verfassungsgebenden Gewalt unmittelbare Grenzen (**so genannte „Durchgriffsnormen"** wie etwa die Art. 1 bis 19, 20 Abs. 2 und 3, 33, 34, 48 Abs. 3, 83, 101 bis 104, 105, 142 GG). Es handelt sich um Normen, die sowohl an die Staatsgewalt des Bundes wie auch an die der Länder gerichtet sind (dazu unten Rn. 25). Schließlich findet Landesverfassungsrecht auch eine – nicht unmittelbare, sondern durch Art. 31 GG vermittelte – Grenze in der **Kompetenzordnung des Grundgesetzes:** Kollidieren Normen des Landesverfassungsrechts mit bundesrechtlichen Normen im Rang unterhalb des Grundgesetzes, die der Bund in Wahrnehmung der ihm vom Grundgesetz zugewiesenen Kompetenzen erlassen hat, so werden diese landesverfassungsrechtlichen Normen gemäß **Art. 31 GG** durch Bundesrecht gebrochen und verlieren mithin ihre Geltung (dazu unten Rn. 40 ff.).

4 Demzufolge wurden die Landesverfassungen nicht jeweils durch eine **verfassungsgebende Gewalt** geschaffen – zumindest dann nicht, wenn man die herrschende Definition dieses Grenzbegriffs des Verfassungsrechts zugrunde legt und sie als Kraft versteht, die den verfassungslosen Zustand zu beenden imstande ist, indem sie eine Verfassung schafft und sie mithin als eine gegenüber dem positiven Recht ungebundene und unabhängige, ihm vorausliegende Gewalt begreift.[13] Denn dies war und ist bei den Ländern nicht der Fall.[14] Ihre Verfassungsautonomie und damit ihre Gewalt, sich eine Verfassung zu geben, findet Grund und Grenzen in der Bundesverfassung. **Geltungsbedingung der Landesverfassungen** ist deren **Vereinbarkeit mit dem Grundgesetz.**

5 **2. Bundesverfassungsrecht als Teil des Landesverfassungsrechts. a) Lehre vom hineinwirkenden Bundesverfassungsrecht.** Das Landesverfassungsrecht besteht nicht nur aus Normen, die auf der textlichen Grundlage der Landesverfassungen entwickelt und begründet werden. Die Verfassung eines Gliedstaates ist nach der Lehre des Bundesverfassungsgerichts sowie einiger Landesverfassungsgerichte einschließlich der des Thüringer Verfassungsgerichtshofs nicht in der Landesverfassungsurkunde allein enthalten; in die jeweilige Landesverfassung wirken auch Elemente der Bundesverfassung hinein, so dass erst beide Elemente zusam-

11 BVerfGE 60, 175 (207) f. mwN aus der früheren Rspr.

12 AA *Nierhaus*, in: Sachs, GG, Art. 28 Rn. 7 mwN in Fn. 32 (Begrenzung und „Anerkennung" einer offenbar als „vor-bundesverfassungsrechtlich" gedachten Verfassungsautonomie der Länder).

13 Vgl. *Böckenförde*, Die verfassunggebende Gewalt des Volkes – ein Grenzbegriff des Verfassungsrechts, 1986, S. 10 f.; *Zippelius*, Allgemeine Staatslehre, 14. Aufl. 2003, S. 68; aA *Schneider*, in: HStR VII, 1. Aufl. 1992, § 158 Rn. 24 ff.

14 Ebenso *Huber*, in: Sachs, GG, Art. 31 Rn. 16 (Verfassungsgebung in den Ländern nur innerhalb des grundgesetzlichen Rahmens); *März*, in: von Mangoldt/Klein/Starck, Art. 31 Rn. 84 mwN in Fn. 89 (dort Verweis auf *Stiens*, Landesverfassungen, S. 27: Landesverfassungsgebung „kein eruptiver Akt ungebundener verfassunggebender Entscheidungsgewalt"); *Dreier*, in: Dreier, Art. 28 Rn. 53 (keine nach „Sieyèes'schem Muster zu denkende, inhaltlich absolut freie, voraussetzungs- und bindungslose Urgewalt"); *Sacksofsky*, NVwZ 1993, 235 (235).

men die Verfassung eines Gliedstaates ausmachen[15] („**Hineinwirkungslehre**"). Allerdings ist die Frage, welche Elemente der Bundesverfassung in die Landesverfassungen hineinwirken, nur mit Zurückhaltung zu beantworten: Dem Bundesverfassungsgericht zufolge würde die Verfassungsautonomie und damit die Staatlichkeit der Länder nachhaltig beschädigt und das föderale Prinzip als Eckpfeiler der Bundesrepublik Deutschland untergraben, je mehr Prinzipien oder Normen der Bundesverfassung in eine Landesverfassung hineingelesen werden.[16]

b) Umfang des hineinwirkenden Bundesverfassungsrechts. Bei dem in die Lan- 6
desverfassung **hineinwirkenden Bundesverfassungsrecht** handelt es sich um allgemeine verfassungsrechtliche Grundsätze, so etwa die Bindung des Gesetzgebers an die verfassungsmäßige Ordnung (Art. 20 Abs. 3 GG), der Primat des Völkerrechts (Art. 25 GG) oder die Gleichheit vor dem Gesetz (Art. 3 Abs. 1 GG).[17] Dazu gezählt werden aber auch die verfassungsrechtliche Garantie der Mitwirkung von Parteien an der politischen Willensbildung (Art. 21 GG),[18] die der Freiheit des Rundfunks (Art. 5 Abs. 1 GG)[19] oder des Schutzes der Menschenwürde (Art. 1 Abs. 1 GG).[20] Ausschlaggebendes Motiv für die Entwicklung dieses Konzepts des in die Landesverfassung hineinwirkenden Bundesverfassungsrechts dürfte die Frage gewesen sein, was zu geschehen hat, wenn die vom Grundgesetz durch Art. 28 Abs. 1 GG geforderte Übereinstimmung von Bundes- und Landesverfassung fehlen würde.[21]

Zu diesem **hineinwirkenden Bundesverfassungsrecht** ist allerdings **nicht Art. 28** 7
Abs. 1 GG zu zählen. Diese Norm des Grundgesetzes ordnet zwar an, dass die verfassungsmäßige Ordnung in den Ländern den Grundsätzen des republikanischen, demokratischen und sozialen Rechtsstaates im Sinne des Grundgesetzes entsprechen muss. Doch es handelt sich dabei um eine Regelung des Grundgesetzes *für* die Gestaltung des Landesverfassungsrechts; Art. 28 GG gilt nicht „in den Ländern", sondern „nur für die Länder".[22]

Auch die Bestimmungen der **Kompetenzordnung des Grundgesetzes** gehören 8
grundsätzlich nicht zu dem in die Landesverfassung **hineinwirkenden Bundesverfassungsrecht**. Dies ergibt sich schon aus den Art. 70 ff. GG selbst, berechtigen diese doch die *einfachen* Gesetzgeber von Bund *und* Ländern unmittelbar zur Gesetzgebung, so dass es keiner Transformation auf der Ebene der Landesverfassung bedarf. Eine **Ausnahme** gilt jedoch dann, wenn eine Norm der Landesverfassung selbst anordnen sollte, dass Bestimmungen des Grundgesetzes und damit auch dessen Kompetenzordnung Bestandteil der Landesverfassung

---

15 BVerfGE 36, 342 (360 f.); 103, 332 (352 f.). Dieser Lehre folgend: ThürVerfGH, Urt. v. 02.11.2011 – 13/10 - S. 32 des Umdrucks. Kritisch zu dieser Lehre: *Rozek*, Das Grundgesetz als Prüfungs- und Entscheidungsmaßstab der Landesverfassungsgerichte, 1993, S. 100 ff.; *Storr*, Staats- und Verfassungsrecht, 1998, Rn. 70 ff.; *Dreier*, in: Dreier, Art. 28 Rn. 54.

16 BVerfGE 103, 332 (357).

17 BVerfGE 103, 332 (353).

18 BVerfGE 60, 53 (61); 66, 107 (114).

19 BVerfGE 13, 54 (80).

20 VerfGH Berl, NJW 1993, 515 (516).

21 *Möstl*, AöR 130 (2005), 350 (359 f. mwN in Fn. 66).

22 BVerfGE 6, 104 (111). Der ThürVerfGH hat in einer Entscheidung, die sich auf die Zeit vor Inkrafttreten der Thüringer Verfassung bezog, allerdings ausgeführt, dass Art. 28 Abs. 2 GG „in den und nicht nur für die Länder" gelte; ThürVerfGH, Urt. v. 08.09.1997 – 09/95 - JURIS, Rn. 63.

sein sollen. Die Kompetenzordnung des Grundgesetzes gilt dann als Landesverfassungsrecht aufgrund einer **landesverfassungsgesetzlichen Inkorporationsnorm.**[23] Bloße Gliedstaatenklauseln in den Landesverfassungen genügen dagegen nicht, die Kompetenznormen des Grundgesetzes als Teil des materiellen Landesverfassungsrechts auszuweisen.[24]

9 c) **Thüringer Verfassungsrecht und hineinwirkendes Bundesverfassungsrecht.** Der **Thüringer Verfassungsgerichtshof** folgt dieser Lehre. Dementsprechend hat er es etwa abgelehnt, die Vorschrift des Art. 106 Abs. 7 Satz 1 GG, wonach Gemeinden insgesamt ein von der Landesgesetzgebung zu bestimmender Hundertsatz vom Länderanteil am Gesamtaufkommen der Gemeinschaftssteuern zufließt, als Bestandteil der Thüringer Verfassung zu qualifizieren.[25] Diese Rechtsprechung des Thüringer Verfassungsgerichtshofs lässt sich auch damit begründen, dass in der Verfassung des Freistaats Thüringen keine Norm auszumachen ist, die *allgemein* die Regelungen der Kompetenzordnung des Grundgesetzes oder anderer bundesverfassungsrechtlicher Bestimmungen zum Bestandteil der Thüringer Verfassung erklärt. Zur Konsequenz hat dies, dass der Thüringer Verfassungsgerichtshof Kompetenznormen des Grundgesetzes oder anderer Normen, die als hineinwirkendes Bundesrecht anerkannt sind, *nicht unmittelbar* als Prüfmaßstab heranziehen kann. Er kann auf dieses Recht als Prüfmaßstab *nur mittelbar* zurückgreifen, etwa im Rahmen einer Prüfung, ob der Grundsatz der Gesetzesbindung (Art. 47 Abs. 4), das Rechtsstaatsprinzip oder die grundrechtlichen Gesetzesvorbehalte[26] gewahrt sind. Aufgrund des klaren Wortlauts von Art. 93 Abs. 1 Nr. 2 sowie Art. 100 Abs. 1 GG besitzt er in einem solchen Falle allerdings nur eine Prüf-, nicht aber eine Verwerfungskompetenz.

10 Eine **Ausnahme** davon, dass die Kompetenzordnung des Grundgesetzes nicht als Bestandteil der Thüringer Verfassung angesehen werden kann, drängt sich allerdings bei einem Blick auf **Art. 82 Abs. 3 Satz 2 ThürVerf** auf. Diese Bestimmung sieht vor, dass die Landesregierung oder ein Drittel des Landtages den Verfassungsgerichtshof anzurufen haben, wenn sie ein Volksbegehren für nicht vereinbar mit höherrangigem Recht halten. Damit hat der Verfassungsgeber zum Ausdruck gebracht, dass der Thüringer Verfassungsgerichtshof ein Gesetz, das im Volksgesetzgebungsverfahren zu beschließen ist, auch am höherrangigen Grund-

---

23 BVerfGE 103, 332 (357). Beispiele für solche Inkorporationsnormen sind etwa Art. 153 Abs. 1 HessVerf oder Art. 2 Abs. 5 BbgVerf. Prüft ein Landesverfassungsgericht im Falle einer solchen Inkorporationsnorm die Vereinbarkeit eines Landesgesetzes mit Kompetenznormen des Grundgesetzes, so steht ihm aber aufgrund des klaren Wortlauts von Art. 93 Abs. 1 Nr. 2 sowie Art. 100 Abs. 1 GG keine Verwerfungskompetenz zu; es muss dem Bundesverfassungsgericht vorlegen (so auch *Benda/Klein*, § 2 Rn. 55; *Nierhues*, in: Sachs, GG, Art. 28 Rn. 6).

24 Sehr deutlich BVerfGE 103, 332 (357 f.) mit Blick auf die Gliedstaatenklausel in Art. 1 Abs. 1 SchlHVerf. Anders etwa noch VerfGH NW, NVwZ 1993, 57 (59) mit Blick auf Art. 1 Abs. 1 Satz 1 Verf NW und VerfGH Rh-Pf, NVwZ 2001, 553 (554) mit Blick auf Art. 74 Abs. 1 Verf Rh-Pf. Zudem vermag auch das in einer Landesverfassung enthaltene Rechtsstaatsprinzip das Hineinwirken grundgesetzlicher Kompetenznormen in eine Landesverfassung nicht zu begründen (so aber BayVerfGHE 45, 33 (41); 51, 94 (99 f.): Ein Verstoß gegen das Rechtsstaatsprinzip liege dann vor, wenn offenbar die Kompetenznormen des Grundgesetzes oder sonstiges Bundesrecht verletzt seien und deshalb der Landesgesetzgeber ohne Rechtssetzungsbefugnis tätig geworden sei).

25 ThürVerfGH, Urt. v. 02.11.2011 – 13/10 - S. 32 f. des Umdrucks.

26 Vgl. dazu etwa ThürVerfGH, ThürVBl 2009, 54 (55); 2011, 53 (56); 2011, 223 (225).

gesetz und damit auch an dessen Kompetenznormen messen soll.[27] Will der Thüringer Verfassungsgerichtshof dann bei der Auslegung des Grundgesetzes von der Rechtsprechung des Bundesverfassungsgerichts oder des Verfassungsgerichts eines anderen Landes abweichen, so hat er gemäß Art. 100 Abs. 3 GG die Entscheidung des Bundesverfassungsgerichts einzuholen. Im Übrigen bleibt beim Erlass einer gegen die Kompetenzordnung des Grundgesetzes verstoßenden Norm des thüringischen Gesetzgebers die Möglichkeit, im Wege einer abstrakten Normenkontrolle das Bundesverfassungsgericht anzurufen.

3. Funktionen einer Landesverfassung. Die **Verfassung eines Landes** teilt die **Funktionen einer jeden Verfassung.** Sie begründet und legitimiert hoheitliche Gewalt, sie bindet diese an ranghöchste Normen und gibt dem politischen Prozess einen disziplinierenden Rahmen. Darüber hinaus integriert sie das jeweilige Gemeinwesen, dessen Grundordnung sie ist. Sie fixiert den Konsens der verfassten Gemeinschaft über ihre gemeinsamen Grundüberzeugungen sowie die Art ihres Zusammenlebens und sie verbindet, wenn ihre Regeln für die Austragung von Konflikten aktiviert und zur Geltung gebracht werden.[28] 11

Zu den **Besonderheiten der Verfassung eines Landes** der Bundesrepublik Deutschland gehört, dass sie nicht nur das Grundgesetz ergänzt bei der verfassungsrechtlichen Normierung des bundesstaatlichen Ganzen.[29] Sie ist darüber hinaus sichtbares **Zeichen föderaler Vielfalt** auch im Verfassungsrecht. Insbesondere, wenn eine Landesverfassung Grundrechte zusichert, die mit dem Rechtsbehelf der Verfassungsbeschwerde vor einem Landesverfassungsgericht eingeklagt werden können, dient sie dem grundgesetzlich erwünschten Konkurrenzföderalismus.[30] Insgesamt betrachtet, trägt eine Landesverfassung zur Identität, Individualität und Legitimation eines Landes bei.[31] 12

In den **Verfassungen der neuen Bundesländer** spiegelt sich in besonderem Maße der Wunsch wieder, sich von den vorrechtsstaatlichen Elementen der DDR-Vergangenheit zu distanzieren und einen Neuanfang freiheitlicher Verfassungsstaatlichkeit zu dokumentieren. Sie knüpfen an die friedliche Revolution im Herbst 1989 an und bekräftigen insbesondere mit eigenen Grundrechtskatalogen und eigener Landesverfassungsgerichtsbarkeit, dass das Recht nicht mehr nur eine beliebig veränderbare Größe einer gewaltenmonistischen Staatsorganisation sein soll.[32] 13

Auch in der **Verfassung des Freistaats Thüringen** spiegeln sich diese besonderen Funktionen der Verfassungen der neuen Bundesländer. Sie enthält etwa spezielle Regelungen, die die Abkehr von vorrechtsstaatlicher sicherheitsbehördlicher Praxis akzentuieren (vgl. Art. 96 Abs. 2, 97 ThürVerf). Zudem geht ihr Grundrechtskatalog in vielfacher Weise über die Grundrechtsgewährleistungen des Grundgesetzes hinaus (dazu unten Rn. 35). Und schließlich ist dem Thüringer 14

27 In ähnlicher Weise wird dies für Art. 9 Satz 2 ThürVerf angesehen, über den Art. 21 GG inkorporiert sein soll; so *Jutzi*, in: Linck/Jutzi/Hopfe, Art. 9 Rn. 1.

28 Zu den Funktionen einer Verfassung etwa: *Hesse*, Rn. 5 ff.; 19 ff.; *Voßkuhle*, AöR 119 (1994), 35 (46 ff.); *Depenheuer*, Funktionen der Verfassung, in: Depenheuer/Grabenwarter, Verfassungstheorie, 2010, § 16.

29 *Sachs*, DVBl. 1987, 857 (863).

30 Vgl. *Dreier*, in: Dreier, Vorbem. vor Art. 1 GG, Rn. 62 mwN in Fn. 244.

31 *Klein*, DVBl. 1993, 1329 (1331, 1333); *Dreier*, Grundrechtsschutz durch Landesverfassungsgerichte, 2000, S. 9.

32 *Wallerath*, NdsVBl 2005, 43 (43 f.) mwN.

Verfassungsgerichtshof die Zuständigkeit für Verfassungsbeschwerden zugewiesen.

II. Vielfalt in Einheit, getrennt und verflochten: Die Verfassungsräume von Ländern und Bund

15 Die **Verfassungsbereiche** von Ländern und Bund stehen **grundsätzlich nebeneinander.**[33] Allerdings darf die Trennung dieser Verfassungsräume nicht als Bezugslosigkeit aufgefasst werden; ein Einwirken des Grundgesetzes auf den landesverfassungsrechtlichen Raum ist nicht ausgeschlossen.[34] Die Verfassungsräume von Ländern und Bund sind **getrennt** und doch zugleich durch das Grundgesetz in vielfältiger Weise miteinander **verbunden**. Diese ausgesprochen komplexen und bislang nicht restlos geklärten[35] **Verbindungen** zeigen sich insbesondere bei bundesverfassungsrechtlichen Normen, die in das Landesverfassungsrecht hineinwirken (dazu oben Rn. 5 ff.), das Landesverfassungsrecht begrenzen, eine bundesrechtskonforme Auslegung fordern (dazu unten Rn. 32) oder Bundes- und Landesverfassungsgerichtsbarkeit miteinander verschränken (dazu unten Rn. 72 ff.).

16 Vor allem kann die Rede von den getrennten Verfassungsbereichen von Ländern und Bund nicht darüber hinwegtäuschen, dass die **Landesverfassungen** unter einem **bundesrechtlichen Geltungsvorbehalt** stehen. Dieser Vorbehalt resultiert aus den grundgesetzlichen Grenzen der landesverfassungsrechtlichen Normen und ihrem Geltungsverlust im Falle einer Verletzung dieser Grenzen. Indem das Bundesrecht im Einzelnen die Grenzen festlegt, die ein Landesverfassungsgeber zu beachten hat (Rn. 3 f.), statuiert es die Bedingungen, die erfüllt sein müssen, damit geltendes Landesverfassungsrecht erzeugt werden und gültig bleiben kann. Wird solches Recht unter Missachtung dieser Bedingungen geschaffen, so ist es nichtig (dazu unten Rn. 21, 27, 38, 44). Die Geltung einer Landesverfassung, die in Übereinstimmung mit den genannten Normen der Bundesverfassung steht, *beruht* mithin auf der Bundesverfassung.

17 Gleichwohl: Auch wenn das Landesverfassungsrecht unter bundesverfassungsrechtlichem Geltungsvorbehalt steht, existiert ein **Kernbereich der Verfassungsstaatlichkeit der Länder**, der von den Ländern ohne Ingerenzmöglichkeit des Gesamtstaates ausgefüllt und gestaltet werden kann. Es handelt sich um einen Bereich, den der Gesamtstaat wegen Art. 79 Abs. 3 GG auch nicht durch Verfassungsänderung an sich ziehen könnte. Die Kompetenz-Kompetenz des Gesamtstaates findet insofern in Art. 79 Abs. 3 GG eine unüberwindliche Mauer. Konkret sichert Art. 79 Abs. 3 GG den Ländern neben der Garantie der verfassungskräftigen Zuweisung eines angemessenen Anteils am Gesamtsteueraufkommen im Bundestaat „die freie Bestimmung" über ihre „Organisation einschließlich der in der Landesverfassung enthaltenen organisatorischen Grundentscheidungen".[36] Andererseits schützt Art. 79 Abs. 3 GG allerdings auch vor der gegenläufigen Entwicklung, dass eine zu starke Betonung der „Eigenstaatlichkeit der

33 BVerfGE 1, 14 (34); 36, 346 (361); 41, 88 (118 f.); 96, 231 (242); 96, 345 (368 f.); 103, 332 (350). ThürVerfGH, Urt. v. 16.12.1998 – VerfGH 20/95 – JURIS, Rn. 83.
34 BVerfGE 103, 332 (352).
35 *Bull*, NordÖR 2008, 49 (50); *Möstl*, AöR 130 (2005), 350 (355 mwN in Fn. 30).
36 BVerfGE 34, 9 (20).

Länder" eine Entwicklung weg vom Bundestaat und hin zu einem Staatenbund in Gang setzt.[37]

1. Bundesverfassungsrechtliche Grenzen des Landesverfassungsrechts. a) **Homogenitätsgebot (Art. 28 Abs. 1 GG).** Nach **Art. 28 Abs. 1 GG** muss die verfassungsmäßige Ordnung in den Ländern den **Grundsätzen des republikanischen, demokratischen und sozialen Rechtsstaates im Sinne des Grundgesetzes** entsprechen; zudem muss in den Ländern, Kreisen und Gemeinden das Volk eine **Vertretung** haben, die aus **allgemeinen, unmittelbaren, freien, gleichen und geheimen Wahlen** hervorgegangen ist. Es handelt sich um eine „Normativbestimmung der Bundesverfassung für die Gestaltung des Landesverfassungsrechtes," sie gilt nicht in den Ländern, sondern für die Länder.[38] Art. 28 Abs. 1 GG formuliert nicht nur eine Vorgabe für das in der Verfassungsurkunde niedergelegte „formelle" Verfassungsrecht, sondern für das gesamte, also auch einfache Landesrecht. Ansonsten könnten die Länder sich den Bindungen des Art. 28 Abs. 1 GG dadurch entziehen, dass sie den Grundsätzen widersprechende Landesgesetze unterhalb des Rangs der Landesverfassung erließen.[39] 18

aa) Inhalt des Homogenitätsgebots. Allerdings fordert Art. 28 GG **„nur ein gewisses Maß an Homogenität."** Dieses Maß ist auf die genannten Staatsstruktur- und Staatszielbestimmungen und innerhalb dieser wiederum auf deren Grundsätze beschränkt.[40] Die konkreten Ausgestaltungen, die diese Grundsätze im Grundgesetz gefunden haben, sind für die Landesverfassungen nicht verbindlich.[41] Insbesondere Art. 28 Abs. 1 Satz 1 GG lässt umfangreiche Variationsmöglichkeiten offen, handelt es sich bei den in dieser Bestimmung enthaltenen Begriffen doch um Typenbegriffe mit geringer Normierungsdichte.[42] 19

Es bietet sich an, diese Grundsätze mit Hilfe einer **rechtsvergleichenden Methode** zu ermitteln, die das Grundgesetz und die Länderverfassungen in den Blick nimmt.[43] Die Anwendung dieser Methode darf sich allerdings nicht darin erschöpfen, die konkreten Ausgestaltungen dieser Grundsätze nach der Mehrheitsregel zu beurteilen.[44] Vielmehr kann der Verfassungsvergleich nur zur Gewinnung eines Arguments führen, das sich gegenüber anderen möglichen Argumenten zu bewähren hat. Zu berücksichtigen ist dabei auch, dass zu diesen Grundsätzen, auf die das Homogenitätsgebot des Art. 28 GG beschränkt ist, und zur Vielfalt der Variationsmöglichkeiten eine **umfangreiche konkretisierende Rechtsprechung** des Bundesverfassungsgerichts sowie der Landesverfassungsgerichte existiert.[45] 20

bb) Rechtsfolge einer Verletzung des Homogenitätsgebots. Die **Rechtsfolge eines Verstoßes** gegen Art. 28 Abs. 1 GG ergibt sich aufgrund des Vorrangs der spezielleren Norm nicht aus Art. 31 GG.[46] Vielmehr ist die Rechtsfolge einer 21

37 *Dreier*, in: Dreier, Art. 28 Rn. 55 mwN.
38 BVerfGE 6, 104 (111).
39 *Dreier*, in: Dreier, Art. 28 Rn. 60.
40 BVerfGE 103, 332 (350).
41 BVerfGE 90, 60 (85).
42 ThürVerfGH, Urt. v. 16.12.1998 – 20/95 – JURIS, Rn. 88.
43 BVerfGE 1, 208 (249). Für eine „länderfreundliche Interpretation" aus der Literatur: *Dittmann*, in: HStR VI, 3. Aufl. 2008, § 127 Rn. 15 mwN.
44 Zutreffend *Huber*, in: Huber, 1. Teil, Rn. 77.
45 Dazu Nachweise bei *Jarass/Pieroth*, Art. 28 Rn. 3 ff.; *Dreier*, in: Dreier, Art. 28 Rn. 63 ff., 70 ff.
46 BVerfGE 36, 342 (362).

Verletzung des Art. 28 Abs. 1 GG dieser Bestimmung selbst zu entnehmen.[47] Dabei erscheint mit Blick auf die Gewährleistungspflicht des Bundes gemäß Art. 28 Abs. 3 GG die Auffassung sinnträchtig, Art. 28 Abs. 1 GG begründe eine Verpflichtung der Länder, grundgesetzwidriges Landesverfassungsrecht zu beseitigen und durch grundgesetzkonforme Regelungen zu ersetzen.[48] Das Bundesverfassungsgericht scheint hingegen von der **Nichtigkeit** einer gegen Art. 28 Abs. 1 GG verstoßenden landesrechtlichen Norm auszugehen.[49] Für die Nichtigkeitsfolge kann das Dogma der Rechtsungültigkeit und damit Nichtigkeit rechtswidriger genereller Normen angeführt werden, außerdem das Argument, dass damit die Balance zwischen der begrenzten Verfassungsautonomie der Länder und der Suprematie des Bundes gewahrt wird. [50]

22 Sollte ein Land in einem konkreten Fall entgegen dieser Nichtigkeitsfolge eine gegen Art. 28 Abs. 1 GG verstoßende landesrechtliche Norm dennoch weiter anwenden, trifft den **Bund** die **Pflicht** gemäß **Art. 28 Abs. 3 GG** zu gewährleisten, dass das Land einen grundgesetzkonformen Zustand herbeiführt. Dabei kann der Bund die „notwendigen Maßnahmen" im Sinne des **Art. 37 Abs. 1 GG** durchführen, einschließlich des Bundeszwanges (Art. 37 Abs. 2 GG), diesen aber gewiss nur als **ultima ratio.**

23 cc) **Homogenitätsgebot und Thüringer Verfassungsrecht.** Die Vereinbarkeit von Normen der Thüringer Verfassung mit dem Homogenitätsgebot ist schon mehrfach Gegenstand bundes- und landesverfassungsgerichtlicher Verfahren gewesen. So entschied das Bundesverfassungsgericht, dass die Regelungen der Vorläufigen Landessatzung, die für **Abgeordnete** mit besonderen Funktionen zusätzliche **Entschädigungen** mit Einkommenscharakter vorsahen, nicht gegen Art. 28 Abs. 1 GG verstießen. Die Bestimmungen über den Status von Bundestagsabgeordneten und die Stellung des Bundestags seien nur in ihren essentiellen, den deutschen Parlamentarismus prägenden Grundsätzen für die Verfasstheit der Länder von Bedeutung; im übrigen stehe es den Ländern frei, den Status und die Fragen der finanziellen Ausstattungen der Landtagsabgeordneten abweichend von Art. 38 ff. GG zu regeln.[51] Der Thüringer Verfassungsgerichtshof entschied wiederum, dass Art. 54 ThürVerf, der an die allgemeine Einkommensentwicklung angepasste Abgeordnetendiäten vorsieht, nicht mit dem Wesensmerkmal „demokratisch" in Art. 28 Abs. 1 GG in Widerspruch stehe.[52]

24 Besondere Aufmerksamkeit hat zudem die Auffassung des Thüringer Verfassungsgerichtshofs gefunden, aus Art. 28 Abs. 1 GG sei ein verpflichtender **Vorrang der repräsentativen Demokratie** abzuleiten.[53] Eine Begründung lieferte der Verfassungsgerichtshof dazu nicht und eine solche dürfte angesichts der vom Bundesverfassungsgericht favorisierten Auslegung auch kaum darzulegen sein.

47 Ebenso *Dittmann*, in: HStR VI, 3. Aufl. 2008, § 127 Rn. 27.

48 *Böckenförde/Grawert*, DÖV 1971, 119 (125 f.).

49 BVerfGE 83, 60 (61): Das BVerfG erklärte in dieser Entscheidung, eine das Wahlrecht für Ausländer regelnde Vorschrift der Hansestadt Hamburg sei mit Art. 28 Abs. 1 Satz 1 in Verbindung mit Art. 20 Abs. 2 GG „unvereinbar und nichtig". Eine über diese Feststellung hinausgehende Begründung gibt das Gericht nicht.

50 *Dreier*, in: Dreier, Art. 28 Rn. 82 mwN. Zum Streitstand in der Literatur: *Nierhaus*, in: Sachs, GG, Art. 28 Rn. 28 ff.

51 BVerfGE 102, 224 (234 f.).

52 ThürVerfGH, Urt. v. 16.12.1998 – 20/95 – JURIS, Rn. 88 ff.

53 ThürVerfGH, Urt. v. 19.09.2001 – 04/01 – S. 47 des Umdrucks (= ThürVBl 2002, 31 [38]).

Denn nach Ansicht des Bundesverfassungsgerichts lässt Art. 28 GG offen, ob die verfassungsmäßige Ordnung eines Landes den Erlass von Gesetzen allein dem Parlament vorbehält oder daneben ein Volksgesetzgebungsverfahren einrichtet. Hinsichtlich der Voraussetzungen und Inhalte von Volksbegehren und Volksentscheiden ist die Gestaltungsfreiheit der Länder weder durch Art. 28 Abs. 1 Satz 1 und 2 GG noch durch andere Vorschriften des Grundgesetzes beschränkt.[54]

b) Unmittelbar verpflichtendes Bundesverfassungsrecht. aa) An Landesstaatsgewalt unmittelbar adressiertes Bundesverfassungsrecht. Nicht nur in Art. 28 Abs. 1 GG, der das Recht der Länder zur Verfassungsgebung (mit-)begründet, findet die verfassungsgebende Gewalt der Länder und damit das Landesverfassungsrecht eine Grenze. Darüber hinaus findet die verfassungsgebende Gewalt der Länder ihre Grenzen auch in Normen des Grundgesetzes, die sich nicht nur unmittelbar an die Staatsgewalt des Bundes, sondern auch an die Staatsgewalt der Länder in allen ihren Erscheinungsformen richten. Es handelt sich dabei um so genannte **Durchgriffsnormen**, durch die Landesgewalt einschließlich deren verfassungsgebende Gewalt gebunden wird.[55] 25

bb) Umfang des verpflichtenden Bundesverfassungsrechts. Zu den auf die **Landesstaatsgewalt durchgreifenden, sie unmittelbar bindenden Normen** zählen etwa Art. 1 Abs. 3 GG[56] in Verbindung mit den Grundrechten und grundrechtsgleichen Rechten, Art. 20 Abs. 2[57] und Abs. 3,[58] 26, 31, 33,[59] 35,[60] 34,[61] 80 Abs. 1 Satz 2,[62] 92 und 97 GG.[63] Die **Kompetenznormen** der Art. 70 ff. GG zählen **nicht** dazu.[64] Wäre dies anders und die Länder im Moment der Verfassungsgebung an die Kompetenznormen gebunden, widerspräche dies dem in ihrer Verfassungsautonomie wurzelnden Recht, sich eine Vollverfassung zu geben 26

54 BVerfGE 60, 175 (208). In der Literatur wird diese Frage kontrovers diskutiert; dazu *Böckenförde*, in: HStR II, 1. Aufl. 1987, § 30 Rn. 16; *Isensee*, Verfassungsreferendum mit einfacher Mehrheit, 1999, S. 45; *Löwer*, in: von Münch/Kunig, Art. 28 Rn. 30; *Schmitt Glaeser*, DÖV 1998, 824 (828).

55 Vgl. *Huber*, in: Huber, 1. Teil, Rn. 84; *Möstl*, AöR 130 (2005), 350 (360 mwN in Fn. 70); *Nierhaus*, in: Sachs, GG, Art. 28 Rn. 4; *März*, in: von Mangoldt/Klein/Starck, Art. 31 Rn. 95.

56 BVerfGE 97, 298 (315); 103, 332 (347 f.); *Starck*, Die Verfassungen der neuen deutschen Länder, 1994, S. 15; *Wittreck*, DVBl. 2000, 1492 (1494); *Groß*, in: FS Friedrich von Zezschwitz (2005), S. 16 (19); *Korioth*, in: Maunz/Dürig, Art. 31 Rn. 10.

57 *Nierhaus*, in: Sachs, GG, Art. 28 Rn. 4, Fn. 18. AA *Tettinger/Schwarz*, in: von Mangoldt/Klein/Starck, Art. 28 Rn. 30; *Dreier*, in: Dreier, Art. 28 Rn. 53.

58 BVerfGE 1, 208 (223); 2, 380 (403). Offenlassend dagegen BVerfGE 90, 60 (86). Wie hier: *Nierhaus*, in: Sachs, GG, Art. 28 Rn. 4, Fn. 18. AA *Tettinger/Schwarz*, in: von Mangoldt/Klein/Starck, Art. 28 Rn. 30, *Dreier*, in: Dreier, Art. 28 Rn. 53.

59 Zu Art. 33 Abs. 5 GG: BVerfGE 4, 115 (135); 64, 367 (378).

60 *Starck*, Die Verfassungen der neuen deutschen Länder, 1994, S. 15.

61 *Starck*, Die Verfassungen der neuen deutschen Länder, 1994, S. 15.

62 Zu Art. 80 Abs. 1 Satz 2 GG: BVerfGE 41, 251 (266); 54, 143 (144); 55, 207 (226); 73, 388 (400).

63 Vgl. dazu auch *März*, in: von Mangoldt/Klein/Starck, Art. 31 Rn. 95 f. mwN in Fn. 120; *Nierhaus*, in: Sachs, GG, Art. 28 Rn. 4 mwN in Fn. 18; *Dittmann*, in: HStR VI, 3. Aufl. 2008, § 127, Rn. 33.

64 Ebenso: *Jutzi*, KritV 1996, 138 (139 f.); *Boehl*, Verfassunggebung im Bundesstaat, 1997, S. 193 f.; *Storr*, Staats- und Verfassungsrecht, 1997, Rn. 180; *Dreier*, in: Dreier, Art. 28 Rn. 53; Art. 31 Rn. 29 mwN in Fn. 99; *Bernhardt/Sacksofsky*, in: BK, Art. 31 (St.d.B. 03.1998) Rn. 17 ff.; *März*, in: von Mangoldt/Klein/Starck, Bd. II, Art. 31 Rn. 86. AA *Huber*, in: Sachs, GG, Art. 31 Rn. 17; *Korioth*, in: Maunz/Dürig, Art. 31 Rn. 24; *Dittmann*, in: HStR VI, 3. Aufl. 2008, § 127, Rn. 33.

(dazu oben Rn. 2). Adressaten der Kompetenznormen sind die einfachen Gesetzgeber von Bund und Ländern; die dadurch bestehende Möglichkeit von Kollisionen zwischen landesverfassungsrechtlichen und bundesrechtlichen Normen ist dann gemäß Art. 31 GG zu lösen (dazu unten Rn. 41).[65] Auch die Norm des **Art. 28 Abs. 1 GG** zählt nicht zu den Durchgriffsnormen, da diese Bestimmung des Grundgesetzes sich ausschließlich an die Länder und nicht – wie die Durchgriffsnormen – an Bund *und* Länder richtet. Schließlich ist die Menge der **Durchgriffsnormen nicht deckungsgleich mit** den so genannten **Bestandteilsnormen** (dazu Rn. 5 ff.).[66] Durchgriffsnormen begrenzen die verfassungsgebende Gewalt der Länder und damit das Landesverfassungsrecht; sie sind nicht Bestandteil dieses Rechts. Folglich können sie auch **nicht unmittelbar** als **Prüfungsmaßstab** bei landesverfassungsgerichtlichen Entscheidungen herangezogen werden.

27 cc) **Rechtsfolgen eines Verstoßes.** Verstoßen Bestimmungen der Landesverfassung gegen Durchgriffsnormen, so ergibt sich ihre Unwirksamkeit und damit **Nichtigkeit** unmittelbar aus der Unvereinbarkeit mit dem Grundgesetz.[67] Das **Grundgesetz** ist **Geltungsbedingung des Landesverfassungsrechts.** Ist diese Bedingung nicht erfüllt, kann die verfassungsgebende Gewalt eines Landes keine wirksamen Normen schaffen. Dies steht mit dem aus der Verfassungsautonomie der Länder fließenden Recht, sich eine Vollverfassung zu geben (dazu oben Rn. 2), in Einklang. Denn dieses Recht ist ein durch das Grundgesetz bedingtes und begrenztes Recht.

28 c) **Bundesgrundrechte. aa) Bundesgrundrechte als unmittelbar verpflichtendes Bundesverfassungsrecht.** Die Staatsgewalt der Länder ist durch Art. 1 Abs. 3 GG unmittelbar an die **Grundrechte des Grundgesetzes** gebunden (dazu oben Rn. 3 f.). Von dieser Bindung ist mithin auch die *verfassungsgebende Gewalt* der Länder erfasst. [68] Zugleich sind die Länder allerdings mit dem **Recht** ausgestattet, sich eine **Vollverfassung zu geben.** Demzufolge bedarf es einer Klärung, wie Konstellationen zu handhaben sind, in denen die verfassungsgebenden Gewalten der Länder Landesgrundrechte statuieren, die von Bundesgrundrechten abweichen oder mit einfachem Bundesrecht kollidieren.

29 **bb) Voraussetzungen der Geltung von Landesgrundrechten. Stimmen Landesgrundrechte** mit **Bundesgrundrechten überein,** so bleiben sie in Geltung. Dies ergibt sich daraus, dass bei einer solchen Übereinstimmung die ihrem Wortlaut nach einschlägige Kollisionsnorm des **Art. 31 GG** („Bundesrecht bricht Landesrecht") **nicht anwendbar** ist: Nach inzwischen herrschendem Verständnis setzt

---

65 Daher kann auch das Argument, die Länder könnten bei fehlender Bindung an die Kompetenzvorschriften des Grundgesetzes diese dadurch unterlaufen, dass sie einer beliebigen Regelung die Qualität eines Verfassungssatzes verleihen würden (so *Huber*, in: Sachs, GG, Art. 31 Rn. 16), nicht überzeugen. Denn dann wäre zwar eine kollidierende Norm des Landesverfassungsrechts in der Welt, die allerdings wegen Art. 31 GG sogleich als nichtig zu erkennen wäre.

66 Wie hier: *Nierhaus*, in: Sachs, GG, Art. 28 Rn. 4 f. AA *März*, in: von Mangoldt/Klein/Starck, Art. 31 Rn. 95.

67 *März*, in: von Mangoldt/Klein/Starck, Art. 31 Rn. 96, 101; *Dreier*, in: Dreier, Art. 31 Rn. 22; *Huber*, in: Sachs, GG, Art. 31 Rn. 11; *Korioth*, in: Maunz/Dürig, Art. 31 Rn. 10 a.E. Vgl. zum Nichtigkeitsdogma in der Rechtsprechung etwa BVerfGE 61, 149 (151); 101, 54 (55); Nachweise zu den anerkannten Ausnahmen: *Schlaich/Korioth*, Rn. 395 ff.

68 *Boehl*, Verfassunggebung im Bundestaat, 1997, S. 206 mwN in Fn. 491; *März*, in: von Mangoldt/Klein/Starck, Art. 31 Rn. 100 mwN in Fn. 133.

Art. 31 GG nicht nur voraus, dass es sich bei kollidierenden Normen um – für sich genommen – geltende, weil kompetenzgemäß und auch im Übrigen verfassungsgemäß erlassene Normen handelt; zum Tatbestand der Kollisionsnorm des Art. 31 GG gehört auch, dass die jeweils kollidierenden Normen bei ihrer Anwendung zu verschiedenen Ergebnissen führen.[69] Sind hingegen die Rechtsfolgen bundes- und landesgrundrechtlicher Gewährleistungen miteinander vereinbar, etwa weil eine **Inhaltsgleichheit** dieser Grundrechte festzustellen ist, werden **Landesgrundrechte nicht** gemäß Art. 31 GG durch Bundesrecht **gebrochen.**[70]

Dieses Verständnis des Art. 31 GG hat **Konsequenzen** für den normativen Gehalt des **Art. 142 GG,** wonach Bestimmungen der Landesverfassungen „ungeachtet der Vorschrift des Art. 31 GG" „auch insoweit in Kraft" bleiben, „als sie in Übereinstimmung mit den Artikeln 1 bis 18" des Grundgesetzes „Grundrechte gewährleisten".[71] Da Art. 31 GG allein den Fall miteinander unvereinbarer Landes- und Bundesgrundrechte erfasst, kommt Art. 142 GG nur mehr eine **deklaratorische Bedeutung** zu.[72] Indem sich der Anwendungsbereich des Art. 31 GG nicht auf Landesgrundrechte erstreckt, die mit Bundesgrundrechten vereinbar sind, fehlt es an einer bundesverfassungsrechtlichen Norm, die der Geltung solcher Landesgrundrechte entgegensteht. Mithin bestätigt und bekräftigt Art. 142 GG das Recht der Länder zur Verfassungsgebung im Grundrechtsbereich,[73] ohne selbst eine Bedingung für die Geltung von Landesgrundrechten zu sein. 30

cc) Voraussetzungen einer „Übereinstimmung" von Bundesgrundrechten und Landesgrundrechten. Eine **Übereinstimmung** von Bundes- und Landesgrundrecht ist dann anzunehmen, wenn der Gewährleistungsbereich der jeweiligen Landes- und Bundesgrundrechte sowie ihre Schranken einander nicht widersprechen, was bei **inhaltsgleichen Grundrechten** der Fall ist, also solchen, die „den ‚gleichen Gegenstand in gleichem Sinne, mit gleichem Inhalt und in gleichem 31

69 BVerfGE 36, 342 (363); 96, 345 (364); 98, 145 (159); 121, 317 (348). Dazu *März*, in: von Mangoldt/Klein/Starck, Art. 31 Rn. 42 mwN in Fn. 55.

70 BVerfGE 36, 342 (363 ff.); 40, 296 (327); 96, 345 (364 f.).

71 Der Anwendungsbereich dieser Norm ist aufgrund ihres Zweckes, nämlich Schutz der Grundrechte auch durch die Landesverfassungsgerichte zu gewährleisten, über den Wortlaut hinaus auf alle mit der Verfassungsbeschwerde nach Art. 93 Abs. 1 Nr. 4 a GG geltend zu machenden Grundrechte und grundrechtsgleichen Gewährleistungen zu erstrecken; so BVerfGE 96, 345 (364).

72 Das BVerfG spricht davon, dass Art. 142 die Verfassungsrechtslage für den Fall „konkretisiert", dass die Landesverfassungen Grundrechte in Übereinstimmung mit dem Grundgesetz gewährleisten. Wie hier: *Starck*, in: HStR VI, 3. Aufl. 2008, § 130 Rn. 118: Bestätigung des Art. 31 GG; *März*, in: von Mangoldt/Klein/Starck, Art. 31 Rn. 107 mwN in Fn. 144: Art. 142 GG als Bestätigung der Grundsatznorm des Art. 31 GG: keine Ausnahme der Regel, sondern (entbehrlicher) Ausdruck der Regel; *Dreier*, in: Dreier, Art. 31 Rn. 41 mwN in Fn. 132; *Korioth*, in: Maunz/Dürig, Art. 31 Rn. 13; *Sacksofsky*, NVwZ 1993, 235 (237): Klarstellung. Ähnlich wohl *Sachs*, ThürVBl 1993, 121 (124). AA etwa *Jutzi*, DÖV 1983, 836 (838): Art. 142 GG habe konstitutive Bedeutung insoweit, als diese Norm weiterreichende Grundrechtsgewährleistungen der Länder zulasse. Solche weiterreichenden Ländergewährleistungen werden aber von Art. 31 GG nicht erfasst, sofern sie mit bundesverfassungsrechtlichen Grundrechtsgewährleistungen vereinbar sind (vgl. dazu oben Rn. 29 iVm 34); zudem steht in einem solchen Fall Art. 1 Abs. 3 GG nicht entgegen, da der bundesverfassungsrechtliche Grundrechtsstandard nicht unterschritten wird. Die Geltung des landesverfassungsrechtlichen weiterreichenden Grundrechts beruht auf der Verfassungsautonomie der Länder, die in den Grenzen der Bundesverfassung wahrgenommen wurde.

73 *Dreier*, in: Dreier, Art. 142 Rn. 31 mwN in Fn. 101.

Umfang' regeln".[74] Da sprachliche Abweichungen nicht entscheidend sind,[75] führt dies zu durchaus nicht einfachen Problemen angesichts der Frage, wann Übereinstimmung im Sinne sachlicher Identität trotz nichtidentischem Wortlaut angenommen werden kann.[76]

32 Wenn ein Landesgrundrecht einen **geringeren Schutz** gewährleistet, etwa sein Schutzbereich kleiner ist oder es in stärkerem Maße eingeschränkt werden kann, liegt eine **Übereinstimmung** von Landesgrundrecht und Bundesgrundrecht aber indessen dann noch vor, wenn das engere Grundrecht als Mindestgarantie zu verstehen ist und ihm nicht der Normbefehl entnommen werden kann, einen weitergehenden Schutz durch das Bundesgrundrecht zu unterlassen.[77] Dies führt insgesamt nicht zu einer Minderung des Grundrechtsschutzes. Über Art. 1 Abs. 3 GG gelten die weitergehenden Bundesgrundrechte ohnehin, so dass das engere Landesgrundrecht im Einklang mit dem Bundesgrundrecht erweiternd auszulegen ist; denn soweit ein Gegenstand in den Schutzbereich der Grundrechte des Grundgesetzes fällt, darf sich die Auslegung und Anwendung der Landesverfassung nicht in Widerspruch zu diesen Grundrechten setzen.[78] Eine Übereinstimmung wäre nur dann zu verneinen, wenn das Landesgrundrecht, das hinter dem entsprechenden Grundrecht des Grundgesetzes zurückbleibt, auch den Sinn hätte, einen weitergehenden Schutz durch andere Grundrechte auszuschließen – was aber selten der Fall sein dürfte. Dieser Ansatz, der die Geltung von Landesgrundrechten auch bei Mindergewährleistungen bejaht, ist von der Idee getragen, dass ein geringerer landesgrundrechtlicher Standard wegen der damit gewährleisteten Rechtswegmöglichkeiten günstiger als sein völliges Fehlen ist.[79]

33 Der **Thüringer Verfassung** ist der Fall einer **Mindergewährleistung** nicht gänzlich fremd, auch wenn der Verfassungsgeber es zu Beginn der neunziger Jahre gewiss tunlichst vermieden hat, Landesgrundrechte zu schaffen, die hinter dem Schutzniveau der Bundesgrundrechte zurückbleiben. Doch die Änderung des Art. 13 GG im Jahre 1998 hat dazu geführt, dass das Grundrecht der Unverletzlichkeit der Wohnung in Art. 8 Abs. 3 ThürVerf hinsichtlich präventiver staatlicher Maßnahmen weniger Schutz gewährleistet als Art. 13 Abs. 4 GG.[80]

---

74 BVerfGE 96, 345 (365). Zur Vielschichtigkeit dieser Vorstellung von Inhaltsgleichheit: *Dreier,* Grundrechtsschutz durch Landesverfassungsgerichte, 2000, S. 19.

75 *Jarass/Pieroth*, Art. 142 Rn. 3 mwN.

76 *Dreier*, in: Dreier, Art. 142 Rn. 43.

77 BVerfGE 96, 345 (365).

78 BVerfGE 97, 298 (314 f.). Zu dieser Entscheidung: *Lindner*, BayVBl 2004, 641 (646): Direktive des Bundesverfassungsgerichts; vgl. zudem *Dreier*, in: Dreier, Art. 142 Rn. 49. Sehr zutreffend ist dabei auch der Hinweis von *Jutzi*, in: Hendler/Hufen/Jutzi (Hrsg.), Landesrecht Rheinland-Pfalz, 6. Aufl. 2012, § 1 Rn. 38, dass diese aufgrund von Art. 1 Abs. 3 GG gebotene bundesgrundrechtskonforme Auslegung von Landesgrundrechten der „Ergänzungslehre" entspricht, die in der frühen Phase des Grundgesetzes vertreten wurde; in jüngerer Zeit wird diese Auslegung von Landesgrundrechten etwa vom VerfGH Rh-Pf praktiziert (vgl. Urt. v. 29.01.2007 – VGH B 1/06 – S. 23 f. des Umdrucks).

79 Weitere Argumente bei *Dreier*, in: Dreier, Art. 142 Rn. 48.

80 Bei einer Anwendung des Art. 8 Abs. 3 ThürVerf wäre der Thüringer Verfassungsgerichtshof aber aufgrund von Art. 1 Abs. 3 GG zu einer bundesgrundrechtskonformen Auslegung verpflichtet (vgl. dazu oben bei Fn. 32); zu dieser Problematik auch VerfGH Rh-Pf, Urt. v. 29.01.2007 – VGH B 1/06 – S. 23 f. des Umdrucks sowie nun ThürVerfGH, Urt. v. 21.11.2012 – 19/09 – S. 44 des Umdrucks.

34 Eine **Übereinstimmung** im Sinne einer Widerspruchsfreiheit ist ebenfalls dann gegeben, wenn Landesgrundrechte gegenüber dem Grundgesetz einen **weitergehenden Schutz** verbürgen.[81] Dies kann der Fall sein, wenn das Bundesverfassungsrecht eine landesgrundrechtliche Gewährleistung in sachlicher oder persönlicher Hinsicht nicht kennt oder wenn die Einschränkungsmöglichkeiten des Landesgrundrechts gegenüber einem entsprechenden Bundesgrundrecht geringer sind.[82]

35 Die **Thüringer Verfassung** kennt zahlreiche Grundrechte, deren Schutz ihrem Wortlaut nach weiter reicht als der Schutz der Grundrechte des Grundgesetzes. Einige Grundrechte sehen einen **weitergehenden sachlichen Gewährleistungsgehalt** oder einen **erweiterten Kreis der Grundrechtsberechtigten** vor; dazu zählen die Art. 1 Abs. 1 Satz 2 (Schutz der Menschenwürde auch im Sterben), 2 Abs. 3 (Verbot der Benachteiligung wegen sexueller Orientierung), 4 Abs. 3 Satz 2 (richterliche Entscheidung im Falle einer Freiheitsentziehung innerhalb von 24 Stunden), 6 Abs. 1 und 2 (Schutz des privaten Lebensbereiches und personenbezogener Daten), 6 Abs. 4 (Auskunftsanspruch), 7 (Kommunikationsgeheimnis), 11 Abs. 2 Satz 1 (Medienfreiheit), 14 (Petitionsrecht), 16 (Schutz vor Obdachlosigkeit), 17 Abs. 2 und 18 Abs. 1 (Ansprüche von Erziehenden), 18 Abs. 1 und 19 Abs. 1 Satz 1 und 2 (Rechte von Kindern und Jugendlichen), 20 Satz 1 (Recht auf Bildung), Art. 23 Abs. 3 (Mitwirkungsrechte bei Gestaltung des Schulwesens), 26 Abs. 2 Satz 2 (Anspruch genehmigter Ersatzschulen auf öffentliche Zuschüsse), 24 Abs. 3 (Unentgeltlichkeit des Unterrichts an öffentlichen Schulen), 28 Abs. 1 Satz 2 und Abs. 2 (Rechte der Hochschulen und ihrer Mitglieder), 28 Abs. 3 Satz 1 (Recht der Religionsgesellschaften auf Unterhaltung eigener Bildungsanstalten), 29 Satz 2 (Freie Träger der Erwachsenenbildung), Art. 33 (Recht auf Auskunft über Umweltdaten), 37 Abs. 2 (Recht auf Arbeitskampf), 37 Abs. 3 (Recht auf Mitbestimmung)[83] und 88 Abs. 1 Satz 2 und 3 (Recht auf Verteidigung). Daneben gewährleisten andere Landesgrundrechte einen **weitergehenden Schutz dadurch**, dass ihre **Beschränkungsmöglichkeiten weniger weit** reichen; dies gilt für die Art. 3 Abs. 2 (keine Beschränkung des Rechts auf freie Entfaltung der Persönlichkeit durch das Sittengesetz), Art. 7 Abs. 2 (Mitteilungspflicht und Rechtswegeröffnung bei Beschränkung des Briefgeheimnisses) oder Art. 18 Abs. 3 (Einschränkung der elterlichen Sorge nur auf gesetzlicher Grundlage durch Gericht).

36 Zu bedenken ist allerdings, dass eine **weitergehende Gewährleistung** von Landesgrundrechten in **drei- oder mehrpoligen Rechtsverhältnissen** zu einer Verkürzung des bundesgrundrechtlichen Schutzes anderer Beteiligter („Dritter“) führen kann. Freiheitsmaximierungen der einen bedeuten regelmäßig Freiheitsminimierungen der anderen oder Beeinträchtigungen der Allgemeinheit. Lässt ein Bundesgrundrecht eine Einschränkung der Grundrechte Dritter, die mit einer Mehrgewährleistung durch ein Landesgrundrecht einhergeht, nicht zu, ist eine **Nicht-Übereinstimmung** von Landesgrundrecht und Bundesgrundrechten festzustellen.

37 **dd) Rechtsfolge bei Nicht-Übereinstimmung von Bundesgrundrechten und Landesgrundrechten.** Stimmen Bundesgrundrechte und Landesgrundrechte über-

81 BVerfGE 96, 345 (365).
82 *Jarass/Pieroth*, Art. 142 Rn. 3 mwN.
83 ThürVerfGH, Urt. v. 20.04.2004 – 14/02 – JURIS, Rn. 267: ein gegenüber dem Grundgesetz, das kein Grundrecht auf Mitbestimmung vorsieht, weiterreichendes Grundrecht.

ein, so bleiben die Landesgrundrechte in Kraft. Die **Rechtsfolge** im Falle einer **Übereinstimmung** besteht in der **Geltung von Grundrechten der Landesverfassungen.**[84] Übereinstimmende Landesgrundrechte werden nicht gebrochen.[85] Art. 31 GG ist auf den Fall übereinstimmender Bundes- und Landesgrundrechte nicht anwendbar, da diese Kollisionsnorm miteinander unvereinbare Bundes- und Landesgrundrechte voraussetzt (vgl. dazu oben Rn. 29).

38 Im Falle einer **Nicht-Übereinstimmung** von Bundes- und Landesgrundrechten sind die **Landesgrundrechte gemäß Art. 1 Abs. 3 GG nichtig.**[86] Die verfassungsgebende Gewalt der Länder ist auch bei der Statuierung von Landesgrundrechten gemäß Art. 1 Abs. 3 GG an die Bundesgrundrechte gebunden. Diese Norm des Grundgesetzes ist als Durchgriffsnorm Geltungsbedingung des Landesverfassungsrechts; die Verletzung einer solchen Durchgriffsnorm durch Landesrecht hat dessen **Nichtigkeit** zur Folge (dazu oben Rn. 27). Art. 31 GG ist auch hier *nicht* anwendbar.[87] Im Falle nicht übereinstimmender Bundes- und Landesgrundrechte ist Art. 1 Abs. 3 GG die gegenüber Art. 31 GG speziellere Norm. Zudem setzt Art. 31 GG kompetenz- und im Übrigen verfassungsmäßige Normen voraus; gerade an dieser Voraussetzung fehlt es aber beim Verstoß einer landesgrundrechtlichen Norm gegen Art. 1 Abs. 3 GG.

39 Ein Landesgrundrecht kann allerdings dann durch Art. 31 GG verdrängt werden, wenn der Regelungsgehalt eines solchen Landesgrundrechts, das aufgrund seiner Übereinstimmung mit Bundesgrundrechten fortgilt, mit **einfachem Bundesrecht** kollidiert, das **keinen Spielraum** für die Anwendung von Landesgrundrechten lässt[88] (dazu unten Rn. 47 ff.). Denn die verfassungsgebende Gewalt der Länder ist nicht an das einfache Bundesrecht gebunden, so dass es im Falle einer Kollision von einfachem Bundesrecht und Landesgrundrechten der Kollisionsnorm des Art. 31 GG bedarf.

40 **d) Einfaches Bundesrecht.** Das **Landesverfassungsrecht** findet **Grenzen** auch im **sonstigen Bundesrecht, das im Rang unter dem Grundgesetz** steht. Dies ergibt sich aus Art. 31 GG.[89] Diese Norm, die Widersprüche zwischen Bundes- und Landesrecht erfasst, bestimmt das Rangverhältnis für alle Arten von Rechtssätzen jeder Rangstufe, nicht aber für Einzelfallentscheidungen.[90] Art. 31 GG erfasst Kollisionen von Normen, nicht die Rechtsanwendung im Einzelfall.

41 **aa) Kollision von einfachem Bundesrecht und Landesverfassungsrecht – Voraussetzungen und Rechtsfolgen der Kollisionsnorm des Art. 31 GG.** Als Kollisionsnorm setzt Art. 31 GG allerdings zunächst ***geltendes* Bundesrecht und Landesrecht** voraus. Kompetenzwidrig oder im Übrigen verfassungswidrig erlasse-

84 BVerfGE 96, 345 (364 f.).
85 BVerfGE 36, 342 (363 ff.); 40, 296 (327); 96, 345 (364 f.).
86 Ebenso *März*, in: von Mangoldt/Klein/Starck, Art. 31 Rn. 101; *Dreier*, in: Dreier, Art. 1 Abs. 3 Rn. 37 (Bindung zumindest der nachkonstitutionellen verfassunggebenden Gewalt), Art. 31 Rn. 22 (Bindung der gesamten Landesstaatsgewalt an Art. 1 Abs. 3 GG).
87 *März*, in: von Mangoldt/Klein/Starck, Art. 31 Rn. 101 (anders *ders.*, aber in: von Mangoldt/Klein/Starck, Art. 31 Rn. 107: „Jenseits inhaltlich übereinstimmender Grundrechte kommt Art. 31 zur Anwendung"); *Dreier*, in: Dreier, Art. 1 Abs. 3 Rn. 37; Art. 31 Rn. 22 (andererseits aber *ders.* in: Dreier, Art. 31 Rn. 53). AA *Jarass/Pieroth*, Art. 142 Rn. 4 mwN; *Huber*, in: Sachs, GG, Art. 142 Rn. 13.
88 BVerfGE 96, 345 (365).
89 BVerfGE 36, 342 (363).
90 BVerfGE 96, 345 (364).

nes Bundes- oder Landesrecht kann nicht miteinander kollidieren.[91] Landesverfassungsrecht, das gegen Normen der Bundesverfassung verstößt, ist damit verfassungswidrig und schon aus diesem Grunde nichtig (dazu oben Rn. 21, 27, 38). Da das Grundgesetz grundsätzlich keine „Doppelzuständigkeit" kennt, auf deren Grundlage Bund und Länder ein und denselben Gegenstand in unterschiedlicher Weise regeln könnten,[92] scheidet eine **Kollision** zwischen ***einfachem*** **Bundesrecht** und ***einfachem*** **Landesrecht** regelmäßig aus. Eine **Kollision** von ***einfachem*** **Bundesrecht** und **Landes*verfassungs*recht** ist dagegen möglich. Da die Länder zum Erlass einer Vollverfassung befugt sind (dazu Rn. 2), können Normen der Landesverfassung mit Normen des einfachen Bundesrechts kollidieren, die in Wahrnehmung der dem Bund zugewiesenen Gesetzgebungszuständigkeiten ergangen sind.

Art. 31 GG fordert zweitens, dass gültiges Bundesrecht und Landesverfassungsrecht auf **denselben Sachverhalt** anwendbar ist.[93] Regelungsgegenstand und Regelungsadressat der jeweiligen Normen müssen also identisch sein. 42

Schließlich müssen das einfache Bundesrecht und das Landesverfassungsrecht bei ihrer Anwendung zu **verschiedenen Ergebnissen** führen.[94] Einfaches Bundesrecht und Landesverfassungsrecht müssen mithin Rechtsfolgen aussprechen, die **nicht miteinander zu vereinbaren** sind;[95] eine der beiden Normen muss „A", die andere „Non-A" anordnen. Mit anderen Worten: Das Landesverfassungsrecht muss Rechtsfolgen vorsehen, deren Beachtung mit einer Verletzung von Bundesrecht einhergeht. Führen Bundesrecht und Landesrecht bei der Regelung desselben Sachverhaltes hingegen zu **gleichen Ergebnissen,** ist die Kollisionsnorm des Art. 31 GG jedenfalls dann nicht anwendbar, wenn es sich beim dem Landesrecht um Landesverfassungsrecht handelt.[96] Dies dürfte immer dann der Fall sein, wenn das Landesverfassungsrecht Handlungsoptionen eröffnet, die mit bundesrechtlichen Vorgaben kompatibel sind; eine Ergebnisdifferenz im Sinne der Rechtsprechung liegt dann nicht vor. 43

Als **Rechtsfolge** ordnet **Art. 31 GG** bei einer Kollision von Bundesrecht und Landesrecht an, dass das Bundesrecht das Landesrecht „bricht"; dies bedeutet: **Geltungsverlust des kollidierenden Landesrechts,**[97] **Derogation** des Landesrechts, also endgültiger Verlust seiner Regelungskraft („ipso jure Nichtigkeit"), 44

91 BVerfGE 98, 145 (159).
92 BVerfGE 36, 193 (202 f.). Eine Ausnahme bilden die Gemeinschaftsaufgaben nach Art. 91 a ff. GG.
93 BVerfGE 96, 345 (364); 98, 145 (159).
94 BVerfGE 36, 342 (363); 96, 345 (364); 98, 145 (159); 121, 317 (348).
95 *Dreier*, in: Dreier, Art. 31 Rn. 39 mwN in Fn. 126: Formel von den unvereinbaren Normbefehlen.
96 BVerfGE 36, 342 (363 ff.); 40, 206 (327); 96, 345 (364).
97 Vgl. BVerfGE 96, 345 (364).

mithin **nicht nur Suspension.**[98] Bestehendes Landesrecht, einschließlich des Landesverfassungsrechts, wird aufgehoben, zukünftiges gesperrt.[99] Gebrochenes Landes(verfassungs)recht lebt nach einem Wegfall entgegenstehenden Bundesrechts damit auch nicht wieder auf.[100]

45 **Ein Beispiel:** Nach Art. 32 ThürVerf werden Tiere als Lebewesen und Mitgeschöpfe geachtet und vor nicht artgemäßer Haltung und vermeidbarem Leiden geschützt. Diese Bestimmung der Thüringer Verfassung ist nicht wegen Verstoß gegen Art. 72 Abs. 1 iVm Art. 74 Abs. 1 Nr. 20 GG nichtig, da der Thüringer Verfassungsgeber nicht an die Kompetenzvorschriften des Grundgesetzes gebunden ist (dazu oben Rn. 8). Soweit Art. 32 ThürVerf indessen von Regelungen des Tierschutzgesetzes als einfachem Bundesrecht abweicht, das Tierversuche und damit vermeidbare Leiden der Tiere erlaubt, ist diese Norm der Thüringer Verfassung nichtig.[101] Gleiches gilt im Falle eines Widerspruchs zwischen den Naturschutzbestimmungen des Art. 31 ThürVerf und einfachem Bundesumweltrecht.[102]

46 Über diesen Fall einer Kollision zwischen einfachem Bundesrecht und Landesverfassungsrecht hinaus erfasst Art. 31 GG **im Übrigen** die weiteren eher seltenen Fälle,[103] in denen das Grundgesetz **Kompetenzüberschneidungen** möglich sein lässt, wenn etwa Sach- und Steuergesetzgebungskompetenzen zusammentreffen,[104] wenn der Bund seine Kompetenzen gemäß Art. 73 und 74 GG nicht ausgeschöpft, wohl aber den Ländern inhaltliche Vorgaben für die Konkretisierung gemacht hat,[105] oder wenn Landesrecht der Europäischen Menschenrechtskonvention widerspricht.[106] Nicht erfasst wird durch Art. 31 GG indessen

98 Vgl. dazu BVerfGE 123, 267 (398): „Das Bundesrecht bricht aufgrund der grundgesetzlichen Anordnung entgegenstehendes Landesrecht (vgl. Art. 31 GG). Eine solche rechtsvernichtende, derogierende Wirkung entfaltet das supranational begründete Recht nicht."; HessStGH, Beschl. v. 14.04.1999 – P.St. 1323. Aus der Literatur: *März*, in: von Mangoldt/Klein/Starck, Art. 31 Rn. 43 ff. mit ausführlicher Darstellung der Diskussion, wobei das überzeugendste Argument für die Nichtigkeitsfolge das Gebot der Rechtsklarheit im Sinne der Eindeutigkeit und Kontinuität der Rechtslage sein dürfte; *Wittreck*, DVBl. 2000, 1492 (1495): genetische und systematische Argumentation. AA etwa *Sacksofsky,* NVwZ 2003, 235 (239): lediglich Verdrängung der Landesnorm im konkreten Fall; *Starck*, Die Verfassungen der neuen deutschen Länder, 1994, S. 16 (Suspension genüge, damit im Falle der Aufhebung des kollidierenden Bundesrechts Landesverfassung nicht wieder auf schwierigem Wege der Verfassungsänderung um nichtig gewordene Bestimmung ergänzt werden müssten; zudem blieben den Landesverfassungsgerichten Prüfmaßstäbe erhalten); *Möstl*, AöR 130 (2005), 350 (360 f., mwN in Fn. 72): bloße Unanwendbarkeit; *Pietzcker*, in: HStR VI, 3. Aufl. 2008, § 134 Rn. 64.

99 Vgl. *Jarass/Pieroth*, Art. 31 Rn. 5 mwN.

100 *Dreier*, in: Dreier, Art. 31 Rn. 44.

101 Dazu und zu einem anderen Beispiel: *Storr*, Staats- und Verfassungsrecht, 1998, Rn. 181 f.

102 Vgl. *Dreier*, in: Dreier, Art. 31 Rn. 30, Fn. 105.

103 Zu den Rechtsgebieten, in denen sich Konfliktfelder ergeben können: *Dreier*, in: Dreier, Art. 31 Rn. 60.

104 BVerfGE 98, 83 (98); 98, 106 (118).

105 *Jarass*, NVwZ 1996, 1041 (1043, 1047); *Huber*, in: Sachs, GG, Art. 31 Rn. 29. AA *Pietzcker*, HStR IV, 1. Aufl. 1990, § 99 Rn. 28.

106 *Dreier*, in: Dreier, Art. 31 Rn. 12 mit dem zutreffenden Hinweis, dass sich die Nichtigkeit des Landesrechts regelmäßig auch durch Art. 1 Abs. 3 GG ergeben dürfte, da die Gewährleistungen der Europäischen Menschenrechtskonvention sich meist mit denen des Grundgesetzes deckten.

die Grundsatzgesetzgebung (Art. 91 a Abs. 2, 109 Abs. 3 GG), da ein Landesgesetz, das gegen die vom Bund aufgestellten Grundsätze verstößt, wegen des Fehlens einer gliedstaatlichen Kompetenz unwirksam ist.[107]

bb) Der Sonderfall: Kollisionen von einfachem Bundesrecht und Landesgrundrechten. Der spezielle Fall einer **Kollision** von **einfachem Bundesrecht** und **Landesgrundrechten,** die, wie Art. 142 bestätigt (dazu oben Rn. 30), aufgrund ihrer Übereinstimmung mit den Grundrechten des Grundgesetzes in Kraft bleiben, wird ebenfalls von **Art. 31 GG** erfasst.[108] Art. 1 Abs. 3 GG in Verbindung mit dem jeweiligen Bundesgrundrecht scheidet als Kollisionsnorm (dazu oben Rn. 38) aus, da hier eine Kollision nicht zwischen Landesgrundrecht und Bundesgrundrecht, sondern von Landesgrundrecht und einfachem Bundesrecht in Frage steht. 47

Daher schließt Art. 142 GG eine solche Kollision auch nicht aus. **Art. 142 GG** thematisiert nur den Fall einer **Kollision** zwischen **Bundesgrundrechten** und **Landesgrundrechten.** Diese Norm bestätigt und bekräftigt, dass Landesgrundrechte vor einem Geltungsverlust durch Art. 31 GG bewahrt bleiben, wenn sie inhaltlich mit Bundesgrundrechten übereinstimmen oder darüber hinausgehen. Bleiben solche übereinstimmenden Grundrechte aber in Kraft, können sie dann jedoch durch Art. 31 GG verdrängt werden, sofern ihr Regelungsgehalt mit einfachem Bundesrecht kollidiert; denn der Bundesgesetzgeber hat lediglich die Bundesverfassung zu beachten.[109] 48

Eine **Kollision** von **einfachem Bundesrecht** und fortgeltenden **Landesgrundrechten** ist nach der Rechtsprechung des BVerfG dann allerdings **ausgeschlossen,** wenn **Bundesgrundrecht** und **Landesgrundrecht inhaltsgleich** sind, d.h. wenn sie „einen bestimmten Gegenstand in gleichem Sinne und mit gleichem Inhalt regeln".[110] Der „Respekt vor einer Landesverfassung" stehe der Anwendung des Art. 31 GG entgegen, wenn einfaches Bundesrecht mit Landesgrundrechten kollidiert, die mit dem Grundgesetz inhaltsgleich sind.[111] Zudem können nur in diesem Sinne inhaltsgleiche Verfassungsrechte eine konkrete Rechtslage widerspruchsfrei gestalten.[112] 49

Nicht ausgeschlossen ist hingegen eine **Kollision** von **einfachem Bundesrecht** und fortgeltenden **inhaltsverschiedenen Landesgrundrechten,** also solchen, die **mehr oder weniger Schutz als Bundesgrundrechte** verbürgen – was etwa dann der Fall ist, wenn das einfache Bundesrecht zwar dem engeren Gewährleistungsbereich eines Bundesgrundrechts, nicht aber dem weiteren eines Landesgrundrechts genügt. Das Landesgrundrecht, das mehr oder weniger Schutz als ein 50

107 *März,* in: von Mangoldt/Klein/Starck, Art. 31 Rn. 74 ff.; *Dreier,* in: Dreier, Art. 31 Rn. 27. AA *Huber,* in: Sachs, GG, Art. 31 Rn. 29.
108 BVerfGE 96, 345 (365).
109 BVerfGE 96, 345 (365).
110 BVerfGE 96, 345 (365).
111 BVerfGE 36, 342 (366).
112 BVerfGE 96, 345 (365).

Bundesgrundrecht verbürgt, wird dann von der Kollisionsnorm des Art. 31 GG erfasst und durch entgegenstehendes einfaches Bundesrecht **gebrochen.**[113]

51 **Ein Beispiel:** Nach Art. 4 Abs. 3 Satz 2 ThürVerf ist bei der nicht auf richterlicher Anordnung beruhenden Freiheitsentziehung unverzüglich, spätestens jedoch „innerhalb von 24 Stunden", eine richterliche Entscheidung herbeizuführen, sofern der Betroffene nicht wegen Verdachts einer strafbaren Handlung festgenommen wurde. Der Schutz des Art. 4 Abs. 3 Satz 2 ThürVerf ist weiter als der des Art. 104 Abs. 3 Satz 3 GG, der die Frist zur Nachholung einer richterlichen Anordnung bis auf „das Ende des Tages nach dem Ergreifen", also auf maximal 47 Stunden, 59 Minuten und 59 Sekunden erstreckt. Sollten **bundesrechtliche Regelungen** nach einer Ingewahrsamnahme eine Freiheitsbeschränkung ohne richterliche Anordnung bis zum Ablauf des auf die Ingewahrsamnahme folgenden Tages erlauben, wird das Grundrecht der ThürVerf aus Art. 4 Abs. 3 Satz 2 gemäß Art. 31 GG gebrochen.[114]

52 **cc) Die Ausnahme vom Sonderfall: Einfaches Bundesrecht mit Spielräumen für die Anwendung von Landesgrundrechten.** Der Sonderfall der durch einfaches Bundesrecht verdrängten Landesgrundrechte, die gegenüber den Bundesgrundrechten inhaltsverschieden sind, kennt wiederum eine Ausnahme: **Ausgeschlossen** ist dem Bundesverfassungsgericht zufolge eine **Kollision** zwischen einem **Landesgrundrecht**, das **mehr Schutz** als das Grundgesetz gewährt, und einer **bundesrechtlichen Regelung** dann, wenn diese Regelung **Spielräume** für die **Berücksichtigung von weitergehendem Landesrecht** lässt.[115] Soweit Landesgrundrechte in Kraft bleiben, mithin nicht gemäß Art. 31 GG durch Bundesrecht verdrängt werden, beanspruchen sie Beachtung durch die Träger der Landesstaatsgewalt dort, wo hierfür Raum bleibt.[116]

53 Die **Landesgrundrechte** werden dadurch allerdings **nicht** zum **Maßstab für das Bundesrecht** und dessen Vollzug. Für die Landesgrundrechte ist beim Vollzug von Bundesrecht nur Raum, sofern das Bundesrecht das Handeln der Landesstaatsgewalt nicht abschließend determiniert. Eröffnet das Bundesrecht bei seiner Anwendung durch Landesorgane keinerlei Spielräume, so bleiben die Landesgrundrechte ohne Relevanz.[117] Zudem werden **rechtswidrige**, d.h. gegen das bundesgesetzliche Normprogramm verstoßende **Behörden- und Gerichtsentscheidungen** der Länder von dieser **Spielraumdogmatik** nicht erfasst. Da solche Entscheidungen genau genommen wegen ihrer Rechtswidrigkeit nicht auf Bundesrecht beruhen, können solche Akte der Landesstaatsgewalt durchaus Landesgrundrechte verletzen, sofern diese tatbestandlich einschlägig sind.[118]

113 BVerfGE 96, 345 (366): „Gemäß Art. 31 GG gilt in diesem Fall" – gemeint ist der Fall, dass einfaches Bundesrecht Landesgrundrechten widerspricht, „die mehr oder weniger Schutz als das Bundesgrundrecht verbürgen" (a.a.O., 365) – „nur Bundesrecht". Der damit für den allgemeinen Fall eines Widerspruchs zwischen einfachem Bundesrecht und Landesgrundrecht ausgesprochene Geltungsverlust bedeutet Nichtigkeit des Landesgrundrechts; aA etwa *Jutzi*, in: Hendler/Hufen/Jutzi, Landesrecht Rheinland-Pfalz, 6. Aufl. 2012, § 1 Rn. 37 (nur Anwendungsvorrang des Bundesrechts).

114 Vgl. zu diesem Beispiel: *Storr*, Staats- und Verfassungsrecht, 1998, Rn. 199. AA *Jutzi*, DÖV 1983, 836 (841): Bindung des Bundes an weitergeltende Landesgrundrechte.

115 BVerfGE 96, 345 (366).

116 BVerfGE 96, 345 (366).

117 In diesem Sinne *Huber*, in: Sachs, GG, Art. 142 Rn. 14.

118 *Huber*, in: Sachs, GG, Art. 31 Rn. 9.

Das Bundesverfassungsgericht hat, soweit ersichtlich, bislang **zwei Fallgruppen** anerkannt, in denen bei der Anwendung von Bundesrecht, das Spielräume eröffnet, Landesgrundrechte durch die Landesstaatsgewalt zu berücksichtigen sind, einmal den Fall des Landesverordnungserlasses aufgrund bundesgesetzlicher Ermächtigung,[119] sodann den einer Anwendung von Bundesprozessrecht durch Landesgerichte.[120] So bleibt den Landesgerichten insbesondere dann Raum für die Beachtung von Landesgrundrechten, wenn Normen, die zu Eingriffen in ein Grundrecht ermächtigen, mit ihren abstrakten Voraussetzungen zwar einen Eingriff rechtfertigen können, das betroffene Grundrecht aber gebietet, dass die Gerichte diese Voraussetzungen im Einzelfall nicht überspannen. Vor allem haben die Landesrichter bei der Anwendung des Verfahrensrechts im jeweiligen Rechtsstreit den Geboten rechtlichen Gehörs, des gesetzlichen Richters, einer fairen Verfahrensgestaltung und eines effektiven Rechtsschutzes sowie dem Willkürverbot zu genügen.[121] 54

Ein tragfähiger Grund, warum diese **Spielraumdogmatik** über diese beiden bislang anerkannten Fallgruppen hinaus nicht generell, d.h. auch beim **Vollzug materiellen Bundesrechts** durch **sämtliche Landesbehörden** gilt, ist bislang nicht ersichtlich.[122] Spielräume in bundesrechtlichen Normen, die eine Anwendung von Landesgrundrechten ermöglichen, sind indessen in mehreren Konstellationen denkbar: Verordnungsermessen bei bundesrechtlichen Verordnungsermächtigungen an das Land; Anwendung von Bundesprozessrecht; Vollzug materiellen Bundrechts, insbesondere durch Verwaltungsbehörden, bei nicht abschließenden Regelungen, Verwaltungsermessen oder unbestimmten Rechtsbegriffen.[123] 55

Werden allerdings Landesgrundrechte innerhalb des bundesrechtlich begrenzten Spielraumes angewendet, ist wiederum zu berücksichtigen, dass bei mehrpoligen Rechtsverhältnissen landesgrundrechtliche Gewährleistungen bundesgrundrechtlich geschützte Rechtspositionen Dritter beeinträchtigen können[124] (dazu oben Rn. 36). Das Bundesverfassungsgericht hat diese Frage allerdings bislang offen gelassen. Weitgehend unbegründet ist allerdings die Sorge, die Spielraumdogmatik laufe auf einen **regional differenzierten Vollzug des Bundesrechts** hinaus, obwohl der Bundesgesetzgeber solche regionalen Differenzierungen gerade nicht wollte, da er doch anderenfalls Vollzugsspielräume für die Behörden von Bund und Ländern vorgesehen habe.[125] Denn die Spielräume, die der Ansatz des Bundesverfassungsgerichts für die Geltung von weitergehenden Landesgrundrechten eröffnet, werden sich praktisch kaum in Gestalt einer Rechts- und Vollzugszersplitterung auswirken. Denn das Bundesverfassungsgericht hat den Landesverfassungsgerichten eine Befugnis für die Überprüfung von landesstaatli- 56

119 BVerfGE 18, 407 (418 f.).
120 BVerfGE 96, 345 (367).
121 BVerfGE 96, 345 (366 f.).
122 Für eine Erweiterung dieses Ansatzes sprechen sich etwa aus: *Jutzi*, in: Linck/Jutzi/Hopfe, Verfassung des Freistaates Thüringen, Vorbemerkung, Rn. 7; *Erbguth/Wiegand*, DV 1996, 159 (167ff.): Berücksichtigung nicht nur von Landesgrundrechten, sondern auch von Staatszielbestimmungen des Landesverfassungsrechts bei Planungs- und Ermessensentscheidungen, sofern „echte Handlungsspielräume" begründet seien; *Huber*, in: Sachs, GG, Art. 142, Rn. 8 und 15 (Raum für Landesgrundrecht insoweit, als Bundesrecht keine abschließende Regelung getroffen hat); *Lindner*, BayVbl 2004, 641 (648ff.); *Möstl*, AöR 2005, 250 (383).
123 *Möstl*, AöR 130 (2005), 350 (382).
124 *Dreier*, in: Dreier, Art. 142 Rn. 52.
125 *Huber*, in: Sachs, GG, Art. 31 Rn. 8.

chen Akten, die in Anwendung von Bundesrecht ergingen, sowie eine entsprechende Kompetenz zur Kassation dieser Akte nur zugebilligt, soweit das **Landesverfassungsrecht** zu **demselben Ergebnis** wie das **Grundgesetz** führt (dazu unten Rn. 65).

III. Institutionelle Verbundenheit von Landes- und Bundesverfassungsrecht durch die Verfassungsgerichtsbarkeiten der Länder und des Bundes

57 **1. Landesverfassungsgerichtsbarkeit als oberstes Verfassungsorgan.** Die **Verfassungsgerichtsbarkeit der Länder** wurzelt in deren „Staatlichkeit" und das Grundgesetz setzt sie in den Art. 100 Abs. 1 und Abs. 3 GG explizit voraus.[126] In der Landesverfassungsgerichtsbarkeit lässt sich mithin ein Attribut dieser Länderstaatlichkeit erblicken,[127] ja vielleicht sogar die **„Krönung" ihrer Verfassungsautonomie.**[128] Auf jeden Fall aber sichert sich der Gliedstaat mit seiner eigenen Verfassungsgerichtsbarkeit die Interpretationshoheit über seine konstitutionellen Grundlagen.[129] Bundestaatlichen Sinn erfährt die Landesverfassungsgerichtsbarkeit darin, **föderale Vielfalt auch im Verfassungsrecht,** im Staatsorganisationsrecht wie im Recht des Grundrechtsschutzes[130] zu ermöglichen.

58 Innerhalb der Verfassungsordnung eines Landes ist ein **Landesverfassungsgericht** ebenso ein **oberstes Verfassungsorgan** wie das Bundesverfassungsgericht innerhalb der Verfassungsordnung des Bundes. Ein Landesverfassungsgericht ist ebenso wie das Bundesverfassungsgericht im Rahmen rechtlicher Bindungen „Herr seiner Verfahren".[131] Ein Landesverfassungsgericht muss deshalb über die prozessuale Zulässigkeit seiner Verfahren bestimmen können, ohne befürchten zu müssen, vom Bundesverfassungsgericht korrigiert zu werden.[132]

59 **2. Prüfungsgegenstand und –maßstab der Landesverfassungsgerichtsbarkeit. Prüfungsgegenstand** landesverfassungsgerichtlicher Entscheidungen sind **grundsätzlich Akte der Landesstaatsgewalt,** die unter **Anwendung von Normen des Landesrechts** ergehen.[133] Nur ausnahmsweise können Landesverfassungsgerichte auch die Anwendung von Bundesverfahrensrecht durch Landesgerichte überprüfen, nämlich dann, wenn das einfache Bundesrecht keine abschließende Regelung enthält, sondern Spielräume für die Anwendung von Landesrecht lässt (dazu oben Rn. 52 ff.).

60 **Prüfungsmaßstab** der Landesverfassungsgerichte sind die Normen der jeweiligen **Landesverfassung.** Zieht das Landesverfassungsgericht **Bundesverfassungsrecht** heran, das in die Landesverfassung **hineinwirkt** (vgl. dazu oben Rn. 5 ff.), bleiben landesverfassungsrechtliche Normen Prüfungsmaßstab, da im Falle des in

126 BVerfGE 96, 345 (368 f.).

127 *Wallerath*, NdsVBl 2005, 43 (44); ähnlich *Groß*, in: FS Friedrich von Zezschwitz (2005), S. 16 (22).

128 Vgl. *Häberle*, JöR N.F. 45 (1997), 89 (104). Skeptisch-kritisch dagegen *Huber*, ThürVBl 2004, 73 (77 f.).

129 So zutreffend *Groß*, in: FS Friedrich von Zezschwitz (2005), S. 16 (18) unter Verweis auf *Schneider*, DÖV 1987, 749 ff.; *Grawert,* NJW 1987, 2329 ff.; *Wahl*, AöR 112 (1987), 26 (28, Fn. 4); *Starck*, in: HStR VI, 3. Aufl. 2008, § 130 Rn. 9.

130 Insbesondere zu den kompetitiven und pluralistischen Elementen des Grundrechtschutzes: *Dreier,* Grundrechtsschutz durch Landesverfassungsgerichte, 2000, S. 24; *Bethge*, in: Maunz/Schmidt-Bleibtreu, § 85 Rn. 26.

131 BVerfGE 36, 342 (357); 60, 175 (213).

132 BVerfGE 36, 342 (357).

133 BVerfGE 96, 345 (371).

die Landesverfassung hineinwirkenden Bundesverfassungsrechts dieses zu einem „Bestandteil" eben der Landesverfassung wird.[134] **Problematisch** ist dagegen, die so genannten **Durchgriffsnormen** des Grundgesetzes (dazu oben Rn. 25 f.) als Teil des Landesverfassungsrechts zu deuten und als Prüfungsmaßstab heranzuziehen.[135] Denn sie binden die Landesstaatsgewalt unmittelbar, ohne damit zum Verfassungsrecht des Landes zu werden. Auch die **Kompetenznormen des Grundgesetzes** sind – von der Ausnahme einer Inkorporation in Landesverfassungsrecht abgesehen – nicht zum materiellen Landesverfassungsrecht zu zählen (dazu oben Rn. 26). Eine Rüge von Landesrecht, die sich unmittelbar auf den Vorwurf der Kompetenzordnungswidrigkeit des Landesrechts stützt, könnte daher allein vor dem Bundesverfassungsgericht erhoben werden.[136]

Unabhängig davon geht Art. 100 Abs. 3 GG davon aus, dass ein **Landesverfassungsgericht** zur **Auslegung des Grundgesetzes** befugt ist, dieses daher Gegenstand der Rechtsfindung von Landesverfassungsgerichten sein kann.[137] Diese Bestimmung ordnet nämlich an, dass ein Landesverfassungsgericht, das das Grundgesetz auslegt, eine Entscheidung des Bundesverfassungsgerichts einzuholen hat, sofern es bei dieser Auslegung von der Rechtsprechung des Bundesverfassungsgerichts oder des Verfassungsgerichts eines anderen Landes abweichen will. Eine solche Konstellation tritt immer dann auf, wenn ein Landesverfassungsgericht die Grundgesetzmäßigkeit seines Prüfungsmaßstabes zu klären und deshalb im Vorfeld die anzuwendenden Bestimmungen der Landesverfassung auf ihre Vereinbarkeit mit dem Grundgesetz zu ermitteln hat.[138] 61

3. Der Sonderfall: Landesverfassungsgerichte als Prüfinstanz bei Anwendung von Bundesrecht durch Landesstaatsgewalt. Ausnahmsweise kann ein Landesverfassungsgericht auch die **Anwendung von Verfahrensrecht des Bundes** durch die Landesgerichte auf die Einhaltung von Grundrechten der Landesverfassung überprüfen (dazu oben Rn. 56). 62

a) Die Konzeption des Bundesverfassungsgerichts. Dem Bundesverfassungsgericht zufolge verleiht das Grundgesetz dem Landesgesetzgeber die Kompetenz, **Landesverfassungsgerichten** die **Befugnis** einzuräumen, im Rahmen einer zulässigen Verfassungsbeschwerde zu **prüfen**, ob die **Anwendung bundesrechtlich geregelten Verfahrensrechts** durch Gerichte des Landes mit Grundrechten oder grundrechtsgleichen Gewährleistungen vereinbar ist, die im Grundgesetz und in der Landesverfassung parallel verbürgt, mithin inhaltsgleich sind.[139] 63

Diese Befugnis der Landesverfassungsgerichte, die Anwendung bundesrechtlich geregelten Verfahrensrechts durch Landesgerichte zu überprüfen, schließt die **Befugnis zur Kassation** gerichtlicher Entscheidungen ein – dies allerdings nur dann, wenn sichergestellt ist, dass die Subsidiarität gegenüber dem fachgerichtlichen Rechtsweg Voraussetzung einer Landesverfassungsbeschwerde ist. Nur soweit es für die Verwirklichung des Zweckes der Verfassungsbeschwerde unerlässlich ist, kann den Landesverfassungsgerichten die Befugnis eingeräumt wer- 64

134 BVerfGE 103, 332 (353). Ablehnend: *Dreier*, in: Dreier, Art. 28 Rn. 57 mwN.
135 So aber für Art. 28 Abs. 2 GG: ThürVerfGH, ThürVBl 1996, 209 (209 f.); 1996, 281 (281). Zu Recht ablehnend: *Dreier*, in: Dreier, Art. 28 Rn. 57.
136 Zu dieser Thematik *Starke*, SächsVBl 2004, 49 ff.; dort auch Nachweise zur aA.
137 Vgl. BVerfGE 103, 332 (355); vgl. dazu auch *Kluth*, NdsVBl 2010, 134 ff.
138 Zu dieser Konstellation BVerfGE 103, 332 (352).
139 BVerfGE 96, 345 (372 f.); ist die Inhaltsgleichheit zu verneinen, ist die Landesverfassungsbeschwerde schon unzulässig (aaO, 374).

den, Entscheidungen von Landesgerichten aufzuheben, die nach den bundesrechtlichen Verfahrensordnungen formell und materiell rechtskräftig sind. Zudem darf in der Sache noch kein Bundesgericht entschieden haben.[140]

65 Die Landesverfassungsgerichte haben dabei allerdings ein engmaschiges **Prüfprogramm** durchzuführen. Zuerst hat das Landesverfassungsgericht zu prüfen, ob die gerügte Verfahrensgestaltung im Ausgangsverfahren einen Anwendungsfall für ein Landesgrundrecht begründet, d.h. das Bundesrecht einen **Spielraum** für die Anwendung von Landesgrundrechten lässt, die im Sinne von Art. 142 GG fortgelten (1). Sodann muss das Landesverfassungsgericht prüfen, zu welchem Ergebnis die Anwendung des Grundgesetzes im Ausgangsverfahren führen musste, um feststellen zu können, ob das vom Beschwerdeführer als verletzt gerügte **Landesgrundrecht** mit einem entsprechenden Recht des Grundgesetzes **inhaltsgleich** ist (2). Schließlich ist zu prüfen und zu entscheiden, ob das gerügte Landesverfassungsrecht im zu entscheidenden Fall zu **demselben Ergebnis** wie das Grundgesetz führt (3).[141]

66 Bei der Prüfung der Vorfrage, zu welchem Ergebnis die Anwendung des Grundgesetzes im Ausgangsverfahren führen muss, hat das Landesverfassungsgericht das Grundgesetz auszulegen, ohne dass dies selbst Prüfungsmaßstab ist; dabei ist es an die Rechtsprechung des Bundesverfassungsgerichts gemäß § 31 BVerfGG gebunden. Der **Bindung an die Rechtsprechung des Bundesverfassungsgerichts** genügt es auch, wenn es die Auslegungsfragen nach Art. 100 Abs. 3 GG vorlegt.[142]

67 **b) Kritik und Bewertung.** Das vom Bundesverfassungsgericht entwickelte Konzept hat zum Teil **scharfe Kritik** auf sich gezogen: Es stehe zu befürchten, die Landesverfassungsgerichte würden gleichgeschaltet;[143] es sei fraglich, ob Art. 100 Abs. 3 GG bei flächendeckender Einbeziehung landesverfassungrechtlicher Maßstäbe eine hinreichend stabile Klammer liefere, um **Rechtseinheit** im Bundesgebiet zu gewährleisten;[144] es bestünden Zweifel, ob die ehrenamtlich arbeitenden Landesverfassungsgerichte für die Aufgabe gerüstet seien;[145] das Bundesverfassungsgericht habe vor allem eine **Entlastungsstrategie** verfolgt;[146] die Entscheidung leide an einem **inneren Widerspruch**, da das Erfordernis, das Landesgrundrecht müsse zum exakt gleichen Ergebnis führen wie das entsprechende Bundesgrundrecht, kaum zusammenstimme mit der Prämisse, Landesgrundrechte dürften auch weiter oder weniger weit reichen als ihr Bundespendant und könnten zum Zuge kommen, soweit das Bundesrecht hierfür Spielräume belasse, was doch offenbar auch die Möglichkeit eröffne, diese unterschiedlich auszufüllen.[147]

68 Gleichwohl ist festzustellen, dass der Ansatz des BVerfG **nicht zu nennenswerten Schwierigkeiten** geführt hat.[148] Zudem **verstärkt** er den **Grundrechtsschutz,**

140 BVerfGE 96, 345 (363, 370, 371 f.).
141 BVerfGE 96, 345 (373 f.).
142 BVerfGE 96, 345 (374).
143 *Hain*, JZ 1998, 620 (621).
144 *Huber*, in: Sachs, GG, Art. 31 Rn. 8.
145 *Huber*, in: Sachs, GG, Art. 142 Rn. 17.
146 *Lange*, NJW 1999, 1278 (1282); *Tietje*, AöR 124 (1999), 282 (285 ff.).
147 *Wittreck*, DÖV 1999, 634 (636 ff.); *Dreier*, Grundrechtsschutz durch Landesverfassungsgerichte, 2000, S. 30 f.; *Möstl*, AöR 130 (2005), 350 (363 f.).
148 Zutreffend: *Huber*, in: Sachs, GG, Art. 142 Rn. 17.

da bei Landesverfassungsbeschwerden in der Regel kein Annahmeverfahren besteht oder wenn doch, dann ein solches mit weniger engen Voraussetzungen.[149] Und auch wenn das, was an **Grundrechtsföderalismus** und damit -vielfalt in Aussicht gestellt wird, sogleich wieder wegen der Vorgaben für die landesverfassungsgerichtliche Kontrolle auf das bundesgrundrechtliche Maß zurück genommen wird: Die Anwendung einer so komplexen Konstruktion eröffnet immer auch die Möglichkeit zu eigenen Akzentuierungen und Konkretisierungen dieser Rechtsprechung durch die Landesverfassungsgerichte, die sich nie in vollem Umfang disziplinieren lässt. Insoweit ist die Feststellung einzuschränken, die Ausstrahlung der Landesgrundrechte auf Auslegung und Handhabung der Verfahrensnormen des Bundes decke sich vollkommen mit der der Bundesgrundrechte.[150] Als Beispiel dafür lässt sich etwa die Fortentwicklung der Rechtsprechung zur Frage des Umfangs der Kassation von Entscheidungen der Landesgerichte nennen, durch die der Anspruch auf rechtliches Gehör verletzt wurde.[151]

c) **Rechtsprechung des Thüringer Verfassungsgerichtshofs.** Entsprechend der Konzeption des Bundesverfassungsgerichts sieht sich der Thüringer Verfassungsgerichtshof nicht an einer Sachprüfung gehindert, wenn eine Verfassungsbeschwerde rügt, ein Landesgericht habe bei der Gestaltung eines auf Bundesrecht beruhendem Verfahrens die in der Landesverfassung gewährleisteten Verfahrensgrundrechte verletzt, sofern die Voraussetzung des mit dem Grundgesetz inhaltsgleichen Landesverfassungsrechts gegeben ist.[152] 69

Der Rechtsprechung des Bundesverfassungsgerichts folgend überprüft der **Thüringer Verfassungsgerichtshof** die Anwendung von Bundesrecht durch Landesgerichte auf die Einhaltung der mit dem Grundgesetz inhaltsgleichen und deshalb auch von den Landesgerichten zu beachtenden Landesgrundrechten dann, wenn das **Bundesrecht** den Landesgerichten **Spielräume zur Konkretisierung** lässt, was unabhängig davon gilt, ob die angewandte bundesrechtliche Regelung dem Verfahrensrecht oder dem materiellen Recht angehört.[153] 70

Aber auch dann, wenn die bundesrechtlichen Normen **keinen Spielraum** enthalten, behält sich der Thüringer Verfassungsgerichtshof vor, die Entscheidung eines Landesgerichts, die auf bundesrechtlicher Grundlage in einem bundesrechtlich geregelten Verfahren erging, aufzuheben – nämlich dann, wenn das materi- 71

149 *Menzel*, Landesverfassungsrecht, 2002, S. 550; *Möstl*, AöR 130 (2005), 350 (388); *Voßkuhle*, in: von Mangoldt/Klein/Starck, Art. 93 Rn. 77; *Krieger*, NdsVBl 2010, 134 (137) fordert gar eine „selbstbewußte Wahrnehmung von Auslegungsspielräumen".

150 So aber *Dreier*, Grundrechtsschutz durch Landesverfassungsgerichte, 2000, S. 24.

151 Vgl. ThürVerfGH, Beschl. v. 07.09.2011 – 13/09 – S. 14 ff. des Umdrucks; dazu auch unten *Jutzi*, Art. 80, Rn. 47, bei Fn. 150, der allerdings nur einen Teil der Begründung dieser Entscheidung hervorhebt. Das zu dieser Entscheidung abgegebene Sondervotum (S. 19 ff.) beruht hingegen auf der Auffassung, der einfache (Bundes-)Gesetzgeber sei befugt, normgeprägte Grundrechte „abschließend" auszugestalten; diese Auffassung verkennt aber u.a., dass der Vorrang der verfassungsgesetzlichen Grundrechtsnorm vor dem einfachen Gesetz auch bei normgeprägten Grundrechten bestehen bleibt.

152 ThürVerfGH, Beschl. v. 11.01.2001 – 03/99 – DÖV 2001, 335.

153 ThürVerfGH, Beschl. v. 16.08.2007 – 25/05 – S. 8 des Umdrucks. Auch andere Verfassungsgerichte orientieren sich an dem vom BVerfG etablierten Ansatz: HessStGH, NJW 1999, 49; VerfGH Rh-Pf, DÖV 2001, 209 f. Dagegen nicht auf den „Spielraum zur Konkretisierung" abstellend: unten *Jutzi*, Art. 80, Rn. 21, bei Fn. 60 ff.

elle Recht oder das Verfahrensrecht in einer völlig unvertretbaren, gesetzesfremden Weise angewendet wurde und **Willkür** festzustellen ist.[154]

72 **4. Landesverfassungsgerichtsbarkeit und Bundesverfassungsgerichtsbarkeit.** So wie die Verfassungsbereiche des Bundes und der Länder grundsätzlich nebeneinander stehen, stehen auch die **Verfassungsgerichtsbarkeiten** des Bundes und der Länder **nebeneinander.**[155] Das **Bundesverfassungsgericht** ist **keine zweite Instanz** über den Landesverfassungsgerichten, die befugt wäre, deren Urteile in vollem Umfang zu überprüfen.[156] Vielmehr muss der Bereich der Verfassungsgerichtsbarkeit der Länder vom Bundesverfassungsgericht **möglichst unangetastet** bleiben und das Bundesverfassungsgericht darf die Landesverfassungsgerichtsbarkeit nicht in größere Abhängigkeit bringen, als es nach dem Bundesverfassungsrecht unvermeidbar ist.[157] Begründen lässt sich diese Bestimmung des Verhältnisses von Bundes- und Landesverfassungsgerichtsbarkeit damit, dass im Bundesstaat Bund und Länder die gemeinsame Pflicht trifft, die grundgesetzmäßige Ordnung in allen Teilen und Ebenen des Gesamtstaates zu wahren und herzustellen[158] und diese Pflicht auch den Bereich der Verfassungsgerichtsbarkeit erfasst.[159]

73 **a) Nachprüfung von Entscheidungen der Landesverfassungsgerichte durch das Bundesverfassungsgericht.** Die Nachprüfung der vom Landesgesetzgeber erlassenen **Gesetze** auf ihre **Vereinbarkeit** mit der **Landesverfassung** ist grundsätzlich **Sache der Landesverfassungsgerichte.**[160] Einer Aushöhlung der Landesverfassungsgerichtsbarkeit käme es gleich, wenn etwa über den Umweg des Art. 2 Abs. 1 GG die Prüfung der Vereinbarkeit von Landesrecht mit der Landesverfassung durch das Bundesverfassungsgericht zugelassen würde. Daher ist das Bundesverfassungsgericht darauf beschränkt, eine landesrechtliche Norm auf ihre Übereinstimmung mit bundesrechtlichen Normen zu prüfen.[161]

74 Freilich kann das Bundesverfassungsgericht aber gegen Entscheidungen der Landesverfassungsgerichte im Wege der Verfassungsbeschwerde gemäß Art. 93 Abs. 1 Nr. 4 a GG angerufen werden.[162] Auch die **Landesverfassungsgerichte** sind als **öffentliche Gewalt** aufgrund **Art. 1 Abs. 3 und 20 Abs. 3 GG** an die Grundrechte und grundrechtsgleichen Rechte des Grundgesetzes gebunden.[163] Seine Jurisdiktions- und Kontrollkompetenz nimmt das Bundesverfassungs-

154 ThürVerfGH, Beschl. v. 15.03.2001 –19/00 – S. 7 des Umdrucks; Beschl. v. 02.07.2008 –14/06 – S. 7 des Umdrucks; Beschl. v. 06.01.2009 – 19/08 – S. 7 ff. des Umdrucks. Diese Rechtsprechung entspricht der des BayVerfGH; vgl. etwa NJW 1993, 518; BayVBl 1995, 591 (592). AA Schwan, ThürVBl 2012, 121 (129), der die Prüfkompetenz in diesen Fällen allein im Falle willkürlicher Rechtsanwendung begründet sieht.

155 BVerfGE 1, 14 (34); 36, 346 (361); 41, 88 (118 f.); 96, 231 (242); 96, 345 (368 f.); 103, 332 (350). ThürVerfGH, Urt. v. 16.12.1998 – 20/95 – JURIS, Rn. 83.

156 BVerfGE 6, 445 (449); 60, 175 (208).

157 BVerfGE 60, 175 (209); 96, 231 (242).

158 BVerfGE 8, 122 (138); 9, 268 (276); 12, 205 (254); 56, 298 (322).

159 *Tietje*, AöR 124 (1999), 282 (301 mwN in Fn. 107).

160 BVerfGE 6, 376 (382); 60, 175 (210).

161 BVerfGE 41, 88 (119 f.); 45, 400 (413); 60, 175 (209); 64, 301 (317 f.); BVerfGK, NVwZ 2002, 73; Beschl. v. 21.11.2011 – 2 BvR 2333/11 – Rn. 2.

162 Zahlreiche Nachweise zur Rechtsprechung des Bundesverfassungsgerichts, die grundsätzliche Zulässigkeit einer Verfassungsbeschwerde gegen Entscheidungen der Landesverfassungsgerichte betreffend, bei *Dreier*, in: Dreier, Art. 142 Rn. 90, Rn. 271.

163 BVerfGE 96, 231 (242).

gericht aber dann nicht wahr, wenn ein **Übergriff** auf die Landesverfassungsgerichtsbarkeit **vermeidbar** ist.

Die **Voraussetzungen**, unter denen ein **Übergriff** des Bundesverfassungsgerichts auf die Landesverfassungsgerichtsbarkeit **vermeidbar** ist, unterscheiden sich je nach Verfahrensart. In der frühen Rechtsprechung sah das Bundesverfassungsgericht einen Übergriff auf die Landesverfassungsgerichtsbarkeit nicht als geboten an, solange die Länder – wie dies bei der Bundesrepublik Deutschland der Fall sei – bei der Einrichtung ihrer Landesverfassungsgerichte die Homogenitätsanforderungen des Art. 28 Abs. 1 GG beachteten.[164] In der jüngeren Rechtsprechung sieht es seine Zuständigkeit ausgeschlossen in Verfahren, in denen Beteiligte nicht als Grundrechtsträger auftreten, sondern als „gesetzlich bestimmte Funktionsträger im Verfassungsleben" eines Landes; Betroffenen ist dabei auch die Rüge einer Verletzung grundgesetzlicher Verfahrensgarantien versperrt.[165] Die Jurisdiktion des Bundesverfassungsgerichts könnte in einer solchen Konstellation allenfalls bei einer potentiellen Verletzung der Homogenitätsklausel des Art. 28 Abs. 1 GG aktiviert werden.[166] 75

Dieser Linie entspricht es weitgehend, wenn das Bundesverfassungsgericht eine **Zuständigkeit verneint** in Verfahren, in denen die Zulassung von Volksbegehren begehrt wird,[167] Gemeinden ihr Recht auf kommunale Selbstverwaltung rügen[168] oder eine Überprüfung landeswahlrechtlicher Regelungen wegen einer mutmaßlichen Verletzung der Wahlrechtsgleichheit erstrebt wird.[169] Hingegen sieht das Bundesverfassungsgericht einen Übergriff auf die Landesverfassungsgerichtsbarkeit dann als notwendig an, wenn ein Landesverfassungsgericht Grundrechtsträgern den weitergehenden Schutz eines Bundesgrundrechts vorenthält.[170] 76

b) Verdoppelung der Verfassungsbeschwerdeverfahren. Aus der Prämisse, dass auch die **Verfassungsgerichtsbarkeiten** von Bund und Ländern **grundsätzlich nebeneinander stehen** (Rn. 72), folgt, dass bei einer Verfassungsbeschwerde vor dem Bundesverfassungsgericht nicht das Recht berührt wird, eine Verfassungsbeschwerde an ein Landesverfassungsgericht nach dem Recht der Landesverfassung zu erheben (§ 90 Abs. 3 BVerfGG). **Bundes- und Landesverfassungsbeschwerde** stehen **selbständig nebeneinander.**[171] 77

Demzufolge kann auch die Möglichkeit der **Landesverfassungsbeschwerde nicht** unter den Begriff des **Rechtsweges** als Zulassungsvoraussetzung einer Bundesverfassungsbeschwerde (§ 90 Abs. 2 BVerfGG) subsumiert werden.[172] Entsprechend beginnt die Frist für die Einlegung einer Verfassungsbeschwerde vor dem Bundesverfassungsgericht bereits mit der Zustellung der letztinstanzlichen Entscheidung, also nicht erst mit der Zustellung der Entscheidung des Landesverfassungsgerichts.[173] Dies führt dazu, dass in den Ländern, die die Verfassungs- 78

164 BVerfGE 96, 231 (244).
165 BVerfG, NJW 1998, 293 (295).
166 BVerfG, NJW 1998, 293, (295 a.E.).
167 BVerfG, NJW 1998, 293 ff.
168 BVerfG, NVwZ 1994, 58 (59).
169 BVerfG, NJW 1999, 43 ff.
170 BVerfGE 97, 298 (314 f.).
171 BVerfGE 22, 267 (270 ff.). Zu anderen Konstellationen paralleler Zuständigkeit: *Voßkuhle*, in: von Mangoldt/Klein/Starck, Art. 93 Rn. 74 ff.
172 BVerfGK, NJW 1996, 1464.
173 BVerfGK, NJW 1996, 1464.

beschwerde vor dem Landesverfassungsgericht bei Erhebung bzw. der Möglichkeit einer Bundesverfassungsbeschwerde ausgeschlossen haben,[174] der Betroffene wählen muss.[175] Im Freistaat Thüringen ist dies aber nicht der Fall (vgl. § 31 ThürVerfGHG).

79 Problematisch ist indessen, wenn bei **parallel laufenden Verfassungsbeschwerdeverfahren** Bundes- und Landesverfassungsgericht unterschiedlich entscheiden. Würde das Bundesverfassungsgericht etwa bei einer Urteilsverfassungsbeschwerde eine obergerichtliche Entscheidung aufheben, stellt sich die Frage, ob damit das landesverfassungsgerichtliche Verfahren mangels Erschöpfung des Rechtsweges unzulässig wäre.[176] Der Thüringer Verfassungsgerichtshof verneint diese Frage.[177] Nach welchen Regeln ein solcher Konfliktfall entschieden werden soll, insbesondere, ob sich immer die Entscheidung durchsetzen soll, die den angefochtenen Akt aufhebt, ist bislang **noch ungeklärt.**[178] Der prozessrechtliche Grundsatz der fortwährenden Zuständigkeit des einmal angerufenen Gerichts im Verhältnis von Bundes- und Landesverfassungsgerichtsbarkeit ist jedenfalls nicht anwendbar, würde er doch dazu führen, dass das primär angerufene Verfassungsgericht Entscheidungskompetenzen des anderen Verfassungsgerichts aushebeln könnte.[179]

80 Allerdings gilt dies nicht für den **Sonderfall**, dass der Thüringer Verfassungsgerichtshof eine **Verfassungsbeschwerde** überprüft, die **gegen** ein **landesgerichtliches Urteil** erhoben wurde, das auf der **Anwendung von Bundesverfahrensrecht** beruht (dazu oben Rn. 62). Hat das Bundesverfassungsgericht in einem solchen Fall eine bei ihm erhobene Verfassungsbeschwerde, zu der parallel beim Thüringer Verfassungsgerichtshof eine Verfassungsbeschwerde eingelegt worden ist, mit der Begründung zurückgewiesen, das Vorbringen des Beschwerdeführers lasse eine Verletzung von Grundrechten nicht erkennen, bejaht der Thüringer Verfassungsgerichtshof eine Zuständigkeit nur unter der Voraussetzung, dass nicht die Anwendung materiellen Bundesrechts oder die Durchführung eines bundesrechtlich geregelten Verfahrens in Rede steht, sondern allein spezifisches Landesrecht.[180]

IV. Einwirken des Landesverfassungsrechts auf die Bundesebene

81 Bundesstaatsgewalt ist grundsätzlich an Bundesrecht und nicht an Landesverfassungsrecht gebunden. Der **Bundesgesetzgeber** hat lediglich die Bundesverfassung zu beachten.[181] Und den **Bundesgerichten** stehen – abgesehen vom Fall des Art. 93 Abs. 1 Nr. 4 und Art. 99 GG – die Bestimmungen der Landesverfassung

174 Nachweise dazu bei *Stern*, in: FS BayVerfGH (1997), S. 241 (249 f.); *Tietje*, AöR 124 (1999), 282 (293, Fn. 67).
175 BVerfGK, NJW 1996, 1464.
176 Bejahend: *Storr*, ThürVBl 2007, 232 (233); *Dreier*, in: Dreier, Art. 142 Rn. 78.
177 Der ThürVerfGH hat in seinem Beschluss vom 26.03.2008 – 52/06 u.a. über eine Urteilsverfassungsbeschwerde abschlägig entschieden, obwohl wenige Tage zuvor in derselben Sache das Bundesverfassungsgericht (BVerfGK, NVwZ 2007, 691) befunden und das angegriffene Urteil aufgehoben hatte. Kritisch zu dieser Entscheidung des Thüringer Verfassungsgerichtshofs: *Storr*, ThürVBl 2007, 232 ff.
178 Dazu mwN: *Dreier*, in: Dreier, Art. 142 Rn. 78, Fn. 236.
179 BVerfGE 90, 40 (42 f.); 90, 43 (45 f.); 102, 245 (251).
180 ThürVerfGH, NVwZ 2004, 609 f.
181 BVerfGE 96, 345 (365).

als Kontrollmaßstab nicht zur Verfügung.[182] Weniger klar lässt sich hingegen die Frage nach der Relevanz des Landesverfassungsrechts für die **Bundesverwaltung** beantworten. Unter spezifischen Voraussetzungen dürfte zumindest eine **Pflicht zur Beachtung des Landesverfassungsrechts** in Betracht kommen.[183] Diese Pflicht von Bundesbehörden, Landesrecht und damit auch Landesverfassungsrecht zu beachten, kann sich aus grundgesetzlichen Normen ergeben, etwa aus den Regelungen über den Katastrophennotstand in Art. 35 Abs. 2 und 3 GG[184] oder über den Spannungs- und Verteidigungsfall in Art. 87 a Abs. 3 GG;[185] in diesen Fällen handeln Bundesbehörden für ein Land, ihr Handeln gilt dann als Handeln des Landes. Darüber hinaus lässt sich möglicherweise eine Pflicht zur Beachtung des Landesrechts aus dem Grundsatz bundesfreundlichen Verhaltens ableiten.[186]

Nicht um eine Bindung von Bundesorganen an Landesverfassungsrecht, sondern 82
um ein **Hineinwirken von Landesverfassungsrecht in den Bereich des Bundes** geht es angesichts der Frage, ob die für den **Bundesrat** bestellten „Mitglieder der Regierungen der Länder“ bei ihren **Abstimmungen** an die Landesverfassungen gebunden sind. Das Bundesverfassungsgericht hat diese Frage bislang nicht entschieden. Es hat lediglich festgestellt, dass es mit Art. 51 GG zu vereinbaren sei, wenn Landesregierungen ihren Mitglieder im Bundesrat Weisungen erteilten; nicht aber sei dieser Norm eine Regelung der Fragen zu entnehmen, ob das Landesparlament oder das Landesvolk zu einem Hineinwirken in die Entscheidungen des Bundesrates befugt seien, ein Landesparlament, das ein Mitglied der Landesregierung nach Landesverfassungsrecht zur Rechenschaft ziehe, sich mit Bundesangelegenheiten befasse oder seine Maßnahmen unter dem Gesichtspunkt der bundesstaatlichen Ordnung als ein Hinübergreifen in Zuständigkeiten des Bundes qualifiziert werden könnten.[187] Ist die Rechtsprechung insoweit unklar, so sind die Auffassungen in der Literatur gespalten.[188]

182 *Jutzi*, in: Linck/Jutzi/Hopfe, Vorbem., Rn. 6.

183 Vgl. *Jutzi*, in: Linck/Jutzi/Hopfe, Vorbem., Rn. 6; *Erbguth/Wiegand*, DV 29 (1996), 159 (175); *Storr*, Staats- und Verfassungsrecht, 1998, Rn. 249 ff.; *Sommer*, Die Landesgrundrechte als Prüfungsmaßstab bei den Landesverfassungsbeschwerdeverfahren, 2003, S. 92 f. AA wohl *Huber*, in: Sachs, GG, Art. 142 Rn. 16: Behörden und Gerichte des Bundes seien bei der Wahrnehmung hoheitlicher Aufgaben nie an nach Art. 142 GG fortgeltende Bundesgrundrechte gebunden; ebenso: *Lindner*, BayVBl 2004, 641 (647); *Pietzcker*, HStR IV, 1. Aufl. 1990, § 99 Rn. 81.

184 *von Danwitz*, in: von Mangoldt/Klein/Starck, Art. 35 Rn. 64.

185 Nachweise dazu etwa bei *Baldus*, in: von Mangoldt/Klein/Starck, Art. 87 a Rn. 133, Fn. 49.

186 *Jutzi*, DÖV 1983, 836 (839); *Erbguth/Wiegand*, DV 29 (1996), 159 (175).

187 BVerfGE 8, 104 (121). Dementsprechend ist die Frage offen, ob Art. 34 a Abs. 2 BWVerf mit dem Grundgesetz übereinstimmt. Diese Norm statuiert eine Bindung des Abstimmungsverhaltens der Landesregierung im Bundesrat an Stellungnahmen des Landtages, soweit ausschließliche Gesetzgebungszuständigkeiten der Länder auf die Europäische Union übertragen werden sollen oder durch ein Vorhaben der Europäischen Union im Schwerpunkt ausschließliche Gesetzgebungszuständigkeiten der Länder unmittelbar betroffen werden.

188 *Menzel*, Landesverfassungsrecht, 2002, S. 230 ff. mwN. Für Hineinwirken: *Erbguth/Wiegand*, DÖV 1992, 770 (777 f.). AA *Klein*, DVBl. 1993, 1329 (1331 f.).

E6 Landesverfassung und Europarecht

Vergleichbare Regelungen

Art. 23 GG; Art. 3 a BayVerf; Art. 65 Abs. 2 BremVerf; Art. 11 M-VVerf; Art. 1 Abs. 2 NV; Art. 74 a Verf Rh-Pf; Art. 60 Abs. 2 SaarlVerf; Art. 12 SächsVerf.

Ergänzungsnormen im sonstigen thüringischen Recht

§§ 54 – 54 b ThürGOLT idF der Bek. v. 19.07.2012 (LT-Drs. 5/4750); Vereinbarung über die Unterrichtung und Beteiligung des Landtags in Angelegenheiten der Europäischen Union (LT-Drs. 5/2587).

Literatur

Gabriele Abels/Annegret Eppler (Hrsg.), Auf dem Weg zum Mehrebenenparlamentarismus?, 2011; *Peter Altmaier,* Die Subsidiaritätskontrolle der nationalen Parlamente nach dem Subsidiaritätsprotokoll zum EU-Verfassungsvertrag, in: FS Jürgen Meyer (2006), S. 301; *Andreas von Arnauld/Ulrich Hufeld* (Hrsg.), Systematischer Kommentar zu den Lissabon-Begleitgesetzen, 2011; *Gavin Barrett,* "The king is dead, long live the king": the recasting by the Treaty of Lisbon of the provisions of the constitutional treaty concerning national parliaments, European Law Review 33 (2008), 66; *Olivier Beaud,* Théorie de la fédération, 2007; *Christian Calliess,* Die neue Europäische Union nach dem Vertrag von Lissabon, 2010; *ders.,* Nach dem Lissabon-Urteil des Bundesverfassungsgerichts: Parlamentarische Integrationsverantwortung auf europäischer und nationaler Ebene, ZG 2010, 1; *Ulrich Fastenrath/Carsten Nowak* (Hrsg.), Der Lissabonner Reformvertrag, 2009; *Manfred Friedrich,* Bundesrat und Landesparlamente, ZParl 6 (1975), 48, *Stefan Haack,* Verlust der Staatlichkeit, 2007; *Erik Volkmar Heyen,* Der Bundesrat – ein Rat der autonomen Kabinette?, Der Staat 21 (1982), 191; *Sven Hölscheidt,* Europäischer Konvent, Europäische Verfassung, nationale Parlamente, JöR N.F. 53 (2005), 429; *Hans Peter Ipsen,* Als Bundesstaat in der Gemeinschaft, in: FS Walter Hallstein (1966), S. 248; *Philipp Kiiver,* The Early-Warning System for the Principle of Subsidiarity: The National Parliament as Conseil d'Etat for Europe, European Law Review 36 (2011), 98; *Otger Kratzsch,* Verfassungsrechtliche Probleme einer Mitwirkung der Landesparlamente an Bundesratsangelegenheiten, DÖV 1975, 109; *Joachim Linck,* Zur Einflussnahme der Landesparlamente auf die Landesregierungen in Bundesratsangelegenheiten, DVBl. 1974, 861; *Christine Mellein,* Subsidiaritätskontrolle durch die nationalen Parlamente. Eine Untersuchung zur Rolle der mitgliedstaatlichen Parlamente in der Architektur Europas, 2007; *Martin Morlok/Utz Schliesky/Dieter Wiefelspütz* (Hrsg.), Parlamentsrecht. Handbuch, ca. 2013 (in Vorbereitung); *John O'Brennan/Tapio Raunio,* National Parliaments Within the Enlarged European Union, 2007; *Thomas Oppermann/Claus Dieter Classen/Martin Nettesheim* (Hrsg.), Europarecht. Ein Studienbuch, 5. Aufl. 2011; *Ingolf Pernice,* The Treaty of Lisbon. Multilevel Constitutionalism in Action, Columbia Journal of European Law 15 (2009), 349; *Carl Schmitt,* Verfassungslehre, 8. Aufl. 1993 (Neusatz der Ausg. 1928); *Christoph Schönberger,* Die europäische Union als Bund, AöR 129 (2004), 81; *Rupert Scholz,* Landesparlamente und Bundesrat, in: FS Karl Carstens (1984), Bd. II, S. 831; *Meinhard Schröder,* Bundesstaatliche Erosionen im Prozeß der Europäischen Integration, JöR N.F. 35 (1986), 83; *ders.,* Vertikale Kompetenzverteilung und Subsidiarität im Konsensentwurf für eine europäische Verfassung, JZ 2004, 8; *Hartmut Schwan,* Die deutschen Bundesländer im Entscheidungssystem der Europäischen Gemeinschaften, 1982; *Jürgen Schwarze* (Hrsg.), Der Verfassungsentwurf des Europäischen Konvents, 2004; *Rudolf Streinz* (Hrsg.), EUV/AEUV, 2. Aufl. 2012; *Robert Uerpmann-Wittzack,* Frühwarnsystem und Subsidiaritätsklage im deutschen Verfassungssystem, EuGRZ 2009, 461; *Andreas Voßkuhle,* Der europäische Verfassungsgerichtsverbund, NVwZ 2010, 1; *Albrecht Weber,* Europäisches Parlament und nationale Parlamente im Europäischen Rechtsetzungsverbund, DÖV 2011, 497; *Fabian Wittreck,* Wächter wider Willen, ZG 26 (2011), 122; *Joachim Wuermeling,* Kalamität Kompetenz: Zur Abgrenzung der Zuständigkeiten in dem Verfassungsentwurf des EU-Konvents, EuR 2004, 216.

Leitentscheidungen des BVerfG

BVerfGE 89, 155 (Maastricht) ; 123, 267 (Lissabon).

A. Überblick

1 Da die Thüringer Verfassung **keinen Europaartikel** enthält (dazu sogleich Rn. 2), sind in dieser Kommentierung die wichtigsten Informationen zum verfassungsrechtlichen Rahmen der Europapolitik in Thüringen sowie zur Einflussnahme des EU-Recht auf das Thüringer Recht zusammengeführt.

B. Verfassungsvergleichende Information

2 Die Thüringer Verfassung enthält bis auf einen Verweis in der Präambel (siehe unten Rn. 8) kein europapolitisches Staatsziel. Sie tritt damit deutlich hinter andere Landesverfassungen zurück, namentlich die bayrische,[1] bremische,[2] mecklenburg-vorpommersche,[3] niedersächsische,[4] rheinland-pfälzische,[5] saarländische[6] und sächsische,[7] die das Ziel in den Verfassungstext aufgenommen haben. Auch die Formulierungen in anderen Präambeln sind stärker als in Thüringen, so in Baden-Württemberg, Brandenburg und Mecklenburg-Vorpommern. Nur in Berlin, Hamburg, Hessen, Nordrhein-Westfalen, Sachsen-Anhalt und Schleswig-Holstein findet die europäische Integration überhaupt keine Erwähnung. Im Bund ist Art. 23 GG die zentrale Vorschrift.

C. Erläuterungen

I. Europäische Union und deutsche Bundesländer

3 **1. Europäische Union und Bundesrepublik Deutschland im verfassungsrechtlichen Verbund.** „Der aus Art. 23 Abs. 1 GG und der Präambel folgende **Verfassungsauftrag zur Verwirklichung eines vereinten Europas** … bedeutet insbesondere für die deutschen Verfassungsorgane, dass es nicht in ihrem politischen Belieben steht, sich an der europäischen Integration zu beteiligen oder nicht. Das

1 Art. 3 a BayVerf.
2 Art. 65 Abs. 2 BremVerf.
3 Art. 11 M-VVerf.
4 Art. 1 Abs. 2 NV.
5 Art. 74 a Verf Rh-Pf.
6 Art. 60 Abs. 2 SaarlVerf.
7 Art. 12 SächsVerf.

Grundgesetz will eine europäische Integration und eine internationale Friedensordnung: ..."[8] Diese zentrale Aussage des BVerfG im Lissabon-Urteils ist schon kraft Bundesverfassungsrechts auf den Freistaat Thüringen ebenso anwendbar wie auf die Bundesrepublik Deutschland insgesamt. Ungeachtet der noch im einzelnen zu analysierenden Gehalte der Thüringer Verfassung (siehe Rn. 20 ff.) sind die Organe des Freistaats Thüringen verpflichtet, im Rahmen ihrer Zuständigkeiten die europäische Integration mit herbeizuführen.

Diese europäische Integration verwirklicht sich nicht abstrakt, sondern im konkreten institutionellen Rahmen der Europäischen Union. EU, Bund und Länder stehen dabei nicht unverbunden nebeneinander. Über die Theorie der Verbundstruktur besteht im Grundsatz und in den Einzelheiten keine Einigkeit.[9] Das Bundesverfassungsgericht und ein großer Teil der Lehre knüpfen an den Gedanken des **Staatenverbundes** an, den *Paul Kirchhof* als Berichterstatter des Maastricht-Urteils in die Staatsrechtslehre eingebracht hat.[10] Entscheidend ist danach die kooperative Verknüpfung souveräner, weil demokratisch konstituierter Staaten im europäischen Handlungs-, Entscheidungs- und Gerichtsverbund.[11] Aus der international verbreitete(re)n Idee des *multilevel constitutionalism* ist für das deutsche Verfassungsrecht in gewissem, aber nicht diametralem Gegensatz hierzu das Konzept des **Verfassungsverbundes** entwickelt worden, das namentlich auf *Ingolf Pernice* zurückgeht.[12] Es stellt die Gesamtheit der Unionsbürger in den Mittelpunkt, die sich auf verschiedenen Ebenen – Länder – Bund – EU – konstituiert und durch einen schrittweisen Konstitutionalisierungsprozess Zuständigkeiten verteilt (siehe Art. 1 Abs. 1 EUV und noch deutlicher Art. I-1 Abs. 1 Satz 1 der nicht ratifizierten VerfEU). In der neueren Lehre wird der *Verbund*charakter der EU vorrangig vor der Qualität des Verbundenen (Staat, Verfassung) herausgestellt und mit der Wiederentdeckung der *Theorie des Bundes* vordergründig ein von *Carl Schmitt* herausgearbeiteter staatsrechtlicher Denkansatz wiederbelebt;[13] tatsächlich geht es aber um eine Erfassung der verfassungshistorischen Dimensionen des Föderalismus, in der die spezifisch deutsche Staatenbund-Bundesstaat-Dichotomie und die damit verbundene Frage nach dem „Ort der Souveränität" transzendiert wird.[14] 4

Ungeachtet dieser verfassungstheoretischen Auseinandersetzungen gilt: Thüringen ist in diese Verbundstrukturen integriert. Dies bedeutet insbesondere, dass das Recht der Europäischen Union in Thüringen mit Vorrang vor sämtlichen Rechtsnormen (einschließlich der Verfassung) gilt[15] und Anwendungsvorrang 5

8 BVerfGE 123, 267 (346 f.).

9 Ausführlich zu den Verbundkonzepten *Calliess,* Die neue Europäische Union nach dem Vertrag von Lissabon, 2010, S. 43 ff.

10 BVerfGE 89, 155 (187 und LS 8), zurückgehend auf *Kirchhof,* Der deutsche Staat im Prozeß der europäischen Integration, in: HStR, Bd. VII, 1. Aufl. 1992, § 183 Rn. 38.

11 Zu letzterem *Voßkuhle,* NVwZ 2010, 1 (1).

12 Instruktiv *Pernice,* Columbia Journal of European Law 15 (2009), 349 (349 ff.).

13 Prominent *Schönberger,* AöR 129 (2004), 81 (81). Gleichermaßen grundlegend *Beaud,* Théorie de la fédération, 2007. Kritisch, aber nicht überzeugend unter Hinweis auf die Herkunft der Denkfigur bei *Schmitt,* Verfassungslehre, 8. Aufl. 1993 (1928), S. 366 ff.; *Haack,* Verlust der Staatlichkeit, 2007, S. 91 ff.

14 Siehe bereits *Oeter,* ZaöRV 55 (1995), 659 (664 ff.).

15 St. Rspr seit EuGH, Rs. 6/64, Slg. 1964, 1251 (1269 f.) – Costa/ENEL; vom BVerfG rezipiert in BVerfGE 126, 286 (301 ff.) – Honeywell. Zur Debatte *Ruffert,* in: Calliess/Ruffert, Art. 1 AEUV Rn. 16 ff.

entfaltet.[16] Sofern Thüringer Stellen EU-Recht durchführen, sind sie auch an die Grundrechte in der Grundrechte-Charta[17] gebunden, Art. 51 EU-GRCh.[18]

6 **2. Die deutschen Länder im Recht der Europäischen Union.** Nach einem überstrapazierten Diktum *Hans Peter Ipsens* war die EWG einst mit „Landesblindheit" geschlagen.[19] Tatsächlich ist die interne föderale Dimension der Mitgliedstaaten für die Integration ursprünglich schon deswegen von geringer Bedeutung gewesen, weil sich unter den Gründungsmitgliedern nur zwei Bundesstaaten befanden und weil auch die Beitritte überwiegend Zentralstaaten erfassten. Mit dem zunehmenden Gewicht des Vollzugs des Gemeinschaftsrechts vor allem durch die deutschen Länder, aber auch mit der Mitgliedschaft von Staaten wie Spanien oder Österreich (von Föderalisierungstendenzen im Vereinigten Königreich – „devolution" – sowie in Italien abgesehen), haben sich die Akzente verschoben. Das politische Schlagwort eines „Europas der Regionen" ist auf institutioneller Ebene im Ausschuss der Regionen aufgegriffen worden (siehe Art. 305 ff. AEUV), siehe unten Rn. 10. Seit dem Vertrag von Lissabon ist die „regionale Selbstverwaltung" zudem als Bestandteil der nationalen Identität unionsrechtlich geschützt (Art. 4 Abs. 2 Satz 1 EUV).[20]

7 **Kompetenzverlagerungen** von der nationalen auf die supranationale Ebene können sich zu Lasten der Länder auswirken, wenn die betroffenen Befugnisse vor der Übertragung in der Hand der deutschen Länder lagen. Von den Ländern selbst wird dies überwiegend so wahrgenommen.[21] Eine Rückverlagerung von Kompetenzen von der EU auf die Bundesrepublik und weiter auf die Länder hat in der Geschichte der europäischen Integration nicht stattgefunden. Sie ist insbesondere im Verfassungsgebungsprozess nach dem Vertrag von Nizza häufig gefordert worden, doch steht Deutschland mit dieser Forderung allein, so dass die Durchsetzungschancen von Anfang an gering waren.[22] Das zentrale Instrument zur Wahrung der Länderinteressen bei Kompetenzverlust ist daher dessen Kompensation durch Mitwirkungsrechte an der EU-Politik des Bundes.[23] Einzelheiten sind in Art. 23 GG geregelt; Organ der Mitwirkung ist der Bundesrat (Art. 50, 3. Var. GG); siehe unten Rn. 12 ff.

II. Europäische Integration und Thüringer Verfassung

8 **Die textliche Verankerung des Integrationsziels in der Thüringer Verfassung ist schwach.** Allein die Präambel erwähnt den „... Willen, ... Trennendes in Europa ... zu überwinden". Diese Schwäche spiegelt die schwache Position der Länder im EU-Recht und die begrenzten Landeskompetenzen in europäischen Angelegenheiten, wenngleich andere Landesverfassungen einen stärkeren Europabezug aufweisen (siehe oben Rn. 2). Zwei der Verfassungsentwürfe der Fraktionen enthielten seinerzeit ebenfalls eine stärkere Bezugnahme der Präambel auf die europäische Integration, doch spielte das Thema in den Beratungen des Land-

16 Grundlegend EuGH, Rs. 26/62, Slg. 1963, 1 (1) – Van Gend en Loos.
17 ABl. 2010 Nr. C 83/389.
18 Die Reichweite der Bindung (d. h. der Begriff der „Durchführung") ist umstritten: *Kingreen,* in: Calliess/Ruffert, Art. 51 GRCh Rn. 8 ff.
19 *Ipsen,* in: FS Walter Hallstein (1966), S. 248 (256).
20 Siehe differenzierend *Puttler,* in: Calliess/Ruffert, Art. 4 EUV Rn. 18 ff.
21 Siehe unten Art. 48 Rn. 27.
22 Die Diskussion wird dokumentiert bei *Wuermeling,* EuR 2004, 216 (219 ff.).
23 Siehe bereits *Schröder,* JöR N.F. 35 (1986), 83 (83), sowie vorher *Schwan,* Die deutschen Bundesländer im Entscheidungssystem der Europäischen Gemeinschaften, 1982.

tags und der verfassungsvorbereitenden Ausschüsse keine Rolle.[24] Im Ergebnis entfaltet das Integrationsziel in Thüringen seine eigentliche Wirkkraft über die bundesverfassungsrechtlichen Bindungen (siehe oben Rn. 3).

Die einzige Erwähnung der europäischen Ebene im Verfassungstext befindet sich in Art. 67 Abs. 4, der die Landesregierung zur Information des Landtags verpflichtet. Im Zuge der nächsten Verfassungsnovelle sollte der Begriff „Gemeinschaft" durch „Union" ersetzt werden, da die Europäische Union gemäß Art. 1 Abs. 3 Satz 3 EUV am 01.12.2009 Rechtsnachfolgerin der Europäischen Gemeinschaft wurde.[25] 9

III. Die Einbindung der Staatsorgane Thüringens in die europapolitische Willensbildung

1. Mitwirkung auf EU-Ebene. Für die regionale Repräsentation auf EU-Ebene ist mit dem Vertrag von Maastricht (1993) der **Ausschuss der Regionen (AdR)** errichtet worden. Er arbeitet – parallel zum Wirtschafts- und Sozialausschuss (WSA), dessen Sekretariat er teilt, parlamentsähnlich, ist aber kein Parlament, zumal überwiegend aus Vertretern regionaler Exekutiven und kommunalen Vertretern zusammengesetzt.[26] Unter den 24 von 344 Vertretern, die Deutschland zugeschrieben sind, befindet sich der Thüringer Justizminister und Mitherausgeber dieses Kommentars *Dr. Holger Poppenhäger*.[27] Grundgedanke des AdR ist es, die Stimme der regionalen Ebene durch Beratung (Art. 13 Abs. 4 EUV) gegenüber den übrigen EU-Organen zur Geltung zu bringen. Daher gebührt ihm ein Anhörungsrecht (Art. 307 AEUV). Das neu hinzugetretene Klagerecht zur Sicherung des Subsidiaritätsprinzips (siehe Art. 8 Abs. 2 des Protokolls Nr. 2 über die Anwendung der Grundsätze der Subsidiarität und der Verhältnismäßigkeit,[28] kurz: Subsidiaritätsprotokoll) ist gegenwärtig noch nicht von Bedeutung.[29] Das Gewicht seiner Stellungnahmen ist in der praktischen EU-Politik wenig wahrnehmbar.[30] 10

Die Thüringer Staatskanzlei betreibt – anderen Bundesländern vergleichbar – eine Vertretung in Brüssel, das **Thüringenbüro.**[31] Dem Büro sollen vier Funktionen zukommen: Schnittstelle mit den EU, Einbindung in das Frühwarnsystem (siehe unten Rn. 15 ff.), Schaufensterfunktion für Thüringen sowie Kontaktbör- 11

---

24 Entstehung ThürVerf, S. 13 f.

25 Der Vertrag von Lissabon (ABl. 2010, Nr. C 83/1), ist an diesem Tag in Kraft getreten.

26 Die Zusammensetzung ergibt sich aus dem Beschluss (2009/1014/EU) des Rates v. 22.12.2009 zur Ernennung der Mitglieder des Ausschusses der Regionen und ihrer Stellvertreter für den Zeitraum vom 26.01.2010 bis zum 25.01.2015, ABl. 2009, Nr. L 348/22, sowie dem Beschluss (2010/29/EU) des Rates v. 18.01.2010 zur Ernennung der Mitglieder des Ausschusses der Regionen und ihrer Stellvertreter für den Zeitraum v. 26.01.2010 bis zum 25.01.2015, ABl. 2010, Nr. L 12/11. – Zu den deutschen Mitgliedern gehören einige wenige Landtagsabgeordnete.

27 http://memberspage.cor.europa.eu/Detail.aspx?id=2025887&f=0&s=0&o1=0&o2=0&o3=0.

28 ABl. 2010, Nr. C 83/206.

29 Hierzu und zu den weiteren Ausführungen in diesem Abschnitt *Ruffert,* in: Morlok/Schliesky/Wiefelspütz, Parlamentsrecht, 2013, 942.

30 Zur Bewertung des AdR differenzierend *Burgi/Hölbling,* in: Streinz, Art. 300 AEUV Rn. 17-19; *Nettesheim,* Weitere Institutionen der Europäischen Union, in: Oppermann/Classen/Nettesheim, Europarecht, 5. Aufl. 2011, § 6 Rn. 19; *Suhr,* in: Calliess/Ruffert, Art. 300 AEUV Rn. 41 ff.

31 http://thueringen.de/th1/tskbxl/struktur/.

se für Wirtschaft, Wissenschaft und Gesellschaft.[32] Obwohl die Errichtung entsprechender Stellen seit Jahren praktiziert wird, ist ihre bundesverfassungsrechtliche Position nach wie vor prekär, denn die Außenvertretung liegt gemäß Art. 32 Abs. 3 GG beim Bund. De constitutione lata dürfte der Konflikt nur mit unbefriedigenden Hilfskonstruktionen auflösbar sein.[33]

12 **2. Mitwirkung an der Europapolitik des Bundes.** **a) Art. 23 GG und EUZBLG.** Art. 23 GG, der Europaartikel des Grundgesetzes, regelt in seinen Absätzen 2 sowie 4-7 auch die Beteiligung der Länder an der Europapolitik über den Bundesrat (siehe Art. 23 Abs. 2 Satz 1, 50, 3. Var. GG). Über diese Regelung ist auch Thüringen an der Europapolitik des Bundes beteiligt und kann seine Position den Bundesrat einbringen.

13 Der Bundesrat ist – wie der Bundestag – über Angelegenheiten der EU umfassend zu informieren, Art. 23 Abs. 2 Satz 2 GG).[34] Sodann ist der Bundesrat „... an der Willensbildung des Bundes zu beteiligen, soweit er an einer entsprechenden innerstaatlichen Maßnahme mitzuwirken hätte oder soweit die Länder innerstaatlich zuständig wären.“, Art. 23 Abs. 4 GG. Die einzelnen Modalitäten der Beteiligung sind im **Gesetz über die Zusammenarbeit von Bund und Ländern in Angelegenheiten der Europäischen Union** (EUZBLG) geregelt, das die Vorgaben der Art. 23 Abs. 4-6 GG ausfüllt. Es enthält ein gestuftes Konzept:[35]

14 (1) Sind im Bereich ausschließlicher Zuständigkeiten des Bundes Länderinteressen berührt, berücksichtigt die Bundesregierung eine eventuelle Stellungnahme des Bundesrates, Art. 23 Abs. 5 Satz 1 GG, § 5 Abs. 1 EUZBLG. Berücksichtigung bedeutet, dass die Bundesregierung die Auffassung des Bundesrates – ohne Bindungswirkung – in ihre Willensbildung einbeziehen muss.

(2) Sind im Schwerpunkt Gesetzgebungsbefugnisse der Länder sowie die Einrichtung ihrer Behörden oder ihre Verwaltungsverfahren betroffen, besteht eine Pflicht zur maßgeblichen Berücksichtigung der Auffassung des Bundesrates, Art. 23 Abs. 5 Satz 2 GG. Nach § 5 Abs. 2 EUZBLG ist hier Einvernehmen mit dem Bundesrat herzustellen, und der Bundesrat kann nach Satz 5 der Vorschrift sogar – allerdings mit Zweidrittelmehrheit – eine Vetoposition einnehmen.

(3) Bei Betroffenheit ausschließlicher Landeskompetenzen im Schwerpunkt handelt für die Bundesrepublik Deutschland ein Ländervertreter im Rat der Europäischen Union, Art. 23 Abs. 6 GG. Die Verhandlungsposition wird allerdings nach den Regelungen des § 6 EUZBLG mit der Bundesregierung abgestimmt. Der Ländervertreter kann auch ein Vertreter Thüringens sein.

15 **b) Frühwarnsystem und Subsidiaritätskontrolle.** Durch den Vertrag von Lissabon sind die nationalen Parlamente verstärkt in den politischen Prozess der EU eingebunden worden.[36] Über den Bundesrat erreicht diese Einbindung auch die

---

32 http://thueringen.de/th1/tskbxl/aufgaben/.

33 Instruktiv *Kempen,* in: von Mangoldt/Klein/Starck, Art. 32 Abs. 3 Rn. 89 mwN.

34 Hinsichtlich der Unterrichtung des Bundestages hat das BVerfG den Umfang dieser Pflicht ausführlich präzisiert: BVerfG, Urt. v. 19.06.2012 – 2 BvE 4/11 – Nr. 106 ff.

35 Zur Übersicht *Jarass,* in: Jarass/Pieroth, Art. 23 Rn. 56 ff.

36 Im einzelnen *Calliess,* in: Calliess/Ruffert, Art. 12 EUV Rn. 8; *Huber,* in: Streinz, Art. 12 EUV Rn. 29 ff. Die folgenden Ausführungen sind angelehnt an *Ruffert,* in: Morlok/Schliesky/Wiefelspütz, Parlamentsrecht, ca. 2013 (in Vorbereitung), § 41 Rn. 29 ff.

deutschen Bundesländer. Art. 12 lit. a EUV schreibt die **Unterrichtung der nationalen Parlamente durch die Organe der EU** vor, was in Art. 1 des Protokolls (Nr. 1) über die Rolle der nationalen Parlamente in der Europäischen Union[37] von allen Entwürfe von Gesetzgebungsakten der Kommission auf programmatische Vorschläge (Grünbücher, Weißbücher, Rechtsetzungsprogramme) erstreckt wird, um eine rasche, unmittelbare Reaktion auf Gesetzgebungsvorhaben und eine intensive Teilnahme an Rechtsetzungsvorhaben zu ermöglichen.

Besonders augenfällig wird dies in der Subsidiaritätskontrolle. Die nationalen Parlamente sind gemäß Art. 12 lit. b EUV dazu aufgerufen, „dafür zu sorgen, dass der Grundsatz der Subsidiarität ... beachtet wird". Hierzu ist im Subsidiaritätsprotokoll ein eigenes Verfahren – das sog. **Frühwarnsystem** – implementiert und zusätzlich die Klagebefugnis bei der Nichtigkeitsklage zum EuGH zugunsten der nationalen Parlamente erweitert worden: 16

Das Frühwarnsystem ermöglicht es den nationalen Parlamenten, binnen acht Wochen die Unvereinbarkeit eines Gesetzgebungsvorhabens mit dem Subsidiaritätsprinzip zu rügen (Art. 6 Abs. 1 Subsidiaritätsprotokoll).[38] Wie mit einer entsprechenden Stellungnahme zu verfahren ist, richtet sich nach der Anzahl der Stellungnahmen.[39] – Ursprünglich war befürchtet worden, dass die Kürze der Reaktionsfrist von acht Wochen (immerhin im Vergleich zur Version nach der VerfEU um zwei Wochen verlängert) die Einflussmöglichkeiten der mitgliedstaatlichen Parlamente einschränkt.[40] Vor allem aber dürfe es an der Komplexität des Verfahrens liegen, dass das Frühwarnsystem bislang nur punktuell genutzt wird.[41] Aus Deutschland sind bislang Stellungnahmen zur Richtlinie über Einlagensicherungssysteme, zur Verordnung über ein Gemeinsames Europäisches Kaufrecht, zur Datenschutz-Grundverordnung und zur Konzessionsvergabe abgegeben worden.[42] Kein Gesetzgebungsverfahren auf EU-Ebene wurde bislang beeinflusst. Nicht außer acht gelassen werden darf allerdings die mittelbare Wirkung des Verfahrens, das die Unionsorgane zur besonderen Sorgfalt bei der Beachtung des Subsidiaritätsprinzips veranlassen sollte, denn eine Vielzahl von Ablehnungen im Frühwarnsystem bringt substantielle Kritik an einem Rechtsetzungsentwurf zum Ausdruck, die ihn im weiteren Verfahren politisch schwächen kann.[43] 17

Die besondere Klage zur Subsidiaritätskontrolle kann gemäß Art. 8 Subsidiaritätsprotokoll (siehe oben Rn. 16) durch den jeweiligen Mitgliedstaat im Namen seines nationalen Parlaments oder einer einzelnen Parlamentskammer erhoben 18

37 ABl. 2010, Nr. C 83/203.

38 Ausführlich zum Folgenden *Calliess,* ZG 2010, 1 (7 ff.).

39 Siehe das Schaubild bei *Calliess,* ZG 2010, 1 (19).

40 Zu diesem Punkt (jeweils mwN) *Calliess,* in: Calliess/Ruffert, Art. 12 EUV Rn. 11; und *Groh,* in: Oppermann/Classen/Nettesheim, Europarecht, 5. Aufl. 2011, S. 86, sowie *Barrett,* European Law Review 33 (2008), 66 (72).

41 Zahlenangaben bei *Preising,* Der Umgang nationaler Parlamente mit den neuen Rechten des Vertrags von Lissabon, in: Abels/Eppler, Auf dem Weg zum Mehrebenenparlamentarismus?, 2011, S. 149. Zu den innerstaatlichen Verfahren insgesamt *Kiiver,* European Law Review 36 (2011), 98 (98); *Weber,* DÖV 2011, 497 (502 f.), sowie die länderspezifischen Beiträge in *O'Brennan/Raunio,* National Parliaments Within the Enlarged European Union, 2007, S. 93 ff.

42 Siehe BT-Drs. 17/3239; 17/8000; BR-Drs. 52/12, 874/12.

43 *Groh,* in: Oppermann/Classen/Nettesheim, Europarecht, 5. Aufl. 2011, S. 95.

werden.[44] In Deutschland sind Bundestag und Bundesrat gemäß Art. 23 Abs. 1 a Satz 1 GG selbst als Kläger bezeichnet. Thüringen kann eine entsprechende Klage im Bundesrat beantragen. Die **Subsidiaritätsklage ist nicht von einer vorherigen Subsidiaritätsrüge abhängig.**[45] Umstritten geblieben ist, ob mit ihr auch das Prinzip der begrenzten Einzelermächtigung rügen bzw. durch Klage angegriffen werden kann. Wortlaut und Entstehungsgeschichte sprechen dagegen.[46] Der EuGH kann jedoch seine Einhaltung als Vorfrage im Rahmen einer Subsidiaritätsklage prüfen.[47]

19 c) **Europaministerkonferenz.** Ein wichtiges Koordinierungsgremium des kooperativen Föderalismus in der Europapolitik ist schließlich die **Europaministerkonferenz**, an der Thüringen durch den/die Minister(in) für Bundes- und Europaangelegenheiten teilnimmt.[48] Europapolitische Fragen werden auch in den übrigen Fachministerkonferenzen sowie in der Ministerpräsidentenkonferenz erörtert.

20 **d) Der Thüringer Landtag in der Europapolitik. aa) Grundlagen und Entwicklung.** Die Rechte des Freistaats Thüringen werden im Bundesrat durch die Landesregierung wahrgenommen. Auf Verfassungsebene ist allein in Art. 67 Abs. 4 geregelt, dass die Landesregierung den Landtag rechtzeitig über Angelegenheiten der Europäischen Gemeinschaft[49] zu unterrichten hat (siehe Art. 67 Rn. 58 ff.).

21 Mit der wachsenden politischen Bedeutung der EU gehen Bestrebungen der Landtage einher, auf die Europapolitik der Landesregierungen Einfluss zu nehmen. Dementsprechend haben sie schon früh nach dem Lissabon-Urteil dessen Parlamentsaffinität erkannt und – obwohl das Urteil die parlamentarische Ebene der Länder nicht erwähnt – Mitwirkungsrechte eingefordert.[50] In den einzelnen Landesrechten lassen sich vier Regelungstypen beobachten:[51] (1) ausschließlich verfassungsrechtliche Regelungen, (2) Verfassungsrecht mit unterverfassungsrechtlichen Ausgestaltungen, (3) ausschließlich unterverfassungsrechtliche Regelungen und (4) Abwesenheit kodifizierter Mitwirkungsrechte.

22 Thüringen gehört zum zweiten Regelungstypus, wobei sich die verfassungsrechtliche Regelung im erwähnten Art. 67 Abs. 4 erschöpft und Einzelheiten der Mit-

44 Siehe zur Konstruktion *Hölscheidt*, JöR N.F. 53 (2005), 429 (449), sowie *Schröder*, JZ 2004, 8 (12). Zur Entstehung der Klage *Altmaier*, in: FS Jürgen Meyer (2006), S. 314 ff.

45 Allg. M.: *Calliess*, ZG 2010, 1 (11 f.); *Uerpmann-Wittzack*, EuGRZ 2009, 461 (462).

46 So auch *Huber*, in: Streinz, Art. 12 EUV Rn. 39; *Uerpmann-Wittzack*, EuGRZ 2009, 461 (462). Anders *Calliess*, in: Calliess/Ruffert, Art. 12 EUV Rn. 31 ff. (unter Verweis vor allem auf die Praxis sowie die Vorfragenproblematik); *Shirvani*, JZ 2010, 753 (757), sowie bereits *Schwarze*, Der Verfassungsentwurf des Konvents, in: Schwarze, Der Verfassungsentwurf des Europäischen Konvents, 2004, S. 489 (523); daran anschließend *Mellein*, Subsidiaritätskontrolle durch die nationalen Parlamente, 2007, S. 263; *Ritzer/Ruttloff*, EuR 2006, 116 (132).

47 In diesem Sinne *Altmaier*, in: FS Jürgen Meyer (2006), S. 319.

48 http://www.berlin.de/mk/europaminister/.

49 Zur Terminologie siehe oben Rn. 9.

50 Siehe zunächst die Entschließung der Konferenz der Präsidentinnen und Präsidenten der deutschen Landesparlamente vom 24.08.2009, abgedruckt z.B. in Thüringer Landtag, LT-Drs. 4/5472, und sodann die Stuttgarter Erklärung der Konferenz der Präsidentinnen und Präsidenten der deutschen Landesparlamente abgedruckt z.B. in Thüringer Landtag, LT-Drs. 5/1150.

51 Details: *Wittreck*, ZG 2011, 122 (126 f.), ferner *Abels*, Wandel oder Kontinuität? Europapolitische Reformen der deutschen Landesparlamente in der Post-Lissabon-Phase, in: Abels./Eppler, Auf dem Weg zum Mehrebenenparlamentarismus?, 2011, S. 279.

wirkung in einer Vereinbarung zwischen Landesregierung und Landtag enthalten sind, die durch die GeschOLT aufgegriffen wird.

bb) Informationsrechte. Die **Informationsverpflichtung der Landesregierung** gegenüber dem Landtag gemäß Art. 67 Abs. 4 (siehe oben Rn. 20), dem entsprechende Informationsrechte korrespondieren, sind in der Vereinbarung näher präzisiert. Danach ist der Landtag frühzeitig (das dürfte dem „rechtzeitig" des Verfassungstextes entsprechen) über für das Land bedeutsame EU-Angelegenheiten zu informieren. Dies betrifft insbesondere 23

- Vorhaben der EU, die Gesetzgebungskompetenzen oder sonstige Interessen des Landes sowie der Gemeinden und Kreise sowie der kommunalen Daseinsvorsorge betreffen,
- Initiativen, die Kompetenzen der Länder auf die EU verlagern würden (einschließlich geplanter Vertragsänderungen),
- die Bewertung des Arbeitsprogramms der Kommission durch die Landesregierung,
- Ergebnisse der Europaministerkonferenzen und der AdR-Plenarsitzungen,
- die eigene europapolitische Schwerpunktsetzung der Landesregierung und thüringenrelevante aktuelle Entwicklungen sowie vor allem
- sämtliche Informationen und Bewertungen für die Subsidiaritätskontrolle über den Bundesrat.

Die Informationsrechte stellen in der Praxis der Verfassungsorgane eine besondere Herausforderung an die **Informationsverarbeitungskapazität der Landtage** dar. Außerdem muss durch technische Vorkehrungen der Informationsfluss beschleunigt werden, da die Landtage gewissermaßen das dritte Glied in der Informationskette von der EU (z.T. über die Bundesregierung),[52] den Bundesrat, und die Landesregierungen sind. Hierzu kann – vor allem, soweit es um die Subsidiaritätskontrolle geht – die Datenbank IPEX[53] herangezogen werden, die allen nationalen Parlamenten ermöglicht, auf die im Gesetzgebungsverfahren auf EU-Ebene befindlichen Dokumente zuzugreifen und den Überprüfungsstand in den nationalen Parlamenten einzusehen. Auf diese Weise sind den nationalen Parlamenten auch die Subsidiaritätsbedenken wechselseitig bekannt. Innerhalb des Landtags muss darüber hinausgehend durch geschickte Organisation der Fachausschüsse und ggf. eines Europaausschusses eine schnelle und kompetente Entscheidung sichergestellt werden.[54] 24

cc) Berücksichtigungspflichten der Landesregierung gegenüber dem Landtag im Subsidiaritätsfrühwarnsystem. Über die Informationsverpflichtung hinaus verpflichtet die Vereinbarung die Landesregierung zur Berücksichtigung der Stellungnahmen des Landtags bei ihrer Willensbildung im Rahmen des **Subsidiaritätsfrühwarnsystems** (Rn. 16). Die Berücksichtigungspflicht führt nicht zu einer strikten Bindung, sondern zu einer Pflicht zur Kenntnisnahme der Position des Landtags und zur inhaltlichen Auseinandersetzung mit ihr.[55] Die Landesregie- 25

52 Art. 8 des Protokolls (Nr. 1) über die Rolle der nationalen Parlamente in der Europäischen Union (ABl. 2010, Nr. C 83/203), bzw. *Saberzadeh,* in: von Arnauld/Hufeld, Systematischer Kommentar zu den Lissabon-Begleitgesetzen, 2011, 11. Abschn. Rn. 27 ff.

53 www.ipex.eu (01.06.2012).

54 Treffend führt *Wittreck,* ZG 2011, 122 (133), aus, der Rechtsetzungsprozess der EU könne „seinem schieren Umfang nach … Informationsrechte nicht durch Verweigerung, sondern durch Erfüllung *ad absurdum*" führen.

55 Siehe nur *Wittreck,* ZG 2011, 122 (132).

rung ist also gehalten, die Einbringung der Auffassung des Landtags in den weiteren europapolitischen Prozess, namentlich über die Mitwirkung im Bundesrat, zu prüfen. Dies kann die Aufforderung des Landtags an die Landesregierung einschließen, im Bundesrat eine Stellungnahme im Rahmen des Frühwarnsystems herbeizuführen oder die Subsidiaritätsklage zu erstreben.

26 Darüber hinaus führt die Vereinbarung hinsichtlich der Beteiligung des Landtags an Subsidiaritätsrüge und -klage aus (unter II. 3): „In Fällen, in denen durch eine Gesetzgebungsinitiative der Europäischen Union Gesetzgebungsbefugnisse des Landes berührt werden, wird die Landesregierung – unbeschadet ihrer sich aus Bundes- und Landesverfassungsrecht ergebenden Rechtsstellung – nicht entgegen dem Parlamentsvotum entscheiden."

27 Diese über eine bloße Berücksichtigungspflicht hinausgehende **Bindungswirkung** ist bundesverfassungsrechtlich **nicht unproblematisch**. Die Weisungsgebundenheit der Bundesratsmitglieder an die Landesregierungen (arg. e Art. 53 a Abs. 1 Satz 3 2. Hs, 77 Abs. 2 Satz 3 GG) und der Umstand, dass der Bundesrat gemäß Art. 51 Abs. 1 Satz 1 GG ein Organ der (Landes-)Exekutive(n) ist, führen dazu seit früher Rechtsprechung des Bundesverfassungsgerichts dazu, dass Bindungen der Bundesratsmitglieder an das Votum der Landesparlamente, oder, wie im entschiedenen Fall, sogar an Volksabstimmungen, mit dem grundgesetzlichen Konzept nicht kompatibel sind.[56] Auch im Anschluss an das Lissabon-Urteil ergibt sich keine Neubewertung, denn das Urteil erwähnt die Landtage nicht, sondern stärkt in durchaus zentralistischer Perspektive – bezogen auf den Bundesstaat Bundesrepublik Deutschland – die Befugnisse des Deutschen Bundestages als dem direkt vom Volk legitimierten Repräsentationsorgan des Bundes. Daher ist die Grundgesetzkonformität der Vereinbarung in diesem Punkt nur durch den salvatorischen Zusatz zu halten („unbeschadet …"), dann freilich unter Aufgabe des eigentlich an dieser Stelle durch die Vereinbarung Gewünschten.

28 Weitere Grenzen liegen in der Ausgestaltung der Berücksichtigungspflicht und/oder sind politischer Natur. Selten dürfte die Landtagsmehrheit gegen den Willen der von ihr getragenen Landesregierung eine europapolitische Position „durchzudrücken" versuchen, zumal die inhaltliche Auseinandersetzung als Bestandteil der Berücksichtigungspflicht auch dazu führen kann, eine Auffassung des Landtags im weiteren Verlauf des europapolitischen Geschehens zu verwerfen. Insgesamt liegt also in der Neuorientierung der europapolitischen Tätigkeit der Landesparlamente vor allem eine Steigerung des Potentials zur europapolitischen Debatte, was angesichts der Bedeutung von Europapolitik und -recht nicht allein negativ bewertet werden sollte.[57]

29 **3. Exkurs: Kommunale Ebene.** Auch die Modifikationen für die kommunale Ebene werden nicht landesverfassungsrechtlich, sondern allein durch das Uni-

56 BVerfGE 8, 104 (121). Siehe. auch unten Art. 48 Rn. 78. Ähnlich hebt BVerfGE 106, 310 (334), die Weisungskompetenz der Landesregierung hervor. Diese Auffassung ist seither vom Bundesverfassungsgericht nicht aufgegeben worden, und sie wird auch vom Schrifttum geteilt: *Schöbener,* in: BK, Art. 51 (St.d.B. 10.2010) Rn. 63 f.; *Scholz,* in: FS Karl Carstens (1984), Bd. II, S. 831 (841); *Linck,* DVBl. 1974, 861 (863); *Heyen,* Der Staat 21 (1982), 191 (195); *Krebs,* in: von Münch/Kunig, Art. 51 Rn. 14 mwN zur älteren Lit.; *Maunz,* in: Maunz/Dürig, Art. 51 (St.d.B. 10.1996) Rn. 18; teilweise abweichend *Kratzsch,* DÖV 1975, 109 (109); *Friedrich,* ZParl 6 (1975), 48 (56 ff.).

57 Insoweit weist *Wittreck,* ZG 2011, 122 (135), zu Recht auf den „Wert der öffentlichen Deliberation und Kritik" hin. Sehr kritisch *Linck,* siehe unten Art. 67 Rn. 60.

onsrecht direkt oder durch Bundes(verfassungs)recht bewirkt. Dies gilt namentlich für die **Modifikationen der kommunalen Selbstverwaltung** durch höherrangiges Unionsrecht, die vielfach im Bereich des diffus als „Daseinsvorsorge“ gekennzeichneten Feldes als Beeinträchtigung empfunden wird.[58] Eine Anpassung an das kommunale Wahlrecht der Unionsbürger (Art. 20 Abs. 2 lit. b, 22 Abs. 1 AEUV) wird in Art. 95 Satz 1 ThürVerf vermieden. Dies ist zwar aufgrund der bundesverfassungsrechtlichen Vorgabe in Art. 28 Abs. 1 Satz 3 GG rechtlich unbeachtlich, sollte aber bei nächster Gelegenheit korrigiert werden.

58 Zur Problematik unten Art. 38, Rn. 20.

Verfassung des Freistaats Thüringen

Vom 25. Oktober 1993 (ThürGVBl. S. 625)
(BS Thür 100-1)
zuletzt geändert durch Art. 1 Viertes ÄndG vom 11. Oktober 2004
(ThürGVBl. S. 745)

Der Thüringer Landtag hat mit der nach Artikel 106 Abs. 1 dieser Verfassung vorgesehenen Mehrheit das folgende Gesetz beschlossen:

Präambel

In dem Bewußtsein des kulturellen Reichtums und der Schönheit des Landes, seiner wechselvollen Geschichte, der leidvollen Erfahrungen mit überstandenen Diktaturen und des Erfolges der friedlichen Veränderungen im Herbst 1989,

in dem Willen, Freiheit und Würde des einzelnen zu achten, das Gemeinschaftsleben in sozialer Gerechtigkeit zu ordnen, Natur und Umwelt zu bewahren und zu schützen, der Verantwortung für zukünftige Generationen gerecht zu werden, inneren wie äußeren Frieden zu fördern, die demokratisch verfaßte Rechtsordnung zu erhalten und Trennendes in Europa und der Welt zu überwinden,

gibt sich das Volk des Freistaates Thüringen in freier Selbstbestimmung und auch in Verantwortung vor Gott diese Verfassung.

Vergleichbare Regelungen

Präambel des GG und der Landesverfassungen: BWVerf, BayVerf, VvB, BbgVerf, BremVerf, HambVerf, HessVerf, M-VVerf, NV, Verf NW, Verf Rh-Pf, SächsVerf, LVerf LSA.

Dokumente zur Entstehungsgeschichte

Präambel VerfE CDU; Präambel VerfE F.D.P.; Präambel, Art. 3 VerfE SPD; Präambel VerfE NF/GR/DJ; Präambel VerfE LL/PDS; Entstehung ThürVerf, S. 11 f.

Literatur

Gerhard Czermak, „Gott" im Grundgesetz?, NJW 1999, S. 1300-1303; *Karl-Fritz Daiber*, Ritual von Bedeutung – Zivilreligion in ostdeutschen Verfassungspräambeln, Lutherische Monatshefte, 1994, Heft 11, S. 12-14; *Rolf Gröschner*, Res Publica Thuringorum. Über die Freistaatlichkeit Thüringens, ThürVBl 1997, S. 25-27; *Peter Häberle*, Präambeln im Text und Kontext von Verfassungen, in: FS Johannes Broermann (1982), S. 211-249, *Peter M. Huber*, Gedanken zur Verfassung des Freistaats Thüringen, ThürVBl 1993 Sonderheft, B4-B14; *Ulrich Rommelfanger*, Die Verfassung des Freistaats Thüringen des Jahres 1993, ThürVBl 1993, S. 145-150; 173-184; *Christian Starck*, Verfassunggebung in Thüringen, ThürVBl 1992, S. 10-16; *Klaus Tanner*, Gehört Gott in die Verfassung? Evangelische Kommentare 1991, S. 260-264.

Leitentscheidungen des ThürVerfGH und des BVerfG

ThürVerfGH, Urt. v. 18.07.1997 – 18/95 - (Demokratie statt Diktatur).

BVerfGE 5, 85 (Bedeutung der Präambel).

A. Überblick

1 Vierzehn Verfassungen deutscher Länder beginnen wie das Grundgesetz: mit einer **Präambel.**[1] Der **Name** ist entlehnt aus dem lateinischen *praeambulare,* vorausgehen, voranschreiten. Als Überschrift findet er sich sieben Mal. [2] Drei Länderverfassungen nennen ihre Präambel „Vorspruch".[3] Inhalt und Intention, Sinn und Stil der Vorsprüche reichen von einer kurzen, einfach vorausgehenden Einleitung bis hin zum längeren, feierlich voranschreitenden Prolog.[4] Die prologartige Präambel der Thüringer Verfassung verbindet sprachliche Eleganz mit normativer Substanz.

2 Die Normativität eines Verfassungsvorspruchs ist von anderer Art als diejenige konditional programmierter Gesetze.[5] Sie erschließt sich nicht aus dem Vergleich mit subsumtionsfähigen Tatbestandsbegriffen etwa des Polizeirechts, sondern in Analogie zu den **Finalprogrammen** insbesondere des Planungsrechts, vor allem aber im Zusammenwirken mit Verfassungsprinzipien als Optimierungsgeboten. Was „sozialer Rechtsstaat" in der Prinzipienkombination von Rechts- und Sozialstaat bedeutet, lässt sich aus Art. 44 I ebensowenig logisch deduzieren wie die Bedeutung der „Schönheit des Landes" aus dem ersten Halbsatz der Präambel. Gleichwohl sind Großprojekte, die der Genehmigung nach Raumordnungs-, Landesplanungs-, Bau- oder Fachplanungsrecht bedürfen, im Lichte dieser Deklamation anders zu beurteilen als ohne sie. Wirft sie nicht sogar ein Schlaglicht auf die Trassenführung von Autobahnen, Bahnstrecken, Hochspannungsleitungen oder die Standortplanung von Flughäfen und Windkraftanlagen?[6]

3 Die äußere Unterteilung der Präambel in drei Halbsätze ist unschwer erkennbar. Ihr entspricht eine innere Gliederung der Aussagen zum Bewusstsein im ersten, zum Willen im zweiten und zur Verfassunggebung im dritten Halbsatz. Die **normative Dichte** – Maß für die Konzentration der politischen und rechtlichen Substanz einer Formulierung – nimmt kontinuierlich zu: von deklamatorischen über programmatische zu legitimatorischen Erklärungen.[7] Deren dichteste ist die Erklärung am Ende der Präambel, in der „das Volk des Freistaats Thüringen" sich seine Verfassung „in freier Selbstbestimmung" gibt.

4 Ohne den schwergewichtigen *terminus technicus* der verfassunggebenden Gewalt zu bemühen, wird damit auf den Legitimationsgrund jeder ernsthaft „freistaatlichen" Verfassung verwiesen: auf den Willen eines freien Volkes, in einem freien Staat zusammenzuleben. Auf dieser Grundlage ist der **Doppelsinn von**

---

1 Saarland und Schleswig-Holstein haben auf eine Präambel verzichtet.
2 In Brandenburg, Mecklenburg-Vorpommern, Niedersachen, Nordrhein-Westfalen, Sachsen, Sachsen-Anhalt und Thüringen. In Bayern, Bremen, Hamburg und Hessen fehlt eine Überschrift.
3 Baden-Württemberg, Berlin und Rheinland-Pfalz.
4 Grundlegend und umfassend zu Präambeln im Text und Kontext von Verfassungen *Häberle*, in: FS Johannes Broermann (1982), S. 211 ff.
5 BVerfGE 5, 85 (KPD-Verbot) hat der Präambel des Grundgesetzes „vor allem politische, aber auch rechtliche Bedeutung" zugesprochen und letztere auf die „Rechtspflicht" aller Staatsorgane bezogen, „die Einheit Deutschlands mit allen Kräften anzustreben" (LS 1). Nach Erfüllung dieser Pflicht bedarf der Zusammenhang zwischen rechtlicher und politischer Normativität näherer Bestimmung. Grundunterscheidungen hierfür in Rn. 4, 16 f., 20 und 33.
6 Zur „Höchstspannungsleitung" durch den Thüringer Wald unten, Fn. 81.
7 Klassifizierung nach *Dreier*, in: Dreier, Präambel Rn. 21.

„Verfassung" zu verstehen: Verfassung, in der ein Volk politisch „ist" und Verfassung, die es rechtlich „hat" – nachdem es sich eine solche gegeben hat. Auch und gerade Verfassungsvorsprüche leben vom Verweisungszusammenhang zwischen „Verfassung" als politischem Selbstverständnis eines Volkes und rechtlicher Rahmenordnung seines Staates.[8] Dieser doppelte Verfassungsbegriff ist die Basis der vorliegenden Kommentierung.[9]

B. Herkunft, Entstehung und Entwicklung

Zwischen April und September 1991 legten die Fraktionen der fünf im Thüringer Landtag vertretenen Parteien eigene **Verfassungsentwürfe** vor.[10] Alle enthielten eine Präambel.[11] An das Ende der Beratungen gestellt, mehrfach verschoben und ohne Formulierungsempfehlung der Redaktionskommission, fand die Diskussion darüber und die Einigung auf den heutigen Wortlaut in nicht-öffentlicher Sitzung des Verfassungsausschusses vom 20.03.1993 statt.[12] 5

Als Träger der **verfassunggebenden Gewalt** wurde in den Entwürfen von CDU und SPD „das Volk des Landes Thüringen" genannt, im Entwurf der F.D.P. weniger genau „das Land Thüringen". Die „Bürgerinnen und Bürger", die in den Entwürfen von NF/GR/DJ und LL-PDS bemüht wurden, entsprachen sogenannter *political correctness*; verfassungsrechtlich korrekter Ersatz für „das Volk" sind sie nicht, weil das Referenzsubjekt des *pouvoir constituant* mehr und anderes voraussetzt als die Summe stimmberechtigter Staatsbürger(innen).[13] 6

Von **„freier Selbstbestimmung"** des Volkes war nur im SPD-Entwurf die Rede. *Prima facie* konsequent fehlte dort die „Verantwortung vor Gott". Die vier anderen Entwürfe erklärten ihre Verantwortung „aus der Geschichte Thüringens und der deutschen Nation" (CDU), aus der „Kontinuität deutscher Geschichte" (F.D.P.), „für die gesamte deutsche Geschichte" (NF/GR/DJ) oder „vor der Geschichte und der Kultur des wiedererstandenen Landes Thüringen" (LL-PDS). Wie die Kompromisslösung „auch in Verantwortung vor Gott" in Konkordanz mit der „freien Selbstbestimmung" des Volkes gebracht werden kann, wird kritisch zu kommentieren sein.[14] 7

Die erste **öffentliche Aussprache** über den Gesamtentwurf der Verfassung fand in der Landtagssitzung vom 21.04.1993 statt.[15] Der Formulierungsvorschlag wurde mit den Stimmen der Mehrheit angenommen und zur weiteren Beratung 8

8 „Wechselseitige Verwiesenheit von realer und normativer Verfassung": *Isensee*, in: HStR II, S. 92 ff.

9 Sie interpretiert die Präambel nicht Satz für Satz nach dem Muster positivrechtlicher Kommentare, sondern nach Maßgabe des legitimatorischen Anspruchs des letzten Halbsatzes. Ähnlich transpositivistisch *Haltern/Manthey*, in: Epping/Butzer, Präambel.

10 Entwürfe in der Reihenfolge ihrer Einbringung in den Landtag, jeweils mit dem Datum der Drucksache: CDU, Drs. 1/285 vom 10.04.1991; F.D.P., Drs. 1/301 vom 25.04.1991; SPD, Drs. 1/590 vom 09.07.1991; NF/GR/DJ, Drs. 1/659 vom 23.08.1991 und LL-PDS, Drs. 1/678 vom 09.09.1991. Synopse der Entwürfe in der Dokumentation des Thüringer Landtags 2003, S. 11.

11 Anders der Privatentwurf *Riege* v. 19.05.1990, abgedruckt in JöR N.F. 39 (1990), S. 468 ff.

12 Bericht des Abgeordneten *Stauch*, Thüringer Landtag, LT-Prot. 1/79, S. 5831 ff.

13 *Isensee*, Das Volk als Grund der Verfassung, 1995, S. 48: „Referenzsubjekt", nicht „Handlungssubjekt" der Verfassunggebung.

14 Unten, Rn. 25 ff. *Stauch*, LT-Prot. 1/79, S. 5832 verweist auf die Überlegung des Ausschusses, „daß in Thüringen nicht nur Christen, aber eben auch Christen leben".

15 LT-Prot. 1/79, S. 5830 ff.

in den Verfassungsausschuss zurücküberwiesen.[16] Ihm gingen knapp 400 Stellungnahmen zu, die meisten (insgesamt 141) zur Präambel.[17] Abgeschlossen wurde das Verfahren der Verfassunggebung in einer Sondersitzung des Landtags am 25.10.1993 auf der **Wartburg.** Der Abgeordnete Schwäblein führte zum Gottesbezug der Präambel unter Verweisung auf Böckenförde aus, dass der Staat „relativ" sei; Ministerpräsident Vogel zitierte die „Verantwortung vor Gott" ohne Hinweis auf das Wort „auch".[18]

C. Verfassungsvergleichende Information

9 Während Schleswig-Holstein von Anfang an auf einen Verfassungsvorspruch verzichtete,[19] wurde die Präambel der Saarländischen Verfassung aus dem Jahre 1947 erst zehn Jahre später gestrichen: im Zuge der vom Bundesgesetzgeber so genannten **„Eingliederung des Saarlandes"**.[20] Der damals gewählte Weg des Beitritts nach Art. 23 GG a. F. legt einen Vergleich mit der Herstellung der deutschen Einheit am 3. Oktober 1990 nahe. Die verbreitete Redeweise vom „Beitritt der DDR" drängt einen derartigen Vergleich geradezu auf: Ist Thüringen etwa zusammen mit der DDR beigetreten?

10 In der Präambel der Verfassung vom 15.12.1947 gründete das „Volk an der Saar [...] seine Zukunft auf den wirtschaftlichen Anschluss des Saarlandes an die französische Republik".[21] Das deutsch-französische Abkommen hierüber scheiterte jedoch 1955 in einer Volksabstimmung. Daraufhin wurde im **„Saar-Vertrag"** 1956 erklärt: „Frankreich ist damit einverstanden, dass sich der Anwendungsbereich des Grundgesetzes der Bundesrepublik Deutschland vom 1. Januar 1957 ab auf das Saarland erstreckt".[22] Mit Beschluss vom 14.12.1956 erklärte der Landtag des Saarlandes den Beitritt „gemäß Art. 23 des Grundgesetzes".[23] In präziser Diktion heißt es dazu in dem erwähnten Eingliederungsgesetz: „Das Saarland wird mit dem Inkrafttreten dieses Gesetzes ein Land der Bundesrepublik Deutschland" (§ 1 Abs. 2).

11 Auf den ersten Blick ohne weiteres vergleichbar hat die frei gewählte Volkskammer der DDR am 23.08.1990 „den **Beitritt der Deutschen Demokratischen Republik** zum Geltungsbereich des Grundgesetzes der Bundesrepublik Deutschland gemäß Artikel 23 des Grundgesetzes mit Wirkung vom 3. Oktober 1990" erklärt.[24] Bereits der zweite Blick weckt Zweifel: Anders als die DDR war das Saarland zur Zeit seines Beitritts kein Staat, sondern ein Land mit unklarem Status und umstrittener Zugehörigkeit. Unstreitig war nur, dass es 1957 „ein anderer Teil Deutschlands" i. S. d. Art. 23 Abs. 2 GG a. F. war und deshalb mit Bei-

16 Offizielle Bezeichnung: Verfassungs- und Geschäftsordnungsausschuss. Zu dessen Zusammensetzung *Linck*, in: Linck/Jutzi/Hopfe, Einleitung Rn. 3.
17 *Stauch*, LT-Prot. 1/94, S. 7153 f.
18 LT-Prot. 1/95, S. 7271 f., S. 7289.
19 Landessatzung für Schleswig-Holstein v. 13.12.1949, GVOBl. 1950, S. 3.
20 Gesetz über die Eingliederung des Saarlandes v. 23.12.1956, BGBl. I, S. 1011.
21 Verfassung des Saarlandes v. 15.12.1947, ABl. S. 1077 (deutsch und französisch), „in Fortfall" gekommen durch Gesetz v. 20.12.1956, ABl. S. 1657.
22 Einzelheiten bei *Schäfer*, DÖV 1957, 1 ff. Vergleich mit der Beitrittssituation 1990 bei *Fiedler*, JZ 1990, 668 ff.
23 ABl. vom 29.12.1956, S. 1645.
24 BGBl. I 1990, S. 2058.

tritt ein Land der Bundesrepublik Deutschland werden konnte. Konnte und wollte dies auch die DDR?[25]

Art. 1 des Einigungsvertrages deutet die Lösung an, spricht sie aber – wohl mit Rücksicht auf den Wortlaut der Beitrittserklärung der Volkskammer – nicht klar aus: „Mit dem Wirksamwerden des Beitritts der Deutschen Demokratischen Republik zur Bundesrepublik Deutschland [...] werden die Länder Brandenburg, Mecklenburg-Vorpommern, Sachsen, Sachsen-Anhalt und Thüringen Länder der Bundesrepublik Deutschland."[26] Weil das **Ländereinführungsgesetz der DDR** die Bildung dieser Länder auf den 14.10.1990 datiert hatte, heißt es in einem Kommentar zum Einigungsvertrag, „daß jedenfalls für den Zeitraum des DDR-internen föderativen Interregnums vom 3.10. bis 14.10.1990 die DDR als Ganzes Gliedstaat der Bundesrepublik Deutschland gewesen ist".[27] 12

Dieses Ergebnis wird schon durch den Einigungsvertrag selbst widerlegt. In dessen Anlage II heißt es in Kapitel II, Sachgebiet A, Abschnitt II: Das Ländereinführungsgesetz bleibe „mit folgenden Änderungen" in Kraft: „In § 1 Abs. 1 und § 25 Abs. 1 tritt an die Stelle des Datums 14. Oktober 1990 das Datum 3. Oktober 1990".[28] Ein wie auch immer geartetes **Interregnum** hat es demnach schon vertragsrechtlich nicht gegeben. 13

Darüber hinaus widerspricht es jeder staatsrechtlichen Sensibilität, „die DDR", deren Opfer der Einigungsvertrag als solche des **„SED-Unrechts-Regimes"** bezeichnet (Art. 17), auch nur für die Dauer der kleinsten messbaren Zeiteinheit zum „Gliedstaat" der Bundesrepublik werden zu lassen.[29] Staatsrechtlich exakt konstruiert, ist die DDR als Staat in derselben juristischen Sekunde untergegangen, in der die in Art. 1 EV genannten Länder Gliedstaaten der Bundesrepublik Deutschland geworden sind:[30] *uno actu* in dem fingierten Moment zwischen dem Ablauf des 2. Oktober (24 Uhr) und dem Beginn des 3. Oktober (0 Uhr). 14

Verglichen mit dem Beitritt des Saarlandes ist das Ergebnis eindeutig: Seit 3. Oktober 1990 ist Thüringen ein Land der Bundesrepublik Deutschland. Die bis heute umstrittene Frage, ob, wie und wann es als Staat untergegangen ist – *de facto* oder *de iure* –, braucht für den Beitrittsvergleich nicht beantwortet zu werden.[31] Denn dafür genügt wie im Falle des Saarlandes das **Fortbestehen des Landes** als geographische Einheit und als „Rechtspersönlichkeit" einer Gebietskörperschaft.[32] Ebenso wie das „Volk an der Saar" brauchte das Volk Thüringens keinen Staat als Rechtssubjekt, um mit seinem Land als „ein anderer Teil 15

25 *Isensee*, ZParl 1990, 324 f.: „Mitspracherecht der Bundesrepublik" beim „Wie" des Beitritts.

26 BGBl. II 1990, S. 889 (890). Art. 1 Abs. 2 lautet: „Die 23 Bezirke von Berlin bilden das Land Berlin."

27 *Stern*, Die Wiederherstellung der staatlichen Einheit, in: Stern/Schmidt-Bleibtreu, Verträge und Rechtsakte zur Deutschen Einheit, Bd. II, 1990, S. 28.

28 BGBl. II 1990, S. 889 (1150).

29 Die am 18.03.1990 gewählte Volkskammer hätte dies trotz aller demokratischen Legitimation auch nicht einseitig erklären können (oben, Fn. 25).

30 *Kilian*, in: HStR VIII, 1995, S. 73; *Lerche*, in: HStR VIII, 1995, S. 430; *Degenhart*, DVBl. 1990, 974.

31 Diskussion bei *Kilian*, in: HStR VIII, 1995, S. 60 ff.

32 BVerfGE 1, 14 (21) für Baden, Württemberg-Baden und Württemberg-Hohenzollern; BVerfGE 3, 267 (268) für Lippe und dessen „Rechtspersönlichkeit" als Land; BayVerfGHE 9, 57 (78) für Bayern: 1934 „als Staat beseitigt", aber „aber als Land mit unveränderten Grenzen erhalten". Eingehende Erörterung bei *Sobota*, Der Staat 37, 1998, 57 ff.

Deutschlands" nach Art. 23 GG a. F. in die Bundesrepublik eingegliedert werden zu können.[33]

D. Erläuterungen

I. Legitimation der Verfassung

16 **1. Verfassunggebende Gewalt des Volkes. a) Das Thüringer Volk als Verfassunggeber.** War es in den Entwürfen von CDU und SPD das „Volk des Landes Thüringen", das als Verfassunggeber auftrat, ist in der vom Landtag beschlossenen Fassung der Präambel das „Volk des Freistaats Thüringen" daraus geworden. Um die Frage nach dem begrifflichen Beziehungsgefüge zwischen „Volk", „Land" und „Staat" beantworten zu können, bedarf der eingangs erläuterte Doppelsinn von „Verfassung" einer entsprechenden **Differenzierung im Begriff des Volkes:** Jenes Volk, das sich „in freier Selbstbestimmung" eine Verfassung geben kann, ist rechtlich ungebundenes Volk im politischen Sinne und als solches nach einer ideengeschichtlich unhintergehbaren Unterscheidung Referenzsubjekt des *pouvoir constituant.* Erst unter der selbstgegebenen Verfassung kann es Volk im Rechtssinne sein, definiert als Summe aller Staatsangehörigen, die dann zum Träger des *pouvoir constitué* werden.[34]

17 In beiden Fällen von „Volkssouveränität" zu sprechen, ist verbreitet, aber verwirrend. Denn das „Volk", von dem nach Art. 45 Satz 1 alle Staatsgewalt ausgeht, kann nur das rechtlich verfasste Staatsvolk sein. Dessen **Souveränität** ist aber etwas anderes als die **Autonomie** des unverfassten Volkes im politischen Sinne der Präambel: einer im gemeinsamen Willen zu staatlicher Einheit verbundenen Menge von Menschen, die in einem historischen Moment ihrer Geschichte, repräsentiert durch eine verfassunggebende Versammlung, rechtsetzende Wirkung erzeugt.[35]

18 Weil eine solche Versammlung „einen höheren Rang als die auf Grund der erlassenen Verfassung gewählte Volksvertretung" hat, folgert das Bundesverfassungsgericht: „Mit dieser besonderen Stellung ist es unverträglich, dass ihr von außen Beschränkungen auferlegt werden."[36] Das hat erhebliche Konsequenzen für die Interpretation des Ländereinführungsgesetzes der Volkskammer. Nach dessen § 23 Abs. 2 sollten die ersten Landtage der sogenannten „neuen" Länder zugleich **„verfassunggebende Landesversammlungen"** sein.[37] Auch wenn dies keine „Beschränkung" im rechtstechnischen Sinne darstellt, ist es doch eine

---

33 *Badura*, in: HStR VIII, 1995, S. 194: Länder als „Repräsentanten der Bevölkerung der untergegangenen DDR". BVerfGE 36, 1 (29) definiert den „Beitritt" als den „Willen zur Vereinigung mit der Bundesrepublik".

34 Kompakte Positionsbestimmung bei *Böckenförde*, Die verfassunggebende Gewalt des Volkes – Ein Grenzbegriff des Verfassungsrechts, 1986; historische und systematische Vertiefung bei *Schneider*, in: HStR VII, 1992, S. 1 ff.

35 Die Urschrift zum *pouvoir constituant,* das Revolutionspamphlet des *Abbé Sieyès* über den Dritten Stand vom Januar 1789, behandelt die Notwendigkeit einer Repräsentation der *volonté commune* – im Unterschied zur *volonté générale* bei *Rousseau* – in überzeugender Weise: *Lembcke/Weber* (Hrsg.), Was ist der Dritte Stand?, 2010, S. 111 ff. Zum historischen Kontext S. 109 f.; zur Unterscheidung vom *pouvoir constitué,* S. 150 (Fünftes Kapitel) und S. 200 f. (Entwurf zur Menschenrechtserklärung).

36 BVerfGE 1, 14 (61). Strikte Differenzierung zwischen dem „Verfassunggeber" und dem „Landtag als Gesetzgebungsorgan": ThürVerfGH, Urt. v. 16.12.1998 – 20/95 – S. 31.

37 GbDDR v. 14.08.1990, S. 955 (958).

„von außen" getroffene Regelung, die sich mit der Autonomie einer verfassunggebenden Versammlung nicht verträgt.[38]

Konstitutiv für den *pouvoir constituant* des am 14.10.1990 gewählten Landtags war nicht die Volkskammerregelung der elf Tage vorher untergegangenen DDR, sondern die **freie Selbstbestimmung** des Thüringer Volkes. Dessen politischer Wille, frei zu sein, darf in der Interpretation der Verfassunggebung nicht an jene Legitimationskette geschmiedet werden, die nach Inkrafttreten der Verfassung den Alltag eines demokratischen Staates bestimmt.[39] Erst in diesem Alltag sind es die „Bürgerinnen und Bürger" der abstimmungsberechtigten Aktivbürgerschaft, die ihren Willen durch Mehrheitsentscheidungen in den Verfahren mittelbarer und unmittelbarer Demokratie nach Art. 45 verwirklichen. Nur in diesem Zusammenhang sollte von „Volkssouveränität" gesprochen werden.[40] 19

In letzter Konsequenz führt die Doppelbedeutung des Verfassungsbegriffs über einen doppelten Volksbegriff zu einem **doppelten Staatsbegriff**: Bevor der Staat im Rechtssinne einer organisierten Entscheidungs- und Wirkungseinheit institutionalisiert werden kann,[41] schafft der gesamtgesellschaftliche Wille, in einer freiheitlichen Ordnung zusammenzuleben, den Staat als politische Einheit eines Volkes. Prägnanter als mit der Parole „Wir sind das Volk" ist dieser Wille zur politischen Einheit in Freiheit nicht zum Ausdruck zu bringen.[42] Als politischer Einheits- und Freiheitswille des Thüringer Volkes hat er im letzten Akt der Verfassunggebung auf der Wartburg seine feierliche Anerkennung gefunden.[43] 20

b) Thüringen als Freistaat. In einer bis zum Jahre 1919 zurückreichenden Tradition wurde der Staat, den das Volk der Thüringer als Verfassungsstaat konstituierte, stets **„Freistaat"** genannt.[44] Und ebenfalls seit Weimarer Zeiten ist „Freistaat" im verfassungsrechtlichen Sprachgebrauch das deutsche Wort für **„Republik"**. Eine republikanische oder synonym „freistaatliche Verfassung" (Art. 17 WRV) verbietet die Legitimation jeder Herrschaft aus höherem Recht;[45] 21

38 Anders verhält es sich mit den materiellrechtlichen Bindungen aus dem Homogenitätsgebot des Art. 28 Abs. 1 Satz 1 GG: Sie kommen nicht „von außen", sondern folgen der inneren Struktur eines Bundesstaates. Ausführliche Auseinandersetzung hiermit bei *Haltern/Manthey*, in: Epping/Butzer, Präambel Rn. 12.

39 BVerfGE 47, 253 (LS 2): „ununterbrochene Legitimationskette vom Volk zu den mit staatlichen Aufgaben betrauten Organen und Amtswaltern".

40 „Verfassungsautonomie" als Gegenbegriff im Zusammenhang mit dem *pouvoir constituant: Starck*, ThürVBl 1992, 10. Rechtsprechungsnachweise bei *Haltern/Manthey*, in: Epping/Butzer, Präambel, Fn. 34.

41 *Heller*, Staatslehre, 6. Aufl. 1983, S. 259 ff.

42 *Gröschner/Reinhard* (Hrsg.), Tage der Revolution – Feste der Nation, 2010, S. 191 ff., 203 ff., 261 ff.

43 Mit der Volksabstimmung am 16.10.1994 wurde die auflösende Bedingung des Art. 106 Abs. 2 erfüllt: *Huber*, ThürVBl 1993, Sonderheft, B4.

44 Die Vorläufige Verfassung vom 12.05.1920 (GTh S. 67) und die Verfassung vom 11.03.1921 (GTh S. 57) bezeichneten das „Land Thüringen" jeweils in § 1 als „Freistaat". Zur freistaatlichen Verfassung für Sachsen-Weimar-Eisenach vom 19.05.1919 und deren geistigem Vater Eduard Rosenthal *Gröschner*, ThürVBl 1997, 27.

45 *Henke*, in: HStR I, 1987, S. 873 mit guten Gründen gegen die Reduzierung der Republik auf „Monarchieverbot" (S. 867). Ebenso *Isensee*, JZ 1981, 1 ff.; *Häberle*, Die Zeit. Schriften der Siemens-Stiftung 6, 1983, S. 328 f.; *Hesse*, S. 56; *Kirchhof*, in: HStR II, 3. Aufl. 2004, S. 310; *Robbers*, in: BK, Art. 20 (St.d.B. 10.2008) Rn. 220 f. und *Klein*, DÖV 2009, 741 ff.

verfassungsrechtlich konkretisiert: die Rechtfertigung von Regierungsrechten mit Gottesgnadentum, Erbdynastie, Führertum oder Einheitspartei.[46]

22 In dieser Interpretation artikuliert der letzte Halbsatz der Präambel einen Legitimationsanspruch, der in Rousseaus Prinzip der *volonté générale* freiheitsphilosophisch vorgedacht wurde: Frei geborene Menschen können nur in einem Staate frei bleiben, der durch ihren allgemeinen Willen zur Freiheit gebildet und getragen wird.[47] Die Freiheit, um die es in dieser anspruchsvollen philosophischen Tradition geht, ist nicht die persönliche, private oder individuelle Freiheit des **Liberalismus**, sondern die politische, öffentliche oder institutionelle Freiheit des **Republikanismus**.[48]

23 Dieses republikanische Freiheitsverständnis ist von unmittelbarer Bedeutung für die Interpretation der Präambel. Es bestimmt den hermeneutischen Rahmen, in dem die „leidvollen Erfahrungen mit überstandenen Diktaturen" normativen Gehalt gewinnen: als kontradiktorischer Gegensatz zu einem „Freistaat", der nicht die Monarchie als Ein-Herrschaft verneint,[49] sondern die **diktatorische Herrschaft** eines Führers und seiner Partei im Falle der NSDAP beziehungsweise einer Partei und ihrer Funktionäre im Falle der SED.[50]

24 Der „Erfolg der friedlichen Veränderungen im Herbst 1989" am Ende des ersten Halbsatzes der Präambel bekräftigt diese Interpretation: Im Herbst 1989 hat eine **Freiheitsrevolution** stattgefunden, die den Vergleich mit der Amerikanischen und der Französischen Revolution nicht zu scheuen braucht.[51] „Wir sind das Volk" war die Parole derer, die das unfreiheitliche Regime der DDR durch eine freiheitliche Ordnung ersetzen wollten. Diese Ordnung „Freistaat" zu nennen, war eine gute Idee.[52] Sie stimmt mit den Intentionen der Montagsdemonstranten und anderer Revolutionäre auf den Straßen und in den Kirchen Thüringens auch dann überein, wenn keiner der Beteiligten des verfassunggebenden Festaktes auf der Wartburg dies *expressis verbis* zum Ausdruck gebracht hat.[53]

25 **2. Verantwortung vor Gott.** Ein Volk, das „in freier Selbstbestimmung" einen „Freistaat" konstituiert, kann für dessen Legitimation keine andere Autorität in Anspruch nehmen als die eigene **Verfassungsautonomie**. Da Freistaatlichkeit den völligen Verzicht auf jede nichtautonome Rechtfertigung des Staates verlangt, schwächt eine „Verantwortung vor Gott" die legitimatorische Kraft der verfassunggebenden Gewalt des Volkes nicht im geringsten. Im freistaatlichen Interpretationszusammenhang der gesamten Präambel ist die Verantwortungs-

---

46 *Gröschner*, Republik, in: Evangelisches Staatslexikon, Neuausgabe 2006, Sp. 2041.

47 Eingehende Erörterung bei *Gröschner*, Die Republik, in: HStR II, 3. Aufl. 2004, S. 390 ff.

48 *Gröschner*, Der Freistaat des Grundgesetzes, in: Gröschner/Lembcke (Hrsg.), Freistaatlichkeit, 2011, S. 311 ff.

49 Historische Herleitung und ideengeschichtliche Begründung bei *Gröschner*, Römischer Republikanismus, in: Kühl/Seher (Hrsg.), Rom, Recht, Religion, 2010, S. 18 ff.

50 In aristotelischer Tradition bestimmt *Hesse*, S. 56 „Republik" als „den wahrhaften und freien Staat im Gegensatz zur Despotie, in der es nichts anderes gibt als die Willkür der Machthaber".

51 *Gröschner*, Evolution der Revolution oder: Das Ende der DDR als Fortschritt im Begriff einer Freiheitsrevolution, JZ 2009, 1025 ff.

52 Beleg mit den Besonderheiten der Verfassungsgeschichte Thüringens bei *Gröschner*, Res Publica Thuringorum, ThürVBl 1997, 25 ff., insbes. zur Streichung des Freistaatsbegriffs aus der Dezemberverfassung 1946 durch die SED (S. 27).

53 Das diesbezügliche Defizit – das aus eigener Teilnahme am Festakt bezeugt werden kann – schließt eine objektivierende Interpretation des Freistaatsbegriffs nicht aus.

formel keine *invocatio Dei*, keine Anrufung einer göttlichen Instanz zur Rechtfertigung des Aktes der Verfassunggebung.[54]

Das Thüringer Volk hat sich seine Verfassung nicht im Namen Gottes gegeben, sondern im eigenen Namen. Die gewählte Formulierung stellt daher nur eine *nominatio Dei* dar.[55] Sie nennt Gott beim Namen, gesteht einer außerweltlichen Glaubensmacht aber keinen Anteil am weltlichen Werk des *pouvoir constituant* zu. Gleichwohl ist die Nennung Gottes geeignet, eine Überhöhung der Verfassung zur vollkommenen Ordnung der Welt und die Überhebung des Volkes zu deren allmächtigem Vater zu verhindern. Die Bezeichnung der Verantwortungsformel als **Demutsformel** trifft diese „Warnung vor der Hybris menschlicher Herrschaftsausübung" ganz genau.[56] 26

Die zwischen Verteidigern und Gegnern eines Gottesbezugs gefundene Kompromisslösung, der „Verantwortung vor Gott" das Wörtchen „auch" voranzustellen, ist als „Bruch des Rhythmus" empfunden worden.[57] Kardiologisch gesprochen handelt es sich um eine Extrasystole, im musiktheoretischen Vergleich um eine **Synkope**: eine als Stilmittel eingesetzte Verschiebung des Akzents gegen das Metrum des Grundrhythmus. Dadurch entsteht eine Spannung im rhetorischen Duktus, die dem spannungsreichen Verhältnis zwischen der Selbstbestimmung des Volkes und der Verantwortung vor Gott entspricht. Das Akkusativobjekt „diese Verfassung" nimmt den **Grundrhythmus der Präambel** wieder auf und schließt den Text nach einem geistlichen Akzent mit dem Basisbegriff weltlichen Staatsrechts sinnvoll und stilvoll ab. 27

Von diesem Basisbegriff der „Verfassung" her interpretiert, ist Thüringen die **säkulare Ordnung** eines freiheitlichen Gemeinwesens, dessen rechtliche Grundordnung jede staatliche Festlegung in Glaubensfragen verbietet.[58] Die offizielle Bezeichnung als „Freistaat" stellt eine aus republiktheoretischer Perspektive unübersehbare Bekräftigung solch weltlicher Fundierung dar. Die „Verantwortung vor Gott" darf deshalb weder als Orientierung am Gott eines bestimmten Glaubensbekenntnisses noch als Absage an atheistische oder agnostische Staatskonzeptionen verstanden werden.[59] Nur der in Bekenntnisfragen „freie", herkömmlich „neutral" genannte Staat kann grundrechtlich gewährleisten, niemanden wegen seiner „religiösen Überzeugung" zu bevorzugen oder zu benachteiligen (Art. 2 Abs. 2). 28

II. Selbstverständnis des Verfassunggebers

1. Geist der Verfassung. Das „Bewusstsein" des Verfassunggebers, das im ersten Halbsatz der Präambel bekundet und mit ansprechenden Attributen auf Kultur, Schönheit und Geschichte des Landes Thüringen bezogen wird,[60] soll 29

54 *Dreier*, in Dreier, Präambel, Rn. 25 ff. mwN und überzeugender Begründung.

55 *Czermak*, NJW 1989, 1300 unter Verweisung auf den Bericht der Gemeinsamen Verfassungskommission, BT-Drs. 12/6000, S. 108 ff. Zum Meinungsspektrum *Haltern/Manthey*, in: Epping/Butzer, Präambel Rn. 14 ff.

56 *Dreier*, in: Dreier, Präambel Rn. 28.

57 *Daiber*, Lutherische Monatshefte 1994, Heft 4, S. 13.

58 *Tanner*, Evangelische Kommentare 1991, S. 263, bezeichnet die Gottes-Chiffre treffend als „freiheitsnotwendige Leerstelle".

59 *Hollerbach*, in: HStR VI, 1989, S. 518, verweist insoweit auf den „Charakter der Weltlichkeit von Staat und Verfassung".

60 *Rommelfanger*, ThürVBl 1993, 182, nennt die betreffende Passage der Präambel ein „erfrischendes [...] Novum".

nach der Erstkommentierung „nur deskriptiven Charakter" haben; „konkrete rechtliche Folgerungen" ließen „sich daraus nicht herleiten".[61] Diese Einschätzung reduziert die Verfassung auf positives Verfassungsrecht und dessen Relevanz auf die positivistische Herleitung von Rechtsfolgen im konkreten Einzelfall. Ihr politischer Sinn, wie er auch und gerade in den Entscheidungen von Verfassungsgerichten zum Ausdruck kommt, bleibt dabei ebenso unbeachtet wie der **Geist der Verfassung**, der aus der Bewusstseinsbekundung am Beginn der Präambel spricht.

30 Wenn dort an die „leidvollen Erfahrungen mit überstandenen Diktaturen" erinnert wird, ist diese Erinnerung innerhalb des erwähnten hermeneutischen Rahmens durchaus geeignet, zu einem verfassungsrechtlichen Argument konkretisiert zu werden: Mit Recht hat der Thüringer Verfassungsgerichtshof in Übereinstimmung mit dem Bundesverfassungsgericht entschieden, die „Bespitzelung der Bevölkerung" in einer überwundenen Diktatur vertrage sich nicht mit der „Würdigkeit" eines Abgeordneten, sein Volk in einem demokratisch gewählten Parlament zu vertreten.[62] Gestapo und Stasi mögen in mancher Hinsicht unvergleichbar sein – im **Ungeist der Bespitzelung** stimmten sie überein und der antidespotische, republikanische oder auf gut deutsch freistaatliche Geist der Präambel liefert dafür das Vergleichskriterium.

31 Den ersten Halbsatz der Präambel „deskriptiv" zu nennen, unterstellt einen unüberbrückbaren Gegensatz zu den „präskriptiven" Sätzen positiven Verfassungsrechts. So oft diese Dichotomie bemüht wird, so unangemessen ist sie zur Erfassung der Normativität eines im alteuropäischen Sinne „politischen" Bekenntnisses des Verfassunggebers. [63] Weil Referenzsubjekt des *pouvoir constituant* nicht die Summe numerisch abzählbarer Staatsbürger war, sondern eine komplexe **Willens- und Wirkungsgemeinschaft**, ist die Präambel das Bekenntnis zum Geist dieser Gemeinschaft. [64] Was hier an kulturellen, ästhetischen und historischen Bewusstseinsmerkmalen genannt wird, ist keine bloß beschreibende Bestandsaufnahme aus der Vergangenheit; es gibt Orientierung für die zukünftige Gestaltung des Gemeinschaftslebens.[65] So ist systematisch sichergestellt, dass sich der Gemeingeist des politischen Volkes der Präambel nicht im Akt der Verfassunggebung erschöpft.

32 **2. Leitidee des Staates.** Die „Willensbekundungen" des zweiten Halbsatzes sind als „Fanfarenstöße" bezeichnet worden, „die die Wichtigkeit bestimmter Absichten ankündigen". [66] Der treffende Vergleich verfehlt seine Wirkung, wenn nichts weiter damit verbunden wird als die „Festschreibung von Staatszielen i. S. d. Art. 43". Denn diese wurden durch die Verfassung selbstverständlich

61 *Jutzi,* in: Linck/Jutzi/Hopfe, Präambel Rn. 3.

62 ThürVerfGH - 18/95 – S. 21 unter Verweisung auf BVerfGE 94, 351 (366 f.); Zitat zur „Bespitzelung" S. 368.

63 Aristoteles, Cicero, Rousseau und Hegel sind Zeugen der politischen oder republikanischen Philosophie eines Freistaates, der diesen alteuropäischen Ehrennamen verdient: *Gröschner*, Der Freistaat des Grundgesetzes, in: Gröschner/Lembcke (Hrsg.), Freistaatlichkeit, 2011, S. 317 ff.

64 *Dreier*, in: Dreier, Präambel Rn. 60 spricht von „Bewußtseins-, Willens- und Schicksalsgemeinschaft", während *Schneider*, in: HStR VII, 1992, S. 4, die verfassunggebende Gewalt weniger vom „Willen" als von der „Wirkung" her bestimmt.

65 Schon der Wortlaut „der Verantwortung für zukünftige Generationen gerecht zu werden" schließt jeden Zweifel daran aus.

66 *Jutzi,* in: Linck/Jutzi/Hopfe, Präambel Rn. 6. Dort auch das folgende Zitat.

konkreter normiert als durch deren Vorspruch. Um den Vergleich zu retten, braucht man die Fanfaren nur beim Volk im politischen Sinne der Präambel zu belassen. Dann und nur dann sind sie hörbar von den Instrumenten zu unterscheiden, die der Staat im Rechtssinne nach Art. 43 zur „Verwirklichung der in dieser Verfassung niedergelegten **Staatsziele**" zur Verfügung hat: Instrumente der Gesetzgebung, der vollziehenden Gewalt und der Rechtsprechung. Gespielt werden sie von Mitgliedern des großen Staatsorchesters; das Volk hört aber zu und setzt gelegentlich eine Fanfare dagegen.[67]

In Ausübung des *pouvoir constitué* ist das Volk **Träger**, der Staat dagegen **Subjekt der Souveränität.**[68] Staatsziele und Staatsstrukturbestimmungen i. S. d. Art. 43 und 44 sind Optimierungsgebote, die den Freistaat Thüringen als Subjekt staatlicher Gewalt verpflichten, mit legislativen, exekutiven und judikativen Mitteln für den bestmöglichen Zustand des Gemeinwesens zu sorgen.[69] Ob dieser normativ gebotene und von den zuständigen Staatsorganen politisch und rechtlich gestaltete Zustand der realen Verfassung des Volkes entspricht, wird in den rechtsförmlichen Verfahren des Art. 45 entschieden: Wahlen, Volksbegehren und Volksentscheide sind die Prozeduren, in denen die abstimmungsberechtigten Angehörigen des Staatsvolkes sich als Träger der Souveränität erweisen. Die Förmlichkeit der Verfahren ist die eine, rechtliche Seite dieser Souveränität, das politische Wollen und Wirken des Volkes die andere. Da beides zusammengehört, ist das Volk der Präambel im Volk des Art. 45 immer präsent.[70] 33

Wenn man die Willensbekundungen der Präambel nicht mit einem erneuten Vergleich als „Leitmotive" der Verfassung umschreiben will,[71] kann man sie als Ausdruck der **„Leitidee" des Staates** verstehen. Nach dem Vorbild der *ideé directrice* des französischen Institutionentheoretikers Maurice Hauriou ist sie begrifflich präzise von den „Zielen" oder „Zwecken" des Staates unterschieden. Diese sind ihm „von außen aufgegeben [...], während die Leitidee in ihm selbst liegt", genauer: in „jedem Staatsangehörigen" insofern, „als er die Risiken und die Verantwortung für ihr Gelingen trägt". [72] Unter Berufung auf das Präambelbewusstsein der „friedlichen Veränderungen im Herbst 1989" ist es dann mehr als ein Wortspiel, zu sagen: Ein Volk trägt seinen Staat nur, solange es ihn erträgt. 34

Die Originalität der *idée directrice* besteht darin, keine kontrafaktische, der Faktizität normativ entgegengesetzte Idee zu sein. Insofern ist es Hauriou wie Heller darum gegangen, dialektisch statt dichotomisch zu denken: in Verweisungszusammenhängen, in denen eine Wirklichkeit des (Frei-)Staates vorstellbar wird, die nicht mit unwirklichen Ideenkonstrukten konfrontiert, sondern durch 35

67 In öffentlicher Kritik an der offiziellen Politik seines Staates erweist sich das Volk der Präambel als eigene politische Größe neben dem Volk im Rechtssinne des Art. 45.
68 *Heller*, Staatslehre, S. 278.
69 Näheres in der Kommentierung zu Art. 44 Rn. 2 ff.
70 Die Wahlbeteiligung ist dabei ein deutliches Zeichen für den in der Präambel bekundeten Willen, „die demokratisch verfaßte Rechtsordnung zu erhalten".
71 BayVerfGHE N.F. 9, 147 (194).
72 *Hauriou*, Die Theorie der Institution, hrsg. von Schnur, 1965, S. 36, 40. Wegen dieser Verantwortung des Einzelnen darf die „Leitidee" des Staates im politischen Sinne nicht mit den „Zielen" des Staates im Rechtssinne identifiziert werden. Aristotelisch gedacht liegt sie im Verweisungszusammenhang zwischen dem Ganzen und seinen Teilen, der keinem äußerem *telos*, sondern einer inneren *entelecheia* folgt.

wirksame Leitideen institutionell stabilisiert wird.[73] Letztlich ist es das **„Wir-Bewusstsein“**[74] oder der „Patriotismus“,[75] der die Doppelwelt der politischen und rechtlichen Verfassung im Innersten zusammenhält. Dieser Zusammenhalt sollte mit *Rousseau*[76] „in die Herzen der Bürger geschrieben“ werden; in ihm „liegt die wahre Verfasstheit des Staates“, die ein Volk in verfassungspatriotischer Gesinnung und damit im „Geist seiner Errichtung“ erhält.[77]

36 Dieser Geist hat sich in zwei Jahrzehnten **Verfassungsleben in Thüringen** nicht verflüchtigt. Ein lebendiges Bewusstsein der Bevölkerung für den „kulturellen Reichtum des Landes“ wird Besuchern aus aller Welt in der „Kulturstadt Weimar“ vor Augen geführt.[78] Unterschriftensammlungen haben das Verwelken der blühenden Theater- und Orchesterlandschaft verhindert,[79] Spendensammlungen die Brandwunden der Anna-Amalia-Bibliothek geheilt.[80] Die Bewahrung von „Natur und Umwelt“ war Motivation für vierzehn Bürgerinitiativen gegen die Höchstspannungsleitung durch den Thüringer Wald.[81] Über die „leidvollen Erfahrungen mit überstandenen Diktaturen“ wird mit beachtlicher Breitenwirkung in der Gedenkstätte Buchenwald informiert.[82] Und der Wille, die „Würde des einzelnen zu achten“, kommt in einer Entscheidung des Thüringer Oberlandesgerichts zu unwürdigen Haftbedingungen ebenso zum Ausdruck[83] wie in kritischen Presseberichten über die Zustände in den Gefängnissen des Landes.[84] Die Beispiele bestätigen: Verfassung, Volk und Staat sind Begriffe mit **rechtlicher und tatsächlicher Bedeutung.**

---

73 Grundlegend dazu *Henkel*, Hermann Hellers Theorie der Politik und des Staates, 2011. Zu Hellers organisationssoziologischer Rekonstruktion der *volonté générale* Rousseaus S. 321 ff.
74 *Heller*, Staatslehre, S. 266.
75 *Hegel*, Grundlinien der Philosophie des Rechts, 1821, § 268: „Die politische Gesinnung, der Patriotismus überhaupt […] und das zur Gewohnheit gewordene Wollen ist nur Resultat der im Staate bestehenden Institutionen“.
76 *Rousseau*, Du Contract Social, 1762, II 12 iVm I 5 zum „Akt, durch den ein Volk zum Volk wird“.
77 *Huber*, S. 67, hat schon „sechs Jahre Verfassungspraxis“ (1993-1999) ausreichen lassen, „um den Begriff des ›Freistaats‹ im Bewußtsein der Thüringer Bevölkerung zu verankern“; er präge „die Verfassungskultur des Landes wie selbstverständlich mit“.
78 Zur Auszeichnung als Europas „Kulturstadt“ des Jahres 1999: F.A.Z. vom 20.02.1999, S. 1: Eröffnung des Kulturstadtjahres mit dem Satz „Weimar ist Deutschland in nuce“ (Bundespräsident Herzog).
79 Freistaat Thüringen, Kulturportal Theater und Orchester: „das dichteste Netz von Theatern und Orchestern aller Flächenstaaten der Bundesrepublik“. Zu erfolgreichen Protesten gegen drohende Schließungen etwa SZ vom 11.07.2001, S. 17.
80 SZ vom 07.09.2004, S. 15 und F.A.Z. vom 26.10.2004, S. 39.
81 F.A.Z. vom 05.12.2010, S. 44; SZ vom 23.04.2011, S. R16. Mit Beschluss vom 24.05.2012 hat das BVerwG (7 VR 4.12) den Planfeststellungsbeschluss des Landesverwaltungsamtes vom 31.01.2012 für rechtmäßig erklärt, weil die Trasse großenteils entlang der Bundesautobahn A71 und der ICE-Neubaustrecke verlaufe und vorhandenen Eingriffen in Natur und Landschaft folge.
82 „Wenn nur die Klassiker und das KZ nicht wären“: SZ vom 28.02.1998, S. 901.
83 Beschl. v. 20.08.2003 (1 Ws 220/03), OLG-NL 2003, S. 235.
84 Stellvertretend: TA vom 04.11.2009, 15.04.2010, 20.04.2010, 14.07.2011 und 04.04.2012.

Erster Teil Grundrechte, Staatsziele und Ordnung des Gemeinschaftslebens

Erster Abschnitt Menschenwürde, Gleichheit und Freiheit

Artikel 1 [Schutz der Menschenwürde]

(1) [1]Die Würde des Menschen ist unantastbar. [2]Sie auch im Sterben zu achten und zu schützen, ist Verpflichtung aller staatlichen Gewalt.

(2) Thüringen bekennt sich zu den unverletzlichen und unveräußerlichen Menschenrechten als Grundlage jeder staatlichen Gemeinschaft, zum Frieden und zur Gerechtigkeit.

Vergleichbare Regelungen

Art. 1 GG; Präambel BWVerf; Präambel, Art. 100 BayVerf; Präambel, Art. 2 Abs. 1, Art. 7 BbgVerf; Präambel, Art. 5 Abs. 1 BremVerf; Art. 27 HessVerf; Präambel, Art. 5 M-VVerf; Präambel Verf Rh-Pf; Art. 1 SaarlVerf; Art. 7, 14 SächsVerf; Präambel, Art. 4 LVerf LSA.

Ergänzungsnormen im sonstigen thüringischen Recht

Ergänzungsnormen im sonstigen thüringischen Recht existieren, soweit ersichtlich, nicht. Allerdings finden sich einfach-gesetzliche Regelungen, die ausdrücklich auf den Schutz der Menschenwürde abzielen, so z. B. § 60 Abs. 1 Satz 2 ThürPAG (Verbot der Anordnung, unmittelbaren Zwang anzuwenden, wenn die Anordnung die Menschenwürde verletzt) oder § 2 Abs. 3 Nr. 7 ThürVerfSchutzG (Schutz der im Grundgesetz konkretisierten Menschenrechte als Teil der freiheitlich-demokratischen Grundordnung).

Dokumente zur Entstehungsgeschichte

Art. 1 VerfE CDU; Art. 1 VerfE F.D.P.; Art. 2 VerfE SPD; Art. 3 VerfE NF/GR/DJ; Art. 3 VerfE LL/PDS; Entstehung ThürVerf, S. 13 ff.

Literatur

Manfred Baldus, Menschenwürdegarantie und Absolutheitsthese – Zwischenbericht zu einer zukunftsweisenden Debatte, AöR 136 (2011), 528 ff.; *Ernst-Wolfgang Böckenförde*, Bleibt die Menschenwürde unantastbar?, Blätter für deutsche und internationale Politik 2004, 1216 ff.; *Horst Dreier*, Konsens und Dissens bei der Interpretation der Menschenwürde. Eine verfassungsrechtliche Skizze, in: Geyer, Christian (Hrsg.), Biopolitik. Die Positionen, 2001, S. 232 ff.; *Günter Dürig*, Der Grundrechtssatz von der Menschenwürde. Entwurf eines praktikablen Wertsystems der Grundrechte aus Art. 1 Abs. 1 in Verbindung mit Art. 19 Abs. 2 des Grundgesetzes, AöR 81 (1956), 127 ff.; *Christoph Enders*, Die Menschenwürde in der Verfassungsordnung. Zur Dogmatik des Art. 1 GG, 1997; *Tatjana Geddert-Steinacher*, Menschenwürde als Verfassungsbegriff. Aspekte der Rechtsprechung des Bundesverfassungsgerichts zu Art. 1 Abs. 1 Grundgesetz, 1990; *Rolf Gröschner*, Menschenwürde als Konstitutionsprinzip der Grundrechte, in: Siegetsleitner, Anne/Knoepffler, Nikolaus (Hrsg.), Menschenwürde im interkulturellen Dialog, 2005, S. 17 ff.; *ders./Oliver W. Lembcke* (Hrsg.), Das Dogma der Unantastbarkeit. Eine Auseinandersetzung mit dem Absolutheitsanspruch der Würde, 2009; *Karl-Eberhard Hain*, Konkretisierung der Menschenwürde durch Abwägung?, Der Staat 2006, 189 ff.; *Matthias Herdegen*, Deutungen der Menschenwürde im Staatsrecht, in: Brudermüller, Gerd/Seelmann, Kurt (Hrsg.), Menschenwürde. Begründung, Konturen, Geschichte, 2008, S. 57 ff.; *Dieter Hömig*, Menschenwürdeschutz in der Rechtsprechung des Bundesverfassungsgerichts, in: Gröschner/Lembcke (Hrsg.), Das Dogma der Unantastbarkeit, 2009, S. 24 ff.; *Norbert Hoerster*, Zur Bedeutung des Prinzips der Menschenwürde, JuS 1983, 93 ff.; *Hasso Hofmann,* Die versprochene Menschenwürde, AöR 118 (1993), 353 ff.; *Josef Isensee*, Menschenwürde: die säkulare Gesellschaft auf der Suche nach dem Absoluten, AöR 131 (2006), 173 ff.; *Niklas Luhmann*, Grundrechte als Institution, 1965, S. 53 ff.; *Martin Nettesheim*, Die Garantie der Menschenwürde zwischen metaphysischer Überhöhung und bloßem Abwägungstopos, AöR 130 (2005), 71 ff.; *Wolfgang Graf Vitzthum*, Zurück zum klassischen Menschenwürdebegriff! Eine Erinnerung an Lüth, Dürig und Kant, in: Henne,

Thomas/Riedlinger, Arne (Hrsg.), Das Lüth-Urteil aus (rechts-)historischer Sicht. Die Konflikte um Veith Harlan und die Grundrechtsjudikatur des Bundesverfassungsgerichts, 2005, S. 349 ff.

Leitentscheidungen des ThürVerfGH und des BVerfG

ThürVerfGH, Beschl. v. 17.08.2009 – 48/06 –.

BVerfGE 30, 1 (Abhörentscheidung); 30, 173 (Mephisto); 31, 58 (Spanier-Beschluss); 39, 1 (Schwangerschaftsabbruch I); 45, 187 (Lebenslange Freiheitsstrafe); 49, 286 (Transsexuelle I); 50, 166 (Ausweisung); 82, 60 (Steuerfreies Existenzminimum); 88, 203 (Schwangerschaftsabbruch II); 94, 49 (Sichere Drittstaaten); 96, 375 (Kind als Schaden); 98, 169 (Arbeitspflicht); 101, 275 (Fahnenflucht); 102, 347 (Schockwerbung I); Beschl. v. 11.03.2003 (=JZ 2003, 622) (Schockwerbung II); BVerfGE 109, 279 (Wohnraumüberwachung); 115, 118 (Luftsicherheitsgesetz); 125, 175 (Hartz IV); 128, 326 (Sicherungsverwahrung).

A. Überblick

1 **Art. 1 Abs. 1** statuiert ein **Grundrecht,** dessen Schutzgut und dessen dogmatische Struktur allerdings nicht sicher zu bestimmen ist; Rechtsprechung und rechtswissenschaftlicher Literatur ist es bislang nicht gelungen, eine klare Dogmatik zu Art. 1 Abs. 1 zu entwickeln. **Art. 1 Abs. 2** enthält einen **Verfassungsauftrag,** dessen Umfang und normative Verbindlichkeit ebenfalls nicht sicher bestimmt werden kann.

2 Art. 1 Abs. 1 wie auch Art. 1 Abs. 2 der Thüringer Verfassung wurden – dies zeigt schon der Textvergleich – nach dem **Vorbild** von **Art. 1 Abs. 1** und **Abs. 2 des Grundgesetzes** geschaffen. Aber nicht nur aus diesem Grund ist es geboten, diese Bestimmungen des Grundgesetzes und die zu ihnen ergangene Rechtsprechung wie auch die einschlägige Literatur als wesentliche Quellen für die **Interpretation** der entsprechenden Bestimmungen der Thüringer Verfassung heranzuziehen; die Interpretation des Art. 1 Abs. 1 der Thüringer Verfassung ist auch deshalb an Art. 1 Abs. 1 des Grundgesetzes auszurichten, weil der Landesverfas-

sungsgeber mindestens den grundrechtlichen Schutz gewährleisten muss, den das Grundgesetz vorgesehen hat.[1]

B. Herkunft, Entstehung und Entwicklung

Die Würdegarantie des Abs. 1 war in allen Verfassungs-Vorentwürfen enthalten.[2] Kontrovers wurde in den Beratungen lediglich erörtert, ob der Schutz der Würde des Menschen in der Phase des Sterbens explizit mit in die Regelung aufgenommen werden sollte und welche Rechtsfolgen daraus gegebenenfalls abzuleiten wären.[3] In der Rechtsprechung des Thüringer Verfassungsgerichtshofs hat Art. 1 Abs. 1 noch keine nennenswerte Rolle gespielt. Die Regelung des Art. 1 Abs. 2 wurde in den Verfassungsberatungen nicht tiefergehend erörtert und war bislang noch nicht Gegenstand der verfassungsgerichtlichen Rechtsprechung. 3

C. Verfassungsvergleichende Information

Art. 1 Abs. 1 weicht von Art. 1 Abs. 1 Satz 2 GG nur insofern ab, als er die Verpflichtung der staatlichen Gewalt, die Würde des Menschen zu achten und zu schützen, ausdrücklich auch auf das Sterben erstreckt. Dass die Thüringer Verfassung das **Sterben** explizit in den **Schutz der Würdegarantie** einbezieht, ist gleichwohl kein Einzelfall.[4] 4

Was das Bekenntnis des **Art. 1 Abs. 2** angeht, so bezieht es sich nicht, wie das entsprechende Bekenntnis des Grundgesetzes, auf das „deutsche Volk", sondern auf „Thüringen". **Anders als im GG** fehlt in Art. 1 Abs. 2 auch der Bezug zur Menschenwürdegarantie des Art. 1 Abs. 1 (kein „darum"); Gleiches gilt bezüglich des globalen Aspekts des Gerechtigkeitsbegriffs (keine Gerechtigkeit „in der Welt"). Zudem formuliert die Landesverfassung die Bekenntnisse zu den Menschenrechten, zum Frieden und zur Gerechtigkeit als je selbständige Bekenntnisse, wohingegen das Grundgesetz lediglich *ein* Bekenntnis abgibt – und zwar ein Bekenntnis zu den Menschenrechten „als Grundlage jeder menschlichen Gemeinschaft, des Friedens und der Gerechtigkeit in der Welt".[5] Das Bekenntnis der Thüringer Verfassung ist wie die entsprechenden Bekenntnisse der Verfassungen der anderen neuen Bundesländer[6] insgesamt betrachtet gleichwohl stark am Grundgesetz orientiert. 5

D. Erläuterungen

I. Menschenwürdegarantie (Art. 1 Abs. 1)

1. Normativer Charakter. Art. 1 Abs. 1 statuiert ein **Grundrecht**. Dies ergibt sich aus dem Wortlaut, dem systematischen Zusammenhang[7] und aus der Gene- 6

1 Vgl. dazu oben „Thüringer Verfassungsrecht und Bundesverfassungsrecht", Rn. 32, 38.
2 Entstehung ThürVerf, S. 13.
3 Entstehung ThürVerf, PW 1 VerfA 05 (05.03.1992), S. 10 ff.; PW 1 VerfA 08 (26.08.1992), S. 3 ff.
4 Vgl. Art. 8 Abs. 1 BbgVerf.
5 *Jutzi*, in: Linck/Jutzi/Hopfe, Art. 1 Rn. 6.
6 *Dreier*, in: Dreier, Art. 1 Abs. 2 Rn. 10.
7 Vgl. die Überschrift des ersten Abschnitts des ersten Teils der ThürVerf: „Menschenwürde, Gleichheit und Freiheit".

se[8] dieser Bestimmung.[9] Zudem lässt sich der subjektiv-rechtliche Charakter aus dem historischen Kontext der Entstehung des Art. 1 Abs. 1 erklären. So wie sich in der Würdegarantie des Grundgesetzes, die Art. 1 Abs. 1 als Vorbild und Orientierung diente, das die nationalsozialistische Vergangenheit reflektierende „Gegenprogramm zur totalitären Missachtung des Individuums“[10] manifestiert, so bringen die Würdegarantien in den Verfassungen der Bundesländer, die nach dem Untergang der DDR neugegründet wurden, eine Absage an anti-individualistische kommunistische Ordnungskonzepte zum Ausdruck.[11] Diesem **staatsethischen Erfahrungshorizont** trägt am ehesten ein subjektiv-rechtliches Verständnis der Norm Rechnung. Außerdem ist in der Rechtsprechung der grundrechtliche Charakter der Würdegarantien weithin anerkannt.[12] Die Annahme, Art. 1 Abs. 1 statuiere ein Grundrecht, entspricht schließlich der Deutung der europarechtlichen Würdenorm.[13] Das subjektiv-rechtliche Verständnis hat zur Konsequenz, dass die Würdegarantie im Rahmen eines **Verfassungsbeschwerdeverfahrens** als **rügefähiges Recht** gilt.[14]

7 Art. 1 Abs. 1 kommt zudem **objektiv-rechtliche Bedeutung** zu, da die Würde des Menschen als **oberster Verfassungswert** anzusehen ist.[15] Stützen lässt sich dies auch auf **Art. 83 Abs. 3 ThürVerf**, der eine Änderung des in Art. 1 niedergelegten Grundsatzes verbietet. Aus dieser objektiv-rechtlichen Bedeutung ist das Gebot einer würdenormkonformen Auslegung von Verfassungsnormen abzuleiten.[16] Auch soll daraus der Schutz der Würde des Menschen als Gattungswesen folgen.[17]

8 In der Würdegarantie wird der **Grund der Grundrechte** erblickt.[18] Zugleich wird aber auch angenommen, dass einzelne Grundrechte mit einem Menschenwürdegehalt ausgestattet sind.[19] Welche genau dazu gehören, sei durch Auslegung zu bestimmen[20] (zum Verhältnis von Würdegarantie zu einfachen Grundrechten unten Rn. 25). Zudem soll Art. 1 Abs. 1 hinsichtlich **staatsorganisationsrechtlicher Prinzipien** eine **begründende Funktion** zukommen: So wurzele der

---

8 Entstehung ThürVerf, PW1 VerfA O5 (05.03.1992), S. 10 ff.; PW 1 VerfA O8 (26.08.1992), S. 3 ff.

9 Ebenso *Jutzi*, in: Linck/Jutzi/Hopfe, Art. 1 Rn. 4.

10 *Dreier*, in: Dreier, Art. 1 Rn. 40.

11 Ähnlich *Jutzi*, in: Linck/Jutzi/Hopfe, Art. 1 Rn. 2.

12 Vgl. BVerfGE 1, 332 (342); 12, 113 (123); 15, 283 (286); 28, 243 (263); 61, 126 (137); 109, 133 (149 f.); 117, 71 (89 ff.); 125, 175 („Grundrecht auf Gewährleistung eines menschenwürdigen Existenzminimums aus Art. 1 Abs. 1 GG); VerfGH Berl, NJW 1993, 516 f. Kritisch zum Grundrechtscharakter der Menschenwürdegarantie etwa: *Enders*, in: Stern/Becker, Art. 1 Rn. 35 ff.

13 Vgl. Art. 1 EU-GRCh.

14 Vgl. dazu auch *Enders*, in: Stern/Becker, Art. 1 Rn. 118.

15 Ebenso *Jutzi*, in: Linck/Jutzi/Hopfe, Art. 1 Rn. 4. Zu Art. 1 Abs. 1 GG: BVerfGE 109, 279 (311); ähnlich 5, 85 (204 f.); 6, 32 (41); 27, 1 (66).

16 Vgl. BVerfGE 109, 279 (313 ff.).

17 BVerfGE 87, 209 (228); BVerwGE 115, 189 (199).

18 BVerfGE 93, 266 (293): „Wurzel aller Grundrechte“.

19 Vgl. z.B. BVerfGE 23, 127 (134): Menschenwürdekern der Religionsfreiheit; 39, 1 (41): menschliches Leben als vitale Basis der Menschenwürde; 45, 187 (223): Menschenwürdekern der körperlichen Unversehrtheit; 109, 279 (313): Konkretisierung des Schutzes der Menschenwürde im Grundrecht auf Unverletzlichkeit der Wohnung; 125, 260 (322): Menschenwürdekern des Fernmeldegeheimnisses. Dagegen lässt sich das Asylgrundrecht nicht aus der Menschenwürde ableiten: BVerfGE 94, 49 (103).

20 Vgl. BVerfGE 109, 279 (310).

Anspruch des Bürgers auf Demokratie in der Würde des Menschen.[21] Theoretisch umfassen lässt sich diese für das gesamte Verfassungsrecht **fundamentale Bedeutung** der Würdegarantie mit ihrem Verständnis als oberster Wert[22] und tragendes Konstitutionsprinzip[23] der verfassungsmäßigen Ordnung.

2. Gegenstand der Garantie: Die Würde des Menschen. Es ist bislang kein allseits konsentierter Versuch auszumachen, die Würde des Menschen zu definieren. In der Literatur findet sich eine unüberschaubare **Vielfalt von Deutungen**, die zum Teil in den weitverzweigten Strängen der europäischen Geistes- und Ideengeschichte wurzeln.[24] In den seltenen Fällen, in denen die Rechtsprechung die Würde des Menschen positiv zu bestimmen versuchte, griff sie auf ein bestimmtes **Menschenbild** zurück: Der staatlichen Verpflichtung, die Würde des Menschen zu achten und zu schützen, liege die Vorstellung vom Menschen als einem geistig-sittlichen Wesen zugrunde, das darauf angelegt sei, in Freiheit sich selbst zu bestimmen und zu entfalten.[25] Dementsprechend schütze die Würdenorm auch die Freiheit des Menschen „zur Entfaltung in den ihn betreffenden höchstpersönlichen Angelegenheiten".[26] Regelmäßig verzichtet die Rechtsprechung hingegen auf eine Inhaltsbestimmung. Vielmehr wendet sie die Würdenorm an, indem sie – ohne Ableitung von einem positiv bestimmten Schutzgut – festlegt, welches Tun und Unterlassen des Staates diese Norm **untersagt**. So sei es mit der Würde des Menschen unvereinbar, ihn zum „**bloßen Objekt** der Staatsgewalt zu machen", [27] wobei allerdings der Mensch gleichwohl nicht selten bloßes Objekt nicht nur der Verhältnisse und der gesellschaftlichen Entwicklung sei, sondern auch des Rechts, dem er sich zu fügen habe.[28] 9

Die Schwierigkeiten, die Würde des Menschen zu bestimmen, werden zusätzlich dadurch gesteigert, dass die Rechtsprechung sie zwar als etwas Unverfügbares ansieht, gleichwohl aber davon ausgeht, dass der Inhalt der Pflicht, sie zu achten, nicht von der **historischen Entwicklung** zu trennen sei.[29] Demenentsprechend erfolgt die **Konkretisierung** regelmäßig in Ansehung des einzelnen Sachverhaltes, der **spezifischen Situation**, in der es zum Konflikt mit der Würdegarantie kommen kann, wobei dann der Begriff der Menschenwürde häufig vom **Verletzungsvorgang** her beschrieben wird. [30] Wie es indessen möglich sein soll, ohne positive Bestimmung des Schutzgutes eine Verletzung zu überprüfen, lässt sich bislang noch nicht plausibel nachvollziehen. Infolge dieses Ansatzes hat sich eine umfangreiche **Kasuistik** herausgebildet. Es mangelt an einer Rechtsprechung, die an präzisen Prämissen orientiert ist; dementsprechend fehlt es an einer konsistenten Dogmatik der Menschenwürdegarantie. 10

21 Vgl. BVerfGE 123, 267 (241); BVerfG, Urt. v. 07.09.2011 – 2 BvR 987/10 u.a., Rn. 101 des Umdrucks; ähnlich schon BVerfGE 5, 85 (204 f.). Kritisch dazu: *Herdegen*, in: Maunz/Dürig, Art. 1 Rn. 27; *Enders*, in: Stern/Becker, Art. 1 Rn. 28.

22 BVerfGE 5, 85 (204 f.); 6, 32 (41); 27, 1 (66); 109, 279 (311): „oberster Verfassungswert". Kritisch zur Wertordnungsdogmatik: *Herdegen*, in: Maunz/Dürig, Art. 1 Rn. 23.

23 BVerfGE 87, 209, 228.

24 Vgl. *Dreier*, in: Dreier, Art. 1 Rn. 55 ff.; *Herdegen*, in: Maunz/Dürig, Art. 1 Rn. 34.

25 BVerfGE 49, 286 (298); BVerfG, EuGRZ 2007, 66 (72); BVerwGE 43, 308 (314); BGH, NJW 1999, 657 (659).

26 BVerfGE 109, 279 (319).

27 BVerfGE 109, 279 (312); 30, 1, 25 f.; 50, 166 (175); 87, 209 (228); 96, 375 (399).

28 BVerfGE 30, 1, (25 f.); 109, 279 (312).

29 BVerfGE 45, 187 (229); 96, 375 (399 f.).

30 BVerfGE 30, 1 (25 f.); 109, 279 (311 f.) mwN.

11 **3. Träger und Adressaten der Würdegarantie.** **a) Träger der Würdegarantie.** **Träger der Würdegarantie** ist der Mensch als Individuum. Das Grundrecht des Art. 1 Abs. 1 schützt die Würde jedes individuellen Menschen.[31] Die Würde im Sinne der Verfassungsnorm besitzt **jeder Mensch**, „ohne Rücksicht auf seine Eigenschaften, seine Leistungen und seinen sozialen Status"; auch durch „'unwürdiges' Verhalten" soll die Würde nicht verloren gehen.[32] Es ist unerheblich, ob der Träger sich der Würde bewusst ist und sie selbst zu wahren weiß.[33] Würde kommt daher auch etwa Kindern, geistig Kranken oder Straftätern zu.[34]

12 Träger der Würde ist der Mensch aber nicht nur nach seiner Geburt. Die Rechtsprechung hält auch das **vorgeburtliche Leben** für würdefähig und stellt es unter den Schutz der verfassungsrechtlichen Würdenorm.[35] Ungeklärt ist dabei allerdings, ab welchem Zeitpunkt dieser vorgeburtliche Würdeschutz genau einsetzt. Bislang wurde lediglich festgestellt, dass jedenfalls ab der Nidation von menschlichem Leben auszugehen sei, das sich in seiner Einmaligkeit, Unverwechselbarkeit und Unteilbarkeit entwickle.[36] Der Schutz der Würdenorm endet nicht mit dem **Tod.**[37] Geschützt ist schließlich nicht nur die individuelle Würde der jeweiligen Person, sondern auch die Würde des Menschen als **Gattungswesen.**[38] Dies kann allerdings zu Kollisionen zwischen individuellem und kollektivem Würdeschutz führen (dazu unten Rn. 18 f.).

13 Von Art. 1 Abs. 1 **nicht geschützt** sind **juristische Personen**. Ihnen fehlt das für die Würdenorm relevante Substrat des Höchstpersönlichen. Auch **Tieren** kommt keine Menschenwürde zu, obgleich Mensch und Schimpanse zu mehr als achtundneunzig Prozent die gleiche Erbsubstanz aufweisen. Ein verfassungsrechtlicher Tierschutz ist aus Art. 1 Abs. 1 nicht ableitbar.[39] Er ergibt sich aus Art. 32.[40]

14 **b) Adressaten der Würdegarantie.** Die Würde zu achten und zu schützen, ist „Verpflichtung aller staatlichen Gewalt." **Adressat** der Würdegarantie ist mithin **Gesetzgebung, vollziehende Gewalt** und **Rechtsprechung** (dazu unten Art. 42 Rn. 7 ff.). Diese Pflicht erstreckt sich auch auf den Schutz gegen Verletzungen der Menschenwürde durch ausländische Staatsgewalt.[41] Da Art. 32 GG die auswärtige Gewalt jedoch dem Bund zuweist, dürfte diese Verpflichtung allenfalls im Bereich des Art. 32 Abs. 3 GG praktisch relevant werden. Von Art. 1 Abs. 1 geht nicht nur eine Ausstrahlungswirkung auf Privatrechtsbeziehungen aus;[42] die Würdenorm bindet **Private** vielmehr unmittelbar[43] – und dies nicht nur im

---

31 BVerfGE 125, 175 (223); 87, 209 (228).
32 BVerfGE 87, 209 (228).
33 BVerfGE 39, 1 (41).
34 Nachweise aus der Rechtsprechung dazu bei *Hömig*, in: Gröschner/Lembcke (Hrsg.), Dogma der Unantastbarkeit, 2009, 24 (32 f.).
35 BVerfGE 39, 1 (41); 88, 203 (251).
36 BVerfGE 88, 203 (251 f.).
37 BVerfGE 30, 173 (194). Weitere Nachweise etwa bei *Sodan*, in: Sodan, Art. 1 Rn. 26.
38 BVerfGE 87, 209 (228).
39 BVerwGE 105, 73 (81).
40 Zutreffend *Jutzi*, in: Linck/Jutzi/Hopfe, Art. 1 Rn. 11.
41 BVerfGE 63, 332 (337 ff.); 94, 49 (103); *Jutzi*, in: Linck/Jutzi/Hopfe, Art. 1 Rn. 21.
42 AA: *Jutzi*, in: Linck/Jutzi/Hopfe, Art. 1 Rn. 4.
43 Vgl. BAGE 38, 69 (80 f.). Das BVerfG lehnt in BVerfGE 96, 375 (398 f.) eine unmittelbare Drittwirkung zumindest nicht ausdrücklich ab, auch wenn dort von einer Ausstrahlungswirkung im Privatrecht die Rede ist.

Fall des Art. 39 Abs. 2, der ein spezielles Verbot statuiert, bei der Religionsausübung die Würde anderer nicht zu verletzen.

4. Beeinträchtigungen der Menschenwürde. Die Würde des Menschen wird beeinträchtigt, wenn die staatliche Gewalt gegen die Pflicht verstößt, sie zu achten und zu schützen. Angesichts der Frage, unter welchen Voraussetzungen dies zu bejahen ist, schlagen die Unsicherheiten durch, die sich aufgrund der fehlenden positiven Definition des Schutzgutes der Würdenorm ergeben (dazu oben Rn. 10). Die Rechtsprechung praktiziert daher eine **Methode fallspezifischer Konkretisierung** und verwendet zur Beschreibung von Würdebeeinträchtigungen unterschiedliche Formeln – eben je nach konkreter Situation und Lage. Verfassungsgerichtlich noch nicht endgültig geklärt ist die Frage, ob der einzelne auf seinen Würdeachtungs- oder –schutzanspruch **verzichten** kann.[44] 15

Demensprechend bleibt die **Pflicht**, die Würde des Menschen **zu achten**, etwa dann unerfüllt, wenn der Mensch dadurch „zum bloßen Objekt der Staatsgewalt" gemacht wird, dass „durch die Art der ergriffenen Maßnahme die Subjektqualität des Betroffenen grundsätzlich in Frage gestellt wird".[45] Eine solche **Missachtung der Subjektqualität** geschieht bei einer Erniedrigung, Brandmarkung oder Ächtung[46] oder dann, wenn einem „Betroffenen der Achtungsanspruch als Mensch" abgesprochen wird.[47] Gelegentlich wird auch darauf abgestellt, ob die Behandlung des Menschen durch den Staat Ausdruck der Verachtung des Wertes ist, der dem Menschen kraft seines Personseins zukommt, der Mensch also einer „verächtlichen Behandlung" ausgesetzt ist.[48] Der Würdeanspruch wird nach der Rechtsprechung auch dann beeinträchtigt, wenn jemand zum „bloßen Gegenstand eines ihn betreffenden Verfahrens gemacht" wird,[49] der Staat etwa durch grausame, unmenschliche oder erniedrigende Strafen in seine körperliche oder geistige Integrität und Identität eingreift.[50] Dringt der Staat in den Kernbereich privater Lebensgestaltung ein, wird ebenfalls die Würde des Menschen beeinträchtigt.[51] Dies kann auch dann der Fall sein, wenn menschliches Leben kommerzialisiert wird.[52] 16

Art. 1 Abs. 1 begründet nicht nur ein Abwehrrecht gegen Eingriffe des Staates; er ist aufgrund von Art. 1 Abs. 1 auch **verpflichtet**, die Menschenwürde **positiv** gegen Angriffe zu **schützen**,[53] die in Erniedrigung, Brandmarkung, Verfolgung, Ächtung und anderen Verhaltensweisen bestehen können und durch die dem Betroffenen der Achtungsanspruch als Mensch abgesprochen wird.[54] Diese **Schutzpflicht** kann etwa fordern, dass der Gesetzgeber gesetzliche Vorkehrun- 17

44 Verneinend: BVerwG, NJW 1982, 664 (665) – mit der Folge, dass die Würdenorm dann gegen den Würdeträger in freiheitslimitierender Weise eingesetzt wird. Eine Verneinung der Verzichtsmöglichkeit gerät insoweit in Spannung zu dem in der Würdegarantie enthaltenen Autonomieanspruch.
45 BVerfGE 109, 279 (312 f.); 96, 375 (399); 109, 133 (149 f.); 117, 71 (89).
46 ThürVerfGH, Beschl. v. 21.06.2005 – 48/06 - S. 25 des Umdrucks; BVerfGE 102, 347 (367).
47 BVerfGE 108, 275 (284).
48 BVerfGE 30, 1, (26).
49 BVerfGE 63, 332 (337).
50 BVerfGE 72, 105 (116); 75, 1 (16 f.); 109, 133 (150).
51 BVerfGE 109, 279 (313 f.).
52 BVerfGE 96, 375 (400).
53 BVerfGE 125, 175 (222); 109, 279 (310).
54 BVerfGE 107, 275 (284).

gen zum Schutz der Menschenwürde gegenüber heimlicher Überwachungen[55] oder Regelungen zur Gestaltung eines menschenwürdigen Strafvollzuges schafft.[56] Auch kann aus dieser Schutzpflicht ein individueller Leistungsanspruch erwachsen: Fehlen einem Menschen die für ein menschenwürdiges Dasein notwendigen materiellen Mittel, weil er sie weder mit Hilfe eigener Erwerbstätigkeit, aus eigenem Vermögen oder durch Zuwendungen Dritter bestreiten kann, ist der Staat verpflichtet, dafür Sorge zu tragen, dass diese Voraussetzungen dem Hilfsbedürftigen zur Verfügung stehen.[57] Auch hierbei ist der Gesetzgeber gefordert. Er muss die Gewährleistung eines menschenwürdigen Daseins durch einen gesetzlichen Anspruch sichern.[58] Gehen Angriffe auf die Menschenwürde von Privaten aus, ist der Staat gehalten, diese Angriffe durch positives Tun zu unterbinden.[59]

18 **5. Rechtfertigung von Beeinträchtigungen.** **Beeinträchtigungen** der Menschenwürde sind **nicht rechtfertigbar**. Jede Beeinträchtigung stellt zugleich eine Verletzung dar. Diese These stützt sich darauf, dass die Verfassung die Würde als „unantastbar" qualifiziert. Die Menschenwürde ist – so die Folgerungen – auch nicht beschränkbar und nicht abwägbar; sie gilt absolut.[60] Diese Sichtweise, die das Bundesverfassungsgericht der grundgesetzlichen Würdenorm zugrunde legt, hält indessen einer genaueren Betrachtung nicht stand. Auch bei der Prüfung und Anwendung der Würdegarantie tut das Gericht regelmäßig das, was es auch sonst tut, wenn es Grundrechte prüft: Es wägt Rechtsgüter ab.[61]

19 Bei einer solchen Abwägung, die dann unausweichlich ist, wenn die Würdegarantie als Grundrecht verstanden wird,[62] kommt der Würde allerdings ein besonderes Gewicht zu. Insbesondere ist zu berücksichtigen, dass die Verfassungsgeber mit ihrer Aufnahme in das Grundgesetz wie auch in die Thüringer Verfassung auf grausamen Manifestationen staatlicher Gewalt unterschiedlichen Ausmaßes reagierten. Ein kategorischer Vorrang der Würde bedeutet dies aber nicht. Als **Abwägungsaspekte** zu berücksichtigen sind unter anderem die Verantwortlichkeit des Einzelnen, die Gefährdung Dritter, das Maß individueller Schuld eines Beteiligten oder auch die Absicht, die dem würderelevanten Verhalten zugrunde lag.[63]

20 **6. Rechtsfolgen einer Verletzung.** Die primäre Rechtsfolge, die sich an eine Verletzung der Menschenwürde anschließt, besteht, wie bei anderen Grundrechten auch, in der **Feststellung** der Würde- und damit der **Verfassungswidrigkeit** des staatlichen oder privaten Verhaltens (dazu oben Rn. 14). Handelt es sich beim staatlichen Verhalten um eine Verfassungsänderung, so kann die Rechtsfolge aufgrund der Regelung des Art. 83 (dazu unten Rn. 26) auch die Feststellung verfassungswidrigen Verfassungsrechts sein.[64] Als sekundäre Rechtsfolge

55 BVerfGE 109, 273 (390 ff.); 113, 348 (391 ff.); 120, 274 (335).
56 BVerfGE 45, 187 (253).
57 BVerfGE 125, 175 (223).
58 BVerfGE 125, 175 (223).
59 BVerwG, NJW 1982, 664 (664).
60 BVerfGE 34, 239 (245); 75, 369 (380); 93, 266 (293); 107, 275 (284); 109, 279 (314); 113, 348 (391); 115, 118 (153).
61 Ausführliche Nachweise bei *Baldus*, AöR 136 (2011), 529 (536ff.).
62 *Böckenförde*, Blätter für deutsche und internationale Politik, 2004, 1216 (1217).
63 *Herdegen*, in: Gröschner/Lembcke (Hrsg.), Das Dogma der Unantastbarkeit, 2010, 93 (105); *Dederer*, JöR 2009, 89 (119 ff.).
64 Vgl. zum GG: BVerfGE 30, 1 (25); 109, 279 (315).

einer Würdeverletzung kommt ein **Entschädigungsanspruch** in Betracht, etwa im Falle menschenunwürdiger Haftunterbringung. Ob ein solcher Anspruch gegeben ist, hängt insbesondere von der Bedeutung und Tragweite des Eingriffs, ferner von Anlass und Beweggrund der Handelnden sowie vom Grad des Verschuldens ab.[65]

7. Besondere würderelevante Fallkonstellationen. a) **Würderelevante Fallkonstellationen.** Die Würdegarantie kommt in zahlreichen Sach- und Rechtsbereichen zum Einsatz. Als verfassungsrechtlicher Prüfmaßstab ist sie im Straf- und Strafvollzugsrecht, Polizei- und Wehrrecht, Beamten-, Steuer-, Sozial-, Gentechnik- und Lebensrecht, sonstigen Feldern des besonderen Verwaltungsrechts, aber auch im allgemeinen Prozessrecht und im Zivilrecht von Bedeutung. [66] Die **würderelevanten Fallkonstellationen** reichen dabei von der Achtung und dem Schutz der körperlichen Integrität, über die Sicherung menschengerechter Lebensgrundlagen, der Gewährleistung elementarer Rechtsgleichheit bis hin zur Wahrung der personalen Identität und Integrität.[67] 21

b) Besonderer Schutz der Würde des Menschen „auch im Sterben". Art. 1 Abs. 1 Satz 2 hebt im Unterschied zum Wortlaut der Würdegarantie des Grundgesetzes den Schutz der Menschenwürde auch in der Phase des Sterbens in besonderer Weise hervor. Diese ausdrückliche Betonung des Würdeschutzes im Sterben ist mit **Kritik** bedacht worden: Die Regelung sei dogmatisch problematisch, verfassungspolitisch verfehlt und überflüssig – dies deshalb, weil der Würdeschutz umfassend sei und daher sowieso schon über den Tod hinaus Wirkungen entfalte.[68] Indessen ist daran zu erinnern, dass es der verfassungsgebenden Gewalt der Länder frei steht, über die grundrechtlichen Regelungen der Bundesverfassung hinaus zu gehen und eigene Akzente zu setzen.[69] Gewiss: Aufgrund des postmortalen Anwendungsbereichs der Würdegarantie wäre die Würde des Sterbenden auch ohne den Textzusatz geschützt.[70] Gleichwohl bewirkt die textliche Hervorhebung eine besondere Sensibilisierung für die Gefährdungen der Menschenwürde gerade im Grenzbereich des Sterbens. Ihr kommt insoweit eine Appellfunktion zu.[71] 22

Konkret gebietet der Schutz der Würde des Menschen „auch im Sterben", die **Selbstbestimmung Sterbender** zu achten.[72] Daher kann die Würde eines Sterbenden auch dadurch verletzt werden, dass er einem Strafverfahren ausgesetzt wird, dessen Ende er mit an Sicherheit grenzender Wahrscheinlichkeit nicht mehr erleben wird.[73] Ist ein Sterbender nicht mehr zur Autonomie fähig, besteht die 23

---

65 BVerfGK, Beschl. v. 19.02.2008 – 1 BvR 1807/07 – Rn. 31 f.; Beschl. v. 22.02.2011 – 1 BvR 409/09 – Rn. 14.

66 Überblicke etwa bei *Jarass*, in: Jarass/Pieroth, Art. 1 Rn. 17 ff.; *Sodan*, in: Sodan, Art. 1 Rn. 14 ff.; *Starck*, in: von Mangoldt/Klein/Starck, Art. 1 Rn. 44 ff.

67 Ausführlich dazu etwa *Höfling*, in: Sachs , GG, Art. 1 Rn. 19 ff.; *Herdegen*, in: Maunz/Dürig, Art. 1 Rn. 83 ff.

68 *Kanther*, Die neuen Landesverfassungen im Lichte der Bundesverfassungen, 1993, S. 200; *Rommelfanger*, ThürVBl 1993, 176 („dogmatisch fragwürdig und verfassungspolitisch verfehlt"); *Huber*, ThürVBl 1993, B4 (B7): „seltsam morbid"; *ders.*, in: Huber, Rn. 250.

69 So zu Recht *Menzel*, Landesverfassungsrecht, 2002, S. 475.

70 Vgl. BVerfGE 30, 173 (194).

71 Entstehung ThürVerf, PW 1, VerfA 05 (05.03.1992), S. 11 (Jutzi); PW1, VerfA 08 (26.08.1992), S. 4 (Römer), 5 (Pietzsch), 6 (Schmidt-Jortzig).

72 Entstehung ThürVerf, PW 1, VerfA 05 (05.03.1992), S. 11 (Römer); PW 1 VerfA 08 (26.08.1992), S. 6 (Preuß).

73 VerfGH Berl NJW 1993, 516 f.

Pflicht, durch positives Tun würdewidrige Umstände zu beseitigen. So soll niemand etwa sterbend auf einem Krankenhausflur liegen müssen, der von Besuchern genutzt wird.[74] Zu weit dürfte es indessen gehen, der besonderen Hervorhebung des Sterbens in Art. 1 Abs. 1 eine Aussage zur Frage der Zulässigkeit aktiver Sterbehilfe zu entnehmen; anders ist dies im Fall der passiven Hilfe in der letzten Phase des Lebens: Ein Sterbender kann unter Berufung auf diese Verfassungsnorm lebensverlängernde Maßnahmen ablehnen.[75]

24 **8. Verhältnis zu anderen Bestimmungen der Verfassung.** Die **Präambel** erklärt, dass das Volk des Freistaates Thüringen sich seine Verfassung unter anderem in dem Willen gegeben hat, Freiheit und Würde des einzelnen zu achten. Art. 1 Abs. 1 kann insoweit als Norm, die am Vorbild der schon seit 1949 bestehenden Würdegarantie des Grundgesetz ausgerichtet wurde, zur Bestimmung dieses im Jahre 1993 gebildeten Willens herangezogen werden. Dies ist auch geboten im Hinblick auf **Art. 22 Abs. 1,** der Erziehung und Bildung unter anderem die Aufgabe der Achtung vor der Würde des Menschen zuweist. Der Umfang dieser Aufgabe ist durch einen Rückgriff auf Art. 1 Abs. 1 zu erschließen. Dies gilt auch im Fall des **Art. 39 Abs. 2,** der von der Würde anderer Menschen spricht, die durch Religionsausübung nicht verletzt werden darf. Bei dieser Norm handelt es sich im Übrigen um eine explizite Anordnung unmittelbarer Drittwirkung der Würdegarantie (dazu oben Rn. 14). Die durch Art. 1 Abs. 1 begründete Pflicht des Staates zur Sicherung des sozialen Existenzminimums ist bezüglich des Wohnraums speziell in **Art. 16** geregelt.

25 Das **Verhältnis** der **Würdenorm** als Grundrecht zu **anderen Grundrechten** ist weitgehend ungeklärt. Unstrittig dürfte sein, dass die Würdegarantie wie eine Schranken-Schranke wirkt: Führt die Ausübung von sonstigen Grundrechten zu einer Verletzung der Menschenwürde, so rechtfertigt die Würdenorm die Beschränkung jener Grundrechte.[76] Problematisch ist indessen, ob die mit einem Menschenwürdekern ausgestatten Grundrechte und das Grundrecht auf Schutz und Achtung der Menschenwürde in einem Spezialitätsverhältnis stehen, so dass jene Grundrechte stets zuerst zu prüfen wären.[77] Ob dies indessen der besonderen Bedeutung der Würdegarantie als Fundamentalnorm gerecht wird, ist umstritten.[78] Wird bei der Auslegung der sonstigen Grundrechte die Gehalte der Würdenorm ausreichend berücksichtigt, dürfte sich indessen ein Rückgriff auf Art. 1 Abs. 1 erübrigen.[79]

26 Das in **Art. 83 Abs. 3** ausgesprochene **Verbot einer Verfassungsänderung,** durch die u.a. der in Art. 1 Abs. 1 niedergelegte Grundsatz „berührt" wird,[80] hindert den verfassungsändernden Gesetzgeber nicht, die positivrechtlichen Ausprägungen dieses Grundsatzes aus sachgerechten Gründen zu modifizieren. Er kann etwa, sofern eine „Berührung" ausscheidet, Grundrechte ändern, einschränken

---

74 Entstehung ThürVerf, PW 1 VerfA 05 (05.03.1992), S. 11 (Römer); PW 1 VerfA 08 (26.08.1992), S. 2 (Preuß).

75 *Jutzi*, in: Linck/Jutzi/Hopfe, Art. 1 Rn. 18.

76 Vgl. BVerfGE 107, 275 (284); dazu *Baldus*, JZ 2008, 218 (223); *Hömig*, in: Gröschner/Lembcke (Hrsg.), Dogma der Unantastbarkeit, 2009, 24 (35).

77 Für Spezialität etwa des Grundrechts der Unverletzlichkeit der Wohnung gegenüber der Würdenorm: BVerfGE 51, 97 (105). Ähnlich *Jutzi*, in: Linck/Jutzi/Hopfe, Art. 1 Rn. 28.

78 Vgl. *Höfling*, in: Sachs, GG, Art. 1 Rn. 65, dort mit einem alternativen Modell der „partiellen Spezialität und Subsidiarität".

79 Vgl. BVerfGE 53, 257 (300); 56, 363 (393).

80 Vgl. dazu unten Kommentierung zu Art. 83, Rn. 12.

oder auch aufheben. Was im Einzelfall im Rahmen einzelner Grundrechte zum Gewährleistungsgehalt des Art. 1 Abs. 1 gehört, muss durch Auslegung ermittelt werden.[81]

II. Bekenntnis zu Menschenrechten, Frieden und Gerechtigkeit (Art. 1 Abs. 2)

1. Rechtsnormativer Charakter des Bekenntnisses. Das Bekenntnis Thüringens zu den unverletzlichen und unveräußerlichen Menschenrechten als Grundlage jeder staatlichen Gemeinschaft, zum Frieden und zur Gerechtigkeit ist deskriptiv formuliert, aber präskriptiv gemeint. Es wird ein **Sollen** angemahnt.[82] Dieses Bekenntnis ist, wie Abs. 1 auch, nach dem **Vorbild des Art. 1 GG** geschaffen, wobei allerdings ein **wesentlicher Unterschied** hervorsticht: Während nach Art. 1 Abs. 2 GG das deutsche Volk sich zu den unverletzlichen und unveräußerlichen Menschenrechten als Grundlage jeder *menschlichen* Gemeinschaft sowie des Friedens und der Gerechtigkeit in der Welt bekennt, bekennt sich Thüringen *zu* den unverletzlichen und unveräußerlichen Menschenrechten als Grundlage jeder *staatlichen* Gemeinschaft sowie *zum* Frieden und *zur* Gerechtigkeit. Inhaltlich stellt sich Thüringen mit diesem Bekenntnis in die Tradition der Menschenrechtsidee des Westens, die mit den nordamerikanischen Bills of Rights und der französischen Déclaration des Droits de l'Homme im Ausgang des 18. Jahrhunderts ihre herausragenden Gründungsmomente hat. Menschenrechte werden danach dem Menschen nicht vom Staat verliehen; sie stehen ihm kraft seiner Natur zu.[83] 27

Dieses Bekenntnis mit dreifachem Gegenstand (Menschenrechte, Frieden, Gerechtigkeit) enthält einen **Verfassungsauftrag** und eine politische Handlungsanleitung; ein subjektiv-rechtlicher Grundrechtsanspruch fehlt ihm.[84] Indem das Bekenntnis eine sachliche Zielvorgabe formuliert, kann es auch als **Staatsziel** qualifiziert werden.[85] Überdies enthält es eine **Auslegungsmaxime** (dazu unten Rn. 35). 28

Art. 1 Abs. 2 steht weder zu **anderen Staatszielen** noch zu den **Grundrechten** in einem prinzipiellen Spannungsverhältnis. Selbstverständlich sind Frieden und Gerechtigkeit nur im Rahmen sonstiger verfassungsrechtlicher Vorgaben zu verwirklichen.[86] 29

2. „Thüringen" als Adressat des Bekenntnisses. Anders als bei anderen Staatszielen und Verfassungsaufträgen (vgl. Art. 15) spricht Art. 1 Abs. 2 nicht vom „Freistaat" oder vom „Land und seinen Gebietskörperschaften"; auch ist nicht wie etwa in Art. 1 Abs. 2 GG vom „Volk", sondern allein von „Thüringen" als Subjekt des Bekenntnisses die Rede.[87] Da die Präambel aber das „Volk des Freistaats Thüringen" nennt, das den Willen verfolgt, den inneren und äußeren Frieden zu fördern, ist davon auszugehen, dass auch das Volk zum Adressaten des Art. 1 Abs. 2 zu zählen ist – mit der Konsequenz, dass sich die Norm an beide, an die **staatliche Gewalt und das Volk** richtet.[88] Da das Volk des Freistaats Thü- 30

81 Vgl. BVerfGE 109, 279 (310).
82 *Jutzi*, in: Linck/Jutzi/Hopfe, Art. 1 Rn. 3.
83 *Dreier*, in: Dreier, Art. 1 Abs. 2 Rn. 3.
84 *Jutzi*, in: Linck/Jutzi/Hopfe, Art. 1 Rn. 5.
85 *Jutzi*, ThürVBl 1995, 25 (29).
86 *Jutzi*, in: Linck/Jutzi/Hopfe, Art. 1 Rn. 29.
87 *Jutzi*, in: Linck/Jutzi/Hopfe, Art. 1 Rn. 27.
88 *Jutzi*, in: Linck/Jutzi/Hopfe, Art. 1 Rn. 27.

ringen sich die Verfassung mit diesem Bekenntnis gegeben hat, hat es insoweit eine Selbstverpflichtung ausgesprochen.

31 **3. Unverletzliche und unveräußerliche Menschenrechte.** Welche Rechte im Einzelnen zu den Menschenrechten des Abs. 2 zählen, lässt sich nicht präzise bestimmen. Es **fehlt** an einem anerkannten **Kanon der Menschenrechte**, deren Erkenntnis zudem einem permanenten, mitunter dynamischen Wandel unterliegt.[89] Die allgemeine Erklärung der Menschenrechte von 1948, die internationalen Pakte über bürgerliche und politische sowie wirtschaftliche, soziale und kulturelle Rechte von 1966, die Europäische Menschrechtskonvention oder die Europäische Grundrechtecharta dürften aber zu den wichtigsten Quellen der von Abs. 2 gemeinten Menschenrechte zu zählen sein.

32 Mit der Wendung von den unverletzlichen und unveräußerlichen Menschenrechten knüpft Abs. 2 an den Sprachgebrauch der naturrechtlich inspirierten Menschenrechtsdokumente des ausgehenden 18. Jahrhunderts[90] an. Eine **naturrechtliche Begründung** der in der Thüringer Verfassung enthaltenen Grundrechte ergibt sich daraus aber nicht. Es stünde dem Verfassungsgeber gewiss frei, das von staatlicher Regelung unabhängige Vorgegebensein von Rechten zu behaupten. Der wahre Geltungsgrund einer staatlichen Statuierung subjektiver Rechte wäre damit aber nicht belegt.[91] Die Bedingungen für die Möglichkeit, Naturrecht als Geltungsgrund positiven Rechts in intersubjektiv-nachvollziehbarer Weise darzutun, sind noch nicht nachgewiesen. Aus diesem Grund kann aus der Wendung von der **Unverletzlichkeit** der Menschenrechte auch **nicht** die **Unbeschränkbarkeit** der durch die Verfassung positivierten Grundrechte gefolgert werden – ebenso wenig wie aus ihrer **Unveräußerlichkeit** die **Unzulässigkeit** eines freiwilligen **Grundrechtsverzichts**.[92]

33 **4. Bekenntnis zum Frieden und zur Gerechtigkeit.** Mit dem **Bekenntnis zum Frieden** spricht sich Thüringen für die prinzipielle Ablehnung von Gewalt als Mittel politischer Konfliktlösung aus. Ihre Entsprechung findet diese Aussage in der Präambel, in der das Volk des Freistaats Thüringen den Willen bekundet, unter anderem den inneren wie äußeren Frieden zu fördern; ihre Konkretisierung findet sie etwa in dem Verbot von Vereinen, die sich gegen den Gedanken der Völkerverständigung richten (vgl. Art. 13 Abs. 2).

34 Die Interpretation des **Bekenntnisses zur Gerechtigkeit** verursacht besonders große Schwierigkeiten. Der bedeutungsschwere Begriff der Gerechtigkeit entzieht sich regelmäßig einer rationalen, von persönlichen Wertungen und individuellem Voluntarismus freien Bestimmung[93] und führt regelmäßig zu betretenem, ja „agnostischem Schweigen“.[94] Allenfalls der enge textliche Zusammenhang der unveräußerlichen Menschenrechte mit der Garantie der Menschenwürde kann diesem Bekenntnis eine gewisse Greifbarkeit vermitteln: Danach ist eine staatliche Ordnung dann ungerecht, wenn sie nicht den Menschenrechten und der Achtung sowie dem Schutz der Menschenwürde verpflichtet ist.

---

89 *Höfling*, in: Sachs, GG, Art. 1 Rn. 72.
90 Dazu bezüglich Art. 1 Abs. 2 GG: *Höfling*, in: Sachs, GG, Art. 1 Rn. 74 mwN in Fn. 281.
91 Zutreffend: *Jutzi*, in: Linck/Jutzi/Hopfe, Art. 1 Rn. 24.
92 *Höfling*, in: Sachs, GG, Art. 1 Rn. 78 f.
93 Dazu *Kelsen*, Was ist Gerechtigkeit, 2000.
94 Formulierung bei *Starck*, in: von Mangoldt/Klein/Starck, Art. 1 Rn. 140.

5. Erfüllung des Verfassungsauftrages – Rechtsfolgen. Der mit dem Bekenntnis 35 des Art. 1 Abs. 2 ausgesprochene **Verfassungsauftrag** ist von den staatlichen Organen unter Beachtung ihrer Zuständigkeitsgrenzen zu erfüllen. Angesichts der Art und Weise, diesem Auftrag nachzukommen, verfügen sie indessen über ein **weites politisches Gestaltungsermessen.** Die Frage, ob Art. 1 Abs. 2 bezüglich des **Bekenntnisses zu den unverletzlichen und unveräußerlichen Menschenrechten** auch als Inkorporationsnorm verstanden werden muss, ist zu verneinen. Dieses Bekenntnis enthält keine Generalverweisung auf internationale Menschenrechtsdokumente, würde dann doch der Vorgang der Rechtsanwendung mit nicht mehr handhabbaren Unsicherheiten belastet. Allerdings wird durch Art. 1 Abs. 2 der Kernbestand an Menschenrechten besonders geschützt. Dieser Schutz konkretisiert sich etwa in der Pflicht, internationale Menschenrechte, insbesondere die der Europäischen Menschenrechtskonvention, als **Auslegungshilfe** heranzuziehen.[95] Die internationalen Menschenrechtsdokumente erwachsen damit nicht in Verfassungsrang; sie geben jedoch eine Maxime für die Auslegung der Grundrechte vor und verdeutlichen, dass sie auch als Ausprägungen der Menschenrechte zu begreifen sind und diese als **Mindeststandard** in sich aufgenommen haben.[96]

Artikel 2 [Gleichheit]

(1) Alle Menschen sind vor dem Gesetz gleich.

(2) [1]Frauen und Männer sind gleichberechtigt. [2]Das Land, seine Gebietskörperschaften und andere Träger der öffentlichen Verwaltung sind verpflichtet, die tatsächliche Gleichstellung von Frauen und Männern in allen Bereichen des öffentlichen Lebens durch geeignete Maßnahmen zu fördern und zu sichern.

(3) Niemand darf wegen seiner Herkunft, seiner Abstammung, seiner ethnischen Zugehörigkeit, seiner sozialen Stellung, seiner Sprache, seiner politischen, weltanschaulichen oder religiösen Überzeugung, seines Geschlechts oder seiner sexuellen Orientierung bevorzugt oder benachteiligt werden.

(4) [1]Menschen mit Behinderung stehen unter dem besonderen Schutz des Freistaats. [2]Das Land und seine Gebietskörperschaften fördern ihre gleichwertige Teilnahme am Leben in der Gemeinschaft.

Vergleichbare Regelungen

Einige Landesverfassungen regeln ausdrücklich die unmittelbare Geltung der Grundrechte des Grundgesetzes (Art. 2 BWVerf, Art. 10 Abs. 1 VvB, Art. 5 Abs. 3 M-VVerf, Art. 3 Abs. 2 NV, Art. 4 Abs. 1 Verf NW und Art. 2 a SchlHVerf), sie enthalten nur zum Teil ergänzende Normen zur Gleichheit; andere Verfassungen mit Grundrechtskatalogen äußern sich jeweils zum allgemeinen und den besonderen Gleichheitssätzen.

Zu Abs. 1: Art. 3 Abs. 1 GG; Art. 10 Abs. 1 VvB; Art. 118 Abs. 1 BayVerf; Art. 12 Abs. 1 Satz 1 BbgVerf; Art. 2 Abs. 1 BremVerf; Art. 1 HessVerf; Art. 12 Abs. 1 Verf Rh-Pf; Art. 12 Abs. 1 SaarlVerf; Art. 18 Abs. 1 SächsVerf; Art. 7 Abs. 1 LVerf LSA; Art. 20 EU-GRCh.

Zu Abs. 2 Satz 1: Art. 3 Abs. 2 Satz 1 GG; Art. 118 Abs. 2 Satz 1 BayVerf; Art. 10 Abs. 2 Satz 1 VvB; Art. 12 Abs. 3 Satz 1 BbgVerf; Art. 2 Abs. 4, 22 (Gleichberechtigung in der Ehe) BremVerf; Art. 3 Abs. 2 Satz 3 NV; Art. 5 Abs. 2 Verf NW (Gleichwertigkeit der Familie und

95 Vgl. zu Art. 1 Abs. 2 GG: BVerfG, Urt. v. 04.05.2011 – 2 BvR 2365/09 – Rn. 90 des Umdrucks. Vgl. dazu ferner BVerfGE 31, 58 (67 f.); 58, 233 (253 ff.); 74, 358 (370); 82, 106 (115); 83, 119 (128).

96 Vgl. zu Art. 1 Abs. 2 GG: BVerfG, Urt. v. 04.05.2011 – 2 BvR 2365/09 - Rn. 90 des Umdrucks.

Erwerbsarbeit in der Ehe); Art. 12 Abs. 3 Satz 1 Verf Rh-Pf; Art. 12 Abs. 2 Satz 1 SaarlVerf; Art. 18 Abs. 2 SächsVerf; Art. 7 Abs. 2 LVerf LSA; Art. 6 SchlHVerf.

Zu Abs. 2 Satz 2: Art. 3 Abs. 2 Satz 2 GG; Art. 118 Abs. 2 Satz 2 BayVerf; Art. 12 Abs. 3 Satz 2 BbgVerf; Art. 2 Abs. 4 Satz 2 und 3 BremVerf; Art. 13 M-VVerf; Art. 3 Abs. 2 Satz 2 NV; Art. 17 Abs. 3 Satz 2 Verf Rh-Pf; Art. 12 Abs. 2 Satz 2 SaarlVerf; Art. 8 SächsVerf; Art. 34 LVerf LSA; Art. 6 SchlHVerf; Art. 23 EU-GRCh.

Zu Abs. 3: Art. 3 Abs. 3 Satz 1 GG; Art. 10 Abs. 3 VvB; Art. 12 Abs. 2 BbgVerf; Art. 2 Abs. 2 BremVerf; Art. 1 HessVerf; Art. 3 Abs. 3 Satz 1 NV; Art. 12 Abs. 3 SaarlVerf; Art. 18 Abs. 3 SächsVerf; Art. 7 Abs. 3 LVerf LSA; Art. 21 Abs. 1 EU-GRCh; Art. 14 EMRK.

Zu Abs. 4 Satz 1: Art. 3 Abs. 3 Satz 2 GG; Art. 2 a BWVerf; Art. 118 a S. 1 BayVerf; Art. 11 S. 1 VvB; Art. 12 Abs. 2 BbgVerf; Art 2 Abs. 3 S. 1 BremVerf; Art. 17 Abs. 2 S. 1 M-VVerf; Art. 3 Abs. 3 S. 2 NV; Art. 17 Abs. 4 Verf Rh-Pf (Achtung ethnischer und sprachlicher Minderheiten), Art. 12 Abs. 4 SaarlVerf, Art. 38 S. 1 LVerf LSA; Art. 5 a SchlHVerf (Schutz und Förderung pflegebedürftiger Menschen); Art. 21 Abs. 1, 26 EU-GRCh; Art. 14 EMRK.

Zu Abs. 4 Satz 2: im GG nicht normiert; Art. 118 a Satz 2 BayVerf; Art. 11 Satz 2 VvB; Art. 12 Abs. 4, 45 Abs. 1 und 3 BbgVerf; Art. 2 Abs. 3 Satz 2 BremVerf; Art. 17 Abs. 2 Satz 2 M-VVerf; Art. 7 Abs. 2 SächsVerf; Art. 38 Satz 2 LVerf LSA.

Ergänzungsnormen im sonstigen thüringischen Recht

ThürGleichG idF des Gesetzes v. 06.03.2013 (ThürGVBl. S. 49); ThürGlG v. 16.12.2005 (ThürGVBl. S. 383) und ThürGIGAVO v. 04.05. 2007 (ThürGVBl. S. 69).

Dokumente zur Entstehungsgeschichte

Präambel Vorl.LS; Art. 9, 13 a VerfE CDU; Art. 3 VerfE F.D.P.; Art. 5, 10, 16 VerfE SPD; Art. 3, 6, 26 VerfE NF/GR/DJ; Art. 10, 36 VerfE LL/PDS; Entstehung ThürVerf, S. 16 ff. (vgl. auch: *Ulrich Rommelfanger*, Ausarbeitung und Werdegang der Thüringer Landesverfassung, in: Schmitt, S. 55 ff.; Dokumentation der Entwürfe, S. 189 ff.).

Literatur

Zu Abs. 1: *Albert Bleckmann*, Die Struktur des allgemeinen Gleichheitssatzes, 1995; *Ernst Wolfgang Böckenförde*, Der allgemeine Gleichheitssatz und die Aufgabe des Richters, 1957; *Konrad Hesse*, Der Gleichheitssatz in der neueren deutschen Verfassungsentwicklung, AöR 109 (1984), 174 ff.; *Paul Kirchhof*, Allgemeiner Gleichheitssatz, in: HStR VIII, § 181; *Michael Kloepfer*, Gleichheit als Verfassungsfrage, 1980; *Gerhard Leibholz*, Die Gleichheit vor dem Gesetz, 1959; *Rudolf Mellinghoff/Ulrich Palm*, Gleichheit im Verfassungsstaat, 2008; *Adalbert Podlech*, Gehalt und Funktionen des allgemeinen verfassungsrechtlichen Gleichheitssatzes, 1971; *Michael Sachs*, Der allgemeine Gleichheitssatz, in: Stern, Bd. IV/2, 2011, § 120.

Zu Abs. 2 bis 4: *Guy Beaucamp*, Das Behindertengrundrecht (Art. 3 Abs. 3 Satz 2 GG) im System der Grundrechtsdogmatik, DVBl. 2002, 997 ff.; *Rudolf Bernhardt*, Diskriminierungsverbote und Minderheitenschutz, in: Merten/Papier, Bd. VI/1, § 144; *Johannes Caspar*, Das Diskriminierungsverbot behinderter Personen nach Art. 3 Abs. 3 Satz 2 GG und seine Bedeutung in der aktuellen Rechtsprechung, EuGRZ 2002, 135 ff.; *Udo Di Fabio*, Die Gleichberechtigung von Mann und Frau, AöR 122 (1997), 404 ff.; *Astrid Epiney/Marianne Freiermuth-Abt*, Das Recht der Gleichstellung von Mann und Frau in der EU, 2003; *Volkmar Götz*, Die Gleichheitsgarantie in der Rechtsprechung der Landesverfassungsgerichte, in: Starck/Stern, Bd. III, S. 361 ff.; *Matthias Herdegen*, Der neue Diskriminierungsschutz für Behinderte im Grundgesetz – Entstehung und Tragweite des Benachteiligungsverbots (Art. 3 Abs. 3 Satz 2 GG), 1995; *Juliane Kokott*, Gleichheitssatz und Diskriminierungsverbote in der Rechtsprechung des Bundesverfassungsgerichts, in: FS BVerfG (2001), Bd. II, S. 127 ff.; *Thomas Leder*, Das Diskriminierungsverbot wegen einer Behinderung, 2006; *Anette Nußberger*, Altersgrenzen als Problem des Verfassungsrechts, JZ 2002, 524 ff.; *Michael Sachs*, Besondere Gleichheitsgarantien, in: HStR VIII, § 182; *ders.*, Die Gleichberechtigung von Mann und Frau, in: Stern, Bd. IV/2, § 121; *ders.*, Die sonstigen besonderen Gleichheitssätze, in: Stern, Bd. IV/2, § 122; *Ute Sacksowsky*, Das Grundrecht auf Gleichberechtigung, 2. Aufl. 1996; *Vera Slupik*, Die Entscheidung des Grundgesetzes für Parität im Geschlechterverhältnis, 1988; *Stefan M. Straßmaier*, Der besondere Gleichheitssatz des Art. 3 Abs. 3 Satz 2 GG, 2002; *Felix Welti*, Behinderung und Rehabilitation im sozialen Rechtsstaat, 2005.

Ausführliche Literaturnachweise: *Michael Sachs*, in: Stern, Bd. IV/2, S. 1438 f., 1596 f. und 1702 f.; *Werner Rüfner*, in: BK, Schrifttum zu Art. 3 Abs. 1, S. 187 ff. und zu Art. 3 Abs. 2 und 3, S. 341 ff.; *Christian Starck*, in: von Mangoldt/Klein/Starck, Art. 3 Rn. 429 ff.

Leitentscheidungen des ThürVerfGH und des BVerfG

- zu Art. 2 Abs. 1 (Art. 3 Abs. 1 GG):
  ThürVerfGH, Beschl. v. 11.03.1999 – 30/97 – LVerfGE 10, 479 (Inhaltsgleichheit, Rechtsanwendungsgleichheit, Willkürverbot); Beschl. v. 11.06.2002 – 2/02 – NJW 2004, 3260 = NVwZ 2004, 608 (Gleichbehandlung, Auswahlentscheidung); Urt. v. 14.07.2003 – 2/01 – NVwZ-RR 2003, 793 (Gleichheit der Mandatsträger); Beschl. v. 26.03.2007 – 49/06 und 52/06 – NVwZ 2007, 950 = ThürVBl 2007, 950 (willkürfreie Auswahlentscheidung) und Beschl. v. 25.03. 2010 – 49/09 und 50/09 – ThürVBl 2010, 179 (Gleichheitssatz und Willkür).
  BVerfGE 1, 14 (Südweststaat, Bindung des Gesetzgebers); 3, 225 (Ehe und Familienrecht, zum Verhältnis der Gleichheitssätze); 6, 84 (Sperrklausel, Grundsatz der gleichen Wahl); 6, 257 (allgemeiner Gleichheitssatz, Konstitutionsprinzip); 10, 59 (elterliche Gewalt, Gleichberechtigung); 37, 217 (Staatsangehörigkeit von Kindern); 55, 72 (Präklusion, Willkürverbot im Prozess); 88, 87 (Transsexuelle, Ungleichbehandlung und Diskriminierung); 101, 54 (Schuldrechtsanpassungsgesetz, Ungleichbehandlung von Personengruppen); 105, 313 (gleichgeschlechtliche Partnerschaft, allgemeiner Gleichheitssatz und Diskriminierungsverbot); 116, 243 (Transsexualität, Namensrecht); 122, 210 (Gleichheitssatz und Steuerlast); 126, 400 (Ungleichbehandlung von Ehegatten und Lebenspartnern, Steuerrecht).
- zu Art. 2 Abs. 2 und 3 (Art. 3 Abs. 2 und Abs. 3 Satz 1 GG):
  BVerfGE 2, 266 („Heimat“ – Notaufnahme); 3, 225 (Gleichberechtigung von Mann und Frau); 17, 1 (Gleichbehandlung, hauswirtschaftliche Leistungen als Unterhalt); 39, 169 (Gleichbehandlung von Frau und Mann in den Versorgungssystemen); 74, 163 (unterschiedliche Altersgrenzen für Frauen und Männer, Diskriminierungsverbot); 75, 40 (Weltanschauungsschule, Schutzpflichten); 85, 191 (Nachtarbeitsverbot, Gleichbehandlung der Geschlechter, Durchsetzung der Gleichberechtigung); 89, 276 (Benachteiligung im privatrechtlichen Arbeitsverhältnis); 92, 91 (Feuerwehrabgabe für Männer, Diskriminierungsverbot); 99, 216 (Diskriminierungsverbot der Ehe, Elternrecht, besonderer Gleichheitssatz des Art. 6 Abs. 1 GG); 104, 373 (eheliches Namensrecht und Kindesname); 114, 357 – Diskriminierung der ausländischen Mutter, Kindernachzug; 124, 199 (Ungleichbehandlung und sexuelle Orientierung); 126, 29 (Gleichberechtigungsgebot, mittelbare Diskriminierung); BVerfG, Beschl. v. 10.07.2012 – 1 BvL 2/10 u. a. – NVwZ-RR 2012, 825 (ausländische Staatsangehörige, Benachteiligung wegen des Geschlechts, Rechtfertigungsanforderungen).
- zu Art. 2 Abs. 4 (Art. 3 Abs. 3 Satz 2 GG):
  BVerfGE 96, 288 (Einschulung Behinderter, Benachteiligungsverbot); 99, 341 (genereller Ausschluss schreib- und sprechunfähiger Personen von der Testiermöglichkeit).

A. Überblick[1]

1 Der allgemeine Gleichheitssatz des Art. 2 Abs. 1 gehört zu den tragenden Konstitutionsprinzipien der Thüringer Verfassung. Er enthält eine unmittelbar bindende Verpflichtung an alle Träger staatlicher Gewalt (Gesetzgeber, Verwaltung und Rechtsprechung), gilt damit in allen Rechtsbereichen und richtet sich an alle Menschen.[2] Der Gleichheitsanspruch wird ergänzt durch besondere Gleichheitsgarantien hinsichtlich der Gleichheit der Geschlechter (Abs. 2 Satz 1), das Diskriminierungsverbot (Abs. 3) und das Verbot der Benachteiligung von Behinderten (Abs. 4). Die Verfassung verpflichtet die Träger der öffentlichen Gewalt durch Staatszielbestimmung zur Förderung der Gleichberechtigung von Frauen und Männern (Abs. 2 Satz 2); diese Verpflichtung bezieht er darüber hinaus auf Menschen mit Behinderungen, um die gleichwertige Teilnahme am Leben in der Gemeinschaft zu ermöglichen (Abs. 4 Satz 2); für sozial benachteiligte Behinderte spricht Art. 20 Satz 3 der Verfassung im Recht auf Bildung eine besondere staatliche Förderungspflicht aus.

2 Nach der Normstruktur enthält Art. 2 Abs. 1 den **allgemeinen Gleichheitssatz**; die Folgeabsätze mit der Gleichberechtigung von Frauen und Männern (Art. 2 Abs. 2) und den Differenzierungsverboten (Art. 2 Abs. 3) prägen **spezielle Gleichheitssätze**, während Art. 2 Abs. 4 eine weitere Fallgruppe von Ungleichbehandlungen aufgreift, nämlich diejenige wegen einer Behinderung. Die Gleichheit vor dem Gesetz ist darüber hinaus in allen Grundrechten angesprochen, die Jedem, jedem Bürger, jedem Menschen im Grundrechtsteil der Landesverfassung eingeräumt werden. Den Gleichheitsanspruch prägen etwa auch das Allgemeinheitsgebot für Gesetze und das Verbot der Regelung des Einzelfalles durch Gesetz, Art. 42 Abs. 3 Satz 1 ThürVerf sowie das Verbot von Ausnahmegerichten, Art. 87 Abs. 2 ThürVerf. **Explizite Gleichheitsansprüche** und Gewährleistungen enthalten darüber hinaus weitere Artikel der Landesverfassung. Das gilt etwa für die Gleichstellung von nicht ehelichen und ehelichen Kindern in Art. 19 Abs. 2 ThürVerf, den freien und gleichen Zugang zu öffentlichen Einrichtungen, Art. 20 Satz 2 ThürVerf, die gleichen öffentlichen Dienstleistungspflichten und die Rechtsgleichheit jedes Bürgers bei Wahlen und Abstimmungen, Art. 46 Abs. 1 und 95 Abs. 1 ThürVerf.

B. Herkunft, Entstehung und Entwicklung

3 Die ideengeschichtlichen Grundlagen für die Anerkennung der Gleichheit aller Menschen reichen bis in die Antike zurück. Die Formel von der **Gleichheit** aller Staatsbürger vor dem Gesetz ist prägend für den verfassungsgeschichtlichen Kontext des 19. Jahrhunderts in den Verfassungen der deutschen Länder geworden.[3] Die Formulierung des Gleichheitssatzes in der Thüringer Verfassung, die wörtlich mit der des Grundgesetzes übereinstimmt, greift auf bewährte und erprobte Verfassungssätze zurück.[4] Schon die Französische Erklärung der Menschen- und Bürgerrechte vom 26.08.1789 drückt dies unvergleichlich in Art. 1

1 Erstkommentierung *Jutzi*, in: Linck/Jutzi/Hopfe, Art. 2 Rn. 1 ff.
2 BVerfGE 6, 257 (265); 38, 225 (228).
3 Vgl. näher *Englisch*, in: Stern/Becker, Art. 3 Rn. 1 f.
4 Zu den thüringischen Landesverfassungen von 1920/21 und 1946: *Jürgen John*, Grundzüge der Landesverfassungsgeschichte Thüringens 1918 bis 1952, in: Thüringische Verfassungsgeschichte im 19. und 20. Jahrhundert, 1993, S. 49 ff.

aus: Die Menschen werden frei und gleich an Rechten geboren und bleiben es. In Deutschland erklärt noch Art. 109 WRV alle Deutschen vor dem Gesetz für gleich. Art. 5 Abs. 1 ThürVerf 1946 verbürgte nur allgemein allen Einwohnern die gleichen Rechte ohne einen eigenen Grundrechtskatalog. Das Grundgesetz erstreckt den Gleichheitsanspruch auf alle Menschen, den die Allgemeine Erklärung der Menschenrechte der UN-Generalversammlung vom 10.12.1948 bereits mit der Präambel in der Anerkennung der Würde und der Gleichheit als unveräußerliche Rechte aller Mitglieder der Gemeinschaft der Menschen für die Völker der Erde und in ihrem Art. 1 „Alle Menschen sind frei und gleich an Würde und Rechten geboren" zum Ausdruck bringt. Die DDR-Verfassung 1974 bezog in Art. 20 das Gleichheitsrecht auf alle Bürger und nahm die Gleichberechtigung von Mann und Frau für sich in Anspruch. Die Charta der Grundrechte der Europäischen Union vom 07.12.2000, die gemäß Art. 6 EUV verbindlich geworden ist, sichert den für die Europäische Union erreichten Standard der Menschenrechte zur allgemeinen Gleichheit und zu dem Gebot, die Gleichheit von Männern und Frauen sicherzustellen, in den Art. 20 und 23.

Gegenstand der Beratungen zur Thüringer Verfassung waren **fünf selbstständige Entwürfe** der im ersten Landtag nach der friedlichen Revolution vertretenen Parteien, die sowohl zur systematischen Stellung der Gleichheitsgebote als auch zum Inhalt der Verfassungsnorm unterschiedliche und zum Teil weitergehende Vorschläge enthalten. Im Ergebnis der Beratungen bestand Einigkeit in der Formulierung von Art. 2 Abs. 1; zu Abs. 2 verständigte man sich auf eine einheitliche Fassung zum **Gleichstellungsauftrag**, der aus den unterschiedlichen Vorstellungen dazu hervorging. Zum Staatsziel der Gleichstellung der Geschlechter lagen die Vorstellungen weit auseinander. Besonders weitgehende Regelungen zugunsten der Frauen und Bedenken gegen eine explizite Bevorzugung von Frauen trafen aufeinander. Dem Vorschlag der CDU, die tatsächliche Gleichstellung von Frauen und Männern zu fördern und zu sichern, folgte schließlich der Verfassungsausschuss.[5] Zu den **Diskriminierungsverboten** des Art. 2 Abs. 3 gelang die Verständigung dahingehend, dass die ethnische Zugehörigkeit und sexuelle Orientierung als weitere Merkmale in die Verfassung aufgenommen werden sollten.[6] Zur **Gleichstellung der Behinderten** wurde eine Einigung dahin erzielt, die verschiedenen Normvorschläge – an anderer Stelle in den Entwürfen – zu einer einheitlichen Vorschrift zusammenzufassen und dem Artikel 2 als Absatz 4 anzufügen.[7] 4

C. Verfassungsvergleichende Information

Die Verfassungen der Bundesländer enthalten jeweils den allgemeinen Gleichheitssatz und ergänzen z. T. das Willkürverbot (Art 17 Abs. 2 Verf Rh-Pf, Art. 12 Abs. 1 BbgVerf), soweit sie nicht allein die unmittelbare Geltung der Grundrechte des Grundgesetzes anordnen. Gleiches gilt für die Gleichberechti- 5

5 PW 1 VG 018 (15.03.1993) S. 33; PW 1 VerfA 026 (17.09.1993) S. 22 – zu den Vorlagen LL/PDS 1/1630 und B90/GR 1/1660; Entstehung ThürVerf, S. 19.

6 VerfUA Vorlage 1/393 v. 19.11.1991 Nr. 19; VerfA Vorlage 1/597 v. 09.03.1992 Nr. 11; Beschlussempfehlung Drs. 1/2660, S. 4; Entstehung ThürVerf, S. 19.

7 VerfUA Vorlage 1/655 v. 03.04.1992 Nr. 5; PW 1 VerfA 009 (27.06.1992), S. 75 f.; VerfA Vorlage 1/849 v. 24.07.1992 (Nr. 23); PW 1 VerfA 017 (05.02.1993) S. 96 - 98; PW 1 VerfA 026 (17.09.1993) S. 22 - 25; Beschlussempfehlung Drs. 1/2660, S. 4; Entstehung ThürVerf, S. 18 f.

gung von Mann und Frau, wie die obige Übersicht zu den jeweiligen Regelungen in den Landesverfassungen zeigt; sie verbinden dies mit staatlichen Gestaltungsaufträgen zur Verwirklichung/Förderung der Gleichberechtigung. Die Diskriminierungsverbote sind weitgehend sprachlich ähnlich wie im Grundgesetz und der Thüringer Verfassung gefasst; Abweichungen ergeben sich nur in der Reihung der Verbote, der selbständigen Nennung des Glaubens und für die Hervorhebung der sexuellen Identität/Orientierung (VvB, BbgVerf, BremVerf). Soweit die Landesverfassungen die besondere Stellung von Behinderten aufgreifen, steht im Zentrum das Benachteiligungsverbot und nach dem Wortlaut zugleich ein Bevorzugungsverbot. Bei einzelnen Verfassungen kommen – wie in Thüringen – zusätzliche Schutzansprüche und Förderungspflichten hinzu (BbgVerf, BremVerf, M-VVerf, LVerf LSA, SächsVerf).

D. Erläuterungen

I. Allgemeiner Gleichheitssatz

6 Anders als das Grundgesetz in Art. 3 regelt die Landesverfassung bereits in Art. 2 die Gleichheit vor dem Gesetz.[8] Die darin liegende Hervorhebung verweist auf die zentrale Bedeutung[9] und damit auf eines der tragenden **Konstitutionsprinzipien** der freiheitlich demokratischen Verfassung selbst. Den Zusammenhang von Menschenwürde, Gleichheit und Freiheit stellt die Verfassung selbst mit der Überschrift über dem ersten Abschnitt des ersten Teils her, indem sie diese Grundfreiheiten nebeneinander stellt. **Menschenwürde und Freiheit** kommen jedem Menschen zu, deshalb kann nur die Gleichbehandlung aller verfassungsrechtlich geboten sein.[10]

7 **1. Schutzbereich.** Art. 2 Abs. 1 bindet als unmittelbar geltendes Recht Gesetzgebung, vollziehende Gewalt und Rechtsprechung (Art. 42 Abs. 1 ThürVerf). Die vom Wortlaut her nahe liegende Einschränkung „vor dem Gesetz" ist unbeachtlich. Die Norm enthält ein **subjektiv öffentliches Recht** auf Gleichbehandlung.[11] Jeder einzelne **Mensch** ist **Grundrechtsträger**. Auch inländische juristische Personen (nicht des öffentlichen Rechts) können die **Gleichbehandlung** beanspruchen.[12]

8 Der **Gleichheitssatz** als allgemeiner verfassungsrechtlicher Grundsatz gebietet, alle Menschen vor dem Gesetz gleich zu behandeln. Jede Differenzierung in Merkmalen, die dem Einzelnen nicht zur Disposition stehen, ist deshalb **Ungleichbehandlung**. Im Kern geht es um die Gleichheit der Würde des Menschen, die beispielhaft in den Diskriminierungsverboten des Art. 2 verlautbart wird.[13] Art. 2 Abs. 1 fordert, Gleiches gleich und Ungleiches seiner Eigenart entsprechend verschieden zu behandeln. Verboten ist auch ein gleichheitswidriger Begünstigungsausschluss, bei dem eine Begünstigung einem Personenkreis ge-

8 Zur Inhaltsgleichheit des Gleichheitsgebots, ThürVerfGH, Beschl. vom 30.03.2011 – 14/07 – ThürVBl 2011, 176 (177) = DVBl. 2011, 688 (689).

9 Vgl. *Jutzi*, in: Linck/Jutzi/Hopfe, Art. 2 Rn. 1 (zur Stellung der Gleichheit in der Landesverfassung).

10 BVerfGE 5, 85 (205 f.); 6, 642 (265).

11 *Dürig*, in: Maunz/Dürig, Art. 3 Abs. 1 GG, Rn. 275 f., mwN.

12 BVerfGE 53, 336 (345) mwN und *Bergmann*, in: Hömig, Art. 3 Rn. 3; zur Erstreckung der Grundrechtsberechtigung auf juristische Personen aus Mitgliedstaaten der EU: BVerfGE 129, 78 (91).

13 *Paehlke-Gärtner*, in: Umbach/Clemens, Art. 3 I Rn 67.

währt, einem anderen Personenkreis aber vorenthalten wird.[14] Insofern hat das Grundrecht auch Bezug zu **Leistungsrechten** im engeren Sinne. Dem Gesetzgeber als Adressaten ist indessen **nicht jede Differenzierung untersagt**; ebenso wenig ist er gehalten, Ungleiches unter allen Umständen ungleich zu behandeln. Er darf allerdings eine Gruppe von Normadressaten im Verhältnis zu einer anderen Gruppe nicht anders behandeln, wenn zwischen den beiden Gruppen keine Unterschiede von solcher Art und solchem Gewicht bestehen, dass sie eine Ungleichbehandlung rechtfertigen können.[15] Der Verwaltung des Landes ist aufgegeben, ohne Ansehen der Person die Gesetze zu vollziehen[16] und so die Gleichheit der Bürger vor dem Gesetz zu gewährleisten. Das schließt eine willkürfreie Handhabung des Verwaltungsrechts und eine pflichtgemäße Ermessensausübung unter Beachtung des Gleichheitssatzes ein.[17] Für die Rechtsprechung hat Art. 2 Abs. 1 Bedeutung für den gleichen Zugang zu jedem öffentlichen Amte, die Gleichheit der Bürger vor dem Richter und die Gleichheit für den Bürger durch den Richter.[18] Der Gleichheitssatz verwirklicht insoweit auch **Rechtsanwendungsgleichheit**[19] und das Gebot der **Rechtsschutzgleichheit**[20].

Dem Gleichheitssatz entnimmt das Bundesverfassungsgericht ein allgemeines **Willkürverbot**, das selbst dort greift, wo es nicht um Ungleichbehandlungen geht. Je nach Regelungsgegenstand und Differenzierungsmerkmalen können sich unterschiedliche Grenzen für den Gesetzgeber ergeben, die vom bloßen Willkürverbot bis zu einer strengen Bindung an **Verhältnismäßigkeit**serfordernisse reichen.[21] Die Willkürprüfung im engeren Sinne geht davon aus, dass der Gleichheitssatz nur verletzt ist, wenn ein vernünftiger sich aus der Natur der Sache ergebender oder sonstig sachlich einleuchtender Grund für die gesetzliche Differenzierung nicht aufzufinden ist.[22] Eine strengere Bindung kann sich aus den jeweils betroffenen Freiheitsrechten ergeben. Zudem schärfen sich die verfassungsrechtlichen Anforderungen, je weniger die Merkmale, an die die gesetzliche Differenzierung anknüpft, für den Einzelnen verfügbar sind.[23] 9

Die Grundstruktur des allgemeinen Gleichheitssatzes erfordert eine gestufte Prüfung: Erstens bedarf es der Feststellung, dass eine Gleich- oder Ungleichbehandlung vorliegt; in zweiter Linie sind zu sammeln die gleichen und ungleichen Elemente der betroffenen Sachverhaltskonstellationen und drittens ist danach zu fragen, ob die (Un)Gleichbehandlung im Hinblick auf diese gleichen und ungleichen Elemente zu rechtfertigen ist.[24] 10

2. Beeinträchtigungen/Rechtfertigungen. Der Gleichheitssatz richtet sich vor allem an den Gesetzgeber, der grundsätzlich darüber zu befinden hat, alle Men- 11

14 Vgl. nur BVerfGE 126, 400 (416), st. Rspr.
15 BVerfGE 110, 141 (167) mwN.
16 BVerfGE 106, 225 (241).
17 BVerwGE 100, 335 (339 f.).
18 *Dürig*, in: Maunz/Dürig, Art. 3 Abs. 1 GG Rn. 378 f.
19 ThürVerfGH, Beschl. v. 11.03.1999 – 30/97 – LVerfGE 10, 479; vgl. zur Bindung von Verwaltung und Rechtsprechung: *Bergmann*, in: Hömig, Art. 3 GG Rn. 4.
20 Verankert zugleich im Rechtsstaatsgrundsatz und in der Rechtsschutzgarantie nach Art. 44 Abs. 1 bzw. 42 Abs. 5 ThürVerf; vgl. zu Art. 3 Abs. 1, 20 Abs. 3 und 19 Abs. 4 GG: BVerfGE 81, 347 (359); BVerfGK 2, 279 (281).
21 BVerfGE 110, 412 (431); 122, 210 (230), st. Rspr.
22 BVerfGE 88, 87 (96) und 122, 50 (67), st. Rspr.
23 BVerfG, NJW 2012, 2719 = NVwZ 2012, 1310 mwN.
24 *Kischel*, in: Epping/Hillgruber, Art. 3 GG Rn. 14 – iA an das BVerfG; *Jutzi*, in: Linck/Jutzi/Hopfe, Vorbem. Rn. 68 ff., Art. 2 Rn. 15 f.

schen vor dem Gesetz gleich zu behandeln. Die **Gestaltungsfreiheit** geht besonders weit dann, wenn Lebenssachverhalte verschieden behandelt werden, die Betroffenen sich aber durch eigenes Verhalten darauf einstellen können. Engeren Grenzen ist der Gesetzgeber unterworfen, je stärker sich die Ungleichbehandlung auf verfassungsrechtlich gewährleistete Freiheiten auswirkt und je weniger sich der Einzelne auf nachteilige Folgen einstellen kann.[25] Das Gleichheitsgebot erlaubt dem Gesetzgeber **Typisierungen**, insbesondere bei Massenerscheinungen. Im Einzelfall entstehende Härten verstoßen nicht gegen den allgemeinen Gleichheitssatz. Praktikabilität und Einfachheit des Rechts können den Gesetzgeber berechtigen, generalisierend, typisierend und auch pauschalierend Regelungen zu treffen.[26] Gleichermaßen ist der Gesetzgeber nicht gehalten, bei verschiedenen Ordnungssystemen ähnliche Sachverhalte gleich zu regeln oder Sonderregelungen in Abweichung von den für einen Rechtsbereich herrschenden Grundregelungen wegen Systemwidrigkeit zu treffen.[27]

12 Für die jeweiligen Politikfelder ergeben sich deshalb bereichspezifische Unterschiede. Die Gründe für die **Differenzierung** von Personengruppen und deren unterschiedliche Behandlung müssen in Ansehung der grundrechtlich geschützten Freiheiten gerechtfertigt werden können.[28] Eine Grenze ist erreicht, wenn sich gegenüber der rechtlich begünstigten **Gruppe** für die davon ausgeschlossenen Personen kein in angemessenem Verhältnis zu dem Grad der **Ungleichbehandlung** stehender Rechtfertigungsgrund mehr finden lässt, mithin für den zu regelnden Sachverhalt die Unterschiede nicht vertretbar oder sachfremd sind.[29] Für die Rechtsprechung des BVerfG zu den einzelnen Bereichen gesetzgeberischer Gestaltung darf auf die eingehenden Darstellungen in den einschlägigen Kommentierungen zum Grundgesetz verwiesen werden.[30]

13 Für die Rechtsprechung hat der allgemeine Gleichheitssatz im Grundsatz der **prozessualen Waffengleichheit** in Verbindung mit dem Rechtsstaatsprinzip besondere Bedeutung. Er gebietet die weitgehende Angleichung der Situation von Bemittelten und Unbemittelten bei der Wahrnehmung gerichtlichen Rechtsschutzes und im außergerichtlichen Bereich.[31] Aus dem allgemeinen Gleichheitssatz folgt das Verbot willkürlicher Gerichtsentscheidungen; sie dürfen unter keinem denkbaren Aspekt mehr vertretbar sein, müssen mithin zu dem Schluss drängen, sie beruhten auf sachfremden Erwägungen.[32] **Willkür** in diesem Sinne liegt vor, wenn eine offensichtlich einschlägige Norm nicht berücksichtigt oder der Inhalt einer Norm in krasser Weise missdeutet wird.[33] Für die Überprüfung von Entscheidungen der Gerichte des Landes, die mit der Verfassungsbeschwerde vor dem Thüringer Verfassungsgerichtshof angegriffen werden (vgl. unten Art. 80 Rn. 6 ff.), folgt daraus, dass sie dann keinen Bestand haben können; dies gilt auch bei Widersprüchen in der Anwendung und Auslegung von Bundes-

25 BVerfGE 126, 400 (418).
26 BVerfGE 113, 167 (236).
27 BVerfGE 122, 1 (36).
28 BVerfGE 111, 160 (170 f.).
29 BVerfGE 99, 165 (178).
30 Z. B. *Rüfner*, in: BK, Art. 3 Abs. 1 GG Rn. 196 ff.; *Osterloh*, in: Sachs, GG, Art. 3 Rn. 134 ff.; *Starck*, in: von Mangoldt/Klein/Starck, Art. 3 Abs. 1 Rn. 55 ff.; *Heun*, in: Dreier, Art. 3 Rn. 73 ff.; *Bergmann*, in: Hömig, Art. 3 Rn. 10 ff.
31 BVerfGE 122, 39 (48 f.).
32 BVerfGE 87, 273 (278).
33 BVerfGE 96, 189 (203).

recht, sodass ein etwa zur Geltung gebrachter Rechtssatz nicht mehr Bestandteil dieses Rechts und in diesem Sinne willkürlich ist.[34]

II. Gleichberechtigung von Frau und Mann

1. Schutzbereich. Art. 2 Abs. 2 Satz 1 entspricht Art. 3 Abs. 2 Satz 1 GG. Die Erstnennung der Frauen soll betonen, dass die Gruppe der Frauen immer noch stärker unter faktischen Nachteilen zu leiden hat.[35] Dieser **spezielle Gleichheitssatz** enthält ein strenges **Gleichbehandlungsgebot.**[36] Grundrechtsträger können nur natürliche Personen sein. Das Verbot einer Benachteiligung oder Bevorzugung verbietet die Verwendung des Geschlechts als Differenzierungskriterium. Grundrechtsverpflichtete sind die jeweiligen Hoheitsträger in ihrem Zuständigkeitsbereich; die Verfassungsnorm richtet sich deshalb an die in Art. 2 Abs. 2 Satz 2 genannten Hoheitsträger und die sonstigen Gebietskörperschaften des Landes (Gemeinden, Gemeindeverbände), wie auch die Gerichte und Behörden.[37] 14

Der über das **Diskriminierungsverbot** hinausgehende Regelungsgehalt der Gleichberechtigung besteht darin, dass er das Gebot auch auf die gesellschaftliche Wirklichkeit erstreckt, die **Durchsetzung der Gleichberechtigung** der Geschlechter für die Zukunft erstrebt und auf die Angleichung der Lebensverhältnisse zielt.[38] Dieser Anspruch impliziert, dass der Gesetzgeber die Gleichberechtigung durch die rechtliche Angleichung der Lebensverhältnisse und Sicherung gleicher Erwerbschancen der Frauen auch durchzusetzen hat; darüber hinaus hat er faktische Nachteile, die typischerweise Frauen treffen, durch begünstigende Regelungen auszugleichen.[39] Die Durchsetzung der Gleichberechtigung wird auch durch Regelungen gehindert, die zwar geschlechtsneutral formuliert sind, im Ergebnis aber aufgrund natürlicher Unterschiede oder der gesellschaftlichen Bedingungen überwiegend Frauen betreffen. Nicht nur solche unmittelbaren Ungleichbehandlungen, sondern auch mittelbare Diskriminierungen werden vom Gleichbehandlungsgebot erfasst[40]. 15

Satz 2 enthält einen **Verfassungsauftrag**, die tatsächliche **Gleichstellung von Frauen und Männern** zu fördern und zu sichern. Dieser Auftrag richtet sich entgegen der missverständlichen Formulierung an alle Träger öffentlicher Gewalt im Lande. Mit der Staatszielbestimmung zur Gleichstellung der Geschlechter hat die Landesverfassung bereits die Änderung im Grundgesetz vorweggenommen, die durch Einfügung von Art. 3 Abs. 2 Satz 2 GG im Jahre 1994 im Zuge der Verfassungsänderungen nach der Herstellung der Deutschen Einheit vollzogen wurde (vgl. das Gesetz v. 27.10.1994, BGBl. I S. 3146). Als **Staatsziel**bestimmung enthält er kein subjektives öffentliches Recht auf „tatsächliche" Gleich- 16

34 BVerfGE 96, 345 (363); ThürVerfGH, Beschl. v. 11.01.2001 – 3/99 – ThürVBl 2001, 129 = DÖV 2001, 335 = LKV 2002, 227 und v. 25.03.2010 – 49 und 50/09 – ThürVBl 2010, 179, st. Rspr; vgl. dazu *Jutzi*, NJ 2001, 251 und *Schwan*, ThürVBl 2012, 121.

35 *Jutzi*, in: Linck/Jutzi/Hopfe, Art. 2 Rn. 28.

36 BVerfGE 52, 369 (374); 48, 346 (365).

37 *Jarass*, in: Jarass/Pieroth, Art. 3 GG Rn. 4.

38 BVerfGE 109, 64 (89); 126, 29 (53); zum Gleichstellungsauftrag des Art. 2 Abs. 2 Satz 2 ThürVerf: *Peter M. Huber*, ThürVBl. 1993, Sonderheft, B 4, 7.

39 BVerfGE 126, 29 (53, 54); kritisch etwa *Bergmann*, in: Hömig, Art. 3 GG Rn. 17.

40 BVerfGE 126, 29 (53) – zu geschlechtsspezifischen Wirkungen (Rückkehrrecht von Arbeitnehmerinnen in ein Unternehmen).

stellung, verpflichtet aber zu Maßnahmen, die auf eine gleichmäßige Repräsentation von Männern und Frauen hinauslaufen[41].

17 Das ThürGleichG setzt einfachrechtlich diesen Verfassungsauftrag für den **öffentlichen Dienst** um. Zur Verwirklichung der Chancengleichheit sollen beitragen: ein Frauengleichstellungsplan für jeweils sechs Jahre (§ 4), geschlechtsneutrale Stellenausschreibungen (§ 6), die Erhöhung des Anteils von Frauen bei der Stellenbesetzung für Vorgesetzten- und Leitungsaufgaben durch Maßgaben für das Auswahlverfahren (§ 7), familiengerechte Arbeitszeit (§ 10), die gleiche Beteiligung von Frauen und Männern in Gremien (§ 13), die Wahl der Gleichstellungsbeauftragten (§ 15) mit Einspruchsrecht (§ 20) und gerichtlichem Anrufungsrecht (§ 21), die Bestellung einer Vertrauensfrau (§ 15) und einer Beauftragten für die Gleichstellung von Frau und Mann in jedem Ressort der Landesregierung (§ 25), der Informationsrechte und Beanstandungsrechte zustehen (§ 26).[42] Der Bundesgesetzgeber hat den Verfassungsauftrag aus Art. 3 Abs. 2 Satz 2 GG und aus bindenden EU-Richtlinien zur Verwirklichung der Gleichberechtigung durch das allgemeine Gleichbehandlungsgesetz – Antidiskriminierungsgesetz – aufgegriffen, mit dem Benachteiligungen des Geschlechts in Beschäftigung und Beruf verhindert und beseitigt werden sollen.[43]

18 **2. Beeinträchtigungen/Rechtfertigungen.** Ist die geschlechtsbezogene Differenzierung verboten, können Ausnahmen nur dann in Betracht kommen, wenn biologische Unterschiede das zu ordnende Lebensverhältnis so entscheidend prägen, dass etwa vergleichbare Elemente daneben vollkommen zurücktreten. Ob darüber hinaus auch funktionale (arbeitsteilige) Unterschiede gleichgestellt werden können, erscheint immer mehr fraglich.[44] Das Bundesverfassungsgericht hat dies für den etwaigen Vorrang des männlichen Geschlechts schon in einer frühen Entscheidung deutlich gemacht[45], und in der Hausarbeitsentscheidung dann aufgegeben.[46] Nach der neueren Rechtsprechung des Bundesverfassungsgerichts sind **an das Geschlecht anknüpfende** differenzierende **Regelungen** nur noch dann mit Art. 3 GG vereinbar, soweit sie zur Lösung von Problemen, die ihrer Natur nach nur entweder bei Männern oder bei Frauen auftreten können, **zwingend erforderlich** sind.[47] Verfassungsrechtlich gebotene Differenzierungen können indessen aus anderen verfassungsrechtlichen Bestimmungen herzuleiten sein. Das gilt etwa für die durch Art. 6 Abs. 1 iVm Art. 3 Abs. 2 GG geschützte Ehe als Lebensgemeinschaft gleichberechtigter Partner, in der die Ehegatten ihre persönliche und wirtschaftliche Lebensführung in gemeinsamer Verantwortung bestimmen.[48] Diese Aussagen sind auf das landesverfassungsrechtliche Gleichheitsrecht zu übertragen (Art. 17 Abs. 1 iVm Art 2 Abs. 2 ThürVerf).

41 *Peter M. Huber*, in: Schmitt, S. 68, 80.
42 Vgl. zu den Gesetzesmaterialien: Thüringer Landtag, Drs. 5/4925 – Gesetzentwurf der Landesregierung.
43 Vgl. § 1 des Gesetzes v. 14.08.2006 (BGBl. I S. 1897), erlassen als Art. 1 des Gesetzes zur Umsetzung der europäischen Richtlinien zur Verwirklichung des Grundsatzes der Gleichbehandlung – EUGleichbUmsG –; ein Beispiel zum Verbot der Altersdiskriminierung gem. § 7 AGG und Art. 2 Abs. 2 RL 2000/78/EG: BVerwG, NVwZ 2012, 146 iA EuGH, Urt. v. 21.07.2011 – Rs C-159/10, Rs C-160/10 – NVwZ 2011, 1249 (Altersgrenze im öffentlichen Dienst).
44 *Kischel*, in: Epping/Hillgruber, Art. 3 GG Rn. 171 f.
45 BVerfGE 15, 337 (345) – zur Höfeordnung.
46 BVerfGE 52, 369 (376).
47 BVerfGE 92, 91 (109) und 85, 191 (209).
48 BVerfGE 105, 1 (10 f.).

Ob und in welchem Umfang **kompensatorische Gesetzgebung** zur Herstellung von Gleichheit möglich ist, erscheint immer noch umstritten.[49] Offen ist, ob Frauenförderungsmaßnahmen, insbesondere Frauenquoten (vor allem für den Zugang und die Beförderung im öffentlichen Dienst), in Gleichstellungsgesetzen der Länder verfassungsrechtlich zulässig sind.[50] Strukturelle Diskriminierung fordert einen kompensatorischen Ausgleich der bisher benachteiligten Gruppe der Frauen, der ein im Gleichstellungsgebot enthaltenes **Dominierungsverbot** beseitigen soll. Dafür gibt es wegen des Gebots der Durchsetzung der Gleichberechtigung gute Gründe.[51] 19

Die Gleichberechtigung von Frau und Mann wird etwa praktisch bedeutsam bei den familiären Beziehungen der Eltern gegenüber ihren minderjährigen ehelichen Kindern und der Eltern nichtehelicher Kinder[52], der Führung des Familiennamens[53], in der Anerkennung der Arbeit als Hausfrau und Mutter als Unterhalt[54], in der Aufgabenteilung in der Ehe[55], beim Unterhalt[56], dem Mutterschutz[57] und etwa auch der Lohngleichheit von Mann und Frau[58]. 20

III. Die Differenzierungsverbote

1. Schutzbereich. Der Katalog der Diskriminierungsverbote ist nach dem Wortlaut von Art. 2 Abs. 3 etwas weiter gefasst; grundsätzliche Unterschiede gegenüber dem Grundgesetz ergeben sich nicht. Heißt es im Grundgesetz Heimat und Herkunft, stellt die Thüringer Verfassung nur auf die Herkunft ab. Verwendet das Grundgesetz die Begriffe Glauben und religiöse Anschauungen, nennt der Wortlaut des Art. 2 Abs. 3 die religiöse Überzeugung. Heißt es im Grundgesetz in Art. 3 Abs. 3 weiter: die politischen Anschauungen, sind dies in Thüringen die politischen und weltanschaulichen Überzeugungen. Schließlich nennt die Landesverfassung abschließend und zusätzlich die sexuelle Orientierung des Menschen als ergänzendes Diskriminierungsverbot. 21

Art. 2 Abs. 3 Satz 1 enthält **spezielle Diskriminierungsverbote**, die ihrerseits ebenso besondere Gleichheitssätze sind. Jede Bevorzugung oder Benachteiligung in Bezug auf die Merkmale Herkunft, Abstammung, ethnische Zugehörigkeit, soziale Stellung, Sprache, politische, weltanschauliche oder religiöse Überzeugung, die Zugehörigkeit zum Geschlecht oder die sexuelle Orientierung stellt eine Ungleichbehandlung dar. Die Diskriminierung muss im Hinblick auf das jeweilige Merkmal kausal sein, wie schon der Wortlaut „wegen" ausweist. Dem Gesetzgeber sind insoweit für seine Gestaltungsfreiheit sehr enge Grenzen gesetzt.[59]

49 Vgl. z. B. *Starck*, in: von Mangoldt/Klein/Starck, Art. 3 Abs. 2 GG Rn. 335.

50 Vgl. oben Rn. 17 und §§ 7, 8 ThürGleichG; §§ 4, 5, 10 Hessisches Gleichberechtigungsgesetz; §§ 8, 9 BBG.

51 Vgl. dazu eingehend *Sacksofsky*, in: Umbach/Clemens, Art. 3 II, III 1 GG Rn. 363, 333, 369 mwN; aA z. B. *Bergmann*, in: Hömig, Art. 3 GG Rn. 17 f.; *Kischel*, in: Epping/Hillgruber, Art. 3 Rn. 178 ff.; *Heun*, in: Dreier, Art. 3 Rn. 97 ff.

52 BVerfGE 10, 59 (74 f.); 107, 150 (169 ff., 184); 114, 357 (364 ff.).

53 BVerfGE 48, 327 (337 ff.); 84, 9 (17 ff.).

54 BVerfGE 37, 217 (251); 79, 106 (126).

55 BVerfGE 87, 234 (255 ff.).

56 BVerfGE 103, 89 (101);105, 1 (10 ff.).

57 BVerfGE 115, 259 (275).

58 Vgl. zum Diskriminierungsverbot des § 611 a BGB aF – BVerfGE 89, 276 (285 ff.).

59 Vgl. BVerfGE 102, 41, hier Sondervotum S. 63 f. (66).

22 **2. Die einzelnen Merkmale.**[60] Die **Herkunft** umschreibt den sozialen Kontext, in dem der einzelne Mensch steht,[61] so etwa die soziale Stellung der Vorfahren.[62] Dazu gehört auch der örtliche Bezug, die Verwurzelung in der Region, die geprägt hat.[63] **Abstammung** ist im biologischen Sinne zu verstehen als Beziehung des Menschen zu seinen Vorfahren, die die genetische Ausstattung festlegt und die Persönlichkeit mitprägt. Das Merkmal richtet sich aber auch gegen Sippenhaft und Vetternwirtschaft.[64] **Ethnische Zugehörigkeit** meint demgegenüber begrifflich die **Rasse,** d. h. Gruppen, denen bestimmte gemeinsame Merkmale zugeordnet werden, ohne dass menschenrechtlich von einer Rasse gesprochen werden könnte. Weitergehend wird auch die Vereinigung bestimmter Merkmale gemeint sein, die sich eine Schicksalsgemeinschaft selbst zuschreibt oder die ihr von anderen mit der Behauptung genetischer Verbundenheit zugeschrieben wird,[65] wie bei vom Regime im NS-Staat so benannten Verfolgtengruppen geschehen. Mit der **sozialen Stellung** greift die Verfassung als Merkmal die soziale Schichtung auf, d. h. eine darauf bezogene Gruppenzugehörigkeit. **Sprache** als Merkmal der Nichtdiskriminierung soll davor schützen, dass allein wegen sprachlicher Eigenheiten der Muttersprache die Gleichbehandlung in Frage gestellt werden könnte.[66] Bedeutsam kann dies für Minderheiten sein, die nicht unterdrückt oder behindert werden dürfen, was aber nicht bedeutet, dass rechtlich etwa Kenntnisse der deutschen Sprache von Zuwanderern nicht verlangt werden können[67]. Deutsch als Gerichts- und Amtssprache ist verfassungsrechtlich damit nicht in Frage gestellt[68], unbeschadet etwaiger Übersetzungspflichten (vgl. Art. 6 Abs. 3 lit. e EMRK). **Politische, weltanschauliche oder religiöse Überzeugungen** dürfen ebenso nicht Anknüpfungspunkt für Diskriminierungen sein. Nicht nur das Haben sondern gerade auch das Bekenntnis der Überzeugung wird geschützt;[69] auch areligiöse Anschauungen sind umfasst.[70]

23 Dem Merkmal **Geschlecht** wird weitgehend die praktische Bedeutung versagt sein, soweit Frauen und Männer bereits durch Art. 2 Abs. 2 vor geschlechtsbezogener Diskriminierung geschützt sind.[71] Eine Benachteiligung geschlechtlich verschiedener Paare liegt nicht in der Möglichkeit gleichgeschlechtlicher Partnerschaft.[72] Die **sexuelle Orientierung** als abweichende Prägung ist umfassend zu verstehen, erfasst deshalb Homosexualität, Transsexuelle, Hermaphroditen, Bisexualität u.a.[73]

IV. Der Schutz Behinderter

24 **1. Grundrecht auf Schutz.** Aus dem besonderen Schutzanspruch folgt für alle Menschen mit **Behinderung** ein **Grundrecht** aus Art. 2 Abs. 4 Satz 1, das vor Be-

60 Vgl. die Übersicht bei *Jutzi*, in: Linck/Jutzi/Hopfe, Art. 2 Rn. 46 ff.
61 BVerfGE 9, 124 (129); BVerfG, EuGRZ 1998, 36 (40) = ThürVBl 1998, 35 (37).
62 BVerfGE 48, 281 (287 f.).
63 BVerfGE 102, 41 (53).
64 *Kischel*, in: Epping/Hillgruber, Art. 3 GG Rn. 204.
65 Vgl. *Bergmann*, in Hömig, Art. 3 GG Rn. 21.
66 BVerfG, NJW 2004, 1095.
67 *Kischel*, in: Epping/Hillgruber, Art. 3 GG Rn. 207.
68 BVerfGE 64, 135 (157).
69 BVerfGE 39, 334 (368).
70 BVerfG, NVwZ 1999, 756.
71 BVerfGE 85, 191 (207).
72 BVerfGE 105, 313 (351).
73 BVerfGE 124, 199 (220).

nachteiligungen wegen der Behinderung schützt.[74] Die Entstehungsgeschichte belegt dies mit der Zuordnung zu den Gleichheitssätzen eindrücklich.[75] Unabhängig davon dürfte sich die Auslegung der Thüringer Verfassung insoweit allein wegen des Schutzbereichs des Grundrechts aus Art. 3 Abs. 3 Satz 2 GG nicht dazu in Widerspruch setzen.[76] Als **Durchgriffsnorm** des Grundgesetzes bindet er alle staatliche Gewalt ohnehin unmittelbar.[77] Für dieses spezielle Grundrecht ist die Anerkennung unbestritten.[78] Das Verbot der Benachteiligung ist subjektiv-grundrechtliches Abwehrrecht.[79] Die Norm ist besonderer Gleichheitssatz, der seine inhaltliche Ausformung durch das **Benachteiligungsverbot** für Behinderte erfährt.[80] Schon die Menschenwürde verbietet jede Diskriminierung. Bereits vor der durch die Verfassungsreform von 1994 eingefügten Änderung des Art. 3 Abs. 3 Satz 2 GG forderte der Schutz durch Art. 1 und 20 GG die Berücksichtigung der Belange der Behinderten.[81]

Ebenso wie die Diskriminierungsverbote des Art. 2 Abs. 3, die den Schutz des allgemeinen Gleichheitssatzes verstärken sollen, will das in Art. 2 Abs. 4 Satz 1 enthaltene Diskriminierungsverbot der staatlichen Gewalt ebenso weit engere Grenzen setzen, als die Behinderung nicht als Anknüpfungspunkt für eine benachteiligende Ungleichbehandlung dienen darf.[82] Originäre **Leistungsansprüche** aus dem Grundrecht dürften zu verneinen sein.[83] Die Grundrechtsposition kann darüber hinaus eine **verfahrensrechtliche und organisatorische Absicherung des Benachteiligungsverbots** erfordern.[84] 25

Grundrechtsträger sind alle Menschen mit Behinderungen. Zur näheren Umschreibung der Gruppe kann auf die Definition in § 2 Abs. 1 SGB IX abgestellt werden.[85] Danach sind Menschen behindert, wenn ihre körperliche Funktion, geistige Fähigkeit oder seelische Gesundheit von dem für das Lebensalter typischen Zustand abweicht und daher ihre Teilhabe am Leben in der Gemeinschaft beeinträchtigt ist.[86] Im Einzelfall auftretende Schwierigkeiten hinsichtlich der Grenzziehung bleiben bestehen; das zeigt etwa das Beispiel der Minderbegabungen.[87] Eine Erwerbsminderung ist keine Behinderung im verfassungsrechtlichen Sinne.[88] 26

74 *Jutzi*, in: Linck/Jutzi/Hopfe, Art. 2 Rn. 57, 58.
75 Entstehung ThürVerf, S. 18; PW1 VerfA 020 (20.03.1993) S. 186, 188; Vorlage der Landtagsverwaltung 1/1223 v. 23.03.1993, S. 5; Drs. 1/2106, Beschlussempfehlung, S. 4.
76 BVerfGE 97, 298 (314 f.).
77 Huber, in: Huber, S. 51; vgl. oben E5, Thüringer Landesverfassungsrecht und Bundesverfassungsrecht, Rn. 3, 25 f.
78 *Jarass*, in: Jarass/Pieroth, Art. 3 GG Rn. 142, 143 mwN.
79 *Osterloh*, in: Sachs, GG, Art. 3 Rn. 305.
80 BVerfGE 99, 341 (356 f.).
81 BVerfGE 40, 121 (131) – Fürsorgepflicht für Hilfsbedürftige; *Umbach*, in: Umbach/Clemens, Art. 3 III 2 GG Rn. 376.
82 BVerfGE 96, 288 (302).
83 *Scholz*, in: Maunz/Dürig, Art. 3 Abs. 3 GG Rn. 174; *Osterloh*, in: Sachs, GG, Art. 3 Rn. 305.
84 BVerfGE 96, 288 (309).
85 Vgl. auch § 10 Abs. 1 SGB I, § 3 Behindertengleichstellungsgesetz (BGG) und § 3 ThürGlG.
86 Zur anerkannten Begriffsabgrenzung im früheren § 3 Abs. 1 Satz 1 Schwerbehindertengesetz: BVerfGE 96, 288 (301); vgl. auch *Scholz*, in: Maunz/Dürig, Art. 3 Abs. 3 GG Rn. 176.
87 *Kischel*, in: Epping/Hillgruber, Art. 3 GG Rn. 291.
88 BVerfGE 128, 138 (156).

27 **2. Verfassungsauftrag.** Art. 2 Abs. 4 Satz 1 enthält weiter einen **bindenden Auftrag** an den Freistaat, behinderten Menschen einen besonderen Schutz angedeihen zu lassen, durch den die individualrechtliche Komponente des Grundrechts verstärkt wird.[89] Damit ist zugleich die objektiv-rechtliche Schutzfunktion des Grundrechts angesprochen.[90] Dem **Verfassungsgeber** war dieser besondere Schutz ein Anliegen, wie die Normentstehung belegt. Stand zunächst eine Formulierung im Vordergrund, nach der die Behinderten diesen Schutz „genießen" sollten, hat sich letztlich der Verfassungsgeber auf die Wortwahl „stehen" (unter dem besonderen Schutz) verständigt.[91] Eine weiter gehende Pflicht des Landes ist nicht in die Verfassung aufgenommen worden.[92] Ebenso wenig hat sich die ursprüngliche Forderung „Benachteiligungen auszugleichen"[93] oder eine Gewährleistung des Rechts auf Arbeit für Behinderte[94] durchgesetzt wie ein Anspruch auf besondere staatliche Unterstützung für Menschen mit einer körperlichen, geistigen oder seelischen Beeinträchtigung auf Ausgleich bestehender Ungleichheiten.[95] Bleibt es demnach beim Schutzauftrag, kommt dem Gesetzgeber insoweit ein erheblicher **Gestaltungsspielraum** zu.[96]

28 Der **staatliche Auftrag**, auf gleichberechtigte Teilhabe behinderter Menschen hinzuwirken, wird auch dem Benachteiligungsverbot des Art. 3 Abs. 2 Satz 2 GG entnommen.[97] Andererseits wird vertreten, Art. 3 Abs. 2 Satz 2 sei nur Staatszielbestimmung, indem er allen Bestrebungen zur Angleichung ein verfassungsrechtliches Fundament gebe.[98] Ist er Ausdruck der besonderen Verantwortung des Staates gegenüber Behinderten, überlässt er dem Staat ebenso einen ganz erheblichen Beurteilungsspielraum bei der Erfüllung des Auftrags und steht damit unter dem Vorbehalt des nach den organisatorischen, personellen und sachlichen Voraussetzungen Möglichen.[99]

29 Der Bundesgesetzgeber hat dem Auftrag mit verschiedenen Gesetzen entsprochen. Das SGB IX vom 19.06.2001 (BGBl. I S. 1046), das das Schwerbehindertengesetz abgelöst hat, gewährt Leistungen für Behinderte und von Behinderung bedrohte Menschen, um Selbstbestimmung und gleichberechtigte Teilnahme am Leben in der Gemeinschaft zu fördern, Benachteiligungen zu vermeiden oder ihnen entgegen zu wirken (§ 1). Das SGB III – Arbeitsförderung – vom 24.03.1997 (BGBl. I S. 594) vermittelt spezielle Leistungsrechte für Behinderte im Erwerbsleben. Das Behindertengleichstellungsgesetz vom 27.04.2002 (BGBl. I S. 1467) enthält einfachrechtlich die Verpflichtung zur Gleichstellung,

---

89 *Jutzi*, in: Linck/Jutzi/Hopfe, Art. 2 Rn. 58.
90 Vgl. *Osterloh*, in: Sachs, GG, Art. 3 Rn. 307 (zu Art. 3 Abs. 3 Satz 2 GG).
91 Entstehung ThürVerf, S. 17; Art. 13 a VerfE CDU, Art. 10 VerfE SPD, Art. 26 VerfE NF/GR/DJ und Art. 36 VerfE LL/PDS ; PW 1 VerfA 026 (17.09.1993), S. 13, 22 - 25 und Drs. 1/2660 Beschlussempfehlung, S. 4.
92 Entstehung ThürVerf, S. 18; VerfA Vorlage 1/849 (24.07.1992) Nr. 23; VerfA Vorlage 1/1148 (08.02.1993) Nr. 18; Änderungsantrag der Fraktion LL/PDS Vorlage 1/1635 (Anspruch auf besondere staatliche Unterstützung).
93 Entstehung ThürVerf, S. 18; PW 1 VerfUA 026 (28.01.1993), S. 88 ff.; PW 1 VG 016 (20.11.1992), S. 28.
94 Entstehung ThürVerf, S. 18; PW 1 VG 019 (16.03.1993), S. 39.
95 Entstehung ThürVerf, S. 18; PW 1 VerfUA 028 (13.09.1993), S. 67.
96 *Jutzi*, in: Linck/Jutzi/Hopfe, Art. 2 Rn. 59.
97 *Jarass*, in: Jarass/Pieroth, Art. 3 GG Rn. 142 mwN.
98 *Rüfner*, in: BK, Art. 3 Abs. 2 und 3 Rn. 884.
99 *Kischel*, in: Epping/Hillgruber, Art. 3 Rn. 215 unter Bezugnahme auf BVerfGE 96, 288 (305 f).

Regelungen zur Barrierefreiheit von öffentlichen Einrichtungen (§ 8), ein Benachteiligungsverbot für die Träger öffentlicher Gewalt (§ 7), das Recht zur Verwendung der Gebärdensprache und anderer Kommunikationshilfen (§ 9), ein eigenes Verbandsklagerecht und das Recht zur gerichtlichen Vertretung für Behindertenorganisationen (§§ 12, 13). Das allgemeine Gleichbehandlungsgesetz vom 14.08.2006 (BGBl. I S. 1897), zu dessen Zielen auch gehört, die Benachteiligungen wegen einer Behinderung zu verhindern und zu beseitigen (§ 1), vermittelt Schutzansprüche der Beschäftigten im Erwerbsleben (§§ 6 ff.), den Schutz im Zivilrechtsverkehr vor Benachteiligungen (§§ 19 ff.) und bezieht öffentlich-rechtliche Dienstverhältnisse mit ein (§ 24). Durch das Übereinkommen der Vereinten Nationen über die Rechte von Menschen mit Behinderungen (BGBl. II 2008 S. 1420) ist die Bundesrepublik bereits völkerrechtlich verpflichtet, den vollen und gleichberechtigten Genuss aller Menschenrechte und Grundfreiheiten für alle Menschen mit Behinderungen zu fördern, zu schützen und zu gewährleisten und die Achtung der ihnen innewohnenden Würde zu fördern, Art. 1 Abs. 1.

Das Land hat seinen **Gestaltungsauftrag**, der neben den bundesrechtlichen Regelungen noch verbleibt,[100] mit dem ThürGlG aufgenommen. Das Gesetz verpflichtet das Land und die kommunalen Gebietskörperschaften sowie weitere öffentliche Träger, die Ziele des Gesetzes zu fördern (§ 6), mithin Benachteiligungen von Menschen zu verhindern, bestehende Benachteiligungen zu beseitigen sowie die gleichberechtigte Teilnahme von Menschen mit Behinderungen am Leben in der Gesellschaft herzustellen und ihnen eine selbstbestimmte Lebensführung zu ermöglichen (§ 1). Die Träger der öffentlichen Verwaltung trifft ein Benachteiligungsverbot (§ 7) und ein Gleichstellungsgebot (§ 8). Weitere Vorschriften befassen sich mit der Herstellung von Barrierefreiheit (§ 10), dem Recht auf Verwendung von Gebärdensprache und anderen Kommunikationseinrichtungen sowie dem Recht auf gemeinsamen Unterricht (§ 11 ff.) sowie den Interessenvertretungen für die Gleichstellung von Behinderten (§§ 16 ff.). 30

3. Staatsziel: Förderung der Teilnahme am Gemeinschaftsleben. Art. 2 Abs. 4 Satz 2 weist dem Freistaat und den Gebietskörperschaften des Landes die Aufgabe zu, die gleichwertige Teilhabe von Behinderten am Leben in der Gemeinschaft zu fördern. Damit ergänzt die Verfassung den bereits in Satz 1 enthaltenen Verfassungsauftrag. Mit dem Begriff „gleichwertig" trägt der Verfassungsgeber dem Umstand Rechnung, dass bei einer Reihe von Behinderungen durch kompensatorische Maßnahmen diese Teilnahme am Leben in der Gemeinschaft nur zum Teil erreicht werden kann.[101] 31

Unter Beachtung der Maßgaben des Art. 43, der den Freistaat verpflichtet, nach seinen Kräften und im Rahmen seiner Zuständigkeit die in der Verfassung niedergelegten **Staatsziele** anzustreben und sein Handeln danach auszurichten, bleibt erheblicher Raum für weitergehende Regelungen zum Abbau von Benachteiligungen und von Behinderungen. Ob solche Regelungen durch den Landesgesetzgeber über den Bereich staatlich organisierter Gemeinschaft hinausgehen und auch den privaten Bereich erfassen dürfen,[102] hängt vor allem davon ab, ob die rechtliche Gestaltung nicht bereits bundesrechtlich gesperrt ist. So wird etwa 32

100 *Jutzi,* in: Linck/Jutzi/Hopfe, Art. 2 Rn. 59.
101 *Jutzi,* in: Linck/Jutzi/Hopfe, Art. 2 Rn. 62.
102 *Jutzi,* in: Linck/Jutzi/Hopfe, Art. 2 Rn. 63.

für das Eltern-Kind-Verhältnis und die rechtlichen Beziehungen von Eheleuten angesichts der durch Bundesgesetzgebung ausgefüllten Individualrechtsbeziehungen (BGB und Nebengesetze) kein Raum mehr für kompensatorische Gesetzgebung des Landes sein, auch wenn das bürgerliche Recht nur der konkurrierenden Gesetzgebungszuständigkeit unterliegt, Art. 74 Nr. 1 GG.

33 **4. Beeinträchtigungen/Rechtfertigungen.** Benachteiligungen sind etwa anzunehmen, wenn die Lebenssituation von Behinderten im Vergleich zu der nichtbehinderter Menschen durch gesetzliche Regelungen verschlechtert wird, die anderen offenstehen.[103] Andererseits ergeben sich verfassungsimmanente Grenzen, die eine Ungleichbehandlung von Menschen mit und ohne Behinderung nicht vollkommen ausschließen. Zwingende Gründe können vorliegen, mit denen behinderungsbedingten Besonderheiten Rechnung getragen werden soll; dies können gerade Regelungen sein, die bezwecken, bestimmte Benachteiligungen auszugleichen.[104] Das Benachteiligungsverbot hat mithin einen **Doppelcharakter:** Nur an die Behinderung anknüpfende **Benachteiligungen** sind verboten; **Bevorzugung** mit dem Ziel der Angleichung der Verhältnisse von Behinderten und Nichtbehinderten ist dagegen erlaubt.[105]

34 Etwaige gesetzliche Regelungen, die Behinderte von Rechtshandlungen und damit von der Wahrnehmung von Grundrechten ausschließen, können bereits den allgemeinen Gleichheitssatz verletzen, wenn für die vorgenommene Differenzierung keine Gründe von solcher Art und solchem Gewicht bestehen, die die Ungleichheit rechtfertigen.[106] Aus dem Verhältnis zum allgemeinen Gleichheitssatz des Art. 2 Abs. 1 folgt, dass Bevorzugungen als Möglichkeit sozialstaatlicher Kompensation nicht verboten sind.[107] So sind etwa **Behindertenquoten** völlig unstrittig.[108] Auch eine Bevorzugung bei der Einstellung in den öffentlichen Dienst bei gleicher Qualifikation wird durch Art. 3 Abs. 3 Satz 2 GG gedeckt.[109]

35 Fehlen aufgrund einer Behinderung bestimmte geistige oder körperliche Fähigkeiten, die unerlässliche Voraussetzung für die Wahrnehmung des Rechts sind, liegt in der Verweigerung dieses Rechts kein Verstoß gegen das Benachteiligungsverbot.[110] Beispielhaft sei etwa auf die fehlende körperliche Eignung zum Führen von Kraftfahrzeugen verwiesen. Das **Benachteiligungsverbot** erfasst neben der direkten auch die indirekte Benachteiligung. Staatliche Handlungen, die nicht an diese Eigenschaft anknüpfen, aber im Ergebnis vor allem Menschen mit Behinderung benachteiligen, sind verboten.[111] Weil **Nachteilsvermeidung** vielfach besondere staatliche Leistungen voraussetzt, besteht von vornherein auch eine Verknüpfung zum Sozialstaatsprinzip (Art. 44 Abs. 1 ThürVerf, Art. 20 Abs. 1, 28 Abs. 1 GG), ohne dass daraus ein Anspruch auf bestimmte Leistungen erwächst.[112] Ob sich derivative **Teilhabe- und Leistungsrechte** (z. B. hin-

103 BVerfGE 99, 341 (357).
104 *Umbach,* in: Umbach/Clemens, Art. 3 III 2 Rn. 411.
105 BVerfGE 96, 288 (302 f.).
106 BVerfGE 99, 341 (355).
107 *Starck,* in: von Mangoldt/Klein/Starck, Art. 3 Abs. 3 GG Rn. 417.
108 *Kischel,* in: Epping/Hillgruber, Art. 3 GG Rn. 217.
109 *Englisch,* in: Stern/Becker, Art. 3 GG Rn. 108.
110 BVerfGE 99, 341 (357) – zur fehlenden Einsichts- oder Handlungsfähigkeit.
111 *Umbach,* in: Umbach/Clemens, Art. 3 III 2 GG Rn. 408.
112 BVerfGE 110, 412 (445); vgl. *Osterloh,* in: Sachs, GG, Art. 3 Rn. 313.

sichtlich des Zugangs zu öffentlichen Einrichtungen) unmittelbar aus dem Grundrecht ableiten lassen, ist umstritten.[113]

Eine Benachteiligung kann im Ausschluss von Entfaltungs- und Betätigungsmöglichkeiten liegen, wenn dies nicht durch eine auf die Behinderung bezogene Förderungsmaßnahme kompensiert wird. So wird etwa die Überweisung eines behinderten Schülers an eine Sonderschule eine verbotene Benachteiligung darstellen, wenn der Besuch einer allgemeinen Schule durch vertretbaren Einsatz sonderpädagogischer Förderung und damit die integrative Beschulung ermöglicht werden kann.[114] Auch der Schwangerschaftsabbruch bei von Behinderung bedrohten Föten kann die Rechtfertigungsfrage aufwerfen.[115] Etwaige gesetzliche Regelungen, die Behinderte von Rechtshandlungen ausschließen, können bereits den allgemeinen Gleichheitssatz verletzen, wenn für die vorgenommene Differenzierung keine Gründe von solcher Art und solchem Gewicht bestehen, die die Ungleichheit rechtfertigen.[116] 36

Artikel 3 [Recht auf Leben; Freiheit der Person; Persönlichkeit]

(1) [1]Jeder hat das Recht auf Leben und körperliche Unversehrtheit. [2]Die Freiheit der Person ist unverletzlich. [3]In diese Rechte darf nur auf Grund eines Gesetzes eingegriffen werden.

(2) Jeder hat das Recht auf die freie Entfaltung seiner Persönlichkeit, soweit er nicht die Rechte anderer verletzt oder nicht gegen die verfassungsmäßige Ordnung verstößt.

Vergleichbare Regelungen

Zu Art. 3 Abs. 1 [Recht auf Leben sowie körperliche Unversehrtheit und Bewegungsfreiheit]: Art. 2 Abs. 2 GG; Art. 102 BayVerf; Art. 8 VvB; Art. 8, 9 BbgVerf; Art. 5 BremVerf; Art. 3, 5 HessVerf; Art. 3, 5 Verf Rh-Pf; Art. 3 SaarlVerf; Art. 16, 17 SächsVerf; Art. 5 Abs. 2 LVerf LSA; Art. 2, 3, 6 EU-GRCh; Art. 2, 3, 4, 5 EMRK.

Zu Art. 3 Abs. 2 [Recht auf freie Entfaltung der Persönlichkeit]: Art. 2 Abs. 1 GG; Art. 101 BayVerf; Art. 7, 9 VvB; Art. 10, 11 BbgVerf; Art. 3 BremVerf; Art. 2 HessVerf; Art. 6 Abs. 1, Abs. 2 M-VVerf; Art. 4 Abs. 2 Verf NW; Art. 1, 2, 4 Verf Rh-Pf; Art. 2 SaarlVerf; Art. 15, 33 SächsVerf; Art. 5 Abs. 1, 6 Abs. 1 LVerf LSA.

Ergänzungsnormen im sonstigen thüringischen Recht

Zu Art. 3 Abs. 1 Satz 1 [Recht auf Leben sowie körperliche Unversehrtheit]: §§ 40, 52 Thüringer Brand- u. Katastrophenschutzgesetz idF der Bek. v. 05.02.2008 (ThürGVBl. S. 22), zuletzt geändert durch Gesetz v. 30.03.2012 (ThürGVBl. S. 113); §§ 59 ff. ThürPAG v. 04.06.1992 (ThürGVBl. S. 199), zuletzt geändert durch Gesetz v. 25.10.2011 (ThürGVBl. S. 268); §§ 3, 5 und 14 ThürOBG v. 18.06.1993 (ThürGVBl. S. 323), zuletzt geändert durch Gesetz v. 09.09.2010 (ThürGVBl. S. 291); §§ 10 ff. ThürPsychKG idF der Bek. v. 05.02.2009 (ThürGVBl. S. 10); §§ 11 ff., 24 ff., 29 ff., 32 ff. ThürUVollzG v. 08.07.2009 (ThürGVBl. S. 553); § 49 ThürVwZVG idF der Bek. v. 05.02.2009 (ThürGVBl. S. 24).

Zu Art 3 Abs. 1 Satz 2 [Recht auf körperliche Bewegungsfreiheit]: siehe Nachweise bei Art. 4 [Rechtsgarantien bei Freiheitsbeschränkungen]

113 BVerfGE 96, 288 (303); *Osterloh*, in: Sachs, GG, Art. 3 Rn. 305, 53 ff.
114 BVerfGE 96, 288 (306 f.).
115 *Heun*, in: Dreier, Art. 3 Rn. 136; *Umbach*, in: Umbach/Clemens, Art. 3 III 2 Rn. 425; *Starck*, in: von Mangoldt/Klein/Starck, Art. 3 Abs. 3 GG Rn. 421.
116 BVerfGE 99, 341 (355) – zur Testiermöglichkeit schreibunfähiger Stummer; zur (verbotenen) rechtlichen Schlechterstellung bei der Ausübung der Heilkunde: BVerwG, Urt. v. 13.12.2012 – 3 C 26.11 – JURIS Rn. 19 ff.

Dokumente zur Entstehungsgeschichte

Präambel Vorl.LS; Art. 8 VerfE CDU; Art. 2, 4 VerfE F.D.P.; Art. 14 VerfE SPD; Art. 4, 13 VerfE NF/GR/DJ; Art. 7, 8, 10 VerfE LL/PDS; Entstehung ThürVerf, S. 20 f.

Literatur

Zu Art. 3 Abs. 1 Satz 1 [Recht auf Leben sowie körperliche Unversehrtheit]

Tillmann Bartsch, Zur religiös motivierten Beschneidung, Anm. zu LG Köln, Urt. v. 07.05.2012 (151 Ns 169/11), StV 2012, 604 ff.; *Horst Dreier*, Stufen des vorgeburtlichen Lebensschutzes, ZRP 2002, 377 ff.; *Michael Kloepfer*, Leben und Würde des Menschen, in: FS BVerfG (2001), Bd. II, S. 77 ff.; *Stephan Meyer*, Risikovorsorge als Eingriff in das Recht auf körperliche Unversehrtheit, AöR 136 (2011), 428 ff.; *Ralf Müller-Terpitz*, Recht auf Leben und körperliche Unversehrtheit, in: HStR VII, § 147; *Michael Sachs*, Der Schutz der physischen Existenz, in: Stern, Bd. IV/1, § 98; *Christian Starck*, Der verfassungsrechtliche Schutz des ungeborenen menschlichen Lebens, JZ 1993, 816 ff.; *Detlev Sternberg-Lieben/Philipp C. Reichmann*, Die gesetzliche Regelung der Patientenverfügung und das medizinische Selbstbestimmungsrecht Minderjähriger, NJW 2012, 257 ff.

Ausführliche Nachweise zur Literatur: *Di Fabio*, in: Maunz/Dürig, Schrifttum zu Art. 2 Abs. 2 Satz 1 GG; *Hofmann*, in: Schmidt-Bleibtreu/Hofmann/Hopfauf, Literatur zu Art. 2 GG; *Kunig*, in: von Münch/Kunig, Literatur zu Art. 2 Abs. 2 GG (Rn. 96).

Zu Art. 3 Abs. 1 Satz 2 [Recht auf körperliche Bewegungsfreiheit]

Christoph Gusy, Freiheitsentziehung und Grundgesetz, NJW 1992, 457 ff.; *Klaus Stern*, Die Freiheit der Bewegung, in: Stern, Bd. IV/1, § 106; *Fabian Wittreck*, Freiheit der Person, in: HStR VII, § 151; Siehe auch Nachweise zu Art. 4 [Rechtsgarantien bei Freiheitsbeschränkungen].

Ausführliche Nachweise zur Literatur: *Starck*, in: von Mangoldt/Klein/Starck, Art. 2 Rn. 258; *Wittreck*, HStR VII, § 151 nach Rn. 43.

Zu Art. 3 Abs. 2 [Recht auf freie Entfaltung der Persönlichkeit]

Martin Burgi, Das Grundrecht der freien Persönlichkeitsentfaltung durch einfaches Gesetz, ZG 1994, 341 ff.; *Matthias Cornils*, Allgemeine Handlungsfreiheit, in: HStR VII, § 168; *Gunnar Duttge*, Freiheit für alle oder allgemeine Handlungsfreiheit?, NJW 1997, 3353 ff.; *Klaus Stern*, Die allgemeine Handlungsfreiheit, in: Stern, Bd. IV/1, § 104.

Ausführliche Nachweise zur Literatur: *Di Fabio*, in: Maunz/Dürig, Schrifttum zu Art. 2 Abs. 1 GG; *Kunig*, in: von Münch/Kunig, Literatur zu Art. 2 Abs. 1 (Rn. 96).

Leitentscheidungen des ThürVerfGH und des BVerfG

Zu Art. 3 Abs. 1 [Recht auf Leben sowie körperliche Unversehrtheit und Bewegungsfreiheit]

ThürVerfGH, Urt. v. 21.11.2012 – 19/09 – ThürVBl 2013, 55 = LKV 2013, 74 (Thüringer Polizeiaufgabengesetz).

BVerfGE 16, 194 (Liquorentnahme); 39, 1 (Schwangerschaftsabbruch I); 46, 160 (Schleyer); 49, 89 (Kalkar I); 51, 324 (Verhandlungsfähigkeit eines Angeklagten); 53, 30 (Mülheim-Kärlich); 56, 54 (Fluglärm); 85, 191 (Nachtarbeitsverbot); 88, 203 (Schwangerschaftsabbruch II); 90, 145 (Cannabiskonsum); 115, 118 (Luftsicherheitsgesetz); 129, 269 (medizinische Zwangsbehandlung).

zu Art. 3 Abs. 2 [Recht auf freie Entfaltung der Persönlichkeit]

ThürVerfGH, LVerfGE 13, 415 (Anspruch auf ein faires Verfahren); Beschl. v. 15.11.2006 – 35/06 und 36/06 – JURIS (Justizgewährleistungsanspruch); Beschl. v. 30.01.2010 – 28/06 - DÖV 2011, 118 (Dauer eines Gerichtsverfahrens).

BVerfGE 6, 32 (Elfes); 10, 89 (Erftverband); 20, 150 (Veranstaltung von Versammlungen); 38, 281 (Arbeitnehmerkammern); 50, 290 (Mitbestimmungsgesetz); 54, 143 (Verbot der Taubenfütterung); 80, 137 (Reiten im Walde); 89, 214 (sittenwidriger Bürgschaftsvertrag); 90, 145 (Cannabiskonsum); 92, 191 (Angabe der Personalien); 95, 267 (Altschulden); 96, 375 (Sterilisation); 97, 271 (Hinterbliebenenrente II); 97, 332 (Kindergartengebühren); 98, 218 (Rechtschreibreform); 99, 145 (Kinderrückführung); 103, 197 (Pflegeversicherung); 104, 337 (Schächten); 113, 29 (Beschlagnahme und Beweisverwertungsverbot).

A. Überblick

I. Art. 3 Abs. 1

Art. 3 Abs. 1 gewährleistet die aus der Würde des Menschen (Art. 1 Abs. 1) herzuleitenden fundamentalen Freiheitsrechte einer Person. Das **Recht auf Leben** stellt „innerhalb der grundgesetzlichen Ordnung einen Höchstwert dar" und ist Voraussetzung aller anderen Grundrechte.[1] Die **körperliche Unversehrtheit** und die **Bewegungsfreiheit** haben für die Wahrnehmung der Freiheitsrechte ebenfalls eine grundlegende Bedeutung: Wer um seine körperliche Integrität fürchten oder Angst vor einer Freiheitsberaubung haben muss, wird andere Grundrechte nur sehr eingeschränkt ausüben können.[2] 1

II. Art. 3 Abs. 2

Die **freie Entfaltung der Persönlichkeit** ist auf den Grundsatz der allgemeinen Handlungsfreiheit zurückzuführen „Jeder kann tun und lassen, was er will".[3] In diesem Sinn schützt Art. 3 Abs. 2 als Auffanggrundrecht alle Betätigungen und Unterlassungen, die nicht von einem speziellen Freiheitsgrundrecht erfasst werden. 2

B. Herkunft, Entstehung und Entwicklung

Die ausdrückliche Verbürgung des Rechts auf Leben und körperliche Unversehrtheit in Art. 2 Abs. 2 Satz 1 GG war eine Reaktion auf die Verbrechen des NS-Staates. Dessen Menschenverachtung verwirklichte sich nicht nur in der willkürlichen und massenhaften Tötung Unschuldiger, sondern auch in den „medizinischen" Experimenten an lebenden Menschen oder der Sterilisierung von Männern und Frauen aufgrund des Gesetzes zur Verhütung erbkranken Nachwuchses (Gesetz v. 14.07.1933, RGBl. I S. 529).[4] 3

1 BVerfGE 39, 1 (42).
2 *Di Fabio*, in: Maunz/Dürig, Art. 2 Abs. 2 Rn. 2, 7, 11 ff.; *Horn*, in: Stern/Becker, Art. 2 Rn. 11.
3 BVerfGE 6, 32 (36).
4 Zur Entstehung des Grundrechts auf Leben und körperliche Unversehrtheit: BVerfGE 1, 97 (104 f.); 18, 112 (117); 39, 1 (36 f.); *Murswiek*, in: Sachs, GG, Art. 2 Rn. 5 f.; *Horn*, in: Stern/Becker, Art. 2 Rn. 5; *Jarass*, in: Jarass/Pieroth, Art. 2 Rn. 43.

4 Die Freiheit der Person im Sinne der physischen Bewegungsfreiheit zählt zu den ältesten grundrechtlichen Verbürgungen (zu den Wurzeln und der Entwicklung, siehe unten Art. 4 Rn. 4 ff.).

5 Das Recht auf freie Entfaltung der Persönlichkeit, wie es die Thüringer Verfassung vom Grundgesetz übernommen hat, ist dagegen jüngeren Ursprungs: Normen mit gleichem oder ähnlichem Inhalt wurden erstmals in die Landesverfassungen der Nachkriegszeit (1946/1947) aufgenommen (vgl. Art. 101 BayVerf, Art. 3 BremVerf, Art. 2 Abs. 1 HessVerf, Art. 1 Abs. 1 Verf Rh-Pf, Art. 2 Satz 1 SaarlVerf).[5]

C. Verfassungsvergleichende Information

6 Art. 3 entspricht weitgehend Art. 2 GG. Das Leben, die körperliche Unversehrtheit und die Bewegungsfreiheit sind dort mit identischem Wortlaut in Abs. 2 geschützt. Die allgemeine Handlungsfreiheit wird im Grundgesetz in Art. 2 Abs. 1 garantiert. Von dessen Wortlaut unterscheidet sich die Thüringer Gewährleistung durch das Fehlen der Schranke des **Sittengesetzes.** Ein inhaltlicher Unterschied ist hiermit nicht verbunden. Durch die weite Auslegung des Begriffs der **verfassungsmäßigen Ordnung** und des Gesetzesvorbehalts für Grundrechtseingriffe ist das Sittengesetz als Schranke der grundrechtlich geschützten Handlungsfreiheit praktisch ohne Bedeutung.[6] Das allgemeine Persönlichkeitsrecht ist in der Thüringer Verfassung in einer eigenständigen Norm geschützt (Art. 6). Dieses Recht auf Respektierung der engeren Persönlichkeitssphäre, das gegenüber der allgemeinen Handlungsfreiheit als eigenständige Gewährleistung anzusehen ist, ist im Grundgesetz in Art. 2 Abs. 1 iVm Art. 1 Abs. 1 geregelt.[7]

D. Erläuterungen

I. Das Recht auf Leben und körperliche Unversehrtheit (Abs. 1 Satz 1)

7 **1. Schutzbereich.** a) **Grundrechtsträger.** Art. 3 Abs. 1 ist ein sogenanntes Jedermann-Grundrecht, auf das sich jede natürliche Person berufen kann. Auf juristische Personen ist es aufgrund seines personalen Gehalts dagegen nicht anwendbar.[8] Das Leben beginnt spätestens mit der Einnistung des befruchteten Eis in der Gebärmutter (Nidation).[9] Nach der herrschenden Auffassung zu Art. 2 Abs. 2 GG ist der Schutz auf den Zeitpunkt der Verschmelzung von Ei und Samenzelle vorzuverlegen. Geschützt ist demnach auch das extra-corporal erzeugte und sich entwickelnde Leben.[10]

8 Das Leben endet nach der überwiegenden Meinung mit dem vollständigen irreversiblen Zusammenbruch der Gesamtfunktion des Gehirns (Hirntod). Die exakte Bestimmung des Todeszeitpunkts ist insbesondere für die Verfassungsmä-

5 Zur Entstehungsgeschichte des Art. 2 Abs. 1 GG: *Horn*, in: Stern/Becker, Art. 2 Rn. 1 ff.; *Dreier*, in: Dreier, Art. 2 Rn. 1 ff., 8 ff.

6 BVerfGE 6, 389 (434 f.); ferner 49, 286 (299); *Kunig*, in: von Münch/Kunig, Art. 2 Rn. 26 f.; *Murswiek*, in: Sachs, GG, Art. 2 Rn. 94 ff.; *Dreier*, in: Dreier, Art. 2 Rn. 60; *Starck*, in: von Mangoldt/Klein/Starck, Art. 2 Rn. 30.

7 Allg. Meinung, vgl. *di Fabio*, in: Maunz/Dürig, Art. 2 Abs. 1 Rn. 127 ff.; *Dreier*, in: Dreier, Art. 2 Abs. 1 Rn. 23; *Horn*, in: Stern/Becker, Art. 2 Rn. 10.

8 Vgl. unten, Art. 42 Rn. 15; BVerwGE 54, 211 (220).

9 BVerfGE 39, 1 (37); 88, 203 (251 f.).

10 Vgl. hierzu *Murswiek*, in: Sachs, GG, Art. 2 Rn. 144 ff.

ßigkeit von Organentnahmen entscheidend. In diesem Zusammenhang wird die Absolutheit des Kriteriums des Hirntodes zunehmend in Frage gestellt.[11]

b) Sachlicher Schutzbereich. Geschützt ist jedes menschliche Leben. Der Schutz besteht unabhängig davon, ob dieses Leben sich seiner selbst bewusst ist oder sein Träger sich nach seinen geistigen Fähigkeiten als Individuum begreift. Geschützt ist auch das Leben, dessen Ende unmittelbar bevorsteht oder das bereits im Sterben begriffen ist, sowie das Leben mit Schmerzen. Die Annahme, ein Leben könne unter irgendeiner Bedingung „unwert" sein, ist mit dem Menschenbild der ThürVerf und des GG unvereinbar. Die Bedeutung des Grundrechts auf Leben und körperliche Unversehrtheit zeigt sich gerade in den Grenzsituationen des Lebens (vgl. zur Würde des Menschen im Sterben Art. 1 Abs. 1 Satz 2).[12] 9

Unstreitig gehört zur körperlichen Unversehrtheit die Gesundheit im biologisch-physiologischen Sinn, also die **körperliche Integrität** unbeeinträchtigt von Krankheiten, Verletzungen oder somatischen Funktionsstörungen. Zur Gesundheit in diesem Sinn zählt auch das **psychische Wohlbefinden**, soweit dessen Veränderung durch nicht körperliche Einwirkungen der Zufügung von physischen Schmerzen entspricht. Versteht man den Menschen als Einheit von Leib, Seele und Geist, wird eine Trennung von psychopathologischen Zuständen, zumindest wenn sie sich manifestiert haben, und physischen Gesundheitsstörungen kaum möglich sein. Ein allgemeines Wohlbefinden im sozialen Gefüge oder im Sinne einer Abwesenheit von Unlustgefühlen wird dagegen von der körperlichen Unversehrtheit nicht umfasst.[13] 10

2. Beeinträchtigungen. Das Recht auf Leben ist zunächst ein **Abwehrrecht** gegen staatliche Maßnahmen, durch die das Leben beendet oder mit einer bestimmten Intensität gefährdet wird. Zu den Eingriffen zählen auch nicht zielgerichtete, tatsächliche und mittelbare Maßnahmen.[14] Eingriffe sind demnach etwa die gezielte absichtliche Tötungshandlung durch den Gebrauch von Schusswaffen gegen Personen (vgl. §§ 64 ff. ThürPAG), der Abbruch einer Schwangerschaft[15] und die Vernichtung extra-corporal erzeugter menschlicher Embryonen.[16] In den Schutzbereich des Art. 3 Abs. 1 greifen aber auch die Rechtsvorschriften ein, die aufgrund eines öffentlich-rechtlichen Dienstverhältnisses zum Einsatz des eigenen Lebens verpflichten (vgl. §§ 33, 34 BeamtStG).[17] 11

Dem Recht auf Leben entspricht eine **Verpflichtung des Staates**, es zu schützen. Der Staat hat dafür zu sorgen, dass das Leben des Einzelnen vor rechtswidrigen Angriffen durch Andere bewahrt wird.[18] Polizeiliche Befugnisse hat der Gesetz- 12

11 Vgl. zur Feststellung des Todes: § 3 Abs. 1 Satz 1 Nr. 2 Transplantationsgesetz; *Murswiek*, in: Sachs, GG, Art. 2 Rn. 142.

12 Zur Problematik der sogenannten Sterbehilfe: BGHSt 55, 191 ff. (Rechtfertigung eines Behandlungsabbruchs).

13 Vgl. hierzu BVerfGE 56, 54 (74 ff.) – Fluglärm; sehr weitgehend dagegen BVerwG, NJW 1995, 2648 (2649); ausführlich *Kunig*, in: von Münch/Kunig, Art. 2 Rn. 61.

14 Sog. weiter Eingriffsbegriff: vgl. BVerfGE 36, 39 (59 f.); *Murswiek*, in: Sachs, GG, Art. 2 Rn. 151; *Jarass*, in: Jarass/Pieroth, Art. 2 Rn. 47.

15 BVerfGE 39, 1 (42 f.); 88, 203 (251 f.).

16 *Murswiek*, in: Sachs, GG, Art. 2 Rn. 152.

17 Hierzu: *Hofmann*, Das Grundrecht auf Leben und körperliche Unversehrtheit eines Beamten (Art. 2 Abs. 2 GG) im Verhältnis zu seinen dienstrechtlichen Pflichten in Gefahrensituationen, ZBR 1998, 196 ff; *Sachs*, Die Pflicht zum Einsatz von Leben und Gesundheit in öffentlich-rechtlichen Dienstverhältnissen, BayVBl 1983, 460 ff.

18 BVerfGE 46, 160 (164); 39, 1 (42).

geber so auszugestalten, dass die Polizei diesen Schutzauftrag erfüllen kann.[19] Wie die staatlichen Organe ihre jeweilige Verpflichtung zum effektiven Schutz des Lebens erfüllen, haben sie grundsätzlich in eigener Verantwortung zu entscheiden.[20]

13 Direkte Eingriffe in die körperliche Unversehrtheit sind insbesondere Maßnahmen nach § 81 a StPO, wie die Blutentnahme, die Entnahme von Gehirn- und Rückenmarkflüssigkeit (Liquor) und die Verabreichung von Brechmitteln.[21] Ebenso als Eingriff zu werten ist die gesetzliche Verpflichtung zur Impfung sowie diagnostische und therapeutische Eingriffe ohne Zustimmung des Patienten.[22]

14 **3. Schranken.** In das Recht auf Leben und körperliche Unversehrtheit darf „nur aufgrund eines Gesetzes eingegriffen werden", Art. 3 Abs. 1 Satz 3. Mit dieser durchweg in der Thüringer Verfassung verwendeten Formulierung ist die Beschränkung unmittelbar durch ein Gesetz nicht ausgeschlossen (vgl. unten Art. 42 Rn. 18). Erforderlich ist ein förmliches Gesetz, das nach den Art. 81, 82 ThürVerf zustande gekommen ist, Gewohnheitsrecht reicht nicht aus.[23]

15 Von besonderer Bedeutung für die Verfassungsmäßigkeit eines Eingriffs in das Recht auf Leben und körperliche Unversehrtheit ist die Beachtung des **Grundsatzes der Verhältnismäßigkeit** (Art. 42 Abs. 4 Satz 1).[24] Auch wenn das Leben nicht gegenüber jedem anderen Rechtsgut Vorrang genießt, ist die gezielte Tötung nur zulässig, wenn sie das einzige Mittel zur Abwehr einer gegenwärtigen Gefahr für ein Rechtsgut mit besonders hohem Rang ist (vgl. zum Schusswaffengebrauch gegen Personen: § 64 Abs. 2 Satz 2 ThürPAG). Das Recht auf Leben und körperliche Unversehrtheit steht zudem in engem Zusammenhang mit der **Menschenwürde** aus Art. 1 Abs. 1 Satz 1 ThürVerf. Eine Maßnahme, die zwangsweise zur Tötung tatunbeteiligter Personen führt, ist mit der Menschenwürde nicht vereinbar.[25]

II. Die Freiheit der Person (Abs. 1 Satz 2)

16 **1. Schutzbereich. a) Grundrechtsträger.** Träger des Grundrechts ist jede natürliche Person, ohne dass es auf ihre Geschäftsfähigkeit im Sinne des bürgerlichen Gesetzbuchs ankommt.[26] Juristische Personen können sich dagegen nicht auf Art. 3 Abs. 1 Satz 2 berufen, das Grundrecht auf körperliche Bewegungsfreiheit ist seinem Wesen nach nicht auf sie anwendbar (vgl. unten Art. 42 Rn. 15; anders das Recht auf Freizügigkeit, vgl. unten Art. 5 Rn. 8).

17 **b) Sachlicher Schutzbereich.** Art. 3 Abs. 1 Satz 2 schützt allein die körperliche Bewegungsfreiheit. Unstreitig umfasst diese Freiheit das Recht, den Ort zu verlassen, an dem man sich befindet (sog. **positive Bewegungsfreiheit** – „Ich muss

---

19 ThürVerfGH, ThürVBl 2013, 55 = LKV 2013, 74.
20 BVerfGE 56, 160 (164).
21 Vgl. BVerfGE 16, 194 (198) – Liquorentnahme; BVerfG, NStZ 2000, 96 f. – Brechmittel; BayVerfGH, NJW 1990, 2926 (2927) – Blutentnahme.
22 Vgl. zur ärztlichen Heilbehandlung und Voraussetzungen einer wirksamen Zustimmung: BVerfGE 129, 269 (280); *Murswiek*, in: Sachs, GG, Art. 2 Rn. 206.
23 Vgl. *Kunig*, in: von Münch/Kunig, Art. 2 Rn. 80.
24 BVerfGE 16, 194 (202); 17, 108 (118 f.); 51, 324 (346).
25 BVerfGE 115, 118 (152 ff.) – Luftsicherheitsgesetz; aA *Murswiek*, in: Sachs, GG, Art. 2 Rn. 182 a mit Nachweisen zur Gegenmeinung.
26 BVerfGE 10, 302 (309); 58, 208 (224) – zwangsweise Unterbringung Geisteskranker.

nicht dort bleiben, wo ich nicht sein will.").[27] Streitig ist dagegen, ob auch das Recht geschützt ist, an dem Ort zu verbleiben, an dem man sich befindet, oder einen bestimmten Ort nicht aufsuchen zu müssen (sog. **negative Bewegungsfreiheit**). Der Streit wirkt sich aus etwa bei der Frage, ob die Verpflichtung zum Erscheinen vor einer Behörde oder einem Gericht (vgl. § 17 ThürPAG – Vorladung) an Art. 3 Abs. 1 Satz 2 zu messen ist.[28] Dies ist zumindest dann zu verneinen, wenn die Vorladung nicht zwangsweise durchgesetzt wird.[29]

Entgegen vieler missverständlicher Formulierungen gewährt die körperliche Bewegungsfreiheit nicht das Recht, „jeden beliebigen" Ort aufzusuchen.[30] Geschützt ist nicht eine allgemeine Mobilität in dem Sinn, sich „unbegrenzt überall aufhalten und überall hin bewegen zu dürfen".[31] Art. 3 Abs. 1 Satz 2 schützt nach seiner Entstehungsgeschichte und seiner Funktion im Gefüge der Grundrechte primär das Recht, sich von einem bestimmten Ort wegzubewegen.[32] Dementsprechend greifen Betretungsverbote, die sich aus den allgemeinen Gesetzen ergeben, z. B. dem Eigentumsrecht (§ 903 Satz 1 BGB) oder dem Besitzrecht (§ 858 Abs. 1 BGB), nicht in den Schutzbereich ein. 18

2. Beeinträchtigungen. In das Recht aus Art. 3 Abs. 1 Satz 2 wird zunächst durch jede **Freiheitsentziehung** eingegriffen, das heißt, durch den mehr als nur kurzfristigen zwangsweisen allseitigen Ausschluss der Bewegungsfreiheit in einem eng umgrenzten örtlichen Bereich (siehe hierzu unten Art. 4 Rn. 17 f.). Weniger intensive Eingriffe in die körperliche Bewegungsfreiheit werden als sonstige **Freiheitsbeschränkungen** erfasst. Sie ähneln den Freiheitsentziehungen insoweit, als auch bei ihnen eine Person durch besondere Vorkehrungen, in der Regel die Anwendung oder Androhung unmittelbaren Zwangs, gehindert wird, einen eng begrenzten Raum zu verlassen.[33] Die Intensität eines Eingriffs in die körperliche Bewegungsfreiheit ergibt sich insbesondere aus dessen Dauer. In die Beurteilung haben aber auch wertende Elemente einzufließen. Insoweit ist es nicht ausgeschlossen, auch auf den Zweck des Eingriffs abzustellen. So sind Maßnahmen des unmittelbaren Zwangs zur Durchsetzung eines Verhaltens, zu dem der Betroffene verpflichtet ist, nicht notwendig Freiheitsentziehungen.[34] 19

3. Schranken. Die Freiheit der Person darf nur aufgrund eines **förmlichen Gesetzes** eingeschränkt werden. Eine Verletzung der dort geregelten Vorschriften zum Verfahren (insbesondere Zuständigkeiten, Fristen und Anhörungsrechte, vgl. §§ 19 ff. ThürPAG; §§ 8 ff. ThürPsychKG) führt unmittelbar zur Verletzung des Freiheitsgrundrechts. Für Freiheitsentziehungen gelten weitere Voraussetzungen (vgl. hierzu unten Art. 4 Rn. 17 ff.). 20

27 Vgl. *Horn*, in: Stern/Becker, Art. 2 Rn. 59; *Kunig*, in: von Münch/Kunig, Art. 2 Rn. 74.
28 Vgl. hierzu *Horn*, in: Stern/Becker, Art. 2 Rn. 60; *Kunig*, in: von Münch/Kunig, Art. 2 Rn. 76; *Murswiek*, in: Sachs, GG, Art. 2 Rn. 230.
29 Vgl. BVerfGE 22, 21 (26) – Vorladung zum Verkehrsunterricht.
30 Vgl. *Murswiek*, in: Sachs, GG, Art. 2 Rn. 239.
31 So die Formulierungen in BVerfGE 94, 166 (198); 96, 10 (21); 105, 239 (248).
32 So ausdrücklich *Jarass*, in: Jarass/Pieroth, Art. 2 Rn. 112; im Ergebnis ebenso: *Kunig*, in: von Münch/Kunig, Art. 2 Rn. 74.
33 BVerfGE 22, 21 (26); BVerfG, NVwZ 1983, 603 f. (räumliche Aufenthaltsbeschränkungen für Asylbewerber).
34 BVerwGE 62, 325 (327 f.); 82, 243 (245); aA *Pieroth/Schlink*, Rn. 447.

III. Die allgemeine Handlungsfreiheit (Art. 3 Abs. 2)

21 **1. Schutzbereich. a) Grundrechtsträger.** Träger des Grundrechts ist jede natürliche Person, einschließlich Minderjähriger.[35] Im Gegensatz zu den Rechten aus Art. 3 Abs. 1 Satz 1 (Leben und körperliche Unversehrtheit, vgl. oben Rn. 7 f.) setzt Art. 3 Abs. 2 einen potentiell handlungsfähigen Menschen voraus, so dass der noch nicht geborene Mensch (**nasciturus**) vom Schutzbereich ausgenommen ist. Eine Erlebnisfähigkeit oder die Fähigkeit, einen eigenständigen Willen zu bilden und zu äußern, ist dagegen nicht Voraussetzung für den Schutz des Art. 3 Abs. 2.[36]

22 Art. 3 Abs. 2 hat besondere Bedeutung für den Grundrechtsschutz von Menschen, die nicht Deutsche im Sinne des Art. 104 sind. Soweit sie vom Schutz bestimmter Grundrechte ausgenommen sind (vgl. Art. 5 – Freizügigkeit; Art. 10 – Versammlungsfreiheit; Art. 13 – Vereinigungsfreiheit; Art. 35 – Berufsfreiheit), gewährt ihnen Art. 3 Abs. 2 einen – wenn auch geringeren – Schutz.[37] Art. 3 Abs. 2 ist auch auf juristische Personen und Personenmehrheiten anwendbar (siehe Art. 42 Abs. 2).[38]

23 **b) Sachlicher Schutzbereich.** Art. 3 Abs. 2 schützt die Handlungsfreiheit in umfassendem Sinn. Geschützt ist jedes menschliche Verhalten, ohne dass es darauf ankommt, ob dieses für die Entfaltung der Persönlichkeit im Sinn eines geistig-sittlichen Wesens von Gewicht ist. Sozialschädliche und selbstschädigende Verhaltensweisen sind vom Schutzbereich nicht grundsätzlich ausgenommen, wie auch das Recht, „in Ruhe gelassen zu werden“, Teil der Handlungsfreiheit ist.[39]

24 Die Weite des Schutzbereichs lässt eine abschließende Aufzählung aller geschützten Verhaltensweisen nicht zu. Wesentliche Bereiche der allgemeinen Handlungsfreiheit sind die **Privatautonomie** (Vertragsfreiheit),[40] der Schutz vor Zwangsmitgliedschaft in öffentlich-rechtlichen Verbänden[41] sowie Formen der Sexualität und des Zusammenlebens.[42] Ebenso aus Art. 3 Abs. 2 herzuleiten ist iVm dem Rechtsstaatsprinzip aus Art. 44 Abs. 1 ThürVerf das Recht auf effektiven Rechtsschutz und ein faires Verfahren.[43]

25 **2. Beeinträchtigungen.** Art. 3 Abs. 2 gewährt im Grundsatz nicht nur Schutz gegen finale Beeinträchtigungen, wie Ge- und Verbote, sondern auch gegen mittelbare oder **faktische Einwirkungen.**[44] In Verbindung mit dem weiten Schutzbereich wäre Art. 3 Abs. 2 demnach ein Grundrecht, das bei jeder faktischen Betroffenheit Abwehransprüche gegen staatliches Handeln auslösen würde. Es besteht deswegen weitgehend Einigkeit, den Eingriffsbegriff einschränkend auszulegen. Zum Teil wird insoweit ausdrücklich der klassische Eingriffsbegriff ver-

---

35 BVerfGE 53, 185 (203); 59, 360 (382).
36 Zu Art. 2 Abs. 1 GG, *Kunig*, in: von Münch/Kunig, Art. 2 Rn. 5.
37 BVerfGE 35, 382 (399) – Freizügigkeit; 78, 179 (196 f.); 104, 337 (346) – Berufsfreiheit.
38 BVerfGE 10, 89 (99); 23, 12 (30); 113, 29 (45).
39 Zum weiten Schutzbereichverständnis grundlegend BVerfGE 6, 32 (36 f.); 80, 137 (154 ff.) ; 90, 145 (171); ferner BVerfG, NJW 1987, 180; kritisch *Grimm*, abweichende Meinung zu BVerfGE 80, 137 (164 ff.).
40 BVerfGE 8, 274 (328); 70, 115 (123); 74, 129 (151 f.).
41 BVerfGE 10, 89 (102); 59, 231 (232).
42 BVerfGE 82, 6 (16); 87, 234 (267) – nicht eheliche Lebensgemeinschaft.
43 ThürVerfGH, NJW 2003, 740; DVBl. 2011, 688 ff.
44 BVerfGE 13, 230 (235); *Lang*, in: Epping/Hillgruber, Art. 2 Rn. 23; *Jarass*, in: Jarass/Pieroth, Art. 2 Rn. 12 f.

wandt,[45] während nach anderer Auffassung das finale Element des Begriffs zu betonen ist, so dass faktische Beeinträchtigungen nur erfasst werden sollen, wenn sie zielgerichtet erfolgen.[46] In der Praxis wird dem Maß der Betroffenheit entscheidende Bedeutung zukommen, so dass im Rahmen einer kasuistischen Betrachtung nur Beeinträchtigungen mit einem gewissen Gewicht als Eingriff zu werten sind.[47]

3. Schranken. Das Recht auf freie Entfaltung der Persönlichkeit reicht nur soweit, als ihm nicht die Rechte anderer oder die **verfassungsmäßige Ordnung** entgegenstehen. Auf das dritte Element der sogenannten Schrankentrias des Art. 2 Abs. 1 GG, das Sittengesetz, hat der Thüringer Verfassungsgeber ausdrücklich verzichtet (vgl. hierzu oben Rn. 6). 26

Entgegen der Stellung im Gesetzestext ist von zentraler Bedeutung die verfassungsmäßige Ordnung, die Rechte anderer werden von ihr umfasst.[48] Zu der verfassungsmäßigen Ordnung zählen alle Normen, die formell und materiell mit der Verfassung in Einklang stehen.[49] Im Ergebnis steht die allgemeine Handlungsfreiheit somit unter einem einfachen Gesetzesvorbehalt. Der Begriff wird also anders verstanden als in Art. 13 Abs. 2 (siehe hierzu unten Art. 13 Rn. 22). Ausreichend ist jede Rechtsvorschrift, einschließlich des Ortsrechts, soweit eine formelle gesetzliche Ermächtigung reicht.[50] Der Gesetzesvorbehalt der verfassungsmäßigen Ordnung steht einer richterlichen Rechtsfortbildung nicht entgegen.[51] Auch vorkonstitutionelles Gewohnheitsrecht soll ausreichen.[52] Das Zitiergebot des Art. 42 Abs. 3 Satz 2 gilt nicht.[53] 27

Die Schranke „der Rechte anderer" spielt in der Praxis keine Rolle. Sie macht jedoch den Grundsatz der Freiheitsgrundrechte deutlich, nach dem die Ausübung von Freiheit dort endet, wo sie die Rechte anderer verletzt („Neminem laedere").[54] Rechte in diesem Sinn sind alle von der Gesamtrechtsordnung subjektiv-rechtlich ausgestalteten Positionen. Nicht erfasst hiervon sind bloße Interessen, die nicht zu einer Rechtsposition zumindest im Sinn einer Anwartschaft erstarkt sind, sowie Belange der Allgemeinheit ohne Individualbezug.[55] 28

4. Verhältnis zu anderen Grundrechten. Art. 3 Abs. 2 ist gegenüber den anderen Freiheitsgrundrechten subsidiär; soweit der Schutzbereich einer speziellen Freiheitsgewährleistung reicht, ist eine Berufung auf die allgemeine Handlungsfreiheit ausgeschlossen.[56] Dieses Verhältnis zu den speziellen Freiheitsrechten 29

45 *Pieroth/Schlink*, Rn. 402 f.
46 *Murswiek*, in: Sachs, GG, Art. 2 Rn. 83.
47 Vgl. *Kunig*, in: von Münch/Kunig, Art. 2 Rn. 18; *Jarass*, in: Jarass/Pieroth, Art. 2 Rn. 13; BVerwGE 30, 191 (198); 60, 154 (160 f.); 65, 167 (174).
48 *Di Fabio*, in: Maunz/Dürig, Art. 2 Rn. 39 und 34; *Kunig*, in: von Münch/Kunig, Art. 2 Rn. 19 f.; *Starck*, in: von Mangoldt/Klein/Starck, Art. 2 Rn. 33; *Murswiek*, in: Sachs, GG, Art. 2 Rn. 89 ff.
49 BVerfGE 6, 32 (37) – Elfes; 90, 145 (172); 96, 10 (21); 103, 197 (215).
50 BVerfGE 54, 143 (144).
51 BVerfGE 74, 129 (152); 111, 54 (81).
52 *Jarass*, in: Jarass/Pieroth, Art. 2 Rn. 20; weitergehend, ohne Einschränkung auf vorkonstitutionelles Recht: *Kunig*, in: von Münch/Kunig, Art. 2 Rn. 23.
53 BVerfGE 10, 89 (99); 28, 36 (46).
54 Hierzu und zu dem historischen Kontext: *di Fabio*, in: Maunz/Dürig, Art. 2 Rn. 44; *Murswiek*, in: Sachs, GG, Art. 2 Rn. 91, *Kunig*, in: von Münch/Kunig, Art. 2 Rn. 20; *Starck*, in: von Mangoldt/Klein/Starck, Art. 2 Rn. 33 ff.
55 *Di Fabio*, in: Maunz/Dürig, Art. 2 Rn. 44; *Podlech*, in: AK-GG, Art. 2 Abs. 1 Rn. 68.
56 BVerfGE 30, 292 (336); 44, 59 (69).

darf nicht dazu verleiten, die allgemeine Handlungsfreiheit als „Grundrecht zweiten Ranges“ abzuwerten. Die immense sachliche Bedeutung des Rechts auf freie Entfaltung der Persönlichkeit im Verfassungsstaat des Grundgesetzes zeigt sich in der Vielzahl der verfassungsgerichtlichen Entscheidungen, die zu diesem Grundrecht ergangen sind.[57] Nicht zu Unrecht hat der Thüringer Verfassungsgeber sich entschieden, die allgemeine Handlungsfreiheit in unmittelbarem Zusammenhang mit der Menschenwürde, dem Anspruch auf Gleichbehandlung und den fundamentalen Rechten auf Leben sowie körperliche Unversehrtheit und Freiheit aufzunehmen.[58]

Artikel 4 [Freiheit der Person]

(1) Die Freiheit der Person kann nur auf Grund eines förmlichen Gesetzes und nur unter Beachtung der darin vorgeschriebenen Formen eingeschränkt werden.

(2) Festgehaltene Personen dürfen weder seelisch noch körperlich mißhandelt werden.

(3) [1]Über die Zulässigkeit und Fortdauer einer Freiheitsentziehung hat nur der Richter zu entscheiden. [2]Bei jeder nicht auf richterlicher Anordnung beruhenden Freiheitsentziehung ist unverzüglich, spätestens jedoch innerhalb von 24 Stunden, eine richterliche Entscheidung herbeizuführen. [3]Das Nähere regelt das Gesetz.

(4) [1]Jeder wegen des Verdachts einer strafbaren Handlung vorläufig Festgenommene ist spätestens am Tag nach der Festnahme dem Richter vorzuführen, der ihm die Gründe der Festnahme mitzuteilen, ihn zu vernehmen und ihm Gelegenheit zu Einwendungen zu geben hat. [2]Der Richter hat unverzüglich entweder einen mit Gründen versehenen schriftlichen Haftbefehl zu erlassen oder die Freilassung anzuordnen.

(5) Von jeder richterlichen Entscheidung über die Anordnung oder Fortdauer einer Freiheitsentziehung ist unverzüglich ein Angehöriger des Festgehaltenen oder eine Person seines Vertrauens zu benachrichtigen.

Vergleichbare Regelungen

Art. 104 GG; Art. 102 BayVerf; Art. 8 VvB; Art. 9 BbgVerf; Art. 5 Abs. 3 bis 5 BremVerf; Art. 5, 19, 21, 23 HessVerf; Art. 5 Verf Rh-Pf; Art. 13 SaarlVerf; Art. 17 SächsVerf, Art. 23 LVerf LSA; Art. 4 EU-GRCh; Art. 3, 5 EMRK[1].

Ergänzungsnormen im sonstigen thüringischen Recht

§§ 23 ff., 38 ff., 43 ff., 46 ff. ThürJStVollzG v. 20.12.2007 (ThürGVBl. S. 221) und ThürErgVollzG v. 23.05.2013 (ThürGVBl. S. 121); §§ 19, 20 ThürPAG v. 04. 06.1992 (ThürGVBl. S. 199), zuletzt geändert durch Gesetz v. 25.10.2011 (ThürGVBl. S. 268); §§ 15 Abs. 2, 16 Abs. 5 ThürOBG v. 18.06.1993 (ThürGVBl. S. 323), zuletzt geändert durch Gesetz v. 09.09.2010 (ThürGVBl. S. 291); §§ 7 ff.,§§ 10 ff. ThürPsychKG idF der Bek. v. 05.02.2009 (ThürGVBl. S. 10); §§ 11 ff., 24 ff., 29 ff., 32 ff. ThürUVollzG v. 08.07.2009 (ThürGVBl. S. 553); § 1 Thüringer Gesetz über die Anwendung unmittelbaren Zwanges durch Bedienstete der Gerichte und Staatsanwaltschaften v. 22.03.1996 (ThürGVBl. S. 33); § 49 ThürVwZVG idF der Bek. v. 05.02.2009 (ThürGVBl. S. 24).

---

57 Nachweise zur Rechtsprechung des BVerfG bei *Starck*, in: von Mangoldt/Klein/Starck, Art. 2 Rn. 26.

58 Vgl. zu Art. 2 Abs. 1 GG *di Fabio*, in: Maunz/Dürig, Art. 2 Rn. 7.

1 Zur Bedeutung des Art. 5 EMRK bei der Auslegung der Freiheitsgarantien in einer Landesverfassung: SächsVerfGH, SächsVBl 1996, 160 (169 ff.).

Dokumente zur Entstehungsgeschichte

Präambel Vorl.LS; Art. 29 VerfE CDU; Art. 5 VerfE F.D.P.; Art. 15 VerfE SPD; Art. 17 VerfE NF/GR/DJ; Art. 9 VerfE LL/PDS; Entstehung ThürVerf, S. 22 ff.

Literatur

Knut Amelung, Die Entstehung des Grundrechtsschutzes gegen willkürliche Verhaftung, JURA 2005, 447 ff.; *Lutz Hasse/Karsten Mordas*, Thüringen: Verbringungsgewahrsam. Zur Rechtmäßigkeit einer probaten, aber umstrittenen polizeilichen Maßnahme, ThürVBl 2002, 101 ff.; *Adolf Pentz*, Verfahrensfehler bei der Freiheitsentziehung, NJW 1990, 2777 ff.; *Carsten Schucht*, Der Verbringungsgewahrsam im Polizeirecht, DÖV 2011, 553 ff.; *Fabian Wittreck*, Freiheit der Person, in: HStR VII, § 151; *Henner Wolter*, Die Richtervorbehalte im Polizeirecht, DÖV 1997, 939 ff.

Leitentscheidungen des ThürVerfGH und des BVerfG

ThürVerfGH, Beschl. v. 21. 07. 2005 - 33/04 – n.v. (richterliche Sachaufklärung).

BVerfGE 10, 302 (Unterbringung durch gesetzlichen Vertreter); 42, 1 (Sicherungsverwahrung); 58, 208 (Unterbringung psychisch Kranker); 83, 24 (präventive Gewahrsamnahme); 105, 239 (Nachholung richterlicher Entscheidung); 109, 133 (lebenslange Sicherungsverwahrung); 128, 326 (nachträgliche Sicherungsverwahrung).

A. Überblick

Art. 4 steht in engem Zusammenhang mit dem Grundrecht der **Freiheit der Person** (Art. 3 Abs. 1 Satz 2), das unter den verfassungsrechtlichen Gewährleistungen einen „besonders hohen Rang" einnimmt.[2] Dieser Bedeutung der körperlichen Bewegungsfreiheit im Gefüge der Grundrechte entspricht Art. 4 durch die Anordnung spezieller Schutzvorkehrungen: 1

Der Gesetzesvorbehalt des Art. 3 Abs. 1 Satz 3 wird verstärkt, indem bei **Freiheitsbeschränkungen** die Einhaltung des einfachgesetzlichen Verfahrensrechts zum Verfassungsgebot erhoben wird (Art. 4 Abs. 1).[3] Deren intensivste Form, die **Freiheitsentziehung**, steht zusätzlich unter einem umfassenden Richtervorbehalt (Art. 4 Abs. 3 Satz 1). Dessen Ausgestaltung wird dem Gesetzgeber weitgehend vorgegeben, indem sowohl Fristen (Art. 4 Abs. 3 Satz 2 und Abs. 4 Satz 1) als auch Einzelheiten der Gewährung rechtlichen Gehörs (Art. 4 Abs. 4 Satz 1) festgelegt werden. 2

2 Vgl. BVerfGE 32, 87 (92); 104, 220 (234); 109, 190 (239).
3 Zu Art. 104 Abs. 1 GG: BVerfGE 10, 302 (322); 105, 239 (247); NVwZ 2011, 1254 (1255).

3 Diese verfahrensrechtlichen Anforderungen werden durch eine **Benachrichtigungspflicht** ergänzt (Art. 4 Abs. 5). Hinzu tritt in materieller Hinsicht ein **Misshandlungsverbot** (Art. 4 Abs. 2), das keinen Einschränkungen unterliegt.

B. Herkunft, Entstehung und Entwicklung

4 Die verfahrens- und materiellrechtlichen Garantien des Art. 4 gehen auf unterschiedliche Rechtsquellen, Vorformen und Erfahrungen zurück. Am Anfang der Entwicklung standen mittelalterliche Verhaftungsprivilegien, wie sie in Art. 39 der magna charta libertatum niedergelegt waren (1215). Mit dem habeas corpus act (1679) wurden diese Garantien von der Zugehörigkeit zu einem bestimmten Stand gelöst. Das Gesetz bot jedem Bürger Schutz vor einer willkürlichen Festnahme, indem es das Recht garantierte, nach einer Verhaftung einem Gericht vorgeführt zu werden.[4]

5 Dieser Schutz wurde in den Verfassungen des 18. Jahrhunderts um die Anordnung eines **Gesetzesvorbehalts** ergänzt. In den fortschrittlicheren Verfassungen der deutschen Staaten im 19. Jahrhundert findet sich bereits das Nebeneinander von Richter- und Gesetzesvorbehalt. § 138 der Paulskirchenverfassung (1849) ordnete für Verhaftungen einen umfassenden Richtervorbehalt an, von dem nur „im Falle der Ergreifung auf frischer Tat“ eine Ausnahme galt. Diese Garantien waren, wenn auch nicht verfassungsrechtlich abgesichert, im Deutschen Kaiserreich anerkannt und einfachgesetzlich ausgeformt. Dieser Bestand fand seine verfassungsrechtliche Verankerung in Art. 114 WRV.[5]

6 Der Bruch mit jedem rechtsstaatlichen Denken zeigte sich im NS-Staat insbesondere durch die systematische Misshandlung Gefangener und deren vollständige Entrechtung. Diesen Verbrechen leistete unter anderem der sogenannte Nacht- und Nebelerlass (1941) Vorschub, indem er das spurlose Verschleppen von Personen aus den besetzten Gebieten ermöglichte.[6] Die Garantien des Misshandlungsverbots und der Benachrichtigungspflicht, um die im Grundgesetz die bisherigen verfassungsrechtlichen Gewährleistungen bei Freiheitsbeschränkungen erweitert wurden, sind als Reaktion auf dieses Unrecht zu verstehen.[7]

C. Verfassungsvergleichende Information

7 Art. 4 entspricht weitgehend Art. 104 GG. In der Thüringer Verfassung wurden die **Rechtsgarantien bei Freiheitsbeschränkungen** jedoch, wie es auch für das Grundgesetz ursprünglich beabsichtigt gewesen war, in den Grundrechtskatalog aufgenommen und nicht den Bestimmungen über die Rechtsprechung zugeordnet.[8] Ein Unterschied in der Qualifizierung dieser Gewährleistungen ist mit der abweichenden Stellung im Verfassungstext nicht verbunden; auch die Garantien des Art. 104 GG werden – im Zusammenhang mit dem Grundrecht auf Freiheit der Person aus Art. 2 Abs. 2 GG – als subjektive Verfassungsrechte verstanden.[9]

---

4 Zum habeas corpus act ausführlich: *Riedel*, EuGRZ 1980, 192 ff.

5 Zur geschichtlichen Entwicklung der Garantien bei einer Freiheitsentziehung: *Amelung*, JURA 2005, 447 ff.; *Gusy*, in: von Mangoldt/Klein/Starck, Art. 104 Rn. 2 ff.; *Müller-Franken*, in: Stern/Becker, Art. 104 Rn. 1.

6 Zu dessen Anwendung: *Gruchmann*, VfZ 1981, 342 ff.

7 So ausdrücklich: *Gusy*, in: von Mangoldt/Klein/Starck, Art. 104 Rn. 7.

8 Zu den "redaktionellen Erwägungen" des Grundgesetzgebers: BVerfGE 14, 174 (186); *Kunig*, in: von Münch/Kunig, Art. 104 Rn. 1.

9 BVerfGE 10, 302 (309); 14, 174, (186); 128, 326 (366).

Wie auch andere Landesverfassungen gestaltet Art. 4 den Richtervorbehalt gegenüber Art. 104 GG strenger aus.[10] Bei Freiheitsentziehungen, die nicht auf dem Verdacht einer Straftat beruhen, beträgt nach Art. 4 Abs. 3 Satz 2 die Frist, innerhalb der ein Richter zu befassen ist, nur 24 Stunden. Art. 104 Abs. 2 Satz 3 GG lässt dagegen die Vorführung am Tag nach der Festnahme genügen; dies kann in der Theorie (z. B. bei einer Gewahrsamnahme kurz nach Mitternacht) zu einer fast doppelt so langen Frist führen. Des Weiteren gilt in Thüringen die absolute Frist für jede präventive Freiheitsentziehung, während der Anwendungsbereich des Art. 104 Abs. 2 Satz 3 GG seinem Wortlaut nach auf die Gewahrsamnahme durch die Polizei beschränkt ist.[11] 8

Der übrige Regelungsgehalt des Art. 4 (Erhebung des einfachgesetzlichen Verfahrensrechts zum Verfassungsgebot, Ausgestaltung des Anspruchs auf rechtliches Gehör sowie Statuierung eines Misshandlungsverbots und einer Benachrichtigungspflicht) ist mit dem des Art. 104 GG identisch. Dies gilt auch für die Frist, die für den Fall der Festnahme wegen des Verdachts einer Straftat festgesetzt wird. Art. 4 Abs. 4 sieht hier wie Art. 104 Abs. 3 GG eine absolute Frist bis zum Ablauf des nächsten Tages vor. 9

Der Schutz der Freiheit der Person ist auch Gegenstand zahlreicher völker- und europarechtlicher Bestimmungen. Garantien bei Freiheitsentziehungen enthalten Art. 9 AEMR, Art. 9 bis 11 IPbpR, Art. 3 (Folterverbot) und Art. 5 (Gewährleistungen bei Freiheitsentziehungen) EMRK [12] sowie Art. 6 EU-GRCh. 10

D. Erläuterungen

I. Allgemeine Voraussetzungen einer Freiheitsbeschränkung (Abs. 1)

1. Die Notwendigkeit eines förmlichen Gesetzes. Art. 4 Abs. 1 stellt alle Freiheitsbeschränkungen, also jeden Eingriff in die körperliche Bewegungsfreiheit im Sinne des Art. 3 Abs. 1 Satz 2, unter den Vorbehalt eines **förmlichen Gesetzes.** Dieses Gesetz kann auch durch einen Volksentscheid zustande kommen, da Art. 82 Abs. 2 ein Volksbegehren zu freiheitsbeschränkenden Maßnahmen nicht ausschließt. Gewohnheitsrecht reicht dagegen als Grundlage für einen Eingriff ebenso wenig aus wie die analoge Anwendung einer anderen Norm.[13] 11

Das Gesetz muss formell und materiell den allgemeinen Anforderungen genügen, die an ein die Grundrechte einschränkendes Gesetz zu stellen sind.[14] Aufgrund der besonderen Bedeutung des Grundrechts der Freiheit der Person ist an die Einhaltung dieser Anforderungen ein strenger Maßstab anzulegen. Dies gilt insbesondere für die Beachtung des **Bestimmtheitsgebots**. Der Gesetzgeber hat selbst die Voraussetzungen zu regeln, nach denen eine Freiheitsbeschränkung 12

10 Vgl. Art. 9 BbgVerf und Art. 19 Abs. 2 Satz 1 HessVerf (24-Stunden-Frist); Art. 5 Abs. 2 Satz 2 Verf Rh-Pf und Art. 13 Abs. 2 Satz 3 SaarlVerf (jeden Monat erneute Richterbefassung notwendig).

11 Für eine analoge Anwendung des Art. 104 Abs. 2 Satz 3 GG auf alle Ordnungsbehörden: *Jarass*, in: Jarass/Pieroth, Art. 104 Rn. 27; *Radtke*, in: Epping/Hillgruber, Art. 104 Rn. 24; *von Münch*, in: von Münch/Kunig, Art. 104 Rn. 24; *Rüping*, in BK, Art. 104 Rn. 67; dagegen *Degenhart*, in: Sachs, GG, Art. 104 Rn. 34.

12 Zur Bedeutung des Art. 5 EMRK bei der Auslegung einer landesverfassungsrechtlichen Freiheitsgarantie: SächsVerfGH, SächsVBl 1996, 160 (169 ff.).

13 Zu Art. 104 Abs. 1 Satz 1 GG: BVerfGE 29, 183 (195); 83, 24 (32); *Gusy*, in: von Mangoldt/Klein/Starck, Art. 104 Rn. 24; *Jarass*, in: Jarass/Pieroth, Art. 104 Rn. 3; *Rüping*, in: BK, Art. 104 Rn. 27 f.; *Degenhart*, in: Sachs, GG, Art. 104 Rn. 9.

14 Siehe hierzu unten Art. 42 Rn. 18 ff.

zulässig ist; die Delegation auf den Verordnungsgeber ist nur in engen Grenzen möglich.[15]

13 **2. Die Beachtung des einfachgesetzlichen Verfahrensrechts.** Nach Art. 4 Abs. 1 darf die Freiheit der Person nur unter Beachtung der im Gesetz vorgeschriebenen Formen eingeschränkt werden. Mit dieser Formulierung wird die allgemeine Bindung der Verwaltung an das Gesetz verstärkt. Verstöße gegen einfachgesetzliches Verfahrensrecht werden einer Verletzung subjektiven Verfassungsrechts gleichgestellt. Unterbleibt z. B. eine im Gesetz vorgesehene **Anhörung**, ist die Freiheitsbeschränkung verfassungswidrig, auch wenn ihre materiellen Voraussetzungen erfüllt sind. Zudem wirkt die Nachholung der unterlassenen oder fehlerhaften Verfahrenshandlung nur in die Zukunft. Soweit die Freiheitsbeschränkung bereits vollzogen wurde, verbleibt es bei ihrer Gesetzes- und Verfassungswidrigkeit. Diese kann auch nach der Erledigung der Maßnahme im Wege einer Verfassungsbeschwerde gerügt werden, soweit das jeweilige fachgerichtliche Prüfungsverfahren erfolglos geblieben war.[16]

II. Das Misshandlungsverbot (Abs. 2)

14 Im Gegensatz zu den übrigen Bestimmungen des Art. 4 betrifft das **Misshandlungsverbot** nicht die Voraussetzungen einer Freiheitsbeschränkung und das bei ihrer Anordnung zu beachtende Verfahren, sondern die materielle Rechtsstellung festgehaltener Personen. Für diese gelten zwar weiterhin alle Grundrechte im Rahmen der jeweiligen Schranken; sie sind aber dem Risiko einer Verletzung ihrer Rechte in besonderer Weise ausgesetzt. Auf diese Gefährdung reagiert Art. 4 Abs. 2 durch die Anordnung eines absoluten und uneingeschränkten Misshandlungsverbots.[17]

15 Als eine Misshandlung sind zunächst die Maßnahmen anzusehen, welche unabhängig von einer Freiheitsbeschränkung die Würde des Menschen (Art. 1 Abs. 1 Satz 1) oder seine körperliche Integrität (Art. 3 Abs. 1 Satz 1) verletzen. Verboten sind demnach neben der Anwendung körperlicher Gewalt, die nicht zur Aufrechterhaltung der Freiheitsbeschränkung notwendig ist, jede Art der Folter und ihre Androhung.[18]

16 Art. 4 Abs. 2 geht über diese Klarstellung eines Verbots, das sich bereits aus anderen Grundrechten ergibt, hinaus. Sein eigentlicher Anwendungsbereich ergibt sich aus der Schutzbedürftigkeit festgehaltener Personen. Aufgrund ihrer besonderen Situation trifft die Verantwortung für ihre körperliche und seelische Unversehrtheit den Staat. Hieraus lassen sich konkrete Handlungspflichten zum

15 Zur Spezifizierung der Eingriffsvoraussetzungen durch eine Verordnung vgl. unten Art. 84 Rn. 28 ff.; Zu Art. 104 Abs. 1 Satz 1 GG: *Müller-Franken*, in: Stern/Becker, Art. 104 Rn. 57; *Rüping*, in: BK: Art. 104 Rn. 30; *Degenhart*, in: Sachs, GG, Art. 104 Rn. 10; *Gusy*, in: von Mangoldt/Klein/Starck, Art. 104 Rn. 26.

16 Zu Art. 104 Abs. 1 Satz 1 GG: BVerfGE 58, 208 (219 f., 222); 65, 317 (321 f.); 105, 239 (246 f.).

17 Zur grundrechtlichen Rechtsstellung festgehaltener Personen und dem Misshandlungsverbot aus Art. 104 Abs. 1 Satz 2 GG: *Gusy*, in: von Mangoldt/Klein/Starck, Art. 104 Rn. 29 ff.; *Jarass*, in: Jarass/Pieroth, Art. 104 Rn. 6 ff.; *Müller-Franken*, in: Stern/Becker, Art. 104 Rn. 64 ff.

18 Zur Absolutheit des Folterverbots BVerfG, NJW 2005, 656 (657) – Fall Daschner; *Degenhart*, in: Sachs, GG, Art. 104 Rn. 43; *Gusy*, in: von Mangoldt/Klein/Starck, Art. 104 Rn. 34; *Schulze-Fielitz*, in: Dreier, Art. 104 Rn. 62, *Schmahl*, in: Schmidt-Bleibtreu/Hofmann/Hopfauf, Art. 104 Rn. 13.

Schutz festgehaltener Personen ableiten. Die Pflichten reichen von der Gestaltung der Hafträume über die Gewährleistung einer medizinischen Versorgung bis hin zur Ermöglichung einer Beschäftigung und ausreichenden sozialen Kontakts. Ebenso hat nach dem **Schutzpflichtgedanken** der Staat Übergriffe durch Dritte oder auch eine Selbstgefährdung zu verhindern.[19]

III. Der Richtervorbehalt für Freiheitsentziehungen (Abs. 3)

1. Der Begriff der Freiheitsentziehung. Art. 4 Abs. 3 befasst sich mit den verfassungsrechtlichen Anforderungen an eine **Freiheitsentziehung**. Sie ist die intensivste Form der Freiheitsbeschränkung und steht deswegen unter einem Richtervorbehalt. Da sich die Freiheitsentziehung von der Freiheitsbeschränkung nur graduell unterscheidet, kann im Einzelfall die Abgrenzung schwierig sein. In Anlehnung an § 415 Abs. 2 FamFG ist das Einsperren in einem eng umgrenzten örtlichen Bereich, durch das die Bewegungsfreiheit allseitig ausgeschlossen ist, regelmäßig als Freiheitsentziehung zu qualifizieren. Eine Ausnahme ist lediglich für sehr kurzfristige Maßnahmen anzunehmen, da diese nicht die erforderliche Intensität erreichen.[20] 17

Freiheitsentziehungen sind demnach alle Formen einer auf Bundesrecht beruhenden Haft oder Unterbringung, wie sie etwa in der StPO (§§ 112 ff. – Untersuchungshaft), dem StGB (§§ 38 f. – Freiheitsstrafe, §§ 61 ff. Maßregeln der Besserung und Sicherung) oder dem AufenthG (§ 62 – Abschiebungshaft) vorgesehen sind. Ebenso zählen hierzu die Maßnahmen nach § 1906 Abs. 4 BGB.[21] Auf landesrechtlicher Ebene enthalten insbesondere § 19 ThürPAG (Gewahrsamnahme), § 7 ThürPsychKG (Unterbringung) und § 49 ThürVwZVG (Ersatzzwanghaft) Befugnisse zur Anordnung einer Freiheitsentziehung. 18

2. Die Ausgestaltung des Richtervorbehalts. Art. 4 Abs. 3 weist die Verantwortung für eine Freiheitsentziehung allein dem Richter zu (**Richtervorbehalt**). 19

a) Überblick über die Regelungen. In Art. 4 Abs. 3 Satz 1 ist der Grundsatz festgelegt, dass eine Freiheitsentziehung einer *vorherigen* richterlichen Entscheidung bedarf. Zudem ist bestimmt, dass die Befassung des Richters auch für die Anordnung der *Fortdauer* einer Freiheitsentziehung notwendig ist. Art. 4 Abs. 3 Satz 2 regelt die Ausnahme einer vorläufigen Freiheitsentziehung durch die Exekutive. Er verlangt für diesen Fall die *unverzügliche* Nachholung einer richterlichen Entscheidung und konkretisiert diese Anforderung durch die Festlegung einer absoluten Frist von 24 Stunden. Art. 4 Abs. 3 Satz 4 enthält einen Auftrag an den Gesetzgeber, diese Vorgaben durch ein detailliertes Verfahrensrecht umzusetzen.[22] 20

---

19 Zur Unterbringung und Behandlung festgehaltener Personen: EGMR, NJW 2012, 2173 (2174 f.) – Unterbringung ohne Kleidung in einer Sicherheitszelle; BVerfGE 49, 24 (64) – Kontaktsperre; BGHZ 60, 302 ff. (Schädigung durch Mitgefangenen); VerfGH Berl, Beschl. v. 03.11.2009 – 184/07 – JURIS (Gestaltung des Haftraums); OLG Hamm, NJW 1989, 1809 ff. (Verhinderung eines Selbstmordversuchs).

20 Zum Begriff der Freiheitsentziehung und zur Abgrenzung zur bloßen Freiheitsbeschränkung: BVerfGE 94, 166 (198); 105, 239 (248); *Dürig*, in: Maunz/Dürig, Art. 104 Rn. 5 ff.; *Degenhart*, in: Sachs, GG, Art. 104 Rn. 5 ff.; *Gusy*, in: von Mangoldt/Klein/Starck, Art. 104 Rn. 17 ff.; *Kunig*, in: von Münch/Kunig, Art. 104 Rn. 17 ff.

21 Vgl. zur Fixierung durch ein Bettgitter: BGH, Beschl. v. 27.06.2012 – XII ZB 24/12 – JURIS.

22 Zum Regelungsauftrag aus Art. 104 Abs. 2 Satz 4 *Kunig*, in: von Münch/Kunig, Art. 104 Rn. 28.

21 b) **Die richterliche Anordnung.** Zur Entscheidung berufen ist der **gesetzliche Richter** im Sinne des Art. 87 Abs. 3, d. h. der nach dem einschlägigen Verfahrensgesetz und dem Geschäftsverteilungsplan des Gerichts für den Einzelfall zuständige und ordnungsgemäß besetzte Spruchkörper.[23] Seine Entscheidung ist für die Rechtmäßigkeit der Freiheitsentziehung konstitutiv; sie erfordert neben der eigenständigen Feststellung aller relevanten Tatsachen die Prüfung der Verhältnismäßigkeit der Maßnahme.[24] Der Richter darf sich nicht darauf beschränken, einen Antrag der Exekutive lediglich auf Plausibilität zu kontrollieren oder die Bewertung der festgestellten Tatsachen von einer anderen Stelle ohne selbständige Würdigung zu übernehmen.[25]

22 c) **Die Nachholung der richterlichen Entscheidung.** Beruht die Freiheitsentziehung nicht auf einer richterlichen Anordnung, ist sie *unverzüglich* nachzuholen. An die Einhaltung dieses zeitlichen Erfordernisses ist ein objektiver Maßstab anzulegen, das heißt, jede Verzögerung der richterlichen Entscheidung aus sachlich nicht zwingend gebotenen Gründen führt zur Verfassungswidrigkeit der Freiheitsentziehung.[26] Die Erreichbarkeit eines Richters hat die Justizverwaltung sicherzustellen. Die Notwendigkeit eines **Bereitschaftsdienstes** richtet sich nach den Bedürfnissen der Praxis. Ist in einem Gerichtsbezirk absehbar, dass außerhalb der üblichen Dienststunden richterliche Entscheidungen nach Art. 4 Abs. 3 oder Abs. 4 zu treffen sind, muss auch an Sonn- und Feiertagen und gegebenenfalls zur Nachtzeit ein Richter erreichbar sein.[27] Ist der Grund für die Freiheitsentziehung entfallen, bevor der Festgehaltene dem Richter vorgeführt werden konnte, ist er freizulassen (vgl. § 20 Abs. 1 Satz 2 ThürPAG). In diesem Fall ist der Betroffene auf die Inanspruchnahme nachträglichen Rechtsschutzes zu verweisen.[28]

23 Die Höchstfrist von 24 Stunden enthält eine für den Bürger gegenüber Art. 104 Abs. 2 Satz 3 GG günstigere Grundrechtsverbürgung (siehe oben Rn. 8). Sie beansprucht zunächst Geltung, wenn Landesbehörden Freiheitsentziehungen auf Grund von Landesrecht anordnen. Die Gefahr eines Widerspruchs mit Bundesrecht besteht in diesen Fällen nicht; Art. 31, 142 GG schließen hier einen weitergehenden Schutz durch ein Landesgrundrecht nicht aus.[29] Die Thüringer öffentliche Gewalt hat demnach bei Freiheitsentziehungen, die auf Landesrecht beruhen, die Frist von 24 Stunden zu beachten. So ist etwa die richterliche Entschei-

23 Vgl. zu Art. 101 Abs. 1 Satz 2 GG: BVerfG, NJW 1982, 29 f.

24 Vgl. ThürVerfGH, Beschl. v. 21.07.2005 – 33/04; Beschl. v. 08.08.2012 – 15/12 und 16/12 – beide n.v.

25 BVerfG, Beschl. v. 18.04.2012 – 2 BvR 741/10 – JURIS, Rn. 10 (Gefährlichkeitsprognose bei Sicherungsverwahrung).

26 Allgemeine Meinung zu Art. 104 Abs. 2 Satz 2 GG: *Degenhart*, in: Sachs, GG, Art. 104 Rn. 33; *Gusy*, in: von Mangoldt/Klein/Starck, Art. 104 Rn. 47; *Jarass*, in: Jarass/Pieroth, Art. 104 Rn. 25; *Kunig*, in: von Münch/Kunig, Art. 104 Rn. 21; *Müller-Franken*, in: Stern/Becker, Art. 104 Rn. 90; *Rüping*, in: BK, Art. 104 Rn. 68.

27 Zur Notwendigkeit eines richterlichen Bereitschaftsdienstes: BVerfGE 105, 239 (249); Beschl. v. 02.06.2006 – 2 BvR 2118/05 – JURIS (erwartete Großdemonstration); *Gusy*, in: von Mangoldt/Klein/Starck, Art. 104 Rn. 48; *Schmahl*, in: Schmidt-Bleibtreu/Hofmann/Hopfauf, Art. 104 Rn. 13; zu den dienstrechtlichen Pflichten des Richters: Dienstgericht Saarbrücken, Urt. v. 04.06.2008 – 1/07 – JURIS.

28 Zum Rechtsweg: ThürOVG, DÖV 1999, 879 f. (Verwaltungsrechtsweg); aA: OVG Berlin-Brandenburg, NJW 2009, 2695 ff. (ordentliche Gerichtsbarkeit).

29 BVerfGE 96, 345 (364 f.) und oben E5, Thüringer Landesverfassungsrecht und Bundesverfassungsrecht, Rn. 34 ff.

dung nach § 20 ThürPAG oder § 9 Abs. 1 Satz 2 iVm § 8 ThürPsychKG nur dann „unverzüglich“, wenn sie diese Frist einhält.

Des Weiteren findet die Frist des Art. 4 Abs. 3 Satz 2 Anwendung bei Freiheitsentziehungen auf Grund von Bundesrecht, das keine anderslautenden Fristen festsetzt. Ein Landesgrundrecht, das mehr Schutz bietet als das Grundgesetz, kollidiert nicht mit einer bundesrechtlichen Regelung, die Spielräume für die Berücksichtigung von weitergehendem Landesrecht lässt.[30] Dieser Spielraum ist zu bejahen, wenn das Bundesgesetz eine unverzügliche richterliche Entscheidung verlangt, ohne hierfür eine bestimmte Höchstfrist zu nennen.[31] Vollziehen Thüringer Behörden ein derartiges Gesetz, wie etwa die Ausländerbehörde bei einer Gewahrsamnahme nach § 62 Abs. 5 Satz 2 AufenthG, sind sie an die Frist des Art. 4 Abs. 3 Satz 2 gebunden. 24

In der Praxis ist der Unterschied der in Art. 4 Abs. 3 Satz 2 und Art. 104 Abs. 2 Satz 3 GG festgesetzten Fristen von geringer Bedeutung. Auch der Ausschöpfung der kürzeren Frist des Art. 4 Abs. 3 Satz 2 steht regelmäßig das vorrangige Erfordernis der Unverzüglichkeit entgegen. Eine Entscheidung des Richters später als 24 Stunden nach Beginn der Freiheitsentziehung wird in den seltensten Fällen als unvermeidbare Verzögerung anzusehen sein. 25

IV. Die Freiheitsentziehung wegen des Verdachts einer Straftat (Abs. 4)

Art. 4 Abs. 4 ist gegenüber Art. 4 Abs. 3 Satz 2 die speziellere Norm und betrifft den Richtervorbehalt im Fall der vorläufigen Festnahme aus *strafprozessualen* Gründen. Der Bund hat dieses Rechtsgebiet in Ausübung seiner konkurrierenden Gesetzgebungskompetenz aus Art. 74 Abs. 1 Nr. 1 GG (gerichtliches Verfahren) umfassend geregelt. In §§ 112 ff. StPO ist das Verfahren der Verhaftung und der vorläufigen Festnahme detailliert ausgestaltet. Vor diesem Hintergrund ergibt sich die Bedeutung des Art. 4 Abs. 4 aus seiner Inhaltsgleichheit mit Art. 104 Abs. 3 Satz 1 GG. Aufgrund der Identität der Gewährleistungen kann eine Verletzung des Art. 4 Abs. 4 in dem bundesrechtlich geregelten Ermittlungsverfahren mit einer Verfassungsbeschwerde zum ThürVerfGH gerügt werden.[32] 26

Der Festgenommene ist spätestens am Tag nach der Festnahme dem gesetzlichen Richter (hierzu oben Rn. 21) *vorzuführen*. Mit dieser Formulierung in Art. 4 Abs. 4 Satz 1 (Art. 104 Abs. 3 Satz 2 GG) ist eine Entscheidung nach Lage der Akten grundsätzlich ausgeschlossen. Erforderlich ist eine persönliche Gegenüberstellung, die es dem Richter ermöglicht, sich von dem Betroffenen einen persönlichen Eindruck zu verschaffen. Ist dieser, z. B. wegen einer Krankheit, nicht transportfähig, hat der Richter sich zu ihm zu begeben.[33] 27

Der Richter hat dem Festgenommenen die Gründe der Verhaftung mitzuteilen, ihn zu vernehmen und seine Einwendungen zur Kenntnis zu nehmen. Diese Pflichten sind eine Ausprägung des **Anspruchs auf rechtliches Gehör** aus Art. 88 28

30 BVerfGE 96, 345 (365).

31 Keine Kollision mit Bundesrecht auch bei Nennung einer Frist nehmen an *Rüping*, in: BK, Art. 104 Rn. 98 ff.; Jutzi, DÖV 1983, 836 (838 f.); ebenso wohl *Kunig*, in: von Münch/Kunig, Art. 104 Rn. 33.

32 Vgl. ThürVerfGH, Beschl. v. 21.07.2005 – 33/04 – n.v.; allgemein vgl. oben E5, Thüringer Landesverfassungsrecht und Bundesverfassungsrecht, Rn. 62 ff.

33 Zu Art. 104 Abs. 3 Satz 1 GG: *Gusy*, in: von Mangoldt/Klein/Starck, Art. 104 Rn. 68; zur ausnahmsweisen "symbolischen Vorführung" durch Vorlage der Akten: RiStBV 51; *Kunig*, in: von Münch/Kunig, Art. 104 Rn. 30.

Abs. 1 Satz 1 ThürVerf und des Rechts auf Verteidigung aus Art. 88 Abs. 1 Satz 2 ThürVerf. Dem Festgenommenen ist die wirksame Wahrnehmung dieser Rechte zu ermöglichen. Hierfür hat der Richter zu sorgen, z. B. durch die Hinzuziehung eines Dolmetschers.[34]

29 Nach der Vernehmung hat der Richter *unverzüglich* (hierzu oben Rn. 22) eine Entscheidung zu treffen. Wird der Festgenommene nicht freigelassen, ist die Freiheitsentziehung durch einen schriftlichen und mit Gründen versehenen **Haftbefehl** anzuordnen, Art. 4 Abs. 4 Satz 2 (Art. 104 Abs. 3 Satz 2 GG). Dieser wirkt nur in die Zukunft. Er ist weder Grundlage der vorherigen Freiheitsentziehung durch die Exekutive noch trifft er eine Aussage zur Rechtmäßigkeit deren Handelns.[35]

30 Die *Begründung* des Haftbefehls muss der Schwere des mit ihm verbundenen Grundrechtseingriffs angemessen sein.[36] Der Mindestinhalt der Begründung ergibt sich aus § 114 Abs. 2 StPO. Es muss erkennbar sein, dass der Richter zu den dort genannten Punkten, insbesondere dem Haftgrund und dem Tatverdacht, eine eigenständige und einzelfallbezogene Entscheidung getroffen hat. Diese Pflicht besteht nicht nur bei der erstmaligen Anordnung der Untersuchungshaft, sondern auch bei Beschlüssen über ihre Fortdauer. Mit zunehmender Länge der Haft steigen die Anforderungen an die Begründung ihrer Verhältnismäßigkeit.[37]

V. Die Pflicht zur Benachrichtigung (Abs. 5)

31 Ein wesentliches Element zur Sicherung der Rechte einer festgehaltenen Person ist die in Art. 4 Abs. 5 geregelte Pflicht zur Offenlegung des Grundrechtseingriffs. Sie gewährleistet, dass das persönliche Umfeld des Betroffenen von seinem Verbleib Kenntnis erlangt und ihn bei der Wahrnehmung seiner Rechte unterstützen kann. Der Verpflichtung des Staates zur Einhaltung dieses objektiven Verfahrenserfordernisses entspricht ein subjektives Recht des Festgehaltenen. Er kann einen Verstoß gegen die **Benachrichtigungspflicht** mit einer Verfassungsbeschwerde zum ThürVerfGH geltend machen.[38]

32 Die Pflicht zur Benachrichtigung greift ein bei jeder richterlichen Entscheidung über die Anordnung oder Fortdauer einer Freiheitsentziehung. Auch die Verlängerung und die Aufrechterhaltung einer bereits andauernden Freiheitsentziehung fallen demnach unter Art. 4 Abs. 5.[39] Die Verantwortung für die Erfüllung der Benachrichtigungspflicht trifft den Richter, der die entsprechende Entscheidung getroffen hat. Lediglich zur Durchführung der von ihm konkret bestimmten Maßnahme darf er sich der Justizverwaltung oder anderer Behörden bedienen.[40]

33 Um dem Recht des Festgenommenen weitest möglich Geltung zu verschaffen, ist grundsätzlich die Person zu benachrichtigen, die aus dem Kreis der Angehörigen oder Vertrauenspersonen benannt wurde. Diese Personengruppen stehen gleich-

34 Zu Art. 104 Abs. 3 GG: BVerfGE 64, 135 (146).
35 Zu Art. 104 Abs. 3 GG: *Dürig*, in: Maunz/Dürig, Art. 104 Rn. 35.
36 Zu einem vervielfältigten Haftbefehlsmuster: BVerfG, NJW 1982, 29 f.; BayVerfGH, NJW 1984, 1874 f.
37 Zu Art. 2 Abs. 2 Satz 2 GG: BVerfG, StV 1999, 40 (40) und 162 (163).
38 Zu der Rüge einer Verletzung des inhaltsgleichen Art. 104 Abs. 4 GG: BVerfGE 38, 32 (34); zu Art. 9 Abs. 2 Satz 3 1. Hs. BbgVerf: BbgVerfG, NStZ-RR 2000, 185 (186 f.).
39 Zu Art. 9 Abs. 2 Satz 3 1. Hs. BbgVerf: BbgVerfG, NStZ-RR 2000, 185 ff.
40 *Kunig*, in: von Münch/Kunig, Art. 104 Rn. 37.

berechtigt nebeneinander, so dass sich eine gegenseitige Abgrenzung erübrigt. In Betracht kommen alle Personen, denen nach § 52 Abs. 1 StPO ein Zeugnisverweigerungsrecht zusteht, aber auch der Partner einer nichtehelichen Lebensgemeinschaft, Freunde, Kollegen oder der Anwalt des Betroffenen. Entscheidend ist, dass zwischen dem Festgehaltenen und dem Benachrichtigten *tatsächlich* ein Vertrauensverhältnis besteht. Fehlt dieses, kann regelmäßig nicht auf das bloße Vorhandensein eines gesetzlich oder sonst staatlich angeordneten Vertretungsverhältnisses abgestellt werden.[41]

Von der Auswahl des Festgehaltenen darf der Richter nur nach pflichtgemäßem **34** Ermessen abweichen. So kann er eine vorgeschlagene Person unberücksichtigt lassen, wenn ihre Benachrichtigung den mit der Freiheitsentziehung verfolgten Zweck gefährden würde. Folgt der Richter dem Wunsch des Betroffenen nach Information einer bestimmten Person nicht, hat er eine andere zu benachrichtigen. Keinesfalls darf aus Gründen des öffentlichen Interesses, wie etwa der Erfordernisse der Strafverfolgung, gänzlich von einer Benachrichtigung abgesehen werden.[42]

An die Wirksamkeit eines **Verzichts** auf die Benachrichtigung ist ein strenger **35** Maßstab anzulegen. Die bloße Erklärung des Festgehaltenen, er nehme dieses Recht nicht wahr, reicht nicht aus.[43] Ein Absehen von der Benachrichtigungspflicht kommt nur in Betracht, wenn der Betroffene ein konkretes Interesse an der Geheimhaltung seiner Situation darlegt und ausdrücklich jeder Mitteilung widerspricht. In diesen Fall hat der Richter die geltend gemachten Belange gegen das Interesse an der Erfüllung der Informationspflicht abzuwägen. Nach der Wertung des Art. 4 Abs. 5 und wegen der Gefahr des Missbrauchs einer Verzichtserklärung wird in aller Regel die Pflicht zur Offenlegung des Grundrechtseingriffs überwiegen.[44]

Artikel 5 [Freizügigkeit]

(1) Jeder Bürger genießt Freizügigkeit.

(2) Dieses Recht darf nur auf Grund eines Gesetzes und nur für die Fälle eingeschränkt werden, in denen eine ausreichende Lebensgrundlage nicht vorhanden ist und der Allgemeinheit daraus besondere Lasten entstehen würden oder in denen es zur Abwehr einer drohenden Gefahr für den Bestand oder die freiheitliche demokratische Grundordnung des Bundes oder eines Landes, zur Bekämpfung von Seuchengefahr, Naturkatastrophen oder besonders schweren Unglücksfällen, zum Schutz der Jugend vor Verwahrlosung oder um strafbaren Handlungen vorzubeugen, erforderlich ist.

Vergleichbare Regelungen

Art. 11 GG; Art. 2 Abs. 1 BWVerf; Art. 109 BayVerf; Art. 17 VvB; Art. 17 BbgVerf; Art. 18 BremVerf; Art. 6 HessVerf; Art. 5 Abs. 3 M-VVerf; Art. 3 Abs. 2 NV; Art. 4 Abs. 1 Verf NW; Art. 15 Verf Rh-Pf; Art. 9 SaarlVerf; Art. 15 LVerf LSA; Art. 45 EU-GRCh.

---

41 Vgl. zur Benachrichtigung eines Pflichtverteidigers: BbgVerfG, NStZ-RR 2000, 185 ff.

42 *Degenhart*, in: Sachs, GG, Art. 104 Rn. 28; *Gusy*, in: von Mangoldt/Klein/Starck, Art. 104 Rn. 68.

43 Allgemein zum Grundrechtsverzicht siehe oben Art. 1 Rn. 92.

44 Vgl. die Diskussion zu Art. 104 Abs. 4 GG: *Rüping*, in: BK, Art. 104 Rn. 87 ff.; *Radtke*, in: Epping/Hillgruber, Art. 104 Rn. 18; *Degenhart*, in: Sachs, GG, Art. 104 Rn. 26; *Jarass*, in: Jarass/Pieroth, Art. 104 Rn. 21.

Ergänzungsnormen im sonstigen thüringischen Recht

§ 55 ThürBG v. 20.03.2009 (ThürGVBl. S. 238) zuletzt geändert durch Gesetz v. 25.10.2011 (ThürGVBl. S. 268); § 31 Abs. 2 Thüringer Brand- und Katastrophenschutzgesetz idF der Bek. v. 05.02.2008 (ThürGVBl. S. 22) zuletzt geändert durch Gesetz v. 30.03.2012 (ThürGVBl. S. 113); § 18 ThürPAG v. 04. 06.1992 (ThürGVBl. S. 199) zuletzt geändert durch Gesetz v. 25.10.2011 (ThürGVBl. S. 268); § 17 ThürOBG v. 18. 06.1993 (ThürGVBl. S. 323) zuletzt geändert durch Gesetz v. 09.09.2010 (ThürGVBl. S. 291).

Dokumente zur Entstehungsgeschichte

Präambel Vorl.LS; Art. 17 VerfE CDU; Art. 13 VerfE F.D.P.; Art. 18 VerfE LL/PDS; Entstehung ThürVerf, S. 25 f.

Literatur

Hans W. Alberts, Freizügigkeit als polizeiliches Problem, NVwZ 1997, 45 ff.; *Susanne Baer*, Zum „Recht auf Heimat" – Art. 11 GG und Umsiedlungen zugunsten des Braunkohletagebaus, NVwZ 1997, 27 ff.; *Wolfram Cremer*, Aufenthaltsverbote und offene Drogenszene: Gesetzesvorrang, Parlamentsvorbehalt und grundgesetzliche Kompetenzordnung, NVwZ 2001, 1218 ff.; *Eike Michael Frenzel*, Grundfälle zu Art. 11 GG, JuS 2011, 595 ff.; *Kay Hailbronner*, Freizügigkeit, in: HStR VII, § 131; *Carsten Schucht*, Die polizei- und ordnungsrechtliche Meldeauflage: Standortbestimmung und dogmatische Neuausrichtung, NVwZ 2011, 709 ff.; *Christof Trurnit*, Platzverweis, Aufenthaltsverbot und Wohnungsverweis gem. § 27 a PolG, VBlBW 2009, 205 ff.

Leitentscheidungen des BVerfG

BVerfGE 2, 266 (Notaufnahmegesetz); 6, 32 (Elfes); 110, 177 (Spätaussiedler).

A. Überblick

1 Das Recht auf **Freizügigkeit** ist unabdingbare Voraussetzung eines freiheitlichen Staates. Ohne die Möglichkeit, ungehindert von der Staatsgewalt Orte aufzusuchen und dort zu verweilen, können andere Grundrechte, wie etwa die Berufsfreiheit (Art. 35), nicht effektiv wahrgenommen werden.[1] In der Wendezeit kam die Bedeutung dieses Rechts für ein selbstbestimmtes Leben sowohl in den Forderungen der Bevölkerung nach einer Aufhebung der in der DDR geltenden Beschränkungen als auch in der nachfolgenden Mobilität breiter Bevölkerungskreise zum Ausdruck.

2 Die aktuelle Diskussion zum Recht auf Freizügigkeit bietet ein differenziertes Bild. In der Literatur wird unter Einbeziehung der allgemeinen Grundrechtslehren vor allem das grundsätzliche Verständnis der verfassungsrechtlichen Garan-

1 Zur Bedeutung des Rechts auf Freizügigkeit: *Pagenkopf*, in: Sachs, GG, Art. 11 Rn. 10; *Baldus*, in: Epping/Hillgruber, Art. 11 Rn. 1; *Blanke*, in: Stern/Becker, Art. 11 Rn. 1; *Kunig*, in: von Münch/Kunig, Art. 11 Rn. 1.

tie erörtert.[2] Die Rechtsprechung hat sich dagegen zunehmend mit einem speziellen Problem, den ordnungs- und polizeirechtlichen **Aufenthaltsverboten**, zu befassen. Hier spielt insbesondere die Frage eine Rolle, welche Art von Aufenthalt den Schutz des Rechts auf Freizügigkeit genießt.[3]

B. Herkunft, Entstehung und Entwicklung

Der Entstehungsgeschichte und der Verfassungstradition kommen bei der Be- 3
stimmung des vorkonstitutionellen Begriffs der Freizügigkeit besondere Bedeutung zu. Das Recht auf Freizügigkeit ist eines der ältesten Grundrechte, dessen Wurzeln ins Mittelalter zurückreichen. Geprägt haben seine Entwicklung insbesondere die magna charta libertatum (1215), die französische Revolutionsverfassung (1791) und die Aufhebung der Leibeigenschaft zu Beginn des 19. Jahrhunderts (Bauernbefreiung). Zumindest für die Thüringer Verfassung ist zu den Entwicklungslinien auch der Augsburger Religionsfrieden (1555) zu zählen, der das **Recht auf Auswanderung** statuierte (zum ius emigrationis als eine Ausprägung des Freizügigkeitsrechts siehe unten Rn. 6). Die Rechtsentwicklung fand einen Abschluss in den §§ 133, 139 der Paulskirchenverfassung, in welche die einfachgesetzliche Rechtslage zahlreicher Einzelstaaten einfloss. Inhaltlich war die Freizügigkeit sodann in den Verfassungen des Norddeutschen Bundes (1867) und des Deutschen Reiches (1871) zumindest konzeptionell angelegt, auch wenn diesen Verfassungen ein Grundrechtsteil fehlte. Art. 111 WRV verbürgte erstmals die Freizügigkeit als Garantie mit verfassungsrechtlichem Rang.[4]

Art. 11 GG geht in seiner ursprünglichen Fassung auf Art. 111 WRV zurück. 4
Die Beschränkungen des Rechts auf Freizügigkeit (Art. 11 Abs. 2 GG) wurden durch die sogenannte **Notstandsgesetzgebung** erweitert (Gesetz v. 24.06.1968, BGBl. I S. 709).

Die Beratungen zu Art. 5 ThürVerf knüpften an diesen Rechtszustand an. Zum 5
Teil wurde wegen der grundgesetzlichen Regelung eine Bestimmung zur Freizügigkeit in der Thüringer Verfassung für entbehrlich gehalten; von den fünf eingereichten Verfassungsentwürfen beschäftigten sich nur drei mit dem Recht auf Freizügigkeit. In den Beratungen war vor allem umstritten, ob das Recht *jedermann* zustehen sollte oder nur *Deutschen* nach Art. 104. Hier und bei der Formulierung der Schranken des Art. 5 Abs. 2 hat sich im Ergebnis der Entwurf der Fraktion der CDU durchgesetzt.[5]

C. Verfassungsvergleichende Information

Art. 5 stimmt weitgehend mit Art. 11 GG überein. Der wesentliche Unterschied 6
zur grundgesetzlichen Gewährleistung besteht in der Mitgewährung der **Ausreisefreiheit**. Während nach der überwiegenden Meinung zu Art. 11 GG das Recht

2 Vgl. *Durner*, in: Maunz/Dürig, Art. 11 (St.d.B. 06.2007) Rn. 3; *Pagenkopf*, in: Sachs, GG, Art. 11 Rn. 10; *Pernice*, in: Dreier, Art. 11 Rn. 10 f., 15.

3 Vgl. BVerfG, Urt. v. 25.03.2008 – 1 BvR 1548/02 – JURIS, Rn. 24 ff.; OVG Sachsen-Anhalt, Beschl. v. 27.06.2006 – 2 M 224/06 – JURIS; VGH Baden-Württemberg, NJW 2005, 88 f.

4 Zur historischen Entwicklung des Rechts auf Freizügigkeit und zu ihrer Bedeutung für die Auslegung der verfassungsrechtlichen Garantie: *Durner*, in: Maunz/Dürig, Art. 11 Rn. 4 ff; *Gusy*, in: von Mangoldt/Klein/Starck, Art. 11 Rn. 2 ff. und 22.

5 Vgl. Entstehung ThürVerf, S. 25 f.

auf Freizügigkeit auf das Gebiet des Bundes begrenzt ist,[6] fehlt in Art. 5 Abs. 1 dieser territoriale Bezug. Er garantiert auch das Recht, den Freistaat zu verlassen. Inhaltlich gleicht er somit den Landesverfassungen, die ausdrücklich ein Recht auf Auswanderung statuieren (vgl. Art. 109 Abs. 2 BayVerf, Art. 18 BremVerf und Art. 9 Abs. 2 SaarlVerf).

7 Das Recht auf Freizügigkeit ist auch auf internationaler und europäischer Ebene geschützt. Zu nennen sind hier insbesondere Art. 45 EU-GRCh, Art. 2 des 4. Zusatzprotokolls der EMRK, Art. 13 AEMR und Art. 12 IPbpR.[7]

D. Erläuterungen

I. Schutzbereich

8 **1. Grundrechtsträger.** Träger des Grundrechts auf Freizügigkeit ist jeder Bürger, das heißt, jeder Deutsche im Sinne des Art. 104.[8] Ausländer können sich grundsätzlich nicht auf Art. 5 berufen, Beschränkungen ihrer Freizügigkeit sind am Maßstab der allgemeinen Handlungsfreiheit des Art. 3 Abs. 2 zu messen.[9] Dies gilt nicht für Bürger der EU. Eine Differenzierung zwischen ihnen und Deutschen ist aufgrund Unionsrechts ausgeschlossen, so dass der Anwendungsbereich des Art. 5 Abs. 1 auf sie zu erweitern ist.[10] Auch Minderjährige sind Inhaber dieses Grundrechts. Im Verhältnis zu ihren Eltern geht jedoch das bundesrechtlich ausgestaltete Recht der elterlichen Sorge vor (§§ 1626 ff. BGB), das das Aufenthaltsbestimmungsrecht mit umfasst (§ 1631 Abs. 1 BGB).[11] Umstritten ist im Rahmen des Art. 11 GG, ob das Recht auf Freizügigkeit auch für inländische juristische Personen gilt. Von der herrschenden Meinung wird dies trotz des personalen Gehalts des Grundrechts bejaht.[12]

9 **2. Der Begriff der Freizügigkeit.** Freizügigkeit bedeutet die Möglichkeit, ungehindert durch die deutsche Staatsgewalt an jedem Ort Aufenthalt und Wohnsitz zu nehmen.[13] Zur Bestimmung des Begriffs des Wohnsitzes kann auf § 7 Abs. 1 BGB zurückgegriffen werden. Danach begründet einen Wohnsitz, wer sich an

---

6 BVerfGE 6, 32 (35); 72, 200 (245); *Jarass*, in: Jarass/Pieroth, Art. 11 Rn. 3; *Kunig*, in: von Münch/Kunig, Art. 11 Rn. 15; *Durner*, in: Maunz/Dürig, Art. 11 Rn. 101; kritisch *Pernice*, in: Dreier, Art. 11 Rn. 15.

7 Ausführlich zum völkerrechtlichen Rahmen und zur Freizügigkeit nach europäischem Gemeinschaftsrecht: *Blanke*, in: Stern/Becker, Art. 11 Rn. 49 ff.; *Gusy*, in: von Mangoldt/Klein/Starck, Art. 11 Rn. 7 ff.

8 Vgl. hierzu unten Art. 104 Rn. 4 ff.

9 Vgl. zu Art. 2 Abs. 1 GG: BVerfGE 76, 1 (47) – Familiennachzug; 35, 382 (399) – Ausweisung; siehe auch § 61 AufenthG (Beschränkungen für ausreisepflichtige Ausländer) und §§ 55, 56 AsylVfG (Beschränkungen für Asylbewerber) sowie Thüringer Verordnung über den vorübergehenden Aufenthalt von Asylbewerbern außerhalb des Bereichs der Aufenthaltsgestattung v. 07.06.2011 (ThürGVBl. S. 150), geändert durch VO v. 18.06.2013 (ThürGVBl. S. 156).

10 Zu Art. 11 GG: *Jarass*, in: Jarass/Pieroth, Art. 11 Rn. 6; *Baldus*, in: Epping/Hillgruber, Art. 11 Rn. 9; *Gusy*, in: von Mangoldt/Klein/Starck, Art. 11 Rn. 45; aA *Blanke*, in: Stern/Becker, Art. 11 Rn. 17.

11 Allgemein zum Verhältnis der Grundrechte der Thüringer Verfassung zum einfachen Bundesrecht siehe oben E5, Thüringer Landesverfassungsrecht und Bundesverfassungsrecht, Rn. 40 ff.

12 *Pagenkopf*, in: Sachs, GG, Art. 11 Rn. 13; *Dürig*, in: Maunz/Dürig, Art. 11 Rn. 42; *Kunig*, in: von Münch/Kunig, Art. 11 Rn. 6; *Sodan*, Art. 11 Rn. 7; aA *Baldus*, in: Epping/Hillgruber, Art. 11 Rn. 10; allgemein zur Grundrechtsberechtigung juristischer Personen siehe unten Art. 42 Rn. 13 ff.

13 BVerfGE 2, 266 (273); 80, 137 (150); 110, 177 (190 f.).

einem Ort ständig niederlässt. Unter einem **Aufenthalt** im Sinne des Freizügigkeitsrechts ist nach der überwiegenden Meinung zu Art. 11 GG ein Verweilen von einiger Dauer und Bedeutung zu verstehen. Das Recht auf Freizügigkeit erfasst demnach nur diejenigen Verhaltensweisen, die eine über die durch Art. 2 Abs. 2 Satz 2 GG bzw. Art. 3 Abs. 1 Satz 2 geschützte Bewegungsfreiheit hinausgehende Bedeutung für die räumlich gebundene Gestaltung des alltäglichen Lebenskreises haben.[14]

In diesem Sinn gewährt Art. 5 Abs. 1 neben der bereits erwähnten Ausreisefreiheit (siehe oben, Rn. 6) Freizügigkeit innerhalb des gesamten Gebiets des Freistaats Thüringen. Geschützt ist sowohl das „freie Ziehen“ von einer Gemeinde zu einer anderen als auch ein Ortswechsel innerhalb einer Gemeinde.[15] Des Weiteren umfasst das Recht auf Freizügigkeit auch die **Einreise** nach Thüringen, um sich dort auf Dauer oder zeitweise niederzulassen.[16] Nach der überwiegenden Meinung zu Art. 11 GG lässt sich aus der Freizügigkeit auch das Recht ableiten, einen einmal gewählten Aufenthalt oder Wohnsitz beizubehalten.[17] Schließlich garantiert das Recht auf Freizügigkeit auch die Mitnahme der persönlichen Habe, da ansonsten die verfassungsrechtliche Gewährleistung weitgehend leerlaufen würde. Die Mitnahme von berufs- oder betriebsbezogenem Eigentum ist hingegen an dem spezielleren Grundrecht auf Berufsfreiheit (Art. 35) zu messen.[18] 10

Art. 5 Abs. 1 ThürVerf enthält keinen Anspruch auf Leistungen, etwa gegenüber einem Sozialhilfeträger auf Übernahme der Umzugskosten oder Bereitstellung einer Wohnung an einem bestimmten Ort. Die öffentliche Gewalt in Thüringen hat jedoch bei der Anwendung und Auslegung der eine Leistung gewährenden Normen des Bundes den Schutzbereich des Art. 5 Abs. 1 zu beachten, soweit er inhaltsgleich mit Art 11 Abs. 1 GG Grundrechtsschutz gebietet. So kann einem Empfänger von Arbeitslosengeld II, der in die Zuständigkeit einer neuen ARGE umzieht (vgl. § 22 SGB II), die Erstattung der Kosten für seine neue Unterkunft nicht mit der Begründung versagt werden, diese überstiegen die Aufwendungen für seine alte Wohnung.[19] Ebenso ist das Recht auf Freizügigkeit bei der Entscheidung zu berücksichtigen, unter welchen Voraussetzungen einem Hilfebedürftigen unter 25 Jahren bei der Begründung eines eigenen Hausstandes Leistungen versagt werden dürfen (vgl. § 22 Abs. 5 SGB II).[20] 11

14 BVerfG, Beschl. v. 25.03.2008 – 1 BvR 1548/02 – JURIS, Rn. 25; *Durner*, in: Maunz/Dürig, Art. 11 Rn. 77 ff.; *Jarass*, in: Jarass/Pieroth, Art. 11 Rn. 2; *Kunig*, in: von Münch/Kunig, Art. 11 Rn. 13; weitergehend *Pernice*, in: Dreier, Art. 11 Rn. 14; zum Begriff des Wohnsitzes in Art. 46 Abs. 2 ThürVerf ThürVerfGH, LVerfGE 6, 387.

15 Zur interlokalen Freizügigkeit: BVerfGE 110, 177 (191).

16 Zur Einreisefreiheit: BVerfGE 2, 266 (273).

17 Sogenannte "negative Freizügigkeit": *Jarass*, in: Jarass/Pieroth, Art. 11 Rn. 3; *Gusy*, in: von Mangoldt/Klein/Starck, Art. 11 Rn. 7 ff.; *Kunig*, in: von Münch/Kunig, Art. 11 Rn. 18; kritisch *Pagenkopf*, in: Sachs, GG, Art. 11 Rn. 14.

18 Zu Art. 11 GG: *Baldus*, in: Epping/Hillgruber, Art. 11 Rn. 7; *Gusy*, in: von Mangoldt/Klein/Starck, Art. 11 Rn. 7 ff.; *Jarass*, in: Jarass/Pieroth, Art. 11 Rn. 5; weitergehend *Pagenkopf*, in: Sachs, GG, Art. 11 Rn. 19.

19 Vgl. BSGE 106, 147 (155).

20 Vgl. ThürLSG, Beschl. v. 06.02.2007 – L 7 B 69/06 AS – JURIS, Rn. 13.

II. Eingriffe

12 Wie bei den anderen Grundrechten der Thüringer Verfassung lassen sich auch im Rahmen von Art. 5 Abs. 1 unmittelbare und mittelbare Eingriffe unterscheiden.[21] Das Grundrecht auf Freizügigkeit kann nicht nur durch zielgerichtete Geoder Verbote beeinträchtigt werden, sondern auch durch mittelbare oder faktische Maßnahmen. Diese bedürfen derselben verfassungsrechtlichen Rechtfertigung, wenn sie in ihrer Zielsetzung und Wirkung einem normativen und direkten Eingriff gleichkommen.[22]

13 Ein Beispiel für einen direkten Eingriff ist eine **polizeirechtliche Anordnung**, die einer Person das Verweilen an einem bestimmten Ort verbietet. Die Maßnahme greift in das Recht auf Freizügigkeit ein, wenn sie einen Aufenthalt betrifft, der eine über die durch Art. 3 Abs. 1 Satz 2 geschützte Bewegungsfreiheit hinausgehende Bedeutung für die räumlich gebundene Gestaltung des alltäglichen Lebenskreises hat (vgl. oben Rn. 9). Diese Bedeutung wird bei der Anordnung einer **Wohnungsverweisung** mit einem Rückkehrverbot (§ 18 Abs. 2 ThürPAG) regelmäßig zu bejahen sein.[23] Dagegen wird ein vorübergehender **Platzverweis** (Art. 18 Abs. 1 ThürPAG) in der Regel nicht die erforderliche Intensität aufweisen.[24]

14 Eine mittelbare Beeinträchtigung liegt vor, wenn an die Ausübung der Freizügigkeit ein wirtschaftlich spürbarer Nachteil geknüpft wird, um damit den Inhaber des Grundrechts an einen bestimmten Ort zu binden oder ihn von diesem fernzuhalten. Ein Nachteil in diesem Sinn liegt etwa vor, wenn Hilfe zum Lebensunterhalt nach dem SGB XII nur an dem Ort gewährt wird, der dem Hilfebedürftigen zugewiesen wurde.[25] Dagegen berührt die Erhebung einer **Zweitwohnungssteuer** das Recht auf Freizügigkeit nicht.[26] Ebenso wenig beeinträchtigen nach überwiegender Ansicht das Recht auf Freizügigkeit staatliche Entscheidungen und Planungen zur Nutzung eines Gebietes, die seiner Besiedlung entgegenstehen.[27] Gleiches soll für die beamtenrechtlichen Residenzpflichten gelten, wie sie in Thüringen nach § 55 ThürBG vorgesehen sind.[28]

15 Nicht beeinträchtigt wird Art. 5 Abs. 1 schließlich durch die Bestimmungen, welche die Wahlberechtigung (vgl. § 1 Nr. 3 ThürKWG) von einem Aufenthalt an einem bestimmten Ort abhängig machen oder eine allgemeine Meldepflicht (§ 13 ThürMeldeG) begründen.[29]

---

21 Zu den verschiedenen Grundrechtseingriffen allgemein: *Pieroth/Schlink*, Rn. 222 ff.

22 BVerfGE 110, 177 (191).

23 Vgl. BVerfG, NJW 2002, 2225 f.; VGH Baden-Württemberg, NJW 2005, 88 f.; OVG Nordrhein-Westfalen, NJW 2002, 2195 (2196).

24 Vgl. BVerfG, Beschl. v. 25.03.2008 – 1 BvR 1548/02 – JURIS, Rn. 25 f.

25 Zu § 3 Abs. 1 Satz 2 des Gesetzes über die Festlegung eines vorläufigen Wohnsitzes für Spätaussiedler v. 06.07.1989 (BGBl. I S. 1378): BVerfGE 110, 177 ff.; ThürOVG, DÖV 2000, 83 (Leitsatz).

26 BVerfG, NVwZ 2010, 1022 ff.

27 BbgVerfG, Beschl. v. 28.06.2001 – 44/00 – JURIS, Rn. 35; LVerfGE 8, 97 ff.; vgl. für planerische Entscheidungen *Jarass*, in: Jarass/Pieroth, Art. 11 Rn. 7; *Pernice*, in: Dreier, Art. 11 Rn. 20 mwN; *Kunig*, in: von Münch/Kunig, Art. 11 Rn. 19.

28 *Pagenkopf*, in: Sachs, GG, Art. 11 Rn. 21; *Kunig*, in: von Münch/Kunig, Art. 11 Rn. 20 - "Residenzpflichten"; kritisch *Durner*, in: Maunz/Dürig, Art. 11 Rn. 124.

29 *Kunig*, in: von Münch/Kunig, Art. 11 Rn. 20 – "Meldewesen"; *Durner*, in: Maunz/Dürig, Art. 11 Rn. 116; anders unter Umständen die Meldeauflage auf Grundlage polizeirechtlicher Generalermächtigung, hierzu BVerwG, NVwZ 2007, 1439 (1442).

III. Schranken

1. Allgemeines. Art. 5 Abs. 2 enthält einen **qualifizierten Gesetzesvorbehalt.** 16
Das Recht auf Freizügigkeit darf „nur auf Grund eines Gesetzes" eingeschränkt werden. Diese Formulierung umfasst sowohl förmliche Gesetze selbst (vgl. Art. 42 Abs. 3) als auch Rechtsverordnungen, die den Anforderungen des Art. 84 genügen. In materieller Hinsicht muss einer der in Art. 5 Abs. 2 abschließend aufgeführten Rechtfertigungsgründe eingreifen, soweit der Eingriff nicht durch kollidierendes Verfassungsrecht gerechtfertigt ist.[30] Die ausschließliche Gesetzgebungskompetenz des Bundes über die „Freizügigkeit" (Art. 73 Abs. 1 Nr. 3 GG) steht landesrechtlichen Regelungen nicht entgegen, die das Recht auf Freizügigkeit aus Gründen der Gefahrenabwehr einschränken.[31]

2. Die einzelnen Rechtfertigungsgründe. **a) Fehlende Lebensgrundlage.** Das 17
Fehlen einer ausreichenden Lebensgrundlage kann eine Beschränkung der Freizügigkeit nur rechtfertigen, wenn hieraus der Allgemeinheit besondere Lasten entstehen. Das **Sozialstaatsprinzip** (Art. 44 Abs. 1 Satz 2) verbietet es, die Beschränkung des Grundrechts mit den Kosten zu rechtfertigen, die für Hilfebedürftige in einer Gesellschaft regelmäßig anfallen, etwa für Arbeitslose, Alte, Kranke und Behinderte. Besondere Lasten liegen nur vor, wenn weitere unterstützungsbedürftige Personen in großer Anzahl erhebliche Anstrengungen der Allgemeinheit erfordern, z. B. in Form der Bereitstellung von Wohnraum sowie sonstiger Infrastrukturmaßnahmen, mit denen einzelne kommunale Gebietskörperschaften überlastet wären.[32] Einem Bürger fehlt die Lebensgrundlage, wenn er voraussichtlich seinen Lebensmindestbedarf auf Dauer nicht aus eigener Kraft, sondern nur mit Hilfe der öffentlichen Hand befriedigen kann. Die für diese Prognose notwendigen Tatsachen sind im Einzelfall festzustellen, die Zugehörigkeit zu einer vom Armutsrisiko besonders betroffenen Bevölkerungsgruppe reicht nicht aus.[33]

b) Abwehr einer drohenden Gefahr für Bund oder Land sowie Bekämpfung von 18
Katastrophen. Der Vorbehalt der Gefahr für den Bestand oder die freiheitliche demokratische Grundordnung des Bundes oder eines Landes betrifft den sogenannten inneren **Staatsnotstand.**[34] Die Thüringer Verfassung übernahm diese Einschränkungsmöglichkeit aus Art. 11 Abs. 2 GG, wie sie durch die Notstandsgesetzgebung eingefügt worden war (Gesetz v. 24.06.1968, BGBl. I S. 709 ff.). Im Gegensatz zum Grundgesetz (vgl. Art. 10 Abs. 2 Satz 2, 21 Abs. 2 Satz 1, 73 Abs. 1 Nr. 10 b, 87 a Abs. 4 Satz 1, 91 Abs. 1) finden sich in der Thüringer Verfassung die Begriffe der freiheitlichen demokratischen Grundordnung und der Gefahr für den Bestand des Bundes oder eines Landes nicht wieder. Stattdessen sprechen Art. 13 Abs. 2 und Art. 97 von der **verfassungsmäßigen Ordnung,** die diese beiden Elemente des Notstandsvorbehalts umfasst (vgl. die Legaldefinition des Art. 73 Abs. 1 Nr. 10 b GG sowie unten Art. 97 Rn. 11).

30 Zum Rechtfertigungsgrund des kollidierenden Verfassungsrechts: *Pieroth/Schlink*, Rn. 327 ff.

31 BVerwG, NVwZ 2007, 1449 (1440); BayVerfGHE 43, 107 (125 f.); *Baldus*, in: Epping/Hillgruber, Art. 11 Rn. 16; *Kunig*, in: von Münch/Kunig, Art. 11 Rn. 20, Stichwort "Polizeiliche Maßnahmen".

32 BVerfGE 110, 177 (192) – Spätaussiedler.

33 BVerfGE 2, 266 (278).

34 Vgl. *Kunig*, in: von Münch/Kunig, Art. 11 Rn. 23; *Jarass*, in: Jarass/Pieroth, Art. 11 Rn. 14; *Pagenkopf*, in: Sachs, GG, Art. 11 Rn. 25.

19 Auf der Grundlage des sogenannten **Katastrophenvorbehalts**, der ebenfalls im Grundgesetz durch die sogenannte Notstandsgesetzgebung erweitert wurde, sind Einschränkungen der Freizügigkeit in bestimmten Notlagen möglich. Die als Rechtfertigungsgrund aufgeführte Bekämpfung der Seuchengefahr ist bereits bundesrechtlich geregelt. Der Bund hat von seiner Kompetenz zur konkurrierenden Gesetzgebung aus Art. 74 Abs. 1 Nr. 19 GG (Maßnahmen gegen gemeingefährliche oder übertragbare Krankheiten bei Menschen und Tieren) mit dem Infektionsschutzgesetz und dem Tierseuchengesetz Gebrauch gemacht. Beide Gesetze enthalten die Freizügigkeit beschränkende Regelungen.[35] Dagegen besteht auf dem Gebiet der vorbeugenden und abwehrenden Maßnahmen gegenüber Naturkatastrophen und besonders schweren Unglücksfällen mit dem Thüringer Brand- und Katastrophenschutzgesetz eine landesrechtliche Regelung. Sie sieht in § 31 Abs. 2 Eingriffsbefugnisse der zuständigen Behörden vor.

20 **c) Jugendschutz und Vorbeugung von Straftaten.** Der **Schutz der Jugend** vor Verwahrlosung ist wiederum durch vorrangiges Bundesrecht ausgestaltet. Zu den auf der Grundlage des Art. 74 Abs. 1 Nr. 7 GG (öffentliche Fürsorge) erlassenen Regelungen zählen das Jugendschutzgesetz, das Jugendgerichtsgesetz und das SGB VIII.

21 Regelungen zur Vorbeugung von Straftaten existieren sowohl auf der Ebene des Bundes als auch auf der des Landes. Bundesrechtlich sind sie enthalten in den Bestimmungen über die Weisungen bei einer Strafaussetzung zur Bewährung (§ 56 c Abs. 2 StGB), die Führungsaufsicht (§§ 68 ff. StGB) und die Weisungen nach dem Jugendgerichtsgesetz (§ 10). Zu den landesrechtlichen Befugnissen der Gefahrenabwehr zählt auch die Verhütung von Straftaten (vgl. die polizeirechtliche Generalklausel in Art. 2 Abs. 1 PAG). Eine entsprechende die Freizügigkeit beschränkende Befugnis ist ausdrücklich in § 18 Abs. 3 ThürPAG vorgesehen (zu Eingriffen in Art 5 Abs. 1 durch polizeiliche Maßnahmen siehe auch oben Rn. 13).

IV. Verhältnis zu anderen Grundrechten der Thüringer Verfassung

22 Art. 5 tritt gegenüber dem Grundrecht auf Freiheit der Person, wie es in Art. 3 Abs. 1 Satz 2 und Art. 4 gewährleistet wird, zurück. Das Recht, einen anderen Ort aufsuchen zu können, setzt körperliche Bewegungsfreiheit voraus, so dass Freiheitsbeschränkungen und -entziehungen allein an den für sie geltenden Anforderungen zu messen sind.[36] Im Verhältnis zur allgemeinen Handlungsfreiheit des Art. 3 Abs. 2 ist Art. 5 als besonderes Freiheitsgrundrecht lex specialis (siehe oben Art. 3 Rn. 29). Zum Verhältnis zum Recht auf Eigentum (Art. 34 Abs. 1 Satz 1) und zur Berufsfreiheit (Art. 35 Abs. 1) siehe oben Rn. 10.

---

35 Vgl. §§ 24 ff. InfektionsschutzG, § 19 TierSG.

36 Zu Art. 11 GG: *Blanke*, in: Stern/Becker, Art. 11 Rn. 44 und 28; *Gusy*, in: von Mangoldt/Klein/Starck, Art. 11 Rn. 65; *Pagenkopf*, in: Sachs, GG, Art. 11 Rn. 31; *Durner*, in: Maunz/Dürig, Art. 11 Rn. 166 und 77 ff.; *Kunig*, in: von Münch/Kunig, Art. 11 Rn. 28; für Idealkonkurrenz: *Baldus*, in: Epping/Hillgruber, Art. 11 Rn. 33 f.

Artikel 6 [Persönlichkeitsrecht; Datenschutz]

(1) Jeder hat das Recht auf Achtung und Schutz seiner Persönlichkeit und seines privaten Lebensbereiches.

(2) [1]Jeder hat Anspruch auf Schutz seiner personenbezogenen Daten. [2]Er ist berechtigt, über die Preisgabe und Verwendung solcher Daten selbst zu bestimmen.

(3) [1]Diese Rechte dürfen nur auf Grund eines Gesetzes eingeschränkt werden. [2]Den Belangen historischer Forschung und geschichtlicher Aufarbeitung ist angemessen Rechnung zu tragen.

(4) Jeder hat nach Maßgabe der Gesetze ein Recht auf Auskunft darüber, welche Informationen über ihn in Akten und Dateien gespeichert sind und auf Einsicht in ihn betreffende Akten und Dateien.

Vergleichbare Regelungen

Art. 2 Abs. 1 GG (Allgemeine Handlungsfreiheit, Allgemeines Persönlichkeitsrecht); Art. 10 (Freie Entfaltung der Persönlichkeit) und Art. 11 BbgVerf (Datenschutz); Art. 6 M-VVerf (Datenschutz, Informationsrechte); Art. 15 (Allgemeine Handlungsfreiheit) und Art. 33 SächsVerf (Recht auf Datenschutz); Art. 5 LVerf LSA (Handlungsfreiheit, Freiheit der Person); Art. 7 und 8 EU-GRCh (Achtung des Privat- und Familienlebens, Schutz personenbezogener Daten); Art. 16 AEUV (Datenschutz); Art. 8 Abs. 1 EMRK (Achtung des Privat- und Familienlebens, der Wohnung und des Briefverkehrs).

Ergänzungsnormen im sonstigen thüringischen Recht

Konkretisierungen des Art. 6 enthält das ThürDSG;[1] dessen Zweck ist es, den Einzelnen davor zu schützen, dass er durch den Umgang mit personenbezogenen Daten durch öffentliche Stellen in seinem Persönlichkeitsrecht beeinträchtigt wird (§ 1 ThürDSG).[2] Nach § 42 Abs. 1 ThürDSG ist dem Landesbeauftragten auch die Kontrolle und Überwachung der Datenverarbeitung nichtöffentlicher Stellen übertragen.[3] Art. 6 wird durch zahlreiche Gesetze eingeschränkt, vgl. nur § 11 ThürPAG oder § 41 ThürMeldeG.[4]

Dokumente zur Entstehungsgeschichte

Art. 12 VerfE CDU; Art. 17 VerfE F.D.P.; Art. 19 VerfE SPD; Art. 5 VerfE NF/GR/DJ; Art. 16 VerfE LL/PDS; Entstehung ThürVerf, S. 27 ff.

Literatur

Peter Gola/Christoph Klug, Die Entwicklung des Datenschutzrechts in den Jahren 2011/2012, NJW 2012, 2489; *Peter Gola/Rudolf Schomerus*, Bundesdatenschutzgesetz, 11. Aufl. 2012; *Lutz Hasse*, Das neue Thüringer Datenschutzgesetz, ThürVBl 2012, 25; *Manuel Klar,* Privatsphäre und Datenschutz in Zeiten des technischen und legislativen Um-

1 Thüringer Datenschutzgesetz (ThürDSG) vom 10.10.2001 idF der Bek. vom 13.01.2012 (ThürGVBl. S. 27).

2 Vgl. aber die Einschränkungen des Anwendungsbereiches des ThürDSG im Hinblick auf den Thüringer Landtag, soweit er nicht in Verwaltungsangelegenheiten tätig wird, § 2 Abs. 5 ThürDSG. Nach § 2 Abs. 5 Satz 4 ThürDSG wird, soweit der Landtag in Wahrnehmung parlamentarischer Aufgaben personenbezogene Daten verarbeitet oder nutzt, die Einhaltung des Datenschutzes durch den Ältestenrat des Landtags kontrolliert.

3 Mit Ausnahme von Bayern ist mittlerweile in allen Ländern die Aufsicht über den privaten und den öffentlichen Bereich in einer Hand zusammengefasst und den Landesdatenschutzbeauftragten zugewiesen, *Gola/Schomerus*, § 38 Rn. 29. In einem Urteil vom 09.03.2010 hatte der EuGH das damalige System der Datenschutzkontrolle über nicht öffentliche Stellen in Deutschland als nicht vereinbar mit der EU-Datenschutzrichtlinie gesehen (Urteil vom 09.03.2010, C-518/07); zur Entwicklung infolge dieser Entscheidung vgl. *Gola/Schomerus*, § 38 Rn. 30 ff.

4 Eine Übersicht landesrechtlicher Normen, die dieses Grundrecht einschränken (vgl. Art. 42 Abs. 3), bietet die JURIS-Datenbank bei der Einzelnorm „Art. 6 Verf TH", Passivzitierungen, Gesetze Landesrecht.

bruchs, DÖV 2013, 103; *von Lewinski,* Europäisierung des Datenschutzes, DuD 2012, 564; *Johannes Masing,* Herausforderungen des Datenschutzes, NJW 2012, 2305; *Jürgen Meyer* (Hrsg.), Charta der Grundrechte der Europäischen Union, 3. Aufl. 2011; *Cornelia Rogall-Grothe,* Ein neues Datenschutzrecht für Europa, ZRP 2012, 193; *Alexander Roßnagel* (Hrsg.), Handbuch Datenschutzrecht, 2003; *Stefan Storr,* Staats- und Verfassungsrecht, 1998.

Leitentscheidungen des ThürVerfGH und des BVerfG

ThürVerfGH, Urt. v. 21.11.2012 – 19/09 – ThürVBl 2013, 55 (ThürPAG).

BVerfGE 27, 1 (Mikrozensus-Entscheidung); 65, 1 (Volkszählungsurteil); 67, 100 (Flick-Untersuchungsausschuss); 101, 361 (Caroline von Monaco); 113, 88 (Allgemeine Handlungsfreiheit); 113, 348 (Telekommunikationsüberwachung); 120, 274 (Schutz der Vertraulichkeit der Daten informationstechnischer Systeme); 125, 260 (Vorratsdatenspeicherung); 126, 286 (Grundrecht auf freie Entfaltung der Persönlichkeit); 130, 151 (Speicherung und Verwendung von Telekommunikationsbestandsdaten).

A. Überblick

1 Aufgabe des Art. 6 ist es, die Persönlichkeit des Einzelnen im Sinne des obersten Konstitutionsprinzips der Würde des Menschen zu schützen sowie für den lückenlosen **Schutz der Privatsphäre** und die Erhaltung ihrer Grundbedingungen Sorge zu tragen.[5]

B. Herkunft, Entstehung und Entwicklung

2 Der Verabschiedung von Art. 6 lagen **fünf Vorentwürfe** der Fraktionen CDU, FDP, SPD, NF/GR/DJ und LL/PDS zugrunde.[6] Die Entwürfe der Fraktionen der SPD und NF/GR/DJ enthielten bereits (nahezu wortgleich zu Art. 6 Abs. 1) Formulierungen, die die Achtung und den Schutz der Persönlichkeit, der Privatsphäre bzw. des privaten Lebensbereiches betrafen. Alle Verfassungsentwürfe enthielten Formulierungen zur Gewährleistung des Rechts auf informationelle Selbstbestimmung.

3 Der VerfUA kam in seiner Sitzung am 17.01.1992 darin überein, die in Art. 6 vorgeschlagenen Bestimmungen aus den unterschiedlichen Vorschriften in den Entwürfen der Fraktionen zu einer einheitlichen Norm zusammenzufügen.[7] Nach ausführlicher Diskussion im VerfA wurde hinsichtlich Art. 6 Abs. 3 eine modifizierte Formulierung gefunden, die den **Belangen historischer Forschung**

5 *Jutzi,* in: Linck/Jutzi/Hopfe, Art. 6 Rn. 1.
6 Entstehung ThürVerf, S. 27, Zeile 53.
7 Vgl. Entstehung ThürVerf, S. 27, Zeile 53.

und geschichtlicher Aufarbeitung Rechnung trägt. Ein ursprünglich in Art. 6 Abs. 4 vorgesehener Anspruch auf Löschung gespeicherter Daten wurde in den Verfassungstext nicht übernommen.[8]

Die Diskussion zu Art. 6 im VerfA und VerfUA konnte auf eine intensive Geschichte der verfassungsrechtlichen Diskussion um das Recht auf freie Entfaltung der Persönlichkeit aufbauen.[9] Seit dem Volkszählungsurteil des BVerfG vom 15.12.1983[10] hatte sich auch das **Recht auf informationelle Selbstbestimmung** terminologisch und in stetiger öffentlicher Diskussion verselbständigt,[11] so dass die Verfassungsmütter und Verfassungsväter hier bei der Diskussion und Formulierung des Art. 6 deutliche Akzente setzen konnten.[12] 4

Als Beratungsschwerpunkte im VerfA und im VerfUA kristallisierten sich das „Recht auf Löschung von Daten", die Belange historischer Forschung und geschichtlicher Aufarbeitung, der Schutz personenbezogener Daten im privaten Bereich und das Recht auf Akteneinsicht heraus.[13] 5

Ein vermeintliches Recht auf Berichtigung und Löschung von Daten wurde im VerfA nach ausführlicher Diskussion abgelehnt. Die Meinungen blieben allerdings – gerade vor dem Hintergrund der unterschiedlichen Biographien der Abgeordneten in der Zeit der DDR – gegensätzlich. Ein grundsätzlicher **Anspruch auf Löschung von Daten** wurde nur dann als akzeptabel angesehen, soweit die Daten zu Unrecht erhoben worden seien.[14] 6

Die Diskussion zu den **Belangen historischer Forschung**, die bereits im Verfassungsentwurf der CDU-Fraktion zu Art. 6 ihren Niederschlag gefunden hatte,[15] spiegelt ebenfalls die unterschiedlichen Gewichtungen des Persönlichkeitsrechts wider: Während der VerfUA die Formulierung „Historische Forschung und geschichtliche Aufarbeitung dürfen nicht durch den Datenschutz behindert werden" vorschlug, verständigte sich der VerfA darauf, den Text dahingehend abzuschwächen, dass nun sowohl den Belangen historischer Forschung als auch dem Individualschutz Rechnung getragen wird.[16] 7

Bei der Diskussion über den **Schutz personenbezogener Daten im privaten Bereich** wurden im VerfA – auch angesichts der Privatisierungen bei „datensensiblen Bereichen" – die Möglichkeiten eines (gegenüber dem öffentlichen Bereich) gleichwertigen Schutzes durch den Gesetzgeber erörtert. Schließlich einigte sich der VerfA, einem Vorschlag von Prof. Schneider folgend, auf eine „Pro- 8

8 Entstehung ThürVerf, S. 28.
9 Vgl. hierzu *Kunig*, in: von Münch/Kunig, Art. 2 Rn. 9 ff. und Rn. 30 ff. (zum allgemeinen Persönlichkeitsrecht).
10 BVerfGE 65, 1 ff.
11 Vgl. *Kunig*, in: von Münch/Kunig, Art. 2 Rn. 38.
12 Beispielhaft hier der Abg. Geißler, NF/GR/DJ, der zum Thema der Informationellen Selbstbestimmung mahnte, angesichts der jüngeren Vergangenheit im Hinterkopf zu behalten, „hier einen weitgehenden Schutz, einen weitgehendsten Paragraphen und Artikel zu fassen, der allen die Sicherheit gibt, daß nicht wieder so etwas passiert, was wir hatten", PW 1 VerfA 006 (06.03.1992) S. 59.
13 Entstehung ThürVerf, S. 28 ff.
14 Vgl. Entstehung ThürVerf, S. 28. Hier wurde auch die Problematik der Subsidiarität der Regelungen gegenüber dem Stasi-Unterlagengesetz des Bundes erörtert.
15 Entstehung ThürVerf, S. 27, Zeile 54.
16 Entstehung ThürVerf, S. 29, Ziffer 3.2; VerfA Vorlage 1/598 vom 09.03.1992.

tokollnotiz", dass nach seiner Auffassung sich der Datenschutz auf beide Bereiche, den öffentlichen und den privaten, erstrecken solle.[17]

9 Alle Entwürfe der Fraktionen zu Art. 6 sahen **Akteneinsichtsrechte** vor.[18] Von den Sachverständigen und Abgeordneten wurden dann in der 6. Sitzung des VerfA am 06.03.1992 die Probleme eines nahezu schrankenlosen Akteneinsichtsrechts erörtert; auch im Hinblick auf öffentliche Geheimhaltungsinteressen sollte das Akteneinsichtsrecht an das Vorliegen eines berechtigten Interesses gekoppelt bleiben.[19]

C. Verfassungsvergleichende Information

10 Nach **Art. 7 EU-GRCh** hat jede Person das Recht auf **Achtung ihres Privat- und Familienlebens**, ihrer Wohnung sowie ihrer Kommunikation. Art. 8 EU-GRCh garantiert jeder Person den Schutz der sie betreffenden personenbezogenen Daten.[20]

11 Mittlerweile enthält auch **Art. 16 AEUV** eine Vorschrift zum Schutz personenbezogener Daten; Art. 16 Abs. 1 AEUV ist insoweit identisch mit Art. 8 Abs. 1 EU-GRCh,[21] deren ausdrückliche Datenschutzgewährleistungen durch den Privatsphärenschutz des Art. 7 GRCh und Art. 8 EMRK zusätzlich flankiert werden. Hinsichtlich des Daten- und Privatsphärenschutzes erfassen sie (über die stark auf den Datenschutz fokussierte deutsche Dogmatik hinaus) auch den eigentlichen **Schutz des Menschen.**[22]

12 Das GG enthält keine dem Art. 6 entsprechende Norm. Das BVerfG hat jedoch schon frühzeitig dem einzelnen Bürger einen „unantastbaren Bereich privater Lebensgestaltung, der der Einwirkung der öffentlichen Gewalt entzogen ist", konzediert.[23] Ein Teilbereich des insoweit einschlägigen Art. 2 Abs. 1 GG erfährt als „allgemeines Persönlichkeitsrecht" einen besonderen Schutz und hat sich als eigenes Grundrecht verselbständigt.[24] Eine besondere Bedeutung erlangte das Urteil des BVerfG zum Volkszählungsgesetz vom 15.12.1983.[25] Darin

---

17 Entstehung ThürVerf, S. 29, Ziffer 3.3; PW 1 VerfA 006 (06.03.1992) S. 71.

18 Entstehung ThürVerf, S. 27, Zeile 54.

19 In der Sitzung des VerfA lag ein Änderungsantrag der Faktion NF/GR/DJ vor, der für jeden Bürger das Recht vorsah, „Akten der Staatsregierung, der Behörden des Landes, der Gebietskörperschaften sowie der Träger der kommunalen Selbstverwaltung und den der Aufsicht des Landes unterstehenden juristischen Personen des öffentlichen Rechts einzusehen", Vorlage 1/593 vom 05.03.1992, Entstehung ThürVerf, S. 29, Ziffer 3.4. Klar insoweit auch die Stellungnahme des Staatssekretärs im Thüringer Justizministerium Dr. Gasser: Die Regierung sei „dem Parlament verantwortlich, nicht dem einzelnen Bürger, der nun in ihren Aktenbeständen herumsuchen kann", PW 1 VerfA 006 (06.03.1992) S. 85.

20 Nach Art. 6 Abs. 1 EUV erkennt die Union die Rechte, Freiheiten und Grundsätze an, die in der Charta der Grundrechte der Europäischen Union vom 07.12.2000 in der am 12.12.2007 in Straßburg angepassten Fassung niedergelegt sind; die Charta der Grundrechte und die Verträge sind rechtlich gleichrangig. Zur Diskussion im Grundrechtekonvent vgl. *Bernsdorff,* in: Meyer, Art. 8 Rn. 5 ff.

21 Anders als Art. 8 Abs. 2 EU-GRCh enthält Art. 8 Abs. 2 AEUV allerdings keine Datenverarbeitungsanforderungen. Zu Art. 16 AEUV und Art. 39 Satz 1 EUV als Kompetenzgrundlagen für die Festlegung von Vorschriften über den Schutz natürlicher Personen bei der Verarbeitung personenbezogener Daten, vgl. *Bernsdorff*, in: Meyer, Art. 8 Rn. 10 a.

22 *Von Lewinski*, DuD 2012, 564 (567).

23 BVerfGE 27, 6 ff.

24 BVerfGE 120, 274 (302), st. Rspr.

25 BVerfGE 65, 1 ff. (im Folgenden: Volkszählungsurteil).

konzipierte das BVerfG das sog. **Recht auf informationelle Selbstbestimmung,** dessen Eigenständigkeit als Grundrecht zunehmend betont wird.[26] Dieses Grundrecht auf informationelle Selbstbestimmung wurde in der Rspr des BVerfG ergänzt durch das „Grundrecht auf Gewährleistung der Vertraulichkeit und Integrität informationstechnischer Systeme".[27]

Als innovativer Grundrechteartikel findet Art. 6 seine Entsprechungen vor allem in den Landesverfassungen Ostdeutschlands.[28] 13

D. Erläuterungen

I. Allgemeines Persönlichkeitsrecht und Schutz der Privatsphäre (Abs. 1)

1. Schutzbereich. Das **Allgemeine Persönlichkeitsrecht** schützt den „engeren persönlichen Lebensbereich" und die Erhaltung seiner Grundbedingungen.[29] In der Rechtsprechung des BVerfG hat es sich zu einem eigenen Grundrecht verselbständigt[30] und soll jedem Einzelnen – also jeder natürlichen Person – einen „autonomen Bereich privater Lebensgestaltung sichern, in dem er seine Individualität wahren und entwickeln kann".[31] Geschützt wird in diesem Sinne das „Person-Sein", die personale und soziale Identität.[32] Dazu gehört auch die Darstellung der eigenen Person etwa in der Öffentlichkeit;[33] hier ist der Einzelne auch vor verfälschenden Darstellungen seiner Person geschützt, wenn diese nicht von ganz unerheblicher Bedeutung für die Persönlichkeitsentfaltung ist.[34] 14

Ob das Grundrecht juristischen Personen zugute kommt, ist differenziert zu betrachten.[35] Grundrechte gelten nach Art. 42 Abs. 2 dann für **inländische juristische Personen**, wenn sie ihrem Wesen nach auf sie anwendbar sind; dies trifft auf Art. 6 Abs. 1 (Allgemeines Persönlichkeitsrecht, Schutz der Privatsphäre) nicht immer zu.[36] 15

Nach dem Grundsatz der Spezialität kommt das Allgemeine Persönlichkeitsrecht nicht zum Zuge, soweit die private Rechtssphäre in Einzelbereichen durch besondere Persönlichkeitsrechte Schutz erhält,[37] es ist also anderen Freiheitsrech- 16

26 Vgl. BVerfGE 120, 351 (360); 125, 320 (343); *Jarass,* in: Jarass/Pieroth, Art. 2 Rn. 36.
27 BVerfGE 120, 274 (302).
28 Vgl. insoweit Art. 10 und 11 VvB; Art. 6 M-VVerf; Art. 15 und 33 SächsVerf; Art. 5 LVerf LSA; siehe jedoch auch Art. 4 Abs. 2 Verf NW (Schutz personenbezogener Daten).
29 BVerfGE 54, 148 (153); 121, 69 (90).
30 Vgl. etwa BVerfGE 120, 274 (302); vgl. auch *Kunig,* in: von Münch/Kunig, Art. 2 Rn. 30 – „ein" Grundrecht, nicht etwa die kumulative Anwendung zweier Grundrechte.
31 BVerfGE 79, 256 (268).
32 *Jarass,* in: Jarass/Pieroth, Art. 2 Rn. 39 mwN; *ders.,* NJW 1989, 859.
33 Vgl. BVerfGE 63, 131 (142).
34 BVerfGE 99, 185 (194).
35 Dagegen *Jutzi,* in: Linck/Jutzi/Hopfe, Art. 6 Rn. 4.
36 Vgl. *Jutzi,* in: Linck/Jutzi/Hopfe, Art. 6 Rn. 4; *Kunig,* in: von Münch/Kunig, Art. 2 Rn. 40 mwN.; *Jarass*, in: Jarass/Pieroth, Art. 2 Rn. 11; das BVerfG stellt für das Allgemeine Persönlichkeitsrecht darauf ab, ob es um Eigenschaften, Äußerungen oder Beziehungen geht, die natürlichen Personen wesenseigen sind, vgl. etwa BVerfGE 118, 168 (203); die Anwendung auf juristische Personen hat das BVerfG jedoch im Bereich des gesprochenen Wortes oder im Bereich der informationellen Selbstbestimmung bejaht, BVerfGE 106, 28 (42); BVerfGE 118, 168 (203); zur Rechtsprechungskasuistik des BVerfG, *Jarass,* in: Jarass/Pieroth, Art. 2 Rn. 52.
37 *Lorenz,* in: BK, Art. 2 Abs. 1 (St.d.B. 04.2008) Rn. 230.

ten gegenüber subsidiär. So sind etwa die Art. 6 Abs. 2 und Art. 7 leges speciales zu Art. 6 Abs. 1.[38]

17 Art. 6 Abs. 1 schützt ausdrücklich auch den privaten Lebensbereich. Als sozial eingebundenes Individuum bedarf der Einzelne wesensgemäß eines abgeschirmten Bereichs privater Lebensführung, in der er sich ohne Störung von außen, frei von Beobachtungen Dritter oder sozialer Kontrolle entfalten kann.[39] Der Umgang des Einzelnen mit seinem „sozialen Spielraum" muss seiner selbstbestimmten – und nicht generalisierbaren – Entscheidung unterliegen.[40] Der **Schutz der Privatsphäre** ist ein zentrales Anliegen des allgemeinen Persönlichkeitsschutzes und umfasst alle persönlichen Lebenssachverhalte.[41] Insoweit ist eine genauere Abgrenzung der Schutzbereiche des Persönlichkeitsrechts und der Privatsphäre in Art. 6 Abs. 1 nicht erforderlich.[42] Schließlich erkennt das BVerfG einen unantastbaren Bereich privater Lebensgestaltung an, der „der öffentlichen Gewalt schlechthin entzogen ist";[43] diesen höchst privaten **Kernbereich** dürfen staatliche Datensammlungen gar nicht erfassen.[44]

18 **2. Beeinträchtigungen.** In das Allgemeine Persönlichkeitsrecht kann durch rechtliche – oder auch faktische – Einwirkungen eingegriffen werden;[45] derartige Eingriffe „aktivieren" den Abwehrgehalt des Grundrechts. So liegt z.B. in einer **Videoüberwachung** ein faktischer Eingriff vor, auch auf öffentlichen Plätzen, und ebenso durch eine systematische Beobachtung oder Observation.[46] Ein Eingriff liegt nicht vor, wenn der betroffene Grundrechtsträger in den Eingriff wirksam eingewilligt hat.[47]

19 Art. 6 Abs. 1 wird darüber hinaus als Leistungsgrundrecht tangiert, wenn nicht ausreichender Schutz durch die öffentliche Gewalt geboten wird. Für den Landesgesetzgeber gilt dies z.B. im Bereich des **Presse- und Rundfunkrechts**. Hier hat der Gesetzgeber für einen wirksamen Schutz des Einzelnen gegen Einwirkungen der Medien auf seine Privatsphäre zu sorgen; ein effektives Gegendarstellungsrecht ist sicherzustellen.[48] Das Recht am eigenen Bild gewährleistet dem Einzelnen Einfluss- und Entscheidungsmöglichkeiten hinsichtlich der Anfertigung und Verwendung von Fotografien seiner Person durch andere. So steht etwa auch sog. **„Personen der Zeitgeschichte"** die Achtung ihres Privatlebens gegenüber einem publizistischen Interesse an der Befriedigung der Neugier des Publikums zu.[49]

---

38 Vgl. *Jutzi*, in: Linck/Jutzi/Hopfe, Art. 6 Rn. 7, Art. 7 Rn. 22.
39 *Lorenz* (Fn. 37) Rn. 254.
40 Vgl. hierzu grundlegend *Klar*, DÖV 2013, 103 (107), wonach auch in Zeiten von "Post-Privacy" kein Anlass für grundlegende konzeptionelle Änderungen hinsichtlich des Privatheitsverständnisses bestehe.
41 Vgl. BVerfGE 65, 1 (42, 45); *Lorenz* (Fn. 37) Rn. 281, 283 (mit einer Reihe von Beispielen, die zum engeren Kreis besonders schutzbedürftiger Umstände gehören: Tagebucheintragungen, die vertrauliche Kommunikation mit Familienangehörigen, der Bereich der Sexualität, der Gesundheitszustand u.a.).
42 Ebenso *Jutzi*, in: Linck/Jutzi/Hopfe, Art. 6 Rn. 5.
43 BVerfGE 6, 32 (41); 34, 238 (245); 80, 367 (373); st. Rspr.
44 *Masing*, NJW 2012, 2305 (2306).
45 *Jarass*, in: Jarass/Pieroth, Art. 2 Rn. 53.
46 *Jarass*, in: Jarass/Pieroth, Art. 2 Rn. 53; BVerwG, NJW 1986, 2332.
47 BVerfGE 101, 361 (381); *Lorenz* (Fn. 37) Rn. 297; *Jutzi*, in: Linck/Jutzi/Hopfe, Art. 6 Rn. 11.
48 *Jutzi*, in: Linck/Jutzi/Hopfe, Art. 6 Rn. 12, 13.
49 Vgl. EGMR, DVBl. 2004, 1091.

20 Für den Bereich des **Polizeirechts** stellt Art. 6 Abs. 1 und 2 an den Landesgesetzgeber – etwa bei der Normierung heimlicher Datenerhebungen – konkrete Anforderungen. Bei allen Beobachtungen ist ein Kernbereich privater Lebensgestaltung zu wahren, der Teil der Menschenwürde ist und in den der Staat nicht eindringen darf; dabei werden die Gewährleistungen der Freiheitsgrundrechte durch die allgemeinen rechtsstaatlichen Prinzipien verstärkt, die bei der Regelung von Grundrechtseingriffen zu beachten sind, wie der Grundsatz der Verhältnismäßigkeit und das Gebot der Normenklarheit.[50]

21 Bei der Auslegung und Anwendung privatrechtlicher Vorschriften ist die weitreichende **Ausstrahlungswirkung des Allgemeinen Persönlichkeitsrechts** zu beachten.[51]

II. Der Schutz personenbezogener Daten (Abs. 2)

22 **1. Schutzbereich.** Der Text des Abs. 2 des Art. 6 rekurriert auf die Ausführungen des **Volkszählungsurteils**[52], das zum Teil auch als „Bergpredigt des Datenschutzes" apostrophiert wird.[53] Mit dem seinerzeit entwickelten Recht auf informationelle Selbstbestimmung trägt das BVerfG Gefährdungen und Verletzungen der Persönlichkeit Rechnung, die sich unter den Bedingungen moderner Datenverarbeitung aus informationsbezogenen Maßnahmen ergeben. Danach setzt die freie Entfaltung der Persönlichkeit den Schutz des Einzelnen gegen die unbegrenzte Erhebung, Speicherung, Verwendung und Weitergabe seiner persönlichen Daten voraus. Das Grundrecht gewährleistet insoweit die Befugnis des Einzelnen, grundsätzlich selbst über die Preisgabe und Verwendung seiner persönlichen Daten zu entscheiden,[54] und zwar nicht nur im Bereich der automatischen Datenverarbeitung.[55]

23 Richtungweisend führt das BVerfG im Volkszählungsurteil aus, dass individuelle Selbstbestimmung voraussetze, dass dem Einzelnen Entscheidungsfreiheit über vorzunehmende oder zu unterlassende Handlungen einschließlich der Möglichkeit gegeben sei, sich auch entsprechend dieser Entscheidung tatsächlich zu verhalten. „Wer nicht mit hinreichender Sicherheit überschauen kann, welche ihn betreffenden Informationen in bestimmten Bereichen einer sozialen Umwelt bekannt sind, und wer das **Wissen möglicher Kommunikationspartner** nicht einigermaßen abzuschätzen vermag, kann in seiner Freiheit wesentlich gehemmt werden, aus eigener Selbstbestimmung zu planen oder zu entscheiden. Mit dem Recht auf informationelle Selbstbestimmung wären eine Gesellschaftsordnung und eine diese ermöglichende Rechtsordnung nicht vereinbar, in der

---

50 ThürVerfGH, Urt. v. 21.11.2012 – VerfGH 19/09 – Umdruck S. 31 = ThürVBl 2013, 55. In dieser Entscheidung hat der ThürVerfGH eine Vielzahl von Normen des Thüringer Polizeiaufgabengesetzes (PAG) vom 04.06.1992 (ThürGVBl. S. 199), idF des Gesetzes vom 16.07.2008 (ThürGVBl. S. 245) als unvereinbar mit der Verfassung des Freistaats Thüringen verworfen; u.a. wurden die §§ 5 Abs. 3 – 5, § 34 Abs. 2, 3, 9 und 10 (teilweise) als unvereinbar mit Art. 6 Abs. 1 und 2 ThürVerf angesehen. Dem Gesetzgeber wurde aufgegeben, bis zum 30.09.2013 eine Neuregelung zu treffen, ThürVerfGH, aaO, Umdruck S. 2 f.

51 BVerfGE 84, 192 (194 f.); *Jarass*, in: Jarass/Pieroth, Art. 2 Rn. 57 mwN.

52 BVerfGE 65, 1 ff.

53 *Trute*, in: Roßnagel (Hrsg.), Handbuch Datenschutzrecht, 2003, Kap. 2.5 Rn. 7, unter Verweis auch auf Art. 8 der EU-GRCh.

54 BVerfG, Beschl. v. 24.01.2012 – 1 BvR 1299/05 – JURIS, Rn. 122; BVerfGE 65, 1 (42 f.).

55 *Jarass*, in: Jarass/Pieroth, Art. 2 Rn. 42 mwN.

Bürger nicht mehr wissen können, wer was wann und bei welcher Gelegenheit über sie weiß".[56]

24 Das Recht auf informationelle Selbstbestimmung soll dabei auch einem **Einschüchterungseffekt** vorbeugen.[57] Würde alles Handeln prinzipiell festgehalten, so verlieren sich Spontaneität und Unbefangenheit. Zur Wahrung der Freiheit muss daher das Datenschutzrecht das Anwachsen von Datensammlungen verhindern, anhand derer jeder Schritt potenziell rekonstruierbar wird – und so auch die **„Chance des Vergessens"** verloren geht.[58]

25 Bereits in seiner **Mikrozensusentscheidung** vom 16.07.1969[59] hatte das BVerfG ausgeführt, dass es mit der Menschenwürde nicht zu vereinbaren wäre, „wenn der Staat das Recht für sich in Anspruch nehmen könnte, den Menschen in seiner ganzen Persönlichkeit zu registrieren und zu katalogisieren, sei es auch in der Anonymität einer statistischen Erhebung". Ob es sich dabei um „sensible" Daten handelt oder nicht, ist unerheblich.[60] Der Schutzumfang des Rechts beschränkt sich nicht auf Informationen, die bereits ihrer Art nach sensibel sind, es gibt angesichts der Verarbeitungs- und Verknüpfungsmöglichkeiten kein (ungeachtet des Verwendungskontextes) belangloses personenbezogenes Datum.[61]

26 Vom Schutzbereich des Grundrechts sind nur persönliche oder **personenbezogene Daten** umfasst.[62] Allerdings sind unter personenbezogenen Daten „Einzelangaben über persönliche oder sachliche Verhältnisse einer bestimmten oder bestimmbaren Person" zu verstehen.[63]

27 Da dieses Recht der informationellen Selbstbestimmung jedoch „nur" vor einzelnen Datenerhebungen mit punktuellem Bezug zu einem bestimmten Lebensbereich des Betroffenen schützt, sah sich das BVerfG veranlasst, mit einer anderen Ausprägung des allgemeinen Persönlichkeitsrechts eine Lücke zu schließen. Dieses weitere Grundrecht auf „Gewährleistung der **Integrität und Vertraulichkeit informationstechnischer Systeme**"[64] bietet nunmehr Schutz davor, dass auf Systeme (z.B. Personalcomputer, informationstechnische Komponenten in Telekommunikationsgeräten und anderen elektronischen Geräten sowie deren Vernetzungen)[65] zugegriffen wird, die allein oder in ihren technischen Vernetzungen

---

56 BVerfGE 65, 1 (43). Im Hinblick auf die europäische Zukunft des Datenschutzrechts kritisch zur Rechtsprechung des BVerfG, vgl. *von Lewinski*, DuD 2012, 564. So habe in Deutschland die "Monstranz" des Volkszahlungsurteils und des Rechts auf informationelle Selbstbestimmung den Blick auf die Ebene des europäischen Rechts verstellt.

57 BVerfGE 115, 166 (188).

58 *Masing*, NJW 2012, 2305 (2308).

59 BVerfGE 27, 1 (6); vgl. dazu auch *Poppenhäger,* in: Roßnagel, Handbuch Datenschutzrecht, 2003, Kap. 8.10 Rn. 5 f.

60 BVerfGE 118, 168 (185); *Jutzi,* in: Linck/Jutzi/Hopfe, Art. 6 Rn. 21; *Jarass,* in: Jarass/Pieroth, Art. 2 Rn. 43.

61 BVerfGE 65, 1 (45); BVerfG, Beschl. v. 24.01.2012 - 1 BvR 1299/05 - JURIS, Rn. 122.

62 BVerfGE 128, 1 (43) mwN.

63 BVerfGE 128, 1 (43); 65, 1 (42); zu den Voraussetzungen für anonymisierte Einzelangaben im Bereich der amtlichen Statistik vgl. *Poppenhäger* (Fn. 59), Rn. 20 ff.; dem entsprechend führt § 3 Abs. 1 ThürDSG aus, dass personenbezogene Daten Einzelangaben über persönliche und sachliche Verhältnisse einer bestimmten oder *bestimmbaren* Person (Betroffener) sind. Mithin wird der Schutz dieses Grundrechtes bereits ausgelöst, wenn auf ein Datum zugegriffen wird, welches für sich genommen noch keinen Rückschluss auf eine bestimmte Person zulässt, jedoch ein solcher Rückschluss möglich wird, wenn weitere Daten hinzugezogen werden können, um die Person bestimmbar werden zu lassen.

64 BVerfGE 120, 274 (302, 314).

65 BVerfGE 120, 274 (303 ff.); *Jarass*, in: Jarass/Pieroth, Art. 2 Rn. 45.

personenbezogene Daten des Betroffenen in einem Umfang und in einer Vielfalt enthalten können, dass ein Zugriff auf das System es ermöglicht, einen Einblick in wesentliche Teile der Lebensgestaltung einer Person zu gewinnen oder gar ein aussagekräftiges Bild der Persönlichkeit zu erhalten.

Geschützt wird von diesem Grundrecht damit zum einen das Interesse des Nutzers, dass die von einem vom Schutzbereich erfassten informationstechnischen System erzeugten, verarbeiteten und gespeicherten Daten vertraulich bleiben; zum anderen schützt es davor, dass die Integrität des geschützten informationstechnischen Systems angetastet wird, indem auf das System so zugegriffen wird, dass dessen Leistungen, Funktionen und Speicherinhalte durch Dritte genutzt werden können.[66] So sind etwa verdeckte **Online-Durchsuchungen** nur dann zulässig, wenn tatsächliche Anhaltspunkte einer konkreten Gefahr für ein überragend wichtiges Rechtsgut (wie etwa Leib, Leben und Freiheit der Person, Bedrohung der Grundlagen oder des Bestands des Staates)[67] bestehen. Mit dieser Definition des neuen Grundrechts auf Gewährleistung der Vertraulichkeit und Integrität informationstechnischer Systeme hat das BVerfG die Systematik des IT-Grundrechtsschutzes neu geordnet und ein geschlossenes System grundrechtlicher Gewährleistungen geschaffen.[68] Dabei muss zwischen der Grundrechtsbindung Privater und der des Staates allerdings deutlich unterschieden werden.[69] 28

Beide Grundrechte finden in Art. 6 Abs. 2 ihren besonderen Niederschlag. Nach dem oben Ausgeführten wird der Schutz dieser Grundrechte bereits ausgelöst, wenn auf ein Datum zugegriffen wird, welches für sich genommen noch keinen Rückschluss auf eine bestimmt Person zulässt, jedoch ein solcher Rückschluss möglich wird, wenn weitere Daten hinzugezogen werden können, um die Person bestimmbar werden zu lassen. 29

2. Einwilligung in die Preisgabe und Verwendung personenbezogener Daten. 30
Nach Art. 6 Abs. 2 Satz 2 ist jeder berechtigt, über die Preisgabe und Verwendung seiner personenbezogenen Daten selbst zu bestimmen. Ob ein Eingriff in die erwähnten Grundrechte entfällt, weil der Betroffene in diesen Eingriff einwilligt, bedarf näherer Betrachtung. Die **Einwilligung** ist eine auf freiwilliger Entscheidung beruhende Willenserklärung des Betroffenen, einer bestimmten, seine personenbezogenen Daten betreffenden Verarbeitung oder Nutzung zuzustimmen.[70] Die Freiwilligkeit der Einwilligung setzt voraus, dass sie nicht unter Druck, Täuschung, Zwang oder Vorteilsgewähr erteilt wird.[71] Bei Kindern und Jugendlichen ist insoweit auf deren Einsichtsfähigkeit abzustellen; ab dem 14. Lebensjahr wird man von einer solchen grundsätzlich ausgehen können. Die

66 BVerfGE 120, 274 (326 ff.).

67 *Lorenz* (Fn. 37), Rn. 290 mit dem Beispiel eines staatlichen Hintergehens des Bürgers durch fingierte amtliche elektronische Mitteilungen.

68 *Jäger*, Anmerkung zu BVerfG, Urt. v. 27.02.2008 – 1 BvR 370/07 - jurisPR-ITR 12/2008 Anm. 2.

69 Vgl. BVerfGE 128, 226 (244 ff.); *Masing*, NJW 2012, 2305 (2306). Die Vorgaben des BVerfG beziehen sich regelmäßig auf das Verhältnis Staat-Bürger, vgl. *Rogall-Grothe*, ZRP 2012, 193 (194).

70 Zu den Voraussetzungen vgl. § 4 Abs. 2 und 3 ThürDSG. Zu den Voraussetzungen in der amtlichen Statistik, wonach die Einwilligung des Betroffenen zu unterscheiden ist von der des Befragten, vgl. *Poppenhäger* (Fn. 59), Kap. 10.8, Rn. 16 f.

71 Vgl. *Stern*, in: Stern, Bd. III Halbbd. 2, 1994, § 86, Anm. II 6 b, c zum Grundrechtsverzicht.

Einwilligung bedarf grundsätzlich der Schriftform oder der elektronischen Form mit einer qualifizierten elektronischen Signatur.[72]

31 Im öffentlichen Bereich kann eine Einwilligung nur ausnahmsweise zum Zuge kommen, da dieser in der Regel nur gesetzlich definierten Aufgaben nachgehen darf.[73] Insoweit ist auch auf § 4 Abs. 1 Satz 2 ThürDSG hinzuweisen, wonach auch im Falle einer Einwilligung die Datenverarbeitung oder Datennutzung personenbezogener Daten nur dann zulässig ist, wenn dies zur Erfüllung „anerkannter Zwecke" erforderlich ist. Eine Einwilligung erweitert nicht den Aufgabenbereich der öffentlichen Stellen.[74]

32 **3. Träger des Grundrechts.** Für das Recht auf informationelle Selbstbestimmung ist anerkannt, dass neben natürlichen Personen auch **juristische Personen des privaten Rechts** als Träger des Grundrechts anerkannt sind.[75]

33 **4. Einzelfälle.** Das BVerfG hat mit Beschluss vom 24.01.2012 die Regelungen des Telekommunikationsgesetzes vom 22.06.2004 für teilweise verfassungswidrig erklärt. Danach liegt etwa in der Zuordnung von Telekommunikationsnummern zu ihren Anschlussinhabern ein Eingriff in das Recht auf informationelle Selbstbestimmung.[76] Bei der Regelung des Datenaustauschs müsse der Gesetzgeber, „bildlich gesprochen, nicht nur die Tür zur Übermittlung von Daten öffnen, sondern auch die Tür zu deren Abfrage".[77]

34 Nachforschungen bei Dritten, **Beobachtungen (Observierungen)** stellen ebenfalls einen Grundrechtseingriff dar.[78] Durch das Grundrecht geschützt sind auch **Tagebücher** und private Aufzeichnungen,[79] **Steuerdaten,**[80] das **Recht am eigenen Bild,**[81] **Videoüberwachungen** (auch auf öffentlichen Plätzen).[82] Der Eingriff wird, auch bei öffentlichem Hinweis auf die Überwachung, nicht durch eine (vermutete) Einwilligung der Betroffenen ausgeschlossen.[83] Nicht geschützt ist die Information über den Familienstand.[84]

---

72 Zu besonderen Umständen, die eine andere Form als angemessen erscheinen lassen (konkludente Einwilligung) vgl. § 4 Abs. 3 Satz 2 ThürDSG; vertiefend *Hasse*, ThürVBl 2000, 169 ff.

73 *Gola/Schomerus*, § 4 Rn. 16.

74 *Hasse,* ThürVBl 2012, 25 f. unter Hinweis auf LT-Drs. 5/3086, S. 17.

75 BVerfGE 118, 68 (202) mwN; 128, 1 (43).

76 BVerfG, Beschl. v. 24.01.2012 – 1 BvR 1299/05 – JURIS, LS 1.

77 BVerfG, Beschl. v. 24.01.2012 – 1 BvR 1299/05 – JURIS, LS 2 und Rn. 123. Erst beide Rechtsgrundlagen gemeinsam, die wie eine „Doppeltür" zusammenwirken müssen, berechtigen zu einem Austausch personenbezogener Daten.

78 BVerfGE 110, 33 (56). Zu weiteren Einzelfällen wie Registrierung von Kfz-Kennzeichen, der Führung von Melderegistern, der polizeilichen Tätigkeit zur Gefahrenabwehr oder der Strafverfolgung vgl. *Lorenz* (Fn. 37), Rn. 337 f. Zur Kritik an der vom Bundestag vorgesehenen kommerziellen Verwertung von Meldedaten ohne Einwilligung der Betroffenen vgl. *Gola/Klug*, NJW 2012, 2489 (2493); BT-Drs. 17/10158.

79 BVerfGE 80, 367 (374 f.).

80 BVerfGE 67, 100 (142 ff.).

81 BVerfGE 87, 334 (340). Zu weiteren Beispielen wie etwa Unterlagen eines Anwalts, die sich auf die Person des Anwalts und eines Klienten beziehen, siehe *Jarass,* in: Jarass/Pieroth, Art. 2 Rn. 43 ff.

82 Vgl. BVerfG, DVBl. 2007, 497; *Jarass,* in: Jarass/Pieroth, Art. 2 Rn. 53; *Lorenz* (Fn. 37), Rn. 356.

83 *Lorenz (Fn. 37)* Rn. 356 mwN.

84 BVerfGE 78, 38 (51).

III. Grundrechtsschranken, Belange historischer Forschung (Abs. 3)

1. Grundrechtsschranken. Nach Abs. 3 Satz 1 dürfen die Rechte des Art. 6 nur auf Grund eines Gesetzes eingeschränkt werden; damit wird sowohl der Eingriff durch ein Gesetz wie auch aufgrund eines Gesetzes legitimiert,[85] d.h. das Grundrecht kann auch durch untergesetzliche Rechtsakte eingeschränkt werden, wenn diese auf ein **formelles Gesetz** als Rechtsgrundlage gestützt sind.[86] Verwaltungsvorschriften, Richtlinien oder Erlasse fallen nicht darunter. Das Gesetz muss die Voraussetzungen und den Umfang der Beeinträchtigungen hinreichend klar umschreiben,[87] wobei der Grad der erforderlichen Bestimmtheit von der Art und Schwere des Eingriffs abhängt.[88] 35

Der Gesetzgeber muss Anlass, Zweck und Grenzen hinreichend bereichsspezifisch, präzise und normenklar festlegen,[89] das **Zitiergebot** des Art. 42 Abs. 3 Satz 2 ist zu beachten.[90] 36

Schließlich ist auch der **Grundsatz der Verhältnismäßigkeit** zu beachten. Dieser verlangt, dass der Eingriff einem legitimen Zweck dient, als Mittel zu diesem Zweck geeignet, erforderlich und angemessen ist.[91] 37

2. Belange historischer Forschung. Nach Art. 6 Abs. 3 Satz 2 ist den **Belangen historischer Forschung** und geschichtlicher Aufarbeitung angemessen Rechnung zu tragen. Diese Vorschrift muss im historischen Kontext der Entstehung der Verfassung des Freistaats Thüringen gesehen werden,[92] ein eigenes über die Freiheit der Wissenschaft in Art. 27 Abs. 1 hinausgehendes verfassungsrechtliches Substrat ist darin eher nicht enthalten. 38

In § 25 ThürDSG ist die Verarbeitung und Nutzung personenbezogener Daten durch Forschungseinrichtungen geregelt. Danach dürfen die **wissenschaftliche Forschung** betreibenden Stellen personenbezogene Daten (u.a.) veröffentlichen, wenn dies für die Darstellung von Forschungsergebnissen über Ereignisse der Zeitgeschichte unerlässlich ist.[93] 39

IV. Auskunfts- und Informationsrechte (Abs. 4)

Art. 6 Abs. 4 gewährt ein **Auskunfts- und Einsichtsrecht** in Akten und Dateien von Trägern öffentlicher Gewalt, also auch gegenüber Kreisen, Gemeinden und Beliehenen.[94] Die Informationen müssen „über ihn“, also den Antragsteller gespeichert sein, das Begehren muss sich also auf personenbezogene Informationen des Antragstellers richten.[95] Diese Regelung steht im Einklang mit der Rspr. des BVerfG, wonach das Recht auf informationelle Selbstbestimmung sich nicht in einem Abwehrrecht des Einzelnen gegen staatliche Datenerhebung und Datenverarbeitung erschöpft; das Grundrecht schützt auch das Interesse des Einzel- 40

85 *Jutzi,* in: Linck/Jutzi/Hopfe, Art. 6 Rn. 14, 24.
86 *Storr,* Staats- und Verfassungsrecht, 1998, Rn. 268; vgl. *Jutzi,* in: Linck/Jutzi/Hopfe, Art. 6 Rn. 14, 24.
87 BVerfGE 65, 1 (46).
88 BVerfGE 120, 378 (408).
89 BVerfGE 120, 274 (316 f.).
90 *Jutzi,* in: Linck/Jutzi/Hopfe, Art. 6 Rn. 14, 24.
91 BVerfGE 120, 275 (318).
92 Vgl. oben unter Rn. 2 ff. Vgl. auch *Jutzi,* in: Linck/Jutzi/Hopfe, Präambel, Rn. 5.
93 § 25 Abs. 4 Nr. 2 ThürDSG.
94 *Jutzi,* in: Linck/Jutzi/Hopfe, Art. 6 Rn. 26.
95 *Jutzi,* in: Linck/Jutzi/Hopfe, Art. 6 Rn. 26.

nen, von staatlichen informationsbezogenen Maßnahmen zu erfahren, die ihn in seinen Grundrechten betreffen.[96]

41 Die Auskunfts- und Informationsrechte des Art. 6 Abs. 4 stehen unter dem Ausgestaltungsvorbehalt durch den Gesetzgeber. Dieser hat in § 13 ThürDSG (Auskunfts- und Akteneinsichtsrecht) den grundsätzlichen verfassungsrechtlichen Anspruch näher ausgestaltet. Grundsätzlich hat danach die Daten verarbeitende Stelle dem Betroffenen Auskunft zu erteilen.[97] Im Falle einer Ablehnung der Auskunftserteilung, die unter bestimmten Umständen auch ohne Begründung möglich ist, ist der Antragsteller darauf hinzuweisen, dass er sich an den Landesbeauftragten für den Datenschutz wenden kann.[98]

42 Weitere Auskunftsrechte enthalten auch das **Thüringer Informationsfreiheitsgesetz** (ThürIFG),[99] § 29 ThürVwVfG oder § 47 ThürPAG. Nach § 9 Abs. 1 ThürIFG ist jedoch ein Antrag auf Informationszugang grundsätzlich abzulehnen, soweit durch das Bekanntwerden der Information personenbezogene Daten oder Betriebs- oder Geschäftsgeheimnisse offenbart werden.

Artikel 7 [Brief-, Post-, Fernmelde- und Kommunikationsgeheimnis]

(1) Das Briefgeheimnis, das Post- und Fernmeldegeheimnis sowie das Kommunikationsgeheimnis sind unverletzlich.

(2) [1]Beschränkungen dürfen nur auf Grund eines Gesetzes angeordnet werden. [2]Sie sind grundsätzlich dem Betroffenen nach Abschluß der Maßnahme mitzuteilen. [3]Ihm steht der Rechtsweg offen.

Vergleichbare Regelungen

Art. 10 GG (Brief-, Post- und Fernmeldegeheimnis); Art. 112 BayVerf; Art. 16 VvB; Art. 15 BremVerf; Art. 12, 19 HessVerf; Art. 14 Verf Rh-Pf; Art. 17 SaarlVerf; Art. 27 SächsVerf; Art. 5, 6 LVerf LSA; Art. 8 EMRK (Recht jeder Person auf Achtung ihrer Korrespondenz);[1] Art. 7 EU-GRCh (Recht jeder Person auf Achtung ihres Privat- und Familienlebens, ihrer Wohnung sowie ihrer Kommunikation).

Ergänzungsnormen im sonstigen thüringischen Recht

Das ThürPAG[2] enthält eine Reihe von Normen, die Art. 7 ThürVerf und Art. 10 GG einschränken. Der ThürVerfGH hat allerdings einige dieser Bestimmungen (so teilweise § 5 Abs. 3 – 5, § 5 Abs. 7, § 34 Abs. 2, 3 und 9 teilweise, § 34 a Abs. 1, § 34 a Abs. 3 teilweise sowie § 35 Abs. 1 Satz 2 Nr. 2 ThürPAG) als mit der ThürVerf für unvereinbar erklärt.[3] § 34 a ThürPAG betrifft z.B. die Überwachung der Telekommunikation, die Datenerhebung von Mobilfunkkarten und –endgeräten. Die Vorschriften dürfen allerdings bis zu ihrer Neuregelung (nach Maßgabe der Gründe) weiter angewandt werden. Dem Gesetzgeber ist aufgegeben, bis zum 30.09.2013 eine Neuregelung zu treffen.[4]

---

96 BVerfGE 120, 351 (360).

97 Vgl. § 13 Abs. 1 ThürDSG, § 13 Abs. 4 und 5 ThürDSG enthalten Ausnahmetatbestände betreffend die Sicherheitsbehörden des Bundes und der Länder.

98 § 13 Abs. 6 ThürDSG. Gemäß § 13 Abs. 7 ThürDSG ist die Auskunft dann „auf sein Verlangen" dem Landesbeauftragten für den Datenschutz zu erteilen.

99 Thüringer Informationsfreiheitsgesetz (ThürIFG) vom 14.12.2012 (ThürGVBl. S. 464).

1 Zur Rspr des EGMR zu Art. 8 EMRK vgl. *Gusy,* in: von Mangoldt/Klein/Starck, Art. 10 Rn. 6 ff.

2 Thüringer Gesetz über die Aufgaben und Befugnisse der Polizei v. 04.06.1992 (ThürGVBl. S. 199) zuletzt geändert durch Gesetz v. 25.10.2011 (ThürGVBl. S. 268, 271).

3 ThürVerfGH, Urt. v. 21.11.2012 – 19/09 – Umdruck S. 2 ff. = ThürVBl 2013, 55.

4 ThürVerfGH, Urt. v. 21.11.2012 – 19/09 – Umdruck S. 3 = ThürVBl 2013, 55.

Das ThürVerfSchutzG[5] enthält ebenfalls Bestimmungen, durch die die Rechte des Art. 7 eingeschränkt werden (§ 29 ThürVerfSchutzG), ebenso das ThürAGG10.[6] Nach § 3 Abs. 1 ThürAGG10 hat der für den Verfassungsschutz zuständige Minister die sog. G 10-Kommission über die von ihm angeordneten Beschränkungsmaßnahmen vor deren Vollzug zu unterrichten; die Kommission entscheidet über die Zulässigkeit und Notwendigkeit von Beschränkungsmaßnahmen.

Art. 7 wird weiterhin durch Regelungen des ThürUVollzG[7] (vgl. § 98 ThürUVollzG) oder des ThürJStVollzG[8] (§ 112 ThürJStVollzG) eingeschränkt. Auch können die Rechte aus Art. 7 nach dem ThürPsychKG[9] eingeschränkt werden (vgl. etwa §§ 20 Abs. 2 und 5, 41 ThürPsychKG).

Dokumente zur Entstehungsgeschichte

Art. 16 VerfE CDU; Art. 12 VerfE F.D.P.; Art. 23 VerfE SPD; Art. 19 VerfE NF/GR/DJ; Art. 17 VerfE LL/PDS; Entstehung ThürVerf, S. 31 ff.

Literatur

Hans Henning Kaysers, Die Unterrichtung Betroffener über Beschränkungen des Brief-, Post- und Fernmeldegeheimnisses, AöR 129 (2004), 121 ff.; *Alexander Roßnagel* (Hrsg.), Handbuch Datenschutzrecht, 2003; *Friedrich Schoch*, Der verfassungsrechtliche Schutz des Fernmeldegeheimnisses (Art. 10 GG), JURA 2011, 194 ff.; *Heinrich Amadeus Wolff*, Vorratsdatenspeicherung – Der Gesetzgeber gefangen zwischen Europarecht und Verfassung?, NVwZ 2010, 751.

Leitentscheidungen des ThürVerfGH und des BVerfG

ThürVerfGH, Urt. v. 21.11.2013 – 19/09 – ThürVBl 2013, 55 (ThürPAG).

BVerfGE 65, 1 (Volkszählungsurteil); 100, 313 (Befugnisse des BND zur Überwachung des Fernmeldeverkehrs); 106, 28 (Zeugenaussagen über rechtswidrig mitgehörte Telefongespräche); 109, 279 (akustische Wohnraumüberwachung); 113, 348 (Telekommunikationsüberwachung); 115, 166 (Ermittlung von Verbindungsdaten); 120, 274 (Online-Durchsuchung); 124, 43 (Beschlagnahme von Emails beim Provider); 125, 260 (Vorsorgliche Speicherung von Telekommunikationsdaten); 130, 151 (Speicherung und Verwendung von Telekommunikationsbestandsdaten).

5 Thüringer Verfassungsschutzgesetz v. 30.07.2012 (ThürGVBl. S. 346).
6 Thüringer Gesetz zur Ausführung des Artikel 10-Gesetzes v. 16.07.2008 (ThürGVBl. S. 245).
7 Thüringer Untersuchungshaftvollzugsgesetz v. 08.07.2009 (ThürGVBl. S. 553).
8 Thüringer Gesetz über den Vollzug der Jugendstrafe v. 20.12.2007 (ThürGVBl. S. 221).
9 Thüringer Gesetz zur Hilfe und Unterbringung psychisch kranker Menschen idF der Bek. v. 05.02.2009 (ThürGVBl. S. 10), zuletzt geändert durch Gesetz v. 21.12.2011 (ThürGVBl. S. 539).

A. Überblick

1 Aufgabe von Art. 7 ist es nicht nur, in engem Zusammenhang mit dem Schutz der Persönlichkeit und des privaten Lebensbereichs des Art. 6, den Einzelnen gegen „staatliche Neugier",[10] sondern darüber hinaus auch allgemein vor Ausforschung der individuellen Kommunikation zu schützen. Art. 7 schützt die Vertraulichkeit der Kommunikation, wenn diese wegen der räumlichen Distanz zwischen den Beteiligten auf eine Übermittlung durch andere angewiesen ist und deshalb in besonderer Weise einen Zugriff Dritter – einschließlich staatlicher Stellen – ermöglicht.[11] Neben dem Brief-, Post- und Fernmeldegeheimnis ist über den Wortlaut von Art. 10 GG das **Kommunikationsgeheimnis** ausdrücklich in Art. 7 Abs. 1 aufgeführt. Art. 7 ist lex specialis zu Art. 6.[12]

B. Herkunft, Entstehung und Entwicklung

2 Der Entstehung von Art. 7 lagen fünf Vorentwürfe der Fraktionen CDU, FDP, SPD, NF/GR/DJ und LL/PDS zugrunde.[13] Während die Entwürfe von CDU und FDP neben dem Brief- und Postgeheimnis das Fernmeldegeheimnis aufführten, enthielten die Entwürfe der anderen Fraktionen bereits den (moderneren) Begriff „Kommunikationsgeheimnis". Der Entwurf der Fraktion NF/GR/DJ verzichtete allerdings in seinem Abs. 2 auf die ausdrückliche Nennung eines Gesetzesvorbehalts,[14] wie ihn die Entwürfe der anderen Fraktionen enthielten.

3 Bereits im VerfUA[15] fand eine ausführliche Diskussion statt, ob der Begriff des Kommunikationsgeheimnisses in Art. 7 eingefügt werden sollte. Ausgangspunkt der Diskussion war die Überlegung, ob unter den tradierten Begriff des „Brief-, Post- und Fernmeldewesens" auch zukünftige technische Kommunikationsmöglichkeiten subsumiert werden könnten.[16] Der VerfA, dem ein Änderungsantrag der Fraktion NF/GR/DJ vorlag,[17] entschied sich dann dafür, den Begriff des Kommunikationsgeheimnisses in Art. 7 aufzunehmen.[18]

4 Der VerfUA konnte sich im Hinblick auf die Regelung in Art. 7 Abs. 2 zunächst auf keinen einheitlichen Wortlaut verständigen.[19] Nach ausführlicher Diskussion, ob und in welchem Maß ein Gesetzesvorbehalt konkretisiert werden sollte, erarbeitete der VerfA dann die Formulierung, die später in die Verfassung aufgenommen wurde.[20] Erörtert wurde auch intensiv die Formulierung des Abs. 2 Satz 2, wonach die Betroffenen „nach Abschluss der Maßnahme" zu unterrich-

10 *Jutzi,* in: Linck/Jutzi/Hopfe, Art. 7 Rn. 1.
11 BVerfGE 115, 166 (182); das BVerfG spricht in diesem Zusammenhang von „privater Fernkommunikation".
12 *Jutzi,* in: Linck/Jutzi/Hopfe, Art. 7 Rn. 22; vgl. auch *Jarass,* in: Jarass/Pieroth, Art. 10 Rn. 2.
13 Entstehung ThürVerf, S. 31.
14 Entstehung ThürVerf, S. 31, Zeile 65.
15 Entstehung ThürVerf, S. 32; PW 1 VerfUA 004 (17.01.1992), S. 54 – 60.
16 In der Diskussion im VerfUA befürworteten die Abg. Dr. Hahnemann und Lippmann die Erweiterung der bisherigen tradierten Formulierung des Brief-, Post- und Fernmeldegeheimnisses, vgl. Entstehung ThürVerf, S. 32.
17 Änderungsantrag Fraktion NF/GR/DJ, LT-Vorlage 1/593.
18 Entstehung ThürVerf, S. 32; PW 1 VerfA 006 (06.03.1992), S. 48.
19 Vgl. Entstehung ThürVerf, S. 32; PW 1 VerfUA 004 (17.01.1992), S. 60 – 62.
20 Entstehung ThürVerf, ebd.; PW 1 VerfA 006 (06.03.1992), S. 49 – 53.

ten sind.[21] Einig war sich der VerfA darin, dass mit Abs. 2 Satz 2 mehr als eine Sollvorschrift beabsichtigt sei; ebenso bestand Einigkeit in der Zulassung des Rechtswegs als nachträgliche gerichtliche Kontrolle.[22]

C. Verfassungsvergleichende Information

Art. 8 EMRK garantiert jeder Person das Recht auf Achtung ihrer Korrespon- 5
denz. Damit soll die nicht-öffentliche Mitteilung von einer Person zu einer anderen vor Eingriffen des Staates geschützt werden.[23] Von dieser Garantie ist z.B. der Brief- und Telefonverkehr,[24] die Kommunikation per E-Mail oder die Nutzung des Internets erfasst.[25]

Nach Art. 8 Abs. 2 EMRK ist ein Eingriff dann gerechtfertigt, wenn er gesetzlich 6
vorgesehen und in einer demokratischen Gesellschaft notwendig für die nationale oder öffentliche Sicherheit ist.[26]

Art. 7 EU-GRCh garantiert jeder Person (neben der Achtung des Privat- und Fa- 7
milienlebens und der Wohnung) auch das Recht auf Achtung ihrer Kommunikation.

Der Gewährleistungsanspruch dürfte dem in Art. 8 EMRK verankerten Recht 8
auf Korrespondenz entsprechen.[27] Ein über Art. 8 EMRK hinausgehender Schutz ist nach den Erläuterungen zu Art. 7 durch den Konvent auch nicht gewollt gewesen.[28] Um der technischen Entwicklung Rechnung zu tragen, hat der Konvent den in Art. 8 EMRK enthaltenen Begriff „Korrespondenz" durch den (mehreren nationalen Verfassungen entlehnten) Begriff „Kommunikation" ersetzt.[29]

Art. 10 GG schützt das **Brief-, Post- und Fernmeldegeheimnis.** Das in Art. 7 9
Abs. 1 ausdrücklich genannte Kommunikationsgeheimnis ist in Art. 10 GG

21 Der Sachverständige Prof. Würtenberger vertrat hierzu die Auffassung, dass durch die Unterrichtung des Betroffenen etwa ein Fahndungserfolg nicht gefährdet werden dürfe, Entstehung ThürVerf, S. 33.

22 Entstehung ThürVerf, S. 33; PW 1 VerfA 006 (06.03.1992), S. 53. Prof. Randelzhofer wies darauf hin, dass trotz anderslautender Bestimmungen in Art. 10 GG die Thüringer Regelung nicht unzulässig sei; die Rechtswegeröffnung könne allerdings nur bei Landesbehörden gelten, PW 1 VerfA 006 (06.03.1992), S. 50.

23 *Baldus*, in: Epping/Hillgruber, Art. 10 Rn. 67.

24 Vgl. EGMR, NJW 1993, 718 f.

25 *Baldus*, in: Epping/Hillgruber, Art. 10 Rn. 67. Nach einer Entscheidung des EGMR sind die Regelungen des Artikel 10-Gesetzes zu Abhörmaßnahmen mit Art. 8 EMRK vereinbar; sie enthielten angemessene und wirksame Garantien gegen einen Missbrauch staatlicher Überwachungsbefugnisse, vgl. EGMR, NJW 2007, 1433.

26 Art. 8 Abs. 2 EMRK nennt darüber hinaus das wirtschaftliche Wohl des Landes, die Aufrechterhaltung der öffentlichen Ordnung, Verhütung von Straftaten, den Schutz der Gesundheit, der Moral oder den Schutz der Rechte und Freiheiten anderer.

27 *Baldus,* in: Epping/Hillgruber, Art. 10 Rn. 70; vgl. auch *Folz,* in: Vedder/Heintschel von Heinegg, Art. 7 GR-Charta Rn. 1, wonach Art. 7 den Art. 8 EMRK rezipiere. Die Entscheidung des EuGH zur Vorratsdatenspeicherung von Daten, die bei der Bereitstellung elektronischer Kommunikationsdienste erzeugt oder verarbeitet werden, bezog sich nicht auf den durch die EU-GRCh garantierten Schutz personenbezogener Daten, sondern auf die Kompetenz der EU zum Erlass der Richtlinie 2006/24, vgl. EuGH, EuZW 2009, 212.

28 *Bernsdorff*, in: Meyer, Art. 7 Rn. 15.

29 *Folz,* in: Vedder/Heintschel von Heinegg, Art. 7 GR-Charta Rn. 10; *Bernsdorff*, in: Meyer, Art. 7 Rn. 24. Geschützt ist die sog. Fernkommunikation, d.h. die Kommunikation, die einem Dritten bzw. einer von einem Dritten beherrschten technischen Einrichtung zur Übermittlung an den Empfänger überlassen wird. Der Schutz der Kommunikationsfreiheit ist technischen Entwicklungen gegenüber offen, *Bernsdorff*, ebd.

nicht expressis verbis aufgeführt. Das Grundrecht schützt aber die Vertraulichkeit individueller bzw. nichtöffentlicher Kommunikationen, die wegen der räumlichen Distanz zwischen den Beteiligten auf einen technischen Übermittlungsvorgang angewiesen sind, der nicht in ihrem ausschließlichen Einflussbereich liegt.[30] Das Brief-, Post- und Fernmeldegeheimnis soll die freie Entfaltung der Persönlichkeit durch einen privaten, vor der Öffentlichkeit verborgenen Austausch von Informationen gewährleisten und damit zugleich die Würde des Menschen schützen.[31] Art. 10 Abs. 2 Satz 1 GG ist wortidentisch mit Art. 7 Abs. 2 Satz 1. Art. 10 Abs. 2 Satz 2 GG enthält jedoch eine – im Rahmen der sog. Notstandsgesetze 1968 eingeführte – **Staatsschutzklausel,** wonach der Rechtweg unter bestimmten Umständen ausgeschlossen werden kann.[32] Art. 7 Abs. 2 enthält indessen keine vergleichbare Staatsschutzklausel. Beschränkungen des Kommunikationsgeheimnisses sind dem Betroffenen grundsätzlich gem. Art. 7 Abs. 2 Satz 1 nach Abschluss der Maßnahme mitzuteilen. Nach Art. 7 Abs. 2 Satz 2 steht ihm der Rechtsweg offen.

10 Damit handelt es sich bei Art. 7 Abs. 2 um den Fall eines über das Schutzniveau des GG hinausgehenden landesverfassungsrechtlichen Grundrechtsschutzes. Art. 7 Abs. 2 enthält einen weitergehenden Schutz dadurch, dass seine Beschränkungsmöglichkeiten (Mitteilungspflichten und Rechtswegeröffnung bei Beschränkung des Kommunikationsgeheimnisses) weniger weit reichen als die des Art. 10 Abs. 2 GG.[33]

11 Art. 27 Abs. 2 Satz 3 SächsVerf enthält ähnlich wie Art. 7 Abs. 2 die ausdrückliche Bestimmung, wonach Beschränkungsmaßnahmen nach ihrem Abschluss mitzuteilen sind, wenn eine Gefährdung des Zwecks der Beschränkung ausgeschlossen werden kann.

D. Erläuterungen

I. Brief-, Post- und Fernmeldegeheimnis, Kommunikationsgeheimnis (Abs. 1)

12 **1. Grundrechtsträger.** Das **Brief-, Post- und Fernmeldegeheimnis** schützt die „private Fernkommunikation" und gewährleistet die Vertraulichkeit der individuellen Kommunikation, wenn diese wegen der räumlichen Distanz zwischen den Beteiligten auf eine Übermittlung durch andere angewiesen ist.[34] Jeder, der kommuniziert, unterfällt dem Schutzbereich des Art. 7, sei es als Absender oder als Empfänger eines Briefes oder eines anderen Kommunikationsmittels, bei dem die Übermittlung nicht für die Öffentlichkeit bestimmt ist; ob das Kommunikationsmittel zu Recht oder zu Unrecht genutzt wird, ist unerheblich.[35]

---

30 BVerfGE 85, 386 (396); 106, 28 (36).
31 BVerfGE 115, 166 (182).
32 Von dieser Ermächtigung des Art. 10 Abs. 2 Satz 2 GG hat der Bundesgesetzgeber durch das Gesetz zur Beschränkung des Brief-, Post- und Fernmeldegeheimnisses (BGBl. 2001 I 1254) Gebrauch gemacht. Zur Frage der verfassungsrechtlichen Anforderungen vgl. *Jarass,* in: Jarass/Pieroth, Art. 10 Rn. 27: Die Staatsschutzklausel hält nach einer in der Literatur verbreiteten Meinung einer verfassungsrechtlichen Prüfung nicht stand, zum Streitstand vgl. *Pagenkopf,* in: Sachs, GG, Art. 10 Rn. 50; aA BVerfGE 30, 1.
33 Vgl. hierzu oben E5, Thüringer Landesverfassungsrecht und Bundesverfassungsrecht, Rn. 32 ff.
34 BVerfGE 115, 166 (182).
35 *Baldus,* in: Epping/Hillgruber, Art. 10 Rn. 12.

Träger des Grundrechts ist jedermann, auch **Minderjährige und Betreute.**[36] Neben natürlichen Personen können auch **private inländische juristische Personen** und Personenvereinigungen Träger des Grundrechts sein (z.B. ein Zeitungsverlag),[37] nicht jedoch öffentlich-rechtliche juristische Personen. Diesen ist die Berufung auf grundrechtlichen Schutz prinzipiell versperrt.[38] Die Grundrechtsberechtigung öffentlich-rechtlicher Rundfunkanstalten ist hingegen anerkannt.[39] 13

2. Schutzbereich und Beeinträchtigungen. Der räumliche Schutzumfang des Kommunikationsgeheimnisses ist nicht auf das Inland beschränkt. Der Grundrechtsschutz kann auch dann eingreifen, wenn eine im Ausland stattfindende Telekommunikation durch Erfassung und Auswertung im Inland hinreichend mit inländischem staatlichem Handeln verknüpft ist.[40] 14

a) Briefgeheimnis. Das **Briefgeheimnis** schützt die körperliche Übermittlung von Briefen[41] und damit den schriftlichen kommunikativen Verkehr vor Offenbarung.[42] Als Brief ist jede mit einem körperlichen Medium verbundene Kommunikation an einen oder mehrere bestimmte Empfänger anzusehen, unabhängig von der Form oder Herstellung.[43] Die Kommunikation muss nicht verschlossen sein, weshalb auch Postkarten dem Schutzbereich des Art. 7 Abs. 1 unterliegen.[44] 15

Geschützt sind nicht nur die ausgetauschte Information selbst, sondern auch die Umstände der brieflichen Kommunikation, also etwa Zeit, Ort, Identität des Absenders, Empfängers oder Beförderers.[45] 16

Der Schutz des Grundrechts beginnt, sobald der Absender den Brief aus der Hand gegeben hat und endet, wenn sich der Brief im Herrschaftsbereich des Empfängers befindet und ein Zugriff Dritter ausgeschlossen werden kann.[46] Ob ein staatliches Unternehmen oder Private den Brief befördern, ist für den Schutzgehalt des Briefgeheimnisses unbeachtlich.[47] 17

b) Postgeheimnis. Das **Postgeheimnis** gewährleistet die Vertraulichkeit aller durch Einrichtungen der Post abzuwickelnden Transport- und Kommunikationsvorgänge, wie auch die näheren Umstände des Transports und der Kommunikation.[48] Erfasst werden insbesondere Briefe, Päckchen, Pakete und Warensendungen, nicht aber Postdienste, die auf unkörperlicher Übermittlung beru- 18

---

36 *Jarass,* in: Jarass/Pieroth, Art. 10 Rn. 10; *Gusy,* in: von Mangoldt/Klein/Starck, Art. 10 Rn. 47.

37 Vgl. BVerfGE 100, 313 (356) (Telekommunikationsüberwachung).

38 *Jutzi,* in: Linck/Jutzi/Hopfe, Art. 7 Rn. 4 f. Auf ausländische juristische Personen ist das Grundrecht nicht anwendbar, BVerfGE 100, 313 (356).

39 Vgl. BVerfGE 107, 299 (310); *Baldus,* in: Epping/Hillgruber, Art. 10 Rn. 14.

40 BVerfGE 100, 313 (LS). Zum Handeln deutscher Organe auf dem Gebiet eines anderen Staates vgl. *Baldus,* in: Epping/Hillgruber, Art. 10 Rn. 18.

41 Vgl. BVerfGE 67, 157 (171).

42 *Jutzi,* in: Linck/Jutzi/Hopfe, Art. 7 Rn. 7.

43 *Jarass,* in: Jarass/Pieroth, Art. 10 Rn. 3 mwN.

44 *Jutzi,* in: Linck/Jutzi/Hopfe, Art. 7 Rn. 7. Drucksachen und Wurfsendungen ohne spezifische Adressatsangabe fallen nicht unter den Schutzbereich des Art. 7. Dies kann auch der Fall sein bei Katalogen oder Zeitungen, *Baldus,* in: Epping/Hillgruber, Art. 10 Rn. 3.

45 *Baldus,* in: Epping/Hillgruber, Art. 10 Rn. 2.

46 *Baldus,* in: Epping/Hillgruber, Art. 10 Rn. 4; *Jarass,* in: Jarass/Pieroth, Art. 10 Rn. 3 mwN.

47 *Baldus,* in: Epping/Hillgruber, Art. 10 Rn. 4 mwN.

48 *Baldus,* in: Epping/Hillgruber, Art. 10 Rn. 5.

hen. Der Schutz beginnt bei der Einlieferung bei den Postunternehmen und endet mit der Ablieferung beim Empfänger.[49]

19 Unerheblich ist, ob eine staatliche oder private Einrichtung die Übermittlung vornimmt. Dies ist für das Brief- und Fernmeldegeheimnis anerkannt und muss aus Gründen der Einheitlichkeit für das Postgeheimnis ebenfalls gelten;[50] insbesondere ist das Bedürfnis nach einem rechtlichen Schutz von vertraulicher Kommunikation auf Distanz nach Privatisierung der ehemaligen Bundespost nicht fortgefallen.[51]

20 **c) Fernmeldegeheimnis. aa) Schutzgegenstand.** Das **Grundrecht des Fernmeldegeheimnisses** schützt die unkörperliche Übermittlung von Informationen an individuelle Empfänger mit Hilfe des Telekommunikationsverkehrs.[52] Es dient der freien Entfaltung der Persönlichkeit durch einen Kommunikationsaustausch mit Hilfe des Fernmeldeverkehrs. Dabei ist es unerheblich, um welche Inhalte es sich handelt und ob sie privater, geschäftlicher oder politischer Art sind.[53] Bei der Nutzung von Telekommunikationseinrichtungen ist die Kommunikation besonderen Gefährdungen der Kenntnisnahme durch Dritte ausgesetzt und unterliegt deshalb besonderem Schutz.[54]

21 Der Schutz ist keineswegs auf die von der früheren Bundespost genutzten Technologien und Fernmeldedienste beschränkt; er umfasst sämtliche mit Hilfe der verfügbaren Telekommunikationstechniken erfolgenden Übermittlungen von Informationen,[55] auch die **Kommunikationsdienste des Internet.**[56] Auf die konkrete Übermittlungsart und Ausdrucksform kommt es nicht an.[57] Der Schutz endet nicht am so genannten Endgerät der Telekommunikationsanlage.[58]

22 Das **Telekommunikationsgeheimnis** begründet ein Abwehrrecht gegen Kenntnisnahme des Inhalts und der näheren Umstände der Telekommunikation durch den Staat und darüber hinaus einen Auftrag an den Staat, Schutz auch insoweit vorzusehen, als sich private Dritte Zugriff auf die Kommunikation verschaffen.[59] Angesprochen ist damit eine „objektive Grundrechtsdimension in Gestalt

---

49 *Jarass,* in: Jarass/Pieroth, Art. 10 Rn. 4; *Jutzi,* in: Linck/Jutzi/Hopfe, Art. 7 Rn. 8. Zur Problematik, ob dem Landesgrundrecht an dieser Stelle gegenüber Art. 10 GG ein eigener Regelungsgehalt zukommt, vgl. *Jutzi,* in: Linck/Jutzi/Hopfe, Art. 7 Rn. 9.

50 *Jarass,* in: Jarass/Pieroth, Art. 10 Rn. 4, 7. Für den Bereich des Fernmeldegeheimnisses hat das BVerfG ausgeführt, dass der Schutz dieses Geheimnisses sich auch auf die von Privaten betriebenen Telekommunikationsanlagen erstreckt, BVerfGE 106, 28 (LS 1).

51 Zur Ansicht vom Funktionswandel des Grundrechts, vgl. *Gusy,* in: von Mangoldt/Klein/Starck, Art. 10 Rn. 37.

52 BVerfGE 124, 43 (54); 125, 260 (309); BVerfG, Beschl. v. 24.01.2012 – 1 BvR 1299/05 – JURIS Rn. 111.

53 BVerfGE 100, 313 (358); 106, 28 (35 f.).

54 BVerfGE 106, 28 (36), unter Hinweis auf BVerfGE 67, 157 (171 f.).

55 BVerfGE 106, 28 (36).

56 BVerfGE 124, 43 (54); *Schoch,* JURA 2011, 194 (197). Zutreffend allerdings der Hinweis von *Gusy,* in: von Mangoldt/Klein/Starck, Art. 10 Rn. 23, wonach in der „grenzenlosen Medienwelt" die Einzelstaaten für sich weder technisch noch rechtlich in der Lage sind, die Geheimheit der Kommunikationsvorgänge zwischen ihren Einwohnern zu sichern.

57 Vgl. BVerfGE 106, 28 (36).

58 Eine Gefährdung der durch Art. 7 Abs. 1 ThürVerf, Art. 10 Abs. 1 GG geschützten Vertraulichkeit der Telekommunikation kann auch durch Zugriff am Endgerät erfolgen, etwa das Anbringen eines Abhörgeräts, vgl. BVerfGE 106, 28 (38).

59 BVerfGE 106, 28 (37).

der staatlichen Schutzpflicht".[60] Danach ist der Staat verpflichtet, die Schutzwirkungen des Fernmeldegeheimnisses in den privatisierten und sonstigen privaten Bereichen der Telekommunikation sicherzustellen; die Schutzpflichten richten sich dabei primär an den Gesetzgeber, aber auch an Exekutive und Judikative.[61]

Das Telekommunikationsgeheimnis schützt nicht nur die Inhalte der Kommunikation. Geschützt ist vielmehr auch die Vertraulichkeit der näheren Umstände des Kommunikationsvorgangs.[62] So haben etwa **Verbindungsdaten** einen eigenen Aussagegehalt und können im Einzelfall erhebliche Rückschlüsse auf das Kommunikations- und Bewegungsverhalten zulassen.[63] 23

bb) Schutzumfang. Der **zeitliche Schutzumfang** des Fernmeldegeheimnisses ist nach hM an der Zeitspanne des Kommunikationsvorgangs ausgerichtet. Danach endet der Schutz des Fernmeldegeheimnisses dann, wenn der Übertragungsvorgang beendet ist, also z.B. in dem Augenblick, in dem eine E-Mail beim Empfänger angekommen ist.[64] Daher werden etwa die nach Abschluss des Übertragungsvorgangs im Herrschaftsbereich des Kommunikationsteilnehmers gespeicherten Kommunikationsverbindungsdaten nicht durch Art. 7 geschützt.[65] 24

cc) Verfahrensgarantien. Es ist anerkannt, dass auch die materiellen Grundrechte Verfahrensgarantien enthalten, die der Sicherung des materiellen Grundrechtsschutzes dienen.[66] Das BVerfG hat in seiner Rechtsprechung zu Art. 10 GG als **verfahrensrechtliche Schutzvorkehrungen** insbesondere Unterrichtungs-, Auskunfts-, Löschungs- und Kennzeichnungspflichten, Teilnahmerechte und Verwertungsverbote benannt.[67] 25

In seiner Entscheidung zur sog. **Vorratsdatenspeicherung** fordert das BVerfG zur Gewährleistung effektiven Rechtsschutzes, die Abfrage oder Übermittlung von Telekommunikationsverkehrsdaten grundsätzlich unter Richtervorbehalt zu stellen. Dies gelte insbesondere, wenn der Grundrechtseingriff heimlich erfolge und für den Betroffenen unmittelbar nicht wahrnehmbar sei.[68] Richter könnten aufgrund ihrer persönlichen und sachlichen Unabhängigkeit und ihrer aus- 26

---

60 *Schoch*, JURA 2011, 194 (196).

61 *Schoch*, JURA 2011, 194 (196) unter Verweis auf *Gusy*, in: von Mangoldt/Klein/Starck, Art. 10 Rn. 35.

62 Zu diesen Umständen gehört auch, ob, wann und wie oft zwischen welchen Personen oder Telekommunikationseinrichtungen Telekommunikationsverkehr stattgefunden hat oder versucht worden ist, BVerfGE 115, 166 (183); BVerfG, Beschl. v. 24.01.2012 – 1 BvR 1299/05 – JURIS Rn. 112.

63 BVerfGE 115, 166 (183).

64 BVerfGE 115, 166 (183 f.); 124, 43 (54); zur kritischen Diskussion hierzu vgl. *Schoch*, JURA 2011, 194 (197 f.).

65 Vgl. BVerfGE 115, 166 (183). Allerdings werden diese Daten (in der vom Bürger selbst beherrschbaren Privatsphäre) durch das Recht auf informationelle Selbstbestimmung (Art. 6 ThürVerf, Art. 2 Abs. 1 GG) und ggf. durch das Recht auf Unverletzlichkeit der Wohnung (Art. 8 ThürVerf, Art. 13 GG) geschützt.

66 Vgl. *Schoch*, JURA 2011, 194 (198 f.).

67 BVerfGE 124, 43 (70); vgl. auch *Gusy*, in: von Mangoldt/Klein/Starck, Art. 10 Rn. 73 ff.

68 Vgl. BVerfGE 125, 260 (337 f.).

schließlichen Bindung an das Gesetz die Rechte des Betroffenen am besten und sichersten wahrnehmen.[69]

27 Der ThürVerfGH hat – unter Berufung auf die Rechtsprechung des BVerfG bei schwerwiegenden Grundrechtseingriffen – die fehlende Befassung eines Richters bei allen Maßnahmen nach § 34 ThürPAG gerügt, da einzelne Maßnahmen besonders geeignet seien, tief in die **Privatsphäre** eines Menschen einzudringen.[70]

28 **d) Kommunikationsgeheimnis.** Das **Kommunikationsgeheimnis** stellt gewissermaßen den Oberbegriff des einheitlich zu verstehenden Grundrechts dar.[71] Bereits im VerfUA[72] hatte eine ausführliche Diskussion stattgefunden, ob der Begriff des Kommunikationsgeheimnisses in Art. 7 eingefügt werden sollte. Ausgangspunkt der Diskussion war die Überlegung, ob unter den tradierten Begriff des „Brief-, Post- und Fernmeldewesens" auch zukünftige technische Kommunikationsmöglichkeiten subsumiert werden könnten.[73]

Auch das BVerfG verwendet mittlerweile durchgängig den Begriff des Telekommunikationsgeheimnisses.[74] Nach seiner Rechtsprechung ist das Grundrecht „entwicklungsoffen" und umfasst nicht nur die bei Entstehung der Verfassung bekannten Arten der Nachrichtenübertragung, sondern auch neuartige Übertragungstechniken;[75] der Grundrechtsschutzbereich ist dynamisch zu verstehen.[76] Die Formulierung des Art. 7 Abs. 1 steht insoweit, obwohl Art. 10 GG den Begriff des Kommunikationsgeheimnisses nicht expressis verbis enthält, nicht im Widerspruch zum GG; eine Kollision liegt nicht vor.[77] Nicht die einzelnen Geheimnisbereiche, sondern das Grundrecht auf Wahrung des Kommunikationsgeheimnisses durch Hoheitsträger stellt insoweit die „Kerngewährleistung" des Landesverfassungsrechts dar.[78]

---

69 Eine Ausnahme gelte für die Kontrolle von Eingriffen in die Telekommunikationsfreiheit durch die Nachrichtendienste gem. Art. 10 Abs. 1 GG. Hier könne an Stelle einer vorbeugenden richterlichen Kontrolle die – gleichfalls spezifisch auf die jeweilige Maßnahme bezogene – Kontrolle durch ein von der Volksvertretung bestelltes Organ oder Hilfsorgan treten, BVerfGE 125, 260 (338). In Thüringen unterliegt gem. § 2 Abs. 1 ThürAGG10 diese Aufgabe der G 10-Kommission. Die Kommission besteht aus dem Vorsitzenden, der die Befähigung zum Richteramt haben soll, und zwei Beisitzern. Die Mitglieder der Kommission werden vom Landtag aus seiner Mitte mit der Mehrheit seiner Mitglieder gewählt, § 2 Abs. 2 ThürAGG10.

70 ThürVerfGH, Urt. v. 21.11.2012 – 19/09 – Umdruck S. 51 ff. = ThürVBl 2013, 55. Dies sei besonders deutlich bei Maßnahmen, deren Rechtmäßigkeit auch einer nachträglichen richterlichen Kontrolle entzogen sei, so etwa § 34 Abs. 10 Nr. 2 und 3 ThürPAG. Allgemein zu den Grenzen polizeirechtlicher Ermächtigungsgrundlagen, vgl. *Gusy,* in: von Mangoldt/Klein/Starck, Art. 10 Rn. 81.

71 *Jutzi,* in: Linck/Jutzi/Hopfe, Art. 7 Rn. 11.

72 Entstehung ThürVerf, S. 32; PW 1 VerfUA 004 (17.01.1992), S. 54 – 60.

73 In der Diskussion im VerfUA befürworteten die Abg. Dr. Hahnemann und Lippmann die Erweiterung der bisherigen tradierten Formulierung des Brief-, Post- und Fernmeldegeheimnisses, vgl. Entstehung ThürVerf, S. 32.

74 BVerfGE 125, 260 (309); BVerfG, Beschl. v. 24.01.2012 – 1 BvR 1299/05 – JURIS Rn. 111.

75 BVerfGE 115, 166 (182).

76 *Gusy,* in: von Mangoldt/Klein/Starck, Art. 10 Rn. 23.

77 Allenfalls ist von einer (zulässigen) günstigeren Grundrechtsverbürgung auszugehen, vgl. *Jutzi,* in: Linck/Jutzi/Hopfe, Art. 7 Rn. 11.

78 *Jutzi,* in: Linck/Jutzi/Hopfe, Art. 7 Rn. 23.

II. Beschränkungen des Grundrechts (Abs. 2)

1. Formelle Voraussetzungen. Das in Art. 7 geschützte Grundrecht des Kommunikationsgeheimnisses unterliegt – anders als das Recht auf Unverletzlichkeit der Wohnung – nur einem einfachen Gesetzesvorbehalt.[79] Beschränkungen dürfen nur auf Grund eines Gesetzes angeordnet werden, d.h. sie bedürfen in jedem Fall einer Grundlage in einem Parlamentsgesetz (förmliches Gesetz),[80] Art. 7 Abs. 2 Satz 1. Beschränkungen können (auf Grund dieser formell-gesetzlichen Ermächtigung) dann auch durch RVO, Satzung oder Verwaltungsakt erfolgen.[81] 29

Das einschränkende Gesetz muss das **Zitiergebot** wahren; dies gilt für den Landesgesetzgeber sowohl für das Landesgrundrecht des Art. 7 (vgl. Art. 42 Abs. 3 Satz 2), als auch für das entsprechende Grundrecht des GG.[82] Das Zitiergebot erfüllt eine Warn- und Besinnungsfunktion. Durch die Benennung des Eingriffs im Gesetzeswortlaut soll gesichert werden, dass der Gesetzgeber nur Eingriffe vornimmt, die ihm als solche bewusst sind und über deren Auswirkungen auf die betroffenen Grundrechte er sich Rechenschaft ablegt.[83] Eine Verletzung des Zitiergebots bewirkt die Verfassungswidrigkeit des Gesetzes.[84] 30

2. Materielle Voraussetzungen. Gesetze der Länder können (neben Art. 7) auch Art. 10 GG einschränken;[85] der Landesgesetzgeber muss jedoch die Kompetenz für den Bereich der Gesetzgebung innehaben. Diese Gesetzgebungskompetenz hat Thüringen vor allem im Bereich der **Gefahrenabwehr**; der Freistaat ist insoweit auch zuständig, die Erhebung personenbezogener Daten zu regeln, die zum Zweck der Gefahrenabwehr benötigt werden.[86] 31

Ein Gesetz, das die Grundrechte des Art. 7 Abs. 1 einschränkt, muss allgemein und nicht nur für den Einzelfall gelten, Art. 42 Abs. 3 Satz 1. Nach Art. 42 Abs. 4 Satz 1 muss das Gesetz den Grundsatz der Verhältnismäßigkeit wahren, es muss also geeignet, erforderlich und verhältnismäßig (im engeren Sinne) 32

---

79 Vgl. ThürVerfGH, Urt. v. 21.11.2012 – 19/09 – Umdruck S. 31 = ThürVBl 2013, 55.

80 *Baldus,* in: Epping/Hillgruber, Art. 10 Rn. 28; *Gusy,* in: von Mangoldt/Klein/Starck, Art. 10 Rn. 65.

81 BVerfGE 125, 260 (313) bezeichnet dies (im Hinblick auf § 113 a TKG) als verfassungsrechtlich unbedenklich; vgl. auch *Jarass,* in: Jarass/Pieroth, Art. 10 Rn. 16, *Jutzi,* in: Linck/Jutzi/Hopfe, Art. 7 Rn. 16, Art. 42 Rn. 32.

82 BVerfGE 113, 348 (366) hat dies für den Landesgesetzgeber ausdrücklich für verfassungsrechtlich geboten gehalten und Teile des Niedersächsischen Gesetzes über die öffentliche Sicherheit und Ordnung für mit Art. 10 GG unvereinbar und nichtig erklärt. Als Thüringer Beispiel vgl. etwa § 5 ThürAGG10, wonach Art. 6 und 7 ThürVerf eingeschränkt werden.

83 BVerfGE 113, 348 (366).

84 BVerfGE 113, 348 (366).

85 Vgl. *Jutzi,* in: Linck/Jutzi/Hopfe, Art. 7 Rn. 17; *Baldus,* in: Epping/Hillgruber, Art. 10 Rn. 29.

86 ThürVerfGH, Urt. v. 21.11.2012 – 19/09 – Umdruck S. 30 = ThürVBl 2013, 55. Nach BVerfGE 113, 348 (365 f.) hat der Landesgesetzgeber jedoch keine Gesetzgebungskompetenz, die Polizei zur Telekommunikationsüberwachung zum Zwecke der Vorsorge für die Verfolgung von Straftaten zu ermächtigen; hier habe der Bundesgesetzgeber abschließend von seiner Gesetzgebungsbefugnis aus Art. 74 Abs. 1 Satz 2 GG Gebrauch gemacht, die Verfolgung von Straftaten durch Maßnahmen der Telekommunikationsüberwachung zu regeln.

sein.[87] Der Gesetzgeber ist gefordert, zwischen Allgemein- und Individualinteressen einen angemessenen Ausgleich herbeizuführen.[88]

33 Für die Strafverfolgung und die Gefahrenabwehr hat die Rechtsprechung des BVerfG Abwägungsgrundsätze entwickelt, die auch im Vorfeldbereich bedeutsam sind. Je gewichtiger das gefährdete Rechtsgut ist und je weitreichender es durch die jeweiligen Handlungen beeinträchtigt würde oder beeinträchtigt worden ist, desto geringere Anforderungen dürfen an den Grad der Wahrscheinlichkeit gestellt werden, mit der auf eine drohende oder erfolgte Verletzung geschlossen werden kann, und desto weniger fundierend dürfen ggf. die Tatsachen sein, die auf die Gefährdung oder Verletzung des Rechtsguts schließen lassen.[89] Nach der Rechtsprechung des ThürVerfGH bedeutet dies im **Bereich der Gefahrenabwehr** für den Landesgesetzgeber, dass er für jede polizeiliche Befugnis die Wahrscheinlichkeit des Gefahreneintritts sowie die Nähe des Betroffenen zur abzuwehrenden Bedrohung klar und bestimmt festzulegen hat.[90]

34 Bei Beschränkungen des Grundrechts aus Art. 7 hat der Gesetzgeber Schutzvorkehrungen für den absolut geschützten **Kernbereich geschützter Lebensgestaltung** zu treffen. Das Kommunikationsgeheimnis gewährleistet die freie Entfaltung der Persönlichkeit durch einen privaten, vor der Öffentlichkeit verborgenen Austausch von Kommunikation.[91] Bei allen Beobachtungen ist nach der Rechtsprechung (auch) des ThürVerfGH ein solcher Kernbereich privater Lebensgestaltung zu wahren, der Teil der Menschenwürde ist und in den der Staat nicht eindringen darf;[92] in diesem Kernbereich ist eine Telekommunikationsüberwachung ausgeschlossen.[93]

35 Entscheidet der Gesetzgeber sich für eine einfachgesetzliche Regelung, die den Kernbereich tangiert, muss diese in jedem Einzelfall eine Prüfung ermöglichen, ob ein Sachverhalt nach dessen Besonderheiten dem Kernbereich privater Lebensgestaltung zuzuordnen ist.[94] Wird der Kernbereich privater Lebensgestaltung trotz des Erhebungsverbots verletzt, hat der Gesetzgeber durch klare und bestimmte Regelungen sicher zu stellen, dass die Maßnahme abgebrochen wird, die kernbereichsrelevanten Daten gelöscht werden und ihre Verwertung und Verwendung unterbleibt.[95]

---

87 *Jutzi,* in: Linck/Jutzi/Hopfe, Art. 7 Rn. 18. In keinem Fall darf ein Grundrecht in seinem Wesensgehalt angetastet werden, Art. 42 Abs. 4 Satz 2.

88 BVerfGE 100, 313 (373, 375) (Telekommunikationsüberwachung).

89 BVerfGE 113, 348 (386) – sog. „Je-Desto-Formel"; vgl. hierzu auch *Baldus,* in: Epping/Hillgruber, Art. 10 Rn. 40 ff., 43 mit Beispielen aus der Rspr des BVerfG („Rasterfahndung", „AWG-Überwachung", „Präventive Telekommunikationsüberwachung").

90 ThürVerfGH, Urt. v. 21.11.2012 – 19/09 – Umdruck S. 44 = ThürVBl 2013, 55.

91 BVerfGE 113, 348 (391).

92 ThürVerfGH, Urt. v. 21.11.2012 – 19/09 – Umdruck S. 31, 46 ff. = ThürVBl 2013, 55.

93 BVerfGE 113, 318, (391 f.); *Jarass,* in: Jarass/Pieroth, Art. 10 Rn. 20.

94 ThürVerfGH, Urt. v. 21.11.2012 – 19/09 – Umdruck S. 47 = ThürVBl 2013, 55. Danach schränkte der § 5 Abs. 7 ThürPAG vom 04.06.1992 (ThürGVBl. S. 199) idF des Gesetzes v. 16.07.2008 (ThürGVBl. S. 245) den Schutz des Art. 1 Abs. 1 in unzulässiger Weise ein, indem nur einzelne abschließend aufgeführte Sachverhalte als vom Kernbereich privater Lebensgestaltung umfasst angesehen wurden.

95 ThürVerfGH, Urt. v. 21.11.2012 – 19/09 – Umdruck S. 49 = ThürVBl 2013, 55; vgl. auch BVerfGE 113, 348 (392); um dem Betroffenen zumindest nachträglich Rechtsschutz zu ermöglichen, ist die Tatsache der Erfassung und Löschung der Daten zu dokumentieren, ThürVerfGH, ebd.

Sehen Normen **heimliche Ermittlungstätigkeiten des Staates** (wie Observation, der zielgerichtete Einsatz eines verdeckten Ermittlers oder eine optische und akustische Überwachung) vor, so ist nach der Rechtsprechung des ThürVerfGH aufgrund der Intensität der Grundrechtsbeeinträchtigung für einen verfahrensrechtlichen Schutz durch Anordnung eines Richtervorbehalts zu sorgen.[96] 36

Schließlich muss die Anwendung des das Grundrecht einschränkenden Gesetzes durch die Behörden oder Gerichte, also der konkrete Eingriff, dann ebenfalls wieder dem Verhältnismäßigkeitsgrundsatz genügen.[97] 37

3. Mitteilung der Beschränkungen und Rechtsweg. **a) Mitteilungen der Beschränkung.** Nach Art. 7 Abs. 2 Satz 2 muss das Gesetz, das Beschränkungen (des Art. 7 Abs. 1) anordnet, vorsehen, dass der Betroffene grundsätzlich nach Abschluss der Maßnahme über den Grundrechtseingriff informiert wird.[98] Ohne Kenntnis von dem Grundrechtseingriff kann der Betroffene eine mögliche Unrechtmäßigkeit der Datenerhebung und etwaige Rechte auf Löschung oder Berichtigung der Aufzeichnung nicht geltend machen. 38

Allerdings wird das Recht auf Unterrichtung nicht schrankenlos gewährleistet; es unterliegt denselben Schranken wie das Grundrecht, in das durch die heimliche Datenerhebung eingegriffen wird. Das Recht auf Unterrichtung von dem Grundrechtseingriff darf (nur) unter denselben Vorraussetzungen eingeschränkt werden wie das Grundrecht selbst; werden Ausnahmen statuiert, sind nach der Rechtsprechung des ThürVerfGH die jeweils betroffenen Grundrechte und ihre Schranken in den Blick zu nehmen.[99] So habe etwa der Gesetzgeber sicherzustellen, dass stets ein Richter befasst wird, wenn eine Person nicht benachrichtigt werden soll, die von der Datenerhebung (nicht nur unerheblich) beeinträchtigt wurde.[100] 39

b) Die sog. Staatschutzklausel. 1968 wurden im Rahmen der sog. Notstandsgesetze Art. 10 Abs. 2 Satz 2 und Art. 19 Abs. 4 Satz 3 in das GG eingefügt.[101] Danach kann den Betroffenen die Unterrichtung versagt und damit der Rechtsweg durch Gesetz versperrt werden, sofern eine Beschränkung der Grundrechte aus Art. 10 GG dem Schutz der freiheitlichen demokratischen Grundordnung – oder auch dem Bestand des Bundes oder eines Landes – dient. Von dieser sog. 40

96 ThürVerfGH, Urt. v. 21.11.2012 – 19/09 – Umdruck S. 52 f. = ThürVBl 2013, 55 unter Hinweis auf die Rspr des BVerfG, BVerfGE 120, 274 (332); vgl. hierzu auch *Gusy,* in: von Mangoldt/Klein/Starck, Art. 10 Rn. 73 f.; *Schoch,* JURA 2011, 194 (203); kritisch *Wolff,* NVwZ 2010, 751 f., der moniert, mit der Entscheidung werde ungeschriebenes Verfassungsrecht über das geschriebene Verfassungsrecht gesetzt.

97 BVerfGE 107, 299 (315 f.); *Jarass,* in: Jarass/Pieroth, Art. 10 Rn. 20.

98 Vgl. auch ThürVerfGH, Urt. v. 21.11.2012 – 19/09 – Umdruck S. 54 = ThürVBl 2013, 55; *Jutzi,* in: Linck/Jutzi/Hopfe, Art. 7 Rn. 19.

99 ThürVerfGH, Urt. v. 21.11.2012 – 19/09 – Umdruck S. 54 ff. = ThürVBl 2013, 55.

100 ThürVerfGH, Urt. v. 21.11.2012 – 19/09 – Umdruck S. 57 = ThürVBl 2013, 55. Danach bedarf auch die zeitlich befristete Zurückstellung einer Benachrichtigung der verfassungsrechtlichen Rechtfertigung. Auch kann das Interesse des Staates an einer wirksamen Gefahrenabwehr oder das Interesse der weiteren Verwendung einer Vertrauensperson nicht ausnahmslos das Unterlassen einer Mitteilung rechtfertigen, ThürVerfGH, ebd., Umdruck S. 59 f.

101 Die Verfassungsmäßigkeit dieser Änderungen ist umstritten, vgl. *Schoch,* JURA 2011, 194 (203 f.); *Jarass,* in: Jarass/Pieroth, Art. 10 Rn. 24, 27, letztlich aber durch BVerfGE 30, 1 (24 ff.) praktisch entschieden worden. Nach Gusy allerdings könne das Urteil (im Vergleich zu manch jüngerer Entscheidung) heute „nahezu den Charakter einer liberalen Magna Charta beanspruchen“, *Gusy,* in: von Mangoldt/Klein/Starck, Art. 10 Rn. 94.

Staatsschutzklausel[102] ist auf Bundesebene durch das Gesetz zur Beschränkung des Brief-, Post- und Fernmeldegeheimnisses (Gesetz zu Artikel 10 Grundgesetz – G 10)[103] Gebrauch gemacht worden.

41 c) **Ausgestaltung der Kontrolle.** Für Eingriffe der Nachrichtendienste in das Fernmeldegeheimnis kann gesetzlich bestimmt werden, dass (unter den Voraussetzungen des Art. 10 Abs. 2 Satz 2 GG) anstelle des Rechtswegs die Nachprüfung durch von der Volksvertretung bestellte „Organe und Hilfsorgane" tritt. Das BVerfG hat diesen etwas „kargen Wortlaut"[104] materiell angereichert und fordert eine der gerichtlichen Kontrolle gleichwertige, ebenso wirkungsvolle unabhängige Kontrolle, die an keine Weisungen gebunden sein darf. Wie die Kontrolle auszugestalten ist, schreibt die Verfassung nicht vor.[105]

42 Die Kontrolle muss sich aber über alle Schritte der Überwachung erstrecken[106] und den gesamten Prozess der Erfassung und Verwertung der Daten umfassen.[107] Es muss sichergestellt sein, dass auch im Bereich der Landesverwaltung eine ausreichende Kontrolle existiert.[108]

43 d) **Beschränkungsmaßnahmen nach dem ThürAGG10.** In Thüringen ist in § 2 Abs. 3 ThürAGG10[109] bestimmt, dass die Mitglieder der **G 10-Kommission** in ihrer Amtsführung unabhängig und Weisungen nicht unterworfen sind. Die Kontrollbefugnis der Kommission erstreckt sich auf die gesamte Erhebung, Verarbeitung und Nutzung der nach dem Artikel 10-Gesetz erlangten personenbezogenen Daten, § 3 Abs. 2 Satz 1 ThürAGG10, so dass die o.g. Kriterien des BVerfG erfüllt sein dürften.

44 Im Hinblick auf die Mitteilungspflichten gegenüber Betroffenen regelt § 4 Satz 1 ThürAGG10, dass die Kommission über Mitteilungen an Betroffene oder Gründe, die einer Mitteilung entgegenstehen, zu unterrichten ist. Die Unterrichtung ist halbjährlich (bei Nichtunterrichtung des Betroffenen) zu wiederholen; spätestens nach fünf Jahren ist die Kommission über eine endgültige Entscheidung des zuständigen Ministers zu unterrichten.[110]

45 Beim Ausschluss der Benachrichtigung Betroffener (und damit des Rechtswegs) im Rahmen der sog. Staatsschutzklausel ist eine restriktive Interpretation geboten.[111] Der **Ausschluss der Unterrichtung** verleiht dem Grundrechtseingriff eine besondere Intensität und muss daher an strenge Voraussetzungen gebunden werden; eine nachträgliche Unterrichtung muss auch im Rahmen von Staatsschutzangelegenheiten erfolgen, sobald eine Gefährdung des Zwecks der Maß-

102 *Schoch*, JURA 2011, 194 (203).

103 BGBl. I 2001, 1254. Die parlamentarische Kontrolle in den Ländern hat nach Maßgabe des § 16 G 10 zu erfolgen.

104 *Schoch*, JURA 2011, 194 (204).

105 BVerfGE 30, 1 (23); 100, 313 (361). Zur Diskussion betreffend die Gleichwertigkeit der Kontrolle durch die G 10-Kommissionen von Bund und Ländern, insbesondere zu Faktoren, die eine effektive Kontrolle mindern, vgl. *Gusy*, in: von Mangoldt/Klein/Starck, Art. 10 Rn. 99.

106 BVerfGE 100, 313 (362); *Baldus*, in: Epping/Hillgruber, Art. 10 Rn. 58.

107 BVerfGE 100, 313 (401).

108 BVerfGE 100, 313 (401 f.).

109 Thüringer Gesetz zur Ausführung des Artikel 10-Gesetzes vom 16.07.2008 (ThürGVBl. S. 245).

110 Hält die Kommission eine Mitteilung für geboten, hat der für den Verfassungsschutz zuständige Minister diese unverzüglich zu veranlassen, § 4 Satz 3 ThürAGG10.

111 *Jarass*, in: Jarass/Pieroth, Art. 10 Rn. 24 mwN; *Schoch*, JURA 2011, 194 (204).

nahme und eine Gefährdung des Bestands oder der Sicherung des Bundes oder eines Landes ausgeschlossen werden können.[112] Sobald die Voraussetzungen einer Benachrichtigung gegeben sind, muss die Eingriffsbehörde handeln; die Exekutive hat insoweit (ständig) zu prüfen, ob eine Benachrichtigung ohne Schaden für die Beschränkungsmaßnahme erfolgen kann.[113]

e) **Rechtsweg.** Art. 7 Abs. 2 Satz 3 stellt klar, dass dem von der Grundrechtsbeeinträchtigung Betroffenen der **Rechtsweg** offen steht.[114] Für diejenigen Betroffenen, die nach § 4 ThürAGG10 über Beschränkungsmaßnahmen unterrichtet worden sind, gilt dann auch wieder die (normale) Verfassungslage der Art. 7 Abs. 2 Satz 3, Art. 42 Abs. 5, die umfassenden Rechtsschutz garantieren.[115] Im Ergebnis bedeutet dies, dass bei Maßnahmen nach dem G 10-Gesetz bis zur Unterrichtung der Betroffenen ausschließlich die G 10-Kommission, nach Unterrichtung die Gerichte über Beschränkungsmaßnahmen befinden.[116] 46

Artikel 8 [Unverletzlichkeit der Wohnung][1]

(1) Die Wohnung ist unverletzlich.

(2) Durchsuchungen dürfen nur durch den Richter, bei Gefahr im Verzuge auch durch die in den Gesetzen vorgesehenen anderen Organe angeordnet und nur in der dort vorgeschriebenen Form durchgeführt werden.

(3) Eingriffe und Beschränkungen dürfen im übrigen nur zur Abwehr einer gemeinen Gefahr oder einer Lebensgefahr für einzelne Personen, auf Grund eines Gesetzes auch zur Verhütung dringender Gefahren für die öffentliche Sicherheit und Ordnung, insbesondere zur Behebung der Raumnot, zur Bekämpfung von Seuchengefahr oder zum Schutz gefährdeter Kinder und Jugendlicher vorgenommen werden.

Vergleichbare Regelungen

Art. 13 GG; Art. 106 Abs. 3 BayVerf; Art. 28 Abs. 2 VvB; Art. 15 BbgVerf; Art. 14 Abs. 2 und 3 BremVerf; Art. 8 HessVerf; Art. 7 Verf Rh-Pf; Art. 16 SaarlVerf; Art. 30 SächsVerf; Art. 17 LVerf LSA

Ergänzungsnormen im sonstigen thüringischen Recht

§§ 18 Abs. 2 Satz 1, 25 Abs. 1 und 2, 26, 34 Abs. 9, 35 ThürPAG v. 04.06.1992 (ThürGVBl. S. 199); §§ 17 Abs. 2 Satz 5, 20, 21, 35, 41 Satz 1, 44 ThürOBG v. 18.06.1993 (ThürGVBl. S. 323); § 6 Abs. 4 ThürPsychKG idF der Bek.v. 05.02.2009 (ThürGVBl. S. 291); §§ 7 Abs. 2, 20 a ThürVerfSchutzG v. 30.07.2012 (ThürGVBl. S. 346); §§ 30, 52 Nr. 4 ThürBKG idF der Bek. v. 05.02.2008 (ThürGVBl. S. 22); §§ 53 Abs. 2, 55 Nr. 3 ThürVwZVG idF der Bek. v. 05.02.2009 (ThürGVBl. S. 592); § 20 ThürKAG idF der Bek. v. 19.09.2000 (ThürGVBl. S. 646); § 20 ThürAbwAG v. 28.05.1993 (ThürGVBl. S. 267); § 20 Abs. 9, 11 ThürKJHAG idF der Bek.v. 05.02.2009 (ThürGVBl. S. 291).

---

112 Vgl. BVerfGE 30, 1 (21); 100, 313 (397); *Baldus*, in: Epping/Hillgruber, Art. 10 Rn. 53; *Schoch*, JURA 2011, 194 (204).

113 *Kaysers*, AöR 129 (2004), 121 (127); vgl. insoweit § 4 Satz 2 ThürAGG10, wonach die Prüfungspflicht auf fünf Jahre begrenzt sein dürfte.

114 *Jutzi*, in: Linck/Jutzi/Hopfe, Art. 7 Rn. 21.

115 *Kaysers*, AöR 129 (2004), 121 (129) zum Rechtsschutz nach Art. 19 Abs. 4 GG; vgl. auch *Jutzi*, in: Linck/Jutzi/Hopfe, Art. 43 Rn. 85, wonach Art. 42 Abs. 5 bundesrechtskonform so auszulegen ist, dass Art. 19 Abs. 4, Art. 10 Abs. 2 Satz 2 GG wie auch das G 10 dem Anwendungsbereich der Norm nicht unterfallen.

116 *Kaysers*, AöR 129 (2004), 121 (133).

1 Für wertvolle Hinweise bei der Abfassung der Kommentierung danke ich meinem Wissenschaftlichen Mitarbeiter, Herrn Dr. Michael Brodführer.

Dokumente zur Entstehungsgeschichte

Art. 20 VerfE CDU; Art. 15 VerfE F.D.P.; Art. 20 VerfE NF/GR/DJ; Art. 15 VerfE LL/PDS; Entstehung ThürVerf, S. 34 f.

Literatur

Knut Amelung, Grundrechtstheoretische Aspekte der Entwicklung des Grundrechts auf Unverletzlichkeit der Wohnung, in: Günter Birsch (Hrsg.), Grund- und Freiheitsrechte von der ständischen zur spätbürgerlichen Gesellschaft, 1987, S. 291 ff.; *Frank Fechner,* Medienrecht, 14. Aufl. 2013; *Christoph Gusy,* Lauschangriff und Grundgesetz, JuS 2004, 457 ff.; *Wolfgang Hetzer,* Akustische Überwachung von Wohnräumen, ZFIS 1999, 131 ff.; *Hans-Detlef Horn,* Schutz der Privatsphäre, in: HStR VII, § 149; *Ernst Kirchmann,* Der Schutzbereich des Grundrechts der Unverletzlichkeit der Wohnung, 1977; *Franz-Ludwig Knemeyer,* Die Verfassungsmäßigkeit von Wohnungsdurchsuchungen bei Vollstreckung von Geldforderungen, NJW 1967, 1353 ff.; *Karl Kroeschell,* Haus und Herrschaft im frühen deutschen Recht (1968), in: Karl Kroeschell, Studien zum frühen und mittelalterlichen Recht, 1995, S. 113 ff.; *Ralf Krüger,* Verdeckte Ermittlungen im Strafverfahren und die Unverletzlichkeit der Wohnung, ZRP 1993, 124 ff.; *Konrad Kruis/Ralf Wehowsky,* Verfassungsgerichtliche Leitlinien zur Wohnungsdurchsuchung, NJW 1999, 682 ff.; *Jörg-Detlef Kühne,* Grundrechtlicher Wohnungsschutz und Vollstreckungsdurchsuchungen, 1980; *Martin Kutscha,* Der Lauschangriff im Polizeirecht der Länder, NJW 1994, 85 ff.; *Gertrude Lübbe-Wolff,* Satzungsrechtliche Betretungsrechte und Art. 13 GG, DVBl. 1993, 762 ff.; *Bertram Raum/Franz Palm:* Zur verfassungsrechtlichen Problematik des „Großen Lauschangriffs", JZ 1994, 447 ff.; *Gerhard Rößler,* Zwangsvollstreckung und Unverletzlichkeit der Wohnung, NJW 1979, 2137 f.; *Claus Roxin,* Zur richterlichen Kontrolle von Durchsuchungen und Beschlagnahmen, StV 1997, 654 ff.; *Josef Ruthig,* Die Unverletzlichkeit der Wohnung, JuS 1998, 506 ff.; *Michael Sachs,* Behördliche Nachschaubefugnisse und richterliche Durchsuchungsanordnung nach Art 13 Abs. 2 GG, NVwZ 1987, 560 ff.; *Jürgen Schwabe,* Die polizeiliche Datenerhebung in oder aus Wohnungen mit Hilfe technischer Mittel, JZ 1993, 867 ff.; *Andreas Voßkuhle,* Behördliche Betretungs- und Nachschaurechte, DVBl. 1994, 611 ff.; *Stephan Weil,* Verdeckte Ermittlungen im Strafverfahren und Unverletzlichkeit der Wohnung, ZRP 1992, 243 ff.

Leitentscheidungen des ThürVerfGH und des BVerfG

ThürVerfGH, Urt. v. 21.11.2012 – 19/09 – DVBl. 2013, 111 (grundgesetzkonforme Auslegung).

BVerfGE 20, 162 (Spiegelurteil); 32, 54 (Wohnungsbegriff – Betriebsbetretungsrecht); 42, 212 (Quick – rechtstaatliche Anforderungen an schriftlichen Durchsuchungsbefehl); 51, 97 (Zwangsvollstreckung I); 57, 346 (Zwangsvollstreckung II); 75, 318 ff. (Sachverständiger); 89, 1 (Mieter-Besitzrecht); 96, 44 (Durchsuchungsanordnung); 103, 142 (Wohnungsdurchsuchung bei Gefahr im Verzug); 109, 279 (Lauschangriff).

A. Überblick

1 Das Grundrecht der Unverletzlichkeit der Wohnung zählt zu den Freiheitsrechten in der ThürVerf. Es garantiert den Kernbereich privater Lebensgestaltung und bietet einen elementaren Schutz vor staatlicher Durchsuchung, Überwachung und anderweitiger staatlicher Einwirkung auf die höchstpersönliche Le-

benssphäre.[2] Das Freiheitsrecht gewährleistet eine selbstbestimmte Lebensführung und gebietet insoweit den besonderen Schutz der Privatheit. Die staatliche Zurückhaltungspflicht im Hinblick auf das Persönliche und Private ist im Allgemeinen Persönlichkeitsrecht verwurzelt, durch das die engere persönliche Lebenssphäre geschützt ist.[3] Letztlich ist die Unverletzlichkeit der Wohnung Ausfluss der Menschenwürde in Art. 1 Abs. 1 Satz 1 ThürVerf. Da sich der Schutzbereich des Grundrechts auf Unverletzlichkeit der Wohnung konkret auf den räumlichen Bereich der Wohnung bezieht, ist Art. 8 Abs. 1 ThürVerf als lex specialis zu Art. 6 Abs. 1 ThürVerf anzusehen, der ausdrücklich den persönlichen Lebensbereich unter den Schutz des Freistaates stellt.

Während in Art. 8 Abs. 1 ThürVerf die Wohnung für unverletzlich erklärt wird, 2
werden in den beiden Folgeabsätzen die Möglichkeiten zur Einschränkung der grundrechtlichen Gewährleistung explizit dargelegt. Dabei unterscheidet der Verfassungstext zwischen Einschränkungen in Form von Durchsuchungen (Abs. 2), die grundsätzlich nur auf Grund eines Gesetzes durch den Richter und nur im besonderen Ausnahmefall von anderen Stellen angeordnet werden dürfen sowie Einschränkungen in Form sonstiger Eingriffe und Beschränkungen (Abs. 3). Dabei finden die in Art. 8 Abs. 2 und 3 ThürVerf genannten Einschränkungen wiederum ihre Schranke in der Wesensgehaltsgarantie des Art. 42 Abs. 4 Satz 2 ThürVerf.[4]

B. Herkunft, Entstehung und Entwicklung

Die Unverletzlichkeit der Wohnung ist in historischer Sicht stets im Sinne eines 3
Schutzes der räumlichen Privatsphäre verstanden worden.[5] Bereits im frühen und mittelalterlichen deutschen Recht wurde die „Behausung" des Menschen als ein Recht begriffen, das es zu schützen gilt.[6] Die frühen europäischen Verfassungen erhoben den Schutz des privaten Wohnbereichs zu einem Verfassungsgut im Sinne einer grundrechtlichen Gewährleistung.[7] Der Schutz der Wohnung findet sich dann sowohl in Art. 6 der Preußischen Verfassung von 1848/50 wieder als auch in § 140 der Paulskirchenverfassung von 1849. Dieser Verfassungstradition folgend hat er Eingang gefunden in Art. 115 WRV. Im GG war die Unverletzlichkeit der Wohnung von Anfang an in Art. 13 verankert und zwar in dem Wortlaut, in dem er heute noch in Art. 8 ThürVerf Bestand hat.

Bei den Beratungen zur Thüringer Landesverfassung legten vier der fünf im 4
Landtag vertretenen Parteien Entwürfe zur Formulierung des Grundrechtsartikels auf Wohnraumschutz vor. Die CDU-Fraktion brachte einen Entwurf ein, der wortidentisch mit dem damaligen Inhalt des GG war. Während der Entwurf der LL/PDS wenn auch nicht wortlautidentisch, jedoch mit gleichem Inhalt wie Art. 13 GG eingebracht wurde, verzichtete die FDP-Fraktion in ihrem Entwurf gänzlich auf Abs. 3. Die Fraktion NF/GR/DJ wich in Abs. 2 dahingehend ab,

2 BVerfGE 109, 279 (313).
3 BVerfGE 51, 97 (105); 109, 279 (325 f.); 115, 166 (187 f.).
4 Siehe unten Art. 42 Rn. 23 ff.
5 BVerfGE 32, 54 (72); Einzelheiten bei *Herdegen,* in: BK, Art. 13 Rn. 4 ff.; *Stern,* in: Stern/Becker, Art. 13 Rn. 4 ff.
6 Zur geschichtlichen Entwicklung vgl. *Amelung,* in: Günter Birsch (Hrsg.), Grund- und Freiheitsrechte von der ständischen zur spätbürgerlichen Gesellschaft, 1987, S. 291 ff.; *Kroeschell,* in: ders., Studien zum frühen und mittelalterlichen Recht, 1995, S. 113 ff.
7 Vgl. etwa Art. 10 Belgische Verfassung von 1831.

dass Durchsuchungen ausnahmslos nur nach richterlicher Anordnung (Abs. 2) und das Betreten und Besichtigen von Räumen zur Vornahme von Amtshandlungen nur auf Grund eines Gesetzes (Abs. 3) zulässig sein sollten.[8] Die SPD-Fraktion brachte keinen eigenen Entwurf ein. Der Verfassungsausschuss einigte sich ohne größere Diskussion auf den Wortlaut des Entwurfs der CDU-Fraktion, der letztlich Eingang in den Verfassungstext fand.

5 Das GG erfuhr im Jahre 1998 zur Verbesserung der Strafverfolgung und Gefahrenabwehr in Art. 13 Abs. 3 bis 6 Beschränkungen, die es unter bestimmten Voraussetzungen ermöglichen, Wohnungen durch technische Mittel zu überwachen. Diese Änderungen wurden in der ThürVerf nicht nachvollzogen. Dennoch hat die Beschränkung des Grundrechts im GG Auswirkung auf den Normgehalt von Art. 8 ThürVerf, da im Rahmen der grundgesetzkonformen Auslegung auch die Maßstäbe des neuen Art. 13 Abs. 3 bis 6 GG zu berücksichtigen sind.[9]

C. Verfassungsvergleichende Information

6 In den Verfassungen der Bundesländer, die einen eigenständigen Grundrechtskatalog aufweisen, ist die Unverletzlichkeit der Wohnung nach dem gleichen Muster gewährleistet wie in Thüringen. Es handelt sich um ein klassisches Abwehrrecht, dessen Schutz sich nicht nur auf den Wohnraum allein beschränkt, sondern insgesamt auf die räumliche Privatsphäre. Die Änderungen, die Art. 13 GG im Hinblick auf den Einsatz technischer Mittel bei der Wohnraumüberwachung erfahren hat, ist lediglich in Art. 17 Abs. 4 LVerf LSA, ansonsten aber in keiner anderen Landesverfassung nachvollzogen worden.

7 Einzelne Landesverfassungen räumen darüber hinaus besondere Rechte auf Wohnraum ein. So beinhalten Art. 106 Abs. 1 BayVerf, Art. 28 Abs. 1 VvB und Art. 14 Abs. 1 BremVerf in ihrem Wortlaut ein Recht auf angemessenen Wohnraum bzw. auf eine angemessene Wohnung. Auch wenn in diesen Verfassungen das Recht auf Wohnraum systematisch dem Katalog der Grundrechte zugeordnet ist, können hieraus keine subjektiv-öffentlichen Rechte des Bürgers abgeleitet werden. Vielmehr sind diese Formulierungen im Sinne einer Staatszielbestimmung zu betrachten, die dem Land und seinen Gebietskörperschaften eine objektiv verpflichtende Aufgabe auferlegt.[10] In Thüringen bemisst sich eine solche Aufgabe nach Art. 15 ThürVerf.[11]

8 Die Wohnung ist auch auf europa- und völkerrechtlicher Ebene geschützt. Die entsprechende europarechtliche Garantie findet sich in Art. 7 der Charta der Grundrechte der Europäischen Union, dem zufolge jede Person das Recht „auf Achtung ihres Privat- und Familienlebens, ihrer Wohnung sowie ihrer Kommunikation" hat. Weiterhin ist Art. 8 Abs. 1 EMRK zu erwähnen, der jeder Person das Recht auf Achtung ihres Privat- und Familienlebens, ihrer Wohnung und ihrer Korrespondenz gewährt.

D. Erläuterungen

Die Unverletzlichkeit der Wohnung ist ein klassisches Abwehrrecht gegen staatliche Einwirkungen.

8 Entstehung ThürVerf S. 34.
9 ThürVerfGH, DVBl. 2013, 111.
10 Vgl. *Papier,* in: Maunz/Dürig, Art. 13 Rn. 7.
11 Siehe unten Art. 15 Rn. 6 ff.

I. Schutzbereich

1. Persönlicher Schutzbereich. Aus dem Wortlaut des Art. 8 Abs. 1 ThürVerf geht nicht hervor, wer Träger des Grundrechts sein soll. Vielmehr ergibt sich die subjektive Grundrechtsberechtigung aus dem Sachzusammenhang. Träger des Grundrechts ist jeder, der sich zulässiger Weise zu privaten Zwecken in einer der geschützten Räumlichkeiten aufhält. Dabei kommt es nicht auf das Rechtsverhältnis an, das zur privaten Nutzung berechtigt. Durch die Einschränkung der Nutzung „in zulässiger Weise" ist grundsätzlich ausgeschlossen, dass sich eine zu Unrecht in eine Wohnung eingedrungene Person auf das Grundrecht berufen kann.[12] 9

Die Grundrechtsträgerschaft juristischer Personen ist auf den ersten Blick problematisch. Der Begriff „Wohnung" scheint von seinem Wortlaut her auf die Behausung von Menschen beschränkt zu sein, da eine juristische Person nicht „wohnen" kann. Im Sinne einer systematischen Interpretation – der Schutz der Wohnung als eines Freiheitsgrundrechts – und aufgrund einer teleologischen Interpretation – Sinn und Zweck der Norm ist der Schutz persönlicher Betätigung auch in räumlicher Hinsicht – sollte der Begriff der Wohnung indes nicht vorschnell verengt und auch auf nicht öffentlich zugängliche Räumlichkeiten juristischer Personen ausgedehnt werden. Das Grundrecht der Unverletzlichkeit der Wohnung ist seinem Wesen nach auch auf juristische Personen anwendbar, denen ein allgemeines Persönlichkeitsrecht zugestanden wird.[13] 10

Juristische Personen des öffentlichen Rechts können grundsätzlich nicht Träger von Grundrechten sein, da diese Abwehrrechte des Bürgers gegen den Staat sind. Soweit juristische Personen des öffentlichen Rechts ganz ausnahmsweise Träger eines bestimmten Grundrechts sind, kann dieses Grundrecht unter bestimmten Voraussetzungen eine Schutzwirkung entfalten, die der des Rechts auf Unverletzlichkeit der Wohnung beispielsweise im Hinblick auf Durchsuchungen gleichkommt. Dies gilt für Universitäten im Hinblick auf die Wissenschaftsfreiheit des Art. 27 Abs. 1 Satz 2 ThürVerf und für Rundfunkanstalten aus der Rundfunk- bzw. Medienfreiheit des Art. 11 ThürVerf. Unmittelbar anwendbar ist das Grundrecht der Unverletzlichkeit der Wohnung hingegen auch in diesen Fällen nicht. In besonderer Weise gilt der Schutz der Unverletzlichkeit der Wohnung für Religionsgemeinschaften.[14] 11

2. Gegenständlicher Schutzbereich. Im Mittelpunkt des grundrechtlich geschützten Bereichs steht der Begriff der **Wohnung**. Dabei schützt Art. 8 Abs. 1 ThürVerf nicht die sachenrechtliche bzw. eigentumsrechtliche Zuordnung der Wohnung, sondern deren Privatheit.[15] Neben der Wohnung im allgemeinsprachlichen Sinn erfordert die Zuweisung einer räumlich geschützten Sphäre, in der sich der Bürger frei von staatlicher Beobachtung aufhalten und seinen Interessen und Betätigungen ungezwungen nachgehen kann, weitere räumlich schützenswerte Sphären in den Schutzbereich des Grundrechts einzubeziehen. Solche geschützten Sphären sind daher auch Nebenräume, Wohnwagen, Hotelzimmer oder gar ein Zelt, sofern es privaten Aufenthalts- oder Arbeitszwecken 12

12 So auch *Papier*, in: Maunz/Dürig, Art. 13 Rn. 12.
13 *Fechner*, Medienrecht, 14. Aufl. 2013, 4. Kap. Rn. 88 f.; so im Ergebnis, wenn auch mit anderer Begründung, *Stern*, in: Stern/Becker, Art. 13 Rn. 37 mwN.
14 Vgl. dazu *Geis*, JZ 1997, 60 (64).
15 Vgl. *Jutzi*, in: Linck/Jutzi/Hopfe, Art. 8 Rn. 9.

dient.[16] Weitere Anforderungen, die allgemeinsprachlich an eine Wohnung gestellt werden, wie die Möglichkeit zum Schlafen oder von Einrichtungen zur Zubereitung von Speisen, sind der verfassungsrechtlichen Terminologie fremd, weshalb auch **Büro- und Geschäftsräume**, wenn sie nicht dem Publikumsverkehr zugänglich gemacht sind, an der Garantie teilhaben.[17] Dagegen fallen nicht in den Schutzbereich die Hafträume einer Justizvollzugsanstalt.[18]

II. Beschränkungen und Rechtfertigung. In den Absätzen 2 und 3 wird das Grundrecht der Unverletzlichkeit der Wohnung unter bestimmten Voraussetzungen eingeschränkt. Der Text der Verfassung unterscheidet zwischen „Durchsuchungen", die in Abs. 2 geregelt sind und sonstigen „Eingriffen und Beschränkungen". Letztere stellen andere Formen staatlicher Verkürzung des Rechts auf Unverletzlichkeit der Wohnung wie Eindringen, Betreten, Besichtigen oder Verweilen dar.[19] Sie sind etwa erforderlich, wenn staatliche Stellen ohne oder gegen den Willen des Wohnungsinhabers in den Wohnraum eindringen müssen, um Gefahren zu begegnen, denen gegenüber das Interesse des Inhabers des Wohnraums an einer Unversehrtheit seiner räumlichen Entfaltungssphäre zurückzutreten hat.

13 **1. Durchsuchungen nach Abs. 2.** Eine **Durchsuchung** ist das „ziel- und zweckgerichtete Suchen staatlicher Organe nach Personen oder Sachen oder zur Ermittlung eines Sachverhalts, um etwas aufzuspüren, was der Inhaber der Wohnung von sich aus nicht offenlegen oder herausgeben will."[20] Einfachgesetzliche Rechtsgrundlagen für eine Durchsuchung finden sich insbesondere bei Strafverfolgungsmaßnahmen in den §§ 102 ff. StPO oder im Rahmen polizeilicher oder ordnungsbehördlicher Befugnisse gem. §§ 25 f. ThürPAG, 20 f. ThürOBG. Um eine Durchsuchung handelt es sich regelmäßig auch bei zivilprozessualen oder steuerrechtlichen Maßnahmen im Rahmen der Vollstreckung.[21] Nicht um Durchsuchungen handelt es sich, soweit **Betretungs- und Besichtigungsrechte** z.B. bei Betriebs- und Geschäftsräumen oder zur Vornahme von Messungen bestehen.[22] Hier kommt eine sonstige Beeinträchtigung nach Art. 8 Abs. 3 in Betracht.

14 Die Durchsuchung einer Wohnung unterliegt dem Wortlaut des Art. 8 Abs. 2 zufolge einem **Richtervorbehalt,** d.h. Durchsuchungen dürfen grundsätzlich nur stattfinden, wenn ein Richter diese ausdrücklich angeordnet hat. Die ThürVerf geht davon aus, dass Richter aufgrund ihrer persönlichen und sachlichen Unabhängigkeit und ihrer nur dem Gesetz unterworfenen Stellung (Art. 86 Abs. 2 ThürVerf) die Wahrung der Rechte Betroffener im Einzelfall am besten und sichersten gewährleisten.[23] Dabei hat der Richter zu prüfen, ob die Durchsuchung rechtmäßig und verhältnismäßig ist. Die Durchsuchung muss zur Erreichung des

---

16 Vgl. BVerfGE 17, 232 (251 f.); 31, 255, (268 ff.); 32, 54 (68 ff.); 42, 212 (219 ff.); 44, 353 (371 f.); *Papier,* in: Maunz/Dürig, Art. 13 Rn. 10 ff.
17 Vgl. *Stern,* in: Stern/Becker, Art. 13 Rn. 31.
18 BVerfG, NJW 1996, 2643.
19 BVerfGE 65, 1 (40); 76, 83 (89 f.).
20 BVerfGE 32, 54 (73).
21 Vgl. BVerfGE 51, 97 (106 ff.); 57, 354 ff.; *Rößler,* NJW 1979, 2137 f.
22 Vgl. BVerfGE 75, 318 (326 f.); *Papier,* in: Maunz-Dürig, Art. 13 Rn. 24.
23 Ebenso wie im GG, vgl. BVerfGE 77, 1 (51); BVerfG, NJW 1992, 551 (552).

angestrebten Ziels geeignet und erforderlich sein. Darüber hinaus ist sicherzustellen, dass der Eingriff messbar und kontrollierbar bleibt.[24]

Eine Ausnahme des Richtervorbehalts besteht nur bei **Gefahr im Verzug**. Da es sich um eine Ausnahmevorschrift handelt, ist diese eng auszulegen. „Andere Organe" wären bspw. Exekutivorgane wie die Leiter von Polizei- oder Ordnungsbehörden. Diese dürfen eine Durchsuchung somit nur anordnen, wenn zu erwarten ist, dass sich eine abzusehende Gefahr realisieren wird, bevor die Durchsuchung durch einen Richter angeordnet werden konnte. Selbst in den Fällen, in denen eine „Gefahr im Verzug" angenommen werden kann, darf eine Durchsuchung nur angeordnet werden, wenn eine entsprechende gesetzliche Norm dazu ermächtigt. Lediglich ein Gesetz im formellen Sinne genügt dieser Voraussetzung, nicht aber eine Rechtsverordnung oder Satzung.[25] Es handelt sich somit bei der Regelung in Art. 8 Abs. 2 um einen Gesetzesvorbehalt. Eine gesetzliche Regelung in diesem Sinne stellen beispielsweise die §§ 20 f. ThürOBG oder §§ 25 f. ThürPAG dar. 15

Hat ein spezialgesetzlich ermächtigtes Organ die Durchsuchung angeordnet, ist Voraussetzung der Rechtmäßigkeit dem Wortlaut der Norm zufolge jedoch, dass die Durchsuchung selbst sich an die im Gesetz vorgeschriebene Form hält. Dies ist ebenso wie die Verhältnismäßigkeit der Maßnahme eine verfassungsrechtliche Selbstverständlichkeit, die auch gelten würde, wenn sie nicht ausdrücklich im Verfassungstext erwähnt wäre. Dennoch ist die Formulierung nicht überflüssig, da sie die Bedeutung des Grundrechts der Unverletzlichkeit der Wohnung nochmals unterstreicht. 16

Bei Wohnungsdurchsuchungen können neben Art. 8 ThürVerf auch andere Grundrechte des Wohnungsinhabers berührt sein. Beispielsweise ist dies der Fall bei einem Presseorgan Art. 11 Abs. 2 ThürVerf, bei einer Religionsgemeinschaft Art. 39 ThürVerf, bei einer Gewerkschaft, zu deren Aufgaben der Rechtsschutz ihrer Mitglieder bei berufsbezogenen Ordnungswidrigkeiten- oder Strafverfahren zählt, Art. 37 ThürVerf.[26] Eine Durchsuchung einer Wohnung, in der sich eine Familie aufhält, kann etwa auch den Schutz von Ehe und Familie berühren, Art. 17 Abs. 1 ThürVerf. 17

2. Eingriffe und Beschränkungen nach Abs. 3. Außer den vorgenannten Maßnahmen zur Wohnungsdurchsuchung sind andere Eingriffe und Beschränkungen nur zur Abwehr einer gemeinen Gefahr oder einer Lebensgefahr für einzelne Personen zulässig. Ist das in Art. 3 Abs. 1 ThürVerf geschützte Recht auf Leben gefährdet, haben staatliche Stellen zu seinem Schutz zu handeln und sofern erforderlich, hat das Recht auf Unverletzlichkeit der Wohnung demgegenüber zurückzutreten. Doch nicht nur eine **Lebensgefahr** kann ein Eingreifen staatlicher Stellen rechtfertigen, sondern auch das Vorliegen einer „gemeinen Gefahr". Eine **gemeine Gefahr** meint das Betroffensein einer unbestimmten Anzahl von Personen oder Sachen durch ein möglicher Weise schädigendes Ereignis, mithin ein Risiko, bei dem nicht abzusehen ist, wer durch das Risiko gefährdet ist.[27] Beispiele sind die Gefahr einer Explosion oder Gefahren durch eine Überschwem- 18

24 St. Rspr des BVerfG, vgl. BVerfGE 42, 212 (220); 44, 353 (371); BVerfG, NJW 1992, 551 (552); BVerfGE 96, 44 (51 f.).
25 *Kunig*, in: von Münch/Kunig, Art. 13 Rn. 33.
26 *Kruis/Wehowsky*, NJW 1999, 682.
27 Vgl. *Jutzi*, in: Linck/Jutzi/Hopfe, Art. 8 Rn. 19.

mung. Teilweise wird in der Kommentarliteratur nur eine lebensbedrohliche Gefahr für ausreichend angesehen, wofür die nachfolgende Alternative spricht, die eine Lebensgefahr für einzelne Personen erfasst.[28]

19 Das tradierte verfassungsrechtliche Verständnis von **Gefahren für die öffentliche Sicherheit und Ordnung** entspricht der einfachgesetzlichen polizeirechtlichen Umschreibung in § 54 Nr. 1 und 2 ThürOBG. Allerdings muss es sich um eine dringende Gefahr handeln. Das ist dann der Fall, wenn bei ungehindertem Ablauf des zu erwartenden Geschehens mit hinreichender Wahrscheinlichkeit die Schädigung eines wichtigen Rechtsguts droht.

20 Die Verhütung dringender Gefahren für die öffentliche Sicherheit und Ordnung rechtfertigt einen Eingriff in die Unverletzlichkeit der Wohnung nur, wenn eine gesetzliche Grundlage besteht. Ein Beispiel für eine gesetzliche Grundlage ist § 35 ThürPAG, der die Polizei ermächtigt, durch den verdeckten Einsatz technischer Mittel in oder aus Wohnungen persönliche Daten zu erheben. Ausreichend ist hier (im Gegensatz zur zweiten Alternative des Abs. 2) ein Gesetz im materiellen Sinne, d.h. jede rechtmäßig zustande gekommene Norm, mithin auch eine Rechtsverordnung. Besteht ein solches Gesetz, ist nicht nur die Abwehr von Gefahren zulässig, sondern auch die Gefahrenvorsorge, sofern es sich um eine dringende Gefahr handelt. Bezüglich der gleichlautenden Regelung der Bundesverfassung wird diskutiert, ob bei der Verhütung von Gefahren die Wahrscheinlichkeit des Schadenseintritts, das Ausmaß des Schadens oder dessen zeitliche Nähe maßgeblich sind.[29] Der ThürVerfGH geht davon aus, dass eine konkrete Gefahr im Sinne des Polizeirechts vorliegen muss und folgert daraus ein zeitliches Element. Danach soll es sich um eine „absehbare“ Gefahr handeln.[30] Das BVerwG sieht es für eine dringende Gefahr als erforderlich an, dass eine Sachlage oder ein Verhalten bei ungehindertem Ablauf des objektiv zu erwartenden Geschehens mit hinreichender Wahrscheinlichkeit ein wichtiges Rechtsgut schädigen wird.[31] Dem Gesetzgeber ist jedoch letztlich eine erhebliche Einschätzungsprärogative einzuräumen, abhängig von Intensität der Gefahr und Qualität des gefährdeten Rechtsguts.

21 Die Verfassung nennt drei Beispiele möglicher Gefahren, die indessen nicht abschließend sind, wie das Wort „insbesondere“ zu erkennen gibt. Erwähnt werden die Behebung der Raumnot, die Bekämpfung von Seuchengefahr und der Schutz gefährdeter Kinder und Jugendlicher. Die Regelbeispiele, die im Wortlaut identisch mit Art. 13 Abs. 7 GG sind, lassen zwar kein gemeinsames Schutzinteresse erkennen und sind zudem deutlich von den Eindrücken und Problemen der Nachkriegszeit geprägt. Sie versinnbildlichen aber die Umstände für eine dringende Gefahr für die öffentliche Sicherheit und Ordnung.[32]

Raumnot dürfte derzeit angesichts des Wohnungsbestandes im Freistaat keine Rolle mehr spielen, weshalb eine Einweisung von Personen in private Wohnungen obsolet sein dürfte. In diesem Zusammenhang ist jedenfalls immer Art. 16 ThürVerf zu beachten, demzufolge das Land und seine Gebietskörperschaften allen im Notfall ein Obdach sichern. Demgegenüber sind Maßnahmen zur Be-

28 *Kunig*, in: von Münch/Kunig, Art. 13 Rn. 61; abweichend wohl *Stern*, in: Stern/Becker, Art. 13 Rn. 87.
29 *Stern*, in: Stern/Becker, Art. 13 Rn. 91.
30 ThürVerfGH, DVBl. 2013, 111.
31 BVerwGE 47, 31 (40).
32 Vgl. *Papier*, in: Maunz/Dürig, GG, Art. 13 Rn. 137.

kämpfung von Seuchengefahren etwa nach dem Tierseuchengesetz (TierSG) oder nach dem Infektionsschutzgesetz (IfSG) mit Eingriffen in privaten Räumlichkeiten denkbar, insbesondere wenn Seuchen nur durch flächendeckende Maßnahmen wirkungsvoll bekämpft werden können. Zum **Schutz gefährdeter Kinder und Jugendlicher** kann das Eindringen in eine Wohnung insbesondere dann gerechtfertigt sein, wenn es sich um Fälle körperlich und seelisch vernachlässigter oder misshandelter Kinder oder Jugendlicher handelt. Maßnahmen zum Schutz von Kindern und Jugendlichen sind einfachgesetzlich in § 20 ThürKJHAG i.V.m. § 42 SGB VIII geregelt.

3. Technische Maßnahmen. Die **akustische und optische Überwachung** von Wohnraum durch den Einsatz von technischen Mitteln wird im Grundgesetz ausführlich in den Abs. 3 bis 5 des Art. 13 geregelt. Werden dort die Voraussetzungen für derartige Überwachungsmaßnahmen festgelegt, so handelt es sich zunächst um eine Einschränkung des Grundrechts der Unverletzlichkeit der Wohnung, eine verfassungsimmanente Schranke, die ihrerseits Einschränkungen durch die materiellen Voraussetzungen für die akustische und optische Wohnraumüberwachung erfährt. Art. 8 ThürVerf kennt keine entsprechenden Einschränkungen, wird aber in der Spruchpraxis des ThürVerfGH grundgesetzkonform ausgelegt, da Art. 13 Abs. 3 bis 5 GG unmittelbar verpflichtendes Bundesverfassungsrecht ist, das die Landesstaatsgewalt bindet.[33] 22

Ein Eingriff in die Wohnung durch technische Maßnahmen ist z.B. in der **Überwachung des Wohnraums** mittels Anbringen von „Wanzen", der Installation versteckter Aufzeichnungsgeräte oder dem Einsatz von Richtmikrophonen zu sehen. Demgegenüber ist das Aufspielen von Software auf einen Computer, durch die Inhalte an Dritte übermittelt werden, nicht vom Schutzbereich des Grundrechts auf Unverletzlichkeit der Wohnung umfasst, sondern vom Grundrecht auf Vertraulichkeit und Integrität informationstechnischer Systeme, das im Übrigen auch außerhalb der Wohnung auf Laptops, Handys etc. wirkt.[34] Hier ist ein Eingriff in Art. 6 Abs. 1 iVm Art. 1 Abs. 1 ThürVerf in Betracht zu ziehen.[35]

Hinsichtlich der Überwachung von Wohnraum durch technische Mittel hat der ThürVerfGH dem Gesetzgeber genaue Vorgaben gemacht. Dem Grundrecht auf Unverletzlichkeit der Wohnung und dem Achtungsanspruch der Menschenwürde kann demnach zwar kein generelles Verbot automatischer Aufzeichnungen in oder aus Wohnräumen entnommen werden, zumal ein solches Verbot das Instrument der Wohnraumüberwachung weitestgehend leerlaufen lassen würde.[36] Allerdings verlange der **Grundsatz der Verhältnismäßigkeit**, dass intensive Grundrechtseingriffe von bestimmten Verdachts- oder Gefährdungsstufen abhängig gemacht werden. Deren Grad richte sich insbesondere nach dem Grundrecht, das von der Maßnahme betroffen ist und der Schwere seiner Beeinträchtigung. Im Bereich der Gefahrenabwehr bedeutet dies für den Gesetzgeber, dass er für jede polizeiliche Befugnis die Wahrscheinlichkeit des Gefahreneintritts sowie die Nähe des Betroffenen zur abzuwehrenden Bedrohung klar und bestimmt 23

33 ThürVerfGH, DVBl. 2013, 111.
34 BVerfG, NJW 2008, 822 (826).
35 Siehe oben Art. 6 Rn. 27 ff.
36 ThürVerfGH, DVBl. 2013, 111.

festzulegen hat.[37] Für Maßnahmen, die das Recht auf Unverletzlichkeit der Wohnung beeinträchtigen, werden diese Vorgaben zwar durch Art. 8 Abs. 3 ThürVerf konkretisiert, diese Verfassungsnorm regele selbst jedoch nur unzureichend die Voraussetzungen, unter denen in das Recht auf Unverletzlichkeit der Wohnung durch eine technische Überwachung eingegriffen werden darf. Im Wege einer grundgesetzkonformen Auslegung müsse sie daher um die Anforderungen aus Art. 13 Abs. 4 GG ergänzt werden. Nach Ansicht des ThürVerfGH ist die Eingriffsschwelle, die Art. 8 Abs. 3 ThürVerf vorgibt, nach dem Vorliegen einer konkrete Gefahr im Sinne des Polizeirechts zu beurteilen.[38]

Artikel 9 [Recht auf politische Mitgestaltung]

[1]Jeder hat das Recht auf Mitgestaltung des politischen Lebens im Freistaat. [2]Dieses Recht wird im Rahmen dieser Verfassung in Ausübung politischer Freiheitsrechte, insbesondere durch eine Mitwirkung in Parteien und Bürgerbewegungen wahrgenommen.

Vergleichbare Regelungen

Art. 21 BbgVerf (Recht auf politische Mitgestaltung).

Dokumente zur Entstehungsgeschichte

Art. 18 VerfE SPD; Art. 27 VerfE NF/GR/DJ; Art. 21 VerfE LL/PDS; Entstehung ThürVerf, S. 36 ff.

Leitentscheidungen des ThürVerfGH

ThürVerfGH, Urt. v. 11.04.2008 – 22/05 – ThürVBl 2008, 174 (Fünf-Prozent-Klausel).

A. Überblick

1 In Art. 9 spiegelt sich die friedliche Revolution in der DDR im Jahre 1989. Die Bestimmung begründet aber kein Grundrecht; sie verleiht vielmehr Bürgerbewegungen einen verfassungsrechtlichen Status, wie ihn auch Parteien genießen.

B. Entstehung der Regelung und verfassungsvergleichende Information

2 Während der Verfassungsberatungen wurde die Wichtigkeit betont, eine Norm zur Mitgestaltung des politischen Lebens aufzunehmen, obwohl es dazu kein verfassungshistorisches Vorbild gab, dem Grundgesetz eine solche Bestimmung fehlte und nur in einer einzigen anderen Landesverfassung[1] eine ähnliche Regelung existierte.[2] In den Beratungen wurde auch eingehender diskutiert, wer Trä-

37 ThürVerfGH, DVBl. 2013, 111, unter Verweis auf BVerfGE 115, 320 (360 f.) – Rasterfahndung.
38 ThürVerfGH, DVBl. 2013, 111.
1 Art. 21 BbgVerf.
2 Entstehung ThürVerf, S. 37; *Schneider*, Verfassungszeit. Ortstermine von Jena bis Tripolis, 2012, S. 215.

ger des Rechts auf politische Mitgestaltung sein sollte, ob und, falls ja, welche Organisationen neben den Parteien aufgenommen werden sollten bzw. ob dabei auch ausdrücklich zu fordern sei, dass diese Organisationen demokratischen Grundsätzen zu entsprechen hätten.[3] Am Ende wurde beschlossen, dass das Recht auf politische Mitgestaltung nicht nur durch eine Mitwirkung in Parteien, sondern auch in „Bürgerbewegungen" wahrgenommen werde. Damit offenbart sich schon im Wortlaut dieser Bestimmung, dass an die **friedliche Revolution in der DDR** im Sommer und Herbst 1989 angeknüpft werden sollte. Es waren nämlich insbesondere die Bürgerrechtsbewegungen (z.B. „Neues Forum", „Demokratie jetzt", „Demokratischer Aufbruch"), die die DDR zu Fall brachten und dann mit den neu gegründeten politischen Parteien den friedlichen Übergang in eine freiheitliche verfassungsstaatliche Ordnung herbeiführten.[4]

C. Erläuterungen

I. Kein Grundrecht auf Mitgestaltung des politischen Lebens (Satz 1)

Wortlaut und systematische Stellung von **Satz 1** könnten für die Annahme ange- 3
führt werden, dass diese Verfassungsbestimmung ein spezielles Grundrecht der politischen Partizipation gewährleistet.[5] Dagegen spricht jedoch Satz 2, wonach das Recht auf Mitgestaltung des politischen Lebens in „Ausübung politischer Freiheitsrechte ... wahrgenommen" wird. Damit wird hinsichtlich der Ausübung dieses Rechts auf politische Mitgestaltung auf andere Freiheitsrechte verwiesen.[6] Wollte man Art. 9 trotz dieser Verweisung als eigenständiges subjektives Recht verstehen, handelte es sich um ein Recht, Rechte auszuüben – was jedoch auf eine sinnleere Verdoppelung hinausliefe: Der Schutzbereich der politischen Freiheitsrechte (Art. 10, 11, 13, 14) würde nicht vergrößert und damit erführe die rechtlich geschützte Sphäre einer politisch handlungsgewillten Person keinerlei Zugewinn. **Satz 1** statuiert mithin **kein Grundrecht**. Demzufolge wäre es auch müßig, die Frage der Rechtsträgerschaft zu klären.[7]

Satz 1 stattet vielmehr **politische Partizipation** ausdrücklich mit **verfassungs-** 4
rechtlicher Dignität aus. Wenn Satz 1 auch kein Grundrecht statuiert, so ist ihm doch eine positive Bewertung politischer Mitgestaltung zu entnehmen.[8] Damit unvereinbar wäre es etwa, politische Interessenwahrnehmung als unnötig, negativ oder gar als gemeinwohlgefährdend anzusehen.[9] Insoweit liefert Satz 1 ein verfassungsrechtlich relevantes Argument.

---

3 Entstehung ThürVerf, S. 38 f.
4 *Willoweit*, Deutsche Verfassungsgeschichte, 6. Aufl. 2009, S. 404 ff.
5 So *Storr*, Staats- und Verfassungsrecht, 1998, Rn. 944.
6 Zutreffend *Huber*, ThürVBl 1993, B4 (B9).
7 AA *Jutzi*, in: Linck/Jutzi/Hopfe, Art. 9 Rn. 3.
8 So auch ThürVerfGH, Urt. v. 11.04.2008 – 22/05 – S. 22 des Umdrucks (= ThürVBl 2008, 174 [177]).
9 ThürVerfGH, ebd.

II. Verfassungsrechtliche Gleichstellung von Parteien und Bürgerbewegungen

5 Satz 2 kann zunächst als Bestimmung gedeutet werden, durch die eine bundesverfassungsrechtliche Regelung, nämlich die des Art. 21 GG, in die Landesverfassung hineinwirkt.[10] Indem Satz 2 von der Ausübung politscher Freiheitsrechte „durch eine Mitwirkung in Parteien" spricht, dient diese Bestimmung als **Inkorporationsnorm.**[11] Art. 21 GG, der die Funktionen von Parteien, ihre innere Ordnung sowie ihre Verfassungswidrigkeit regelt, ist daher Bestandteil des Thüringer Verfassungsrechts.

6 Darüber hinaus ist Satz 2 insoweit von besonderer Bedeutung, als er von einer Mitwirkung sowohl in „Parteien" wie auch in „Bürgerbewegungen" spricht, Parteien und Bürgerbewegungen mithin in einem Atemzug nennt. Damit spricht schon der Wortlaut dafür, Bürgerbewegungen – in gleichem Maße wie Parteien – in den Rang einer verfassungsrechtlichen Institution zu heben. Zudem unterstreicht auch der historische Hintergrund (vgl. oben Rn. 2), dass sich Satz 2 nicht in einer bloßen Reminiszenz an die Rolle der Bürgerbewegungen während der friedlichen Revolution 1989 erschöpft:[12] Es war vielmehr die Absicht des Verfassungsgebers, **Bürgerbewegungen** aufgrund ihrer Leistungen beim Fall der DDR **verfassungsrechtlich zu nobilitieren,** indem er sie mit den Parteien gleichsetzte. Die Konsequenzen dieser Gleichstellung von Parteien und Bürgerbewegungen sind freilich noch nicht im Einzelnen geklärt.[13] Insbesondere ist der Begriff der Bürgerbewegungen noch nicht normativ und rechtsdogmatisch durchdrungen. Was ihre innere Ordnung angeht, so ist indessen Art. 13 Abs. 1 ThürVerf zu beachten.[14]

Artikel 10 [Versammlungsfreiheit]

(1) Jeder Bürger hat das Recht, sich mit anderen ohne Anmeldung oder Erlaubnis friedlich und unbewaffnet zu versammeln.

(2) Für Versammlungen unter freiem Himmel kann dieses Recht auf Grund eines Gesetzes eingeschränkt werden.

Vergleichbare Regelungen

Art. 8 GG. Unmittelbar landesverfassungsrechtlich gilt das Grundrecht durch die Bezugnahme auf das Grundgesetz in fünf Bundesländern (Art. 2 a BWVerf, Art. 10 Abs. 1 VvB, Art. 5 Abs. 3 M-VVerf, Art. 3 Abs. 2 NV, Art. 4 Abs. 1 Verf NW, und Art. 2 a SchlHVerf). Die Hamburgische Verfassung verzichtet auf einen Grundrechtsteil. Das Versammlungsrecht regeln selbständig Art. 113 Abs. 1 iVm Art. 98 Abs. 1 BayVerf, Art. 26 VvB, Art. 23 BbgVerf, Art. 16 BremVerf, Art. 12 Verf Rh-Pf, Art. 6 SaarlVerf, Art. 12 LVerf LSA, Art. 23 SächsVerf und Art. 6 SchlHVerf; Art. 20 AEMR; Art. 12 EU-GRCh; Art. 11 EMRK; Art. 21 IPbpR.

---

10 Zum „hineinwirkenden Bundesrecht" vgl. oben im Abschnitt „Thüringer Landesverfassungsrecht und Bundesverfassungsrecht", Rn. 5 ff.

11 ThürVerfGH, Beschl. v. 28.11.1996 – 01/95 – S. 33 f. des Umdrucks; *Jutzi*, in: Linck/Jutzi/Hopfe, Art. 9 Rn. 1.

12 So aber *Jutzi*, in: Linck/Jutzi/Hopfe, Art. 9 Rn. 4.

13 Vgl. zur Problematik auch *Schneider*, Verfassungszeit. Ortstermine von Jena bis Tripolis, 2012, S. 215.

14 Zur Frage, ob das Vereinsgesetz auf Bürgerbewegungen anwendbar ist sowie zur Kompetenz der Länder, eigene Regelungen zur inneren Ordnung von Bürgerbewegungen zu erlassen: *Menzel*, Landesverfassungsrecht, 2000, S. 408 f.

Ergänzungsnormen im sonstigen thüringischen Recht

Gesetz über die Bannmeile des Thüringer Landtags v. 14.05.1991 (ThürGVBl. S. 82), aufgehoben durch Gesetz v. 30.03.2010 (ThürGVBl. S. 97); Thüringer Gesetz zum Schutz der Gedenkstätten Buchenwald und Mittelbau-Dora v. 10.06.2005 (ThürGVBl. S. 219); ThürOBG – §§ 26, 43 (Geltung des Datenschutzgesetzes, menschliche Ansammlungen); ThürPAG – §§ 14, 33 (Datenerhebung bei öffentlichen Veranstaltungen und Ansammlungen, Identitätsfeststellungen); ThürFtG – § 5 (Schutz der Gottesdienste), § 6 (erhöhter Schutz an Feiertagen); Thüringer Verordnung zur Bestimmung von Zuständigkeiten im Geschäftsbereich des Innenministeriums v. 15.04.2008 (ThürGVBl. S. 102) – § 15 (Versammlungswesen).

Dokumente zur Entstehungsgeschichte

Präambel Vorl.LS; Art. 14 VerfE CDU; Art. 8 VerfE F.D.P; Art. 24 VerfE SPD; Art. 15 VerfE NF/GR/DJ; Art. 12 VerfE LL/PDS; Entstehung ThürVerf, S. 40 f. (vgl. auch: *Birkmann/Walsmann*, S. 34 f.; *Ulrich Rommelfanger*, Ausarbeitung und Werdegang der Thüringer Landesverfassung, in: Schmitt, S. 55 ff.).

Literatur

Ullrich Battis/Klaus-Joachim Grigoleit, Rechtsextreme Demonstrationen und öffentliche Ordnung – Roma locuta?, NJW 2004, 3459; *Alfred Dietel/Kurt Gintzel/Michael Kniesel*, Versammlungsgesetz. Kommentar, 16. Aufl. 2008; *Wolfram Höfling/Steffen Augsberg*, Versammlungsfreiheit, Versammlungsrechtsprechung und Versammlungsgesetzgebung, ZG 2006, 151; *Wolfgang Hoffmann-Riem*, Versammlungsfreiheit, in: Merten/Papier, Bd. IV § 106; *Mathias Hong*, Die Versammlungsfreiheit in der Rechtsprechung des Bundesverfassungsgerichts, in: BVerfG, Linien der Rspr, S. 155; *Michael Kloepfer*, Versammlungsfreiheit, in: HStR VII, § 164; *Michael Kniesel/Ralf Poscher*, Versammlungsrecht, in: HdbPolR, Kap. K; *Hans-Werner Laubinger/Ulrich Repkewitz*, Die Versammlung in der verfassungs- und verwaltungsgerichtlichen Rechtsprechung, VerwArch 92 (2001), 585 und 93 (2002), 149; *Werner Müller*, Wirkungsbereich und Schranken der Versammlungsfreiheit, 1974; *Sieghart Ott/Hartmuth Wächtler/Hubert Heinhold*, Gesetz über Versammlungen und Aufzüge (Versammlungsgesetz). Kommentar, 7. Aufl. 2010; *Ralf Poscher*, Neue Rechtsgrundlagen gegen rechtsextremistische Versammlungen, NJW 2005, 1316; *Martin Quilitsch*, Die demokratische Versammlung, 1970; *Helmuth Ridder/Michael Breitbach/Ulli Rühl/Frank Steinmeyer*, Versammlungsrecht. Kommentar, 1. Aufl. 1992; *Michael Sachs*, Die Freiheit der Versammlung und der Vereinigung, in: Stern, Bd. IV/I, § 107; *Ulrich Schwäble*, Das Grundrecht der Versammlungsfreiheit, 1975; *Sascha Werner*, Formelle und materielle Versammlungsrechtswidrigkeit, verfassungsrechtliche Grundlagen, verwaltungsrechtliche Eingriffsbefugnisse und strafrechtliche Konsequenzen, 2001.

Ausführliche Schrifttumsnachweise: *Otto Depenheuer*, in: Maunz/Dürig, Art. 8 GG, S. 1 ff.; *Christoph Gusy*, in: von Mangoldt/Klein/Starck, Art. 8 GG Rn. 93; *Wolfram Höfling*, in: Sachs, GG, Art. 8, S. 415; *Michael Kniesel/Ralf Poscher*, Versammlungsrecht, in: HdbPolR, Kap. K, S. 1134; *Michael Sachs*, in: Stern, Bd. IV/I, § 107, S. 1170 ff.; *Helmuth Schulze-Fielitz*, in: Dreier, Bd. I, Art. 8 GG, S. 883 ff.

Leitentscheidungen des BVerfG

BVerfGE 69, 315 (Brokdorf); 73, 206 (Sitzblockade I – Mutlangen); 76, 211 (Sitzblockade II, General Bastian); 82, 236 (Flughafenblockade, Startbahn West, Fall Schubart); 84, 203 (Versammlungsfreiheit Republikaner, Verhinderungsabsicht); 87, 399 (Versammlungsauflösung); 90, 241 (Judenverfolgung, Auschwitzlüge); 92, 1 (Sitzblockade III – Großengstingen); 104, 92 (Blockadeaktion Wackersdorf und Autobahnblockaden); 111, 147 (NPD-Kundgebung Bochum, Meinungsneutralität, öffentliche Ordnung); 122, 342 (Bayerisches Versammlungsgesetz, Datenbevorratung, Übersichtsaufnahmen); 124, 300 (Wunsiedel-Versammlung, Hess-Gedenkveranstaltung); 128, 226 (Flughafen Frankfurt, Fraport-Urteil, Versammlungsfreiheit).

A. Überblick

1 Die **Versammlungsfreiheit** (Art. 10 Abs. 1) ist ein **Grundrecht** von besonderem Rang. Das Recht, sich ungehindert und ohne besondere Erlaubnis mit anderen zu versammeln, verkörpert als Freiheitsgarantie zugleich eine Grundentscheidung, die in ihrer Bedeutung über den Schutz vor staatlichen Eingriffen in die ungehinderte Persönlichkeitsentfaltung hinausreicht.[1] Dem Einzelnen wird neben seiner organisatorischen Mitwirkung in Parteien und Verbänden als Mittel die kollektive Einflussnahme durch Wahrnehmung des **Demonstrationsrechts** ermöglicht. Dieses Recht ist im parlamentarisch-repräsentativen System **grundlegendes** und unentbehrliches **Funktionselement**[2] und zugleich Ausdruck der **demokratischen Ordnung.**[3]

2 Versammlungen und Demonstrationen als Äußerungsformen unmittelbarer Demokratie gehören zum politischen Alltag; sie sind Instrument direkter Bürgeräußerung. Mit ihnen wird Mitsprache und Mitgestaltung beansprucht, zugleich ermöglichen sie, plebiszitäre Elemente in die Verfassungswirklichkeit zu tragen.[4] Da der Zugang zur Teilhabe an der Macht in der demokratischen Ordnung asymmetrisch verteilt ist, kann insoweit das Grundrecht auch kompensierend wirken.[5]

3 Die friedliche kollektive Meinungskundgabe steht in einer selbstverständlichen Verbindung zur individuellen **Meinungsfreiheit**[6] (Art. 11 Abs. 1 ThürVerf). Daraus folgt auch ein Zusammenhang zur **Vereinigungsfreiheit** (Art. 13 ThürVerf) sowie zum Arbeitskampf als weiterer Form kollektiver Auseinandersetzung (Art. 37 Abs. 2 ThürVerf). Verbindungen zu anderen Grundrechten bestehen insbesondere zur **Kunstfreiheit**, der im Einzelfall Vorrang zukommen kann (Art. 27 Abs. 1 Satz 1 ThürVerf),[7] zur **Glaubensfreiheit** (Art. 39 ThürVerf) und zum Auffanggrundrecht der **allgemeinen Handlungsfreiheit** (Art. 3 Abs. 2 ThürVerf).[8]

4 Nach dem Wortlaut schützt das **Grundrecht** die Versammlungsfreiheit „jeden Bürgers", während das Grundgesetz das Recht „allen Deutschen" zuerkennt. Art. 10 Abs. 2 enthält wortgleich mit dem Grundgesetz den Gesetzesvorbehalt für Versammlungen unter freiem Himmel. Das zu Art. 8 Abs. 2 GG ergangene

1 BVerfGE 69, 315 (343).
2 BVerfGE 69, 315 (346 f.).
3 *Kunig*, in: von Münch/Kunig, Art. 8 GG Rn. 3.
4 *Hoffmann-Riem*, in: AK-GG, Art. 8 Rn. 6 ff.
5 *Hoffmann-Riem*, in: Merten/Papier, § 106 Rn. 15, 17.
6 BVerfGE 69, 315 (345 f.).
7 BVerfGE 82, 236 (258).
8 Vgl. zu Einzelheiten der Konkurrenzen *Schulze-Fielitz*, in: Dreier, Art. 8 GG Rn. 122 ff.; Überblick bei *Blanke*, in: Stern/Becker, Art. 8 GG Rn. 82 ff.; *Hoffmann-Riem*, in: Merten/Papier, Bd. IV § 106 Rn. 86 ff.

Versammlungsgesetz[9] gilt gemäß Art. 125 a Abs. 1 GG als Bundesrecht fort, nachdem die Kompetenz zur Gesetzgebung des Bundes nach Art. 74 Abs. 2 Nr. 3 GG im Zuge der Föderalismusreform 2006 weggefallen ist. Einzelne **Länder** haben von ihrer ausschließlichen Gesetzgebungskompetenz inzwischen Gebrauch gemacht;[10] in Thüringen ist noch kein Landesgesetz ergangen.[11]

B. Herkunft, Entstehung und Entwicklung

Die Versammlung freier und gleicher Individuen zur Diskussion öffentlicher Angelegenheiten wird Äußerungsform in den politischen Übergängen des 18. und 19. Jahrhunderts. Bereits die Französische Verfassung von 1791 verbürgt die Freiheit der Bürger, sich friedlich und ohne Waffen zu versammeln (in Übereinstimmung mit den Polizeigesetzen). § 161 der Paulskirchenverfassung von 1849 wollte das Recht der Deutschen gewährleisten, sich friedlich und ohne Waffen zu versammeln, ohne dass es einer besonderen Erlaubnis bedürfe.[12] 5

Art. 123 WRV greift die Regelung aus der Paulskirchenverfassung auf und enthält ebenso den Gesetzesvorbehalt für Versammlungen unter freiem Himmel; die sog. Not-Verordnung v. 28.02.1933 setzt im NS-Regime das Grundrecht außer Kraft.[13] Art. 5 Abs. 1 ThürVerf 1946 verbürgte nur allgemein allen Einwohnern die gleichen Rechte ohne einen eigenen Grundrechtskatalog. Das Grundgesetz hat an die Weimarer Reichsverfassung angeknüpft und lediglich den Gesetzesvorbehalt in Art. 8 Abs. 2 GG umformuliert.[14] Die DDR-Verfassung 1974 verstand in Art. 28 Abs. 1 die Versammlungsfreiheit als Recht der Bürger "sich im Rahmen der Grundsätze und Ziele der Verfassung" friedlich zu versammeln. 6

Die **AEMR** der UN-Generalversammlung vom 10.12.1948 erkennt bereits in Art. 20 das Recht an, sich friedlich zu versammeln und zur Vereinigung zusammenzuschließen. Die **Charta der Grundrechte der Europäischen Union** vom 07.12.2000, die gemäß Art. 6 EUV verbindlich geworden ist, sichert diesen für die Europäische Union erreichten Standard der Menschenrechte in Art. 12, den auch Art. 11 EMRK verbürgt und der in Art. 21 IPpbR ebenso verlautbart wird.[15] 7

9 idF v. 15.11.1978 (BGBl. I S. 1789), zuletzt geändert durch Gesetz v. 08.12.2008 (BGBl. I S. 2366).

10 Bayerisches Versammlungsgesetz vom 22.07.2008 (BayGVBl. S. 421) idF v. 22.04.2010 (BayGVBl. S. 190) – vgl. dazu BVerfGE 122, 342 (362) und BVerfG, 1. K. 1. S., Beschl. v. 21.03.2012 – 1 BvR 2492/08 – DVBl. 2012, 835 = NVwZ 2012, 818; Brandenburgisches Gesetz über Versammlungen und Aufzüge an und auf Grabstätten v. 26.10.2006 (BbgGVBl. I S. 114), (ersetzt § 16 VersG); Niedersächsisches Versammlungsgesetz vom 07.10.2010 (NdsGVBl. S. 465, 532); Gesetz über Versammlungen und Aufzüge im Freistaat Sachsen vom 25.01.2012 (SächsGVBl. S. 54); Gesetz des Landes Sachsen-Anhalt über Versammlungen und Aufzüge vom 03.12.2009 (GVBl. LSA S. 558).

11 Zu den Grenzen gesetzgeberischer Gestaltung, vgl. BVerfGE 122, 342 und *Blanke*, in: Stern/Becker, Art. 8 GG Rn. 80 f.

12 Vgl. zu Einzelheiten *Hoffmann-Riem*, in: AK-GG, Art. 8 Rn. 1 ff.; *ders.*, Versammlungsfreiheit, in: Merten/Papier, Bd. IV § 106 Rn. 5 ff.; *Gusy*, in: von Mangoldt/Klein/Starck, Art. 8 GG Rn. 2 ff.; *Kloepfer*, in: HStR, Bd. VII § 164 Rn. 1 ff.; Helmuth Ridder u.a., Versammlungsrecht, 1992, Geschichtliche Einleitung Rn. 24 – zugleich zur weiteren Entwicklung in Preußen und im Deutschen Reich unter dem Reichsvereinsgesetz, Rn. 40 ff.

13 *Höfling*, in: Sachs, GG, Art. 8 Rn. 3.

14 *Schulze-Fielitz*, in: Dreier, Art. 8 GG Rn. 6.

15 Vgl. näher *Grabenwarter*, in: BK, Nachbemerkung zu Art. 8: Europarecht; zum völkerrechtlichen Rahmen der Versammlungsfreiheit ebenso *Gusy*, in: von Mangoldt/Klein/Starck, Art. 8 GG, Rn. 6 ff. sowie *Blanke*, in: Stern/Becker, Art. 8 GG Rn. 92 ff.

8 In den Beratungen zur Thüringer Verfassung stand die Übernahme des Grundrechts nicht in Frage, Unterschiede ergaben sich nur insoweit, ob das Grundrecht allen Deutschen (so die CDU) oder jedem (allen Menschen) zustehen sollte (so die weiteren vier Entwürfe der im Landtag vertretenen Parteien).[16] Diese Kontroverse wurde letztlich dahin aufgelöst, dass „jeder Bürger" Grundrechtsträger sein sollte.

C. Verfassungsvergleichende Information

9 Zwei der klassischen Verfassungen der deutschen Bundesländer gewährleisten die Versammlungsfreiheit nur für Deutsche (Art. 12 Verf Rh-Pf, Art. 14 HessVerf) und stimmen darin mit dem Grundgesetz überein; weit überwiegend wird das Grundrecht in den Landesverfassungen allen Menschen, allen Bewohnern des jeweiligen Gliedstaates zuerkannt. Maßstäbe für die Einschränkung des Grundrechts, die über die Formulierung des Gesetzesvorbehalts im Grundgesetz hinausgehen, finden sich in Art. 23 Abs. 2 BbgVerf, der bereits die Voraussetzungen für ein Verbot oder die Auflösung von Versammlungen formuliert. Solche Maßgaben enthalten auch Art. 6 SaarlVerf und Art. 16 BremVerf. Die weiteren Verfassungsnormen der Länder beschränken sich auf einen im Wesentlichen wortgleichen Gesetzesvorbehalt für Versammlungen unter freiem Himmel.

D. Erläuterungen

I. Schutzbereich

10 Das Grundrecht schützt die **Freiheit der Versammlung** als Ausdruck gemeinschaftlicher, auf Kommunikation angelegter Entfaltung. Der Schutz reicht über den der allgemeinen Handlungsfreiheit des Art. 3 Abs. 2 hinaus.[17] Das Grundrecht ist in erster Linie **Abwehrrecht.** Damit ist umschrieben, dass der jeweilige **Grundrechtsträger** über eine gesicherte Rechtsposition gegen staatliche Eingriffe verfügt.[18] Die schutzrechtliche Dimension als eine spezifische Form des in der Versammlungsfreiheit enthaltenen **Leistungsrechts** ist unbestritten; ihr entspricht die grundsätzliche Pflicht des Staates, die Grundrechtsausübung vor Störungen und Ausschreitungen Dritter zu schützen.[19] Eine solche **Schutzpflicht** mag aus der verfassungsrechtlichen Grundentscheidung für die Versammlungsfreiheit selbst herzuleiten sein, ergibt sich nach der **Brokdorf-Entscheidung** des Bundesverfassungsgerichts jedenfalls daraus, dass das Grundrecht zugleich Maßstäbe für eine dem **Grundrechtsschutz** wahrende **Organisation und Verfahrens**gestaltung sowie für eine grundrechtsfreundliche Anwendung von Verfahrensvorschriften setzt.[20]

Diese leistungs- bzw. schutzrechtliche Dimension ergibt sich aus dem notwendigen Gemeinschaftsbezug seiner öffentlichen Ausübung. Ohne eine Öffentlichkeit, in die die Wahrnehmung des kollektiven Freiheitsrechts hineinwirkt, wie für Demonstrationen typisch, ist eine wirksame Ausübung nicht denkbar, so

---

16 PW 1 VerfUA 004 (17.01.1992), S. 74 - 77; PW 1 VerfA 006 (06.03.1992) S. 96 - 121 (dort die Kontroverse der Sachverständigen der LT-Fraktionen); Beschlussempfehlung Drs 1/2106, S. 6; Entstehung ThürVerf, S. 40 - 41.

17 BVerfGE 104, 92 (104) iA BVerfGE 69, 315 (343).

18 *Sachs*, in: Sachs, GG vor Art. 1 Rn. 42; *Gusy*, in: Maunz/Dürig, Art. 8 GG Rn. 44.

19 *Höfling*, in: Sachs, GG, Art. 8 Rn. 41; *Kloepfer*, in: HStR, Bd. VII § 164 Rn. 19 ff.; *Schneider*, in: Epping/Hillgruber, Art. 8 GG Rn. 26.

20 BVerfGE 69, 315 (355); *Hoffmann-Riem*, in: Merten/Papier, § 106 Rn. 33.

dass die Benutzung öffentlicher Sachen im **Gemeingebrauch** zum Demonstrationsgeschehen dazu gehört.[21] Allgemeine straßen- und straßenverkehrsrechtliche Bestimmungen werden überlagert, soweit dies für die effektive Wahrnehmung der Versammlungsfreiheit notwendig ist.[22]

Ob auch die **negative Versammlungsfreiheit**, nämlich die Freiheit, einer Versammlung fernzubleiben, Teil des Grundrechtsschutzes ist, erscheint im Hinblick auf die Grundrechtsgeschichte und -funktion zweifelhaft, zumal die allgemeine Handlungsfreiheit des Art. 3 Abs. 2 (Art. 2 Abs. 1 GG) diesen Schutz vermittelt.[23] 11

1. Grundrechtsträger. Jedem **Bürger** ist nach Art. 10 Abs. 1 das Grundrecht garantiert. Der Wortlaut lässt offen, ob damit auch Menschen mit Migrationshintergrund gemeint sind. Bürger des Landes sind in soziologischer Sicht auch diejenigen, die nach ihrer Zuwanderung eine feste Perspektive gefunden haben, die in ihrem Aufenthaltsrecht zum Ausdruck kommt, also „angekommen" sind. Art. 104 ThürVerf entscheidet diese Frage indessen dahin, dass nur Personen mit deutscher Staatsangehörigkeit oder deutscher Volkszugehörigkeit Inhaber des Grundrechts sind. Ehegatten und Kinder werden, ohne in diesem Sinne Deutsche zu sein, in den **Bürgerstatus** einbezogen.[24] 12

Praktisch bedeutsam ist diese Abgrenzung gegenüber Ausländern und Staatenlosen nicht. § 1 des geltenden Versammlungsgesetzes des Bundes gewährt die Versammlungsfreiheit jedermann, gemäß § 47 Abs. 1 AufenthG dürfen sich **Ausländer** politisch betätigen. Den genannten Personenkreisen ist auch nicht verwehrt, sich auf das Auffanggrundrecht der **allgemeinen Handlungsfreiheit** (Art. 3 Abs. 2 ThürVerf = Art. 2 Abs. 1 GG) zu berufen.[25] Darüber hinaus gelten weiterhin die einfach-gesetzlichen Verbürgungen aus den internationalen Verträgen.[26] 13

Auf die Volljährigkeit der Person kommt es nicht an, die **Grundrechtsmündigkeit** ist entscheidend.[27] Juristische Personen des Privatrechts können ebenso die Versammlungsfreiheit in Anspruch nehmen, was für das Grundrecht des Art. 8 GG unbestritten ist.[28] Art. 42 Abs. 2 ThürVerf ordnet die Geltung der Grundrechte für **juristische Personen** an, soweit sie ihrem Wesen noch auf diese anwendbar sind; Gründe den Grundrechtsschutz landesverfassungsrechtlich anders zu beurteilen, fehlen. Für **nicht rechtsfähige Vereinigungen** hängt die Möglichkeit, Träger des Grundrechts zu sein, von einem Mindestgrad an Organisati- 14

21 *Höfling*, in: Sachs, GG, Art. 8 Rn. 38 – ablehnend gegenüber der hM zum leistungsrechtlichen Gehalt des Grundrechts als „demokratisches Teilhaberecht"; *Kloepfer*, in: HStR, Bd. VII § 164 Rn. 12 ff.
22 BVerfGE 128, 226 (252).
23 *Gusy*, in: von Mangoldt/Klein/Starck, Art. 8 GG Rn. 33 mwN; aA *Schneider*, in: Epping/Hillgruber, Art. 8 GG Rn. 16 mwN.
24 *Jutzi*, in: Linck/Jutzi/Hopfe, Art. 10 Rn. 5.
25 *Schneider*, in: Epping/Hillgruber, Art. 8 GG Rn. 21; *Kunig*, in: von Münch/Kunig, Art. 8 Rn. 6 f.
26 Vgl. oben Rn. 7.
27 *Blanke*, in: Stern/Becker, Art. 8 GG Rn. 51; *Depenheuer*, in: Maunz/Dürig, Art. 8 GG Rn. 103; kritisch: *Hoffmann-Riem*, Merten/Papier, Bd. IV § 106 Rn. 79.
28 *Kunig*, in: von Münch/Kunig, Art. 8 Rn. 10 mwN.

onsfähigkeit und Dauerhaftigkeit ab.[29] Der Staat oder kommunale Gebietskörperschaften scheiden als juristische Personen des öffentlichen Rechts aus.[30]

15 **2. Die Versammlung.** Art. 10 Abs. 1 bezieht sich auf die **Zusammenkunft** von mehreren Personen. Ob eine Teilnahme von mehr als zwei Personen dafür erforderlich ist, wird man in Zweifel ziehen können;[31] teilweise werden mindestens drei oder auch sieben Personen gefordert.[32] Ein bestimmter Kanon von Versammlungen wird nicht vorgegeben. Neben dem Grundmodell einer einheitlich geordneten öffentlichen oder nicht öffentlichen Versammlung sind weitere Formen wie die **Eilversammlung** und **Spontanversammlung**, die Demonstration oder die **Großdemonstration** Teil des öffentlichen Meinungsbildungsprozesses geworden.[33]

16 Die **Versammlung** selbst ist eine örtliche Zusammenkunft mehrerer Personen zur gemeinschaftlichen, auf die Teilhabe an der öffentlichen Meinungsbildung gerichtete Erörterung oder Kundgebung.[34] Deshalb kann von einer Versammlung und nicht nur von einer **Ansammlung** erst dann gesprochen werden, wenn ein die Versammlung tragender Wille die Teilnehmer bestimmt. Auf eine inhaltliche Übereinstimmung kommt es nicht an. Auch eine kritische und ablehnende Haltung von Teilnehmern oder Teilnehmergruppen nimmt der Zusammenkunft nicht ihren kommunikativen Charakter.[35] Von den Teilnehmern verlangt ist allerdings die Bereitschaft, die Versammlung in ihrem Bestand hinzunehmen und abweichende Ziele allein mit kommunikativen Mitteln zu verfolgen.[36]

17 Das **Selbstbestimmungsrecht der Träger des Grundrechts** schließt die freie Bestimmung des Zieles und Gegenstandes sowie über Ort, Zeitpunkt und Art der Versammlung ein.[37] Zu diesem Schutz gehört auch der Zugang zu einer bevorstehenden oder sich bildenden Versammlung; durch staatliche Maßnahmen im Vorfeld darf die Grundrechtsausübung nicht ausgehöhlt werden.[38] Er bezieht sich auch auf die Modalitäten der Beendigung der Versammlung einschließlich der Entscheidung, vorzeitig oder erst nach Beendigung der Versammlung abzureisen.[39]

18 Die Versammlung selbst muss auf die Teilhabe an der **öffentlichen Meinungsbildung** ausgerichtet sein,[40] wie ausdrücklich hervorzuheben ist. Der Inhalt des gemeinsamen Zwecks soll nach einer in der Literatur verbreiteten Auffassung gleichgültig sein.[41] Das Bundesverfassungsgericht hebt demgegenüber darauf ab,

---

29 *Schneider*, in: Epping/Hillgruber, Art. 8 GG Rn. 22; *Höfling*, in: Sachs, GG, Art. 8 Rn. 47 f.
30 *Benda*, in: BK, Art. 8 Rn. 19.
31 *Hoffmann/Riem*, in: AK-GG, Art. 8 Rn. 15, 18.
32 *Höfling*, in: Sachs, GG, Art. 8 Rn. 9.
33 Vgl. näher *Kloepfer*, in: HStR, Bd. VII § 164 Rn. 33 ff.; *Höfling*, in: Sachs, GG, Art. 8 Rn. 17, 18.
34 BVerfGE 104, 92 LS 2.
35 BVerfGE 92, 191 (202 f.).
36 BVerfGE 84, 203 (209).
37 BVerfGE 104, 92 LS 2.
38 BVerfGE 69, 315 (349).
39 *Gusy*, in: von Mangoldt/Klein/Starck, Art. 8 GG Rn. 32.
40 BVerfGE 104, 92 (104).
41 *Benda*, in: BK, Art. 8 GG Rn. 22, 28; *Depenheuer*, in: Maunz/Dürig, Art. 8 GG Rn. 46 f.; *Gusy*, in: von Mangoldt/Klein/Starck, Art. 8 GG Rn. 17; *Höfling*, in: Sachs, GG, Art. 8 Rn. 11; eingehend und zustimmend zum eher engen Versammlungsbegriff: *Hoffmann-Riem*, in: Merten/Papier, Bd. IV § 106 Rn. 40 ff.

dass das Versammlungsrecht in der freiheitlich-demokratischen Ordnung des Grundgesetzes auf die öffentliche Meinungsbildung bezogen bleibt. Nur diese Teilhabe an der Meinungsbildung, nicht aber die zwangsweise oder die selbsthilfeähnliche Durchsetzung eigener Forderungen schützt das Grundrecht.[42] Deshalb sind Versammlungen im Sinne des Art. 8 GG (wie auch nach Art. 10 ThürVerf) Zusammenkünfte zur Erörterung und Kundgebung mit dem Ziel der öffentlichen Meinungsbildung.[43] **Öffentlichkeit** bedeutet, dass die Teilnahme jedermann offen steht.[44] Eine solche Versammlung ist abzugrenzen gegenüber rein **unterhaltenden Veranstaltungen**,[45] mag im Einzelfall die Abgrenzung je nach Schwerpunkt auch schwierig sein (Love-Parade, Hass-Parade, Solidaritätskonzert zu politischen Themen, etc.).

Wegen der bezweckten Meinungsäußerung der Versammlungsteilnehmer stehen beide Freiheitsrechte in aller Regel nebeneinander.[46] Wird von der Meinungsfreiheit in einer die Allgemeinheit berührenden Weise Gebrauch gemacht, spricht eine Vermutung für die Zulässigkeit der freien Rede.[47] 19

3. „friedlich". Mit dem Gebot der **Friedlichkeit** hebt die Verfassung darauf ab, dass nur solche Versammlungen dem Grundrechtsschutz unterliegen, die die Schwelle zur **Unfriedlichkeit** nicht überschreiten, bei denen also keine **Gewalttätigkeiten** und aggressive Ausschreitungen gegen Personen oder Sachen stattfinden. Behinderungen Dritter, ob gewollt oder nur in Kauf genommen, genügen dafür nicht.[48] Die **Erzeugung sozialen Drucks** durch Massenexpressivität, durch lautstarke oder aussagekräftige Symbole gehören zur versammlungstypischen Steigerung der Wirkung.[49] Friedlich ist deshalb eine Versammlung, wenn weder ihr Zweck noch ihr Verlauf die Begehung oder den Versuch von Straftaten gegen Leib, Leben, Freiheit oder sonstige erhebliche Rechtsgüter Dritter oder der Allgemeinheit mit sich bringt.[50] Erst die „kollektive Unfriedlichkeit" als Gesamtbild lässt das Freiheitsrecht des Einzelnen zurücktreten.[51] 20

4. „unbewaffnet". Es versteht sich von selbst, dass das Gebot der Friedlichkeit auch ein **Waffenverbot** einschließt.[52] Für die Bestimmung, des **Waffenbegriffs** kann zunächst auf § 1 Abs. 2 WaffG zurückgegriffen werden. Eine Verengung auf diese Kampfmittel ist indessen nicht gewollt. Von Art. 10 Abs. 1 ThürVerf werden auch Waffen im untechnischen Sinne erfasst, also Mittel, die zur Verletzung von Personen oder zur Beschädigung von Sachen verwendet werden sollen; das können etwa Eisenketten, Baseballschläger, Holzstangen (ohne Transparent), mitgeführte Steine u. a. sein. Für Regenschirme oder Spazierstöcke wird dies nur dann zu gelten haben, wenn sie als Tatwerkzeug eingesetzt werden.[53] 21

42 BVerfGE 104, 92 (105).
43 BVerfG, NJW 2201, 2459 = DVBl. 2001, 1351 = DÖV 2001, 907 (Love Parade).
44 *Kunig*, in: von Münch/Kunig, Art. 8 GG Rn. 16.
45 *Kannengießer*, in: Schmidt-Bleibtreu/Hofmann/Hopfauf, Art. 8 GG Nr. 3.
46 *Gusy*, in: von Mangoldt/Klein/Starck, Art. 8 GG Rn. 87.
47 BVerfGE 82, 236 (259 f.).
48 BVerfGE 87, 399 (406); näher zum Gebot der Friedlichkeit auch *Kunig*, in: von Münch/Kunig, Art. 8 Rn. 22 f.
49 *Hoffmann-Riem*, in: AK-GG, Art. 8 Rn. 24.
50 *Gusy*, in: von Mangoldt/Klein/Starck, Art. 8 GG Rn. 23.
51 *Benda*, in: BK, Art. 8 GG Rn. 44, 46.
52 *Höfling*, in: Sachs, GG, Art. 8 Rn. 35 mwN.
53 *Hoffmann-Riem*, in: AK-GG, Art. 8 Rn. 26 – auch zum Problem geringfügiger Sachbeschädigungen; für eine restriktive Interpretation der Waffe im technischen Sinne *Schneider*, in: Epping/Hillgruber, Art. 8 Rn. 14 mwN.

II. Beeinträchtigungen/Rechtfertigungen

22 Die Verfassungsnorm selbst nennt bereits zwei denkbare Fälle eines Eingriffs, nämlich die nicht gebotene **Anmeldung** und die fehlende **Erlaubnispflicht.**[54] Beschränkungen von Versammlungen im öffentlichen Kommunikationsraum sind Eingriffe in das Grundrecht und keine bloßen Verweigerungen der Teilhabe.[55] Die **Versammlungsfreiheit** beeinträchtigend wirken die **strafrechtlichen Vorschriften**. Dazu gehören insbesondere auch die §§ 86, 86 a und 130 StGB (Verbreiten von Propagandamitteln und Verwenden von Kennzeichen verfassungswidriger Organisationen sowie Volksverhetzung). Verallgemeinernd wird man alle strafrechtlichen oder sonstigen Sanktionen dazu zählen müssen, die an das zunächst durch das Grundrecht geschützte Verhalten anknüpfen, aber auch Behinderungen durch staatliche Stellen bei der Anfahrt, vorbeugende Kontrollen oder auch die anschließende Begleitung eines Demonstrationszuges oder bestimmte informationelle Maßnahmen, wie eine exzessive Observation und Registrierung von Teilnehmern.[56]

23 Passive Resistenz, etwa durch **Sitzblockade**, lässt den Grundrechtsschutz nicht entfallen.[57] Unabhängig davon, ob sie als Anwendung von Gewalt im Sinne des § 240 StGB (Nötigung) anzusehen ist, erfüllt sie nicht den Tatbestand der **Unfriedlichkeit.**[58] So kommt es etwa für Sitzblockaden zur Verfolgung von Protestzielen darauf an, ob im Einzelfall ihre Rechtswidrigkeit im Sinne des § 240 StGB als verwerflich einzustufen ist.[59] **Friedlichkeit** darf im Hinblick auf die Grundrechtsgewährleistung nicht verengt verstanden werden; es sei denn, der Gesetzgeber hat diese Zwangswirkung auf den Willen Dritter unter Strafe stellen wollen.[60] Anders liegen die Dinge dann, wenn **physische Barrieren** (z.B. Anketten, bauliche Hindernisse) errichtet werden; dann bleibt es nicht nur bei einer psychischen Zwangswirkung.[61] Deshalb kann auch eine beabsichtigte Verkehrsbehinderung durch Demonstranten, die der Erzielung öffentlicher Aufmerksamkeit mit Sachbezug zum Protestgegenstand dient, für die strafrechtliche Verwerflichkeitsprüfung von Belang sein.[62]

24 Für die Billigung, Verherrlichung oder Rechtfertigung der **nationalsozialistischen Gewalt** – und Willkürherrschaft ergibt sich jenseits der Propaganda und der Verwendung von Kennzeichen iSd §§ 86, 86 a StGB eine Schranke aus § 130 Abs. 4 StGB für Personen, die öffentlich oder in einer Versammlung den öffentlichen Frieden in einer die Würde der Opfer verletzenden Weise stören.[63] Schädliche oder in ihrer gedanklichen Konsequenz gefährliche Äußerungen allein erlauben indessen nicht, die Meinungsfreiheit generell unter einen **Abweichungsvorbehalt** zu stellen. Das gilt auch für ein Anliegen, die Verbreitung von verfas-

---

54 Zur gleichwohl gebotenen Anmeldung bei Versammlungen unter freiem Himmel vgl. unten Rn. 27.
55 *Jarass*, in: Jarass/Pieroth, Art. 8 GG Rn. 12.
56 BVerfGE 69, 315 (349); *Höfling*, in: Sachs, GG, Art. 8 Rn. 50 f.
57 BVerfGE 73, 206 (249).
58 BVerfGE 87, 399 (406).
59 BVerfGE 73, 206 (247 f.).
60 BVerfGE 92, 1 (16) und 104, 92 LS 1.
61 BVerfGE 104, 92 (102 f.); *Kniesel/Poscher*, in: HdbPolR, Kap. K. Versammlungsrecht Rn. 66 ff.
62 BVerfGE 104, 92 (113).
63 BVerfGE 124, 300 (321 f.).

sungsfeindlichen Ansichten verhindern zu wollen.[64] Zusätzliche Schranken für die **Meinungsfreiheit** können auch nicht aus **verfassungsimmanenten Grenzen** der Kundgabe **rechtsextremer Ideologie** (etwa unter Hinweis auf Art. 139 GG [zur Fortgeltung von Entnazifizierungsvorschriften]) hergeleitet werden.[65] Der Aufruf zur Blockade von Einrichtungen als unter dem Schutz der Meinungsfreiheit stehender Beitrag anlässlich einer Demonstration kann nur dann als Landfriedensbruch im Sinne des § 125 StGB gewürdigt werden, wenn die Vermutung für die Zulässigkeit der freien Rede widerlegt ist; grundsätzlich darf auch Kritik in scharfer und überspitzter Form vorgetragen werden.[66] Auf den grundrechtlichen Schutz der Meinungsfreiheit kann sich indessen nicht berufen, wer die **Judenverfolgung** im NS-Staat leugnet.[67]

Schon die wenigen Beispiele unterstreichen das Bedürfnis, organisatorische, ver- 25
fahrensrechtliche und materiell-rechtliche Regelungen vorzusehen, um einerseits die Voraussetzungen für die Ausübung des Grundrechts zu schaffen, andererseits kollidierende Interessen anderer hinreichend zu wahren. Dem dient der **Gesetzesvorbehalt** des Art. 10 Abs. 2 ThürVerf (Art. 8 Abs. 2 GG).[68] Der inhaltlichen Präzisierung „aufgrund eines Gesetzes" gegenüber dem Grundgesetz kommt keine weitergehende Bedeutung zu.[69] Gesetzliche Regelungen sollen insoweit die friedliche und waffenlose Ausübung des Versammlungsrechts ermöglichen. Dem dienen das Versammlungsgesetz und in dessen Vorfeld die Regelungen der Polizeigesetze.[70]

III. Die wesentlichen Schranken des Versammlungsgesetzes

Der einfache Landesgesetzgeber hat von seiner Ausgestaltungsbefugnis nach 26
dem Wegfall der konkurrierenden Zuständigkeit des Bundes zur Gesetzgebung durch die Föderalismusreform noch keinen Gebrauch gemacht.[71] Landesrecht existiert nur insoweit, als aufgrund der Ermächtigung in § 15 Abs. 2 Satz 4 VersammlG das Thüringer Gesetz zum Schutz der Gedenkstätten Buchenwald und Mittelbau-Dora erlassen worden ist. Das gemäß Art. 125 a GG **fortgeltende Versammlungsgesetz** des Bundes füllt für Versammlungen unter freiem Himmel den grundgesetzlichen Gesetzesvorbehalt aus; für öffentliche Versammlungen in geschlossenen Räumen ergab sich die Befugnis zur Regelung wegen des erforderlichen Schutzes kollidierender Verfassungsgüter.[72] Für diese Grundrechtsbeschränkungen gilt allgemein, dass sie im Lichte der grundlegenden Bedeutung des Versammlungsrechts auszulegen sind[73] und sie darüber hinaus nur zum Schutze gleich gewichtiger anderer Rechtsgüter unter strikter Wahrung des

64 BVerfGE 124, 300 (332).
65 BVerfGE 111, 147 (158).
66 BVerfGE 82, 236 (260).
67 BVerfGE 90, 241 (249).
68 BVerfGE 69, 315 (348).
69 *Jutzi*, in: Linck/Jutzi/Hopfe, Art. 10 Rn. 27 und Art. 42 Rn. 32.
70 *Benda*, in: BK, Art. 8 GG Rn. 60; zur Polizei(rechts)festigkeit, *Hoffmann-Riem,* in: Merten/Papier, Bd. IV § 106 Rn. 101 ff.
71 Vgl. zur Entwicklung in den Bundesländern, *Schneider*, in: Epping/Hillgruber, Art. 8 Rn. 36.
72 *Jarass*, in: Jarass/Pieroth, Art. 8 GG Rn. 20, mwN; *Kloepfer*, in: HStR, Bd. VII § 164 Rn. 107 f.
73 BVerfGE 87, 399 (407).

Grundsatzes der Verhältnismäßigkeit möglich sind.[74] Nicht-öffentliche Versammlungen unterliegen ebenso dem Grundrechtsschutz.[75]

27 **1. Die Anmeldepflicht (§ 14 VersammlG).** Die gesetzlich vorgesehene Anmeldepflicht verstößt wegen ihrer Aufgabe, den Behörden diejenigen Informationen zu übermitteln, um Vorkehrungen zum störungsfreien Ablauf und zum Schutz der Interessen Dritter oder der Gesamtheit treffen zu können, nicht gegen das Grundrecht. Auch Eilversammlungen müssen deshalb angemeldet werden, sobald dies möglich ist.[76] Für echte Spontanversammlungen aus aktuellem Anlass kann diese Pflicht von vornherein nicht gelten.[77]

28 **2. Der Veranstalter (§§ 1, 7 VersammlG).** Das **subjektiv-öffentliche Recht** in § 1 VersammlG kann nicht nur von einzelnen Personen wahrgenommen werden. Veranstalter können auch Personenvereinigungen sein, die keine **juristische Person** sind, sofern sie eine innere Struktur haben und auf gewisse Dauer angelegt sind. Ohne Weiteres ist dies für Gewerkschaften, Parteien und andere nichtstaatliche Organisationen zu bejahen; für spontan sich bildende Initiativen kann dies im Einzelfall fraglich sein.[78]

29 **3. Die Kooperation.** Das Freiheitsrecht enthält zugleich die Forderung an die staatlichen Behörden, nach Möglichkeit versammlungsfreundlich zu verfahren. Darin kommt die besondere Schutzfunktion des Grundrechts zum Ausdruck.[79] Je mehr der Veranstalter anlässlich der Anmeldung einer Demonstration zu einer **demonstrationsfreundlichen Kooperation** bereit ist, desto höher liegt die Schwelle für behördliches Eingreifen wegen einer Gefährdung der öffentlichen Sicherheit oder Ordnung im Sinne von § 15 VersammlG.[80] **Kooperation** als informales Mittel des Verwaltungshandelns ergänzt insoweit etwaiges hoheitliches Handeln nach dem Thüringer Verwaltungsverfahrensgesetz[81] und schließt Pflichten zur Erörterung, Auskunft und Beratung ein.

30 **4. Allgemeine Verbote.** Neben dem allgemeinen **Störungsverbot** des § 2 Abs. 2 VersammlG, das ggf. unter in Anspruchnahme polizeilicher Eingriffsbefugnisse durchgesetzt werden kann,[82] gilt das **Waffenverbot** des § 2 Abs. 3 VersammlG, das schon aus dem Friedlichkeitsgebot folgt. Das **Uniformverbot** des § 3 Abs. 1 VersammlG unterstellt die potentielle Unfriedlichkeit und greift ein, soweit Kleidungsstücke getragen werden, die mit Uniformen oder deren Teilen gleichartig sind.[83] Das **Schutzwaffenverbot** des § 17 a Abs. 1 VersammlG schließt an das Waffenverbot des § 2 an, während das **Vermummungsverbot** des § 17 a Abs. 2 VersammlG die Feststellung der Identität ermöglichen soll. Gerade zu letzterem können sich verfassungsrechtliche Grenzen für behördliches Einschreiten wegen deren abstrakter Gefährlichkeit aus künstlerischen Zwecken oder der beabsich-

74 BVerfGE 69, 315 (348 f.) und 128, 226, (260); vgl. näher *Jarass*, in: Jarass/Pieroth, Art. 8 GG Rn. 19.
75 *Gusy*, in: von Mangoldt/Klein/Starck, Art. 8 GG Rn. 59.
76 BVerfGE 85, 69 (74).
77 *Kniesel/Poscher*, in: HdbPolR, Kap. K. Versammlungsrecht Rn. 229.
78 BVerfGE 122, 342 (355).
79 *Schneider*, in: Epping/Hillgruber, Art. 8 GG Rn. 30 f.
80 BVerfGE 69, 315 (356 f.); ThürOVG, ThürVBl 2003, 53 = ThürVGRspr 2003, 138 = NVwZ-RR 2003, 207 (LS 1 und 2).
81 *Kniesel/Poscher*, in: HdbPolR, Kap. K. Versammlungsrecht Rn. 264, 269.
82 BVerfGE 84, 203 (210).
83 BVerfG, NJW 1983, 1803.

tigten Meinungsäußerung ergeben.[84] Aus einer Vermummung zum Schutz vor staatlichen Repressalien wird ebenso nicht auf die Unfriedlichkeit geschlossen werden können.[85]

5. Auflagen, Verbote und Auflösung (**§ 15 VersammlG**). Das Gesetz ermöglicht 31
in erster Linie die beschränkende Regelung durch **Auflagen** aus Gründen der öffentlichen Sicherheit oder Ordnung; die **öffentliche Ordnung** selbst ist grundsätzlich keine Grundrechtsschranke.[86] Eine die Meinung beschränkende Auflage kommt etwa für die Behauptung der "**Auschwitzlüge**" in Betracht.[87] Verfassungsrechtlich unbedenklich sind auch Auflagen, die aggressives Verhalten von Versammlungsteilnehmern verhindern sollen. Die öffentliche Ordnung kann dennoch durch Aufzüge von Rechtsextremisten am **Holocaust-Gedenktag** verletzt sein und durch Aufzüge, deren Gesamtgepräge mit Riten und Symbolen der **NS-Gewaltherrschaft** identifiziert werden kann. In solchen Fällen wird ausnahmsweise die erhebliche Beeinträchtigung des sittlichen Empfindens der Bürger oder auch die einschüchternde Wirkung durch Wachrufen der Schrecken des Nationalsozialismus allein genügen.[88] Einschränkungen allein deswegen, weil sich das Grundgesetz für eine wehrhafte Demokratie entschieden habe, sind hingegen unzulässig.[89]

Verbot oder **Auflösung** setzen voraus, dass das mildere Mittel der Auflagenertei- 32
lung ausgeschöpft wurde; der Grundsatz der **Verhältnismäßigkeit** begrenzt insoweit nicht nur die Auswahl der Mittel, sondern auch das Entschließungsermessen der Ordnungsbehörde. Die **Versammlungsfreiheit** hat nur dann zurückzutreten, wenn eine **Güterabwägung** unter Berücksichtigung der Bedeutung des Freiheitsrechts ergibt, dass dies zum Schutz anderer gleichwertiger Rechtsgüter notwendig ist. Darüber hinaus wird die behördliche Eingriffsbefugnis dadurch begrenzt, dass Verbot und/oder Auflösung von Versammlungen nur bei einer **unmittelbaren Gefährdung** der **öffentlichen Sicherheit** oder Ordnung statthaft sind.[90] Auch vorbeugende Verbote können insoweit in Betracht kommen.[91] Verbote von Versammlungen an Gedenkorten von historisch herausragender, überregionaler Bedeutung zur Erinnerung an die Opfer menschenwidriger/menschenverachtender Behandlung unter der nationalsozialistischen Gewalt- und Willkürherrschaft setzen demgegenüber gemäß § 15 Abs. 2 VersammlG nur die Besorgnis voraus, dass durch die Versammlung oder den Aufzug die Würde der Opfer beeinträchtigt wird. Auf diese Weise sind etwa das Denkmal für die ermordeten Juden in Europa in Berlin und in Thüringen die Gedenkstätten Buchenwald und Mittelbau-Dora geschützt.

Auch eine rechtswidrige Auflösung hat der Teilnehmer einer Versammlung zu beachten, wenn er nicht polizeiliche Zwangsmittel in Kauf nehmen will.[92] Die speziellen Regelungen des Versammlungsgesetzes verdrängen grundsätzlich die

84 *Kniesel/Poscher*, in: HdbPolR, Kap. K. Versammlungsrecht Rn. 316 bis 318; näher zu etwaigen verfassungsrechtlichen Bedenken *Bertuleit/Herksröter*, in: Ridder u.a., Versammlungsrecht, § 17 a Rn. 13 ff.
85 *Kohl*, in: Umbach/Clemens, Art. 8 GG Rn. 31.
86 BVerfGE 111, 147 (157).
87 BVerfGE 90, 241 (247 und 251).
88 BVerfGE 111, 147 (157) mwN.
89 BVerfGE 111, 147 (158).
90 BVerfGE 69, 315 (353 f.).
91 *Kannengießer*, in: Schmidt-Bleibtreu/Hofmann/Hopfauf, Art. 8 GG Nr. 11.
92 BVerfGE 87, 399 (409).

Eingriffsbefugnisse nach dem allgemeinen Polizeirecht, verhindern aber das Einschreiten gegen einzelne Störer mit polizeilichen Standardmaßnahmen nicht. Gegebenenfalls können auch Eingriffe aufgrund bau-, feuer-, oder gesundheitspolizeilicher Normen gerechtfertigt sein.[93] Strittig ist die analoge Anwendung von Vorschriften des Versammlungsrechts im Hinblick auf seine **Polizeifestigkeit** ergänzend bei nichtöffentlichen Versammlungen in geschlossenen Räumen.[94]

Artikel 11 [Meinungs-, Informations- und Medienfreiheit][1]

(1) Jeder hat das Recht, seine Meinung frei zu äußern und zu verbreiten sowie sich aus allgemein zugänglichen Quellen ungehindert zu unterrichten.

(2) [1]Die Freiheit der Presse, des Rundfunks, des Fernsehens, des Films und der anderen Medien wird gewährleistet. [2]Zensur ist nicht zulässig.

(3) Diese Rechte finden ihre Schranken in den Vorschriften der allgemeinen Gesetze, den gesetzlichen Bestimmungen zum Schutz der Kinder und Jugendlichen und in dem Recht der persönlichen Ehre.

Vergleichbare Regelungen

Art. 5 Abs. 1 und 2 GG. Einige Landesverfassungen regeln ausdrücklich die unmittelbare Geltung der Grundrechte des GG (Art. 2 Abs. 1 BWVerf, Art. 5 Abs. 3 M-VVerf, Art. 3 Abs. 2 NV, Art. 4 Abs. 1 Verf NW und Art. 2 a SchlHVerf) und enthalten keine ergänzenden Normen zur Kommunikations- und Medienfreiheit. Andere Verfassungen mit Grundrechtskatalogen äußern sich jeweils zu den Kommunikations- und Medienfreiheiten.

zu Abs. 1: Art. 110 Abs. 1 Satz 1 BayVerf; Art. 14 Abs. 1 Satz 1 VvB; Art. 19 BbgVerf; Art. 15 Abs. 1 Satz 1 BremVerf; Art. 11 Abs. 1 Satz 1 HessVerf; Art. 10 Abs. 1 Satz 1 Verf Rh-Pf; Art. 5 Abs. 1 Satz 1 SaarlVerf; Art. 20 Abs. 1 Satz 1 SächsVerf; Art. 10 Abs. 1 Satz 1 LVerf LSA.

zu Abs. 2 Satz 1: Art. 14 Abs. 2 VvB; Art. 19 Abs. 2 BbgVerf;, Art. 15 Abs. 5 BremVerf, Art. 10 Abs. 1 Satz 3 Verf Rh-Pf; Art. 20 Abs. 1 Satz 2 SächsVerf; Art. 10 Abs. 1 Satz 2 LVerf LSA.

zu Abs. 2 Satz 2: Art. 14 Abs. 3 VvB; Art. 19 Abs. 6 BbgVerf; Art. 15 Abs. 2 BremVerf; Art. 11 Abs. 2 HessVerf; Art. 5 Abs. 2 SaarlVerf; Art. 20 Abs. 1 Satz 3 SächsVerf; Art. 10 Abs. 1 Satz 3 LVerf LSA.

zu Abs. 3: Art. 110 Abs. 1 Satz 2 BayVerf; Art. 14 Abs. 1 Satz 1 VvB; Art. 19 Abs. 1 Satz 2 BbgVerf; Art. 15 Abs. 1 Satz 3 und Abs. 6 BremVerf; Art. 11 Abs. 1 Satz 2 und 3 HessVerf; Art. 10 Abs. 2 Verf Rh-Pf; Art. 5 Abs. 3 SaarlVerf; Art. 20 Abs. 3 SächsVerf; Art. 10 Abs. 2 LVerf LSA.

Ergänzungsnormen im sonstigen thüringischen Recht

ThürPresseG (TPG) v. 31.07.1991 (ThürGVBl. ,S. 271); ThürLMG v. 05.03.2003 (ThürGVBl. S. 117) zuletzt geändert durch Gesetz zur Änderung rundfunkrechtlicher Vorschriften v. 16.07.2008 (ThürGVBl. S. 219); Rundfunkstaatsvertrag – RStV idF des 15. RÄStV, in Kraft getreten am 01.01.2013; Gesetz zu dem Staatsvertrag über den Mitteldeutschen Rundfunk (MDR) v. 25.06.1991 (ThürGVBl. S. 118).

Dokumente zur Entstehungsgeschichte

Art. 11 VerfE CDU; Art. 10 VerfE F.D.P.; Art. 21 VerfE SPD; Art. 11 VerfE NF/GR/DJ; Art. 14 VerfE LL/PDS; Entstehung ThürVerf, S. 42 f.

---

93 *Kloepfer*, in: HStR, Bd. VII § 164 Rn. 80, 94 f.

94 *Gusy*, in: von Mangoldt/Klein/Starck, Art. 8 GG Rn. 63, 83; *Hoffmann-Riem,* in: Merten/Papier, Bd. IV § 106 Rn. 148.

1 Für wertvolle Hinweise bei der Abfassung der Kommentierung danke ich meinem Wissenschaftlichen Mitarbeiter, Herrn Ass. iur. Johannes Arnhold.

Literatur

– zu Abs. 1: *Gerhard Anschütz,* Weimarer Reichsverfassung. Kommentar, 14. Aufl. 1933, Anm. zu Art. 118; *Adolf Arndt:* Begriff und Wesen der öffentlichen Meinung, in: Löffler (Hrsg.), Die öffentliche Meinung, 1962, S. 1 ff.; *Christian Breunig,* Kommunikationsfreiheiten, 2004; *Uwe Erichsen,* Das Grundrecht der Meinungsfreiheit, Jura 1996, 84 ff.; *Frank Fechner*, Medienrecht, 14. Auflage 2013, 3. Kap.; *Dieter Grimm*, Die Meinungsfreiheit in der Rechtsprechung des Bundesverfassungsgerichts, NJW 1995, 1697 ff.; *Martin Hochhuth*, Die Meinungsfreiheit im System des Grundgesetzes, 2007; *Walter Schmitt Glaeser*, Meinungsfreiheit, Ehrenschutz und Toleranzgebot, NJW 1996, 876 ff.

– zu Abs. 2 und Abs. 3: *Martin Bullinger,* Freiheit von Presse, Rundfunk, Film, in: HStR. VI, 3. Aufl. 2008; *Ulrike Bumke,* Die öffentliche Aufgabe der Landesmedienanstalten, 1995; *Dieter Dörr,* Der Einfluss der Judikatur des Bundesverfassungsgerichts auf das Medienrecht, VerwArch 2001, 149 ff.; *Konrad Dussel*, Deutsche Rundfunkgeschichte, 3. Aufl. 2010; *Hubertus Gersdorf,* Grundzüge des Rundfunkrechts, 2003; *Holger von Hartlieb/ Matthias Schwarz,* Handbuch des Film-, Fernseh- und Videorechts, 5. Aufl. 2011; *Albrecht Hesse,* Rundfunkrecht, 2003; *Wolfgang Hoffmann-Riem*, Kommunikationsfreiheiten, 2002; *ders.*, Die beiden Gesichter der Pressefreiheit, ZRP 2006, 29 ff.; *Bernd Hoppe*, Die "allgemeinen Gesetze" als Schranke der Meinungsfreiheit, JuS 1991, 734 ff.; *Viktor Janik,* Der deutsche Rundfunkbegriff im Spiegel technischer Entwicklungen, AfP 2000, 7 ff.; *Martin Löffler/Reinhart Ricker/Johannes Weberling*, Handbuch des Presserechts, 2012; *Eva-Maria Michel*, Rundfunk und Internet, ZUM 1998, 350 ff.; *Christine Reupert*, Die Filmfreiheit, NVwZ 1994, 1155 ff.; *Raimund Schütz,* Kommunikationsrecht, 2. Aufl. 2012; *Joachim Wieland*, Die Freiheit des Rundfunks, 1984.

– ausführliche Schrifttumsnachweise bei *Frank Fechner*, in: Stern/Becker, Art. 5 Rn. 1 ff.; *Roman Herzog*, in: Maunz/Dürig, Art. 5 Rn. 1 ff.; *Harald Baumann-Hasske*, in: Kunzmann/ Baumann-Hasske, Art. 20 Rn. 1 ff.

Leitentscheidungen des ThürVerfGH und des BVerfG

– ThürVerfGH, Urt. v. 19.06.1998 – 10/96 – LVerfGE 8, 337 = ThürVBl 1998, 232 (Verfassungsmäßigkeit des MDR-Rundfunkstaatsvertrags).

– zu Art. 11 Abs. 1 (Art. 5 Abs. 1 GG): BVerfGE 7, 198 (Lüth – Boykottaufruf gegen einen Film und zur Meinungsäußerungsfreiheit); 11, 234 (jugendgefährdende Schriften – Meinungsfreiheit und Jugendschutz); 25, 256 (Blinkfüer – Boykottaufruf und Ausübung wirtschaftlichen Drucks); 90, 241 (Auschwitzlüge – Unwahre Tatsachenbehauptung und Meinungsfreiheit); 93, 266 (Soldaten sind Mörder – Umfang der Meinungsäußerungsfreiheit).

– zu Art. 11 Abs. 2 und 3 (Art. 5 Abs. 2 GG): BVerfGE 77, 346 (Presse-Grosso – Schutzbereich der Pressefreiheit, Zeugnisverweigerungsrecht von Presseangehörigen); 20, 162 (Spiegel – Redaktionsgeheimnis und Informantenschutz und Durchsuchung und Beschlagnahme von Presseräumen); 66, 116 (Springer/Wallraff – Schutzbereich der Pressefreiheit und zur Meinungsäußerung unter Verwendung illegal erlangter Informationen); 12, 205 (Deutschland-Fernsehen-GmbH – Grundlagen der Rundfunkordnung); 31, 314 (Umsatzsteuer – Öffentlich-rechtliche Rundfunkanstalten und das Grundrecht der Rundfunkfreiheit); 78, 101 (Eigentumsrecht von Rundfunkanstalten – Rundfunkanstalten und Eigentumsfreiheit); 97, 298 (Extra-Radio – Rundfunkfreiheit eines privaten Rundfunkanbieters); 87, 209 (Tanz der Teufel – Einziehung eines Films mit Gewaltdarstellung, Vorzensur).

A. Überblick

1 Die Kommunikations- und Medienfreiheiten in Art. 11 zählen zu den **Freiheitsrechten** in der ThürVerf. Die Meinungsfreiheit ermöglicht die Mitteilung von Gedanken und Informationen an Dritte. Sie wird ergänzt durch die Informationsfreiheit, die die Rezeption von Meinungen und Medieninhalten schützt. Durch die Medienfreiheit werden alle Betätigungen in den Medien, insbesondere in den Massenmedien, grundrechtlichem Schutz zugeführt.

2 Mit der umfassenden Ausgestaltung und der weiten Interpretation der Schutzbereiche durch die Rechtsprechung des Bundesverfassungsgerichts bilden die Kommunikations- und Medienfreiheiten einen der Grundpfeiler des demokratischen Rechtsstaats. Die Möglichkeit, seine Meinung frei zu äußern und sich aus allgemein zugänglichen Informationsquellen ungehindert zu unterrichten, zählt zu den elementaren Individualrechten und wurzelt damit letztlich in der Menschenwürde. Darüber hinaus handelt es sich um politische Grundrechte, die für das Funktionieren der Demokratie unabdingbar sind. Erst die **Staatsferne** und die **Pluralität der Medien** ermöglichen eine unabhängige Meinungsbildung zur Wahrnehmung der Entscheidungsbefugnisse des Bürgers.[2]

3 Art. 11 umfasst in seinem Abs. 1 die klassischen Kommunikationsfreiheiten: Meinungs- und Informationsfreiheit, sowie in Abs. 2 die Freiheit der Massenmedien: Presse-, Rundfunk, Fernsehen und Film. Eine Besonderheit der Verfassung des Landes Thüringen ist die ausdrückliche Erwähnung des Grundrechts „der **anderen Medien**", worunter primär Betätigungen im Multimediabereich zu verstehen sind, darüber hinaus wird aber auch eine generelle Offenheit des Verfassungsgebers gegenüber Weiterentwicklungen im Medienbereich erkennbar, die als solche in den deutschen Landesverfassungen singulär ist. Ergänzt wird Abs. 2 durch ein Zensurverbot. Abs. 3 enthält die Schrankenregelung, wie sie Art. 5 Abs. 2 GG vorsieht. Art. 11 ThürVerf wird durch Art. 12 ThürVerf ergänzt, der als lex specialis die Bedeutung des öffentlich-rechtlichen Rundfunks im Freistaat Thüringen manifestiert.

B. Herkunft, Entstehung und Entwicklung

4 Die Kommunikationsfreiheiten gehören zu den historisch am frühesten eingeforderten Grundrechten und finden sich in jeder klassischen Verfassung. Im Einzelnen weicht die Formulierung der Vorlagen voneinander ab, so verstehen einige Verfassungsurkunden und beispielsweise auch die EMRK die Pressefreiheit als Teil der Meinungsfreiheit. In Deutschland war in der Weimarer Reichsverfassung ebenfalls nur die Meinungsfreiheit ausdrücklich geschützt, nicht auch die Pressefreiheit. Allerdings entfaltete die Meinungsfreiheit als Deutschengrundrecht nur beschränkte Wirkung. Demgegenüber gewährt Art. 5 Abs. 1 GG wie die Landesverfassung ein sog. „Jedermann-Grundrecht", auf das sich auch ausländische Staatsbürger berufen können.

5 Hervorzuheben ist der moderne Ansatz der Verfassung des Landes Thüringen, die ausdrücklich „die anderen Medien" in ihren Anwendungsbereich einbezieht. Das Grundgesetz kennt nur die Medientrias „Presse, Rundfunk und Film". Die

2 Einzelheiten *Fechner*, in: Stern/Becker, Art. 5 Rn. 25 ff., 53 ff.

Formulierung der Landesverfassung ist indessen weder ein Widerspruch zu Art. 5 Abs. 1 GG noch handelt es sich um eine Erweiterung des Schutzes auf Landesebene. Vielmehr bedarf die Medienfreiheit des Grundgesetzes einer eigenständigen, erweiternden Interpretation.[3]

Bei den Beratungen zur ThürVerf wurden fünf eigenständige Entwürfe durch die vertretenen Parteien eingebracht. Wegen der Ähnlichkeit zu Art. 5 Abs. 1 GG konnte bei den Fraktionen schnell Einigkeit über den Wortlaut der Norm erzielt werden. Unterschiede bestanden bei der Konkretisierung der verschiedenen Medien. Die Verfassungsentwürfe der Fraktionen sahen unterschiedlich weite Ausgestaltungen bei den Medien sowohl im Rahmen der Meinungsäußerungen gemäß Abs. 1 als auch bei den gewährten Freiheiten des Abs. 2 vor. Im Ergebnis der Beratungen verständigte man sich bei der Meinungsfreiheit nach Bedenken der CDU-Fraktion gegen eine weit gefasste Formulierung. Hingegen wurde die Norm in Abs. 2 entsprechend der Vorschläge von FDP und PDS weit gefasst, sodass „Fernsehen" und „andere Medien" berücksichtigt wurden. Die ursprünglich vorgesehene Diskriminierungs-Klausel („Niemand darf deshalb benachteiligt werden") wurde im Verfassungsausschuss abgelehnt und schließlich nicht in die Norm eingefügt.[4] 6

C. Verfassungsvergleichende Information

Art. 11 findet seine inhaltliche Entsprechung in Art. 5 Abs. 1 und 2 GG. Allerdings bestehen erhebliche Abweichungen im Wortlaut. Während Art 5 Abs. 1 Satz 2 GG ausdrücklich die Pressefreiheit, die Rundfunkfreiheit und die Filmfreiheit aufzählt, benennt Art. 11 Abs. 2 Satz 1 der Thüringer Verfassung zusätzlich das Fernsehen und „andere Medien". Die in der Bundesverfassung aufgeführte Präzisierung der Meinungsfreiheit im Hinblick auf Wort, Bild und Schrift, die allerdings irreführend ist, da sie nicht als abschließend, sondern beispielhaft zu interpretieren ist, fehlt in der Landesverfassung. Zudem wird in Art. 11 zwischen Rundfunk und Fernsehen unterschieden, während Art. 5 Abs. 1 GG nur den Rundfunkbegriff kennt, dem indessen unwidersprochen sowohl der Hörrundfunk als auch der Fernsehrundfunk eingeordnet wird. 7

Ein weiterer Unterschied in der Konstruktion der beiden Normen besteht in der Einbeziehung der Wissenschafts- und Kunstfreiheit in Art. 5 GG. Im Gegensatz zum Grundgesetz enthält der Artikel der thüringischen Landesverfassung, der die Medienfreiheit garantiert, keine Regelung über die Kunstfreiheit. „Bildung und Kultur" gehören dem engeren Kompetenzbereich der Länder zu, wie sich aus Art. 70 Abs. 1 GG folgern lässt, weshalb Thüringen dem Kultusbereich einen eigenen, den dritten Abschnitt des ersten Teils seiner Verfassung widmet und die Kunst- und Wissenschaftsfreiheit in diesen Zusammenhang einordnet und ihnen, ihrer Bedeutung entsprechend, eine eigenständige Norm widmet, den Art. 27. 8

Soweit Art. 11 wortgleich wie Art. 5 Abs. 1 GG Presse-, Rundfunk- und Filmfreiheit aufzählt, kann auf die Kommentierungen des Grundgesetzes bzw. der Grundrechte zurückgegriffen werden. 9

– zu Abs. 1: Einen entsprechenden Schutz wie die Verfassung Thüringens gewähren alle Landesverfassungen wie auch das Grundgesetz im Wesentlichen

3 BVerfGE 57, 295 (320); 73, 118 (152).
4 Entstehung ThürVerf S. 43.

gleich. Unterschiede bestehen lediglich im Hinblick auf Art und Umfang der Gewährleistung. Ergänzende Formulierungen sind das „frei und öffentlich“ der Meinungsäußerung in mehreren Landesverfassungen (VvB, BremVerf, HessVerf). Neben der Freiheit, Meinungen zu äußern wird verschiedentlich zudem das „Verbreiten“ erwähnt (BbgVerf, Verf Rh-Pf, SächsVerf, LVerf LSA). Einige Bundesländer präzisieren zudem ähnlich der Bundesverfassung und nicht abschließend die Meinungsäußerungsfreiheit **in Wort und Schrift** und ergänzen die Aufzählung durch weitere Verbreitungsmöglichkeiten wie Druck (BayVerf, BremVerf, SaarlVerf); Bild (BremVerf, Verf Rh-Pf, SaarlVerf, SächsVerf, LVerf LSA) sowie in sonstiger Weise (BayVerf, BremVerf, SaarlVerf).

– zu Abs. 2: Fernsehfreiheit, Freiheit der anderen Medien werden in der ThürVerf neben Presse- und Rundfunk sowie Film genannt. Das **Fernsehen ist in keiner sonstigen Landesverfassung enthalten**. Vergleichbare Regelungen, die eine Erweiterung hin auch auf neue mediale Formen deuten lassen (zu „anderen Medien“), finden sich in Art. 14 Abs. 2 VvB, der „Nachrichtenmittel aller Art“ als Informationsquellen nennt und Art. 19 Abs. 2 BbgVerf, der von „anderen Massenmedien“ spricht. Neben den Verfassungen, die auf das GG verweisen (s.o., Art. 2 Abs. 1 BWVerf, Art. 5 Abs. 3 M-VVerf, Art. 4 Abs. 1 Verf NW, Art. 3 Abs. 2 NV und Art. 2 a SchlHVerf) haben sich weitere Landesverfassungen stark am Wortlaut und der Systematik des Art. 5 Abs. 1 Satz 2 GG orientiert und gewährleisten die „klassischen“ Medienfreiheiten für Presse, Rundfunk und Film (Art. 14 Abs. 2 VvB, der sich nur auf die Presse bezieht und des Weitern „Nachrichtenmittel aller Art“ umschließt, Art. 15 Abs. 5 BremVerf, der enger gefasst, nur Druckerzeugnisse und Rundfunk einschließt, Art. 10 Abs. 1 Satz 3 Verf Rh-Pf; Art. 20 Abs. 1 Satz 2 SächsVerf; Art. 10 Abs. 1 Satz 2 LVerf LSA). Einige Landesverfassungen beschränken sich auf die Meinungsfreiheit und enthalten keine Regelungen zu den „Medienfreiheiten“ (Art. 110 Abs. 1 BayVerf; Art. 11 Abs. 1 HessVerf., Art. 5 Abs. 1 SaarlVerf). Regelungen zur **Zensur** ähnlich wie in der ThürVerf sind auch in der VvB (Art. 14 Abs. 3), BbgVerf (Art. 19 Abs. 6), BremVerf (Art. 15 Abs. 2), HessVerf (Art. 11 Abs. 2), SaarlVerf (Art. 5 Abs. 2), SächsVerf (Art. 20 Abs. 1 Satz 3) und LVerf LSA (Art. 10 Abs. 1 Satz 3) enthalten.

– zu Abs. 3: Die zum Grundgesetz identische Formulierung der ThürVerf zu **Schranken**regelungen des Art. 11 Abs. 3 findet sich in diesem Wortlaut auch in Art. 20 Abs. 3 SächsVerf, Art. 10 Abs. 2 LVerf LSA sowie Art. 10 Abs. 2 Verf Rh-Pf. Weitere Landesverfassungen enthalten Schrankenregelungen, jedoch mit teilweise abweichenden Formulierungen, vgl. Art. 14 Abs. 1 Satz 1 VvB (innerhalb der Gesetze), Art. 19 Abs. 1 Satz 2 BbgVerf (aufgrund eines Gesetzes), Art. 15 Abs. 6 BremVerf (gesetzliche Bestimmungen zum Schutz der Jugend) und Art. 5 Abs. 3 SaarlVerf (innerhalb der Schranke der Gesetze).

10 Einige Landesverfassungen sehen **weitere Einschränkungsmöglichkeiten** der Meinungsfreiheit bei Dienst- und Arbeitsverhältnissen vor (Art. 110 Abs. 1 Satz 2 BayVerf; Art. 19 Abs. 1 Satz 2 BbgVerf; Art. 15 Abs. 1 Satz 2 BremVerf; Art. 11 Abs. 1 Satz 2 HessVerf). Eine vergleichbare Einschränkung ist in Thüringen nicht vorgesehen. Damit entspricht die Rechtslage in Thüringen der Regelung im Grundgesetz. Ohnehin leuchtet die Verkürzung des Grundrechts in einer Beziehung der Bürger untereinander nicht ein, in der die Grundrechte allenfalls eine mittelbare Drittwirkung entfalten. Sie dürfte auf die frühere Recht-

sprechung des BAG zurückgehen, das die Grundrechte im Arbeitsverhältnis für direkt anwendbar hielt.

Weitere Landesverfassungen beinhalten „Diskriminierungsklauseln", die Schutz vor Diskriminierung wegen Meinungsäußerung bieten sollen: Art. 110 Abs. 1 Satz 2 BayVerf; Art. 11 Abs. 1 Satz 2 und 3 HessVerf; Art. 15 Abs. 1 Satz 3 BremVerf. Weder das GG noch die Landesverfassung Thüringen kennen vergleichbare Klauseln. Das bedeutet nicht, dass der Schutzbereich bei diesen Formulierungen enger auszulegen wäre. Vielmehr ergibt sich der entsprechende Schutz aus der Meinungsfreiheit direkt, in Verbindung mit dem Gleichheitssatz (Art. 2 ThürVerf). 11

Die **Charta der Grundrechte in der Europäischen Union** gewährleistet – ebenfalls in einem Art. 11 – die Freiheit der Meinungsäußerung und Informationsfreiheit. Davon umfasst ist das Recht einer jeden Person auf freie Meinungsäußerung. Abs. 2 erwähnt, dass die Freiheit der Medien und ihre Pluralität „geachtet" werden. Diese vorsichtige Formulierung wurde mit Bedacht gewählt, um nicht den Eindruck zu erwecken, die nationalen Gesetzgeber und damit in Deutschland indirekt die Bundesländer, würden durch die EU ihrer Kompetenz im Medienbereich beraubt. 12

Eine völkerrechtliche Norm von unmittelbarer Bedeutung für das nationale Recht (über Art. 6 Abs. 2 EUV) ist Artikel 10 der **EMRK**, demzufolge jede Person das Recht auf freie Meinungsäußerung hat. Eingeschlossen ist die Freiheit, Informationen und Ideen ohne behördliche Eingriffe und ohne Rücksicht auf Staatsgrenzen zu empfangen und weiterzugeben. Allerdings sind auch verschiedene Beschränkungsmöglichkeiten für die Vertragsstaaten vorgesehen. 13

D. Erläuterungen

Bezüglich der Bundesverfassung ist umstritten, ob Presse-, Rundfunk- und Filmfreiheit letztlich Ausprägungen einer einheitlichen **Medienfreiheit** sind. Gegen diese Auffassung sprechen die unterschiedlichen Regelungen, die das Bundesverfassungsgericht aus Art. 5 Abs. 1 GG für die dort genannten Medienformen ableitet. Dafür spricht allerdings die Intention des Verfassungsgebers, ein die Medienarbeit umfassend schützendes Grundrecht zu schaffen. Angesichts der Bedeutung der Medien in allen ihren Ausprägungen für die Demokratie erscheint die umfassende Interpretation vorzugswürdig. Dies gilt in besonderer Weise für die Verfassung des Landes Thüringen, da hier weitere Medien aufgeführt werden, was die exemplarische Nennung dieser Medienformen unterstreicht. Konsequenter Weise wählen die Herausgeber von Verfassungs- oder Kommentartexten den Begriff „Medienfreiheit" für ihre (in eckigen Klammern stehenden und somit erkennbar nichtamtlichen) Überschriften über Art. 5 GG. Aus der Wahl eines einheitlichen Begriffs darf jedoch nicht eine Beschränkung der Medienfreiheit auf die Massenmedien verstanden werden, vielmehr ist grundsätzlich auch die Individualkommunikation erfasst. Unter Einbeziehung der Meinungs- und der Informationsfreiheit, die nicht im engeren Sinne als Medienfreiheiten bezeichnet werden können, wird der Gesamtkomplex auch mit dem Begriff „Kommunikationsfreiheiten" umschrieben.[5] Da die Medien auch der Vermittlung von 14

5 Vgl. BVerfGE 107, 299 (329).

Kultur dienen, wäre eine Einordnung auch im dritten Teil der Verfassung denkbar gewesen.[6]

I. Grundrechtsträgerschaft

15 Art. 11 ist ein sog. Menschenrecht, auf das sich „jeder" unabhängig von der Staatsbürgerschaft berufen kann. Stehen natürliche Personen im Mittelpunkt der Grundrechtsgarantie der **Meinungsfreiheit**, so ist es doch auch möglich, dass sich juristische Personen und nicht rechtsfähige Personenvereinigungen auf die Meinungsfreiheit berufen. Beispielsweise kann ein Unternehmen sich als solches im geistigen Meinungskampf positionieren und dies nicht nur seinen Vertretern überlassen. Lediglich ausländischen juristischen Personen und juristischen Personen des öffentlichen Rechts ist die Berufung auf Art. 11 grundsätzlich versagt.

16 Auf die **Medienfreiheiten** können sich neben natürlichen Personen wie Verleger, Veranstalter von Rundfunk und Fernsehen und Produzenten von Filmen ebenfalls juristische Personen berufen. Als große Ausnahme vom Grundsatz, demzufolge staatliche Stellen wegen der Staatsabwehrfunktion der Grundrechte nicht Grundrechtsträger sind, können sich die öffentlich-rechtlichen Rundfunkanstalten, mithin auch der Mitteldeutsche Rundfunk (MDR), auf das Grundrecht der Rundfunk- und Fernsehfreiheit in Art. 11 Abs. 2 berufen, da gerade innerhalb der Rundfunkanstalten eine staatsferne und plurale Meinungsbildung möglich sein muss. Allerdings können sich die öffentlich-rechtlichen Rundfunkanstalten auch nur auf dieses Grundrecht und auf die in Art. 12 garantierte Grundversorgung des Art. 12 Abs. 1 berufen und nicht auf andere Grundrechte. Ob sich auch die Landesmedienanstalt, die für die Einhaltung der Rechtsvorgaben durch die Privatsender zuständig ist, auf das Grundrecht der Rundfunkfreiheit berufen kann, ist umstritten, indessen wohl insoweit anzunehmen, als sie andernfalls ihre Aufsicht nicht in programmlicher Hinsicht staatsfern vornehmen könnte.[7]

17 Minderjährige können sich ebenfalls auf die Medienfreiheiten berufen, jedenfalls ab Eintritt einer bestimmten Reife, die es ermöglicht, insbesondere von der Meinungsfreiheit sinnvoll Gebrauch zu machen. Dies gilt grundsätzlich auch für andere Medienfreiheiten, so dass sich auch minderjährige Schüler bei der Anfertigung einer Schüler- (nicht: Schul-) Zeitung auf die Pressefreiheit (bzw. die „Medienfreiheit") berufen können.[8]

II. Meinungsfreiheit (Abs. 1, 1. Alt.)

18 Der **Begriff der „Meinung"** ist weit zu ziehen und ist insbesondere unabhängig von der Qualität der Meinung.[9] Ein Ausschluss von Tatsachenbehauptungen, wie dies verschiedentlich angenommen wird, dürfte kaum praktikabel sein, da bereits deren Auswahl eine Meinungsäußerung bedeuten kann. Selbst eine möglicherweise fehlerhafte Ansicht ist regelmäßig von der Meinungsfreiheit umfasst, da unliebsame Meinungen andernfalls von staatlichen Stellen über diesen Weg eliminiert werden könnten. Lediglich bewusst falsche Ansichten „Lügen" wer-

6 Zu diesem Ansatz siehe *Fechner*, in: Stern/Becker, Art. 5 Rn. 68 ff.

7 AA: *Baumann-Hasske*, in: Kunzmann/Baumann-Hasske, Art. 20 Rn. 28; zur Grundrechtsbindung von Landesmedienanstalten vgl. BVerfGE 97, 298, (314); zur ambivalenten Rechtsstellung grundlegend *Bumke*, Die öffentliche Aufgabe der Landesmedienanstalten, 1995, S. 1 ff.

8 BVerfGE 95, 28 (34).

9 Vgl. BVerfGE 42, 163 (170).

den regelmäßig nicht vom Schutzbereich umfasst („Auschwitzlüge").[10] Ebenso ist „Schmähkritik" nicht durch die Meinungsfreiheit geschützt, bei der die Diffamierung eines anderen die inhaltliche Auseinandersetzung verdrängt. Demgegenüber ist sachliche Kritik auch dann verfassungsrechtlich geschützt, wenn sie in harscher Form geäußert wird.

Die Meinungsfreiheit umfasst die **Meinungsbildung**, die **Äußerung** der Ansicht 19
und deren **Verbreitung**. Die auch bezüglich der entsprechenden Norm des Grundgesetzes für falsch gehaltene Verkürzung auf die Anwendungsbereiche „in Wort, Schrift und Bild" hat der Verfassungsgeber in Thüringen zu recht nicht vorgenommen,[11] so dass alle Formen von Meinungskundgaben dem Schutzbereich unterfallen, beispielsweise auch Gesten, Sticker, kennzeichnende Kleidungsstücke etc. Ob sich aus der Verfassungsbestimmung auch ein Recht auf anonyme Meinungsäußerung ergibt, erscheint im Hinblick auf möglicher Weise verletzte Persönlichkeitsrechte fraglich.[12] Zur Meinungsäußerungsfreiheit gehört die Möglichkeit, das Medium der Meinungskundgabe zu wählen, mithin auch Mails, Chats, Blogs etc. Die Verfassung schützt umgekehrt auch das Interesse des Bürgers, eine Meinung nicht äußern zu müssen, was unter das Stichwort „**negative Meinungsfreiheit**" gefasst wird.

III. Informationsfreiheit (Abs. 1, 2. Alt.)

Die Informationsfreiheit ist ein weiterer Aspekt der Kommunikationsfreiheiten, 20
die sowohl die Meinungsfreiheit ergänzt, da sie erst ermöglicht, andere Meinungen kennenzulernen und sich eine Meinung zu bilden, als auch die Medienfreiheiten, da sie deren Rezeption gewährleistet. Der Kreis möglicher **Informationsquellen** ist weit und umfasst insbesondere die Massenmedien, jedoch auch alle anderen Formen des Informationsaustauschs wie Gespräche, Telefonate, Briefe etc. Insbesondere auch ausländische Informationsquellen sind dem Schutzbereich zuzuordnen.

Indes muss es sich dem Wortlaut der Norm zufolge um **allgemein zugängliche** 21
Quellen handeln. Allgemein zugänglich ist die Quelle, wenn sie dazu geeignet und bestimmt ist, der Allgemeinheit, also einem nicht bestimmbaren Personenkreis, Informationen zu vermitteln.[13] Allgemein zugänglich sind damit öffentliche Bibliotheken, Museen etc. und auch Schadensereignisse, nicht jedoch Behördenakten, der Polizeifunk sowie private Aufzeichnungen und die Kommunikation Dritter.

Bezüglich der allgemein zugänglichen Quellen muss es grundsätzlich möglich 22
sein, sich ohne staatliche Einflussnahme zu „**unterrichten**". Ein Anspruch auf Bereitstellung von Information durch Behörden ergibt sich wohl aus der Verfassung selbst nicht, in vielen Fällen jedoch aus einfachrechtlichen Bestimmungen wie den Informationsfreiheitsgesetzen des Bundes (IFG) und des Landes.[14]

---

10 BVerfGE 90, 241 (247), *Fechner*, Entscheidungen zum Medienrecht, 2. Aufl. 2010, Nr. 30.

11 So im Ergebnis auch *Jutzi*, in: Linck/Jutzi/Hopfe Art. 11 Rn. 7.

12 So aber offenbar BGH „spickmich.de", NJW 2010, 757.

13 Vgl. *Herzog*, in: Maunz/Dürig, Art. 5 Abs. I, II Rn. 90; *Wendt*, in: von Münch/Kunig, Art. 5 Rn. 23; *Clemens*, in: Umbach/Clemens, Art. 5 Rn. 52; *Starck*, in: von Mangoldt/Klein/Starck, Art. 5 Rn. 45; BVerfGE 27, 71 (83 f.); 33, 52 (65); 90, 27 (32) „Parabolantenne".

14 ThürIFG, ThürGVBl. 2007, S. 256.

IV. Medienfreiheit (Abs. 2)

23 **1. Pressefreiheit (Abs. 2 Satz 1, 1. Alt.).** Die Pressefreiheit ist die Freiheit, **Presseunternehmen zu gründen** und zu leiten und die Freiheit zu **publizistischer Tätigkeit** von der Recherche bis zur Verbreitung des Presseprodukts. [15] Der Begriff der **Presse** ist dabei weit zu ziehen. Der verfassungsrechtliche Pressebegriff ist nicht durch den einfachgesetzlichen Pressebegriff des Landespressegesetzes determiniert, der sich traditionell auf verkörperte Medieninhalte, Druckwerke iSd § 6 ThürPresseG beschränkt. Dieser umfasst zwar auch besprochene Bild-/Tonträger, bildliche Darstellungen und Musikalien mit Text oder Erläuterungen, nicht aber die „Online-Presse". Bezüglich des Pressebegriffs in Art. 5 Abs. 1 GG ist umstritten, ob dieser auch Internetzeitungen etc. erfasst.[16] Die Abgrenzung im Landespressegesetz könnte gegen eine Einbeziehung solcher Verbreitungswege in den Schutzbereich der landesverfassungsrechtlichen Pressefreiheit sprechen. Indessen kann die Form der Verbreitung nicht ausschlaggebend sein, von Sinn und Zweck der Norm her ist vielmehr entscheidend, dass journalistische Recherche und Publikation im Sinne der pluralistischen Meinungsbildung der Bevölkerung ohne inhaltlichen staatlichen Einfluss erfolgen kann. Wäre nur die Meinungsfreiheit einschlägig, wie dies teilweise behauptet wird, so wäre vor allem die journalistische Recherche für eine Internetzeitung nicht von der Pressefreiheit gedeckt, was nicht sachgerecht erscheint. Außerhalb des Schutzes der Pressefreiheit liegt daher nur die nicht-journalistische Aufbereitung von Nachrichten und sonstigen Inhalten beispielsweise in privaten Blogs. Diese Abgrenzung kann im Einzelfall schwierig sein und muss anhand von Kriterien wie der Berufsbezogenheit der Tätigkeit oder der Bezogenheit auf ein Presseunternehmen getroffen werden. Soweit es sich nicht um pressemäßige Tätigkeiten im Multimediabereich handelt, ist die Freiheit der „anderen Medien" einschlägig.

24 Die Pressefreiheit ermöglicht die freie **Gründung** von Presseunternehmen.[17] Die **Zulassungsfreiheit** für Presseunternehmen lässt sich aus der Verfassung nicht ableiten, sie ergibt sich vielmehr aus § 2 ThürPresseG.

25 Geschützt sind das Sammeln und die redaktionelle Bearbeitung von Informationen unabhängig von staatlicher Einflussnahme, weshalb auch die Durchsuchung von Presseräumen und die Beschlagnahme von Materialien von Pressemitarbeitern sich verfassungsrechtlicher Überprüfung stellen müssen.[18]

26 In engem Zusammenhang mit dem **Redaktionsgeheimnis** steht der **Informantenschutz**, der das Vertrauensverhältnis der Medien zu ihren Informanten umfasst. Geschützt sind insbesondere Namen und Identität der Informanten, aber auch der Inhalt der Informationen.[19] Ohne den Informantenschutz wären die Medien in Gefahr, nicht mehr hinreichend über Missstände in Politik und Gesellschaft informiert zu werden, da sich die Informanten möglicherweise aus Furcht vor strafrechtlichen oder beruflichen Repressionen scheuen würden, sich an die Presse zu wenden und ihre Informationen weiter zu geben. Der Informantenschutz geht so weit, dass ein Pressemitarbeiter auch vor Gericht seinen Informanten nicht nennen muss. Der Umfang des Zeugnisverweigerungsrechts ist in

15 BVerfGE 85, 1 (13).
16 Vgl. *Baumann-Hasske*, in: Kunzmann/Baumann-Hasske, Art. 20 Rn. 20.
17 BVerfGE 97, 125 (144).
18 BVerfGE 64, 108 (177).
19 BVerfGE 20, 182 (171).

den Prozessordnungen geregelt,[20] allerdings ist es verfassungsrechtlich verankert und kann auch über die einfachgesetzliche Garantie hinausgehen.[21]

Die Pressefreiheit ermöglicht es dem Verleger einer Zeitung oder Zeitschrift, deren politische und weltanschauliche Tendenz festzulegen.[22] Dieser **Tendenzschutz** wird aus dem wirtschaftlichen Risiko abgeleitet, das der Verleger zu tragen hat und das ihn auch gegenüber Einflussnahmen des Betriebsrats schützt.[23] 27

Schließlich enthält die Pressefreiheit eine sog. **Institutsgarantie**, die gewährleistet, dass das Institut freie Presse als solches erhalten bleibt, d.h., dass die Pluralität der Meinungen auf dem Zeitungsmarkt gewährleistet wird. Aus der Institutsgarantie kann sich eine Pflicht des Staates ergeben, Monopolbildungen zu verhindern, wenn diese eine pluralistische Meinungsbildung nicht mehr ermöglichen würden. 28

2. Rundfunk- und Fernsehfreiheit (Abs. 2 Satz 1, 2. u. 3. Alt.). Begrifflich unterscheidet Art. 11 zwischen Rundfunk und **Fernsehen**, in Abweichung von Art. 5 Abs. 1 GG, der nur den Rundfunk erwähnt. Besteht auch Einigkeit, dass das Grundgesetz sowohl Hörrundfunk als auch das Fernsehen schützt, trägt die Formulierung der ThürVerf doch zur Klarheit bei, ohne dass insoweit eine inhaltliche Abweichung zur Bundesverfassung festzustellen wäre. Vielmehr wird die Landesverfassung mit der ausdrücklichen Erwähnung des Fernsehens der besonderen Bedeutung dieser Medienform gerecht. In der Rechtsprechung des BVerfG wird dem Fernsehen ebenfalls eine besondere Stellung innerhalb der Medien zugesprochen, wofür zur Begründung die Breitenwirkung, die Aktualität und die Suggestivkraft der bewegten Bilder beim Fernsehen genannt werden.[24] 29

Merkwürdig ist hinsichtlich der Begrifflichkeit, dass im nachfolgenden **Art. 12** lediglich der **Rundfunk** erwähnt wird. Würde hierunter lediglich der Hörrundfunk verstanden werden, so wäre Art. 12 ThürVerf verfassungswidrig. Möglich ist indes eine verfassungskonforme Interpretation dergestalt, dass Art. 12 den herkömmlichen Rundfunkbegriff verwendet, der auch das Fernsehen umfasst, wohingegen Art. 11 lediglich zur Klarstellung und Verdeutlichung zusätzlich das Fernsehen erwähnt.[25] 30

Hinsichtlich der Rundfunkfreiheit sind Art. 11 und 12 im Zusammenhang zu sehen, da auch dort Vorgaben für den Rundfunk festgelegt wurden. Art. 12 bestimmt die Aufgaben des öffentlich-rechtlichen Rundfunks und sein Verhältnis zum privaten Rundfunk und enthält Vorgaben für die Aufsichtsgremien. Die Rundfunkfreiheit ist demgegenüber in Art. 11 geregelt und bezieht sich somit auf den privaten wie den öffentlich-rechtlichen Rundfunk. 31

Die **Abgrenzung** des Rundfunks von anderen Medien kann großzügig erfolgen, da es sich um ein einheitliches Grundrecht handelt, wohingegen der einfachgesetzliche Rundfunkbegriff angesichts der Zulassungsbedürftigkeit privaten Rundfunks enger gezogen werden muss. Die Abgrenzung des Rundfunks gegen- 32

20 § 53 Abs. 1 Nr. 5 StPO, Zeugnisverweigerungsrecht aus beruflichen Gründen.
21 BVerfGE 77, 346 „Zeugnisverweigerungsrecht von Presseangehörigen".
22 BVerfGE 52, 283 (296).
23 Vgl. *Fechner*, in: Stern/Becker, Art. 5 Rn. 137.
24 BVerfGE 119, 181 (214 f.).
25 Auch *Jutzi*, in: Linck/Jutzi/Hopfe, Art. 11 Rn. 40 hat dieses Problem erkannt und spricht in diesem Zusammenhang von der Fernsehfreiheit von einer „volkstümlichen Begrifflichkeit" zu der sich der Gesetzgeber hat hinreißen lassen.

über Multimediaangeboten ist für die Praxis wenig bedeutungsvoll, da die „anderen Medien“ ebenfalls ausdrücklich in Art. 11 erwähnt sind und denselben Schutz genießen wie der Rundfunk. Traditionell wird es als Charakteristikum des Rundfunks angesehen, dass dieser einseitig gerichtet ist und sich an eine Vielzahl von Empfängern richtet.[26] Zudem wird verfassungsrechtlich von Rundfunk nur bei Vorliegen einer Darbietung, nach Ablauf eines Sendeplans gesprochen und auf die Meinungsbildungsrelevanz abgehoben, während der einfachgesetzliche Rundfunkbegriff durch europarechtliche Vorgaben die Linearität eines Angebots als Merkmal des Rundfunks definiert.[27]

33 Besonderheiten sind hinsichtlich des **öffentlich-rechtlichen Rundfunks** zu beachten. Da die Grundrechte Abwehrrechte des Bürgers gegen den Staat sind, kann eine Anstalt des öffentlichen Rechts, wie es die Rundfunkanstalten sind, sich nicht auf Grundrechte berufen. Als eine der wenigen Ausnahmen von diesem Grundsatz gesteht das Bundesverfassungsgericht den Rundfunkanstalten zu, sich auf das Grundrecht der Rundfunkfreiheit, allerdings auch nur auf dieses, berufen zu können.[28] Indes tritt bei den öffentlich-rechtlichen Rundfunkanstalten der individualrechtliche Aspekt der Rundfunkfreiheit ganz gegenüber dem dienenden Aspekt der Rundfunkfreiheit[29] in den Hintergrund. So kann eine öffentlich-rechtliche Anstalt sich nicht auf die Tendenzfreiheit berufen.

34 Inhaltlich ist die Rundfunkfreiheit nicht nur auf „Berichterstattung“ beschränkt, wie dies in Art. 5 Abs. 1 Satz 2 GG formuliert ist. Die Verfassung des Landes Thüringen kennt diese Verkürzung der Rundfunkfreiheit zu Recht nicht. Die Formulierung des Grundgesetzes ist missglückt und muss aus Gründen der teleologischen Interpretation im Interesse eines umfassenden Schutzes der Medienfreiheit über den Wortlaut hinaus auf alle anderen Inhalte neben der Berichterstattung ausgedehnt werden.

35 Die Rundfunkfreiheit schützt grundsätzlich dieselben Betätigungen von Medienschaffenden wie die Pressefreiheit. Somit ist insbesondere das **Redaktionsgeheimnis** geschützt[30] und es wird der **Informantenschutz** gewährleistet, wie auch der Tendenzschutz.[31] Modifikationen ergeben sich allerdings hinsichtlich des öffentlich-rechtlichen Rundfunks, da diesem im Sinne des Rundfunks als einer dienenden Freiheit der Auftrag der Grundversorgung zugewiesen ist, der nicht durch einen Tendenzschutz unterlaufen werden darf. Hingegen sind das Redaktionsgeheimnis, der Informantenschutz einschließlich des Zeugnisverweigerungsrechts auch beim öffentlich-rechtlichen Rundfunk zu beachten. Eine „innere Rundfunkfreiheit“ des einzelnen Journalisten gegenüber der Rundfunkanstalt gibt es jedenfalls nicht.

36 Weiterhin garantiert die Rundfunkfreiheit auch die **Programmfreiheit**, d.h. die Möglichkeit, die Inhalte des Programms frei von staatlicher Beeinflussung zu generieren, was vor allem für die öffentlich-rechtlichen Sender wichtig ist. Zwar gibt es bezüglich des öffentlich-rechtlichen Rundfunks eine staatliche Aufsicht, diese muss jedoch streng auf eine Kontrolle der Rechtmäßigkeit beschränkt sein.

26 Vgl auch. *Baumann-Hasske*, in: Kunzmann/Baumann-Hasske, Art. 20 Rn. 31.
27 Einzelheiten in § 2 RStV.
28 BVerfGE 31, 314, (318), so auch *Birkmann/Walsmann*, S. 41.
29 BVerfGE 74, 297 (323 f.); 87, 181 (197).
30 BVerfGE 107, 299 (330).
31 BVerfGE 97, 298 (310).

3. Filmfreiheit (Abs. 2 Satz 1, 4. Alt.). Die Verfassung des Landes Thüringen schützt auch den Film. Im Gegensatz zum Rundfunk, der das Programm und den Veranstalter von Rundfunk als solche grundrechtlich absichert, ist es bei der Filmfreiheit das einzelne Medienprodukt wie auch seine Anfertigung und Verbreitung, die von der Filmfreiheit umfasst sind. Geschützt sind sowohl die **Herstellung** und die private wie öffentliche **Wiedergabe** von Kinofilmen als auch von Filmen auf anderen Datenträgern und im Internet. Die im Grundgesetz mindestens missverständliche, wenn nicht fehlerhafte Beschränkung auf eine „Berichterstattung" durch Film kennt die Verfassung des Landes Thüringen zu Recht nicht. 37

Für das Fernsehen angefertigte Fernsehfilme unterfallen der Fernsehfreiheit. Künstlerisch gestaltete Filme sind über die **Kunstfreiheit** des Art. 27 Abs. 1 ThürVerf geschützt, der als Grundrecht ohne Gesetzesvorbehalt vorrangig ist.[32] Der Vorrang ergibt sich daraus, dass Art. 27 als stärkeres Grundrecht ausgestaltet ist als Art. 11, der durch ein „allgemeines Gesetz" eingeschränkt werden kann, wohingegen Art. 27 eine solche Schrankenregelung nicht kennt, mithin als „geschlossenes Grundrecht" nur durch andere Grundrechte oder andere Werte von Verfassungsrang eingeschränkt werden kann. Bei Behördenentscheidungen, beispielsweise der Entscheidung über eine Drehgenehmigung in einem öffentlichen Gebäude oder über eine Sondernutzungserlaubnis für eine dem öffentlichen Verkehr gewidmete Straße, hat die Behörde bei der Abwägung der widerstreitenden Interessen auf Seiten des Filmproduzenten immer die Kunst- oder die Filmfreiheit mit in die Abwägung einzustellen. 38

4. Freiheit der anderen Medien (Abs. 2 Satz 1, 5. Alt.). Art. 11 schützt ausdrücklich auch „die anderen Medien". Der Verfassungsgeber meint damit den **Multimediabereich.** Das Grundgesetz kennt eine entsprechende „Freiheit der anderen Medien" nicht, da es die „neuen Medien" zum Zeitpunkt des Erlasses der Norm noch nicht gab. Andere Verfassungen der neuen Bundesländer greifen den Multimediabereich aber ebenfalls – wenn auch in unterschiedlicher Formulierung – auf. So verwendet etwa die Verfassung des Landes Brandenburg in Art. 19 Abs. 2 den Begriff „Massenmedien", die Berliner Verfassung gewährleistet in Art. 14 Abs. 2 „Nachrichtenmitteln aller Art" Schutz und lässt dadurch auch eine gewisse Öffnung zu neuen Informationsformaten erkennen. 39

Die Unbestimmtheit des Begriffs „andere Medien" muss hingenommen werden, damit die Norm **entwicklungsoffen** bleibt. Vermutlich ist sie bewusst offen gehalten worden, um noch weitere künftige Medienformen ohne weiteres erfassen zu können. Geschützt sind somit schon derzeit die unterschiedlichen Multimediaangebote.[33] Gem. § 4 ThürTMG sind diese, wenn das verfassungsrechtlich auch nicht gefordert ist, zulassungs- und anmeldefrei. 40

Angesichts der fehlenden grundgesetzlichen Normierung stellt sich hinsichtlich der Landesverfassungen, die eine entsprechende Regelung kennen, die Frage nach dem Umfang der Freiheit der „anderen Medien". Da die Individualkommunikation bereits in Art. 11 Abs. 1 geregelt ist, und da sie im systematischen Zusammenhang mit den Massenmedien steht, bezieht sich die Freiheit der „anderen Medien" offensichtlich auf **massenmediale Internetinhalte.** Alle Formen von Online-Zeitungen und von Rundfunk im Internet sind hiervon erfasst. 41

32 Siehe unten Art. 27 Rn. 13.
33 So auch *Jutzi*, in: Linck/Jutzi/Hopfe, Art. 11 Rn. 51 und *Birkmann/Walsmann*, S. 40.

42 Inhaltlich ist wiederum die volle Breite journalistischer Tätigkeit vom grundrechtlichen Schutz abgedeckt.

V. Zensurverbot (Abs. 2 Satz 2)

43 Die Formulierung ist anders als im GG; heißt es dort in Art. 5 Abs. 1 Satz 3: „eine Zensur findet nicht statt“, lautet Art. 11 Abs. 2 Satz 2: „Zensur ist nicht zulässig“. Diese Formulierung ist besser, da sie nicht als Zustandsbeschreibung missverstanden werden kann und das Verbot staatlicher Zensur deutlicher in Erscheinung treten lässt. Unter Zensur ist allerdings lediglich die staatliche **Vorzensur** gemeint. Damit sind nachträgliche repressive Maßnahmen etwa im Hinblick auf die Beschlagnahme strafbarer Medieninhalte nicht durch das Zensurverbot ausgeschlossen, wenn auch aufgrund des Verhältnismäßigkeitsprinzips nur unter engen Voraussetzungen zulässig. Zudem richtet sich das Zensurverbot nur gegen **staatliche Stellen.** So ist etwa die Weisung eines verantwortlichen Redakteurs an seine Journalisten, ihm Artikel vor der Veröffentlichung vorzulegen, nicht vom Zensurverbot umfasst. Das Zensurverbot richtet sich vielmehr gegen staatliche Maßnahmen, die Medienschaffende zur Vorlage der von ihnen erarbeiteten Medieninhalte verpflichten, damit sie in ihrer Entfaltungsfreiheit nicht durch den Gedanken an einen Zensor beeinträchtigt werden („Schere im Kopf“). Dem Zensurbegriff sind darüber hinaus solche Maßnahmen zuzurechnen, die die Verbreitung bestimmter Meinungen von vorne herein ausschließen, beispielsweise ein staatliches Verbot, über ein bestimmtes Thema zu berichten.

VI. Schranken der allgemeinen Gesetze

44 **1. Gesetz.** Die Kommunikations- und Medienfreiheit(en) können nur durch ein Gesetz eingeschränkt werden. Da es sich bei Einschränkungen des Grundrechts aus Art. 11 regelmäßig um grundrechtsrelevante Eingriffe handeln wird, greift der Parlamentsvorbehalt, d.h. bei dem einschränkenden Gesetz muss es sich um ein **Landesgesetz im formellen Sinne** handeln, d.h., es muss vom Landtag verabschiedet worden sein, wohingegen eine Rechtsverordnung nicht ausreichend ist.

45 **2. Allgemeines Gesetz.** Dem BVerfG zufolge sind Gesetze **allgemein,** die sich nicht gegen die Äußerung einer Meinung als solche richten, vielmehr dem Schutz eines schlechthin, ohne Rücksicht auf eine bestimmte Meinung, zu schützenden Rechtsguts dienen, das gegenüber der Betätigung der Meinungsfreiheit grundsätzlich den Vorrang hat.[34]

46 **3. Jugend- und Ehrschutz.** Umstritten ist, ob dem „Jugend- und Ehrschutz“ neben dem „allgemeinen Gesetz“ noch eine eigenständige Funktion zukommt. Das steht zu bezweifeln, da ja sowohl die zum Schutz der Jugend erlassenen Normen ebenso wie die strafrechtlichen Ehrschutzdelikte als „allgemeine Gesetze“ anzusehen sind, da sie meinungsneutral ausgerichtet sind. Dennoch ist die Erwähnung dieser beiden Schutzgüter nicht überflüssig, da sie der Verfassungsgeber nochmals ausdrücklich in Erinnerung rufen möchte und damit zu erkennen gibt, dass ihnen bei Abwägungsvorgängen besonderes Gewicht einzuräumen ist.

47 Im Gegensatz zur Formulierung in Art. 5 Abs. 2 GG, der lediglich „Bestimmungen zum Schutze der Jugend“ nennt, erwähnt Art. 11 Abs. 3 ThürVerf ausdrücklich „Bestimmungen zum Schutz der Kinder und Jugendlichen“. Ist damit

34 BVerfGE 62, 230 (243 f.) „Denkzettel-Aktion“; 28, 191 (200) „Pätsch“.

auch in der Sache nichts anderes gemeint, als sich aus einer Interpretation der Bundesverfassung ergibt, ist die in der Landesverfassung vorgenommene Klarstellung doch sinnvoll.

Artikel 12 [Rundfunkversorgung][1]

(1) Das Land gewährleistet die Grundversorgung durch öffentlich-rechtlichen Rundfunk und sorgt für die Ausgewogenheit der Verbreitungsmöglichkeiten zwischen privaten und öffentlich-rechtlichen Veranstaltern.

(2) In den Aufsichtsgremien der öffentlich-rechtlichen Rundfunkanstalten und in den vergleichbaren Aufsichtsgremien über den privaten Rundfunk sind die politischen, weltanschaulichen und gesellschaftlichen Gruppen nach Maßgabe der Gesetze zu beteiligen.

Vergleichbare Regelungen

Eine vergleichbare Norm über die Ausgestaltung des Rundfunks kennt das Grundgesetz nicht. In anderen Landesverfassungen finden sich ebenfalls keine vergleichbaren Normen.

Ergänzungsnormen im sonstigen thüringischen Recht

Staatsvertrag über den Mitteldeutschen Rundfunk (MDR) v. 30.05.1991; ThürLMG v. 05.03.2003 (ThürGVBl. S. 117) zuletzt geändert durch Gesetz zur Änderung rundfunkrechtlicher Vorschriften v. 16.07.2008 (ThürGVBl. S. 219); Rundfunkstaatsvertrag – RStV idF des 15. RÄStV in Kraft getreten am 01.01.2013.

Dokumente zur Entstehungsgeschichte

Art. 21 VerfE SPD; Art. 11 VerfE NF/GR/DJ; Art. 14 VerfE LL/PDS; Entstehung ThürVerf, S. 44 f.

Literatur

Wiebke Baars, Kooperation und Kommunikation durch die Landesmedienanstalten, 1999; *Wilfried Bullinger*, Der Rundfunkbegriff in der Differenzierung kommunikativer Dienste, AfP 1996, 1 ff.; *Christoph Degenhart*, Funktionsauftrag und „dritte Programmsäule" des öffentlich-rechtlichen Rundfunks, K&R, 2001, 329 ff.; *Frank Fechner*, Medienrecht, 14. Aufl. 2013, 10. Kap.; *Udo Fink*, Wem dient die Rundfunkfreiheit?, DÖV 1992, 805 ff.; *Hubertus Gersdorf*, Grundzüge des Rundfunkrechts, 2003; *Albrecht Hesse*, Rundfunkrecht, 3. Aufl. 2003; *ders.*, Staatsfreiheit des Rundfunks und SWR-Staatsvertrag, JZ 1997, 1083 ff.; *Bernd Holznagel/Daniel Stenner*, Rundfunkrecht, 2004; *Karl-Heinz Ladeur,* Grundrechtskonflikte in der dualen Rundfunkordnung, AfP 1998, 141 ff.; *Peter Niepalla*, Die Grundversorgung durch die öffentlich-rechtlichen Rundfunkanstalten, 1990.

Leitentscheidungen des BVerfG

BVerfGE 12, 205 (Deutschland-Fernsehen-GmbH – Grundlagen der Rundfunkordnung); 31, 314 (Umsatzsteuer – öffentlich-rechtliche Rundfunkanstalten und Grundrecht der Rundfunkfreiheit); 57, 295 (FRAG, Privatrundfunk im Saarland – Einführung des privaten Rundfunks); 73, 118 (Niedersachsen – Ausgestaltung des Rundfunkauftrags); 74, 297 (Baden-Württemberg – Umfang der Grundversorgung und zur Konkurrenz zu den privaten Rundfunkanstalten); 83, 238 (Nordrhein-Westfalen – Bestands- und Entwicklungsgarantie des öffentlich-rechtlichen Rundfunks); 87, 181 (Hessen-3 – Rundfunkfinanzierung und Werbung); 90, 60 (Rundfunkgebühren – Verfahren der Rundfunkgebührenfestsetzung).

1 Für wertvolle Hinweise bei der Abfassung der Kommentierung danke ich meinem Wissenschaftlichen Mitarbeiter, Herrn Ass. iur. Johannes Arnhold.

A. Überblick

1 Die Gewährleistung der Grundversorgung des öffentlich-rechtlichen Rundfunks ist systematisch bei den Freiheitsrechten in der Thüringer Verfassung angesiedelt. Insbesondere ist sein Bezug zu Art. 11 zu berücksichtigen, der in Abs. 2 die Medienfreiheit garantiert. Art. 12 enthält weiterführend die Garantie der Grundversorgung durch den öffentlich-rechtlichen Rundfunk, sorgt für ein ausgewogenes Verhältnis der Verbreitungsmöglichkeiten von öffentlich-rechtlichen und privaten Angeboten und gewährleistet eine pluralistische Besetzung der Aufsichtsgremien. Mit dieser differenzierten Regelung zugunsten unterschiedlicher Rechtssubjekte enthält Art. 12 die Ausgestaltung eines wichtigen Teils der Rundfunkordnung in Thüringen und geht damit weit über das in anderen Verfassungsurkunden Übliche hinaus.

2 Ist die Rundfunkfreiheit als Teil der Medienfreiheit in Art. 11 Abs. 2 grundrechtlich abgesichert, so regelt Art. 12 im Wesentlichen die Organisation des Rundfunks. Festgelegt werden zum einen der Grundversorgungsauftrag des öffentlich-rechtlichen Rundfunks und zum anderen das Verhältnis zwischen dem öffentlich-rechtlichen und dem privaten Rundfunk. In Abs. 2 wird die Ausgewogenheit der Aufsichtsgremien beider Rundfunkformen festgelegt.

B. Herkunft, Entstehung und Entwicklung

3 Die Vorschrift des Art. 12 ist singulär. Ihr wesentlicher Inhalt ist den Rundfunkentscheidungen des Bundesverfassungsgerichts zu entnehmen. Insbesondere die Grundversorgung, die vom Bundesverfassungsgericht als Aufgabe wie Begründung des öffentlich-rechtlichen Rundfunks herausgearbeitet wurde und in jüngeren Entscheidungen mit dem neueren Begriff des Funktionsauftrags umschrieben wird, ist in der Landesverfassung ausdrücklich aufgegriffen worden. Damit geht die Landesverfassung über das Grundgesetz hinaus und bezieht dessen bundesverfassungsgerichtliche Interpretation in ihren Wortlaut mit ein.[2]

4 Bei den Beratungen zur Thüringer Landesverfassung hatten lediglich drei der fünf im Landtag vertretenen Parteien Entwürfe zur Formulierung des Grundrechtsartikels auf Grundversorgung durch den öffentlich-rechtlichen Rundfunk eingebracht.[3] Die zwei verbleibenden Fraktionen hatten zwar Vorschläge gemacht, wollten diese aber an anderer Stelle in die Verfassung einbauen. Die SPD- Fraktion brachte einen Entwurf ein, der als Abs. 4 des Art. 21 ThürVerf eine Bestands- und Entwicklungsgarantie des öffentlich-rechtlichen Rundfunks in Thüringen zum Inhalt hatte. Dagegen wollte die Fraktion NF/GR/DJ lieber Art. 11 um die Absätze 4 und 5 erweitert sehen. Dabei sah Abs. 4 eine Bestandsgarantie, ein Bekenntnis zum Pluralismus und die Aufzählung von Schranken vor, wohingegen Absatz 5 den Aufbau eines nichtkommerziellen Bürgerrund-

2 Vgl. *Jutzi*, in: Linck/Jutzi/Hopfe, Art. 12 Rn. 5 ff.
3 Entstehung ThürVerf S. 45.

funks zum Inhalt hatte. Die Fraktion LL/PDS legte schließlich einen Entwurf vor, der dem heutigen Art. 12 am nächsten kommt, wollte diesen aber als dritten Absatz des Art. 14 ThürVerf verankern. Im Verfassungsunterausschuss wurde über Art. 12 ThürVerf kontrovers diskutiert. Insbesondere wurden Zweifel an einer verfassungsrechtlichen Regelung zum öffentlich-rechtlichen Rundfunk generell geäußert.[4] Daraufhin wurde ein Formulierungsvorschlag erarbeitet, der vom Verfassungsausschuss schließlich nahezu wortgleich in die Verfassung übernommen worden ist. Der in Art. 12 Abs. 1 verwendete Begriff der „Ausgewogenheit" war ebenso in der Diskussion, wurde letztlich aber auch nach der Hinzuziehung externer Sachverständiger im Verfassungstext beibehalten.[5]

C. Verfassungsvergleichende Information

Eine vergleichbare Norm über die Ausgestaltung des Rundfunks kennt das Grundgesetz nicht. Die verfassungsrechtlichen Vorgaben der Rundfunkordnung wurden vielmehr im Einzelnen vom Bundesverfassungsgericht aus Art. 5 Abs. 1 GG abgeleitet. An dieser verbindlichen Interpretation der Rundfunkfreiheit des Art. 5 Abs. 1 GG hat sich die Auslegung des Art. 12 zu orientieren und darf keinesfalls hinter den dort gewährten Garantien zurückbleiben. 5

Andere Bundesländer kennen keine dem Art. 12 entsprechende Organisationsnorm des Rundfunks. Die einzige Ausnahme ist bezüglich der Besetzung von Aufsichtsgremien der öffentlich-rechtlichen Rundfunkanstalt Art. 111 a Abs. 2 der Bayerischen Landesverfassung, der z.T. mit Art. 12 Abs. 2 vergleichbar ist. 6

Der Inhalt des Art. 12 ist zwar durch die Interpretation des Grundgesetzes durch das Bundesverfassungsgericht determiniert, indes handelt es sich bei Art. 12 um eine Klarstellung, die als Bekenntnis Thüringens zum öffentlich-rechtlichen Rundfunk, insbesondere zum sog. dualen Rundfunksystem[6] und zum Grundsatz plural besetzter Aufsichtsgremien über den Rundfunk zu verstehen ist. 7

D. Erläuterungen

I. Öffentlich-rechtlicher Rundfunk

1. Begriff des Rundfunks. Gemäß Art. 12 gewährleistet das Land die **Grundversorgung** durch den öffentlich-rechtlichen Rundfunk. Dieser Begriff könnte im Hinblick auf Art. 11 Abs. 2 ThürVerf missverständlich sein, da dort neben dem Rundfunk auch ausdrücklich das Fernsehen aufgeführt wird.[7] Aus begrifflichen und systematischen Erwägungen heraus könnte man zum Ergebnis kommen, dass das Land lediglich die Grundversorgung durch den Hörrundfunk garantiert. Dieses Ergebnis wäre mit der Rechtsprechung des Bundesverfassungsgerichts zum Grundversorgungs- bzw. Funktionsauftrag des öffentlich-rechtlichen Rundfunks jedoch nicht vereinbar und daher verfassungswidrig. Nach unbestrittener Interpretation des Rundfunkbegriffs durch das Bundesverfassungsgericht ist darunter sowohl der **Hörrundfunk als auch das Fernsehen** zu verstehen. Ferner sprechen auch der Sinn und Zweck der Regelung ebenso wie die mutmaßliche Intention des Verfassungsgebers für ein weites Begriffsverständnis. Der Vergleich mit der Bundesverfassung, deren Gehalt durch Landesrecht nicht 8

4 Entstehung ThürVerf S. 44.
5 Entstehung ThürVerf S. 45.
6 Vgl. *Jutzi*, in: Linck/Jutzi/Hopfe, Art. 12 Rn. 1.
7 Vgl. hierzu bereits Art. 11 Rn. 29 ff.

verkürzt werden darf, spricht somit eindeutig dafür, dass sich der Grundversorgungsauftrag auch auf das Medium des Fernsehens bezieht, dem aufgrund seiner **Aktualität** und **Breitenwirkung** sowie der **Suggestivkraft** seiner bewegten Bilder eine besondere Bedeutung in der Demokratie zukommt.

9 Hinzuweisen ist schließlich darauf, dass Art. 12 nicht auf die in Art. 11 aufgeführten „anderen Medien“ anwendbar ist. [8] Dies gilt, obwohl Rundfunk über das Internet verbreitet werden kann und Internetdienste rundfunkähnliche Angebote übermitteln können. Des ungeachtet bezieht sich der Grundversorgungsauftrag nach derzeit geltendem Verfassungsrecht lediglich auf den Rundfunk in dem vom Bundesverfassungsgericht in verschiedenen Entscheidungen entwickelten Sinne.

10 **2. Rechtsprechung des Bundesverfassungsgerichts.** Art. 12 geht von einer **dualen Rundfunkordnung** aus, in der es als unabdingbaren Bestandteil einen öffentlich-rechtlichen Rundfunk gibt, der ergänzt wird durch private Rundfunkanbieter. Die Einzelheiten der dualen Rundfunkordnung sind vom Bundesverfassungsgericht in den sog. Fernsehurteilen aus Art. 5 GG abgeleitet worden.[9] Die Grundaussage ist hierbei, dass die Aufgabe des öffentlich-rechtlichen Rundfunks die Grundversorgung ist. Der Staat hat dafür Sorge zu tragen, dass der öffentlich-rechtliche Rundfunk finanziell in der Lage ist, dem Grundversorgungsauftrag Genüge zu tun.[10] Da der Rundfunk nicht zum Instrument des Staates werden darf, wird eine Finanzierung des öffentlich-rechtlichen Rundfunks über Steuern vom Bundesverfassungsgericht abgelehnt, weshalb der Weg über einen Rundfunkbeitrag (vor 2013 einer „Rundfunkgebühr“) gewählt wurde, der von den Nutzern selbst erbracht wird.

11 Um die Rundfunkfreiheit auch innerhalb des öffentlich-rechtlichen Rundfunks gewährleisten zu können, werden die programminhaltlichen Entscheidungen durch ein internes Gremium getroffen, dem Rundfunkrat, der pluralistisch zusammengesetzt sein muss. Insoweit ist der öffentlich-rechtliche Rundfunk **binnenplural** zu organisieren, d.h. unterschiedliche Gruppierungen innerhalb der Bevölkerung müssen durch Repräsentanten im Rundfunkrat vertreten sein, um so – wenn nicht ein vollkommenes Meinungsspektrum der Bevölkerung wiederzugeben – doch die unterschiedlichen in der Bevölkerung vorherrschenden Ansichten zum Ausdruck kommen zu lassen.[11] Der Gesetzgeber hat sich allerdings dafür entschieden, dass dieses binnenplurale Modell durch eine **Außenpluralität** in Gestalt der Privatsender ergänzt wird, d.h. dass es neben den öffentlich-rechtlichen Rundfunkanstalten Privatsender geben kann, die ebenfalls zu einer Pluralität der Meinungen beitragen können. Allerdings können die privaten Sender die öffentlich-rechtlichen Anstalten immer nur ergänzen, nie ersetzen, da diesen die Aufgabe der Grundversorgung zukommt. Da es den öffentlich-rechtlichen Rundfunk gibt und er den Grundversorgungsauftrag wahrzunehmen hat, müssen an die Privatsender hinsichtlich der Meinungspluralität keine so hohen Anforderungen wie an den öffentlich-rechtlichen Rundfunk gestellt werden, so dass sich die Privatsender im Gegensatz zu den öffentlich-rechtlichen Anstalten

---

8 So auch *Jutzi*, in: Linck/Jutzi/Hopfe, Art. 12 Rn. 4.

9 Siehe oben: Leitentscheidungen des BVerfG und *Fechner*, Entscheidungen zum Medienrecht, 2. Aufl. 2010, Nr. 52 ff.

10 Sog. „Finanzierungsgarantie“, vgl. *Fechner*, in: Stern/Becker, Art. 5 Rn. 155.

11 BVerfGE 73, 118 (152 ff.).

auf die Tendenzautonomie berufen können, d.h. ihren Beiträgen eine bestimmte politische oder weltanschauliche Ausrichtung geben dürfen.

3. Grundversorgung und Funktionsauftrag. Welche Aufgaben der öffentlich-rechtliche Rundfunk zu erfüllen hat, ergibt sich aus dem Begriff der Grundversorgung. **Grundversorgung** bedeutet, dass im Prinzip dafür Sorge getragen sein muss, dass für die Gesamtheit der Bevölkerung Programme angeboten werden, die umfassend und in der vollen Breite des klassischen Rundfunkauftrags informieren, und dass Meinungsvielfalt in der verfassungsrechtlich gebotenen Weise gesichert ist.[12] Damit wird der öffentlich-rechtliche Rundfunk gerade nicht auf bestimmte Angebote wie Nachrichten oder Kultursendungen beschränkt, vielmehr gehört auch die Unterhaltung zu diesem umfassenden Auftrag. Der Grundversorgungsauftrag ist nicht statisch zu verstehen, vielmehr kann sich die Grundversorgung auch auf neue Angebotsformen erstrecken, insbesondere wenn diese erst durch neue technische Entwicklungen ermöglicht werden. Es handelt sich somit um eine „dynamische Grundversorgung".[13] Trotz vielfacher Kritik nicht zuletzt angesichts eines breiten Angebots von Unterhaltungs- und Sportsendungen durch den privaten Rundfunk ist das Bundesverfassungsgericht von dieser Rechtsprechung nie abgerückt. 12

In neueren Entscheidungen verwendet das Bundesverfassungsgericht den Begriff des **Funktionsauftrags**. Damit ist aber keine Verkürzung des Grundversorgungsauftrags verbunden, vielmehr wird die Aufgabe des öffentlich-rechtlichen Rundfunks damit noch gestärkt, indem er von zufälligen politischen Gegebenheiten unabhängiger wird. Der Staat hat dafür Sorge zu tragen, dass der öffentlich-rechtliche Rundfunk seinen Funktionsauftrag erfüllen kann. Er hat einen rechtlichen Rahmen zu schaffen, der die Funktionserfüllung ermöglicht und er hat eine funktionsgerechte Finanzausstattung des öffentlich-rechtlichen Rundfunks zu gewährleisten. Soweit die verfassungsrechtlich verankerte Garantie des Grundversorgungs- bzw. Funktionsauftrags reicht, verbleibt dem Gesetzgeber kein Entscheidungsspielraum. 13

4. Gewährleistung der Grundversorgung. Der Text der Verfassung legt lediglich fest, dass die Grundversorgung durch öffentlich-rechtlichen Rundfunk „gewährleistet" wird. Dieser Wortlaut könnte zu dem Missverständnis führen, dass lediglich der bisherige Umfang der Grundversorgung gewährleistet wird. Aufgrund der Rechtsprechung des Bundesverfassungsgerichts zur Art. 5 Abs. 1 GG ergibt sich jedoch, dass der Grundversorgungsauftrag nicht statisch gesehen werden darf, sondern dass sich die öffentlich-rechtlichen Rundfunkanstalten auf eine **Bestands- und Entwicklungsgarantie** berufen können, die ihnen den Grundversorgungsauftrag auch im Hinblick auf neue Techniken und Übertragungswege zuweist.[14] Die Grenzen der Bestands- und Entwicklungsgarantie wurden vom Bundesverfassungsgericht allerdings bisher noch nicht vollständig ausgelotet. Jedenfalls kann eine bundesverfassungskonforme Interpretation der Verfassung des Freistaats Thüringen nicht hinter der bundesverfassungsgerichtlich festgelegten Bestands- und Entwicklungsgarantie zurückbleiben. Der Landesverfassung ist mithin im Wege der verfassungskonformen Interpretation eine entsprechende Garantie zu entnehmen. 14

12 BVerfGE 74, 297 (325).
13 *Fechner*, in Stern/Becker, Art. 5 Rn. 154.
14 BVerfGE 83, 238 (295 ff.) „Nordrhein-Westfalen".

15 Indem die Verfassung festlegt, dass das Land die Grundversorgung „gewährleistet", implementiert sie eine Pflicht des Freistaates, für eine **ausreichende finanzielle Ausstattung** des öffentlich-rechtlichen Rundfunks zu sorgen, damit dieser seinem Auftrag gerecht werden kann. Durch die Vorgaben des Bundesverfassungsgerichts ist der Gesetzgeber bei der Erfüllung dieser Pflicht gebunden. Unzulässig wäre zunächst eine Finanzierung über Steuern, da eine solche Form der Finanzierung dem Grundsatz der Staatsfreiheit des Rundfunks widersprechen würde, wenn dies in der Literatur auch in zunehmendem Maße umstritten ist.

16 Unzulässig wäre es zudem, den öffentlich-rechtlichen Rundfunk ganz auf eine Finanzierung durch Werbung zu verweisen. Dies würde nicht nur die Erfüllung seines Grundversorgungsauftrags gefährden, sondern würde auch die Gefahr einer Beeinflussung der Inhalte durch die Werbewirtschaft mit sich bringen. Zulässig ist jedoch eine **Mischfinanzierung**, bei der auch Einnahmen aus Eigenproduktionen, Lizenzen, Merchandisingartikeln usw. einfließen dürfen, bei der jedoch die Finanzierung über Rundfunkbeiträge die Hauptfinanzierungsquelle sein muss. Faktisch hat sich das Land durch Abschluss des Rundfunkbeitragsstaatsvertrags auf die Beitragsfinanzierung festgelegt.

17 Bei der Festlegung der **Höhe des Rundfunkbeitrags**, die letztlich vom Landtag (in Übereinstimmung mit den anderen Landesparlamenten) zu erfolgen hat, ist zu beachten, dass die Rundfunkanstalten ihrem Funktionsauftrag gerecht werden können. Auf der anderen Seite muss indes auch der Grundsatz der Beitragsverträglichkeit beachtet werden, wodurch der Beitragszahler vor einer übermäßigen Belastung geschützt wird. Da die Landtage über die Bestimmung der Beitragshöhe keinen inhaltlichen Einfluss auf das Rundfunkprogramm erlangen sollen und da andererseits den Rundfunkanstalten vom Bundesverfassungsgericht wie anderen Einrichtungen auch, ein Selbstbehauptungs- und Ausweitungsinteresse attestiert wird, sind die Beitragsanforderungen der Rundfunkanstalten einer Überprüfung durch ein unabhängiges Gremium, die **Kommission zur Ermittlung des Finanzbedarfs der Rundfunkanstalten** (KEF) zuzuführen, von deren Empfehlung der Landtag nicht ohne besondere und näher darzulegende Gründe abweichen kann. Damit verbleibt dem Landtag nur ein sehr enger Spielraum bei der Festlegung des Rundfunkbeitrags.[15]

II. Verhältnis zum Privatrundfunk

18 Öffentlich-rechtliche und private Sender stehen in einem natürlichen Konkurrenzverhältnis. Die Rundfunkanstalten genießen gewisse Privilegien, da sie die Aufgabe der Grundversorgung wahrzunehmen haben und – soweit diese Aufgabe reicht – auch finanziell ausgestattet werden müssen. Außerhalb des Grundversorgungs- oder Funktionsauftrags stehen die Rundfunkanstalten in einem Wettbewerbsverhältnis zu den Privatsendern.

19 Der zweite Halbsatz des Art. 12 Abs. 1 will hinsichtlich der Verbreitung der Programme eine **Chancengleichheit** zwischen öffentlich-rechtlichem und privatem Rundfunk sicherstellen. Hierbei geht es weniger um die Zulassung zum privaten Rundfunk (der im Landesmediengesetz geregelt ist)[16] als um die ausgewogene Verteilung von Sendefrequenzen.[17] Was die Vergabe von Sendelizenzen an-

15 Einzelheiten BVerfGE 119, 181 „Rundfunkgebühren II".
16 §§ 4 ff. ThürLMG.
17 Vgl. § 3 ThürLMG.

belangt, ist die grundrechtliche Garantie der Rundfunkfreiheit zu beachten, weshalb grundsätzlich jeder Zugang zur Veranstaltung von Rundfunk haben muss. Soweit dies nicht möglich ist, hat die Verteilung nach gleichheitskonformen Kriterien zu erfolgen. Dies ergibt sich letztlich direkt aus dem Gleichheitssatz des Art. 2 Abs. 1 ThürVerf bzw. Art. 3 Abs. 1 GG. Art. 12 ThürVerf geht es nicht um die Frage, wie die Vergabe zwischen den Privatsendern zu erfolgen hat, sondern um das Verhältnis zwischen öffentlich-rechtlichem und privatem Rundfunk. **„Ausgewogenheit"** ist dabei nicht mit schematischer Gleichheit zu verwechseln, vielmehr wird der Gesetzgeber eine Abstufung nach der Bedeutung der Sender vornehmen dürfen.[18] Die Grenze ist indessen dort erreicht, wo eine Art des Rundfunks der anderen in unverhältnismäßiger Weise vorgezogen würde.

III. Plurale Besetzung der Aufsichtsgremien

1. Rundfunkrat und Verwaltungsrat. Aufsichtsgremien einer öffentlich-rechtlichen Rundfunkanstalt wie des MDR sind der Rundfunkrat und der Verwaltungsrat. Der **Rundfunkrat** hat die Einhaltung der Programmgrundsätze zu überwachen. Er soll die in der Gesellschaft bestehende Meinungsvielfalt innerhalb der öffentlich-rechtlichen Rundfunkanstalt widerspiegeln. Die pluralistische Zusammensetzung des Rundfunkrats aus Vertretern der gesellschaftlich relevanten Gruppen in der von der Verfassung vorgesehenen Weise findet sich in § 19 MDR-Staatsvertrag. Mag man auch darüber diskutieren können, ob alle Gruppierungen und die unterschiedlichen Gruppen zueinander in einem ausgewogenen Verhältnis berücksichtigt sind, hat der Gesetzgeber doch insoweit eine Einschätzungsprärogative, so dass die derzeitige Ausgestaltung kaum Anlass für die Annahme der Verfassungswidrigkeit der Regelung bietet. Durch den Rundfunkrat wird somit die Binnenpluralität des öffentlich-rechtlichen Rundfunks sowie die Vielfaltssicherung durch das Landesrecht verwirklicht. 20

Zu berücksichtigen sind gem. Art. 12 Abs. 2 die politischen, weltanschaulichen und gesellschaftlichen Gruppen und zwar „nach Maßgabe der Gesetze". Tatsächlich gibt es keine dieser Vorgabe entsprechende gesetzliche Regelung in einem engeren Sinne, vielmehr ist die Zusammensetzung des Rundfunkrats im MDR-Staatsvertrag geregelt. Mit der Formulierung meint der Verfassungsgeber offensichtlich, dass es Aufgabe des demokratisch legitimierten Gesetzgebers ist, die Zusammensetzung des Rundfunkrats im Einzelnen zu bestimmen. Mit der Zustimmung des Landtags zum MDR-Staatsvertrag ist das auch geschehen.[19] Im MDR-Staatsvertrag sind tatsächlich Vertreter der drei in der Verfassung genannten Gruppen aufgeführt. 21

Problematisch ist bei der Gruppe der politischen Mitglieder im Rundfunkrat, dass neben den Vertretern der drei Landesregierungen auch eine Reihe von Repräsentanten der politischen Parteien vorgesehen ist und somit staatlicher Einfluss auf den Inhalt des Programms nicht ausgeschlossen ist. Allerdings wird dieser Einfluss für mit der Rundfunkfreiheit vereinbar angesehen, wenn es sich nicht um eine Mehrheit handelt, also die Anzahl der Staatsvertreter weniger als 22

18 Vgl. *Jutzi*, in: Linck/Jutzi/Hopfe, Art. 12 Rn. 20.
19 Gesetz zu dem Staatsvertrag über den Mitteldeutschen Rundfunk (MDR) vom 25.06.1991 (ThürGVBl. S. 118).

50% beträgt.[20] Im Hinblick auf das Postulat der Staatsferne des Rundfunks ist diese Regelung allerdings nicht unproblematisch.

23 Ein subjektives Recht gesellschaftlich relevanter Gruppen, bei der Zusammensetzung des Rundfunkrats berücksichtigt zu werden, gibt es allerdings grundsätzlich nicht.[21] Dem Normgeber muss die Möglichkeit zu Pauschalierungen innerhalb eines bestimmten Rahmens eingeräumt werden. Die Grenze dürfte allerdings dort erreicht sein, wo offensichtlich relevante Gruppierungen nicht berücksichtigt werden, was insbesondere bei politischen und weltanschaulichen Gruppen der Fall sein könnte.

24 Ähnlich stellt sich die Situation beim **Verwaltungsrat** dar. Seine Zusammensetzung ist in § 25 MDR-Staatsvertrag geregelt. Hier gibt es durch den Staatsvertrag keine Zuordnung zu bestimmten gesellschaftlichen Gruppen, was im Widerspruch zu Art. 12 Abs. 2 steht. Selbst wenn der Verwaltungsrat keine programminhaltlichen Aufgaben hat, sondern vorwiegend für die Überwachung der Geschäftsführung des Intendanten und für wirtschaftliche Fragen der Anstalt zuständig ist, wird damit den Vorgaben der Verfassung des Freistaates Thüringen nicht Genüge getan. Bei einer künftigen Überarbeitung des Staatsvertrags sollte dieser Vorgabe Rechnung getragen werden.

25 **2. Programmbeirat privater Sender.** Entsprechende Vorgaben wie für die Besetzung der Aufsichtsgremien für den öffentlich-rechtlichen Rundfunk gibt es für die „vergleichbaren Aufsichtsgremien" über den privaten Rundfunk. Hierbei handelt es sich um den **Programmbeirat** gem. § 32 RStV, dessen Einrichtung Privatsendern bei Überschreiten eines vom RStV festgelegten Zuschaueranteils auferlegt werden kann.[22] Dem Programmbeirat kommen ähnliche Funktionen zu wie dem Rundfunkrat bei den öffentlich-rechtlichen Sendern. Mit dieser Regelung verdeutlicht der Verfassungsgeber, dass er bei vorherrschender Meinungsmacht eines Senders die Pluralität der Meinungen auch innerhalb des privaten Rundfunks garantiert.

Artikel 13 [Vereinigungsfreiheit]

(1) Jeder Bürger hat das Recht, Vereinigungen zu bilden.

(2) Vereinigungen, deren Zweck oder deren Tätigkeit den Strafgesetzen zuwiderlaufen oder die sich gegen die verfassungsmäßige Ordnung oder den Gedanken der Völkerverständigung richten, sind verboten.

Vergleichbare Regelungen

Art. 9 Abs. 1 und 2 GG; unmittelbare Geltung als landesverfassungsrechtliches Grundrecht: Art. 2 BWVerf; Art. 5 Abs. 3 M-VVerf; Art. 3 Abs. 2 NV; Art. 4 Abs. 1 Verf NW; Art. 2 a SchlHVerf. Selbstständige Gewährleistungen der Vereinigungsfreiheit: Art. 114 BayVerf; Art. 27 VvB; Art. 27 BbgVerf; Art. 17 BremVerf; Art. 15 HessVerf; Art. 13 Verf Rh-Pf;; Art. 7 SaarlVerf; Art. 24 SächsVerf; Art. 13 LVerf LSA; Art. 12 EU-GRCh; Art. 11 EMRK.

Ergänzungsnormen im sonstigen thüringischen Recht

Thüringer Verordnung zur Bestimmung von Zuständigkeiten im Geschäftsbereich des Innenministeriums v. 15.04.2008 (ThürGVBl. S. 102 – hier §§ 4, 7 [zum Vereinsgesetz]).

20 BayVerfGH, NJW 1990, 311 (313).
21 BVerfG, NVwZ 1996, 781 (784).
22 §§ 26, 32 RStV.

Dokumente zur Entstehungsgeschichte

Präambel Vorl.LS; Art. 15 VerfE CDU; Art. 9 VerfE F.D.P.; Art. 25 VerfE SPD; Art. 16 VerfE NF/GR/DJ; Art. 13 VerfE LL/PDS; Entstehung ThürVerf, S. 46 – 47 (vgl. auch: *Ulrich Rommelfanger*, Ausarbeitung und Werdegang der Thüringer Landesverfassung, in: Schmitt, S. 55 ff.).

Literatur

Ulrich von Ahlemann, Organisierte Interessen in der Bundesrepublik Deutschland, 2. Aufl. 1989; *Ernst-Wolfgang Böckenförde*, Die politische Funktion wirtschaftlicher und sozialer Verbände und Interessenträger in der sozialstaatlichen Demokratie, in: Der Staat 15 (1976), S. 457 ff.; *Dieter Grimm*, Verbände, in: HVerfR, 2. Aufl. 1994, S. 657 ff.; *Peter Häberle*, Verbände als Gegenstand demokratischer Verfassungslehre, in: ZHR 145 (1981), 473 ff.; *Jens Heinrich*, Vereinigungsfreiheit und Vereinigungsverbot – Dogmatik und Praxis des Art. 9 Abs. 2 GG, 2005; *Hans-Detlef Horn*, Verbände, in: HStR, Bd. III § 41; *Friedrich Kübler*, Rechtsfähigkeit und Verbandsverfassung, 1971; *Detlef Merten*, Vereinsfreiheit, in: HStR, Bd. VII § 165; *Friedrich Müller*, Kooperation und Assoziation, 1965; *Markus Planker*, Das Vereinsverbot in der verwaltungsgerichtlichen Rechtsprechung, NVwZ 1998, 113 ff.; *Bernhard Reichert*, Vereins- und Verbandsrecht, 12. Aufl. 2010; *Michael Sachs*, Die Freiheit der Versammlung und Vereinigung, in: Stern, Bd. IV/1 § 107; *Kurt Stöber/Dirk-Ulrich Otto*, Handbuch zum Vereinsrecht, 10. Aufl. 2012; *Gunter Teubner*, Organisationsdemokratie und Verbandsverfassung, Rechtsmodelle für politische Verbände, 1978; *Jan Ziekow*, Vereinigungsfreiheit, in: Merten/Papier, Bd. IV § 107.

Ausführliche Schrifttumsnachweise: *Michael Kämper*, in: von Mangoldt/Klein/Starck, Art. 9 GG Rn. 205; *Ingo von Münch*, in: BK, Art. 9 GG IV; *Alfred Rinken*, in: AK-GG, Art. 9 Abs. 1, vor der Gliederung; *Michael Sachs*, in: Stern, Bd. IV/1, § 107, vor I. Überblick und *Rupert Scholz*, in: Maunz/Dürig, Art. 9 GG, vor der Gliederungsübersicht.

Leitentscheidungen des BVerfG

BVerfGE 10, 89 (Erftverband); 30, 227(Vereinsname); 38, 281 (Arbeitnehmerkammern); 50, 290 (Mitbestimmung); 80, 244 (Vereinsverbot); 84, 372 (Lohnsteuerhilfeverein); 99, 69 (kommunale Wählervereinigungen).

A. Überblick

1 Art. 13 etabliert das Prinzip der freien sozialen Gruppenbildung als freiheitliches Modell gesellschaftlicher Organisationen.[1] Die Vereinigungsfreiheit lässt sich deshalb auch als Freiheit zur Selbstorganisation bezeichnen.[2] Abs. 1 bringt dies mit der vorbehaltlosen Gewährleistung zum Ausdruck. In dieser kooperativen und korporativen Freiheitsausübung entfaltet sich insoweit eine auch den anderen Freiheitsrechten immanente Dimension.[3] Damit ist zugleich der menschenrechtliche Gehalt der **Vereinigungsfreiheit** angesprochen, den das Bundesverfas-

1 BVerfGE 38, 281 (303) sowie 50, 290 (353) und 100, 214 (223); *Höfling*, in: Sachs, GG Art. 9 Rn. 1; eingehend *Scholz*, in: Maunz/Dürig, Art. 9 GG Rn. 11 ff.

2 *Kemper,* in: von Mangoldt/Klein/Starck, Art. 9 Abs. 1 GG Rn. 1 f.

3 *Rinken*, in: AK-GG, Art. 9 Abs. 1 Rn. 39.

sungsgericht für das ebenso durch Art. 9 Abs. 1 GG gewährleistete Recht, Vereine und Gesellschaften zu bilden, im Mitbestimmungsurteil hervorgehoben hat.[4]

2 Die politischen Grenzen des Freiheitsrechts werden mit den Verbotstatbeständen des Art. 13 Abs. 2 bezeichnet, die etwaigen Gefährdungen des Staates, seines Bestandes und seiner Grundordnung entgegenwirken sollen, die sich aus der kollektiven Wirksamkeit der Vereinigungsfreiheit bzw. der **Verfassungsfeindlichkeit** von Vereinigungen ergeben können.[5]

3 Die **Koalitionsfreiheit** als Sonderform der Vereinigungsfreiheit regeln Art. 37 Abs. 1 und 2 ThürVerf. Die **religiöse Vereinigungsfreiheit** ist durch Art. 40 ThürVerf iVm Art. 140 WRV selbstständig gewährleistet, sie ist demnach speziell im Verhältnis zu Art. 13 Abs. 1.[6] Für politische Parteien iSv Art. 21 GG gilt Art. 13 nicht. Zu den Konkurrenzen mit anderen Grundrechten ist auf die Kommentarliteratur zum Grundgesetz zu verweisen.[7]

B. Herkunft, Entstehung und Entwicklung

4 Die **Vereinigungsfreiheit** als freie Assoziation (und damit nicht mehr als ständestaatliche Kooperation) war für die bürgerlichen Revolutionen als Grundrecht nicht selbstverständlich. Die Garantie ist in der französischen Erklärung der Menschen- und Bürgerrechte von 1789 noch nicht enthalten, sondern findet sich mit Ausnahme der Verfassung von Sachsen-Meiningen erst in der Paulskirchenverfassung von 1849.[8] § 162 formuliert ohne jede Einschränkung: „Die Deutschen haben das Recht, Vereine zu bilden. Dieses Recht soll durch keine vorbeugende Maßnahme beschränkt werden".[9] Beschränkungen der Vereinigungsfreiheit im Kaiserreich durch das Reichsvereinsgesetz von 1908 hob während der deutschen Revolution von 1918 der Aufruf der Volksbeauftragten vom 12.11.1918 auf: Die **Vereins- und Versammlungsfreiheit** unterlag keinen Beschränkungen mehr. Art. 124 WRV gewährte das Grundrecht wiederum nur, soweit die Vereinigungen nicht den Strafgesetzen zuwiderliefen und bezog auch religiöse Vereine und Gesellschaften ein. Im NS-Staat setzte die sog. Not-Verordnung vom 28.02.1933 auch die Vereinigungsfreiheit außer Kraft. Die Mehrzahl der Länderverfassungen nahm nach dem Kriegsende das Grundrecht wieder auf,[10] das in Art. 9 des Grundgesetzes gewährleistet wird.[11]

5 Den im Grundgesetz allen Deutschen zuerkannten Grundanspruch erstreckt die AEMR der UN-Generalversammlung vom 10.12.1948 in ihrem Art. 20 bereits auf alle Menschen. Die DDR-Verfassung enthielt in Art. 29 ein Recht der Bürger auf Vereinigung, das gegenständlich beschränkt war und als Freiheitsrecht erst

---

4 BVerfGE 50, 290 (353).

5 *Scholz*, in: Maunz/Dürig, Art. 9 GG Rn. 113.

6 *Hopfe*, in: Linck/Jutzi/Hopfe, Art. 39 Rn. 16; vgl. auch zum Verhältnis von Art. 4 Abs. 1 und 2 GG zu Art. 137 Abs. 2 Satz 1 WRV iVm Art. 140 GG: BVerfGE 83, 341 (354).

7 *Rixen*, in: Stern-Becker, Art. 9 GG Rn. 96 f.; *Scholz*, in: Maunz/Dürig, Art. 9 GG Rn. 111 f.; *Ziekow*, in: Merten/Papier, Bd. IV § 107 Rn. 64 ff.

8 *Rinken*, in: AK-GG, Art. 9 Abs. 1 Rn. 2 f. – zugleich auch zum Strukturwandel der Verbände und deren Funktionen seit dem 19. Jahrhundert, Rn. 24 ff.

9 Wiedergabe bei *Rixen*, in: Stern/Becker, Art. 9 GG Rn. 3.

10 In Thüringen nicht ausdrücklich (vgl. zur Verbürgung gleicher staatsbürgerlicher Rechte, Art. 5 ThürVerf 1946); vgl. den Abdruck der Verfassung des Landes Thüringen vom 20.12.1946 in: *Schmitt*, S. 202 ff.

11 Vgl. zu allem *Bauer*, in: Dreier, Art. 9 GG Rn. 1 ff., 9; guter Überblick auch bei *Rixen*, in: Stern/Becker, Art. 9 GG Rn. 1 ff.

unmittelbar vor der friedlichen Revolution 1989 wirksam werden konnte. Die **Charta der Grundrechte** der Europäischen Union, verbindlich gemäß Art. 6 EUV, garantiert in Art. 12 ebenso die Freiheit, sich zusammenzuschließen. Zusätzliche Verbürgungen finden sich in Art. 11 Nr. 1 EMRK und Art. 22 IPbpR.

In den Beratungen zur Thüringer Verfassung standen fünf Entwürfe zur Diskussion. Das Recht, Vereine und Gesellschaften zu bilden, wollte der CDU-Entwurf allen Deutschen vorbehalten. Sprachliche Unterschiede bezogen sich darüber hinaus darauf, ob nur allgemein von Vereinigungen die Rede sein oder bestimmte Kooperationen begrifflich gefasst werden sollten (Vereine, Gesellschaften, Vereinigungen).[12] Wie bei der **Versammlungsfreiheit** hat sich durchgesetzt, dass **Grundrechtsträger** jeder Bürger sein sollte.[13] Für die Schranken des Art. 13 Abs. 2 ist ebenso das Modell des CDU-Entwurfs in die Verfassung eingegangen. Versuche, das Verbot von Vereinigungen erweiternd zu fassen (so der FDP-Entwurf: soweit sie zur physischen oder psychischen Gewaltanwendung aufrufen oder diese verherrlichen) oder des NF/GR/DJ (auf eine die Menschenwürde verletzende Diskriminierung gerichtet sind), sind ebenso wenig übernommen worden, wie der Vorschlag der Fraktion LL/PDS, als Verbotsgrund den Verstoß gegen internationale Konventionen statt der Bezugnahme auf die Völkerverständigung zu benennen; dieser Entwurf sah zudem noch vor, über die Verfassungswidrigkeit einer Vereinigung den Verfassungsgerichtshof entscheiden zu lassen.[14] 6

C. Verfassungsvergleichende Information

Die Verfassungen der Bundesländer mit Grundrechtskatalog regeln die Vereinigungsfreiheit hinsichtlich des Individualgrundrechts unterschiedlich danach, ob dieses Recht jedermann, allen Bewohnern des Landes, allen Männern und Frauen bzw. allen Menschen gewährt ist (Art. 114 BayVerf, Art. 13 Verf Rh-Pf, Art. 27 VvB, Art. 20 BbgVerf und Art. 17 BremVerf), als Deutschen-Grundrecht ausgestaltet (so Art. 15 HessVerf, Art. 13 LVerf LSA, Art. 7 SaarlVerf) oder nur für die Bürger des Landes anerkannt wird (so neben Thüringen Art. 24 SächsVerf). 7

Mit Art. 9 Abs. 2 GG übereinstimmende Bestimmungen wie in Art. 13 Abs. 2 ThürVerf enthalten die Verfassungen von Sachsen und Sachsen-Anhalt (Art. 24 Abs. 2 SächsVerf, Art. 13 Abs. 2 LVerf LSA). Präzisierungen und Klarstellungen dieser Verbote finden sich etwa in Bayern ("Vereine und Gesellschaften, die ..., können verboten werden", Art. 114 BayVerf). Art. 20 BbgVerf differenziert zwischen Beschränkungen und Verboten. Art. 17 BremVerf hebt darauf ab, dass es eines Gesetzes bedürfe, um Vereinigungen zu verbieten, die die Demokratie oder die Völkerverständigung gefährden. Die weitgehend wortgleichen Fassungen von Berlin und Brandenburg ergänzen die Schranke in mehrfacher Hinsicht. Vereinigungen dürfen keine Zwecke verfolgen oder Maßnahmen treffen, durch welche die Erfüllung von Aufgaben der Verfassungsorgane und öffentlich-rechtlicher Verwaltungskörper gefährdet wird (Art. 27 Abs. 1 VvB, Art. 20 Abs. 1 BbgVerf). Brandenburg sichert neben dem Recht auf Bildung der Vereinigung 8

12 Vgl. die Übersicht zu den Verfassungsentwürfen, in: Entstehung ThürVerf, S. 46.
13 PW 1 VerfA 006 (06.03.1992) S. 122 ff.; Vorlage 1/598; Beschlussempfehlung Drs. 1/2106, S. 7; Entstehung ThürVerf, S. 47.
14 Entstehung ThürVerf, Übersicht, S. 46.

auch das Beitrittsrecht und gibt weiter vor, dass alle Vereinigungen das Recht haben, ihre innere Ordnung frei und selbstständig zu bestimmen. Art. 13 Abs. 2 Verf Rh-Pf regelt singulär, dass der Erwerb der Rechtsfähigkeit für einen Verein nicht deshalb versagt werden dürfe, weil er einen politischen, religiösen oder weltanschaulichen Zweck verfolge.

D. Erläuterungen

I. Gewährleistungsinhalt

9 **1. Schutzbereich.** Die **Vereinigungsfreiheit**, die in Art. 13 Abs. 1 inhaltsgleich zum Grundgesetz anerkannt ist, wird nach der Rechtsprechung des Bundesverfassungsgerichts als **Doppelgrundrecht** verstanden. Dies meint nicht nur das Recht der natürlichen Personen, sich zu einem Verein zusammenzuschließen, sondern auch das Recht des Verbandes selbst, in seinem Recht auf Selbstbestimmung über die eigene Organisation, das Verfahren der Willensbildung und die Führung der Geschäfte sowie das Recht, über Entstehen und Bestehen zu befinden.[15] Als **Abwehrrecht** garantiert es den Grundrechtsträgern, sich ohne staatliche Einflussnahme zusammenzuschließen; die leistungsrechtliche Dimension bzw. eine **schutzrechtliche Funktion** sind umstritten.[16] Die Auffassung vom Doppelgrundrecht stößt in der Literatur auf Widerspruch, ohne dass an dieser Stelle näher darauf einzugehen ist.[17]

10 Schutz aus Art. 13 Abs. 1 können mithin wegen dieses doppelten Bezugs auch die Vereinigungen selbst beanspruchen.[18] Die Unterschiede im Wortlaut von Art. 13 Abs. 1 gegenüber Art. 9 Abs. 1 GG sind zu vernachlässigen. Das Grundgesetz spricht noch von Vereinen und Gesellschaften, die Thüringer Verfassung hebt allein auf den Oberbegriff Vereinigung ab.

11 Durch die **positive Vereinigungsfreiheit** sind die Freiheit der Gründung einschließlich der freien Entscheidung über Zeitpunkt, Zweck, Rechtsform, Namen und Sitz (sogenannte Vereinsautonomie), die Freiheit des Beitritts und des Verbleibens und die organisationsinterne Betätigungsfreiheit geschützt;[19] zu dieser internen **Betätigungsfreiheit** wird auch die werbewirksame Selbstdarstellung gezählt.[20] Wird die Vereinigung wie jedermann im Rechtsverkehr tätig, so ist für den Grundrechtsschutz nicht die Vereinigungsfreiheit tragend; ihr Auftreten richtet sich vielmehr nach den Individualgrundrechten.[21] Dafür kommen vor allem die **allgemeine Handlungsfreiheit** (Art. 3 Abs. 2 ThürVerf) oder auch die **Meinungsfreiheit** (Art. 11 Abs. 1 ThürVerf) in Betracht.

12 Die **negative Vereinigungsfreiheit** schützt vor Zwangsmitgliedschaften.[22] Dazu gehört auch das Recht, aus einer Vereinigung beliebig und zu jeder Zeit wieder

15 BVerfGE 80, 244 (253) und 124, 25 (34), st. Rspr; *Ziekow*, in: Merten/Papier, Bd. IV § 107 Rn. 11 mwN.
16 *Höfling*, in: Sachs, GG Art. 9 Rn. 27, 29; *Ziekow*, in: Merten/Papier, Bd. IV § 107 Rn. 40.
17 *Höfling*, in: Sachs, GG Art. 9 Rn. 25; *Rixen*, in: Stern/Becker, Art. 9 GG Rn. 57; *Cornils*, in: Epping/Hillgruber, Art. 9 GG Rn. 3 f. und *Rinken*, in: AK-GG, Art. 9 Abs. 1 Rn. 55.
18 So schon *Jutzi*, in: Linck/Jutzi/Hopfe, Art. 13 Rn. 7 mwN.
19 BVerfGE 84, 372 (378), 123, 186 (237 und 246) und 124, 25 (34); *Höfling*, in: Sachs, GG Art. 9 Rn. 16.
20 BVerfGE 84, 372 (LS).
21 BVerfGE 70, 1 (25).
22 *Steinmeyer*, in: Umbach/Clemens, Art. 9 I, II GG Rn. 43; *Höfling*, in: Sachs, GG Art. 9 Rn. 21.

auszuscheiden, einer privaten Vereinigung fernzubleiben oder auszutreten.[23] Dies gilt allerdings nicht für die Eingliederung als Mitglied in öffentlich-rechtliche Rechtsträger (Verbände).[24] Grundsätzlich ist der Staat frei, öffentliche Aufgaben durch **öffentlich-rechtliche Körperschaften** mit **Zwangsmitgliedschaft** wahrnehmen zu lassen.[25]

2. Die Träger des Grundrechts. Das Grundrecht wird nach dem Wortlaut den **Bürgern** zuerkannt. Daraus folgt zunächst schon keine Verengung gegenüber der Gewährleistung in Art. 9 Abs. 1 GG für Deutsche. Art. 104 ThürVerf definiert den Begriff des „Deutschen" in gleicher Weise wie Art. 116 Abs. 1 GG, ohne angesichts der staatlichen Einheit seit 1990 noch auf den Gebietsstand des Deutschen Reiches vom 31.12.1937 abzuheben. Ausländer können sich für ihre **Vereinigungsfreiheit** auf einfaches Bundesrecht berufen (§ 1 Abs. 1 VereinsG, Art. 11 EMRK, Art. 22 IPbpR). An die Volljährigkeit ist das Grundrecht nicht gebunden; auch Minderjährige sind – entsprechend den allgemeinen Regeln – ebenso grundrechtsmündig.[26] 13

Träger des Grundrechts sind darüber hinaus juristische Personen des Privatrechts,[27] die begrifflich alle als Vereinigungen fassbar sind. Damit sind alle Rechtsformen des Vereins- und Gesellschaftsrechts gemeint, während dies für Kapitalgesellschaften wegen des zurücktretenden personalen Elements zweifelhaft erscheint.[28] § 2 Abs. 1 VereinsG definiert Vereinigungen als eine Mehrheit natürlicher oder juristischer Personen, die sich für längere Zeit zu einem gemeinsamen Zweck freiwillig zusammengeschlossen und einer organisierten Willensbildung unterworfen haben.[29] 14

Zusammenschluss meint das Zusammenwirken von mindestens zwei Personen.[30] Die freiwillige Grundlage grenzt gegenüber Zwangsvereinigungen ab. Der gemeinsame Zweck erfasst gleichermaßen kulturelle, politische, wissenschaftliche, sportliche, wirtschaftliche, gesellige, politische und andere Vereinigungen. Das Merkmal der Stabilität fordert ein gewisses Maß an zeitlicher und organisatorischer Festigung ein. 15

Auch Bürgerinitiativen, Bürgerbewegungen oder Interessengemeinschaften können jeweils Grundrechtsschutz genießen.[31] Alle Formen der **Gruppenbildung** in ihrer personalen, kulturellen, beruflichen, wirtschaftlichen und politischen Dimension können als Träger in Betracht kommen;[32] Vereine, Verbände und Assoziationen aller Art sind gemeint.[33] Zu den Adressaten des Grundrechts wird man auch politische Vereinigungen zu zählen haben, soweit sie nicht das Partei- 16

23 BVerfGE 30, 415 (LS); *Ziekow*, in: Merten/Papier, Bd. IV § 107 Rn. 30 ff.
24 BVerfGE 10, 89 (LS), 10, 354 (361) und BVerfG, NJW 2001, 461 (zur Pflichtmitgliedschaft in genossenschaftlichen Prüfverbänden).
25 BVerfGE 38, 281 (303); BVerfG, NVwZ 2002, 335.
26 Vgl. näher *Rixen*, in: Stern-Becker, Art. 9 GG Rn. 59, *Merten*, in: HStR, Bd. VII § 165 Rn. 34; *Ziekow*, in: Merten/Papier, Bd. IV § 107 Rn. 10.
27 *Steinmeyer*, in: Umbach/Clemens, Art. 9 I, II GG Rn. 22.
28 BVerfGE 50, 92 (355) und 124, 25 (34).
29 Zugleich hM, vgl. nur *Höfling*, in: Sachs, GG Art. 9 Rn. 8 ff. – auch zu den nachfolgend beschriebenen Einzelmerkmalen.
30 Zur umstrittenen Frage, ob es mindestens drei Personen sein müssen: *Jutzi*, in: Linck/Jutzi/Hopfe, Art. 13 Rn. 12 mwN.
31 *Merten*, in: HStR, Bd. VII § 165 Vereinsfreiheit Rn. 38.
32 *Rinken*, in: AK-GG, Art. 9 Abs. 1 Rn. 42 f.
33 BVerfGE 38, 281 (303).

enprivileg für sich beanspruchen dürfen, und schließlich ebenso Weltanschauungsgemeinschaften, die nicht Religionsgesellschaften iSv Art. 140 GG iVm Art. 137 WRV sind. **Öffentlich-rechtlich** verfasste **Organisationen** scheiden als Grundrechtsträger aus.[34]

17 **3. Der Ausgestaltungsvorbehalt.** Die **Vereinigungsfreiheit** wird nicht mit einem allgemeinen Schranken- oder auch **Ausgestaltungsvorbehalt** gewährleistet.[35] Das Bundesverfassungsgericht hat schon frühzeitig zum inhaltsgleichen Art. 9 Abs. 1 GG ausgesprochen, dass der Vereinigungsfreiheit die Notwendigkeit staatlicher Organisation immanent sei. Dem Gesetzgeber obliege, eine hinreichende Vielfalt von Rechtsformen zur Verfügung zu stellen, deren Wahl zumutbar sei.[36] Kollidierende Grundrechte Dritter und andere mit Verfassungsrang ausgestattete Rechtswerte können geeignet sein, der **Vereinigungsfreiheit** Schranken zu setzen.[37] Greift deshalb der Gesetzgeber außerhalb der Verbote des Art. 13 Abs. 2 in die Vereinigungsfreiheit ein, lässt sich dies nur mit dem Schutz anderer Grundrechte oder Rechtsgüter mit Verfassungsrang rechtfertigen.[38] Ohne diese dem Gesetzgeber überlassene **Ausgestaltungsbefugnis** würde die Vereinigungsfreiheit die praktische Wirksamkeit nicht gewinnen, deshalb gehört diese Notwendigkeit von vornherein zum Inhalt des Grundrechts auch aus Art. 13 Abs. 1 ThürVerf.

18 Gesetzliche Regelungen zur Ausgestaltung der Rechtsformen (wie im bürgerlichen Vereinsrecht oder im Handels-, Gesellschafts- und Wirtschaftsrecht geschehen) sind grundsätzlich zulässig.[39] Der Gesetzgeber ist insoweit nicht frei. Ihm ist vielmehr aufgegeben, die **Rechtsformen** so zu gestalten, dass seine Regelungen die **Funktionsfähigkeit** der Vereinigungen gewährleisten. Der Umfang und die Dichte der Regelungen sind vom jeweiligen Sachbereich abhängig, sowie den Ordnungs- und Schutznotwendigkeiten, die zugleich das Prinzip der freien Assoziation und Selbstbestimmung wahren.[40] Dies erfordert notwendig eine Abwägung; die Belange des **Gemeinwohls**, die der Staat zum Schutz anderer Rechtsgüter wahrnimmt, müssen der Intensität des Eingriffs in die Vereinsfreiheit (Vereinigungsfreiheit) entsprechen.[41]

II. Die Schranke nach Abs. 2

19 Art. 13 Abs. 2 statuiert eine Schranke, die die Voraussetzungen für einen verfassungsrechtlich gerechtfertigten Eingriff umschreibt. Die Norm legt abschließend **Verbotsgründe** als eigenständige Grenze fest; sie begrenzen neben den gesetzlichen Regelungen zum Schutz anderer Grundrechte und Rechtsgüter mit Verfassungsrang die Vereinigungsfreiheit.[42] Die Schranke bedeutet, dass die **Vereinigungsfreiheit** des Absatzes 1 lediglich mit der sich aus Abs. 2 ergebenden Ein-

34 *Ziekow*, in: Merten/Papier, Bd. IV § 107 Rn. 13.
35 Vgl. dazu schon näher *Jutzi*, in Linck/Jutzi/Hopfe, Art. 13 Rn. 25.
36 BVerfGE 50, 290 (354 f.); *Kemper*, in: von Mangoldt/Klein/Starck, Art. 9 Abs. 1 GG Rn. 8.
37 Vgl. *Jutzi*, in: Linck/Jutzi/Hopfe, Art. 13 Rn. 31; *Merten*, in: HStR, Bd. VII § 165 Rn. 79 ff.
38 BVerfGE 124, 25 (36).
39 AaO.
40 BVerfGE 50, 290 (355).
41 BVerfGE 84, 372 (379).
42 Vgl. oben Rn. 17.

schränkung gewährleistet ist.[43] Wie das Bundesverfassungsgericht hervorgehoben hat, sind diese Schranken zum Schutz der benannten Rechtsgüter vor dem Hintergrund der Erfahrungen mit dem NS-Staat zu verstehen und insoweit Instrument des **präventiven Verfassungsschutzes**.[44] Ähnlich wie in Art. 21 Abs. 2 GG und Art. 18 GG sind die Verbotstatbestände des Art. 13 Abs. 2 Ausdruck des Bekenntnisses des Grundgesetzes zur **„streitbaren Demokratie"**.[45] Die Thüringer Verfassung hat Art. 9 Abs. 2 GG übernommen.

Eingriffe sind alle Gebote und Verbote, aber auch alle präventiven und repressiven Maßnahmen, die zur Beeinträchtigung der durch Art. 13 Abs. 1 gewährleisteten Freiheit führen.[46] Entgegen dem Wortlaut bedarf es für den Eingriff (das Verbot) selbst – rechtsstaatlich geboten – eines Verwaltungsakts (vgl. § 3 VereinsG), der das verfassungsrechtliche Verbot ausfüllt, sich im Rahmen der Regelungsbefugnis hält und gleichzeitig die Auflösung der jeweiligen Vereinigung rechtfertigt.[47] Darüber hinaus wirkt die sog. Schranken-Schranken-Klausel.[48] Eingriffe, insbesondere Vereins- und Vereinigungsverbote müssen sich am Grundsatz der Verhältnismäßigkeit messen lassen.[49] 20

Zu den einzelnen **Verbotsgründen**[50] ist zu bemerken:

1. Zwecksetzung oder Tätigkeit entgegen den Strafgesetzen. Dieser Verbotsgrund stellt auf den Zweck der Vereinigung ab, der unvereinbar mit den Strafgesetzen sein muss; gleichermaßen gilt dies für die entfaltete Tätigkeit. Zurechnungsfähig bleibt nur das Verhalten der Mitglieder.[51] Beurteilungsgrundlage sind die allgemeinen Strafgesetze (insbesondere das StGB), die das Verhalten sanktionieren, unabhängig davon, ob die Straftaten für den Verein begangen werden oder nicht;[52] Strafvorschriften sind auch diejenigen des Vereinsgesetzes selbst. Zwecke und Tätigkeiten einer Vereinigung laufen nicht nur dann Strafgesetzen zuwider, wenn unmittelbar dagegen verstoßen wird, sondern auch dann, wenn Straftaten hervorgerufen, ermöglicht oder erleichtert werden.[53] Verwaltungsunrecht, etwa nach dem Gesetz über Ordnungswidrigkeiten, wird nicht erfasst. 21

2. Die verfassungsmäßige Ordnung. Der zweite Verbotstatbestand, der Missbräuche der Grundrechte zum Kampf gegen diese Ordnung abwehren will,[54] darf nicht im Sinne des die **allgemeine Handlungsfreiheit** beschränkenden Art. 3 Abs. 2 ThürVerf verstanden werden, sondern wird nach seiner Funktion zutreffend damit umschrieben, dass nur elementare Grundsätze der Verfassung ge- 22

43 BVerfGE 80, 244 (253); kritisch dazu *Ridder*, in: AK-GG, Art. 9 Abs. 2 Rn. 17 ff.
44 BVerfGE 80, 244 (253).
45 BVerfGE 80, 244 (255); BVerwG, Urt. v. 19.12.2012 – 6 A 6.11 – JURIS, Rn. 56 mwN.
46 *Ziekow*, in: Merten/Papier, Bd. IV § 107 Rn. 43.
47 BVerfGE 80, 244 (254).
48 *Starck*, in: von Mangoldt/Klein/Starck, Art. 1 Abs. 3 GG Rn. 277 ff.
49 *Höfling*, in: Sachs, GG Art. 9 Rn. 46 a.
50 Instruktiv die Erörterung von *Löwer*, in: von Münch/Kunig, Art. 9 GG 2.1.4 Rn. 44 ff. (zugleich zur Rechtsprechung).
51 *Ziekow*, in: Merten/Papier, Bd. IV § 107 Rn. 49.
52 *Jarass*, in: Jarass/Pieroth, Art. 9 GG Rn. 18.
53 BVerfGE 80, 244 (LS); BVerwG, Urt. v. 19.12.2012 – 6 A 6.11 – JURIS, LS.
54 BVerfGE 28, 36 (48).

meint sind[55] und wird mit der herrschenden Meinung auf die **freiheitlich-demokratische Grundordnung** bezogen.[56]

23 **3. Völkerverständigung.** Nach Zweck oder Tätigkeit muss die Vereinigung auf eine Störung des Friedens unter den Völkern abzielen. Verboten sind deshalb Vereinigungen mit Angriffsbestrebungen, die eine friedliche Verständigung unter den Völkern ablehnen oder etwa auch solche, die für eine gewaltsame Rückeroberung verlorener Gebietsteile des Deutschen Reiches eintreten.[57] Bezugspunkt ist insoweit Art. 26 GG, der ebenso besondere Schutzvorkehrungen gegen **Gefährdungen der Grundordnung** enthält.[58] Erforderlich ist, dass in grundsätzlicher Weise gegen die **Völkerverständigung** als solche vorgegangen wird.[59]

Artikel 14 [Petitionsrecht]

[1]Jeder hat das Recht, sich einzeln oder in Gemeinschaft mit anderen schriftlich oder mündlich mit Bitten oder Beschwerden an die zuständigen Stellen und an die Volksvertretung zu wenden. [2]Es besteht Anspruch auf begründeten Bescheid in angemessener Frist.

Vergleichbare Regelungen

Art. 17 GG; Art. 115 BayVerf; Art. 34 VvB; Art. 24 BbgVerf; Art. 16 HessVerf; Art. Art. 10 M-V Verf; Art. 11 Verf Rh-Pf; Art. 35 SächsVerf; Art. 19 *S*-AVerf; Art. 43, 44 EU-GRCh; Art. 20, 24, 227, 228 AEUV.

Ergänzungsnormen im sonstigen thüringischen Recht

ThürPetG v. 15.05.2007 (ThürGVBl. S. 57) zuletzt geändert durch Gesetz v. 06.03.2013 (ThürGVBl. S. 59); ThürBübG v. 15.05. 2007 (ThürGVBl. S. 54); §§ 94, 94 a, 100, 103 ThürGOLT idF der Bek. v. 19.07.2012 (LT-Drs. 5/4750) zuletzt geändert durch Beschl. v. 19. 07. 2012.

Dokumente zur Entstehungsgeschichte

Art. 25 VerfE CDU; Art. 18 VerfE F.D.P.; Art. 29 VerfE SPD; Art. 46 VerfE NF/GR/DJ; Art. 23 VerfE LL/PDS; Entstehung ThürVerf, S. 48.

Literatur

Gunther Biewald, Die Behandlung von Petitionen durch die Verwaltung, ThürVBl 2009, 219ff; *Walter Eitel*, Das Grundrecht der Petition, Diss. Tübingen 1960; *Ernst Friesenhahn*, Zur neueren Entwicklung des Petitionsrechts in der Bundesrepublik Deutschland, in: FS für Hans Huber 1981, S. 353ff; *Diether Hoffmann*, Das Petitionsrecht, Diss. Frankfurt 1959; *Andreas Jungherr/Pascal Jürgens*, E-Petitionen zwischen niedrigschwelligem Partizipationsangebot und quasi-plebiszitärer Nutzung, ZParl 2011, 523 ff; *Karl Korinek*, Das Petitionsrecht im demokratischen Rechtsstaat, 1977; *Joachim Linck*, Ein Plädoyer für starke Bürgerbeauftragte, ZParl 2011, 891ff; *Ralf Lindner/Ulrich Riehm*, Modernisierung des Petitionswesens und der Einsatz neuer Medien, ZParl 2009, 495; *Siegfried Mampel*, Die sozialistische Verfassung der Deutschen Demokratischen Republik, 3. Auflage 1997, *Heidrun Pohl/Gerhard*

55 So schon BVerfGE 6, 32 (38).
56 Vgl. die Nachweise bei *Höfling*, in: Sachs, GG Art. 9 Rn. 44; vgl. auch *Denninger*, "streitbare Demokratie" und Schutz der Verfassung, in: HVerfR, § 16 Rn. 32; zum Erfordernis der Gefahr für die freiheitlich-demokratische Grundordnung bei einer Partei – zuletzt BVerfGE 91, 276 (282); zur geforderten Qualität des Rechtsbruchs etwa bei einer korporierten Religionsgemeinschaft: BVerfGE 102, 370 (391, 397); zuletzt BVerwG, Urt. v. 19.12.2012 - 6 A 6.11 - JURIS, LS 2 und Rn. 13 (zur Wesensverwandtschaft einer Vereinigung mit dem Nationalsozialismus).
57 *Steinmeyer*, in: Umbach/Clemens, Art. 9 I, II GG, Rn. 75.
58 BVerfGE 111, 147 (158).
59 *Merten*, in: HStR, Bd. VII § 165 Rn. 78; zu sog. unaufhebbaren Kernprinzipien der Völkerverständigung, vgl. *Ziekow*, in: Merten/Papier, Bd. IV § 107 Rn. 54.

Schulze, Hohes Niveau der sozialistischen Gesetzlichkeit bei der Bearbeitung von Anliegen der Bürger sichern, Staat und Recht 1978, 588ff; Ulli F. H. *Rühl*, Der Umfang der Begründungspflicht von Petitionsbescheiden, DVBl. 1993, 14; *Franz Josef Schmitt*, Der Rat der Gemeinde-Volksvertretung im Sinne des Art. 17?; Der Städtetag 1979, 137ff; *Michael Terbille*, Das Petitionsrecht in der Bundesrepublik Deutschland, Genese, Geltungsgrund und Ausgestaltung, Diss. Münster 1980; *Wolfgang Graf Vitzthum*, Petitionsrecht und Volksvertretung, Zu Inhalt und Schranken des parlamentarischen Petitionsbehandlungsrechts, 1985; *Albert von Mutius*, Zum personalen Geltungsbereich des Petitionsrechts, VerwArch 70 (1979) 165ff; *Bernd Wermeckes*, Der erweiterte Grundrechtsschutz in den Landesverfassungen, 2000.

Leitentscheidungen des BVerfG

BVerfGE 2, 225 (Bescheidungsanspruch); 49, 24 (Kontaktsperregesetz): BVerfG, Kammerbeschl. v. 17.07.1992 – 1 BvR 179/92 – NJW 1992, 2032 (Keine Begründungspflicht bei Petitionsbescheiden).

A. Überblick

Das Grundrecht des Art. 14 schützt als subjektiv-öffentliches Recht das Recht des Bürgers, sich mit Bitten und Beschwerden außerhalb gerichtlicher Verfahren formfrei, kostenlos und ohne Termin- und Fristenrisiken an die staatlichen Stellen und das Parlament des Freistaats Thüringen zu wenden. 1

Im Vordergrund steht heute der Leistungscharakter des Petitionsgrundrechts, also der Anspruch auf Entgegennahme, Befassung, Prüfung, sachliche Behandlung und Bescheidung der bei der Volksvertretung oder den zuständigen Stellen eingereichten Bitten und Beschwerden.[1] In Thüringen besteht über diesen grundgesetzlichen Anspruch hinaus aus Art. 14 Satz 2 ein Anspruch darauf, dass der Petitionsbescheid begründet wird und innerhalb einer angemessenen Frist erteilt wird. Einen Anspruch auf Erfüllung des vorgebrachten Begehrens im Sinne des Petenten gibt das Petitionsrecht hingegen nicht.[2] Art. 14 vermittelt zugleich einen – in der Vergangenheit bedeutsameren – Abwehranspruch dagegen, dass der Petent bei der Erstellung und Einbringung der Petition oder der Unterschriftensammlung dafür behindert wird oder ihm daraus Nachteile entstehen.[3] 2

B. Herkunft, Entstehung und Entwicklung

Das Petitionsrecht hat Wurzeln bis in das Supplikenwesen des römischen Reiches und das Bitt- und Beschwerderecht der Landstände gegenüber den jeweili- 3

1 BVerfGE 2, 225,230; BVerfG, NJW 1992, 3033.
2 BVerfGE 13, 54, 90.
3 *Langenfeld*, in: HStR III, § 39 Rn. 31.

gen Territorialherren im Mittelalter.[4] Verfassungsrechtliche Kodifikationen des Petitionsrechts finden sich erstmals 1689 in der englischen Bill of Rights, der Verfassung von Pennsylvania 1776 und im ersten Amendment von 1791 zur Amerikanischen Bundesverfassung von 1787.[5]

4 Von den wenigen Verfassungen des deutschen **Frühkonstitutionalismus**, die ein Petitionsrecht des Einzelnen bereits vor 1830 enthielten, finden sich zwei im Thüringer Raum:[6] Die älteste deutsche Verfassung, die das Petitionsrecht ausdrücklich gewährleistete,[7] ist die 1816 erlassene Verfassung von Sachsen-Weimar-Eisenach.[8] Sie enthielt in § 110 ein Petitionsrecht im Allgemeininteresse, wenn ein Staatsbürger „ein Gebrechen, dessen Abstellung das allgemeine Wohl zu erfordern scheint, bemerkt, oder einen nach seiner Ansicht zum Besten des Landes gereichten Vorschlag aufgefasst hat". Auch nach § 52 Abs. 2 der Verfassung von Sachsen-Hildburghausen von 1818[9] war es den einzelnen Staatsbürgern gestattet, "bemerkte Gebrechen oder Mißstände, deren Abstellung das allgemeine Beste zu erfordern scheint" „zur Anzeige zu bringen".

5 Nach der französischen Julirevolution von 1830 wurden Bestimmungen über das Petitionsrecht in viele deutsche Verfassungen aufgenommen, darunter 1831 in Sachsen-Altenburg, 1850 in Sachsen-Weimar–Eisenach, sowie 1852 im Fürstentum Reuß j. L. und in Sachsen-Coburg-Gotha.[10]

6 § 159 der nie in Kraft getretenen Paulskirchenverfassung billigte erstmals 1849 jedem Deutschen das Grundrecht zu, sich schriftlich mit Bitten und Beschwerden an die Behörden, Volksvertretungen und an den Reichstag zu wenden; die Reichsverfassung von 1871 enthielt in Art. 23 demgegenüber lediglich das Recht des Reichstages, an ihn gerichtete „Petitionen dem Bundesrate resp. Reichskanzler zu überweisen", ohne selbst das Petitionsrecht als Grundrecht zu garantieren.[11] Art. 126 der Weimarer Reichsverfassung von 1919 übernahm in weitgehender Anlehnung an § 159 der Paulskirchenverfassung die Formulierung des Petitionsrechts als Deutschen-Grundrecht[12] und war das historische Vorbild für Art. 17 des Grundgesetzes, in dem das Petitionsrecht als Jedermann-Grundrecht ausgestaltet wurde.

7 Die Rosenthal´sche Verfassung des Landes Thüringen von 1920/1921 enthielt keinen Grundrechtekatalog und damit auch das Petitionsrecht nicht. Nach Art. 3 Abs. 4 der – bereits unter maßgeblichem Einfluss der SED stehenden – Verfassung des Landes Thüringen von 1946[13] hatte jeder Bürger das Recht, Eingaben an den Landtag und an alle Volksvertretungen zu richten. Sowohl die

---

4 *Klein*, in: Maunz-Dürig, Art. 17 Rn. 4; *Stettner*, in: BK, Art. 17 Rn. 28; *Terbille* Das Petitionsrecht in der Bundesrepublik Deutschland, Genese, Geltungsgrund und Ausgestaltung, Diss. Münster 1980, S. 1.

5 *Eitel*, Das Grundrecht der Petition, Diss. Tübingen 1960, S. 35 f.

6 *Terbille (Fn. 4) S.* 13 f; Hoffmann, S. 29; Eitel (Fn. 5) S. 41.

7 *Korinek*, Das Petitionsrecht im demokratischen Rechtsstaat, 1977, S. 10.

8 Abgedruckt in: 175 Jahre Parlamentarismus in Thüringen(1817-1892), Herausgeber: Thüringer Landtag Erfurt 1992, S. 58, 74.

9 Deutsche Verfassungsdokumente 1806-1849, Teil V: Nassau-Sachsen-Hildburghausen, hrsg. v. Werner Heun, 2008, S. 359, 371.

10 *Terbille (Fn. 4)* S. 15ff.

11 *Vitzthum*, Petitionsrecht und Volksvertretung, Zu Inhalt und Schranken des parlamentarischen Petitionsbehandlungsrechts, 1985, S. 24.

12 *Stettner*, in: BK Art. 17, Rn. 29.

13 RTh 1947, S. 1.

Verfassung der DDR von 1949[14] (in Art. 3 Abs. 4) als auch die Verfassung der DDR von 1968[15] und die geänderte und ergänzte Verfassung von 1974[16] verhießen (jeweils in Art. 103) jedem Bürger der DDR das Recht, Eingaben an die Volksvertretung zu richten. § 7 des Eingabengesetzes der DDR vom 19.06.1975[17] sah einen grundsätzlichen Anspruch jedes Bürgers auf begründete schriftliche oder mündliche Antwort auf seine Eingabe innerhalb von 4 Wochen vor. Das Eingabewesen der DDR konnte innerhalb der durch die sozialistische Gesellschafts- und Staatsordnung vorgegebenen Grenzen im Einzelfall durchaus wirkungsvoll sein und übernahm vielfach Ersatzfunktionen für die fehlende verwaltungsgerichtliche Kontrolle;[18] andererseits war auch die Nichteinhaltung von Bearbeitungsfristen, die unkonkrete Beantwortung von Eingaben oder das vollständige Fehlen einer Reaktion auf Eingaben Teil der Realität in der DDR.[19]

Die Vorläufige Landessatzung für das Land Thüringen von 1990 enthielt keine 8
Bestimmungen zum Petitionsrecht, nahm aber in der Präambel auf die im Grundgesetz niedergelegten Grundrechte als unmittelbar geltendes Recht in Thüringen Bezug. Die Ausgestaltung des Grundrechtskatalogs durch das Landesverfassungsrecht sollte den Verfassungsberatungen vorbehalten bleiben.[20]

Bei den **Beratungen zur Thüringer Verfassung** von 1993 war die Verankerung 9
des Petitionsrechts als Grundrecht in der Landesverfassung in den Verfassungsentwürfen aller Fraktionen mit Ausnahme des Entwurfs der Fraktion NF/GR/DJ vorgesehen.[21] Die über Art. 17 GG hinaus gehende Zulassung von Eingaben in mündlicher Form war zunächst nur im Verfassungsentwurf der Fraktion der LL/PDS vorgesehen. Auf Antrag der CDU-Fraktion wurden während der Ausschussberatungen auch mündliche Bitten und Beschwerden in den Verfassungstext aufgenommen.[22] Zur Begründung wurde auf die zum damaligen Zeitpunkt so gehandhabte Praxis verwiesen, die als Hilfestellung für den Bürger beibehalten werden sollte.[23]

Der in Satz 2 normierte Anspruch des Petenten auf einen begründeten Bescheid 10
in angemessener Frist war in den Verfassungsentwürfen der Fraktion der FDP[24] und der SPD[25] enthalten, der Entwurf der Fraktion der LL/PDS[26] sah einen Anspruch auf Gehör oder Bescheid in angemessener Frist vor.

Zur Gesamtzahl der jährlich an die Behörden und öffentlich-rechtlichen Einrich- 11
tungen des Landes Thüringen gerichteten Petitionen liegen keine Daten vor. Die Anzahl und die Schwerpunkte der beim Thüringer Landtag eingehenden Petitio-

14 GbDDR, S. 4, 6.
15 GbDDR, S. 199, 221.
16 GbDDR, S. 432, 456.
17 GbDDR, S. 461.
18 *Pagenkopf*, in: Sachs, GG Art. 17 Rn. 2.
19 *Pohl/Schulze*, Staat und Recht 1978, 588, 591; *Mampel*, Die sozialistische Verfassung der Deutschen Demokratischen Republik, 1997, Art. 103, Rn. 29.
20 Vgl. Satz 1 und 2 der Präambel der Vorl.LS v. 07.11.1990 (ThürGBl. S. 1).
21 Zur Einrichtung eines Bürgerbeauftragten als politische Alternative oder Ergänzung zur Bearbeitung von Bürgeranliegen vgl. Art. 65 unter B. II.
22 Art. 14, Textgenese, in: Entstehung ThürVerf, S. 48.
23 So Abg. Stauch, in: Entstehung Thüringer Verfassung, PW 1 VerfUA 026 (28.01.1993), S. 69 f.
24 LT-Drs. 1/301, S. 5, Art. 18.
25 LT-Drs. 1/590, S. 10, Art. 29.
26 LT-Drs. 1/678, S. 13, Art. 23.

nen sowie der Ablauf des Petitionsverfahrens im Landtag werden bei Artikel 65 erläutert.[27]

C. Verfassungsvergleichende Information

12 Satz 1 entspricht dem Text des Art. 17 GG mit der inhaltlichen Abweichung, dass im Gegensatz zur grundgesetzlichen Regelung und den Regelungen in allen anderen Ländern ausdrücklich auch **mündliche** Bitten und Beschwerden erfasst werden.

13 Der über das Grundgesetz hinausgehende Anspruch in Art. 14 Satz 2 auf einen **begründeten Bescheid in angemessener Frist** ist so ebenfalls in Sachsen und Mecklenburg-Vorpommern enthalten, in Sachsen-Anhalt und Brandenburg fehlt hingegen die Verpflichtung zur Begründung des Bescheids. Eine mit Satz 2 vergleichbare Regelung fehlt in Gänze im Normtext des Grundgesetzes, in Bayern, Berlin, Hessen und in Rheinland-Pfalz. Nicht das Petitionsrecht als solches, sondern nur die Behandlung von Petitionen und die Einrichtung des dafür zuständigen Ausschusses regeln die Länder Baden-Württemberg, Bremen, Hamburg, Niedersachsen, Nordrhein-Westfalen, Saarland und Schleswig-Holstein.

D. Erläuterungen

I. Grundrechtsberechtigte

14 Als „Jedermann-Grundrecht“ steht das Petitionsrecht jeder **natürlichen Person** zu, also auch Ausländern und nach Art. 42 Abs. 2 auch inländischen juristischen Personen, soweit es seinem Wesen nach auf diese anwendbar ist. Auch im Ausland lebende Ausländer, namentlich aus Thüringen in das Ausland abgeschobene Ausländer[28] sind Grundrechtsberechtigte. Ob trotz des keine Beschränkungen enthaltenden Wortlauts bei Ausländern dennoch ein Anknüpfungspunkt im Sinne eines (wie auch immer gearteten) Kontakts mit der staatlichen Gewalt des Landes gefordert werden muss, damit ein im Ausland lebender Ausländer das Petitionsrecht in Anspruch nehmen kann, ist umstritten.[29] In jedem Falle ist die Petition eines Ausländers ohne Berührungspunkte zur Landesstaatsgewalt, auch wenn sie nicht schon mangels Grundrechtsberechtigung unzulässig ist, jedenfalls unbegründet, weil es an der Zuständigkeit eines inländischen Petitionsadressaten fehlt.[30] **Juristische Personen** des öffentlichen Rechts sind mit der Wahrnehmung öffentlicher Aufgaben befasst und als „zuständige Stellen“ im Sinne des Art. 14 Adressaten von Petitionen, aber grundsätzlich nicht Träger dieses Grundrechts. Ausnahmen bestehen nur dann, wenn sie, wie Kirchen, Universitäten oder Rundfunkanstalten als eigenständige, vom Staat distanzierte Einrichtungen einem grundrechtsgeschützten Lebensbereich zuzuordnen sind und diese Grundrechte im Wege einer Petition geltend machen.[31] Ob auch Gemeinden, die

---

27 Vgl. Art. 65 unter B. III. und D. II.

28 BVerwG, NJW 1981, 700; OVG Münster, DVBl. 1978, 895.

29 Dafür: *Stettner*, in: BK, Art. 17 Rn. 62; *Jarass*, in: Jarass/Pieroth, Art. 17 Rn. 8; *Brocker*, in: Grimm/Caesar, Art. 11 Rn. 5; *Jutzi*, in: Linck/Jutzi/Hopfe, Art. 14 Rn. 3; dagegen: *Brenner*, in: von Mangoldt/Klein/Starck, Art. 17 Rn. 32; Terbille (Fn. 4) S. 110 ff.

30 Vgl. *Bauer*, in: Dreier, Art. 17 Rn. 19; *Klein*, in: Maunz/Dürig, Art. 17 Rn. 68;Eitel (Fn. 5) S. 103.

31 *Stein*, in: AK-GG Art. 17 Rn. 11; *Klein*, in: Maunz/Dürig, Art. 17 Rn. 72; *Brocker*, in: Grimm/Caesar, Art. 11 Rn. 7; *Brenner*, in: von Mangoldt/Klein/Starck, Art. 17 Rn. 36; a.A. *Jutzi*, in. Linck/Jutzi/Hopfe, Art. 14 Rn 3; *Kohl*, in: Litten/Wallerath, Art. 10 Rn. 7.

als Teil der organisierten Staatlichkeit nicht Träger materieller Grundrechte sind,[32] im Rahmen ihres kommunalen Selbstverwaltungsrechts petitionsberechtigt sind, ist umstritten.[33] § 2 Abs. 4 ThürPetG billigt aber allen juristischen Personen des öffentlichen Recht das Petitionsrecht insoweit zu, als die Petition einen Gegenstand ihres sachlichen Zuständigkeitsbereichs betrifft. In der Praxis des Petitionsausschusses des Thüringer Landtags werden deshalb auch Petitionen von Gemeinden beschieden. **Minderjährige** sind grundrechtsberechtigt und zur persönlichen Ausübung des Petitionsgrundrechts befähigt (grundrechtsmündig), wenn sie tatsächlich zur gedanklichen Erfassung und Vorbringung ihres Begehrens in der Lage sind.[34]

Die Ausübung des Petitionsrechts kann individuell durch Einzelpersonen oder kollektiv „in Gemeinschaft mit anderen" erfolgen. **Gemeinschaftliche Petitionen** können eine Vielzahl von Einzelunterschriften enthalten oder unter einem gemeinsamen Gesamtnamen eingebracht werden. Letztere müssen nicht notwendig von jedem Einzelnen eigenhändig unterschrieben sein; die einzelnen, die Petition unterstützenden Personen müssen jedoch feststellbar sein.[35] Das ThürPetG unterscheidet in § 14 bei Gemeinschaftspetitionen an den Landtag von mindestens 50 Petenten mit identischem Anliegen zwischen – oft im Wege der Unterschriftensammlung initiierten – **Sammelpetitionen,** wenn eine bestimmte Person (oder Personengemeinschaft) als Initiator in Erscheinung tritt und **Massenpetitionen,** wenn kein Initiator erkennbar ist, wie dies bspw. bei der vielfachen Übersendung von Postkarten mit gleichem oder ähnlichem Wortlaut der Fall sein kann. Konsequenzen hat diese einfachgesetzliche Unterscheidung für die Benachrichtigung der Petenten über die Behandlung der Petition: Bei Sammelpetitionen werden die Initiatoren benachrichtigt, bei Massenpetitionen kann die Benachrichtigung durch eine Pressemitteilung oder öffentliche Bekanntmachung ersetzt werden (§ 14 Abs. 1 Satz 4, Abs. 2 Satz 2 ThürPetG). 15

II. Begriff und Form der Petition

Wesentlicher Inhalt der „Bitten und Beschwerden" im Sinne des Art. 14 ist das Einfordern eines bestimmten zukünftigen staatlichen Handelns oder Unterlassens oder die Beanstandung eines in der Vergangenheit erfolgten staatlichen Verhaltens. Die beiden **Begriffe Bitten und Beschwerden** werden oft unter der Sammelbezeichnung Eingabe oder Petition zusammengefasst, ohne dass sich daraus inhaltliche Unterschiede ergeben. Voraussetzung ist immer das Vorliegen eines konkreten Begehrens, wobei allerdings nicht die individuelle Beschwer des Petenten in seinen eigenen Rechten oder Interessen gefordert ist. Zulässig ist vielmehr auch eine Petition im Interesse Dritter oder zur Verfolgung von Belangen des Gemeinwohls. Hierzu gehören auch auf die Veränderung bestehender oder die Schaffung neuer gesetzlicher Regelungen abzielende Vorschläge zur Gesetzgebung (Legislativpetitionen). 16

32 BVerfGE 61, 82, 100ff.

33 Dafür: *Stettner*, in: BK, Art. 17 Rn. 66, *Stein*, in: AK-GG Art. 17 Rn. 11; *Brenner*, in: von Mangoldt/Klein/Starck, Art. 17 Rn. 36. Dagegen: *Uerpmann-Wittzack*, in: von Münch, Art. 17 Rn. 4.

34 *Klein*, in: Maunz/Dürig, Art. 17 Rn. 69; *Stettner*, in: BK, Art. 17 Rn. 63; *Brenner*, in: von Mangoldt/Klein/Starck, Art. 17 Rn. 34.

35 *Brenner*, in: von Mangoldt/Klein/Starck, Art. 17 Rn. 27.

17 **Keine Petitionen** sind förmliche Rechtsbehelfe und Rechtsmittel (allerdings kann eine Petition parallel dazu oder nach der Erschöpfung des Rechtswegs eingelegt werden) und Auskunftsanträge und Anträge auf Akteneinsicht in einem laufenden Verfahren,[36] sowie – mangels einer konkreten Forderung, des Petitums – bloße Meinungsäußerungen, Hinweise oder Informationsübermittlungen.[37]

18 Anders als Art. 17 GG lässt Art. 14 neben schriftlichen Petitionen ausdrücklich auch mündliche Petitionen zu. Eine dauerhafte Fixierung des Petitionsinhalts in schriftlicher Form durch den Petenten selbst ist deshalb in Thüringen für eine wirksame Petitionseinlegung nicht erforderlich. Die Eingabe kann auch durch **mündliche** Vorsprache bei dem Petitionsadressaten erfolgen. Die für das Grundgesetz zutreffende Aussage, dass aus dem Petitionsrecht kein Anspruch auf Zutritt zu den Amtsräumen des Petitionsadressaten, die persönliche Übergabe der Petition oder den Vortrag und die Erläuterung der Petition ableitbar ist,[38] kann angesichts der verfassungsrechtlichen Gewährleistung des Rechts mündlicher Petitionen in Thüringen nicht in gleicher Weise getroffen werden. Aus der Zulässigkeit mündlicher Petitionen ergibt sich hier vielmehr, dass der Petitionsadressat dem Petenten auch die tatsächliche Möglichkeit zum Vorbringen seines Anliegens gewähren muss, d. h. er muss nach Terminabsprachen oder während der üblichen Öffnungszeiten in den Räumen der Behörde die Niederschrift der mündlich vorgetragenen Petition ermöglichen. Der Petitionsausschuss des Thüringer Landtags führt monatlich (öffentlich bekannt gegebene) Bürgersprechstunden an wechselnden Orten im Lande und im Landtagsgebäude durch, bei denen Petenten ihr Anliegen den Mitgliedern des Petitionsausschusses mündlich vortragen können. Außerdem können Petitionen im Petitionsreferat der Landtagsverwaltung zur Niederschrift vorgebracht werden.

19 Für **schriftlich** eingereichte Petitionen verlangt das ThürPetG in §§ 4, 5 Nr. 1 die Unterzeichnung durch den Petenten. Um dem Anspruch des Petenten auf einen Bescheid über seine Petition gerecht werden zu können, muss dazu neben dem Namen auch eine Anschrift angegeben werden. Damit sind anonyme Petitionen ausgeschlossen.[39] Auf die zunehmende Nutzung elektronischer Medien reagierte das ThürPetG aus dem Jahr 2007 mit der Zulassung der Einreichung von Petitionen an den Thüringer Landtag in **elektronischer** Form, bei denen der Erklärungsinhalt der Eingabe nur unter Verwendung elektronischer Hilfsmittel lesbar ist. Das ThürPetG fordert dazu neben der Angabe des Urhebers der Petition und dessen Postanschrift die Verwendung des vom Thüringer Landtag im Internet

36 *Brenner*, in: von Mangoldt/Klein/Starck, Art. 17 Rn. 20; *Brocker*, in: Epping/Hillgruber, Art. 17 Rn. 9; Vgl. § 5 Nr. 8 ThürPetG.

37 *Bauer*, in: Dreier Art. 17 Rn. 25; *Klein*, in: Maunz/Dürig, Art. 17 Rn. 42 f; A.A. *Krings*, in: Friauf/Höfling, Art. 17 Rn. 31. Bürgeranliegen, die keine Petitionen sind, sowie Auskunftsbegehren und Informationsersuchen gehören zum Aufgabenbereich des Bürgerbeauftragten nach § 1 ThürBübG, vgl. dazu auch Art. 65, B. 2.

38 *Klein*, in: Maunz/Dürig, Art. 17 Rn. 65, 87; *Brenner*, in: von Mangoldt/Klein/Starck, Art. 17 Rn. 25; *Langenfeld*, in: HStR III, § 39 Rn. 25.

39 *Bauer*, in: Dreier, Art. 17 Rn. 26; *Brenner*, in: von Mangoldt/Klein/Starck, Art. 17 Rn. 26; kritisch dazu: *Krings*, in: Friauf/Höfling, Art. 17 Rn. 41.

bereit gestellten Formulars,[40] verzichtet aber bei elektronisch eingereichten Petitionen auf die eigenhändige Unterschrift.

Im Gegensatz zu derartigen auf die individuellen Anliegen des Einreichers bezogenen „**Online-Petitionen**", die sich lediglich durch den Einreichungsweg – elektronisch statt postalisch – von herkömmlichen Petitionen unterscheiden, sind so genannte **öffentliche Petitionen/Petitionen zur Veröffentlichung** Eingaben von allgemein politischem Interesse, die im Einvernehmen mit dem Petenten zum Zwecke der Diskussion, Kommentierung und Werbung um unterstützende Mitzeichner im Internet veröffentlicht werden.[41] Dazu bedarf es einer elektronischen Petitionsplattform, wie sie der Deutschen Bundestag seit 2005 bereits stellt.[42] Im Thüringer Landtag existierte diese Form der elektronischen Veröffentlichung und Mitzeichnung zum Zeitpunkt der Kommentierung noch nicht. Ab Sommer 2013 sollen aber auch in Thüringen Petitionen zur Veröffentlichung möglich sein. (Zur aktuellen Diskussion um öffentliche Petitionen in Thüringen vgl. im Einzelnen unter Art. 45 c D. IV.) 20

III. Adressaten von Petitionen

Als Petitionsadressaten nennt Art. 14 „die zuständigen Stellen" und „die Volksvertretung". Unter „**zuständige Stellen**" sind im Sinne eines weiten Behördenbegriffs alle unmittelbaren und mittelbaren staatlichen Stellen, Behörden und öffentlich-rechtliche Einrichtungen des Landes Thüringen zu fassen, nicht aber Bundesbehörden und Behörden anderer Länder. Auch im Rahmen von Privatisierungsvorgängen geschaffene privatrechtliche Organisationseinheiten bleiben mögliche Petitionsadressaten, solange sie noch dem Staat zurechenbar und nicht selbst zu Grundrechtsträgern avanciert sind.[43] 21

Dem Begriff der „**Volksvertretung**" unterfallen der Thüringer Landtag, einzelne Abgeordnete oder die Fraktionen hingegen nicht.[44] Diese trifft aber kraft ihrer Stellung die Pflicht zur Weiterleitung von Petitionen an die Volksvertretung.[45] Der Landtag ist auch dann tauglicher Petitionsadressat, wenn nicht er, sondern die Exekutive oder die Judikative für die Erfüllung des Petitionsanliegens materiell zuständig ist. Erforderlich ist aber, dass die Petition eine nach der vertikalen Zuständigkeitsverteilung zwischen Bund und Ländern in die Verbandszuständigkeit des Landes fallende Angelegenheit zum Gegenstand hat.[46] 22

Ob auch die **Gemeinderäte und Kreistage** als direkt vom Volk gewählte kommunale Repräsentationsorgane als „Volksvertretungen" anzusehen sind, ist 23

40 Abrufbar unter: http://www.thueringer-landtag.de/landtag/gremien-und-rechtsgrundlagen /ausschuesse/petitionsausschuss/einreichen/; abgedruckt in: LT-Drs. 5/4528, Arbeitsbericht des Petitionsausschusses für das Jahr 2011, Anhang III, S. 9ff. Sofern in anderen über das Internet zugänglichen Foren des Landtags Bürgeranliegen auf elektronischem Wege vorgebracht werden, werden damit die Formvoraussetzungen des § 4 Abs. 1 Satz 3 ThürPetG nicht erfüllt.

41 Vgl. dazu: *Jungherr/Jürgens*, ZParl 2011, 523ff; *Lindner/Riehm*, ZParl 2009, 495 ff.

42 *Jungherr/Jürgens*, ZParl 2011, 523, 527.

43 *Stettner*, in: BK, Art. 17 Rn. 67; *Bauer*, in: Dreier, Art. 17 Rn. 31; *Klein*, in: Maunz/Dürig, Art. 17 Rn. 99; *Vitzthum* (Fn. 11) S. 36.

44 *Brenner*, in: von Mangoldt/Klein/Starck, Art. 17 Rn. 45; Klein, in: Maunz/Dürig, Art. 17 Rn. 111; Jarass, in: Jarass/Pieroth, Art. 17 Rn. 6; *Uerpmann-Wittzack*, in: von Münch, Art. 17 Rn. 22; a.A. Pagenkopf, in: Sachs, GG, Art. 17 Rn. 10; *Rauball*, in: von Münch, 5. Aufl.2000, Art. 17 Rn. 13.

45 *Stein*, in: AK-GG Art. 17 Rn. 18; *Klein*, in: Maunz/Dürig, Art. 17 Rn. 111.

46 *Brenner*, in: von Mangoldt/Klein/Starck, Art. 17 Rn. 52; *Stettner*, in: BK, Art. 17 Rn. 69.

umstritten.[47] Selbst wenn Gemeindeparlamente als Organe der Exekutive und nicht der Legislative zuzuordnen sind und ihnen deshalb teilweise trotz des Wortlauts von Art. 28 Abs. 1 Satz 2 GG der Charakter als Volksvertretungen abgesprochen wird, sind sie jedenfalls als zuständige Stellen Petitionsadressaten für die ihnen nach der staatlichen Kompetenzordnung zugewiesenen Aufgaben.[48]

IV. Art und Weise der Behandlung und Erledigung von Petitionen

24 Die Petitionsbehandlungspflicht als Teil des Petitionsrechts verlangt vom Petitionsadressaten, die eingereichten Petitionen entgegen zu nehmen, das Anliegen inhaltlich prüfen und mit einem Bescheid eine Antwort erteilen. Art. 14 Satz 2 normiert anders als das Grundgesetz und der Großteil der deutschen Länder (vgl. oben unter C.) ausdrücklich einen Anspruch des Petenten gegen den Petitionsadressaten auf einen **begründeten Bescheid** in angemessener Frist. Über die bloße Kenntnisnahme durch den Petitionsadressaten hinaus muss aus dem Petitionsbescheid hervorgehen, wie mit dem Begehren umgegangen wurde und warum. Der Petent hat also nach der Thüringer Verfassung anders als nach der Rechtsprechung zum Grundgesetz[49] und in anderen Ländern,[50] die eine Wiedergabe der inhaltlich entscheidenden Erwägungen nicht für erforderlich hält, einen Anspruch auf inhaltliche Begründung des Bescheids.[51] In der Begründung muss zumindest in Grundzügen dargestellt werden, wie die sachliche Auseinandersetzung mit der Petition erfolgt ist und aus welchen **wesentlichen Gründen** dem vorgebrachten Anliegen abgeholfen wurde oder nicht oder aus welchen Gründen es auf sonstige Weise zur Erledigung gebracht wurde. Im Hinblick auf den gerichtlichen Rechtsschutz gegenüber Verletzungen des Petitionsrechts muss der Bescheid die **Stelle**, die sachlich entschieden hat, sowie Angaben über die Art der Erledigung enthalten.[52] Bei Parlamentspetitionen ist die Angabe des Datums des Beschlusses erforderlich, weil daraus für den Petenten erkennbar wird, dass die Volksvertretung sich mit dem Anliegen befasst hat.[53]

---

47 Bejahend: *Stein*, in: AK-GG Art. 17 Rn. 16; *Stettner*, in: BK, Art. 17 Rn. 69; *Uerpmann-Wittzack*, in: von Münch Art. 17 Rn. 24; *Krings*, in: Friauf/Höfling, Art. 17 Rn. 54; *Pagenkopf*, in Sachs, GG, Art. 17 Rn. 10; OVG Münster, DVBl.1978, 895 f; verneinend: *Schmitt*, Der Städtetag 1979, 137ff; *Friesenhahn*, in: FS für Hans Huber, S. 353, 358; *von Mutius*, VerwArch 70 (1979) 165, 174. Im Gegensatz zu anderen Ländern (bspw. § 12 der Sächsischen Gemeindeordnung) ist in der Thüringer Kommunalordnung das Petitionsrecht allerdings nicht normiert; vgl. dazu auch LT-Drs. 5/2672, Gesetzentwurf der Fraktion Die LINKE, 5. Gesetz zur Änderung der Verfassung des Freistaats Thüringens und Drs.5/2673, Gesetzentwurf der Fraktion Die LINKE, Gesetz zur Änderung des Thüringer Gesetzes über das Petitionswesens und weiterer kommunalrechtlicher Regelungen.

48 *Brenner*, in: von Mangoldt/Klein/Starck, Art. 17 Rn. 45; *Klein*, in: Maunz/Dürig, Art. 17 Rn. 72; *Krings*, in: Friauf/Höfling, Art. 17 Rn. 46, 54; *Stettner*, in: BK, Art. 17 Rn. 69.

49 BVerfGE 2, 225, 230; BVerfG, NJW 1992, 3033; in der Literatur eine Begründungspflicht verneinend: Rühl, DVBl. 1993, 14 ff.; *Uerpmann-Wittzack*, in. von Münch, Art. 17 Rn. 8; bejahend: *Klein*, in: Maunz/Dürig, Art. 17 Rn. 90 f; *Stein*, in: AK-GG, Art. 17 Rn. 29; Brenner, in: von Mangoldt/Klein/Starck, Art. 17 Rn. 43; Siegfried, DÖV 1990, 279 ff m.w.N.

50 BayVerfGH, NVwZ 2000, 548; BayVerfGH, NVwZ 1988, 820 f; BayVerfGH, NJW 1983, 809, 810; OVG Hamburg, DVBl. 1967, 86, 87 f; OVG Berlin, DVBl. 1976, 261, 262; OVG Saarland, Beschl. v. 27.10.1997 – 1 Q 12/97 – JURIS Rn. 38.

51 Wermeckes, S. 179.

52 BVerfGE 2, 225, 230; 13, 54, 90; BVerfG, NJW 1992, 3033.

53 BVerfG, NJW 1992,3033.

Allerdings besteht weder ein Anspruch auf eine bestimmte **Art der Erledigung**[54] – oder gar auf Erfüllung seines mit Petition verfolgten Anliegens[55] – noch auf die Entscheidung durch einen **bestimmten Behördenmitarbeiter** bzw. bei Parlamentspetitionen durch bestimmte Abgeordnete oder das Parlamentsplenum. Ist eine Petition bereits einmal verbeschieden worden, kann bei einer neuen Petition des gleichen Inhalts nach der Überprüfung, ob es sich tatsächlich um das gleiche, schon beschiedene Anliegen handelt, unter Bezugnahme auf die frühere Begründung von einer erneuten inhaltlichen Befassung abgesehen werden. 25

Ist der Petitionsadressat für die Petition **unzuständig**, so kann dieser die Petition nicht ignorieren. Er muss die Petition entweder an die zuständige Stelle **weiter leiten** und dem Petenten eine **Abgabenachricht** erteilen oder die Eingabe dem Petenten unter Benennung der zuständigen Stelle zurück geben.[56] Die Zuständigkeit der staatlichen Stelle im konkreten Fall richtet sich nach der allgemeinen staatlichen Kompetenzordnung mit Blick auf das jeweils mit der Petition verfolgte Anliegen. Der Umstand, dass der Landtag in der Sache zu der mit einer Petition konkret geforderten Abhilfe für unrichtiges oder unzweckmäßiges Staatshandeln – abgesehen von auf die Änderung von Gesetzen gerichteten Petitionen- regelmäßig nicht zuständig ist, sondern ein Exekutivorgan oder eine sonstige staatliche Einrichtung, führt nicht zur Unzuständigkeit des Landtags für eine an ihn gerichtete Petition. Denn das Petitionsrecht des Art. 14 begründet eine formelle Allzuständigkeit des Landtags und die Behandlungskompetenz des Parlaments für alle Petitionen, die nach der verfassungsrechtlichen Kompetenzverteilung zwischen Bund und Ländern (vertikale Gewaltenteilung) nach Art. 30, Art. 70ff, 83ff, 105 GG in die Zuständigkeit des Freistaats Thüringen fallen.[57] Auch ohne eigene Abhilfekompetenz kann das Parlament Einfluss ausüben, Lösungen anregen und Regierung und Verwaltung um Abhilfe ersuchen. Dem Landtag steht es aber nicht zu, in laufende **gerichtliche Verfahren** einzugreifen, selbst **Verwaltungsentscheidungen** zu treffen oder richterliche Entscheidungen zu überprüfen. Das Petitionsverfahren kann neben und zusätzlich zu einem Gerichts- oder Verwaltungsverfahren durchgeführt werden, hat aber weder aufschiebende Wirkung[58] für den Vollzug eines Verwaltungsakts noch verhindert es den Eintritt der Rechtskraft einer gerichtlichen Entscheidung. 26

Die Beantwortung der Petition hat in **angemessener Frist** zu erfolgen. Was eine angemessene Frist im Einzelfall ist, hängt vom Inhalt des Anliegens, seiner Dringlichkeit, dem Umfang der vorzunehmenden Aufklärungsarbeit durch die damit zu befassenden Stellen und der Arbeitsbelastung dieser Stellen ab und lässt sich nicht generell festlegen. Bei Parlamentspetitionen sind u.a. der monatliche Sitzungsrhythmus des Petitionsausschusses, die Bearbeitungszeit für die (ggf. mehrfachen) Stellungnahmen der Landesregierung unter Einbeziehung der 27

54 Zu den Erledigungsarten im Einzelnen bei parlamentsgerichteten Petitionen siehe Art. 65 D. III.
55 BVerfGE 13, 54, 90; *Biewald*, ThürVBl. 2009, 219, 220.
56 *Klein*, in: Maunz/Dürig, Art. 17 Rn. 86; *Jutzi*, in: Linck/Jutzi/Hopfe, Art. 14 Rn. 18.
57 Vgl. BVerfG, NJW 1992,3033; *Vitzthum* (Fn. 11) S. 35 ff.
58 Allerdings gibt es Absprachen zwischen der Landesregierung und dem Petitionsausschuss des Landtags, um die Schaffung vollendeter Tatsachen vor Petitionsentscheidungen zu ausreisepflichtigen Ausländern durch entsprechende Informationen der Landesregierung und beschleunigte Bearbeitung derartiger Petitionen im Ausschuss zu verhindern.

Berichte nachgeordneter Behörden,[59] die dem Petenten regelmäßig eingeräumte Möglichkeit zur Erwiderung darauf, sowie gegebenenfalls die Zeit für die Hinzuziehung der Fachausschüsse des Parlaments mit zu berücksichtigen.[60] Bei einer längeren Bearbeitungszeit kann ein Zwischenbescheid angezeigt sein. Die Behandlungspflicht entfällt nicht durch Ablauf der Wahlperiode des Landtags. Nicht erledigte Petitionen müssen vom nachfolgenden Landtag weiter behandelt werden, ohne dass es einer erneuten Einbringung bedarf (Vgl. § 119 Abs. 1 Satz 2 GO LT).

28 Der Petitionsbescheid hat grundsätzlich **schriftlich** zu ergehen,[61] sofern der Petent nicht darauf verzichtet. Dies ergibt sich schon aus dem Begriff „Bescheid" in Art. 14 Satz 3 und dient dem Anspruch des Petenten auf eine aus sich heraus verständliche Entscheidungsbegründung. **Kosten** dürfen dem Petenten für den Bescheid nicht auferlegt werden.[62]

V. Gerichtlicher Rechtsschutz gegen Petitionsbescheide

29 Gegen Verletzungen seines Grundrechts aus Art. 14 kann der betroffene Petent den Rechtsweg zum **Verwaltungsgericht** nach § 40 Abs. 1 VwGO beschreiten.[63] Da Art. 14 Satz 2 dem Petenten einen Anspruch auf einen begründeten Petitionsbescheid in angemessener Frist einräumt, kann er gegen eine Verletzung dieser Anforderungen ebenso gerichtlich vorgehen, wie wenn eine Entgegennahme oder sachliche Befassung mit der Eingabe oder deren Verbescheidung gänzlich unterbleibt oder die Eingabe aus sonstigen Gründen den verfassungsrechtlichen Mindestanforderungen an eine ordnungsgemäße Behandlung der Petition nicht entspricht. Bei Parlamentspetitionen handelt es sich ebenso wie bei an die zuständige Stelle der Exekutive gerichteten Petitionen um Streitigkeiten nicht verfassungsrechtlicher Art, weil jedenfalls der Petent keine Verfassungsorganqualität besitzt.[64] Richtige **Klageart** im verwaltungsgerichtlichen Verfahren ist die allgemeine Leistungsklage, da der Petitionsbescheid mangels Regelungscharakters – er trifft keine materielle Entscheidung in der Sache, sondern informiert nur über den Verfahrensausgang – keine Verwaltungsaktqualität besitzt.[65]

59 Für die Stellungnahmen der Landesregierung wurde in der Praxis des Thüringer Landtags bisher von einer Frist von in der Regel 6 Wochen, bei kommunalen Angelegenheiten von 12 Wochen ausgegangen In § 10 Abs. 3 des Ersten Gesetzes zur Änderung des ThürPetG vom. 06.03.2013 (ThürGVBl. S. 59) ist künftig eine Stellungnahmefrist von in der Regel acht Wochen zur Klärung der Sach- und Rechtslage vorgesehen.

60 Vgl. zur Bearbeitungsdauer im Thüringer Landtag kritisch: Linck, ZParl 2011, 891, 895, der von einer durchschnittlichen Bearbeitungsdauer von circa 9 Monaten bei nicht besonders komplizierten Petitionen im Petitionsausschuss des Landtags ausgeht.

61 *Brenner*, in: von Mangoldt/Klein/Starck, Art. 17 Rn. 43; *Jutzi*, in: Linck/Jutzi/Hopfe, Art. 14 Rn. 17.

62 *Sachs*, GG, Art. 17 Rn. 14.

63 BVerwG, NJW 1976, 637, 638; BVerfG, NVwZ 1989, 953; *Stettner*, in: BK, Art. 17 Rn. 96.

64 BVerwG, NJW 1976, 637, 638; BayVGH, BayVBl. 1986,368,369; *Klein*, in: Maunz/Dürig, Art. 17 Rn. 128; *Stettner*, in: BK, Art. 17 Rn. 96.

65 BVerwG, NJW 1981, 700; BayVGH, BayVBl. 1986,368,369; *Klein*, in: Maunz/Dürig, Art. 17 Rn. 128; *Uerpmann-Wittzack*, in: von Münch, Art. 17 Rn. 8; BVerwG, NJW 1977, 118.

VI. Grundrechtsschranken

Art. 14 unterliegt keinem ausdrücklichen **Gesetzesvorbehalt**. Die Übertragung der Schranken anderer Grundrechte, etwa der allgemeinen Handlungsfreiheit aus Art. 2 Abs. 1 GG[66] (oder entsprechend Art. 3 Abs. 2 ThürVerf), oder der Meinungsfreiheit aus Art. 5 Abs. 2 GG[67] (oder entsprechend Art. 11 Abs. 3 ThürVerf), wird zu Recht überwiegend abgelehnt.[68] Einschränkungen des vorbehaltlos gewährleisteten Petitionsgrundrechts sind deshalb nur zum Schutz kollidierender Grundrechte Dritter oder anderer Rechtsgüter mit Verfassungsrang unter Wahrung des Verhältnismäßigkeitsgebots zulässig[69]. Als solche Rechtsgüter kommen bspw. die Persönlichkeitsrechte und der Ehrenschutz Dritter,[70] oder die Erfüllung des Haftzwecks bei Strafgefangenen und der Schutz des Rechtsguts Leben[71] in Betracht. Diese Rechtsgüter können bei einer Abwägung der widerstreitenden Grundrechtspositionen unter Berücksichtigung aller Umstände des Einzelfalls Vorrang vor dem Petitionsrecht erlangen und zu Beschränkungen der – im Falle der Kontaktsperre zwischen Strafgefangenen vorübergehenden – Grundrechtsausübung führen.[72] 30

Die durch Art. 17 a Abs. 1 GG zugelassene Einschränkung des Rechts auf Sammelpetitionen für Angehörige der Streitkräfte ist nach der kompetentiellen Lage für Eingaben an Thüringer Behörden ohne Bedeutung. Soweit Art. 33 Abs. 5 GG für **Angehörige des öffentlichen Dienstes** die Möglichkeit eröffnet, das Petitionsrecht einzuschränken, hat das Landesrecht mit der Festschreibung des Rechts, jederzeit Petitionen unmittelbar an den Landtag zu richten (§ 2 Abs. 2 ThürPetG), für die Mitarbeiter des öffentlichen Dienstes in Thüringen darauf verzichtet.[73] 31

VII. Verhältnis zu anderen Bestimmungen

1. Landesverfassung. Bloße **Meinungsäußerungen**, die nicht von staatlichen Stellen ein bestimmtes Verhalten verlangen oder staatliches Handeln beanstanden, unterfallen nur der Meinungsäußerungsfreiheit nach Art. 11. Eine im formalen und inhaltlichen Zusammenhang mit einer Petition stehende Meinungsäußerung kann kumulativ sowohl in den Schutzbereich des Grundrechts aus Art. 11 als auch des Petitionsgrundrechts aus Art. 14 fallen und aus dem Petitionsrecht eine besondere Rechtfertigung erfahren.[74] 32

Der **Auskunfts- und Akteneinsichtsanspruch** in Akten und Dateien aus Art. 6 Abs. 4 fällt in den Schutzbereich des Rechts auf informationelle Selbstbestimmung nach Art. 6 Abs. 2, nicht in den des Petitionsrechts aus Art. 14. Gegen die Verweigerung einer Auskunft nach Art. 6 Abs. 4 kann aber – außer auf dem Rechtsweg – auch mit einer Petition vorgegangen werden. 33

66 So *Rauball*, in: von Münch, 5. Aufl., Art. 17 Rn. 16.
67 So *von Münch*, Grundbegriffe des Staatsrechts, Bd. I, 4. Aufl. 1986, Rn. 388.
68 *Brenner*, in: von Mangoldt/Klein/Starck, Art. 17 Rn. 56; Klein, in: Maunz/Dürig, Art. 17 Rn. 115; *Stettner*, in: BK, Art. 17 Rn. 100; *Jarass*, in: Jarass/Pieroth, Art. 17 Rn. 9; *Pagenkopf*, in: Sachs, GG, Art. 17 Rn. 15.
69 BVerfG NJW 1991, 1475,1476; BVerfGE 49, 24, 57 f, 64 f.
70 BVerfG NJW 1991, 1475,1476.
71 BVerfGE 49, 24, 57 f, 64 f.
72 Vgl. auch § 3 Abs. 2 ThürPetG.
73 Vgl. Abg. Kölbel, LT-Prot. 1/118 v. 16.06.1994, S. 9140.
74 BVerfG,NJW 1991, 1475,1477; *Bauer*, in: Dreier, Art. 17 Rn. 51.

34 Für die auf die Befassung des Landtags mit Gesetzentwürfen und anderen Gegenständen der politischen Willensbildung abzielenden **Bürgeranträge** nach Art. 68 finden die besonderen Verfahrensregelungen aus Art. 68 und dem Thüringer Gesetz über das Verfahren bei Bürgerantrag, Volksbegehren und Volksentscheid[75] Anwendung. Die dort geregelten formalen Anforderungen an die Unterschriftsleistung, die Sammlungsfrist und das Unterschriftenquorum sowie der Kreis der Unterschriftsberechtigten und die (für Petitionen nicht geltenden) Ausschlusstatbestände unterscheiden den Bürgerantrag von an den Landtag gerichteten Sammelpetitionen.[76] Die Rechtsfolgen eines zulässigen Bürgerantrags, nämlich die Befassungspflicht des Plenums und der Rechtsanspruch auf eine Anhörung in einem Landtagsausschuss, privilegieren den Bürgerantrag jedoch nur wenig,[77] zumal sowohl die Befassung des Landtags mit einer Petition nach Art. 65 Abs. 1 Satz 2 als auch die Anhörung eines Petenten aufgrund eines Ausschussbeschlusses möglich sind.[78] Nach Ablauf der Sammlungsfrist kann auch ein am Unterschriftenquorum gescheiterter Bürgerantrag als Sammelpetition im Petitionsausschuss des Landtags behandelt werden.

35 **2. Grundgesetz.** Das Petitionsrecht nach der Landesverfassung ist weiter gehend als nach Art. 17 GG, da es auch mündliche Eingaben erfasst und einen Anspruch auf begründeten Bescheid in angemessener Frist enthält. Diese für den Bürger **günstigeren Grundrechtsausgestaltungen** bleiben nach Art. 142 GG in Kraft,[79] entfalten ihre Wirkung aber nur gegenüber den an staatliche Stellen des Landes gerichteten Eingaben, nicht bei an den Bund und andere Länder gerichteten Petitionen Thüringer Bürger.

Artikel 15 [Recht auf Wohnung]

[1]Es ist ständige Aufgabe des Freistaats, darauf hinzuwirken, daß in ausreichendem Maße angemessener Wohnraum zur Verfügung steht. [2]Zur Verwirklichung dieses Staatsziels fördern das Land und seine Gebietskörperschaften die Erhaltung, den Bau und die Bereitstellung von Wohnraum im sozialen, genossenschaftlichen und privaten Bereich.

Vergleichbare Regelungen

Im GG keine, ansonsten: Art. 106 BayVerf; Art. 28 VvB; Art. 47 BbgVerf; Art. 14 BremVerf; Art. 17 M-VVerf; Art. 6 a NV; Art. 63 Verf Rh-Pf; Art. 40 LVerf LSA. .

Ergänzungsnormen im sonstigen thüringischen Recht

Thüringer Wohnraumfördergesetz (ThürWoFG) v. 31.01.2013 (ThürGVBl. S. 1); Thüringer Verordnung zur Übertragung von Ermächtigungen und zur Bestimmung von Zuständigkeiten im Wohngeldbereich (ThürWoGZVO) v. 24.07.2007 (ThürGVBl. S. 96); Thüringer Wohnraumförderzuständigkeitsverordnung (ThürWoZVO) v. 05.03.2013 (ThürGVBl. S. 64).

Dokumente zur Entstehungsgeschichte

Art. 21 VerfE CDU; Art. 8 VerfE SPD; Art. 22 VerfE NF/GR/DJ; Art. 38 VerfE LL/PDS; Entstehung ThürVerf, S. 50.

---

75 idF. der Bek.v. 23.02,2004 (ThürGVBl. S. 237).

76 Vgl. zum Verhältnis Bürgerantrag/Petition auch Art. 68 Rn. 1 und 3.

77 *Jutzi*, in: Linck/Jutzi/Hopfe, Art. 14 Rn. 6.

78 Dies gilt insbesondere für sog. öffentliche Petitionen/Petitionen zur Veröffentlichung, vgl. dazu auch Art. 65 unter D. IV.

79 Vgl. *Huber*, in: Sachs, GG, Art. 142 Rn. 9, 12; *Kunig*, in: von Münch/Kunig, Art. 142 Rn. 5, 7; *Korioth*, in: Maunz/Dürig, Art. 142 Rn. 8 f, 14 f.

Literatur

Kerstin Dierks, Soziale Grundrechte der neuen Landesverfassungen. Ein Fortschritt in der deutschen Verfassungsentwicklung?, LKV 1996, 331; *Peter Neumann*, Staatsziele in der Verfassung des Freistaats Thüringen, LKV 1996, 392.

Leitentscheidungen des BVerfG

BVerfGE 38, 348 (Zweckentfremdung von Wohnraum); 55, 249 (Wohnhausabbruch).

A. Überblick

Art. 15 formuliert die Wohnraumförderung als Staatsziel; dessen Gehalt wird näher bestimmt. 1

B. Herkunft, Entstehung und Entwicklung

In den Beratungen war umstritten, ob die Verfassung ein Recht auf angemessenen **Wohnraum** vorsehen sollte. Die meisten Entwürfe schlugen eine solche Bestimmung zwar vor, umstritten war aber, ob als Recht oder Staatsziel. Am 03.04.1992 kam der Verfassungsunterausschuss überein, die Thematik als **Staatsziel** zu formulieren. Im Zuge der weiteren Beratungen wurde der Kreis der zu fördernden Einrichtungen des sozialen, **genossenschaft**lichen und privaten Wohnungsbaus spezifiziert und präzisiert. 2

C. Verfassungsvergleichende Information

Eine förmliche Garantie eines Grundrechts auf angemessenen Wohnraum kennen nur wenige Landesverfassungen (Art. 106 Abs. 1 BayVerf, Art. 14 Abs. 1 BremVerf); dagegen sehen manche die Staatsaufgabe zur Schaffung angemessenen Wohnraums vor (Art. 106 Abs. 2 BayVerf: „Billige Volkswohnungen", Art. 14 Abs. 1 Satz 2 BremVerf, Art. 17 M-VVerf, Art. 6 a NV, Art. 63 Verf Rh-Pf und Art. 40 LVerf LSA). Einzelne Landesverfassungsgerichte verneinten ein auf Bereitstellung angemessenen Wohnraums gerichtetes Grundrecht.[1] 3

D. Erläuterungen

I. Allgemeines

1. Normzweck. Art. 15 begründet die Schaffung angemessenen **Wohnraums** als dauerhafte **Staatsaufgabe** im Rahmen der wirtschaftlichen Möglichkeiten des Staates.[2] Dazu verpflichtet sie die Adressaten zur Erhaltung, Errichtung und Bereitstellung von Wohnraum. Die Norm verfolgt damit einen doppelten Zweck: jedem Bewohner eine Behausung als Basis individueller **Lebensführung** zu schaf- 4

1 BayVerfGHE 58, 94; auch VerfGH Berl, Beschl. v. 29.08.2003 – 16/03 – JURIS.
2 Vgl. auch BVerfGE 38, 348 (359 ff.); 55, 249 (257 f.).

fen und die faktische Grundlage von **Freiheitsentfaltung** und **Privatheit** zu sichern.

5 **2. Normstruktur.** Die Norm präzisiert den Inhalt dieser Aufgabe (II.1) und bestimmt deren Adressaten (II.2). Sie steht mit mehreren anderen Bestimmungen der Verfassung, ferner mit Landes- wie Bundesrecht in Konkurrenz (III).

II. Verpflichtungsgehalt

6 **1. Staatsaufgabe Wohnungsförderung. a) Ausreichende und angemessene Wohnraumversorgung.** Die zu erfüllende Staatsaufgabe wird durch die Prädikate ausreichend und angemessen umschrieben. Das Gebot ausreichender Wohnraumversorgung hat eine regionale, lokale und individuelle Dimension: das **Land** hat zunächst zu sichern, dass in den Regionen und sodann innerhalb der einzelnen Siedlungsräume (**Gemeinden, Städte** und **Stadtteile**) für die Nachfragenden genug nutzbarer Wohnraum vorhanden ist. Die Forderung nach angemessener Wohnraumversorgung bezieht sich auf die Ausstattung der Wohnräume; das Attribut bezeichnet also deren qualitative Dimension. Diese Aufgabe ist erfüllt, wenn **Wohnungsbedarfe** befriedigt und die Ausstattung der verfügbaren Wohnungen dem sozial üblichen Standard genügt. Dieser bemisst sich durch **Raum-Zahl** und -größe sowie **Nutzungsmöglichkeiten** (Wohn-, Schlaf- und Kinderzimmer, Küche und Bad). Die individuelle Dimension der Wohnraumförderung liegt in der Einräumung von Zugangsrechten zu Sozialwohnungen und Gewährung von Wohngeld für einkommensschwache Nutzer von Wohnraum.

7 **b) Wohnraum.** Der Begriff Wohnraum bedeutet in der Tendenz eine **Wohnung**; er ist indessen mit dem in Art. 8 verwendeten Begriff der Wohnung nicht gleichzusetzen[3]. Während der Begriff der Wohnung weit gefasst ist, und auch **Arbeits-, Betriebs-** und **Geschäftsräume**[4] umfasst, ist der Begriff Wohnraum enger, weil die Bereitstellung von Wohnraum der Erfüllung des zivilisatorischen Standards dient, jedem Menschen eine eigene Unterkunft für sich, seine Familie und seine Gebrauchsgegenstände zu verschaffen. Der Wohnraum stellt eine Behausung dar, welche die Bewohner vor Wetterunbilden, Hitze und Kälte schützt und **privatem Leben** und **Intimität** eine von der Öffentlichkeit abgeschirmte Sphäre sichert. Insoweit zielt das Anliegen der Wohnraumversorgung zwar wie das Recht auf Schutz der Wohnung (Art. 8) auf die Sicherung der Privatheit und beschränkt sich darauf. Der Auftrag des Art. 15 ist aber in einer vorübergehenden **Unterbringung** eines Menschen im Sinne der **Gewährung von Obdach** (Art. 16) nicht erschöpft, sondern verlangt nach dauerhafter Behausung. Hieraus ergeben sich Bedeutungsunterschiede zwischen Wohnraum, Wohnung und Obdach. Denn der Schutz der Wohnung kommt auch dem gewerblich und vorübergehend genutzten Wohnraum zu, der Auftrag zur Wohnraumversorgung ist dagegen auf die dauerhafte Überlassung von Wohnräumen gerichtet und darauf beschränkt.

8 **c) Handlungen.** Der Auftrag ist als **„Staatsziel“** formuliert. Damit wird zum Ausdruck gebracht, dass die Wahrnehmung dieser Aufgabe den Staat dauerhaft[5]

3 *Jutzi*, in: Linck/Jutzi/Hopfe, Art. 15 Rn. 10.
4 BVerfGE 32, 54 (68); 42, 212 (219); 44, 353 (371); 76, 83 (88).
5 Anders *Dierks*, LKV 1996, 235, welche die Kritik erhebt, die sozialen Grundrechte und Staatsaufgaben seien nicht von Dauer – ein fundamentales Missverständnis des Sozialstaates.

verpflichtet und daher generell Staatstätigkeit wesentlich rechtfertigt. Der Staat ist danach auch um der dauerhaften Sicherung von Wohnraumversorgung willen notwendig und zum Handeln verpflichtet. Daraus folgt, dass Wohnraumversorgung unter den in **Landesministerien** und nachgeordneten Verwaltungen organisierten Landesaufgaben wesentlich vorkommen muss und das Land für die Sicherstellung der Wohnraumversorgung umfassend zuständig und verantwortlich ist.

Das Land hat daher die Wohnungsversorgung der Bevölkerung **statistisch** zu erfassen, zu beobachten und Lücken festzustellen. Es ist im Rahmen seiner Zuständigkeiten und Befugnisse weiter zu allen, dem Ziel der Wohnraumversorgung dienlichen Mitteln berechtigt, namentlich zu **Gesetzgebung, Verwaltungsmaßnahmen** und **finanzieller Förderung**. Selbst eine namentlich bei **Naturkatastrophen** vorstellbare **Wohnraumbewirtschaftung** unter Einweisung Wohnungsloser in knappe Wohnräume wäre von dieser Norm gedeckt. Der Schwerpunkt der Maßnahmen liegt jedoch in der durch **Raum- und Bauplanung** wahrgenommenen Ausweisung von Wohnflächen sowie der finanziellen Förderung von Wohnbauten[6] durch das Land, die Gemeinden, Genossenschaften und Private. Die Wohnbauförderung durch Private umschließt den **privaten Mietwohnungsbau** und die Eigenheimförderung. Ein **subjektives Recht** auf Überlassung von Wohnraum lässt sich daraus nicht herleiten.[7] 9

2. Adressaten. Adressaten des Wohnungsbauförderungsgebots sind **Land** und **Gebietskörperschaften**. Diese sind namentlich die **Städte, Landkreise** und **Gemeinden.**[8] Die Bereitstellung von Wohnraum gilt als **freiwillige Aufgabe** der **Gemeinden.**[9] Die Pflicht umfasst auch die in privatrechtlicher Form organisierten nicht rechtsfähigen **Eigenbetriebe**[10] von Land und Gebietskörperschaften oder von Kapitalgesellschaften, an denen Land oder Gebietskörperschaften beteiligt sind. Denn sie sind trotz ihrer privatrechtlichen Form in den organisatorischen Zusammenhang der öffentlichen Verwaltung eingeordnet und daher deren Aufträgen verpflichtet. Obgleich Art. 15 **Genossenschaften** und Private als Adressaten der Wohnungsförderung erwähnt, werden diese durch Art. 15 nicht unmittelbar verpflichtet, weil dessen Adressaten einzig das Land und die Gebietskörperschaften sind, und der Auftrag des Art. 15 auf sie ausgerichtet und beschränkt ist. 10

III. Konkurrenzen

1. Verfassung. Art. 15 steht in Konkurrenz mit der Präambel, Art. 6, 8, 16, 44. Art. 15 konkretisiert den Anspruch der Präambel, „das Gemeinschaftsleben in **sozialer Gerechtigkeit** zu ordnen" und des Art. 44, ein **sozialer Rechtsstaat** zu sein. Die Norm ermöglicht den Schutz von Privatsphäre (Art. 6) und Wohnung (Art. 8) und wird ergänzt durch den Schutz bei **Obdachlosigkeit** (Art. 16). 11

2. Bundesrecht. Art. 74 Nr. 18 GG sieht keine Bundeszuständigkeit für die Wohnraumversorgung mehr vor; **Wohngeldgesetz** v. 24.09.2008[11] zuletzt geän- 12

6 Vgl. dazu Wohnungsbauförderungsbestimmungen, ThürStAnz. 2011, 315 ff.
7 *Neumann*, LKV 1996, 394.
8 *Jutzi*, in: Linck/Jutzi/Hopfe, Art. 15 Rn. 3.
9 BVerwG Urt. v. 07.11.1996 – 7 C 24/96 – JURIS, Rn. 20.
10 § 1 ThürEBV (Thüringer Eigenbetriebsverordnung).
11 BGBl. I S. 1856.

dert durch Art. 35 Gesetz v. 20.12.2011;[12] Gesetz zur Sicherung der Zweckbestimmung von **Sozialwohnungen** (**Wohnungsbindungsgesetz** – WoBindG) v. 13.09.2001[13] zuletzt geändert durch Art. 2 Drittes Gesetz zur Änderung wohnungsrechtlicher Vorschriften v. 09.11.2002.[14]

Artikel 16 [Obdachrecht]

Das Land und seine Gebietskörperschaften sichern allen im Notfall ein Obdach.

Vergleichbare Regelungen

Art. 17 Abs. 3 Satz 3 M-VVerf.

Ergänzungsnormen im sonstigen thüringischen Recht

§§ 2, 5 ThürPAG.

Dokumente zur Entstehungsgeschichte

Art. 36 VerfE LL/PDS; Entstehung ThürVerf, S. 51.

Literatur

Kerstin Dierks, Soziale Grundrechte der neuen Landesverfassungen. Ein Fortschritt in der deutschen Verfassungsentwicklung?, LKV 1996, 331; *Peter Neumann,* Staatsziele in der Verfassung des Freistaats Thüringen, LKV 1996, 392.

A. Überblick

1 Art. 16 schafft ein soziales Recht auf Schutzgewährung bei Obdachlosigkeit.

B. Herkunft, Entstehung und Entwicklung

2 Die Bestimmung geht auf den Vorschlag der LL/PDS zurück. Im Unterausschuss des Verfassungs- und Geschäftsordnungsausschusses[1] konnte keine Einigkeit über deren Notwendigkeit erzielt werden. Der Verfassungs- und Geschäftsordnungsausschusses[2] hat in seiner Sitzung vom 27.06.1992 die Bestimmung vorgeschlagen, welche ihre gegenwärtige Form durch die Redaktionskommission erhielt. Sie präzisierte mit Land und Gebietskörperschaften die Adressaten der **Schutzpflicht.**

C. Verfassungsvergleichende Information

3 Die Sicherung vor **Obdachlosigkeit** wird dem Staat und den Gebietskörperschaften auch durch Art 17 Abs. 3 Satz 3 M-VVerf aufgetragen.

12 BGBl. I S. 2854.
13 BGBl. I S. 2404.
14 BGBl. I S. 2291.
1 PW 1 VerfUA 010 (03.04.1992) S. 24 – 33, 43; PW 1 VerfUA 014 (05.06.1992) S. 55 – 60; Entstehung ThürVerf, S. 51.
2 PW 1 VerfA 009 (27.06.1992) S. 74 f.; PW 1 VerfA 018 (15.03.1993) S. 79 – 92.

D. Erläuterungen

I. Allgemeines

Art. 16 schafft trotz der systematischen Einordnung als **Staatsziel**[3] ein **subjektives Recht** auf **Obdachgewährung** bei Wohnungslosigkeit. Denn das Recht auf Sicherung des Obdachs in Notfällen kommt allen zu; es hat also eine notwendig subjektive Dimension.[4] Darin liegt ein **Anspruch** gegen die **Sozialverwaltung** begründet; dieser löste den vordem als **Polizeiwidrigkeit** („Asozialität") gedeuteten öffentlichen Interventionsgrund ab und verwandelte ihn in einen Sozialleistungsanspruch, der primär durch die örtlichen Träger von **Sozial-** und **Jugendhilfe** einzulösen ist. Die **Unterbringung Obdachloser** ist im Polizeirecht als Interventionsgrund anerkannt.[5] Der Staat ist also zum Schutz einzelner bei Obdachlosigkeit zum Tätigwerden verpflichtet. Dieses Anliegen ist jedoch als Staatsziel zu konkret und damit schmal und als objektiv-rechtlicher Auftrag zu schwach. Denn der Pflicht zum staatlichen Tätigwerden entspricht eine als **Menschen-** und **Grundrecht** allen Berechtigten zustehende Stellung; diese hat einen individualrechtlichen Kern und Gehalt. 4

II. Verpflichtungsgehalt

Der Anspruch steht allen Bewohnern zu und ist auf die Gewährung von Obdach in **Notfällen** gerichtet. Ein Notfall ist eine vorübergehende Wohnungslosigkeit. Die Hilfe ist nur vorübergehend zu gewähren. Das Maß der Hilfegewährung wird nicht vorgegeben; es ist aus der Garantie der Menschenwürde zu erschließen.[6] Auch die Mittel zum Schutz bei Obdachlosigkeit sind offen. Üblicherweise kooperieren die Hilfeträger mit **privaten Wohlfahrtverbänden**, die entsprechende Einrichtungen (Obdachlosenunterkünfte, Kinder- und Lehrlingsheime oder Frauenhäuser) unterhalten. Die Pflicht trifft das Land, die **Städte, Landkreise** und **Gemeinden** in ihrer Eigenschaft als überörtliche und örtliche Träger der **Sozial-** und **Jugendhilfe**. 5

III. Konkurrenzen

Die Bestimmung konkretisiert den in der Präambel entfalteten Auftrag, das Gemeinschaftsleben in **sozialer Gerechtigkeit** zu ordnen, schützt das Leben und die **körperliche Unversehrtheit** (Art. 3), berührt jedoch nicht die Freiheit der Person (Art. 4) und wird auch von dem Auftrag auf **Wohnraumversorgung** (Art. 15) nicht umfasst. 6

3 *Jutzi*, in: Linck/Jutzi/Hopfe, Art. 16 Rn. 2.
4 So auch *Jutzi*, in: Linck/Jutzi/Hopfe, Art. 16 Rn. 4, 7.
5 *Denninger*, in: HdbPolR, Kap. D Rn. 151 f.; *Rachor*, in: HdbPolR, Kap. E 748 ff.
6 OVG Berlin, NJW 1980, 2484 (2485); *Kunig*, in: von Münch/Kunig, Art. 1 Rn. 36 (Existenzminimum).

Zweiter Abschnitt Ehe und Familie

Artikel 17 [Ehe und Familie]

(1) Ehe und Familie stehen unter dem besonderen Schutz der staatlichen Ordnung.

(2) Wer in häuslicher Gemeinschaft Kinder erzieht oder für andere sorgt, verdient Förderung und Entlastung.

(3) Jede Mutter hat Anspruch auf den Schutz und die Fürsorge der Gemeinschaft.

Vergleichbare Regelungen

Art. 6 GG; Art. 124, 125 BayVerf; Art. 26 BbgVerf; Art. 12 VvB; Art. 21 BremVerf; Art. 4, 30 HessVerf; Art. 4 a NV; Art. 5 Verf NW; Art. 23 Verf Rh-Pf; Art. 22, 23 SaarlVerf; Art. 22 SächsVerf; Art. 24 LVerf LSA; Art. 6 a SchlHVerf; Art. 8 EMRK.

Ergänzungsnormen im sonstigen thüringischen Recht

Thüringer Familienförderungssicherungsgesetz (ThürFamFöSiG) v. 16.12.2005 (ThürGVBl. 2006 S. 365) zuletzt geändert durch Gesetz v. 21.12.2011 (ThürGVBl. S. 531); Verordnung zur Durchführung des Thüringer Familienförderungssicherungsgesetzes (ThürFamFöSiGD-VO) v. 28.03.2013 (ThürGVBl. S. 106); Thüringer Gesetz über die Errichtung der Stiftung "FamilienSinn" und die Förderung der "Thüringer Stiftung HandinHand - Hilfe für Kinder, Schwangere und Familien in Not" vom 16.12.2005 (ThürGVBl. S. 365, 377)

Dokumente zur Entstehungsgeschichte

Art. 13 VerfE CDU; Art. 6 VerfE F.D.P.; Art. 11 VerfE SPD; Art. 7 VerfE NF/GR/DJ; Art. 24-27 VerfE LL/PDS; Entstehung Thür Verf, S. 52 f.

Literatur

Tobias Aubel, Der verfassungsrechtliche Mutterschutz, 2003; *Peter Badura*, Ehe und Familie stehen unter dem besonderen Schutz der staatlichen Ordnung, (Art. 6 Abs. 1 GG), in: Bitburger Gespräche Jb. 2001, S. 87; *Axel von Campenhausen*, Verfassungsgarantie und sozialer Wandel – Das Beispiel von Ehe und Familie, VVDStRL 45 (1987), 7; *Johannes Dietlein*, Der Schutz nichtehelicher Lebensgemeinschaften in den Verfassungen und Verfassungsentwürfen der neuen Länder, DtZ 1993, 136; *Udo Di Fabio*, Der Schutz von Ehe und Familie: Verfassungsentscheidung für die vitale Gesellschaft, NJW 2003, 993; *Ute Edel*, Die Entwicklung des Mutterschutzrechts in Deutschland, 1993; *Birgit Friese*, Das neue Mutterschutzrecht, NJW 2002, 3208; *Roman Herzog*, Familie und Familienpolitik in der Rechtsprechung des Bundesverfassungsgerichts, in: Bundesministerium für Familie und Senioren (Hrsg.), 40 Jahre Familienpolitik in der Bundesrepublik Deutschland, 1993, 53; *Siegfried Jutzi*, Staatsziele der Verfassung des Freistaates Thüringen, ThürVBl 1995, S. 25; *Gregor Kirchhof*, Der besondere Schutz der Familie in Art. 6 Abs. 1 des Grundgesetzes, AöR 129 (2004), 542; *Peter Neumann*, Staatsziele in der Verfassung des Freistaates Thüringen, LKV 1996, S. 392; *Claus Meissner*, Familienschutz im Ausländerrecht, Jura 1993, 1ff, 113; *Hans-Jürgen Papier*, Ehe und Familie in der neueren Rechtsprechung des BVerfG, NJW 2002, 2129; *Christian Pestalozza*, Verfassungen der deutschen Bundesländer, 6. Aufl., 1998; *Ulrich Rommelfanger*, Die Verfassung des Freistaates Thüringen des Jahres 1993, ThürVBl 1993, 145, 173; *Viola Schmid*, Die Familie in Art. 6 des Grundgesetzes, 1989; *Karl Schmitt*, (Hrsg.), Die Verfassung des Freistaates Thüringen, 1995; *Dieter Schwab*, Familienrecht, 12. Aufl. 2003.

Leitentscheidungen des ThürVerfGH und des BVerfG

ThürVerfGH, Urt. v. 12.07.1997 – 13/95 - (Hauptwohnsitz und Familienwohnort).

BVerfGE 9, 20 (nichteheliche Lebensgemeinschaft); 55, 134 (Ehescheidung); 91, 93 (Familienexistenzminimun); 105, 1 (Familien und Erwerbstätigkeit); 105, 313 (LPartG); 126, 400 (Ungleichbehandlung von Ehe und Lebenspartnerschaft); 32, 273 (Gesetzgebungsauftrag); 88, 203 (Schwangerschaftsabbruch); 109, 64 (Mutterschaftsgeld).

A. Überblick

In Art. 17 werden neben Ehe, Familie und Müttern auch andere Formen des Zusammenlebens mit Kindern und Sorgebedürftigen unter den Schutz des Staates gestellt. Dabei ist Art. 17 Abs. 1 wortgleich mit Art. 6 Abs. 1 GG. 1

Schutzbereich des **Art. 17 Abs. 1** ist zum einen die **Ehe** als „ein durch das bürgerliche Recht geformtes Rechtsinstitut“[1]. Die Norm beinhaltet das Recht des Einzelnen auf Eingehung einer Ehe, die so genannte „**Institutsgarantie**“[2], daneben aber als „**Grundsatznorm**“[3] auch die Pflicht zum Schutz und zur Förderung der Ehe.[4] Der Staat hat zu gewährleisten, dass die Eheleute in der inneren Gestaltung ihres Zusammenlebens frei sind.[5] Es handelt sich hierbei um ein subjektives Recht der Eheleute auf Schutz vor Eingriffen von außen.[6] Daneben beinhaltet die Verpflichtung des Staates zur Förderung der Ehe, dass sie im Verhältnis zu anderen Formen des Zusammenlebens zumindest nicht benachteiligt werden darf.[7] 2

Unter denselben besonderen Schutz stellt Art. 17 Abs. 1 die **Familie**. Auch sie ist durch den Staat vor Eingriffen von außen zu schützen und zu fördern. Als Menschenrechte stehen die Schutz- und Abwehrrechte des Art. 17 Abs. 1 allen natürlichen Personen zu, die der öffentlichen Gewalt Deutschlands unterliegen, unabhängig von Staats- oder Religionszugehörigkeit.[8] 3

In **Art. 17 Abs. 2** werden auch weitere Formen des Zusammenlebens mit Kindern und Sorgebedürftigen unter die Fürsorge des Staates gestellt. Hierbei handelt es sich, wie auch bei Abs. 1 um ein **Menschenrecht**.[9] Im Vergleich zu Abs. 1 ist der Schutz jedoch etwas abgeschwächt, da dem Staat lediglich die Verpflichtung auferlegt wird, die häuslichen Gemeinschaften zu fördern und zu entlasten. Der „besondere Schutz“ des Abs. 1 ist nicht erwähnt. 4

Das Grundrecht jeder **Mutter** auf Schutz und Fürsorge durch die Gemeinschaft wird in **Art. 17 Abs. 3** normiert. Da die Gemeinschaft kein Verpflichtungssubjekt sein kann, ist es Aufgabe des Staates und seiner Träger hoheitlicher Gewalt, diese zu gewähren. Dabei ist zunächst durch den Gesetzgeber die rechtliche Grundlage zu schaffen.[10] 5

1 *Badura*, in: Maunz/Dürig, Art. 6 Rn. 3.
2 Weiterführend: *Badura*, in: Maunz/Dürig, Art. 6 Rn. 6.
3 *von Coelln*, in: Sachs, GG, Art. 6 Rn. 34.
4 *von Coelln*, in: Sachs, GG, Art. 6 Rn. 34.
5 *Badura*, in: Maunz/Dürig, Art. 6, Rn. 2.
6 *Badura*, in: Maunz/Dürig, Art. 6 Rn. 10.
7 *von Coelln*, in: Sachs, GG, Art. 6 Rn. 36.
8 *Badura*, in: Maunz/Dürig, Art. 6, Rn. 13.
9 *Jutzi*, in Linck/Jutzi/Hopfe, Art. 17 Rn. 17.
10 *Badura*, in: Maunz/Dürig, Art. 6, Rn. 146.

B. Herkunft, Entstehung und Entwicklung

6 Die vorläufige Landessatzung für das Land Thüringen vom 07.11.1990 bestimmte in ihrer Präambel die in Art. 1 bis Art. 19 GG niedergelegten Grundrechte als „unmittelbar geltendes Recht in Thüringen". Damit war zunächst bis zur Verabschiedung der Thüringer Verfassung im Jahre 1993 in den Bereichen Ehe, Familie und Erziehung Art. 6 GG für die weitere Ausgestaltung des Rechts und der Institutionen maßgeblich.

7 Nach einer im Dezember 1990 getroffenen Vereinbarung brachten die damals im Parlament vertretenen Parteien als Fraktionen im Jahre 1991 ihre jeweiligen Verfassungsentwürfe in den Landtag ein. Gemeinsam war diesen Entwürfen, dass sie von der **Grundlage des Art. 6 GG** ausgingen. Dabei sollte in einigen Entwürfen der in Art. 6 GG normierte Schutzbereich auf **weitere Formen des Zusammenlebens** ausgedehnt[11] und alle Kinder unabhängig von der rechtlichen Form der Verbindung ihrer Eltern gleichgestellt werden. Auch sollte der Schutzbereich des Art. 6 auf die Sorge für andere hilfebedürftige Personen neben den Kindern ausgeweitet werden. Im Entwurf der CDU-Fraktion v. 10.04.1991[12] wurde Art. 6 GG übernommen.

8 Der Art. 6 des FDP-Entwurfes vom 25.04.1991[13] lehnte sich teilweise an Art. 6 GG an. Indem in Abs. 1 des Artikelentwurfes neben Ehe und Familie auch Eltern und Kinder unter den besonderen Schutz des Staates gestellt werden sollten, wurden auch nichteheliche Partnerschaften hinsichtlich ihrer Rechte und Pflichten mit einbezogen.

9 Im Entwurf der SPD Fraktion vom 09.07.1991[14] wurde in Art. 11 der aus Art. 6 GG übernommene Schutz von Ehe und Familie ausgeweitet auf Männer und Frauen in **häuslicher Gemeinschaft**, sofern sie Kinder erziehen oder für andere Sorge tragen. Diese Zusammenfassung der verschiedenen Lebensformen in einem Absatz hätte – unabhängig von der rechtlichen oder familiären Zusammengehörigkeit der Personen – eine Gleichstellung aller Formen des Zusammenlebens bedeutet.

10 In ihrem Entwurf vom 23.08.1991[15] weitete auch die NF/GR/DJ-Fraktion in Art. 7 den Schutz des Staates unabhängig von der Rechtsform des Zusammenlebens auf **alle Familien und Lebensgemeinschaften mit Kindern** aus. Aufgabe des Staates sollte neben der Hilfe und Unterstützung bei der Erziehung von Kindern auch die Unterstützung für Pflegepersonen sein (Art. 7 Abs. 2 S. 1). Der Staat habe die Bedingungen zu schaffen, dass allen Erziehenden und Pflegenden die Teilhabe am gesellschaftlichen, politischen und Erwerbsleben möglich ist.

11 Der Entwurf der Fraktion der LL-PDS vom 09.09.1991[16] enthielt neben dem Schutz aller Formen des freiwilligen Zusammenlebens zahlreiche Einzelregelungen. So betrafen zunächst vier Artikel diese Bereiche: Art. 24 Familie und Lebensgemeinschaften, Art. 25 Mutterschaft, Art. 26 Kinder und Jugendliche und

11 FDP, LT-Drs. 1/301, Art. 6 Abs. 1, in: Entstehung ThürVerf; SPD, LT-Drs. 1/590, Art. 11, in: Entstehung ThürVerf; NF/GR/DJ, LT-Drs. 1/659, Art. 24 Abs. 2, in: Entstehung ThürVerf.
12 LT-Drs. 1/285, in: Entstehung ThürVerf.
13 LT-Drs. 1/301, in: Entstehung ThürVerf.
14 LT-Drs. 1/590, in: Entstehung ThürVerf.
15 LT-Drs. 1/659, in: Entstehung ThürVerf.
16 LT-Drs. 1/678, in: Entstehung ThürVerf.

Art. 27 elterliche Erziehung. Im Art. 24 Abs. 1 des Entwurfes wurde neben dem Anspruch auf Achtung der Privatsphäre eines jeden Einzelnen auch jede Form frei gewählter Lebensgemeinschaften unter den Schutz des Staates vor Diskriminierung gestellt. Dabei sollten **Familien und Lebensgemeinschaften mit Kindern oder Pflegebedürftigen** unter dem besonderen Schutz des Staates stehen (Abs. 2). Neben den Pflichten des Einzelnen z.B. Sorge für Kinder (Art. 24 Abs. 3, Art. 26 Abs. 1, Art. 27 Abs. 1) sollte auch das Recht der Eltern und Sorgenden (Art. 24 Abs. 3, Art. 27 Abs. 1 und 2) sowie Mütter (Art. 25 Abs. 1 u. 3) auf Schutz und Unterstützung durch den Staat festgelegt werden. Die Sorge für andere (Art. 24 Abs. 2) sollte der Erwerbstätigkeit gleichgestellt werden. Aufgabe des Staates sollte es sein, dem Einzelnen eine freie Entscheidung zwischen Familien- und Erwerbstätigkeit zu ermöglichen, aber auch, die Erwerbsmöglichkeiten für Erziehende zu fördern (Art. 27 Abs. 1).

Grundkonsens bei den Beratungen über diese Entwürfe war, die einzelnen Themen in der Verfassung so auszugestalten, dass sie zumindest teilweise auch der Landesgesetzgebung zugänglich waren.[17] Eine weite Ausdehnung über das Grundgesetz hinaus und daraus sich möglicherweise ergebende Widersprüche zum Bundesrecht sollten ebenso vermieden werden wie sich aus der Verfassung ergebende Ansprüche gegen das Land, die letztendlich der Kompetenz des Bundesgesetzgebers unterliegen. Schon zu Beginn der Beratungen des VerfUA wurde deutlich, dass neben Ehe und Familie auch weitere Formen des Zusammenlebens als zu schützende und fördernde Bereiche in die Verfassung aufgenommen werden sollten. Konsens bestand insoweit, dass häusliche Gemeinschaften, in denen Kinder erzogen werden oder für andere Sorge getragen wird, unabhängig von der Rechtsform der Gemeinschaft, berücksichtigt werden sollten.[18] Ebenso bestand über die Aufnahme des Schutzes der Schwangeren und der Mütter in die Verfassung schon zu Beginn eine breite Mehrheit.[19] Die in einzelnen Entwürfen enthaltene Entscheidungsfreiheit der Frauen über das Austragen einer Schwangerschaft wurde wegen des bestehenden Bundesrechts nicht in die Verfassung aufgenommen. 12

Hinsichtlich der Frage, inwieweit weitere Formen des Zusammenlebens, z. B. **gleichgeschlechtliche Partnerschaften** mit dem Ziel des Schutzes vor Diskriminierung, in die Verfassung aufgenommen werden sollten, bestand Dissens. Probleme ergaben sich schon bei der Formulierung, da eine Aufzählung aufgrund der Vielzahl der Lebensformen nicht gewollt war und bei den gewählten Umschreibungen[20] auch Lebensformen umfasst waren, deren Schutz nicht beabsichtigt war.[21] Bedenken bestanden auch, weil eine **Gleichstellung** andere Formen des Zusammenlebens mit Ehe und Familie weit reichende Folgen für den Gesetzgeber haben könnte, da die Gesetzgebungskompetenz des Landes nicht so weit gehe.[22] Aus diesen Gründen fand sich letztendlich keine Mehrheit für die Aufnahme in der Verfassung.[23] 13

17 *Rommelfanger*, ThürVBl 1993, S. 145 (175 f.).
18 PW 1 VerfUA 001 (14.11.1991) S. 146 ff.
19 PW 1 VerfUA 001 (14.11.1991) S. 161.
20 LT-Drs. 1/659, S. 6 (Art. 8), in: Entstehung ThürVerf; LT-Drs. 1/678, S. 13 (Art. 24), in: Entstehung ThürVerf.
21 PW 1 VerfA 005 (05.03.1992) S. 69, in: Entstehung ThürVerf.
22 Verlauf der Diskussion siehe: PW 1 VerfA 005 (05.03.1992) S. 62 ff, in: Entstehung ThürVerf.
23 Art. 17, Beratungsschwerpunkt, in: Entstehung ThürVerf, S. 53.

C. Verfassungsvergleichende Information

14 Der im GG in Art. 6 Abs. aufgenommene **„besondere Schutz“** von Ehe und Familie wurde mit Art. 17 Abs. 1 in die Thüringer Verfassung übernommen. Ähnliche, teilweise wortgleiche Regelungen finden sich in den Verfassungen der Länder Berlin (Art. 12 Abs. 1), Brandenburg (Art. 26 Abs. 1), Bremen (Art. 21 Abs. 1), Hessen (Art. 4), Nordrhein-Westfalen (Art. 5 Abs. 1), Rheinland-Pfalz (Art. 23 Abs. 1), Saarland (Art. 22), Sachsen-Anhalt (Art. 24 Abs. 1) und Sachsen (Art. 22 Abs. 1).

15 Die in Art. 17 Abs. 2 vorhandene **Ausweitung des Schutzes** ist ebenfalls zum Teil wortgleich in den Verfassungen der Länder Berlin (Art. 12 Abs. 5), Niedersachsen, beschränkt auf die Erziehung von Kindern (Art. 4 a Abs. 2), Rheinland-Pfalz (Art. 23 Abs. 2), Saarland (Art. 23), Sachsen-Anhalt (Art. 24 Abs. 2) und Sachsen (Art. 22 Abs. 2) enthalten. In Berlin (Art. 12 Abs. 2) und Brandenburg (Art. 26 Abs. 2) wurden auch Lebenspartnerschaften in die Verfassung aufgenommen, in Bremen (Art. 21 Abs. 2) weitergehend eingetragene Lebenspartnerschaften der Ehe gleichgestellt.

16 Der in Art. 17 Abs. 3 normierte **Schutz der Mütter** findet sich ebenso in Art. 6 Abs. 4 GG wie in den Verfassungen der Länder Bayern (Art. 125 Abs. 1), Berlin (Art. 12 Abs. 6), Brandenburg (Art. 26 Abs. 1), Hessen (Art. 30 Abs. 3), Nordrhein-Westfalen (Art. 5 Abs. 1), Rheinland-Pfalz (Art. 23 Abs. 2), Saarland (Art. 23) und Sachsen (Art. 30 Abs. 3).

D. Erläuterungen

I. Art. 17 Abs. 1: Schutz von Ehe und Familie

17 In **Art. 17 Abs. 1** wird die **Ehe** unter den besonderen Schutz des Staates gestellt. Dieser Formulierung, die identisch mit Art. 6 Abs. 1 GG ist, liegt der klassische Ehebegriff zugrunde, nämlich in der Regel ein freiwilliges, auf Dauer angelegtes Zusammenleben von Mann und Frau, das in rechtlich vorgegebener Form bestätigt wurde.[24] Ausfluss dieses Ehebegriffes sind die §§ 1303 ff. BGB, in denen die Voraussetzung für eine Eheschließung und die Form normiert sind. Demnach sind alle, vor einem Träger hoheitlicher Gewalt, in der Regel Standesbeamten, geschlossene Ein-Ehen unter den Schutz des Art. 17 Abs. 1 gestellt.[25] Da das in Art. 17 Abs. 1 normierte Grundrecht ein Menschenrecht ist[26], können aber auch im Inland nicht formwirksam geschlossene Ehen zwischen einem Ausländer und einem Deutschen als sog. „hinkende Ehen“[27] zum **Schutzbereich** gehören ebenso wie Mehr-Ehen oder nur vor einem Geistlichen geschlossene Ehen, wenn diese im Ausland rechtsgültig geschlossen wurden und die ausländischen Partner nun in der Bundesrepublik leben[28]. Wurde eine solche Ehe jedoch in einer Weise geschlossen, die dem ordre public der deutschen Rechtsordnung widerspricht, so genießt sie nicht den Schutz des Art. 17. Abs. 1.[29]

18 Ebenfalls nicht unter dem Schutz des Art. 17 Abs. 1 stehen **eingetragene Lebenspartnerschaften** nach dem Lebenspartnerschaftsgesetz. Ein Gleichbehandlungs-

24 *Lecheler*, in: HStR, § 133 Rn. 19.
25 BVerfGE 29, 166 (176).
26 Vgl. Art. 16 Abs. 3 AEMR.
27 BVerfGE 62, 323 (331).
28 BVerwGE 71, 318 (321 f.).
29 BVerfGE 82, 60 (80 ff.).

grundsatz besteht insoweit nicht, auch wenn der Gesetzgeber die Freiheit hat, andere Formen des Zusammenlebens rechtlich zu regeln und in diesem Zusammenhang Rechte und Pflichten zu normieren, die denen der Ehe gleichkommen oder nahe kommen.[30] Das BVerG führt insoweit aus, dass der Gesetzgeber mit der Einführung eines weiteren familienrechtlichen Institutes nicht Art. 6 Abs. 1 GG – und damit auch nicht Art. 17 Abs. 1 – verletzt, da es ausdrücklich neben der Ehe bestehe und nur solchen Paaren eine rechtliche Absicherung des Zusammenlebens ermögliche, denen eine Eheschließung wegen Gleichgeschlechtlichkeit nicht möglich sei.[31]

Diese Rechtsprechung des BVerfG wird in der Literatur teilweise kritisch gesehen. So sieht Badura[32] in der fortschreitenden Angleichung der eingetragenen Lebenspartnerschaft an die Ehe eine Gefahr für die Ehe, da die Politik in Teilen bereits die Unterscheidung von Ehe und Lebenspartnerschaft als künstlich empfinde und zu beseitigen beabsichtige.[33] So stelle die Einführung eines Eheverbotes bei bestehender eingetragener Lebenspartnerschaft (§ 1306 BGB) durchaus einen Eingriff in Art. 6 Abs. 1 GG dar, da de facto die Eheschließungsfreiheit eingeschränkt werde. Von Coelln[34] weist darauf hin, dass die Ehe im GG einen besonderen Schutz erfährt als Vorstufe der Familie. Da die **eingetragene Lebenspartnerschaft** diese Funktion nicht erfüllen könne, sei die Bevorzugung der **Ehe** gerechtfertigt. Bei der bestehenden Rechtslage seien eingetragene Lebenspartnerschaften mit Lebenspartnerschaften und nicht mit Ehen am Maßstab des Art. 3 Abs. 1 GG zu messen. Sofern der Gesetzgeber eine Angleichung des Rechts an die geänderte soziale Wirklichkeit mit zahlreichen kinderlosen Ehen wünsche, müsse der Gesetzgeber den Weg der Änderung der Regelungen gehen. 19

Zuzustimmen ist dieser Kritik, soweit sie die Konsequenz des Gesetzgebers bezüglich des Lebenspartnerschaftsgesetzes betrifft. Hier wurde durch den Gesetzgeber ein neues Rechtsinstitut begründet, ohne es verfassungsrechtlich klar einzuordnen. Mangels eindeutiger Eingliederung in das bisherige System ist es derzeit Aufgabe der Rechtsprechung. die sich aus der Einführung ergebenden Folgen in den einzelnen Rechtsgebieten herauszuarbeiten. Maßstab kann dabei nur das bestehende Grundrechtssystem unter besonderer Berücksichtigung von Art. 3 Abs. 1 GG sein. Als weiteren Maßstab knüpft das BVerfG zu Recht an Art. 6 GG an, da nur dieses Grundrecht eine rechtlich institutionalisierte Form des Zusammenlebens betrifft. Dabei stellt die Rechtsprechung die Lebenspartnerschaft stets neben die Ehe, ohne sie gleichzusetzen. Das BVerfG betont in seinen Entscheidungen regelmäßig, dass Maßstab für eine **Ungleichbehandlung** der beiden Institute nicht allein Art. 6 Abs. 1 GG sein kann.[35] Hiermit wird den sozialen Veränderungen in der Gesellschaft Rechnung getragen, es werden die zahlreichen nicht zur Gründung einer Familie geschlossenen Ehen im Rahmen der Prüfung des Art. 3 Abs. 1 GG berücksichtigt. Diese Modifizierung des Schutzes der Ehe je nach deren Ausgestaltung entspricht der Differenzierung des Schutzes der Familie entsprechend der Familienphase (s. u. Art. 17, Rn. 21). Da-

30 BVerfGE 104, 51 (51).
31 BVerfGE 104, 51 (51).
32 *Badura*, in: Maunz/Dürig, Art. 6 Rn. 58 f.
33 BT-Drucks. 15/3445, S. 17.
34 *von Coelln*, in: Sachs, GG, Art. 6 Rn. 50.
35 So z.B. BVerfG, Beschl. v. 19.06.2012 – BvR 1397/09, Rn. 64 ff; Beschl. v. 21.07.2010 – 1 BVR 2464/07, Rn. 88 ff.

rüber hinaus beinhaltet Art. 6 Abs. 1 GG zwar immer ein Benachteiligungsverbot der Ehe,[36] nicht jedoch zwingend ein Bevorteilungsgebot. Soweit eine Einbeziehung gleichgeschlechtlicher Partnerschaften in den Schutzbereich des Art. 17 Abs. 1 durch die Rspr. nicht erfolgt, wird auch die Intention des Verfassungsgebers nicht verletzt, der in der Ausschusssitzung vom 05.031992[37] lediglich ein Diskriminierungsverbot diskutierte.

20 Neben der Ehe genießt auch die **Familie** den besonderen Grundrechtsschutz des Art. 17 Abs. 1. Der Verfassungsgeber ging hier von dem klassischen Familienbegriff als Fortsetzung der Ehe mit Kindern aus.[38] Andere Formen des familiären Zusammenlebens wurden im Rahmen des Art. 17 Abs. 2 diskutiert. Der **Familienbegriff** wird jedoch von der Rspr inzwischen weiter ausgelegt. So ist Familie das Zusammenleben von Eltern und Kindern.[39] Dieser Familienbegriff setzt weder Ehe noch Verwandtschaft voraus,[40] Familien sind daher auch Eltern mit Kindern, auch Stief-, Adoptiv- und Pflegekindern, Alleinerziehende mit Kindern, unverheiratete und verheiratete Paare mit mindestens einen Kind eines Partners und u. U. auch gleichgeschlechtliche Paare mit einem Kind eines der Partner.

21 Art. 17 Abs. 1 stellt Ehe und Familie unter den „besonderen Schutz" des Staates und verpflichtet so den Staat stärker als andere Schutzaufträge. Neben dem **Schutzgebot** und **Benachteiligungsverbot** beinhaltet er auch die Pflicht zur Förderung.[41] Ausfluss des Schutzgebotes ist zum einen die sog. Institutsgarantie. Der Staat hat demnach den rechtlichen Rahmen zu schaffen und zu gewähren, der den Erhalt dieser Formen des Zusammenlebens in ihrer wesentlichen Struktur gewährleistet, ohne sie jedoch unabänderlich lassen zu müssen.[42] Der Kern umfasst sowohl die Freiheit zur Eheschließung und Familiengründung sowie das **Zusammenleben** deren Mitglieder als auch die Freiheit der inneren Ausgestaltung des Zusammenlebens.[43] Dabei kann die Intensität des Schutzes in den verschiedenen Phasen des Zusammenlebens variieren. Das Schutzbedürfnis einer Familie mit kleinen Kindern ist regelmäßig höher als das kinderloser Ehen oder Familien mit erwachsenen Kindern. Die Rspr unterscheidet insoweit zwischen Lebens- und Erziehungsgemeinschaft, Hausgemeinschaft oder Begegnungsgemeinschaft.[44] Der Schutz des Art. 17 Abs. 1 endet nicht mit einer Scheidung, sondern wirkt in Form der **nachehelichen Solidarität** weiter.[45] Diese findet ihren Niederschlag z. B. in den im BGB geregelten Scheidungsfolgen, insbesondere im nachehelichen Unterhalt.

22 Aufgrund des „besonderen" Schutzes hat der Gesetzgeber und die Organe der öffentlichen Gewalt bei Entscheidungen, die zu einer Beeinträchtigung führen können, regelmäßig die Auswirkungen auf Ehe und Familie abzuwägen. Insbesondere dürfen Ehe und Familie nicht diskriminiert werden. Der **Prüfungsmaßstab** des Art. 17 Abs. 1 verschärft den des Art. 2 Abs. 1. Art. 17 Abs. 1 geht als spezieller Prüfungsmaßstab vor, wenn eine Regelung an Ehe und Familie an-

36 *von Coelln*, in Sachs GG, Art. 6 Rn. 36.
37 PW 1 VerfA 005 (05.03.1992) S. 66ff, in: Entstehung ThürVerf.
38 PW 1 VerfUA 001 (14.11.1991) S. 153.
39 BVerfGE 45, 104 (123).
40 *von Coelln*, in: Sachs, GG, Art. 6 Rn. 16.
41 *Badura*, in: Maunz/Dürig, Art. 6 Rn. 67.
42 *Badura*, in: Maunz/Dürig, Art. 6 Rn. 69.
43 *Lecheler*, in: HStR, § 133, Rn. 77 ff.
44 BVerfGE 80, 81 (90 f.).
45 BVerfGE 53, 257 (297); 66, 84 (93); *von Coelln*, Sachs, GG, Art. 6 Rn. 51.

knüpft.[46] Aus der Identität von Art. 17 Abs. 1 und Art. 6 Abs. 1 GG folgt, dass der Landesgesetzgeber im Bereich des **Schutzes von Ehe und Familie** kaum Handlungsspielraum hat, da die wesentlichen Bereiche durch den Bundesgesetzgeber geregelt werden. Größerer Spielraum verbleibt dem Gesetzgeber im Rahmen der **Förderung von Ehe und Familie.** Zwar gibt es auch hier schon zahlreiche Regelungen in Bundesgesetzen, z. B. im Steuer- und Sozialrecht, dennoch bestehen vielfältige Möglichkeiten der Förderung. Hier ist zum einen der Bildungsbereich auf Landesebene zu nennen wie auch Familienhilfemaßnahmen. Auf kommunaler Ebene sind es z. B. die Ausgestaltung der Betreuungsangebote und die erleichterte Teilnahme am kulturellen und sportlichen Leben, sei es durch Vergünstigungen oder zusätzliche Betreuungsmöglichkeiten.

Infolge des gewährten besonderen Schutzes kann der Schutzbereich des Art. 17 Abs. 1 nur durch Grundrechte Dritter und sonstige verfassungsrechtlich geschützte Rechtsgüter beschränkt werden, da er über den Schutz anderer Grundrechte hinausgeht.[47] 23

II. Art. 17 Abs. 2: Erziehung und Sorge in häuslicher Gemeinschaft

„Wer in **häuslicher Gemeinschaft** Kinder erzieht" soll gem. Art. 17 Abs. 2 gefördert und entlastet werden. Aufgrund der weiten Auslegung des Familienbegriffes in Art. 17 Abs. 1 (s.o. Rn. 20) könnte Abs. 2 hinsichtlich dieses Bereiches heute ins Leere gehen. Aus den Protokollen der Beratungen[48] ergibt sich eindeutig, dass auch **anderen Formen des Zusammenlebens** mit **Kindern**[49] Förderung und Entlastung gewährt werden sollte. 24

Nach Jutzi[50] sollen auch inländische **juristische Personen** in den Schutzbereich einbezogen sein, da auch diese gem. Art. 42 Abs. 2 Träger von Menschenrechten sein können. Der Begriff „wer" zeige, dass auch über die Familie hinausgehende Formen des Zusammenlebens, z. B. SOS-Kinderdörfer oder kirchliche Orden, gefördert werden sollen. Dieser weiten Auslegung kann m. E. in Anbetracht der Beratungen des Verfassungsgebers nicht gefolgt werden. Aus den Protokollen ergibt sich, dass die Formulierung „wer" anstelle von „Menschen" oder „Personen" bzw. „Mann und Frau" gewählt wurde, um, im Gegensatz zum klassischen Familienbegriff, den Personenkreis möglichst offen zu halten.[51] Darüber hinaus dürfte die Voraussetzung, dass es sich um eine häusliche Gemeinschaft handeln muss, also eine kleine Personenanzahl mit inneren Bindungen, von juristischen Personen kaum erfüllt werden. Des Weiteren könnten dann auch **juristische Personen** mit Gewinnerzielungsabsicht unter den Schutzbereich fallen, welches dem Grundgedanken des Art. 17 zuwiderlaufen würde. 25

Mittag[52] geht hinsichtlich der wortgleichen Regelung in der sächsischen Verfassung davon aus, dass Abs. 1 nur die „**Kernfamilie**" schützt und Abs. 2 die sonstigen Familienformen, da es sich bei Abs. 2 um eine Spezialregelung handele.[53] Insoweit bestehen jedoch Bedenken, da der Schutz des Abs. 2 zur „Förderung 26

46 Vgl. *Jutzi*, in: Linck/Jutzi/Hopfe, Art. 17, Rn. 15 m.w.N.
47 *Jutzi*, in: Linck/Jutzi/Hopfe, Art. 17 Rn. 16.
48 PW 1 VerfUA 001 (14.11.1991),S. 153ff.
49 Z. B. Pflegeeltern, PW 1 VerfA 005 (05.03.1992) S. 70ff, in: Entstehung ThürVerf.
50 *Jutzi*, in:Linck/Jutzi/Hopfe, Art. 17 Rn. 17.
51 PW 1 VerfA 005 (05.03.1992), S. 70ff, in: Entstehung ThürVerf.
52 *Mittag*, in: Kunzmann/Haas/Baumann-Hasske, Art. 22 Rn. 7.
53 *Mittag*, in: Kunzmann/Haas/Baumann-Hasske, Art. 22 Rn. 7.

und Entlastung“ nicht mit dem besonderen Schutz in Abs. 1 identisch ist. Der von der Verfassung des Landes gewährte Schutz wäre damit geringer als der des Grundgesetzes. Dies widerspricht jedoch dem Vorrang des Bundesrechts.[54] Letztendlich wird man feststellen müssen, dass Art. 17 Abs. 2 teilweise ein Vorgriff auf die sich entsprechend den geänderten sozialen Verhältnisse fortbildende Rspr. des BVerfG darstellt.

27 Daneben beinhaltet Abs. 2 auch die Verpflichtung zur Förderung und Entlastung desjenigen, der „für andere sorgt“. Indem die **schutzbedürftigen Personen** neben die **Kinder** gestellt werden, wird deutlich, dass es sich um volljährige Personen handeln muss, die – wie Kinder – nicht in der Lage sind, für sich selbst zu sorgen. Regelmäßig dürfte es sich dabei um Personen handeln, die erheblich geistig und/oder körperlich behindert sind, wobei nur auf den Zustand unabhängig von der Ursache abzustellen ist.[55]

28 Bei dem Anspruch aus Abs. 2 handelt es sich um ein **Leistungsgrundrecht**, das als unmittelbar geltendes Recht (Art. 42 Abs. 1) vom Gesetzgeber zu konkretisieren ist.[56] Zwar sind dem Landesgesetzgeber auch hier durch den Bundesgesetzgeber in Teilbereichen (z.B. Steuerrecht und Sozialgesetzgebung) Grenzen gesetzt, es besteht aber dennoch ein erheblicher Handlungsspielraum, insbesondere durch die mengenmäßige und qualitative Ausgestaltung der Hilfsangebote auf Landes- und Kommunalebene. Abs. 2 enthält keine **Schranken**, da es als allgemeines Leistungsgrundrecht zunächst der Umsetzung in Gesetze und Verordnungen bedarf und nur bei völliger Untätigkeit des Staates ein direkter Anspruch entstehen kann.

III. Art. 17 Abs. 3: Schutz der Mütter

29 Mit Abs. 3 wird „jeder **Mutter**“ Anspruch auf Schutz und Fürsorge durch die Gemeinschaft gewährt. Es handelt sich um ein **Menschenrecht**, das jeder Mutter unabhängig von Staatsangehörigkeit, Religion oder Familienstand zusteht.[57]

Dieser Anspruch auf Schutz erstreckt sich jedoch nicht auf die gesamte Lebenszeit der Mutter. Vielmehr umfasst er, an den **Begriff Mutterschaft** anknüpfend,[58] den Zeitraum Schwangerschaft, Entbindung, Stillzeit und die Zeit der Betreuung des Säuglings und des Kleinkindes.[59] Dieser Schutz durch die Gesellschaft steht der Mutter zu, da mit dieser Lebenssituation **besondere Gefahren und Risiken** in gesundheitlicher Hinsicht als auch im Arbeitsleben und mögliche **Benachteiligungen** verbunden sind.[60]

30 Aus dem Schutzzweck ergibt sich zugleich, dass Grundrechtsträgerin nur die biologische Mutter sein kann. Nur sie ist den gesundheitlich erhöhten Risiken der Schwangerschaft und Entbindung ausgesetzt.[61] Als biologische Mutter steht somit auch die **Leihmutter**, unabhängig von der rechtlichen Zulässigkeit der Leihmutterschaft, unter dem Schutz des Abs. 3, da sie infolge der Schwanger-

54 *Pestalozza*, Verfassungen der deutschen Bundesländer, 6. Aufl. 1998, S. LI.
55 *Jutzi*, in: Linck/Jutzi/Hopfe, Art. 17 Rn. 20.
56 *Jutzi*, in: Linck/Jutzi/Hopfe, Art. 17 Rn. 21.
57 *Badura*, in: Maunz/Dürig, Art. 6 Rn. 155, *von Coelln*, in: Sachs, GG, Art. 6 Rn. 90.
58 *Badura*, in: Maunz/Dürig, Art. 6 Rn. 148, 153 m.w.N.
59 BVerfGE 61, 79 (84); *Badura*, in: Maunz/Dürig, Art. 6 Rn. 153; *von Coelln*, in: Sachs, GG, Art. 6 Rn. 90.
60 BVerfGE 88, 203 (258 f).
61 *Badura*, in: Maunz/Dürig, Art. 6 Rn. 154; *von Coelln*, in: Sachs, GG, Art. 6 Rn. 95.

schaft eine besondere körperliche und soziale Beziehung zum Kind hat.[62] Die genetische Mutter als Ei- oder Embryonenspenderin fällt dagegen nicht unter den Schutz des Abs. 3.[63]

Ausfluss dieses Mutterbegriffes ist § 1591 BGB, wonach Mutter eines Kindes die Frau ist, die es geboren hat. Streitig ist daran anschließend, ob das Kind in Leihmutterfällen ein Recht auf **Kenntnis der genetischen Mutter** hat. Nach von Coelln[64] ist dies nicht gegeben, da ein Anfechtungsrecht gegen die Mutterschaft, anders als gegen die Vaterschaft (§ 1600 BGB), nicht gegeben ist. Badura[65] leitet ein Kenntnisrecht dagegen unabhängig von Anfechtungsmöglichkeiten aus Art. 2 Abs. 1 GG i.V.m. Art. 1 Abs. 2 GG ab. Die fehlende Anfechtungsmöglichkeit lässt m. E. keinen Rückschluss auf das Kenntnisrecht zu. Durch die fehlende Anfechtungsmöglichkeit wird sichergestellt, dass auch eine **Leihmutter** immer Mutter bleibt, mit allen damit verbundenen Rechten und Pflichten. So stärkt das Zivilrecht das Verbot der Leihmutterschaft. Das Recht auf **Kenntnis der genetischen Abstammung** besteht unabhängig hiervon. So hat auch ein Vater einen Anspruch auf Zustimmung zu einer Untersuchung seiner Vaterschaft (§ 1598 a BGB). Das Untersuchungsergebnis hat hinsichtlich der gesetzlichen Vaterschaft keine Bindungswirkung; ebenso wenig verpflichtet es zu einer Anfechtung. Pflege- und Adoptivmütter stehen nicht unter dem Schutz des Abs. 3 sondern als „Familie" unter dem besonderen Schutz des Abs. 1. 31

Indem sich der **Schutzanspruch der Mutter gegen die „Gemeinschaft"** richtet, wird die Verantwortung der Gemeinschaft betont,[66] auch wenn diese in rechtlicher Hinsicht kein Verpflichtungssubjekt sein kann.[67] Verlangen kann die Mutter **Schutz und Fürsorge** nur vom Staat und anderen Trägern hoheitlicher Gewalt. Der Staat ist zunächst als Gesetzgeber verpflichtet, den Schutz zu gewährleisten. Dabei umfasst Abs. 3 keinen konkreten Maßstab für den Staat, welche Regelungen er zu treffen hat. Der **Gestaltungsspielraum** ist relativ groß.[68] Demzufolge besteht auch keine Verpflichtung, jede Belastung einer Mutter auszugleichen.[69] Wenn der Staat es jedoch grundsätzlich unterlässt, Regelungen zu treffen, ist jede Mutter beschwerdeberechtigt und kann bei dem BVerfG einen Anspruch auf Leistung geltend machen.[70] 32

Dem Anspruch auf Schutz und Fürsorge kommt im Bereich **des Arbeitsrechts** eine besondere Bedeutung zu. Hier kann das Interesse der Mutter an Gesunderhaltung von Mutter und Kind ihren Interessen als Arbeitnehmerin gegenüberstehen. Der Schutz von Mutter und Kind hat dabei einen besonderen Rang.[71] Diesem Schutz dient das Mutterschutzgesetz, dessen Ursprünge bereits aus dem Jahr 1878 stammen.[72] Es soll die Mutter vor besonderen Gefahren und Überforderung im Arbeitsleben schützen. Wesentliche Inhalte sind das Arbeitsverbot 33

62 *Badura*, in: Maunz/Dürig, Art. 6, Rn. 154; *von Coelln*, in: Sachs, GG, Art. 6 Rn. 95; *Jutzi*, in: Linck/Jutzi/Hopfe, Art. 17 Rn. 23.
63 *von Coelln*, in: Sachs, GG, Art. 6 Rn. 95.
64 *von Coelln*, in: Sachs, GG, Art. 6 Rn. 154.
65 *Badura*, in: Maunz/Dürig, Art. 6, Rn. 154.
66 *Badura*, in: Maunz/Dürig, Art. 6 Rn. 152.
67 *Badura*, in: Maunz/Dürig, Art. 6 Rn. 146.
68 BVerfGE 109, 64 (87).
69 *Badura*, in: Maunz/Dürig, Art. 6 Rn. 146.
70 *Badura*, in: Maunz/Dürig, Art. 6 Rn. 147; *von Coelln*, in: Sachs, GG, Art. 6, Rn. 95.
71 *Badura*, in: Maunz/Dürig, Art. 6, Rn. 149.
72 *Badura*, in: Maunz/Dürig, Art. 6 Rn. 157.

vor und nach der Geburt, das Mutterschaftsgeld sowie der Kündigungsschutz. Daneben bestehen weitere Regelungen zum Schutz oder zur Förderung, z.B. das Gesetz zum Erziehungsgeld und zur Elternzeit, Regelungen im Rentenrecht und das Recht auf besondere Leistungen gegenüber den Krankenkassen.

34 Weitergehend folgt aus Abs. 3 auch die Aufgabe des Staates, die Mütter zu unterstützen, um **Gefahren für das ungeborene Leben** abzuwenden, die ihren Ursprung im sonstigen Leben haben, und so die Bereitschaft zum Austragen des Kindes zu fördern.[73]

35 Indem in Abs. 3 die „Gemeinschaft" in Anspruch genommen wird, werden neben dem Staat auch Arbeitgeber und sonstige Organisatoren einbezogen. Der Staat kann sich daher auch Dritter bedienen und ihnen **Lasten und Pflichten auferlegen,**[74] wie z.B. die Kosten des Mutterschutzes, für die auch Arbeitgeber und Krankenversicherungen aufzukommen haben. Aufgrund dieser Solidaritätspflicht kann der Staat auch Rechte Dritter, die selbst Ausfluss von Grundrechten sind, zum Schutz von Mutter und Kind einschränken.[75]

36 Der Schutz des Abs. 3 endet zwar bei Schwangerschaftsabbruch,[76] nicht aber bei Fehlgeburt oder Kindstod.[77] Hinsichtlich des Umfangs des Schutzes hat der Gesetzgeber jedoch die Interessen aller Betroffenen abzuwägen.[78]

37 Mit Abs. 3 wird der sich aus Art. 2 Abs. 1 GG ergebende **Gleichheitssatz** ebenso durchbrochen, wie das in Art. 3 Abs. 2 S. 1 GG normierte Verbot der Bevorzugung wegen des Geschlechts. Die **Gleichberechtigung** von Mann und Frau (Art. 2 Abs. 2 S. 1 GG) wird jedoch nur scheinbar verletzt, da zum Zwecke der Gleichberechtigung die Nachteile der Mütter infolge der Mutterschaft ausgeglichen werden.[79] Abs. 3 stellt die Mutter de facto unter den besonderen Schutz des Staates wie auch Art. 17 Abs. 1 Ehe und Familie. Er ist daher vorbehaltlos gewährt und kann allenfalls durch andere Grundrechte Dritter und so genannte verfassungsimmanente Schranken eingeschränkt werden.

Artikel 18 [Sorgerecht]

(1) Eltern und andere Sorgeberechtigte haben das Recht und die Pflicht zur Erziehung ihrer Kinder.

(2) Kinder dürfen von den Sorgeberechtigten gegen deren Willen nur auf Grund eines Gesetzes getrennt werden, wenn das Wohl des Kindes gefährdet ist und der Gefahr nicht auf andere Weise begegnet werden kann.

(3) Die elterliche Sorge darf nur auf gesetzlicher Grundlage durch ein Gericht eingeschränkt oder entzogen werden.

Vergleichbare Regelungen

Art. 6 Abs. 2 und 3 GG; Art. 126 Abs. 1, 3 BayVerf; Art. 27 Abs. 5 BbgVerf; Art. 12 Abs. 3, 4 VvB; Art. 23, 25 BremVerf; Art. 55 HessVerf; Art. 7, 8 Abs. 1 Verf NW; Art. 25 Abs. 1, 3 Verf Rh-Pf; Art. 24 Abs. 1, 2 SaarlVerf; Art. 22 Abs. 3, 4 SächsVerf.

---

73 BVerfGE 88, 203 (258ff).
74 *Badura*, in: Maunz/Dürig, Art. 6, Rn. 152.
75 *Badura*, in: Maunz/Dürig, Art. 6 Rn. 152.
76 *von Coelln*, in: Sachs, GG, Art. 6 Rn. 96.
77 *Badura*, in: Maunz/Dürig, Art. 6 Rn. 153.
78 *Badura*, in: Maunz/Dürig, Art. 6 Rn. 153.
79 *Badura*, in: Maunz/Dürig, Art. 6 Rn. 155.

Ergänzungsnormen im sonstigen thüringischen Recht

§ 6 Abs. 2 a ThürKitaG v. 16.12.2005 (ThürGVBl. S. 365) zuletzt geändert durch Gesetz v. 31.01.2013 (ThürGVBl. S. 22); § 55 a ThürSchulG idF. der Bek. v. 30.04.2003 (ThürGVBl. S. 238) zuletzt geändert durch Gesetz v. 31.01.2013 (ThürGVBl. S. 22).

Dokumente zur Entstehungsgeschichte

Art. 13 VerfE CDU; Art. 6 VerfE F.D.P.; Art. 11 VerfE SPD; Art. 24, 27 VerfE LL/PDS; Entstehung Thür Verf, S. 54 f.

Literatur

Peter Badura, Verfassungsfragen des Erziehungsrechts der Eltern, in: Festschrift für Werner Lorenz, 2001, 101; *Irene Fahrenhorst*, Der Schutz elterlicher Rechte bei einer Trennung von Eltern und Kind und die Europäische Konvention zum Schutze der Menschenrechte und Grundfreiheiten, FamRZ 1996, 454; *Peter Huber/Holger Scherer*, Die Neuregelung zur Ächtung der Gewalt in der Erziehung, FamRZ 2001, 796; *Siegfried Jutzi*, Staatsziele der Verfassung des Freistaates Thüringen, ThürVBl. 1995, 25; *Peter Neumann*, Staatsziele in der Verfassung des Freistaates Thüringen, LKV 1996, 392; *Claus Meissner*, Familienschutz im Ausländerrecht, Jura 1993, 1, 113; *Christian Pestalozza*, Verfassungen der deutschen Bundesländer, 6. Aufl. 1998; *Thomas Rauscher*, Das Umgangsrecht im Kindschaftsrechtsreformgesetz, FamRZ 1998, 329; *Ulrich Rommelfanger*, Die Verfassung des Freistaates Thüringen des Jahres 1993, ThürVBl 1993, 145, 173; *Wolfgang Roth*, Die Grundrechte Minderjähriger im Spannungsfeld selbständiger Grundrechtsausübung, elterlichen Erziehungsrechts und staatlicher Grundrechtsbindung, 2003; *Dieter Schwab*, Familienrecht, 12. Aufl. 2003; ders., Elterliche Sorge bei Trennung und Scheidung der Eltern, FamRZ 1998, 457; *Margit Tünnemann*, Der verfassungsrechtliche Schutz der Familie und die Förderung der Kindererziehung im Rahmen des staatlichen Kinderleistungsausgleichs, 2001; *Dieter C. Umbach*, Grundrechts- und Religionsmündigkeit im Spannungsfeld zwischen Kindes- und Elternrecht, in: Festschrift für Willi Geiger, 1989, 359.

Leitentscheidungen des BVerfG

BVerfGE 24, 119 (Adoption); 61, 358 (§ 1671 Abs. 4 BGB aF); 64, 180 (Umgangsrecht); 68, 176 (§ 1623 Abs. 4 BGB aF); 74, 33 (Erbrecht II); 92, 158 (§ 1747 BGB aF / nichtehelicher Vater); 108, 82 (Rechte des leiblichen Vaters); 96, 56 (Benennung des Vaters); 117,202 (heimliche Vaterschaftstests); 121, 69 (Durchsetzung der Umgangspflicht); 127, 132 (Sorgerecht des nichtehelichen Vaters).

A. Überblick

In Art. 18 werden nicht nur die **Rechte der Eltern** und – abweichend von Art. 6 Abs. 2 GG – **anderer Sorgeberechtigter** zur Erziehung ihrer Kinder unter den Schutz des Staates gestellt, zugleich wird ihnen auch die **Pflicht zur Erziehung** auferlegt. Die Rechte der Kinder sind in Art. 19 geregelt. 1

Es handelt sich bei Art. 18 Abs. 1 um ein **individuelles Grundrecht** jedes einzelnen Elternteils[1] bzw. Sorgeberechtigten, das die Abwehr von Eingriffen des Staates in die Erziehung sichert.[2] Als **Menschenrecht**[3] steht Art. 18 unabhängig 2

1 *von Coelln*, in: Sachs, GG, Art. 6 Rn. 53.
2 *Jutzi*, in Linck/Jutzi/Hopfe, Art. 18 Rn. 1.
3 *Badura*, in Maunz/Dürig, Art. 6 Rn. 142.

von der Staatsangehörigkeit allen Menschen zu, die der öffentlichen Gewalt des Staates unterstehen.

3 Zugleich enthält Art. 18 auch eine **Institutionsgarantie.**[4] Er gewährleistet, dass die Aufgabe der Erziehung der Kinder primär den Eltern und Sorgeberechtigten zusteht. Die Einflussnahme des Staates auf die Ziele und Inhalte der Erziehung wird so zurückgedrängt auf die Bereiche, in denen aus gesellschaftlichen Gründen einheitliche Ziele zu setzen sind,[5] wie z.B. im Schulbereich.

4 Gem. Art. 18 Abs. 2 kommt eine **Trennung der Kinder** von den Sorgeberechtigten nur bei einer Gefährdung des Wohles der Kinder in Betracht. Mit der Einschränkung, dass „der Gefahr nicht auf andere Weise begegnet werden kann", nimmt Art. 18 Abs. 2 das Übermaßverbot ausdrücklich in die Verfassung auf und hebt es besonders hervor.

5 Während es sich bei Art. 18 Abs. 2 um eine lex specialis handelt,[6] die allein auf die Trennung anzuwenden ist, beinhaltet Abs. 3 eine **allgemeine Schranke** für sämtliche Eingriffe in die elterliche Sorge.[7]

B. Herkunft, Entstehung und Entwicklung

6 Gem. der Festlegung in der Präambel der vorläufigen Thüringer Verfassung war bis zur Verabschiedung der Thüringer Verfassung im Jahre 1993 im Bereich der Erziehung von Kindern Art. 6 Abs. 2 und 3 GG geltendes Recht und damit für die staatlichen Institutionen verbindliche Leitlinie.

7 Übereinstimmend enthielten die Entwürfe von CDU,[8] F.D.P.,[9] SPD[10] und LL/PDS[11] das Recht und die Pflicht der Eltern zur Erziehung ihrer Kinder. Im Entwurf der SPD wurden neben den Eltern auch „andere Sorgeberechtigte" einbezogen. CDU und LL/PDS sahen neben der Erziehung auch die Pflege bzw. Sorge als Recht und Pflicht vor. Darüber hinaus war im Entwurf der CDU[12] auch enthalten, dass die staatliche Gemeinschaft über die Pflichteinhaltung wachen sollte. Eine Eingriffsmöglichkeit in diese Rechte sollte nach den wortgleichen Entwürfen von CDU,[13] F.D.P.[14] und SPD[15] nur auf Grund eines Gesetzes möglich sein, wenn „die Erziehungsberechtigten versagen oder ihre Kinder aus anderen Gründen zu verwahrlosen drohen". Demgegenüber sah der Entwurf von LL/PDS[16] vor, dass ein Eingriff auf Grund eines Gesetzes möglich sein sollte, wenn „das Wohl des Kindes unmittelbar gefährdet" sei und „der Gefahr nicht auf andere Weise begegnet werden kann". Gem. Art. 27 Abs. 3 des Entwurfes sollte das Recht auf Erziehung nur durch ein Gericht eingeschränkt oder entzogen werden können. Der Entwurf der Fraktion NF/GR/DJ enthielt weder hinsichtlich des Erziehungsrechts noch der möglichen Einschränkungen eine ei-

---

4 *von Coelln*, in: Sachs, GG, Art. 6 Rn. 57.
5 *Badura*, in Maunz/Dürig, Art. 6 Rn. 117.
6 *Jutzi*, in Linck/Jutzi/Hopfe, Art. 18 Rn. 15.
7 *Jutzi*, in Linck/Jutzi/Hopfe, Art. 18 Rn. 15.
8 LT-Drs. 1/285, Art. 13 Abs. 2, in: Entstehung ThürVerf.
9 LT-Drs. 1/301, Art. 6 Abs. 2, in: Entstehung ThürVerf.
10 LT-Drs. 1/590, Art. 11 Abs. 2, in: Entstehung ThürVerf.
11 LT-Drs. 1/678, Art 24 Abs. 3 und Art. 27 Abs. 1 S. 1, in: Entstehung ThürVerf.
12 LT-Drs. 1/285, Art. 13 Abs. 2, in: Entstehung ThürVerf.
13 LT-Drs. 1/285, Art. 13 Abs. 3, in: Entstehung ThürVerf.
14 LT-Drs. 1/301, Art. 6 Abs. 3, in: Entstehung ThürVerf.
15 LT-Drs. 1/590, Art. 11 Abs. 3, in: Entstehung ThürVerf.
16 LT-Drs. 1/ 678, Art. 24 Abs. 5, in: Entstehung ThürVerf.

gene Regelung, da die Fraktion davon ausging, dass der Schutz der Familie und andere Erziehungsgemeinschaften durch Art. 17 und die Eingriffsmöglichkeiten durch Art. 6 Abs. 2 und 3 GG ausreichend geregelt sein.[17]

Aufgrund dieser weit reichenden inhaltlichen Übereinstimmungen in den Entwürfen einigten sich die Mitglieder des VerfUA bereits in ihrer ersten Sitzung auf eine Empfehlung für den VerfA. Art. 18 Abs. 1 folgt dem Vorschlag der SPD, da dieser mit der Aufnahme anderer Sorgeberechtigter der gesellschaftlichen Entwicklung Rechnung trug.[18] Trotz fast gleichlautender Entwürfe der anderen Fraktionen wurde Abs. 2 der Entwurf der LL/PDS zugrunde gelegt, der einen Engriff in die elterlichen Rechte bei Gefährdung des Kindeswohls nur zulässt, wenn der Gefahr nicht anders begegnet werden kann. Mit dieser Einschränkung sollten vor dem Hintergrund der Erfahrungen in der jüngeren Geschichte der DDR nach übereinstimmender Auffassung der Fraktionen die staatlichen Eingriffsmöglichkeiten begrenzt werden.[19] Auch die Aufnahme des Richtervorbehaltes in Abs. 3, beruhend auf Art. 27 Abs. 3 des Entwurfes der LL/PDS Fraktion,[20] geht auf diese zum Teil negativen Erfahrungen zurück (z.B. Zwangsadoption, Heimerziehung, Werkhöfe). Bedenken bestanden in dem VerfUA hinsichtlich des Richtervorbehaltes, da dieser dem Bundesrecht entgegenstehen könnte.[21] Der VerfA diskutierte diese Frage entgegen der Empfehlung des VerfUA jedoch nicht mehr, da das Problem nicht augenfällig war. Das Wort „unmittelbar“ wurde jedoch aus der Empfehlung des VerfUA gestrichen, um Eingriffe nicht nur bei direkter Gefahr des Kindeswohls zu ermöglichen, sondern auch bei Vernachlässigung über einen längeren Zeitraum hinweg.[22] 8

C. Verfassungsvergleichende Information

Rechte und Pflichten der Eltern bei der Pflege und Erziehung ihrer Kinder und die Eingriffsmöglichkeiten des Staates sind ähnlich wie Art. 18 im Grundgesetz in Art. 6 Abs. 2 u. 3 und in den Verfassungen der Länder Bayern (Art. 126), Bremen (Art. 23), Berlin (Art. 12), Brandenburg (Art. 27), Saarland (Art. 24), Hessen (Art. 55), Baden-Württemberg (Art. 11), Sachsen (Art. 22), Rheinland-Pfalz (Art. 25) und Nordrhein-Westfalen (Art. 8 Abs. 1) geregelt. 9

Die in Art. 6 Abs. 2 GG geschützten Rechte der Eltern spiegelt Art. 18 Abs. 1 und bezieht erweiternd auch **andere Sorgeberechtigte** in den Schutz ein. Eine Ausweitung der Erziehenden findet sich auch in der Verfassung Baden-Württembergs (Art. 12 Abs. 2). Neben den Eltern werden dort auch Institutionen, nämlich Staat, Gemeinden, Religionsgemeinschaften und die in Bünden gegliederte Jugend als verantwortliche Träger der Erziehung aufgenommen. 10

Während Art. 18 Abs. 1 ebenso wie das Grundgesetz (Art. 6 Abs. 2) und die Verfassungen der Länder Berlin (Art. 12 Abs. 3), Brandenburg (Art. 27 Abs. 3), Sachsen (Art. 22 Abs. 3) und Sachsen-Anhalt (Art. 11 Abs. 1) keine **Erziehungsziele** vorgeben, sind in den Verfassungen der Länder Bayern (Art. 126 Abs. 1), Saarland (Art. 24 Abs. 1), Hessen (Art. 55 S. 1) und Rheinland-Pfalz (Art. 25 Abs. 1) allgemein leibliche, geistige, seelische, sittliche oder gesellschaftliche 11

17 PW 1 VerfUA 001 (14.11.1991) S. 164 f.
18 PW 1 VerfUA 001 (14.11.1991) S. 162.
19 PW 1 VerfUA 001 (14.11.1991) S. 164 ff.
20 LT-Drs. 1/678, Art. 27 Abs. 3, in: Entstehung ThürVerf.
21 PW 1 VerfUA 001 (14.11.1991) S. 169.
22 PW 1 VerfA 005 (05.03.1992) S. 76, in: Entstehung ThürVerf.

Tüchtigkeit als Ziele vorgegeben. Die Verfassung Bremens sieht als Ziel den „aufrechten und lebenstüchtigen Menschen“ (Art. 23 S. 1). Sehr umfassend sind die Ziele in den Verfassungen Baden-Württembergs (Art. 12 Abs. 1) und Nordrhein-Westfalens ausformuliert, in der ihnen mit Art. 7 ein eigener Artikel gewidmet wird.

12 Ein Einschreiten des Staates bei **Gefährdung der Kinder** durch Trennung von den Eltern (Art. 18 Abs. 2) ist auch im Grundgesetz (Art. 6 Abs. 3) sowie in den Verfassungen der Länder Bayern (Art. 26 Abs. 3), Bremen (Art. 23 S. 3 und Art. 25 S. 3), Berlin (Art. 12 Abs. 4), Brandenburg (Art. 27 Abs. 5), Hessen (Art. 55 S. 2), Sachsen (Art. 22 Abs. 4) und Rheinland-Pfalz (Art. 25 Abs. 3) enthalten. Gemeinsam ist ihnen auch der Gesetzesvorbehalt hinsichtlich der zulässigen Zwangsmaßnahmen. Lediglich in der Verfassung des Saarlandes ist eine gesetzliche Regelung als Voraussetzung einer Maßnahme nicht explizit aufgenommen.

13 Der in Art. 18 Abs. 3 festgelegte **Richtervorbehalt** bei Einschränkungen oder Entzug der elterlichen Sorge findet sich ebenso in Art. 55 S. 2 der hessischen Verfassung.

D. Erläuterungen

I. Art. 18 Abs. 1: Recht und Pflicht zur Erziehung

14 Das **Recht zur Erziehung** steht gem. Art 18 Abs. 1 den **Eltern und anderen Sorgeberechtigten** zu. Eltern im Sinne des Abs. 1 sind die biologischen Eltern und die Adoptiveltern.[23] Abs. 1 geht davon aus, dass die Personen, die „einem Kind das Leben geben“[24] in der Regel bereit und fähig sind, die Verantwortung für ein Kind zu übernehmen. Zwar geben Adoptiveltern einem Kind kein Leben, indem sie sich aber dem aufwendigen Adoptivverfahren unterziehen, zeigen sie ihre Bereitschaft, Verantwortung für ein Kind zu tragen. Selbiges trifft auch für die anderen Sorgeberechtigten zu, da auch sie in der Regel erst nach Prüfung ihrer Fähigkeiten und Bereitschaft zur Erziehung ausgewählt werden.

15 Vor diesem Hintergrund erscheint es fraglich, ob auch **juristische Personen** Grundrechtsträger sein können.[25] Zwar können diese gem. Art. 42 Abs. 2 grundsätzlich Grundrechtsträger sein, anders als bei natürlichen Personen findet bei ihnen aber keine Überprüfung hinsichtlich des Einzelfalles statt. Vielmehr gibt es im Vorfeld eine abstrakte Prüfung bzw. eine öffentlich rechtliche Aufgabenzuweisung. Auch ist zu berücksichtigen, dass **Erziehung** mehr beinhaltet als das **Sorgerecht** im Sinne einer **rechtlichen Vertretung**. Erziehung ist regelmäßig neben dem Vermitteln von Wissen, Werten und Weltanschauungen oder Religion auch das Vorleben im alltäglichen Leben. Die tatsächliche Erziehungsarbeit und die rechtliche Vertretung fallen regelmäßig auseinander, wenn eine juristische Person das Sorgerecht wahrnimmt. Der Vormund hat insoweit keine eigene elterliche Gewalt. Seine Rechte und Pflichten sind dieser vielmehr nur nachgebildet.[26]

---

23 BVerfGE 24, 119 (150).
24 *von Coelln*, in: Sachs GG, Art. 6 Rn. 52.
25 So *Jutzi*, in: Linck/Jutzi/Hopfe, Art. 18 Rn. 5.
26 BVerfGE 10, 302 (328).

Neben der Mutter steht das **Erziehungsrecht** auch dem **nichtehelichen Vater** zu,[27] wenn dieser festgestellt wurde oder die Vaterschaft anerkannt hat. Insoweit schützt Art. 18 Abs. 1 den leiblichen Vater in seinen Bestrebungen, auch rechtlicher Vater zu werden.[28] Diesem Anspruch des leiblichen Vaters hat der Gesetzgeber mit § 1600 Abs. 1 u. 2 BGB Rechnung getragen. 16

Nicht unter dem Schutz des Art. 18 Abs. 1 stehen jedoch die tatsächlich erziehenden Personen, wie z.B. Pflegeeltern, Großeltern, Stiefeltern, es sei denn, sie haben zugleich auch die rechtliche Sorge inne. Ob auch Kinder Träger von Grundrechten, die sich aus dem Erziehungsrecht ableiten, sein können, welches hinsichtlich Art. 6 Abs. 2 GG streitig ist,[29] kann dahingestellt bleiben, da Art. 19 Abs. 1 den Kindern einen eigenen Anspruch gewährt. 17

Art. 18 Abs. 1 garantiert den Eltern und Sorgeberechtigten dem Staat gegenüber den **Vorrang als Erziehungsberechtigte.**[30] Ihnen obliegt es damit, sowohl die Erziehungsziele und auch die Mittel festzulegen. Der Staat hat dieses Recht auch gegenüber Dritten zu gewährleisten. Das Erziehungsrecht ist jedoch immer an die Bedürfnisse der Kinder und indirekt an die in Art. 19 Abs. 1 geschützten Rechte der Kinder gekoppelt.[31] Daher beinhaltet das **Erziehungsrecht** zugleich auch immer die **Pflicht zur Erziehung.**[32] Aufgrund der engen Verknüpfung der Rechte und Pflichten wird es zutreffend auch als **„Elternverantwortung"** bezeichnet.[33] Art. 18 Abs. 1 gibt den Eltern und Sorgeberechtigten – wie auch Art. 6 Abs. 2 GG – keine expliziten Erziehungsziele und Mittel vor. Art. 19 Abs. 1 sichert den Kindern und Jugendlichen jedoch das Recht auf eine „gesunde geistige, körperliche und psychische Entwicklung" zu. Als Grundrecht richtet sich dieser Anspruch an den Staat (s.u. Art. 19, Rn. 8 f), ist aber auch als Maßstab für die Erziehung heranzuziehen, da bei Verletzung dieser Rechte der Staat zum Eingriff gegenüber den Erziehungsberechtigten verpflichtet ist. Vor dem Hintergrund von Art. 19 Abs. 1 kann Erziehung nicht nur die Vermittlung von Wissen und wertbezogene Einwirkung auf Weltanschauung und Religion[34] sein, sondern ist weiter zu fassen als Verantwortung „für die Lebens- und Entwicklungsbedingungen des Kindes".[35] Sie umfasst demnach auch die materielle Versorgung des Kindes. 18

Die **Elternverantwortung** besteht aus einem **Einwirkungsrecht,** auch „Herrschaftsrecht" genannt,[36] und dem **Wahrnehmungsrecht.** Das sich direkt auf das Kind beziehende Einwirkungsrecht nimmt mit zunehmendem Alter des Kindes ab. Kleinkinder werden stärker einseitig von den Eltern bestimmt als Jugendliche. Im Bereich des Wahrnehmungsrechts vertreten die Sorgeberechtigten die Interessen und Rechte der Kinder nach außen. Sie handeln hier „treuhänderisch" für das Kind.[37] Das Wahrnehmungsrecht endet, mit Ausnahme der mit 14 Jah- 19

27 BVerfGE 92, 158 (176 ff); EGMR, EuGRZ 1995, 113 ff.
28 *Badura*, in: Maunz/Dürig, Art. 6 Rn. 101.
29 Ablehnend: BVerfGE 28, 104, (112); *Badura*, in: Maunz/Dürig, Art. 6 Rn. 94; zustimmend: BVerfGE 68, 256 (269); *Zacher*, in: HStR, § 134 Rn. 53.
30 *Badura*, in: Maunz/Dürig, Art. 6 Rn. 107.
31 *Jutzi*, in: Linck/Jutzi/Hopfe, Art. 18 Rn. 7.
32 *Badura*, in: Maunz/Dürig, Art. 6 Rn. 107.
33 *Badura*, in: Maunz/Dürig, Art. 6 Rn. 107.
34 So *von Coelln*, in: Sachs, GG, Art. 6 Rn. 60.
35 *Zacher*, in: HStR, § 134 Rn. 65.
36 *von Coelln*, in: Sachs, GG, Art. 6 Rn. 61.
37 BVerfGE 59, 360 (377); *von Coelln*, in: Sachs, GG, Art. 6 Rn. 62.

ren gegebenen **Religionsmündigkeit** (§§ 2 Abs. 3 S. 5, 5 RKEG), mit Volljährigkeit des Kindes.[38] Auch nach Volljährigkeit des Kindes wirken die Pflichten des Art. 18 Abs. 1 nach. So haben Eltern ihren Kindern eine angemessene Ausbildung zu ermöglichen und schulden ihnen für diesen Zeitraum weiterhin Unterhalt (§ 1601 ff BGB).

20 Obwohl in Art. 18 Abs. 1 Jugendliche nicht mit erwähnt werden, anders als in anderen Artikeln der Verfassung,[39] sind sie mit umfasst, da Art. 18 auf die verwandtschaftliche Beziehung abstellt, wie sich aus der Formulierung „ihre" Kinder ergibt.

21 Die **Elternverantwortung** endet nicht mit der **Trennung oder Scheidung der Eltern**. Sofern im Rahmen der Trennung einem Elternteil die Alleinsorge übertragen wird (§ 1671 BGB), schwächt sich die Elternverantwortung des anderen Elternteils lediglich ab.[40] Die gemeinsame Verantwortung für das Wohl des Kindes dauert fort. Das Umgangsrecht des Elternteils, bei dem das Kind nicht seinen ständigen Aufenthalt hat, ist ein Ausfluss aus Art. 18 Abs. 1. Auch in der Überprüfung von Eheverträgen im Rahmen einer Scheidung wirkt Art. 18 Abs. 1 fort. Dem haupterziehenden Elternteil muss die Möglichkeit der Übernahme der Elternverantwortung (u.a. Versorgung) erhalten bleiben.[41]

22 Wie die Rechte aus Art. 17 Abs. 1 ist auch das Erziehungsrecht auf die **Ausgestaltung durch den Gesetzgeber** angewiesen.[42] Dabei hat der Gesetzgeber regelmäßig zu berücksichtigen, dass jede Gestaltung zugleich auch ein **Eingriff** sein kann, wie z.B. das die Erziehungsmittel regelnde Recht der Kinder auf gewaltfreie Erziehung (§ 1631 Abs. 2 BGB), das Vorgaben bezüglich der **Erziehungsmittel** macht. Es ist daher bei der Ausgestaltung des Rechts immer eine Interessenabwägung vorzunehmen und das Gebot der Verhältnismäßigkeit zu beachten. Ausgestaltungen des Erziehungsrechts finden sich auf Bundesebene besonders im Familienrecht, aber auch im Namensrecht und im Ausländerrecht, auf Landesebene besonders im Schulrecht (beruhend Auf Art. 21 ff) und im Recht der vorschulischen Bildung. Im Bereich des Schulrechts kommt es am häufigsten zu **Zielkonflikten** mit dem Elternrecht. Beispielhaft seien hier nur die Zielkonflikte in den Bereichen Religions-[43] und Ethikunterricht[44] sowie Sportunterricht[45] und Sexualkunde[46] genannt.

II. Art. 18 Abs. 2: Trennung der Kinder von den Sorgeberechtigten

23 Die Einschränkung des Art. 18 Abs. 2, die eine Trennung der Kinder von den Sorgeberechtigten nur auf gesetzlicher Grundlage zulässt, ist ein **qualifizierter Gesetzesvorbehalt.**[47] Badura bezeichnet ihn als „Schrankenschranke",[48] da die Herausnahme aufgrund des staatlichen Wächteramtes ein besonders schwerer Eingriff in das Erziehungsrecht ist und mit Art. 6 Abs. 3 GG beschränkt wird.

---

38 BVerfGE 59, 360 (382).
39 Art. 5 Abs. 2, Art. 8 Abs. 3 und Art. 25 Abs. 2.
40 *Badura*, in: Maunz/Dürig, Art. 6 Rn. 128.
41 BVerfGE 103, 89 (107).
42 BVerfGE 84, 168 (180); *Zacher*, in: HStR, § 134 Rn. 83 f.
43 *Badura*, in: Maunz/Dürig, Art. 6 Rn. 130.
44 BVerwGE 107, 75ff.
45 BVerwGE 94, 83ff.
46 BVerwGE 47, 46 (69 ff).
47 BVerfGE 24, 119 (138 f); *Jutzi*, in: Linck/Jutzi/Hopfe, Art. 18 Rn. 14.
48 *Badura*, in: Maunz/Dürig, Art. 6 Rn. 141.

Art. 18 Abs. 1 enthält keine Angaben hinsichtlich der **Dauer der Trennung.** 24
Kurzfristige Trennungen der Kinder von den Sorgeberechtigten – wie z.B. Schulbesuch, polizeiliche Vernehmungen und Umgangszeiten mit dem anderen Elternteil – sind zwar auch ein **Eingriff in das Erziehungsrecht und erfordern daher** grundsätzlich gesetzliche Regelungen, sind jedoch nicht vom Schutzbereich des Art. 18 Abs. 2 umfasst.[49] Dem qualifizierten Gesetzesvorbehalt unterliegen Trennungen, die eine vollständige Herausnahme aus dem Einflussbereich des Sorgeberechtigten zur Folge haben, wobei die Gesamtdauer unerheblich ist.

Die tatsächliche Trennung der Kinder von den Sorgeberechtigten stellt den 25
größtmöglichen Eingriff in das Erziehungsrecht dar. Doch aus der Schwere allein lässt sich ein Richtervorbehalt hierfür nicht herleiten.[50] Dieser ergibt sich aus Art. 18 Abs. 3, da die Bestimmung des Aufenthaltes der Kinder regelmäßiger Bestandteil der elterlichen Sorge ist. Eine Fremdbestimmung des Aufenthaltes, wie sie sich in der Trennung realisiert, ist als Eingriff in das Sorgerecht gem. Abs. 3 nur bei richterlicher Entscheidung zulässig.

Dieser schwerwiegende Eingriff ist nur zu einer **Abwendung einer Gefahr** für 26
das **Wohl des Kindes** zulässig (Abs. 2), wobei es sich um eine **nachhaltige Gefahr** handeln muss.[51] Nachhaltig bezieht sich im Wesentlichen nicht auf den Zeitfaktor[52] sondern auf die Bedeutung für die Entwicklung des Kindes. So können auch zeitlich kurze Geschehnisse von Stunden oder wenige Tage auf die seelische Entwicklung eines Kindes wesentliche Auswirkungen haben, so dass eine vorübergehende Trennung erforderlich sein kann. Eine Gefährdung des Wohles des Kindes ist regelmäßig gegeben, wenn Sorgeberechtigte ihre **Elternverantwortung** gar nicht wahrnehmen oder sie nicht in der Lage sind, die Kinder vor Übergriffen Dritter zu schützen. Ob eine Gefährdung des körperlichen, geistigen oder seelischen Wohls des Kindes (so § 1666 Abs. 1 BGB) von den Eltern schuldhaft zu vertreten ist, ist für den Eingriff in das Erziehungsrecht unerheblich.[53] Eine einfache Nachlässigkeit der Sorgeberechtigten reicht jedoch als Rechtfertigung für die Trennung nicht aus.[54]

Der Eingriff darf auch nicht erfolgen, um die Erziehung der Sorgeberechtigten zu optimieren, wenn diese von den allgemeinen Vorstellungen abweicht.[55]

Mit der Formulierung „nicht auf andere Weise begegnet werden kann“ wird der 27
allgemein geltende Grundsatz der Verhältnismäßigkeit aufgrund der historischen Erfahrung (s.o. Art. 18 Rn. 8) besonders betont. Zunächst ist daher im Einzelfall immer zu prüfen, ob **helfende oder unterstützende Maßnahmen**, wie z.B. Familienhilfe, die Gefahr abwenden können. Die Trennung der Kinder von den Sorgeberechtigten ist immer die ultima ratio. Aus dem Grundsatz der Verhältnismäßigkeit ergibt sich auch die Pflicht zur regelmäßigen Überprüfung der Eingriffe (s. § 166 Abs. 2 FamFG).

49 *von Coelln*, in: Sachs, GG, Art. 6 Rn. 89.
50 So jedoch *Jutzi*, in: Linck/Jutzi/Hopfe, Art. 18 Rn. 15.
51 *von Coelln*, in: Sachs, GG, Art. 6 RN. 76.
52 So wohl *Jutzi*, in: Linck/Jutzi/Hopfe, Art. 18 Rn. 15 „dauerhaft“.
53 *Zacher*, in: HStR, § 134 Rn. 97.
54 *von Coelln*, in: Sachs, GG, Art. 6 Rn. 76.
55 *von Coelln*, in: Sachs, GG, Art. 6 Rn. 77.

III. Art. 18 Abs. 3: Einschränkung der elterlichen Sorge

28 Art. 18 Abs. 3 stellt Eingriffe in die „elterliche Sorge" unter einen **allgemeinen Gesetzesvorbehalt** und betont damit den konkludent auch für Art. 6 Abs. 2 u. 3 GG geltenden Vorbehalt. Die **Pflicht des Staates zu Eingriffen** in das Sorgerecht bei Missachtung der Rechte der Kinder ist in Art. 18 nicht ausdrücklich geregelt. Sie folgt aus dem in Art. 6 Abs. 2 S. 2 normierten Wächteramt des Staates. Demnach hat der Staat einzugreifen, wenn die Eltern in der Erziehung das Wohl des Kindes verfehlen.[56] Dieses ist aufgrund des Vorranges des Bundes (Art. 31 GG) auch für das Land zu beachten.

29 Fraglich ist, ob sich der Gesetzesvorbehalt des Abs. 3 – trotz des aus § 1626 BGB entnommenen Begriffs „**elterliche Sorge**" – auf das gesamte Erziehungsrecht bezieht.[57] Zu berücksichtigen ist, dass Art. 18 Abs. 3 weitergehend eine formelle Qualifizierung des allgemeinen Gesetzesvorbehalts enthält, indem er Eingriffe auch unter den **Richtervorbehalt** stellt. Der Begriff der Erziehung umfasst jedoch mehr als die gesetzlich geregelte elterliche Sorge (s.o. Art. 18 Rn. 15). So ist z.B. auch mit der Schulpflicht eine Einschränkung des Erziehungsrechts gegeben. Bei einer Gleichsetzung der elterlichen Sorge mit dem Erziehungsrecht des Abs. 1 würde somit jede Einschränkung unter dem Richtervorbehalt stehen. Des Weiteren nimmt auch die Formulierung „eingeschränkt oder entzogen" in Art. 18 Abs. 3 die in § 1666 Abs. 3 Zif. 6 BGB hinsichtlich des Sorgerechts verwendete Begrifflichkeit „teilweise oder vollständige Entziehung" auf.

30 Wie in Abs. 2 darf auch bei Eingriffen gemäß Abs. 3 der Grundsatz der Verhältnismäßigkeit nicht verletzt werden, da es sich um einen Eingriff in ein Grundrecht handelt. Auch hier ist das Erziehungsrecht der Sorgeberechtigten weitestgehend zu schonen und es sind vorrangig unterstützende Hilfen zu gewähren.

Artikel 19 [Entwicklung von Kindern und Jugendlichen]

(1) [1]Kinder und Jugendliche haben das Recht auf eine gesunde geistige, körperliche und psychische Entwicklung. [2]Sie sind vor körperlicher und seelischer Vernachlässigung, Mißhandlung, Mißbrauch und Gewalt zu schützen.

(2) Nichtehelichen und ehelichen Kindern und Jugendlichen sind durch die Gesetzgebung die gleichen Bedingungen für ihre Entwicklung und ihre Stellung in der Gemeinschaft zu schaffen und zu sichern.

(3) Das Land und seine Gebietskörperschaften fördern Kindertageseinrichtungen, unabhängig von ihrer Trägerschaft.

(4) Das Land und seine Gebietskörperschaften fördern den vorbeugenden Gesundheitsschutz für Kinder und Jugendliche.

Vergleichbare Regelungen

Art. 6 GG; Art. 13 BWVerf; Art. 125, 126 BayVerf; Art. 13 VvB; Art. 27 BbgVerf; Art. 24, 25 BremVerf; Art. 14 M-VVerf; Art. 4 a NV; Art. 6 Verf NW; Art. 24, 25 Verf Rh-Pf; Art. 24, 24 a, 25 SaarlVerf; Art. 9 SächsVerf; Art. 24 LVerf LSA; Art. 6 a SchlHVerf; Art. 24 EU-GRCh (Rechte des Kindes).

56 *Badura*, in: Maunz/Dürig, Art. 6 Rn. 139.
57 So *Jutzi*, in: Linck/Jutzi/Hopfe, Art 18 Rn. 18.

Ergänzungsnormen im sonstigen thüringischen Recht

Thüringer Gesetz zur Weiterentwicklung des Kinderschutzes v. 16.12.2008 (ThürGVBl. S. 553);ThürFKG v. 16.12.2008 (ThürGVBl. S. 553); Thüringer Verordnung über die Errichtung und die Aufgaben des Vorsorgezentrums für Kinder v. 13.08. 2009 (ThürGVBl. S. 738); ThürKJHAG idF der Bek. v. 26.02.2009 (ThürGVBl. S. 1) zuletzt geändert durch Art. 9 ÄndG v. 09.09.2010 (ThürGVBl. S. 291); ThürKitaG v. 16.12.2005 (ThürGVBl. S. 365; 2006, S. 51) zuletzt geändert durch Art. 2 des Gesetzes v. 31.01.2013 (ThürGVBl. S. 22); ThürKitaVO v. 26.01.2011 (ThürGVBl. S. 10) zuletzt geändert durch die Erste Verordnung zur Änderung der ThürKitaVO v. 02.02.2012 (ThürGVBl. S. 87); ThürHortkBVO v. 12.03.2013 (ThürGVBl. S. 91, 143); Verordnung über den öffentlichen Gesundheitsdienst und die Aufgaben der Gesundheitsämter in den Landkreisen und kreisfreien Städten v. 08.08.1990 idF der Bek. v. 02.10.1998 (ThürGVBl. S. 337); ThürErzGG v. 03.02.2006 (ThürGVBl. S. 46), zuletzt geändert durch Art. 3 des Gesetzes v. 04.05.2010 (ThürGVBl. S. 110); ThürErzGGDVO v. 05.12.2010 (ThürGVBl. S. 568).

Dokumente zur Entstehungsgeschichte

Art. 13 VerfE CDU; Art. 12, 33 VerfE SPD; Art. 7 VerfE NF/GR/DJ; Art. 26 VerfE LL/PDS; Entstehung ThürVerf, S. 56 ff.

Literatur

Harald Georgii, Rechtsanspruch auf einen Kindergartenplatz, NJW 1996, 686 ff.; *Matthias Herdegen*, Die Aufnahme besonderer Rechte des Kindes in die Verfassung, FamRZ 1993, 374 ff.; *Christine Hohmann-Dennhardt*, Kinderrechte ins Grundgesetz – warum?, FPR 2012, 185; *Gregor Kirchhof*, Kinderrechte in der Verfassung – zur Diskussion einer Grundgesetzänderung, ZRP 2007, 149 ff.; *Renate Künast*, Kinderrechte in die Verfassung! Wie sonst?, FPR 2008, 478 ff.; *Peter-Christian Kunkel*, SGB VIII Kinder- und Jugendhilfe, 4. Auflage 2011; *Lore Maria Peschel-Gutzeit*, Zur Geschichte der Kinderrechte, FPR 2008, 471 ff.; *Thomas Trenczek/Britta Tammen/Wolfgang Behlert*, Grundzüge des Rechts, 3. Auflage 2011, *Reinhard Wiesner*, Kindergrundrechte - Symbolik oder Chance?, Ad Legendum 2009, 80 ff.; vgl. auch oben Schrifttum zu Art. 17,18.

Leitentscheidungen des BVerfG

BVerfGE 8, 210 (Gleichstellung nicht ehelicher Kinder); 24, 119 (Kind als Grundrechtsträger); 25, 167 (Gleichstellung nicht ehelicher Kinder); 45, 400 (Entfaltungsrecht des Kindes); 83, 130 (Schutz vor persönlichkeitsschädigenden Einflüssen).

A. Überblick

1 Die Vorschrift vereint Grundrechte, Staatsziele, Schutz-, Förder-, Gesetzgebungsaufträge und widerspiegelt Grundwerte der rechtlichen und politischen

Ordnung in Bezug auf Kinder und Jugendliche. An ihre entwicklungsbedingt speziellen Bedürfnisse und Belange anknüpfend behandelt sie Kinder und Jugendliche als Inhaber eigener Rechte[1] und nicht als bloße „Regelungsgegenstände" im Rahmen elterlicher und gesellschaftlicher Erziehungsverantwortung. Die den Freistaat in unterschiedlicher Weise verpflichtenden Bestimmungen des Art. 19 stellen klar, dass Kinderrechte nicht ausschließlich dem elterlichen Sorgerecht zu- und untergeordnet sind, sondern darüber hinausgehen und weitreichender staatlicher Verantwortung unterliegen. Die Regelungen setzen damit die Vorgaben der UN-Kinderrechtskonvention[2] zur Wahrung eigenständiger Kinderrechte um und stehen in Einklang mit den in der EU-Grundrechtscharta[3] verbrieften Rechten des Kindes.[4]

2 Art. 19 Abs. 1 korrespondiert mit der elterlichen Verantwortung und dem Schutzauftrag des Staates aus Art. 18. Zudem präzisiert die Regelung das Recht auf körperliche Unversehrtheit aus Art. 3 Abs. 1. Die Schutzpflichten nach Art. 19 Abs. 1 Satz 2 bilden Schranken für die Ausübung der Grundrechte auf Unverletzlichkeit der Wohnung gemäß Art. 8 Abs. 3 und auf Meinungs-, Informations- und Medienfreiheit gemäß Art. 11 Abs. 3. Die Vorschrift des Art. 19 Abs. 2 spezifiziert den in Art. 2 Abs. 1 enthaltenen Gleichheitssatz. Art. 19 Abs. 3 und 4 beinhalten eigenständige Verfassungsaufträge und Staatsziele.[5]

B. Herkunft, Entstehung und Entwicklung

3 Die Regelungen des Art. 19 sind aus fünf Entwürfen der im Thüringer Landtag vertretenen Fraktionen hervorgegangen. Einer der Schwerpunkte der Beratungen war die Frage, ob für jedes Kind ein „Recht auf außerhäusliche Betreuung und damit Anspruch auf einen Kindertagesstättenplatz"[6] eingeräumt werden sollte. Dieser Vorschlag für einen Individualrechtsanspruch fand im Verfassungsausschuss aufgrund haushaltsrechtlicher Bedenken keine Zustimmung und hat am Ende als „Aufgabe zur Förderung" im Wortlaut des Abs. 3 Eingang in die Verfassung gefunden.[7] Unterschiedliche Auffassungen gab es im Verfassungsausschuss auch zum Umfang der zu regelnden Tatbestände für den Schutz von Kindern und Jugendlichen vor Missbrauch. Die kontrovers diskutierte Anregung, ein ausdrückliches Verbot von Kinderarbeit, Kinderpornographie und Kinderprostitution zu statuieren,[8] hat sich nicht durchgesetzt, und letztendlich verblieb es bei der allgemeinen Formulierung des Art. 19 Abs. 1 Satz 1, über die schon frühzeitig Einvernehmen bestand.[9]

---

1 So auch das BVerfG, das die eigene Grundrechtsposition von Kindern hervorhebt (BVerfGE 24, 119, [144]).

2 Übereinkommen über die Rechte des Kindes (UN-Kinderrechtskonvention) v. 20.11.1989, am 26.01.1990 von der BRD unterzeichnet (Gesetz v. 17.02.1992, BGBl. II S. 121).

3 Insb. Art. 24 EU-GRCh.

4 Es ist indes umstritten, ob die Aufnahme von eigenen Kinder(grund)rechten in die Verfassung erforderlich und sinnvoll ist; umfassend hierzu *Kamp* in: Heusch/Schönenbroicher, Art. 6 Rn. 1 ff. mwN.

5 *Jutzi*, in: Linck/Jutzi/Hopfe, Art. 19 Rn. 18.

6 Vgl. Art. 7 VerfE NF/GR/DJ, in: Entstehung ThürVerf, S. 56.

7 Zum Verlauf der Diskussionen vgl. PW 1 VerfA 005 (05.03.1992) S. 25 ff.; PW 1 VerfA 018 (15.03.1993) S. 33 ff.

8 Vgl. Art. 26 VerfE LL/PDS, in: Entstehung ThürVerf, S. 56.

9 Vgl. PW 1 VerfA 005 (05.03.1992) S. 25 ff.; insgesamt dazu: Entstehung ThürVerf, S. 56 ff.

C. Verfassungsvergleichende Information

Art. 19 Abs. 2 ist weitgehend identisch mit Art. 6 Abs. 5 GG. Darüber hinaus enthält das GG keine vergleichbaren Regelungen. 4

In den meisten Verfassungen der anderen Bundesländer finden sich ähnliche Vorschriften zur Entwicklung und/oder zum Schutz von Kindern und Jugendlichen. Teilweise sind die Regelungen detaillierter ausgestaltet als in der ThürVerf. So hebt Art. 13 Abs. 1 VvB zusätzlich die eigenständige Persönlichkeit des Kindes hervor und bestimmt, dass die staatliche Gemeinschaft für kindgerechte Lebensbedingungen zu sorgen hat. Auch Art. 14 Abs. 4 der M-VVerf stellt auf die Persönlichkeitsentwicklung der Kinder ab und fordert, ihren wachsenden Fähigkeiten und Bedürfnissen zu selbstständigem Handeln Rechnung zu tragen. Die Schutzbestimmungen mehrerer Landesverfassungen erfassen zudem ein Recht auf Schutz vor Ausbeutung, eine Schutzposition, die in der ThürVerf nicht gesondert erwähnt wird.[10] Allein in der LVerf LSA wird der staatliche Schutzauftrag für Kinder und Jugendliche differenziert geregelt (Art. 24 Abs. 3, 4). Nicht alle Landesverfassungen enthalten Vorgaben zur Gleichstellung ehelicher und nicht ehelicher Kinder.[11] Bestimmungen zur Förderung von Kindertageseinrichtungen finden sich – teils ansatzweise – in den Landesverfassungen von Brandenburg (Art. 27 Abs. 6), Mecklenburg-Vorpommern (Art. 14 Abs. 2), Sachsen-Anhalt (Art. 24 Abs. 2) und des Saarlandes (Art. 25 Abs. 1), wobei Art. 27 Abs. 6 der BbgVerf die mit Art. 19 Abs. 3 ThürVerf nahezu identische Regelung zusätzlich auf Jugendfreizeiteinrichtungen erstreckt. Vorbeugenden Gesundheitsschutz für Kinder und Jugendliche regelt nur noch die SächsVerf (Art. 9 Abs. 3). Die Verfassungen von Hamburg und Hessen enthalten keine mit Art. 19 vergleichbaren Regelungen. 5

D. Erläuterungen

I. Begriffsbestimmung: Kinder und Jugendliche

Die Begriffe Kinder und Jugendliche werden in der Thüringer Verfassung nicht näher bestimmt. Nach der Gesetzessystematik knüpfen sie an den allgemeinen Sprachgebrauch und die gesetzesüblichen Definitionen an, wonach **Kinder** alle Personen im Alter bis zur Vollendung des 14. Lebensjahres und **Jugendliche** alle Personen im Alter zwischen 14 und 18 Jahren sind (so auch § 1 Abs. 1 Nr. 1, 2 JuSchG, § 7 Abs. 1 Nr. 1, 2 SGB VIII). Diese in Art. 18 nicht vorgenommene Unterscheidung ist im Grunde nicht erforderlich, da der Begriff Kind wegen seines Bezuges zur Volljährigkeit (§ 2 BGB) und zu den Regelungen zur elterlichen Sorge (§§ 1626 ff. BGB) die Jugendlichen schon mit erfasst. Auch nach Art. 1 der UN-Kinderrechtskonvention ist Kind jeder Mensch, der das 18. Lebensjahr noch nicht vollendet hat bzw. noch nicht volljährig ist. Gleichwohl erscheint die in Art. 19 gewählte Differenzierung im Hinblick auf die besondere Entwicklungsphase Jugendlicher und die daraus resultierenden speziellen Förderungs- und Schutzbedürfnisse sinnvoll. Zudem steht sie terminologisch mit den weite- 6

10 Vgl. Art. 13 BWVerf; Art. 126 Abs. 3 BayVerf; Art. 13 Abs. 1 VvB; Art. 25 Abs. 1, 2 BremVerf; Art. 14 Abs. 1 M-VVerf; Art. 6 Abs. 2 Verf NW; Art 25 Abs. 2 Verf Rh-Pf; Art. 24 a Abs. 2 SaarlVerf.

11 Eine solche Regelung findet sich nur in Art. 126 Abs. 2 BayVerf; Art. 13 Abs. 2 VvB; Art. 24 BremVerf; Art. 24 Verf Rh-Pf; Art. 24 Abs. 3 SaarlVerf.

ren Schutzvorschriften der ThürVerf in Art. 8 Abs. 3 und Art. 11 Abs. 3 in Einklang.

7 Da die Bezeichnungen „Kinder und Jugendliche" allein altersbezogen zu verstehen sind, werden auch ausländische Kinder und Jugendliche vom Geltungsbereich der Vorschrift erfasst.

II. Entwicklung und Schutz der Kinder und Jugendlichen (Art. 19 Abs. 1)

1. Entwicklung der Kinder und Jugendlichen (Satz 1)

8 a) **Normcharakter.** Das **Recht der Kinder und Jugendlichen** auf eine gesunde geistige, körperliche und psychische Entwicklung ist als Grundrecht konzipiert, das mit der im elterlichen Sorgerecht eingebundenen Elternverantwortung konform geht. Es handelt sich allerdings nicht um ein klassisches Grundrecht als unmittelbar einklagbares subjektives Recht, sondern um ein eher **soziales Grundrecht**, das einer Staatsaufgabe nahesteht[12] und eine objektive Wertentscheidung enthält.[13]

9 b) **Regelungsinhalt.** Die konkreten Anforderungen zur Sicherung einer gesunden Entwicklung von Kindern und Jugendlichen nennt die Bestimmung nicht. Diese knüpfen an die **Elternverantwortung** nach Art. 18 an und sind vorrangig Gegenstand privatrechtlicher Beziehungen, die im BGB umfassend normiert sind.[14] Art. 19 Abs. 1 Satz 1 begründet indes auch die direkte **Verpflichtung der staatlichen Gemeinschaft**, flankierend zur elterlichen Erziehungsverantwortung Bedingungen zu schaffen, die eine optimale Entwicklung und Entfaltung von Kindern und Jugendlichen ermöglichen. Dies betrifft etwa die Unterstützung der Eltern durch Angebote für Kinderbetreuung und für schulische und berufliche Ausbildung. Zudem beinhaltet dieses **„Kindergrundrecht"** einen Anspruch auf Schutz vor persönlichkeitsschädigenden Einflüssen,[15] der in Satz 2 festgeschrieben ist. Demnach enthält das Grundrecht jedes Kindes auf eine gesunde Entwicklung sowohl eine **Leistungspflicht** der staatlichen Gemeinschaft als auch eine **Abwehrverpflichtung** in Bezug auf Gefährdungen.[16]

2. Schutz der Kinder und Jugendlichen (Satz 2)

10 a) **Normcharakter.** Art. 19 Abs. 1 Satz 2 beinhaltet eine **Staatszielbestimmung und** hat als Abwehrrecht zugleich **Grundrechtscharakter.**[17] Es handelt sich um ein „echtes", eigenes Grundrecht für Kinder und Jugendliche mit unmittelbarer Rechtswirkung.[18] Konkrete individuelle Leistungsansprüche lassen sich daraus allerdings kaum herleiten.

---

12 *Jutzi*, in: *Linck*/Jutzi/Hopfe, Art. 19 Rn. 2; aA Kunzmann, der in der analogen Regelung der SächsVerf eine „reine" Staatszielbestimmung sieht, *Kunzmann,* in: Kunzmann/Baumann-Hasske, Art. 9 Rn. 7.

13 *Jutzi,* in: Grimm/Caesar, Art. 24 Rn. 1.

14 *Jutzi,* in: Linck/Jutzi/Hopfe, Art. 19 Rn. 7.

15 BVerfGE 83, 130, (140).

16 *Kunzmann*, aaO Rn. 2.

17 So auch *Kunzmann*, aaO.

18 BVerfGE 24, 119 (144); aA Müller, der die analoge Regelung des Art. 9 SächsVerf als Staatszielbestimmung mit verbindlichem Charakter beschreibt, vgl. *Müller*, Anm. zu Art. 9 SächsVerf; ebenso Wolff, der eine objektive Schutzpflicht ohne Grundrechtsgehalt annimmt, vgl. *Wolff,* in: Lindner/Möstl/Wolff, Art. 126 Rn. 42.

b) **Regelungsinhalt.** Die Vorschrift ist Ausdruck des **staatlichen Wächteramtes** nach Art. 6 Abs. 2 Satz 2 GG und überschneidet sich in gewisser Weise mit den Regelungsbereichen von Art. 18 Abs. 2 und 3, die die Grenzen für staatliche Eingriffe in Elternrechte aufzeigen. Während Art. 18 Abs. 2 allgemein auf Kindeswohlgefährdung und Beachtung des Verhältnismäßigkeitsgrundsatzes abstellt, beschreibt Art. 19 Abs. 1 Satz 2 die Voraussetzungen für staatliches Handeln mit den Tatbeständen „körperliche und seelische Vernachlässigung, Misshandlung, Missbrauch und Gewalt" konkreter. Was im Einzelnen darunter zu verstehen ist, bleibt allerdings offen[19] und wird jeweils im Einzelfall zu bestimmen sein. Ein zeitgemäßes Verständnis der Begriffe ist dabei vom **Maßstab des Kindeswohls** und aus den von der Rechtsprechung zu § 1666 BGB entwickelten Fallgruppen kindeswohlgefährdender Tatbestände[20] abzuleiten. 11

Die Zielrichtung des verfassungsrechtlichen Schutzauftrages geht indes über die eltern- und sorgerechtsbezogene Ausübung des staatlichen Wächteramtes nach Art. 6 GG hinaus. Den Kindern und Jugendlichen wird vielmehr ein selbstständiger **genereller Schutzanspruch** ohne direkten Bezug zu möglichen Eingriffen in Elternrechte eingeräumt. Dementsprechend beschränken sich die in Art. 19 Abs. 1 Satz 1 postulierten Verpflichtungen zum Schutz von Kindern und Jugendlichen nicht auf das Handeln in den Extremsituationen von Kindeswohlgefährdungen, die Eingriffe in Elternrechte erfordern. Sie setzen vielmehr bereits im Bereich der **Vermeidung** und rechtzeitigen **Abwendung** potentieller **kindeswohlgefährdender Situationen** im Sinne von Art. 19 Abs. 1 Satz 2 an. Dementsprechend fordert die Regelung, familiären und sozialen Gegebenheiten, die Nährboden für Kindeswohlgefährdungen bieten könnten, mit vorbeugenden Schutzmaßnahmen zu begegnen. 12

Die Regelung dürfte zudem über die familiengerichtete Komponente hinausgehend auch den **öffentlichen Jugendschutz** erfassen, d.h. die staatliche Verpflichtung des Schutzes vor Gefährdungen, die von der Öffentlichkeit ausgehen, da diese in engem Bezug zu dem Recht der Kinder und Jugendlichen auf eine „gesunde Entwicklung" nach Satz 1 stehen.[21] 13

c) **Durchführung.** Der Kinder- und Jugendschutz ist umfassend bundesgesetzlich geregelt,[22] so dass sich der **Gestaltungsspielraum des Landes** im Wesentlichen auf den Vollzug der Bundesgesetze und auf Angebote spezieller Fördermaßnahmen **beschränkt.** 14

Die Schutzpflicht des Landes mit Blick auf Elternrechte und -pflichten berührt vor allem die Aufgaben der **öffentlichen Jugendhilfe** und damit die Ausführung der **Vorgaben des KJHG.**[23] Dieses Gesetz hat der Landesgesetzgeber mit dem **ThürKJHAG** umgesetzt, das Strukturen und Zuständigkeiten im Bereich der Jugendhilfe in Thüringen festlegt. Umfassender Schutz durch Vorsorge im Rahmen von Früherkennungsuntersuchungen ist Anliegen des **ThürFKG.** Die Pflicht zur Information des Jugendamtes im Falle der Nichtteilnahme an Früherkennungsuntersuchungen nach § 7 hat dabei direkten Bezug zum staatlichen Wäch- 15

---

19 Zum Versuch einer Definition vgl. *Reich,* Art. 24 Rn. 4.

20 Ein Überblick dazu in *Trenczek/Tammen/Behlert,* Grundzüge des Rechts, 2011, S. 298 f.

21 Dazu gehören etwa die Gefährdungen durch Alkohol, Drogen, unsittliche oder gewaltverherrlichende Schriften, Filme, Internetseiten etc.

22 Vgl. dazu die einschlägigen Regelungen des BGB, FamFG, SGB VIII, JGG, JuSchG, JArbSchG, BKiSchG.

23 SGB VIII – Kinder- und Jugendhilfe – idF d. Bekm. v. 11.09.2012 (BGBl. I S. 2022).

teramt. Spezielle Schutzvorkehrungen sind auch in das **ThürKitaG** eingebunden. Dessen § 6 Abs. 2 a verpflichtet in Übereinstimmung mit § 8 b des SGB VIII das Personal von Kindertageseinrichtungen, Anhaltspunkten von Kindeswohlgefährdungen nachzugehen und gegebenenfalls das Jugendamt einzuschalten. Im Bereich des öffentlichen Jugendschutzes hat sich Thüringen zu den **Jugendmedienschutzbestimmungen** des Staatsvertrages vom 01.04.2003[24] bekannt.

III. Gleichstellung nicht ehelicher Kinder (Abs. 2)

16 **1. Normcharakter.** Die Vorschrift ist **bindender Gesetzgebungsauftrag**[25] und trägt in Ausprägung des allgemeinen Gleichheitssatzes nach Art. 2 Abs. 1 als Gleichheitsrecht für eheliche und nichteheliche Kinder **Grundrechtscharakter.**[26] Darüber hinaus enthält Art. 19 Abs. 2 eine verfassungsrechtliche Wertentscheidung, die Gerichte und Verwaltung bei der Ausübung von Ermessen bindet.[27]

17 **2. Regelungsinhalt.** Art. 19 Abs. 2 stimmt weitgehend mit Art. 6 Abs. 5 GG überein. Identisch sind die Regelungen allerdings nicht. Zum einen sieht Art. 6 Abs. 5 GG keine Altersbegrenzung für das „nichteheliche Kind", also keine Beschränkung auf Minderjährige vor,[28] während Art. 19 mit Bedacht auf „Kinder und Jugendliche" und damit im System dieser Begrifflichkeit auf Personen bis zum Alter des Erreichens der Volljährigkeit abstellt (siehe Rn. 6). Zum anderen ist Art. 6 Abs. 5 GG eine „Abstufung" zwischen nichtehelichen und ehelichen Kindern immanent, die sich in Art. 19 Abs. 2 nicht findet. Anstelle der grundgesetzlich vorgegebenen Orientierung der Gleichstellung nicht ehelicher Kinder am Maßstab des „Normalfalles eheliches Kind",[29] stellt Art. 19 Abs. 2 **nichteheliche und eheliche Kinder** von vornherein **auf eine Stufe** und bringt daher schon mit der Formulierung eine Gleichstellung zum Ausdruck.

18 Art. 19 Abs. 2 als spezieller Gleichheitssatz beinhaltet das **Gebot** zur Schaffung **gleicher Entwicklungsbedingungen** für nichteheliche und eheliche Kinder und damit zugleich das **Verbot einseitiger Benachteiligung**. Demnach sind staatliche Maßnahmen der Förderung und Fürsorge, die ausdrücklich oder mittelbar an Ehelichkeit bzw. Nichtehelichkeit von Kindern anknüpfen, nicht statthaft.[30] Die Vorschrift ist folglich verletzt, wenn nichteheliche Kinder gegenüber ehelichen etwa bei der Gewährung von Sozialleistungen oder Förderangeboten, z.B. im Bereich Bildung, schlechter gestellt werden. Dieses **Diskriminierungsverbot** gilt indes beiderseits, d.h. unzulässig ist auch die Benachteiligung ehelicher Kinder gegenüber nichtehelichen.

19 Gleichstellung ist nicht durch schematische Gleichbehandlung nichtehelicher und ehelicher Kinder zu erreichen. Vielmehr kann es deren unterschiedliche soziale Situation sogar gebieten, das nicht eheliche Kind anders und damit un-

---

24 Staatsvertrag über den Schutz der Menschenwürde und den Jugendschutz in Rundfunk und Telemedien (Jugendmedienschutz-Staatsvertrag - JMStV) v. 01.04.2003 (ThürGVBl. S. 81, zuletzt geändert durch Art. 1 des 14. Staatsvertrages zur Änderung rundfunkrechtlicher Staatsverträge – Thüringer Gesetz v. 24.10.2010, ThürGVBl. S. 313).

25 BVerfGE 8, 210 (216).

26 BVerfGE 25, 167 (181); zur Entstehungsgeschichte des Gleichstellungsgebots vgl. *Jutzi*, in: Linck/Jutzi/Hopfe, Art. 19 Rn. 10 ff.

27 BVerfGE 8, 210 (217).

28 *von Coelln*, in: Sachs, GG, Art. 6 Rn. 86 mwN.

29 Ebd., Rn. 88.

30 So auch *Wolff*, in: Lindner/Möstl/Wolff, Art. 126 Rn. 37.

gleich zu behandeln, um dem Verfassungsauftrag gerecht zu werden.[31] In jedem Fall bedarf eine **rechtliche Ungleichbehandlung** eines rechtfertigenden sachlichen Grundes **zur Realisierung faktischer Gleichstellung.**[32]

3. Durchführung. Die praktische Bedeutung für das Land ist gering, da die weitgehend übereinstimmenden Vorgaben des Art. 6 Abs. 5 GG auf Bundesebene bereits umfassend privatrechtlich umgesetzt wurden, insbesondere im Erbrecht und im Familienrecht.[33] Der mit Art. 19 Abs. 2 an den Landesgesetzgeber gerichtete **Gestaltungsauftrag** ist daher **kaum realisierbar.**[34] 20

IV. Förderung von Kindertageseinrichtungen (Abs. 3)

1. Normcharakter. Art. 19 Abs. 3 statuiert die Verfassungsaufträge der **Förderung** von Kindertageseinrichtungen und der **Gleichbehandlung** von Einrichtungen verschiedener Träger. Einklagbare Leistungsrechte, etwa ein Rechtsanspruch auf Förderung bestimmter Kindertageseinrichtungen oder ein subjektives Recht auf einen Platz in einer Betreuungseinrichtung, ergeben sich daraus nicht. **Der grundrechtliche Gehalt** dieser Verfassungsaufträge kommt im Wesentlichen bei der Anwendung und Auslegung subjektiv-öffentlicher Rechte, beispielsweise im Rahmen der Zuweisung öffentlicher Fördermittel, zum Tragen.[35] 21

2. Regelungsinhalt. Das Fördergebot bezieht sich auf **Kindertageseinrichtungen**, deren Bereitstellung zum Aufgaben- und Zuständigkeitsbereich **der öffentlichen Jugendhilfe** gehört (§ 2 Abs. 2 Nr. 3 SGB VIII). Nach der Terminologie des Kinder- und Jugendhilferechts sind damit Einrichtungen gemeint, in denen sich Kinder für einen Teil des Tages oder ganztägig aufhalten, also vor allem Kinderkrippen, Kindergärten, Schulhorte.[36] Die ausdrückliche Begrenzung der Regelung auf Einrichtungen für „Kinder" verdeutlicht, dass **Einrichtungen für Jugendliche** im Alter zwischen 14 und 18 Jahren (siehe Rn. 6) **nicht erfasst** sind. Damit wird insoweit von dem im Übrigen in Art. 19 durchgängig umgesetzten Konzept, Kinder und Jugendliche gleichermaßen zu fördern, abgewichen.[37] 22

Förderung im Sinne des Abs. 3 bedeutet, dass Land und Kommunen nicht nur für den **Erhalt und** den **Ausbau** der bestehenden Kindertageseinrichtungen, sondern auch für die **Schaffung neuer Einrichtungen** in ausreichender Zahl und Ausstattung zu sorgen haben.[38] Dieser Auftrag knüpft mittelbar an die Vorgaben des Art. 2 Abs. 2 zur Gleichstellung von Frauen und Männern und unmittelbar an die staatliche Verpflichtung zur Förderung und Entlastung bei der Kindererziehung nach Art. 17 Abs. 2 an. 23

Die Verpflichtung zur **Gleichbehandlung der Träger von Kindertageseinrichtungen** folgt aus der Zweigliedrigkeit von freier und öffentlicher Jugendhilfe (§ 3 SGB VIII), mit der das als Rechtsanspruch konzipierte Wunsch- und Wahlrecht der Leistungsberechtigten in Bezug auf die Dienste verschiedener Träger (§ 5 24

31 BVerfGE 25, 167 (183).
32 Ausführlich dazu *Jutzi*, in: Grimm/Caesar, Art. 24 Rn. 14; *Driehaus*, in: Driehaus, Art. 13 Rn. 2 mwN.
33 Ausführlich hierzu *Sachs*, GG, Art. 6 Rn. 92 f.
34 Entsprechend *Driehaus*, in: Driehaus, Art. 13 Rn. 1.
35 So auch Stöhr analog zu Art. 22 VvB, vgl. *Stöhr*, in: Pfennig/Neumann, Art. 22 Rn. 1.
36 Vgl. § 22 Abs. 1 Satz 1 SGB VIII.
37 Die Regelung des Art. 27 BbgVerf ist insoweit konsequenter, da der gleichlautende Förderauftrag auch Jugendfreizeiteinrichtungen erfasst.
38 In diesem Sinne auch *Kunzmann*, in: Kunzmann/Baumann-Hasske, Art. 9 Rn. 11.

SGB VIII) korrespondiert. Demnach sind private – zumeist kirchliche – und öffentliche Träger von Kindertageseinrichtungen gleichermaßen staatlich zu fördern, was das Verbot einer sachlich nicht gerechtfertigten Ungleichbehandlung einschließt.[39]

25 **3. Durchführung.** Wie das Land und die Kommunen dem Förderauftrag aus Art. 19 Abs. 3 gerecht werden, ist nicht vorgegeben. Dafür besteht ein **weiter Ermessenspielraum**. Als Fördermaßnahmen kommen finanzielle Zuwendungen, tatsächliche Hilfestellungen und Unterstützungshandlungen ebenso in Betracht wie die unmittelbare Aufgabendurchführung, z.B. als Träger kommunaler Kindertageseinrichtungen.[40]

26 Was die Förderung durch Bereitstellung einer ausreichenden **Anzahl** von Kindertageseinrichtungen anbelangt, sind für das Land die **Vorgaben des Bundesgesetzgebers** maßgebend. Die Festlegung, dass mit Wirkung vom 01.08.2013 jedes Kind ab Vollendung des ersten Lebensjahres einen Rechtsanspruch auf Förderung in einer Kindertageseinrichtung (bis zur Vollendung des 3. Lebensjahres alternativ in Kindertagespflege) hat,[41] ist Handlungsmaßstab und bestimmt, was eine „ausreichende" Anzahl im Sinne des Förderauftrages nach Art. 19 Abs. 3 konkret bedeutet.

27 Diese bundesgesetzlichen Vorgaben hat der Thüringer Landesgesetzgeber auf der Grundlage des Landesrechtsvorbehalts nach § 26 SGB VIII mit dem **ThürKitaG** umgesetzt. Dessen Fassung vom 23.12.2005 war Gegenstand der Initiative eines Volksbegehrens „Für eine bessere Familienpolitik in Thüringen", das der ThürVerfGH indes für unzulässig erklärt hat.[42] Gleichwohl sind wesentliche mit dem Volksbegehren verfolgte Ziele – insbesondere der Rechtsanspruch auf einen Kindergartenplatz für alle Kinder ab Vollendung des ersten Lebensjahres – in das inzwischen geänderte ThürKitaG und seine Ausführungsverordnung eingeflossen. Der finanzielle Aspekt des Förderauftrages nach Art. 19 Abs. 3 findet vor allem in den Regelungen zu **Landeszuschüssen für Kindertageseinrichtungen** seinen Niederschlag.[43]

V. Förderung des vorbeugenden Gesundheitsschutzes (Abs. 4)

28 **1. Normcharakter und Regelungsinhalt.** Die Regelung ist **Verfassungsauftrag**, der die objektiv-rechtliche Verpflichtung der staatlichen Gemeinschaft beinhaltet, Maßnahmen der Prophylaxe zu ergreifen, um Erkrankungen, gesundheitliche Beeinträchtigungen und Schädigungen von Kindern und Jugendlichen zu vermeiden.

29 **2. Durchführung.** Die Aufgabe des vorbeugenden Gesundheitsschutzes ist generell den **Gesundheitsämtern** übertragen. Diese haben im Rahmen ihrer umfassenden Verantwortung für die Gesundheit der Bevölkerung **Gesundheitsvorsorge** auch speziell für Kinder und Jugendliche zu leisten, vornehmlich durch Beratung und Aufklärung über Gesunderhaltung, Krankheitsverhütung und Schutzimpfungen sowie regelmäßige zahnärztliche Untersuchungen.[44]

39 So auch *Iwers* in: Lieber/Iwers/Ernst, Art. 27 Abs. 6, S. 241.
40 Vgl. *Jutzi,* in: Linck/Jutzi/Hopfe, Art. 19 Rn. 17 und § 5 ThürKitaG.
41 Vgl. § 24 Abs. 2 SGB VIII idF vom Inkrafttreten ab 01.08.2013.
42 Vgl. ThürVerfGH, Urt. v. 16.10.2007 – 47/06 – ThürVBl. 2008, 56.
43 Vgl. § 19 ThürKitaG; §§ 5 ff. ThürKitaVO.
44 § 8 Abs. 1 Nr. 2, 3 der Verordnung über den öffentlichen Gesundheitsdienst und die Aufgaben der Gesundheitsämter in den Landkreisen und kreisfreien Städten.

Das Thüringer Gesetz zur Förderung der Teilnahme an Früherkennungsuntersuchungen für Kinder – **ThürFKG** – [45] setzt den Verfassungsauftrag des Art. 19 Abs. 4 unmittelbar um, indem es an die dem elterlichen Sorgerecht innewohnende Verantwortung anknüpft und Eltern für die Teilnahme an **Früherkennungsuntersuchungen** ihrer Kinder im Alter von 4 Wochen bis zur Vollendung des 6. Lebensjahres sensibilisiert und motiviert. Ein eigens dafür eingerichtetes **Vorsorgezentrum** koordiniert dieses komplexe Vorhaben.[46] Die auf Freiwilligkeit basierenden Maßnahmen des vorbeugenden Gesundheitsschutzes für Klein- und Vorschulkinder werden durch **finanzielle „Sanktionen“** ergänzt, die den staatlichen Angeboten das Moment einer gewissen Verbindlichkeit verleihen. So knüpft die Anspruchsberechtigung für das Thüringer Erziehungsgeld daran an, dass die Teilnahme der Kinder an empfohlenen Früherkennungsuntersuchungen nachgewiesen ist.[47] 30

Dritter Abschnitt Bildung und Kultur

Artikel 20 [Recht auf Bildung]

[1]Jeder Mensch hat das Recht auf Bildung. [2]Der freie und gleiche Zugang zu den öffentlichen Bildungseinrichtungen wird nach Maßgabe der Gesetze gewährleistet. [3]Begabte, Behinderte und sozial Benachteiligte sind besonders zu fördern.

Vergleichbare Regelungen

Art. 11 Abs. 1 BWVerf; Art. 128, 132 BayVerf; Art. 20 Abs. 1 Satz 1 VvB; Art. 29 Abs. 1 BbgVerf; Art. 27 Abs. 1 BremVerf; Art. 8 Satz 1 M-VVerf; Art. 4 Abs. 1 NV; Art. 8 Abs. 1 Satz 1 Verf NW; Art. 27 Abs. 2 und 31 Satz 1 Verf Rh-Pf; Art. 29 Abs. 2 und Art. 102 Abs. 1 Satz 1 SächsVerf; Art. 25 Abs. 1 LVerf LSA; Art. 14 Abs. 1 EU-GRCh; Art. 2 Satz 1 EMRK-ZusProt.

Ergänzungsnormen im sonstigen thüringischen Recht

§§ 1, 4 ff., 60 ThürSchulG v. 06.08.1993 (ThürGVBl. S. 445) idF der Bek. v. 30.04.2003 (ThürGVBl. S. 238) zuletzt geändert durch Gesetz v. 31.01.2013 (ThürGVBl. S. 22); ThürFSG v. 30.04.2003 (ThürGVBl. S. 233) zuletzt geändert durch Gesetz v. 31.01.2013 (ThürGVBl. S. 22); § 3 ThürSchulO v. 20.01.1994 (ThürGVBl. S. 185) zuletzt geändert durch Verordnung v. 07.07.2011 (ThürGVBl. S. 208).

Dokumente zur Entstehungsgeschichte

Art. 31 VerfE CDU; Art. 24 VerfE F.D.P.; Art. 33 VerfE SPD; Art. 9 VerfE NF/GR/DJ; Art. 26, 28 VerfE LL/PDS; Entstehung ThürVerf S. 60 ff.

Literatur

Hermann Avenarius/Bernd Jeand'Heur, Elternwille und staatliches Bestimmungsrecht bei der Wahl der Schullaufbahn, 1992; *Michael Bothe,* Erziehungsauftrag und Erziehungsmaßstab der Schule im freiheitlichen Verfassungsstaat, VVDStRL 54 (1995), S. 7 ff.; *Wolfgang Bott,* Der Übergang auf weiterführende Schulen ThürVBl 1998, 273; *Armin Dittmann,* Erziehungsauftrag und Erziehungsmaßstab der Schule im freiheitlichen Verfassungsstaat, VVDStRL 54 (1995), S. 47 ff.; *Holger Fibich,* Zur Vereinbarkeit der Übertrittregelungen der Thüringer Schulordnung mit höherrangigem Recht, ThürVBl 1997, 99 ff.; *Peter Häberle,* Erziehungsziele und Orientierungswerte im Verfassungsstaat, 1981; *Klaus-Dieter Heymann/Ekkehart Stein,* Das Recht auf Bildung, AöR 97 (1972), 185 ff.; *Peter M. Huber,* Die Verfassung des

45 Thüringer Gesetz zur Förderung der Teilnahme an Früherkennungsuntersuchungen für Kinder – ThürFKG – v. 16.12.2008 (ThürGVBl. S. 553).

46 Vgl. Thüringer Verordnung über die Errichtung und die Aufgaben des Vorsorgezentrums für Kinder.

47 § 1 Abs. 1 Nr. 4 ThürErzGG.

Freistaats Thüringen – ein Überblick, in: Schmitt, S. 69 ff.; *ders.*, Erziehungsauftrag und Erziehungsmaßstab der Schule im freiheitlichen Verfassungsstaat, BayVBl. 1994, 545 ff.; *Hans D. Jarass,* Zum Grundrecht auf Bildung und Ausbildung, DÖV 1995, 674 ff.; *Siegfried Jutzi,* Staatsziele der Verfassung des Freistaats Thüringen, ThürVBl 1995, 54 ff.; *Dieter Lorenz,* Bundesverfassungsgericht und soziale Grundrechte, JBl 1981, 16 ff.; *Peter Neumann,* Staatsziele in der Verfassung des Freistaates Thüringen, LKV 1996, 392 ff.; *Thomas Oppermann,* Nach welchen rechtlichen Grundsätzen sind das öffentliche Schulwesen und die Stellung der an ihm Beteiligten zu ordnen?, Gutachten C für den 51. Deutschen Juristentag, 1976; *Arnulf Schmitt-Kammler,* Elternrecht und schulisches Erziehungsrecht nach dem Grundgesetz, 1983.

Leitentscheidungen des BVerfG

BVerfGE 26, 228 (Gewährleistung eines vielfältigen Schulsystems); 33, 303 (Numerus Clausus I); 34, 165 (Kein Anspruch auf bestimmte Schulform); 43, 291 (Numerus Clausus II); 96, 288 (Verbot der Benachteiligung Behinderter im Schulwesen).

A. Überblick

1 Als Eingangsartikel leitet Art. 20 ThürVerf den **Abschnitt Bildung und Kultur** in der ThürVerf ein. Mit der Verankerung des Rechts auf Bildung, des freien und gleichen Zugangs zu den öffentlichen Bildungseinrichtungen und der Förderpflicht für Begabte, Behinderte und sozial Benachteiligte positioniert die ThürVerf den Freistaat als ein **bildungsförderndes,** zudem sozialstaatlich motiviertes **Bundesland**, das der Chancengleichheit hohe Bedeutung zumisst. Mit der Bestimmung hat der Verfassungsgeber die verschiedenen Vorstellungen über Bildung in einer allgemeinen Vorschrift zusammengefasst.[1]

2 Insbesondere aber bringt die ThürVerf mit dem in Satz 1 enthaltenen Postulat des Rechts auf Bildung eine **bestimmte bildungspolitische Vorstellung** zum Ausdruck, auch wenn der vom Verfassungsgeber gewählte Wortlaut durchaus missverständlich ist;[2] denn das äußerlich in der überkommenen Formulierung eines Grundrechts ausgestaltete und in der Verfassung verankerte „Recht auf Bildung" ist **nicht im Sinn eines subjektiven** und damit einklagbaren **Rechts** zu verstehen,[3] sondern vielmehr im Sinne eines allgemeinen Anspruchs auf Vermittlung solcher Kenntnisse, die für das Leben in einer modernen Gesellschaft unabdingbar sind. In der Bestimmung ist mithin ein in erster Linie an den – insoweit über einen weitreichenden Gestaltungsspielraum verfügenden – Gesetzgeber gerichtetes, der Ausgestaltung fähiges, aber auch bedürftiges sog. **soziales Staats-**

1 Entstehung ThürVerf S. 62.

2 Auf Bundesebene konnte sich die Gemeinsame Verfassungskommission von Bundestag und Bundesrat seinerzeit nicht auf einen Vorschlag für die Aufnahme eines Rechts auf Bildung im Grundgesetz verständigen, vgl. Bericht der Gemeinsamen Verfassungskommission, BT-Drs. 12/6000, S. 80 ff.

3 AA, freilich ohne nähere Begründung, *Neumann,* LKV 1996, 392 (394).

ziel[4] bzw. ein auf die Teilhabe an staatlichen Leistungen zielendes sog. soziales Grundrecht[5] verankert, das darauf zielt, dem einzelnen die Chance bildungsmäßiger und beruflicher Entfaltung zu eröffnen, allerdings nur nach Maßgabe seiner Eignung und Leistung. Dies umschließt – im Rahmen der gegebenen Möglichkeiten – die Verpflichtung des Freistaats zur Schaffung geeigneter und hinreichend differenzierter Bildungseinrichtungen.[6] De jure ist damit die rechtliche Wirkungsmächtigkeit des Rechts auf Bildung wesentlich **beschränkt**. Angesichts dieses Befundes entbehrt die nach den Maßstäben der Verfassungspolitik zu beantwortende Frage nach der Notwendigkeit einer landesverfassungsrechtlichen Gewährleistung eines Rechts auf Bildung nicht einer gewissen Rechtfertigungslast,[7] zumal soziale Grundrechte aufgrund der ihnen innewohnenden Unerfüllbarkeit stets auch die Gefahr von Verfassungsfrustration und -enttäuschung und damit eines Legitimationsverlustes der Verfassung in sich tragen.

Verbunden mit dem Postulat des Rechts auf Bildung ist zugleich die an den Freistaat gerichtete Forderung, ein **differenziertes Schulwesen** zu etablieren, das es dem einzelnen Schüler ermöglicht, eine seinen Interessen und Fähigkeiten korrespondierende Schulausbildung in Anspruch nehmen zu können. Dem Freistaat wird damit zugleich die Befugnis zur Planung und Organisation des Schulwesens mit dem Ziel zugewiesen, ein Schulsystem zu errichten und dauerhaft zu gewährleisten, das allen jungen Bürgern gemäß ihren Fähigkeiten die dem heutigen gesellschaftlichen Leben entsprechenden **Bildungsmöglichkeiten** eröffnet.[8] Art. 20 ThürVerf lässt sich mithin ein an den Gesetzgeber gerichteter **Verfassungsauftrag** entnehmen, ein leistungsfähiges und zudem vielfältiges Schulwesen zu etablieren, zu unterhalten und ggf. auch auszubauen.[9] Auf diese Weise erfährt das Recht auf Bildung trotz seiner Unbestimmtheit doch eine fassbare, letztlich auf konkrete Umsetzung durch den Gesetzgeber abzielende Absicherung. 3

Abgerundet wird die Bestimmung durch auf verschiedene Personenkreise zielende **Förderpflichten**, die im Wesentlichen sozialstaatlich motiviert sind. 4

B. Herkunft, Entstehung und Entwicklung

Das Recht auf Bildung und die Gewährleistung dazugehöriger öffentlicher Einrichtungen wurden erstmals in Art. 69 Abs. 1 der Verfassung des Landes Thüringen vom 20.12.1946 aufgenommen. 5

Nachdem in der Vorläufigen Landessatzung Bestimmungen zu Bildung und Schule nicht enthalten waren, glichen sich in den Verfassungsberatungen der Jahre 1991 bis 1993 die Vorschläge der verschiedenen Fraktionen weitgehend in dem Anliegen, Erziehung und Bildung als Ziel in der Verfassung zu verankern, wenngleich die Vorstellungen über die rechtliche Dichte dieses Ziels durchaus auseinander gingen und von einem „Recht“ bis zu einem „Anspruch“ reichten. Strittig war insbesondere, ob das Recht bzw. der Anspruch auf Erziehung und Bildung, auf Bildung oder auf Bildung und Ausbildung gerichtet sein sollte.[10] 6

4 Siehe auch Entstehung ThürVerf S. 62.
5 Vgl. insoweit auch *Badura*, Rn. C 75.
6 So auch *Hopfe*, in: Linck/Jutzi/Hopfe, Art. 20 Rn. 4.
7 Zum Grundrecht auf Bildung und Ausbildung siehe auch *Jarass*, DÖV 1995, 674 ff.
8 Dazu BVerfGE 26, 228 (238).
9 Siehe insoweit z.B. auch *Pieroth*, in: Jarass/Pieroth, Art. 7 Rn. 1.
10 Einzelheiten in: Entstehung ThürVerf S. 60 ff.

7 Umstritten in den Verfassungsberatungen war zudem die Frage, wie der Zugang zu den Bildungseinrichtungen formuliert sein sollte.

8 Die dann letztlich in der Verfassung verankerte Anregung, Begabte, Behinderte und sozial Benachteiligte besonders zu fördern, ging auf einen Vorschlag des Abgeordneten *Geißler* in Anlehnung an Art. 29 Abs. 3 des Entwurfs der Brandenburger Verfassung zurück.[11]

C. Verfassungsvergleichende Information

9 Das **Grundgesetz** hat zwar in Art. 7 Abs. 1 einen umfassenden schulischen Bildungs- und Erziehungsauftrag statuiert, ohne freilich eine insoweit in sich geschlossene Regelung zu enthalten.[12] Gleichwohl kann auch dem Grundgesetz, das sich einer Ausgestaltung der Grundsätze der Schul- und Bildungspolitik im Wesentlichen enthalten hat, nach allgemeiner Auffassung ein subjektives, einklagbares Recht auf Bildung nicht entnommen werden,[13] auch nicht im Wege einer Zusammenschau der verschiedenen einschlägigen Grundrechte des Schülers; zudem gewährt das Grundgesetz **weder ein einklagbares Recht auf eine bestimmte Schulform noch auf eine bestimmte Ausgestaltung der Schulorganisation.** Ungeachtet dessen lässt sich aus dem Sozialstaatsprinzip und den objektiven Wertentscheidungen der Art. 2, 6, 7 und 12 GG ein **staatlicher Auftrag zur Schaffung von Bildungseinrichtungen** herleiten;[14] auch kann Art. 2 Abs. 1 GG und Art. 12 Abs. 1 Satz 1 GG das **Recht auf freien und gleichen Zugang zu den Bildungseinrichtungen** entnommen werden.[15] So hat das BVerfG aus dem in Art. 12 Abs. 1 Satz 1 GG gewährleisteten Recht auf freie Wahl des Berufes und der Ausbildungsstätte in Verbindung mit dem allgemeinen Gleichheitssatz und dem Sozialstaatsprinzip ein Recht auf Zulassung zum Hochschulstudium abgeleitet. Absolute Zulassungsbeschränkungen für Studienanfänger einer bestimmten Fachrichtung sind danach nur dann verfassungsmäßig, wenn sie in den Grenzen des unbedingt Erforderlichen unter erschöpfender Nutzung der vorhandenen Ausbildungskapazitäten angeordnet werden; zudem muss die Auswahl und Verteilung der Bewerber nach sachgerechten Kriterien mit einer Chance für jeden an sich hochschulreifen Bewerber und unter möglichster Berücksichtigung der individuellen Wahl des Ausbildungsortes erfolgen.[16] Die bildungspolitischen Vorgaben des Grundgesetzes decken sich damit im Wesentlichen mit den Inhalten der ThürVerf und der diese Aussagen konkretisierenden Ausgestaltung im Thüringer Gesetzesrecht. Dies gilt im Wesentlichen auch im Hinblick auf die in den Verfassungen der anderen Bundesländer enthaltenen bildungspolitischen Inhalte.

---

11 Entstehung ThürVerf S. 62.

12 BVerfGE 26, 228 (238). Siehe insoweit grundlegend *Bothe/Dittmann/Mantl/Hangartner*, VVDStRL 54 (1995), 7 ff.,47 ff.,75 ff.,95 ff.

13 Vgl. nur *Scholz*, in: Maunz/Dürig, Art. 12 (St.d.B. 2011),Rn. 69. Näher zur Problematik *Badura,* Rn. C 75; *Niehues/Rux,* Schul- und Prüfungsrecht, Bd. I, 4. Aufl. 2006, Rn. 167 ff.; *Jarass,* DÖV 1995, 674. Vgl. insoweit auch BVerfGE 45, 400 (417); 53, 185 (203); siehe dazu auch *Faller*, EuGRZ 1981, 611 (620); siehe des Weiteren BVerwGE 47, 201 (206); 56, 155 (158).

14 *Jarass,* in: Jarass/Pieroth, GG, Art. 12, Rn. 93 f.

15 Dazu insbesondere BVerfGE 33, 303 ff.; 43, 291 ff.

16 Grundlegend zu Art. 12 Abs. 1 GG: BVerfGE 33, 303 ff.; 43, 291 ff.

D. Erläuterungen

I. Das Recht auf Bildung

Mit der Verankerung des – in § 1 Abs. 1 ThürSchulG auch einfachgesetzlich statuierten – Rechts auf Bildung[17] in Art. 20 Satz 1 ThürVerf hat der Verfassungsgeber eine **allgemeine bildungspolitische Vorstellung** statuiert, die darauf zielt, jedem einzelnen das Wissen und diejenigen Kenntnisse zu vermitteln, die für ein Leben in einer modernen Gesellschaft unabdingbar sind. Im Kern geht es dabei um die Befähigung zur Bewährung in der persönlichen und gesellschaftlichen Sphäre, aber auch im politischen und beruflichen Leben. In diesem Verständnis reicht Bildung weiter als Erziehung und soll auf **Menschwerdung i. S. von Personalität** zielen, die der Erziehung zeitlich nachgeordnet und auch noch beim erwachsenen Menschen möglich ist.[18] Zugleich ist von dem Recht auf Bildung der an den Freistaat gerichtete Auftrag umschlossen, ein differenziertes Bildungs- und insbesondere Schulwesen zu etablieren, das in der Lage sein muss, jedem einzelnen Schüler eine seinen Interessen und Fähigkeiten korrespondierende Schulausbildung zu ermöglichen. An diese Vorgabe knüpft insbesondere Art. 24 Abs. 1 ThürVerf an, wonach das Land ein ausreichendes und vielfältiges öffentliches Erziehungs- und Schulwesen gewährleistet.[19] 10

Ungeachtet seiner sprachlichen Ausgestaltung („Recht") handelt es sich bei dem Recht auf Bildung **nicht** um ein **subjektives einklagbares Grundrecht**, sondern um ein ein bestimmtes verfassungspolitisches Programm umsetzendes **sog. soziales Grundrecht,**[20] zumal ein auf die Vermittlung von „Bildung" zielender Anspruch zwangsläufig viel zu unspezifiziert und allgemein wäre. Auf diese Weise legt die Verfassung dem Freistaat Thüringen Verantwortung für die Verwirklichung sozialer Gerechtigkeit im Bildungsbereich auf; sie begründet eine Verpflichtung zu staatlichem Tätigwerden, um die materielle Teilhabe mit Blick auf die Bildung zu sichern,[21] räumt dem Einzelnen aus gutem Grund aber **keine einklagbaren Rechtsansprüche** ein, beispielsweise auf Errichtung einer den individuellen Wünschen des einzelnen entsprechenden Schule mit bestimmten Ausbildungsmöglichkeiten.[22] Hieran wird freilich zugleich die ganze **Fragwürdigkeit** solcher sozialen Staatsziele deutlich. 11

Das Recht auf Bildung ist damit als ein als sog. **Teilhaberecht** ausgestaltetes Recht zu interpretieren,[23] das darauf ausgerichtet ist, zwischen den verschiedenen Schularten und Bildungswegen, die der Staat im öffentlichen Schulwesen zur Verfügung stellt, frei wählen zu können,[24] freilich nur **im Rahmen gesetzlich ausgeformter Schranken**. Ungeachtet seiner sprachlichen Ausgestaltung geht Art. 20 ThürVerf damit nicht über das hinaus, was auch das Grundgesetz gewährleistet; ein subjektives Recht auf Bildung in einem umfassenden Sinn statuiert auch Art. 20 Satz 1 ThürVerf nicht. Letztlich folgt dies auch daraus, dass der an den Gesetzgeber gerichtete, auf den freien und gleichen Zugang zu den 12

17 Siehe hierzu etwa *Heymann/Stein*, AöR 97 (1972), 185 ff.
18 *Ennuschat*, in: Löwer/Tettinger Art. 8, Rn. 5.
19 Zum Begriff des „Bildungsgangs" näher: ThürOVG, ThürVBl 2002, 110 (111).
20 In diesem Sinn auch *Jutzi,* ThürVBl 1995, 54 (55), der die Norm als „Sündenfall" eines sog. sozialen Grundrechts bezeichnet.
21 Vgl. insoweit *Badura,* Rn. C 9.
22 Vgl. hierzu BVerfGE 34, 165 (181).
23 *Huber*, in: Schmitt, S. 69 (86).
24 Zu den Beschränkungen siehe ThürOVG, ThürVBl 1997, 42 (43).

öffentlichen Bildungseinrichtungen zielende Ausgestaltungsauftrag für die Interpretation des in Satz 1 verankerten Rechts auf Bildung herangezogen werden muss, da Satz 1 ohne vorgängiges Handeln des Staates gar nicht vollziehbar wäre;[25] ohne eine ausgestaltende Entscheidung des Gesetzgebers kann das soziale Grundrecht auf Bildung damit individualrechtlich nicht zu konkreter Umsetzung gelangen. Dies aber wiederum bedeutet, dass dem Einzelnen **weder ein verfassungsrechtlicher Anspruch auf Förderung individueller Bildungsvorhaben noch** ein **Recht auf Schaffung oder Vorhaltung bestimmter Bildungseinrichtungen** zukommt,[26] vielmehr der Teilhabeanspruch auf Bildung – lediglich – im Rahmen vorhandener Einrichtungen und ihrer Kapazitäten besteht wie auch nach Maßgabe gesetzlich auszugestaltender Zugangskriterien, die an individuellen Fähigkeiten ausgerichtet sein können, im Regelfall auch ausgerichtet zu sein haben. Die Vorgaben der Verfassung beachtende und umsetzende Auswahl- und Zulassungsentscheidungen sind daher letztlich das verfassungsrechtliche Destillat, das sich dem Recht auf Bildung entnehmen lässt.

II. Freier und gleicher Zugang zu den öffentlichen Bildungseinrichtungen nach Maßgabe der Gesetze

13 Im Gegensatz zum insgesamt doch eher diffusen Recht auf Bildung besitzt das Recht auf Zugang zu den öffentlichen – nicht zu den privaten – Bildungseinrichtungen rechtlich schärfere Konturen, auch wenn es wegen seiner Anbindung an den Gesetzesvorbehalt freilich nur nach Maßgabe der Gesetze gewährt ist;[27] es lässt sich durchaus als **subjektiv-öffentliches Recht auf freien und gleichen Zugang zu den öffentlichen Bildungseinrichtungen** begreifen.[28] Das Recht auf Zugang zu den Bildungseinrichtungen formt damit das Recht auf Bildung näher aus, es öffnet gewissermaßen die Tür zur Bildung.[29]

14 Dem verfassungsrechtlich verankerten Recht auf freien und gleichen Zugang zu den Bildungseinrichtungen lassen sich zwei Maßgaben entnehmen. Zum einen darf der Zugang zu diesen Einrichtungen **nicht von gesellschaftlichen, wirtschaftlichen oder politischen Umständen,** insbesondere von der gesellschaftlichen Stellung oder den wirtschaftlichen Verhältnissen der Eltern, im Übrigen auch nicht von religiösen oder weltanschaulichen Kriterien **abhängig** gemacht werden[30]; vielmehr muss jeder Schüler unabhängig von solchen Kriterien und damit **diskriminierungsfrei** das Recht auf gleichen Zugang zu den öffentlichen

25 So *Huber*, in: Schmitt, S. 69 (86).
26 Vgl. etwa BVerfGE 34, 165 (181).
27 In diesem Sinn neben § 1 Abs. 1 ThürSchulG auch Art. 11 BWVerf; Art. 56 Abs. 1 Satz 2 und 3 BayEUG; § 2 Abs. 2 BerlSchulG; § 3 Abs. 1 Satz 1 BbgSchulG; § 1 Satz 3 HbgSG; § 1 Abs. 1 Satz 2 HessSchG; § 1 Abs. 1 Satz 2 und 3 SchulG M-V; § 54 Abs. 1 NdsSchG; § 1 Abs. 1 Satz 2 NRW-SchulG; Art. 27 Abs. 2 Verf Rh-Pf und § 3 Abs. 1 RhPfSchulG; § 31 Abs. 2 SaarlSchoG; Art. 102 Abs. 1, 2 und 5 SächsVerf; § 33 Abs. 1 Satz 1 SchulG LSA; § 4 Abs. 5 Satz 2 SchlHolSchulG.
28 So zutreffend *Jutzi,* ThürVBl 1995, 54 (55).
29 Näher zu den Voraussetzungen für Auswahlregelungen für zulassungsbeschränkte Studiengänge, die jedem Zulassungsberechtigten eine Chance lassen müssen, BVerfGE 33, 303; 43, 291 ff.
30 Einfachgesetzlich in § 1 Abs. 2 ThürSchulG statuiert.

Bildungseinrichtungen haben.[31] Der Verwirklichung dieses Ziels dient letztlich auch die Garantie der **Unentgeltlichkeit des Unterrichts**, die in Thüringen in Art. 24 Abs. 3 Satz 1 ThürVerf verankert ist.

Zum anderen ist der rechtliche Gewährleistungsgehalt des Rechts auf Zugang zu den öffentlichen Bildungseinrichtungen deshalb ein nur beschränkter, weil der Zugang von der Erfüllung bestimmter Voraussetzungen – namentlich **Befähigung und Leistung des Schülers**[32] – abhängig gemacht werden kann,[33] ungeachtet des elterlichen Rechts, Erziehung und Bildung bzw. Schulart, Schulform und Bildungsgang ihrer Kinder frei bestimmen zu können;[34] daher dürfen beispielsweise die Länder[35] **erkennbar ungeeigneten Kindern** den **Zugang** zum Bildungsweg des Gymnasiums **verwehren.**[36] Dies folgt aus der Anbindung des Zugangsrechts an die gesetzliche Ausgestaltung („nach Maßgabe der Gesetze" bzw., wie in § 3 Abs. 1 ThürSchulG formuliert, „im Rahmen der jeweiligen Bestimmungen"). Keinen verfassungsrechtlichen Bedenken begegnet es daher beispielsweise auch, wenn Hochschulen eine Beschränkung bei der Zulassung vorsehen, um ihre Arbeits- und Funktionsfähigkeit zu sichern,[37] sofern sämtliche Ausbildungskapazitäten erschöpfend genutzt sind und trotzdem Studienbewerber übrig sind.[38] Dem Gesetzgeber und der Exekutive stehen jedenfalls weitreichende Freiheiten bei der Ausgestaltung des Bildungswesens zu,[39] freilich nur, sofern die Zugangsvoraussetzungen **sachgerecht** gewählt sind. Auch der Verzicht auf Befähigungskriterien, wie beispielsweise der Verzicht auf die Verbindlichkeit der Grundschulempfehlung, ist nach allgemeiner Auffassung von der Gestaltungsfreiheit des Gesetzgebers gedeckt, auch wenn an der Sachgerechtigkeit einer solchen Ausgestaltung durchaus Zweifel angemeldet werden können, zumal dann, wenn der Verzicht auf Befähigungskriterien zu einer Abflachung oder gar Absenkung des Bildungsniveaus an weiterführenden Schulen führt. 15

Entscheidet sich der Gesetzgeber für Zugangskriterien, so hat er jedenfalls die **wesentlichen Kriterien** selbst **im Gesetz** festzulegen; dies gilt insbesondere im 16

31 Dies dürfte als in sämtlichen Bundesländern bestehender Konsens zu begreifen sein, vgl. daher insoweit § 1 Abs. 1 BWSchG; Art. 132 BayVerf und Art. 56 Abs. 1 Satz 2 BayEUG; § 2 Abs. 1 BerlSchulG; Art. 29 Abs. 3 BbgVerf und § 3 Abs. 1 Satz 2 BbgSchulG; § 34 Abs. 1 Satz 1 und § 3 Abs. 4 BremSchulG; § 1 Satz 1 und 2 HbgSG; § 1 Abs. 2 HessSchG; § 1 Abs. 2 SchulG M-V; § 54 Abs. 7 NdsSchG; Art. 10 Abs. 1 S. 3 Verf NW und § 1 Abs. 1 NRW-SchulG; § 1 Abs. 1 RhPfSchulG; § 1 Abs. 1 SaarlSchoG; § 1 Abs. 1 SächsSchulG; § 1 Abs. 1 Satz 2 SchulG LSA; § 4 Abs. 5 Satz 1 SchlHolSchulG; § 1 Abs. 2 ThürSchulG.

32 So auch § 3 Abs. 1 ThürSchulG.

33 Vgl. zur Neuregelung des Übergangsverfahrens im Hinblick auf den Übertritt in die Klassenstufe 5 bis 7 des Gymnasiums ThürOVG, ThürVBl 1997, 42.

34 Hierzu etwa BVerfGE 34, 165 (184).

35 Siehe BVerwGE 5, 153, wonach die Aufnahme in das Gymnasium im Rahmen der in Art. 7 GG verankerten staatlichen Schulaufsicht an Zulassungsvoraussetzungen geknüpft werden kann, deren Festlegung im Einzelnen Sache des Landesrechts ist.

36 ThürOVG, ThürVBl 1997, 42.

37 BVerfGE 33, 303 ff.; 43, 291 (296 ff.).

38 BVerfGE 54, 173.

39 BVerwGE 47, 201 (204).

Hinblick auf Regelungen des Übertritts.[40] Etwas vage erscheinen daher Verordnungsermächtigungen, in denen das zuständige Ministerium ermächtigt wird, diejenigen Rechtsverordnungen zu erlassen, die erforderlich sind, um die Voraussetzungen sowie das Verfahren für die Aufnahme in eine Schule, den Schulwechsel, die Übergänge der Schüler von einer Schulart zur anderen, die Oberstufe des Gymnasiums, die Einstufung und Umstufung in die Bildungsgänge sowie die Begabtenförderung zu regeln.[41] Nicht zuletzt angesichts der Grundrechtsrelevanz solcher Entscheidungen wie auch eingedenk der Tatsache, dass Regelungen des Übertritts für den weiteren Lebensweg der Schüler von entscheidender Bedeutung sind, wird man daher als Leitlinie zu formulieren haben, dass, je einschneidender schulische Weichenstellungen für den Bildungsweg des Schülers sind, desto detaillierter der **Rahmen** hierfür **im Gesetz selbst** vorgezeichnet sein muss.

III. Förderung von Begabten, Behinderten und sozial Benachteiligten

17 Das Verfassungsgebot der besonderen Förderung von Begabten, Behinderten und sozial Benachteiligten ist als **Ausformung des Prinzips der Chancengleichheit** zu begreifen. Dabei ist als Maxime zu beachten, dass die besondere Förderung bestimmter Personengruppen nicht zur Schmälerung der Chancen anderer führen darf.[42] Freilich geht Art. 20 ThürVerf sachlich über ein bloßes Benachteiligungs- und Diskriminierungsverbot Behinderter[43] hinaus, wie es insbesondere in Art. 3 Abs. 3 Satz 2 GG enthalten ist.[44] Die Norm statuiert im Hinblick auf diesen Personenkreis, aber auch mit Blick auf Begabte und sozial Benachteiligte das Gebot einer besonderen Förderung in Gestalt eines **Staatsziels.**[45] Begabung, Behinderung und soziale Benachteiligung dürfen mithin nicht nur nicht als Anknüpfungspunkt für eine – benachteiligende – Ungleichbehandlung herangezogen werden, sondern **vermögen** vielmehr eine – bevorzugende – **Ungleichbehandlung zu rechtfertigen.**

18 **1. Die Förderpflicht im Hinblick auf Begabte.** Ebenso, wie dem Freistaat eine Förderpflicht gegenüber Behinderten und sozial Benachteiligten zukommt, ist er kraft Verfassungsrechts gehalten, Begabte besonders zu fördern. Dieser verfassungsrechtlichen Vorgabe trägt auch § 2 Abs. 1 Satz 8 ThürSchulG Rechnung, wonach die Schule Raum zur Entfaltung von Begabungen bietet. Freilich gilt

---

40 Vgl. insoweit etwa § 7 Abs. 2 ThürSchulG, wonach ein Schüler für den Besuch des Gymnasiums dann nicht geeignet ist, wenn nach seiner Befähigung und Leistung aufgrund einer pädagogischen Prognose eine erfolgreiche Teilnahme am Unterricht im Gymnasium nicht erwartet werden kann. Siehe auch *Bott,* ThürVBl 1998, 273, sowie insbesondere ThürOVG, ThürVBl 1997, 42, mit der klaren Maßgabe, dass im Zusammenhang mit einer gesetzlichen Regelung zum Übergangsverfahren in den gymnasialen Bildungsweg der Gesetzgeber selbst die Maßstäbe, nach denen die Entscheidung zur Wahl des Bildungsweges zu treffen ist, im Gesetz selbst festlegen muss. Vgl. hierzu *Fibich,* ThürVBl 1997, 99.

41 Vgl. insoweit etwa § 7 Abs. 9, § 60 Satz 1 Nr. 1 ThürSchulG.

42 BVerfGE 37, 342 (354).

43 Obgleich Art. 2 Abs. 4 Satz 1 ThürVerf von Menschen mit Behinderung und Art. 20 Satz 3 von Behinderten spricht, ist hierunter dieselbe Personengruppe zu verstehen, so mit Recht *Jutzi,* ThürVBl 1995, 25, 54 (54).

44 Siehe hierzu ausführlich z.B. *Badura,* Rn. C 47; *Spranger,* DVBl. 1998, 1058; *Beaucamp,* DVBl. 2002, 997; *Leder,* Das Diskriminierungsverbot wegen einer Behinderung, 2006. Näher zur Berücksichtigung der Ausstrahlungswirkung des Art. 3 Abs. 3 Satz 2 GG bei der Überweisung eines behinderten Schülers auf eine Sonderschule BVerfG, NJW 1997, 1062.

45 So *Jutzi,* ThürVBl 1995, 54 (55).

auch insoweit die Maßgabe, dass die besondere Förderung **nicht** zu einer **Schmälerung der Chancen anderer** führen darf.[46]

Die Kriterien, anhand derer die von der staatlichen Förderpflicht umfassten Begabten zu erfassen sind, lassen sich schwer bemessen. Man wird insoweit davon auszugehen haben, dass der zu fördernde Personenkreis **schulische Leistungen** erbringt, die **weit überdurchschnittlich** sind und sich von einem durchschnittlichen Schüler erheblich abheben. Diesem Personenkreis hat eine besonders Förderung zuzukommen, wobei dem Gesetzgeber sowohl im Hinblick auf die Frage, wie eine überdurchschnittliche Begabung zu ermessen ist, als auch im Hinblick darauf, wie dieser Personenkreis gefördert werden soll, ein **weit reichender Gestaltungsspielraum** zukommt. In der Praxis werden Fördermaßnahmen – etwa ein besonderer Förderunterricht – freilich in zunehmendem Maße an finanzielle und personelle Grenzen stoßen. 19

Ein **subjektives Recht** auf besondere und namentlich konkrete, in einer besonderen Art und Weise ausgestaltete Fördermaßnahmen wird man der Bestimmung indes **nicht** entnehmen können. 20

2. Insbes. die Förderpflicht im Hinblick auf Behinderte. Das Verfassungsgebot, Behinderte auch im Bereich der öffentlichen Bildungseinrichtungen besonders zu fördern, richtet sich in Umsetzung des Art. 2 Abs. 4 Satz 1 und 2 ThürVerf – und damit insoweit als lex specialis – und in Anlehnung an § 2 Abs. 1 SGB IX an Personen mit einer **Behinderung.** Nach Maßgabe dieser letztgenannten Bestimmung gelten Menschen dann als behindert, wenn ihre körperliche Funktion, ihre geistige Fähigkeit oder ihre seelische Gesundheit mit hoher Wahrscheinlichkeit länger als sechs Monate **von dem für das Lebensalter typischen Zustand abweicht** und daher ihre **Teilhabe am Leben in der Gesellschaft beeinträchtigt** ist. Nach § 3 Abs. 1 des vormaligen Schwerbehindertengesetzes handelte es sich bei einer Behinderung um die „die Auswirkung einer nicht nur vorübergehenden Funktionsbeeinträchtigung, die auf einem regelwidrigen körperlichen, geistigen oder seelischen Zustand beruht“.[47] 21

Die auf diesen Personenkreis zielende staatliche Förderpflicht ist von der Erkenntnis getragen, dass Behinderung nicht lediglich ein bloßes Anderssein bezeichnet, sondern eine Eigenschaft darstellt, „die die Lebensführung für den Betroffenen im Verhältnis zum Nichtbehinderten (...) grundsätzlich schwieriger macht“.[48] Es ist diese **besondere Situation der Betroffenen,** die es rechtfertigt, dass sie in besonderer Weise gefördert werden, ihr persönliches Schicksal mithin zum Anlass für eine besondere staatliche Förderung im Bildungssektor genommen wird. Dem Freistaat Thüringen und insbesondere dem Schulgesetzgeber ist damit eine besondere Verantwortung im Bildungsbereich, namentlich im schulischen, aber auch im universitären Bereich zugewiesen, zumal er in diesem Bereich zumindest ein faktisches staatliches Monopol besitzt.[49] Diese besondere Verantwortung zielt auf die **Bereitstellung geeigneter schulischer und sonstiger Einrichtungen,** die den Betroffenen insbesondere eine sachgerechte, ihren Bedürfnissen gerecht werdende schulische Erziehung und Ausbildung ermöglicht. „Art und Intensität der Behinderung sowie den Anforderungen der Schulart und 22

46 BVerfGE 37, 354.
47 BVerfGE 96, 288 (301).
48 BVerfGE 96, 288 (302).
49 So der treffende Hinweis in BVerfGE 96, 288 (304).

Unterrichtsstufe ist dabei unter Berücksichtigung des jeweiligen Standes der pädagogisch-wissenschaftlichen Erkenntnis Rechnung zu tragen".[50]

23 In dieser verfassungsrechtlich statuierten Förderpflicht manifestiert sich die **besondere Verpflichtung**, die der Verfassungsgeber den staatlichen Institutionen zur Verwirklichung aufgegeben hat. So ergänzt und konkretisiert Art. 20 Satz 3 ThürVerf die in Art. 2 Abs. 4 Satz 1 ThürVerf enthaltene Schutzpflicht des Freistaats für Menschen mit Behinderung und die in Art. 2 Abs. 4 Satz 2 ThürVerf enthaltene Staatszielbestimmung, wonach das Land und seine Gebietskörperschaften die gleichwertige Teilnahme von Behinderten am Leben in der Gemeinschaft fördern, im Hinblick auf den Bildungssektor.

24 Ungeachtet dessen lassen sich trotz der dem Freistaat aufgegebenen Verpflichtung, Behinderten besondere Fördermaßnahmen zuteil werden zu lassen, der Norm **keine subjektiven Leistungsansprüche auf Bereitstellung zusätzlicher Ressourcen**, wie z. B. die Einrichtung lernzieldifferenzierter Klassen für Schüler mit Down-Syndrom, entnehmen.[51] Auch ein Anspruch auf Bereitstellung einer Schule, die der Behinderung von autistischen Schülern gerecht wird,[52] lässt sich Art. 20 Satz 3 ThürVerf nicht entnehmen, ebenso wenig der Anspruch auf Schaffung einer Klasse mit Legasthenie-spezifischem Unterricht.[53]

25 Die verfassungsrechtlich statuierte besondere Förderpflicht hat in konkrete Entscheidungen der Exekutive, aber auch des Gesetzgebers mit einzufließen, etwa im Zusammenhang mit der Frage, in welcher Schule ein Schüler mit sonderpädagogischem Förderbedarf unterrichtet werden soll; hier können der **Schulbehörde** für ihre Entscheidung **erhöhte Begründungsanforderungen** aufgegeben sein.[54] Jedenfalls ist der Freistaat verfassungsrechtlich verpflichtet, es Kindern mit Behinderung in gleicher Weise wie Kindern ohne Behinderung zu ermöglichen, sich nach ihren individuellen Fähigkeiten in optimaler Weise zu einer **selbstbewussten und selbstbestimmten**, in einer von gegenseitigem Respekt geprägten Gesellschaft lebenden **Person** zu entwickeln,[55] auch wenn die Überweisung eines behinderten Schülers an eine Sonderschule gegen seinen und seiner Eltern Willen nicht schon für sich genommen eine unzulässige Diskriminierung darstellt.[56]

26 Im Lichte dieser Vorgabe wird erkennbar, dass die Einweisung in eine Förderschule für Lernbehinderte dann rechtswidrig sein kann, wenn eine **integrative Unterrichtung** in einer allgemeinen Schule mit sonderpädagogischer Förderung möglich ist, der dafür benötigte personelle und sachliche Aufwand haushaltsmäßig gedeckt ist, ein integrativer Unterricht organisiert werden kann und schutzwürdige Interessen Dritter nicht entgegenstehen.[57] In diesem Zusammenhang ist zu berücksichtigen, dass der Besuch einer Förderschule vielfach mit Internatsunterbringung oder mit zeitintensiven Schulwegen verbunden sein kann,

50 So das BVerfG mit Blick auf Art. 3 Abs. 3 Satz 2 GG, BVerfGE 96, 288 (304).
51 BVerwG, Beschl. v. 14.08.1997 – 6 B 34/97 – JURIS; VGH München, BayVBl 1997, 561.
52 OVG Münster, NWVBl 2005, 188 ff.
53 VG Lüneburg, Beschl. v. 12.08.2004 – 4 B 123/04 –.
54 Hierzu etwa BVerfG, JZ 1996, 1073.
55 So *Riedel/Arend*, NVwZ 2010, 1346 (1349).
56 BVerfGE 96, 288.
57 Siehe dazu BVerfGE 96, 288 ff. = NJW 1998, 131; NJW 1997, 1062,1063; OVG Berlin, NVwZ-RR 2003, 35; OVG Magdeburg, NVwZ 1999, 898 (899), m. Anm. *Jürgens/Römer*, NVwZ 1999, 847. Siehe zum Anspruch einer behinderten Schülerin auf den Besuch einer Integrierten Gesamtschule BVerfG, JZ 1996, 1073, m. Anm. *Dietze*.

wie sie selbst nichtbehinderten Schülern nicht zugemutet werden; hinzu kommt auch, dass die Zuweisung zu einer Sonderschule eine Institutionalisierung und Zusammenfassung von Schülern allein nach einem einzigen Merkmal ihrer Persönlichkeit, nämlich ihrer Behinderung, darstellt.[58] Da das Ziel der Integration behinderter Menschen gefährdet ist, wenn sie für die Dauer ihrer Schulzeit von anderen Schülern abgesondert werden, kann sich die staatliche Förderpflicht im Einzelfall in der Weise manifestieren, dass eine integrative Beschulung Behinderter die verfassungsrechtlich einzig gebotene Lösung ist.[59] Kann hingegen ein schulpflichtiges Kind am regulären Unterricht nicht teilnehmen oder durch ihn nicht mit hinreichender Aussicht auf Erfolg gefördert werden, so begegnet es keinen verfassungsrechtlichen Bedenken, wenn dieses Kind zum Besuch einer Förderschule verpflichtet wird, die dem sonderpädagogischen Förderbedarf des Schülers gerecht wird und nach sonderpädagogischen Grundsätzen arbeitet.[60] Ist ein Kind wegen schwerer geistiger oder körperlicher Gebrechen nicht bildungsfähig und kommt selbst eine Förderung in Sonderschulen nicht in Betracht, so geht die staatliche Förderpflicht letztlich in die Leere; in einem solchen Fall lässt sich der Anspruch auf schulische Bildung und Erziehung und damit auch die besondere staatliche Förderpflicht nicht verwirklichen.[61]

Selbst wenn daher das Ermessen der Schulverwaltung im Einzelfall erheblich 27
eingeschränkt sein kann, lässt sich der Bestimmung jedenfalls ein **subjektives Recht** auf konkrete Fördermaßnahmen **nicht** entnehmen.

Ihre konkrete Ausformung hat die besondere Förderpflicht des Freistaats gegen- 28
über Behinderten im **ThürFSG**[62] und der ThürFöSchulO[63] gefunden. Nach § 1 Abs. 1 ThürFSG nimmt das Förderschulwesen in Thüringen Kinder und Jugendliche mit sonderpädagogischem Förderbedarf als Person in ihrer unveräußerlichen Würde an und bietet durch Erziehung, Unterricht und individuelle Fördermaßnahmen die Grundlage für erfolgreiches Lernen und für die soziale und berufliche Integration, damit sie zur Bewältigung ihres Lebens befähigt werden, ihre Eigenkräfte entfalten sowie zu einem erfüllten Leben gelangen.

3. Sozial Benachteiligte. Auch im Hinblick auf die Frage, anhang welcher **Kri-** 29
terien sozial Benachteiligte zu erfassen sind, ist dem **Gesetzgeber** ein erheblicher **Gestaltungsspielraum** zuzuerkennen. Dies folgt letztlich daraus, dass das Tatbestandsmerkmal der sozialen Benachteiligung wenig konturiert ist. Ungeachtet dieser Schwierigkeit wird man davon ausgehen können, dass eine soziale Benachteiligung dann vorliegt, wenn die **Lebenschancen einer Person erheblich eingeschränkt** sind, namentlich durch die soziale Herkunft, aber auch durch die ökonomische Situation, familiäre Bedingungen oder Bildungsferne; auch der

58 Zu den Nachteilen von Sonderschulen vgl. *Jürgens/Jürgens*, NJW 1997, 1052 (1053).

59 Siehe insoweit auch BVerfG, NVwZ 1997, 782, wonach bei der Überweisung eines behinderten Schülers auf eine Sonderschule (Schule für Körperbehinderte) die Ausstrahlungswirkung des Art. 3 Abs. 3 Satz 2 GG berücksichtigt und demzufolge die Herausnahme aus der allgemeinen Schule besonders begründet werden muss.

60 Vgl. *Niehues/Rux*, Schul- und Prüfungsrecht, Bd. I, 4. Aufl. 2006, Rn. 597; *Marwege*, RdJB 2009, 229 (238 ff.); zu den Anforderungen an die Begründung einer Entscheidung, mit der die integrative Unterrichtung eines Schülers mit sonderpädagogischem Förderbedarf beendet und seine Umschulung an eine Sonderschule für Erziehungshilfe verfügt wird, siehe OVG Saarland, Urt. v. 29.09.2004 – 3 W 18/04 – JURIS.

61 *Niehues/Rux*, Schul- und Prüfungsrecht, Bd. I, 4. Aufl. 2006, Rn. 597.

62 IdF der Bek. v. 30.04.2003 (ThürGVBl. S. 233).

63 V. 04.10.1994 (ThürGVBl. S. 1152).

ethnischen oder kulturellen Herkunft kann bei der Bestimmung der sozialen Benachteiligung Bedeutung zukommen. Als sozial benachteiligt werden jedenfalls solche Personen zu gelten haben, bei denen die **gesellschaftliche Integration nicht** wenigstens als durchschnittlich **gelungen** bewertet werden kann.

30 Der anhand dieser Kriterien zu bemessende Personenkreis ist kraft Verfassungsauftrags besonders zu fördern. Dieser verfassungsrechtlichen Vorgabe trägt in allgemeiner Weise § 2 Abs. 1 Satz 8 ThürSchulG Rechnung, wonach die Schule Raum für den Ausgleich von Bildungsbenachteiligungen bietet. Bundesgesetzlich macht zudem das SGB VIII deutlich, dass dieser Personenkreis besonderer Förderung bedarf.[64]

Artikel 21 [Elternrecht]

[1]Das natürliche Recht und die Pflicht der Eltern, Erziehung und Bildung ihrer Kinder zu bestimmen, bilden die Grundlage des Erziehungs- und Schulwesens. [2]Sie sind insbesondere bei dem Zugang zu den verschiedenen Schularten zu achten.

Vergleichbare Regelungen

Art. 6 Abs. 2 GG; Art. 15 Abs. 3 BWVerf; Art. 8 Abs. 1 Satz 2 Verf NW; Art. 27 Abs. 1 Verf Rh-Pf; Art. 26 Abs. 1 Satz 2 SaarlVerf; Art. 14 Abs. 3 EU-GRCh.

Ergänzungsnormen im sonstigen thüringischen Recht

§§ 2, 3 Abs. 1 ThürSchulG v. 06.08.1993 (ThürGVBl. S. 445) idF der Bek. v. 30.04.2003 (ThürGVBl. S. 238) zuletzt geändert durch Gesetz v. 31.01.2013 (ThürGVBl. S. 22).

Dokumente zur Entstehungsgeschichte

Art. 31 VerfE CDU; Art. 24 VerfE F.D.P.; Art. 33 VerfE SPD; Entstehung ThürVerf S. 63 f.

Literatur

Hermann Avenarius/Hans Heckel, Schulrechtskunde, 7. Aufl. 2000; *Peter Badura*, Verfassungsfragen des Erziehungsrechts der Eltern, in: FS Werner Lorenz (2001), S. 101 ff.; *Guy Beaucamp*, Elternrechte in der Schule, LKV 2003, 18 ff.; *Ernst-Wolfgang Böckenförde*, Elternrecht – Recht des Kindes – Recht des Staates. Zur Theorie des verfassungsrechtlichen Elternrechts und seiner Auswirkung auf Erziehung und Schule, in: Essener Gespräche 14 (1980), S. 54 ff.; *Michael Bothe/Armin Dittmann/Wolfgang Mantl/Yvo Hangartner*, Erziehungsauftrag und Erziehungsmaßstab der Schule im freiheitlichen Verfassungsstaat, VVDStRL 54 (1995), 7 ff.,47 ff.,75 ff.,95 ff.; *Martin Burgi*, Elterliches Erziehungsrecht, in: Merten/Papier, Bd. IV 2011, § 109, S. 1279 ff.; *Michael Coester*, Das Kindeswohl als Rechtsbegriff, 1983; *Hans-Uwe Erichsen*, Elternrecht – Kindeswohl – Staatsgewalt, 1985; *Hans Heckel*, Einführung in das Erziehungs- und Schulrecht, 1988; *Wolfram Höfling*, Elternrecht, in: HStR VII, 3. Aufl. 2009, § 155; *Matthias Jestaedt*, Elternschaft und Elternverantwortung unter dem Grundgesetz, in: FS Richard Bartlsperger (2006), S. 79 ff.; *ders.*, Schule und außerschulische Erziehung, in: HStR VII, 3. Aufl. 2009, § 156; *Fritz Ossenbühl*, Das elterliche Erziehungsrecht im Sinne des Grundgesetzes, 1981; *Dieter Schwab*, Familie und Staat, FamRZ 2007, 1 ff.; *Hans F. Zacher*, Elternrecht, in: HStR VI, 2. Aufl. 2001, § 134.

Leitentscheidungen des BVerfG

BVerfGE 34, 165 (Wahl der Schulform); 47, 46 (Sexualerziehung in der Schule); 59, 260 (Informationsrecht der Eltern).

---

64 Vgl. insoweit § 13 SGB VIII, wonach jungen Menschen, die zum Ausgleich sozialer Benachteiligungen oder zur Überwindung individueller Beeinträchtigungen in erhöhtem Maße auf Unterstützung angewiesen sind, im Rahmen der Jugendhilfe sozialpädagogische Hilfen angeboten werden sollen, die ihre schulische und berufliche Ausbildung, Eingliederung in die Arbeitswelt und ihre soziale Integration fördern.

A. Überblick

Art. 21 ThürVerf verankert das elterliche Erziehungsrecht in einer überkommenen, an die Formulierung des Grundgesetzes in Art. 6 Abs. 2 erinnernden und dieser auch in inhaltlicher Hinsicht überaus ähnlichen Fassung. Die ThürVerf anerkennt damit das **Elternrecht als Grundlage des Erziehungs- und Schulwesens** und schützt dieses in einem umfassenden Sinn; verfassungsrechtlich abgesichert ist damit das Recht der Eltern, grundsätzlich frei von staatlichen Einflüssen und Eingriffen nach eigenen Vorstellungen darüber entscheiden zu können, wie sie die Pflege und Erziehung ihrer Kinder gestalten und damit ihrer Elternverantwortung gerecht werden. Flankiert und z. T. überlagert wird das elterliche Erziehungsrecht neben dem staatlichen Ordnungsauftrag durch das staatliche Wächteramt, das Eingriffe in das elterliche Erziehungsrecht zu rechtfertigen vermag und das in einen verhältnismäßigen Ausgleich mit dem Elternrecht zu bringen ist;[1] dieser Ausgleich hat sich in letzter Konsequenz am Wohl des Kindes auszurichten. 1

B. Herkunft, Entstehung und Entwicklung

Das elterliche Erziehungsrecht in Bezug auf die Mitwirkung bei schulischer Erziehung wurde erstmals in Art. 69 Abs. 3 der Verfassung des Landes Thüringen vom 20.12.1946 geregelt. In der Vorläufigen Landessatzung fand sich keine Regelung zum elterlichen Erziehungsrecht. 2

Im Rahmen der **Verfassungsberatungen nach der deutschen Wiedervereinigung** bestand in der Sache kein Dissens darüber, dass das Erziehungsrecht der Eltern in die ThürVerf aufgenommen werden sollte.[2] Allerdings wurde um die endgültige Fassung der Norm lange gerungen. Keine Mehrheit fand insbesondere der Vorschlag, wonach mit Blick auf den Zugang zu den verschiedenen Schularten die Achtung von Mitwirkungsrechten der Eltern und im Hinblick auf die Ausbildung der Anspruch auf eine Begabung und Fähigkeiten entsprechende Ausbildung festgeschrieben werden sollte.[3] Schließlich fand ein von der Redaktionskommission unterbreiteter, Formulierungsvorschlag in der 18. Sitzung des Verfassungsausschusses am 15.02.1993 umfassende Unterstützung.[4] 3

C. Verfassungsvergleichende Information

Das Elternrecht ist – neben der grundgesetzlichen Verankerung in Art. 6 Abs. 2 – in zahlreichen Landesverfassungen in ähnlicher Weise wie in der ThürVerf 4

1 Siehe etwa *Burgi*, Elterliches Erziehungsrecht, in: Merten/Papier, Bd. IV 2011, § 109 Rn. 34 ff.
2 Vgl. die verschiedenen Vorentwürfe, abgedruckt in: Entstehung ThürVerf S. 63.
3 Entstehung ThürVerf S. 64.
4 Vgl. Entstehung ThürVerf S. 64.

verankert; es ist mithin als **Grundlage des Erziehungs- und Schulwesens bundesweit anerkannt** und verfassungsrechtlich abgesichert.[5] Dem Elternrecht kommt im Zusammenhang mit der Ausgestaltung des Schulwesens somit grundlegende Bedeutung zu, insbesondere im Hinblick auf das Schulverhältnis, das zwar den schulischen Erziehungsauftrag des Staates umzusetzen hat, neben den Rechten der Schüler aber insbesondere auch den elterlichen Belangen hinreichend Rechnung tragen muss. Allerdings ist der Gestaltungsspielraum sämtlicher Landesverfassungsgeber relativ eng, da der grundgesetzlich vorgegebene Rahmen des Art. 6 Abs. 2 GG den Ländern nur wenig eigenen Gestaltungsspielraum lässt.

D. Erläuterungen

I. Das Elternrecht als pflichtgebundenes Recht

5 Die verfassungsrechtliche Aussage, dass es das natürliche Recht und die Pflicht der Eltern ist, die Erziehung und Bildung ihrer Kinder zu bestimmen, orientiert sich an der in Art. 6 Abs. 2 GG enthaltenen grundgesetzlichen Vorgabe, wonach die Pflege und Erziehung des Kindes das natürliche Recht der Eltern und die zuvörderst ihnen obliegende Pflicht ist.[6] Auch wenn das elterliche Erziehungsrecht und der staatliche Erziehungsauftrag im Bereich der Schule gleichgeordnet sind,[7] so stellt Art. 21 Satz 1 ThürVerf damit gleichwohl klar, dass dem elterlichen Erziehungsrecht eine **besondere Bedeutung für die Erziehung der Kinder** zukommt, die vom Staat zu achten und durch ihn zu schützen ist, insbesondere in der Weise, dass die **elterlichen Vorstellungen** im Hinblick auf die schulische Erziehung ihres Kindes **in größtmöglichem Umfang zu wahren und zu achten** sind. Den Eltern kommt damit das Recht zu, den **Gesamtplan der schulischen Erziehung** ihrer Kinder entwerfen und verwirklichen zu können.[8] Die Eltern sollen ihr Kind nach ihrem Willen und nach ihren eigenen Vorstellungen erziehen können, ohne dass der Staat diesen Erziehungsplan in Frage stellen könnte; die Norm bringt damit zugleich zum Ausdruck, dass der staatliche Erziehungsauftrag im Bereich der Schule die Erziehung in der und durch die Familie nicht gefährden oder gar in Frage stellen darf. Es ist ihm verwehrt, durch schulorganisatorische Maßnahmen den ganzen Werdegang des Kindes vollumfänglich zu determinieren und zu regeln.[9]

6 Ungeachtet dessen kann das Erziehungsrecht **nicht im Sinne eines** mehr oder weniger eigennützigen **„Beherrschungsrechts“** der Eltern gegenüber dem Kind verstanden werden;[10] das Elternrecht ist verfassungsrechtlich nur insoweit geschützt, als es **dem Wohle des Kindes dient** und in diesem Sinn auch wahrgenommen wird.[11] Das elterliche Erziehungsrecht wird mithin durch den Aspekt der **Kindesnützigkeit** geprägt; es ist den Eltern nicht um ihrer selbst willen oder gar zu deren Selbstverwirklichung, sondern im Kindesinteresse und zum Wohle

5 Vgl. insoweit den Überblick bei *Burgi*, Elterliches Erziehungsrecht, in: Merten/Papier, Bd. IV 2011, § 109 Rn. 4 ff.

6 Siehe zum Folgenden auch *Jestaedt*, Schule und außerschulische Erziehung, in: HStR VII, § 156 Rn. 81 ff.

7 BVerfGE 52, 236.

8 BVerfGE 34, 165, 183.

9 BVerfGE 34, 165, 183.

10 Siehe zur Geschichte des Kindschaftsrechts *Schwab*, Familienrecht, 16. Aufl., 2008, Rn. 477 ff.

11 Vgl. insoweit etwa BVerfGE 24, 119 (143); 56, 363 (381 f.); vgl. auch 59, 360 (376); 107, 104 (117).

des Kindes gewährt.[12] Das elterliche Erziehungsrecht wird mit anderen Worten durch die **Elternverantwortung** flankiert,[13] woran deutlich wird, dass es sich beim Erziehungsrecht um ein **pflichtgebundenes Recht** handelt,[14] das sowohl verfassungsrechtlich wie auch in seiner einfachgesetzlichen Ausformung der §§ 1626, 1631 BGB als „treuhänderisches Recht“ (fiduziarisches Recht) zu begreifen ist.[15] Das Recht zur Erziehung der Kinder korrespondiert mithin mit der auf die Erziehung der Kinder gerichteten Pflicht; in diesem Verständnis gewinnt auch der Begriff der „Elternverantwortung“ Kontur.[16]

Art. 21 ThürVerf stellt sich zunächst in einer überkommenen Sichtweise als – 7
freilich auf Konkretisierung durch den Gesetzgeber angelegtes – **Freiheitsrecht** dar, das darauf zielt, staatliche Eingriffe in die Pflege und Erziehung der Kinder abzuwehren;[17] insoweit ist die **negatorische Dimension** des elterlichen Erziehungsrechts angesprochen.[18] Achtet der Staat das elterliche Erziehungsrecht und die elterliche Erziehungsverantwortung nicht in dem verfassungsvorgegebenen Maße, so ermöglicht das Elternrecht in seiner Funktion als **klassisches Abwehrrecht** den betroffenen Eltern, sich gegen entsprechende Maßnahmen vor Gericht zur Wehr zu setzen, etwa im Hinblick auf die Einführung des Sexualkundeunterrichts.[19]

Darüber hinaus ist das Grundrecht zugleich als **Institutsgarantie** angelegt, die 8
den Gesetzgeber dazu verpflichtet, das elterliche Erziehungsrecht als Rechtsinstitut zu wahren und ein Bukett an Rechtsnormen zu verwirklichen, das den Eltern die Wahrnehmung des Elternrechts auch tatsächlich ermöglicht – wie dies etwa im Hinblick auf grundlegende Ausformungen des elterlichen Sorgerechts in §§ 1626 ff. BGB geschehen ist –,[20] und auf diese Weise die Substanz des elterlichen Erziehungsrechts zu sichern und gegen eine Aushöhlung zu immunisieren. „Wesentliche Elemente des Sorgerechts“,[21] die das elterliche Erziehungsrecht ausgestalten, sind daher gegenüber Änderungen zwar nicht immun, in ihrem Kern aber dem gesetzgeberischen Zugriff im Wesentlichen entzogen.[22]

Schließlich stellt Art. 21 ThürVerf auch eine **wertentscheidende Grundsatznorm** 9
dar, die auf den staatlichen Ordnungsauftrag in seiner Gänze bezogen ist und den subjektiv-rechtlichen Gehalt der Norm verdichtet und verstärkt.[23] In dieser

12 Siehe hierzu *Burgi,* Elterliches Erziehungsrecht, in: Merten/Papier, Bd. IV 2011, § 109 Rn. 28 ff.

13 Vgl. zu diesem Aspekt BVerfGE 56, 363 (381 f.); 59, 360 (376); 72, 122 (137).

14 BVerfGE 24, 119 (143); *Badura,* in: Maunz/Dürig, Art. 6 Rn. 94 f.

15 BVerfGE 59, 360 (377); 61, 358 (372); 72, 122 (137); 79, 51/63; 108, 52 (72); *Badura,* in: Maunz/Dürig Art. 6 Rn. 109; *Uhle,* in: Epping/Hillgruber ,Art. 7 Rn. 46; *Niehues/Rux,* Schul- und Prüfungsrecht, Bd. I, 4. Aufl. 2006, Rn. 81 f.; *Pieroth,* in: Jarass/Pieroth, Art. 36.

16 Siehe insoweit BVerfGE 24, 119 (143); 103, 89 (107); 108, 82 (102). Siehe auch *Höfling,* in: HStR VII, § 155 Rn. 29 ff.

17 Vgl. nur BVerfGE 61, 358 (371). Hierzu auch *Burgi,* in: Merten/Papier, Bd. IV 2011, § 109 Rn. 21, sowie *Höfling,* in: HStR VII, § 155 Rn. 20 ff.

18 *Höfling,* in: HStR VII, § 155 Rn. 14.

19 Vgl. hierzu BVerfGE 47, 46 (76 f.); Zur Pflicht, die Eltern über Ziel, Inhalt und Formen der Sexualerziehung zu unterrichten, siehe § 47 Abs. 5 ThürSchulG.

20 Hierzu auch *Burgi,* in: Merten/Papier, Bd. IV 2011, § 109 Rn. 31; *Höfling,* in: HStR VII, § 155 Rn. 23 ff.

21 BVerfGE 31, 194 (206); 84, 168 (180); 107, 150 (172 f.).

22 *Burgi,* in: Merten/Papier, Bd. IV 2011, § 109 Rn. 31.

23 *Burgi,* in: Merten/Papier, Bd. IV 2011, § 109 Rn. 32 f.; *Höfling,* in: HStR VII, § 155 Rn. 40 ff.

Dimension erfährt das elterliche Erziehungsrecht durch seine innere Verbindung mit der Gewährung des besonderen Schutzes von Ehe und Familie durch Art. 17 ThürVerf besondere Bedeutung und Gewichtung.

II. Ausformungen des Elternrechts

10 Als elementarer Bestandteil des durch Art. 21 ThürVerf geschützten Elternrechts ist das Recht der Eltern zu begreifen, **grundsätzlich frei von staatlichen Einflüssen und Eingriffen** nach eigenen Vorstellungen darüber entscheiden zu können, wie sie die Pflege und Erziehung ihres Kindes gestalten und wie sie ihrer **Elternverantwortung** gerecht werden.[24] Daher ist vom Elternrecht in erster Linie das alleinige Recht der Eltern umschlossen, über den sog. **Gesamtplan der Erziehung des Kindes** entscheiden zu können, mithin das Recht, zwischen den verschiedenen Bildungswegen und den verschiedenen Schularten eine Auswahl treffen und dabei insbesondere denjenigen Bildungsweg auswählen zu können, den sie für ihr Kind am geeignetsten erachten[25] und der den Neigungen des Kindes am ehesten gerecht wird – was zugleich bedeutet, dass der Freistaat zu einer **pluralistischen und breit gefächerten**, den verschiedenen Begabungen und Veranlagungen der Schüler Rechnung tragenden **Organisation des Schulwesens** verpflichtet ist (vgl. insoweit Art. 24 Abs. 1 ThürVerf). Vor diesem Hintergrund ist es dem Staat insbesondere versagt, eine Bewirtschaftung des Begabungspotentials vorzunehmen.[26] Auch wäre die flächendeckende Einführung der integrierten Gesamtschule mit dem elterlichen Erziehungsrecht jedenfalls dann nicht mehr vereinbar wäre, wenn der Gesetzgeber mittels einer einzigen vorhandenen obligatorischen Schulform mit einem einseitig festgelegten Bildungsziel die effektive Ausübung des Wahl- und Bestimmungsrechts der Eltern unterliefe – davon abgesehen, dass dies auch gegen die in Art. 24 Abs. 1 ThürVerf enthaltene Verfassungsentscheidung für ein gegliedertes Schulsystem verstieße – oder er die Schüler übermäßig lange in einer Schule mit einem undifferenzierten Unterricht festhielte.[27] Erforderlich ist insoweit vielmehr, ein an die **verschiedenen Begabungsrichtungen** der Schüler angepasstes Schulsystem bereitzustellen, das es den Eltern ermöglicht, ihre Verantwortung für den Gesamtplan der Erziehung ihrer Kinder wahrzunehmen und dieser gerecht zu werden.

11 Angesichts dieses weiten Verständnisses des elterlichen Erziehungsrechts liegt es nahe, dass als dessen Ausfluss auch das Recht der Eltern zu begreifen ist, darüber zu befinden, ob sie ihr Kind auf eine **öffentliche** oder auf eine **Schule in freier Trägerschaft** schicken möchten (Art. 26). Zudem obliegt es den Eltern, in Ausübung ihres Elternrechts über die Teilnahme ihres Kindes am **Religionsunterricht** zu befinden, Art. 25 Abs. 2 Satz 1 ThürVerf. Dieses Recht geht indes mit Vollendung des 14. Lebensjahres, dem Erreichen der sog. Religionsmündigkeit, auf den Jugendlichen über.[28] Insbesondere aber haben Eltern ein **Recht auf Unterrichtung** und hinreichende Information über Vorgänge im Bereich der Schule, deren Verschweigen die ihnen obliegende individuelle Erziehung des Kindes be-

---

24 Vgl. BVerfGE 24, 119 (143 f.); 59, 360 (376); 60, 79 (88), st. Rspr.
25 BVerfGE 34, 165 (184).
26 BVerfGE 34, 165 (184).
27 Vgl. BVerfGE 34, 165 (187).
28 Vgl. Art. 25 Abs. 2 Satz 2 ThürVerf. Anders hingegen z.B. Art. 137 BayVerf, Art. 32 Abs. 2 Satz 2 BremVerf und Art. 29 Abs. 2 Satz 3 SaarlVerf wonach der Schüler erst mit vollendetem 18. Lebensjahr entscheiden darf.

einträchtigen könnte.[29] Dieser unmittelbar aus dem elterlichen Erziehungsrecht folgende Anspruch besteht im Hinblick auf die schulische Entwicklung und den Leistungsstand des Kindes.[30] Umfasst von dem **allgemeinen Informationsrecht** sind Informationen über inhaltliche, methodische und pädagogische Aspekte der schulischen Arbeit, namentlich dann, wenn es um weltanschauliche oder religiöse Aspekte geht. Dargeboten wird die Information den Eltern regelmäßig in Form von Elternabenden und Sprechstunden.[31] In einige Landesschulgesetzen wurde nach dem Amoklauf von Erfurt im Jahr 2002 eine Regelung aufgenommen, wonach die Eltern auch volljähriger Schüler und Schülerinnen über wichtige schulische Vorkommnisse zu unterrichten sind; hierzu zählt insbesondere die Nichtversetzung, die Nichtzulassung zur bzw. das Nichtbestehen der Abschlussprüfung sowie der Schulausschluss.[32]

III. Das Elternrecht beim Zugang zu den verschiedenen Schularten

Dem staatlichen Erziehungsauftrag, der an die in Art. 24 ThürVerf niedergelegte verfassungsrechtliche Verpflichtung angebunden ist, ein gegliedertes Schulsystem bereitzustellen und dauerhaft bereitzuhalten, ist die vom Elternrecht umfasste **Wahl zwischen** den vom Staat im Anschluss an die für alle Kinder gemeinsame Grundschule angebotenen **Bildungswegen und Schularten** vorgelagert.[33] Dieses Wahlrecht darf schulorganisatorisch nicht übergangen werden, es gehört vielmehr zum elterlichen Gesamtplan für die Erziehung und Bildung des Kindes.[34] Aus diesem Grund muss auch der Staat bei der Wahl der Schule dem Elternwunsch soweit wie möglich entsprechen; er darf hiervon nur abweichen, wenn dem Wunsch der Eltern die mangelnde Eignung des Kindes entgegensteht.[35] Auch wenn ein Anspruch der Eltern auf eine bestimmte Schulform nicht existiert,[36] so ist der Staat dennoch gehalten, ein ausreichendes und vielfältiges (vgl. Art. 24 Abs. 1 ThürVerf), d. h. differenziertes Angebot unterschiedlicher Schulformen bereitzustellen, damit den Eltern insoweit **echte Wahlmöglichkeiten** eröffnet werden.[37] Hiervon unberührt hat der Staat das Recht, für den Bereich weiterführender Schulen **Zulassungsvoraussetzungen** festzulegen;[38] es ist dem Staat unbenommen, für bestimmte Bildungswege **Mindestanforderungen im Hinblick auf Befähigung und Leistung** des Schülers aufzustellen, etwa einen bestimmten Notendurchschnitt zu verlangen. Solche Einschränkungen sind vom staatlichen Erziehungsauftrag gedeckt und vermögen dem Bestimmungsrecht der Eltern verfassungsrechtlich gerechtfertigte Grenzen aufzuzeigen.[39] Als Beispiel mag insoweit auf die auf den Erwerb des Hauptschulabschlusses oder des Realschulabschlusses gerichtete Kurs- bzw. Klasseneinstufung in der Regelschule in Thüringen „**nach Befähigung und Leistung des Schülers** bei Erfüllung bestimm- 12

29 BVerfGE 59, 360 ff.
30 § 31 Abs. 2 Satz 1 ThürSchulG.
31 Siehe für Sprechstunden § 31 Abs. 5 ThürSchulG.
32 Vgl. für Thüringen § 31 Abs. 3 ThürSchulG.
33 Vgl. etwa BVerfGE 34, 165 (182, 197 ff.); 53, 185 (186 f.). Einfachgesetzliche Ausprägung dieses Rechts in § 3 Abs. 1 ThürSchulG.
34 BVerfG, DVBl. 2002, 971.
35 BVerfGE 34, 165 (192); BVerwGE 5, 153 (156).
36 BVerfGE 34, 165; 41, 29 (46); 41, 88 (107); 45, 400 (415 f.).
37 BVerfGE 45, 400 (415 f.).
38 BVerfGE 34, 165 (184 f.); BVerwGE 5, 153 (157).
39 Siehe *Avenarius/Heckel*, Schulrechtskunde, 2000, S. 475 ff.

ter Leistungsvoraussetzungen auf Empfehlung der Klassenkonferenz" (§ 6 Abs. 3 ThürSchulG) verwiesen werden, wobei Näheres durch kultusministerielle Rechtsverordnung geregelt wird (§ 6 Abs. 9, 60 Nr. 1 ThürSchulG, § 54 ThürSchulO). Erfüllt ein Schüler die Aufnahmevoraussetzungen für den Schultyp Gymnasium, so hat er einen Anspruch auf ermessensfehlerfreie Entscheidung über seinen Antrag auf Aufnahme in ein bestimmtes Gymnasium.[40] Die Aufnahme kann dann lediglich aus Kapazitätsgründen versagt werden. Übersteigt die Zahl der Aufnahmeanträge die Kapazität der Schule, so ist die Auswahl unter den Bewerbern nach sachgerechten Kriterien vorzunehmen.

IV. Einschränkungen des elterlichen Erziehungsrechts

13 Das elterliche Erziehungsrecht ist den Eltern indes nicht schrankenlos gewährt; vielmehr wacht auch im Freistaat Thüringen die staatliche Gemeinschaft über die elterliche Erziehung (so die Formulierung in Art. 6 Abs. 2 Satz 2 GG), um einer **missbräuchlichen Wahrnehmung** des elterlichen Erziehungsrechts **vorzubeugen** und zu begegnen, insbesondere in den Fällen, in denen die Eltern ihrer Verantwortung nicht gerecht werden können oder zur Wahrnehmung der ihnen zugewiesenen Erziehungsaufgabe nicht bereit sind.[41] Der Staat kann damit in das elterliche Erziehungsrecht insbesondere in den Fällen eingreifen und geeignete Maßnahmen ergreifen, in denen die **Eltern bei der Erziehung versagen** und damit zugleich gegen das Kindeswohl verstoßen. In dieser das elterliche Erziehungsrecht einschränkenden Befugnis tritt das **staatliche Wächteramt** zutage, das zum **Wohle des Kindes** besteht.[42]

14 Jenseits dieses Wächteramts kommt dem **Freistaat** aber auch ein **eigenständiger Erziehungsauftrag** zu,[43] der letztlich aus der in Art. 23 ThürVerf statuierten staatlichen Schulhoheit folgt und ebenfalls eine Einschränkung des elterlichen Erziehungsrechts begründet. Dieser, vom staatlichen Wächteramt zu unterscheidende Erziehungsauftrag des Staates ist jedenfalls im schulischen Bereich dem elterlichen Erziehungsrecht nicht nach-, sondern gleichgeordnet,[44] und macht deutlich, dass Eltern bzw. Erziehungsberechtigten und Staat gemeinsam die Aufgabe der Erziehung der Kinder obliegt. Die ThürVerf sieht im Bereich der Schule Eltern und Staat als im Grundsatz gleichgeordnete Erziehungsträger an, wenngleich der Freistaat in diesem Verhältnis der Gleichordnung **den elterlichen Gesamtplan** der schulischen Erziehung **zu achten** hat. Elterliches Erziehungsrecht und staatlicher Erziehungsauftrag stehen damit in einem untrennbaren Zusammenhang, und zwar dahingehend, dass sowohl Eltern als auch Staat in der schulischen Sphäre die gemeinsame, im Zusammenwirken wahrzunehmende Erziehungsaufgabe zukommt, die im Sinne des Kindes, insbesondere im Hinblick auf dessen Persönlichkeitsbildung, auszufüllen ist. Im Lichte dieser Vorgabe versteht es sich von selbst, dass der Lehr- und Erziehungsauftrag der Schule nicht darauf beschränkt ist, lediglich Wissensstoff zu vermitteln, sondern ebenso von der

---

40 VGH BW, DÖV 2000, 167.

41 Vgl. auch BVerfGE 107, 104 (117).

42 Hierzu etwa *Burgi,* in: Merten/Papier, Bd. IV 2011, § 109 Rn. 43 ff.

43 Vgl. insoweit etwa BVerfGE 34, 165 (183); 41, 29 (44); 47, 46 (71); 98, 218 (252). Siehe auch *Avenarius/Heckel,* Schulrechtskunde, 2000, S. 62; *Sodan,* in: Sodan, Art. 7 Rn. 3 ff.; *Pieroth,* in: Jarass/Pieroth, Art. 7 Rn. 1.

44 AA *Beaucamp*, LKV 2003, 18 ff.

Maßgabe geleitet ist, das einzelne Kind zu einem **selbstverantwortlichen Mitglied der Gesellschaft heranzubilden** und sein Sozialverhalten zu beeinflussen.[45]

Daher verstößt beispielsweise die – im Freistaat Thüringen in Art. 23 Abs. 1 mit 15 Verfassungsrang ausgestattete – Anordnung der **allgemeinen Schulpflicht** nicht gegen das elterliche Erziehungsrecht,[46] ebenso wenig die Verpflichtung zur Teilnahme am **Sexualkundeunterricht.**[47] Auch verletzt die Ablehnung einer Genehmigung zur Erteilung von Heimunterricht von grundschulpflichtigen Kindern außerhalb staatlicher oder privater Schulen durch Eltern, die den Besuch staatlicher Schulen aus religiösen Gründen ablehnen, nicht gegen das Elternrecht.[48] Am deutlichsten tritt die Befugnis des Staates, über die Erziehung des Kindes mit zu befinden, freilich in der Aufstellung von **Eignungsvoraussetzungen** für die Schullaufbahn des Kindes zutage, die im Gesetz näher ausgeformt sind, z. B. im Hinblick auf den Übertritt in das Gymnasium in § 7 Abs. 2 ThürSchulG.

Der elterlichen Bestimmung entzogen und dem staatlichen Gestaltungsbereich 16 zuzurechnen sind zudem Fragen der **organisatorischen Gliederung der Schule** sowie strukturelle Festlegungen der Ausbildungssysteme, zudem das inhaltliche und didaktische Programm des schulischen Unterrichts wie auch die Bewertung der Leistungen.[49] Darüber hinaus haben Eltern weder einen Anspruch auf Noten und Zeugnisse in den Grundschulklassen[50] noch einen Anspruch auf Mitteilung des Notenspiegels bei Klassenarbeiten der Kinder.[51]

Gerät im Einzelfall der staatliche Erziehungsauftrag in **Kollision** zum elterlichen 17 Erziehungsrecht, etwa im Hinblick auf die Vermittlung von Lehrinhalten,[52] so muss im Wege gesetzlicher Wertung oder durch die Schulverwaltung ein angemessener Ausgleich zwischen den beiden, im Grundsatz gleichberechtigt nebeneinander stehenden Polen geschaffen werden, um – ganz im Sinne der Verwirklichung **praktischer Konkordanz** – sowohl die Interessen der Eltern als auch die Belange der Schulverwaltung zu größtmöglicher Wirksamkeit zu bringen.[53] Aus diesem Grund muss der Staat, wenn er bestimmte Erziehungsziele in der Schule durchsetzt, insbesondere auf die religiösen und weltanschaulichen Vorstellungen der Eltern so weit wie möglich Rücksicht nehmen.[54]

V. Der Ausgleich divergierender Rechtspositionen

Die Rechtsprechung hat das Verhältnis des Elternrechts zum staatlichen Wäch- 18 teramt wie auch zum staatlichen Erziehungsauftrag vielfach präzisiert. Als Leitlinie für die Ausgestaltung dieses Verhältnisses hat daher auch für den Freistaat Thüringen die Maxime zu gelten, dass **Eltern und Schule** die auf die Bildung der Persönlichkeit des Kindes gerichtete Erziehungsaufgabe **gemeinsam** wahrzunehmen haben; das Erziehungsrecht der Eltern und des Staates sind einander prinzi-

45 Vgl. BVerfGE 34, 165 (182 f.); 47, 46 (71 f.); 93, 1 (20).
46 BVerfG, NJW 1987, 180.
47 BVerfGE 47, 46 ff.
48 BVerfG, NVwZ 2003, 1113.
49 BVerfGE 34, 165 (182); 45, 400 (415).
50 BVerfG, NJW 1982, 250.
51 BVerwG, DÖV 1978, 846.
52 Vgl. zu den neuen Rechtschreibregeln BVerfGE 98, 218 (244 ff. und 260).
53 *Uhle*, in: Epping/Hillgruber Art. 7 Rn. 25.
54 BVerwG, DÖV 2008, 777 (778).

piell gleichgeordnet.[55] Allerdings hat der Staat auch in der Schule die Verantwortung der Eltern für den „Gesamtplan" der Erziehung des Kindes zu achten und muss für die Vielfalt der Anschauungen in Erziehungsfragen jedenfalls insoweit offen sein, wie es sich mit einem geordneten staatlichen Schulwesen verträgt. Dem Staat ist es in jedem Fall verwehrt, ein Kind in eine bestimmte schulische Ausbildung zu drängen, die dieses auf eine bestimmte zukünftige Rolle in der Gemeinschaft festlegen würde; insoweit sind die Eltern dem Staat keinesfalls ausgeliefert.[56] Daher ist der Freistaat auch aufgrund von Art. 24 ThürVerf gehalten, ein Schulsystem bereitzuhalten, das den verschiedenen Begabungen der Schüler hinreichend Rechnung trägt und deren Berücksichtigung ermöglicht; dieses Schulsystem muss die Möglichkeit für die Eltern einschließen, grundsätzlich frei **zwischen verschiedenen Bildungswegen entscheiden** zu können. Nur auf diese Weise kann dem Elternrecht im Bereich der Schule hinreichend Rechnung getragen werden.

Artikel 22 [Erziehung und Bildung]

(1) Erziehung und Bildung haben die Aufgabe, selbständiges Denken und Handeln, Achtung vor der Würde des Menschen und Toleranz gegenüber der Überzeugung anderer, Anerkennung der Demokratie und Freiheit, den Willen zu sozialer Gerechtigkeit, die Friedfertigkeit im Zusammenleben der Kulturen und Völker und die Verantwortung für die natürlichen Lebensgrundlagen des Menschen und die Umwelt zu fördern.

(2) Der Geschichtsunterricht muß auf eine unverfälschte Darstellung der Vergangenheit gerichtet sein.

(3) Die Lehrer haben auf die religiösen und weltanschaulichen Empfindungen aller Schüler Rücksicht zu nehmen.

Vergleichbare Regelungen

Art. 12 Abs. 1, 21 Abs. 1 BWVerf; Art. 131 BayVerf; Art. 28 BbgVerf; Art. 26, 33 BremVerf; Art. 56 Abs. 4, 5 HessVerf; Art. 15 Abs. 4 M-VVerf; Art. 7 Verf NW; Art. 33 Verf Rh-Pf; Art. 26, 30 SaarlVerf; Art. 101 SächsVerf; Art. 27 Abs. 1 LVerf LSA.

Ergänzungsnormen im sonstigen thüringischen Recht

§ 2 Abs. 1 ThürSchulG v. 06.08.1993 (ThürGVBl. S. 445) idF der Bek. v. 30.04.2003 (ThürGVBl. S. 238) zuletzt geändert durch Gesetz v. 31.01.2013 (ThürGVBl. S. 22).

Dokumente zur Entstehungsgeschichte

Art. 32 VerfE CDU; Art. 34 VerfE SPD; Art. 29 VerfE LL/PDS; Entstehung ThürVerf S. 65 f.

Literatur

Michael Bothe/Armin Dittmann/Wolfgang Mantl/Yvo Hangartner, Erziehungsauftrag und Erziehungsmaßstab der Schule im freiheitlichen Verfassungsstaat, VVDStRL 54 (1995), 7 ff., 47 ff.,75 ff.,95 ff.; *Christoph Feddersen*, Die Verfassungsgebung in den neuen Ländern: Grundrechte, Staatsziele, Plebiszite, DÖV 1992, 989 ff.; *Peter M. Huber*, Erziehungsauftrag und Erziehungsmaßstab der Schule im freiheitlichen Verfassungsstaat, BayVBl 1994, 545 ff.; *Frank-Rüdiger Jach*, Die Entstehung des Bildungsverfassungsrechts in den neuen Bundesländern, RdJB 1992, 268 ff.; *Jörg-Detlef Kühne*, Neue Länder – neue Erziehungsziele?, RdJB 1994, 39 ff.; *Bodo Pieroth*, Erziehungsauftrag und Erziehungsmaßstab im freiheitlichen Verfassungsstaat, DVBl. 1994, 949 ff.; *Hermann Ströbel*, Das Thüringer Schulgesetz vom 6. Au-

55 BVerfGE 34, 165 (182 f.); 47, 46 (74); ähnlich BVerfGE 59, 360 (379). Siehe insoweit auch *Jestaedt*, in: HStR VII, § 156 Rn. 81 ff.

56 Vgl. BVerfGE 34, 165 (183); 47, 46 (75).

gust 1993, ThürVBl 1994, 73 ff.; *Markus Thiel*, Der Erziehungsauftrag des Staates in der Schule, 2000.

Leitentscheidungen des BVerfG

BVerfGE 34, 165 (182 f.) (Erziehungsaufgabe von Eltern und Schule); 53, 185 (196) (Staatliche Festlegung der Unterrichtsziele).

A. Überblick

Art. 22 ThürVerf ermächtigt und verpflichtet den Freistaat zur **Wahrnehmung der Aufgabe der schulischen Erziehung und Bildung.** Dem Freistaat kommt damit im Hinblick auf die schulische Erziehung, aber auch auf die Bildung ein **originärer Erziehungsauftrag** zu,[1] der das Recht einschließt, Erziehungs- und Bildungsziele aufzustellen und Vorgaben für die Unterrichtsgestaltung formulieren zu können. Dieser Erziehungsauftrag steht **gleichberechtigt neben dem elterlichen Erziehungsrecht** und insbesondere dem Recht der Eltern, über den Gesamtplan der Erziehung ihres Kindes entscheiden zu können. Die in der Verfassung niedergelegten Erziehungs- und Bildungsziele hat der Freistaat durch das ThürSchulG ausführlich konkretisiert und auch erweitert und auf diese Weise den Erziehungs- und Bildungsauftrag vielfältig und durchaus bunt konturiert. Thüringen unterscheidet sich damit freilich nicht von einigen anderen Bundesländern, befassen sich doch auch diese in ihren Landesverfassungen zum Teil recht ausführlich mit „Bildung und Schule" (vgl. Art. 128 ff. BayVerf) oder mit „Erziehung und Unterricht" (vgl. Art. 26 ff. BremVerf). In diesen sämtlichen landesverfassungsrechtlichen Bestimmungen werden Erziehungsziele, Bildungsvorgaben und sonstige materielle Direktiven für das Schulrecht aufgestellt. 1

B. Herkunft, Entstehung und Entwicklung

Während Erziehungs- und Bildungsziele in der Verfassung vom 11.03.1921 keinen Niederschlag gefunden hatten, waren in Art. 72 der **Verfassung des Landes Thüringen vom 20.12.1946** Bildungsziele niedergelegt. Nach dessen Abs. 1 sollten die Schulen die Jugend zu selbständig denkenden und verantwortungsbewusst handelnden Menschen erziehen, die fähig und bereit sind, sich in das Leben der Gemeinschaft einzuordnen. Abs. 2 der Norm wies der Schule als Mittle- 2

1 Vgl. insoweit auch BVerfGE 34, 165 (183); 41, 29 (44); 98, 218 (252).

rin der Kultur die Aufgabe zu, die Jugend im Geiste des friedlichen und freundschaftlichen Zusammenlebens der Völker und einer echten Demokratie zu wahrer Humanität zu erziehen.

3 In den Verfassungsberatungen nach der deutschen Wiedervereinigung war die Aufnahme von Erziehungs- und Bildungszielen wenig umstritten; daher ist deren Aufzählung in Art. 22 ThürVerf als gelungene Zäsur gegenüber dem gleichmacherischen, inhaltlichen Werten letztlich nicht verpflichteten Bildungssystem der DDR anzuerkennen.[2] Die Verankerung von Erziehungs- und Bildungszielen reiht sich zudem in die jüngere Verfassungsentwicklung der neuen Bundesländer ein.

C. Verfassungsvergleichende Information

4 Die ThürVerf befindet sich mit der expliziten Nennung verschiedener weit gefasster Bildungs- und Erziehungsziele in ihrem Art. 22 Abs. 1 in guter Gesellschaft mit den meisten Verfassungen der anderen Bundesländer, vgl. etwa Art. 131 BayVerf; Art. 28 BbgVerf; Art. 12 Abs. 1 BWVerf; Art. 7 Verf NW oder Art. 101 Abs. 1 SächsVerf. Trotz mancher Unterschiede in der Ausgestaltung, lassen sich alle Vorschriften letztlich auf dieselben Grundgedanken, wie beispielsweise die Achtung der Menschenwürde, die Erziehung zur Toleranz oder die Anerkennung der Demokratie, zurückführen. Das Grundgesetz hingegen kennt eine solch detaillierte Regelung nicht; Art. 7 Abs. 1 GG normiert lediglich den allgemeinen Auftrag des Staates, die Erziehungsaufgabe im schulischen Bereich wahrzunehmen.

Auch Vorschriften, welche – vergleichbar dem Abs. 3 – das Gebot für Lehrer beinhalten, auf religiöse und weltanschauliche Empfindungen der Schüler Rücksicht zu nehmen, lassen sich – abermals im Gegensatz zum Grundgesetz – in anderen Landesverfassungen finden, vgl. etwa Art. 56 Abs. 3 HessVerf oder Art. 33 BremVerf. Entsprechendes gilt für die Bestimmung des Abs. 2, die eine unverfälschte Darstellung der Vergangenheit im Geschichtsunterricht fordert, vgl. Art. 56 Abs. 5 HessVerf.

D. Erläuterungen

I. Allgemeines

5 Art. 22 ThürVerf ermächtigt den Freistaat nicht nur zur schulischen Erziehung, sondern formuliert zugleich einen **umfassenden schulischen Erziehungs- und Bildungsauftrag**, der an bestimmten inhaltlichen Vorgaben auszurichten ist. Auf diese Weise nimmt die Verfassung den Schulgesetzgeber mit Blick auf die Ausgestaltung des Schulgesetzes und damit zugleich im Hinblick auf die Unterrichtsgestaltung inhaltlich-steuernd an die Hand und stellt damit sicher, dass die schulische Erziehung den Vorstellungen des Verfassungsgebers entspricht. Den Erziehungs- und Bildungszielen kommt damit neben ihrer rechtlichen Bedeutung ein hoher **ethischer** und auch **pädagogischer Gehalt** zu, der zugleich deutlich macht, dass die ThürVerf von ihrem Anspruch her über ein bloßes Staatsorganisationsgesetz hinausreichen will; sie nimmt für sich zugleich eine **gesellschaftlich-integrative Funktion** in Anspruch, die in Gestalt der Erziehungs- und Bildungsziele auch eine deutliche **Zäsur zum Bildungssystem der ehemaligen DDR**

2 So auch *Rommelfanger*, ThürVBl 1993, 173 (177).

statuieren will.[3] Das dem Freistaat Thüringen aufgrund der grundgesetzlichen Kompetenzverteilung zukommende Recht zur Gestaltung des Schulwesens in organisatorischer Hinsicht hat der Verfassungsgeber mithin in inhaltlicher Hinsicht durch die Formulierung von **Unterrichtszielen** flankiert.[4] Diese, in der ThürVerf als Erziehungs- und Bildungsziele ausgeflaggt, gehen über eine bloß unverbindliche Programmbeschreibung hinaus; ihnen kommt **unmittelbare Rechtswirkung** zu, sie sind unmittelbar geltendes Recht und nicht lediglich „moralische Argumentationsstützen für den Lehrer im Unterricht".[5] Dass eine solche Festlegung von Erziehungs- und Bildungszielen in einer Verfassung zulässig ist, ergibt sich bereits aus dem in Art. 7 Abs. 1 GG enthaltenen Auftrag des Staates, die Erziehungsaufgabe im schulischen Bereich wahrzunehmen und in diesem Zusammenhang auch inhaltliche, über die bloße Vermittlung von Wissen hinausgehende inhaltliche Leitlinien aufzustellen.[6] Dies gilt auch in einer pluralistischen Gesellschaft, in der die Vorstellungen über Werte, Ideale und gesellschaftliche Gemeinsamkeiten vielfach divergieren und verschwimmen, ja zunehmend kaum mehr eindeutig zu definieren sind. Nicht zuletzt vor diesem Hintergrund erklärt sich auch das **hohe Maß an Abstraktheit**, das die Erziehungs- und Bildungsziele zahlreicher Verfassungen, auch der ThürVerf, kennzeichnet und wohl auch kennzeichnen muss.

Ihre einfache gesetzliche Umsetzung und Konkretisierung haben die Erziehungs- und Bildungsziele in § 2 Abs. 1 ThürSchulG gefunden, der mit Blick auf seine Reichhaltigkeit Vergleiche mit anderen Bundesländern nicht zu scheuen braucht. Auch in Thüringen wölbt sich sich mithin „hoch über den Niederungen der Praxis des Schulalltags" der „gesetzliche Himmel" verfassungsrechtlich wie einfachgesetzlich verankerter Erziehungs- und Bildungsziele.[7] 6

II. Erziehung und Bildung

Während der staatliche **Erziehungsauftrag** vornehmlich darauf zielt, durch die Vermittlung von Wissen und die Vorbereitung auf den Beruf die Schüler zu verantwortlichen Mitgliedern der Gesellschaft heranzubilden, ist unter dem **Bildungsauftrag** das Anliegen zu verstehen, den Einzelnen mit den Kenntnissen auszustatten, die für ein Leben in der Gesellschaft unabdingbar sind, ohne die mithin ein Leben in der Gesellschaft nicht möglich oder jedenfalls menschenunwürdig wäre.[8] Der staatliche Bildungsauftrag umschließt mit anderen Worten die Entfaltungs- und Zugangsrechte zu den Bildungseinrichtungen wie auch die Wahrung des Grundsatzes der Chancengleichheit, mithin das Recht auf gleichen Zugang zu den vorhandenen Bildungseinrichtungen. Der staatliche Bildungsauftrag steht damit nicht nur im Dienst der Herausbildung der Persönlichkeit des Einzelnen und dessen freier Entfaltung, sondern zielt zugleich auf eine Ausgestaltung des Schulwesens im Freistaat in einer Weise, in der sich die verschiede- 7

3 Vgl. insoweit auch *Kühne,* RdJB 1994, 39 ff.
4 Vgl. insoweit etwa *Badura,* Rn. C 72; Siehe auch *Niehues/Rux*, Schul- und Prüfungsrecht, 4. Aufl. 2006, Rn. 695 ff.
5 *Niehues/Rux*, Schul- und Prüfungsrecht, 4. Aufl. 2006, Rn. 701.
6 Vgl. etwa BVerfGE 34, 165 (182); 41, 65 (78); 47, 46 (71 ff.); 52, 223 (236). Vgl. auch *Oppermann,* Gutachten zum 51. Deutschen Juristentag, 1976, S. C 47.
7 So die Formulierung von *Niehues/Rux*, Schul- und Prüfungsrecht, 4. Aufl. 2006, Rn. 696.
8 *Richter,* AK-GG, Art. 7 Rn. 38 ff.

nen Begabungen und Interessen der Individuen wiederfinden und entfalten können.

III. Der rechtliche Gehalt der Norm

8 Auch wenn Art. 22 ThürVerf einen umfassenden schulischen Erziehungs- und Bildungsauftrag formuliert, der über eine bloß unverbindliche Programmbeschreibung hinausreicht, so lässt sich aus der Bestimmung gleichwohl **kein subjektives**, einklagbares **Recht** auf Bildung ableiten, auch nicht im Wege einer Zusammenschau des Erziehungs- und Bildungsaspekts. Ebenso wenig, wie sich der Thüringer Verfassung ein Anspruch auf eine konkrete Schulform oder eine bestimmte Ausgestaltung der Schulorganisation entnehmen lässt,[9] kennt die Verfassung einen individuell einklagbaren, einem grundrechtlichen Leistungsanspruch vergleichbaren Erziehungs- und Bildungsanspruch des einzelnen Schülers; ein dahin gehender rechtlicher Gehalt lässt sich im Übrigen auch § 1 Abs. 1 ThürSchulG nicht entnehmen, wonach jeder junge Mensch ein Recht auf schulische Bildung und Förderung hat. Ein letztlich aus dem Recht auf freie Entfaltung der Persönlichkeit ableitbarer Anspruch kommt dem Einzelnen lediglich dahingehend zu, dass der Freistaat Thüringen verpflichtet ist, sein Schulwesen so auszugestalten, dass sich in ihm die verschiedenen Begabungen und Interessen der Schüler wiederfinden und entfalten können; in diesem Zusammenhang dürfen für den **Zugang zu den Schularten** und den Bildungsgängen weder die Herkunft und das Geschlecht des Schülers oder die wirtschaftliche und gesellschaftliche Stellung seiner Eltern noch die Weltanschauung oder die Religion bestimmend sein, so in Umsetzung der verfassungsrechtlichen Vorgaben § 1 Abs. 2 ThürSchulG.

9 Die in Art. 22 ThürVerf enthaltenen Erziehungs- und Bildungsziele richten sich daher vornehmlich an den **Gesetzgeber**, zugleich aber auch an die **Schulverwaltung**. Als bindende Rechtssätze sind sie **sowohl für die öffentlichen** als auch für die **Schulen in privater Trägerschaft verbindlich**, zumal Art. 22 ThürVerf von seinem Wortlaut her nicht auf öffentliche Schulen enggeführt ist. Sie stehen daher auch nicht zur Disposition privater Bildungseinrichtungen; ungeachtet dessen ist es **Schulen in privater Trägerschaft** unbenommen, über den in Art. 22 ThürVerf enthaltenen Kanon hinaus **weitere Erziehungs- und Bildungsziele** zu formulieren und für sich für verbindlich zu erachten, sofern diese nicht gegen das Wertekoordinatensystem des Grundgesetzes und der ThürVerf verstoßen.

10 Darüber hinaus gelten die in Art. 22 ThürVerf niedergelegten Erziehungs- und Bildungsziele auch für die **Hochschulen** des Landes. Dies folgt aus der Tatsache, dass an diesen Einrichtungen zwar keine Erziehung im engeren Sinne vermittelt wird, hingegen Bildung und damit ein Aspekt, der ebenfalls von Art. 22 ThürVerf umschlossen wird. Letztlich folgt dies aber auch aus der systematischen Überlegung, dass Art. 22 ThürVerf den weiteren Schul- und Hochschulartikeln vorangestellt ist und daher für Schulen und Universitäten gleichermaßen Geltung entfaltet.[10]

9 Siehe oben Art. 20 Rn. 12.
10 Vgl. insoweit zutreffend *Hopfe*, in: Linck/Jutzi/Hopfe Art. 22 Rn. 3.

IV. Die einzelnen Erziehungs- und Bildungsziele

Der Kanon der in Art. 22 ThürVerf niedergelegten Erziehungs- und Bildungsziele ist **weit gefasst.** Auch wenn es sich bei diesen um ethisch und politisch bedeutsame Erziehungsziele handelt,[11] so lässt sich als die sämtliche Ziele kennzeichnende Verbindung jedenfalls die weltanschauliche, politische, soziale, kulturelle und ökologische **Verantwortung des eigenen Lebens** mit der **Mitverantwortung gegenüber dem mitmenschlich-gesellschaftlichen Leben**[12] erkennen. Ein in sich geschlossenes Erziehungs- oder Bildungsgesamtkonzept von Erziehungs- und Bildungszielen wohnt Art. 22 ThürVerf indes nicht inne; dieses einer Verfassung abverlangen zu wollen, wäre nicht zuletzt angesichts der Pluralität der Gesellschaft wohl auch zu viel verlangt. Der **Leitgedanke**, der den in Art. 22 ThürVerf enthaltenen Erziehungs- und Bildungszielen innewohnt, ist mithin der des **Respekt gegenüber anderen Menschen** an den Tag legenden Individuums, das andere Auffassungen und Meinungen akzeptiert, dessen Streben auf die Verwirklichung sozialer Gerechtigkeit, die Verwirklichung des Friedens und die Sicherung eines menschenwürdigen Daseins wie auch einer menschenwürdigen Umwelt zielt. Diese verschiedenen Facetten lassen sich letztlich auch als grundlegende Pfeiler nicht nur der grundgesetzlich verfassten **Wertordnung**, sondern auch der ThürVerf begreifen. 11

1. Selbständiges Denken und Handeln. Im Kanon der Erziehungs- und Bildungsziele nimmt das Erziehungsziel des selbständigen Denkens und Handelns letztendlich Bezug auf die **Herausbildung einer unabhängigen, offenen und auch kritischen Persönlichkeit**; auf diese Weise wird nicht nur die allgemeine Handlungsfreiheit, sondern zugleich auch das allgemeine Persönlichkeitsrecht der schulischen Sphäre implementiert und in den Rang eines Erziehungs- und Bildungsziels erhoben. Die Organisation der Schule wie auch die Ausgestaltung einzelner Lehrpläne hat sich mithin an der Ausbildung und Verwirklichung der individuellen Persönlichkeit des Einzelnen auszurichten und dieser hinreichend Rechnung zu tragen. Mit anderen Worten wird die Herausbildung **mündiger**, nicht hingegen fremdbestimmter junger **Staatsbürger** angestrebt; der Verfassung schwebt **nicht** das Bild eines abhängigen, unselbständigen und unmündigen **Untertanen, sondern** das eines selbstbewussten, **mündigen und kritischen Bürgers** vor, der in der Schule auf seinen weiteren Lebensweg vorbereitet werden soll. Seine Rechtfertigung erlangt dieses Erziehungs- und Bildungsziel nicht zuletzt dadurch, dass eine freiheitliche und pluralistische Demokratie stets von Eigeninitiative entfaltenden, sich einbringenden, mitgestaltenden und letztlich auch kritischen Menschen lebt, nicht hingegen von devoten Untergebenen. Dieses der Schule zur Umsetzung aufgegebene Ideal gilt es nicht nur mit Blick auf das gesamte staatliche Gemeinwesen, sondern auch mit Bezug auf den kommunalen Bereich zu verwirklichen, in dem die Verantwortung der Bürger wie auch deren Engagement eine bedeutsame Rolle spielt. 12

2. Achtung vor der Würde des Menschen. Das Erziehungs- und Bildungsziel der Achtung vor der Würde des Menschen nimmt Bezug auf die **Unantastbarkeit der Würde des Menschen**, die von Art. 1 ThürVerf ebenso wie von Art. 1 Abs. 1 GG als zentrale und unumstößliche Bindung des Staates und seiner 13

11 So *Hopfe*, in: Linck/Jutzi/Hopfe, Art. 22 Rn. 2.
12 So *Hopfe*, in: Linck/Jutzi/Hopfe, Art. 22 Rn. 11, unter Bezugnahme auf *Stein*.

Rechtsordnung wie auch als Verpflichtung der Gesellschaft begriffen wird;[13] darüber hinaus sind auch Private untereinander zur Respektierung der menschlichen Würde gehalten.[14] Das Erziehungs- und Bildungsziel verpflichtet damit auch im Bereich der Schule alle staatliche Gewalt, die Würde des Menschen zu achten und zu schützen wie auch die Schüler zur Wahrung der Menschenwürde anzuhalten und anzuleiten. Inhaltlich umrissen von dem Erziehungs- und Bildungsziel ist damit das Gebot der **Achtung jeglicher menschlichen Existenz,** mithin derjenigen Eigenschaften, die den Einzelnen als Individuum ausmachen und kennzeichnen. Damit kommt auch im schulischen Bereich der verfassungsrechtlichen Vorgabe unmittelbare Rechtswirkung zu, dass der Mensch **weder zum Objekt noch zum Mittel staatlichen oder kollektiven Zugriffs** gemacht werden oder gar einer missachtenden, verächtlichen und erniedrigenden Behandlung durch andere Menschen ausgesetzt sein darf.[15] Aufgrund dieser verfassungsrechtlichen Verpflichtung ist zum einen der **Schulgesetzgeber** gehalten, hinreichende legislative Vorkehrungen zum Schutz der Schüler gegen Angriffe auf die Menschenwürde zu treffen, wobei solche Angriffe nicht nur in Erniedrigung, sondern auch in Brandmarkung oder anderen herabwürdigenden Verhaltensweisen liegen können; zum anderen ist der **Schulverwaltung** aufgegeben, alle erforderlichen Maßnahmen zu treffen, um Missachtungen der Menschenwürde in wirksamer Weise zu verhindern bzw. zu unterbinden. Mit anderen Worten hat der Staat auch im Bereich der Schule alles dafür zu tun, dass Individuen nicht einer „verächtlichen Behandlung“ ausgesetzt werden.

14 **3. Toleranz gegenüber der Überzeugung anderer.** Das als Erziehungs- und Bildungsziel in der ThürVerf verankerte **Toleranzgebot** im Hinblick auf die Überzeugung anderer ist dem Respekt gegenüber Auffassungen anderer geschuldet; damit ist es zugleich eng mit dem **Prinzip der Freiheit** verbunden, verstanden als Freiheit politischer, ideologischer, religiöser oder weltanschaulicher Identifikation und zugleich als Freiheit von ebensolcher Indoktrination. Letztendlich sichert die Verfassung mit der Verankerung dieses Ziels zugleich die durch die Vielheit und Vielfalt von Meinungen gekennzeichnete **pluralistische Gesellschaft**; auch und gerade im Bereich der Schule soll Toleranz gegenüber anderen und den Auffassungen anderer gelehrt und gelebt werden, um auf diese Weise frühzeitig die Grundlage für eine **offene,** vielfältige und auch kritische, d. h. sich mit Auffassungen anderer auseinandersetzende und diese auch akzeptierende Gesellschaft zu schaffen. Gesichert wird mit diesem Erziehungs- und Bildungsziel daher auch die **grundrechtlich** geschützte Meinungsfreiheit wie auch die Freiheit, religiöse bzw. weltanschauliche Überzeugungen innehaben, leben und in der Gesellschaft zum Ausdruck bringen zu können. Damit erteilt die Verfassung zugleich sämtlichen Auffassungen, Lehren und auch Glaubens- sowie Weltanschauungsinhalten, die für sich in Anspruch nehmen, die allein richtigen, gültigen und v. a. allein verbindlichen zu sein, eine deutliche Abfuhr.

15 **4. Anerkennung der Demokratie und Freiheit.** Mit der Verankerung des Erziehungs- und Bildungsziels der Anerkennung der **Demokratie** und der **Freiheit**

---

13 Vgl. zum Inhalt des Menschenwürdebegriffs *Isensee*, Würde des Menschen, in: HGR IV, § 87; *Häberle, in:* HdbStR II, § 22; *Graf Vitzthum*, Die Menschenwürde als Verfassungsbegriff, JZ 1985, 201; *Geddert-Steinacher*, Menschenwürde als Verfassungsbegriff, 1990.

14 BVerfGE 24, 144.

15 Vgl. hierzu BVerfGE 30, 1.

nimmt der Verfassungsgeber das Verhältnis des Einzelnen zur Staatsform der Demokratie (vgl. Art. 44 Abs. 1 S. 2 ThürVerf) wie auch zu der auf die Verwirklichung individueller Freiheit gerichteten Ausgestaltung der Verfassungs- und Gesellschaftsordnung in den Blick. Da Demokratie[16] und Freiheit[17] **Wesenselemente einer freiheitlichen Staats- und Gesellschaftsordnung** sind und insbesondere die demokratische Staatsform zu den durch Art. 79 Abs. 3 GG für verfassungsänderungsfest erklärten Grundpfeilern der deutschen Rechtsordnung zählt, zielt das Erziehungs- und Bildungsziel auf die Anerkennung und auch Sicherung der **freiheitlichen demokratischen Grundordnung** durch die und in der Schule. Insbesondere die schulische Erziehung soll die Schüler auf die Verwirklichung gelebter Demokratie vorbereiten und damit einen wesentlichen Grundstein für die dauerhafte Verwirklichung der freiheitlichen demokratischen Grundordnung legen. Freilich will das Erziehungs- und Bildungsziel den Schülern keine kritiklose, gleichwohl aber eine positive Einstellung zu Demokratie und Freiheit vermitteln,[18] um so nicht nur antidemokratischen Einstellungen zu begegnen, sondern zugleich Demokratie und Freiheit auch zukünftigen Generationen zu vermitteln und in diesen zu verankern. Letztendlich lässt sich dieses Staatsziel aber auch als **Antwort auf** das **Bildungs- und Schulsystem der DDR** begreifen, in der die schulische Erziehung auf die Sicherung und Festigung eines totalitären, demokratische Staatsform und Freiheitlichkeit negierenden Staats- und Regierungssystems ausgerichtet war. Demokratie und Freiheitlichkeit als Grundelemente des staatlichen Erziehungs- und Bildungsauftrages sollen auch eingedenk dieser historischen Erfahrungen aufgrund ihrer Vermittlung in der Schule mithin dauerhaft die Gewähr dafür bieten, dass jungen Menschen frühzeitig deren Bedeutung für ein menschenwürdiges und pluralistisches Gesellschafts- und Rechtssystem vermittelt wird.

5. Der Wille zu sozialer Gerechtigkeit. Das auf die Ausformung des Willens zu sozialer Gerechtigkeit zielende Erziehungs- und Bildungsziel lässt sich als Ausfluss des in Art. 44 Abs. 1 ThürVerf niedergelegten **Sozialstaatsprinzips** begreifen. Auch wenn damit nicht das gesamte, überaus facettenreiche, zum Teil auch wenig greifbare und konturierte Bukett der dem Sozialstaatsprinzip innewohnenden Inhalte zum Erziehungs- und Bildungsziel erkoren wird,[19] so trägt dessen Verankerung in Art. 22 ThürVerf doch dem auch im Sozialstaatssatz enthaltenen Ziel der **„Herstellung und Wahrung sozialer Gerechtigkeit“**[20] Rechnung. Die dem Freistaat auferlegte Pflicht zur Gewährleistung sozialer Gerechtigkeit und die an die Gesellschaft gerichtete Erwartung der **Solidarität aller Gesellschaftsglieder untereinander** werden auf diese Weise von der Verfassung in die Sphäre der Schule übertragen. Schwierigkeiten in der Vermittlung dieses Ziels in der Schule dürften sich daraus ergeben, dass soziale Gerechtigkeit überaus vielschichtig ist und eine erhebliche Variationsbreite besitzt, mithin eine **Vielfalt „sozialer Gerechtigkeiten“** besteht, namentlich der Bedarfsgerechtigkeit, der Leistungsgerechtigkeit und der Besitzstandsgerechtigkeit; diese sämtlichen Gerechtigkeiten sind nicht nur bei der Umsetzung des Sozialstaatsprinzips zu ver- 16

16 Zu den Inhalten dieses Staatsstrukturprinzips näher *Badura,* Rn. D 6 ff. Ausführlich *Böckenförde,* in: HStR II, § 24; *ders.,* in: HStR III, § 34.
17 Zur Freiheit als Bedingung der Demokratie *Badura,* Rn. D 7.
18 Siehe *Hopfe,* in: Linck/Jutzi/Hopfe, Art. 22 Rn. 7.
19 Vgl. hierzu nur *Zacher,* in: HStR II, § 28.
20 BSGE 6, 213 (219).

wirklichen,[21] sondern konsequenterweise auch bei der Vermittlung des Erziehungs- und Bildungsziels der Verwirklichung sozialer Gerechtigkeit zu bedenken. Von Bedeutung in diesem Zusammenhang ist zudem, dass soziale Gerechtigkeit stets nur in Abwägung der Bedarfs-, der Leistungs- und der Besitzstandsgerechtigkeit verwirklicht werden kann; damit ist zwangsläufig die auch bei der Umsetzung dieses Erziehungs- und Bildungsziels zu vermittelnde Konsequenz verbunden, dass soziale Gerechtigkeit nicht stets nur auf die Entfaltung der einen Gerechtigkeit gerichtet sein kann – die es als solche nicht gibt –, sondern u. U. und damit korrespondierend auch einen Verzicht auf Gerechtigkeit zur Folge haben kann. Daher sind Lösungen zur Verwirklichung sozialer Gerechtigkeit vielfach zwangsläufig auch mit „Gerechtigkeitslücken" verbunden, was es auch im Bereich der Schule zu vermitteln gilt.[22] Gesetzgeber und Schulverwaltung sind daher gehalten, diese **verschiedenen Facetten bei der Umsetzung des Erziehungs- und Bildungsziels im schulischen Bereich** zu beachten und entsprechend zu vermitteln.

17 **6. Friedfertigkeit im Zusammenleben der Kulturen und Völker.** Das Erziehungs- und Bildungsziel der **Friedfertigkeit** im Zusammenleben der Kulturen und Völker ist auf die Veränderung und den **Abbau fremdenfeindlicher Ressentiments** in der Gesellschaft gerichtet.[23] Damit zielt die Verfassung nicht nur auf ein friedliches und insbesondere **tolerantes Neben- oder auch Miteinander in weltlicher, sondern auch in religiöser Hinsicht**. Die **Offenheit gegenüber anderen Kulturen und Völkern**, Verständnis für deren Probleme, namentlich im Zusammenhang mit der **Integration von Migranten in Deutschland**, daneben auch die Vermittlung der Erkenntnis, dass moderne Gesellschaften i. d. R. auch durch ein erhebliches Maß an Einwanderung gekennzeichnet sind – was wiederum in besonderer Weise Offenheit, Verständnis und Toleranz der Bevölkerung gegenüber Migranten erfordert, um ein friedliches Miteinander zu ermöglichen –, stellt eine verfassungsrechtliche Vorgabe dar, die gerade im schulischen Bereich zur Umsetzung gebracht werden soll, um der Integration auf Dauer zum Erfolg zu verhelfen. Auf diese Weise zielt die Bestimmung auf ein friedliches Auskommen verschiedener Kulturen und Völker unter dem Dach des Grundgesetzes und der Thüringer Verfassung, und zwar in Form eines menschenwürdigen, toleranten und gewaltfreien Zusammenlebens.[24] Dieses im schulischen Bereich zu verwirklichende Gebot der Völkerverständigung nimmt mithin in der Präambel der ThürVerf und des GG enthaltene Vorgaben auf; zugleich wird damit der **Grundsatz der Völkerrechtsfreundlichkeit**[25] auch im schulischen Bereich umgesetzt.

18 **7. Verantwortung für die natürlichen Lebensgrundlagen des Menschen und die Umwelt.** Das Erziehungs- und Bildungsziel der **Förderung der Verantwortung für die natürlichen Lebensgrundlagen des Menschen und die Umwelt**[26] nimmt die Bestimmung des Art. 31 Abs. 1 ThürVerf auf, wonach der Schutz der natürlichen Lebensgrundlagen des Menschen Aufgabe des Freistaates und seiner Bewohner ist; letztlich wird damit zugleich dem **Staatsziel des Art. 20 a GG Rechnung getragen**. Die innere Bindungslinie zwischen Art. 31 und 22 Abs. 1 Thür-

21 Vgl. insoweit *Zacher*, in: HStR II, § 28 Rn. 167.
22 Vgl. insoweit *Zacher*, in: HStR II, § 28 Rn. 168.
23 So *Hopfe*, in: Linck/Jutzi/Hopfe, Art. 22 Rn. 9.
24 Vgl. *Hopfe*, in: Linck/Jutzi/Hopfe, Art. 22 Rn. 9.
25 Hierzu *Badura*, Rn. D 118. Ausführlich *Tomuschat*, in: HStR VII, 1. Aufl. 1992, § 172.
26 Näher zum Inhalt des Staatsziels etwa *Badura*, Rn. D 44; *Westphal*, JuS 2000, 339.

Verf besteht mithin darin, dass in Art. 31 Abs. 1 ThürVerf neben dem Freistaat auch die Bewohner des Freistaates im Hinblick auf den Schutz der natürlichen Lebensgrundlagen in die Pflicht genommen sind; infolge dessen ist es nur konsequent, wenn auch die schulische Erziehung das Bewusstsein für diese den Bewohnern des Freistaates Thüringen obliegende Pflicht schärft und vertieft. Auf diese Weise stellt die Verfassung klar, dass die **Verantwortung des Einzelnen für den Natur- und Umweltschutz möglichst frühzeitig** – nämlich bereits in der Schule – gefördert werden soll. Hierdurch soll das entsprechende Bewusstsein und eine besondere Verantwortung bei Kindern und Jugendlichen für die Belange von Natur und Umwelt geweckt werden. Letztlich geht es bei dem Erziehungs- und Bildungsziel um die Verwirklichung des mit dem Staatsziel angestrebten Ziels, **schädigende Eingriff in Natur und Umwelt zu unterlassen und zu unterbinden**, Vorsorge gegenüber Umweltschäden zu treffen, den Nachhaltigkeitsgedanken in Sachen Umweltschutz umzusetzen und damit zugleich die natürlichen Lebensgrundlagen auch in Verantwortung für die künftigen Generationen zu schützen.[27]

V. Die unverfälschte Darstellung der Vergangenheit

Die verfassungsrechtliche Vorgabe des Abs. 2, dass der **Geschichtsunterricht auf eine unverfälschte Darstellung der Vergangenheit** gerichtet sein muss, will die Neutralität des schulischen Geschichtsunterrichts im Hinblick auf die Darstellung der Vergangenheit sichern und damit auch dem umfassend geltenden **Gebot staatlicher Neutralität** Rechnung tragen. Die Verfassung zieht mit der Verankerung dieses Erziehungs- und Bildungsziels letztlich Konsequenzen aus der parteipolitischen Indoktrination des schulischen Unterrichts zu DDR-Zeiten; dem einseitigen, im Sinne der SED präsentierten und auf deren historische Perspektive und historisches Verständnis enggeführten Geschichtsunterricht wird damit eine eindeutige, verfassungsrechtlich abgesicherte Abfuhr erteilt. Der Geschichtsunterricht in den Schulen des Freistaats soll vielmehr breit angelegt sein, allen geschichtswissenschaftlichen, durchaus auch kontroversen Auffassungen Rechnung tragen und damit einer offenen, durchaus auch kritischen Darstellung der Geschichte hinreichend Raum bieten; insoweit ist der Gesetzgeber in die Pflicht genommen, indem ihm aufgegeben ist, den Geschichtsunterricht im Spektrum des schulischen Unterrichts angemessen zu gewichten.[28] Die **Darlegung eines weiten historischen Spektrums**, die **Berücksichtigung unterschiedlicher historischer Sicht- und Herangehensweisen** wie auch die **Präsentation unterschiedlicher historischer Wertungen** im Geschichtsunterricht stellt mithin die aus Abs. 2 abzuleitende Vorgabe für den Schulgesetzgeber und die Schulverwaltung dar. Zugleich wird man der Bestimmung auch eine **Dienstpflicht für die Lehrer** entnehmen können, den Geschichtsunterricht nicht zur einseitigen historischen Indoktrination missbrauchen zu dürfen.[29] 19

27 Vgl. insoweit BVerfGE 128, 1 (36 ff.). Näher zu den verschiedenen Aspekten des verfassungsrechtlich ausgeformten Schutzes der natürlichen Lebensgrundlagen *Salzwedel,* in HStR IV, § 97 Rn. 25 ff.

28 Vgl. auch *Hopfe,* in: Linck/Jutzi/Hopfe, Art. 22 Rn. 15.

29 So zutreffend *Hopfe,* in: Linck/Jutzi/Hopfe, Art. 22 Rn. 15.

VI. Rücksichtnahme auf die religiösen und weltanschaulichen Empfindungen

20 Die in Abs. 3 enthaltene Vorgabe, dass die **Lehrer auf die religiösen und weltanschaulichen Empfindungen aller Schüler Rücksicht zu nehmen haben,** ist als Ausformung des **staatlichen Neutralitätsgebots** zu verstehen, das auch und gerade im Bereich der Schule Geltung entfaltet. Die Schüler sollen mithin **weder in religiöser noch in weltanschaulicher Hinsicht indoktriniert werden** dürfen; aus diesem Grund sind die Lehrer gehalten, religiöse und weltanschauliche **Fragen neutral und objektiv** darzustellen und sich nicht einseitig zu positionieren oder gar Werbung für eine bestimmte Religion oder Weltanschauung zu machen. Darüber hinaus dürfen den Schülern, die bestimmte religiöse oder weltanschauliche Überzeugungen innehaben, deswegen **keine Nachteile** zuteil werden. Letztlich ist die Bestimmung damit als besondere Ausformung des in Abs. 1 enthaltenen, zudem in § 2 Abs. 1 S. 5 ThürSchulG wiederholten **Toleranzgebots** zu begreifen, das sich an die Schulverwaltung richtet, insbesondere aber auch die Lehrer in die Pflicht nimmt; die Vorgabe enthält daher zugleich eine Dienstpflicht der Lehrer.[30]

Artikel 23 [Schulwesen]

(1) Es besteht allgemeine Schulpflicht.

(2) Das gesamte Schulwesen steht unter der Aufsicht des Landes.

(3) Eltern, andere Sorgeberechtigte, Lehrer und Schüler wirken bei der Gestaltung des Schulwesens sowie des Lebens und der Arbeit in der Schule mit.

Vergleichbare Regelungen

Art. 7 Abs. 1 GG; Art. 14 Abs. 1, 17 Abs. 2, 4 BWVerf; Art. 129 Abs. 1, 130 BayVerf; Art. 30 Abs. 1, 2 BbgVerf; Art. 28, 30 BremVerf; Art. 56 Abs. 1 HessVerf; Art. 15 Abs. 1, 2 M-VVerf; Art. 4 Abs. 3 NV; Art. 8 Abs. 2 Verf NW; Art. 27 Abs. 3 Verf Rh-Pf; Art. 27 SaarlVerf; Art. 102 Abs. 1, 103 SächsVerf; Art. 25 Abs. 2, 29 LVerf LSA.

Ergänzungsnormen im sonstigen thüringischen Recht

§§ 17 – 24, 32, 40 ThürSchulG v. 06.08.1993 (ThürGVBl. S. 445) idF der Bek. v. 30.04.2003 (ThürGVBl. S. 238) zuletzt geändert durch Gesetz v. 31.01.2013 (ThürGVBl. S. 22); ThürSchAG v. 29.07.1993 (ThürGVBl. S. 397) zuletzt geändert durch Gesetz v. 16.12.2008 (ThürGVBl. S. 556).

Dokumente zur Entstehungsgeschichte

Art. 33 VerfE CDU; Art. 24 VerfE F.D.P.; Art. 33, 35 VerfE SPD; Art. 9 VerfE NF/GR/DJ; Art. 28, 29 VerfE LL/PDS; Entstehung ThürVerf S. 67 f.

Literatur

Guy Beaucamp, Elternrechte in der Schule, LKV 2003, 18 ff.; *Wolfgang Bott*, Schule und Schulaufsicht im Rechtsstaat, LKV 1992, 221 ff.; *Martin Burgi,* Elterliches Erziehungsrecht, in: Merten/Papier, Bd. IV 2011, § 109; *Wolfram Höfling,* Elternrecht, in: HStR VII, § 155; *Matthias Jestaedt,* Schule und außerschulische Erziehung, in: HStR VII, § 156; *Norbert Niehues/Johannes Rux,* Schulrecht, Bd. I, 4. Aufl. 2006; *Ludwig Renck*, Staatlicher und kirchlicher Erziehungsauftrag im öffentlichen Schulwesen, ThürVBl 1997, 221 ff.; *Ulrich Rommelfanger*, Die Verfassung des Freistaats Thüringen des Jahres 1993, ThürVBl 1993, 173 ff.

Leitentscheidungen des BVerfG

BVerfGE 27, 195 (201) (Schulaufsicht kein umfassendes Bestimmungsrecht); BVerfG Kammerbeschl. v. 05.09.1986 – 1 BvR 794/86 - NJW 1987, 180 (Verfassungsmäßigkeit der allgemeinen Schulpflicht); Kammerbeschl. v. 29.04.2003 – 1 BvR 436/03 – NVwZ 2003, 1113 (1113 f.) (Kein Anspruch auf Heimunterricht).

---

30 So zutreffend *Hopfe,* in: Linck/Jutzi/Hopfe, Art. 22 Rn. 15.

A. Überblick

Art. 23 ThürVerf statuiert – freilich überkommene – Eckpfeiler **des Schulwesens** 1
im Freistaat Thüringen, was nicht zuletzt deshalb nahe liegend ist, weil sich das Grundgesetz insoweit mit Aussagen weitgehend zurückhält und die Ausgestaltung des Schulwesens im Einzelnen in die Hände der Bundesländer gelegt hat – was zugleich bedeutet, dass dem Landesverfassungsgeber insoweit ein **erheblicher Gestaltungsspielraum** zukommt. Ungeachtet dessen stellt die Anordnung der **allgemeinen Schulpflicht** nicht nur eine zentrale Grundlage des Schulwesens dar, sondern bedeutet für den modernen Sozialstaat ebenso eine Selbstverständlichkeit wie die Verankerung der – in Art. 7 Abs. 1 GG für die Länder verbindlich angeordneten – **staatlichen Schulaufsicht**. Mit der Schulpflicht nimmt der Freistaat seine Verantwortung im Hinblick auf die **Erziehung und Bildung der Schüler** wahr (vgl. Art. 22 ThürVerf) und setzt die ihm aufgegebene Verpflichtung um, die Schüler zu **(selbst)verantwortlichen Mitgliedern der Gesellschaft** heranzubilden und ihnen zugleich die notwendigen Kenntnisse für das Leben in einem modernen Staat zu vermitteln. Dabei spielt es keine Rolle, ob Schüler eine öffentliche Schule oder eine Schule in privater Trägerschaft besuchen; ebenso, wie die allgemeine Schulpflicht auch an Schulen in privater Trägerschaft erfüllt werden kann, umfasst die staatliche Schulaufsicht neben den öffentlichen auch die Schulen in privater Trägerschaft. Allerdings ist die Schulaufsicht bei Schulen in privater Trägerschaft aufgrund der Vorgaben des Art. 7 Abs. 4 GG nur eine eingeschränkte. Seine Grenzen findet das staatliche Aufsichtsrecht im Wesentlichen in den jeweils einschlägigen Grundrechten der am Schulverhältnis Beteiligten sowie in dem in Art. 28 Abs. 2 Satz 1 GG garantierten Recht der kommunalen Selbstverwaltung.[1]

B. Herkunft, Entstehung und Entwicklung

Während das Schulwesen in der Verfassung vom 11.03.1921 keinen Nieder- 2
schlag fand, enthielt die Verfassung des Landes Thüringen vom 20.12.1946 in Art. 69 Abs. 2, 70 Abs. 1 Bestimmungen zur Schulpflicht. Die Mitwirkungen der Eltern war in Art. 69 Abs. 3 geregelt.

In den Verfassungsberatungen nach der Wiedervereinigung bestand allgemeiner 3
Konsens im Hinblick auf die Verankerung der Rahmenbedingungen für die Aus-

1 BVerfGE 34, 165 (181 f.); 47, 46 (71 ff.) st. Rspr; *Badura*, in: Maunz/Dürig, Art. 7 Rn. 49 (51); *Gröschner*, in: Dreier, Art. 7 Rn. 56; *Niehues/Rux*, Schul- und Prüfungsrecht, Bd. I, 4. Aufl. 2006, Rn. 666.

gestaltung des Schulwesens, namentlich der allgemeinen Schulpflicht, in der ThürVerf. Auch die Mitwirkung der Eltern, Sorgeberechtigten, Lehrer und Schüler war parteiübergreifend gewollt.[2]

C. Verfassungsvergleichende Information

4 Bestimmungen zur allgemeinen Schulpflicht wie auch zur Mitwirkung von Eltern, Sorgeberechtigten, Lehrern und Schülern finden sich in zahlreichen Landesverfassungen. Dabei wird die allgemeine Schulpflicht stets als zentrale Grundlage des Schulwesens begriffen, die Einzelheiten ihrer Ausgestaltung hingegen dem Gesetzgeber überlassen.

D. Erläuterungen

I. Abs. 1: Die allgemeine Schulpflicht

5 **1. Der Inhalt der Schulpflicht.** Die **allgemeine Schulpflicht**, verfassungsunmittelbar durch die ThürVerf angeordnet, stellt eine staatsbürgerliche Pflicht dar, die auf die **regelmäßige Teilnahme am schulischen Unterricht** und an den übrigen, für die Schüler verbindlichen und mit dem Schulunterricht in einem unmittelbaren Zusammenhang stehenden Veranstaltungen der Schule gerichtet ist, so § 23 Abs. 1 ThürSchulG.[3] Da die Schulpflicht allgemein angeordnet ist, gilt sie **für alle Schulpflichtigen**, die im Freistaat Thüringen ihren **Wohnsitz oder gewöhnlichen Aufenthalt oder ihre Ausbildungs- oder Arbeitsstätte** haben (§ 17 Abs. 1 ThürSchulG). Aufgrund der Tatsache, dass die Schulpflicht einen Grundrechtseingriff in das Recht der Schüler auf die freie Entfaltung der Persönlichkeit, aber auch in das Elternrecht darstellt, bedarf ihre Anordnung einer gesetzlichen Grundlage, zudem gesetzlicher Konkretisierung und Ausgestaltung. Der mit der Anordnung der Schulpflicht verbundene Eingriff in das elterliche Erziehungsrecht ist verfassungsgemäß.[4]

6 Inhaltlich zielt die Schulpflicht auf die regelmäßige **und pünktliche Teilnahme der Schüler am Schulunterricht** sowie an sämtlichen weiteren schulischen Veranstaltungen. Damit korrespondiert die Schulpflicht mit dem dem Freistaat obliegenden **Erziehungsauftrag,** wonach dieser verpflichtet ist, schulpflichtigen Kindern ein ihren Begabungen gemäßes Bildungsangebot zu unterbreiten und dauerhaft zu unterhalten. Zugleich nimmt der Freistaat mit der Anordnung der Schulpflicht den ihm verfassungsrechtlich aufgegebenen Auftrag an, das einzelne Kind zu einem **selbstverantwortlichen Mitglied der Gesellschaft** heranzubilden. Hieran wird deutlich, dass die Schulpflicht auf der einen und die Vermittlung von Wissen auf der anderen Seite in einem engen, ja letztlich untrennbaren Zusammenhang stehen.

7 **2. Die Adressaten der Schulpflicht.** Wer der Schulpflicht unterfällt, ist im ThürSchulG konkretisiert. Danach sind der Schulpflicht **alle Schüler im schulpflichtigen Alter** unterworfen, sie sind als unmittelbare Adressaten der Schulpflicht verpflichtet, für die Dauer der gesetzlich bestimmten Schulpflicht – im Freistaat **zehn Schuljahre** (§ 19 Abs. 1 Satz 1 ThürSchulG) – die Schule zu besuchen. Dabei ist es für das Bestehen der Schulpflicht ohne Bedeutung, ob ein Schüler eine Vollzeit- oder eine Berufsschule besucht; ebenso wenig macht es einen Unter-

---

2 Vgl. hierzu nur Entstehung ThürVerf S. 68.
3 Siehe hierzu auch *Niehues/Rux*, Schul-und Prüfungsrecht, Bd. I, 4. Aufl. 2006, Rn. 120 ff.
4 BVerfG, NJW 1987, 180.

schied, ob es sich um einen minderjährigen oder um einen volljährigen Schüler handelt. Insbesondere gilt die Schulpflicht auch für Schüler, die nicht mehr der Schulpflicht unterliegen, aber noch eine – weiterführende – Schule besuchen. Auch ausländische sowie staatenlose Kinder, die im Inland ihren gewöhnlichen Aufenthalt haben, unterfallen der Schulpflicht; dies folgt daraus, dass die Schulpflicht **nicht von der Staatsangehörigkeit abhängt.** Zudem vermögen weder sachliche noch religiöse oder weltanschauliche, erst recht nicht ideologische Gründe zu einer Befreiung von der Schulpflicht führen. Einzelheiten der Schulpflicht enthalten die §§ 17 ff. ThürSchulG.

Neben den schulpflichtigen Kindern sind durch die Schulpflicht aber auch die **Eltern bzw. die Sorgeberechtigten** der schulpflichtigen Kinder (§ 23 Abs. 3 ThürSchulG) sowie bei Berufsschulpflichtigen (vgl. § 21 ThürSchulG) auch **die Ausbildenden und Arbeitgeber** von Berufsschulpflichtigen (vgl. § 23 ThürSchulG) gebunden; umschlossen von der Schulpflicht ist auch die Pflicht zur Anmeldung eines schulpflichtigen Kindes zur Schule (§ 23 Abs. 2 ThürSchulG). Aufgrund des ihnen zukommenden elterlichen Sorgerechts sind die Eltern bzw. die Sorgeberechtigten verpflichtet, dafür Sorge zu tragen, dass ihr Kind regelmäßig die Schule besucht; kommen die Eltern dieser Pflicht nicht nach, so kann der Schulpflichtige der Schule **zwangsweise zugeführt** werden, wenn andere pädagogische Mittel ohne Erfolg geblieben sind (§ 24 ThürSchulG); letztlich zielt diese Maßnahme, die freilich stets ultima ratio sein muss, darauf, den Bildungsanspruch des Schulpflichtigen auch dann zu erfüllen, wenn die Eltern bzw. Sorgeberechtigten hierzu nicht in der Lage sind. 8

Auch **behinderte Kinder und Jugendliche** unterliegen der Schulpflicht; sie haben diese, abhängig von der Art und dem Grad ihrer Behinderung, entweder an der allgemeinen Schule als Regelschule oder an einer Förderschule zu erfüllen.[5] 9

3. Beginn, Dauer und Ende der Schulpflicht. Ins Detail gehende verfassungsrechtliche Vorgaben für den **Beginn, die Dauer und das Ende** der Schulpflicht enthält die ThürVerf nicht; daher kommt dem Gesetzgeber insoweit **weitreichende Gestaltungsfreiheit** zu. Aus verfassungsrechtlicher Sicht wird bei der einfachgesetzlichen Ausgestaltung der Schulpflicht allerdings zu beachten sein, dass sie jedenfalls so lange dauern muss, dass die Schüler zu **verantwortungsbewussten Menschen** herangebildet werden können, die in der Lage sind, am Leben in einem modernen Industriestaat teilzunehmen; die Schulpflicht muss mithin so ausgestaltet sein, dass der allgemeine Bildungsanspruch des Schulpflichtigen erfüllt werden und seine inhaltliche Umsetzung erfahren kann. 10

Aufgrund der Weite der verfassungsrechtlichen Vorgaben werden Beginn, Dauer und Ende der Schulpflicht durch das ThürSchulG bestimmt. Danach beginnt die **Vollzeitschulpflicht** für alle Kinder, die am 1. August eines Jahres **sechs Jahre alt** geworden sind, am 1. August desselben Jahres, § 18 Abs. 1 ThürSchulG. Eine vorzeitige Aufnahme in die Schule kann bei Kindern in Betracht kommen, die am 30. Juni eines Jahres mindestens fünf Jahre alt sind; in diesem Fall beginnt die Schulpflicht mit der Aufnahme, § 18 Abs. 2 Satz 3 ThürSchulG. Erforderlich ist in jedem Fall die zum Schulbesuch erforderliche geistige und körperliche Reife, die **sog. Schulreife** des Kindes. Für den Beginn und die Dauer der Vollzeit- 11

5 Vgl. insoweit auch VG Meiningen, ThürVBl 2000, 115, wonach es bei der Erfüllung der Schulpflicht im Bildungsgang der Schule für geistig Behinderte auf die tatsächlichen Schulbesuchsjahre und nicht auf den abstrakten Beginn der Schulpflicht ankommt.

schulpflicht gelten für Kinder mit sonderpädagogischem Förderbedarf die gleichen Bestimmungen wie für andere Kinder.

II. Abs. 2: Die staatliche Schulaufsicht

12 **1. Die Schulaufsicht als Vollrecht.** Abs. 2, wonach das gesamte Schulwesen unter der Aufsicht des Landes steht,[6] nimmt die inhaltlich identische Vorgabe des Art. 7 Abs. 1 GG auf, wonach das gesamte Schulwesen der Aufsicht des Staates unterworfen ist, d. h. öffentliche und private Schule umfasst.[7] Unter der **staatlichen Schulaufsicht**, die letztlich auch als **staatliche Schulverantwortung** zu begreifen ist,[8] wird die **Gesamtheit der staatlichen Befugnisse** zur Organisation, Planung, Leitung und Beaufsichtigung des Schulwesens verstanden,[9] einschließlich der den Lehrern gegenüber bestehenden **Fach- und Dienstaufsicht sowie der Rechtsaufsicht.**[10] Die Schulaufsicht, die auch als **Schulhoheit** bezeichnet wird und in der sich letztlich das schulische Bildungs- Erziehungs- und Integrationsmandat des Staates manifestiert,[11] bringt zum Ausdruck, dass der Freistaat sowohl legislative als auch administrative Bestimmungs- und Gestaltungsbefugnisse gegenüber der Schule besitzt; diese können sich in planenden, leitenden und organisierenden, aber auch in regulierenden, überwachenden, kontrollierenden und sanktionierenden Entscheidungen und Maßnahmen äußern. Insoweit handelt es sich um die **verwaltungsmäßige Leitung und auch Überwachung** des Schulwesens. Unter den Begriff der Schulaufsicht sind mithin sämtliche Angelegenheiten und Maßnahmen zu subsumieren, die die Schule zum Bezugspunkt haben und mit ihr in einem Zusammenhang stehen. Sie erstreckt sich damit sowohl auf **äußere als auch auf innere Schulangelegenheiten.**[12] Letztlich ist die Verankerung der Schulaufsicht in der ThürVerf damit als Ausdruck der **staatlichen Gesamtverantwortung für die schulische Bildung und Erziehung** zu begreifen.[13] Zugleich ist die staatliche Schulaufsicht als Gegenbegriff zur geistigen Schulaufsicht zu verstehen; bei dieser stehen der betreffenden Kirche die entsprechenden Leitungs-, Gestaltungs- und Bestimmungsrechte zu. Auf diese Weise lässt sich die Schulaufsicht des Staates zugleich als Ausdruck wenn auch nicht der Trennung, so aber doch des **Nebeneinander von Staat und Kirche** begreifen.

13 **2. Schulaufsicht im weiteren und engeren Sinn.** Bei genauer Betrachtung ist die Schulaufsicht in einem weiteren und einem engeren Sinn zu begreifen. Während sich die **Schulaufsicht im weiteren Sinn**[14] auf die Schulorganisation, die Lehrpläne, die Bestimmung von Lehr- und Lernzielen, auf die Auswahl der Schulbücher und der Lehrmethoden, auf die Festlegung zentraler Leistungs- und Bewertungsstandards, auf die Ausgestaltung der Schulpflicht, des Schulverhältnisses und die Ausgestaltung der Rechtsstellung der Lehrer bezieht, wird unter **Schulaufsicht im engeren Sinn** die Überwachung der inneren und äußeren Schulangelegenhei-

---

6 Siehe hierzu auch *Jestaedt,* in: HStR VII, § 156 Rn. 38 ff.
7 BVerwGE 90, 1 (11). Vgl. zum Herkommen des Begriffs der „Aufsicht über das gesamte Schulwesen“ *Jestaedt,* in: HStR VII, § 156 Rn. 39.
8 *Jestaedt,* in: HStR VII, § 156 Rn. 38.
9 Vgl. BVerwGE 18, 28; 23, 351 f.
10 Vgl. auch BVerfGE 96, 288 (303).
11 Vgl. *Jestaedt,* in: HStR VII, § 156 Rn. 43.
12 Vgl. etwa *Schmitt-Kammler,* in: Sachs, GG, Art. 7 Rn. 17.
13 *Stern,* in: FS Franz Knöpfle (1996), S. 333 (341).
14 Siehe insoweit auch ThürOVG, ThürVBl 2005, 108 (109), mit Blick auf die Formulierung in § 2 Abs. 2 ThürSchAG.

ten verstanden; insoweit meint der Begriff der Schulaufsicht die Fach-, Dienst- und Rechtsaufsicht. Insoweit beinhaltet der Begriff der Schulaufsicht ein „Vollrecht“ des Staates über die Schulen.[15]

Eine wesentliche Ausformung der **Schulaufsicht im weiteren Sinn** stellt die Be- 14
fugnis zur **Ausgestaltung von Prüfungen** dar. Indes kommt in diesem Zusammenhang dem **Vorbehalt des Gesetzes,** dem **Grundsatz der Verhältnismäßigkeit** sowie insbesondere den Anforderungen der **Wesentlichkeitstheorie** besondere Bedeutung zu.[16] Letztere hat die Vorgabe zum Inhalt, dass für die Grundrechtsverwirklichung wesentliche Regelungen im Schulbereich durch den Gesetzgeber selbst getroffen werden müssen, nicht hingegen von der Schulverwaltung getroffen werden dürfen. Dies gilt namentlich im Hinblick auf die schulische Organisation betreffende **Grundentscheidungen,** wie etwa die Einführung und Ausgestaltung einer Förderstufe, des Kurssystems für die Oberstufe oder die Einführung einer integrierten Gesamtschule.[17] Auch die Voraussetzungen für die Errichtung, die Auflösung und die Zusammenlegung von Schulen sind durch Gesetz festzulegen, ebenso die Ausgestaltung des Status der Schüler im Schulverhältnis, insbesondere im Hinblick auf die Festlegung der Schulpflicht.[18] In gleicher Weise gilt dies für die Ausgestaltung der schulischen Selbstverwaltung.[19] Auch Ordnungsmaßnahmen gegenüber Schülern unterfallen der staatlichen Schulaufsicht, bedürfen freilich gesetzlicher, im Einzelnen durch Rechtsverordnung konkretisierbarer Ausformung.[20]

Die **Schulaufsicht im weiteren Sinn** umfasst zudem die Befugnis, **Ausbildungs-** 15
gänge und Unterrichtsziele festzulegen. Hiervon ist die Option umschlossen, auf gesetzlicher Grundlage und ohne Zustimmung der Eltern die Sexualerziehung in Form eines **Sexualkundeunterrichts** in der Schule durchzuführen. Freilich muss dieser Sexualkundeunterricht für die verschiedenen Wertvorstellungen offen sein und Rücksicht auf das natürliche Erziehungsrecht der Eltern, insbesondere auf deren religiöse oder weltanschauliche Überzeugungen, nehmen, jedoch nur, soweit diese für das Gebiet der Sexualität von Bedeutung sind.[21]

Demgegenüber umschließt die **Schulaufsicht im engeren Sinn** die Überwachung 16
der **inneren und äußeren Schulangelegenheiten,** mithin die **Fach-, Dienst- und Rechtsaufsicht.**[22] Dabei zielt die Fachaufsicht über die Unterrichts- und Erziehungsarbeit der Schüler und der Lehrer auf die **Einhaltung der einschlägigen rechtlichen Vorgaben,** insbesondere der Schulgesetze und Schulordnungen sowie einschlägiger Verwaltungserlasse. Die Schulaufsicht im engeren Sinn ist durch die Maßgabe legitimiert, dass Unterricht und Erziehung weder inhaltlich noch

15 *Schmitt-Kammler,* in: Sachs, GG, Art. 7 Rn. 17. Siehe zum Umfang der Schulaufsicht auch *Bott,* LKV 1992, 221 (222 ff.).

16 Vgl. etwa BVerfGE 47, 46, (78 f.); 58, 257 (268 ff.); 98, 218 (251 f.); NVwZ-RR 2001, 311 (313); Siehe auch VerfGH NRW, OVGE 37, 203 (208 f.); NWVBl 1993, 460; Siehe etwa *Robbers,* in: von Mangoldt/Klein/Starck, Art. 7 Rn. 23 ff.; *Niehues,* Schul- und Prüfungsrecht, 3. Aufl., 2000, Rn. 96 ff.

17 Vgl. etwa BVerfGE 34, 165 (192 f.); 45, 400 (417 f.); 53, 185 (204); VerfGH NW, OVGE 37, 203 (209); OVG NRW, RdJB 1977, 77. Siehe auch OVG Hamburg, NordÖR 1999, 112; VG Weimar, NJW 1997, 2403.

18 Vgl. etwa zur Auflösung einer Schule BVerfG, NJW 1980, 35 (37).

19 Siehe BayVerfGH, DVBl. 1995, 419 (420); *Stern,* in: FS Frank Knöpfle (1996), S. 333 (342 f.).

20 BVerwG, NVwZ 1998, 859; OVG NRW, NJW 1976, 725 (726).

21 Näher hierzu BVerfGE 47, 46 (82).

22 Vgl. etwa *Robbers,* in: von Mangoldt/Klein/Starck, Art. 7 Rn. 67.

methodisch zu Beanstandungen Anlass geben und den verfassungsrechtlichen Anforderungen gemäß gestaltet sind. Es soll mit anderen Worten durch die Fachaufsicht sichergestellt werden, dass der Unterricht und die schulische Erziehung nicht nur den fachlich-inhaltlichen Anforderungen und den fachdidaktischen Vorgaben, sondern zugleich den verfassungsrechtlichen Vorgaben entsprechen. Dabei ist freilich stets der **pädagogische Gestaltungsspielraum und die pädagogische Eigenverantwortung der Lehrer** zu wahren.

17 Von der Schulaufsicht im engeren Sinn wird auch die **Dienstaufsicht** umschlossen, mithin die Aufsicht über das Lehr- und das sonstige pädagogische Personal der Schulen. Die Dienstaufsicht dient dazu, die **Einhaltung der dienstlichen Pflichten der Lehrer sicherzustellen**, insbesondere das auch in der Schule geltende **staatliche Neutralitätsgebot** zu wahren und zu verhindern, dass der Unterricht für unterrichtsfremde Zwecke missbraucht wird, etwa für einseitige politische Werbung oder für religiöse Indoktrination. Bei einem Verstoß gegen das staatliche Neutralitätsgebot oder andere, für die Lehrer verbindliche rechtliche Vorgaben hat die Dienstaufsicht einzuschreiten.

18 Umfasst von der Schulaufsicht im engeren Sinn ist zudem die **Rechtsaufsicht**; diese bezieht sich vor allem auf die **Schulverwaltungstätigkeit nichtstaatlicher Schulträger**. Bedeutsam ist die Rechtsaufsicht namentlich im Hinblick auf **kommunale Schulträger**, die im Rahmen der kommunalen Selbstverwaltung im Zusammenhang mit den **äußeren Schulangelegenheiten** Verantwortung tragen, insbesondere im Hinblick auf Gebäude, die Innenausstattung der Gebäude und die Lehrmittel. Eine Überprüfung der Zweckmäßigkeit des Handelns kommunaler Schulträger scheidet insoweit aus.

III. Die Mitwirkung von Sorgeberechtigten, Schülern und Lehrern

19 Die in Abs. 3 angesprochene **Partizipation** von Eltern, anderen Sorgeberechtigten, Lehrern und Schülern im schulischen Bereich lässt sich als Verankerung der institutionellen Garantie der Mitwirkung dieses Personenkreises an der Gestaltung des Schulwesens sowie des Lebens und der Arbeit an der Schule begreifen. Dabei lässt der Begriff der Mitwirkung hinreichend Spielraum für gesetzgeberische Ausgestaltung, da er diffus und **vage** ist; konkrete Ausformungen der Mitwirkung lassen sich dem Begriff jedenfalls auch im Wege der Auslegung nicht entnehmen. Dass die aus der verfassungsrechtlichen Verankerung des Partizipationsgrundsatzes zu destillierenden Mitwirkungsrechte der Betroffenen weitreichender legislativer Konkretisierung zugänglich sind, ergibt sich aber auch aus der weiten Formulierung „Gestaltung des Schulwesens sowie des Lebens und der Arbeit in der Schule". Umschlossen von der Partizipation können daher auch Angelegenheiten sein, die das Schulwesen als Gesamtes betreffen; die Norm stellt mit anderen Worten klar, dass sich die Mitwirkung von Eltern, Sorgeberechtigten, Schülern und Lehrern **nicht nur auf die unterste Ebene**, mithin die konkrete Schule zu fokussieren hat, sondern weit darüber hinaus reichen kann, freilich stets nur im Rahmen der gesetzlichen Ausgestaltung.

20 **1. Die Mitwirkung der Eltern und Sorgeberechtigten.** Besondere Bedeutung im Rahmen der schulischen Partizipation kommt aus nahe liegenden Gründen der **Mitwirkung der Eltern** bzw. derjenigen Personen zu, denen nach bürgerlichem

Recht die Sorge für die minderjährigen Schüler obliegt.[23] Ihnen gleichgestellt sind Personen, denen die Erziehung minderjähriger Kinder durch Rechtsvorschrift oder Vertrag ganz oder teilweise übertragen ist, vgl. § 17 ThürSchulO. Einfachgesetzlich umgesetzt ist die verfassungsrechtliche Vorgabe der Elternmitwirkung in der Weise, dass die Eltern bzw. die Sorgeberechtigten die **Klassen- und Kurselternsprecher wählen**, aus denen dann die **Schulelternvertretung** gebildet wird (vgl. § 32 ThürSchulG, §§ 22 ff. ThürSchulO). Aus dem Kreis der Vorsitzenden der Schulelternvertretungen jeder Grundschule, jeder Regelschule, jedes Gymnasiums und jeder Gesamtschule des Zuständigkeitsbereichs eines Schulamts werden sodann die **Kreiselternsprecher für die jeweilige Schulart** gewählt; die Kreiselternsprecher eines örtlichen Zuständigkeitsbereichs und ihre Stellvertreter bilden die gemeinsame **Kreiselternvertretung** der jeweiligen Schulart (§ 27 ThürSchulO). Die Kreiselternsprecher und ihre Stellvertreter nehmen die Aufgaben der Elternmitwirkung auf Schulamtsebene wahr, § 27 Abs. 5 ThürSchulO.

Die der Schulelternvertretung obliegenden Aufgaben sind vielfältig. Ihre wesent- 21
liche Aufgabe besteht in der **beratenden Mitwirkung in Angelegenheiten, die für die Schule von allgemeiner Bedeutung** sind; dabei steht die Verwirklichung der Erziehungsziele wie auch die Durchsetzung der Eltern- und Kinderinteressen im Vordergrund der elterlichen Mitwirkung, zugleich aber auch die Herausbildung und dauerhafte Sicherung eines Vertrauensverhältnisses zwischen den Eltern und den Lehrern (vgl. § 25 ThürSchulO). Daneben kommt der Schulelternvertretung das Recht zu, mit **Anregungen und Vorschlägen** an die Schulleitung, das Schulamt und den Schulträger heranzutreten (§ 26 ThürSchulO). Verfassungsrechtlich dürfte mit Blick auf das grundrechtlich abgesicherte elterliche Erziehungsrecht insbesondere den **Informationsrechten** der Eltern grundlegende Bedeutung zukommen, nicht zuletzt deshalb, weil diesen neben der Schule die Aufgabe der Erziehung und Bildung ihrer Kinder verfassungsrechtlich zugewiesen ist (vgl. Art. 21 ThürVerf).[24] Zudem folgt aus dem elterlichen Erziehungsrecht das Recht auf eine hinreichende Information und Unterrichtung im Hinblick auf die **schulische Entwicklung und die schulischen Leistungen** des Kindes (vgl. § 31 ThürSchulG, § 18 ThürSchulO). Darüber hinaus steht den Eltern auch ein Informations- und Unterrichtungsrecht über bedeutsame Vorgänge in der Schule zu, namentlich solche, die den Inhalt der schulischen Arbeit betreffen; dies ist insbesondere dann von Bedeutung, wenn **weltanschauliche oder religiöse Aspekte** oder die **Sexualerziehung** der Schüler in Rede steht.

Zu beachten bleibt insoweit, dass die Elternmitwirkung nicht zu einer fakti- 22
schen Verlängerung des elterlichen Sorgerechts über den Zeitpunkt hinaus führt, zu dem ein Schüler volljährig wird.

2. Die Mitwirkung der Schüler. Neben den Eltern und Sorgeberechtigten ge- 23
währt Abs. 3 auch den Schülern ein Mitwirkungsrecht. Die **Schülermitwirkung** lässt sich als auf **Ausfluss der Schülergrundrechte in der schulischen Sphäre** begreifen, deren Ausformung durch das Demokratie- und das Sozialstaatsprinzip flankiert wird.[25] Wie bei der Elternmitwirkung, so sind freilich auch insoweit

23 Vgl. insoweit auch BVerfGE 59, 360 (390 ff.) zum Hospitationsrecht der Erziehungsberechtigten.
24 Siehe insoweit auch BVerfGE 59, 360 (390).
25 Vgl. zu der Diskussion: Schule im Rechtsstaat, Entwurf für ein Landesschulgesetz – Bericht der Kommission Schulrecht des Deutschen Juristentages, München 1981, S. 344 ff.

die verfassungsrechtlichen Vorgaben weitmaschig. Man wird der ThürVerf lediglich die Vorgabe entnehmen können, dass der Gesetzgeber eine partizipatorische Grundstruktur der schülerischen Mitwirkung verwirklichen, den Schülern hingegen keine konkreten Mitbestimmungsrechte einräumen muss. Dies bedeutet zugleich, dass dem Gesetzgeber ein **weiter Gestaltungsspielraum** zukommt und er aus verfassungsrechtlicher Sicht nicht gehindert ist, verschiedene Formen der Schülermitwirkung zu verwirklichen bzw. zwischen solchen zu wechseln. Insbesondere kann er für einzelne Mitwirkungsbereiche unterschiedliche Mitwirkungsformen vorsehen.

24 Ihre Umsetzung haben diese verfassungsrechtlichen Vorgaben im ThürSchulG sowie in der ThürSchulO gefunden; § 28 ThürSchulG sowie §§ 8 ff. ThürSchulO gestalten die Mitwirkung der Schüler am schulischen Leben näher aus, freilich in einer Art und Weise, die über das verfassungsrechtlich Geforderte erkennbar hinausgeht.

25 **3. Die Mitwirkung der Lehrer.** Auch die in Abs. 3 vorgesehene Mitwirkung der Lehrer ist gesetzlich näher ausgeformt, vgl. § 37 ThürSchulG, § 30 ff. ThürSchulO. Von Bedeutung ist insoweit insbesondere die der **Lehrerkonferenz** zugewiesene Aufgabe, über alle **wichtigen Fragen der Erziehungs- und Unterrichtsarbeit** der Schule zu beraten und zu beschließen. Dabei ist die Mitwirkung der Lehrer stets an die Vorgabe gebunden, den Grundsatz der **religiös-weltanschaulichen Neutralität**, dem auch die Schule unterworfen ist, zu wahren.

Artikel 24 [Schulen]

(1) Das Land gewährleistet ein ausreichendes und vielfältiges öffentliches Erziehungs- und Schulwesen, das neben dem gegliederten Schulsystem auch andere Schularten ermöglicht.

(2) In den öffentlichen Schulen werden die Schülerinnen und Schüler gemeinsam und ungeachtet des Bekenntnisses und der Weltanschauung unterrichtet.

(3) [1]Der Unterricht an öffentlichen Schulen ist unentgeltlich. [2]Die Finanzierung von Lern- und Lehrmitteln regelt das Gesetz.

Vergleichbare Regelungen

Art. 14 BWVerf; Art. 129 Abs. 2 , 132 BayVerf; Art. 30 Abs. 3 und 5 BbgVerf; Art. 31 BremVerf; Art. 56 Abs. 2, 59 Abs. 1 HessVerf; Art. 15 Abs. 2 Satz 1, Abs. 5 M-VVerf; Art. 9, 10 Verf NW; Art. 27 Abs. 3 SaarlVerf; Art. 101 Abs. 2 Satz 2, 102 Abs. 4 SächsVerf; Art. 26 Abs. 1 und 2 LVerf LSA; Art. 8 Abs. 3 SchlHVerf; Art. 14 Abs. 2 EU-GRCh.

Ergänzungsnormen im sonstigen thüringischen Recht

§§ 3 ff., 16 ThürSchulG v. 06.08.1993 (ThürGVBl. S. 445) idF. der Bek. v. 30.04.2003 (ThürGVBl. S. 238) zuletzt geändert durch Gesetz v. 31.01.2013 (ThürGVBl. S. 22); Thüringer Lern- und Lernmittelverordnung (ThürLLVO) v. 31.03.2004 (ThürGVBl. S. 432) zuletzt geändert durch Verordnung v. 18.06.2009 (ThürGVBl. S. 543); § 23 ThürSchfTG v. 20.12.2010 (ThürGVBl. S. 522); Thüringer Gesetz über die Finanzierung staatlicher Schulen (ThürSchFG) v. 21.07.1992 (ThürGVBl. S. 366) idF. der Bek. v. 30.04.2003 (ThürGVBl. S. 258) zuletzt geändert durch Gesetz v. 31.01.2013 (ThürGVBl. S. 22).

Dokumente zur Entstehungsgeschichte

Art. 31, 33 VerfE CDU; Art. 24 VerfE F.D.P.; Art. 33 VerfE SPD; Art. 28 VerfE LL/PDS; Entstehung ThürVerf S. 69 ff.

Literatur

Detlef Czybulka, Rechtsprobleme des Schulfinanzierungsrechts, 1993; *Michael Edinger:* Staatszielbestimmungen als Gegenstand der Verfassungsgebung in Thüringen, in: Schmitt,

S. 101, 120, 332 f.; *Frank-Rüdiger Jach*, Schulvielfalt als Verfassungsgebot, 1991; *Matthias Jestaedt*, Schule und außerschulische Erziehung, in: HStR VII, § 156; *Ulrich Rommelfanger*, Die Verfassung des Freistaats Thüringen des Jahres 1993, ThürVBl 173 (177 f.); *Claudio Fuchs*, Thüringer Staatskirchenrecht, ThürVBl 1995, 145 (148).

Leitentscheidungen des BVerfG

BVerfGE 34, 165 (Förderstufe); 41, 29 (Pluralität und Freiheit der Schulorganisation); 93, 1 (Kreuz im Klassenzimmer).

A. Überblick

1 Die Norm statuiert **wesentliche Grundlagen** für die Ausgestaltung des Schulwesens im Freistaat und nimmt Bezug auf das in Art. 20 ThürVerf formulierte **Staatsziel Bildung**. So zielt die Vorgabe, dass ein differenziertes und **vielfältiges öffentliches Schulwesen** bereitzuhalten ist, darauf, dass jedem Schüler eine seinen Neigungen und Begabungen angemessene und diesen entsprechende schulische Erziehung und Bildung vermittelt werden kann. Auf diese Weise soll nicht **nur individuellen Bildungsbedürfnissen** Rechnung getragen werden, sondern sollen die Schüler im Freistaat zugleich in die Lage versetzt werden, in einer hochtechnisierten Gesellschaft bestehen und ihren Platz finden zu können. Indes zielt die Bestimmung nur auf das öffentliche Erziehungs- und Schulwesen; das Recht zur Errichtung von Schulen in freier Trägerschaft hat seinen Standort in Art. 26 ThürVerf.

2 Darüber hinaus stellt die Norm Weichen im Hinblick auf die **Ausgestaltung des Schulaufbaus**. Dabei wird das **gegliederte Schulsystem**[1] von der Verfassung als **Regelfall** anerkannt, auch wenn dieses durch weitere Schultypen ergänzt werden kann. Der Schulaufbau im Freistaat[2] ist dadurch gekennzeichnet, dass sich an die die Grundschule umfassende **Primarstufe** die **Sekundarstufe I** anschließt, die die Klassen 5 bis 10 umfasst, und durch die Regelschule, die in Thüringen die Haupt- und Realschule zusammenfasst, die Gemeinschaftsschule und das Gymnasium gebildet wird. Dem schließt sich die auf der Sekundarstufe I aufbauende, auf das Studium an einer wissenschaftlichen Hochschule oder auf einen Beruf vorbereitende **Sekundarstufe II** an. Die Sekundarstufe II kennt das Gymnasium, die berufliche Vollzeitschule und die duale, betrieblich-schulische Ausbildung. Flankiert wird dieses gegliederte Schulsystem durch die die Klassenstufen 1 bis 12 umfassende Gemeinschaftsschule und die Gesamtschule, die die Klassenstufen 5 bis 10 umfasst und mit einer dreijährigen gymnasialen Oberstufe verbunden sein kann. Diese Ausgestaltung des Schulwesens ist von der **Gestaltungsfreiheit** des Gesetzgebers gedeckt.

3 Schließlich flankiert die in Abs. 3 statuierte **Unentgeltlichkeit** des Unterrichts das in Art. 20 ThürVerf formulierte Staatsziel des Rechts auf Bildung.

1 Siehe hierzu *Niehues/Rux*, Schul- und Prüfungsrecht, 4. Aufl., 2006, Rn. 776 ff.
2 Siehe insoweit §§ 4 ff. ThürSchulG. Vgl. auch den Überblick bei *Avenarius*, Einführung in das Schulrecht, 2001, S. 13 ff.

B. Herkunft, Entstehung und Entwicklung

4 In der Verfassung des Landes Thüringen aus dem Jahr 1921 waren Aussagen zum Schulwesen nicht enthalten. Hingegen enthielten die Art. 69 ff. der **Verfassung des Landes Thüringen vom 20.12.1946** zahlreiche **Bestimmungen zur „Volksbildung"**. So erfolgte nach Art. 69 Abs. 2 die öffentliche Erziehung durch eine für Knaben und Mädchen gleiche organisch gegliederte Einheitsschule mit demokratischem Schulsystem auf der Grundlage der allgemeinen Schulpflicht. Art. 70 Abs. 1 Satz 1 sah vor, dass die allgemeine Schulpflicht durch den Besuch der Grundschule erfüllt wird. Aufgrund von Art. 70 Abs. 2 Satz 2 erfolgte die systematische Weiterbildung nach Beendigung der Grundschule in der Berufs- oder Fachschule, in der Oberschule und in anderen Bildungseinrichtungen.

5 In den **Verfassungsberatungen** zur Ausarbeitung der Thüringer Verfassung wurden verschiedene Vorschläge zur Schulausbildung und Schulorganisation letztendlich in der Bestimmung des Art. 24 ThürVerf zusammengefasst. Beratungsschwerpunkte waren das gegliederte Schulsystem und andere Schularten;[3] insoweit waren deutliche Meinungsunterschiede vorhanden. Demgegenüber war die Verankerung der Unentgeltlichkeit des Unterrichts unstreitig. Auch bestand Einigkeit darüber, dass Lern- und Lehrmittelfreiheit grundsätzlich gewährt werden soll; allerdings wurde es als sinnvoll erachtet, durch die Aufnahme des Gesetzesvorbehalts die letztendliche Entscheidung hierüber in die Hände des Gesetzgebers zu legen, um diesem hinreichend Gestaltungsspielraum über den Umfang der Lern- und Lehrmittelfreiheit zu gewähren. Es könne nicht, so wurde vorgebracht, über eine erhebliche Menge an Haushaltsmitteln verfügt werden;[4] zudem wollte man sich mit Blick auf bestimmte finanzpolitische Erfordernisse ein „Auf-Null-Fahren" offenhalten[5] – was in Zeiten knapper öffentlicher Kassen durchaus als eine vorausschauende Entscheidung bewertet werden kann.

C. Verfassungsvergleichende Information

6 Die Ausgestaltung des Schulwesens in sämtlichen Bundesländern folgt ähnlichen Mustern. Das Schulwesen in Deutschland ist mithin durch weitgehend übereinstimmende strukturelle und organisatorische Leitlinien gekennzeichnet, obgleich es sich insoweit um eine der wenigen, den Ländern noch zur eigenständigen Regelung verbliebenen und substantiellen Materien handelt. Kennzeichnend ist nach dieser die Ausgestaltung in den Bundesländern kennzeichnenden Leitlinie die Gliederung des Schulwesens in allgemeinbildende und berufsbildende Schulen. Während die **allgemeinbildenden Schulen** nicht auf die Verwirklichung eines unmittelbaren Berufsziels gerichtet sind, sondern allgemeine Kenntnisse und eine allgemeine Bildung vermitteln, zielen die **berufsbildenden Schulen** darauf, neben der allgemeinen Bildung eine qualifizierte fachliche Ausbildung zu vermitteln. An dieser Ausgestaltung hat sich auch der Freistaat Thüringen orientiert und diese im ThürSchulG festgeschrieben.

3 Entstehung ThürVerf S. 72.
4 So der Abg. *Lippmann*, zitiert nach: Entstehung ThürVerf S. 72.
5 Abg. *Lippmann*, zitiert nach: Entstehung ThürVerf S. 72.

Auch die **Lern- und Lehrmittelfreiheit** ist in den meisten Schulgesetzen der Länder[6] und teilweise auch in den Landesverfassungen[7] festgeschrieben. Die jeweiligen Regelungen bestimmen, dass entweder das Land die Kosten der Lernmittelfreiheit zu tragen hat[8] oder aber der Schulträger,[9] der dann seinerseits staatliche Zuwendungen erhält.[10] 7

D. Erläuterungen

I. Abs. 1

Die Vorgabe, dass das Land ein **ausreichendes und vielfältiges öffentliches Erziehungs- und Schulwesen** gewährleistet, das neben dem **gegliederten Schulsystem** auch **andere Schularten** ermöglicht, lässt sich als verfassungsrechtliche Vorgabe zur **Wahrung der Pluralität und Freiheitlichkeit der Schulorganisation** im Freistaat interpretieren,[11] die ihre Wurzeln im **Demokratieprinzip** wie auch in den **Grundrechten von Schülern und Eltern** findet. Diese Schulorganisation muss sicherstellen, dass alle Kinder und Jugendlichen ihre Begabungen, Befähigungen, Interessen und Neigungen entfalten können;[12] ihnen muss mithin eine ihrer Persönlichkeit angemessene schulische Erziehung zukommen.[13] Der Freistaat hat daher ein schulisches Bildungsangebot zu unterbreiten und zu unterhalten, das in der Lage ist, die schulpflichtigen Kinder zu **verantwortungsbewussten und selbstverantwortlichen Mitgliedern der Gesellschaft** heranzubilden. Indes wird dem Freistaat nicht abverlangt, ein Angebot bereitzustellen, dass jeder einzelnen Begabung und Neigung vollumfänglich Rechnung trägt. Insbesondere besteht **kein Anspruch** des Einzelnen auf den Besuch einer ganz bestimmten Schule und deren Fortbestand[14] oder gar auf Einführung eines bestimmten Schultyps. 8

In der Ausgestaltung der diesen Vorgaben Rechnung tragenden Schulorganisation kommt dem Gesetzgeber **weitreichende Freiheit** zu. Dem Verfassungstext lässt sich lediglich die Vorgabe entnehmen, dass das Schulsystem **„ausreichend" und „vielfältig"** und zudem offen für andere Schularten zu sein hat. Dabei wird das erste Kriterium in dem Sinn zu verstehen sein, dass das Schulsystem bei einer Gesamtbetrachtung in der Lage sein muss, Bildung als solche zu vermitteln, ohne freilich jedem individuellen Anspruch zur Gänze gerecht werden zu müs- 9

6 Vgl. § 94 SchulGBW; Art. 21 Abs. 1 BaySchFG; § 50 BerSchulG; § 111 BbgSchulG; § 153 Abs. 1 HSchG; § 54 Abs. 2 SchulG M-V; § 96 SchulG-NRW; § 70 SchulG RPF; § 38 Abs. 1 SächsSchulG; § 13 Abs. 1 SchulGSH; § 44 ThürSchulG; anders aber in Hamburg, im Saarland, Sachsen-Anhalt und auch in Niedersachsen, vgl. z.B. RdErl. d. MK v. 11.3.2005 – 36.4 – 81 611 „Entgeltliche Ausleihe von Lernmitteln".

7 Art. 14 Abs. 2 S. 1 BWVerf; Art. 30 Abs. 5 S. 3 BbgVerf; Art. 31 Abs. 3 BremVerf; Art. 59 Abs. 1 S. 2 HessVerf; Art. 9 Abs. 2 Verf NW; Art. 102 Abs. 4 S. 1 SächsVerf.

8 § 153 Abs. 1 S. 1 HSchG; § 70 Abs. 5 S. 4 Hs. 2 SchulG RPF; § 44 Abs. 3 S. 1 ThürSchulG; anders strukturiert in den Stadtstaaten mit Lehrmittelfreiheit, vgl. § 109 BerSchulG; §§ 3 f. BremSchVwG.

9 § 94 Abs. 1 S. 1 SchulGBW; Art. 21 Abs. 2 BaySchFG; § 110 Abs. 2 Nr. 4 BbgSchulG; § 54 Abs. 3 Satz 1 SchulG M-V; § 96 Abs. 1 SchulG-NW; § 70 Abs. 5 RPSchulG; § 38 Abs. 2 SächsSchulG; § 13 Abs. 4 SchulGSH.

10 Vgl. § 17 FAGBW; Art. 22 Abs. 1 BaySchFG; § 54 Abs. 3 S. 2 SchulG M-V; § 70 Abs. 5 RPSchulG.

11 Vgl. insoweit auch BVerfGE 34, 184; 41, 48 ff.; 47, 73 ff.

12 Vgl. BVerfGE 26, 283.

13 Vgl. zum Übertritt auf das Gymnasium VG Gera, LKV 1997, 293.

14 So VG Meiningen, ThürVBl 2007, 39 (41), im Zusammenhang mit dem Persönlichkeitsrecht des einzelnen Schülers.

sen; damit ist zugleich das Kriterium der **Realisierbarkeit** und angesichts der demographischen Entwicklung insbesondere auch der **Finanzierbarkeit** angesprochen.

10 **„Ausreichend"** als Kriterium verlangt dem Gesetzgeber mithin nicht das Angebot eines **umfassend individualisierten Schulwesens** ab; das Bildungsangebot im Freistaat aber ausschließlich am Maßstab der Finanzierbarkeit auszurichten, würde nicht zuletzt im Hinblick auf die Verankerung des Rechts auf Bildung in Art. 20 ThürVerf, der Statuierung der Erziehungs- und Bildungsziele in Art. 22 ThürVerf und des in Art. 21 ThürVerf verankerten elterlichen Erziehungsrechts eine unzulässige, lediglich durch finanzielle Erwägungen gesteuerte Engführung der Norm bedeuten.

11 Das Kriterium der **Vielfältigkeit** wird man hingegen in der Weise zu verstehen haben, dass das Schulwesen **verschiedenen Bildungsansprüchen** gerecht werden muss. Die Verfassung verlangt damit ein Schulwesen, das individualisierte Bildungsangebote bereithält, ohne das für jeden Schüler ein hundertprozentig passgenaues schulisches Angebot offeriert werden muss. Letztlich lässt sich die Bestimmung daher als **verfassungsrechtliches Gebot schulischer Individualisierung** begreifen, freilich stets im Rahmen der Finanzierbarkeit.

12 Dieses **hohe Maß an Individualisierung**, das die ThürVerf mit Blick auf die Bildungsangebote als Bildungsstandard im Freistaat Thüringen verfassungsrechtlich einfordert und absichert, wird durch die Vorgabe erweitert, dass neben dem gegliederten Schulsystem auch **andere Schularten** möglich sein sollen.[15] Zwar erklärt die Verfassung das **gegliederte Schulsystem zum Regelfall** („neben dem gegliederten Schulsystem"); sie lässt aber keinen Zweifel daran, dass der Gesetzgeber darüber hinaus hinreichend Raum lassen muss für eine Diversifizierung der schulischen Bildungsangebote. Der Verfassungsgeber hat sich damit für die Festschreibung der überkommenen Ausgestaltung des Schulsystems entschieden, ohne freilich den Schulgesetzgeber ungebührlich zu beschneiden; vielmehr hat er diesem durch die Option, „andere Schularten" zu ermöglichen, die Teilhabe an bildungspolitischen Entwicklungen offengehalten., so dass von einer „verfassungsrechtlichen Zementierung tatsächlicher Verhältnisse" nicht gesprochen werden kann.[16] Schulorganisatorische Neuerungen werden mithin durch Art. 24 ThürVerf nicht ausgeschlossen, wie etwa die im ThürSchulG ausgeformte **Gesamtschule.**[17] Gerade im Hinblick auf die Vorgabe der Vielfältigkeit des öffentlichen Erziehungs- und Schulwesens wird man der Bestimmung daher eine weitreichende **Offenheit für neue schulpolitische Entwicklungen** attestieren müssen.[18] Die ThürVerf hält auf diese Weise die Tür offen für eine dynamische **Weiterentwicklung des Schulwesens,** zumal von der staatlichen Schulaufsicht ohnehin auch die Planung und Erprobung neuer Inhalte und Formen des Schulunter-

15 Hierzu auch *Kulke*, LKV 1993, 161 (162).

16 Diese Kritik von *Hopfe,* in: Linck/Jutzi/Hopfe Art. 24 Rn. 4, wonach die Festschreibung des gegliederten Schulsystems Handlungsspielräume bei der Schulgesetzgebung beschneidet und in gewisser Weise die Teilhabe an bildungspolitischen Entwicklungen versperrt, vermag angesichts der verfassungsrechtlichen Offenheit für neue schulpolitische Entwicklungen daher nicht zu überzeugen.

17 Vgl. § 4 Abs. 1 Satz 2 ThürSchulG, wonach bei Bedarf eine Gesamtschule erreichtet werden kann, wenn daneben das Angebot an allgemein bildenden Schulen im gegliederten Schulsystem gewährleistet ist.

18 Siehe insoweit auch die in § 12 ThürSchulG enthaltenen Vorgaben für Schulversuche; danach soll durch Schulversuche die Weiterentwicklung de Schulwesens gefördert werden.

richts umfasst ist;[19] ungeachtet dessen statuiert Art. 24 Abs. 1 ThürVerf als verfassungsrechtliche Grenze möglicher Neuerungen jedenfalls die Aufrechterhaltung eines ausreichenden und vielfältigen Erziehungs- und Schulwesens in der Regelausformung eines gegliederten Schulsystems. Vor diesem Hintergrund stieße jedenfalls die flächendeckende Einführung von das gegliederte Schulsystem ersetzenden Gesamtschulen auf grundlegende, letztlich nicht zu überwindende verfassungsrechtliche Bedenken.

Das gegliederte Schulsystem im Freistaat folgt in seiner gesetzlichen Ausgestal- 13
tung überkommenen, auch in anderen Bundesländern praktizierten Mustern, wobei Änderungen aufgrund des Vorbehalts des Gesetzes stets einer gesetzlichen Grundlage bedürfen. Es kennt in seiner Differenzierung als Schularten die **Grundschule**, die den Primarbereich abdeckt, die die Klassenstufen 5 bis 10 umfassende **Regelschule**, die eine allgemeine und berufsvorbereitende Bildung vermittelt und zugleich die Voraussetzung für eine qualifizierte berufliche Tätigkeit oder den Übergang in weiterführende Bildungsgänge schafft, die **Gemeinschaftsschule**, die die Klassenstufen 1 bis 12 umfasst, sowie das **Gymnasium** mit den Klassenstufen 5 bis 12, das die für ein Hochschulstudium vorausgesetzte vertiefte allgemeine Bildung vermittelt oder auf eine sonstige berufliche Ausbildung vorbereitet. Darüber hinaus kennt das gegliederte Schulsystem im Freistaat die **berufsbildenden Schulen** mit den Schulformen der Berufsschule, der Berufsfachschule, der Höheren Berufsfachschule, der Fachoberschule, dem beruflichen Gymnasium, den Fachschulen und berufsbildenden Schulteilen bzw. Klassen für Schüler mit sonderpädagogischem Förderbedarf sowie Förderberufsschulen, des Weiteren das Kolleg sowie die **Förderschulen** (vgl. § 4 ThürSchulG); letztere haben im Thüringer Förderschulgesetz eine eigene Regelung erfahren.

Die im Gesetz enthaltene Vorgabe, dass bei einem **entsprechenden Bedarf** eine 14
Gesamtschule errichtet werden kann, wenn daneben das Angebot an allgemein bildenden Schulen im gegliederten Schulsystem gewährleistet ist (§ 4 Abs. 1 Satz 2 ThürSchulG), setzt die verfassungsrechtliche Vorgabe des Art. 24 Abs. 1 ThürVerf um, wonach neben dem gegliederten Schulsystem auch andere Schularten möglich sein müssen; dass hierfür ein Bedarf erforderlich ist, wie in § 4 Abs. 1 Satz 2 ThürSchulG vorgesehen, ist verfassungsrechtlich jedenfalls nicht gefordert. Die Gesamtschule umfasst als weiterführende Schule der Sekundarstufe I die Klassenstufen 5 bis 10 (vgl. § 4 Abs. 12 Satz 1 ThürSchulG), woran deutlich wird, dass diese die verschiedenen Schularten des überkommenen gegliederten Schulsystems organisatorisch wie inhaltlich zusammenfasst; damit verschwimmt freilich, jedenfalls zum Teil, der Unterschied zur Gemeinschaftsschule. **Gesamtschulen** können **integrativ oder kooperativ** geführt werden. Dabei werden bei den sog. kooperativen bzw. additiven Gesamtschulen[20] verschiedene Schularten gemeinsam untergebracht und geführt, während hingegen bei den sog. integrierten Gesamtschulen[21] die Grenzen zwischen den verschiedenen weiterführenden Schulen aufgehoben werden; diese Schularten werden mit anderen Worten miteinander verschmolzen.

19 Vgl. BVerwG, NJW 1976, 864 = DVBl. 1976, 635, m. Anm. *Voigt*.
20 Siehe § 148 ThürSchulO.
21 Hierzu §§ 149 f. ThürSchulO.

15 Verfassungsrechtliche Bedenken gegen die Gesamtschule bestehen nicht,[22] auch wenn sie als Schultyp verfassungsrechtlich nicht garantiert ist; zudem besteht ein Anspruch auf Errichtung von Gesamtschulen nicht. Ebenso wenig besteht ein **Abwehranspruch** von Eltern und Schülern gegen die Umwandlung von Schulen des herkömmlichen dreigliedrigen Schulsystems in eine Gesamtschule, zumal es eine verfassungsrechtliche Garantie des Gymnasiums als Schulart nicht gibt.[23]

II. Abs. 2

16 Die Vorgabe, dass in den öffentlichen Schulen die Schülerinnen und Schüler gemeinsam und ungeachtet des Bekenntnisses und der Weltanschauung unterrichtet werden, ist im Sinne nicht nur eines verfassungsrechtlichen Bekenntnisses, sondern einer **institutionellen Garantie der Gemeinschaftsschule**[24] und damit als Votum gegen Bekenntnis- und Weltanschauungsschulen zu verstehen; letztere können freilich als Schulen in privater Trägerschaft errichtet werden. Während Gemeinschaftsschulen ihr Gepräge **losgelöst von einem bestimmten religiösen oder weltanschaulichen Bekenntnis** erlangen,[25] sind unter **Bekenntnis- bzw. Weltanschauungsschulen** Schulen zu verstehen, in denen der Unterricht durch ein religiöses Bekenntnis bzw. eine Weltanschauung geprägt und in diesem Sinne tendenziös ist; dieses Bekenntnis bzw. die Weltanschauung bestimmt das Gepräge der Schule und letztlich auch die Darlegung des Unterrichtsstoffes jedenfalls in den Fächern, in denen dies möglich ist. Obgleich das Grundgesetz die Differenzierungen nach Konfessionen oder Weltanschauungen aufgrund von Art. 7 Abs. 3 und 5 nicht ausschließt, hat der Thüringer Verfassungsgeber in Abs. 2 eine klare Richtungsentscheidung getroffen und sich für die Gemeinschaftsschule und gegen Bekenntnis- und Weltanschauungsschulen ausgesprochen. Mit Blick auf grundrechtliche Ansprüche ist dies deshalb verfassungsrechtlich unproblematisch, weil sich weder aus dem Elternrecht noch aus dem Persönlichkeitsrecht der Schüler ein Anspruch auf Errichtung und Unterhaltung von Schulen einer bestimmten religiösen oder weltanschaulichen Prägung ergibt.

17 In der Konsequenz dieser Entscheidung des Verfassungsgebers, die Gemeinschaftsschule institutionell abzusichern, liegt es, dass der Schulunterricht **religiös und weltanschaulich neutral** ausgestaltet sein muss und nicht tendenziös sein darf; daher werden die Schüler „ungeachtet des Bekenntnisses oder der Weltanschauung unterrichtet“. Die Schulen haben sich mithin in religiösen und weltanschaulichen Fragen **Zurückhaltung** aufzuerlegen, sie dürfen keinen missionarischen Charakter besitzen. Sie haben über religiöse und weltanschauliche Zusammenhänge zu **informieren**, um ihrem umfassenden Bildungsauftrag gerecht zu werden, dürfen sich selbst aber nicht zum Anwalt und Fürsprecher einer bestimmten Religion oder Weltanschauung machen; auf diese, das **Toleranzgebot** umsetzende Weise wird zugleich eine Beeinträchtigung der Glaubensfreiheit einzelner Schüler ausgeschlossen. Zudem haben die Schulen und insbesondere die Lehrer **Rücksicht auf religiöse und weltanschauliche Empfindungen der Schüler**

22 Vgl. etwa VerfGH NW, NVwZ 1984, 781; HessStGH, NVwZ 1984, 90; VerfGH Saarl., DÖV 1988, 124.

23 Vgl. BVerfGE 53, 185. Anders VGH Kassel, NVwZ 1991, 189, das von einem „Recht auf die Wahl eines gymnasialen Bildungswegs spricht. Hierzu auch *Richter*, NVwZ 1991, 138.

24 Siehe *Hopfe*, in: Linck/Jutzi/Hopfe, Art. 24 Rn. 8.

25 So *Hopfe*, in: Linck/Jutzi/Hopfe, Art. 24 Rn. 7.

zu nehmen; diese Verpflichtung gilt in gleicher Weise für die Schulverwaltung. Auch der das Schulrecht ausgestaltende Gesetzgeber ist insoweit gebunden; daher hat dieser als wesentliches Ziel der Schule die Achtung vor den religiösen und weltanschaulichen Überzeugungen anderer im Gesetz verankert (vgl. § 2 Abs. 1 Satz 4 ThürSchulG). Zudem darf für den Zugang zu den Schularten und den Bildungsgängen weder die Weltanschauung noch die Religion bestimmend sein (§ 1 Abs. 2 ThürSchulG). Mit dieser verfassungsvorgegebenen Ausgestaltung wird dem **Religionsfrieden in der Schule** Vorschub geleistet, da die Schulen aus religiösen und weltanschaulichen Konflikten herausgehalten werden.

Schließlich lässt sich Abs. 2 die Vorgabe entnehmen, dass Schülerinnen und Schüler **gemeinsam** unterrichtet werden sollen. Nach Geschlechtern getrennte Schulen können daher im Freistaat nicht eingerichtet werden. 18

III. Abs. 3

1. Die Unentgeltlichkeit des Unterrichts. In Art. 24 Abs. 3 ThürVerf ist die **Unentgeltlichkeit des Unterrichts** verankert, mithin die **Lernfreiheit.** Kosten des Schulbesuchs, die im Einzelfall u. U. prohibitive Wirkung entfalten könnten, dürfen mithin durch den Freistaat nicht erhoben werden. Darüber hinaus beinhaltet die Unentgeltlichkeit des Unterrichts auch die **Befreiung von Gebühren für Prüfungen.** Indes ist dies in einem modernen Sozialstaat eine bare Selbstverständlichkeit, die zudem durch das **Sozialstaatsprinzip** vorgegeben ist, nicht zuletzt deshalb, weil die Unterrichtsgeldfreiheit zugleich der Verwirklichung der **Chancengleichheit** im Schulwesen dient.[26] Verfassungsrechtlich ist Abs. 3 jedenfalls als **subjektiv-öffentliches Recht** auf Gewährung von Unterrichtsgeldfreiheit zu verstehen.[27] Auch wenn in § 16 ThürSchulG und § 1 Abs. 2 ThürSchFG die Schulgeldfreiheit verankert ist, so verlangt Abs. 3 gleichwohl nicht die Unentgeltlichkeit des gesamten Schulbesuchs;[28] daher ist die Übernahme der Kosten der Schulbeförderung – mithin der Kosten für die Beförderung der Schüler auf dem Schulweg – durch den Freistaat jedenfalls verfassungsrechtlich nicht gefordert, auch wenn es dem Gesetzgeber unbenommen ist, aus sozialstaatlich motivierten Gründen die Übernahme der Beförderungskosten im Gesetz zu verankern. Keinen Bedenken begegnet daher die gesetzliche Ausgestaltung in § 4 Abs. 3 Satz 2 ThürSchFG, wonach ab Klassenstufe 11 bei allgemein bildenden Schulen mit Ausnahme des Kollegs, dem beruflichen Gymnasium und der zweijährigen Fachoberschule sowie derjenigen Berufsfachschulen, die keinen berufsqualifizierenden Abschluss vermitteln, die Eltern, bei volljährigen Schülern die Schüler selbst an den Beförderungskosten beteiligt werden können.[29] 19

2. Lern- und Lehrmittelfreiheit. Im Hinblick auf die **Lern- und Lehrmittelfreiheit**, die von der Unentgeltlichkeit des Schulbesuchs zu unterscheiden ist, hält 20

26 So mit Recht *Hopfe,* in: Linck/Jutzi/Hopfe , Art. 24 Rn. 9.

27 *Hopfe,* in: Linck/Jutzi/Hopfe, Art. 24, Rn. 10.

28 Vgl. ThürOVG, ThürVBl 2002, 110, zu der – im Ergebnis verneinten – Frage, ob Grundschüler, die ihrer Schulpflicht durch den Besuch einer Freien Waldorfschule genügen, in Thüringen einen Anspruch auf Erstattung der ihnen entstehenden (höheren) Beförderungskosten haben, wenn ihnen eine näher gelegene staatliche Grundschule zur Verfügung steht, bei deren Besuch keine oder geringere Beförderungskosten anfallen würden.

29 Nach Auffassung des BayVerfGH, BeckRS 2009, 39968, ist es verfassungsrechtlich nicht zu beanstanden, dass neben Schülern bestimmter öffentlicher Schulen nur den Schülern entsprechender staatlich anerkannter Ersatzschulen ein Anspruch auf kostenfreie Schülerbeförderung eingeräumt wird, nicht hingegen den Schülern genehmigter Ersatzschulen.

sich die Verfassung hingegen mit Aussagen zurück und verweist auf das Gesetz.[30] Die Lern- und Lehrmittelfreiheit umfasst die Befreiung der Eltern bzw. Schüler von den **Kosten** für die Beschaffung der im Unterricht vom einzelnen Schüler **benötigten Lernmittel, insbesondere der Schulbücher**. Sie ist darauf gerichtet, dass auch Schüler aus wirtschaftlich schlechter gestellten Familien in gleichem Maße ihre schulischen Chancen verwirklichen können wie Kinder aus finanziell besser gestellten Familien, und sichert daher die **Chancengleichheit** in der Schule. Die Lern- und Lehrmittelfreiheit trägt mithin dazu bei, dass jedes Kind, unabhängig von den Einkommensverhältnissen der Eltern, sein Recht auf Bildung wahrnehmen kann. Aus diesem Grund wird man von einem **erheblich eingeschränkten Gestaltungsspielraum** des Gesetzgebers im Hinblick auf das **„Ob"** der Lern- und Lehrmittelfreiheit auszugehen haben.[31] Dies gilt insbesondere im Hinblick auf das in Art. 20 Satz 1 ThürVerf verankerte Staatsziel Bildung und das Sozialstaatsprinzip.

21 Der kraft Verfassungsrechts insoweit bestehende Gestaltungsspielraum kann vom Gesetzgeber in der Weise ausgeübt werden, dass das **Land oder aber der Schulträger** die Kosten für die Lern- und Lehrmittel vollständig und auch nur zum Teil übernimmt; dabei kommt auch eine Erstattung des Schulträgers durch das Land in Betracht. Einer **Eigenbeteiligung der Schüler** für die Beschaffung von Schulbüchern, insbesondere in Gestalt eines Büchergeldes, stehen verfassungsrechtliche Gründe jedenfalls nicht entgegen.[32] In der Regel werden die Schulbücher den Schülern jedoch zumeist leihweise – mitunter gegen Entrichtung einer Leihgebühr – für das entsprechende Schuljahr übergeben, wobei aber auch einer Überlassung zu Eigentum keine verfassungsrechtlichen Bedenken entgegen stehen würden. Auch Thüringen ist diesen überkommenen Weg gegangen; die aufgrund von §§ 43 Abs. 5 Satz 1, 44 Abs. 6,[33] 60 Nr. 7 und Satz 2 ThürSchulG erlassene ThürLLVO[34] sieht in ihrem § 12 vor, dass den Schülern die notwendigen Schulbücher, die schulbuchersetzende Lernsoftware und spezifische Lernmittel von den Schulen zur Nutzung zur Verfügung gestellt werden. An den Kosten der Lernmittelfreiheit werden die Eltern und volljährigen Schüler sowie deren Unterhaltsverpflichtete aufgrund von § 12 a ThürLLVO mit einem Eigenanteil, der **sog. Lernmittelpauschale**, beteiligt; dies gilt indes nicht für das erste Schulbesuchsjahr. Die Lernmittelfreiheit umschließt jedoch nur solche Schulbücher, die in dem ministeriellen Zulassungsverfahren nach Maßgabe der ThürLLVO genehmigt worden sind.

30 Zum ähnlich gestalteten Art. 129 Abs. 2 BayVerf, der indes nur die Schulgeldfreiheit zum Inhalt hat, hat der BayVerfGH festgestellt, dass dieser keine Lernmittelfreiheit enthalte, vgl. BayVerfGH, BeckRS 2009, 389974; siehe auch *Meder*, Art. 129 Rn. 4.

31 In diesem Sinn auch ThürOVG, ThürVBl 2007, 108 (110), mit dem Hinweis darauf, dass es widersprüchlich wäre, als Gesetzgeber einerseits den Begriff der „Lernmittelfreiheit" zu verwenden und diese damit zu gewährleisten, zugleich aber die Beschaffung, Bereitstellung und Finanzierung der Lernmittel als eine Aufgabe anzusehen, die in die überwiegende Verantwortung der Eltern und volljährigen Schüler fällt.

32 BayVGH, BayVBl 2007, 492 (492).

33 Zu Bedenken im Hinblick darauf, ob die Norm des Anforderungen des Art. 84 Abs. 1 S. 2 ThürVerf genügt, ThürOVG, ThürVBl 2007, 108.

34 Thüringer Verordnung über die Genehmigung und Zulassung von Lehr- und Lernmitteln sowie die Einführung und Bereitstellung von Lernmitteln (Thüringer Lehr- und Lernmittelverordnung – ThürLLVO –) vom 01.03.2004, GVBl. S. 432, ber. S. 503), zul. geänd. durch Art. 1 Erste ÄndVO vom 18.06.2009 (GVBl. S. 543).

Artikel 25 [Religions- und Ethikunterricht]

(1) Religions- und Ethikunterricht sind in den öffentlichen Schulen ordentliche Lehrfächer.

(2) [1]Die Eltern und anderen Sorgeberechtigten haben das Recht, über die Teilnahme des Kindes am Religions- oder Ethikunterricht zu entscheiden. [2]Mit Vollendung des 14. Lebensjahres obliegt diese Entscheidung den Jugendlichen in eigener Verantwortung.

(3) Kein Lehrer darf gegen seinen Willen verpflichtet werden, Religionsunterricht zu erteilen.

Vergleichbare Regelungen

Art. 7 GG; Art. 18 BWVerf; Art. 136 BayVerf; Art. 105 SächsVerf; Art. 27 LVerf LSA; Art. 14 Verf NW; Art. 34 Verf Rh-Pf; Art. 29 SaarlVerf.

Ergänzungsnormen im sonstigen thüringischen Recht

§§ 40, 43, 46, 48 ThürSchulG idF der Bek. v. 30.04.2003 (ThürGVBl. S. 238) zuletzt geändert durch Art. 5 ÄndG v. 31.01.2013 (ThürGVBl. S. 22), § 2 ThürSchAG v. 29.07.1993 (ThürGVBl. S. 397) zuletzt geändert durch Art. 4 Gesetz zur Weiterentwicklung der Zusammenarbeit von Jugendhilfe und Schule v. 16.12.2008 (ThürGVBl. S. 556); § 44 ThürSchO v. 20.01.1994 (ThürGVBl. S. 185) zuletzt geändert durch Art. 1 Zwölfte ÄndVO v. 07.07.2011 (ThürGVBl. S. 208).

Literatur

Peter Badura, Der Schutz von Religion und Weltanschauung durch das Grundgesetz, 1989; *Klaus D. Bayer,* Das Grundrecht der Religions- und Gewissensfreiheit, 1997; *Martin Borowski*, Die Glaubens- und Gewissensfreiheit des Grundgesetzes, 2006; *Axel von Campenhausen* (Hrsg.), Lexikon für Kirchen- und Staatskirchenrecht, Bd. I, 2000; *Claus Dieter Classen*, Religionsrecht, 2006; *Erwin Fahlbusch* (Hrsg.), Evangelisches Kirchenlexikon, Bd. III, 1992; *Peter Gullo*, Religions- und Ethikunterricht im Kulturstaat, 2002; *Martin Heckel*, Das Kreuz im öffentlichen Raum, DVBl. 1996, 453 ff.; *Stefan Huster*, Die ethische Neutralität des Staates, 2002; *Kultusministerkonferenz* (Hrsg.), Zur Situation des Ethikunterrichts in der Bundesrepublik Deutschland. Bericht der Kultusministerkonferenz vom 22.2.2008; *Joseph Listl/Dietrich Pirson* (Hrsg.), HdbStKirchR Bd. II, 1995; *Carola Rathke*, Öffentliches Schulwesen und religiöse Vielfalt, 2005; *Ludwig Renck*, Rechtsfragen des Religionsunterrichts an den öffentlichen Schulen der neuen Bundesländer, ThürVBl 1993, 102 ff.; *Christoph Th. Scheilke* (Hrsg.), Religionsunterricht in schwieriger Zeit, 1997; *Christian Waldhoff*, Gutachten D. zum 68. Deutschen Juristentag, 2010; *Gitta Werner*, Verfassungsrechtliche Fragen des Ersatzunterrichts zum Religionsunterricht, 1998.

Leitentscheidungen des BVerfG und des BVerwG:

BVerfGE 19, 1 (Neuapostolische Kirche); 19, 206 (Kirchenbausteuer); 24, 236 ([Aktion] Rumpelkammer); 30, 415 (Mitgliedschaftsrecht); 74, 244 (Teilnahme an konfessionsfremdem Religionsunterricht); 93, 1 (Kruzifix); 108, 282 (Kopftuch).

BVerwGE 42, 346 (Versetzungserheblichkeit des Religionsunterrichts); 61, 152 ("Scientology Kirche Deutschland e. V."); 87, 115 (Reichweite der Kirchengutsgarantie); 107, 75 (Ethikunterricht in der Schule).

A. Überblick

1 Art. 25 enthält eine **organisationsrechtliche Regelung** über das unter der Aufsicht des Staates stehende Schulwesen (Art. 7 Abs. 1 GG) hinsichtlich der Einrichtung des Religions- und des Ethikunterrichts als ordentliche Lehrfächer. Die **Garantie des Religionsunterrichts** ist ein normatives Element des staatlichen Religionsrechts und insofern Ausdruck der durch Art. 39 geschützten Religionsfreiheit. Art. 25 garantiert nicht nur den Religionsunterricht, sondern ist zugleich **Ausdruck der religiös-weltanschaulichen Neutralität** des Staates. Die Neutralität gegenüber den unterschiedlichen Religionen und Bekenntnissen fordert die Nichteinmischung des Staates in Fragen der Sinnorientierung seiner Bürger.[1] Aus dem Gleichheitsgebot folgt, dass das Verhältnis des Staates zu den Institutionen (Kirchen, Weltanschauungsgemeinschaften) im Sinne des Paritätsgedankens[2] und der Äquidistanz[3] rechtlich zu ordnen ist. Dies bedeutet Gleichberechtigung, Gleichwertigkeit und Gleichrang von Religions- und Weltanschauungsgemeinschaften. Aus dem Grundsatz der Gleichbehandlung folgt zugleich das an den Staat gerichtete Verbot, sich mit einer Religions- oder Weltanschauungsgemeinschaft zu identifizieren.[4] Gleichwohl darf Neutralität nicht mit schematischer Gleichbehandlung identifiziert werden.[5] Der Staat darf namentlich keine gezielte Beeinflussung der Bürger zugunsten einer bestimmten Religion oder Weltanschauung betreiben oder sich mit einer solchen identifizieren. [6] Denn „der Staat, in dem Anhänger unterschiedlicher oder gar gegensätzlicher religiöser und weltanschaulicher Überzeugungen zusammenleben, kann die friedliche Koexistenz nur gewährleisten, wenn er selber in Glaubensfragen Neutralität bewahrt".[7] Daraus ergibt sich auch, dass das Lehrfach Ethik für die keiner Religionsgemeinschaft angehörenden und für die nicht am Religionsunterricht teilnehmenden Schüler als Alternativunterricht einzurichten ist.[8]

---

1 *Blanke*, in: FS Klaus Stern (2012), S. 1249 (1257).

2 Vgl. etwa BVerfGE 19, 1 (8); BVerfGE 19, 206 (216); BVerfGE 24, 236 (246); BVerfGE 93, 1 (17); BVerwGE 61, 152 (158 f.); BVerwGE 87, 115 (127); ferner *Heckel*, DVBl. 1996, 453 (464 ff.); *Classen*, Religionsrecht, Rn. 127 ff.

3 BVerfGE 93, 1 (16 f.); *Heckel*, DVBl. 1996, 453 (472).

4 BVerfGE 30, 415 (422); BVerfGE 93, 1 (17); BVerfGE 108, 282 (299 f.).

5 *Badura*, Der Schutz von Religion und Weltanschauung durch das Grundgesetz, S. 82 f.; *Classen*, Religionsrecht, Rn. 27 ff.; *Waldhoff*, Gutachten D. zum 68. Deutschen Juristentag, D 42 ff.; *Blanke*, in: FS Klaus Stern (2012), S. 1249 (1257).

6 Weiterführend zur weltanschaulich-religiösen Neutralität des Staates vgl. *Huster*, Die ethische Neutralität des Staates, passim; *Rathke*, Öffentliches Schulwesen und religiöse Vielfalt, S. 57 ff.

7 BVerfGE 93, 1 (16, 21 ff.); BVerfGE 108, 282 (299 f.).

8 *Werner*, Verfassungsrechtliche Fragen des Ersatzunterrichts zum Religionsunterricht, S. 20.

B. Herkunft, Entstehung und Entwicklung

Die Entstehung der Vorschrift wurde von Auseinandersetzungen über den Abs. 1 hinsichtlich der Frage der grundsätzlichen Notwendigkeit und des Inhalts von Religionsunterricht an öffentlichen Schulen begleitet. Dem Einwand der Trennung von Staat und Kirche wurde entgegen gehalten, dass der Religionsunterricht auch grundrechtlich geschützt und nicht als „Glaubensunterricht" zu verstehen sei. Das in Abs. 3 verankerte Recht des Lehrers, die Erteilung dieses Unterrichts zu verweigern, ist als Ausdruck der **negativen religiösen Bekenntnisfreiheit** zu verstehen; ursprünglich war es in keinem Verfassungsentwurf vorgesehen und fand erst aufgrund eines Vorschlages einer Landeskirche Eingang in die Verfassung. 2

Die institutionelle Garantie des Religionsunterrichts in Art. 7 Abs. 3 GG findet in der sog. **„Bremer Klausel"** des Art. 141 GG eine Einschränkung zugunsten abweichender landesrechtlicher Vorschriften, die bereits am 01.01.1949 bestanden. Derartige Vorschriften bestanden zwar auch in Thüringen; der Thüringer Verfassungsgeber hat jedoch aufbauend auf der in der Präambel zur Vorläufigen Landessatzung für das Land Thüringen vom 07.11.1990 festgestellten Rechtslage eine Entscheidung zugunsten der Beibehaltung des zum Schuljahr 1991/92 an den allgemeinbildenden und berufsbildenden Schulen in Thüringen eingeführten bekenntnisgebunden erteilten staatlichen Religionsunterrichts getroffen.[9] 3

C. Verfassungsvergleichende Information

In der landesverfassungsrechtlichen Regelung des Art. 25 spiegelt sich zum einen die **institutionelle Garantie des Religionsunterrichts** nach Art. 7 Abs. 3 GG. Eine ähnliche Gewährleistung ist ganz überwiegend in den Verfassungen der anderen deutschen Länder anzutreffen. Die Regelungen einiger Landesverfassungen, namentlich von Bayern, NRW, Baden-Württemberg, Rheinland Pfalz und dem Saarland, gehen über die Regelung von Art. 25 hinaus, indem sie die kirchliche Verantwortung für Lehrpläne und Lehrbücher,[10] kirchliche Aufsichtsrechte[11] sowie weiterreichende Rechte des Lehrers[12] verfügen. Zum anderen ist der Ethikunterricht als ordentliches Lehrfach an den öffentlichen Schulen dem Religionsunterricht als gleichwertiges Pflichtfach rechtlich gleichgestellt.[13] 4

D. Erläuterungen

I. Die funktionale Einordnung des Religions- und Ethikunterrichts an öffentlichen Schulen (Abs. 1)

1. Religionsunterricht als institutionelle Garantie. Der Religionsunterricht in Thüringen orientiert sich an den Grundsätzen des Art. 7 Abs. 3 Satz 1 und 2 GG. Demnach ist der Religionsunterricht ein **„ordentliches Lehrfach"**, das unter der staatlichen Schulaufsicht steht. 5

9 Zur Frage der Anwendbarkeit der „Bremer-Klausel" in den neuen Bundesländern vgl. *Renck*, ThürVBl 1993, 102 ff.; *Link*, in: HdbStKirchR II, S. 439 (443 ff.).

10 Vgl. die Regelungen in Art. 14 Verf NW, Art. 34 Verf Rh-Pf und Art. 29 SaarlVerf.

11 Vgl. Art. 18 BWVerf, Art. 14 Verf NW, Art. 34 Verf Rh-Pf und Art. 29 SaarlVerf.

12 Art. 136 BayVerf gewährt dem Lehrer nicht nur das Recht die Erteilung von Religionsunterricht zu verweigern, sondern räumt ihm das Recht auf die Erteilung von Religionsunterricht ein.

13 Bericht der Kultusministerkonferenz vom 22.02.2008; *Drößler*, in: Scheilke (Hrsg.), Religionsunterricht in schwieriger Zeit, S. 157 – 160.

6 Der Religionsunterricht ist als staatliche Veranstaltung **institutionell garantiert.**[14] Damit ist vor allem die staatliche Verantwortung für die Finanzierung und Organisation dieses Unterrichtsfachs umschrieben. Zugleich wird gewährleistet, dass der Inhalt des Religionsunterrichts, der ebenso wie seine Methodik und Didaktik gemäß Art. 7 Abs. 3 Satz 2 GG in einer besonderen Verantwortung der Religionsgemeinschaft stehen, für deren schulpflichtige Mitglieder das Unterrichtsfach eingerichtet wurde, dem allgemeinen Unterrichtsstandard und den staatlichen Bildungs- und Erziehungszielen nicht widersprechen dürfen.[15]

7 **2. Religionsunterricht als subjektives Recht.** Der objektiven Pflicht des Landes, Religionsunterricht als ordentliches Lehrfach einzurichten, entspricht ein **subjektives Recht** der Eltern, Schüler und Religionsgemeinschaften, das die Einrichtung und Erteilung von Religionsunterricht betrifft.[16]

8 **3. Das Alternativverhältnis der Pflichtfächer Religionsunterricht und Ethikunterricht.** Neben dem Fach Religionslehre ist nach Art. 25 das Fach **Ethik** als gleichwertiges Pflichtfach einzurichten und zu erteilen. Damit wird der weltanschaulichen Neutralität des Staates Rechnung getragen.[17]

II. Der Religionsunterricht

9 **1. Religionsunterricht als ordentliches Lehrfach.** Der Freistaat Thüringen ist verpflichtet, innerhalb des öffentlichen Schulwesens Religionsunterricht anzubieten und seine Erteilung zu finanzieren.[18] Das Land hat zur Gewährleistung des Lehrbetriebs mithin die persönlichen und sächlichen Voraussetzungen zu schaffen.[19] Daher ist das Fach Religionslehre in den Unterrichtsplan aufzunehmen, wobei eine gewisse **Mindestschülerzahl** für die Unterrichterteilung festgesetzt werden darf.[20]

10 Gegenwärtig werden in Thüringen die Fächer Evangelische, Jüdische und Katholische Religionslehre erteilt. Der **Unterrichtsumfang** bestimmt sich nach den schulrechtlich festgelegten Rahmenstundentafeln.[21] Danach beträgt der wöchentliche Unterricht in Abhängigkeit von der jeweiligen Schulart (z.B. Grundschule, Regelschule, Gymnasium) zwei Stunden. In kleineren Lerngruppen ist eine Reduzierung der nach den Rahmenstundentafeln vorgesehenen Stundenzahlen möglich, wenn die Erfüllung der Ziele der jeweiligen Lehrpläne gewährleistet wird.[22]

11 Infolge der Qualifizierung des Religionsunterrichts als ordentliches Lehrfach müssen die **Noten**, die die Schüler für die von ihnen nach § 48 ThürSchulG erbrachten Leistungen erhalten, berücksichtigt werden.[23] Nach Maßgabe des Landesrechts ist die Benotung des Religionsunterrichts **für die Versetzung erheblich.**[24]

---

14 BVerwGE 42, 346 (348).
15 BVerwGE 107, 75 (75 ff.); *Link*, in: HdbStKirchR II, S. 439 (459 ff.).
16 *Badura*, in: Maunz/Dürig, Art. 7, Rn 69; *Robbers*, in: von Mangoldt/Klein/Starck, Art. 7, Rn 123 ff.
17 BVerwGE 107, 75 (75 ff.).
18 *Jarass/Pieroth*, Art. 7 Rn 8.
19 *Link*, in: HdbStKirchR II, S. 439 (459 ff.).
20 *Jarass/Pieroth*, Art. 7 Rn 11; *Boysen*, in: von Münch/Kunig, Art. 7 Rn 75.
21 § 44 Abs. 1 ThürSchO iVm Anlage 1-13 ThürSchO.
22 § 44 Abs. 1 Satz 6 ThürSchO.
23 *Jarass/Pieroth*, Art. 7 Rn 11; aA *Boysen*, in: von Münch/Kunig, Art. 7 Rn 76.
24 BVerwGE 42, 346 (353).

2. Die Ausgestaltung des Unterrichts. Der Religionsunterricht ist ein konfessionsbezogener Unterricht, der in Übereinstimmung mit den Grundsätzen der jeweiligen Religionsgemeinschaft zu erteilen ist. Die **Inhaltsbestimmung** dieser Grundsätze **unterliegt dem kirchlichen Selbstbestimmungsrecht**, so dass sich aus dem Übereinstimmungsgebot Konsequenzen für den Lehrstoff sowie Art und Methode der Darbietung ergeben können.[25] Diese Anforderungen müssen sich freilich innerhalb der Grenzen bewegen, die durch den verfassungsrechtlichen Begriff des „Religionsunterrichts" gezogen sind.[26] Deshalb stellt die **Sicherung der Konfessionalität des Unterrichts letztlich eine Aufgabe der staatlichen Schulaufsicht** dar. Die Lehrpläne für den Religionsunterricht haben die entsprechend dem Profil der jeweiligen Schulart angestrebte Vermittlung von Wissen und Kenntnissen sowie Fähigkeiten und Fertigkeiten zu berücksichtigen.[27] 12

An der Konzeption des Unterrichts muss die Religionsgemeinschaft beteiligt sein, indem sie einvernehmlich mit dem für das Schulwesen zuständigen Ministerium die Unterrichtslehrpläne bestimmt, die als staatliche Lehrpläne in Kraft zu setzen sind.[28] Zwecks Gewährleistung der Konfessionalität des Unterrichts ist in personeller Hinsicht die **Zugehörigkeit des Lehrers zu der Religion und Konfession vorauszusetzen**, deren Inhalte er vermitteln soll.[29] Zur Sicherung der Konfessionalität des Religionsunterrichts ist deshalb stets zusätzlich zu der fachlichen Qualifikation des erworbenen Lehramts eine Bevollmächtigung seitens der Religionsgemeinschaft erforderlich, die für evangelische Religionslehrer in der Form der *Vocatio*,[30] erfolgt; katholische Religionspädagogen benötigen die durch den zuständigen Diözesanbischof zu erteilende *Missio canonica*.[31] 13

Die Zulassung bekenntnisloser oder bestimmter bekenntnisfremder Schüler zum erteilten Religionsunterricht kann durch die Religionsgemeinschaft erfolgen, solange der Unterricht dadurch seine besondere Prägung als konfessionell gebundene Veranstaltung nicht verliert.[32] 14

3. Aufsicht über den Unterricht. Die Verteilung der Zuständigkeiten zwischen Staat und Kirche erfolgt durch **einfach-gesetzliche landesrechtliche Regelungen**. Es gelten die allgemeinen schulrechtlichen Bestimmungen. Das Land legt etwa die räumlichen und zeitlichen Modalitäten der Erteilung des Unterrichts fest, die zu beachten sind. Zu den landesgesetzlichen Regelungen gehört das ThürSchulG, das in § 46 Abs. 2 Satz 2 das „allgemeine Aufsichtsrecht" des Staates über den Religionsunterricht nach Art. 7 Abs. 3 Satz 2 GG bestätigt. 15

Eine **kirchliche Schulaufsicht** besteht in Thüringen nicht. Nach § 40 ThürSchulG nimmt das Land die Aufsicht über das gesamte Schulwesen wahr. Dies schließt den staatlichen Religionsunterricht ein. Dem Selbstbestimmungsrecht der Religionsgesellschaften wird durch ein Recht auf Einsichtnahme in den Unterricht Rechnung getragen, um sich vergewissern zu können, dass der Inhalt und die 16

25 *Boysen*, in: von Münch/Kunig, Art. 7 Rn 82, vgl. außerdem Art. 5 Abs. 3 Evangelischer Kirchenvertrag Thüringen v. 15.03.1994 und Art. 12 Abs. 3 Katholischer Kirchenvertrag Thüringen v. 11.06.1997.
26 BVerfGE 74, 244 (256).
27 § 43 Abs. 4 Satz 1 ThürSchulG iVm § 43 Abs. 1 Satz 2 ThürSchulG.
28 § 43 Abs. 4 ThürSchulG.
29 *Borowski*, Die Glaubens- und Gewissensfreiheit des Grundgesetzes, S. 731.
30 Art. 5 Abs. 5 Evangelischer Kirchenvertrag Thüringen v. 15.03.1994.
31 Art. 12 Abs. 4 Katholischer Kirchenvertrag Thüringen v. 11.06.1997; siehe ferner *Drößler*, in: Evangelisches Kirchenlexikon, Art. Missio canonica, Sp. 424 f.
32 BVerfGE 74, 244 (255); § 46 Abs. 3 Satz 1 ThürSchulG.

Gestaltung des Religionsunterrichts den Grundsätzen der Kirchen entsprechen. Der an der Durchführung des Unterrichts beteiligten Religionsgemeinschaft ist ein Beschwerderecht eingeräumt, das gegenüber der Schulverwaltung geltend gemacht werden kann.[33] Lediglich im Bereich der Schulen in freier Trägerschaft ist die Schulaufsicht durch § 2 ThürSchAG eingeschränkt.

17 **4. Ethikunterricht als Pflichtfach.** Entsprechend Art. 7 Abs. 2 GG sowie § 5 Gesetz über die religiöse Kindererziehung (RelKErzG) besteht aus Gründen der Religionsfreiheit die **Befreiungsmöglichkeit des Art. 25 Abs. 2 Thür.Verf.** Danach steht das Fach Religionslehre unter einem Abmeldevorbehalt, der Eltern, anderen Sorgeberechtigten bzw. dem religionsmündigen Schüler der das Recht sichert, über die Teilnahme am Religions- oder Ethikunterricht zu entscheiden.

18 Ethikunterricht ist nach Thüringer Schulrecht an öffentlichen Schulen als ein Pflichtfach (§ 46 Abs. 1 ThürSchulG) einzuführen und wird als **Alternativfach zum Religionsunterricht** angeboten. Die gesetzliche Lerngruppenbildung ordnet die Schüler, die keiner Religionsgemeinschaft angehören und nicht am Religionsunterricht teilnehmen, ferner die von der Teilnahme am Religionsunterricht abgemeldeten bekenntniszugehörigen Schüler diesem Unterrichtsfach zu. Diese Konstruktion folgt dem Grundsatz der religiös-weltanschaulichen Neutralität des Staates, der den Staat aber nicht verpflichtet, Fragen der Sinnverantwortung und Wertorientierung aus seinen Erziehungszielen auszuklammern.[34] So ist nach § 46 Abs. 4 ThürSchulG der Ethikunterricht **„weltanschaulich-neutral"** auszugestalten. Der Ethikunterricht dient dem kritischen Verständnis von gesellschaftlich wirksamen Wertvorstellungen und Normen als Grundlage verantwortlichen Urteilens und Handelns.

19 **Inhaltlich orientiert sich der Ethikunterricht** an den sittlichen Grundsätzen, wie sie im Grundgesetz niedergelegt sind. Im Übrigen berücksichtigt er die Pluralität der Bekenntnisse und Weltanschauungen.[35] Die Berücksichtigung religionskundlicher Lehrinhalte ist zulässig, begründet aber **keine kirchlichen Beteiligungsrechte,** weil im Ethikunterricht keine konfessionelle Bildung stattfindet. Eine Beteiligung von Religionsgemeinschaften wie im Übrigen auch die von Weltanschauungsgemeinschaften am Ethikunterricht würde die Neutralität des Fachs gefährden und ist deshalb rechtlich ausgeschlossen. Somit knüpft der Ethikunterricht unmittelbar an die in Art. 22 Abs. 1 ThürVerf. formulierten Aufgaben von Erziehung und Bildung an, die ein selbständiges Denken und Handeln, Achtung vor der Würde des Menschen und Toleranz gegenüber der Überzeugung anderer, Anerkennung der Demokratie und Freiheit, den Willen zu sozialer Gerechtigkeit, die Friedfertigkeit im Zusammenleben der Kulturen und Völker und die Verantwortung für die natürlichen Lebensgrundlagen des Menschen und die Umwelt zu fördern, umfassen.

20 Im Gegensatz zum Religionsunterricht wird der Ethikunterricht unmittelbar durch die staatlichen Bildungs- und Erziehungsziele bestimmt, sodass die **Ausge-**

33 Art. 5 Abs. 2 Evangelischer Kirchenvertrag vom 15.03.1994; Art. 12 Abs. 2 Katholischer Kirchenvertrag vom 11.07.1997; Staatliche Aufsicht über den Religionsunterricht und Einsichtnahme durch die Kirchen und Religionsgemeinschaften, Verwaltungsvorschrift v. 19.07.1999.

34 *Drößler*, in: Lexikon für Kirchen- und Staatskirchenrecht, Art. Ethikunterricht, S. 634.

35 § 46 Abs. 4 ThürSchulG. Vgl. zu den Grenzen des Selbstbestimmungsrechts der Religionsgemeinschaften *Badura*, in: Maunz/Dürig, Art. 7 Rn 91.

staltung der Lehrpläne ausschließlich **durch staatliche Lehrplankommissionen** erfolgen.

III. Das Bestimmungsrecht über die Teilnahme am Religions- oder Ethikunterricht (Abs. 2)

1. Das Bestimmungsrecht der Erziehungsberechtigten und des Minderjährigen. 21
Das Bestimmungsrecht des Art. 25 Abs. 2 wird durch das Thüringer Schulrecht konkretisiert. Dem Pflichtfachcharakter beider Unterrichtsfächer entsprechend bestimmt § 46 ThürSchulG die gesetzliche Lerngruppenbildung, freilich verbunden mit dem Vorbehalt einer möglichen Abmeldung des betroffenen Schülers vom Religionsunterricht und ergänzt durch bestimmte sekundär wirkende volitive Abänderungsmöglichkeiten zu gunsten des Besuchs eines Religionsunterrichts einer anderen Gemeinschaft. Dieser Wechsel ist an die Zustimmung der aufnehmenden Religionsgemeinschaft sowie an ein behördliches Entscheidungsermessen gebunden, das insbesondere zwingende schulorganisatorische Aspekte berücksichtigt. In diesem rechtlichen Rahmen sind über die Teilnahme am Religions- oder Ethikunterricht Entscheidungen der Erziehungsberechtigten möglich, wobei die **Abmeldung von der Teilnahme am konfessionellen Religionsunterricht sowie der Widerruf dieses Wunsches zwingend zum Unterrichtsfachwechsel führen**. Anstelle der Eltern können ggf. die Personen entscheiden, denen das Recht der Personensorge nach § 1631 BGB zusteht. Die Willenserklärung der Erziehungsberechtigten, die die Teilnahme des Kindes am Religions- oder Ethikunterricht betrifft, berührt nur das Verhältnis zur Schule. Es wird damit keine Aussage über die Grundrechtsabgrenzung zwischen den Erziehungsberechtigten und dem Kind getroffen.[36]

Das Bestimmungsrecht der Erziehungsberechtigten über die Teilnahme des Kindes am Religionsunterricht konkretisiert als selbständiges Grundrecht das **Elternrecht** (Art. 18 ThürVerf.) und die **Bekenntnisfreiheit** (Art. 39 ThürVerf.) im schulischen Bereich der religiösen Erziehung. Das Bestimmungsrecht der Erziehungsberechtigten ist ein **echtes subjektiv-öffentliches Recht**, also ein Grundrecht.[37] 22

Nach Vollendung des 14. Lebensjahres trifft der Jugendliche selber die Entscheidung über seine Teilnahme am Religionsunterricht. Die Willenserklärung der Erziehungsberechtigten wird mit Vollendung des 14. Lebensjahres des Kindes durch dessen Willenserklärung ersetzt (§ 5 RelKErzG). Die Grundrechtsmündigkeit beinhaltet die Abgrenzung der Befugnisse der Eltern und des Selbstbestimmungsrechts des Kindes. Dabei muss berücksichtigt werden, dass das Erziehungsrecht nicht unbeschränkt ist und die Eltern grundsätzlich nur solange anstelle ihrer Kinder entscheiden dürfen, als diese nicht zur Selbstbestimmung in der Lage sind bzw. noch der elterlichen Sorge bedürfen.[38] Als Folge der Grundrechtsmündigkeit tritt die **religiöse Mündigkeit des Minderjährigen** ein, die es ihm auch ohne Mitwirkung der Erziehungsberechtigten erlaubt, seine Rechte auszuüben. Dabei handelt es sich gleichfalls um ein **echtes subjektiv-öffentliches Recht**. 23

36 *Gullo*, Religions- und Ethikunterricht im Kulturstaat, S. 192 ff.
37 *Hopfe*, in: Linck/Jutzi/Hopfe, Art. 25 Rn 7.
38 Zu den Schranken des Bestimmungsrechts vgl. *Bayer*, Das Grundrecht der Religions- und Gewissensfreiheit, S. 116 ff.

24 **2. Die Anwendung des Gesetzes über die religiöse Kindererziehung (ReGErzG).** Das Gesetz über die religiöse Kindeserziehung sieht weiterhin vor, dass das Kind nach Vollendung des zwölften Lebensjahrs nicht gegen seinen Willen in einem anderen Bekenntnis als bisher erzogen werden darf. Daher entscheiden die Erziehungsberechtigten lediglich bis zum 12. Lebensjahr allein über die Teilnahme des Minderjährigen am Religionsunterricht. Mit Vollendung des 12. Lebensjahres sind die Erziehungsberechtigten an die **Zustimmung des Kindes** gebunden. Ab Eintritt der **Religionsmündigkeit**, also mit Vollendung des 14. Lebensjahres, obliegt die Entscheidung über die Teilnahme am Religions- oder Ethikunterricht ausschließlich dem Minderjährigen.[39]

IV. Die Rechtsstellung des Lehrers im Religionsunterricht (Abs. 3)

25 Die Regelung in Abs. 3 beinhaltet ein **Grundrecht** des Lehrers, das es ihm aus Gründen der Religionsfreiheit erlaubt, die Erteilung von Religionsunterricht zu verweigern.[40] Die Bestimmung steht in engem Zusammenhang mit der staatlichen Neutralitätspflicht (Rn. 1) und ist Ausdruck der **negativen religiösen Bekenntnisfreiheit** (Art. 39 Abs. 1 ThürVerf.). Sie verpflichtet den Staat, auch die negative Religionsfreiheit – hier seiner Lehrer – zu achten.

26 Der Grundsatz der Neutralität wird aus einer Gesamtschau einschlägiger bundes- und landesverfassungsrechtlicher Grundrechtsgehalte hergeleitet, namentlich aus dem Verbot der Benachteiligung oder Bevorzugung wegen des Glaubens, der religiösen oder der politischen Anschauung (Art. 3 Abs. 3 GG, Art. 2 Abs. 3 ThürVerf.), aus der Glaubens-, Gewissens- und Bekenntnisfreiheit (Art. 4 Abs. 1, 2 GG, Art. 39 ThürVerf.), der Sicherung des bekenntnisunabhängigen Zugangs zu öffentlichen Ämtern (Art. 33 Abs. 3 GG) sowie aus den staatskirchenrechtlichen Gewährleistungen der Art. 40 ThürVerf., Art. 40 GG i.V.m Art. 137 Abs. 1 WRV.[41] Die hieraus abgeleitete negative Bekenntnisfreiheit (Art. 39 Abs. 1 ThürVerf.) des Lehrers **begrenzt** die dienstrechtliche Anordnungsbefugnis des Dienstherren und die organisatorische **Gestaltungsbefugnis des Schulträgers.**[42] Mit dem Verweigerungsrecht geht ein Verbot der Bevorzugung oder Benachteiligung einher.

27 Während eine Entlassung oder eine Behinderung des beruflichen Weiterkommens ausgeschlossen ist,[43] ist eine **Versetzung aus organisatorischen Gründen** möglich. Das Verweigerungsrecht des Art. 25 Abs. 3 erstreckt sich nur auf Lehrer an öffentlichen Schulen. Folglich kann ein Lehrer an einer **Privatschule** aufgrund einer Verweigerung nach allgemein arbeitsrechtlichen Grundsätzen gekündigt werden.[44]

39 § 46 Abs. 2 Satz 5, Abs. 3 Satz 2 ThürSchulG.
40 § 46 Abs. 2 Satz 4 ThürSchulG.
41 Zur staatlichen Neutralitätspflicht vgl. *Blanke*, in: FS Klaus Stern (2012), S. 1249 (1256 ff.).
42 *Badura*, in: Maunz/Dürig, Art. 7 Rn 86.
43 *Badura*, in: Maunz/Dürig, Art. 7 Rn 87.
44 *Link*, in: HdbStKirchR II, S. 439 (472).

Artikel 26 [Schulen in freier Trägerschaft]

(1) Das Recht zur Errichtung von Schulen in freier Trägerschaft wird gewährleistet.

(2) [1]Schulen in freier Trägerschaft als Ersatz für öffentliche Schulen bedürfen der Genehmigung des Landes. [2]Genehmigte Ersatzschulen haben Anspruch auf öffentliche Zuschüsse. [3]Das Nähere regelt das Gesetz.

Vergleichbare Regelungen

Art. 7 Abs. 4 GG; Art 14 Abs. 2 S. 4 BWVerf; Art. 134 BayVerf; Art. 30 Abs. 6 BbgVerf; Art. 29 BremVerf; Art. 61 HessVerf; Art. 4 Abs. 3 NV; Art. 8 Abs. 4 Verf NW; Art. 30 Verf Rh-Pf; Art. 28 SaarlVerf; Art. 102 Abs. 3 SächsVerf; Art. 28 LVerf LSA.

Ergänzungsnormen im sonstigen thüringischen Recht

ThürSchfTG v. 20.12.2010 (ThürGVBl. S. 522).

Dokumente zur Entstehungsgeschichte

Art. 33 VerfE CDU; Art. 24 VerfE F.D.P.; Art. 33 VerfE SPD; Art. 9 VerfE NF/GR/DJ; Art. 28 VerfE LL/PDS; Entstehung ThürVerf S. 76 f.

Literatur

Klaus Blau, Bedeutung und Probleme der Privatschulfreiheit, JA 1994, 463; *Gerhard Eiselt*, Zur Privatschulfinanzierung, DÖV 1987, 557; *ders.*, Art. 7 Abs. 5 GG im System des Privatschulrechts, DÖV 1998, 211; *Frank-Rüdiger Jach*, Schulvielfalt als Verfassungsgebot, 1991; *ders.*, Die Rechtsstellung der Schulen in freier Trägerschaft vor dem Hintergrund der neueren Rechtsprechung zu Art. 7 Abs. 4 und 5 GG, DÖV 2002, 969; *Matthias Jestaedt*, Schule und außerschulische Erziehung, in: HStR VII, § 156; *Arletta-Marie Kösling*, Die private Schule gemäß Art. 7 Abs. 4, 5 GG, 2006; *Wolfgang Loschelder*, Schulische Grundrechte und Privatschulfreiheit, in: D. Merten/H.-J. Papier IV, § 110; *Friedrich Müller*, Das Recht der Freien Schule nach dem Grundgesetz, 2. Aufl., 1982; *Bodo Pieroth/Gunnar Folke Schuppert*, Die staatliche Privatschulfinanzierung vor dem Bundesverfassungsgericht, 1988; *Paul Theuersbacher*, Die Genehmigung von Privatschulen nach dem Vorläufigen Bildungsgesetz des Landes Thüringen, ThürVBl. 1992, 169; *Johann-Peter Vogel*, Das Recht der Schulen und Heime in freier Trägerschaft, 3. Aufl., 1997.

Leitentscheidungen des BVerfG

BVerfGE 37, 314 (Private Fachhochschule); 75, 40 (Privatschulfinanzierung I); 88, 40 (Private Volksschule); 90, 107 (Privatschulfinanzierung II); 90, 128 (Privatschulfinanzierung III).

A. Überblick

Die in Abs. 1 statuierte **Privatschulfreiheit** trägt der Tatsache Rechnung, dass das Schulwesen in Deutschland – durch das Grundgesetz in Art. 7 Abs. 4 und 5 zwingend vorgegeben[1] – durch das **Nebeneinander von öffentlichen und privaten Schulen**, mithin den **Schulen in freier Trägerschaft**, gekennzeichnet ist. Hierdurch wird zugleich einem Schulmonopol des Staates eine klare Absage erteilt[2] 1

1 Näher zu den grundgesetzlichen Bindungen der Länder im Bereich des Schulrechts *Loschelder, in: Merten/Papier* IV, § 110 Rn. 8 ff.

2 *Loschelder*, in: Merten/Papier IV, § 110 Rn. 69.

und deutlich gemacht, dass die Verwirklichung des „Rechts auf Bildung“ nicht allein Sache des Staates ist.[3] Während **öffentliche Schulen** in Deutschland und auch im Freistaat Thüringen den Regelfall darstellen – was bedeutet, dass diese Schulen in der **Trägerschaft einer Gebietskörperschaft** stehen und als **nichtrechtsfähige Anstalten** des jeweiligen Schulträgers organisiert sind –, handelt es sich bei den Schulen in freier Trägerschaft um Schulen, die in **privater Trägerschaft** betrieben werden; diese stehen **gleichberechtigt** neben den öffentlichen Schulen, sind jedoch **staatlicher Aufsicht** unterworfen. Private Schulen beruhen mithin auf privater Initiative und privatem Engagement[4] und treten im Rahmen eines freiheitlichen, auf Pluralität angelegten Schulwesens in Konkurrenz zu den öffentlichen Schulen.

2 Aufgrund dieser verfassungsrechtlichen Absicherung, die sich als **Einrichtungsgewährleistung der privaten Schule** kennzeichnen lässt,[5] kommt den Privatschulen das Recht zu, einen **Unterricht eigener Prägung** anzubieten, insbes. im Hinblick auf Bildungsziele, Erziehungsziele und -methoden, Lehrmethoden und Lehrinhalte sowie pädagogische Konzepte;[6] auch religiöse oder weltanschauliche Belange können den an Privatschulen dargebotenen Unterricht kennzeichnen und prägen. Schulen in privater Trägerschaft ermöglichen mithin ein alternatives Schulangebot und verwirklichen letztlich **Wettbewerb im Schulwesen.**

3 Verbunden mit der Gewährleistung der Privatschulfreiheit ist zudem eine **Erweiterung grundrechtlicher Freiheit** von Eltern, Schülern und Lehrern, da die Privatschulfreiheit diesen das Recht einräumt, ihren Kindern eine schulische Ausbildung jenseits des staatlichen Schulmodells und damit nach ihren Vorstellungen und Wünschen zukommen zu lassen bzw. die Schüler in einem solchen schulischen Umfeld unterrichten zu können.[7] Letztlich sichert das verfassungsrechtlich abgesicherte Recht auf Errichtung von Privatschulen auch **Minderheiten** die Möglichkeit, sich im schulischen Raum zu verwirklichen, gerade mit Blick auf die Verwirklichung der Religions-, Weltanschauungs- und Gewissensfreiheit.

B. Herkunft, Entstehung und Entwicklung

4 Die Verfassung des Landes Thüringen vom 11.03. 1921 enthielt keine Aussagen über Privatschulen.

5 In den Verfassungsberatungen zur Verfassung des Freistaats Thüringen bestand kein Dissens im Hinblick auf das „Ob“ der Errichtung von Schulen in freier Trägerschaft. Lediglich die textliche Ausgestaltung war strittig. So wurde etwa die Frage diskutiert, ob eine Bestimmung in die Verfassung aufgenommen werden soll, wonach eine Sondierung der Schuler nach den Besitzverhältnissen der Eltern vermieden bzw. nicht gefördert wird.[8] Besonders schwierig gestalteten sich die Diskussionen im Zusammenhang mit der Gewährung öffentlicher Zuschüsse an die Schulen in freier Trägerschaft.[9]

---

3 So zutreffend *Badura*, Rn. C 74.
4 Vgl. BVerfGE 88, 40, (46 f.); Siehe auch *Robbers,* in: v. Mangoldt/Klein/Starck, Art. 7, Rn. 165.
5 *Loschelder,* in: *Merten/Papier* IV, § 110 Rn. 73.
6 Siehe auch *Robbers,* in: v. Mangoldt/Klein/Starck, Art. 7, Rn. 165.
7 *Loschelder,* in: *Merten/Papier* IV, § 110 Rn. 76.
8 Vgl. insoweit Entstehung ThürVerf S. 76 f.
9 Siehe Entstehung ThürVerf S. 76 f.

C. Verfassungsvergleichende Information

Die Privatschulfreiheit ist in allen Bundesländern in gleicher Weise gewährleistet, was sich aus der grundgesetzlichen Absicherung der Privatschulen ergibt. Insoweit kommt den Ländern **kein Spielraum** zu, etwa dahingehend, Privatschulen nicht zuzulassen. Dies gilt auch im Zusammenhang mit deren Finanzierung, da das Bundesverfassungsgericht insoweit klare Vorgaben aufgestellt hat. Einige Länder haben im Hinblick auf Privatschulen und deren Finanzierung eigene Gesetze erlassen,[10] andere regeln die Finanzierung der privaten Schulen in ihren Schulgesetzen.[11] Unterschiede in der Ausgestaltung lassen sich sich allenfalls im Detail feststellen. 6

D. Erläuterungen

I. Die Privatschulfreiheit

Die **Privatschulfreiheit** ist auf die Darbietung eines eigenverantwortlich geprägten und gestalteten Unterrichts gerichtet. Damit ist die **pädagogische Eigenständigkeit** der Schulen in privater Trägerschaft angesprochen, die sich regelmäßig in der Verwirklichung bestimmter Erziehungsideale und -ziele äußert, sich aber auch in der Verwirklichung einer bestimmten Lehrmethode oder eines Lernkonzepts, der Realisierung bestimmter Erziehungs- oder Bildungsideale und -ziele oder aber in der Verwirklichung religiöser oder weltanschaulicher Konzepte manifestiert. 7

Die verfassungsrechtliche Absicherung der Privatschulfreiheit entfaltet in zweierlei Hinsicht Bedeutung. So statuiert Art. 26 Abs. 1 ThürVerf zunächst ein **subjektives**, die Freiheit im Schulwesen verwirklichendes Grundrecht, das nicht nur **natürlichen**, sondern auch **juristischen Personen** zusteht. Auch **Religionsgesellschaften mit dem Status öffentlich-rechtlicher Körperschaften** nach Art. 140 GG i. V. m. Art. 137 Abs. 5 WRV kommt das Recht zu, Privatschulen errichten zu können;[12] damit wird deren verfassungsrechtlich verbürgtes Recht, ihre eigenen Angelegenheiten in eigener Verantwortung regeln und gestalten zu können, auf die schulische Sphäre ausgeweitet. Vom Schutzbereich umschlossen sind daher zudem deren Untergliederungen und Einrichtungen; auch Gruppen, die nur in bestimmten Bereichen dem religiösen Leben ihrer Mitglieder dienen, sind vom Schutzbereich der Norm umfasst.[13] Mit dieser umfänglichen Gewährleistung ist für diese sämtlichen potentiellen Betreiber einer Privatschule verfassungsrechtlich die Freiheit abgesichert, eine private Schulen nicht nur gründen, sondern auch betreiben und unterhalten zu können;[14] insoweit lässt sich der Gründungsfreiheit zugleich eine **Garantie der Privatschule als Institution** entnehmen, die darauf zielt, dass sich die Privatschule gemäß ihrer Eigenart verwirklichen und einen Unterricht eigener Prägung anbieten können.[15] Hiervon umschlossen ist zudem das Recht, nicht nur den **Schul- und Unterrichtsbetrieb nach eigenen Vorstellungen gestalten und durchführen**, sondern auch die **Lehrer und Schüler** 8

10 Siehe etwa §§ 17 ff. PSchGBW; §§ 17 ff. BremPrivSchG; §§ 14 ff. HambgSfTG; §§ 28 ff. PrivSchG RPF; §§ 28 ff. SaarPrivSchG; §§ 14 ff. SächsFrTrSchulG; §§ 17 ff. ThürSchfTG.
11 So Art. 90 ff. BayEUG; §§ 94 ff. BerSchulG; § 124 BbgSchulG; §§ 166 ff. HSchG; § 116 SchulG M-V; §§ 100 ff. SchulG-NW; §§ 14 ff. SchulG LSA; §§ 115 ff. SchulGSH.
12 Vgl. nur *Badura,* in: Maunz/Dürig, Art. 7 Rn. 108.
13 BVerfGE 46, 73 (87 ff. und 95 f.).
14 Siehe nur *Loschelder,* in: *Merten/Papier* IV, § 110 Rn. 74 f.
15 Siehe *Badura,* in: Maunz/Dürig, Art. 7, Rn. 97.

auswählen zu können. In dieser klassischen **negatorischen Grundrechtsfunktion** gewährt das Grundrecht den Grundrechtsberechtigten mithin ein **Abwehrrecht,** das gegenüber staatlicher Reglementierung und staatlichen Eingriffen in Stellung gebracht werden kann.[16]

9 Darüber hinaus lässt sich der Bestimmung – vergleichbar dem grundgesetzlich verankerten Gewährleistungsgehalt – aber auch eine **objektive Gewährleistung und Institutsgarantie** der Privatschulfreiheit entnehmen,[17] die die Geltungskraft des Grundrechts verstärkt, auch wenn sie ihre Wurzel in dessen vorrangiger Bedeutung als Freiheitsrecht findet.[18] Damit wird – in Umsetzung der grundgesetzlichen Vorgaben – die Institution Privatschule auch im Freistaat garantiert und darüber hinaus eine **Schutz- und Förderpflicht des Staates** begründet, die freilich nur unter bestimmten Voraussetzungen greift.[19] Mit dieser objektiven Förderpflicht korrespondiert ein **subjektiver Anspruch,**[20] für dessen Ausgestaltung den Ländern ein **weitreichender Gestaltungsspielraum** zukommt.[21] Indes wird eine aus der Schutzpflicht abzuleitende Handlungspflicht des Staates erst dann ausgelöst, wenn das Ersatzschulwesen in seinem Bestand bedroht ist; verfassungsunmittelbare Ansprüche der einzelnen Ersatzschule auf staatliche Förderung und konkrete Finanzhilfen lassen sich Art. 26 jedenfalls nicht entnehmen. Vielmehr bemisst sich der Leistungsanspruch nach den Vorgaben des Gesetzes, in Thüringen des ThürSchfTG.

II. Ersatz- und Ergänzungsschulen als Schulen in freier Trägerschaft

10 Die Schulen in freier Trägerschaft, umgangssprachlich vielfach als Privatschulen bezeichnet, lassen sich als Ausdruck der **Pluralität im Schulwesen** begreifen. Da sie eine Alternative zu den öffentlichen Schulen darstellen und darstellen sollen, bereichern und ergänzen sie das Schulwesen in Thüringen; sie lassen sich daher als Ausdruck eines **vielfältigen Bildungsangebots** im Freistaat begreifen.[22]

11 Die Schulen in freier Trägerschaft sind kraft Gesetzes als **nicht rechtsfähige Einrichtungen** ausgestaltet,[23] die freilich der **Schulaufsicht** in gleicher Weise unterworfen sind wie die öffentlichen Schulen (§ 3 Abs. 1 ThürSchfTG). Allerdings hat die Schulaufsicht die Schulgestaltung der Privatschulen insbesondere in pädagogischer, religiöser oder weltanschaulicher Hinsicht, aber auch im Hinblick auf Lehr- und Unterrichtsmethoden, Lehrinhalte und die Organisation des Unterrichts zu respektieren; sie darf insoweit nicht die für öffentliche Schulen geltende Schablone als Aufsichtsmaßstab anlegen. Aus diesem Grund ist die Schulaufsicht auf die Sicherung der Einhaltung der gesetzlichen Bestimmungen beschränkt (§ 3 Abs. 2 ThürSchfTG).

12 **Ersatzschulen** sind der praktisch bedeutsame Unterfall der Schulen in freier Trägerschaft. Bei ihnen handelt es sich um Schulen in freier Trägerschaft, die nach dem mit ihrer Errichtung verfolgten Gesamtzweck als **Ersatz für eine im Frei-**

16 Siehe mit Blick auf Art. 7 Abs. 4 GG *Badura,* in: Maunz/Dürig, Art. 7 Rn. 98.
17 Siehe insoweit nur *Badura,* Rn. C 74; ders., in: Maunz/Dürig, Art. 7, Rn. 99 f.
18 BVerfGE 50, 290 (337).
19 BVerfGE 112, 74 (83 f).
20 BVerwGE 23, 347; 27, 360 (362 f.); 70, 290 (292); Ausführlich hierzu *Badura,* in: Maunz/Dürig, Art. 7, Rn. 131 f., m.w.N.
21 Vgl. insoweit BVerfGE 75, 40 (66 f.); 90, 107 (116 f.); 90, 128 (143).
22 Siehe § 2 Abs. 1 S. 2 ThürSchfTG.
23 § 1 Abs. 2 ThürSchfTG.

staat vorhandene oder grundsätzlich vorgesehene öffentliche Schule dienen sollen.[24] Sie entsprechen in ihren Bildungs- und Erziehungszielen den in Thüringen bestehenden oder grundsätzlich vorgesehenen staatlichen Schulen, § 4 Abs. 1 S. 1 ThürSchfTG, und gehören zu einer bestimmten Schulart und Schulform, wie sie im Thüringer Schulgesetz vorgesehen ist, § 4 Abs. 1 S. 2 ThürSchfTG. Ersatzschulen bedürfen **staatlicher Genehmigung**; diese vermittelt der Ersatzschule das Recht, Schüler zur **Erfüllung ihrer Schulpflicht** aufnehmen zu können. Insoweit gelten die im ThürSchulG enthaltenen Bestimmungen über die Schulpflicht. Zudem muss die Ersatzschule nicht nur den im ThürSchulG enthaltenen Vorgaben über die Informationsrechte von Eltern und Schülern Rechnung tragen, sondern zugleich eine angemessene Mitwirkung von Schülern und Lehrern sicherstellen, § 7 Abs. 1 ThürSchfTG.

Bei **Ergänzungsschulen** handelt es demgegenüber sich um Schulen in freier Trägerschaft, die **nicht Ersatzschulen** sind.[25] In diesen Ergänzungsschulen – z. B. Sport- oder Kosmetikschulen – kann die **Schulpflicht regelmäßig**[26] **nicht erfüllt** werden. Zudem dürfen Ergänzungsschulen keine Bezeichnungen führen, die eine Verwechslung mit Ersatzschulen hervorrufen könnte.[27] Bewährten Ergänzungsschulen, an denen ein besonderes pädagogisches Interesse oder sonstiges öffentliches Interesse besteht, kann auf Antrag die Eigenschaft einer **staatlich anerkannten Ergänzungsschule** verliehen werden; hierdurch erhält die Ergänzungsschule das Recht, nach den vom Ministerium genehmigten Prüfungsvorschriften Prüfungen abzunehmen und Zeugnisse auszustellen.[28] 13

III. Der Genehmigungsvorbehalt für Ersatzschulen

Abs. 2 unterwirft diejenigen Schulen in freier Trägerschaft einer **Genehmigungspflicht** des Landes, die als **Ersatz für öffentliche Schulen** wirken. Durch diesen Genehmigungsvorbehalt wird sichergestellt, dass der von den Schulen in freier Trägerschaft dargebotene Unterricht den **Standard des öffentlichen Schulwesens** nicht unterschreitet.[29] Die Genehmigung, auf deren Erteilung dann ein – verfassungsrechtlich abgesicherter – Anspruch besteht, wenn die in § 5 ThürSchfTG niedergelegten Voraussetzungen erfüllt sind, bewirkt mit anderen Worten, dass die Ersatzschule in ihren Einrichtungen und Lehrzielen sowie im Hinblick auf die wissenschaftliche oder künstlerische Ausbildung ihrer Lehrer **den öffentlichen Schulen gleichwertig** ist, ihr Besuch mithin den Schülern nicht zum Nach- 14

24 Vgl. BVerfGE 27, 195; BVerwG, DVBl. 1997, 1176; BVerwG, DÖV 1997, 1004. Siehe auch § 4 ThürSchfTG, wonach Ersatzschulen Schulen in freier Trägerschaft sind, die in ihren Bildungs- und Erziehungszielen den staatlichen Schulen entsprechen, die in Thüringen bestehen oder grundsätzlich vorgesehen sind. Sie gehören zu einer bestimmten Schulart und Schulform gemäß den Festlegungen im Thüringer Schulgesetz.

25 Siehe § 13 ThürSchfTG.

26 Vgl. aber § 15 ThürSchfTG, wonach das Ministerium einer bewährten Ergänzungsschule, an der ein besonderes pädagogisches oder sonstiges öffentliches Interesse besteht, auf Antrag die Eigenschaft einer staatlich anerkannten Ergänzungsschule verleihen kann, wenn sie den Unterricht nach einem vom Ministerium genehmigten Lehrplan erteilt und die Lehrkräfte einschließlich des Schulleiters bestimmte Voraussetzungen erfüllen. An einer solchen staatlich anerkannten Ergänzungsschule kann die Schulpflicht erfüllt werden, allerdings nur, wenn das Ministerium hierfür die Eignung der Schule festgestellt hat, § 15 Abs. 3 ThürSchfTG.

27 § 13 Abs. 1 S. 2 ThürSchfTG.

28 § 15 Abs. 1, 2 ThürSchufTG.

29 Näher hierzu *Loschelder*, in: *Merten/Papier* IV, § 110 Rn. 80 ff.

teil gereicht. Zu berücksichtigen ist im Zusammenhang mit der Erteilung der Genehmigung des Weiteren die Maßgabe des Artikels 7 Abs. 4 S. 3 und 4 GG, dass eine Sonderung der Schüler nach den **Besitzverhältnissen der Eltern** nicht gefördert wird. Schließlich muss die **wirtschaftliche und rechtliche Stellung der Lehrkräfte** genügend gesichert sein.[30] Dem Grundgesetz lassen sich damit drei, auch für den Freistaat Thüringen verbindliche und im ThürSchfTG umgesetzte Vorgaben für die Genehmigung einer privaten Ersatzschule entnehmen.

15 Dabei gilt im Hinblick auf das Erfordernis der **Gleichwertigkeit**, dass diese **nicht mit Gleichartigkeit verwechselt** werden darf;[31] aus diesem Grund kann ein „Gleichlauf" zwischen öffentlichen und privaten Schulen nur „auf der **Ebene des gesellschaftlichen Fundamentalkonsenses**" verlangt werden;[32] jede darüber hinausgehende Vereinheitlichung würde die den Ersatzschulen einzuräumenden Spielräume unverhältnismäßig einengen und letztlich die verfassungsrechtlich gewollte Pluralität des Schulwesens in Frage stellen. Die vom Freistaat zu beachtende Vorgabe, dass die wissenschaftliche Ausbildung der Lehrkräfte nicht hinter den öffentlichen Schulen zurückstehen darf (Art. 7 Abs. 4 S. 3 GG), ist jedenfalls dann erfüllt, wenn eine fachliche und pädagogische Ausbildung sowie Prüfungen nachgewiesen werden, „die hinter der Ausbildung und den Prüfungen der Lehrkräfte an entsprechenden staatlichen Schulen nicht zurückstehen".[33] Dabei steht die Privatschulfreiheit einer Regelung nicht entgegen, die eine **Anzeigepflicht für den Einsatz von Lehrkräften** statuiert, § 5 Abs. 10 ThürSchfTG.[34]

16 Die Maßgabe, dass eine **Sonderung nach den Besitzverhältnissen der Eltern zu vermeiden** ist, bedeutet, dass die Ersatzschule grundsätzlich allgemein sein muss, d. h. ohne Rücksicht auf die wirtschaftlichen Verhältnisse der Eltern grundsätzlich jedem Schüler zugänglich sein muss – was die freie Schülerwahl der Schule indes nicht ausschließt. Damit sind überhöhte **Schulgelder**, die nur von finanzstarken Eltern erbracht werden können, ausgeschlossen; diese Vorgabe kann auch nicht durch vereinzelte Stipendien ausgeglichen werden.[35]

17 Schließlich sichert die verfassungsrechtliche Vorgabe des Art. 7 Abs. 4 S. 3 GG, wonach die **Lehrkräfte in ihrer rechtlichen und wirtschaftlichen Stellung hinreichend abgesichert** sein müssen, die Lehrkräfte in der Weise ab, dass deren Arbeitsverträge arbeits- und sozialrechtlichen Mindeststandards genügen müssen;[36] zudem muss ihnen eine **angemessen Bezahlung** gewährt werden, die freilich nicht das Niveau der Lehrkräfte erreichen muss, die in öffentlichen Schulen tätig sind.[37] Mit dieser Vorgabe werden neben den Lehrern zugleich auch Schüler und Eltern geschützt.[38]

18 Für die Genehmigung **privater Volksschulen** gelten zusätzliche Voraussetzungen, die in Art. 7 Abs. 5 GG genannt sind. Ein Gründungsprivileg besteht demnach für solche Volksschulen, die auf Antrag von Erziehungsberechtigten als

30 *Loschelder*, in: *Merten/Papier* IV, § 110 Rn. 80 ff.
31 Siehe insoweit auch § 4 Abs. 1 ThürSchfTG.
32 *Loschelder*, in: *Merten/Papier* IV, § 110 Rn. 82, der insoweit auf die gemeinsamen sittlichen Grundüberzeugungen, das Toleranzgebot und elementare Verfassungsentscheidungen verweist.
33 So die Formulierung in § 5 Abs. 2 S. 1 ThürSchfTG.
34 Näher ThürOVG, ThürVBl 2010, 113 (115 f.) = LKV 2010, 277.
35 BVerfGE 75, 40 (80); 90, 107 (119).
36 Siehe insoweit § 5 Abs. 3 ThürSchfTG.
37 *Loschelder*, in: *Merten/Papier* IV, § 110 Rn. 87.
38 *Robbers*, in: v. Mangoldt/Klein/Starck, Art. 7, Rn. 200.

Gemeinschaftsschule oder als Bekenntnis- oder Weltanschauungsschule errichtet werden.[39] Ansonsten sind private Volksschulen nur zuzulassen, wenn die Unterrichtsverwaltung ein **besonderes pädagogisches Interesse** anerkennt und eine entsprechende „Volksschule" in der Gemeinde nicht besteht.[40] Das Bundesverfassungsgericht hat den Begriff des „besonderen pädagogischen Interesses" näher konkretisiert und unabhängig sowohl von den Trägern, Eltern und Schülern als auch von den Schulbehörden ausgeformt.[41] Danach muss die zuständige Behörde eine an objektiven Kriterien ausgerichtete Prüfung vornehmen, die die Klärung der Frage zum Inhalt hat, ob die beantragte Schule **„eine sinnvolle Alternative zum bestehenden öffentlichen und privaten Schulangebot... (darstellt), welche die pädagogische Erfahrung bereichert und der Entwicklung des Schulsystems insgesamt zugute kommt"**.[42] Hierunter werden vor allem Schulen zur Erprobung **neuer pädagogischer Konzepte** zu verstehen sein. Diese Vorgaben sind auch vom Freistaat Thüringen zu beachten und im Gesetz über die Schulen in freier Trägerschaft näher ausgeformt.

IV. Genehmigung und Anerkennung

Die **Genehmigung** einer Ersatzschule bedeutet **nicht auch zugleich** ihre staatliche **Anerkennung.**[43] Während die Genehmigung einer privaten Ersatzschule – lediglich – besagt, dass ihre Errichtung keinen Bedenken begegnet und an ihr die Schulpflicht erfüllt werden kann, mithin die Schule im Hinblick auf die Lehrziele, die Einrichtung und die wissenschaftliche Ausbildung ihrer Lehrkräfte öffentlichen Schulen gleichwertig ist, zielt die Anerkennung darauf, dass die Ersatzschule wie die öffentlichen Schulen Prüfungen abnehmen und Abschlusszeugnisse erteilen kann.[44] Erst mit der Anerkennung erhält eine Ersatzschule mithin die vollen Befugnisse einer öffentlichen Schule, weshalb es auch gerechtfertigt ist, dass die anerkannten Ersatzschulen die für öffentliche Schulen geltenden Aufnahme- und Versetzungsbestimmungen zu beachten haben.[45] Verfassungsrechtlich begegnet die **Entkoppelung von Genehmigung und Anerkennung** jedenfalls keinen Bedenken.[46] 19

Auch der Gesetzgeber des Freistaats Thüringen hat sich für die **Trennung von Genehmigung und Anerkennung** entschieden. So ist nach § 5 ThürSchfTG die Genehmigung von Ersatzschulen zu erteilen, wenn die Schule in ihren Einrichtungen und Lehrzielen sowie in der wissenschaftlichen oder künstlerischen Ausbildung ihrer Lehrkräfte nicht hinter den entsprechenden staatlichen Schulen zurücksteht, eine Sonderung der Schüler nach den Besitzverhältnissen der Eltern nicht gefördert wird, der Schulträger bzw. dessen Vertretungsberechtigte und der Schulleiter geeignet sind, eine Schule verantwortlich zu führen und die Ge- 20

39 BVerfGE 89, 368; 90, 1; BVerwG, NVwZ 1992, 370; DVBl. 1992, 1033.
40 Näher hierzu *Loschelder,* in: *Merten/Papier* IV, § 110 Rn. 90 ff.
41 Vgl. BVerfGE 88, 40 (51).
42 BVerfGE 88, 40 (53); Vgl. hierzu *Schmidt-Assmann/Groß,* NVwZ 1993, 617; *Hufen*, Jus 1994, 432; *Pieroth/Kemm,* JuS 1994, 780; Siehe auch BVerwG, NJW 2000, 1280.
43 Ausführlich *Loschelder,* in: *Merten/Papier* IV, § 110 Rn. 80 ff.
44 Vgl. BVerfGE 27, 195 (202); Vgl. auch *Hemmrich,* in: v. Münch/Kunig, Art. 7, Rn. 46.
45 *Hopfe,* in: Linck/Jutzi/Hopfe, Art. 26, Rn. 6; Kritisch zu der Trennung von staatlicher Genehmigung und Anerkennung *Loschelder,* in: *Merten/Papier* IV, § 110 Rn. 89, mit Hinweis auf die Gefahr, dass auf diese Weise eine weitgehende „Anpassung" der privaten an die entsprechenden staatlichen Schulen erfolgt.
46 BVerfGE 27, 195 (205).

währ dafür bieten, dass sie nicht gegen die verfassungsmäßige Ordnung verstoßen, und die wirtschaftlich und rechtliche Stellung der Lehrkräfte genügend gesichert ist; für Grundschulen in freier Trägerschaft sind zudem die Voraussetzungen des Art. 7 Abs. 5 GG zu erfüllen. Bietet eine Ersatzschule die Gewähr dafür, dass sie die **Genehmigungsvoraussetzungen dauernd erfüllt**, so kann ihr nach § 10 ThürSchfTG vom Ministerium auf Antrag die Eigenschaft einer **staatlich anerkannten Ersatzschule** verliehen werden; allerdings ist Voraussetzung der Anerkennung, dass die genehmigte Ersatzschule bzw. der Bildungsgang mindestens drei Jahre betrieben wurde und erwartet werden kann, dass die Genehmigungsvoraussetzungen auch künftig erfüllt werden. Mit der Anerkennung erhält die Ersatzschule nach § 10 Abs. 2 S. 1 ThürSchfTG das Recht, nach den für die entsprechenden staatlichen Schulen geltenden Vorschriften **Prüfungen abzuhalten und Zeugnisse zu erteilen**, die die gleichen Berechtigungen verleihen wie die staatlichen Schulen.

V. Der Anspruch auf öffentliche Zuschüsse

21 Ausgehend von der Vorgabe des Bundesverfassungsgerichts, dass aufgrund einer historischen Interpretation des Art. 7 Abs. 4 GG aus der Gewährleistung der Privatschulfreiheit **weder eine staatliche Finanzierungsverpflichtung noch ein Subventionsanspruch** folgt, die Länder aber gleichwohl verpflichtet sind, das private Ersatzschulwesen neben dem öffentlichen Schulwesen zu fördern und insbesondere in seinem **Bestand zu schützen,**[47] hat der Thüringer Verfassungsgeber die ihm grundgesetzlich aufgegebene Verpflichtung, die Ersatzschulen als solche in ihrem Bestand und in ihrer Existenz zu sichern, in der Weise umgesetzt, dass er zwar weder einen verfassungsunmittelbaren Anspruch der einzelnen Schule auf finanzielle Förderung in einer bestimmten Höhe in der ThürVerf niedergelegt noch bestimmte Kriterien hierfür vorgegeben hat, gleichwohl aber dem Gesetzgeber in Umsetzung der ihm verfassungsrechtlich obliegenden **Schutz- und Förderpflicht** aufgegeben hat, den Anspruch auf die Gewährung öffentlicher Zuschüsse im Gesetz näher auszuformen.[48] Insoweit kommt dem **Gesetzgeber** ein **erheblicher Gestaltungsspielraum** zu,[49] der allerdings durch den Gleichheitssatz,[50] den Grundsatz des Vertrauensschutzes und das Verhältnismäßigkeitsprinzip eingeschränkt ist.[51] Als Gestaltungsgrenze ist dem Gesetzgeber insbesondere die **Bestandsschutzpflicht für die Institution Privatschule** aufgegeben, d. h. die öffentlichen Zuschüsse des Freistaats müssen so ausgestaltet sein, dass die Privatschulfreiheit nicht faktisch in die Leere läuft und vom Einzelnen nicht mehr in Anspruch genommen werden kann. Indes kommt den Ersatzschulen kein Anspruch dahingehend zu, gänzlich durch staatliche Kompensationsleistungen finanziert zu werden; der Freistaat ist – lediglich – verpflichtet, Leistun-

---

47 BVerfGE 75, 40; Siehe hierzu auch *Eiselt*, DÖV 1987, 557 ff.; *Pieroth/Schuppert*, Die staatliche Privatschulfinanzierung vor dem Bundesverfassungsgericht, 1988.

48 Aufgrund der grundgesetzlichen Vorgaben wäre die Statuierung der Förderpflicht in Abs. 2 Satz 2 letztlich nicht erforderlich gewesen, worauf auch *Hopfe*, in: Linck/Jutzi/Hopfe, Art. 26, Rn. 8, zutreffend hinweist.

49 Vgl. BVerwGE 79, 154; BVerwG, DVBl. 1989, 1276.

50 BVerfGE 74, 40.

51 *Niehues/Rux*, Schul- und Prüfungsrecht, Bd. 1, Schulrecht, 4. Aufl., 2006, S. 298, Rn. 1141.

gen **bis zur Höhe des Existenzminimums** der Privatschulen zu erbringen.[52] Das Risiko für den Bestand der Schule hat mithin der private Schulträger zu tragen, es soll diesem nicht abgenommen werden – was jedoch der Fall wäre, wenn es einen Anspruch der Ersatzschulen auf eine staatliche Vollfinanzierung gäbe.

Dass den genehmigten Ersatzschulen öffentliche Zuschüsse zu gewähren sind, 22
findet seinen Grund darin, dass die Finanzierung von Privatschulen lediglich im Wege der Erhebung von Schulgeldern regelmäßig deshalb ausscheidet, weil eine solche Art der Finanzierung allenfalls für wohlhabende Eltern in Betracht käme, was aber wiederum eine „Sonderung der Schüler nach den Besitzverhältnissen der Eltern" zur Folge hätte, die nach Art. 7 Abs. 4 S. 3 GG ausgeschlossen ist. Da die genehmigten Ersatzschulen nicht lediglich einem wirtschaftlich privilegierten Schülerkreis vorbehalten bleiben sollen, ist der **Freistaat Thüringen** mithin gehalten, die Schulen in freier Trägerschaft **zu einem erheblichen Teil selbst zu finanzieren**, um diesem grundgesetzlich verankerten Gebot Rechnung zu tragen und die Allgemeinheit der Schulen zu sichern.

Insbesondere im Hinblick auf das **„Wie" der Förderung** kommt dem Gesetzge- 23
ber **weitreichende Gestaltungsfreiheit** zu. Auch wenn die staatliche Förderung regelmäßig in Form von **Finanzhilfen** ausgestaltet ist, so wäre es dem Gesetzgeber unbenommen, die Ersatzschulen auch durch **Personal- und Sachleistungen** zu fördern. Der Gesetzgeber des Freistaats Thüringen hat sich für die Förderung der Ersatzschulen in Form staatlicher Finanzhilfen entschieden, die zur Deckung der Kosten für Personal, den Schulaufwand und für Baumaßnahmen gewährt werden können.[53] Auch Mietaufwendungen für die Anmietung von Schulräumen können durch staatliche Finanzhilfen abgedeckt werden.[54] Indes ist der Gesetzgeber gehalten, bei der staatlichen Finanzhilfe für Ersatzschulen die Kosten für die Beschaffung der erforderlichen Schulräume unberücksichtigt zu lassen.[55]

Auch wenn regelmäßig davon ausgegangen werden kann, dass die Ersatzschulen 24
im Hinblick auf ihre Finanzierung bedürftig und nicht in der Lage sind, die finanziellen Grundlagen ihrer Existenz selber aufzubringen, so ist **Voraussetzung für die staatliche Förderpflicht** stets die **Bedürftigkeit der Ersatzschulen.**[56] Bei der Höhe der Förderung kann sich der Gesetzgeber an den Kosten des öffentlichen Schulwesens orientieren; auch ist ihm eine Differenzierung zwischen verschiedenen Arten von Ersatzschulen möglich, sofern dies sachlich begründet ist und die Differenzierung nicht zu unverhältnismäßigen Unterschieden im Hinblick auf die Höhe der Förderung führt. Im Übrigen darf eine private Schule

52 BVerfGE 75, 40 (67); Zur Angemessenheit der gesetzlichen Förderung von Schulen in freier Trägerschaft VG Weimar, ThürVBl 2002, 18 (21).

53 Vgl. zu den Einzelheiten § 17 ff. ThürSchfTG; Im Hinblick auf den Ersatz von Aufwendungen für Neuerrichtungen oder die Erweiterung eines Schulgebäudes sehen zahlreiche Landesgesetze die Möglichkeit eines Baukostenersatzes vor, siehe z. B. § 16 FAGBW; Art. 34 S. 2, 4 BaySchFG; § 101 Abs. 2 Nr. 2 BerSchulG; § 124 Abs. 2 Satz 2 BbgSchulG; § 130 SchulG M-V; §§ 139 ff. NSchG; § 105 Abs. 2 SchulG-NW; § 31 Abs. 2 PrivSchG RPF; § 16 SächsFrTrSchulG; § 119 Abs. 4 SchulGSH.

54 Mietet jedoch der Schulträger von einer Gesellschaft, deren einziger Gesellschafter er selbst ist, ein Schulgebäude an, so ist der Aufwand für die Miete kein notwendiger Schulaufwand, insbesondere wenn der Grundsatz umgangen werden soll, dass bei Vorhandensein eines Schulgebäudes im Vermögensbereich des Schulträgers eine Anmietung von Schulräumen nicht nötig ist; insoweit ist der Mietaufwand nicht erstattungsfähig, siehe BayVGH, BayVBl 2007, 87 (87 f.).

55 BVerfGE 90, 128.

56 BVerwGE 23, 347; 27, 360.

durch ihr pädagogisches Konzept der Jahrgangsmischung bezüglich der förderfähigen Anzahl der notwendigen Klassen zwar nicht besser, aber auch nicht schlechter als staatliche Schulen gestellt werden.[57] Keinen verfassungsrechtlichen Bedenken begegnet es, wenn die Gewährung staatlicher Finanzhilfen von einer **angemessenen pädagogisch-fachlichen Bewährung** einer neuen Privatschule abhängig gemacht wird. Auch die der staatlichen Förderung vorgeschaltete Einhaltung von **Wartefristen** begegnet keinen verfassungsrechtlichen Bedenken, sofern eine solche Karenzfrist nicht als Sperre für die Errichtung neuer Privatschulen wirkt.[58] Im Regelfall wird eine **Wartefrist von drei Jahren**, in denen die Ersatzschule zeigen muss, dass sie auf Dauer bestehen kann, als **angemessen** angesehen werden können.[59] Zudem können **wesentliche Eigenleistungen des Schulträgers** verlangt werden.

Artikel 27 [Kunst- und Wissenschaftsfreiheit]

(1) ¹Kunst ist frei. ²Wissenschaft, Forschung und Lehre sind frei.

(2) Die Freiheit der Lehre entbindet nicht von der Treue zur Verfassung.

Vergleichbare Regelungen

Art. 5 Abs. 3 GG; Art. 108 BayVerf.; Art. 21 VvB.; Art. 31 BbgVerf.; Art. 11 BremVerf.; Art. 7 Abs. 1 u. 2 M-VVerf; Art. 9 Verf Rh-Pf.; Art. 5 Abs. 2 SaarlVerf.; Art. 21 SächsVerf.; Art. 10 Abs. 3 LVerf LSA.; Art. 9 Abs. 1 SchlHVerf.

Ergänzungsnormen im sonstigen thüringischen Recht

Kunstfreiheit: Thüringer Gesetz über die Errichtung der Kulturstiftung des Freistaats Thüringen v. 19.05.2004 (ThürGVBl. S. 515).

Wissenschaftsfreiheit: ThürHG v. 21.12.2006 (ThürGVBl. S. 601) zuletzt geändert durch Gesetz v. 21.12.2011 (ThürGVBl. S. 531).

Dokumente zur Entstehungsgeschichte

Art. 11 VerfE CDU; Art. 11 VerfE F.D.P.; Art. 22 VerfE SPD; Art. 13 VerfE NF/GR/DJ; Art. 19, 20 VerfE LL/PDS; Entstehung ThürVerf, S. 78 f.

Literatur

Kunstfreiheit: *Friedhelm Hufen:* Muß Kunst monokratisch sein? Der Fall documenta, NJW 1997, 1112-1114; *Stefan Huster*: Kultur im Verfassungsstaat, VVDStRL 65 (2005), 51-82; *Karl-Heinz Ladeur*: Nochmals – Der Fall „Esra" und das Verhältnis von Fiktion und Wirklichkeit, AfP 2008, 30-32; *Friedrich Müller*: Freiheit der Kunst als Problem der Grundrechtsdogmatik, 1969; *Ulrich Vosgerau*: Das allgemeine Persönlichkeitsrecht als Universalschranke der Kunstfreiheit – Ein Irrweg der Rechtsprechung, Der Staat 48, 107-125.

Wissenschaftsfreiheit: *Alexander Blankenagel*, Wissenschaftsfreiheit aus der Sicht der Wissenschaftssoziologie, AöR 105, 36-78; *Arnold Köttgen*: Das Grundrecht der deutschen Universität, 1959; *Matthias* Ruffert: Grund und Grenzen der Wissenschaftsfreiheit, VVDStRL 65 (2005), 146-216; *Eberhard Schmidt-Aßmann*, Die Wissenschaftsfreiheit nach Art. 5 Abs. 3 GG als Organisationsgrundrecht, in: FS Werner Thieme (1993), S. 697-711; *Rudolf Smend*: Das Recht der freien Meinungsäußerung, VVDStRL 4 (1928), 44-74; *Ekkehart Stein*: Die Wissenschaftsfreiheit der Studierenden, JA 2002, 253-259; *Hans-Joachim Strauch* : Staatliche und akademische Prüfungsordnungen – Verfassungsrechtliche Analyse eines Steuerungsinstruments, 1978; *ders.*: Wissenschaftsfreiheit, in: Handwörterbuch zur deutschen Rechtsgeschichte, hrsg. von A. Erler, E. Kaufmann und D. Werkmüller, 1964 ff., 1995, Sp. 1453-1461.

57 VGH München, NVwZ-RR 2001, 385 (385).

58 BVerfGE 75, 40; 90, 107; 90, 128; Vgl. auch BVerwGE 79, 154.

59 So auch § 17 Abs. 3 Satz 2 ThürSchfTG.

Leitentscheidungen des BVerfG

Kunstfreiheit: BVerfGE 30, 173 (Mephisto); 36, 321 (Schallplatten); 67, 213 (anachronistischer Zug); 81, 278 (Bundesflagge); 83, 130 (Josefine Mutzenbacher); 119, 1 (Esra).

Wissenschaftsfreiheit: BVerfGE 35, 79 (Gruppenuniversität); 61, 260 (Stimmgewicht der Professoren im Konvent); 90, 1 (Jugendgefährdende Schriften); 93, 85 (Stellung des Dekans); 111, 333 (Brandenburgisches Hochschulgesetz); 122, 89 (kirchliches Selbstbestimmungsrecht); 126, 1 (Fachhochschullehrer, Lehrfreiheit); 127, 87 (Hamburgisches Hochschulgesetz); 128, 1 (Gentechnikgesetz).

A. Überblick

Mit Art. 27 schützt die Verfassung die Eigengesetzlichkeit und Eigenständigkeit von Kunst und Wissenschaft in ihren besonderen Handlungs- und Kommunikationszusammenhängen. Der Landesstaatsgewalt gegenüber gewährt die Freiheitsgarantie (wie auch Art. 5 Abs. 3 GG) sowohl ein subjektives Abwehrrecht als auch eine objektive Gewährleistung. Die Hochschulselbstverwaltung, ein zentrales Problem dieser institutionellen Seite der Wissenschaftsfreiheit, hat der Verfassungsgeber in Art. 28 positiv-rechtlich geregelt. 1

B. Herkunft, Entstehung und Entwicklung

In ihrer Textgestalt ist die Garantie der **Wissenschaftsfreiheit**[1] in den letzten mehr als 150 Jahren nahezu unverändert geblieben. Die Preußische Verfassung von 1850 (Art. 20) folgte dem Wortlaut des § 152 der Reichsverfassung von 1849: „Die Wissenschaft und ihre Lehre ist frei". Die Weimarer Verfassung ergänzte um die **„Kunst"**, die in § 143 der Paulskirchenverfassung nur als Teil der Meinungsfreiheit geschützt war.[2] Das Grundgesetz fügte noch die „Forschung" und die Treueklausel hinzu. Zur neueren Interpretationsgeschichte siehe die 2

1 Näher zur Textentwicklung *Fehling*, in: BK, Art. 5 Abs. 3 (Wissenschaftsfreiheit), Rn. 1-13 (2004).

2 Vgl. *Hufen*, in: HGR IV, § 101, Rn. 8 f.

Stichworte: „Grundrecht der deutschen Universität" – „institutionelle Garantie" (Rn. 21) und neue Steuerungsmodelle (Art. 28, Rn. 11).

3 Die geistesgeschichtlichen Wurzeln der Wissenschaftsfreiheit[3] reichen tief in die Auseinandersetzungen um Gewissensfreiheit und die „libertas philosophandi".[4] Rechtliche Vorformen ergaben sich zum einen aus den Freiheiten und Privilegien, die den mittelalterlichen Universitäten als ständische Korporationen zustanden, und aus dem Zensurprivileg.[5] Für die rechtliche Ausprägung der Wissenschaftsfreiheit/Lehrfreiheit als ein **Spezifikum der deutschen Verfassungstradition**[6] waren aber insbesondere zwei Entwicklungen ausschlaggebend: Die deutschen Universitäten waren im 18. und 19. Jahrhundert zu „Staatsanstalten" geworden. Im Gegensatz zu den Ländern, in denen sich die Universitäten vom Staat freihalten konnten oder als Privatuniversität errichtet wurden, war mithin die Freiheit des wissenschaftlichen Unterrichts durch die allgemeinen Freiheitsrechte, insbesondere die Meinungsfreiheit, nicht zu schützen. Mit der Gründung der Staats-Universitäten Halle und vor allem Göttingen hatte die im 17./18. Jahrhundert entwickelte Idee der Lehrfreiheit zwar ihre ersten normativen Fixierungen gefunden – allerdings bis ins 19. Jahrhundert noch in einem selbstverständlichen Wechselspiel von „Freiheit der Lehrer und Lehrpolizei".[7] Es waren dann die politischen Erfahrungen der Zeit nach 1815 – die Auseinandersetzungen mit dem „System Metternich", die Karlsbader Beschlüsse, die Amtsenthebung von Professoren, u. a. 1837 der „Göttinger Sieben" – die den historisch-politischen Entstehungsgrund für die Selbstverständlichkeit abgaben, mit der § 152 von der Nationalversammlung ohne weitere Aussprache angenommen wurde.[8]

4 Der **Thüringer Verfassungsgeber** hat die Freiheit der Kunst und Wissenschaft in Art. 27 in zwei getrennten Sätzen garantiert,[9] im Übrigen die Garantie aber bewusst parallel zu Art. 5 GG formuliert.[10] Beratungsschwerpunkt war die Frage, ob neben der Lehre auch die Forschung (Stichwort Gentechnik), die Kunst oder die Achtung der Menschenwürde in die Treueklausel aufgenommen werden sollten.[11] Es setzte sich im Ergebnis aber die Auffassung durch, „die Formulierung so zu lassen, also die Verfassungsschranke, wie sie im Grundgesetz ist".[12]

C. Verfassungsvergleichende Information

5 Die Regelung in Art. 27 entspricht fast wortgleich der in anderen Landesverfassungen, die eine solche Garantie aufgenommen haben; Art. 31 Abs. 2 BrbVerf, Art. 7 Abs. 2 MVVerf und Art. 10 Abs. 3 LVerfSA enthalten zusätzlich eine Er-

3 Übersicht bei *U. Mager*, in: HStR, Bd. VII, § 166, Rn. 2 ff.; *Ruffert*, VVDStRL 65 (2005), 161 ff.
4 Vgl. *Zedler*, Grosses Vollständiges Universal-Lexicon, Bd. XXIV, 1741, S. 2126.
5 *Strauch*, Wissenschaftsfreiheit, in: Handwörterbuch zur deutschen Rechtsgeschichte, hrsg. von A. Erler, E. Kaufmann und D. Werkmüller, 1964 ff., 1995, Sp.1457.
6 *Strauch*, (Fn. 5), Sp. 1455.
7 Siehe dazu m. N. *Strauch*, (Fn. 5), Sp. 1456.
8 *Strauch*, (Fn. 5), Sp. 1458.
9 Ursprünglich in zwei Absätzen, vgl. VerfUA Vorlage 1/446 (Nr. 12).
10 Zur Übersicht über die Vorentwürfe und zur Textgenese vgl. Entstehung ThürVerf, S. 27 f.
11 PW1 VerfA006 (06.03.1992) S. 6 ff.
12 So der Sachverständige *Steinberg*, S. 7.

weiterung der Treueklausel um die Achtung der Menschenwürde und die Wahrung der natürlichen Lebensgrundlagen.

D. Erläuterungen

I. Kunstfreiheit

1. Abwehrrecht und Grundsatznorm. Art. 27 Abs. 1 ThürVerf ist gegenüber der Meinungs- und Medienfreiheit (Art. 11 ThürVerf.) lex specialis.[13] Das Grundrecht regelt als „**wertentscheidende Grundsatznorm**" das Verhältnis des Bereiches Kunst zum Staat. Zugleich gewährt es ein individuelles Freiheitsrecht.[14] In dieser Funktion als **Abwehrrecht** liegen, anders als z. B. bei der Wissenschafts- und Rundfunkfreiheit, in der Rechtspraxis auch die Schwerpunkte der Auslegungs- und Anwendungsprobleme. Die **institutionellen Fragen** ergeben sich hier aus der Aufgabe, ein freiheitliches Kunstleben zu erhalten und zu fördern[15] (vgl. u. 5, Rn. 17 ff.). 6

Das Grundrecht schützt die „Kunst" nicht um eines Kanons anerkannter Literatur und Museumsstücke willen, sondern weil dem jeweils Aktuellen, Neuen und bislang Unbekannten in Literatur, Kunst, Film, Theater, Musik ein Freiraum geschaffen werden soll. Der methodisch übliche Weg, über eine Begriffsbestimmung den Schutzbereich und so den zentralen normativen Inhalt eines Grundrechts zu bestimmen, ist mithin für die Kunstfreiheit aus prinzipiellen Gründen nicht gangbar.[16] Das Bundesverfassungsgericht konstatiert deshalb zu Recht die „Unmöglichkeit, Kunst generell zu definieren", was indessen aber nicht „von der verfassungsrechtlichen Pflicht (entbindet), die Freiheit des Lebensbereichs Kunst zu schützen, also bei der konkreten Rechtsanwendung zu entscheiden, ob die Voraussetzungen des Art. 5 Abs. 3 Satz 1 GG vorliegen".[17] Die Auslegungsprobleme verlagern sich so wesentlich in die Bestimmung von Schranken und Abwägungskriterien. 7

2. Der Schutzbereich. a) Der Kunstbegriff. Das Bundesverfassungsgericht hat zunächst einen starken Akzent auf eine materiale, wertbezogene Umschreibung des Kunstbegriffes gelegt, um den Schutzbereich abzustecken, und das Wesentliche der künstlerischen Betätigung in der freien schöpferischen Gestaltung gesehen, in der Eindrücke, Erfahrungen, Erlebnisse des Künstlers durch das Medium einer bestimmten Formensprache zu unmittelbarer Anschauung gebracht werden. Beim künstlerischen Schaffen wirkten Intuition, Phantasie und Kunstverstand zusammen; es ist primär nicht Mitteilung, sondern Ausdruck und zwar unmittelbarster Ausdruck der individuellen Persönlichkeit des Künstlers.[18] Auf diesen Ansatz eines **materialen Kunstbegriffs** hat das Gericht auch in späteren Entscheidungen immer wieder Bezug genommen,[19] diesen in einer Entscheidung von 1984 („Anachronistischen Zug") aber durch einen **formalen** Kunstbegriff ergänzt, der „nur an die Tätigkeit und die Ergebnisse etwa des Malens, Bildhau- 8

13 Vgl. BVerfGE 30, 173 (191); *Jarass*, in: Jarass/Pieroth, Art. 5, Rn. 105.
14 Vgl. BVerfGE 36, 321 (331); 81, 108 (115 f.) m.w.N.
15 BVerfGE 36, 321 (331).
16 Vgl. *Pernice*, in: Dreier, Art. 5 Abs. 3 Rn. 24.
17 BVerfGE 67, 213 (226).
18 BVerfGE 30, 173 (188 f.).
19 Vgl. BVerfGE 67, 213 (226); 83, 130 (138); 119, 1(20 f.).

ens, Dichtens anknüpft".[20] Zugleich wird die Offenheit des Prozesses „gegen starre Formen und strenge Konventionen" betont und darauf verwiesen, dass „nur ein weiter Kunstbegriff zu angemessenen Lösungen führen kann".[21] Auch wenn man wegen der „Mannigfaltigkeit ihres Aussagegehalts" der Darstellung im Wege einer „fortgesetzten Interpretation immer weiterreichende Bedeutungen zu entnehmen vermag, „so dass sich eine praktisch unerschöpfliche, vielstufige Informationsvermittlung ergibt", ist dies ein „kennzeichnendes Merkmal einer künstlerischen Äußerung".[22]

9 Auf diesem Weg, Elemente aus unterschiedlichen Perspektiven der Diskussion um den Kunstbegriff heranzuziehen, ohne in der Grundtendenz der Versuchung zu erliegen, „mit Hilfe eines engen Kunstbegriffs künstlerische Ausdrucksformen, die in Konflikt mit den Rechten anderer kommen, von vornherein vom Grundrechtsschutz der Kunstfreiheit auszuschließen", bleibt im Interesse des Schutzes künstlerischer Selbstbestimmung ein **weitgefasster Begriff** der Kunst gewahrt.[23] Einer staatlichen Stil- oder Niveaukontrolle ist Kunst nicht zugänglich; die Anstößigkeit einer Darstellung nimmt ihr nicht die Eigenschaft als Kunstwerk.[24] So fallen auch Trivialliteratur, Pornographie,[25] Satire und allgemein der Bereich der „engagierten Kunst" in den Schutzbereich von Art. 5 Abs. 3 Satz 1 GG.[26] Auch die vordergründige und eindeutige politische Absicht der Veranstalter schließt diesen Schutz nicht aus.[27] Wie weit dieser Freiheitsbereich dann durch Inhaltsbestimmungen seiner Schranken und deren Handhabung beschränkt wird und beschnitten werden kann, ist die in der Praxis und Theorie oft viel schwierigere und umstrittenere Frage (s. u. 4., Rn. 13 ff.)

10 **b) Geschützes Verhalten.** Die Verfassungsgarantie der Kunstfreiheit betrifft in gleicher Weise den „Werkbereich" und den „Wirkbereich" des künstlerischen Schaffens.[28] Der **„Werkbereich"** meint den künstlerischen Schaffensprozess selbst.[29] Im **„Wirkbereich"** werden die Vermittlungsprozesse erfasst, die Darbietung und Verbreitung des Kunstwerks.[30] Der Schutz des Art. 5 Abs. 3 GG/ Art. 27 Abs. 1 S. 1 erstreckt sich daher auch „auf die Medien (Kommunikationsmittel), da sie durch Vervielfältigung, Verbreitung und Veröffentlichung die zwischen Künstler und Publikum unentbehrliche Mittlerfunktion ausüben".[31] Ob Werbung in den Schutzbereich der Kunstfreiheitsgarantie fällt, hängt davon ab, ob *mit* einem Kunstwerk geworben wird oder (nur) *für* dieses (dann ein

20 BVerfGE 67, 213 unter Bezugnahme auf *Müller*, Freiheit der Kunst als Problem der Grundrechtsdogmatik, 1969, insbes. S. 41 f.
21 BVerfGE 67, 213 (225).
22 BVerfGE 67, 213 (227).
23 So ausdrücklich BVerfGE 119, 1 (23) gegen den Beschluss des Vorprüfungsausschusses vom 19.03.1984 – 2 BvR 1/84 -, NJW 1984, S. 1293 (1294) – "Sprayer von Zürich"; h. M., vgl. *Jarass*, in: Jarass/Pieroth, Art. 5 Rn. 106; *Hufen*, in: HGR IV, § 101, Rn. 44 f.
24 BVerfGE 75, 369 (377); 81, 278 (291.).
25 BVerfGE 83, 130 (138 f.).
26 Übersicht bei *Pernice*, in: Dreier, Art. 5 Abs. 3 Rn. 24.
27 BVerfGE 30, 173 (190 f.).
28 BVerfGE 30, 173 (190 f.); bei Formen der Aktionskunst fallen sie zusammen.
29 Vgl. *Pernice*, in: Dreier, Art. 5 Abs. 3 Rn. 24.
30 *Pernice*, in: Dreier, Art. 5 Abs. 3 Rn. 25.
31 BVerfG 1. Senat 2. Kammer, Beschl. v. 27.07.2005 – 1 BvR 2501/04 –, NJW 2006, 596, 597.

Problem der Meinungs-/Pressefreiheit).[32] Als Prüfungsnorm für die verwertungsrechtlichen Vorschriften des Urheberrechtsgesetzes scheidet Art. 27 Abs. 1 S. 1 dagegen aus; der Schutz des Gewinn- und Erwerbsstrebens gehört nicht zu seinem Schutzbereich.[33]

c) **Die Träger des Grundrechts.** Geschützt sind zunächst alle diejenigen, die im Werkbereich unmittelbar an der Herstellung des Kunstwerkes beteiligt sind, aber auch die, die den Vermittlungsprozess, Darbietung und Verbreitung tragen.[34] Das sind etwa der Verleger,[35] der Schallplattenhersteller[36] und der Filmproduzent,[37] der Galerist und Ausstellungsmacher ebenso wie Musiker und Schauspieler.[38] Auch öffentlich-rechtliche Institutionen, die im künstlerischen Bereich tätig sind (Theater, Orchester, Opernhäuser sowie Museen, Kunsthochschulen), können sich auf Art. 27 berufen; Künstlerische Leiter u. U. in ihrer Doppelfunktion als Künstler und Leiter.[39] Das Publikum und der Konsument von Kunst sind dagegen nach h. M nicht geschützt.[40] 11

3. Beeinträchtigungen. Beeinträchtigt wird das Grundrecht als Abwehrrecht, wenn ein Grundrechtsträger im „Werkbereich" oder im „Wirkbereich" des künstlerischen Schaffens durch Verbote, (strafrechtliche) Sanktionen, o. Ä. eingeschränkt oder behindert wird.[41] Eine Rechtfertigung solcher Beeinträchtigungen kann sich nur auf zulässige Schrankenziehungen stützen. Da das Grundrecht als objektive Entscheidung für die Freiheit der Kunst auch im Verhältnis von Privaten zueinander zu berücksichtigen ist, können Beeinträchtigungen auch in zivilrechtlichen Unterlassungsansprüchen liegen, insbesondere wenn unter Berufung auf private Rechte künstlerische Werke durch staatliche Gerichte verboten werden sollen.[42] 12

4. Schranken der Kunstfreiheit. a) **Schrankenproblematik.** Die Kunstfreiheit unterliegt keinem Gesetzesvorbehalt und – bewusst[43] – nicht einmal einem Schrankenvorbehalt. Es ist heute auch ganz h. M., dass weder auf einen Vorbehalt i. S. des Art. 5 Abs. 2 GG noch auf die Schrankentrias des Art. 2 Abs. 1 S. 2 GG zurückgegriffen werden kann.[44] Daraus folgt jedoch nicht, dass die Kunstfreiheit schrankenlos ist und ihr ein prinzipieller Vorrang einzuräumen wäre, wenn es zu Kollisionen mit anderen Rechtsgütern und -positionen kommt. Sie findet ihre Grenzen nicht nur in den Grundrechten Dritter, sondern unmittelbar auch in anderen Bestimmungen der Verfassung, die ein in der Verfassungsord- 13

32 Mit guten Gründen differenzierend BVerfGE 81, 298 (305 f.); dagegen allgemein: BVerfGE 77, 240 (251), so auch *Jarass*, in: Jarass/Pieroth, Art. 5 Rn. 107; *Pernice*, in: Dreier, Art. 5 Abs. 3 Rn. 25.
33 Vgl. BVerfGE 31, 229 (238ff); BVerfG 2. Senat 1. Kammer, Beschl. v. 28.09.2007 – 2 BvR 1121/06 – ZBR 2008, 171-173.
34 BVerfGE 119, 1 (22) m.w.N.
35 BVerfGE 30, 173 (190); 119, 1 (22); auch der Geschäftsführer eines Verlages, BGHSt 37, 55 (62).
36 BVerfGE 36, 321 (331).
37 BGHZ 130, 205 (218).
38 BVerfGE 67, 213 (224 ff.).
39 Vgl. BVerwGE 62, 55 (59).
40 *Jarass*, in: Jarass/Pieroth, Art. 5 Rn. 107; *Pernice*, in: Dreier, Art. 5 Abs. 3 Rn. 28.
41 *Jarass*, in: Jarass/Pieroth, Art. 5 Rn. 109.
42 Vgl. BVerfGE 30, 173 (187 ff.); 36, 321 (331); 119, 1 (23 f.).
43 Siehe zur Entstehungsgeschichte Rn. 4.
44 BVerfGE 30, 173 (191 f.), st. Rspr.; *Pernice*, in: Dreier, Art. 5 Abs. 3 Rn. 31.

nung ebenfalls wesentliches Rechtsgut schützen.[45] Dazu gehören[46] neben dem **Persönlichkeitsrecht** und dem **Eigentum** nach der Rspr. etwa der **Jugendschutz,**[47] oder der **Schutz von Staatssymbolen**[48] und die **Treuepflicht,** denen Berufsbeamte und Berufsrichter gemäß den hergebrachten Grundsätzen nach Art. 33 Abs. 5 GG unterliegen.[49]

14 **b) Abwägung.** In den Fällen, in denen andere Verfassungsgüter mit der Ausübung der Kunstfreiheit in Widerstreit geraten, muss nach der üblichen Formel des Bundesverfassungsgerichts ein verhältnismäßiger Ausgleich der gegenläufigen, gleichermaßen verfassungsrechtlich geschützten Interessen mit dem Ziele ihrer Optimierung gefunden werden.[50] Dazu reicht es nicht, diese Interessen formelhaft mit allgemeinen Zielen wie etwa dem „Schutz der Verfassung" oder der „Funktionstüchtigkeit der Strafrechtspflege" zu rechtfertigen; vielmehr müssen anhand einzelner Grundgesetzbestimmungen diejenigen verfassungsrechtlich geschützten Güter konkret herausgearbeitet werden, die bei realistischer Einschätzung der Tatumstände mit der Wahrnehmung der Rechte aus der Kunstfreiheit kollidieren.[51] Erst danach ist der Konflikt zwischen der Kunstfreiheit und kollidierenden verfassungsrechtlich geschützten Rechtsgütern unter dem Gebot der Herstellung praktischer Konkordanz[52] im Wege fallbezogener Abwägung zu lösen.[53]

15 **c) Abwägungsprobleme – Fallgruppen.** Die Abwägungsproblematik tritt paradigmatisch in Entscheidungen zum **Persönlichkeitsrecht** hervor. Sowohl in der Mephisto-Entscheidung als auch im Fall Esra sind die Abwägungen in Sondervoten mit beachtlichen Gründen angegriffen worden. Entscheidende und strittige Abwägungsgesichtspunkte sind einerseits die Betonung „einer kunstspezifischen Betrachtung" sowie der „ästhetischen Realität" eines Kunstwerkes und andererseits die Gewichtung der „Erkennbarkeit" derjenigen Person, die sich verletzt fühlt, als taugliches Kriterium zur Bemessung der Schwere einer Persönlichkeitsbeeinträchtigung.[54] Dieser Widerstreit zwischen Kunstfreiheit und Persönlichkeitsrecht führt dann in der Praxis leicht dazu, dass „die Grenze zwischen erlaubter Ausübung der künstlerischen Freiheit und einem verbotenen Eingriff in das Persönlichkeitsrecht ... regelmäßig nur schwer zu bestimmen ist", wie es der BGH in dem nachgehenden Zivilrechtsstreit zur Esra-Entscheidung formuliert hat. Er hat deshalb entschieden, dass der Verletzte nur aus-

---

45 Vgl. BVerfGE 30, 173(193); 67, 213 (228); 119,1 (23 f.).

46 Zum Überblick über die Kasuistik vgl. *Pernice*, in: Dreier, Art. 5 Abs. 3 Rn. 33, 36 ff.

47 BVerfGE 77, 75 (82).

48 BVerfGE 81, 278-292); *Pernice*, in: Dreier, Art. 5 Abs. 3 Rn. 39.

49 BVerfG 2. Senat 1. Kammer, Beschl. v. 06.05.2008 – 2 BvR 337/08 – Amtsenthebung, Neonazi-Band – NJW 2008, 2568-2572.

50 Vgl. BVerfG 2. Senat 1. Kammer, Beschl. v. 06.05.2008 – 2 BvR 337/08 – NJW 2008, 2568-2572 mit Hinweis auf BVerfGE 77, 240 (253).

51 Vgl. BVerfGE 77, 240 (LS 2, 255).

52 Vgl. Hesse, Rn. 72; BVerfGE 77, 240 (255) spricht ausdrücklich von „Konkordanz".

53 BVerfGE 83, 130 (143); *Jarass*, in: Jarass/Pieroth, Art. 5 Rn. 114.

54 BVerfGE 30, 200 ff. (Stein) u. 218 ff. (Rupp-v. Brünneck) sowie 119, 1, 59; vgl. auch Karl-Heinz Ladeur, Nochmals – Der Fall "Esra" und das Verhältnis von Fiktion und Wirklichkeit, AfP 2008, 30-32; Ulrich Vosgerau, Das allgemeine Persönlichkeitsrecht als Universalschranke der Kunstfreiheit – Ein Irrweg der Rechtsprechung, Der Staat 48, 107-125.

nahmsweise zusätzlich eine **Geldentschädigung** beanspruchen kann, wenn ein gerichtliches Verbreitungsverbot ergangen ist.[55]

16 Keine besonderen Probleme ergeben sich i.d.R. bei **Eigentumsbeeinträchtigungen.** Die Kunstfreiheit legitimiert keine eigenmächtige Inanspruchnahme fremden Eigentums.[56] Das Urheberrecht schließt aber das Integrieren fremder Zitate in ein eigenes Kunstwerk nicht aus.[57] In den Fällen der **Straßenkunst** werden die Fragen des Gemeingebrauchs oder eines Anspruchs auf Sondernutzungserlaubnisse unterschiedlich beantwortet.[58] Im **Baurecht** ist das Verunstaltungsverbot für zulässig gehalten worden; ebenso die Untersagung auf dem eigenen Grundstück Kunstwerke aufzustellen.[59] Vorrang vor Kunstfreiheit wurden auch dem naturschutzrechtlichen **Vermarktungsverbot** für Elfenbein und Elfenbeinerzeugnisse[60] und der Strafvorschrift des **§ 166 StGB**[61] eingeräumt.

17 **5. Die objektiv-rechtliche Seite.** Als wertentscheidende Grundsatznorm stellt Art. 27 Abs. 1 S. 1 dem Staat auch die Aufgabe, ein freiheitliches Kunstleben zu erhalten und zu fördern.[62] Das wirft sowohl die Frage nach Förderungspflichten und korrespondierenden Ansprüchen auf, als auch nach institutionellen Konsequenzen für Organisationen und Institutionen der vielfältigen Einrichtungen gesellschaftlicher und staatlicher Kunstförderung.

18 Ein **Anspruch** des Einzelnen auf **Kunstförderung** ist weder aus dem subjektiven Freiheitsrecht noch aus der objektiven Staatszielbestimmung der Kunstfreiheit abgeleitet worden;[63] das gilt auch für Ansprüche auf Steuervergünstigungen oder deren Beibehaltung.[64] Erfasst wird die Kunstförderung im Freistaat durch die eigenständige Regelung des Art. 30. Für die vielfachen Formen, in denen der Staat durch Finanzierungen oder geförderte Einrichtungen mittelbar oder unmittelbar Kunstförderung betreibt, muss allerdings das **Verhältnis Kunst – Staat** modifizierter beschrieben werden als im Hinblick auf Schranken und Schutzbereich. Die These des Bundesverfassungsgerichts, erlaubt und notwendig sei „nur die Unterscheidung zwischen Kunst und Nichtkunst, eine Niveaukontrolle, also eine Differenzierung zwischen <<höherer>> und <<niederer>>, <<guter>> und <<schlechter>> (und deshalb nicht oder weniger schutzwürdiger) Kunst liefe demgegenüber auf eine verfassungsrechtlich unstatthafte Inhaltskontrolle hinaus",[65] rechtfertigt sich aus der einengenden Perspektive des Abwehrrechts

55 BGHZ 183, 227-235, u. a. auch mit der Begründung, mit der Geldentschädigung wäre sonst „ein vom Grundrechtsgebrauch abschreckender Effekt verbunden, der aus Gründen der durch Art. 5 Abs. 3 Satz 1 GG vorbehaltlos garantierten Kunstfreiheit vermieden werden muss".

56 *Pernice*, in: Dreier, Art. 5 Abs. 3 Rn. 40.

57 BVerfG 1. Senat 2. Kammer, Beschl. v. 29.06.2000 – 1 BvR 825/98 – NJW 2001, 598-600.

58 Vgl. etwa BVerwG, Beschl. v. 19.12.1986 – 7 B 144/86, NJW 1987, 1836 gegen VGH Mannheim, NJW 1987, 1839-1842 und bestätigt von BVerfG 1. Senat 2. Kammer Beschl. v. 20.05.1987 – 1 BvR 386/87 – JURIS. Zum Überblick s. *Jarass*, in: Jarass/Pieroth, Art. 5 Rn. 110; *Stark*, in: von Mangoldt/Klein/Stark Art. 5 Abs. 3 Rn. 349.

59 Vgl. BVerwG, NJW 1995, 2648-2650); *Stark*, in: von Mangoldt/Klein/Stark Art. 5 Abs. 3 Rn. 348.

60 BVerwG Buchholz 406.401 § 20 g BNatSchG Nr. 1.

61 BVerwG Buchholz 402.41 Allg. Polizeirecht Nr. 62.

62 Vgl. BVerfGE 36, 321 (331); 81, 108 (116).

63 Vgl. BVerfG 1. Senat 2. Kammer, Beschl. v. 06.05.2005 – 1 BvQ 16/05 – NJW 2005, 2843-2844.

64 Vgl. BVerfGE 81, 108 (116).

65 BVerfGE 67, 213 (224 f.); 75, 369 (377).

und ist insoweit richtig. Staatliche Förderung ist Kunstpolitik und kann sich hier der Rolle des „Kunstrichters" nicht entziehen, weil sie auf Differenzierungen und **Niveaukontrolle** angewiesen ist.[66]

19 Wie bei anderen „Kommunikationsgrundrechten"[67] – Presse-, Rundfunk- und Wissenschaftsfreiheit – bedeutet dies, dass **Organisation** und **Verfahren** so gestaltet werden müssen, dass Pluralität der Kunst in allen ihren Strömungen gewahrt bleibt, insbesondere wesentliche Entscheidungen nicht im hierarchischen Verwaltungsvollzug, sondern durch pluralistische Gremien getroffen werden.[68] Das gilt sowohl für das Außenverhältnis (zu Künstlern und Kunstmarkt) als auch für die Binnenorganisation von Einrichtungen, in denen Kunst betrieben wird.[69] Das Problem stellt sich auch, wenn solche Einrichtungen in privatrechtlicher Form monokratisch organisiert sind, aber eine ganz erhebliche Marktmacht haben.[70]

II. Wissenschaftsfreiheit

20 **1. Abwehrrecht und Grundsatznorm.** Art. 27 Abs. 1 S. 2 enthält – wie auch Art. 5 Abs. 3 GG – sowohl ein **individuelles Freiheits-** und **Abwehrrecht** als auch „eine objektive, das Verhältnis von Wissenschaft, Forschung und Lehre zum Staat regelnde, wertentscheidende **Grundsatznorm**".[71] Anders als die Kunst ist Wissenschaft und damit auch deren Freiheitsgarantie allerdings durch eine besondere Organisationsbezogenheit gekennzeichnet; zu verstehen ist Satz 2 deshalb als „**Organisationsgrundrecht**".[72]

21 **a) Grundrecht der deutschen Universität.** Prägend für Entstehung und Interpretation der Wissenschaftsfreiheit war weder der Privatgelehrte, der in seinem Studierzimmer forscht und in wissenschaftlichen Gesellschaften Vorträge hält, noch die Freiheit des wissenschaftlichen Meinungsaustausches im Allgemeinen,[73] sondern der Hochschullehrer, der als Mitglied einer **staatlichen** Hochschule Forschung und Lehre betreibt, **eingebettet in deren Organisationsstrukturen**. Zu gewährleisten war m. a.W. ein besonderer Schutz vor Eingriffen des Staates in den staatlich organisierten Forschungs- und Lehrbetrieb. Entsprechend wurde die

66 Zum Dilemma der ästhetischen Neutralität vgl. *Huster*, VVDStRL 65 (2005), 57 ff.; *v. Arnauld*, in: HStR, Bd. VII, § 167, Rn. 80 ff.; *Pernice*, in: Dreier, Art. 5 Abs. 3 Rn. 47.

67 *Pernice*, in: Dreier, Art. 5 Abs. 3 Rn. 12.

68 *Ladeur*, in: AK-GG, Art 5 Abs. 3 II, Rn. 26 (2. Aufl., 1989); *v. Arnauld*, in: HStR, Bd. VII, § 167, Rn. 81 ff.; *Pernice*, in: Dreier, Art. 5 Abs. 3 Rn. 49; für Thüringen vgl. hierzu Aufgaben und Zusammensetzung des Kuratoriums der Kulturstiftung nach § 9 Thüringer Gesetz über die Errichtung der Kulturstiftung des Freistaats Thüringen.

69 So hat das BAG die Aufgabe der Bühnenschiedsgerichtsbarkeit auch darin gesehen, den grundrechtlichen eigengesetzlichen Freiraum der am Kunstprozess Beteiligten dadurch gegenüber übermäßiger staatlicher Einflussnahme in Form von Gerichtsentscheidungen abzusichern, dass die Ordnung der Rechtsbeziehungen zuvörderst unter Beteiligung der Kunstschaffenden erfolgt, NZA 2011, 1441-1445. Für Kunst- und Musikhochschulen kann unmittelbar auf die Paralleldiskussionen zu den Universitäten verwiesen werden.

70 Problematisiert am Beispiel der „documenta", vgl. VG Kassel, Beschl. v. 14.09.77 – IV G 388/77 – NJW 1978, 963; dazu: *J. Schwabe*, JA 1978, 649-650; *Hufen*, NJW 1997, 1112-1114.

71 BVerfGE 127, 87 (114);35, 79 (112); st. Rspr.

72 Grundlegend *Schmidt-Aßmann*, Die Wissenschaftsfreiheit nach Art. 5 Abs. 3 GG als Organisationsgrundrecht, in: FS Werner Thieme (1993), S. 697 ff.

73 Geschützt ist sie in Ländern mit längerer demokratischer Tradition als Teil der Meinungsfreiheit; vgl. *Fehling*, in: BK, Art. 5 Abs. 3 (Wissenschaftsfreiheit), Rn. 295 f. (2004).

Gewährleistung der Forschungs- und Lehrfreiheit immer auch als **„Grundrecht der deutschen Universität“**[74] verstanden. Soweit damit eine **institutionelle Garantie** i. S. einer Garantie der klassischen, überkommenen Universitätsstruktur (Schlagwort: Ordinarienuniversität) gemeint war, hat diese Position heute kaum noch Relevanz.[75] Sowohl die Organisationsformen der Forschung (außeruniversitäre Institutionen der Großforschung, Auftrags- und Industrieforschung) als auch die Aufgabenstellungen und Organisationsstrukturen der Hochschulen haben sich z. T. grundlegend geändert; eine im herkömmlichen Sinn institutionelle, hochschulzentrierte Auslegung der Wissenschaftsfreiheit wird dem nicht mehr gerecht wird. Das Bundesverfassungsgericht hat ihr deshalb bereits im Hochschulurteil von 1973 eine klare Absage erteilt.[76]

b) Organisationsgrundrecht. Gleichwohl stellen sich die Auslegungs- und Rechtsanwendungsprobleme in der Rechtspraxis immer noch in aller Regel als Probleme der Forschungs- und Lehrfreiheit von Hochschulangehörigen. In der Struktur geht es dabei nahezu stets um die Feststellungen von Mitwirkungs-, Gestaltungs- oder Abwehransprüchen, die aus der Freiheitsgarantie abgeleitet werden, aber nur im Kontext der Hochschulorganisation und deren Entscheidungsstrukturen und Kompetenzen abgrenzbar und bestimmbar sind. Diese Verzahnung hat sowohl Konsequenzen für Schranken und Abgrenzungen des Schutzbereichs (s. 4.) als auch für die institutionelle Sicht auf Art. 27 Abs. 1 S. 2/ Art. 5 Abs. 3 GG. 22

Im Hochschulurteil von 1973 hatte das Bundesverfassungsgericht zwar betont, Art. 5 Abs. 3 GG schreibe „keine bestimmte Organisationsform des Wissenschaftsbetriebs an den Hochschulen vor“, andererseits aber ausdrücklich festgestellt, dass „der effektive Schutz der Wissenschaftsfreiheit adäquate organisationsrechtliche Vorkehrungen“ erfordert und als **„Kriterium für eine verfassungsgemäße Hochschulorganisation“** darauf abgestellt, „ob mit ihr freie Wissenschaft möglich ist und ungefährdet betrieben werden kann“.[77] In späteren Entscheidungen hat das Gericht diese Gedanken immer wieder aufgegriffen und ausgebaut.[78] Das wird für die Hochschulen unter Art. 28 näher darzustellen sein (dort Rn. 10 ff.). Zu den noch weitgehend offenen Problemen, die sich aus der Frage ergeben, inwieweit der Grundgedanke, dass „ein Organisationsmodell, das im Schutzbereich des Art. 5 Abs. 3 GG eingesetzt werden soll, *typischerweise* geeignet sein (muss), freie Wissenschaft zu fördern“,[79] auch für den außeruniversitären Bereich gilt, vgl. u. Rn. 29. 23

2. Schutzbereich – Hochschule. Geschützt durch die Wissenschaftsfreiheit sind „die auf wissenschaftlicher Eigengesetzlichkeit beruhenden Prozesse, Verhaltensweisen und Entscheidungen bei dem Auffinden von Erkenntnissen, ihrer 24

74 Zurückgehend auf *Smend*, VVDStRL 4 (1928), 57, 73 und im Anschluss daran *A. Köttgen*: Das Grundrecht der deutschen Universität, 1959.

75 Vgl. *Fehling*, in: BK, Art. 5 Abs. 3 (Wissenschaftsfreiheit), Rn. 29 ff. (2004); *Löwer*, in: HGR IV, § 99, Rn. 40 f.; *Geis*, in: HGR IV, § 100, Rn. 41; *Ruffert*, VVDStRL 65 (2005), 181 – jeweils m.w.N.

76 BVerfGE 35, 79 (112) mit der Bemerkung, „im Laufe der intensiven Diskussion über die Hochschulreform ist nicht überall der Versuchung widerstanden worden, Art. 5 Abs. 3 GG mit hochschulpolitischen Forderungen der verschiedensten Art aufzuladen“.

77 BVerfGE 35, 79 (116, 121,117).

78 Vgl. BVerfGE 54, 363 (389 ff.); zuletzt 127, 87 (114 ff). mit Hinweisen auf 35, 79 (115); 85, 360 (384); 93, 85 (95); 111, 333 (353.).

79 *Schmidt-Aßmann (Fn. 72)* S. 701.

Deutung und Weitergabe".[80] Als wissenschaftliche Tätigkeit einzuschätzen ist dabei „alles, was nach Inhalt und Form als ernsthafter planmäßiger Versuch zur Ermittlung der Wahrheit anzusehen ist."[81] Angesichts der wissenschaftstheoretischen Implikationen einer solchen Begriffsumschreibung, sind gegen sie in der Literatur mit guten Gründen Einwände erhoben worden.[82] Im Hinblick auf die vom Bundesverfassungsgericht zugleich betonte Offenheit und Wandelbarkeit des Wissenschaftsbegriffs[83] lassen sich jedoch unvermeidliche Unschärfen bei „Grenzwissenschaften"[84] in der Praxis hinreichend händeln.

25 **a) Forschung und Lehre, Lernfreiheit.** Auch wenn es „keine eindeutige und allgemein anerkannte Definition des Begriffs Forschung (gibt), die als Maßstab genutzt werden könnte, um eine Tätigkeit exakt zu qualifizieren und einzuordnen", wie das Bundesverfassungsgericht in Bezug auf die Tätigkeit von Fachhochschullehrern festgestellt[85] hat, so lassen sich jedoch wesentliche Elemente benennen, die mit der **Forschungsfreiheit** geschützt sind: die freie Wahl der Fragestellung, die gewählte Methode, die Durchführung des Forschungsprojektes sowie seine Bewertung und die Art und Weise, wie die Forschungsergebnisse publiziert werden.[86] Die **Lehrfreiheit** umfasst insbesondere deren Inhalt, den methodischen Ansatz und das Recht auf Äußerung von wissenschaftlichen Lehrmeinungen. Es geht darum, „Lehre als der wissenschaftlich fundierten Übermittlung der durch die Forschung gewonnenen Erkenntnisse zu gewährleisten.[87]

26 Historisch ist die **Lernfreiheit** des Studierenden kaum von der Lehrfreiheit zu trennen.[88] Sie wurde wie diese um der geistigen Freiheit Willen erkämpft, nicht als Anspruch auf freie Berufswahl. Die h. M. sieht sie heute gleichwohl nur im Rahmen des Art. 12 GG als garantiert an.[89]

27 **b) Teilhabe und Mitwirkungsrechte.** Das Organisationsgrundrecht garantiert nicht nur den Hochschulen Selbstverwaltung (Art. 28), sondern auch den Hochschulangehörigen, insbesondere denen, die Forschung und Lehre betreiben, eine grundsätzliche **Beteiligung** an der **Selbstverwaltung.**[90] Die so abgeleiteten Teil-

80 BVerfGE 35, 79 (112); ebenso: E 47, 327 (367); 90, 1 (11 f.); 111, 333 (354); 127, 87 (115).

81 BVerfGE 35, 79 (112). Zustimmend etwa *Pernice*, in: Dreier, Art. 5 Abs. 3 Rn. 20; *Scholz*, in: Maunz/Dürig, Art. 5 III Rn. 91 (Stand 1977); *Fehling*, in: BK, Art. 5 Abs. 3 (Wissenschaftsfreiheit), Rn. 63 (2004).

82 Vgl. etwa *Denninger*: in: AK-GG, Art. 5 Abs. 3 II, Rn. 14 (3. Aufl., 2001); *Blankenagel*, AöR 105, 36-78; Übersicht über den Diskussionsstand bei *Ruffert*, VVDStRL 65 (2005), 152 ff.

83 So BVerfGE 90, 1-21 mit einer Prüfung einzelner Kriterien; BVerfGE 35, 79 (112) spricht von „der prinzipiellen Unabgeschlossenheit".

84 *Fehling*, in: BK, Art 5 Abs. 3 (Wissenschaftsfreiheit), Rn. 64 (2004).

85 BVerfGE 61, 210 (246).

86 Vgl. BVerfGE 35, 79 (113); ausführlich dazu etwa *Fehling*, in: BK, Art. 5 Abs. 3 (Wissenschaftsfreiheit), Rn. 71 ff. (2004); *Pernice*, in: Dreier, Art. 5 Abs. 3 Rn. 3 ff.; *Denninger*: in: AK-GG, Art. 5 Abs. 3 II, Rn. 47 (3. Aufl., 2001), jeweils m.w.N.

87 Auch hier BVerfGE 35, 79 (113); zu den Detail- und Abgrenzungsfragen vgl. u. a. *Fehling*, in: BK, Art. 5 Abs. 3 (Wissenschaftsfreiheit), Rn. 83 ff. (2004); *Pernice*, in: Dreier, Art. 5 Abs. 3 Rn. 32 f.; *Denninger*: in: AK-GG, Art. 5 Abs. 3 II, Rn. 14 (3. Aufl., 2001), jeweils mit w. N.

88 *U. Mager*, in: HStR, Bd. VII, § 166, Rn. 15.

89 Vgl. *Pernice*, in: Dreier, Art. 5 Abs. 3 Rn. 33; *U. Mager*, in: HStR, Bd. VII, § 166, Rn. 15; ausführlich *Löwer*, in: HGR IV, § 99, Rn. 67 ff. mit einer (resignierend) abwägenden Argumentation. A. A. *Stein*, JA, 2002, 253 (255 ff.).

90 *Fehling*, in: BK, Art 5 Abs. 3 (Wissenschaftsfreiheit), Rn. 35, 103 (2004).

habe- und Mitwirkungsrechte können allerdings nicht mehr in einem ursprünglichen Sinn als „Mitgliedschaftsrechte“ verstanden werden, sondern sind „für jeden Wissenschaftler auf solche hochschulorganisatorischen Entscheidungen beschränkt, die seine eigene Freiheit, zu forschen und zu lehren, gefährden können“.[91] Auch im engeren Bereich der akademischen Angelegenheiten,[92] im Fachbereich, gewährleistet die Wissenschaftsfreiheit dem einzelnen Hochschullehrer keine unbeschränkte Teilhabe an der Leitung der Wissenschaftseinrichtung, an der er arbeitet.[93] Zu beachten ist aber die sichernde Funktion eines Einvernehmenserfordernisses.[94]

c) **Leistungsansprüche, Mindestausstattung.** Der Staat ist zwar verpflichtet, die Pflege der freien Wissenschaft und ihre Vermittlung an die nachfolgende Generation durch die Bereitstellung von personellen, finanziellen und organisatorischen Mitteln zu ermöglichen und zu fördern.[95] Daraus lassen sich jedoch nur in engen Grenzen **unmittelbar** originäre **Leistungsrechte** ableiten.[96] Bei der Verteilung zugewiesener Mittel müssen aber jedenfalls diejenigen „Personal- und Sachmittel zugewiesen werden, die es dem Hochschullehrer überhaupt erst ermöglichen, wissenschaftliche Forschung und Lehre zu betreiben“ (**Mindestausstattung**).[97] Ein Bestandsschutz für **Berufungszusagen** ergibt sich aus der Wissenschaftsfreiheit nicht.[98] 28

3. Schutzbereich – außeruniversitärer Bereich. Forschung wird heute nicht mehr überwiegend im Hochschulbereich betrieben, sondern in vielfältig unterschiedlich organisierten anderen staatlichen oder privaten Wissenschaftseinrichtungen. Inwieweit sich diese Einrichtungen oder die in ihnen tätigen Wissenschaftler auf die Wissenschaftsfreiheit berufen können, ist differenziert zu beurteilen.[99] Im Ansatz kommt es darauf an, ob der Schutz davon abhängt, inwieweit sie selbst durch ihre Organisation „unabhängige Wissenschaft gewährleisten“[100] oder ob der formale Sachverhalt der Generierung neuer Erkenntnisse ausreicht. Unstreitig gilt die Freiheitsgarantie für **staatliche Forschungseinrichtungen**, wenn sie Organisationsstrukturen aufweisen, die freie Wissenschaft ermöglichen.[101] Gleiches gilt für Gründung und Betrieb **privater Einrichtungen**, die diese Voraussetzungen erfüllen. Art. 27 Abs. 1 S. 2 ist ein **Jedermann-Grundrecht**.[102] Für die **Ressortforschung** wird der Schutz durch die Wissenschaftsfreiheit dagegen überwiegend verneint, weil es sich um weisungsabhängig arbeiten- 29

91 Vgl. BVerfGE 35, 79 (116 f., 127 f.); 111, 333 (354); 127, 87 (115 f.).
92 Vgl. dazu die Umschreibung in BVerfGE 35, 79 (123).
93 BVerfGE 93, 85 (99); zu dem damit verbunden „Kompensationsgedanken“ vgl. Art. 28 Rn. 12.
94 BVerfG 1. Senat 3. Kammer, Beschl. v. 01.02.2010 – 1 BvR 1165/08 – JURIS.
95 BVerfGE 35, 79 (114 f.); 94, 268 (285).
96 *Fehling*, in: BK, Art. 5 Abs. 3 (Wissenschaftsfreiheit), Rn. 40 (2004); näher: *U. Mager*, in: HStR, Bd. VII, § 166, Rn. 41 ff.; *Löwer*, in: HGR IV, § 99, Rn. 41 ff.
97 BVerfGE 43, 242 (285); 54, 363 (390); 111, 333 (362); 127, 87 (114 f.); *Pernice*, in: Dreier, Art. 5 Abs. 3 Rn. 54; *Jarass*, in: Jarass/Pieroth, Art. 5 Rn. 138.
98 Vgl. BVerfGE 52, 303 (336); BVerwG, Buchholz 421.2 Hochschulrecht Nr. 166.
99 Zum Überblick vgl. *Fehling*, in: BK, Art. 5 Abs. 3 (Wissenschaftsfreiheit), Rn. 133 ff. (2004), *Pernice*, in: Dreier, Art. 5 Abs. 3 Rn. 30; *Ruffert*, VVDStRL 65 (2005), 158 ff.
100 *Schmidt-Aßmann* (Fn. 72) S. 707.
101 *Fehling*, in: BK, Art. 5 Abs. 3 (Wissenschaftsfreiheit), Rn. 133 (2004); *U. Mager*, in: HStR, Bd. VII, § 166, Rn. 49.
102 Vgl. *Fehling*, in: BK, Art. 5 Abs. 3 (Wissenschaftsfreiheit), Rn. 108 (2004).

de staatliche Einrichtungen handelt.[103] Eine andere Frage ist, wie beliebig der Staat Forschung außerhalb des Schutzbereiches organisieren darf.[104] Mit der abgestuften Intensität, die sich aus der **Drittwirkung** der Wissenschaftsfreiheit ergibt,[105] stellt sich diese Frage auch, wenn Private im Rahmen vor Art. 2 Abs. 2 und 12 GG **Auftragsforschung** und **Industrieforschung** ohne Rücksicht auf Strukturvorgaben der Freiheitsgarantie des Art. 5 Abs. 3 GG/27 Abs. S. 2 organisieren. Die Gewinnung neuer Erkenntnisse mag dabei durchaus intendiert sein. Wenn die Entscheidungen im Forschungsprozess – über Fragestellung und Methodenwahl, Entscheidungen über Fortsetzung oder Abbruch, Veröffentlichung oder Nichtveröffentlichungen der Ergebnisse – allein unter kommerziellen Zielstellungen getroffen werden, geht es nicht mehr um „die auf wissenschaftlicher Eigengesetzlichkeit beruhenden Prozesse",[106] um deren Willen die Wissenschaftsfreiheit, anders als die Gewerbefreiheit oder die Meinungsfreiheit, vorbehaltlos geschützt ist.[107]

30 **4. Beschränkungen und Schranken.** Für die Wissenschaftsfreiheit hat die Verfassung, wie für die Kunst, bis auf die Treueklausel keinen Schrankenvorbehalt formuliert. Unabhängig von allgemeinen Schranken (b) ergeben sich jedoch für Forschung und Lehre Beschränkungen daraus, dass diese Tätigkeiten nicht in „Einsamkeit und Freiheit", sondern im Rahmen eines Fachbereichs, eines Forschungsteams, eines Projekts etc. ausgeübt werden.

31 **a) Beschränkungen.** Im Grundsatz ist es daher unbestritten, dass die Wissenschaftsfreiheit nicht vor **Beschränkungen** schützt, die für den einzelnen Grundrechtsträger aufgrund des Zusammenwirkens mit anderen Grundrechtsträgern im Wissenschaftsbetrieb und mit Rücksicht auf die Zwecke der Universität unvermeidbar sind.[108] Besonders deutlich wird die „Freiheitsbegrenzung kraft Eingliederung"[109] im Bereich der **Lehre**. Sie betrifft hier die Lehrdeputate, Koordination des Lehrangebots mit örtlichen, zeitlichen und sonstigen organisatorischen Vorgaben.[110] Selbst die Gestaltung des Inhalts unterliegt Begrenzungen, etwa, als Sonderfall, in der Theologie[111] oder generell durch die Vorgaben, mit denen die Prüfungs- und Studienordnungen als Steuerungsinstrumente Studium

---

103 Vgl. *Fehling*, in: BK, Art. 5 Abs. 3 (Wissenschaftsfreiheit), Rn. 80 (2004), *Löwer*, in: HGR IV, § 99, Rn. 19 m.w.N.; a. A. *Stark*, in: von Mangoldt/Klein/Stark Art. 5 Abs. 3 Rn. 355.

104 Siehe hierzu *Ruffert*, VVDStRL 65 (2005), 178 f.

105 Vgl. dazu *Fehling*, in: BK, Art. 5 Abs. 3 (Wissenschaftsfreiheit), Rn. 51 ff. (2004); *U. Mager*, in: HStR, Bd. VII, § 166, Rn. 52; *Ruffert*, VVDStRL 65 (2005), 179 ff.

106 BVerfGE 127, 87 (115). D. h. in dem durch Freiheit trotz institutioneller Einbindung geschützten Bereich (Rn. 25) soll die Steuerung nach den Kriterien richtig/falsch erfolgen und nicht nach den politischen bzw. ökonomischen Kriterien nützlich/nicht nützlich.

107 Siehe dazu auch: *Fehling*, in: BK, Art 5 Abs. 3 (Wissenschaftsfreiheit), Rn. 54, 135 f. (2004); *Mager*, in: HStR, Bd. VII, § 166, Rn. 52; *Denninger*: in: AK-GG, Art. 5 Abs. 3 II, Rn. 25 (3. Aufl., 2001).

108 Vgl. BVerfGE 35, 79 (122, 128); 47, 327 (369 f.); 51, 369 (379); 55, 37 (68 f.); 111, 333 (354); 127, 87 (115).

109 *Löwer*, in: HGR IV, § 99, Rn. 56.

110 Vgl. BVerfGE 127, 87 (119 f.); E 126, 1 (24): „Dabei wird die Freiheit der Lehre für den Hochschullehrer durch sein konkretes Amt bestimmt"; ausführlich *Löwer*, in: HGR IV, § 99, Rn. 56 ff.

111 BVerfGE 122, 89-120; zur Sonderrolle der Theologie näher Art. 28 Rn. 15.

und Lehre beeinflussen.[112] Überall dort, wo **Forschung** auch Organisation von Zusammenarbeit mit anderen Forschern bedeutet, kommt es auch zu mehr oder minder großen Einschränkungen in der Entscheidungsfreiheit des Einzelnen über den Forschungsprozess, zu einer „Begrenzung durch den Aufgabenrahmen".[113] Im Übrigen ist Forschung, soweit sie auf Sach- und Personalmittel angewiesen ist, naturgemäß immer von solchen Mittelzuweisungen abhängig. Die Mindestausstattung (Rn. 28) bedeutet hier Begrenzung durch den Ausgaberahmen.

b) Schranken. Im Grundsätzlichen kann für die **Schrankenproblematik** auf die Erl. zur Kunstfreiheit verwiesen werden (Rn. 13). Wie andere vorbehaltlos gewährleistete Grundrechte kann auch die Wissenschaftsfreiheit nach der stRspr. des Bundesverfassungsgerichts aufgrund von **kollidierendem Verfassungsrecht** beschränkt werden.[114] Das schließt Handlungen und Forschungsprozesse aus, die mit der Menschenwürde unvereinbar sind.[115] Im Übrigen sind Werte von Verfassungsrang, die eine Beschränkung der Wissenschaftsfreiheit rechtfertigen, insbesondere der Schutz des Lebens und der Gesundheit von Menschen, der Berufs- und Eigentumsfreiheit möglicher Betroffener und der natürlichen Lebensgrundlagen.[116] Kommt es zum Konflikt, ist dieser unter Rückgriff auf weitere einschlägige verfassungsrechtliche Bestimmungen und Prinzipien sowie auf den Grundsatz der praktischen Konkordanz durch Verfassungsauslegung zu lösen.[117] 32

In der Entscheidung über das **Gentechnikgesetz** hat das Gericht in die Abwägung gegenläufiger Interessen zugunsten der Wissenschaftsfreiheit eingestellt, dass gerade eine von gesellschaftlichen Nützlichkeits- und politischen Zweckmäßigkeitsvorstellungen befreite Wissenschaft dem Staat und der Gesellschaft im Ergebnis am besten dient. Auf der anderen Seite hat es auf das hohe Risikopotential abgestellt, das die Forschung an gentechnisch veränderten Organismen bergen kann und die Schäden irreversibel sein können.[118] Weitere Bereiche, in denen sich das Problem kollidierender Rechtsgüter stellt und Diskussionsgegenstand ist,[119] sind die **Kerntechnik** als Risikobereich, die **Embryonen- und Stammzellenforschung**, der **Tierschutz** und die Frage, inwieweit **Ethikkommissionen** hier Vorgaben machen können und dürfen. 33

c) Treueklausel. Bedeutung und Inhalt der Treueklausel sind, auch in den dogmatischen Ansätzen, bis heute umstritten. Zum einen wird sie wesentlich im Kontext zu Art. 35 Abs. 5 GG gesehen:[120] Sie bindet den beamteten Hochschul- 34

112 Zu Prüfungsordnungen als Steuerungsinstrument vgl. *Strauch*, Staatliche und akademische Prüfungsordnungen – Verfassungsrechtliche Analyse eines Steuerungsinstruments, 1978, S. 10 ff.; als Instrument zur Steuerung der Lehre insbes. S. 105 ff.; als akademische Angelegenheit S. 149 ff, 207 ff. u. Rn. 9 zu Art. 28.

113 *Löwer*, in: HGR IV, § 99, Rn. 21.

114 Vgl. BVerfGE 47, 327 (369); 57, 70 (99); wobei es grundsätzlich hierzu einer gesetzlichen Grundlage bedarf, ebenfalls st. Rspr. BVerfGE 128, 1 (41).

115 *Mager*, in: HStR, Bd. VII, § 166, Rn. 34; *Jarass*, in: Jarass/Pieroth, Art. 5 Rn. 132.

116 So BVerfGE 128, 1 (37).

117 Vgl. BVerfGE 47, 327 (369); 128, 1 (41), st. Rspr.

118 BVerfGE 128, 1 (89).

119 Zum Überblick über diesen Fragenkreis vgl.: *Löwer*, in: HGR IV, § 99, Rn. 28 ff.; *Pernice*, in: Dreier, Art. 5 Abs. 3 Rn. 38, 43 ff.; *Mager*, in: HStR, Bd. VII, § 166, Rn. 32; *Ruffert*, VVDStRL 65 (2005), 193 ff.

120 *Jarass*, in: Jarass/Pieroth, Art. 5 Rn. 133; *Pernice*, in: Dreier, Art. 5 Abs. 3 Rn. 41; *Mager*, in: HStR, Bd. VII, § 166, Rn. 29.

lehrer an die Loyalitätspflichten, privilegiert ihn aber insofern, als er nicht verpflichtet ist, in der Lehre stets aktiv für die freiheitlich demokratische Grundordnung einzutreten. Wissenschaftliche Kritik auch an tragenden Verfassungsgrundsätzen wird allgemein für zulässig erachtet.[121] Erst wenn diese Kritik einen extrem einseitigen, unsachlichen oder gar verächtlich machenden Charakter annimmt, wird die Grenze überschritten.[122] Diese Grenze soll nach einer nicht an den Kontext zu Art. 35 Abs. 5 GG gebundenen Auffassung für alle Formen der Lehre in und außerhalb der Hochschule gelten.[123] Welche Folgen ein Verstoß hat, ist dann eine Frage der Art des Dienstverhältnisses.[124]

Artikel 28 [Hochschulen]

(1) [1]Die Hochschulen genießen den Schutz des Landes und stehen unter seiner Aufsicht. [2]Sie haben das Recht auf Selbstverwaltung, an der alle Mitglieder zu beteiligen sind.

(2) Hochschulen in freier Trägerschaft sind zulässig.

(3) [1]Die Kirchen und andere Religionsgesellschaften haben das Recht, eigene Hochschulen und andere theologische Bildungsanstalten zu unterhalten. [2]Das Mitspracherecht der Kirchen bei der Besetzung der Lehrstühle theologischer Fakultäten wird durch Vereinbarung geregelt.

(4) Das Nähere regelt das Gesetz.

Vergleichbare Regelungen

Art. 20 BWVerf.; Art. 138 BayVerf; Art. 32 BbgVerf.; Art. 34 BremVerf.; Art. 60 HessVerf.; Art. 7 Abs. 3, Art. 16 Abs. 3 M-VVerf; Art. 16 Verf NW; Art. 39 Verf Rh-Pf.; Art. 33 Abs. 2 SaarlVerf.; Art. 107 SächsVerf.; Art. 31 LVerf LSA.

Ergänzungsnormen im sonstigen thüringischen Recht

ThürHG v. 21.12.2006 (ThürGVBl. S. 601) zuletzt geändert durch Gesetz v. 21.12.2011 (ThürGVBl. S. 531).

Dokumente zur Entstehungsgeschichte

Art. 34, 40 VerfE CDU; Art. 27 VerfE F.D.P.; Art. 38 VerfE SPD; Art. 14 VerfE NF/GR/DJ; Art. 42 VerfE LL/PDS; Entstehung ThürVerf, S. 80 ff.

Literatur

Martin Burg, Ilse-Dore Gräf, Das (Verwaltungs-)organisationsrecht der Hochschulen im Spiegel der neueren Gesetzgebung und Verfassungsrechtsprechung, DVBl 2010, 1125-1134; *Erhard Denninger,* HRG, Kommentar, 1984; *Reinhard Hendler,* Die Universitäten im Zeichen der Ökonomisierung u. Internationalisierung, VVDStRL 65 (2005), 238-273; *Daniel Krausnick,* Staat und Hochschule im Gewährleistungsstaat, 2012; *Jörg-Detlef Kühne,* Die Landesverfassungsgarantien hochschulischer Selbstverwaltung – ein unentfaltetes Autonomiepotential, DÖV 1997, 1-13; *Ute Mager;* Die Universitäten im Zeichen der Ökonomisierung u. Internationalisierung, VVDStRL 65 (2005), 274-310; *Ludwig Renck,* Probleme des Thüringer Staatskirchenrechts, ThürVBl 1996, 73-76; *Simon Sieweke,* Die Verfassungswidrigkeit der Exzellenzinitiative des Bundes und der Länder, DÖV 2011, 435-437; *Hans-Joachim*

---

121 *Pernice*, in: Dreier, Art. 5 Abs. 3 Rn. 41; *Denninger*: in: AK-GG, Art. 5 Abs. 3 II, Rn. 44 (3. Aufl., 2001). Denninger Rn. 44; *Fehling*, in: BK, Art. 5 Abs. 3 (Wissenschaftsfreiheit), Rn. 183 (2004) 183 m.w.N.

122 *Fehling*, in: BK, Art. 5 Abs. 3 (Wissenschaftsfreiheit), Rn. 182 (2004); *Löwer*, in: HGR IV, § 99, Rn. 65.

123 *Fehling*, in: BK, Art. 5 Abs. 3 (Wissenschaftsfreiheit), Rn. 182 (2004); *Scholz,* in: Maunz/Dürig, Art. 5 III Rn. 201 (Stand 1977).

124 Vgl. *Löwer*, in: HGR IV, § 99, Rn. 66; *Fehling*, in: BK, Art. 5 Abs. 3 (Wissenschaftsfreiheit), Rn. 184 f. (2004).

Strauch, Wissenschaftsfreiheit, in: Handwörterbuch zur deutschen Rechtsgeschichte (HRG), hrsg. von A. Erler, E. Kaufmann und D. Werkmüller, 1964 ff., 1995, Sp. 1453 – 1461.

Leitentscheidungen des BVerfG

BVerfGE 35, 79 (Gruppenuniversität); 61, 260 (Stimmgewicht der Professoren im Konvent); 93, 85 (Stellung des Dekans); 111, 333 (Brandenburgisches Hochschulgesetz); 122, 89 (kirchliches Selbstbestimmungsrecht); 126, 1 (Fachhochschullehrer, Lehrfreiheit); 127, 87 (Hamburgisches Hochschulgesetz)

A. Überblick

Art. 28 ergänzt die für die Wissenschaftsfreiheit entscheidende Grundnorm des Art. 27 durch verfassungsrechtliche Vorgaben für die Organisation des Hochschulwesens, insbesondere durch die Selbstverwaltungsgarantie des Abs. 1 S. 2. 1

B. Herkunft, Entstehung und Entwicklung

Für die Universitäten des Mittelalters ergab sich aus den Freiheiten und Privilegien, die ihre Stellung als ständische Korporation ausmachte, auch ihre Autonomie. Eine Selbstverwaltung war grundsätzlich auch nicht in Frage gestellt, als sie in Deutschland – anders als etwa in England – im 17./18. Jahrhundert zu Staatsanstalten wurden. Die Universitäten Halle (1694), Göttingen (1737) und Berlin (1810) veränderten entscheidend die ständischen Organisationsformen und im Zusammenhang dieser Gründungen wurde auch die Lehrfreiheit, jedenfalls als praktisches Postulat, formuliert.[1] Im 19./20. Jahrhundert standen die Auseinandersetzungen um die „Lehr- und Lernfreiheit“, die „akademische Freiheit“ im Mittelpunkt; Organisationsfragen rückten erst ab etwa 1960 wieder in das Zentrum der Diskussion – verfassungsrechtlich weitgehend unter dem Stichwort der Wissenschaftsfreiheit als „institutionelle Garantie“.[2] 2

Art. 28 Abs. 1 wurde in seiner jetzigen Fassung vom VerfUA in der Sitzung am 20.02.1992 ohne nennenswerte Diskussionen von Sachfragen gebilligt;[3] ebenso Abs. 2.[4] Überlegungen im VerfA, statt von „Aufsicht“ ausdrücklich von „Rechtsaufsicht“ zu sprechen, fanden keine Zustimmung.[5] In Abs 3 wurde der ursprüngliche Satz 2: „Die theologischen Fakultäten bleiben bestehen“[6] gestri- 3

1 Vgl. dazu *Lüthje*, in: Denninger, HRG § 58 Rn. 2 ff.; *Strauch*, Wissenschaftsfreiheit, in: Handwörterbuch zur deutschen Rechtsgeschichte, hrsg. von A. Erler, E. Kaufmann und D. Werkmüller, 1964 ff., 1995, Sp. 1456 f. m. N.; vgl. Art 27 Rn. 3.
2 *Löwer*, in: HGR IV, § 99, Rn. 4; zur „institutionellen Garantie“ siehe Art. 27 Rn. 21.
3 PW1 VerfUA 007 (20.02.1992) S. 32 ff.
4 PW1 VerfUA 007 (20.02.1992) S. 34.
5 PW1 VerfA 008 (26.06.1992) S. 46.
6 PW1 VerfUA 007 (20.02.1997) S. 34.

chen,[7] u. a. mit dem Argument, mit der Verfassung „keine Strukturpolitik der Universitäten“ zu machen.[8]

C. Verfassungsvergleichende Information

4 In der Formulierung entspricht Art. 28 Abs. 1 weitgehend Art. 60 HessVerf, in den Abs. 2 – 4 – mit sprachlichen Varianzen – den Bestimmungen in Art. 32 Abs. 3 – 5 BrbVerf. Regelungen, die von denen anderer Landesverfassungen deutlich abweichen, hat der Verfassungsgeber nicht getroffen.[9]

D. Erläuterungen

I. Hochschulen

5 Der Hochschulbegriff ist in Art. 28 in dem Sinne zu verstehen, wie er auch in Art. 75 Abs. 1 Nr. 1 a GG a. F. verwandt und in § 1HRG konkretisiert wurde. Zum Hochschulwesen gehören danach die Universitäten, und Fachhochschulen sowie die sonstigen Einrichtungen des Bildungswesens, die gemäß Art. 28 Abs. 4 nach Landesrecht, konkret gemäß § 1 Abs. 2 ThürHG, staatliche Hochschulen sind. Dazu zählen auch die Hochschulen, die nach Art. 28 Abs. 2 und 4 als Hochschulen staatlich anerkannt sind. Die früher im Hinblick auf ihre Wissenschaftlichkeit[10] offene Frage einer Differenzierung zwischen Universitäten und **Fachhochschulen** stellt sich heute nicht mehr, da auch für diese die verfassungsrechtlichen Verbürgungen der Wissenschaftsfreiheit gelten.[11]

II. Schutz und Aufsicht

6 Abs. 1 S. 1 statuiert eine **Schutzpflicht**: Der Freistaat hat das Hochschulwesen als staatliche Aufgabe zu unterhalten und zu fördern. Er enthält auch den Auftrag, die staatlichen Schutzpflichten, die sich aus der Wissenschaftsfreiheit ergeben,[12] zu konkretisieren. Ein Bestandsschutz für einzelne Hochschulen ist ebenso wenig wie durch Art. 27 Abs. 1 S. 2 garantiert.[13] Im Gegenzug zur Schutzpflicht stellt Satz 1 die Hochschulen unter staatliche **Aufsicht**. Eine unbeschränkte Autonomie ist ihnen daher nicht gewährt.[14]

III. Recht auf Selbstverwaltung

7 Art. 28 Abs. 1 S. 2 gewährt den staatlichen Hochschulen das **„Recht auf Selbstverwaltung“**. Diese Gewährleistung betrifft zunächst das Verhältnis **Staat – Hochschulen**. Wie der Zusatz, dass an der Selbstverwaltung alle Mitglieder zu beteiligen sind, verdeutlicht, beschränkt sich die Regelung nicht auf das **Außenverhältnis**, sondern umfasst auch die **Binnenstruktur**.

7 VerfA Vorlage 1/848 v. 24.07.1992 (Nr. 33).

8 So der Ausschussvorsitzende, Abg. Pietzsch, PW1 VerfA 008 (26.06.1992) S. 48; Aussprache S. 46 ff.

9 Eine vergleichende Übersicht gibt *Mager*, in: HStR, Bd. VII, § 166, Rn. 41.

10 Vgl. Art. 27, Rn. 24

11 Vgl. BVerfGE 126, 1-29.

12 Vgl. Art. 27, Rn. 22 ff.

13 Vgl. *Fehling*, in: BK, Art. 5 Abs. 3 (Wissenschaftsfreiheit), Rn. 125 (2004).

14 Vgl. *Fehling*, in: BK, Art. 5 Abs. 3 (Wissenschaftsfreiheit), Rn. 206 (2004): „keine Universalkompetenz“. Eine nur auf die Rechtsaufsicht beschränkte Aufsicht wurde in den Beratungen diskutiert, aber abgelehnt (s. Rn. 3); sie findet sich auch in den anderen Landesverfassungen nicht.

Inwieweit Art. 28 Abs. 1 S. 2 eine unmittelbare, **eigenständige Gewährleistung** der Selbstverwaltung durch die Verfassung des Freistaates bedeutet,[15] hängt von den Vorgaben ab, die Art. 5 Abs. 3 GG/Art. 27 entnommen werden. Sieht man in der Garantie der Wissenschaftsfreiheit ein „Organisationsgrundrecht“, wie zu Art. 27 im Anschluss an die Interpretation von Art. 5 Abs. 3 GG vertreten,[16] stellt Art. 28 Abs. 1 S. 2 nur insoweit eine eigenständige Regelung dar, als er über den „Mindeststandart“ hinausgeht, den die Freiheitsgarantie für Autonome und Binnenstruktur vorgibt. Eine solche Regelung hat der Verfassungsgeber nur für die Beteiligung der Mitglieder getroffen. Bei der im Übrigen nicht näher bestimmten Ausgestaltung der Selbstverwaltung muss sich der **Gesetzgeber** (Abs. 4) mithin in dem Rahmen bewegen, der durch Art. 5 Abs. 3 GG als **Organisationsgrundrecht** abgesteckt ist. Dieses lässt dem Gesetzgeber einen „breiten Raum zur Verwirklichung seiner hochschulpolitischen Auffassungen“.[17] 8

1. Verhältnis Staat – Hochschule. Für **Abgrenzung** staatlicher Entscheidungsbefugnisse von den Kernelementen der zu gewährenden Selbstverwaltung, die die gesetzgeberische Gestaltungsfreiheit bei der Ordnung des Verhältnisses von Staat und Hochschulen begrenzt, kann man auch heute noch von der traditionellen Unterscheidung zwischen **akademischen** und **staatlichen** Angelegenheiten ausgehen.[18] Dazwischen liegt ein Bereich des Zusammenwirkens von Staat und Hochschule. Diesem „**Kooperationsbereich**“[19] sind u. a. die Ordnung des Studiums und der Hochschulprüfungen[20] und die Errichtung, Änderung und Aufhebung von Fachbereichen, Studienbereichen, wissenschaftlichen Einrichtungen, Betriebseinheiten und gemeinsamen Kommissionen zuzuordnen.[21] Besondere Probleme ergeben sich in der Medizin aus der Verzahnung mit Aufgaben der **Krankenversorgung.**[22] Zu den **Kernelementen** gehören diejenigen Angelegenheiten, die als „wissenschaftsrelevant“ angesehen werden müssen, d. h. die Forschung und Lehre und damit den Schutzbereich unmittelbar berühren.[23] Durch die Veränderung hochschulpolitischer Leitbilder für die Gestaltung der Hochschulstruktur hat die Relevanz der früheren Zuordnungsprobleme[24] heute allerdings deutlich an Gewicht verloren. Stichworte sind: „Einheitsverwaltung“[25] oder die „neue Autonomie“, gekennzeichnet durch Globalhaushalt und Machtkonzentrationen bei den zentralen Hochschulorganen.[26] Die Abgrenzungspro- 9

15 Allgemein zu der – wenig untersuchten – Bedeutung landesverfassungsrechtlicher Garantien *Mager*, in: HStR, Bd. VII, § 166, Rn. 41; mit besonderer Betonung ihrer Eigenständigkeit *Kühne*, DÖV 1997, 1 ff.

16 Vgl. Art. 27, Rn. 22 f.

17 BVerfGE 35, 79 (116); 127, 87 (116), st. Rspr. Kritisch zu diesem „Kernbereichsminimalismus“ *Kühne*, DÖV 1997, 1 ff. Demgegenüber lassen sich aber weder aus dem Wortlaut noch aus der Entstehungsgeschichte des Art 28 Argumente für einen über den Kernbereich hinausgehenden Gestaltungsauftrag entnehmen.

18 Vgl. den früheren § 59 HRG, § 17 ThürHG.

19 *Geis*, in: HGR IV, § 100, Rn. 34.

20 Vgl. *Lüthje*, in: Denninger, HRG § 60 Rn. 9 und oben Art. 27 Rn. 31.

21 Vgl. den früheren § 60 HRG.

22 Vgl. BVerfGE 57, 70-107; BVerfG 1. Senat 3. Kammer – Beschl. v. 01.02.2010 – 1 BvR 1165/08 –, zur Übersicht: *Fehling*, in: BK, Art. 5 Abs. 3 (Wissenschaftsfreiheit), Rn. 214 (2004); *Stark*, in: von Mangoldt/Klein/Stark. Art. 5 Abs. 3 Rn. 373.

23 Vgl. BVerfGE 35, 79 (123) mit einer Aufzählung dieser Angelegenheiten.

24 Vgl. dazu *Fehling*, in: BK, Art. 5 Abs. 3 (Wissenschaftsfreiheit), Rn. 210 f. (2004).

25 Siehe § 2 Abs. 4 ThürHG.

26 Vgl. *Geis*, in: HGR IV, § 100, Rn. 91 ff.

bleme haben sich damit weitgehend in Probleme der Gestaltung der Binnenstruktur verschoben.

10 **2. Binnenstruktur.** Für die Binnenstruktur macht Art. 28 nur die Vorgabe, dass an der Selbstverwaltung alle Mitglieder zu beteiligen sind. Die Verfassungsmäßigkeit der Organisationsform **„Gruppenuniversität"** und die Spielräume, die der Gesetzgeber bei ihrer Ausgestaltung zu beachten hat, dürften durch die Rechtsprechung des Bundesverfassungsgerichts heute als geklärt anzusehen sein.[27]

11 Die verfassungsrechtlichen Probleme ergeben sich heute daraus, dass die **neuen Steuerungsmodelle** („Managementuniversität")[28] gegenüber der hergebrachten Form der Selbstverwaltung zu einer deutlichen Verstärkung monokratischer und hierarchischer Strukturen[29] in der Hochschulverwaltung geführt haben.[30] Ob diese Steuerungsmodelle und deren gesetzgeberische Realisierung hinreichend dem Grundsatz Rechnung tragen, nach dem „es die Wissenschaftsfreiheit fordert, die Hochschulorganisation und damit auch die hochschulorganisatorische Willensbildung so zu regeln ist, dass in der Hochschule freie Wissenschaft möglich ist und ungefährdet betrieben werden kann",[31] ist Gegenstand mehrerer verfassungsgerichtlicher Entscheidungen[32] und kritischer Diskussionen in der Literatur[33]

12 Für die **Leitungsorgane** der Hochschulen hat das Bundesverfassungsgericht in der Entscheidung über das Brandenburgische Hochschulgesetz wesentliche Elemente gebilligt: Die **Koordinationskompetenz** eines Präsidenten und des Dekans als Leitungsorgane sei verfassungsrechtlich dann nicht zu beanstanden, wenn damit Weisungsrechte in wissenschaftsrelevanten Angelegenheiten, die über das durch die Notwendigkeit des Zusammenwirkens mit anderen Grundrechtsträgern bedingte Maß hinausgehen nicht verbunden sind.[34] Auch die Regelungen über die Erteilung von **Lehrbefugnissen** durch die Hochschulleitung und von *Lehraufträgen* durch die Fachbereichsleitung hat es für mit der Wissenschaftsfreiheit vereinbar gehalten, „da die Kollegialorgane aufgrund ihrer Informations-, Aufsichts- und Abwahlbefugnisse hinreichende Möglichkeiten haben, wissenschaftsinadäquate Entscheidungen zu verhindern". Mit Einschränkungen wurde auch die Kompetenz zur **Evaluation** von Lehre und Forschung sowie zur Berücksichtigung der Ergebnisse bei der Ressourcenverteilung bejaht, während ein Recht der Fachbereiche, die Fachbereichsleitung ausschließlich selbst zu bestimmen, verneint wurde.[35] Eine deutlich andere Akzentuierung kann demgegenüber der Entscheidung zum Hamburgischen Hochschulgesetz entnommen werden. Diese hält eine andere Beurteilung dann für geboten, wenn dem Fakultätsrat zugunsten des Leitungsorgans nahezu alle wesentlichen Kompetenzen entzogen sind. In diesem Fall erscheint nämlich das **Wahlrecht des Kollegialorgans** als zentrales und effektives Einfluss- und Kontrollinstrument, welches die

27 Vgl. BVerfGE 35, 79-170 – dort im LS. 8 auch die Grundsätze über die gebotene Gewichtung –, E 61, 260-291.
28 *Geis*, in: HGR IV, § 100, Rn. 51.
29 Vgl. *Geis*, in: HGR IV, § 100, Rn. 57.
30 *U. Mager*, in: HStR, Bd. VII, § 166, Rn. 45 f.
31 Vgl. BVerfGE 54, 363 (389 ff); 127, 87 (115).
32 Vgl. BVerfGE 35, 79-170; 61, 260-291; 111, 333-365; 127, 87-132.
33 *Mager*, in: HStR, Bd. VII, § 166, Rn. 48; *Burgi/Gräf,* DVBl 2010, 1125, 1128 ff.
34 BVerfGE 111, 333 (356 ff.).
35 BVerfGE 111, 333 (358 ff.).

Kompetenzerweiterungen des Leitungsorgans und den Entzug direkter Mitwirkungsrechte bei wissenschaftsrelevanten Entscheidungen kompensieren und dadurch die Gewährleistung freier Forschung und Lehre sichern kann. Ist eine Kompensation nicht gesichert, ist, so das Gericht, „kein **ausreichendes Niveau der Partizipation der Grundrechtsträger** mehr gewährleistet und die freie wissenschaftliche Betätigung in Lehre und Forschung strukturell gefährdet".[36]

3. Neue Formen der Außensteuerung. Die Frage zulässiger Außensteuerung 13
von Forschung und Lehre stellt sich heute nicht nur auf der Ebene Freistaat – Hochschule, sondern auch für die gewandelten Organisations- und Organstrukturen sowie Finanzierungsformen, die die Hochschulen zwar von der staatlichen Verwaltung unabhängiger machen, für die Wissenschaftsfreiheit als Grundnorm aber gleichwohl nicht unproblematische Instrumente einer Außensteuerung sind. Zu nennen sind neben dem **Bologna-Prozess**[37] die **Exzellenzinitiative**[38] des Bundes und der Länder und die Probleme, die sich aus der Steuerung von Forschung und Mittelallokation[39] durch **Auftragsforschung** und **Drittmittelförderung** ergeben.[40] Besondere verfassungsrechtliche Fragen werfen auch die **Hochschulräte** und **Kuratorien** auf. Auch sie haben ihre Zuständigkeiten weitgehend in dem früheren „Kooperationsbereich", also für Angelegenheiten, für die eine staatliche Einflussnahme nicht ernstlich bestritten war. Das Bundesverfassungsgericht hat das Hochschulratsmodell in Brandenburg für verfassungskonform angesehen,[41] der Bayerische Verfassungsgerichtshof die Zusammensetzung des dortigen Hochschulrats.[42] Grundsätzlich stellt sich aber ein spezifisches **Legitimationsproblem.** Für eine steuernde und eingreifende Ministerialbürokratie besteht eine demokratische, parlamentarische Verantwortlichkeit. Ein Gremium aus „mit dem Hochschulwesen vertraute(n) Persönlichkeiten aus Wissenschaft, Kultur, Wirtschaft oder Politik" (§ 32 Abs. 4 ThürHG)[43] ist in einer Institution, bei der es nicht um die Sicherstellung politischer Neutralität geht, weder unter demokratischen noch unter wissenschaftsadäquaten Gesichtpunkten und somit nur in Grenzen legitimiert. Soweit die Aufgaben solcher Hochschulräte nicht wesentlich beratender oder empfehlender Natur sind, sind sie in der Literatur deshalb auch auf grundsätzliche Kritik gestoßen.[44]

---

36 BVerfGE 127, 87 (132); vgl. dazu die Anm. v. *Gärditz*, JZ 2011, 314-316.

37 Vgl. dazu *Löwer*, in: HGR IV, § 99, Rn. 60; *Hendler*, VVDStRL 65 (2005), 260 ff; *Mager*, VVDStRL 65 (2005), 306 ff; allgemein zu Studien- und Prüfungsordnungen die Hinweise oben Art. 27 Rn. 9 und Rn. 31 .

38 *Mager*, in: HStR, Bd. VII, § 166, Rn. 47; *Sieweke*, DÖV 2011, 435-437.

39 Siehe: WR, Empfehlungen zur Bewertung und Steuerung von Forschungsleistung – www.wissenschaftsrat.de/download/archiv/1656-11.

40 Vgl. *Pernice*, in: Dreier, Art. 5 Abs. 3 Rn. 60, 30; *Mager*, in: HStR, Bd. VII, § 166, Rn. 44 f.

41 BVerfGE 111, 333-365.

42 NVwZ 2009, 177-182.

43 Hinsichtlich des Vorgängers des Hochschulrates, des weitgehend nur beratenden „Kuratoriums" nach § 8 Abs. 2 ThürHG von 2003 (ThürGVBl. S. 325) war die Formulierung noch weniger konkret: „Persönlichkeiten aus der gesellschaftlichen Öffentlichkeit".

44 Vgl. *Geis*, in: HGR IV, § 100, Rn. 60 f.; *Mager*, VVDStRL 65 (2005), 298 ff.; Krausnick, Staat und Hochschule im Gewährleistungsstaat, 2012, S. 418 ff; *Burgi/Gräf*, DVBl 2010, 1125, 1132 ff.

IV. Hochschulen in freier Trägerschaft

14 Das Recht, private Hochschulen zu gründen, ergibt sich bereits aus der Wissenschaftsfreiheit.[45] Diese beinhaltet allerdings nicht das Recht, Hochschulprüfungen abzunehmen, Zeugnisse zu erteilen und Hochschulgrade zu verleihen, die die gleichen Berechtigungen wie Hochschulprüfungen, Zeugnisse und Grade gleicher Studiengänge an Hochschulen des Landes verleihen. Diese Gleichstellung setzt ein entsprechendes **Anerkennungsverfahren**[46] voraus. Wesentlicher Regelungsinhalt des Abs. 2 ist deshalb der Auftrag an den Gesetzgeber, Voraussetzungen für ein solches Verfahren zu schaffen. Mit den Regelungen in §§ 101-104 ThürHG ist das geschehen. Ansprüche auf **staatliche Finanzhilfe** lassen sich aus Art. 28 Abs. 2 nicht ableiten.[47]

V. Theologische Bildungsanstalten und theologische Fakultäten

15 Das in Abs. 3 Satz 1 ausgesprochene Recht ergibt sich, soweit es sich um wissenschaftliche Einrichtungen handelt, ebenso wie für Hochschulen in freier Trägerschaft schon aus der Wissenschaftsfreiheit, im Übrigen aus Art. 140 GG, 149 Abs. 3 WRV. Dem folgend ist das Gleichstellungsverfahren für die kirchlichen Bildungseinrichtungen entsprechend besonders geregelt (vgl. 101 Abs. 3 ThürHG). Das Mitspracherecht der Kirchen bei der Besetzung der Lehrstühle **theologischer Fakultäten** entspricht der traditionellen Einordnung dieser Fakultät in die Kategorie der res mixtae, als Kondominium von Staat und Kirche; das betrifft nicht nur die Personalhoheit, sondern auch die Organisation von Studiengängen.[48] Das Selbstbestimmungsrecht der Kirchen wirkt in diesem Bereich als Schranke der Wissenschaftsfreiheit, die durch Art. 140 GG, 149 Abs. 3 WRV als legitimiert angesehen wird.[49] Eine regelnde Vereinbarung ist mit den Evangelischen Kirchen in Thüringen geschlossen worden.[50]

Artikel 29 [Erwachsenenbildung]

[1]Das Land und seine Gebietskörperschaften fördern die Erwachsenenbildung. [2]Als Träger von Einrichtungen der Erwachsenenbildung sind auch freie Träger zugelassen.

Vergleichbare Regelungen

Art. 22 BWVerf.; Art. 139, 83 Abs. 1 BayVerf.; Art. 33 BbgVerf.; Art. 35 BremVerf.; Art. 16 Abs. 4 M-VVerf; Art. 17 Verf NW; Art. 37 Verf Rh-Pf.; Art. 32 SaarlVerf.; Art. 108 SächsVerf.; Art. 30 LVerf LSA.; Art. 9 Abs. 3 SchlHVerf.

---

45 *Fehling*, in: BK, Art. 5 Abs. 3 (Wissenschaftsfreiheit), Rn. 129 (2004); *Pernice*, in: Dreier, Art. 5 Abs. 3 Rn. 43.

46 Näher zu den Vorgaben s. *Fehling*, in: BK, Art. 5 Abs. 3 (Wissenschaftsfreiheit), Rn. 239 ff. (2004).

47 *Mager*, in: HStR, Bd. VII, § 166, Rn. 41, *Fehling*, in: BK, Art. 5 Abs. 3 (Wissenschaftsfreiheit), Rn. 252 (2004).

48 Vgl. § 107 ThürHG; zur Einrichtung von Studiengängen vgl. BVerwGE 101, 309-323.

49 Vgl. BVerfGE 122, 89-120; dazu allgemein *Mückl,* in: HStR, Bd. VII, § 161, Rn. 38 ff.; *Löwer*, in: HGR IV, § 99, Rn. 59. Kritisch *Renck*, ThürVBl 1996, 73-76.

50 Gesetz zu dem Staatsvertrag zwischen dem Freistaat Thüringen und den Evangelischen Kirchen in Thüringen vom 17.05.1994 (ThürGVBl. S. 509) – hier Art. 3.

Ergänzungsnormen im sonstigen thüringischen Recht

Thüringer Erwachsenenbildungsgesetz (ThürEBG) v. 18.11.2010 (ThürGVBl. S. 328); Thüringer Verordnung über die Evaluation und Förderfähigkeit von Einrichtungen der Erwachsenenbildung (ThürEBEvVO) v. 09.01.2010 (ThürGVBl. S. 15).

Dokumente zur Entstehungsgeschichte

Art. 35 VerfE CDU; Art. 25 VerfE F.D.P.; Art. 36 VerfE SPD; Art. 30 VerfE LL/PDS; Entstehung ThürVerf, S. 83.

Literatur

Thomas Oppermann: Kulturverwaltungsrecht: Bildung, Wissenschaft, Kunst, 1969; Staatslexikon. Recht – Wirtschaft – Gesellschaft. Hrsg. v. d. Görres-Gesellschaft. Sonderausgabe der 7. völlig neu bearb. Aufl.

Leitentscheidung des BVerfG

BVerfGE 77, 308 (Gesetzgebungskompetenz, Arbeitnehmerweiterbildung).

A. Überblick

Art. 29 gibt eine Staatszielbestimmung und statuiert in Satz 1 die Erwachsenenbildung als öffentliche Aufgabe des Landes und seiner Gebietskörperschaften. Zugleich wird mit der Verpflichtung in Satz 2, auch freie Träger zuzulassen, ein „Pluralisierungsgebot" ausgesprochen. 1

B. Herkunft, Entstehung und Entwicklung

Wie ein Blick auf vergleichbare Regelungen in den anderen Landesverfassungen deutlich macht, handelt es sich bei den Bestimmungen des Art. 29 um keine „für eine Verfassung ungewöhnliche Regelungen", wie es in der „Dokumentation zur Entstehung der Verfassung des Freistaats Thüringen 1991 – 1993" heißt.[1] Art. 29 entspricht mit seinen Regelungen zur Erwachsenenbildung vielmehr deutscher Verfassungstradition.[2] Deren Ausgangspunkt ist Art. 148 Abs. 4 WRV: „Das Volksbildungswesen, einschließlich der Volkshochschulen, soll von Reich, Ländern und Gemeinden gefördert werden".[3] 2

Der Unterausschuss des Verfassungs- und Geschäftsordnungsausschusses hatte sich zunächst auf folgenden Wortlaut geeinigt: "Fort-, Weiter- und Erwachsenenbildung sind zu fördern. Als Träger von Einrichtungen der Erwachsenenbildung sind neben Staat, Kreisen und Gemeinden auch freie Träger zugelassen".[4] Dieser Text wurde dann in zwei Punkten modifiziert: Auf die Intervention des Staatsrechtlers Schmidt-Jortzig hin, dass die Erwachsenenbildung „zumindest in einigen Altländern das typische Feld von Schul-, Zweck- und Fortbildungszweckverbänden" sei und die „Träger in der Tat die Zweckverbände und nicht die Gemeinden und nicht die Kreise" seien, wurden die Worte: „Kreisen und 3

1 Entstehung ThürVerf, S. 83.

2 Vgl. etwa *Oppermann*, Kulturverwaltungsrecht: Bildung, Wissenschaft, Kunst, 1969, S. 269 ff.

3 Vgl. dazu *Anschütz*, Die Verfassung des Deutschen Reiches, 1933/1960, S. 688.

4 VerfUA Vorlage 1/556 vom 20.02.1992 (Nr. 13).

Gemeinden" durch den Terminus „Gebietskörperschaften" ersetzt.[5] Zum anderen wurde auf Vorschlag der Redaktionskommission die Formulierung "Fort-, Weiter- und Erwachsenenbildung" zum Begriff „Erwachsenenbildung zusammengefasst.[6]

C. Verfassungsvergleichende Information

4 Thüringische „Besonderheiten" bestehen nicht. Die einschlägigen Regelungen anderer Landesverfassungen enthalten durchgängig ebenfalls eine **Förderungspflicht**, z. T. aber mit abweichenden Formulierungen: Art. 139 BayVerf spricht die „Volkshochschulen" an,[7] ebenso Art. 9 Abs. 3 SchlHVerf, demgegenüber Art. 37 VerfRh-Pf und Art. 32 SaarIVerf das „Volksbildungswesen" und Art. 33 BrbVerf die „Weiterbildung". Art. 33 Abs. 2 BrbVerf gewährt auch einen Freistellungsanspruch.

5 Die Verpflichtung – oder jedenfalls die Möglichkeit, neben dem Staat und seinen Gebietskörperschaften auch **freie Träger** zuzulassen, ist – wie in Thüringen – ausdrücklich nur geregelt in: Art. 33 BrbVerf.; Art. 17 VerfNW; Art. 37 VerfRh-Pf.; Art. 108 SächsVerf.; Art. 30 LVerfSA.

D. Erläuterungen

I. Erwachsenenbildung

6 Der **Begriff** der „Erwachsenenbildung" bestimmt sich nicht entscheidend aus dem Sprachgebrauch von „Erwachsenen" und „Bildung". Erfasst wird der Bereich der Aus-, Fort- und Weiterbildung, der Umschulung wie auch der politischen Bildung und Allgemeinbildung, für den sich, beginnend im 19. Jh. und zunächst unabhängig vom Staat, besondere Institutionen wie die Volkshochschulen, die Bildungsvereine und Volksbüchereien entwickelt haben. In einem anderen Verständnis, als dies mit Begriffen wie „Volksbildungswesen" oder einem Oberbegriff wie dem der „Ergänzenden Bildungseinrichtungen"[8] zum Ausdruck kommt, ist der Erwachsenenbildung heute jedoch eine wesentlich größere strukturelle Bedeutung für die Gesellschaft zugewachsen. Die Stichworte dazu sind „Wissensgesellschaft" und „lebenslanges Lernen". Dem Begriff der „Erwachsenbildung" unterfällt mithin der Bereich, der als vierte Stufe des Bildungssystems dem **„quartären Bildungsbereich"** zugeordnet wird und er umfasst eine Vielzahl von Initiativen und **Institutionen** in unterschiedlicher Trägerschaft.[9] Zu nennen sind neben Volkshochschulen und Heimvolkshochschulen, die Akademien der Kirchen und Gewerkschaften, die kirchlichen Bildungswerke, Einrichtungen des 2. Bildungsweges,[10] die überbetrieblichen Einrichtungen der Umschulung und der Weiterbildung (etwa der Kammern). Gesetzliche Regelungen finden sich neben den Erwachsenenbildungsgesetzen insbesondere in den Bil-

5 PW 1 VerfA 008 (26.06.1992) S. 143.
6 VerfA Vorlage 1/1180 vom 03.03.1993.
7 Art. 83 Abs 1 BayV weist aber die Erwachsenenbildung ausdrücklich dem eigenen Wirkungskreis der Gemeinden zu.
8 *Oppermann*, Kulturverwaltungsrecht: Bildung, Wissenschaft, Kunst, 1969, S. 268.
9 Vgl. *Pöggeler*, in: Staatslexikon, Bd. 2 Sp. 378 ff. (Institutionen und Politik), Sp. 380 ff. (zur Typologie).
10 Vgl. etwa § 13 Thüringer erwachsenenbildungsgesetz : die Veranstaltungen zum Erwerb externer Schulabschlüsse.

dungsurlaubsgesetzen der Länder (nicht: Bayern, Baden-Württemberg, Sachsen und Thüringen) und im SGB III.

Rechtstechnisch kann man den Begriff der „Erwachsenenbildung" deshalb kaum positiv inhaltlich bestimmen, wohl aber **negativ abgrenzen:** In der Systematik des Abschnittes „Bildung und Kultur" (Art. 20 bis 30) regelt Art. 29 den Bildungsbereich, der außerhalb der allgemeinbildenden Schulen, der beruflichen Bildung und der Hochschulen liegt.[11] 7

II. Die Förderungspflicht

Die rechtliche Bedeutung des Art. 29 liegt zunächst in der Förderungspflicht, die Satz 1 statuiert. Auszulegen ist die Norm – wie auch die Parallelvorschriften in den anderen Landesverfassungen – als **„Staatszielbestimmung"**.[12] Sie ist also weder bloßer „Programmsatz",[13] noch gewährt sie *unmittelbare* subjektive Ansprüche, weder für einzelne Träger, noch für Teilnehmer oder Lehrkräfte.[14] 8

In welcher Art und Weise das Land und seine Gebietskörperschaften ihrer Förderungspflicht nachkommen, steht in ihrem Ermessen und ist mit dem Staatsziel konkret nicht vorgegeben, wohl aber ein Rahmen. In dem Auftrag der Förderung liegt mehr als ein Verbot der Abschaffung oder der gezielten Beschränkung. Grundsätzlich zu gewährleisten ist vielmehr, dass Erwachsenenbildung tatsächlich stattfinden kann und dies auch in einem der Nachfrage angemessenen Umfang.[15] 9

Werden das Land und seine Gebietskörperschaften in dem Bereich der Erwachsenenbildung tätig, nehmen deren Einrichtungen (etwa Volkshochschulen) **öffentliche Aufgaben** wahr. Wenn sie dabei auf dem Ausbildungs- oder Weiterbildungsmarkt mit privaten Anbietern konkurrieren, handeln sie folglich nicht auf einer erwerbswirtschaftlichen Ebene und unterliegen nicht den Regeln des **Wettbewerbsrechts.**[16] 10

III. Pluralismus der Einrichtungen und ihrer Träger

Die Vielfalt und Pluralität im Bereich der Erwachsenbildung, die sich aus der sozialen und gesellschaftlichen Entwicklung heraus ergab, war unter der Geltung des Art. 148 Abs. 4 WRV bis zur Gleichschaltung durch das NS-Regime kein Problem. Soweit die Länder nach 1945 Regelungen zur Erwachsenenbildung in ihre Verfassungen aufnahmen, war man sich deshalb auch grundsätzlich einig, dass es ein staatliches Monopol in diesem Bereich nicht geben dürfe.[17] In diesem Sinne ist auch der Satz 2 zu verstehen. Er statuiert mit der Pflicht, als Träger von Einrichtungen der Erwachsenenbildung „auch freie Träger zugelassen", eine grundsätzlichen Pluralität in der Trägerschaft. 11

11 Zur Weiterbildungskompetenz der Hochschulen vgl. §§ 5, 34 Abs. 4 ThürHG.
12 Zu Staatszielbestimmungen allgemein siehe Art. 44, Rn. 2 ff.
13 Die Diskussion, ob Staatsziel oder Programmsatz, dürfte heute obsolet sein; vgl. *Braun*, Art. 22 Rn. 2; *Möstl*, in: Wolff Lindner/Ders./Wolff, Art. 139 Rn. 6; *Günther*, in: Heusch/Schönenbroicher, Art. 17 Rn. 2.
14 Vgl. *Braun*, Art. 22 Rn. 2; *Möstl*, in: Wolff Lindner/Ders./Wolff, Art. 139 Rn. 6; *Günther*, in: Heusch/Schönenbroicher, Art. 17 Rn. 3.
15 *Günther*, in: Heusch/Schönenbroicher, Art. 17 Rn. 3.
16 OLG Nürnberg, Urt. v. 29.09.2009 – 1 U 264/09 – GRUR-RR 2010, 99-104; nur unter Wettbewerbsgesichtspunkten: OLG Düsseldorf, Urt. v. 10.10.1996 – 2 U 65/96 – NWVBl 1997, 353-355.
17 Vgl. *Pöggeler*, in: Staatslexikon, Bd. 3 Sp. 385.

IV. Gesetzliche Konkretisierung

12 Es ist primär Sache des Gesetzgebers, die in Art. 29 enthaltenen Gestaltungsaufträge – sowohl die Staatszielbestimmung als auch die Gewährleistung von Pluralität – umzusetzen. Dazu sind Inhalte und Ziele ebenso zu bestimmen wie Struktur und Organisation der Erwachsenenbildung und schließlich die Maßstäbe und Bedingungen festzulegen, unter denen die Einrichtungen der Erwachsenenbildung Ansprüche auf Förderungsleistungen geltend machen können.[18] Der Gesetzgeber hat dieser Konkretisierungspflicht mit dem Thüringer Erwachsenenbildungsgesetz (ThürEBG) entsprochen: Ziele, Aufgaben und Einrichtungen der Erwachsenenbildung sind in den §§ 1 – 3 geregelt, die Qualifikationssicherung, Evaluation und Anerkennung von Einrichtungen in §§ 7 – 10. Hinsichtlich der Förderung, § 11, unterscheidet das ThürEBG zwischen der „Grundförderung" und Zuschüssen, §§ 12 – 16. Als Gremium zur Förderung, Beratung und der Zusammenarbeiten mit den Medien und anderen Bildungs- und Ausbildungseinrichtungen fungiert ein Landeskuratorium der Erwachsenenbildung, § 17. Ergänzt wird das Gesetz durch die Verordnung über die Evaluation und Förderfähigkeit von Einrichtungen der Erwachsenenbildung (ThürEBEvVO).

Artikel 30 [Kultur; Kunst und Brauchtum]

(1) Kultur, Kunst, Brauchtum genießen Schutz und Förderung durch das Land und seine Gebietskörperschaften.

(2) [1]Die Denkmale der Kultur, Kunst, Geschichte und die Naturdenkmale stehen unter dem Schutz des Landes und seiner Gebietskörperschaften. [2]Die Pflege der Denkmale obliegt in erster Linie ihren Eigentümern. [3]Sie sind der Öffentlichkeit im Rahmen der Gesetze unter Beachtung der Rechte anderer zugänglich zu machen.

(3) Der Sport genießt Schutz und Förderung durch das Land und seine Gebietskörperschaften.

Vergleichbare Regelungen

Art. 86 BWVerf ; Art. 140, 141 BayVerf; Art 2 VvB; Art. 34 BbgVerf; Art. 11 BremVerf; Art. 16 M-VVerf; Art. 6 NV; Art. 18 Verf NW ; Art. 40 Verf Rh-Pf ; Art. 34 und 34 a SaarlVerf; Art. 11 SächsVerf; Art. 36 LVerf LSA; Art. 9 SchlHVerf.

Ergänzungsnormen im sonstigen thüringischen Recht

ThürDSchG idF. der Bek. v. 14.04.2004 (ThürGVBl. S. 465, berichtigt S. 562) zuletzt geändert durch Gesetz v. 16.12.2008 (ThürGVBl. S. 574, 584); ThürNatG v. 30.08.2006 (ThürGVBl. S. 421) zuletzt geändert durch Gesetz v. 25.10.2011 (ThürGVBl. S. 273, 382); Thüringer Sportfördergesetz v. 08.07.1994 (ThürGVBl. S. 808).

Dokumente zur Entstehungsgeschichte

Art. 30 VerfE CDU; Art. 23 VerfE F.D.P.; Art. 13 VerfE SPD; Art. 13 VerfE NF/GR/DJ; Art. 42 VerfE LL/PDS; Entstehung ThürVerf, S. 84 ff.

Literatur

Peter Häberle, Verfassungslehre als Kulturwissenschaft, 1982; *Ulrich Fastenrath*, Der Schutz des Weltkulturerbes in Deutschland in: DÖV 2006, 1017 ff; *Bodo Pieroth/ Anja Siegert*, Kulturelle Staatszielbestimmungen in: RdJB 1994, 438 ff; *Karl-Peter Sommermann*, Kultur im Verfassungsstaat, in: VVDStRL Bd. 65 (2006), 7 ff; *Christina Weiss*, Kultur als Staatszielbestimmung, in: Recht und Politik 2005, 142 ff.

---

18 Vgl. OVG Sachsen, Urt. v. 22.01.2004 – 2 B 503/03 – JURIS; OVG Sachsen-Anhalt, Urt. v. 02.11.2006 – 3 L 9/05 – JURIS.

Leitentscheidungen des BVerfG

BVerfG E, 35, 79 (114) (Schutz- und Förderpflicht Wissenschaft); 36, 321 (Schutz- und Förderpflicht Kunst).

A. Überblick

1 Die Bestimmung umreißt die gemeinhin unter dem nicht-rechtlichen Begriff der **„Kulturhoheit der Länder“** erfassten Kompetenzen der Länder im Bereich der Kulturpolitik. Sie enthält in allen Absätzen **Staatszielbestimmungen.** Die Bestimmung folgt dem in Art. 35 Abs. 3 EinigungsV enthaltenen Auftrag zur Sicherung und Förderung von Kultur und Kunst. Gemäß Art. 5 EinigungsV befasste sich die Gemeinsame Verfassungskommission von Bundestag und Bundesrat mit der Frage, ob weitere Staatszielbestimmungen, unter anderem mit kultureller Zielrichtung, auch in das Grundgesetz aufzunehmen seien. Im Ergebnis sprach sich hierfür nicht die erforderliche Zweidrittelmehrheit aus, so dass eine Änderungsempfehlung nicht abgegeben wurde.[1]

B. Herkunft, Entstehung und Entwicklung

2 Die wesentlichen Rechtsgüter wurden bereits in den Vorentwürfen der Fraktionen genannt. Der vom VerfUA[2] vorgesehene allgemeine Gesetzesvorbehalt wurde nicht in die Vorschrift übernommen, nachdem sich die Auffassung durchgesetzt hatte, es handele sich um eine Staatszielbestimmung, die durch Gesetz, aber auch durch sonstiges staatliche Handeln realisiert werden müsse.

C. Verfassungsvergleichende Information

3 Die meisten – sie sind sämtlich unter „Vergleichbare Regelungen“ genannt – Länderverfassungen enthalten ähnliche Förder- und Schutzpflichten, jedenfalls für die Schutzgüter Kultur, Kunst, Kulturdenkmale und Sport. Art. 2 Abs. 1 VvB statuiert Kulturstaatlichkeit. Dagegen fehlt den Verfassungen der Länder Hamburg und Hessen eine vergleichbare Bestimmung mit kulturell orientiertem Schwerpunkt. Singulär ist in der ThürVerf allein das Schutzgut des Brauchtums.

1 *Pieroth/Siegert*, RdJB 1994, 438 (440).
2 PW 1 VerfA 008 (26.06.1992) S. 111, zitiert nach Entstehung ThürVerf S. 86.

D. Erläuterungen

I. Art. 30 Abs. 1

4 **1. Begriffsbestimmungen.** Kultur ist eine die Gesellschaft prägende sinnstiftende Wahrnehmung, Deutung und Gestaltung der Lebenswirklichkeit. Sie umfasst das Denken und Fühlen, Sitten und Gebräuche, Glauben und Moral. Diese **Definition** ist dem heute herrschenden weiten Verständnis in den Kulturwissenschaften entlehnt.[3] In der rechtswissenschaftlichen Literatur wird Kultur dagegen als Gegenstand des Verfassungsrechts auf die klassischen Bereiche Bildung, Wissenschaft und Kunst sowie das kulturelle Erbe verdichtet.[4] Da die ThürVerf in Art. 27 Kunst und Wissenschaft eine eigene Regelung widmet, ist eine Abgrenzung der Vorschriften erforderlich. Diese bezieht sich jedoch nicht auf ein abweichendes Begriffsverständnis; vielmehr sind Überschneidungen der Regelungsgehalte der Art. 27 und 30 gegeben. Während Art. 27 indes die Freiheit von Wissenschaft und Kunst gegenüber staatlichen Eingriffen festschreibt, enthält Art. 30 kein Abwehrrecht, sondern eine Schutz- und Förderpflicht des Staates.

5 Hingegen fehlt anderen Landesverfassungen das Schutzgut des **Brauchtums.** Als „Brauch" wird in der Volkskunde ein wesentlicher Teil des Kanons bezeichnet, der weite Bereiche des normierten sozialen Lebens in seinen kulturellen Ausprägungen abbildet. Hierzu zählen u.a.: Volksfeste, Gedenktage, Arbeitsbräuche und Familienbräuche.[5]

6 Im Rahmen eines dynamischen Verfassungsverständnisses darf an dieser Stelle nicht die Entwicklung der **Europäisierung der Kultur** und damit eine europäische Überformung des Kulturbegriffes außer Acht gelassen werden. Nachdem zunächst durch Konventionen und Programme des Europarats eine Verdichtung der transkulturellen Prozesse stattgefunden hat, mündete dieser Prozess in der Regelung des Verfassungsvertrages v. 29.10.2004.[6] Hierdurch wird die Kultur in den Mittelpunkt der europäischen Integration gestellt. Die Steuerung vollzieht sich durch die in Art. 167 AEUV (ex-Art. 151 EGV) vorgegebene supranationale Förderung.[7] Vor dem Hintergrund der europäischen Integration sowie dem Kulturwandel durch Globalisierung rückt die lokale Ebene als Identität stiftendes Element wieder in den Blick. In diesem Sinne ist der Verweis auf das Brauchtum in der Dialektik von Globalisierung und Lokalisierung einzuordnen. Es stellt sich die Frage, welche Bräuche gerade im Freistaat Thüringen besonderem Schutz unterliegen. Neben althergebrachten – ländlichen – Bräuchen in Form von Festveranstaltungen wie dem Weimarer Zwiebelmarkt oder dem Eisenacher Sommergewinn ist hierbei durchaus auch an gesellschaftlich-familiäre Rituale wie die Jugendweihe als „rite de passage"[8] zu denken, die zwar nicht ihren Ursprung, aber ihre Ausbreitung zu DDR-Zeiten erfahren hat. Auf der Grundlage eines weiten Kultur- und Brauchtumsbegriffs rücken zudem Fragen

---

3 Vgl. *Sommermann*, VVDStRL Bd. 65 (2006), 8 m.w.N. u.a.: *Max Weber*, Die Objektivität sozialwissenschaftlicher und sozialpolitischer Erkenntnis, 1922; Luhmann, Die Gesellschaft der Gesellschaft, 1997, S. 587; *Adorno*, Kultur und Verwaltung, 1960, in: Soziologische Schriften I, 2003, 122, 128; *di Fabio*, Die Kultur der Freiheit, 2005, 1 f.
4 *Häberle*, Verfassungslehre als Kulturwissenschaft, 1982, S. 10.
5 Vgl. *Bimmer*, in: Brednich, Grundriß der Volkskunde, 2001, S. 445.
6 ABl. Nr. C 310 v. 16.12.2004.
7 *Blanke*, in: Calliess/Ruffert, Art. 167 Rn. 7.
8 Vgl. *Bimmer*, in: Brednich, Grundriß der Volkskunde, 2001, S. 459.

der Ernährung und der Kochkünste in den Blick der Volkskundler.[9] Dies eröffnet die Möglichkeit, die überregional bekannte Thüringer Küche in den Schutzbereich der Norm aufzunehmen.

2. Regelungsgehalt. a) **Schutz- und Förderpflichten /Staatszielbestimmungen.** 7
Nach Absatz 1 genießen die oben bezeichneten Rechtsgüter den **Schutz** und die **Förderung** durch das Land und seine Gebietskörperschaften. Diese Verpflichtungen enthalten nach Wortlaut, Entstehungsgeschichte und nach der Stellung der Norm in der Thüringer Verfassung **Staatszielbestimmungen.** Hierbei handelt es sich um objektiv-rechtliche Regelungen, die keine subjektiven Rechte begründen. Die Bedeutung von Staatszielbestimmungen liegt vielmehr in der rechtlich bindenden Wirkung, die der Staatstätigkeit die fortdauernde Beachtung oder Erfüllung bestimmter Aufgaben vorschreibt.[10] Dabei kann es sich um einen Auftrag an den Gesetzgeber handeln. Ferner können Staatszielbestimmungen im Rahmen von Ermessensentscheidungen der Verwaltungsbehörden in die Abwägung im Rahmen der Gewichtung einzelner Rechtsgüter eingebracht werden.[11] Schließlich enthält die Vorschrift die Verpflichtung von Land und Gemeinden, einen kulturellen Mindeststandard zu erhalten, dessen Unterschreitung näher begründungspflichtig ist.[12] Zu überprüfen ist überdies, ob Land und Gemeinden bei der Erhebung von Kulturförderabgaben[13] Förderpflichten zu beachten haben, allerdings nur dann, wenn die Höhe der Abgabe zu einer Behinderung der kulturellen Entfaltung oder zu einem Zugangshindernis führt.

b) **Normadressaten.** Adressat der Verpflichtung sind sowohl das Land als auch 8
die Gebietskörperschaften.

c) **Verhältnis zum Bund.** Die **Kompetenz der Länder** zur Ausübung der kultu- 9
rellen Angelegenheiten ergibt sich aus Art. 70 Abs. 1 GG. Dem **Bund** steht lediglich nach Art. 73 Abs. 1 Nr. 5 a GG die Zuständigkeit zum Schutz deutschen Kulturgutes gegen Abwanderung ins Ausland zu. Darüber hinaus wird vielfach eine Kompetenz des Bundes aus der Natur der Sache im Bereich gesamtstaatlicher Bedeutung, wie z.B. in Thüringen für den Fall der Klassik Stiftung Weimar bedeutsam, oder auswärtiger Beziehungen angenommen.[14] Hiernach besitzt der Bund die Kompetenz für die im Ausland ansässigen Einrichtungen wie das Goethe-Institut oder die im Inland ansässige Kulturstiftung des Bundes, die sich mit internationalen Angelegenheiten befasst. Ob sich im Bereich des Abschlusses von Kulturabkommen mit auswärtigen Staaten aus der Länder-Kulturhoheit Schwierigkeiten ergeben können, wird unterschiedlich gesehen.[15] Ungeachtet der Frage der Behandlung völkerrechtlicher Verträge auf kulturellem Gebiet durch den Bund und deren Ratifizierung, verbleibt den Ländern die Möglichkeit, selbst auswärtige Kulturbeziehungen zu pflegen, z.B. im Rahmen der internationalen Kommunal- und Regionalkonferenzen auf der Grundlage des Rates der Gemeinden und Regionen Europas <Council of European Municipalities

9 Vgl. z.B. *Ploeger/Hirschfelder/Schönberger*, Die Zukunft auf dem Tisch, 2011.
10 Grundlegend: *Pieroth/Siegert*, RdJB 1994, 438 ff.
11 Vgl. *Günther* in: Heusch/Schönenbroicher, Art. 18 Rn. 2.
12 Vgl. *Weiss*, Recht und Politik 2005, 142 (145).
13 Vgl. z.B. Satzung der Stadt Weimar vom 09.07.2008, bekanntgemacht im AmtsBl v. 19.08.2008, S. 1.
14 *Möstl*, in: Lindner/Möstl/Wolf, Art. 140 Rn. 3.
15 Vgl. *Kohl*, in: Litten/Wallerath, Art. 16 Rn. 2.

and Regions>.[16] Die tatsächliche Entwicklung lässt eine Ausweitung des Engagements des Bundes erkennen. Im Jahr 2007 betrug der Anteil der Länder an den für kulturelle Zwecke ausgegebenen Mitteln 43 %, derjenige der Gemeinden 44, 4 % und der des Bundes 12, 6 %. Die Tendenz ist ausgehend von den Daten der Statistischen Ämter des Bundes und der Länder[17] steigend. Noch im Jahr 2004 brachte der Bund lediglich 4 % der Aufwendungen auf.[18]

II. Art. 30 Abs. 2

10 **1. Begriffsbestimmungen.** a) **Kulturdenkmale.** Absatz 2 der Regelung setzt wie zahlreiche andere Landesverfassungen den **Begriff des Denkmals** der Kultur, Kunst, Geschichte und des Naturdenkmals voraus. Die Kommentierung von Hopfe[19] verweist zur Auslegung auf die bei Verabschiedung der Verfassung bereits wirksame einfachgesetzliche Definition in § 2 Abs. 1, S. 1 ThürDSchG, die allerdings an den im Schrifttum gebräuchlichen Begriff des Kulturdenkmals anknüpft. Danach sind Kulturdenkmale Sachen, Sachgesamtheiten ... an deren Erhaltung aus geschichtlichen ... Gründen ein öffentliches Interesse besteht. Bedeutsam für Thüringen ist die Welterbekonvention[20] mit den in die Liste aufgenommenen Stätten der Weimarer Klassik, des Bauhauses und der Wartburg.

11 Als Verwaltungsabkommen bindet die **Welterbekonvention** alle Organe im offenen Verfassungsstaat unmittelbar, kann aber keine Eingriffe in Rechte Privater legitimieren. Eine förmliche Umsetzung in nationales Recht ist nicht möglich. Die deutschen Behörden haben der Verpflichtung aus der Welterbe-Konvention dennoch im Rahmen z.B. der Denkmalschutzgesetze, soweit es juristische Auslegungsmethoden erlauben, Rechnung zu tragen.[21]

12 **b) Naturdenkmale.** Auch **Naturdenkmale** unterliegen dem Schutz. In Anlehnung an das bei Inkrafttreten der Thüringer Verfassung geltende Vorläufige Thüringer Naturschutzgesetz wurden diese definiert als Einzelgebilde der Natur, deren besonderer Schutz aus ökologischen, wissenschaftlichen, naturgeschichtlichen oder landeskundlichen Gründen oder wegen ihrer Seltenheit, Eigenart oder Schönheit erforderlich ist.[22] Der Nationalpark Hainich ist als Weltnaturerbe anerkannt.

13 **2. Regelungsgehalt.** Absatz 2 der Regelung enthält wie Absatz 1 zunächst wieder eine **Staatszielbestimmung**. Der Schutz der Kulturdenkmale, dem der Gesetzgeber durch die Regelungen des ThürDSchG Rechnung getragen hat, muss in jüngster Zeit durch andere Staatszielbestimmungen, nämlich derjenigen des Umweltschutzes und der hierzu erlassenen Regelungen, wie z.B. der Energieeinsparverordnung -EnEV -2004[23] Relativierungen im Rahmen der Ermessensausübung der zuständigen Behörden erfahren, da Energiesparmaßnahmen wie Wärmedämmung und Denkmalschutzaspekte in einen Regelungskonflikt geraten können.

16 *Sommermann*, VVDStRL Bd. 65 (2006), 39.
17 http://www.statistikportal.de/statistik-portal/kulturfinanzbericht_2010.pdf. S. 24.
18 Vgl. *Sommermann*, VVDStRL Bd. 65 (2006), 35.
19 *Hopfe*, in: Linck/Jutzi/Hopfe, Art. 30 Rn. 14.
20 WEK vom 23.11.1972, BGBl. I 1977, S. 215.
21 *Fastenrath*, DÖV 2006, 1017 (1024).
22 *Hopfe*, in Linck/Jutzi/Hopfe, Art. 30 Rn. 15.
23 Zur Umsetzung der Richtlinie 2002/91/EG des Europäischen Parlaments und des Rates vom 16.12.2002 über die Gesamtenergieeffizienz von Gebäuden.

Die Regelungen des Absatz 2 Satz 2 und Satz 3 entsprechen der Sozialbindung des Eigentums aus Art. 34 Abs. 2. 14

III. Art. 30 Abs. 3

Da nach der oben wiedergegebenen allgemeinen Definition der Kultur auch der **Sport** erfasst ist, kommt der Erwähnung desselben in einem eigenen Absatz wieder eine besondere Betonung zu. Den Förderverpflichtungen ist der Freistaat durch den Erlass des Sportfördergesetzes sowie verschiedener Förderrichtlinien nachgekommen, z.B. durch die Richtlinie für die Förderung von Sportveranstaltungen.[24] 15

Vierter Abschnitt Natur und Umwelt

Artikel 31 [Schutz der natürlichen Lebensgrundlagen]

(1) Der Schutz der natürlichen Lebensgrundlagen des Menschen ist Aufgabe des Freistaats und seiner Bewohner.

(2) [1]Der Naturhaushalt und seine Funktionstüchtigkeit sind zu schützen. [2]Die heimischen Tier- und Pflanzenarten sowie besonders wertvolle Landschaften und Flächen sind zu erhalten und unter Schutz zu stellen. [3]Das Land und seine Gebietskörperschaften wirken darauf hin, daß von Menschen verursachte Umweltschäden im Rahmen des Möglichen beseitigt oder ausgeglichen werden.

(3) [1]Mit Naturgütern und Energie ist sparsam umzugehen. [2]Das Land und seine Gebietskörperschaften fördern eine umweltgerechte Energieversorgung.

Vergleichbare Regelungen

Art. 20 a GG; Art. 3 a BWVerf; Art. 141 BayVerf; Art. 31 Abs. 1 VvB; Art. 39 BbgVerf; Art. 11 a BremVerf; Art. 26 a HessVerf; Art. 12 M-VVerf; Art. 29 a Verf NW; Art. 69 Verf Rh-Pf; Art. 59 a SaarlVerf; Art. 10 SächsVerf; Art. 35 LVerf LSA; Art. 7 SchlHVerf.

Ergänzungsnormen im sonstigen thüringischen Recht

ThürNatG idF. der Bek. v. 30.08.2006 (ThürGVBl. S. 421) zuletzt geändert durch Gesetz v. 25.10.2011 (ThürGVBl. 273, 282); ThürWG idF der Bek. v. 18.08.2009 (ThürGVBl. S. 648); ThürBodSchG v. 16.12.2003 (ThürGVBl. S. 511) zuletzt geändert durch Gesetz vom 20.12.2007 (ThürGVBl. S. 267, 276); ThürAbfG idF der Bek. v. 15.06.1999 (ThürGVBl. S. 385) zuletzt geändert durch Gesetz v. 20.12.2007 (ThürGVBl. S. 267, 275).

Dokumente zur Entstehungsgeschichte

Art. 19 VerfE CDU; Art. 21 VerfE F.D.P.; Art. 9 VerfE SPD; Art. 21 VerfE NF/GR/DJ; Art. 39, 40, 41 VerfE LL/PDS; Entstehung ThürVerf, S. 87 ff.

Literatur

BMI/BMJ (Hrsg.), Bericht der Sachverständigenkommission Staatszielbestimmungen/ Gesetzgebungsaufträge, Bonn 1983; *Bettina Bock*, Umweltschutz im Spiegel von Verfassungsrecht und Verfassungspolitik, Berlin 1990; *Tobias Brönneke*, Umweltverfassungsrecht. Der Schutz der natürlichen Lebensgrundlagen im Grundgesetz sowie in den Landesverfassungen Brandenburgs, Niedersachsens und Sachsens, Baden-Baden 1999; *ders.*, Vom Nutzen einer einklagbaren Umweltverfassungsnorm, ZUR 1993, S. 153-158; *Detlef Czybulka*, Naturschutz und Verfassungsrecht, PER/PELJ 2 (1999), Nr. 1, S. 61-89; *Wilfried Erbguth/Bodo Wiegand*, Umweltschutz im Landesverfassungsrecht. Dargestellt am Beispiel der Verfassung des Landes Mecklenburg-Vorpommern, DVBl. 1994, S. 1325-1334; *ders./Bodo Wiegand*, Zur Bedeutung des Landesverfassungsrechts bei der Rechtsanwendung. Am Beispiel des Staatsziels Umwelt-

24 ThürStAnz. 2004 v. 26.01.2004, S. 229.

schutz der Verfassung von Mecklenburg-Vorpommern, DV 29 (1996), S. 159-179; *Martin Führ*, Ökologische Grundpflichten als verfassungsrechtliche Dimension. Vom Grundrechtsindividualismus zur Verantwortungsgemeinschaft zwischen Bürger und Staat?, NuR 1998, S. 6-14; *Thomas Groß*, Die Bedeutung des Umweltstaatsprinzips für die Nutzung erneuerbarer Energien, NVwZ 2011, S. 129-133; *Friederike Hermann/Joachim Sanden/Thomas Schomerus/Falk Schulze*, Ressourcenschutzrecht – Ziele, Herausforderungen, Regelungsvorschlag, ZUR 2012, S. 523-532; *Jan Hoffmann*, Umwelt – ein bestimmbarer Rechtsbegriff?, NuR 2011, S. 389-395; *Michael Kloepfer*, Die neue Abweichungsgesetzgebung der Länder und ihre Auswirkungen auf den Umweltschutz, in: FS Rupert Scholz (2007), S. 652-675; *ders.*, Umweltschutzrecht, 2. Aufl., München 2011; *Hans-Joachim Koch* (Hrsg.), Umweltrecht, 3. Aufl., München 2010; *Michael Kotulla*, Umweltschutzgesetzgebungskompetenzen und „Föderalismusreform“, NVwZ 2007, S. 489-495; *Julian Krüper/Heiko Sauer* (Hrsg.), Staat und Recht in Teilung und Einheit, Tübingen 2011; *Dietrich Murswiek*, Staatsziel Umweltschutz (Art 20 a GG) – Bedeutung für Rechtsetzung und Rechtsanwendung, NVwZ 1996, S. 222-230; *Peter Neumann*, Staatsziele in der Verfassung des Freistaates Thüringen, LKV 1996, S. 392-395; *Thomas Rincke*, Staatszielbestimmungen der Verfassung des Freistaates Sachsen, Frankfurt am Main 1997; *Ulrich Rommelfanger*, Die Verfassung des Freistaats Thüringen des Jahres 1993, ThürVBl 1993, S. 173-184; *Sachverständigenrat für Umweltfragen*, Der Umweltschutz in der Föderalismusreform. Stellungsnahme, Berlin 2006; *Alexander Schink*, Umweltschutz als Staatsziel, DÖV 1997, S. 221-229; *Helmuth Schulze-Fielitz*, Umweltschutz im Föderalismus – Europa, Bund und Länder, NVwZ 2007, S. 249-259; *Klaus Sorgenicht/Wolfgang Weichelt/Tord Riemann/Hans-Joachim Semler* (Hrsg.), Verfassung der Deutschen Demokratischen Republik: Dokumente, Kommentar, Bd.I, Berlin 1969; *Martin Spiegler*, Umweltbewußtsein und Umweltrecht. Über den Zusammenhang von Bewußtseins- und Rechtsstrukturen, Baden-Baden 1990; *Rudolf Steinberg*, Verfassungsrechtlicher Umweltschutz durch Grundrechte und Staatszielbestimmung, NJW 1996, S. 1985-1994.

Leitentscheidungen des ThürVerfGH und des BVerfG

ThürVerfGH, Urt. v. 02.02.2011 – 20/09 –ThürVBl 2011, 131 (Abstrakte Handlungspflicht des Staates).

BVerfGE 77, 170 (Gestaltungsspielraum des Gesetzgebers); 79, 174 (Schutzansprüche des Einzelnen).

A. Überblick

1 Art. 31 hat das **Staatsziel** des Schutzes der natürlichen Lebensgrundlagen, d. h. der gesamten natürlichen Umwelt des Menschen, zum Inhalt. Es ergänzt damit andere in der Thüringer Verfassung enthaltene Staatsziele um den Auftrag des Staates, Maßnahmen zu ergreifen. Damit ist das in der Präambel (Abs. 2) verankerte Bekenntnis „Natur und Umwelt zu bewahren und zu schützen“ konkretisiert. Das Bekenntnis in der Präambel „der Verantwortung für zukünftige Gene-

rationen gerecht zu werden" (Abs. 2) ist mit den Zielen und Aufgaben aus Art. 31 unmittelbar verbunden. Die grundlegende Bedeutung von Natur- und Umweltschutz für den Staat und seine Bürger wird durch diese Vorschrift herausgestellt und als rechtsverbindlicher Auftrag des Staates verankert. Das Natur- und Umweltstaatsprinzip trägt den Charakter eines **Optimierungsgebots**, d. h. die markierten Ziele sind so gut wie rechtlich und tatsächlich möglich zu verwirklichen.[1]

B. Herkunft, Entstehung und Entwicklung

In der Verfassung der DDR vom 6. April 1968[2] fand sich mit Art. 15 Abs. 2 eine Regelung zum Schutz der Natur, die als Aufgabe von Staat und Gesellschaft begriffen werden sollte.[3] Den zuständigen Organen oblag es, die Reinhaltung der Gewässer und der Luft sowie den Schutz der Pflanzen- und Tierwelt und der landschaftlichen Schönheit der Heimat zu gewährleisten. Gleichzeitig wurden die Aufgaben auch als Sache eines jeden Bürgers bezeichnet. Doch Bürgeraktivitäten, etwa solche gegen Umweltverschmutzungen oder zur Hebung des Umweltbewusstseins in der Gesellschaft durch Bildung von Umweltgruppen oder durch die Einrichtung von Umweltbibliotheken, wurden als staatsfeindlich betrachtet und bekämpft.[4] 2

Auf die schweren Umweltschäden und erheblichen Umweltbelastungen für die Bürger reagierte die Arbeitsgruppe „Neue Verfassung der DDR" in ihrem Verfassungsentwurf des Runden Tisches vom April 1990[5] mit einer Regelung zum Schutz der natürlichen Umwelt als Lebensgrundlage gegenwärtiger und künftiger Generationen, die als Pflicht des Staates und aller Bürger betrachtet wurde (Art. 33 Abs. 1 Satz 1 VerfE Runder Tisch), und dem Recht für Jedermann, bei Gefährdungen des Rechts auf Leben und körperliche Unversehrtheit durch nachteilige Veränderungen der natürlichen Umwelt die Offenlegung der Daten über die Umweltbeschaffenheit seines Lebenskreises zu verlangen (Art. 33 Abs. 3 Satz 2 VerfE Runder Tisch). Die Verbandsklage wurde ebenfalls in diese Bestimmungen aufgenommen (Art. 33 Abs. 3 Satz 3 VerfE Runder Tisch). Der Verfassungsentwurf des Runden Tisches wurde der Volkskammer am 04.04.1990 übergeben, von dieser jedoch nicht weiter behandelt.[6] 3

1 Unter Verweis auf Art. 43 ThürVerf, ThürOVG, ThürVBl 2009, 105 (109); siehe zur Verwirklichung eines Staatsziels Umweltschutz auch *Schulze-Fielitz*, in: Dreier, Art. 20 a Rn. 26.

2 Verfassung der Deutschen Demokratischen Republik vom 6. April 1986 idF des Gesetzes zur Ergänzung und Änderung der Verfassung der Deutschen Demokratischen Republik vom 07.10.1974 (GbDDR I S. 432).

3 *Sorgenicht/Weichelt/Riemann/Semler*, Verfassung der Deutschen Demokratischen Republik, Bd. I, 1969, S. 379 f.

4 *Brönneke*, Umweltverfassungsrecht, 1999, S. 54 f.; allgemein zum Problem der Grundpflichten in der DDR-Verfassung: *Haedrich*, in: Krüper/Sauer, Staat und Recht in Teilung und Einheit, 2011, S. 43 (46 ff.).

5 Entwurfsverfassung der Deutschen Demokratischen Republik, Arbeitsgruppe „Neue Verfassung der DDR" des Zentralen Runden Tisches, Berlin-Niederschönhausen, 04.04.1990, mit Begleitschreiben an die Abgeordneten der Volkskammer, BArch, B 136/29110, 122-10100 Bu 24 NA 2 Bd. 2.

6 *Brönneke*, Umweltverfassungsrecht, 1999, S. 66 ff.

4 Der Einigungsvertrag zwischen der Bundesrepublik Deutschland und der DDR[7] stieß die Reform des Grundgesetzes an (Art. 5 EinigungsV) und legte die Grundlagen für die Schaffung von Vorschriften zum Umweltschutz (Art. 34). Art. 34 verweist auf das Umweltrahmengesetz der DDR vom 29.06.1990[8] und die damit begründete deutsche Umweltunion sowie auf die Aufgabe des Gesetzgebers, die natürlichen Lebensgrundlagen des Menschen unter Beachtung des Vorsorge-, Verursacher- und Kooperationsprinzips zu schützen und die Einheitlichkeit der ökologischen Lebensverhältnisse zu fördern.

5 Auf dieser Grundlage wurden in einigen Verfassungen der alten Bundesländer, in denen es noch nicht geschehen war, das Staatsziel Umweltschutz aufgenommen bzw. die bereits in den 1970er bzw. 1980er Jahren in die Landesverfassungen aufgenommenen Regelungen zum Natur- bzw. Umweltschutz konkretisiert. Bei der Erarbeitung der Verfassungen der fünf neu gegründeten Bundesländer wurden detaillierte Umweltschutzregeln aufgenommen (1992 bis 1993). Erst 1994 fand die Staatszielbestimmung Umweltschutz Eingang in das Grundgesetz (Art. 20 a GG). Diese grundgesetzliche Bestimmung verdrängt nicht etwa landesverfassungsrechtliche Regelungen, sondern sie stehen in einem Ergänzungsverhältnis zu Art. 20 a GG.[9]

C. Verfassungsvergleichende Information

6 Alle Verfassungen der Bundesländer enthalten derzeit mehr oder weniger ausformulierte Umweltschutzregeln, die primär als Auftrag an den Staat in Gestalt von Staatszielen und Staatsaufgaben ausgestaltet wurden.[10] Bereits im Jahre 1976 nahm Baden-Württemberg als erstes Bundesland eine Umweltschutzklausel in seine Verfassung auf, gefolgt von Bayern im Jahre 1984. In Abs. 3 der in die Bayerische Verfassung aufgenommenen Umweltschutzklausel des Art. 141 findet sich in Anknüpfung an Art. 150 Abs. 2 der Weimarer Reichsverfassung, der den Schutz von Naturdenkmälern vorschrieb, ein subjektives Recht auf den Genuss von Naturschönheiten und auf Erholung in der freien Natur. Am weitesten geht Brandenburg, das in seiner Verfassung neben der Staatszielbestimmung Umweltschutz auch ein **Grundrecht auf Umweltschutz** etabliert hat (Art. 39 Abs. 2). Während die neuen Bundesländer Thüringen, Sachsen, Sachsen-Anhalt und Mecklenburg-Vorpommern den Umweltschutz lediglich als Staatsziel aufgenommen haben, hat Brandenburg diesen auch als subjektives Recht in Gestalt eines Rechtsanspruchs auf Unversehrtheit vor Verletzungen und unzumutbaren Gefährdungen, die aus der Veränderung der natürlichen Lebensgrundlagen entstehen können, verankert (Art 39 Abs. 2 BbgVerf). Damit ist der Schutz der personalen Integrität des Art. 8 Abs. 1 Satz 1 BbgVerf (entsprechend der Regelung des Art. 2 Abs. 2 Satz 1 GG) in Bezug auf Umweltgefähr-

7 Vertrag zwischen der Bundesrepublik Deutschland und der Deutschen Demokratischen Republik über die Herstellung der Einheit Deutschlands v. 31.08.1990 (BGBl. II S. 189).

8 GbDDR I 1990, S. 649.

9 *Erbguth/Wiegand*, DV 29 (1996), 159 (162).

10 In der Hamburgischen und in der Niedersächsischen Verfassung sind keine gesonderten Umweltschutzregeln verankert. So findet sich in der Hamburgischen Verfassung lediglich in der Präambel [„Die natürlichen Lebensgrundlagen stehen unter dem besonderen Schutz des Staates", vgl. Absatz 4] und in Art. 1 Abs. 2 der Niedersächsischen Verfassung [„Das Land Niedersachsen ist ein (…) dem Schutz der natürlichen Lebensgrundlagen verpflichteter Rechtsstaat (…)"] das generelle Bekenntnis zum Schutz der natürlichen Lebensgrundlagen.

dungen jedoch lediglich wiederholt worden.[11] Als **Grundpflicht** des Bürgers ist Umweltschutz in der Verfassung von Sachsen-Anhalt (Art. 35 Abs. 2) angelegt. Mit Art. 10 Abs. 1 Satz 1 der sächsischen Verfassung ist eine Drittwirkung erzeugt und mit Art. 10 Abs. 2 hat das Land den Gesetzgebungsauftrag, Naturschutzverbänden eine Klagebefugnis einzuräumen, geregelt.[12] In der Verfassung des Landes Brandenburg ist gleichfalls die Zulässigkeit einer Verbandsklage verankert (Art. 39 Abs. 8). In Thüringen hatte die Fraktion LL-PDS ebenfalls die **Verbandsklage** als verfassungsrechtliches Instrument in Art. 31 der Thüringer Verfassung vorgeschlagen. Dies fand keine Zustimmung.[13] Eine verfassungsrechtliche Garantie der Verbandsklage wäre wohl auch im Hinblick auf den in der Verfassung bereits angelegten Individualrechtsschutz systemfremd. Die einfachgesetzliche Regelung wird den Besonderheiten des Klagezwecks bei Verbandsklagen eher gerecht.[14] Insgesamt, so ist einzuschätzen, sind die Umweltschutzziele in den Verfassungen der neuen Bundesländer im Vergleich zu denen der alten Bundesländer besonders weitreichend.

D. Erläuterungen

I. Allgemeines

Thüringen hat den Umweltschutz nicht nur als Verpflichtung des Freistaats, 7
sondern auch seiner Bewohner verankert, d. h. der **Schutzauftrag** an den Freistaat erstreckt sich auch auf die Bewohner des Freistaats (Art. 31 Abs. 1). Zudem obliegt es dem Freistaat und seinen Gebietskörperschaften, den Naturhaushalt und seine Funktionsfähigkeit zu schützen (Art. 31 Abs. 2 Satz 1 und 2) und auf die Beseitigung und den Ausgleich von Umweltschäden hinzuwirken (Art. 31 Abs. 2 Satz 3). Der Sparsamkeitsgrundsatz für Naturgüter und Energie sowie das Gebot umweltgerechter Energieversorgung fand Eingang in Art. 31 Abs. 3.

II. Schutz der natürlichen Lebensgrundlagen des Menschen (Art. 31 Abs. 1)

1. Schutzgut. Art. 31 Abs. 1 schützt die **natürlichen Lebensgrundlagen des** 8
Menschen. Der vom Verfassungsgeber bevorzugte Begriff der natürlichen Lebensgrundlagen ist – vom Schutzgegenstand her – konform zum Begriff der Umwelt zu verstehen[15] und erfasst insofern die Gesamtheit aller Umweltgüter, die für den Fortbestand von Menschen, Tieren und Pflanzen erforderlich sind,[16] d. h. Tiere, Pflanzen, biologische Vielfalt, Boden, Wasser, Luft, Klima, Landschaft sowie Kultur- und sonstige Sachgüter,[17] sowie ihre Wechselbeziehungen untereinander.[18] Darüber hinaus erfordert der Fortbestand der Menschen aber auch den Erhalt der Bodenschätze (Erdgas, Erdöl, Holz, Kohle) als Energiequelle, so

---

11 *Iwers*, in: Lieber/Iwers/Ernst, Art. 39, S. 289.
12 *Rincke*, Staatszielbestimmungen der Verfassung des Freistaates Sachsen, 1997, S. 122.
13 Entstehung ThürVerf, S. 89.
14 *Rommelfanger*, ThürVBl 1993, 173 (179).
15 In der Literatur ist umstritten, ob die Begriffe „Umwelt“ und „natürliche Lebensgrundlage“ – vom Schutzgegenstand her – deckungsgleich sind, vgl. *Hoffmann*, NuR 2011, 389 (390), der dies verneint; aA *Brönneke*, Umweltverfassungsrecht, 1999, S. 154 ff.; *Murswiek*, NVwZ 1996, 222 (224); wohl auch *Schink*, DÖV 1997, 221 (223).
16 *Schink*, DÖV 1997, 221 (223).
17 In Anlehnung an § 4 Nr. 1 Referentenentwurf für das Umweltgesetzbuch 2009 – Erstes Buch (I).
18 Siehe zum engen und weiten Umweltbegriff: *Kloepfer*, Umweltschutzrecht, 2. Aufl. 2011, § 1 Rn. 24-27.

dass diese ebenso vom Schutzbereich des Art. 31 Abs. 1 erfasst werden.[19] Einen enger gefassten Begriff der natürlichen Lebensgrundlage unterbreitet *Hoffmann*,[20] der vom Begriff der natürlichen Lebensgrundlage lediglich die gesamte natürliche Umwelt des Menschen, namentlich die Umweltmedien Boden, Luft und Wasser, die Biosphäre (Tiere und Pflanzen) und deren Beziehungen untereinander sowie zu den Menschen, nicht hingegen die psycho-soziale Umwelt umfasst sehen will.[21]

9 Indem sich Art. 31 Abs. 1 auf die natürlichen Lebensgrundlagen des Menschen erstreckt, ist diese Bestimmung im Wesentlichen vom **anthropozentrischen Ansatz** geprägt, d. h. es geht um den Schutz des Lebensraumes des Menschen. Das Pendant dazu, der **ökozentrische Ansatz**, begreift Natur und Umwelt als einen eigenständigen und vom Menschen unabhängigen Wert.[22] Doch lassen sich weder das anthropozentrische noch das ökozentrische Konzept voneinander trennscharf abgrenzen. Mit Blick auf die Vielfalt der natürlichen Lebensgrundlagen des Menschen erscheint es auch nicht sinnvoll, beide Ansätze oder Konzepte gegeneinanderzustellen. Vielmehr ist es aufgrund der Komplexität von Natur und Umwelt und der Einwirkungen des Menschen geboten, beide miteinander zu verbinden.[23] Dies ist schon deshalb notwendig, weil der Schutz der Lebensgrundlagen des Menschen in seinem Interesse immer auch den Schutz der Lebensgrundlagen von Pflanzen und Tieren umfasst – der Mensch letztlich in seiner Existenz von diesen Lebensgrundlagen abhängt. Damit ist das anthropozentrische Konzept, von dem die Verfassung im Ganzen geprägt ist, dem Staatsziel Natur- und Umweltschutz immanent. Doch gibt es vielfältige Zusammenhänge zum ökozentrischen Konzept.[24] Mensch und Natur sind aufeinander bezogen und die Schutzzwecke sind unter Anerkennung dieser Bezogenheit stets zueinander in Ausgleich zu bringen. Das Thüringer Naturschutzgesetz stellt in Anlehnung an das Bundesnaturschutzgesetz einen ausdrücklichen Zusammenhang zwischen anthropozentrischen und ökozentrischen Ansatz her, wenn es in § 1 Abs. 2 heißt: „Aus der Verantwortung des Menschen für die natürliche Umwelt sind Natur und Landschaft (...) um ihrer selbst willen und als Lebensgrundlage des Menschen zu schützen (...)“.

10 **2. Schutzauftrag des Freistaats.** Der Freistaat ist mit Art. 31 Abs. 1 nicht lediglich beauftragt, sondern in die Pflicht genommen, Natur und Umwelt zu schützen.[25] Staatsziele sind nicht lediglich unverbindliche Programmsätze, sondern begründen gerade verbindliche Verpflichtungen des Staates und seiner Organe.[26] Der Schutz der natürlichen Lebensgrundlagen ist nach den hier dargestellten Maßgaben des Art. 31 Abs. 1 eine objektiv-rechtliche Schutznorm, nicht

19 *Groß*, NVwZ 2011, 129 (130).
20 *Hoffmann*, NuR 2011, 389 (390).
21 Diese Begriffsdefinition kommt der Definition der Sachverständigenkommission Staatszielbestimmungen/Gesetzgebungsaufträge sehr nah, vgl. *BMI/BMJ* (Hrsg.), Bericht der Sachverständigenkommission Staatszielbestimmungen/Gesetzgebungsaufträge, 1983, S. 92 f.
22 *Brönneke*, Umweltverfassungsrecht, 1999, S. 164.
23 *Ramsauer*, in: Koch (Hrsg.), Umweltrecht, 3. Aufl. 2010, § 3 Rn. 4.
24 *Kloepfer*, Umweltschutzrecht, 2. Aufl. 2011, § 1 Rn 30.
25 *Breuer* begreift das Staatsziel Umweltschutz einerseits als Gestaltungsauftrag an den parlamentarischen Gesetzgeber, andererseits aber auch als verfassungsimmanente Pflicht der Verwaltung und Rechtsprechung, vgl. *Breuer*, in: Schmidt-Aßmann/Schoch, S. 613, Rn 34.
26 *Murswiek*, NVwZ 1996, 222 (223); *Steinberg*, NJW 1996, 1985 (1991).

aber ein subjektiv-öffentliches Recht des Einzelnen gegenüber dem Land,[27] d. h. kein **Umweltgrundrecht**, aus dem sich ein Klagerecht auf Umweltschutz ergeben kann.[28] Die Intention, ein Umweltgrundrecht zu etablieren, hatte der Verfassungsgeber in Thüringen nicht.[29] Das in Art. 31 Abs. 1 verankerte Staatsziel Umweltschutz ist vielmehr als objektive Schutznorm auf die Wahrung von Gemeinschaftsgütern in Gestalt der Umweltmedien gerichtet, so dass der individuelle Schutz vor dem gemeinschaftlichen Schutz zurücktritt. Die Umwelt als Gemeinschaftsgut ist, was dessen Funktionsfähigkeit anbetrifft, nicht individuell begrenzbar.[30]

Aus der Schutzpflicht des Staates ist wegen des weiten Handlungs-, Bewertungs- 11
und Prüfungsspielraums keine konkrete Handlungspflicht des Staates auf Umweltschutz ableitbar.[31] Nur dann, wenn eine evidente Verletzung der Umweltschutzpflichten des Staates zu bejahen ist, greifen Schutzansprüche des Einzelnen, die sich auf Grundrechte, wie Art. 3 Abs. 1 Satz 1, stützen können. So ist beispielsweise eine Verletzung der Pflicht des Staates auf Umweltschutz nur anzunehmen, „wenn die staatlichen Organe gänzlich untätig geblieben sind".[32] Ergänzend kann hier Art. 31 Abs. 1 mit seiner mittelbaren Schutzfunktion eingebracht werden,[33] doch dient diese Vorschrift im verwaltungsgerichtlichen Verfahren nicht als Klagebefugnis. Auch eine Beschwerdebefugnis für ein verfassungsgerichtliches Verfahren ist nicht aus dieser Vorschrift abzuleiten.[34]

Grundrechtliche Grenzen des Umwelt- und Naturschutzes ergeben sich aus 12
Art. 34, dem Recht auf Eigentum, und im Hinblick auf Umweltbelastungen und Gefahren oder Zerstörungen und beispielsweise bei Freizeitbetätigungen oder anderen Betätigungen in der Umwelt durch die allgemeine Handlungsfreiheit des Art. 3 Abs. 2.[35] Vorbehaltlos gewährte Grundrechte, wie die Religionsfreiheit (Art. 39 Abs. 1), können zudem beschränkt werden, wenn entsprechende Gesetze auf der Grundlage von Art. 31 Abs. 1 als verfassungsimmanente Schranke gelten.

Eine Ergänzung findet die Staatszielbestimmung des Art. 31 Abs. 1 durch 13
Art. 22 Abs. 1, der verschiedene Erziehungsziele enthält, u. a. die Förderung der Verantwortung für die natürlichen Lebensgrundlagen des Menschen und die Umwelt. Diese Regelung vermag durch Bildung und Erziehung Umweltbewusstsein zu entwickeln und zu erhöhen.[36]

3. Einbeziehung des Bürgers in den Schutzauftrag des Freistaats. Der Auftrag 14
zum Schutz der natürlichen Lebensgrundlagen richtet sich an den Freistaat und seine Bewohner. Der Adressatenkreis des Staatsziels bleibt auf Träger der staatlichen Gewalt konzentriert, doch löst der Auftrag für den Freistaat auch Verpflichtungen für den Einzelnen aus. Insoweit ist Art. 31 Abs. 1 nicht allein als

27 VG Weimar ThürVBl 1998, 189 (192).
28 *Hopfe*, in: Linck/Jutzi/Hopfe, Art. 31, Rn. 2; allgemein zur Diskussion um eine einklagbare Umweltverfassungsnorm siehe *Brönneke*, ZUR 1993, 153ff.
29 Entstehung ThürVerf, S. 87 ff.
30 *Kloepfer*, Umweltschutzrecht, 2. Aufl. 2011, § 2 Rn 10.
31 ThürVerfGH, ThürVBl 2011, 131 (132); *Schulze-Fielitz*, in: Dreier, Art. 2 a Rn. 71.
32 BVerfGE 79, 174 (202).
33 *Steinberg*, NJW 1996, 1985 (1992).
34 *Steinberg*, NJW 1996, 1985 (1992).
35 Zur Durchsetzbarkeit siehe *Czybulka*, PER/PELJ 2 (1999) Nr. 1, 61 (81 ff.).
36 Zur Bedeutung des Umweltbewusstseins für den Umweltschutz im Allgemeinen siehe *Spiegler*, Umweltbewußtsein und Umweltrecht, 1990.

Staatszielbestimmung zu charakterisieren, sondern auch als an den einzelnen Bürger gerichtete Pflicht. In Art. 31 Abs. 1 ist somit auch eine Grundpflicht für den Bürger angelegt.[37] Diese manifestiert sich in der verfassungsrechtlichen Erwartung an die Bewohner des Freistaats, an der Verwirklichung des Staatsziels Umweltschutz mitzuwirken. Daraus ergibt sich nicht nur die objektiv-rechtliche Verpflichtung des Staates, sondern auch eine subjektiv-rechtliche Verpflichtung des Bürgers, mithin eine **ökologische Grundpflicht**.[38] Ebenso wie die Staatszielbestimmung Umweltschutz eine allgemeinverpflichtende Direktive an den Freistaat darstellt, hat die Grundpflicht des Bürgers nur wenig rechtlichen Gehalt und muss durch einfachgesetzliche Regelungen konkretisiert werden.[39] Gleichwohl ist mit dieser Einbindung der Bewohner die Verantwortung des Bürgers zur Erreichung der Umweltziele angesprochen. Damit ist dem Trend im Umweltrecht, für die Erfüllung staatlicher Aufgaben Private stärker in Anspruch zu nehmen, mit der Regelung des Art. 31 Abs. 1 entsprochen worden. Es greift das **Kooperationsprinzip**; der Umweltschutz wird als gesellschaftliches Anliegen verstanden und die Bürger werden in Umweltschutzaufgaben integriert.

15 Der insoweit gewählte breite Ansatz des Staatsziels Umweltschutz findet sich nicht nur in verfassungsrechtlichen Bestimmungen, sondern auch im Europarecht und Völkerrecht. So entspricht dieser u. a. dem völkerrechtlichen Konzept der „shared responsibility" des Staates und der gesellschaftlichen Kräfte, niedergelegt in der Agenda 21 des Erdgipfels von Rio aus dem Jahre 1992[40] und in den Aktionsprogrammen der Europäischen Union.[41, 42] Die Verantwortung des Staates und seiner Bürger werden auf diese Weise aufeinander bezogen und die Verpflichtung des Staates zur Erfüllung der Aufgabe Umweltschutz wird an die Erwartung gegenüber den Bürgern geknüpft, an Staatsaufgaben teilzunehmen.

III. Schutz des Naturhaushalts (Art. 31 Abs. 2 Satz 1 und 2)

16 Art. 31 Abs. 2 Satz 1 und 2 enthält den Auftrag, den Naturhaushalt und seine Funktionstüchtigkeit zu schützen und die heimischen Tier- und Pflanzenarten sowie besonders wertvolle Landschaften und Flächen zu erhalten und unter Schutz zu stellen. Vom Schutzauftrag des Art. 31 Abs. 2 Satz 1 und 2 werden insofern nicht nur die Umweltmedien Luft, Wasser und Boden, sondern auch Tiere, Pflanzen und Mikroorganismen, sowie Bodenschätze, aber auch Klima, die Atmosphäre mit der Ozonschicht sowie die Landschaft erfasst – und dies auch in ihren Wechselbeziehungen. Die konkrete Ausgestaltung des so etablierten

37 *Neumann,* LKV 1996, 392 (395); *Führ*, NuR 1998, 6 (8); allgemein zum Begriff der Grundpflicht: *Bock,* Umweltschutz im Spiegel von Verfassungsrecht und Verfassungspolitik, 1990, S. 282 ff.

38 *Führ*, NuR 1998, 6 (8).

39 *Iwers*, in: Lieber/Iwers/Ernst, Art. 39, S. 289, zur vergleichbaren Regelung des Art. 39 Abs. 1 BbgVerf; *Bock,* Umweltschutz im Spiegel von Verfassungsrecht und Verfassungspolitik, 1990, S. 340 ff., die „appelative Funktion" einer Umweltgrundpflicht betonend.

40 Agenda 21, Konferenz der Vereinten Nationen zu Umwelt und Entwicklung, Annex II – UN Doc A/Conf.151/26 (1992).

41 Bisher wurden sechs Aktionsprogramme verabschiedet. Das 6. Aktionsprogramm aus dem Jahre 2010 lautet „Umwelt 2010: Unsere Zukunft liegt in unserer Hand" – Mitteilung vom 24.01.2001. KOM (2001) 31 endg., nicht im Amtsblatt veröffentlicht; verabschiedet als Beschluss Nr. 1600/2002/EG des Europäischen Parlaments und des Rates vom 22.07.2002, ABl. EG, Nr. L 242 vom 10.09.2002, S. 1 ff.

42 *Führ,* NuR 1998, 6 (7).

Schutzes erfolgt in Gesetzen.[43] Die Tiere und Pflanzen finden im Rahmen der natürlichen Lebensgrundlagen Schutz als Arten und Gattungen – Erhalt der **Biodiversität** – sowie als frei lebende Tiere (sog. kollektiver Tierschutz). Der Schutz einzelner Tiere obliegt hingegen Art. 32 mit dem Tierschutzprinzip.[44]

IV. Beseitigung und Ausgleich von Umweltschäden (Art. 31 Abs. 2 S. 3)

Art. 31 Abs. 2 Satz 3 regelt die Verpflichtung des Landes und der Gebietskörperschaften, auf die Beseitigung oder den Ausgleich der vom Menschen verursachten Umweltschäden hinzuwirken. Während die Verfassung von Brandenburg mit Art. 39 Abs. 5 Satz 1, die Verfassung von Sachsen-Anhalt mit Art. 35 Abs. 3 sowie die Verfassung von Bremen mit Art. 11 a Abs. 2 ausdrückliche Eingriffsregelungen in Gestalt von Schadensausgleichsregelungen enthalten, ist die für die Thüringische Verfassung gefundene Regelung, dass das Land und seine Gebietskörperschaften darauf hinwirken, dass vom Menschen verursachte Umweltschäden im **Rahmen des Möglichen** beseitigt oder ausgeglichen werden, allgemein ausgestaltet.[45] Die Regelung des Art. 31 Abs. 2 Satz 3 wird damit dem Charakter einer verfassungsrechtlichen Grundsatzbestimmung gerecht. 17

Gemeint sind jegliche menschliche Eingriffe; auf Verschulden kommt es nicht an. Beseitigung der Umweltschäden heißt die Wiederherstellung des ursprünglichen Zustandes. Soweit eine Beseitigung nicht möglich ist oder Beeinträchtigungen unvermeidbar sind, haben unter der Voraussetzung, dass mit dem Ausgleich keine erheblichen bzw. nachhaltigen Störungen der Natur zurückbleiben, gleichartige Maßnahmen zu erfolgen.[46] Schließlich ist noch davon die Rede, dass Beseitigung oder Ausgleich im **Rahmen des Möglichen** zu erfolgen haben. Gemeint ist damit, dass bei Unmöglichkeit der Schadensbehebung eine solche auch nicht zu verlangen ist. Da hier die Einschätzung, ob Beseitigung oder Ausgleich möglich sind, stets am **Grundsatz der Verhältnismäßigkeit** vorzunehmen ist,[47] erscheint dieser Zusatz redundant, kann aber auch als Verstärkung des Verhältnismäßigkeitsgrundsatzes verstanden werden. Unabhängig von einem Verweis auf das Mögliche gilt der Verhältnismäßigkeitsgrundsatz als Teil des Rechtsstaatsprinzips mit Verfassungsrang, der eine Abwägung erfordert (Art. 42).[48] Die umweltschützenden Vorteile müssen die Nachteile überwiegen. 18

V. Ressourcenschutz (Art. 31 Abs. 3)

Mit Art. 31 Abs. 3 Satz 1 und der Verpflichtung, mit Naturgütern und Energie sparsam umzugehen, findet sich eine Staatszielbestimmung auf **Ressourcenschutz**, d. h. sie ist auf die Erhaltung der Leistungsfähigkeit des Naturhaushalts 19

43 So unter anderem durch das ThürNatG, ThürWG und ThürBodSchG.

44 So auch *Gröpl/Groß* zur vergleichbaren Regelung in Art. 59 a Abs. 1 Satz 2 SaarlVerf, vgl. *Gröpl/Groß,* in: Wendt/Rixecker, Art. 59 a Rn. 5.

45 Anders *Erbguth/Wiegand,* die in der thüringischen Regelung ebenso eine Schadensausgleichregelung sehen, wenn auch in abgeschwächter Form, vgl. *Erbguth/Wiegand,* DVBl. 1994, 1324 (1331).

46 *Hopfe,* in: Linck/Jutzi/Hopfe, Art. 31 Rn. 12.

47 *Hopfe* vertritt eine restriktive Handhabung des Pflichtenvorbehalts. Die Pflicht zum Ausgleich soll nur bei „ganz unverhältnismäßigen Schwierigkeiten" entfallen, vgl. *Hopfe,* in: Linck/Jutzi/Hopfe, Art. 31 Rn. 12.

48 Ebenso zur vergleichbaren Regelung des Art. 11 a BremVerf siehe *Neumann,* Brem, Art. 11 a Rn. 13.

gerichtet.[49] Abs. 3 Satz 1 regelt den sparsamen Umgang mit Naturgütern und entspricht damit der allgemeinen Forderung zu sparsamem Ressourcengebrauch. Eine Unterscheidung zwischen reproduzierbaren und nicht reproduzierbaren Umweltgütern erfolgt nicht.[50] Das Gebot des sparsamen Umgangs mit Naturgütern wird um das Gebot des sparsamen Umgangs mit Energie, und zwar sowohl im Sinne einer relativen als auch absoluten Energieeinsparung, erweitert. Naturgüter und Energie werden damit gleichermaßen dem Ressourcenbegriff untergeordnet. Damit erstreckt sich der Sparsamkeitsgrundsatz auf Boden, Wasser, Luft und Energie mit der Maßgabe, dass mit nicht reproduzierbaren Ressourcen nachhaltig umzugehen und die Nutzung reproduzierbarer Ressourcen auf das Ausmaß ihrer Regeneration zu beschränken ist.[51] Die Sparsamkeit im Umgang mit den natürlichen Ressourcen ist Bestandteil eines wohl verstandenen Umweltschutzes. Sparsamer Umgang heißt nicht mehr als erforderlich zu verbrauchen, aber auch den Verbrauch einzuschränken.[52]

20 Art. 31 Abs. 3 Satz 2 regelt das Gebot gegenüber Land und Gebietskörperschaften, eine umweltgerechte Energieversorgung zu fördern. Umweltgerechte Energieversorgung erfasst alle Energieträger, auch nachwachsende Energieträger, so dass vom Förderungsauftrag des Art. 31 Abs. 3 Satz 2 auch die Pflicht zur Förderung der Energiegewinnung durch regenerative Energie erfasst wird.[53] Darüber hinaus statuiert Art. 31 Abs. 3 Satz 1 die Pflicht darauf hinzuwirken, dass Maßnahmen der Energieversorgung, wie Kohleförderung und -verbrennung, die Aufstellung von Windrädern oder Solaranlagen, so schonend wie möglich, d. h. ohne Schädigung oder erhebliche Beeinträchtigung von Natur und Landschaft, zu erfolgen haben.[54]

VI. Normadressaten

21 Die Staatszielbestimmung Umweltschutz richtet sich an die Legislative, Exekutive und Judikative Thüringens. Insoweit die Staatszielbestimmung den drei Gewalten Aufträge erteilt und Aufgaben zuweist, besitzt diese Bindungswirkung für die Erreichung der vorgegebenen Ziele.

22 **1. Legislative.** Der an den Gesetzgeber gerichtete Auftrag geht mit einem weiten Gestaltungsspielraum einher.[55] Er erstreckt sich auf Natur- und Umweltschutz im Ganzen und folgt keiner bestimmten Verpflichtung, Gesetze zu gestalten – es besteht ein allgemeiner Gesetzgebungsauftrag.[56] Auch ein Klagerecht auf gesetzgeberisches Handeln lässt sich nicht ableiten.[57] Aus Art. 31 ergibt sich zudem die Kompetenz zur Regelung von Handlungs- und Eingriffsbefugnissen.[58]

---

49 Siehe näher zum Begriff des Ressourcenschutzes: *Herrmann/Sanden/Schomerus/Schulze,* ZUR 2012, 523 f., unter anderem auch als Ausprägung des Abfallrechts; vgl. insofern auch die Zweckbestimmung gemäß § 1 Abs. 1 ThürAbfG.
50 *Hopfe,* in: Linck/Jutzi/Hopfe, Art. 31 Rn. 12.
51 *Herrmann/Sanden/Schomerus/Schulze,* ZUR 2012, 523 (525).
52 *Reich*, Art. 35, S. 200, zur vergleichbaren Regelung des Art. 35 Abs. 1 Satz 1 LVerf LSA.
53 ThürOVG, ThürVBl 2009, 105 (109); VG Gera, ThürVBl 2011, 12 (13).
54 So auch *Hopfe,* in: Linck/Jutzi/Hopfe, Art. 31 Rn. 14.
55 BVerfGE 77, 170 (229 f.); *Gröpl/Groß,* in: Wendt/Rixecker, Art. 59 a Rn. 8, zur vergleichbaren Regelung des Art. 59 a SaarlVerf; *Steinberg*, NJW 1996, 1985 (1991).
56 VG Weimar, ThürVBl 1998, 189 (192).
57 *Caspar*, in: Koch (Hrsg.), Umweltrecht, 3. Aufl. 2010, § 2 Rn. 103.
58 *Murswiek*, NVwZ 1996, 222 (225 f.).

2. Exekutive und Judikative. Auch die vollziehende und rechtsprechende Gewalt ist an Art. 31 unmittelbar gebunden. Sie haben das Staatsziel Umweltschutz bei der Auslegung und Anwendung des einfachen Rechts heranzuziehen.[59] So ist der Freistaat nicht nur als Gesetzgeber, sondern auch als vollziehende Gewalt mit seinen Gliederungen, die auch die mittelbare Staatsverwaltung, insbesondere die Selbstverwaltungskörperschaften, und privatrechtliche Organisationsformen der Verwaltung umfassen, gehalten, das System der umweltrechtlichen Normen effizient umzusetzen und die Gebote aus Art. 31 insbesondere auch bei Planungs-, Abwägungs- und Ermessensentscheidungen zu berücksichtigen.[60] Schließlich obliegt der Judikative die Aufgabe, unter Beachtung des Art. 31 unbestimmte Rechtsbegriffe auszulegen und Gesetzeslücken durch Rechtsprechung auszufüllen. Mögliche Verstöße gegen die Staatszielbestimmung Natur- und Umweltschutz sind zu verfolgen. Die Konsequenz kann die Feststellung der Verfassungswidrigkeit eines Rechtsaktes durch den Verfassungsgerichtshof sein. Für die Fachgerichte besteht die Möglichkeit der konkreten Normenkontrolle. Im Übrigen unterliegt das Handeln der Behörden und in diesem Zusammenhang inzident auch das materielle Landesrecht der verwaltungsgerichtlichen Kontrolle. 23

3. Die föderale Kompetenzordnung. Inhalt und Reichweite der Kompetenzen des Freistaats zur Erfüllung der Aufgaben in Umwelt- und Naturschutz haben sich mit der Föderalismusreform I[61] seit 2006 geändert.[62] Mit der Neufassung des Art. 72 GG trat neben das nunmehr eingeschränkte Erfordernis bundeseinheitlicher Regelungen (Art. 72 Abs. 2 GG) die **Abweichungskompetenz** der Länder (Art. 72 Abs. 3 GG).[63] Zudem wurden die Rahmenzuständigkeiten abgeschafft und weitestgehend in die konkurrierenden Zuständigkeiten überführt. Die Bundeskompetenz ergibt sich danach unter Beachtung des Art. 72 Abs. 2 GG für den in Art. 74 Abs. 1 GG angeführten Katalog. Das Gesetz über Naturschutz und Landschaftspflege vom 29.07.2009[64] und das Gesetz zur Ordnung des Wasserhaushalts vom 31.07.2009[65] wurden indes gestützt auf die konkurrierende Gesetzgebungszuständigkeit des Bundes neu erlassen. Rechtsmaterien, die neben den abweichungsfesten Kernen Abweichungsvorschriften umfassen, sind solche des Jagdrechts, wobei das Recht der Jagdscheine selbst abweichungsfest ist (Art. 74 Abs. 1 Nr. 28, 72 Abs. 3 Satz 1 Nr. 1 GG), des Naturschutzes und der Landschaftspflege, ohne die allgemeinen Grundsätze des Naturschutzes, das Recht des Artenschutzes sowie Meeresnaturschutzes als abweichungsfester Kern (Art. 74 Abs. 1 Nr. 29, 72 Abs. 3 Satz 1 Nr. 2), ebenso der Raumordnung nach Art. 74 Abs. 1 Nr. 31, 72 Abs. 3 Satz 1 Nr. 4 GG sowie des Wasserhaushalts, wobei stoff- und anlagenbezogene Vorschriften als abweichungsfest benannt werden (Art. 74 Abs. 1 Nr. 32, 72 Abs. 3 Satz 1 Nr. 5 GG). In Thüringen hat der Gesetzgeber bereits mit den Novellierungen des Thüringer 24

59 BVerwG, NVwZ 2006, 690 (692); ThürOVG, ThürVBl 2009, 105 (109).

60 So auch *Gröpl/Groß* zur Umweltschutzklausel des Art. 59 a SaarlVerf, vgl. *Gröpl/Groß*, in: Wendt/Rixecker, Art. 59 a Rn. 8.

61 Gesetz zur Änderung des Grundgesetzes vom 28.08.2006 (BGBl. I S. 2034).

62 Vgl. zu den Änderungen der Umweltschutzgesetzgebungskompetenzen: *Kotulla*, NVwZ 2007, 489 ff.; *Schulze-Fielitz*, NVwZ 2007, 24 ff.

63 Näheres zur Abweichungskompetenz der Länder im Umweltrecht: *Kloepfer*, in: FS Rupert Scholz (2007), S. 651 ff.

64 BGBl. I 2009, S. 2542.

65 BGBl. I 2009, S. 2585.

Gesetzes für Natur und Landschaft vom 30.08.2006 und des Thüringer Wassergesetzes vom 18.08.2009 auf die grundgesetzlichen Änderungen reagiert.

25 Die Einrichtung der **Abweichungskompetenz** der Länder im Zuge der Föderalismusreform I ist heftig kritisiert worden, weil damit die Gefahr einer Parallelgesetzgebung der Länder im Verhältnis zum Bund bestehe und darüber hinaus die noch größere Gefahr der Verabschiedung einer Vielzahl von sich einander widersprechenden und überschneidenden Regelungen drohe.[66] Bis jetzt jedoch sind im Freistaat solche Entwicklungen nicht zu erkennen.

Artikel 32 [Tiere]

[1]Tiere werden als Lebewesen und Mitgeschöpfe geachtet. [2]Sie werden vor nicht artgemäßer Haltung und vermeidbarem Leiden geschützt.

Vergleichbare Regelungen

Art. 20 a GG; Art. 3 b BWVerf; Art. 141 Abs. 1 Satz 2 BayVerf; Art. 31 Abs. 2 VvB; Art. 11 b BremVerf; Art. 6 b NV; Art. 70 Verf Rh-Pf; Art. 59 a Abs. 3 SaarlVerf.

Ergänzungsnormen im sonstigen thüringischen Recht

ThJG idF der Bek. v. 28.06.2006 (ThürGVBl. S. 313) zuletzt geändert durch Gesetz v. 06.05.2013 (ThürGVBl. S. 117); ThürFischG idF der Bek. v. 18.09.2008 (ThürGVBl. S. 315).

Dokumente zur Entstehungsgeschichte

Art. 19 VerfE CDU; Art. 21 VerfE F.D.P.; Art. 9 VerfE SPD; Art. 21 VerfE NF/GR/DJ; Art. 39, 40 VerfE LL/PDS; Entstehung ThürVerf, S. 91 f.

Literatur

Susanne Braun, Tierschutz in der Verfassung – und was nun?, Die Bedeutung des neuen Art. 20 a GG, DÖV 2003, S. 488-493; *Johannes Caspar*, Tierschutz im Recht der modernen Industriegesellschaft. Eine rechtliche Neukonstruktion auf philosophischer und historischer Grundlage, Baden-Baden 1999; *ders.*, Verbandsklage im Tierschutzrecht durch Landesgesetz?, DÖV 2008, S. 145-152; *ders./Martin Geissen*, Das neue Staatsziel „Tierschutz" in Art. 20 a GG, NVwZ 2002, S. 913-917; *Rico Faller*, Staatsziel „Tierschutz". Vom parlamentarischen Gesetzgebungsstaat zum verfassungsgerichtlichen Jurisdiktionsstaat?, Berlin 2005; *Daniel Hahn*, Staatszielbestimmungen im integrierten Bundesstaat. Normative Bedeutung und Divergenzen, Berlin 2010; *Clemens Christoph Hillmer*, Auswirkungen einer Staatszielbestimmung „Tierschutz" im Grundgesetz, insbesondere auf die Forschungsfreiheit, Frankfurt am Main 2000; *Hans-Georg Kluge* (Hrsg.), Tierschutzgesetz. Kommentar, Stuttgart 2002; *Matthias Knauff*, Das Tierschutzprinzip, SächsVBl 2003, S. 101-104; *Eisenhart von Loeper*, Tierschutz im Grundgesetz. Die Bedeutung eines effektiven Tierschutzes für unser Rechts- und Wertbewußtsein, ZRP 1996, S. 143-149; *Albert Lorz/Ernst Metzger*, Tierschutzgesetz. Tierschutzgesetz mit Allgemeiner Verwaltungsvorschrift, Rechtsverordnungen und Europäischen Übereinkommen sowie Erläuterungen des Art. 20 a GG. Kommentar, 6. Aufl., München 2008; *Ralph Müller-Schallenberg/Phillip Hubertus Förster*, Das Verhältnis von Jagd und Tierschutz – Einheit oder Widerspruch?, NuR 2007, S. 161-165; *Peter Neumann*, Staatsziele in der Verfassung des Freistaates Thüringen, LKV 1996, S. 392-396; *Eva Inés Obergfell*, Ethischer Tierschutz mit Verfassungsrang. Zur Ergänzung des Art. 20 a GG um „drei magische Worte", NJW 2002, S. 2296-2298; *Ute Sacksofsky*, Landesverfassungen und Grundgesetz – am Beispiel der Verfassungen der neuen Bundesländer, NVwZ 1993, S. 235-240; *Christian Sailer*, Massentierhaltung und Menschenwürde, NuR 2012, S. 29-31; *Thüringer Ministerium für Soziales, Familie und Gesundheit* (Hrsg.), Verbraucherschutzbericht 2010, Erfurt 2010.

66 *Sachverständigenrat für Umweltfragen*, Der Umweltschutz in der Föderalismusreform, 2006, S. 11 ff., insbesondere S. 15; *Schulze-Fielitz*, NVwZ 2007, 249 (251).

Leitentscheidung des BVerfG

BVerfGE 36, 342 (Verhältnis Bundesverfassungsrecht zum Landesverfassungsrecht).

Erläuterungen

Mit Art. 32 wird dem Tierschutz eine eigenständige Norm von Verfassungsrang eingeräumt. Während Art. 31 Abs. 2 auf Artenschutz der heimischen Tierarten, mithin auf die Erhaltung der tiergenetischen Vielfalt zielt und damit generellen Charakter trägt (kollektiver Tierschutz),[1] ist Art. 32 mit dem Gebot der Achtung der Tiere als Lebewesen und Mitgeschöpfe (Satz 1) und der statuierten Pflicht zum Schutz der Tiere vor nicht artgemäßer Haltung und vor vermeidbaren Schäden (Satz 2) individuell ausgestaltet.[2] Achtung und Schutz zielen gemäß Art. 32 auf das Tier als Einzelwesen. Während Art. 31 anthropozentrischen Charakter trägt, aber auch ökozentrische Akzente besitzt, gilt für Art. 32, dass hier der Tierschutz als **ethischer Tierschutz** begriffen wird[3] und somit das Tier um seiner selbst Willen als lebendes und auch fühlendes Mitgeschöpf des Menschen zu schützen ist.[4] Der so etablierte ethische Tierschutz trägt zum einen **pathozentrischen** Charakter,[5] d. h. er ist auf die Anerkennung der Empfindungs- und Leidensfähigkeit des Tieres gerichtet, und zielt zum anderen als **biozentrischer** Tierschutz auf die Anerkennung der Mitgeschöpflichkeit des Tieres. Daraus wiederum leitet sich eine Verantwortung des Menschen gegenüber den Tieren im Sinne einer allgemeinen Wertschätzung der Natur und der Tiere ab, die bei aller notwendigen Differenzierung zwischen dem anthropozentrischen Ansatz nach Art. 31 und dem ethischen Ansatz nach Art. 32 als Ganzes zu sehen ist. 1

Die Regelung des Art. 32 ist als **Staatszielbestimmung** ein an den Freistaat gerichteter verpflichtender Auftrag, der mit entsprechenden Maßnahmen der Legislative, Exekutive und Judikative Tierschutz vorzunehmen hat.[6] Art. 32 verfolgt ein objektives Regelungsziel, das sich in einfach gesetzlichen Tierschutzregelungen niederschlägt,[7] aber auch als objektive Schutznorm an die vollziehende Gewalt und Rechtsprechung bei der Auslegung von unbestimmten Rechtsbegriffen und Generalklauseln zu berücksichtigen ist. So formuliert Art. 32 Satz 2 als Ausdruck des **pathozentrischen** Tierschutzes insbesondere einen an den Gesetzgeber gerichteten objektiv-rechtlichen Schutzauftrag dergestalt, dass die Leiden und Schmerzen des einzelnen Tieres – so z.B. bei der Schlachtung von Tieren, bei Schlachttiertransporten und bei der Massentierhaltung – durch Gesetz zu 2

1 *Von Loeper*, in: Kluge (Hrsg.), Tierschutzgesetz, 2002, Einf, Rn. 52.
2 Zur vergleichbaren Regelung des Art. 59 a Abs. 3 SaarlVerf siehe *Gröpl/Groß*, in: Wendt/Rixecker, Art. 59 a Rn. 9.
3 AA wohl *Gröpl/Groß*, in: Wendt/Rixecker, Art. 59 a Rn. 9, zu der Art. 32 Satz 1 entsprechenden Regelung des Art. 59 a Abs. 3 SaarlVerf („Tiere werden als Lebewesen und Mitgeschöpfe geachtet und geschützt.").
4 Ebenso zu dem so verstandenen Begriff des ethischen Tierschutzes: *Obergfell*, NJW 2002, 2296 (2297); *von Loeper*, in: Kluge (Hrsg.), Tierschutzgesetz, 2002, Einf, Rn. 48.
5 Zur Klassifizierung eines pathozentrischen Tierschutzes: *Caspar*, Tierschutz im Recht der modernen Industriegesellschaft, 1999, S. 114 ff.
6 Zur Auswirkung einer Staatszielbestimmung „Tierschutz" u.a. auf die Legislative, Exekutive und Judikative der Länder siehe *Hillmer*, Auswirkungen einer Staatszielbestimmung „Tierschutz" im Grundgesetz, 2000, S. 186 ff.
7 So bspw. auf Landesebene im ThJG und ThürFischG. Siehe zur Konkretisierung des Staatsziels Tierschutz durch das Jagdrecht *Müller-Schallenberger/Förster*, NuR 2007, 161 (162).

verhindern oder zu minimieren sind, vor allem aber dahingehende legislative Erleichterungen zu unterbleiben haben.[8]

3 Der Tierschutz als solcher unterliegt der konkurrierenden Gesetzgebung von Bund und Land. Im Hinblick auf Art. 32 bzw. dem damit einhergehenden Gesetzgebungsauftrag ist somit die konkurrierende Zuständigkeit des Bundes gemäß Art. 74 Abs. 1 Nr. 20 GG („Tierschutz") mit Verpflichtung auf die Erforderlichkeitsklausel des Art. 72 Abs. 2 GG von Bedeutung.[9] Da der Bund mit dem Tierschutzgesetz von der ihm zuteil werdenden Gesetzgebungszuständigkeit umfassend Gebrauch gemacht hat, ist die Bedeutung des Art. 32 zumindest für die Legislative Thüringens eher gering.[10] Durch die Föderalismusreform I[11] hat sich das Kompetenzgewicht weiter auf den Bund verlagert. So wurde die Rahmenzuständigkeit im Bereich des im weiteren Sinn für den Schutz der Tiere relevanten Jagdwesens[12] (Art. 75 Abs. 1 Nr. 3 GG aF) in die konkurrierende Zuständigkeit überführt (Art. 74 Abs. 1 Nr. 28 GG nF). Als Ersatz für die Länderzuständigkeit bei der Rahmengesetzgebung ist nunmehr die **Abweichungskompetenz** der Länder für das Jagdrecht mit dem abweichungsfesten Kern des Rechts der Jagdscheine eingeführt worden (Art. 72 Abs. 3 Satz 1 Nr. 1 GG). Art. 32 hat überdies insoweit Bedeutung für den Gesetzgeber Thüringens, als dieser auch bei nicht dem Tierschutz dienenden Gesetzen dem Tierschutz hinreichend Rechnung tragen muss.

4 Im Übrigen bleibt Art. 32 im Verhältnis zum Tierschutzgesetz und zu Art. 20 a GG unangetastet und ist mithin sowohl alleiniger Prüfungsmaßstab des Thüringer Verfassungsgerichtshofes als auch neben Art. 20 a GG Entscheidungsmaxime der Exekutive Thüringens. Denn § 1 TierSchG und Art. 32 Satz 1 zielen auf Achtung der Tiere als Lebewesen und Mitgeschöpfe und mithin auf **ethischen Tierschutz.**[13] Eine Normenkollision oder ein Wertungswiderspruch geht damit

8 *Schulze-Fielitz,* in: Dreier, Art. 20 a Rn. 58; *Capsar/Geissen,* NVwZ 2002, 913 (914), die im Zusammenhang mit Art. 20 a GG von einem tierschutzrechtlichen Verschlechterungsverbot ausgehen. *Sailer* geht einen Schritt weiter und sieht in einem dahingehenden Verstoß gegen das Tierschutzprinzip zugleich einen Verstoß gegen die Menschenwürde, vgl. *Sailer,* NuR 2012, 29 (31). Siehe zum Schutz von Tieren bei der Schlachtung und beim Transport auch *Thüringer Ministerium für Soziales, Familie und Gesundheit,* Verbraucherschutzbericht 2010, S. 81 ff.

9 Näher hierzu: *Hillmer,* Auswirkungen einer Staatszielbestimmung „Tierschutz" im Grundgesetz, 2000, S. 192 ff.

10 *Neumann,* LKV 1996, 392 (395); *Gröpl/Groß,* in: Wendt/Rixecker, Art. 59 a Rn. 9; *Faller,* Staatsziel „Tierschutz", 2005, S. 73, mit Ausführungen zur Bedeutsamkeit für den „vorbeugenden" Tierschutz. Zur Diskussion um eine Kompetenz der Länder zur Einführung einer Verbandsklage im Tierschutzrecht siehe *Caspar,* DÖV 2008, 145 ff.

11 Gesetz zur Änderung des Grundgesetzes vom 28.08.2006 (BGBl. I S. 2034).

12 Zur Relevanz des Jagdrechts für den Tierschutz siehe *Müller-Schallenberg/Förster,* NuR 2007, 161 ff.

13 Zum Gleichlauf von Art. 32 und den Grundnormen des TierSchG siehe auch *von Loeper,* in: Kluge (Hrsg.), Tierschutzgesetz, 2002, Einf, Rn. 97.

nicht einher. Einer Kollisionsentscheidung gemäß Art. 31 GG,[14] d. h der Entscheidung, welcher dieser Bestimmungen ein Anwendungs- oder gar Geltungsvorrang zukommt, bedarf es somit nicht.[15] Entsprechendes gilt für das Tierschutzprinzip des Art. 20 a GG, wenn Art. 20 a GG und Art. 32 den Sachverhalt Tierschutz trotz möglicherweise divergierender Ausrichtung (anthropozentrisch oder ethisch)[16] nicht gegensätzlich regeln, d. h. in keinem Fall zu einem widersprüchlichen Ergebnis führen.[17]

Artikel 33 [Recht auf Umweltdaten]

Jeder hat das Recht auf Auskunft über die Daten, welche die natürliche Umwelt in seinem Lebensraum betreffen und die durch den Freistaat erhoben worden sind, soweit gesetzliche Regelungen oder Rechte Dritter nicht entgegenstehen.

Vergleichbare Regelungen

Art. 39 Abs. 7 BbgVerf; Art. 6 Abs. 3 M-VVerf; Art. 34 SächsVerf; Art. 6 Abs. 2 LVerf LSA.

Ergänzungsnormen im sonstigen thüringischen Recht

ThürUIG v. 10.10.2006 (ThürGVBl. S. 513).

Dokumente zur Entstehungsgeschichte

Art. 21 VerfE SPD; Art. 21 VerfE NF/GR/DJ; Art. 39 VerfE LL/PDS; Entstehung ThürVerf, S. 93.

Literatur

Peter Michael Huber, Gedanken zur Verfassung des Freistaates Thüringen, ThürVBl 1993, Sonderheft, B4-B14; *Hans-Joachim Koch* (Hrsg.), Umweltrecht, 3. Aufl., München 2010; *Robert von Landmann/Gustav Rohmer (Begr.)*, Umweltrecht. Loseblatt-Kommentar, Bd. I,

---

14 Zur Diskussion, ob insoweit nicht bereits die Kollisionsverhinderungsregelung des Art. 72 Abs. 1 GG greift, vgl. *Hopfe,* in: Linck/Jutzi/Hopfe, Art. 33 Rn. 2. Verneinend: *Sacksofsky,* NVwZ 1993, 235 (239) und *Dreier,* in: Dreier, Art. 31 Rn. 29 f., der ausweislich der Fn. 105 im Verhältnis Art. 32 und TierSchG sowie einer eventuell damit einhergehenden Kollisionslage den Anwendungsbereich des Art. 31 GG als eröffnet ansieht; im Ergebnis wohl auch BVerfGE 36, 342 ff. Die von *von Loeper* im Zusammenhang mit der Normierung einer Staatszielbestimmung Tierschutz in den Landesverfassungen herangezogene Regelung des Art. 28 GG, vgl. *von Loeper,* ZRP 1996, 143 (149), sowie die daraus abgeleitete Verfassungshoheit der Länder vermag an einer grundsätzlichen Anwendbarkeit der Kollisionsregelung des Art. 31 GG nichts ändern, so auch *Dreier,* in: Dreier, Art. 28 Rn. 53.

15 Der in diesem Zusammenhang geführte Streit, ob Art. 31 GG auch kongruentes Landesrecht bricht, wurde durch das BVerfG für gleichlautendes Landesverfassungsrecht dahingehend entschieden, dass Art. 31 GG eine Normkollision voraussetzt, vgl. BVerfGE 36, 342 (363 ff.). Siehe hierzu: *Dreier,* in: Dreier, Art. 31 Rn. 40; *Sacksofsky,* NVwZ 1993, 235 (237) und *Hahn,* Staatszielbestimmungen im integrierten Bundesstaat, 2010, S. 235 ff., mit weitergehenden Ausführungen zu den an eine Kollision geknüpften Voraussetzungen: selber Sachverhalt, inhaltlicher Widerspruch und Adressatengleichheit.

16 So heißt es zur Begründung des Gesetzesentwurfs zu Art. 20 a GG nF: „Dem ethischen Tierschutz wird damit Verfassungsrang verliehen."; vgl. BT-Drs. 14/8860, S. 3; einen durch Art. 20 a GG bezweckten ethischen Tierschutz insoweit bejahend: *Caspar/Geissen,* NVwZ 2002, 913; *Lorz/Metzger,* Tierschutzgesetz, 6. Aufl. 2008, Art. 20 a GG, Rn. 3 und 6; *von Loeper*, in: Kluge (Hrsg.), Tierschutzgesetz, 2002, Einf, Rn. 104 f.; aA *Kloepfer,* Bd. I, § 12 Rn. 66 f.; *Knauff,* SächsVBl 2003, 101; *Schulze-Fielitz,* in: Dreier, Art. 20 a Rn. 56; wohl auch *Braun,* DÖV 2003, 488 (489 f.), die im Ergebnis aber davon ausgeht, dass nach Art. 20 a GG Tiere in Vollziehung des ethischen Schutzgedankens um ihrer selbst willen geschützt werden, ohne dass ihnen eigene subjektive Rechte zustehen.

17 Vgl. allgemein zu diesem Problem *Hahn,* Staatszielbestimmungen im integrierten Bundesstaat, 2010, S. 236 f., der in einem solchen Fall von gemeingliedstaatlichem Verfassungsrecht spricht, S. 60.

Stand: 65. Erg. 2012; *Michael Reinhardt*, Umweltinformation als subjektives Recht. Das Umweltinformationsgesetz vom 8. Juli 1994 als Beispiel konzeptionsdefizitärer Transformationsgesetzgebung, DV, 30 (1997), S. 161-184; *Franziska Rinke*, Der Zugang der Öffentlichkeit zu Umweltinformationen – Die Richtlinie 2003/4/EG und deren Umsetzung in deutsches Recht, München 2009; *Thomas Schomerus/Ulrike Tolkmitt*, Die Umweltinformationsgesetze der Länder im Vergleich, NVwZ 2007, S. 1119-1125; *Angela Schwerdtfeger*, Der deutsche Verwaltungsrechtsschutz unter dem Einfluss der Aarhus-Konvention. Zugleich ein Beitrag zur Fortentwicklung der subjektiven öffentlichen Rechte unter besonderer Berücksichtigung des Gemeinschaftsrechts, Tübingen 2010; *Petras Selilionis*, Der Anspruch auf Umweltinformation, VR 2008, S. 113-118; *Claudia Tege*, Offene Umweltakten versus Geschäftsgeheimnisse. Zu den Grenzen des Rechts auf Zugang zu Umweltinformationen durch Betriebs- und Geschäftsgeheimnisse, Sinzheim 2000; *André Turiaux*, Zugangsrechte zu Umweltinformationen nach der EG-Richtlinie 90/313 und dem deutschen Verwaltungsrecht, Frankfurt am Main 1995.

A. Überblick

1 Art. 33 ist im engen Kontext zu Art. 31, der Verpflichtung des Freistaats Umwelt und Natur zu schützen, zu sehen und begründet einen verfassungsunmittelbaren Anspruch auf Auskunft über Umweltdaten. Die Vorschrift zielt auf den Schutz des Einzelnen vor Gefährdungen, die auf unbekannte Umweltrisiken zurückzuführen sind. Die Eröffnung des freien Zugangs zu Umweltinformationen ist ein Gebot demokratischer Transparenz, besitzt aber auch Kontrollfunktion bei der Umsetzung diesbezüglicher Rechte.[1]

B. Herkunft, Entstehung, Entwicklung und verfassungsvergleichende Information

2 Das Grundgesetz enthält keinen ökologischen Auskunftsanspruch. Auch die Verfassungen der alten Bundesländer verfügen über keinen Auskunftsanspruch über Natur und Umwelt. Dagegen haben alle fünf neuen Bundesländer einen solchen allgemeinen Auskunftsanspruch über umweltrelevante Daten, die den Landesbehörden zur Verfügung stehen, in ihre Verfassungen aufgenommen (Art. 33 ThürVerf, Art. 39 Abs. 7 BbgVerf, Art. 6 Abs. 3 M-VVerf, Art. 34 SächsVerf, Art. 6 Abs. 2 LVerf LSA). Dieser Auskunftsanspruch stellt ein **Grundrecht auf Umweltinformation** dar – „ein im status positivus angesiedeltes Recht".[2] Dass gerade die Verfassungen der neuen Bundesländer einen solchen Auskunftsanspruch normieren, dürfte – ebenso wie die Regelung des § 1 Abs. 1 der Verordnung der DDR über Umweltdaten vom 13.11.1989[3]– in der weitgehenden Geheimhaltung von Informationen über Umweltschäden zur Zeit der SED-Regierung sowie der zum Zeitpunkt der Einführung entsprechender Vor-

---

1 *Ramsauer*, in: Koch, Umweltrecht, 3. Aufl. 2010, § 3, S. 114, Rn. 80; *Selilionis,* VR 2008, 113 (118). Zur Frage nach dem unmittelbaren Nutzen eines allgemeinen Umweltinformationsanspruches kritisch *Reinhardt,* DV 30 (1997), 161 (173 f.).

2 *Huber*, ThürVBl 1993, Sonderheft, B4 (B8).

3 GbDDR I 1989, S. 241.

schriften vorherrschenden bedrohlichen Umweltsituation auf dem Gebiet der neuen Bundesländer begründet liegen.[4]

Einfachgesetzlich besteht ein auf die Länder bezogener Anspruch auf Umweltinformationen durch die Umweltinformationsgesetze der Länder, so für Thüringen aus dem Thüringer Umweltinformationsgesetz (ThürUIG) vom 10.10.2006. Ansprüche auf Umweltinformationen von informationspflichtigen Bundesbehörden gründen sich auf das Umweltinformationsgesetz des Bundes vom 08.07.1994. Vorläufer der nationalen Regelungen war die europäische Richtlinie 90/313/EWG über den freien Zugang zu Informationen über die Umwelt vom 07.06.1990,[5] die Jedermann – unabhängig von der Darlegung rechtlicher Interessen – einen Anspruch auf freien Zugang zu Informationen einräumt. Auf völkerrechtlicher Ebene wurde durch die Aarhus-Konvention,[6] die 2001 in Kraft getreten ist, der Informationszugang für Jedermann, die Öffentlichkeitsbeteiligung sowie der Zugang zu Gerichten und sonstige Überprüfungen in Umweltangelegenheiten verbindlich geregelt.[7] Die über die Richtlinie 90/313/EWG hinausgehenden Regelungen der Aarhus-Konvention zum Informationszugang[8] wurden in die Richtlinie 2003/4/EG vom 28.06.2003[9] aufgenommen, die schließlich in das novellierte Umweltinformationsgesetz des Bundes (vom 22.12.2004)[10] und in die Landesumweltinformationsgesetze implementiert wurde.[11] 3

C. Erläuterungen

I. Allgemeines

Art. 33 räumt einen Anspruch auf Information über den Zustand der Umwelt im eigenen Lebensraum ein. Der Schutz erstreckt sich auf die Vermeidung von Gesundheitsgefahren durch Umweltrisiken, ermöglicht aber auch das Recht auf demokratische Mitbestimmung und Mitwirkung an Entscheidungsprozessen, die die Natur und Umwelt betreffen. Jedermann ist in die Position gesetzt, Ansprüche gegenüber den Hoheitsträgern wahrzunehmen sowie diese bei der Wahrnehmung ihrer Aufgaben zu begleiten und zu kontrollieren. 4

II. Normadressaten

Nach Art. 33 besteht ein subjektiv-öffentlicher Anspruch für jeden auf Auskunft über Umweltdaten in seinem Lebensraum. Mit „jeder“ sind in Anlehnung an 5

4 *Turiaux*, Zugangsrechte zu Umweltinformationen nach der EG-Richtlinie 90/313 und dem deutschen Verwaltungsrecht, 1995, S. 78.
5 ABl. L 158 v. 23.06.1990, S. 56.
6 Übereinkommen über den Zugang zu Informationen, die Öffentlichkeitsbeteiligung an Entscheidungsverfahren und den Zugang zu Gerichten in Umweltangelegenheiten, BGBl. II 2006, S. 1252.
7 *Schwerdtfeger*, Der deutsche Verwaltungsrechtsschutz unter dem Einfluss der Aarhus-Konvention, 2010, S. 101 ff.; *Rinke*, Der Zugang der Öffentlichkeit zu Umweltinformationen, 2009, S. 17 f.
8 Zur Umsetzung der Aarhus-Konvention durch die RL 2003/4/EG siehe *Rinke*, Der Zugang der Öffentlichkeit zu Umweltinformationen, 2009, S. 99 ff.
9 ABl. L 41 v. 14.02.2003, S. 26.
10 BGBl. I 2004, S. 3704.
11 Zur Umsetzung der RL 2003/4/EG in Deutschland siehe *Schomerus/Tolkmitt*, NVwZ 2007, 1119 (1120) und *Rinke*, Der Zugang der Öffentlichkeit zu Umweltinformationen, 2009, S. 102 ff.

§ 2 Abs. 1 Nr. 2 ThürUIG natürliche Personen, also Deutsche und Ausländer, aber auch juristische Personen des Privatrechts gemeint, soweit diese einen Bezug zu Thüringen aufweisen. Die Beschränkung „in seinem Lebensraum" hat zur Konsequenz, dass ein bestimmtes Interesse an der begehrten Information bestehen muss.[12] Lebensraum ist jedoch nicht auf das Gebiet des Freistaats begrenzt, sondern kann sich ausgehend von einem Gebiet des Freistaats auf andere Gebiete erstrecken, muss aber eine Verbindung zum Freistaat haben. Ebenso wie Umweltgefahren oder Beeinträchtigungen nicht an der Grenze halt machen, wird Lebensraum als ein nicht begrenzbares Gebiet betrachtet. Bei Landesgrenzen überschreitenden Umweltgefährdungen steht der Anspruch auf Umweltinformation demnach auch Personen außerhalb Thüringens zu.

6 Auskunftspflichtige Stellen sind Behörden des Freistaats, aber auch Umweltaufgaben wahrnehmende Stellen bei den Kommunen und sonstige, der Aufsicht des Freistaats unterstehende juristische Personen des öffentlichen Rechts. Die zur Auskunft verpflichteten Stellen sind einfachgesetzlich, d. h. durch das Thüringer Umweltinformationsgesetz, auf Umweltaufgaben wahrnehmende natürliche und juristische Personen des Privatrechts erweitert (vgl. insofern § 1 Abs. 2 Nr. 3 und § 2 Abs. 1 Nr. 2 ThürUIG).[13]

III. Begriff der Umweltdaten

7 Gegenstand des Art. 33 sind **naturbezogene Daten**. Erfasst werden insoweit alle Daten, die die natürliche Umwelt betreffen, d. h. über den Zustand und den Schutz der natürlichen Umwelt sowie über Tätigkeiten, von denen Gefahren oder Belästigungen für die natürliche Umwelt ausgehen, Auskunft geben, und als solche in Erhebungen schriftlich, bildlich oder auf sonstigen Informationsträgern erfasst sind.[14] Die natürliche Umwelt im Lebensraum bezieht sich auf ein bestimmtes Gebiet und dessen Umweltmedien Luft, Wasser, Boden, Flora und Fauna, Klima sowie deren Wechselwirkungen.[15] Von dem so umrissenen Begriff der Umweltdaten werden jedoch ausweislich des Art. 33 nur Daten erfasst, „die durch den Freistaat erhoben worden sind". Der Auskunftsanspruch des Art. 33 erfasst somit allein Informationen über Umstände, die bereits Umwelteinflüsse, -gefährdungen oder -risiken bewirkt haben oder in Zukunft noch bewirken können und als solche durch den Freistaat bereits beschafft worden sind. Ein Anspruch darauf, künftig Daten zu erheben, besteht nicht.

IV. Schranke des Umweltinformationsrechts

8 Das Recht auf staatliches Handeln in Gestalt einer umweltrelevanten Informationsgewährung gemäß Art. 33 steht unter einem doppelten Vorbehalt: Entgegenstehende gesetzliche Regelungen und Rechte Dritter. Mit gesetzlichen Regelungen sind vor allem solche aus dem Umweltinformationsgesetz des Freistaats gemeint. Die Rechte Dritter erstrecken sich auf das Persönlichkeitsrecht des Art. 3 Abs. 2 und andere Grundrechte, umfassen aber auch Interessen, soweit sie recht-

---

12 *Reich*, Art. 6 Rn. 4. Nach *Turiaux* ist diese Beschränkung „mit dem EG-weiten Charakter des Umweltinformationsrechts unvereinbar", vgl. *Turiaux*, Zugangsrechte zu Umweltinformationen nach der EG-Richtlinie 90/313 und dem deutschen Verwaltungsrecht, 1995, S. 77 f.

13 Zum Adressatenkreis siehe *Berlit*, in: Kunzmann/Baumann-Hasske, Art. 34 Rn 8.

14 *Reich*, Art. 6 Rn. 4, zur vergleichbaren Regelung des Art. 6 Abs. 2 LVerf LSA.

15 Zur vergleichbaren Regelung des Art. 6 Abs. 2 LVerf LSA siehe *Reich*, Art. 6 Rn. 4.

lich geschützt sind.[16] Drittinteressen der zuvor bezeichneten Art sind insbesondere die im Zusammenhang mit dem Umweltinformationsrecht viel diskutierten Betriebs- und Geschäftsgeheimnisse.[17]

Unabhängig davon findet das Recht auf umweltrelevante Informationsgewährung bzw. die insoweit notwendige legislative Konkretisierung durch den Freistaat seine Schranke in der Kompetenzordnung des Grundgesetzes.[18] Ein ausdrücklicher Kompetenztitel des Bundes für den Zugang zu Umweltinformationen war und ist dem Grundgesetz auch nach der Föderalismusreform I[19] fremd.[20] In der Konsequenz beschränkt sich das Umweltinformationsgesetz des Bundes in seiner novellierten Fassung[21] auf den Bereich der Bundesverwaltung.[22] Der Informationszugang zu den Landesbehörden findet hingegen eine mehr oder minder detaillierte Regelung in den Umweltinformationsgesetzen der Länder,[23] insbesondere aber in Thüringen eine Vollregelung durch das Thüringer Umweltinformationsgesetz vom 10.10.2006.[24] Trotz Qualifizierung als Vollregelung orientiert sich aber auch das Thüringer Umweltinformationsgesetz ganz überwiegend an den Vorschriften des Umweltinformationsgesetzes des Bundes. Abweichungen ergeben sich da, wo als Klagevoraussetzung auch Überprüfungsverfahren durch Private genannt werden (vgl. § 6 Abs. 3 und 4 ThürUIG).[25] 9

Fünfter Abschnitt Eigentum, Wirtschaft und Arbeit

Artikel 34 [Eigentum und Erbrecht][1]

(1) [1]Das Eigentum und das Erbrecht werden gewährleistet. [2]Inhalt und Schranken werden durch die Gesetze bestimmt.

16 *Reich*, Art. 6 Rn. 4.
17 *Berlit*, in: Kunzmann/Baumann-Hasske, Art. 34 Rn. 8. Siehe zu den Grenzen des Rechts auf Zugang zu Umweltinformation durch Betriebs- und Geschäftsgeheimnisse *Tege*, Offene Umweltakten versus Geschäftsgeheimnisse, 2000.
18 So auch *Reich*, Art. 6 Rn. 4, in Ansehung des UIG des Bundes in der bis zum 13.02.2005 geltenden Fassung.
19 Gesetz zur Änderung des Grundgesetzes v. 28.08.2006 (BGBl. I, S. 2034).
20 Nach *Rinke* soll aber mit der Änderung der Gesetzgebungskompetenzen durch die Föderalismusreform die Kompetenz des Bundes zum Erlass eines UIG auch mit Wirkung für die Landesbehörden begründet worden sein, vgl. *Rinke*, Der Zugang der Öffentlichkeit zu Umweltinformationen, 2009, S. 111; ebenso: *Schomerus/Tolkmitt*, NVwZ 2007, 1119 (1124 f.).
21 Vgl. für das UIG in der bis zum 13.02.2005 geltenden Fassung: *Rinke*, Der Zugang der Öffentlichkeit zu Umweltinformationen, 2009, S. 105 ff.; *Turiaux*, Zugangsrechte zu Umweltinformationen nach der EG-Richtlinie 90/313 und dem deutschen Verwaltungsrecht, 1995, S. 205 ff.
22 Zu den insoweit einschlägigen Kompetenzregelungen siehe: *Reidt/Schiller*, in: Landmann/Rohmer (Begr.), Umweltrecht, Bd. I, 3. UIG Vorb., Rn. 61 (St.d.B. 03.2010).
23 So haben es beispielsweise die Länder Baden-Württemberg, Berlin, Brandenburg, Bremen, Hamburg, Mecklenburg-Vorpommern, Niedersachsen und Sachsen-Anhalt bei einem pauschalen Verweis auf die insoweit anwendbaren Vorschriften des Umweltinformationsgesetzes des Bundes beruhen lassen.
24 *Reidt/Schiller*, in: Landmann/Rohmer (Begr.), Umweltrecht, Bd. I, 3. UIG Vorb., Rn. 71 (St.d.B. 03.2010); *Schomerus/Tolkmitt*, NVwZ 2007, 1119 (1120).
25 *Schomerus/Tolkmitt*, NVwZ 2007, 1119 (1123).
1 Für wertvolle Hinweise bei der Abfassung der Kommentierung danke ich meinen Wissenschaftlichen Mitarbeitern, Frau Ass. iur. Heike Krischok und Herrn Dr. Michael Brodführer.

(2) [1]Eigentum verpflichtet. [2]Sein Gebrauch soll zugleich dem Wohle der Allgemeinheit dienen.

(3) [1]Eine Enteignung ist nur zum Wohle der Allgemeinheit zulässig. [2]Sie darf nur auf Grund eines Gesetzes erfolgen, das Art und Ausmaß der Entschädigung regelt. [3]Die Entschädigung ist unter gerechter Abwägung der Interessen der Allgemeinheit und der Beteiligten zu bestimmen. [4]Wegen der Höhe der Entschädigung steht im Streitfalle der Rechtsweg offen.

Vergleichbare Regelungen

zu Abs. 1: Art. 14 Abs. 1 GG; Art. 103 Abs. 1 BayVerf; Art. 23 Abs. 1 VvB; Art. 41 Abs. 1 BbgVerf; Art. 13 Abs. 1 Satz 3 BremVerf; Art. 45 Abs. 1 und Abs. 4 Satz 1 HessVerf; Art. 60 Abs. 1 Verf Rh-Pf; Art. 18 SaarlVerf; Art. 31 Abs. 1 SächsVerf; Art. 18 Abs. 1 LVerf LSA.

zu Abs. 2: Art. 14 Abs. 2 GG; Art. 103 Abs. 2 und Art. 158 BayVerf; Art. 41 Abs. 2 BbgVerf; Art. 13 Abs. 1 und 2 BremVerf; Art. 45 Abs. 2 Satz 1 und 2 HessVerf; Art. 60 Abs. 2 Verf Rh-Pf; Art. 51 Abs. 1 SaarlVerf; Art. 31 Abs. 2 SächsVerf; Art. 18 Abs. 3 LVerf LSA.

zu Abs. 3: Art. 14 Abs. 3 GG; Art. 159 Abs. 3 BayVerf; Art. 23 Abs. 2 VvB; Art. 41 Abs. 4 BbgVerf; Art. 13 Abs. 2 BremVerf; Art. 45 Abs. 2 Satz 3 und Abs. 3 HessVerf; Art. 60 Abs. 3 und 4 Verf Rh-Pf; Art. 51 Abs. 2 SaarlVerf; Art. 32 Abs. 1 und 3 SächsVerf; Art. 18 Abs. 3 LVerf LSA.

Ergänzungsnormen im sonstigen thüringischen Recht

Die zentrale Regelung der Enteignung findet sich im Thüringer Enteignungsgesetz - ThürEG – v. 23.03.1994 (ThürGVBl. S. 853). Einzelne Gesetze mit Enteignungsvorschriften verweisen auf dieses. Darüber hinaus bestehen zahlreiche Gesetze und Rechtsverordnungen mit Inhalts- und Schrankenbestimmungen, wie ThürBKG idF der Bek. v. 05.02.2008 (ThürGVBl. S. 22); ThürPAG v. 04.06.1992 (ThürGVBl. S. 199); ThürOBG v. 18.06.1993 (ThürGVBl. S. 323); ThürBO idF der Bek. v. 16.03.2004 (ThürGVBl. S. 592); ThürNRG v. 22.12.1992 (ThürGVBl. S. 291); ThürStrG v. 07.05.1993 (ThürGVBl. S. 58); ThJG idF der Bek. v. 28.06.2006 (ThürGVBl. S. 313); ThürWaldG idF der Bek. v. 18.09.2008 (ThürGVBl. S. 327); 1. DVOThürWaldG v. 27.07.1995 (ThürGVBl. S. 341); ThürFischG idF der Bek. v. 18.09.2008 (ThürGVBl. S. 315); ThürFischVO v. 11.10.1994 (ThürGVBl. S. 279); ThürNatG idF der Bek. v. 30.08.2006 (ThürGVBl. S. 25); ThürAbfG idF der Bek. v. 15.06.1999 (ThürGVBl. S. 267); ThürBodSchG v. 16.12.2003 (ThürGVBl. S. 267); ThürWG idF der Bek. v. 18.08.2009 (ThürGVBl. S. 648); Thüringer Kleinkläranlagenverordnung - ThürKKAVO v. 26.05.2010 (ThürGVBl. S. 126); ThürKAG idF der Bek. v. 19.09.2000 (ThürGVBl. S. 646); ThürDSchG idF der Bek. v. 14.04.2004 (ThürGVBl. S. 574).

Dokumente zur Entstehungsgeschichte

Art. 22 VerfE CDU; Art. 16 VerfE F.D.P.; Art. 6, 28 VerfE SPD; Art. 43 VerfE LL/PDS; Entstehung ThürVerf, S. 94 ff.

Literatur

Winfried Berg, Entwicklungen und Grundstrukturen der Eigentumsgarantie, JuS 2005, 961 ff.; *Frank Fechner,* Geistiges Eigentum und Verfassung, Tübingen 1999; *Ulrich Hösch,* Eigentum und Freiheit, Tübingen 2000; *Hans D. Jarass,* Inhalts- und Schrankenbestimmung oder Enteignung? – Grundfragen der Struktur der Eigentumsgarantie, NJW 2000, 2841 ff.; *Fritz Ossenbühl,* Staatshaftungsrecht, 5. Aufl. 1998; *Hans-Jürgen Papier,* Die Weiterentwicklung der Rechtsprechung zur Eigentumsgarantie des Art. 14 GG, DVBl. 2000, 1398 ff.; *Jochen Rozek,* Die Unterscheidung von Eigentumsbindung und Enteignung, Tübingen 1998; *Henner Wolter,* Vom Volkseigentum zum Privateigentum, Baden-Baden 1998.

Leitentscheidungen des ThürVerfGH und des BVerfG

ThürVerfGH, Beschl. v. 07.09.2010 – 27/07 – NVwZ-RR 2011, 180 = ThürVBl 2011, 53 (Vorkaufsrecht an Waldgrundstück).

BVerfGE 56, 249 (Gondelbahn – Gemeinwohl); 58, 137 (Pflichtexemplar-Entscheidung – ausgleichspflichtige Inhalts- und Schrankenbestimmung); 58, 300 (Nassauskiesungsbeschluss – Differenzierung der Eigentumsbeeinträchtigungen); 83, 201 (Bundesberggesetz – Abgrenzung zwischen Inhalts- und Schrankenbestimmung und Enteignung); 100, 226 (Denkmalschutz – ausgleichspflichtige Inhalts- und Schrankenbestimmung).

A. Überblick

1 Art. 34 steht im fünften Abschnitt der Verfassung des Freistaats Thüringen, der mit „Eigentum, Wirtschaft und Arbeit“ überschrieben ist. Damit wird das Eigentum in den Kontext der Wirtschaftsverfassung gerückt, die gem. Art. 38 „einer sozialen und der Ökologie verpflichteten Marktwirtschaft“ zu entsprechen hat.[2] Dieser Zusammenhang ist bei der Interpretation der Norm zu berücksichtigen.

2 Art. 34 bekräftigt die Eigentumsgarantie des Grundgesetzes und gewährleistet zudem das Erbrecht. Allerdings ist es Sache des Gesetzgebers, den Inhalt und die Schranken des Eigentums festzulegen. In Abs. 2 ist die Sozialbindung des Eigentums festgeschrieben. Abs. 3 regelt die Enteignung, die nur unter sehr engen Voraussetzungen möglich ist.

B. Herkunft, Entstehung und Entwicklung

3 Der Ruf nach dem Schutz individuellen Eigentums insbesondere gegen willkürliche obrigkeitsstaatliche Enteignung gehört zu den elementaren Freiheitsforderungen. Das Recht auf Eigentum wurde bereits in der französischen Menschen- und Bürgerrechtserklärung aus dem Jahre 1789 als „unverletzliches und geheiligtes Recht“ verbürgt. Die von einem aufstrebenden Bürgertum getragenen Verfassungsbewegungen des ausgehenden 18. Jahrhunderts und des 19. Jahrhunderts knüpften daran an.[3] In der WRV war in Art. 153 in Bezug auf die Eigentumsgarantie ausdrücklich festgeschrieben, dass Inhalt und Schranken des Eigentums durch den Gesetzgeber bestimmt werden und dass mit dem Eigentum eine Gemeinwohlverpflichtung verbunden ist. Diese grundrechtliche Verankerung in der WRV hatte auch Geltung für das Gebiet des 1920 gegründeten Landes Thüringen, das in seiner Verfassung vom 11.03.1921 selbst keine Bestimmung zur Eigentumsgarantie wie überhaupt zu den grundrechtlichen Gewährleistungen aufwies.

4 Über das nationale Recht hinaus wurde die Eigentumsgarantie in die Allgemeinen Erklärung der Menschenrechte vom 10.12.1948 aufgenommen (Art. 17 AEMR).

2 Vgl. *Birkmann/Walsmann*, S. 49.
3 Vgl. *Papier*, in: Maunz/Dürig, Art. 14 Rn. 18 ff.

5 In der Verfassung der DDR vom 07.10.1949, die auf dem Gebiet des heutigen Freistaats Thüringen ihre Gültigkeit hatte, wurde in Art. 22 die Gewährleistung des Eigentums verankert mit der entsprechenden Inhalts- und Schrankenbestimmung durch den Gesetzgeber. Der Inhalt des Eigentumsbegriffs wurde hierbei maßgeblich durch die einfachgesetzlichen Regelungen der DDR bestimmt. Die nachfolgende Verfassung der DDR vom 09.04.1968 unterschied zwischen sozialistischem Eigentum, das im Wesentlichen als gesamtgesellschaftliches Volkseigentum bestand (Art. 10 Abs. 1) und dem persönlichen Eigentum der Bürger, das der Befriedigung der materiellen und kulturellen Bedürfnisse der Bürger dienen sollte (Art. 11 Abs. 1). Von der Vorstellung eines individuellen Eigentums in einer freien Gesellschaftsordnung waren Verfassungstheorie und –praxis weit entfernt. Seit der Gründung des Freistaats Thüringen und dem Beitritt in den Geltungsbereich des Grundgesetzes am 03.10.1990 wird die Eigentumsgarantie durch Art. 14 GG gewährleistet. Sie spornt zu individueller Leistung an, indem Eigentum erworben, akkumuliert und weitervererbt werden kann, beinhaltet jedoch zugleich den Allgemeinwohlbezug durch die Sozialbindung in Abs. 2. Auf eine Sozialisierungsbestimmung nach dem Muster des Art. 15 GG wurde dagegen verzichtet.[4]

6 Mit Inkrafttreten der Landesverfassung am 30.10.1993 wurde die Eigentumsgarantie in Art. 34 mit nahezu identischem Wortlaut wie im Grundgesetz festgeschrieben. Bei den Beratungen zur Thüringer Landesverfassung legten vier der fünf im Landtag vertretenen Parteien Entwürfe zur Formulierung des Grundrechtsartikels zum Eigentumsschutz vor. CDU, FDP, SPD und LL/PDS hatten in ihrem für Abs. 1 nahezu gleichlautenden Entwurf die Fassung gewählt, wie sie letztlich auch in die Verfassung aufgenommen wurde, mit der Abweichung, dass im Entwurf von LL/PDS in Abs. 1 Satz 2 auch die „Formen" des Eigentums durch die Gesetze bestimmt werden sollten.[5] Abs. 2 wurde aus dem wortgleichen Inhalt der Entwürfe der CDU- und der FDP-Fraktion übernommen. Die SPD-Fraktion hatte ergänzend vorgeschlagen, ein Bekenntnis des Landes zu den Prinzipien der sozialen und ökologischen Verantwortung des Eigentums aufzunehmen. Außerdem sollte der Gebrauch des Eigentums nicht nur der Allgemeinheit, sondern auch dem Schutz der natürlichen Lebensgrundlagen dienen. Die LL/PDS-Fraktion wollte neben dieser Formulierung zu den natürlichen Lebensgrundlagen in Abs. 2 eine ausdrückliche Bestimmung aufnehmen, dass das Eigentum sozialpflichtig ist. Hinsichtlich der Formulierungen zur sozialen und ökologischen Verantwortung des Eigentums sprachen sich dann der Verfassungsunterausschuss (VerfUA) und der Verfassungsausschuss (VerfA) dafür aus, diesen Aspekt im Zuge der Diskussion der Staatsziele zu berücksichtigen.[6] Abs. 3 ist identisch mit dem Wortlaut des Entwurfs der FDP-Fraktion. Der CDU-Entwurf wich in Abs. 3 lediglich dahingehend ab, dass wie in Art. 14 Abs. 3 GG im Streitfall der Rechtsweg vor den ordentlichen Gerichten offen stehen sollte. Die SPD-Fraktion verzichtete dagegen gänzlich auf eine Bestimmung zum Rechtsweg. Davon abweichend hatte die Fraktion LL/PDS wegen der Zulässigkeit der Enteignung und der Höhe der Entschädigung im Streitfall den Rechtsweg vor die Verwaltungsgerichte vorgeschlagen. Gegen deren letztinstanzliche Entscheidungen sollten die Beteiligten das Verfassungsgericht anrufen

4 Vgl. *Jutzi*, in: Linck/Jutzi/Hopfe, Art. 34 Rn. 3.
5 Entstehung ThürVerf S. 94.
6 Entstehung ThürVerf S. 96.

können. Während sich die Mitglieder des VerfUA noch für den Rechtsweg zu den ordentlichen Gerichten aussprachen, beschloss der VerfA unter dem Eindruck der von den anwesenden Sachverständigen vorgetragenen Argumente, auf diesen Wortlaut und damit die Bestimmung eines definitiven Rechtswegs zu verzichten und die Frage damit im Hinblick auf eine im Rahmen der Diskussion um die Staatshaftungskompetenz des Bundes möglicherweise beabsichtigte Grundgesetzänderung offen zu lassen.[7]

C. Verfassungsvergleichende Information

Die Landesverfassungen anderer Bundesländer stellen die Eigentumsfreiheit sys- 7
tematisch in den Kontext der Freiheitsrechte mit entsprechenden Sozialvorbehalten in den Regelungen zur Arbeits-, Wirtschafts- und Sozialordnung.[8]

Explizite Sozialvorbehalte oder Verstaatlichungsregelungen in Bezug auf das Ei- 8
gentum wie in Art. 151 ff. BayVerf, Art. 37 ff. BremVerf, Art. 39 Abs. 2 bis 4, 40 bis 42 und 46 HessVerf, Art. 27 Abs. 1 Verf NW, Art. 61 Verf Rh-Pf, Art. 52, 55 SaarlVerf haben in die ThürVerf nicht Eingang gefunden. Auch die Sozialisierungsbestimmungen, wie sie in den Verfassungen anderer neuer Bundesländer in Art. 41 Abs. 3 und 5, 42 bis 45 BbgVerf, Art. 32 Abs. 2 SächsVerf, Art. 18 Abs. 4 LVerf LSA enthalten sind, wurden in der ThürVerf nicht verankert.

Neben Art. 14 GG, zu dem Art. 34 in Abs. 1 und Abs. 2 wortidentisch sowie in 9
Abs. 3 inhaltlich übereinstimmend ist, wird die Eigentumsgarantie auch in Art. 17 EU-Grundrechtecharta sowie in Artikel 1 des Zusatzprotokolls zur Konvention zum Schutze der Menschenrechte und Grundfreiheiten in der Fassung des Protokolls Nr. 11 vom 20.03.1952 gewährleistet.

D. Erläuterungen

I. Eigentums- und Erbrechtsgarantie

Der Eigentumsgarantie kommt nach ständiger Rechtsprechung des Bundesver- 10
fassungsgerichts im Gefüge der Grundrechte die Aufgabe zu, dem Träger des Grundrechts einen Freiheitsraum im vermögensrechtlichen Bereich zu sichern und ihm dadurch eine eigenverantwortliche Gestaltung seines Lebens zu ermöglichen.[9] Art. 34 Abs. 1 ThürVerf stellt sich insoweit als **klassisches Abwehrrecht** gegen hoheitliche Beeinträchtigungen vermögenswerter Güter und Rechte dar.[10] Das verfassungsrechtlich gewährleistete Eigentum ist durch Privatnützigkeit und grundsätzliche Verfügungsbefugnis des Eigentümers über den Eigentumsgegenstand gekennzeichnet.[11] Es soll ihm als Grundlage privater Initiative und in eigenverantwortlichem privatem Interesse von Nutzen sein.[12] Zudem hat es besondere Bedeutung, soweit es um die Sicherung der persönlichen Freiheit des Einzelnen geht.[13]

7 Entstehung ThürVerf S. 96.
8 Vgl. z.B. Art. 37 ff. BremVerf und Art. 18 SaarlVerf; anders Art. 45 HessVerf, wo die Eigentumsgewährleistung im Abschnitt über die „sozialen und wirtschaftlichen Rechte und Pflichten" steht. Einen Überblick über die landesverfassungsrechtlichen Regelungen gibt *Papier*, in: Maunz/Dürig, Art. 14 Rn. 279 ff.
9 Vgl. BVerfGE 97, 350 (370 f.); 102, 1 (15).
10 Vgl. *Becker*, in: Stern/Becker, Art. 14 Rn. 96.
11 Vgl. BVerfGE 31, 229 (240); 50, 290 (339); 52, 1 (30); 100, 226 (241); 102, 1 (15).
12 Vgl. BVerfGE 100, 226 (241); 102, 1 (15).
13 Vgl. BVerfGE 50, 290 (340); 102, 1 (15).

11 Die dem Art. 14 GG nahezu wortgleiche Bestimmung des Art. 34 und die damit verbundene eindeutige Orientierung auf die Privatnützigkeit des Eigentums war für den Landesverfassungsgeber Ausdruck der Abkehr von der auf das gesamtgesellschaftliche Volkseigentum bezogenen Eigentumsordnung, wie sie in der DDR-Verfassung vom 09.04.1968 verankert war.[14] Insbesondere die systematische Stellung im fünften Abschnitt „Eigentum, Wirtschaft und Arbeit" verdeutlicht die bereits zuvor vom Bundesverfassungsgericht ausgesprochene grundlegende Wertentscheidung zugunsten eines auf Privateigentum beruhenden Wirtschaftssystems.[15] Allerdings erfolgt durch die Bestimmung der Sozialbindung in Art. 34 Abs. 2 ein Ausgleich zwischen Privat- und Gemeininteresse. Der Gebrauch des Eigentums muss dem Wohl der Allgemeinheit dienen, das heißt, die Individualinteressen haben nicht zwangsläufig Vorrang vor den Interessen der Gemeinschaft.

12 Durch die Gewährleistung des Eigentums wird neben einem subjektiven Abwehrrecht eine verfassungsrechtliche Zusicherung für die Erhaltung des Privateigentums als Rechtseinrichtung gegeben. Diese **Eigentumsinstitutsgarantie** richtet sich an den Gesetzgeber und verpflichtet ihn, einen Kernbestand von Normen zur Verfügung zu stellen, welche die Existenz, die Funktionsfähigkeit und die Privatnützigkeit von Eigentum ermöglichen.[16] Darüber hinaus verbietet es die Institutsgarantie, dass solche Sachbereiche der Privatrechtsordnung entzogen werden, die zum elementaren Bestand grundrechtlich geschützter Betätigung im vermögensrechtlichen Bereich gehören (**Bestandsgarantie**). Damit wird verhindert, dass der durch das Grundrecht geschützte Freiheitsbereich aufgehoben oder wesentlich geschmälert wird.[17] Dementsprechend erlaubt Art. 34 Abs. 3 eine Enteignung nur unter der Voraussetzung, dass die Enteignung dem Wohle der Allgemeinheit dient und dass der Gesetzgeber eine angemessene Entschädigung gewährleistet. Durch die Bedingung der Entschädigung wandelt sich die Bestandsgarantie bei zulässiger Enteignung in eine **Eigentumswertgarantie**.[18]

13 Das Erbrecht wird, der Regelung des Art. 14 Abs. 1 Satz 1 GG entsprechend, ausdrücklich durch Art. 34 ThürVerf geschützt. Auch insoweit handelt es sich sowohl um ein Abwehrrecht, als auch um eine Institutsgarantie. Damit wird die Möglichkeit zur Vererbung von Vermögenswerten eingeräumt und die Eigentumsordnung über den Tod des Eigentümers hinaus aufrechterhalten. Die Eigentumsgarantie und die Erbrechtsgarantie der Verfassung ergänzen einander. Das Erbrecht bezieht sich wie das Eigentum auf alle Vermögenswerte.[19] Damit wird gewährleistet, dass Vermögen auf die nächste Generation übergeht oder nach dem Willen des Eigentümers auch noch nach seinem Tod auf Dritte übertragen werden kann. Somit ist die Testierfreiheit Teil der Erbrechtsgarantie.[20] Dazu gehören ebenfalls das Eigentumserwerbsrecht des Erben und ein grund-

14 Vgl. Entstehung ThürVerf S. 96.
15 Vgl. BVerfGE 14, 263 (278); 21, 150 (155); 18, 121 (132); 42, 64 (76); 58, 300 (338); 102,1 (15).
16 Vgl. *Papier,* in: Maunz/Dürig, Art. 14 Rn. 11.
17 BVerfGE 24, 367 (389); 58, 300 (339).
18 BVerfGE 24, 367 (397). Nach BVerfGE 105, 17 (30) und 105, 252 (277) ergibt sich allerdings aus Art. 14 Abs. 1 GG keine „allgemeine Wertgarantie vermögenswerter Rechtspositionen".
19 Vgl. Rn. 15 ff.
20 *Becker,* in: Stern/Becker, Art. 14 Rn. 96.

sätzlich unentziehbares Pflichtteilsrecht.[21] Wäre lediglich das Eigentum nur zu Lebzeiten gewährleistet, wären Eigentümer gezwungen, zu Lebzeiten Bestandteile ihres Eigentums im Hinblick auf den Todesfall zu übertragen.

II. Schutzbereich

Der **Begriff** des Eigentums ist in der Verfassung nicht definiert. Vielmehr hat der Verfassungsgeber nach Art. 34 Abs. 1 Satz 2 die Inhaltsbestimmung des Eigentums dem Gesetzgeber überlassen. Das bedeutet indessen nicht, dass der Gesetzgeber das Eigentum „auf Null" reduzieren könnte. Vielmehr gibt es ein verfassungsrechtlich garantiertes Eigentum, welches im Sinne der Wesensgehaltsgarantie dem Zugriff des Gesetzgebers entzogen ist.[22] 14

Der Schutzbereich des Art. 34 umfasst alle privatrechtlichen vermögenswerten Rechte, die dem Berechtigten von der Rechtsordnung dergestalt zugeordnet sind, dass er die damit verbundenen Befugnisse nach eigenverantwortlicher Entscheidung zu seinem privaten Nutzen ausüben darf.[23] Damit ist der hier verwendete Eigentumsbegriff weiter als der bürgerlich-rechtliche Eigentumsbegriff. Dazu zählen das Sacheigentum und die damit im Zusammenhang stehenden dinglichen Rechte sowie sonstige absolute Rechtspositionen ebenso wie das sog. geistige Eigentum wie Urheber- und Patentrechte.[24] Geschützt ist nicht nur der Bestand des Eigentums, sondern auch dessen Nutzung, Verfügung und Veräußerung.[25] Der Landesgesetzgeber darf wegen der Bindung der Landesstaatsgewalt an das Grundgesetz (Art. 1 Abs. 3 GG) das Eigentum nicht enger fassen als dies das Bundesverfassungsgericht in Interpretation des Art. 14 GG tut und als der Bundesgesetzgeber es ausgestaltet hat. Durch die Rechtsprechung des Bundesverfassungsgerichts im Einzelnen anerkannte Rechtspositionen sind unter anderem das Erbbaurecht,[26] das Wohnungseigentum,[27] Aktien,[28] die in einem Wertpapier verbrieften konkreten vermögenswerten Rechtspositionen,[29] Bergbaurechte,[30] Forderungen des privaten Rechts,[31] das Besitzrecht des Mieters am Wohnraum,[32] Nutzungsrechte an einer Internetdomain,[33] Patentrechte,[34] Urheberrechte[35] und Leistungsschutzrechte.[36] Der eingerichtete und ausgeübte Gewerbebetrieb ist nach herrschender Meinung ebenso von der Eigentumsgarantie umfasst, auch wenn das Bundesverfassungsgericht bisher offen gelassen hat, inwieweit er als tatsächliche Zusammenfassung der zum Vermögen eines Unternehmens gehörenden Sachen und Rechte in eigenständiger Weise von der Ge- 15

21 BVerfG, NJW 2005, 1563.
22 Vgl. Rn. 12.
23 BVerfGE 89, 1 (6); 97, 350 (371); 112, 93 (107); *Jarass,* in: Jarass/Pieroth, Art. 14 Rn. 8.
24 Zum geistigen Eigentum vgl. *Fechner,* Geistiges Eigentum und Verfassung, 1999, S. 198 ff.; *Papier,* in: Maunz/Dürig, Art. 14 Rn. 197 ff.
25 BVerfGE 88, 366 (377); 105, 252 (277 f.); 50, 290 (339).
26 BVerfGE 79, 174 (191).
27 BVerfG, NVwZ 2005, 801 (802).
28 BVerfGE 100, 289 (301 f.).
29 BVerfGE 105, 17 (30).
30 BVerfGE 77, 130 (136).
31 BVerfGE 42, 263 (293); 92, 262 (271); 112, 93 (107).
32 BVerfGE 89, 1 (7).
33 BVerfG, NJW 2005, 589 f.
34 BVerfG, NJW 2001, 1784.
35 BVerfGE 31, 229 (240 f.); 79, 29 (40).
36 BVerfGE 81, 219 ff.

währleistung der Eigentumsgarantie erfasst wird.[37] Dabei muss es sich nicht um einen Gewerbebetrieb im Sinne der Gewerbeordnung handeln, ausreichend ist jedes wirtschaftliche Unternehmen (auch Arztpraxis, Anwaltskanzlei oder Landwirtschaftsbetrieb). Das Bundesverfassungsgericht hat betont, dass der Schutz für den Gewerbebetrieb nur den konkreten Bestand an Rechten und Gütern erfassen kann.[38] Jedenfalls handelt es sich nach dem Bundesverfassungsgericht um bloße Umsatz- und Gewinnchancen, soweit es um den erworbenen Kundenstamm oder die Marktstellung geht.[39]

16 Eigentumsrechtlicher Schutz kommt auch vermögenswerten Rechtspositionen zu, die auf DDR-Recht beruhen, wenn sie im Einigungsvertrag geregelt oder als gesamtdeutsche Rechtspositionen anerkannt worden sind.[40]

17 Darüber hinaus sind auch öffentlich-rechtliche Vermögensrechte vom Schutzbereich umfasst, wie Rentenanspruch und Rentenanwartschaft,[41] Anspruch auf Erstattung zu viel gezahlter Steuern,[42] Ansprüche von Soldaten[43] oder bestimmten Hochschullehrern.[44] Für beamtenrechtliche Ansprüche enthält die Landesverfassung keine dem Art. 33 Abs. 5 GG vergleichbare Regelung, weshalb diese beamtenrechtlichen Rechtspositionen direkt über Art. 34 geschützt werden.[45] Sozialversicherungsrechtliche Positionen fallen unter die Eigentumsgarantie, wenn sie dem Versicherten ausschließlich und privatnützig zugeordnet sind, auf nicht unerheblichen Eigenleistungen des Versicherten beruhen und der Sicherung der Existenz dienen.[46]

18 Der Umfang der Eigentumsgarantie bezieht sich auf die Nutzung[47] des Eigentums sowie auf die Möglichkeit der Veräußerung[48] oder Verfügung.[49] Eine Beschränkung der Veräußerungsmöglichkeit stellt es beispielsweise dar, wenn der Eigentümer eines Grundstücks durch ein Vorkaufsrecht betroffen ist, denn dadurch wird er in seiner privatrechtlichen Verfügungs- und Vertragsfreiheit beschränkt, da er im Fall der Ausübung des Vorkaufsrechts einen Eigentümerwechsel hinzunehmen hat.[50]

19 Nicht vom Schutzbereich erfasst ist das Vermögen als solches.[51] Reine Gewinn- und Erwerbschancen werden vorrangig von der Berufsfreiheit, nicht von der Eigentumsgarantie umfasst.[52]

20 **Träger des Grundrechts** der Eigentumsfreiheit sind natürliche Personen und juristische Personen des Privatrechts. Hinsichtlich des Erbrechts sind sowohl der

---

37 BVerfG, NVwZ 2009, 1426; *Papier,* in: Maunz/Dürig, Art. 14 Rn. 95.
38 BVerfGE 68, 193 (223).
39 BVerfGE 77, 84 (118).
40 Vgl. BVerfGE 100, 1 (33 ff.); 100, 138 (184); 112, 368 (396); 116, 96 (123).
41 BVerfGE 117, 272 (292 f.); 116, 96 (121).
42 BVerfGE 70, 278 (285).
43 BVerfGE 16, 94 (110 f.); 71, 255 (271).
44 BVerfGE 35, 31 ff.
45 Vgl. *Jutzi,* in: Linck/Jutzi/Hopfe, Art. 34 Rn. 24.
46 BVerfGE 69, 272 (300 ff.); 72, 9 (18 ff.).
47 BVerfGE 88, 366 (377).
48 BVerfGE 105, 252 (277 f.).
49 BVerfGE 42, 263 (294); 50, 290 (339).
50 So beim Vorkaufsrecht des früheren § 17 ThürWaldG, das vom ThürVerfGH wegen des Verstoßes gegen Art. 34 ThürVerf und der allgemeinen Handlungsfreiheit nach Art. 3 ThürVerf für nichtig erklärt wurde; ThürVerfGH, NVwZ-RR 2011, 180.
51 BVerfGE 91, 207 (220); 81, 108 (122); 78, 232 (243); BVerfG, NJW 2003, 1109 (1111).
52 BVerfGE 68, 193 (222); 88, 366 (377).

Erblasser als auch der oder die Erben geschützt, auch wenn ersterer seine Rechte nicht mehr selbst durchsetzen kann. Inländische juristische Personen können, und seien sie auch nur teilrechtsfähig, Träger von Eigentumsrechten sein, da das Eigentum gem. 42 Abs. 2 ThürVerf seinem Wesen nach auf diese Anwendung finden kann.[53]

Juristische Personen des öffentlichen Rechts sind grundsätzlich nicht Träger von Grundrechten und damit auch nicht Träger des Eigentumsgrundrechts. Dies gilt auch für den Fall, dass durch staatliche Beteiligung maßgeblicher Einfluss auf die Entscheidungen einer juristischen Person des Privatrechts ausgeübt werden kann, da die Grundrechtsträgerschaft nicht von der Wahl der Organisationsform abhängen darf.[54] Daher können sich kommunale Gebietskörperschaften,[55] öffentlich-rechtliche Sparkassen[56] oder öffentlich-rechtliche Rundfunkanstalten[57] nicht auf die Eigentumsfreiheit berufen. Eine Ausnahme besteht für Kirchen oder andere Religionsgemeinschaften, die als öffentlich-rechtliche Körperschaften organisiert sind. Für sie gilt der Eigentumsschutz bezüglich ihrer Kultus-, Unterrichts- und Wohltätigkeitszwecke nach Art. 40 ThürVerf iVm Art. 140 GG iVm Art. 138 Abs. 2 WRV.[58] 21

III. Eingriff

Beim Eingriff ist strikt zwischen Inhalts- und Schrankenbestimmungen und Enteignungen zu unterscheiden. Das Bundesverfassungsgericht geht von zwei voneinander getrennten Rechtsinstituten aus.[59] 22

Inhalts- und Schrankenbestimmungen durch den Gesetzgeber sind von der Landes- wie von der Bundesverfassung zugelassen. Sie stellen keine Enteignung dar und sind vom Eigentümer grundsätzlich **entschädigungslos** hinzunehmen.[60] Um eine **Enteignung** handelt es sich, wenn der Gesetzgeber oder die Verwaltung das Eigentum zielgerichtet verkürzt. Wesensmerkmal ist nach der Rechtsprechung des Bundesverfassungsgerichts der staatliche Zugriff auf das Eigentum des Einzelnen, der auf die vollständige oder teilweise Entziehung konkreter subjektiver Rechtspositionen zur Erfüllung bestimmter öffentlicher Aufgaben gerichtet ist.[61] 23

Die Unterscheidung der Rechtsinstitute durch das Bundesverfassungsgericht hat zur Folge, dass eine „Umdeutung" einer unzulässigen Enteignung in eine Inhalts- und Schrankenbestimmung nicht möglich ist. Eine Enteignung, die keine Entschädigung vorsieht, kann nicht durch die Verwaltung durch Gewährung einer Entschädigung rechtmäßig gemacht werden. Ist im Gesetz keine Entschädigung vorgesehen, so ist die Enteignung verfassungswidrig. Das hat das Bundesverfassungsgericht in seinem „Naßauskiesungsbeschluss"geklärt.[62] Art. 14 GG 24

53 Siehe unten Art. 42 Rn. 15.
54 Vgl. auch *Papier,* in: Maunz/Dürig, Art. 14 Rn. 213; *Becker,* in: Stern/Becker, Art. 14 Rn. 108.
55 Ebenso BVerfGE 61, 82 (105); *Remmert,* in: Maunz/Dürig, Art. 19 Rn. 55; aA BayVerfGHE 37, 101.
56 *Papier,* in: Maunz/Dürig, Art. 14 Rn. 211.
57 BVerfGE 78, 101 (102).
58 Zur „Kirchengutsgarantie" siehe unten Art. 40 Rn. 26.
59 Vgl. *Jutzi,* in: Linck/Jutzi/Hopfe, Art. 34 Rn. 36.
60 Vgl. Rn. 40.
61 Vgl. *Papier,* DVBl. 2000, 1398 (1399).
62 BVerfGE 58, 300 ff.

schützt das Eigentum als solches und nicht nur als Vermögenswert.[63] Der Betroffene ist daher gezwungen, Primärrechtsschutz gegen die konkrete Maßnahme zu suchen. Der früher vom BGH vertretene Grundsatz „dulde und liquidiere" ist damit hinfällig.

25 Eigentumsentziehungen, die außerhalb des Geltungsbereichs des Grundgesetzes oder vor dessen Inkrafttreten erfolgt sind, werden nicht von Art. 34 erfasst. Dies gilt auch für Enteignungen in der früheren sowjetischen Besatzungszone und der ehemaligen DDR. Restitutionsansprüche lassen sich daher auch nicht aus der Eigentumsgarantie des Grundgesetzes oder der Thüringer Verfassung ableiten, sondern allenfalls aus dem Rechts- und Sozialstaatsprinzip.[64] Allerdings hat Art. 143 Abs. 3 GG die Regelung des Einigungsvertrags, der zufolge Eingriffe in das Eigentum nicht mehr rückgängig gemacht werden, auf eine verfassungsrechtliche Ebene erhoben, was auch vom Bundesverfassungsgericht als mit dem Grundgesetz vereinbar angesehen wurde.[65] Über diese Vorgaben kann sich das Landesverfassungsrecht nicht hinwegsetzen.

26 **1. Inhalts- und Schrankenbestimmungen.** Die dogmatische Besonderheit der Eigentumsfreiheit besteht darin, dass das Eigentum weder in der Landes- noch in der Bundesverfassung definiert oder auch nur umschrieben ist. Vielmehr ist der Gesetzgeber nach dem übereinstimmenden Wortlaut dieser Verfassungen dazu berechtigt und verpflichtet, den Inhalt des Eigentums und seine Schranken zu bestimmen. Der Gestaltungsspielraum des Gesetzgebers hat dort seine Grenzen, wo das Eigentum in seinem Bestand gefährdet ist. Wenn die Verfassung den Begriff des Eigentums verwendet und dieses geschützt wissen will, so folgt daraus zwingend, dass es einen **verfassungsrechtlich vorgegebenen Eigentumsbegriff** gibt, der auch dem Zugriff des Gesetzgebers entzogen ist. Wo dieser verfassungsrechtliche Begriff beginnt und die Gestaltungsfreiheit des Gesetzgebers endet, ist umstritten. Es spricht indes einiges dafür, den verfassungsrechtlichen Begriff des Eigentums nicht auf einen zu engen Kern zu beschränken, wenn es seinen Funktionen gerecht werden soll. Das Eigentum ist den Freiheitsgrundrechten zuzuordnen und soll dem Bürger einen **Freiraum** gewähren, mit dem er sich unabhängig machen kann von anderen und in dem er grundsätzlich soll wirtschaften können. Diese Freiheit ist nicht grenzenlos, sondern endet an der **Sozialpflichtigkeit** des Eigentums, die der Gesetzgeber bei der Inhalts- und Schrankenbestimmung beachten muss. Grundsätzlich hat der Gesetzgeber einen weiten Spielraum, innerhalb dessen er die Ausgestaltung vornehmen kann, seine Grenze ist das verfassungsrechtlich garantierte Eigentum, dessen Umfang letztlich von den Verfassungsgerichten zu bestimmen ist.

27 Unter den Begriff „**Gesetz**" im Sinne des Art. 34 Abs. 1 Satz 2 fällt jedes Gesetz im materiellen Sinne, d. h. jeder gültige Rechtssatz. Der Begriff ist nicht auf das förmliche Gesetz beschränkt. Inhalt und Schranken des Eigentums können ebenso durch Rechtsverordnungen oder Satzungen ausgeformt werden. Die Inhalts- und Schrankenbestimmung kann von jeder formell und materiell verfassungsmäßigen Rechtsnorm ausgehen, des privaten ebenso wie des öffentlichen Rechts.[66]

63 *Becker*, in: Stern/Becker, Art. 14 Rn. 16, 192.
64 *Becker*, in: Stern/Becker, Art. 14 Rn. 18, 60.
65 Vgl. BVerfG, NJW 1991, 1597 (1599 f.).
66 *Papier*, in: Maunz/Dürig, Art. 14 Rn. 339.

Grundsätzlich sind Inhalts- und Schrankenbestimmungen entschädigungslos hinzunehmen. Soweit eine Schrankenbestimmung jedoch in unzumutbarer Weise in die Eigentumsposition eines Grundrechtsträgers eingreift, kann im Ausnahmefall eine **Entschädigung** erforderlich sein.[67] Das ist dann der Fall, wenn eine an und für sich zulässige Inhalts- und Schrankenbestimmung im Einzelfall eine besondere Härte darstellt. Insoweit handelt es sich um eine **ausgleichspflichtige Inhalts- und Schrankenbestimmung**. Ein Beispiel ist die Pflicht zur Ablieferung von Druckwerken als Pflichtexemplar unentgeltlich und auf eigene Kosten an die Landesbibliothek gemäß § 12 Abs. 1 Satz 1 Thüringer Pressegesetz (ThürPresseG). Die Pflicht zur Ablieferung eines Pflichtexemplars von jedem Druckwerk stellt als solche eine Inhalts- und Schrankenbestimmung dar. Lediglich in besonders gelagerten Einzelfällen ist dies anders, etwa beim teuren Faksimile einer Handschrift, die nur in sehr geringer Stückzahl hergestellt wird. In diesen Ausnahmefällen wäre es unzumutbar, den Eigentümer mit der Ablieferungspflicht zu belasten, weshalb nach § 12 Abs. 1 Satz 1 ThürPresseG auf Verlangen die Bibliothek dem Verleger die Herstellungskosten des abgegebenen Druckwerks erstattet, wenn ihm die unentgeltliche Abgabe wegen des großen finanziellen Aufwands und der kleinen Auflage nicht zugemutet werden kann. Ein weiteres Beispiel findet sich im Denkmalrecht. Stellt gemäß § 28 Abs. 1 Satz 1 ThürDSchG eine denkmalschutzrechtliche Maßnahme eine wirtschaftliche Belastung für den Privateigentümer oder sonst dinglich Berechtigten dar, die über die Sozialbindung des Eigentums hinausgeht und daher unzumutbar ist, ist eine angemessene Entschädigung in Geld zu leisten. 28

2. Enteignung (Abs. 3). Enteignung ist der rechtmäßige, gezielte hoheitliche Zugriff auf konkrete vermögenswerte Rechte, die für einen vom Wohl der Allgemeinheit geforderten konkreten Gemeinwohlzweck benötigt werden.[68] Entscheidend ist somit die **gezielte Entziehung oder Verkürzung des Eigentums**. Die Enteignung kann auf zwei Wegen erfolgen: durch Legalenteignung, wenn die Enteignung durch ein Gesetz erfolgt, oder durch Administrativenteignung, wenn die Enteignung durch Verwaltungsakt erfolgt, der indes immer auf einer gesetzlichen Grundlage beruhen muss. 29

Der Wortlaut des Art. 34 Abs. 3 lässt im Gegensatz zu Art. 14 Abs. 3 GG nicht ausdrücklich die Enteignung „durch Gesetz" zu. Vielmehr wird die **Legalenteignung** durch den weiter gefassten Begriff „aufgrund eines Gesetzes" mit umfasst.[69] Die Enteignung durch Gesetz ist nach Ansicht des Bundesverfassungsgerichts nur ausnahmsweise möglich.[70] Problematisch ist insbesondere, dass mangels individueller Rechtsverletzung der Rechtsweg zu den Gerichten erschwert ist. Eine im Regelfall allein mögliche Verfassungsbeschwerde gegen ein Gesetz stellt keinen hinreichenden Ausgleich für den fehlenden verwaltungsgerichtlichen Rechtsschutz gegen die Legalenteignung dar. [71] 30

Die **Administrativenteignung** setzt ein förmliches Parlamentsgesetz voraus, das eine Entschädigungsregelung beinhaltet. Da die Enteignung durch Verwaltungsentscheidung die grundrechtliche Bestandsgarantie des Art. 34 durchbricht, 31

67 Vgl. BVerfGE 100, 226 (244 f.); *Papier,* DVBl. 2000, 1398 (1401 ff.).
68 *Bryde,* in: von Münch/Kunig, Art. 14 Rn. 72.
69 Vgl. *Jutzi,* in: Linck/Jutzi/Hopfe, Art. 34 Rn. 57.
70 BVerfGE 95, 1 (21).
71 *Becker,* in: Stern/Becker, Art. 14 Rn. 240.

muss sie in den wesentlichen Fragen auf ein formelles Gesetz zurückzuführen sein.

32 Bei der Enteignung aufgrund einer oder durch eine Rechtsverordnung bzw. Satzung muss die formell gesetzliche Ermächtigungsgrundlage bestimmen, für welche Vorhaben, unter welchen Voraussetzungen und für welche legitimierenden Gemeinwohlaufgaben Enteignungen vorgenommen werden können.[72]

IV. Verfassungsrechtliche Rechtfertigung

33 **1. Sozialbindung des Eigentums (Abs. 2).** Die Verfassung stellt in Art. 34 Abs. 2 klar, dass der Eigentümer mit dem Eigentum nicht nach Belieben verfahren darf. Vielmehr soll der Gebrauch des Eigentums zugleich dem Wohl der Allgemeinheit dienen. Die Eigentumsgarantie soll mit der Sozialbindung zu einem gerechten Ausgleich und in ein ausgewogenes Verhältnis gebracht werden.[73]

34 Damit richtet sich die Verfassungsnorm an den Gesetzgeber: Es handelt sich um eine Konkretisierung des Sozialstaatsprinzips. Die Sozialpflichtigkeit des Eigentums ermächtigt und verpflichtet den Inhalt und Schranken des Eigentums bestimmenden Gesetzgeber, das Wohl der Allgemeinheit in seine Überlegungen mit einzubeziehen. Darüber hinausgehende, verfassungsunmittelbare Pflichten des Eigentümers können aus Art. 14 Abs. 2 GG bzw. dem wortgleichen Art. 34 Abs. 2 nicht entnommen werden.[74]

35 **2. Wohl der Allgemeinheit.** Ein Eingriff in das Eigentum ist immer nur zum Wohl der Allgemeinheit zulässig. Da die Eigentumsgarantie in erster Linie den Bestand des Eigentums schützt, sind an die Gemeinwohlbelange, die einen Eingriff rechtfertigen können, **hohe Anforderungen** zu stellen.[75] Nach der Rechtsprechung des Bundesverfassungsgerichts muss der Zweck der Maßnahme der Erfüllung einer bestimmten öffentlichen Aufgabe dienen.[76]

36 In jedem Fall muss eine **Abwägung** zwischen den Eigentümerinteressen und dem Wohl der Allgemeinheit erfolgen. Bei dieser müssen sich der Gesetzgeber bzw. die Verwaltung der Bedeutung des Eigentumsgrundrechts bewusst sein. Die Berufung auf das Wohl der Allgemeinheit rechtfertigt jedenfalls keine Enteignung aus rein fiskalischen Gründen, d.h. es dürfen Enteignungen nicht nur zu dem Zweck vorgenommen werden, das in öffentlicher Hand stehende Eigentum zu vergrößern.[77]

37 Die Bestimmung des Wohls der Allgemeinheit obliegt in erster Linie dem Gesetzgeber, dem insoweit ein Prognose- und Gestaltungsspielraum zukommt.[78] Bei einer Administrativenteignung ist die Abwägung im Rahmen der gesetzlichen Vorgaben von der enteignenden Behörde durchzuführen.

38 Auch eine **Enteignung zugunsten Privater** ist ausnahmsweise zulässig, wenn sie in erster Linie dem Wohl der Allgemeinheit dient.[79] Fällt das Wohl der Allge-

72 BVerfGE 56, 249 (261).
73 BVerfGE 52, 1 (29); 87, 114 (138); 122, 374 (391).
74 So auch *Papier,* in: Maunz/Dürig, Art. 14 Rn. 306. Soweit eine Pflicht des Eigentümers selbst aus der Verfassung abgeleitet wird, kann diese zumindest nicht eingeklagt werden, vgl. auch *Bryde,* in: von Münch/Kunig, Art. 14 Rn. 69.
75 Vgl. *Bryde,* in: von Münch/Kunig, Art. 14 Rn. 80.
76 BVerfGE 71, 137 (143); 72, 66 (76); 79, 174 (191).
77 BVerfGE 38, 180 ff.
78 *Becker,* in: Stern/Becker, Art. 14 Rn. 162.
79 Vgl. *Papier,* in: Maunz/Dürig, Art. 14 Rn. 378 ff.

meinheit später weg, etwa weil eine geplante Straße doch nicht gebaut wird, so ist die Enteignung nicht mehr gerechtfertigt und es besteht ein Anspruch auf Rückübereignung des Eigentums.[80]

3. Verhältnismäßigkeit. Wie jede Verwaltungsentscheidung muss auch ein Eingriff in das Eigentum das Verhältnismäßigkeitsprinzip wahren. Der Eingriff muss daher geeignet, erforderlich und angemessen sein, insbesondere darf der verfolgte Zweck nicht mit milderen Mitteln erreichbar sein.[81] Bei der hier erforderlichen Güterabwägung muss die Schwere und Tragweite einer Eigentumsbeeinträchtigung der Intensität der Sozialbindung im Sinne des Art. 34 Abs. 2 gegenübergestellt werden. Die Sozialbindung erlaubt es, zugunsten des Gemeinwohls die betreffende Eigentümerposition einzuschränken, allerdings mit Blick auf deren Eigenart und Funktion.[82] 39

4. Entschädigung. Im Einzelnen gibt die Verfassung vor, dass bei der Festlegung der Entschädigung für eine Enteignung eine gerechte Abwägung der Interessen der Allgemeinheit und der Beteiligten zu erfolgen hat. Das in dieser Weise formulierte Abwägungsgebot verbietet es, dass eine bloß nominelle Entschädigung gewährt wird.[83] Art. 34 Abs. 3 Satz 1 legt fest, dass eine Enteignung nur auf Grund eines Gesetzes erfolgen darf, das Art und Ausmaß der Entschädigung regelt. Unzulässig wäre daher eine **„salvatorische Entschädigungsklausel"**, die allgemein eine Entschädigung für die Enteignung ausspricht. Da die Enteignung zwingend von der Voraussetzung der Entschädigung abhängig ist, wird insoweit von einem Junktim gesprochen und dieser Teil der Norm **Junktimklausel** genannt. Die Junktimklausel dient in erster Linie den Eigentümern, indes wird dadurch auch die Haushaltsprärogative des Landtags vor unvorhergesehenen Entschädigungsleistungen geschützt.[84] 40

Es genügt, wenn der Gesetzgeber für die Durchführung des Enteignungsverfahrens auf ein allgemeines Enteignungsgesetz verweist.[85] In Thüringen gilt diesbezüglich das ThürEG. 41

Fehlt es an einer landesgesetzlichen Regelung über Art und Ausmaß der Entschädigung, so obliegt dem Thüringer Verfassungsgerichtshof gemäß § 44 ThürVerfGHG die Verwerfungskompetenz, wenn er zur Überzeugung gelangt, dass das Gesetz nichtig oder mit der Verfassung unvereinbar ist. 42

Der Bundesgerichtshof hatte in früherer Zeit die richterrechtlich entwickelten Institute des „enteignungsgleichen" Eingriffs für die Entschädigung rechtswidriger Eingriffe und des „enteignenden" Eingriffs zur Entschädigung von Nebenfolgen rechtmäßigen hoheitlichen Handelns aus Art. 14 Abs. 3 GG abgeleitet.[86] Es ist heute unstrittig, dass sich diese Rechtsinstitute nicht unmittelbar aus der Eigentumsgarantie herleiten lassen, sondern Teil eines einfachgesetzlichen Staatshaftungssystems sind.[87] 43

80 BVerfGE 38, 180 f.
81 Vgl. *Jutzi* in: Linck/Jutzi/Hopfe, Art. 34 Rn. 69.
82 Vgl. ThürVerfGH, Beschl. v. 07.09.2010 – 27/07 – NVwZ-RR 2011, 180 = ThürVBl. 2011, 53.
83 *Bryde*, in: von Münch/Kunig, Art. 14 Rn. 92.
84 Vgl. *Bryde*, in: von Münch/Kunig, Art. 14 Rn. 88.
85 So auch *Bryde*, in: von Münch/Kunig, Art. 14 Rn. 91.
86 Vgl. BGHZ 6, 270 (290 f.); BGH, NJW 1965, 1907 ff.
87 Vgl. *Bryde*, in: von Münch/Kunig, Art. 14 Rn. 100.

44 Bloße Inhalts- und Schrankenbestimmungen muss der Eigentümer grundsätzlich entschädigungslos hinnehmen. Nur wenn eine Inhalts- und Schrankenbestimmung ohne eine Ausgleichsregelung unverhältnismäßig wäre wird, wie bereits erwähnt, ein Entschädigungsanspruch gewährt und von einer ausgleichspflichtigen Inhalts- und Schrankenbestimmung gesprochen.[88] Bedeutung hat diese u.a. im Denkmalrecht.

V. Rechtsweggarantie

45 Art. 34 Abs. 3 Satz 4 gewährleistet hinsichtlich der Frage der Entschädigung den Rechtsweg. Im Unterschied zu Art. 14 Abs. 3 Satz 4 GG enthält die Landesverfassung bei der Rechtsweggarantie nicht die Beschränkung auf die „ordentlichen Gerichte“. Vor dem Hintergrund einer sich möglicherweise abzeichnenden Änderung der Zuständigkeit im Grundgesetz wollte der Landesverfassungsgeber perspektivisch Widersprüche vermeiden und verzichtete auf die Zuweisung zum „ordentlichen“ Gericht. Es sollte keine andere Rechtswegzuweisung erfolgen, als dies in Art. 14 Abs. 3 Satz 4 GG vorgegeben ist.[89] Letztlich steht dem von einer Enteignung betroffenen Bürger, der mit der Höhe der Entschädigung nicht einverstanden ist, immer der Zivilrechtsweg offen.

Artikel 35 [Berufsfreiheit]

(1) [1]Jeder Bürger hat das Recht, Beruf, Arbeitsplatz und Ausbildungsstätte frei zu wählen. [2]Die Berufswahl, die Berufsausübung sowie die Berufsausbildung können auf Grund eines Gesetzes geregelt werden.

(2) Niemand darf zu einer bestimmten Arbeit gezwungen werden, außer im Rahmen einer herkömmlichen allgemeinen, für alle gleichen öffentlichen Dienstleistungspflicht.

Vergleichbare Regelungen

Art. 12 Abs. 1, 2 GG; Art. 166 BayVerf; Art. 17 VvB; Art. 49 BbgVerf; Art. 8 Abs. 2 BremVerf; Art. 58 Verf Rh-Pf; Art. 28 SächsVerf; Art. 16 Verf LSA; Art. 15, 16 GRCh.

Dokumente zur Entstehungsgeschichte

Art. 18 VerfE CDU; Art. 14 VerfE F.D.P.; Art. 27 VerfE SPD; Art. 23 VerfE NF/GR/DJ; Art. 31 VerfE LL/PDS; Entstehung ThürVerf S. 97 f.

Literatur

Hartmut Bauer/Wolfgang Kahl, Europäische Unionsbürger als Träger von Deutschengrundrechten?, JZ 1995, 1077; *Karl August Bettermann/Hans Carl Nipperdey/Ulrich Scheuner* (Hrsg.), Die Grundrechte: Handbuch der Theorie und Praxis der Grundrechte, Bd. III/1, 2. Aufl. 1972; *Matthias Cornils*, Von Eingriffen, Beeinträchtigungen und Reflexen. Bemerkungen zum status quo der Grundrechts-Eingriffsdogmatik des Bundesverfassungsgerichts, in: FS Herbert Bethge (2009), S. 137; *Dirk Ehlers*, Die Weiterentwicklung des Staatshaftungsrechts durch das europäische Gemeinschaftsrecht, JZ 1996, 776; *ders.* (Hrsg.), Europäische Grundrechte und Grundfreiheiten, 3. Aufl. 2009; *Kurt Fassbender*, Wettbewerbsrelevantes Staatshandeln und Berufsfreiheit: Quo vadis, Bundesverfassungsgericht?, NJW 2004, 816; *Peter M. Huber*, Die Informationstätigkeit der öffentlichen Hand – ein grundrechtliches Sonderregime aus Karlsruhe?, JZ 2003, 290; *Winfrid Kluth*, Das Grundrecht der Berufsfreiheit – Art. 12 I GG, Jura 2001, 371; *Josef Franz Lindner*, Zur grundrechtsdogmatischen Struktur der Wettbewerbsfreiheit, DÖV 2003, 185; *Dietrich Murswiek*, Das Bundesverfassungsgericht und die Dogmatik mittelbarer Grundrechtseingriffe, NVwZ 2003, 1; *Martin Nolte/Christian*

88 Vgl. BVerfGE 100, 226 (244 f.); *Papier*, DVBl. 2000, 1398 (1401 ff.).
89 Entstehung ThürVerf S. 96.

J. Tams, Grundfälle zu Art. 12 I GG, JuS 2006, 31; *Christoph Ohler*, Zur Verfassungsmäßigkeit staatlicher "Informationsarbeit" – Anmerkung zu BVerfG, Beschl. v. 26.6.2002 – 1 BvR 558/91 und 1 BvR 1428/91, ZLR 2002, 631; *Matthias Ruffert*, Vorrang der Verfassung und Eigenständigkeit des Privatrechts, 2001; *ders.*, Zur Leistungsfähigkeit der Wirtschaftsverfassung, AöR 134 (2009), 197; *Jens-Peter Schneider*, Der Staat als Wirtschaftssubjekt und Steuerungsakteur, DVBl. 2000, 1250; *Andreas Voßkuhle*, Glücksspiel zwischen Staat und Markt, VerwArch 87 (1996), 395.

Leitentscheidungen des ThürVerfGH und des BVerfG

ThürVerfGH, Urt. v. 05.12.2008 - 26/08 und 34/08 - ThürVBl 2009, 54 (Nichtraucherschutz).

BVerfGE 7, 377 (Apothekenurteil); 105, 252 (Glykol); 115, 276 (Sportwetten).

A. Überblick

Art. 35 Abs. 1 enthält mit der Berufsfreiheit ein zentrales wirtschaftsverfassungsrechtliches Grundrecht, das auf allen Ebenen von der EU-Grundrechtecharta über das Grundgesetz bis hin zur Landesverfassung Thüringens gewährleistet ist.[1] Im menschenrechtlichen Kontext geht es um die **Freiheit, den Lebensunterhalt durch eigene, dauerhafte Tätigkeit zu verdienen** – die wirtschaftliche Seite des „Strebens nach Glückseligkeit“ (***pursuit of happiness***) der amerikanischen Grundrechtstradition.[2] Die Vorschrift „... symbolisiert – allerdings mit realer praktischer Relevanz – ... die Abkehr vom real existierenden Sozialismus der früheren DDR, in der zwar scheinbar alle Arbeit, aber nur wenige autonome Entscheidungsbefugnisse in bezug auf ihre beruflichen Freiheiten hatten.“[3] Gemeinsam mit den anderen wirtschaftsverfassungsrechtlichen Gewährleistungen des fünften Abschnitts bildet die Berufsfreiheit den wirtschaftsverfassungsrechtlichen Kern der Verfassungsordnung in Thüringen.[4] Im wesentlichen laufen Grundrechtsschutz nach Art. 35 Abs. 1 ThürVerf und Art. 12 Abs. 1 GG parallel;[5] schutzverstärkend (mit Blick auf Art. 142 GG) wirkt jedoch die explizite Verankerung der sozialen Marktwirtschaft in Art. 38 ThürVerf (siehe dort 1

1 Die Kommentierung zu Art. 35 ThürVerf greift in den einschlägigen Passagen zurück auf meine Beiträge zur Berufsfreiheit im EU-Recht und im Grundgesetz (*Ruffert*, Grundrecht der Berufsfreiheit, in: Ehlers, Europäische Grundrechte und Grundfreiheiten, 3. Aufl. 2009, § 16.3; *ders.*, in: Epping/Hillgruber, Art. 12).

2 *Ruffert*, Grundrecht der Berufsfreiheit, in: Ehlers, Europäische Grundrechte und Grundfreiheiten, 3. Aufl. 2009, § 16.3 Rn. 2.

3 Treffend *Jutzi*, in: Linck/Jutzi/Hopfe, Art. 35 Rn. 4.

4 Vgl. für das Bundes- und Europarecht *Ruffert*, AöR 134 (2009), 197 (197).

5 ThürVerfGH, Urt. v. 05.12.2008 – 26/08 und 34/08 – ThürVBl 2009, 54 (55) (Nichtraucherschutz); Beschl. v. 24.02.2009 – 5/07 – n.v., S. 7; Beschl. v. 30.03.2011 – 14/07 – Umdruck S. 13.

Rn. 7 ff.). Art. 35 Abs. 2 gewährleistet eine Art. 12 Abs. 2 GG entsprechende Ergänzung.

B. Herkunft, Entstehung und Entwicklung

2 Die Berufsfreiheit (Art. 35 Abs. 1) hat in der deutschen Verfassungsgeschichte eine lange Tradition. Sie wurzelt historisch einerseits in der **Gewerbefreiheit**, die auch in älteren Verfassungstexten gewährleistet war, vor allem aber effektiv durch einfachgesetzliches Recht abgesichert wurde. Paulskirchenverfassung (§ 133 Abs. 1) und WRV (Art. 111 Satz 2) verorteten sie bei der **Freizügigkeit**.[6]

3 In der Genese der ThürVerf war die Verankerung der Berufsfreiheit zu keinem Zeitpunkt umstritten. Diskutiert wurde die Übernahme der Begrenzung des persönlichen Schutzbereichs aus dem Grundgesetz (siehe unten Rn. 8) sowie die Frage, ob die Ergebnisse der Rechtsprechung des Bundesverfassungsgerichts, das einen einheitlichen Schutzbereich mit einheitlichem Regelungsvorbehalt für Berufswahl- und Berufsausübungsfreiheit vorsieht, in den Verfassungstext integriert werden sollten (siehe unten Rn. 11).[7]

4 In der Rechtsprechung des Thüringer Verfassungsgerichtshofs hat die Berufsfreiheit bislang eine untergeordnete Rolle gespielt. Ihr widmet sich eine einzige Plenarentscheidung, das Urteil vom 05.12.2008 zum Nichtraucherschutz.[8]

C. Verfassungsvergleichende Information

5 Auf supranationaler Ebene sind die Inhalte der Berufsfreiheit gleich in zwei Grundrechten normiert, nämlich in Art. 15 GRCh („Berufsfreiheit und Recht zu arbeiten“) und Art. 16 GRCh (Unternehmerische Freiheit). Beide Grundrechte werden in der Rechtsprechung des EuGH traditionell miteinander verbunden.[9]

6 Auf der Ebene der Bundesländer ist die Gewährleistung der Berufsfreiheit erstaunlich selten. Garantiert ist sie in Berlin,[10] Brandenburg,[11] Sachsen,[12] Sachsen-Anhalt[13] und der Sache nach in Rheinland-Pfalz[14] sowie partiell in Bremen.[15] Einige Länder verweisen pauschal auf die Grundrechtsgewährleistungen des Grundgesetzes, und die Verfassung Bayerns enthält in Art. 166 nur einen Programmsatz, so dass die Berufsfreiheit der allgemeinen Handlungsfreiheit zugeordnet wird.[16]

6 Hierzu *Dietlein*, Die Berufs-, Arbeitsplatz- und Ausbildungsfreiheit, in: Stern, Bd. IV/1, § 111 I 3; *Breuer*, Freiheit des Berufs, in: HStR, Bd. VIII, § 170 Rn. 2 ff.
7 Siehe Entstehung ThürVerf, S. 98; PW 1 VerfA007 (07.03.1992), S. 4 ff.
8 ThürVerfGH, Urt. v. 05.12.2008 – 26/08 und 34/08 – ThürVBl 2009, 54. Eine einschlägige Verfassungsbeschwerde gegen den Glücksspielstaatsvertrag war unzulässig, so dass sich der Verfassungsgerichtshof in der Sache nicht äußern konnte (ThürVerfGH, Beschl. v. 14.07.2011 – 55/08 – n.v.).
9 Siehe *Ruffert,* in: Calliess/Ruffert, Art. 15 GRCh Rn. 5.
10 Art. 17 VvB.
11 Art. 49 BbgVerf.
12 Art. 28 SächsVerf.
13 Art. 16 LVerf LSA.
14 Art. 58 Verf Rh-Pf.
15 Art. 8 Abs. 2 BremVerf.
16 Siehe *Lindner,* in: Lindner/Möstl/Wolf, Art. 101 Rn. 17.

D. Erläuterungen

I. Berufsfreiheit als Abwehrrecht

Die Berufsfreiheit des Art. 35 Abs. 1 ThürVerf ist zunächst **Abwehrrecht** des einzelnen Grundrechtsträgers gegen staatliche Eingriffe. Der Grundrechtsschutz ist in systematischer Hinsicht durch die dreiteilige Prüfung nach Schutzbereich, Eingriff und Eingriffsrechtfertigung strukturiert. Abs. 2 tritt, ebenfalls abwehrrechtlich, ergänzend hinzu. Zu weiteren Grundrechtsfunktionen der Berufsfreiheit siehe unten Rn. 27 f. 7

1. Schutzbereich. a) Persönlicher Schutzbereich. Wie auch Art. 12 Abs. 1 GG 8
ist Art. 35 Abs. 1 ThürVerf ein Bürgerrecht, kein Menschenrecht. Art. 35 Abs. 1 verweist mit „Jeder Bürger..." auf Art. 104 GG. Die Berufsfreiheit hat einen traditionell menschenrechtlichen Kern (siehe oben Rn. 1), gibt jedoch ebenso traditionell nicht das Recht, das Territorium eines Staates (hier: des Freistaates Thüringen) zu betreten oder sich dort niederzulassen, um eine Berufstätigkeit aufzunehmen. Ausländer und Staatenlose müssen sich daher auf Art. 3 Abs. 2 berufen, es sei denn, ein Rechtsanspruch aus inter- oder supranationalem Recht stünde ihnen zur Seite.[17]

Während sich das Völkerrecht mit entsprechenden Anspruchspositionen zurück- 9
hält, ergibt sich ein solcher Rechtsanspruch für **Unionsbürger** (Art. 9 Satz 2 EUV, 20 Abs. 1 Satz 3 AEUV) aus dem unionsrechtlichen Verbot der Diskriminierung nach der Staatsangehörigkeit, Art. 18 Abs. 1 AEUV. Zwar verdrängt Art. 18 Abs. 1 AEUV das Tatbestandsmerkmal „Jeder Bürger..." in Art. 35 Abs. 1 ThürVerf nicht vollständig, doch ist die Wirkkraft des Unionsrechts nicht so schwach, dass Unionsbürger lediglich auf die Grundfreiheiten verwiesen wären. Im Anwendungsbereich des Unionsrechts – aber eben nur dort! – führt der anwendungsvorrangige Art. 18 Abs. 1 AEUV dazu, daß die Gewährleistungen des Art. 35 Abs. 1 ThürVerf auch auf nichtdeutsche Unionsbürger zu erstrecken sind.[18]

Nach Art. 43 Abs. 2 gilt Art. 35 Abs. 1 auch für inländische **juristische Personen** 10
des Privatrechts.

b) Sachlicher Schutzbereich. aa) Grundbegriffe. Hinsichtlich des **Berufsbe-** 11
griffs besteht Gleichklang mit der grundgesetzlichen Gewährleistung.[19] Beruf ist jede auf Dauer angelegte Tätigkeit zur Schaffung und Erhaltung einer Lebensgrundlage.[20] Dieser Begriff ist weit zu verstehen. Es sind sowohl traditionelle

17 *Manssen*, in: von Mangoldt/Klein/Starck, Art. 12 Abs. 1 Rn. 266. Zur Entstehungsgeschichte siehe oben Rn. 2.

18 Wie hier bereits zu Art. 12 GG *Ruffert*, in: Epping/Hillgruber, Art. 12 Rn. 37. Aus Rechtsprechung und Schrifttum OVG Münster, NWVBl 1995, 18 (18); *Jarass*, in: Jarass/Pieroth, Art. 12 Rn. 12; *Breuer*, Freiheit des Berufs, in: HStR, Bd. VIII, § 170 Rn. 43; *Kluth*, Jura 2001, 371 (371); *Dietlein*, Die Berufs-, Arbeitsplatz- und Ausbildungsfreiheit, in: Stern, Bd. IV/1, § 111 III 2 b; *Ehlers*, JZ 1996, 776 (781) (alle auf den Vorrang von Art. 18 AEUV [ex-Art. 12 EGV] verweisend), sowie *Mann*, in: Sachs, GG, Art. 12 Rn. 34 [siehe aber ebd. Rn. 35]; *Nolte/Tams*, JuS 2006, 31 (31); *Kämmerer*, in: von Münch/Kunig, Art. 12 Rn. 10 a.E.; *Manssen*, in: von Mangoldt/Klein/Starck, Art. 12 Abs. 1 Rn. 267; *Bauer/Kahl*, JZ 1995, 1077 (1079) (sämtlich mit dem Verweis auf Grundfreiheiten bzw. die allgemeine Handlungsfreiheit). Zu Art. 14 GG siehe BVerfGE 129, 78.

19 ThürVerfGH, Urt. v. 05.12.2008 – 26/08 und 34/08 – ThürVBl 2009, 54 (55).

20 St. Rspr seit BVerfGE 7, 377 (379).

Berufsbilder als auch neuartige gewerbliche Tätigkeiten erfasst.[21] Nahezu unstreitig ist mittlerweile, dass das Erlaubtsein nicht mehr zum Berufsbegriff gehört, sondern Verbote auf der Schrankenebene abzuarbeiten sind.[22] Damit sind gewerbliche Tätigkeiten in der Grauzone der Sozialadäquanz (Prostitution, Astrologie, Glücksspielveranstaltung, Repetitoren) ungeachtet expliziter gesetzlicher Erlaubnisse (z.B. ProstG 2001) geschützt, nicht jedoch solche auf Gewinnerzielung gerichtete Tätigkeiten, „die schon ihrem Wesen nach als verboten anzusehen sind, weil sie aufgrund ihrer Sozial- und Gemeinschaftsschädlichkeit schlechthin nicht am Schutz durch das Grundrecht der Berufsfreiheit teilhaben können."[23] (z.B. Dealer, Auftragskiller, Serienräuber). Der Schutzbereich ist auch für Beamte eröffnet (auch bei Nebentätigkeiten) sowie auch für staatlich gebundene Berufe (z.B. Notar).[24]

12 Der Begriff des **Arbeitsplatz**es ist dem des Berufs nachgeordnet und bezeichnet die Stelle, an der ein bestimmter Beruf ausgeübt wird.[25] **Ausbildungsstätten** sind alle auf einen Beruf bezogenen Stätten der Ausbildung, so dass zwar Hochschulen (einschließlich Fachhochschulen) dazugehören, nicht jedoch allgemeinbildende Schulen.[26]

13 **bb) Geschützte Tätigkeit.** Art. 35 Abs. 1 schützt die Freiheit von Berufswahl und Berufsausübung. Nach ständiger Rechtsprechung des Bundesverfassungsgerichts seit dem **„Apothekenurteil"** von 1958 zu Art. 12 Abs. 1 GG handelt es sich insoweit um einen einheitlichen Schutzbereich. Jede Berufsausübung ist gleichzeitig aktualisierte Berufswahl.[27] Der Wortlaut des Art. 35 Abs. 1 unterstreicht diese Einheitlichkeit, indem die Berufswahlfreiheit und die Berufsausübungsfreiheit der gleichen Schranke unterworfen werden (zur Entstehungsgeschichte siehe oben Rn. 2).

14 Art. 35 Abs. 1 ThürVerf schützt die Berufsausübungsfreiheit umfassend. Sie erstreckt sich auch auf das Recht, Art und Qualität der am Markt angebotenen Güter und Leistungen selbst festzulegen und damit den Kreis der angesprochenen Interessenten selbst auszuwählen.[28]

15 Das Bundesverfassungsgericht hat in seiner neueren Rechtsprechung Ansätze zur Verengung des Schutzbereichs der Berufsfreiheit formuliert. Geschützt sein soll nicht die freie Wahl und Ausübung eines Berufs im Sinne der Begriffsbestimmung (Rn. 11), sondern die Teilnahme am staatlich gewährleisteten Marktgeschehen. Art. 12 Abs. 1 GG schütze die Teilnahme am Wettbewerb nach Maßgabe der (durch staatliche Gesetzgebung determinierten) Funktionsbedingungen des Marktes.[29] Das Schrifttum lehnt diesen Rechtsprechungswandel na-

---

21 Beispiele bei *Ruffert,* in: Epping/Hillgruber, Art. 12 Rn. 41 f.

22 Deutlich *Voßkuhle,* VerwArch 87 (1996), 395 (409).

23 BVerfGE 115, 276 (301).

24 BVerfGE 73, 301 (315 f.).

25 So bereits *Bachof,* in: Bettermann/Nipperdey/Scheuner, Die Grundrechte, Bd. III/1, 2. Aufl. 1972, S. 155 (250).

26 *Manssen,* in: von Mangoldt/Klein/Starck, Art. 12 Abs. 1 Rn. 62; *Jarass,* in: Jarass/Pieroth, Art. 12 Rn. 94.

27 St. Rspr seit BVerfGE 7, 377 (401).

28 ThürVerfGH, Urt. v. 05.12.2008 – 26/08 und 34/08 – ThürVBl 2009, 54 (55) (Nichtraucherschutz).

29 BVerfGE 105, 252 (265 ff.); fortgeführt in BVerfGE 115, 205 (229); BVerfGE 116, 135 (151 f.); BVerfGE 116, 202 (221); BVerfGE 118, 1 (1).

hezu einhellig ab.[30] Er führt zu Schutzbereichsbeschränkungen ohne die systematischen Sicherungen der Schranken- und Schranken-Schranken-Ebenen. Für die Thüringer Verfassungslage wäre die Übernahme dieser Rechtsprechung unhaltbar: Art. 38 steht mit dem Staatsziel der sozialen Marktwirtschaft einer etatistischen Umdeutung der Berufsfreiheit zu einem bloßen Teilhaberecht schutzverstärkend entgegen. Die betroffenen Gemeinwohlbelange können – faktisch problemlos – auf der Ebene der Eingriffsrechtfertigung zur Geltung gebracht werden (siehe auch Art. 38 Rn. 19 ff.).

2. Grundrechtseingriffe. **a) Weiter Eingriffsbegriff.** Auszugehen ist auch für das Thüringer Verfassungsrecht von einem weiten Eingriffsbegriff. Jedes staatliche Handeln, das dem Einzelnen ein Verhalten, das in den Schutzbereich eines Grundrechts fällt, ganz oder teilweise unmöglich macht, löst verfassungsrechtlichen Rechtfertigungsbedarf aus.[31] 16

Dies betrifft zunächst (imperative) Eingriffe durch Rechtsakte – Gesetz, Verordnung, Verwaltungsakt, Satzung. Das Bundesverfassungsgericht versucht hier in ständiger Rechtsprechung, eine Einengung durch Begrenzung auf Eingriffe mit „objektiv" oder „subjektiv **berufsregelnder Tendenz**" herbeizuführen.[32] Diese Rechtsprechung findet jedoch in Wortlaut und Konzeption des Art. 12 Abs. 1 GG keine Stütze, und ihre Übernahme ist auch für Art. 35 Abs. 1 ThürVerf abzulehnen.[33] 17

Auch Realakte können Eingriffe in die Berufsfreiheit bewirken. Das Bundesverfassungsgericht hat auch hier mit der Glykol-Rechtsprechung bekanntermaßen eine erhebliche Verengung herbeigeführt. Diese Rechtsprechung wird zu Recht im Schrifttum einhellig abgelehnt (siehe oben Rn. 15). Ein Korrektiv wie die **„eingriffsgleiche Handlung"** bzw. das „funktionale Äquivalent eines Eingriffs" [34] muss bei Erhalt eines weiten Eingriffsbegriffs in der Interpretation des Art. 35 Abs. 1 für das Thüringer Verfassungsrecht demnach nicht konstruiert werden.[35] 18

b) Eingriff durch staatliche Beeinflussung des wirtschaftlichen Wettbewerbs. Eine staatliche Wettbewerbsbeeinflussung kann grundsätzlich ein Eingriff in die Berufswahl- und Berufsausübungsfreiheit des Art. 35 Abs. 1 ThürVerf sein. Prinzipiell besteht allerdings **kein Schutz vor der Zulassung von Konkurrenten**, weil Marktteilnehmer jederzeit mit Konkurrenz im Markt rechnen müssen.[36] Anders ist es, wenn der Wettbewerb im Markt durch staatliche Subventionen verzerrt wird. Hier ist zugunsten von Konkurrenten, die nicht subventioniert werden, Art. 35 Abs. 1 ThürVerf in seiner abwehrrechtlichen Dimension zu beachten.[37] 19

30 *Huber,* JZ 2003, 290 (290); *Murswiek,* NVwZ 2003, 1 (1); *Dietlein,* Die Berufs-, Arbeitsplatz- und Ausbildungsfreiheit, in: Stern, Bd. IV/1, § 111 IV a δ; *Schmidt,* Staatliche Verantwortung für die Wirtschaft, in: HStR, Bd. IV, § 92 Rn. 28 f.; *Lindner,* DÖV 2003, 185 (188 ff.); *Fassbender,* NJW 2004, 816 (816); *Ohler,* ZLR 2002, 631 (631).

31 Grundlegende Formulierung bei *Pieroth/Schlink,* Rn. 253.

32 St. Rspr seit BVerfGE 13, 181 (185 f.).

33 Siehe schon *Manssen,* in: von Mangoldt/Klein/Starck, Art. 12 Abs. 1 Rn. 75, daran anknüpfend *Ruffert,* in: Epping/Hillgruber, Art. 12 Rn. 57.

34 BVerfGE 105, 252 (273).

35 Die dogmatischen Verwerfungen, die sich dadurch ergeben, zeigt BVerfG, Beschl. v. 31.08.2009 - 1 BvR 3275/07 - DVBl. 2009, 1440 mit krit. Anm. *Achatz*; instruktive kritische Analyse bei *Cornils,* in: FS Herbert Bethge (2009), S. 137 (153 ff.).

36 BVerfGE 105, 252 (256).

37 BVerwGE 65, 167 (174).

20 Sehr eng zieht die auf der Grundlage von Art. 12 Abs. 1 GG arbeitende Rechtsprechung die Schutzwirkungen dieses Grundrechts für Konkurrenten **staatlicher (einschließlich kommunaler) Wirtschaftsbetätigung**. Ein Eingriff solle nur in Missbrauchssituationen (Verdrängungswettbewerb, Einsatz hoheitlicher Mittel, besondere Wettbewerbsvorteile) vorliegen.[38] Schon die angedeuteten Ausnahmetatbestände zeigen aber, daß die Beeinträchtigung durch Konkurrenz der öffentlichen Hand eher den rechtfertigungsbedürftigen Regelfall darstellt.[39] Entgegen der vielfach in Thüringen gepflegten Rhetorik, wonach (vor allem) die „kommunale Freiheit" gegen die Fesseln des öffentlichen Wirtschaftsrechts entfaltet werden müsste, ist es gerade das öffentliche Wirtschaftsrecht, das freiheitsentfaltend zur Geltung gebracht werden muss – nämlich zugunsten der Bürger sowie der (kleinen und mittelständischen) Unternehmen. Für eine konkurrenzschützende Wirkung von Art. 35 Abs. 1 spricht auch die schutzverstärkende Zusammenschau mit Art. 38. In der sozialen Marktwirtschaft werden Gemeinwohlbelange idealtypisch über allgemeine Gesetzgebung in die private Wirtschaft getragen, nicht durch staatliche Eigenwirtschaft. Insbesondere steht Art. 35 Abs. 1 iVm Art. 38 einer staatlichen oder kommunalen Wirtschaftsbetätigung zur reinen Gewinnerzielung entgegen.

21 Bedenklich ist ferner, dass das Bundesverfassungsgericht bei der **Vergabe öffentlicher Aufträge** den Schutzbereich des erfolglosen Bewerbers nicht als berührt ansieht, weil die öffentliche Hand durch die Auftragsvergabe nicht von außen auf den Wettbewerb einwirke, sondern wie ein Nachfrager selbst wettbewerblich tätig werde.[40] Angesichts des Gewichts der öffentlichen Auftragsvergabe für die Wirtschaft (insbesondere für einzelne Branchen) ist es eine kaum realitätsnahe Grundrechtsinterpretation, die öffentliche Hand hier mit der fragwürdigen Gleichstellung mit privaten Nachfragern aus der Bindung des Art. 42 Abs. 1 zu entlassen. Es ist keineswegs ausgemacht, dass die vergabefremden Zuschlagskriterien etwa des Thüringer Vergabegesetzes[41] nicht vor dem Maßstab des Art. 35 Abs. 1 bestehen könnten. Auf die Prüfung kann jedoch nicht verzichtet werden.

22 **3. Eingriffsrechtfertigung. a) Regelungsvorbehalt.** Art. 35 Abs. 1 Satz 2 integriert die ständige Rechtsprechung des Bundesverfassungsgerichts zur **Einheitlichkeit des Schutzbereichs** von Art. 12 Abs. 1 GG und zur daraus folgenden Einheitlichkeit des Regelungsvorbehalts. Berufswahl- und Berufsausübung (Satz 2 nennt noch die Berufsausbildung) können daher durch Gesetz geregelt werden.

23 Der **Regelungsvorbehalt**[42] beschränkt die Grundrechtsausübung insoweit, als sie durch formell und materiell verfassungskonforme Gesetze begrenzt werden

38 BVerwGE 39, 329 (336); BVerwG, Urt. v. 21.03.1995 - 1 B 211/94 - NJW 1995, 2938 (2939).

39 Siehe bereits *Ruffert,* in: Epping/Hillgruber, Art. 12 Rn. 65, gegen *Jarass,* in: Jarass/Pieroth, Art. 12 Rn. 23; *Schneider,* DVBl. 2000, 1250 (1256); der hier vertretenen Auffassung näher *Manssen,* in: von Mangoldt/Klein/Starck, Art. 12 Abs. 1 Rn. 83 ff.

40 BVerfGE 116, 135 (151 ff.).

41 ThürGVBl. 2011, S. 69.

42 Nicht Gesetzesvorbehalt (so aber *Jutzi,* in: Linck/Jutzi/Hopfe, Art. 35 Rn. 34).

kann.[43] Innerhalb der materiellen Verfassungskonformität ist die Verhältnismäßigkeit der entscheidende Maßstab.[44]

b) Strukturierung der Verhältnismäßigkeitsprüfung. In Anlehnung an die „Drei-Stufen-Lehre" des Bundesverfassungsgerichts kann die Verhältnismäßigkeitsprüfung entsprechend strukturiert werden. Je näher die gesetzliche Regelung an der Berufswahl, desto intensiver sind die Rechtfertigungsvoraussetzungen.[45] Bei (bloßen) Berufsausübungsregeln reichen vernünftige Gemeinwohlerwägungen aus. Subjektive Berufszulassungsschranken (z.B. Prüfungen der Berufsqualifikation) können nur gerechtfertigt sein, wenn sie zum Schutz eines besonders wichtigen Gemeinschaftsguts erforderlich und angemessen sind. Objektive Berufszulassungsschranken müssen der Abwehr einer nachweislichen oder höchstwahrscheinlichen Gefahr für ein überragend wichtiges Gemeinschaftsgut dienen. 24

Die starke Kritik der verfassungsrechtlichen Literatur an der Drei-Stufen-Lehre[46] ist für die Thüringer Verfassungsrechtslage nur bedingt stichhaltig. Indem der Verfassungsgeber Wahl und Ausübung in der Schrankennorm (Satz 2) zusammenführt, und zwar in bewusstem Rekurs auf die Karlsruher Rechtsprechung, wird die Strukturierung der Rechtfertigungsprüfung notwendig. Zu berücksichtigen ist schließlich der Beurteilungs- und Gestaltungspielraum des (Landes-)Gesetzgebers bei berufsregelnden Gesetzen.[47] 25

4. Verbot des Arbeitszwanges. Art. 12 Abs. 2 GG entsprechend verbietet Art. 35 Abs. 2 den Arbeitszwang außerhalb herkömmlicher, allgemeiner, für alle gleicher Dienstpflichten. Mit dem Bedeutungsverlust kommunalrechtlicher „Hand- und Spanndienste" hat die Bestimmung schon vor ihrem Inkrafttreten ihre praktische Bedeutung verloren. Diskutiert wird sie (bzw. ihr bundesrechtliches Pendant) im Kontext des mittelbaren Zwangs zur Arbeit bei drohendem Entzug existenzsichernder Leistungen. Weil der Grundrechtsschutz nicht so weit führen kann, dass er die missbräuchliche Inanspruchnahme der Allgemeinheit deckt, wird insoweit zu Recht von der ganz herrschenden Meinung mit kollidierendem Verfassungsrecht argumentiert.[48] 26

II. Weitere Grundrechtsfunktionen

Durch das Bundesverfassungsgericht sind weitere Funktionen des Grundrechts der Berufsfreiheit entfaltet worden. Art. 12 Abs. 1 GG ist zum einen Quelle von **Schutzpflichten** in Privatrechtsverhältnissen, namentlich im Arbeitsrecht.[49] Die Berufsfreiheit ist auch Grundrecht der Arbeitnehmer; allerdings ist darauf zu achten, dass die Aktivierung dieser Funktion nicht in eine offene Interessenabwägung mündet, sondern dass der Spielraum des (arbeitsrechtlichen) Gesetzge- 27

43 ThürVerfGH, Urt. v. 05.12.2008 – 26/08 und 34/08 – ThürVBl 2009, 54 (55) (Nichtraucherschutz).
44 ThürVerfGH, Urt. v. 05.12.2008 – 26/08 und 34/08 – ThürVBl 2009, 54 (55 f.) (Nichtraucherschutz).
45 St. Rspr seit BVerfGE 7, 377 (397 ff.).
46 Siehe etwa *Wieland,* in: Dreier, Art. 12 Rn. 111.
47 ThürVerfGH, Urt. v. 05.12.2008 – 26/08 und 34/08 – ThürVBl 2009, 54 (56) (Nichtraucherschutz).
48 Siehe nur *Breuer,* Freiheit des Berufs, in: HStR, Bd. VIII, § 170 Rn. 122 mwN; *Manssen,* in: von Mangoldt/Klein/Starck, Art. 12 Abs. 1 Rn. 311.
49 Siehe z. B. BVerfGE 81, 242 (242); BVerfGE 97, 169 (179). Zur aktuellen Rechtsprechung *Schmidt*, in: ErfK, 12. Aufl. 2012, Art. 12 GG Rn. 30 ff.

bers auch im Ausgleich des verhältnismäßigen Eingriffs in Arbeitgeberpositionen einerseits und des Mindestschutzes (Untermaßverbot) von Arbeitnehmerinteressen andererseits gewahrt bleibt.[50] Wegen der Bundeskompetenz für das Arbeitsrecht (Art. 74 Abs. 1 Nr. 12 GG) und der bundesrechtlichen Überlagerung der Fragestellung dürfte diese Schutzdimension auch in Zukunft praktisch ausschließlich durch die Fachgerichtsbarkeit auf bundesrechtlicher Grundlage garantiert werden. Für Art. 35 Abs. 1 ThürVerf verbleibt insoweit wenig Anwendungsraum.

28 Gleiches gilt für die **Teilhabe**dimension des Art. 12 Abs. 1 GG. Das Bundesverfassungsgericht verlangt in ständiger Rechtsprechung, dass die Studienplatzvergabe bei zulassungsbeschränkten Studiengängen gleichheitsgerecht erfolgen muss und alle Kapazitäten auszuschöpfen sind.[51] Bekanntermaßen wird dieser Anspruch aus einer Zusammenschau von Art. 12 Abs. 1 und Art. 3 Abs. 1 GG iVm dem Sozialstaatsprinzip gewonnen. Auch hier gibt es (nicht nur) in Thüringen eine umfassende fachgerichtliche Praxis, die nicht auf Art. 35 Abs. 1 ThürVerf zurückgreift. Freilich ist nicht ausgeschlossen, dass in konkreten Situationen aus Art. 35 Abs. 1 ThürVerf ähnliche Folgerungen gezogen werden.

Artikel 36 [Recht auf Arbeit]

[1]Es ist ständige Aufgabe des Freistaats, jedem die Möglichkeit zu schaffen, seinen Lebensunterhalt durch frei gewählte und dauerhafte Arbeit zu verdienen. [2]Zur Verwirklichung dieses Staatsziels ergreifen das Land und seine Gebietskörperschaften insbesondere Maßnahmen der Wirtschafts- und Arbeitsförderung, der beruflichen Weiterbildung und der Umschulung.

Vergleichbare Regelungen

Im GG keine, ansonsten Art. 166 f. BayVerf; Art. 18 VvB; Art. 48 BbgVerf; Art. 37, 49 f. BremVerf; Art. 28 HessVerf; Art. 17 M-VVerf; Art. 6 a NV; Art. 24 Verf NW; Art. 53 Verf Rh-Pf; Art. 45 SaarlVerf; Art. 39 LVerf LSA.

Dokumente zur Entstehungsgeschichte

Art. 36 VerfE CDU; Art. 22 VerfE F.D.P.; Art. 7 VerfE SPD; Art. 23 VerfE NF/GR/DJ; Art. 30, 31 VerfE LL/PDS; Entstehung ThürVerf, S. 51.

Literatur

Rolf Gröschner, Grundlagen des Wirtschaftsverwaltungs- und Umweltrechts, ThürVBl 1996, 217 ff., 246 ff.; *Peter Neumann*, Staatsziele in der Verfassung des Freistaats Thüringen, LKV 1996, 392 ff.; *Rupert Scholz*, Arbeitsverfassung, Grundgesetz und Landesverfassungen, RdA 1993, 249 ff.

50 Ausführlich *Ruffert*, Vorrang der Verfassung und Eigenständigkeit des Privatrechts, 2001, S. 424 ff.
51 BVerfGE 33, 303 (303).

A. Überblick

Art. 36 formuliert als Staatsziel die **Arbeitsförderung**; die sich daraus ergebenden Pflichten werden erläutert. 1

B. Herkunft, Entstehung und Entwicklung

Alle Entwürfe sahen eine staatliche **Schutzpflicht** für die menschliche Arbeit und Arbeitskraft vor; sie unterschieden sich aber darin, ob ein **Recht auf Arbeit** oder Arbeitsförderung in die Verfassung aufgenommen werden müsse. Demgemäß standen auch die Verfassungsberatungen vor der Frage, ob es neben dem allseits konsentierten Staatsziel Förderung der Arbeit auch zur Aufnahme des Rechts auf Arbeit kommen sollte. Die Bestimmung stellt einen Kompromiss dar, der auf die Sitzung des Unterausschusses des Verfassungs- und Geschäftsordnungsausschusses[1] vom 20.11.1992 zurückgeht. Auf seiner Grundlage kam es nachfolgend bis zur abschließenden Fassung des Artikels zu weiteren sprachlichen Anpassungen. 2

C. Verfassungsvergleichende Information

Für die **Arbeit** finden sich in den Landesverfassungen zahlreiche, höchst unterschiedliche Bestimmungen, namentlich die Anerkennung der elementaren wirtschaftlichen Tragweite der Arbeit für das Gemeinwesen (Art. 166 BayVerf, Art. 37 BremVerf, Art. 24 Verf NW, Art. 53 Verf Rh-Pf, Art. 45 SaarlVerf), Pflicht des Staates zum **Schutz der Arbeit** (Art. 166 BayVerf, Art. 18 VvB, Art. 37 BremVerf, Art. 28 HessVerf), das **Recht auf Arbeit** als Recht auf **Existenzsicherung** durch Arbeit (Art. 166 BayVerf, Art. 18 VvB, Art. 48 BbgVerf, Art. 49 BremVerf, Art. 6 a NV, Art. 24 Abs. 2 Verf NW, Art. 53 Abs. 2 Verf Rh-Pf, Art. 45 SaarlVerf, Art. 39 LVerf LSA), die **Pflicht zur Arbeit** nach individueller Anlage und Neigung (Art. 166 BayVerf, Art. 28 Abs. 2 HessVerf), Schutz der Arbeit durch ein soziales Arbeitsrecht (Art. 167 BayVerf, Art. 48 BbgVerf, Art. 49 f. BremVerf, Art. 24 Abs. 2 Verf NW, Art. 53 Abs. 2 Verf Rh-Pf), Recht auf **Arbeitsvermittlung** (Art. 18 VvB, Art. 48 BbgVerf), Recht auf **Arbeitsförderung** mit dem Ziel der **Vollbeschäftigung** (Art. 18 VvB, Art. 48 BbgVerf, Art. 17 M-VVerf, Art. 39 Abs. 2 LVerf LSA) und Recht auf **Arbeitslosenunterstützung** bei schuldloser Arbeitslosigkeit (Art. 49 BremVerf, Art. 28 Abs. 2 HessVerf). 3

D. Erläuterungen

I. Allgemeines

Die Bestimmung definiert das **Staatsziel Arbeit**. Darin liegt zunächst ein Bekenntnis zur **Arbeitsgesellschaft** als Basis der **Existenzsicherung** für jedermann. Hieraus ergeben sich Folgerungen für den Inhalt dieser Verpflichtung (II.1), die Adressaten (II.2) und die dafür einzusetzenden Mittel (II.3). Schließlich sind die Konkurrenzen (III) zu klären. 4

II. Verpflichtungsgehalt

1. Staatsziel Arbeit. Die Bestimmung schafft zwar kein **subjektives Recht** auf Arbeit;[2] entsprechende Vorschläge lagen den Beratungen zwar zu Grunde, sie 5

1 PW 1 VerfUA 023 (20.11.1992) S. 4–31.
2 *Gröschner*, ThürVBl 1996, 249; *Neumann*, LKV 1996, 395; *Scholz*, RdA 1993, 255.

fanden aber keine allgemeine Zustimmung. Allerdings wird mit der Anerkennung der Arbeit als Staatsziel die Sicherung von **Arbeitsplätzen** und der umfassende Schutz der Arbeitenden zu einer Daueraufgabe des Landes erhoben, welche das Land zu einer umfassenden Förderung von Arbeitsplätzen und Menschen in der Erwerbsarbeit verpflichtet.

6 Die Regelung findet in Art. 12, 109 Abs. 2 GG eine Basis im GG. Auch in diesen Bestimmungen ist eine auf **Vollbeschäftigung** oder jedenfalls einen hohen Beschäftigungsstand ausgerichtete Politik als Verfassungsauftrag angelegt. Der freie **Zugang zur Erwerbsarbeit** und die **Vollbeschäftigung** als ein elementares Ziel der Wirtschaftspolitik zielen jedenfalls auf ein Staatshandeln, das Arbeitsplätze schafft oder deren Entstehung fördert. Aus der Formulierung "seinen Lebensunterhalt durch ... Arbeit zu verdienen" folgt, dass aus dem Ertrag von Arbeit für jeden Erwerbsfähigen die angemessenen Mittel zur Existenzsicherung erwachsen sollen. Daraus ergibt sich auch die Folgerung, dass das Land auf eine Ausgestaltung des Arbeitsverhältnisses hinzuwirken hat, welches das international und in anderen Landesverfassungen anerkannte Recht auf Sicherung der Existenz durch **auskömmliche Arbeit** verwirklicht. Dies kann durch **Tarif-** oder **Mindestlöhne** geschehen.

7 Das Staatsziel Arbeit begründet nicht ein umfassendes staatliches Mandat zur **Gestaltung** menschlicher Arbeit. Solches widerspräche den in Art. 37 gegebenen Garantien der **Mitbestimmung, Koalitionsfreiheit** und des **Arbeitskampfes.** Daraus folgt, dass die Regelung der Arbeits- und Wirtschaftsbedingungen primär den Tarifvertragsparteien überantwortet ist und nicht dem Staat. Außerdem ergibt sich aus Art. 74 Abs. 1 Nr. 7, 12 GG, dass dem Bund die konkurrierende Zuständigkeit zur Regelung der **Fürsorge**, des **Arbeits-** wie **Sozialversicherungsrechts** zukommt. Der Bund hat davon im Rahmen der Arbeitsgesetzgebung, der **Sozial-** und **Arbeitslosenversicherung** (SGB III) sowie der **Grundsicherung für Arbeitsuchende** (SGB II) Gebrauch gemacht. Deshalb verbleibt dem Land nur im Rahmen solcher doppelter Begrenzung durch Tarif- und Bundesvorbehalt Raum für eigene Normierungen.[3]

8 **2. Adressaten.** Die zentralen Adressaten sind **Land** und **Gebietskörperschaften** – namentlich **Städte, Landkreise** und **Gemeinden.** In den Kreis der Verpflichteten sind auch die Eigenbetriebe und Kapitalgesellschaften einbezogen, an denen die genannten Gebietskörperschaften eine nennenswerte Beteiligung aufweisen.

9 **3. Maßnahmen.** Die Aufzählung der Instrumente: **Wirtschafts-** und **Arbeitsförderung**, berufliche **Weiterbildung** und **Umschulung** bezeichnet zunächst gesetzgeberische, aber auch administrative (**Beratung von Existenzgründern**) wie finanzielle Zuwendungen bei der Gründung von Unternehmen (**Wirtschaftsförderung**), Maßnahmen eines **öffentlichen Beschäftigungssektors** als Teil des zweiten Arbeitsmarkts, ferner **Bildungsmaßnahmen** zur Erhöhung der Beschäftigungsfähigkeit der einzelnen eine Beschäftigung Suchenden. Soweit die Gebietskörperschaften im Rahmen der Grundsicherung im Verbund mit der **Bundesagentur für Arbeit** oder eigenständig als **Optionskommune** tätig sind, wird deren auf Qualifizierung von Arbeitsuchenden gerichtetes Handeln durch diese Bestimmung und Aufgabenstellung legitimiert.

3 Vgl. oben „Thüringer Landesverfassungsrecht und Bundesverfassungsrecht“, Rn. 28 ff. und Rn. 40 ff.

III. Konkurrenzen

Art. 37 ergänzt Art. 36, indem jene Bestimmung den arbeitenden Menschen am Arbeitsplatz, auf dem Arbeitsmarkt, im **Betrieb** und **Unternehmen** sowie der Dienststelle durch Teilhaberechte schützt; Art. 36 hat auch Bedeutung für die Auslegung der **sozialen Marktwirtschaft** (Art. 38). Diese fordert einen umfassenden Schutz der menschlichen Arbeit. 10

Artikel 37 [Koalitionsfreiheit und Streikrecht]

(1) [1]Das Recht, zur Wahrung und Förderung der Arbeits- und Wirtschaftsbedingungen Vereinigungen zu bilden, ist für jeden und für alle Berufe gewährleistet. [2]Abreden, die dieses Recht einschränken oder zu behindern suchen, sind nichtig, hierauf gerichtete Maßnahmen sind rechtswidrig.

(2) Das Recht, Arbeitskämpfe zu führen, insbesondere das Streikrecht, ist gewährleistet.

(3) Die Beschäftigten und ihre Verbände haben nach Maßgabe der Gesetze das Recht auf Mitbestimmung in Angelegenheiten ihrer Betriebe, Unternehmen oder Dienststellen.

Vergleichbare Regelungen

Art. 9 Abs. 3 GG; Art. 169 f., 175 f. BayVerf; Art. 25, 28 VvB; Art. 47, 50 f. BbgVerf; Art. 47 f. BremVerf; Art. 29, 36 ff. HessVerf; Art. 26 Verf NW; Art. 54, 67 Verf Rh-Pf; Art. 47, 57 f. SaarlVerf; Art. 25 f. SächsVerf.

Dokumente zur Entstehungsgeschichte

Art. 15, 36 VerfE CDU; Art. 30 VerfE F.D.P.; Art. 26 VerfE SPD; Art. 24 VerfE NF/GR/DJ; Art. 33, 35 VerfE LL/PDS; Entstehung ThürVerf, S. 51.

Literatur

Elmar Braun, Grund und Grenzen der Mitbestimmung im öffentlichen Dienst, PersV 2010, 252 ff.; *Rolf Gröschner,* Grundlagen des Wirtschaftsverwaltungs- und Umweltrechts, ThürVBl 1996, 217 ff., 246 ff.; *Rupert Scholz,* Arbeitsverfassung, Grundgesetz und Landesverfassungen, RdA 1993, 249 ff.

Leitentscheidungen des BVerfG

BVerfGE 50, 290 (Unternehmensmitbestimmung); 84, 212 (Arbeitskampf); 93, 37 (Grenzen der Personalvertretung); 93, 352 (Koalitionsbetätigung).

A. Überblick

Art. 37 gewährleistet die **Koalitionsfreiheit**, das **Tarifrecht**, den **Arbeitskampf**, die **betriebliche Mitbestimmung** in Privatwirtschaft und **öffentlichem Dienst** sowie die **Unternehmensmitbestimmung.** 1

B. Herkunft, Entstehung und Entwicklung

2 Aufgrund der Fraktionsentwürfe sollte zunächst nur die Koalitionsfreiheit und der Arbeitskampf geregelt werden. Meinungsunterschiede bestanden im Hinblick auf die Regelungsbedürftigkeit und Statthaftigkeit der **Aussperrung.** Die Regelung der Koalitionsfreiheit folgt Art. 9 Abs. 3 GG. **Tarifautonomie, Betriebsverfassung, wirtschaftliche Mitbestimmung** und **Arbeitskampf** sind eng mit der Entstehung der Industriegesellschaft und der Entfaltung der Arbeiterbewegung verbunden. Sie sind letztlich erstmals und umfassend durch Art. 159 **WRV** als Teil einer den Grundsätzen der Gerechtigkeit des Wirtschaftslebens mit dem Ziel der Gewährleistung eines menschenwürdigen "Daseins für alle" entsprechenden Ordnung des Wirtschaftslebens (Art. 151 WRV) geregelt worden. Auch Art. 14 **DDR**-Verfassung von 1949 kannte diese Garantie. In Art. 8 **AEMR, 28 EU-GRCh** ist die **Koalitionsfreiheit** auch als das Recht auf **Kollektivverhandlungen** garantiert. Im Rahmen der **IAO** sind Kollektivvertragsfreiheit und die kollektive Betätigungsfreiheit der Koalitionen als Teil eines verpflichtenden **völkerrecht**lichen Mindeststandards anerkannt.
Die Normierung des Arbeitskampfes und insbesondere die Hervorhebung des Streikrechts sollen den Unterschied zur **DDR** markieren. Ferner wurde im Zuge der Beratungen[1] Einvernehmen darüber erzielt, die betriebliche und Unternehmensmitbestimmung sowie die **Mitbestimmung** der Arbeitnehmer im Betrieb und im Rahmen der Personalvertretung im systematischen Zusammenhang mit **Tarif-** und **Arbeitskampfrecht** zu normieren. Der VerfA behandelte eingehend den Arbeitskampf und kam überein, dem **Streikrecht** eine herausgehobene Stellung zuzuerkennen, sich indes zur **Aussperrung** nicht zu äußern. Der Vorschlag, für Arbeitskämpfe eine Begrenzung durch die Verhältnismäßigkeit vorzusehen, wurde in Anbetracht bereits bestehender bundesgesetzlicher Grenzziehungen verworfen.

C. Verfassungsvergleichende Information

3 Zu den Themenkomplexen Koalitionsfreiheit, Arbeitskampf und Mitbestimmung finden sich in den Landesverfassungen differenzierte Regeln, namentlich zum **Tarifrecht** (Art. 169 Abs. 2 BayVerf, 51 BbgVerf, 29 HessVerf, 54 Verf RhPf, 47 SaarlVerf), zur **Koalitions-** oder **Vereinigungsfreiheit** (Art. 170 BayVerf, 51 BbgVerf, 48 BremVerf, 36 HessVerf, 57 SaarlVerf, 25 SächsVerf), zum Arbeitskampf (Art. 51 BbgVerf, 29 HessVerf), zur **betrieblichen Mitbestimmung** (Art. 175 BayVerf, 25 VvB, 50 BbgVerf, 47 BremVerf, 37 HessVerf, 26 Verf NW, 67 Verf Rh-Pf, 58 SaarlVerf), **Unternehmensmitbestimmung** (Art. 176 BayVerf, 25 VvB, 50 BbgVerf, 26 Verf NW) und **Personalvertretung** (Art. 25 VvB, 50 BbgVerf, 26 SächsVerf).

D. Erläuterungen

I. Übersicht über die Regelungen

4 Die Bestimmung sichert die Koalitionsfreiheit als **individuelles** und **kollektives Recht** und erkennt beiden Gewährleistungen **Drittwirkung** zu (Abs. 1). Sie schützt ferner **Arbeitskämpfe** – insbesondere **Streiks** – als rechtmäßiges Mittel der Interessenauseinandersetzung (Abs. 2). Darin unterscheidet sich das Arbeits-

1 PW 1 VerfUA 004 (17.01.1992) S. 115–118, 148–160.

recht vom **Beamtenrecht.**[2] Es gewährleistet schließlich den Beschäftigten und „ihren Verbänden“ in Gestalt der **Betriebsverfassung, Unternehmensmitbestimmung** und der **Personalvertretung** die Rechte auf betriebliche und wirtschaftliche Mitbestimmung.

Angesichts der umfassenden Normierung dieser Fragen durch Art. 9 Abs. 3 GG, Bundesgesetze und die Rechtsprechung des **BAG** hat die Bestimmung primär einen das vorrangige Bundesrecht bekräftigenden und unterstützenden Charakter. Bundesrecht entfaltet nicht nur kompetenzrechtlich den Vorrang, sondern hat auch einen das nachrangige Landesrecht materiell prägenden Gehalt.[3] In der Gewährleistung der Koalitionsfreiheit stimmt Art. 37 Abs. 1 mit dem fast gleich lautenden Art. 9 Abs. 3 Satz 1 GG überein; in seiner Anerkennung des **Arbeitskampfes** – namentlich des **Streikrechts** – schafft es diesen primär durch Richterrecht ausgeformten Institutionen die nötige positiv-rechtliche Anerkennung. In seinem Bekenntnis zu **betrieblicher** und **unternehmerischer Mitbestimmung** wie **Personalvertretung** werden die im Freistaat Thüringen angesiedelten Betriebe und Unternehmen auf die bundesrechtlich geregelten Institutionen verpflichtet; in dem Bekenntnis zur Personalvertretung liegt auch für den Freistaat und seine Gebiets- wie sonstigen Körperschaften die Verpflichtung zur Einführung und Wahrung der Mitbestimmung der Arbeitnehmerschaft des öffentlichen Dienstes im Einklang mit den Grundsätzen der Personalvertretung. 5

1. Gehalt. Die **Koalitionsfreiheit** ist zwar aus der **Vereinigungsfreiheit** abgeleitet,[4] geht über diese aber hinaus. Denn die als "**Koalitionen**" bezeichneten Vereinigungen werden auf Grund der Koalitionsfreiheit angehalten und befugt, „zur Wahrung und Förderung der Arbeits- und Wirtschaftsbedingungen“ namentlich Löhne und alle übrigen Arbeitsbedingungen festzulegen – jedenfalls für die Mitglieder der Koalitionen. 6

2. Träger. Art. 37 Abs. 1 gewährleistet die Koalitionsfreiheit jeder Person = "jedem" und den Beschäftigten aller **Wirtschaftszweige** = allen Berufen – auch den bei Kirchen oder öffentlichen Einrichtungen Beschäftigten. Der Gewährleistungsgehalt dieser Freiheit hat eine individuelle wie kollektive Dimension. Als **individuelles Recht** ist die **positive Koalitionsfreiheit** als die Freiheit zur Bildung oder zum Beitritt zu einer Koalition zu verstehen. Diese umschließt das Recht, einer Koalition fernzubleiben – **negative Koalitionsfreiheit.**[5] Art. 37 Abs. 1 gewährleistet darüber hinaus das Recht jeder Koalition,[6] die "zur Wahrung und Förderung der Arbeits- und Wirtschaftsbedingungen" zulässigen Maßnahmen zu ergreifen. Koalitionen sind auf freiwilligem Zusammenschluss beruhende „gegnerunabhängige“ und hinreichend **sozial mächtige**[7] Verbände.[8] Sie genießen das Recht der Selbstorganisation;[9] sie können auch zwangsweise Geschlossenheit einfordern.[10] 7

2 Vgl. unten Art. 96 Rn. 17 ff.
3 BAGE 33, 140 (148); 58, 138 (142); *Scholz*, RdA 1993, 249 (253); vgl. dazu oben „Thüringer Landesverfassungsrecht und Bundesverfassungsrecht“, Rn. 28 ff.
4 BVerfGE 84, 212 (224).
5 BVerfGE 50, 290 (357); 55, 7 (21); 93, 37 (52).
6 BVerfGE 84, 212 (224); 92, 365 (393).
7 BVerfGE 58, 233 (248 f.).
8 *Jutzi*, in: Linck/Jutzi/Hopfe, Art. 37 Rn. 9, 11.
9 BVerfGE 50, 290 (373); 84, 212 (224); 93, 352 (357).
10 BVerfGE 58, 233 (248 f.).

8 **3. Aufgabe der Koalitionsfreiheit.** Die Koalitionen wirken auf die Gestaltung der Arbeits- und Wirtschaftsbedingungen hin. **Arbeitsbedingungen** bestimmen die Gegebenheiten, unter denen Arbeitnehmer tätig werden, Wirtschaftsbedingungen diejenigen, unter denen Arbeitgeber mit Arbeitnehmern zusammenwirken. Das wichtigste Instrument der Koalitionsfreiheit ist der **Tarifvertrag**[11] – ein kollektiver Vertrag zwischen Koalitionen, der frei von staatlicher Einwirkung[12] mit normativ zwingender Wirkung für alle Koalitionsmitglieder (Arbeitgeber wie Arbeitnehmer) im wesentlichen **Löhne** und sonstige **Arbeitsbedingungen**[13] regelt. Ihre Normen können auch auf Außenstehende durch **Allgemeinverbindlicherklärung** (§ 5 TVG)[14] oder Gesetz[15] erstreckt werden.

9 Allerdings ist die Koalitionsbetätigung nicht auf **Tarifverträge** zu beschränken; sie kann auch außerhalb der tariflich regulierten Arbeitsverhältnisse entfaltet werden, namentlich im kirchlichen und öffentlichen Dienst von Beamten. Für diese Beschäftigungen ist zwar die einseitige Regelung der Arbeitsbedingungen durch den Beschäftigenden typisch; die Beschäftigten sind jedoch auf Grund der **Koalitionsfreiheit** befugt, ihre Vorstellungen über die Gestaltung ihrer Beschäftigungsbedingungen darzulegen und auch wirkmächtig – etwa in Versammlungen und Flugschriften – zu vertreten. Aus Art. 37 Abs. 1 kann auch ein Recht einer Vereinigung von Beamten auf Anhörung im Gesetzgebungsverfahren hinsichtlich der die Beamten betreffenden Angelegenheiten erwachsen.[16]

10 Von der **Koalitionsfreiheit** ist die **koalitionsgemäße Betätigung** umfasst. Diese – tautologische – Umschreibung verlangt nach Präzisierung und Konkretisierung. Als "koalitionsgemäß" anerkannt sind **Werbung,**[17] Darstellung der eigenen Anliegen in Wort und Schrift sowie in Versammlungen, das **Zutrittsrecht der Gewerkschaftsbediensteten zum Betrieb** und Unternehmen,[18] die Aufforderung zu Verhandlungen sowie die Verpflichtung zur **Verwirklichung der getroffenen Vereinbarungen.** Vom Recht auf koalitionsgemäße Betätigung ist auch der **Arbeitskampf** umfasst, den Art. 37 Abs. 2 besonders schützt.

II. Arbeitskampf

11 Der von Art. 37 Abs. 2 gewährleistete Arbeitskampf ist nach dem in Deutschland überkommenen Verständnis ein sozialadäquates Mittel, um zur Neuregelung **tariflich ungeregelter Arbeitsbedingungen** zu gelangen, falls mildere Mittel nicht zur Verfügung stehen. Der Arbeitskampf wird daher von Koalitionen um durch diese regelbarer Ziele willen geführt, wenn zwischen den Koalitionen ein tarifloser = ungeregelter Zustand besteht und mildere Mittel – auch die **freiwillige Schlichtung** – nicht erfolgreich erscheinen.

12 Abs. 2 hebt unter den Arbeitskampfmitteln das **Streikrecht** hervor. Damit wird sichtlich der Streik als Mittel im Arbeitskampf besonders anerkannt, ist andererseits aber nicht als einzig rechtmäßiges Mittel anzusehen. Neben dem Streik wird somit auch die **Aussperrung** gewährleistet. Allerdings bedeutet die Hervor-

---

11 BVerfGE 88, 103 (114); 94, 268 (282 f.); 103, 293 (304 ff.).
12 BVerfGE 38, 281 (305); 44, 322 (340).
13 BVerfGE 94, 268 (283); 100, 271 (282); 103, 293 (304 ff.).
14 BVerfGE 44, 322; 55, 7.
15 BVerfGE 116, 202.
16 ThürVerfGH, ThürVBl 1996, 13.
17 BVerfGE 93, 352 (357).
18 BVerfGE 57, 220 (242) anerkennt Einschränkungen bei kirchlichen Betrieben.

hebung des Streiks und die Nichterwähnung der Aussperrung, dass die Verfassung nicht der Doktrin der „Waffengleichheit" folgt,[19] weil sie beide Mittel nicht auf eine Rangstufe stellt, sondern den Streik umfassender als die Aussperrung schützt.

Die Aussperrung kann also beschränkt werden – etwa nur als **Abwehraussperrung** erlaubt und eingesetzt werden, wogegen eine Beschränkung des Streikrechts hohen Anforderungen genügen muss. Es ist insbesondere unter Abkehr von autoritären Staaten der **NS**- oder **DDR**-Vergangenheit als elementares Freiheitsrecht der Arbeiterschaft geschützt. Dieses Grundrecht findet seine Rechtfertigung in der arbeitsgerichtlichen Rechtsprechung, welche diese aus **struktureller Unterlegenheit** der Arbeiterschaft gegenüber den Arbeitgebern ableitet.[20] 13

III. Betriebliche und unternehmerische Mitbestimmung

Art. 37 Abs. 3 bekennt sich zur **betrieblichen** und **unternehmerischen Mitbestimmung** und damit zu dem seit über einem Jahrhundert im deutschen Arbeitsrecht anerkannten Prinzip, dass die Arbeitnehmer in den Betrieben, Verwaltungen und Unternehmen durch frei gewählte Vertretungen und diesen zukommenden Verhandlungsbefugnissen die Arbeitsbedingungen in Betrieb und Verwaltung mit gestalten und im Rahmen der Unternehmensmitbestimmung in den Aufsichtsräten von Kapitalgesellschaften neben den Belangen der Kapitaleigner die Arbeitnehmerbelange zur Geltung bringen dürfen. 14

Daraus erwächst auch ein Anspruch der **Personalvertretungen** auf Mitbestimmung im Rahmen des Personalvertretungsrechts; dieses Recht umfasst aber nicht die Befugnis, im Rahmen der Thüringer Landesregierung beschlossenen Privatisierung von Verwaltungen mitzuwirken.[21] Vielmehr unterliegt das Mitbestimmungsrecht des Personalrats den durch die Parlamentsverantwortlichkeit der Regierung begründeten Beschränkungen.[22] 15

IV. Verhältnis zu anderen Grundrechten und Bundesrecht

Art. 37 ergänzt Art. 36 und konkretisiert Art. 38. Die konkurrierende Gesetzgebungszuständigkeit des **Bundes** (Art. 74 Abs. 1 Nr. 12 GG), von welcher der Bundesgesetzgeber umfassend Gebrauch gemacht hat, berührt nicht die Wirksamkeit inhaltsgleichen Landesverfassungsrechts (Art. 142 GG). Es kommt auch nicht zu einem **Anwendungsvorrang** des Bundes- gegenüber dem Landesrecht (Art. 30 GG) einschließlich von dessen Verfassungsrecht.[23] Die Bestimmung des Art. 37 bekräftigt im Einklang mit Bundesrecht die darin geltenden das kollektive Arbeitsrecht prägenden Regeln. 16

19 Anders *Gröschner*, ThürVBl 1996, 246.
20 BAGE 33, 140 (148); 48, 195 (200).
21 VG Meiningen, ThürVGRspr. 2002, 22; ThürOVG, Beschl. v. 02.04.2009 – 5 PO 341/07 – JURIS, Rn. 29 ff.
22 BVerfGE 9, 268 (281); 93, 37 (65);ThürVerfGH, PersV 2004, 252 (255); SächsVerfGH, PersV 2001, 198; HessStGH, PersV 2007, 100; *Braun*, PersV 2010, 252.
23 Vgl. dazu oben „Thüringer Landesverfassungsrecht und Bundesverfassungsrecht", Rn. 47 ff.

Artikel 38 [Soziale und ökologische Marktwirtschaft]

Die Ordnung des Wirtschaftslebens hat den Grundsätzen einer sozialen und der Ökologie verpflichteten Marktwirtschaft zu entsprechen.

Vergleichbare Regelungen

Art. 151 BayVerf; Art. 42 Abs. 2 BbgVerf; 38 Abs. 1 BremVerf; Art. 24 Abs. 1 Verf NW; Art. 51 Verf Rh-Pf; Art. 43 SaarlVerf; Art. 3 Abs. 3 UAbs. 1 Satz 2 EUV.

Ergänzungsnormen im sonstigen thüringischen Recht

§ 71 ThürKO idF. der Bek. v. 28.1.2003 (ThürGVBl. S. 41) zuletzt geändert durch Gesetz v. 06.03.2013 (ThürGVBl. S. 49).

Dokumente zur Entstehungsgeschichte

Art. 36, 37 VerfE CDU; Art. 29, 30 VerfE F.D.P.; Art. 45 VerfE LL/PDS; Entstehung ThürVerf S. 105 f.

Literatur

Werner Abelshauser, Deutsche Wirtschaftsgeschichte, 2. Aufl. 2004; *Peter Badura,* Wirtschaftsverfassung und Wirtschaftsverwaltung, 4. Aufl. 2011; *Christian Calliess,* Rechtsstaat und Umweltstaat, 2001; *Peter Christian Fischer*, Staatszielbestimmungen in den Verfassungen und Verfassungsentwürfen der neuen Bundesländer, 1994; *Rolf Gröschner,* Grundlagen des Wirtschaftsverwaltungs- und Umweltrechts, ThürVBl 1996, 246; *Ernst Rudolf Huber* (Hrsg.), Bewahrung und Wandlung, 1975; *David Jungbluth,* Überformung der grundgesetzlichen Wirtschaftsverfassung durch europäisches Unionsrecht, EuR 2010, 471; *Siegfried Jutzi,* Staatsziele der Verfassung des Freistaats Thüringen – zugleich ein Beitrag zur Bedeutung landesverfassungsrechtlicher Staatsziele im Bundesstaat, ThürVBl. 1995, 54; *Jens Kersten,* Soziale Marktwirtschaft planen. Wilfrid Schreibers „Lehre vom ökonomischen Humanismus", Mittelweg 36, 18 (2009/10), 82; *Michael Kloepfer,* Umweltrecht, 3. Aufl. 2004; *Gerhard Lingelbach* (Hrsg.), Rechtsgelehrte der Universität Jena aus vier Jahrhunderten, 2012; *Peter Neumann,* Staatsziele in der Verfassung des Freistaates Thüringen, LKV 1996, 392; *Hans Carl Nipperdey,* Die Soziale Marktwirtschaft in der Verfassung der Bundesrepublik, 1954; *ders.,* Wirtschaftsverfassung und Bundesverfassungsgericht, 1960; *Matthias Ruffert,* Zur Leistungsfähigkeit der Wirtschaftsverfassung, AöR 134 (2009), 197; *Thomas Vesting/Stefan Korioth* (Hrsg.), Der Eigenwert des Verfassungsrechts, 2011.

Leitentscheidungen des BVerfG

BVerfGE 4, 7 (Investitionshilfegesetz); 50, 290 (Mitbestimmung).

A. Überblick

1 Art. 38 normiert das zentrale **Staatsziel** für das **Wirtschaftsleben.** Die Vorschrift ist nur aus dem Kontext einer langen Diskussion um die verfassungsrechtliche Bedeutung der sozialen Marktwirtschaft und aus der konkreten historischen Situation der (Wieder-)Gründung Thüringens im Jahr 1990 zu verstehen (siehe unten Rn. 2 und 13). Daraus ergeben sich – auch in Verknüpfung mit anderen

Verfassungsbestimmungen – konkrete Vorgaben für Interpretation und Anwendung (siehe unten Rn. 19 ff.).

B. Herkunft, Entstehung und Entwicklung

Anders als die WRV in ihrem Fünften Abschnitt „Das Wirtschaftsleben“[1] enthält das Grundgesetz keine wirtschaftsverfassungsrechtliche Staatszielbestimmung. Die soziale Marktwirtschaft ist jedenfalls im Text nicht verankert (zur Diskussion Rn. 5). Der **Staatsvertrag** über die Wirtschafts-, Währungs- und Sozialunion zwischen der Bundesrepublik Deutschland und der DDR (1990)[2] legt zwar in Art. 1 Abs. 3 die soziale Marktwirtschaft als Wirtschaftsform der beiden deutschen Staaten ausdrücklich fest, hat aber lediglich den Rang eines einfachen Bundesgesetzes.[3] In diesem Kontext positioniert sich die Thüringer Verfassung mit einer klaren **Staatszielbestimmung** zugunsten der sozialen und der Ökologie verpflichteten Marktwirtschaft. 2

C. Verfassungsvergleichende Information

Auch im Textvergleich mit den Verfassungen der anderen Bundesländer ist die Thüringer Garantie der sozialen, ökologischen Marktwirtschaft eher singulär. Nur in Art. 51 der Verfassung von Rheinland-Pfalz heißt es: „Die soziale Marktwirtschaft ist die Grundlage der Wirtschaftsordnung.“; die brandenburgische Verfassung formuliert leicht abweichend davon in ihrem Art. 42 Abs. 2: „Das Wirtschaftsleben gestaltet sich nach den Grundsätzen einer sozial gerechten und dem Schutz der natürlichen Umwelt verpflichteten marktwirtschaftlichen Ordnung.“[4] Weitere Verfassungen der deutschen Gliedstaaten nehmen wenigstens inhaltlich auf eine Verknüpfung von Marktwirtschaft, sozialen Gewährleistungen und Umweltschutz Bezug, so Bayern (Art. 151 BayVerf mit darauffolgenden Artikeln zur Wirtschaftsordnung), Bremen,[5] Nordrhein-Westfalen[6] sowie das Saarland.[7] 3

Auf supranationaler Ebene findet sich hingegen seit dem Vertrag von Lissabon eine klare textliche Aussage. Gemäß Art. 3 Abs. 3 UAbs. 1 Satz 2 EUV wirkt die EU „auf ... eine im hohen Maße wettbewerbsfähige soziale Marktwirtschaft“ hin. Die inhaltliche Aufladung dieser Vorschrift mit Vorstellungen aus dem deutschen wirtschaftspolitischen Repertoire und die Auswirkungen dieser Bestimmung auf die deutsche Rechtsordnung sind allerdings umstritten (siehe unten Rn. 6). 4

1 Dazu statt vieler *Schmidt*, in: HStR, Bd. IV, § 92 Rn. 4; *Badura*, Grundrechte und Wirtschaftsordnung, in: Merten/Papier, Bd. II, § 29 Rn. 2.

2 Vertrag über die Schaffung einer Währungs-, Wirtschafts- und Sozialunion zwischen der Bundesrepublik Deutschland und der DDR vom 18.05.1990, BGBl. II S. 537.

3 Siehe *Kloepfer*, Verfassungsrecht, Bd. I, § 25 Rn. 36. *Gröschner*, ThürVBl 1996, 246 (247), verweist auf Art. 79 Abs. 1 Satz 1 GG.

4 Dazu kurz *Fischer*, Staatszielbestimmungen in den Verfassungen und Verfassungsentwürfen der neuen Bundesländer, S. 152.

5 Art. 38 Abs. 1 BremVerf.

6 Art. 24 Abs. 1 Verf NW.

7 Art. 43 SaarlVerf.

D. Erläuterungen

I. Verfassungsrecht und Wirtschaftsordnung

5 Auf der Ebene des Grundgesetzes wurde lange darum gerungen, ob und wie sich dieses zur Wirtschaftsordnung positioniert. Früh stand die These im Raume, die soziale Marktwirtschaft sei als **Wirtschaftsverfassung** der Bundesrepublik Deutschland im Grundgesetz verankert.[8] Durch die Kernaussagen zweier Entscheidungen des Bundesverfassungsgerichts, die Investitionshilfeentscheidung von 1954 und das Mitbestimmungsurteil von 1979 ist diese Debatte beendet worden.[9] Das Bundesverfassungsgericht – dem sich die Lehre insoweit nicht entgegenstellt – sieht im Grundgesetz die **wirtschaftspolitische Neutralität** des Staates angelegt, so dass der Gesetzgeber die wesentlichen Entscheidungen in der Wirtschaftspolitik treffen kann und muss. Wirtschaftsverfassungsrechtliche Gewährleistungen enthalten jedoch die wirtschaftsbezogenen **Grundrechte**; auf Bundesebene Art. 2 Abs. 1, 9 Abs. 1 und 2, 12 Abs. 1 und 14 Abs. 1 GG. Der am 01.07.1990 in Kraft getretene Staatsvertrag zwischen der Bundesrepublik Deutschland und der DDR (siehe oben Rn. 5) hat an dieser Einschätzung insoweit wenig geändert. Mehr noch: Erosionstendenzen in der Interpretation der wirtschaftsbezogenen Grundrechte stellen bislang sicher geglaubte und allseits konsentierte Gewährleistungen in Frage.[10]

6 Eine verstärkte Orientierung auf die Prinzipien der sozialen Marktwirtschaft hin ist jedoch infolge des europarechtlichen Einflusses vorzunehmen. Schon vor dem Vertrag von Lissabon gab es starke **Gewährleistungen marktwirtschaftlicher Strukturprinzipien** auf supranationaler Ebene, die über weite Strecken weiterhin geltendes Recht sind.[11] Art. 3 Abs. 3 UAbs. 1 Satz 2 EUV schreibt nun die soziale Marktwirtschaft als Element des EU-Verfassungsrechts fest, wenngleich der Begriff autonom unionsrechtlich und nicht zwingend nach den Vorgaben der deutschen Begriffstradition zu bestimmen ist.[12] Hierin liegt nach allgemeiner Auffassung mindestens ein Hindernis für die Totalumkehr zu planwirtschaftlichen Strukturen (unbeschadet der fortdauernden Existenz planwirtschaftlicher Sektoren, namentlich in der Agrarpolitik), und es liegt nahe, dies auch auf die Mitgliedstaaten zurückwirken zu lassen.[13] Für Thüringen ist der interpretative Aufwand allerdings lediglich als auslegungsillustrierende Hintergrundinformation bedeutsam, denn in Art. 38 trifft die Verfassung eine eindeutige Regelung.

II. Garantie der sozialen Marktwirtschaft in Thüringen

7 **1. Begriff und Inhalt.** Thüringen gewährleistet – neben Rheinland-Pfalz als eines von lediglich zwei Bundesländern (siehe oben Rn. 3) – die soziale Markt-

8 Siehe namentlich *Nipperdey,* Die Soziale Marktwirtschaft in der Verfassung der Bundesrepublik, 1954; *ders.,* Wirtschaftsverfassung und Bundesverfassungsgericht, 1960. Zur Diskussion siehe statt vieler die Zusammenfassungen bei *Huber,* Der Streit um das Wirtschaftsverfassungsrecht, in: Huber, S. 215, sowie *Badura,* Wirtschaftsverfassung und Wirtschaftsverwaltung, 4. Aufl. 2011, Rn. 14, und *Jutzi,* in: Linck/Jutzi./Hopfe, Art. 38 Rn. 5 ff.

9 BVerfGE 4, 7 (17 f.); 50, 290 (336 ff.).

10 Zum Ganzen *Ruffert,* AöR 134 (2009), 197 (197).

11 *Ruffert,* in: Calliess/Ruffert, Art. 3 EUV Rn. 25 f.

12 *Ruffert,* in: Calliess/Ruffert, Art. 3 EUV Rn. 38.

13 Bisher allg. Meinung. Dagegen in neuerer Zeit *Jungbluth,* EuR 2010, 471 (471).

wirtschaft als Wirtschaftsordnung. Um den Inhalt dieses Konzepts gibt es nicht wenige Missverständnisse, die sich auf seine rechtliche Erfassung auswirken.

Entwickelt wurde die **soziale Marktwirtschaft** als wirtschaftspolitische (nicht rechtliche) Konzeption in den späten 1940er und frühen 1950er Jahren namentlich von *Alfred Müller-Armack*, politisch umgesetzt bekanntlich von *Ludwig Erhard*.[14] Es mag sein, dass es sich um einen improvisierten Begriff handelt;[15] unbestritten ist, dass es im Kern darum geht, in der Marktwirtschaft und nicht in der zentral gelenkten Planwirtschaft, die in den späten 1940er Jahren einem gemeineuropäischen Trend folgend auch in Deutschland viele Befürworter hatte, soziale Zielsetzungen zu verwirklichen. Unbestritten ist auch der tatsächliche Erfolg der sozialen Marktwirtschaft, ohne die der bis weit in die 1970er Jahre nur durch eine minimale Rezession um 1966 und den „Ölpreisschock" gebremste Aufschwung in der Bundesrepublik unmöglich gewesen wäre – und ohne die, für die Rezeption durch die Thüringer Verfassung nicht unbedeutend, der ökonomische Abstand zwischen Bundesrepublik und DDR nicht schon so früh und im Ergebnis so nachhaltig ausgefallen wäre.[16] 8

Umstritten unter den Begründern der sozialen Marktwirtschaft und auch in der rückblickenden Deutung ist die Frage, wie die Verwirklichung sozialer Belange in der wettbewerbsorientierten Marktwirtschaft gelingen kann. Den Vertretern der **neo- oder ordoliberalen Schule** (auch: Freiburger Schule) war und ist der Wettbewerb selbst Garant sozialer Gewährleistungen, andere plädieren (teils aus der katholischen Soziallehre stammend) für eine aktive Sozialpolitik zur sozialen Flankierung des marktwirtschaftlichen Wettbewerbs.[17] Um sich in derartigen Auseinandersetzungen nicht zu verlieren, die angesichts der umfassend verwirklichten aktiven Sozialpolitik ohnehin an Bedeutung abgenommen haben, empfiehlt es sich, mit *Peter M. Huber* zu formulieren, dass die soziale Marktwirtschaft die Aufgabe stellt, „... jedermann die Chance zu gewährleisten, durch eigene Arbeit und Leistung einen selbstbestimmten Beitrag zur Erwirtschaftung des Sozialprodukts zu erbringen."[18] Ausgangspunkt ist die **marktwirtschaftliche Ordnung des Wirtschaftslebens**, umhegt von den Grundrechten auch der Thüringer Verfassung (Art. 34 ff., Art. 3 Abs. 2). Diese muss um gesetzliche Gewährleistungen des Sozialen ergänzt werden, und zwar in einer Weise, die die Integration jedes einzelnen in das Wirtschaftsleben sicherstellt. 9

Verfassungsrechtlich irrelevant ist die aus der marxistischen Terminologie stammende, die Wirtschaftssoziologie lange prägende und teilweise noch heute rezipierte Dichotomie von **Kapitalismus** und **Sozialismus**. Die soziale Marktwirtschaft des Art. 38 garantiert keinen Kapitalismus Marx'scher (oder auch Weber'scher) Prägung, sondern eine Wirtschaftsform, in der freie Rechts- und Wirtschaftssubjekte in Marktprozessen Güterallokation betreiben und die aus sich selbst oder durch aktive politische Maßnahmen den sozialen Wohlstand der 10

---

14 Im Überblick statt vieler *Kersten,* Teilverfasste Wirtschaft, in: Vesting/Korioth, Der Eigenwert des Verfassungsrechts, 2011, S. 135 (136 ff.).

15 *Kersten,* Mittelweg 36, 18 (2009/10), 82 (83), berichtet (unter Berufung auf *Hans-Peter Schwarz,* Anmerkungen zu Adenauer, 2004, S. 55 f.), *Adenauer* habe den Begriff der sozialen Marktwirtschaft „aus einem Zwischenruf" in einer Gremiensitzung der CDU 1949 improvisiert.

16 Ausführlich: *Abelshauser,* Deutsche Wirtschaftsgeschichte, 2. Aufl. 2004, S. 173 ff.

17 *Kersten,* Mittelweg 36, 18 (2009/10), 82 (83 ff.).

18 *Huber,* in: Schmidt-Aßmann, 3. Kap. Rn. 11.

gesamten Bürgerschaft erstrebt. Faktische Abweichungen dieser Ordnung von – gleich welchen – Kapitalismuskonzepten sind verfassungsrechtlich ebenso bedeutungslos wie „Kapitalismuskritik" gegen eine sich nicht normativ als solche verstehende Ordnung.

11 **2. Rezeption und Gewährleistung in der und durch die Thüringer Verfassung.** Für die Deutung der Rezeption der sozialen Marktwirtschaft in der Thüringer Verfassung gibt es zwei Ansätze, von denen allerdings nur der zweite in der Interpretation durchgreift:

12 Dennoch soll der erste Deutungsansatz als historische Reminiszenz nicht ausbleiben. In der Diskussion um den verfassungsrechtlichen Gehalt der sozialen Marktwirtschaft ist es allen voran der aus Thüringen (Bad Berka) stammende *Hans Carl Nipperdey* (1895-1968),[19] der sich für deren Verwurzelung in Art. 2 Abs. 1 GG in Verbindung mit dem Sozialstaatsprinzip ausspricht. *Nipperdey,* der in den frühen 1920er Jahren in Jena lehrte, wurde nach dem Krieg erster Präsident des Bundesarbeitsgerichts, was in dessen Verortung in Erfurt nach 1990 fortwirkt. Wenn die soziale Marktwirtschaft also nicht in Thüringen entdeckt wurde, so gelangte sie doch durch einen Thüringer in das Verfassungsrechtsdenken.

13 Viel stärker wirkt jedoch für die Interpretation des Art. 38 die Abkehr von der sozialistischen Kommandowirtschaft nach der friedlichen Revolution 1989 und der Wiedervereinigung 1990. Für das Wirtschaftsleben wenden sich die Verfassungsgeber der Thüringer Verfassung klar gegen jede staatswirtschaftlich-planbürokratische Konstruktion, sondern sprechen sich dafür aus, das Erfolgsmodell der jungen Bundesrepublik auch in Thüringen zu implementieren. In den Unterlagen zur Entstehung der Thüringer Verfassung wird selbst von Vertretern der gerade in PDS-LL umbenannten SED auf dieser Ebene argumentiert,[20] und mit Blick auf Art. 1 Abs. 3 des Staatsvertrages lässt sich in der Rückschau kaum eine andere Deutung vertreten.

III. Der Ökologie verpflichtete Marktwirtschaft

14 Der Gedanke einer ökologischen Aufladung der Marktwirtschaft ist neueren Datums. Die Umweltfrage ist seit den 1960er Jahren zur sozialen Frage hinzugetreten. Auch in der Erwähnung des ökologischen Prinzips im Kontext der Wirtschaftsordnung zeigen sich die historischen Entstehungsbedingungen der Thüringer Verfassung, reagiert doch die friedliche Revolution von 1989 auch auf die massiven Umweltzerstörungen durch die Wirtschaft der DDR.[21] Gegenwärtig dürfte gleichwohl die Verpflichtung der marktwirtschaftlichen Ordnung auf die Ökologie in Art. 38 nur geringe Auswirkungen zeitigen. Das Umweltprinzip ist in Art. 31 ff. breit verankert – der thüringische Staat ist **Umweltstaat.**[22] Hinzu kommt, dass auch in faktischer Hinsicht die Verknüpfung von Wirtschaft und Umweltschutz mittlerweile Gemeingut geworden ist. Dies wirkt auf die normative Ausstrahlung von Art. 38 zurück.

---

19 Zu ihm *Siebinger,* Hans Carl Nipperdey, in: Lingelbach, Rechtsgelehrte der Universität Jena aus vier Jahrhunderten, 2012, § 29, S. 309.

20 Siehe Art. 45 Abs. 1 Satz 2 ihres Gesetzentwurfs für die Thüringer Verfassung, Drs. 1/678.

21 *Kloepfer,* Umweltrecht, § 2 Rn. 103.

22 Zur Idee des Umweltstaates grundlegend *Calliess,* Rechtsstaat und Umweltstaat, 2001.

IV. Garantiegehalt und Rechtsfolgen

1. Soziale und ökologische Marktwirtschaft als Staatsziel. Die Ordnung des Wirtschaftslebens nach den Grundsätzen einer sozialen und der Ökologie verpflichteten Marktwirtschaft ist ein **Staatsziel.** Es ist nach Art. 43 vom Freistaat anzustreben, und die Organe des Freistaats haben ihr Handeln danach auszurichten. Da Kommunen und sonstige Träger von Selbstverwaltungsrechten ihre Autonomie nur im Rahmen der Verfassung und der Gesetze ausüben dürfen, sind sie ebenfalls an Art. 38 gebunden.[23] 15

Unter Berücksichtigung der vorgenannten interpretationsleitenden Gedanken schreibt Art. 38 eine **marktwirtschaftliche Ordnung** als Basis des Wirtschaftslebens in Thüringen fest.[24] Insoweit steht die Verfassungsnorm in direkter systematischer Verbindung zu den Art. 34-37, die ebenfalls von einer freiheitlich-marktwirtschaftlichen Ordnung ausgehen.[25] Diese Ordnung grundsätzlich zu beseitigen erforderte eine Änderung der Verfassung. Die aufgrund der Vorprägung durch die Zeit vor 1990 vorhandene latente Neigung zu staatswirtschaftlichen Konzepten ist vor der Verfassung rechtfertigungsbedürftig – nicht umgekehrt. 16

Verknüpft mit den sozialen Gewährleistungen der Verfassung (vor allem Art. 20, 36, 37 Abs. 2 und 3) fordert das Staatsziel, dass der Freistaat Thüringen in Gesetzgebung und Verwaltung die marktwirtschaftliche Ordnung **sozialpolitisch** begleitet. Soziale Marktwirtschaft ist keine Ordnung, in der das „Recht des Stärkeren" gilt. Ziel des „Sozialen" iSv Art. 38 ist die Inklusion aller in das Wirtschaftsleben, nicht die ökonomieferne Alimentation. 17

Entsprechende Gebote gelten für das ökologische Prinzip und die Verbindung zu Art. 31-33. 18

2. Folgerungen für Gesetzgebung, Verwaltung und Rechtsprechung in Thüringen. Die weitreichende Bundeskompetenz in der wirtschaftsbezogenen Gesetzgebung (hier insbesondere Art. 74 Abs. 1 Nr. 11 und 12 GG) führt dazu, dass Thüringen nur über geringe gesetzgeberische Spielräume verfügt, das Staatsziel soziale und ökologische Marktwirtschaft auszufüllen. Immerhin ist dies aber möglich in den von Art. 74 Abs. 1 Nr. 11 GG seit der Föderalismusreform I ausdrücklich den Ländern überantworteten Bereichen (Gaststättenrecht, Ladenöffnungszeiten, Messen und Märkte). Freilich ist es schwierig, dort aus der sozialen (und ökologischen) Marktwirtschaft schärfere Maßstäbe zu entwickeln als bei den Grundrechten. 19

Stärker kann die Wirkkraft von Art. 38 bei der staatlichen **Eigenwirtschaft** entfaltet werden. Hier ist der Freistaat marginal einfachgesetzlich gebunden (§ 65 LHO), die Kommunen stärker durch die überkommene Schrankentrias (§ 71 Abs. 1 ThürKO). Der verfassungsrechtliche Umgang mit Tendenzen zur Stärkung der Staatswirtschaft – trotz der Selbstverwaltungsgarantie zählen die Kommunen insoweit zur staatlichen Verwaltung – gehört zu den Dauerthemen des öffentlichen Wirtschaftsrechts. Staatliche Wirtschaftsbetätigung um ihrer selbst willen ist mit dem freiheitlichen Ansatz der sozialen (und ökologischen) 20

23 *Neumann,* LKV 1996, 392 (395); *Jutzi,* in: Linck/Jutzi/Hopfe, Art. 38 Rn. 3.
24 Die Bedenken von *Gröschner,* ThürVBl 1996, 246 (247), werden insoweit durch die klare verfassungstextliche Festlegung überwunden. Enger als hier – aber argumentativ diffus – *Jutzi,* ThürVBl 1995, 54 (59).
25 Insoweit übereinstimmend *Gröschner,* ThürVBl 1996, 246 (248).

Marktwirtschaft im Kern inkompatibel; auch alle sozialen Gewährleistungen im Fünften Abschnitt gehen davon aus, dass sozialer Schutz durch Regelungen für die Privatwirtschaft sichergestellt wird, nicht z.B. durch die Übernahme der schutzwürdigen Arbeitnehmer in den Dienst des Landes. Die Deutung von Art. 38 als Reaktion auf den staatswirtschaftlichen Exzess vor 1989 kann in der Interpretation nicht folgenlos sein. Daraus folgt zweierlei:

21 Erstens ist **staatliche wirtschaftliche Betätigung** mit alleiniger **Gewinnerzielungsabsicht** grundsätzlich mit Art. 38 **nicht vereinbar.**[26] Der Freistaat und die Kommunen (sowie ggf. andere Selbstverwaltungsträger) dürfen nur dann wirtschaftlich tätig werden, wenn ein öffentlicher Zweck, der über die Einnahmeerzielung hinausgeht, die wirtschaftliche Betätigung trägt (s. § 71 Abs. 1 Nr. 1 ThürKO, ferner § 65 Abs. 1 Nr. 1 LHO).

22 Zweitens verstärkt Art. 38 für Thüringen den **Konkurrenzschutz** aus den Grundrechten bei öffentlicher Wirtschaftstätigkeit. Während die Rechtsprechung zu Art. 12 GG – trotz heftiger Kritik des Schrifttums – den Rechtsschutz für private Konkurrenten gegenüber staatlicher Wirtschaftstätigkeit auf ein Minimum reduziert – im wesentlichen auf einen Missbrauchsschutz –[27] ist eine solche Reduktion angesichts der im Staatsziel des Art. 38 enthaltenen Strukturentscheidung für die soziale Marktwirtschaft nicht haltbar. Für verwaltungsgerichtlichen Konkurrenzschutz gegen Betriebe des Landes und der Kommunen ist daher eine Berufung auf Art. 35 Abs. 1 iVm Art. 38 zuzulassen.

Sechster Abschnitt Religion und Weltanschauung

Artikel 39 [Gewissens-, Glaubens- und Bekenntnisfreiheit]

(1) Die Freiheit des Glaubens, des Gewissens und die Freiheit des religiösen und weltanschaulichen Bekenntnisses sind unverletzlich.

(2) [1]Jeder hat das Recht, seine Religion oder Weltanschauung ungestört, allein oder mit anderen, privat oder öffentlich auszuüben. [2]Die Ausübung einer Religion oder Weltanschauung darf die Würde anderer nicht verletzen.

Vergleichbare Regelungen

Art. 4 Abs. 1, 2 GG; Art. 107 BayVerf; Art. 29 Abs. 1 VvB; Art. 13 Abs. 1 BbgVerf; Art. 4 BremVerf; Art. 9 HessVerf; Art. 8 Abs. 1 Verf Rh-Pf; Art. 4 SaarlVerf ; Art. 19 Abs. 1, 2 SächsVerf; Art. 9 Abs. 1, 2 LVerf LSA.

Dokumente zur Entstehungsgeschichte

Art. 10 VerfE CDU; Art. 7 VerfE F.D.P.; Art. 20 VerfE SPD; Art. 10 VerfE NF/GR/DJ; Art. 11 VerfE LL/PDS; Entstehung ThürVerf, S. 107 f.

Literatur

Manfred Baldus, Menschenwürdegarantie und Absolutheitsthese, AöR 136 (2011), 529 ff.; *Ernst-Wolfgang Böckenförde*, Schutzbereich, Eingriff, Verfassungsimmanente Schranken – Zur Kritik gegenwärtiger Grundrechtsdogmatik, Der Staat 42 (2003), 165 ff.; *Martin Borowski*, Die Glaubens- und Gewissensfreiheit des Grundgesetzes, 2006; *Axel von Campenhausen*, Neue Religionen im Abendland, ZevKR 25 (1980), 135 ff.; *Carolyn Evans*, Freedom of Religion under the European Convention on Human Rights, 2001; *Bijan Fateh-Moghadam*, Religiöse Rechtfertigung? Die Beschneidung von Knaben zwischen Strafrecht, Religionsfreiheit

26 Dies entspricht auch der ganz hM im Kommunalwirtschaftsrecht; statt aller *Schmidt-Aßmann/Röhl*, in: Schmidt-Aßmann, 3. Kap. Rn. 120 mwN.

27 Dazu oben Art. 35 Rn. 19 f.

und elterlichem Sorgerecht, RW 2010, 115 ff.; *Claudio Fuchs*, Das Staatskirchenrecht der neuen Bundesländer, 1999; *Rolf Dietrich Herzberg*, Religionsfreiheit und Kindeswohl, ZIS 2010, 471 ff.; *Stephan Rixen*, Das Gesetz über den Umfang der Personensorge bei einer Beschneidung des männlichen Kindes, NJW 2013, 257 ff.; *Andreas Spickhoff*, Grund, Voraussetzungen und Grenzen des Sorgerechts bei Beschneidung männlicher Kinder, FamRZ 2013, 337 ff.; *Gerrit Hellmuth Stumpf*, Zur verfassungsrechtlichen Zulässigkeit ritueller Beschneidungen – Zugleich ein Beitrag zu den Vor- und Nachteilen einer gesetzlichen Regelung, DVBl. 2013, 141 ff.; *Antje von Ungern-Sternberg*, Religionsfreiheit in Europa, 2008; *Patricia Wiater*, Rechtspluralismus und Grundrechtsschutz: Das Kölner Beschneidungsurteil, NVwZ 2012, 1379 ff.

Leitentscheidungen des BVerfG und des BVerwG

BVerfGE 12, 45 (Kriegsdienstverweigerung I); 19, 135 (Ersatzdienstverweigerer); 23, 127 (Zeugen Jehovas); 24, 236 ([Aktion] Rumpelkammer); 28, 243 (Dienstpflichtverweigerung); 30, 173 (Mephisto); 32, 98 (Gesundbeter); 33, 23 (Eidesverweigerung aus Glaubensgründen); 35, 366 (Kreuz im Gerichtssaal); 41, 29 (Simultanschule); 67, 213 (Anachronistischer Zug); 78, 391 (Totalverweigerung); 83, 341 (Bahá'í); 93, 1 (Kruzifix); 102, 370 (Körperschaftsstatus der Zeugen Jehovas); 105, 279 (Osho); 108, 282 (Kopftuch); 119, 1 (Roman Esra); 125, 39 (Adventssonntage Berlin).

BVerwGE 105, 73; 127, 302 (Unverbindlichkeit eines Befehls wegen einer Gewissensentscheidung – Irak-Krieg); 109, 40 (Kruzifix in der Schule); BVerwG, Urt. v. 30.11.2011 – 6 C 20/10 –.

A. Überblick

Art. 39 Abs. 1 gewährleistet entsprechend Art. 4 Abs. 1 GG die Freiheit des Glaubens, des Gewissens und des religiösen und weltanschaulichen Bekenntnisses. Art. 39 Abs. 2 modifiziert jedoch Art. 4 Abs. 2 GG, indem er betont, dass die Ausübung des religiösen und weltanschaulichen Bekenntnisses ***die Würde anderer*** nicht verletzen darf. Dies bringt ein allgemeines Verfassungsprinzip zum Ausdruck, wonach die Ausübung von Grundrechten nicht zu Lasten der Grundrechte Dritter gehen und vor allem nicht die Menschenwürde anderer beeinträchtigen darf.[1] 1

1 *Häberle*, in: JöR N.F. 43 (1995), 355 (383).

B. Herkunft, Entstehung und Entwicklung

2 Bei den Verfassungsberatungen wurde die Glaubens-, Gewissens- und Bekenntnisfreiheit im Wesentlichen nach dem Muster von Art. 4 GG in den Katalog der verfassungsrechtlichen Freiheitsgarantien aufgenommen. Abweichend von Art. 4 GG hat der Thüringer Landesverfassungsgeber aufgrund des verstärkten Auftretens neuer Religionen in Art. 39 Abs. 2 den Schutz der ***Würde anderer*** bei Ausübung einer Religion oder Weltanschauung ausdrücklich festgeschrieben. Ebenso wurden im Hinblick auf die Art der Religionsausübung **konkrete Modi**, namentlich ***allein oder mit anderen, privat oder öffentlich***, ausgearbeitet. Diese Formulierung geht zurück auf die insoweit übereinstimmenden Vertragsentwürfe von FDP, NF/GR/DJ und LL-PDS.[2]

C. Verfassungsvergleichende Information

3 Das Religionsverfassungsrecht hat in den deutschen Landesverfassungen einen traditionsreichen Platz und wird zugleich stark von der Weimarer Reichsverfassung und dem Grundgesetz geprägt. Die Verfassungen von Berlin,[3] Brandenburg,[4] Sachsen[5] und Sachsen-Anhalt[6] haben wie auch die ThürVerf die Glaubens- und Gewissensfreiheit nahezu wörtlich aus dem Grundgesetz inkorporiert. Mit der Aufnahme der Würde anderer als Schranke der Ausübung der Religion oder Weltanschauung hat Art. 39 Abs. 2 ein **einzigartiges Alleinstellungsmerkmal**; hierzu gibt es **kein landesverfassungsrechtliches Ebenbild.** In den Verfassungen von Bayern,[7] Bremen,[8] Hessen,[9] Rheinland Pfalz[10] und des Saarlands[11] weichen die Formulierungen vom grundgesetzlichen Muster ab ohne dabei nennenswerte Unterschiede im Regelungskern zu erzielen.

D. Erläuterungen

I. Bedeutung der Norm (Abs. 1)

4 **1. Allgemein.** Die Glaubens-, Gewissens- und Bekenntnisfreiheit verkörpert im Zusammenspiel mit den Weimarer Kirchenartikeln das **Prinzip der weltanschaulich-religiösen Neutralität des Staates.**[12] Der Grundsatz besagt, dass aus der Glaubensfreiheit „der Grundsatz staatlicher Neutralität gegenüber den unterschiedlichen Religionen und Bekenntnissen (folgt)." Denn „der Staat, in dem Anhänger unterschiedlicher oder gar gegensätzlicher religiöser und weltanschaulicher Überzeugungen zusammenleben, kann die friedliche Koexistenz nur gewährleisten, wenn er selber in Glaubensfragen Neutralität bewahrt".[13] Aus der Neutralität lassen sich die **Gebote der Toleranz[14] und der Parität[15]** ableiten.

---

2 Vgl. die Synopse der Entwürfe zu Art. 39, abgedruckt in: Entstehung ThürVerf, S. 107.
3 Art.29 Abs. 1 VvB.
4 Art. 13 Abs. 1 BbgVerf.
5 Art. 19 Abs. 1, 2 SächsVerf.
6 Art. 9 Abs. 1, 2 LVerf LSA.
7 Art. 107 BayVerf.
8 Art. 4 BremVerf.
9 Art. 9 HessVerf.
10 Art. 8 Abs. 1 Verf Rh-Pf.
11 Art. 4 SaarlVerf.
12 BVerfGE 33, 23 (28).
13 BVerfGE 93, 1 (16, 21 ff.); BVerfGE 108, 282 (299 f.).
14 *Herzog*, in: Maunz/Dürig, Art. 4 Rn 20.
15 *von Münch*, in: von Münch/Kunig, Art. 4 Rn 5.

Keines der aufgeführten Freiheitsrechte ist einem ausdrücklichen Einschränkungsvorbehalt unterworfen; die Gewährleistungen der in Abs. 1 enthaltenen Grundrechte sind damit **unverletzlich**. Infolgedessen ist Art. 39 **Ausdruck einer objektiven Werteordnung** des demokratischen Rechtsstaats. 5

2. Der Dreiklang der Garantien. Für die Auslegung des Art. 39 Abs. 1 ist zunächst die interne Struktur der Vorschrift zu analysieren. Eine Betrachtung der einzelnen Gewährleistungen offenbart eine Dreiteilung in Glaubensfreiheit, Gewissensfreiheit und die Freiheit des religiösen und weltanschaulichen Bekenntnisses. Neben die innere Freiheit tritt damit als deren Folge die äußere Freiheit, Glauben und Gewissen zu manifestieren, zu bekennen und zu verbreiten.[16] Letztgenannte Freiheit wird im Hinblick auf die Modi ihrer Ausübung in Abs. 2 konkretisiert. 6

Für die weitere Erläuterung der Verfassungsvorschrift empfiehlt es sich die einzelnen Gewährleistungen zu systematisieren und zwischen der Glaubensfreiheit unter Einschluss der Freiheit des religiösen und weltanschaulichen Bekenntnisses und der Gewissensfreiheit zu unterscheiden.[17] 7

II. Konkretisierung der Glaubens- und Gewissensfreiheit

1. Glaubensfreiheit. Die Glaubensfreiheit umfasst im Rahmen des einheitlich zu verstehenden Grundrechts den religiösen Glauben im positiven wie im negativen Sinne sowie den auf Weltanschauungen bezogenen Glauben.[18] Nach der Rechtsprechung des BVerfG[19] ist von einem weiten Religionsbegriff auszugehen, der auch Minderheitenreligionen umfasst. Kennzeichnend für den religiösen Glauben ist demnach der **transzendente Bezug**, die subjektive Gewissheit von der Eingliederung des Einzelnen in einen jenseitigen, nicht mit menschlich gesetzten Maßstäben zu beurteilenden und mit wissenschaftlichen Erkenntnisquellen nicht erschöpfend zu erklärenden Zusammenhang.[20] 8

Unter den Schutz des Glaubens fällt nach dem übereinstimmenden Schutzgehalt dieser Garantien nicht nur der private Glaube (*„forum internum“*), sondern auch das öffentliche Bekenntnis zu der eigenen Religion. Geschützt ist daher auch die "äußere Freiheit, den Glauben zu bekunden und zu verbreiten“[21] (*„forum externum“*). Das schließt das Tragen eines islamischen Kopftuchs[22] oder einer Burka als Ausdruck der inneren religiösen Überzeugung ein. Dem Staat ist es verwehrt, bestimmte Bekenntnisse zu privilegieren oder den Glauben oder Unglauben seiner Bürger zu bewerten.[23] 9

Zum Schutzbereich des Art. 39 gehört neben der **individuellen** auch die **kollektive Religions- und Weltanschauungsfreiheit**. Geschützt ist die Freiheit, sich zu einer religiösen oder weltanschaulichen Vereinigung zusammenzuschließen.[24] Die 10

16 BVerfGE 32, 98 (106 ff.).

17 Der Bestimmung der internen Struktur der Glaubens- und Gewissensfreiheit liegen mehrere wissenschaftliche Positionen zugrunde. Für einen Überblick über die einzelnen Positionen hinsichtlich der Struktur der grundgesetzlichen Regelung (Art. 4 GG) empfiehlt sich *Borowski*, Die Glaubens- und Gewissensfreiheit des Grundgesetzes, S. 354 ff.

18 *Kokott*, in: Sachs, GG, Art. 4 Rn. 18.

19 BVerfGE 83, 341 (354).

20 *Kokott*, in: Sachs, GG, Art. 4 Rn. 19.

21 BVerfGE 24, 236 (245); 108, 282 (297).

22 BVerfGE 108, 282 (297).

23 *Blanke*, in: FS Klaus Stern (2012), S. 1249 (1255).

24 BVerfGE 105, 279 (293 f.).

kollektive Religions- und Weltanschauungsfreiheit beinhaltet überdies alle Tätigkeiten, die auch unter die individuelle Glaubensfreiheit fallen. Hierunter fallen die eigenen Angelegenheiten der Vereinigung, wie die innere Organisation, Normsetzung und Verwaltung, sowie die nach außen gerichteten Tätigkeiten (Werbung, Glockengeläut, kirchliche Krankenpflege).

11 **Grundrechtsträger** der **individuellen Glaubensfreiheit** ist jede natürliche Person einschließlich Ausländer und Kinder;[25] bei Minderjährigen kann das Grundrecht allerdings zum elterlichen Erziehungsrecht in ein Spannungsverhältnis treten.[26] **Grundrechtsträger** der **kollektiven Glaubensfreiheit** sind alle juristischen Personen und Personenvereinigungen, die eine von Art. 39 Abs. 1, 2 geschützte Tätigkeit ausüben.

12 Die Norm steht systematisch in engem Zusammenhang zum **sechsten Abschnitt der ThürVerf** über die Religion und Weltanschauung. Insbesondere die durch Art. 40 ThürVerf **inkorporierten Kirchenartikel der WRV** sind gültiges Landesverfassungsrecht und funktional auf die Inanspruchnahme und Verwirklichung des Grundrechts der Religionsfreiheit angelegt.[27]

13 **2. Gewissensfreiheit.** Die Freiheit des Gewissens ist als eine **„nichtreligiöse" Ergänzung** der Glaubensfreiheit zu verstehen, die grundsätzlich dem Bereich der **Ethik** angehört. Der Begriff des Gewissens i.S. von Art. 39 Abs. 1 bezeichnet das innere, als persönlich bindend und unbedingt verpflichtend empfundene Verständnis von Recht und Unrecht oder von Gut und Böse, mithin eine ethische Überzeugung.[28]

14 Die Gewissensfreiheit umfasst nicht nur die Freiheit, ein Gewissen zu haben, sondern prinzipiell auch die Freiheit, von der staatlichen Gewalt nicht dazu verpflichtet zu werden, gegen Ge- und Verbote des Gewissens zu handeln.[29] **Gewissensrelevant** ist ein Verhalten jedoch erst, wenn es die Identität und Integrität der Persönlichkeit existenziell betrifft.[30] Die Freiheit beinhaltet damit ein **subjektives Abwehrrecht** und eine **wertentscheidende Grundsatznorm.**[31] Bundesrechtlich ist das Recht, den Kriegsdienst mit der Waffe aus Gewissensgründen zu verweigern, ein Spezialfall der Gewissensfreiheit.[32]

15 **Träger des Grundrechts** sind die natürlichen Personen. Eine Einschränkung erfährt der Schutzbereich bei Minderjährigen, bei denen das Grundrecht – ähnlich der Glaubensfreiheit – in einem Spannungsverhältnis zum elterlichen Erziehungsrecht stehen kann.[33] Als **höchstpersönliches Individualrecht** kann die Gewissensfreiheit nicht auf Personenvereinigungen, insbesondere juristische Personen, Anwendung finden.[34]

---

25 *Jarass*, in: Jarass/Pieroth, Art. 4 Rn 10.
26 Vgl. dazu oben Art. 25 Rn. 21 ff.
27 BVerfGE 102, 370 (387); 125, 39 (79 ff.).
28 BVerfGE 12, 45; *Hopfe*, in: Linck/Jutzi/Hopfe, Art. 39 Rn 3.
29 BVerfGE 78, 391 (395).
30 BVerwGE 127, 302 (328).
31 BVerwGE 105, 73 (77 f.). Insofern zutreffend *Bethge*, der die Gewissensfreiheit als „Grundlage der staatlichen Verfassungsrechtsordnung" bezeichnet, in: HStR VII, § 158 Rn 1.
32 BVerfGE 19, 135 (138); 23, 127 (132).
33 *Jarass*, in: Jarass/Pieroth, Art. 4 Rn 11.
34 *Jarass*, in: Jarass/Pieroth, Art. 4 Rn 47.

3. Die Glaubens- und Gewissensfreiheit als vorbehaltlos gewährtes Grundrecht? 16
Der Staat greift in die Glaubens- und Gewissensfreiheit ein, wenn er ein durch Art. 39 Abs. 1 geschütztes Verhalten regelt oder faktisch erheblich behindert. Als Eingriffe können die Gerichtsverhandlung unter einem Kruzifix,[35] die Verpflichtung zu einem religiösem Eid im gerichtlichen Verfahren,[36] die Schulpflicht in einer bekenntnisgebundenen Schule,[37] das Anbringen eines Kreuzes oder Kruzifixes in Schulräumen staatlicher Schulen,[38] das Verbot des Kopftuchs gegenüber einer Lehrerin, die aus religiösen Gründen ein Kopftuch trägt,[39] angeführt werden. Dem setzt Art. 39 Abs. 1 und 2 **keinen rechtfertigenden Gesetzesvorbehalt** entgegen.

17 Einschränkungen sind gleichwohl durch **kollidierende Verfassungsrecht, namentlich durch kollidierende Grundrechte** möglich.[40] Da das Grundgesetz ein grundlegendes Wertesystem widerspiegelt, welches Konflikte unter den einzelnen Grundrechten und Verfassungsgütern nicht ausschließt, ergeben sich bei einer systematischen Auslegung des Grundgesetzes unter dem Gesichtspunkt der Einheit der Verfassung auch ungeschriebene Schranken bei vorbehaltlos gewährten Grundrechten.[41] Die Rechtsprechungsentwicklung birgt allerdings das Problem, dass die vorbehaltlosen Freiheitsrechte wie alle anderen Grundrechte dem staatlichen Zugriff unterliegen und so die ausdifferenzierte Schrankensystematik der Grundrechte zulasten der vorbehaltlosen Freiheitsrechte nivelliert wird.[42] Die religiös motivierte Schlachtung von Tieren ohne Betäubung, das sog. Schächten, wird anerkanntermaßen durch kollidierendes Verfassungsrecht in Form des Staatsziels des Tierschutzes nach Art. 20 a GG eingeschränkt. Daraus ergibt sich kein völliges Verbot des Schächtens aus religiösen Gründen, jedoch muss im konkreten Einzelfall substantiiert und nachvollziehbar dargelegt werden, dass aufgrund der Glaubensüberzeugung ausschließlich der Verzehr von geschächtetem Fleisch gestattet ist.[43]

III. Konkretisierung der Freiheit des Bekenntnisses (Abs. 2)

18 **1. Ausübung der Bekenntnisfreiheit.** Nach dem Muster des Art. 4 GG wird die Ausübung des Rechts auf Religion und Weltanschauung in Abs. 2 erneut aufgegriffen, jedoch im Verhältnis zu Art. 4 Abs. 2 GG in der Form abgewandelt, dass bestimmte Modi der Ausübung („ungestört, allein oder mit anderen, privat oder öffentlich") ausdrücklich benannt und geschützt werden. Die Formulierung „oder" ist ersichtlich nicht in einem einschränkenden Sinne gemeint, sondern benennt **frei wählbare Ausübungsvarianten**. Als verfassungsimmanente **Schranke** wird in Abs. 2 Satz 2 „die **Würde anderer**" gesetzt.

19 **2. Die Modi der Ausübung. a) „ungestört".** Die ungestörte Religionsausübung schützt das ***forum internum*** als die nach innen gerichtete Freiheit der persönlichen Glaubensüberzeugung. Dieser Schutz schließt neben der Freiheit

35 BVerfGE 35, 366 (375 f.).
36 BVerfGE 33, 23 (29 f.).
37 BVerfGE 41, 29 (48).
38 BVerfGE 93, 1 (17 f.); BVerwGE 109, 40 (43).
39 BVerfGE 108, 282 (297).
40 BVerfGE 28, 243 (260 f.); BVerfGE 30, 173 (193); BVerfGE 67, 213 (228); BVerfGE 119, 1 (23). Ferner dazu *Stern*, Bd. III/2, § 81, S. 550 ff.
41 BVerfGE 28, 243 (260 f.).
42 Kritisch dazu *Böckenförde*, Der Staat 42 (2003), 165 (170).
43 Zu den engen Voraussetzungen für das Schächten vgl. BVerwG, NVwZ 2007, 461 ff.

der Religionszugehörigkeit auch das **Verbot der staatlichen Indoktrinierung und Gehirnwäsche** in Glaubensfragen ein.[44] Da der Glaube nicht nur individuell ausgeübt wird, sondern auch **in Gemeinschaft** Ausdruck findet (Feiern und Prozessionen) verlangt auch die gemeinschaftliche Ausübung den Schutz der Ungestörtheit.

20 **b) „allein" (nicht in Gemeinschaft).** Am historischen Anfang der staatskirchlichen Betrachtung stand die **Freiheit des Freigeistes** und der Dissidenten in der christlichen Gesellschaft und im christlichen Staat. Es war die Freiheit zur **Abwehr religiöser Vereinnahmung** durch die Institutionen von Staat und Kirche. Deshalb wurde die Religionsfreiheit zunächst vorwiegend negativ als Abwehr- und Ausgrenzungsfreiheit des Einzelnen verstanden. Infolge der Entwicklung zum pluralistischen Staat dient Art. 39 Abs. 2 nicht mehr der Abwehr einer oktroyierten Staats- und Einheitsreligion. Das Tatbestandsmerkmal nimmt daher eine eher klarstellende Rolle ein.[45]

21 **c) „mit anderen" (in Gemeinschaft).** Mit der Unterscheidung zwischen einer alleinigen und einer gemeinschaftlichen Ausübung der Religion und Weltanschauung verdeutlicht Art. 39 Abs. 2 den Schutz der individuellen und kollektiven Religionsfreiheit. Aus der historischen und sozialen Entwicklung heraus gilt die **gemeinschaftliche Religionsausübung als Regelfall**, da im freiheitlichen und pluralistischen Staat eine positive Orientierung und Lebensgestaltung ohne die Gemeinschaft mit anderen nicht denkbar ist. Die Religionsausübung „mit anderen" ist daher Ausdruck des ***forum externum***, also des nach außen gerichteten Rechts, den Glauben in Form gewisser Handlungen zu bekennen.[46]

22 Die Religionsausübung mit anderen bezieht sich daher nicht nur auf klassische **Feiern und Prozessionen**, sondern etwa auch auf **kirchliche Sammlungen**.[47] Der Schutzbereich umfasst daher auch das Recht, sich zu **Religionsgemeinschaften** zu vereinigen (Rn. 10), das zusätzlich in Art. 40 ThürVerf iVm. Art. 137 Abs. 2 WRV gesichert wird. Das schließt das Recht einer muslimischen Religionsgemeinschaft zum Bau und Betrieb einer Moschee ein (Zentralmoschee Köln).

23 **d) „privat".** Die Privatheit des Glaubens ist die Bedingung für das persönliche Zustandekommen einer **persönlichen Glaubensüberzeugung**, die nicht abhängig ist von äußeren Umständen und sozialen Zwängen. Echte religiöse Überzeugung bedarf des Wachsens und Reifens im Inneren der Person, bevor sie in einen öffentlichen Bezug treten kann. Dem Bürger wird damit die Möglichkeit gegeben in Haus oder Wohnung, **frei und ohne Zwang** seine Religion selbst zu wählen und auszuüben. Die Ausübung des Glaubens in Privatheit beinhaltet sowohl die **Lebensführung anhand religiöser Vorgaben** (koschere Ernährung) als auch die **Durchführung religiöser Riten** (Tischgebet).

24 Ein umstrittener Ritus ist die religiös motivierte **Zirkumzision** bei männlichen muslimischen Kindern, die von den Eltern veranlasst wird, um dem Vorbild des Propheten zu entsprechen. Durch das Urteil des LG Köln v. 07.05.2012 ist in Deutschland eine Debatte in der Frage angestoßen worden, ob die Zirkumzision muslimischer Minderjähriger durch einen Arzt den Tatbestand der Körperver-

44 *Evans*, Freedom of Religion under the European Convention on Human Rights, S. 72 f.
45 *von Ungern-Sternberg*, Religionsfreiheit in Europa, S. 45 f.
46 *von Ungern-Sternberg*, Religionsfreiheit in Europa, S. 45 f.
47 BVerfGE 24, 236.

letzung erfüllt. Das LG Köln bewertete die Beschneidung als Körperverletzung, die durch die religiöse Motivation der Eltern nicht gerechtfertigt werde und nicht dem Wohl des Kindes entspreche.[48] Die Religionsausübung nach Art. 39 wird damit durch die Regelungen des Strafrechts eingeschränkt.[49] Nach dem **„Gesetz über den Umfang der Personensorge bei einer Beschneidung des männlichen Kindes“** (BGBl. I 2012, S. 2749) ist eine Zirkumzision indes dann zulässig, wenn unter Berücksichtigung des Kindeswohls eine medizinisch fachgerechte Beschneidung ohne unnötige Schmerzen sichergestellt werden kann. Der Eingriff muss dem Gesetz zufolge nach den Regeln der ärztlichen Kunst erfolgen (§ 1631 d Abs. 1 BGB). In den ersten sechs Lebensmonaten dürfen Säuglinge auch von religiösen Beschneidern beschnitten werden, die zwar keine Ärzte, aber "dafür besonders ausgebildet und, ohne Arzt zu sein, für die Durchführung der Beschneidung vergleichbar befähigt sind".[50]

e) **„öffentlich“.** Art. 39 Abs. 2 Satz 1 garantiert dem Einzelnen das Recht, seine Religion und Weltanschauung „öffentlich“ auszuüben. Unter diese Garantie fallen **alle kultischen Handlungen** wie Gottesdienst, Gebet und Prozession. Das Recht auf öffentliche Ausübung der Religion oder Weltanschauung spiegelt sich weiterhin in einer Reihe von Einzelregelungen der ThürVerf wider. So enthält Art. 25 eine Regelung hinsichtlich der Einrichtung von **Religionsunterricht an öffentlichen Schulen.** Weitere Sonderfälle enthalten die über Art. 40 inkorporierten Art. 137 Abs. 5 WRV und Art. 141 WRV, die den Religionsgemeinschaften den Status einer Körperschaft des öffentlichen Rechts zusichern bzw. die Vornahme öffentlicher Handlungen in öffentlichen Einrichtungen zulassen. 25

Von diesem Recht umfasst ist auch das **Tragen eines Kopftuchs oder einer Burka** in der Öffentlichkeit, um die eigene religiöse Überzeugung öffentlich kundzutun. Im Bereich der **Schule** ist die Ausübung dieses Rechts durch die **Schüler** zwar weder durch die negative Glaubensfreiheit der Mitschüler, das Erziehungsrecht der Eltern der Mitschüler, noch durch die Neutralitätspflicht des Staates begrenzt, findet aber in dem Gebot des Schulfriedens seine Schranke.[51] Nicht geschützt ist hingegen das Recht eines muslimischen Schülers, in der Pause zwischen zwei Unterrichtsstunden auf einem Flur des Schulgebäudes ein **Gebet nach islamischem Ritus** zu verrichten, sofern dies durch ein Landesgesetz unter Berücksichtigung der Wahrung des Schulfriedens nicht ausdrücklich geregelt wird.[52] **Lehrer** – außerhalb des Referendardienstes – haben infolge der staatlichen Neutralitätspflicht hingegen kein Recht auf das Tragen religiöser Symbole oder religiöser Kleidung im Rahmen des Schuldienstes.[53] Mit Blick auf die bloß abstrakte Gefährdung entgegenstehender Verfassungswerte und Grundrechtsbelange, die vom Tragen eines – wegen seiner Deutungsoffenheit der Sphäre des 26

48 LG Köln, Urteil v. 07.05.2012 – 151 Ns 169/11 –.

49 Vgl. zum Spannungsverhältnis von Religionsfreiheit und Strafrecht *Fateh-Moghadam*, RW 2010, 115 ff.; *Herzberg*, ZIS 2010, 471 ff.

50 Vgl. zum Gesetz über den Umfang der Personensorge bei einer Beschneidung des männlichen Kindes *Rixen*, NJW 2013, 257 ff. Zur Debatte um rituelle Beschneidungen im Herbst 2012 vgl. *Spickhoff*, FamRZ 2013, 337 ff.; *Stumpf*, DVBl 2013, 141 ff.; *Wiater*, NVwZ 2012, 1379 ff.

51 Vgl. mit Blick auf das muslimische Gebet eines Schülers im Rahmen der Schule BVerwG 6 C 20/10 v. 30.11.2011 Rn. 27 ff., 34 ff.

52 BVerwG 6 C 20/10 v. 30.11.2011 Rn. 39, 42; *Blanke*, in: FS Klaus Stern (2012), S. 1249 (1277 f.).

53 *Blanke*, in: FS Klaus Stern (2012), S. 1249 (1273).

Religiösen jedenfalls nicht eindeutig zuzuordnenden – Kopftuchs durch eine Lehrerin ausgeht,[54] und wegen des Parlamentsvorbehalts bei Entscheidungen über die Grundrechtsausübung[55] ist nach Auffassung des Bundesverfassungsgerichts das Verbot des Tragens von Kopftüchern in Schule und Unterricht durch Lehrer indes durch den Landesgesetzgeber zu regeln.[56] **Symbole, die dem christlichen Abendland entstammen**, also namentlich die Kutte des Ordensmannes oder der Ordensfrau, die priesterliche Sutane oder das Schmuckkreuz, werden in den Regelungen der deutschen Länder ganz überwiegend von der Verpflichtung zur neutralen Amtsführung *grundsätzlich* ausgenommen.[57]

27 Die öffentliche Ausübung der Religion ist indes eng verknüpft mit der **gemeinschaftlichen Religionsausübung** („mit anderen"), da eine Gemeinschaft mit zunehmender Größe stärker „in Öffentlichkeit" übergeht.[58]

28 **3. Die Würde anderer als Schranke.** Nach Art. 39 Abs. 2 Satz 2 darf die Ausübung einer Religion oder Weltanschauung die „Würde anderer" nicht verletzen. Damit schließt Art. 39 an die Art. 1 ThürVerf und Art. 1 GG an, nach denen „die Würde des Menschen […] unantastbar [ist]." Die **Würde des Menschen** ist verfassungsrechtlich garantiert und sperrt sich daher gegen jegliche Einwendung oder Abwägung.[59] Sie hat absolute Geltung und genießt im Falle der Einschränkung durch Grundrechte anderer diesen gegenüber Vorrang. Die Würde anderer wird damit allen Grundrechten **als inhärente Schranke** gezogen.

29 Die der Religionsausübung in Art. 39 Abs. 2 gezogenen Grenze sichert dem anderen die Wahrung seiner personalen Identität bzw. seiner psychischen, seelischen und intellektuellen Integrität.[60] Im Spannungsverhältnis zwischen dem freien Anderen und dem seine Religion ausübenden Gläubigen muss eine menschenwürdige Ordnung hergestellt werden.

30 Obgleich die absolute Geltung der **Würdegarantie** anerkannt ist[61] und jedwede Ausübung eines anderen Grundrechts durch die Würde anderer begrenzt werden kann, sah sich der Verfassungsgeber zur ausdrücklichen Aufnahme dieser Klausel veranlasst. Die Ursachen für diese verfassungsrhetorische Heraushebung der Menschenwürde als Schranke der Religions- und Weltanschauungsfreiheit dürften in dem Auftreten neuer Religionen liegen.[62] Daher hat diese Klausel kei-

---

54 BVerfGE 108, 282 (303 f.).
55 BVerfGE 108, 282 (311).
56 BVerfGE 108, 282 (302 ff.).
57 Vgl. § 57 Abs. 4 Satz 3 NW SchG; § 86 Abs. 3 Satz 3 Hess. SchG; § 38 Abs. 2 Satz 3 BWSchG; § 1 Abs. 2 a Satz 1 SaarlSchG; § 53 Abs. 3 Satz 1 NSSchG, der auf eine nicht überzeugende Erfüllung des Bildungsauftrags der Schule abhebt; in § 2 NSSchG wird die „Grundlage des Christentums" als Orientierungspunkt für den schulischen Auftrag der Entwicklung der Persönlichkeit der Schüler genannt. Vgl. die besondere Technik des Legiferierens des bayerischen Gesetzgebers, der in § 59 Abs. 2 Satz 3 BayEUG den „Ausdruck einer Haltung" verbietet, die mit den verfassungsrechtlichen Grundwerten und Bildungszielen der Verfassung einschließlich den christlich-abendländischen Bildungs- und Kulturwerten nicht vereinbar ist." Hierdurch wird die vollständige verfassungsrechtliche Konformität christlich geprägter Kleidungsstücke und Symbole in der Schule und im Unterricht geradezu hervorgehoben.
58 *Fuchs*, Das Staatskirchenrecht in den neuen Bundesländern, S. 47.
59 AA *Baldus*, AöR 136 (2011), 529 (535 ff.).
60 *Höfling*, in: Sachs, GG, Art. 1 Rn 35.
61 Statt vieler: *Dreier*, in: Dreier, Art. 1 Abs. 1 Rn. 132.
62 *von Campenhausen*, ZevKR 25 (1980), 135 (137 f.) verweist insbesondere auf die steigende Zahl von Muslimen in Deutschland, die eine Vielzahl neuer Forderungen und Formen der Religionsausübung einbringen.

ne abschließende rechtliche Bedeutung, sondern ist als Hinweis auf die verfassungsimmanenten Schranken der Religionsfreiheit – auch über die Menschenwürde hinaus – zu verstehen.[63] Die Kollision der Religions- und Weltanschauungsfreiheit mit anderen Grundrechten (Rn. 17) soll hierdurch nicht negiert werden.

IV. Das Konkurrenzverhältnis der Landesgrundrechte zum Grundgesetz

Betrachtet man den Schutzgehalt des Art. 39 Abs. 1, ist die Duplizität seiner Gewährleistungen gegenüber Art. 4 Abs. 1 GG unübersehbar. Unbeschadet des in Art. 39 Abs. 2 ausdrücklich festgeschriebenen Schutzes der ***Würde anderer*** bei der Ausübung einer Religion oder Weltanschauung geht der materielle Schutzbereich des Art. 39 Abs. 1 und 2 ThürVerf nicht über den Inhalt von Art. 4 GG hinaus (Rn. 30). Im Hinblick auf das Verhältnis von Art. 39 ThürVerf und Art. 4 GG stellt sich daher nicht die Frage nach der Schutzwirkung grundrechtlicher **Mehrgewährleistungen im Rahmen der Landesverfassung** gegenüber einem Bundesgrundrecht (Art. 142 GG). 31

Artikel 40 [Recht der Religionsgesellschaften]

Für das Verhältnis des Freistaats zu den Religionsgesellschaften und Weltanschauungsgemeinschaften gilt Artikel 140 des Grundgesetzes für die Bundesrepublik Deutschland vom 23. Mai 1949*; er ist Bestandteil dieser Verfassung.

* **Artikel 140 Grundgesetz Recht der Religionsgesellschaften**

Die Bestimmungen der Artikel 136, 137, 138, 139 und 141 der deutschen Verfassung vom 11. August 1919** sind Bestandteil dieses Grundgesetzes.

** **Artikel 136 Weimarer Reichsverfassung (WRV)**

Die bürgerlichen und staatsbürgerlichen Rechte und Pflichten werden durch die Ausübung der Religionsfreiheit weder bedingt noch beschränkt.

Der Genuss bürgerlicher und staatsbürgerlicher Rechte sowie die Zulassung zu öffentlichen Ämtern sind unabhängig von dem religiösen Bekenntnis.

Niemand ist verpflichtet, seine religiöse Überzeugung zu offenbaren. Die Behörden haben nur soweit das Recht, nach der Zugehörigkeit zu meiner Religionsgesellschaft zu fragen, als davon Rechte und Pflichten abhängen oder eine gesetzlich angeordnete statistische Erhebung dies erfordert.

Niemand darf zu einer kirchlichen Handlung oder Feierlichkeit oder zur Teilnahme an religiösen Übungen oder zur Benutzung einer religiösen Eidesform gezwungen werden.

Artikel 137 WRV

Es besteht keine Staatskirche.

Die Freiheit der Vereinigung zu Religionsgesellschaften wird gewährleistet. Der Zusammenschluss von Religionsgesellschaften innerhalb des Reichsgebiets unterliegt keinen Beschränkungen.

Jede Religionsgesellschaft ordnet und verwaltet ihre Angelegenheiten selbständig innerhalb der Schranken des für alle geltenden Gesetzes. Sie verleiht ihre Ämter ohne Mitwirkung des Staates oder der bürgerlichen Gemeinde.

Religionsgesellschaften erwerben die Rechtsfähigkeit nach den allgemeinen Vorschriften des bürgerlichen Rechtes.

63 *Hopfe*, in: Linck/Jutzi/Hopfe, Art. 39 Rn 14.

Die Religionsgesellschaften bleiben Körperschaften des öffentlichen Rechtes, soweit sie solche bisher waren. Anderen Religionsgesellschaften sind auf ihren Antrag gleiche Rechte zu gewähren, wenn sie durch ihre Verfassung und die Zahl ihrer Mitglieder die Gewähr der Dauer bieten. Schließen sich mehrere derartige öffentlich-rechtliche Religionsgesellschaften zu einem Verbande zusammen, so ist auch dieser Verband eine öffentlich-rechtliche Körperschaft.

Die Religionsgesellschaften, welche Körperschaften des öffentlichen Rechtes sind, sind berechtigt, aufgrund der bürgerlichen Steuerlisten nach Maßgabe der landesrechtlichen Bestimmungen Steuern zu erheben.

Den Religionsgesellschaften werden die Vereinigungen gleichgestellt, die sich die gemeinschaftliche Pflege einer Weltanschauung zur Aufgabe machen.

Soweit die Durchführung dieser Bestimmungen eine weitere Regelung erfordert, liegt diese der Landesgesetzgebung ob.

Artikel 138 WRV

Die auf Gesetz, Vertrag oder besonderen Rechtstiteln beruhenden Staatsleistungen an die Religionsgesellschaften werden durch die Landesgesetzgebung abgelöst. Die Grundsätze hierfür stellt das Reich auf.

Das Eigentum und andere Rechte der Religionsgesellschaften und religiösen Vereine an ihren für Kultus-, Unterrichts- und Wohltätigkeitszwecke bestimmten Anstalten, Stiftungen und sonstigen Vermögen werden gewährleistet.

Artikel 139 WRV

Der Sonntag und die staatlich anerkannten Feiertage bleiben als Tage der Arbeitsruhe und der seelischen Erhebung gesetzlich geschützt.

Artikel 141 WRV

Soweit das Bedürfnis nach Gottesdienst und Seelsorge im Heer, in Krankenhäusern, Strafanstalten oder sonstigen öffentlichen Anstalten besteht, sind die Religionsgesellschaften zur Vornahme religiöser Handlungen zuzulassen, wobei jeder Zwang fernzuhalten ist.

Vergleichbare Regelungen

Art. 140 GG; Art. 3 – 10 BWVerf; Art. 142 – 150 BayVerf; Art. 36 – 38 BbgVerf; Art. 59 – 63 BremVerf; Art. 48 – 54 HessVerf; Art. 9 M-VVerf; Art. 19 – 23 Verf NW; Art. 41 – 48 Verf Rh-Pf; Art. 35 – 42 SaarlVerf; Art. 109, 110 SächsVerf; Art. 32 LVerf LSA.

Ergänzungsnormen im sonstigen thüringischen Recht

ThürKiStG v. 03.02.2000 (ThürGVBl. S. 12) zuletzt geändert durch Art. 1 Zweites ÄndG v. 16.12.2008 (ThürGVBl. S. 585); Vertrag zwischen dem Freistaat Thüringen und der Jüdischen Landesgemeinde Thüringen v. 01.11.1993; Gesetz zu dem Staatsvertrag zwischen dem Freistaat Thüringen und der Jüdischen Landesgemeinde Thüringen v. 07.12.1993 (ThürGVBl. S. 758); Vertrag zwischen dem Heiligen Stuhl und dem Freistaat Thüringen über die Errichtung des Bistums Erfurt v. 14.06.1994; Gesetz zu dem Staatsvertrag zwischen dem Heiligen Stuhl und dem Freistaat Thüringen über die Errichtung des Bistums Erfurt vom 28.06.1994 (ThürGVBl. S. 790); Vertrag des Freistaats Thüringen mit den Evangelischen Kirchen in Thüringen v. 15.03.1995; Gesetz zu dem Staatsvertrag zwischen dem Freistaat Thüringen und den Evangelischen Kirchen in Thüringen v. 17.05.1994 (ThürGVBl. S. 509); Vertrag zwischen dem Heiligen Stuhl und dem Freistaat Thüringen v. 11.06.1997 (ThürGVBl. S. 266); Vertrag zwischen dem Heiligen Stuhl und dem Freistaat Thüringen v. 19.12.2002; Thüringer Gesetz zu dem Staatsvertrag zwischen dem Heiligen Stuhl und dem Freistaat Thüringen und zur Errichtung einer Katholisch-Theologischen Fakultät der Universität Erfurt v. 03.12.2002 (ThürGVBl. S. 417); ThürFeiertagsG v. 21.12.1994 (ThürGVBl. S. 1221) zuletzt geändert durch Art. 1 Thüringer HaushaltsbegleitG 2008/2009 v. 20.12.2007 (ThürGVBl. S. 267); § 46 ThürSchulG idF der Bek. v. 30.04.2003 (ThürGVBl. S. 238) zuletzt geändert durch Art. 5 ÄndG v. 31.01.2013 (ThürGVBl. S. 22).

Literatur

Alfred Albrecht, Die Verleihung der Körperschaftsrechte an islamische Vereinigungen, KuR 1995, 25 ff.; *Elke Bohl*, Der öffentlich-rechtliche Körperschaftsstatus der Religionsgemeinschaften, 2001; *Axel von Campenhausen*, Vier neue Staatskirchenverträge in vier neuen Ländern, NVwZ 1995, 757 ff.; *ders./Heinrich de Wall*, Staatskirchenrecht, 4. Aufl. 2006; *Bernd Th. Drößler*, Religionsgesellschaften und Weltanschauungsgemeinschaften als Körperschaften des öffentlichen Rechts im Freistaat Thüringen, KuR 1997, 56 f.; *ders.* (Hrsg.), Staat und Kirche in Hessen, Rheinland-Pfalz, Saarland und Thüringen, 2012; *Martin Heckel,* Thesen zum Staat-Kirche-Verhältnis im Kulturverfassungsrecht, in: FS Wolfgang Rüfner (2003), S. 189 ff.; *Hans Michael Heinig*, Öffentlich-rechtliche Religionsgesellschaften, Berlin 2003; *Gottfried Held*, Die kleinen öffentlich-rechtlichen Religionsgemeinschaften im Staatskirchenrecht der Bundesrepublik, 1974; *Werner Heun/Martin Honecker/Martin Morlok/Joachim Wieland* (Hrsg.), Evangelisches Staatslexikon, Stuttgart 2006; *Alexander Hollerbach*, Die Kirchen als Körperschaften des öffentlichen Rechts, Essener Gespräche zum Thema Staat und Kirche 1 (1969), S. 46 ff.; *ders.*, Vertragsstaatskirchenrecht als Instrument im Prozeß der deutschen Wiedervereinigung, KuR 1995, 1 ff.; *Matthias Jestaedt*, Unverstandenes Staatskirchenrecht – Ein Zwischenruf zur "pluralistischen" Überforderung des Religionsverfassungsrechts, KuR 2012, 151 ff.; *Joseph Listl/Dietrich Pirson* (Hrsg.), Handbuch des Staatskirchenrechts der Bundesrepublik Deutschland (HdbStKR) Bd. II, 2. Aufl. 1995; *Martin Morlok*, Selbstverständnis als Rechtskriterium, 1993; *ders./Hans Michael Heinig*, Feiertag! Freier Tag? Die Garantie des Sonn- und Feiertagsschutzes als subjektives Recht im Lichte des Art. 139 WRV, NVwZ 2001, 846 ff.; *Konrad Müller*, Die Gewährung der Rechte einer Körperschaft des öffentlichen Rechts, ZevKR 1952/53, 139 ff.; *Ronny Raith*, Der Vertrag zwischen dem Heiligen Stuhl und dem Freistaat Thüringen vom 11. Juni 1997, KuR 2003, 141 ff.; *Ludwig Renck,* Zum Körperschaftsstatus der Bekenntnisgemeinschaften in den neuen Bundesländern, LKV 1993, 374 f.; *ders.*, Staatskirchenrecht in den neuen Bundesländern – dargestellt am Beispiel Thüringens, ThürVBl 1994, 182 ff.; *ders.*, Bemerkungen zu den sog. Staatskirchenverträgen, ThürVBl 1995, 31 ff; *ders.*, Bekenntnisrecht im wiedervereinigten Deutschland, ZRP 1999, 323 ff.; *Gerhard Robbers,* Sinn und Zweck des Körperschaftsstatus im Staatskirchenrecht, in: FS Martin Heckel (1999), S. 411 ff.; *Rudolf Smend*, Staat und Kirche nach dem Bonner Grundgesetz, ZevKR 1951, 1 ff.; *Peter J. Tettinger*, Der Schutz der Sonn- und Feiertagsruhe im Gewerberecht, KuR 1999, 91 ff.; *Thüringer Landtag* (Hrsg.), Zwischen Mitgestaltung und Ausgrenzung, 2007; *Reiner Tillmanns*, Zur Verleihung des Körperschaftsstatus an Religionsgemeinschaften, DÖV 1999, 441 ff.; *Axel Vulpius*, Aktuelle Fragen des Verhältnisses von Kirche und Staat im vereinigten Deutschland, KuR, 3/95, S. 1 ff.; *Herrmann Weber*, Die Verleihung der Körperschaftsrechte an Religionsgemeinschaften, ZevKR 1989, 337 ff.; *ders.*, Körperschaftsstatus für die Religionsgemeinschaft der Zeugen Jehovas in Deutschland?, ZevKR 1996, 172 ff.; *ders.*, Der Körperschaftsstatus der Religionsgemeinschaften in der Bundesrepublik Deutschland nach dem „Zeugen-Jehovas-Urteil" des Bundesverfassungsgerichts, Religion, Staat, Gesellschaft 2001, S. 47 ff.; *ders.*, Körperschaftsstatus für Religionsgemeinschaften, ZevKR 2012, 347 ff.; *Jörg Winter,* Staatskirchenrecht der Bundesrepublik Deutschland, 2. Aufl., Köln 2008.

Leitentscheidungen des BVerfG:

BVerfGE 19, 209 (Kirchenbausteuer); 83, 341 (Bahá'í); 102, 370 (Körperschaftsstatus der Zeugen Jehovas); 125, 39 (Adventssonntage Berlin).

A. Überblick

Die Vorschrift ergänzt den Schutz der individuellen und kollektiven Religionsfreiheit (Art. 39) durch Regelungen über die korporative Religionsfreiheit. Aus 1 der Zusammenschau entfaltet sich zugleich ein religionsfreiheitsrechtliches System im Sinne eines umfassenden und effektiven Grundrechtsschutzes in der Tradition des deutschen Staatskirchenrechts, wie es durch den Weimarer Verfassungskompromiss 1919 grundgelegt und seitdem von der Rechtsprechung entwickelt wurde. Die Vorschrift stellt Religionsgesellschaften und Weltanschauungsgemeinschaften rechtlich gleich; der Kirchenbegriff wird lediglich einmal und in abgrenzender funktionaler Hinsicht verwandt.[1] Im Einzelnen vermittelt die Vorschrift Rechte mit unterschiedlichen Schutzbereichen und von verschiedener rechtsdogmatischer Relevanz. Teils bestimmen diese im Sinne von Rahmenrechten **Möglichkeiten und Grenzen der Religionsausübungsfreiheit von Religionsgesellschaften** in entwicklungsoffener Perspektive; teils sichern sie **Rechtsansprüche und -institute,** die auf vorkonstitutionellen Tatbeständen beruhen.

B. Herkunft, Entstehung und Entwicklung

2 Art. 40 ist zentraler Teil des insgesamt drei Artikel umfassenden Sechsten Abschnitts „Religion und Weltanschauung". Umrahmt von den landesverfassungsrechtlichen Vorschriften über die Gewährleistung der individuellen und kollektiven Glaubensfreiheit (Art. 39) sowie der Anerkennung und staatlichen Förderung der sozialen und karitativen Einrichtungen von Kirchen, anderen Religionsgesellschaften und Weltanschauungsgemeinschaften (Art. 41), bestimmt Art. 40 das **Verhältnis des Freistaats zu den Religionsgesellschaften und den Weltanschauungsgemeinschaften** in religionsverfassungsrechtlich grundlegender Hinsicht. Indem Art. 140 GG für anwendbar und zum Bestandteil der Landesverfassung erklärt wird, wird ein Textbestand aus dem Dritten Abschnitt der Verfassung des Deutschen Reiches vom 11. August 1919 tradiert und insofern auf eine eigenständige Gesetzgebung verzichtet.[2]

C. Verfassungsvergleichende Information

3 **Regelungen des Verhältnisses von Staat und Kirche,** d.h. des korporativen Religionsrechts und der durch Art. 40 im Übrigen geschützten Materien, finden sich, wenn auch in unterschiedlichem Umfang, in vielen Länderverfassungen. Schleswig-Holstein verzichtet völlig auf religionsrechtliche Regelungen, erklärt jedoch die Grundrechte des GG zu unmittelbar geltendem Recht (Art. 2 a). Ähnlich Niedersachsen, das die negative Religionsfreiheit im Rahmen eines Diskriminierungsverbots konkretisiert (Art. 3 Abs. 3). In diesen Fällen gilt Art. 140 GG unmittelbar. Positive Regelungen werden teils – wie in Thüringen – hervorgehoben durch unterschiedlich bezeichnete besondere Verfassungstextabschnitte (Bayern, Brandenburg, Hessen, Rheinland-Pfalz, Saarland, und Sachsen).[3] Andere Landesverfassungen zitieren die bundesrechtliche Bestimmung: So übernimmt Mecklenburg-Vorpommern den Verfassungstext des Artikels 140 GG; Nordrhein-Westfalen regelt Teile des Art. 140 GG in mehreren eigenständigen Artikeln und inkorporiert im Übrigen das Bundesrecht. Ähnlich verfährt Sachsen-

1 "Es besteht keine Staatskirche."
2 Zur Redaktionsgeschichte vgl. Entstehung ThürVerf, Art. 40, S. 111.
3 Bayern („3. Abschnitt. Religion und Religionsgemeinschaften"), Brandenburg („7. Abschnitt. Kirchen und Religionsgemeinschaften"), Hessen („IV. Staat, Kirchen, Religions- und Weltanschauungsgemeinschaften"), Rheinland-Pfalz („IV. Abschnitt: Kirchen und Religionsgemeinschaften"), Saarland („4. Abschnitt. Kirchen und Religionsgemeinschaften"), Sachsen („10. Abschnitt. Die Kirchen und Religionsgemeinschaften").

Anhalt, dessen Verfassung allerdings mit einem einzigen Artikel auskommt. Auch Baden-Württemberg inkorporiert Artikel 140 GG: doch wird der Anwendungsbereich der Formulierung auf anerkannte Religions- und Weltanschauungsgemeinschaften begrenzt. Hervorzuheben sind als normative **Besonderheiten** die Bestimmungen der bayerischen Verfassung über die Voraussetzung einer fünfjährigen Bestandszeit für die Verleihung des öffentlich-rechtlichen Körperschaftsstatus und das in der Brandenburger Verfassung formulierte Erfordernis, den Grundsätzen und Grundrechten der Verfassung nicht widersprechen zu dürfen.

D. Erläuterungen

I. Art. 40 ThürVerf., Art. 140 GG

4 Schon durch Art. 140 GG werden zentrale **staatskirchenrechtliche Normen der Weimarer Reichsverfassung** als geltendes Verfassungsrecht **inkorporiert**. Insofern wiederholt der Thüringer Gesetzgeber ein bereits bei der Entstehung des Grundgesetzes praktiziertes Verfahren. Während der Wortlaut des Art. 140 GG sich aber auf die Anordnung beschränkt, die genannten Artikel der WRV zum Bestandteil des GG zu erklären, die – mit Ausnahme der im Zusammenhang mit den Regelungen des öffentlichen Korporationsrechts stehenden Gleichbehandlungsvorschrift des Art. 137 Abs. 7 WRV – ausschließlich Bestimmungen zur Rechtsstellung von Religionsgesellschaften betreffen, **erweitert** Art. 40 den Schutzbereich der Vorschriftensammlung generell **auf Weltanschauungsgemeinschaften**.

5 Infolge dessen erhält der in seiner historischen Formulierung unverändert tradierte Normenbestand der Weimarer Reichverfassung einen **rechtssystematischen Bezug**, der die hinsichtlich des Grundgesetzes gestellte Frage des Bedeutungswandels eines historischen Normtextes angesichts veränderter Verhältnisse zum jeweiligen Gesetzgebungszeitpunkt[4] erneut aufwerfen könnte. Mit Blick auf die Religionsgesellschaften wird aber ein unmittelbarer verfassungsrechtlicher Anschluss an das staatskirchenrechtliche System der Bundesrepublik Deutschland bewirkt, der einerseits **Rechtseinheitlichkeit und Rechtssicherheit** schafft, andererseits aber Fragen, die sich in Verbindung mit der vorgängigen Staatlichkeit der DDR eher systembezogen in religionsrechtlicher Hinsicht ergeben, landesverfassungsrechtlich weitgehend unentschieden lässt. Dies hatte einerseits umfangreiche, ergänzende vertragsstaatskirchenrechtliche Aktivitäten während der staatlichen Frühphase des Landes zur Folge, die schließlich über ein Jahr-

4 *Smend*, ZevKR 1951, 1 ff.; kritisch hierzu *Heckel*, in: FS. Wolfgang Rüfner (2003), S. 189 ff.

zehnt andauern sollten.[5] Auch für Thüringen wurde das „Vertragsstaatskirchenrecht zutreffend als Instrument im Prozess der deutschen Wiedervereinigung" beschrieben.[6] Andererseits haben ungeklärte religionsrechtliche Fragen die Gerichte beschäftigt.[7]

II. Art. 136 WRV

6 Geschützt werden bestimmte Aspekte der **individuellen Religionsfreiheit**, die teilweise zugleich vom Schutzbereich des Art. 39 erfasst werden.

7 Die Absätze 1 und 2 normieren ein **Diskriminierungsverbot**, das ein Differenzierungsverbot aus Gründen der Religion oder Weltanschauung zum Inhalt hat. Hierin konkretisiert sich die negative Religionsfreiheit und wird die Neutralitätsverpflichtung des Staates in weltanschaulicher und religiöser Hinsicht grundgelegt. Eine **Ausnahme** stellt das sog. **konfessionsgebundene Staatsamt** dar, das nur dann zulässig ist, wenn eine Verfassungsbestimmung diese Ausnahme trägt.[8] Dies folgt für den Religionslehrer im bekenntnisgebundenen Religionsunterricht an öffentlichen Schulen gem. Art. 7 Abs. 3 GG ebenso wie für den Professor an theologischen Fakultäten staatlicher Hochschulen gem. Art. 137 Abs. 3 WRV aus der Konfessionalität des Amtes.

8 Die Absätze 3 und 4 sind **Ausdruck der negativen Religionsfreiheit.** Das durch Absatz 3 Satz 1 normierte Recht, die eigene religiöse Überzeugung verschweigen zu dürfen, wirkt als eine religionsrechtliche Ausprägung des Rechts auf informationelle Selbstbestimmung.[9] Das Schweigerecht wird durch Satz 2 beschränkt. Hierzu gehört die Erfragung der Religionszugehörigkeit von Schülern im Fall der gesetzlichen Lerngruppenbildung gem. § 46 ThürSchulG.

9 Absatz 4 konkretisiert beispielhaft **Aspekte des** durch die allgemeine Religionsfreiheit **geschützten Rechts.**

III. Art. 137 WRV

10 Absatz 1 bestimmt einerseits die Freiheit der Religionsgemeinschaften von staatlicher Eingliederung und Aufsicht und andererseits die Neutralität des Staates in

5 Vertrag zwischen dem Freistaat Thüringen und der Jüdischen Landesgemeinde Thüringen vom 01.11.1993 und Gesetz zu dem Staatsvertrag zwischen dem Freistaat Thüringen und der Jüdischen Landesgemeinde Thüringen v. 07.12.1993; siehe hierzu *Drößler*, in: Thüringer Landtag (Hrsg), Zwischen Mitgestaltung und Ausgrenzung, S. 385 ff; Vertrag zwischen dem Heiligen Stuhl und dem Freistaat Thüringen über die Errichtung des Bistums Erfurt v. 14.06.1994 und Gesetz zu dem Staatsvertrag zwischen dem Heiligen Stuhl und dem Freistaat Thüringen über die Errichtung des Bistums Erfurt v. 28.06.1994; Vertrag des Freistaats Thüringen mit den Evangelischen Kirchen in Thüringen v. 15.03.1995 und Gesetz zu dem Staatsvertrag zwischen dem Freistaat Thüringen und den Evangelischen Kirchen in Thüringen v. 17.05.1994; Vertrag zwischen dem Heiligen Stuhl und dem Freistaat Thüringen v. 11.06.1997; siehe dazu *Raith*, KuR 2003, 141 ff.; Vertrag zwischen dem Heiligen Stuhl und dem Freistaat Thüringen v. 19.12.2002 und Thüringer Gesetz zu dem Staatsvertrag zwischen dem Heiligen Stuhl und dem Freistaat Thüringen und zur Errichtung einer Katholisch-Theologischen Fakultät der Universität Erfurt v. 03.12.2002.

6 *Hollerbach*, KuR 1995, 1 ff; siehe ferner *von Campenhausen*, NVwZ 1995, 757 ff; *Vulpius*, KuR, 3/95, S. 1 ff.; *Weber*, in: FS Martin Heckel (1999), S. 463 ff.; kritisch *Renck*, ThürVBl 1994, 182 ff.

7 Vgl. insbesondere das Urteil über das Erlöschen vertraglich vereinbarter gemeindlicher Kirchenbaulasten, BVerwG 132, 358-372; Thür OVG, Urt. v. 11.04.2007, ThürVGRspr 2009, S. 33-39; VG Meiningen, Urt. v. 11.12.2008.

8 *Morlok*, in: Dreier, Art. 140 GG/136 WRV, Rn. 18.

9 *Morlok*, in: Dreier, Art. 140 GG/136 WRV, Rn. 20.

religiöser und weltanschaulicher Hinsicht. Verboten ist jede institutionelle Verbindung zwischen Staat und Religions- oder Weltanschauungsgemeinschaften. Dies beinhaltet ein Identifikationsverbot des Staates mit einzelnen Religionen oder Weltanschauungen sowie deren Organisationen und Glaubensinhalten. Dies ist eine zwingende Folge der in Art. 39 Abs. 2 begründeten staatlichen Verpflichtung, Religionsfreiheit gegenüber jedermann zu gewähren und eine notwendige Voraussetzung dafür, dass der Staat „Heimstatt aller Bürger“[10] sein kann. Die **Nicht-Identifikation** schließt allerdings unter bestimmten Umständen die Kooperation unter Wahrung der gesetzten verfassungsrechtlichen Grenzen nicht aus.

Die **Kooperation**[11] **von Staat und Kirche** ist nicht nur zulässig, sondern zur Wahrnehmung des staatlichen Auftrags erforderlich, wenn, wie etwa für den konfessionellen Religionsunterricht nach Art. 7 Abs. 3 GG der Fall, religionsverfassungsrechtlich bestimmte Ausnahmen bestehen. In diesen Bereichen, die mit dem vorkonstitutionell geprägten Begriff der gemeinsamen Angelegenheit von Staat und Kirche bezeichnet werden, ist die klare Abgrenzung der funktional aufeinander bezogenen Handlungen von religiös neutraler Qualität einerseits und konfessioneller Bestimmtheit andererseits religionsrechtlich konstitutiv. 11

Absatz 2 regelt die **Vereinigungsfreiheit** in religiöser und weltanschaulicher Hinsicht. 12

Absatz 3 garantiert das kirchliche **Selbstbestimmungsrecht,**[12] das als eigene Angelegenheit durch das staatliche Recht geschützt ist. Über die Ämterverleihung hinaus betrifft es das Recht, eine eigene, auch rechtliche Ordnung haben zu dürfen und sich nach eigenen Maßstäben zu organisieren und zu verwalten. Dies kann erhebliche Konsequenzen im staatlichen Rechtsbereich haben.[13] 13

Absatz 4 bestimmt den **Erwerb der Rechtsfähigkeit** durch Religionsgesellschaften und Weltanschauungsgemeinschaften unter Hinweis auf das Zivilrecht. Der Erwerb der Rechtsfähigkeit dient der Religionsausübungsfreiheit.[14] Deshalb ist bei der **Anwendung der zivilrechtlichen Vorschriften** über den Erwerb der Rechtsfähigkeit dem Selbstbestimmungsrecht Rechnung zu tragen.[15] 14

Absatz 5 Satz 1 trifft eine **bestandssichernde Regelung** über vorkonstitutionell entstandene öffentlich-rechtliche Körperschaften. Dies betrifft zunächst die vor Inkrafttreten der WRV entstandenen **öffentlich-rechtlichen Körperschaften**, aus heutiger Sicht wohl außerdem die bis zum Inkrafttreten des GG erfolgten **Verleihungen.**[16] Auf landesrechtlicher Ebene betrifft dies im territorialen Bereich des damaligen Landes Thüringen die katholischen Kirchgemeinden in Hildburghausen, Bad Salzungen, Pößneck, Sonneberg und Saalfeld,[17] das römisch-katholische Bistum Meißen hinsichtlich seiner thüringischen Teile,[18] die Bischöfliche 15

10 BVerfGE 19, 209 (216).
11 *Ennuschat*, Die Kooperation von Staat und Kirche im Bereich con Schule und Hochschule, KuR 2012, 214 ff.
12 Vgl. dazu *Morlok*, Selbstverständnis als Rechtskriterium, passim.
13 Z.B. im Arbeitsrecht.
14 BVerfGE 202, 370.
15 BVerfGE 83, 341.
16 *Robbers*, in: FS Martin Heckel (1999), S. 411 ff.
17 Durch Beschluss des Thüringischen Staatsministeriums für Volksbildung und Justiz v. 23.02.1926, Gesetzessammlung für Thüringen v. 26.02.1926, S. 26.
18 Durch Beschluss des Thüringischen Ministeriums für Volksbildung und Justiz v. 05.03.1924, Gesetzessammlung für Thüringen v. 14.03.1924, S. 178.

Methodistenkirche in Thüringen[19] und den Bund Freier evangelischer Gemeinden.[20] Mit Wirkung für ehemals preußische Gebietsteile des heutigen Freistaats Thüringen kommen Korporationen in Betracht, die aufgrund preußischer Verleihung die öffentlich-rechtliche Rechtsfähigkeit erlangt haben. Ferner kommen reichsrechtliche Korporationsverleihungen in Betracht.[21] Die Feststellung des aktuellen Bestands ist im Einzelnen schwierig. Ein Körperschaftsstatus kann später untergegangen sein,[22] die stets gebietsbezogen erfolgende Körperschaftsverleihung kann angesichts veränderter territorialer Hoheitsverhältnisse, wie im Fall des Freistaats Thüringen, beim späteren Rechtsgebrauch oftmals nicht unerhebliche Probleme aufwerfen. Religionsgesellschaften in der DDR, die bereits vor dem Inkrafttreten der Weimarer Verfassung Körperschaften des öffentlichen Rechts waren oder denen der öffentlich-rechtliche Korporationsstatus unter der Geltung der WRV verliehen worden ist, haben diesen Status am 3. Oktober 1990 verfassungskräftig wiedererlangt.[23]

16 Satz 1 schließt außerdem an die zunächst als Landesrecht fortgeltenden **korporationsrechtlichen Bestimmungen des Kirchensteuergesetzes[24] der DDR** unmittelbar an. Durch diese, die Kompatibilität auf staatskirchenrechtlichem Gebiet herstellende Vorschrift (§ 3) war für das Gebiet Thüringens deklaratorisch[25] klargestellt, dass die Evangelische Kirche der Kirchenprovinz Sachsen, die Evangelisch-Lutherische Kirche in Thüringen und die Evangelisch-Lutherische Landeskirche Sachsens sowie jeweils auch deren Kirchengemeinden und Kirchenkreise sowie ihre Verbände, das Bistum Dresden-Meißen und die in Funktionennachfolge stehenden Bischöflichen Ämter Erfurt-Meiningen und Magdeburg sowie jeweils auch deren Kirchengemeinden und Kirchengemeindeverbände, ferner als jüdische Kultusgemeinde die Jüdische Landesgemeinde Thüringen und andere Religionsgesellschaften, die die gleichen Rechte haben, Körperschaften des öffentlichen Rechts sind.

17 Insofern wird auch klargestellt, dass der öffentlich-rechtliche Körperschaftsstatus von Religionsgemeinschaften, wie ihn in gesamtdeutscher Rechtstradition die Anfangsjahre der DDR kennzeichnen,[26] späterhin durch staatliches Handeln nicht entfallen und dadurch kein Statusverlust eingetreten ist.[27] Hinsichtlich der Wirkung von Bescheinigungen und Listen der Behörden der DDR folgt daraus, dass die in der Frühphase der DDR noch auf gesamtdeutscher Rechtstradition

19 Durch Beschluss des Thüringischen Staatsministeriums für Volksbildung v. 27.12.1923, Gesetzessammlung für Thüringen v. 27.12.1923, S. 26.

20 Durch Beschluss des Thüringischen Ministeriums für Volksbildung v. 23.2.1924, Gesetzessammlung für Thüringen v. 14.03.1924, S. 178.

21 Russisch-orthodoxe Diözese des orthodoxen Bischofs von Berlin und Deutschland, durch Reichsgesetz v. 25.02.1938, RGBl. 1938, S. 223; hierzu BT-Drs. 12/3109 v. 30.07.1992 m.w.N.

22 Z.B. durch Auflösung des Körperschaftsträgers.

23 Hier: Israelitische Synagogengemeinde Adass Jisroel zu Berlin, BVerwG Urt. v. 15.10.1997, Az. 7 C 21/96.

24 Gesetz zur Regelung des Kirchensteuerwesens (Kirchensteuergesetz), Vertrag zwischen der Bundesrepublik Deutschland und der Deutschen Demokratischen Republik über die Herstellung der Einheit Deutschlands –Einigungsvertrag – Anlage II, BGBl. Nr. 33 /1990 Teil II S. 1194 ff.

25 OVG Berlin-Brandenburg, Beschl. v. 29.032011 – Az. OVG 5 N 24.08 –.

26 Siehe die Darstellung der verfassungsrechtlichen Grundlagen für das Verhältnis von Staat und Kirche mit dem Hinweis auf Art. 43 Verfassung der DDR im Jahrbuch der DDR, Berlin 1961, S. 90 ff.

27 AA *Renck*, LKV 1993, 374 f.

beruhenden körperschaftsrechtsrelevanten Akte zu unterscheiden sind von vielfältigen späteren Registrierungen und Erklärungen, die mangels einschlägiger verfassungsrechtlicher Rechtsgrundlage **zivilrechtliche Regelungen** darstellen.[28] Im Übrigen stellen sich Fragen des Verlusts des öffentlich-rechtlichen Korporationsstatus oder dessen Aberkennung als ausgesprochen kompliziert dar.[29]

Satz 2 bestimmt als Kriterien für die auf Antrag einer Religionsgesellschaft oder 18 Weltanschauungsgemeinschaft erfolgende Körperschaftsverleihung die Gewähr der Dauer durch Verfassung und Zahl der Mitglieder.[30] Hinzu treten weitere ungeschriebene **Verleihungsvoraussetzungen.**[31] Geboten ist die religionsoffene Verfassungsinterpretation.[32] Der Freistaat Thüringen hat den öffentlich-rechtlichen Körperschaftsstatus an die Gemeinschaft der Siebenten-Tags-Adventisten in Thüringen,[33] die Neuapostolische Kirche Sachsen/Thüringen[34] sowie in Zweitverleihung an die Berliner Körperschaft der Religionsgemeinschaft Jehovas Zeugen in Deutschland[35] verliehen.[36]

Satz 3 bestimmt, dass durch den von der Kirchenautonomie getragenen **Zusammenschluss mehrerer Körperschaften** des öffentlichen Rechts zu einem Verband, 19 dieser automatisch ebenfalls öffentlich-rechtlich korporiert ist. Ein historisches Beispiel ist der Zusammenschluss der Israelitischen Kultusgemeinden von Arnstadt, Bauerbach, Berkach, Bibra, Geisa, Gera, Gleicherwiesen-Simmershausen, Hildburghausen, Kaltennordheim, Meiningen, Stadtlengsfeld, Themar und Vacha, die sämtlich bisher schon als Körperschaften des öffentlichen Rechts anerkannt waren, zu einem Verband Israelitischer Gemeinden Thüringens.[37] In dessen Rechtsnachfolge steht heute die Jüdische Landesgemeinde Thüringen.[38]

---

28 VG Berlin, Gerichtsbeschluss v. 16.04.2007 – Az. 27 A 6.07 -. Eine maßgebliche Rechtsgrundlage stellte die Verordnung über die Gründung und Tätigkeit von Vereinigungen vom 06.11.1975 dar, deren § 15 Abs. 2 die Rechtsfähigkeit von im Vereinsregister eingetragenen oder beim zuständigen Organ angemeldeten Kirchen und Religionsgemeinschaften feststellte, GBl. DDR Teil I Nr. 44 vom 26.11.1975, S. 723 ff, S. 725. Aufgrund dieser Rechtsgrundlage wurde zB. bescheinigt, „dass die Evangelische Allianz eine zentrale kirchliche Gemeinschaft ist, die auf der Grundlage des § 14,3 der Verordnung über die Gründung und Tätigkeit von Vereinigungen vom 06.11.1975 Rechtsfähigkeit besitzt.", Bescheinigung der Regierung der DDR –Staatssekretär für Kirchenfragen vom 28.05.1982. Zuletzt wurde unter Hinweis auf Artikel 39 Abs. 2 Verfassung der DDR festgestellt, dass „die Gemeinschaft zu den über 30 Kirchen und Religionsgemeinschaften gehört, die ...ihre Tätigkeit in voller Freiheit ausüben und Rechtsfähigkeit besitzen.", Ministerrat der DDR –Amt für Kirchenfragen-, Schreiben vom 14.03.1990.

29 Siehe dazu *Quaas*, Begründung und Beendigung des öffentliche-rechtlichen Körperschaftsstatus von Religionsgemeinschaften, NVwZ 2009, 1400 ff.

30 *Weber*, ZevKR 34(1989), 337 ff.

31 BVerfGE 102, 370; *Weber*, ZevKR 57 (2012), *ders.*, ZevKR 41(1996), 172 ff.; *ders.*, Religion. Staat. Gesellschaft, 2 (2001), S. 47 ff.

32 Siehe dazu *Albrecht*, Die Verleihung der Körperschaftsrechte an islamische Vereinigungen, KuR 1 (1995), 27.

33 Mit Wirkung v. 24.02.1992, ThürStAnz., S. 447.

34 Mit Wirkung v. 15.10.2001, ThürStAnz. Nr. 47/2001, S. 2468.

35 Mit Wirkung v. 09.06.2009, ThürStAnz. Nr. 31/2009, S. 1319.

36 *Drößler*, KuR 1997, 56.

37 Bekanntmachung des Thüringer Ministeriums für Volksbildung und Justiz, Gesetzessammlung für Thüringen v. 07.02.1927, S. 87.

38 Zusätzlicher Akt der Zuerkennung der Eigenschaft einer Körperschaft des öffentlichen Rechts an den damaligen Landesverband Jüdischer Gemeinden Thüringens erfolgte durch den Präsidenten des Landes Thüringen – Präsidialamt – mit Bescheid v. 10.10.1946.

20 Die **gewillkürte Korporation** bedarf der Bestimmung ihres rechtlichen Sitzes und, um Geltung im allgemeinen Rechtsverkehr zu erlangen, staatlicher Mitwirkung in Form der Anerkennung durch das Sitzland und der Publizierung des erfolgten Zusammenschlusses.[39] Dies ist bei der Entstehung der Evangelischen Kirche in Mitteldeutschland durch Zusammenschluss der Evangelisch-Lutherischen Kirche in Thüringen und der Evangelischen Kirche der Kirchenprovinz Sachsen erfolgt.[40]

21 Absatz 6 regelt das gegenüber ihren Mitgliedern bestehende **Steuererhebungsrecht** der öffentlich-rechtlichen Körperschaften unter Hinweis auf das einschlägige Landesrecht.[41] Hiervon ist die Frage des staatlichen Kirchensteuereinzugs zu unterscheiden, der einer eigenen Rechtsgrundlage bedarf.[42]

22 Absatz 7 stellt den Religionsgesellschaften die Weltanschauungsgemeinschaften gleich, worin eine grundsätzliche **staatskirchenrechtliche Gleichstellung** gesehen wird. Diese Gleichstellung ist durch den Wortlaut des Art. 40 ausdrücklich auf den gesamten Normenbestand der inkorporierten Artikel der WRV bezogen.

23 Von der durch Absatz 8 den Ländern eingeräumten **staatskirchenrechtlichen Gesetzgebungskompetenz** hat das Land bisher keinen Gebrauch gemacht.

IV. Art. 138 WRV

24 Absatz 1 betrifft die den Religionsgesellschaften geschuldeten **Staatsleistungen sowie** deren **Ablösung**, eine nicht nur rechtlich, sondern im Hinblick auf die Erfüllung des Verfassungsauftrags zunehmend auch politisch[43] diskutierte Frage. Im Gegensatz zu haushaltsrechtlich bestimmten Zuwendungen beruhen Staatsleistungen grundsätzlich auf historisch entstandenen Rechtsansprüchen. Diesbezüglich ist also die Frage nach den das Land Thüringen bindenden altrechtlichen Verträgen zu stellen.[44] Auf Seiten der evangelischen Kirchen handelt es sich für das preußische Staatsgebiet um Pfarrbesoldungszuschüsse, wie sie im Vertrag zwischen dem Freistaat Preußen und Evangelischen Landeskirchen vom 11.05.1931 bzw. im Preußischen Besoldungsgesetz vom 03.07.1931 geregelt waren. Für den Bereich des Landes Thüringen handelt es sich vor allem um den Vertrag zwischen dem Land Thüringen und den Thüringer Ev. Kirchen vom 19.09./24.08.1925 sowie um den Vertrag zwischen dem Land Thüringen und der Evangelisch-Lutherischen Kirche in Reuß ä.L. vom 19.09./14.08.1919 nebst Nachtragsvertrag vom 13.11.1919.[45] Auch durch die auf Seiten der Katholischen Kirche getroffenen Regelungen konnte Einigkeit über geltend gemachte historische Ansprüche der Katholischen Kirche gegenüber dem Feistaat Thürin-

39 *Von Campenhausen/Unruh*, in: von Mangoldt/Klein/Starck, Art. 137 WRV Rn. 215.

40 Mit Wirkung zum 01.01.2009, ThürStAnz Nr. 10/2009, S. 475-479; die in Erfurt sitzende Kirche ist Rechtsnachfolgerin der fusionierten und zugleich aufgelösten Ursprungskirchen.

41 ThürKirchStG.

42 Art. 26 Abs. 1 Vertrag des Hl. Stuhls mit dem Freistaat Thüringen v. 11.06.1997; Art. 15 Vertrag des Freistaats Thüringen mit den Evangelischen Kirchen in Thüringen v. 15.3.1994.

43 Siehe dazu die Aktuelle Stunde im Thüringer Landtag, Plenarprotokoll 5/75 v. 25.01.2012, S. 7091-7096.

44 Siehe dazu die Beantwortung der Kleinen Anfrage LT-Drs. 1/1235 v. 10.04.1992.

45 Gesetz zu dem Staatsvertrag zwischen dem Freistaat Thüringen und den Evangelischen Kirchen in Thüringen, Begründung zum Gesetzentwurf zu Art. 13, LT-Drs. 1/3273 v. 15.04.1994, S. 13.

gen hinsichtlich der Gewährleistung von Staatsleistungen hergestellt werden.[46] Vertragsstaatskirchenrechtlich wurden diese auf eine neue Rechtsgrundlage gestellt und abschließend geregelt.

Die Ablösung der Staatsleistung auf der Basis von Art. 138 Absatz 1 WRV ist in den **Thüringer Staatskirchenverträgen** ausdrücklich vereinbart (Art. 13 Abs. 7 Ev. KV, Art. 23 Abs. 7 Kath. KV) und gilt daher auch kraft Zustimmungsgesetz. 25

Als lex spezialis zu Artikel 14 GG regelt Absatz 2 die sog. **Kirchengutsgarantie.** 26
Geschützt werden nicht nur das Eigentum und andere Rechte an res sacrae im engeren Sinne,[47] sondern darüber hinaus an den Kultus-, Unterrichts- und Wohltätigkeitszwecken kirchlich gewidmeten Vermögen einschließlich derivativer Rechte, wie z.B. Kirchenbaulastansprüche. Insofern als letztere gegen das **Land** gerichtet sind, wurden diese im Zusammenhang mit den kirchenvertraglichen Regelungen über die Staatsleistungen auf eine neue Rechtsgrundlage gestellt und abschließend geregelt. In diesem Zusammenhang wurde der Freistaat Thüringen von allen Verpflichtungen zu Geld- und Sachleistungen an die Kirchengemeinden, insbesondere aus Baulastansprüchen, befreit.[48] Das Schicksal sog. **kommunaler Baulastansprüche** ist hingegen in Frage gestellt; nach der Rechtsprechung des Bundesverwaltungsgerichts betreffend den Thüringer Fall einer vertraglich vereinbarten gemeindlichen Baulast sind derartige Ansprüche in den neuen Bundesländern generell erloschen.[49] Anspruchsberechtigt sind nicht nur Religionsgesellschaften, sondern auch die lediglich einen bestimmten religiösen Zweck verfolgenden religiösen Vereine.

V. Art. 139 WRV

Die Vorschrift sichert den **Sonntag und die staatlich anerkannten Feiertage** im 27
Sinne einer institutionellen Garantie. Dies umfasst eine angemessene Anzahl von Feiertagen.[50] Schutzzweck ist die Arbeitsruhe und die seelische Erhebung.[51] An diesen Tagen soll die werktägliche Geschäftigkeit ruhen.[52] Während der Sonntag kalendarisch vorgegeben ist, bedürfen Feiertage der staatlichen Anerkennung um in den Schutzbereich zu fallen.[53] Die Anerkennung erfolgt durch Gesetz, im Fall kirchlicher oder überwiegend kulturell ausgerichteter staatlicher Feiertage in Zuständigkeit des Landesgesetzgebers, im Übrigen des Bundesgesetzgebers.

Das **Thüringer Feiertagsgesetz** unterscheidet gesetzliche Feiertage (§ 2) von reli- 28
giösen Feiertagen (§ 3). Mit Ausnahme des Fronleichnamstags, der im Wege einer Übergangsregelung in einigen Landesteilen den vollen Schutz eines gesetzli-

46 Thüringer Gesetz zu dem Staatsvertrag zwischen dem Heiligen Stuhl und dem Freistaat Thüringen, Begründung zum Gesetzentwurf zu Art. 23, LT-Drs. 2/2100 v. 01.07.1997, S. 29.

47 *Schütz*, Res sacrae, HdbStKR Bd. II, S. 1 ff.

48 Vgl.Fußn. 38 und 39.

49 BVerwGE 132, 358.

50 *Rüfner*, in: FS Martin Heckel (1999), S. 447-461.

51 *Pahlke*, Sonn- und Feiertagsschutz als Verfassungsgut, in: Essener Gespräche 24 (1990), S. 53; *Häberle*, Der Sonntag als Verfassungsprinzip, 1988.

52 BVerwGE 90, 337 (343); zum Schutzumfang siehe *Tettinger*, Der Schutz der Sonn- und Feiertagsrechte im Gewerberecht, KuR 1999, 91 ff.

53 *Morlok*, in: Dreier, Art. 140 GG/Art. 139 WRV, S. 1365.

chen Feiertags genießt,[54] sehen letztere unter bestimmten Voraussetzungen eine auf den Gottesdienstbesuch begrenzte Freistellung von Arbeit und Schulbesuchspflicht vor, die sich beim Buß- und Bettag auf den ganzen Tag verlängert. Von der religionsrechtlich bedeutsamen Verordnungsermächtigung, durch Rechtsverordnung weitere religiöse Feiertage in Thüringen oder bestimmten Gebieten des Landes zu bestimmen (§ 3 Abs. 2), wurde allerdings bisher kein Gebrauch gemacht.

29 Mit Ausnahme ihres überkommenen Kernbereichs unterliegen staatlich anerkannte Feiertage der **gesetzgeberischen Gestaltungsfreiheit**. Träger des Rechts sind natürliche Personen, unter den juristischen Personen kommen vor allem wiederum die Religionsgesellschaften in Betracht.[55] Die jüngere Rechtsprechung hat in einschlägigen vertragsstaatskirchenrechtlichen Bestimmungen ein subjektives öffentliches Recht zugunsten der Kirchen auch bezüglich des Sonntagsschutzes erkannt.[56] Auch die Thüringer Staatskirchenverträge bestimmen den Schutz des Sonntags und der anerkannten kirchlichen Feiertage und räumen außerdem einen **Rechtsanspruch auf gesetzliche Regelungen** ein, um den Schutz der Gottesdienste an kirchlichen Feiertagen, die nicht gesetzliche Feiertage sind, zu gewährleisten.[57] Dementsprechend stellt § 5 ThürFeiertG den Gottesdienstschutz sicher. An sog. stillen Tagen (§ 6) wird ein erhöhter Schutz gewährleistet. Ausnahmen vom allgemeinen Arbeitsverbot sind regelmäßig restriktiv zu fassen. Das Abhalten von gewerblichen Flohmärkten an Sonntagen ist in Thüringen unzulässig.[58]

VI. Art. 141 WRV

30 Die sog. **Anstaltsseelsorge** dient der Sicherung der individuellen und korporativen Religionsfreiheit unter staatlich verantworteten institutionellen Bedingungen starker Freiheitseinschränkender, mithin Grundrechtsbeschränkender Maßnahmen. Seelsorgehandlungen in Anstalten sind unter der Bedingung zulässig, dass „jeder Zwang fernzuhalten ist". Betroffene Bereiche sind neben der bundesrechtlich bestimmten Militärseelsorge[59] vor allem die Haftanstalten, ferner – infolge der Einschränkung der Handlungsfreiheit der Patienten – die Krankenhäuser.[60] In Übereinstimmung mit dem verfassungsrechtlichen Auftrag bestimmen die Thüringer Staatskirchenverträge, dass in staatlichen Krankenhäusern

---

54 § 3 Abs. 1 Nr. 2 und Abs. 2, § 10 Abs. 1 ThürFeiertagsG: „Bis zum Erlaß einer Rechtsverordnung nach § 2 Abs. 2 gilt der Fronleichnamstag in denjenigen Teilen Thüringens, in denen er im Jahre 1994 als gesetzlicher Feiertag begangen wurde, als solcher fort." Zur territorialen Reichweite der Thüringer Regelung zum Fronleichnamstag siehe *Drößler* (Hrsg), Staat und Kirche in Hessen, Rheinland-Pfalz, Saarland und Thüringen, 2012, Ord.Nr. 15.T.1, S. 5.

55 *Morlok/Heinig*, NVwZ 1999, 697.

56 BVerfGE 102, 370; 125, 39 (103); OVG Mecklenburg-Vorpommern; Beschl. v. 22.12.1999 – 2 M 99/99; kritisch Jestaedt, Unverstandenes Staatskirchenrecht, KuR 2012, 158.

57 Art. 3 i.V.m Schlußprotokoll zu Art. 3 Vertrag des Hl. Stuhls mit dem Freistaat Thüringen v. 11.06.1997; Art. 20 iVm Schlußprotokoll zu Art. 20 Vertrag des Freistaats Thüringen mit den Evangelischen Kirchen in Thüringen v. 15.03.1994.

58 ThürOVG, Beschl. v. 10.05.1996 – 2 EO 326/96 –, ThürVGRSpr. Nr. 49 v. 09.12.1996 (81-86.).

59 Hierzu kritisch *Morlok*, in: Dreier Art. 140/Art. 141 WRV, S. 1381.

60 Einen Überblick gibt *Ennuschat*, Anstaltsseelsorge, in: Heun/Honnecker/Morlok/Wieland, Evangelisches Staatslexikon, Sp. 62 ff, Sp. 63.

und Justizvollzugsanstalten sowie in den sonstigen öffentlichen Anstalten des Freistaats Thüringen, in denen eine seelsorgerliche Betreuung üblich ist, die Kirchen zu Gottesdienst und Seelsorge zuzulassen sind und, bei bestehendem Gottesdienst- und Seelsorgebedarf, geeignete Räume zur Verfügung zu stellen sind.[61] Die staatskirchenrechtlichen Bestimmungen gewähren den Religionsgemeinschaften gegenüber dem staatlichen Anstaltsträger ein kollektivrechtlich wirkendes subjektives Recht auf institutionell gewährleistete Seelsorge, nicht aber dem einzelnen Religionsangehörigen.[62] Diese kompensatorisch wirkende Verpflichtung bezweckt die Grundrechtsgewährleistung, begründet aber keine Gottesdienst- und Seelsorgeverpflichtung des weltanschaulich neutralen Staates, sondern vielmehr Paritäts- und parallele Schutzpflichten zur Gewährleistung der negativen Religionsfreiheit. Deshalb sind Seelsorger zuzulassen, nicht aber staatlich zu berufen.[63]

Von der Anstaltsseelsorge im Sinne von Art. 141 zu unterscheiden ist **Seelsorge im öffentlichen Bereich**, der dadurch gekennzeichnet ist, dass die allgemeine Religionsfreiheit grundsätzlich gewährleistet ist, weil insofern keine vergleichbare grundrechtsbeschränkende Wirkung besteht.[64] Soweit in staatlichen Einrichtungen konfessionelles Seelsorgehandeln überhaupt üblich ist, wird dieser im Bedarfsfall geleistete Dienst als Ausfluss korporativer Religionsfreiheit in den der Religionsausübungsfreiheit jeweils gesetzten Grenzen autonom wahrgenommen. Staatlicherseits sind Religionsgemeinschaften und ggf. Weltanschauungsgemeinschaften gleich zu behandeln. Eine staatliche Finanzierung der Vornahme von konfessionellen Handlungen, die im Rahmen der Religionsausübungsfreiheit erfolgen und der Erfüllung des originären kirchlichen Auftrags dienen, ist religionsrechtlich nicht begründet. 31

Artikel 41 [Karitative Einrichtungen]

[1]Die von den Kirchen, anderen Religionsgesellschaften und Weltanschauungsgemeinschaften unterhaltenen sozialen und karitativen Einrichtungen werden als gemeinnützig anerkannt und gefördert. [2]Dies gilt auch für die Einrichtungen der Verbände der freien Wohlfahrtspflege.

Vergleichbare Regelungen

Art. 6 BWVerf; Art. 45 BbgVerf; Art. 19 Abs. 2 M-VVerf; Art. 110 SächsVerf; Art. 32, 33 LVerf LSA.

---

61 Art. 12 Abs. 1 Vertrag des Freistaats Thüringen mit den Evangelischen Kirchen in Thüringen; Art. 14 Abs. 1 Vertrag des Hl. Stuhls mit dem Freistaat Thüringen; siehe ferner Vereinbarung über die Seelsorge und sonstige Aufgaben der Anstaltseelsorger an den Thüringer Justizvollzugsanstalten v. 06.10.1994.

62 VG Augsburg, Beschl. v. 18.09.2012 – Au 3 E 12.1151 (Klinikseelsorge), NVwZ-RR 2013, 81 f.

63 *Morlok*, in: Dreier, Art. 140/Art. 141 WRV, S. 1381.

64 Z.B. nicht kasernierte Landespolizei, staatliche Hochschulen und Schulen; eine staatskirchenrechtliche Besonderheit stellt die Ernennung des evangelischen Universitätspredigers dar, der an der Evangelisch-Theologischen Fakultät der Friedrich-Schiller Universität Jena gemäß Art. 3 Abs. 5 Vertrag des Freistaats Thüringen mit den Evangelischen Kirchen in Thüringen durch die örtlich zuständige Kirchenleitung im Einvernehmen mit der Evangelisch-Theologischen Fakultät aus dem Kreis der ordinierten Mitglieder der Fakultät erfolgt.

Ergänzungsnormen im sonstigen thüringischen Recht

§§ 3 ThürVwKostG v. 23.09.2005 (ThürGVBl. S. 325) zuletzt geändert durch Art. 9 Thüringer HaushaltsbegleitG 2012 v. 21.12.2011 (ThürGVBl. S. 531); § 7 ThürJKostG idF der Bek. v. 05.02.2009 (ThürGVBl. S. 21) zuletzt geändert durch Art. 1 Drittes ÄndG v. 25.10.2012 (ThürGVBl. S. 417); § 5 Abs. 1 Nr. 5, 6 ThürKHG idF der Bek. v. 30.04.2003 (ThürGVBl. S. 262).

Dokumente zur Entstehungsgeschichte

Art. 41 VerfE CDU; Art. 31 VerfE SPD; Art. 29 VerfE NF/GR/DJ; Entstehung ThürVerf S. 112.

Literatur

Claudio Fuchs, Thüringer Staatskirchenrecht, ThürVBl. 1995, 145 ff.; *ders.*, Das Staatskirchenrecht der neuen Bundesländer; *Hans M. Heinig*, Öffentlich-rechtliche Religionsgesellschaften, Studien zur Rechtsstellung der nach Art. 137 Abs. 5 WRV korporierten Religionsgesellschaften in Deutschland und in der Europäischen Union, 2003; *Herbert Kalb/Richard Potz/Brigitte Schinkele*, Religionsrecht, 2003; *Dieter Kreft/Ingrid Mielenz* (Hrsg.), Wörterbuch sozialer Arbeit, 2009; *Adolf Schenke/Horst Schröder* (Hrsg.), Kommentar zum Strafgesetzbuch, 28. Aufl. 2010; *Bernhard Spielbauer*, Der öffentlich-rechtliche Körperschaftsstatus der Religionsgemeinschaften in der Bundesrepublik Deutschland: Wesen und aktuelle Legitimation, 2005; *Emanuel Vahid Towfigh*, Die rechtliche Verfassung von Religionsgemeinschaften: Eine Untersuchung am Beispiel der Bahai, 2006.

Leitentscheidungen des BVerfG

BVerfGE 30, 415 (Mitgliedschaftsrecht); 93, 1 (Kruzifix); 102, 370 (Körperschaftsstatus der Zeugen Jehovas); 108, 282 (Kopftuch).

A. Überblick

1 Art. 41 enthält eine institutionelle **Garantie** zum Schutz der sozialen und karitativen Tätigkeit der Kirchen, Religions- und Weltanschauungsgemeinschaften sowie der freien Wohlfahrtsverbände vor rechtlicher und faktischer Beeinträchtigung. Der konstitutionelle Grundstatus der Religions- und Weltanschauungsgemeinschaften wird markiert durch die Gewährleistung der individuellen Religions- und Bekenntnisfreiheit in ihrer dreifachen Sinnrichtung, mithin der Glaubens- und Gewissens, der Kultus- sowie der Vereinigungsfreiheit (Art. 39), aber auch der **korporativen Religionsfreiheit** (Art. 40, 41). Die Regelung des Art. 41 unterstreicht die Bedeutung der nichtstaatlichen Wohlfahrtspflege, indem sie alle staatlichen Gewalten verpflichtet, die Entfaltung der Träger nichtstaatlicher Wohlfahrtspflege zu **fördern.**[1]

B. Herkunft, Entstehung und Entwicklung

2 Die Konstitutionalisierung dieses Fördergebots, das **ohne Vorbild in der grundgesetzlichen Ordnung** ist, erfolgte in Anerkennung des großen Engagements der Kirchen und der mit ihnen verbundenen Einrichtungen der Caritas und Diakonie bei der Übernahme und Weiterführung sozialer Einrichtungen nach der Wende.[2] Um die Leistungen der Verbände der freien Wohlfahrtspflege anzuer-

1 *Hopfe*, in: Linck/Jutzi/Hopfe, Art. 41 Rn. 1.
2 *Fuchs*, ThürVBl 1995, 145 (149).

kennen, hat der Verfassungsgeber diese Träger in Art. 41 Satz 2 den karitativen Einrichtungen der Kirchen, Religions- und Weltanschauungsgemeinschaften gleichgestellt.

C. Verfassungsvergleichende Information

Die Gewährleistung der freien Wohlfahrtspflege der Kirchen und Religionsgemeinschaften kann auf eine **lange Tradition** zurückblicken und kommt in unterschiedlichen Formulierungen in den Landesverfassungen zum Ausdruck. Bereits die Verfassung von Württemberg-Baden (1946), eine der ersten deutschen Nachkriegsverfassungen, gewährleistete in Art. 33 Abs. 1 „die Wohlfahrtspflege der Religionsgemeinschaften".[3] Auch die landesverfassungsrechtlichen Regelungen Mecklenburg Vorpommerns,[4] Sachsens[5] und Sachsen Anhalts[6] enthalten eine Schutz- und Fördergarantie zugunsten der Kirchen und Religionsgemeinschaften. Art. 45 Abs. 3 BbgVerf erklärt dagegen – in deutlich säkularer Diktion – ganz allgemein soziale und karitative Einrichtungen zu Adressaten staatlicher Förderung. Grundrechtsberechtigte nach Art. 41 sind die Religions- und Weltanschauungsgemeinschaften sowie die freien Träger der Wohlfahrtspflege. Der Schutz und die positive Förderung der freien Wohlfahrtspflege werden in Anlehnung an die Formulierung in Art. 41 Satz 2 in den Verfassungen Mecklenburg Vorpommerns,[7] Sachsens[8] und Sachsen Anhalts[9] ausdrücklich hervorgehoben. 3

D. Erläuterungen

I. Schutzgehalt der Regelung

Das in Art. 41 formulierte **Staatsziel** beinhaltet eine **institutionelle Garantie** der freien, nur im Rahmen der Verfassung einschränkbaren Wohlfahrtspflege der Kirchen, Religions- und Weltanschauungsgemeinschaften und der Einrichtungen der Verbände der freien Wohlfahrtspflege.[10] Diese Verfassungsgarantie begründet mithin **kein subjektives Recht** im Sinne eines unmittelbaren Leistungsanspruchs zugunsten der freien Wohlfahrtspflege.[11] Art. 41 trägt dem Freistaat auf, die **diakonischen Einrichtungen** der Religionsgemeinschaften ebenso als **gemeinnützig anzuerkennen** wie die Verbände der freien Wohlfahrtspflege. Der Freistaat ist angehalten, diese Einrichtungen finanziell oder aktiv zu **fördern.** 4

Die Förderung der sozialen und karitativen Einrichtungen der Religionsgemeinschaften und Weltanschauungsgemeinschaften steht im **Einklang** mit der **religiös-weltanschaulichen Neutralität des Staates.** Auch wenn er sich in Glaubensfragen nicht in die Sinnorientierung seiner Bürger einmischen darf, um religiöse Konflikte zu vermeiden,[12] sind ihm Maßnahmen zur Förderung von Religion 5

---

3 *Hollerbach*, in: FS Johannes Broermann (1982), S. 773 (780); vgl. nunmehr Art. 6 BWVerf.
4 Art. 19 Abs. 2 M-VVerf.
5 Art. 110 Abs. 1 SächsVerf.
6 Art. 32 Abs. 3 LVerf LSA.
7 Art. 19 Abs. 2 M-VVerf.
8 Art. 110 Abs. 2 SächsVerf.
9 Art. 33 LVerf LSA.
10 *Fuchs*, Das Staatskirchenrecht der neuen Bundesländer, S. 260.
11 *Degenhart*, in: Degenhart/Meissner, § 9 Rn. 20; *Hopfe*, in: Linck/Jutzi/Hopfe, Art. 41 Rn. 5.
12 BVerfGE 93, 1 (16 f.). Vgl. zur staatlichen Neutralitätspflicht, *Blanke*, in: FS Klaus Stern (2012), S. 1249 (1255 ff.).

verfassungsrechtlich nicht verwehrt. Die staatliche Neutralitätspflicht unterscheidet sich vom Konzept der Laizität gerade dadurch, dass der Staat in seiner unmittelbar die Gesellschaft berührenden Tätigkeit religiöse Interessen der Bürger berücksichtigen und fördern darf.[13] Dabei ist es dem Staat wegen des Grundsatzes der Gleichbehandlung allerdings **verboten**, sich mit einer Religion- oder Weltanschauungsgemeinschaft zu identifizieren.[14] Im Sinne eines solchen Fördergebots ist auch die Einbeziehung der kirchlichen Wohlfahrtsverbände in den Krankenhausplanungsausschuss nach § 5 Abs. 1 Nr. 5, 6 ThürKHG zu verstehen. Unter Beachtung des **Prinzips der Parität**[15] kann der Freistaat somit die Religionsgemeinschaften, ebenso wie die ihnen gleichgestellten Verbände der freien Wohlfahrtspflege, unterstützen, zumal sie ihn durch den Unterhalt gemeinnütziger Einrichtungen entlasten.

II. Träger der Wohlfahrtspflege

6 Art. 41 fördert die sozialen und karitativen Einrichtungen, deren Träger Kirchen, andere Religionsgesellschaften sowie die Weltanschauungsgemeinschaften sind, unabhängig ob sie privatrechtlichen oder öffentlich-rechtlichen Status haben. Religions- und Weltanschauungsgemeinschaften dienen anders als Vereine der umfassenden gemeinsamen Erfüllung der aus der Religion oder Weltanschauung folgenden Rechte und Pflichten.[16]

7 Das Verfassungsrecht stellt für Religions- und Weltanschauungsgemeinschaften im Sinne des Weimarer Kompromisses den besonderen Status der Körperschaft des öffentlichen Rechts zur Verfügung, „soweit sie solche bisher waren" (Art. 140 GG in Verbindung mit Art. 137 Abs. 5 Satz 1 WRV). Sie werden *nicht* in den Staat eingegliedert, sondern haben einen öffentlich-rechtlichen Status eigener Art sowie eine Reihe von Einzelbegünstigungen, namentlich zur Steuererhebung nach Art. 137 Abs. 6 WRV (sog. „Privilegienbündel").[17][18] Die Verleihung des Status einer Körperschaft des öffentlichen Rechts ist Sache der Länder (Art. 137 Abs. 8 WRV). Organisiert sind im Rahmen dieses Status in erster Linie die **evangelische und die katholische Kirche**, die in Thüringen allein schon wegen ihrer Mitgliederzahlen (541.000 evangelische und 176.000 katholische Gläubige)[19] eine herausragende Stellung einnehmen.

8 Der Status der öffentlich-rechtlichen Körperschaft ist indes *nicht* Voraussetzung dafür, dass eine Gemeinschaft überhaupt als Religionsgemeinschaft in Erscheinung treten oder die ansonsten Religionsgemeinschaften gewährten Rechte in Anspruch nehmen darf. **„Andere Religionsgesellschaften"** sind vor diesem Hintergrund Vereinigungen von Personen, die ebenfalls einer religiösen Überzeugung anhängen und diese bekunden, ohne „Kirche" in einem korporationsrechtlichen Sinne zu sein.[20] Sie erwerben die Rechtsfähigkeit nach den allgemeinen Vorschriften des bürgerlichen Rechtes (Art. 137 Abs. 4 WRV). Infolgedessen

---

13 *Isensee*, in: HdbStKirchR, Bd. II, § 59 Rn. 1 ff.; *Starck*, in: von Mangoldt/Klein/Starck, Art. 4 Rn. 31.
14 BVerfGE 30, 415 (422); BVerfGE 93, 1 (17); BVerfGE 108, 282 (299 f.).
15 Vgl. zum Grundsatz der Parität *Towfigh*, Die rechtliche Verfassung von Religionsgemeinschaften, S. 33 f.
16 *Towfigh*, Die rechtliche Verfassung von Religionsgemeinschaften, S. 123 f.
17 BVerfGE 102, 370 (371).
18 *Kessler*, in: Kreft/Mielenz, Wörterbuch sozialer Arbeit, 2009, S. 542 (543).
19 Thüringer Landesamt für Statistik, Pressemitteilung 258/11 vom 12.09.2011.
20 *Heinig*, Öffentlich-rechtliche Religionsgesellschaften.

sind kleinere Religionsgesellschaften privatrechtlich (etwa als eingetragener Verein) organisiert.[21] Für den Freistaat Thüringen ist insoweit das Islamische Zentrum Jena zu nennen, das rechtlich als eingetragener Verein errichtet wurde. Weitere nicht privilegierte Religionsgesellschaften bilden in Thüringen die Altlutheraner und Herrnhuter, die Juden und die Mennoniten. Solchen anderen Religionsgesellschaften sind „auf Antrag gleiche Rechte [scil. im Sinne der Körperschaften des öffentlichen Rechts] zu gewähren, wenn sie durch ihre Verfassung und die Zahl ihrer Mitglieder die Gewähr der Dauer bieten (Art. 137 Abs. 5 Satz 2 WRV). **Weltanschauungsgemeinschaften**, die sich die gemeinschaftliche Pflege einer Weltanschauung zur Aufgabe machen, werden nach Art. 137 Abs. 7 WRV den Religionsgesellschaften gleichgestellt und können mithin im Einzelfall den Status einer Körperschaft des öffentlichen Rechts erlangen.[22]

III. Staatliche Förderung der Wohltätigkeitseinrichtungen

Soziale und karitative Einrichtungen der Wohlfahrtsträger werden nach ihrer 9
Anerkennung als ***gemeinnützig*** gefördert. Die Gemeinnützigkeitsanerkennung bestimmt sich aus § 52 AO und liegt vor, wenn die Tätigkeit eines Trägers darauf gerichtet ist, „**die Allgemeinheit auf materiellem, geistigem oder sittlichem Gebiet selbstlos zu fördern.**" Zu dieser Förderung gehören Tätigkeiten im Bereich des öffentlichen Gesundheitswesen und der Gesundheitspflege, der Jugend- und Altenhilfe oder der Wohlfahrtspflege.[23] Die Anerkennung der Gemeinnützigkeit erfolgt durch das zuständige Finanzamt.

Förderungsobjekte sind die sozialen und karitativen Einrichtungen der Wohl- 10
fahrtsträger. Eine bestimmte Organisationsstruktur der religiösen bzw. weltanschaulichen Wohlfahrtspflege setzt Art. 41 Satz 1 nicht voraus. Lediglich für die Einrichtungen der freien Wohlfahrtspflege bestimmt Art. 41 Satz 2 eine **verbandsmäßige Organisationsstruktur.**

Im System der kirchlichen Wohlfahrtspflege spielen der **Deutsche Caritasver-** 11
band und das **Diakonische Werk** eine dominierende Rolle.[24] Diese unterhalten beispielsweise Kindergärten, Altenpflegeheime oder Krankenhäuser. Im Jahr 2011 trugen das Diakonische Werk und der Deutsche Caritasverband 266 der 1314 Kindertageseinrichtungen in Thüringen.[25] **Freie Träger** üben eine vergleichbare Tätigkeit mit vergleichbaren Leistungen aus und sind den entsprechenden Einrichtungen in Satz 1 **gleichgestellt.**[26] Der hohe Stellenwert der freien Träger der Wohlfahrtspflege wird unterstrichen durch die Leistungen der Arbeiterwohlfahrt und des Deutschen Roten Kreuz, die weitere 245 Kindertagesstätten in Thüringen betreiben. Auch sie leisten somit einen gewichtigen gemeinnützigen Beitrag und entlasten damit die öffentlichen Träger.[27]

---

21 *Lenckner/Bosch*, in: Schönke/Schröder, § 166 Rn. 15.
22 Vgl. oben Art. 40 Rn. 22.
23 § 52 Abs. 2 Ziff. 3, 4, 9 AO.
24 Zur kirchlichen Wohlfahrtspflege vgl. *Isensee*, in: HdbStKirchR, Bd. II, § 59 Rn. 1 ff.; *Kalb/Potz/Schinkele*, Religionsrecht, S. 306 ff.
25 Thüringer Landesamt für Statistik, Tageseinrichtungen für Kinder nach Trägern und Art der Einrichtungen in Thüringen v. 01.03.2011.
26 *Fuchs*, Das Staatskirchenrecht der neuen Bundesländer, S. 265.
27 Zum Vergleich: In Thüringen sind derzeit (2012) 488 öffentliche Träger verzeichnet; vgl. zu den Angaben Thüringer Landesamt für Statistik, Tageseinrichtungen für Kinder nach Trägern und Art der Einrichtungen in Thüringen v. 01.03.2011.

12 Mit der Anerkennung als gemeinnützig gehen steuer- und gebührenrechtliche Begünstigungen der Wohltätigkeitseinrichtungen einher. Dazu gehören **Steuervergünstigungen** im Bereich der Körperschaftssteuer (§ 5 Abs. 1 Nr. 9 KStG), der Erbschafts- und Schenkungssteuer (§ 13 Abs. 1 Nr. 16 b ErbStG) und der Grundsteuer (§ 3 Abs. 1 Nr. 3 GrStG). Spenden zugunsten der Wohltätigkeitseinrichtungen können zudem als Sonderausgaben (§ 10 b Abs. 1 Satz 1 EStG) bzw. abziehbare Aufwendungen (§ 9 Abs. 1 Satz 1 KStG) geltend gemacht werden.[28] Darüber hinaus werden die Wohlfahrtsträger in Thüringen durch **Ermäßigungen und Befreiungen** von Gerichts- und verwaltungsgebühren und –kosten gefördert.[29]

Siebter Abschnitt Gemeinsame Bestimmungen für alle Grundrechte und Staatsziele

Artikel 42 [Geltung und Beschränkung der Grundrechte; Rechtsweggarantie]

(1) Die in dieser Verfassung niedergelegten Grundrechte binden Gesetzgebung, vollziehende Gewalt und Rechtsprechung als unmittelbar geltendes Recht.

(2) Die Grundrechte gelten auch für inländische juristische Personen, soweit sie ihrem Wesen nach auf diese anwendbar sind.

(3) [1]Soweit nach dieser Verfassung ein Grundrecht auf Grund eines Gesetzes eingeschränkt werden kann, muß das Gesetz allgemein und nicht nur für den Einzelfall gelten. [2]Außerdem muß das Gesetz das Grundrecht unter Angabe des Artikels nennen.

(4) [1]Das Gesetz muß den Grundsatz der Verhältnismäßigkeit wahren. [2]In keinem Fall darf ein Grundrecht in seinem Wesensgehalt angetastet werden.

(5) [1]Wird jemand durch die öffentliche Gewalt in seinen Rechten verletzt, so steht ihm der Rechtsweg offen. [2]Soweit eine andere Zuständigkeit nicht begründet ist, ist der ordentliche Rechtsweg gegeben.

Vergleichbare Regelungen

Art. 1 Abs. 2, 19 Abs. 1 bis 4 GG, Art. 67 BWVerf.; Art. 93 BayVerf.; Art. 15 Abs. 4, 36 Abs. 1 VvB; Art. 5 und 6 Abs. 1 BbgVerf.; Art. 141 BremVerf.; Art. 61 HambVerf.; Art. 2 Abs. 3 HessVerf; Art. 5 Abs. 3 M-VVerf; Art. 3 Abs. 2, 53, 61 NV; Art. 4 Abs. 1 Verf NW; Art. 1 Abs. 4, 124 Verf Rh-Pf; Art. 20, 21 SaarlVerf; Art. 36, 37 und 38 SächsVerf; Art. 3 Abs. 1, 21 Abs. 1 LVerf LSA; Art. 41 SchlHVerf; Art. 1 Abs. 3; Art. 47, 51 f. EU-GRC, Art. 6, 18 EMRK.

Dokumente zur Entstehungsgeschichte

Art. 43 VerfE CDU; Art. 19 VerfE F.D.P.; Art. 46 VerfE LL/PDS, Entstehung ThürVerf, S. 113ff.

Literatur

Grundrechtsbindung: *Bernhard Kempen*, Grundrechtsverpflichtete, in: Merten/Papier, Bd. II, § 54; *Hans-Jürgen Papier*, Drittwirkung, in: Merten/Papier, Bd. II, 2006, § 55.

---

28 Vgl. zu den steuer- und gebührenrechtlichen Privilegierungen gemeinnütziger Einrichtungen *Spielbauer*, Der öffentlich-rechtliche Körperschaftsstatus der Religionsgemeinschaften in der Bundesrepublik Deutschland, S. 130 f.; *Towfigh*, Die rechtliche Verfassung von Religionsgemeinschaften, S. 139 f.

29 Vgl. § 3 Abs. 1 Nr. 4 ThürVwKostG; § 7 Abs. 1 Nr. 1, 4 ThürJKostG.

Grundrechtsberechtigung: *Markus Heintzen,* in: Merten/Papier, Bd. II § 50; *Peter M. Huber*, Natürliche Personen als Grundrechtsträger, in: Merten/Papier, Bd. II § 49; *Wolfgang Rüfner*, Der personale Grundzug der Grundrechte und der Grundrechtsschutz juristischer Personen, in: Badura/Dreier, FS 50 Jahre Bundesverfassungsgericht, Bd. I, 2001, S. 35ff.; *Friedrich E. Schnapp*, Zur Grundrechtsberechtigung juristischer Personen des öffentlichen Rechts, in: Merten/Papier, Bd. II § 52; *Peter Selmer*, Zur Grundrechtsberechtigung von Mischunternehmen, in: Merten/Papier, Bd. II, § 53; *Peter J. Tettinger*, Juristische Personen des Privatrechts als Grundrechtsträger, in: Merten/Papier, Bd. II § 51.

Verbot des Einzelfallgesetzes: *Joachim Lege*, Verbot des Einzelfallgesetzes, in: Merten/Papier, Bd. III, 2009, § 66.

Zitiergebot: *Peter Axer*, Zitiergebot, in: Merten/Papier, Bd. III, § 67; *Markus Heintzen,* Die grundrechtlichen Zitiergebote des Landesverfassungsrechts, NJ 1995, 288ff.; *Jörg Singer*, Das Bundesverfassungsgericht und das Zitiergebot, DÖV 2007, 496ff.

Verhältnismäßigkeitsgrundsatz: *Andreas Heusch*, Der Grundsatz der Verhältnismäßigkeit im Staatsorganisationsrecht, 2003; *Lothar Michael*, Grundfälle zur Verhältnismäßigkeit, JuS 2001, 654ff.; *ders.*, Die drei Argumentationsstrukturen des Grundsatzes der Verhältnismäßigkeit – Zur Dogmatik des Über- und Untermaßverbotes und der Gleichheitssätze, in: JuS 2001, 148ff.; *Detlef Merten*, Verhältnismäßigkeitsgrundsatz, in: Merten/Papier, Bd. III, § 68; *Bernhard Schlink*, Der Grundsatz der Verhältnismäßigkeit, in: Badura/Dreier, FS 50 Jahre Bundesverfassungsgericht, Bd. I, 2001, 445ff.

Wesensgehaltsgarantie: *Anna Leisner-Egensperger*, Wesensgehaltsgarantie, in: Merten/Papier, Bd. III, § 70; *Max Middendorf*, Zur Wesensgehaltsgarantie des Grundgesetzes, Jura 2003, 232ff.

Rechtsweggarantie: *Berkemann, Jörg:* Die unionsrechtliche Umweltverbandsklage des EuGH – Der deutsche Gesetzgeber ist belehrt »so nicht« und in Bedrängnis, DVBl 2011, 1253-1262; *Di Fabio, Udo*: Rechtsschutz im parlamentarischen Untersuchungsverfahren, 1988; *Heil, Thomas*: Die Verwaltungsgerichtsbarkeit in Thüringen 1945 – 1952, 1996; *Rehbinder, Eckard*: Die Aarhus-Rechtsprechung des europäischen Gerichtshofs und die Verbandsklage gegen Rechtsakte der Europäischen Union, EurUP 2012, 23-31.

Leitentscheidungen des ThürVerfGH und des BVerfG

Grundrechtsbindung: BVerfGE 6, 386 (Besteuerung); BVerfGE 33, 1 (Strafgefangene).

Grundrechtsberechtigung: ThürVerfGH – Beschl. v. 21.12.2004 – 29/03 – ThürVBl 2005, 61 (BGB-Gesellschaft).

BVerfGE 21, 362 (Sozialversicherungsträger); 39, 302 (AOK); BVerfGE 45, 63 (Stadtwerke Hameln); 61, 82 (Sasbach); 68, 193 (Zahntechniker-Innung); 70, 1 (Orthopädietechniker-Innungen); 75, 192 (Sparkassen); 107, 382 (Fernmeldegeheimnis der Rundfunkanstalten); Beschl. v. 19.07.2011 - 1 BvR 1916/09 – NJW 2011, 3428 (Juristische Personen aus Mitgliedstaaten der EU).

Verbot des Einzelfallgesetzes: BVerfGE 13, 225 (Bahnhofsapotheke Frankfurt/M.); 24, 367 (Deichordnung); 25, 371 (Lex Rheinstahl); 85, 360 (Warteschleife II); 95, 1 (Südumfahrung Stendal); (Mannesmann).

Zitiergebot: BVerfGE 28, 36 (Meinungsäußerung von Offizieren); 64, 72 (Prüfingenieure); 83, 130 (Josefine Mutzenbacher); 113, 348 (Telekommunikationsüberwachung).

Verhältnismäßigkeitsgrundsatz: BVerfGE 6, 389 (Homosexuelle); 19, 342 (Wencker); 21, 378 (Wehrdisziplin); 34, 238 (Tonband); 35, 382 (Ausländerausweisung); 45, 187 (Lebenslange Freiheitsstrafe); 63, 88 (Versorgungsausgleich II); 67, 57 (G 10); 90, 145 (Cannabis); 92, 277 (DDR-Spione).

Wesensgehaltsgarantie: BVerfGE 22, 180 (Jugendpflege); 30, 47 (§ 26 BSHG); 61, 82 (Sasbach).

Rechtsweggarantie: ThürVerfGH, Beschl. v. 30.03.2011 – 14/07 – ThürVBl 2011, 58-61 (effektiver Rechtsschutz, inhaltsgleiche Gewährleistung); Beschl. v. 30.01.2010 – 28/06 – ThürVBl 2011, 58-61 (Überlange Verfahrensdauer).

BVerfGE 22, 49 (Unterwerfungsverfahren); 67, 43 (Offensichtlichkeitsentscheidung; Asylantrag); 84, 34 (Prüfungsentscheidungen); 96, 27 (Durchsuchungsanordnung); 101, 106 (Beschränkung des Akteneinsichtsrechts); 103, 142 (Wohnungsdurchsuchung); 107, 395 (Plenum, Fachgerichtlicher Rechtsschutz); 110, 77 (Fortsetzungsfeststellungsinteresse, Versammlungsverbot); 113, 273 (Europäischer Haftbefehl); B. v. 31.05.2011 - 1 BvR 857/07 - NVwZ 2011, 1062 (Investitionszulage).

A. Überblick

1 Art. 42 gibt in Abs. 1 an, wen die Grundrechte verpflichten. Abs. 2 erweitert den Kreis der Grundrechtsberechtigten um inländische juristische Personen. Vorgaben für grundrechtsbeschränkende Gesetze formulieren die Abs. 3 und 4 und Abs. 5 statuiert eine Rechtsweggarantie.

Art. 42 Abs. 5 gewährt primär und unmittelbar ein prozessuales **Grundrecht**[1] auf Rechtsschutz gegen die „öffentliche Gewalt“, soweit diese dem Freistaat und seinen Körperschaften zuzurechnen ist. Er trifft eine Grundentscheidung für den **Individualrechtsschutz**[2] und enthält zugleich die institutionelle Garantie einer Gerichtsbarkeit, die den Rechtsschutzauftrag auch erfüllen kann.[3] Die **Subsidiaritätsklausel** in Abs. 5 Satz 2 soll diesen Rechtsweg in jedem Fall sicherstellen.[4] Als Garantie eines lückenlosen Rechtsschutzes sichert der rechtsstaatliche Systemzusammenhang von Individualrechtsschutz und **objektiver Rechtmäßigkeitskontrolle** auch die Bindung der „öffentlichen Gewalt“ an die Rechtsordnung und damit die Gewaltenteilung.[5] Als speziell geregelter Justizgewährleis-

---

1 St. Rspr BVerfGE 67, 43 (58); 110, 77 (85 f.); BVerfG, Beschl. v. 31.05.2011 – 1 BvR 857/07 – NVwZ 2011, 1062; *Schmidt-Aßmann*, in: Maunz/Dürig, Art. 19 Abs. 4 Rn. 7; *Jarass*, in: Jarass/Pieroth, Art. 19 Abs. 4 Rn. 32 („Leistungsgrundrecht“).
2 *Schulze-Fielitz*, in: Dreier, Art. 19 Abs. 4 Rn. 8, 60 ff., 84 f., ganz h. M.
3 *Schmidt-Aßmann*, in: Maunz/Dürig, Art. 19 Abs. 4 Rn. 14.
4 *Schulze-Fielitz*, in: Dreier, Art. 19 Abs. 4 Rn. 10.
5 BVerfGE 60, 253, 289 f.; *P. M. Huber*, in: von Mangoldt/Klein/Starck, Art. 19 Abs. 4 Rn. 242.

tungsanspruch hat die Rechtsweggarantie unmittelbar Teil am Rechtsstaatsprinzip[6] und ist im Kerngehalt deshalb auch **verfassungsänderungsfest.**[7]

B. Herkunft, Entstehung und Entwicklung

Die in diesen Absätzen enthaltenen Regelungen fanden sich in allen Entwürfen der am **Verfassungsgebungsprozess** beteiligten Fraktionen. Dementsprechend boten sie mit Ausnahme der Frage nach der Drittwirkung von Grundrechten keinen Anlass zu intensiverer oder gar strittiger Auseinandersetzung. Der Vergleich mit dem Grundgesetz zeigt, dass der Verfassungsgeber bei der Abfassung der Norm – sieht man einmal von Abs. 4 Satz 1 ab – die Regelungen des Art. 1 Abs. 3 GG sowie der Art. 19 Abs. 1 bis 4 GG übernommen hat. Dies gebietet, die **Auslegung** des Art. 42 an der Interpretation der entsprechenden **grundgesetzlichen Regelungen** zu orientieren, zumal auch keine Anhaltspunkte dafür erkennbar sind, dass der Verfassungsgeber sich auf entsprechende Normen anderer Landesverfassungen beziehen oder sich gezielt von diesen absetzen wollte.[8] 2

Die in Abs. 1 bis 5 enthaltenen Regelungen sind seit ihrem Inkrafttreten nicht geändert worden.

Das Recht auf umfassenden und wirkungsvollen Rechtsschutz hat sich in Deutschland historisch aus unterschiedlichen Wurzeln entwickelt. Während der **allgemeine Justizgewährleistungsanspruch,** der in bürgerlich-rechtlichen Streitigkeiten den Rechtsweg zu den „ordentlichen Gerichten" sichert, historisch untrennbar mit der Entwicklung des staatlichen Gewaltmonopols und dem Verbot der privaten Selbsthilfe verbunden ist,[9] ein gemeineuropäisches Erbe ist, ist der Rechtsschutz gegen die „öffentliche Gewalt" das Ergebnis der **besonderen deutschen Rechtsstaatstradition,** die ihre Wurzeln im „öffentlichen Recht" des alten „Teutschen Reiches" und in Institutionen wie der des Reichskammergerichts hat.[10] Die Rechtsweggarantie markiert den Schlusspunkt einer verfassungspolitischen Auseinandersetzung, die im 19. Jh. Schritt für Schritt zur Einführung und zum Ausbau einer besonderen **Verwaltungsgerichtsbarkeit** geführt hat, die aber mehr oder minder an das Enumerationsprinzip gebunden blieb[11] und in der NS-Zeit wieder weitgehend beseitigt wurde.[12] Erst das GG hat mit Art. 19 Abs. 4 eine umfassende Rechtsweggarantie gebracht, die in den **Generalklauseln** der öffentlich-rechtlichen Prozessordnungen ihren Niederschlag findet.[13] Daran schließt Art. 42 Abs. 5 ohne eigene Akzentuierungen an. Vorschläge, auch die

---

6 *Schulze-Fielitz*, in: Dreier, Art. 19 Abs. 4 Rn. 35 ff.

7 Vgl. Art. 44 Abs. 1, Art. 83 Abs. 3 ThürVerf; zum GG vgl. etwa *Jarass*, in: Jarass/Pieroth, Art. 19 Abs. 4 Rn. 32.

8 Entstehung ThürVerf, S. 115 f.

9 BVerfGE 54, 277 (291); *P. M. Huber*, in: von Mangoldt/Klein/Starck, Art. 19 Abs. 4 Rn. 352.

10 Vgl. m.w.N. *Schmidt-Aßmann* in: Schoch/Schmidt-Aßmann./Pietzner, VwGO (St.d.B. 2011), Einleitung Rn. 71.

11 Ein Überblick gibt *Schmidt-Aßmann* in: Schoch/Schmidt-Aßmann/Pietzner, VwGO (St.d.B. 2011), Einleitung, Rn. 76 ff.

12 Vgl. *Schulze-Fielitz*, in: Dreier, Art. 19 Abs. 4 Rn. 4 f.

13 Im Gebiet der DDR wurde die Verwaltungsgerichtsbarkeit zunächst wiederhergestellt, 1952 aber wieder aufgelöst; für Thüringen vgl. *Heil*, Heil, Thomas: Die Verwaltungsgerichtsbarkeit in Thüringen 1945 – 1952, 1996.

Verbandsklage in der Verfassung zu verankern, konnten sich nicht durchsetzen.[14]

C. Verfassungsvergleichende Infomation

Art. 42 Abs. 5 ist Art. 19 Abs. 4 GG wortgleich nachgebildet. Auch die meisten Landesverfassungen, die Parallelvorschriften zur Rechtsweggarantie des GG haben, weisen hier keine Besonderheiten auf. Nur Art. 93 BayVerf. und Art. 141 BremVerf. – beide älter als das GG – benennen statt der „öffentlichen Gewalt" nur „Verwaltungsgerichtliche Streitigkeiten" bzw. „Anordnungen und Verfügungen oder pflichtwidrige Unterlassungen der Verwaltungsbehörden".

D. Erläuterungen

I. Grundrechtsbindung und Grundrechtsverpflichtete (Abs. 1)

3 Abs. 1 regelt, wer durch die Grundrechte verpflichtet wird. Mit den **„in dieser Verfassung niedergelegten Grundrechte(n)"** sind indessen nicht nur **Grundrechte** gemeint, sondern auch die **grundrechtsgleichen** und **staatsbürgerlichen Rechte** (etwa Art. 46, 51, 68, 82) im Sinne von Art. 80 Abs. 1 Nr. 1. Die Einrichtung der Verfassungsbeschwerde auch hinsichtlich dieser Rechte unterstreicht den Willen des Verfassungsgebers, diese Rechte ebenfalls mit unmittelbarer Bindungswirkung zu versehen.

4 Abs. 1 ordnet die **Bindung** an die Grundrechte als **unmittelbar geltendes Recht** an. Art und Grad der Grundrechtsverpflichtung steht damit nicht in der Verfügungsmacht des einfachen Gesetzgebers oder anderer staatlicher Stellen. Eine solche Bindung als unmittelbar geltendes Recht verlangt zudem nach der Möglichkeit, die Grundrechte gerichtlich einklagen und durchsetzen zu können.[15] Mithin handelt es sich bei Grundrechten nicht um unverbindliche Programmsätze, Deklamationen, Deklarationen oder Direktiven, sondern um **subjektiv öffentliche Rechte.**[16] „Bindung" an die Grundrechte bedeutet schließlich, dass die Grundrechtsverpflichteten diese Rechte nicht verletzen dürfen; greifen sie durch ihr Tun oder Unterlassen in Grundrechte ein, bedürfen diese **Eingriffe** der **verfassungsrechtlichen Rechtfertigung.** Ob eine Verfassungsnorm ein Grundrecht enthält, wird hingegen ebenso wenig durch Abs. 1 beantwortet wie die Frage nach dem jeweiligen Umfang der Grundrechtsbindung. Insoweit kommt es auf die Auslegung der einzelnen Grundrechtsnormen an.

5 Abs. 1 bindet die **Gesetzgebung, vollziehende Gewalt** und **Rechtsprechung des Freistaats Thüringen** an die Grundrechte der Landesverfassung, mithin **Landesstaatsgewalt.** Der **räumliche Anwendungsbereich** dieser Grundrechte ist dabei nicht auf das Territorium des Freistaates Thüringen begrenzt. Sofern aus den konkreten Grundrechtsnormen nichts Gegenteiliges zu entnehmen ist, ist die Landesstaatsgewalt an die Grundrechte der Landesverfassung ganz unabhängig davon gebunden, auf welchem Gebiet diese Gewalt agiert, wo sich ihr Handeln

14 Vgl. Entstehung ThürVerf: Übersicht über die Vorentwürfe und zur Textgenese S. 112-116; zur Verbandsklage insbesondere VerfA Vorlage 1/912 vom 28.9.1992 (Nr. 10) u. VerfUA Vorlage 1/1133 v. 28.1.1993 (Nr. 16).
15 Vgl. BVerfGE 107, 299 (311).
16 Vgl. BVerfGE 6, 386 (387).

auswirkt oder die Sachverhalte zu lokalisieren sind, die sie durch ihre Normen zu steuern sucht.[17]

Eine Bindung der **Staatsgewalt des Bundes** an die Grundrechte der thüringischen Verfassung kommt nur insoweit in Betracht, als der Bund in seltenen Ausnahmefällen überhaupt an eine Länderverfassung gebunden sein kann.[18] **Ausländische Staatsgewalt** oder die **Europäische Union** ist auf keinen Fall an Landesgrundrechte gebunden. Umgekehrt hängen die Wirksamkeit des Unionsrechts und seine Anwendung durch die Landesstaatsgewalt nicht von der Vereinbarkeit des Unionsrechts mit den Landesgrundrechten ab. Solange sichergestellt ist, dass die Europäische Union einen wirksamen Schutz gegen die Hoheitsgewalt der Union generell gewährleistet, der dem vom Grundgesetz jeweils als unabdingbar gebotenen Grundrechtsschutz im Wesentlichen als gleich zu achten ist,[19] ist Unionsrecht nicht am Maßstab nationaler bundes- oder landesverfassungsrechtlicher Grundrechte zu prüfen. Die Grundrechte der Landesverfassung sind nur dann zu beachten, wenn Unionsrecht von der Landesstaatsgewalt vollzogen wird und dieses Unionsrecht die Landesstaatsgewalt nicht vollständig determiniert, mithin Spielräume bei der Anwendung bestehen.[20] 6

Abs. 1 bindet zunächst die **Gesetzgebung.** Diese Bindung erstreckt sich auf alle Erscheinungsformen grundrechtsrelevanter Aktivität oder Untätigkeit des Parlaments, mithin nicht nur auf den Erlass oder das Unterlassen öffentlich-rechtlicher oder privatrechtlicher Normen, sondern auch etwa auf Untersuchungsausschüsse.[21] Der **verfassungsändernde Gesetzgeber** ist hingegen nicht gebunden. Er kann in den Grenzen des Art. 83 Abs. 3 ThürVerf und Art. 1 Abs. 3 GG[22] neue Grundrechte statuieren oder bestehende Grundrechte aufheben bzw. modifizieren. 7

Bindung der **vollziehenden Gewalt** bedeutet Bindung der Landesverwaltung und der Landesregierung. Dabei macht es keinen Unterschied, ob die vollziehende Gewalt als unmittelbare oder mittelbare Staatsverwaltung handelt, sie selbst partiell grundrechtsberechtigt ist oder sich öffentlich- oder privatrechtlicher Formen bedient. Folglich unterliegen auch die Kommunen und Universitäten als Träger mittelbarer Staatsverwaltung der uneingeschränkten Grundrechtsbindung ebenso wie das Handeln der Verwaltung, das auf privatrechtlicher Grundlage erfolgt. Dies gilt auch, wenn der Staat selbst privatrechtliche Einrichtungen gründet, etwa Gesellschaften des Privatrechts, sofern sie in seinem Alleinbesitz stehen oder von ihm beherrscht werden.[23] Die privatrechtliche Form des staatlichen Handelns ist indessen bei der Rechtfertigung potentieller Grundrechtsein- 8

17 Vgl. zur Problematik der extraterritorialen Grundrechtsbindung etwa *Jarass*, in: Jarass/Pieroth, Art. 1, Rn. 44; *Baldus*, in: von Mangoldt/Klein/Starck, Art. 87 a, Rn. 90 f. m.w.N.

18 Dazu oben: „Thüringer Landesverfassungsrecht und Bundesverfassungsrecht“ Rn. 81.

19 Vgl. BVerfGE 123, 267 (335).

20 Zur „Spielraumdogmatik“ bezüglich der Anwendung von Bundesrecht durch Landesstaatsgewalt oben „Thüringer Landesverfassungsrecht und Bundesverfassungsrecht“ Rn. 52ff.

21 Zur Grundrechtsbindung beim Erlass von Privatrechtsnormen siehe etwa *Jarass*, in: Jarass/Pieroth, Art. 1, Rn. 52 f. m.w.N.; zur Bindung von Untersuchungsausschüssen vgl. BVerfGE 67, 100 (142); 77, 1 (46).

22 Dazu oben: „Thüringer Landesverfassungsrecht und Bundesverfassungsrecht“ Rn. 28.

23 Vgl. BVerfG, Urt. v. 22.02.2011 – 1 BvR 699/06 – JURIS Rn. 49ff. (= NJW 2011, 1201, (1202)).

griffe zu berücksichtigen.[24] Halten Verwaltung oder Regierung ein Gesetz bei seiner Anwendung für grundrechtswidrig, so besitzen sie jedoch keine **Verwerfungskompetenz**. Dies ergibt sich aus Art. 80 Abs. 1 Nr. 4 ThürVerf: Bei Zweifeln über die Vereinbarkeit von Landesrecht mit der Landesverfassung ist allein der Verfassungsgerichtshof entscheidungsbefugt.[25]

9 **Rechtsprechung** meint rechtsprechende Gewalt durch Verfassungsgerichtshof und Gerichte im Sinne von Art. 47 Abs. 3 und 86 Abs. 1 ThürVerf. Gebunden sind alle staatlichen Gerichte, nicht aber etwa private Schiedsgerichtsbarkeit. Bei der Anwendung privatrechtlicher Normen gilt diese Bindung jedoch nur eingeschränkt (dazu unten Rn. 11). Hält ein Gericht ein Gesetz für grundrechtswidrig, so steht ihm ebenso wenig wie der Verwaltung oder der Regierung eine **Verwerfungskompetenz** zu. Dies ist Art. 80 Abs. 1 Nr. 5 ThürVerf zu entnehmen: Die Gerichte haben dann im Wege einer Richtervorlage den Verfassungsgerichtshof anzurufen.

10 Abs. 1 bindet alle Erscheinungsformen landesstaatlicher Gewalt. Dies bedeutet, dass Private grundsätzlich nicht durch die Grundrechte verpflichtet werden. Eine **Grundrechtsbindung Privater** kann allenfalls dann **ausnahmsweise** gegeben sein, wenn ein konkretes Grundrecht dies vorsehen[26] oder Landestaatsgewalt Private mit Hoheitsgewalt ausstatten sollte. Letzteres ist der Fall bei Beliehenen, also Privaten, die in eigenem Namen Dritten gegenüber öffentlich-rechtlich handeln: Auch sie sind an die Grundrechte der Thüringer Verfassung gebunden, sofern ihr grundrechtseingreifendes Handeln auf einer Übertragung landesstaatlicher Hoheitsrechte beruht. Ebenso ist es bei öffentlich-rechtlichen Religionsgesellschaften, sofern ihnen gemäß Art. 140 GG in Verbindung mit Art. 137 Abs. 6 GG etwa das Recht verliehen wurde, Steuern zu erheben.

11 Auch wenn Private nur in den genannten Ausnahmefällen grundrechtsverpflichtet sind, sind die **Grundrechte** im Rechtsverkehr **unter Privaten** gleichwohl nicht völlig bedeutungslos. Von den Grundrechten geht im Privatrechtsverkehr eine **Ausstrahlungswirkung** aus. Grundrechte haben als verfassungsrechtliche Grundentscheidungen für alle Bereiche des Rechts Geltung und beeinflussen mithin auch das Privatrecht.[27] Daher haben die Gerichte zu prüfen, ob von der Anwendung zivilrechtlicher Normen im Einzelfall Grundrechte berührt werden. Ist dies der Fall, dann sind diese Vorschriften „im Lichte der Grundrechte auszulegen und anzuwenden".[28]

II. Grundrechtsberechtigte (Abs. 2)

12 Abs. 2 bestimmt, wer zu den **Grundrechtsberechtigten** gehört und sich somit gegenüber den in Abs. 1 genannten Grundrechtsverpflichteten auf die Grundrechte berufen kann. Aus dem Adverb „auch" in Abs. 2 sowie aus den konkreten

---

24 Vgl. dazu etwa *Jarass*, in: Jarass/Pieroth, Art. 1, Rn. 38 f m. zahlreichen w.N.

25 *Jutzi*, in: Linck/Jutzi/Hopfe, Art. 42 Rn. 17.

26 Im Falle der Menschenwürdegarantie wird dies für möglich gehalten; vgl. dazu oben Art. 1 Rn. 14.

27 So die ständige Rechtsprechung des BVerfG; vgl. etwa BVerfGE 96, 375 (398); 112, 332 (358).

28 Vgl. BVerfGE 84, 192 (195); ähnlich das BVerfG in späteren Entscheidungen wie BVerfGE 103, 89 (100); 114, 339 (348). Zu Art, Anforderungen und Wirkung der Ausstrahlungswirkung vgl. etwa *Jarass*, in: Jarass/Pieroth, Art. 1, Rn. 55 f.

Grundrechtsbestimmungen der Thüringer Verfassung ergibt sich, dass zum Kreis der Grundrechtsberechtigten zunächst die **natürliche Personen** gehören.

Abs. 2 erweitert diesen Kreis der Grundrechtsberechtigten auf **inländische juristische Personen**. Gemeint sind damit in erster Linie **juristische Personen des Privatrechts**, also Aktiengesellschaften,[29] Gesellschaften mit beschränkter Haftung,[30] Stiftungen des bürgerlichen Rechts[31] oder rechtsfähige Vereine.[32] Als grundrechtsberechtigt sind indessen auch **nicht-rechtsfähige Personenzusammenschlüsse** anerkannt, sofern „sie eine festgefügte Struktur haben und auf gewisse Dauer angelegt sind."[33] Folglich ist auch eine OHG, eine KG oder eine BGB-Gesellschaft[34] grundrechtsberechtigt. Ebenfalls sind Vereinigungen im Sinne von Art. 13 zu den Grundrechtsberechtigten zu zählen.[35] Parteien sind Träger aller Grundrechte, sofern es nicht um ihren verfassungsrechtlichen Status gemäß Art. 21 GG geht.[36] 13

Eine **juristische Person** ist dann eine **inländische**, wenn sich ihr Sitz, also der tatsächliche Mittelpunkt ihrer Tätigkeit, im Inland befindet.[37] Unter Inland ist das Bundesgebiet, nicht das Territorium des Freistaates Thüringen zu verstehen. Anderenfalls bliebe der Grundrechtsschutz der Thüringer Verfassung in unzulässigerweise hinter dem des GG zurück (vgl. dazu oben „Thüringer Landesverfassungsrecht und Bundesverfassungsrecht, Rn. 28).[38] 14

Die Erstreckung der Grundrechtsberechtigung auf inländische juristische Personen setzt allerdings voraus, dass **„sie ihrem Wesen nach auf diese anwendbar sind."** Dies hängt wiederum davon ab, ob „der Grundrechtsschutz an Eigenschaften, Äußerungsformen oder Beziehungen anknüpft, die nur natürlichen Personen wesenseigen sind"[39] oder davon, ob die vom Grundrecht geschützten Tätigkeiten auch von juristischen Personen ausgeübt werden können.[40] Entscheidend ist zudem, ob die „Bildung und Betätigung" der juristischen Person **„Ausdruck freier Entfaltung der privaten natürlichen Personen** sind, insbesondere wenn der ‚Durchgriff' auf die hinter den juristischen Personen dies sinnvoll erscheinen lässt".[41] Schließlich ist bedeutsam, ob sich juristische Personen in einer natürlichen Personen vergleichbaren Gefährdungslage befinden.[42] Demzufolge können sich juristische Personen nicht auf die Menschenwürdegarantie (Art. 1 Abs. 1) berufen, nicht auf das Recht auf Leben und körperliche Unversehrtheit (Art. 3 Abs. 1), die Freiheit der Person (Art. 4 Abs. 1), auf das Gebot der Gleichbehandlung von Mann und Frau (Art. 2 Abs. 2) oder den Schutz von Ehe und Familie (Art. 17 Abs. 1). 15

29 BVerfGE 66, 116 (130).
30 BVerfGE 100, 313 (356).
31 BVerfGE 70, 138 (160).
32 BVerfGE 53, 366 (386). Zur Begründung dieser Erweiterung: vgl. etwa *Huber*, in: von Mangoldt/Klein/Starck, Art. 19 Abs. 3, Rn. 239.
33 BVerfG 122, 342 (355).
34 ThürVerfG, Beschl. v. 21.12.2004 – 29/03 – ThürVBl 2005, 61.
35 BVerfGE 83, 341 (351).
36 BVerfGE 121, 30 (56 f.).
37 Vgl. BVerfG, NVwZ 2008, 670 (671).
38 *Jutzi*, in: Linck/Jutzi/Hopfe, Art. 42, Rn. 25.
39 BVerfGE 106, 28 (42); 118, 168 (203).
40 BVerfGE 106, 28 (104 f.).
41 BVerfGE 68, 193 205 f.); 75, 192 (196).
42 BVerfGE 45, 63 (79); 61, 82 (105 f.).

16 **Ausländische juristische Personen** werden durch Abs. 2, der eben nur von inländischen juristischen Personen spricht, nicht zu Grundrechtsberechtigten.[43] Ausländische juristische Personen werden lediglich durch die justiziellen Grundrechte geschützt.[44] Ausländische juristische Personen aus den Mitgliedstaaten der Europäischen Union sind inzwischen aber in vollem Umfang als Grundrechtsträger anzuerkennen. Dies wird aus der europäischen Vertrags- und Rechtsentwicklung geschlossen und ist wesentlich dadurch motiviert, Kollisionen zwischen nationalem Verfassungsrecht und Unionsrecht zu vermeiden.[45]

17 **Juristische Personen des öffentlichen Rechts** sind grundsätzlich **nicht grundrechtsberechtigt.**[46] Auch dann, wenn sie in den Formen des Privatrechts handeln, können sie sich nicht auf Grundrechte berufen.[47] Juristische Personen des öffentlichen Rechts sind auf Grund von Kompetenzen und nicht in Ausübung von Freiheiten tätig.[48] Dieser Grundsatz kennt allerdings mehrere **Ausnahmen.** So stehen juristischen Personen des öffentlichen Rechts die justiziellen Grundrechte zu,[49] mithin die Grundrechte des Art. 87 Abs. 2 und 88 Abs. 1. Zudem sichern bestimmte Grundrechte die Autonomie bestimmter öffentlich-rechtlicher Einrichtungen gegenüber dem Staat. Demzufolge können sich etwa öffentlich-rechtliche Rundfunkanstalten auf das Grundrecht der Rundfunkfreiheit[50] oder die Universitäten auf die Wissenschaftsfreiheit[51] berufen. Schließlich sind die öffentlich-rechtlich organisierten, aber nicht im staatlichen Bereich wurzelnden Religions- und Weltanschauungsgemeinschaften grundrechtsberechtigt.[52]

III. Verbot des Einzelfallgesetzes (Abs. 3 Satz 1)

18 Abs. 3 Satz 1 verlangt, dass dann, wenn nach der Thüringer Verfassung ein Grundrecht auf Grund eines Gesetzes eingeschränkt werden kann, dieses Gesetz allgemein und nicht nur für den Einzelfall gelten muss. Diese Anforderung an grundrechtseinschränkende Gesetze richtet sich damit allein an die **Grundrechte,** bei denen **ausdrücklich erlaubt ist,** sie **„auf Grund eines Gesetzes" einzuschränken.** Dies ist bei Art. 3 Abs. 1, 4 Abs. 1, 5 Abs. 1, 6 Abs. 3, 7 Abs. 2, 8 Abs. 3 oder 10 Abs. 2 zu bejahen. Mit erfasst ist dabei auch der Fall, dass die Beschränkung durch das Gesetz selbst, also nicht nur durch einen Einzelakt erfolgt, der auf der Grundlage eines Gesetzes beruht. Eine Grundrechtseinschränkung im Sinne des Abs. 3 Satz 1 ist bei „andersartigen grundrechtsrelevanten Regelungen" zu verneinen, die der Gesetzgeber in Ausführung der ihm obliegenden, im Grundrecht vorgesehenen Regelungsaufträge, Inhaltsbestimmungen oder Schrankenziehungen vornimmt.[53] Zudem ist die Fixierung verfassungsimmanen-

---

43 Vgl. BVerfGE 100, 313 (364).
44 Vgl. etwa BVerfGE 64, 1 (11) zu Art. 101 Abs. 1 und 103 Abs. 1 GG.
45 Vgl. BVerfG, Beschl. v. 19.07.2011 – 1 BvR 1916/09 – JURIS Rn. 81 (= NJW, 2011, 2428 (3431)).
46 BVerfGE 75, 192 (196).
47 BVerfGE 75, 192 (196 f.).
48 BVerfGE 68, 193 (206).
49 BVerfGE 61, 82 (104 f.).
50 BVerfGE 59, 231 (254 f.).
51 BVerfGE 31, 314 (322).
52 BVerfGE 53, 366 (387).
53 Vgl. BVerfGE 64, 72 (80). Zu den möglichen Gründen dieser engen Auslegung: *Jutzi*, in: Linck/Jutzi/Hopfe, Art. 42, Rn. 32.

ter Schranken aus kollidierendem Verfassungsrecht kein Anwendungsfall des Abs. 3 Satz 1.[54]

Das Verbot eines Einzelfallgesetzes enthält eine **Konkretisierung des allgemeinen Gleichheitssatzes:** Dem Gesetzgeber ist es daher untersagt, „aus einer Reihe gleichartiger Sachverhalte willkürlich einen Fall herauszugreifen".[55] Die Regelung eines Einzelfalls ist dementsprechend zulässig, „wenn der Sachverhalt so beschaffen ist, das es nur einen Fall dieser Art gibt und die Regelung dieser singulären Sachverhalte von sachlichen Gründen getragen wird".[56] Auch wird das Verbot eines Einzelfallgesetzes nicht verletzt, wenn von einer Vorschrift gegenwärtig nur ein Fall betroffen ist, die Vorschrift aber in Zukunft weitere Anwendungsfälle haben kann; demzufolge sind auch Maßnahmegesetze, die durch einen konkreten Fall veranlasst werden, zulässig.[57] 19

IV. Zitiergebot (Abs. 3 Satz 2)

Kann nach der Thüringer Verfassung ein Grundrecht aufgrund eines Gesetzes eingeschränkt werden (vgl. dazu oben Rn. 18), muss nach Abs. 3 Satz 2 das einschränkende Gesetz das Grundrecht unter Angabe des Artikels nennen. Dieses **Zitiergebot** bezweckt „sicherzustellen, dass nur wirklich gewollte Eingriffe erfolgen" und „sich der Gesetzgeber über die Auswirkungen seiner Regelungen für die betroffenen Grundrechte Rechenschaft" gibt.[58] 20

Damit das Zitiergebot nicht zu einer leeren Förmlichkeit erstarrt und der Gesetzgeber nicht unnötig behindert wird, ist es restriktiv auszulegen.[59] Es kennt daher **Ausnahmen:** So ist seine Anwendung unnötig, wenn bei einem Gesetz Grundrechtseinschränkungen offensichtlich sind[60] oder ein Gesetz lediglich bereits geltende Grundrechtseinschränkungen mit geringfügigen Abweichungen wiederholt oder auf sie verweist.[61] 21

Den **Anforderungen des Zitiergebotes** wird entsprochen, wenn der Hinweis auf das einschlägige Grundrecht im Gesetzestext erfolgt;[62] ein Hinweis in der Gesetzesbegründung genügt nicht.[63] Bei einem Änderungsgesetz muss der Hinweis im Änderungsgesetz stehen – und zwar auch dann, wenn das zu ändernde Gesetz bereits einen entsprechenden Hinweis enthält, sofern nämlich das ändernde Gesetz deutlich weitergehende Einschränkungen vorsieht.[64] Missachtet der Gesetzgeber diese Anforderungen, verletzt das einschränkende Gesetz das jeweilige Grundrecht in Verbindung mit Abs. 3 Satz 2 und ist nichtig.[65] 22

V. Wahrung des Verhältnismäßigkeitsgrundsatzes (Abs. 4 Satz 1)

Abs. 4 Satz 1 statuiert **ausdrücklich** die **Geltung des Grundsatzes der Verhältnismäßigkeit.** Aufgrund des systematischen Zusammenhangs mit Abs. 3 Satz 1 ist 23

54 Vgl. BVerfG 83, 130 (154).
55 Vgl. BVerfGE 25, 371 (399).
56 BVerfGE 85, 360 (374).
57 Vgl. BVerfGE 99, 367 (400).
58 Vgl. BVerfGE 120, 274 (343).
59 BVerfGE 64, 72 (79 f.).
60 BVerfGE 64, 72 (80).
61 BVerfGE 61, 82 (118).
62 BVerfGE 120, 274 (343).
63 BVerfGE 113, 348 (367).
64 BVerfGE 113, 348 (366 f.).
65 Vgl. BVerfGE 113, 348 (366).

zu folgern, dass sich diese ausdrückliche Bestimmung der Thüringer Verfassung *nur* auf Grundrechtseinschränkungen bezieht, die auf Grund eines Gesetzes (dazu oben Rn. 18) erfolgen. Allerdings ist der Grundsatz der Verhältnismäßigkeit auch als **Komponente des Rechtsstaatsprinzips**[66] Teil des Landesverfassungsrechts. Und überdies ergibt er sich „bereits aus dem **Wesen der Grundrechte** selbst, die als Ausdruck des allgemeinen Freiheitsanspruchs des Bürgers gegenüber dem Staat von der öffentlichen Gewalt jeweils nur soweit beschränkt werden dürfen, als es zum Schutz öffentlicher Interessen unerlässlich ist".[67] Demzufolge reicht der Anwendungsbereich des Verhältnismäßigkeitsgrundsatzes über Abs. 4 Satz 1 hinaus. So bindet er den Gesetzgeber bei allen grundrechtsrelevanten Regelungen. Zudem ist er bei der Prüfung nicht nur der Freiheits- sondern auch der Gleichheitsgrundrechte zu beachten: Die Rechtfertigungsgründe für eine Ungleichbehandlung müssen „in angemessenem Verhältnis zu dem Grad der Ungleichbehandlung stehen".[68] Und er bindet nicht nur den Gesetzgeber, sondern alle staatliche Gewalt, sofern sie, in welcher Form auch immer, subjektive Rechte des Bürgers beeinträchtigt.[69] Darüber hinaus ist er im Verhältnis von Staat und Gemeinden zu beachten.[70] Keine Bedeutung hat der Grundsatz im Staatsorganisationsrecht.[71]

24 Die Prüfung der Anforderungen des Verhältnismäßigkeitsgrundsatzes besteht aus **vier Elementen**. Zunächst ist zu ermitteln, ob durch die **staatliche Maßnahme** ein **legitimer Zweck** verfolgt wird (1). Sodann ist zu prüfen, ob die **Maßnahme** zur Verfolgung dieses Zweckes **geeignet** (2), **erforderlich** (3) und **angemessen** (4) ist.

25 (1) Das erste Element der Verhältnismäßigkeitsprüfung verlangt, den **Zweck** zu **bestimmen**, der mit der staatlichen Maßnahme erreicht werden soll. Herauszuarbeiten sind daher in erster Linie die Ziele, die der Gesetzgeber oder andere Teile der staatlichen Gewalt, die in Grundrechte eingreift, ausweislich der jeweiligen Regelungstexte oder -materialien zu verfolgen suchte. Um den Zweck der Maßnahme zu bestimmen, kann gewiss auch auf die anderen Auslegungsmethoden zurückgegriffen werden. Sodann ist zu klären, ob der verfolgte Zweck als **„legitimer Zweck"** qualifizierbar ist. Damit wird aber keinesfalls die Tür zu einer Prüfung anhand außer-verfassungsrechtlicher Kriterien aufgestoßen. Ein Zweck ist vielmehr dann als „legitim" anzusehen, wenn er einem öffentlichen Interesse dient, das verfassungsrechtlich nicht ausgeschlossen ist.[72]

26 (2) Zudem muss die Maßnahme hinsichtlich des verfolgten „legitimen" Zwecks **geeignet** sein. Dies ist der Fall, wenn „der gewünschte Erfolg gefördert werden kann".[73] Notwendig ist die **Möglichkeit der Zweckerreichung.**[74] Bei einem

66 BVerfGE 111, 54 (82).
67 BVerfGE 77, 308 (334).
68 BVerfGE 102, 68 (87).
69 *Jarass*, in: Jarass/Pieroth, Art. 20, Rn. 81.
70 ThürVerfGH, Urt. v. 18.12.1996 – 02/05, 06/95 – JURIS Rz. 127; Urt. v. 23.04.2009 – 32/05 – S. 30ff. des Umdrucks (= ThürVBl 2009, 197 (201)); BVerfGE 103, 332 (366 f.).
71 Vgl. BVerfGE 61, 256 (289); 81, 310 (338). Zum Teil greifen aber Bundesverfassungsgericht sowie Landesverfassungsgerichte bei der Prüfung staatsorganisationsrechtlicher Fragen implizit auf Verhältnismäßigkeitsüberlegungen zurück; dazu *Heusch*, Der Grundsatz der Verhältnismäßigkeit im Staatsorganisationsrecht, 2003.
72 BVerfGE 124, 300 (331).
73 BVerfGE 100, 313 (373); 103, 293 (307).
74 BVerfGE 116, 202 (224).

förmlichen Gesetz genügt es, „wenn die abstrakte Möglichkeit der Zweckerreichung besteht".[75]

(3) Sodann muss die Maßnahme **erforderlich** sein. Sie darf also nicht über das zur Verfolgung des Zwecks notwendige Maß hinausgehen. Diese Anforderung wird unterlaufen, wenn das Ziel der staatlichen Maßnahme auch durch ein **anderes, gleich wirksames Mittel** erreicht werden kann, das das betreffende Grundrecht nicht oder deutlich weniger fühlbar einschränkt.[76] Dabei muss die sachliche Gleichwertigkeit der Alternativ-Maßnahme eindeutig feststehen.[77] Auch muss sichergestellt sein, dass das mildere Mittel Dritte und die Allgemeinheit nicht stärker belastet.[78] Damit sind auch finanzielle Belastungen, die mit einer Alternativ-Maßnahme verbunden wären, mit in die Prüfung aufzunehmen.[79] 27

(4) Schließsich muss die staatliche Maßnahme **angemessen** sein. Dies bedeutet, dass bei einer Gesamtabwägung zwischen der Schwere eines Eingriffs und dem Gewicht sowie der Dringlichkeit der ihn rechtfertigenden Gründe die Grenze der Zumutbarkeit gewahrt bleiben muss.[80] Die durch die Maßnahme herbeigeführte **Belastung der Grundrechtsträger** muss „noch in einem vernünftigen **Verhältnis** zu den **der Allgemeinheit erwachsenden Vorteilen** stehen".[81] Dieses Prüfungselement des Verhältnismäßigkeitsgrundsatzes ist ausgesprochen problematisch, da es keine sachlichen Maßstäbe enthält, sondern den Rechtsanwender zu einer von weiteren rechtlichen Kriterien befreiten subjektiven Bewertung der jeweils abzuwägenden Gesichtspunkte ermächtigt. Gleichwohl ist dieser Abwägungsvorgang **nicht** mit **völliger Strukturlosigkeit und Beliebigkeit** gleichzusetzen.[82] Das Erfordernis der Angemessenheit beinhaltet das Gebot, die vielfältigen Aspekte eines Falles einer präzisen Analyse zu unterziehen; zu diesen Aspekten gehören insbesondere: das Gewicht betroffener Rechte und Rechtsgüter sowie potentiell bestehender, durch den Text der Verfassung angezeigter Vorrangrelationen, die Art des Wissens, mit der etwa auf die Notwendigkeit geschlossen wird, solche Rechte und Rechtsgüter zu schützen, die Art der Maßnahme, durch die dieser Schutz erfolgen soll, die Art und Zahl der Personen, die von der Maßnahme betroffen sind, die Folgen, die sich an solche Maßnahmen anschließen können und schließlich auch die Frage nach freiheitsschützenden Verfahrensregelungen, durch die das Risiko nicht notwendiger Freiheitsbeschränkungen reduziert werden kann.[83] 28

Bei der **Geeignetheit- und Erforderlichkeitsprüfung** (vgl. oben Rn. 26 f.) ist eine auf empirischer Grundlage beruhende **Prognose** vorzunehmen. Dabei steht dem Gesetzgeber ein **Einschätzungsspielraum** zu, dessen Umfang von der Eigenart des in Rede stehenden Sachbereichs abhängt, den Möglichkeiten, sich ein sicheres Urteil zu bilden sowie von der Bedeutung der auf dem Spiel stehenden 29

75 BVerfGE 100, 313 (373).
76 BVerfGE 92, 262 (273).
77 BVerfGE 81, 70 (91).
78 BVerfGE 113, 167 (259).
79 Vgl. BVerfGE 109, 64 (86); 116, 96 (127).
80 BVerfGE 120, 224 (241).
81 BVerfGE 100, 313 (375 f.).
82 Vgl. *Alexy*, Verfassungsrecht und einfaches Recht – Verfassungsgerichtsbarkeit und Fachgerichtsbarkeit, in: VVDStRL 2002, S. 7ff.
83 Vgl. *Baldus*, Freiheitssicherung durch den Rechtsstaat des Grundgesetzes, in: Huster/Rudolph, Vom Rechtsstaat zum Präventionsstaat, 2008, S. 107 (112 f.).

Rechtsgüter.[84] Je gewichtiger das gefährdete Rechtsgut ist und je weitreichender es beeinträchtigt werden kann, desto höhere Anforderungen sind an den Grad der notwendigen Wahrscheinlichkeit bzw. die Sicherheit der Prognosen zu stellen.[85] Dabei kann der Gesetzgeber auch Regelungskonzepte erproben; stellt sich indessen nach einiger Zeit heraus, dass die von ihm getroffene Beurteilung unrichtig war, wird das Gesetz verfassungswidrig und muss korrigiert werden.[86] Erlässt die Verwaltung Rechtsvorschriften oder trifft sie Einzelfallentscheidungen, so ist ihr Einschätzungsspielraum in stärkerem Maße überprüfbar als im Falle der Gesetzgebung.[87]

VI. Wesensgehaltsgarantie (Abs. 4 Satz 2)

30 Abs. 4 Satz 2 verlangt, dass in keinem Fall ein Grundrecht in seinem Wesensgehalt angetastet werden darf. Aufgrund des systematischen Zusammenhangs mit Abs. 4 Satz 1 ist davon auszugehen, dass diese **Wesensgehaltsgarantie** nur **Grundrechtseinschränkungen durch Gesetz** und nicht auch andere grundrechtsrelevante Regelungen erfasst.[88] Auch gilt die Garantie nicht bei Verfassungsänderungen.[89]

31 Die Wesensgehaltsgarantie ist **rechtspraktisch ohne Bedeutung**. Dies mag seinen Grund auch darin haben, dass die **konkreten Anforderungen** der Wesensgehaltsgarantie bislang **ungeklärt** geblieben sind. Offen ist, ob diese Garantie mit Blick auf den einzelnen, individuellen Grundrechtsinhaber oder generell zu bestimmen ist; auch ist nicht gesichert, ob diese Garantie „absolut" oder nur relativ gilt.[90] Feststehen dürfte lediglich, dass der Wesensgehalt für jedes einzelne Grundrecht spezifisch zu bestimmen ist.[91] Das Gebot, diesen Wesensgehalt nicht anzutasten, ist regelmäßig dann gewahrt, wenn der Gesetzgeber die sonstigen, für Grundrechtseinschränkungen geltenden Regelungen, vor allem den Grundsatz der Verhältnismäßigkeit (vgl. dazu oben Rn. 23ff.), beachtet hat.[92]

VII. Rechtsweggarantie (Abs. 5)

32 **1. Grundlagen der Rechtsschutzgewährleistung. a) Allgemeiner Justizgewährungsanspruch und Rechtsweggarantie.** Die Gewährleistung eines wirkungsvollen Rechtsschutzes ist wesentliches Strukturmerkmal des Rechtsstaates.[93] Parallel zum GG garantiert ihn die ThürVerf nicht nur gemäß Art. 42 Abs. 5 ThürVerf., sondern auch im Rahmen des **allgemeinen Justizgewährungsanspruchs**.[94] Dieser Anspruch ist Bestandteil des Rechtsstaatsprinzips in Verbindung mit den Grundrechten.[95] Umfasst wird von dieser verfassungsrechtlichen Garantie des

---

84 BVerfGE 90, 145 (173).
85 BVerfGE 113, 167 (234).
86 BVerfGE 113, 167 (234).
87 Ebenso: *Jutzi*, in: Linck/Hopfe/Jutzi, Art. 42, Rn. 53; m.w.N. dazu: *Jarass*, in: Jarass/Pieroth, Art. 20, Rn. 90 f.
88 So für Art. 19 Abs. 2 GG: BVerfGE 13, 97 (122); 64, 72 (80 f.). Nachweise zur a.A. bei *Jarass*, in: Jarass/Pieroth, Art. 19, Rn. 8.
89 BVerfGE 109, 279 (310 f.).
90 *Jarass*, in: Jarass/Pieroth, Art. 19, Rn. 9.
91 BVerfGE 109, 133 (156); 117, 71 (96).
92 BVerfGE 58, 300 (348).
93 Vgl. BVerfGE 88, 118 (123); 96, 27 (39 f.).
94 ThürVerfGH, ThürVBl 2011, 58-61.
95 Vgl. BVerfGE 93, 99 (107).

Rechtsschutzes insbesondere der Zugang zu den Gerichten, die Prüfung des Streitbegehrens in einem förmlichen Verfahren sowie die verbindliche gerichtliche Entscheidung.[96] Art. 42 Abs. 5 ThürVerf ist in diesem Verhältnis **lex specialis** zum allgemeinen Justizgewährungsanspruch,[97] wobei die Unterschiede nicht im rechtsstaatlichen Kerngehalt bestehen, sondern hinsichtlich der Anwendungsbereiche.[98] Die insofern nötige Abgrenzung beider Bereiche hängt von der – umstrittenen – Auslegung des Begriffs der „öffentlichen Gewalt" in Art. 42 Abs. 5 ab (vgl. Rn. 38 ff.).

b) Europäisches Recht. Neben den Rechtsschutzgarantien des deutschen Verfassungsrechts sind in steigendem Maße europarechtliche Vorgaben und Modifikationen dieser Garantien zu beachten und es lässt sich insofern mit Schmidt-Aßmann von einer „primärrechtlichen Garantie eines kohärenten Rechtsschutzsystems" sprechen.[99] Eine folgenreiche Verstärkung der Rechtsschutzgewährleistung brachte 2000 die Rechtsprechung des EGMR, die aus Art. 6 und 13 EMRK ein **Beschleunigungsgebot** und insbesondere eine Verpflichtung der Mitgliedstaaten ableitete, Beschwerdemöglichkeiten gegen gerichtliche Prozessverzögerungen zu schaffen.[100] Mit dem „Gesetz über den Rechtsschutz bei überlangen Gerichtsverfahren und strafrechtlichen Ermittlungsverfahren" vom 24.11.2011 (BGBl. I S. 2302) hat der Gesetzgeber dieser Rspr. inzwischen Rechnung getragen. 33

Eine Überformung zentraler Dogmenbestände des deutschen Rechts durch das EG-Recht[101] ergibt sich aus der Rechtsprechung des EuGH insbesondere für den **vorläufigen Rechtsschutz**, soweit die Behörde mit Rücksicht auf den einheitlichen und effizienten Vollzug des EU-Rechts gehalten ist, den Sofortvollzug anzuordnen,[102] und hinsichtlich der **Schutznormtheorie,**[103] mit dem Ergebnis, dass im Umweltrecht auch Verbände „eine Rechtsverletzung geltend machen (können), sofern das Verwaltungsverfahrensrecht bzw. Verwaltungsprozessrecht eines Mitgliedstaats dies als Voraussetzung erfordert.[104] Wie weit die Rspr. des EuGH[105] hier zu einer Stärkung der Klagebefugnis von Umweltverbänden führen wird – die auch eine Überformung des subjektiven Rechtsschutzes durch ob-

96 Vgl. BVerfGE 107, 395 (401) – und dies in angemessener Zeit, vgl. BVerfGE 93, 1 (13); ThürVerfGH, ThürVBl 2011, 58-61.
97 Vgl. *Jarass,* in: Jarass/Pieroth, Art. 19 Abs. 4 Rn. 34; Art. 20 Rn. 91; Schulze-Fielitz, in: Dreier, Art. 19 Abs. 4 Rn. 36 f.
98 Vgl. die Plenarentscheidung BVerfGE 107, 395 (403). In der Literatur ist das dogmatische Verhältnis beider Grundlagen umstritten; vgl. einerseits *Schmidt-Aßmann*, in: Maunz/Dürig, Art. 19 Abs. 4 Rn. 17 f. (St.d.B. 2003), andererseits *P. M. Huber*, in: von Mangoldt/Klein/Starck, Art. 19 Abs. 4 Rn. 352 ff.
99 In: Maunz/Dürig, Art. 19 Abs. 4 Rn. 37 c (St.d.B. 2003).
100 EGMR NJW 2001, 2694, 2698; Große Kammer, Urt. v. 08.06.2006 – 75529/ 01 – NJW 2006, 2389-2394.
101 *Schmidt-Aßmann*, in: Maunz/Dürig, Art. 19 Abs. 4 Rn. 37 d (St.d.B. 2003).
102 *Schmidt-Aßmann*, in: Maunz/Dürig, Art. 19 Abs. 4 Rn. 277 f.; (St.d.B. 2003); *Schulze-Fielitz,* in: Dreier, Art. 19 Abs. 4 Rn. 25 f.
103 *Schmidt-Aßmann*, in: Maunz/Dürig, Art. 19 Abs. 4 Rn. 37 d (St.d.B. 2003); Vgl. auch *P. M. Huber*, in: von Mangoldt/Klein/Starck, Art. 19 Abs. 4 Rn. 545 ff.
104 Art. 10 a der 85/337/EWG.
105 EuGH Große Kammer, Urt. v. 18.10.2011, NVwZ 2011, 1506-1510.

jektive Rechtskontrolle bedeutet – muss der weiteren Entwicklung überlassen bleiben.[106]

34 **2. Geltungsbereich und spezieller Regelungsgehalt des Art. 42 Abs. 5.** Das Grundrecht des Art. 42 Abs. 5 garantiert Rechtsschutz gegenüber allen Akten staatlicher, an die THürVerf. gebundenen „öffentlichen Gewalt", gleichgültig ob diese den Organen und Behörden des Freistaates oder eingegliederten Körperschaften zuzurechnen sind oder den von diesen Beliehenen.[107]

Inhaltlich ist diese Gewährleistung für den Grundrechtsträger keine andere als die, die ihm auch Art. 19 Abs. 4 GG gewährt. Der **spezielle Regelungsgehalt** und damit auch die praktische Bedeutung der Garantie liegen auf der prozessualen Ebene. Eine Verletzung der Rechtsschutzgarantie durch Träger Thüringer Staatsgewalt kann neben der Verfassungsbeschwerde zum BVerfG auch vor dem ThürVerfGH mit einer **Verfassungsbeschwerde** nach Art. 80 Abs. 1 Nr. 1 THürVerf geltend gemacht werden. Die Beschränkung auf Grundrechtseingriffe durch die **öffentliche Gewalt des Landes** schließt diese Beschwerdemöglichkeit etwa aus, soweit die mit der Verfassungsbeschwerde angegriffene Entscheidung eines Landesgerichts durch ein Bundesgericht in der Sache bestätigt worden ist.[108]

35 **3. Grundrechtsträger.** Art. 42 Abs. 5 ist ein **Jedermann-Grundrecht**; es steht somit allen natürlichen Personen zu, Inländern wie Ausländern und Staatenlosen.[109] Grundrechtsträger sind auch die juristischen Personen des Privatrechts, Art. 42 Abs. 2 ThürVerf.[110] Entgegen dem Wortlaut dieser Bestimmung und der Parallelvorschrift des Art. 19 Abs. 3 GG (die nur von „inländischen" juristischen Personen sprechen) fallen nach wohl h. M auch **ausländische juristische Personen** in den Schutzbereich der Rechtsweggarantie.[111] Das scheint zu undifferenziert. Das Bundesverfassungsgericht hatte unter Berufung auf den Wortlaut des Art. 19 Abs. 3 GG eine Geltung der materiellen Grundrechte für ausländische juristische Personen zunächst grundsätzlich abgelehnt,[112] seine Rechtsprechung inzwischen aber dahin modifiziert, dass auch ausländische juristische Personen Träger materieller Grundrechte des GG sein können, wenn sie ihren Sitz in einem der EU-Mitgliedsstaaten haben. Grund für diese Anwendungserweiterung des deutschen Grundrechtsschutzes waren der Anwendungsvorrang der Grundfreiheiten im Binnenmarkt (Art. 26 Abs. 2 AEUV) und die unionsrechtlichen Diskriminierungsverbote wegen der Staatsangehörigkeit (Art. 18 AEUV) in ihrer Auslegung durch den Europäischen Gerichtshof.[113] Für eine generelle

106 Vgl. einerseits BVerwG, Urt. v. 29.09.2011 – 7 C 21/09 – NVwZ 2012, 176-180, andererseits BVerwG, Vorlagebeschluss v. 10.01.2012 – 7 C 20/11 – NVwZ 2012, 448-451; ferner: *Berkemann,* DVBl 2011, 1253-1262; *Rehbinder*, EurUP 2012, 23-31.

107 Vgl. BVerwG 58, 1 (26); *P. M. Huber*, in: von Mangoldt/Klein/Starck, Art. 19 Abs. 4 Rn. 420.

108 ThürVerfGH, DVBl 2011, 688-691 = ThürVBl 2011, 176-179.

109 Vgl. *Jarass*, in: Jarass/Pieroth, Art. 19 Abs. 4 Rn. 48.

110 Auch soweit es sich um teilrechtsfähige Personenverbände handelt, vgl. *Schmidt-Aßmann*, in: Maunz/Dürig, Art. 19 Abs. 4 Rn. 38 ff. (St.d.B. 2003).

111 *Schulze-Fielitz*, in: Dreier, Art. 19 Abs. 4 Rn. 63; *Schmidt-Aßmann*, in: Maunz/Dürig, Art. 19 Abs. 4 Rn. 40 (St.d.B. 2003); Jarass, in: Jarass/Pieroth, Art. 19 Abs. 4 Rn. 48.

112 BVerfGE 21, 207 (208); 23, 229 (236); 100, 313 (364).

113 BVerfG, Bechl. v. 19.07.2011 – 1 BvR 1916/09 – NJW 2011, 3428-3434.

Gleichsetzung inländischer und ausländischer juristischer Personen fehlen solche normativen Grundlagen.[114]

Umstritten ist auch, ob sich **juristische Personen des öffentlichen Rechts** auf die Rechtsweggarantie berufen können. Überwiegend wird diese Frage verneint.[115] Nach st. Rspr. des Bundesverfassungsgerichts gelten die Grundrechte grundsätzlich nicht für juristische Personen des öffentlichen Rechts. Sie nehmen öffentliche Aufgaben wahr und können insoweit nicht Inhaber *materieller* Grundrechte sein.[116] So kann die Grundrechtsfähigkeit einer Landesversicherungsanstalt nicht damit begründet werden, die behauptete Verfassungsverletzung betreffe nicht nur sie selbst, sondern zugleich die Vermögensinteressen ihrer "Mitglieder";[117] auch kommunale Gebietskörperschaften stehen dem Staat nicht in der gleichen "grundrechtstypischen Gefährdungslage" gegenüber wie der einzelne Eigentümer.[118] Eine Ausnahme von diesen Grundsätzen hat das Bundesverfassungsgericht nur für solche juristischen Personen des öffentlichen Rechts oder ihre Teilgliederungen anerkannt, die wie Universitäten und Fakultäten oder Rundfunkanstalten von der ihnen durch die Rechtsordnung übertragenen Aufgabe her unmittelbar einem durch bestimmte Grundrechte geschützten Lebensbereich zugeordnet sind oder wie die Kirchen und andere mit dem Status einer Körperschaft des öffentlichen Rechts versehene Religionsgesellschaften kraft ihrer Eigenart ihm von vornherein zugehören.[119] Ob dies auch noch auf andere juristische Personen des öffentlichen Rechts, etwa auf bestimmte Arten von Stiftungen zutrifft, wird davon abhängen, wie stark diese auf grundrechtlich geschützte Lebensbereiche ausgerichtet sind und als eigenständige, vom Staat unabhängige oder jedenfalls distanzierte Einrichtungen bestehen.[120] 36

Soweit die Geltung der Rechtsweggarantie auch für juristische Personen des öffentlichen Rechts damit begründet wird, dass diesen ja auch die **Prozessgrundrechte** zustehen,[121] ist das Bundesverfassungsgericht dieser Argumentation mit guten Gründen nicht gefolgt. In Struktur und Funktion (im „Wesen“: Art. 19 Abs. 3 GG – vgl. auch Art. 42 Abs. 2 THürVerf) bestehen zwischen den grundrechtsähnlichen Rechten der Art. 101 Abs. 1 Satz 2 und Art. 103 Abs. 1 GG und den materiellen Grundrechten erhebliche Unterschiede; die Prozessgrundrechte gewährleisten nach ihrem Inhalt keine Individualrechte wie die Art. 1 bis 17 GG, sondern enthalten objektive Verfahrensgrundsätze, die für jedes gerichtliche Verfahren gelten und daher auch jedem zugute kommen müssen, der nach den Verfahrensnormen parteifähig ist oder von dem Verfahren unmittelbar betroffen wird.[122] 37

114 Zutreffend *P. M. Huber*, in: von Mangoldt/Klein/Starck, Art. 19 Abs. 4 Rn. 382.

115 Zum Streitstand vgl. *Schmidt-Aßmann*, in: Maunz/Dürig, Art. 19 Abs. 4 Rn. 42 ff. (St.d.B. 2003); *P. M. Huber*, in: von Mangoldt/Klein/Starck, Art. 19 Abs. 4 Rn. 383.

116 Vgl. BVerfGE 39, 302 (312 f.); 68, 193 (205 ff.); 75, 192 (197 ff.).

117 BVerfGE 21, 362 (377).

118 BVerfGE 45, 63 (78 f.); zusammenfassend: BVerfGE 61, 82-118.

119 Vgl. BVerfGE 15, 256 (262); 18, 385 (386 f.); 19, 1 (5); 21, 362 (373 f.); 31, 314 (322); 42, 312 (321 f.); 45, 63 (79); 53, 366 (387); 61, 82 (102).

120 Bisher vom BVerfG ausdrücklich offen gelassen, BVerfGE 61, 82 (103).

121 Vgl. *Jarass*, in: Jarass/Pieroth, Art. 19 Abs. 4 Rn. 48 und *Jutzi*, in Linck/Jutzi/Hopfe, Art. 42 Rn. 62 .

122 So BVerfGE 61, 82 (104 f.) mit Hinweisen auf BVerfGE 3, 359 (363); 12, 6 (8); 21, 362 (373).

38 **4. Der Begriff der „öffentlichen Gewalt".** Der Begriff der „öffentlichen Gewalt" i. S. des Art. 42 Abs. 5 ist eigenständig nach Schutzfunktion und systematischer Stellung dieser Vorschrift zu bestimmen. Er ist nicht von vornherein und selbstverständlich identisch mit dem wortgleichen Begriff in der Regelung über die Verfassungsbeschwerde (Art. 80 Abs. 1 Nr. 1), der dort alle Akte der der Thüringer Verfassung unterworfenen öffentlichen Gewalt erfasst. Die Rechtsweggarantie gilt – jedenfalls nach überwiegender Ansicht – demgegenüber nicht unterschiedslos für alle Akte der vollziehenden Gewalt, der Rechtsprechung und der Legislative. Von dieser umstrittenen Auslegung des Begriffs der „öffentlichen Gewalt" hängt es ab, ob und wann statt Art. 42 Abs. 5 als Spezialregelung der allgemeine Justizgewährleistungsanspruch – oder „nur" spezielle verfassungsrechtliche Rechtsschutzinstrumentarien – in Betracht kommen.

39 a) **Vollziehende Gewalt.** Nach dem historisch-politischen Entstehungsgrund der Rechtsweggarantie ist „öffentliche Gewalt" unstreitig die vollziehende Gewalt: Der Bürger sollte alle Akte der obrigkeitsstaatlichen Verwaltung, die ihn in seinen Rechten verletzen, durch unabhängige Gerichte überprüfen lassen können.[123] Unstreitig ist der Begriff heute aber nicht auf Akte der **Exekutive** im organisatorischen Sinn begrenzt; er umfasst auch *verwaltende Akte* der **Legislativorgane**[124] und der **Justiz** außerhalb der spruchrichterlichen Tätigkeit. Entschieden ist das etwa für Akte der Staatsanwaltschaft,[125] Anordnungen des Anstaltsleiters im Strafvollzug,[126] der Rechtspfleger,[127] der Justizverwaltungsakte durch Kostenbeamte.[128]

40 Noch nicht abschließend geklärt ist die Anwendbarkeit der Rechtsschutzgarantie auf **Gnadenakte.** Das Bundesverfassungsgericht hat sie für den Widerruf eines Gnadenerweises bejaht,[129] sie für ablehnende Gnadenentscheidungen in einer Entscheidung gemäß § 15 Abs. 2 Satz 4 BVerfGG jedoch abgelehnt.[130] Die in der Literatur herrschende Ansicht ist dem nicht gefolgt.[131] Umstritten ist auch die Einordnung des Rechtsschutzes gegen Entscheidungen über die **Vergabe öffentlicher Aufträge.** Während der Bereich des **Verwaltungsprivatrechts** überwiegend der öffentlichen Gewalt zugeordnet wird,[132] hat das Bundesverfassungsgericht den Rechtsschutz im Vergabeverfahren dem allgemeinen Justizgewährungsanspruchs zugeordnet,[133] ist damit aber auf Widerspruch gestoßen.[134]

---

123 Vgl. oben Rn. 2.
124 *Schmidt-Aßmann*, in: Maunz/Dürig, Art. 19 Abs. 4 Rn. 90 ff. (St.d.B. 2003); *Schulze-Fielitz*, in: Dreier, Art. 19 Abs. 4 Rn. 56; *Di Fabio*, Di Fabio, Udo: Rechtsschutz im parlamentarischen Untersuchungsverfahren, 1988, Teil III.
125 BVerfGE 103, 142 (156).
126 BVerfG, Kammerbeschl.v. 18.06.2007 – 2 BvR 2395/06 – JURIS.
127 BVerfGE 101, 397 (407).
128 BVerfGE 28, 10 (14 f.).
129 BVerfGE 30, 108 (111).
130 BVerfGE 25, 352 ff., st. Rspr, vgl. auch BVerfG Kammerbeschl. v. 26.10.2006 – 2 BvR 1587/06 – JURIS m.w.N.
131 Vgl. etwa *Schmidt-Aßmann*, in: Maunz/Dürig, Art. 19 Abs. 4 Rn. 80 (St.d.B. 2003); *Schulze-Fielitz*, in: Dreier, Art. 19 Abs. 4 Rn. 55; *Jarass*, in: Jarass/Pieroth, Art. 19 Abs. 4 Rn. 43.
132 Vgl. *Schmidt-Aßmann*, in: Maunz/Dürig, Art. 19 Abs. 4 Rn. 64 (St.d.B. 2003); *Ramsauer*, in AK-GG, Art. 19 Abs. 4 Rn. 50.
133 BVerfGE 116, 135 (150); ebenso insbesondere *Schmidt-Aßmann*, in: Maunz/Dürig, Art. 19 R Abs. 4 Rn. 65 (St.d.B. 2003); *Ramsauer*, in AK-GG, Art. 19 Abs. 4 Rn. 50.
134 Siehe *P. M. Huber*, in: von Mangoldt/Klein/Starck, Art. 19 Abs. 4 Rn. 429 f.

Kirchen und andere Religionsgemeinschaften üben „öffentliche Gewalt" aus, wenn ihnen staatlich Gewalt übertragen wurde und sie ihre Maßnahmen auf diese ihnen übertragene Gewalt stützen; Beispiele sind die Erhebung der Kirchensteuer oder die Verwaltung von Friedhöfen.[135] 41

b) **Rechtsprechung.** Soweit sich die Ausübung richterlicher Gewalt nicht funktional als Ausübung vollziehender Gewalt darstellt, sondern in den genuinen Bereich **spruchrichterlicher Tätigkeit** fällt, ist sie nach wohl überwiegender Literaturmeinung[136] und st. Rspr. des Bundesverfassungsgerichts nicht als Ausübung „öffentlicher Gewalt" anzusehen. Art. 19 Abs. 4 GG/Art. 42 Abs. 5 ThürVerf gewährleisten Rechtsschutz durch den Richter, nicht aber gegen den Richter, so die übliche Formel.[137] Diese einengende Auslegung des Begriffs der öffentlichen Gewalt, der es im Ergebnis nicht zuletzt darum geht, den endlosen Rechtsweg auszuschließen, unterliegt unter dem Aspekt der Rechtsstaatlichkeit keinen durchgreifenden Bedenken, da in den von der Rechtsweggarantie als lex specialis (vgl. Rn. 38) nicht erfassten Fällen der allgemeine Justizgewährungsanspruch Rechtsschutz ermöglicht, soweit dies rechtsstaatlich geboten ist.[138] 42

c) **Rechtsetzung.** Interpretiert man „öffentliche Gewalt" nicht in gleichem Sinn, wie der Begriff in Art. 93 Abs. 1 Nr. 4 a GG/Art. 80 Abs. 1 Nr. 1 ThürVerf zu verstehen ist, ist auch für die Normsetzung zu differenzieren: **Gesetzgebungsakte** der gesetzgebenden Körperschaften von Bund und Ländern sind keine Akte „öffentlicher Gewalt". Die gerichtliche Kontrolle ist für diesen Bereich in der Verfassung speziell geregelt (Art. 93 Abs. 1 Nr. 2, 4 a, Art. 100 GG/Art. 80 Abs. 1 Nr. 1; ThürVerf).[139] Um „öffentliche Gewalt" handelt es sich dagegen bei der Normsetzung durch die **Exekutive** in den Formen von Rechtsverordnungen und Satzungen.[140] Sind dafür spezielle Klageformen (wie durch § 47 VwGO) nicht gegeben, ist der Rechtsschutz über eine Feststellungsklage zu gewährleisten.[141] Werden Normen, die nach Bundesrecht als Rechtsverordnungen oder Satzungen zu erlassen sind, von den Ländern in Gesetzesform erlassen, sollen nach einer 43

135 *Jarass*, in: Jarass/Pieroth, Art. 19 Abs. 4 Rn. 46; ausführlich zur auch im Grundsätzlichen umstrittenen Problematik: *Schmidt-Aßmann*, in: Maunz/Dürig, Art. 19 Abs. 4 Rn. 111 ff. (St.d.B. 2003); *Schulze-Fielitz*, in: Dreier, Art. 19 Abs. 4 Rn. 58 f.

136 *Schmidt-Aßmann*, in: Maunz/Dürig, Art. 19 Abs. 4 Rn. 96 ff. (St.d.B. 2003); *Jarass*, in: Jarass/Pieroth, Art. 19 Abs. 4 Rn. 45; *Sachs*, in: Sachs, GG, Art. 19 Rn. 120; *Ramsauer*, in AK-GG, Art. 19 Abs. 4 Rn. 55 f.; a. A. *Schulze-Fielitz*, in: Dreier, Art. 19 Abs. 4 Rn. 49; *P. M. Huber*, in: von Mangoldt/Klein/Starck, Art. 19 Abs. 4 Rn. 440 ff.

137 BVerfGE 15, 275 (280); 49, 329 (340); 65, 76 (90).

138 BVerfGE 107, 395 (404) – Plenumsbeschluss: Zur fachgerichtlichen Selbstkorrektur bei Verstößen eines Richters gegen das grundrechtsgleiche Recht auf rechtliches Gehör; aus rechtsdogmatischen Gründen skeptisch *P. M. Huber*, in: von Mangoldt/Klein/Starck, Art. 19 Abs. 4 Rn. 352 ff.; 440 ff.; von einer „teleologischen Reduktion" kann man nur sprechen, wenn man den historisch-politischen Entstehungsgrund der Rechtsweggarantie außer Acht lässt.

139 BVerfGE 24, 33 (49 f.); vgl. u.a. *Schmidt-Aßmann*, in: Maunz/Dürig, Art. 19 Abs. 4 Rn. 9 f. (St.d.B. 2003); *Jarass*, in: Jarass/Pieroth, Art. 19 Abs. 4 Rn. 44; a. A. *Schulze-Fielitz*, in: Dreier, Art. 19 Abs. 4 Rn. 50; *P. M. Huber*, in: von Mangoldt/Klein/Starck, Art. 19 Abs. 4 Rn. 433 ff.

140 BVerfGE 115, 81 (92); h. M. vgl. u. a. *Schmidt-Aßmann*, in: Maunz/Dürig, Art. 19 Abs. 4 Rn. 70 ff. (St.d.B. 2003); *Jarass*, in: Jarass/Pieroth, Art. 19 Abs. 4 Rn. 43.

141 „Die Notwendigkeit der Anerkennung einer solchen fachgerichtlichen Rechtsschutzmöglichkeit gegen untergesetzliche Rechtssätze folgt aus Art. 19 Abs. 4 GG." – BVerfGE 115, 81 (92).

Entscheidung des Bundesverfassungsgerichts die Regeln des verwaltungsgerichtlichen Rechtsschutzes gelten.[142]

44 **5. Rechtsverletzung.** Das Grundrecht auf gerichtlichen Rechtsschutz greift nur ein, wenn der Grundrechtsträger (III.) geltend machen kann, durch die öffentliche Gewalt (IV.) in seinen Rechten verletzt zu sein. Hierfür müssen ein **subjektives Recht** (1) und die **Möglichkeit einer Rechtsverletzung** (2.) gegeben sein. Popularklagen oder, spezieller, **Verbandsklagen** werden durch Art. 42 Abs 5 ThürVerf nicht erfasst.[143]

45 **a) Subjektive Rechte.** Ein subjektives Recht lässt sich als die normativ eingeräumte Rechtsmacht[144] verstehen, die dem Grundrechtsträger – dem Zuordnungssubjekt – einen Anspruch gibt, von Anderen – hier einem Träger öffentlicher Gewalt – ein Tun, Dulden oder Unterlassen zu verlangen.[145] Der Entstehungsgrund kann unterschiedlich sein: Grundrechte,[146] gesetzliche Regelungen, Rechtsverordnungen, Satzungen, Rechtsgeschäfte, EU-Recht.[147] Ob daraus für den Einzelnen jeweils ein subjektives Recht ableitbar ist, muss durch Auslegung der materiell-rechtlichen oder verfahrensrechtlichen Norm ermittelt werden. Im Hinblick auf die Handlungsfreiheit ergeben sich hier i. d. R. keine Probleme, wenn ein Grundrechtsträger Adressat eines Aktes öffentlicher Gewalt ist (Adressatentheorie).[148] Gleiches gilt, wenn die Norm ausdrücklich eine Berechtigung einräumt.[149] Ist dies nicht der Fall, kommt es darauf an, ob die Norm private Interessen lediglich als Reflex im öffentlichen Interesse faktisch schützt oder objektiv auch dem Schutz der Interessen des einzelnen Betroffenen zu dienen bestimmt ist (**Schutznormtheorie**).[150] Bezweckt eine Norm nach dem in ihr enthaltenen, durch Auslegung zu ermittelnden Entscheidungsprogramm auch die Rücksichtnahme auf die Interessen des betreffenden Dritten, vermittelt eine solche Norm **Drittschutz,**[151] also eine subjektive Rechtsposition, die insbesondere für die Frage der Klagebefugnis eine zentrale praktische Rolle im Verwaltungsprozess spielt. Rechtsprechung und Literatur bieten hier eine Fülle von Kasuistik und Fallgruppen.[152]

---

142 Vgl. BVerfGE 70, 35-69 (Bebauungspläne); mit guten Gründen kritisch die abweichende Meinung (BVerfGE 70, 35 (59 ff.)); vgl. auch *Schmidt-Aßmann*, in: Maunz/Dürig, Art. 19 Abs. 4 Rn. 95 f. (St.d.B. 2003).

143 Zum GG: BVerfG Kammerbeschl. v. 29.05.2006 – 1 BvR 1080/01 – (Verbandsklage) VersR 2006, 1057-1059; BVerwGE 101, 73 (81 f.) (Tiergartentunnel). Zu Erweiterungen durch das EU-Recht vgl. Rn. 33.

144 Siehe *Wahl/Schütz*, in: Schoch/Schmidt-Aßmann/Pietzner, VwGO, § 42 Abs. 2 Rn. 44 (St.d.B. 2011).

145 Vgl. etwa *Schulze-Fielitz*, in: Dreier, Art. 19 Abs. 4 Rn. 61.

146 *Schulze-Fielitz*, in: Dreier, Art. 19 Abs. 4 Rn. 68 ff.; *Schmidt-Aßmann*, in: Maunz/Dürig, Art. 19 Abs. 4 Rn. 121 ff. (St.d.B. 2003).

147 Vgl. *Schmidt-Aßmann*, in: Maunz/Dürig, Art. 19 Abs. 4 Rn. 152 ff. (St.d.B. 2003); *P. M. Huber*, in: von Mangoldt/Klein/Starck, Art. 19 Abs. 4 Rn. 410 ff.

148 Vgl. *P. M. Huber*, in: von Mangoldt/Klein/Starck, Art. 19 Abs. 4 Rn. 404.

149 *Schmidt-Aßmann*, in: Maunz/Dürig, Art. 19 Abs. 4 Rn. 119 (St.d.B. 2003).

150 BVerfGE 27, 297 (307); 31, 33 (39 ff.); 81, 329 (334); 92, 313; *Schmidt-Aßmann*, in: Maunz/Dürig, Art. 19 Abs. 4 Rn. 118 ff. (St.d.B. 2003); *Schulze-Fielitz*, in: Dreier, Art. 19 Abs. 4 Rn. 62 ff.

151 BVerwGE 98, 118 (120 ff.).

152 Vgl. hier die ausführlichen Nachweise in der Literatur zu § 42 Abs. 2 VwGO, etwa bei *Wahl/Schütz*, in: Schoch/Schmidt-Aßmann/Pietzner, VwGO, § 42 Abs. 2 Rn. 43 ff. (St.d.B. 2011).

b) **Mögliche rechtliche Betroffenheit.** Wird durch einen Akt öffentlicher Gewalt eine Norm verletzt, die auch subjektive Rechtspositionen vermittelt, steht damit allein der Rechtsweg noch nicht offen. Zusätzlich ist eine dadurch begründete Verletzung auch eines subjektiven Rechts dessen erforderlich, der sich auf Art. 42 Abs. 5 berufen will.[153] Um sich den Rechtsweg zu eröffnen, reicht allerdings schon die **Möglichkeit einer Rechtsverletzung.**[154] 46

6. Der Rechtsweg. Das Grundrecht des Art. 42 Abs. 5 ThürVerf. garantiert jedem den Rechtsweg, der geltend macht, durch die öffentliche Gewalt in eigenen Rechten verletzt zu sein. Eröffnet wird der Weg zu einem staatlichen Gericht, das den Grundsätzen der Art. 92 und 97 GG/Art. 86 Abs. 2 THürVerf entspricht.[155] Gewährleistet wird sowohl der **Zugang** zu den Gerichten als auch die **Wirksamkeit des Rechtsschutzes** gewährleistet.[156] 47

a) **Zugang.** Der Rechtsweg muss „offen" stehen, d.h. zuförderst, dass er, auch im Interesse einer **Verfahrensvereinfachung**, nicht ausgeschlossen werden darf.[157] Im historischen Rückblick hat die Rechtsweggarantie vor allem dazu geführt, dass früher selbstverständliche Rechtsfiguren wie das **„besondere Gewaltverhältnis"**[158] oder der **„gerichtsfreie Hoheitsakt"**[159] heute als Beschränkungen des Rechtsschutzes obsolet geworden sind. 48

Nach st. Rspr. des Bundesverfassungsgerichts gewährleistet die Rechtsschutzgarantie keinen **Instanzenzug.**[160] Besteht aber ein Instanzenzug, darf der Zugang nicht unzumutbar erschwert werden.[161] Zulassungsgründe dürfen nicht überspannt werden.[162] Generell sind Prozessnormen so anzuwenden, dass sie das Ziel einer Rechtsschutzgewährleistung nicht in unangemessener Weise beeinträchtigen. Das betrifft die Handhabung **von Gerichts- und Anwaltsgebühren,** die außer Verhältnis zu dem Interesse an dem Verfahren steht und die Anrufung des Gerichts bei vernünftiger Abwägung als wirtschaftlich nicht mehr sinnvoll erscheinen lässt.[163] Beispiele sind auch der Umgang mit **Wiedereinsetzungsanträgen,**[164] zu kurze **Fristen,**[165] die Verneinung des **Rechtsschutzinteresses** bei schwerwiegenden – wenn auch tatsächlich nicht mehr fortwirkenden – Grundrechtseingriffen.[166] 49

153 Vgl. *Jarass,* in: Jarass/Pieroth, Art. 19 Abs. 4 Rn. 41; zu den hier problematischen Fallkonstellationen des „Rechtswidrigkeitszusammenhangs" siehe *Schmidt-Aßmann,* in: Maunz/Dürig, Art. 19 Abs. 4 Rn. 156 ff. (St.d.B. 2003). Zu den Problemen bei der Abwägung im Planungsrecht: BVerwGE 107, 215 (220); 111, 276 (283); 123, 322 (326).
154 Zur „Möglichkeitstheorie" vgl. hier etwa *Kopp/Schenke,* VwGO, § 42 Abs. 2 Rn. 66 ff.
155 Vgl. BVerfGE 49, 252 (257).
156 Vgl. BVerfG, NVwZ 2011, 1062 (1064 f.).
157 BVerfGE 22, 49 (81 f.).
158 Siehe dazu näher *Schmidt-Aßmann,* in: Maunz/Dürig, Art. 19 Abs. 4 Rn. 84 ff. (St.d.B. 2003).
159 Siehe dazu näher *Schmidt-Aßmann,* in: Maunz/Dürig, Art. 19 Abs. 4 Rn. 77 ff. (St.d.B. 2003).
160 BVerfGE 11, 232 (233); 78, 88 (99); 92, 365 (410).
161 BVerfGE 78, 88 (90).
162 BVerfG, Kammerbeschl. v. 22.08.2011 – 1 BvR 1764/09 – BayVBl 2012, 157-158.
163 BVerfGE 85, 337-353.
164 BVerfGE 88, 118-128.
165 *Jarass,* in: Jarass/Pieroth, Art. 19 Abs. 4 Rn. 59.
166 BVerfGE 96, 27-44; 104, 220-238; 110, 77-94.

50 **b) Effektiver Rechtsschutz.** Die Gewährleistung eines effektiven und möglichst lückenlosen richterlichen Rechtsschutzes[167] bedeutet substantiellen **Anspruch auf eine möglichst wirksame gerichtliche Kontrolle.**[168] Das schließt zwar nicht aus, dass je nach Art der zu prüfenden Maßnahme wegen der Einräumung von Gestaltungs-, Ermessens- und Beurteilungsspielräumen eine unterschiedliche Kontrolldichte zustande kommt,[169] verlangt aber, dass dem Richter eine hinreichende Prüfungsbefugnis hinsichtlich der tatsächlichen und rechtlichen Seite eines Streitfalls zukommt, damit er einer Rechtsverletzung abhelfen kann.[170] Eine Letztentscheidungsbefugnis kann der Verwaltung nur bezogen auf die konkrete Rechtsanwendung – die Subsumtion – eingeräumt werden, nicht jedoch auch bezogen auf die Beurteilung der rechtlichen Maßstäbe; sie kann sich auch nicht auf die Feststellung der entscheidungserheblichen Tatsachen beziehen.[171] Die Bindung an Feststellungen und Wertungen der Exekutive ist ausgeschlossen.[172] Unbestimmte Rechtsbegriffe sind in vollem Umfang überprüfbar;[173] das gilt auch für Prüfungsentscheidungen.[174] Differenzierungen ergeben sich bei Einschätzungsprärogativen, Prognoseermächtigungen und Technikklauseln.[175] Bei Normsetzungen steht der Exekutive regelmäßig ein erheblicher Gestaltungsspielraum zu,[176] soweit nicht spezielle grundrechtliche Gewährleistungen auch hier Einschränkungen gebieten.[177]

51 Wirksamer Rechtsschutz bedeutet auch Rechtsschutz innerhalb **angemessener Zeit.** Eine überlange Verfahrensdauer bis zu einer abschließenden Entscheidung stellt sowohl einen Verstoß gegen Art. 6 Abs. 1 ERMK als auch gegen die Rechtsweggarantie dar.[178] Konsequenzen ergeben sich ferner für den **Eilrechtsschutz**. So sind die Fachgerichte bei der Auslegung und Anwendung des § 123 VwGO gehalten, vorläufigen Rechtsschutz zu gewähren, wenn sonst dem Antragsteller eine erhebliche, über Randbereiche hinausgehende Verletzung in seinen Rechten droht, die durch die Entscheidung in der Hauptsache nicht mehr beseitigt werden kann, es sei denn, dass ausnahmsweise überwiegende, besonders gewichtige Gründe entgegenstehen.[179] Auch die nach § 80 Abs. 1 VwGO für den Regelfall vorgeschriebene aufschiebende Wirkung von Widerspruch und verwaltungsgerichtlicher Klage ist eine adäquate Ausprägung der verfassungsrechtlichen Rechtsschutzgarantie; gewährleistet ist die aufschiebende Wirkung der Rechtsbehelfe im Verwaltungsprozess jedoch nicht schlechthin. Überwiegende öffentliche Belange können es – als Ausnahme – rechtfertigen, den Rechts-

167 BVerfGE 8, 274 (326); 67, 43 (58); 101, 397-410, st. Rspr.
168 BVerfGE 40, 272 (275); 93, 1 (13); 113, 273 (310), st. Rspr.
169 Vgl. BVerfGE 61, 82 (111); 84, 34 (53 ff.).
170 BVerfGE 113, 273 (310).
171 BVerfG, Kammerbeschl. 10.12.2009 – 1 BvR 3151/07 – DVBl 2010, 250-254; BVerfG, Beschl. v. 31.05.2011 – 1 BvR 857/07 – NVwZ 2011, 1062-1069 (Investitionszulage).
172 BVerfGE 101, 106 (123).
173 BVerfGE 103, 142 (157).
174 Vgl. BVerfGE 84, 34 (50).
175 Vgl. hierzu die Problemdarstellung bei *Schmidt-Aßmann*, in: Maunz/Dürig, Art. 19 Abs. 4 Rn. 197-207 (St.d.B. 2003).
176 Vgl. *Schmidt-Aßmann*, in: Maunz/Dürig, Art. 19 Abs. 4 Rn. 217 f. (St.d.B. 2003).
177 Vgl. BVerfGE 84, 34-58 vs. BVerwGE 70, 318 (328 ff.).
178 Mit dem „Gesetz über den Rechtsschutz bei überlangen Gerichtsverfahren und strafrechtlichen Ermittlungsverfahren" vom 24.11.2011 (BGBl. I S. 2302) hat der Gesetzgeber dieser Rspr. inzwischen Rechnung getragen. Zum europäischen Recht siehe Rn. 33; zum GG vgl. BVerfGE 93, 1 (13); *Schulze-Fielitz*, in: Dreier, Art. 19 Abs. 4 Rn. 111.
179 Vgl. BVerfGE 79, 69 (74); 93, 1 (13 f.).

schutzanspruch des Grundrechtsträgers einstweilen zurückzustellen, um unaufschiebbare Maßnahmen im Interesse des allgemeinen Wohls rechtzeitig in die Wege zu leiten.[180] Das EU-Recht verlangt hier allerdings oft noch eine stärkere Betonung des Vollzugsinteresses (Rn. 33)

Die Garantie effektiven Rechtsschutzes wirkt über die gerichtliche Kontrolle und das gerichtliche Verfahren hinaus auch in das **behördliche Verfahren** hinein, wenn eine solche Vorwirkung für die Inanspruchnahme gerichtlichen Rechtsschutzes faktisch erforderlich ist.[181] Daraus ergeben sich Leitlinien für das Verwaltungsverfahren,[182] z. B. Pflichten zur Aktenführung oder zur Aktenvorlage[183] wie auch Dokumentations- und Begründungspflichten.[184] Umgekehrt sind materielle Präklusionsregelungen nur zulässig, wenn ausreichend sichergestellt ist, dass die Handlung im Verwaltungsverfahren vorgenommen werden konnte.[185] 52

Artikel 43 [Verwirklichung der Staatsziele]

Der Freistaat hat die Pflicht, nach seinen Kräften und im Rahmen seiner Zuständigkeiten die Verwirklichung der in dieser Verfassung niedergelegten Staatsziele anzustreben und sein Handeln danach auszurichten.

Vergleichbare Regelungen

Art. 13 SächsVerf; Art. 3 Abs. 3 LVerf LSA.

Dokumente zur Entstehungsgeschichte

Art. 21 VerfE CDU; Art. 8 VerfE SPD; Art. 22 VerfE NF/GR/DJ; Art. 38 VerfE LL/PDS; Entstehung ThürVerf, S. 117 f.

Literatur

Herbert Bethge, Grundpflichten als verfassungsrechtliche Dimension, NJW 1982, S. 2145-2150; *BMI/BMJ* (Hrsg.), Bericht der Sachverständigenkommission, Staatszielbestimmungen/ Gesetzgebungsaufträge, Bonn 1983; *Winfried Brugger*, Staatszwecke im Verfassungsstaat, NJW 1989, S. 2425-2434; *Johannes Dietlein*, Die Verfassunggebung in den neuen Bundesländern, NWVBl 1993, S. 401-406; *Eberhard Eichenhofer* (Hrsg.), 80 Jahre Weimarer Reichsverfassung – was ist geblieben?, Tübingen 1999; *Wilfried Erbguth/Bodo Wiegand*, Über Möglichkeiten und Grenzen von Landesverfassungen im Bundesstaat. Der Entwurf einer Verfassung für das Land Mecklenburg-Vorpommern, DÖV 1992, S. 770-779; *Christoph Feddersen*, Die Verfassunggebung in den neuen Ländern: Grundrechte, Staatsziele, Plebiszite, DÖV 1992, S. 989-998; *Peter Christian Fischer*, Staatszielbestimmungen in den Verfassungen und Verfassungsentwürfen der neuen Bundesländer, München 1994; *Bernd Guggenberger/Tine Stein* (Hrsg.), Die Verfassungsdiskussion im Jahr der Deutschen Einheit: Analysen, Hintergründe, Materialien, München 1991; *Martina Haedrich*, Das Asylbewerberleistungsgesetz, das Existenzminimum und die Standards der EU-Aufnahmerichtlinie, ZAR 2010, S. 227-233; *Daniel Hahn*, Staatszielbestimmungen im integrierten Bundesstaat. Normative Bedeutung und Divergenzen, Berlin 2010; *Peter Michael Huber*, Die neue Verfassung des Freistaats Thüringen, LKV 1994, S. 121-152; *Siegfried Jutzi*, Staatsziele der Verfassung des Freistaats Thüringen – zugleich ein Beitrag zur Bedeutung landesverfassungsrechtlicher Staatsziele im Bundesstaat, ThürVBl 1995, S. 25-31 und S. 54-55; *Julian Krüper/Heiko Sauer* (Hrsg.), Staat und Recht in Teilung und Einheit, Tübingen 2011; *Wolfgang Löwer*, Kritische Anmerkungen zum

180 Vgl. BVerfGE 11, 232 (233); 35, 263 (274); 35, 382 (402).
181 BVerfGE 118, 168 (207) unter Hinweis auf BVerfGE 100, 313 (364); 101, 106 (123); 109, 279 (364).
182 Vgl. *Schulze-Fielitz*, in: Dreier, Art. 19 Abs. 4 Rn. 87 ff.
183 BVerfGE 101, 106-132.
184 BVerfGE 118, 168 (208).
185 *Schulze-Fielitz*, in: Dreier, Art. 19 Abs. 4 Rn. 99.

Beschluss des Verfassungsgerichtshofes des Landes Berlin in Sachen Honecker, SächsVBl 1993, S. 73-80; *Peter Neumann*, Staatsziele in der Verfassung des Freistaats Thüringen, LKV 1996, S. 392-396; *Eibe Riedel/Sven Söllner*, Studiengebühren im Lichte des UN-Sozialpakts, JZ 2006, S. 270-277; *Thomas Rincke*, Staatszielbestimmungen der Verfassung des Freistaats Sachsen, Frankfurt am Main 1997; *Jochen Rozek*, Das Grundgesetz als Prüfungs- und Entscheidungsmaßstab der Landesverfassungsgerichte – Zugleich ein Beitrag zum Phänomen der in die Landesverfassung hineinwirkenden Bundesverfassung, Baden-Baden 1993; *Ute Sacksofsky*, Landesverfassungen und Grundgesetz – am Beispiel der Verfassungen der neuen Bundesländer, NVwZ 1993, S. 235-240; *Helmut Simon*, Zur Aufnahme von Staatszielen in die Verfassungen, in: FS Ernst Gottfried Mahrenholz (1994), S. 443-450; *Karl-Peter Sommermann*, Staatsziele und Staatszielbestimmungen, Tübingen 1997; *Klaus Sorgenicht/Wolfgang Weichelt/Tord Riemann/Hans-Joachim Semler* (Hrsg.), Verfassung der Deutschen Demokratischen Republik. Dokumente, Kommentar, Bd. I, Berlin 1969; *Christian Starck*, Verfassungsgebung in Thüringen, ThürVBl 1992, S. 10-16; *Stefan Storr*, Staats- und Verfassungsrecht, (Thüringer Landesrecht), Baden-Baden 1998; *Ekkehard Wienholtz*, Arbeit, Kultur und Umwelt als Gegenstände verfassungsrechtlicher Staatszielbestimmungen, AöR 109 (1984), S. 532-554.

Leitentscheidungen des ThürVerfGH und des BVerfG

ThürVerfGH, LVerfGE 8, 337 (Auslegung landesrechtlicher Regelungen); LVerfGE 9, 413 (Verfassungsräume Bund und Länder); Urt. v. 02.02.2011 – 20/09 – ThürVBl 2011, 131 (Abstrakte Handlungspflicht des Staates).

BVerfGE 36, 342 (Verhältnis Bundesverfassungsrecht zum Landesverfassungsrecht); 96, 231 (Kompetenzverteilung BVerfG und ThürVerfGH); 103, 332 (Prüfungsmaßstab Verfassungsmäßigkeit von Landesrecht); 112, 226 (Verfassungsmäßigkeit allgemeiner Studiengebühren); 125, 175 (Hartz IV-Urteil); BVerfG, NVwZ 2012, 1024 (Existenzminimum für Asylbewerber).

A. Überblick

1 Die Thüringer Verfassung hat mit Art. 43 eine allgemeine Aussage zur Verwirklichung aller in der Verfassung verankerten **Staatszielbestimmungen** getroffen. Es ging den Verfassungsgebern um die Verankerung einer allgemeinen Verpflichtung zur Verwirklichung der in der Verfassung enthaltenen Staatsziele, nicht um eine Staatszieldefinition. So aber legt es die Dokumentation zu Art. 43 nahe.[1] Der Verfassungsunterausschuss fand erst nach einigen Kontroversen zu einem Konsens, eine solche grundsätzliche Regelung in der Verfassung zu verankern. Zudem wurde auf Vorschlag des Sachverständigen Dr. Jutzi die Formel „und im Rahmen seiner Zuständigkeiten" übernommen.[2]

1 Entstehung ThürVerf, S. 118.
2 Entstehung ThürVerf, S. 118.

B. Herkunft, Entstehung, Entwicklung

In den DDR-Verfassungen von 1949 und 1968 gab es keine ausdrücklich formulierten Staatszielbestimmungen, doch waren die beiden Verfassungen geradezu von Programmnormen und Desiderata durchdrungen, die sich – wegen der apostrophierten Einheit von Staat und Bürger – in Staatsaufgaben und damit verwoben in Grundpflichten der Bürger widerspiegelten. Staat und Bürger wurden gleichermaßen in die Pflicht genommen.[3] Die Verfassung von 1949 und die revidierte Fassung von 1968 standen in Kontinuität zur Weimarer Reichsverfassung, angereichert durch das Konzept des DDR-Verfassungsrechts der Interessenidentität von Staat, Partei und Bürger.[4] Damit wurden die verfassungsrechtlichen Bindungen in das politische Belieben von Staat und Partei gestellt.[5] 2

Im Verfassungsentwurf des Runden Tisches[6] wurde das Anliegen der an der Erarbeitung beteiligten Juristen, einen stringent formulierten Grundrechtskatalog in eine neue Verfassung zu implementieren, vom Runden Tisch mehrheitlich nicht geteilt. Die meisten Teilnehmer waren von dem Wunsch geleitet, die Symbolkraft der Wende in ein neues Verfassungswerk einfließen zu lassen und der neu gewonnenen Freiheit empathisch Ausdruck zu verleihen. In nicht mehr als 39 Artikeln wurden individuelle und kollektive Rechte und Pflichten, auch zusammen mit Staatszielen, geregelt.[7] 3

Mit Art. 5 Einigungsvertrag[8] wird den gesetzgebenden Körperschaften des vereinten Deutschlands empfohlen, sich mit der Frage der Änderung oder Ergänzung des Grundgesetzes zu befassen, u. a. „mit den Überlegungen zur Aufnahme von Staatszielbestimmungen in das Grundgesetz". Die Folge war die Aufnahme der Staatszielbestimmung Umweltschutz durch Art. 20 a in das Grundgesetz. In den Verfassungsdiskussionen der neuen Bundesländer zur Erarbeitung von Länderverfassungen spielte die Frage nach dem rechtlichen Stellenwert von Staatszielbestimmungen ebenso eine Rolle.[9] 4

C. Verfassungsvergleichende Information

Neben Thüringen sahen sich auch Sachsen und Sachsen-Anhalt veranlasst, Vorschriften über das allgemeine Anliegen von Staatszielbestimmungen in ihre Ver- 5

3 Dabei wurde in den Verfassungsdiskussionen in der Sowjetischen Besatzungszone zur Schaffung von Länderverfassungen und in den Diskussionen zur Vorbereitung einer gesamtdeutschen und im Jahre 1949 verabschiedeten Verfassung stets auf die sozialen Grundrechte und Grundpflichten der Weimarer Reichsverfassung verwiesen, vgl. *Haedrich*, in: Eichenhofer (Hrsg.), 80 Jahre Weimarer Reichsverfassung, 1999, S. 179 (194 f.).

4 *Sorgenicht/Weichelt/Riemann/Semler*, Verfassung der Deutschen Demokratischen Republik, Bd. I, 1969, S. 78.

5 *Haedrich*, in: Krüper/Sauer (Hrsg.), Staat und Recht in Teilung und Einheit, 2011, S. 43 (51).

6 Entwurfsverfassung der Deutschen Demokratischen Republik, Arbeitsgruppe „Neue Verfassung der DDR" des Zentralen Runden Tisches, Berlin-Niederschönhausen, 04.04.1990, mit Begleitschreiben an die Abgeordneten der Volkskammer, BArch, B 136/29110, 122-10100 Bu 24 NA 2 Bd. 2.

7 Kritik an der diffusen Rechte-Pflichten-Konstellation bei *Roellecke*, in: Guggenberger/Stein (Hrsg.), Die Verfassungsdiskussion im Jahr der Deutschen Einheit, 1991, S. 367.

8 Vertrag zwischen der Bundesrepublik Deutschland und der Deutschen Demokratischen Republik über die Herstellung der Einheit Deutschlands v. 31.08.1990 (BGBl. II, S. 189).

9 *Simon*, in: FS Ernst Gottfried Mahrenholz (1994), S. 443 (445); *Fischer*, Staatszielbestimmungen in den Verfassungen und Verfassungsentwürfen der neuen Bundesländer, 1994, S. 53 ff.

fassungen aufzunehmen (Art. 13 SächsVerf: „Das Land hat die Pflicht, nach seinen Kräften die in dieser Verfassung niedergelegten Staatsziele anzustreben und sein Handeln danach auszurichten" und Art. 3 Abs. 3 LVerf LSA: „Die nachfolgenden Staatsziele verpflichten das Land, sie nach Kräften anzustreben und sein Handeln danach zu richten"). Eine genaue Unterscheidung der Normkategorie Staatsziele zu anderen Normkategorien in der Verfassung ist weder in Sachsen noch in Thüringen erfolgt. Sachsen-Anhalt, wie im Übrigen auch Mecklenburg-Vorpommern, nehmen jedoch eine systematische Unterscheidung zwischen Grundrechten und Staatszielen vor.

D. Erläuterungen

I. Allgemeines

6 Die von der Bundesregierung im Jahre 1983 eingesetzte Sachverständigenkommission „Staatszielbestimmungen/Gesetzgebungsaufträge" definiert in ihrem Bericht Staatszielbestimmungen als „Verfassungsnormen mit rechtlich bindender Wirkung, die der Staatstätigkeit fortdauernde Beachtung oder Erfüllung bestimmter Aufgaben – sachlich umschriebener Ziele – vorschreiben".[10]

7 Die Verfassung des Freistaats enthält mit den Art. 1 bis 43 in ihrem Ersten Teil „Grundrechte, Staatsziele und Ordnung des Gemeinschaftslebens" zahlreiche Staatszielbestimmungen, die in Umfang und Konkretisierungsgrad weit über die Staatsziele des Grundgesetzes hinausgehen. Man muss die Zunahme von Staatszielen in den Landesverfassungen, in den alten Bundesländern seit den 1970er Jahren, aber insbesondere in den neuen Bundesländern, als ein Charakteristikum der neueren Verfassungsentwicklung zur Kenntnis nehmen.[11]

8 Als anerkannte Staatsziele gelten entsprechend der Einteilung im Grundgesetz Rechtsstaatlichkeit, Sozialstaatlichkeit, Kulturstaatlichkeit, Friedensstaatlichkeit und Umweltstaatlichkeit. Die Thüringer Verfassung geht darüber hinaus. Der Abschnitt Menschenwürde, Gleichheit und Freiheit enthält in Art. 2 Abs. 2 Satz 1 die Verpflichtung des Landes, der Gebietskörperschaften und der anderen Träger der öffentlichen Verwaltung, die Gleichstellung von Frauen und Männern in allen Bereichen zu fördern und zu sichern. In Art. 2 Abs. 4 finden sich die Staatsziele, Menschen mit Behinderungen dem besonderen Schutz des Freistaats zu unterstellen und die gleichwertige Teilnahme der Behinderten am Leben in der Gemeinschaft zu fördern. Art. 15 hat die ständige Aufgabe des Freistaats zum Inhalt, darauf hinzuwirken, dass in ausreichendem Maße angemessener Wohnraum zur Verfügung gestellt wird und dass zur Erreichung dieses Ziels die Erhaltung, der Bau und die Bereitstellung von Wohnraum zu fördern ist. Art. 16 verpflichtet zur Sicherung des Obdachs im Notfall. Im Abschnitt Ehe und Familie enthält Art. 19 Abs. 3 die Verpflichtung auf Förderung der Kindertageseinrichtungen und Art. 19 Abs. 4 die Pflicht des Landes und seiner Gebietskörperschaften, den vorbeugenden Gesundheitsschutz für Kinder und Jugendliche zu fördern. Nach Art. 20 Satz 3 sind Begabte, Behinderte und sozial Benachteiligte besonders zu fördern. Die Hochschulen werden gemäß Art. 28 Abs. 1 unter den Schutz des Landes gestellt, nach Art. 29 Satz 1 wird die Erwachsenen-

10 *BMI/BMJ* (Hrsg.), Bericht der Sachverständigenkommission, Staatszielbestimmungen/Gesetzgebungsaufträge, 1983, S. 21.

11 *Starck* sieht darin einen modischen und zeitgebundenen Ballast, vgl. *Starck*, ThürVBl 1992, 10 (15 f.).

bildung gefördert. Gemäß Art. 30 Abs. 1 genießen Kultur, Kunst und Brauchtum Schutz und Förderung; nach Art. 30 Abs. 1 gilt dasselbe für den Sport. Im Abschnitt Natur und Umwelt ist die Pflicht des Freistaats und seiner Bewohner zum Schutz von Natur und Umwelt aufgenommen worden, die in Art. 31 Abs. 3 durch die Verpflichtung von Land und Gebietskörperschaften, eine umweltgerechte Energieversorgung zu fördern, konkretisiert wird. Daran anknüpfend findet sich die Staatszielbestimmung zum Tierschutz in Art. 32.

Nicht nur in den aufgeführten materiell-rechtlichen Bestimmungen, sondern 9
auch in der Präambel finden sich an den Staat gerichtete Forderungen.[12] Die Frage, ob diese in der Präambel enthaltenen Aufträge zum Handeln an die Entscheidungsträger den Charakter von Staatszielbestimmungen haben, lässt sich nicht eindeutig beantworten.[13] Grundsätzlich ist die Präambel einer Verfassung nicht materiell-rechtlich geprägt, sondern als Vorspruch, in dessen Lichte die Verfassung betrachtet werden soll, nicht aus sich heraus bindend.[14] Dann aber, wenn Bekundungen der Präambel in einzelnen Artikeln der Verfassung aufgegriffen werden, können die entsprechenden Passagen der Präambel unter Bezug auf die Artikelbestimmungen ebenfalls als verbindlich betrachtet werden. So finden sich in Abs. 2 der Präambel Appelle, wie „das Gemeinschaftsleben in sozialer Gerechtigkeit zu ordnen" sowie „Natur und Umwelt zu bewahren und zu schützen". Es finden sich aber auch Aussagen in der Präambel, die nicht in Artikelbestimmungen konkretisiert werden, sondern insgesamt den Geist der Verfassung widerspiegeln. Diese wirken auf die Bestimmungen verstärkend und können im Kontext mit einzelnen Vorschriften ebenfalls als verbindlich betrachtet werden. Zu nennen ist die Verantwortung für zukünftige Generationen, die Förderung des inneren und äußeren Friedens, die Erhaltung der demokratisch verfassten Rechtsordnung sowie die Überwindung von Trennendem in Europa und der Welt (Präambel Abs. 2).

II. Begriff Staatsziel als Regelungsinhalt des Art. 43

In der Verfassung verankerte Staatsziele sind stets rechtlich positivierte Ziele,[15] 10
die als **Leitlinien** dienen, an denen sich der Staat bei seinem Handeln orientiert – d. h. sie besitzen vor allem Steuerungsfunktion.[16] Konkrete Anweisungen zum Handeln sind damit nicht vorgegeben.[17] Staatszielbestimmungen sind Verfassungsnormen, die die Legislative, Exekutive und Judikative auf die Erfüllung und Verfolgung zumeist abstrakt vorgegebener Aufgaben rechtsverbindlich festlegen. Wege und Mittel werden nicht vorgeschrieben – nur das Ziel ist Orientierungsgröße.[18] Sie besitzen den Charakter von **objektiv-rechtlichen Normen** und unterscheiden sich materiell-rechtlich von subjektiv-rechtlichen Normen, den Grundrechten. Diese Unterscheidung lässt sich unproblematisch gegenüber den

12 Vgl. oben Präambel, Rn. 32.
13 Zum Zusammenhang zwischen Staatszielen und Präambel siehe *Neumann*, LKV 1996, 392 (393).
14 *Jutzi*, ThürVBl 1995, 25 (29), spricht bildhaft von einem „Fanfarenstoß".
15 *Sommermann*, Staatsziele und Staatszielbestimmungen, 1997, S. 479.
16 *Hahn*, Staatszielbestimmungen im integrierten Bundesstaat, 2010, S. 70 f.
17 ThürOVG, ThürVBl 2009, 105 (109); *Huber*, LKV 1994, 121 (123); kritisch *Dietlein*, NWVBl 1993, 401 (403); *Feddersen*, DÖV 1992, 989 (996, 998).
18 ThürVerfGH, ThürVBl 2011, 131 (133); ThürOVG, ThürVBl 2009, 105 (109); *Brugger*, NJW 1989, 2425 (2428); *Rincke*, Staatszielbestimmungen der Verfassung des Freistaats Sachsen, 1997, S. 169.

Abwehrrechten vornehmen. Hinsichtlich der Leistungsrechte in Gestalt der sozialen Rechte können die Übergänge zu den Staatszielbestimmungen fließend sein.

11 Der Hinweis darauf, dass jeder Entscheidungsträger „im Rahmen seiner Zuständigkeit" die Pflicht zur Verwirklichung der Staatsziele besitzt, verweist auf die vorgegebenen Kompetenzen und wendet sich gegen ultra-vires-Entscheidungen. Die Vertreter der Landesregierungen im Bundesrat sind verpflichtet, sich bei der Mitwirkung im Bundesrat auch an den landesverfassungsrechtlichen Vorgaben auszurichten.[19]

12 Art. 43 bringt den **appellativen** und **normativ-verpflichtenden Charakter** von Staatszielbestimmungen zum Ausdruck. Damit ist im Anschluss an die im Einzelnen aufgeführten Staatszielbestimmungen noch einmal in Verallgemeinerung zum Ausdruck gebracht, dass der Freistaat zu seinen Verpflichtungen steht.[20] Der Verfassungsgeber ist nicht gehindert, seinen Verfassungsauftrag in unterschiedlichen Bezügen und in verschiedenen Bestimmungen zum Ausdruck zu bringen. So findet sich auch im Grundgesetz der Verweis auf die verfassungsmäßige Ordnung an verschiedenen Stellen. Art. 20 Abs. 3 GG sagt „Die Gesetzgebung ist an die verfassungsmäßige Ordnung, die vollziehende Gewalt und Rechtsprechung sind an Gesetz und Recht gebunden". In Art. 28 Abs. 1 Satz 1 GG ist von der verfassungsmäßigen Ordnung in den Ländern die Rede, die den Grundsätzen des republikanischen, demokratischen und sozialen Rechtsstaates entsprechen muss.

13 Wenn mit dem subjektiven Moment „nach Kräften" die Erfüllung der Staatszielbestimmung unter den Vorbehalt des Möglichen gesetzt wird, soll damit der Realisierungswille zum Ausdruck gebracht werden.

III. Adressaten

14 Adressaten der Staatsziele sind der Freistaat Thüringen und dessen Organe. Staatsziele legen für die Legislative, Exekutive und Judikative ein bestimmtes staatliches Handeln fest. Dabei kommt den Entscheidungsträgern ein weiter Wertungs-, Einschätzungs- und Gestaltungsspielraum zu.[21] Die Ziele tragen allgemein-abstrakten Charakter. Die konkrete Ausgestaltung, Um- und Durchsetzung der Ziele obliegt den drei Gewalten selbst.

15 Primärer Adressat ist der parlamentarische Gesetzgeber, der aufgefordert ist, Staatsziele durch Schaffung von Gesetzen zu realisieren, wobei er dabei in der Regel über eine weite Einschätzungsprärogative verfügt.[22] Verbindlich sind die allgemein-abstrakten Staatsziele hinsichtlich ihres allgemein-abstrakten Kernbereichs.[23] Trifft der parlamentarische Gesetzgeber bezüglich dieses Kernbereichs keine Regelung, ist die rechtsverbindliche Verpflichtung zur Umsetzung des Staatszieles nicht erfüllt – als Konsequenz wäre ein Normenkontrollverfahren

19 *Erbguth/Wiegand*, DÖV 1992, 770 (777).

20 *Storr* bezeichnet diese Vorschrift als wenig geglückt und verweist darauf, dass sich die Bindung der Staatsgewalt an die Verfassung bereits aus Art. 47 Abs. 4 ThürVerf ergibt, *Storr*, Staats- und Verfassungsrecht, 1998, S. 115, Rn. 320.

21 Vgl. *Jutzi*, ThürVBl 1995, 25 (26); *Sommermann*, Staatsziele und Staatszielbestimmungen, 1997, S. 482.

22 *Hahn*, Staatszielbestimmungen im integrierten Bundesstaat, 2010, S. 83; *Sommermann*, Staatsziele und Staatszielbestimmungen, 1997, S. 428 ff.

23 *Sommermann*, Staatsziele und Staatszielbestimmungen, 1997, S. 384, 437.

durch das Verfassungsgericht und die Feststellung der Verfassungswidrigkeit des Gesetzes möglich. Der Umfang des Gestaltungsspielraumes bei der Gesetzgebung bestimmt sich danach, ob und wie weit dieser durch das Staatsziel vorgegeben ist.

Als Vorgabe eines bestimmten Staatshandelns konkretisieren sich die Staatsziele 16
in dem Handeln der vollziehenden und rechtsprechenden Gewalt durch Wahrnehmung von **Ermessens- und Auslegungsfunktionen.**[24] So hat die Exekutive Gesetzesrecht auszulegen und das Recht entsprechend den objektiven Wertentscheidungen anzuwenden. Unbedingt, d. h. ohne Einschränkungen, hat die Exekutive den Grundsatz vom Vorrang und Vorbehalt des Gesetzes zu beachten. Der Judikative als Adressat von Staatszielbestimmungen obliegt es, im Rahmen der Rechtsprechung, etwa bei bestehenden Gesetzeslücken oder bei der Auslegung der Verfassung und unbestimmter Rechtsbegriffe, auf Staatszielbestimmungen zurückzugreifen. Insoweit bestehen Ähnlichkeiten zu den Aufgaben der Exekutive. Zudem, und auch hier besteht ein Zusammenhang zu den Aufgaben der Exekutive, sind die Staatszielbestimmungen ermessensleitend und dienen als Abwägungsmaßstab.[25]

IV. Verfassungsmäßige Kompetenzgrundlage

Die Realisierung der Staatszielbestimmungen als Ausdruck der Verfassungsho- 17
heit der Länder ist an Art. 28 Abs. 1 GG gebunden[26]; sie garantiert den Ländern ihre verfassungsmäßigen Kompetenzen, begrenzt diese aber auch.[27] Das Grundgesetz hält für die Materien des Landesverfassungsrechts im Allgemeinen, wie für die Staatsziele im Besonderen, exakte Regelungen bereit. So ist der Rahmen für die Schaffung landesverfassungsrechtlicher Staatszielbestimmungen gemäß Art. 28 Abs. 1 Satz 1 GG breit, doch ist entsprechend dieser Norm auch ein Mindestmaß an bundesstaatlicher Homogenität gefordert.[28] Der Art. 28 Abs. 1 Satz 1 GG spricht ausdrücklich von den Grundsätzen des republikanischen, demokratischen und sozialen Rechtsstaates, die dem Art. 20 Abs. 1 GG entsprechen. Sie sind für die Landesverfassungsgeber allgemein verbindlich, geben aber keine Einzelausprägungen vor. Das Landesverfassungsrecht existiert weithin eigenständig zum Bundesverfassungsrecht, ist aber stets im Lichte der Grundgesetznormen auszulegen[29]. Überhaupt wirken die Grundgesetznormen als so genannte Bestandteilsnormen[30] unmittelbar auf das Landesrecht.[31]

Sollte eine landesverfassungsrechtliche Staatszielbestimmung in Kollision zum 18
Bundesrecht stehen, greift Art. 31 GG – Bundesrecht bricht Landesrecht.[32] In ei-

24 Vgl. oben „Anwendung und Auslegung der Thüringer Verfassung", Rn. 18.
25 *Sommermann*, Staatsziele und Staatszielbestimmungen, 1997, S. 385; *ders.*, DVBl. 1991, 34 (35); *Wienholtz*, AöR 109 (1984), 532 (550); anders *Rincke*, Staatszielbestimmungen der Verfassung des Freistaats Sachsen, 1997, S. 165.
26 Vgl. oben „Thüringer Landesverfassungsrecht und Bundesverfassungsrecht", Rn. 2.
27 *Sacksofsky*, NVwZ 1993, 235 (236 f.); *Dreier*, in: Dreier, Art. 28 Rn. 53.
28 *Hahn*, Staatszielbestimmungen im integrierten Bundesstaat, 2010, S. 226 ff.
29 BVerfGE 96, 231 (242); 103, 332 (350); ThürVerfGH, LVerfGE 9, 413 (429).
30 Zur Bestandteilstheorie siehe *Rozek*, Das Grundgesetz als Prüfungs- und Entscheidungsmaßstab der Landesverfassungsgerichte, 1993, S. 100 ff.; *Löwer*, SächsVBl. 1993 73 (76).
31 Zu Art. 5 Abs. 1 GG: ThürVerfGH, LVerfGE 8, 337 (349).
32 *Dreier*, in: Dreier, Art. 31 Rn. 29 f.; *Hahn*, Staatszielbestimmungen im integrierten Bundesstaat, 2010, S. 232 ff.; im Ergebnis wohl auch BVerfGE 36, 342 ff.

nem solchen Fall würde die landesverfassungsrechtliche Vorschrift suspendiert werden müssen,[33] doch ist stets davon auszugehen, dass das Landesverfassungsrecht nur wirksam zustande kommt, wenn kein Verstoß gegen die Grundsätze des Art. 28 Abs. 1 Satz 1 GG vorliegt. Geht dagegen die landesverfassungsrechtliche Staatszielbestimmung über das Grundgesetz hinaus, was häufig vorkommt, wenn die Staatszielbestimmungen im Verhältnis zum Grundgesetz detaillierter sind, liegt keine Kollision[34] und mithin keine Brechung vor.

19 Die Regelungen der Zuständigkeitsverteilung der Art. 70 ff. GG finden auf die landesverfassungsrechtlichen Staatszielbestimmungen keine Anwendung, sondern erfassen nur die Kompetenzverteilung beim Erlass von Bundes- und Landesgesetzen.[35]

V. Weitere Verfassungsnormen in Abgrenzung zur Staatszielbestimmung

20 **1. Staatsstrukturprinzipien.** Von den Staatszielbestimmungen sind die **Staatsstrukturprinzipien** zu unterscheiden. Es handelt sich um zwei verschiedene Normkategorien, die auch systematisch unterschiedlich eingeordnet werden – die Staatszielbestimmungen im Ersten Teil des 7. Abschnitts „Gemeinsame Bestimmungen für alle Grundrechte und Staatsziele" und die Staatsstrukturprinzipien im Zweiten Teil des 1. Abschnitts „Der Freistaat Thüringen, Grundlagen". Staatsstrukturbestimmungen sind als staatsorganisatorische Grundsätze[36] von den Staatszielbestimmungen abzugrenzen, die den Inhalt staatlichen Handelns beschreiben. D. h. die Kategorie der Staatszielbestimmungen bezieht sich auf Handlungsziele, die Kategorie der Staatsstrukturprinzipien auf Handlungsmodi des Staates.[37]

21 **2. Grundrechte und Grundpflichten im Verhältnis zu Staatszielbestimmungen.** Eine klare Trennung zwischen Staatszielbestimmungen und Grundrechten ist bei der Kategorie der Abwehrrechte möglich: Während Grundrechte in Gestalt von Abwehrrechten subjektiv-öffentliche Rechte darstellen, tragen Staatszielbestimmungen den Charakter objektiv-rechtlicher Verpflichtungen des Staates. Bei möglicher Verletzung einer Staatszielbestimmung kann sich der Einzelne nicht unmittelbar auf deren Durchsetzung berufen und dagegen direkt auf der Grundlage des Verfassungsrechts gerichtlich vorgehen; anders als bei Abwehrrechten, die der Betroffene wegen Nichterfüllung einklagen kann.

22 Im Hinblick auf die Bestimmung des Verhältnisses von Grundrechten und Staatszielbestimmungen besitzt das Grundrecht auf Gewährleistung eines menschenwürdigen Existenzminimums eine Scharnierfunktion. Es speist sich aus dem Menschenwürdegrundsatz des Art. 1 Abs. 1 GG in Verbindung mit dem Sozialstaatsprinzip. Dieses Recht sichert jedem Hilfebedürftigen materielle Voraussetzungen zu, die für die physische Existenz und ein Mindestmaß an Teilhabe am gesellschaftlichen, kulturellen und politischen Leben unerlässlich sind. In

---

33 Zur Differenzierung zwischen Nichtigkeit und Suspension siehe *Hahn*, Staatszielbestimmungen im integrierten Bundesstaat, 2010, S. 243 f.

34 Zum Begriff der Kollision vgl. *Dreier,* in: Dreier, Art. 31 Rn. 36 f. und *Hahn,* Staatszielbestimmungen im integrierten Bundesstaat, 2010, S. 235 ff., mit weitergehenden Ausführungen zu den an eine Kollision geknüpften Voraussetzungen: selber Sachverhalt, inhaltlicher Widerspruch und Adressatengleichheit.

35 *Dreier,* in: Dreier, Art. 31 Rn. 29.

36 Vgl. unten Art. 44 Rn. 2.

37 *Sommermann*, Staatsziele und Staatszielbestimmungen, 1997, S. 372 f.

einem Recht auf Existenzminimum sind eine Summe grundlegender Freiheitsrechte sowie sozialer Rechte gebündelt und mit dem Sozialstaatsprinzip verbunden.[38] Das Bundesverwaltungsgericht hat die Verpflichtung des Staates, Minimalrechte zu gewähren, schon sehr früh bejaht.[39] Auch das sog. Hartz IV-Urteil des Bundesverfassungsgerichts hat diese Kombination von Grundrecht und Staatszielbestimmung als Anspruchsgrundlage genutzt.[40]

Hinsichtlich der Leistungsrechte in Gestalt der sozialen Rechte fällt die Abgrenzung zu den Staatszielbestimmungen schwerer. Mitunter haben **soziale Grundrechte** dieselbe Zielrichtung wie Staatsziele. Aus diesen Grundrechten können sich staatliche Schutzpflichten ergeben, die eine Komplementarität zwischen Grundrechten und Staatszielbestimmungen bei der Erfüllung der staatlichen Aufgaben erzeugt. So haben – mehr oder weniger stark – soziale Rechte auch Züge von Staatszielbestimmungen. Dafür mag Art. 15 als Beispiel stehen. Danach ist es ständige Aufgabe des Freistaats darauf hinzuwirken, dass in ausreichendem Maße angemessener Wohnraum zur Verfügung steht. Überwiegend sind Staatsziele und soziale Rechte miteinander verbunden; ein soziales Recht wird als Staatsziel garantiert.[41] D. h. mit der Verbindung subjektiv-rechtlicher Bestimmungen und Fördermaßnahmen ist beides vorzufinden: eine subjektive Rechtsposition, die mit einer Leistungspflicht des Staates verbunden wird. Damit besitzt die Staatszielbestimmung immer auch einen „Subjektivierungsauftrag“.[42] 23

Das Grundgesetz und die Landesverfassungen sind so konzipiert, dass sich der Staat bzw. das Land auf die sozialverträgliche Ausübung der grundrechtlich verbürgten Freiheiten verlassen kann. Die liberal-rechtsstaatliche Idee der Freiheitsrechte vertraut auf den optimalen Einsatz dieser Rechte, sie geht von einer sich aus der Grundrechtsidee ableitenden Verantwortung des Einzelnen für das Ganze aus. Eine Pflicht zur Ausübung von Freiheitsverbürgungen – etwa im Sinne des Rousseau'schen contrat social, der dem Bürger die Freiheit oktroyieren will – ist im deutschen Verfassungsrecht nicht angelegt. 24

Grundsätzlich ist zu unterscheiden zwischen den Pflichten des Staates, Verboten und Geboten sowie Gesetzgebungsaufträgen, den garantierten und den Staat unmittelbar bindenden Freiheitsrechten sowie den Grundpflichten, die die Wirkung einer Indienstnahme für den Staat haben.[43] 25

Als ein besonderer Fall der Verwirklichung des Gestaltungsauftrages an den Gesetzgeber, ist die Umsetzung der Konvention für wirtschaftliche, soziale und kulturelle Rechte[44] in innerstaatliches Recht zu verstehen. Die in der Konvention enthaltenen Rechte sind „Ausprägungen des in Art. 20 Abs. 1 GG normierten Sozialstaatsprinzips“ und als solche „in ihren Grundzügen als objektive Staatszielbestimmungen verfassungsrechtlich geschützt“.[45] Soziale Rechte werden durch Arbeits- und Sozialgesetzgebung einfachgesetzlich garantiert. Den- 26

38 *Haedrich*, ZAR 2010, 227 (229).
39 BVerwGE 1, 159 (161).
40 BVerfGE 125, 175 ff.; in eben dieser Weise wurden existenzielle Ansprüche nun auch für Asylbewerber hergeleitet, vgl. BVerfG, NVwZ 2012, 1024 ff.
41 *Sommermann*, Staatsziele und Staatszielbestimmungen, 1997, S. 372.
42 *Sommermann*, Staatsziele und Staatszielbestimmungen, 1997, S. 418.
43 *Bethge*, NJW 1982, 2145 (2150).
44 BGBl. II 1976, S. 428.
45 *Riedel/Söllner*, JZ 2006, 274 (276 f.).

noch stützen deutsche Gerichte zunehmend Ansprüche direkt auf die Konvention und anerkennen darin enthaltene Rechte als unmittelbar anwendbar.[46] Die Frage, ob die Rechte aus der Konvention unmittelbar anwendbar sind, kann jedoch dahinstehen, weil sie durch Zustimmungsgesetz gem. Art. 59 Abs. 2 GG im Rang von einfachgesetzlichem Recht anwendbar ist. Stünde Landesrecht dem entgegen, würde es gem. Art. 31 GG gesperrt und die entsprechenden landesrechtlichen Regelungen müssten für nichtig erklärt werden.[47]

Zweiter Teil Der Freistaat Thüringen

Erster Abschnitt Grundlagen

Artikel 44 [Bundesland; Strukturprinzipien; Symbole; Hauptstadt]

(1) [1]Der Freistaat Thüringen ist ein Land der Bundesrepublik Deutschland. [2]Er ist ein demokratischer, sozialer und dem Schutz der natürlichen Lebensgrundlagen des Menschen verpflichteter Rechtsstaat.

(2) [1]Die Landesfarben sind weiß-rot. [2]Das Wappen des Landes bildet ein aufrecht stehender, achtfach rot-silber gestreifter, goldgekrönter und goldbewehrter Löwe auf blauem Grund, umgeben von acht silbernen Sternen.

(3) Die Hauptstadt des Landes ist Erfurt.

Vergleichbare Regelungen

Art. 20 Abs. 1 und 28 Abs. 1 GG; Art. 23 BWVerf; Art. 1 und 3 BayVerf; Art. 1 und 31 VvB; Art. 2 BbgVerf; Art. 65 BremVerf; Art. 3 HambVerf; Art. 64 und 65 HessVerf; Art. 2 M-VVerf; Art. 1 NV; Art. 1 und 29 a Verf NW; Art. 69 und 74 Verf Rh-Pf; Art. 59 a und 60 SaarlVerf; Art. 1 SächsVerf; Art. 1 und 2 LVerf LSA; Art. 1 und 7 SchlHVerf.

Dokumente zur Entstehungsgeschichte

Art. 3 VerfE CDU; Art. 31 VerfE F.D.P.; Art. 1, 3 VerfE SPD; Art. 1, 2 VerfE NF/GR/DJ; Art. 1, 2 VerfE LL/PDS; Entstehung ThürVerf, S. 119 ff.

Literatur

Hartmut Bauer, Die Bundestreue, 1992; *Jochen Bleicken*, Die athenische Demokratie, 4. Aufl. 1995; *ders.*, Die Verfassung der Römischen Republik, 8. Aufl. 2008; *Ernst-Wolfgang Böckenförde*, Demokratie als Verfassungsprinzip, in: HStR II, 3. Aufl. 2004, § 26; *Rolf Gröschner*, Der Freistaat des Grundgesetzes, in: Gröschner/Lembcke (Hrsg.), Freistaatlichkeit, 2011, S. 293-352; *ders.*, Die Republik, in: HStR II, 3. Aufl. 2004, § 23; *ders.*, Res Publica Thuringorum. Über die Freistaatlichkeit Thüringens, ThürVBl 1997, S. 25-27; *Konrad Hesse*, Grundzüge des Verfassungsrechts der Bundesrepublik Deutschland, 20. Aufl. 1995; *Peter M. Huber* (Hrsg.), Thüringer Staats- und Verwaltungsrecht, 2000; *Matthias Jestaedt*, Bundesstaat als Verfassungsprinzip, in: HStR II, 3. Aufl. 2004, § 29; *Hans Kelsen*, Vom Wesen und Wert der Demokratie, 2. Neudruck der 2. Aufl. 1929, 1981; *Eckart Klein*, Der republikanische Gedanke in Deutschland, DÖV 2009, S. 741-747; *Detlev Merten*, Über Staatsziele, DÖV 1993, S. 368-377; *Franz Reimer*, Verfassungsprinzipien, 2001; *Eberhard Schmidt-Aßmann*, Der Rechtsstaat, in: HStR II, 3. Aufl. 2004, § 26; *Katharina Sobota*, Das Prinzip Rechtsstaat, 1997; *Karl-Peter Sommermann*, Staatsziele und Staatszielbestimmungen, 1997; *Hans F. Zacher*, Das soziale Staatsziel, in: HStR II, 3. Aufl. 2004, § 28.

46 BVerwGE 115, 32 (49); BVerfGE 112, 226 (245).
47 *Riedel/Söllner*, JZ 2006, 274 (277).

Leitentscheidungen des ThürVerfGH und des BVerfG

ThürVerfGH, Urt. v. 19.09.2001 – 4/01 – (Freistaat und Demokratie); Urt. v. 21.06.2005 – 28/03 – (Struktur des Bundesstaates); Urt. v. 23.04.2009 – 32/05 – (Rechtsstaatliches Rückwirkungsverbot); Urt. v. 01.06.2011 – 43/08, 44/08, 47/08 – (Prinzip des Sozialstaates).

BVerfGE 36, 342 (360 f.) (Prinzip des Bundesstaates); 59, 231 (263) (Sozialstaat und Demokratie); 107, 59 (91) (Demokratie als Verfassungsprinzip); 123, 39 (68) (Demokratie, Republik und Rechtsstaat).

A. Überblick

Art. 44 Abs. 1 bestimmt die wesentlichen Strukturen und Ziele des Freistaats Thüringen, Abs. 2 die wichtigsten Staatssymbole, Abs. 3 die Hauptstadt des Landes. Im Sinne der Abschnittsüberschrift handelt es sich um eine Bestimmung der **Grundlagen** Thüringer Verfassungsstaatlichkeit.[1] In diesem – wie in jedem – Grundlagenbereich des Rechts ist die dogmatische Begriffs- und Systembildung vielfältig und variantenreich, kreativ und kontrovers. Ein Kommentar zu allem und jedem darf in solchen Bereichen nicht erwartet werden. 1

Die **Staatsstrukturbestimmungen** Freistaatlichkeit, Bundesstaatlichkeit, Demokratie und Rechtsstaatlichkeit in Abs. 1 beziehen sich auf die innere Organisation staatlicher Institutionen und Verfahren.[2] Dagegen betreffen die dort ebenfalls enthaltenen **Staatszielbestimmungen** Aufgaben staatlicher Tätigkeit außerhalb der Staatsorganisation:[3] eine „soziale" Gestaltung der Gesellschaft und den Schutz der „natürlichen Lebensgrundlagen des Menschen".[4] Der Hauptzweck 2

1 Anders als die in Klammern gesetzte Artikelüberschrift ist die Abschnittsüberschrift ausweislich des verkündeten Textes amtlich: ThürGVBl. 1993, S. 630.

2 Mit *Stern*, Bd. I, 2. Aufl. 1984, S. 551, ist „Staatsstruktur" Formulierungen wie „Staatsform", „Grundentscheidung", „Leitgrundsatz", „tragendes Konstitutionsprinzip" oder „Staatsfundamentalnorm" vorzuziehen. Variationsbreite bei *Reimer*, Verfassungsprinzipien, 2001, S. 183 ff.

3 Grundlegend: *Sommermann*, Staatsziele und Staatszielbestimmungen, 1997, mit eigener Begriffsbildung bei Strukturprinzipien (S. 372 f.). Wie hier *Merten*, DÖV 1992, 368 ff.

4 Begriffsprägend die Sachverständigenkommission Staatszielbestimmungen/Gesetzgebungsaufträge 1983, Rn. 7: Verfassungsrechtliche „Richtlinien" oder „Direktiven", „die der Staatstätigkeit die fortdauernde Beachtung oder Erfüllung bestimmter Aufgaben – sachlich umschriebener Ziele – vorschreiben."

aller Staatlichkeit, die Gewährleistung eines Lebens in Sicherheit und Frieden, ergibt sich aus dem Staatsbegriff selbst.[5]

3 Wird die terminologische Unterscheidung zwischen Struktur- und Zielbestimmungen nicht im Sinne eines kontradiktatorischen Gegensatzes verstanden, ermöglicht sie die Bildung einer polarkonträren Begriffsskala und damit Polarisierung ebenso wie Zuordnung einer Verfassungsentscheidung zu beiden Polen.[6] **Struktur** ist der Begriff für ein durch besondere Bindungen stabilisiertes Beziehungsgefüge zwischen den Elementen einer Einheit.[7] So stabilisiert sich der demokratische Staat strukturell durch seine Bindung an Mehrheitsentscheidungen des Volkes. Auf der anderen Seite der Skala hat das Prinzip der Demokratie auch das **Ziel**, demokratisches Denken und Handeln jenseits des Staatsorganisationsrechts, auf gesellschaftlichem Gebiet, zu fordern und zu fördern.[8]

4 Das zunächst beiläufig verwendete Wort „Prinzip" ist in der Ursprungsbedeutung des lateinischen *principium* (Anfang, Ursprung oder Grund) gut geeignet, die „Grundlagen" der Abschnittsüberschrift mit dem Begriff des Verfassungsprinzips zu verbinden.[9] Im Rahmen einer weitverbreiteten und wohlbegründeten dogmatischen Differenzierung sind Prinzipien **Optimierungsgebote**, die nach Maßgabe der tatsächlichen und rechtlichen Möglichkeiten in unterschiedlichem Maße erfüllbar sind – und nicht wie Regeln entweder ganz oder gar nicht.[10]

5 Anders als Regelkonflikte werden Prinzipienkollisionen nicht in der Dimension der Geltung gelöst,[11] sondern durch Abwägung mit dem Ziel der Herstellung **praktischer Konkordanz.**[12] Konrad Hesse hat den Grundgedanken dieser Methode einer Konkretisierung von Verfassungsnormen schon 1966 als „Optimierungsaufgabe" beschrieben: Auf Kollisionen verfassungsrechtlich geschützter Rechtsgüter dürfe nicht mit vorschneller „Güterabwägung" oder abstrakter „Wertabwägung" reagiert werden, vielmehr müsse eine Grenzziehung erfolgen, um die kollidierenden Rechtsgüter in verhältnismäßiger Zuordnung zueinander „zu optimaler Wirksamkeit gelangen" zu lassen.[13]

5 Genauer: aus dem neuzeitlichen Staatsbegriff in der Tradition des Hobbesschen Leviathan (1651). In diesem Sinne BVerfGE 49, 24 (56 f.): „Die Sicherheit des Staates als verfaßter Friedens- und Ordnungsmacht und die von ihm zu gewährleistende Sicherheit seiner Bevölkerung sind Verfassungswerte, die […] unverzichtbar sind, weil die Institution Staat von ihnen die eigentliche und letzte Rechtfertigung herleitet." In alteuropäischer Tradition der Freistaatlichkeit ist diese Rechtfertigung um die Gewährleistung republikanischer oder politischer Freiheit zu ergänzen: unten, Rn. 17.

6 Ebenso *Badura*, in: HStR VII, 1992, § 159 Rn. 36; anders *Jutzi*, in: Linck/Jutzi/Hopfe, Art. 43 Rn. 4.

7 Paradigmatisch: die „Strukturformeln" der Chemie.

8 BVerfGE 107, 59 (91): „Art. 20 Abs. 2 GG enthält eine Staatszielbestimmung und ein Verfassungsprinzip. Aufgrund seines Prinzipiencharakters ist Art. 20 Abs. 2 GG entwicklungsoffen." Dieser Sprachgebrauch schließt nicht aus, „Verfassungsprinzip" als Oberbegriff für Staatsstruktur- und Staatszielbestimmungen zu verwenden.

9 Übereinstimmung mit *Dreier*, in: Dreier, Art. 20 (Einführung), Überschrift vor Rn. 12: „Vorzugswürdig: Verfassungsprinzipien".

10 *Alexy*, Theorie der Grundrechte, 1986, S. 75 ff.; Diskussion mit Nachweisen bei *Dreier*, in: Dreier, Art. 20 (Rechtsstaat) Rn. 43 f.

11 Beispiel *Alexy*, Theorie der Grundrechte, 1986, S. 76: Beim Überholen gilt die Regel, rechts zu fahren, nicht.

12 *Hesse*, Grundzüge des Verfassungsrechts, 20. Aufl. 1995, Rn. 72. Ausdrücklich hierauf verweisend *Alexy*, Theorie der Grundrechte, 1986, S. 152.

13 *Hesse*, Rn. 72, im Wortlaut unverändert seit der 1. Aufl. 1967 (Vorwort November 1966), S. 28 f. Schon damals war auf die Analogie zum Prinzip des „schonendsten Ausgleichs" hingewiesen worden: *Lerche*, Übermaß und Verfassungsrecht, 1961, S. 125 ff.

Dem Verfahren einer optimierenden Konkretisierung kollidierender Verfassungsgüter sollte auch zustimmen können, wer **Verfassungsprinzipien** nicht als Optimierungsgebote definiert. Jedenfalls spielen sich Prinzipienkollisionen in der Dimension des Gewichts ab. „Argumenta non sunt numeranda, sed ponderanda" war schon ein Lehrsatz römischer Jurisprudenz.[14] Die Gewichtigkeit eines Arguments ergibt sich aber niemals aus dem Verfassungstext allein, sondern immer erst im Hinblick auf den jeweiligen Sachverhalt und die individuelle Problemlage.[15] Im übrigen sind Verfassungsprinzipien wegen des hohen Abstraktionsgrades mehr als andere Rechtsnormen aus ihrer Ideen-, Begriffs- und Verfassungsgeschichte und im inhaltlichen Zusammenhang mit ergänzenden Bestimmungen der Verfassung zu interpretieren.[16] 6

Nach dem **Homogenitätsgebot** des Art. 28 Abs. 1 GG[17] müssen die Verfassungen der Länder „den Grundsätzen des republikanischen, demokratischen und sozialen Rechtsstaates" des Grundgesetzes „entsprechen".[18] Im strikten Sinne „entsprochen" hat Art. 44 Abs. 1 diesem Gebot durch wörtliche Übernahme des Substantivs „Rechtsstaat" sowie der Adjektive „demokratisch" und „sozial". Nicht durch die wörtliche, sondern durch eine bemerkenswerte begriffliche Entsprechung zeichnet sich die Übersetzung des Eigenschaftswortes „republikanisch" mit dem Hauptwort „Freistaat" aus. Bemerkenswert ist dies sowohl im Rückblick auf die alteuropäische Ideengeschichte des Republikprinzips als auch hinsichtlich der Thüringer Verfassungsgeschichte.[19] In beiden Hinsichten darf Thüringen Vorbildfunktion für den Staatsnamen und das Verfassungsprinzip eines „Freistaates" beanspruchen.[20] 7

B. Herkunft, Entstehung und Entwicklung

In den Verfassungsentwürfen der fünf Landtagsfraktionen kam der CDU-Entwurf der am Ende beschlossenen Fassung des **Art. 44 Abs. 1** am nächsten: „Das Land Thüringen ist ein republikanischer, demokratischer und sozialer Rechtsstaat und ein Gliedstaat der Bundesrepublik Deutschland".[21] Den Entwürfen der Fraktionen von F.D.P., SPD, NF/GR/DJ und LL-PDS fehlte das Attribut „re- 8

14 *Liebs*, Lateinische Rechtsregeln und Rechtssprichwörter, 6. Aufl. 1997, S. 36: „Argumente sind nicht zu zählen, sondern zu wägen."

15 *Hesse*, Rn. 64: „Es gibt keine von konkreten Problemen unabhängige Verfassungsinterpretation" mit Hinweis auf die Unterscheidung von „Normprogramm" und „Normbereich" in der „Strukturierenden Rechtslehre". Dazu zuletzt *Müller*, Juristische Methodik, Bd. I, 9. Aufl. 2009, S. 232 ff.

16 So mit Recht *Linck*, in: Linck/Jutzi/Hopfe, Art. 44 Rn. 2. Berechtigt auch die Warnung, erst „hinein" zu legen, was dann „heraus" interpretiert wird. Anders als mit Offenlegung aller Auslegungsargumente ist dieser Gefahr aber nicht zu begegnen. Kritik an argumentationsloser Metaphorik unten, Rn. 22.

17 „Homogenität" verlangt nach BVerfGE 9, 268 (279) „nicht Konformität oder Uniformität". Eingehend *Dittmann*, Verfassungshoheit der Länder und bundesstaatliche Verfassungshomogenität, in: HStR VI, 2008, § 127.

18 Diese Grundsätze heißen hier „Verfassungsprinzipien", während als „Grundsätze" Regeln unter Ausnahmevorbehalt bezeichnet werden wie das in Fn. 11 exemplarisch genannte Rechtsfahrgebot.

19 Dazu oben, Präambel, Rn. 21 f. Weiteres unten, Rn. 15 ff.

20 Vergleich mit den beiden anderen „Freistaaten" Bayern und Sachsen bei *Gröschner*, ThürVBl 1997, S. 25 ff., insbesondere zum republikanischen Widerstand gegen die despotische Ideologie einer „Einheitspartei".

21 Gesetzentwurf vom 10.04.1991, LT-Drs. 1/285, S. 3.

publikanisch".[22] Dessen Aufnahme wurde in der Sitzung des Verfassungsausschusses vom 29.11.1991 beschlossen.[23]

9 Aufgrund eines Änderungsantrags der CDU-Fraktion diskutierte der Unterausschuss Ende Januar 1993 darüber, ob „Land Thüringen" durch **„Freistaat** Thüringen" zu ersetzen und „republikanisch" dann konsequenterweise zu streichen sei. Der Verfassungsausschuss behandelte die Frage Anfang Februar 1993 ausführlich[24] und – wie der heutige Text beweist – mit Erfolg. Die Einlassung eines Abgeordneten der LL-PDS, „Freistaat" ließe eine „antirepublikanische, also gegen Republik gerichtete Deutung" zu,[25] ist ein rechtspolitisches Kuriosum auf dem Niveau einer verfassungsrechtlichen Absurdität.[26]

10 Der altertümliche „Gliedstaat" im Entwurf der CDU und das ambitionierte „gleichberechtigte Mitglied der föderativen deutschen Republik" im LL-PDS-Entwurf wurde durch das schön schlichte „Land der Bundesrepublik Deutschland" ersetzt, das SPD und NF/GR/DJ vorgeschlagen hatten. Der Vorschlag der F.D.P.-Fraktion, Thüringen als einen demokratischen und sozialen Rechtsstaat „in" der Bundesrepublik Deutschland zu bezeichnen, erweckte eher den Eindruck einer geographischen Lagebeschreibung als eines bundesstaatlichen Strukturprinzips.

11 In der Aufnahme des Staatsziels **„Schutz der natürlichen Lebensgrundlagen"** folgte der Verfassungsausschuss dem Wortlaut des SPD-Entwurfs;[27] die Fraktion NF/GR/DJ hatte den „ökologischen" Rechtsstaat vorgeschlagen.[28] Gegen gut gemeinte „grüne" Anliegen, Natur und Umwelt mit „Eigenrechten" auszustatten, dient die 1993 hinzugekommene Ergänzung um die Lebensgrundlagen „des Menschen" verfassungsrechtlicher Klarstellung: Wegen Art. 1 Abs. 1 Satz 1 GG ist aller Umweltschutz in Deutschland unhintergehbar anthropozentrisch. Eine ökozentrische Konzeption scheitert an der Würde des Menschen als einzigem geborenen Rechte- und Pflichtensubjekt des Verfassungsstaates.

12 Zur Frage der Hoheitszeichen in **Art. 44 Abs. 2** gab es eine bemerkenswerte Wortmeldung gegen „die Bewehrung und die Krone" des goldgekrönten und goldbewehrten Löwen: Darauf könne man verzichten, um in einer „republikanischen" Ordnung nicht „mit monarchistischen Symbolen" umzugehen.[29] Die zugrundeliegende Reduzierung der Republik auf ein absolutes Verbot der Monarchie ist zwar verbreitet, widerspricht aber jener alteuropäischen Ideen- und Ver-

---

22 Entwürfe in chronologischer Reihenfolge: F.D.P. vom 25.04.1991, LT-Drs. 1/301, S. 8; SPD vom 09.07.1991, LT-Drs. 1/590, S. 4; NF/GR/DJ vom 23.08.1991, LT-Drs. 1/659, S. 4 und LL-PDS vom 09.09. 1991, LT-Drs. 1/678, S. 8.

23 Protokoll S. 8 f.: „einstimmig".

24 17. Sitzung des Verfassungs- und Geschäftsordnungsausschusses am 05.02.1993, Protokoll S. 2 ff. mit zutreffender Auffassung des Justizministeriums, „Freistaat" sei eine „Eindeutschung" von „republikanisch". Näher unter, Rn. 15 ff.

25 Abg. Dr. Hahnemann, 26. Sitzung des Unterausschusses am 28.01.1993, Protokoll S. 21.

26 Kurios und absurd auch Art. 1 Abs. 2 des Entwurfs der LL-PDS-Fraktion, LT-Drs. 1/678, S. 8: „Thüringen hat das Recht zum Austritt aus der förderativen deutschen Republik, wenn sich die Einwohner in einem Volksentscheid mehrheitlich dafür aussprechen". Thüringens staatliche Existenz war und ist durch seine Gliedstaatlichkeit bedingt: Rn. 26.

27 LT-Drs. 1/590, S. 4.

28 LT-Drs. 1/659, S. 4.

29 Abg. Dr. Hahnemann im Verfassungsausschuss vom 29.11.1991, Protokoll S. 9; Entgegnung Abg. Lotholz S. 10; Abstimmung sieben gegen zwei S. 11.

fassungsgeschichte, die beim Prinzip „Freistaat" zu kommentieren sein wird.[30] Im übrigen war der Verfassungsausschuss gut beraten, den Löwen als bildliche „Darstellung einer jahrhundertealten Geschichte, die das Wappen geprägt hat", zu verstehen und sich (mit sieben zu zwei Stimmen) „geschichtsgebunden" zu entscheiden.[31] In der Hauptstadtfrage des **Art. 44 Abs. 3** gab es keine Diskussion, aber eine Enthaltung.[32]

C. Verfassungsvergleichende Information

Bei einem Vergleich der Verfassungen, die in den **17 Staaten Deutschlands** – im Bund und 16 Ländern – gelten, kann Thüringen den Schutz der natürlichen Lebensgrundlagen „des Menschen" als Alleinstellungsmerkmal beanspruchen.[33] „Freistaat" nennen sich in Verfassungsurkunde und Staatspraxis auch Bayern und Sachsen. Die in Niedersachen gewählte Formulierung „freiheitlicher, republikanischer [...] Rechtsstaat" ist dogmatisch redundant,[34] weil „republikanischer Rechtsstaat" nichts anderes als „freiheitlicher Rechtsstaat" bedeutet.[35] 13

Die **Variationsbreite** in den Formulierungen der Verfassungsprinzipien ist wegen der Homogenität mit den „Grundsätzen" des Art. 28 Abs. 1 GG gering. Die natürlichen Lebensgrundlagen werden mit kleinen terminologischen Unterschieden wie „Umwelt" oder „Natur" in allen Verfassungen in Schutz genommen. Ein Schutzgut „Kultur" gibt es nur in Bayern, Brandenburg und Sachsen. Hessen definiert sich als „eine demokratische und parlamentarische Republik", Bremen bekennt sich zu „sozialer Gerechtigkeit" und Brandenburg betont „die Zusammenarbeit mit anderen Völkern, insbesondere mit dem polnischen Nachbarn". 14

D. Erläuterungen

I. Freistaat

1. Renaissance des Republikanismus. Freistaat ist das Synonym für Republik. In der Verfassungstradition des Grundgesetzes geht dieser Sprachgebrauch auf Art. 17 WRV zurück: „Jedes Land muß eine **freistaatliche Verfassung** haben".[36] Die Nachfolgeregelung des Art. 28 Abs. 1 GG legt die Länder auf eine „republikanische" Ordnung fest, die sich für den Bund aus dem Staatsnamen „Bundesrepublik Deutschland" ergibt. § 1 der ersten republikanischen Verfassung Thüringens aus dem Jahre 1921 lautete: „Das Land Thüringen ist ein Freistaat und ein Glied des Deutschen Reiches."[37] Mit seinem offiziellen **Staatsnamen** „Frei- 15

30 Unten, Rn. 16 ff. Vorausgeschickt sei, dass die Klassiker republikanischer Staatsphilosophie – Aristoteles, Cicero und Rousseau – Republik und Monarchie *nicht* als kontradiktorische Gegensätze dachten.
31 Abg. Lotholz, S. 10; Abstimmungsergebnis S. 11.
32 Protokoll S. 11.
33 Dazu schon oben, Rn. 11 und näher unten, Rn. 61 ff.
34 *Haltern/Manthey*, in: Epping/Butzer, Art. 1 Rn. 10: „überwiegend symbolischer Natur".
35 Vgl. oben Präambel Rn 21.
36 Über die synonyme Verwendung von „freistaatlich" und „republikanisch" bestand und besteht Konsens.
37 GTh 1921, S. 57. Art. 1 Abs. 1 WRV legte fest: „Das Deutsche Reich ist eine Republik.".

staat Thüringen" hat das Land 1993 die gemeinsame Republiktradition von Gesamt- und Gliedstaat übernommen.[38]

16 Bedeutete „Republik" nach Herzogs lapidarem Kommentar bis in die 1980er Jahre „nicht mehr und nicht weniger" als den „Gegensatz zur Monarchie",[39] besinnt die Staatsrechtslehre sich seither mit wachsendem Zuspruch auf eine andere, ältere und anspruchsvollere Tradition: diejenige der nicht-despotischen, nicht an partikularen Machtinteressen, sondern am öffentlichen Interesse orientierten freistaatlichen Ordnung im Sinne der Klassiker republikanischer Staatsphilosophie.[40] Die Rückbesinnung auf diese Ideen- und Verfassungsgeschichte der griechischen, römischen und französischen Tradition[41] ist Kennzeichen einer **Renaissance des Republikanismus** im politischen Denken aller mit dem Staat beschäftigten Disziplinen.[42]

17 Dabei handelt es sich um eine Wiedergeburt des Staates aus dem Geiste der Freiheit. In scharfer Abgrenzung zum liberalen Freiheitsbegriff der Neuzeit geht der **republikanische Freiheitsbegriff** nicht von persönlicher, privater oder individueller Freiheit aus, sondern von politischer, öffentlicher oder institutioneller Freiheit.[43] Die öffentlichen Institutionen eines „Freistaates" sind die Garanten dieser Freiheit.[44] Nach dem gleichermaßen historischen wie systematischen Vorbild der Römischen Magistratsverfassung wird sie durch eine Ämterordnung garantiert, in der öffentlicher Dienst am Ganzen geleistet wird.[45] „Freistaat" ist demnach das Prinzip einer durch Freiheit legitimierten, in Ämtern organisierten und am Gemeinwohl orientierten Republik.[46] Was die Ämterorganisation angeht, ist das Verfassungsprinzip der Freistaatlichkeit Strukturprinzip, was die Gemeinwohlorientierung betrifft, Staatszielbestimmung.

18 **2. Resistenz des ThürVerfGH.** Das BVerfG hat seiner Entscheidung zur Wahlkontrolle 2009 einen nicht-formalen, nicht auf das Verbot einer monarchischen Staatsform reduzierten Republikbegriff zugrundegelegt. Kurz und bündig, aber

38 Der synonyme Gebrauch von „Freistaat" und „Republik" zieht der Auslegung Grenzen. In den Freistaatsbegriff sollten daher nicht „zusätzlich die Forderungen nach einer freiheitlichen, demokratischen, rechtsstaatlichen und föderalen Staatsform" eingeschlossen werden. So aber *Linck*, in: Linck/Jutzi/Hopfe, Art. 44 Rn. 4. Vorzuziehen ist dafür der Begriff der „verfassungsrechtlichen Ordnung": ThürVerfGH, Urt. v. 19.06.1998 – 10/96 – S. 22.

39 *Herzog*, in: Maunz/Dürig, ‚Art. 20 III (Republik) Rn. 5 (St.d.B. 1980).

40 Kern: Delegitimierung jeder Herrschaft aus höherem Recht: Nachweise: oben Präambel Rn. 21; Pointiert: *Linck*, in: Linck/Jutzi/Hopfe, Art. 44 Rn. 3: „Gegensatz zu einer unfreiheitlichen, obrigkeitsstaatlichen Herrschaft".

41 Zu den Hauptvertretern Aristoteles, Cicero und Rousseau *Gröschner*, in: HStR II, 3. Aufl. 2004, S. 380 ff.

42 Dazu den Sammelband „Freistaatlichkeit", hrsg. von Gröschner/Lembcke, 2011.

43 Nachweise: oben, Präambel Rn 22. Seit Renaissance und Reformation ist öffentliche Freiheit nur *mit* privater Freiheit denkbar: *Gröschner/Kirste/Lembcke* (Hrsg.), Des Menschen Würde – entdeckt und erfunden im Humanismus der italienischen Renaissance, 2008.

44 *Storr*, Staats- und Verfassungsrecht, 1998, S. 128, hat die Überschrift „Republik als freiheitliche Staatsform" im Abschnitt „Freistaat" (S. 127 ff.) daher mit Bedacht gewählt.

45 Zur Magistratur *Bleicken*, Die Verfassung der Römischen Republik, 8. Aufl. 2008, S. 97 ff. Zum Amt in der Republik *Isensee*, in: Gröschner/Lembcke, Freistaatlichkeit, 2011, S. 163 ff.

46 *Gröschner*, Evangelisches Staatslexikon, 2006, Sp. 2041; ausführlich *Gröschner*, in: HStR II, 3. Aufl. 2004, S. 369 ff.

in erkennbarer Anlehnung an Ciceros **res publica res populi**[47] hat es die Wahl als „Sache des ganzen Volkes" bezeichnet und ihre Kontrolle als „eine Angelegenheit und Aufgabe der Bürger".[48] In der Römischen Republik, die keine Volkssouveränität kannte, oblag die Ernennung zum Magistrat dem Senat, die öffentliche Bestätigung der Beamtenernennung aber dem in den Komitien versammelten Volk als republikanischem Kontrollorgan.[49] Das BVerfG hatte demnach guten Grund, das Reiz-Reaktions-Schema „Wahl? Demokratie!" *nicht* zu bedienen und stattdessen das republikanische Prinzip der Publizität zu betonen.[50]

19 Im Normenkontrollverfahren über die Zulässigkeit eines Volksbegehrens von „Mehr Demokratie e.V." für ein verfassungsänderndes „Gesetz zur Stärkung der Rechte der Bürger"[51] hätte der ThürVerfGH 2001 Gelegenheit gehabt, die freistaatliche Tradition Thüringens in einer aktuellen Entscheidung zu bekräftigen.[52] Er hat diese Gelegenheit nicht genutzt. Zwar betont er mit Recht, der **Begriff Freistaat** sei in die Verfassung aufgenommen worden, „um an den im Jahre 1921 als Republik gegründeten Freistaat Thüringen anzuknüpfen"; für „eine weitergehende Ausfüllung dieses Begriffs" im Sinne der antragstellenden Thüringer Landesregierung sei jedoch „kein Raum". Insbesondere sei „die Freistaatlichkeit keine Quelle, die staatliches Handeln, das auf das gemeine Wohl ausgerichtet ist, speist".[53]

20 In der **res publica libera** der Römer galt der Imperativ „salus populi suprema lex esto":[54] Das Wohl des Volkes oder das Gemeinwohl sollte höchstes Gesetz sein. Gegenüber dieser zur juristischen Allgemeinbildung gehörenden Republiktradition erweist die Urteilsbegründung sich als geradezu resistent: „Zwar wird in der Lehre die Auffassung vertreten, aus dem republikanischen Amtsprinzip, d.h.

---

47 *Cicero*, De re publica I 39; *Isensee*, in: HStR II, 3. Aufl. 2004, bezeichnet „Ciceros Definition des legitimen Staates" treffend als „Symbol der republikanischen Tradition": Rn. 130 mit Nachweisen in Fn. 279.

48 BVerfGE 123, 39 (69) mit ausdrücklichem Rekurs auf „Republik" als eine der drei einschlägigen „verfassungsrechtlichen Grundentscheidungen" neben Demokratie und Rechtsstaat (68). Aus „Sache des ganzen Volkes" und „Angelegenheit der Bürger" *nicht* „res populi" und „res publica" herauszuhören, offenbarte nur die Ignoranz des Interpreten.

49 Zum republikanischen – mangels Souveränität aber nicht demokratischen – Anteil des römischen Volkes am öffentlichen Leben *Bleicken*, Die Verfassung der Römischen Republik, 8. Aufl. 2008, S. 211 ff.

50 Dazu ausführlich *Frankenberg*, Publizität als Prinzip der Republik, in: Gröschner/Lembcke (Hrsg.), Freistaatlichkeit, 2011, S. 269 ff.; Einordnung in ein System vierfacher Öffentlichkeit bei *Gröschner*, Republik, in: FS Paul Kirchhof (2013), Bd. I, S. 263 f.: öffentliche Freiheit, öffentliches Recht, öffentliches Interesse und öffentlicher Dienst.

51 *Gröschner*, ThürVBl 2001, 197 ff. mit zwei Hauptanliegen: Senkung des Unterstützungsquorums für Volksbegehren von 14 auf 5 Prozent der Stimmberechtigten (d.h. von etwa 280.000 auf rund 100.000) und Streichung des Haushaltsvorbehalts. Detaildiskussion bei *Gröschner*, ThürVBl. 2001, 193 ff.

52 ThürVerfGH, Urt. v. 19.09.2001 – 4/01 – mit den Verfahrensbevollmächtigten der antragstellenden Thüringer Landesregierung Rolf Gröschner und Josef Isensee im Rubrum. Nicht ersichtlich ist daraus die Beteiligung von Peter M. Huber seitens der Bevollmächtigten von „Mehr Demokratie e.V." Zur Bedeutung dieses Umstands unten, Fn. 55.

53 S. 33.

54 *Cicero*, De legibus III 3, 8. Zur Interpretation als Optimierungsgebot *Gröschner*, in: HStR II, 3. Aufl. 2004, Rn. 40. Maßgebliche Monographie für das Verständnis der „res publica libera": *Bleicken*, Staatliche Ordnung und Freiheit in der römischen Republik, 1972: Negation mißbräuchlicher Ausnutzung der Amtsgewalt zu privaten Zwecken, persönlicher Bereicherung oder sonstigem individuellen Nutzen.

daraus, daß der nur durch Organe handlungsfähige Staat seinen Amtswaltern Hoheitsgewalt überträgt mit der Maßgabe, sie zur Verwirklichung des gemeinen Wohls auszuüben, folge die Verpflichtung aller Amtswalter, sich im Rahmen der ihnen zugewiesenen Aufgaben am Gemeinwohl und nicht an Partikularinteressen zu orientieren (Huber, Thüringer Staats- und Verwaltungsrecht, S. 66 f.; Gröschner, ThürVBl 1997, 25 ff.).“[55]

21 „Zwingend“ sei „diese Schlußfolgerung jedoch nicht“, insbesondere lasse sie sich „nicht exklusiv auf die Freistaatlichkeit Thüringens zurückführen.“ Der „Umstand, daß die **Gemeinwohlorientierung** der Amtswaltung zu den elementaren Grundsätzen des gesamten Bundesstaates“ zähle, verweise vielmehr „auf die Volkssouveränität als den Kerngrund dieser Verpflichtung.“ Daraus lasse sich „keine besondere Rechtsfolge ableiten, daß Thüringen, sich seiner besonderen Geschichte mit Stolz erinnernd, seine Staatlichkeit im Begriff des Freistaates als freiheitlich-republikanisch namhaft macht.“[56]

22 Die „Schlußfolgerung“ aus dem republikanischen Amtsprinzip auf die Gemeinwohlorientierung als nicht „zwingend“ zu bezeichnen, legt ein formal-logisches Verständnis juristischer Syllogistik zugrunde, das in einer philosophisch aufgeklärten **Methodenlehre der Jurisprudenz** unvertretbar ist.[57] Juristen, zumal Verfassungsjuristen, schließen nicht; sie urteilen.[58] Die Verweisung auf „die Volkssouveränität als den Kerngrund“ der Gemeinwohlverpflichtung bestätigt diesen methodologischen Einwand durch die – metaphorisch gewagte[59] – Verwendung des Wortes „Kerngrund“. Grund ist das deutsche Wort für Argument, Begründung für Argumentation. Im Kern der Begründung findet sich aber kein Argument, sondern ein assoziativer – um nicht zu sagen affektiver – Reflex auf das Reizwort „Volk“ im verfahrensgegenständlichen „Volksbegehren“.

23 Der reflexartige, argumentativ unkontrollierte Schluß vom „Volk“ eines Volksbegehrens auf die **Volkssouveränität** hätte bei ernsthafter Lektüre der Literatur leicht vermieden werden können. Beim erstgenannten Autor heißt es, das republikanische Prinzip sei ein „optimierungsbedürftiges Verfassungsprinzip“, das „allein die Amtsträger“ binde, während jeder einzelne Grundrechtsträger „Maximierung von Individualinteressen“ betreiben dürfe.[60] In der zweiten Quelle wird betont, daß „das römische Volk zu Ciceros Zeiten nicht der Souverän,

55 S. 33. Die beiden Literaturhinweise werden hier nur wiedergegeben, weil sie die Vertreter *beider* Seiten des Verfahrens betreffen. Bei solcher Einigkeit in der Grundfrage republikanischer Gemeinwohlorientierung hätte die Entscheidung auf eine breite Basis gestellt und der Eindruck jeder Parteinahme vermieden werden können.

56 S. 33. Eduard Rosenthal, der geistige Vater der freistaatlichen Verfassung von Sachsen-Weimar-Eisenach vom 19.05.1919 und der von dort ausgehenden Traditionslinie einer „republikanischen Grundlage des Gemeinwesens“ im römischrechtlichen Sinne wird dabei schlicht übersehen: *Gröschner*, ThürVBl 1997, 27.

57 Dazu den Sammelband Subsumtion, hrsg. von Gabriel/Gröschner, 2012.

58 *Gröschner*, Logik und Dialogik der Subsumtion, in: Gabriel/Gröschner (Hrsg.), Subsumtion, 2012, S. 421 ff.

59 Auch die zweite Metapher erlaubt keine Antwort: Was soll heißen, das Republikprinzip sei „in seiner inhaltlichen Reichweite mit dem Freiheitsbegriff verwoben“? Solche Verwobenheit ist kein Ersatz für die notwendige Differenzierung zwischen liberalem und republikanischem Freiheitsbegriff: oben, Rn. 17 und unten, Fn. 56 ff.

60 *Huber*, S. 66 f. Die Unterscheidung zwischen „Optimierung“ und „Maximierung“ ist methodologisch vorbildlich: Nur Amtsträger haben republikanische Optimierungsaufgaben zur Herstellung praktischer Konkordanz (oben, Rn. 5); nur Grundrechtsträger sind frei im Sinne des liberalen Freiheitsbegriffs (oben, Rn. 17).

nicht der Träger der Staatsgewalt im Sinne des heutigen Demokratiebegriffs gewesen ist".[61] Ohne großen Argumentationsaufwand hätte darauf das dogmatisch differenzierende Urteil gestützt werden können: Demokratie bedeutet Herrschaftsbegründung durch das Volk, Republik dagegen **Amtsausübung für das Volk.**[62] Die Immunität gegen diese kategoriale Unterscheidung zwischen demokratischem und republikanischem Prinzip begründet den hier erhobenen Befund der Resistenz.

II. Bundesstaat

1. Tradition des Föderalismus. Kommt der begriffliche Zusammenhang zwischen heutigem Freistaat und römischer *res publica* schon im Lehnwort Republik zum Ausdruck, gibt es für den Bundesstaat deutscher Prägung keine Tradition des **Föderalismus,** die derjenigen des Republikanismus vergleichbar wäre.[63] Weder Antike noch Neuzeit halten hier Quellen bereit, aus denen eine einheitliche Theorie „des" Bundesstaates und seines verfassungsrechtlichen „Wesens" geschöpft werden könnte.[64] Auch ein Verfassungsvergleich der Bundesstaaten dieser Welt – von den Vereinigten Staaten von Amerika bis zur Eidgenossenschaft der Schweiz[65] – würde die Unmöglichkeit eines Einheitsmodells erweisen.[66] 24

Nicht einmal die erste deutsche Vollverfassung bundesstaatlicher Struktur, die Verfassung des Deutschen Reiches vom 16. April 1871, eignet sich als Muster. Denn der „ewige Bund", den die Präambel beschwört, war ein Fürstenbund zwischen den Majestäten in Preußen, Bayern, Württemberg, Baden und Hessen.[67] Erst die Weimarer Verfassung vom 11. August 1919 hat statt eines monarchischen Bündnisses einen **republikanischen Bundesstaat** begründet: eine Republik, deren Gliedstaaten Republiken sind. So war es in Art. 17 WRV vorge- 25

61 *Gröschner*, ThürVBl 1987, 25. Rom war Republik, nicht Demokratie. Die Verwechslung ist ein dogmatischer Kategorienfehler.

62 *Isensee*, JZ 1981, 3 in ciceronischer Republiktradition: „Res populi bedeutet Herrschaft *für* das Volk, nicht aber auch Herrschaft *durch* das Volk." Ausdrückliche Ablehnung des demokratischen Prinzips als „Gemeinwohlprinzip" bei *Anderheiden*, Gemeinwohl in Republik und Union, 2006, S. 218.

63 Zur Geschichte des Föderalismus in Deutschland *Grzeszick*, Vom Reich zur Bundesstaatsidee, 1996 und *Holste*, Der deutsche Bundesstaat im Wandel (1867-1933), 2002. Zur Genese des grundgesetzlichen Bundesstaates und seiner Dogmatik *Oeter*, Integration und Subsidiarität im deutschen Bundesstaatsrecht, 1998.

64 „Der Föderalismus, als das leitende Princip für die sociale, staatliche und internationale Organisation, unter besonderer Bezugnahme auf Deutschland, kritisch nachgewiesen und constructiv dargestellt" – um jene schon im Titel anklingende Anmaßung der Wesenserkenntnis beurteilen zu können, sollte man das Buch von *Constantin Frantz*, 1879, einmal selbst zur Hand nehmen.

65 Chronologie mit Nachweisen bei *Stern*, Bd. I, 2. Aufl. 1984, S. 654 f.: USA 1787, Schweiz 1848, Norddeutscher Bund 1867, Deutsches Reich 1871, Österreich 1918/20, ferner Kanada 1867 und Australien 1900.

66 Auch systematisch ergeben „unitarische", „kooperative" und „kompetitive" Momente des Föderalismus kein einheitliches Modell des Bundesstaates. Dazu etwa *Hesse*, in: FS Gebhard Müller (1970), S. 141 ff. und *Nettesheim*, in: FS Peter Badura (2004), S. 363 ff. Einbeziehung des Europarechts bei *Sarcevic*, Das Bundesstaatsprinzip, 2000.

67 *Kimminich*, in: HStR I, 1987, § 59 Rn. 31, weist nicht nur auf die Hegemonie Preußens hin, sondern auch auf die fehlende Legitimation aufgrund der – antirepublikanischen – „Anhänglichkeit der Deutschen an ihre angestammten Dynastien". Wortlaut der Präambel bei *Huber*, Dokumente zur deutschen Verfassungsgeschichte, Bd. II, 3. Aufl. 1986, S. 385.

schrieben und so hat § 1 der Thüringer Verfassung vom 11. März 1921 den „Freistaat Thüringen" zum „Glied" der Weimarer Republik erklärt.

26 Die Verfassungsgeschichte Thüringens als „Land der Bundesrepublik Deutschland" (Art. 44 Abs. 1 Satz 1) beginnt am 3. Oktober 1990. In Zeitlupe betrachtet, bietet die juristische Sekunde des Beitritts als ein „anderer Teil Deutschlands" nach Art. 23 Abs. 2 GG a.F. ein staatsrechtliches Schauspiel dramatischen Inhalts:[68] Untergang der DDR, Rekonstituierung Thüringens als (Bundes-) Land und (Wieder-) Beginn seiner (Glied-) Staatlichkeit.[69] Die Klammern weisen darauf hin, daß die Staatlichkeit Thüringens durch **Gliedstaatlichkeit** bedingt und der Neubeginn 1990 im Rückblick auf 1921 als Wiederbeginn zu interpretieren ist.[70]

27 Die Überschrift vor Art. 20 GG lautet „Der Bund und die Länder". In der „Ewigkeitsklausel" des Art. 79 Abs. 3 GG ist die Rede von der „Gliederung des Bundes in Länder" und der „grundsätzlichen Mitwirkung der Länder bei der Gesetzgebung".[71] Daß Deutschland ein Bundesstaat zu sein hat, ergibt sich sowohl aus dem **Staatsnamen** als auch aus Art. 20 Abs. 1 GG.[72] Die Anfang des 20. Jahrhunderts gebräuchliche Verwendung von „Bundesstaat" sowohl für den Gesamt- als auch für den Gliedstaat ist überholt.[73] Die hier verwendete Überschrift versteht sich daher als Staatsstrukturbestimmung für den Gesamtstaat, dessen Gliederung in Länder notwendig auch deren Mitgliedschaftsverhältnis strukturiert.

28 Die Mitgliedschaft im Bund-Länder-Verhältnis wird nach der Rechtsprechung des BVerfG durch drei Merkmale bestimmt: Anerkennung eigener, nicht vom Bund abgeleiteter Staatlichkeit der Länder,[74] Zweigliedrigkeit des Bundesstaates[75] und wechselseitige Pflicht der Beteiligten zu landes- bzw. bundesfreundlichem Verhalten.[76] Diese sogenannte **Bundestreue**[77] verpflichtet zu Unterstützung und Zusammenarbeit, Mitwirkung, Information und Abstimmung, zu finanzieller Hilfe und zur Rücksicht bei der Gesetzgebung;[78] sie begründet proze-

68 Kritische Diskussion des angeblichen Beitritts „der DDR": Präambel Rn. 11 ff.

69 *Jestaedt*, in: HStR II, 3. Aufl. 2004, § 29 Rn. 4 betont mit Recht die „Ablösung und Abstreifung der DDR" durch die Länder und die Anknüpfung Gesamtdeutschlands „an seine verfassungsstaatliche Tradition, deren bedeutsamstes Merkmal neben der Rechtsstaatlichkeit die Bundesstaatlichkeit markiert".

70 *Dittmann*, in: HStR IX, 1997, § 205 Rn. 38: Föderalismus als „Staatsform der deutschen Einheit". Darstellung der bundesstaatlichen Neuordnung in Gesamtdeutschland: Rn. 7-37.

71 Über Art. 20 Abs. 1 GG ist aber mehr garantiert, nämlich „die Grundsubstanz der Eigenstaatlichkeit der Länder": *Dreier*, in Dreier, Art. 79 III Rn. 48, vor allem Verfassungshoheit, Gesetzgebungs-, Verwaltungs- und Rechtsprechungskompetenzen und eigene Einnahmequellen. Grundlage: BVerfGE 34, 9 (LS 1).

72 „Die Bundesrepublik Deutschland ist ein demokratischer und sozialer Bundesstaat."

73 *Kimminich*, in: HStR I, § 26 Rn. 7. Beispiel für die Benennung der Gliedstaaten als „Bundesstaaten": Art. 3, 76 und 77 der Verfassung von 1871: *Huber*, Dokumente zur deutschen Verfassungsgeschichte, Bd. II, 3. Aufl. 1986, S. 385, S. 401 f. Zeugnisse dieses veralteten Sprachgebrauchs auch in §§ 979, 981 und 982 BGB.

74 BVerfGE 1, 14 (34).

75 BVerfGE 13, 54 (77 f.); 36, 342 (360): Staatsqualität von Gesamtstaat und Gliedstaaten.

76 BVerfGE 1, 299 (315); 12, 205 (254 f.); 42, 103 (117 f.); 95, 250 (266).

77 Als *genitivus subjectivus* ist „Bundestreue" eine Treue des Bundes (gegen die Länder), als *genitivus objektivus* eine Treue (der Länder) gegen den Bund.

78 Zur Gesetzgebungszuständigkeit im Bundesstaat *Rengeling*, in: HStR VI, 2008, § 135; Zur Mitwirkung der Länder bei der Gesetzhebung *Anderheiden*, in: HStR VI, 2008, § 140.

durale Pflichten und verbietet mißbräuchliche Ausübung von Kompetenzen.[79] Als bundesstaatsspezifische Ausprägung des Grundsatzes von Treu und Glauben charakterisiert sie das Verfassungsrechtsverhältnis zwischen Bund und Ländern durch wechselseitige Treuepflichten.[80]

Freiheitssicherung durch Föderalisierung ist vor allem aus Sicht der bundesstaatlichen Ämterordnung zu verzeichnen. Da unter „Amt" im republikanischen Sinne nicht nur der Verwaltungsdienst zu verstehen ist, sondern auch das Richteramt und das Abgeordnetenmandat – weil sie in der Gemeinwohlorientierung übereinstimmen[81] –, heißt „Herrschaft" in der föderalistischen Republik: Differenzierung staatlicher Gewalt sowohl in horizontaler als auch in vertikaler Richtung:[82] in den drei Staatsfunktionen gesetzgebender, vollziehender und rechtsprechender Gewalt und in den staatlichen Institutionen auf Bundes- und Landesebene.[83] Die staatliche Gewalt begegnet dem Bürger dort als souveräne Einheit in Vielheit.[84] Alleinherrschende Personen und Parteien gefährden die Freiheit, gewaltendifferenzierte Ämter sichern sie.[85] 29

2. Bundesstaatlichkeit in Thüringen. Ein Grundproblem der Bundesstaatlichkeit besteht in der Aufteilung der auswärtigen Gewalt zwischen Bund und Ländern.[86] Art. 32 Abs. 3 GG bestätigt mit der **Völkerrechtssubjektivität** der Länder deren Staatsqualität. Der erste nach der pragmatischen Regelung des Lindauer Abkommens[87] in Thüringer Landesrecht transformierte völkerrechtliche Vertrag des Bundes war das Europäische Übereinkommen über das grenzüberschreitende Fernsehen.[88] Staatsverträge des Freistaats Thüringen wurden geschlossen mit der Jüdischen Landesgemeinde Thüringen,[89] den Evangelischen Kirchen in Thü- 30

79 BVerfGE 43, 291 (348); 73, 118 (197); 86, 148 (264); 103, 81 (88); 104, 238 (247 f.); 104, 249 (270); 106, 1 (27); 110, 33 (52); Medienwirksamer Mißbrauchsfall: BVerfGE 106, 310 (333): „Lenkung des Abstimmungsverhaltens" eines Landes im Bundesrat durch dessen Präsidenten (in der Abstimmung über das Zuwanderungsgesetz).

80 *Bauer*, Die Bundestreue, 1992, S. 261 ff.: „Die Rechtsverhältnislehre als dogmatischer Ordnungsrahmen des Bundesstaatsrechts." Dies stimmt vor allem mit der Rechtsprechung zur Akzessorietät der Bundestreue überein: BVerfGE 104, 238 (LS): Erfordernis „eines Bund und Länder umschließenden Verfassungsrechtsverhältnisses" (248).

81 Demokratische Wahl ist dagegen kein allgemeines Kriterium des Amtes – wie Art. 33 Abs. 2 GG zeigt.

82 *Isensee*, Amt in der Republik, in: Gröschner/Lembcke (Hrsg.), Freistaatlichkeit, 2011, S. 168: „Das Amtsprinzip ist die Bedingung der Möglichkeit von Gewaltenteilung."

83 Veränderungen dieses funktionalen und institutionellen Gefüges durch die Föderalismusreform wären ein Thema für sich. Übersicht über die Änderungen des GG bei *Holtschneider/Schön* (Hrsg.), Die Reform des Bundesstaates, 2007, S. 459 ff.

84 Zusammenhang mit Subsidiaritätsprinzip, Gemeinwohlorientierung und Freiheitssicherung bei *Isensee*, in: HStR IV, 1990, § 98 Rn. 240; Legitimationsgründe bei *Jestaedt*, in: HStR II, 3. Aufl. 2004, § 29 Rn. 12: Dezentralisierung, Integration, Vervielfachung, Einheitsbildung, Vielfalt, Flexibilität.

85 *Linck*, in: Linck/Jutzi/Hopfe, Art. 44 Rn. 7, betont mit Recht die „freiheitssichernde Funktion" des „Föderalismus als Element der Gewaltenteilung".

86 Grundlegend: *Fassbender*, Der offene Bundesstaat. Studien zur auswärtigen Gewalt und zur Völkerrechtsfähigkeit bundesstaatlicher Teilstaaten in Europa, 2007.

87 *Pernice*, in: Dreier, Art. 32 Rn. 43.

88 Gesetz v. 28.01.1993 (ThürGVBl. S. 77).

89 Gesetz v. 07.12.1993 (ThürGVBl. S. 758).

ringen[90] und dem Heiligen Stuhl.[91] Intraföderale Verträge mit anderen Ländern der Bundesrepublik Deutschland summieren sich auf etwa 80.[92]

31 Die Zahl der Entscheidungen des ThürVerfGH zum Prinzip des Bundesstaates liegt bei zehn.[93] 1998 war in einem Normenkontrollverfahren über die jährliche Anpassung der Abgeordnetenentschädigung nach Art. 54 Abs. 2 der Verfassung und den Regelungen des Abgeordnetengesetzes zu entscheiden.[94] Die Auffassung der Antragstellerin, die Indexierung der Grund- und Aufwandsentschädigung widerspreche dem Homogenitätsgebot des Art. 28 Abs. 1 GG, wurde mit der Rechtsprechung des BVerfG zurückgewiesen:[95] Das selbständige **Nebeneinander der Verfassungsbereiche** des Bundes und der Länder[96] belasse letzteren eigene Gestaltungspielräume, die weder durch die landesverfassungsrechtliche Vorgabe noch durch die einfachgesetzliche Ausgestaltung der Indexierung überschritten worden seien.[97]

32 Das **Verhältnis der Verfassungsgerichtsbarkeit** von Bund und Ländern war Gegenstand einer unveröffentlichten Entscheidung des Jahres 1999.[98] Die Beschwerdeführerin hatte eine Verletzung rechtlichen Gehörs durch das OLG Jena geltend gemacht und dessen Urteil mit einer Verfassungsbeschwerde sowohl in Weimar als auch in Karlsruhe angegriffen. Der ThürVerfGH sah sich dadurch nicht gehindert, zu prüfen, ob das Oberlandesgericht das Bundesverfahrensrecht der ZPO in einer Weise angewandt hat, die ein inhaltsgleich mit dem Grundgesetz gewährleistetes subjektives Recht der Thüringer Verfassung verletzt.[99] Ergibt diese Prüfung eine Resultatsübereinstimmung, entscheidet – so das BVerfG – das Landesverfassungsgericht in der Sache.[100] Weimarer Kompetenz nach Karlsruher Konzept: Das hätte eine Veröffentlichung des Beschlusses verdient gehabt.

33 Die Anwendung bundesrechtlicher Regelungen durch **Thüringer Gerichte** war Gegenstand mehrerer veröffentlichter Beschlüsse des ThürVerfGH. Dessen Prüfungskompetenz ist dabei „um so umfassender", „je mehr das Bundesrecht im

90 Gesetz v. 17.05.1994 (ThürGVBl. S. 509).

91 Über die Errichtung des Bistums Erfurt mit Gesetz v. 28.06.1994 (ThürGVBl. S. 790), über die Rechtslage der Katholischen Kirche im Freistaat Thüringen mit Gesetz v. 18.07.1997 (ThürGVBl. S. 266) und über die Errichtung einer Katholisch-Theologischen Fakultät der Universität Erfurt mit Gesetz v. 03.12.2002 (ThürGVBl. S. 417).

92 Sammlung des bereinigten Landesrechts des Freistaats Thüringen, Bd. IV, Anhang I, (St.d.B. 2012).

93 Die erste, ThürVerfGH, Urt. v. 19.06.1998 – 10/96 - betrifft den „Gesichtspunkt der föderalen Brechung" in der Mehr-Länder-Anstalt des MDR: S. 21 mit Verweis auf *Jarass,* Die Freiheit des Rundfunks vom Staat, 1981, S. 42, 50. Dort findet man die ursprünglichen Quellen.

94 ThürVerfGH, Urt. v. 16.12.1998 – 20/95 –.

95 Insbesondere BVerfGE 96, 231 (242); 90, 60 (85); 60, 175 (209); 36, 342 (361).

96 Hierzu zuletzt ThürVerfGH, Urt. v. 02.11.2011 – 13/10 –, S. 32 mit Vorgaben für das „Hineinlesen" allgemeiner Grundsätze des Verfassungsrechts in die Thüringer Verfassung.

97 Angesichts der Diskussion der Indexierung in den Ausschüssen und im Plenum des Landtags sei auch „kein Anhaltspunkt ersichtlich, das Verfahren der Verfassunggebung im Zweifel zu ziehen": VerfGH 20/95, S. 21 mit Verweisung auf *Linck*, ZParl 1995, 372 (378).

98 ThürVerfGH, Beschl. v. 24.6.1999 – 11/98 –; zur „Landesverfassungsgerichtsbarkeit zwischen Anspruch und Wirklichkeit" *Huber*, ThürVBl 2003, 73 ff.

99 S. 3 mit Berufung auf BVerfGE 96, 345 (363) und unter Bezugnahme auf Art. 103 Abs. 1 GG und Art. 88 Abs. 1 Satz 1 ThürVerf.

100 BVerfGE 96, 354 (374 f.).

gerichtlichen Verfahren Spielraum zur Konkretisierung lässt".[101] Bei einer Bindung durch das Grundgesetz kann ein Verstoß gegen die Landesverfassung nur im Falle einer „völlig unvertretbaren" Interpretation festgestellt werden.[102] Eine Aufhebung gerichtlicher Entscheidungen, die nach Bundesrecht Rechtskraft erlangt haben, ist nur zulässig, soweit es „zum Schutz der in der Thüringer Verfassung gewährten Rechte notwendig ist".[103] Die „mehrstufige Prüfung durch das Landesverfassungsgericht", die das BVerfG insoweit verlangt,[104] widerspricht jeder Vorstellung „zwingender" Schlüsse.[105]

Nach Art. 37 Abs. 3 ThürVerf haben die Beschäftigten und ihre Verbände „das Recht auf Mitbestimmung in Angelegenheiten ihrer Betriebe, Unternehmen oder Dienststellen". Der ThürVerfGH hat diese „Mehrgewährleistung" gegenüber Art. 9 Abs. 3 GG in einem Normenkontrollverfahren zum Thüringer Personalvertretungsgesetz nicht generell daran gemessen, daß die Länder im Bundesstaat über ihre eigene, selbst gestaltete Verfassung verfügen,[106] sondern speziell an Art. 142 GG, der **weiterreichende Landesgrundrechte** zulasse.[107] Dies ist weder im Ergebnis noch in der Begründung zu beanstanden, darf aber methodologisch nicht als Anwendung des *lex-specialis*-Satzes verstanden werden, weil Art. 142 GG das Bundesstaatsprinzip nicht derogiert, sondern konkretisiert.[108] 34

In der politisch brisanten Frage des kommunalen Finanzausgleichs betont der ThürVerfGH die „zweigliedrige Struktur des Bundesstaates" und dementsprechend die staatsorganisationsrechtliche Stellung der Kommunen als „Teil der Länder".[109] Mit Recht wird dann aber auf das durch Art. 28 Abs. 2 GG anerkannte **Selbstverwaltungsrecht der Gemeinden** und Gemeindeverbände abgestellt. In diesem staatlichen Organisationssystem seien in erster Linie die Länder für die rechtlichen und tatsächlichen Daseinsgrundlagen ihrer Kommunen verantwortlich, ohne sie als „alimentationsbedürftige Kostgänger" aus der finanziellen Eigenverantwortung im Selbstverwaltungsbereich entlassen zu dürfen. 35

III. Demokratie

1. Prinzip der Volkssouveränität. Inflationäre Verwendung des Wortes und ideologischer Gebrauch des Begriffs haben „Demokratie" als Verfassungsprinzip entwertet.[110] Die verbreitete Vorstellung, das Lehnwort aus dem Griechischen verweise auf die Bedeutung des *demos* im alten Athen, ist etymologisch 36

101 ThürVerfGH, Beschl. v. 28.09.2010 – 27/09 –, S. 19 mit Bezug auf BVerfGE 96, 345 ff.
102 S. 19 unter Verweisung auf VerfGH 48/06 und VerfGH 25/05. Übereinstimmend ThürVerfGH, Beschl. v. 28.07.2005 – 31/04 –, S. 9: „völlig fremd" unter Verweisung auf VerfGH 13/02. Beschl. v. 28.10.2003 – 19/01 –, S. 13: „schlechthin unhaltbar".
103 ThürVerfGH, Beschl. v. 07.09.2011 –13/09 – unter Bezugnahme auf BVerfGE 96/345 (372). Dort heißt es allerdings nicht „notwendig", sondern „unerläßlich".
104 BVerfGE 96/345 (373 f.).
105 Oben, Rn 21 f.
106 BVerfGE 36, 342 (361).
107 ThürVerfGH, Urt. v. 20.04.2004 – 14/02 – S. 48 unter Verweisung auf *Campenhausen*, in: von Mangoldt/Klein/Starck, Art. 142 Rn. 7. Nach BVerfGE 96, 345 (365) „widersprechen" weitergehende Landesgrundrechte dem Grundgesetz nicht, „wenn das jeweils engere Grundrecht als Mindestgarantie zu verstehen ist und daher nicht den Normbefehl enthält, einen weitergehenden Schutz zu unterlassen".
108 *Dreier*, in Dreier, 142 Rn. 100: „wichtiger Ausdruck des bundesstaatlichen Prinzips".
109 ThürVerfGH, Urt. v. 21.06.2005 – 28/03 –, Zitate S. 32.
110 Im Ansatz übereinstimmend *Linck*, in: Linck/Jutzi/Hopfe, Art. 44 Rn. 16.

richtig, ideen- und verfassungsgeschichtlich aber irreführend.[111] Abgesehen davon, daß Frauen, Fremde und Sklaven vom politischen Leben ausgeschlossen waren, können die auf der Agora versammelten *politai* ebensowenig als Träger der Herrschaft angesehen werden[112] wie die wehrfähigen *cives* in den Komitien auf dem römischen Forum.[113] **Athen und Rom** waren politische oder republikanische Ordnungen mit antidespotischer Ausrichtung am Allgemeinwohl;[114] die Herrschaftsgewalt ging aber nicht demokratisch von einem souveränen *demos* oder *populus* aus.[115]

37 „Die Staatsgewalt geht vom Volke aus": Der zweite Satz der **Weimarer Verfassung** – nach dem Eingangssatz „Das Deutsche Reich ist eine Republik" – enthält die erste Verheißung der Volkssouveränität in der deutschen Verfassungsgeschichte.[116] Warum sie traumatisch unerfüllt blieb, ist hier nicht zu kommentieren. Verfassungsdogmatisch mag der Hinweis auf den Doppelcharakter der Demokratie als Staatsstruktur- und Staatszielbestimmung genügen:[117] Die brutale Beseitigung demokratischer Strukturen durch die Gewaltherrschaft der NSDAP hatte wie die gesamte nationalsozialistische „Bewegung" nicht nur staatlichen, sondern auch gesellschaftlichen Charakter. Und die soziologische Tatsache einer „völkischen" Massenbewegung bleibt ein Stachel im Selbstverständnis der Deutschen und ihrer Geschichte zwischen dem 30. Januar 1933[118] und dem 8. Mai 1945.[119]

---

111 *Szlezak*, Was Europa den Griechen verdankt, 2010, S. 133: Etwas „von den heutigen parlamentarischen Demokratien völlig Verschiedenes und vom heutigen Staatsverständnis her schwer Nachvollziehbares." Eingehend *Meier*, Entstehung des Begriffs „Demokratie", 1970.

112 *Bleicken*, Die athenische Demokratie, 4. Aufl. 1995, S. 340 mit Definition als „isonomia" und Betonung der Unterschiede zur „modernen Demokratie" (S. 492 ff.).

113 *Bleicken*, Die Verfassung der Römischen Republik, 8. Aufl. 2008, S. 120 ff. zur Bedeutung der Volksversammlungen.

114 So die klassische Unterscheidung zwischen „politischer" und „despotischer" Herrschaft bei *Aristoteles*, Politika III, 6 (1279 a) und 13 (1284 a).

115 Das „Könnens-Bewußtsein", das nach *Meier*, Die Entstehung des Politischen bei den Griechen, 3. Aufl. 1995, S. 469 ff. konstitutiv für die demokratische Kultur Athens war, sollte von der Rechtfertigung staatlicher Herrschaft strikt unterschieden werden. Und für Rom gilt nach *Heuß*, Römische Geschichte, 8. Aufl. 2001, S. 40: „Der Senat war der Sache […] nach der Souverän des römischen Staates."

116 BVerfGE 5, 85 (197): Anknüpfung an die Tradition des „liberalen bürgerlichen Rechtsstaats", „wie er sich im 19. Jahrhundert allmählich herausgebildet hat und wie er in Deutschland schließlich in der Weimarer Verfassung verwirklicht worden ist" – ohne übrigens den Terminus „Demokratie" zu verwenden: *Dreier*, in Dreier, Art. 20 (Demokratie) Rn. 18. Wichtiger Hinweis auch in Rn. 11 mit Fn. 44: Auf Volkssouveränität beruft sich „erstmals ausdrücklich und in stilbildender Weise" die Virginia Bill of Rights (1776): „That all power is […] derived from the people".

117 Oben, Rn. 3.

118 In seiner Funktion als Hüter der Verfassung hätte Reichspräsident Hindenburg den „Führer" aufgrund des Prinzips der Republik nicht zum Reichskanzler ernennen dürfen: oben, Präambel Rn. 21, 23. Konsequente Übertragung auf den Bundespräsidenten, der „einen mit der Kanzlermehrheit gewählten Hitler heute nicht zum Bundeskanzler ernennen" dürfte bei *Klein*, DÖV 2009, 744.

119 Lesenswert: *Weizsäckers* Rede zum „Tag der Befreiung" vom 08.05.1985.

Mit Vorschriften zum Schutz der „**freiheitlichen demokratischen Grundordnung**“[120] hat das Grundgesetz die Lehren aus Weimar gezogen.[121] Das anstelle des Reichspräsidenten zum Hüter der Verfassung berufene Bundesverfassungsgericht[122] konnte das Verbot der Sozialistischen Reichspartei schon 1952 mit bemerkenswerter begrifflicher Schärfe begründen. Durch die formelhafte Wiederholung der bekannten Begriffsbestimmung droht allerdings die dogmatische Differenz zwischen „freiheitlicher“ und „demokratischer“ Grundordnung in Vergessenheit zu geraten. Das BVerfG hat sie als eine Ordnung bestimmt, die „unter Ausschluß jeglicher Gewalt- und Willkürherrschaft eine rechtsstaatliche Herrschaftsordnung auf der Grundlage der Selbstbestimmung des Volkes nach dem Willen der jeweiligen Mehrheit und der Freiheit und Gleichheit darstellt.“[123] 38

Bei Beachtung der grundgesetzlichen Orthographie, die *keinen* Bindestrich zwischen „freiheitlich“ und „demokratisch“ kennt, müssen die beiden Bestandteile der Definition sorgfältig auseinandergehalten werden. Dann ist leicht zu erkennen, daß im ersten Teil des Satzes die freiheitliche und im zweiten Teil die **demokratische Grundordnung** definiert wird. Nach dem hier kommentierten Verständnis von Freistaatlichkeit ist der „Ausschluß jeglicher Gewalt- und Willkürherrschaft“ republikanisch – und zwar ebenso eindeutig wie die anschließend genannte Herrschaftsordnung rechtsstaatlich zu sein hat. Eindeutig demokratisch ist dann der gesamte zweite Teil der Definition: die „Selbstbestimmung des Volkes“ als Paraphrase der Volkssouveränität,[124] das Mehrheitsprinzip und die Freiheit und Gleichheit derer, die als Volk ihren selbstbestimmten Willen bilden.[125] 39

Das Prinzip der Volkssouveränität ist in seinem konsensfähigen Kern ein **Legitimationsprinzip**, das staatliche Herrschaft auf „Gemeinschaftsentscheidungen“ zurückführt, die – mit einer unprätentiösen Formulierung des KPD-Urteils – „praktisch Mehrheitsentscheidungen“ sind:[126] „Was die Mehrheit will, wird jeweils in einem sorgfältig geregelten Verfahren ermittelt“. In gefestigter Rechtsprechung hat das BVerfG daraus die bekannte Kettenmetapher entwickelt: „Die verfassungsrechtlich notwendige demokratische Legitimation erfordert eine ununterbrochene Legitimationskette vom Volk zu den mit staatlichen Aufgaben betrauten Organen und Amtswaltern“.[127] Die Konstruktion dieses dogmatisch durchdachten Satzes ist perfekt, wenn das prägnante Bild der Kette mit einem präzisen Begriff des Volkes verbunden wird. 40

---

120 Art. 10 Abs. 2, Art. 11 Abs. 2, Art. 18, 21 Abs. 2, Art. 87 a Abs. 4 und Art. 91 Abs. 1; bedeutungsgleich „verfassungsmäßige Ordnung“ in Art. 9 Abs. 2 und „diese Ordnung“ in Art. 20 Abs. 4 GG.

121 Eingehend zur Frage des Scheiterns *Gusy*, Weimar – die wehrlose Republik?, 1991.

122 Institutionentheoretische Grundlegung der Autorität des Bundesverfassungsgerichts bei *Lembcke*, Hüter der Verfassung, 2007.

123 BVerfGE 2, 1 (12 f.).

124 BVerfGE 44, 125 (142): „Idee der freien Selbstbestimmung aller Bürger“.

125 Standardwerk: *Kielmansegg*, Volkssouveränität. Eine Untersuchung der Bedingungen demokratischer Legitimität, 1977. Klassiker des politischen Relativismus als Weltanschauung demokratischer Systeme: *Kelsen*, Vom Wesen und Wert der Demokratie, Neudruck der 2. Aufl. (1929), 1981.

126 BVerfGE 5, 85 (197), das folgende Zitat S. 199; grundlegend *Heun*, Das Mehrheitsprinzip in der Demokratie, 1983.

127 Zuletzt BVerfGE 107, 59 (87) mit Verweisen auf BVerfGE 47, 253 (275); 52, 95 (130); 77, 1 (40); 83, 60 (72 f.); 93, 37 (66).

41 Das verlangt die Unterscheidung zweier Varianten des Volksbegriffs. Das Volk, auf dessen Souveränität der Begriff „demokratischer" Rechtsstaat in Art. 44 Abs. 1 verweist, ist dasjenige, von dem nach Art. 45 Abs. 1 Satz 1 „alle Staatsgewalt" ausgeht: das **Staatsvolk Thüringens**. Im Bundesstaat des Grundgesetzes können Träger der Thüringer Staatsgewalt nur die Staatsangehörigen Thüringens sein, die Deutsche im Sinne des Art. 116 Abs. 1 GG sind.[128] Das Landesvolk stellt dabei kein selbständiges „Teilvolk" neben dem Bundesvolk dar, sondern einen „integralen Volksteil".[129] Das „Volk des Freistaats Thüringen", das sich laut Präambel „in freier Selbstbestimmung" seine eigene Verfassung gegeben hat, ist damit nicht identisch. Vielmehr ist das **Volk im politischen Sinne** der Präambel vom Volk im Rechtssinne der Art. 44 und 45 zu unterscheiden.[130]

42 Die Rechtsprechung des BVerfG zu den wichtigsten **Strukturelementen** der Demokratie kann hier nur in Stichwörtern wiedergegeben werden:[131] Wahlen als ursprünglichste Äußerungsform der repräsentativen Demokratie,[132] Notwendigkeit einer verantwortlichen Regierung,[133] Unterscheidung zwischen Willensbildung des Volkes und staatlicher Willensbildung,[134] Satzungsautonomie von Körperschaften, Anstalten und Verbänden,[135] Öffentlichkeitsarbeit der Regierung,[136] Wahl von Gemeindevertretungen,[137] Legitimation von Volksbegehren und Volksentscheiden,[138] Bedeutung der Versammlungsfreiheit,[139] Vertretung des Volkes in Ländern, Kreisen und Gemeinden,[140] Effektivität demokratischer Legitimation durch ein bestimmtes Legitimationsniveau,[141] Sicherung substanzieller Bedeutung des Bundestages im europäischen Staatenverbund[142] sowie Zu-

128 BVerfGE 83, 37 (53); Art. 104 nennt sie „Bürger im Sinne dieser Verfassung" und verzichtet auf die Begründung einer eigenen Thüringer Staatsangehörigkeit. Das Landesvolk besteht demnach aus den im Freistaat Thüringen wohnenden deutschen Staatsangehörigen: *Linck*, in: Linck/Jutzi/Hopfe, Art. 104 Rn. 1.

129 *Isensee*, in: HStR IV, 1990, § 98 Rn. 45. Ausführlich zum „Staatsvolk in den Ländern" *Sachs*, AöR 108 (1983), 68 ff.

130 Vgl. oben Präambel Rn. 16 f. und 41: Die Selbstbestimmung des politischen Volkes wird hier Autonomie, die des rechtlichen Volkes Souveränität genannt. Das Volk ist Träger, der Staat dagegen Subjekt der Souveränität.

131 In chronologischer Reihenfolge und ohne dogmatische oder demokratietheoretische Gewichtung.

132 BVerfGE 3, 19 (26); grundlegend *Morlok*, in: FS BVerfG (2001), Bd. II, S. 559 ff.

133 BVerfGE 9, 268 (281) – Personalvertretung. Zum Letztentscheidungsrecht der Landesregierung ThürVerfGH, Urt. v. 20.04.2004 – 14/02 - S. 69 f.

134 BVerfGE 20, 56 (98 f.) – Parteienfinanzierung.

135 BVerfGE 33, 125 (156 f.) – Facharzt.

136 BVerfGE 44, 125 (144 ff.) – Öffentlichkeitsarbeit.

137 BVerfGE 47, 253 (271 f.) – Gemeindeparlamente.

138 BVerfGE 60, 175 (208) – Startbahn West; zur Rechtsprechung des ThürVerfGH unten, Rn. 50 f.

139 BVerfGE 69, 315 (343 f.) – Brokdorf.

140 BVerfGE 83, 37 (50 ff.); zum Kommunalwahlrecht für Ausländer (S. 59) die Neuregelung des Art. 28 Abs. 1 Satz 3 GG.

141 BVerfGE 83, 60 (72) – Ausländerwahlrecht.

142 BVerfGE 89, 155 (182 ff.) – Maastricht; zur Weiterentwicklung von Begriffen der Staatslehre und des Staatsrechts im europäischen Mehrebenensystem *Schliesky*, Souveränität und Legitimität von Herrschaftsgewalt, 2004; zur Legitimität im Europäischen Verwaltungsverbund *Peuker*, Bürokratie und Demokratie in Europa, 2011.

sammenwirken institutioneller, funktioneller, sachlich-inhaltlicher und personeller Legitimation.[143]

Allein im letzten Jahrzehnt sind an **aktuellen Fragen** entschieden und mit dem Demokratieprinzip begründet worden: Information der Öffentlichkeit durch die Medien,[144] Auslieferung deutscher Staatsangehöriger,[145] Offenlegung von Abgeordneteneinkünften,[146] Höhe der Rundfunkgebühren,[147] Kompetenzen des Vermittlungsausschusses,[148] Fünf-Prozent-Klausel bei Kommunalwahlen,[149] NATO-Beteiligung der Bundeswehr,[150] negatives Stimmgewicht bei Wahlen,[151] Einsatz von Wahlcomputern,[152] Parlamentsrechte im Rahmen der europäischen Integration,[153] Fünf-Prozent-Klausel bei Europawahl,[154] Sitzzuteilung nach Bundestagswahl[155] und Ratifikation des Europäischen Stabilitätsmechanismus (ESM).[156] 43

2. Demokratie in Thüringen. In seinem Wesensgehalt herausgefordert wird das demokratische Prinzip bei der Überprüfung von Abgeordneten auf eine hauptamtliche oder inoffizielle Zusammenarbeit mit dem Ministerium für Staatssicherheit oder dem Amt für Nationale Sicherheit der DDR. Mit dem BVerfG hat der ThürVerfGH die Zulässigkeit einer solchen Überprüfung aufgrund Gesetzes bejaht,[157] rechtliche Konsequenzen aus der Feststellung der **Parlamentsunwürdigkeit** aber ausgeschlossen.[158] In einer mit vier Sondervoten versehenen Entscheidung wurde die geänderte Fassung des Abgeordnetenüberprüfungsgesetzes gebilligt, nach der die Überprüfung durch ein Parlamentsgremium erfolgen darf.[159] 44

Bei der Bestimmung des **wahlrechtlichen Wohnsitzbegriffs** darf der Gesetzgeber ein Erfordernis der „Seßhaftigkeit" normieren. Die darin liegende Einschränkung der Allgemeinheit und Gleichheit der Wahl ist für das aktive Wahlrecht verfassungsrechtlich gerechtfertigt, weil die demokratische Legitimation, die der Wahlakt den gewählten Abgeordneten vermittelt, „eine gewisse Vertrautheit 45

143 BVerfGE 93, 37 (66 ff.) – Mitbestimmung und BVerfGE 107, 59 (86 ff.) – Lippeverband; standardbildend *Böckenförde,* Demokratie als Verfassungsprinzip, in: HStR II, 2004, § 26, insbes. S. 436 ff.

144 BVerfGE 103, 44 (59 ff.) – Fernsehen im Gerichtssaal; Grundlegung bei *Fisahn*, Demokratie und Öffentlichkeitsbeteiligung, 2002.

145 BVerfGE 113, 273 (294 ff.) – Europäischer Haftbefehl.

146 BVerfGE 118, 277 (323 ff.) – Nebeneinkünfte.

147 BVerfGE 119, 181 (214 ff.) – Rundfunkfinanzierung.

148 BVerfGE 120, 56 (73 ff.) – Vermittlungsausschuss.

149 BVerfGE 120, 82 (102 ff.) – Kommunalwahl Schleswig-Holstein; für Thüringen: ThürVerfGH, Urt. v. 18.07.2006 – 8/05 – und Urt. v. 11.04.2008 – 22/05 –.

150 BVerfGE 121, 135 (153 ff.) – AWACS.

151 BVerfGE 121, 266 (294 ff.) – Zweitstimme.

152 BVerfGE 123, 39 (68 ff.) – Elektronische Wahlgeräte; dazu auch oben, Rn. 18.

153 BVerfGE 123, 267 (330 ff.) – Lissabon.

154 BVerfGE 129, 300 (317 ff.) – Europawahlgesetz.

155 BVerfG, Urt. v. 25.07.2012 – 2 BvF 3/11 – Ausgleichslose Überhangmandate.

156 BVerfG, Urt. v. 12.09.2012 – 2 BvR 1390/12 – Maßgabe zur Ratifikation des ESM.

157 ThürVerfGH, Urt. v. 17.10.1997 – 18/95 – S. 21 unter Bezugnahme auf BVerfGE 94, 351 (367 f.); hierzu auch oben, Präambel Rn. 30.

158 ThürVerfGH, Urt. vom 25.05.2000 – 2/99 –: Verfassungswidrigkeit von § 8 ThürAbgÜpG idF vom 15.12.1998 (ThürGVBl. S. 423).

159 ThürVerfGH, Urt. vom 01.07.2009 – 38/06 –; Sondervoten: Baldus S. 29 – Feststellung nicht durch Gremium, sondern Plenum des Landtages; Martin-Gehl S. 36 – generelle verfassungsrechtliche Bedenken, ebenso Pollak S. 41; Zwanziger S. 44 – Feststellung durch Gremium unter Vorbehalt der Ablehnung durch Plenum.

und Verbundenheit der wählenden Bürger mit den Verhältnissen im Wahlgebiet voraussetzt."[160] Was das passive Wahlrecht betrifft, kommt es darauf an, ob der Schwerpunkt persönlicher Lebensbeziehungen der betreffenden Abgeordneten unabhängig vom Ort der Familienwohnung in Thüringen liegt.[161]

46 Die in Art. 46 Abs. 1 ThürVerf übereinstimmend mit Art. 38 Abs. 1 Satz 1 GG normierten **Wahlrechtsgrundsätze** allgemeiner, unmittelbarer, freier, gleicher und geheimer Wahl bezeichnet der ThürVerfGH sachlich zutreffend, aber sprachlich wenig sensibel als „Ausfluß des demokratischen Prinzips".[162] In enger Anlehnung an das BVerfG überträgt er sie als „allgemeine Rechtsprinzipien für politische Wahlen zu allen demokratischen Repräsentativorganen" vom staatlichen auch auf den kommunalen Bereich.[163] Allgemeiner Auffassung entsprechend begründet er mit ihnen nicht nur objektives Recht, das die drei staatlichen Gewalten bindet, sondern auch subjektive Rechte von Wählern und Wahlbewerbern.[164]

47 **Wahlfehler** führen nur dann zur Ungültigkeit einer Wahl, wenn sie erheblich sind, weil sie die Sitzverteilung beeinflussen. Der betreffende „Erheblichkeitsgrundsatz" wird mit Recht als „Ausdruck des zu den fundamentalen Prinzipien der Demokratie gehörenden Mehrheitsprinzips" bezeichnet.[165] Das Verfahren der Wahlprüfung ist so einzurichten, daß Zweifeln an der Auszählung nachgegangen und die Verteilung der Sitze korrigiert werden kann.[166] Hierfür sollten mit dem BVerfG neben dem Demokratieprinzip die Prinzipien des Rechtsstaates und der Republik herangezogen werden.[167] Nur Demokratie und zu oft Demokratie schadet dem schönen Prinzip.

48 Demokratieprinzip und Rundfunkfreiheit stehen in einem verfassungsrechtlichen Verweisungszusammenhang: Eine freie und qua Freiheit pluralistische Meinungsbildung durch Radio und Fernsehen kann nur über den Pluralismus der Programme sichergestellt werden. BVerfG und ThürVerfGH folgern daraus den Grundsatz der **Staatsfreiheit des Rundfunks.**[168] „Angesichts schlimmer historischer Erfahrungen" interpretiert der ThürVerfGH diesen Grundsatz als Abwehr von „Staatsrundfunk" und kommt aus verfassungsgeschichtlich vernünftiger, aber verfassungsdogmatisch verkürzter Perspektive nur zu einem Verbot

---

160 ThürVerfGH, Urt. vom 12.06.1997 –13/95 - S. 13 unter Bezugnahme auf BVerfGE 5, 2 (6); 36, 139 (142) und 60, 162 (167); Von „Seßhaftigkeit" ist nur in den beiden erstgenannten Entscheidungen die Rede.

161 Wegen des Schutzes von Ehe und Familie (Art. 17 Abs. 1 ThürVerf) darf der Begriff der melderechtlichen Hauptwohnung deshalb nicht „zwingend" in das Wahlrecht übernommen werden: S. 14 ff.

162 ThürVerfGH, Beschl. vom 11.03.1999 – 30/97 – S. 18; Sprachästhetik liefert den einen, *Carl Schmitt* den anderen Grund für den Verzicht auf die Metapher. „Aus dem Führertum fließt das Richtertum": Deutsche Juristen-Zeitung 1934, Sp. 945 (947).

163 S. 18 mit Bezug auf BVerfGE 47, 253 (276 f.) und Zusatz „politische" Wahlen sowie Ersetzung von „Volksvertretungen" durch „Repräsentativorgane".

164 S. 18; Näher *Morlok,* in: Dreier, Art. 38 Rn. 59 ff.

165 ThürVerfGH, Beschl. v. 28.11.1996 – 1/95 – S. 23.

166 ThürVerfGH, Beschl. v. 11.03.1999 – 30/97 – S. 18 f.

167 Oben, Rn. 18.

168 ThürVerfGH, Urt. v. 19.06.1998 – 10/96 – S. 13 unter Bezugnahme auf BVerfGE 12, 205 (263); 83, 238 (330); Zur besonderen Bedeutung des Rundfunks BVerfGE 90, 60 (87): „Breitenwirkung, Aktualität und Suggestivkraft".

der Majorisierung des Rundfunkrates durch die Regierungs-, Parlaments- und Gemeindevertreter der drei Partnerländer des MDR-Staatsvertrags.[169]

Die Abstimmung des Landtags über die Anpassung der Abgeordnetenentschädigung ist als Entscheidung in eigener Sache dem Grundsatz der **Transparenz** unterworfen.[170] Der ThürVerfGH hat die Regelung des Art. 54 ThürVerf für verfassungskonform erklärt, weil sie sich „sowohl auf die Festlegung der Grundentschädigung als auch auf das Verfahren der Diätenanpassung" beziehe.[171] Auch diese Begründung sollte nicht auf Demokratie beschränkt, sondern um Republik und Rechtsstaat ergänzt werden. Denn historisch und systematisch gibt es gute Gründe, republikanische Publizität von rechtsstaatlicher Transparenz und demokratischer Öffentlichkeit zu unterscheiden.[172] 49

Das Urteil des ThürVerfGH zum Volksbegehren „Mehr Demokratie" betont unter Berufung auf den Bayerischen Verfassungsgerichtshof die von Art. 45 Satz 2 übernommene und durch Art. 83 Abs. 3 ThürVerf für unabänderlich erklärte „Prävalenz der parlamentarischen Gesetzgebung vor der Volksgesetzgebung".[173] Ein Zwang zur Zulassung der **Volksgesetzgebung** lasse sich „nach einem Blick auf das Grundgesetz als Verfassungsrechtssatz nicht begründen". Vielmehr müsse „aus dem Homogenitätsprinzip des Art. 28 Abs. 1 S. 1 GG ein verpflichtender Vorrang der repräsentativen Demokratie, deren Kernelement die parlamentarische Gesetzgebung darstellt, abgeleitet werden".[174] 50

Diese restriktive Interpretation des Prinzips der Homogenität hat sowohl aus bundesstaatlicher als auch aus demokratischer Perspektive häufige Kommentare und harsche Kritik provoziert.[175] Im Rückblick auf die oben kritisierte Resistenz des ThürVerfGH gegen freistaatliche Erwägungen zur Gemeinwohlorientierung der Unterstützer eines Volksbegehrens – die jenseits eines zehnprozentigen Unterstützungsquorums für eine **Stärkung der direkten Demokratie** sprechen[176] – wird man die Urteilsverkündung in Weimar 2001 nicht zu den Sternstunden Thüringer Verfassungsrechtsprechung zählen können.[177] 51

---

169 S. 13 ff.; Kritisch gegenüber einer „Repräsentation der Allgemeinheit im Rundfunkrat" (S. 16) das Sondervotum *Meyn,* S. 35 ff.: jenes „Kräfteparallelogramm", das Art. 12 Abs. 2 ThürVerf bezwecke, habe „mit dem verfassungsrechtlichen Prinzip der Repräsentation in der parlamentarischen Demokratie nur sehr entfernt etwas zu tun." (S. 37).

170 ThürVerfGH, Urt. v. 16.12.1998 – 20/95 – S. 21 mit Bezug auf BVerfGE 70, 324 (358).

171 S. 26 unter Bezugnahme auf BVerfGE 40, 296 (327); Zur steuerfreien Aufwandsentschädigung für Abgeordnete ThürVerfGH, Urt. v. 14.07.2003 – 2/01 –.

172 *Gröschner,* VVDStRL 63 (2004), S. 344 ff.: „Allgemeinheit in der athenischen Demokratie" (S. 351 ff.), „Publizität in der römischen Republik" (S. 353 f.) und „Transparenz im neuzeitlichen Rechtsstaat" (S. 354 f.).

173 ThürVerfGH, Urt. v. 19.09.2001 – 4/01 – S. 45 f. mit ausführlichem Zitat aus BayVBl 2000, S. 397 (398); Zur Unzulässigkeit des Volksbegehrens „Für eine bessere Familienpolitik in Thüringen" ThürVerfGH, Urt. v. 05.12.2007 – 47/06 –; Kritische Diskussion bei *Lembcke/Peuker/Seifarth,* ThürVBl 2007, 129 ff.

174 S. 47; Zum Status des Abgeordneten in der repräsentativen Demokratie ThürVerfGH, Urt. v. 10.09.2002 – 8/01 –.

175 Dokumentiert und kommentiert bei *Wittreck,* JöR N.F. 53 (2005), 111 ff. (115, Fn. 15) und 151 ff.: „geradezu grotesk" (S. 165); ähnlich *Jutzi,* ZG 2003, 273 ff: „kurios" (S. 279).

176 *Gröschner,* ThürVBl 2001, 193 ff.

177 Zur Entwicklung der direkten Demokratie in Thüringen *Koch/Storr,* ThürVBl 2009, 5 ff.; Replik *Hasse,* ThürVBl 2009, 73 ff.; guter Überblick über die sehr unterschiedlichen Quoren und Fristen bei direktdemokratischen Verfahren in Deutschland im Volksbegehrensbericht 2011 (Mehr Demokratie e.V., 2012).

IV. Sozialer Rechtsstaat

52 **1. Rechtsstaat.** Nach Art. 44 Abs. 1 Satz 2 hat der Freistaat Thüringen „ein demokratischer, sozialer und dem Schutz der natürlichen Lebensgrundlagen des Menschen verpflichteter Rechtsstaat" zu sein. Die Verfassung verlangt demnach keinen Rechtsstaat, dessen Wesen wie eine platonische Idee „an und für sich" zu bestimmen wäre.[178] Seine wesentlichen Eigenschaften werden vielmehr durch den attributiven Gebrauch der drei Adjektive „demokratisch", „sozial" und „verpflichtet" (mit Spezifizierung der Schutzpflicht) vorgegeben. Die **Verfassungsgeschichte** des demokratischen Rechtsstaates beginnt nicht in Athen, sondern in Weimar.[179] Der soziale Rechtsstaat hat seine Ursprünge im Elend der Fabrikarbeiter zu Beginn des 19. Jahrhunderts.[180] Und der zum Umweltschutz verpflichtete Rechtsstaat ist in seiner anthropozentrischen Ausrichtung ein Thüringer Original aus dem Jahre 1993.[181]

53 Die Kommentierung des Rechtsstaates kann aber nicht nur historisch, sondern auch systematisch kurz gehalten werden. Denn im Unterschied zu den Prinzipien des Freistaates, des Bundesstaates und der Demokratie hat die Verfassung wesentliche **Elemente des Rechtstaatsprinzips** sowohl in Art. 44 Abs. 1 Satz 2 benannt als auch in weiteren Vorschriften ausdrücklich ausgestaltet:[182] Gewaltenteilung (Art. 45 Satz 3 und 47 Abs. 1 bis 3), Gesetzesbindung der drei Gewalten (Art. 47 Abs. 4), Menschenrechte (Art. 1 Abs. 2), Gleichheits- und Freiheitsrechte (Art. 2 bis 19), Garantie des gesetzlichen Richters (Art. 87 Abs. 3) und Gewährleistung rechtlichen Gehörs (Art. 88 Abs. 1 Satz 1). Zu diesen speziell geregelten Strukturelementen des Rechtsstaates kann auf die Erläuterung der betreffenden Artikel im vorliegenden Kommentar verwiesen werden.

54 „Das Prinzip Rechtsstaat", die einschlägige Monographie aus dem Jahre 1997, hat aufgrund einer Durchsicht der Standardliteratur 142 Elemente zusammengetragen, die als rechtsstaatsspezifisch gelten und dazu treffend festgestellt, mit ihnen gewinne der Rechtsstaatsbegriff „Elastizität, aber keine Kontur".[183] Wegen ihrer gelungenen „Verbindung systematischer und praktischer Aspekte" wird die Darstellung in Dreiers Grundgesetz-Kommentar als konturenbildend angesehen.[184] Orientiert an den **Leitentscheidungen des Bundesverfassungsgerichts** werden dort als „Kernelemente des Rechtsstaatsprinzips" klassifiziert und kommentiert: Gewaltenteilung, Vorrang der Verfassung, Vorrang des Gesetzes, Vorbehalt des Gesetzes, Bestimmtheitsgebot, Rückwirkungsverbot und Verhältnismäßigkeitsprinzip.[185]

---

178 *Platon,* Symposion 211 b in Schleiermachers Übersetzung von „selbst sich selbst gemäß" (auto kath' hauto).

179 Oben, Rn. 37; Zum formalen Verständnis des Rechtsstaates in der Weimarer Zeit *Huber,* Deutsche Verfassungsgeschichte, Bd. VI, 1993, S. 82 ff. mit Literaturhinweisen; Komprimiert zur Ideen- und Verfassungsgeschichte *Schulze-Fielitz,* in: Dreier, Art. 20 (Rechtsstaat) Rn. 1-16.

180 *Gröschner,* in: Dreier, Art. 20 (Sozialstaat) Rn. 2 ff.; Näheres unten, Rn. 56 f.

181 Oben, Rn. 11.

182 Ebenso *Linck,* in: Linck/Jutzi/Hopfe, Art. 44 Rn. 25.

183 *Sobota,* Das Prinzip Rechtsstaat, 1997, S. 253; Zusammenstellung der Elemente S. 254-257.

184 *Schlieffen,* Rechtsstaat (J), in: Evangelisches Staatslexikon, 2006, Sp. 1926 ff. (1931), Zitat bezogen auf *Schulze-Fielitz,* in: Dreier, Art. 20 (Rechtsstaat); Klare Konturen auch bei *Schmidt-Aßmann,* Der Rechtsstaat, in: HStR II, 3. Aufl., 2004, S. 541 ff.

185 *Schulze-Fielitz,* in: Dreier, Art. 20 (Rechtsstaat); mit Zusammenstellung der Leitentscheidungen (S. 172) und der Literatur (S. 170-172).

Alle sieben Kategorien finden sich auch in knapp 30 Judikaten des ThürVerfGH zum Rechtsstaatsprinzip.[186] Die meisten Entscheidungen betrafen allerdings Fragen **fairer Verfahrensgestaltung:**[187] Ausschließung vom Richteramt,[188] Verbot widersprüchlichen Richterverhaltens,[189] Rüge überlanger Verfahrensdauer,[190] Gewährleistung effektiven Rechtsschutzes[191] und – in mehreren Fällen – Verletzung rechtlichen Gehörs.[192] Über das Anhörungsrecht von Gemeinden im Rahmen einer Gebietsveränderung nach Art. 92 Abs. 2 Satz 3 wurde unter Rückgriff auf die sonst nur in Würdefragen herangezogene Objektformel entschieden.[193] 55

2. Sozialstaat. Anfangs war der deutsche Sozialstaat Antwort auf die soziale Frage des beginnenden Industriezeitalters.[194] In dieser ideengeschichtlichen Tradition enthält der „soziale" Staat des Grundgesetzes (Art. 20 Abs. 1, 28 Abs. 1 GG) eine Absage an den Wohlfahrtsstaat der „guten Policey" des 15. bis 18. Jahrhunderts.[195] Verfassungsdogmatisch verlangen republikanische oder freistaatliche Ordnungen die Konzeption eines **freiheitlichen Sozialstaates.** Dessen erster Theoretiker ist Lorenz von Stein.[196] Er erkennt die strukturellen Probleme der Industriegesellschaft und weist die Verantwortung einem sozialen Staat als politische Aufgabe zu. Leitprinzip der Aufgabenerfüllung – die bedeutungsgleich als Zielverwirklichung bezeichnet werden kann[197] – bleibt dabei die „Erhebung aller einzelnen zur vollsten Freiheit".[198] Anders als in rechtsstaatlicher Denktra- 56

186 Gewaltenteilung: ThürVerfGH, Urt. v. 20.04.2004 – 14/02 – S. 56 f.; Urt. v. 21.06.2005 – 28/03 – S. 50; Urt. v. 19.12.2008 – 35/07 – S. 31; Urt. v. 11.04.2008 – 22/05 – S. 14; Urt. v. 02.02.2011 – 20/09 – S. 14. Vorrang der Verfassung: Urt. v. 25.05.2000 – 2/99 – S. 20 f.; Urt. v. 19.09.2001 – 4/01 – S. 68 f.; Vorrang und Vorbehalt des Gesetzes: Urt. v. 18.12.1996 – 6/95 – S. 34 f.; Urt. v. 19.09.2001 – 4/01 – S. 68 f.; Urt. v. 04.04.2003 – 8/02 – S. 19; Bestimmtheitsgebot: Urt. v. 18.12.1997 – 11/95 – S. 13; Beschl. v. 11.03.1999 – 30/97 – S. 20 f.; Urt. v. 01.07.2009 – 21/06 – S. 12; Rückwirkungsverbot: Urt. v. 23.04.2009 – 32/05 – S. 35 f. mit Sondervotum *Baldus* S. 55 f.; Verhältnismäßigkeitsprinzip: Beschl. v. 07.09.2010 – 27/07 – S. 19 („Übermaßverbot").

187 ThürVerfGH, Beschl. v. 12.11.2002 – 12/02 – und Beschl. v. 09.10.2003 – 15/03 – Faires Strafverfahren; Beschl. v. 21.12.2004 – 29/03 – Fairer Umgang mit Verfahrensbeteiligten im Zivilprozess.

188 ThürVerfGH, Beschl. v. 12.01.1996 – 2/95, 4-9/95, 12/95 – S. 6 f. unter Bezugnahme auf BVerfGE 46, 34 (37) und 78, 331 (338).

189 ThürVerfGH, Beschl. v. 24.06.1999 – 11/98 – S. 12 (n.v.).

190 ThürVerfGH, Beschl. v. 15.03.2001 – 19/00 –; Beschl. v. 17.06.2004 – 7/04 –; Beschl. v. 30.01.2010 – 28/06 –.

191 ThürVerfGH, Urt. v. 15.11.2006 – 36/06 – Justizgewährleistungsanspruch.

192 ThürVerfGH, Beschl. v. 11.01.2001 – 3/99 –; Beschl. v. 21.12.2004 – 29/03 –; Beschl. v. 07.09.2011 – 13/09 –.

193 ThürVerfGH, Urt. v. 28.05.1999 – 39/97 - S. 15: Der „Sinn der Anhörung" liege „in der Gewährleistung des Rechtsstaatsprinzips und der kommunalen Selbstverwaltungsgarantie, die es verbieten, die Gemeinden zum bloßen Objekt staatlichen Handelns zu machen."

194 *Gröschner*, in: Dreier, Art. 20 (Sozialstaat) Rn. 2 mit Hinweis auf das Regulativ über die Beschäftigung jugendlicher Arbeiter in Fabriken aus dem Jahre 1839 als erstem Dokument der Sozialgesetzgebung in Deutschland. Die dortige Kommentierung ist Grundlage der vorliegenden, in die einige Passagen wörtlich übernommen wurden.

195 Zum alten Policeystaat als Wohlfahrtsstaat *Maier,* Die ältere deutsche Staats- und Verwaltungslehre, 2. Aufl. 1980; zur „guten Policey" *Stolleis*, Geschichte des öffentlichen Rechts in Deutschland, Bd. I, 1988, S. 334 ff.

196 *Stein,* Geschichte der sozialen Bewegung in Frankreich von 1789 bis auf unsere Tage (1850), 3 Bde., Nachdruck 1958.

197 Dazu die oben, Fn. 4, zitierte Definition der „Staatszielbestimmungen".

198 *Stein* (Fn. 196), Bd. I, S. 45.

dition gilt für einen sozialstaatlich konzipierten Freiheitsbegriff aber: „Die Freiheit ist eine wirkliche erst in dem, der die Bedingungen derselben, die materiellen und geistigen Güter als die Voraussetzungen der Selbstbestimmung besitzt."[199]

57 Mit dieser Orientierung an den wirklichen, keineswegs nur materiellen Bedingungen der Selbstbestimmung ist Lorenz von Stein zum Protagonisten **realer Freiheit** geworden, deren Gewährleistung namentlich Konrad Hesse und Ernst-Wolfgang Böckenförde dem grundgesetzlichen Sozialstaat aufgegeben haben.[200] Garanten solch realer, in der gesellschaftlichen Wirklichkeit tatsächlich existierender und praktizierbarer Freiheit sind nicht subjektive Rechte, sondern staatliche Pflichten: Pflichten, die ein „sozialer" Staat als Rechtsstaat allein deshalb zu erfüllen hat, weil er die entsprechenden („liberalen") Freiheitsgrundrechte in seiner Verfassung verspricht.

58 Der freiheitliche Sozialstaat der Thüringer Verfassung ist demnach ebenso wie derjenige des Grundgesetzes in definitorisch präziser Weise zur Herstellung realer Freiheit verpflichtet: Er hat die allgemeinen **Voraussetzungen zum Gebrauch der Freiheitsgrundrechte** zu gewährleisten.[201] Die betreffenden staatlichen Pflichten können dabei nur so „allgemein" sein wie die Voraussetzungen, auf die sie sich beziehen. Einer derart allgemeinen, als Aufgabe zu charakterisierenden Verpflichtung des Sozialstaates korrespondiert kein Anspruch von Grundrechtsträgern.[202] Deshalb garantieren die „Voraussetzungen" des Freiheitsgebrauchs keine konkreten Inhalte. Beispielsweise zielt reale Freiheit im Rahmen des Wohnungs-Grundrechts (Art. 13 Abs. 1 GG, 8 Abs. 1 ThürVerf) nicht auf Zuweisung individueller Unterkunft, sondern auf Schaffung bezahlbaren Wohnraums für alle Bevölkerungsschichten und damit auf Beseitigung der Obdachlosigkeit als gesellschaftliches Problem.[203]

59 Die bislang einzige Entscheidung des ThürVerfGH zum Sozialstaatsprinzip betraf Verfassungsbeschwerden gegen das gesetzgeberische Unterlassen einer Rehabilitierung in Sachen Boden- und Industriereform zwischen 1945 und 1949.[204] Das Prinzip des Sozialstaates begründe „eine Verantwortung der staatlichen Gemeinschaft für solche Lasten, die aus einem von der Gesamtheit zu tragenden Schicksal entstanden sind und mehr oder weniger zufällig nur einzelne Bürger oder bestimmte Gruppen von ihnen getroffen haben." Ein derartiger Ausgleich sei aber Aufgabe des Gesetzgebers, der dabei über einen weiten

199 *Stein* (Fn. 196), Bd. III, S. 104.

200 *Hesse*, S. 95: Die Freiheit der Wohnung hat „nur für diejenigen reale Bedeutung, die eine Wohnung besitzen."; *Böckenförde*, Recht, Staat, Freiheit, 1991, S. 232 ff., zu Lorenz v. Stein S. 170 ff.

201 So wörtlich *Gröschner*, in: Dreier, Art. 20 (Sozialstaat) Rn. 21; *Kingreen*, Das Sozialstaatsprinzip im europäischen Verfassungsverbund, 2003, S. 129, nennt dies „eine mittlerweile gängige Formulierung in der Literatur" (Fn. 72 mit Nachweisen).

202 Zur dogmatischen Grundunterscheidung von Aufgaben und Befugnissen als Pflichten und Rechten des Staates in den Rechtsverhältnissen des Öffentlichen Rechts *Gröschner*, Das Überwachungsrechtsverhältnis, 1992, S. 266 ff., 346 f.

203 Maßstabbildende Darstellung des sozialen Staatsziels einschließlich Wiedervereinigung, Europäisierung und Globalisierung bei *Zacher*, in: HStR II, 3 Aufl. 2004, § 26, S. 659 ff., 744 ff.

204 ThürVerfGH, Beschl. v. 01.06.2011 – 43/08, 44/08, 47/08 - Die drei zur gemeinsamen Beratung und Entscheidung verbundenen Verfassungsbeschwerden wurden durch einstimmigen Beschluss des nach § 34 ThürVerfGHG bestellten Ausschusses als unzulässig verworfen (S. 13).

Regelungs- und Gestaltungsspielraum verfüge.[205] Innerhalb dieses Spielraums habe der Bundesgesetzgeber generell darauf verzichten dürfen, Enteignungen auf besatzungsrechtlicher oder besatzungshoheitlicher Grundlage rückgängig zu machen.

V. Staatsziel Umweltschutz

Bis zur Aufnahme eines Schutzes der „natürlichen Lebensgrundlagen" als Staatsziel in Art. 20 a GG[206] bot allein die „körperliche Unversehrtheit" i.S.d. Art. 2 Abs. 2 GG einen Ansatzpunkt für staatliche Pflichten zum Schutz vor gesundheitsgefährdenden Umweltbelastungen – eine Schwelle, die für wirksamen Umweltschutz unüberwindbar geblieben wäre.[207] Im Vergleich damit hat die Verfassung Thüringens schon ein Jahr vor der Änderung des Grundgesetzes einen **Prinzipienwandel** bewirkt, der auch dann beachtlich bleibt, wenn man ihn nicht zum Paradigmenwechsel hochstilisiert: Umweltschutz ist keine Aufgabe zur Abwehr von Gefahren für individuelle Polizeigüter mehr, sondern eine Pflicht zum Schutz eines verfassungsrechtlich verbrieften kollektiven Rechtsgutes.[208] 60

Von einem Paradigmenwechsel könnte nur bei einer Revolution des wissenschaftlichen Weltbildes gesprochen werden.[209] Das Kollektivgut „natürliche Lebensgrundlagen" hat die Rechtswissenschaft aber nicht revolutioniert. Es ist „nur" der bereits erwähnte, in keiner Verfassung Deutschlands deutlicher als in Thüringen artikulierte **Anthropozentrismus des Rechts,** der Umwelt-Rechte verhindert, aber Umwelt-Schutz verlangt. Wer Tiere, Pflanzen und Sachen schützen will, muß den Menschen zu einem entsprechenden Schutz verpflichten. Mit dem „Recht" eines Baumes im Thüringer Wald dürfen klaren Kopfes arbeitende Juristen auch dann nicht argumentieren, wenn ihr Herz sich aus ökologischen Gründen für entsprechende moralische Rechte erwärmen kann.[210] 61

Der konstruktive Fehler ökozentrischer Ansätze liegt im Begriff des subjektiven Rechts: „Subjektiv" ist ein Recht, das einem Rechtssubjekt zum Schutz eigener Angelegenheiten und deshalb auch zu eigenverantwortlicher Geltendmachung verliehen ist.[211] Diese „Rechtsmacht" zur Durchsetzung ist dogmatisch ebenso sekundär wie das Verfahrensrecht Sekundärrecht gegenüber dem materiellen 62

205 S. 17 unter berechtigter Berufung auf BVerfGE 102, 254 (297 ff.) und 112, 1 (29 f.); Als weitere Leitentscheidungen zum Sozialstaat wären zu nennen: BVerfGE 1, 97 (104 ff.); 4, 7 (16 ff.); 5, 85 (197 ff.); 11, 105 (110 ff.); 28, 324 (348 ff.); 29, 221 (235 ff.); 33, 303 (329 ff.); 40, 121 (133 ff.); 59, 231 (261 ff.); 82, 60 (79 ff.); 87, 153 (169 ff.); 88, 203 (312 ff.); 99, 216 (231 ff.); 103, 197 (221 f.).

206 Änderungsgesetz v. 27.10.1994 (BGBl. I S. 3146); Einfügung der Wörter „und die Tiere" durch Gesetz v. 26.07.2002 (BGBl. I S. 2862); Ausführliche Kommentierung bei *Schulze-Fielitz,* in: Dreier, Art. 20 a.

207 Grundgedanken und einige Formulierungen aus *Gröschner*, Wirtschaftsverwaltungs- und Umweltrecht, in: Huber, S. 435 ff. (460 ff.).

208 Eingehende Erörterung der grundlegenden Fragen bei *Kloepfer,* Umweltrecht, 3. Aufl. 2004, S. 9 ff.

209 *Kuhn,* Die Struktur wissenschaftlicher Revolutionen, 2001.

210 *Stones*' berühmter Beitrag „Should Trees Have Standing" (1972) – deutsche Ausgabe „Umwelt vor Gericht" (1992) ist ein Parteigutachten aus Anlass eines Rechtsstreits in den Vereinigten Staaten von Amerika, das erstens zu einseitig und zweitens zu amerikanisch ist, um die verfassungsrechtliche Diskussion in Deutschland inhaltlich präjudizieren zu können.

211 Geschichtliche Grundlagen der Lehre vom subjektiven Recht in *Bauers* gleichnamiger Monographie, 1986.

Recht ist. Die materiellen Rechtsverhältnisse sind in der menschenwürdefundierten Ordnung des Grundgesetzes und der Thüringer Verfassung aber **Rechtsverhältnisse zwischen Personen.** Kollektivgüter des Umweltrechts können nicht Träger subjektiver Rechte in solch interpersonalen Rechtsverhältnissen sein, sondern nur deren Gegenstände.[212] Die Amtswalter staatlicher Institutionen in Gesetzgebung, Verwaltung und Rechtsprechung auf den Schutz dieser Gegenstände zu verpflichten,[213] ist im Prinzip der richtige Ansatz zum Erhalt der vitalen Grundlagen unserer freiheitlichen Rechts- und Staatsordnung.[214]

63 Das OVG Weimar hat den Anthropozentrismus des Umweltrechts zwar nicht mit diesem Begriff, aber doch mit deutlichen Worten bekräftigt: Das „Schutzgut Landschaftsbild" sei „kein Wert an sich", sondern definiert aus der „wertenden Betrachtung durch den Menschen, auf den es einwirkt und der es wahrnimmt".[215] Im Koalitionsvertrag zwischen CDU und SPD vom Oktober 2009 heißt es zur „schwarz-roten" Politik in durchaus „grün" anmutender Weise: „Wir wollen Vorreiter für eine nachhaltige Energiepolitik und Naturnutzung, Land- und Forstwirtschaft werden."[216] Das ist nicht nur im Sinne des Art. 44 Abs. 1, sondern des gesamten Abschnitts „Natur und Umwelt" der Thüringer Verfassung (Art. 31-33).

VI. Staatssymbole

64 Art. 44 Abs. 2 regelt die weiß-roten Landesfarben und den achtfach rot-silber gestreiften Löwen mit den acht silbernen Sternen im Wappen des Landes,[217] Abs. 3 Erfurt als Sitz der Landeshauptstadt.[218] Eingehende Erörterung und umfassende Würdigung sowohl ihrer historischen Entwicklung als auch ihrer normativen Bedeutung haben die betreffenden Regelungen in der **Erstkommentierung der Thüringer Verfassung** gefunden.[219] Darauf kann hier im Prinzip wie im Detail verwiesen werden.[220]

212 „Für eine neue Vorreiterrolle" Deutschlands in der europäischen und globalen Umweltpolitik spricht sich das Umweltgutachten 2002 schon in seinem Titel aus: BT-Drs. 14/8792.

213 Die wesentlichen Entscheidungen zur Verwirklichung des Staatszieles Umweltschutz hat – wie beim sozialen Staatsziel – der Gesetzgeber zu treffen: *Linck,* in Linck/Jutzi/Hopfe, Art. 44 Rn. 46.

214 Mehr als dieses Prinzip war hier nicht zu kommentieren; Details in der Kommentierung zu Art. 31-33.

215 OVG Weimar, Urt. v. 15.08.2007 – 1 KO 1127/05 – S. 19.

216 S. 3, „Thüringen soll die Vorreiterrolle bei den erneuerbaren Energien weiter ausbauen und zum grünen Motor Deutschlands werden" (S. 4); Zum „Energiekonzept Thüringen 2020" die Regierungserklärung der Ministerpräsidentin vom 13.09.2012, www.thueringen.de.

217 Nach § 1 des Gesetzes vom 07.04.1921 (GTh S. 91) waren es sieben Sterne als Symbol der im Freistaat Thüringen vereinten vormals selbständigen Staaten; durch Gesetz vom 13.08.1945 (RTh I S. 5) kam für die preußischen Gebiete ein achter Stern hinzu: *Linck,* in: Linck/Jutzi/Hopfe, Art. 44 Rn. 53 f.; Bildlicher Vergleich der Wappen von 1945 und 1991 in: *Post/Wahl* (Hrsg.), Thüringen-Handbuch, 1999, S. 202.

218 Zur Diskussion im Verfassungsausschuss oben, Rn. 12.

219 *Linck,* in: Linck/Jutzi/Hopfe, Art. 44 Rn. 48-63.

220 Literatur vor Rn. 48, einfachgesetzliche Regelungen Rn. 48 ff., Wappen Rn. 53 ff., Landesfarben Rn. 57 ff., Hauptstadt Rn. 60 ff.

Artikel 45 [Unmittelbare und mittelbare Demokratie]

[1]Alle Staatsgewalt geht vom Volk aus. [2]Es verwirklicht seinen Willen durch Wahlen, Volksbegehren und Volksentscheid. [3]Es handelt mittelbar durch die verfassungsgemäß bestellten Organe der Gesetzgebung, der vollziehenden Gewalt und der Rechtsprechung.

Vergleichbare Regelungen

Art. 20 Abs. 2, 3 GG; Art. 25 BWVerf; Art. 2 f. BayVerf; Art. 2 VvB; Art. 2 BbgVerf; Art. 66 BremVerf; Art. 3 HambVerf; Art. 70 HessVerf; Art. 3 M-VVerf; Art. 2 NV; Art. 2 Verf NW; Art. 74 f. Verf Rh-Pf; Art. 61 SaarlVerf; Art. 3 SächsVerf; Art. 2 LVerf LSA; Art. 2 SchlHVerf.

Ergänzungsnormen im sonstigen thüringischen Recht

§ 1 ThürLWG idF der Bek. v. 30.07.2012 (ThürGVBl. S. 309); §§ 9 ff. ThürBVVG idF der Bek. v. 23.02.2004 (ThürGVBl. S. 237); §§ 12 ff. ThürKWG v. 16.08.1993 (ThürGVBl. S. 530) zuletzt geändert durch Art. 3 ÄndG v. 09.09. 2010 (ThürGVBl. S. 291); §§ 1 ff. ThürRiG v. 17.05.1994 (ThürGVBl. S. 485) zuletzt geändert durch Art. 12 G zur Änd. des Beamtenrechts v. 20.03.2009 (ThürGVBl. S. 238).

Dokumente zur Entstehungsgeschichte

Art. 4 VerfE CDU; Art. 32 VerfE F.D.P.; Art. 3 VerfE SPD; Art. 2 VerfE NF/GR/DJ; Art. 2 VerfE LL/PDS; Entstehung ThürVerf, S. 122 f.

Literatur

Ernst-Wolfgang Böckenförde (Hrsg.), Staat und Gesellschaft, 1976; *Herrmann Heller*, Staatslehre, 1934; *Georg Jellinek*, Allgemeine Staatslehre, 3. Aufl. 1913 (Neudr. 1976); *Siegfried Jutzi*, Urteilsanmerkung VerfGH 4/01, NJ 2001, 644; *Michael Koch*, Anmerkung zum Urteil des Thüringer Verfassungsgerichtshofs vom 15. 8. 2001 – VerfGH 4/01, ThürVBl 2002, 46 f.; *Christoph Möllers*, Gewaltengliederung: Legitimation und Dogmatik im nationalen und internationalen Rechtsvergleich, 2005; *Johannes Rux*, Weitere Anmerkung zu ThürVerfGH, Urteil vom 15. 8. 2001 – VerfGH 4/01, ThürVBl 2002, 48 ff.; *ders.*, Die Haushaltsvorbehalte in Bezug auf die direktdemokratischen Verfahren in den Verfassungen der neuen Bundesländer, LKV 2002, 252 ff., *Michael Sachs*, Ewigkeitsgarantie für Grenzen der Volksgesetzgebung, LKV 2002, 249 ff.; *Eberhardt Schmidt-Aßmann*, Verwaltungslegitimation als Rechtsbegriff, AöR 116 (1991), 329 ff.; *ders.*, Das allgemeines Verwaltungsrecht als Ordnungsidee – Grundlagen und Aufgaben der verwaltungsrechtlichen Systembildung, 2. Aufl. 2006; *Carl Schmitt*: Volksentscheid und Volksbegehren, 1927; *Christian Starck*, Verfassungen, 2009; *Jürgen Staupe*, Parlamentsvorbehalt und Delegationsbefugnis: Verfassungsrechtliche Überlegungen zur Reichweite des Parlamentsvorbehalts, insbesondere im Schulrecht, und zur sogenannten „Wesentlichkeitstheorie“, 1985; *Sebastian Unger*, Das Verfassungsprinzip der Demokratie, 2008; *Kurt Georg Wernicke/Hans Booms* (Hrsg.), Der Parlamentarische Rat 1948-1949, Bd. 5/II, Ausschuss für Grundsatzfragen, 1993; *Fabian Wittreck* (Hrsg.), Volks- und Parlamentsgesetzgeber: Konkurrenz oder Konkordanz?, 2012.

Leitentscheidungen des ThürVerfGH und des BVerfG

ThürVerfGH, Urteil vom 19.9.2001, VerfGH 4/01 = NJ 2001, 644 (Volksbegehren „Mehr Demokratie“).

BVerfGE 2, 307 (Gerichtsbezirke); 7, 183 (Kriegsopferversorgung); 9, 268 (Bremer Personalvertretung); 20, 56 (Parteienfinanzierung I); 33, 125 (Facharzt); 34, 52 (Hessisches Richtergesetz); 37, 271 (Solange I); 40, 273 (Justizverwaltungsakt); 44, 125 (Öffentlichkeitsarbeit); 45, 142 (Rückwirkende Verordnungen); 47, 253 (Gemeindeparlamente); 49, 89 (Kalkar I); 65, 283 (Bauleitpläne); 68, 1 (Atomwaffenstationierung); 83, 37 (Ausländerwahlrecht I); 83, 60 (Ausländerwahlrecht II); 93, 37 (Mitbestimmungsgesetz Schleswig-Holstein); 95, 1 (Südumfahrung Stendal); 119, 331 (Hartz IV Arbeitsgemeinschaften).

A. Überblick

1 Art. 45 **konkretisiert die Staatsstrukturbestimmung des** Art. 44 Abs. 1, der die Grundsätze der Demokratie und des Rechtsstaats normiert. Die Regelung führt den Grundsatz der Volkssouveränität (Satz 1) ein, der über verschiedene Formen der demokratischen Beteiligung (Satz 2) das Demokratieprinzip ausgestaltet. Zudem errichtet Art. 45 Satz 3 die drei Staatsgewalten in der **Staatsform der repräsentativen Demokratie**. Diese Regelungen bilden zusammen mit Art. 47 den Kanon der **Staatsfundamentalnormen** und konstituieren den Freistaat Thüringen **in Erfüllung des bundesverfassungsrechtlichen Homogenitätsprinzips** (Art. 28 Abs. 1 Satz 1 und 2 iVm Art. 20 Abs. 3 GG) als demokratischen Rechtsstaat.

B. Herkunft, Entstehung und Entwicklung

2 Der Grundsatz der Volkssouveränität wurde nach dem Zusammenschluss der thüringischen Staaten[1] erstmalig 1921 in § 3 der Verfassung des Landes Thüringen aufgenommen[2] und in Art. 3 der Verfassung vom 20. Dezember 1946 bestätigt.[3] Besonderen Wert legte der Verfassunggeber nach der Wende auf die in dieser Vorschrift enthaltenen **plebiszitären Elemente**. Die Ausübung der Staatsgewalt durch das Volk sollte keinen bloß deklaratorischen Charakter haben, sondern **unmittelbar durch Wahlen, Volksbegehren und Volksentscheid** verwirklicht werden. Das Volk sollte in der Organisation des Staates als Quelle demokratischer Legitimation und als gestaltender Faktor des politischen Lebens im Freistaat (Art. 9) ernst genommen und seine legitimierende Macht auch über Formen unmittelbarer Partizipation an politischen Entscheidungen sowie durch die Garantie der kommunalen Selbstverwaltung (Art. 91 Abs. 1 und 2 iVm Art. 28 Abs. 2 GG) im Sinne des Mottos der friedlichen Revolution (1989) **„Wir sind das Volk“** anerkannt werden.

1 Gemeinschaftsvertrag über den Zusammenschluss der thüringischen Staaten v. 04.01.1920.
2 Verfassung des Landes Thüringen v. 11.03.1921.
3 Verfassung des Landes Thüringen v. 20.12.1946.

C. Verfassungsvergleichende Information

Wegen ihrer grundlegenden Bedeutung für die Staatlichkeit der deutschen Länder ist die Regelung des Art. 45 in unterschiedlichen Formulierungen in sämtlichen Länderverfassungen verankert.[4] Sie ist Ausdruck des Homogenitätsprinzips (Rn. 1), das die Länder verpflichtet, ihre verfassungsmäßige Ordnung in der Weise zu gestalten, dass sie den Staatsfundamentalnormen des Art. 20 GG entsprechen.[5] Infolge seiner inhaltlichen Vorgabe, nach der die verfassungsmäßige Ordnung in den Ländern den Grundsätzen des republikanischen, demokratischen und sozialen Rechtsstaates im Sinne des Grundgesetzes entsprechen muss, wird die Geltung des Bundesrechts auf dem Gebiet der deutschen Länder ergänzt. 3

D. Erläuterungen

I. Der Grundsatz der Volkssouveränität

1. Volkssouveränität als Leitgedanke für die Konstituierung der Staatsgewalt. 4
a) Begriff der Volkssouveränität. Art. 45 Satz 1 beinhaltet die Strukturentscheidung für das Prinzip der **Volkssouveränität.** Er proklamiert diesen Grundsatz zum **Leitgedanken der Konstituierung der Staatsgewalt.** Danach müssen in einem demokratischen Staat die Legitimation der öffentlichen Gewalt und die rechtliche Organisation staatlicher Herrschaft ihre Grundlage in einer Entscheidung des Volkes finden.[6] Subjekt der Legitimation ist im Anwendungsbereich von Art. 45 mithin das **Volk.** Das Legitimationsobjekt ist die **Staatsgewalt.**

b) Begriff „Volk". Mit der Wendung „Alle Staatsgewalt geht vom Volk aus" legt Art. 45 den **Ausgangspunkt aller demokratischen Legitimation** fest. Sie besagt im Kern, dass die Ausübung „obrigkeitlicher Befugnisse" nicht „auf Privilegien, auf Erbrecht, wie in der Monarchie, sondern auf dem Konsens des Volkes" beruht.[7] In Anlehnung an das klassische Staatsverständnis der Drei-Elemente Lehre[8] ist der Freistaat als demokratisches deutsches Land auf eine Personengesamtheit angewiesen, die **Träger und Subjekt** der in ihm und durch seine Organe ausgeübten **Staatsgewalt** ist.[9] Art. 45 statuiert, dass das Legitimationssubjekt der Staatsgewalt das Volk als eine zur Einheit verbundene Gruppe von Menschen ist.[10] 5

Der **Begriff des Volkes** iSd. Art. 45 Satz 1 erklärt sich vor dem Hintergrund der bundesstaatlichen Integration des Freistaats in die Bundesrepublik unter zwei Gesichtspunkten:[11] Zunächst bezieht er sich auf die Bürgerinnen und Bürger, 6

---

4 Art. 25 BWVerf, Art. 2 f. BayVerf, Art. 2 VvB, Art. 2 BbgVerf, Art. 66 BremVerf, Art. 3 HambVerf, Art. 70 HessVerf, Art. 3 M-VVerf, Art. 2 NV, Art. 2 Verf NW, Art. 74 f. Verf Rh-Pf, Art. 61 SaarlVerf, Art. 3 SächsVerf, Art. 2 LVerf LSA, Art. 2 SchlH-Verf.

5 BVerfGE 9, 268 (281); BVerfGE 47, 253 (272).

6 *Badura*, in: HStR I, § 23 Rn. 27.

7 Vgl. die Äußerung von Dr. *C. Schmidt* anlässlich der Zwanzigsten Sitzung des Parlamentarischen Rates am 10.11.1948, in: Der Parlamentarische Rat 1948-1949, S. 524.

8 *Jellinek*, Allgemeine Staatslehre, S. 394 ff.

9 Vgl. dazu *Böckenförde*, in: HStR I, § 22 Rn. 26, der das Staatsvolk aufgrund seiner engen Verknüpfung mit dem politischen Leben und dem Schicksal des Staates auch als „politische Schicksalsgemeinschaft" bezeichnet.

10 *Unger*, Das Verfassungsprinzip der Demokratie, S. 57.

11 Vgl. zum Begriff des „Volkes" in Bund, Ländern und Kommunen *Grawert*, in: HStR I, § 14 Rn. 25.

die im Gebiet des Freistaats ihren **Wohnsitz** haben (Art. 46 Abs. 2). Damit wird das Merkmal durch seine Anbindung an ein bestimmtes Territorium limitiert. Neben dieser territorialen Begrenzung darf die Staatsgewalt nach dem Homogenitätsgebot[12] des Art. 28 Abs. 1 Satz 1 GG auch in den deutschen Ländern nur von denjenigen Bürgerinnen und Bürgern getragen werden, die **Deutsche im Sinne des Art. 116 Abs. 1 GG** sind.[13] Diese Voraussetzung wird auch in der Definition des Bürgerbegriffs in Art. 104 wiederholt.[14] Das Thüringer Landesvolk bildet damit ein **Legitimations- und zugleich Zurechnungssubjekt**, das von anderen Personenverbänden abgrenzbar ist.

7 **c) Begriff „Staatsgewalt".** Die Staatsgewalt ist die rechtlich organisierte, an die Thüringer Verfassung gebundene, höchste und einzige, **von Staatsorganen ausgeübte öffentliche, notfalls mit den Mitteln des Befehls oder des Zwangs gegenüber jedermann durchzusetzende Herrschaft**. Sie ist das wesentliche Attribut des Freistaats als „politische Wirkungs- und Entscheidungseinheit",[15] die durch das Volk als *pouvoir constituant* legitimiert und durch die Gliederung in einzelne Gewalten von den Staatsorganen Thüringens ausgeübt wird. Dabei handelt es sich um die in Satz 3 aufgezählten Organe der Gesetzgebung, vollziehenden Gewalt und Rechtsprechung, deren Zusammenwirken den Freistaat zu einer sich immer wieder neu im Verfahren herstellenden Einheit[16] macht, die gesellschaftlich „hervorgebracht" wird und „in gesellschaftlichem Zusammenwirken erhalten werden muss."[17]

8 Die Ausübung der Staatsgewalt erstreckt sich auf das gesamte staatliche Handeln einschließlich der fiskalischen Akte.[18] Die öffentliche Gewalt wird im Bereich der Exekutive notwendigerweise nicht nur im Rahmen der unmittelbaren Staatsverwaltung von Staatsorganen ausgeübt, sondern kann im Wege der mittelbaren Staatsverwaltung – neben öffentlich-rechtlichen Rechtssubjekten – *auch* von nicht-staatlichen Hoheitsträgern (private Beliehene oder Vertragspartner im Rahmen einer *Public Private Partnership*) ausgeübt werden.[19] Vor diesem Hintergrund definiert das Bundesverfassungsgericht **„jedes amtliches Handeln mit Entscheidungscharakter" als** Staatsgewalt.[20] Unabhängig davon, in welcher Handlungs- oder Organisationsform der Staat agiert, bedarf sein Tätigwerden der demokratischen Legitimation.

9 Nicht unter den Begriff der Staatsgewalt im Sinne des Art. 45 fallen Maßnahmen ausländischer Staaten. Lediglich die Umsetzung und der Vollzug supranationaler Rechtsakte durch die deutschen Staatsorgane sind der deutschen Staatsgewalt zurechenbar und fallen in den Anwendungsbereich von Art. 45.[21]

10 **2. Inhalt des Grundsatzes der Volkssouveränität.** Die Formel „Alle Staatsgewalt geht vom Volk aus" bringt die Idee der Volkssouveränität zum Ausdruck

12 *Nierhaus*, in: Sachs, GG, Art. 28 Rn. 7 ff.
13 BVerfGE 83, 37 (50 ff.).
14 Vgl. *Blanke*, Art. 104 Rn. 4, 8.
15 *Heller*, Staatslehre, S. 238 ff.
16 *Schmidt-Aßmann*, Das allgemeines Verwaltungsrecht als Ordnungsidee – Grundlagen und Aufgaben der verwaltungsrechtlichen Systembildung, S. 257.
17 *Hesse*, in: Böckenförde (Hrsg.), Staat und Gesellschaft, S. 484 (489 f.).
18 *Böckenförde*, in: HStR I, § 22 Rn. 12.
19 *Schmidt-Aßmann*, AöR 116 (1991), 329 (339).
20 BVerfGE 83, 60 (73); BVerfGE 93, 37 (68).
21 BVerfGE 37, 271 (283); BVerfGE 45, 142 (167).

und fordert eine demokratisch legitimierte Herrschaftsausübung ein.[22] Da in einer Gesellschaft niemals alle Angelegenheiten von einem **einheitlichen Volkswillen** entschieden werden können, liegt diesem Prinzip nicht die originäre Idee einer „Volksherrschaft", sondern ein Konzept über das Verfahren, also über die Art und Weise der Ausgestaltung der Herrschaft des Volkes zugrunde.[23] Der Grundsatz der Volkssouveränität verlangt daher nicht eine unmittelbare Legitimation der Herrschaftsausübung durch eine Entscheidung der Volksversammlung, sondern anerkennt die **repräsentative Form der Ausübung von Staatsgewalt.**[24]

Auch Art. 45 folgt diesem Prinzip. Er verbindet die Vorstellung einer durch die **freie Selbstbestimmung aller Bürger** geprägten Demokratie mit dem Gedanken der „**Repräsentation**". Zugleich belegt Art. 45 die Bedeutung des Elements der freien Wahl für die Legitimation und Kontrolle staatlicher Herrschaft. Daneben werden durch die Benennung von **Volksbegehren und Volksentscheid** auch **plebiszitäre demokratische Formen** zugelassen, die in ihrer Ausgestaltung deutlich über die grundgesetzlichen Optionen hinausreichen (Rn. 27 ff.). 11

3. Die Legitimation der Herrschaft durch das Volk. a) Das Erfordernis einer ununterbrochenen Legitimationskette. Voraussetzung für die Rechtfertigung der Ausübung von Staatsgewalt durch die „verfassungsgemäß bestellten Organe" ist ein **effektiver Einfluss, den das Volk hierauf ausüben muss.** Verfassungsrechtlich kommt es dabei nicht auf die Form der demokratischen Legitimation staatlichen Handelns an, sondern auf ihre Effektivität in Gestalt eines **hinreichenden „Legitimationsniveaus"**.[25] Um das demokratische Prinzip sicherzustellen hat das BVerfG für die unmittelbare Staatsverwaltung auf Bundes- und Landesebene sowie die Selbstverwaltung in den Kommunen eine Reihe von Grundsätzen entwickelt. Danach erfordert die verfassungsrechtlich geforderte demokratische Rückbindung staatlicher Herrschaft eine uneingeschränkte Legitimation durch eine „**ununterbrochene Legitimationskette**" vom Volk zu den mit Aufgaben und Befugnissen betrauten Organen und Amtswaltern.[26] Vor diesem Hintergrund legt Art. 45 fest, dass sich „Innehabung und Ausübung der Staatsgewalt"[27] konkret vom Volk herleiten müssen. 12

b) Formen demokratischer Legitimation. Um eine uneingeschränkte Legitimation durch das Volk sicherzustellen, müssen Staatsgewalt und Staatsämter so konstituiert sein, dass eine stete Rückbindung der selbsthandelnden repräsentativen Leitungs- und Entscheidungsträger an das Volk möglich ist. Nur durch eine **Legitimation „von unten nach oben"** kann ein Abgleiten der selbsthandelnden Repräsentanten in eine souveräne Position verhindert werden.[28] Die demokratische Organisation der Leitungs- und Entscheidungsgewalt macht daher eine „amtsmäßige, rechtlich begrenzte Befugnis" und die „demokratische Korrigierbarkeit […] durch Abberufung des Repräsentanten durch eine periodische Neuwahl durch das Volk" notwendig.[29] Die dafür bestimmten **Einrichtungen** 13

22 *Badura*, in: HStR I, § 23 Rn. 27.
23 *Stern*, Bd. I, S. 592, 604.
24 *Badura*, in: HStR I, § 23 Rn. 35.
25 BVerfGE 93, 37 (66 f.).
26 BVerfGE 83, 60 (73); BVerfGE 47, 253 (275).
27 *Böckenförde*, in: HStR I, § 22 Rn. 11.
28 *Böckenförde*, in: HStR II, § 30 Rn. 15. Vgl. *Blanke*, Art. 47 Rn. 13 ff.
29 *Böckenförde*, in: HStR II, § 30 Rn. 15.

und Verfahren sind ein wesentlicher Bestandteil des Prozesses demokratischer Legitimation.

14 aa) **Funktionelle und institutionelle demokratische Legitimation.** Im funktionellen Sinne wird diese Legitimationsvermittlung durch die in der Verfassung selbst angelegte Funktionstrennung der gesetzgebenden, vollziehenden und rechtsprechenden Gewalt geprägt.[30] Im Ergebnis führt die funktionell-institutionelle Komponente der demokratischen Legitimation zum Ausschluss eines unter Berufung auf das Demokratieprinzip vertretenen Gewaltenmonismus des Parlaments, etwa im Sinne eines allumfassenden Gesetzesvorbehalts für das Handeln der Exekutive.[31] Aus dem Umstand, dass allein die Mitglieder des Parlaments unmittelbar vom Volk gewählt werden, folgt nicht, dass andere Institutionen und Funktionen der Staatsgewalt der demokratischen Legitimation entbehren.[32] Das Volk als Souverän steht mithin hinter allen drei Gewalten.[33] Die **Zuweisung von Funktionen** an die einzelnen Gewalten ersetzt dabei nicht die konkrete Ermächtigung **der** Organwalter durch **die organisatorisch-personelle** oder **sachlich-inhaltliche demokratische Legitimation.**[34]

15 bb) **Organisatorisch-personelle demokratische Legitimation.** Die organisatorisch personelle Legitimation verlangt das **Bestehen einer ununterbrochenen, auf das Volk zurückführbaren Legitimationskette** für die mit der Wahrnehmung staatlicher Angelegenheiten betrauten Amtswalter.[35] Ihre Einsetzung muss sich auf eine Reihe von Berufungsakten gründen, die zumindest mittelbar - nicht notwendigerweise *unmittelbar* - auf das Volk zurückzuführen sind.[36] Danach ist ein Amtsträger des Landes dann als legitimiert anzusehen, wenn er sein Amt durch Volkswahl, den Landtag oder im Wege der Ernennung durch einen seinerseits demokratisch legitimierten Amtsträger erhalten hat.

16 Die personelle Legitimationskette erstreckt sich von der **Wahl des Landtags durch das Volk** (Art. 48 Abs. 1) über die **Wahl des Ministerpräsidenten durch den Landtag** (Art. 48 Abs. 2, Art. 70 Abs. 3) hin zur **Ernennung von Mitgliedern der Landesregierung** (Art. 70 Abs. 4) **durch den Ministerpräsidenten.** Er ernennt darüber hinaus die Beamten und Richter des Landes (Art. 78 Abs. 1), soweit nach Art. 78 Abs. 3 keine Subdelegation erfolgt. Die so legitimierte Landesregierung richtet ihrerseits die Landesbehörden ein (Art. 90).

17 Im **kommunalen Bereich** führt die Legitimationskette von den unmittelbar durch das Volk gewählten Amtsträgern (Gemeindevertreter, § 12 ff. ThürKWG; Kreistagsabgeordnete, §§ 27 f. ThürKWG; hauptamtliche Bürgermeister, §§ 24 ff. ThürKWG) hin zu den kommunalen Bediensteten, insbesondere den Stadträten. Dabei ist zu berücksichtigen, dass die kommunalen Vertretungen keine Parlamente, sondern Verwaltungsorgane darstellen[37] und sich in der

30 BVerfGE 49, 89 (125); BVerfGE 68, 1 (89).

31 BVerfGE 49, 89 (125); BVerfGE 68, 1 (88); BVerfGE 95, 1 (15 ff.). Vgl. außerdem *Starck*, Verfassungen, S. 92. Eine Gegenmeinung vertritt dagegen *Maurer*, Allg. VerwR, § 6 Rn. 10 ff.

32 BVerfGE 49, 89 (125).

33 *Staupe*, Parlamentsvorbehalt und Delegationsbefugnis: Verfassungsrechtliche Überlegungen zur Reichweite des Parlamentsvorbehalts, insbesondere im Schulrecht, und zur sogenannten "Wesentlichkeitstheorie", S. 204.

34 *Sommermann*, in: von Mangoldt/Klein/Starck, Art. 20 Rn. 169.

35 BVerfGE 47, 253 (275); BVerfGE 119, 331 (366) mwN.

36 *Dreier*, in: Dreier, GG, Art. 20 Rn. 115.

37 BVerfGE 65, 283 (289).

Volkswahl der Bürgermeister eine besondere Form der unmittelbar-demokratischen Legitimation von Verwaltungsorganen verwirklicht. Grundsätzlich ist für das Legitimationsniveau der vollziehenden Gewalt ausreichend, dass sich die Bestellung der Amtsträger auf das Staatsvolk zurückführen lässt, die Amtsträger selbst im Auftrag und nach Weisung der Regierung handeln und dadurch die Regierung in die Lage versetzen, die sachliche Verantwortung gegenüber Volk und Parlament zu übernehmen.[38]

cc) **Sachlich-inhaltliche demokratische Legitimation.** Die sachlich-inhaltliche Ebene der Legitimation tritt ergänzend neben die organisatorisch-personelle demokratische Legitimation und betrifft das **Erfordernis einer inhaltlichen Herleitung der Handlungen der Staatsorgane aus dem Willen des Volkes.**[39] Sie manifestiert sich vor allem in der Verabschiedung von Gesetzen durch das Parlament. Zudem stellen Volksbegehren und Volksentscheid Verfahren der **„Volksgesetzgebung"** dar, die unmittelbar vom Volk des Freistaates initiiert werden (Rn. 27 ff.).[40] 18

Daneben kommt der demokratischen Verantwortlichkeit einschließlich der Kontrolle der übertragenen Aufgaben großes Gewicht zu. Die demokratische Verantwortlichkeit erfordert die institutionalisierte Bindung des Legitimationsobjekts an das Legitimationssubjekt, um die rechtswirksamen Handlungen des Hoheitsträgers der demokratischen Willensbildung zu unterwerfen.[41] Die **Ausübung der Staatsgewalt** und die Verantwortung der Verfassungsorgane für ihr Handeln werden **durch den periodisch wiederkehrenden Wahlakt bestätigt oder sanktioniert.** Der Ministerpräsident und die Landesregierung tragen gegenüber dem Landtag unmittelbar die Verantwortung für ihr eigenes Handeln, mittelbar auch für das der nachgeordneten Behörden (Art. 76 Abs. 1). 19

dd) **Die Wechselwirkung der Legitimationsarten.** Um eine uneingeschränkte Legitimation, mithin ein hinreichendes Legitimationsniveau, durch das Volk zu gewährleisten, sind die organisatorisch-personelle und sachlich-inhaltliche demokratische Legitimation eng miteinander zu verknüpfen. Ohne ein Zusammenwirken der beiden Legitimationsformen würde entweder im Falle der organisatorisch-personellen demokratischen Legitimation allein die Wahrnehmung der Staatsgewalt durch die Berufung der Amtsträger legitimiert oder bei der Vermittlung sachlich-inhaltlicher Legitimation ausschließlich der Inhalt der Herrschaftsausübung festgelegt. Eine effektive demokratische Legitimation ist folgerichtig nicht möglich, wenn eine der beiden Komponenten fehlt.[42] Um eine **effektive demokratische Legitimation** staatlichen Handelns zu gewährleisten, müssen deshalb beide **Legitimationsformen in Wechselwirkung** zueinander treten.[43] 20

Das Zusammenspiel der beiden Formen zeigt sich namentlich im Vorgang der **Legitimation der rechtsprechenden Gewalt:** Während die organisatorisch-personelle Legitimation durch den Ministerpräsidenten erfolgt, der die Richter des Freistaats ernennt und entlässt (Art. 78 Abs. 1), werden die Richter durch die 21

38 BVerfGE 93, 37 (67 f.).
39 *Böckenförde*, in: HStR I, § 22 Rn. 21.
40 *Schmitt*, Volksentscheid und Volksbegehren, S. 10.
41 *Möllers*, Gewaltengliederung: Legitimation und Dogmatik im nationalen und internationalen Rechtsvergleich, S. 48 f.
42 *Sommermann*, in: von Mangoldt/Klein/Starck, Art. 20 Rn. 170.
43 *Böckenförde*, in: HStR I, § 22 Rn. 23.

strikte Bindung an Gesetz und Recht sachlich-inhaltlich legitimiert (Art. 47 Abs. 4, Art. 86 Abs. 2, § 1 ThürRiG).

II. Abgestufte demokratische Legitimation

22 In Form der Wahlen, des Volksbegehrens und des Volksentscheids benennt die Verfassung in Art. 45 Satz 2 drei Arten der unmittelbaren Ausübung von Staatsgewalt durch das Volk. Sie verwirklichen auch im Rahmen der Thüringer Verfassung sichtbar und wirksam die Idee der Volkssouveränität, weil sie es der Gesamtheit der Bürger ermöglichen, an der staatlichen Willensbildung teilzuhaben.[44] Während Wahlen ein typisches Instrument der **repräsentativen Demokratie** darstellen, sind Volksbegehren und Volksentscheid Elemente der **direkten Demokratie**.[45]

23 **1. Unmittelbare Legitimation des Organs repräsentativer Demokratie durch Wahlen.** Durch Wahlen werden Personen für bestimmte öffentliche Ämter bestellt. Dieser Akt vermittelt demnach die **unmittelbare personelle Legitimation** demokratisch herausgehobener Staats- und Verwaltungsorgane.[46] Der integrative Vorgang der Wahl verbindet das Volk mit der Vertretungskörperschaft, die als gesetzgebende Gewalt unmittelbar durch die Volkswahl ermächtigt wird.[47]

24 Im Gegensatz zum *Rousseauschen* Prinzip der Identität von Regierenden und Regierten ist die Demokratie in der Thüringer Verfassung nach dem Prinzip der Repräsentation ausgestaltet. Sie baut auf der Verschiedenheit dieser Phänomene auf und fordert zur Ausübung der Staatsgewalt die Zustimmung der Regierten.[48] Wahlen stellen somit den **Entstehungsgrund für das Gravitationszentrum des demokratischen Verfassungsstaats** dar.[49] Sie geben als Integrationsvorgang die im Volk vorhandene Meinungspluralität wieder und bilden den Kristallisationspunkt für ein arbeitsfähiges Parlament, aus dessen Mitte sich wiederum eine funktionsfähige Landesregierung konstituiert.[50]

25 Von Art. 28 Abs. 1 Satz 2 GG bundeseinheitlich vorgegeben, ist der Thüringer Landtag die Legislative im Thüringer Verfassungskonzept (Art. 48 Abs. 1). Auf seine Wahl durch das Volk sind die in Art. 49 Abs. 1 formulierten Grundsätze anzuwenden.[51] Auf kommunaler Ebene (Gemeinderäte, Kreistage) wurden die Vorgaben des bundesrechtlichen Homogenitätsprinzips in §§ 13 Abs. 1, 27 Abs. 1 ThürKWG umgesetzt.

26 Um die demokratische Legitimation der Herrschaftsausübung dauerhaft sicherzustellen, ist eine „demokratische Korrigierbarkeit [...] durch Abberufung des Repräsentanten" mittels „einer periodischen Neuwahl"[52] ein unverzichtbares Element der repräsentativen Demokratie. Daher schreibt die Verfassung in Art. 50 **periodische Wahlen nach 5 Jahren** fest. Folglich besteht die Legitimation des Landtags nur für den zum Zeitpunkt der Wahlen vorgesehenen Zeitraum (Art. 50 Abs. 3).

44 *Stern*, Bd. I, S. 594.
45 *Sommermann*, in: von Mangoldt/Klein/Starck, Art. 20 Rn. 156.
46 *Schmidt-Aßmann*, AöR 116 (1991), 329 (352).
47 BVerfGE 33, 125 (158); BVerfGE 40, 237 (249).
48 *Stern*, Bd. I, S. 604.
49 *Dreier*, in: Dreier, GG, Art. 20 Rn. 98.
50 BVerfGE 20, 56 (99); BVerfGE 44, 125 (140).
51 § 1 ThürLWG.
52 *Böckenförde*, in: HStR II, § 30 Rn. 15.

2. Unmittelbare Legitimation von Entscheidungen durch Volksbegehren und Volksentscheid. Mit dem Volksbegehren und dem Volksentscheid benennt Art. 45 Satz 2 zwei Verfahren, durch die die Bürgerinnen und Bürger direkten Einfluss auf die Landespolitik nehmen können. Auf diese Weise kann das Volk von ihm **selber entworfene Gesetze** auf die politische Agenda setzen oder in einer Sachfrage **unmittelbar sachlich-inhaltliche Legitimation** vermitteln. Volksbegehren und Volksentscheid sind in Art. 82 f. geregelt und werden durch das **Thüringer Gesetz über das Verfahren bei Bürgerantrag, Volksbegehren und Volksentscheid** (ThürBVVG) konkretisiert.[53] 27

Auf Bundesebene ist ein Volksbegehren ausschließlich für die Fälle der Gebietsneugliederung nach Art. 29 GG und einer Verfassungsablösung nach Art. 146 GG vorgesehen. In die Verfassungen anderer deutscher Länder hat das Referendum in unterschiedlichem Maße Eingang gefunden.[54] Durch die Absenkung ihrer Voraussetzungen in der Thüringer Landesgesetzgebung entwickeln sich Volksbegehren und Volksentscheid hier von einer „Ausnahmeerscheinung" zu zentralen Instrumenten im **„Alltagsvollzug der Demokratie"**.[55] 28

Die Reform der direkten Demokratie in Thüringen im November 2003 geht zurück auf das Volksbegehren des Bündnisses „Mehr Demokratie e.V." im Jahr 2000, das eine Stärkung der Mitwirkungsrechte der Bürger durch eine erleichterte Anwendung von Volksbegehren und Volksentscheiden anstrebte. Mit einem erfolgreichen Antrag der Landesregierung beim ThürVerfGH wurde dieses Volksbegehren gestoppt. Das Verfassungsgericht erklärte das Begehren für unzulässig, da es mit dem Demokratieprinzip und dem Grundsatz der Volkssouveränität unvereinbar sei.[56] Ein Volksbegehren bedürfe der besonderen, materiellen Legitimation; sie schaffe den Zusammenhang zwischen dem im Volksbegehren sich äußernden partikularen Interesse der Gesetzesinitiatoren und der Gemeinwohlorientiertheit der Ausübung von Staatsgewalt. Art. 45 Satz 2 begründe eine durch die Ewigkeitsklausel in Art. 83 Abs. 3 für unabänderlich erklärte **„Prävalenz der parlamentarischen Gesetzgebung"**.[57] Unter Zugrundelegung der Reihenfolge der Legitimationsformen in Art. 45 Satz 2 werde eine „inhaltlich-wertende Ordnung zum Ausdruck [gebracht]", die auf den Vorrang der repräsentativen parlamentarischen Gesetzgebung vor der direkten Volksgesetzgebung schließen lasse.[58] Überzeugender erscheint demgegenüber die Auffassung des BremStGH, der hinsichtlich der repräsentativen und direktdemokratischen Willensbildung von **grundsätzlich gleichberechtigten Formen der Demokratie** ausgeht. Zwar gelingt der Ausgleich der Partikularinteressen bei den Formen der direkten Demokratie nicht in gleicher Weise wie im repräsentativen System; 29

53 Thüringer Gesetz über das Verfahren bei Bürgerantrag, Volksbegehren und Volksentscheid (ThürBVVG) idF d. Neubek. v. 23.02.2004.

54 So sind Referenden in Bayern (Art. 74 ff. BayVerf), Berlin (Art. 61 ff. VvB), Hamburg (Art. 50 HambVerf), Mecklenburg Vorpommern (Art. 59 ff. M-VVerf), Nordrhein-Westfalen (Art. 68 f. Verf NW) und Brandenburg (Art. 77 ff. BbgVerf) stärker entwickelt als in Baden-Württemberg (Art. 59 f. BWVerf), Hessen (Art. 124 HessVerf) und dem Saarland (Art. 99 f. SaarlVerf).

55 *Wittreck*, in: ders. (Hrsg.), Volks- und Parlamentsgesetzgeber: Konkurrenz oder Konkordanz?, S. 9.

56 ThürVerfGH, Urt. v. 19.09.2001, VerfGH 4/01, Rn. 16.

57 Zur Unvereinbarkeit mit der Ewigkeitsklausel vgl. dazu unten Art. 83 Rn. 10 ff.

58 ThürVerfGH, Urt. v. 19.09.2001, VerfGH 4/01, Rn. 17, unter Verweis auf die Erwägungen des Bayerischen Verfassungsgerichtshofs zum Verhältnis von Parlaments- und Volksgesetzgebung (BayVBl. 2000, 397 [398]).

doch bietet die parlamentarisch-repräsentative Gesetzgebung nur eine erhöhte Chance zur Gemeinwohlverwirklichung, ohne dies zu garantieren.[59] Trotz dieser Entscheidung des ThürVerfGH führte die Reform des Jahres 2003 zu einer Stärkung des Volksbegehrens und Volksentscheids in Thüringen.

30 a) **Volksbegehren.** Das Volksbegehren ist ein Instrument der direkten Demokratie, das dem **Volk** die Möglichkeit eröffnet, ein politisches Anliegen in Gestalt eines Gesetzesentwurfs in das Parlament einzubringen und damit **„als Gesetzgeber produktiv [tätig zu werden]"**.[60] Die Zulässigkeit eines Volksbegehrens ist abhängig vom Erreichen eines festgelegten Unterstützungsquorums.

31 Ein Volksbegehren kann auf Erlass, Aufhebung oder Änderung eines Gesetzes gerichtet sein.[61] Nach § 10 Abs. 2 ThürBVVG ist der Antrag auf Zulassung eines Volksbegehrens an ein **Unterstützungsquorum von 5.000 Unterschriften** gebunden, die innerhalb von sechs Wochen gesammelt werden müssen. Über die Zulässigkeit des Begehrens entscheidet der Präsident des Thüringer Landtags innerhalb von sechs Wochen.[62] Erklärt der Landtagspräsident das Volksbegehren für zulässig, hat sich der Landtag nach § 18 ThürBVVG innerhalb von sechs Monaten nach der Feststellung des Zustandekommens mit dem Volksbegehren zu befassen.

32 b) **Volksentscheid.** Der Volksentscheid ist nach Art. 82 f. ein weiteres **Instrument der direkten Demokratie**, das es dem Volk ermöglicht über eine konkrete politische Sachfrage gegenüber der Volksvertretung abzustimmen und damit den **„wahren Willen des Volkes"** kundzutun.[63]

33 Nach Art. 82 Abs. 6 iVm § 19 ThürBVVG wird ein Volksentscheid innerhalb von sechs Monaten herbeigeführt, nachdem der Thüringer Landtag den zulässigen Gegenstand eines Volksbegehrens iSd § 18 ThürBVVG nicht angenommen hat.

III. Der Grundsatz der Gewaltenteilung

34 1. **Bedeutung.** Nach Art. 45 Satz 3 handelt das Volk mittelbar durch die verfassungsgemäß bestellten Organe der Gesetzgebung, der vollziehenden Gewalt und der Rechtsprechung. Verankert ist hier die Gewaltenteilung als **Ausfluss des Rechtsstaatsprinzips** (Art. 20 Abs. 3 iVm Art. 28 Abs. 1 Satz 1 GG), das **mit dem Demokratieprinzip** (Art. 20 Abs. 2 GG) **verknüpft** wird.

35 Gewaltenteilung meint im Kern die Trennung der Ausübung der Staatsgewalt durch die Verteilung bestimmter funktional abgegrenzter Aufgabenbereiche (**funktionelle Gewaltenteilung**) auf voneinander abgegrenzte und grundsätzlich voneinander unabhängige Organe (**organisatorische Gewaltenteilung**). Diese Aufteilung staatlicher Gewalt in getrennte Teilbereiche ist ein Wesensmerkmal rechtsstaatlicher Demokratie, das eine rationale und sachgerechte Organisation des Staates garantiert. Sie ist ein „tragendes Organisations- und Funktionsprinzip des Grundgesetzes".[64] Für den Verfassungsstaat ist sie daher bindend und

59 BremStGH, Urt. v. 14.02.2000, NVwZ-RR 2001, 1 ff.; kritisch zur Entscheidung des ThürVerfGH vgl. *Jutzi*, NJ 2001, 644; *Koch*, ThürVBl 2002, 46 f.; *Rux*, ThürVBl 2002, 48 ff.; *ders.*, LKV 2002, 252 ff., *Sachs*, LKV 2002, 249 ff.
60 *Schmitt*, Volksentscheid und Volksbegehren, S. 9.
61 § 9 Abs. 2 ThürBVVG.
62 § 11 Abs. 1 ThürBVVG.
63 *Schmitt*, Volksentscheid und Volksbegehren, S. 9.
64 BVerfGE 2, 307 (319); BVerfGE 34, 52 (58); *Stern*, Bd. II, S. 546.

prägend, enthält aber keine Konformität oder Uniformität erzwingende Detailvorgaben.[65]

Die **Organe der drei Gewalten**, denen die jeweiligen Aufgaben übertragen sind, werden in Art. 45 nicht benannt. Erst Art. 47 konkretisiert das Grundschema in vier weiteren Bestimmungen: In staatstheoretischer und verfassungsgeschichtlicher Tradition werden die Funktionen der „Gesetzgebung" auf den Thüringer Landtag und das Volk als Legislative, die „vollziehende Gewalt" auf die Landesregierung sowie die nachgeordneten Verwaltungsorgane als Exekutive und die „Rechtsprechung" auf unabhängige Gerichte als Judikative verteilt.[66] Die nähere Ausgestaltung der Gewaltenteilung erfolgt insbesondere in den Abschnitten über die einzelnen Gewalten (Art. 48 ff., 70 ff., 81 ff., 86 ff.) im zweiten Teil der Thüringer Verfassung. 36

2. Ausgestaltung. Wie auch auf Bundesebene ist die Trennung der Gewalten in der Thüringer Verfassung keineswegs „rein" verwirklicht, sondern wird durch zahlreiche Gewaltverschränkungen und -balancierungen überformt. Nicht absolute Trennung, sondern gegenseitige Kontrolle, Hemmung und Mäßigung der Gewalten ist dem Aufbau der Verfassung zu entnehmen (siehe unten Art. 47 Rn. 17).[67] Deutlich wird die Verschränkung der Gewalten in Art. 48 Abs. 2, der die Kontrolle über die vollziehende Gewalt durch die Legislative festlegt, ferner in Art. 64 und 67, die dem Landtag parlamentarische Kontrollrechte zusichern sowie in Art. 90, der die Landesregierung zur Einrichtung der staatlichen Behörden (Verwaltung) ermächtigt. Dahinter steht die Absicht, Staatswillkür zu unterbinden, die Staatsmacht zu mäßigen und die Freiheit des Einzelnen zu schützen.[68] Dieses Ziel wird durch ein System von personeller und sachlich-inhaltlicher Kontrolle sowie interorganschaftlicher Zusammenarbeit (**„checks and balances"**) im Sinne von *A. de Tocqueville* verfolgt.[69] Gewisse Gewichtsverlagerungen zugunsten des Parlaments auf Kosten der Exekutive sind indes hinzunehmen. Erst wenn ein Einbruch in den Kernbereich erfolgt, wird das Prinzip der Gewaltenteilung verletzt.[70] 37

Artikel 46 [Wahlen]

(1) Wahlen nach Artikel 49 Abs. 1 und Abstimmungen nach Artikel 82 Abs. 6 dieser Verfassung sind allgemein, unmittelbar, frei, gleich und geheim.

(2) Wahl- und stimmberechtigt sowie wählbar ist jeder Bürger, der das 18. Lebensjahr vollendet und seinen Wohnsitz im Freistaat hat.

(3) Das Nähere regelt das Gesetz.

Vergleichbare Regelungen

Art. 38 Abs. 1 und 2 GG; Art. 28 BWVerf; Art. 14 BayVerf; Art. 39 VvB; Art. 22 BbgVerf; Art. 75 BremVerf; Art. 6 HambVerf; Art. 72 – 75 HessVerf; Art. 20 M-VVerf; Art. 8 NV;

65 BVerfGE 9, 268 (279).
66 Zu den Grundfunktionen staatlicher Herrschaft vgl. *Blanke*, Art. 47 Rn. 8.
67 BVerfGE 34, 52 (59).
68 *Sommermann*, in: von Mangoldt/Klein/Starck, Art. 20 Rn. 197.
69 *Sommermann*, in: von Mangoldt/Klein/Starck, Art. 20 Rn. 212. Vgl. *Blanke*, Art. 47 Rn. 17.
70 BVerfGE 9, 268 (279 f.); BVerfGE 7, 183 (188). *Schmidt-Aßmann*, in: HStR I, § 24 Rn. 49. Zu den Kernfunktionen der drei Gewalten vgl. *Blanke*, Art. 47 Rn. 22 ff.

Art. 31 Verf NW; Art. 76 Verf Rh-Pf; Art. 63 und 64 SaarlVerf ; Art. 4 und 41 SächsVerf; Art. 42 LVerf LSA; Art. 3 SchlHVerf.

Ergänzungsnormen im sonstigen thüringischen Recht

ThürLWG v. 30.07.2012 (ThürGVBl. S. 309); ThürLWO v. 12.07.1994 (ThürGVBl. S. 817), zuletzt geändert durch Verordnung v. 22.03.2012 (ThürGVBl. S. 100).

Dokumente zur Entstehungsgeschichte

Art. 5 VerfE CDU; Art. 33 VerfE F.D.P.; Art. 4 VerfE SPD; Art. 27 VerfE NF/GR/DJ; Art. 21 VerfE LL/PDS; Entstehung ThürVerf S. 124 f.

Literatur

GG-Kommentierungen zu Art. 38 GG; *Ulrich Hellmann*, Reform des Wahlrechts: Wahlrechtsausschluss behinderter Menschen bleibt bestehen, RdLH 2012, 162 ff.; *Hana Kühr*, Beitragszahlungen von Kandidaten vor der Wahl, DÖV 2011, 963 ff.; *Dirk Matzick*, Das Verfahren der geringsten relativen Abweichung – eine Alternative zu d'Hondt bei der Durchführung von Verhältniswahlen, LKV 205, 242 ff.; *Martin Morlok*, Kleines Kompendium des Wahlrechts, NVwZ 2012, 913 ff.; *Wolfgang Schreiber*, BWahlG, 8. Aufl. 2009; *Ferdinand Wollenschläger/Jens Milker*, Wahlkreiszuschnitt im Spannungsfeld demokratischer Gleichheit und regionaler Repräsentation, BayVBl 2012, 65 ff.; *Thomas Würtenberger/Ursula Seelhorst*, Zum Wohnsitz als Voraussetzung des aktiven und passiven Wahlrechts, ThürVBl 1998, 49 ff.

Leitentscheidungen des ThürVerfGH und des BVerfG

ThürVerfGH, LVerfGE 6, 387 (Wohnsitzbegriff im Wahlrecht – Schuster); Urt. v. 12.06.1997 – 5/96 – JURIS (Wohnsitzbegriff im Wahlrecht – Höpcke); Urt. v. 11.03.1999 – 30/97 – ThürVBl 1999, 188 (Wahlanfechtung Kreistagswahl); Urt. v. 11.04.2008 – 22/08 – ThürVBl 2008, 174 (Fünf-Prozent-Sperrklausel bei Kommunalwahlen – II).

BVerfGE 3, 45 (Wahlliste – Ersatzpersonen); 44, 125 (Öffentlichkeitsarbeit der Regierung); 95, 408 (Grundmandatsklausel); 99,1 (Wahlrechtsgrundsätze in Ländern, Bundesverfassungsbeschwerde); 120, 82 (Fünf-Prozent-Sperrklausel Schleswig-Holstein); 129, 300 (Fünf-Prozent-Sperrklausel bei Europawahlen); Beschl. v. 31.01.2012 – 2 BvC 3/11 – NVwZ 2012, 622 (Wahlkreiseinteilung nach Wohnbevölkerung); Beschl. v. 04.07.2012 – 2 BvC 1/11 u.a. – NVwZ 2012, 1167 (Wahlberechtigung von Auslandsdeutschen); Urt. v. 25.07.2012 – 2 BvF 3/11 u.a. – NVwZ 2012, 1101 (Überhangmandate).

A. Überblick

1 Art. 46 Abs. 1 setzt die Vorgabe des Art. 28 Abs. 1 Satz 2 GG um, der die Geltung der Wahlrechtsgrundsätze auch für die Wahlen in den Ländern, Kreisen und Gemeinden vorschreibt. Er lehnt sich an Art. 38 Abs. 1 GG an und erstreckt die Geltung der Wahlrechtsgrundsätze auch auf Abstimmungen. Für die Wahl- und Stimmberechtigung knüpft Art. 46 Abs. 2 an den Wohnsitz in Thüringen an.

B. Herkunft, Entstehung und Entwicklung

Das noch von der DDR-Volkskammer beschlossene Gesetz über die Wahlen zu den Landtagen in der Deutschen Demokratischen Republik (Länderwahlgesetz) vom 22.07.1990 (GbDDR I S. 960), geändert durch Gesetz vom 30.08.1990 (GbDDR I S. 1422), war auch in Thüringen die normative Grundlage der ersten Landtagswahl. Die Vorl.LS sah noch keine Regelungen zu Wahlrechtsgrundsätzen sowie zur Wahl- und Stimmberechtigung vor. 2

Die Vorentwürfe der Fraktionen stimmten im Wesentlichen überein und enthielten sämtlich die Wahlrechtsgrundsätze. Der Vorentwurf der CDU-Fraktion sah für die Wahlberechtigung eine Mindestdauer des Wohnsitzes in Thüringen (von 3 Monaten) unmittelbar im Verfassungstext vor. Die Fraktion NF/GR/DJ erstreckte in ihrem Vorentwurf das Wahlrecht auch auf Staatenlose und Ausländer. Der von der Redaktionskommission eingefügte Zusatz in Abs. 3, dass das Wahlrecht durch Gesetz u.a. davon abhängig gemacht werden kann, dass die Hauptwohnung des Bürgers im Land liegt, wurde nicht übernommen.[1] 3

C. Verfassungsvergleichende Information

Art. 46 lehnt sich an Art. 38 GG an. Art. 38 Abs. 1 Satz 1 GG sieht allgemeine, unmittelbare, freie, gleiche und geheime Wahlen zum Bundestag vor; Art. 38 Abs. 2 GG knüpft das aktive Wahlrecht an die Vollendung des 18. Lebensjahres und das passive Wahlrecht an den – seinerzeit noch späteren – Eintritt der Volljährigkeit. Nach **Art. 28 Abs. 1 Satz 2 GG** muss in den Ländern, Kreisen und Gemeinden das Volk eine Vertretung haben, die aus allgemeinen, unmittelbaren, freien, gleichen und geheimen Wahlen hervorgegangen ist. **Die Wahlrechtsgrundsätze sind den Ländern** somit **durch das GG vorgegeben**. Aus Art. 28 Abs. 1 Satz 2 GG folgt die Identität, nicht lediglich die Homogenität der Wahlrechtsgrundsätze in Art. 38 Abs. 1 Satz 2 GG und auf Länderebene,[2] „*die Wahlrechtsgrundsätze auf Bundes- und auf Landesebene* (sind) *inhaltlich identisch*“[3]. Deshalb hat die Rechtsprechung des BVerfG zu den Wahlrechtsgrundsätzen für Art. 46 Abs. 1 besondere Bedeutung; für dessen Auslegung kann auf die Rechtsprechung des BVerfG zu Art. 38 GG zurückgegriffen werden.[4] 4

Mit Art. 46 Abs. 1 vergleichbare Regelungen enthalten – nach der Vorgabe des Art. 28 Abs. 1 Satz 2 GG nicht überraschend – fast alle Landesverfassungen. Auch Art. 46 Abs. 2 findet sich vergleichbar in den anderen Landesverfassungen; für die Wahlberechtigung ausdrücklich an den Wohnsitz angeknüpft wird aber in der Regel nicht (Ausnahmen: Art. 73 Abs. 1 HessVerf; Art. 42 Abs. 3 LVerf LSA: Wohnsitz nach Maßgabe des einfachen Rechts). 5

D. Erläuterungen

I. Allgemeines

Die Wahl zum Landtag verschafft den Abgeordneten eine unmittelbare demokratische Legitimation durch das Volk. Der Landtag vermittelt die demokratische Legitimation weiter an die Amtsträger der Exekutive und Judikative.[5] Für 6

1 Entstehung ThürVerf S. 125 Fn. 3.
2 *Möstl*, in: Lindner/Möstl/Wolff, Art. 14 Rn. 3.
3 BVerfGE 120, 82 (102).
4 BVerfGE 120, 82 (102).
5 *Neumann*, Brem, Art. 75 Rn. 3.

die demokratische Legitimation aller drei Staatsgewalten ist also die Wahl zum Landtag von zentraler Bedeutung.

7 Art. 46 Abs. 1 setzt die Vorgabe des Art. 28 Abs. 1 Satz 2 GG um, der die Geltung der Wahlrechtsgrundsätze auch für die Wahlen in den Ländern, Kreisen und Gemeinden vorschreibt.[6] Dem folgend gibt das ThürLWG die Wahlrechtsgrundsätze deklaratorisch wieder und stellt sie ihrer besonderen Bedeutung wegen in § 1 Abs. 1 den weiteren Regelungen voran.

8 Die Wahlrechtsgrundsätze sind Ausprägungen des Demokratieprinzips[7] und gelten deshalb nicht nur bei Wahlen, sondern auch bei Abstimmungen über Volksentscheide nach Art. 82 Abs. 7. Dass Art. 46 Abs. 1 hier den Art. 82 Abs. 6 nennt, ist unschädlich und beruht auf einer im Zuge der Neufassung des Art. 82 zur Absenkung der Hürden für Volksbegehren und Volksentscheide im Jahre 2003 unterbliebenen Anpassung des Verweises in Art. 46 Abs. 1.[8] Als Ausprägungen des Demokratieprinzips sind die in Art. 46 Abs. 1, Art. 95 Satz 2 niedergelegten Wahlrechtsgrundsätze **allgemeine Rechtsprinzipien für politische Wahlen zu allen demokratischen Repräsentativorganen im staatlichen und kommunalen Bereich.**[9]

9 Die Wahlrechtsgrundsätze gelten **für das gesamte Wahlverfahren,** also nicht nur für die **Durchführung der Wahl** selbst, sondern schon für die **Wahlvorbereitung.** Sie sind deshalb auch für die Aufstellung der Wahlbewerber maßgeblich; dabei ergänzen und erweitern sie deutlich die Vorgaben des Art. 21 Abs. 1 Satz 3 GG, wonach die innere Ordnung der Parteien demokratischen Grundsätzen entsprechen muss.[10]

10 Der **Gesetzgeber** hat bei der Ausgestaltung des Wahlrechts einen **Gestaltungsspielraum,** der bei einer verfassungsgerichtlichen Überprüfung zu berücksichtigen ist.[11]

11 Die Wahlrechtsgrundsätze binden als **objektives Recht** Gesetzgebung, Verwaltung und Rechtsprechung und begründen zugleich **subjektiv-öffentliche Rechte der Wähler und Wahlbewerber.** Zum Wahlprüfungsverfahren und zur Frage des Rechtsschutzes durch das BVerfG vgl. Rn. 13.

II. Die Wahlrechtsgrundsätze (Abs. 1)

12 **1. Allgemeinheit der Wahl.** Die Wahlrechtsgrundsätze der Allgemeinheit und Gleichheit sind eng miteinander verbunden. Sie sichern bei Wahlen und Abstim-

6 BVerfGE 83, 53 (71); Art. 28 Abs. 1 Satz 2 GG vermittelt dem Einzelnen keine mit der Verfassungsbeschwerde zum BVerfG rügefähige Rechtsposition bei Rechtsverstößen gegen Wahlrechtsgrundsätze auf Landes- oder kommunaler Ebene, es hat allein objektiv-rechtlichen Charakter, vgl. BVerfGE 99, 1 (8 mwN); BVerfG, Beschl. v. 08.08.2012 – 2 BvR 1672/12 – JURIS Rn. 10 mwN.

7 BVerfGE 69, 105; ThürVerfGH, Beschl. v. 11.03.1999 – 30/97 – JURIS Rn. 44, insoweit nicht abgedruckt in ThürVBl 1999, 188 (189); vgl. zur geschichtlichen Entwicklung *Kretschmer*, in: Schmidt-Bleibtreu/Hofmann/Hopfauf, Art. 38 Rn. 2.

8 Vgl. Zweites Gesetz zur Änderung der Verfassung des Freistaats Thüringen v. 24.11.2003 (ThürGVBl. S. 493); LT-Drs. 3/3398 v. 19.06.2003 und LT-Drs. 3/3709 v. 23.10.2003.

9 BVerfGE 47, 253 (276 f).; ThürVerfGH, Beschl. v. 11.03.1999 – 30/97 – JURIS Rn. 44, insoweit nicht abgedruckt in ThürVBl 1999, 188 (189).

10 BVerfGE 11, 266 (272, 363); 14, 132 f.; 30, 246; 41, 417; 60, 167; 78, 358; *Löwer*, in: Löwer/Tettinger, Art 31 Rn. 31.

11 Vgl. ausführlich ThürVerfGH, ThürVBl 2008, 174 (175) mwN.

mungen die vom Demokratieprinzip vorausgesetzte **Egalität der Staatsbürger.**[12] Der Grundsatz der Allgemeinheit der Wahl verbürgt die **aktive und passive Wahlberechtigung aller Staatsbürger.**[13]

Aufgrund der Allgemeinheit der Wahl haben alle Staatsbürger das Recht zu wählen und gewählt zu werden. Der Grundsatz der Allgemeinheit der Wahl ist nach der Rechtsprechung des ThürVerfGH ein Anwendungsfall des in Art. 2 Abs. 1 ThürVerf, Art. 3 Abs. 1 GG statuierten **allgemeinen Gleichheitssatzes**; er untersagt den unberechtigten Ausschluss von Staatsbürgern von der Wahl überhaupt und verbietet dem Gesetzgeber, bestimmte Bevölkerungsgruppen aus politischen, wirtschaftlichen oder sozialen Gründen von der Ausübung des Wahlrechts auszunehmen.[14] Die Teilnahme an der Wahl darf nicht von besonderen, nicht für jedermann erfüllbaren Voraussetzungen (Geschlecht, Ethnie, Religion, Bildung, Einkommen etc.) abhängig gemacht werden.[15] Ob der ThürVerfGH auch heute noch auf den allgemeinen Gleichheitssatz rekurrieren würde, ist offen. Das BVerfG ist nämlich von seiner Rechtsprechung, dass die Wahlrechtsgrundsätze der Allgemeinheit und Gleichheit Ausprägungen des allgemeinen Gleichheitssatzes des Art. 3 Abs. 1 GG sind, längst abgerückt.[16] Die frühere Rechtsprechung des BVerfG eröffnete bei Bestimmungen des Landes- und Kommunalwahlrechts und bei Landtags- und Kommunalwahlen – für die Art. 38 GG nicht anwendbar ist – die Möglichkeit der Verfassungsbeschwerde nach Art. 93 Abs. 1 Nr. 4 GG.[17] 13

Allgemeinheit der Wahl ist im Sinne einer **strengen und formalen Gleichheit bei der Zulassung zur Wahl** zu verstehen.[18] Der **Gesetzgeber** hat bei der Ausgestaltung der aktiven und passiven Wahlberechtigung nur einen **eng bemessenen Spielraum für Beschränkungen.** Dabei gilt ein **strenger Maßstab.** Differenzierungen bedürfen zu ihrer Rechtfertigung stets eines besonderen, sachlich durch die Verfassung legitimierten **Grundes, der mindestens von gleichem Gewicht ist wie die Allgemeinheit der Wahl;**[19] der ThürVerfGH hält unter Bezugnahme auf die Rechtsprechung des BVerfG und damit ohne inhaltliche Abweichung Ausnahmen nur aufgrund **zwingender rechtfertigender Gründe** für möglich.[20] 14

*„Es ist grundsätzlich **Sache des Gesetzgebers**, verfassungsrechtlich legitime Ziele und den Grundsatz der Allgemeinheit der Wahl zum Ausgleich zu bringen.*[21] *Das Bundesverfassungsgericht achtet diesen **Spielraum.** Es prüft lediglich, ob dessen Grenzen überschritten sind, nicht aber, ob der Gesetzgeber zweckmäßige oder rechtspolitisch erwünschte Lösungen gefunden hat.*[22] *Das Bundesverfassungsgericht kann daher, sofern die **differenzierende Regelung** an einem **Ziel*** 15

12 BVerfGE 99, 1 (13); 120, 82 (102); NVwZ 2012, 1167 (1168 Rn. 31).
13 BVerfGE 36, 139 (141); 58, 202 (205); NVwZ 2012, 1167 (1168 Rn. 31).
14 ThürVerfGH, LVerfGE 6, 387 (397).
15 *Driehaus*, in: Driehaus, Art. 39 Rn. 7; vgl. zum Problem von Beiträgen von Kandidaten zur Wahlkampffinanzierung *Kühr*, DÖV 2011, 963 ff.
16 BVerfGE 99, 1 (8 ff.).
17 Instruktiv *Löwer*, in: Löwer/Tettinger, Art. 31 Rn. 18 mwN; *Möstl*, in: Lindner/Möstl/Wolff, Art. 14 Rn. 5; vgl. Art. 49 Rn. 18.
18 BVerfGE 28, 220 (225); 36, 139 (141); BVerfG, NJW 2012, 1167 (1168 Rn. 31).
19 BVerfG, NVwZ 2012, 1167 (1168 Rn. 32 mwN).
20 ThürVerfGH, LVerfGE 6, 387 (397).
21 Das BVerfG zitiert hier BVerfGE 95, 408; 121, 266 (303).
22 Das BVerfG zitiert hier BVerfGE 6, 84 (94); 51, 222 (237 f.); 95, 408 (420); 121, 266 (303 f.).

orientiert ist, das der Gesetzgeber bei der Ausgestaltung des Wahlrechts verfolgen darf, einen Verstoß gegen den Grundsatz der Allgemeinheit der Wahl nur feststellen, wenn die Regelung zur Erreichung dieses Zieles nicht ***geeignet*** *ist oder das Maß des zur Erreichung dieses Zieles* ***Erforderlichen*** *überschreitet.*"[23,24]

16 Der Gesetzgeber ist danach insbesondere befugt, bei der Ausgestaltung der Wahlberechtigung unter Berücksichtigung der Grenzen, die die Bedeutung des Wahlrechts und die Strenge demokratischer Egalität seinem Bewertungsspielraum setzen, **Vereinfachungen und Typisierungen** vorzunehmen. Die Befugnis zur Typisierung bedeutet, dass Lebenssachverhalte im Hinblick auf wesentliche Gemeinsamkeiten normativ zusammengefasst und dabei Besonderheiten, die im Tatsächlichen durchaus bekannt oder absehbar sind, generalisierend vernachlässigt werden dürfen. Allerdings hat sich der Gesetzgeber bei seinen Einschätzungen und Bewertungen nicht an abstrakt konstruierten Fallgestaltungen, sondern an der **politischen Wirklichkeit** zu orientieren. Er muss eine die Allgemeinheit der Wahl berührende Norm des Wahlrechts überprüfen und gegebenenfalls ändern, wenn die verfassungsrechtliche Rechtfertigung dieser Norm durch **neue Entwicklungen** in Frage gestellt wird, etwa durch eine Änderung der vorausgesetzten tatsächlichen oder normativen Grundlagen oder dadurch, dass sich die beim Erlass der Norm hinsichtlich ihrer Auswirkungen angestellte Prognose als irrig erwiesen hat.[25]

17 Vgl. auch die Ausführungen zu Art. 46 Abs. 2 Rn. 42 ff.

18 **2. Unmittelbarkeit der Wahl.** Unmittelbar ist eine Wahl, bei der allein die Wahlentscheidung der Wähler die personelle Zusammensetzung des Parlaments bestimmt. Dies schließt dazwischen tretende Willensentscheidungen Dritter – seien es Personen, wie bei einem Wahlmännersystem, oder seien es Parteien – aus.[26]

19 „*Durch die Unmittelbarkeit soll zumindest gewährleistet sein, dass die gewählten Vertreter maßgeblich von den Wählern, also durch die Stimmabgabe und bei der Stimmabgabe bestimmt werden. Wenn auch die Parteien im Staatsleben und insbesondere bei der Willensbildung des Volkes eine gewichtige Stellung einnehmen (vgl. Art. 21 Abs. 1 GG), muss ihr rechtlicher Einfluss bei der Wahl doch mit Beginn der Stimmabgabe grundsätzlich abgeschlossen sein; denn* ***nur wenn die Wähler das letzte Wort haben, haben sie das entscheidende Wort.*** *Nur dann kann noch davon die Rede sein, dass die Auswahl unter den Bewerbern auf dem Willen der Wähler beruht. Unmittelbarkeit der Wahl bedeutet …* ***Unmittelbarkeit der Wahl der Vertreter und nicht nur ihrer Parteien.***"[27] Deshalb darf **von Beginn der Stimmabgabe an das Wahlergebnis nur noch von einer einzigen Willensentscheidung, nämlich derjenigen der Wähler selbst abhängen,** abgesehen allein von Nichtannahme, späterem Rücktritt oder ähnlichen Hand-

---

23 Das BVerfG zitiert hier: BVerfG, NVwZ 1997, 1207; zur Gleichheit der Wahl BVerfGE 6, 84 (94); 51, 222 (238); 95, 408 (420); 120, 82 (107); 121, 266 (304); 129, 300 (322 ff.).
24 BVerfG, NVwZ 2012, 1167 (1168 Rn. 33 f.).
25 Vgl. hierzu ausführlich und mwN BVerfG, NVwZ 2012, 1167 (1168 Rn. 35 f.).
26 *Kretschmer*, in: Schmidt-Bleibtreu/Hofmann/Hopfauf, Art. 38 Rn. 18.
27 BVerfGE 3, 45 (49 f.).

lungen der Gewählten selbst. Das hat auch Konsequenzen für die Benennung von **Nachrückern.**[28]

Unbedenklich unter dem Aspekt der Unmittelbarkeit der Wahl sind demnach sog. **starre Listen**. Diese sind dadurch gekennzeichnet, dass mit der Wahl eines Bewerbers zugleich andere Bewerber gewählt werden, der Wähler also Verschiebungen innerhalb der Liste (z.B. durch Kumulieren bzgl. einzelner Listenbewerber) nicht bewirken kann.[29] Die Unmittelbarkeit der Wahl erfordert, dass der Wähler weiß oder wissen kann, wer auf der Liste steht, und dass Veränderungen der Liste nach der Wahl grundsätzlich ausgeschlossen sind; sie fordert nicht, dass der Wähler die Reihenfolge der Bewerber auf der Liste ändern kann. Unzulässig sind deshalb nach der Wahl erfolgende Veränderungen der Liste durch die Partei.[30] Starre Listen sind der Regelfall in Deutschland und auch vom Thüringer Landeswahlrecht vorgesehen, vgl. § 6 ThürLWG. Problematisch ist, ob das Landeswahlrecht den Mandatserwerb an die fortbestehende **Parteizugehörigkeit** knüpfen darf.[31] Demgegenüber sind **Listenverbindungen**, also gemeinsam eingereichte Listen mehrer Parteien, grundsätzlich unzulässig, weil der Wähler nicht erkennen kann, welche Partei er letztlich unterstützt.[32] 20

3. Freiheit der Wahl. Der Grundsatz der Freiheit der Wahl verlangt, dass die **Stimmabgabe frei von Zwang und unzulässigem äußeren Druck** erfolgt, sei es durch den Staat oder von anderer Seite. 21

Neben der „**Freiheit in der Wahlkabine**"[33] bedarf es auch der Freiheit in dem Wahlakt vorausgehenden Prozess der Willensbildung. „*Wahlen vermögen demokratische Legitimation im Sinne des Art. 20 Abs. 2 GG nur zu verleihen, wenn sie frei sind. Dies erfordert nicht nur, dass der Akt der Stimmabgabe frei von Zwang und unzulässigem Druck bleibt,..., sondern ebensosehr, dass die Wähler ihr Urteil in einem* ***freien, offenen Prozess der Meinungsbildung*** *gewinnen und fällen können.*"[34,35] 22

Die Freiheit der Wahl untersagt parteiergreifende Wahlbeeinflussung durch staatliche Organe (**striktes Neutralitätsgebot**).[36] Den Staatsorganen ist es von Verfassungs wegen versagt, sich in amtlicher Funktion mit politischen Parteien oder Wahlbewerbern zu identifizieren und sie durch den Einsatz staatlicher Mittel zu unterstützen oder zu bekämpfen, insbesondere durch Werbung die Entscheidung des Wählers zu beeinflussen. Mit dem zeitlich begrenzten Auftrag des gewählten Parlaments und der gewählten Regierung und mit dem Recht der politischen Parteien auf Chancengleichheit ist es unvereinbar, dass die im Amt befindliche Regierung im Wahlkampf dafür wirbt, dass sie als „Regierung wieder- 23

---

28 Ausführlich BVerfGE 3, 45 (49 f.).

29 BVerfGE 3, 45 (50); 7, 63 (68 f.); 21, 355 (356); 47, 253 (281); *Meyer*, in: HStR III § 46 Rn. 18, 28; *Löwer*, in: Löwer/Tettinger, Art. 31 Rn. 34; *Wagner*, in: Grimm/Caesar, Art. 80 Rn. 18; *Driehaus*, in: Driehaus, Art. 39 Rn. 12.

30 BVerfGE 3, 45 (50); 7, 63 (68 f.); 21, 355 (356); 47, 253 (281); *Löwer*, in: Löwer/Tettinger, Art. 31 Rn. 35.

31 Vgl. zu dieser sich in Thüringen derzeit nicht stellenden Frage *Löwer*, in: Löwer/Tettinger Art. 31 Rn. 35 mwN; *Kretschmer*, in: Schmidt-Bleibtreu/Hofmann/Hopfauf, Art. 38 Rn. 17 mwN.

32 *Kretschmer*, in: Schmidt-Bleibtreu/Hofmann/Hopfauf, Art. 38 Rn. 16 mwN.

33 *Löwer*, in: Löwer/Tettinger, Art. 31 Rn. 39.

34 Das BVerfG zitiert hier BVerfGE 20, 56 (97).

35 BVerfGE 44, 125 (139).

36 BVerfGE 44, 125 (141); *Möstl*, in: Lindner/Möstl/Wolff, Art. 14 Rn. 21.

gewählt" wird.[37] (Unzulässige) Wahlwerbung ist abzugrenzen von notwendiger **Öffentlichkeitsarbeit der Regierung.**[38] Anzeichen für eine Grenzüberschreitung zur unzulässigen Wahlwerbung kann sowohl sein, dass der informative Gehalt einer Druckschrift oder Anzeige eindeutig hinter die reklamehafte Aufmachung zurücktritt, als auch dass die Öffentlichkeitsarbeit in Wahlkampfnähe zunimmt, sei es durch eine größere Zahl von Einzelmaßnahmen oder durch den gesteigerten Einsatz hierfür verwendeter öffentlicher Mittel. In der Vorwahlzeit gilt das Gebot äußerster Zurückhaltung und das Verbot jeglicher mit Haushaltsmitteln betriebener Öffentlichkeitsarbeit in Form von sogenannten Arbeits-, Leistungs- und Erfolgsberichten. Auch muss die Regierung Vorkehrungen dagegen treffen, dass die von ihr für Zwecke der Öffentlichkeitsarbeit hergestellten Druckwerke von Parteien oder von anderen sie bei der Wahl unterstützenden Gruppen zur Wahlwerbung eingesetzt werden.[39]

24 Wahlbeeinflussung durch Private, auch durch Kirchen, Gewerkschaften und Arbeitgeberverbände, ist als grundrechtlich geschützte Teilnahme am politischen Prozess mit der Wahlfreiheit vereinbar, sofern sie nicht mit Zwang oder unzulässigem Druck erfolgt.[40] Unzulässige Mittel privater Wahlbeeinflussung werden in den §§ 108 ff. StGB auch strafrechtlich sanktioniert.

25 Der Grundsatz der freien Wahl ist eng mit demjenigen der geheimen Wahl verbunden.[41] Die Wahlfreiheit beinhaltet auch die Freiheit, nicht zu wählen; eine **Wahlpflicht** wäre mit dem Grundsatz der Wahlfreiheit nicht vereinbar.[42]

26 Zur Wahlfreiheit gehört auch ein **grds. freies Wahlvorschlagsrecht** aller Wahlberechtigten.[43] Das setzt eine freie Kandidatenaufstellung unter Beteiligung der Mitglieder der Parteien oder Wählergruppen voraus.[44] Eine Monopolisierung des Wahlvorschlagsrechts bei den politischen Parteien wäre für die Wahl in **Wahlkreisen** unzulässig.[45]. Für **Landeslisten** darf das Wahlvorschlagsrecht auf Parteien begrenzt werden.[46] Dieser Unterscheidung trägt das Thüringer Landeswahlrecht in den §§ 20 Abs. 1 und § 22 Abs. 3 ThürLWG Rechnung. Es ist verfassungsrechtlich unbedenklich, mittels der gesetzlichen Vorgabe einer Mindestzahl von **Unterstützungsunterschriften** sicherzustellen, dass der Wahlvorschlag von einer politisch ernst zu nehmenden Gruppe mit ernsthafter politischer Zielsetzung getragen wird.[47]

---

37 BVerfGE 44, 125 (141).
38 BVerfGE 44, 125 (147 ff.); SaarlVerfGH, Urt. v. 01.07.2010 – Lv 4/09 – AS 2012, 272 ff.; *Magiera* in: Sachs, GG, Art. 38 Rn. 88; *Meyer*, in: HStR III, § 46 Rn. 24.
39 BVerfGE 44, 125 (147 ff.); vgl. auch *Morlok,* NVwZ 2012, 913 (915 f.).
40 BVerfGE 103, 111 (132 f.); *Magiera*, in: Sachs, GG, Art. 38 Rn. 88; ausführlich *Löwer*, in: Löwer/Tettinger, Art. 31 Rn. 41.
41 BVerfGE 5, 85 (232); 99, 1 (13); *Magiera*, in: Sachs, GG, Art. 38 Rn. 85; *David*, Art. 6 Rn. 6.
42 *Magiera*, in: Sachs, GG, Art. 38 Rn. 85 mwN; *Löwer*, in: Löwer/Tettinger, Art. 31 Rn. 42; aA *Kretschmer*, in: Schmidt-Bleibtreu/Hofmann/Hopfauf, Art. 38 Rn. 20 für den Fall, dass die Geheimheit der Wahl gesichert ist und der Wähler daher auch unausgefüllte und ungültige Stimmzettel abgeben kann.
43 BVerfGE 47, 253 (282); 71, 81 (100); 89, 243 (251).
44 *Löwer*, in: Löwer/Tettinger, Art. 31 Rn. 44; *Kretschmer*, in: Schmidt-Bleibtreu/Hofmann/Hopfauf, Art. 38 Rn. 19.
45 BVerfGE 41, 399 (417); *Magiera* in: Sachs, GG, Art. 38 Rn. 85; *Linck,* NJW 1976, 565.
46 BVerfGE 5, 77 (82); 46, 196 (199); *Linck*, in: Linck/Jutzi/Hopfe, Art. 46 Rn. 8.
47 ThürVerfGH, LVerfGE 6, 356 (381 f.).

Aus dem Grundsatz der freien Wahl lässt sich nicht ableiten, dass auf dem Stimmzettel die Möglichkeit eingeräumt werden muss, eine Nein-Stimme abzugeben oder sich der Stimme ausdrücklich zu enthalten.[48] 27

4. Gleichheit der Wahl. Aus dem Grundsatz der Gleichheit der Wahl folgt, dass jedermann sein aktives und passives Wahlrecht in formal möglichst gleicher Weise ausüben können soll.[49] Er „*gebietet, der* ***Stimme jedes Wählers*** *den* ***gleichen Zählwert*** *und im Rahmen des Wahlsystems auch den gleichen Erfolgswert zukommen zu lassen. Bei der* ***Verhältniswahl*** *erfordert dies, dass jeder Stimme grundsätzlich der* ***gleiche Erfolgswert*** *zukommen muss. Dem Gesetzgeber bleibt für* ***Differenzierungen des Erfolgswerts*** *nur ein* ***eng bemessener Spielraum.*** *Differenzierungen sind nur unter Voraussetzungen gerechtfertigt, die in der Formel des „****zwingenden Grundes****" zusammen gefasst sind. Das sind solche* ***Gründe, die durch die Verfassung legitimiert und von einem Gewicht sind, das der Wahlrechtsgleichheit die Waage halten kann.*** *Nicht erforderlich ist, dass die Verfassung diese Zwecke zu verwirklichen gebietet. Differenzierungen sind gerechtfertigt durch* ***zureichende, sich aus der Natur des Sachbereichs der Wahl der Volksvertretung ergebende Gründe.*** *Sie müssen darüber hinaus* ***zur Verfolgung ihrer Zwecke geeignet und erforderlich*** *sein. Ihr erlaubtes Ausmaß richtet sich daher auch danach, mit welcher Intensität in das Recht auf Gleichheit der Wahl eingegriffen wird.*"[50] 28

Die Zulässigkeit der **Fünf-Prozent-Klausel** als Einschränkung der Gleichheit der Wahl ist für den Thüringer Landtag verfassungsunmittelbar in **Art. 49 Abs. 2 ThürVerf** geregelt. Vgl. Art. 49 Rn. 13 f. 29

Ein Problem der Gleichheit und außerdem auch der Unmittelbarkeit der Wahl sowie der Chancengleichheit der Parteien sind auch mögliche **Überhangmandate.**[51] Überhangmandate entstehen dann, wenn eine Partei mehr Wahlkreismandate gewinnt als ihrem Anteil an den Listenstimmen entspricht, vgl. § 5 Abs. 6 ThürLWG. Dieses Problem stellt sich in den Ländern weniger als im Bund und in Thüringen überhaupt nicht: § 5 Abs. 6 ThürLWG sieht bei Überhangmandaten entsprechende Ausgleichsmandate vor. Im Übrigen gab es auch bislang bei Landtagswahlen in Thüringen nur einmal, nämlich bei der ersten Landtagswahl 1990, ein Überhangmandat. 30

Das **Recht der Parteien auf Chancengleichheit bei Wahlen** folgt auf Landesebene aus ihrem in Art. 21 Abs. 1 GG umschriebenen verfassungsrechtlichen Status, der unmittelbar auch für die Länder gilt und Bestandteil der Landesverfassungen ist.[52] 31

Der Grundsatz der Gleichheit der Wahl hat auch Bedeutung für die **Einteilung der Wahlkreise**; die Möglichkeit, bei der Wahl zum Thüringer Landtag Wahlkreisabgeordnete zu wählen, ist nach dem unmittelbar in der ThürVerf (Art. 49 Abs. 1) vorgeschriebenen Wahlsystem der mit der Personenwahl verbundenen Verhältniswahl dem einfachen Gesetzgeber vorgegeben. „*Bei der* ***Mehrheitswahl*** *verlangt die Wahlrechtsgleichheit, dass alle Wähler über den gleichen Zählwert* 32

48 BVerfG, NVwZ 2012, 161.

49 Vgl. BVerfGE 1, 208 (246 f.); 79, 169 (170); 82, 322 (337); ThürVerfGH, Beschl. v. 11.03.1999 – 30/97 – JURIS Rn. 46.

50 ThürVerfGH, ThürVBl 2008, 174 (175) unter Hinweis auf BVerfGE 95, 408 (417 ff.).

51 BVerfG, NVwZ 2012, 1101 ff.

52 BVerfGE 120, 82 (104 mwN).

ihrer Stimmen hinaus mit ***annähernd gleicher Erfolgschance*** *am Kreationsvorgang teilnehmen können.*[53] *Der Gesetzgeber hat daher eine Bemessungsgrundlage für die Wahlkreiseinteilung zu wählen, die die Chancengleichheit aller an der Wahl Beteiligten wahrt. Dementsprechend hat er dafür Sorge zu tragen, dass* ***jeder Wahlkreis möglichst die gleiche Zahl an Wahlberechtigten umfasst.***"[54,55]

33 Bei der Einteilung des Wahlgebietes in gleich große Wahlkreise hat der Gesetzgeber einen gewissen **Gestaltungs- und Beurteilungsspielraum.**[56] „*Bei der Einschätzung der die Grundlage der Gestaltungsentscheidungen bildenden tatsächlichen Gegebenheiten steht dem Gesetzgeber ein Spielraum bereits deshalb zu, weil sich der Grundsatz der Wahlgleichheit bei der Wahlkreiseinteilung nur näherungsweise verwirklichen lässt. So ... ist die Bevölkerungsverteilung einem steten Wandel unterworfen.*[57] *Daher nimmt etwa eine – aus Gründen der Wahlorganisation erforderliche –* ***Stichtagsregelung*** *den unvermeidlichen Umstand in Kauf, dass sich die tatsächlichen Verhältnisse bis zum Wahltag wieder verändern werden. Darüber hinaus ist der Gesetzgeber auch nicht gehalten, bei seiner Gestaltungsentscheidung tatsächliche Gegebenheiten bereits dann zu berücksichtigen, wenn diese ihrer Natur oder ihrem Umfang nach nur* ***unerheblich oder von vorübergehender Dauer*** *sind; vielmehr darf er darauf abstellen, ob sich eine beobachtete Entwicklung in der Tendenz verfestigt.*"[58,59]

34 Die Regelung in § 2 Abs. 4 ThürLWG, der eine Neueinteilung vorschreibt, wenn die Bevölkerungszahl eines Wahlkreises von der durchschnittlichen Bevölkerungszahl der Wahlkreise um mehr als **25 %** abweicht, gewährleistet die Wahlrechtsgleichheit hinreichend. Dabei ist insbesondere zu berücksichtigen, dass Wahlkreisgrenzen nach Möglichkeit Gemeindegrenzen einhalten sollen[60] und die durch die Wahlkreisstimme[61] geknüpfte **engere persönliche Beziehung der Wahlkreisabgeordneten** zu ihrem Wahlkreis einer gewissen **Kontinuität der Wahlkreisgrenzen** bedarf.[62] Auch die **Anknüpfung an die Bevölkerungszahl ist zulässig.** Zwar ist im Grundsatz eine Einteilung der Wahlkreise auf der Grundlage der Zahl nur der Wahlberechtigten geboten. Aber solange es keine gravierenden, die 25-%-Grenze übersteigende Unterschiede bezüglich *Bevölkerungszahl* einerseits und Zahl der *Wahlberechtigten* andererseits zwischen den Wahlkreisen gibt – die durch lokal oder regional sehr unterschiedliche Anteile von Ausländern oder noch nicht wahlberechtigten Deutschen entstehen könnten –, ist bei der Wahlkreiseinteilung eine Anknüpfung an die Zahl der Wahlberechtigten nicht zwingend geboten.[63]

---

53 Das BVerfG zitiert hier BVerfGE 95, 335 (353); 121, 266 (295).
54 Das BVerfG verweist hier auf *Henkel*, BayVBl 1974, 483 (485).
55 BVerfG, NVwZ 2012, 622 (624 Rn. 69).
56 BVerfGE 95, 335 (364); NVwZ 2012, 622 (624 Rn. 62); ausführlich: BWStGH, Urt. v. 22.05.2012 – GR 11/11 – VBlBW 2012, 462 ff.
57 Das BVerfG zitiert hier BVerfGE 16, 130 (141).
58 Das BVerfG zitiert hier BVerfGE 16, 130 (141 f.).
59 BVerfG, NVwZ 2012, 622 (624 Rn. 63).
60 Vgl. § 2 Abs. 1 Satz 1 Halbsatz 2 ThürLWG: Gemeindegrenzen sollen nach Möglichkeit eingehalten werden.
61 Das ThürLWG spricht nicht von Erst- und Zweitstimme, sondern von Wahlkreis- und Landesstimme, vgl. § 3 ThürLWG.
62 BVerfG, NVwZ 2012, 622 (624 Rn. 64 mwN).
63 BVerfG, NVwZ 2012, 622 (624 Rn. 67 ff. mwN); vgl. *Wollenschläger/Milker*, BayVBl 2012, 65 ff.

Mit keinem **Sitzzuteilungsverfahren**[64] kann eine absolute Gleichheit des Erfolgswerts der Stimmen erreicht werden, weil bei allen Verfahren Reststimmen unberücksichtigt bleiben. Unter diesen Umständen ist es grundsätzlich der Gestaltungsfreiheit des Gesetzgebers überlassen, für welches System er sich entscheidet.[65] Allerdings muss der Wahlgesetzgeber gewährleisten, dass das von ihm festgelegte Sitzzuteilungsverfahren in allen seinen Schritten seine Regeln auf jede Wählerstimme gleich anwendet und dabei auch die Folgen so ausgestaltet, dass jeder Wähler den gleichen potentiellen Einfluss auf das Wahlergebnis erhält.[66] 35

Ein **Familienwahlrecht**, wonach Elternteile für ihre noch nicht wahlberechtigten Kinder das aktive Wahlrecht ausüben können, wäre wohl mit dem Grundsatz der Gleichheit der Wahl unvereinbar; auch eine Einführung durch Verfassungsänderung würde wohl im Hinblick auf das Demokratieprinzip, in dem die Wahlgleichheit wurzelt, an der Ewigkeitsgarantie des Art. 83 Abs. 3 scheitern.[67] 36

5. Geheimheit der Wahl. Der Grundsatz der Geheimheit der Wahl verlangt, **dass der Wähler seine Wahlentscheidung für sich behalten kann.**[68] 37

Die Geheimheit der Wahl stellt den wichtigsten institutionellen Schutz der Wahlfreiheit dar.[69] Wahlfreiheit ist ohne Geheimheit der Wahl nicht denkbar. **Beim eigentlichen Wahlgang ist auch ein freiwilliger Verzicht auf die Geheimheit der Wahl** – etwa durch Nichtbenutzen einer Wahlkabine und offenes Ausfüllen des Stimmzettels – **unzulässig.**[70] Das Beispiel der Wahlen in der DDR veranschaulicht, dass untrennbar miteinander verbunden sind die rechtliche Möglichkeit zum Verzicht auf die geheime Wahl einerseits und ein faktischer Druck andererseits, von dieser Möglichkeit auch Gebrauch zu machen, um gerade dadurch eine bestimmte Wahlentscheidung zu dokumentieren. **Abstimmungsbelege** herzustellen, beispielsweise durch ein Foto des ausgefüllten Stimmzettels in der Wahlkabine mit einem Handy, verletzt den Grundsatz der geheimen Wahl.[71] Die **freiwillige Offenbarung** der (beabsichtigten oder getroffenen) Wahlentscheidung **vor und nach dem eigentlichen Wahlakt** ist demgegenüber ohne Weiteres **zulässig**; diese Möglichkeit ist ein unverzichtbares Element des politischen Diskurses. 38

Die Geheimheit der Wahl ist nicht gewährleistet, wenn Stimmzettel **handschriftlich durch Aufschreiben des Namens des Gewählten** auszufüllen sind, weil der 39

64 Vgl. insbes. Verfahren der mathematischen Proportion nach Hare/Niemeyer, Höchstzahlverfahren nach d'Hondt und Divisorverfahren Sainte-Lague/Schepers, vgl. *Schreiber*, BWahlG, 8. Aufl. 2009, § 6 Rn. 6 ff.

65 BVerfG, ThürVBl 1994, 261 (262); BVerfGE 79, 169 (170 f.); *David*, Art. 6 Rn. 58; *Driehaus*, in: Driehaus, Art. 39 Rn. 16; *Meyer*, in: HStR III, § 46 Rn. 11, 53 ff.; vgl. auch *Matzick*, LKV 2005, 242 ff.

66 BVerfGE 95, 335 (353, 371); NVwZ 2012, 1101 (1104 Rn. 59).

67 Vgl. zum Familienwahlrecht ausführlich *Kretschmer*, in: Schmidt-Bleibtreu/Hofmann/Hopfauf, Art. 38 Rn. 25 mwN auch zur Gegenauffassung; *Möstl*, in: Lindner/Möstl/Wolff, Art. 14 Rn. 7.

68 *Löwer*, in: Löwer/Tettinger, Art. 31 Rn. 36 mwN.

69 BVerfGE 99, 1 (13).

70 *Neumann*, Brem, Art. 75 Rn. 11; *David*, Art. 6 Rn. 65; *Neumann*, Nds, Art. 8 Rn. 9.

71 *Kretschmer*, in: Schmidt-Bleibtreu/Hofmann/Hopfauf, Art. 38 Rn. 32 mwN.

Wähler jedenfalls in kleineren Stimmbezirken möglicherweise anhand der Schrift identifizierbar ist.[72]

40 Eine Lockerung bzw. Durchbrechung erfährt der Grundsatz der Wahlfreiheit bei der **Briefwahl.** § 36 ThürLWG ermöglicht nicht nur die Briefwahl für den am Wahltag temporär Verhinderten, sondern auch für den bei und vor der Wahl körperlich zur Ausfüllung eines Stimmzettels Gehinderten. Letzterer kann sich hierzu einer **Person seines Vertrauens** bedienen, die an Eides statt zu versichern hat, dass der Stimmzettel gemäß dem erklärten Willen des Wählers gekennzeichnet worden ist. Die bei der Briefwahl generell bestehenden Gefahren für die Geheimheit der Wahl sind im Falle der Beteiligung einer anderen Person naturgemäß noch gesteigert. Letztlich wird man diese Regelung aber als verfassungskonform ansehen können, wäre doch die Alternative der Ausschluss dieses Personenkreises von der Teilnahme an der Wahl und damit eine Einbuße hinsichtlich der Allgemeinheit der Wahl, auch wenn der Grundsatz der Allgemeinheit der Wahl nicht dazu verpflichtet, eine Briefwahl vorzusehen.[73] Allerdings besteht eine objektivrechtliche staatliche Verpflichtung, das Briefwahlgeschehen zu beobachten und nötigenfalls Maßnahmen zur Sicherung des Wahlgeheimnisses zu treffen, einschließlich der gebotenen Effektivität der Strafverfolgung bei Rechtsverstößen.

41 Auch das in § 22 Abs. 2 ThürLWG vorgesehene Erfordernis der **eigenhändigen Unterzeichnung bei Wahlkreisvorschlägen,** die nicht von Parteien eingereicht werden, steht in einem gewissen Spannungsverhältnis zur Geheimheit der Wahl. Es ist allerdings gerechtfertigt durch die Freiwilligkeit der individuellen Unterschriftsleistung und das Erfordernis, dass nur ernst zu nehmende, also solche Wählergruppen an einer Wahl teilnehmen sollten, die mit einem Minimum an Unterstützung bei der Wahl rechnen können.[74]

III. Die Wahl- und Stimmberechtigung sowie das passive Wahlrecht (Abs. 2)

42 **1. Allgemeines.** Art. 46 Abs. 2 ThürVerf regelt das aktive und das passive Wahlrecht. Für beide Ausprägungen des Wahlrechts wird der Grundsatz der Allgemeinheit der Wahl verfassungsunmittelbar in zweifacher Weise eingeschränkt, durch das Mindestalter und durch das Wohnsitzerfordernis.

43 Verliert ein Abgeordneter die Wählbarkeit, also das passive Wahlrecht, so erlischt nach Art. 52 Abs. 3 ThürVerf sein Landtagsmandat.[75]

44 Das Wohnsitzkriterium hat eine grundsätzlich zulässige Zuordnungs- und Abgrenzungsfunktion, darf aber – in der nach Art. 46 Abs. 3 zulässigen einfach-gesetzlichen Ausgestaltung – den Grundsatz der Allgemeinheit der Wahl nur so-

72 *Kretschmer*, in: Schmidt-Bleibtreu/Hofmann/Hopfauf, Art. 38 Rn. 31 mwN; nicht unproblematisch deshalb § 19 Abs. 2 ThürKWG, der auf kommunaler Ebene, nämlich bei als Mehrheitswahlen durchgeführten Gemeinderatswahlen, handschriftliche Namensnennungen ermöglicht.

73 *Reich*, Art. 42 Rn. 1.

74 BVerfGE 4, 375 (381 f., 384 ff.); *Löwer*, in: Löwer/Tettinger, Art. 31 Rn. 37 mwN.

75 ThürVerfGH, ThürVBl 2000, 180 ff.

weit einschränken, wie dies die Zuordnungs- und Abgrenzungsfunktion unabdingbar erfordert. [76]

Auch ohne ausdrückliche Regelung ist das Wahlrecht ein „**Deutschenrecht**", das heißt an die deutsche Staatsangehörigkeit geknüpft. Das folgt aus dem Bürgerbegriff des Art. 104, aber auch aus dem Demokratieprinzip des Art. 44 Abs. 1 iVm Art. 45, wonach alle Staatsgewalt vom Volk ausgeht, das seinen Willen durch Wahlen, Volksbegehren und Volksentscheid verwirklicht.[77] Eine Erstreckung des Wahlrechts auf Landesebene etwa auf EU-Ausländer ist deshalb ausgeschlossen.[78] Die im Gesetzgebungsverfahren zu dem neuen Art. 28 Abs. 1 Satz 3 GG diskutierte, aber im Ergebnis abgelehnte Ausdehnung des Wahlrechts der Unionsbürger auf Landtagswahlen würde die Bindung der Staatsgewalt von der Legitimation durch das Staatsvolk lösen und die von der Ewigkeitsgarantie des Art. 79 Abs. 3 GG garantierte Staatlichkeit in Frage stellen.[79] Vgl. auch Art. 95 Rn. 22. 45

2. Wahlalter. Mit dem **Mindestalter** von 18 Jahren ist das Wahlalter als traditionelle Einschränkung der Allgemeinheit der Wahl verfassungsunmittelbar festgelegt. Die Festlegung eines Höchstalters wäre als Verstoß gegen das in seinem Kern verfassungsänderungsfeste Demokratieprinzip (vgl. Art. 83 Abs. 3 iVm Art. 44 Abs. 1) auch durch Verfassungsänderung nicht zulässig. Für eine Absenkung des Wahlalters dürfte ein gewisser, nicht sehr großer, Spielraum bestehen.[80] Brandenburg und Bremen haben das Wahlalter für die Landesebene auf 16 Jahre herabgesetzt. Auf kommunaler Ebene gilt das Mindestalter von 16 Jahren für das aktive Wahlrecht außer in Brandenburg und Bremen auch noch in Mecklenburg-Vorpommern, Nordrhein-Westfalen, Sachsen-Anhalt und Schleswig-Holstein; in Baden-Württemberg ist ein entsprechender Gesetzentwurf in der parlamentarischen Beratung. 46

Eine besondere Problematik ist das sog. Familienwahlrecht, vgl. Rn. 36. 47

3. Wohnsitz im Freistaat. Das „Sesshaftigkeitserfordernis" ist zwar eine **Einschränkung der Allgemeinheit der Wahl,** gehört jedoch zu den **traditionell zulässigen Begrenzungen** dieses Wahlrechtsgrundsatzes. Im Hinblick auf den Charakter der Wahlrechtsgrundsätze als Ausprägungen des Demokratieprinzips sind Einschränkungen aber nur soweit zulässig, wie ein zwingender, sachlich anerkennenswerter Grund hierfür vorliegt.[81] *„Ein solcher Grund ist bereits darin zu sehen, dass die in Wahlen zum Ausdruck kommende demokratische Legitimation eine gewisse Vertrautheit und Verbundenheit der wählenden Bürger mit den Verhältnissen im Wahlgebiet voraussetzt."*[82] 48

---

76 Vgl. ThürVerfGH, LVerfGE 6, 387 (395): „Erlaubt Art. 46 Abs. 2 ThürVerf mit dem für die Wahl in Teilgebieten (Bundesländer) des Gesamtstaates typischen Sesshaftigkeitskriterium eine gewisse Einschränkung der Allgemeinheit der Wahl, dann darf diese doch nur so weit gehen, wie es der Zweck des Sesshaftigkeitskriteriums gebietet."

77 *Linck*, in: Linck/Jutzi/Hopfe, Art. 46 Rn. 22.

78 Für die kommunale Ebene vgl. Art. 28 Abs. 1 Satz 3 GG.

79 *Henneke*, in: Schmidt-Bleibtreu/Hofmann/Hopfauf, Art. 28 Rn. 26; *Braun*, Art. 72 Rn. 6; aA *Meyer*, in: HStR III, § 46 Rn. 8.

80 *Meyer*, in: HStR III, § 46 Rn. 12.

81 ThürVerfGH, LVerfGE 6, 387 (398 mwN) unter Zitierung von BVerfGE 36, 139 (141); 60, 162 (168).

82 ThürVerfGH, LVerfGE 6, 387 (398 mwN) unter Zitierung von BVerfGE 5, 2 (6); 36, 139 (142); 60, 162 (167).

49 „Der Begriff "Wohnsitz" in Art 46 Abs. 2 ThürVerf ist nicht inhaltsgleich mit dem Wohnsitzbegriff des § 7 BGB. Es handelt sich um einen ausfüllungsbedürftigen Begriff, dessen Konkretisierung nach Art 46 Abs. 3 ThürVerf dem einfachen Gesetzgeber obliegt, der sie unter Beachtung sämtlicher Verfassungsnormen vorzunehmen hat.[83]

50 Der ThürVerfGH hat in einer Grundsatzentscheidung ausgeführt:[84] "*Bei der nach Art. 46 Abs. 3 ThürVerf dem einfachen Gesetzgeber überlassenen Ausgestaltung durfte dieser sich am **Melderecht** orientieren, weil dieses mit der grundsätzlichen Anknüpfung an den durch eine Wohnungnahme kundbar gemachten dauernden Aufenthaltswillen ein typisches Merkmal lokaler persönlicher Bindung zum Regelungskriterium macht. Indem das Melderecht in Verfolgung seiner spezifischen Regelungszwecke im Fall des verheirateten, in einer Familie lebenden Bürgers dessen Hauptwohnung zwingend an die Familienwohnung anknüpft, ignoriert das Melderecht im Einzelfall vorhandene und äußerlich zum Ausdruck gebrachte Beziehungen eines Wahlbewerbers zum Wahlbezirk. Damit entfernt sich das Melderecht in einer mit Art. 46 Abs. 1 ThürVerf unvereinbaren Weise von den zentralen Grundsätzen des Wahlrechts, zumal wenn diese in Übereinstimmung mit anderen Prinzipien der Landesverfassung verstanden werden.*" Zu diesen anderen Prinzipien der Landesverfassung gehöre auch Art. 17 Abs. 1, wonach Ehe und Familie unter dem besonderen Schutz der staatlichen Ordnung stehen. Der ThürVerfGH verweist auf den Wandel der familiären Lebensformen infolge stärkerer Individualisierung und Differenzierung und darauf, dass aufgrund der Berufstätigkeit beider Ehegatten vielfach und zunehmend mehrere Wohnungen unterhalten würden. Dabei könnten **auch am Ort einer melderechtlich als Nebenwohnung zu qualifizierenden Wohnung** vielfältige und über die eigentliche Berufsausübung hinausgehende Aktivitäten entfaltet werden, einschließlich eines Engagements für die Belange der Allgemeinheit. Dem müsse das Wahlrecht Rechnung tragen. In einem solchen Fall dürfe das aktive und passive Wahlrecht nicht nur deshalb versagt werden, weil die Mehrzahl der Familienmitglieder überwiegend eine Wohnung außerhalb Thüringens nutze. Insoweit müsse dann das einfache Landesrecht – hier § 13 Satz 2 ThürLWG a.F. – verfassungskonform ausgelegt werden. Dem stehe hier auch nicht entgegen, dass das einfache Landesrecht auf eine (melderechtliche) Norm des Bundesrechts Bezug nehme, denn durch die Verweisung gelte die Norm, auf die verwiesen werde, als Landesrecht.

51 Diese Entscheidung hat ein geteiltes Echo gefunden.[85] Die Gegenauffassung, die ihren Niederschlag auch in einem Sondervotum gefunden hat, hält den Gesetzgeber für befugt, den seltenen Ausnahmefall, dass ein verheirateter Bürger seine Lebensverhältnisse schwerpunktmäßig von seiner Nebenwohnung aus gestaltet, aus Gründen der Praktikabilität der Wahlrechtsvorschriften zu vernachlässigen und an das formale Kriterium des Hauptwohnsitzes anzuknüpfen. Gleichwohl verdient die Entscheidung des ThürVerfGH Zustimmung. Dogmatisch trägt sie dem Wahlrechtsgrundsatz der Allgemeinheit der Wahl und dem Grundsatz der Einheit der Verfassung – durch die maßgebliche Einbeziehung des Art. 17 – Rechnung, ohne die aus praktischen Gründen (wegen der Nutzung der Meldere-

83 ThürVerfGH, LVerfGE 6, 387 (393).
84 ThürVerfGH, LVerfGE 6, 387 (398 ff.).
85 *Becker,* ThürVBl 1997, 209; *Sachs,* JuS 1999, 185; *Schreiber,* NJW 1998, 492; *Würtenberger/Seelhorst,* ThürVBl 1998, 49.

gister als Wahlregister) gebotene grundsätzliche Anknüpfung an das Melderecht als verfassungswidrig zu qualifizieren. Die mit der Einschränkung der Anknüpfung an das Melderecht verbundene Möglichkeit einer Wahlberechtigung in mehreren Bundesländern und die ohnehin nur theoretische Gefahr eines Wahltourismus haben demgegenüber nur untergeordnete Bedeutung.

Der Landesgesetzgeber hat die Regelung im Landeswahlgesetz (§ 13) an die Rechtsprechung des ThürVerfGH angepasst und damit eine Konstruktion über eine verfassungskonforme Auslegung entbehrlich gemacht.[86] 52

4. Sonstige Einschränkungen. Das ThürLWG normiert Tatbestände, die zum Ausschluss von der Wahlberechtigung und der Wählbarkeit führen. Nach § 14 ThürLWG ist nicht wahlberechtigt, wer infolge Richterspruchs das Wahlrecht nicht besitzt (Nr. 1), wer unter umfassender Betreuung steht (Nr. 2)[87] und wer nach einer im Zustand der Schuldunfähigkeit nach § 20 StGB begangenen Straftat als freiheitsentziehende Maßnahme nach § 63 StGB in einem psychiatrischen Krankenhaus untergebracht ist (Nr. 3). Nach § 13 ThürLWG ist nicht wählbar, wer vom Wahlrecht ausgeschlossen ist (Nr. 1) und wer infolge Richterspruchs die Wählbarkeit oder die Fähigkeit zur Bekleidung öffentlicher Ämter nicht besitzt (Nr. 2).[88] 53

Der ThürVerfGH hat zu den in § 14 ThürLWG enthaltenen Einschränkungen von Wahlberechtigung und Wählbarkeit auf die Rechtsprechung des BVerfG Bezug genommen, die derartige Einschränkungen als **traditionelle Begrenzungen** der Allgemeinheit der Wahl von jeher aus zwingenden Gründen als verfassungsmäßig angesehen habe.[89] Hingegen hat er die frühere Regelung in § 8 des Thüringer Gesetzes zur Überprüfung von Abgeordneten – nach der der Landtag durch Beschluss einem Abgeordneten das Mandat aberkannte, wenn aufgrund einer Überprüfung dessen Zusammenarbeit mit dem MfS/AfNS feststand und er deshalb parlamentsunwürdig war – im Hinblick auf Art. 52 Abs. 2 und 3 sowie Art. 53 iVm Art. 83 ThürVerf als verfassungswidrig angesehen und für nichtig erklärt; zur Begründung hat er auch auf den eng bemessenen Spielraum des Gesetzgebers nach Art. 46 Abs. 3 verwiesen.[90]

Nach Art. 137 Abs. 1 GG kann die Wählbarkeit von Beamten, Angestellten des öffentlichen Dienstes, Berufs- und Zeitsoldaten sowie von Richtern im Bund, in den Ländern und in den Gemeinden beschränkt werden (**Inkompatibilität**). 54

86 Vgl. § 13 ThürLWG: „Wahlberechtigt sind alle Deutschen im Sinne des Art. 116 Abs. 1 des Grundgesetzes, die am Wahltag … 2. seit mindestens drei Monaten im Wahlgebiet ihren Wohnsitz haben oder sich dort gewöhnlich aufhalten, … Bei Inhabern von mehreren Wohnungen im Sinne des Melderechts wird der Ort der Hauptwohnung als Wohnsitz vermutet. Personen nach Satz 2, deren Hauptwohnung … nicht innerhalb Thüringens liegt, sind auf Antrag wahlberechtigt, wenn sie am Ort der Nebenwohnung in Thüringen seit mindestens drei Monaten ihren Lebensmittelpunkt haben und dies glaubhaft machen …". Vgl. auch VG Weimar, ThürVBl 2012, 260 ff. zu § 15 Abs. 2 Satz 6 ThürMeldeG.

87 Kritisch zu diesem Wahlrechtsausschließungsgrund: *Hellmann*, RdLH 2012, 162 ff.; kritisch auch zu weiteren traditionellen Wahlrechtsauschließungsgründen: *Meyer*, DVP 2013, 53 (54 f.).

88 *Meyer*, in: HStR III, § 46 Rn. 4 und 14, hält die Möglichkeit des Ausschlusses vom Wahlrecht bei (bestimmten) Straftaten für verfassungswidrig.

89 ThürVerfGH, Urt. v. 25.05.2000 – 2/99 – JURIS Rn. 75 unter Hinweis auf BVerfGE 36, 139 (141 f.), insoweit nicht abgedruckt in ThürVBl 2000, 180 (181); BVerfGE 42, 312 (341).

90 ThürVerfGH, ThürVBl 2000, 180 (181).

Hiervon hat in Thüringen der einfache Gesetzgeber Gebrauch gemacht, vgl. §§ 33 ff. ThürAbgG.

IV. Der Gesetzgebungsauftrag (Abs. 3)

55 Der ThürVerfGH betont, dass der Gesetzgeber im Rahmen der ihm in Art. 46 Abs. 3 eröffneten Regelungskompetenz nur einen eng bemessenen Spielraum habe,[91] von dem er vor allem für die traditionellen und damit „selbstverständlichen" Beschränkungen des passiven Wahlrechts[92] Gebrauch machen könne; im Übrigen bedürfe es einer ausdrücklichen Verankerung in der ThürVerf.[93]

Artikel 47 [Gewaltenteilung]

(1) Die Gesetzgebung steht dem Landtag und dem Volk zu.

(2) Die vollziehende Gewalt liegt bei der Landesregierung und den Verwaltungsorganen.

(3) Die rechtsprechende Gewalt wird durch unabhängige Gerichte ausgeübt.

(4) Die Gesetzgebung ist an die verfassungsmäßige Ordnung, die vollziehende Gewalt und die Rechtsprechung sind an Gesetz und Recht gebunden.

Vergleichbare Regelungen

Art. 20 Abs. 2 GG; Art. 25 BWVerf; Art. 5 BayVerf; Art. 3 VvB; Art. 2 Abs. 4 BbgVerf; Art. 67 BremVerf; Art. 3 Abs. 1 M-VVerf; Art. 2 Abs. 1 NV; Art. 3 Verf NW; Art. 77 Verf Rh-Pf; Art. 61 SaarlVerf; Art. 3 SächsVerf; Art. 2 Abs. 2 LVerf LSA; Art. 2 SchlHVerf.

Ergänzungsnormen im sonstigen thüringischen Recht

§§ 50 ff. ThürGOLT idF der Bek. v. 19.07.2012 (LT-Drs. 5/4750); § 45 ThürVerfGHG v. 28.06.1994 (ThürGVBl. S. 781) zuletzt geändert durch ÄnderungsG v. 04.12.2003 (ThürGVBl. S. 505).

Dokumente zur Entstehungsgeschichte

Art. 6 VerfE CDU; Art. 32 VerfE F.D.P.; Art. 3 VerfE SPD; Art. 2, 70 VerfE NF/GR/DJ; Art. 1 VerfE LL/PDS; Entstehung ThürVerf, S. 126 f.

Literatur

Konrad Hesse, Grundzüge des Verfassungsrechts der Bundesrepublik Deutschland, 20. Aufl. (Neudr.) 1999; *Werner Heun*, Die Verfassungsordnung der Bundesrepublik Deutschland, 2012; *Josef Isensee* (Hrsg.), Gewaltenteilung heute, Symposium aus Anlaß der Vollendung des 65. Lebensjahres von F. Ossenbühl, 2000; *John Locke*, Two treaties of Government, 1698; *Christoph Möllers*, Gewaltengliederung – Legitimation und Dogmatik im nationalen Rechtsvergleich, 2005; *ders.*, Dogmatik der grundgesetzlichen Gewaltengliederung, AöR 132 (2007), 493 ff.; *ders.*, Die drei Gewalten – Legitimation der Gewaltengliederung in Verfassungsstaat, Europäischer Integration und Internationalisierung, 2008; *Charles-Louis de Montesquieu*, De l'esprit des lois, 1748; *Lorenz von Stein*, Handbuch der Verwaltungslehre, 2010; *Alexis de Tocqueville*, Über die Demokratie in Amerika, 1987.

Leitentscheidungen des BVerfG

BVerfGE 2, 307 (Gerichtsbezirke); 9, 268 (Bremer Personalvertretung); 34, 52 (Hessisches Richtergesetz); 40, 237 (Justizverwaltungsakt); 47, 253 (Gemeindeparlamente); 49, 89 (Kalkar); 53, 115 (Substantiierungsfrist); 67, 100 (Flick-Untersuchungsausschuß); 68, 1 (Atomwaffenstationierung); 81, 123 (Rechtliches Gehör); 83, 60 (Ausländerwahlrecht II); 83, 130 (Josephine Mutzenbacher); 84, 212 (Aussperrung); 85, 337 (Verhältnismäßigkeit des Kosten-

91 Der ThürVerfGH zitiert hier BVerfGE 48, 64 (81) und *Linck*, in: Linck/Jutzi/Hopfe, Art. 46 Rn. 27.

92 Der ThürVerfGH zitiert hier *Steinberg*, Der Staat 39 (2000), Heft 4.

93 ThürVerfGH, ThürVBl 2000, 180 (181).

risikos); 95, 267 (Altschulden); 98, 218 (Rechtschreibreform); 101, 397 (Kontrolle des Rechtspflegers); 103, 332 (Naturschutzgesetz Schleswig-Holstein).

A. Überblick

Art. 47 führt den **Grundsatz der Gewaltenteilung** vor dem Hintergrund des Art. 20 Abs. 2 Satz 2 GG näher aus. In der neueren Verfassungsdogmatik ist er als **„Gewaltenunterscheidung"** und als **„Gewaltengliederung"** verstanden worden.[1] Die Vorschrift benennt die drei staatlichen Gewalten (Legislative, Exekutive und Judikative) und weist ihnen ihre jeweiligen Kernzuständigkeiten zu. Der Grundsatz der Gewaltenteilung schließt damit die Sequenz der Bestimmungen über die „Grundlagen" der Staatsorganisation und der Staatsorgane des Freistaats Thüringen ab: Art. 44 konstituiert den Freistaat als demokratischen, sozialen Rechtsstaat, Art. 45 stellt die Legitimation der Ausübung der Staatsgewalt auf die Basis des Demokratieprinzips, regelt das Wie der Ausübung der Staatsgewalt und benennt im Zeichen der Volkssouveränität die drei Gewalten. Die Vorschriften bilden in ihrer Gesamtheit den **Kanon der Staatsfundamentalnormen,** die den Freistaat Thüringen als demokratischen und sozialen Rechtsstaat verfassenrt. 1

B. Herkunft, Entstehung und Entwicklung

Die Formulierung des Grundsatzes der Gewaltenteilung in Art. 47 hat in der thüringischen Verfassungsgeschichte **keine Vorläufer.** Nach dem Zusammenschluss der thüringischen Staaten[2] war das Prinzip in wenigen Vorschriften angelegt, wurde aber ausdrücklich weder in die Verfassung des Landes Thüringen von 1921[3] noch in die Verfassung von 1946 eingeführt.[4] So fand es erstmals erst in die Verfassung vom 25. Oktober 1993 Eingang. 2

C. Verfassungsvergleichende Information

Art. 47 ist eine **Staatsfundamentalnorm,** deren Ursprung im **Rechtsstaatsprinzips** des Grundgesetzes (Art. 20 Abs. 3 iVm Art. 28 Abs. 1 Satz 1 GG) liegt. Nach 3

1 *Möllers*, Gewaltengliederung, S. 398.
2 Gemeinschaftsvertrag über den Zusammenschluss der thüringischen Staaten v. 04.01.1920.
3 Verfassung des Landes Thüringen v. 11.03.1921.
4 Verfassung des Landes Thüringen v. 20.12.1946.

dem Homogenitätsgebot[5] des Art. 28 Abs. 1 Satz 1 GG ist der Grundsatz der Gewaltenteilung auch für die deutschen Ländern verbindlich.[6] Vor diesem Hintergrund hat der überwiegende Teil der deutschen Länder diesen Grundsatz in den Verfassungen verankert.[7] Lediglich die Verfassungen der Länder Hamburg und Hessen haben auf seine ausdrückliche Formulierung verzichtet.

D. Erläuterungen

I. Die Gewaltenteilung als Organisationsprinzip des demokratischen Rechtsstaates

4 **1. Die Idee der Gewaltenteilung.** Die Idee der Gewaltenteilung hat in der europäischen Verfassungsgeschichte eine lange Tradition.[8] Erste Überlegungen gehen zurück auf *John Locke*, der sich 1698 für die Regierungsform der konstitutionellen Monarchie und die Sicherung der Freiheit vor Tyrannei ausspricht.[9] Um die unveräußerlichen Menschenrechte **Leben, Freiheit und Eigentum**[10] hiervor zu schützen, muss die Staatsgewalt auf mehrere Organe zum Zwecke der Machtbegrenzung und der Sicherung von Freiheit und Gleichheit verteilt werden. Vor diesem Hintergrund spricht sich *Locke* erstmalig für eine **Aufteilung der Staatsgewalt in Exekutive und Legislative** aus.[11]

5 Aufgegriffen und weitergeführt wurden *Lockes* Gedanken von *Charles-Louis de Montesquieu*, der 1748 mit der klassischen **Dreiteilung der Gewalten in Exekutive, Legislative und Judikative** einen maßgeblichen Eckpfeiler der modernen Staatlichkeit entwickelte.[12] Die Vorstellungen *Montesquieus* beinhalteten nicht nur den Gedanken einer ausschließlich kompetenziellen Trennung und Kontrolle der Organe von Staatsgewalt,[13] sondern auch die Idee der sichtbaren **Einheit der Staatsgewalt nach außen.**[14] Dem liegt die Vorstellung zugrunde, dass nur ein Staat, der die öffentliche Gewalt rechtlich organisiert vereint, die Freiheit seiner Bürger in funktionsfähiger Weise garantieren kann.[15] Eine neuere Auslegung deutet die Gewaltengliederung im Lichte der durch Art. 1 Abs. 1 GG postulierten **Personalität des Menschen** als ein „**legitimationsbezogenes Zuordnungsgebot**, das die Staatsorganisation auf Prozeduren der Rechtserzeugung verpflichtet, die die individuelle und die kollektive **Selbstbestimmung** von Rechtssubjekten ermöglicht".[16]

6 Im Einklang mit den Vorstellungen *Montesquieus* ist die in Art. 45 Satz 3 verankerte Gewaltengliederung das notwendige Korrelat des staatlichen Gewaltmo-

5 *Nierhaus*, in: Sachs, GG, Art. 28 Rn. 7 ff.
6 BVerfGE 2, 307 (319).
7 Art. 25 BWVerf, Art. 5 BayVerf, Art. 3 VvB, Art. 2 Abs. 4 BbgVerf, Art. 67 BremVerf, Art. 3 Abs. 1 M-VVerf, Art. 2 Abs. 1 NV, Art. 3 Verf NW, Art. 77 Verf Rh-Pf, Art. 61 SaarlVerf, Art. 3 SächsVerf, Art. 2 Abs. 2 LVerf LSA, Art. 2 SchlHVerf.
8 Für einen umfassenden Überblick über die historische Entwicklung der Idee der Gewaltenteilung sei auf *Sommermann*, in: von Mangoldt/Klein/Starck, Art. 20 Rn. 199 ff. verwiesen.
9 *Locke*, Two treaties of Government, Chap. VIII, § 107.
10 *Locke*, Two treaties of Government, Chap. II, § 6.
11 *Locke*, Two treaties of Government, Chap. XII, § 143 ff.
12 *Montesquieu*, De l'esprit des lois, Livre XI, chap. 6.
13 *Montesquieu*, De l'esprit des lois, Livre XI, chap.4.
14 *Eichenberger*, in: Isensee (Hrsg.), Gewaltenteilung heute, S. 27 (41).
15 *Di Fabio*, in: HStR II, § 27 Rn. 2.
16 *Möllers*, Gewaltengliederung, S. 41 ff., 46 ff., 88 ff., 399 ff.; *ders.*, Die drei Gewalten, S. 90 ff.

nopols, dessen Inanspruchnahme mittels der Verteilung bestimmter funktional abgegrenzter Aufgabenbereiche (**funktionelle Gewaltenteilung**) normiert wird. Die Grundsatznorm des Art. 45 ist dabei auf eine funktionale Gliederung staatlicher Gewalt begrenzt.

Die elementare **organisatorische Zuordnung der Gewalten** erfolgt erst in Art. 47 Abs. 1 bis 3 und wird sodann in weiteren verfassungsrechtlichen Organisations- und Kompetenzvorschriften (Art. 48 ff., 70 ff., 81 ff., 86 ff.) konkretisiert. In verfassungsgeschichtlicher und staatstheoretischer Tradition werden die Funktionen der „Gesetzgebung" auf den Thüringer Landtag sowie das Volk als Legislative, die „vollziehende Gewalt" auf die Landesregierung und die nachgeordneten Verwaltungsorgane als Exekutive und die „Rechtsprechung" auf unabhängige Gerichte als Judikative verteilt. 7

2. Gewaltenteilung als Kernelement des Verfassungs- und Rechtsstaats. Die Gewaltenteilung ist das **Wesensmerkmal des demokratischen Rechtsstaats** und schafft die Vorbedingungen für die Zurechenbarkeit von Verantwortung und die Kontrolle staatlichen Handelns. Die Aufteilung in Legislative, Exekutive und Judikative hat Auswirkungen auf die Aufgaben- und Befugnisse der drei Staatsgewalten. Um innerhalb des Systems staatlicher Herrschaftsausübung die Totalität der Staatsgewalt zu erfassen, wird auf die Abstraktion einer Teilung der Funktionen nach Gesetzgebung, Verwaltung und Rechtsprechung abgestellt. Die Grundfunktionen der staatlichen Herrschaft manifestieren sich in der in Art. 45 Satz 3 angelegten Trias Gesetzgebung, vollziehende Gewalt und Rechtsprechung. Damit wird die Ausübung der Staatsgewalt auf bestimmte, funktional abgegrenzte Aufgabenbereiche verteilt und normativ zugeordnet. Jede der drei Gewalten handelt eigenständig und unabhängig gegenüber den anderen Gewalten.[17] Das von der Lehre *Montesquieus* geprägte Modell der politischen Machtverteilung zwischen verschiedenen politisch-sozialen Kräften ist mithin auch in der Thüringer Verfassung auf eine **reine Funktionengliederung** begrenzt (Rn. 6, 17).[18] 8

Zunächst lässt die Verfassungsordnung des Freistaates – ähnlich den Regelungen auf Bundesebene – eine Allzuständigkeit des Gesetzgebers vermuten. Art. 47 Abs. 4 gibt der **Legislative** das **Recht des ersten Zugriffs** bei der Regelung der Fragen des Gemeinwohls. Dahinter steht der Wille des Verfassungsgebers, grundlegende Fragen des Lebens des Gemeinwesens, die die Verfassung offengelassen hat und die der Normierung bedürfen, durch eine Entscheidung des Parlaments zu treffen. Durch den (allgemeinen) Vorbehalt des Gesetzes (Rn. 32) ist der Gesetzgeber die handelnde Gewalt, die durch die Normierung im Gesetzgebungsverfahren (§§ 50 ff. GO Thür. Landtag) das Handeln der Exekutive legitimiert und restringiert.[19] Die Legislative genießt damit in den rechtlichen Grenzen der Verfassung den größten Spielraum.[20] 9

Die Tätigkeit der **Exekutive** (Landesregierung, Verwaltung) wird im Rahmen der Gewaltenteilung indes nicht auf den bloßen Gesetzesvollzug beschränkt. Aufgrund ihrer Gestaltungsfreiheit bei der Umsetzung von Gesetzen – vor allem im Rahmen gesetzlich gebundener Ermessensentscheidungen – und zahlreicher 10

17 *Möllers*, AöR 132 (2007), 493 (499).
18 *Böckenförde*, in: HStR I, § 22 Rn. 87.
19 *Herzog/Grzeszick*, in: Maunz/Dürig, Art. 20 Rn. 86.
20 *Hesse*, Rn. 503 f.

eigenverantwortlich ausgeübter Sachkompetenzen ist die vollziehende Gewalt nicht ein bloßer Annex eines gesetzgebenden Parlamentarismus.[21] Ihr fallen verschiedene Funktionen zu. Im Rahmen der **Regierungsfunktion** hat die Exekutive die Aufgabe der politischen Landesführung nach innen und nach außen inne. Des Weiteren ist sie mittels eigenverantwortlicher Entscheidungen und politische Initiativen im Rahmen der Gesetze zur Steuerung des Wirtschaftsprozesses berufen.[22] Innerhalb der **Verwaltungstätigkeit** erfüllt sie, auch hier an rechtlich normierte Maßstäbe gebunden, staatliche Kernaufgaben. Eine Ausnahme bildet die **gesetzesfreie Verwaltung**, die Bereiche betrifft, in denen der Gesetzesvorbehalt keine gesetzliche Ermächtigungsgrundlage erfordert und auch kein Gesetz verlangt, den Grundsatz des Vorrangs des Gesetzes zu beachten.[23]

11 Deutlich werden die Folgen der Gewaltenteilung in Art. 90, der die Ausübung der Verwaltung der Landesregierung unterstellt, jedoch Aufbau, räumliche Gliederung und Zuständigkeiten der Regelung durch ein Gesetz überlässt. Gleichwohl ist die Personalhoheit, namentlich bei der Auswahl, Einstellung und Zuweisung der Beamten, ein wesentlicher Teil der Regierungsgewalt und wird auch allgemein als Sache der Regierung betrachtet.[24]

12 Charakteristisch für den modernen Verfassungsstaat ist die Möglichkeit des Bürgers, seine verfassungsmäßigen Rechte gegenüber den Staatsorganen wirksam zur Geltung zu bringen. Erst wenn der einzelne Bürger in der Lage ist, **effektiven Rechtsschutz** zu erlangen, entfaltet die Idee der Gewaltenteilung ihr volles **freiheitssicherndes Potenzial.**[25] Daher ist es Aufgabe der Legislative, die Wahrung, Konkretisierung und Fortbildung des Rechts, gesondert von den übrigen staatlichen Funktionen, zu gewährleisten.

13 Der Anspruch des Einzelnen auf Rechtsschutz soll einen möglichst **lückenlosen gerichtlichen Schutz** gewährleisten,[26] indem dem Bürger ein substanzieller Anspruch auf eine tatsächlich wirksame gerichtliche Kontrolle garantiert wird.[27] Dieser Anspruch umfasst das **Offenstehen des Rechtswegs** und die Garantie eines **effektiven Rechtsschutzes.**[28] Art. 19 Abs. 4 GG stellt eine Konkretisierung des Rechtsstaatsprinzip dar (Art. 20 Abs. 3 iVm Art. 28 Abs. 1 Satz 1 GG) und enthält eine ausdrückliche Garantie des Rechtswegs für Rechtsverletzungen der legislative sowie der Exekutive. Diese institutionelle Garantie ist Ausdruck einer gerichtsgeprägten Gewaltenteilung,[29] die dem Einzelnen die Möglichkeit eröffnet, sich klagend an Gerichte zu wenden, wenn der Staat, insbesondere seine Verwaltung, ihn in seinen Rechten verletzt, um dann mit richterlicher Hilfe die eigenen Rechte gegenüber dem Staat durchzusetzen.[30] Sie ist die notwendige

---

21 *Di Fabio*, in: HStR II, § 27 Rn. 22.
22 *Hesse*, Rn. 531.
23 *Maurer*, Allg. VerwR, § 1 Rn 25 verweist in diesem Zusammenhang auf die „Regelbeispiele" Straßenbau und die Errichtung nicht zwingend vorgeschriebener kommunaler Einrichtungen.
24 BVerfGE 9, 268 (283).
25 *Sommermann*, in: von Mangoldt/Klein/Starck, Art. 20 Rn. 206.
26 BVerfGE 101, 397 (407).
27 *Schmidt-Aßmann*, in: Maunz/Dürig, Art. 19 Abs. 4 Rn. 229.
28 BVerfGE 53, 115 (127 f.); BVerfGE 85, 337 (345 ff.); *Sachs*, in: Sachs, GG, Art. 19 Rn. 143.
29 *Schmidt-Aßmann*, in: Maunz/Dürig, Art. 19 Abs. 4 Rn. 10, 14.
30 *Heun*, Die Verfassungsordnung der Bundesrepublik Deutschland, S. 47 f.

Konsequenz des Monopols legitimer Gewaltsamkeit des Staates (*M. Weber*) und somit der allgemeinen Friedenspflicht des Bürgers sowie des Selbsthilfeverbots.

Der Anspruch beinhaltet damit zunächst die institutionelle Garantie einer Gerichtsbarkeit, die den Voraussetzungen der Art. 92 und 97 GG entspricht und die in der Lage ist, dem Bürger einen effektiven Rechtsschutz zu gewährleisten.[31] Des Weiteren enthält er auch die Garantie eines effektiven Rechtsschutzes. Denn der Anspruch auf eine vollständige gerichtliche Nachprüfung einer angefochtenen Maßnahme wäre bedeutungslos, wenn verfahrensrechtliche Hindernisse zu einer unzumutbaren Verzögerung des Verfahrens führen und das Schutzinteresse des Rechtssuchenden vereiteln könnten. Zum Anspruch auf effektiven Rechtsschutz führt das BVerfG aus, dass die Rechtsweggarantie „nicht nur formal die Möglichkeit gewährleistet, die Gerichte anzurufen, sondern dass sie auch die Effektivität des Rechtsschutzes gebietet".[32] Das Gebot eines effektiven Rechtsschutzes verbietet alle **unangemessen hohen verfahrensrechtlichen Hindernisse.** Stattdessen muss der Zugang zu den Gerichten nach dem Grundsatz des effektiven Rechtsschutzes ausgestaltet und für den Rechtsuchenden in jeder Phase zumutbar sein. Eine Beschneidung der Rechtsschutzgarantie wäre etwa dann gegeben, wenn die Gebühren „außer Verhältnis zu dem wirtschaftlichen Wert stehen", den das gerichtliche Verfahren für den Einzelnen hat. Die Beschreitung des Rechtsweges würde auch dann praktisch verhindert, „wenn das Kostenrisiko zu dem mit dem Verfahren angestrebten wirtschaftlichen Erfolg derart außer Verhältnis steht, dass die Anrufung der Gerichte nicht mehr sinnvoll erscheint".[33] 14

Insoweit wird die Rechtsweggarantie durch eine Reihe von organisationsrechtlichen Normen des Grundgesetzes konkretisiert, namentlich durch den **Anspruch auf den gesetzlichen Richter** (Art. 101 GG) und das **Recht auf gerichtliches rechtliches Gehör** (Art. 103 Abs. 1 GG).[34] In der Verbindung des Prinzips der Gewaltenteilung und der Garantie des gerichtlichen Rechtsschutzes werden die Rechte des Einzelnen geschützt und die **Kernfunktionen des Rechtsstaates verwirklicht.** 15

II. Bindung der Gewaltenteilung an das demokratische Prinzip

1. Legitimation der Gewalten. Die demokratische Ausübung der Staatsgewalt durch die drei Gewalten setzt voraus, dass das Volk sie in effektiver Weise legitimiert. Um ein hinreichendes Legitimationsniveau sicherzustellen, ist eine „ununterbrochene Legitimationskette" vom Volk zu den mit Aufgaben und Befugnissen betrauten Organen und Amtswaltern erforderlich.[35] 16

2. Von der Gewaltenteilung zur Funktionengliederung. a) Funktionen und Organe. Indem die Ausübung von Staatsgewalt an das demokratische Prinzip und damit an den Willen des Volkes gebunden wird, verliert der Grundsatz der Gewaltenteilung seine im 19. Jahrhundert wurzelnde Intention. Im Rahmen der 17

31 *Huber*, in: von Mangoldt/Klein/Starck, Art. 19 Rn. 352; *Krebs*, in: von Münch/Kunig Art. 19 Rn. 69.
32 Vgl. BVerfGE 81, 123 (129).
33 BVerfGE 85, 337 (347).
34 Diese Grundsätze werden auch in Art. 87 f. ThürVerf verbürgt. Vgl. hinsichtlich der Garantie des gesetzlichen Richters unten Art. 87 Rn. 17 ff. sowie zum Anspruch auf rechtliches Gehör unten Art. 86 Rn. 19.
35 BVerfGE 83, 60 (73); BVerfGE 47, 253 (275). Vgl. oben Art. 45 Rn. 12.

bundesstaatlichen Ordnung konnten die Organe keiner eindeutigen Funktion zugeordnet werden. So kennzeichneten vielfältige Hemmungen und Kontrollen bereits die Verfassungsstruktur der Weimarer Republik, ohne sich indes in einer Deckungsgleichheit von Funktion und Organ widerzuspiegeln.[36] Das ursprüngliche Prinzip der Gewaltenteilung wird unter der Geltung des Grundgesetzes durch ein **System gegenseitiger Kontrolle und Verflechtungen** gestärkt, namentlich dadurch, dass auch *innerhalb* der Gewalten eine weitere Aufteilung der Funktionen staatlicher Herrschaftsausübung vorgenommen wurde. Als Vorbild für diese Ausgestaltung gelten das amerikanische Demokratiemodell und die Lehre von ***Alexis de Tocqueville*** über die Verteilung der Macht im Staat.[37] Mittels der **Teilung von Entscheidungsgewalten** und der **Errichtung von politischen Kontrollinstanzen,** die allesamt auf dem Grundsatz der Volkssouveränität beruhen,[38] wird die demokratische Kontrolle innerhalb eines Systems von ***checks and balances*** sichergestellt (vgl. oben Art. 45 Rn. 37). Da die Teilung der Gewalten folglich nur als leitendes Prinzip, nicht aber als Konformität oder Uniformität erzwingende Detailvorgabe verstanden werden kann, ist eine strikte Trennung der Gewalten ausgeschlossen.[39] Stattdessen sieht auch die ThürVerf eine Verschränkung der drei Gewalten vor, um Staatswillkür zu unterbinden, die Staatsmacht zu mäßigen und die Freiheit des Einzelnen zu schützen.[40]

18 In ihrer Funktion als „**Gesetzgebung**“ werden demokratisch legitimierte Organe durch den Erlass allgemein verbindlicher Anordnungen (Gesetze, Verordnungen) tätig. Die Gesetzgebung ist Ausdruck „politischer Willensbildung in grundlegenden Fragen, die einer rechtsverbindlichen, stabilen Entscheidung bedürfen.“[41] Die **vollziehende Gewalt** ist zunächst für die Umsetzung und Anwendung der legislativen Anordnungen zuständig. Zu den Aufgaben der vollziehenden Gewalt gehören aber auch die politische Programmierung und die Entscheidungen über staatsleitende Fragen. Aufgrund der umfangreichen, den ganzen Staat erfassenden Funktion, bildet die vollziehende Gewalt einen eigenen Organismus im Staat.[42] Die **Rechtsprechung** entscheidet durch eine neutrale Instanz in Streitfällen anhand der Methoden und Maßstäben des Rechts verbindlich über Rechtsfragen sowie über die Ahndung strafbarer Handlungen und Ordnungswidrigkeiten.[43] Die rechtsprechende Gewalt ist gegen Einwirkungen der beiden anderen Gewalten stärker abgeschirmt als umgekehrt. Akte der Rechtsetzung und der Exekutive sind ihrer Kontrolle unterworfen.

19 Art. 47 Abs. 1 bis 3 weist die Trias der Funktionen voneinander abgegrenzten und grundsätzlich voneinander unabhängigen Organe zu.[44] Der **Thüringer Landtag** übt die Gesetzgebung in Thüringen aus (Art. 48 Abs. 2) und kontrolliert die vollziehende Gewalt. Der Landtag ist das oberste vom Volk gewählte Organ und damit das **Zentrum der demokratischen Willensbildung.** Im Rahmen der Gesetzgebung wirken die Abgeordneten im Parlament zusammen. Um ihre

36 *Stern*, Bd. II, S. 519 ff.
37 *Tocqueville*, Über die Demokratie in Amerika, passim.
38 Vgl. dazu oben Art. 45 Rn. 4 ff.
39 BVerfGE 9, 268 (279).
40 *Sommermann*, in: von Mangoldt/Klein/Starck, Art. 20 Rn. 197.
41 *Schmidt-Aßmann*, in: HStR I, § 24 Rn. 53.
42 *von Stein*, Handbuch der Verwaltungslehre, S. 14.
43 *Stern*, Bd. II, S. 898.
44 Zur Bedeutung der funktionellen und organisatorischen Gewaltenteilung vgl. dazu oben Art. 45 Rn. 34.

Interessen und politischen Ziele gemeinsam zu verfolgen, schließen sie sich zu Fraktionen zusammen. In der derzeitigen fünften Wahlperiode gibt es im Thüringer Landtag fünf Fraktionen: CDU, Die Linke, SPD, FDP und Bündnis 90/Die Grünen.

Die vollziehende Gewalt im Freistaat wird von der **Thüringer Landesregierung** 20 und den Verwaltungsorganen ausgeübt, die in **eigener Initiative und unmittelbar** handeln. Die Landesregierung besteht aus der Ministerpräsidentin und den Ministern (Art. 70 Abs. 1, 2); gemeinsam mit dem Landtag obliegt ihr die Zuständigkeit für die **politische Staatsleitung.** Die Verwaltung des Freistaats wird durch die Landesregierung und die ihr unterstellten Behörden ausgeübt. Die Einrichtung der staatlichen Behörden obliegt der Landesregierung. Sie kann einzelne Minister hierzu ermächtigen (Art. 90). Der Sitz der Thüringer Landesregierung ist die Staatskanzlei in der Landeshauptstadt Erfurt.

Die **Rechtsprechung** wird durch den **Verfassungsgerichtshof** und die Gerichte 21 ausgeübt (Art. 86 ff.). Der Verfassungsgerichtshof ist das ranghöchste Gericht des Freistaates Thüringen. Er ist „ein allen anderen Verfassungsorganen gegenüber selbständiges und unabhängiges Gericht" (Art. 79 Abs. 1) und hat seinen Sitz in Weimar. Er setzt sich zusammen aus dem Präsidenten und acht weiteren Mitgliedern (Art. 79 Abs. 2). Seine Zuständigkeiten sind im Katalog des Art. 80 Abs. 1 Nr. 1 bis 8 geregelt; hierzu gehören namentlich Verfassungsbeschwerden (Art. 80 Abs. 1 Nr. 1 und 2), Organstreitigkeiten (Art. 80 Abs. 1 Nr. 3) sowie Normenkontrollanträge (Art. 80 Abs. 1 Nr. 4 und 5).

b) Die Unantastbarkeit der Kernfunktionen der Gewalten. Auch im Rahmen 22 einer zulässigen Gewaltenverschränkung (Rn. 17) darf die Kernfunktion der einzelnen Gewalten nicht berührt werden. Durch einen eingriffsfesten und **unveränderbaren Aufgabenkernbereich** der autonomen Zuständigkeiten und Wirkungsmöglichkeiten, der dem Zugriff anderer Gewalten verschlossen bleibt, wird verhindert, dass eine der Gewalten die ihr von der Verfassung zugeschriebene typische Aufgabenzuweisung verliert.[45] Jeder der drei Gewalten muss ein **substanzieller Kern** an eigenverantwortlicher Erfüllung der ihr von der Verfassung zugedachten Funktionen verbleiben.[46] Mit dem modifizierten Gewaltenteilungsgrundsatz wird ein notwendiges Maß an Verschränkungen zwischen den Funktionsträgern zugelassen, ohne sie des „eigentlichen Lebenselements" zu berauben.[47]

Der **Gesetzgeber** ist vor dem Zugriff von Exekutive und Rechtsprechung vor al- 23 lem durch den Grundsatz des Vorrangs und des Vorbehalts des Gesetzes geschützt (Rn. 31 f.). Ferner gewährleistet die Verfassung eine **Kontrollkompetenz des Landesparlaments**, die auch durch faktisches Handeln und einen gubernativen Wissensvorsprung der Landesregierung nicht unterlaufen werden kann. Zum Ausgleich des Wissensvorsprungs der Gubernative sieht die Verfassung parlamentarische **Informationsrechte** für den Landtag und die Abgeordneten vor (Art. 64, Art. 67), die eine effiziente parlamentarische Kontrolle im Hinblick auf den ordnungsgemäßen Vollzug der zuvor von ihm erlassenen Gesetze erst ermöglichen.[48] Dadurch wird die gesteigerte demokratische Legitimation des

45 BVerfGE 34, 52 (59).
46 *Stern*, Bd. II, S. 541.
47 *Stern*, Bd. II, S. 542.
48 Näher dazu Art. 64 Rn. 1.

Landtags unterstrichen, dem mittels der Wahl des Ministerpräsidenten ein zentrales Kreationsrecht hinsichtlich der Exekutive zufällt.

24 Andererseits sind **Landesregierung und Verwaltung** vor einem Zugriff des Landtags im Sinne eines falsch verstandenen (allumfassenden) Parlamentsvorbehalts geschützt.[49] Vor allem muss der Gesetzgeber die **eigenständige Entscheidungs- und Organisationsgewalt** der Landesregierung respektieren. Das Bundesverfassungsgericht räumt der Regierung hierfür einen **Kernbereich exekutiver Eigenverantwortung**[50] ein, der grundsätzlich auch die Organisationsgewalt des Ministerpräsidenten und die Willensbildung innerhalb der Landesregierung umfasst.[51] Dadurch wird namentlich die Kontrollkompetenz des Thüringer Landtags gegenüber der Landesregierung bei der Einsetzung von Untersuchungsausschüssen zugunsten eines eigenverantwortlichen Regierungshandelns begrenzt.[52]

25 Die besondere Bedeutung einer eigenständigen **Rechtsprechung** hebt Art. 47 Abs. 3 hervor, der ausdrücklich die **Unabhängigkeit der Gerichte** garantiert. Die Bestimmungen der Art. 86 ff. enthalten hinsichtlich der organisatorischen Selbstständigkeit der Gerichte, der personellen Unabhängigkeit der Richter sowie der Bestimmung eines Verfahrens zur Wahl der Richter nähere Konkretisierungen.[53]

III. Vorrang von Verfassung und Gesetz

26 Jede Staatsgewalt unterliegt normativen Bindungen. Für die Bindung der einzelnen Staatstätigkeiten differenziert Art. 47 Abs. 4 in Anlehnung an Art. 20 Abs. 3 GG wie folgt: Die Gesetzgebung ist an die verfassungsmäßige Ordnung (1.), die vollziehende Gewalt (2.) sowie die Rechtsprechung (3.) sind an Gesetz und Recht gebunden. Die staatliche Gewalt im Freistaat wird damit auf die Grundsätze der Verfassungsbindung der Legislative sowie der Gesetzmäßigkeit von Verwaltung und Rechtsprechung festgelegt.

27 **1. Bindung des Gesetzgebers an die verfassungsmäßige Ordnung in Bund und Land.** Art. 47 Abs. 4 statuiert zunächst die Bindung des Gesetzgebers an die **verfassungsmäßige Ordnung**. Dieser Begriff umfasst alle verfassungsrechtlichen Normen des **Grundgesetzes**[54] und der **Landesverfassung**. Art. 42 Abs. 1 betont zudem die besondere Stellung der Grundrechte der Landesverfassung, an die der Gesetzgeber gebunden ist. Eine **unbeschränkte Parlamentssouveränität** ist dem (einfachen) Gesetzgeber beim Erlass förmlicher Gesetze damit verwehrt.[55]

28 Wenngleich es aus dem Wortlaut von Art. 47 Abs. 4 nicht ausdrücklich hervorgeht, gilt die Bindung an die verfassungsmäßige Ordnung nicht nur für die Gesetzgebung, sondern **für alle Staatsgewalten gleichermaßen**. Die vollziehende Gewalt und die Rechtsprechung sind *expressiv verbis* an Recht und Gesetz gebunden. Der Begriff des Gesetzes beinhaltet auch das Verfassungsgesetz. Vor diesem Hintergrund sind die Einzelregelungen, Direktiven und Prinzipien der Verfassung auch für die Exekutive und die Judikative verbindlich.[56]

49 BVerfGE 49, 89 (125). Vgl. oben Art. 45 Rn. 14.
50 BVerfGE 67, 100 (139); BVerfGE 68, 1 (78).
51 *Sommermann*, in: von Mangoldt/Klein/Starck, Art. 20 Rn. 219.
52 Vgl. dazu unten Art. 64 Rn. 9 ff.
53 Zur richterlichen Unabhängigkeit vgl. unten Art. 86 Rn. 19.
54 BVerfGE 103, 332 (353).
55 *Sommermann*, in: von Mangoldt/Klein/Starck, Art. 20 Rn. 249.
56 *Schmidt-Aßmann*, in: HStR I, § 24 Rn. 42.

29 Die Bindung der Gesetzgebung an die verfassungsmäßige Ordnung beinhaltet auch den **Grundsatz des Vorrangs der Verfassung** vor dem einfachen Parlamentsgesetz. Abgesichert wird der Verfassungsvorrang durch die Verpflichtung der Gerichte zur inzidenten Überprüfung der im jeweiligen Fall anzuwendenden Rechtsvorschrift des Landes am Maßstab der Verfassung. Hält das Gericht das Gesetz für verfassungswidrig, hat es nach § 45 ThürVerfGHG[57] das Verfahren auszusetzen und die Entscheidung des ThürVerfGH einzuholen (Art. 80 Abs. 1 Nr. 5). Er allein verfügt in diesem Fall über das **Verwerfungsmonopol**. Verstößt das Gesetz gegen die Landesverfassung, ist es von Anfang an (*ex tunc*) nichtig, also unwirksam.[58]

30 **2. Bindung der vollziehenden Gewalt an Gesetz und Recht.** Die vollziehende Gewalt und die Rechtsprechung werden durch die Bindung an Recht und Gesetz einerseits zum Handeln beauftragt und andererseits in ihrem Handeln eingeschränkt. In dieser Formel manifestiert sich ein **zentraler Grundsatz der Idee des Rechtsstaats.**[59] Die **Bindung an das Gesetz** meint die Bindung an jede geschriebene Rechtsnorm des Landes. Darunter fallen die Verfassung und die förmlichen Gesetze iSd Art. 48 Abs. 2, Rechtsverordnungen und Satzungen. Nicht dazu gehören von der Exekutive erlassene Verwaltungsvorschriften und das Richterrecht.[60] Da die vollziehende Gewalt Adressat des Bindungsgebots ist, darf sie sich keine eigenen Bindungsmaßstäbe setzen.[61] Die **Bindung an das Recht** umfasst dagegen das nicht geschriebene, überpositive Recht, die grundlegenden Prinzipien der Rechtsordnung sowie das Gewohnheitsrecht.[62]

31 Aus der Bindung der zweiten und dritten Gewalt an das Gesetz folgt der Vorrang des Gesetzes. Der Grundsatz des **Vorrangs des Gesetzes** verpflichtet die vollziehende Gewalt und die Rechtsprechung zunächst zur Anwendung bestehender Gesetze. Darüber hinaus fungiert der Grundsatz unter Beachtung der Normenhierarchie als eine **Kollisionsregel**, nach der alle untergesetzlichen Rechtsakte dem parlamentarischen Gesetz nicht widersprechen dürfen.[63] Vor diesem Hintergrund darf das Verwaltungshandeln nicht gegen höherrangige Rechtssätze verstoßen.[64] Der Grundsatz des Gesetzesvorrangs verschafft dem staatlichen Handeln höchste Legitimation, da das Parlament das einzige Organ im Freistaat ist, das sich auf ein unmittelbares Mandat des Thüringer Landesvolkes (Art. 104) berufen kann. Als das oberste, vom Volk gewählte Organ ist der Thüringer Landtag das Zentrum der demokratischen Willensbildung. Die im Plenum vereinten Volksvertreter spiegeln die Vielfalt der im Thüringer Volk vertreten Meinungen und Interessen und somit die plurale Thüringer Gesellschaft.[65]

---

57 Gesetz über den Thüringer Verfassungsgerichtshof.
58 *Linck*, in: Linck/Jutzi/Hopfe, Art. 47 Rn. 5.
59 *Schnapp*, in: von Münch/Kunig Art. 20 Rn. 61.
60 BVerfGE 84, 212 (227).
61 *Herzog/Grzeszick*, in: Maunz/Dürig, Art. 20 Abs. 3 Rn. 61; *Schmidt-Aßmann*, in: HStR I, § 24 Rn. 37.
62 *Schmidt-Aßmann*, in: HStR I, § 24 Rn. 41. Diese Auffassung ist nicht unumstritten, vgl. dazu eine aA bei *Sommermann*, in: von Mangoldt/Klein/Starck, Art. 20 Rn. 264 ff.
63 *Herzog/Grzeszick*, in: Maunz/Dürig, Art. 20 Abs. 3 Rn. 73.
64 *Schnapp*, in: von Münch/Kunig Art. 20 Rn. 65.
65 Zu den Aufgaben und den Funktionen des Deutschen Bundestages vgl. *Klein*, in: HStR II, § 40; *Stern*, Bd. II, S. 37 ff.

32 Der Grundsatz vom Vorrang des Gesetzes ist eng verknüpft mit dem **Vorbehalt des Gesetzes**, der sich aus dem Zusammenspiel des Demokratie- und Rechtsstaatsprinzips (Art. 44 Abs. 1) mit dem Grundsatz der Bindung der Gewalten (Art. 47 Abs. 4) ergibt. Die Gesetzesbindung der vollziehenden Gewalt verlangt, dass staatliches Handeln in bestimmten grundlegenden Bereichen durch **ein förmliches Gesetz** legitimiert wird.[66] Deutlich wird der Vorbehalt des Gesetzes im sog. Parlamentsvorbehalt in Art. 84 Abs. 1. Er erschöpft sich nicht in dem Erfordernis einer Ermächtigungsgrundlage zur Rechtfertigung von Eingriffen in die grundrechtsgeschützte Sphäre der Bürger, sondern verlangt, dass alle wesentlichen Fragen vom Parlament selbst entschieden werden.[67]

33 Die Reichweite des Gesetzesvorbehalts bemisst sich nach der sog. **Wesentlichkeitstheorie.**[68] Diese vom Bundesverfassungsgericht entwickelte Theorie besagt, dass der Gesetzgeber alle wesentlichen Entscheidungen selbst zu treffen hat.[69] Als wesentlich sind dabei Regelungen zu verstehen, die für die Verwirklichung der Grundrechte erhebliche Bedeutung haben.[70] Die Theorie stellt dabei nicht auf das „Wesen" des Regelungsgegenstandes ab, sondern auf das Gewicht und die Intensität einer Regelung im Hinblick auf ihre **Grundrechtsrelevanz.** Je intensiver und nachhaltiger die Grundrechte berührt werden, umso präziser und tiefer muss die Regelungsdichte einer Norm sein.[71]

Zweiter Abschnitt Der Landtag

Artikel 48 [Der Landtag]

(1) Der Landtag ist das vom Volk gewählte oberste Organ der demokratischen Willensbildung.

(2) Der Landtag übt gesetzgebende Gewalt aus, wählt den Ministerpräsidenten, überwacht die Ausübung der vollziehenden Gewalt, behandelt die in die Zuständigkeit des Landes gehörenden öffentlichen Angelegenheiten und erfüllt die anderen ihm nach dieser Verfassung zustehenden Aufgaben.

Vergleichbare Regelungen

Art. 27 Abs. 1 f. BWVerf; Art. 13 Abs. 1 BayVerf; Art. 38 Abs. 1 VvB; Art. 55 Abs. 1 BbgVerf; Art. 6 Abs. 1 HambVerf; Art. 75 Abs. 1 HessVerf; Art. 20 Abs. 1 M-VVerf; Art. 7 NV; Art. 30 Abs. 1 Verf NW; Art. 79 Abs. 1 Verf Rh-Pf; Art. 65 SaarlVerf; Art. 39 Abs. 1 f. SächsVerf; Art. 41 Abs. 1 LVerf LSA; Art. 10 Abs. 1 SchlHVerf.

Ergänzungsnormen im sonstigen thüringischen Recht

§ 1 ThürLWG v. 30.07.2012 (ThürGVBl. 2012, S. 309); §§ 50 – 61, 110 (Gesetzgebungsverfahren), §§ 46, 47 (Wahlen), §§ 53 – 54 b, 85 – 103 (Parlamentarische Kontrolle) ThürGOLT idF der Bek. v. 19.07.2012 (LT-Drs. 5/4750).

Dokumente zur Entstehungsgeschichte

Art. 45 f. des „Privatentwurfs von Prof. Dr. Gerhard Riege und seiner Arbeitsgruppe am Lehrstuhl Staatsrecht der Sektion Staats- und Rechtswissenschaften der Universität Jena vom Mai 1990", in: Schmitt, S. 262; Art. 56 f. des „Unterausschuss Verfassung des Politisch-bera-

66 BVerfGE 98, 218 (251).
67 BVerfGE 95, 267 (307); BVerfGE 83, 130 (152); BVerfGE 98, 218 (251).
68 Vgl. dazu unten Art. 84 Rn. 16.
69 BVerfGE 40, 237 (249 f.); BVerfGE 49, 89 (126 f.); BVerfGE 95, 267 (307 f.).
70 BVerfGE 95, 267 (308).
71 *Maurer*, Allg. VerwR, § 6 Rn 14.

tenden Ausschusses zur Bildung des Landes Thüringen" vom 30.08.1990, in: Schmitt, S. 287; Art. 41 Abs. 1 f. des Ministeriums der Justiz Rheinland-Pfalz vom 05.10.1990, in: Schmitt, S. 308.

§ 2 Vorl.LS; Art. 44 VerfE CDU; Art. 34 VerfE F.D.P.; Art. 39 VerfE SPD; Art. 30 VerfE NF/GR/DJ; Art. 47, 48 VerfE LL/PDS;[1] Entstehung ThürVerf S. 128 f.

Literatur

Volker Busse, Der Kernbereich exekutiver Eigenverantwortung im Spannungsfeld der staatlichen Gewalten, DVBl. 1989, 45 ff.; *Hermann Butzer*, Der Bereich des schlichten Parlamentsbeschlusses, AöR 119 (1994), 61 ff.; *Holger Fibich*, Das Verhältnis zwischen Landtag und Landesregierung nach der Verfassung des Freistaats Thüringen vom 25. Oktober 1993, 2001; *Paul J. Glauben/Lars Brocker*, Das Recht der Untersuchungsausschüsse in Bund und Ländern, 2. Aufl. 2011; *ders./Florian Edinger*, Parlamentarisches Fragerecht in den Landesparlamenten, DÖV 1995, 941 ff.; *Peter M. Huber* (Hrsg.), Thüringer Staats- und Verwaltungsrecht, 2000; *Sabine Kropp/Viktoria Kaina/Matthias Ruschke*, Der Thüringer Landtag, in: Siegfried Mielke/Werner Reutter (Hrsg.), Landesparlamentarismus, 2. Aufl. 2004, S. 625 ff.; *Joachim Linck*, Zur Einflussnahme der Landesparlamente auf die Landesregierungen in Bundesratsangelegenheiten, DVBl. 1974, 861 ff.; *ders.*, Berichte der Regierung an das Parlament, DÖV 1979, 116 ff.; *ders.*, Zum Vorrang des Parlaments gegenüber den anderen Gewalten, DÖV 1979, 165 ff.; *ders.*, Zur Informationspflicht der Regierung gegenüber dem Parlament, DÖV 1983, 957 ff.; *ders.*, Parlament und Rundfunk, NJW 1984, 2433 ff.; *ders.*, Die Parlamentsöffentlichkeit, ZParl 1992, 673 ff.; *ders.*, Der Thüringer Landtag, in: K. Schmitt, Thüringen, 2. Aufl. 2011, S. 135 ff.; *ders.*, Föderale Grenzen für die Befassungskompetenzen von Parlamenten, in: FS Hans Herbert von Arnim (2004), S. 391 ff.; *ders.*, Haben die deutschen Landesparlamente noch eine Zukunft?, ZPol 2004, 1215 ff. und in: Hans Herbert von Arnim (Hrsg.), Die deutsche Krankheit: Organisierte Unverantwortlichkeit, 2005, S. 65 ff.; *Hans Schneider*, Gesetzgebung, 3. Aufl. 2002; *Rupert Scholz*, Parlamentarischer Untersuchungsausschuss und Steuergeheimnis, AöR 105 (1980), 564 ff.; *Stefan Storr*, Staats- und Verfassungsrecht, 1998.

Leitentscheidungen des ThürVerfGH und des BVerfG

ThürVerfGH, LVerfGE 12, 405 (Volksbegehren).

BVerfGE 80, 188 (Wüppesahl); 83, 60 (Wahlrecht Ausländer); 93, 37 (Mitbestimmung Personalräte, Demokratiegebot).

1 Zusammenfassung der 5 Entwürfe in der gemeinsamen Beratungsgrundlage zu Art. 48 in der LT-Drs. 1/2106 vom 01.04.1993.

A. Überblick

1 Art. 48 Abs. 1 enthält – entsprechend dem Gebot in Art. 28 Abs. 1 Satz 2 GG – die grundsätzliche Festlegung, dass es sich beim Freistaat Thüringen um eine repräsentative – parlamentarische Demokratie handelt, die allerdings in Art. 82 durch Elemente einer unmittelbaren Bürgerbeteiligung ergänzt wird; außerdem wird in Absatz 1 die verfassungsrechtliche Stellung des Landtags umrissen. Art. 48 Abs. 2 listet – wenn auch nur unvollkommen (vgl. unten Rn. 90 ff.) – die Aufgaben des Landtags auf.

B. Herkunft, Entstehung und Entwicklung

2 Die Verfassungsgebung wurde im Freistaat Thüringen in starkem Maße von der am 13.06.1990 verabschiedeten Verfassungsreform in Schleswig-Holstein beeinflusst. Dabei handelt es sich um die erste grundlegende Verfassungs- und Parlamentsreform in der Bundesrepublik Deutschland. Sie wurde veranlasst durch die Affäre um den damaligen Ministerpräsidenten Uwe Barschel und hatte u.a. eine Stärkung des Parlaments zum Ziel. Sowohl der Verfassungsentwurf der FDP-Fraktion (Art. 34 Abs. 1 in LT-Drs. 1/301) als auch derjenige der SPD-Fraktion (Art. 39 Abs. 1 in LT-Drs. 1/590) übernahmen die Regelung zur verfassungsrechtlichen Stellung des Landtags in einer parlamentarischen Demokratie aus Art. 10 Abs. 1 Satz 1 SchlHVerf in vollem Wortlaut. Diese Entwürfe fanden – mit einer Ausnahme – schließlich auch Eingang in den endgültigen Verfassungstext (Art. 48 Abs. 1); statt „politischen Willensbildung" heißt es allerdings dort „demokratischen Willensbildung".

Bei der Auflistung der Aufgaben des Landtags, nämlich seiner Gesetzgebungs-, Kontroll-, Kreations- und Repräsentationsfunktion wurde im Wesentlichen der – insoweit am weitestgehende – Vorschlag der CDU-Fraktion (Art. 44 Abs. 1 Satz 2 in LT-Drs. 1/258) mit Ausnahme einer parlamentarischen Bestätigung der Minister übernommen. Um diese entspann sich in den Verfassungsberatungen zu Art. 48 Abs. 2 die ausgiebigste und heftigste Diskussion. Man verzichtete schließlich auf eine Bestätigung jedes einzelnen Ministers oder aller (en bloc) vom Ministerpräsidenten vorzuschlagenden Minister durch den Landtag.

Art. 48 wurde im Verlauf der Verfassungsentwicklung nicht geändert; es gab auch keine dahingehenden parlamentarischen Initiativen.

C. Verfassungsvergleichende Information

Das Grundgesetz enthält keine vergleichbare Vorschrift. Im ganz überwiegenden 3 Teil der Landesverfassungen findet sich die schlichte Feststellung, dass es sich bei den Landtagen um die **Vertretung des Volkes** handelt, ohne dessen **verfassungsrechtliche Stellung** näher zu qualifizieren; das geschieht nur in einigen neueren Verfassungen wie denjenigen in M-V, Nds., Rh-Pf, SA und SchlH.

Auch zu den allgemeinen Aufgaben von Landtagen enthalten zahlreiche Verfassungen entweder überhaupt keine oder nur sporadische Aussagen. Am nächsten kommen Art. 48 Abs. 2 noch die neuen Verfassungen der bereits zuvor genannten Länder.

Eine **Besonderheit**, die in keiner sonstigen Verfassung enthalten ist, weist Art. 48 Abs. 2 insoweit auf, als die Kompetenz des Landtags zur **Behandlung „öffentlicher Angelegenheiten" auf Aufgaben beschränkt ist, „die in die Zuständigkeit des Landes gehören"**. Diese Einschränkung hat Bedeutung für die Kompetenz des Landtags bei der Wahrnehmung seines allgemeinpolitischen Mandats (vgl. dazu Rn. 76).

D. Erläuterungen

I. Der Landtag als Vertretungs- bzw. Repräsentationsorgan des Volkes (Art. 48 Abs. 1)

Artikel 48 Abs. 1 entspricht einerseits dem bundesverfassungsrechtlichen Gebot 4 in Art. 28 Abs. 1 Satz 2 GG, wonach das Volk in den Ländern eine Vertretung haben muss, und andererseits den Demokratiegeboten nach Art. 28 Abs. 1 S. 1 GG sowie Art. 45 Satz 1, wonach alle Staatsgewalt vom Volk auszugehen hat.

Das Volk hat die Mitglieder des Landtags zu wählen, um ihnen dadurch die er- 5 forderliche **demokratische Legitimation** zu vermitteln. Sie sind damit nach der Thüringer Verfassung die einzigen unmittelbar durch das Volk gewählten Amtsträger auf der Landesebene.[2]

Unter dem **Volk** als Spender demokratischer Legitimation ist nach Art. 45 Satz 1 6 auf Landesebene das Thüringer Staatsvolk zu verstehen, das sich aus den nach Art. 46 Abs. 2 wahl- und stimmberechtigten Bürgern zusammensetzt. Der **Begriff des „Bürgers"** wird in Art. 104 definiert; dazu gehören Deutsche i. S. von

2 Zur Direktwahl von Landräten und Bürgermeistern vgl. §§ 24, 28 ThürKWG sowie zu rechtspolitischen Forderungen zur Direktwahl von Ministerpräsidenten vgl. *Decker*, ZParl 2010, 564 ff.; *ders.*, ZParl 2011, 886 ff.; *Holtmann*, ZParl 2011, 194 ff.; *von Arnim*, in: FS Klaus König (2004), S. 371 ff. mwN.

Art. 116 Abs. 1, Abs. 2 Satz 2 GG, also Personen, welche die deutsche Staatsangehörigkeit besitzen und außerdem die sog. Statusdeutschen (vgl. dazu i. E. die Kommentierung zu Art. 104).

7 **Ausländer** sind auf staatlicher Landesebene **nicht Teil des Volkes.**[3] Zum Kommunalwahlrecht für Staatsangehörige von Mitgliedsstaaten der EU, für die eine verfassungsrechtliche Ausnahmeregelung in Art. 28 Abs. 1 Satz 3 GG getroffen ist, vgl. die Kommentierung zu Art. 95.

8 **1. Die Volksvertretung als demokratisches Repräsentativorgan.** Über Art. 48 Abs. 1 iVm Art. 53 Abs. 1 wird im Grundsatz die **repräsentative parlamentarische Demokratie** konstituiert.

9 In der Demokratie geht zwar alle Staatsgewalt vom **Volk** aus, welches alleiniger **Souverän** und damit die **alleinige Legitimationsquelle** allen staatlichen Handelns ist, aber die tatsächliche Ausübung der Staatsgewalt obliegt dem Volk nach Art. 45, Satz 2 unmittelbar nur „durch Wahlen, Volksbegehren und Volksentscheid"; im Übrigen handelt es nach Art. 45, Satz 3 „mittelbar durch die verfassungsgemäß gestellten Organe der Gesetzgebung, der vollziehenden Gewalt und der Rechtsprechung".

10 Damit erteilt die Thüringer Verfassung einer **rein plebiszitären bzw. unmittelbaren Demokratie** zu Recht eine klare Absage. Staatliche Willensbildung und staatliche Entscheidungen können in einer modernen, hoch komplexen, großräumigen Massengesellschaft schon allein aus tatsächlichen Gründen nicht unmittelbar durch das Volk, wie weiland bei unseren Altvorderen auf Thingstätten, stattfinden. Daher kann die Staatsgewalt realistischerweise in aller Regel nur durch Vertreter des Volkes ausgeübt werden und nicht unmittelbar durch das Volk selbst. Auf Grund dieser – allein schon an faktischen Gegebenheiten orientierten – Sichtweise kann man durchaus von einer **„Prävalenz" der repräsentativen gegenüber der plebiszitären Demokratie sprechen.**[4]

11 Ob sich der Thüringer Verfassung darüber hinaus ein **materieller, qualitativer Vorrang der repräsentativen vor der direkten Demokratie** entnehmen lässt,[5] sei hier dahingestellt. Jedenfalls geht die Thüringer Verfassung, dokumentiert in Art. 68 und insbesondere in Art. 82, unmissverständlich davon aus, dass die repräsentativ-parlamentarische Demokratie durch **Elemente der plebiszitären Demokratie** ergänzt und insoweit auch plebiszitär modifiziert wird (vgl. die Kommentierung zu Art. 82).

Plebiszitäre Ergänzungen der parlamentarischen Demokratie sind entgegen zahlreicher skeptischer Stimmen deutscher Verfassungsrechtler[6] aus folgenden Gründen als eine Bereicherung, Vergütung oder Optimierung des parlamentarischen Regierungssystems zu bewerten: Sie wirken der Gefahr einer „Verbon-

---

3 BVerfGE 83, 37 (50 f.), 83, 60 (71); *Böckenförde*, in: HStR II, § 24 Rn. 27 f.; *Huber*, in: Huber, 1. Teil, Rn. 112.

4 ThürVerfGH, LVerfGE 12, 405 (439); *Huber*, in: Huber, 1. Teil, Rn. 121.

5 So ThürVerfGH, LVerfGE 12, 405 (439 f., 444); *Huber*, AöR 126 (2001), 165 (183 ff.); *Schmitt Glaeser*, DÖV 1998, 824 (828); *Brenner*, in: HStR III, § 44 Rn. 62 ff.

6 Z.B. *Böckenförde*, in: HStR III, § 34 Rn. 6, 12, 25; *Isensee*, in: Wendt/Rixecker, Art. 100 Rn. 8 ff.; *Badura*, in: HStR II, § 25 Rn. 34 ff., 44; *Krause*, in: HStR III, § 35, Rn. 45 ff.; *Brenner*, in: HStR III, § 44 Rn. 2, 62 ff.; offener hingegen z.B.: *Rux*, Direkte Demokratie in Deutschland, 2008; *Degenhart*, Der Staat 31 (1992), 77 ff.; *ders.*, ThürVBl 2001, 201 ff.; *Heußner*, Mehr Demokratie wagen, 2009; *Kühling*, JuS 2009, 775 ff.; *Huber*, in: Drexl/Kreuzer u.a. (Hrsg.), Europäische Demokratie, 1999, S. 27 ff. (36).

zung" und Kastenbildung mit dem Verlust an der erforderlichen Volksnähe der Repräsentanten entgegen, wobei allein schon die Tatsache ihrer Einsatzmöglichkeit als „fleet in being" eine besondere Bedeutung zukommt.

Der Landtag ist auf Grund seiner unmittelbaren demokratischen Legitimation das **zentrale Vertretungsorgan** des Volkes. Der Landtag vertritt allerdings das Volk nicht im zivilrechtlichen Sinne. Das Volk vermag dem Landtag **keine rechtsverbindlichen Weisungen** zu erteilen. Die Abgeordneten sind nämlich nach Art. 53 Abs. 1 als „Vertreter aller Bürger des Landes" „an Aufträge und Weisungen nicht gebunden und nur ihrem Gewissen verantwortlich". Wie sollten auch in der heutigen realen Staatspraxis – potentiell permanente – Weisungen des Volkes praktisch organisiert werden können? 12

Anders als im allgemeinen Sprachgebrauch hat sich daher im Parlamentsrecht anstelle des insofern missbräuchlichen Begriffs „Vertretung" **der Begriff der „Repräsentation"** durchgesetzt. Hierbei handelt es sich allerdings auch nicht um einen eindeutigen, sondern um einen ziemlich schillernden Begriff mit vielen Bedeutungsvarianten.[7] Demokratische Repräsentation kennzeichnet jedenfalls in unmissverständlicher Weise das spezifische Verhältnis zwischen dem Volk und dem Parlament einerseits durch eine formal-technische und andererseits durch eine inhaltliche Komponente.[8] Beide Aspekte sind in der berühmten **Lincolnschen Formel** in griffiger Weise dahingehend zusammengefasst, dass demokratische Repräsentanten staatliche Herrschaft „of the people, by the people and for the people" auszuüben haben.[9] Demokratische Repräsentanten werden durch **persönliche demokratische Legitimation** ermächtigt, für das Volk zu handeln; ihr Handeln wird damit auf das Volk zurückgeführt und dem Volk zugerechnet. 13

Diese persönliche Vermittlung demokratischer Legitimation geschieht bei Mitgliedern des Parlaments unmittelbar durch das Volk in Wahlen und bei den sonstigen demokratischen Repräsentanten über eine **ununterbrochene demokratische Legitimationskette**, die immer vom Volk ausgeht.[10] 14

Die damit erteilte unmittel- oder mittelbare Ermächtigung des Volkes erschöpft sich jedoch nicht allein in dem technokratischen, formalen Vorgang, das Volk vertreten und verpflichten zu dürfen; vielmehr sind damit weitere auch **inhaltliche Erwartungen und Zielsetzungen** verbunden, die das eigentliche Wesen der Repräsentation ausmachen:

Aufgrund des **persönlichen demokratischen Legitimationszusammenhangs** soll demokratischen Repräsentanten das Bewusstsein ständig vor Augen geführt und geschärft werden, dass sie in ihrer Amtsstellung treuhänderisch und uneigennützig für und im Interesse des Volkes gemeinnützig zu handeln haben. Dieser Aspekt der demokratischen Repräsentation hat im Übrigen für alle demokratischen Repräsentanten seine Bedeutung. Er gilt für die Amtsträger aller drei Gewalten gleichermaßen; insoweit gibt es kein demokratisches Repräsentationsmo- 15

7 Zu den vielfältigen Theorien der Repräsentation, die dieser Begriff im Verlauf der Geschichte bis hin zu seiner Bedeutung in der parlamentarischen Demokratie erfahren hat: *Hofmann/Dreier*, in: Schneider/Zeh, § 5 Rn. 1 ff.

8 *Böckenförde*, in: HStR II, § 24 Rn. 14 ff. und HStR III, § 34 Rn. 28 f., *Linck*, in: Linck/Jutzi/Hopfe, Art. 48 Rn. 6; *Wittreck*, ZG 2011, 209 (210 f. mwN).

9 So die viel zitierte, gängige Definition von Lincoln in seiner Rede am 19.11.1863 bei der Einweihung des Friedhofs in Gettysburg.

10 BVerfGE 47, 253 (275 f.); 77, 1 (40); 83, 60 (72).

nopol für das Parlament.[11] Unterschiede bestehen nur insoweit, als die jeweiligen Amtsträger bei ihrer Amtstätigkeit in unterschiedlicher Weise normativen Vorgaben unterworfen sind. Den weitesten Entscheidungsspielraum besitzt der Verfassungsgeber, wobei umstritten ist, ob er überhaupt – ggf. überstaatlichen – Normen unterworfen ist;[12] die Mitglieder des Parlaments unterliegen dem Vorrang der Verfassung (Art. 47 Abs. 4) und die Amtsträger im Bereich der Exekutive und Rechtsprechung darüber hinaus dem Vorrang des Gesetzes (Art. 47 Abs. 4). Aber auch sie sind bei ihrer exekutiven und richterlichen Tätigkeit nicht etwa vollständig normativ determiniert. Gerade bei der Auslegung von unbestimmten Rechtsbegriffen oder der Ermächtigung der Exekutive zu Ermessensentscheidungen ist es geradezu unumgänglich, dass in gewissem Umfang auch eigene Bewertungen in die amtlichen Entscheidungen einfließen. Daher gilt auch für sie die aus dem demokratischen Repräsentationsprinzip abzuleitende Verpflichtung zur treuhänderischen, gemeinwohlorientierten Amtstätigkeit. Die inhaltliche Komponente der demokratischen Repräsentation zielt darüber hinausgehend darauf ab, beim Volk für die Herrschaftsausübung seitens der demokratischen Repräsentanten Akzeptanz vorrangig zur Sicherung des inneren Friedens zu erreichen.

16 Repräsentation ist also nicht etwa als ein gleichsam wundersamer Vorgang zu verstehen, der eine „höhere Art des Seins“,[13] „Werte“[14] oder eine „Selbstvergütung“ bzw. ein „besseres Ich“[15] hervorbringt.[16] Mittels demokratischer Repräsentation lassen sich auf der Basis einer inhomogenen, pluralistischen Gesellschaft weder objektiv „richtige“ noch „wahre“ Entscheidungen erzielen. Es gibt keine wie auch immer gearteten menschlichen Instanzen oder Willensbildungsprozesse, die dazu in der Lage wären. In der parlamentarischen Demokratie geht es nicht um die Ermittlung der „Wahrheit“, sondern um die Erzielung von Akzeptanz bei den Bürgern. Das nur wenig idealistische aber einzig realistische Ziel kann in einer pluralistischen Demokratie nur darin bestehen, die Bürger dafür zu gewinnen, dass sie staatliche Herrschaft über sich als legitim bejahen, oder wenigstens akzeptieren – und zwar freiwillig. Das **Ziel demokratischer Repräsentation** besteht somit darin, ein Höchstmaß an freiwilliger Akzeptanz bei einem Minimum an staatlicher Gewalt zu erreichen.

Die **Notwendigkeit freiwilliger Akzeptanz** stellt sich dabei im Hinblick auf die dienende Funktion des Staates für die Menschen („der Staat ist für die Menschen da und nicht die Menschen für den Staat“) und den mit eigener Würde ausgestatteten Menschen. Außerdem gibt es die pragmatische Erkenntnis, dass kein Staat auf Dauer existieren kann, der seine Herrschaft nur mit physischem

11 Missverständlich insoweit *Wagner*, in: Grimm/Caesar, Art. 79 Rn. 28 und die dort angegebene Literatur.

12 Zu dieser Problematik: *Murswiek*, Die verfassungsgebende Gewalt nach dem GG, 1978, S. 138; *Starck*, in: HStR III, § 33 Rn. 29 („nur Legitimitätskriterien“); *Stern*, Bd. I, S. 150 f.; *Storr*, Staats- und Verfassungsrecht, 1998, Rn. 103 ff.; vgl. auch BVerfGE 1, 14 (61); 3, 225 (232 f.); 84, 90 (121).

13 *Schmitt*, Verfassungslehre, 1928, S. 210.

14 *Leibholz*, Art. Repräsentation, in: Evangelisches Staatslexikon, Bd. II, 3. Aufl. 1987, Sp. 2988 f.

15 *Krüger*, Staatslehre, 2. Aufl. 1966, S. 232 ff.

16 Vgl. dazu auch die Kritik gegenüber derartigen, aufgeblähten Repräsentationstheorien: *Hofmann/Dreier*, in: Schneider/Zeh, § 5 Rn. 9 ff.; *Klein*, in: HStR III, § 50 Rn. 4; *Linck*, in: Linck/Jutzi/Hopfe, Art. 48 Rn. 6.

Zwang oder der Androhung von Sanktionen verwirklicht. Darauf verweist der viel zitierte Talleyrand zugeschriebene Satz, dass man mit Bajonetten alles kann, nur nicht darauf sitzen.

Ein demokratisch-repräsentatives Regierungssystem vermag diese Akzeptanz aber nicht dadurch zu erreichen, dass dieses System in der Verfassung normativ angelegt oder vorgeschrieben wird. Damit es im realen staatlichen Leben seine Funktion zu erfüllen vermag, bedarf es einiger Voraussetzungen, die außerhalb der staatlichen Möglichkeiten liegen und nicht allein normativ erzwungen werden können. 17

So können demokratische Repräsentanten ihre Funktion, „im Interesse des Volkes" zu handeln nur erfüllen, wenn zwischen Repräsentanten und Repräsentierten eine **wechselseitiger kommunikativer Prozess** stattfindet[17] und bei den demokratischen Repräsentanten das Bemühen um **Responsivität** vorhanden ist, also die Fähigkeit und der Wille, Wünsche, Erwartungen und Interessen des Volkes aufzunehmen und sie in die politische Entscheidungsfindung einfließen zu lassen.[18] Weiterhin ist Akzeptanz nur dann zu erreichen, wenn die Bürger darauf vertrauen können, dass ihre Repräsentanten ihre Amtstätigkeit uneigennützig, im Interesse für und in Verantwortung vor dem Volk gemeinwohlorientiert ausüben. Ohne dieses **Vertrauen** wäre eine repräsentative Demokratie ein inhaltsleeres, rein technokratisches System, das seine Zwecke nicht erfüllen kann. Die Fähigkeit zu einem responsiven Verhalten und die Vertrauenswürdigkeit von demokratischen Repräsentanten lassen sich allerdings nicht – zumindest nicht im vollen Umfang – durch staatliche Normen erzwingen. Insoweit ist auch hier an das viel zitierte Diktum von **E. W. Böckenförde** zu erinnern: „Der freiheitliche, säkularisierte Staat lebt von Voraussetzungen, die er selbst nicht garantieren kann."[19] Die vertrauensbildenden Eigenschaften von Repräsentanten können übrigens unterschiedlichen Ursprungs sein; sie können sich aus religiösen oder humanistischen Quellen herleiten oder aus schlichter, rationaler, politischer Klugheit entspringen, weil sich nur so eine freiheitliche Friedensordnung schaffen lässt, von der man letztlich auch selbst profitiert. 18

Aber auch wenn **der notwendige Gemeinsinn von demokratischen Repräsentanten** rechtlich nicht erzwungen werden kann, so lassen sich dennoch vertrauensbildende Voraussetzungen tendenziell in vielfältiger Weise auch staatlicherseits zwar nicht in vollem Umfang erzwingen, so doch aber zumindest befördern. Beispielhaft sollen nur folgende speziell auf Abgeordnete zielende Reglungen erwähnt werden: Die Amtszeitbegrenzung durch eine fünfjährige Wahlperiode (Art. 50 Abs. 1), Vorschriften zur Inkompatibilität (§§ 33 ff. ThürAbgG), die Verhaltensregeln (§ 14 ThürGOLT iVm der Anlage 1); die als „fleet in being" wirkenden Rechte unmittelbarer Bürgerbeteiligung (Art. 68; 82); die parlamentarischen Kontrollmittel, die auch zur Selbstreinigung des Parlaments eingesetzt werden können; das Demonstrationsrecht (Art. 10) oder auch die Kontrolle durch die Medien, die sehr zu Recht als „vierte Gewalt" qualifiziert werden. 19

Dennoch ist das **Vertrauen des Bürgers in seine Politiker** in besorgniserregender Weise zurückgegangen – und das mit zunehmender Tendenz. Laut einer Umfra- 20

17 *Magiera*, in: Sachs, GG, Art. 38 Rn. 26.

18 Zum Responsivitätserfordernis: *Böckenförde*, in: HStR III, § 34 Rn. 33; *Zittel*, Mehr Responsivität durch neue digitale Medien, 2010, S. 45 ff, 246.

19 *Böckenförde*, Staat, Gesellschaft, Freiheit, 1976, S. 60.

ge des Marktforschungsinstituts GfK im März/April 2011 trauen die Deutschen keiner anderen Berufsgruppe so wenig wie Politikern, es sind gerade noch 9 Prozent; andere Umfragen kommen zu ähnlichen Ergebnissen.[20]

Diese Umfrageergebnisse sind für die Funktionstüchtigkeit der repräsentativen Demokratie in hohem Maße besorgniserregend. Ob und in welcher Weise dem Vertrauensschwund des Volkes in seine Repräsentanten entgegen wirken kann, ist eine dringende rechtspolitische Frage, der hier nicht weiter nachgegangen werden kann.[21]

21 **2. Der Landtag als „oberstes Organ der demokratischen Willensbildung" (Art. 48 Abs. 1).** Alle Staatsorgane und deren Amtsträger sind demokratische Repräsentanten des Volkes und nehmen, wenn auch in sehr unterschiedlicher Weise und Intensität, an der demokratischen Willensbildung teil (Rn. 4 ff.). Der Landtag wird in Art. 48 Abs. 1 allerdings als „oberstes Organ der demokratischen Willensbildung" bezeichnet. Er ist aber nicht nur mit der demokratischen „Willensbildung" befasst, sondern[22] er trifft darauf fußend insbesondere im Wege der Gesetzgebung auch demokratische Entscheidungen; er ist demgemäß auch das **„oberste" demokratische Entscheidungsorgan.**[23]

22 Als „oberstes" demokratisches Willensbildungs- und Entscheidungsorgan, ist der Landtag für demokratische Repräsentationsorgane nicht nur Ursprung und Mittler für deren demokratische Legitimation, sondern gibt ihnen auch für ihr Handeln die wesentlichen inhaltlichen Vorgaben.[24] Die, wenn auch verfassungsrechtlich gebundene, verfassungsrechtliche **Vorrangstellung des Parlaments**[25] lässt sich in zweifacher Hinsicht begründen: Durch seine hervorgehobene sowohl personelle als auch sachliche demokratische Legitimation. Dem Landtag kommt auf Grund dieser verfassungsrechtlich ausdrücklich hervorgehobenen Stellung allerdings gegenüber den anderen Verfassungsorganen keine Kompetenz-Kompetenz zu; es gibt keinen Parlamentsabsolutismus bzw. einen totalen Parlamentsvorbehalt.[26] Aus der Qualifizierung des Landtags als „oberstem Organ der demokratischen Willensbildung" lassen sich somit **keine konkreten Kompetenzzuweisungen oder -ansprüche** gegenüber anderen Gewalten begründen. Der Landtag darf folglich Entscheidungen, die verfassungsrechtlich ausschließlich einem anderen Staatsorgan zugewiesen sind, nicht an sich ziehen oder sie an dessen Stelle treffen. Der Landtag darf sich auch nicht in Beschlüssen an andere Staatsorgane wenden und ihnen den Erlass konkreter Entscheidungen rechtsverbindlich vorschreiben. Somit hat der Landtag im Exekutivbereich auf-

20 *Linck*, in: von Arnim (Hrsg.), Defizite in Staat und Verwaltung, 2010, S. 93.

21 In der Diskussion sind z.B. ein Ausbau der unmittelbaren Demokratie oder die Abschaffung von Berufsabgeordneten und die Einführung von Teilzeitabgeordneten in den Landesparlamenten; vgl. dazu z.B. *Linck*, in: von Arnim (Hrsg.), Defizite in Staat und Verwaltung, 2010, S. 91 ff.

22 Hierzu *Fibich*, S. 42 ff.

23 Gegen eine Rangordnung der obersten Bundesorgane: *Klein*, in: HStR III, § 50 Rn. 2; speziell gegen eine Vorrangstellung des Parlaments: *Löwer*, in: Löwer/Tettinger, Art. 30 Rn. 26 ff.; *Fibich*, S. 42 ff.

24 BVerfGE 68, 1 (109); *Brenner*, in: HStR III, § 44 Rn. 27; *Möstl*, in: Lindner/Möstl/Wolff, Art. 13 Rn 7.

25 *Badura*, in: HStR II, § 25 Rn. 6; *Huber* spricht vorsichtiger vom Parlament als der „Mitte der Demokratie" bzw. als dem „Gravitationszentrum im institutionellen Gefüge der Verfassung" – *Huber*, in: HStR III, § 47 Rn. 10.

26 ThürVerfGH, DVBl. 2011, 352; BVerfGE 68, 1 (108 f.); 49, 89 (125); *Brenner*, in: HStR III, § 44 Rn. 26; *Klein,* in: HStR III, § 50 Rn. 2.

grund seiner Kontrollkompetenz nur die Befugnis zu **Beschlüssen mit empfehlendem Charakter** (vgl. dazu Rn. 23). Die Regierung und die sonstige Exekutive sind eben keine Vollzugsorgane des Parlaments.[27] Dennoch besitzt der Landtag vornehmlich aufgrund seiner Stellung als Verfassungsgeber und seiner Kompetenz zu Verfassungsänderungen sowie zur Gesetzgebung auch kompetenzrechtlich einen Vorrang gegenüber den anderen Staatsorganen. Über den Verfassungsvorbehalt und -vorrang[28] legt der Landtag für alle anderen Staatsorgane rechtsverbindlich die grundlegenden für das Land geltenden politischen Vorgaben fest.

Im Hinblick auf den Gesetzes- und Parlamentsvorbehalt hat er außerdem – über 23
die ihm verfassungsrechtlich ausdrücklich zugewiesenen Gesetzgebungskompetenzen hinaus – die Befugnis, alle für das Gemeinwesen wesentlichen Entscheidungen zu treffen (vgl. Rn. 34) und **auf Grund der Offenheit des Gesetzesbegriffs kann** er jede ihm verfassungsrechtlich nicht verwehrte Materie gesetzlich regeln (vgl. zu diesem gesetzgeberischen Zugriffsrecht Rn. 36). In beiden Fällen vermag der Landtag der Exekutive und der Judikative auf Grund deren Gesetzesbindung (vgl. die Kommentierung zu Art. 47 Abs. 4) somit einen – mehr oder weniger engen Rahmen verbindlich vorzugeben.

Dieser unter mehreren Gesichtspunkten begründete Vorrang des Landtags gegenüber den anderen Gewalten besteht nur nicht für Bereiche, welche die Landesverfassung anderen Staatsorganen zur ausschließlichen Wahrnehmung zugewiesen hat.[29] Zu den **„Hausgütern" der Regierung**, also den Materien, die ihr verfassungsrechtlich ausdrücklich zur ausschließlichen Wahrnehmung zugewiesen sind,[30] gehören z.B. Entwürfe zum Haushaltsgesetz mit den Haushaltsplänen (Art. 99 Abs. 3), der Abschluss von Staatsverträgen (Art. 77), die Begnadigung (Art. 78 Abs. 2) sowie die Bundesratsangelegenheiten (Rn. 79); der Landtag darf die Regierung auch nicht zum Erlass von Rechtsverordnungen verpflichten.[31] In diesen Fällen einer abschließenden Regelungskompetenz der Regierung sind dem Landtag zwar gesetzliche Regelungen verwehrt, nicht aber im Wege der allgemeinen parlamentarischen Kontrolle sog. schlichte Parlamentsbeschlüsse, mit denen die Regierung politisch – also nicht rechtsverbindlich – ersucht werden kann, eine bestimmte Regelung vorzunehmen oder zu unterlassen.[32]

Doch selbst wenn die **sog. schlichten Parlamentsbeschlüsse** aus verfassungsrechtlicher Sicht „nur" **eine politische und keine rechtsverbindliche Wirkung** entfalten, so haben sie dennoch aus folgenden Gründen eine erhebliche politische Bindungswirkung: Damit derartige Beschlüsse eine Mehrheit bekommen,

27 BVerfGE 68, 1 (86 f.); *Brenner*, in: HStR III, § 44 Rn. 27; *Herzog*, in: Maunz/Dürig, Art. 62 Rn. 65; *Oldiges*, in: Sachs, GG, Art. 2 Rn. 41.

28 Vgl. dazu die Kommentierung zu Art. 47 Abs. 4 und Art. 83.

29 Vgl. zum Ganzen: *Linck*, DÖV 1979, 165 ff.; *Klein*, in: HStR III, § 50 Rn. 25.

30 Zur Frage eines allgemeinen, darüber hinausgehenden, verfassungskräftigen Vorbehaltsbereichs von Regierungen, vgl. *Herzog*, in: Maunz/Dürig, Art. 20 V Rn. 96, 108; *Schröder*, in: HStR III, § 64 Rn. 11 ff.; *Oldiges*, in: Sachs, GG, Art. 62 Rn. 42 ff.

31 Dem Landtag ist es jedoch unbenommen, eine Rechtsmaterie umfassend und abschließend bis ins letzte Detail zu regeln, sodass für eine ergänzende Regelung durch eine Rechtsverordnung kein Raum verbleibt.

32 ThürVerfGH, DVBl. 2011, 352 f.; vgl. zum Ganzen: *Linck*, DÖV 1979, 165 ff. und speziell zu parlamentarischen Ersuchen in Bundesratsangelegenheiten *ders.*, DVBl. 1989, 469 sowie die Kommentierung zu Art. 67 Abs. 4.

müssen ihnen die Regierungsfraktionen zugestimmt haben. Der Zustimmung gehen dazu regelmäßig Beratungen zwischen der/den Regierungsfraktion/en mit der Regierung voraus, und nur wenn die Regierung mit dem Parlamentsbeschluss einverstanden ist, stimmen ihm die Regierungsfraktionen zu. Die Regierung ist damit vorab eine politische Selbstverpflichtung eingegangen.

24 **3. Landesparlamente als politische Machtfaktoren in der Verfassungswirklichkeit?** Die vorstehenden Ausführungen haben die verfassungsrechtliche Stellung des Thüringer Landtags innerhalb des Landes, insbesondere im Verhältnis zu der Regierung thematisiert und dem Landtag insoweit eine hervorgehobene Bedeutung attestiert. Doch wie sieht es mit seiner **realen politischen Macht** sowohl innerhalb des Landes als auch des deutschen und europäischen Staatsgefüges aus?

Im Freistaat Thüringen, aber nicht nur dort liegt das Schwergewicht politischer Macht eindeutig bei der Regierung.[33] Sie ist die **„informierte Gewalt“**,[34] **was ihr bereits nicht unerhebliche politische** Macht verleiht.

25 Sie ist insbesondere die primär politisch gestaltende Gewalt; sie ist es, die in erster Linie politische Initiativen auf den Weg bringt, so in der Form von Gesetzesentwürfen in den Landtag, die in aller Regel auch angenommen werden.[35]

26 Entgegen der die Wirklichkeit verklärenden sog. **„Struck'schen Regel“**, wonach kein Gesetz aus dem Bundestag so herauskommt, wie es hineingekommen ist, bleibt bei realistischer Betrachtung festzustellen, dass es sich bei diesen Änderungen in aller Regel um keine gravierender Art handelt; das gilt nicht nur für die parlamentarische Praxis im Bundestag, sondern auch für den Thüringer Landtag. Auch die jeweiligen personellen und sachlichen Ressourcen stehen zwischen Landtag und Regierung in einem eklatanten Missverhältnis. Für die Landesregierung öffnet sich darüber hinaus ein weiter Bereich zur eigenen Politikgestaltung über den Bundesrat, damit über Art. 23 GG auch in Richtung auf die EU sowie über die vielfältigen rechtlichen sowie informellen politischen Möglichkeiten, welche sich im Rahmen des kooperativen Föderalismus ergeben.[36]

So nimmt es nicht Wunder, dass sowohl aus der Sicht der Medien als auch der Bürger das politische Gravitationszentrum nicht im Landtag sondern bei der Landesregierung liegt – eine Sichtweise, die selbst bei seriösen Presseorganen immer wieder in der – fälschlichen – Feststellung kulminiert, dass ein Gesetz von der Regierung beschlossen worden sei.

Für Politiker, welche die übliche Ochsentour in der Schülerverbindung einer Partei beginnen, die sie über die Kommunalvertretungen in ein Parlament führt, ist die Krönung ihrer politischen Karriere folgerichtig ein Spitzenamt in der Exekutive.

33 Ebenso *Wagner*, in: Grimm/Caesar, Art. 79 Rn. 17; *Huber* sieht sogar „die Gefahr eines Gewaltenmonismus der Exekutive“, *Huber*, in: HStR III, § 47 Rn. 13, 28.

34 *Leisner*, JZ 1968, 727 f. mit Fn. 8; *Schröder*, in: HStR III, § 64 Rn. 14; *Huber*, in: HStR III, § 47 Rn. 27.

35 Diese These lässt sich statistisch belegen (vgl. *Linck*, in: Schmitt (Hrsg.), Thüringen, 2. Aufl. 2011, S. 145), wobei derartige Statistiken zugunsten der Regierungsfraktion(en) noch „geschönt“ sind, weil sich unter deren Gesetzentwürfen immer zahlreiche originäre Regierungsentwürfe befinden, um auf diese Weise zeitaufwendige Anhörungsverfahren zu umgehen, zu denen sie verpflichtet wäre(n).

36 *Löwer*, in: Löwer/Tettinger, Art. 30 Rn. 37; *Wagner*, in: Grimm/Caesar, Art. 79 Rn. 61; vgl. auch unten Art. 67 Rn. 56 f.

Richtet man weiterhin den Blick auf einen politischen Machtvergleich hinsichtlich der Rechtsetzungskompetenzen zwischen einem Landesparlament einerseits und der Bundes- sowie der EU-Ebene andererseits, dann muss man einen weiteren, sich permanent fortsetzenden **Machtverlust der Landesparlamente** feststellen.[37] 27

Diese Feststellung lässt sich allein schon mit der Einsetzung der "**Gemeinsamen Verfassungskommission von Bundestag und Bundesrat**" im Jahr 2003 belegen, deren Ziel vorrangig darin bestand, die Länder und deren Parlamente auf Grund ihrer permanenten Kompetenzverluste zu Gunsten des Bundes und der EU zu stärken. 28

Dieses hehre Ziel haben die **Föderalismuskommissionen I und II** (vgl. dazu Rn. 44) jedoch weitgehend verfehlt. Es sind nur relativ wenige insbesondere substantielle Gesetzgebungsmaterien vom Bund auf die Länder verlagert worden (vgl. Rn. 44 ff.) und die konkurrierende Gesetzgebung ist in Art. 72 Abs. 2 und 3 GG außerordentlich verkompliziert worden. Es stellt den Ländern auch kein gutes Zeugnis aus, dass sie die ihnen mit der Föderalismusreform I eröffneten schmalen gesetzgeberischen Gestaltungsräume entweder kaum, oder nur spärlich und dann auch noch durch die Verabredung von Mustergesetzentwürfen, so z.B. zum Strafvollzugsrecht, in einer Weise ausgefüllt haben, die den Intentionen des Föderalismus einfach nur Hohn sprechen. 29

Ebenso bieten die spärlichen im **Lissabonvertrag** vom 13.12.2007 (BGBl. II 2008 S. 1038) enthaltenen **Einflussmöglichkeiten der Landtage** um ein unverhältnismäßiges Abdriften von Gesetzgebungskompetenzen der Länder zur EU, über ein Frühwarn- und Kontrollsystem bei Verstößen gegen das Subsidiaritätsprinzip (Art. 5 Abs. 3 EUV) nach Art. 5 EUV iVm Art. 6 des Protokolls Nr. 2 zu verhindern,[38] kaum ein effektives, erfolgversprechendes Mittel. Auf dem langen Weg über den Landtag, die Landesregierung, den Bundesrat, die Bundesregierung zu den EU-Gremien werden Landesinitiativen die EU entweder zu spät erreichen, jedenfalls aber werden sie ohne politisches Gewicht und nur mit geringen Realisierungschancen in Brüssel ankommen. 30

Obwohl den **Parteien** in unserer parlamentarischen Demokratie eine herausragende Bedeutung zukommt[39] und daher die repräsentative Demokratie als **„Parteiendemokratie“** charakterisiert wird,[40] ist deren direkter, rechtlich verbindlicher Einfluss auf den Landtag sowie seine Fraktionen und Abgeordneten unzulässig. Weil Parteien als dem gesellschaftlichen Bereich zugehörige politische Handlungseinheiten „nur“ eine Mittlerfunktion zwischen dem Volk und seinen repräsentativ-demokratischen Staatsorganen haben.[41] 31

Ihr mittelbarer politischer Einfluss auf das Parlament und dessen Akteure ist zwar vorhanden, aber nicht als besonders hoch einzuschätzen.[42] Das gilt insbesondere für die inhaltliche Initiierung und Formulierung politischer Sachthemen. Die Parteien befassen sich vorwiegend mit Fragen ihrer eigenen Organisation

37 *Linck*, ZPol 2004, 1215 ff. mwN.
38 Vgl. dazu auch die zu Unrecht als vorbildlich gepriesene Vereinbarung zwischen Regierung und Landtag in der LT-Drs. 5/2587, da sie dem Landtag im Ergebnis keinen wirksamen Einfluss auf die EU-Politik bescheren wird; vgl. dazu auch unten Art. 67 Rn. 58 ff.
39 BVerfGE 107, 339 (358 f.); *Linck*, in: FS Karl Schmitt (2009), S. 142 f. mwN.
40 *Linck*, in: FS Karl Schmitt (2009), S. 142 mwN in Fn. 25.
41 BVerfGE 107, 339 (358 f.); *Linck*, in: FS Karl Schmitt (2009), mwN.
42 Anders die Einschätzung von *Brenner*, in: HStR III § 44 Rn. 61.

und der Vorbereitung von Wahlen. Soweit auf Parteitagen inhaltliche Beschlüsse gefasst werden, sind diese zumeist von den mit besseren Ressourcen ausgestatteten Fraktionen[43] und zuvörderst von Amtsträgern aus dem Bereich der Regierungen vorbereitet worden; in Staatskanzleien gibt es verbreitet Bedienstete, die in unzulässiger Weise oder in einer problematischen Grauzone auch Parteiaufgaben wahrnehmen.

II. Die verfassungsrechtlichen Aufgaben des Landtags

32 Die **klassische Aufgabenumschreibung** des Parlaments erfolgte durch **Walter Bagehot.**[44] Er unterschied zwischen der „elective", der „expressive", „teaching", „informing function" und der „function of legislation". Daran anknüpfend werden heute i. W. unterschieden die Gesetzgebungs-, die Kreations-, die Kontroll- und die Öffentlichkeits- oder Repräsentationsfunktion.[45] Im Gegensatz zum Grundgesetz, das keine besondere Bestimmung über die Aufgaben des Bundestags enthält, werden in Art. 48 Abs. 2 die wesentlichen Aufgaben des Landtags aufgezählt; im Übrigen wird auf „die anderen ihm nach der Verfassung zustehenden Aufgaben" sowie in einer Auffangregelung auf „die in die Zuständigkeit des Landes gehörenden öffentlichen Angelegenheiten“ verwiesen.[46]

33 **1. Gesetzgebung.** Der Landtag beschließt die Gesetze, soweit sie nicht durch Volksentscheid in Kraft gesetzt werden (Art. 81 Abs. 2). Das Gesetzgebungsverfahren ist – ansatzweise – in Art. 81 Abs. 1 geregelt (vgl. dazu die dortigen Erl.).

34 **a) Gesetzesbegriff, Vorrang des Gesetzes, Zugriffsrecht des Gesetzgebers.** Der Landtag besitzt zwar kein Rechtssetzungsmonopol, da auch z.B. der Erlass von Rechtsverordnungen (Art. 84) oder von Satzungen Rechtssetzung darstellt, aber allein er hat die Befugnis zum Erlass förmlicher Gesetze. Es gibt nach der inzwischen hM **keinen inhaltlich verfassungsrechtlich vorgegebenen Gesetzesbegriff.** Ein Gesetz ist vielmehr jeder Hoheitsakt, der im Parlament in dem dafür verfassungsrechtlich vorgesehenen Verfahren in der Form eines Gesetzes erlassen wird.[47]

35 Aufgrund dieses inhaltlich offenen Gesetzesbegriffs bestehen auch keine prinzipiellen verfassungsrechtlichen Bedenken z.B. gegenüber Maßnahme-, Einzelfall-,[48] Individual- oder Zeitgesetzen. Gesetze können somit abstrakte oder konkrete, generelle bzw. allgemeine oder einzelfallbezogene, auf Dauer angelegte oder zeitlich begrenzte Regelungen enthalten;[49] sie können Außenwirkung haben, d. h. bürgeradressiert sein oder nur Innenwirkung besitzen.[50]

---

43 *von Arnim*, DÖV 2012, 224 (226).
44 The English Constitution, 1964 [1. Ausg. 1867], S. 151 ff.
45 *Stern*, Bd. II, § 26 II, 2 a; *Klein*, in: HStR III, § 50 Rn. 15; vgl. auch *Thaysen*, Parlamentarisches Regierungssystem in der Bundesrepublik Deutschland, 2. Aufl. 1976, S. 17-68.
46 Dazu *Fibich*, S. 63 f.
47 BVerfGE 18, 389 (391); *Achterberg*, S. 735 f.; *Degenhart*, in: Sachs, Art. 70 Rn. 11; *ders.*, Staatsrecht I, Rn. 139; *Haug*, ZParl 2012, 446 (453); *Roellecke*, Der Begriff des positiven Gesetzes und das Grundgesetz, 1969, S. 278 ff.; *Hesse*, Rn. 506; kritisch dazu *Janssen*, Über die Grenzen des legislativen Zugriffsrechts, 1990, S. 52 ff., 64; zur Entwicklung des Gesetzesbegriffs: *Achterberg*, S. 706 ff.; *Stern*, Bd. II, § 37 I, 4 b.
48 Zu den Grenzen aus Art. 19 Abs. 1: *Degenhart*, Rn. 142; *Dreier*, in: Dreier, Art. 19 I Rn. 14.
49 BVerfGE 95, 1 (16 f.); *Löwer*, in: Löwer/Tettinger, Art. 30 Rn. 33; *Degenhart*, Rn. 138.
50 *Kirchhof*, in: FG BVerfG (1976), Bd. II, S. 55.

In welchen Fällen **eine Regelung durch ein Parlamentsgesetz getroffen werden muss**, wirft die Frage nach dem **Vorbehalt des Gesetzes** auf (vgl. dazu oben Art. 44, Rn. 54).[51] Zum einen gibt es ausdrückliche verfassungsrechtliche Vorbehalte, in denen eine gesetzliche Regelung gefordert wird; zum anderen besteht ein grundrechtlich-rechtsstaatlich gesicherter Bereich, in den nur über ein Parlamentsgesetz eingegriffen werden darf. Aber auch wenn – nach der traditionellen Formel – keine Eingriffe in Freiheit und Eigentum in Rede stehen, bedürfen „wesentliche" Regelungen aufgrund der demokratischen Komponente der Lehre vom Gesetzesvorbehalt eines Gesetzes.[52] Der Begriff des „Wesentlichen" ist bisher nicht hinreichend geklärt. Wesentlich sind Entscheidungen, welche „wesentlich für die Verwirklichung der Grundrechte sind"[53] oder kollidierende verfassungsrechtliche Positionen im Wege praktischer Konkordanz zum Ausgleich bringen,[54] aber auch politisch umstrittene Regelungen.[55] Einen Totalvorbehalt des Parlamentsgesetzes in dem Sinne, dass für jegliches Handeln der Exekutive eine gesetzliche Ermächtigung erforderlich ist, gibt es hingegen nicht.[56] 36

Es stellt sich aber nicht nur die Frage, welche Regelungen der Gesetzgeber treffen muss, sondern auch die Frage, **welche Regelungen er treffen darf.** Diese Frage ist dahingehend zu beantworten, dass der **Gesetzgeber grundsätzlich ein Zugriffsrecht** auf jede Materie hat und dabei nur insoweit verfassungsrechtlichen Schranken unterliegt, als eine Materie einem anderen Verfassungsorgan zur ausschließlichen Wahrnehmung übertragen worden ist.[57] Dazu gehört nicht die Organisations- und Personalgewalt im Bereich der Exekutive oder die Richtlinienbestimmung der Politik; auch insoweit besteht ein gesetzliches Zugriffsrecht.[58] Bei Maßnahmegesetzen bedarf es im Hinblick auf den schwächeren Rechtsschutz allerdings eines rechtfertigenden sachlichen Grundes.[59]

b) Gegenstände der Landesgesetzgebung – kompetenzrechtliche Grenzen. 37
aa) Verteilung der Gesetzgebungszuständigkeiten zwischen Bund und Ländern. Die verfassungsrechtlichen Regelungen zu ihrer jeweiligen „verfassungsmäßigen Ordnung“ (Art. 28 Abs. 1 Satz 1 GG) treffen Bund und Länder auf Grund ihrer **Verfassungsautonomie**, die ihrer Staatlichkeit entspringt (vgl. aber oben „Thüringer Verfassungsrecht und Bundesverfassungsrecht“, Fn. 2 ff.). Die Verfassungsautonomie der Länder wird in Art. 28 Abs. 1 Satz 1 GG sowohl vorausgesetzt als auch begrenzt.[60]

51 Zum folgenden vgl. *Klein*, in: HStR II, § 40 Rn. 19 ff.; *Stern*, Bd. II, § 37 I, 4 b.
52 Zur sog. Wesentlichkeitstheorie des Bundesverfassungsgerichts vgl. z.B. BVerfGE 40, 237 (248 f.); 49, 89 (126 f.); 77, 170 (230 f.); 84, 212 (226); 101, 1 (34); 116, 24 (58) vgl. zu dieser Rechtsprechung und ihrer vorsichtigen Abkehr von einer partiellen Überziehung des Gesetzesvorbehalts BVerfGE 68, 1 (89); *Klein*, in: HStR II, § 40 Rn. 20, insbesondere im Schulrecht *Stern*, Bd. II, § 37 I, 4 b, 1 ff.
53 BVerfGE 47, 46 (79).
54 *Linck*, ZRP 1987,11 (16 f.).
55 *Huber*, in: Huber, 1. Teil, Rn. 147.
56 BVerfGE 68, 1 (109); *Fibich*, S. 37 f.
57 ThürVerfGH, DVBl. 2011, 352 f.; *Klein*, in: HStR II, § 40 Rn. 22; *Linck*, DÖV 1979, 165 ff.; *Jarass*, in: Jarass/Pieroth, Art. 20 Rn. 26; *Löwer*, in: Löwer/Tettinger, Art. 30 Rn. 33; allgemein zu den verfassungsrechtlichen Grenzen des legislativen Zugriffsrechts: *Janssen*, Über die Grenzen des legislativen Zugriffsrechts, 1990.
58 *Meyer*, in: Schneider/Zeh, § 4 Rn. 57; Schröder, in: HStR III, § 64 Rn. 12.
59 BVerfGE 95, 1 (17); *Degenhart*, Rn. 283; *Haug*, ZParl 2012, 446 (455).
60 BVerfGE 4, 178 (189); 64, 301 (317); *Huber*, in: Huber, 1. Teil, Rn. 32; *Storr*, Staats- und Verfassungsrecht, 1998, Rn. 112 ff.

38 Die Länder müssen sich bei der Verfassungsgebung und bei Verfassungsänderungen an die „Grundsätze des republikanischen, demokratischen und sozialen Rechtsstaats im Sinne dieses Grundgesetzes“ halten, womit ein **Homogenitäts- nicht jedoch ein Uniformitätsgebot** ausgesprochen wird;[61] die Art. 70 ff. GG sind insoweit nicht einschlägig.[62] Die Verfassungsautonomie der Länder darf sich allerdings nur auf deren „verfassungsmäßige Ordnung“ beziehen und nicht dazu missbraucht werden, durch die Hochzonung sonstiger Sachbereiche auf die Verfassungsebene die Kompetenzverteilung zwischen Bund und Ländern auf dem Gebiet der Gesetzgebung insbesondere nach den Art. 70 ff. GG zu unterlaufen.[63]

39 Die grundsätzliche Kompetenzverteilung für den Bereich der (einfachen) Gesetzgebung bestimmt sich auf der Grundlage von Art. 30 GG nach Art. 70 GG. Diese Bestimmung verteilt die Gesetzgebungskompetenzen zwischen Bund und Ländern nach einem Regel-Ausnahme-Verhältnis:[64] Die Länder haben das Recht der Gesetzgebung, soweit das Grundgesetz nicht dem Bund Gesetzgebungsbefugnisse verleiht. Das Bundesverfassungsgericht sieht hierin eine Vermutung zugunsten der Länderkompetenzen.[65] Die Verleihung von Gesetzgebungszuständigkeiten an den Bund erfolgt vornehmlich in den Art. 73, 74 GG und darüber hinaus aber auch an zahlreichen anderen Stellen des Grundgesetzes wie z. B. in Art. 104 a bis 109, 32, 59 GG.[66]

40 Soweit ein Sachbereich sowohl eine dem Bund als auch den Ländern zugewiesene Materie betrifft (**„ambivalente Materie"**), gibt es nicht etwa eine Doppelzuständigkeit,[67] vielmehr ist unter Berücksichtigung der Entstehungsgeschichte und der Staatspraxis auf den Schwerpunkt der Regelung abzustellen.[68]

41 Außer den im Grundgesetz dem Bund ausdrücklich zugewiesenen Gesetzgebungszuständigkeiten besitzt der Bund noch einige **stillschweigende Kompetenzen** kraft Sachzusammenhangs,[69] hierzu gehört auch die Annexkompetenz[70] und darüber hinaus eine Kompetenz aus der Natur der Sache.[71]

42 **In der Verfassungswirklichkeit ist die Regel des Art. 70 GG längst zur Ausnahme geworden**. Der Bund hatte insbesondere die konkurrierende Gesetzgebungskompetenz (Art. 72, 74, 74 a aF GG) und die Rahmengesetzgebungskompetenz (Art. 75 aF GG) extensiv ausgeschöpft. Mitursächlich für diese Entwicklung war ursprünglich die Rechtsprechung des Bundesverfassungsgerichts, welche die Bedürfnisklausel des Art. 72 Abs. 2 aF GG weitgehend als nicht justitiabel erachtete.[72]

---

61 BVerfGE 4, 178 (189); 64, 301 (317).
62 *Pieroth*, in: Jarass/Pieroth (Art. 70 Rn. 4 mwN auch zur gegenteiligen Meinung).
63 Das war nach der Wiedervereinigung bei der Ausarbeitung von Verfassungen in den neuen Ländern zum Teil ein kontroverses Thema.
64 BVerfGE 111, 226 (247).
65 BVerfGE 12, 205 (228 f.); 26, 281 (297 f.); 61, 149 (174); allerdings zurückhaltender in BVerfGE 36, 193 (209).
66 Vgl. die Aufzählung bei *Heintzen*, in: BK, Art. 70 Rn. 106; Rengeling, in: HStR IV, S. 768 ff.
67 BVerfGE 67, 299 (321); 104, 249 (267); 106, 62 (114).
68 BVerfGE 68, 319 (328 ff.); 97, 198 (219); 97, 228 (252); 98, 145 (158); 98, 265 (299); 106, 62 (105); 109, 190 (213).
69 BVerfGE 110, 33 (48); 98, 265 (299); 106, 62 (115).
70 BVerfGE 3, 407 (433); 8, 143 (149).
71 BVerfGE 11, 89 (98 f.); 26, 246 (257); 84, 133 (148); 95, 243 (248 f.).
72 BVerfGE 1, 264 (272 f.); 2, 213 (224); 10, 234 (245); 67, 299 (327).

Es gab daher **mehrere verfassungspolitische Anläufe, den Föderalismus neu zu beleben,** den Ländern mehr Kompetenzen zu geben und dabei die Gesetzgebungskompetenzen der Landesparlamente zu stärken. Diese Ziele verfolgte u.a. die „Enquête-Kommission Verfassungsreform des Deutschen Bundestags, die in der 6. Wahlperiode am 08.10.1970 eingesetzt wurde, 1973 einen Zwischenbericht vorlegte (BT-Drs. IV/3829) und in der 7. Wahlperiode am 22.02.1973 erneut beschlossen wurde, ihre Beratungen fortsetzte, und am 09.12.1976 ihren Schlussbericht u.a. mit Empfehlungen zur Reform der Gesetzgebungskompetenzen vorlegte.[73] 43

Die verfassungsrechtliche Resonanz blieb jedoch dürftig (vgl. dazu das 33. und 34. Gesetz zur Änderung des Grundgesetzes vom 23.08.1976 (BGBl. I S. 2381, 2383). Die Verfassungsänderungen von 1994 (BGBl. I S. 3146) ergaben nur marginale Veränderungen in den Zuständigkeitskatalogen zugunsten der Länder; von Bedeutung waren nur die Änderungen in Art. 75 Abs. 2 GG mit einer Begrenzung der Rahmengesetzgebungskompetenz des Bundes und der Ablösung der „Bedürfnisklausel" in Art. 72 Abs. 2 GG durch eine „Erforderlichkeitsklausel" mit einer verbesserten Justiziabilität durch Klagemöglichkeiten der Landesregierungen und insbesondere der Landesparlamente in Art. 93 Nr. 1, Nr. 2 a GG.[74] Die letzte und zugleich umfangreichste Föderalismusreform zur Stärkung der Gesetzgebungskompetenzen der Landesparlamente wurde von der am 07.11.2003 konstituierten „Gemeinsame Verfassungskommission von Bundestag und Bundesrat" initiiert; ihre Vorschläge mündeten in die Föderalismusreform I, die am 01.09.2006 in Kraft trat. Sie führte zu folgenden wesentlichen Grundgesetzänderungen: 44

- Die Rahmengesetzgebung (Art. 75 aF GG) wurde völlig abgeschafft. Dieser – sehr begrüßenswerte – Reformschritt soll zu einer klareren Verantwortlichkeit für die gesetzliche Aufgabenerfüllung zwischen EU – Bund und Ländern führen, die insbesondere im Umweltbereich kaum noch auszumachen war: die EU erließ Richtlinien, die vom Bund rahmenrechtlich auszufüllen waren – mit der Folge, dass für die Länder kaum noch ein eigenständiger, substantieller Regelungsspielraum übrig blieb. Die Materien des Art. 75aF GG wurden zum Teil in die ausschließliche Gesetzgebungskompetenz des Bundes (Art. 73 GG) oder in die konkurrierende Gesetzgebung (Art. 73 GG) verlagert. Für die restlichen Materien besitzen nach Art. 30 und 70 GG folglich die Länder die ausschließliche Gesetzgebungskompetenz. Dabei handelt es sich im Wesentlichen um folgende Materien:
- Wesentliche Teile des Rechts des öffentlichen Dienstes der Länder, der Gemeinden und anderer landesunmittelbarer Körperschaften (bisher Art. 75 Abs. 1, Nr. 1 aF GG) mit Ausnahme der Statusrechte und -pflichten (Art. 74 Nr. 27);
- Die allgemeinen Grundsätze des Hochschulwesens (bisher Art. 75 Nr. 1 a GG) u.a. mit der Kompetenz zur Regelung des Hochschulzugangs (d.h. die fachlichen Voraussetzungen für ein Studium) und der Erhebung von Studiengebühren mit Ausnahme der Regelungen zur Hochschulzulassung und zu den Hochschulabschlüssen (Art. 74 Abs. 1 Nr. 33);
- Die allgemeinen Grundsätze der Presse (bisher Art. 75 Abs. 1 Nr. 2 aF GG);

73 Vgl. BT-Drs. 7/5924, S. 122 ff.
74 Dazu näher *Linck* in: von Arnim, Die deutsche Krankheit: Organisierte Unverantwortlichkeit?, 2005, S. 65 f.; *ders.*, ZPol 2004, 1215 (1217 f.).

- Aus dem Katalog der konkurrierenden Gesetzgebung (Art. 74) wurden einige Materien in die ausschließliche Kompetenz des Bundes verlagert und die Herausnahme einiger Materien aus diesem Katalog (vgl. dazu Art. 74 nF) hat nach den Art. 30, 70 GG zur Folge, dass sie nunmehr in die ausschließliche Gesetzgebungskompetenz der Länder fallen. Dazu gehören folgende Materien:[75]
- Strafvollzug und Untersuchungsvollzug (bisher Art. 74 Abs. 1 Nr. 1 aF GG);
- Versammlungsrecht (bisher Art. 74 Abs. 1 Nr. 3 aF GG);
- Heimrecht bezogen auf alte und behinderte Menschen (bisher Art. 74 Abs. 1 Nr. 7 aF GG);
- Ladenschluss, Gaststätten, Spielhallen, Schaustellung von Personen, Messen, Ausstellungen, Märkte (bisher Art. 74 Abs. 1 Nr. 11 aF GG);
- Flurbereinigung (bisher Art. 74 Abs. 1 Nr. 17 aF GG);
- Landwirtschaftlicher Grundstücksverkehr, landwirtschaftliches Pachtwesen, Siedlungs- und Heimatstättenwesen (bisher Art. 74 Abs. 1 Nr. 18 aF GG);
- Teile des Wohnungswesens (bisher Art. 74 Abs. 1 Nr. 18 aF GG) wie die soziale Wohnraumförderung, -bewirtschaftung, -verteilung, das Wohnungsbindungsrecht und Zweckentfremdungsrecht;
- Schutz vor verhaltensbezogenem Lärm (bisher Art. 74 Abs. 1 Nr. 24 aF GG);
- Aus dem Beamtenrecht: die Besoldung und Versorgung der Landesbeamten und -richter (bisher Art. 74 a aF GG).

45 Zu den Gesetzgebungskompetenzen der Länder, die sie bereits vor der Föderalismusreform I von 2006 – z. T. bereits traditionell – besaßen, gehören im Wesentlichen folgende Materien:[76]

- Der Haushaltsplan, der durch das Haushaltsgesetz festgestellt wird (Art. 99 Abs. 1);
- Kommunalrecht,[77] einschließlich des Kommunalwahlrechts,[78] des Gemeindewirtschaftsrechts,[79] des Zweckverbandsrechts;[80]
- Kulturrecht: Schul-, Rundfunk-, Feiertags-, Friedhofs-, Bestattungs-, Denkmalschutzrecht und Kultureinrichtungen, Staatskirchenrecht, insbesondere bzgl. der Staatskirchenverträge;
- Staatsorganisationsrecht des Landes: Wahlrecht, Parlamentsrecht (Petitions-, Untersuchungsausschuss-, Abgeordnetenrecht), Rechnungshof, Verfassungsgerichtsbarkeit, Regelung plebiszitärer Verfahren;
- Polizei- und Ordnungsrecht, Rettungswesen, Rauchverbote, Sammlungsrecht;
- Sonstiges wie: Straßen- und Wegerecht, Kindergartenwesen.

46 Weiterhin wurden durch die Föderalismusreform I in den Absätzen 2, 3 des Art. 72 GG Änderungen vorgenommen, mit denen die Gesetzgebungskompetenzen zwischen Bund und Ländern im Bereich der konkurrierenden Gesetzgebung neu austariert werden sollten. Hintergrund für diese Reform war die restriktive Rechtsprechung des Bundesverfassungsgerichts zu der 1994 eingeführten „Er-

75 Näheres bei *Pieroth*, in: Jarass/Pieroth, Art. 70 Rn. 19 ff.
76 Vgl. dazu: *Pieroth*, in Jarass/Pieroth, Art. 70 Rn. 17 ff.; sowie *Schneider*, Gesetzgebung, 3. Aufl. 2002, § 7 Rn. 167.
77 BVerfGE 1, 167 (176); 56, 298 (310); 57, 43 (59); 58, 177 (191 f.).
78 BVerwG, NVwZ 1993, 377 (378).
79 SächsVerfGH, NVwZ 2005, 1057 (1058).
80 LVerfG M-V, LVerfGE 10, 317 (325).

forderlichkeitsklausel“ (siehe dazu oben Rn. 44), mit welcher die gesetzgeberischen Möglichkeiten des Bundes deutlich eingeschränkt wurden.[81] In schwierigen Verhandlungen zwischen dem Bund und den Ländern ist jedoch dazu ein kaum befriedigender Kompromiss zustande gekommen: Die „Erforderlichkeitsklausel“ gilt nur noch für die in Art. 72 Abs. 2 GG aufgelisteten Materien; für die übrigen Materien hat der Bund faktisch die ausschließliche Gesetzgebung.

Ebenso unbefriedigend ist die neue Regelung in Art. 72 Abs. 3 GG,[82] wonach den Ländern zwar die Möglichkeit eröffnet wird, von Bundesgesetzen zu bestimmten Materien (aus Art. 75 aF) – mit drei Ausnahmen – abweichende Regelungen zu treffen, doch der Pferdefuß liegt im letzten Satz: danach hat der Bund ein Rückholrecht. Zutreffend wird dieser Kompromiss als eine „Ping-Pong-Gesetzgebung“ kritisiert.

Bei einer Gesamtbetrachtung der Ergebnisse der Föderalismusreform I zu der Neuverteilung der Gesetzgebungskompetenzen zwischen Bund und Ländern muss füglich bezweifelt werden, ob sie ihr Ziel, die Gesetzgebungskompetenzen der Länder zu stärken, in befriedigender Weise erfüllt hat.[83]

bb) Kompetenzrechtliche Grenzen für die Landesgesetzgebung durch die kommunale Selbstverwaltungsgarantie (Art. 28 Abs. 2 GG, Art. 91 Abs. 1). 47 Die kommunale Selbstverwaltungsgarantie[84] ist verfassungsrechtlich nur „im Rahmen der Gesetze“ garantiert; sie unterliegt also einem Gesetzesvorbehalt. Daraus folgt, dass es dem Landesgesetzgeber grundsätzlich nicht verwehrt ist, auch „Angelegenheiten der örtlichen Gemeinschaft“ zu regeln. Aber die kommunale Selbstverwaltungsgarantie setzt dem Landesgesetzgeber auch kompetenzrechtliche Grenzen:[85] Dem Gesetzgeber sind **Eingriffe in den Kernbereich der Selbstverwaltung verfassungsrechtlich untersagt.**[86]

cc) Kompetenzrechtliche Grenzen für die Landesgesetzgebung aus dem EU-Recht. 48 Nach Art. 23 Abs. 1 Satz 2 GG kann der Bund durch Gesetz **Hoheitsrechte auf die EU übertragen.** Dazu gehört auch die Übertragung von Gesetzgebungsbefugnissen und nicht nur derjenigen des Bundes, sondern auch die der Länder.[87] Derartige Übertragungen haben in zahlreichen Fällen stattgefunden, insbesondere im Umweltbereich. Daraus folgt, „dass der ausschließliche Herrschaftsanspruch der Bundesrepublik Deutschland … zurückgenommen und der unmittelbaren Geltung und Anwendbarkeit eines Rechts aus anderer Quelle innerhalb des staatlichen Herrschaftsbetriebs Raum gelassen wird“.[88] Für den Landesgesetzgeber heißt das, dass ihm die vom Bund auf die EU übertragenen Gesetzgebungskompetenzen des Landes nicht mehr zur Verfügung stehen.

dd) Gesetze mit unterschiedlichem Rang, Selbstbindung des Gesetzgebers, „lex posterior derogat legi priori“. 49 **Gesetze** stehen hinsichtlich ihres normativen

81 BVerfGE 106, 62 ff. (Altenpflege); BVerfGE 110, 141 ff. (Kampfhunde); BVerfGE 111, 226 ff. (Juniorprofessor); BVerfGE 112, 226 ff. (Verbot von Studiengebühren).

82 Dazu grundlegend: *Schulze/Harling*, Das materielle Abweichungsrecht der Länder – Art. 72 Abs. 3 GG, 2011.

83 Erhebliche Zweifel bei *Linck*, Der Thüringer Landtag, in: Schmitt (Hrsg.), Thüringen – Eine politische Landeskunde, 2. Aufl. 2011, S. 158 f.

84 Zu deren Inhalt i. E. vgl. die Kommentierung zu Art. 91.

85 BVerfGE 79, 127 (147).

86 Was i. E. zu diesem Kernbereich gehört wird unter Art. 91 erläutert.

87 *Jarass*, in: Jarass/Pieroth, Art. 23 Rn. 17; *Streinz*, in: Sachs, GG, Art. 23 Rn. 7.

88 BVerfGE 37, 271 (280); 73, 339 (374).

Rangs **gleichrangig nebeneinander**. Es gibt außer dem Verfassungsgesetz keine Gesetze, egal ob man sie als Programm-, Planungs- oder Maßstäbegesetze bezeichnet, die einen normativen Vorrang vor anderen Gesetzen genießen. Der einfache Gesetzgeber kann sich somit auch nicht selbst binden.[89]

50 Vielmehr gilt der Grundsatz **„lex posterior derogat legi priori"**.[90] Demgegenüber hat das BVerfG in seinem Urteil vom 11.11.1999 zum Finanzausgleichsgesetz den Bundesgesetzgeber verpflichtet, die im Grundgesetz nur sehr allgemein geregelte Steuerzuteilung nach dem horizontalen Finanzausgleich (Art. 107 Abs. 2 Satz 1, 2 GG) in einem **„Maßstäbegesetz"** näher zu konkretisieren. In einer weiteren Stufe der Gesetzgebung habe der Bundesgesetzgeber das ihn selbst bindende Maßstäbegesetz im Finanzausgleichsgesetz im Einzelnen auszufüllen.[91] Diese gut gemeinte Konstruktion mit der Intention, bei der Regelung des Finanzausgleichs zu mehr Rationalität und Transparenz zu gelangen, ist jedoch verfassungsrechtlich verfehlt und stößt auch verfassungspolitisch auf schwerwiegende Bedenken.[92]

51 **2. Kreations-, und Wahlfunktion des Landtags, Wahl des Ministerpräsidenten.** Art. 48 Abs. 2 spricht zwar auch die **Kreationsfunktion des Landtags** an,[93] führt in diesem Zusammenhang jedoch missverständlicherweise nur die Wahl des Ministerpräsidenten auf; insoweit wird auf die Kommentierung von Art. 70 Abs. 3, Rn. 10 ff. verwiesen.

Der Landtag wählt darüber hinaus zahlreiche **weitere Amtsträger und sonstige Personen**; außerdem nimmt er eine Reihe parlamentsinterner Wahlen vor.

52 So wählt der Landtag z.B. den Präsidenten und Vizepräsidenten des Rechnungshofs (Art. 103 Abs. 2 Satz 2), die Mitglieder des Verfassungsgerichtshofs (Art. 79 Abs. 3 Satz 3), den Datenschutzbeauftragten (§ 35 Abs. 1 ThürDSG), den Landesbeauftragten für die Unterlagen des Staatssicherheitsdienstes der ehemaligen DDR (§ 3 Abs. 2 Satz 1 Thür. LandesbeauftragtenG) oder den Bürgerbeauftragten (§ 7 Thür. BüBG).

53 Von den **parlamentsinternen Wahlen** sind z.B. zu nennen: die Wahl des Landtagspräsidenten und seiner Vizepräsidenten (§ 2 Abs. 1 ThürGOLT) oder der Mitglieder der Parlamentarischen Kontrollkommission (§ 18 Abs. 2 ThürVerfSG).

54 **3. Überwachung der „Ausübung der vollziehenden Gewalt" – parlamentarische Kontrolle.** Nachdem der Thüringer Landtag in der 1. Wahlperiode schwerpunktmäßig mehr als 40 Jahre Gesetzgebungsarbeit der alten Länder mit der Verabschiedung von 188 Gesetzen nachgeholt hatte, hat sich die parlamentarische Arbeit danach zunehmend der Praxis in den alten Ländern angeglichen; ihr **Schwerpunkt liegt heute bei der parlamentarischen Kontrolle**. Diesem Befund wird im Folgenden durch eine relativ ausführliche Kommentierung der parla-

89 *Linck*, DÖV 2000, 325 (328); *Püttner*, DÖV 1970, 322 (323); SaarlVerfGH, DÖH 1970, 40.

90 *Schneider*, Gesetzgebung, 3. Aufl. 2002, Rn. 553 f.

91 BVerfGE 101, 158 (214 ff.).

92 *Linck*, DÖV 2000, 325 (326 ff.; 328 f.); kritisch auch *Heun*, in: Dreier, Art. 107, Rn. 11; *Pieroth*, NJW 2000, 1086; *Schneider*, AK-GG, Art. 107 Rn. 20; *Waldhoff*, DV 2006, 155 (163 f.); dem BVerfG hingegen zustimmend *Degenhart*, ZG 2000, 79 (84); *Huber*, in: von Mangoldt/Klein/Starck, Art. 107 Rn. 46 ff.

93 Allgemein zur Wahlfunktion von Parlamenten: *Sieberer*, Parlamente als Wahlorgane, 2010.

mentarischen Kontrolle Rechnung getragen. Soweit in der Landesverfassung zu den speziellen Mitteln der parlamentarischen Kontrolle keine besonderen abweichenden Regelungen getroffen wurden, gelten die nachfolgenden Ausführungen für alle Arten der parlamentarischen Kontrolle.

Wenn es in Art. 48 Abs. 2 heißt, dass der Landtag die Ausübung der vollziehenden Gewalt überwacht, dann wird die Aufgabe des Landtags zur parlamentarischen Kontrolle damit nur unvollständig umschrieben. Mit dieser Formulierung sollte die parlamentarische Kontrollkompetenz nicht in restriktiver Weise auf die vollziehende Gewalt ieS begrenzt werden. **Eine extensive Interpretation des Begriffs des Kontrollobjekts der „vollziehenden Gewalt“** ist schon allein auf Grund der Verantwortlichkeit der Regierung gegenüber dem Landtag geboten (vgl. dazu die Kommentierung zu Art. 76 Abs. 1). Die parlamentarische Kontrolle bezieht sich nämlich auf die gesamte Exekutive, also sowohl auf die Regierung als auch auf die Verwaltung. Außerdem wird – von ganz wenigen Ausnahmen im Regierungsbereich abgesehen (siehe dazu Rn. 70 ff.) – das gesamte Handeln und Unterlassen der Regierung und der Verwaltung erfasst. Unter der „vollziehenden Gewalt“ ist auch nicht nur der Vollzug bzw. die Ausführung von Normen, insbesondere von Gesetzen zu verstehen; erfasst werden auch die nicht gesetzesakzessorische Verwaltung und die gesetzesfreie, schöpferisch gestaltende Politik der Regierung (siehe zum Funktionsbereich der Regierung die Kommentierung zu Art. 70). 55

Eine **abstrakte Definition des Begriffes der parlamentarischen Kontrolle** erscheint müßig. Sie läuft im Hinblick auf die vielfältigen Facetten dieser Parlamentsaufgabe Gefahr, ufer- und konkurrenzlos zu werden. Aus dieser Erkenntnis heraus haben einige Autoren daher geradezu resignativ auf eine sehr formale und vereinfachte Definition zurückgegriffen: Parlamentarische Kontrolle wird als derjenige Bereich parlamentarischen Handelns definiert, der – auf der Grundlage der klassischen Aufgabenumschreibung des Parlaments – weder der Gesetzgebungs- noch der Kreationsfunktion zuzurechnen sei.[94] Aus materieller Sicht kann es sich dabei nur um eine grundsätzliche Inhaltsbestimmung handeln, von der es zahlreiche Ausnahmen gibt. So können mit der Gesetzgebung durchaus auch Elemente der Kontrolle verbunden sein. Ein typisches Beispiel wäre der Fall, dass in einem Gesetz eine Pflicht der Regierung normiert wird, über die Erfahrungen mit dem praktischen Vollzug des Gesetzes zu berichten, um auf der Grundlage dieses Berichts die Novellierungsbedürftigkeit des Gesetzes zu überprüfen. 56

Einige sehen einen Akt der Kontrolle auch darin, dass das Parlament eine Gesetzesinitiative der Regierung kritisch überprüft und in veränderter Form verabschiedet, oder Gesetzgebung wird als vorauswirkende parlamentarische Kontrolle definiert.[95] Damit würde die begriffliche Abgrenzung zwischen den einzelnen Parlamentsfunktionen allerdings weitgehend verloren gehen. Ähnliche Abgrenzungsprobleme können sich auch zur parlamentarischen Kreationsfunktion ergeben: So haben Nominierungsrechte parlamentarischer Minderheiten bei der Besetzung exekutiver Gremien durchaus auch einen Kontrolleffekt, selbst wenn dieser nur in einer „fleet in being" bestehen sollte.

94 *Achterberg*, S. 410.
95 *Achterberg*, S. 411 ff.

Aufgrund dieser Abgrenzungsproblematik soll hier auf eine allgemeine abstrakte Definition der parlamentarischen Kontrolle verzichtet und im folgenden von den in der parlamentarischen Praxis des Thüringer Landtags angewandten Mitteln und Wegen der parlamentarischen Kontrolle ausgegangen werden, die bei der Formulierung des Art. 48 Abs. 2 zugrunde gelegt und in der GOLT konkretisiert worden sind.

57 a) **Funktion und Mittel der parlamentarischen Kontrolle.** Die parlamentarische Kontrolle hat im Wesentlichen **drei Funktionen:** diejenige der **Information,**[96] der inhaltlichen **politischen Einflussnahme** auf das Regierungshandeln und der kritischen **investigativen Kontrolle,** insbesondere durch die Offenlegung von Missständen; sie muss wirksam sein und darf somit nicht faktisch leerlaufen[97] Daneben kann eine Kontrollinitiative aber auch den Zweck haben, ein „Thema zu besetzen", ohne dass eine bestimmte politische Zielsetzung erkennbar wäre, z.B. der Regierung durch sogenannte Jubelanfragen die Plattform für einen parlamentarischen Auftritt zu verschaffen oder gegenüber der Öffentlichkeit oder bestimmten Interessengruppen einen Aktivitätennachweis zu erbringen. Oft sind bestimmte parlamentarische Kontrollinitiativen auch nur aus der Konkurrenzsituation zwischen den einzelnen Fraktionslagern zu verstehen.

58 Die einzelnen **Mittel parlamentarischer Kontrolle** sind z. T. in der Verfassung und im Übrigen ergänzend in der Geschäftsordnung des Landtags geregelt. Dort wird die Wahrnehmung bestimmter Kontrollmittel i d R an bestimmte Voraussetzungen oder auch Quoren im Hinblick auf das Erfordernis der Herrschafts- und Funktionsfähigkeit des Parlaments gebunden.[98] Es gibt keinen allgemeinen Informationsanspruch einzelner Abgeordneter gegenüber der Regierung.[99] Das **parlamentarische Fragerecht** der Abgeordneten ist in Art. 53 Abs. 2 grundsätzlich und speziell in Art. 67 verfassungsrechtlich verankert (Art. 67 Abs. 1, 3). Mit dem parlamentarischen Fragerecht eng verwandt ist der Auskunftsanspruch von Abgeordneten in den Ausschüssen (vgl. Art. 67 Abs. 2, 3) sowie das sog. Zitierrecht (vgl. Art. 66 Abs. 1).

59 Eine besondere Form parlamentarischer Informationsbegehren sind die **sog. Berichtsersuchen,** mit denen die Landesregierung aufgrund eines entsprechenden Antrags aufgefordert wird, dem Landtag einen schriftlichen oder mündlichen Bericht zu einem bestimmten Themenkomplex zu erstatten.[100] Liegt der Bericht vor, kann er auf einen entsprechenden Antrag hin entweder im Plenum oder in den zuständigen Ausschüssen besprochen werden. Der Unterschied zwischen Großen Anfragen und Berichtsersuchen ist nach Inhalt und Funktion gering, wenn auch zu beachten ist, dass mit dem Antrag auf ein Berichtsersuchen bereits zu dem Informationsbegehren von den Antragstellern eine parlamentarische Debatte erzwungen werden kann. Ob Berichtsersuchen eine entsprechende rechtliche oder nur eine politische Verpflichtung der Landesregierung auslösen,

---

96 Zur Bedingtheit von Information und sachgerechter Aufgabenerfüllung: *Linck*, DÖV 1983, 957 (958).

97 BVerfGE 67, 100 (130); 77, 1 (48); 110, 199 (215); 124, 78 (121).

98 *Linck*, DÖV 1975, 691 (689 ff.).

99 Weitergehend Art. 56 Abs. 3 Satz 1 BbgVerf, vgl. dazu *Nessler*, LKV 1995, 12 ff.

100 §§ 105, 106 ThürGOLT; vgl. dazu eingehend *Linck*, DÖV 1979, 116 ff.

ist umstritten; eine rechtliche Verpflichtung wird überwiegend verneint.[101] Aus der Sicht der parlamentarischen Praxis handelt es sich hierbei allerdings um eine weitgehend akademische Frage. Wenn nämlich ein derartiger Beschluss mehrheitlich gefasst worden ist, so wird er in aller Regel auch von den die Regierung tragenden Fraktionen unterstützt. Diese haben sich aber zuvor mit der Regierung über ihr Abstimmungsverhalten abgestimmt, so dass bereits im Vorfeld ein Einvernehmen über die Bereitschaft der Landesregierung zur Berichterstattung erzielt worden ist. Der Unterschied zwischen einer derart herbeigeführten politischen Bindung und einer normativen Verpflichtung ist praktisch gering oder nahezu unerheblich.

Berichtsersuchen als Mittel parlamentarischer Kontrolle haben in der parlamentarischen Praxis der deutschen Landesparlamente eine zunehmende Bedeutung erlangt. Plenarsitzungen werden manchmal bis zu 30%, Ausschusssitzungen oft zu 100% aufgrund von Berichtsersuchen bestritten. Die Regierung reagiert auf Berichtsersuchen zumeist mit einer sofortigen Berichterstattung, an die sich eine Besprechung des Berichts anschließt.

Neben der Mündlichen Anfrage ist die **Aktuelle Stunde** (§ 93 GOLT) dasjenige Mittel parlamentarischer Kontrolle, mit dem die Tagesordnung einer Plenarsitzung noch sehr kurzfristig ergänzt werden kann. Die Aktuelle Stunde fand Mitte der 60er Jahre Eingang in die Geschäftsordnungen der deutschen Parlamente. Sie gehört heute in allen Landtagen zum festen Bestand parlamentarischer Kontrollmittel und wird häufig genutzt. Durch die Begrenzung auf Fünf-Minuten-Beiträge (§ 93 Abs. 6 GOLT) ist die aktuelle Stunde zur Kontrolle für komplexe Grundsatzdebatten jedoch wenig geeignet. 60

Die parlamentarische Kontrolle wird weiterhin in vielfältiger Weise über **selbständige oder unselbständige Anträge** ausgeübt. Anträge können zum einen Stellungnahmen zu bestimmten politischen Themen beinhalten, ohne dabei ausdrücklich einen Adressaten zu benennen. Beispiel: Der Landtag verurteilt die Ausschreitungen von Neonazis gegenüber Asylbewerbern. Zum anderen können mit ihnen Landesregierungen zu einem bestimmten politischen Tun oder Unterlassen aufgefordert werden. 61

Werden an die Landesregierung adressierte Entschließungsanträge – in der Form **sog. schlichter Parlamentsbeschlüsse**[102] – angenommen, stellt sich die Frage, ob sie bei der Landesregierung nur eine politisch oder auch rechtlich verpflichtende Wirkung auszulösen vermögen. Die Frage ist nach geltendem Landesverfassungsrecht zu verneinen: Bei der Landesregierung handelt es sich um ein selbständiges Verfassungsorgan und nicht etwa um einen „Vollzugsausschuss des Landtags". Eine rechtliche Bindung der Landesregierung an schlichte Parlamentsbeschlüsse würde eine entsprechende generelle verfassungsrechtliche Regelung voraussetzen; hieran fehlt es jedoch. 62

Aufforderungen an die Landesregierung in schlichten Parlamentsbeschlüssen lösen daher verfassungsrechtlich keine Reaktionspflichten aus, sondern haben nur

101 So auch von *Waechter*, selbst für gesetzliche Berichtspflichten, *Waechter*, ZG 1996, 84 (85 ff.); vgl. zum Streitgegenstand *Linck*, DÖV 1979, 116 (119) und DÖV 1983, 957 (959, insb. Fn. 12); *Maiwald*, Berichtspflichten gegenüber dem Bundestag, 1993, S. 135 ff.

102 *Löwer*, in: Löwer/Tettinger, Art. 30 Rn. 11.

eine politische Wirkung.[103] Oben (Rn. 59) wurde jedoch bereits bei der Erörterung parlamentarischer Berichtsersuchen betont, dass es sich hierbei um eine weitgehend akademische Frage handelt. Hinsichtlich der politisch-faktischen Wirkung von Parlamentsbeschlüssen macht es kaum einen Unterschied, ob sie eine rechtsverbindliche oder nur eine politisch verpflichtende Wirkung besitzen.

Das schärfste Mittel parlamentarischer Kontrolle stellt das konstruktive Misstrauensvotum dar (Art. 73).

63 Die **parlamentarische Kontrolle** findet nicht nur auf der Ebene des Plenums, sondern auch maßgeblich **in den Ausschüssen der Landtage** statt. Auf der Ausschussebene sind insbesondere folgende Mittel parlamentarischer Kontrolle hervorzuheben: **Untersuchungsausschüsse** (Art. 64), **Petitionsausschüsse** (Art. 65), **Enquete-Kommissionen** (Art. 63), **Anhörungen** (Hearings) in den Ausschüssen (§ 78 ThürGOLT), **Selbstbefassungsrecht der Ausschüsse** (§ 73 ThürGOLT, vgl. dazu unten Art. 62 Rn. 27). Die parlamentarische Kontrolle wird nicht nur durch das Plenum, Ausschüsse oder einzelne Abgeordnete, sondern in einzelnen Fällen auch durch besondere, vom Landtag eingesetzte Gremien oder Beauftragte ausgeübt. Dazu gehört die **Parlamentarische Kontrollkommission (Näheres in der Kommentierung zu Art. 97)**; ihr obliegt die parlamentarische Kontrolle des Verfassungsschutzes (Thüringer Verfassungsschutzgesetz v. 29.10.1991, ThürGVBl. S. 527). Demgegenüber ist die **G-10 Kommission**, welche die Aufgabe hat, Eingriffe in das Grundrecht nach Art. 10 GG, nämlich das Brief-, Post- und Fernmeldegeheimnis, zu überwachen (Landesgesetz zur Ausführung des Bundesgesetzes zur Beschränkung des Brief-, Post- und Fernmeldegeheimnisses v. 29.10.1991, ThürGVBl. S. 515), kein parlamentarisches Hilfsorgan. Ihr fehlt es an der dafür typischen Abhängigkeit vorn Parlament, insbesondere auch an einer Berichtspflicht gegenüber dem Landtag. Sie ist daher eine Einrichtung sui generis mit einer gewissen Nähe zur Exekutive.[104] Die **Rechtsstellung des Datenschutzbeauftragten** ist ambivalent; einerseits hat er eine unabhängige Stellung, andererseits besteht seine Aufgabe nach Art. 69 in der Unterstützung des Landtags bei der Ausübung der parlamentarischen Kontrolle (unten Art. 69 Rn. 11).

64 Neben den bisher beschriebenen parlamentarischen und parlamentsnahen Kontrollgremien gibt es noch zahlreiche **parlamentsexterne Beratungs- und Kontrollorgane,** in welche die Landtage Mitglieder aus ihrer Mitte entsenden. Dabei handelt es sich um regierungsinterne Gremien, wie z.B. Energiebeiräte, Landesbürgschaftsausschüsse, Kuratorien der Landeszentralen für politische Bildung u. ä. Weiterhin sind in diesem Zusammenhang die Kontrollgremien juristischer Personen des öffentlichen Rechts zu nennen, wie z.B. die Kuratorien der Hochschulen, die Verwaltungsräte von Landesbanken. Ob die Abgeordneten in derartigen Gremien aus streng dogmatischer Sicht parlamentarische Kontrolle ausüben, ist zweifelhaft. Da die Abgeordneten in diesen Gremien in ihrer Eigenschaft als Abgeordnete tätig sind und hinsichtlich dieser Tätigkeit auch eine Rückbindung zum Parlament, zumindest aber zu ihren Fraktionen, besteht, lässt sich politisch-faktisch insofern durchaus von einer parlamentarisch beeinflussten Kontrolle sprechen.

---

103 Ausführlich zu schlichten Parlamentsbeschlüssen *Butzer*, AöR 119 (1994), 61 ff.; vgl. auch ThürVerfGH, DVBl. 2011, 352 f.

104 BVerfGE 30, 1 (28); *Arndt*, in: Schneider/Zeh, § 50 Rn. 29 ff.

Neben den bisher dargestellten normativen und institutionalisierten Formen der parlamentarischen Kontrolle gibt es noch eine ganze Reihe **informeller Kontrollmöglichkeiten**, über die ein ganz erheblicher politischer Einfluss auf die Regierung ausgeübt werden kann. Hervorzuheben sind insbesondere die Sitzungen von Regierungsfraktionen und deren Vorständen mit „ihren" Regierungen sowie Kabinettssitzungen, an denen die Vorsitzenden der Regierungsfraktionen in aller Regel teilnehmen.[105] Besonderes Gewicht haben weiterhin die Koalitionsausschüsse oder sonstige informelle Runden innerhalb von Koalitionen. In den Sitzungen der Regierungsfraktionen sind auch die Mitglieder der Landesregierung anwesend. Dort werden alle wesentlichen Initiativen der Regierung oder der Regierungsfraktionen abgestimmt, bevor sie der Öffentlichkeit vorgestellt oder in den Landtag eingebracht werden. Besonderes politisches Gewicht besitzen **Koalitionsausschüsse**. Ihre Macht wird in folgender Weise kritisch beleuchtet: „Koalitionsausschüsse haben sich in mancher Hinsicht zu einer Art ‚Überregierung' entwickelt ... Selbst die Richtlinienkompetenz des Regierungschefs und die Regierungsarbeit im engeren Sinne kann vor allem in besonders brisanten Angelegenheiten häufig nur noch als ‚Vollzug oder Vollzugsfunktion' koalitionsrechtlicher Vorgaben verstanden werden."[106] 65

Die parlamentarischen Möglichkeiten zur **Anrufung von Verfassungsgerichten** stellen ebenfalls einen Akt parlamentarischer Kontrolle dar (Art. 80 Abs. 1 Nr. 3, 4).

b) Gegenstände der parlamentarischen Kontrolle. Die parlamentarische Kontrolle hat traditionell und schwerpunktmäßig alle staatlichen Bereiche zum Gegenstand, für welche die Regierung direkt oder indirekt Verantwortung trägt. Sie bezieht sich somit im Grundsatz auf den **gesamten Bereich der Regierung einschließlich der Verwaltung**. Personelles Objekt der Kontrolle sind aufgrund der parlamentarischen Verantwortlichkeit der Regierung nach Art. 76 der Ministerpräsident, die Minister und die Landesregierung als Kollegium (vgl. die Kommentierung zu Art. 76 Rn. 10 ff.), nicht jedoch einzelne Bedienstete im Regierungs- und/oder sonstigen Exekutivbereich. Abgesehen von den speziellen Befugnissen im Untersuchungs- und Petitionsrecht haben Abgeordnete oder Parlamentsgremien keinen Anspruch darauf, dass ihnen ein bestimmter Bediensteter Rede und Antwort steht, Bedienstete können aber von den parlamentarisch Verantwortlichen dazu ermächtigt werden. 66

Parlamentarische Kontrolle ist aber **nicht nur in diesem Sinne Regierungskontrolle**. Das Parlament kann sich vielmehr auch solcher Vorgänge annehmen, die sich im öffentlichen oder sogar im privaten Bereich bewegen. Eine über die Regierungskontrolle hinausgehende parlamentarische Kontrolle kann sich auch z.B. auf juristische Personen des öffentlichen Rechts, wie z.B. die Landesbanken oder die Rundfunkanstalten[107] beziehen, wobei allerdings deren verfassungs- 67

105 Soweit sich deren Teilnahme auf eine wechselseitige Information und politische Stellungnahme beschränkt, bestehen gegen diese Praxis keine durchgreifenden verfassungsrechtlichen Bedenken, aA *Löwer*, in: Löwer/Tettinger, Art. 30 Rn. 37.

106 *Scholz*, AöR 117 (1992), 259 (273 f.); die verfassungsrechtliche Problematik von Koalitionsgremien wird damit offensichtlich; zum Problem der Bindungswirkung von Koalitionsabsprachen und ihren verfassungsrechtlichen Grenzen: *Herzog*, in: Maunz/Dürig, Art. 63 Rn. 9 ff.; Art. 65 Rn. 27; *Oldiges*, in: Sachs, GG, Art. 65 Rn. 17; *von Schlieffen*, in: HStR III, § 49.

107 *Linck*, NJW 1984, 2433 ff.

rechtlich gesicherte Unabhängigkeit zu beachten ist. Die parlamentarische Kontrolle kann sich in begrenztem Umfang sogar auch auf Private erstrecken. Diese Auffassung ist z.B. für die parlamentarische Untersuchungskompetenz von der Verfassungsrechtsprechung ausdrücklich bestätigt worden.[108] Sie entspricht nicht nur der heutigen Praxis im Untersuchungsausschusswesen, sondern darüber hinaus der allgemeinen Kontrollpraxis der Landesparlamente. So kann es z.B. zur Vorbereitung weiterer parlamentarischer Initiativen erforderlich sein, das Verhalten privater Betriebe z.B. aus Gründen des Umweltschutzes aufzuklären. Ein weiteres Beispiel aus der parlamentarischen Praxis sind die verschiedenen Untersuchungsausschüsse auf Landesebene zur steuerlichen Behandlung von Parteispenden, die ebenfalls weit in die Privatsphäre vorgedrungen waren. Doch es gibt Grenzen, welche die Landtage nicht überschreiten dürfen; das gilt sowohl für die Kontrolle des staatlichen, des öffentlichen als auch des privaten Bereichs (siehe unten). Die parlamentarische Kontrolle kann sich auch auf den parlamentarischen Bereich beziehen; so sind parlamentarische Untersuchungen gegenüber Organen des Landtags oder von Abgeordneten nicht von vornherein ausgeschlossen.[109] Die Kontrolle gegenüber Fraktionen muss allerdings zumindest denselben Grenzen unterliegen, wie sie für die Regierung bestehen, so dass Untersuchungen in deren geheimen Initiativ- und Beratungsbereich (vgl. Rn. 71 ff.) unzulässig sind.

68 c) **Die Akteure der parlamentarischen Kontrolle.** Nach Art. 48 Abs. 2 ist es Aufgabe „des Landtags", die parlamentarische Kontrolle auszuüben; sie wird insofern dem Landtag als Ganzem auferlegt. Durch die Funktionsweise des modernen parlamentarischen Regierungssystems ist jedoch insoweit in der heutigen Verfassungswirklichkeit zu differenzieren: Das gegenwärtige parlamentarische Regierungssystem wird maßgeblich durch eine Frontstellung zwischen dem **„Regierungslager"**, bestehend aus der Regierung und der/den Regierungsfraktion/-en einerseits und der/den **Oppositionsfraktion/en** andererseits bestimmt.[110]

69 Es wäre jedoch voreilig, daraus den Schluss zu ziehen, das nur die parlamentarische Opposition **Oppositionsaufgaben** wahrnimmt. Nimmt man die unterschiedlichen Mittel und Funktionen der Kontrolle in den Blick (vgl. Rn. 57 ff.), so erhellt sich, dass z.B. Parlamentarische Anfragen, Anträge oder Berichtsersuchen – wenn auch z.T. mit sehr unterschiedlicher politischer Zielsetzung und in unterschiedlicher Intensität dennoch von beiden „parlamentarischen Lagern" gestellt werden.[111] Die investigativen Kontrollmittel werden allerdings vornehmlich von den Oppositionsfraktionen eingesetzt. Eine die eigene Regierung kritisierende Kontrolle findet zwar auch seitens der Regierungsfraktion/-en statt – allerdings nicht öffentlich, sondern fraktionsintern. Wenn **Oberreuter** meint, dass die öffentliche Kontrolle der Opposition in der Regel nicht effizient sei, und die

108 BVerfGE 77, 1 (38 ff.) bejaht eine Untersuchungskompetenz „jedenfalls auch im Bereich solcher privater Unternehmen..., die in erheblichem Umfang aus staatlichen Mitteln gefördert oder steuerlich begünstigt werden und besonderen rechtlichen Bindungen unterliegen" und „ein öffentliches Untersuchungsinteresse von hinreichendem Gewicht besteht"; weitgehend *Linck*, DÖV 1988, 264; *ders.*, ZRP 1987, 11 ff.; aA *Meyer*, in: Schneider/Zeh, § 4 Rn. 73.

109 *Achterberg*, S. 4, 50 mwN; Beispiele bei *Partsch*, Gutachten DJT 1964, Bd. I, S. 2, 1 f.

110 Zu dieser Entwicklung vgl. *Stern,* Bd. I, S. 1031 ff.; *Brenner*, in: HStR III, § 44 Rn. 36; so bereits schon *Scheuner*, DÖV 1974, 433 (437).

111 *Linck*, Der Thüringer Landtag, in: Schmitt (Hrsg.), Thüringen, 2. Aufl. 2011, S. 150.

effiziente Kontrolle der Regierungsfraktion/-en nicht sichtbar,[112] dann stimmt das in dieser Rigorosität nur, wenn es die Opposition nicht versteht, für ihr Anliegen die Öffentlichkeit über die Presse zu mobilisieren.[113]

d) Grenzen für die parlamentarische Kontrolle. [114] Vom **Grundsatz des Verbots parlamentsfreier Räume**[115] gibt es neben wenigen verfassungsrechtlich ausdrücklich geregelten Ausnahmen (Art. 88; 97) weitere Grenzen. Dabei ist zu unterscheiden zwischen absoluten und relativen Begrenzungen. Im ersten Fall ist es den Parlamenten untersagt, einen bestimmten Sachgegenstand entweder in vollem Umfang oder auch nur teilweise zu kontrollieren, und im zweiten Falle besteht zwar eine Kontrollkompetenz, jedoch sind der Art und Weise ihrer Durchführung bestimmte Grenzen gesetzt, das gilt insbesondere für die Öffentlichkeit der Kontrolle. 70

aa) Geheimer Initiativ- und Beratungsbereich der Regierung. In der verfassungsgerichtlichen Rechtsprechung und in der Literatur ist der Grundsatz unbestritten, dass es aufgrund des Gewaltenteilungsprinzips einen **„Kernbereich exekutiver Eigenverantwortlichkeit"** gibt, der keiner parlamentarischen Kontrolle zugänglich ist.[116] Dazu gehört ein „grundsätzlich" nicht ausforschbarer **Initiativ- und Beratungsbereich der Regierung**, der insbesondere die Willensbildung der Regierung erfasst, und zwar „sowohl hinsichtlich der Erörterungen im Kabinett als auch bei der Vorbereitung von Kabinetts- und Ressortentscheidungen, die sich vornehmlich in ressortübergreifenden und -internen Abstimmungsprozessen vollzieht".[117] Dieser aus dem Gewaltenteilungsprinzip ableitbare Grundsatz wird konkretisiert in Art. 67 Abs. 3 Satz 2 und § 14 Abs. 3 Satz 1 ThürUAG. 71

Die Anerkennung eines der parlamentarischen Kontrolle nicht zugänglichen „Kernbereichs exekutiver Eigenverantwortlichkeit" hat den Sinn und Zweck, die Funktionsfähigkeit und Eigenverantwortlichkeit der Regierung zu gewährleisten.[118] Weil die Regierung nur für „ihre" Entscheidungen verantwortlich gemacht werden kann, muss ihr ein Bereich selbständiger Regierungsgewalt zustehen. Voraussetzung dafür ist u. a., dass in einem geheimen Beratungsbereich vor Regierungsentscheidungen freimütige Aussprachen stattfinden, in die auch vorläufige, nicht abschließend ausgereifte Erwägungen eingebracht werden können, ohne dass das Parlament in diesen, den Regierungsentscheidungen vorgelagerten Willensbildungsprozess eingreifen darf. Über Vorgänge aus dem „Kernbereich exekutiver Eigenverantwortlichkeit" darf die Regierung somit Auskünfte auf parlamentarische Informationsbegehren hin verweigern (so ausdrücklich Art. 67 Abs. 3 Nr. 2; Art. 64 Abs. 4, 3; Art. 65 Abs. 2); sie kann dazu sogar verpflichtet sein (unten Art. 67 Rn. 42 ff.).

---

112 *Oberreuter*, Parlamentsreform, Probleme und Perspektiven in westlichen Demokratien, 1981, S. 23.

113 *Linck*, Der Thüringer Landtag, in: Schmitt (Hrsg.), Thüringen, 2. Aufl. 2011, S. 148; *Wagner*, in: Grimm/Caesar, Art. 79 Rn. 68.

114 *Magiera*, in: Schneider/Zeh, § 52 Rn. 64 ff.

115 *Morlok*, in: Dreier, Art. 38 Rn. 3 b, 41.

116 BVerfGE 67, 100 (139); 77, 1 (59); 110, 199 (214); 124, 78 (120); *Badura*, in: HStR II, § 25 Rn. 6, 11; *Scholz*, AöR 105 (1980), 564 (598); *Linck*, ZParl 1992, 673 (693 f.); *Edinger*, in: Grimm/Caesar, Art. 89 a Rn. 13.

117 BVerfGE 67, 100 (139); BayVerfGH, NVwZ 1986, 822 (824); *Scholz*, AöR 105 (1980), 564 (598); *Memminger*, DÖV 1986, 15 (18).

118 So ausdrücklich Art. 67 Abs. 3 Nr. 2; vgl. auch *Busse*, DÖV 1989, 45 (49).

Über die bisher dargestellten Grundsätze besteht im Wesentlichen Einigkeit. Schwierig – und auch umstritten – ist jedoch die nähere Bestimmung des einer parlamentarischen Kontrolle nicht zugänglichen „Kernbereichs exekutiver Eigenverantwortlichkeit". Weitgehende Übereinstimmung herrscht in der verfassungsgerichtlichen Rechtsprechung und der Literatur noch insoweit, als man der Regierung kein Recht zubilligt, dem Parlament Informationen zu Regierungsvorgängen verweigern zu können, die bereits abgeschlossen sind.[119] Vorgänge im Regierungsbereich sind insbesondere dann abgeschlossen, wenn dazu eine abschließende Entscheidung der Regierung oder eines Mitglieds der Regierung vorliegt; dies muss nicht förmlich geschehen, sondern kann auch aus den Umständen des tatsächlichen Verfahrensablaufs geschlossen werden. Dasselbe dürfte für Teilvorgänge gelten, sofern es sich dabei um in sich abgeschlossene Vorgänge handelt, die unabhängig von der Entscheidung zu beurteilen sind, die sie vorbereiten.

72 Aus der Feststellung, dass die Regierung dem Parlament zu **abgeschlossenen Regierungsvorgängen** im Grundsatz keine Informationen verweigern darf, lässt sich noch nicht ableiten, dass für alle noch nicht abgeschlossenen Regierungsvorgänge ein Auskunftsverweigerungsrecht besteht. Davon kann mit dem Bundesverfassungsgericht nur „grundsätzlich" ausgegangen werden;[120] es gibt somit auch Ausnahmen, welche eine Durchbrechung dieses Grundsatzes rechtfertigen. Sofern die Regierung zu bestimmten Vorgängen noch keine abschließenden Entscheidungen getroffen hat, jedoch einzelne Grundüberlegungen oder Teilaspekte der Öffentlichkeit oder zumindest außen stehenden Dritten gegenüber bekanntgegeben hat, unterliegen diese Vorgänge insoweit auch bereits der parlamentarischen Kontrolle. Die Regierung darf dem Parlament nicht Informationen zu Vorgängen verweigern, die sie bereits selbst nach außen getragen hat. In diesen Fällen ist nicht ersichtlich, wieso durch eine Information des Parlaments die Eigenverantwortlichkeit der Regierung und ihre Funktionsfähigkeit gefährdet werden könnten. Schwierigkeiten ergeben sich allerdings insoweit, als nicht eindeutig ist, was unter „Außenstehenden" zu verstehen ist. Es ist zweifelsfrei, dass alle mit den Regierungsvorgängen in amtlicher Funktion befassten Personen in diesem Sinne keine Außenstehenden sind. Das gilt auch für Personen bzw. Stellen, die von der Regierung aufgrund normativer Verpflichtung oder auch nach freiem Ermessen als Berater zu der Entscheidungsfindung der Regierung hinzugezogen werden. Die Hinzuziehung externen Sachverstandes in die Vorbereitung von Regierungsentscheidungen dient dazu, aufgrund offener, sachverständiger Diskussion diese zu qualifizieren. Würde dadurch die parlamentarische Kontrolle der Entscheidungen in den Willensbildungsprozess vorverlagert, bestünde die Gefahr, auf die Hinzuziehung externer Sachverständiger verzichten zu müssen, was die Funktionsfähigkeit der Regierung beeinträchtigen könnte.

73 **Ausnahmsweise muss die parlamentarische Kontrolle auch nicht abgeschlossene Vorgänge erfassen,** wenn andernfalls eine Kontrolle nicht mehr wirksam werden könnte. Die parlamentarische Kontrolle und der Kernbereich exekutiver Eigenverantwortung können im Einzelfall sich gegenseitig beschränkend gegenüberstehen. Konfliktsfälle dieser Art müssen im Wege praktischer Konkordanz ver-

119 BVerfGE 67, 100 (139); 110, 199 (214, 222); 124, 78 (120); BayVerfGH, DVBl. 1986, 233 (334); *Busse*, DÖV 1989, 49 (50); *Magiera*, in: Schneider/Zeh, § 52 Rn. 77.
120 BVerfGE 67, 100 (139).

hältnismäßig zum Ausgleich gebracht werden. Nach diesen Grundsätzen dürfte eine Begrenzung des „Kernbereichs exekutiver Eigenverantwortung" zugunsten der parlamentarischen Kontrolle in Ausnahmefällen zulässig sein, um überwiegenden Gemeinwohlgründen zur Wirksamkeit zu verhelfen. Wenn z.B. eine Regierung nicht in der Lage ist, einen Vorgang einer abschließenden Entscheidung zuzuführen (z.B. die Ansiedlung eines für das Land besonders wichtigen Industrieunternehmens), und wenn durch die Verzögerung der Entscheidung für das Land ein erheblicher Schaden entstehen sollte, dann darf dieser Vorgang nicht einer parlamentarischen Kontrolle entzogen sein. Entsprechendes muss auch z.B. für den Fall gelten, dass ein Vorgang nach dessen Abschluss nicht oder zumindest weitgehend nicht mehr aufklärbar ist, weil z.B. alle wesentlichen Beweismittel aus tatsächlichen oder rechtlichen Gründen später nicht mehr zur Verfügung stehen. Die Möglichkeit einer parlamentarischen Kontrolle muss in den beiden Beispielsfällen zumindest dann bestehen, wenn es sich um politisch wesentliche Vorgänge handelt.

Schließlich wird die parlamentarische Kontrolle des geheimen Initiativ- und Beratungsbereichs der Regierung dann nicht begrenzt, wenn die Funktionsfähigkeit und die Eigenverantwortung der Regierung nur „geringfügig beeinträchtigt" werden (arg. Art. 67 Abs. 3 Nr. 2).

bb) **Rechtsprechung.** Eine **absolute Grenze** für die parlamentarische Kontroll- 74
kompetenz stellt auch die **rechtsprechende Gewalt** dar. Dem Landtag ist es verfassungsrechtlich verwehrt, in die **richterliche Unabhängigkeit** einzugreifen, was eine **parlamentarische Urteilskritik** allerdings nicht grundsätzlich ausschließt.[121] Diese verfassungsrechtliche Lage wird z.B. ausdrücklich im Petitionsrecht anerkannt. Dort heißt es, dass Petitionen, deren „Behandlung einen Eingriff in ein schwebendes gerichtliches Verfahren oder die Nachprüfung einer richterlichen Entscheidung bedeuten würde", unzulässig sind (§ 6 ThürPetG). Auch in der rechtswissenschaftlichen Literatur wird allgemein die Auffassung vertreten, dass in diesen Fällen eine Befassungskompetenz des Parlaments fehlt.[122] Diese Rechtslage trifft nicht nur auf das Petitionsrecht zu, sie gilt vielmehr im Hinblick auf ihre verfassungsrechtliche Begründung für alle Arten der parlamentarischen Kontrolle.

cc) **Begrenzung durch die föderalistische Kompetenzordnung (Art. 48 Abs. 3).** 75
Die föderalistische Kompetenzordnung schränkt die Kontrollbefugnis von Landesparlamenten in zwei Richtungen ein: Landtage dürfen nicht die Organe des Bundes und auch nicht diejenigen eines anderen Landes kontrollieren. Der letzte Fall tritt relativ selten ein; in der Praxis erheblich bedeutsamer sind die Fälle, in denen Landtage in die Bundespolitik eindringen.

In der Bundesrepublik Deutschland war es lange umstritten, ob sich die **Kon-** 76
trollkompetenz der Landtage auch auf bundespolitische Themen erstrecken dürfe. Noch Anfang der 70er Jahre bestanden hierzu zwischen der Konferenz der Landtagspräsidenten und der Ministerpräsidentenkonferenz ziemlich kontroverse Auffassungen. Die heutige parlamentarische Praxis vermittelt demgegenüber zunehmend den Eindruck, als wären alle föderalistischen Dämme gebrochen.

121 BVerfGE 12, 67 (71); 38, 1 (21); *Herzog*, in: Maunz/Dürig, Art. 97 Rn. 22; *Heusch*, in: Schmidt-Bleibtreu/Hofmann/Hopfauf, Art. 97 Rn. 14; *Schulze-Fielitz*, in: Dreier, Art. 97 Rn. 21, 25.

122 *Vitzthum/März*, in: Schneider/Zeh, § 45 Rn. 17.

Landtage agieren oftmals als verkleinerte Bundestage. Bei der Frage nach der Zulässigkeit einer derartigen Praxis hat man folgende Verfassungslage zugrunde zu legen: Das Grundgesetz nimmt in einer Generalklausel (Art. 30 GG) und in Spezialregelungen (z.B. Art. 70, 83, 92, 104 a, b, 105, 108 GG) eine umfassende und grundsätzlich abschließende Zuständigkeitsverteilung zwischen Bund und Ländern für die Wahrnehmung öffentlicher, insbesondere staatlicher, Aufgaben vor. Die Staatsgewalt der Länder und damit der Kompetenzbereich, in dem auch ein Landesparlament nur tätig werden darf, ist somit durch das Grundgesetz begrenzt. Das gilt unabhängig davon, welche Form und welche Zielsetzung Kontrollinitiativen haben. Die föderalistische Kompetenzverteilung bezieht sich nach einer -allerdings umstrittenen – Auffassung nicht nur auf Beschlüsse des Landtags mit rechtsverbindlicher Wirkung, sondern auch auf politische Empfehlungen oder Debatten ohne jede Beschlussfassung. Auch dabei handelt es sich um ein staatliches Handeln, das den kompetenzrechtlichen Regelungen unterliegt und nicht kompetenzwidrig erfolgen darf.[123] Doch selbst wenn man, entgegen der hier vertretenen Auffassung ein **allgemeines politisches Mandat der Landesparlamente** zu bundespolitischen Themen bejaht, so ist diese Position jedenfalls für die thüringische Verfassungslage nicht vertretbar, da der Landtag nach Art. 48 Abs. 2 nur die öffentlichen Angelegenheiten behandeln darf, „die in die Zuständigkeit des Landes" fallen.[124]

77 Damit ist aber keineswegs gesagt, dass Landtage im Wege der parlamentarischen Kontrolle keine **bundespolitischen Themen** behandeln dürfen. Diese Möglichkeit wird vielmehr mittelbar über den Bundesrat eröffnet. Es entspricht nämlich der h.M., dass Landesparlamente **die gesamte Bundesratspolitik ihrer Regierung kontrollieren dürfen** – und zwar nicht nur im Wege der nachträglichen, sondern auch der vorgängigen Kontrolle.[125] Landtage dürfen somit nicht nur im nachhinein zu Ausführungen oder einem Abstimmungsverhalten der Landesregierung im Bundesrat Stellung nehmen, sondern sie dürfen die Landesregierung zumindest im Grundsatz auch in der Form von politischen Entschließungen ein bestimmtes Tun oder Unterlassen im Bundesrat empfehlen (diese Kompetenz wird in Art. 67 Abs. 4 vorausgesetzt).

78 Der Landtag darf der Landesregierung hingegen **keine rechtsverbindlichen Weisungen** erteilen. In der Literatur wird nur vereinzelt die Ansicht vertreten, dass

123 So eingehend *Linck*, in: FS Hans Herbert von Arnim (2004), S. 391 ff.; ebenso BbgVerfG, DVBl. 1999, 708 ff. mit zustimmender Anmerkung von *Jutzi*, NJ 1999, 243 f.; BbgVerfG, NJ 2001, 308 f. mit kritischer Anm. *Jutzi;* aA *Isensee*, in: HStR IV, 1990, § 98 Rn. 195; *Menzel*, DVBl. 1999, 1385 (1388 ff.); *ders.*, Landesverfassungsrecht, 2002, S. 515, § 7; *Wagner*, in: Grimm/Caesar, Art. 79 Rn. 72, 73.

124 Zutreffend insoweit *Wagner*, in: Grimm/Caesar, Art. 79 Rn. 72 a.E. sowie *Löwer*, in: Löwer/Tettinger, Art. 30, Rn. 24.

125 BWStGH, DÖV 1986, 794 f.; *Stern*, Bd. I, § 19 Abs. 3, 8 g, ß; *Linck*, DVBl. 1974, 861 ff.; *Kratzsch*, DÖV 1975, 109 (113); *Kisker*, in: Der Bundesrat als Verfassungsorgan, 1974, S. 113; *Bismark*, DVBl. 1983, 829 (833 f.); *Wagner*, in: Grimm/Caesar, Art. 79 Rn. 62; *Friedrich*, in: Schneider/Zeh, § 63 Rn. 20; abweichend *Scholz*, in: FS Karl Carstens (1984), Bd. II, S. 847, der dies nur im Rahmen der konkurrierenden Gesetzgebung und der Rahmengesetzgebung, nicht aber bei einer ausschließlichen Gesetzgebungskompetenz des Bundes für zulässig hält.

es ein derartiges Weisungsrecht gäbe,[126] ob dies verfassungsrechtlich einführbar wäre,[127] ist umstritten.[128]

Der **Gegenstand der parlamentarischen Kontrolle der Bundesratspolitik einer Landesregierung** bestimmt sich somit nach den Befugnissen der Landesregierung im Bundesrat. Diese Befugnisse sind sehr weitgehend. Dazu gehört nicht nur die Beteiligung an der gesamten Bundesgesetzgebung (Art. 77, 78 GG), die Mitwirkung am Erlass von Rechtsverordnungen (Art. 80 Abs. 2 GG) und Verwaltungsvorschriften (Art. 84 Abs. 2; 85 Abs. 2 GG), sondern auch die Möglichkeit, zu bundespolitischen Themen Anfragen einzubringen (§ 19 GOBRat) oder Entschließungen zu beantragen.[129] Im Hinblick auf diese umfassenden Kompetenzen des Bundesrates sind die parlamentarischen Kontrollkompetenzen des Landtags gegenüber der **Bundesratspolitik der Landesregierung** entsprechend weit; eine gegenständliche Begrenzung auf nur bestimmte Bundesratsthemen, insbesondere solche mit landesspezifischem Bezug (anders Art. 67 Abs. 4, vgl. dort Rn. 56 f.), kann sich zwar politisch empfehlen, besteht jedoch verfassungsrechtlich nicht.[130] 79

Eine verfassungsrechtliche Schranke ergibt sich allerdings insoweit, als die Initiativen des Landtags eine Kontrolle der Landesregierung zum Gegenstand haben müssen; die Landesregierung muss somit Adressat der Kontrollmaßnahmen sein. Der Landtag darf **nicht unmittelbar eine eigene Bundesratspolitik** betreiben,[131] sondern nur auf die Bundesratspolitik der Landesregierung mit parlamentarischen Mitteln politischen Einfluss nehmen. Eine Fraktion darf also nicht die parlamentarische Behandlung eines bundespolitischen Themas initiieren – auf welche Weise auch immer –, wenn sie damit z.B. allein bezweckt, zu einem aktuellen bundespolitischen Thema Stellung zu beziehen. Diese Begrenzung dürfte aber in der parlamentarischen Praxis in aller Regel nur sehr theoretische Bedeutung haben. Der Form nach kann jede bundespolitische Initiative so formuliert werden, dass aus ihr eine Kontrolle der Landesregierung in Bundesratsangelegenheiten wird („Die Landesregierung wird aufgefordert, im Bundesrat folgende Initiative einzubringen:..."). Eine ausschließlich bundespolitische Motivation wird kaum nachweisbar sein. Vielmehr wird sich der Kontrollcharakter von Initiativen in Bundesratssachen in aller Regel kaum widerlegbar darstellen lassen. Sollte allerdings offensichtlich sein, dass der Landtag im konkreten Fall unmittelbar eine eigene Bundesratspolitik – also keine Kontrolle der Bundesratspolitik der Landesregierung – betreiben will, so ist dieses Vorgehen verfassungsrechtlich kompetenzwidrig und damit unzulässig.

---

126 So z.B. *Friesenhahn*, VVDStRL 16, 72, LS 13; *von Mangoldt/Klein*, 2. Aufl. 1957, Art. 51, Anm. IV, 3 b.

127 Vgl. dazu *Schneider*, Einflussmöglichkeiten der Landesparlamente auf die Vertretung des Landes im Bundesrat, 1996, S. 174 f. mwN.

128 Bejahend z.B. *Heyen*, Der Staat 21 (1982), 191 (200); dagegen *Scholz*, in: FS Karl Carstens (1984), Bd. II, S. 842; dazu bedürfte es nicht nur einer Ergänzung der Landesverfassung, sondern auch des Grundgesetzes; vgl. auch den Hinweis auf *Papier*, ZParl 2011, 463.

129 *Oppermann*, in: Der Bundesrat als Verfassungsorgan und politische Kraft, 1974, S. 314; *Mosler*, in: FS Carl Bilfinger (1954), S. 243 f., 292 f.

130 *Kratzsch*, DÖV 1975, 109 (115); *Linck*, DVBl. 1974, 861 (865); aA *Schmidt*, DÖV 1973, 469 (475).

131 BVerfGE 8, 104 (121).

Die Befugnis des Landtags zur parlamentarischen Kontrolle der Bundesratspolitik der Landesregierung umfasst sämtliche Kontrollmaßnahmen einschließlich der Kompetenz, von der Landesregierung die zur effektiven Wahrnehmung dieser Befugnisse erforderlichen Informationen z.B. durch das Mittel der Anfragen, Berichtsersuchen oder von Enquête-Kommissionen zu erlangen.[132]

80 Die bisherigen Ausführungen gelten entsprechend für die **Kontrolle der Politik der Landesregierung im Rahmen des sog. kooperativen Föderalismus,** z. B. beim Abschluss von Staatsverträgen, sonstigen Bund-Länder-Abkommen (Art. 67 Abs. 4) oder bezüglich der Ministerpräsidentenkonferenzen, der Fachministerkonferenzen oder sonstiger Bund-Länder-Gremien (vgl. dazu die Kommentierung zu Art. 67 Abs. 4). Die Landesregierung unterliegt auch insoweit der parlamentarischen Kontrolle des Landtags, und zwar in gleicher Weise und in denselben Grenzen, wie dies oben für die Bundesratspolitik der Landesregierung dargestellt worden ist. Sie kann sämtliche parlamentarischen Kontrollmittel einsetzen, um auf diesem Sektor die Politik der Regierung politisch zu beeinflussen, und sie hat dazu auch die entsprechenden Informationsgewinnungskompetenzen.

Diese parlamentarische Kontrolle erfasst schließlich auch die Tätigkeit von Mitgliedern der Landesregierung oder ihrer Beauftragten in Gremien von Bundesbehörden, in die sie über das Land oder den Bundesrat entsandt worden sind.

81 Sowohl bei der Behandlung von Bundesratssachen als auch von Themen aus dem Bereich des kooperativen Föderalismus können sich für das Land und damit den Landtag gewisse verfassungsrechtliche **Grenzen aus dem Gebot der Bundestreue** ergeben.[133] Das bundesfreundliche Verhalten, welches das gesamte verfassungsrechtliche Verhältnis von Bund und Ländern umfasst, entspringt dem bundesstaatlichen Prinzip und ist ein ungeschriebener Verfassungsgrundsatz.[134] Dieser Grundsatz hat seine zentrale Bedeutung bei der Ausübung von Kompetenzen im Bund-Länder-Verhältnis.[135] Auch wenn eine Maßnahme an sich von einer Kompetenzvorschrift gedeckt ist, darf sie nicht ohne Rücksicht auf die Belange des Gesamtstaates ergriffen werden.[136]

Nach diesen Grundsätzen verbietet es sich, die beschriebenen verfassungsrechtlichen Kompetenzen des Landtags in Bundesangelegenheiten in derart intensiver und umfänglicher Weise wahrzunehmen, dass sich ein Landtag als „verkleinerter Bundestag" geriert. An sich zulässige Einzelmaßnahmen können bei ihrer Massierung eine andere Qualität erlangen. Dieser Umschlag von der Quantität in die Qualität stellt auch z.B. bei der Kompetenzabgrenzung zwischen Parlament und Regierung unter dem Gesichtspunkt der Gewaltenteilung ein schwieriges Problem dar.

Das Prinzip des bundesfreundlichen Verhaltens stellt somit in Ausnahmefällen nicht nur eine verfassungspolitische, sondern eine verfassungsrechtliche Grenze dar, um Auswüchsen einer Befassung des Landtags mit bundespolitischen The-

132 *Linck*, DÖV 1983, 957 (958).
133 Dieser Gesichtspunkt wird auch von *Heyen*, Der Staat 21 (1982), 201, Fn. 16, zur Diskussion gestellt; vgl. auch *Himmelreich*, Das parlamentarische Untersuchungsrecht im dezentralen Staat, 1995, S. 110 f.
134 BVerfGE 12, 205 (254); 43, 291 (348); 104, 249 (270 f.); 110, 33 (52); *Stern,* Bd. I, § 19 Abs. 3, 4; *Pieroth*, in: Jarass/Pieroth, Art. 20 Rn. 20 ff.
135 BVerfGE 8, 122 (140); 81, 310 (337); *Stern,* Bd. I, § 19 III, 4 e, y.
136 BVerfGE 12, 205 (254); 32, 199 (218); 81, 310 (337); *Stern*, Bd. I, § 19 III, 4 e, y.

men entgegenzuwirken. Im Hinblick auf die Weite und Unbestimmtheit dieses Verfassungsprinzips wird es jedoch im konkreten Streitfall nur bedingt eindeutige Maßstäbe für eine rechtliche Entscheidungsfindung liefern können.

dd) Begrenzung durch die kommunale Selbstverwaltung. Die parlamentarische Kontrolle unterliegt u. a. auch **Begrenzungen durch Art. 91 Abs. 1**, wonach den Gemeinden das Recht gewährleistet ist, ihre örtlichen Angelegenheiten „in eigener Verantwortung zu regeln." Es entspricht daher allgemeiner Meinung, dass damit zumindest **Zweckmäßigkeitsfragen im Bereich der Selbstverwaltung** von der parlamentarischen Kontrolle nicht erfasst werden dürfen.[137] Darüber hinaus wird in der rechtswissenschaftlichen Literatur die Ansicht vertreten, dass der **gesamte Bereich der kommunalen Selbstverwaltung** der parlamentarischen Kontrolle entzogen ist, also auch insoweit, als die Rechtmäßigkeit einer Maßnahme der Selbstverwaltung in Frage steht. Diese Auffassung wird im Wesentlichen damit begründet, dass die Kommunen nur der Rechtsaufsicht des Staates unterliegen, und dass diese nur von der Exekutive, nicht jedoch von der Legislative wahrgenommen werden könne.[138] Diese Auffassung ist insoweit zutreffend, als das Parlament selbst keine Maßnahmen der Rechtsaufsicht ergreifen kann, weil dafür eine ausschließliche Kompetenz der Exekutive besteht.[139] Das Parlament hat aber im Rahmen seiner parlamentarischen Kontrollkompetenz die Befugnis, die Regierung daraufhin zu kontrollieren, ob sie ihrer Kommunalaufsicht – generell oder im Einzelfall – überhaupt nachgekommen ist und ob sie die Aufsicht ggf. rechtmäßig und zweckmäßig ausgeübt hat.[140] 82

Das Parlament könnte also z. B. aufgrund eines konkreten Einzelfalls die Landesregierung – als oberste Kommunalaufsichtsbehörde – in einer Entschließung auffordern, gegenüber einer kommunalen Entscheidung rechtsaufsichtlich tätig zu werden. Zur Wahrnehmung dieser parlamentarischen Kompetenz hat der Landtag auch die Befugnis, sich bei den Kommunen Informationen zur Vorbereitung seiner Entscheidung einzuholen, ob er ggf. Kontrollmaßnahmen gegenüber der Landesregierung wegen einer unterbliebenen oder fehlerhaften Kommunalaufsichtsmaßnahme ergreifen soll. Diese Differenzierung zwischen der – zulässigen – Informationsbefugnis des Parlaments bei der Entscheidungsfindung bzw. Vorbereitung einer parlamentarischen Kontrollmaßnahme und der Kontrollmaßnahme selbst, die sich nur gegen die Landesregierung und nicht gegen die Kommunen richten kann, wird in der Literatur nicht immer mit der erforderlichen Deutlichkeit vorgenommen.

137 *Matthes*, Der Bürgerbeauftragte, 1981, S. 251; *Böckenförde*, AöR 103 (1978), 1 (27); *Blümel/Ronellenfitsch*, Parlamentarische Untersuchungsausschüsse und kommunale Selbstverwaltungskörperschaften, 1976, S. 79.

138 *Kempf*, Bürgerbeauftragte, 1976, S. 62; *Oeckel*, Das Problem des rheinland-pfälzischen Bürgerbeauftragten, 1975, S. 61; *Blümel/Ronellenfitsch*, Parlamentarische Untersuchungsausschüsse und kommunale Selbstverwaltungskörperschaften, 1976, S. 80.

139 *Matthes*, Der Bürgerbeauftragte, 1981, S. 252; *Böckenförde*, AöR 103 (1978), 1 (27); *Blümel/Ronellenfitsch*, Parlamentarische Untersuchungsausschüsse und kommunale Selbstverwaltungskörperschaften, 1976, S. 79 ff.

140 Ebenso *Böckenförde*, AöR 103 (1978), 1 (27); *Blümel/Ronellenfitsch*, Parlamentarische Untersuchungsausschüsse und kommunale Selbstverwaltungskörperschaften, 1976, S. 81 f.; *Kempf*, Bürgerbeauftragte, 1976, S. 62; *Himmelreich*, Das parlamentarische Untersuchungsrecht im dezentralen Staat, 1995, S. 132 ff.

83 ee) **Allgemeines Missbrauchsverbot.** Parlamentarische Kontrollrechte unterliegen wie jede Kompetenzausübung dem allgemeinen verfassungsrechtlichen Missbrauchsverbot.[141]

84 ff) **Relative Grenzen der parlamentarischen Kontrollkompetenz (staatliche und private Geheimnisse, strafrechtliche Ermittlungsverfahren).** Neben den bisher beschriebenen absoluten gibt es noch relative Grenzen der parlamentarischen Kontrollkompetenz. Es handelt sich dabei um Bereiche, die zwar grundsätzlich der parlamentarischen Kontrolle unterliegen, bei denen die **Kontrolle jedoch nicht öffentlich, sondern nur in vertraulichen oder sogar geheimen Sitzungen** ausgeübt werden darf (eine parlamentarische Behandlung in nicht öffentlicher Sitzung ist nicht ausreichend, vgl. die Kommentierung zu Art. 60). Es geht dabei beispielsweise um die Behandlung von Staatsgeheimnissen, privaten Geheimnissen oder strafrechtlichen Ermittlungsverfahren. Dieser grundsätzliche Ansatz zur Regelung des Konflikts zwischen den Erfordernissen parlamentarischer Kontrolle einerseits und Diskretionsansprüchen andererseits findet sich auch in Art. 64 Abs. 4 Satz 5.

85 (1) **Staatsgeheimnisse.** Es gibt einen weit verbreiteten Irrtum, dass Staatsgeheimnisse nicht der parlamentarischen Kontrolle unterliegen.[142] Das Gegenteil ist richtig. Staatliche Angelegenheiten, die aus Gründen des Gemeinwohls der Geheimhaltung unterliegen, gehören nicht etwa „zum Hausgut" der Regierung, sie sind vielmehr „im parlamentarischen Regierungssystem des Grundgesetzes nicht der Bundesregierung allein, sondern dem **Bundestag und der Bundesregierung gemeinsam anvertraut**".[143] Darüber hinaus hat das Bundesverfassungsgericht zu Recht betont, „dass das Parlament ohne eine Beteiligung am geheimen Wissen der Regierung weder das Gesetzgebungsrecht, noch das Haushaltsrecht, noch das parlamentarische Kontrollrecht gegenüber der Regierung auszuüben vermöchte".[144] Es ist daher verwunderlich, dass sich Regierungen bei der Weigerung, das Parlament zu informieren, immer wieder auf Geheimhaltungsgründe berufen, obwohl dieses Argument inzwischen überzeugend widerlegt worden ist.[145] Abgesehen von dem geheimen Initiativ- und Beratungsbereich der Regierung (vgl. Rn. 71 ff.), wo der Geheimhaltung eine andere Funktion zukommt, gibt es im Verhältnis der Regierung zum Parlament insoweit **keine „geheimen Kabinettssachen"** mehr. Gerade Entscheidungen im geheimen Bereich bedürfen besonderer Legitimation und Kontrolle. Das Grundgesetz geht daher in Art. 45 a und Art. 53 a Abs. 2 zu Recht davon aus, dass das Parlament Informationen aus dem Bereich der Verteidigung, also dem klassischen Sicherheitsbereich, erhalten kann.

86 Wenn somit Staatsgeheimnisse Gegenstand parlamentarischer Kontrolle sein können, stellt sich im vorliegenden Zusammenhang also nur die Frage nach der Art und Weise ihrer Behandlung im Parlament. Es ist offensichtlich, dass dies

---

141 BVerfGE 10, 4 (18); 30, 1 (31); 70, 324 (365); 72, 175 (192); BayVerfGH, DÖV 1990, 431 (432); *Nessler*, LKV 1995, 12 (15); *Hölscheidt*, Frage und Antwort im Parlament, 1992, S. 37; *Stern*, Bd. II, S. 54.

142 Vgl. Beispiele für entsprechende Informationsverweigerungen bei *Linck*, DÖV 1983, 957 (958, Fn. 2).

143 BVerfGE 67, 100 (136).

144 BVerfGE 67, 100 (135).

145 *Linck*, ZParl 1992, 673 (691) mwN; *Glauben*, in: Glauben/Brocker, Das Recht der Untersuchungsausschüsse in Bund und Ländern, 2. Aufl. 2011, Rn. 2.

nicht in öffentlicher Sitzung geschehen darf, da durch das Offenbaren von Staatsgeheimnissen das Staatswohl gefährdet würde. Der Schutz von Staatsgeheimnissen stellt somit für Staatsorgane eine verfassungsrechtliche Pflicht dar;[146] insoweit wird der **Grundsatz der Parlamentsöffentlichkeit** in verfassungsrechtlich zulässiger Weise eingeschränkt.[147] Der danach erforderliche Geheimschutz ist durch „geeignete Vorkehrungen" (Art. 64 Abs. 4, Satz 3), d. h. über die Geheimschutzordnung (§ 115 ThürGOLT iVm Anlage 2) zu sichern.[148] Soweit das Parlament die notwendigen **Vorkehrungen zum Schutz von geheimhaltungsbedürftigen Informationen** getroffen hat, ist die Regierung folglich in allen Fällen parlamentarischer Kontrolle verpflichtet, sie gegenüber dem Landtag oder dessen Gremium zu offenbaren.[149] Aus Art. 67 Abs. 3 Satz 1 Nr. 1 lässt sich nicht etwa im Hinblick auf Art. 64 Abs. 4 Satz 3 in einem Umkehrschluss folgern, dass die Landesregierung in allen anderen Fällen parlamentarischer Kontrolle außerhalb des Bereichs des Untersuchungsrechts berechtigt ist, aus Gründen der Geheimhaltung parlamentarische Informationsbegehren generell abzulehnen.[150]

Die Frage, ob der Geheimschutz innerhalb des Parlaments nicht nur durch die 87
Anwendung der Geheimschutzordnung mit den sich daraus ergebenden **strafrechtlichen Sanktionsmöglichkeiten** (§ 353 b Abs. 2 Nr. 1 StGB), sondern darüber hinaus auch durch eine Behandlung in **zahlenmäßig kleinen Parlamentsgremien** gewährleistet werden darf oder sogar muss, ist von den Verfassungsgerichten und der Literatur ausgiebig behandelt worden.[151] Es ist zutreffend, dass man den Geheimschutz dadurch erhöhen kann, dass man die Zahl der Geheimnisträger möglichst klein hält. Je geringer die Zahl der Geheimnisträger, je geringer ist die Zahl möglicher pflichtwidrig handelnder Informanten und umso größer die Möglichkeit, diese zu ermitteln und mit Sanktionen zu belegen, um damit dem Geheimschutz sowohl repressiv als auch präventiv zu dienen. Mit der Verlagerung der parlamentarischen Beratung von Geheimschutzangelegenheiten in kleinere Gremien ist aber zwangsläufig der Ausschluss von anderen Abgeordneten von diesen Beratungen verbunden. Die sich daraus ergebenden Probleme können hier nur angedeutet werden: Mit kleinen parlamentarischen Gremien wird in die Chancengleichheit der Abgeordneten, ggf. auch der Fraktionen, eingegriffen.[152]

Die Entscheidung, ob und inwieweit staatliche Angelegenheiten im parlamentarischen Bereich geheim zu behandeln sind, trifft grundsätzlich das Parlament

146 BVerfGE 67, 100 (143); so auch § 78 Abs. 5 ThürGOLT; *Glauben*, in: Glauben/Brocker, Das Recht der Untersuchungsausschüsse in Bund und Ländern, 2. Aufl. 2011, Rn. 4 f.

147 BVerfGE 70, 324 (358).

148 So auch *Glauben*, in: Glauben/Brocker, Das Recht der Untersuchungsausschüsse in Bund und Ländern, 2. Aufl. 2011, Rn. 33 sowie auf der Grundlage der Verf Rh-Pf: *Edinger*, in: Grimm/Caesar, Art. 89 b Rn. 15; in diesem Sinne auch BVerfGE 67, 100 (137) sowie das Sondervotum *Böckenförde*, BVerfGE 70, 324 (383 f.); soweit diese Stellungnahmen sich speziell auf das Untersuchungsrecht beziehen, können sie auch für andere parlamentarische Kontrollmittel Geltung beanspruchen.

149 *Magiera*, in: Schneider/Zeh, § 52 Rn. 66 ff, insbes. Rn. 70.

150 So *Linck*, in: Linck/Jutzi/Hopfe, Art. 67 Rn. 17 und mit weiterführender überzeugender Begründung: *Fibich*, S. 169 ff.; vgl. dazu unten Art. 67 Rn. 42 ff.

151 Vgl. dazu *Linck*, ZParl 1992, 673 (692); *Glauben*, in: Glauben/Brocker, Das Recht der Untersuchungsausschüsse in Bund und Ländern, 2. Aufl. 2011, Rn. 35 ff.

152 Vgl. dazu die bei *Linck*, ZParl 1992, 673 (692, Fn. 105) angegebene Lit.

selbst und nicht etwa die Regierung. Sollte es in Fällen, in denen das Parlament von der Regierung über Staatsgeheimnisse informiert werden soll, über die Frage der Geheimwürdigkeit einer Angelegenheit zu einem Konflikt zwischen Regierung und Parlament kommen, ist die Regierung aufgrund ihrer eigenständigen Stellung und Verantwortung als Verfassungsorgan berechtigt, die Information zu verweigern, wenn das Parlament nicht bereit ist, die Bewertung einer staatlichen Angelegenheit durch die Regierung als geheim zu akzeptieren oder die erforderlichen Geheimschutzmaßnahmen zu ergreifen.[153] Dem Parlament bleibt in diesen Fällen nur der Weg einer Organklage, um die öffentliche Behandlung von den nach seiner Auffassung nicht geheimen Informationen seitens der Regierung durchzusetzen.

88 (2) **Private Geheimnisse.** Oben wurde bereits herausgestellt (Rn. 86), dass auch der private Bereich der parlamentarischen Kontrolle nicht grundsätzlich verschlossen ist. Bei der Art ihrer Durchführung können jedoch **Grundrechte von Privaten verletzt** werden. Private Geheimnisse können durch das allgemeine Persönlichkeitsrecht (Art. 1 Abs. 1 Satz 1; Art. 3 Abs. 2), die Berufsfreiheit (Art. 35) oder das Eigentum (Art. 34) grundrechtlich abgesichert sein;[154] damit sind u. a. Personen- und Firmennamen, persönliche und wirtschaftliche Lebensverhältnisse oder Geschäfts- und Betriebsgeheimnisse geschützt.

Parlamente können in diese Rechtspositionen dadurch eingreifen, dass sie Tatbestände aus diesen grundrechtlich gesicherten Sphären öffentlich erörtern und sie damit offenlegen. Eingriffe dieser Art sind nicht etwa von vornherein unzulässig. Sowohl das hier einschlägige allgemeine Persönlichkeitsrecht als auch der Eigentumsschutz, welche vom Bundesverfassungsgericht im vorliegenden Zusammenhang zu einem grundrechtlich gesicherten Datenschutzrecht zusammengefasst werden, sowie die Berufsfreiheit stehen unter einem Gesetzesvorbehalt, der dem Gesetzgeber die Befugnis gibt, diese Rechte – zwar nicht unbegrenzt –, jedoch „im überwiegenden Interesse der Allgemeinheit" einzuschränken.[155] Diese gesetzlichen Einschränkungsmöglichkeiten der hier in Frage stehenden Grundrechte zeigen deutlich, dass ihnen zumindest kein absoluter Vorrang vor anderen Verfassungspositionen einzuräumen ist. Da die parlamentarische Kontrolle wegen ihres besonderen Verfassungsrangs ein herausgehobenes Allgemeininteresse widerspiegelt, können **Eingriffe in die privaten Geheimnisse** gerechtfertigt sein. Aufgrund des Erfordernisses, einen verhältnismäßigen Ausgleich herzustellen, ist das Parlament verpflichtet, das bestehende differenzierte Instrumentarium zur Beschränkung der Öffentlichkeit, das von der schlichten Nichtöffentlichkeit bis zur Geheimhaltung reicht, in die Abwägung zwischen dem Schutz privater Geheimnisse und dem Grundsatz der Öffentlichkeit einzubringen. Bei diesem **Abwägungsprozess** kommt der jeweiligen Funktion der Öffentlichkeit im Prozess der parlamentarischen Kontrolle eine besondere Bedeutung zu. Diese Funktion kann nämlich sehr verschieden sein. Damit kann auch dem Gebot der Öffentlichkeit ein sehr unterschiedliches verfassungsrechtliches Gewicht zukommen. Wenn durch einen parlamentarischen Vorgang das Parlament vorbereitend Informationen für eine von allen Fraktionen einmütig erstrebte Gesetzesinitiative schaffen will, dann ist es in aller Regel nicht erforderlich, diesen Prozess der

153 BVerfGE 67, 100 (137); BbgVerfG, NJW 1996, 3334 (3336).
154 Vgl. z.B. *Knemeyer*, Bankgeheimnis und parlamentarische Kontrolle der Landesbanken, 1986, S. 36; *Linck*, DÖV 1983, 957 (963); *Magiera*, in: Schneider/Zeh, § 52 Rn. 71.
155 BVerfGE 67, 100 (145); BVerfGE 65, 1 (44).

Informationsverschaffung in öffentlicher Sitzung durchzuführen. Ganz anders sind Funktion und Bedeutung des Öffentlichkeitsprinzips bei der parlamentarischen Kontrolle zu bewerten. Wenn z. B. im Regierungsbereich ein Missstand aufgedeckt werden soll, dann wird die parlamentarische Kontrollfunktion erst durch die Öffentlichkeit der Untersuchungen wirksam.[156] Die **Abwägung zwischen Grundrechtseingriffen und Öffentlichkeitsgebot** lässt sich somit nicht abstrakt, sondern nur aufgrund der konkreten Situation im Einzelfall vornehmen, da sowohl die Intensität des jeweiligen Grundrechtseingriffs als auch die Bedeutung des Öffentlichkeitsprinzips sehr unterschiedlich sein können. Ganz geringfügige Eingriffe in verfassungsrechtlich geschützte Privatgeheimnisse können z.B. eine gravierende Beschränkung der Öffentlichkeit nicht erzwingen, insbesondere, wenn ohne die Öffentlichkeit die parlamentarische Kontrolle im konkreten Einzelfall nicht wirksam oder wesentlich eingeschränkt wäre.

Es gibt allerdings eine Reihe gewichtiger Gründe, im Konfliktsfalle auch bei nicht nur ganz geringfügigen Grundrechtseingriffen dem Verfassungsgebot der Öffentlichkeit in dem erforderlichen Ausgleichs- und Abwägungsprozess vorrangige Bedeutung beizumessen.[157]

(3) **Strafrechtliche Ermittlungsverfahren.** Eine relative Grenze für die parla- 89
mentarische Kontrolle besteht auch bei strafrechtlichen Ermittlungsverfahren. Die parlamentarische Kontrolle erstreckt sich auch auf die **Ermittlung der Staatsanwaltschaft.** Diese untersteht im Grundsatz den Weisungen des Justizministers (§§ 146, 147 GVG), wobei hier offenbleiben kann, wie weit dieses Weisungsrecht reicht. Das Problem eines eventuell unzulässigen Eingriffs in die Unabhängigkeit der Rechtsprechung stellt sich hier daher nicht. Die Kontrolle darf jedoch nur vertraulich oder geheim durchgeführt werden, wenn anderenfalls der **Untersuchungszweck bzw. die Durchführung eines Verfahrens gefährdet** würde.

**4. Behandlung der in die Zuständigkeit des Landes gehörenden öffentlichen An- 90
gelegenheiten.** Es ist äußerst schwierig, die Aufgaben eines Landtags umfassend und abschließend in einer Verfassung konkret aufzuführen. So wäre es verfehlt, sie auf die in der Landesverfassung ausdrücklich genannten Kompetenzen zu begrenzen. Der Verfassungsgeber hat daher in zutreffender Weise eine Art **Auffangtatbestand** normiert, um bei der zentralen Teilhabe des Landtags an dem dynamischen Prozess politischer Willensbildung Aufgaben zu erfassen, die in der Literatur mit Begriffen wie Repräsentations-, Integrations- oder Öffentlichkeitsfunktion umschrieben werden.[158] Hesse sieht daher die Rolle des Parlaments in der „Gesamtaufgabe demokratischer Gesamtleitung, Willensbildung und Kontrolle".[159] In Art. 48 Abs. 2 wird auf die „öffentlichen Angelegenheiten" abgehoben, womit verdeutlicht wird, dass es sich dabei nicht nur um staatliche Angelegenheiten handelt. Gegenstand der parlamentarischen Befassungskompetenz können somit auch nichtstaatliche Angelegenheiten sein, wie z. B. Rundfunkfragen,[160] im Grundsatz auch kommunale (Rn. 82) oder sogar private Angelegenheiten, allerdings nur unter Beachtung der insoweit bestehenden verfassungsrechtlichen Grenzen (Rn. 86).

156 *Linck*, ZParl 1992, 673 (674, 691 mwN).
157 *Linck*, ZParl 1992, 673 (691); *Scholz*, AöR 105 (1980), 604 ff.
158 Vgl. oben Rn. 32.
159 Vgl. *Hesse*, § 15 Rn. 572; vgl. zu ähnlich weitgehenden Formulierungen von Ehmke und Trossmann: *Linck*, NJW 1984, 2433 (2434).
160 *Linck*, NJW 1984, 2433 ff.

91 Die Kompetenzbegrenzung auf die zur „Zuständigkeit des Landes" gehörenden öffentlichen Angelegenheiten ergibt sich bereits aus der föderalistischen Kompetenzverteilung des Grundgesetzes (Rn. 75 ff.) Damit wird jedoch weder eine Kontrolle der Landesregierung in Bundesratssachen noch in sonstigen Bundesangelegenheiten ausgeschlossen, da die gesamten bundesrechtlichen und -politischen Aktionsmöglichkeiten der Landesregierung Gegenstand der parlamentarischen Kontrolle durch den Landtag sind (Rn. 79).

92 **5. Andere dem Landtag nach der Landesverfassung zustehende Aufgaben.** Die Landesverfassung hat dem Landtag außer den bisher beschriebenen Aufgaben noch folgende Kompetenzen ausdrücklich zugewiesen, deren Rechtgrundlagen gesondert kommentiert werden.

- Wahlprüfung (Art. 49 Abs. 3),
- Selbstorganisation des Landtags, u.a. durch die Verabschiedung einer GO (Art. 57 Abs. 5),
- Zustimmung zur Aufhebung der Immunität und sonstige Entscheidungen im Rahmen der Immunität (Art. 55 Abs. 2, 3),
- Ausschluss der Öffentlichkeit (Art. 60 Abs. 2),
- Einsetzung von Enquete-Kommissionen, Untersuchungs- und Petitionsausschüssen (Art. 63, 64, 65),
- Zustimmung zu Staatsverträgen (Art. 77 Abs. 2),
- Entlastung der Landesregierung (Art. 102 Abs. 3).

Artikel 49 [Wahl]

(1) Der Landtag wird nach den Grundsätzen einer mit der Personenwahl verbundenen Verhältniswahl gewählt.

(2) Für die Zuteilung von Landtagssitzen ist ein Mindestanteil von fünf vom Hundert der im Land für alle Wahlvorschlagslisten abgegebenen gültigen Stimmen erforderlich.

(3) [1]Der Landtag prüft die Gültigkeit der Wahl. [2]Er entscheidet, ob ein Mitglied seinen Sitz im Landtag verloren hat.

(4) Das Nähere regelt das Gesetz.

Vergleichbare Regelungen

Wahlsystem: Art. 28 BWVerf; Art. 14 BayVerf; Art. 22 BbgVerf; Art. 20 M-VVerf; Art. 80 Verf Rh-Pf; Art. 41 SächsVerf; Art. 42 LVerf LSA; Art. 10 SchlHVerf.

Sperrklausel: Art. 28 BWVerf; Art. 14 BayVerf; Art. 39 VvB; Art. 75 BremVerf; Art. 75 HessVerf; Art. 8 NV; Art. 80 Verf Rh-Pf.

Wahlprüfung: Art. 41 GG; §§ 1, 6 BWahlG; Wahlprüfungsgesetz des Bundes; Art. 31 BWVerf; Art. 33 BayVerf; Art. 22 und 63 BbgVerf; Art. 9 HambVerf; Art. 78 HessVerf; Art. 21 M-VVerf; Art. 11 NV; Art. 33 Verf NW; Art. 82 Verf Rh-Pf; Art. 75 SaarlVerf; Art. 45 SächsVerf; Art. 44 LVerf LSA; Art. 3 SchlHVerf; Wahlprüfungsgesetze des Bundes, von Baden-Württemberg, Brandenburg, Hamburg, Hessen, Niedersachsen, Nordrhein-Westfalen, Rheinland-Pfalz, Saarland, Sachsen und Sachsen-Anhalt.

Ergänzungsnormen im sonstigen thüringischen Recht

ThürLWG v. 30.07.2012 (ThürGVBl. S. 309); ThürLWO v. 12.07.1994 (ThürGVBl. S. 817), zuletzt geändert durch Verordnung v. 22.03.2012 (ThürGVBl. S. 100); § 11 Nr. 8, § 88 ThürVerfGHG v. 28.06.1994 (ThürGVBl. S. 781), zuletzt geändert durch Gesetz v. 04.12.2003 (ThürGVBl. S. 305).

Dokumente zur Entstehungsgeschichte

Art. 44 und 51 VerfE CDU; Art. 35 und 36 VerfE F.D.P.; Art. 39 und 42 VerfE SPD; Art. 31 und 34 VerfE NF/GR/DJ; Art. 50 und 51 VerfE LL/PDS; Entstehung ThürVerf S. 132 f.

Literatur

GG-Kommentierungen zu Art. 39; *Joachim Linck,* Sperrklauseln im Wahlrecht, Jura 1986, 460 ff.; *Hans Meyer,* in: HStR III, § 46 S. 546 ff.; *Martin Morlok,* Kleines Kompendium des Wahlrechts, NVwZ 2012, 913 ff.; *Martin Morlok/Alexandra Bäcker*, Zugang verweigert: Fehler und fehlender Rechtsschutz im Wahlzulassungsverfahren, NVwZ 2011, 1153 ff.; *Andreas Ortmann,* Probleme der Wahlprüfungsbeschwerde nach § 48 BVerfGG, ThürVBl 2006, 169 ff.; *Wolfgang Schreiber*, BWahlG, 8. Aufl. 2009; vgl. auch die Literaturhinweise zu Art. 46.

Leitentscheidungen des ThürVerfGH und des BVerfG

ThürVerfGH, LVerfGE 5, 356 (Landtagswahl 1994 – STATT-Partei); Urt. v. 25.02.2000 – 2/99 - ThürVBl 2000, 180 (Mandatsverlust wegen Stasi-Zusammenarbeit).

BVerfGE 85, 148 (Wahlprüfung – Verfahrensfehler); 99,1 (Wahlrechtsgrundsätze in Ländern, Bundesverfassungsbeschwerde); 120, 82 (Fünf-Prozent-Sperrklausel Schleswig-Holstein).

A. Überblick

Art. 49 regelt Wahlsystem,[1] Sperrklausel und Wahlprüfung. Mit der verfassungsunmittelbaren Regelung von Wahlsystem und Sperrklausel wird der Gefahr vorgebeugt, dass der einfache Gesetzgeber Regelungen in diesen für die Demokratie grundlegenden Bereichen auch nach parteipolitischen Interessen trifft. 1

Art. 49 Abs. 1 schreibt mit „den Grundsätzen einer mit der Personenwahl verbundenen Verhältniswahl" eine Kombination von Verhältnis- und Mehrheitswahlsystem vor. Die Sperrklausel in Art. 49 Abs. 2 sichert die Funktionsfähigkeit des Landtags, insbesondere bei der Wahl einer Regierung. Art. 49 Abs. 3 regelt die Wahlprüfung durch den Landtag; dessen Entscheidung kann nach Art. 80 Abs. 1 Nr. 8 vor dem ThürVerfGH angegriffen werden. 2

B. Herkunft, Entstehung und Entwicklung

Die Vorl.LS sah noch keine Regelung zu Wahlsystem, Sperrklausel und Wahlprüfung vor. 3

Das **Wahlsystem** war bei den Beratungen zur ThürVerf nicht umstritten; die Vorentwürfe der Fraktionen – mit Ausnahme desjenigen von NF/GR/DJ – enthielten bereits eine entsprechende Festlegung. Umstritten war hingegen die **Sperrklausel**; die Vorentwürfe von CDU, SPD und F.D.P. sahen eine 5-%-Sperrklausel vor, der Vorentwurf von NF/GR/DJ enthielt eine 3-%-Sperrklausel, wohingegen der Vorentwurf von LL/PDS das ausdrückliche Verbot von Sperrklau- 4

1 Zu Wesen, Funktion und Rechtsnatur der Wahl im Rechtsstaat vgl. *Schreiber*, BWahlG, 8. Aufl. 2009, Teil Einführung, S. 25 ff.

seln beinhaltete. In den Beratungen verständigte man sich nacheinander auf das Ob der Sperrklausel, ihre Höhe und schließlich ihre zwingende Festschreibung in der ThürVerf selbst statt einer bloßen Regelungsbefugnis für den einfachen Gesetzgeber. Hinsichtlich des **Wahlprüfungsverfahrens** sah der Vorentwurf der CDU ein beim Landtag zu bildendes und aus den Obergerichtspräsidenten der Verwaltungsgerichtsbarkeit und der ordentlichen Gerichtsbarkeit zusammengesetztes Wahlprüfungsgericht vor. Bei den Beratungen entschied man sich für die sonst übliche und von den anderen Fraktionen vorgeschlagene Zweistufigkeit von Wahlprüfung durch das Parlament und deren anschließender verfassungsgerichtlicher Überprüfung durch den ThürVerfGH.[2]

C. Verfassungsvergleichende Information

5 Wahlsystem und Sperrklausel sind auf Bundesebene nicht im GG, sondern nur im BWahlG geregelt, vgl. § 1 Abs. 1 (Wahlsystem) und § 6 Abs. 6 BWahlG. In den Ländern ist die Regelung unterschiedlich: Festlegungen zum Wahlsystem finden sich in den Verfassungen von Bayern, Baden-Württemberg, Brandenburg, Mecklenburg-Vorpommern, Rheinland-Pfalz, Sachsen, Sachsen-Anhalt und Sachsen. Die 5-%-Sperrklausel gibt es in Baden-Württemberg, Bayern, Berlin, Bremen Niedersachsen sowie in Hessen und Rheinland-Pfalz (letztere enthalten eine Ermächtigung zur Einführung an den einfachen Gesetzgeber).

6 Die Wahlprüfung ist in den Ländern durch das Homogenitätsgebot des Art. 28 Abs. 1 GG vorgegeben.[3] In zehn Ländern gibt es außer der in der jeweiligen Verfassung verankerten Grundnorm eigene Wahlprüfungsgesetze;[4] in den anderen Ländern – so auch in Thüringen – finden sich die Regelungen im jeweiligen Wahlgesetz.

D. Erläuterungen

I. Das Wahlsystem (Abs. 1)

7 Das GG schreibt für die Länderparlamente – wie übrigens für den Bundestag auch – kein bestimmtes Wahlsystem vor. Insbesondere Art. 28 Abs. 1 Satz 1 und 2 GG enthält eine solche Vorgabe nicht.[5]

8 Anders als beispielsweise auf Bundesebene ist in Thüringen mit der Regelung in Art. 49 Abs. 1 das Wahlsystem in seiner Grundstruktur verfassungsunmittelbar vorgegeben und damit der Disposition des einfachen Gesetzgebers entzogen. Das ist unter dem Aspekt des Demokratieprinzips ein Gewinn, vermeidet es doch – wie die wiederkehrenden Auseinandersetzungen über Wahlrechtsänderungen auf Bundesebene zeigen – den die jeweilige Parlamentsmehrheit in der öffentlichen Debatte über Wahlrechtsregelungen durch einfaches Gesetz stets treffenden Vorwurf, „in eigener Sache tätig zu werden“[6] und die Perpetuierung der eigenen Mehrheit im Blick zu haben; das trägt zur Stabilisierung und Legitimierung der demokratischen Ordnung bei.

2 Entstehung ThürVerf S. 132 f.
3 BVerfGE 85, 148 (158); 99, 1 (18).
4 Vgl. oben unter „Vergleichbare Regelungen“.
5 BVerfGE 4, 31 (44); 9, 268 (279); 36, 342 (360 f.); *Braun*, Art. 28 mwN; *Tebben*, in: Litten/Wallerath, Art. 20 Rn. 29.
6 Vgl. BVerfGE 120, 82 (105).

Die Vorgabe der **Wahl „nach den Grundsätzen einer mit der Personenwahl verbundenen Verhältniswahl“** entspricht § 1 Abs. 1 Satz 2 BWahlG. Dementsprechend wäre die einfachgesetzliche Einführung einer reinen Mehrheitswahl ebenso verfassungswidrig wie die Einführung einer reinen Verhältniswahl. Von Verfassungs wegen vorgegeben ist die **Kombination beider Systeme.** Das bedeutet zum einen, dass der Schwerpunkt bei der Verhältniswahl liegt; die Verteilung der Mandate muss grundsätzlich nach dem Verhältnis der auf die Wahllisten entfallenden Stimmen erfolgen, das Parlament soll ein **Spiegelbild der in der Wählerschaft vorhandenen politischen Meinungen** sein.[7] Und es bedeutet zum anderen, dass es **entweder Wahlkreisabgeordnete oder** – wenn es keine Wahlkreise gäbe – die Möglichkeit geben muss, bei Wahllisten auf die Reihenfolge der Bewerber Einfluss zu nehmen (durch **Kumulieren**, ggf. auch durch **Panaschieren**; starre Listen[8] wären damit nicht vereinbar). Bei der – in Deutschland üblichen – Kombination von Wahlkreis- und Listenmandaten gibt Art. 49 Abs. 1 kein bestimmtes Verhältnis unddamit auch kein hälftiges Verhältnis von Wahlkreis- und Listenmandaten vor. Denkbar wäre auch ein – nicht zu deutliches – Überwiegen einer der beiden Mandatsarten. Bei einem Überwiegen der Wahlkreismandate müsste sichergestellt sein, dass die Sitzverteilung im Landtag an dem Verhältnis der Listenstimmen orientiert bleibt; das wäre bei Überhangmandaten über Ausgleichsmandate sicherzustellen.[9] Die geringsten verfassungsrechtlichen Risiken und auch die geringsten praktischen Schwierigkeiten wirft die hälftige Aufteilung von Wahlkreis- und Listenmandaten auf, so wie sie derzeit vorgesehen ist, vgl. § 1 Abs. 2 ThürLWG. Das gilt auch für den Fall einer etwaigen Verkleinerung des Landtags.[10] Auch **verfassungspolitisch** ermöglicht die hälftige Verteilung von Wahlkreis- und Listenmandaten ein **Austarieren der Vor- und Nachteile beider Systeme** (bei Wahlkreismandaten: Vorteil: größere Bürgernähe, Nachteil: kein Erfolgswert der für andere Bewerber als den „Sieger“ abgegeben Wahlkreisstimmen, ggf. Vernachlässigung des Landeswohls gg. dem „Wahlkreiswohl“; bei Listenmandaten: Vorteil: bestmögliche Repräsentanz aller Wähler, stärkere Gewähr der Landeswohlorientierung; Nachteil: geringere Bürgernähe). 9

Art. 28 Abs. 1 Satz 3 GG gewährleistet **Unionsbürgern** das Wahlrecht auf kommunaler Ebene (vgl. die Kommentierung zu Art. 95 Rn. 22), nicht jedoch auf Landesebene. Die Einführung eines Wahlrechts der Unionsbürger zum Landtag wäre als Verletzung des Demokratieprinzips verfassungsrechtlich unzulässig,[11] vgl. Art. 46 Rn. 45. 10

7 *Neumann*, Brem Art. 75 Rn. 14.

8 Vgl. Kommentierung zu Art. 46 Rn. 20.

9 Zur Frage der Überhangmandate vgl. BVerfG, NVwZ 2012, 1101 ff. und Kommentierung zu Art. 46 Rn. 30.

10 Das für eine Verkleinerung des Landtags in der öffentlichen Debatte ins Feld geführte Argument der Kostenersparnis ist wenig überzeugend. Dies gilt für die absolute Höhe der mit einer Verringerung der Abgeordnetenzahl erzielbaren Einsparungen ebenso wie für ihre relative Höhe in Relation zu den sonstigen Ausgaben des Landes. Letztlich handelt es sich um politische Symbolik, dass „der Staat“ nicht nur bei den Bürgern, sondern auch bei sich spart. Ob diese Symbolik schwerer wiegt als die Einbuße an demokratischer Repräsentation, die Erschwerung der Mehrheitsbildung bei ähnlich starken „Blöcken“ und die im Spannungsfeld zum Gemeinwohl stehende Stärkung des Gewichts einzelner Abgeordneter, ist fraglich.

11 *Nierhaus*, in: Sachs, GG, Art. 28 Fn. 87 mwN.

II. Die Sperrklausel (Abs. 2)

11 Eine Sperrklausel greift in die Wahlrechtsgleichheit und in die Chancengleichheit der Parteien ein und bedarf im Hinblick auf den Verfassungsrang dieser Gleichheitssätze der Rechtfertigung durch die Verfassung, sei es durch eine Regelung der Sperrklausel in der Verfassung selbst, sei es durch eine Ermächtigung des einfachen Gesetzgebers zur Einführung einer Sperrklausel oder sei es durch Auflösung einer Kollisionslage mit einem anderen Rechtsgut mit Verfassungsrang.[12] Mit der Verankerung der Sperrklausel für die Landesebene unmittelbar in der Verfassung ist die Frage ihrer verfassungsrechtlichen Zulässigkeit entschieden.[13] Debatten über die Sperrklausel auf Landesebene sind in Thüringen daher – anders als über die Sperrklausel auf kommunaler Ebene[14] – nicht verfassungsrechtlicher, sondern ausschließlich verfassungspolitischer Natur. Abgesehen davon besteht die sachlich-inhaltliche Rechtfertigung für die Sperrklausel auch unter den gegenwärtigen Umständen unverändert fort; die Sperrklausel vermeidet eine Zersplitterung des Parlaments und schafft so eine Voraussetzung für die Wahl von Regierungen und ihren Bestand auf der Grundlage stabiler Mehrheitsverhältnisse in der laufenden Wahlperiode.

12 Listenverbindungen können Sperrklauseln nicht aushebeln.[15]

III. Die Wahlprüfung (Abs. 3)

13 **1. Allgemeines.** Die Wahlprüfung erfasst zum einen die Prüfung der Gültigkeit der Wahl (= die Wahlprüfung im engeren Sinn, Art. 49 Abs. 3 Satz 1) und zum anderen die Mandatsverlustprüfung (= die Wahlprüfung im weiteren Sinn, Art. 49 Abs. 3 Satz 2).[16]

14 Im Rechtsschutzsystem ungewöhnlich, aber historisch bedingt ist die zunächst erfolgende **„parlamentarische Selbstprüfung“**, also die rechtsförmliche Kontrolle der Rechtmäßigkeit des Wahlvorgangs durch das Parlament, das doch selbst aus den angefochtenen Wahlen hervorgegangen ist.[17] Systemgerecht und rechtsstaatlich erforderlich ist die sich der parlamentarischen Selbstprüfung anschließende **verfassungsgerichtliche Überprüfung,** Art. 80 Abs. 1 Nr. 8.[18]

15 Die Wahlprüfung findet nach der landesgesetzlichen Ausgestaltung des Verfahrens in Übereinstimmung mit dem in Deutschland Hergebrachten und Üblichen nicht von Amts wegen, sondern **nur auf Einspruch** statt, §§ 51 ff. ThürLWG.

16 **2. Die Prüfung der Gültigkeit der Wahl (Abs. 3 Satz 1, Wahlprüfung im engeren Sinn).** Wahl im Sinne des Art. 49 Abs. 3 Satz 1 meint nur die Landtagswahl, nicht etwa auch einen Volksentscheid nach Art. 82 Abs. 7 oder Wahlen durch den Landtag.[19]

---

12 Vgl. *Morlok*, NVwZ 2012, 913 (918 mwN).
13 *Ipsen*, NV, Art. 8 Rn. 21 hält die Aufnahme einer Sperrklausel in die Verfassung angesichts der guten Erfahrungen in Deutschland seit über 60 Jahren nicht nur für zulässig, sondern für geradezu geboten.
14 Vgl. Art. 95 Rn. 12.
15 BVerfGE 82, 322 (345 f.); *Linck*, in: Linck/Jutzi/Hopfe, Art. 49 Rn. 9.
16 Zur Terminologie vgl. *Klein*, in: Maunz/Dürig, Art. 41 Rn. 1; *Magiera*, in: Sachs, GG, Art. 41 Rn. 1.
17 Vgl. zur historischen Entwicklung: *Kretschmer*, in: Schmidt-Bleibtreu/Hofmann/Hopfauf, Art. 41 Rn. 2 mwN; *Neumann*, Nds, Art. 11 Rn. 1 mwN.
18 Vgl. auch *Kretschmer*, in: Schmidt-Bleibtreu/Hofmann/Hopfauf, Art. 41 Rn. 1.
19 *Linck*, in: Linck/Jutzi/Hopfe, Art. 49 Rn. 3; vgl. auch *Magiera*, in: Sachs, GG, Art. 41 Rn. 2.

Das Wahlprüfungsverfahren dient dem **objektiven Interesse an einer gesetzesmäßigen Zusammensetzung des Parlaments**[20] und nur in diesem Rahmen auch der Verwirklichung des subjektiven Wahlrechts.[21] Gegenstand der Wahlprüfung ist immer nur die Gültigkeit der Wahl als solche.[22] „*Die Verletzung subjektiver Rechte kann nur den Anlass für ein Wahlprüfungsverfahren bieten. Sie bildet jedoch nicht den Gegenstand.*“[23] Damit dient das Wahlprüfungsverfahren *nur mittelbar* dem Schutz subjektiver Rechte.[24] Ein weiterer Zweck der Wahlprüfung ist, die Wiederholung festgestellter Wahlfehler zu vermeiden und für Abhilfe bei künftigen Wahlen zu sorgen.[25] Auf Bundesebene sind jüngst durch das Gesetz zur Verbesserung des Rechtsschutzes in Wahlsachen vom 19.07.2012 (BGBl. I S. 1501) Elemente des subjektiven Rechtsschutzes in das Bundeswahlrecht und in das Wahlprüfungsrecht aufgenommen worden. Die Erfahrungen auf Bundesebene sollten abgewartet werden und ggf. zu Änderungen auch des Landeswahl- und Landeswahlprüfungsrechts führen. 17

Nach dem Grundsatz der Parlamentsautonomie prüft zunächst der Landtag die Gültigkeit der Wahl. Die Wahlprüfung durch den Landtag ist Rechtsprechung im materiellen Sinn; Maßstab für die Entscheidung ist das Wahlrecht, nicht etwa politische Opportunität.[26] Mit der Wahlprüfung durch den Landtag hat es nicht sein Bewenden; vielmehr entscheidet der **ThürVerfGH** nach Art. 80 Abs. 1 Nr. 8, § 48 ThürVerfGHG über die **Wahlprüfungsbeschwerde.**[27] Nach der früheren Rechtsprechung des BVerfG[28] konnte eine landes(verfassungs)gerichtliche Entscheidung zu den Wahlrechtsgrundsätzen der Allgemeinheit und Gleichheit mit der Verfassungsbeschwerde zum BVerfG angegriffen werden. Nach dieser Rechtsprechung waren die Wahlrechtsgrundsätze der Allgemeinheit und Gleichheit Anwendungsfälle des allgemeinen Gleichheitssatzes des Art. 3 Abs. 1 GG und konnte ihre Verletzung bei Wahlen in den Ländern mit der Verfassungsbeschwerde zum BVerfG geltend gemacht werden. Dementsprechend war die Verfassungsbeschwerde zum BVerfG zulässig auch gegen Entscheidungen besonderer Wahlprüfungsgerichte und gegen Entscheidungen von Staats- oder Verfassungsgerichten der Länder, denen die Wahlprüfung übertragen ist. Im Jahre 1998 hat das BVerfG diese Rechtsprechung ausdrücklich aufgegeben.[29] Es hat ausgeführt, dass keiner der Wahlrechtsgrundsätze bei Wahlen zu den Volksvertretungen in den Ländern vom GG subjektivrechtlich gewährleistet ist, entgegen der bisherigen Rechtsprechung des BVerfG im Anwendungsbereich der Art. 28 Abs. 1 Satz 2, 38 Abs. 1 Satz 1 GG auch ein Rückgriff auf den allgemeinen 18

20 BVerfGE 1, 208 (238); 66, 369 (378); *Magiera*, in: Sachs, GG, Art. 41 Rn. 2.

21 BVerfGE 85, 148 (159); 99, 1 (18); *Magiera*, in: Sachs, GG, Art. 41 Rn. 2; kritisch zum (fehlenden) Rechtsschutz bei der Verletzung des subjektiven Wahlrechts im Wahlzulassungsverfahren *Morlok/Bäcker*, NVwZ 2011, 1153 ff.

22 *Kretschmer*, in: Schmidt-Bleibtreu/Hofmann/Hopfauf, Art. 41 Rn. 5 mwN.

23 BVerfGE 22, 277 (281) auch zur Vereinbarkeit mit Art. 19 Abs. 4 GG.

24 BVerfGE 85, 148 (158 f.); *Braun*, Art. 31 Rn. 7; *Möstl*, in: Lindner/Möstl/Wolff, Art. 33 Rn. 1; *Ortmann*, ThürVBl 2006, 169 (171 mwN).

25 *Kretschmer*, in: Schmidt-Bleibtreu/Hofmann/Hopfauf, Art. 41 Rn. 4.

26 *Linck*, in: Linck/Jutzi/Hopfe, Art. 49 Rn. 3.

27 Vgl. zu den Anforderungen an die Begründung einer Wahlprüfungsbeschwerde ThürVerfGH, Beschl. v. 30.11.2011 - 7/10 - JURIS Rn. 29 ff.; vgl. zur Wahlprüfungsbeschwerde nach § 48 BVerfGG *Ortmann,* ThürVBl 2006, 169 ff.

28 BVerfGE 34, 81 (85).

29 BVerfGE 99, 1 (7 ff.); vgl. auch BVerfG, Beschl. v. 08.08.2012 - 2 BvR 1612/12 - JURIS Rn. 9 ff.

Gleichheitssatz des Art. 3 Abs. 1 GG ausscheidet und die Länder den subjektiven Schutz des Wahlrechts bei politischen Wahlen in ihrem Verfassungsraum abschließend gewährleisten. Auf der Grundlage dieser neueren Rechtsprechung des BVerfG ist eine **Verfassungsbeschwerde** zum BVerfG gegen eine Wahlprüfungsentscheidung des ThürVerfGH unabhängig vom Prüfungsgegenstand der Entscheidung ausgeschlossen. Allerdings kann das BVerfG im Verfahren der **abstrakten und** der **konkreten Normenkontrolle** prüfen, ob der Landesgesetzgeber bei der Ausgestaltung des Wahlrechts die Grenzen des Art. 28 Abs. 1 Satz 2 GG eingehalten hat.[30]

19 Das *formelle* Wahlprüfungsrecht ist in den §§ 50 ff. ThürLWG geregelt. Ein ausdrücklich normiertes *materielles* Wahlprüfungsrecht, das den Prüfungsmaßstab für die Wahlprüfung auf der Grundlage der Wahlrechtsgrundsätze des Art. 46 Abs. 1 konkretisieren würde, gibt es in Thüringen nicht; dem entspricht die Rechtslage im Bund und in den anderen Ländern.[31] Bei der Wahlprüfung wird die **Vereinbarkeit der Wahl mit allen wahlrechtlichen Vorschriften im gesamten Wahlverfahren** geprüft;[32] allerdings kann der Landtag nach zutreffender Auffassung keine Normenkontrolle über seine eigenen Wahlgesetze ausüben.[33] Geprüft wird insbesondere die Vereinbarkeit mit den Wahlrechtsgrundsätzen des Art. 46 Abs. 1 (vgl. Art. 46 Rn. 12 ff.), dem ThürLWG, der ThürLWO sowie den §§ 107 bis 108 b StGB.[34] § 54 ThürLWG enthält eine nicht abschließende Auflistung möglicher Wahlfehler.

20 Wahlfehler können schon bei der **Wahlvorbereitung** vorkommen, etwa bei der Aufstellung der Wahlbewerber. Gleichwohl ist die Wahlprüfung erst nach der durchgeführten Wahl zulässig, weil das ThürLWG in der abschließenden (vgl. § 50 ThürWG) Regelung für die Überprüfung von Wahlfehlern nur den – nachträglichen – Einspruch gegen die Gültigkeit von Wahlen vorsieht (§ 51 Nr. 1 ThürLWG). Das ist verfassungskonform.[35] § 50 ThürWG schließt einen fachgerichtlichen Rechtsschutz ebenso aus wie eine Verfassungsbeschwerde unmittelbar gegen das Wahlergebnis vor Durchführung des Wahlprüfungsverfahrens.[36] Allerdings sind verwaltungsgerichtliche Klagen einzelner Bürger oder Wahlbewerber zur Sicherung ihrer subjektiven Rechte bei künftigen Landtagswahlen ebenso zulässig wie die Verfassungsbeschwerde gegen Normen des Wahlrechts.[37]

21 Für den **Einspruch** gegen die Gültigkeit der Wahl gilt nach § 52 Abs. 1 Satz 1 ThürLWG eine Frist von sechs Wochen nach Bekanntgabe des Wahlergebnisses. Einspruchsberechtigt sind nach § 53 ThürLWG jeder Wahlberechtigte, jede Gruppe von Wahlberechtigten, jede an der Wahl beteiligte Partei sowie in amtlicher Eigenschaft der Landeswahlleiter und der Präsident des Landtags.

---

30 BVerfGE 99, 1 (12); *Löwer*, in: Löwer/Tettinger, Art 31 Rn. 15.

31 *Kretschmer*, in: Schmidt-Bleibtreu/Hofmann/Hopfauf, Art. 41 Rn. 15; *Linck*, in Linck/Jutzi/Hopfe, Art. 49 Rn. 6; einem Land, das sich entschließt, das materielle Wahlprüfungsrecht gesetzlich zu regeln, steht aufgrund der Verfassungsautonomie der Länder eine umfangreiche Gestaltungsfreiheit zu, vgl. BVerfGE 103, 111 (135).

32 Zur Rspr des BVerfG bzgl. der Wahlprüfung vgl. *Neumann*, Nds, Art. 11 Rn. 6 mit entsprechenden Nachweisen.

33 *Neumann*, Nds, Art. 11 Rn. 12; *Glauben*, in: Grimm/Caesar, Art. 82 Rn. 7.

34 *Linck*, in: Linck/Jutzi/Hopfe, Art. 49 Rn. 11.

35 Vgl. für die Bundesebene BVerfGE 14, 154 (155).

36 Vgl. BVerfGE 14, 154 (155); 22, 277 (281); 28, 214 (218); 66, 232 (234).

37 BVerwGE 51, 69 (72 f.); *Glauben*, in: Grimm/Caesar, Art. 82 Rn. 13.

Der Einspruch ist nach § 52 Abs. 3 ThürLWG zu begründen und kann auf die Anfechtungsgründe des § 54 ThürLWG gestützt werden. Das im Wahlprüfungsrecht geltende **Substantiierungsgebot** soll sicherstellen, dass die Zusammensetzung des Parlaments nicht vorschnell in Frage gestellt wird und keine haltlosen Zweifel an seiner Rechtmäßigkeit geweckt werden.[38] 22

Die Entscheidung des Landtags im Wahlprüfungsverfahren wird durch den **Wahlprüfungsausschuss** vorbereitet, § 55 ThürLWG. Nach grundsätzlich mündlicher und zugleich öffentlicher Verhandlung (§§ 57 und 58ThürWG) und geheimer Beratung (§ 60 Abs. 1 ThürLWG) unterbreitet der Wahlprüfungsausschuss dem Landtag einen Entscheidungsvorschlag (§ 60 Abs. 2 ThürLWG). 23

Da es Ziel der Wahlprüfung ist, die ordnungsgemäße Zusammensetzung des Parlaments zu gewährleisten, sind nur solche Wahlfehler rechtserheblich, die sich auf die Mandatsverteilung ausgewirkt haben oder möglicherweise ausgewirkt haben (**Mandatsrelevanz**), vgl. § 54 Nr. 2 ThürLWG.[39] Ursache und Rechtfertigung dieser Begrenzung ist das Wesen der Wahl als Massenverfahren, das zügig durchgeführt und alsbald mit einem verbindlichen Ergebnis abgeschlossen werden muss.[40] 24

„*Ein Wahlfehler kann nur dann zur (Teil-)Ungültigkeit der Wahl führen, wenn nach den gegebenen Umständen des einzelnen Falles eine nicht nur theoretische, sondern zumindest nach der allgemeinen Lebenserfahrung konkrete und nicht ganz fern liegende ("in greifbare Nähe gerückte", "reale") Möglichkeit oder Wahrscheinlichkeit besteht, dass sie auf die Sitzverteilung von Einfluss ist oder sein kann (vgl. Schreiber, HdB. des Wahlrechts zum Deutschen Bundestag, 5. Aufl., § 49 RZ 11, m.w.N., zu den entsprechenden bundesrechtlichen Vorschriften). Der danach im Wahlprüfungsverfahren geltende Erheblichkeitsgrundsatz ist Ausdruck des zu den fundamentalen Prinzipien der Demokratie gehörenden Mehrheitsprinzips. Ein Wahlfehler kann den in einer Wahl zum Ausdruck gebrachten Volkswillen nur dann verletzen, wenn sich ohne ihn eine andere, über die Mandatsverteilung entscheidende Mehrheit ergeben würde (vgl. BVerfGE 29, 154, 165). Eine etwaige Unregelmäßigkeit muss von solchem Gewicht sein, dass sie das ordnungsgemäße Zustandekommen der Mehrheit ernstlich als zweifelhaft bzw. unwahrscheinlich erscheinen lässt (vgl. BVerfGE 48, 271, 281). Je eindeutiger die Mehrheitsverhältnisse sind, umso gravierender muss der Wahlfehler sein, damit ihm Auswirkungen auf das Wahlergebnis beigemessen werden können (vgl. BVerfGE 37, 84, 89). Das entspricht dem Zweck des Wahlprüfungsverfahrens, das nicht den Schutz subjektiver Rechte im Auge hat, sondern der objektiv rechtmäßigen Zusammensetzung der Volksvertretung dienen soll, und ist im übrigen durch den Wortlaut von Art. 80 Abs. 1 Nr. 8 ThürVerf i.V.m. Art. 49 Abs. 3 und 4 ThürVerf i.V.m. § 54 Nr. 3 ThürLWG vorgegeben. Danach ist nicht die abstrakt vorstellbare Auswirkung, sondern nur der unter den konkreten Verhältnissen mögliche Einfluss des Wahlfehlers von Bedeutung. Das objektive Wahlrecht kann noch nicht als "in einer Weise verletzt, die die Sitzverteilung beeinflusst" bezeichnet werden, wenn eine* 25

38 *Kretschmer*, in: Schmidt-Bleibtreu/Hofmann/Hopfauf, Art. 41 Rn. 10 mwN.

39 BVerfGE 4, 370 (372 f.); 89, 291 (304); 121, 266 (310 f.); 123, 39 (87); st. Rspr; *Magiera*, in: Sachs, GG, Art. 41 Rn. 4; *Möstl*, in: Lindner/Möstl/Wolff, Art. 33 Rn. 4; *Meyer*, in: HStR III, § 40 Rn. 91 hält einen Feststellungstenor bei Wahlfehlern, die keine Relevanz für die Mandatsverteilung haben, für zulässig.

40 BVerfGE 85, 148 (159).

andere Sitzverteilung bei ausschließlich theoretischer bzw. mathematischer Betrachtung denkbar ist, praktisch jedoch so gut wie ausgeschlossen erscheint."[41]

26 Die Folgen von Wahlrechtsverstößen bestimmen sich nach dem Grundsatz der **Verhältnismäßigkeit**; die Fehlerkorrektur beschränkt sich auf das schonendste Mittel.[42] Nach dem Erforderlichkeitsprinzip ist das Wahlergebnis soweit wie möglich aufrechtzuerhalten.[43] Eine mögliche Neuberechnung geht einer Neuwahl vor.[44] Eine unvermeidliche Neuwahl findet nur statt, wenn und soweit sie zur Behebung des Fehlers erforderlich ist (z.B. nur in einem Wahlkreis).[45] Für die Ungültigkeit der gesamten Wahl bedarf es eines so erheblichen Wahlfehlers, dass ein Fortbestand des fehlerhaft gewählten Parlaments unerträglich erschiene.[46] Die Nichtigkeit der Wahl ist ultima ratio.[47] Wird eine Wahl insgesamt für ungültig erklärt, so verlieren die gewählten Abgeordneten mit der Rechtskraft dieser Entscheidung ihr Mandat ex nunc, vgl. § 47 Abs. 2 ThürLWG.[48] Die zwischenzeitlich gefassten Beschlüsse bleiben aus Gründen der Rechtssicherheit rechtsgültig.[49]

27 **3. Die Mandatsverlustprüfung (Abs. 3 Satz 2, Wahlprüfung im weiteren Sinn).** Art. 49 Abs. 3 Satz 2 ThürVerf ermächtigt nicht zur Entziehung des Abgeordnetenmandats. Diese Bestimmung enthält keine Mandatsverlusttatbestände, sondern setzt sie nach ihrem Wortlaut gerade voraus.[50]

28 Die Gründe für einen Mandatsverlust ergeben sich **unmittelbar aus der Verfassung:** Art. 52 Abs. 2 (Mandatsverzicht) und Art. 52 Abs. 3 (Verlust der Wählbarkeit). Dem einfachen Gesetzgeber ist es verwehrt, weitere materielle Verlusttatbestände zu schaffen, vgl. Rn. 32. Die Regelungen in § 46 ThürLWG stehen dazu nicht im Widerspruch; sie konkretisieren lediglich die sich aus der ThürVerf und dem GG ergebenden Verlusttatbestände.

29 Nach § 47 Abs. 1 Nr. 1 iVm § 46 Abs. 1 Satz 1 ThürLWG entscheidet der Landtag über den Verlust der Mitgliedschaft im Landtag, also des Abgeordnetenmandats, der eintritt bei Ungültigkeit des Erwerbs der Mitgliedschaft (§ 46 Abs. 1 Satz 1 Nr. 1 ThürLWG), Neufestsetzung des Wahlergebnisses (§ 46 Abs. 1 Satz 1 Nr. 2 ThürLWG), Wegfall einer Voraussetzung der Wählbarkeit (§ 46 Abs. 1 Satz 1 Nr. 3 ThürLWG) und Feststellung der Verfassungswidrigkeit der Partei des Abgeordneten durch das BVerfG nach Art. 21 Abs. 2 Satz 2 GG (§ 46 Abs. 1 Satz 1 Nr. 4 ThürLWG). Im Falle des Mandatsverzichts entscheidet der Präsident des Landtags (§ 47 Abs. 1 Nr. 2 iVm § 46 Abs. 1 Satz 1 Nr. 5 ThürLWG).

41 ThürVerfGH, LVerfGE 5, 356 (373).
42 BVerfGE 123, 39 (87); *Magiera*, in: Sachs, GG, Art. 41 Rn. 16; vgl. auch § 63 Nr. 1 bis 3 ThürLWG.
43 *Linck*, in: Linck/Jutzi/Hopfe, Art. 49 Rn. 12 mwN.
44 BVerfGE 34, 81 (102); *Magiera*, in: Sachs, GG, Art. 41 Rn. 16.
45 BVerfGE 121, 266 (311); *Magiera*, in: Sachs, GG, Art. 41 Rn. 17.
46 BVerfGE 103, 111 (134 f.); 121, 266 (312); *Magiera*, in: Sachs, GG, Art. 41 Rn. 16.
47 *Linck*, in: Linck/Jutzi/Hopfe, Art. 49 Rn. 12.
48 Ausführlich: ThürVerfGH, LVerfGE 5, 356 (374); *Magiera*, in: Sachs, GG, Art. 41 Rn. 16; *Glauben*, in: Grimm/Caesar, Art. 82 Rn. 11.
49 BVerfGE 1, 14 (38); *Magiera*, in: Sachs, GG, Art. 41 Rn. 16.
50 ThürVerfGH, ThürVBl 2000, 180 (181) unter Hinweis auf *Badura*, in: Schneider/Zeh, § 15 Rn. 30 zu Art. 41 Abs. 1 Satz 2 GG; vgl. auch ThürVerfGH, Urt. v. 01.07.2009 – 38/06 – JURIS Rn. 75 ff. zur Vereinbarkeit der Feststellung der Parlamentsunwürdigkeit mit dem Grundsatz des freien Mandats.

IV. Der Gesetzgebungsauftrag (Abs. 4)

Art. 49 Abs. 4 enthält einen Verfassungsauftrag an den Gesetzgeber, durch formelles Gesetz den durch Art. 49 Abs. 3 vorgegebenen Rahmen auszufüllen und zu konkretisieren.[51] 30

Art. 49 Abs. 4 ermächtigt nicht nur zur Ausgestaltung des **Wahlprüfungsverfahrens**, sondern auch des **materiellen Wahlprüfungsrechts**. Die Thüringer Verfassung entspricht insoweit Art. 41 GG, für dessen Abs. 3 anerkannt ist, dass er nicht nur zu verfahrensmäßigen Regelungen der Mandatsprüfung ermächtigt, sondern auch die Befugnis zur Normierung des materiellen Mandatsprüfungsrechts einräumt.[52] 31

Art. 49 Abs. 4 erlaubt jedoch **nicht** die **Schaffung materieller Verlusttatbestände.** Denn im Unterschied zum Grundgesetz, in dem die Beendigung des Mandats nicht gesondert geregelt ist, enthält die Thüringer Verfassung mit Art. 52 Abs. 2 und 3 ThürVerf ausdrücklich normierte Mandatsverlusttatbestände. Angesichts dessen ist Art. 49 Abs. 3 Satz 2, Abs. 4 ThürVerf mangels entsprechender ausdrücklicher Regelung auch nicht die Autorisierung des Gesetzgebers zu entnehmen, über die in der Verfassung ausdrücklich geregelten oder stillschweigend enthaltenen Tatbestände hinaus Mandatsverlustgründe zu schaffen. Dies gilt um so mehr für die Folgen einer Zusammenarbeit eines Abgeordneten mit dem MfS/AfNS, einem Aspekt, für den der Verfassungsgeber in Art. 96 Abs. 2 ThürVerf für den Bereich des Öffentlichen Dienstes eine besondere Regelung über die grundsätzliche Nichteignung von Personen normiert hat, die mit dem früheren MfS/AfNS zusammengearbeitet haben oder für dieses tätig waren.[53] 32

Artikel 50 [Wahlperiode; Neuwahl]

(1) [1]Der Landtag wird auf fünf Jahre gewählt. [2]Die Neuwahl findet frühestens 57, spätestens 61 Monate nach Beginn der Wahlperiode statt. [3]Die Neuwahl für die fünfte Wahlperiode findet im Zeitraum vom 1. Juli 2009 bis 30. September 2009 statt.

(2) [1]Die Neuwahl wird vorzeitig durchgeführt,

1. **wenn der Landtag seine Auflösung mit der Mehrheit von zwei Dritteln seiner Mitglieder auf Antrag von einem Drittel seiner Mitglieder beschließt,**
2. **wenn nach einem erfolglosen Vertrauensantrag des Ministerpräsidenten der Landtag nicht innerhalb von drei Wochen nach der Beschlußfassung über den Vertrauensantrag einen neuen Ministerpräsidenten gewählt hat.**

[2]Über den Antrag nach Nummer 1 darf frühestens am elften und muß spätestens am 30. Tag nach Antragstellung offen abgestimmt werden. [3]Die vorzeitige Neuwahl muß innerhalb 70 Tagen stattfinden.

(3) [1]Die Wahlperiode endet mit dem Zusammentritt eines neuen Landtags. [2]Dies muß spätestens am 30. Tag nach der Wahl erfolgen.

---

51 ThürVerfGH, LVerfGE 7, 337 (360).

52 ThürVerfGH, ThürVBl 2000, 180 (181 f.).

53 ThürVerfGH, ThürVBl 2000, 180 (181 f.); vgl. auch ThürVerfGH, Urt. v. 01.07.2009 – 38/06 – JURIS Rn. 75 ff. zur Vereinbarkeit der Feststellung der Parlamentsunwürdigkeit mit dem Grundsatz des freien Mandats.

Vergleichbare Regelungen

Art. 39 Abs. 1 und 2 GG; Art. 30 BWVerf; Art. 16 BayVerf; Art. 54 VvB; Art 62 BbgVerf; Art. 75, 76, 81 BremVerf; Art. 10, 11 Abs. 2 HambVerf; Art 79, 80, 81, 82, 83 HessVerf; Art. 27, 28 M-VVerf; Art. 9 NV; Art. 34, 35, 36, 37 Verf NW; Art. 83, 84 Verf Rh-Pf; Art. 67 SaarlVerf; Art. 44 SächsVerf; Art. 43, 45 Abs. 1 Satz 2 LVerf LSA; Art. 13 SchlHVerf

Ergänzungsnormen im sonstigen thüringischen Recht

§§ 1, 49 und 119 ThürGOLT idF der Bek. v. 19.07.2012 (LT-Drs. 5/4750); § 18 ThürLWG v. 30.07.2012 (ThürGVBl. S. 309.

Dokumente zur Entstehungsgeschichte

Art. 52 VerfE CDU; Art. 37 VerfE F.D.P.; Art. 41 VerfE SPD; Art. 32 VerfE NF/GR/DJ; Art. 50 VerfE LL/PDS; Entstehung ThürVerf, S. 134 ff.

Literatur

Michael Droege, Herrschaft auf Zeit: Wahltage und Übergangszeiten in der repräsentativen Demokratie, DÖV 2009; 649 ff.; *Michael Fuchs/Anke Fuchs/Kerstin Fuchs*, Verfassungs- und parlamentsrechtliche Probleme beim Wechsel der Wahlperiode, DÖV 2009, 232 ff.; *Hans Fuchs-Wissemann*, Funktion und Berechnung der Zeiträume und Fristen des Art. 39 GG, DÖV 1990, 694 ff.; *Jürgen Jekewitz*, Herrschaft auf Zeit. Aus aktuellem Anlaß zur Geschichte des Verhältnisses von Repräsentation und Legitimation, ZParl 1976, 373 ff.; *ders.* Der Grundsatz der Diskontinuität der Parlamentsarbeit im Staatsrecht der Neuzeit und seine Bedeutung unter der parlamentarischen Demokratie des Grundgesetzes, 1977; *Eckart Klein/Thomas Giegerich*, Grenzen des Ermessens bei der Bestimmung des Wahltages, AöR 112 (1987), 544 ff.; *Albrecht Kochsiek*, Der Alt-Bundestag. Die Rechte des Bundestages in dem Zeitraum zwischen Wahl und Zusammentritt des neugewählten Bundestages, 2002; *Joachim Krech*, Möglichkeiten und Grenzen der Verlängerung von laufenden Wahlperioden, VR 1993, 401 ff.; *Richard Ley*, Die Auflösung der Parlamente im deutschen Verfassungsrecht, ZParl 1981, 367 ff.; *Peter Weides*, Bestimmung des Wahltages von Parlamentswahlen, in: FS für Karl Carstens (1984), Bd. II, S. 933 ff.; *Wolfgang Zeh*, Zur Diskussion der Reform von Dauer und Beendigung der Wahlperiode des Deutschen Bundestages, ZParl 1976, 353 ff.

Leitentscheidung des BVerfG

BVerfGE 114, 121 (zur auflösungsgerichteten Vertrauensfrage).

A. Überblick

1 Die Vorschrift regelt Beginn, Ende und Dauer der Wahlperiode. Weiterhin wird das viermonatige Zeitfenster zwischen 57 und 61 Monaten nach Beginn der Wahlperiode bestimmt, während dessen die Neuwahl stattzufinden hat. Darüber hinaus werden die beiden Möglichkeiten geregelt, die zu einer vorzeitigen Neuwahl führen. Das ist zum einen ein mit der Mehrheit von zwei Dritteln der Mitglieder auf Antrag von einem Drittel der Mitglieder gefasster Beschluss des Landtags. Zum anderen tritt diese Folge kraft Verfassung dann ein, wenn nach einem erfolglosen Vertrauensantrag des Ministerpräsidenten ein neuer Ministerpräsident nicht innerhalb von drei Wochen nach der Beschlussfassung über den Vertrauensantrag hat gewählt werden können.

B. Herkunft, Entstehung und Entwicklung

Schon § 6 der **Verfassung des Landes Thüringen vom 11.03.1921**[1] regelte, dass die Abgeordneten, aus denen der Landtag besteht, „für drei Jahre (Tagungsdauer) gewählt werden" und vor Ablauf der Tagungsdauer Neuwahlen stattfinden müssen. Auch Art. 9 Abs. 1 Satz 2 der **Verfassung des Landes Thüringen vom 20.12.1946** bestimmte, dass der Landtag „auf die Dauer von drei Jahren gewählt" wird. Art. 11 dieser Verfassung ordnete an, dass der Landtag „nach jeder Neuwahl zu seiner ersten Tagung spätestens am 30. Tage nach der Wahl zusammen tritt, falls er nicht von dem Präsidium des vorherigen Landtages früher zusammenberufen wird".[2] 2

Durch Verfassungsgesetz zur Bildung von Ländern in der Deutschen Demokratischen Republik – **Ländereinführungsgesetz** – vom 22.07.1990[3] wurde Thüringen, wie die anderen neuen Länder, mit Wirkung vom 03.10.1990 (wieder) gebildet. Die Wahl zum 1. Thüringer Landtag fand gemäß § 2 des Gesetzes über die Wahlen zu Landtagen in der Deutschen Demokratischen Republik – **Länderwahlgesetz** – vom 22.07.1990[4] geändert durch Gesetz vom 30.08.1990[5] am 14.10.1990 statt. Der Landtag konstituierte sich am 25.10.1990 innerhalb der in § 23 Abs. 2 Ländereinführungsgesetz genannten Frist. Dieser Tag wird als seither als „Tag des Landtags" und als „**Tag der Verfassung**" begangen, nachdem die Verabschiedung der Verfassung am 25.10.1993 bewusst ebenfalls auf dieses Datum gelegt wurde. Die Wahlperiode betrug gemäß § 1 Abs. 2 Länderwahlgesetz vier Jahre[6] und endete am 10.11.1994 nach Zusammentritt des am 16.10.1994 gewählten 2. Thüringer Landtags. Dessen Wahlperiode betrug dann aufgrund des inzwischen in Kraft getretenen Art. 50 Abs. 1 fünf Jahre und endete am 01.10.1999 mit der Konstituierung des am 12.09.1999 gewählten 3. Thüringer Landtags. Der am 13.06.2004 gewählte 4. Thüringer Landtags trat am 08.07.2004 erstmals zusammen. Die Konstituierung des am 30.08.2009 gewählten 5. Thüringer Landtags fand am 29.09.2009 statt. 3

Nach den Vorstellungen des Verfassungsausschusses und der Mehrheit der Vorentwürfe sollte die Wahlperiode lediglich vier Jahre dauern. Aufgrund der Stellungnahmen der Sachverständigen hob der Verfassungsausschuss die Dauer dann jedoch auf fünf Jahre an. Ausschlaggebend waren wohl die Argumente der Entkopplung von den Bundestagswahlen sowie die Stabilität und Sachlichkeit der Parlamentsarbeit[7]. Das Selbstauflösungsrecht des Landtags (Art. 50 Abs. 2) hatten bereits alle Vorentwürfe vorgesehen. Dass es nur unter engen Voraussetzungen möglich sein sollte, war dann auch im VerfUA[8] und VerfA[9] unstreitig. 4

1 GTh 2 (1921), Nr. 10, S. 57 – 64; Gleichlautend § 6 der Vorläufige Verfassung vom 12.05.1920 – GTh 1 (1920), Nr. 8, S. 67-74.
2 RTh. 3 (1947), T. I, Nr. 1 S. 1 – 5.
3 GBl. d. DDR 1990 Teil I, S. 955.
4 GBl. d. DDR Teil I, S. 960.
5 GBl. d. DDR Teil I S. 1422.
6 Vgl. *Friedrich*, ZRP 1993, 363 zu deren Beginn und Ende.
7 Vgl. Entstehung ThürVerf, S. 136 und insbesondere Protokoll der 9. Sitzung vom 27.06.1992 S. 92 – 96.
8 PW1 VerfUA0011 (09.04.1992) S. 65-89.
9 PW1 VerfA009 (27.06.1992) S. 103-106; VerfA Vorlage 1/849 vom 24.07.1992 (Nr. 46).

Letztlich noch gestrichen wurde eine Regelung zum Mißtrauensvotum[10]. Art. 50 Abs. 3 (Ende der Wahlperiode) sollte zunächst mit Art. 50 Abs. 1 eine einheitliche Vorschrift bilden[11]. Durch die spätere redaktionelle Überarbeitung entstand die endgültige Form[12].

C. Verfassungsvergleichende Information

5 Während das Grundgesetz die Dauer der Wahlperiode nach wie vor auf vier Jahre bestimmt, sehen die meisten Länderverfassungen eine fünfjährige Wahlperiode vor. Lediglich in Bremen (Art. 75 Abs. 1 BremVerf.) und Hamburg (Art. 10 Abs. 1 HambVerf) beträgt die Wahlperiode vier Jahre.

D. Erläuterungen

I. Dauer der Wahlperiode

6 Wesentlicher Inhalt des demokratischen Prinzips ist es, Macht lediglich auf Zeit zu verleihen. So wie der Landtag seine Macht vom Volk als dem eigentlichen Souverän ableitet, es repräsentiert, ist er dem Volk verantwortlich und muss sich der Überprüfung seines Handelns durch immer wieder neue Wahlen stellen[13]. Nur für die Zeit, auf die es gewählt ist, kann das Parlament die ihm übertragene Macht mithin ausüben. Danach müssen sich die vom Volk gewählten Träger „der demokratischen Willensbildung" (vgl. Art. 48 Abs. 1) wieder dem Volk zur Wahl stellen, damit die ständige demokratische Rückanbindung an den Wählerwillen gewährleistet bleibt. Der Zeitraum der Kompetenz muss sich also abstrakt aus der Verfassung ergeben. Freilich kann der Landtag diese abstrakte Regelung der Dauer der Wahlperiode zwar nicht durch einfaches aber durch verfassungsänderndes Gesetz ändern[14]. Die Neuregelung kann dann aber grundsätzlich frühestens für den nächsten Landtag gelten, da das Parlament die Dauer seiner Machtausübungsbefugnis nicht selbst verlängern kann.[15] Die Frage nach einer Verkürzung der eigenen Wahlperiode stellt sich praktisch nicht, da der Thüringer Landtag gemäß Art. 50 Abs. 2 Satz 1 Nr. 1 die Möglichkeit der Selbstauflösung ohnehin hat[16].

7 Die Dauer der **Wahlperiode**, die nahezu synonym auch als **Legislaturperiode** bezeichnet wird[17] beträgt fünf Jahre, da der Landtag nach Art. 50 Abs. 1 Satz 1 „auf fünf Jahre" gewählt wird[18]. § 1 Abs. 3 ThürLWG wiederholt, dass der Landtag auf fünf Jahre gewählt wird. § 18 ThürLWG trifft ergänzende Regelun-

10 PW1 VerfUA016 (27.06.1992) S. 104-109; VerfUA Vorlage 1/853 vom 27.07.1992 (Nr. 21); PW1 VerfA 012 (26.09.1992) S. 62 f.; VerfA Vorlage 1/914 vom 29.09.1992 (Nr. 7).

11 PW1 VerfA009 (27.06.1992) S. 92-96; VerfA Vorlage 1/849 vom 24.07.1992 (Nr. 15).

12 Vgl. Entwurf der Redaktionskommission Vorlage 1/1180 vom 03.03.1993 (Art. 49).

13 Vgl. BVerfGE 44, 125 (139).

14 Zu den insoweit geltenden Maßstäben *Achterberg/Schulte,* in: von Mangoldt/Klein/Starck, Art. 39 Rn. 4; *Menzel*, Landesverfassungsrecht, 2002, 417.

15 BVerfGE 1, 14 (33); 18, 151 (154); *Kretschmer*, in: BK Art. 39 Rn. 52; *H.H. Klein*, in: Maunz/Dürig, Art. 39 Rn. 22; *Versteyl,* in: Münch/Kunig, Art. 39 Rn. 6; *Morlok*, in: Dreier, Art. 39 Rn. 16; *Zapfe* in: Litten/Wallerth, Art. 27 Rn. 4; aA bei zwingenden Gründen und für einen engen zeitlichen Rahmen *Linck*, in: Linck/Jutzi/Hopfe, Art. 50 Rn. 3 mwN.

16 Vgl. aber BVerfGE 62, 1 (44), wonach auch eine Verkürzung erst für die folgende Wahlperiode wirksam werden dürfe.

17 *Versteyl,* in: Münch/Kunig, Art. 39 Rn. 7; *ders.* ParlRPr, § 14 S. 471 f.

18 § 1 Abs. 3 ThürLWG wiederholt, dass der Landtag auf fünf Jahre gewählt wird.

gen zur Festsetzung des Wahltags und zur Dauer der Wahlhandlung. Das heißt freilich nicht, dass der Landtag auf den Tag genau fünf Jahre ab der Wahl zur Machtausübung berufen wäre. Wie lange der Landtag tatsächlich amtiert, hängt von verschiedenen Faktoren ab, die hier teilweise erhebliche Spielräume eröffnen. Die in den Ländern überwiegend auf fünf Jahre festgelegte Frist hat sich im Widerstreit der Argumente[19] für eine möglichst lange bzw. für eine möglichst kurze Wahlperiode prinzipiell bewährt. Für eine vierjährige Wahlperiode spricht dennoch, dass dadurch ein durchaus heilsamer Termindruck entstehen kann und die Bürger durch etwas häufigere Wahlen effektiver politischen Einfluss nehmen können.[20]

II. Beginn und Ende der Wahlperiode

Der **Beginn der Wahlperiode** ist nicht ausdrücklich geregelt. Aus Art. 50 Abs. 3 8
Satz 1, wonach die Wahlperiode mit dem Zusammentritt eines neuen Landtags endet, ist jedoch zwingend zu schließen, dass die Wahlperiode mit dem (ersten) Zusammentritt des neuen Landtags, der Konstituierung, beginnt.[21] Beginn der Wahlperiode des neuen Landtags und Ende der Wahlperiode des alten Landtags fallen damit in einem Akt zusammen. Die Regelung entspricht Art. 39 Abs. 1 Satz 2 GG, mit dessen Neuregelung ein Vorschlag der Enquete-Kommission Verfassungsreform des Bundestags[22] aufgegriffen wurde. Durch diese praktische Lösung wird gewährleistet, dass die Wahlperioden nahtlos aufeinander folgen und es keine parlamentslose Interimsphase zwischen altem und neuem Landtag gibt.[23] Das gilt auch im Falle vorzeitiger Neuwahlen nach Art. 50 Abs. 2. Dadurch wird zwar die Wahlperiode als solche verkürzt; die Regelung des Art. 50 Abs. 3 Satz 1 gilt jedoch dessen ungeachtet auch für diesen Fall.

Der Landtag ist damit zwar ohne irgendwelche **Zwischengremien** fortwährend 9
präsent. Das heißt jedoch keineswegs, dass er deswegen ein ständiges Organ wäre.[24] Vielmehr hört der (alte) Landtag mit dem Ende seiner Wahlperiode auf zu existieren; die damit unmittelbar eintretende Rechtsfolge wird als **Diskontinuität**[25] bezeichnet. Unbeschadet der Herleitung dieses Grundsatzes aus dem Demokratieprinzip[26] oder aus Gewohnheitsrecht mit Verfassungsrang[27], ist die Wirkung unbestritten. Die insoweit als **personelle bzw. formelle Diskontinuität** bezeichnete Konsequenz bedeutet, dass die Tätigkeit der Organe und Organwalter des Parlaments aufhört; namentlich endet das Mandat der Abgeordneten und sie verlieren ihre mit diesem Status verknüpften Rechte wie etwa die Immunität.[28] Weitere Folge ist die **materielle bzw. sachliche Diskontinuität**, die bewirkt, dass sämtliche eingebrachten Vorlagen, Anträge, Anfragen und nament-

---

19 Vgl. dazu etwa *Jekewitz*, ZParl 1976, 373 (397 ff); *Zeh*, ZParl. 1976, 353 (357 f.).
20 Vgl. *Linck*, in: Linck/Jutzi/Hopfe, Art. 50 Rn. 8.
21 Vgl. dazu näher *Klein/Giegerich*, AöR 112 (1987), 546.
22 Zur Sache 3/76, 97 ff.
23 *Morlok*, in: Dreier, Art. 39 Rn. 13 f.
24 *Linck*, in: Linck/Jutzi/Hopfe, Art. 50 Rn. 10.
25 Vgl. dazu allgemein *Achterberg*, S. 208 ff.; *Ossenbühl*, in: HStR III [1988], § 63 Rn. 39 ff.
26 *Jekewitz*, Der Grundsatz der Diskontinuität der Parlamentsarbeit im Staatsrecht der Neuzeit und seine Bedeutung unter der parlamentarischen Demokratie des Grundgesetzes, 1977, 327 ff.
27 Vgl. *Pieroth*, in: Jarass/Pieroth, Art. 39 Rn. 4; *Meissner*, in: Degenhart/Meissner, § 10 Rn. 3.
28 Vgl. *Driehaus*, in: Driehaus, Art. 54 Rn. 9.

lich Gesetzentwürfe ohne weiteres erledigt sind[29]. Das führt zu einem klaren Abschluss der alten Wahlperiode und ermöglicht dem neuen Parlament einen unbefangenen Neubeginn[30]. Fortgeführt werden nicht abschließend beschiedene Petitionen[31],sowie Anträge auf Entlastung der Landesregierung und des Landesrechnungshofs sofern der Landtag dazu noch nicht entschieden hat[32]. Sofern die Regierung auf ein Berichtsersuchen hin den verlangten Bericht bereits vorgelegt hat, dürfte einer Behandlung im neuen Parlament nichts entgegenstehen[33].

10 Der Grund dieser sachlichen Diskontinuität ist quasi eine „Gewaltenteilung in der Zeit“[34]. Kein Parlament kann das spätere durch parlamentarische Interna binden[35]. Dieses Bindungsverbot würde an sich auch für die Geschäftsordnung des Landtags gelten, so dass sich die meisten Parlamente als eine der ersten Amtshandlungen eine Geschäftsordnung geben (vgl. Art. 57 Abs. 5). Der Thüringer Landtag hat hierzu jedoch eine geschickte Lösung gefunden: Aufgrund des Thüringer **Geschäftsordnungsgesetzes** vom 19.07.1994[36] gilt die Geschäftsordnung des alten Landtags vorbehaltlich anderer Beschlüsse des neuen Landtags auch für diesen. Gegen eine solche gesetzliche Regelung wird indessen vorgebracht, sie sei verfassungswidrig, da sich der jeweilige Landtag eine eigene Geschäftsordnung zu geben habe[37]. Diese Bedenken greifen jedoch nicht durch. Da der neue Landtag durch das Geschäftsordnungsgesetz nicht gebunden ist, sondern sich jederzeit eine neue Geschäftsordnung geben oder die alte ändern kann, geht es letztlich rein um die Form. Da erscheint die Lösung des Thüringer Landtags jedenfalls elegant, zumal in aller Regel ohnehin zunächst die Geschäftsordnung des alten Landtags zumindest vorläufig beschlossen wird.

11 Das Ende der Wahlperiode beendet auch die Tätigkeit der **Ausschüsse** des Landtags[38]. Nicht unmittelbar an die Wahlperiode des Landtags gekoppelt ist dagegen die Amtszeit der **Parlamentarischen Kontrollkommission**, woran deren exponierte Stellung bei der Kontrolle des Verfassungsschutzes deutlich wird. Sie wird gemäß § 19 Abs. 1 ThürVSG zu Beginn der Wahlperiode gewählt[39] und übt gemäß § 20 Abs. 3 ThürVSG „ihre Tätigkeit auch über das Ende der Wahlperiode des Landtags solange aus, bis der nachfolgende Landtag eine neue Parlamentarische Kontrollkommission gewählt hat“. Dieses Gremium hat damit quasi seine eigene Wahlperiode, die dann aber nicht mit der Konstituierung sondern mit der Wahl der nachfolgenden Kommission endet. Ähnliches gilt gemäß

---

29 Vgl. auch § 119 Abs. 1 Satz 1 ThürGOLT; zur Frage der Diskontinuität bei Berichtsersuchen vgl. *Linck*, DÖV 1979, 116(121 f.); allgemein auch *Hömig/Stoltenberg*, DÖV 1973, 689 ff.; *Jekewitz*, S. 270 ff.

30 Vgl. *Driehaus,* in: Driehaus, Art. 54, Rn. 9.

31 Siehe § 119 Abs. 1 Satz 2 ThürGOLT.

32 Vgl. § 119 Abs. 1 Satz 3 ThürGOLT.

33 Siehe dazu ausführlich *Linck*, DÖV 1979, 116 (121 f.); vgl. auch *Ritzel/Bücker/Schreiner*, § 125 GOBT Anm. c ee, wobei § 125 Satz 2 GOBT ausdrücklich Vorlagen, die keiner Beschlussfassung bedürfen, von der Diskontinuität ausnimmt; *Roll*, Geschäftsordnung des Deutschen Bundestages, § 125 Rn. 3.

34 Vgl. zu diesem Begriff *Schulte/Kloos,* in: Kunzmann/Baumann-Hasske, Art. 44 Rn. 7.

35 Zu daraus resultierenden Problemen und Abhilfemöglichkeiten vgl. *Versteyl,* in: Münch/Kunig, Art. 39 Rn. 26 ff.

36 ThürGVBl. S. 911.

37 Kritisch *Soffner*, in: Epping/Butzer, Art. 9 Rn. 18 f.

38 Vgl. § 119 Abs. 2 ThürGOLT.

39 Vgl. zur Wahl und den dabei zu beachtenden Oppositionsrechten, *Dette*, ThürVBl. 1997, 137 ff.

§ 2 Abs. 2 Satz 2 des Thüringer Gesetzes zur Ausführung des Artikel 10-Gesetzes. Nach dieser Vorschrift endet die Amtszeit der G 10-Kommission ebenfalls erst mit der Neubestimmung der Mitglieder der nachfolgenden Kommission, spätestens allerdings drei Monate nach Ablauf der Wahlperiode des Landtags. Zweifelhaft ist dessen ungeachtet, ob diese Durchbrechung der Diskontinuität insbesondere für die Parlamentarische Kontrollkommission tatsächlich sinnvoll ist. Fraglich ist zum einem die Legitimation für die parlamentarische Kontrolle, da diese nicht von dem aktuellen Landtag abgeleitet ist. Zum anderen fragt sich, welchen Status die Mitglieder haben, insbesondere, wenn sie nicht mehr Mitglieder des neuen Landtags geworden sind. Hier besteht ausdrücklich ein Widerspruch zu § 19 Abs. 2 ThürVSG, da ein Mitglied der Parlamentarischen Kontrollkommission gemäß dieser Vorschrift ipso iure seine Mitgliedschaft in diesem Gremium verliert, wenn es die Mitgliedschaft im Landtag verliert.

Der (alte) Landtag wie seine Ausschüsse können auch nach der Wahl zum (neuen) Landtag vor dessen Konstituierung noch zusammentreten und entscheiden, da seine Wahlperiode erst mit Zusammentritt des nachfolgenden Landtags endet[40]. Das kann im Hinblick auf die materielle Diskontinuität sinnvoll sein, um eine Verzögerung durch die ansonsten erforderliche erneute Einbringung und Beratung zu vermeiden. So tagten bisher in allen früheren Wahlperioden Ausschüsse bzw. der Ältestenrat noch nach der Wahl und vor der Konstituierung des neuen Landtags (vgl. z.B. Haushalts- und Finanzausschuss am 03.11.1994 (1. Wahlperiode); Ausschuss für Landwirtschaft und Forsten am 22.09.1999 (2. Wahlperiode); Innenausschuss am 15.06.2004 (3. Wahlperiode); Ausschuss für Justiz, Bundes- und Europaangelegenheiten am 16.09.2009 (4. Wahlperiode); Ältestenrat am 29.06.2004 (3. Wahlperiode). Im Hinblick auf die durch die Neuwahl veränderte Legitimationslage sollte diese Möglichkeit allerdings lediglich zurückhaltend genutzt und auf zwingende Gründe begrenzt werden. 12

III. Bestimmung des Wahltermins

Der **Wahltermin** muss – wie dargelegt – innerhalb des viermonatigen Zeitfensters zwischen dem 57sten und dem 61sten Monat nach Beginn der Wahlperiode liegen[41]. Durch Gesetz vom 24.11.2003 erhielt Artikel 50 Absatz 1 Satz 1 (mit Wirkung vom 05.12.2003 und Anwendung findend erstmals auf die 5. Wahlperiode des Thüringer Landtags) die geltende Fassung[42]. Zuvor lautete Artikel 50 Absatz 1 Satz 1: Die Neuwahl findet frühestens 54, spätestens 59 Monate nach Beginn der Wahlperiode statt. Durch diese Änderung sollte gewährleistet werden, dass die Landtagswahlen in den Herbstmonaten, in einem angemessenen Abstand von der Sommerferienzeit stattfinden können. Dadurch sollte eine höhere Wahlbeteiligung und damit eine höhere Legitimationskraft der Wahlen ermöglicht werden[43]. Die Fristen sind auf Grundlage der §§ 187 Abs. 2, 188, 189 Abs. 1 BGB zu berechnen[44]. Gemäß § 18 Abs. 1 Satz 1 ThürLWG bestimmt die Landesregierung den Wahltag, der nach § 18 Abs. 1 Satz 2 ThürLWG ein Sonn- 13

40 Vgl. *Versteyl*, in: Münch/Kunig, Art. 39 Rn. 10.

41 § 18 ThürLWG trifft ergänzende Regelungen zur Festsetzung des Wahltags und zur Dauer der Wahlhandlung.

42 Vgl. Artikel 2 des Dritten Gesetzes zur Änderung der Verfassung des Freistaats Thüringen vom 24.11.2003 (ThürGVBl. S. 494).

43 Vgl. LT-Drs. 3/3651 vom 09.10.2003.

44 *Klein/Giegerich*, AöR 112 (1987), 547.

tag oder gesetzlicher Feiertag sein muss[45]. Dieser Beschluss der Landesregierung stellt einen „staatsorganisatorischen Akt mit Verfassungsfunktion" dar.[46] Der Ermessensspielraum der Landesregierung ist rechtlich determiniert[47]. Namentlich darf die Landesregierung nicht willkürlich handeln und muss das Recht auf Chancengleichheit beachten[48]. So ist es insbesondere verfassungsrechtlich verboten, den Termin aus taktischen Gründen so zu wählen, dass die die Regierung tragende Partei (bzw. Parteien) davon am meisten profitiert[49]. Legitim, wenn nicht sogar geboten, ist es dagegen, eine möglichst **hohe Wahlbeteiligung** anzustreben, da dadurch die demokratische Legitimität des Landtags gesteigert wird. Wie oben dargelegt, war dieses Ziel maßgeblich für die Änderung des Zeitfensters. Gründe, die die Wahlbeteiligung beeinträchtigen könnten, wie Ferien, „lange" Wochenenden mit sog. Brückentagen oder Volksfeste, sind deswegen zu vermeiden. Eine mutmaßliche Steigerung der Wahlbeteiligung spricht daher auch dafür, die Landtagswahl mit einer anderen Wahl zusammen zu legen[50]. Wegen der hohen Kosten von Wahlen lassen sich für die Zusammenlegung von Wahlen auch Gründe der Wirtschaftlichkeit und Sparsamkeit anführen. Gegen eine regelmäßige Zusammenlegung werden freilich Bedenken aus föderaler Sicht erhoben[51].

14 Die Festsetzung des Wahltermins ist gemäß Art. 80 Abs. 1 Nr. 3 vor dem Landesverfassungsgericht und nicht etwa vor der Verwaltungsgerichtsbarkeit anzugreifen, da es sich um eine Streitigkeit verfassungsrechtlicher Art handelt[52].

IV. Konstituierung des neuen Landtags

15 Der erste Zusammentritt des neuen Landtags (**Konstituierung**) ist in der Verfassung nicht ausdrücklich geregelt[53]. Wie oben dargelegt, befasst sich Art. 50 Abs. 3 Satz 1 primär mit dem Ende der Wahlperiode, das allerdings an die Konstituierung des neuen Landtags gekoppelt wird. Der Zeitpunkt, zu dem der neue Landtag das erste Mal zusammentreten muss, ist nicht auf den Tag genau festgelegt. Vielmehr ordnet Art. 50 Abs. 3 Satz 2[54] an, dass dies spätestens am 30. Tag nach der Wahl erfolgen muss, um so eine möglichst zügige Wirkung der Entscheidung der Wähler zu gewährleisten. Da die Geschäftsordnung des alten Landtags aufgrund des Geschäftsordnungsgesetzes vom 19.07.1994[55] vorbehaltlich anderer Beschlüsse des neuen Landtags ohne weiteres auch für diesen gilt, liegen alle erforderlichen Vorschriften für die Konstituierung vor. Gemäß § 1 Abs. 1 Satz 2 ThürGOLT wird der (neue) Landtag zu seiner ersten Sitzung

45 Neuerdings wird auf Vorschlag des Geschäftsführers des Meinungsforschungsinstituts Forsa, Manfred Güllner, indes diskutiert, Wahlen auf Werktage zu verlegen. Da die Menschen an solchen Tage ohnehin unterwegs seien, könne dadurch eine höhere Wahlbeteiligung erzielt werden, vgl. SPIEGEL ONLINE – 04.08.2012.
46 BVerfGE 62, 1 (31); VerfGH Rh-Pf DVBl 1984, 676; *Weides*, Bestimmung des Wahltages von Parlamentswahlen, in: FS Karl Carstens (1984), Bd. II, S. 943.
47 BayVerfGH, N.F. 27, 119 (126).
48 VerfGH Rh-Pf DVBl. 1984, 676,(677).
49 *Linck*, in: Linck/Jutzi/Hopfe, Art. 50 Rn. 11.
50 Vgl. VerfGH Rh-Pf DVBl. 1984, 676 (677) „nicht zu beanstanden".
51 Darstellung bei *Weides* (Fn. 47) S. 946.
52 BayVerfGH, N.F. 27, 133 f.; *Schreiber*, BWahlG, 8. Aufl., § 16 Rn. 5.
53 § 1 ThürGOLT regelt die erste Sitzung des Landtags und § 119 ThürGOLT das Ende der Wahlperiode.
54 Wie § 1 Abs. 1 Satz 1 ThürGOLT.
55 ThürGVBl. S. 911.

vom bisherigen Präsidenten einberufen. Dieser wird damit punktuell als Organwalter des nachfolgenden Landtags tätig[56]. Die Frage, ob dies das Prinzip der Diskontinuität bzw. der „Gewaltenteilung in der Zeit" durchbricht[57] ist praktisch bedeutungslos. Immerhin lässt sich jedoch für diese in den meisten Landesparlamenten und im Bundestag gängige Praxis anführen, dass der Präsident des vorherigen Landtags bis zum Zusammentritt des neuen im Amt ist. Seine Kompetenz, bis zum Ende seiner Amtszeit zu handeln, lässt sich daher kaum bezweifeln. Demgegenüber leben sämtliche Befugnisse der Mitglieder des neuen Landtags erst mit dessen Konstituierung auf, auch wenn die Rechtsstellung eines Abgeordneten bereits mit Annahme der Wahl erworben wird (Art. 52 Abs. 1). Freilich wird der Präsident des vorherigen Landtags den Termin namentlich mit den Fraktionen des neuen Landtags abstimmen. Die Terminfestsetzung wird primär von praktischen Fragen abhängen. So sollte die Annahme der Mandate ermöglicht und eine ausreichende Einladungsfrist eingehalten werden, um eine qualifiziert vorbereitete Konstituierung des Landtags zu gewährleisten, an der möglichst alle Abgeordneten teilnehmen[58].

Gemäß § 1 Abs. 2 THürGOLT leitet der älteste, hierzu bereite Abgeordnete (**Alterspräsident**) die erste Sitzung, bis der neu gewählte Präsident oder einer seiner Stellvertreter das Amt übernimmt. Er eröffnet die Sitzung und klärt zunächst, ob er tatsächlich der älteste bereite Abgeordnete ist. Sodann ernennt er zwei Abgeordnete zu vorläufigen Schriftführern und lässt die Namen der Abgeordneten aufrufen, § 1 Abs. 3 ThürGOLT. Nach **Feststellung der Beschlussfähigkeit** wählt der Landtag aus seiner Mitte den Präsidenten und die Vizepräsidenten (Art. 57 Abs. 1) geheim in besonderen Wahlgängen und ohne Aussprache (§§ 1 Abs. 4 und 2 Abs. 1 und 2 ThürGOLT). Außerdem werden 14 **Schriftführer** gewählt, § 1 Abs. 4 i.V.m. § 3 Abs. 1 ThürGOLT. Weiterer Tagesordnungspunkte – wie etwa Annahme einer Geschäftsordnung (vgl. Art. 57 Abs. 5) – bedarf es aufgrund des Geschäftsordnungsgesetzes vom 19.07.1994[59] nicht. 16

V. Vorzeitige Neuwahlen

Gemäß Art. 50 Abs. 2 Nr. 1 wird die Neuwahl vorzeitig durchgeführt, wenn der Landtag seine Auflösung mit der Mehrheit von zwei Dritteln seiner Mitglieder auf Antrag von einem Drittel seiner Mitglieder beschließt[60]. Der Norm ist damit leicht verklausuliert zu entnehmen, dass sich der Landtag durch Beschluss selbst auflösen kann. Demgegenüber ist die Auflösung des Parlaments durch die Regierung oder durch Volksentscheid[61] nicht geregelt und daher nicht möglich. Auch wenn die Landesverfassungen mehrheitlich ein solches **Selbstauflösungsrecht** vorgesehen haben[62], ist es rechtspolitisch umstritten. So soll eine vergleichbare Regelung im Grundgesetz aufgrund der Erfahrungen mit dem Reichstag unter der Weimarer Reichsverfassung unterblieben sein[63]. Entsprechend wird 17

56 Vgl. *Schulte/Kloos,* in: Kunzmann/Baumann-Hasske, Art. 44 Rn. 8.
57 Vgl. *Schulte/Kloos,* in: Kunzmann/Baumann-Hasske, Art. 44 Rn. 8.
58 *Linck,* in: Linck/Jutzi/Hopfe, Art. 50 Rn. 12.
59 ThürGVBl. S. 911.
60 Rein deklaratorisch ist Regelung zu vorzeitigen Neuwahlen in § 49 ThürGOLT.
61 So etwa in Baden-Württemberg, dort Art. 43 und Nordrhein-Westfalen, dort Art. 35 Abs. 2 i.V.m. Art. 68 Abs. 3.
62 Vgl. den Überblick bei *Pieper,* in: Epping/Hillgruber, Art. 68 Rn. 22.
63 *Achterberg/Schulte,* in: von Mangoldt/Klein/Starck, Art. 39 Rn. 10; *Huber*, Dokument zur deutschen Verfassungsgeschichte, Bd. 3, 1966, 158 ff; *Maurer*, DÖV 1982, 1002.

gegen ein Selbstauflösungsrecht eingewandt, dass durch die permanente Gefahr einer Parlamentsauflösung die Stabilität und Effizienz der Arbeit von Parlament und Regierung leiden würden[64]. Gegen eine zu leichtfertige Selbstauflösung spricht auch das Willkürverbot. Keineswegs darf bezweckt werden, eine tatsächliche oder vermeintliche „Sympathiewelle" der Wählerschaft auszunutzen, um etwa eine knappe Mehrheit noch ausbauen. Deswegen bedarf es zumindest eines sachlichen und zweckmäßigen Grundes, den früheren Wählerwillen zu übergehen. Für die Möglichkeit der Selbstauflösung wird angeführt, dass dadurch eine permanente Übereinstimmung zwischen dem Volk und seinen Repräsentanten gesichert und damit einem dem Volk entrückten „Parlamentsabsolutismus" entgegen gewirkt werde[65]. Es wird argumentiert, dass es dem Demokratieprinzip entspräche und geeignet sei, das Parlament zu stärken[66]. Man könne es als „Krone der Repräsentation" bezeichnen, wenn der Repräsentant seinen Auftrag an den Souverän zurückgeben könne[67]. Im Ergebnis wird nicht zu leugnen sein, dass ein „Ende mit Schrecken" allemal besser ist als „Ein Schrecken ohne Ende". Wenn also ein vernünftiges politisches Arbeiten im Landtag insbesondere aufgrund einer Pattsituation nicht mehr möglich ist, ist es besser möglichst schnell klare Verhältnisse herbeiführen zu können, als wohlmöglich jahrelang handlungsunfähig zu sein.

18 Auch wenn das Selbstauflösungsrecht an keine Bedingungen geknüpft ist, werden zudem durch die hohen Quoren sowohl für den Antrag, als auch für die Entscheidung selbst, Missbrauchsgefahren erheblich gemindert[68]. Hinzu kommen die Fristen, die ein Zeitfenster zwischen dem 11. und dem 30. Tag nach der Antragstellung vorschreiben[69]. Dadurch wird einerseits eine zügige Entscheidung ermöglicht, ohne dass sie andererseits übereilt erfolgt. Die Praxis zeigt auch, dass von dem Recht nur sehr zurückhaltend Gebrauch gemacht wird[70]. Das dürfte auch daran liegen, dass zahlreiche Abgeordnete sich ihrer Wiederwahl durchaus nicht sicher sein können. Ein Missbrauch ist jedenfalls soweit ersichtlich bisher nicht zu verzeichnen. Die Fälle 2012 in Nordrhein-Westfalen und 2011 im Saarland, haben gezeigt, dass das Selbstauflösungsrecht geeignet ist, stabile Verhältnisse herbeizuführen. Dennoch könnte die Selbstauflösung dann verfassungswidrig sein, wenn sie sich als willkürliche Abweichung von der verfassungsrechtlich statuierten Länge der Wahlperiode erweisen würde, etwas wenn sie lediglich aus wahltaktischem Kalkül erfolgt; die Voraussetzungen für eine solche Annahme dürften freilich außerordentlich hoch sein[71].

19 Desweiteren wird gemäß Art. 50 Abs. 2 Nr. 2 die Neuwahl vorzeitig durchgeführt, wenn nach einem erfolglosen **Vertrauensantrag des Ministerpräsidenten**

64 Vgl. dazu *Achterberg*, 202; Enquete-Kommission Verfassungsreform des Bundestags, Zur Sache 3/76, 102 ff; *Klein*, ZParl 1983, 402 (420 f.); *Oldiges*, in: Sachs, GG Art 68 Rn. 25; *Schneider*, in: AK-GG Art. 68 Rn. 17; *Gusseck*, ZRP 2006, 28; *Pieper*, in: Epping/Hillgruber, Art. 68 Rn. 30.
65 Vgl. dazu *Achterberg*, 202.
66 Vgl. *Wiefelspütz/Oldiges*, ZRP 2005, 208; *Pieper*, ZParl 2007, 667; *Leunig*, ZParl 2008, 157; *Hahn*, DVBl 2008, 151 ff.
67 *Pieper*, in: Epping/Hillgruber, Art. 68 Rn. 20.
68 *Linck*, in: Linck/Jutzi/Hopfe, Art. 50 Rn. 15.
69 Vgl. zur Fristenberechnung § 117 ThürGOLT.
70 Vgl. *Pieper*, in: Epping/Hillgruber, Art. 68 Rn. 28.
71 S. *Möstl*, in: Lindner/Möstl/Wolff, Art. 18 Rn. 4; ähnlich VerfGH Berlin, DÖV 2002, 431(433 f.).

(Vertrauensfrage) der Landtag nicht innerhalb von drei Wochen nach der Beschlussfassung über den Vertrauensantrag einen neuen Ministerpräsidenten gewählt hat. Neben das oben behandelte Selbstauflösungsrecht des Landtags wird damit eine weitere Möglichkeit der Krisenbewältigung gestellt. Hiermit wird allerdings primär dem Ministerpräsidenten korrespondierend zu der in Art. 74 (vgl. dazu auch Art. 74 Rn. 1 ff.) geregelten Vertrauensfrage die Initiative eingeräumt und zugleich ein Machtinstrument an die Hand gegeben. Art. 50 Abs. 2 Nr. 2 normiert die systematisch zu Art. 74 gehörende Rechtsfolge, dass ein erfolgloser Vertrauensantrag qua Verfassung zu Neuwahlen führt, sofern der Landtag nicht innerhalb von drei Wochen einen neuen Ministerpräsidenten wählt. Durch diese Rechtsfolge einer erfolglosen Vertrauensfrage erhält der Ministerpräsident damit erst das erforderliche Mittel zur Drohung. Er soll dadurch die ihn tragende Mehrheit zwingen können, sich wieder hinter ihn zu stellen[72]. Namentlich das jeden einzelnen Abgeordneten treffende Risiko, dem nächsten Landtag nicht mehr anzugehören, wirkt hier disziplinierend. Konkrete Bedeutung hat das insbesondere, wenn die Vertrauensfrage zulässigerweise mit einem bestimmten Regierungsvorhaben verbunden wird (vgl. dazu auch Art. 74 Rn. 5).

Auch wenn diese Vorschriftenkombination damit das Ziel möglichst großer politischer Stabilität stärkt[73], bleibt es doch unkalkulierbar[74]. Mit der Drohgebärde vorzeitiger Neuwahlen wird sich wohl allenfalls zeitlich befristet agieren lassen[75]. 20

Allerdings sollte ähnlich der Problematik der auf Auflösung gerichteten Vertrauensfragen im Bund die Möglichkeit betrachtet werden, mit Hilfe einer („unechten“) Vertrauensfrage vorzeitige Neuwahlen zu erreichen. Zwar gibt es über Art. 50 Abs. 2 Nr. 1 ein Selbstauflösungsrecht des Landtags. Dieser Weg könnte jedoch versperrt sein, wenn die dazu erforderlichen Quoren nicht erreicht werden. Daher könnte die Neigung bestehen, über eine auf Auflösung gerichtete Vertrauensfrage Neuwahlen zu erzwingen. Da dies jedoch eine Umgehung des von der Verfassung vorgesehenen Weges wäre, bestehen erhebliche Zweifel an der Zulässigkeit. Hier würde die Vertrauensfrage „in einer völligen Sinnverkehrung“ benutzt, zu Neuwahlen zu gelangen[76]. Zwar hat das Bundesverfassungsgericht unter bestimmten Voraussetzungen eine auflösungsgerichtete Vertrauensfrage für verfassungsgemäß erklärt[77]; aufgrund der in Thüringen eröffneten Möglichkeit zur Selbstauflösung müssten hier freilich noch strengere Maßstäbe gelten (vgl. dazu auch Art. 74 Rn. 6). 21

Die von der Verfassung für die erfolglose Vertrauensfrage vorgesehene Rechtsfolge von Neuwahlen wird ohne weiteres obsolet, wenn der Landtag innerhalb von drei Wochen nach der Abstimmung über den Vertrauensantrag einen neuen Ministerpräsidenten gewählt hat. Das Ziel, die politische Situation zu stabilisieren ist damit offensichtlich erreicht. Dieser Fall ist freilich mehr theoretischer 22

72 Vgl. etwa *Schoch*, ZSE 2006, 93 ff.
73 Vgl. *Pestalozza*, NJW 2005, 2817.
74 Vgl. *Pieper*, in: Epping/Hillgruber, Art. 68 Rn 5; skeptisch auch *Herzog*, in: Maunz/Dürig Art. 68 Rn. 14.
75 *Linck*, in: Linck/Jutzi/Hopfe, Art. 50 Rn. 18.
76 *Linck*, in: Linck/Jutzi/Hopfe, Art. 50 Rn. 19.
77 BVerfGE 114, 121 (159 ff); kritisch allerdings etwa *Epping*, Recht und Politik 2005, 197 ff; *Schneider*, ZfP 2006, 121 ff; *Schenke*, ZfP 2006, 26 ff; *Löwer*, DVBl 2005, 1102 ff.

Natur, da dieses Ergebnis wesentlich „geräuschloser“ durch einen „freiwilligen“ Rücktritt des alten Ministerpräsidenten zu erreichen wäre[78]. Ansonsten steht für einen solchen „Austausch“ in erster Linie das Mittel des sog. Konstruktiven Misstrauensvotums gemäß Art. 73 zur Verfügung.

23 Weder durch den Beschluss der Selbstauflösung, noch durch die Auflösung aufgrund gescheiterter Vertrauensfrage endet die Wahlperiode unmittelbar oder gar mit sofortiger Wirkung. Beide Fälle führen lediglich zu vorzeitigen Neuwahlen, während der Landtag uneingeschränkt handlungsfähig bleibt[79], bis der neue Landtag zusammentritt und die – verkürzte Wahlperiode – erst durch diesen Akt beendet wird.

24 In beiden Fällen des Art. 50 Abs. 2 müssen die vorzeitigen Neuwahlen „innerhalb vom 70 Tagen stattfinden“. Die Frist beginnt jeweils mit der Verkündung des jeweiligen Abstimmungsergebnisses durch den Landtagspräsidenten. Für die Berechnung der Fristen gelten die §§ 187 ff. BGB entsprechend[80].

Artikel 51 [Mandatsbewerbung und -übernahme]

(1) Wer sich um einen Sitz im Landtag bewirbt, hat Anspruch auf den zur Vorbereitung seiner Wahl erforderlichen Urlaub.

(2) Niemand darf gehindert werden, ein Mandat zu übernehmen oder auszuüben; eine Kündigung oder Entlassung aus diesem Grund ist unzulässig.

Vergleichbare Regelungen

Zu Abs. 1: Art. 48 Abs. 1 GG; Art. 29 Abs. 1 BWVerf; Art. 30 BayVerf; Art. 22 Abs. 4 Satz 1 BbgVerf; Art. 97 Abs. 2 BremVerf; Art. 13 Abs. 3 Satz 1 HambVerf; Art. 23 Abs. 1 M-VVerf; Art. 13 Abs. 1 NV; Art. 46 Abs. 2 Satz 2 Verf NW; Art. 96 Abs. 1 Satz 1 Verf Rh-Pf; Art. 84 SaarlVerf; Art. 42 Abs. 1 SächsVerf; Art. 56 Abs. 1 LVerf LSA; Art. 4 Satz 1 SchlHVerf

Zu Abs. 2: Art. 48 Abs. 2 GG; Art. 29 Abs. 2 BWVerf.; Art. 30 BayVerf.; Art 22 Abs. 4 Satz 2 und 3 BbgVerf; Art. 82 Abs. 1 BremVerf.; Art. 13 Abs. 3 HambVerf.; Art. 76 Abs. 1 HessVerf.; Art. 23 Abs. 2 M-VVerf.; Art. 13 Abs. 2 NV; Art. 46 Abs. 1 Verf NW; Art. 96 Abs. 1 Satz 2 und 3 Verf Rh.-Pf; Art. 42 Abs. 2 SächsVerf.; Art. 56 Abs. 2 LVerf LSA; Art. 4 Satz 2 und 3 SchlHVerf.

Ergänzungsnormen im sonstigen thüringischen Recht

§§ 2, 3 und 31 ThürAbgG idF. der Bek. v. 09.03.1995 (ThürGVBl. S. 121) zuletzt geändert durch Gesetz v. 09.10.2008 (ThürGVBl. S. 374).

Dokumente zur Entstehungsgeschichte

Art. 5 Abs. 2 VerfE CDU; Art. 47 VerfE F.D.P.; Art. 40 VerfE SPD; Art. 31 VerfE NF/GR/DJ; Entstehung ThürVerf, S. 137.

Literatur

Indra Edebohls, Arbeitsrechtliche Stellung von Abgeordneten, Wahlbewerbern und kommunalen Mandatsträgern, ArbRB 2009, 147 ff.; *Paul Feuchte*, Zur Geschichte und Auslegung des Behinderungsverbots in Art. 48 Abs. 2 des Grundgesetzes, AöR 111 (1986), 325 ff.; *Josef Medding*, Das Verbot der Abgeordnetenbehinderung nach Art. 48 Abs. 2 GG, DÖV 1991, 494 ff.; *ders*. Der Wahlvorbereitungsurlaub eines Bewerbers um einen Sitz im Deutschen Bundestag, VR 1990, 161 ff.

78 Vgl. *Linck,* in: Linck/Jutzi/Hopfe, Art. 50 Rn. 19.
79 *Mielke*, in: Epping/Hillgruber, Art. 10 Rn. 25; *Ipsen*, in: Brandt/Schinkel (Hrsg.), Staats- und Verwaltungsrecht für Niedersachsen, 2002, S. 94.
80 *Linck,* in: Linck/Jutzi/Hopfe, Art. 50 Rn. 20.

A. Überblick

Art. 51 regelt sowohl einen Anspruch auf Wahlvorbereitungsurlaub, als auch ein Verbot, bei der Übernahme und der Ausübung behindert zu werden. Er sichert durch Abs. 1 das passive Wahlrecht (Art. 46 Abs. 2) und durch Abs. 2 das freie Mandat den Abgeordnetenstatus (Art. 53 Abs. 2). Da er sich auch bereits auf Bewerber für ein Landtagsmandat bezieht, handelt es sich um eine „schützende Vorwirkung des Abgeordnetenstatus“[1]. Wahlbewerber wie Abgeordnete erhalten durch die Vorschrift subjektive Rechte, durch die nicht nur Träger staatlicher Gewalt, sondern auch Private verpflichtet werden[2]. Dadurch wird es ihnen effektiv ermöglicht, die mandatsbezogenen essentiellen demokratischen Prinzipien zu verwirklichen[3]. 1

B. Herkunft, Entstehung und Entwicklung

Historisch ist der Urlaubsanspruch bis in die Mitte des 19. Jahrhunderts zurückzuverfolgen. Art. 78 Abs. 2 der Preußischen Verfassung von 1850 und Art. 21 Abs. 1 der Reichsverfassung von 1871 bestimmten, dass Beamte „als Abgeordnete keines Urlaubs bedürfen“. Ebenso war in Art. 39 der Weimarer Reichsverfassung geregelt, dass Beamte und Angehörige der Wehrmacht für die Ausübung eines Mandats im Reichstag oder in einem Landtag keines Urlaubs bedurften und lediglich der zur Wahlvorbereitung erforderliche zu gewähren sei[4]. 2

Demgegenüber wurden das Behinderungsverbot und der Kündigungsschutz erst später erstmals geregelt, nämlich in § 41 der Badischen Verfassung vom 21.03.1919[5]. Wurzel des Art. 48 Abs. 2 GG, auf den Art. 51 Abs. 2 zurückgeht, ist wohl Art. 69 Abs. 1 der Badischen Verfassung vom 22.05.1947: „Niemand, insbesondere kein Beamter, Angestellter oder Arbeiter darf an der Übernahme oder Ausübung des Mandats im Landtag gehindert oder deshalb entlassen, noch darf ihm hierwegen gekündigt werden.“[6] 3

Der Verfassungsunterausschuss einigte sich mit späterer Billigung durch den Verfassungsausschuss auf die Vorschrift ohne weitere Diskussion. Die Frage der Bezahlung des Urlaubs wurde im Verfassungsunterausschuss kurz erörtert; man verständigte sich einmütig, dass es sich lediglich um unbezahlten Urlaub handeln könne[7]. 4

1 *Korte/Rebe*, S. 174; *Haas,* in: Epping/Butzer, Art. 13 Rn. 1.
2 So *Trute,* in: von Münch/Kunig, Art. 48 Rn. 1.
3 *v. Arnim/Drysch,* in: BK, Art. 48 Rn. 18; vgl. auch BremStGH, NJW 1975, 635, (636).
4 *Haas,* in: Epping/Butzer, Art. 13 Rn. 2.
5 *Kühne*, ZParl 1986, 347 (348).
6 JöR N.F. 1951, S. 376; *v. Arnim/Drysch,* in: BK, Art. 48 Rn. 30; *Kühne*, ZParl 1986, 347 (350); *Haas,* in: Epping/Butzer, Art. 13 Rn. 3; vgl. zur Entstehungsgeschichte (bezogen auf Art. 48 GG) ausführlich auch Feuchte, AöR 111 (1986), 325 ff.
7 Vgl. Entstehung ThürVerf, S. 137; PW 1 VerfUA 012 (10.04.1992) S. 93 – 96; PW 1 VerfA 009 (27.06.1992) S. 135.

C. Verfassungsvergleichende Information

5 Die Regelungen des Art. 51 sind zu Art. 48 Abs. 1 und 2 GG nahezu wortgleich. Die meisten Länderverfassungen sehen ähnliche Regelungen vor (vgl. die oben dargelegten vergleichbaren Regelungen.).

D. Erläuterungen

I. Wahlvorbereitungsurlaub gemäß Art. 51 Abs. 1

6 Art. 51 Abs. 1 ergänzt das passive Wahlrecht (Art. 46 Abs. 2) und erleichtert es berufstätigen Kandidaten, sich um ein Landtagsmandat zu bewerben. Wiederbewerber, also Abgeordnete, die sich um den Wiedereinzug in den Landtag bemühen, bedürfen keines Wahlvorbereitungsurlaubs, da der Wahlkampf für den nächsten Landtag in der Regel im Terminplan des Landtags berücksichtig wird. Da die Vorschrift mithin Bewerber betrifft, die in der laufenden Wahlperiode noch kein Mandat innehaben, trägt sie dazu bei, die Wahlrechtsgrundsätze der Allgemeinheit und der Gleichheit der (passiven) Wahl (Art. 46 Abs. 1 und 2) zu gewährleisten. Freilich wird hierdurch dem Gleichheitssatz nur unvollkommen entsprochen. Abgesehen von dem „Amtsbonus" haben die Wiederbewerber den zusätzlichen Vorteil, ihre Abgeordnetenentschädigung weiter zu beziehen, während neue Bewerber lediglich unbezahlten **Wahlvorbereitungsurlaub** erhalten[8]. Indem die Vorschrift damit gerade den abhängig Beschäftigten die erforderliche Vorbereitung für die Vorbereitung ihrer Wahl ermöglicht, verwirklicht sie auch das Anliegen der Verfassung, ein breites Spektrum der Bevölkerung im Parlament zu repräsentieren[9].

7 Über den Wortlaut hinaus soll der Vorschrift aufgrund ihres Zwecks nicht nur ein Anspruch auf Wahlvorbereitungsurlaub für Wahlbewerber, sondern ein Verbot zu entnehmen sein, Arbeitnehmer oder öffentlich Bedienstete zu hindern oder zu benachteiligen, wenn sie sich um eine Wahl bewerben[10]. Es ist richtig, auch Wahlbewerber davor zu schützen, an der Wahlbewerbung gehindert oder deswegen benachteiligt zu werden. Systematisch überzeugender erscheint es jedoch, diesen Schutz aus Art. 51 Abs. 2 herzuleiten[11] (vgl. daher zum Behinderungsverbot gegenüber Wahlbewerbern unten II.: Rn. 11 ff.) zumal auch § 2 ThürAbgG offensichtlich davon ausgeht.

8 Anspruchsberechtigt sind alle **abhängig Beschäftigten**, die öffentlich- oder privatrechtliche Dienstverpflichtungen gegenüber ihrem Arbeitgeber oder Dienstherrn schulden, also neben Arbeitnehmern und arbeitnehmerähnlichen Personen (§ 12 a TVG) auch Beamte, Richter und Soldaten[12]. § 31 Abs. 1 ThürAbgG stellt das ergänzend klar. Nach § 31 Abs. 2 ThürAbgG bleiben dabei die Ansprüche auf Beihilfe im Krankheitsfall und andere Fürsorgeansprüche unberührt. Nicht erfasst, schon mangels Schuldnern des Urlaubsanspruchs, sind diejenigen, die in keinem Abhängigkeitsverhältnis stehen, insbesondere **Selbstständige**, auch wenn

---

8 Kritisch daher *v. Arnim/Drysch,* in: BK, Art. 48 Rn. 27 f.; *Schneider*, in: AK-GG, Art. 48 Rn. 5.

9 So *Trute,* in: von Münch/Kunig, Art. 48 Rn. 3.

10 *Achterberg/Schulte,* in: von Mangoldt/Klein/Starck, Art. 48 Rn. 16; *Linck,* in: Linck/Jutzi/Hopfe, Art. 51 Rn. 3.

11 *Schulze-Fielitz,* in: Dreier, Art. 48 Rn. 14; *Butzer,* in: Epping/Hillgruber, Art. 48 Rn. 8.

12 *Schneider*, in: AK-GG, Art. 48 Rn. 2; *Trute,* in: von Münch/Kunig, Art. 48 Rn. 3, 5; vgl. dazu auch § 90 Abs. 2 BBG, § 78 Abs. 2 Satz 2 ThürBG, § 36 DRiG, § 11 Abs. 1 ThürRiG (i.V.m. § 78 Abs. 2 Satz 2 ThürBG), §§ 25 Abs. 1, 28 Abs. 6 SG.

sie sich zu einer Arbeits- Dienst- oder Werkleistung verpflichtet haben[13]. Ebenfalls nicht eingeschlossen werden Untersuchungshäftlinge und trotz ihrer grundsätzlichen Arbeitsverpflichtung (§ 41 Abs. 1 StVollzG) auch Strafgefangene, da sonst der verfassungsrechtlich sanktionierte Zweck dieser Maßnahmen verfehlt würde[14]. Auch Arbeitslosenhilfe- und/oder Sozialhilfeempfänger mit gemeinnütziger Arbeitsgelegenheit sollen nicht erfasst sein[15]. Dagegen spricht immerhin, dass das ernsthafte Erstreben eines Mandats durchaus als Bemühen anzuerkennen ist, die Beschäftigungslosigkeit zu beenden. Daher sollte der Wahlvorbereitungsurlaub auch Empfängern von Sozialleistungen zugutekommen können.

Inhaltlich ist der Anspruch auf den „erforderlichen“ Urlaub gerichtet. Verfassungsrechtliche Vorgaben für die Mindest- und Höchstdauer enthält Art. 51 Abs. 1 zwar nicht. Maßgeblich sind jedoch die Inanspruchnahme des Bewerbers für die Wahlvorbereitung und nicht die Belange des Arbeitgebers oder Dienstherrn[16]. Das bedeutet, dass unter Umständen ein Urlaub nicht benötigt wird oder lediglich Stunden oder Tage beträgt[17]. Grundsätzlich wird für Bundestagswahlen jedoch eine Mindestdauer von vier Wochen genannt[18]. § 3 ThürAbgG verdeutlicht, dass der Zeitraum des Wahlvorbereitungsurlaubs bis zu zwei Monate vor dem Wahltag beträgt, aber kein Gehalts- oder Lohnfortzahlungsanspruch besteht. Das ist verfassungsrechtlich nicht zu beanstanden[19]. 9

Der Urlaub wird nicht ohne weiteres durch die Verfassung selbst gewährt, sondern muss beim jeweiligen Arbeitgeber oder Dienstherrn beantragt werden[20]. Die gegenteilige Auffassung, nach der sich der Mandatsanwärter umstandslos selbst dispensieren dürfe[21], hält einer an dem klaren Wortlaut der Norm ausgerichteten Auslegung (es besteht lediglich ein Anspruch) nicht stand. Wenn der **Urlaubsantrag** teilweise oder gänzlich abgelehnt wird, kann der Bewerber seinen Anspruch gerichtlich durchsetzen. Der Rechtsweg richtet sich nach der Rechtsnatur des Anspruchs: Arbeitnehmer können vor den Arbeitsgerichten klagen bzw. vorläufigen Rechtsschutz beanspruchen. Für Beamte und Richter ist der Rechtsweg zu den Verwaltungsgerichten eröffnet[22]. 10

13 BGHZ 94, 248 (255); *Schulze-Fielitz,* in: Dreier, Art. 48 Rn. 12; a. A. *Schneider*, in: AK-GG, Art. 48 Rn. 2.
14 BVerfG NVwZ 1982, 96; *Trute,* in: von Münch/Kunig, Art. 48 Rn. 6; a. A. *Schneider, in: AK-* GG Art. 48 Rn. 2.
15 *Schulze-Fielitz,* in: Dreier, Art. 48 Rn. 12; *Trute,* in: von Münch/Kunig, Art. 48 Rn. 6; *Achterberg/Schulte*, in: von Mangoldt/Klein/Starck, Art. 48 Rn. 9.
16 *Dobberahn*, NZA 1994, 396, 398; *v. Arnim/Drysch*, in: BK, Art. 48 Rn. 24; *Schneider*, in: AK-GG, Art. 48 Rn. 4; *Haas,* in: Epping/Butzer, Art. 13 Rn. 13.
17 *Achterberg/Schulte,* in: von Mangoldt/Klein/Starck, Art. 48 Rn. 12.
18 *Achterberg/Schulte,* in: von Mangoldt/Klein/Starck, Art. 48 Rn. 13.
19 Vgl. zur vergleichbaren Rechtslage im Bund und dem dazu früheren Streit *Kretschmer* in: Schmidt-Bleibtreu/Hofmann/Hopfauf, Art. 48 Rn. 4.
20 *Schulze-Fielitz,* in: Dreier, Art. 48 Rn. 13; *Butzer,* in: Epping/Hillgruber, Art. 48 Rn. 3; *v. Arnim/Drysch,* in: BK, Art. 48 Rn. 26; *Trute,* in: von Münch/Kunig, Art. 48 Rn. 10; *Schneider,* in: AK-GG Art. 48 Rn. 5.
21 So aber *Spoerhase*, Probleme des grundgesetzlichen Verbots der Abgeordnetenbehinderung (Artikel 48 Absatz 1 und 2 GG), Diss. 1980, S. 84 ff.
22 *v. Arnim/Drysch,* in: BK, Art. 48 Rn. 27.

II. Behinderungsverbot bei Wahlbewerbung, Übernahme und Ausübung des Landtagsmandats gemäß Art. 51 Abs. 2

11 Art. 51 Abs. 2 schützt über den zu eng verstandenen Wortlaut hinaus Wahlbewerber vor und nach der Wahl und vor und nach der Annahme des Mandats sowie eine begrenzte Zeit nach Beendigung des Mandats vor **Behinderung**[23]. Die Vorschrift korrespondiert daher mit Art. 53, der die Freiheit des Mandats betrifft und stellt damit ein „soziales Grundrecht“ für Mandatsbewerber und –inhaber[24] mit Wirkung gegenüber der öffentlichen Gewalt und gegenüber privaten Dritten[25] dar.

12 Das **Hinderungsverbot** wurde anfänglich weit verstanden[26], als „jeder unmittelbare oder mittelbare Zwang oder Druck wirtschaftlicher, beruflicher, gesellschaftlicher oder persönlicher Art, ein Mandat nicht zu übernehmen oder nicht bzw. einem bestimmten Sinne auszuüben“[27]. Nach Auffassung des Bundesverfassungsgerichts liegt eine Hinderung gemäß Art. 48 Abs. 2 GG und damit Art. 51 Abs. 2 lediglich dann vor, wenn die Beeinträchtigungen final darauf gerichtet sind, Wahlbewerbung, Mandatsübernahme oder Mandatsausübung zu beeinträchtigen[28]. Diese Auslegung wird jedoch als zu restriktiv kritisiert. Zwar seien die Abgeordneten aufgrund der Vollalimentierung während des Mandats ausreichend abgesichert; ermöglicht werden müsse ihnen jedoch die Rückkehr in ihre früheren Berufe schon wegen der Alterssicherung[29]. Überdies lasse sich die Absicht der Hinderung in der Regel schwer nachweisen, so dass der Schutz der Abgeordneten insoweit verfassungsrechtlich bedenkliche Lücken aufweise[30]. Überzeugender ist es, folgerichtig die Vorschrift als Diskriminierungsverbot zu verstehen und eine unzulässige Hinderung dann anzunehmen, wenn sachliche Gründe für eine Verfahrensweise fehlen[31].

13 Als konkrete Ausformungen unzulässiger Behinderung nennt Art. 51 Abs. 2 beispielhaft ausdrücklich **Kündigung** oder **Entlassung**. Soweit sie gegen Art. 51 Abs. 2 verstoßen sind sie nichtig bzw. unwirksam und das zugrunde liegende Vertragsverhältnis besteht fort. Freilich sind nicht sämtliche Kündigungen oder Entlassungen unzulässig, sondern nur diejenigen, die durch das Abgeordnetenmandat begründet sind und ohne sachlichen Grund erfolgen[32]. Demzufolge zulässig sind Kündigungen oder Entlassungen aus verfassungsrechtlich berechtigten Gründen, wie etwa aufgrund von Inkompatibilitätsregeln[33]. Fraglich ist, ob **Gesellschaftsverhältnisse** vom Kündigungsschutz erfasst sind, da in diesen Fällen kein Abhängigkeitsverhältnis besteht. Im Sinne eines umfassenden Schutzes der Mandatsfreiheit spricht jedoch einiges dafür, Gesellschaftsverhältnisse in den

23 *Schulze-Fielitz,* in: Dreier, Art. Rn. 14; *Butzer,* in: Epping/Hillgruber, Art. 48 Rn. 6 f.
24 *Kühne,* ZParl 1986, 347 (358).
25 *v. Arnim/Drysch,* in: BK, Art. 48 Rn. 31; *Schneider,* in: AK-GG Art. 48 Rn. 8.
26 Vgl. *Korte/Rebe,* S. 187.
27 *Schneider,* in: AK-GG Art. 48 Rn. 6.
28 BVerfGE 42, 312 (329 f.); BVerwGE 76, 157 (170).
29 *v. Arnim/Drysch,* in: BK, Art. 48 Rn. 41; *Kühne,* ZParl 1986, 347(357).
30 *Schneider,* in: AK-GG Art. 48 Rn 6.
31 *Magiera,* in: Sachs, GG, Art. 48 Rn. 13; *Butzer,* in: Epping/Hillgruber, Art. 48 Rn. 9.3; *Trute,* in: von Münch/Kunig, Art. 48 Rn. 12; *Schulze-Fielitz,* in: Dreier, Art. 48 Rn. 15; *Haas,* in: Epping/Butzer, Art. 13 Rn. 18.
32 *Trute,* in: von Münch/Kunig, Art. 48 Rn. 13.
33 BVerfGE 42, 312 (327); *Schneider,* in: AK-GG, Art. 48 Rn 9; *Schulze-Fielitz,* in: Dreier, Art. 48 Rn. 17.

Schutz des allgemeinen Hinderungsverbots einzubeziehen[34]. § 2 ThürAbgG regelt ergänzend ein Behinderungsverbot hinsichtlich Bewerbung, Annahme und Ausübung eines Mandats und konkretisiert dies durch ein Benachteiligungsverbot am Arbeitsplatz sowie einen bis auf die Zeit nach Beendigung des Mandats ausgedehnten Kündigungsschutz. Gemäß § 2 Abs. 3 ThürAbgG beginnt der Kündigungsschutz mit der Aufstellung des Bewerbers und gilt bis ein Jahr nach Beendigung des Mandats. Für nicht gewählte Kandidaten endet er drei Monate nach dem Wahltag.

Artikel 52 [Beginn und Ende des Mandats]

(1) Wer zum Abgeordneten gewählt ist, erwirbt die Rechtsstellung eines Abgeordneten mit der Annahme der Wahl.

(2) [1]Ein Abgeordneter kann jederzeit auf sein Mandat verzichten. [2]Der Verzicht ist vom Abgeordneten persönlich dem Präsidenten des Landtags gegenüber schriftlich zu erklären. [3]Die Erklärung ist unwiderruflich.

(3) Verliert ein Abgeordneter die Wählbarkeit, so erlischt sein Mandat.

Vergleichbare Regelungen

Art. 41 BWVerf; Art. 19 BayVerf; Art. 80 BremVerf; Art. 8 HambVerf; Art. 11 Abs. 1 und 2 NV; Art. 81 Verf Rh-Pf; Art. 43 SächsVerf; Art. 56 Abs. 3 LVerf LSA

Ergänzungsnormen im sonstigen thüringischen Recht

§§ 45 bis 65 ThürLWG v. 30.07.2012 (ThürGVBl. S. 309.

Dokumente zur Entstehungsgeschichte

Art. 46 VerfE F.D.P.; Art. 40 VerfE SPD; Art. 31 VerfE NF/GR/DJ; Art. 52 VerfE LL/PDS; Entstehung ThürVerf, S. 138 f.

Literatur

Sven Hölscheid, Die Trennung des Abgeordneten von Partei und Fraktion, ZParl 1994, 353 ff.; *Jürgen Jekewitz*, Das Abgeordnetenmandat berührende richterliche Entscheidungen und parlamentarisches Wahlprüfungsrecht, DÖV 1968, 537 ff.; *Heinrich Lang*, Subjektiver Rechtsschutz im Wahlprüfungsverfahren, 1997.

A. Überblick

Art. 52 regelt vermeintlich unzweifelhafte Fragen zum Erwerb und Verlust des Landtagsmandats, die durch §§ 45 bis 65 ThürLWG weiter konkretisiert werden. 1

B. Herkunft, Entstehung und Entwicklung

Im Verfassungsunterausschuss wurde zunächst diskutiert, ob die Regelungen über Erwerb und Verlust der Mitgliedschaft im Landtag überhaupt auf Ebene 2

34 *Magiera* in: Sachs, GG, Art. 48 Rn. 12; *Butzer,* in: Epping/Hillgruber, Art. 48 Rn. 11; *Schneider,* in: AK-GG, Art. 48 Rn 6; *Trute,* in: von Münch/Kunig, Art. 48 Rn. 13; *Schulze-Fielitz,* in: Dreier, Art. 48 Rn. 16.

der Verfassung geregelt werden sollten[1]. Der alsdann vom Verfassungsunterausschuss gefundene Vorschlag fand sodann im Verfassungsausschuss breite Zustimmung[2].

C. Verfassungsvergleichende Information

Die Zweifel des Verfassungsausschusses, ob Erwerb und Verlust der Mitgliedschaft im Landtag in der Verfassung geregelt werden sollten, sind nachvollziehbar, da neben Thüringen lediglich acht weitere Länder eine vergleichbare Regelung in der Verfassung getroffen haben (vgl. die oben dargelegten vergleichbaren Regelungen.).

D. Erläuterungen

I. Erwerb des Mandats

3 Erst nach Annahme der Wahl und mit Beginn der Wahlperiode (vgl. dazu oben Art. 50 Rn. 8) **erwerben** die gewählten Bewerber die **Rechtsstellung als Abgeordnete**, das Abgeordnetenmandat bzw. die Mitgliedschaft im Landtag. Art. 52 Abs. 1 ist insoweit irreführend, da die Gewählten bis zum Beginn der Wahlperiode durch Annahme der Wahl lediglich den Status einer Anwartschaft auf die Abgeordneteneigenschaft erwerben können. Ab Annahme der Wahl erhalten sie allerdings gemäß § 27 Abs. 1 ThürAbG bereits die nach diesem Gesetz für Abgeordnete vorgesehenen Leistungen. Gemäß §§ 41 bzw. 42 ThürLWG werden die im Wahlkreis bzw. nach Landesliste Gewählten durch den Kreiswahlleiter bzw. Landeswahlleiter benachrichtigt und aufgefordert, binnen einer Woche zu erklären, ob sie die Wahl annehmen. Gemäß § 45 Satz 1 ThürLWG wird mit dem fristgerechten Eingang der daraufhin erfolgenden Annahmeerklärung dann die Mitgliedschaft im Landtag bzw. vor Beginn der Wahlperiode die beschriebene Anwartschaft darauf erworben. Eine Erklärung unter Vorbehalt gilt als Ablehnung, § 45 Satz 3 ThürLWG. Annahme- und Ablehnungserklärung sind unwiderruflich. Gibt der Gewählte bis zum Ablauf der gesetzlichen Frist keine Erklärung ab, wird die Annahme zu diesem Zeitpunkt fingiert, § 45 Satz 2 ThürLWG. Die Vorschriften über den Erwerb der Mitgliedschaft gelten sinngemäß auch für die Nachwahl, die Wiederholungswahl und die Ersatzwahl[3].

II. Mandatsverzicht

4 Art. 52 Abs. 2 Satz 1 stellt klar, dass ein Abgeordneter jederzeit und ohne Begründung auf sein **Mandat verzichten** kann. Dies ist Ausdruck des freien Mandats nach Art. 53 Abs. 1[4]. Gem. Art. 52 Abs. 2 Satz 2 ist der Verzicht persönlich dem Präsidenten gegenüber schriftlich zu erklären. Das heißt, dass die schriftliche Verzichtserklärung nicht dem Präsidenten gegenüber persönlich überreicht werden muss; sie wird vielmehr mit Zugang (§ 130 BGB) wirksam, sofern sie nicht zulässigerweise ein späteres Wirksamkeitsdatum enthält. § 46 Abs. 3 LWG verschärft die erforderliche Form dahingehend, dass die schriftliche Verzichtserklärung „zur Niederschrift des Präsidenten des Landtags oder eines deutschen Notars, der seinen Sitz im Wahlgebiet hat", zu erbringen ist. Diese Verschär-

1 Vgl. PW 1 VerfUA012 (10.04.1992) S. 97 – 102.
2 PW 1 VerfA009 (27.06.1992) S. 135 f.
3 *Schulte/Kloos,* in: Kunzmann/Baumann-Hasske, Art. 43 Rn. 1.
4 NdsStGH, NJW 1985, 2319.

fung dürfte von der Ermächtigung zum Erlass des Landeswahlgesetzes in Art. 49 Abs. 4 gedeckt sein[5]. Wegen der im Wahlrecht erforderlichen Klarheit ist die Verzichtserklärung unwiderruflich, Art. 52 Abs. 2 Satz 3. Darüber hinaus ist sie bedingungsfeindlich[6]. Ebenfalls formunwirksam ist etwa eine Blankoverzichtserklärung, d.h. die unterschriebene, aber zeitlich offene, in das Belieben Dritter gestellte Mandatsverzichtserklärung.

Eine Verpflichtung, im Falle des Ausscheidens aus der Partei oder Fraktion auf 5 das Mandat zu verzichten, widerspräche dem freien Mandat nach Art. 53 Abs. 1 und ist daher unzulässig und unwirksam[7]. Ebenfalls verfassungswidrig sind Verpflichtungserklärungen, durch die das Auswechseln von Abgeordneten während der Wahlperiode (sog. **Rotation**) ermöglicht werden soll[8].

III. Ruhen des Mandats

Vom Mandatsverzicht zu unterscheiden ist das **Ruhen des Mandats**, das quasi 6 einen Verzicht auf Zeit darstellt. Dabei soll es einem Abgeordneten, der ein Amt innerhalb der Landesregierung erhält, für die Dauer dieses Amtes möglich sein, sein Mandat zugunsten des Listennachfolgers ruhen zu lassen. Durch die Gelegenheit der Rückkehr in das Abgeordnetenamt soll für diese Personen eine zusätzliche Sicherheit erreicht werden. Eine solche Möglichkeit gab es früher im rheinland-pfälzischen und hessischen Parlamentsrecht und heute gibt es noch in Bremen (Art. 108 BremVerf) und Hamburg (Art. 39 HmbVerf) Regelungen dazu. Auch diese Praxis wäre wegen Verstoßes gegen Art. 46 Abs. 1 verfassungswidrig, da sie der Unmittelbarkeit, Gleichheit und Freiheit der Wahl widersprechen würde[9].

IV. Verlust des Mandats

Abgesehen von dem oben dargestellten Mandatsverzicht gibt es diverse weitere 7 Gründe, die das Mandat, die **Mitgliedschaft im Parlament beenden**. Dazu gehören: Ungültigkeit des Erwerbs der Mitgliedschaft, Neufeststellung des Wahlergebnisses, Feststellung der Verfassungswidrigkeit der Partei des Abgeordneten[10] (vgl. zu einzelnen Verlustgründen auch § 46 LWG). Ausdrücklich durch Art. 52 Abs. 3 ist normiert, dass ein Abgeordneter sein Mandat verliert, wenn er die Wählbarkeit verliert. Dazu genügt es gemäß § 46 Abs. 1 Nr. 3 LWG, wenn eine Voraussetzung seiner jederzeitigen Wählbarkeit wegfällt. Gemäß § 47 Abs. 1 Nr. 1 LWG wird über die in § 46 Abs. 1 Nr. 1 bis 4 LWG genannten Verlustgründe im Wahlprüfungsverfahren entschieden. Der Vollständigkeit halber ist

---

5 Vgl. *Linck,* in: Linck/Jutzi/Hopfe, Art. 52 Rn. 4.

6 *Schreiber,* BWahlG, 8. Aufl., § 46 Rn. 8; *Linck,* in: Linck/Jutzi/Hopfe, Art. 52 Rn. 4.

7 *Schreiber,* BWahlG, 8. Aufl., § 46 Rn. 11.

8 NdsStGH, NJW 1985, 2319 ff.; *Schreiber,* BWahlG, 8. Aufl., § 46 Rn. 11 m.w.N; gegenteilige Auffassung: *Hohm/ Rautenberg,* NJW 1984, 1657 ff. passim; *Henke,* NVwZ 1985, 616 (620); *Sendler,* NJW 1985, 1425 (1429 ff).

9 HessStGH, NJW 1977, 2065 ff.; *Stern* I, § 24 I, 5 c, m.w.N. Die Landesverfassungen von Bremen und Hamburg sehen die Möglichkeit des ruhenden Mandats vor, was in Hinblick auf Art. 38 I GG, der in seinen Grundzügen gemäß Art. 28 I 2 GG auf die Landesverfassungen ausstrahlt, nicht ganz unbedenklich erscheint. Eine Rechtfertigung für die vom GG abweichende Normierung findet sich bei *Menzel,* Landesverfassungsrecht, 427 f.

10 BVerfGE 2, 1 (74); vgl. zu dieser umstrittenen Frage auch z.B. *Pieroth,* in: Jarass/Pieroth, Art. 38, Rn. 23; *Badura,* BK, Art. 38, Rn. 73 mwN; aA *Morlok,* in: Dreier, Art. 21 Rn. 153 mwN.

zu erwähnen, dass Tod des Abgeordneten und Ende der Wahlperiode das Mandat ebenfalls beenden. Demgegenüber tangieren weder ein Parteiaustritt noch ein Parteiausschluss den Fortbestand des Mandats[11].

8 Kein Verlustgrund mehr ist es, wenn Abgeordnete „wissentlich als hauptamtliche oder inoffizielle Mitarbeiter mit dem Ministerium für Staatssicherheit, dem Amt für Nationale Sicherheit oder Beauftragten dieser Einrichtungen zusammengearbeitet haben." Diese früher durch § 1 Abs. 2 ThürAbgG bzw. § 8 Thüringer Abgeordnetenüberprüfungsgesetz (ThürAbgÜpG) in der Fassung des Änderungsgesetzes vom 15.12.1998 (ThürGVBl. S. 423) angeordnete Rechtsfolge[12] ist obsolet, nachdem der Thüringer Verfassungsgerichtshof mit Urteil vom 08.05.2000 – VerGH 2/99 – den Entzug des Abgeordnetenmandats ohne verfassungsrechtliche Grundlage wegen Verstoßes gegen Art. 52 Abs. 2 und 3 sowie 53 i.V.m. Art. 83 Abs. 1 für nichtig erklärt hat[13].

Artikel 53 [Freies Mandat der Abgeordneten]

(1) [1]Die Abgeordneten sind die Vertreter aller Bürger des Landes. [2]Sie sind an Aufträge und Weisungen nicht gebunden und nur ihrem Gewissen verantwortlich.

(2) Jeder Abgeordnete hat das Recht, im Landtag das Wort zu ergreifen, Anfragen und Anträge zu stellen sowie an Wahlen und Abstimmungen teilzunehmen.

(3) Jeder Abgeordnete hat die Pflicht, die Verfassung zu achten und seine Kraft für das Wohl des Landes und aller seiner Bürger einzusetzen.

Vergleichbare Regelungen

Art. 38 Abs. 1 Satz 2 GG; Art. 27 Abs. 3 BWVerf; Art. 13 Abs. 2 BayVerf; Art. 38 Abs. 4 VvB; Art. 56 Abs. 1, 2 BbgVerf; Art. 83 Abs. 1 BremVerf; Art. 7 Abs. 1 HambVerf; Art. 77 HessVerf; Art. 22 Abs. 1, 2 M-VVerf; Art. 12 NV; Art. 30 Verf NW; Art. 79 Verf Rh-Pf; Art. 66 Abs. 2 Satz 1 SaarlVerf; Art. 39 SächsVerf; Art. 41 LVerf LSA; Art. 10 Abs. 1 Satz 2 – 4, Art. 11 Abs. 1 SchlHVerf.

Ergänzungsnormen im sonstigen thüringischen Recht

§§ 13; 14, 28 – 33; 36 – 37; 45; 64 – 65; 69; 90 – 91; 114 ThürGOLT idF der Bek. v.19.07.2012 (LT-Drs. 5/4750).

Dokumente zur Entstehungsgeschichte

§ 2 Abs. 1 Satz 2 Vorl.LS; Art. 45 VerfE CDU; Art. 34 VerfE F.D.P.; Art. 43 VerfE SPD; Art. 35 VerfE NF/GR/DJ; Art. 47, 53 VerfE LL/PDS;[1] Entstehung ThürVerf S. 140 f.

Literatur

Klaus Abmeier, Die parlamentarischen Befugnisse der Abgeordneten des Deutschen Bundestages nach dem Grundgesetz, 1984; *Michael Brenner*, Abgeordnetenstatus und Verfassungsschutz, in: FS Peter Badura (2004), S. 25 ff.; *Wolfgang Demmler*, Der Abgeordnete im Parlament der Fraktionen, 1994; *Roman Herzog* (Hrsg.), „Oder gilt das nur in der Demokratie?" Freies Mandat, Rederecht und Fraktionen, 2012; *Siegfried Jutzi*, Verbotene Zuwendungen an Abgeordnete, ZParl 2008, 503 ff.; *Sylvia Kürschner*, Das Binnenrecht der Bundestagsfraktionen 1995; *Joachim Linck*, Fraktionsstatus als geschäftsordnungsmäßige Voraussetzung für die Ausübung parlamentarischer Rechte. Zur individuellen und kollektiven Gestaltung parlamentarischer Tätigkeit, DÖV 1975, 689 ff.; *ders.*, Zurück zum ehrenamtlichen Landesparla-

---

11 *Achterberg/Schulte,* in: von Mangoldt/Klein/Starck, Art. 38 Rn. 54; vgl. auch *Hölscheid*, ZParl 1994, 353 (357).

12 Vgl. dazu *Linck,* in: Linck/Jutzi/Hopfe, Art. 52 Rn. 7.

13 Abgedruckt in ThürVBl 2000, S. 180 ff.

1 Vgl. Art. 48 Fn. 2.

mentarier? in: Hans Herbert von Arnim (Hrsg.), Defizite in Staat und Verwaltung, 2010, S. 91 ff.; *Stefan Storr*, Staats- und Verfassungsrecht, 1998.

Leitentscheidungen des ThürVerfGH und des BVerfG

ThürVerfGH, LVerfGE 7, 337 (Stasiüberprüfung Abg.); 11, 481 (Stasiüberprüfung Abg.); 11, 503 (Stasiüberprüfung Abg.); 14, 437 (Parlamentarisches Fragerecht); 19, 513 (Parlamentarisches Fragerecht); Urt. v. 01.07.2009 – 38/06 - DÖV 2009, 770 f. LS (Stasiüberprüfung Abg.).

BVerfGE 40, 296 (Abgeordnetenentschädigung); 44, 308 (Beschlussfähigkeit Bundestag); 70, 324 (Statusrechte Abg.); 80, 188 (Wüppesahl); 84, 304 (Gruppenstatus Abg.); 94, 351 (Stasiüberprüfung Abg.); 99, 19 (Stasiüberprüfung Abg.); 102, 224 (Funktionszulagen Abg.).

A. Überblick

1 In Art. 53 Abs. 1 Satz 1 wird das in Art. 48 Abs. 1 verankerte **Prinzip der repräsentativen parlamentarischen Demokratie konkretisiert** (vgl. oben Art. 48, Rn. 8) und in Satz 2 der verfassungsrechtliche **Status des Abgeordneten** festgeschrieben: Die Freiheit und Unabhängigkeit seines Mandats sowie die Gleichheit aller Abgeordneten.

2 In Abs. 2 werden die grundsätzlichen Statusrechte von Abgeordneten im Rahmen der parlamentarischen Willensbildung- und Entscheidungsprozesse garantiert.

3 Dass Art. 53 nicht nur in Abs. 2 die Rechte, sondern darüber hinaus in Abs. 3 auch **Pflichten für Abgeordnete** ausdrücklich aufführt, ist für das geschriebene Verfassungsrecht ungewöhnlich.

B. Herkunft, Entstehung und Entwicklung

4 **Erste Ansätze** zur Kodifizierung von Statusrechten für Abgeordnete finden sich auf thüringischem Boden in dem **„Grundgesetz einer landständischen Verfassung für das Großherzogtum Sachsen-Weimar-Eisenach“ von 1816**, mit der die Verpflichtung aus § 13 der Bundesakte des Deutschen Bundes entsprochen wurde. Diese landesständische Repräsentativverfassung war nicht nur Vorbild für andere thüringische Länder, sondern erlangte weit darüber hinaus nationalgeschichtliche Bedeutung.[2] In den §§ 66, 67 dieser Verfassung wurde für die „Abgeordneten“ des „Landtags“, bei dem es sich um eine landständische Honoratiorenversammlung handelte, folgendes bestimmt:

„§ 66. Alle Abgeordneten haben auf dem Landtage gleiches Stimmrecht, ohne Unterschied des persönlichen Ranges, der Kreise oder der Bezirke.

2 *Gottwald/Müller*, in: Thüringer Landtag (Hrsg.), 175 Jahre Parlamentarismus in Thüringen (1817 – 1992), 1992, S. 9 f.; *Müller*, in: Thür. Landtag (Hrsg.), aaO, S. 43.

§ 67. Jeder Abgeordnete, von welchem Stande, von welchem Kreise, von welchem Bezirke er auch sey, ist Vertreter aller Staatsbürger und hat außer den Gesetzen keine andere Richtschnur anzuerkennen, als seine Überzeugung und sein Gewissen. Hieraus folgt:

1) kein Abgeordneter hat besondere Verpflichtungen gegen diejenigen, welche ihn gewählt haben,

2) alle Vorschriften (Instructionen), wodurch die Stimmfreiheit eines Abgeordneten auf irgend eine Weise beschränkt werden soll, sind gesetzwidrig und ungültig,

3) übernimmt ein Abgeordneter in seinem Kreise oder sonst, Aufträge zu Vorstellungen und Bitten bei dem Landtage, als wozu er allerdings berechtigt und verbunden ist; so versteht sich dieses unbeschadet der Freiheit seiner Meinung und Stimme.“

5 Mit der Festschreibung der repräsentativen-demokratischen Funktion des Mandats und der Garantie verfassungsrechtlicher Statusrechte von Abgeordneten in Absatz 1 hat der Thüringer Verfassungsgeber Formulierungen aufgegriffen, die er in dieser Weise in allen deutschen Verfassungen – wenn auch nicht immer explizit – als unbestritten vorgefunden hatte. Dementsprechend gab es dazu in den Verfassungsberatungen auch im Grundsatz keine kontroversen Auffassungen. Diskussionen gab es nur zu folgenden drei Detailfragen:[3]

- Sollten die grundlegenden parlamentarischen Rechte nicht nur für die Beratungen „im Landtag“, sondern ausdrücklich auch für die Ausschussberatungen gelten? Diese Frage hat durchaus ihre Berechtigung, da unter dem „Landtag“ i.d.R. das Plenum verstanden wird; andererseits liegt es auf der Hand, dass gerade die Befugnisse einzelner Abgeordneter für die Plenarsitzungen erst recht für die Ausschussberatungen zu gelten haben, weil sich eine Einschränkung der Statusrechte von Abgeordneten unter dem Gesichtspunkt der Arbeits- und Funktionsfähigkeit des Parlaments eher im Plenum als in den Ausschüssen rechtfertigen ließe.[4]
- Die Frage nach der Aufnahme spezieller Parlamentsinformationsrechte (z.B. Zutritt zu Behörden, Akteneinsicht)[5] wurde zu Recht ergänzenden detaillierten Regelungen in der Geschäftsordnung des Landtags oder in Gesetzen (Untersuchungs-, PetitionsG) vorbehalten.
- Die Aufnahme von Pflichten für Abgeordnete in Abs. 3 kam in den Verfassungsberatungen erst relativ spät auf die Tagesordnung. Es gab die Meinung, dass eine derartige Regelung überflüssig, weil eine „blanke Selbstverständlichkeit“ sei; sie setzte sich jedoch nicht durch, da in die Verfassung eines neuen Landes nach jahrzehntelanger Herrschaft von zwei Diktaturen auch für gestandene parlamentarische Demokratien Selbstverständliches in die Verfassung des neuen Bundeslandes Thüringen gehöre.

6 Art. 53 wurde im Verlauf der Verfassungsentwicklung nicht geändert; es gab auch keine dahingehenden parlamentarischen Initiativen.

3 Siehe Entstehung ThürVerf, S. 141.
4 Vgl. zu diesem Gesichtspunkt: *Linck*, DÖV 1975, 689 (690 ff.).
5 Entstehung ThürVerf, S. 141.

C. Verfassungsvergleichende Information

Die Regelungen in Art. 53 Abs. 1 entsprechen in der Sache gemeindeutschem Verfassungsverständnis und finden sich daher in allen deutschen Verfassungen. Die in Abs. 2 ausdrücklich geregelten grundlegenden parlamentarischen Befugnisse sind in allen Verfassungen der neuen Länder (Art. 56 Abs. 2 BbgVerf; Art. 22 Abs. 2 M-VVerf; Art. 39 Abs. 2 SächsVerf; Art. 41 Abs. 1 LVerf LSA) sowie in den neueren Verfassungen von Rh-Pf (Art. 79 Abs. 1) und von SchlH (Art. 10 Abs. 1) geregelt. Pflichten für Abgeordnete, wie sie in Abs. 3 ausdrücklich normiert sind, finden sich in keiner sonstigen Verfassung. 7

D. Erläuterungen

I. Das repräsentative Mandat von Abgeordneten (Art. 53 Abs. 1 Satz 1)

In Art. 53 Abs. 1 wird das **Prinzip der repräsentativen Demokratie (siehe Art. 48 Rn. 2)** konkretisiert: „Die Abgeordneten sind die Vertreter aller Bürger des Landes". Dass hier die Abgeordneten als Vertreter (siehe zu diesem Begriff Rn. 9) **aller Bürger** bezeichnet werden und nicht – wie zumeist üblich – als Vertreter **des „ganzen Volkes"** (so Art. 38 Abs. 1 Satz 2 GG), macht verfassungsrechtlich keinen Unterschied. Zwar wird mit dem Begriff des „Bürgers" gemeinhin der Citoyen assoziiert, der zur aktiven Teilhabe an der politischen und staatlichen Willensbildung berechtigt ist (siehe Art. 104 Rn. 4 ff.), womit nicht das gesamte Volk erfasst würde. Aber in Art. 104 wird klargestellt, dass der Begriff des „Bürgers" mit demjenigen des „Deutschen" identisch ist. Die Abgeordneten repräsentieren somit **alle im Freistaat wohnenden Deutschen (siehe Art. 104 Rn. 4 ff.)**. Diese Feststellung impliziert allerdings nur vornehmlich die Pflicht des einzelnen Abgeordneten, sein parlamentarisches Handeln in der Weise auszurichten, als würde er allein das ganze thüringische Volk repräsentieren.[6] Soweit es um die Ausübung der Staatsgewalt durch das Volk geht, wird es als Ganzes durch den Landtag insgesamt repräsentiert. („Gesamt- bzw. Kollektivrepräsentation").[7] 8

Die Abgeordneten sind somit nicht etwa Vertreter ihrer Wähler, ihres Wahlkreises, ihrer Partei oder bestimmter Interessengruppen. Zwar dürfen sie auch Sonderinteressen z.B. sozialer oder regionaler Art verfolgen, sie haben dabei aber stets dem **Gemeinwohl** Vorrang einzuräumen. Abgeordnete sind folglich „Inhaber eines **öffentlichen Amtes**", wenn auch eines sehr spezifischen; so gehören sie nicht zum öffentlichen Dienst.[8] Wenn damit Abgeordnete bei der Wahrnehmung ihres Amtes ihre persönlichen Interessen zurückzustellen haben, so wird diese Bindung an das Gemeinwohl inzwischen gefährdet, seitdem sich das Abgeordnetenmandat nicht nur im Bund, sondern auch in den Ländern weitgehend 9

6 *Möstl* spricht insoweit zutreffend von einem entsprechenden Appell an die Abgeordneten, vgl. *Möstl*, in: Lindner/Möstl/Wolff, Art. 13 Rn. 5.

7 BVerfGE 44, 308 (316); 56, 396 (405); *Magiera*, in: Sachs, GG, Art. 38 Rn. 45; *Morlok*, in: Dreier, Art. 38 Rn. 129; *Möstl*, in: Lindner/Möstl/Wolff, Art. 13 Rn. 5.

8 BVerfGE 40, 296 (314); 76, 256 (341); *Klein*, in: HStR III, § 51 Rn. 1; *Badura*, in: Schneider/Zeh, § 15 Rn. 59; *von Arnim*, in: BK, Art. 48 Rn. 50; zum Begriff des Amtes: *Isensee*, in: HStR II, § 15 Rn. 131; *Depenheuer*, in: HStR III, § 36 Rn. 1 ff.; insbes. Rn. 46.

zu einem hauptamtlichen, gut dotierten, wenn auch zeitlich befristeten **Beruf** entwickelt hat („full-time-job").[9]

10 Auf Bundesebene ist diese Entwicklung nahezu unvermeidlich; Borchert sieht in der „Professionalisierung der Politik" insoweit die „Notwendigkeit eines Ärgernisses".[10] Ob allerdings auch auf der Ebene der Länder nicht nur für herausgehobene Funktionsträger, sondern für alle Abgeordneten der Status von Berufsabgeordneten eingeführt werden musste, muss bezweifelt werden.[11]

11 Durch die Einführung des **Berufsabgeordneten** besteht die Gefahr, dass ihr Handeln zu stark eigennützig und nicht ausschließlich gemeinwohlorientiert ausgerichtet wird.[12] Dafür sprechen folgende Gründe:[13] Abgeordnete „kleben" aus eigennützigen Gründen an „ihrem" Mandat. Sie betreiben ihre regelmäßige Wiederwahl, um nicht durch den Verlust des Mandats in ein wirtschaftliches, finanzielles und gesellschaftliches Loch zu fallen; das gilt besonders – mangels begrenzter beruflicher Alternativen – für Abgeordnete aus den neuen Ländern; außerdem würde auch ihr Selbstwertgefühl Schaden nehmen.[14]

II. Das freie Mandat der Abgeordneten

12 Wenn es in Absatz 1 Satz 2 heißt: Abgeordnete „sind an Aufträge und Weisungen nicht gebunden und nur ihrem Gewissen verantwortlich", dann wird mit dieser traditionellen Formulierung das **freie Mandat** des Abgeordneten verfassungsrechtlich abgesichert.[15] Die Mandatsfreiheit begründet und umfasst damit auch die **Unabhängigkeit des Abgeordneten.**[16] Mit dem Hinweis, dass Abgeordnete „nur ihrem **Gewissen** verantwortlich" sind, wird kein weiterer inhaltlicher Maßstab für die Mandatsausübung eingeführt. Vielmehr soll durch diesen Hinweis („nur") die Freiheit, Unabhängigkeit und Ungebundenheit des Mandats in

---

9 BVerfGE 40, 296 (314); *von Arnim*, in: BK, Art. 48 Rn. 52, 162 ff. Zu dieser Entwicklung vom ursprünglichen Honoratiorenparlament (siehe *von Arnim*, in: BK, Art. 48 Rn 51 f.; 55 ff.) sowie zum Einfluss des sog. Diätenurteils des BVerfG vom 05.11.1975 hierauf: *Linck*, in: von Arnim (Hrsg.), Defizite in Staat und Verwaltung, 2010, S. 91.

10 *Borchert*, Die Professionalisierung der Politik. Zur Notwendigkeit eines Ärgernisses, 2003; Zum "Beruf des Parlamentariers" auf Bundesebene: *Klein*, in: HStR II, Rn. 7 ff.

11 *Linck*, in: von Arnim (Hrsg.), Defizite in Staat und Verwaltung, 2010, S. 91 ff.; ebenso *von Arnim*, in: BK, Art. 48 Rn. 162 ff.

12 Vgl. dazu auch das von Michels entwickelte „Eherne Gesetz der Oligarchie" (*Michels*, Zur Soziologie des Parteienwesens in der modernen Demokratie, 1911 und dazu z.B. *Schüttemeyer*, in: Haungs/Jesse (Hrsg.), Parteien in der Krise, 1987, S. 243 ff.), das sich zwar vornehmlich auf Parteien bezieht, aber mit folgenden Thesen auch im vorliegenden Zusammenhang Beachtung verdient:
1. Aus Effizienzgründen werden bürokratische Organisationen geschaffen,
2. Organisationen tendieren zur Herausbildung basisferner Machteliten,
3. Die Folge ist eine Oligarchisierung und Korrumpierung dieser Eliten.

13 Zum Folgenden: *Linck*, in: von Arnim (Hrsg.), Defizite in Staat und Verwaltung, 2010, S. 93 f.

14 Dazu näher: *Linck*, in: von Arnim (Hrsg.), Defizite in Staat und Verwaltung, 2010, S. 94; vgl. auch *Kreiner*, Amt auf Zeit, 2006, S. 128 ff.

15 Zur Mandatsfreiheit vgl. z.B.: ThürVerfGH, LVerfGE 11, 481 (492); *Badura*, in: BK, Art. 38 Rn. 48; *ders.*, in: Schneider/Zeh, § 15 Rn. 9 ff.; *Klein*, in: Maunz/Dürig, Art. 38 Rn. 194 ff.; *ders.*, in: HStR III, § 51 Rn. 2 ff.; *Magiera*, in: Sachs, GG, Art. 38 Rn. 46 ff.; *Möstl*, in: Lindner/Möstl/Wolff, Art. 13 Rn. 6 ff.; *Morlok*, in: Dreier, Art. 38 Rn. 142 ff.

16 *von Arnim*, in: BK, Art. 48 Rn. 155; *Badura*, in: Schneider/Zeh, § 15 Rn. 20, 15; *Pieroth*, in: Jarass/Pieroth, Art. 38 Rn. 26.

besonderer Weise hervorgehoben und verstärkt werden.[17] Die Mandatsfreiheit besagt im Grundsatz, dass Abgeordnete eigenverantwortlich und unabhängig zu handeln haben und jedenfalls keinen rechtlichen Verpflichtungen, insbesondere keinen rechtlich verbindlichen Instruktionen hinsichtlich der inhaltlichen Wahrnehmung ihres Mandats unterliegen.

Derartige Verpflichtungen sind unzulässig und unwirksam, selbst wenn Abgeordnete sie freiwillig eingegangen sein sollten. Unzulässig sind daher auch z.B. Vereinbarungen, in denen Abgeordnete im Vorhinein auf ihr Mandat unter bestimmten zeitlichen oder sachlichen Bedingungen verzichten[18] oder für den Fall eines Austritts aus ihrer Fraktion oder Partei unter Beibehaltung des Mandats Schuldscheine hinterlegen.[19] Der Mandatsfreiheit widerspricht auch das **imperative Mandat,**[20] wonach z.B. im System einer basisorientierten Rätedemokratie die jeweils unteren Organisationseinheiten ihren übergeordneten Gremien Weisungen erteilen können.[21] Dasselbe gilt auch für ein sog. **rahmengebundenes Mandat,** mit welchem die unbestrittenermaßen erhebliche Bedeutung der „Parteiendemokratie"(siehe Art. 48 Rn. 31) mit dem freien Mandat in Einklang gebracht werden soll, indem der Abgeordnete an Programme seiner Partei rahmenmäßig gebunden sein soll.[22] 13

Unzulässig sind auch **faktische**, insbesondere **politische Pressionen**, die in ihrer Wirkung einer rechtlichen Einflussnahme gleichkommen.[23] So stellt die Beobachtung von Abgeordneten durch den Verfassungsschutz einen Eingriff in die Freiheit des Mandats dar, selbst wenn die Erhebung von Informationen „nur" mit den Mitteln der offenen Informationsbeschaffung erfolgt.[24] 14

Die Freiheit des Mandats darf aber nicht etwa als eine absolute Freiheit in dem Sinne verstanden werden, dass der Abgeordnete keinerlei **Pflichten** unterliegt, dagegen spricht bereits Art. 53 Abs. 4. So ist der Abgeordnete nach Art. 47 Abs. 4 auch an die **Verfassung** sowie an **Gesetz und Recht gebunden** – auch wenn er selbstverständlich Verfassungs- oder Gesetzesänderungen initiieren kann; folglich sind z.B. (siehe auch Rn. 40) geschäftsordnungsrechtliche Präsenzpflichten (§ 13 Abs. 1 ThürGOLT) oder Verpflichtungen aus dem Abgeordnetengesetz (§§ 42, 43) zulässig.[25] Abgeordnete unterliegen im Grundsatz auch den Verfassungsschutzgesetzen, und damit ist eine **Beobachtung** von Abgeord- 15

17 In ähnlichem Sinne: *Badura*, in: Schneider/Zeh, § 15 Rn. 11, *Morlok*, in: Dreier, Art. 38 Rn. 146.

18 BVerfGE 2, 1 (74); *Badura*, in: Schneider/Zeh, § 15 Rn. 22; *Morlok*, in: Dreier, Art. 38 Rn. 146.

19 *Magiera*, in: Sachs, GG, Art. 38 Rn. 48 mit weiteren Beispielen.

20 *Klein*, in: HStR III, § 51 Rn. 3; *Morlok*, in: Dreier, Art. 38 Rn. 143; *Kretschmer*, in: Schmidt-Bleibtreu/Hofmann/Hopfauf, Art. 38 Rn. 61 mwN.

21 Ein derartiges System ist zudem in einer modernen, großräumigen komplexen Demokratie praktisch gar nicht realisierbar.

22 *Achterberg* in einem "Diskussionsbeitrag", S. 222 ff.; aA zutreffend die ganz hM, vgl. z.B. *Klein*, in: HStR III, § 51 Rn. 5 f.; *Morlok*, in: Dreier, Art. 38 Rn. 144; *Möstl*, in: Lindner/Möstl/Wolff, Art. 14 Rn. 7.

23 Insoweit kann eine Parallele zu dem erweiterten Eingriffsbegriff im Grundrechtsbereich gezogen werden, wo auch auf die Wirkung, insbesondere die Intensität des Eingriffs abgestellt wird, selbst wenn er "nur" faktischer Art ist – vgl. dazu: BVerfGE 116, 202 (222); 105, 279 (303); 110, 177 (191).

24 BVerwGE, 137 (279 f.); BVerfGE 120, 378 (398 f.); *Brenner*, in: FS Peter Badura (2004), S. 34.

25 Vgl. dazu auch BVerfGE 118, 277 (326).

neten durch den **Verfassungsschutz** nicht etwa generell unzulässig.[26] Da aber die Freiheit des Mandats Verfassungsrang besitzt, bedürfen Eingriffe in diese Freiheit einer verfassungsrechtlichen Rechtfertigung.[27] Diese Rechtfertigung kann sich bei einzelnen parlamentarischen Rechten auf Grund des verfassungsrechtlich anerkannten Erfordernisses einer **effizienten Herrschafts- und Funktionsfähigkeit des Parlaments** ergeben (siehe dazu nachfolgend Rn. 32) oder bei der Beobachtung von Abgeordneten durch den Verfassungsschutz aus dem mit Verfassungsrang versehenen Grundsatz der **wehrhaften Demokratie.**[28] Der insofern notwendige Ausgleich zwischen widerstreitenden Verfassungsprinzipien ist im Wege praktischer Konkordanz[29] unter Beachtung des Verhältnismäßigkeitsprinzips herzustellen.[30]

16 Eine **Überprüfung von Abgeordneten** auf eine frühere Tätigkeit, auch als informelle Mitarbeiter (IM) beim **Staatssicherheitsdienst der DDR,**[31] verstößt bei Beachtung rechtsstaatlicher Erfordernisse nicht gegen Art. 53 Abs. 1, insbesondere nicht gegen die Mandatsfreiheit;[32] dasselbe gilt für die Feststellung des Landtags, dass ein Abgeordneter, bei dem eine derartige Mitarbeit festgestellt worden ist, „parlamentsunwürdig“ sei.[33]

17 Ein darauf begründeter Entzug des Mandats sei allerdings dem einfachen Gesetzgeber verwehrt; dazu bedürfe es einer entsprechenden verfassungsrechtlichen Ermächtigung.[34]

18 Eine herausragende verfassungsrechtliche Verpflichtung der Abgeordneten besteht auch darin, die sich aus dem Repräsentations- und dem Amtsprinzip ergebenden Pflichten real und konkret zu verwirklichen, auch wenn Verstöße gegen diese Pflichten keine rechtlichen, sondern allenfalls politische Sanktionen zur Folge haben.[35] So ist ein Abgeordneter z.B. verpflichtet, bei seiner parlamentarischen Tätigkeit nicht persönliche Interessen zu vertreten, sondern dem Gremienwohl zu dienen, wobei es sich um keinen vorgegebenen bestimmten objektiven Maßstab handelt, sondern um das Ergebnis eines offenen, pluralistischen Willensbildungsprozesses.[36] Des Weiteren hat er sich um Responsivität und dabei um einen wechselseitigen Kommunikationsprozess mit den Bürgern zu bemühen (siehe dazu Art. 48 Rn. 18).

19 Die **Freiheit und Unabhängigkeit** kann in vielfältiger Weise durch unterschiedliche Akteure **gefährdet werden.** So auch von **privater Seite,** z.B. durch Unternehmen, Verbände, Gewerkschaften und von sonstigen **Lobbyisten.** Abgeordnete laufen Gefahr, von diesen mit subtilen Mitteln „angefüttert“ oder sogar wirtschaftlich abhängig gemacht zu werden, um deren Interessen mittels Lobbyar-

26 BVerwGE 137, 282 (304 f.); *Brenner*, in: FS Peter Badura (2004), S. 34, 54.
27 BVerfGE 118, 277 (324); BVerwGE 137, 305; *Brenner,* in: FS Peter Badura (2004), S. 49.
28 BVerwGE 137, 282 (305); *Brenner,* in: FS Peter Badura (2004), S. 29 ff.
29 BVerfGE 93, 1 (21).
30 BVerfGE 81, 278 (292); 94, 268 (284); BVerwGE 137, 275 (308 ff.); *Brenner*, in: FS Peter Badura (2004), S. 49 ff.
31 Vgl. dazu das Thüringer Abgeordnetenüberprüfungsgesetz vom 26.06.1998, zuletzt geändert am 18.08.2009 (ThürGVBl. S. 647).
32 ThürVerfGH, LVerfGE 7, 337 (352); BVerfGE 94, 351 (368); 99, 19 (32).
33 ThürVerfGH, DÖV 2009, 770.
34 Vgl. dazu nachfolgend Rn. 39.
35 Ebenso speziell bezogen auf das Amtsprinzip *Klein*, in: HStR III, § 51 Rn. 1.
36 *Klein*, in: HStR III, § 51 Rn. 1.

beit in Parlamenten durchzusetzen; wobei eine reine Lobbytätigkeit von Abgeordneten allerdings verboten ist.[37] Den vielfachen Forderungen, einen strafrechtlichen Tatbestand der Abgeordnetenbestechung einzuführen, hat sich der Bundestag bisher widersetzt.[38]

Eine **Gefährdung** kann weiterhin von staatlichen Organen, insbesondere von der **Regierung** ausgehen. Eine Regierung ist natürlich daran interessiert, dass Abgeordnete der sie tragenden Fraktion keine „Eigentore schießen", sondern auf der Position eines „Libero" spielen, folglich z.B. keine investigative Kontrolle ausüben oder Regierungsentwürfe in den parlamentarischen Beratungen gegen ihren Willen ändern oder sogar ganz zu Fall bringen. Ein gewichtiges Druckmittel der Regierung, zumal wenn Ministerpräsident und Minister hervorgehobene Funktionen in der Partei ausüben, ist das unmissverständliche Signal an „Abweichler", ihre Chancen auf begehrte Posten in der Exekutive oder für ihre Wiederaufstellung als Kandidat für die nächste Wahl verhindern zu wollen. 20

Die größte Gefährdung für die Freiheit und Unabhängigkeit des Abgeordneten 21
geht von der **Fraktion** und der **Partei** aus, welcher der Abgeordnete angehört. Zwischen der verfassungsrechtlich abgesicherten Freiheit des Mandats einerseits und dem Interesse von Parteien und Fraktionen andererseits, besteht ein Spannungsverhältnis: Sie sind darauf bedacht, dass „ihre" Abgeordneten Parteitags- und Fraktionsbeschlüsse umsetzen und keinesfalls blockieren. Aber auch die Abgeordneten sind innerlich durchaus nicht frei: Zum einen gibt es für sie politische Loyalitätspflichten gegenüber ihren Parteien und Fraktionen und zum anderen sehen sie auch die Verpflichtung, Partei und Fraktion – durchaus auch im eigenen Interesse – etwas zurückgeben zu müssen. Denn Abgeordnete werden durch ihre Parteien und Fraktionen in ihrer politischen Arbeit unterstützt – mit dem zusätzlichen Effekt zugunsten der Abgeordneten, dass damit die Ausübung und Sicherung ihres Berufs und Broterwerbs befördert wird. Das parlamentarische Mandat ist insoweit durchaus „fraktions- und parteibezogen", aber eben nicht „fraktions- oder parteigebunden".[39] Bei der Frage, ob die Freiheit und Unabhängigkeit von Abgeordneten gegenüber Einflüssen ihrer Partei und Fraktion geschützt ist, ist die Antwort hinsichtlich folgender Eckpunkte eindeutig und unbestritten: Parteien und Fraktionen können „ihre" Abgeordneten nicht zu einem bestimmten parlamentarischen Handeln rechtsverbindlich verpflichten. So vermögen weder Parteitags- noch Fraktionsbeschlüsse Abgeordnete rechtlich zu binden;[40] dasselbe gilt für Koalitionsabkommen.[41] Sie dürfen hingegen auf „ihre" Abgeordneten politischen Einfluss nehmen.

37 Vgl. dazu Ziff. II der "Verhaltensregeln für die Mitglieder des Thüringer Landtags" als Anlage zu § 14 ThürGOLT; BVerfGE 40, 296 (318 f.); konkrete Verstöße von Abgeordneten gegen diese Grundsätze werden von *Jutzi*, ZParl 2008, 503 (504) und von *von Arnim*, NVwZ 2006, 249 (251) dargestellt.

38 *von Arnim*, NVwZ 2006, 249 (252).

39 *Badura*, in: Schneider/Zeh, § 15 Rn. 18.

40 BVerfGE 47, 308 (318); 90, 104 (106); *Pieroth*, in: Jarass/Pieroth, Art. 38 Rn. 27 f.; *Morlok*, In: Dreier, Art. 38 Rn. 146; *Kretschmer*, in: Schmidt-Bleibtreu/Hofmann/Hopfauf, Art. 38 Rn. 61.

41 *Kretschmer*, in: Schmidt-Bleibtreu/Hofmann/Hopfauf, Art. 38 Rn. 61; *Oldiges*, in Sachs, GG, Art. 65 Rn. 17; *von Schlieffen*, in: HStR III, § 49 Rn. 12, 24.

22 Abgeordnete haben sich insoweit einer **Fraktionsdisziplin** zu unterwerfen.[42] Folglich ist es z.B. unbedenklich, wenn Fraktionen im Thüringer Landtag in ihren Geschäftsordnungen ihre Abgeordneten verpflichten, beabsichtigte Abweichungen von der Fraktionslinie zuvor der Fraktionsführung rechtzeitig bekanntzugeben, denn damit haben die Fraktionen die Chance, ihre Abgeordneten noch – in zulässiger Weise - auf die Fraktionslinie einzuschwören. Diese politische Einflussnahme darf auch durchaus in intensiver Weise erfolgen. Die entscheidende Frage ist jedoch – und da befindet man sich in einer problematischen Grauzone -, ab wann eine politische Einflussnahme, ggf. mit der Androhung von Sanktionen, umschlägt in einen rechtswidrigen Druck. Das ist immer dann der Fall, wenn es im Einzelfall von der Wirkung her faktisch keinen relevanten Unterschied zwischen einem verbotenen rechtsverbindlichen Druck und einer politisch-faktischen Einflussnahme gibt. Oben wurde bereits betont, dass auch **faktische Eingriffe** in die Freiheit und Unabhängigkeit von Abgeordneten auf Grund deren Zielrichtung, Wirkung und Intensität einen unzulässigen Eingriff in Art. 53 Abs. 1 bewirken können. Ob es sich dabei um einen unzulässigen Eingriff handelt, ist je nach Lage des Einzelfalls auf Grund einer Abwägung zwischen zwei kollidierenden Verfassungspositionen im Wege praktischer Konkordanz zu entscheiden.[43] Danach sind verhältnismäßig zum Ausgleich zu bringen: die Freiheit und Unabhängigkeit des Abgeordneten einerseits und die verfassungsrechtlich gesicherte Funktion von Fraktionen als notwendige Einrichtungen des Verfassungslebens und maßgebliche Faktoren der parlamentarischen Willensbildung andererseits.[44]

23 Fraktionen können in die Freiheit und Unabhängigkeit von Abgeordneten z.B. durch deren **Rückruf aus Ausschüssen** des Parlaments oder deren **Fraktionsausschluss** eingreifen. Bei der Frage, ob es sich dabei um einen unzulässigen Eingriff handelt, ist in folgender Weise zu differenzieren:

24 Der **Ausschluss** eines Abgeordneten **aus seiner Fraktion** hat einerseits zur Folge, dass seine parlamentarischen Mitwirkungsrechte und seine politische Einflussnahme auf die parlamentarische Willensbildung erheblich gemindert werden; andererseits kann die Arbeits- und Funktionsfähigkeit einer Fraktion durch einen „unsicheren Kantonisten" in ihren Reihen erheblich gestört werden. Im Hinblick auf das oben dargestellte Erfordernis einer verhältnismäßigen Abwägung, ist daher wie folgt zu entscheiden: Fraktionen dürfen Mitglieder nicht nach freiem Ermessen ausschließen; dazu berechtigen auch nicht gelegentliche politische Differenzen. Wenn Abgeordnete jedoch mehrfach und aus der Sicht einer Fraktion in inhaltlich oder taktisch gewichtigen politischen Positionen von

42 Zur Zulässigkeit der Fraktionsdisziplin vgl. z.B. BVerfGE 10, 4 (14); 102, 224 (239); *Badura*, in: BK Art. 38 Rn. 78; *Klein*, in: HStR II, § 41 Rn. 15; *Kretschmer*, in: Schmidt-Bleibtreu/Hofmann/Hopfauf, Art. 38 Rn. 81 a.

43 BVerfGE 81, 278 (292); 93, 1 (21); allgemein dazu: *Hesse*, Rn. 318.

44 BVerfGE 70, 324 (350); 80, 188 (219); 112, 118 (135); vgl. im Übrigen Art. 58 Rn. 8 ff.

der Fraktionslinie abweichen, dann ist ein Ausschluss des Abgeordneten gerechtfertigt, der damit allerdings nicht etwa sein Mandat verliert.[45]

Der **Rückruf** eines Abgeordneten **aus Parlamentsausschüssen** durch seine Fraktion ist zulässig, wenn der Abgeordnete aus seiner Fraktion ausgetreten oder ausgeschlossen worden ist.[46] Für den Rückruf eines Abgeordneten in anderen Fällen gegen seinen Willen gelten die oben dargelegten Kriterien und Abwägungen zum Fraktionsausschluss.[47] 25

Parlamentarische Inkompatibilitätsvorschriften, die es einem Abgeordneten verbieten, neben seinem Mandat weitere Ämter inne zu haben, berühren ebenfalls die Freiheit des Mandats.[48] Aus der Mandatsfreiheit ist i.V.m. dem Behinderungsverbot (Art. 51 Abs. 2) zu entnehmen, dass jeder unmittelbare oder mittelbare Zwang auf den Gewählten, das Mandat nicht zu übernehmen oder nicht auszuüben,[49] auch jede Erschwerung der Mandatsausübung, unzulässig ist, es sei denn, es handelt sich um „sozialadäquate Behinderungen".[50] Soweit dieser verfassungsrechtliche Schutz reicht, bedarf es für Einschränkungen durch Inkompatibilitätsgebote einer verfassungsrechtlichen Legitimation, die entweder ausdrücklich in der Verfassung vorgesehen ist (so z.B. in Art. 79 Abs. 3 Satz 1),[51] sich z.B. aus dem Gewaltenteilungsprinzip, dem parlamentarischen Regierungssystem oder dem Bundesstaatsprinzip herleiten lässt[52] oder einer verfassungsrechtlichen Ermächtigung, wie sie in Art. 137 Abs. 1 GG für Bund und Länder vorliegt.[53] Die Unvereinbarkeit eines Abgeordnetenmandats mit den Ämtern eines Beamten, Mitglieds des Rechnungshofs, des Datenschutz- oder Stasibeauftragten ist über Art. 137 Abs. 1 GG verfassungsrechtlich legitimiert, die mit dem eines Mitglieds der Landesregierung aus dem parlamentarischen Regierungssystem.[54] 26

Die Einführung einer **wirtschaftlichen Inkompatibilität** durch ein Verbot privater Berufsausübung für Abgeordnete wäre mangels einer verfassungsrechtlichen Grundlage unzulässig.[55] 27

---

45 Zur grundsätzlichen Zulässigkeit eines Fraktionsausschlusses vgl. LVerfG M-V, DÖV 2003, 767 ff.; VerfGH Berl, NVwZ-RR 2006, 443 f.; allerdings ist dafür ein rechtsstaatliches Verfahren und ein wichtiger Grund zu verlangen: *Grimm*, in: Schneider/Zeh, § 6 Rn. 28; *Klein*, in: HStR III, § 51 Rn. 17; *Morlok*, in: Dreier, Art. 38 Rn. 184; *Edinger*, ZParl 2003, 764 (767); kritisch dazu: *Achterberg/Schulte*, in: von Mangoldt/Klein/Starck, Art. 38 Rn. 48 ff. Zur Frage, ob § 10 Abs. 4 PartG analog anzuwenden ist: *Klein*, in: HStR III, § 51 Rn. 17.

46 BVerfGE 80, 188 (233); *Klein*, in: HStR III, § 51 Rn. 18.

47 Gegen ein freies Ermessen auch *Klein*, in: HStR III, § 51 Rn. 18; vgl. im Übrigen: *Kretschmer*, in: Schmidt-Bleibtreu/Hofmann/Hopfauf, Art. 38 Rn. 81 c; *Kasten*, Ausschussorganisation und Ausschussrückruf, 1983, S. 167 ff.; 186 ff.; *Kürschner*, Das Binnenrecht der Bundestagsfraktionen, S. 138 f.; *Achterberg/Schulte*, in: von Mangoldt/Klein/Starck, Art. 38 Rn. 44 ff.

48 *Möstl*, in: Lindner/Möstl/Wolff, Art. 13 Rn. 11; allgemein zur Unvereinbarkeit zwischen Abgeordnetenmandat und anderen Funktionen: *Tsatsos*, in: Schneider/Zeh, § 23.

49 BVerfGE 38, 226 (337).

50 BVerfGE 40, 312 (329); BVerwGE 76,157 (170); *von Arnim*, in: BK, Art. 48 Rn. 18, 34.

51 BVerfGE 40, 312 (326); *von Arnim*, in: BK, Art. 48 Rn. 34; *Badura*, in: Schneider/Zeh, § 15 Rn. 80.

52 *Badura*, in: Schneider/Zeh, § 15 Rn. 80.

53 *Tsatsos*, in: Schneider/Zeh, § 23 Rn. 23 ff.

54 *Badura*, in: Schneider/Zeh, 315 Rn. 81; *Kretschmer*, in Schmidt-Bleibtreu/Hofmann/Hopfauf, Art. 38 Rn. 59 a; *Morlok*, in: Dreier, Art. 38 Rn. 141.

55 BVerfGE 118, 277 (323); *von Arnim*, in: BK, Art. 38 Rn. 38; vgl. aber auch Rn. 48 f.; *Klein*, in: HStR III, § 51 Rn. 29.

28 Die **Freiheit des Mandats** wird verfassungsrechtlich **abgesichert** durch:

- die Indemnität (Art. 55 Abs. 1);
- die Immunität (Art. 55 Abs. 2);
- das Zeugnisverweigerungsrecht und das Beschlagnahmeverbot (Art. 56);
- den Anspruch auf eine angemessene Entschädigung (Art. 54) mit den sonstigen sich aus §§ 5-21 AbgG ergebenden Leistungen sowie eine Amtsausstattung;
- den Anspruch auf Urlaub zur Wahlvorbereitung (Art. 51 Abs. 1);
- den Schutz gegen Behinderungen bei der Mandatsübernahme (Art. 51 Abs. 2).[56]

III. Die Gleichbehandlung aller Abgeordneten

29 Da das Volk durch die Gesamtheit aller Abgeordneten des Landtags repräsentiert wird (Rn. 8), müssen auch grundsätzlich alle Abgeordneten über die gleichen Mitwirkungsrechte verfügen. Es gehört daher zum verfassungsrechtlichen Status von Abgeordneten, dass „alle Mitglieder des Parlaments einander formal gleichgestellt sind".[57]

30 Der **Status der Gleichheit von Abgeordneten** fußt letztlich auf der Gleichheit aller Bürger, welche von den Abgeordneten repräsentiert werden.[58] Ob und ggf. wie weit in diesen Status auf Grund gegenläufiger verfassungsrechtlicher Positionen eingegriffen werden darf, ist auch hier im Wege praktischer Konkordanz zu entscheiden (vgl. dazu bereits Rn. 15 ff.).

IV. Rechte von Abgeordneten (Art. 53 Abs. 2)

31 Art. 53 Abs. 2 garantiert die **wichtigsten Statusrechte von Abgeordneten**: Das Rede-, Frage-, Antrags- und Wahlrecht sowie das Recht, an Abstimmungen teilzunehmen. Darüber hinaus wird in Art. 58 ausdrücklich das Recht von „Abgeordneten der gleichen Partei oder Liste" garantiert, sich zu einer Fraktion zusammenzuschließen. Weiterhin sind diejenigen Rechte zu erwähnen, welche die Freiheit ihres Mandats absichern (Rn. 28) sowie Mitwirkungsrechte, die dann zum Tragen kommen, wenn parlamentarische Befugnisse nicht dem einzelnen Abgeordneten, sondern dem Landtag oder einem bestimmten Quorum von Abgeordneten garantiert werden. In diesen Fällen hat der einzelne Abgeordnete das Recht, an der Initiierung, Beratung und Beschlussfassung gleichberechtigt (Rn. 30) mitzuwirken. Schließlich sind auch noch solche Rechte zu erwähnen, die unterhalb der Ebene der Verfassung, z.B. in der Geschäftsordnung des Landtags, gewährt werden wie das Recht, Akten des Landtags einzusehen (§ 114 ThürGOLT).

32 Sämtliche vorgenannten Rechte werden jedoch **nur dem Grunde nach garantiert.**[59] **Ausnahmen** von diesem Grundsatz sind zulässig, sie bedürfen allerdings einer verfassungsrechtlich legitimierten Rechtfertigung.[60] Sie kann in den glei-

56 Vgl. dazu i.E. die jeweiligen Kommentierungen dieser Artikel.
57 BVerfGE 40, 296 (318); 93; 195 (204); 102, 224 (237 ff.); *Magiera*, in: Sachs, GG, Art. 38 Rn. 58; *Morlok*, in: Dreier, Art. 38 Rn. 161; *Pieroth*, in: Jarass/Pieroth, Art. 38 Rn. 30.
58 *Möstl*, in: Lindner/Möstl/Wolff, Art. 13 Rn. 10.
59 BVerfGE 10, 4 (13); *Morlok*, in: Dreier, Art. 38 Rn. 151 ff.; eingehend *Linck*, DÖV 1975, 689.
60 *Morlok*, in: Dreier, Art. 38 Rn. 151.

chen Rechten anderer Abgeordneter,[61] in erster Linie aber in einer effektiven Herrschafts- und Funktionsfähigkeit des Parlaments bestehen.[62]

Es ist daher einhellige Meinung und entspricht allgemeiner Praxis, dass die **Rechte einzelner Abgeordneter** aufgrund der Geschäftsautonomie des Landtags nach Art. 57 Abs. 5 durch die Geschäftsordnung des Landtags **einschränk- oder modifizierbar** sind (siehe Art. 57 Rn. 47). Die Geschäftsordnungsautonomie ist allerdings ihrerseits durch den verfassungsrechtlichen Status des Abgeordneten (Art. 53 Abs. 1) und seine speziellen Statusrechte (Art. 53 Abs. 2) begrenzt.[63] Bei der Frage, wieweit geschäftsordnungsrechtlich in die Rechtsstellung der Abgeordneten eingegriffen werden darf, ist allgemein von **folgenden Grundsätzen** auszugehen:[64] 33

- Aus dem verfassungsrechtlich anerkannten Erfordernis einer effizienten Herrschafts- und Funktionsfähigkeit des Parlaments ist die geschäftsordnungsmäßige Einschränkung der individuellen parlamentarischen Befugnisse des einzelnen Angeordneten nicht nur zulässig, sondern sogar geboten.
- Je mehr das Parlament als Arbeitsparlament an der Staatsleitung beteiligt ist und je arbeits- und zeitintensiver die einzelnen Initiativen in diesem Bereich sind, umso enger darf die Stellung des einzelnen Abgeordneten begrenzt werden. Je mehr das Parlament als Redeparlament Kontrolltätigkeit ausübt und je weniger arbeits- und zeitaufwändig die einzelnen diesbezüglichen Initiativen sind, umso weniger darf die Rechtsstellung des einzelnen Abgeordneten gemindert werden.
- Aus dem Erfordernis effektiver Herrschafts- und Funktionsfähigkeit eines Parlaments ist das Gebot kollektiver Ausübung parlamentarischer Befugnisse abzuleiten. Den Fraktionen ist dabei eine geschäftsordnungsmäßig bevorzugte Stellung einzuräumen.

Da die einzelnen verfassungsrechtlich geregelten Statusrechte bis auf das Rederecht in den weiteren insoweit einschlägigen Artikeln kommentiert werden, soll hier nur letzteres behandelt werden. 34

Das **Rederecht**[65] kann durch die Ordnungsgewalt des Präsidenten und die Festlegung einer Gesamtredezeit und deren Verteilung auf die Fraktionen (§ 29 ThürGOLT) begrenzt werden. Dem einzelnen Abgeordneten ist jedoch grundsätzlich eine verfassungsrechtliche Mindestredezeit von bis zu fünf Minuten zuzubilligen;[66] diese Mindestredezeit kann insbesondere von Abgeordneten in Anspruch genommen werden, die eine von ihrer Fraktion abweichende Meinung zum Ausdruck bringen wollen.[67] 35

---

61 *Morlok*, in: Dreier, Art. 38 Rn. 152.

62 BVerfGE 80, 188 (219); 84, 304 (321 f.); 96, 264 (278 f.); 99, 19 (32); *Morlok*, in: Dreier, Art. 38 Rn. 53; ausführlich *Linck*, DÖV 1975, 689 (690 ff.).

63 BVerfGE 80, 188 (219).

64 Vgl. dazu i.E. *Linck*, DÖV 1975, 689 (694).

65 BVerfGE 10, 4 (11); 60, 374 (379 f.); 80, 188 (228 f.); *Abmeier*, Die parlamentarischen Befugnisse des Deutschen Bundestages, 1984, S. 142 ff.

66 *Abmeier*, Die parlamentarischen Befugnisse des Deutschen Bundestages, 1984, S. 148; *Besch*, in: Schneider/Zeh, § 33 Rn. 11, Fn. 33, wenn auch ohne zeitliche Festlegung; sowie *Herzog* (Hrsg.) „Oder gilt das nur in Demokratien?" - Freies Mandat, Rederecht und Fraktionen, 2012, S. 86, mit dem zusätzlichen Hinweis auf die Praxis des Thüringer Landtags in LT-Prot. 3/9, S. 485.

67 So auch *Klein*, in: Maunz/Dürig, Art. 38 Rn. 231; *Demmler*, Der Abgeordnete im Parlament der Fraktionen, 1994, S. 487.

36 Zu den Statusrechten der Abgeordneten gehören nicht **nonverbale Artikulationen** von Abgeordneten im Parlament oder in seinen Ausschüssen, wie z.B. das Zeigen von Schrifttafeln, das Erscheinen in Uniformen, mit großen, auffälligen Buttons oder sonstige äußere Erscheinungsweisen, mit denen bewusst und gezielt ein politische Haltung geäußert werden soll; es handelt sich um Störungen nach § 37 ThürGOLT.[68]

37 Die Statusrechte von Abgeordneten, insbesondere auch ihr Abstimmungsrecht, dürfen nicht eingeschränkt werden, wenn sie an einem parlamentarischen Vorgang mitwirken, bei dem ihre persönlichen Interessen betroffen sind , oder wobei sie z.B. in Diätenangelegenheiten sogar in eigener Sache entscheiden. **Entscheidungen von Abgeordneten in eigener Sache** sind, anders als in Kommunalvertretungen (§ 38 ThürKO) oder im Bereich der Exekutive (vgl. z.B. §§ 20 f VwVfG), zulässig.[69] Dass dabei allerdings aus rechtsstaatlichen Gründen nicht zu übersehende Manko[70] muss durch ein besonders transparentes, öffentliches Beratungsverfahren ausgeglichen werden sowie durch eine „strikte verfassungsgerichtliche Kontrolle".[71]

V. Pflichten von Abgeordneten (Art. 53 Abs. 3)

38 Das parlamentarische Mandat verleiht den Abgeordneten jedoch nicht nur Rechte, sondern löst auch **Pflichten** aus.[72] Die in Art. 53 Abs. 3 ausdrücklich aufgeführten Pflichten ergeben sich bereits hinsichtlich der Verfassungsbindung aus Art. 47 Abs. 4 sowie bezüglich der Gemeinwohlverpflichtung und Responsivität aus der Amtsstellung von Abgeordneten bzw. dem Repräsentationsprinzip (Rn. 8; Art. 48 Rn. 8 ff.). Für Abgeordnete, die neben ihrem Vollzeitmandat dennoch einen privaten Beruf ausüben dürfen, gilt jedoch der Vorrang des Mandats (Art. 54 Rn. 14).

39 Die Verletzung der in Art. 53 Abs. 3 normierten Pflichten durch Abgeordnete bleibt rechtlich – wenn auch in aller Regel nicht politisch – sanktionslos. Der thüringische Verfassungsgeber hat darauf verzichtet, die Möglichkeit eines Mandatsverzichtes bei Pflichtverletzungen von Abgeordneten im Wege einer Abgeordnetenanklage (so Art. 42 BWVerf; Art. 61 BayVerf; Art. 17 NV; Art. 85 SaarlVerf) oder durch Parlamentsbeschluss (so Art. 85 BremVerf und Art 7 Abs. 2 HambVerf) vorzusehen.[73] Ohne eine derartige verfassungsrechtliche Ermächtigung wäre eine einfachgesetzliche oder geschäftsordnungsrechtliche Regelung eines Mandatsverlustes wegen Verstoßes gegen den Grundsatz des freien Mandats verfassungswidrig.[74]

---

68 So wurde das Auftreten einer Fraktion im Plenum des Thüringer Landtags mit weißen Armbinden als unzulässig angesehen, die damit gegen den Krieg im Irak protestieren wollten, vgl. LT-Prot. 1/9, S. 260.

69 BVerfGE 40, 296 (327); *Klein*, in: HStR III, § 51 Rn. 32; *Morlok*, in: Dreier, Art. 38 Rn. 49; aA *Henke*, in: BK, Art. 21 (St.d.B. 1991), Rn. 321 f.

70 *von Arnim*, in: BK, Art. 38 Rn. 116 ff.; *von Arnim*, in: BK Art. 48 Rn. 126; zur Offenlegung von Interessenverknüpfungen in Ausschussberatungen: § 14 ThürGOLT iVm. Ziff. V der Verhaltensregeln.

71 BVerfGE 120, 82 (105); *von Arnim*, in: BK Art. 48 Rn. 134 ff.

72 BVerfGE 56, 396 (405); *Badura*, in: Schneider/Zeh, § 15 Rn. 41 ff.; *Klein*, in: HStR III, § 51 Rn. 23 ff.; *Magiera*, in: Sachs, GG, Art. 38, Rn. 70; *Stern*, Bd. I, S. 1067 ff.

73 Vgl. dazu *Kratsch*, DÖV 1970, 372 ff.; *Wiese*, AöR 101 (1976), 548 (565 ff.); *Badura*, in: Schneider/Zeh, § 15 Rn. 26.

74 *Badura*, in: Schneider/Zeh, § 15 Rn. 26.

Die Pflichten von Abgeordneten werden in Art. 53 Abs. 3 nicht abschließend aufgezählt. Neben den dort genannten ist insbesondere auf die Präsenz- und tatsächliche Teilnahmepflicht des Abgeordneten an Plenar- und Ausschusssitzungen hinzuweisen.[75] Urlaubsanträgen darf der Landtagspräsident daher nur stattgeben (§ 13 ThürGOLT), wenn die dafür angeführten Gründe eine befristete Suspendierung von der prinzipiellen Teilnahmepflicht an der Landtagsarbeit rechtfertigen. Weiterhin sind folgende geschäftsordnungsrechtliche Pflichten für Abgeordnete zu nennen: z.B. die Beachtung der Redeordnung (Rn. 35), die Vorschriften über den Diskretionsschutz (Art. 60 Rn. 41) oder die Verhaltensregeln (§ 14 ThürGOLT iVm Anlage 1 zur GOLT). In diesen Fällen sind auch rechtliche Nachteile oder Sanktionen vorgesehen[76] 40

Gegen **Verletzungen** ihrer verfassungsrechtlichen **Statusrechte** können Abgeordnete nicht mit der Verfassungsbeschwerde, sondern nur im Wege einer **Organstreitigkeit** (Art. 80 Abs. 1 Nr. 3) verfassungsgerichtlich vorgehen.[77] 41

Artikel 54 [Entschädigung]

(1) [1]Die Abgeordneten haben Anspruch auf eine angemessene, ihre Unabhängigkeit sichernde Entschädigung. [2]Auf den Anspruch kann nicht verzichtet werden.

(2) Die Höhe der Entschädigung verändert sich jährlich auf der Grundlage der jeweils letzten Festlegung nach Maßgabe der allgemeinen Einkommens-, die der Aufwandsentschädigung nach der allgemeinen Preisentwicklung im Freistaat.

(3) Für die wirksame Mandatsausübung sind die erforderlichen Mittel bereitzustellen.

(4) Das Nähere regelt das Gesetz.

Vergleichbare Regelungen

Art. 48 Abs. 3 GG; Art. 40 BWVerf; Art. 31 BayVerf; Art. 53 VvB; Art. 60 BbgVerf; Art. 82 Abs. 2 BremVerf; Art. 13 Abs. 1 HambVerf; Art. 98 HessVerf; Art. 22 Abs. 3 M-VVerf; Art. 13 Abs. 3 NV; Art. 50 Verf NW; Art. 97 Verf Rh-Pf; Art. 42 Abs. 3 SächsVerf; Art. 56 Abs. 5 LVerf LSA; Art. 11 Abs. 3 SchlHVerf.

Ergänzungsnormen im sonstigen thüringischen Recht

§§ 5 – 30 ThürAbgG v. 09.03.1995 (ThürGVBl. S. 121) zuletzt geändert durch Gesetz v. 09.10.2008 (ThürGVBl. S. 374).

Dokumente zur Entstehungsgeschichte

§ 9 Abs. 4 Vorl.LS; Art. 46 VerfE CDU; Art. 47 Abs. 3 VerfE F.D.P.; Art. 43 Abs. 2 VerfE SPD; Art. 35 Abs. 6 VerfE NF/GR/DJ; Art. 56 Abs. 1 VerfE LL/PDS; [1] Entstehung ThürVerf S. 142 f.

Literatur

Werner Braun/Monika Jantsch/Elisabeth Klante, Abgeordnetengesetz, 2002; *Lars Brocker/Thomas Messer*, Funktionszulagen für Abgeordnete und Oppositionszuschläge, NVwZ 2005, 895 ff.; *Sven Hölscheidt*, Funktionszulagen für Abgeordnete, DVBl. 2000, 1734 ff.; *Gerald Kretschmer*, Das Diätenurteil des Bundesverfassungsgerichts (21. Juli 2000) – Vom „Fehlfinanzierten" zum „fehlverstandenen Parlament?", ZParl 2000, 787 ff.; *Joachim Linck*, Verfestigung des Leitbilds vom Berufsabgeordneten durch das BVerfG, NJW 2008, 24 ff.; *ders.*, Ini-

---

75 BVerfGE 56, 396 (405); § 13 Abs. 1 ThürGOLT.

76 Vgl. z.B. § 8 ThürAbgG; Ziff. VIII der Verhaltensregeln; § 37 ThürGOLT; § 353 b Abs. 2 Nr. 1 StGB.

77 ThürVerfGH, LVerfGE 7, 337 (350); BVerfGE 60, 374 (380); 80, 188 (208 f.); 94, 351 (365).

1 Vgl. Art. 48 Fn. 2.

tiativen zur Änderung der Landesverfassung, in: Thüringer Landtag (Hrsg.), Zehn Jahre Thüringer Landesverfassung, 2004, S. 85 ff.; *ders.*, Zurück zum ehrenamtlichen Abgeordneten, in: von Arnim (Hrsg.), Defizite in Staat und Gesellschaft, 2010, S. 95 ff.; *ders.*, Zur Zulässigkeit parlamentarischer Funktionszulagen, ZParl 1976, 54 ff.; *ders.*, Kritisches zur Diätenkritik von 86 Staatsrechtslehrern, ZParl 1995, 683 ff.; *ders.*, Zur Verfassungsmäßigkeit des Thüringer Modells einer Indexierung der Abgeordnetendiäten, ThürVBl 1995, 104 ff.

Leitentscheidungen des ThürVerfGH und des BVerfG

ThürVerfGH, LVerfGE 9, 413 (Abgeordnetenentschädigung); 14, 458 (Abgeordnetenentschädigung).

BVerfGE 40, 296 (Abgeordnetenentschädigung); 102, 224 (Funktionszulagen Abg.).

A. Überblick

1 Art. 54 Abs. 1 begründet einen grundsätzlichen Anspruch von Abgeordneten des Thüringer Landtags auf eine Entschädigung (zum Begriff siehe Rn. 8). Für die Abgeordneten und deren Familie soll damit die finanzielle Existenzgrundlage garantiert werden, um die verfassungsrechtlich gebotene Unabhängigkeit des Abgeordneten (Art. 53 Rn. 28) zu sichern.

Art. 54 Abs. 2 schreibt eine – für das Verfassungsrecht in Bund und Ländern erst- und einmalige – jährliche Indexierung der Entschädigung vor: Das Einkommen verändert sich entsprechend der allgemeinen Einkommensentwicklung und die Aufwandsentschädigung entsprechend der allgemeinen Preisentwicklung.

B. Herkunft, Entstehung und Entwicklung

2 Erste Ansätze zur Kodifizierung von Diätenregelungen für Abgeordnete finden sich auf thüringischem Boden in § 70 des **„Grundgesetzes einer landständischen Verfassung für das Großherzogtum Sachsen-Weimar-Eisenach" von 1816 (siehe Art. 53 Rn. 4)**. Dort heißt es: „Alle Abgeordnete, auch die Mitglieder des Vorstandes, genießen für die Zeit ihres Aufenthalts auf dem Landtage, vor und mit dem Tage der Eröffnung, bis und mit dem Tage nach dem Schlusse des Landtags, eine tägliche Auslösung, ingleichen für jede Meile der Entfernung ihres inländischen Wohnorts oder Gutes von dem Orte des Landtags, eine Vergütung für Reise- und Zehrungskosten aus der Haupt- und Landschaftscasse."

In seinem **grundlegenden Diätenurteil vom 05.11.1975**[2] hatte das BVerfG u.a. festgestellt, dass sich die Stellung und die Aufgaben von Bundestagsabgeordneten, aber auch der Abgeordneten des Saarlandes (über dessen Diätenrecht das BVerfG in dem Urteil zu befinden hatte) fundamental geändert hätten. **Die Entwicklung des Abgeordnetenmandats vom reinen Ehrenamt zum Hauptberuf**, der heute folgerichtig mit einem vollen staatlichen Einkommen ausgestattet ist, verlief in Deutschland ziemlich uneinheitlich.[3] Noch die Reichsverfassung von 1871 verbot in Art. 32 für Mitglieder des Reichstags nicht nur eine „Besoldung“, sondern auch eine „Entschädigung“. Erst mit der Änderung von Art. 32 im Jahr 1906 wurde eine „Entschädigung“ eingeführt, am Besoldungsverbot jedoch festgehalten.[4] Mit der deutschland-weiten Einführung des allgemeinen, gleichen, unmittelbaren und geheimen Wahlrechts nach 1919 war der **Abschied vom Honoratioren-Abgeordneten besiegelt** und der Weg zu einem neuen Leitbild von Abgeordneten vorgezeichnet, an dessen Ende heute das Leitbild eines vom Staat besoldeten Berufsabgeordneten steht. Dieses Leitbild wurde vom Bundesverfassungsgericht in seinem Diätenurteil von 1975 entwickelt und in seiner weiteren Rechtsprechung verfestigt.[5] Da es in seinem Urteil von 1975 nicht nur für Mitglieder des Bundestages, sondern auch für die Abgeordneten des kleinen Saarlandes gezeichnet und verfassungsrechtlich legitimiert wurde, wurde es inzwischen von allen Landesparlamenten- mit gewissen Ausnahmen in den Stadtstaaten – übernommen und in den Abgeordnetengesetzen – insoweit durchaus konsequent – detailliert ausgemalt. So war auch in den Verfassungsberatungen in Thüringen der **Status des Landtagsabgeordneten als der eines vollalimentierten Berufsabgeordneten** von Beginn an – und bis heute – nahezu unbestritten. Zu dieser Einmütigkeit tragen sicherlich auch eigennützige Motive bei, da, von wenigen Ausnahmen abgesehen, die Abgeordneten der ersten Stunde nach der Wiedervereinigung ohne Beruf dastanden, weil ihre früheren Arbeitgeber weitgehend nicht mehr vorhanden waren; so konnten die Abgeordneten in einen neuen, vergleichsweise gut dotierten Beruf einsteigen. 3

In den Verfassungsberatungen war nur die **Indexklausel des Art. 54 Abs. 2 umstritten** – und sie ist es im Landtag und der Öffentlichkeit nach wie vor. 4

Schon am 31.08.1994, also ca. zehn Monate nach Verabschiedung der Verfassung wurde erstmals eine Initiative der PDS-Fraktion eingebracht, die Index-Reglung abzuschaffen; sie wurde noch mehrfach – jeweils erfolglos – wiederholt.[6]

Die Index-Regelung wurde allerdings zweimal durch ein verfassungskräftiges Moratorium ausgesetzt, um die Schere der absoluten Einkommenszuwächse zwischen den Einkommen der Abgeordneten und von Arbeitnehmern nicht zu stark auseinander klaffen zu lassen.[7]

2 BVerfGE 40, 296 ff.
3 Vgl. dazu i. E. *von Arnim*, in: BK, Art. 48 Rn. 55 ff., 99 ff.
4 Näheres bei *von Arnim*, in: BK, Art. 48, Rn. 59 ff.
5 *Linck*, NJW 2008, 24 ff.
6 *Linck*, in: Thüringer Landtag (Hrsg.), Zehn Jahre Thüringer Landesverfassung, 2004, S. 88 f.
7 *Linck*, in: Thüringer Landtag (Hrsg.), Zehn Jahre Thüringer Landesverfassung, 2004, S. 89 sowie ThürGVBl. vom 20.10.2004, S. 745.

C. Verfassungsvergleichende Information

5 Der Anspruch der Abgeordneten auf eine angemessene, ihre Unabhängigkeit sichernde Entschädigung ist – mit Ausnahme des Saarlands, das überhaupt keine Diätenregelung in der Verfassung kennt[8] – im GG und allen Landesverfassungen enthalten. Das Grundgesetz (Art. 48 Abs. 1) und einige Landesverfassungen (BW, Bay, Hess, NW, Sachs) treffen darüber hinaus noch ausdrücklich Regelungen über das Recht, Verkehrsmittel frei nutzen zu können (vgl. für die Rechtslage in Thüringen Rn. 10).

Das in Art. 54 Abs. 1 Satz 2 enthaltene Verbot, auf den Anspruch nach Satz 1 zu verzichten, ist in Bund und Ländern im Grundsatz ebenfalls geregelt, hinsichtlich der einzelnen Entschädigungsleistungen aber sehr unterschiedlich. So darf nach § 31 AbgG Bund z.B. auf Versorgungsleistungen nicht verzichtet werden, nach § 29 ThürAbgG ist hingegen ein Verzicht zulässig.

6 **Thüringen war mit Art. 54 Abs. 2 Vorreiter für eine Indexierung** sowohl für den einkommensbezogenen Teil der Entschädigung als auch für die Aufwandsentschädigung. Diesen Weg ist auch Bremen im Jahr 2012 gegangen (Art. 82 Abs. 2); der Bund und die Länder Baden-Württemberg, Bayern, Brandenburg, Hessen, Mecklenburg-Vorpommern und Sachsen hingegen nur hinsichtlich der Aufwandsentschädigung und das nicht auf verfassungsrechtlicher, sondern auf nur einfach gesetzlicher Grundlage.[9]

Die in Art. 54 Abs. 3 getroffene Verpflichtung zur **Bereitstellung von Haushaltsmitteln für eine wirksame Mandatsausübung** findet sich in ähnlicher Weise nur in den Verfassungen von Sachsen-Anhalt (Art. 56 Abs. 5 Satz 1) und Rheinland-Pfalz (Art. 97 Abs. 1).

D. Erläuterungen

I. Anspruch und Funktion der Abgeordnetenentschädigung sowie deren Ausgestaltung (Art. 54 Abs. 1)

7 **1. Der Anspruch auf „Entschädigung" und deren Funktion.** Art. 54 Abs. 1 begründet für die Abgeordneten des Thüringer Landtags einen **verfassungsrechtlichen Anspruch auf eine „angemessene, ihre Unabhängigkeit sichernde Entschädigung"**. Neben diesem Sinn und Zweck der Entschädigung sind **noch folgende Funktionen** zu nennen:[10] Die Förderung der aus dem passiven Wahlrecht abzuleitenden Freiheit und Gleichheit der Kandidatur, wofür die Entschädigung die wirtschaftliche Voraussetzung schafft. Die Entschädigung soll nicht nur die Unabhängigkeit, sondern die damit verbundene Freiheit des Mandats (Art. 53 Rn. 12) sichern. Schließlich soll auch über Art. 54 Abs. 1 die Repräsentativität des Parlaments gefördert werden; es soll allen Volksschichten offenstehen.

8 Der verfassungsrechtliche **Begriff der „Entschädigung"**, der üblicherweise mit dem Begriff „Diäten" synonym verwendet wird, enthält zwei Komponenten: Die finanzielle staatliche Leistung, welche den Lebensunterhalt für den Abgeordneten und seine Familie für die Zeit seiner Zugehörigkeit im Landtag sichern

---

8 „Aus Gründen der Selbstverständlichkeit", so: *Zeyer/Grethel*, in: Wendt/Rixecker, Art. 84 Rn. 7.

9 *von Arnim*, in: BK, Art. 48 Rn. 273, der einfachgesetzliche Indexregelungen für verfassungswidrig hält.

10 Vgl. dazu z.B. *Klein*, in: Maunz/Dürig, Art. 48 Rn. 23 ff.

soll. Dieser Bestandteil der Entschädigung kann daher mit dem Bundesverfassungsgericht auch als „Besoldung", „**Alimentation**" oder „**Einkommen**" bezeichnet werden.[11] Die zweite Komponente der Entschädigung ist die **Aufwandsentschädigung**, mit welcher der besondere finanzielle – nicht zeitliche (!)[12] – Aufwand abgedeckt werden soll, der durch die Wahrnehmung des Mandats entsteht. Diese finanziellen Leistungen werden ergänzt durch eine Amtsausstattung (dazu Rn. 28).

Die Abgeordnetenentschädigung hatte damit bereits in der Weimarer Zeit, endgültig aber unter Geltung des GG und gefestigt durch das Diätenurteil des BVerfG von 1975 trotz seines anders lautenden Wortlauts seine Funktion verloren, den Einkommensverlust auszugleichen, den Abgeordnete durch die Ausübung des Abgeordnetenmandats erleiden. 9

2. Die gesetzliche Ausgestaltung der Entschädigung. Die beiden Grundformen der Entschädigung werden in den §§ 5 – 21 des ThürAbgG weiter aufgefächert und konkretisiert, ohne dass auf jede dieser gesetzlich geregelten Leistungen allerdings auch ein verfassungsrechtlicher Anspruch besteht. Entgegen der Verfassungslage im Bund und fünf anderen Ländern (z.B. Art. 48 Abs. 3 GG; Art. 40 BWVerf; Art. 31 BayVerf; Art. 98 HessVerf; Art. 50 VerfNW; Art. 42 Abs. 3 SächsVerf), ist das Recht der Abgeordneten, **öffentliche Verkehrsmittel** im jeweiligen Land frei benutzen zu dürfen, in Thüringen – vernünftigerweise – nur einfach gesetzlich geregelt: Nach § 9 ThürAbgG haben Abgeordnete das Recht, „die Deutsche Bahn innerhalb Thüringens frei zu benutzen". Dieser Anspruch wird in der Weise realisiert, dass der Landtag bei der Deutschen Bahn für die Abgeordneten Freifahrtscheine gegen ein Entgelt erwirbt. 10

Da das Freifahrtrecht nach § 6 Abs. 1 Satz 1 und 2 iVm § 9 ThürAbgG zur „Amtsausstattung" gehört und daher nicht dem einkommensbezogenen Teil der Entschädigung nach § 5 ThürAbgG zuzurechnen ist, dürfen mit dem Freifahrtschein nur mandatsbezogene, jedoch keine privaten Fahrten durchgeführt werden;[13] somit sind auch entsprechende parteibezogene Fahrten untersagt.[14] Mit dem Verbot der Nutzung von Freikarten für Privatfahrten erübrigt sich die Frage nach einer pauschalierten Besteuerung des privaten Nutzungsanteils.[15] 11

Art. 54 Abs. 1 begründet insoweit verfassungsrechtlich nur einen rahmenrechtlichen Anspruch, der dem einfachen Gesetzgeber einen **weiten Spielraum** zur näheren Ausformung der Abgeordnetenentschädigung belässt.[16] Das **gesetzgeberische Ermessen** ist dabei jedoch in zweifacher Hinsicht begrenzt: die Entschädigung muss nach Art und Höhe so gestaltet sein, dass sie **„angemessen"** ist und damit die Unabhängigkeit des Abgeordneten sichert. Neben dieser verfassungsrechtlich gebotenen **Untergrenze**, besteht aber auch eine **Obergrenze**: die Ent- 12

---

11 BVerfGE 40, 296 (311, 314, 328); ThürVerfGH, LVerfGE 9, 413 (436).

12 *von Arnim*, in: BK, Art. 48 Rn. 256; ThürVerfGH, LVerfGHE 14, 458 (471).

13 Ebenso für die entsprechende Rechtslage im Bund (§ 12 Abs. 4 iVm § 16 AbgG): *Braun/Jantsch/Klanke*, Abgeordnetengesetz, 2002, § 17 Rn. 3; *Pieroth*, in: Jarass/Pieroth, Art. 48 Rn. 8; *Schulze-Fielitz*, in: Dreier, Art. 48 Rn. 33; inzwischen auch *von Arnim*, NVwZ-Extra 2012, 1 in Abweichung von seinen Erläuterungen in: BK, Art. 48 Rn. 277; aA hingegen *Klein*, in: Maunz/Dürig, Art. 48 Rn. 197; *Magiera*, in: Sachs, GG, Art. 48 Rn. 25.

14 *Von Arnim* sieht darin andernfalls eine verdeckte Parteienfinanzierung, NVwZ-Extra, 2012, 1 (2).

15 Vgl. dazu *von Arnim*, in: BK, Art. 48 Rn. 337; *ders.*, NVwZ-Extra 2012, 1 (2).

16 ThürVerfGH, LVerfGE 9, 413 (438).

schädigung darf nicht höher sein, als es vom Sinn und Zweck der Entschädigung geboten oder wenigstens vertretbar ist.[17] Üppige, die Funktion von Art. 54 Abs. 1 deutlich übersteigende Entschädigungen widersprechen dem Gleichheitsgebot und dem daraus abzuleitenden Willkürverbot,[18] sowie dem dem Amtsprinzip inhärenten Gemeinwohlgebot, wobei bei derartigen Entscheidungen in eigener Sache strenge Maßstäbe anzulegen sind.[19] Dennoch sind diese **Maßstäbe** letztlich wegen fehlender normativer Stringenz nur schwer justitiabel. Auch das BVerfG hat dafür nur vage Kriterien aufgestellt: die Bedeutung des Amtes, die Berücksichtigung der damit verbundenen Verantwortung und Belastung sowie den Rang des Abgeordnetenamtes im Verfassungsgefüge.[20]

13 **3. Vollzeitmandat und Vollalimentation.** Die Frage, ob und inwieweit unangemessene Entschädigungen verfassungsrechtlich unzulässig sind, führen zu der speziellen Problematik, ob der einfache Gesetzgeber das Mandat überhaupt zu einem **Vollzeitmandat** mit einer **Vollalimentation** ausgestalten darf. Das BVerfG hat beide Fragen in seinem Diätenurteil von 1975 nicht nur für den Bund, sondern auch für das kleine Saarland – und damit inzidenter für alle Flächenländer – bejaht.[21] Im Hinblick auf den Rückgang der Aufgaben von Landesparlamenten (Art. 48 Rn. 43 f.) kritisiert *von Arnim* allerdings zu Recht die Ausgestaltung der Mandate in den Landesparlamenten (mit Ausnahme der Parlamente in den Stadtstaaten) zu einer Vollzeittätigkeit mit einer entsprechenden Vollalimentation aus der Staatskasse. Anders als der Autor, der nur rechtspolitische Forderungen nach **Feierabendparlamenten** und einer grundsätzlichen **Teilzeittätigkeit für Abgeordnete** in den Ländern erhebt,[22] geht von Arnim noch einen Schritt weiter: „… die Ausgestaltung des Landtagsmandats als Teilzeittätigkeit mit entsprechender Bezahlung ist nicht nur eine verfassungsrechtliche Option, sondern stellt auch ein verfassungsrechtliches Gebot dar".[23]

14 **4. Vollzeitmandat und private Nebentätigkeit.** Obwohl das Abgeordnetenmandat im Bund und den Flächenländern nach 1975 zu einem Vollzeitberuf mit einer Vollalimentation ausgestaltet worden ist, entspricht es der ständigen Rechtsprechung der BVerfGE,[24] sowie der ganz h.L., dass Abgeordnete daneben einen **privaten Beruf** ausüben dürfen.[25] Wobei allerdings das Mandat im Mittelpunkt der Tätigkeit eines Abgeordneten stehen muss.[26] Das **Tranzparenzgebot** verpflichtet Abgeordnete allerdings über die Art ihrer Nebentätigkeit sowie, wenn auch nur begrenzt, über ihr privates Einkommen öffentlich Rechenschaft abzu-

17 ThürVerfGH, LVerfGE 9, 413 (435, 437); *von Arnim*, in: BK, Art. 48 Rn. 147 f.
18 BayVerfGHE 20, 96 (99); *Möstl*, in: Lindner/Möstl/Wolff, Art. 31 Rn. 8.
19 Das gilt insbesondere für das Transparenzgebot, ThürVerfGH, LVerfGE 9, 334 f.; 14, 458 (467).
20 BVerfGE 40, 296 (315 f.).
21 Ob der Gesetzgeber zu einer derartigen Gestaltung der Abgeordnetenentschädigung sogar *verpflichtet* ist, so BVerfGE 40, 296 (316) entgegen BVerfGE 76, 256 (341 ff.) ist eine andere Frage.
22 *Linck*, in: von Arnim (Hrsg), Defizite in Staat und Gesellschaft, 2010, S. 95 ff.
23 *von Arnim*, in: BK, Art. 48 Rn. 172.
24 BVerfGE 40, 296 (318 f.); 118, 277 (323).
25 BVerfGE 40, 296 (318 f.); 118, 277 (323); *von Arnim*, in: BK, Art 48 Rn. 35 ff.; 294 ff.; *Klein*, in: HStR III, § 51 Rn. 37.
26 So ausdrücklich § 44 a AbgG Bund; BVerfGE 118, 277 (336).

legen. Der Wähler muss wissen, ob er seinem Abgeordneten vertrauen kann, sein Mandat unabhängig wahrzunehmen.[27]

5. Gleichheit der Entschädigung und Funktionszulagen. Aus dem Verfassungsgebot, alle Abgeordneten gleich zu behandeln (Art. 53 Rn. 30), ist das verfassungskräftige Gebot abzuleiten, dass alle Abgeordneten grundsätzlich ein **gleich hohes Einkommen** (Alimentation über die Grundentschädigung) erhalten müssen und Ausnahmen nur aus besonderen, zwingenden Gründen zulässig sind.[28] **Ausnahmen von diesem Grundsatz der Diätengleichheit** lässt das Bundesverfassungsgericht nur für Parlamentspräsidenten, deren Stellvertreter[29] und Fraktionsvorsitzende zu,[30] nicht jedoch auch z.B. für Parlamentarische Geschäftsführer oder stellvertretende Fraktionsvorsitzende. Diese Rechtsprechung ist zu Recht umstritten, da sie einen realistischen Blick auf die Bedeutung und die Aufgaben von Funktionsträgern im Parlament und seinen Fraktionen vermissen lässt.[31] 15

Dieses enge, vom BVerfG vertretene **Funktionszulagenverbot** gilt allerdings nicht für die Stadtstaaten mit Teilzeitparlamenten und Teilalimentationen.[32] 16

Das **verfassungsrechtliche Verbot von Funktionszulagen aus der Staatskasse** für andere Funktionsträger als den Parlamentspräsidenten, dessen Stellvertreter und den Fraktionsvorsitzenden darf **nicht dadurch umgangen** werden, dass man z.B. Parlamentarischen Geschäftsführern oder Ausschussvorsitzenden an Stelle eines steuerpflichtigen Zusatzeinkommens (§ 5 Abs. 2 ThürAbgG) nach § 6 Abs. 3 ThürAbgG eine steuerfreie Aufwandsentschädigung gewährt, die wirtschaftlich unter Berücksichtigung der steuerrechtlichen Behandlung beider Entschädigungsarten einer Erhöhung der Grundentschädigung ziemlich nahe kommt. Ein derartiges Umgehungsmanöver des Thüringer Landtags durch eine entsprechende Änderung von § 6 Abs. 3 ThürAbgG (Gesetz vom 20.12.2000, ThürGVBl. S. 419) ist jedoch vom Thüringer Verfassungsgerichtshof kassiert worden.[33] Sehr zu Recht hat das Verfassungsgericht betont, dass die Aufwandsentschädigung erheblich zu hoch bemessen worden sei. Eine Aufwandsentschädigung dürfe zwar auch pauschaliert werden, sie müsse sich aber am tatsächlichen Aufwand orientieren, der in dem finanziellen Mehraufwand bestehe, der durch das Mandat entstanden sei.[34] 17

Heftig umstritten ist die ziemlich durchgehende, auch in Thüringen von einigen Fraktionen geübte Praxis, an Stelle der vom Bundesverfassungsgericht untersag- 18

---

27 Zur Rechtslage im Bund vgl. BVerfGE 118, 277 und die Besprechung von *Linck*, NJW 2008, 28 ff.; *von Arnim*, in: BK Art. 48 Rn. 294 ff.; Thüringen besitzt, über erste Ansätze in den Verhaltensrichtlinien hinaus, bisher keine weitergehenden Anzeige- und Veröffentlichungspflichten insbesondere zur Höhe der Nebeneinkünfte.

28 BVerfGE 40, 296 (317 f.); 102, 224 (237 ff.); ThürVerfGH, LVerfGE 14, 458 (469 f.); vgl. dazu auch *von Arnim*, in: BK, Art. 48 Rn. 174; *Kretschmer*, in: Schmidt-Bleibtreu/Hofmann/Hopfauf, Art. 48 Rn. 19; *Schulze-Fielitz*, in: Dreier, Art. 48 Rn. 24.

29 BVerfGE 40, 296 (318).

30 BVerfGE 102, 224 (242 ff.); 199, 302 (309).

31 *Linck*, ZParl 1976, 54 (57 ff.); *Brocker/Messer*, NVwZ 2005, 895 (896 f).; *Kretschmer*, ZParl 2000, 787 (788 ff.); *Klein*, in: Maunz/Dürig, Art. 48 Rn. 169 f.; *Hölscheidt*, DVBl. 2000, 1734 (1739 f.); *Jutzi*, NJ 2000, 591; *Welti*, DÖV 2001, 705 (708 f.); vgl. im Übrigen Art. 58 Rn. 21 ff.

32 HambVerfG, NJW 1998, 1054; *von Arnim*, in: BK, Art. 48 Rn. 182; *Schulze-Fielitz*, in: Dreier, Art. 48 Rn. 25.

33 ThürVerfGH, LVerfGE 14, 458 (477 ff.).

34 ThürVerfGH, LVerfGE 14, 458 (475).

ten Funktionszulagen aus dem Staatshaushalt, diese **Zulagen aus den Fraktionskassen** zu bezahlen.[35] Mit dieser Praxis wird jedoch die Rechtsprechung des Bundesverfassungsgerichts in unzulässiger Weise umgangen.[36]

19 Auch wenn man sich auf den Standpunkt stellt, dass sich das BVerfG direkt nur zur Verfassungsmäßigkeit von Funktionszulagen aus Staats- nicht aber auch aus Fraktionskassen geäußert hat,[37] so ist dem Urteil, insbesondere seinen Gründen, dennoch indirekt zu entnehmen, dass es in einem von ihm hierzu künftig zu entscheidenden Streitfall, auch Funktionszulagen aus Fraktionskassen aus folgenden Gründen für unzulässig erklären würde:[38] Abgesehen von geringen Eigenbeiträgen von Abgeordneten, die zumeist für Fraktionsreisen bzgl. deren mehr privaten Teil verwendet werden, werden die Fraktionskassen aus dem Landeshaushalt (§ 49 ThürAbgG) gespeist und somit die Zulagen letztlich aus der Staatskasse gezahlt. Noch gewichtiger ist das Argument, dass das Bundesverfassungsgericht mit seinem Funktionszulagenverbot im Hinblick auf das strikte Gleichheitsgebot und den Status von Abgeordneten „Abgeordnetenlaufbahnen" und „Einkommenshierarchien" sowie unerwünschte, die Freiheit und Unabhängigkeit der Abgeordneten gefährdende Einflüsse der Fraktionsführungen verhindern will.[39] Diese Gefährdungen werden aber nicht etwa geringer, sondern eher verstärkt, wenn die Zulagen nicht auf der Grundlage und den Kriterien staatlichen Rechts, sondern autonom von den Fraktionen, insbesondere ihren Führungsgremien entschieden werden.

20 **6. Verzicht auf die Abgeordnetenentschädigung und deren Übertragbarkeit.** Nach Art. 54 Abs. 1, Satz 1 kann auf den **Entschädigungsanspruch** nach Satz 1 **nicht verzichtet** werden. Der Sinn dieses Verbots liegt darin, die nach Art. 54 Abs. 1 Satz 1 verfassungsrechtlich abgesicherte finanzielle Unabhängigkeit der Abgeordneten zusätzlich zu stützen; sie soll den Abgeordneten tatsächlich zukommen.[40] Da das Thüringer Abgeordnetengesetz in den §§ 5 bis 21 eine Vielzahl von Leistungen an Abgeordnete regelt, stellt sich die Frage, ob alle dort aufgeführten Leistungen unverzichtbar sind, oder ob unter dieses Verbot nur bestimmte Leistungen fallen. Der Gesetzgeber hat von der verfassungsrechtlichen Ermächtigung in Absatz 3, das Nähere durch Gesetz zu regeln, in § 29 ThürAbgG in der Weise Gebrauch gemacht, dass dieses Verbot nur die Entschädigungsleistungen nach §§ 5 bis 7 erfasst, also die Grund- und Zusatzentschädigung (§ 5), die Aufwandsentschädigung (§ 6) und die Leistungen für persönliche Mitarbeiter sowie die Bürogrundausstattung (§ 7). Folglich kann demgemäß auf eine ganze Reihe wichtiger Leistungen verzichtet werden (z.B. Freifahrtsberechtigung, Reisekosten, Übergangsgeld, Alters- und Hinterbliebenenversorgung, Beihilfe).

35 Vgl. dazu die Aufstellung bei *von Arnim*, in: BK, Art. 48 Rn. 187.
36 Ebenso *von Arnim*, in: BK, Art. 48, Rn. 181, 185; *Röper*, ZParl 2003, 419 (422 ff.); *Schulze-Fielitz*, in: Dreier, Art. 48 Rn. 25; *Schmahl*, AöR 130 (2005), 114 (144 f.); *Hölscheidt*, DVBl. 2000, 1734 (1741); *Hellermann*, ZG 2001, 177 (187 f.); *von Eichborn*, KritV 2001, 59 f.; aA *Kretschmer*, in: Schmidt-Bleibtreu/Hofmann/Hopfauf, Art. 48 Rn. 20 a; *Lersch*, ZRP 2002, 159 (162 f.).
37 *Jutzi*, NJ 2000, 591.
38 Die Frage der Bindungswirkung des Urteils wird damit pragmatisch umgangen.
39 BVerfGE 102, 224 (241).
40 *Braun/Jantsch/Klanke*, Abgeordnetengesetz, 2002, § 31 Rn. 8.

Damit stellen sich im Hinblick auf die ratio dieser Vorschrift **eine** Reihe schwieriger, bisher nicht erörterter Fragen: 21

- Gibt es unter den in §§ 9 bis 21 ThürAbgG Leistungen, die zur Sicherung der Freiheit und Gleichheit sowie Unabhängigkeit der Abgeordneten erforderlich und daher nicht verzichtbar sind und um welche Leistungen handelt es sich dabei aus verfassungsrechtlicher Sicht?
- Zu welchem Zeitpunkt kann dieser Verzicht hinsichtlich der Leistungen für ehemalige Abgeordnete erklärt werden, um die Unabhängigkeit des Abgeordneten zu sichern: bereits vor oder erst nach dem Mandatsverlust – oder vielleicht schon im Wahlkampf?
- Wer ist befugt, den Verzicht bei Leistungen an Hinterbliebene zu erklären: nur der Abgeordnete oder auch die Hinterbliebenen?

Diese Fragen werden allerdings in der Praxis in aller Regel nur wenig Bedeutung erlangen. Denn wer verzichtet schon auf Ansprüche gegenüber dem Staat? Dennoch können sie in Einzelfällen durchaus praktische Bedeutung erlangen: So z.B. könnte sich ein wohlhabender Abgeordneter öffentlichkeitswirksam bereits im Wahlkampf verpflichten, im Falle seiner Wahl auf bestimmte Leistungen zu verzichten, oder er erklärt diesen Verzicht im Verlauf einer Wahlperiode, um damit seine Wahl oder Wiederwahl zu befördern. Damit könnte zwischen wohlhabenden und weniger betuchten Abgeordneten die Chancengleichheit vor der Wahl, aber auch der Status von Abgeordneten während der Wahlperiode betroffen werden. 22

Hier können nicht alle im Zusammenhang mit Art. 54 Abs. 1 Satz 2 in Betracht kommenden Fälle differenziert erörtert und gelöst werden.

Die unproblematischste Lösung für den Gesetzgeber würde darin liegen: Sämtliche gesetzlich geregelten Leistungen werden für unverzichtbar erklärt; das aber ist in § 29 ThürAbgG gerade nicht geschehen. Will man **verzichtbare und unverzichtbare Leistungen differenzieren**, dann gilt es dabei aus verfassungsrechtlicher Sicht zwei wesentliche Maßstäbe zu beachten: Ob und ggf. inwieweit die Freiheit und Unabhängigkeit des verzichtenden Abgeordneten berührt wird und welche Auswirkungen sich auf das verfassungsrechtliche Gebot ergeben, wonach alle Abgeordneten gleich sind und auch die gleichen Chancen bereits bei der Wahl sowie bei der Ausübung des Mandats haben müssen. 23

Im Unterschied zu den Verfassungen in Mecklenburg-Vorpommern und Schleswig-Holstein[41] ist in der Thüringer Verfassung nicht vorgeschrieben, dass **Entschädigungsansprüche nicht übertragbar** sind. Vielmehr wurde zur Übertragbarkeit von Entschädigungsansprüchen in § 29 ThürAbgG eine differenzierte Regelung getroffen. Soweit Teile der Entschädigung nicht übertragen werden dürfen, sind sie nach § 851 ZPO auch nicht pfändbar. Damit sollen die Freiheit, Unabhängigkeit und Gleichheit der Abgeordneten gesichert werden; private Gläubiger sollen das Gebot der gleichen Alimentierung von Abgeordneten nicht unterlaufen und keinen wirtschaftlichen Druck auf verschuldete Abgeordnete ausüben können. Aufgrund der ratio des grundsätzlichen Gebots der Unübertragbarkeit von Entschädigungen ist eine Differenzierung zwischen den Leistungen an aktive und ehemalige Abgeordnete gerechtfertigt.[42] 24

41 Vgl. z.B. Art. 22 Abs. 3, Satz 2 M-VVerf; Art. 11 Abs. 3, Satz 2 SchlHVerf.
42 Zur Unübertragbarkeit von Entschädigungen: *Tebben*, in: Litten/Wallerath, Art. 22 Rn. 46.

II. Änderung der Höhe von Abgeordnetenentschädigungen durch Indexierungsverfahren (Art. 54 Abs. 2)

25 Nicht nur **Erhöhungen** der **Abgeordnetenentschädigung**, sondern auch ihre **Anpassung an die allgemeine Einkommens- und Preisentwicklung**[43] passt nie in die politische Landschaft und stößt regelmäßig auf heftige öffentliche Kritik. Der erste Thüringer Landtagspräsident, **Gottfried Müller**, sprach daher mit Blick auf die bisherigen Gesetzgebungsverfahren in Diätenangelegenheiten sehr treffend vom „Fluch in eigener Sache entscheiden zu müssen“ und „vom bösen Schein der Selbstbedienung“; daher sann er auf ein Verfahren, diesem Fluch zu entgehen. Sein Lösungsvorschlag war die in Art. 54 Abs. 2 übernommene **spezielle Thüringer Index-Regelung** über die Veränderung der Grundentschädigung und die Aufwandsentschädigung, die in § 26 ThürAbgG konkretisiert wurde. Danach verändert sich jährlich das Einkommen der Abgeordneten „entsprechend dem Durchschnitt der Veränderung der Bruttoeinkommen von abhängig Beschäftigten sowie von Empfängern von Arbeitslosenentgelt II in Thüringen“, die Höhe der Aufwandsentschädigung, „entsprechend der Entwicklung der Lebenshaltungskosten aller privaten Haushalte in Thüringen (§ 26 ThürAbgG). Die Indizes und die sich daraus ergebenden Veränderungen der Entschädigungen werden vom Statistischen Landesamt ermittelt und vom Landtagspräsidenten veröffentlicht (§ 26 Abs. 3 ThürAbgG); eine weitere Entscheidung des Gesetzgebers entfällt. Weil damit dem vom Bundesverfassungsgericht aus Art. 48 Abs. 3 GG entnommenen Gebot an den Gesetzgeber nicht entsprochen wird, dass „jede Änderung in der Höhe der Entschädigung im Plenum zu diskutieren und vor den Augen der Öffentlichkeit zu entscheiden ist,[44] hat der Thüringer Landtag seine Indexierungsregelung dem Grunde nach im Hinblick auf seine Verfassungsautonomie mit Art. 54 Abs. 2 verfassungsfest gemacht.

26 Diese Regelung ist in der Literatur vielfach kritisiert worden,[45] jedoch vom Thüringer Verfassungsgerichtshof als rechtmäßig bestätigt worden. So habe der Thüringer Landtag für die Indexregelung aufgrund seiner **Verfassungsautonomie** die Regelungskompetenz und im Übrigen sei das Verfahren auch **transparent**.[46]

Die ursprünglich nicht ganz unproblematische Berechnung der Durchschnittseinkommen auf der Basis von nicht alle Arbeitsabkommen erfassenden Einkommensstatistiken wurde inzwischen durch verbesserte Statistiken gelöst. Die **Rechtmäßigkeit der verfassungsrechtlichen Indexregelung** steht nach der grundlegenden Entscheidung des Thüringer Verfassungsgerichtshofs nicht mehr in Frage.[47]

43 Wenn der Begriff der „Diätenanpassung“ 1985 zum „Unwort des Jahres“ erkoren wurde, weil damit Diätenerhöhungen verharmlost, beschönigt und verschleiert würden, so kann man jedenfalls der thüringischen Indexregelung diesen Vorwurf nicht machen, weil sie nicht zwingend zu einer Erhöhung der Diäten führt und im Übrigen sehr transparent ist.

44 BVerfGE 40, 296 (317).

45 So insbesondere von *von Arnim*, in: BK, Art. 48 Rn. 129 und die dort unter Fn. 278 angegebenen Stimmen.

46 ThürVerfGH, LVerfGE 9, 413 (428 ff., 435 ff.).

47 So bereits zuvor: *Huber*, ThürVBl 1993, Sonderheft B, 4 (13); *Linck*, in: Linck/Jutzi/Hopfe, Art. 54, Rn. 10; *ders.*, ZParl 1995, 372 (376 ff.; 685 ff.); ThürVBl 1995, 104 ff.; *Rommelfanger*, ThürVBl 1993, 173 (183); aA immer noch *Brenner*, in: HStR III, § 44 Rn. 29; zweifelnd *von Arnim*, in: BK, Art. 48 Rn. 130.

III. Bereitstellung der erforderlichen Mittel zur wirksamen Mandatsausübung (Art. 54 Abs. 3)

Die Verpflichtung zur **Bereitstellung von Haushaltsmitteln für „die wirksame Mandatsausübung“** betrifft die Pflicht des Landtagspräsidenten nach Art. 57 Abs. 3, Satz 1 i.V.m. § 27 ThürLHO, die danach erforderlichen Mittel bei der Haushaltsaufstellung gegenüber dem Finanzminister anzumelden (Voranschläge gem. § 27 ThürLHO). § 28 Abs. 3 ThürLHO geht zwar davon aus, dass der Finanzminister von diesen Voranschlägen abweichen kann. Ob diese Regelung aus Gründen der Gewaltenteilung verfassungsrechtlich zulässig ist, erscheint problematisch; sie ist nur dadurch vertretbar, dass der Landtag „seinen“ Haushalt im Rahmen der Gesetzgebungsverfahren nach seinen Vorstellungen ggf. auch abweichend vom Regierungsentwurf durchsetzen kann. 27

Haushaltsmittel müssen zum einen für die Bedienung aller gesetzlichen Verpflichtungen nach den §§ 5 bis 21 ThürAbgG bereitgestellt werden. Diese Verpflichtung ergibt sich bereits daraus, dass der Haushalt nach den Grundsätzen der Vollständigkeit sowie der Haushaltswahrheit und -klarheit aufzustellen ist (Art. 98 Rn. 10); insoweit hätte Art. 54 Abs. 3 nur eine deklaratorische oder die Grundsätze des Haushaltsrechts verstärkende Wirkung. Die eigentliche substantielle Bedeutung von Art. 54 Abs. 3 liegt somit darin, Haushaltsmittel außerhalb der gesetzlich fixierten Leistungen nach dem Abgeordnetengesetz für solche Leistungen bereitzustellen, derer Abgeordnete für eine „wirksame Mandatsausübung“ bedürfen. Nur diese Leistungen sollen hier – abweichend von § 6 Abs. 1 ThürAbgG – unter den **Begriff der Amtsausstattung** iwS gefasst werden. Welche Leistungen dazu gehören, bestimmt der Haushaltsgesetzgeber; sein gesetzgeberisches Ermessen wird nur dadurch begrenzt, dass es sich um Mittel für Leistungen handeln muss, die „für eine wirksame Mandatsausübung“ „erforderlich“ sind. Da die Leistungen an Abgeordnete im Thüringer Abgeordnetengesetz nahezu vollständig gesetzlich geregelt sind (vgl. dazu insbesondere § 6 Abs. 1 Satz 1 und Rn. 29 ff.), fallen unter die Amtsausstattung iwS die Bereitstellung und funktionsgerechte Ausstattung von Büros und Besprechungsräumen mit entsprechenden Serviceleistungen für Abgeordnete im Landtagsgebäude, eine dortige Essens- und Getränkeversorgung oder der erforderliche Zugriff im Einzelfall auf die Landtagsverwaltung, z.B. auf den Wissenschaftlichen Dienst oder den Fuhrpark des Landtags. 28

IV. Verfassungsrechtliche Ermächtigung des Gesetzgebers zur Konkretisierung von Art. 54 (Art. 54 Abs. 4)

Nach Art. 54 Abs. 4 wird der Landtag ermächtigt, „das Nähere“ durch „Gesetz“ zu regeln. Der Gesetzgeber kann damit insbesondere konkretisieren, was unter den verfassungsrechtlichen Begriff der Entschädigung zu fassen ist, aber auch darüber hinausgehende Leistungen an Abgeordnete begründen. Grenzen sind ihm allerdings – wie oben im Einzelnen ausgeführt – durch die Angemessenheit und die Erforderlichkeit gesetzt. 29

Die **Indexregelung** von Art. 54 Abs. 2 widerspricht nicht dem Gesetzesvorbehalt, da sie verfassungsrechtlich verankert und im Übrigen auch dem Grund nach in § 26 ThürAbgG gesetzlich geregelt ist. 30

31 Art. 54 Abs. 4 würde es verbieten, die Diäten durch Dritte, z.B. eine **unabhängige Diätenkommission** festzusetzen;[48] ob dies im Wege einer Verfassungsänderung zulässig wäre, ist umstritten.[49] Keine verfassungsrechtlichen Bedenken bestehen hingegen gegenüber einer Kommission, die nur eine beratende Funktion hat, wie nach Art. 56 Abs. 5 Satz 2 LVerf LSA.

32 Der Gesetzgeber darf die Abgeordnetenentschädigung, das gilt insbesondere für die **Aufwandsentschädigung, pauschalieren,**[50] sei es durch Einheitspauschalen oder gestaffelte Pauschalen.[51] Für eine derartige Lösung sprechen allein schon Kostengründe, da „Spitzabrechnungen“ einen erheblich höheren Einsatz sachlicher und personeller Ressourcen erfordern würden.[52] Darüber hinaus ist zu fragen, ob Pauschalierungen sogar verfassungsrechtlich geboten sind. Dafür spricht das Gewaltenteilungsprinzip, wonach die Exekutive Mitglieder des Parlaments nicht daraufhin kontrollieren sollte, ob und in welchem Umfang ihre konkrete Abgeordnetentätigkeit durch das Mandat gedeckt ist. Eine **„Spitzabrechnung“** greift außerdem in die Unabhängigkeit von Abgeordneten ein.[53] Abgeordnete haben z.B. einen Anspruch darauf, dass Gespräche in Ausübung ihres Mandats hinsichtlich Teilnehmer, Ort, Zeitpunkt und Zeitraum der Gespräche vertraulich bleiben, da dem Bekanntwerden bestimmter Gespräche eine erhebliche politische Sprengkraft innewohnen kann. Bei der **Pauschalierung** hat der Gesetzgeber allerdings Grenzen zu beachten: Es muss sich um einen Aufwand handeln, der mandatsbedingt tatsächlich entstanden ist und sich am tatsächlichen Aufwand orientiert.[54]

Artikel 55 [Indemnität; Immunität]

(1) [1]Abgeordnete dürfen zu keiner Zeit wegen ihrer Abstimmung oder wegen einer Äußerung, die sie im Landtag, in einem seiner Ausschüsse oder sonst in Ausübung ihres Mandats getan haben, gerichtlich oder dienstlich verfolgt oder sonst außerhalb des Landtags zur Verantwortung gezogen werden. [2]Dies gilt nicht für verleumderische Beleidigungen.

(2) [1]Abgeordnete dürfen wegen einer mit Strafe bedrohten Handlung nur mit Zustimmung des Landtags zur Verantwortung gezogen oder verhaftet werden, es sei denn, daß sie bei der Begehung der Tat oder im Laufe des folgenden Tages festgenommen werden. [2]Die Zustimmung ist auch für jede andere Beschränkung der persönlichen Freiheit von Abgeordneten erforderlich.

(3) Jedes Strafverfahren gegen Abgeordnete und jede Haft oder sonstige Beschränkung ihrer persönlichen Freiheit sind auf Verlangen des Landtags für die Dauer der Wahlperiode auszusetzen.

(4) Die Entscheidungen nach den Absätzen 2 und 3 können einem Ausschuß übertragen werden.

48 *von Arnim*, in: BK, Art. 48 Rn. 138; *Glauben*, in: Grimm/Caesar, Art. 97 Rn. 6; *Schulze-Fielitz*, in: Dreier, Art. 48 Rn. 36.
49 Dazu *von Arnim*, in: BK, Art. 48 Rn. 138.
50 ThürVerfGH, LVerfGE 9, 413 (447); 14, 458 (474).
51 Zu den unterschiedlichen Arten einer Pauschalierung vgl. *von Arnim*, in: BK, Art. 48 Rn. 253 ff.
52 *Braun/Jantsch/Klaute*, Abgeordnetengesetz, 2002, § 12 Rn. 10 f.
53 AA *von Arnim*, in: BK, Art. 48 Rn. 258.
54 ThürVerfGH, LVerfGE 9, 413 (447); 14, 458 (475); BVerfGE 40, 296 (318, 328); 49, 1 (2); näher dazu: *von Arnim*, in: BK, Art. 48 Rn. 256 ff.

Vergleichbare Regelungen

Art. 66 GG; Art. 37, 38 BWVerf; Art. 27, 28 BayVerf; Art. 51 Abs. 1, 3, 4 VvB; Art. 57, 58 BbgVerf; Art. 94, 95 BremVerf; Art. 14, 15 HambVerf; Art. 95, 96 HessVerf; Art. 24 Abs. 1, 2 M-VVerf; Art. 14, 15 NV; Art. 47, 48 Verf NW; Art. 93, 94 Verf Rh-Pf; Art. 81, 82 SaarlVerf; Art. 55 SächsVerf; Art. 57, 58 LVerf LSA; Art. 24 Abs. 1, 2 SchlHVerf.

Ergänzungsnormen im sonstigen thüringischen Recht

§ 104 ThürGOLT idF der Bek. v. 19.07.2012 (LT-Drs. 5/4750); Beschl. des Thüringer Landtags „Immunität von Abgeordneten des Thüringer Landtags" v. 19.11.2009 (LT-Drs. 5/120).

In Thüringen gelten auch einschlägige bundesrechtliche Normen wie: §§ 36, 78 b Abs. 2 StGB; §§ 97, 152 a StPO; Nr. 23, 191, 193 b, 298 der RiStBV (BAnz v. 29.09.1987, Nr. 181); Rdschr. BMI v. 10.01.1983 (GMBl. S. 37).

Dokumente zur Entstehungsgeschichte

§ 9 Vorl.LS; Art. 47 VerfE CDU; Art. 44 VerfE F.D.P.; Art. 47 VerfE SPD; Art. 36 VerfE NF/GR/DJ; Art. 54 VerfE LL/PDS;[1] Entstehung ThürVerf S. 144 f.

Literatur

Hermann Butzer, Immunität im demokratischen Rechtsstaat, 1991; *Wolfgang Härth*, Die Rede- und Abstimmungsfreiheit der Parlamentsabgeordneten in der Bundesrepublik Deutschland, 1983; *Dieter Wiefelspütz*, Die Immunität der Abgeordneten, DVBl. 2002, 1229 ff.; *Reinhard Wurbs*, Regelungsprobleme der Immunität und Indemnität in der parlamentarischen Praxis, 1988.

Leitentscheidung des BVerfG

BVerfGE 104, 310 (Immunität).

A. Überblick

Art. 55 hat eine **doppelte Schutzfunktion**: er sichert und konkretisiert einzelne den Abgeordneten nach Art. 53 verliehene Statusrechte (Art. 53 Rn. 12 ff.) sowie die Arbeits- und Funktionsfähigkeit des Parlaments.[2] In Art. 55 wird sowohl die Indemnität (Abs. 1) als auch die Immunität (Abs. 2, 3) von Abgeordneten des Landtags geregelt. Die Indemnität schützt speziell die Rede- und Abstimmungsfreiheit der Abgeordneten und die Immunität die gesamte parlamentarische Tätigkeit von Abgeordneten – jeweils im Interesse des Landtags als Ganzes. 1

1 Vgl. Art. 48 Fn. 1.

2 BVerfGE 104, 310 (328, 331), *Butzer*, in: Epping/Hillgruber, Art. 46, Überblick; *Klein*, in: Maunz/Dürig, Art. 46 Rn. 51; *Magiera*, in: Sachs, GG, Art. 46 Rn. 1.

B. Herkunft, Entstehung und Entwicklung

2 Bei der **Indemnität und Immunität** handelt es sich um **traditionelle Elemente des Parlamentsrechts.** Als Schutzvorkehrungen gegen die Judikative, insbesondere die Exekutive haben sie ihre **Wurzeln** im englischen Parlamentarismus und den französischen Verfassungen seit 1789; danach haben sie Eingang in alle frühkonstitutionellen deutschen Landesverfassungen gefunden.[3] Für die **Anfänge des Konstitutionalismus** in Thüringen soll auf folgende Paragrafen des „Grundgesetzes einer Landständischen Verfassung für das Großherzogtum Sachsen-Weimar-Eisenach" verwiesen werden (siehe Art. 53 Rn. 4):

„§ 68. Niemand kann wegen seiner Äußerungen in der ständischen Versammlung verantwortlich gemacht werden. es versteht sich, dass allezeit der gehörige Abstand beobachtet wird, und daß jede Verunglimpfung der höchsten Person des Landesfürsten oder eine Beleidigung der Regierung, des Landtags oder Einzelner, verboten und nach den Gesetzen strafbar ist.

§ 69. die Landständischen Abgeordneten, mit Einschlusse des Landmarschalls und seiner Gehülfen, genießen sowohl in ihrer Gesamtheit als einzeln völlige Unverletzlichkeit der Person vom anfange des Landtags bis acht Tage nach dem Schlusse desselben. Nur mit Einwilligung des Landtags, auf dem Wege Rechtens, kann, in dringenden Fällen, gegen sie verfahren werden."

3 Der Thüringer Verfassungsgeber hat auf Grund seiner Verfassungsautonomie (Art. 48 Rn. 37) im Parlamentsrecht[4] im Wesentlichen an die üblichen bundesweiten Regelungen zur Indemnität und Immunität angeknüpft (zu den Spezifika der thüringischen Regelung vgl. Rn. 47).

4 In den **Verfassungsberatungen**[5] zur Indemnitätsregelung wurde der Umfang des räumlichen Schutzbereichs diskutiert, der üblicherweise – wie z.B. in Art. 46 Abs. 1 Satz 1 GG – auf Abstimmungen oder Äußerungen im Parlament oder dessen Ausschüsse begrenzt wird; insbesondere sollten vom Indemnitätsschutz auch Abstimmungen und Äußerungen in den Fraktionen erfasst werden. In Anlehnung an § 9 Abs. 1 Satz 1 der Vorl.LS entschied man sich schließlich für einen weitgehenden, somit auch Fraktionen umfassenden Schutzbereich; alle „in Ausübung des Mandats" getätigten Abstimmungen oder Äußerungen sollten geschützt werden.

5 Zur Immunitätsregelung wurde erörtert, ob man Verkehrsdelikte aus dem Anwendungsbereich des Art. 55 Abs. 2 herausnehmen sollte, was schließlich unterblieb, um die Verfassung nicht zu überfrachten. Weiterhin einigte man sich darauf, aus § 9 Abs. 2 Satz 3 Vorl.LS die verfassungsrechtliche Ermächtigung zu übernehmen, dass Immunitätsentscheidungen auf einen Ausschuss übertragen werden dürfen, um strafbare Handlungen im Stadium von Ermittlungen noch nicht zum Nachteil von Abgeordneten in öffentlicher Plenarsitzung offenzulegen. Entgegen § 9 Abs. 2 Satz 4 der Vorl.LS sollte der Ausschuss abschließend entscheiden können.

3 Zu den geschichtlichen Grundlagen: BVerfGE 104, 310 (326) hinsichtlich der Immunität; *Klein*, in: Schneider/Zeh, § 17 Rn. 9 ff.; *Butzer*, in: Epping/Hillgruber, Art. 46, Überblick; *ders.*, Immunität im deutschen Rechtsstaat, S. 30 ff.

4 *Klein*, in: Schneider/Zeh, § 17 Rn. 5.

5 Siehe zum folgenden auch: Entstehung ThürVerf, S. 145.

Art. 55 ist bisher weder geändert worden, noch wurden entsprechende Änderungsanträge in den Landtag eingebracht. Es gab aber auch in Thüringen, wie in der verfassungsrechtlichen Literatur, eine Reihe von **Stimmen, die Immunität**[6] **abzuschaffen.**[7] Der CDU-Fraktionsvorsitzende **Mike Mohring** begründete seine, allerdings nicht förmlich in den Landtag eingebrachte Initiative zur Abschaffung der Immunität u.a. mit folgenden beachtlichen Argumenten: Die Immunität sei ein historisches Relikt und sie behindere die nötige Transparenz von gegen Abgeordnete gerichtete Verfahren.[8] Für eine Abschaffung der Immunität lassen sich aus rechtspolitischer Sicht ergänzend noch folgende Gründe anführen: Die Gefahr für die Arbeitsfähigkeit von Abgeordneten durch die Exekutive und Judikative ist im Hinblick auf die parlamentarische und öffentliche Kontrolle äußerst gering, was letztlich auch der Fall Pofalla erwiesen hat.[9] Andererseits – und das ist in der bisherigen rechtspolitischen Diskussion nicht ausreichend beachtet worden – ist der Vertrauensschaden, den die Immunität als ein aus Bürgersicht zumindest zweifelhaftes Privileg für Abgeordnete auslöst, erheblich. Im Übrigen kann die beschriebene Gefahr für Abgeordnete und Parlamente durch ein organfreundliches Verhalten insbesondere von Gerichten durch entsprechende Terminierungen von Verfahren noch weiter minimiert werden, wie es in der thüringischen Gerichtspraxis auch bereits geschehen ist. 6

Schließlich ist die **Immunität** für Abgeordnete im Vergleich zum Normalbürger **„statt Wohltat eher Plage“**: Immunitätsverfahren werden in aller Regel trotz der in § 104 Abs. 1 Satz 3 ThürGOLT vorgeschriebenen Vertraulichkeit öffentlich bekannt und lösen eine Pranger-Wirkung aus, wohingegen eine spätere Einstellung von Ermittlungen entweder gar nicht in der Öffentlichkeit bekannt wird oder allenfalls mit wenigen Zeilen im Innenteil der Presse verschwindet. 7

C. Verfassungsvergleichende Information

Regelungen zur Indemnität und Immunität finden sich im GG (Art. 46) und in allen Landesverfassungen. Abweichend von den üblichen Regelungen enthält die Thüringer Verfassung folgende Sonderheiten: 8

Die Ermächtigung in Absatz 4, wonach ein **Ausschuss abschließend Immunitätsentscheidungen** treffen kann.[10] Von dieser Ermächtigung wurde durch § 104 Abs. 1 Satz 1 ThürGOLT Gebrauch gemacht: zuständig ist der Justizausschuss.

6 Die Indemnität sieht sich rechtspolitisch zu Recht erheblich geringeren Zweifeln ausgesetzt – vgl. dazu *Klein*, in: Schneider/Zeh, § 17 Rn. 69.

7 Zweifelnd bereits *Binding*, Handbuch des Strafrechts I, 1885, S. 679; *Kelsen*, Vom Wesen und Wert der Demokratie, 2. Aufl. 1929, S. 41 f. und *Bockelmann*, Die Unverfolgbarkeit der deutschen Abgeordneten nach deutschem Immunitätsrecht, 1951, S. 11 ff.; für deren Abschaffung als historisches in unserer rechtsstaatlichen Demokratie anachronistisches Relikt aus jüngerer Zeit z.B.: *Beyer*, Immunität als Privileg 1966, S. 59; *Ahrens*, Immunität von Abgeordneten, 1970, S. 107; *Merten*, Civis 1959, 13; *Witt*, Jura 2011, 588 mwN in Fn. 96. Nach wie vor für deren "Reservefunktion": *Butzer*, in: Epping/Hillgruber, Art. 46, Übersicht; *Klein*, HStR II, § 41 Rn. 39; *Wiefelspütz*, DVBl. 2002, 1229 (1230 f.); BVerfGE 104, 310 (328).

8 Thüringer Allgemeine v. 18.11.2009; Freies Wort v. 18.11.2009.

9 Vgl. dazu *Wiefelspütz*, DVBl. 2002, 1229.

10 Ähnliche Sonderregelungen gibt es noch in Art. 48 Abs. 4, Satz 2 Verf NW und Art. 94 Abs. 4 Verf Rh-Pf.

Keine einheitlichen Regelungen bestehen in Bund und Ländern noch in folgenden Bereichen:

- Der in Art. 55 Abs. 1 Satz 1 sehr weit gefasste **räumliche Schutzbereich** (Rn. 13) ist im GG (Art. 46 Abs. 1, Satz 1) sowie in einigen Landesverfassungen ziemlich eng, hingegen in Thüringen, wie in den meisten Landesverfassungen (Baden-Württemberg, Berlin, Bremen, Hessen, Nordrhein-Westfalen, Rheinland-Pfalz, Saarland, Sachsen) sehr viel weiter gefasst.
- Entgegen der Rechtslage im Bund (Art. 46 Abs. 1 Satz 2) und den meisten Ländern beziehen die Verfassungen folgender Länder auch **verleumderische Beleidigungen** in den Indemnitätsschutz ein: Art. 37 BWVerf; Art. 27 BayVerf; Art. 94 BremVerf; Art. 14 Abs. 2 HambVerf; Art. 95 HessVerf; Art. 93 Verf Rh-Pf).

Darüber hinaus gibt es im Immunitätsrecht noch eine Reihe weniger gewichtige Besonderheiten.[11]

D. Erläuterungen

I. Indemnität (Art. 55 Abs. 1)

9 **1. Inhalt, Schutzzweck.** Wie bereits oben (Fn. 2) festgestellt, wird ergänzend zu Art. 53 mit Art. 55 Abs. 1 der verfassungsrechtliche Status des Abgeordneten konkretisiert und geschützt: Indem der Indemnitätsschutz den Abgeordneten im weiten Umfang für sein Handeln in Ausübung seines Mandats von einer rechtlichen Verantwortung freistellt, wird nicht nur dessen **Rede- und Abstimmungsfreiheit,** sondern zugleich die **Arbeits- und Funktionsfähigkeit des Landtags** geschützt. Der Abgeordnete soll sicher sein, dass er sein Mandat ohne Furcht vor Sanktionen frei und ungeschützt bis zur Grenze der Verleumdung, ausüben kann.

10 **2. Persönlicher Schutzbereich.** Der **Indemnitätsschutz** gilt für die Landtagsabgeordneten. Umstritten ist, ob er auch **für Regierungsmitglieder** gilt, die zugleich ein Abgeordnetenmandat besitzen.[12] Wegen des klaren Wortlauts von Art. 55 Abs. 1 und der ratio sowie des historischen Hintergrunds der Indemnität ist folgende **Differenzierung** vorzunehmen: Regierungsmitglieder äußern sich insbesondere im Landtag und seinen Ausschüssen in aller Regel als Amtsträger der Exekutive; folglich gilt für sie der Indemnitätsschutz nicht. Sofern sie das Privileg der Indemnität für sich in Anspruch nehmen wollen, müssen sie sich erkennbar als Abgeordnete äußern. Das geschieht im Thüringer Landtag in ständiger Praxis in der Weise, dass Regierungsmitglieder die Regierungsbank verlassen und sich von ihrem Abgeordnetensitz aus zu Wort melden; folglich wird ihnen auch von der Landtagspräsidentin das Wort als Abgeordneter erteilt.

11 Schwieriger wird diese Differenzierung bei **Auftritten von Regierungsmitgliedern außerhalb des Landtags,** insbesondere bei Parteiveranstaltungen. Aber auch hier gilt: Wer den Indemnitätsschutz für sich reklamieren will, muss hinreichend

11 Dazu i.E. *Klein*, in: Schneider/Zeh, § 17 Rn. 3.

12 Dafür z.B.: *Kretschmer*, in: Schmidt-Bleibtreu/Hofmann/Hopfauf, Art. 46 Rn. 9; *Geck*, Die Fragestunde im Deutschen Bundestag, 1986, 124 ff.; *Graul*, NJW 1991, 1717 (1718); *Witte-Wegmann*, DVBl. 1974, 866 (868 ff.); aA: *Klein*, in: Schneider/Zeh, § 17 Rn. 22; *Magiera*, in: Sachs, GG, Art. 46 Rn. 2; *Schultze/Fielitz*, in: Dreier, Art. 46 Rn. 11; *Trute*, in: von Münch/Kunig, Art. 46 Rn. 7.

deutlich machen, dass er als Abgeordneter auftritt; Zweifel gehen insoweit zu seinen Lasten.

3. Sachlicher Schutzbereich. Den Indemnitätsschutz genießen „Abstimmungen" und „Äußerungen". Unter den **Begriff der „Abstimmungen"** fallen sowohl Entscheidungen in Sachfragen als auch Personalentscheidungen, also Wahlen.[13] Der **Begriff der „Äußerungen"** umfasst Tatsachenbehauptungen und die Kundgabe von Meinungen, unabhängig davon, ob sie mündlich, schriftlich oder konkludent erfolgen; nicht jedoch verleumderische Beleidigungen (Art. 55 Abs. 1, Satz 2; §§ 103, 187, 188 StGB) und Tätlichkeiten (siehe Rn. 8). 12

4. Räumlich-institutioneller Schutzbereich. Der räumlich-institutionelle Schutzbereich der Indemnität ist in Art. 55 Abs. 1 im Gegensatz zu der Rechtslage im Grundgesetz und in einigen Landesverfassungen (siehe Rn. 8) nicht auf das Parlament – wozu hier auch der Fraktionsbereich gezählt wird[14] – und seine Ausschüsse begrenzt. Sehr zu Recht wurde der Schutzbereich auf alle Abstimmungen, vornehmlich auf alle Äußerungen „in Ausübung des Mandats" erweitert. Damit stellen sich nach der thüringischen Rechtslage viele Probleme nicht, die z.B. zu Art. 46 Abs. 1 GG erörtert werden.[15] Mandatsbezogen sind daher auch alle Äußerungen, die sich in den durch das demokratische Repräsentationsprinzip gebotenen wechselseitigen Kommunikationsprozess zwischen den Bürgern und ihren parlamentarischen Repräsentanten einordnen lassen.[16] Der Schutzbereich erstreckt sich somit nicht nur auf die **Pressearbeit** von Abgeordneten, auf eingereichte oder geplante parlamentarische Initiativen, sondern auch z.B. darauf, zu eventuellen parlamentarischen Initiativen in öffentlichen Versammlungen und selbst auf **Parteitagen** auszuloten, ob und ggf. in welchem Umfang sie von Bürgern akzeptiert werden. Es ist verfehlt, diese parlamentarische, durch das Mandat geforderte Arbeit von Abgeordneten durch eine formale Sichtweise aus dem Indemnitätsschutz herauszunehmen und damit zu schwächen, was dem Sinn und Zweck von Art. 55 Abs. 1 zuwiderlaufen würde.[17] 13

5. Zeitlicher Schutzbereich, Verzicht. Der Indemnitätsschutz beginnt für den Abgeordneten mit dem Erwerb seines Mandats gemäß § 45 ThürLWG mit der dort i.E. geregelten Annahme der Wahl durch den gewählten Wahlbewerber. Aus der ratio der Indemnität folgt, dass sie Abgeordneten nicht nur Schutz für alle Abstimmungen und Äußerungen aus ihrer Mandatstätigkeit bietet, sondern dass sie auch noch nach dem **Mandatsende auf Dauer** erhalten bleibt.[18] 14

Da die Indemnität sowohl dem Schutz des einzelnen Abgeordneten dient, als auch der Arbeits- und Funktionsfähigkeit des Landtags (Rn. 9), können weder 15

---

13 So auch die hM, vgl. z.B. *Butzer*, in: Epping/Hillgruber, Art. 46 Rn. 2; *Klein*, in: Schneider/Zeh, § 17 Rn. 23; *Tebben*, in: Litten/Wallerath, Art. 34 Rn. 8; *Magiera*, in: Sachs, GG, Art. 46 Rn. 3.

14 *Butzer*, in: Epping/Hillgruber, Art. 46 Rn. 5; *Klein*, in: Schneider/Zeh, § 17 Rn. 33; *Kretschmer*, in: Schmidt-Bleibtreu/Hofmann/Hopfauf, Art. 46 Rn. 5; *Magiera*, in: Sachs, GG, Art. 46 Rn. 4.

15 Vgl. dazu *Kretschmer*, in: Schmidt-Bleibtreu/Hofmann/Hopfauf, Art. 46 Rn. 6 f.; *Butzer*, in: Epping/Hillgruber, Art. 46 Rn. 2.1, 2.3 und 6.

16 In diesem Sinne auch *Kretschmer*, in: Schmidt-Bleibtreu/Hofmann/Hopfauf, Art. 46 Rn. 6 a; *Löwer*, in: Löwer/Tettiner, Art. 46 Rn. 7.

17 Zu eng daher z.B. *Glauben*, in: Grimm/Caesar, Art. 93 Rn. 9; *Klein*, in: Schneider/Zeh, § 17 Rn. 34; *Trute*, in: von Münch/Kunig, Art. 46 Rn. 14.

18 BVerwGE 83, 1 (15 f.); *Butzer*, in: Epping/Hillgruber, Art. 46 Rn. 4; *Klein*, in: Schneider/Zeh, § 17 Rn. 37.

der Abgeordnete noch der Landtag auf den **Indemnitätsschutz verzichten**; der Landtag kann sie auch nicht aufheben.[19]

16 **6. Rechtsfolgen, das Sanktionsverbot.** Das **Sanktionsverbot von Art. 55 Abs. 1** richtet sich gegen den Staat, nicht jedoch gegen Private (dazu Rn. 19). Dabei ist der Schutz des Abgeordneten vor staatlichen Beeinträchtigungen seiner Mandatsausübung in umfassender Weise gesichert. Das **Tatbestandsmerkmal „zur Verantwortung ziehen"** ist bei der Indemnität in Art. 55 Abs. 1 weiter auszulegen als bei der Immunität in Art. 55 Abs. 2. Unter das Verbot fallen somit nicht nur alle strafrechtlichen Maßnahmen; dasselbe gilt für zivilgerichtliche Entscheidungen z.B. über Schadensersatz-, Unterlassungs-, Widerrufsansprüche oder Einstweilige Anordnungen. Weiterhin sind **alle die Mandatsausübung beeinträchtigenden Maßnahmen der Exekutive,** z.B. der Polizei, der Staatsanwaltschaft und des Verfassungsschutzes[20] untersagt. Von dem Sanktionsverbot sind darüber hinaus **tatsächliche Beeinträchtigungen der Mandatsausübung** erfasst. Butzer spricht daher zu Recht von einem „lückenlosen" Schutz und befindet sich damit auf der Linie der ganz hM.[21]

17 Allerdings ist der jeweilige **Umfang des Indemnitätsschutzes** im Einzelfall davon abhängig, wie weit oder eng man den Schutzbereich der Indemnität interpretiert, da sich dieser nur auf Äußerungen „in Ausübung des Mandats" bezieht; hier wird eine extensive Auslegung befürwortet (Rn. 13).

18 Verfahrensmäßig besteht dieser Schutz darin, dass bereits die Einleitung entsprechender Verfahren unzulässig ist; insofern besteht ein **spezielles Verfahrens- oder Verfolgungshindernis.**[22]

19 Die Indemnität schützt hingegen nicht davor, dass **Private Sanktionsmaßnahmen** wie z.B. Parteien ein Parteienausschlussverfahren oder Arbeitgeber Kündigungsverfahren gegen Abgeordnete einleiten; dagegen kann nur die allgemeine Mandatsfreiheit (Art. 53 Abs. 1) oder die spezielle Regelung in Art. 51 Abs. 2 schützen.[23]

20 Die Sanktionsverbote des Art. 55 Abs. 1 bestehen allerdings nur **für Maßnahmen „außerhalb des Landtags".** Daraus folgt, dass Ordnungsmaßnahmen der Landtagspräsidentin nach §§ 37 ff ThürGOLT oder des Ausschussvorsitzenden nach § 76 Abs. 1 Satz 2 ThürGOLT zulässig sind.

II. Immunität (Art. 55 Abs. 2)

21 **1. Inhalt und Schutzzweck.** Nach Art. 55 Abs. 2 darf ein Abgeordneter wegen einer mit Strafe bedrohten Handlung grundsätzlich nur mit Zustimmung des

19 *Butzer*, in: Epping/Hillgruber, Art. 46 Rn. 4; *Klein*, in: Schneider/Zeh, § 17 Rn. 21; *Magiera*, in: Sachs, GG, Art. 46 Rn. 7; *Glauben*, in: Grimm/Caesar, Art. 93 Rn. 3.

20 Zu den dem Verfassungsschutz verbotenen Sanktionsmaßnahmen gehören die Anlegung von Akten, die Speicherung von Daten über Abgeordnete oder deren geheime oder offene Beobachtung; so: *Brenner*, in: FS Peter Badura (2004), S. 40; *Achterberg/Schulte*, in: von Mangold/Klein/Starck, Art. 46 Rn. 23; *Klein*, in: Maunz/Dürig, Art. 46 Rn. 46; *Magiera*, in: BK, Art. 46 Rn. 45.

21 *Butzer*, in: Epping/Hillgruber, Art. 46 Rn. 7; *Achterberg/Schulte*, in: von Mangoldt/Klein/Starck, Art. 46 Rn. 21; *Klein*, in: Maunz/Dürig, Art. 46 Rn. 45; *Kretschmer*, in: Schmidt-Bleibtreu/Hofmann/Hopfauf, Art. 46 Rn. 10; *Magiera*, in: Sachs, GG Art. 46 Rn. 8.

22 *Butzer*, in: Epping/Hillgruber, Art. 46 Rn. 7; *Klein*, in: Schneider/Zeh, § 17 Rn. 20, der sich auch mit anderen Qualifizierungen auseinandersetzt.

23 *Butzer*, in: Epping/Hillgruber, Art. 46 Rn. 8.1.; *Schultze-Fielitz*, in: Dreier, Art. 46 Rn. 20; *Klein*, in: Scheider/Zeh, § 17 Rn. 36; *Magiera*, in: Sachs, GG, Art. 46 Rn. 8.

Landtags zur Verantwortung gezogen oder verhaftet werden, es sei denn, dass er bei Begehung der Tat oder im Laufe des folgenden Tages festgenommen wird.

22 Liegt die Zustimmung des Landtags nicht vor, ist eine Strafverfolgung eines Abgeordneten unzulässig; insoweit besteht ein **Prozesshindernis.** Erteilt der Landtag die Zustimmung zur Strafverfolgung, liegt die **Prozessvoraussetzung** vor, ein Verfahren gegen den Abgeordneten aufzunehmen (missverständlich wird in der parlamentarischen Praxis insoweit üblicherweise von der „Aufhebung der Immunität" gesprochen). Stehen „andere Beschränkungen der persönlichen Freiheit von Abgeordneten" in Frage (Art. 55 Abs. 2 Satz 2), hat die Immunität die Funktion eines **Prozesshandlungshindernisses.**[24]

23 In erfreulichem Gegensatz zu anderen verfassungsrechtlichen Regelungen zur Immunität (siehe Art. 46 Abs. 2 GG) verwendet Art. 55 Abs. 2 zutreffend den Terminus **„Zustimmung"** und nicht den der **„Genehmigung"**; der Landtag hat somit sein **vorheriges Einverständnis** zu erklären.

24 Die **Immunität hat ebenso wie die Indemnität eine doppelte Funktion:** sie „dient" nach der Rechtsprechung des BVerfG „vornehmlich dem Parlament als Ganzes" und sie soll auch davor schützen, dass missliebige Abgeordnete durch Eingriffe der anderen Gewalten in ihrer parlamentarischen Arbeit behindert werden.[25] Der zentrale Zweck der Immunität liegt somit darin, **die Arbeits- und Funktionsfähigkeit des Parlaments zu schützen** und darüber hinaus das **Statusrecht der Abgeordneten** an einer ungestörten Mitwirkung an den parlamentarischen Willensbildungs- und Entscheidungsprozessen **zu sichern.**[26]

25 Diese doppelte Funktion der Immunität hat zur Konsequenz, dass die Immunität **nicht zur Disposition der Abgeordneten** steht, sodass sie auf diesen Schutz auch nicht verzichten können.[27] Damit findet die Immunität nach geltendem Recht ihre **Rechtfertigung in dem Repräsentationsprinzip,** wonach alle Abgeordneten an den parlamentarischen Entscheidungen nach Möglichkeit mitzuwirken haben und kein Abgeordneter gehindert werden darf, seine Sachkompetenz und seine Überzeugungen für das Volk und im Interesse des Volkes in die parlamentarische Arbeit repräsentativ einzubringen.[28]

26 Wenn weiterhin geltend gemacht wird, dass die Immunität Abgeordnete vor einer **tendenziösen Verfolgung durch die Exekutive schützen** soll, so hat diese Argumentation in Zeiten vor der Einführung rechtsstaatlicher und demokratischer Verhältnisse in Deutschland, insbesondere in absolutistischen Zeiten, ihre überzeugende Rechtfertigung gehabt. Die Gefahr einer tendenziösen Verfolgung ist auch heute nicht gänzlich auszuschließen.[29] Dennoch stellt sich aus rechtspolitischer Sicht die Frage, ob diese Rechtfertigungsgründe immer noch so gewichtig

---

24 Zu dem parlamentarischen Zustimmungsvorbehalt als Verfahrenshindernis: *Kretschmer*, in: Schmidt-Bleibtreu/Hofmann/Hopfauf, Art. 46 Rn. 14 a.

25 BVerfGE 104, 310 (325, 329).

26 *Butzer*, in: Epping/Hillgruber, Art. 46 Rn. 9; *Kretschmer*, in: Schmidt-Bleibtreu/Hofmann/Hopfauf, Art. 46 Rn. 13; *Magiera*, in: Sachs, GG, Art. 46 Rn. 11; *Wiefelspütz*, DVBl. 2002, 1230 (1232).

27 *Achterberg/Schulte*, in: von Mangold/Klein/Starck, Art. 46 Rn. 32.

28 Vgl. zu dieser repräsentativen Funktion der Abgeordneten Art. 48 Rn. 13 und zur Rechtfertigung der Immunität aus dem Repräsentationsprinzip: BVerfGE 104, 310 (329); *Butzer*, Immunität und demokratischer Rechtsstaat, 1991, S. 84 ff.; *Magiera*, in: BK, Art. 46 Rn. 15; *Wiefelspütz*, DVBl. 2002, 1229 (1231); *Wurbs*, Regelungsprobleme der Immunität und Indemnität, 1988, S. 24 ff.

29 BVerfGE 104, 310 (328).

sind, dass sie die Beibehaltung der Immunität zu legitimieren vermögen (vgl. dazu Rn. 6).

27 Schließlich wird als weiterer Schutzzweck das Ansehen und **die Würde des Parlaments** angeführt.[30] Dieser Argumentation ist zu Recht entgegengehalten worden,[31] dass es dem Ansehen des Parlaments gerade nicht dienlich ist, wenn die Verfolgung von Straftaten der Abgeordneten vom Parlament blockiert werden kann. Dem notwendigen Vertrauen der Bürger in ihre Repräsentanten läuft es zuwider, wenn deren Verfehlungen „unter den Teppich gekehrt werden". Für eine unterschiedliche Behandlung von Bürgern und Abgeordneten bei der Verfolgung von Straftaten bedarf es daher gewichtiger, besonders überzeugender Rechtfertigungsgründe.

28 **2. Persönlicher und zeitlicher Schutzbereich.** Der Immunitätsschutz gilt für Abgeordnete des Landtags. Er gilt auch für **Regierungsmitglieder, soweit sie zugleich ein Abgeordnetenmandat besitzen;**[32] auf die oben (Rn. 10) erörterte Problematik, in welcher Eigenschaft sie gehandelt haben, kommt es hier nicht an.[33]

29 Der Immunitätsschutz besteht für die **Dauer des Mandats.** Er beginnt mit der Annahme der Wahl (§ 45 ThürLWG) und endet mit Ablauf der Wahlperiode (Art. 50 Abs. 3).

30 **3. Sachlicher Schutzbereich.** Abgesehen von der Ausnahme in Art. 55 Abs. 2 Satz 1 Halbsatz 2 (dazu Rn. 46) darf ein Abgeordneter „wegen einer mit Strafe bedrohten Handlung" nicht ohne Zustimmung des Landtags zur Verantwortung gezogen oder verhaftet werden.

31 Der **Begriff der „Strafe"** wird von der hM sehr weit interpretiert. Darunter sollen im Grundsatz alle Kriminalstrafen einschließlich der Maßnahmen der Sicherung und Besserung fallen.[34] Umstritten ist hingegen, ob auch Sanktionen in Disziplinar-, Ehren- und Berufsgerichtsverfahren sowie Sanktionen nach dem Ordnungswidrigkeitenrecht darunter fallen.[35]

32 Die Diskussion um den sachlichen Schutzbereich der Immunität krankt an einem entscheidenden Mangel: Wenn – wie hier – der Schutzzweck der Immunität in zweifacher Weise ausschließlich in der Funktionsfähigkeit des Landtags und der Abgeordneten bei der Wahrnehmung ihres Mandats gesehen wird und auch nur so gerechtfertigt werden kann (siehe Rn. 24), dann ist es für die Festlegung des sachlichen Schutzbereichs der Immunität allein entscheidend, ob diese Arbeits- und Funktionsfähigkeit von Landtag und Abgeordneten durch staatliche Maßnahmen beeinträchtigt wird oder nicht. Diese zweckorientierte Abgrenzung wird zusätzlich gestützt durch Art. 55 Abs. 2, Satz 2, wo in einer Art Auffangregelung auch jede „andere (bzw. sonstige) Beeinträchtigung" der persönlichen Freiheit von Abgeordneten unter den Immunitätsschutz gestellt wird.

---

30 *Achterberg/Schulte*, in: von Mangoldt/Klein/Starck, Art. 46 Rn. 31; *Klein*, in: Schneider/Zeh, § 17 Rn. 68; vgl. dazu auch *Butzer*, Immunität im demokratischen Rechtsstaat, 1991, S. 75 ff.

31 So insbesondere *Wiefelspütz*, DVBl. 2002, 1229 (1230); ebenso z.B. *Magiera*, in: BK, Art. 46 Rn. 38; *Wurbs*, Regelungsprobleme der Immunität und Indemnität, 1988, S. 39.

32 *Glauben*, in: Grimm/Caesar, Art. 94 Rn. 4; *Tebben*, in: Litten/Wallerath, Art. 24 Rn. 20.

33 *Pieroth*, in: Jarass/Pieroth, Art. 46 Rn. 5.

34 Unstreitig, vgl. nur *Butzer*, in: Epping/Hillgruber, Art. 46 Rn. 12; *Klein*, in: Schneider/Zeh, § 17 Rn. 41; *Magiera*, in: Sachs, GG, Art. 46 Rn. 14; *Pieroth*, in: Jarass/Pieroth, Art. 46 Rn. 6.

35 Vgl. zu den unterschiedlichen Auffassungen z.B. die Autoren in Fn. 20.

Eingriffe, welche die Funktionstüchtigkeit der Landtags- oder Abgeordnetentätigkeit beeinträchtigen, können somit in den Verfahren liegen, die auf Sanktionen abzielen oder in denen Sanktionen ausgesprochen werden. Folglich gehören dazu **Freiheitsstrafen, auch Maßnahmen der Sicherung und Besserung, nicht jedoch Geldstrafen, Bußgelder oder gebührenpflichtige Verwarngelder**, weil sie keine die genannten Parlamentsfunktionen beeinträchtigende Wirkung – auch nicht in tatsächlicher Hinsicht – entfalten. 33

Eine andere Auffassung lässt sich nur vertreten, wenn man, z.B. mit **H. H. Klein** davon ausgeht, dass der Zweck der Immunität auch im Schutz von Würde und Ansehen des Parlaments liegt.[36] 34

So wie bei den „Strafen" ist auch bei der **Spezifizierung der „Verfahren"**, in denen Abgeordnete zur Verantwortung gezogen werden sollen, von dem Kriterium auszugehen, ob durch derartige Verfahren die beschriebenen Funktionen beeinträchtigt werden. Das ist bei Verfahren, in denen die Anwesenheit des Abgeordneten vorgeschrieben oder zur eigenen Verteidigung erforderlich ist, der Fall, nicht jedoch bei schriftlichen Verfahren, wie z.B. einem Strafbefehlsverfahren. 35

Auf der Basis der hier vertretenen Interpretation von Art. 55 Abs. 2 lässt sich auch unschwer das umstrittene Problem lösen, ob **zivilgerichtliche Verfahren** unter den Zustimmungsvorbehalt fallen.[37] Da z.B. eine Beugehaft beeinträchtigende Wirkung hat, fällt sie darunter, nicht aber z.B. Verfahren auf Widerruf, Schadensersatz oÄ. 36

Schließlich ist auch die umstrittene Frage, ob **Durchsuchungen oder Beschlagnahmen** unter den Immunitätsschutz fallen,[38] nach den zuvor genannten Kriterien zu entscheiden. So ist z.B. die Beschlagnahme eines Computers, bei dem der Abgeordnete – wie heute üblich (vgl. nur § 51 Abs. 4 ThürGOLT) – seine Parlamentaria gespeichert hat, zustimmungsbedürftig, nicht jedoch diejenige, in dem reine private oder geschäftliche Daten gespeichert sind. Folglich kann auch die Meinung nicht geteilt werden, dass **Maßnahmen des Verfassungsschutzes**, wie z.B. die Speicherung der so erlangten Daten, keine Beeinträchtigung seiner parlamentarischen Arbeit i.S. von Art. 55 Abs. 2 bewirken kann. Die Beobachtung von Abgeordneten durch den Verfassungsschutz fällt unter den Schutz der Immunität und bedarf der Zustimmung des Landtags.[39] 37

Die hier vertretene teleologische Auslegung der Immunitätsregelung berücksichtigt nicht nur konsequent die verfassungsrechtlich gebotene Absicherung der parlamentarischen Handlungsfähigkeit von Abgeordneten und die Funktionsfähigkeit von Parlamenten; sie bezieht in diese Interpretation auch den mit Verfassungsrang ausgestatteten Strafanspruch des Staates mit ein.[40] 38

36 *Klein,* in: Schneider/Zeh, § 17 Rn. 68; Klein beschreibt daher von dieser Ausgangsposition aus den Kreis der Strafen durchaus folgerichtig; vgl. im Übrigen Rn. 24 ff.

37 Vgl. dazu z.B. *Butzer*, in: Epping/Hillgruber, Art. 46 Rn. 13; *Kretschmer*, in: Schmidt-Bleibtreu/ Hofmann/Hopfauf, Art. 46 Rn. 23.

38 Vgl. zu dieser Kontroverse: *Butzer*, in: Epping/Hillgruber, Art. 46 Rn. 14, 17.1.

39 Ebenso *Kretschmer*, in: Schmidt-Bleibtreu/Hofmann/Hopfauf, Art. 46 Rn. 22 b; aA weil es sich hierbei um eine präventive und keine repressive Maßnahme handelt: *Brenner*, in: FS Peter Badura (2004), S. 37 f.; im selben Sinne bezüglich Überwachungsmaßnahmen nach dem G10-Gesetz: *Wiefelspütz*, NVwZ 2003, 38 (42 f.); *Klein*, in: Maunz/Dürig, Art. 46 Rn. 79.

40 Hierauf weist *Wiefelspütz* zu Recht hin, DVBl. 2002, 1230 (1231); vgl. auch BVerfGE 46, 214 (223); 49, 24 (54); 51, 324 (343); 107, 299 (316).

39 Bei dem insoweit gebotenen Ausgleich von widerstreitenden Verfassungspositionen ist im Wege praktischer Konkordanz im Rahmen der verhältnismäßigen Abwägung schließlich auch noch zu berücksichtigen, dass mit Art. 55 Abs. 2 eine Abgeordnete im Vergleich zum Normalbürger privilegierende Sonderregelung geschaffen worden ist, die das Vertrauen der Bürger in eine privilegienfeindliche Rechtsordnung nicht ohne zwingende Gründe strapazieren sollte.

40 Zustimmungsbedürftig ist nach Art. 55 Abs. 2 Satz 1 auch die „**Verhaftung**" von Abgeordneten. Diese Regelung bereitet nach der hier vertretenen teleologischen Interpretation von Art. 55 Abs. 2 keine Auslegungsprobleme: Verhaftungen beeinträchtigen die Funktionen von Abgeordneten und Parlament und sind daher zustimmungsbedürftig.

41 **4. Andere Beschränkungen der persönlichen Freiheit von Abgeordneten (Art. 55 Abs. 1 Satz 2).** Wenn Art. 55 Abs. 2 Satz 2 bestimmt, dass auch „**jede andere Beschränkung der persönlichen Freiheit** von Abgeordneten" unter den Immunitätsschutz fällt, dann sind zumindest alle Freiheitsbeschränkungen, welche die **körperlich-räumliche Bewegungsfreiheit der Abgeordneten** beeinträchtigen, zustimmungspflichtig.[41] Der Landtag muss also z.B. zustimmen: dem Vollzug von Freiheitsstrafen, von Untersuchungshaft (§ 112 StPO), Festnahmen nach § 127 Abs. 2 StPO, Sistierungen (§ 81 a StPO), Ordnungshaft, Unterbringung in geschlossenen Anstalten, Ersatzzwangshaft, persönlicher Arrest, Polizeigewahrsam, Aufenthaltsbeschränkungen.[42]

42 Oben wurde bereits darauf hingewiesen, dass Art. 55 Abs. 2 Satz 2 einen **Auffangtatbestand** normiert (siehe Rn. 32). Es ist aus der Sicht der Praxis daher müßig, die einzelnen Fälle einer Freiheitsbeschränkung daraufhin zu untersuchen, ob sie unter Art. 55 Abs. 2 Satz 1 oder Satz 2 fallen; entscheidend ist, dass sie sämtlich der Zustimmung bedürfen, sofern sie die Funktionsfähigkeit von Landtag oder Abgeordneten beeinträchtigen. Umstritten ist allerdings, ob auch andere Freiheitsbeschränkungen als solche der „persönlichen Freiheit" von Abgeordneten, insbesondere **Kommunikationsfreiheiten** von Art. 55 Abs. 2 – egal ob von Satz 1 oder Satz 2 – erfasst werden.[43]

43 Für eine über den Wortlaut hinausgehende Auslegung spricht der Sinn und Zweck des Art. 55 Abs. 2, der eine Differenzierung zwischen verschiedenen Arten der Funktionsbeeinträchtigung verbietet.[44] Dementsprechend wurden hier bereits Durchsuchungen, Beschlagnahmen und Beobachtungen des Verfassungsschutzes nicht aus dem Immunitätsschutz herausgenommen (siehe Rn. 37).

44 Umstritten sind **staatliche Maßnahmen, die sich final gegen Dritte richten** und dennoch in den Status von Abgeordneten, wenn auch nur mittelbar, eingreifen, so z.B. wenn Abgeordnete im Rahmen einer Strafverfolgung gegen Dritte als

41 Allgemeine Meinung, vgl. z.B. *Magiera*, in: Sachs, GG, Art. 46 Rn. 23; *Klein*, in: Maunz/Dürig, Art. 46 Rn. 73; *Schulze-Fielitz*, in: Dreier, Art. 46 Rn. 32 f.

42 *Kretschmer*, in: Schmidt-Bleibtreu/Hofmann/Hopfauf, Art. 46 Rn. 22; *Butzer*, in: Epping/Hillgruber, Art. 46 Rn. 15; *Schulze-Fielitz*, in: Dreier, Art. 46 Rn. 30.

43 Für eine enge Auslegung, insb. gestützt auf den Wortlaut: *Magiera*, in: Sachs, GG, Art. 46 Rn. 24; *Pieroth*, in: Jarass/Pieroth, Art. 46 Rn. 9; *Schulze-Fielitz*, in: Dreier, Art. 46 Rn. 33.

44 Ebenso im Ergebnis *Kretschmer*, in: Schmidt-Bleibtreu/Hofmann/Hopfauf, Art. 46 Rn. 22 a, 24; vgl. auch *Borchert*, DÖV 1992, 58 (59); *Butzer*, Immunität im deutschen Rechtsstaat, 1991, S. 254 f.; *Wurbs*, Regelungsprobleme der Immunität und Indemnität in der parlamentarischen Praxis, 1988, S. 82 f.

Zeugen vernommen, bei ihnen Durchsuchungen oder Beschlagnahmen durchgeführt werden, um Beweismittel sicherzustellen; Eingriffscharakter haben auch Recherchen in nichtöffentliche Daten von Abgeordneten auf der Suche nach Beweisen gegenüber Dritten. Nach der h.M. besteht insoweit kein Immunitätsschutz, da Abgeordnete in diesen Fällen gerade nicht zur Verantwortung gezogen werden.[45] Diese Meinung begegnet jedoch erheblichen Bedenken.[46] Derartige Maßnahmen greifen in die Statusrechte von Abgeordneten ein, weil damit eine abschreckende Wirkung auf die freie Kommunikation der Abgeordneten mit Bürgern (vgl. zu diesem Erfordernis Art. 48 Rn. 18.) ausgelöst wird, wobei es nicht darauf ankommen kann, ob es sich dabei um Straftäter handelt. Die Abwägung zwischen dem hohen Gut des freien Mandats (Art. 53 Abs. 1) und dessen zusätzliche verfassungsrechtliche Absicherung (Art. 55, 56) einerseits und dem Strafverfolgungsanspruch des Staates andererseits sollte zu Gunsten des verfassungsrechtlichen Status von Abgeordneten ausfallen.

5. Zeitlicher Schutzbereich. Der Immunitätsschutz beginnt mit der Annahme 45
des Mandats (§ 45 ThürLWG) und gilt bis zum Ende der Wahlperiode, somit mit der Konstituierung des neuen Landtags (Art. 50 Abs. 3). Verfahren, die gegen einen Abgeordneten schon vor der Mandatsannahme anhängig waren, sog. **„mitgebrachte Verfahren"** oder eine Strafvollstreckung, müssen ausgesetzt werden.[47]

**6. Zustimmungsfreie Verfahren bei Ergreifung auf frischer Tat (Art. 55 Abs. 2 46
Satz 1 Halbsatz 2).** Keine Zustimmung des Landtags ist erforderlich, wenn Abgeordnete bei der Begehung der Tat oder bei ihrer Verfolgung im Laufe des folgenden Tages, also bis 24.00 Uhr, festgenommen werden (Art. 55 Abs. 2 Satz 1 Halbsatz 2). Als Hintergrund für diese Regelung wird die Überlegung genannt, dass damit eine politisch tendenziöse Verfolgung höchst unwahrscheinlich sei.[48] Die ganze hM ist folglich der Auffassung, dass im Falle einer Festnahme unter den in Art. 55 Abs. 2 Satz 1 Halbsatz 2 genannten Voraussetzungen das gesamte Erkenntnisverfahren mit Freiheitsbeschränkungen bei der Strafverfolgung (z.B. §§ 112 ff., 127; 81 a, b StPO) bis zur Verurteilung des Abgeordneten zustimmungsfrei sei; nur die Vollstreckung einer Freiheitsstrafe unterliege wieder dem Zustimmungsvorbehalt.[49] Diese Auffassung begegnet erheblichen Bedenken im Hinblick auf die ratio von Art. 55 Abs. 2. Auch **Festnahmen „auf frischer Tat"** können die Funktionstüchtigkeit von Abgeordneten und Landtag beeinträchtigen. Daher sind auch bei einer Festnahme auf „frischer Tat" nur solche Maßnahmen zustimmungsfrei, die zur unmittelbaren Beweissicherung notwendig sind. Dieser Argumentation kann nicht entgegengehalten werden, dass der Landtag nach Art. 55 Abs. 3 jederzeit die Aussetzung des Verfahrens beschließen könne, weil die Funktionsbeschädigungen bereits eingetreten sind und durch die übliche Verfahrensdauer nach Art. 55 Abs. 3 erst viel zu spät beseitigt werden können.

7. Zustimmungsverfahren. Das Verfahren, durch welches die Zustimmung des 47
Landtags zur Durchführung von Maßnahmen gegen Abgeordnete herbeigeführt

45 *Klein*, in: Maunz/Dürig, Art. 46 Rn. 77; *Schulze-Fielitz*, in: Dreier, Art. 46 Rn. 29.
46 So zu Recht *Kretschmer*, in: Schmidt-Bleibtreu/Hofmann/Hopfauf, Art. 46 Rn. 25.
47 *Butzer*, in: Epping/Hillgruber, Art. 46 Rn. 20; *Schulze-Fielitz*, in: Dreier, Art. 46 Rn. 26.
48 *Butzer*, in: Epping/Hillgruber, Art. 46 Rn. 16.
49 So z.B. *Butzer*, Immunität im demokratischen Rechtsstaat, 1991, S. 229; *Klein*, in: Maunz/Dürig, Art. 46 Rn. 70; *Magiera*, in: Sachs, GG, Art. 46 Rn. 17 f.

werden soll, beginnt mit einem entsprechenden, an die Landtagspräsidentin gerichteten Antrag durch die jeweils zuständigen Stellen, also z.B. durch ein Gericht oder die Staatsanwaltschaft. Die Präsidentin leitet **„Ersuchen in Immunitätsangelegenheiten“** an den **Justizausschuss** weiter, der „über sie entscheidet“ (§ 104 Abs. 2 ThürGOLT). Diese besondere Rechtslage in Thüringen, wonach nicht das Plenum, sondern **ein Ausschuss entscheidet**, findet sich nur noch in Nordrhein-Westfalen und Rheinland-Pfalz (Rn. 8). Dafür gibt es in Art. 55 Abs. 4 eine entsprechende verfassungsrechtliche Ermächtigung, so dass sich in Thüringen nicht das z.B. auf Bundesebene umstrittene Problem stellt, ob und ggf. in welchem Umfang Immunitätsentscheidungen auf Ausschüsse verlagert werden dürfen.[50] Entgegen der allgemeinen im Parlamentsrecht herrschenden Auffassung, dass Abgeordnete auch in eigener Sache mitentscheiden dürfen, (Art. 53, Rn. 37), versagt § 104 Abs. 1 Satz 2 ThürGOLT betroffenen Abgeordneten dieses Recht. Dieser Eingriff der Geschäftsordnung in ein Statusrecht von Abgeordneten ist im Hinblick auf Art. 57 Abs. 5 sowie rechtsstaatlichen Erwägungen gerechtfertigt.

48 Betroffene Abgeordnete können aber im Justizausschuss angehört werden (§ 104 Abs. 1 Satz 2 ThürGOLT); ein entsprechender verfassungsrechtlicher Anspruch besteht jedoch nicht.[51]

49 Der Thüringer Landtag erteilt allerdings jeweils zu Beginn einer Wahlperiode ebenso wie die anderen Parlamente in Bund und Ländern[52] eine **generelle Genehmigung für Ermittlungsverfahren**, allerdings – insoweit sehr viel enger als der Bundestag – nur für **Verkehrsdelikte**, die vorläufige Entziehung der Fahrerlaubnis (§ 111 a StPO) und Durchsuchungen sowie Beschlagnahmen (§§ 94–100 und 102 ff StPO) aus Gründen der Beweissicherung.[53] Die Zulässigkeit einer generellen Freigabe von Ermittlungsverfahren wird zwar in der Literatur teilweise kritisch hinterfragt, aber letztlich bejaht.[54]

50 Der Justizausschuss hat bei seiner Entscheidung über die Freigabe von Maßnahmen gegen Abgeordnete zwar einen **weiten Entscheidungsspielraum**, er darf aber nicht sachfremd oder willkürlich entscheiden.[55] So darf er nicht etwa in der Sache z.B. darüber entscheiden, ob der Abgeordnete eine Straftat begangen hat; folglich ist auch eine darauf abzielende Beweiswürdigung unzulässig. Aufgabe des Justizausschusses ist es allein, zwischen den Belangen des Parlaments und des Abgeordneten im Hinblick auf deren Funktionstüchtigkeit einerseits und den Belangen anderer Gewalten, insbesondere der Rechtspflege andererseits abzuwägen; der Landtag hat folglich **eine Art Schlüssigkeitsprüfung** vorzunehmen.[56] Im Rahmen einer derartigen Schlüssigkeitsprüfung darf er auch Beweise erheben. Verletzt der Justizausschuss den Anspruch eines Abgeordneten auf eine willkürfreie Entscheidung, so z.B. wenn eine Mehrheitsfraktion einen missliebigen Oppositionsabgeordneten ein seinem Ruf abträgliches Verfahren anhängen

---

50 Vgl. zu dieser Diskussion z.B. *Butzer*, in: Epping/Hillgruber, Art. 46 Rn. 22.3.
51 BVerfGE 104, 310 (335).
52 Zur Praxis des Bundestags vgl. *Butzer*, in: Epping/Hillgruber, Art. 46 Rn. 22.1; *Wiefelspütz*, DVBl. 2002, 1230 (1236).
53 LT-Drs. 5/102 v. 19.11.2009.
54 Vgl. dazu eingehend *Wiefelspütz*, DVBl. 2002, 1230 (1236 f.).
55 BVerfGE 104, 310 (325).
56 BVerfGE 104, 310 (333 f.); *Butzer*, in: Epping/Hillgruber, Art. 46 Rn. 23; *Kretschmer*, in: Schmidt-Bleibtreu/Hofmann/Hopfauf, Art. 46 Rn. 27.

und ihn damit öffentlich diskreditieren will, dann kann der Abgeordnete sich dagegen im Wege einer **Organstreitigkeit** (Art. 80 Abs. 1 Nr. 3) wehren.

8. Reklamationsrecht (Art. 55 Abs. 3). Der Justizausschuss hat nach Art. 55 Abs. 3 iVm Abs. 4 und § 104 ThürGOLT jederzeit das Recht, die Aussetzung des Verfahrens zu verlangen und insoweit den Immunitätsschutz wieder herzustellen. Dieses sog. **Anforderungs- oder Reklamationsrecht** sichert den Immunitätsschutz in Art. 55 Abs. 2 zusätzlich ab. Es erfasst alle Verfahren und greift unabhängig davon, ob der Justizausschuss zuvor seine Zustimmung zu Maßnahmen erteilt hat, oder ob er in ein bisher ohne Zustimmung laufendes Verfahren eingreift.[57] 51

Artikel 56 [Zeugnisverweigerungsrecht]

(1) Die Abgeordneten sind berechtigt, über Personen, die ihnen in ihrer Eigenschaft als Abgeordnete oder denen sie in dieser Eigenschaft Tatsachen anvertraut haben, sowie über diese Tatsachen selbst das Zeugnis zu verweigern.

(2) [1]Personen, deren Mitarbeit Abgeordnete in Ausübung ihres Mandats in Anspruch nehmen, können das Zeugnis über die Wahrnehmungen verweigern, die sie anläßlich dieser Mitarbeit gemacht haben. [2]Über die Ausübung des Rechts entscheiden grundsätzlich die Abgeordneten.

(3) Soweit dieses Zeugnisverweigerungsrecht reicht, dürfen Schriftstücke, andere Datenträger und Dateien weder beschlagnahmt noch genutzt werden.

Vergleichbare Regelungen

Art. 47 GG; Art. 39 BWVerf; Art. 29 BayVerf; Art. 51 Abs. 2 VvB; Art. 59 BbgVerf; Art. 96 BremVerf; Art. 17 HambVerf; Art. 97 HessVerf; Art. 24 Abs. 3 M-VVerf; Art. 16 NV; Art. 49 Verf NW; Art. 95 Verf Rh-Pf; Art. 83 SaarlVerf; Art. 56 SächsVerf; Art. 59 LVerf LSA; Art. 24 Abs. 3 SchlHVerf.

Ergänzungsnormen im sonstigen thüringischen Recht

§ 16 ThürUAG v. 07.02.1991 (ThürGVBl. S. 36) zuletzt geändert durch Gesetz v. 24.10.2001 (ThürGVBl. S. 265).

Einschlägige auch in Thüringen geltende bundesrechtliche Vorschriften mit Zeugnispflichten im Prozessrecht: §§ 53 Abs. 1 Nr. 4; 53 a Abs. 1; 97 Abs. 3, 4 StPO und § 383 Abs. 1 Nr. 6; Abs. 3 ZPO; § 84 FGO iVm § 102 Abs. 1 Nr. 2 AD; §§ 98 VwGO oder im Verwaltungsverfahrensrecht: §§ 26 Abs. 3; 65 VwVfG; § 21 Abs. 3 SGB X; § 102 Abs. 1 Nr. 2 AO.

Dokumente zur Entstehungsgeschichte

§ 9 Abs. 3 Vorl.LS; Art. 48 VerfE CDU; Art. 45 VerfE F.D.P.; Art. 47 VerfE SPD (als einzige Fraktion mit einer Einbeziehung von Mitarbeitern in Abs. 4 Satz 2); Art. 36 VerfE NF/GR/DJ; Art. 54 VerfE LL/PDS;[1] Entstehung ThürVerf S. 146 f.

Literatur

Hans-Ulrich Borchert, Der Abgeordnete des Deutschen Bundestages im G10-Verfahren, DÖV 1992, 58 ff.; *Arno Heitzer*, Besteht ein Zeugnisverweigerungsrecht für den Gehilfen des Parlamentariers?, NJW 1952, 89 ff.; *Dieter Wiefelspütz*, Das Zeugnisverweigerungsrecht des Abgeordneten – Funktionsnotwendigkeit für das Abgeordnetenmandat?, Der Staat 43 (2004), 543 ff.

Leitentscheidung des BVerfG

BVerfGE 108, 251 (Beschlagnahmeverbot).

---

57 *Butzer*, in: Epping/Hillgruber, Art. 46 Rn. 25; *Kretschmer*, in: Schmidt-Bleibtreu/Hofmann/Hopfauf, Art. 46 Rn. 28.

1 Vgl. Art. 48 Fn. 1.

A. Überblick

1 Mit dem **Zeugnisverweigerungsrecht** (Art. 56 Abs. 1, 2) und dem **Beschlagnahmeverbot** (Art. 56 Abs. 3) soll das **freie Mandat des Abgeordneten** (Art. 53 Abs. 1) gestärkt werden, indem das Vertrauensverhältnis zwischen Abgeordneten und Bürgern bei dem aufgrund des demokratischen Repräsentationsprinzips erforderlichen **wechselseitigen Kommunikationsprozesses** (Art. 48 Rn. 18) gesichert wird. Art. 56 stützt damit unmittelbar den verfassungsrechtlichen Status des Abgeordneten, und mittelbar die repräsentative Demokratie sowie die Funktionstüchtigkeit des Parlaments.[2]

B. Herkunft, Entstehung und Entwicklung

2 In Deutschland wurde – entgegen der Entwicklung in England, Frankreich und Belgien – ein **Zeugnisverweigerungsrecht lange Zeit abgelehnt** und erstmals in Art. 38 Abs. 1 WRV aufgenommen.[3] Es fand auch Eingang in das Grundgesetz (Art. 47) und sämtliche Landesverfassungen einschließlich der Thüringer Verfassung (Art. 56), wenn auch mit einigen Unterschieden (vgl. Rn. 3 f.). Initiativen zur Änderung von Art. 56 liegen bisher nicht vor.

C. Verfassungsvergleichende Information

3 Die Regelung in Absatz 2, wonach das Zeugnisverweigerungsrecht nicht nur Abgeordneten zusteht, sondern **auch deren Mitarbeitern** gewährt werden kann (entsprechend erweitert ist das Beschlagnahmeverbot nach Absatz 3), ist nur noch in die Verfassungen der Länder Baden-Württemberg (Art. 39 Satz 2), Niedersachsen (Art. 16 Abs. 2, Sachsen (Art. 56 Abs. 2) und Sachsen-Anhalt (Art. 59 Abs. 1 Satz 3) aufgenommen worden. Damit ergibt sich jedoch in der Sache keine abweichende Rechtslage zum Bund und zu den anderen Ländern, da es z.B. zu Art. 47 GG der h.M. entspricht, dass das Zeugnisverweigerungsrecht und das Beschlagnahmeverbot nach deren Sinn und Zweck auch auf die Mitarbeiter von Abgeordneten zu erstrecken sind.[4]

---

2 Allgemeine Meinung, vgl. z.B. BVerfGE 108, 251 (269); *Butzer*, in: Epping/Hillgruber, Art. 47 Überblick; *Klein*, in: Maunz/Dürig, Art. 47 Rn. 1, 14; *Kretschmer*, in: Schmidt-Bleibtreu/Hofmann/Hopfauf, Art. 47 Rn. 1; *Magiera*, in: Sachs, GG, Art. 47 Rn. 1.

3 *Klein*, in: Maunz/Dürig, Art. 47 Rn. 3 – 6.

4 Vgl. die Kommentierungen zu Art. 47 GG z.B. von: *Klein*, in: Maunz/Dürig, Art. 47 Rn. 17; *Achterberg/Schulte*, in: von Mangoldt/Klein/Starck, Art. 47 Rn. 4; *Kretschmer*, in: Schmidt-Bleibtreu/Hofmann/Hopfauf, Art. 47 Rn. 5; *Wiefelspütz*, Der Staat 43 (2004), 543 (549 f.).

Ohne sachliche Bedeutung ist auch der Verzicht in zahlreichen Verfassungen, bei dem Beschlagnahmeverbot von „Schriftstücken" nicht zu erwähnen, dass dazu – wie in Art. 56 Abs. 3 ausdrücklich geregelt – auch „andere Datenträger und Dateien" zählen; hierbei handelt es sich um eine unproblematische, klarstellende Interpretation.[5] 4

D. Erläuterungen

I. Zeugnisverweigerungsrecht (Art. 56 Abs. 1, 2)

1. Schutzzweck. Bereits oben (Rn. 1) wurde darauf hingewiesen, dass das **Zeugnisverweigerungsrecht dazu dienen** soll, die **demokratische Repräsentationsfunktion** von Abgeordneten zu fördern. Das Zeugnis darf dazu in dreierlei Hinsicht verweigert werden: Über Personen, die Abgeordneten etwas anvertraut haben, über Personen, denen Abgeordnete etwas anvertraut haben und über den tatsächlichen Inhalt der Gespräche. Somit liegt der Schutzzweck des Art. 56 darin, die demokratische Repräsentation durch den **Kommunikationsprozess** zwischen den demokratischen Repräsentanten und dem demokratisch repräsentierten Volk (Rn. 1) zu sichern und zu befördern. Vornehmlich sollen sich die Bürger mit Anliegen an Abgeordnete wenden und darauf vertrauen können, dass insbesondere bei Informationen über bestimmte Missstände im staatlichen Bereich, welche Abgeordnete sodann weiterverfolgen, der Informant anonym bleiben kann. Einen dahingehenden, gesicherten **Rechtsanspruch hat der Informant** allerdings nicht, denn nicht er wird durch Art. 56 Abs. 1, 2 geschützt, sondern nur die Abgeordneten, aber auch nur insoweit, als Abgeordnete nicht gezwungen werden können, ihre Informanten und die ihnen übermittelten Informationen preiszugeben.[6] Obwohl es somit im **Ermessen der Abgeordneten** liegt, ob er den Informanten und dessen Informationen preisgeben will, wird er sich in aller Regel hüten, das zu tun. Die Situation des Abgeordneten ist insofern ganz ähnlich wie das Verhältnis der Presse zu ihren Informanten: Wenn Abgeordnete oder die Presse das in sie gesetzte Vertrauen, Informanten und Informationen nicht preiszugeben, brechen, werden sie nie wieder vertraulich informiert; damit würde ihre Funktionstüchtigkeit nachhaltig beeinträchtigt. Für sie käme also ein Vertrauensbruch nur ausnahmsweise zum Schutz anderer übertragener Gemeinschaftsgüter in Betracht. 5

2. Persönlicher Schutzbereich (Abgeordnete, Mitarbeiter). Das Zeugnisverweigerungsrecht steht in erster Linie nur Abgeordneten zu; Art. 56 schützt hingegen – wie zuvor erläutert – die Informanten von Abgeordneten nicht (Rn. 5). Neben den Abgeordneten können nach Abs. 2 allerdings auch deren **Mitarbeiter ein Zeugnisverweigerungsrecht** erhalten.[7] Wie sich aus Absatz 2 Satz 2 ergibt, steht ihnen dieses Recht jedoch nicht originär nach ihrem eigenen Ermessen zu, vielmehr entscheiden die Abgeordneten darüber; sie können ihre Mitarbeiter entsprechend anweisen. Dass ihnen diese Direktionsbefugnis gegenüber ihren Mitarbeitern nur „grundsätzlich" zusteht, deutet daraufhin, dass sich Mitarbeiter aus überragenden Gründen des Gemeinwohls entsprechenden Weisungen von 6

---

5 So z.B. zu Art. 47 GG: *Klein*, in: Maunz/Dürig, Art. 47 Rn. 30; *Achterberg/Schulte*, in: von Mangoldt/Klein/Starck, Art. 47 Rn. 11; *Kretschmer*, in: Schmidt-Bleibtreu/Hofmann/Hopfauf, Art. 47 Rn. 10; *Schulze-Fielitz*, in: Dreier, Art. 47 Rn. 11.

6 Dazu mwN: *Klein*, in: Maunz/Dürig, Art. 47 Rn. 14; *Kretschmer*, in: Schmidt-Bleibtreu/Hofmann/Hopfauf, Art. 47 Rn. 4; *Magiera*, in: Sachs, GG, Art. 47 Rn. 3.

7 Dazu bereits grundlegend *Heitzer*, NJW 1952, 89 f.

Abgeordneten entziehen können. Mitarbeiter können ein Zeugnisverweigerungsrecht auf -grund eines, ggf. auch nur stillschweigenden, vermuteten Einverständnisses des Abgeordneten geltend machen, wenn dessen Entscheidung nicht rechtzeitig herbeigeführt werden kann (§ 53 a Abs. 1 Satz 2 StPO), weil der Abgeordnete z.B. durch eine schwere Erkrankung, eine längere Abwesenheit oder seinen Tod daran gehindert ist.

7 Wenn Art. 56 Abs. 2 die Möglichkeit der Zeugnisverweigerung auf **„Personen, deren Mitarbeit Abgeordnete in Ausübung ihres Mandats in Anspruch nehmen“** erweitert (Rn. 3), dann liegt darin bereits der Hinweis, dass dieser Personenkreis nicht eng ausgelegt werden darf. Dazu gehören nicht nur die bei einem Abgeordneten angestellten persönlichen Mitarbeiter, sondern alle Personen, auf die er im Rahmen seiner Abgeordnetentätigkeit zurückgreift, seien es Fraktionsmitarbeiter, Bedienstete der Parlamentsverwaltung oder im Einzelfall auch externe Gutachter oder Berater. Bei der Komplexität der Abgeordnetentätigkeit und Notwendigkeit, auf fachliche Hilfe Dritter zurückgreifen zu müssen, liefe andernfalls das Zeugnisverweigerungsrecht allzu leicht leer.

8 **3. Sachlicher Schutzbereich.** Das Zeugnisverweigerungsrecht besteht darin, das Zeugnis in der Stellung eines Zeugen verweigern zu dürfen. Dieser klare Wortlaut der Vorschrift gebietet es, dass Abgeordnete z.B. in Ermittlungs- oder Strafverfahren, in denen sie nicht als Zeuge sondern als Betroffene befragt werden, zwar etwaige sonstige Zeugnisverweigerungsrechte, nicht jedoch Art. 56 in Anspruch nehmen können.[8]

9 Art. 56 Abs. 1, 2 greift nur, wenn der wechselseitige Kommunikationsprozess mit dem Abgeordneten gerade in dieser Eigenschaft, also nicht im Privat- oder Geschäftsverkehr stattfindet und „Tatsachen anvertraut“ werden. Der **Begriff der Tatsachen** ist weit zu verstehen; geschützt ist der gesamte Inhalt der Gespräche zwischen Abgeordnetem und Bürger, allerdings nur soweit, als die Informationen dem anderen jeweils **„anvertraut“** wurden, d.h. dass im Hinblick auf das Repräsentationsverhältnis eine ausdrückliche oder unausgesprochene Übereinkunft bestand, Gegenstand und Personen des Gesprächs nicht offenzulegen.

10 Der beschriebene Kommunikationsprozess zwischen dem Bürger und dem Abgeordneten muss innerhalb dessen Mandatszeit, also zwischen der Annahme der Wahl und dem Ende der Wahlperiode stattgefunden haben. Das Zeugnisverweigerungsrecht besteht dann aber **zeitlich unbegrenzt.**[9]

II. Beschlagnahmeverbot (Art. 56 Abs. 3)

11 **1. Schutzzweck.** Das Beschlagnahmeverbot dient demselben Zweck wie das Zeugnisverweigerungsrecht nach Art. 56 Abs. 1, 2 (Rn. 5), es soll dieses Recht nur noch zusätzlich absichern: Ein nach Absätzen 1, 2 unzulässiger Zeugenbeweis, soll nicht etwa durch einen Urkundenbeweis umgangen werden können.[10]

---

8 BVerfGE 108, 251 (269, 266 f., 274); *Achterberg/Schulte*, in: von Mangoldt/Klein/Starck, Art. 47 Rn. 13; *Klein*, in: Maunz/Dürig, Art. 47 Rn. 16; kritisch: *Butzer*, in: Epping/Hillgruber, Art. 47 Rn. 2.1; *Kretschmer*, in: Schmidt-Bleibtreu/Hofmann/Hopfauf, Art. 47 Rn. 3.

9 *Butzer*, in: Epping/Hillgruber, Art. 47 Rn. 4; *Klein*, in: Maunz/Dürig, Art. 47 Rn. 25; *Kretschmer*, in: Schmidt-Bleibtreu/Hofmann/Hopfauf, Art. 47 Rn. 6.

10 AllgM: vgl. z.B. *Butzer*, in: Epping/Hillgruber, Art. 47 Rn. 7; *Klein*, in: Maunz/Dürig, Art. 47 Rn. 27; *Magiera*, in: Sachs, GG, Art. 47 Rn. 6; *Schulze-Fielitz*, in: Dreier, Art. 47 Rn. 10.

Daher besteht das Beschlagnahmeverbot nur „soweit“, wie ein Zeugnisverweigerungsrecht nach Absätzen 1, 2 besteht („**Akzessorietät**“).

2. Sachlicher Schutzbereich. a) **„Schriftstücke“ als Gegenstand des Beschlagnahmeverbots.** Der **Begriff der „Schriftstücke“** wird in Art. 56 Abs. 3 bereits im Verfassungstext ausdrücklich auf „Datenträger und Dateien „erweitert“ (Rn. 4). In der gebotenen weiten Auslegung fallen als Gegenstände des Beschlagnahmverbots somit alle „gegenständlich verfestigten „Mitteilungen“,[11] oder wie es Art. 59 LVerf LSA oder Art. 56 SächsVerf formuliert: alle „**Informationsträger**“. 12

b) **Die verbotene Beschlagnahme und Nutzung.** Unter den ebenfalls weit auszulegenden **Begriff der Beschlagnahme** fällt jede hoheitliche Maßnahme, um sich von geschützten Informationsträgern Kenntnis zu verschaffen, einschließlich Durchsuchungen, Briefkontrollen nach dem 10-Gesetz oder Telefonüberwachungen nach §§ 100 a ff. StPO.[12] Abweichend von den übrigen entsprechenden verfassungsrechtlichen Regelungen im Bund und den anderen Ländern verbietet Art. 56 Abs. 3 auch die Nutzung der Informationsträger. Im Hinblick auf die weite Auslegung des Beschlagnahmeverbots verbleibt für das Nutzungsverbot kein substantieller Raum, denn die Nutzung von Daten setzt immer deren Kenntnis voraus. 13

c) **Räumlich-funktioneller Gewahrsamsbereich.** Die h.M. verlangt als weitere – ungeschriebene! – Voraussetzung, dass die Informationsträger sich im „**funktionalen Herrschaftsbereich des Abgeordneten**“[13] oder nach anderer Meinung sogar im Gewahrsam des Abgeordneten oder seines Gehilfen[14] befinden müssen. 14

Diese Kontroverse verliert wesentlich an Bedeutung, wenn man – wie hier – den Kreis der Mitarbeiter von Abgeordneten weit zieht und zusätzlich den Schutzbereich von Art. 56 beachtet, nämlich das Vertrauensverhältnis zwischen Abgeordneten und Bürgern zu schützen. Beide Gesichtspunkte gebieten einen **umfassenden Schutz**, der sogar soweit geht, dass selbst vom Abgeordneten an einen Journalisten weitergegebene Unterlagen vom Beschlagnahmeverbot erfasst sind, weil das Zusammenspiel zwischen Abgeordneten und Presse ebenso die Arbeit von Abgeordneten unterstützt wie z.B. eine fachliche Zuarbeit. Der Informant des Abgeordneten muss auch in diesen Fällen darauf vertrauen dürfen, dass seine Anonymität gewahrt wird.

III. Rechtsschutz

Verstöße gegen das Zeugnisverweigerungsrecht oder das Beschlagnahmeverbot führen zu einem Verwertungsverbot der Aussagen bzw. zur Pflicht, die Informationsträger zurückzugeben. Sofern sich ein Abgeordneter gegen Verstöße nach Art. 56 nicht in Rechtsmittelverfahren erfolgreich zur Wehr setzen konnte, hat er die Möglichkeit, Verfassungsbeschwerde zu erheben[15] 15

11 BVerfGE 108, 251 (269).
12 *Butzer*, in: Epping/Hillgruber, Art. 47 Rn. 8; *Klein*, in: Maunz/Dürig, Art. 47 Rn. 31; *Kretschmer*, in: Schmidt-Bleibtreu/Hofmann/Hopfauf, Art. 47 Rn. 11; *Borchert*, DÖV 1992, 58 (60 f.).
13 So BVerfGE 108, 251 (269 f.); *Borchert*, DÖV 1992, 58 (61); *Butzer*, in: Epping/Hillgruber, Art. 47 Rn. 10; *Wiefelspütz*, Der Staat 43 (2004), 543 (553 ff.).
14 So BVerwGE 121, 115 (123); *Trute*, in: von Münch/Kunig, Art. 47 Rn. 13.
15 BVerfGE 108, 251 (266 ff.); *Butzer*, in: Epping/Hillgruber, Art. 47 Rn. 12.

Artikel 57 [Präsidium]

(1) Der Landtag wählt aus seiner Mitte den Präsidenten, die Vizepräsidenten und die Schriftführer.

(2) [1]Der Präsident kann den Landtag jederzeit einberufen. [2]Er ist hierzu verpflichtet, wenn ein Fünftel der Mitglieder oder eine Fraktion oder die Landesregierung es verlangen. [3]Er leitet die Sitzungen des Landtags nach Maßgabe der Geschäftsordnung.

(3) [1]Der Präsident führt die Geschäfte des Landtags. [2]Er übt das Hausrecht, die Ordnungs- und die Polizeigewalt im Landtagsgebäude aus. [3]Eine Durchsuchung oder Beschlagnahme darf in den Räumen des Landtags nur mit Zustimmung des Präsidenten vorgenommen werden.

(4) [1]Der Präsident vertritt das Land in Angelegenheiten des Landtags, leitet dessen Verwaltung und die wirtschaftlichen Angelegenheiten nach Maßgabe des Haushaltsgesetzes. [2]Er stellt die Bediensteten der Landtagsverwaltung ein, entläßt sie und führt über sie die Aufsicht.

(5) Der Landtag gibt sich eine Geschäftsordnung.

Vergleichbare Regelungen

Zu Art. 57 Abs. 1, 3, 4, 5 (Wahl des Vorstands und Kompetenzen des Präsidenten): Art. 40 GG; Art. 32 BWVerf; Art. 20, 21 BayVerf; Art. 41 VvB; Art. 68, 69 BbgVerf; Art. 86, 106 BremVerf; Art. 18, 20 Abs. 2, 3 HambVerf; Art. 84, 86, 99 HessVerf; Art. 29 M-VVerf; Art. 18, 21 Abs. 1 NV; Art. 38 Abs. 1 Verf NW; Art. 85 Verf Rh-Pf; Art. 70, 71 SaarlVerf; Art. 46, 47 SächsVerf; Art. 46 Abs. 1 LVerf LSA; Art. 14 SchlHVerf.

Zu Art. 57 Abs. 2 (Einberufung des Parlaments): Art. 39 Abs. 3 GG; Art. 30 Abs. 4 BWVerf; Art. 17 BayVerf; Art. 42 Abs. 1, 2 VvB; Art. 64 Abs. 1 BbgVerf; Art. 88 BremVerf; Art. 12 Abs. 3, 22 HambVerf; Art. 83 Abs. 5 HessVerf; § 72 GOLT M-V; Art. 21 Abs. 2 NV; Art. 38 Abs. 3, 4 Verf NW; Art. 83 Abs. 3 Verf Rh-Pf; Art. 68 SaarlVerf; Art. 44 Abs. 4 SächsVerf; Art. 45 LVerf LSA; §§ 45, 46 GOLT SchlH.

Ergänzungsnormen im sonstigen thüringischen Recht

Geschäftsordnungsgesetz v. 19.07.1994 (ThürGVBl. S. 911); §§ 2, 4, 19 ThürGOLT idF der Bek. v. 19.07.2012 (LT-Drs. 5/4750); siehe zu § 2 Abs. 1 den Beschl. des Landtags zur Zahl der Vizepräsidenten in der 5. Wahlperiode (LT-Drs. 5/16) v. 29.09.2009; §§ 8 Abs. 2, 108 ThürBG v. 20.03.2009 (ThürGVBl. S. 238) zuletzt geändert durch Gesetz v. 25.10.2011 (ThürGVBl. S. 268, 272); § 28 Abs. 3 ThürLHO idF der Bek. v. 19.09.2000 (ThürGVBl. S. 282) zuletzt geändert durch Gesetz v. 31.01.2013 (ThürGVBl. S. 22, 23).

Dokumente zur Entstehungsgeschichte

§§ 3, 4 Vorl.LS; :Art. 52 Abs. 5, 48 Abs. 2, 53 VerfE CDU; Art. 37 Abs. 4, 38, 45 Abs. 2 VerfE F.D.P.; Art. 44 VerfE SPD; Art. 37 Abs. 1, 38 VerfE NF/GR/DJ; Art. 51 Abs. 2, 58 Abs. 1, 60 VerfE LL/PDS;[1] Entstehung ThürVerf S. 148 ff.

Literatur

Klaus Abmeier, Die parlamentarischen Befugnisse der Abgeordneten des Deutschen Bundestages nach dem Grundgesetz, 1984; *Oliver Borowy*, Parlamentarisches Ordnungsgeld und Sitzungsausschluss: Verfassungsrechtliche Aspekte, ZParl 2012, 635 ff.; *Gerd Michael Köhler*, Die Polizeigewalt des Parlamentspräsidenten im deutschen Staatsrecht, DVBl. 1992, 1577 ff.; *Heinrich G. Ritzel/Joseph Bücker/Hermann J. Schreiner*, Handbuch für die Parlamentarische Praxis, mit Kommentar zur Geschäftsordnung des Deutschen Bundestages, Loseblattausgabe (St.d.B. 12.2008); *Hans Trossmann*, Parlamentsrecht des Deutschen Bundestages, 1977.

1 Vgl. Art. 48 Fn. 1.

Leitentscheidungen des ThürVerfGH und des BVerfG

ThürVerfGH, LVerfGE 7, 337 (Stasiüberprüfung Abg.); 17, 511 (Sperrklausel ThürKWG).

BVerfGE 1, 144 (Geschäftsordnung); 44, 308 (Geschäftsordnung, Beschlussfähigkeit); 70, 324 (Statusrechte Abg.); 80, 188 (Wüppesahl); 84, 304 (Gruppenstatus Abg.); 102, 224 (Funktionszulagen Abg.).

A. Überblick

Die in Art. 57 getroffenen Regelungen zur Wahl von Organen des Landtags (Abs. 1), den Aufgaben des Landtagspräsidenten (Abs. 2 – 5) sowie die Ermächtigung und Verpflichtung, sich eine Geschäftsordnung zu geben (Abs. 5), sind drei bedeutsame Beispiele für Ausprägungen der **Parlamentsautonomie** des Landtags. Darunter versteht man heute[2] die „Regelungsmacht des Parlaments in eigenen Angelegenheiten“, insbesondere seine Befugnis, seine interne Organisation und sein Verfahren zur Erledigung der Parlamentsaufgaben zu regeln.[3] 1

Die Organisations- und Verfahrensautonomie des Parlaments hat außer in Art. 57 noch weitere verfassungsrechtliche Ausprägungen – z.T. auch Begrenzungen – z. B. in den Art. 58 – 67 sowie im Übrigen in der Geschäftsordnung des Landtags erfahren. 2

Die Parlamentsautonomie gibt dem Parlament zwar „einen weiten Gestaltungsspielraum“ „darüber, welche Regeln es zu seiner Selbstorganisation und zur Gewährleistung eines ordnungsgemäßen Geschäftsgangs bedarf“,[4] dieser Spielraum ist jedoch nicht unbegrenzt. Das Parlament hat dabei im Hinblick auf den 3

2 Zur historischen Entwicklung: *Brocker*, in: BK, Art. 40 Rn. 1 ff.; *Pietzcker*, in: Schneider/Zeh, § 10 Rn. 3.

3 ThürVerfGH, LVerfGE 7, 337 (359); BVerfGE 102, 224 (234 ff.); 104, 310 (332); 108, 251 (274); *Brocker*, in: BK, Art. 40 Rn. 50 ff.; *Kretschmer*, in: Schmidt-Bleibtreu/Hofmann/Hopfauf, Art. 40 Rn. 12; *Magiera*, in: Sachs, GG, Art. 40 Rn. 1, 2; *Pietzcker*, in: Schneider/Zeh, § 10 Rn. 3 ff.

4 BVerfGE 80, 188 (220).

Verfassungsrang der **Parlamentsautonomie gegenläufige Verfassungspositionen** im Wege **praktischer Konkordanz** verhältnismäßig zum Ausgleich zu bringen;[5] das gilt insbesondere für die Statusrechte von Abgeordneten (Art. 53 Rn. 31 ff.) das Gebot innerparlamentarischer Chancengleichheit oder den Minderheitenschutz.[6]

B. Herkunft, Entstehung und Entwicklung

4 Art. 57 steht als eine **zentrale Ausprägung der Organisations- und Verfahrensautonomie** des Landtags, insbesondere hinsichtlich des Geschäftsordnungsrechts, in einer zum Teil erstaunlichen Kontinuität des deutschen Parlamentsrechts: Die Geschäftsordnungen der deutschen Landtage fußen im Wesentlichen auf der Geschäftsordnung des Bundestags und dieser hatte weitgehend die Geschäftsordnung vom Reichstag der Weimarer Republik übernommen; in die weitere Ahnenreihe gehören der Reichstag des Kaiserreichs und das Preußische Abgeordnetenhaus.[7] Doch selbst wenn bei den geschäftsordnungsmäßigen Regelungen eine Reihe von Ähnlichkeiten festzustellen sind, so ist vornehmlich bei deren Auslegung stets zu beachten, in welchen verfassungsrechtlichen Kontext sie insbesondere im Wandel des Verhältnisses vom Parlament zur Regierung stehen. Je weiter man in die deutsche Verfassungsgeschichte zurückgeht, umso stärker wurden die Parlamente durch die Krone dominiert. Erst im Frühkonstitutionalismus konnten die Parlamente im zähen Ringen erste autonome Rechte erkämpfen. Beispielhaft soll für die Entwicklung in Thüringen auch hier wieder auf das **„Grundgesetz einer Landständischen Verfassung für das Großherzogtum Sachsen-Weimar-Eisenach" von 1816** verwiesen werden. Dort sind in den §§ 54, 55, 57 und 58 folgende Regelungen zur Einberufung des Landtags und zur Wahl eines Vorstands enthalten:

„§ 54. Die Landtage theilen sich in ordentliche und außerordentliche. Zu einem ordentlichen Landtage werden die Landständischen Abgeordneten von drei zu zwei Jahren, und zwar regelmäßig in der ersten Woche des Januars; zu einem außerordentlichen aber so oft zusammengerufen, als es nach dem Ermessen des Fürsten nothwendig ist.

§ 55. Der Ort, wo der Landtag gehalten werden soll, hängt von der Bestimmung des Fürsten ab; doch muß derselbe nothwendig in dem Großherzogthume liegen.

§ 57. Zur Leitung der Landständischen Geschäfte wird durch Stimmenmehrheit unter den sämmtlichen Abgeordneten der Landstände, und zwar aus der Mitte des Standes der Rittergutsbesitzer ein Landmarschall, aus der Mitte sämmtlicher Abgeordneten aber werden zwei Gehülfen erwählt, welche drei zusammen den Vorstand (das Landständische Directorium) bilden.

§ 58. Der Landmarschall wird, wenn es dem Landtage nicht gefallen sollte, ihm die Stelle auf Lebenslang zu übertragen, das erstemal auf zwölf Jahre, für die Zukunft aber jedesmal auf sechs Jahre gewählt. Die Wahl der beiden Gehülfen besteht nur drei Jahre. Sowohl die abgehenden Gehülfen, solange sie in der Zahl

---

5 *Brocker*, in: BK, Art. 40 Rn. 67.

6 *Brocker*, in: BK, Art. 40 Rn. 67 ff.; *Kretschmer*, in: Schmidt-Bleibtreu/Hofmann/Hopfauf, Art. 40 Rn. 12.

7 *Brocker*, in: BK, Art. 40 Rn. 43 ff., 299.

der Landständischen Abgeordneten bleiben, als auch der abgehende Landmarschall sind wieder wählbar.“

Nach der politischen Wende in der DDR hatte sich von Mitte 1990 außer dem Unterausschuss „Landesverfassung“ des „Politisch Beratenden Ausschusses“ dessen Arbeitsgruppe „Bildung Landtag“ mit der Erarbeitung des **Entwurfs einer Geschäftsordnung** befasst; diese Vorarbeiten fanden jedoch keinen unmittelbaren Eingang in die parlamentarischen Beratungen. Grundlage wurden vielmehr die vom Verfasser dieser Kommentierung erarbeiteten Entwürfe für eine **Vorläufige Landessatzung** (hier einschlägig die §§ 3 und 4) sowie für eine **Vorläufige Geschäftsordnung**, welche im Wesentlichen mit derjenigen des Landtags Rheinland-Pfalz identisch war. Diese Entwürfe wurden hinsichtlich der im vorliegenden Zusammenhang interessierenden Normen unverändert angenommen, so dass das thüringische parlamentarische Organisations- und Verfahrensrecht mit wenigen später zu erörternden Besonderheiten im Wesentlichen gemeinem deutschem Recht entspricht.[8] 5

Art. 57 wurde später nicht geändert; es gab auch keine dahingehenden Initiativen. Änderungen der Geschäftsordnung des Landtags werden – soweit sie im vorliegenden Zusammenhang von Bedeutung sind – in dem Abschnitt „Erläuterungen“ behandelt. 6

C. Verfassungsvergleichende Information

Zur Wahl der Leitungsorgane gibt es in Bund und den meisten Ländern inhaltlich übereinstimmende Regelungen. Nur in Art. 41 Abs. 2 VvB; Art. 69 Abs. 2, Satz 2 BbgVerf; Art. 70 Abs. 2 SaarlVerf und Art. 49 Abs. 1 LVerf LSA sind Sonderreglungen zur Zahl der Vizepräsidenten bzw. zur Berücksichtigung der Fraktionen bei deren Wahl getroffen worden. 7

In folgenden Landesverfassungen wird die **Abwahlmöglichkeit des Präsidenten**, der Vizepräsidenten, z.T. auch **weiterer Vorstandsmitglieder** unter Aufnahme bestimmter Quoren geregelt; Art. 41 Abs. 3 VvB; Art. 69 Abs. 2 BbgVerf; Art. 29 Abs. 2 M-VVerf; Art. 18 Abs. 4 NV; Art. 49 Abs. 5 LVerf LSA; Art. 14 Abs. 2 SchlHVerf. 8

Unterschiedliche verfassungsrechtliche Regelungen gibt es auch zur Frage, ob der Präsident vor der **Einstellung oder Entlassung von Personal** ein Einvernehmen oder Benehmen mit Gremien des Parlaments herstellen muss: 9

- Nach Art. 32 Abs. 3 Satz 3 BWVerf: Einvernehmen mit dem Präsidium bzgl. von Beamten;
- nach Art. 86 Satz 2 HessVerf: Benehmen mit dem Vorstand bzgl. von Beamten;
- nach Art. 39 Abs. 2 Satz 1 Verf NW: Benehmen mit dem Präsidium bzgl. der Ernennung von Beamten;
- nach Art. 85 Abs. 3 Satz 2 Verf Rh-Pf: Benehmen mit dem Vorstand bzgl. aller Bediensteten;
- nach Art. 71 Abs. 1 Satz 3 SaarlVerf: Benehmen mit dem Präsidenten bzgl. aller Bediensteten;

8 Zu dieser Entwicklung vgl. näher: *Linck*, Wie ein Landtag laufen lernte, 2010, S. 119 ff., 126 ff.

- nach Art. 47 Abs. 4 Satz 3 SächsVerf: Benehmen mit dem Vorstand bzgl. der Beamten;
- nach Art. 14 Abs. 4 Satz 1 SchlHVerf: Benehmen mit dem Ältestenrat bzgl. aller Bediensteter.

10 Soweit in den Verfassungen von Bund und Ländern zur Personalhoheit der Parlamentspräsidenten keine Regelungen getroffen sind, finden sich diese im Geschäftsordnungsrecht, wie z.B. in § 7 Abs. 4 GOBT.

11 **Regelungen zur Einberufung der Parlamente** werden verfassungsrechtlich – wie in der Thüringer Verfassung – redaktionell entweder in der Auflistung der Aufgaben des Präsidenten oder im Zusammenhang mit der Regelung zur Wahlperiode und dem Zusammenhang mit der Regelung zur Wahlperiode und dem Zusammentritt des Parlaments wie z.B. in Art. 39 Abs. 3 GG getroffen.

12 Die **Aufgaben des Präsidenten** werden verfassungsrechtlich mit z.T. unterschiedlichen Formulierungen, in der Sache jedoch im Wesentlichen übereinstimmend geregelt.

13 Alle Verfassungen enthalten den Satz: Das Parlament „gibt sich eine Geschäftsordnung“. Die Geschäftsordnung wird im Bund und in 15 Ländern mit einfacher Mehrheit, somit der Regelmehrheit (Art. 61 Rn. 13) beschlossen und geändert; nur in Art. 32 Abs. 1 Satz 2 ist vorgeschrieben, dass eine Änderung der Geschäftsordnung „einer Mehrheit von zwei Dritteln der anwesenden Abgeordneten“ bedarf.[9]

D. Erläuterungen

I. Wahl der Präsidenten, der Vizepräsidenten und der Schriftführer (Art. 57 Abs. 1)

14 **1. Wahl des Präsidenten.** Der Landtagspräsident wird in der ersten, der **konstituierenden Sitzung des Landtags** gewählt, die vom ältesten, hierzu bereiten, Abgeordneten durchgeführt wird (§ 1 ThürGOLT). Das Wahlverfahren ist in § 2 ThürGOLT geregelt. Die Wahl wird ohne Aussprache geheim durchgeführt (§ 2 Abs. 1 Satz 2 ThürGOLT). Diese Ausnahme vom Grundsatz der Parlamentsöffentlichkeit (dazu näher: Art. 60 Rn. 22 ff.) lässt sich im Hinblick auf die neutrale Stellung des Präsidenten damit rechtfertigen, dass seine Autorität auf diese Weise gewahrt und sein Verhältnis zu den Abgeordneten nicht von vornherein belastet werden soll (vgl. demgegenüber zur Problematik des gleichlautenden Verfahrens bei der Wahl des Ministerpräsidenten, Art. 70 Rn. 13). Es entspricht allgemeinem parlamentarischem Brauch, dass das **Vorschlagsrecht bei der stärksten Fraktion** liegt; ob sich ein dahingehendes gemeindeutsches Gewohnheitsrecht entwickelt hat, ist zweifelhaft, im Ergebnis aber abzulehnen, da sich sowohl für ein entsprechendes Verfassungs- als auch geschäftsordnungsrechtliches Gewohnheitsrecht kein dahingehender Rechtsbindungswille entwickelt hat.[10] Dass der Kandidat Mitglied des Landtags sein muss, ist an sich selbstverständlich, wird dennoch in Absatz 1 ausdrücklich hervorgehoben.

15 Der Landtagspräsident wird nach § 2 Abs. 1 Satz 1 ThürGOLT „für die Dauer der Wahlperiode“ gewählt. Diese Regelung entspricht zwar allgemeinem Parla-

9 Zu dieser Rechtslage: *Brocker*, in: BK, Art. 40 Rn. 305.
10 So zu Recht *Brocker*, BK, Art. 40 Rn. 107 mit Hinweisen auf abweichende Meinungen.

mentsbrauch,[11] sie hat jedoch keinen verfassungsrechtlichen Rang, so dass geschäftsordnungsrechtlich auch eine **Abwahl** vorgesehen werden darf,[12] was in § 2 Abs. 2 ThürGOLT geschehen ist. Für die Abwahl bedarf es aber – wie auch sonst aus Rationalitätsgründen – qualifizierter Quoren (§ 2 Abs. 3 GOLT).

2. Wahl der Vizepräsidenten und Schriftführer. Die Wahl und Abwahl der Vizepräsidenten wird im Grundsatz in gleicher Weise wie bei dem Präsidenten durchgeführt (Rn. 14). In § 2 Abs. 1 ThürGOLT ist festgelegt, dass zwei Vizepräsidenten zu wählen sind. Das **Vorschlagsrecht steht den Fraktionen** entsprechend ihrem Stärkeverhältnis zu (§ 2 Abs. 2 ThürGOLT). Die vorschlagsberechtigten Fraktionen haben danach einen Anspruch, im Vorstand vertreten zu sein, jedoch keinen Anspruch darauf, mit der Person des von ihnen vorgeschlagenen Kandidaten. 16

Von dieser generellen geschäftsordnungsrechtlichen Rechtslage ist der Thüringer Landtag in seiner 5. Wahlperiode aufgrund eines Beschlusses nach § 120 ThürGOLT abgewichen und hat sich – nicht generell durch eine entsprechende Änderung von § 2 Abs. 1 ThürGOLT –, sondern nur für die Zeit der 5. Wahlperiode für die Wahl von 4 Vizepräsidenten entschieden (LT-Drs. 5/16 vom 29.09.2009). Damit sollen **alle in den Thüringer Landtag gewählten Fraktionen ein Mitglied in dessen Vorstand stellen** dürfen. Mit dieser Regelung erübrigt sich eine Stellungnahme zu dem Problem,[13] ob es verfassungsrechtlich unzulässig wäre, wenn der Präsident und seine Stellvertreter allein durch die Mehrheit bestimmt würden, wobei allerdings nicht jeder Minderheit ein Anspruch auf einen Sitz im Vorstand zustünde.[14] 17

Zur Frage, in welcher **Reihenfolge die Vizepräsidenten** den Präsidenten vertreten, gibt es in Thüringen weder eine ausdrückliche noch eine ungeschriebene normative Regelung, somit obliegt die Entscheidung insoweit dem Präsidenten (so auch ausdrücklich § 18 Abs. 2 ThürGOLT für die Vertretung bei der Sitzungsleitung). 18

Die **Schriftführer** werden gemäß § 3 ThürGOLT in einem Wahlgang aufgrund eines gemeinsamen Vorschlags der Fraktionen gewählt. Kommt ein derartiger Vorschlag nicht zustande, wird nach dem Stärkeverhältnis der einzelnen Fraktionen gewählt; zuvor ist mit einfacher Mehrheit über die Anzahl der Schriftführer abzustimmen. 19

3. Rechtsstellung des Präsidenten, der Vizepräsidenten und der Schriftführer. 20
Der Präsident ist **Organ des Landtags**, d. h. sein Handeln wird dem Landtag als eigenes Handeln zugerechnet;[15] dabei vertritt er das Parlament „in seiner Gesamtheit".[16] Daraus folgt, dass er sein **Amt unparteiisch und neutral** auszuüben

11 *Trossmann*, Parlamentsrecht des Deutschen Bundestages, 1977, § 2 Rn. 1.3.
12 *Brocker*, in: BK, Art. 40 Rn. 115; *Klein*, in: Maunz/Dürig, Art. 40 Rn. 91; *Kretschmer*, in: Schmidt-Bleibtreu/Hofmann/Hopfauf, Art. 40 Rn. 38; *Magiera*, in: Sachs, GG, Art. 40 Rn. 5.
13 Vgl. dazu *Linck*, in: Linck/Jutzi/Hopfe, Art. 57 Rn. 5.
14 *Abmeier*, Die parlamentarischen Befugnisse der Abgeordneten des Deutschen Bundestages nach dem Grundgesetz, 1984, S. 129.
15 *Klein*, in: Maunz/Dürig, Art. 40 Rn. 82.
16 BVerfGE 1, 115 (116); 80, 188 (227); *Brocker*, in: BK, Art. 40 Rn. 103.

hat;[17] will er sich als Abgeordneter zu politischen Fragen äußern, muss er sich von seinem Abgeordnetensitz melden und vom Rednerpult sprechen.[18]

21 Die Vizepräsidenten besitzen diese Organstellung nur, soweit sie den Präsidenten als Organ vertreten. Die Schriftführer haben nur die Stellung eines Hilfsorgans; sie haben aus eigenem Recht keine, dem Landtag zuzurechnende Entscheidungsgewalt.

Ob der **Präsident protokollarisch** vor oder nach dem Ministerpräsidenten einzuordnen ist, ist umstritten.[19] Viel spricht dafür, mit **Tebben** wie folgt zu differenzieren, zumal dem Ministerpräsidenten die Funktion eines Staatsoberhaupts in Art. 85 entzogen wurde: Bei der Außenvertretung ist der Ministerpräsident, in landesinternen Veranstaltungen der Präsident „der erste Mann".[20]

II. Aufgaben des Präsidenten (Art. 57 Abs. 2 – 3)

22 Im Landtag spricht der Präsident als Abgeordneter vom Rednerpult aus. Die Aufgaben des Präsidenten werden z. T. in der Verfassung ausdrücklich (Art. 57 Abs. 2 – 4; Art. 85), stillschweigend (Rn. 1) und in vielfältiger Weise in der Geschäftsordnung des Landtags geregelt.

23 **1. Einberufung des Landtags.** Entgegen Art. 39 Abs. 3 Satz 1 GG enthält die Landesverfassung kein ausdrückliches **Selbstversammlungsrecht des Parlaments.** Einer derartigen Hervorhebung bedarf es auch nicht, da sich diese Befugnis aufgrund der allgemeinen Parlamentsautonomie (Rn. 3) von selbst versteht.[21] Dem Landtag obliegt somit primär die Entscheidung, zu welchem Termin er eine Sitzung durchführen will.[22] Der Landtagspräsident hat einen dahingehenden Beschluss des Landtags durch eine entsprechende Einladung nur zu vollziehen; hiervon gehen auch §§ 20, 21 ThürGOLT aus. Mit Art. 57 Abs. 2 sollte das Recht zur Einberufung des Landtags nicht etwa aus der Kompetenz des Landtags in die ausschließliche Befugnis des Landtagspräsidenten verlagert, sondern es sollte neben diesem Selbstversammlungsrecht auch eine originäre Kompetenz des Landtagspräsidenten begründet werden.[23]

24 Im Hinblick auf den **Vorrang des Selbstversammlungsrechts des Landtags** darf der Landtagspräsident seine Befugnis jedoch nicht im Widerspruch zum Willen des Landtags ausüben. Die Formulierung in Absatz 2 Satz 1, wonach der Präsident den Landtag „jederzeit" einberufen kann (ebenso Art. 64 Abs. 1 Satz 1 BbgVerf und Art. 83 Abs. 5 Satz 1 HessVerf) ist daher missverständlich und auslegungsbedürftig. Diese Befugnis steht nicht in seinem freien Ermessen. Vielmehr ist er im Rahmen der auch ihn verpflichtenden Organtreue[24] bei der Ausübung dieser Befugnis zu einer Kooperation mit dem Landtag verpflichtet, wo-

17 BVerfGE 1, 115 (116; 1, 144 (156); 80, 188 (227); *Brocker*, in: BK, Art. 40 Rn. 103.
18 Vgl. § 26 Abs. 3 ThürGOLT und *Brocker*, in: BK, Art. 40 Rn. 103.
19 Vgl. dazu *Tebben*, in: Litten/Wallerath, Art. 29 Rn. 34; *Waack*, in: Caspar/Ewer/Nolte/Waack, Art. 14 Rn. 39.
20 AA die Thüringer Staatskanzlei, vgl. LT-Drs 1/1536.
21 *Achterberg/Schulte*, in: von Mangoldt/Klein/Starck, Art. 39 Rn. 24; zum Kampf zwischen Krone und Parlament um die Befugnis zur Einberufung des Parlaments in der Zeit des monarchischen Konstitutionalismus vgl. *Kühne*, in: Schneider/Zeh, § 2 Rn. 100 f.
22 *Achterberg/Schulte*, in: von Mangoldt/Klein/Starck, Art. 39 Rn. 26; *von Brünneck*, in: Zinn/Stein, Art. 83 Erl. 5.
23 Anders die Rechtslage im Bund – vgl. dazu *Achterberg/Schulte*, in: von Mangoldt/Klein/Starck, Art. 39 Rn. 24 ff.
24 Grundlegend zur Verfassungsorgantreue: *Schenke*, Verfassungsorgantreue, 1977.

bei dessen Ältestenrat das dafür geeignete Gremium ist (vgl. auch § 19 Abs. 1 ThürGOLT); in Fällen höchster Eilbedürftigkeit können entsprechende Absprachen auch z.B. mit den Fraktionsvorsitzenden getroffen werden. Eine selbstherrliche Einberufung des Landtags durch den Präsidenten gegen den Willen des Landtags könnte dieser im Übrigen ins Leere laufen lassen, indem er sich sogleich vertagt (§ 25 ThürGOLT), keine Tagesordnung aufstellt (§ 21 Abs. 3 ThürGOLT) oder die Beschlussunfähigkeit herstellt (§ 40 ThürGOLT).[25]

Aufgrund eines entsprechenden Verlangens eines Fünftels der Mitglieder des Landtags, einer Fraktion oder der Landesregierung ist der Landtagspräsident nach Absatz 2 Satz 2 verpflichtet, den Landtag einzuberufen. Mit dem **Einberufungsverlangen** kann auch ein bestimmter Terminwunsch verbunden werden. Der Landtagspräsident ist daran jedoch nicht gebunden; vielmehr obliegt die Terminbestimmung seinem pflichtgemäßen Ermessen. Er hat den Termin so zu wählen, dass das politische Anliegen der Antragsteller nicht etwa durch Zeitablauf ganz oder teilweise obsolet wird. Damit der Präsident sein Ermessen insoweit sachgerecht auszuüben vermag und damit die Sitzung auch in qualifizierter Weise von den Fraktionen vorbereitet werden kann, ist es erforderlich, dass mit dem **Einberufungsverlangen zugleich die Tagesordnungspunkte** angegeben werden müssen. Da es sich bei Art. 57 Abs. 2 Satz 2 um ein Minderheitenrecht handelt, darf die Mehrheit den mit der Sondersitzung angemeldeten Tagesordnungspunkt bei der Feststellung der Tagesordnung (§ 21 ThürGOLT) nicht ablehnen; sie kann aber weitere Punkte auf die Tagesordnung setzen.[26] 25

Das Quorum für ein Einberufungsverlangen ist relativ niedrig angesetzt; da es bereits einer Fraktion zusteht, genügen somit also bereits fünf Abgeordnete (§ 8 Abs. 1 ThürGOLT). Da die Einberufung und Durchführung einer Sondersitzung des Landtags zeit- und kostenträchtig ist, unterliegt dieses Minderheitenrecht in besonderer Weise dem **Missbrauchsverbot**.[27]

2. Leitung der Landtagssitzungen (Art. 57 Abs. 2 Satz 3). Der Präsident leitet die Sitzungen des Landtags (Plenarsitzungen) aufgrund von Art. 57 Abs. 2, Satz 3 nach Maßgabe der §§ 18 ff. der ThürGOLT. Dazu gehören u. a.: Eröffnung und Schließung der Sitzungen (§ 18 Abs. 1 Satz 1 ThürGOLT), Aufruf der Tagesordnungspunkte und Eröffnung der Besprechung (§ 23 Abs. 1 ThürGOLT), Worterteilungen (§§ 26, 30, 31, 32, 33 ThürGOLT), Bestimmung der Reihenfolge der Redner (§ 27 ThürGOLT), Entzug des Wortes (§ 29 Abs. 5 ThürGOLT), Durchführung der Abstimmungen und Wahlen (§§ 41 ff. ThürGOLT) und Feststellung von deren Ergebnis. 26

3. Geschäftsführung, Hausrecht, Ordnungs- und Polizeigewalt (Art. 57 Abs. 3 Satz 1, 2). Art. 57 Abs. 3 Satz 1 weist dem Präsidenten die verfassungsrechtliche Aufgabe zu, „die Geschäfte des Landtags" zu führen. Um welche Kompetenzen es sich dabei handelt, wird in der Landesverfassung nicht i. E. ausgeführt; sie ergeben sich in erster Linie aus der Geschäftsordnung des Landtags. Dazu gehören insbesondere, außer den bereits erörterten (Rn. 23 ff.) sowie den 27

25 In diesem Sinne auch *Tebben*, in: Litten/Wallerath, Art. 29 Rn. 17.

26 *Tebben*, in: Litten/Wallerath, Art. 29 Rn. 17; *Glauben*, in: Grimm/Caesar, Art. 83 Rn. 13; *Schreiner*, in: Ritzel/Bücker/Schreiner, § 21 GOBT Anm. II c; aA *Klein*, in: Maunz/Dürig, Art. 39 Rn. 39; *Stern*, Bd. II, S. 80.

27 Zum Missbrauch parlamentarischer Rechte: BVerfGE 1, 144 (149).

in Absatz 4 genannten Aufgaben, die Leitung des Ältestenrats (§ 12 ThürGOLT) und des Vorstandes (§ 4 Abs. 2 ThürGOLT).

Ausdrücklich erwähnt sind in Art. 57 Abs. 3 Satz 2 sein Hausrecht, seine Polizeigewalt sowie seine Ordnungsgewalt im Landtagsgebäude.[28]

28 Das **Hausrecht** ergibt sich aus dem Eigentum und ist im Wesentlichen fiskalischer Natur.[29] Die Befugnisse aus dem **Hausrecht und der Polizeigewalt** erstrecken sich auf alle Gebäude und Grundstücke des Landtags sowie diejenigen räumlichen Bereiche außerhalb des Landtags, in denen Sitzungen des Landtags oder seiner Organe stattfinden und können alle dort Anwesenden, einschließlich der Abgeordneten, erfassen.[30]

29 Die **Polizeigewalt**[31] steht dem Präsidenten ebenfalls gegenüber allen anwesenden Personen als eine ausschließliche Kompetenz mit allen nach materiellem Polizeirecht bestehenden Befugnissen zu, Gefahren für die öffentliche Sicherheit oder Ordnung in den Gebäuden und auf den Grundstücken des Landtags abzuwehren. Die Polizei besitzt insoweit keine Eingriffsmöglichkeiten; sie kann nur im Wege der Amtshilfe vom Präsidenten angefordert werden, wobei sie dessen Weisungen unterliegt. Ob ein originäres Einschreiten der Polizei bei Gefahr im Verzuge zulässig ist, ist strittig,[32] aber zu bejahen.

30 Die **Ordnungsgewalt** des Präsidenten – auch Sitzungs- oder Disziplinargewalt genannt – dient der **Aufrechterhaltung der parlamentarischen Ordnung,** mit der Angriffe gegen die Funktionstüchtigkeit und das Ansehen des Parlaments abgewehrt werden können. Träger dieser Gewalt ist das Parlament, Ausübungsberechtigter der Präsident.[33] Diese Ordnungsgewalt besteht primär gegenüber den Mitgliedern des Landtags, aber auch gegenüber Mitgliedern der Regierung (Rn. 44), wenn auch nur in einem verfassungsrechtlich begrenzten Rahmen (Art. 66 Rn. 39 ff.). Gegenüber sonstigen Sitzungsteilnehmern, insbesondere Zuhörern, ergeben sich Befugnisse aus dem Haus- und Polizeirecht; diese Ordnungsgewalt gegenüber Dritten wird auch abgrenzend als „allgemeine Ordnungsgewalt“ bezeichnet.[34]

31 **Als Ordnungsmaßnahmen gegenüber Abgeordneten** werden in der Geschäftsordnung des Landtags genannt: Rüge (§ 37 Abs. 1 ThürGOLT), Ordnungsruf (§ 37 Abs. 1 ThürGOLT), Wortentziehung (§ 36 Abs. 2 ThürGOLT) und Sitzungsausschluss (§ 37 Abs. 2 ThürGOLT).

32 Die Ordnungsmaßnahmen greifen, insbesondere im Falle des Sitzungsausschlusses, in die durch Art. 53 gesicherten Statusrechte von Abgeordneten ein. Sie sind

---

28 Zur Abgrenzung und teilweisen Überschneidung dieser Befugnisse vgl. *Rothaug*, Die Leitungskompetenz des Bundestagspräsidenten, 1979, S. 58 ff.; *Franke*, Ordnungsmaßnahmen der Parlamente, 1990, S. 4 ff.; *Köhler*, DVBl. 1992, 1577 (1578).

29 *Achterberg/Schulte*, in: Mangoldt/Klein/Starck, Art. 40 Rn. 63; *Rothaug*, Die Leitungskompetenz des Bundestagspräsidenten, 1979, S. 60; *Franke*, Ordnungsmaßnahmen der Parlamente, 1990, S. 6.

30 *Köhler*, DVBl. 1992, 1577 (1582); *Rothaug*, Die Leitungskompetenz des Bundestagspräsidenten, 1979, S. 61.

31 Vgl. hierzu eingehend *Köhler*, DVBl. 1992, 1577.

32 Bejahend: *Versteyl*, in: von Münch/Kunig, Art. 40 Rn. 24; *Stern*, Bd. II, S. 85, Fn. 222; differenzierend *Köhler*, DVBl. 1992, 1577 (1583).

33 BVerfGE 60, 374 (379).

34 *Bücker*, in: Schneider/Zeh, § 34 Rn. 53, verwendet insoweit den Begriff der „allgemeinen Ordnungsgewalt"; hierauf basieren auch die Ordnungsmaßnahmen nach § 39 ThürGOLT.

jedoch verfassungsrechtlich zulässig,[35] sofern dabei der Grundsatz der Verhältnismäßigkeit beachtet wird.

4. Genehmigungsbefugnis bei Durchsuchungen und Beschlagnahmen (Art. 57 Abs. 3 Satz 2). Durchsuchungen und Beschlagnahmen, z. B. nach §§ 94 ff, 102ff StPO in allen Räumen des Landtags, nicht aber in den Wohn- oder privaten Büroräumen der Abgeordneten, bedürfen nach Art. 57 Abs. 3 der **vorherigen Zustimmung** (abweichend die Terminologie von § 184 BGB) des Präsidenten. Nach der hier vertretenen Auffassung fallen auch Durchsuchungen und Beschlagnahmen unter den Immunitätsschutz (Art. 55 Rn. 37). Sie dürfen daher nur mit **Zustimmung des Landtags** vorgenommen werden. Diese Zustimmung ersetzt jedoch nicht diejenige des Präsidenten nach Art. 57 Abs. 3 Satz 2; vielmehr stehen beide Zustimmungen nebeneinander.[36] Art. 40 Abs. 2 Satz 2 stellt damit eine funktionelle Ergänzung zum persönlichen Schutz des Abgeordneten aus Art. 46 GG dar.[37] Diese Befugnis erwächst aus dem Hausrecht des Präsidenten und soll die Arbeit des Parlaments vor Eingriffen anderer Hoheitsträger schützen; sie dient in erster Linie dem Schutz der räumlichen Integrität des Parlaments, der „Autorität" des Präsidenten sowie der „Abgeordneten als Teile des Parlaments".[38] 33

Die Erteilung der Zustimmung liegt im Ermessen des Präsidenten; dabei hat er außer der Wahrung der Parlamentsautonomie auch die Immunität der Abgeordneten (Art. 55 Abs. 2) und deren Rechte nach Art. 56 zu berücksichtigen, was allerdings nur im Rahmen einer Evidenzkontrolle möglich ist.[39] Der Schutzbereich von Art. 57 Abs. 3 Satz 2 erstreckt sich aus der ratio dieser Vorschrift – entgegen deren Wortlaut – im Hinblick auf die entsprechende Wirkung nicht nur auf Durchsuchungen und Beschlagnahmen, auch auf zivilrechtlicher Grundlage, sondern auch auf sonstige Zwangsmaßnahmen gegen Abgeordnete wie Verhaftungen oder Festnahmen.[40] 34

5. Vertretung (Art. 57 Abs. 4 Satz 1). Der Präsident vertritt das Land in Angelegenheiten des Landtags. Diese **allgemeine Vertretung des Landtags** bezieht sich sowohl auf den **rechtsgeschäftlichen Bereich** als auch auf die **Rechtsstreitigkeiten**, wozu auch die verfassungsrechtlichen Streitigkeiten gehören,[41] sowie die Vertretung des Landes nach außen, soweit Angelegenheiten des Landtags betroffen sind. Er vertritt dabei den Landtag in seiner Gesamtheit und nicht etwa die jeweilige Mehrheit.[42] Das gilt auch für den Fall, dass eine Minderheit des Landtags eine Entscheidung des Parlaments vor einem Verfassungsgericht anficht. Der Präsident kann dann aber für beide Positionen seinerseits Vertreter bestellen. Der Präsident ist auch Empfänger und Absender des gesamten Schriftverkehrs des Landtags mit anderen staatlichen oder öffentlichen Stellen sowie 35

35 BVerfGE 10, 4 (13).
36 *Brocker*, in: BK, Art. 40 Rn. 278.
37 BVerfGE 108, 251 (274); *Brocker*, in: BK, Art. 40 Rn. 272.
38 BVerfGE 108, 251 (274); *Brocker*, in: BK, Art. 40 Rn. 269 f.
39 BVerfGE 108, 251 (275); *Brocker*, in: BK, Art. 40 Rn. 274.
40 *Brocker*, in: BK, Art. 40 Rn. 276; *Kretschmer*, in: Schmidt-Bleibtreu/Hofmann/Hopfauf, Art. 40 Rn. 46; *Magiera*, Sachs, GG, Art. 40 Rn. 33; aA *Pieroth*, in: Jarass/Pieroth, Art. 40 Rn. 13; *Morlok*, in: Dreier, Art. 40 Rn. 8; *Tebben*, in: Litten/Wallerath, Art. 29 Rn. 31, weil Abgeordnete insoweit anderweitig ausreichend geschützt seien.
41 BVerfGE 1, 115 (116).
42 BVerfGE 1, 115 (116).

mit Privaten;[43] insoweit besteht z. B. **für Ausschussvorsitzende keine Vertretungsbefugnis aus eigenem Recht**. Zur Vertretungskompetenz gehört auch **die Öffentlichkeitsarbeit**.[44]

36 **6. Verwaltung (Art. 57 Abs. 4 Satz 1).** Die Kompetenz des Präsidenten zur Leitung der Landtagsverwaltung (Art. 57 Abs. 4 Satz 1) umfasst insbesondere die – auch ausdrücklich aufgeführte – **Haushalts- und Personalgewalt** sowie die **Organisationsgewalt**. Im Rahmen der – verfassungsrechtlich nicht umfassend beschriebenen – Personalgewalt ernennt und entlässt der Präsident nicht nur die Beamten, sondern stellt auch die Angestellten und Arbeiter ein und trifft die sonstigen personalrechtlichen Entscheidungen. Diese Befugnisse des Präsidenten als oberste Dienstbehörde werden in §§ 11 Abs. 2; 118 ThürBG bestätigt.

37 Bei den administrativen Befugnissen des Präsidenten handelt es sich um eine ausschließliche Kompetenz, die entgegen der früher in § 4 Abs. 2 Satz 2 der Vorl.LS getroffenen Regelung im Text der Verfassung nicht durch das Erfordernis eingeschränkt ist, zu bestimmten Entscheidungen **ein Benehmen mit den Vizepräsidenten** herbeizuführen. Wenn dennoch die Geschäftsordnung des Landtags eine Mitwirkung der Vizepräsidenten bei der Ernennung und Entlassung der Bediensteten des Landtags und der Aufstellung des Landeshaushaltsentwurfs vorsieht (vgl. § 5 Abs. 2 ThürGOLT), dann ist diese Regelung durch die Geschäftsordnungsautonomie gedeckt, da die Einscheidungskompetenz durch die aus einem „Benehmen“ abzuleitende Konsultationspflicht nicht eingeschränkt wird.[45] Der Präsident stellt auch den **Haushaltsvoranschlag des Landtags** auf, der in den Regierungsentwurf des Haushaltsplans aufgenommen wird (zur Konfliktregelung für den Fall, dass zwischen Regierung und Präsident keine Einigkeit erzielt werden konnte vgl. § 29 Abs. 3 ThürLHO). Aufgrund seiner **Organisationsgewalt** obliegt es dem Präsidenten u. a., die für die Landtagsverwaltung erforderlichen – verwaltungsinternen – **Verwaltungsvorschriften** zu erlassen; er kann auch durch Gesetz (Art. 84) zum Erlass von Rechtsverordnungen ermächtigt werden. Der Präsident steht insoweit auch an der Spitze einer obersten Landesbehörde. Da die Parlamentsverwaltung nicht Teil der allgemeinen Staatsverwaltung ist und insoweit auch nicht der Organisationsgewalt der Exekutive unterliegt, dürfen für den Landtag verbindliche **Verwaltungsvorschriften nicht durch die Ministerialverwaltung** erlassen werden. Sollten sie einheitlich für die Ministerial- als auch für die Landtagsverwaltung gelten, ist dazu ein gemeinsamer oder paralleler Akt der Inkraftsetzung erforderlich.

III. Aufgaben des Vizepräsidenten, des Vorstandes und der Schriftführer

38 Die **Vizepräsidenten**, der **Vorstand** (nach § 5 Abs. 1 ThürGOLT bestehend aus dem Präsidenten und den Vizepräsidenten) und die Schriftführer haben keine ihnen verfassungsrechtlich ausdrücklich zugewiesenen Befugnisse. **Die Vizepräsidenten vertreten den Präsidenten** nach Maßgabe der von ihm im Einzelfall oder generell festgelegten Vertretungsregelung; sie vertreten ihn im politisch-parlamentarischen Bereich, insbesondere bei der Sitzungsleitung im Plenum. In Angelegenheiten der Landtagsverwaltung ist der **„Direktor beim Landtag“** der ständige Vertreter des Präsidenten (§ 124 ThürGOLT). Der **politisch-faktische Ein-**

43 „Poststelle des Bundestags“: BVerfGE 104, 310 (324).
44 *Brocker*, in: BK, Art. 40 Rn. 124.
45 *Storr*, Staats- und Verfassungsrecht, Rn. 597; *Brocker*, in: BK, Art. 40 Rn. 144.

fluss eines Vorstandes auf die Aufgabenwahrnehmung durch den Präsidenten hängt entscheidend von dessen Selbstverständnis und Unabhängigkeit ab. Je nachdem stimmt der Präsident alle wesentlichen Entscheidungen zuvor im Vorstand politisch ab oder beschränkt sich auf dessen gelegentliche Unterrichtung.

Die Schriftführer unterstützen den jeweils amtierenden Sitzungspräsidenten ins- 39
besondere bei der Führung der Rednerliste, der Überwachung der Redezeiten sowie dem Einsammeln und Zählen der Stimmen (§ 7 ThürGOLT). Ihre Wahl und Abwahl unterliegt denselben Regeln wie bei den Vizepräsidenten.

IV. Geschäftsordnung (Art. 57 Abs. 5)

1. Geschäftsordnungsgebung. Der Landtag wird durch Art. 57 Abs. 4 nicht nur 40
ermächtigt, sondern auch verpflichtet,[46] sich eine Geschäftsordnung zu geben. Der erste Thüringer Landtag hatte in seiner konstituierenden Sitzung am 25.10.1990 eine „Vorläufige Geschäftsordnung“ beschlossen (Plen.Prot. S. 7), die sich im Wesentlichen an die Geschäftsordnung des Landtags des damaligen Partnerlandes Rheinland-Pfalz anlehnte. Sie wurde abgelöst zu Beginn der 2. Wahlperiode durch die „Geschäftsordnung des Thüringer Landtags“ vom 17.01.1995. Entgegen einer sonst üblichen Praxis, nach der das neu gewählte Parlament in der konstituierenden Sitzung die Geschäftsordnung des vorherigen Parlaments durch Beschluss mit einfacher Mehrheit übernimmt, wird in Thüringen durch § 1 des **Geschäftsordnungsgesetzes** vom 19.07.1994 (ThürGVBl., 911) bestimmt, dass „die Geschäftsordnung des Landtags solange fort gilt, bis der Landtag eine neue Geschäftsordnung beschlossen hat“. Mit diesem Gesetz wird der Geschäftsordnung weder die Qualität eines Gesetzes verliehen, noch wird damit in unzulässiger Weise in die Geschäftsordnungsautonomie des neu gewählten Landtags eingegriffen, da dieser die Kompetenz behält, die Geschäftsordnung jederzeit zu ändern. Das Gesetz soll nur sicherstellen, dass ein neu gewählter Landtag von Beginn an eine Verfahrensordnung besitzt.

2. Regelungsbereich der Geschäftsordnung. Die Geschäftsordnung regelt Ange- 41
legenheiten des internen parlamentseigenen Bereichs. Dazu gehören insbesondere die Organisation des Parlaments, seine Konstituierung, die Bildung und Aufgaben seiner Organe und Gliederungen (Präsident, Vorstand, Schriftführer, Fraktionen, Ältestenrat, Ausschüsse), das Verfahren in den Plenar- und Ausschusssitzungen hinsichtlich der Gesetzesberatungen und der Behandlung sonstiger Vorlagen, das Ordnungsrecht, die einzelnen Mittel parlamentarischer Kontrolle (wie Anfragen, Aktuelle Stunde, Berichtersuchen, Untersuchungs- und Petitionsverfahren) sowie die Protokollierung der Verhandlungen und die Ausfertigung der Beschlüsse.

Die Geschäftsordnung enthält **keine abschließende Regelung des Parlaments-** 42
rechts. Parlamentsrechtliche Regelungen finden sich außer in der Verfassung (Art. 48ff.) in Gesetzen (z. B. Wahlprüfungsrecht in §§ 50 bis 65 ThürLWG, Gesetz über die parlamentarische Kontrolle der Nachrichtendienste, Untersuchungsausschussgesetz, Bannmeilengesetz, §§ 35 ff. ThürDSG) und in schriftlichen Ergänzungen, welche der Geschäftsordnung als Anlage beigefügt werden (z. B. Geheimschutzordnung, Verhaltensregeln für die Mitglieder des Thüringer Landtags oder Richtlinien zur Fragestunde). Neben das geschriebene Recht tre-

46 BVerfGE 44, 308 (314); 60, 374 (379); *Klein*, in: Maunz/Dürig, Art. 40 Rn. 37.

ten das Gewohnheitsrecht und der Parlamentsbrauch sowie Beschlüsse und Absprachen auf der Ebene des Landtags oder des Ältestenrats.[47]

43 **3. Rechtsnatur der Geschäftsordnung.** Es besteht Einigkeit, dass eine **parlamentarische Geschäftsordnung Rechtssatzqualität** besitzt und somit eine Norm des öffentlichen, speziell des Parlamentsrechts ist.[48] Umstritten ist hingegen die **Rechtsnatur** parlamentarischer Geschäftsordnungen. Das Spektrum der Meinungen reicht von ihrer Qualifizierung als Rechtsverordnung, als Rechts- und Verwaltungsordnung über eine Verfassungssatzung bis hin – sofern man gar nicht weiter weiß – zu einer Norm „sui generis";[49] das Bundesverfassungsgericht spricht von einer „autonomen Satzung".[50] Diesem theoretischen Streit zur generellen Rechtsnatur von Geschäftsordnungen soll hier nicht weiter nachgegangen werden, vielmehr sollen die zwei in diesem Zusammenhang für die parlamentarische Praxis wesentlichsten Fragen herausgegriffen werden: Wer wird durch parlamentarische Geschäftsordnungen normativ gebunden und welchen Rang haben parlamentarische Geschäftsordnungen gegenüber anderen Rechtsnormen?

44 Sicher und unbestritten ist die **Bindungswirkung der Geschäftsordnung** gegenüber den Mitgliedern des Parlaments, insoweit sind Geschäftsordnungen sog. **Innenrechtsnormen.**[51] Ob Geschäftsordnungen darüber hinaus auch als Außenrechtsnormen eine **begrenzte Drittwirkung** besitzen, insbesondere gegenüber Regierungsmitgliedern, Sachverständigen, sofern sie an Parlamentsverhandlungen teilnehmen, oder sogar gegenüber Besuchern des Landtags, ist sehr umstritten.[52] Die Geschäftsordnung des Thüringer Landtags enthält eine Reihe von Bestimmungen, welche auch für Dritte, die also nicht Mitglieder des Landtags sind, Verpflichtungen begründen.

Soweit § 39 ThürGOLT Dritte unter die Ordnungs- und Disziplinargewalt des Präsidenten bzw. der Ausschussvorsitzenden (§ 76 Abs. 1 Satz 2 ThürGOLT) stellt, ist diese Regelung hinsichtlich von Besuchern des Landtags unproblematisch, da sie sachlich auf dem Hausrecht des Präsidenten bzw. der Ausschussvorsitzenden beruht.[53]

45 Sofern Dritte als Auskunftspersonen oder Mitglieder von Enquete-Kommissionen am parlamentarischen Geschehen teilnehmen – und zwar freiwillig – lässt sich deren Unterworfensein unter die Ordnungsgewalt von Präsident und Ausschussvorsitzenden damit begründen, dass sie sich mit ihrer Teilnahme den im

---

47 *Kretschmer*, in: Schneider/Zeh § 9 Rn. 57 ff.; *Schulze-Fielitz*, in: Schneider/Zeh, § 11 Rn. 4 ff; *Zeh*, in: HStR III, § 53 Rn. 12 ff.

48 *Brocker*, in: BK, Art. 40 Rn. 216; *Kretschmer*, in: Schmidt-Bleibtreu/Hofmann/Hopfauf, Art. 40 Rn. 27; *Morlok*, in: Dreier, Art. 40 Rn. 18.

49 Vgl. dazu i. E. mwN *Achterberg/Schulte*, in: von Mangoldt/Klein/Starck, Art. 40 Rn. 34 ff.; *Brocker*, in: BK, Art. 40 Rn. 216; *Kretschmer*, in: Schmidt-Bleibtreu/Hofmann/Hopfauf, Art. 40 Rn. 27.

50 BVerfGE 1, 144 (148); 44, 308 (315).

51 *Brocker*, in: BK, Art. 40 Rn. 217 f.; *Kretschmer*, in: Schmidt-Bleibtreu/Hofmann/Hopfauf, Art. 40 Rn. 25.

52 Dafür: *Kretschmer*, in: Schmidt-Bleibtreu/Hofmann/Hopfauf, Art. 40 Rn. 26; *ders.*, ZParl 1986, 341 f.; *Brücker*, ZParl 1986, 324 (330); *Morlok*, in: Dreier, Art. 40 Rn. 14; weitgehend auch *Klein*, in: Maunz/Dürig, Art. 40, Rn. 65 ff. Die hM. ist gegen eine derartige Drittwirkung, vgl. z.B. BVerfGE 1, 144 (149); *Achterberg/Schulte*, in: Sachs, GG, Art. 40 Rn. 22; vgl. i.Ü. die zahlreichen Nachw. bei *Wiefelspütz*, DVBl. 2002, 1229 (1234, Fn. 65).

53 Vgl. Fn. 52; *Klein*, in: Maunz/Dürig, Art. 40 Rn. 70.

Parlament geltenden Regeln konkludent unterwerfen, zumal sie sich ihnen auch jederzeit wieder entziehen können.

Problematisch sind Verpflichtungen aus der Geschäftsordnung, wenn sie sich an Amtsträger richten (vgl. dazu z.B. die §§ 29 Abs. 4; 51 Abs. 2; 76 Abs. 6; 111 Abs. 3, 4; 112 ThürGOLT), insbesondere wenn es sich dabei um Ordnungsmaßnahmen gegenüber Regierungsmitgliedern handelt, die sogar verfassungsrechtliche Sonderbefugnisse besitzen (vgl. z.B. das Zutritts- und Rederecht für Mitglieder der Regierung und ihre Beauftragten nach Art. 66 Abs. 2 und dessen Kommentierung in Art. 66 Rn. 25 ff.). 46

Bei dieser Problematik ist – auch im Hinblick auf das Gewaltenteilungsprinzip – von dem Grundsatz auszugehen, dass das Verhältnis zwischen Verfassungsorganen nur auf der Ebene des Verfassungsrechts geregelt werden kann und nicht etwa einseitig durch das von einem Verfassungsorgan gesetzte Recht. Bei der vorliegenden Problematik stehen sich aber nicht die verfassungsrechtliche Eigenständigkeit der Exekutive auf der einen und ein – nur – geschäftsordnungsmäßiges Verlangen des Landtags auf der anderen Seite gegenüber. Vielmehr beruhen die geschäftsordnungsrechtlichen Regelungen auf der verfassungsrechtlich verankerten Geschäftsordnungsautonomie des Parlaments und sie sind Ausdruck einer konstruktiven Zusammenarbeit von funktionell zwar unterschiedlich agierenden Verfassungsorganen, die jedoch in einem parlamentarischen Regierungssystem – auch verfahrensmäßig – übergreifend zur staatlichen Gemeinwohlerziehung verpflichtet sind. Soweit geschäftsordnungsrechtliche Regelungen diesem Ziel dienen, sind sie Ausdruck eines verhältnismäßigen Ausgleichs zwei funktional unterschiedlicher aber in ihrer Zielsetzung gleichgerichteter Staatsorgane. Die beschriebenen geschäftsordnungsrechtlichen Verpflichtungen von Regierungsmitgliedern und sonstigen exekutiven Amtsträgern sind somit verfassungsrechtlich legitimiert, sei es unter dem **Gesichtspunkt praktischer Konkordanz** oder/und der **Verfassungsorgantreue.**[54] 47

4. Rang der Geschäftsordnung. Die Frage nach dem **Rang der Geschäftsordnung** im traditionellen Stufenaufbau der Rechtsordnung[55] beantwortet sich im Verhältnis zum Verfassungsrecht eindeutig und unbestritten: Die Geschäftsordnung steht im Rang unter der Verfassung.[56] Demgegenüber ist **das Verhältnis von parlamentarischen Geschäftsordnungen zu Gesetzen umstritten.**[57] Das Bundesverfassungsgericht und gewichtige Stimmen in der Literatur vertreten die Ansicht, dass Gesetze auf Grund der allgemeinen Normenhierarchie den parlamentarischen Geschäftsordnungen vorgehen.[58] Diese Auffassung kann nicht geteilt 48

54 Der Gesichtspunkt der Organtreue wird hervorgehoben von *Klein*, in: Maunz/Dürig, Art. 40 Rn. 68; *Morlok*, in: Dreier, Art. 40 Rn. 14; *Kühnreich*, Das Selbstorganisationsrecht des Deutschen Bundestages unter besonderer Berücksichtigung des Hauptstadtbeschlusses, 1977, S. 76, *Schwerin*, Der Deutsche Bundestag als Geschäftsordnungsgeber, 1998, S. 115 f.

55 Vgl. dazu allgemein *Stern*, Bd. II, § 37 I, 4 c (S. 575 f.).

56 BVerfGE 1, 144 (148); 44, 308 (315); *Brocker*, in: BK, Art. 40 Rn. 219; *Klein*, in: Maunz/Dürig, Art. 40 Rn. 73; *Kretschmer*, in: Schmidt-Bleibtreu/Hofmann/Hopfauf, Art. 40 Rn. 28 a.

57 Ob Parlamentsrecht in der Form einer Geschäftsordnung oder durch Gesetz zu regeln ist, obliegt dem Ermessen des Landtags, da sich auf Landesebene die Problematik einer Einflussnahme des Bundesrats nicht stellt, was diese Frage auf Bundesebene besonders verkompliziert – vgl. dazu: *Brocker*, in: BK, Art. 40 Rn. 222 ff. mwN.

58 BVerfGE 1, 144 (148); *Klein*, in: Maunz/Dürig, Art. 40 Rn. 74; *Morlok*, in: Dreier, Art. 40 Rn. 17; *Pietzcker*, in: Schneider/Zeh, § 10 Rn. 41.

werden. Sie orientiert sich zu formal an der allgemeinen Normenhierarchie, ohne dabei ausreichend zu beachten, dass beide Rechtsnormen von ein und demselben Verfassungsorgan, dem Parlament, auf der Grundlage spezieller verfassungsrechtlicher Ermächtigungen erlassen werden, womit nicht nur kompetenzrechtliche Regelungen getroffen werden, sondern auch die Gleichrangigkeit beider Normarten postuliert wird.[59]

49 Die verbreitete Gleichsetzung von parlamentarischen Geschäftsordnungen und (autonomen) „Satzungen" mag dazu beigetragen haben, Geschäftsordnungen fälschlicherweise den Gesetzen unterzuordnen, weil Satzungen auf staatlich verliehener Satzungsautonomie beruhen und insofern richtigerweise den Gesetzen nachzuordnen sind. Etwaige **Kollisionen zwischen Geschäftsordnungs- und Gesetzesrecht** sind daher entsprechend den allgemeinen, im Gesetzesrecht üblichen Auslegungsregeln zu lösen.[60]

50 5. **Geschäftsordnung und verfassungsgerichtliche Kontrolle. Verstößt der Landtag** in Verfahren zur Verabschiedung von Gesetzen oder schlichten Parlamentsbeschlüssen (Art. 48, Rn. 23) **gegen Geschäftsordnungsbestimmungen,** so handelt er damit zwar rechtswidrig, der Verstoß führt jedoch grundsätzlich nicht zur Unwirksamkeit des Beschlusses bzw. des Gesetzes und ist verfassungsgerichtlich nicht angreifbar.[61]

51 Sofern der Verstoß gegen die Geschäftsordnung jedoch zugleich einen Verstoß gegen die Verfassung impliziert, weil z. B. die Geschäftsordnungsbestimmung eine Verfassungsvorschrift wiederholt oder konkretisiert, dann sind die Beschlüsse verfassungswidrig und verfassungsgerichtlich angreifbar;[62] als Klageverfahren kämen insoweit die Organklage (Art. 80 Abs. 1 Nr. 3) oder die abstrakte Normenkontrolle (Art. 80 Abs. 1 Nr. 4) in Betracht.

52 Verstoßen Geschäftsordnungsbeschlüsse des Landtags oder Geschäftsordnungsentscheidungen des Präsidenten gegen die Landesverfassung, so können sich hiergegen Betroffene mit einer Organklage (Art. 80 Abs. 1 Nr. 3) zur Wehr setzen, sofern sie die Verletzung eigener verfassungsrechtlich geschützter Rechte geltend machen können.[63]

53 Die Geschäftsordnung als solche unterliegt ebenfalls der **verfassungsrechtlichen Kontrolle** im Wege der abstrakten Normenkontrolle (Art. 80 Abs. 1 Nr. 4), sofern von den insoweit Antragsberechtigten Verstöße gegen die Verfassung geltend gemacht werden.[64] Im Hinblick auf die verfassungsrechtlich verankerte

59 *Achterberg/Schulte*, in: von Mangoldt/Klein/Starck, Art. 40 Rn. 42; *Brocker*, in: BK, Art. 40 Rn. 219 f.; *Dreier*, JZ 1990, 310 (313); *Kretschmer*, in: Schmidt-Bleibtreu/Hofmann/Hopfauf, Art. 40 Rn. 28; *Magiera*, in: Sachs, GG, Art. 40 Rn. 26.

60 *Achterberg/Schulte*, in: von Mangoldt/Klein/Starck, Art. 40 Rn. 42; *Brocker*, in: BK, Art. 40 Rn. 221.

61 BVerfGE 29, 221 (234); *Achterberg/Schulte*, in: von Mangoldt/Klein/Starck, Art. 40 Rn. 61; *Klein*, in: Maunz/Dürig, Art. 40 Rn. 57; *Brocker*, in: BK, Art. 40 Rn. 234; *Kretschmer*, in: Schmidt-Bleibtreu/Hofmann/Hopfauf, Art. 40 Rn. 35; *Pietzcker*, in: Schneider/Zeh, § 10 Rn. 42, 47; aA für „schwerwiegende" Verstöße: *Morlok*, in: Dreier, Art. 40 Rn. 22.

62 Vgl. die Autoren in Fn. 61.

63 *Pietzcker*, in: Schneider/Zeh, § 10 Rn. 44, 47; *Achterberg/Schulte*, in: von Mangoldt/Klein/Starck, Art. 40 Rn. 59; Dritte, wie z.B. Parteien, die am parlamentarischen Verfahren nicht beteiligt sind, können aus der Gestaltung des parlamentarischen Verfahrens keine Rechte für sich ableiten – ThürVerfGH, LVerfGE 17, 511 (517).

64 BVerfGE 44, 308 (315); *Pietzcker*, in: Schneider/Zeh, § 10 Rn. 45; *Schneider*, in: AK-GG, Art. 40 Rn. 11; *Klein*, in: Maunz/Dürig, Art. 40 Rn. 56.

Parlamentsautonomie (Rn. 1) ist das Parlament allerdings keiner umfassenden verfassungsrechtlichen Kontrolle unterworfen; das Verfassungsgericht hat sich insoweit eine gewisse Selbstbeschränkung aufzuerlegen; (sog. **judicial self-restraint**).[65]

Artikel 58 [Fraktionen]

[1]Abgeordnete der gleichen Partei oder Liste haben das Recht, sich zu einer Fraktion zusammenzuschließen. [2]Die Anzahl der Fraktionsmitglieder muß mindestens dem Stimmenanteil entsprechen, der nach Artikel 49 Abs. 2 für die Zuteilung von Landtagssitzen erforderlich ist.

Vergleichbare Regelungen

Art. 40 VvB; Art. 67 BbgVerf; Art. 77 BremVerf; Art. 25 M-VVerf; Art. 85 a Verf Rh-Pf; Art. 46 Abs. 2 SächsVerf; Art. 47 LVerf LSA.

Ergänzungsnormen im sonstigen thüringischen Recht

§§ 44 – 58 ThürAbG v. 09.03.1995 (ThürGVBl. S. 121) zuletzt geändert durch Gesetz v. 09.10.2008 (ThürGVBl. S. 374); §§ 8, 9 ThürGOLT idF der Bek. v. 19.07.2012 (LT-Drs. 5/4750) sowie zahlreiche weitere Vorschriften in der ThürGOLT oder in Parlamentsgesetzen insbesondere zur Benennung von Abgeordneten durch Fraktionen für parlamentarische Gremien, die Antragsberechtigung von Fraktionen und deren Stellenanteil.[1]

Dokumente zur Entstehungsgeschichte

IArt. 50 VerfE CDU; Art. 37 VerfE NF/GR/DJ; Art. 57 VerfE LL/PDS;[2] Entstehung ThürVerf S. 152.

Literatur

Werner Braun/Monika Jantsch/Elisabeth Klante, Abgeordnetengesetz, 2002; *Wolf-Dieter Hauenschild*, Wesen und Rechtsnatur der parlamentarischen Fraktionen, 1968; *Sven Hölscheidt*, Das Recht der Parlamentsfraktionen, 2001; *ders.*, Funktionszulagen für Abgeordnete, DVBl. 2000, 1734 ff.; *Gerald Kretschmer*, Das Diätenurteil des Bundesverfassungsgerichts (21. Juli 2000). Vom „fehlfinanzierten“ zum „fehlverstandenen“ Parlament?, ZParl 2000, 787 ff.; *Jörg Kürschner*, Die Statusrechte des fraktionslosen Abgeordneten, 1984; *Joachim Linck*, Zur Zulässigkeit parlamentarischer Funktionszulagen, ZParl 1975, 54 ff.; *ders.*, Fraktionsstatus als geschäftsordnungsmäßige Voraussetzung für die Ausübung parlamentarischer Rechte, DÖV 1975, 69 ff.; *Martin Morlok*, gesetzliche Regelung des Rechtsstatus und der Finanzierung der Bundestagsfraktionen, NJW 1995, 29 ff.; *Heinrich G. Ritzel/Joseph Bücker/Hermann J. Schreiner*, Handbuch für die Parlamentarische Praxis, mit Kommentar zur Geschäftsordnung des Deutschen Bundestages, Loseblattausgabe (St.d.B. 09. 2010); *Suzanne Schüttemeyer*, Fraktionen im Deutschen Bundestag, 1998.

Leitentscheidungen des BVerfG

BVerfGE 20, 56 (Haushaltsmittel für Parteien); 40, 396 (Abgeordnetenentschädigung); 43, 142 (Fraktionsstatus); 62, 194 (Fraktionszuschüsse); 70, 324 (Statusrechte Abg.); 80, 188 (Wüppesahl); 84, 304 (Gruppenstatus Abg.); 93, 195 (Fraktionsrechte, Untersuchungsausschuss); 96, 264 (Gruppenstatus Abg.); 112, 118 (Sitzanteile Fraktionen).

65 BVerfGE 80, 188 (220); 84, 304 (322); *Brocker*, in: BK, Art. 40 Rn. 23; *Achterberg/Schulte*, in: von Mangoldt/Klein/Starck, Art. 40 Rn. 60; *Klein*, in: Maunz/Dürig, Art. 40 Rn. 56.
1 Vgl. dazu die Auflistung bei *Storr*, Staats- und Verfassungsrecht, 1998, Rn. 577.
2 Vgl. Art. 48 Fn. 1.

A. Überblick

1 Die Bedeutung der Fraktionen für die parlamentarische Aufgabenerfüllung hat im Verlauf der parlamentarischen Entwicklung kontinuierlich zugenommen, sodass man daher heute Parlamente schon als **„Fraktionenparlamente"** qualifiziert.[3]

2 **Fraktionen sind notwendige Einrichtungen des Verfassungslebens und maßgebliche Akteure der parlamentarischen Willensbildung und Entscheidung.**[4] Dieser Entwicklung hat Art. 58 mit der verfassungsrechtlichen Verankerung von Fraktionen Rechnung getragen. In Art. 58 sind darüber hinaus für die Bildung von Fraktionen zwei Voraussetzungen aufgestellt:

- zu einer Fraktion können sich nur Abgeordnete zusammenschließen, die „der gleichen Partei oder Liste" angehören (dazu Rn. 16) und
- sie müssen ein Mindestquorum von fünf Abgeordneten stellen (dazu Rn. 15).

B. Herkunft, Entstehung und Entwicklung

3 Nach ersten Anfängen und rudimentären Ansätzen einer organisierten Gruppenbildung in Parlamenten[5] in Baden in den 30iger und 40iger Jahren des 19. Jahrhunderts[6] kam es 1848 in der Frankfurter Nationalversammlung verbreitet zur Bildung von „Klubs", den Vorgängereinrichtungen von Fraktionen. Diese förmliche Institutionalisierung und Verrechtlichung erfolgte schließlich in der Geschäftsordnung des Reichstags vom 12.12.1922 in den §§ 7 – 9. Mit der Übernahme der Reichstagsgeschäftsordnung durch den Bundestag am 20.09.1949 und der daran anschließenden weitgehenden Rezeption dieser Geschäftsordnung in den Landesparlamenten, fanden die Regelungen über die Bildung, Aufgaben und Befugnisse der Fraktionen vornehmlich Eingang in das Geschäftsordnungsrecht. Eine verfassungsrechtliche Verankerung erfuhren Fraktionen erstmals in Rheinland-Pfalz am 13.12.1993 (GVBl. S. 591) und nach der Wiedervereinigung in allen neuen Ländern (s.o. „Vergleichbare Regelungen").

4 Art. 58 basiert im Wesentlichen auf dem entsprechenden Entwurf der CDU-Fraktion (LT-Drs. 1/285, Art. 50). In den Ausschussberatungen ist als wesentli-

3 *Schneider*, in: Grimm/Caesar, Art. 85 a Rn. 1; *Butzer*, in: Epping/Hillgruber, Art. 38 Rn. 124; *Stern*, Bd. I, S. 1024; *Kretschmer*, in: Schmidt-Bleibtreu/Hofmann/Hopfauf, Art. 40 Rn. 52; *Schüttemeyer*, Fraktionen im Deutschen Bundestag, 1998, S. 12; *Hölscheidt*, Das Recht der Parlamentsfraktionen, 2001, S. 58.

4 BVerfGE 70, 324 (350); 80, 188 (219); 112, 118 (135).

5 Zur historischen Entwicklung des Fraktionswesens vgl. *Hauenschild*, Wesen und Rechtsnatur der parlamentarischen Fraktionen, 1968, S. 21 ff.; *Jekewitz*, in: Schneider/Zeh, § 37 Rn. 5 ff.; *Kürschner*, Die Statusrechte des fraktionslosen Abgeordneten, 1984, S. 23 ff.

6 In § 90 des Grundgesetzes einer landständischen Verfassung für das Großherzogtum Sachsen-Weimar-Eisenach (Art. 53 Rn. 4) hieß es noch: „Jedem Abgeordneten steht es frei, Anträge an die Versammlung zu bringen, wenn solches der Versammlung vorher angezeigt worden ist."

che inhaltliche Änderung für die Bildung einer Fraktion das Erfordernis eingeführt worden, dass die „Abgeordneten der gleichen Partei oder Liste" angehören müssen (dazu Rn. 16).

Art. 58 wurde bisher nicht geändert; es gab auch keine dahingehenden Initiativen. 5

C. Verfassungsvergleichende Information

Im Grundgesetz findet sich keine vergleichbare verfassungsrechtliche Regelung 6 der Fraktionen; sie werden nur beiläufig in Art. 53 a Abs. 1 Satz 2 Halbsatz 1 erwähnt. Eine bundesgesetzliche Regelung besteht allerdings seit 1995 in den §§ 45 ff. des Abgeordnetengesetzes des Bundes.[7]

Soweit auf Länderebene verfassungsrechtliche Regelungen zu den Fraktionen 7 bestehen, betreffen sie z. T. deren Aufgaben, deren Anspruch auf eine angemessene Finanzausstattung, sowie Ermächtigungen, das Nähere in der Geschäftsordnung bzw. in einem Gesetz zu regeln. Die Notwendigkeit eines Quorums für die Fraktionsbildung ist nur noch in Art. 40 VvB und Art. 47 LVerf LSA mit 5% der Abgeordneten sowie von vier Abgeordneten in Art. 25 M-VVerf verfassungsrechtlich vorgeschrieben. Außer in Art. 58 ThürVerf wird in keiner Verfassung verlangt, dass die Abgeordneten „der gleichen Partei oder einer Liste" angehören müssen.

D. Erläuterungen

I. Bedeutung und Rechtsstellung von Fraktionen

Die Fraktionen sind notwendige Einrichtungen des Verfassungslebens und die 8 maßgeblichen Akteure der Willensbildung und Entscheidung in den Parlamenten.[8] Sie bilden die **Voraussetzung für eine effektive Herrschaftsfähigkeit des Parlaments und sichern dessen Funktionsfähigkeit**, indem sie die parlamentarische Willensbildung vorbereiten und dabei die unterschiedlichen politischen Positionen integrieren und zu handlungsfähigen Einheiten führen.[9]

Würde der Landtag aus 88 selbständigen Einzelabgeordneten bestehen (§ 1 9 ThürLWG), deren parlamentarische Rechte keinem formellen, auf Integration zielenden Verfahren unterworfen wären, so könnte er die ihm verfassungsmäßig zugewiesenen Aufgaben nicht erfüllen. Ein Parlament, in dem jeder Abgeordnete mit den gleichen individuellen Rechten ausgestattet ist und die kollektive Wahrnehmung parlamentarischer Rechte nur rein zufällig oder ad hoc erfolgen kann, ohne in Einzelfällen zwingend vorgeschrieben zu sein, würde zu einer **Atomisierung der parlamentarischen Meinungsbildung** führen und keine einheitliche Willensbildung des Parlaments als Ganzes ermöglichen. Plenarentscheidungen, die nicht von Gruppen gleichgesinnter Parlamentarier vorbereitet würden, könnten nur Zufallsprodukte und kein repräsentatives Meinungsbild hervor-

7 Vgl. dazu *Morlok*, NJW 1995, 29 ff.
8 BVerfGE 70, 324 (350); 80, 188 (219); 96, 264 (278 f.); 112, 118 (135).
9 So das BVerfG in ständiger Rechtsprechung seit BVerfGE 20, 56 (104); zuletzt BVerfGE 118 (135); *Badura*, in: BK, Art. 38 Rn. 89; *Arndt*, in: Schneider/Zeh § 21 Rn. 5 f.; *Hauenschild*, Wesen und Rechtsnatur der parlamentarischen Fraktionen, 1968, S. 80 ff.; *Hölscheidt*, Das Recht der Parlamentsfraktionen, 2001, S. 253 ff.; *Linck*, DÖV 1975, 689 (692); *Schüttemeyer*, Fraktionen im Deutschen Bundestag, 1998, S. 16 ff.; *Zeh*, in: HStR III, § 52 Rn. 6.

bringen. Kann somit eine repräsentative Willensbildung nur nach organisierter kollektiver Vorbereitung erfolgen, so gilt das erst recht für die Effizienz parlamentarischer Arbeit: **Aus verfahrensökonomischen und Gründen der Praktikabilität** wäre es unvertretbar, die parlamentarische Willensbildung ohne kollektive Vorbereitung erst im Plenum unter gleichberechtigter individueller Mitwirkung aller Abgeordneten stattfinden zu lassen.[10]

10 Da sich die Thüringer Verfassung in Art. 58 ausdrücklich mit der Bildung von Fraktionen befasst, erübrigt es sich, auf die bundesverfassungsrechtliche Streitfrage einzugehen, ob sich ihre Rechtsstellung auf Art. 38 Abs. 1 GG oder Art. 21 GG gründet.[11]

11 Fraktionen sind keine Organe des Landtags, da sie ihre **Rechtsstellung** nicht vom Landtag ableiten und ihn auch nicht nach außen vertreten können.[12] Wie man sie rechtstheoretisch einzuordnen hat, ist vom Bundesverfassungsgericht nie eindeutig entschieden worden[13] und kann auch hier offen bleiben. § 45 ThürAbgG trifft insoweit zur Rechtsstellung der Fraktionen eine pragmatische, für die Praxis ausreichende Regelung: „(1) Die Fraktionen sind rechtsfähige Vereinigungen von Abgeordneten. Sie sind nicht Teil der öffentlichen Verwaltung; sie üben keine öffentliche Gewalt aus. (2) Die Fraktionen können klagen und verklagt werden.“[14]

12 Auch wenn § 45 ThürAbgG zutreffend davon ausgeht, dass Fraktionen nicht „Teil der öffentlichen Verwaltung“ sind, gehören sie jedoch zum **„staatsorganschaftlichen Bereich“**.[15] Sie grenzen sich damit aus verfassungsrechtlicher Sicht von den Parteien ab, die nicht dem „staatsorganschaftlichen“, sondern dem außerparlamentarischen, gesellschaftlichen Bereich zuzuordnen sind.[16]

13 Wenn Fraktionen als „Entscheidungsformen der politischen Parteien im Parlament“[17] oder als **„Parteien im Parlament“**[18] bezeichnet werden, dann handelt es sich um einen „politologisch-soziologischen Befund“.[19] Dennoch ist nicht zu verkennen, dass Fraktionen und Parteien nicht nur personell, sondern auch von ihrer Aufgabenstellung, Funktion und der sich daraus ergebenden politischen Ausstrahlung ihres Handelns **eng verzahnt** sind.[20] In einer parlamentarischen Demokratie nehmen die Parteien und Fraktionen **eine Mittlerfunktion zwischen**

10 *Linck*, DÖV 1975, 689 (690).

11 Vgl. zu dieser Streitfrage *Pieroth*, in: Jarras/Pieroth, Art. 38 Rn. 35 und die dort angegebene konträre Rechtsprechung des BVerfG; ebenso *Zeh*, in: HStR III, § 52 Rn. 6.

12 *Brocker*, in: BK, Art. 40 Rn. 17; *Butzer*, in: Epping/Hillgruber, Art. 38 Rn. 125; *Jekewitz*, in: Schneider/Zeh, § 37 Rn. 52; *Kretschmer*, in: Schmidt-Bleibtreu//Hofmann/Hopfauf, Art. 40 Rn. 54; *Zeh*, in: HStR III, § 52 Rn. 5.

13 Vgl. zu dessen unterschiedlichen Umschreibungen bei: *Brocker*, in: BK, Art. 40 Rn. 176; *Pieroth*, in Jarass/Pieroth, Art. 40 Rn. 6; *Zeh*, in: HStR III, § 52 Rn. 8.

14 Diese Formulierung geht zurück auf einen von der Parlamentspräsidentenkonferenz am 11.05.1992 beschlossenen Mustergesetzentwurf.

15 BVerfGE 20, 56 (104 f.); 70, 324 (350 f.); VerfGH Rh-Pf, NVwZ 2003, 78; *Klein*, in: Maunz/Dürig, Art. 38 Rn. 237; *Linck*, DÖV 1975, 689 (693); *Hauenschild*, Wesen und Rechtsnatur der parlamentarischen Fraktionen, 1968, S. 148 ff.; *Badura*, in: BK, Art. 38 Rn. 90.

16 BVerfGE 44, 125 (145); 121, 30 (53 f.); VerfGH Rh-Pf, NVwZ 2003, 78; *Linck*, DÖV 1975, 689 (693); *Schneider*, in: Grimm/Caesar, Art. 85 Rn. 6.

17 *Arndt*, in: Schneider/Zeh, § 21 Rn. 20; *Badura*, Staatsrecht, 4. Aufl. 2010, Kap. E Rn. 33.

18 *Morlok*, in: Dreier, Art. 38 Rn. 175.

19 *Schneider*, in: Grimm/Caesar, Art. 85 a Rn. 6.

20 VerfGH Rh-Pf, NVwZ 2003, 75 (78); *Klein*, in: FS Peter Badura (2004), S. 269 ff.

den Bürgern und den Staatsorganen wahr, wobei die Fraktionen und ihre Abgeordneten bei aller Anerkennung ihrer verfassungsrechtlichen Unabhängigkeit politisch in ihre Parteien eingebunden sind, was verfassungsrechtlich nicht nur erlaubt, sondern gewollt ist.[21] Doch trotz aller Verwobenheit zwischen Parteien und „ihren" Fraktionen gilt es dennoch, die **verfassungsrechtliche Trennung** zu beachten, da sich daraus konkrete Folgen für deren Aufgabenwahrnehmung und insbesondere deren Finanzierung ergeben (vgl. dazu Rn. 25 ff.).

II. Bildung der Fraktionen

Wenn es in Art. 58 heißt, dass bestimmte **Abgeordnete „das Recht" haben, sich zu Fraktionen zusammenzuschließen,**[22] dann folgt aus der oben dargestellten Notwendigkeit von Fraktionen für die Funktionsfähigkeit des Parlaments (Rn. 8), dass die Abgeordneten dazu nicht nur berechtigt, sondern **sogar verpflichtet sind.** 14

Eine Voraussetzung für die Bildung einer Fraktion ist nach Art. 58 Satz 2 **eine Mindestzahl von Abgeordneten**. Sie muss nach Art. 58 Satz 2 „mindestens dem Stimmenanteil entsprechen, der nach Art. 49 Abs. 2 für die Zuteilung von Landtagssitzen erforderlich ist". Gemeint ist damit eine **Mindestzahl von 5% der gesetzlichen Mitgliederzahl des Landtags**; das ist die sich nach dem Landeswahlgesetz ergebende Mitgliederzahl; die Mitglieder einer Partei, welche die 5%-Sperrklausel überwunden hat, sollen also auch den Fraktionsstatus erhalten. 15

Weiterhin wird vorausgesetzt, dass diese Abgeordneten der gleichen Partei oder einer Liste angehören müssen. Durch dieses **Erfordernis politischer Homogenität** soll die dargestellte Funktionsfähigkeit des Parlaments (Rn. 8) gesteigert werden. außerdem sollen dadurch Zweckbündnisse politisch heterogener Abgeordneter verhindert werden, deren Wille zur Vereinigung nicht auf eine gemeinsame politische Arbeit, sondern auf Erlangung der den Fraktionen zustehenden Rechte zielt. Im Hinblick auf diese Zweckrichtung und die Unzulässigkeit von Listenverbindungen (Art. 46 Rn. 20; Art. 49 Rn. 12) erfasst der Begriff der „Liste" zwar auch „Listenvereinigungen", nicht aber auch Listenverbindungen.[23] 16

Personen ohne Abgeordnetenmandat, wie z. B. **mandatslose Regierungsmitglieder**, dürfen nicht Mitglieder einer Fraktion sein;[24] sie haben kein Stimmrecht, dürfen aber die Fraktion beraten.[25] 17

Zum weiteren **Schicksal einer Fraktion nach Ablauf der Wahlperiode** treffen §§ 57 und 58 ThürAbgG nähere Regelungen. 18

Zum **Ausschluss von Fraktionsmitgliedern** wird auf Art. 53 Rn. 24. verwiesen. 19

Wird die **Mindestzahl** nach § 58 Satz 2 im Verlauf der Wahlperiode durch Fraktionsaustritte oder -wechsel **unterschritten**, verlieren die Abgeordneten den Fraktionsstatus. Ob und inwieweit eine unter den Fraktionsstatus gefallene Zahl von mindestens drei Abgeordneten („tres faciunt collegium") einen **Gruppensta-** 20

---

21 BVerfGE 112, 118 (135); 118, 277 (329); *Brocker*, in: BK, Art. 40 Rn. 177; *Butzer*, in: Epping/Hillgruber, Art. 38 Rn. 90, 124; *Klein*, in: Maunz/Dürig, Art. 38 Rn. 237.

22 So bereits BVerfGE 80, 188 (218).

23 Der berechtigten Kritik von *Rommelfanger*, ThürVBl 1993, 173 (175), gegenüber der ursprünglich anders lautenden Fassung wurde damit in den abschließenden Ausschussberatungen Rechnung getragen.

24 *Linck*, ZParl 1980, 511 (515).

25 Vgl. zur kommunalen Ebene VGH Kassel, NVwZ 1992, 506; OVG Münster, NVwZ 1993, 399 f.

tus mit besonderen Rechten beanspruchen kann, die zwischen denen eines einzelnen Abgeordneten und denen einer Fraktion liegen, ist in der parlamentarischen Praxis unterschiedlich geregelt und umstritten.[26] Das Bundesverfassungsgericht hat anerkannt, dass Gruppen in begrenztem Umfang einen Anspruch auf geschäftsordnungsmäßige Anerkennung und Mitwirkungsrechte bei der parlamentarischen Arbeit haben und hat dabei einerseits auf die Statusrechte der Abgeordneten und deren gleiche Mitwirkungsrechte und andererseits auf die Geschäftsautonomie des Parlaments abgehoben.[27]

III. Aufgaben und Rechte der Fraktionen, Fraktionsautonomie

21 **1. Aufgaben.** Die Verfassung enthält keine ausdrückliche Regelung zu den Aufgaben von Fraktionen. Da es sich bei den Fraktionen um Gliederungen des Parlaments handelt und dessen Funktionsfähigkeit zu dienen haben (Rn. 8), ist der **Aufgabenbereich der Fraktionen** mit demjenigen des Parlaments grundsätzlich identisch.[28] Darüber hinaus bietet auch Art. 53 Abs. 2 eine verfassungsrechtliche Grundlage für die Aufgaben von Fraktionen, da sich diese Aufgaben letztlich aus den Aufgaben der Abgeordneten herleiten.[29]

22 Eine gesetzliche Konkretisierung haben diese Aufgaben in § 47 ThürAbgG erfahren. In der parlamentarischen Praxis gibt es insoweit immer wieder Probleme bei der – manchmal schwierigen – Abgrenzung zwischen den Aufgaben von Fraktionen und „ihren" Parteien. Sie treten immer wieder bei der Rechnungsprüfung durch den Rechnungshof nach § 55 ThürAbgG auf und lösen oft heftige Diskussionen sowohl zwischen dem Rechnungshof und den Fraktionen, als auch in der Öffentlichkeit aus (Näheres dazu unter Rn. 33 f.).

23 **2. Fraktionsautonomie.** Im Hinblick auf die verfassungsrechtliche Herleitung der Fraktionsaufgaben aus den Statusrechten und Aufgaben der Abgeordneten (Art. 53) und dem Grundsatz der Parlamentsautonomie (Art. 57 Rn. 1) kommt den Fraktionen die Befugnis zu, ihre Angelegenheiten weitgehend eigenverantwortlich zu regeln.[30] Der Spielraum der Fraktionen ist hier bei der inhaltlichen Politikgestaltung weitgehend unbegrenzt, sieht man einmal von den Grenzen ab, welche ihnen z. B. die wehrhafte Demokratie zieht. Im Übrigen unterliegen die Fraktionen selbstverständlich auch den ihnen durch das Verfassungsrecht und die allgemeinen Gesetze, insbesondere den durch das Parlamentsrecht gesetzten Schranken. Das gilt insbesondere für das Verhältnis der Fraktionen zu „ihren" Abgeordneten; hierauf wird gesondert zu den Problemen des Fraktionsbeitritts, -ausschlusses oder zu dem Thema Fraktionszwang und -disziplin eingegangen (Art. 53 Rn. 22).

24 **3. Rechte der Fraktionen.** Für die Rechte der Fraktionen gelten i.W. dieselben Ausführungen, die zuvor zu ihren Aufgaben und deren Begrenzung gemacht

---

26 *Kassing*, Das Recht der Abgeordnetengruppe, 1988, S. 51 ff, 73 f.

27 BVerfGE 84, 304 (324 ff.); 96, 264 (278 ff.); *Brocker*, in: BK, Art. 40 Rn. 199; *Zeh*, in: HStR III, § 52 Rn. 20 ff.

28 *Brocker*, in: BK, Art. 40 Rn. 183; *Butzer*, in: Epping/Hillgruber, Art. 38 Rn. 135; *Kretschmer*, in: Schmidt-Bleibtreu/Hofmann/Hopfauf, Art. 40 Rn. 59; *Schneider*, in: Grimm/Caesar, Art. 85 a Rn. 13.

29 *Brocker*, in: BK, Art. 40 Rn. 181, 185; *Klein*, in: Maunz/Dürig, Art. 38 Rn. 254; *Morlok*, JZ 1989, 1035; *Schneider*, in: FS BVerfG (2001), Bd. II, S. 648.

30 *Brocker*, in: BK, Art. 40 Rn. 185; *Butzer*, in: Epping/Hillgruber, Art. 38, Rn. 138; *Hölscheidt*, Das Recht der Parlamentsfraktionen, 2001, S. 341; *Kretschmer*, in: Schmidt-Bleibtreu/Hofmann/Hopfauf, Art. 40 Rn. 57; *Jekewitz*, in: Schneider/Zeh, § 37 Rn. 55.

wurden. Die geschäftsordnungsrechtlichen Befugnisse der Fraktionen dürfen die Statusrechte der einzelnen Abgeordneten nicht unverhältnismäßig begrenzen (Art. 53 Rn. 33).

IV. Finanzierung und Rechnungsprüfung der Fraktionen

1. Finanzierung. Entgegen der Verfassungslage in anderen Ländern (Art. 40 Abs. 2 Satz 2; Art. 67 Abs. 1 Satz 3 BbgVerf; Art. 27 Abs. 2 Satz 3 BremVerf; Art. 25 Abs. 2 Satz 3 M-VVerf; Art. 85 a Abs. 3 Satz 1 Verf Rh-Pf; Art. 47 Abs. 2 Satz 3 LVerf LSA) enthält Art. 58 keinen ausdrücklichen verfassungsrechtlichen **Anspruch auf eine staatliche Finanzierung der Fraktionen.**[31] Aus der oben dargestellten Notwendigkeit von Fraktionen für die Funktionsfähigkeit des Parlaments lässt sich ein derartiger Anspruch jedoch herleiten. Einfachgesetzlich sind die Ansprüche der Fraktionen auf staatliche Leistungen dem Grunde nach in § 49 ThürAbgG geregelt, wobei deren Umfang im Landeshaushalt festgelegt wird (im Einzelplan des Landtags 02, Kapitel 0101, Titel 68 401). 25

Es ist unbestritten, dass die **staatlichen Mittel nur für die Erfüllung von Fraktionsaufgaben** (Rn. 21 f.) verwandt werden dürfen und nicht für die Finanzierung von Parteiaufgaben und schon gar nicht von Wahlkämpfen.[32] 26

Dieses **verfassungsrechtliche Verbot, Fraktionsmittel für die Parteienfinanzierung zu verwenden,** ergibt sich auch aus der bundesrechtlich abschließenden Regelung der Parteienfinanzierung nach dem Parteiengesetz, die anderenfalls unterlaufen würde.[33] Einfachgesetzlich wird dieses Verbot in § 51 Satz 6 ThürAbgG konkretisiert, wonach eine Verwendung von Fraktionszuschüssen „für Parteienaufgaben" unzulässig ist. 27

Das **Problem** besteht in der Praxis jedoch darin, **die zulässige Fraktions- von der unzulässigen Parteienfinanzierung exakt abzugrenzen.**[34] Dabei handelt es sich z.B. um folgende Zweifelsfälle: Gemeinsame Veranstaltungen von Fraktionen und Parteien, Anzeigen von Fraktionen in Parteizeitungen, Repräsentationsaufwendungen und die Öffentlichkeitsarbeit von Fraktionen,[35] die auch der Partei zugute kommen können.[36] 28

Ein spezielles Problem der Fraktionsfinanzierung, das in Thüringen seit Jahren politisch hohe Wellen schlägt, ist die Zulässigkeit von sog. **Funktionszulagen.** Dabei geht es um zwei grundsätzliche Streitfragen; zum einen, ob und ggf. welche hervorgehobenen Funktionsträger des Landtags oder der Fraktionen aus 29

---

31 Die verfassungsrechtliche Zulässigkeit einer staatlichen Fraktionsfinanzierung ist unbestritten, da die Fraktionen dem staatsorganisatorischen Bereich angehören, vgl. z.B. BVerfGE 20, 56 (104 f.); 62, 194 (202); 80, 188 (213 f., 231). *Hölscheidt*, DÖV 2000, 712; *Klein*, in: Maunz/Dürig, Art. 38 Rn. 261.

32 BVerfGE 80, 188 (231); VerfGH Rh-Pf, NVwZ 2003, 75 (78); *Brocker*, in: BK, Art. 40 Rn. 184; *Butzer*, in: Epping/Hillgruber, Art. 38 Rn. 140 f.; *Hölscheidt*, Das Recht der Parlamentsfraktionen, 2001, S. 604 ff.

33 VerfGH Rh-Pf, NVwZ 2003, 75 (78).

34 Zu dieser Problematik: *Klein*, Zur Öffentlichkeitsarbeit von Parlamentsfraktionen, in: FS Peter Badura (2004), S. 280 ff.

35 Speziell dazu: *Klein*, in: FS Peter Badura (2004), S. 263 ff.; *Kretschmer*, ZG 2003, 1 ff.; VerfGH Rh-Pf, NVwZ 2003, 75 (77 ff.).

36 Vgl. zu diesen Fällen den Beratungsbericht des Thüringer Rechnungshofs nach § 88 Abs. 2 ThürLHO "Bewirtschaftung und Verwendung von Leistungen an die Fraktionen im Thür. Landtag" v. 15.03.2012.

dem staatlichen Haushalt und zum anderen welche Fraktionsfunktionäre aus den Fraktionskassen Zulagen für besondere Leistungen erhalten dürfen.

30 Für **Zulagen aus dem Landeshaushalt für Präsidenten und Vizepräsidenten** des Landtags sowie für **Fraktionsvorsitzende** ist diese Streitfrage inzwischen verfassungsgerichtlich entschieden[37] und demzufolge in 35 Abs. 2 ThürAbgG verfassungskonform geregelt worden. Präsidenten und Fraktionsvorsitzende erhalten zusätzlich eine Grundentschädigung, Vizepräsidenten 70% einer Grundentschädigung und zwar jeweils aus dem Landeshaushalt. Bisher ungeklärt und noch nicht eindeutig verfassungsgerichtlich entschieden ist jedoch die Frage, ob die Fraktionen **aus ihren Fraktionskassen**[38] **an Funktionsträger,** wie z. B. Parlamentarische Geschäftsführer oder Arbeitskreisleiter, **Fraktionszulagen zahlen dürfen.**[39] Einfachgesetzlich hat der Landtag – wenn auch nur indirekt, aber eindeutig – in § 54 Abs. 2 Nr. 2 a ThürAbgG entschieden, dass aus den Fraktionszuschüssen „Leistungen an Fraktionsmitglieder für die Wahrnehmung besonderer Funktionen in der Fraktion" zulässig sind. Solange diese gesetzliche Regelung Bestand hat und nicht aufgehoben ist, ist die Gewährung dieser Zulagen gesetzeskonform, unabhängig von deren verfassungsrechtlicher Beurteilung. Das Bundesverfassungsgericht hat über die Zulässigkeit von Funktionszulagen aus der Fraktionskasse in seinem Urteil v. 21.7.2000[40] nicht ausdrücklich entschieden, da es darin nur über die Zulässigkeit von Zulagen aus dem staatlichen Haushalt befunden hat.[41] Die tragenden Gründe dieses Urteils enthalten auch keine rechtliche Bindungswirkung nach § 31 BVerfGG bezüglich der Zulässigkeit von Funktionszulagen aus Fraktionskassen, da das Urteil eben nur eine Parlamentsfinanzierung zum Gegenstand hatte.[42] Es ist aber eine andere Frage, ob die vom BVerfG aufgeführten Gründe für ein Verbot bestimmter staatlicher Funktionszulagen intentionell auch für ein generelles Verbot von Funktionszulagen aus den Fraktionskassen sprechen – und zwar unabhängig davon, ob man diesen von vielen kritisierten „egalitären Rigorismus" des BVerfG teilt.

31 Das Bundesverfassungsgericht begründet die Unzulässigkeit von staatlichen Zulagen an Funktionsträger von Fraktionen nämlich in erster Linie damit, dass sie gegen die Freiheit des Mandats und die Gleichheit aller Abgeordneten (Art. 53 Rn. 30) verstoßen würden.[43] Insbesondere gelte es daher, „Abgeordnetenlaufbahnen" und „Einkommenshierarchien" zu verhindern, die der Freiheit des

37 BVerfGE 40, 296 (317 f.); 102, 224 (242 ff.) mit kritischen Besprechungen z.B. von *Kretschmer*, ZParl 2000, 787 ff. und *Brocker/Messer*, NVwZ 2005, 895 ff.; *Klein*, in: Maunz/Dürig, Art. 48 Rn. 170; *Jutzi*, NJ 2000, 591; *Lesch*, ZRP 2002, 159 (161); *Welti*, DÖV 2001, 705 (706 ff.); vgl. bereits zum 1. Diätenurteil von 1975 insoweit *Linck*, ZParl 1976, 54 (59).

38 Die Gelder in den Fraktionskassen stammen fast ausschließlich aus öffentlichen Kassen, *von Arnim*, in: BK, Art. 48 Rn. 186.

39 Bejahend: *Braun/Jantsch/Klante*, Abgeordnetengesetz, § 11 Rn. 110 i.V.m. 91; *Brocker*, in: BK, Art. 40 Rn. 188; *ders./Messer*, NVwZ 2005, 895 (896 f.); *Kretschmer,* ZParl 2000, 787 (795 f.); *ders.*, in: Schmidt-Bleibtreu/Hofmann/Hopfauf, Art. 48 Rn. 20; *Lesch*, ZRP 2002, 159 (161); *aA von Arnim*, ZRP 2003, 235 (237 f.); *ders.*, in: BK, Art. 40 Rn. 185; *Eichhorn*, KritV 2001, 59 f.; *Hellermann*, ZG 2001, 177; *Hölscheidt*, DVBl. 2000, 1734 (1741); *Menzel*, ThürVBl 2001, 8 (12); *Röper*, ZParl 2003, 419 (422 f.); *ders.*, DÖV 2002, 655 (657 ff.); *Schmal,* AöR 130 (2005), 114 (143); *Schulze-Fielitz*, in: Dreier, Art. 48 Rn. 25.

40 BVerfGE 102, 224.

41 Dazu *Jutzi*, NJ 2000, 591.

42 So zutreffend *Jutzi*, NJ 2000, 591.

43 BVerfGE 102, 224 (244); 119, 302 (309).

Mandats abträglich seien, weil dadurch die Abhängigkeit des einzelnen Abgeordneten von der politischen Gruppe, der er angehört, verstärkt werde[44] und das parlamentarische Handeln an dem Erreichen einer höheren Einkommensstufe ausgerichtet werde;[45] der Abgeordnete habe jedoch „ohne Rücksicht auf eigene wirtschaftliche Vorteile die jeweils beste Lösung für das Gemeinwohl anzustreben".[46]

Diese vom Bundesverfassungsgericht beschriebenen und für seine Entscheidung ausschlaggebenden Gefahrenprognosen treffen aber nicht nur bei einer Finanzierung der Funktionszulagen aus dem staatlichen Haushalt, sondern auch dann zu, wenn sie aus den Fraktionskassen finanziert werden – und das sogar in noch stärkerem Maße. Diese Bewertung beruht darauf, dass die Gewährung von Zulagen aus staatlichen Haushalten zwar nicht befriedigend,[47] aber immerhin deutlich bestimmter und transparenter als jene aus Fraktionskassen geregelt ist. So bestimmt § 5 Abs. 3 ThürAbgG abschließend, wer und in welcher Höhe Funktionszulagen aus staatlichen Kassen erhält (Rn. 29). Demgegenüber lässt zwar § 54 Abs. 2 a ThürAbgG, wie dargestellt, (Rn. 30) die Gewährung von Zulagen aus der Fraktionskasse an Fraktionsfunktionäre indirekt zu, aber es gibt keine staatliche normative Regelung über die Art, die Anzahl und die jeweilige Höhe der so dotierten Stellen. Vielmehr wird nur pauschal der „Umfang der Leistungen im Landeshaushalt ausgewiesen" (§ 49 Abs. 2 Satz 2 ThürAbgG) und der Haushaltsplan trifft insoweit auch keine detailliertere Regelung. Diese Entscheidungen werden vielmehr im Rahmen der Fraktionsautonomie getroffen. Damit wird offensichtlich, dass die entsprechenden fraktionsinternen Festlegungen für die Öffentlichkeit gänzlich intransparent sind und ohne normative Schranken getroffen werden. Diese normativ ungebundene und intransparente fraktionsinterne Zulagen-Gewährung verstärkt die vom BVerfG beschriebenen Gefahren erheblich.[48] Im schlimmsten Fall könnten sich eine die Fraktion dominierende Fraktionsspitze oder sogar ein Fraktionsvorsitzender durch den „goldenen Zügel" einer Zulagen-Gewährung eine ihnen ergebene Mannschaft aufbauen, um damit einen bestimmenden Einfluss über die Sach- und Personalpolitik der Fraktion – ggf. sogar zum eigenen persönlichen Nutzen – zu gewinnen. 32

2. Rechnungsprüfung. Präsidenten von Rechnungshöfen sind nach einer grundlegenden, zwar den Bundesrechnungshof, die **Landesrechnungshöfe** aber in gleicher Weise betreffenden Entscheidung des BVerfG **„verpflichtet"**, die ordnungsgemäße Verwendung der Fraktionszuschüsse ... nachzuprüfen. ... Der verfassungsrechtliche Prüfungsauftrag des Bundesrechnungshofs umfasst die Rechtmäßigkeit und Wirtschaftlichkeit der Verwendung von Fraktionszuschüssen in gleicher Weise und nach den gleichen verfassungsrechtlichen und haushaltsrechtlichen Maßstäben, wie bei anderen Etatmitteln auch.[49] Diese Verpflichtung besteht für den Thür. Rechnungshof nach Art. 103 und § 55 ThürAbgG. 33

44 BVerfGE 102, 224 (241).
45 BVerfGE 102, 224.
46 BVerfGE 102, 224 (241).
47 Vgl. dazu die Kritik von *von Arnim*, in: BK, Art. 48 Rn. 125 f, 187.
48 Daher ist *Brocker*, in: BK, Art. 40 Rn. 188 zu widersprechen, der insoweit eine Einschätzungsprärogative der Fraktionen verlangt.
49 BVerfGE 80, 188 (214).

34 Für eine Lockerung der **Prüfungsintensität** im Hinblick auf die **Fraktionsautonomie**[50] ist insoweit kein Platz. Ganz im Gegenteil: Da es sich bei der Fraktionsfinanzierung um eine Entscheidung in eigener Sache handelt, gebietet sich eine besonders intensive Kontrolle.[51] Aufgrund der Fraktionsautonomie (Rn. 23) darf sich die Rechnungshofs-Kontrolle allerdings aus verfassungsrechtlichen Gründen nicht auf „die politische Erforderlichkeit von Maßnahmen der Fraktion" beziehen, wie dies § 55 Abs. 3 Satz 2 ThürAbgG zutreffend einfachgesetzlich bestätigt.

Artikel 59 [Opposition]

(1) Parlamentarische Opposition ist ein grundlegender Bestandteil der parlamentarischen Demokratie.

(2) Oppositionsfraktionen haben das Recht auf Chancengleichheit sowie Anspruch auf eine zur Erfüllung ihrer besonderen Aufgaben erforderliche Ausstattung.

Vergleichbare Regelungen

Art. 16 a BayVerf; Art. 38 Abs. 3 VvB; Art. 55 Abs. 2 BbgVerf; Art. 78 BremVerf; Art. 24 HambVerf; Art. 26 M-VVerf; Art. 19 NV; Art. 85 b Verf Rh-Pf; Art. 40 SächsVerf; Art. 48 LVerf LSA; Art. 12 SchlHVerf.

Ergänzungsnormen im sonstigen thüringischen Recht

§ 49 Abs. 2 Satz 2, 3 ThürAbgG v. 09.03.1995 (ThürGVBl. S. 121) zuletzt geändert durch Gesetz v. 09.10.2008 (ThürGVBl. S. 374).

Dokumente zur Entstehungsgeschichte

Art. 50 Abs. 2 VerfE CDU; Art. 45 VerfE SPD; Art. 49 VerfE LL/PDS,[1] Entstehung ThürVerf S. 153 f.

Literatur

Pascale Cancik, Parlamentarische Opposition in den Landesverfassungen, 2000; *dies.*, Oppositionsregelungen als Anspruchsvoraussetzung: Das Definitionsproblem der neuen Oppositionsregelungen, AöR 123 (1998), 623 ff.; *Florian Edinger*, Wahl und Besetzung parlamentarischer Gremien, 1992; *Stefan Haberland*, Die verfassungsrechtliche Bedeutung der Opposition nach dem Grundgesetz, 1995; *Heinrich Oberreuter*, Parlamentarische Opposition, 1975; *Ralf Poscher*, Die Opposition als Rechtsbegriff, AöR 122 (1997), 444 ff.; *Hans-Peter Schneider*, Die parlamentarische Opposition im Verfassungsrecht der Bundesrepublik Deutschland, 1973; *ders.*, Das Parlamentsrecht im Spannungsfeld von Mehrheitsentscheidung und Minderheitsschutz, in: FS BVerfG (2001), Bd. II, S. 627 ff.; *ders.*, Keine Demokratie ohne Opposition, in: FS Jürgen Seifert (1998), S. 245 ff.; *Winfried Steffani* (Hrsg.), Regierungsmehrheit und Opposition in den Staaten der EG, 1991.

Leitentscheidungen des BVerfG

BVerfGE 70, 324 (Statusrechte Abg.); 80, 188 (Wüppesahl).

---

50 So aber *Brocker*, in: BK, Art. 40 Rn. 188.
51 *von Arnim*, in: BK, Art. 48 Rn. 117, 134 ff.
1 Art. 48 Rn. 1.

A. Überblick

Das **Recht auf die Bildung und Ausübung einer Opposition** im Parlament gehört zu den **Prinzipien der freiheitlich demokratischen Grundordnung.**[2] Auch wenn die Opposition nicht ausdrücklich, wie dies allerdings in Art. 59 geschehen ist, verfassungsrechtlich verankert ist, so wird sie dennoch auch z. B. vom Grundgesetz implizit verfassungsrechtlich anerkannt.[3] Die Opposition ist insofern nicht nur ein wesentlicher, sondern auch **ein notwendiger Bestandteil der parlamentarischen Demokratie.**[4] Die Opposition wird in Art. 59 Abs. 2 darüber hinaus mit besonderen Verfassungsrechten ausgestattet: dem **Recht auf Chancengleichheit** (Rn. 18) und einem Anspruch auf eine zur Erfüllung ihrer besonderen Aufgaben erforderliche, sie also privilegierende, **Ausstattung** (Rn. 18). 1

B. Herkunft, Entstehung und Entwicklung

In Art. 59 wird die **„parlamentarische" Opposition** behandelt, somit also nicht auch Erscheinungen einer **außerparlamentarischen Opposition,**[5] die in einer Demokratie – völlig legitim – ebenfalls eine erhebliche Bedeutung für die Gestaltung von Politik haben können. Somit stellt sich die Frage nach der Herkunft und Entwicklung der Opposition überhaupt erst mit den Anfängen eines parlamentarischen Regierungssystems, bei dem Teile des Parlaments die Regierung stützten und andere Teile einen Gegenpart zur Regierung bildeten. Diese Konstellation trat zuerst in England im 18. Jahrhundert auf.[6] In Deutschland entwickelte sich mit Einführung der parlamentarischen Demokratie nach 1918 in der Verfassungswirklichkeit durchaus eine parlamentarische Opposition,[7] eine **verfassungsrechtliche Institutionalisierung** blieb ihr jedoch sowohl unter der WRV als auch dem GG versagt.[8] Es gab zwar in der Gemeinsamen Verfassungskommission von Bundestag und Bundesrat (1992 – 1994) eine dahingehende Initiative, sie blieb jedoch erfolglos.[9] **Auf Länderebene wurde erstmals 1947** in Art. 120 der Badischen Verfassung (RegBl.1947, 139), die allerdings schon 1953 mit der Verfassung des neugegründeten Staates Baden-Württemberg aufgehoben wurde, eine Oppositionsklausel aufgenommen. Die weitere verfassungsrechtliche Entwicklung wurde maßgeblich durch den **Oppositions-Art. 23 a der Verfassung der Freien und Hansestadt Hamburg** bestimmt (GVBl. 1971, 21) Nach der Wiedervereinigung haben alle neuen Länder in ihren Ver- 2

2 BVerfGE 2, 1 (13); 44, 308 (321); 70, 324 (363); 84, 304 (324); 102, 224 (243).
3 *Huber*, in: HStR III, § 47 Rn. 38.
4 *Schneider*, in: Schneider/Zeh, § 38 Rn. 4; so auch ausdrücklich Art. 38 Abs. 3 Satz 1 VvB.
5 *Caspar*, in: Caspar/Ewer/Nolte/Waack, Art. 12 Rn. 4.
6 *Stern*, Bd. I, S. 1033 f.
7 *Schneider*, in: Schneider/Zeh, Art. 38 Rn. 5 ff.
8 Zur Rechtslage in den Staaten der EU, vgl. *Steffani* (Hrsg.), Regierungsmehrheit und Opposition in den Staaten der EG, 1991.
9 Vgl. Bericht der Gemeinsamen Verfassungskommission, BT-Drs. 12/6000, S. 89 f.

fassungen Oppositionsklauseln eingeführt; der Boden war dafür inzwischen auch durch die einschlägige Rechtsprechung des Bundesverfassungsgerichts bereitet.[10] Der Thür. Verfassungsgeber stand bei der Beratung des Oppositionsartikels unter dem maßgeblichen **Einfluss von Hans-Peter Schneider**, der den Verfassungsausschuss beraten hatte, und als profunder Kenner der Rechte der parlamentarischen Opposition 1974 die erste umfassende Monographie mit dem Titel „Die parlamentarische Opposition im Verfassungsrecht der Bundesrepublik Deutschland" vorgelegt hatte.

3 Art. 59 ist bis heute unverändert geblieben; es gab auch keine Initiativen, den Artikel zu verändern.

C. Verfassungsvergleichende Information

4 Regelungen zur Opposition enthalten die Verfassungen von 11 Ländern (s. o. „Vergleichbare Regelungen"). Ebenso wie sieben andere Länder (Bayern, Berlin, Brandenburg, Rheinland-Pfalz, Sachsen, Sachsen-Anhalt) hat Art. 59 zur Bedeutung der Opposition im Wesentlichen eine Formulierung aus dem Urteil des BVerfG vom 23.10.1952[11] übernommen. Der Begriff der Opposition wird in acht Verfassungen – im Wesentlichen gleichlautend – beschrieben (Bayern, Hamburg, Mecklenburg-Vorpommern, Niedersachsen, Rheinland-Pfalz, Sachsen, Sachsen-Anhalt, Schleswig-Holstein). Darüber hinaus wird in den meisten, die Opposition regelnden, Verfassungen deren Gleichheit (Berlin, Brandenburg, Bremen, Mecklenburg-Vorpommern, Sachsen, Sachsen-Anhalt, Schleswig-Holstein) und in knapp der Hälfte deren funktionsgerechte Ausstattung (Finanzierung) garantiert (Bayern, Bremen, Niedersachsen, Rheinland-Pfalz, Sachsen-Anhalt).

5 Eine Besonderheit enthält Art. 12 Abs. 2 SchlHVerf mit der Einführung eines **Oppositionsführers.**

D. Erläuterungen

6 **I. Die Bedeutung der parlamentarischen Opposition.** Die **Bedeutung der parlamentarischen Opposition** für die parlamentarische Demokratie wurde bereits oben (Rn. 1, 2) hervorgehoben. In einer pluralistischen Demokratie, in der eine Regierungsmehrheit zwar keinen Anspruch auf Wahrheit und Richtigkeit erheben kann (Art. 48 Rn. 16), ist dennoch für parlamentarische Entscheidungen **das dem Demokratieprinzip inhärente Mehrheitsprinzip** (Art. 61 Rn. 1) unumgänglich und konstitutiv: Entscheidungen werden letztendlich von der Mehrheit getroffen. Der Opposition muss es aber möglich sein, ihre politischen Positionen in den Willensbildungsprozess des Parlaments einzubringen[12] und zwar öffentlich, weil nur dann der für eine repräsentative parlamentarische Demokratie zwingend erforderliche transparente und wechselseitige Kommunikationsprozess zwischen dem Volk und seinen demokratischen Repräsentanten gewährleistet wird (siehe Art. 48 Rn. 18; Art. 60 Rn. 20).

7 Aus Art. 59 lässt sich allerdings **kein verfassungsrechtliches Gebot zur Bildung und Ausübung einer parlamentarischen Opposition** und damit ein **Verbot einer**

10 Vgl. die o.a. Leitentscheidungen.
11 BVerfGE 2, 1 (13).
12 BVerfGE 70, 324 (363).

Allparteienregierung herleiten.[13] Art. 59 garantiert insoweit nur die prinzipielle Möglichkeit einer Oppositionsbildung und -ausübung.[14]

II. Zum Begriff „Opposition“. **Der Begriff „Opposition“** wird – auch vom BVerfG – in unterschiedlichen Variationen verwandt.[15] Verfehlt ist es jedenfalls, im Rechtssinne von „**der** Opposition“ zu sprechen, da es „die Oppositionen“ als Trägerin von Rechten und Pflichten nicht gibt.[16] Rechtsträger können daher nur diejenigen Fraktionen sein, welche der Opposition zuzuordnen sind; man spricht insoweit zutreffender von den „Oppositionsfraktionen“, wie dies in Art. 59 Abs. 2 geschieht. 8

In Art. 59 wird – anders als in einer Reihe anderer Landesverfassungen (siehe Rn. 4) - auf eine **Definition des Begriffs „Opposition“** verzichtet. Eine derartige Definition ist jedoch erforderlich, weil Fraktionen, welche der Opposition zuzurechnen sind, nach Art. 59 Abs. 2 bestimmte Rechte bzw. Ansprüche zustehen, die z.B. in § 49 Abs. 2 Satz 2 ThürAbgG oder in § 5 Abs. 2 ThürUAG näher konkretisiert werden. 9

Einschlägige verfassungsrechtliche Regelungen in den Ländern stellen darauf ab, dass Fraktionen der Opposition angehören, welche **die Regierung „nicht stützen“** (Bayern, Mecklenburg-Vorpommern, Niedersachsen, Rheinland-Pfalz, Sachsen-Anhalt), **sie kritisieren** (Hamburg) oder **„nicht tragen“** (Sachsen).[17] Fraglich ist, ob eine Fraktion, welche die Regierung nur duldet oder sogar im Einzelfall unterstützt, z.B. durch die Zustimmung zu wichtigen Regierungsprogrammen, wie dem Haushalt, auch noch als Opposition zu qualifizieren ist; das hätte u.a. zur Folge, dass ihr über den Oppositionszuschlag erhöhte Fraktionszuschüsse zustehen (§ 49 Abs. 2 Satz 2 ThürAbgG). Das Verfassungsgericht von Sachsen-Anhalt bejaht in diesen Fällen dennoch einen Oppositionsstatus, der erst dann verloren ginge, wenn eine andauernde gegenseitige Vertrauensbeziehung durch eine koalitionsähnliche Absprache zu einem abgestimmten politischen Programm vorliege.[18] 10

Mit **Storr** ist aus Gründen der Rechtssicherheit und -klarheit von einem **formellen Oppositionsbegriff** auszugehen: Abgeordnete und Fraktionen, die nicht „dem Regierungslager“ angehören und somit der Regierung und der parlamentarischen Regierungsmehrheit nicht personell verbunden sind, gehören zur Opposition.[19] 11

III. Funktion und Aufgaben von Oppositionsfraktionen. Zur **Funktion von Oppositionsfraktionen** wurde schon oben (Rn. 6) hervorgehoben, dass sie in einer pluralistischen parlamentarischen Demokratie darin liegt, den für deren Funktionstüchtigkeit erforderlichen **transparenten und öffentlichen Diskurs** zu politischen Themen herzustellen. Welche konkreten Aufgaben sich für eine Op- 12

13 *Würtenberger/Wanter*, in: Schmitt (Hrsg.), Thüringen, 2. Aufl. 2011, S. 60, Fn. 49; *Neumann*, Nds,. Art. 19 Rn. 15; *Starck*, in: HStR IX, § 208 Rn. 26.
14 *David*, Art. 24 Rn. 2; *Edinger*, in: Grimm/Caesar, Art. 85 b Rn. 6.
15 Vgl. dazu *Huber*, in: HStR III, § 47 Rn. 40 und im Übrigen eingehend: *Poscher*, AöR 122 (1997), 444 (457 ff.).
16 *Huber*, in: HStR III, § 47 Rn. 40.
17 Zu anderen Definitionen vgl. *Schneider*, in: Schneider/Zeh, § 38 Rn. 29 ff.; zu dessen eigener Definition: Rn. 33.
18 LVerfG LSA, LKV 1998, 101; aA *Schneider*, in: Schneider/Zeh, § 38 Rn. 32; dazu *Cancik*, AöR 123 (1998), 623 ff.; *Caspar*, in: Caspar/Ewer/Nolte/Waack, Art. 12 Rn. 14; *Edinger*, in: Grimm/Caesar, Art. 85 b Rn. 10.
19 *Storr*, Staats- und Verfassungsrecht, 1998, Rn. 565, 568.

position stellen und welcher Einsatz parlamentarischer Mittel geboten ist, um diese Funktion in der parlamentarischen Praxis zu erfüllen, obliegt ihrer **Fraktionsautonomie.** Art. 59 hat daher zu Recht darauf verzichtet, Oppositionsfraktionen verbindlich bestimmte Aufgaben zu stellen und sie damit in ein verfassungsrechtliches Korsett zu zwingen. In anderen Landesverfassungen[20] sowie in der Literatur[21] werden demgegenüber als **Oppositionsaufgaben** genannt: Kritik und Kontrolle der Regierungspolitik, das Streben, die Regierung abzulösen und die Einbringung von Alternativen.[22]

13 **IV. Verfassungsrechtliche Rechte und Ansprüche von Oppositionsfraktionen. 1. Rechte und Ansprüche aus Art. 59 Abs. 1?** Es ist umstritten und unklar, ob und ggf. inwieweit **aus Art. 59 Abs. 1 Oppositionsfraktionen eigene konkrete Rechte oder Ansprüche ableiten können.** Diese Frage erhält ihre besondere praktische Bedeutung, wenn es partiell an bestimmten Oppositions- oder Minderheitenrechten vollständig mangelt oder wenn zwar bestimmte Minderheitenrechte normiert, jedoch an Quoren gebunden sind, welche einzelne oder sogar alle Oppositionsfraktionen nicht erreichen. Diese Konstellation kann insbesondere in Fällen großer Koalitionen mit einer oder mehreren kleinen Oppositionsfraktionen auftreten. Kleinere Fraktionen können dieser Bredouille zwar ggf. dadurch entgehen, indem sie Anträge gemeinsam mit anderen Fraktionen stellen, um ein Quorum zu überwinden, zwingen kann man sie gerade bei einer unterschiedlichen politischen Interessenlage auf Grund ihres eigenständigen verfassungsrechtlichen Status dazu nicht.

14 In der Literatur wird die Auffassung vertreten, dass aus der allgemeinen Oppositionsklausel keine Rechte abgeleitet werden können.[23] Sie sei nur eine **Staatszielbestimmung**, aus der sich ein Gestaltungsauftrag für das Parlament ergebe und darüber hinaus ein Auslegungsmaßstab.[24]

15 Einer derart engen Auslegung widerspricht das Urteil des BVerfG zur Besetzung des Kontrollgremiums zur Haushaltskontrolle von Geheimdiensten. Auch wenn es keinen Anspruch aller Oppositionsfraktionen, ggf. auch -gruppen auf eine Mitgliedschaft in diesem Gremium begründet hat, hat es immerhin die Mitgliedschaft wenigstens einer Oppositionsfraktion verlangt.[25] Art. 59 Abs. 1 enthält weder eine nur rechtstheoretische Beschreibung, noch eine inhaltsleere verfassungsrechtliche Sollensregelung, sondern gibt den Oppositionsfraktionen das Recht, auf die parlamentarische Willensbildung in effektiver Weise Einfluss nehmen zu können. Damit müssen insbesondere **alle parlamentarischen Informations-, Kontroll-, Mitwirkungs- und Beteilungsrechte im Grundsatz jeder Oppositionsfraktion unabhängig von ihrer Größe zustehen**; das gilt auch für deren Ver-

20 Art. 24 Abs. 2 HambVerf; Art. 26 Abs. 2 M-VVerf; Art. 12 Abs. 1 SchlHVerf.

21 *Hennis*, Parlamentarische Opposition und Industriegesellschaft, Gesellschaft – Staat – Erziehung, 1 (1956), 208 f.; *Edinger*, in: Grimm/Caesar, Art. 85 b Rn. 4; *ders.*, Wahl und Besetzung parlamentarischer Gremien, 1992, S. 289; *Caspar*, in: Caspar/Ewer/Nolte/Waack, Art. 12 Rn. 7 ff.; *Schneider*, in: Schneider/Zeh, § 38 Rn. 39.

22 Vgl. dazu die kritischen Anmerkungen von *Schneider*, in: Schneider/Zeh, § 38 Rn. 39.

23 So z.B. *Möstl*, in: Lindner/Möstl/Wolff, Art. 16 a Rn. 5; wenigstens nicht grundsätzlich unmittelbar: *Caspar*, in: Caspar/Ewer/Nolte/Waack, Art. 12 Rn. 17; *Edinger*, in: Grimm/Caesar, Art. 85 b Rn. 12; *Hübner*, in: von Mutius/Wuttke/Hübner, Art. 12 Rn. 1.

24 So die o.a. Autoren.

25 BVerfGE 70, 324 (365); kritisch dazu *Schneider*, in: Schneider/Zeh § 38 Rn. 38, vgl. im Übrigen zur Berücksichtigung kleinerer Fraktionen bei der Besetzung parlamentarischer Gremien: *Edinger*, in: Grimm/Caesar, Art. 85 b Rn. 14.

tretung in parlamentarischen Gremien. Diesem grundsätzlichen Gebot entspricht das thüringische Parlamentsrecht weitgehend, indem die Geschäftsordnung des Landtags entsprechende Antragsrechte in aller Regel jeder Fraktion zubilligt. **Ausnahmen von diesem Verfassungsgebot** sind nur im Hinblick auf gegenläufige Verfassungspositionen zulässig, wobei beide Verfassungspositionen im Wege praktischer Konkordanz verhältnismäßig zum Ausgleich gebracht werden müssen.[26]

Daher können **Oppositionsrechte** z.B.[27] **aus Gründen des Geheimschutzes oder der Herrschafts- und Funktionsfähigkeit des Parlaments eingeschränkt werden** (siehe Art. 58 Rn 8), wobei dem Landtag dabei ein gewisser Bewertungs- und Beurteilungsspielraum zuerkannt werden muss. Das trifft z.B. bei der Festlegung eines Quorums für die Einsetzung von Untersuchungsausschüssen zu, die z.T. ein immenses zeit- und arbeitsaufwändiges Verfahren auslösen. 16

Diese **Privilegierung der Oppositionsfraktionen** ist allerdings auf die parlamentarische Willensbildung und die Herstellung von Transparenz dieses Diskurses begrenzt (Rn. 6); für die parlamentarischen Entscheidungen politischer Sachthemen gilt das Mehrheitsprinzip hingegen uneingeschränkt (Art. 61 Rn. 1). 17

2. Das Recht der Oppositionsfraktionen auf Chancengleichheit und eine funktionsgerechte Ausstattung (Art. 59 Abs. 2). In Art. 59 Abs. 2 wird der in Absatz 1 grundsätzlich angelegte Status der Oppositionsfraktionen insoweit konkretisiert, dass sie **„das Recht auf Chancengleichheit“** sowie einen **Anspruch auf eine funktionsgerechte Ausstattung** haben. Damit hat der Verfassungsgeber auf die Tatsache reagiert, dass in der Verfassungswirklichkeit das „Regierungslager“ aus der Regierung und der sie tragenden Fraktion/en mit ihren realpolitisch weitgehend vereinigten personellen und sachlichen Ressourcen sowohl im Parlament als auch außerhalb des Parlaments die politischen Themen und den politischen Diskurs maßgeblich bestimmen. Diesem disparaten Zustand soll – in Abweichung von einer formalen Gleichheit aller Fraktionen – durch die Normierung von Minderheitenrechten sowie die Gewährung sachlicher und finanzieller Ressourcen entgegengewirkt werden, um mehr **„Waffengleichheit“** zu Gunsten der Oppositionsfraktionen zu erreichen. 18

Die mit der weitgehenden Übernahme der Geschäftsordnung des Landtags Rheinland-Pfalz rezipierten, relativ stark ausgebauten Minderheitenrechte wurden noch in der 1. Legislaturperiode (vgl. LT-Drs. 1/3550) z.T. zurückgenommen, jedoch zu Beginn der 5. Wahlperiode von der Opposition in wichtigen Punkten wiedererkämpft (vgl. LT-Drs. 5/3061), sodass das thüringische Parlamentsrecht ein weitgehend ausgewogenes Verhältnis zwischen dem Mehrheitsprinzip und den Minderheiten- bzw. Oppositionsrechten aufweist. 19

In finanzieller Hinsicht wurde im Thüringer Abgeordnetengesetz (§ 49 Abs. 2 Satz 2) i.V.m. dem Landeshaushalt (Einzelplan 02, Kapitel 0101, Titel 68 401) nicht nur ein die Opposition privilegierender **„Oppositionsbonus“** auf die Fraktionszuschüsse (25 v. H. des Grundbetrags) eingeführt, sondern darüber hinaus werden noch „Zuschüsse zur personellen Unterstützung der Fraktionen“ gewährt, wobei die Oppositionsfraktionen dabei ebenfalls erheblich bevorzugt werden. 20

26 *Hesse*, Rn. 72.
27 SächsVerfGH, DÖV 1996, 783 (785); *Edinger*, in: Grimm/Caesar, Art. 85 b Rn. 14.

21 3. **Verfassungsgerichtliche Durchsetzung von Oppositionsrechten.** Werden Rechte von Oppositionsfraktionen verletzt, können sie sich dagegen verfassungsgerichtlich zur Wehr setzen.[28] In Betracht kommt ein **Organstreit** (Art. 80 Abs. 1 Nr. 3)[29] oder bei Klagen gegen Rechtsnormen eine – von subjektiven Berechtigungen unabhängige – **abstrakte Normenkontrolle** (Art. 80 Abs. 1 Nr. 4), die auch gegen ein Unterlassen des Gesetzgebers gerichtet werden kann.[30]

Artikel 60 [Öffentlichkeit]

(1) Der Landtag verhandelt öffentlich.

(2) [1]Auf Antrag von zehn Abgeordneten, einer Fraktion oder der Landesregierung kann die Öffentlichkeit mit der Mehrheit von zwei Dritteln der abgegebenen Stimmen ausgeschlossen werden. [2]Über den Antrag wird in nichtöffentlicher Sitzung entschieden.

(3) Wahrheitsgetreue Berichte über die öffentlichen Sitzungen des Landtags und seiner Ausschüsse bleiben von jeder Verantwortlichkeit frei.

Vergleichbare Regelungen

Art. 42 Abs. 1, 3 GG; Art. 33 Abs. 1, 3 BWVerf; Art. 22 BayVerf; Art. 42 Abs. 3, 4, Art. 52 VvB; Art. 64 Abs. 2, 3 BbgVerf; Art. 91, 93 BremVerf; Art. 16, 21 HambVerf; Art. 89, 90 HessVerf; Art. 31 M-VVerf; Art. 22 NV; Art. 42, 43 Verf NW; Art. 86, 87 Verf Rh-Pf; Art. 72, 73 SaarlVerf; Art. 48 Abs. 1, 4 SächsVerf; Art. 50 LVerf LSA; Art. 15 SchlHVerf.

Ergänzungsnormen im sonstigen thüringischen Recht

§§ 17, 78, 79 Abs. 1, § 86 Abs. 3 ThürGOLT idF der Bek. v. 19.07.2012 (LT-Drs. 5/4750).

Dokumente zur Entstehungsgeschichte

§ 5 Abs. 1 Vorl.LS; Art. 54 VerfE CDU; Art. 39 VerfE F.D.P.; Art. 46 VerfE SPD; Art. 40 VerfE NF/GR/DJ; Art. 62 VerfE LL/PDS [1]; Entstehung ThürVerf S. 155 f.

Literatur

Max Bauer, Das Verstummen eines Parlaments, Der Staat 2010, 587 ff.; *Reinhart Binder*, Die Öffentlichkeit nach Art. 42 Abs. 1 Satz 1, 44 Abs. 1 Satz 1 und das Recht der Massenmedien zur Berichterstattung, DVBl. 1985, 1112 ff.; *Joachim Linck*, Die Parlamentsöffentlichkeit, ZParl 1992, 673 ff.; *ders.*, Die Öffentlichkeit der Parlamentsausschüsse aus verfassungsrechtlicher und rechtspolitischer Sicht, DÖV 1975, 513 ff.; *ders.*, Geheime Wahlen der Ministerpräsidenten – eine Sünde wider den Geist des Parlamentarismus, DVBl. 2005, 793 ff.; *Heinrich G. Ritzel/Joseph Bücker/Hermann J. Schreiner*, Handbuch für die Parlamentarische Praxis, mit Kommentar zur Geschäftsordnung des Deutschen Bundestages, Loseblattausgabe (St.d.B. 12. 2011).

Leitentscheidungen des BVerfG

BVerfGE 1, 144 (Geschäftsordnung); 10, 4 (Rederecht); 70, 324 (Geheimschutz); 84, 304 (Gruppenstatus Abg.); 110, 199 (Parlamentarische Öffentlichkeit); 124, 78 (Parlamentarische Öffentlichkeit); 125, 104 (Parlamentarische Öffentlichkeit).

28 *Haberland*, Die verfassungsrechtliche Bedeutung der Opposition nach dem Grundgesetz, 1995, S. 115 ff.; *Cancik*, AöR 123 (1998), 623 (634 ff.).
29 BVerfGE 90, 286 (344).
30 *Graßhof*, in: Umbach/Clemens/Dollinger, § 76 Rn. 20, 84; *Wolfram Cremer*, Freiheitsgrundrechte, 2003, S. 356.
1 Art. 48 Rn. 1.

A. Überblick

1 Dem **Demokratieprinzip** ist der **allgemeine Grundsatz demokratischer Öffentlichkeit inhärent**, weil ein demokratisches Regierungssystem eine freie, offene Willensbildung der Bürger voraussetzt, die auch die grundsätzliche Öffentlichkeit und Transparenz staatlichen Handelns bedingt.[2] **Die Parlamentsöffentlichkeit in Art. 60 Abs. 1 ist eine spezifische Ausprägung dieses allgemeinen demokratischen Öffentlichkeitsgebots.** Wenn es dort heißt: „Der Landtag verhandelt öffentlich", ist damit ein zentrales Gebot der parlamentarischen Demokratie verankert. Nach den Worten des BVerfG sind nämlich: „öffentliches Verhandeln von Argument und Gegenargument, öffentliche Debatte und öffentliche Diskussion wesentliche Elemente des demokratischen Parlamentarismus".[3]

2 Die Parlamentsöffentlichkeit ist die **notwendige Voraussetzung für eine – auch real funktionstüchtige – repräsentative parlamentarische Demokratie.**[4] Damit ist das Prinzip der parlamentarischen Öffentlichkeit ein unverzichtbarer wesensnotwendiger Bestandteil des demokratischen Prinzips nach Art. 44, von so **hohem verfassungsrechtlichem Rang**, dass es von der sog. **Ewigkeitsgarantie** des Art. 85 Abs. 3 erfasst wird.[5] Die parlamentarische Öffentlichkeit ist **insbesondere Funktionsvoraussetzung für die demokratische Repräsentation**, für die **Wahlen** zum Parlament, für die **Kontrolle** des Parlaments und seiner Abgeordneten durch das Volk sowie die **demokratische Legitimation** parlamentarischer Entscheidungen.[6] **Die Parlamentsöffentlichkeit** sichert zwar nicht „wahre" bzw. „richtige" parla-

2 *Herzog*, in: Maunz/Dürig, Art. 20 II Rn. 21 ff.; *Kloepfer*, in: HStR III, § 42 Rn. 53.

3 BVerfGE 70, 324 (355); vgl. auch 84, 304 (329); 40, 237 (249); BVerfG, Urt. v. 19.06.2012 - 2 BvE 4/11 - Rn. 115.

4 Allgemeine Meinung: *Brocker*, in: Epping/Hillgruber, Art. 42 Rn. 1; *Klein*, in: Maunz/Dürig, Art. 42 Rn. 9, 26; *Morlok*, in: Dreier, Art. 42 Rn. 20; *Linck*, ZParl. 1992, 673 (674); *ders.*, DVBl. 2005, 793 (794 f.).

5 *Schneider*, in: AK-GG, Art. 42 Rn. 2 a; *Klein*, in: Maunz/Dürig, Art. 42 Rn. 31; *Magiera*, in: Sachs, GG, Art. 42 Rn. 1; *Morlok*, in: Dreier, Art. 42 Rn. 20; *Brocker*, in: Epping/Hillgruber, Art. 42 Rn. 1.1.

6 *Linck*, ZParl. 1992, 673; *ders.*, DVBl. 2005, 793 (794 f.); vgl. dazu näher Rn. 12.

mentarische Entscheidungen,[7] sie **fördert** aber wenigstens tendenziell eine alle wesentlichen sachlichen Aspekte und gesellschaftliche Interessen berücksichtigende und insoweit **rationale parlamentarische Willensbildung**[8] sowie den „Ausgleich **widerstreitender Interessen**"[9] und damit schließlich die Akzeptanz (dazu Art. 48 Rn. 15 ff.) parlamentarischer Entscheidungen.

Die in Art. 60 Abs. 2 vorgesehene Möglichkeit, die Öffentlichkeit von Parlamentsverhandlungen unter Beachtung bestimmter Quoren auszuschließen, hat keinerlei praktische Bedeutung. Davon ist im Thür. Landtag bisher noch nie Gebrauch gemacht worden.[10] Sollte sich die Notwendigkeit eines Ausschlusses der Öffentlichkeit im Plenum für einen bestimmten Vorgang stellen, so wird in diesen Fällen auf nichtöffentliche, vertrauliche oder sogar geheime Beratungen in den Ausschüssen ausgewichen.

3 In Art. 60 wird nur das Prinzip der **Parlamentsöffentlichkeit für die Verhandlungen im Plenum** behandelt; die **Öffentlichkeit von Parlamentsausschüssen** wird speziell in Art. 62 Abs. 2 geregelt (Art. 62 Rn. 31 ff.).

4 Art. 60 Abs. 3 garantiert die **Verantwortungsfreiheit für wahrheitsgetreue Berichte** und sichert damit primär den Grundsatz der Parlamentsöffentlichkeit und darüber hinaus die Berichterstatteröffentlichkeit (Rn. 17 ff.).

B. Herkunft, Entstehung und Entwicklung

5 Der **Siegeszug der Parlamentsöffentlichkeit** begann, in nach vormals gegenläufigen, von großer Skepsis begleiteten Anfängen,[11] in Deutschland[12] mit der wegweisenden Regelung in § 111 der Paulskirchenverfassung von 1849: „Die Sitzungen beider Häuser sind öffentlich". Dieses verfassungsrechtliche Postulat zog sich seitdem nahezu wortgleich durch alle deutschen Verfassungen bis in die Gegenwart. Unterschiede gibt es heute nur zwischen dem GG und den Länderverfassungen bei den – wie allerdings bereits oben dargelegt nur auf dem Papier stehenden – Regelungen über den Ausschluss der Öffentlichkeit; und zwar hinsichtlich der Antragsteller insbesondere der Antrags- und Beschlussquoren.[13]

6 Bei den **Beratungen zur Thür. Verfassung** knüpften alle Fraktionen an diese im Grundsatz unbestrittene und gefestigte Entwicklung zum parlamentarischen Öffentlichkeitsgebot für Plenarsitzungen an. Die Vorschläge aller fünf Fraktionen wurden wortgleich in Art. 60 Abs. 1 übernommen; die Fraktion LL-PDS wollte allerdings das Öffentlichkeitsgebot noch zusätzlich auf die Ausschüsse erstrecken.[14] Unterschiedliche Vorschläge der Fraktionen gab es nur bezüglich des

7 Gegen einen sich von der Antike bis in die Gegenwart hinziehenden "Öffentlichkeitsmythos": *Herzog*, Allgemeine Staatslehre, 1971, S. 355; zu psychologischen und ökonomisch-wettbewerbsorientierten Deutungsversuchen und der Kritik daran: *Linck*, DÖV 1973, 513 (515).

8 *Klein*, in: Maunz/Dürig, Art. 42 Rn. 8; *von Arnim*, Staatslehre, 1984, S. 509.

9 BVerfG,Urt. v. 19.06.2012 - 2 BvE 4/11 - Rn. 113.

10 Ebenso wenig z.B. in der parlamentarischen Praxis des Bundestags (*Klein*, in: Maunz/Dürig, Art. 42 Rn. 47) oder im Landtag von NW (*Müller-Terpitz*, in: Löwer/Tettinger, Art. 42 Rn. 18); in Bayern wurde die Öffentlichkeit im Plenum einmal ausgeschlossen (*Möstl*, in: Lindner/Möstl/Wolff, Art. 22 Rn. 1, 8).

11 Vgl. dazu *Klein*, in: Maunz/Dürig, Art. 42 Rn. 19.

12 Zur historischen Entwicklung im Ausland vgl. *Klein*, in: Maunz/Dürig, Art. 42 Rn. 16 – 18.

13 Vgl. dazu die detaillierte Darstellung bei *Klein*, in: Maunz/Dürig, Art. 42 Rn. 23.

14 Art. 62 Abs. 1 Satz 1 in LT-Drs. 1/678.

Ausschlusses der Öffentlichkeit hinsichtlich der Antragsteller, der jeweiligen Antragsquoren und der Mehrheiten für entsprechende Beschlüsse. Einmütigkeit herrschte wieder zur Regelung der Verantwortungsfreiheit der Berichterstattung.

Zu Art. 60 gab es bisher keine Änderungen und auch keine dahingehenden Initiativen. 7

C. Verfassungsvergleichende Information

Wie bereits dargestellt (Rn. 5), ist das in Art. 60 Abs. 1 geregelte parlamentarische Öffentlichkeitspostulat in allen deutschen Verfassungen nicht nur sachlich einheitlich, sondern sogar wortgleich, geregelt. 8

Die unterschiedlichen Regelungen im GG und in den Landesverfassungen zum Ausschluss der Öffentlichkeit aus Plenarberatungen bedürfen hier keiner näheren Darstellung, weil sie fern jeder praktischen Relevanz sind (Rn. 2). 9

Erwähnenswert ist nur eine bayerische Sonderregelung zur Verantwortungsfreiheit der Berichterstattung, die nicht „die Wiedergabe von Ehrverletzungen" erfasst (Art. 22 Abs. 2 BayVerf).[15] 10

D. Erläuterungen

I. Funktionen der Parlamentsöffentlichkeit

Die **Funktionen**, welche die **Parlamentsöffentlichkeit** für eine repräsentative – parlamentarische Demokratie hat, wurden bereits im „Überblick" (Rn. 1) angerissen. Hier sollen sie ausführlicher erläutert werden: 11

1. Parlamentsöffentlichkeit und demokratische Repräsentation. Parlamentarische Öffentlichkeit ist die unumgängliche **Voraussetzung** dafür, dass die Abgeordneten als Repräsentanten des Volkes aufgrund eines **wechselseitigen Kommunikationsprozesses** mit dem Volk und dem damit verbundenen Bemühen um **Responsivität** befähigt werden, „für und im Interesse des Volkes" zu handeln (Art. 48 Rn. 18).[16] Nur wenn die repräsentierten Bürger wissen, welche Themen im Parlament behandelt werden und wie Abgeordnete und Fraktionen sich dazu positioniert haben, können sie mit den verschiedenen, ihnen in einer Demokratie zur Verfügung stehenden Möglichkeiten,[17] auf den parlamentarischen Willensbildungsprozess plebiszitär Einfluss nehmen (Art. 82 Rn. 11 ff.). 12

2. Parlamentsöffentlichkeit und Wahlen. Die **Parlamentsöffentlichkeit** ist weiterhin eine zwingende **Voraussetzung** dafür, dass Bürger bei **Wahlen** eine qualifizierte Entscheidung treffen können.[18] 13

Der Wahlakt ist ein Kontrollakt gegenüber der bisherigen Tätigkeit des Parlaments und zugleich Legitimationsakt: Als Akt des Vertrauens ist er ein Vertrauensbeweis bei der Wiederwahl und ein Vertrauensvorschuss bei der Neuwahl. Eine derartige Entscheidung setzt eine ausreichende Beurteilungsgrundlage voraus. Wahlen ohne Kenntnis der zu beurteilenden Tatbestände wären eine Farce. 14

---

15 Zur Problematik, ob diese Regelung im Hinblick auf § 37 StGB nichtig ist, vgl. *Klein*, in: Maunz/Dürig, Art. 42 Rn. 62, Fn. 189; *Möstl*, in: Lindner/Möstl/Wolff, Art. 22 Rn. 14.

16 *Klein*, in: Maunz/Dürig, Art. 42 Rn. 26 f.; *Linck*, ZParl. 1992, 673 (674); *ders.*, DVBl. 2005, 793 (794); *ders.*, DÖV 1973, 513 (515 jeweils mwN).

17 *Linck*, DÖV 1973, 515 (516).

18 *Linck*, ZParl 1992, 673 (674); *ders.*, DVBl. 2004, 793 (794); *ders.*, DÖV 1973, 515, jeweils mwN; *Klein*, in: Maunz/Dürig, Art. 42 Rn. 27.

Wahlen können daher sinnvollerweise nur dann ihre Funktion erfüllen, wenn der Wähler über die politischen Ereignisse, insbesondere über das Verhalten der Fraktionen und Abgeordneten im Parlament ausreichend informiert ist. Die Öffentlichkeit der parlamentarischen Verhandlungen ist daher notwendige Voraussetzung für Wahlen auf der Grundlage demokratischer Willensbildung.[19]

15 **3. Parlamentsöffentlichkeit und demokratische Kontrolle.** Staatliches Handeln wird nicht nur durch die Parlamente **kontrolliert**, sondern auch durch die **demokratische Öffentlichkeit**, über die Parteien, Verbände, insbesondere durch und mittels der Medien sowie mittel- und unmittelbar durch die Bürger, angefangen von Leserbriefen bis hin zu Großdemonstrationen:[20] Diese demokratischen Kontrollmechanismen können ebenfalls nur dann effektive Wirkung entfalten, wenn das parlamentarische Tun und Unterlassen öffentlich und transparent ist.

16 **4. Parlamentsöffentlichkeit und demokratische Legitimation von Parlamentsentscheidungen.** Wenn der Sinn einer repräsentativen Demokratie im Wesentlichen darin besteht, bei den Bürgern Akzeptanz für staatliches Handeln zu gewinnen (Art. 48 Rn. 15 ff.), dann kann dieses Ziel nur erreicht werden, wenn die zuvor beschriebenen Voraussetzungen für die Funktionsfähigkeit einer repräsentativen Demokratie erfüllt werden. Nur dann sind staatliche Entscheidungen ausreichend demokratisch legitimiert.[21]

II. Art und Umfang der Parlamentsöffentlichkeit

17 **1. Unmittelbare und mittelbare Parlamentsöffentlichkeit.** Bei der Parlamentsöffentlichkeit wird unterschieden zwischen der **Sitzungsöffentlichkeit**, die auch als Verfahrens- oder Verhandlungsöffentlichkeit oder unmittelbare Öffentlichkeit bezeichnet wird und der Erklärungs- bzw. **Berichterstatteröffentlichkeit** (mittelbare Öffentlichkeit).[22]

18 Die Sitzungsöffentlichkeit erfasst die parlamentarischen Verhandlungen vom Beginn bis zum Schluss einer Sitzung. Sie verlangt, dass jedermann, einschließlich Presse, Hörfunk und Fernsehen, im Rahmen der räumlichen Möglichkeiten die rechtliche Befugnis für einen **freien Zutritt zu den Zuhörertribünen bzw. -reihen** (für den Sitzungssaal trifft § 17 Abs. 6 ThürGOLT eine Sonderregelung) hat.[23] Es wäre verfassungswidrig, in Räumen zu tagen, die keinen Platz für Zuhörer bieten würden.[24] Die faktische Zutrittsmöglichkeit kann durch die Ausgabe von Eintrittskarten und durch Maßnahmen des Präsidenten im Rahmen seiner Haus- oder Ordnungsgewalt allerdings beschränkt werden; dabei ist der Gleich-

19 *Linck*, DÖV 1973, 515 mwN.

20 *Linck*, ZParl 1992, 673 (674); *ders.*, DVBl. 2005, 793 (794); *ders.*, DÖV 1973, 515 jeweils mwN.

21 *Linck*, DVBl. 2005, 793 (794); *ders.*, ZParl 1992, 673 (674).

22 *Achterberg/Schulte*, in: von Mangoldt/Klein/Starck, Art. 42 Rn. 3 ff.; *Brocker*, in: Epping/Hillgruber, Art. 42 Rn. 3, 4; *Kretschmer*, in: Schmidt-Bleibtreu/Hofmann/Hopfauf, Art. 42 Rn. 4; *Linck*, ZParl 1992, 673 (675 f.); *Morlok*, in: Dreier, Art. 42 Rn. 26 f.; *Müller-Terpitz*, in: Löwer/Tettinger, Art. 48 Rn. 7 ff.

23 *Achterberg/Schulte*, in: von Mangoldt/Klein/Starck, Art. 42, Rn. 3; *Klein*, in: Maunz/Dürig, Art. 42 Rn. 33; *Brocker*, in: Epping/Hillgruber, Art. 42 Rn. 3.

24 *Brocker*, in: Epping/Hillgruber, Art. 42 Rn. 3; *Klein*, in: Maunz/Dürig, Art. 42 Rn. 33; *Morlok*, in: Dreier, Art. 42 Rn. 26.

heitssatz zu beachten, weswegen eine willkürliche Auswahl zwischen interessierten Zuhörern unzulässig ist.[25]

Ob den **Medien ein Privileg beim Zutritt** einzuräumen ist, ist umstritten, jedoch im Thüringer Landtag wegen der dort eingerichteten Pressetribüne ohne praktische Relevanz.[26] Auch wenn man den Medien aus dogmatischen Gründen kein subjektiv-öffentliches Recht aus Art. 60 Abs. 1 i.V.m. Art. 11 Abs. 2 zubilligen kann, ist in Fällen begrenzter Raumkapazitäten das Auswahlermessen jedenfalls in der Weise auszuüben, dass den Medien im Zweifel vorrangig Zutritt zu gewähren ist. Nur eine derartige Ermessensausübung lässt das Gebot der Parlamentsöffentlichkeit mit seinen oben dargestellten Funktionen wirksam werden. Ein verfassungsrechtlicher Anspruch des Rundfunks auf **Direktübertragungen** ist umstritten.[27] In § 17 Abs. 4 ThürGOLT wird für den Thür. Landtag bestimmt, dass eine „Genehmigung für Ton- und Bildaufnahmen als erteilt gilt, wenn sie von Journalisten von der Pressetribüne aus angefertigt werden“. 19

Die Berichterstattungsöffentlichkeit tritt entweder ergänzend zu der Sitzungsöffentlichkeit hinzu oder sie tritt an deren Stelle. Sie besteht in der Information der Öffentlichkeit über parlamentarische Vorgänge entweder durch die Medien oder durch das Parlament selbst, z.B. durch öffentlich zugängliche Protokolle, Drucksachen oder sonstige Materialien oder durch Pressekonferenzen oder schriftliche Presseerklärungen von Ausschussvorsitzenden über nichtöffentliche Sitzungen.[28] 20

Dem Grundsatz der Parlamentsöffentlichkeit wird mit beiden Formen der Öffentlichkeit in unterschiedlicher Weise entsprochen: Die **Berichterstattungsöffentlichkeit** ist nur eine mittelbare, durch Dritte vermittelte und damit möglicherweise auch eine von den Mittlern geprägte Wiedergabe des Parlamentsgeschehens; im Einzelfall – so bei Pressekonferenzen – besteht sogar die Gefahr einer gezielten, interessengeprägten Öffentlichkeitsarbeit. Sie macht jedoch das Schwergewicht der Information der Öffentlichkeit aus. 21

2. Zu der Unterscheidung zwischen nichtöffentlichen, vertraulichen und geheimen parlamentarischen Vorgängen. Zwischen den Begriffen „nichtöffentlich“, „vertraulich“ und „geheim“ wird sowohl im Geschäftsordnungsrecht als auch in der parlamentarischen Literatur und Praxis nicht immer mit der erforderlichen Deutlichkeit unterschieden.[29] 22

Für Thüringen gilt jedenfalls folgende Rechtslage:[30] 23

---

25 *Achterberg/Schulte*, in: von Mangoldt/Klein/Starck, Art. 42 Rn. 3; *Klein*, in: Maunz/Dürig, Art. 42 Rn. 33; *Morlok*, in: Dreier, Art. 42 Rn. 26; *Versteyl*, in: von Münch/Kunig, Art. 42 Rn. 8; vgl. dazu die geschäftsordnungsrechtliche Regelung in § 39 Abs. 3 ThürGOLT.

26 Für einen Anspruch auf Zutritt z.B. *Brocker*: in: Epping/Hillgruber, Art. 42 Rn. 4; *Edinger*, in: Grimm/Caesar, Art. 86 Rn. 5; *Kissler*, in: Schneider/Zeh, § 36 Rn. 24; *Magiera*, in: Sachs, GG, Art. 42 Rn. 3; *Morlok*, in: Dreier, Art. 42 Rn. 27; aA *Achterberg/Schulte*, in: von Mangoldt/Klein/Starck, Art. 42 Rn. 4 f.; *Klein*, in: Maunz/Dürig, Art. 42 Rn. 35.

27 Dagegen: *Achterberg/Schulte*, in: von Mangoldt/Klein/Starck, Art. 42 Rn. 5; *Klein*, in: Maunz/Dürig, Art. 42 Rn. 36; dafür: *Magiera*, in: Sachs, GG, Art. 42 Rn. 3; *Binder*, DVBl. 1985, 1112 (1116).

28 Zu den vielfältigen Möglichkeiten, mittelbare Öffentlichkeit zu schaffen, vgl. *Achterberg/Schulte*, in: von Mangoldt/Klein/Starck, Art. 42 Rn. 8, 9.

29 *Versteyl*, in: von Münch/Kunig, Art. 42 Rn. 13.

30 *Linck*, ZParl 1992, 673 (677 ff.).

24 a) **Nichtöffentlich. Nichtöffentlich sind Sitzungen,** wenn sie nicht für jedermann, sondern nur für dazu befugte Personen zugänglich sind; das sind die Abgeordneten, Mitglieder der Regierung, deren Beauftragte, Bedienstete der Parlamentsverwaltung (§ 17 Abs. 3 ThürGOLT) sowie in Ausschusssitzungen Sachverständige bei Anhörungen oder auch Fraktionsbedienstete (§ 78 Abs. 1 Satz 2 ThürGOLT).

25 Nichtöffentliche Sitzungen sind nicht etwa per se als vertraulich oder sogar geheim zu behandeln.[31] Man muss vielmehr danach differenzieren, aus welchen Gründen der Ausschluss der Öffentlichkeit von Sitzungen im Einzelfall beschlossen oder normativ generell festgelegt worden ist. Hat der Ausschluss der Öffentlichkeit den Sinn, sicherzustellen, dass der in der Sitzung behandelte Beratungsgegenstand der Öffentlichkeit nicht bekannt wird, – wie dies beim Ausschluss der Öffentlichkeit von Plenar- oder Ausschusssitzungen der Fall ist -, dann ist die Sitzung nicht nur nichtöffentlich, sondern vertraulich oder geheim, was wegen der daran geknüpften Rechtsfolgen in dem Beschluss eindeutig zum Ausdruck gebracht werden muss. Liegt der Sinn eines generellen Ausschlusses der Öffentlichkeit hingegen darin, die Effizienz der Beratungen zu steigern, wie dies bei Ausschussberatungen geschieht (Art. 62 Rn. 31 ff.), dann ist der Diskretionsschutz weniger streng: Für nichtöffentliche Beratungen von Ausschüssen gilt weiterhin die – wenn auch begrenzte – Erklärungsöffentlichkeit.

26 Die – öffentliche – Berichterstattung im Plenum über die Ausschussberatungen zu vom Plenum überwiesenen Gegenständen belegen dieses Ergebnis eindeutig. Die Berichterstattung bezieht sich nämlich nicht nur auf die Beschlussempfehlung und deren Begründung, sondern auch auf die Ansicht der Minderheit (§ 77 Abs. 3 Satz 2 ThürGOLT); d. h. dass auch die abgelehnten Anträge, deren Begründung und die für die Ablehnung ausschlaggebenden Gründe der Mehrheit anzugeben sind.[32]

27 Für die Unterrichtungsbefugnis über nichtöffentliche Sitzungen muss es nach Art und Umfang jedoch gewisse Grenzen geben, denn eine umfassende öffentliche Unterrichtung würde dem Sinn und Zweck der Nichtöffentlichkeit zuwiderlaufen. § 78 Abs. 3 Satz 1 ThürGOLT bestimmt daher zu Recht, dass „Äußerungen einzelner Sitzungsteilnehmer und das Abstimmungsverhalten einzelner Abgeordneter" nicht offengelegt werden dürfen.

28 b) **Vertraulichkeit. Die Vertraulichkeit parlamentarischer Verhandlungen** wird vereinzelt mit deren Geheimhaltung oder der Nichtöffentlichkeit gleichgesetzt. Das ist verfehlt, da es sich bei der Vertraulichkeit um eine qualifizierte Form des Diskretionsschutzes handelt, die nach ihrer Intensität zwischen der Nichtöffentlichkeit und dem Geheimschutz liegt. Vertraulich informierte Personen sind zur Verschwiegenheit verpflichtet. Diese **Verschwiegenheitspflicht** wird wie folgt umschrieben: Mitteilungen an die Presse und andere Außenstehende dürfen nur auf Beschluss des Ausschusses gemacht werden; den Wortlaut der Mitteilung legt der Ausschuss fest. Die Vorsitzenden der Fraktionen dürfen unterrichtet werden; in besonderen Fällen darf auch, „soweit dies aus Gründen der parlamentarischen Arbeit erforderlich ist, im Einvernehmen mit dem Präsidenten ein von einer Fraktion benannter Mitarbeiter unterrichtet werden" (§ 78 Abs. 6

31 *Trossmann,* Parlamentsrecht des Deutschen Bundestages, 1977, § 73 Rn. 3; *Steffani,* in: Schneider/Zeh, § 49 Rn. 83.
32 *Ritzel/Bücker/Schreiner,* § 66 GOBT, Anm. 2.

ThürGOLT). Daraus folgt, dass die Verschwiegenheitspflicht einen unterschiedlichen Grad an Intensität hat, je nachdem, welcher Personenkreis ausnahmsweise über vertrauliche Sitzungen informiert wird.

c) **Geheim. Geheim sind diejenigen Parlamentsangelegenheiten**, die nach der Geschäftsordnung des Landtags in Verbindung mit der **parlamentarischen Geheimschutzordnung** (§ 115 ThürGOLT) mit dem Geheimhaltungsgrad „streng geheim", „geheim", „VS – vertraulich" oder „VS – nur für den Dienstgebrauch" eingestuft sind. Die Geheimschutzordnung bezieht sich nach ihrer gesamten Konzeption und Entstehungsgeschichte auf die Geheimniswahrung im Interesse des Staatsschutzes, sie erfasst somit nicht private Geheimnisse. Der **Schutz privater Geheimnisse** wird daher in zutreffender – und auch ausreichender – Weise **über die Vertraulichkeit gewährleistet.** Der Geheimschutz wird insbesondere durch Beschränkungen der Weitergabe von VS-Sachen des Geheimhaltungsgrades VS – vertraulich und höher gesichert. 29

Er wird weiterhin gewährleistet durch eine Reihe von Vorkehrungen, welche die Aufbewahrung, die öffentliche oder fernmündliche Erörterung sowie die Herstellung von Duplikaten von VS-Sachen betreffen (§§ 5 ff Geheimschutzordnung LT). Der Unterschied zwischen der Vertraulichkeit und der Geheimhaltung liegt somit darin, dass der Geheimschutz im Vergleich zum Vertraulichkeitsschutz eine strengere Verschwiegenheitspflicht beinhaltet sowie eine Reihe organisatorischer Sicherungsmaßnahmen vorgeschrieben ist. 30

III. Zum sachlichen Geltungsbereich von Art. 60 Abs. 1

1. Öffentlichkeitsgebot für Plenarberatungen. Wenn es in Art. 60 Abs. 1 heißt, der **„Landtag" verhandelt öffentlich**, dann ist nach der Terminologie der Landesverfassung darunter das Plenum zu verstehen; die **Ausschüsse werden davon nicht erfasst**, was durch Art. 62 Abs. 2 ausdrücklich bestätigt wird. Der **Begriff der Verhandlung** ist weit auszulegen; darunter fallen insbesondere sämtliche Debattenbeiträge und zwar unabhängig davon, ob sie z.B. im Rahmen der Begründung oder der Aussprache zu Initiativen (Gesetzesvorlagen oder Anträge) oder der Besprechung von Berichten, von Antworten Großer Anfragen oder der Aussprache zu Mündlichen Anfragen oder im Rahmen Aktueller Stunden erfolgen, auch die Beschlussfassung als solche.[33] 31

2. Öffentlichkeitsgebot für Sachabstimmungen und Wahlen. Nach der immer noch h.M. erfasst das verfassungsrechtliche **Öffentlichkeitsgebot** jedoch nur den **Abstimmungs- und Wahlvorgang als solche**, nicht aber deren Inhalt; d.h. die Öffentlichkeit hat keinen verfassungsrechtlichen Anspruch darauf zu erfahren, wie sich Abgeordnete im konkreten Fall zu einer Sachfrage (in einer Sachabstimmung oder Abstimmung) oder zu einer Person (in einer Wahl) positioniert haben. Es wird daher aufgrund der **Parlamentsautonomie** für zulässig gehalten, dass insbesondere geschäftsordnungsrechtlich vorgesehen werden kann, **geheime Abstimmungen** und **Wahlen** mit „verdeckten Stimmzetteln" durchzuführen.[34] Diese Interpretation des parlamentarischen Öffentlichkeitsgebots kann im Hin- 32

33 BVerfGE 89, 292 (303); *Brocker*, in: Epping/Hillgruber, Art. 42 Rn. 5; *Linck*, ZParl 1992, 673 (682).

34 *Achterberg/Schulte*, in: von Mangoldt/Klein/Starck, Art. 42 Rn. 3; *Magiera*, in: Sachs, GG, Art. 42 Rn. 4; *Versteyl*, in: von Münch/Kunig, Art. 42 Rn. 9; sowie ausführlich und grundlegend mit zahlreichen weiteren Nachweisen: *Klein*, in: Maunz/Dürig, Art. 42 Rn. 37 ff.

blick auf sämtliche oben erläuterten Funktionen (Rn. 11 f.) dieses Prinzips nicht geteilt werden. Für wesentliche Politikbereiche würden durch geheime Sachabstimmungen und Wahlen insbesondere der Repräsentationsvorgang (Art. 48 Rn. 8 ff.), qualifizierte Wahlentscheidungen und eine demokratische Kontrolle insgesamt nachhaltig gestört und im Einzelfall gänzlich leerlaufen.[35] Es gibt daher eine Reihe beachtlicher Stimmen, die zumindest **geheime Sachabstimmungen für verfassungswidrig** halten;[36] die verfassungsrechtliche Bedenklichkeit geheimer Wahlen wird hingegen nur von einer Minderheit vertreten.[37] Wenn **H.H. Klein** die Zulässigkeit geheimer Wahlen und Sachabstimmungen mit dem beachtlichen Argument rechtfertigt, dass dadurch die Unabhängigkeit des Abgeordneten gegenüber Pressionen seiner Fraktion und Partei geschützt werden solle (zu derartigen Gefahren siehe Art. 53 Rn. 14), dann ist dem entgegenzuhalten, dass die überragende Bedeutung der Parlamentsöffentlichkeit für die parlamentarische Demokratie als gewichtiger einzuschätzen ist als die lediglich potenziellen Gefahren für die Unabhängigkeit von Abgeordneten.

33 Wenn Art. 60 Abs. 1 für die Verhandlungen im Plenum die Öffentlichkeit vorschreibt, dann dürfen **Reden nicht zu Protokoll** gegeben werden. Die Geschäftsordnung des Landtags sieht demzufolge auch kein derartiges schriftliches Verfahren vor.[38]

IV. Einschränkungen des Öffentlichkeitsgrundsatzes

34 **1. Formelle Kriterien.** In Art. 60 Abs. 2 wird geregelt, unter welchen verfahrensmäßigen Voraussetzungen von dem in Absatz 1 postulierten **Grundsatz der Parlamentsöffentlichkeit** für Plenarverhandlungen – Entsprechendes gilt für öffentliche Ausschusssitzungen – **abgewichen werden darf.** Hierbei handelt es sich im Einzelnen um folgende Kriterien:

- Der Ausschluss der Öffentlichkeit muss aufgrund eines dahingehenden förmlichen Antrags erfolgen. Der Antrag bedarf einer Begründung, damit geklärt werden kann, ob dafür ausreichende Gründe vorliegen. Die Begründung darf natürlich nicht so weit gehen, dass der Zweck des Ausschlusses der Öffentlichkeit dadurch unterlaufen wird; gegebenenfalls muss hierüber in vertraulicher oder geheimer Sitzung beraten werden. Antragsberechtigt sind im Plenum eine Fraktion, ein Quorum von zehn Abgeordneten und die Landesregierung als Kollegium;[39] in Ausschüssen ist jedes Mitglied antragsberechtigt (§ 78 Abs. 3 a Satz 2 ThürGOLT).
- Über den Antrag wird in nichtöffentlicher Sitzung entschieden. Der Beschluss erfordert eine Mehrheit von zwei Dritteln der abstimmenden Mit-

---

35 Vgl. dazu eingehend *Linck*, ZParl 1992, 673 (683 f.), 700 ff.; *ders.*, DVBl. 2005, 793 ff.

36 *Brocker*, in: Epping/Hillgruber, Art. 42 Rn. 7; *Morlok*, in: Dreier, Art. 42 Rn. 23; *Pieroth*, in: Jarass/Pieroth, Art. 42 Rn. 1 (Verfassungsgewohnheitsrecht); *Edinger*, in: Grimm/Caesar, Art. 86 Rn. 6.

37 Mit großer Entschiedenheit allerdings von *Linck*, ZParl 1992, 673 (683 ff., 702 ff.), *ders.*, DVBl. 2005, 793 ff.; vgl. im Übrigen auch *Buschmann/Ostendorf*, ZRP 1977, 153; *Seufert*, Über geheime Abstimmungen und Wahlen in Parlamenten, 1978, S. 18; verfassungspolitische Bedenken bei *Brocker*, in: Epping/Hillgruber, Art. 42 Rn. 8.1.

38 *Linck*, ZParl 1992, 673 (682); *Bauer*, Der Staat 49 (2010), 587 (600, 602); Bauer hält § 78 Abs. 6 ThürGOLT im Hinblick auf Art. 42 Abs. 1 Satz 1 mit überzeugender Begründung für nicht haltbar, Bauer, ebd.

39 Ebenso: *Morlok*, in: Dreier, Art. 42 Rn. 29; *Versteyl*, in: von Münch/Kunig, Art. 42 Rn. 10; aA die hM, vgl. dazu *Klein*, in: Maunz/Dürig, Art. 42 Rn. 49.

glieder des Landtags;[40] für Ausschüsse gilt dies nach § 78 Abs. 3 a Satz 2 ThürGOLT.

2. Materielle Kriterien. Aufgrund des hohen verfassungsrechtlichen Rangs der Parlamentsöffentlichkeit (Rn. 1) dürfen das Plenum und die Ausschüsse **Einschränkungen des Öffentlichkeitsprinzips** – unabhängig von der Frage verfahrensmäßiger Quoren – nicht aus freiem Ermessen oder sogar beliebig vornehmen, sie sind vielmehr dabei zusätzlich **an materiell-rechtliche Voraussetzungen gebunden.**[41] Der Ausschluss der Öffentlichkeit darf nur beschlossen werden, wenn dies zum Schutz anderweitiger Rechtsgüter erforderlich ist, wobei diese anderweitigen Rechtsgüter allerdings ebenfalls verfassungsrechtlichen Rang haben müssen.[42] Beide Verfassungspositionen sind sodann im Wege praktischer Konkordanz verhältnismäßig zum Ausgleich zu bringen.[43] 35

Der **Grundsatz der Verhältnismäßigkeit** kann dabei verlangen, dass in Fällen eines verfassungsrechtlichen Diskretionsanspruchs Parlamentsverhandlungen nichtöffentlich durchgeführt werden dürfen. Welcher Grad an Diskretion vom Parlament beschlossen werden muss, bleibt damit noch offen. Auch diese Entscheidung erfordert eine verhältnismäßige Abwägung im Wege praktischer Konkordanz. In aller Regel wird es nicht ausreichend sein, mit dem Ausschluss der Öffentlichkeit nur die „Nichtöffentlichkeit" der Sitzung zu beschließen. Da nach der obigen Definition aus nichtöffentlichen Sitzungen Informationen an die Öffentlichkeit gegeben werden dürfen, wenn auch nicht unbegrenzt, muss bei Beschlüssen zum Ausschluss der Öffentlichkeit aus Gründen des Geheimschutzes zugleich die Vertraulichkeit oder Geheimhaltung der Beratungen beschlossen werden. Sollen private Geheimnisse geschützt werden, dürfte in aller Regel der Diskretionsgrad der Vertraulichkeit ausreichen, so dass eine analoge modifizierte Anwendung der Geheimschutzbestimmungen nicht beschlossen werden darf. Damit eine unzulässige Offenbarung vertraulicher Sachverhalte jedoch strafbewehrt wird, ist eine entsprechende **Beschlussfassung nach § 353 b Abs. 2 Nr. 1 StGB** erforderlich.[44] 36

Einschränkungen des Publizitätsgebotes sind beispielsweise gerechtfertigt zum Schutz von grundrechtlich abgesicherten privaten Geheimnissen, von Staatsgeheimnissen und zur Sicherung strafrechtlicher Ermittlungsergebnisse.[45] 37

V. Wirkungen des Ausschlusses der Öffentlichkeit

Der Ausschluss der Öffentlichkeit hat folgende rechtliche Wirkung: Von der Sitzungsteilnahme sind **alle Personen ausgeschlossen, die kein besonderes Zutrittsrecht haben.** Zutrittsberechtigt sind außer den Abgeordneten die Mitglieder und Beauftragten der Landesregierung (Art. 66 Abs. 2 Satz 1) diejenigen Bediensteten der Parlamentsverwaltung, die zur ordnungsmäßigen und funktionsgerechten Durchführung der Sitzung erforderlich sind (Stenographen, Berater des Präsi- 38

40 Allgemein zu den unterschiedlichen Mehrheitserfordernissen: Art. 61 Rn. 12 ff.

41 Gegen materiell-rechtliche Zulassungsvoraussetzungen: *Brocker*, in: Epping/Hillgruber, Art. 42 Rn. 13; sowie insbesondere unter Hinweis auf die hohen, die Minderheit schützenden, Quoren und praktische Erwägungen *Klein*, in: Maunz/Dürig, Art. 42 Rn. 50 f.; ebenso *Möstl*, in: Lindner/Möstl/Wolff, Art. 22 Rn. 8.

42 *Linck*, ZParl 1992, 673 (689).

43 *Linck*, ZParl 1992, 673 (689).

44 *Linck*, ZParl 1992, 673 (689).

45 *Linck*, ZParl 1992, 673 (690 ff.).

denten, Ordnungsdienst) sowie Personen aufgrund spezieller Zutrittsrechte (§ 78 Abs. 1 Satz 3 ThürGOLT gilt analog für das Plenum).[46]

39 Der **Ausschluss der Öffentlichkeit erfasst auch und gerade die Presse**; ihr die Anwesenheit zu gestatten – und sei es auch nur den beim Landtag akkreditierten Pressevertretern[47] – wäre widersinnig, zumal der Landtag keine rechtlichen Möglichkeiten besitzt, außenstehende Personen zur Einhaltung der sich aus dem Ausschluss der Öffentlichkeit ergebenden Rechtsfolgen normativ zu verpflichten. Der Beschluss über den Ausschluss der Öffentlichkeit verwehrt jedoch nicht nur den Zutritt beziehungsweise die Anwesenheit im Plenarsaal, er hat die weitere Rechtsfolge, dass die Beratungen einem strengen Diskretionsschutz unterliegen. Die Beratungen sind nicht etwa nur nichtöffentlich im Sinne der obigen Definition, sondern vertraulich oder geheim,[48] denn andernfalls könnten Sitzungsteilnehmer über den Inhalt der Beratungen öffentlich berichten. Das aber soll gerade mit dem Beschluss über den Ausschluss der Öffentlichkeit verhindert werden.

40 Wird im Plenum gegen das Öffentlichkeitsgebot verstoßen, ist dies ein Verfassungsverstoß, der zur Nichtigkeit der vom Landtag gefassten Beschlüsse führt und kein „bloßer Verfahrensfehler";[49] anderes gilt für Verstöße, die allein gegen Geschäftsordnungsrecht verstoßen (Art. 57 Rn. 50); entsprechende Verstöße in den Ausschüssen können im Plenum geheilt werden.

VI. Sanktionen bei Verstößen gegen einen vom Landtag beschlossenen Diskretionsschutz

41 Werden entgegen den Beschlüssen des Landtags vertrauliche oder geheime Tatbestände offengelegt, so können, je nachdem von wem der **Verstoß gegen den Diskretionsschutz** vorgenommen worden ist, Sanktionen nach dem Strafgesetzbuch (§§ 303 Abs. 2 Nr. 1, 4; 353 b Abs. 2 Nr. 1) oder dem Beamten- oder Tarifrecht in Betracht kommen.[50]

VII. Verantwortungsfreiheit für wahrheitsgetreue Berichte

42 Für wahrheitsgetreue Berichte von Abgeordneten, Journalisten oder sonstigen Personen[51] über öffentliche Plenar- oder Ausschusssitzungen gibt es nach Art. 60 Abs. 3 **keinerlei strafrechtliche, zivilrechtliche oder sonstige staatliche Sanktionen;**[52] derartige Berichte sind nicht rechtswidrig.[53] Damit wird länder-

46 Ebenso im Ergebnis: *Klein*, in: Maunz/Dürig Art. 42 Rn. 53, 54; *Linck*, ZParl 1992, 673 (695).

47 Für eine derartige Möglichkeit: *Ritzel/Bücker/Schreiner*, § 19 GOBT Anm. 2 c; *Maunz*, in: Maunz/Dürig (Aufl. vor 2001) Art. 42 Rn. 13; ablehnend: *Klein*, in: Maunz/Dürig, Art. 42 Rn. 53; *Linck*, ZParl 1992, 673 (695).

48 *Braun*, Art. 33 Rn. 21; *Linck*, ZParl 1992, 673 (695); *Müller-Terpitz*, in: Löwer/Tettinger, Art. 42 Rn. 23; *Rupp-von Brünneck/Konow*, in: Zinn/Stein, Art. 89 Rn. 6.

49 *Klein*, in: Maunz/Dürig, Art. 42 Rn. 55; *Morlok*, in: Dreier, Art. 42 Rn. 28; *Möstl*, in: Lindner/Möstl/Wolff, Art. 22 Rn. 9; aA *Achterberg/Schulte*, in: von Mangoldt/Klein/Starck, Art. 42 Rn. 6; *Brocker*, in: Epping/Hillgruber, Art. 42 Rn. 14.

50 Vgl. dazu i.E. *Linck*, ZParl 1992, 673 (706 f.).

51 Der persönliche Geltungsbereich ist insoweit umfassend, vgl. *Klein*, in: Maunz/Dürig, Art. 42 Rn. 65.

52 Art. 60 Abs. 3 verbietet somit jegliche Art von Sanktionierung wahrheitsgetreuer Berichte, auch solche dienst-, arbeits- oder presserechtlicher Art, vgl. *Klein*, in: Maunz/Dürig, Art. 42 Rn. 71.

53 *Klein,* in: Maunz/Dürig, Art. 42 Rn. 71; *Morlok*, in: Dreier, Art. 42 Rn. 44.

verfassungsrechtlich abgesichert, dass die Parlamentsöffentlichkeit und deren vielfältige Funktionen wirksam geschützt werden und nicht unterlaufen werden können. Da die Bedeutung der Sitzungsöffentlichkeit im Hinblick auf deren zahlenmäßig begrenzte tatsächliche Wahrnehmung relativ gering ist und die Parlamentsöffentlichkeit primär durch die Berichterstattungsöffentlichkeit realisiert wird, ist diese durch Art. 60 Abs. 3 gewährleistet. Mit Art. 60 Abs. 3 werden daher gesichert: das Repräsentationsprinzip mit der wechselseitigen Kommunikation zwischen dem Volk und dem Parlament als seinen demokratischen Repräsentanten (Art. 48 Rn. 18)[54] und damit der gesamte demokratische Willensbildungs- und Kontrollprozess.

Verantwortungsfrei sind **„wahrheitsgetreue Berichte"**. Es muss sich dabei um 43
Tatsachenmitteilungen handeln, welche die Geschehnisse im Parlament richtig und vollständig wiedergeben.[55] Unter den **Begriff „Berichte"** sollen keine Mitteilungen fallen, die wertender Natur sind.[56] Diese Auffassung wirft die Frage nach dem Verhältnis der Freiheit der Berichterstattung nach Art. 5 Abs. 1 GG und Art. 11 ThürVerf auf. Dieses Grundrecht schützt auch Tatsachenfeststellungen bis zur Grenze der bewussten Unwahrheit sowie Bewertungen und Kommentare, so dass die Berichterstattungsöffentlichkeit insoweit über Art. 60 Abs. 3 hinaus zusätzlich grundrechtlich abgesichert ist.[57] Allerdings wird zutreffend darauf hingewiesen, dass die Berichterstattungsfreiheit nach Art. 5 Abs. 2 GG bzw. Art. 11 Abs. 3 ThürVerf im Gegensatz zur Verantwortungsfreiheit nach Art. 42 Abs. 3 GG bzw. Art. 60 Abs. 3 einem Gesetzesvorbehalt unterliegt.[58]

Artikel 61 [Beschlußfassung]

(1) [1]Der Landtag ist beschlußfähig, wenn mehr als die Hälfte seiner Mitglieder anwesend ist. [2]Er gilt solange als beschlußfähig, bis vom Präsidenten das Gegenteil festgestellt wird.

(2) [1]Der Landtag beschließt mit der Mehrheit der abgegebenen Stimmen, soweit diese Verfassung nichts anderes vorsieht. [2]Für die vom Landtag vorzunehmenden Wahlen kann durch Gesetz oder durch die Geschäftsordnung anderes bestimmt werden.

Vergleichbare Regelungen

Zu Art. 61 Abs. 1 (Beschlussfähigkeit)

Art. 33 Abs. 2 Satz 3 BWVerf; Art. 23 Abs. 2, 3 BayVerf; Art. 43 Abs. 1 VvB; Art. 89 BremVerf; Art. 20 HambVerf; Art. 87 HessVerf; Art. 32 Abs. 3 M-VVerf; Art. 21 Abs. 4 Satz 3 NV; Art. 44 Abs. 1 Verf NW; Art. 88 Abs. 1 Verf Rh-Pf; Art. 74 Abs. 1 SaarlVerf; Art. 48 Abs. 2 SächsVerf; Art. 51 Abs. 2 LVerf LSA; Art. 161 Abs. 3 SchlHVerf.

54 *Klein*, in: Maunz/Dürig, Art. 42 Rn. 57; *Morlok*, in: Dreier, Art. 42 Rn. 40; *Edinger*, in: Grimm/Caesar, Art. 87 Rn. 1.

55 *Achterberg/Schulte*, in: von Mangoldt/Klein/Starck, Art. 42 Rn. 52; *Klein*, in: Maunz/Dürig, Art. 42 Rn. 63; *Magiera*, in: Sachs, GG, Art. 42 Rn. 18; wobei Morlok zu Recht auf die Definitionsprobleme hinweist, vgl. *Morlok*, in: Dreier, Art. 42 Rn. 43.

56 *Achterberg/Schulte*, in: von Mangoldt/Klein/Starck, Art. 42 Rn. 51; *Klein*, in: Maunz/Dürig, Art. 42 Rn. 59; *Magiera*, in: Sachs, GG, Art. 42 Rn. 17; *Morlok*, in: Dreier, Art. 42 Rn. 41.

57 *Morlok*, in: Dreier, Art. 42 Rn. 41; vgl. auch *Klein*, in: Maunz/Dürig, Art. 42 Rn. 59, 68.

58 Vgl. die Autoren in Fn. 57.

Zu Art. 61 Abs. 2 (Beschlüsse, Mehrheiten)

Art. 42 Abs. 2 GG; Art. 33 Abs. 2 Satz 1, Art. 92 BWVerf; Art. 23 Abs. 1, 3 BayVerf; Art. 43 Abs. 2 VvB; Art. 65 BbgVerf; Art. 90 BremVerf; Art. 19 HambVerf; Art. 88 HessVerf; Art. 32 Abs. 1, 2, 4 M-VVerf; Art. 21 Abs. 4, Satz 1, 2, Art. 74 NV; Art. 44 Abs. 2 Verf NW; Art. 88 Abs. 2 Verf Rh-Pf; Art. 74 Abs. 2 SaarlVerf; Art. 48 Abs. 3 SächsVerf; Art. 51 Abs. 1 LVerf LSA; Art. 16 Abs. 1, 2, 4 SchlHVerf.

Ergänzungsnormen im sonstigen thüringischen Recht

§§ 40, 41 ThürGOLT idF der Bek. v. 19.07.2012 (LT-Drs. 5/4750).

Dokumente zur Entstehungsgeschichte

§ 5 Abs. 2 Vorl.LS; Art. 55 VerfE CDU; Art. 39 VerfE F.D.P.; Art. 46 VerfE SPD; Art. 39 VerfE NF/GR/DJ; Art. 58 VerfE LL/PDS;[1] Entstehung ThürVerf S. 157 f.

Literatur

Werner Heun, Das Mehrheitsprinzip in der Demokratie, 1983; *Heinrich G. Ritzel/Joseph Bücker/Hermann J. Schreiner*, Handbuch für die Parlamentarische Praxis, mit Kommentar zur Geschäftsordnung des Deutschen Bundestages, Loseblattausgabe (St.d.B. 12. 2011); *Ulrich Scheuner*, Das Mehrheitsprinzip in der Demokratie, 1973; *Hans-Josef Vonderbeck*, Die parlamentarische Beschlussfähigkeit, in: FS Werner Blischke (1982), S. 193 ff.

Leitentscheidungen des BVerfG

BVerfGE 1, 299 (Spiegelbildlichkeit, Mehrheitsprinzip); 2, 143 (Mehrheitsprinzip); 44, 308 (Beschlussfähigkeit); 106, 253 (Spiegelbildlichkeit, Mehrheitsprinzip); 112, 118 (Spiegelbildlichkeit, Mehrheitsprinzip).

A. Überblick

1 Für die Beschlussfassung im Landtag gilt nach Art. 61 Abs. 2 das **Mehrheitsprinzip**, bei dem es sich um eine für die parlamentarische Praxis **notwendig Methode der Entscheidungsfindung in einer pluralistischen parlamentarischen Demokratie** handelt,[2] bei der einstimmig Entscheidungen nicht gerade die Regel sind.

2 Das Mehrheitsprinzip ist ebenso wie das Prinzip der Parlamentsöffentlichkeit (Art. 60 Rn. 1) kein Mittel, zur Erlangung „wahrer“ oder „richtiger“ parlamentarischer Entscheidungen,[3] es dient vielmehr aus realistischer, pragmatischer Erkenntnis dazu, staatliche Herrschafts- und Funktionsfähigkeit zu sichern und bei Einhaltung einer Reihe verfassungsrechtlicher Voraussetzungen eine staatliche Friedensordnung durch Akzeptanz seitens der unterlegenen Minderheit anzustreben.[4] Zu diesen Voraussetzungen gehört die Garantie von sachlichen und verfahrensmäßigen Minderheitenrechten, insbesondere von Parlamentsminder-

1 Art. 48 Rn. 1.
2 BVerfGE 1, 299 (315); BVerfGE 112, 118 (140 f.); *Brocker*, in: Epping/Hillgruber, Art. 42 Rn. 15; *Klein*, in: Maunz/Dürig, Art. 42 Rn. 73; *Morlok*, in: Dreier, Art. 42 Rn. 31; *Herzog*, in: Maunz/Dürig, Art. 20 II Rn. 41 ff.
3 *Hofmann/Dreier*, in: Schneider/Zeh, § 5 Rn. 50; *Klein*, in: Maunz/Dürig, Art. 48 Rn. 75.
4 *Klein*, in: Maunz/Dürig, Art. 42 Rn. 73 f.; *Hofmann/Dreier*, in: Schneider/Zeh, § 5 Rn. 54; *Scheuner*, Das Mehrheitsprinzip in der Demokratie, 1973, S. 34; *Heun*, Das Mehrheitsprinzip in der Demokratie, 1983, S. 96; vgl. auch Art. 48 Rn. 15 ff.

heitenrechten (siehe Art. 59 Rn. 18 ff.), weil dadurch die notwendige Akzeptanz parlamentarischer Entscheidungen (siehe Art. 48 Rn. 15 ff.) erheblich gefördert wird. Der Minderheitenschutz ist insoweit ein „notwendiges Korrelat des demokratischen Mehrheitsprinzips".[5]

Voraussetzung dafür, dass der Landtag einen Beschluss mit der erforderlichen Mehrheit fasst, ist seine **Beschlussfähigkeit.** Zwar fordert Art. 61 Abs. 1 Satz 1 dafür die Anwesenheit von „mehr als der Hälfte seiner Mitglieder", nach Satz 2 wird die Beschlussfähigkeit jedoch solange fingiert, „bis vom Präsidenten das Gegenteil festgestellt wird" (Rn. 23). Mit Art. 61 Abs. 1 soll zwar ein Mindestmaß an Repräsentativität gesichert werden,[6] ob das aber über die geschäftsordnungsrechtliche Ausgestaltung der Beschlussfähigkeit in § 40 ThürGOLT erreicht wird, erscheint zweifelhaft (Rn. 24 ff.). 3

B. Herkunft, Entstehung und Entwicklung

Das Mehrheitsprinzip hat von jeher seine Bedeutung für kollektive Entscheidungsfindungen sowohl im gesellschaftlichen als auch im staatlichen Bereich gehabt;[7] es hat jedoch in demokratisch-parlamentarischen Systemen eine spezifische Ausprägung erfahren.[8] In der Demokratie sind alle Bürger mit den gleichen Rechten an der staatlichen Willensbildung beteiligt und in einer repräsentativen-parlamentarischen Demokratie muss sich die Gleichheit der Repräsentierten folgerichtig auch auf die Gleichheit ihrer Repräsentanten im Parlament erstrecken. Die grundsätzliche Bezugsgröße für die praktisch unentbehrlichen Mehrheitsentscheidungen wurden damit in der parlamentarischen Demokratie die Abgeordneten des Parlaments.[9] 4

Im Hinblick auf die in allen deutschen Verfassungen sachlich übereinstimmende Verankerung des **Mehrheitsprinzips** und deren grundsätzlich unbestrittene Anerkennung in der verfassungsrechtlichen Literatur, einigte sich der Verfassungsausschuss ohne kontroverse Diskussionen auf den Text von Art. 61 Abs. 2. 5

Zur **Beschlussfähigkeit** des Landtags wurde mit Art. 61 Abs. 1 eine ausdrückliche verfassungsrechtliche Regelung getroffen, die anders als z.B. in der Verfassung von Niedersachsen (Art. 21 Abs. 4 Satz 3) nicht allein einer Regelung in der Geschäftsordnung aufgrund der Geschäftsordnungsautonomie überantwortet wurde. Obwohl die Ausnahmeregelung in Absatz 1, Satz 2 ursprünglich nur in zwei Verfassungsentwürfen enthalten war (Art. 55 Abs. 1 CDU und Art. 58 Abs. 3 LL-PDS), einigte man sich darauf aufgrund von Erfahrungen mit den Präsenzproblemen im Bundestag und in westlichen Parlamenten. 6

Art. 61 wurde bisher nicht geändert; es gab auch keine dahingehenden Initiativen. 7

5 *Hofmann/Dreier*, in: Schneider/Zeh, § 5 Rn. 59; vgl. dazu auch *Klein*, in: Maunz/Dürig, Art. 42 Rn. 74 f.
6 BVerfGE 44, 308 (315 ff.).
7 *Hofmann/Dreier*, in: Schneider/Zeh, § 5 Rn. 48.
8 Zur Geschichte des Mehrheitsprinzips: *Heun*, Das Mehrheitsprinzip in der Demokratie, 1983, S. 41 ff.
9 *Klein*, in: Maunz/Dürig, Art. 42 Rn. 73.

C. Verfassungsvergleichende Information

8 Die Bestimmungen zum **Mehrheitserfordernis** bei Parlamentsbeschlüssen sind in den Verfassungen von Bund und Ländern – mit Ausnahme von Art. 44 Abs. 2 Verf NW – der Sache nach identisch. In Art. 44 Abs. 2 Verf NW wird ohne die Aufnahme einer ausdrücklichen Ausnahmeregelung verfassungsrechtlich bestimmt, dass der Landtag seine Beschlüsse „mit Stimmenmehrheit" fasst.

9 Zur **Beschlussfähigkeit** wird in der Mehrzahl der Verfassungen (Bayern, Berlin, Hessen, Mecklenburg-Vorpommern, Nordrhein-Westfalen, Rheinland-Pfalz, Saarland, Schleswig-Holstein), – wie auch in Art. 61 Abs. 1 Satz 1 – bestimmt, dass für die Beschlussfähigkeit die Anwesenheit von mehr als der Hälfte der Abgeordneten erforderlich ist, ohne jedoch eine Art. 61 Abs. 1 Satz 2 entsprechende Ausnahmeregelung auszuschließen.

10 Damit stellt sich in beiden Fällen die Frage, ob und inwieweit die Parlamente auf Grund ihrer Geschäftsautonomie die verfassungsrechtliche Regelung modifizieren dürfen.

D. Erläuterungen

I. Das Mehrheitsprinzip und die Abstimmungsmehrheiten bei Landtagsbeschlüssen (Art. 61 Abs. 2)

11 **1. Das Mehrheitsprinzip.** Im Überblick unter (Rn. 2) wurde bereits die hervorragende **Bedeutung des Mehrheitsprinzips in der parlamentarischen Demokratie** für die Herrschafts- und Funktionsfähigkeit des Parlaments sowie für die gleichen Mitwirkungsrechte der Abgeordneten an den Parlamentsbeschlüssen hervorgehoben (Rn. 2). Das **Mehrheitsprinzip** ist eine Konsequenz aus der **egalitären Demokratie**, in der sowohl die Wähler als auch ihre unmittelbaren Repräsentanten bei Entscheidungen einen numerisch gleichen Einfluss auf das Ergebnis haben müssen (Rn. 4). Zu diesem Aspekt der demokratischen Gleichheit tritt jener der demokratischen Freiheit, da ohne das Mehrheitsprinzip die Mehrheit ihre politische Freiheit zur Selbstbestimmung verlieren würde.[10]

12 **2. Abstimmungsmehrheiten bei Landtagsbeschlüssen.** Art. 61 Abs. 2 legt grundsätzlich fest, welcher Mehrheiten es bedarf, damit ein rechtsverbindlicher Beschluss des Landtags vorliegt.[11] Die Bestimmung bezieht sich auf **Beschlüsse aller Art**; darunter fallen Gesetzesbeschlüsse, Wahlen, die in der Landesverfassung vorgesehenen Beschlüsse, von denen eine rechtliche Verpflichtung oder Bindung ausgeht, aber auch die sog. schlichten Parlamentsbeschlüsse (Art. 48 Rn. 23), die „nur" eine politisch empfehlende Wirkung haben.[12]

13 In der Regel ist es ausreichend, dass ein Beschluss die „Mehrheit der abgegebenen Stimmen" und somit die **einfache oder relative Mehrheit** erhält. Entscheidend ist also die Zahl der abstimmenden und nicht etwa der anwesenden Abgeordneten. Die einfache Mehrheit ist erreicht, wenn die Summe der Ja-Stimmen

10 *Herzog*, in: Maunz/Dürig, Art. 20 II Rn. 42.

11 BVerfGE 2, 143 (161).

12 Ebenso *Brocker*, in: Epping/Hillgruber, Art. 42 Rn. 17; *Klein*, in: Maunz/Dürig, Art. 42 Rn. 80; *Magiera*, in: Sachs, GG, Art. 42 Rn. 8; *Morlok*, in: Dreier, Art. 42 Rn. 32; aA *Achterberg/Schulte*, in: von Mangoldt/Klein/Starck, Art. 42 Rn. 31 mit der insoweit verfehlten Begründung, dass es sich dabei nur um politische Willensäußerungen handelt; denn auch dazu bedarf es Beschlüsse des Landtags, die von einer Mehrheit getragen werden müssen.

größer ist als diejenige der Nein-Stimmen, wobei Stimmenthaltungen und ungültige Stimmen nicht mitgezählt werden (§ 41 Abs. 2 Satz 2 ThürGOLT); bei Stimmengleichheit fehlt es an der erforderlichen Mehrheit von Stimmen, ein Antrag wäre folglich abgelehnt (§ 41 Abs. 2 Satz 3 ThürGOLT).[13]

Ausnahmen vom Grundsatz der einfachen Mehrheit kann es **bei Sachabstimmungen** nur insoweit geben, als in der Verfassung eine Mehrheit der Mitglieder des Landtags oder/und eine sonstige qualifizierte Mehrheit verlangt wird. Die **Mehrheit der Mitglieder des Landtags** und damit die **absolute Mehrheit** für einen Antrag ist gegeben, wenn mehr als die Hälfte der gesetzlichen Mitgliederzahl des Landtags für den Antrag gestimmt hat. Die gesetzliche Mitgliederzahl ist die Zahl der Abgeordneten des Landtags, wie sie sich nach dem Landeswahlgesetz zum Zeitpunkt der Abstimmung ergibt. Bei der gesetzlichen Mitgliederzahl muss es sich damit um keine konstante Größe handeln. Der Landtag besteht zwar nach § 1 ThürLWG im Grundsatz aus 88 Abgeordneten, diese Zahl kann sich jedoch aufgrund folgender gesetzlicher Abweichungen erhöhen oder verringern: durch Überhang- oder Ausgleichsmandate (§ 5 Abs. 6 ThürLWG), Erschöpfung der Liste bei Nachrückern (§ 48 Abs. 2 Satz 1 ThürLWG), bei nicht durchgeführten Nach-, Wiederholungs- oder Ersatzwahlen (§§ 43, 44, 49 ThürLWG), Mandatsverlust durch Parteienverbot (§ 46 Abs. 4 ThürLWG) oder für die Zeit, in der für einen ausgeschiedenen Abgeordneten noch kein Ersatzmann nachgerückt ist (§ 48 ThürLWG). **Beispiele für eine Mitgliedermehrheit** sind in Art. 70 Abs. 3 Satz 1, 73 Satz 1, 74 Satz 2 und **für eine qualifizierte Mitgliedermehrheit** in Art. 79 Abs. 3 Satz 3, Art. 103 Abs. 2 Satz 1, Art. 106 Abs. 2 Satz 1 geregelt. 14

Ausnahmen von der einfachen Mehrheit, die nicht verfassungsrechtlich legitimiert sind, sind somit auf gesetzlicher oder geschäftsordnungsrechtlicher Grundlage unzulässig, unabhängig davon, ob die Quoren darin höher oder geringer als die einfache Mehrheit angesetzt werden. Folglich ist die Regelung des § 120 ThürGOLT verfassungswidrig, nach der Abweichungen von der Geschäftsordnung eine (qualifizierte) Anwesenheitsmehrheit,[14] mindestens aber eine absolute Mehrheit verlangen . Demzufolge wird von einem Teil der Literatur auch die entsprechende Regelung in § 126 ThürGOLT mit dem Erfordernis einer (qualifizierten) Anwesenheitsmehrheit als verfassungswidrig, zumindest aber als verfassungsrechtlich bedenklich angesehen.[15] 15

Für Wahlen können Ausnahmen vom Grundsatz der einfachen Mehrheit nicht nur durch die Landesverfassung selbst, sondern auch durch einfache Gesetze oder die Geschäftsordnung des Landtags vorgeschrieben werden, welche allerdings spezielle verfassungsrechtliche Vorgaben weder verschärfen noch abschwächen dürfen. Bedeutsam sind insoweit insbesondere geschäftsordnungsrechtliche Abweichungen bei der Besetzung von Gremien.[16] 16

13 § 41 Abs. 2 ThürGOLT entspricht der h.M. und der herkömmlichen Praxis in Parlamenten, vgl. z.B. *Achterberg/Schulte*, in: von Mangoldt/Klein/Starck, Art. 42 Rn. 38; *Brocker*, in: Epping/Hillgruber, Art. 42 Rn. 19; *Klein*, in: Maunz/Dürig, Art. 42 Rn. 84; *Morlok*, in: Dreier, Art. 42 Rn. 34; kritisch: *Versteyl*, in: von Münch/Kunig, Art. 42 Rn. 21.

14 Dabei ist die Bezugsgröße die Zahl der bei der jeweiligen Abstimmung im Plenum anwesenden Abgeordneten.

15 Vgl. *Magiera*, in: Sachs, GG, Art. 42 Rn. 14; *Pieroth*, in: Jarass/Pieroth, Art. 42 Rn. 4; *Schneider*, in: AK-GG, Art. 42 Rn. 15; aA *Brocker*, in: Epping/Hillgruber, Art. 42 Rn. 20.1; *Klein*, in: Maunz/Dürig, Art. 42 Rn. 91.

16 BVerfGE 106, 273; *Brocker*, in: Epping/Hillgruber, Art. 42 Rn. 20.2.

17 Da es sich bei Wahlen um Abstimmungen über Personen handelt, fällt die **Entscheidung zwischen zwei Standorten** unter den Begriff der (Sach-)Abstimmung und nicht der Wahl,[17] so dass sie mangels einer verfassungsrechtlichen Ausnahmeregelung durch einfache Mehrheit zu treffen ist.

18 Für die Gestaltung von Stimmzetteln ist von folgenden Grundsätzen auszugehen: Bei Wahlen geht es um Entscheidungen über Kandidaten für bestimmte Ämter, also nicht um ein „Ja" oder „Nein" und damit um eine relative Mehrheit, sondern um die Zahl der für einen Kandidaten (positiv) abgegebenen Stimmen; folglich sind „Nein"-Stimmen oder Enthaltungen bei Wahlen ohne rechtliche Bedeutung.

19 Hieraus ergeben sich auch Konsequenzen für die **Gestaltung von Stimmzetteln:** Hinter den Namen jedes Kandidaten wird nur ein einziger ankreuzbarer Kreis gesetzt: eine Möglichkeit zur Kennzeichnung von „Nein"-Stimmen und Enthaltungen wird nicht vorgesehen. Von dieser Regel wird üblicherweise eine Ausnahme gemacht, wenn sich nur ein Kandidat zur Wahl stellt; dann werden hinter dessen Namen aus politischen Gründen drei ankreuzbare Kreise für „Ja", „Nein" und „Enthaltung" gesetzt, wobei aber aus dem zuvor Gesagten nur die „Ja"-Stimmen von rechtlicher Bedeutung sind.

20 Abstimmungen dürfen aufgrund des allgemeinen Öffentlichkeitsprinzips nicht geheim durchgeführt werden (Art. 60 Rn. 32); dasselbe gilt für Wahlen, sofern es dafür nicht eine verfassungsrechtliche Ausnahmeregelung gibt, wie sie in Art. 70 Abs. 3 getroffen worden ist.

21 Abgestimmt wird durch Handzeichen und bei der Schlussabstimmung durch Aufstehen (§ 41 Abs. 1 ThürGOLT).

II. Beschlussfähigkeit des Landtags

22 Art. 61 Abs. 1 Satz 1 legt im Grundsatz fest, wie viele Abgeordnete im Plenum – körperlich – anwesend sein müssen, damit im Landtag überhaupt Beschlüsse gefasst werden dürfen. Der Landtag ist danach im **Grundsatz nur beschlussfähig,** wenn mehr als die Hälfte seiner Mitglieder anwesend ist; das ist die Mehrheit der gesetzlichen Mitgliederzahl, die sich nach dem Landeswahlgesetz bestimmt (Rn. 14).

23 Diese Grundsatzregel in Art. 61 Satz 1 wird jedoch faktisch durch die **Fiktion nach Satz 2** weitgehend außer Kraft gesetzt. Beträgt die Zahl der anwesenden Abgeordneten nur die Hälfte der gesetzlichen Mitgliederzahl oder weniger, so gilt der Landtag dennoch als beschlussfähig, wenn der Landtagspräsident nicht das Gegenteil feststellt. Nach § 40 Abs. 3 ThürGOLT hat der Präsident die Beschlussfähigkeit in folgenden Fällen festzustellen:

- Wenn bei einer namentlichen Abstimmung (§ 44 ThürGOLT) oder bei einer Wahl – in beiden Fällen werden die Stimmen immer ausgezählt – weniger als die Hälfte der gesetzlichen Mitgliederzahl (Rn. 22) abgestimmt hat, oder
- wenn vor Eröffnung der Abstimmung der Sitzungsvorstand die Beschlussfähigkeit nicht einmütig bejaht oder wenn sie von einer Fraktion bezweifelt wird; dann muss mit der Abstimmung eine genaue Zählung der Stimmen zur Klärung der Beschlussfähigkeit durchgeführt werden und diese Abstimmung

17 *Pieroth*, in: Jarass/Pieroth, Art. 42 Rn. 5.

ergeben, dass weniger als die Hälfte der gesetzlichen Mitgliederzahl abgestimmt hat.

Diese geschäftsordnungsrechtliche Ausgestaltung der verfassungsrechtlichen Regelung in Absatz 1 Satz 2 ist von der Geschäftsordnungsautonomie des Landtags noch grundsätzlich gedeckt. Sie setzt allerdings ein verfassungskonformes Verhalten des Sitzungsvorstands und der Fraktionen voraus. Sie dürfen nicht – wie es üblicher parlamentarischer Praxis allerdings leider entspricht - die Augen vor einem nur schwach gefüllten Plenum verschließen und auf eine Intervention nach § 40 Abs. 2 ThürGOLT verzichten. Sie sind dazu nicht nur berechtigt, sondern verfassungsrechtlich aufgrund des Prinzips der repräsentativen Demokratie (Art. 48 Rn. 8 ff.) sogar verpflichtet, weil andernfalls das Repräsentationsprinzip faktisch weitgehend leerlaufen würde.[18] 24

Wird dieser Pflicht nicht entsprochen, hat der Präsident unter Rückgriff auf seine verfassungsrechtliche Kompetenz nach Art. 61 Abs. 1 Satz 2 die Beschlussunfähigkeit festzustellen. Mit dieser **strengen Interpretation der Regelungen zur Feststellung der Beschlussfähigkeit** würde auch einem rechtspolitischen Anliegen entsprochen, leeren Parlamenten entgegenzuwirken, um das erforderliche Vertrauen der Bürger in ihre demokratischen Repräsentanten (Art. 48 Rn. 15 ff.) zu verbessern.[19] 25

Wird die Beschlussunfähigkeit festgestellt, so regelt § 40 Abs. 4 ThürGOLT das weitere Verfahren wie folgt: „Nach Feststellung der Beschlussunfähigkeit unterbricht der Präsident die Sitzung für 15 Minuten. Ist nach dieser Zeit die Beschlussfähigkeit nicht hergestellt, so vertagt er die Sitzung und bestimmt den Zeitpunkt der Fortsetzung der Sitzung. Die Abstimmung oder die Wahl wird in der nächsten Sitzung ohne Aussprache vorgenommen.“ 26

Wird die Beschlussfähigkeit nicht festgestellt und werden Beschlüsse gefasst, an denen sich nur weniger als die Hälfte der Abgeordneten beteiligt hat, so sind die Beschlüsse dennoch nach der ganz herrschenden, vom BVerfG gebilligten Meinung wirksam.[20] Danach könnte theoretisch ein Gesetz rechtswirksam verabschiedet werden, an dessen Beschlussfassung vielleicht nur drei oder vier Abgeordnete teilgenommen haben: die drei Abgeordneten des Sitzungsvorstands (§ 6 Abs. 1 ThürGOLT) und ggf. der Vertreter einer die Beschlussfähigkeit anzweifelnden Fraktion, was immerhin ein Kollegialorgan ausmachen würde („tres faciunt collegium“ – Digesten 50.16.85). 27

18 Die Gefährdung des Repräsentationsprinzips durch eine zu geringe Präsenz von Abgeordneten im Plenum sehen auch: BVerfGE 44, 308 (315 ff.); *Klein*, in: Maunz/Dürig, Art. 42 Rn. 88; *Brocker*, in: Epping/Hillgruber, Art. 42 Rn. 20.3; *Schneider*, in: AK-GG, Art. 42 Rn. 13, ohne daraus jedoch Konsequenzen zu ziehen.

19 Ein weiteres dazu probates Mittel bestünde im Übrigen darin, die für den Abzug von Aufwandsentschädigungen beweiskräftigen Anwesenheitslisten (§ 8 Abs. 2 ThürAbgG) nicht nur zu Beginn, sondern auch zum Ende von Plenarsitzungen auszulegen und unterschreiben zu lassen.

20 BVerfGE 44, 308 (315 ff., 321); *Klein*, in: Maunz/Dürig, Art. 42 Rn. 88; *Kretschmer*, in: Schmidt-Bleibtreu/Hofmann/Hopfauf, Art. 42 Rn. 12; *Morlok*, in: von Mangoldt/Klein/Starck, Art. 42 Rn. 33; *Magiera*, in: Sachs, GG, Art. 42 Rn. 11.

Artikel 62 [Ausschüsse]

(1) [1]Zur Vorbereitung seiner Verhandlungen und Beschlüsse setzt der Landtag Ausschüsse ein. [2]In der Zusammensetzung der Ausschüsse haben sich die Mehrheitsverhältnisse im Landtag widerzuspiegeln.

(2) Die Sitzungen der Ausschüsse sind in der Regel nicht öffentlich.

Vergleichbare Regelungen

zu Abs. 1 Satz 1: Art. 44 Abs. 1 Satz 1 VvB; Art. 70 Abs. 1 BbgVerf; Art. 105 Abs. 1 Satz 1 BremVerf; Art. 33 Abs. 1 M-VVerf; Art. 20 Abs. 1 NV; Art. 77 Abs. 1 Satz 1 SaarlVerf; Art. 52 Abs. 1 Satz 1 SächsVerf; Art. 46 Abs. 2 LVerf LSA; Art. 17 Abs. 1 SchlHVerf.

zu Abs. 1 Satz 2: Art. 44 Abs. 2 Satz 1 und Satz 3 VvB; Art. 70 Abs. 2 BbgVerf; Art. 105 Abs. 2 BremVerf; Art. 33 Abs. 1 M-VVerf, Art. 20 Abs. 2 Satz 1 NV; Art. 77 Abs. 1 Satz 2 SaarlVerf.

zu Abs. 2: Art. 33 Abs. 3 M-VVerf (vgl. hierzu auch: Art. 44 Abs. 1 Satz 2 VvB; Art. 52 Abs. 3 SächsVerf; Art. 17 Abs. 3 Satz 1 SchlHVerf).

Ergänzungsnormen im sonstigen thüringischen Recht

§§ 9, 13, 70 – 81, 104, 111, 112, 119 ThürGOLT idF der Bek. v. 19.07.2012 (LT-Drs. 5/4750) sowie Anlage 3 zur ThürGOLT; §§ 50 – 65 ThürLWG idF der Bek. v. 30.07.2012 (ThürGVBl. S. 309) iVm § 82 ThürGOLT; Art. 65 i.V.m. ThürPetG v. 15.05.2007 (ThürGVBl. S. 57) zuletzt geändert durch Gesetz v. 06.03.2013 (ThürGVBl. S. 59) und §§ 94 – 103 ThürGOLT; Art. 64 iVm ThürUAG v. 07.02.1991 (ThürGVBl. S. 36) zuletzt geändert durch Gesetz v. 24.10.2001 (ThürGVBl. S. 265), und § 83 ThürGOLT; Art. 63 iVm § 84 ThürGOLT; Art. 97 iVm §§ 18 – 28 ThürVerfSchutzG v. 30.07.2012 (ThürGVBl. S. 346); §§ 2 – 4 Thüringer Gesetz zur Ausführung des Artikel 10-Gesetzes v. 16.07.2008 (ThürGVBl. S. 245); §§ 3 – 7 ThürAbgÜpG v. 26.06.1998 (ThürGVBl. S. 205) zuletzt geändert durch Gesetz v. 06.05.2013 (ThürGVBl. S. 120).

Dokumente zur Entstehungsgeschichte

Art. 56 VerfE CDU[1]; Art. 48 VerfE SPD[2]; Art. 41 VerfE NF/GR/DJ[3]; Art. 63 VerfE LL/PDS[4]; Entstehung ThürVerf S. 159 f.

Literatur

Michael Becker, Die Abberufung eines Abgeordneten aus einem Parlamentsausschuss im Spannungsfeld zwischen Fraktionsdisziplin und freiem Mandat, ZParl 1984, 24 ff.; *Wilfried Berg*, Zur Übertragung von Aufgaben des Bundestages auf Ausschüsse, Der Staat, Bd. 9.1970, 21 ff.; *Dieter Birk*, Gleichheit im Parlament, NJW 1988, 2521 ff.; *Eckart Busch*, Die Parlamentsauflösung 1972, ZParl. 1973, 213 ff.; *Wolfgang Demmler*, Der Abgeordnete im Parlament der Fraktionen, 1994; *Horst Dreier*, Regelungsform und Regelungsinhalt des autonomen Parlamentsrechts, JZ 1990, 310 ff.; *Sven Hölscheidt*, Das Recht der Parlamentsfraktionen, 2001; *ders.*, Die Ausschussmitgliedschaft fraktionsloser Bundestagsabgeordneter, DVBl. 1989, 291 ff.; *Jürgen Jekewitz*, Der Grundsatz der Diskontinuität in der parlamentarischen Demokratie, JöR N.F., Bd. 27, 1978, 75 ff.; *Hans-Hermann Kasten*, Ausschussorganisation und Ausschussrückruf, 1983; *ders.*, Plenarvorbehalt und Ausschussfunktion – Grenzen der Übertragung parlamentarischer Aufgaben auf Ausschüsse –, DÖV 1985, 222 ff.; *Wilhelm Kewenig*, Staatsrechtliche Probleme parlamentarischer Mitregierung am Beispiel der Arbeit der Bundestagsausschüsse, 1970; *Michael Kilian* (Hrsg.), Verfassungshandbuch Sachsen-Anhalt, 1. Aufl. 2004; *Hans H. Klein*, Zur Rechtsstellung des Bundestagsabgeordneten als Ausschussmitglied, DÖV 1972, 329 ff.; *Ekkehard Moeser*, Die Beteiligung des Bundestages an der staatlichen Haushaltsgewalt, Schriften zum öffentlichen Recht, Bd. 350, 1978; *Martin Morlok*, Parlamentarisches Geschäftsordnungsrecht zwischen Abgeordnetenrechten und politischer Praxis, JZ 1989, 1035 ff.; *Joachim Scherer*, Fraktionsgleichheit und Geschäftsord-

1 LT-Drs. 1/285.
2 LT-Drs. 1/590.
3 LT-Drs. 1/659.
4 LT-Drs. 1/678.

nungskompetenz des Bundestages, AöR, Bd. 112, 1987, 189 ff.; *Walther W. Schmidt*, Informationsanspruch des Abgeordneten und Ausschussbesetzung, DÖV 1986, 236 ff.; *Thomas Schwerin*, Der Deutsche Bundestag als Geschäftsordnungsgeber. Reichweite, Form und Funktion des Selbstorganisationsrechts nach Art. 40 Abs. 1 Satz 2 GG, Beiträge zum Parlamentsrecht, Bd. 44, 1998; *Helmut Simon / Dietrich Franke / Michael Sachs* (Hrsg.), Handbuch der Verfassung des Landes Brandenburg, 1. Aufl. 1994; *Joachim Vetter*, Die Parlamentsausschüsse im Verfassungssystem der Bundesrepublik Deutschland, Rechtsstellung – Funktion – Arbeitsweise, 1986; *Joachim Weiler*, Ausschussrückzug als verschleiertes imperatives Mandat?, DÖV 1973, 231 ff.; *Dieter Wiefelspütz*, Das Primat des Parlaments. Zum Danckert/Schulz-Urteil des Bundesverfassungsgerichts zur Europäischen Finanzstabilisierungsfazilität, ZParl 2012, 227 ff.; *Ernst R. Zivier*, Verfassung und Verwaltung von Berlin, 4. Aufl. 2008.

Leitentscheidungen des ThürVerfGH und des BVerfG

ThürVerfGH, LVerfGE 11, 504 (Beteiligtenfähigkeit im Organstreit, Arbeits- und Funktionsfähigkeit); ThürVerfGH, Urt. v. 01.07.2009 – 38/06 – LKV 2009, 374 (Abgeordnetenüberprüfung).

BVerfGE 40, 296 (Transparenz und öffentliche Kontrolle); 44, 308 (Repräsentationsprinzip, Entscheidungsdelegation); 70, 324 (Fraktionssitz, Repräsentationsprinzip, Entscheidungsdelegation, Plenarvorbehalt); 80, 188 (Ausschussaufgaben, Repräsentationsprinzip, Spiegelbildlichkeitsgebot, Partizipationsgebot, fraktionslose Abgeordnete, Ausschussrückruf); 84, 304 (Ausschussaufgaben, Repräsentationsprinzip, Spiegelbildlichkeitsgebot, Arbeits- und Funktionsfähigkeit); 94, 351 (Abgordnetenüberprüfung); 96, 264 (Ausnahmen vom Recht der Fraktionen auf Partizipation an der Ausschussarbeit); 112, 118 (Spiegelbildlichkeitsgebot); 129, 124 (Entscheidungsdelegation, Plenarvorbehalt); 130, 318 (Repräsentationsprinzip, Entscheidungsdelegation, Plenarvorbehalt); BVerfG, Urt. v. 12.09.2012 – 2 BvR 1390/12 – NJW 2012, 3145 (Entscheidungsdelegation, Plenarvorbehalt, Budgethoheit).

A. Überblick

1 Moderner Parlamentarismus ist gekennzeichnet durch **Arbeitsteilung.**[5] Das Plenum kann nicht alle parlamentarischen Aufgaben selbst erfüllen.[6] Die in vielen Fällen immer komplizierter werdenden Gegenstände parlamentarischer Beratungen und Entscheidungen erfordern vielmehr eine gründliche Vorbereitung in kleinen Arbeitsgremien – den Ausschüssen.[7] Bei der mitunter vorgenommenen Unterscheidung zwischen dem so genannten Arbeits- und dem so genannten Redeparlament erfüllen die Ausschüsse im Wesentlichen die Funktion des **Arbeitsparlamentes**;[8] insbesondere bei Gesetzesberatungen hat die zweite Beratung im Parlament in der Regel nur noch den Zweck, die maßgeblichen Gesichtspunkte der gesetzgeberischen Entscheidung öffentlich darzustellen.[9]

2 Um die Funktion der Vorbereitung abschließender Parlamentsentscheidungen erfüllen zu können, müssen die Ausschussempfehlungen im Plenum mehrheitsfähig sein. Daraus folgt das Gebot, dass die **Besetzung der Ausschüsse** grundsätzlich die Sitzverteilung im Landtag widerspiegeln muss.[10] Die Mehrheitsverhältnisse im Landtag müssen verkleinert im jeweiligen Ausschuss abgebildet sein.

3 Der Verfassungsgeber hat den **Grundsatz der nichtöffentlichen Tagung** der Ausschüsse normiert, um so eine möglichst sachorientierte Arbeit des jeweiligen Ausschusses zu gewährleisten.[11]

B. Herkunft, Entstehung und Entwicklung

4 Die Vorläufige Landessatzung (VorlLS) enthielt keine dem Art. 62 vergleichbare Regelung. In § 6 VorlLS fanden die Ausschüsse nur im Zusammenhang mit dem Zitier- und dem Zutrittsrecht sowie in § 9 Abs. 1 VorlLS nur im Zusammenhang mit der Indemnität Erwähnung. Ausdrücklich geregelt waren lediglich die rechtlichen Rahmenbedingungen des Petitionsausschusses in § 7 VorlLS und der Untersuchungsausschüsse in § 8 VorlLS.

---

5 Vgl.: *Berg*, in: BK, Art. 45 a Rn. 27; *Brocker*, in: BK, Art. 40 Rn. 165; *Caspar*, in: Caspar/Ewer/Nolte/Waack, Art. 17 Rn. 2; *Edinger*, in: Grimm/Caesar, Art. 85 Rn. 10; *Kretschmer*, in: Schmidt-Bleibtreu/Hofmann/Hopfauf, Art. 43 Rn. 3; *Lontzek*, in: Epping/Butzer, Art. 20 Rn. 1; *Zinn/ Stein*, Art. 91 Erl. 3 c.

6 Vgl.: *Berg*, in: BK, Art. 45 a Rn. 35; *Lontzek*, in: Epping/Butzer, Art. 20 Rn. 1; *Versteyl*, in: von Münch/Kunig, Art. 43 Rn. 23.

7 Vgl.: BVerfGE 80, 188 (221); *Brocker*, in: BK, Art. 40 Rn. 165; *Brocker*, in: Epping/Hillgruber, Art. 40 Rn. 17; *Burghart*, in: Leibholz/Rinck/Hesselberger, Art. 38 Rn. 556; *Caspar*, in: Caspar/Ewer/Nolte/Waack, Art. 17 Rn. 1; *Korbmacher*, in: Driehaus, Art. 44 Rn. 1; *Möstl*, in: Lindner/Möstl/Wolff, Art. 20 Rn. 11; *Morlok*, in: Dreier, Art. 40 Rn. 30; *Reich*, Art. 46 Rn. 2; *Schreiber*, in: Friauf/Höfling, Art. 38 Rn. 120; *Versteyl*, in: von Münch/Kunig, Art. 43 Rn. 24; *Zinn/ Stein*, Art. 91 Erl. 3 c.

8 Vgl.: *Burghart*, in: Leibholz/Rinck/Hesselberger, Art. 38 Rn. 556; *Caspar*, in: Caspar/Ewer/Nolte/Waack, Art. 17 Rn. 1; *Dicke*, in: Umbach/Clemens, Art. 40 Rn. 43; *Klein*, in: Maunz/Dürig, Art. 40 Rn. 127; *Linck*, in: Linck/Jutzi/Hopfe, Art. 62 Rn. 1; *Morlok*, in: Dreier, Art. 40 Rn. 29.

9 Vgl.: *Linck*, in: Linck/Jutzi/Hopfe, Art. 62 Rn. 1; *Morlok*, in: Dreier, Art. 40 Rn. 30.

10 Vgl.: BVerfGE 80, 188 (222); *Burghart*, in: Leibholz/Rinck/Hesselberger, Art. 38 Rn. 556; *Dicke*, in: Umbach/Clemens, Art. 40 Rn. 44; *Edinger*, in: Grimm/Caesar, Art. 85 Rn. 11; *Klein*, in: Maunz/Dürig, Art. 40 Rn. 126; *Korbmacher*, in: Driehaus, Art. 44 Rn. 1; *Löwer*, in: Löwer/Tettinger, Art. 30 Rn. 20; *Lontzek*, in: Epping/Butzer, Art. 20 Rn. 1; *Möstl*, in: Lindner/Möstl/Wolff, Art. 20 Rn. 11; *Reich*, Art. 46 Rn. 2; *Thesling*, in: Heusch/Schönenbroicher, Art. 38 Rn. 11; *Versteyl*, in: von Münch/Kunig, Art. 43 Rn. 25; *Zinn/ Stein*, Art. 91 Erl. 3 c.

11 Vgl.: *Klein*, in: Maunz/Dürig, Art. 40 Rn. 127; *Zinn/ Stein*, Art. 91 Erl. 3 c.

In den Verfassungsentwürfen der fünf Fraktionen des ersten Thüringer Landtags fanden sich Bestimmungen zu Stellung und Aufgaben von Ausschüssen im Allgemeinen lediglich in den Entwürfen der Fraktionen CDU,[12] SPD,[13] NF/GR/DJ[14] und LL-PDS.[15] Die Vorschläge waren unterschiedlich ausgestaltet. Übereinstimmung bestand darin, dass Ausschüsse als **plenumsvorbereitende Gliederungen** eingesetzt werden sollen. Graduelle Unterschiede bestanden hingegen bei der Frage der **Zusammensetzung** der Ausschüsse. Während der Entwurf der CDU-Fraktion dem heutigen Art. 62 Abs. 1 Satz 2 entsprach, sah der Entwurf der Fraktion LL-PDS hingegen ein ausdrückliches Recht jeder Fraktion vor, in den Ausschüssen mit gleichen Rechten und Pflichten vertreten zu sein. Zur Frage der Aufgaben und Befugnisse von Ausschüssen enthielten die Entwürfe in unterschiedlicher Ausprägung weitaus ausführlichere Regelungen als die letztlich in die Verfassung Eingang gefundene Normierung. So wurde durchgängig in den Entwürfen das so genannte **Selbstbefassungsrecht** thematisiert. In den Entwürfen der Fraktionen SPD, NF/GR/DJ und LL-PDS wurde die Befugnis der Hinzuziehung von Sachverständigen und der Durchführung von Anhörungen angesprochen. Der Entwurf der Fraktion LL-PDS sah darüber hinaus ein Recht der Ausschüsse auf Akteneinsicht gegenüber der „Regierung, den Landesbehörden und Trägern öffentlicher Verwaltung" vor. Zur Frage der **Öffentlichkeit** bzw. **Nichtöffentlichkeit von Ausschusssitzungen** positionierten sich lediglich die Entwürfe der Fraktionen CDU und NF/GR/DJ. Während die CDU-Fraktion die heutige Regelung des Art. 62 Abs. 2 vorschlug, präferierte die Fraktion NF/GR/DJ eine Regelung, wonach die Ausschusssitzungen grundsätzlich öffentlich sein sollten. 5

In den Beratungen des VerfA und des VerfUA bestand Einvernehmen, dass eine **Verpflichtung zur Einsetzung von Ausschüssen** in der Verfassung verankert und dass den Ausschüssen als **Hauptaufgabe** die **Vorbereitung der Verhandlungen und Beschlüsse des Landtags** verfassungsrechtlich übertragen werden sollte.[16] Nach eingehender Diskussion verständigte man sich auch auf den Vorschlag der CDU-Fraktion, dass sich in der **Zusammensetzung** der Ausschüsse die Mehrheitsverhältnisse im Landtag widerzuspiegeln haben.[17] Streitig diskutiert wurde hingegen, ob in die Verfassung weitergehende ausdrückliche Vorgaben zur Ausschussbesetzung aufgenommen werden sollten. Der VerfUA empfahl, den Satz „Alle Abgeordneten haben das Recht, an der Ausschussarbeit teilzunehmen." In die Verfassung aufzunehmen.[18] Im Ergebnis der weiteren Beratungen im VerfA wurde schließlich entschieden, diesem Vorschlag nicht zu folgen. Die **Rechte eines jeden Abgeordneten – damit auch fraktionsloser Abgeordneter – zur Mitwirkung** an der Ausschussarbeit sollten nach den Vorstellungen des VerfA in der Geschäftsordnung des Landtags geregelt werden.[19] Im Interesse einer „schlanken", sich auf wesentliche Kernaussagen beschränkenden Verfassung verständigte man sich auch auf einen weitgehenden Verzicht auf eine ausdrückliche, detaillierte Normierung der Aufgaben und Befugnisse von Ausschüssen in 6

12 Art. 56 VerfE CDU.
13 Art. 48 VerfE SPD.
14 Art. 41 VerfE NF/GR/DJ.
15 Art. 63 VerfE LL-PDS.
16 Vgl.: *Bayer*, in: Entstehung ThürVerf, S. 160.
17 Vgl.: *Bayer*, in: Entstehung ThürVerf, S. 160.
18 Vgl.: *Bayer*, in: Entstehung ThürVerf, S. 160.
19 Vgl.: *Bayer*, in: Entstehung ThürVerf, S. 160.

der Verfassung. Auch insoweit wurde als ausreichender und geeigneter Regelungsort die Geschäftsordnung des Landtags angesehen. Sehr kontrovers verlief hingegen die Diskussion zur Frage der **Sitzungsöffentlichkeit.**[20] Dabei wurden vor dem Hintergrund der Hauptaufgabe von Ausschüssen – der Vorbereitung der Verhandlungen und Beschlüsse des Landtags – und dem Erfordernis einer möglichst sachorientierten und effizienten Ausschusssarbeit die Pro- und Contra-Argumente zur Sitzungsöffentlichkeit abgewogen. Schließlich setzte sich mehrheitlich die Überzeugung durch, dass das öffentliche Tagen der Ausschüsse eher die Ausnahme darstellen solle.[21] Während der VerfUA sich noch für die Kompromissformel „Die Ausschüsse können auch öffentlich tagen." aussprach,[22] entschied sich der VerfA für die heutige Regelung des Art. 62 Abs. 2. Angesichts des Votums des VerfA, die Einzelheiten der Rechtsmaterie „Ausschüsse" in der Geschäftsordnung des Landtags zu regeln, war zunächst die Aufnahme des Satzes „Das Nähere regelt die Geschäftsordnung." Vorgesehen.[23] Mit Blick auf die in Art. 57 Abs. 5 getroffene Festlegung, dass sich der Landtag eine Geschäftsordnung gibt, wurde auf Empfehlung der Redaktionskommission des VerfA letztlich von einer zusätzlichen Aufnahme eines Verweises auf die Geschäftsordnung in den Art. 62 abgesehen.[24]

C. Verfassungsvergleichende Information

7 Das Grundgesetz enthält keine dem Art. 62 vergleichbare Vorschrift. Das Grundgesetz geht aber von der Existenz von Ausschüssen aus – in Art. 42 Abs. 3, 43, 46 Abs. 1 und 53 Satz 1 GG werden die Ausschüsse in allgemeiner Form erwähnt (vgl. insoweit auch Art. 55 Abs. 1, 60 Abs. 3, 66, 67 Abs. 2). Daneben enthält das Grundgesetz einige spezielle Vorschriften, die die Einsetzung bestimmter Ausschüsse verbindlich vorschreiben. Dabei handelt es sich im Einzelnen um folgende Vorschriften und Ausschüsse:

- Art. 45 Satz 1 GG – Ausschuss für Angelegenheiten der Europäischen Union
- Art. 45 a Abs. 1, 1. Alt. GG – Ausschuss für auswärtige Angelegenheiten
- Art. 45 a Abs. 1, 2. Alt. GG – Ausschuss für Verteidigung
- Art. 45 c Abs. 1 GG – Petitionsausschuss

Neben diesen zwingend einzusetzenden Ausschüssen muss der Bundestag unter den Voraussetzungen des Art. 44 Abs. 1 Satz 1 GG Untersuchungsausschüsse einsetzen. Vergleichbare Vorschriften hinsichtlich des Petitionsausschusses und der Untersuchungsausschüsse enthält die Thüringer Verfassung in den Art. 65 und 64. Unterhalb der Verfassung ist auf Bundes- wie auf Landesebene einfach rechtlich die Einsetzung weiterer Ausschüsse und sonstiger Gremien vorgesehen. Im Bund sind ebenso wie in Thüringen Einrichtung, Besetzung, Aufgaben, Befugnisse und Verfahrensregelungen der Ausschüsse geschäftsordnungsrechtlich detailliert – im Bund in den §§ 54 ff. GO BT, in Thüringen in den § 9 Abs. 2 und 3, §§ 70 ff. ThürGOLT – geregelt. Anders als im Bund sieht das Geschäftsordnungsrecht in Thüringen allerdings in § 9 Abs. 3 ThürGOLT ausdrücklich vor, dass jede Fraktion in jedem Ausschuss vertreten sein soll. Auch bei der Be-

20 Vgl.: *Bayer*, in: Entstehung ThürVerf, S. 160.
21 Vgl.: *Bayer*, in: Entstehung ThürVerf, S. 160.
22 Vgl.: *Bayer*, in: Entstehung ThürVerf, S. 160.
23 Vgl.: *Bayer*, in: Entstehung ThürVerf, S. 160.
24 Vgl.: *Bayer*, in: Entstehung ThürVerf, S. 160.

rufung der Ausschussvorsitzenden gibt es graduelle Unterschiede. Während die Bundestagsausschüsse ihre Vorsitzenden nach Maßgabe der Vereinbarung im Ältestenrat selbst bestimmen, haben die Fraktionen nach § 71 Abs. 1 ThürGOLT ein Vorschlagsrecht; nach § 73 Abs. 1 Satz 2 ThürGOLT sind die Vorsitzenden vom Ausschuss zu wählen, wobei der Kandidat der nach § 71 Abs. 1 ThürGOLT vorschlagsberechtigten Fraktion nur aus wichtigem Grund abgelehnt werden darf.

Im Gegensatz zum Grundgesetz enthält eine Reihe von Landesverfassungen eine ausdrückliche Norm zur Einsetzung von Ausschüssen zum Zweck der Vorbereitung der Verhandlungen und Beschlüsse des Parlaments. Zur Besetzung der Ausschüsse enthalten lediglich die Verfassungen von Berlin, Brandenburg, Bremen, Mecklenburg-Vorpommern, Niedersachsen und Saarland dem Art. 62 Abs. 1 Satz 2 vergleichbare Regelungen.[25] Anders als in Thüringen sehen die Verfassungen von Brandenburg und Niedersachsen die Vertretung jeder Fraktion mit mindestens einem Sitz in jedem Ausschuss vor;[26] Thüringen hat – wie oben dargestellt – mit § 9 Abs. 3 ThürGOLT lediglich eine ausdrückliche geschäftsordnungsrechtliche Regelung. In den Verfassungen von Berlin, Brandenburg, Mecklenburg-Vorpommern und Niedersachsen finden sich im Gegensatz zur Thüringer Verfassungsrechtslage ausdrückliche Bestimmungen zur Berücksichtigung fraktionsloser Abgeordneter.[27] Anders als die Thüringer Verfassung mit ihrer minimalistischen verfassungsrechtlichen Normierung der Aufgaben und Befugnisse der Ausschüsse sehen die Verfassungen von Brandenburg, Mecklenburg-Vorpommern und Schleswig Holstein jeweils ein Selbstbefassungsrecht der Ausschüsse in ihrem Aufgabenbereich ausdrücklich vor.[28] Abweichungen gibt es auch zur Frage der Sitzungsöffentlichkeit: Während die Verfassungen von Berlin und Schleswig Holstein das Prinzip der öffentlichen Sitzung verfassungsrechtlich verankert haben,[29] räumt die sächsische Verfassung den Ausschüssen die Möglichkeit zur öffentlichen Tagung ein;[30] das Prinzip der nichtöffentlichen Sitzung enthält neben der Thüringer Verfassung auch die von Mecklenburg-Vorpommern.[31] 8

D. Erläuterungen

I. Grundsätzliche Bedeutung von Parlamentsausschüssen

Die **Bedeutung der Ausschüsse** für eine effektive parlamentarische Arbeit ist erheblich. Ohne die Ausschüsse könnte der Landtag die vielfältigen und hoch 9

25 Vgl.: Art. 44 Abs. 2 Satz 1 und Satz 3 VvB; Art. 70 Abs. 2 BbgVerf; Art. 105 Abs. 2 BremVerf; Art. 33 Abs. 1 M-VVerf, Art. 20 Abs. 2 Satz 1 NV; Art. 77 Abs. 1 Satz 2 SaarlVerf.
26 Vgl.: Art. 70 Abs. 2 Satz 2 BbgVerf; Art. 20 Abs. 2 Satz 1 NV, wobei die niedersächsische Regelung lediglich eine Mitgliedschaft mit beratender Stimme zwingend vorschreibt.
27 Vgl.: Art. 44 Abs. 2 Satz 3 VvB; Art. 70 Abs. 2 Satz 3 BbgVerf; Art. 33 Abs. 1 M-VVerf; Art. 20 Abs. 2 Satz 2 NV.
28 Vgl.: Art. 70 Abs. 3 Satz 2 BbgVerf; Art. 33 Abs. 2 Satz 2 M-VVerf; Art. 17 Abs. 2 Satz 2 SchlHVerf.
29 Vgl.: Art. 44 Abs. 1 Satz 2 VvB; Art. 17 Abs. 3 Satz 1 SchlHVerf.
30 Vgl.: Art. 52 Abs. 3 SächsVerf.
31 Vgl.: Art. 33 Abs. 3 M-VVerf.

komplexen Aufgaben nicht in angemessener Zeit auf einem hohen Qualitätsniveau erledigen.[32]

10 Die in Art. 62 Abs. 1 Satz 1 beschriebene Hauptaufgabe der Ausschüsse bedingt, dass diese einen Teil des parlamentarischen Entscheidungsprozesses – gleichsam **entlastend für das Plenum** – vorwegnehmen.[33] Darüber hinaus werden die **Informations-, Kontroll- und Untersuchungsaufgaben** des Parlaments in weiten Bereichen durch die Ausschüsse wahrgenommen.[34] Da die Arbeit der Ausschüsse und des Plenums eng miteinander verwoben, teils sogar zwingend miteinander verbunden sind, sind die **Ausschüsse auch in die Repräsentation des Volkes** durch das Parlament **eingebunden.**[35] Nicht zuletzt auch deswegen verlangt das Bundesverfassungsgericht, dass grundsätzlich jeder Ausschuss ein verkleinertes Abbild des Parlaments sein und die Stärkeverhältnisse im Plenum widerspiegeln muss (**Gebot der Spiegelbildlichkeit**).[36] Die Beachtung dieses Gebotes reduziert zudem – jedenfalls weitestgehend – das Risiko einer Diskrepanz zwischen den Ausschussempfehlungen und den letztlich gefassten Parlamentsbeschlüssen. Auf

32 Vgl.: *Berg*, in: BK, Art. 45 a Rn. 27; *Kretschmer*, in: Schmidt-Bleibtreu/Hofmann/Hopfauf, Art. 43 Rn. 3; *Lontzek*, in: Epping/Butzer, Art. 20 Rn. 1 und 12; *Magiera*, in: Sachs, GG, Art. 40 Rn. 15; *Schulze*, in: Simon/Franke/Sachs, § 11, Rn. 26; *Versteyl*, in: von Münch/Kunig, Art. 43 Rn. 23.

33 Vgl.: VerfGH Berl, LVerfGE, 2, 43 (59); *Burghart*, in: Leibholz/Rinck/Hesselberger, Art. 40, Rn. 56; *Dicke*, in: Umbach/Clemens, Art. 40 Rn. 43; *Hagebölling*, Art. 20 Erl. 1; *Korbmacher*, in: Driehaus, Art. 44 Rn. 1; *Kretschmer*, in: Schmidt-Bleibtreu/Hofmann/Hopfauf, Art. 43 Rn. 4; *Lemmer*, in: Pfennig/Neumann, Art. 44 Rn. 3; *Lontzek*, in: Epping/Butzer, Art. 20 Rn. 12; *Magiera*, in: Sachs, GG, Art. 40 Rn. 15; *Möstl*, in: Lindner/Möstl/Wolff, Art. 20 Rn. 11; *Morlok*, in: Dreier, Art. 40 Rn. 30; *Neumann Brem.*, Art. 105 Rn. 2; *Neumann Nds.*, Art. 20 Rn. 2; *Reich*, Art. 46 Rn. 2; *Schweiger*, in: Nawiasky, Art. 20 Rn. 11; *Wedemeyer*, in: Thiele/Pirsch/Wedemeyer, Art. 33 Rn. 1.

34 Vgl.: BVerfGE 80, 188 (222); 84, 304 (323); VerfGH Berl,LVerfGE, 2, 43 (59); *Brocker*, in: BK, Art. 40 Rn. 165; *Burghart*, in: Leibholz/Rinck/Hesselberger, Art. 40, Rn. 56; *Dicke*, in: Umbach/Clemens, Art. 40 Rn. 43; *Hagebölling*, Art. 20 Erl. 1; *Klein*, in: Maunz/Dürig, Art. 40 Rn. 126; *Korbmacher*, in: Driehaus, Art. 44 Rn. 1; *Lontzek*, in: Epping/Butzer, Art. 20 Rn. 12; *Neumann Brem.*, Art. 105 Rn. 2; *Neumann Nds.*, Art. 20 Rn. 2; *Reich*, Art. 46 Rn. 2; *Versteyl*, in: von Münch/Kunig, Art. 43 Rn. 25; *Wedemeyer*, in: Thiele/Pirsch/Wedemeyer, Art. 33 Rn. 1.

35 Vgl.: BVerfGE 44, 308 (319); 70, 324 (363); 80, 188 (222); 84, 304 (323); *Braun*, Art. 34 Rn. 18; *Burghart*, in: Leibholz/Rinck/Hesselberger, Art. 40, Rn. 56; *Caspar*, in: Caspar/Ewer/Nolte/Waack, Art. 17 Rn. 11; *Dicke*, in: Umbach/Clemens, Art. 40 Rn. 44; *Hagebölling*, Art. 20 Erl. 1; *Klein*, in: Maunz/Dürig, Art. 40 Rn. 126; *Kretschmer*, in: Schmidt-Bleibtreu/Hofmann/Hopfauf, Art. 43 Rn. 4; *Lontzek*, in: Epping/Butzer, Art. 20 Rn. 12; *Morlok*, in: Dreier, Art. 40 Rn. 30; *Morlok*, in: Dreier, Art. 42 Rn. 24; *Neumann Brem.*, Art. 105 Rn. 2; *Neumann Nds.*, Art. 20 Rn. 2; *Wedemeyer*, in: Thiele/Pirsch/Wedemeyer, Art. 33 Rn. 1.

36 Vgl.: BVerfGE 80, 188 (222); 84, 304 (323); 112, 118 (133); VerfGH Berl, LVerfGE, 2, 43 (59); *Brocker*, in: BK, Art. 40 Rn. 167; *Burghart*, in: Leibholz/Rinck/Hesselberger, Art. 38 Rn. 556; *Burghart*, in: Leibholz/Rinck/Hesselberger, Art. 40 Rn. 56; *Caspar*, in: Caspar/Ewer/Nolte/Waack, Art. 17 Rn. 11; *Dicke*, in: Umbach/Clemens, Art. 40 Rn. 44; *Hagebölling*, Art. 20 Erl. 1; *Ipsen*, Art. 20 Rn. 12; *Klein*, in: Maunz/Dürig, Art. 40 Rn. 126; *Korbmacher*, in: Driehaus, Art. 44 Rn. 1; *Kretschmer*, in: Schmidt-Bleibtreu/Hofmann/Hopfauf, Art. 43 Rn. 4; *Lemmer*, in: Pfennig/Neumann, Art. 44 Rn. 3; *Löwer*, in: Löwer/Tettinger, Art. 30 Rn. 20; *Lontzek*, in: Epping/Butzer, Art. 20 Rn. 12; *Magiera*, in: Sachs, Art. 40 Rn. 17; *Möstl*, in: Lindner/Möstl/Wolff, Art. 20 Rn. 11; *Neumann Brem.*, Art. 105 Rn. 2; *Neumann Nds.*, Art. 20 Rn. 2; *Pieroth*, in: Jarass/Pieroth, Art. 40 Rn. 5; *Reich*, Art. 46 Rn. 2; *Schneider*, in: AK-GG, Art. 40 Rn. 9; *Thesling*, in: Heusch/Schönenbroicher, Art. 38 Rn. 11; *Wagner*, in: Grimm/Caesar, Art. 79 Rn. 10; *Zinn/ Stein*, Art. 91 Erl. 3 c.

diese Weise wird dem Verfassungsrechtsgut der **Funktionsfähigkeit des Parlaments** Rechnung getragen.[37]

Obwohl Ausschüsse mitunter als „Organe des Parlaments" bezeichnet werden, haben sie nicht den Rechtsstatus selbstständiger Verfassungsorgane, sondern sind – wie sich bereits aus der verfassungsrechtlichen Beschreibung der Hauptaufgabe der Ausschüsse ergibt – interne **Hilfseinrichtungen des Parlaments** und somit Organteile oder **Gliederungen des Verfassungsorgans Landtag.**[38] Sie können – jedenfalls grundsätzlich – Beschlüsse des Landtags nicht ersetzen, sondern diese lediglich vorbereiten. Die Ausschussberatungen münden daher in der Regel in einer an das Plenum gerichteten Beschlussempfehlung nach § 74 Abs. 1 Satz 3 ThürGOLT.[39] Eine Delegation der Entscheidungsbefugnis des Parlaments auf einen Ausschuss in bestimmten Einzelfällen ist hierdurch allerdings nicht kategorisch ausgeschlossen.[40] 11

Obwohl die Ausschüsse lediglich Gliederungen des Organs Landtags sind, können sie sowohl aktiv als auch passiv beteiligtenfähig im Rahmen eines **Organstreitverfahrens** sein. Ihre **Beteiligtenfähigkeit** ist jedenfalls dann zu bejahen, wenn ihr Handeln in unmittelbarem Zusammenhang mit den in der ThürGOLT geregelten Befugnissen des Ausschusses steht.[41] 12

II. Einsetzung der Ausschüsse (Abs. 1 Satz 1)

1. Berechtigung und Verpflichtung zur Einsetzung von Ausschüssen. Art. 62 Abs. 1 Satz 1 enthält eine **Verpflichtung** des Landtags, überhaupt **Ausschüsse einzusetzen.**[42] Da der Verfassungsgeber bezogen auf den Petitionsausschuss und die Untersuchungsausschüsse mit den Art. 65 und 64 eigenständige Regelungen für diese speziellen Ausschüsse getroffen hat, muss Art. 62 Abs. 1 Satz 1 dahin gehend verstanden werden, dass der Landtag neben dem Petitionsausschuss und – unter den Voraussetzungen des Art. 64 – dem Untersuchungsausschuss weitere Ausschüsse zur Vorbereitung seiner Verhandlungen und Beschlüsse einzusetzen hat. 13

Die Einsetzung sämtlicher Ausschüsse ist – schon im Hinblick auf das **Prinzip der institutionellen Diskontinuität** – Recht und Pflicht des jeweils amtierenden 14

37 Vgl.: *Ipsen*, Art. 20 Rn. 12; *Lontzek*, in: Epping/Butzer, Art. 20 Rn. 12.

38 Vgl.: *Berg*, in: BK, Art. 45 a Rn. 25; *Braun*, Art. 34 Rn. 18; *Brocker*, in: BK, Art. 40 Rn. 365 und 378; *Brocker*, in: Epping/Hillgruber, Art. 40 Rn. 17; *Caspar*, in: Caspar/Ewer/Nolte/Waack, Art. 17 Rn. 2; *David*, Art. 23 Rn. 48; *Hagebölling*, Art. 20 Erl. 1; *Kilian*, S. 175; *Kretschmer*, in: Schmidt-Bleibtreu/Hofmann/Hopfauf, Art. 43 Rn. 3; *Lieber*, in: Lieber/Iwers/Ernst, Art. 70 Erl. 1; *Linck*, in: Linck/Jutzi/Hopfe, Art. 62 Rn. 2; *Lontzek*, in: Epping/Butzer, Art. 20 Rn. 13; *Morlok*, in: Dreier, Art. 40 Rn. 30; *Schneider*, in: AK-GG, Art. 40 Rn. 9; *Schweiger*, in: Nawiasky, Art. 20 Rn. 11; *Zeyer/Grethel*, in: Wendt/Rixecker, Art. 77 Rn. 1; *Zinn/ Stein*, Art. 91 Erl. 3 c.

39 Vgl.: *Brocker*, in: Epping/Hillgruber, Art. 40 Rn. 17; *Burghart*, in: Leibholz/Rinck/Hesselberger, Art. 38 Rn. 556; *Burghart*, in: Leibholz/Rinck/Hesselberger, Art. 40 Rn. 56; *Caspar*, in: Caspar/Ewer/Nolte/Waack, Art. 17 Rn. 1; *Lemmer*, in: Pfennig/Neumann, Art. 44 Rn. 2; *Lontzek*, in: Epping/Butzer, Art. 20 Rn. 13; *Meissner*, in: Degenhart/Meissner, § 10, Rn. 43; *Pieroth*, in: Jarass/Pieroth, Art. 40 Rn. 4; *Schneider*, in: AK-GG, Art. 40 Rn. 9.

40 Vgl.: *Pieroth*, in: Jarass/Pieroth, Art. 40 Rn. 4; zu den Einzelheiten vgl. Rn. 29 f.

41 Vgl.: ThürVerfGH, LVerfGE 11, 504; *Berg*, in: BK, Art. 45 a Rn. 26; *Braun*, Art. 34 Rn. 18; *Caspar*, in: Caspar/Ewer/Nolte/Waack, Art. 17 Rn. 51; *Kretschmer*, in: Schmidt-Bleibtreu/Hofmann/Hopfauf, Art. 43 Rn. 3.

42 Vgl.: *Brocker*, in: BK, Art. 40 Rn. 365 und 378; *Caspar*, in: Caspar/Ewer/Nolte/Waack, Art. 17 Rn. 3; *Ipsen*, Art. 20 Rn. 5; *Lontzek*, in: Epping/Butzer, Art. 20 Rn. 15.

Landtages.[43] Des formalen Aktes der Einsetzung bedarf es daher auch, wenn die Verfassung, ein Gesetz oder die Geschäftsordnung des Landtages die Einsetzung eines oder mehrerer Ausschüsse zwingend vorschreibt.[44]

15 **2. Unterschiedliche Arten von Ausschüssen. Zwingend vorgeschrieben** – sei es durch die Verfassung selbst oder sei es durch Vorschriften unterhalb der Verfassung[45] (Gesetz, Geschäftsordnung und Vereinbarung mit der Landesregierung) – ist die **Einsetzung folgender Ausschüsse:**

- **Wahlprüfungsausschuss** (§ 55 ThürLWG iVm § 82 ThürGOLT)
- **Petitionsausschuss** (Art. 65 iVm ThürPetG und §§ 94 – 103 ThürGOLT)
- **Europaausschuss** (Nr. III der Vereinbarung über die Unterrichtung und Beteiligung des Landtags in Angelegenheiten der Europäischen Union zwischen dem Thüringer Landtag und der Thüringer Landesregierung – Anlage 3 zur ThürGOLT – iVm § 70 Satz 1 ThürGOLT)[46]

Ebenfalls zwingend vorgeschrieben – wenn auch unter den Voraussetzungen des Art. 64 – ist die Einsetzung von **Untersuchungsausschüssen.**

Darüber hinaus bestehen entsprechende Verpflichtungen zur Einsetzung von Kommissionen (ParlKK und G-10-Kommission nach Art. 97 iVm §§ 18 – 28 ThürVerfSchutzG und nach §§ 2 – 4 Thüringer Gesetz zur Ausführung des Artikel 10-Gesetzes).

Die rechtliche Verpflichtung zur Einsetzung dieser Ausschüsse schränkt insoweit die Freiheit des Parlaments zur Ausgestaltung seiner Arbeitsabläufe ein.

16 Neben den genannten Ausschüssen hat der Landtag mit Blick auf Art. 62 Abs. 1 Satz 1 weitere Ausschüsse einzusetzen. § 70 ThürGOLT spricht von der Bildung der **Fachausschüsse,** wobei diese nach § 70 Satz 1 ThürGOLT im Regelfall als so genannte ständige Ausschüsse spiegelbildlich zu den Ressorts der Landesregierung gebildet werden.[47] Nach § 70 Satz 2 ThürGOLT können allerdings auch Fachausschüsse für besondere Angelegenheiten in Form von so genannten **zeitweiligen Ausschüssen** gebildet werden.[48]

III. Besetzung der Ausschüsse (Abs. 1 Satz 2)

17 **1. Grundsatz der Spiegelbildlichkeit und Gebot der Vertretung jeder Fraktion in jedem Ausschuss.** Art. 62 Abs. 1 Satz 2 normiert ausdrücklich den sich aus der

43 Vgl.: *Lontzek*, in: Epping/Butzer, Art. 20 Rn. 14; *Neumann Brem.*, Art. 105 Rn. 5; *Neumann Nds.*, Art. 20 Rn. 5.

44 Vgl.: *Achterberg/Schulte*, in: von Mangoldt/Klein/Starck, Art. 45 a Abs. 1 Rn. 8; *David*, Art. 23 Rn. 49; *Lontzek*, in: Epping/Butzer, Art. 20 Rn. 15.

45 Vgl.: *Klein*, in: Maunz/Dürig, Art. 40 Rn. 128; *Linck*, in: Linck/Jutzi/Hopfe, Art. 62 Rn. 3; *Neumann Brem.*, Art. 105 Rn. 3; *Schneider*, in: AK-GG, Art. 40 Rn. 9; *Thesling*, in: Heusch/Schönenbroicher, Art. 38 Rn. 11; *Zeyer/Grethel*, in: Wendt/Rixecker, Art. 77 Rn. 2.

46 Vgl. hierzu auch §§ 54 a und b ThürGOLT.

47 Vgl.: *Achterberg/Schulte*, in: von Mangoldt/Klein/Starck, Art. 40 Abs. 1 Rn. 18; *Berg*, in: BK, Art. 45 a Rn. 16; *Braun*, Art. 34 Rn. 20; *Caspar*, in: Caspar/Ewer/Nolte/Waack, Art. 17 Rn. 4; *David,* Art. 23 Rn. 55 f.; *Edinger*, in: Grimm/Caesar, Art. 85 Rn. 10; *Feuchte,* Art. 27 Rn. 31; *Kilian*, S. 175; *Klein*, in: Maunz/Dürig, Art. 40 Rn. 128; *Korbmacher*, in: Driehaus, Art. 44 Rn. 8; *Lieber*, in: Lieber/Iwers/Ernst, Art. 70 Erl. 5; *Linck*, in: Linck/Jutzi/Hopfe, Art. 62 Rn. 3; *Lontzek*, in: Epping/Butzer, Art. 20 Rn. 17; *Meissner*, in: Degenhart/Meissner, § 10, Rn. 46; *Thesling*, in: Heusch/Schönenbroicher, Art. 38 Rn. 11; *Wedemeyer*, in: Thiele/Pirsch/Wedemeyer, Art. 33, Rn. 1; *Zeyer/Grethel*, in: Wendt/Rixecker, Art. 77 Rn. 2.

48 *Neumann Brem.*, Art. 105 Rn. 4.

Funktion der Ausschüsse ergebenden **Grundsatz der Spiegelbildlichkeit** der Mehrheitsverhältnisse im Ausschuss zu denjenigen im Parlament. Die Verwendung des Begriffes „Mehrheitsverhältnisse" kann allerdings nicht so verstanden werden, dass es nur darauf ankomme, dass die im Plenum regierungstragende(n) Fraktion(en) rechnerisch auch die Mehrheit im jeweiligen Ausschuss haben. Eine derartige Auslegung könnte nämlich zur Folge haben, dass insbesondere kleineren Fraktionen die **Partizipation an der Ausschussarbeit** vorenthalten würde. Dies würde aber der Tatsache nicht gerecht werden, dass in den Ausschüssen maßgebliche Teile parlamentarischer Arbeit geleistet werden. Soweit nicht berücksichtigte Fraktionen Oppositionsstatus hätten, würde damit zugleich der mit Art. 59 besonders hervorgehobenen Bedeutung der **Opposition** und deren **Recht auf Chancengleichheit** (Art. 59 Abs. 2)[49] nicht hinreichend Rechnung getragen. Art. 62 Abs. 1 Satz 2 ist folglich im Sinne der Rechtsprechung des Bundesverfassungsgerichts zu verstehen, dass der Ausschuss ein **verkleinertes Abbild des Parlaments** sein muss.[50] Von einem Abbild kann grundsätzlich aber nur dann die Rede sein, wenn **jede Fraktion** auch **in jedem Ausschuss vertreten** ist.[51] Dieser Lesart entspricht auch die Festlegung in § 9 Abs. 2 und 3 ThürGOLT, wonach die Zusammensetzung der Ausschüsse im Verhältnis der Stärke der einzelnen Fraktionen vorzunehmen ist, wobei zu gewährleisten ist, dass die Mehrheitsverhältnisse in den Ausschüssen der Sitzverteilung im Landtag entsprechen und jede Fraktion in jedem Ausschuss vertreten ist. Von diesem Grundsatz sind **Ausnahmen** denkbar, etwa wenn wirklich **zwingende Gründe des Geheimschutzes** oder der **Arbeits- und Funktionsfähigkeit des Parlaments und seiner Gliede-**

49 Vgl.*David*, Art. 23 Rn. 53; *Scherer*, AöR, 112 (1987), 189 (200); *Schneider*, in: AK-GG, Art. 40 Rn. 9.

50 Vgl.: BVerfGE 80, 188 (222); 112, 118 (133); *Brocker*, in: BK, Art. 40 Rn. 313; *Dicke*, in: Umbach/Clemens, Art. 40 Rn. 44; *Dreier*, JZ 1990, 310 (319); *Hagebölling*, Art. 20 Erl. 1 und 3; *Ipsen*, Art. 20 Rn. 12; *Korbmacher*, in: Driehaus, Art. 44 Rn. 1; *Kretschmer*, in: Schmidt-Bleibtreu/Hofmann/Hopfauf, Art. 43 Rn. 4; *Leisner*, in: Sodan, Art. 40 Rn. 7; *Lemmer*, in: Pfennig/Neumann, Art. 44 Rn. 3; *Lieber*, in: Lieber/Iwers/Ernst, Art. 70 Erl. 2; *Linck*, in: Linck/Jutzi/Hopfe, Art. 62 Rn. 4; *Löwer*, in: Löwer/Tettinger, Art. 30 Rn. 20; *Lontzek*, in: Epping/Butzer, Art. 20 Rn. 21; *Magiera*, in: Sachs, GG, Art. 40 Rn. 17; *Möstl*, in: Lindner/Möstl/Wolff, Art. 20 Rn. 11; *Neumann Brem.*, Art. 105 Rn. 11; *Pieroth*, in: Jarass/Pieroth, Art. 40 Rn. 5; *Reich*, Art. 46 Rn. 2; *Stern*, Bd. II, S. 102; *Thesling*, in: Heusch/Schönenbroicher, Art. 38 Rn. 11; *Versteyl*, in: von Münch/Kunig, Art. 43 Rn. 25; *Wagner*, in: Grimm/Caesar, Art. 79 Rn. 10; *Wedemeyer*, in: Thiele/Pirsch/Wedemeyer, Art. 33 Rn. 2; *Zeyer/Grethel*, in: Wendt/Rixecker, Art. 77 Rn. 3.

51 Vgl.: BVerfGE 70, 324 (363); *Brocker*, in: BK, Art. 40 Rn. 167; *Caspar*, in: Caspar/Ewer/Nolte/Waack, Art. 17 Rn. 12; *David*, Art. 23, Rn. 50; *Dreier*, JZ 1990, 310 (319); *Ipsen*, Art. 20 Rn. 12; *Korbmacher*, in: Driehaus, Art. 44 Rn. 4; *Lemmer*, in: Pfennig/Neumann, Art. 44 Rn. 3; *Lieber*, in: Lieber/Iwers/Ernst, Art. 70 Erl. 2; *Löwer*, in: Löwer/Tettinger, Art. 30 Rn. 20 und 27; *Lontzek*, in: Epping/Butzer, Art. 20 Rn. 18 und 22; *Magiera*, in: Sachs, GG, Art. 40 Rn. 17; *Meissner*, in: Degenhart/Meissner, § 10 Rn. 47; *Möstl*, in: Lindner/Möstl/Wolff, Art. 20 Rn. 11; *Morlok*, in: Dreier, Art. 40 Rn. 30; *Neumann Brem.*, Art. 105 Rn. 7; *Neumann Nds.*, 20 NV, Rn. 8; *Schulze*, in: Simon/Franke/Sachs, § 11, Rn. 28; *Thieme*, Art. 18 Erl. 4; *Zivier*, Rn. 40.6.

rungen ein sehr kleines und daher nicht alle Fraktionen mit Sitz und Stimme berücksichtigendes Gremium erfordern.[52]

18 Zur Frage, inwieweit Zusammenschlüsse von Abgeordneten unterhalb der Fraktionsstärke – sog. **Gruppen** – bei der Ausschussbesetzung zu berücksichtigen sind, enthält die ThürGOLT keine Regelung. Aufgrund des Assoziationsrechts von Abgeordneten ist unter der Voraussetzung einer hinreichenden politischen Homogenität die Möglichkeit einer Gruppenbildung anzuerkennen.[53] Über die Anerkennung hat der Landtag zu befinden. Einer anerkannten Gruppe sollte hinsichtlich der Ausschussbesetzung ein **Partizipationsrecht** in Annäherung an das der Fraktionen jedenfalls dann eingeräumt werden, wenn die Gruppenberücksichtigung nicht zu einer ins Gewicht fallenden Beeinträchtigung der **Arbeits- und Funktionsfähigkeit der Ausschüsse** – z.B. durch eine unverhältnismäßige Ausweitung der Ausschussgröße – führt.[54]

19 Die Notwendigkeit, dass der Ausschuss ein verkleinertes Abbild des Parlaments sein muss, ist nicht nur bei der erstmaligen Ausschussbesetzung zu beachten. Sollte sich im Lauf einer Wahlperiode die Zusammensetzung des Plenums mit Auswirkung auf die Stärkeverhältnisse der Fraktionen ändern, resultiert hieraus die Notwendigkeit einer Evaluation und erforderlichenfalls **Korrektur der** jeweiligen **Ausschussbesetzung.**[55]

20 **2. Rechte einzelner, insbesondere fraktionsloser Abgeordneter.** Bei der Umsetzung des Gebotes der Spiegelbildlichkeit ist auch ohne ausdrückliche Normierung in der Verfassung zu gewährleisten, dass **jeder Abgeordnete an der Ausschussarbeit partizipieren** kann.[56] Diese Notwendigkeit ergibt sich aus dem Umstand der zunehmend erheblichen Bedeutung der Ausschussarbeit für das Gesamtparlament.[57] Außerdem besteht gerade in den Ausschüssen die Chance für den einzelnen Abgeordneten, seine eigenen politischen Vorstellungen in die parlamentarische Willensbildung einfließen zu lassen. Für die Tätigkeit jedes einzelnen Abgeordneten hat die Mitwirkung im Ausschuss daher eine der Mitwirkung

52 Vgl.: BVerfGE 70, 324 (364); 96, 264 (281 f.); *Brocker*, in: BK, Art. 40 Rn. 167; *Burghart*, in: Leibholz/Rinck/Hesselberger, Art. 20 Rn. 217; *Caspar*, in: Caspar/Ewer/Nolte/Waack, Art. 17 Rn. 13; *David,* Art. 23 Rn. 53 f.; *Dreier*, JZ 1990, 310 (319); *Feuchte,* Art. 27 Rn. 32; *Kretschmer*, in: Schmidt-Bleibtreu/Hofmann/Hopfauf, Art. 43 Rn. 6; *Löwer*, in: Löwer/Tettinger, Art. 30 Rn. 20; *Magiera*, in: Sachs, GG, Art. 40 Rn. 17; *Möstl*, in: Lindner/Möstl/Wolff, Art. 20 Rn. 11; *Neumann Brem.*, Art. 105 Rn. 7; *Neumann Nds.*, Art. 20 Rn. 8; *Schmidt*, DÖV 1986, 236 (238); *Zivier*, Rn. 40.6
Diese Gesichtspunkte können im Zweifel nur bei besonders „sensiblen" Gremien, wie etwa der Parlamentarischen Kontrollkommission oder der G-10-Kommission, zum Tragen kommen; vgl. zu den Kommissionen Brenner, Art. 97, Rn. 20 ff.

53 Vgl.: *Klein*, in: Maunz/Dürig, Art. 38 Rn. 267.

54 Vgl.: BVerfGE 84, 304 (323 f.); *Dicke*, in: Umbach/Clemens, Art. 40 Rn. 44; *Klein*, in: Maunz/Dürig, Art. 38 Rn. 268; *Kretschmer*, in: Schmidt-Bleibtreu/Hofmann/Hopfauf, Art. 43 Rn. 4; *Pieroth*, in: Jarass/Pieroth, Art. 40 Rn. 5.

55 Vgl.: *Hagebölling*, Art. 20 Erl. 3; *Lontzek*, in: Epping/Butzer, Art. 20 Rn. 21.

56 Vgl.: BVerfGE 80, 188 (224); *Birk*, NJW 1988, 2521 (2523); *Caspar*, in: Caspar/Ewer/Nolte/Waack, Art. 17 Rn. 23; *David,* Art. 7 Rn. 18; *Kretschmer*, in: Schmidt-Bleibtreu/Hofmann/Hopfauf, Art. 38 Rn. 65; *Lieber*, in: Lieber/Iwers/Ernst, Art. 70 Erl. 2; *Lontzek*, in: Epping/Butzer, Art. 20 Rn. 1; *Menzel*, in: Löwer/Tettinger, Art. 38 Rn. 27; *Morlok*, in: Dreier, Art. 40 Rn. 30; *Morlok*, JZ 1989, 1035 (1038); *Schreiber*, in: Friauf/Höfling, Art. 38 Rn. 120; *Versteyl*, in: von Münch/Kunig, Art. 43 Rn. 18.

57 Vgl.: *Ipsen*, Art. 20 Rn. 13; *Lontzek*, in: Epping/Butzer, Art. 20 Rn. 1; *Reich*, Art. 46 Rn. 2; *Schreiber*, in: Friauf/Höfling, Art. 38 Rn. 120; *Trute*, in: von Münch/Kunig, Art. 38 Rn. 92.

im Plenum vergleichbare Bedeutung. Folglich darf ein Abgeordneter nicht ohne wichtige, am Verfassungsrechtsgut der **Funktionsfähigkeit des Parlaments** ausgerichtete Gründe von jeglicher Mitarbeit in den Ausschüssen ausgeschlossen werden.[58]

Die Partizipationsmöglichkeit wird bei fraktionsgebundenen Abgeordneten grundsätzlich über die entsprechende Berücksichtigung der jeweiligen Fraktion bei der Ausschussbesetzung realisiert. Bei **fraktionslosen Abgeordneten** ist es seit dem Wüppesahl-Urteil des Bundesverfassungsgerichts anerkannt, dass diesen zumindest jeweils in einem Ausschuss die **Mitgliedschaft mit Rede- und Antragsrecht** ermöglicht werden muss. Die Einräumung eines – in der Regel überproportional wirkenden – **Stimmrechts** ist hingegen **nicht geboten.**[59] Ebenso wenig besteht ein Anspruch, einem bestimmten Ausschuss oder mehreren Ausschüssen anzugehören. Die Auswahl des Ausschusses obliegt dem Landtag oder einer seiner Organteile, z.B. dem Ältestenrat. Bei der Auswahl sollte – soweit möglich – fachliches Interesse und sachliche Qualifikation des betroffenen Abgeordneten berücksichtigt werden.[60] 21

3. Größe der Ausschüsse. Bei der Festlegung der Ausschussgröße hat der Landtag die sich aus Art. 62 Abs. 1 Satz 2 und § 9 Abs. 2 und 3 ThürGOLT ergebenden Vorgaben zu berücksichtigen.[61] § 9 ThürGOLT gestaltet das **Gebot der Spiegelbildlichkeit** geschäftsordnungsrechtlich näher aus. Dabei kommt regelmäßig das d'hondtsche Höchstzahlverfahren zur Anwendung. Andere **Verteilungsverfahren** – wie etwa die ebenso anerkannten Verfahren nach Hare/Niemeyer oder nach Sainte-Lague/Schepers – können allerdings aufgrund der Befugnis des Landtags zur Abweichung von der Geschäftsordnung im Einzelfall nach § 120 ThürGOLT ebenfalls der Festlegung der Ausschussgröße zugrunde gelegt werden. Dies kann in Abhängigkeit von der in jeder Wahlperiode unterschiedlichen Zusammensetzung des Parlaments insbesondere dann in Betracht kommen, wenn mittels eines anderen Verfahrens die weiteren Vorgaben – jede Fraktion soll in jedem Ausschuss vertreten sein und ein Ausschuss soll aus möglichst wenigen Abgeordneten bestehen – besser umgesetzt werden können. 22

4. Benennung, Wahl und Abberufung der Ausschussvorsitzenden. Art. 62 enthält hierzu keine Vorgaben. Nach § 71 Abs. 1 ThürGOLT bestimmen die Fraktionen der Reihe nach die Ausschüsse, deren Vorsitzende sie stellen wollen; im 23

58 Vgl.: *Ipsen*, Art. 20 Rn. 13; *Korbmacher*, in: Driehaus, Art. 44 Rn. 1; *Neumann Brem.*, Art. 105 Rn. 11; *Reich*, Art. 46 Rn. 2.

59 Vgl.: BVerfGE 80, 188 (224); *Burghart*, in: Leibholz/Rinck/Hesselberger, Art. 38 Rn. 606; *Caspar*, in: Caspar/Ewer/Nolte/Waack, Art. 17 Rn. 24; *David,* Art. 7 Rn. 18; *Dicke*, in: Umbach/Clemens, Art. 40 Rn. 47; *Ipsen*, Art. 20 Rn. 13; *Klein*, in: Maunz/Dürig, Art. 40 Rn. 132; *Korbmacher*, in: Driehaus, Art. 44 Rn. 5; *Kretschmer*, in: Schmidt-Bleibtreu/Hofmann/Hopfauf, Art. 38 Rn. 65; *Lemmer*, in: Pfennig/Neumann, Art. 44 Rn. 3; *Linck*, in: Linck/Jutzi/Hopfe, Art. 62 Rn. 4; *Neumann Brem.*, Art. 105 Rn. 12; *Neumann Nds.*, Art. 20 Rn. 13; *Pieroth*, in: Jarass/Pieroth, Art. 40 Rn. 5; *Reich*, Art. 46 Rn. 2; *Thesling*, in: Heusch/Schönenbroicher, Art. 38 Rn. 11; a.A. *Trute*, in: von Münch/Kunig, Art. 38 Rn. 92; *Wedemeyer*, in: Thiele/Pirsch/Wedemeyer, Art. 33 Rn. 3; *Zeyer/Grethel*, in: Wendt/Rixecker, Art. 77 Rn. 3; *Zivier*, Rn. 40.6.

60 Vgl.: *Birk*, NJW 1988, 2521 (2523); *Burghart*, in: Leibholz/Rinck/Hesselberger, Art. 38 Rn. 607; *Kretschmer*, in: Schmidt-Bleibtreu/Hofmann/Hopfauf, Art. 38 Rn. 65; *Neumann Brem.*, Art. 105 Rn. 12; *Neumann Nds.*, Art. 20 Rn. 13; *Thesling*, in: Heusch/Schönenbroicher, Art. 38 Rn. 11.

61 Vgl.: *Lieber*, in: Lieber/Iwers/Ernst, Art. 70 Erl. 2; *Korbmacher*, in: Driehaus, Art. 44 Rn. 8.

Streitfall richtet sich die Reihenfolge nach § 9 Abs. 2 und 3 ThürGOLT. Nach § 73 Abs. 1 Satz 2 ThürGOLT werden die von der jeweiligen Fraktion vorgeschlagenen Vorsitzenden vom Ausschuss gewählt, wobei der Kandidat der **vorschlagsberechtigten Fraktion** nur aus wichtigem Grund abgelehnt werden darf. Nach § 71 Abs. 3 ThürGOLT ist eine **Abberufung des Ausschussvorsitzenden** auf Antrag von mindestens einem Drittel der Ausschussmitglieder mit Zweidrittelmehrheit der Mitglieder des Ausschusses möglich.[62] Nach § 71 Abs. 2, § 73 Abs. 1 Satz 2 und § 71 Abs. 3 ThürGOLT gilt das für die Vorsitzenden Gesagte für deren Stellvertreter entsprechend. Nach § 71 Abs. 2 Satz 2 ThürGOLT darf der **Stellvertreter** allerdings nicht derselben Fraktion angehören, wie der Vorsitzende.

24 **5. Benennung und Rückruf von Ausschussmitgliedern.** Art. 62 enthält hierzu ebenfalls keine Vorgaben. Nach § 72 Abs. 1 ThürGOLT **benennen die Fraktionen die Ausschussmitglieder** und eine entsprechende Anzahl Stellvertreter. Nach § 72 Abs. 4 ThürGOLT können sich die Ausschussmitglieder bei Verhinderung der benannten Stellvertreter im Einzelfall von anderen Mitgliedern ihrer Fraktion vertreten lassen. Die Modalitäten eines **Rückrufs eines Ausschussmitglieds** regelt auch die Geschäftsordnung nicht; § 72 Abs. 3 ThürGOLT fordert lediglich, den Wechsel von Ausschussmitgliedern dem Landtagspräsidenten schriftlich mitzuteilen. Ungeachtet des Fehlens einer ausdrücklichen Regelung muss den Fraktionen als actus contrarius zur Benennung grundsätzlich auch ein **Abberufungsrecht** zustehen.[63] Ein **Rückruf mit Zustimmung** des Betroffenen ist unproblematisch. Ein **Rückruf ohne** dessen **Zustimmung** dürfte hingegen nur bei Vorliegen gewichtiger sachlicher Gründe zulässig sein. Nach überwiegender Auffassung ist dies der Fall,

- wenn sich die Zusammensetzung des Landtags oder die Größe des Ausschusses verändert hat und daher eine Korrektur der Ausschusszusammensetzung erforderlich ist oder
- wenn der Betroffene aufgrund Ausschlusses oder Austritts nicht mehr Mitglied der entsprechenden Fraktion ist.[64]

Streitig ist, ob z.B. schwere Verfehlungen im Rahmen der Ausschusstätigkeit, wie etwa Verstöße gegen Geheimhaltungsvorschriften, nachhaltige Befangenheit

---

62 Vgl.: *Thesling*, in: Heusch/Schönenbroicher, Art. 38 Rn. 11.

63 Vgl.: *Caspar*, in: Caspar/Ewer/Nolte/Waack, Art. 17 Rn. 29; *David,* Art. 23 Rn. 50; *Demmler*, S. 371; *Hagebölling*, Art. 20 Erl. 3; a.A. *Hölscheidt*, Das Recht der Parlamentsfraktionen, S. 465; *Hölscheidt*, DVBl. 1989, 291 (295); *Kasten*, Ausschussorganisation und Ausschussrückruf, S. 174; *Lontzek*, in: Epping/Butzer, Art. 20 Rn. 27; *Morlok*, JZ 1989, 1035 (1042); a.A. *Schreiber*, in: Friauf/Höfling, Art. 38 Rn. 113; *Thieme*, Art. 18 Erl. 4.

64 Vgl.: BVerfGE 80, 188 (233); *Achterberg/Schulte*, in: von Mangoldt/Klein/Starck, Art. 38 Abs. 1 Rn. 43 ff.; a.A. *Becker,* ZParl 1984, 24 (28); *Burghart*, in: Leibholz/Rinck/Hesselberger, Art. 38 Rn. 610; *Caspar*, in: Caspar/Ewer/Nolte/Waack, Art. 17 Rn. 29; *Demmler*, S. 373; *Hagebölling*, Art. 20 Erl. 3; *Hölscheidt*, Das Recht der Parlamentsfraktionen, S. 467; *Hölscheidt*, DVBl. 1989, 291 (295); *Kasten*, Ausschussorganisation und Ausschussrückruf, S. 185 ff.; a.A. *Klein*, DÖV 1972, 329 ff.; *Lieber*, in: Lieber/Iwers/Ernst, Art. 70 Erl. 3; *Löwer*, in: Löwer/Tettinger, Art. 30 Rn. 70; *Lontzek*, in: Epping/Butzer, Art. 20 Rn. 27; *Morlok*, in: Dreier, Art. 38 Rn. 186; *Neumann Brem.*, Art. 105 Rn. 9; *Neumann Nds.*, Art. 20 Rn. 10; *Schreiber*, in: Friauf/Höfling, Art. 38 Rn. 113; *Trute*, in: von Münch/Kunig, Art. 38 Rn. 91; a.A. *Weiler*, DÖV 1973, 231 (232 ff.).

oder dauerhafte Erkrankung einen Rückruf rechtfertigen können.[65] Hier dürfte im Einzelfall eine gründliche Abwägung der Teilhaberechte des Betroffenen[66] mit den Verfassungsrechtsgütern der **Arbeits- und Funktionsfähigkeit des Parlaments und seiner Gliederungen** erforderlich sein. Ein Rückruf zur Durchsetzung **strikter Fraktionsdisziplin** ist hingegen unzulässig, weil mit der **Freiheit des Mandats** nicht vereinbar.[67]

IV. Aufgaben und Befugnisse der Ausschüsse (Abs. 1 Satz 1)

1. Pflichtaufgaben. Nach Art. 62 Abs. 1 Satz 1 besteht die **Pflichtaufgabe**, die 25
Verhandlungen und Beschlüsse des Landtags im Rahmen seiner Kompetenzen im Verhältnis zu den anderen Gewalten des Freistaats, aber auch zum Bund vorzubereiten.[68] Diese Pflichtaufgabe ist geschäftsordnungsrechtlich näher ausgestaltet. Vorlagen nach § 50 ThürGOLT werden nach § 56 ThürGOLT in einer ersten Grundsatzberatung des Plenums in die Ausschüsse überwiesen und dort detailliert beraten. Nach § 74 Abs. 1 ThürGOLT haben die Ausschüsse die überwiesenen Aufgaben unverzüglich zu erledigen, wobei Gesetzentwürfe Vorrang haben.[69] Im Ergebnis der Ausschussberatungen sind **Beschlussempfehlungen** abzugeben. Mit der Beschlussempfehlung werden dem Plenum Vorschläge unterbreitet, ob die Initiative abgelehnt oder – gegebenenfalls mit welchen Änderungen – angenommen werden sollte. Zusätzlich zur Beschlussempfehlung erfolgt nach § 77 ThürGOLT ein in der Regel mündlicher **Bericht** über die wesentlichen Ansichten des – federführenden – Ausschusses sowie die Stellungnahmen der Minderheit und der gegebenenfalls beteiligten Ausschüsse; im Falle durchgeführter Anhörungen sollen auch die wesentlichen Ansichten der Auskunftspersonen wiedergegeben werden.

2. Weitere Aufgaben, insbesondere im Rahmen des Selbstbefassungsrechts. 26
Wie sich bereits aus der Entstehungsgeschichte des Art. 62 ergibt, ist die dort enthaltene Beschreibung der Ausschussaufgaben nicht als abschließende Bestimmung zu verstehen.[70] Vielmehr hat der Gesetz- und Geschäftsordnungsgeber die Möglichkeit, den Ausschüssen weitere Aufgaben zuzuweisen. Von dieser Möglichkeit ist mit § 74 Abs. 2 und 3 ThürGOLT Gebrauch gemacht worden.

§ 74 Abs. 2 ThürGOLT regelt das so genannte **Selbstbefassungsrecht** der Aus- 27
schüsse. Dabei handelt es sich um die Kompetenz, sich auf Antrag eines Ausschussmitglieds oder einer Fraktion mit Unterstützung eines Drittels der Aus-

65 Vgl.: *Becker,* ZParl 1984, 24 (28 f.); *Hagebölling*, Art. 20 Erl. 3; *Hölscheidt*, Das Recht der Parlamentsfraktionen, S. 468; *Lieber*, in: Lieber/Iwers/Ernst, Art. 70 Erl. 3; *Lontzek*, in: Epping/Butzer, Art. 20 Rn. 27; *Neumann Nds.*, Art. 20 Rn. 10; *Trute*, in: von Münch/Kunig, Art. 38 Rn. 91.

66 Vgl. zum Statusrecht von Abgeordneten: Linck, Art. 53, Rn. 31 ff.

67 Vgl.: *Becker,* ZParl 1984, 24 (28); *Birk*, NJW 1988, 2521 (2523); *Demmler*, S. 371; a.A. *Hagebölling*, Art. 20 Erl. 3; a.A. *Henke*, in: BK, Art. 21 Rn. 137 f.; *Hölscheidt*, Das Recht der Parlamentsfraktionen, S. 466; *Hölscheidt*, DVBl. 1989, 291 (295); *Lieber*, in: Lieber/Iwers/Ernst, Art. 70 Erl. 3; a.A. *Löwer*, in: Löwer/Tettinger, Art. 30 Rn. 70; *Lontzek*, in: Epping/Butzer, Art. 20 Rn. 27; a.A. *Morlok*, in: Dreier, Art. 38 Rn. 186; *Neumann Nds.*, Art. 20 Rn. 10; a.A. *Thesling*, in: Heusch/Schönenbroicher, Art. 30 Rn. 21; a.A. *Trute*, in: von Münch/Kunig, Art. 38 Rn. 91.

68 Vgl.: *Badura*, S. 559; *Klein*, in: Maunz/Dürig, Art. 40 Rn. 135.

69 Vgl.: *Caspar*, in: Caspar/Ewer/Nolte/Waack, Art. 17 Rn. 36; *David,* Art. 23 Rn. 64.

70 Vgl.: *Linck*, in: Linck/Jutzi/Hopfe, Art. 62 Rn. 6.

schussmitglieder auch mit nicht überwiesenen Angelegenheiten zu befassen.[71] Nach § 74 Abs. 4 ThürGOLT sind allerdings hierbei **Anträge zur Sache** nicht zulässig. Nach außen gerichtete **Beschlüsse** dürfen ebenfalls nicht gefasst werden.[72] Eine Selbstbefassung darf im Übrigen nach § 74 Abs. 2 Satz 1 ThürGOLT nur erfolgen, soweit die Angelegenheit – unter Berücksichtigung der von den Landtagskompetenzen abgeleiteten Ausschusskompetenzen – zum Aufgabenbereich des jeweiligen Ausschusses gehört und die ordnungsgemäße Erledigung der Pflichtaufgaben nicht beeinträchtigt wird. Vom Selbstbefassungsrecht wird in der parlamentarischen Praxis aufgrund der regelmäßig nicht unerheblichen politischen Wirkung zunehmend Gebrauch gemacht.[73]

28 Nach § 74 Abs. 3 ThürGOLT können sich die Ausschüsse auch mit Angelegenheiten ihres Aufgabenbereichs befassen, mit denen die Landesregierung oder der zuständige Minister an sie herantritt.

29 **3. Befugnis zu rechtsverbindlichen Beschlüssen anstelle des Plenums.** Angesichts des von Art. 62 vorgegebenen plenumsvorbereitenden Charakters der Ausschusstätigkeit stellt sich die Frage, ob und gegebenenfalls unter welchen Voraussetzungen **Ausschüsse anstelle des Plenums rechtsverbindliche Beschlüsse fassen** können.[74] Für einen Teilbereich – die Entscheidungen in Immunitätsangelegenheiten – enthält Art. 55 Abs. 4 eine ausdrückliche verfassungsrechtliche Ermächtigung, von der mit § 104 ThürGOLT Gebrauch gemacht worden ist. Das Schweigen der Verfassung im Übrigen kann mit Blick auf die Entstehungsgeschichte des Art. 62 nicht als ein Ausschluss jeglicher weiterer Entscheidungsdelegation gewertet werden.[75] Für die Thüringer Verfassungsrechtslage verdient daher der in der Literatur zur Frage der Zulässigkeit einer Entscheidungsdelegation vertretene vermittelnde Standpunkt den Vorzug. Danach können wesentliche Entscheidungen – dazu zählen unter anderem die Wahl des Ministerpräsidenten, das konstruktive Misstrauensvotum, Gesetzesbeschlüsse – nur vom Plenum getroffen werden. **Weniger wichtige Beschlüsse** sind hingegen **grundsätz-**

---

71 Vgl.: *Berg*, in: BK, Art. 45 a Rn. 28; *Caspar*, in: Caspar/Ewer/Nolte/Waack, Art. 17 Rn. 37, *David*, Art. 23 Rn. 56; *Edinger*, in: Grimm/Caesar, Art. 85 Rn. 10; *Hagebölling*, Art. 20 Erl. 1; *Ipsen*, Art. 20 Rn. 9; *Klein*, in: Maunz/Dürig, Art. 40 Rn. 135 f.; *Kretschmer*, in: Schmidt-Bleibtreu/Hofmann/Hopfauf, Art. 43 Rn. 8; *Lemmer*, in: Pfennig/Neumann, Art. 44 Rn. 2; *Lieber*, in: Lieber/Iwers/Ernst, Art. 70 Erl. 5; *Linck*, in: Linck/Jutzi/Hopfe, Art. 62 Rn. 6; *Löwer*, in: Löwer/Tettinger, Art. 30 Rn. 19; *Lontzek*, in: Epping/Butzer, Art. 20 Rn. 13; *Magiera*, in: Sachs, GG, Art. 40 Rn. 18; *Schneider*, in: AK-GG, Art. 40 Rn. 9; *Schneider/Zeh*, § 40, Rn. 38; *Schulze*, in: Simon/Franke/Sachs, § 11, Rn. 27; *Thesling*, in: Heusch/Schönenbroicher, Art. 38 Rn. 12; *Vetter*, S. 125.

72 Vgl.: *Klein*, in: Maunz/Dürig, Art. 40 Rn. 135; *Kretschmer*, in: Schmidt-Bleibtreu/Hofmann/Hopfauf, Art. 43 Rn. 8; *Linck*, in: Linck/Jutzi/Hopfe, Art. 62 Rn. 6; *Magiera*, in: Sachs, GG, Art. 40 Rn. 18; *Pieroth*, in: Jarass/Pieroth, Art. 40 Rn. 4; *Schneider/Zeh*, § 40, Rn. 38; *Vetter*, S. 127.

73 Vgl.: *Linck*, in: Linck/Jutzi/Hopfe, Art. 62, Rn. 6; *Schneider/Zeh*, § 40, Rn. 39.

74 Vgl.: BVerfGE 44, 308 (317); *Achterberg/Schulte*, in: von Mangoldt/Klein/Starck, Art. 40 Abs. 1 Rn. 16; *Caspar*, in: Caspar/Ewer/Nolte/Waack, Art. 17 Rn. 2; *David,* Art. 23 Rn. 57; *Feuchte,* Art. 27 Rn. 33; *Franke*, in: Grimm/Caesar, Art. 107 Rn. 10; *Hagebölling*, Art. 20 Erl. 1; *Ipsen*, Art. 20 Rn. 7; *Kretschmer*, in: Schmidt-Bleibtreu/Hofmann/Hopfauf, Art. 43 Rn. 8; *Leisner*, in: Sodan, Art. 40 Rn. 7; *Löwer*, in: Löwer/Tettinger, Art. 30 Rn. 18; *Lontzek*, in: Epping/Butzer, Art. 20 Rn. 13; *Magiera*, in: Sachs, GG, Art. 40 Rn. 18; *Möstl*, in: Lindner/Möstl/Wolff, Art. 20 Rn. 11; *Pieroth*, in: Jarass/Pieroth, Art. 40 Rn. 4; *Schneider*, in: AK-GG, Art. 40 Rn. 9.

75 Vgl.: *Linck*, in: Linck/Jutzi/Hopfe, Art. 62 Rn. 8.

lich delegationsfähig.[76] Bei der Entscheidung hierüber ist dem Gesichtspunkt der Funktionalität besondere Beachtung zu schenken. Bei der **Delegation in Haushaltsangelegenheiten** sind zudem der **Budgethoheit des Parlaments** und den insoweit besonders wichtigen **Mitwirkungsrechten jedes einzelnen Abgeordneten** Rechnung zu tragen (Plenarvorbehalt).[77]

In der parlamentarischen Praxis sind Entscheidungsbefugnisse des Plenums – wie oben bereits erwähnt – an den Justizausschuss in Immunitätsangelegenheiten, an den Europaausschuss im Rahmen des Subsidiaritätsfrühwarnsystems sowie an den Haushalts- und Finanzausschuss in ausgewählten Haushaltsangelegenheiten delegiert worden.[78] 30

V. Regelungen zur Tätigkeit der Ausschüsse, insbesondere Grundsatz der Nichtöffentlichkeit

1. Grundsatz der Nichtöffentlichkeit der Ausschusssitzungen (Abs. 2), Ausnahmen. Nach Art. 62 Abs. 2 sind die **Ausschusssitzungen „in der Regel" nicht öffentlich**. Diese Vorgabe gestalten § 78 Abs. 1 iVm § 111 Abs. 2 und § 112 Abs. 2 sowie § 78 Abs. 2 ThürGOLT näher aus. 31

Nach § 78 Abs. 1 ThürGOLT ist bei nichtöffentlichen Sitzungen nicht nur die allgemeine Öffentlichkeit ausgeschlossen, sondern auch die **Teilnahme von Fraktionsmitarbeitern** auf je einen Mitarbeiter jeder Fraktion, bei Haushaltsberatungen auf jeweils zwei Mitarbeiter, begrenzt. Dem Ausschuss steht in engen Grenzen zur Aufrechterhaltung seiner Arbeits- und Funktionsfähigkeit die Befugnis zu, einzelne Fraktionsmitarbeiter von der Teilnahme an nichtöffentlichen Sitzungen auszuschließen.[79] Die Teilnahme von Mitarbeitern der Landtagsverwaltung ist in der Geschäftsordnung nicht ausdrücklich geregelt. Sie wird als Selbstverständlichkeit vorausgesetzt (vgl. z.B. § 80 ThürGOLT zur Erstellung von Sitzungsprotokollen). Wie viel Mitarbeiter der Landtagsverwaltung an einer Sitzung teilnehmen, hängt von den Erfordernissen des Einzelfalls ab; die Mindestbesetzung dürfte in der Regel aus zwei Personen, dem für die Beratung des Ausschussvorsitzenden verantwortlichen Ausschussreferenten und dem für die Protokollierung zuständigen Mitarbeiter, bestehen. **Grundsätzlich teilnahmeberechtigt** sind nach § 111 Abs. 2, § 112 Abs. 2 ThürGOLT auch der **Präsident** oder ein von ihm beauftragtes Mitglied des Kollegiums **des Rechnungshofs** so-

---

76 Vgl.: *Berg*, in: BK, Art. 45 a Rn. 61; *Berg*, Der Staat, 9 (1970), 21 (34); *Braun*, Art. 27 Rn. 15; *Braun*, Art. 34 Rn. 26; *Caspar*, in: Caspar/Ewer/Nolte/Waack, Art. 17 Rn. 35; *David*, Art. 23 Rn. 58; *Kasten*, DÖV 1985, 222 (225); *Klein*, in: Maunz/Schmidt-Bleibtreu, § 6 Rn. 3; *Kewenig*, S. 45 ff., insb. 47; *Lieber*, in: Lieber/Iwers/Ernst, Art. 70 Erl. 5; *Linck*, in: Linck/Jutzi/Hopfe, Art. 62 Rn. 8; *Möstl*, in: Lindner/Möstl/Wolff, Art. 20 Rn. 11; *Neumann Brem.*, Art. 105 Rn. 17; *Neumann Nds.*, Art. 20 Rn. 16; *Schneider/Zeh*, § 9, Rn. 97; *Schwerin*, Beiträge zum Parlamentsrecht, 44 (1998), S. 169 ff., insb. 175; *Thieme*, Art. 18 Erl. 4; *Wiefelspütz*, ZParl 2012, 227 (235).

77 Vgl.: BVerfGE 70, 324 (356); 129, 124 (179); 130, 318 (342, 344 f., 347 ff.); BVerfG, 2 BvR 1390/12 vom 12.09.2012, Absatz-Nr. 210 ff. http://www.bverfg.de/entscheidungen/rs20120912 2bvr139012.html; *Berg*, in: BK, Art. 45 a Rn. 62; *Braun*, Art. 27 Rn. 15; *Heintzen*, in: von Münch/Kunig, vor Art. 110 – 115 Rn. 13 f.; *Heun*, in: Dreier, Art. 110 Rn. 40; *Hillgruber*, in: von Mangoldt/Klein/Starck, Art. 110 Abs. 2 Rn. 72 f.; *Kasten*, DÖV 1985, 222 (225 f.); *Moeser*, Schriften zum öffentlichen Recht, 350 (1978), S. 170 ff.; *Schwerin*, Beiträge zum Parlamentsrecht, 44 (1998), S. 166; *Siekmann*, in: Sachs, GG, Art. 110 Rn. 92; *Thieme*, Art. 18 Erl. 4; *Wiefelspütz*, ZParl 2012, 227 ff.

78 Vgl. hierzu: § 78 Abs. 3 a ThürGOLT.

79 Vgl.: ThürVerfGH,: LVerfGE 11, 504.

wie **der Datenschutzbeauftragte** oder sein Stellvertreter; ein Ausschluss von der Sitzungsteilnahme kann mit Zweidrittelmehrheit beschlossen werden. Dem Ausschuss nicht angehörende Abgeordnete können – im Regelfall als Zuhörer – ohne Begrenzung teilnehmen.

Nach § 78 Abs. 2 ThürGOLT dürfen **Beratungsgegenstand und -ergebnis nichtöffentlicher Sitzungen** der Presse und anderen Außenstehenden mitgeteilt werden, nicht jedoch die **Äußerungen einzelner Sitzungsteilnehmer** und das **Abstimmungsverhalten** einzelner Abgeordneter. Damit hat der Geschäftsordnungsgeber die vom Verfassungsgeber mit Art. 62 Abs. 2 verfolgte Intention aufgegriffen, den Ausschussmitgliedern in nichtöffentlicher Sitzung ein Podium für freie, spontane Meinungsäußerungen zu geben. In der parlamentarischen Praxis werden diese Meinungsäußerungen natürlich von Vorberatungen in den Fraktionen und den Facharbeitskreisen vorgeprägt. Gleichwohl kann der Diskurs im Ausschuss bei einer offenen Darlegung der unterschiedlichen Sachstandpunkte zum Überdenken der „Fraktionslinie" führen. Geschieht dies in nichtöffentlicher Sitzung ist das Risiko eines Gesichtsverlusts deutlich reduziert, was die Bereitschaft zu Kompromissen durchaus befördern kann.[80]

32 Vom Grundsatz der Nichtöffentlichkeit gibt es **Ausnahmen**; die Geschäftsordnung kennt sowohl die vertraulichen als auch die öffentlichen Ausschusssitzungen.

33 Nach § 78 Abs. 5 Satz 1 ThürGOLT beschließen die Ausschüsse die **Vertraulichkeit** ihrer Beratungen, soweit dies zum Schutz der Grundrechte oder wegen sonstiger Geheimhaltungsbestimmungen geboten ist. Die Ausschüsse haben hierbei kein freies Ermessen. Nach § 75 Abs. 5 Satz 2 und Abs. 6 ThürGOLT ist sowohl der Kreis der Teilnahmeberechtigten als auch der Umfang der Möglichkeiten einer Information an Nichtteilnehmer der Sitzung nochmals deutlich eingeschränkt.

34 Nach § 78 Abs. 3 – 4 ThürGOLT sind auch **öffentliche Ausschusssitzungen** teilweise möglich, teilweise sogar zwingend vorgeschrieben. Im Ergebnis einer Novellierung der Geschäftsordnung fordert § 78 Abs. 3 a ThürGOLT zwingend die Beratung einer Reihe von Gegenständen in öffentlicher Sitzung (Angelegenheiten nach § 52 Abs. 3 ThürGOLT; § 53 ThürGOLT; §§ 54 – 54 b ThürGOLT; § 86 Abs. 3 Satz 1 ThürGOLT; § 106 Abs. 1 iVm § 86 Abs. 2 Satz 3 ThürGOLT; § 36 Satz 2 iVm § 22 Satz 3, § 64 Abs. 2 Satz 1, § 65 Abs. 7 S. 1 ThürLHO; § 42 Abs. 1 Satz 2 ThürLHO; § 60 Satz 2 ThürSchulG und § 26 ThürFSG).

35 § 78 Abs. 3 a ThürGOLT ist Ausdruck zum einen der immer weiter zunehmenden Bedeutung der Ausschüsse in einem arbeitsteilig organisierten Parlament und zum anderen der wachsenden Erkenntnis, dass diese Entwicklung mit Rücksicht auf das für den Landtag nach Art. 60 Abs. 1 geltende **Prinzip der Parlamentsöffentlichkeit** mit einer „Öffnung" der Ausschusstätigkeit einhergehen muss. Ohnehin wäre ein restriktives Verständnis des Art. 62 Abs. 2 vor dem Hintergrund des Art. 60 Abs. 1 zumindest problematisch. In der Literatur mehren sich die Stimmen, die auch bei der Ausschussarbeit mehr Öffentlichkeit fordern. Richtigerweise verweisen sie darauf, dass in modern organisierten Parla-

80 Vgl.: *Dicke*, in: Umbach/Clemens, Art. 42 Rn. 11; *Klein*, in: Maunz/Dürig, Art. 40 Rn. 127; *Kretschmer*, in: Schmidt-Bleibtreu/Hofmann/Hopfauf, Art. 42 Rn. 8; *Lontzek*, in: Epping/Butzer, Art. 20 Rn. 33; *Morlok*, in: Dreier, Art. 42 Rn. 24; *Versteyl*, in: von Münch/Kunig, Art. 42 Rn. 6; *Wedemeyer*, in: Thiele/Pirsch/Wedemeyer, Art. 33 Rn. 6.

menten die Gesetzgebungsarbeit maßgeblich in den Ausschüssen geleistet wird und bereits deswegen das einer Demokratie wesensimmanente Prinzip von **Transparenz** für und **Kontrolle durch die Öffentlichkeit** auch in diesem wichtigen Teilbereich parlamentarischer Arbeit gelten muss.[81] Bei angemessener Berücksichtigung beider Grundsatzentscheidungen des Verfassungsgebers – der in Art. 62 Abs. 2 und der in Art. 60 Abs. 1 – und den tatsächlichen Verhältnissen in der Verfassungswirklichkeit wird man den Grundsatz der Nichtöffentlichkeit nach Art. 62 Abs. 2 so auszulegen haben, dass der Geschäftsordnungsgeber einen relativ weiten **Gestaltungsspielraum für Ausnahmen** im Sinne von mehr Öffentlichkeit hat. Die Regelungen in § 78 Abs. 3 – 4 ThürGOLT bewegen sich zweifelsohne innerhalb dieses Gestaltungsspielraums. Mit Rücksicht auf Art. 60 Abs. 1 ist die **Öffentlichkeit der Ausschusssitzungen** jedenfalls dann **zwingend, wenn** die parlamentarischen Beratungen ausschließlich in den Ausschüssen erfolgen und die **Ausschüsse anstelle des Parlaments entscheiden.**[82] Dies gilt allerdings dann nicht, wenn ein Ausnahmen von Art. 60 Abs. 1 rechtfertigender Tatbestand vorliegt (vgl. dazu Linck, Art. 60, Rn. 34 ff.). Teilweise wird ein Gebot zu öffentlichen Ausschusssitzungen auch dann angenommen, wenn sich Ausschüsse im Rahmen ihres **Selbstbefassungsrecht**s mit Angelegenheiten beschäftigen, die normalerweise Sache des Plenums wären.[83]

2. Zitier- und Fragerecht nach Art. 66 und 67. Weitere verfassungsrechtliche Bestimmungen zur Arbeit der Ausschüsse enthalten Art. 66 und 67. Nach Art. 66 Abs. 1 können auch die Ausschüsse die Anwesenheit jedes Mitglieds der Landesregierung verlangen und nach Art. 67 Abs. 2 besteht für jedes Ausschussmitglied der Anspruch, dass die Landesregierung – unter Beachtung des Art. 67 Abs. 3 – dem Ausschuss zum Gegenstand seiner Beratung Auskünfte erteilt. Zu den näheren Einzelheiten vgl. Linck, Art. 66, Rn. 10 ff. sowie Art. 67, Rn. 38 ff. 36

3. Verfahrensregelungen nach der ThürGOLT. Der **Verfahrensablauf** der Ausschussarbeit ist im Übrigen in den §§ 70 ff. ThürGOLT, insbesondere in den §§ 73, 75 – 77 und 79 – 81 ThürGOLT geregelt. Die Regelungen betreffen unter anderem die Einberufung von Sitzungen, deren Vorbereitung und Leitung einschließlich der Ordnungsgewalt, die Beschluss- und Beratungsfähigkeit, das Antragswesen, die Einsetzung von Unterausschüssen, Anhörungsverfahren, die Protokollierung von Sitzungen in Abhängigkeit von der Sitzungsart (öffentlich, nichtöffentlich oder vertraulich), die Beteiligung mehrerer Ausschüsse und die Berichterstattung gegenüber dem Plenum. 37

---

81 Vgl.: BVerfGE 40, 296 (327); *Achterberg/Schulte*, in: von Mangoldt/Klein/Starck, Art. 42 Abs. 1 Rn. 10 und 14; *Braun*, Art. 34 Rn. 23; *Caspar*, in: Caspar/Ewer/Nolte/Waack, Art. 17 Rn. 43; *David*, Art. 21 Rn. 14 ff.; *Dicke*, in: Umbach/Clemens, Art. 42 Rn. 11; a.A. *Hagebölling*, Art. 22 Erl. 2; *Klein*, in: Maunz/Dürig, Art. 42 Rn. 37 ff., insb. 43, 45; a.A. *Kretschmer*, in: Schmidt-Bleibtreu/Hofmann/Hopfauf, Art. 42 Rn. 8; *Möstl*, in: Lindner/Möstl/Wolff, Art. 22 Rn. 4; *Morlok*, in: Dreier, Art. 42 Rn. 24; *Versteyl*, in: von Münch/Kunig, Art. 42 Rn. 6; a.A. *Wedemeyer*, in: Thiele/Pirsch/Wedemeyer, Art. 33 Rn. 6.

82 Vgl.: *Catrein/Flasche*, in: Wendt/Rixecker, Art. 72 Rn. 9; *Edinger*, in: Grimm/Caesar, Art. 86 Rn. 4; *Feuchte*, Art. 33 Rn. 3 und 6; *Klein*, in: Maunz/Dürig, Art. 42 Rn. 46; *Linck*, in: Linck/Jutzi/Hopfe, Art. 62 Rn. 9; *Pieroth*, in: Jarass/Pieroth, Art. 42 Rn. 1.

83 Vgl.: *Edinger*, in: Grimm/Caesar, Art. 86 Rn. 4; *Klein*, in: Maunz/Dürig, Art. 42 Rn. 46; *Lieber*, in: Lieber/Iwers/Ernst, Art. 70 Erl. 4; *Linck*, in: Linck/Jutzi/Hopfe, Art. 62 Rn. 9; *Versteyl*, in: von Münch/Kunig, Art. 42 Rn. 9.

VI. Ende der Tätigkeit der Ausschüsse

38 Art. 62 enthält keine ausdrückliche Regelung zum **Ende der Tätigkeit der Ausschüsse.** Mit Rücksicht auf den **Grundsatz der institutionellen Diskontinuität** bestimmt § 119 Abs. 2 ThürGOLT, dass die Tätigkeit der Ausschüsse mit Ablauf der Wahlperiode endet.[84] Nach Art. 50 Abs. 3 Satz 1 endet die Wahlperiode mit dem Zusammentritt des neuen Landtags (vgl. hierzu Dette, Art. 50, Rn 8 ff.). Folglich bleiben die Ausschüsse des „alten" Landtags bis zur Konstituierung des neuen Landtags im Amt. Unabhängig von diesem regulären Ende der Ausschusstätigkeit können Ausschüsse – soweit sie nicht durch die Verfassung oder ein Gesetz zwingend vorgeschrieben sind – als **actus contrarius zur Einsetzung** durch den Landtag von diesem auch wieder **aufgelöst** werden.[85]

39 Als wesensgleiches Minus zur Auflösung ist auch jederzeit eine **Änderung der Geschäftsbereiche** der Ausschüsse möglich, sei es durch Neuverteilung von Zuständigkeiten unter den bestehenden Ausschüssen oder sei es durch Aufgabe bestimmter Teilbereiche.[86] Die Änderung der Geschäftsbereiche dürfte insbesondere bei den spiegelbildlich zu den Ressorts der Landesregierung gebildeten Fachausschüssen in Betracht kommen, wenn etwa der Aufgabenzuschnitt einzelner Ressorts im Laufe der Wahlperiode geändert wird.

VII. Besonderheiten bei speziellen Gremien

40 **1. Wahlprüfungsausschuss.** Nach Art. 49 Abs. 3 (vgl. im Einzelnen von der Weiden, Art. 49, Rn. 13 ff.) iVm § 55 Abs. 1 ThürLWG ist die Einsetzung eines **Wahlprüfungsausschuss**es zur Vorbereitung von Entscheidungen des Landtags im Wahlprüfungsverfahren zwingend vorgeschrieben. Nach § 55 Abs. 2 ThürLWG besteht der Wahlprüfungsausschuss aus sieben ordentlichen Mitgliedern und je einem ständigen beratenden Mitglied der Fraktionen, die nicht durch ein ordentliches Mitglied vertreten sind. Anders als bei den Fachausschüssen ist hier somit die Ausschussgröße vorgegeben und der Grundsatz durchbrochen, dass jede Fraktion mit zumindest einem stimmberechtigten Mitglied im Ausschuss vertreten sein muss.

Das in den §§ 55 – 61 ThürLWG iVm § 82 ThürGOLT geregelte Verfahren des Wahlprüfungsausschusses ist in Anlehnung an gerichtliche Verfahren ausgestaltet; nach § 59 ThürLWG gelten weitgehend die Bestimmungen der ZPO entsprechend. So findet unter anderem nach § 58 ThürLWG eine mündliche Verhandlung statt. Während diese nach § 58 Abs. 1 ThürLWG öffentlich ist, sind die Beratungen des Wahlprüfungsausschusses über das Ergebnis der mündlichen Verhandlung nach § 60 Abs. 1 ThürLWG geheim.

41 **2. Petitionsausschuss.** Nach Art. 65 ist die Einsetzung eines **Petitionsausschusses** zwingend. Dieser hat im Vergleich zu den Fachausschüssen deutlich er-

84 Vgl.: *Achterberg/Schulte*, in: von Mangoldt/Klein/Starck, Art. 40 Abs. 1 Rn. 32; *Busch*, ZParl. 1973, 213 (225); *David,* Art. 10 Rn. 12 und 14; *Hagebölling*, Art. 20 Erl. 2; *Jekewitz*, JöR N.F., 27 (1978), 75 (133); *Lontzek*, in: Epping/Butzer, Art. 20 Rn. 19; *Neumann Brem.*, Art. 105 Rn. 16; *Neumann Nds.*, Art. 20 Rn. 12.

85 Vgl.: *Achterberg/Schulte*, in: von Mangoldt/Klein/Starck, Art. 40 Abs. 1 Rn. 32; *Berg*, in: BK, Art. 45 a Rn. 14; *Hagebölling*, Art. 20 Erl. 2; *Lontzek*, in: Epping/Butzer, Art. 20 Rn. 19; *Neumann Brem.*, Art. 105 Rn. 16; *Neumann Nds.*, Art. 20 Rn. 12.

86 Vgl.: *David,* Art. 23 Rn. 55; *Lontzek*, in: Epping/Butzer, Art. 20 Rn. 19; *Neumann Brem.*, Art. 105 Rn. 16; *Neumann Nds.*, Art. 20 Rn. 12.

weiterte – teilweise an die Kompetenzen der Untersuchungsausschüsse angelehnte – Befugnisse. Zu den Einzelheiten vgl. Stöffler, Art. 65, Rn. 11 ff.

3. Untersuchungsausschuss. Nach Art. 64 Abs. 1 hat der Landtag das Recht und auf Antrag von einem Fünftel seiner Mitglieder die Pflicht, **Untersuchungsausschüsse** einzusetzen. Die Untersuchungsausschüsse haben weitreichende Kompetenzen, die in Art. 64 im Rahmen vorgegeben und im Untersuchungsausschussgesetz näher ausgestaltet sind. Zu den Einzelheiten vgl. Poschmann, Art. 64, Rn. 9 ff. 42

4. Kommissionen. Nach Art. 63 kann der Landtag **Enquetekommissionen** einsetzen, der auch Nichtparlamentarier angehören können. Die Enquetekommissionen sind – wie sich bereits aus der anderen Zusammensetzung ergibt – keine Ausschüsse im Sinne des Art. 62.[87] Daran ändert auch die Entscheidung des Geschäftsordnungsgebers nichts, die Enquetekommissionen nicht mehr wie früher unter dem Abschnitt „Kommissionen", sondern neuerdings unter dem Abschnitt „Ausschüsse" in der ThürGOLT zu behandeln. Diese geschäftsordnungsrechtliche Neuorientierung erfolgte ausschließlich zur Klarstellung der Frage, ob die Vorsitzenden von Enquetekommissionen mit Abgeordnetenstatus Anspruch auf eine zusätzliche Aufwandsentschädigung nach § 6 Abs. 3 ThürAbgG haben. Zu den Einzelheiten vgl. Linck, Art. 63, Rn. 10 ff. 43

Als zwingend einzusetzende Kommissionen sind noch die **Parlamentarische Kontrollkommission** nach Art. 97 und die **G-10-Kommission** nach den §§ 2 – 4 Thüringer Gesetz zur Ausführung des Artikel 10-Gesetzes genannt. Zu den Einzelheiten vgl. Brenner, Art. 97, Rn. 20 ff. 44

5. Gremien nach §§ 3 und 4 ThürAbgÜpG. Nach den §§ 3 und 4 ThürAbgÜpG hat der Landtag ein Gremium und ein erweitertes Gremium zur Überprüfung der vor dem 1. Januar 1970 geborenen Abgeordneten auf eine Zusammenarbeit mit dem Staatssicherheitsdienst (MfS/AfNS) oder der K 1 der Volkspolizei der ehemaligen DDR einzusetzen. Dem **Gremium nach § 3 ThürAbgÜpG** obliegt eine Vorprüfung des Vorliegens eines begründeten Verdachts einer Zusammenarbeit. **Das erweiterte Gremium nach § 4 ThürAbgÜpG** hat im Falle eines begründeten Verdachts eine Einzelfallprüfung durchzuführen und an deren Ende darüber zu befinden, ob aufgrund einer Zusammenarbeit eine Parlamentsunwürdigkeit des betroffenen Abgeordneten festzustellen ist. Das Überprüfungsverfahren ist das einer Kollegialenquete.[88] Dabei sind mit Rücksicht auf den verfassungsrechtlichen Status von Abgeordneten (vgl. Linck, Art. 53, Rn. 12 ff.; vgl. insbes. Rn. 16 f.) etliche den betroffenen Abgeordneten schützende Kautelen zu beachten, wie etwa Entscheidungsquoren, rechtliches Gehör, Geheimschutz.[89] Das in den §§ 3 – 7 ThürAbgÜpG detailliert ausgestaltete Überprüfungsverfahren ist mit der Thüringer Verfassung vereinbar.[90] Diese Feststellung dürfte allerdings nicht zeitlich unbeschränkt gelten. Mit zunehmendem Zeitablauf kann die 45

87 Vgl.: *Achterberg/Schulte*, in: von Mangoldt/Klein/Starck, Art. 40 Abs. 1 Rn. 16 und 22; *Brocker*, in: BK, Art. 40 Rn. 171; *Berg*, in: BK, Art. 45 a Rn. 8; *Caspar*, in: Caspar/Ewer/Nolte/Waack, Art. 17 Rn. 8; *David*, Art. 23 Rn. 47; *Dicke*, in: Umbach/Clemens, Art. 40 Rn. 48; a.A. *Edinger*, in: Grimm/Caesar, Art. 89 Rn. 3; *Hagebölling*, Art. 20 Erl. 5; *Ipsen*, Art. 20 Rn. 11; *Klein*, in: Maunz/Dürig, Art. 43 Rn. 54; *Morlok*, in: Dreier, Art. 40 Rn. 32.

88 Vgl.: BVerfGE 94, 351 (369); *Morlok*, in: Dreier, Art. 44 Rn. 17.

89 Vgl.: BVerfGE 94, 351 (369); ThürVerfGH, LKV 2009, 374 f.; *Degenhart*, § 7, Rn. 619.

90 Vgl.: ThürVerfGH, LKV 2009, 374 f.

Rechtfertigung einer Abgeordnetenüberprüfung mit dem Hinweis auf die Besonderheiten des Umbruchs von einer Diktatur zu einem demokratischen Rechtsstaat an Bedeutung verlieren.[91]. Nachdem das Gesetz über die 5. Wahlperiode des Landtags hinaus um eine weitere Wahlperiode prolongiert wurde, steigen zumindest die inhaltlichen Hürden für eine Feststellung der Parlamentsunwürdigkeit von Abgeordneten.

Artikel 63 [Enquetekommissionen]

[1]Der Landtag kann Enquetekommissionen einsetzen. [2]Ihnen können auch Mitglieder angehören, die nicht Abgeordnete sind.

Vergleichbare Regelungen

Art. 25 a BayVerf; Art. 44 Abs. 3, 4 VvB; Art. 73 BbgVerf; Art. 27 HambVerf; Art. 77 SaarlVerf; Art. 55 LVerf LSA.

Ergänzungsnormen im sonstigen thüringischen Recht

§ 84 ThürGOLT idF der Bek. v. 19.07.2012 (LT-Drs. 5/4750).

Dokumente zur Entstehungsgeschichte

Art. 42 VerfE NF/GR/DJ ;[1] Entstehung ThürVerf S. 161.

Literatur

Enquete-Kommission Verfassungsreform, Schlussbericht, BT-Drs. 7/5924, S. 57 ff., *Holger Fibich*, Das Verhältnis zwischen Landtag und Landesregierung nach der Verfassung des Freistaats Thüringen vom 25. Oktober 1993, 2001; *Gerald Kretschmer*, Zum Recht und Verfahren von Enquete-Kommissionen des Deutschen Bundestages, DVBl. 1986, 923 ff.; *Heinrich G. Ritzel/Joseph Bücker/Hermann J. Schreiner*, Handbuch für die Parlamentarische Praxis, mit Kommentar zur Geschäftsordnung des Deutschen Bundestages, Loseblattausgabe (St.d.B. 12.2011); *Meinhard Schröder*, Untersuchungsausschüsse und Enquete-Kommissionen, in: FS Konrad Redeker (1993), S. 171 ff.; *Heinhard Steiger*, Organisatorische Grundlagen des parlamentarischen Regierungssystems, 1973.

Leitentscheidung des BVerfG

BVerfGE 80, 188 (Wüppesahl).

A. Überblick

1 Aufgaben und Ziele von Enquetekommissionen werden in Art. 63 – zumindest nicht ausdrücklich (Rn. 11) – verfassungsrechtlich, sondern nur geschäftsordnungsrechtlich in § 84 Abs. 1 Satz 1 ThürGOLT beschrieben. Enquetekommissionen dienen danach: „der Vorbereitung von Entscheidungen über umfangrei-

91 Vgl.: ThürVerfGH, LKV 2009, 374.
1 Art. 48 Fn. 1.

che und bedeutsame Sachverhalte".[2] Dabei handelt es sich nicht nur um die Vorbereitung von Gesetzen, sondern auch von sonstigen in die Kompetenz des Landtags fallender Aufgaben. Enquetekommissionen können dabei auch Informationen zur Kontrolle der Regierung beschaffen;[3] insoweit besitzen Untersuchungsausschüsse kein Exklusivrecht,[4] mangels ausreichender Befugnisse (Rn. 14) sind Enquetekommissionen dazu aber wenig geeignet. Das Spezifikum von Enquetekommissionen besteht darin, dass ihnen auch Mitglieder angehören können, die nicht Abgeordnete sind; daraus erwächst die Schwierigkeit, sie rechtlich einzuordnen und die weitere Frage, welche Befugnisse sich daraus ggf. für Enquetekommissionen ergeben.[5]

B. Herkunft, Entstehung und Entwicklung

Unter parlamentarischen Enqueten verstand man ursprünglich Untersuchungsausschüsse, die nicht nur – wenn auch vornehmlich – eingesetzt wurden, um Missstände aufzuklären („**Missstandsenqueten**"), sondern darüber hinaus auch parlamentarische Gremien, welche die Funktion von den heutigen Enquetekommissionen haben konnten.[6] 2

Die sprachliche und normative **Trennung zwischen Untersuchungsausschüssen und Enquetekommissionen** ist erst Ende der 60er/Anfang der 70er Jahre erfolgt.[7] Enquetekommissionen wurden erstmals 1969 mit dieser Bezeichnung in die Geschäftsordnung des Bundestags aufgenommen (§ 74 a).[8] 3

In den Beratungen zur Thür. Verfassung war man sich zu Beginn uneins, ob man Enquetekommissionen überhaupt in die Verfassung aufnehmen sollte. Die positiven Stellungnahmen der Sachverständigen gaben schließlich den Ausschlag dafür, mit Art. 63 wenigstens eine – allerdings nur ziemlich kursorische – Regelung zu treffen.[9] Zuvor wurde allerdings schon eine geschäftsordnungsrechtliche Regelung zur Einrichtung von Enquetekommissionen in die Vorläufige Geschäftsordnung des Thür. Landtags vom 25.10.1990 aufgenommen (§ 84 b). 4

Art. 63 wurde bisher nicht geändert; es gab auch keine dahingehenden Initiativen, auch nicht etwa zu einem „Enquetegesetz", das § 84 ThürGOLT hätte ersetzen sollen.[10] Allerdings wurde § 84 b a.F am 09.10.2008 in folgenden Punkten geändert: das Bestellungsverfahren in Absatz 3, die Stellung der Stellvertreter in Absatz 4 sowie die weitere Behandlung des Berichts in Absatz 5.[11] 5

---

2 Soweit die Aufgaben von Enquetekommissionen in Bund und Ländern in Verfassungen oder Geschäftsordnungen erwähnt werden, werden sie im Wesentlichen gleichlautend umschrieben – vgl. z. B. § 56 Abs. 1 Satz 1 GOBT; Art. 25 a, Satz 1 BayVerf; Art. 44 Abs. 3 Satz 1 VvB; Art. 27 Abs. 1 Satz 1 HambVerf; Art. 55 Satz 1 SaarlVerf; vgl. auch BVerfGE 80, 188 (230).

3 *Möstl*, in: Lindner/Möstl/Wolff, Art. 25 a Rn. 5; *Hoffmann-Riem/Ramcke*, in: Schneider/Zeh, § 47 Rn. 34, wenn auch nur "ausnahmsweise"; vgl. auch *Fibich*, S. 193.

4 *Klein*, in: Maunz/Dürig, Art. 44 Rn. 31; *Schröder*, in: FS Konrad Redeker (1993), S. 177: keine "trennscharfe Abgrenzung der im Einzelfall zulässigen Gegenstände der Instrumente".

5 Zu dieser Problematik vgl. mwN *Hoffmann-Riem/Ramcke*, § 47 Rn. 4 und unter Rn. 14.

6 *Achterberg*, S. 445; *Hoffmann-Riem/Ramcke*, in: Schneider/Zeh, § 47 Rn. 1; *Möstl*, in: Lindner/Möstl/Wolff, Art. 25 a Rn. 1; *David*, Art. 27 Rn. 1.

7 *Hoffmann-Riem/Ramcke*, in: Schneider/Zeh, § 47 Rn. 1.

8 BT-Drs. 5/3990; dazu *Hoffmann-Riem/Ramcke*, in: Schneider/Zeh, § 47 Rn. 1.

9 Entstehung ThürVerf, S. 161.

10 Zur Frage einer Reform des Enqueterechts vgl. Rn. 6.

11 LT-Drs. 4/4526.

6 Bei einer etwaigen **Reform des Enqueterechts** in Thüringen[12] stellen sich insbesondere folgende Fragen:

- Soll eine Minderheit, ggf. welche, die Einsetzung einer Enquetekommission erzwingen können (vgl. auch Rn. 14)?
- Sollen Enquetekommissionen stärkere Befugnisse, ggf. ähnlich den Unterausschüssen erhalten (vgl. auch Rn. 14)?
- Wie steht es um die Anwesenheits- und Rederechte der Regierung in Enquetekommissionen (vgl. auch Rn. 15)?
- Welche Verfahrensregeln gelten für Enquetekommissionen, ggf. diejenigen für Ausschüsse (vgl. auch Rn. 18)?
- Müssen Abgeordnete in Enquetekommissionen gegenüber den Mitgliedern ohne Abgeordnetenmandat die Mehrheit haben (Rn. 10)?

7 Der Thür. Landtag hat seit seinem Bestehen bisher fünf Enquetekommissionen eingesetzt.

8 Die erste Enquetekommission wurde durch einen einschlägigen Gesetzentwurf der Regierung überholt und aufgelöst (LT-Drs. 1/291), die anderen Enquetekommissionen endeten mit Abschlussberichten (LT-Drs. 3/1771; 3/4141; 3/3854; 4/5172 – deren Empfehlungen im Landtag größtenteils in gesonderten Initiativen aufgegriffen wurden (vgl. z.B. LT-Drs. 3/1739; 3/1743; 3/1752; 3/2674; 3/3934; 4/10; 4/221; 4/806; 4/1568; 4/1799).

C. Verfassungsvergleichende Information

9 Wesentliche Unterschiede zwischen dem Enqueterecht in Thüringen im Vergleich zu demjenigen in Bund und Ländern ergeben sich in folgenden Punkten:

1. Das thüringische Enqueterecht ist im Gegensatz zur Verfassungslage in Bayern (Art. 25 a), Berlin (Art. 44), Hamburg (Art. 27), Sachsen-Anhalt (Art. 55) und nach § 56 GOBT nicht als Minderheitenrecht konzipiert.
2. Bis auf Art. 27 Abs. 2, 3 HambgVerf haben die Enquetekommissionen keine den Untersuchungsausschüssen vergleichbaren Befugnisse; dasselbe gilt für die Befugnisse der Regierung in Enquetekommissionen (Rn. 14).
3. Gewisse Unterschiede, die jedoch nicht wesentlich sind, gibt es zum Verfahren zur Besetzung von Enquetekommissionen.

D. Erläuterungen

I. Der verfassungsrechtliche Gehalt von Art. 63

10 Die in Art. 63 getroffene verfassungsrechtliche **Regelung zu Enquetekommissionen** ist nur sehr **rudimentär** und wenig substantiell ausgefallen. Art. 63 lassen sich nur zwei ausdrücklich verfassungsrechtliche Aussagen entnehmen: Die Verfassung ermächtigt den Landtag zum einen, überhaupt Enquetekommissionen einsetzen zu dürfen und zum anderen, dass Enquetekommissionen abweichend von der verfassungsrechtlichen Regel auch Mitglieder angehören dürfen, die nicht durch Wahlen unmittelbar demokratisch legitimiert sind. Ob sich allein aus diesen beiden Festlegungen weitere verfassungsrechtliche Folgerungen ableiten lassen, ist z.T. zweifelhaft.

---

12 Zu Reformüberlegungen auf Bundesebene im Rahmen der Enquete-Kommission Verfassungsreform des Deutschen Bundestages in der 7. Wahlperiode vgl. BT-Drs. 7/5924, S. 57 ff., sowie in der Gemeinsamen Verfassungskommission vgl. BT-Drs. 12/6000, S. 92.

1. Aufgaben von Enquetekommissionen. Wenn oben (Rn. 1) angemerkt wurde, dass Art. 53 für **Enquetekommissionen** zumindest keine ausdrückliche verfassungskräftige **Aufgabenstellung** entnommen werden kann, so stellt sich dennoch die Frage, ob Art. 53 wenigstens im Wege der Interpretation dafür Anhaltspunkte bietet. Aus dem Begriff „Enquete“ lässt sich jedenfalls schließen, dass die Kommissionen einen Untersuchungsauftrag haben. Dass sich diese Untersuchungen auf den gesamten öffentlichen Bereich erstrecken, wie er traditionell den primär investigativen Untersuchungsausschüssen zu entnehmen ist (Art. 64 Rn. 12), ergibt sich daraus, dass es sich bei den Enquetekommissionen um Abspaltungen von Untersuchungsausschüssen nach Art. 64 handelt. Die für Untersuchungsausschüsse umstrittene Frage, ob auch der **gesellschaftliche, private Bereich Gegenstand der Untersuchung** sein kann (Art. 64 Rn. 15),[13] lässt sich für Enquetekommissionen auf Grund einer teleologischen Auslegung von Art. 63 noch eindeutiger beantworten: Gerade die Vorbereitung von Gesetzen bedarf zu allererst einer eingehenden Analyse des gesellschaftlichen Ist-Zustandes, den es ggf. normativ zu gestalten gilt. Ohne eine derartige Realanalyse wären Gesetze realitätsferne, rein theoretische Torsi. 11

Für die weitergehende Frage, welche Grenzen Enquetekommissionen bei ihren **Untersuchungen im öffentlichen und privaten Bereich** zu beachten haben, kann auf die Ausführungen zu Art. 48 Rn. 32 ff. und Art. 64 Rn. 12 ff. verwiesen werden. Zu beachten sind folglich: föderale Grenzen (Art. 48 Rn. 47, 75 ff.), der geheime Initiativ- und Beratungsbereich der Regierung (Art. 48 Rn. 71 ff.), die Unabhängigkeit der Rechtsprechung (Art. 48 Rn. 74), die kommunale Selbstverwaltung (Art. 48 Rn. 82), das allgemeine Missbrauchsverbot (Art. 48 Rn. 83) sowie – relativ – staatliche und private Geheimnisse und strafrechtliche Ermittlungsverfahren (Art. 48 Rn. 84 ff.). 12

2. Status der Mitglieder. Da Art. 63 den Externen den **Status von „Mitgliedern“** verleiht, lässt sich Art. 63 zumindest indirekt entnehmen, dass alle Mitglieder die gleichen Rechte und Pflichten haben.[14] 13

3. Minderheitenrecht und Befugnisse im Enqueterecht nach Art. 63. Aus dem entsprechenden Schweigen von Art. 63 lassen sich im Umkehrschluss folgende weitere verfassungsrechtliche Aussagen entnehmen: 14

- Anders als Art. 64 Abs. 1 bei Untersuchungsausschüssen, können **Minderheiten** nicht die Einsetzung von Enquetekommissionen erzwingen; sonst hätte man auch in Art. 63 ein Minderheitenrecht verankert.
- Anders als Untersuchungsausschüsse (vgl. Art. 64 Abs. 3, 4) besitzen Enquetekommissionen keine **investigativen Befugnisse**. Sie sind darauf angewiesen, dass sowohl die Exekutive als auch Private freiwillig bereit sind, von den Enquetekommissionen erbetene Informationen zu liefern.

4. Die Geltung von Art. 66 für Enquetekommissionen. Da Art. 63 – anders als z.B. Art. 27 HambVerf – keine Regelung über die Geltung von Art. 66 für Enquetekommissionen trifft, ist es fraglich, ob sie Mitglieder der Landesregierung zitieren dürfen und ob Regierungsmitglieder zu Sitzungen von Enquetekommis- 15

13 Vgl. dazu auch *Linck*, ZRP 1987, 11 ff.

14 *David*, Art. 27 Rn. 14; *Klein*, in: Maunz/Dürig, Art. 44 Rn. 31; *Hoffmann-Riem/Ramcke*, in: Schneider/Zeh, § 47 Rn. 17; *Kretschmer*, DVBl. 1986, 923 (926); vgl. auch zur Praxis des Bundestags: *Ritzel/Bücker/Schreiner*, § 56 Anm. II 1); davon geht auch § 84 Abs. 4 ThürGOLT aus.

sionen ein Zutrittsrecht und dort ein Rederecht haben.[15] Gegen eine **Geltung von Art. 66 für Enquetekommissionen** sprechen folgende Gründe:[16] Enquetekommissionen sind keine Ausschüsse.[17] Art. 63 erklärt den Art. 66 nicht für entsprechend anwendbar; da die Problematik bekannt war, handelt es sich insoweit um ein „beredtes Schweigen". Schließlich haben Ausschüsse und Enquetekommissionen unterschiedliche Funktionen, sodass auch eine teleologische Auslegung nicht für eine Ausdehnung von Art. 66 auf Enquetekommissionen spricht.[18]

16 Diese Streitfrage spielt allerdings in der parlamentarischen Praxis keine große Rolle, da Landtag und Landesregierung in Enquetekommissionen – anders als in Untersuchungsausschüssen – in der Regel relativ harmonisch kooperieren.[19]

II. Ergänzende geschäftsordnungsrechtliche Regelungen

17 Die – rudimentäre – verfassungsrechtliche Regelung zu Enquetekommissionen (Art. 63) wird auf Grund der Geschäftsordnungsautonomie des Landtags (Art. 57 Rn. 1) durch § 84 ThürGOLT ergänzt, wenn auch dort nicht vollständig, sodass weitere ergänzende Regelungen analog § 76 Abs. 2 Satz 2 ThürGOLT von der Enquetekommission getroffen werden müssen.

18 **1. Verfahren.** Da es sich bei den Enquetekommissionen um keine Ausschüsse handelt (Rn. 11), sind die Bestimmungen über das Verfahren in Ausschüssen (§§ 70 ff. ThürGOLT) zumindest nicht direkt für Enquetekommissionen anwendbar. Es fehlt auch in der Geschäftsordnung des Thür. Landtags eine § 74 GOBT entsprechende Vorschrift, welche die §§ 70 ff. ThürGOLT in Bezug auf Enquetekommissionen für entsprechend anwendbar erklärt. Es entspricht der ständigen parlamentarischen Praxis im Thür. Landtag, dass die **Enquetekommissionen die für die Ausschüsse geltenden Verfahrensvorschriften** stillschweigend[20] entsprechend anwenden.

19 **2. Einsetzung.** Die **Einsetzung von Enquetekommissionen** erfolgt durch „den Landtag", somit durch Plenarbeschluss. Voraussetzung ist ein Antrag, der nach § 84 Abs. 1 Satz 2 ThürGOLT den Auftrag der Enquetekommission bezeichnen muss. Der Antrag muss bestimmt sein, ohne dass an die Bestimmtheit zu strenge Anforderungen zu stellen sind; Gegenstand und Zielrichtung müssen jedoch deutlich sein.[21]

---

15 Für die Geltung von Art. 43 GG für Enquetekommissionen: *Kretschmer*, DVBl. 1986, 923 (927); *Morlok*, in: Dreier, Art. 43 Rn. 9; *Magiera*, in Sachs, GG, Art. 43 Rn. 3; *Brockmeyer*, in: Schmidt-Bleibtreu/Hofmann/Hopfauf, Art. 43 Rn. 4; *Pieroth*, in: Jarass/Pieroth, Art. 42 Rn. 1; die Gegenansicht vertreten: *Achterberg/Schulte*, in: von Mangoldt/Klein/Starck, Art. 43 Rn. 21; *Klein*, in: Maunz/Dürig, Art. 43 Rn. 33; *Hoffmann-Riem/Ramcke*, in: Schneider/Zeh, § 47, Rn. 34 ff.; *Versteyl*, in: von Münch/Kunig, Art. 43 Rn. 9; zur Rechtslage in Thüringen: *Fibich*, S. 193 ff.

16 Die gegenteilige Auffassung des Autors in: Linck/Jutzi/Hopfe, Art. 63 Rn. 1 wird aufgegeben.

17 *Klein*, in: Maunz/Dürig, Art. 44 Rn. 31; *Stern*, Bd. II, § 26, S. 108; *Möstl*, in: Lindner/Möstl/Wolff, Art. 25 a Rn. 6.

18 *Fibich*, S. 194.

19 *Fibich*, S. 195; *Klein*, in: Maunz/Dürig, Art. 44 Rn. 33; vgl. zur Praxis des Bundestags: *Kretschmer*, DVBl. 1986, 927.

20 Enquetekommissionen des Bundestags führen insoweit einen entsprechenden Beschluss herbei – vgl. z.B. BT-Drs. 6/2151.

21 *David*, Art. 27 Rn. 11; *Hoffmann-Riem/Ramcke*, in: Schneider/Zeh, § 47 Rn. 10; *Kretschmer*, DVBl. 1986, 923 (925).

3. Bestellung der Mitglieder. Die **Bestellung der Mitglieder** ist in detaillierter Weise in § 84 Abs. 3, 4 ThürGOLT[22] geregelt, ohne dass sich insoweit gewichtige verfassungsrechtliche Probleme stellen. Über das zahlenmäßige Verhältnis von Abgeordneten zu Externen schweigen sowohl die Verfassung als auch die Geschäftsordnung. Da Enquetekommissionen keine parlamentarischen Sachentscheidungen treffen, darf die Zahl der Externen die der Abgeordneten übersteigen. Aus demselben Grund können auch Ausländer zu externen Mitgliedern bestellt werden.[23] 20

Für eine **Abberufung** von Abgeordneten durch ihre Fraktionen gelten für Enquetekommissionen die allgemeinen Regelungen (Art. 53 Rn. 23 ff.); für Externe müssen die Abberufungsgründe noch schwerwiegender sein,[24] um deren Unabhängigkeit verstärkt zu schützen. 21

4. Abschluss der Arbeiten von Enquetekommissionen. Da Enquetekommissionen parlamentarische Entscheidungen nur vorbereiten dürfen, können sie nicht selbst Sachentscheidungen treffen; sie können nur entsprechende Empfehlungen aussprechen. Folglich ist der Erfolg ihrer Arbeit davon abhängig, ob ihre Vorschläge von den dazu Initiativberechtigten (Art. 48 Rn. 25) in gesonderten Initiativen aufgegriffen und in den Landtag eingebracht werden.[25] Die parlamentarische Praxis im Thür. Landtag (Rn. 8) beweist, dass die **Empfehlungen von Enquetekommissionen** nicht lautlos verpuffen, sondern vielfach aufgegriffen werden. Enquetekommissionen vermögen also eine politisch relevante Arbeit zu leisten (Rn. 8). Diese politische Bedeutung erhalten Enquetekommissionen in Thüringen im Wesentlichen deshalb, weil sie vom Landtag mit (einfacher) Mehrheit eingesetzt werden. Eine andere Lage stellt sich bei Minderheitenenqueten, weil ihnen zumindest teilweise investigative Züge innewohnen. Bei Mehrheitsenqueten ist auch die Mehrheitsfraktion „mit im Boot", die ihre Zustimmung zuvor mit der Regierung abgestimmt hat. Folglich sind sowohl die Regierung als auch die Oppositionsfraktionen in diesen Fällen in aller Regel an einem positiven Ausgang der Enqueteberatungen interessiert.[26] Auf diese Weise schwingt sich ein Parlament zu einem selbstbewussten, eigenständigen politischen Akteur auf – gerade auch gegenüber der ansonsten erdrückenden Dominanz der Regierung (Art. 48 Rn. 24 ff.) – und nimmt nicht nur eine Art Kontrollfunktion zu Regierungsinitiativen insbesondere im Gesetzgebungsverfahren wahr. 22

---

22 Zur Praxis des Bundestags vgl. *Ritzel/Bücker/Schreiner*, § 56 Anm I, 2.

23 Vgl. dazu *Ritzel/Bücker/Schreiner*, § 56 Anm II, 3.

24 Für eine Abberufungsmöglichkeit: *Kretschmer*, DVBl. 1986, 923 (926); Bedenken dagegen bei *Hoffmann-Riem/Ramcke*, in: Schneider/Zeh, § 47 im Hinblick auf deren Unabhängigkeit.

25 BVerfGE 80, 188 (250); *David*, Art. 27 Rn. 7; *Möstl*, in: Lindner/Möstl/Wolff, Art. 25 a Rn. 5; *Hoffmann-Riem*, in: Schneider/Zeh, § 47 Rn. 5.

26 BVerfGE 80, 188 (230).

Artikel 64 [Untersuchungsausschüsse]

(1) [1]Der Landtag hat das Recht und auf Antrag von einem Fünftel seiner Mitglieder die Pflicht, Untersuchungsausschüsse einzusetzen. [2]Über die Verfassungswidrigkeit des Untersuchungsauftrages entscheidet der Verfassungsgerichtshof auf Antrag von einem Fünftel der Mitglieder des Landtags.

(2) Im Untersuchungsausschuß sind die Fraktionen mit mindestens je einem Mitglied vertreten.

(3) [1]Die Untersuchungsausschüsse erheben in öffentlicher Sitzung die Beweise, die ein Fünftel ihrer Mitglieder für erforderlich halten. [2]Dabei gelten die Vorschriften der Strafprozeßordnung und des Gerichtsverfassungsgesetzes sinngemäß, soweit gesetzlich nichts anderes bestimmt ist. [3]Die Öffentlichkeit kann bei der Beweiserhebung mit einer Mehrheit von zwei Dritteln der Ausschußmitglieder ausgeschlossen werden. [4]Über den Ausschluß der Öffentlichkeit wird in nichtöffentlicher Sitzung entschieden. [5]Die Beratungen sind nicht öffentlich.

(4) [1]Gerichte und Verwaltungsbehörden sind zur Rechts- und Amtshilfe verpflichtet. [2]Die Landesregierung und die Behörden des Landes sowie die Körperschaften, Anstalten und Stiftungen des öffentlichen Rechts, die der Aufsicht des Landes unterstehen, sind verpflichtet, die von den Untersuchungsausschüssen angeforderten Akten vorzulegen und Auskünfte zu geben, Zutritt zu den von ihnen verwalteten öffentlichen Einrichtungen zu gewähren sowie die erforderlichen Aussagegenehmigungen zu erteilen. [3]Artikel 67 Abs. 3 gilt entsprechend, soweit das Bekanntwerden geheimhaltungsbedürftiger Tatsachen in der Öffentlichkeit nicht durch geeignete Vorkehrungen verhindert wird oder der unantastbare Bereich privater Lebensgestaltung betroffen ist.

(5) Das Briefgeheimnis, das Post- und Fernmeldegeheimnis sowie das Kommunikationsgeheimnis bleiben unberührt.

(6) [1]Der Untersuchungsbericht ist der richterlichen Erörterung entzogen. [2]In der Würdigung und Beurteilung des der Untersuchung zugrundeliegenden Sachverhalts sind die Gerichte frei.

(7) Das Nähere regelt das Gesetz.

Vergleichbare Regelungen

Art. 44 GG; Art. 35 BWVerf; Art. 25 BayVerf; Art. 48 VvB; Art. 72 BbgVerf; Art. 105 Abs. 4 BremVerf; Art. 26 HambVerf; Art. 92 HessVerf; Art. 34 M-VVerf; Art. 27 NV; Art. 41 Verf NW; Art. 91, 92 Verf Rh-Pf; Art. 79 SaarVerf; Art. 54 SächsVerf; Art. 54 LVerf LSA ; Art. 18 SchlHVerf.

Ergänzungsnormen im sonstigen thüringischen Recht

ThürUAG v. 07.02.1991 (ThürGVBl. S. 36) zuletzt geändert durch Gesetz v. 24.10.2001 (ThürGVBl. S. 265); §§ 83, 111 Abs. 2, 112 Abs. 2 ThürGOLT idF der Bek. v. 19.07.2012 (LT-Drs. 5/4750); §§ 50 – 52 ThürVerfGHG vom 28.06.1994 (ThürGVBl. S. 781) zuletzt geändert durch Ges. v. 04.12.2003 (ThürGVBl. S. 505).

Dokumente zur Entstehungsgeschichte

§ 8 Vorl. LS; Art. 57 Abs. 5 VerfE CDU; Art. 443VerfE F.D.P.; Art. 49 VerfE SPD; Art. 43 VerfE NF/GR/DJ; Art. 65 VerfE LL/PDS; Entstehung ThürVerf, S. 162 ff.

Literatur

Hermann Bachmeier, Der Ermittlungsbeauftragte im Spannungsfeld zwischen gerichtsähnlicher Aufklärungsarbeit und parlamentarischer Auseinandersetzung – ein gesetzgeberisches Experiment mit Zukunft, NJW 2002, 347 ff.; *Susanne Bräcklein*, Öffentlichkeit im Parlamentarischen Untersuchungsverfahren, ZRP 2003, 348 ff.; *Lars Brocker*, Parlamentarisches Untersuchungsverfahren und Zurückhaltungsgebot, ZParl 1999, 739 ff.; *ders.*, Uneidliche Falschaussage und Meineid vor dem parlamentarischen Untersuchungsausschuss, JZ 2011, 716 ff.; *Pascale Canzik,* Zur Änderung eines Auftrags eines Untersuchungsausschusses, Der Staat, Bd. 49, 251 ff.; *Johannes Caspar,* Zur Einsetzung parlamentarischer Untersuchungsausschüsse: Voraussetzungen, Minderheitsbefugnisse und Folgen rechtswidriger Einsetzungsbeschlüsse, DVBl. 2004, 845 ff.; *Dieter Engels,* Parlamentarische Untersuchungsausschüsse. Grundlagen und Praxis im Deutschen Bundestag, 1989; *Paul J. Glauben,/Lars Brocker,* Das Recht der parlamentarischen Untersuchungsausschüsse in Bund und Ländern, 2. Aufl., 2011; *dies.*, PUAG. Gesetz zur Regelung des Rechts der Untersuchungsausschüsse des Deutschen Bundestages, 2011; *Paul J. Glauben,* Der Schutz staatlicher und privater Geheimnisse im Spannungsfeld parlamentarische Untersuchungen, DÖV 2007,149 ff.; *ders.*, Rechtsschutz Privater im parlamentarischen Untersuchungsverfahren, DVBl 2006, 1263 ff.; *Rainer Hamm,* Kein Vereidigungsrecht vor Untersuchungsausschüssen, ZRP 2002, 11 ff.; *Michael Köhler,* Umfang und Grenzen des parlamentarischen Untersuchungsrechts gegenüber Privaten im nichtöffentlichen Bereich, 1995; *Ralf Kölbel/Martin Morlock,* Geständniszwang in Parlament in parlamentarischen Untersuchungen. Grenzen des Aussageverweigerungsrechts in parlamentarischen Untersuchungsausschüssen, ZRP 2000, 217 ff.; *Joachim Linck,* Zur Informationspflicht der Regierung gegenüber dem Parlament, DÖV 1983, 957 ff.; *ders.*, Untersuchungsausschüsse und Privatsphäre, ZRP 1987, 11 ff.; *Gerhard Lingelbach,* Eduard Rosenthal (1859 – 1926). Rechtsgelehrter und „Vater" der Thüringer Verfassung von 1920/21, in: Schriften zur Geschichte des Parlamentarismus in Thüringen, Thüringer Landtag (Hrsg.), Band 25, 2006; *Diana Lucke,* Strafprozessuale Schutzrechte und parlamentarische Aufklärung in Untersuchungsausschüssen mit strafrechtlich relevanten Verfahrensgegenstand, 2009; *Jochen Masing,* Parlamentarische Untersuchungen privater Sachverhalte, 1998; *Carsten Meyer-Bohl,* Die Grenzen der Pflicht zur Vorlage und Aussage vor parlamentarischen Untersuchungsausschüssen, 1992; *Butz Peters,* Die Rechte der Minderheit im parlamentarischen Untersuchungsverfahren, ZParl 2012, 831 ff.; *Julia Plattner,* Das parlamentarischen Untersuchungsverfahren vor dem Verfassungsgericht. Eine Betrachtung zum Rechtsschutz vor und nach dem Erlass des Gesetzes zur Regelung des Rechts der Untersuchungsausschüsse des Deutschen Bundestages (PUAG) und in Thüringen, in: Beiträge zum Parlamentsrecht, Bd. 59, 2004; *Thomas Poschmann,* Grundrechtsschutz gemischtwirtschaftlicher Unternehmen. Ein Beitrag zur Bestimmung des personalen Geltungsbereichs der Grundrechte unter besonderer Berücksichtigung der Privatisierung öffentlicher Aufgaben, 2000; *Werner Richter,* Privatperson im parlamentarischen Untersuchungsausschuss. Das Spannungsverhältnis zwischen dem Untersuchungsrecht des Parlaments und den Grundrechten, 1990; *Albrecht Schleich,* Das parlamentarischen Untersuchungsrecht des Bundestages, 1985; *Hans – Christoph Schaefer,* Vereidigung im parlamentarischen Untersuchungsausschuss, NJW 2002, 490 ff.; *ders.*, Parlamentarische Untersuchungsausschüsse und Anwendung der StPO – ein Widerspruch?, NJW 1998, 434 ff.; *Hans -Peter Schneider,* Letztmals – der Ermittlungsbeauftragte, NJW 2002, 1328; *ders.*, Die hilflosen Aufklärer, NJW 2000, 3332 ff.; *Klaus Stern,* Die Kompetenz der Untersuchungsausschüsse nach Art. 44 GG im Verhältnis zur Exekutive unter besonderer Berücksichtigung des Steuergeheimnisses, AöR 109 (1988), 199 ff.; *Stefan Storr,* Staats- und Verfassungsrecht, 1998; *Stefan Studenroth,* Die parlamentarische Untersuchung privater Bereiche, Studien und Materialien zur Verfassungsgerichtsbarkeit, Bd. 51, 1992; *Patrick Teubner,* Untersuchungs- und Eingriffsrechte privatgerichteter Untersuchungsausschüsse. Zum Verhältnis von Strafprozeß und PUAG, 2009; *Joachim Vetter*, Zur Abnahme des Zeugeneides im parlamentarischen Untersuchungsverfahren. Umfang und Grenzen des Minderheitenschutzes., ZParl 1988, 70 ff.; *Anja Weisgerber,* Das Beweiserhebungsverfahren parlamentarischer Untersuchungsausschüsse des Deutschen Bundestages, Schriften zum Staats- und Völkerrechts, Bd. 102, 2003; *Dieter Wiefelspütz,* Das Untersuchungsausschussgesetz des Bundes, in ZParl 2002, 551 ff.; *ders.*, Der Eid im Untersuchungsausschuss, ZRP 2002, 14 ff.; *ders.*, Die Änderung des Auftrags von Untersuchungsausschüssen, DÖV 2002, 803 ff.; *ders.*, Die qualifizierte Minderheit im Untersuchungsausschuss, NJ 2002, 398 ff.; *ders.*, Untersuchungsausschuss und öffentliches Interesse, NVwZ 2002, 10 ff.; *ders.*, Parlamentarisches Untersuchungsrecht. Darstellung am Beispiel des Untersuchungsausschussgesetzes des Landes Mecklenburg-Vorpommern, ZG 2003, 35 ff.; *ders.*, Das Untersuchungsausschussgesetz, 2003; *Egon Zweig,* Die parlamentarische Enquete nach deutschem und österreichischem Recht, ZfP VI (1913), 265 ff.

Leitentscheidungen des BVerfG

BVerfGE 49, 70 (Untersuchungsgegenstand); 67, 100 (Flick-Untersuchungsausschuss); 76, 363 (Ordnungsgeld und Ordnungshaft); 77, 1 (Neue Heimat); 105, 197 (Parteispenden); 113, 114 (Visa – Untersuchungsausschuss); 124, 78 (BND – Untersuchungsausschuss).

A. Überblick

1 Das Recht zur Durchführung parlamentarische Untersuchungen setzt den Landtag in die Lage, die notwendigen Informationen zur Erfüllung insbes. seiner Kontrollaufgaben unabhängig von der Informationsübermittlung durch die Exekutive oder durch gerichtliche Erkenntnisse im Wege der **Selbstinformation** zu gewinnen.[1] Zugleich können Informationen an jeder Stelle der staatlichen Verwaltung erhoben werden; das Wissen der Exekutive und einzelner Amtsträger wird – anders als beim parlamentarischen Fragerecht nach Art. 67 ThürVerf – unmittelbar verfügbar.[2] Der Informationsgewinnung dienen neben Verstärkungen der parlamentarischen **Kontrollrechte** (Auskunft Aktenvorlage, Zutrittsrecht) und der Amtshilfe (vgl. Rn. 28, 34 ff.) insbesondere das Recht zur **Beweiserhebung** nach den Grundsätzen der Strafprozessordnung (vgl. Rn. 29 ff.); hierdurch grenzt sich ein Untersuchungsausschuss insbes. von einer **Enquetekommission** ab, die der Vorbereitung von Entscheidungen über umfangreiche und bedeutsame Sachverhalte unter Einbeziehung auch externer Sachverständiger

1 *Schröder*, in: Schneider/Zeh, § 46, Rn. 2 ff.; Braun, Art. 35 Rn. 1.
2 Vgl. Linck, in: Linck/Jutzi/Hopfe, Art. 48 Rn. 66.

dient (vgl. Linck, Art. 63 Rn. 1 ff., 11). Das Untersuchungsrecht ist von Rechts wegen nicht in erster Linie als politisches Kampfmittel konturiert, dessen legitimes Ziel die Herbeiführung eines öffentlichkeitswirksamen Vertrauens und Ansehensverlustes des politischen Gegners ist.[3] Ein solches Verständnis steht im Widerspruch zur ausdrücklichen Anordnung der Geltung der Grundsätze des strafprozessualen Verfahrens für die Beweiserhebung der Untersuchungsausschüsse nach Art. 64 Abs. 3 Satz 2 ThürVerf,[4] die aufgrund der systematischen Stellung auch den einfachen Gesetzgeber bei der näheren Ausgestaltung des Untersuchungsrechts bindet (Art. 64 Abs. 7 ThürVerf). Es verkennt auch die notwendigen verfassungsrechtlichen Voraussetzungen für die Freizeichnung parlamentarische Abschlussberichte von der gerichtlichen Kontrolle gemäß Art. 64 Abs. 6 ThürVerf (vgl. Rn. 38 ff.) und setzt sich in Widerspruch zum rechtsstaatlichen Postulat des Verbots der Objektivierung des Menschen für staatliche Zwecke. Rechtsstaatliche Zwangsmitteleinsatz (Erscheinenspflicht, Aussagezwang, Vereidigungsmöglichkeit, Rechtsnachteile durch Offenlegung grundrechtsumhegter Geheimnisse Dritter) ist mit dem Ziel der Desavouierung des „politischen Gegners" nicht zu rechtfertigen. Vielmehr geht die die Verfassung von einem dem gerichtlichen Verfahren in rechtsstaatlicher Hinsicht gleichwertigen, nach den Besonderheiten der parlamentarischen Arbeitsweise modifizierten Verfahren aus, das unter Wahrung der Belange Dritter einer Wahrheitsfindung im öffentlichen Interesse zu dienen bestimmt ist. Dabei wird das Eigeninteresse der politischen Akteure an der Wahrheitsermittlung vorausgesetzt und dienstbar gemacht; der auf die bestmögliche Sachentscheidung gerichtete, legitime politische Diskurs setzt sich in Bestreben nach bestmöglicher Aufklärung fort.[5] Die Aussage, einziger „Schiedsrichter" sei die **Öffentlichkeit**,[6] gilt auf Grund der verfassungsrechtlichen Arbeitsteilung zwischen Plenum und Untersuchungsausschuss (vgl. Rn. 9, 19) für die politischen Bewertung des Abschlussberichts, nicht aber für das Verfahren im Untersuchungsausschuss; hier kann sie beschleunigend im Sinne der Erfüllung des Untersuchungsauftrags wirken.

---

3 So aber bspw. *Linck*, ZRP 1987, 11, (19 ff.); *ders.*, in: Linck/Jutzi/Hopfe, Art. 64 Rn. 2; *Schröder*, in: Schneider/Zeh, § 46 Rn. 8; *Rechenberg*, BK, Art. 44 Rn. 33; *Lieber*, in: Lieber/Ivers/Ernst, Art. 72 Nr. 1; *Dästner*, Die Verfassung des Landes Nordrhein-Westfalen, 2. Aufl., Art. 41 Rn. 3; Brocker, in: Caesar/Grimm, Art. 91 Rn. 3; *Glauben*, in: Hdb UA, § 1 Rn. 10. Wie hier *Menzel*, in: Löwer/Tettinger, Art. 41 Rn. 7; *Engels*, Parlamentarische Untersuchungsausschüsse. Grundlagen und Praxis im Deutschen Bundestag, 1989, S. 20; Feuchte, in: Feuchte, Art. 35 Rn. 6 ff., insbes. mit Hinweis auf die Elemente der objektiven Wahrheitsfindung verstärkenden Regelungen in den Untersuchungsausschussgesetzen. Schweiger, in: Nawiasky, Art. 25 Rn. 18, Rupp v. Brünneck/Konzew, in: Zinn/Stein, Art. 92 Nr. 1, fordern größtmögliche Objektivität, Sachlichkeit und Fairness. Vgl. zur Forderung der Verstärkung der obj. Aufklärungsfunktion durch Verlagerung auf bes. Organe *Klein*, in: Maunz/Dürig, Art. 44 Rn. 108, 252 ff.

4 Vgl. *Schaefer*, NJW 1998, 434 ff.

5 *Menzel*, in: Löwer/Tettinger, Art. 41 Rn. 8.

6 *Linck*, in: Linck/Jutzi/Hopfe, Art. 64 Rn. 2.

B. Herkunft, Entstehung und Entwicklung

2 Nach der „Entdeckung" des parlamentarischen Untersuchungsrechts als Minderheitenrecht[7] durch Max Weber und Hugo Preuß im Übergang von der konstitutionellen Monarchie zur parlamentarischen Demokratie[8] und seiner Einführung in das Verfassungsrecht mit Art. 34 Weimarer Reichsverfassung (WRV)[9] haben in der Folge auch die Verfassungen Thüringens Regelungen zum parlamentarischen Untersuchungsrecht vorgesehen. Allerdings wurden in § 23 der Rosenthalschen Verfassung von 1921[10] die Gegenstände der parlamentarischen Untersuchung auf Überprüfung der Gesetzlichkeit oder Lauterkeit von Maßnahmen öffentlicher Behörden beschränkt und das Antragsquorum für das Verlangen nach Einsetzung eines parlamentarischen Untersuchungsausschusses gegenüber Art. 34 WRV von einem Fünftel auf ein Drittel der Mitglieder des Hauses angehoben. Ebenso wie in Art. 34 Abs. 1 Satz 2 WRV war ein Recht der Antragsteller auf Beweiserhebung anerkannt. Über die Regelungen der WRV hinaus anerkannte die Thüringer Verfassung von 1921 bereits ein Recht der Antragsteller auf Mitgliedschaft im (§ 23 Abs. 1 Satz 2).

3 Auch die Verfassung des Landes Thüringen vom 20.12.1946[11] nahm in Art. 17 ein parlamentarisches Untersuchungsrecht auf, ohne allerdings die Möglichkeit einer Minderheitsenquete zuzulassen. Das Beweisrecht der Antragsteller in Art. 17 Abs. 1 Satz 2 war damit seiner Bedeutung weitgehend beraubt.

4 Die Bedeutung des parlamentarischen Untersuchungsrechts für das Verfassungsleben zeigte sich vor allem darin, dass bereits in der **Vorläufigen Landessatzung** für das Land Thüringen vom 07.11.1990[12] ein parlamentarisches Untersuchungsrecht vorgesehen war, das nunmehr auch wieder als Minderheitsrecht ausgestaltet war und das Antragsquorum auf ein Fünftel der Mitglieder des Hauses zurücknahm (§ 8). Bereits auf dieser Grundlage wurde das Landesgesetz über die Einsetzung und das Verfahren von Untersuchungsausschüssen (Untersuchungsausschussgesetz-UAG) vom 07.02.1991 erlassen. Die Regelung, die sich wesentlich am Vorbild des Untersuchungsausschussgesetzes von Rheinland-

7 Bereits die Verfassung des Großherzogtums Sachsen-Weimar-Eisenachs von 1916 (§ 91) und die Paulskirchenverfassung von 1849 kannten ein Enqueterecht (Art. 99 PKV). In der Folge wurde ein parlamentarisches Untersuchungsrecht insbes. in der Verfassung des Herzogtums Gotha übernommen, dazu *Morlok*, in: Dreier, Art. 44 Rn. 2; *Menzel*, in: Löwer/Tettinger, Art 41 Rn. 2; *Klein*, in: Maunz/Dürig, Art. 44 Rn. 10; *Birkner*, in: Epping/Butzer, Art. 27 Rn. 8.

8 *Weber*, Parlament und Regierung im neugeordneten Deutschland (1918), in: ders., Neugeordnete Schriften, 1988, S. 351 ff. Vgl. *Zweig*, Die parlamentarische Enquete nach deutschem und österreichischem Recht, ZfP VI (1913), 267 ff. mwN; *Brocker*, in: Hdb UA, § 2 Rn. 15 ff; *Schröder*, in: Schneider/Zeh, § 46 Rn. 1.

9 Art. 34 WRV statuierte bereits ein Einsetzungsrecht der Minderheit und auch ihr Beweiserhebungsrecht. Letzteres erstreckte sich – wie sich aus der Zusammenschau von Abs. 1 Satz 2 mit Abs. 2 ergibt – ebenso auf die prozessuale Beweiserhebung wie dieser vorgelagerte Beweisschritte durch Aktenvorlage etc.

10 Vgl. den Abdruck bei *Lingelbach*, Eduard Rosenthal (1859 – 1926). Rechtsgelehrter und „Vater" der Thüringer Verfassung von 1920/21, in: Schriften zur Geschichte des Parlamentarismus in Thüringen, Thüringer Landtag (Hrsg.), Band 25, 2006, S. 233.

11 Regierungsblatt für das Land Thüringen v. 23.01.1947, S. 1 ff.

12 ThürGVBl. 1990, S. 1 ff.

Pfalz orientiert,[13] enthält über die Landessatzung hinausgehend ein Beweiserhebungsrecht der Minderheit (§ 13 UAG). Damit wurde zum ersten Mal für Thüringer Untersuchungsausschüsse ein eigenständiges Verfahrensrecht geschaffen und insoweit die – in allen genannten Verfassungsbestimmungen vorgesehene – sinngemäße Anwendung der Regelungen der Strafprozessordnung für die Beweisgewinnung teilweise überlagert.

In den Beratungen zur ThürVerf war die Einführung eines parlamentarischen Untersuchungsrechts von Anfang an unstrittig; hierzu lagen Anträge aller fünf Fraktionen vor.[14] Der VerfUA befürwortete in seiner 13. Sitzung am 04.06.1992 die Einsetzung von Untersuchungsausschüssen dem Grunde nach;[15] der Verfassungsausschuss stimmte diesem Vorschlag in seiner 10. Sitzung am 24.09.1992 ohne weitere Aussprache zu. Dabei bestand Einvernehmen über die Möglichkeit einer **Minderheitsenquete,** wobei das Quorum für das Einsetzungserzwingungsrecht entsprechend dem Vorbild des Art. 34 WRV auf ein Fünftel der Mitglieder begrenzt wurde. Ebenso waren von Anfang an die Mitgliedschaft aller Fraktionen mit einem **Mindestsitz** im Untersuchungsausschusses und die generelle Unterscheidung zwischen der Öffentlichkeit der Beweiserhebung und der Nichtöffentlichkeit der Beratung der Ausschüsse nebst besonderen Regelungen (qualifizierte Mehrheit) für die Möglichkeit des Ausschlusses der Öffentlichkeit gegeben. Die Verfassungsberatung betraf wesentlich die Fragen der Minderheitsrechte im Untersuchungsausschuss, den Umfang der Beweiserhebung, die Öffentlichkeit der Beratungen sowie Fragen des Rechtsschutzes. Dabei wurde im Ergebnis das von der SPD-Fraktion[16] befürwortete Recht eines Fünftels der Mitglieder des Untersuchungsausschusses auf Beweiserhebung übernommen und das Beweiserhebungsrecht um das – im Entwurf der CDU noch nicht enthaltene – Aktenvorlagerecht ergänzt.[17] Eine Sonderstellung auch der Antragsteller bei der Beweiserhebung, die neben der SPD auch von der Fraktion NF/GR/DJ verlangt worden war, wurde verworfen; dies galt auch für eine Begrenzung des Untersuchungstätigkeit lediglich durch das Merkmal der Sachdienlichkeit aus der Perspektive der Antragsteller oder für die paritätische Besetzung des Untersuchungsausschusses durch Regierungs- und Oppositionsfraktionen.[18] Die Möglichkeit nicht-öffentliche Sitzungen für geladene Gäste zu öffnen[19] wurde nicht übernommen. Hinsichtlich des Rechtsschutzes wurde mit Art. 64 Abs. 1 Satz 2 ThürVerf die Entscheidungsmöglichkeit des **Verfassungsgerichtshofs** über die Verfassungswidrigkeit des Untersuchungsauftrag eingeführt und das Antragsquorum analog dem Einsetzungsquorum auf ein Fünftel der Mitglieder festgesetzt; weitere Regelungen finden sich im ThürVerfGHG. Im Gegensatz zum Vorschlag der SPD-Fraktion[20] und dem Vorbild anderer neuer Länder fand 5

13 *Plattner*, Das parlamentarischen Untersuchungsverfahren vor dem Verfassungsgericht. Eine Betrachtung zum Rechtsschutz vor und nach dem Erlass des Gesetzes zur Regelung des Rechts der Untersuchungsausschüsse des Deutschen Bundestages (PUAG) und in Thüringen, in: Beiträge zum Parlamentsrecht, Bd. 59, 2004, S. 190.

14 Vgl umfassend Entstehung ThürVerf, S. 162 ff.

15 PW 1 VerfUA 013 (04.06.1992) S. 182 ff.

16 Art. 49 Abs. 2 Satz. 2 VerfE SPD (LT-LT-Drs. 1/590).

17 PW 1 VerfUA 014 (05.06.1992) S. 79 – 115.

18 Art. 43 VerfE NF/GR/DJ (.LT-LT-Drs. 1/659). Dazu PW 1 VerfA 011 (25.09.1992) S. 21 – 29, 38.

19 Art. 65 Abs. 5 VerfE LL-PDS (LT-LT-Drs. 1/578).

20 Art. 49 Abs. 4 Satz 2 VerfE SPD (LT-LT-Drs. 1/590).

eine Monopolisierung des Prüfungsrechts über den Untersuchungsauftrag beim VerfGH allerdings keine Zustimmung.[21] Keine Zustimmung fand auch der Vorschlag der Fraktionen NF/GR/DJ, zur Vermeidung von „Verschleppungstaktiken" durch Anrufung des Verfassungsgerichtshofs eine vorläufige Einsetzung von Untersuchungsausschüssen vorzusehen.[22] Im Ergebnis wurde der Entwurf eines Art. 64 ThürVerf in der 11. Sitzung des Verfassungsausschusses vom 25.09.1992 gebilligt.[23]

6 Die in den Verfassungsberatungen zurückgewiesenen Versuche, die Stellung des Untersuchungsausschusses als **„Herr im Verfahren"** für die Erfüllung des ihm vom Landtag überwiesenen Auftrages auszuhöhlen und insbesondere durch weitere Minderheitsrechte auf die Minderheit im Ausschuss oder den Antragsteller zu verlagern bzw. – modernen Ansätzen folgend[24] – auf einen Ermittlungsbeauftragten[25] auszulagern, haben auch in der Folge die **rechtspolitische Diskussion** geprägt und waren Gegenstand einer Initiative zur Änderung der Verfassung (vgl. oben „Entwicklung des Landesverfassungsrechts von 1993 bis 2012", Rn. 3) sowie mehrerer Anläufe zur Änderung des UAG.[26] Diese Änderungsversuche hatten keinen parlamentarischen Erfolg.

7 Der Thüringer Landtag hat von seinem Untersuchungsrecht regen Gebrauch gemacht. In der 1., 3. Und 4. Wahlperiode des Landtags wurden jeweils vier Untersuchungsausschüsse eingesetzt; in der fünften Wahlperiode wurden bislang zwei Untersuchungsausschüsse eingerichtet. Schwerpunkte parlamentarischer Untersuchungstätigkeit waren neben der Aufarbeitung fortwirkender Strukturen der DDR[27] die Tätigkeit der Sicherheits- und Verfassungsschutzbehörden[28] sowie die Kontrolle angeblich fehlgeschlagener Privatisierungen und Förderfälle.[29] Dabei haben insb. die Untersuchungsausschüsse der 3. und 4. Wahlperiode dem Landtag vollständige und weitgehend einvernehmliche **Abschlussberichte** gem. § 28 UAG vorgelegt.

C. Verfassungsvergleichende Information

8 Art. 64 ThürVerf kennt ebenso wie 44 GG die Verpflichtung zur Einsetzung eines Untersuchungsausschusses auf Antrag einer **Minderheit** wie die grundsätzli-

---

21 Zum verfassungshistorischen Vergleich siehe *Plattner* (Fn. 13) S. 188 ff.
22 Art. 43 Abs. 3 Satz 2 VerfE NF/GR/DJ (LT-LT-Drs. 1/659.).
23 PW 1 VerfA 011 (25.09.1992) S. 15 – 38.
24 Vgl. § 10 PUAG. Dazu *Klein*, in: Maunz/Dürig, Art. 44 Rn. 256 f.; *Brocker*, in: Glauben/Brocker, PUAG, § 10 mwN; *Bachmeier*, NJW 2002, 348 (350 ff.); *Schneider*, NJW 2002, 1348; *Wiefelspütz*, Untersuchungsausschussgesetz, 2003, S. 201 ff. mwN. Ein Ermittlungsbeauftragter war auch vorgesehen in § 9 a des Gesetzentwurfs der Fraktion Die LINKE vom 18. 01.2012, LT-Drs. 5/3895. Vgl. nunmehr den Ermittlungsbeauftragten auf Beschluss der Parlamentarischen Kontrollkommission gem. § 24 Abs. 1 ThürVSG.
25 Krit insg. bspw. *Schneider*, NJW 2001, 2604 ff. AA *Bachmeier*, NJW 2002, 348 (348 f.); *Klein*, in: Maunz/Dürig Art. 44 Rn. 252 f.
26 Vgl. Gesetzentwürfe in LT-Drs. 4/514; 5/3895.
27 UA 1/1 (SED-Machtstrukturen, LT-LT-Drs. 1/3466); UA 1/2 (Eichsfeld-Bau GmbH, LT-LT-Drs. 1/2823); UA 1/4 (Treuhandanstalt, Diskontinuität).
28 UA 3/3 (Einsatz des Landesamtes für Verfassungsschutz, LT-LT-Drs. 3/3420); UA 3/4 (Kennzeichenüberwachung, LT-Drs. 3/4256), UA 5/1 (Rechtsterrorismus und Behördenhandeln); LT-LT-Drs. 5/3969, UA 5/2 (V-Leute gegen Abgeordnete), (LT-Drs. 5/5391).
29 UA 1/3 (Hotel Thüringen, LT-Drs. 1/2758); UA 3/1 (Sozialverträgliche Arbeitnehmerüberlassung, LT-Drs. 5/4248); UA 3/2 (TSI, LT-Drs. 3/4135); UA 4/1 (Hotelförderung, LT-Drs. 5/ 5306/5470); UA 4/2 (TIB-Industriebeteiligungen, LT-Drs. 4/5462); UA 4/3 (Flughafen Erfurt, LT-Drs. 4/5283); UA 4/4 (Fernwasser, LT-Drs. 4/5454).

che Möglichkeit zum Ausschluss der **Öffentlichkeit.** Die Thüringer Regelung ist dabei insoweit minderheitsfreundlicher, als sie das Einsetzungsquorum absenkt und der Minderheit auch einen Anspruch auf Durchführung von Beweishandlungen gibt. Darüber hinaus werden die Ermittlungsmöglichkeiten durch verfassungsrechtliche Auskunft- und Aktenvorlageansprüche gegenüber der Landesregierung qua Verfassung ergänzt. Zum Schutz einer effektiven Kontrolle werden die Regelungen zum Ausschluss der Öffentlichkeit präzisiert und zugleich in Art. 64 Abs. 4 Satz 3 iVm 67 Abs. 3 ThürVerf Vorsorge für den **Diskretionsschutz** getroffen. Ebenfalls bereits verfassungsrechtlich verankert ist die Mitgliedschaft aller Fraktionen in einem Untersuchungsausschuss. Hinsichtlich der Bezugnahme auf die Regelungen der **Strafprozessordnung** und der Feststellung, dass das **Brief-, Post- und Kommunikationsgeheimnis** unberührt bleibt, stimmen die verfassungsrechtlichen Regelungen überein, ebenso hinsichtlich der Freiheit der Gerichte bei der Beurteilung der der Untersuchung zu Grunde liegenden Sachverhalte und der Freiheit des Untersuchungsberichts von richterlicher Erörterung. Zusätzlich enthält die Thüringer Regelung bereits einen Vorbehalt für eine einfachgesetzliche Ausgestaltung (UAG); diese Regelung war bereits auf der Grundlage der vorläufigen Landessatzung erlassen worden.

D. Erläuterungen

I. Landtag und Untersuchungsausschuss (Abs. 1)

1. Untersuchungsgegenstand und Aufgaben des Landtags. Untersuchungsausschüsse haben die **Aufgabe**, Sachverhalte, deren Aufklärung im öffentlichen Interesse liegt, zu untersuchen (§ 1 Abs. 1 UAG). Untersuchungsgegenstände sind nur zulässig im Rahmen der verfassungsmäßigen Zuständigkeiten des Landtags (§ 1 Abs. 2 UAG). Nach dieser einfachgesetzlichen Ausformung der sog. **Korollartheorie**[30] wird die Untersuchungskompetenz des Landtags durch seine parlamentarischen Aufgaben begründet und zugleich begrenzt. Dabei gehen die Aufgaben des Landtags gemäß Art. 48 Abs. 2 ThürVerf über die Kontrolle der öffentlichen Verwaltung des Landes (parlamentarische Kontrolle) hinaus und umfassen auch Gesetzgebung,[31] Wahlen, die Erörterung der öffentlichen Angelegenheiten des Landes (Repräsentationsfunktion) und die Erfüllung weiterer durch die Verfassung zugewiesener Aufgaben. Es greift zu kurz, das Untersuchungsrecht ausschließlich der parlamentarischen Kontrollfunktion zuzuweisen;[32] dem Grunde nach kann das Parlament seine Möglichkeit zu regierungsunabhängiger **Selbstinformation** auch im Dienst anderer Parlamentsfunktionen und unabhängig von einer rechtsverbindlichen Entscheidung[33] aktivieren.[34] 9

2. Bestimmtheit des Untersuchungsgegenstandes. Der Landtag muss den Untersuchungsgegenstand selbst und wertungsfrei festlegen. Dieses rechtlich zwin- 10

30 *Zweig* (Fn. 8).

31 Zweifelhaft ist die angenommene Unzulässigkeit einer Gesetzgebungsenquete bei (noch) fehlender Gesetzgebungskompetenz (so aber *Studenroth*, Die parlamentarische Untersuchung privater Bereiche, Studien und Materialien zur Verfassungsgerichtsbarkeit, Bd. 51, 1992, S. 49; *Glauben*, in: Hdb UA, § 5 Rn. 135.) angesichts der Möglichkeit, eine Änderung der Kompetenzverteilung über eine Bundesratsinitiative vorzubereiten.

32 Wie hier *Brocker*, in: Hdb UA, § 1 Rn. 2.

33 So noch *Maunz*, in: Maunz/Dürig (Vorauflage), Art. 44 Rn. 3 f.

34 HessStGH, ESVGH 17, 1 (14); 22,130 (138); BayVGH, BayVerfGHE 38, 165 (174), *Wiefelspütz*, Untersuchungsausschussgesetz, 2003, S. 35; *Achterberg/Schulte*, in: v. Mangoldt/Klein/Starck, Art. 44 Rn. 6; *Glauben*, in: Hdb UA, § 5 Rn. 5.

gende Erfordernis[35] ergibt sich für den Beschluss aus dem Rechtsstaatsprinzip, da der Untersuchungsgegenstand Grundlage und Grenze jeder Ermittlungstätigkeit des Untersuchungsausschusses und eines etwaigen Zwangsmitteleinsatzes[36] ist, aus dem Demokratieprinzip i.S.d. Parlamentsvorbehalts für wesentliche Entscheidungen;[37] für den Antrag gilt das Bestimmtheitserfordernis als Korrelat der Ausübung eines Minderheitsrechts.[38] Im Verhältnis zum Untersuchungsausschuss muss der Landtag als **Herr des Verfahrens** selbst mit hinreichender Deutlichkeit den Rahmen der Untersuchung festlegen[39] (vgl. Rn. 19 ff.). Soweit gem. § 3 Abs. 1 UAG vor dem Einsetzungsbeschluss bereits der **Antrag** hinreichend bestimmt sein muss, ist dies verfassungsrechtlich nur Voraussetzung für den Einsetzungsanspruch der Minderheit;[40] iÜ genügt die Bestimmtheit zum Zeitpunkt der Entscheidung.[41]

11 Das Bestimmtheitsgebot zieht damit „Ausforschungsenqueten" rechtliche Grenzen. Geht ein Einsetzungsantrag von unzweifelhaft falschen tatsächlichen Grundlagen aus, besteht keine Einsetzungspflicht.[42] Es empfiehlt sich, auch die tatsächlichen Grundlagen rechtlicher Vorfragen in den Untersuchungsauftrag einzubeziehen. Dem Untersuchungsausschuss obliegt allein die Entscheidung über die notwendigen Ermittlungsmaßnahmen, ohne dass ihm eine Einschätzungsprärogative oder ein Ermessenspielraum zur Ausgestaltung des Untersuchungsauftrags zustünde.[43] Zugleich verwehrt das Bestimmtheitsgebot es aber dem Parlament, Beweismaßnahmen im Einzelnen festzulegen; die Ermittlungsbefugnis ist dem Untersuchungsausschuss vorbehalten.[44]

12 **3. Grenzen der Untersuchung bei besonderen Untersuchungsgegenständen. a) Kontrollenqueten im öffentlichen Bereich.** Die Begrenzung auf die Zuständigkeiten des Landtags entspricht dem Grundsatz der horizontalen und vertikalen **Gewaltenteilung.**[45] Sie begrenzt auch das parlamentarische Untersuchungsrecht bei Ausübung der parlamentarischen Kontrolle (Kontrollenqueten); die allgemeinen Grenzen der parlamentarischer Kontrolle gelten auch im Untersuchungsrecht (vgl. Linck, Art. 48 Rn. 54 ff.).

13 Ausgeschlossen ist eine Untersuchung von Gegenständen, die im Schwerpunkt in die Zuständigkeit des **Bundes** oder anderer deutscher **Länder**[46] fallen (vgl. Linck, Art. 48 Rn. 75 ff.). **Gemeinden** und **Landkreise** können mittelbar durch

35 *Schneider*, in: AK-GG, Art. 44 Rn. 6; *Achterberg/Schulte*, in: v. Mangoldt/Klein/Starck, Art. 44 Rn. 30; *Weisgerber*, Das Beweiserhebungsverfahren parlamentarischer Untersuchungsausschüsse des Deutschen Bundestages, Schriften zum Staats- und Völkerrechts, Bd. 102, 2003, S 114 ff.; *Wiefelspütz*, ZG 2003, 35 (38); *Meyer-Bohl*, Die Grenzen der Pflicht zur Vorlage und Aussage vor parlamentarischen Untersuchungsausschüssen, 1992, S. 119 ff.; *Caspar*, DVBl. 2004, 845 (847).

36 Vgl. *Glauben*, in: Hdb UA, § 6 Rn. 9 mwN.

37 Vgl. diff. *Sachs*, in: Sachs, GG, Art. 20 Rn. 38.

38 *Plattner* (Fn. 13) S. 40.

39 *Fiebig*, S. 197.

40 *Birkner*, in: Epping/Butzer, Art. 27 Rn. 21 ff; *Geis*, in: HStR III, § 55 Rn. 35.

41 *Feuchte*, in: Feuchte, Art. 35 Rn. 12.

42 BWStGH, LVerfGE 18, 26 (Ls. 4, 53).

43 BVerfGE 124, 78 (119); SächsVerfGH, SächsVBl. 2009, 8 (14); *Weisgerber* (Fn. 36) S. 115.

44 Zulässig erscheint allerdings die parlamentarische Praxis, die Einbeziehung bestimmter Erkenntnisquellen zu verlangen, soweit damit andere Ermittlungsquellen nicht ausgeschlossen und in das Beweiswürdigungsrecht des Ausschusses nicht eingegriffen wird.

45 *Braun*, Art. 35 Rn. 12; *Glauben*, in: Hdb UA, § 5 Rn. 30 ff.

46 BVerwGE 109, 258 (Ls. 2, 266 f.).

eine an die Aufsichtsbehörden gerichtete Untersuchung in parlamentarischen Untersuchungen einbezogen werden. Eine unmittelbare Untersuchung ist im Hinblick auf die institutionelle **Garantie der kommunalen Selbstverwaltung** (Art. 91 ThürVerf) nur unter Beachtung der Grenzen der Staatsaufsicht zulässig.[47] (vgl. Linck, Art. 48 Rn. 82 ff.). Ebenso muss der Landtag die Unabhängigkeit der richterlichen Entscheidungsfindung respektieren[48] (vgl. Linck, Art. 48 Rn. 74). Zulässig sind parallele Untersuchungen durch die Justiz und einen Untersuchungsausschuss;[49] Konflikte zwischen beiden Verfahren sind nach den Grundsatz der Gleichrangigkeit und – bspw. hinsichtlich der Vorlage von Akten im Original – in gegenseitiger Rücksichtnahme zu lösen.[50] Auch darf der Landtag nicht den inneren Bereich der Beratung und Organisation des – mit richterlicher Unabhängigkeit versehenen – **Rechnungshofs** (Art. 103 Abs. 1 Satz 2 ThürVerf)[51] zum Gegenstand der Untersuchung machen. Einer Untersuchung steht nicht entgegen, dass die Frage der Kontrollbefugnis des Rechnungshofs unterfällt.[52]

Soweit sich parlamentarische Untersuchungen- wie in der Hauptzahl der Fälle – 14
gegen die Exekutive des Landes richten, d.h. die Landesregierung, die Behörden des Landes sowie die ihrer Aufsicht unterstehenden Körperschaften, Stiftungen und Anstalten des öffentlichen Rechts (vgl. § 14 UAG), bildet der **unverzichtbare Kernbereich** der Eigenverantwortlichkeit der Landesregierung (sog. **Arkanbereich**) eine Untersuchungsschranke; dies dient der Wahrung eines geheimen Initiativ und Beratungsbereichs[53] und verhindert ein „Mitregieren“ des Parlaments durch eine auf fortlaufende Parallelkontrolle[54] bzw. eine bereits auf die Phase der Entscheidungsfindung zielende Untersuchung[55] (vgl. Linck, Art. 48 Rn. 71 ff.). Der Ausschluss ist somit i.d.R. zeitlich bis zur **Verantwortungsreife**[56] der Maßnahme befristet; diese tritt bei mehrstufigen Maßnahmen nicht erst mit dem Abschluss insgesamt,[57] sondern bereits von abgrenzbaren Teilen ein. Bei aufeinander bezogenen, mehrstufigen Entscheidungs- und Verhandlungsprozessen kann zum Schutz der Verhandlungsfähigkeit ein Vorgang so lange als nicht abgeschlossen behandelt werden, als die Landesregierung den eingeschlagenen Weg nicht grundsätzlich verlässt.[58] Öffentliche, gemischt-öffentliche oder ge-

47 *Böckenförde*, AöR 103 (1978), 1 (27 ff.). Weitergehend *Feuchte*, in: Feuchte, Art. 35 Rn. 4.
48 SächsVerfGH, SächsVBl. 2009, 8 (16); *David*, Art. 26 Rn. 14; *Glauben*, in: Hdb UA, § 5 Rn. 42 m.w.N, *Menzel*, in: Löwer/Tettinger, Art, 41 Rn. 24.
49 Vgl. zur jeweiligen Aufklärungsrichtung BVerfGE 124, 78 (116).
50 BVerwGE 109, 258 (264); *Glauben*, in: Hdb UA, § 5 Rn. 45 f. Im Hinblick auf die unterschiedliche Zielsetzung der Verfahren empfiehlt es sich gleichwohl, rechtliche Vorfragen zunächst der gerichtlichen Klärung zu überlassen. Zur Frage der Zugänglichkeit von Personalbeweismitteln auf Grund von möglichen strafrechtlichen Risiken vgl. *Kölbel/Morlok*, ZRP 2000, 217 (219 ff.).
51 Vgl unten: *Ohler*, Art. 103 Rn. 4 ff.
52 VerfGH Rh-Pf, DVBl.2010, 1504 (Ls. 5).
53 BVerfGE 67, 100 (139); BWStGH, LVerfGE 18, 26 (38); *Brocker*, in: Caesar/Grimm, Art. 91 Rn. 19 ff.
54 *Klein*, in: Maunz/Dürig, Art. 44,Rn. 152.
55 *Wiefelspütz*, ZG 2003, 35 (41).
56 *Masing*, Parlamentarische Untersuchungen privater Sachverhalte, 1998, S. 312 ff.; *Möstl*, in: Lindner/Möstl/Wolff, Art. 25 Rn. 10; *Rupp v. Brünneck/Konzew*, in: Zinn/Stein, Art. 92 S. 6 ff.
57 So BayVerfGH, BayVerfGHE 38, 165 (177 f.); Weisgerber (Fn. 36) S. 93.
58 BWStGH, LVerfGE 18, 26 (Ls. 5 u 6, 58 ff.).

mischt wirtschaftliche **Unternehmen des Privatrechts** können im Hinblick auf die Beteiligungsvoraussetzungen und die Regelungen der Beteiligungsverwaltung (vgl. § 65 Abs. 1 LHO) Gegenstand einer Untersuchung sein;[59] entspr. gilt für die von der öffentlichen Hand gegründeten und mit einem Unternehmenszweck bzw. -gegenstand versehenen Unternehmen;[60] aufgrund der fehlenden Grundrechtsfähigkeit bilden die Grundrechte hier keine Schranke (vgl. Rn. 34).[61] Keine Begrenzung erfährt das parlamentarische Untersuchungsrecht seinem Gegenstande nach unter dem Gesichtspunkt des Schutzes staatlicher Geheimnisse (bspw. des Verfassungsschutzes) oder des **Staatswohls;** diese sind Parlament und Regierung gemeinsam anvertraut[62] (vgl. Linck, Art. 48 Rn. 85 ff.).

15 **b) Untersuchungen im privaten Bereich bei öffentlichem Interesse.** Aus der Begrenzung des Untersuchungsrechts im Sinne der Korollartheorie folgt, anders als bei der Ausübung des auf die Exekutive bezogenen parlamentarischen Kontrollrechts,[63] kein grundsätzlicher Ausschluss **privater Angelegenheiten als Gegenstand der Untersuchung (und nicht einzelner Untersuchungsmaßnahmen).**[64] Gleichwohl sind privatgerichtete Untersuchungen nur unter engen Voraussetzungen zulässig.[65] Anerkannt sind so genannte **Skandalenqueten** in Angelegenheiten des öffentlichen (wenn auch nicht öffentlich-rechtlich verfassten) Lebens, wenn Tatsachen dafür sprechen, dass Missstände gegeben sein könnten, deren Aufklärung im **öffentlichen Interesse** liegt. Das gleiche gilt für private Unternehmen mit gemeinwirtschaftlicher Zielsetzung, die in erheblichen Umfang aus staatlichen Mitteln gefördert oder steuerlich begünstigt werden und besonderen rechtlichen Bindungen unterliegen.[66] Dem Merkmal des öffentlichen Interesses kommt zentrale Bedeutung für die Zulässigkeit der Untersuchung kommt zu.[67] Dabei ist eine normative Verankerung des öffentlichen Interesses erforderlich;[68]

---

59 *David*, Art. 26 Rn. 13.

60 Nach diesen Maßstäben konnte der Landtag die Tätigkeit der privatisierten Straßenbauverwaltung zum Gegenstand einer Untersuchung machen (UA 3/2, (TSI), Bericht in LT-Drs. 3/4135. Zur Zuordnung privatrechtlicher errichteter öffentlicher oder gemischtwirtschaftlicher Unternehmen nach Maßgabe des Gründungsaktes siehe *Poschmann*, Grundrechtsschutz gemischtwirtschaftlicher Unternehmen. Ein Beitrag zur Bestimmung des personalen Geltungsbereichs der Grundrechte unter besonderer Berücksichtigung der Privatisierung öffentlicher Aufgaben, 2000, S. 336 mwN.

61 BVerfGE 21, 362 (369); 39, 362 (312 ff.); 45, 63 (78); 61 (193 (206); 70, 1 (15); 75, 192 (196); BVerfG NJW 1990, 1783.

62 BVerfGE 67, 100 (Ls. 3 b,136 ff.); 124 78 (123 ff.).

63 Vgl. dazu *Linck*, in Linck/Jutzi/Hopfe, Art. 48 Rn 88.

64 *Korbmacher*, in: Pfennig/Neumann, Art. 48 Rn. 3. AA *Schweiger*, in: Nawiasky, Art 25 Rn. 2. *Masing* (Fn. 58) S. 260 ff., 274 ff., 283 ff. sieht im Hinblick auf die die gebotene Grundrechtssicherung und das Rechtsstaatsprinzip Eingriffe einschl. der Anwendung strafprozessualer Zwangsmaßnahmen in einem von politischen Antagonismen geprägten Verfahren angesichts der Unklarheit der sonstigen Begrenzungen nur gewahrt, wenn die Untersuchungsgegenstände in den Verantwortungsbereich der Exekutive bzw. der parlamentarischen Mehrheit und Minderheit fallen. Diese Argumentation betrifft aber nur die Zulässigkeit privatgerichteter Kontrollenqueten und versteht zudem das Minderheitenrecht nicht als Instrument rechtsstaatlich gebundener Aufklärung in einem nicht durch organisatorische Rollenzuschreibungen (Anklagebehörde, Richter, Verteidiger) sondern durch parlamentarische Konkurrenz geprägten Verfahren.

65 Vgl. *Klein*, in: Maunz/Dürig, Art. 44 Rn. 119 ff. mwN, der – in Durchbrechung der Korollartheorie – rein privatgerichtete Untersuchungen ebenso verwirft wie *Masing* (Fn. 58) S. 282 ff.

66 BVerfGE 77, 1 (43). Zustimmend etwa *Linck*, in: Linck/Jutzi/Hopfe, Art. 48 Rn. 39.

67 *Plattner* (Fn. 13)S. 38. Zweifelnd *Klein*, in: Maunz/Dürig, Art. 44 Rn. 114.

68 *Morlok*, in: Dreier, Art. 44 Rn. 29; *Böckenförde*, AöR 103 (1978), 1 (15).

nicht genügend ist ein bloß faktischer Informationswunsch. Eine ausreichende normative Verankerung bei einer öffentlich-rechtlichen Regelung des zu untersuchenden Sachverhalts, bspw. durch das Haushalts- oder Subventionsrecht gegeben. Dabei wird die Reichweite einer Untersuchung durch die normative Ausformung eines grundsätzlich privaten Sachverhalts zugleich begründet wie begrenzt. Zudem ist die **Aufklärung** nur geboten, wenn und soweit der Verdacht von Missständen oder Rechtsverletzungen hinreichend konkret und diese so gewichtig sind, dass entgegenstehende Verfassungsrechte (Grundrechte, Art. 21 GG i.V.m Art. 9 ThürVerf) in der Abwägung mit dem Aufklärungsverlangen überwunden werden.[69]

Aufgrund der Bindung aller staatlichen Gewalt an die **Grundrechte** (Art. 42 Abs. 1 ThürVerf) ist auch bereits die Einsetzung eines Untersuchungsausschusses und nicht nur spätere Beweiserhebungen an den Grundrechten zu messen.[70] So kann in engen Grenzen[71] auch die Ausrichtung eines Untersuchungsgegenstandes gegen einen Privaten einschließlich der Namensnennung im Einsetzungsantrag zulässig sein; hieraus folgt eine besondere Verfahrensstellung des Betroffenen. 16

Die in der privat-gesellschaftlichen Sphären verankerten **Parteien** können bei einem Verstoß gegen das Recht der staatlichen Parteienfinanzierung[72] oder (bei der Kandidatenaufstellung) gegen das Wahlrecht Gegenstand von Untersuchungsausschüssen sein.[73] Ob hinsichtlich sonstiger öffentlich-rechtlicher Pflichten nach dem Parteiengesetz, bspw. zur Wahrung innerparteilicher Demokratie, das Parteienprivileg nach Art. 21 Abs. 2 Satz 2 GG eine Sperrwirkung entfaltet[74] oder die Parteien in einem „Arkanbereich" vor dem Zugriff politischer Kontrahenten zu schützen sind,[75] erscheint zweifelhaft. Die Ermittlung der Voraussetzungen der Verfassungswidrigkeit ist jedenfalls der parlamentarischen Feststellung ebenso wenig entzogen wie die Kontrolle der Landesregierung hinsichtlich ihrer Ermittlungen. Allerdings bedarf es besonderer Anforderung an die das Aufklärungsverlangen begründenden Tatsachen. Dies gilt auch für Untersuchungen gegen **Fraktionen,** etwa bei Fehlverwendungen der staatlichen Fraktionsfinanzierung insbesondere für Zwecke der Partei.[76] Auch die grundsätzlich staatsfreien **öffentlich-rechtlichen Rundfunkanstalten** können – im Hinblick auf die Einhaltung öffentlich-rechtlicher Pflichten bspw. aus den Staatsverträgen – 17

69 VerfGH Rh-Pf, DVBl. 2010, 1504 (Ls. 3); Fiebig, S. 198.

70 Unschädlich ist, dass der Einsetzungsbeschluss lediglich die Vorstufe eines Grundrechtseingriffs gegenüber Privaten ist und sich der Eingriff erst mit der konkreten Beweiserhebung aktualisiert. Dies folgt aus der Weiterentwicklung des Eingriffsbegriffs über den unmittelbaren, finalen und mit Verbot und Zwang verbundenen Rechtsakt hinaus (BVerfGE 66, 39 (60). Vgl. *Dreier*, in: Dreier, Vorb. Rn. 42; *Sachs*, in: Sachs, GG, vor Art. 1 Rn. 83 ff.).

71 Problematisch bspw., wenn der Auftrag negative Tatsachenfeststellungen und Wertungen gegenüber einzelnen Grundrechtsträgern impliziert (Glauben/Edinger, DÖV 1995, 941 (945)). Der Untersuchungsauftrag wäre in einem solchen Fall nur dann gerechtfertigt, wenn zugleich das öffentliche Interesse an einer derartigen Prüfung mit dem Antrag substantiiert wird oder das öffentliche Interesse offenkundig ist; die konkreten Anforderungen an die Darlegungslast sind im Einzelfall zu bestimmen.

72 Krit. *Klein*, in: Maunz/Dürig, Art. 44 Rn. 127 – 132.

73 BVerfGE 105, 197 m.w.N; OLG Frankfurt a.M., NJW 2001, 2340 (2341).

74 *Klein*, in: Maunz/Dürig Art. 44 Rn. 126.

75 *Glauben*, in: Hdb UA, § 5 Rn. 111 mwN.

76 VerfGH Rh-Pf, DVBl. 2010, 1504 (Ls. 3).

in eine Untersuchung einbezogen werden. Die Begrenzung der Untersuchung auf eine Rechtsprüfung gilt auch für die Vertreter der Exekutive[77] (oder der Legislative) in den Selbstverwaltungsorganen der Landesrundfunkanstalten. Die gleichen Maßstäbe gelten auch für die Aufklärung von Missständen in **Hochschulen,**[78] im Hinblick auf die Einheitlichkeit des Forschungsbegriffs in Art. 5 GG iVm 27 ThürVerf grds. auch für Auftragsforschung im Rahmen besonderer Förderprogramme.

18 **c) Untersuchung in eigenen Angelegenheiten des Landtags.** Zulässig ist eine Untersuchung in eigenen **Angelegenheiten des Landtags** (sog. Kollegialenquete),[79] auch soweit die zu untersuchenden Aufgaben durch die **Geschäftsordnung** bestimmten Organen (Ältestenrat, Vorstand) zugewiesen sind.[80] Auf Grund der komplementären (nicht ersetzenden) Funktion der **Parlamentarischen Kontrollkommission** für die parlamentarische Kontrolle der Exekutive im Bereich des Verfassungsschutzes (Art. 97 Satz 3 ThürVerf iVm § 18 Abs. 1 Satz 3 ThürVSG)[81] ist auch ein Untersuchungsausschuss im Bereich des Verfassungsschutzes möglich.[82] Nicht zu den Aufgaben des Landtags gehören die dem Präsidenten des Landtags gem. Art. 57 Abs. 3 u. 4 ThürVerf zugewiesenen eigenen Aufgaben sowie die Aufgaben der Parlamentarischen Kontrollkommission selbst. Die Statusrechte der Abgeordneten bilden eine weitere Schranke des allgemeinen Untersuchungsrechts.[83] Der Zulässigkeit der Untersuchung steht weder entgegen, dass der Untersuchungsgegenstand bereits in anderer Weise Gegenstand der parlamentarischen Beratung ist oder sein kann noch beschränkt ein laufendendes Untersuchungsverfahren die Wahrnehmung parlamentarischen Initiativrechte (Art. 53 ThürVerf).

19 **4. Einsetzung und Änderung des Untersuchungsgegenstandes.** **a) Einsetzungsverfahren.** Die Durchführung des Untersuchungsverfahrens selbst ist aus rechtsstaatlichen Gründen dem Landtag entzogen und dem Untersuchungsausschuss als besonderem, nicht-ständigen Pflichtausschuss des Landtags zugewiesen. Im Rahmen erteilten Untersuchungsauftrags ist der Untersuchungsausschuss **„Herr im Verfahren"**. Gleichwohl bleibt der Landtag **„Herr des Verfahrens"**. Er ist Adressat des vom Ausschuss zu erstattenden **Abschlussberichts** (Art. 64 Abs. 6 Satz 1 ThürVerf iVm §§ 1 Abs. 1, 28 Abs. 1 UAG); er kann den Untersuchungsausschuss auch zur Abgabe zu **Zwischenberichten** verpflichten, soweit er hierdurch die gebotenen Ermittlungen nicht in der Sache unmöglich macht.[84] Der Landtag kann den Untersuchungsauftrag dem Grunde nach später ändern, ergänzen oder aufheben[85] (zu den Grenzen zum Schutz einer Antragsminderheit siehe Rn. 21). Damit ist der Landtag zugleich der Ort der streitigen

---

77 *Glauben*, in: Hdb UA, § 5 Rn. 104.
78 *Glauben*, in: Hdb UA, § 5 Rn. 108.
79 BVerfGE 77,1 (44); *Brocker*, in: Caesar/Grimm, Art. 91 Rn. 10. AA *Ipsen*, Art. 27 Rn. 14.
80 Vgl. auch *Plattner* (Fn. 13) S. 45.
81 *Klein*, in: Maunz/Dürig, Art. 44 Rn. 153; *Glauben*, in: Hdb UA, § 5 Rn. 40.
82 BVerfGE 124, 161 (191); BbgVerfG, LVerfGE 15, 124 (Ls. 3, 135 ff.);*Brocker*, in: Hdb UA, § 1 Rn. 5. Siehe dazu auch Einsetzung des UA 5/1 (NSU), LT-Drs. 5/3902 und UA 5/2 (V-Leute gegen Abgeordnete), LT-Drs. 5391. Vgl. unten: *Brenner*, Art. 97 Rn. 20.
83 *Klein*, in: Maunz/Dürig Art. 44 Rn. 158 ff. mwN.
84 *Brocker*, in: Hdb UA, § 1 Rn. 1.
85 *Klein*, in: Maunz/Dürig, Art 44 Rn. 68 ff; *Engels* (Fn. 3) S. 165.

politischen Auseinandersetzung über die Ergebnisse der Untersuchung des Ausschusses und seine Empfehlungen.[86]

Die Einsetzung des Untersuchungsausschusses erfolgt in jedem Fall durch **Beschluss** des Landtags[87] mit der Mehrheit der abgegebenen Stimmen (Art. 61 Abs. 2 Satz 1 ThürVerf). Zu diesem Beschluss ist er verpflichtet, wenn eine Einsetzung mit zulässigem Antrag von mindestens einem Fünftel der Mitglieder des Landtags (z. Z. min. 18 Abg.) verlangt wird; der Antrag ist von allen Antragstellern zu unterschreiben (§ 2 Abs. 2 UAG). Soweit kein Minderheitsrecht ausgeübt werden soll, genügt die Antragstellung durch eine Fraktion oder eine Gruppe von 10 Abgeordneten (§ 51 Abs. 3 GOLT). Über die Rechtmäßigkeit des Einsetzungsantrags entscheidet der Landtag.[88] Im Fall einer Minderheitsantrags muss der Antrag, um die Mehrheit zur Zustimmung zu verpflichten, aus sich heraus rechtmäßig sein.[89] Es ist weder Aufgabe der Mehrheit, die Rechtmäßigkeit des Antrags durch Änderung herbei zu führen noch ihr Recht – bei Teilbarkeit des Antrags – nur einen Teil anzunehmen.[90] Insofern scheitert eine Verpflichtung bereits an der fehlenden Ausübung des Minderheitenrechts, da den Antrag deckende Unterschriften insoweit nicht vorliegen. 20

b) Änderung des Untersuchungsgegenstandes. aa) Abänderung der beantragten Untersuchung. Die **Mehrheit** ist zum Schutz der Minderheit bei der **Abänderung** des beantragten Untersuchungsgegenstands auf solche Änderungen beschränkt, die den Kern des Untersuchungsgegenstandes wahren[91] und eine wesentliche Verzögerung des Verfahrens nicht befürchten lassen (§ 3 Abs. 2 UAG). Unter den gleichen Voraussetzungen steht (als Minus zu einem weiteren Untersuchungsausschuss) einer **qualifizierten Einsetzungsminderheit** das Recht zur Ergänzung (nicht aber Abänderung) einer von der Mehrheit beantragten Untersuchung zu.[92] In verfassungskonformer Weise hat der Gesetzgeber damit auf Grund seines Regelungsvorbehalts (Art. 64 Abs. 7 ThürVerf) das Minderheitenrecht im Interesse der **parlamentarischen Effektivität** (vgl. Art. 57 Abs. 5 ThürVerf) beschränkt.[93] Bei sachlichem Zusammenhang ist eine einheitliche Untersuchung möglich. Zugleich wird einer Verschleppung der Untersuchung und damit eine Verwässerung des Untersuchungsverlangens vermieden. Die Regelung betont das Ziel einer sachlichen Aufklärung als rechtsstaatlicher Rechtfertigung des legitimen Zwangsmitteleinsatzes, indem sie Raum für eine abgerundete Formulierung des Untersuchungsgegenstandes schafft und die Gefahr manipulati- 21

86 *Glauben*, in: Hdb UA, § 29 Rn. 1.

87 De lege lata bewirkt ein rechtmäßiges Einsetzungsverlangen nicht eo ipso die Einsetzung, vgl. dazu *Kretschmer*, in: Schmidt-Bleibtreu/Klein, Art. 44 Rn. 14 m.w.N.; *Achterberg*, S. 196 f.

88 VerfGH NW, DÖV 2001, 207 (Ls. 1).

89 *Klein*, in: Maunz/Dürig, Art. 44 Rn. 85 f.

90 BayVerfGH, DVBl. 196, 233 (235); VerfGH NW, DÖV 2001, 207 (Ls. 2 a); *Achterberg/Schulte*, in: v. Mangoldt/Klein/Starck, Art. 44 Abs. 1 Rn. 91; *Feuchte*, in: Feuchte, Art. 35 Rn. 14. Anders die Regelung in § 2 Abs. 3 PUAG, dazu *Wiefelspütz*, DÖV 2002, 803 (805); *Glauben*, in: Glauben/Brocker, PUAG, § 2 Rn. 7.

91 Der Kern des Untersuchungsthemas wird gewahrt, soweit für den gleichen Zeitraum weiter Fragen aufgeworfen werden. Anders wenn sich das Untersuchungsthema verschiebt oder in sein Gegenteil verkehrt wird, vgl. HambVerfG, DVBl. 2007, 199 (Ls. 3), dazu *Canzik*, Der Staat, Bd. 49 (2010), 251 ff.

92 *Glauben*, in: Hdb UA, § 6 Rn. 33, 36; *Seidel*, BayVBl. 2002, 97 (104).

93 HessStGH, NVwZ 2001, 938. Vgl. Storr, Rn. 590.

ver, sektoral begrenzter Untersuchungen vermeidet.[94] Der Begriff des „Kerns" als Grenze der Befrachtung der Untersuchung und der Wesentlichkeit der Verzögerung sind als Rechtsfrage vom Landtag zu entscheiden; soweit im Antrag ein besonderes Ziel der Untersuchung zum Ausdruck kommt, ist dieses als Ausdruck der Ausübung des Minderheitenrechts der Entscheidung zu Grunde zu legen.[95] Gegen die abgeänderte Einsetzung kann die Antragsminderheit entspr. Art. 64 Abs. 1 Satz 2 ThürVerf iVm §§ 11 Nr. 7, 50 ThürVerfGHG[96] den ThürVerfGH anrufen.[97]

22 **bb) Sperrwirkung des Untersuchungsgegenstandes.** Aus der Bindung des Untersuchungsausschusses an den erteilten Auftrag (§ 3 Abs. 3 UAG) folgt, dass spätere Erkenntnisse über „untersuchenswerte Vorgänge" nicht ohne weiteres in die laufende Untersuchung einbezogen werden können. Die Reichweite der **Sperrwirkung** folgt in sachlicher Hinsicht aus dem Wortlaut des Einsetzungsbeschlusses; in zeitlicher Hinsicht ergibt sich aus dem Verbot kontrollierender Parallelverwaltung grundsätzlich eine erste Grenze aus dem Zeitpunkt des Einsetzungsbeschlusses. Eine weitere Grenze der Sperrwirkung ergibt sich aus dem Sinne und Zweck der Bindung des Untersuchungsausschusses an den erteilten Auftrag und dem Bestimmtheitsgrundsatzes. Das Gebot der hinreichenden Bestimmung soll sicherstellen, dass das Parlament Herr der Untersuchung bleibt; es soll grundsätzlich die zu untersuchenden Vorgänge festlegen und dem Untersuchungsausschuss einen Rahmen für einen in sachlicher und zeitlicher Hinsicht erfüllbaren Auftrag vorgeben. Gerade in Folge der fehlenden öffentlichen Aufklärung eines möglichen Missstandes kann das Plenum bei der Einsetzung des Untersuchungsausschusses an einer vollständigen und klaren Bezeichnung gehindert gewesen sein, weil bestimmte Tatsachen noch nicht hinreichend genug erkennbar waren, um sie ausdrücklich in den Untersuchungsauftrag einbeziehen zu können. Bei der Auslegung des Untersuchungsauftrages ist daher zu berücksichtigen, dass auch bei Einhaltung des Bestimmtheitsgebotes der Sachverhalt zum Zeitpunkt des Einsetzungsbeschlusses niemals vollständig, sondern nur lückenhaft darstellbar ist.[98] Die Sperrwirkung des Untersuchungsgegenstandes hinsichtlich der Einbeziehung von nachträglich erkennbar gewordenen Vorgängen ist um der Wirksamkeit der Untersuchung daher zu begrenzen, wenn neue Tatsachen zur bisherigen Untersuchung in einem engen, sachlogischen Zusammenhang stehen. Dies kann ausnahmsweise sogar für Tatsachen zutreffen, die zeitlich erst nach dem Einsetzungsbeschluss des Plenums liegen sowie Unterlagen umgreifen, die erst später entstanden sind, bspw. wenn sich aus späteren, im Kern bereits angelegten Entwicklungen Rückschlüsse für den Untersuchungsgegenstand ziehen lassen.[99] Demgemäß hat der UA zur Thüringer Industriebeteiligung (UA 4/2) auch nach Auflösung der TIB bei der Nachfolgegesellschaft angefallene wirtschaftliche Konsequenzen des Handelns der TIB in die Untersuchung einbezogen.[100] Weiterhin ist eine **Annexkompetenz** zur Aufklärung unmittelba-

94 HessStGH, NVwZ 2001, 938 (Ls. 1 c).
95 VerfGH NW, DÖV 2001, 207 (Ls. 2 b).
96 *Feuchte*, in: Feuchte, Art. 35 Rn. 5.
97 Dazu *Plattner* (Fn. 13) S. 191 ff.
98 *Schneider*, in: AK-GG, Art. 44 Rn. 6; *Morlok*, in: Dreier, Art. 44 Rn. 31. BayVerfGH, DVBl. 1994, 1126 (Ls. 6, 1131) fordert ein „Arbeitsprogramm", das das Thema sachlich und bzgl. des zeitlichen Aufwands umgrenzt.
99 *Brocker*, in: Grimm/Caesar, Art. 91 Rn. 22.
100 LT-Drs. 4/5462, S. 40 – 41, 68.

rer äußerer Umstände des eigenen Verfahrens anzuerkennen,[101] bspw. die Hintergründe einer versuchten Zeugenbeeinflussung oder einer verzögerten Aktenvorlage.

c) **Spätere Ergänzung des Untersuchungsgegenstandes.** Soweit die **Sperrwirkung** der Einbeziehung eines neuen Sachverhalts in die Untersuchung durch den Untersuchungsausschuss entgegensteht, ist diese im Wege einer Änderung des Untersuchungsgegenstandes durch Beschluss des Landtags möglich (§ 3 Abs. 4 Halbs. 1 UAG). Auch dieser Beschluss ist zum Schutz der Antragsteller gegen ihren Willen nur zulässig, wenn der Kern der Untersuchung gewahrt wird und keine wesentliche Verzögerung zu befürchten ist (§ 3 Abs. 4 Halbs. 2 iVm Abs. 2 UAG). Bei einer **Minderheitsenquete** ist fraglich, ob ein entgegenstehender Wille ausdrücklich erklärt werden muss und ob hieran alle ursprünglichen Antragsteller oder doch wenigstens ein Fünftel der Mitglieder mitwirken müssen. Zur Vermeidung von Umgehungen der Grenzen der Änderung des Untersuchungsgegenstandes durch erleichterte spätere Änderungen[102] und zum Schutz des parlamentarischen Initiativrechts der urspr. Antragsteller ist ein entgegenstehender Wille zu vermuten, soweit die Voraussetzungen (Wahrung des Kerns, keine zeitliche Verzögerung) nicht vorliegen. In der Praxis des Thüringer Landtags wurden Änderungsanträge daher jeweils von allen urspr. Antragsteller eingebracht, soweit diese noch dem Landtag angehörten; wurde der Änderungsantrag zusätzlich von insgesamt einem Fünftel der Mitglieder unterstützt, bestand ein Anspruch auf Änderung.[103] 23

II. Zusammensetzung, Vorsitz und innere Ordnung des Untersuchungsausschusses (Abs. 2 und Abs. 3 Satz 5)

Jede **Fraktion** hat Anspruch auf Vertretung im Untersuchungsausschuss (Art. 64 Abs. 2 ThürVerf). Darüber hinaus muss die Zusammensetzung unter Berücksichtigung des Stärkeverhältnisses der Fraktionen erfolgen (Spiegelbildlichkeit) und den Mehrheitsverhältnissen entsprechen. Soweit erforderlich hat der Landtag die Zusammensetzung des Untersuchungsausschusses im Einsetzungsbeschluss abweichend von der Regel (10 Mitglieder gem. § 4 Abs. 1 UAG) festzulegen. 24

Der **Vorsitzende** und sein Stellvertreter werden aus der Mitte des Landtags gewählt. Sie müssen verschiedenen Fraktionen angehören, unter denen sich eine Regierungs- und eine Oppositionsfraktion befinden sollen (§ 5 Abs. 1 und 2 UAG). Dem Vorschlag der gemäß § 9 Abs. 2 GOLT vorschlagsberechtigten Fraktion ist zu entsprechen, sofern kein wichtiger Grund entgegensteht; dann ist auch die Abwahl eines Gewählten mit qualifizierter Mehrheit möglich (vgl. § 5 Abs. 3 UAG).[104] Zur Nichtwahl bzw. Abwahl können bspw. begründete Zweifeln an der Unparteilichkeit der Amtsführung, die nahe Gefahr eines möglichen Ausscheidens des Vorsitzenden oder des Ruhens seiner Mitgliedschaft wegen persönlicher Befangenheit (§ 7 UAG) oder Verstöße gegen die innerparlamentarische Ordnung (Diskretionsschutz) berechtigen. Der Vorsitzende beruft den Untersuchungsausschuss unter Angabe der Tagesordnung ein, bereitet seine Sit- 25

101 *Brocker*, in: Hdb UA, § 9 Rn. 15 ff; *ders.*, in: Caesar/Grimm, Art. 91 Rn. 23.
102 Bspw. kann die Gruppe der Antragsteller sich personell verändert haben.
103 UA 4/2, LT-Drs. 4/5462, S. 28 – 22; UA 4/3, LT-Drs. 4/5283, S. 14 – 19.
104 Vgl. BVerfGE 70, 324 (365); SächsVGH, SächsVBl. 1996, 93.

zungen vor und leitet diese. Er ist – als primus inter pares – dabei an die Beschlüsse des Untersuchungsausschusses gebunden (§ 10 Abs. 1 UAG) und zur Sachlichkeit und Neutralität verpflichtet.[105] Das gleiche gilt für die Darstellung der Untersuchung in der Öffentlichkeit, wenn er als „Repräsentant" des Ausschusses erscheint.[106] Soweit dies nicht möglich ist, hat er sich auf seine persönliche Ansicht als Mitglied des Ausschusses zu beschränken. Eine unzulässige parteipolitische Vereinnahmung des Vorsitzenden kann sich auch ohne eigenes Zutun aus äußeren Umständen ergeben. Insofern genügt sein Bemühen, dies zu vermeiden, ggf. auch seine nachträgliche Klarstellung und Distanzierung. Im Rahmen der Öffentlichkeitsarbeit des Untersuchungsausschusses soll er den Mitgliedern Gelegenheit geben sich zu beteiligen (§ 25 Abs. 3 UAG). In der Befragung von Zeugen gebührt ihm der erste Zugriff.[107]

26 Die übrigen **Ausschussmitglieder** werden von den Fraktionen benannt (§ 6 UAG). Auch sollen **Ersatzmitglieder** genannt werden, die ohne eigenes Redeberatung oder Stimmrecht an den Beratungen teilnehmen. Die Anwesenheit von Ersatzmitgliedern stellt sicher, dass eine Bewertung ermittelter Tatsachen im Abschlussbericht ähnlich wie bei einer gerichtlichen Hauptverhandlung aus eigener Wahrnehmung getroffen werden kann. Mitglieder im Untersuchungsausschuss können im Hinblick auf den Zwangsmitteleinsatz besonderen **Beschränkungen zur Sicherung der Lauterkeit und Unabhängigkeit der Mandatsführung** unterworfen werden, die über die sog Verhaltensregeln (§ 14 GOLT iVm Anl. 1) hinausgehen.[108] Ebenso ist das Recht zu mandatsbezogenen Äußerungen beschränkt. Mitteilungen an die Öffentlichkeit über Sitzungen sind nur auf Beschluss des Ausschusses zulässig (§ 25 Abs. 1 Satz 1 UAG). Zur Erfüllung des Untersuchungsauftrags sollen[109] sie sich vor Abschluss der Ermittlungen jeder Vorfestlegung in der Beweiswürdigung enthalten. Diese Grenzen gelten auch für die Öffentlichkeitsarbeit des Vorsitzenden. Soweit keine strafrechtlichen Sanktionen eingreifen,[110] können die Ausschüsse Verstöße innerparlamentarisch sanktionieren.[111] Diese die Offenheit des Untersuchungsverfahrens ungeachtet aller politischen Implikationen sichernden Regelungen ermöglichen den Verzicht auf formalisierte Regeln der Verfahrensgestaltung, etwa ein Zugriffsrecht auf Beweishandlungen nach dem „Reißverschlussverfahren".[112]

27 **Beratungssitzungen** sind **nicht öffentlich**, soweit nicht aus Diskretionsschutzschründen eine weitere Beschränkung zu erfolgen hat (Art. 64 Abs. 3 S 5 ThürVerf

105 *Klein*, in: Maunz/Dürig, Art. 44 Rn. 86; *Brocker*, in: Hdb UA, § 13 Rn. 7.
106 *Brocker*, in: Hdb UA., § 13 Rn. 2.
107 *Kretschmer*, in: Maunz/Schmidt-Bleibtreu, Art. 44 Rn. 19.
108 Gemäß § 7 THÜRUAG scheiden Mitglieder des Landtags aus dem Untersuchungsausschuss aus, wenn sie an dem zu untersuchenden Vorgängen beteiligt sind oder waren; im Falle ihrer Vernehmung ruht die Mitgliedschaft.
109 *Brocker*, in: Caesar/Grimm, Art. 91 Rn. 52 behandelt diese lex imperfecta als bloßen Appell.
110 Schutz der Vertraulichkeit von Sitzungen bspw. gem. § 353 b StGB.
111 Die Untersuchungsausschüsse können die Rechtsverletzung feststellen und diese Feststellung in den Abschlussbericht aufnehmen, vgl. UA 4/1, LT-Drs. 4/5306, S. 23 f., LT-Drs. 4/5470, S. 24; UA 4/3, LT-Drs. 4/5282, S. 31.
112 Dafür etwa *Wiefelspütz*, ZG 2003, 35 (50).

iVm § 10 Abs. 2 UAG);[113] die Einsichtnahme in entsprechende Protokolle ist beschränkt (§ 24 Abs. 4 – 6 UAG). Die Beratungen dienen der Vorbereitung der Ermittlungshandlungen und ihrer Auswertung; in ihrer Funktion sind sie den gerichtlichen Beratungen angenähert. Dementsprechend kann nach Art. 66 Abs. 2 Satz 3 ThürVerf das Anwesenheitsrecht von Regierungsmitgliedern und Beauftragten durch Mehrheitsbeschluss für Beratungssitzungen beschränkt werden. Im Sinne der Effektivität der parlamentarischen Kontrolle kann die Landesregierung von Verhandlungen und Beratungen fernhalten werden, in denen „mit der Festlegung, Erörterung und Würdigung der Beweismittel die Strategie, die Angriffsrichtung und das Resultat einer Untersuchung (festgelegt werden)" und dies ohne die „Distanz zu den betroffenen Verfassungsorganen nicht dem Untersuchungsauftrag entsprechend möglichst objektiv und unbeeinflusst durchgeführt werden kann".[114]

III. Untersuchungstätigkeit des Untersuchungsausschusses (Abs. 3 Satz 1 bis 4, Abs. 4 und 5)

1. Aufklärungsinstrumente. a) **Überblick.** Zur Erfüllung des Untersuchungs- 28
auftrags stellt die Verfassung dem Untersuchungsausschuss zahlreiche Instrumente zur Selbstinformation bereit. In Ausprägung des verfassungsrechtlichen **Kontrollrechts**[115] des Parlaments gegenüber der Exekutive sind die Landesregierung, ihre Behörden sowie die Stiftungen, Körperschaften und Anstalten, die ihrer Aufsicht unterstehen, zu **Auskunft** und **Aktenvorlage** verpflichtet; sie haben **Zutritt** zu den von ihnen verwalteten Einrichtungen zu gewähren und **Aussagegenehmigungen** für ihre Bedienstete zu erteilen (Art. 64 Abs. 4 Satz 2 ThürVerf). Daneben sind Thüringer Behörden und Gerichte nach Art. 64 Abs. 4 Satz 1 ThürVerf und sonstige Behörden des Bundes und der Länder nach Art. 35 Abs. 1 GG zu **Rechts- und Amtshilfe** verpflichtet; letztere Verpflichtung trifft auch andere Parlamente bzw. dort angesiedelte Untersuchungsausschüsse oder die parlamentarische Kontrollkommission. Schließlich kommt dem Untersuchungsausschuss als schärfstes Instrument der Selbstinformation das Recht zur Erhebung von Beweisen zu (Art. 64 Abs. 3 Satz 1 ThürVerf). Das **Beweiserhebungsrecht** schließt die Zwangsmittel der StPO zur Durchsetzung eines Informationsanspruchs und zur Gewinnung von Beweisen ein (Art. 64 Abs. 3 Satz 2 ThürVerf iVm § 31 UAG);[116] das Ladungsrecht gilt über die Landesgrenzen hinaus[117] und umfasst auch Beamte des Bundes.[118] Falschaussagen sind strafbar.[119] Der Gesetzgeber hat mit dem UAG das Beweisverfahren teilweise unter Anlehnung an die StPO geregelt und im Übrigen auf die Strafprozessordnung

113 Die Herstellung der Öffentlichkeit der Beratung ist – auch mit qualifizierter Mehrheit – unzulässig. Dies ergibt sich aus dem Umkehrschluss aus Art. 62 Abs. 2 ThürVerf, der die Nichtöffentlichkeit der Sitzungen der Fachausschüsse nur als Regel begreift und Art. 64 Abs. 3 Satz 4 ThürVerf, der die Herstellung der Nichtöffentlichkeit der Beweiserhebung regelt sowie aus dem Sinn und Zweck der Unterscheidung zwischen Beratung und Beweisaufnahme (aA *Linck*, in: Linck/Jutzi/Hopfe, Art. 64 Rn. 21.).

114 *Schröder*, in: BK, Art. 43 Rn. 75; *Sachs*, in: Sachs, GG, Art. 43 Rn. 10; *Dreier*, in: Dreier, Art. 43 GG Rn. 20.

115 BVerfGE 67, 100 (127); 77, 1 (48); 124, 78 (116).

116 BVerfGE 76, 363 (384); *Schweiger*, in: Nawiasky, Art. 25, Rn. 9.

117 BVerfGE 79, 339 (340); 109, 258 (264); *Birkner*, in: Epping/Butzer, Art. 27 Rn. 39; *Hagebölling*, Art. 27 S. 127.

118 BVerwGE 109, 258 (Ls. 4, 266 f.).

119 *Brocker*, in: Caesar/Grimm, Art. 91 Rn. 55.

und das Gerichtsverfassungsgericht zurück verwiesen (§ 31 UAG). Zur Beweiserhebung zählen auch die zwangsweise Vorführung und die Vereidigung von Zeugen sowie die Beschlagnahme von Unterlagen. Zusätzlich kann der Untersuchungsausschuss als Ausschuss im Sinne des Art. 66 ThürVerf auch die Anwesenheit eines Mitglieds der Landesregierung verlangen (sog. **Zitierrecht**).[120] Einzelne Abgeordnete können im Rahmen der Beratungsgegenstände des Untersuchungsausschusses **Fragen** an die Landesregierung richten (Art. 67 Abs. 2 ThürVerf).

29 **b) Beweiserhebung. aa) Minderheitenrecht.** Verfassungsrechtlich ist nur das Recht der Beweiserhebung als **Minderheitenrecht** ausgestaltet Beweise sind durch Beschluss des Untersuchungsausschusses zu erheben, sofern sie ein Fünftel seiner Mitglieder es für erforderlich halten. Mit dem Merkmal der „Erforderlichkeit" ist die Zweckmäßigkeit der Beweiserhebung angesprochen; über die Rechtmäßigkeit der Beweiserhebung ist durch Mehrheit zu entscheiden (vgl. § 13 Abs. 2 Satz 3 UAG).[121] Ein Beweisantrag ist unzulässig wenn die Erhebung des Beweises unzulässig ist, er nicht hinreichend bestimmt ist oder das Ziel jenseits der Grenzen des Untersuchungsgegenstandes liegt. In Anlehnung an § 244 StPO normiert § 13 Abs. 2 Satz 4, 5 UAG verfassungskonform einzelne Tatbestände, in denen eine zulässige aber unzweckmäßig Beweiserhebung im Sinne einer effektiven Untersuchungsführung trotz Ausübung des Minderheitenrechts abgelehnt werden darf. Gegen die Ablehnung ihres Beweisantrags können sich die Antragssteller aus eigenem Recht im Wege des Organstreitverfahrens gegen den Untersuchungsausschuss nach §§ 11 Nr. 3, 38 ff. ThürVerfGHG wehren.[122] Im Übrigen dürfen Beweiserhebungen nicht unmittelbar in das Brief-, das Post- und Fernmelde- oder das Kommunikationsgeheimnis eingreifen (Art. 64 Abs. 5 ThürVerf).[123]

30 Die verfassungsrechtliche Untersuchungspflicht gebietet auch deren tatsächliche und zeitnahe Erhebung der Beweise. Konkurrieren eine Vielzahl von Beweisanträgen, setzt sich das Minderheitenrecht in einer angemessenen Berücksichtigung fort.[124] Dabei kommt es nicht auf eine quantitativ gleichrangige Erledigung von Minderheitsbeweisanträgen an. Vielmehr hat der Untersuchungsausschuss in Erfüllung seiner Untersuchungspflicht eine sachgerechte Gliederung vorzunehmen und dabei auch die Möglichkeit weiterer Sitzungen zu erwägen, um die anstehenden Beweise zu erheben.[125] Zur Beweiserhebungspflicht zählt auch die Prüfung der Notwendigkeit zur **Vereidigung** von Zeugen;[126] das Vereidigungsrecht steht dem Untersuchungsausschuss auf Grund der entsprechenden

120 *Braun*, Art. 35 Rn. 34; *Rupp v. Brünneck/Konzew*, in: Zinn/Stein, Art. 92 Satz 18.
121 Vgl. *Wedemeyer*, in: Thiele/Pirsch/Wedemeyer, Art. 34 Rn. 3.
122 *Plattner* (Fn. 13) S. 222 ff. Eine unmittelbares Vorgehen gegen die Landesregierung in Prozeßstandschaft scheidet auch in den Fällen, in denen die beweisbefangenen Unterlagen sich in deren Sphäre befinden, auf Grund der notwendigen Zwischenschaltung des Ausschussbeschlusses über den Minderheitsantrag und der Zuordnung des Beweiserhebungsrechts zum Ausschuss, nicht zur Minderheit aus, so Plattner (Fn. 13) S. 233.
123 Zur Rechtfertigung mittelbarer Eingriffe durch Verwertung von Eingriffsmaßnahmen mit dem Ziel der Feststellung der Verantwortlichkeit für Rechtsverletzungen vgl. BVerfGE 124, 78 (126 ff.). Siehe auch HambVerfG, DÖV 1989, 119 (120); *Klein*, in: Maunz/Dürig, Art. 44 Rn. 219; *David*, Art. 26 Rn. 130 ff.
124 BVerfGE 105, 197 (226); Peters, ZParl 2012, 831 (836 ff).
125 BWStGH, DÖV 2003, 201 (203); *Peters*, ZParl 2012, 831 (839 f.).
126 *Vetter*, ZParl 1988, 70 (77).

Anwendung der StPO qua Verfassung zu.[127] Dabei ist auf Grund der Abkehr der strafprozessualen Praxis von der Regel der Vereidigung und den Besonderheiten des Untersuchungsverfahrens eine einfachgesetzliche Ausgestaltung des Vereidigungsrechts als begründete Ausnahme unter Ausschaltung des Minderheitenrechts[128] zulässig (vgl. § 20 UAG); über das Vorliegen der rechtlichen Voraussetzung ist dann durch Mehrheitsbeschluss zu entscheiden.

bb) Anforderungen an Beweisanträge. An die Beweiserhebung sind nach Art. 64 Abs. 3 S 2 ThürVerf ebenso wie an **Beweisanträge** im Strafverfahren erhebliche Anforderungen hinsichtlich der **Bestimmtheit** der Tatsachenbehauptung und des Beweismittels[129] zu stellen, obwohl dies insoweit auf Schwierigkeiten stößt, als der parlamentarischen Untersuchung kein staatsanwaltschaftliches Ermittlungsverfahren vorangeht. Die Verweisung auf die Maßstäbe die Regeln der Strafprozessordnung[130] umfasst allerdings alle Bereiche des Beweisverfahrens[131] und stellt hierfür Verhaltensmaßstäbe bereit. Dies betrifft die Frage der Zulässigkeit der Beweiserhebung (§ 244 StPO) ebenso wie ihre Art und Weise ihrer Erhebung Ein Abgehen von diesen Voraussetzungen setzte die Nachweise ihrer Nichteignung und der Wahrung eines rechtsstaatlichen Verfahrens in anderer Weise voraus. Die Untersuchungsausschüsse haben aber die Möglichkeit sich durch Nutzung der Auskunftsmittel nach Art. 64 Abs. 4 ThürVerf zunächst hinreichende Kenntnisse zu verschaffen, um hieraus Beweishandlungen abzuleiten, deren Ergebnis Gegenstand des Abschlussberichts sein kann. Hieraus ergibt sich ein Stufenverhältnis zwischen Auskunft und Aktenvorlage einerseits sowie Beweiserhebung andererseits. Dabei sind die an die Bestimmtheit der Beweisbehauptung zu stellenden Anforderungen im Hinblick auf die nur entsprechende Anwendung der StPO insoweit zurückzunehmen als auch unter Nutzung der vorhergehenden Instrumente eine weitere Konkretisierung nicht erreicht werden kann.[132] Auf Grund der entsprechenden Anwendung der StPO gelten dem Grunde nach auch die Grundsätze der **Unmittelbarkeit**[133] und **Mündlichkeit**[134] der Beweiserhebung. Im Interesse der sachgerechten Aufklärung des Untersuchungsgegenstandes sind keine Abstriche bei der Wahl des sachnäheren Beweis- 31

127 BVerfGE 67,100 (131); *Korbmacher*, in: Driehaus, Art. 48 Rn. 7. Krit. *Hamm*, ZRP 2002, 11 (13 ff.); *Brocker*, JZ 2011, 716 (718).

128 *Brocker*, in: Caesar/Grimm, Art. 91 Rn. 60; *ders.* JZ 2011, 716 (720).

129 Siehe *Gollwitzer*, in: Löwe/Rosenberg, StPO Bd. VI, Teil 1, 26. Aufl., § 244 Rn. 104 ff. mwN.

130 Vgl. zur sinngemäßen Anwendung *Lucke*, Strafprozessuale Schutzrechte und parlamentarische Aufklärung in Untersuchungsausschüssen mit strafrechtlich relevanten Verfahrensgegenstand, 2009, S. 79.

131 BVerfGE 77, 1 (48); 124, 78 (115); *Achterberg/Schulte*, in: v. Mangoldt/Klein/Starck, Art. 44 Abs. 1, Rn. 116.

132 Die Besonderheiten des Untersuchungsverfahrens gegenüber dem Strafverfahren verlangen somit keineswegs, die Anforderungen im Rahmen der nur „entsprechenden" Geltung des StPO auf ein Verbot der „Ausforschung ins Blaue" zu reduzieren, vgl. HessStGH, DVBl. 2012, 169 (171). Vgl BVerfGE 124,78 (116.).

133 *Schleich*, Das parlamentarischen Untersuchungsrecht des Bundestages, 1985, S. 20 ff.

134 *Engels* (Fn. 3) S. 159. AA *Klein*, in: Maunz/Dürig Art. 44 Rn. 218; *Möstl*, in: Lindner, Art. 25 Rn. 17; *Rupp v. Brünneck/Konzew*, in: Zinn/Stein, Art. 92 Satz 21; *Teubner*, Untersuchungs- und Eingriffsrechte privatgerichteter Untersuchungsausschüsse. Zum Verhältnis von Strafprozeß und PUAG, 2009, S. 164.

mittels veranlasst.[135] Der Zeugenbeweis kann daher nur unter engen Voraussetzungen durch den Urkundenbeweis ersetzt werden.

32 cc) **Öffentlichkeit der Beweiserhebung.** Die Beweiserhebung erfolgt in **öffentlicher Sitzung.** Dabei ist die Berichtsöffentlichkeit grds. umfassend gewährleistet. Die Sitzungsöffentlichkeit wird im Sinne einer rechtsstaatlichen Beweisaufnahme zu Gunsten der Zeugen und ggf. Betroffenen unverzichtbar insoweit beschränkt, als Aufnahmen in Bild und Ton während der Beweisaufnahme unzulässig sind (§ 10 Abs. 3 Satz 2 UAG).[136] Der Zugang der Presse ist grds. zu gewährleisten.[137] Über den Wortlaut des Art. 66 Abs. 2 Satz 3 ThürVerf und § 10 Abs. 6 UAG hinaus ist gem. § 19 Abs. 1 UAG der Ausschluss von einzelnen **Mitgliedern der Landesregierung oder ihrer Beauftragten** zulässig, wenn deren Vernehmung konkret im Raume steht oder ein Zeuge in ihrer Gegenwart wahrheitswidrig aussagen könnte.

33 Die Öffentlichkeit der Beweiserhebung dient mehreren Zielen. Sie entspricht dem öffentlichen Interesse an der Untersuchung, ist für die Einforderung politischer Rechenschaft in der politisch-parlamentarische Auseinandersetzung von essenzieller Bedeutung und durchbricht die Regel der Nichtöffentlichkeit der Ausschüsse (Art. 62 Abs. 2 ThürVerf), da das Beweissicherungsverfahren dem Plenum entzogen ist. Die Öffentlichkeit der Beweisaufnahme entspricht dem Leitbild der Öffentlichkeit der gerichtlichen Hauptverhandlung (rechtsstaatlichen Kontrolle und Transparenz des Verfahrens). Die Öffentlichkeit der Beweiserhebung schützt zudem die **Minderheit,** da sie die Information der Öffentlichkeit über die tatsächlichen Umstände und damit die Qualität des **Abschlussberichts** gewährleistet. Die Öffentlichkeit kann daher nur mit einer Mehrheit von zwei Dritteln ausgeschlossen werden (Art. 64 Abs. 3 Satz 3 ThürVerf). Über den Ausschluss der Öffentlichkeit wird in nicht-öffentlicher Sitzung entschieden (Art. 64 Abs. 3 Satz 4 ThürVerf). Darüber hinaus bedarf die Beschränkung der Öffentlichkeit einer materiellen Rechtfertigung. Sie ist nur zulässig, soweit öffentliche oder private Geheimhaltungsgründe von Verfassungsrang[138] dies gebieten. Der Ausschuss hat zwischen dem Aufklärungsinteresse und den Geheimhaltungsgründen eine Abwägung im Sinne der praktischen Konkordanz vorzunehmen.[139] Dabei sind neben der Bedeutung für die Untersuchung auch die Verstrickung in öffentlich-rechtlich geprägte Sachverhalte und die konkret zu befürchtende Nachteile aus der öffentlichen Beweiserhebung in die Abwägung einzustellen (siehe auch Linck, Art. 48 Rn. 88). Weitgehend werden durch Anonymisierungen oder Diskretionsschutzmaßnahmen entgegenstehende Belange hinreichend berücksichtigen können.[140] Dabei kann auch die Beweiserhebung zunächst in vertraulicher Sitzung erfolgen und das wesentliche Ergebnis später durch Verlesung des wesentlichen Inhalts in die öffentliche Beweisaufnahme eingeführt werden.[141]

---

135 Mit diesem Argument zutreffend für das Vereidigungsrecht *Schleich* (Fn. 135) S. 24; *Wiefelspütz*, ZRP 2002, 14 (15); *ders.*, Das Untersuchungsausschussgesetz, S. 264 f.
136 Krit. *Bräcklein*, ZRP 2003, 348 (352).
137 Vgl. *Klein*, in: Maunz/Dürig, Art. 44 Rn. 174.
138 *Achterberg/Schulte*, in: v. Mangoldt/Klein/Starck, Art. 44 Abs. 1 Rn. 109.
139 BVerfGE 67, 100 (128 ff); 124, 78 (125 f.); *Achterberg/Schulte*, in: v. Mangoldt/Klein/Starck, Art. 44 Abs. 1, Rn. 111; *Glauben*, DÖV 2007, 149 (150).
140 *Fiebig*, S. 207 f.
141 UA 4/1, LT-Drs. 4/5306, S. 21.

2. Auskunft und Aktenvorlage. Die Landesregierung und die ihrer Aufsicht unterstehenden juristischen Personen (mittelbare Landesverwaltung) sind auf Beschluss des Untersuchungsausschusses verpflichtet, über untersuchungsrelevante Sachverhalte umfassend Auskunft zu erteilen und Akten vorzulegen (§ 14 UAG). Diese Pflichten gelten auch nach einer **Organisationsprivatisierung**, können dann allerdings nur noch in den durch das Gesellschaftsrecht bundesgesetzlich gezogenen Grenzen erfüllt werden. Die Landesregierung hat als Minus zur eigenen Vorlagepflicht alle gesellschafts- und haushaltsrechtlichen Möglichkeiten zur Durchsetzung von Auskunfts- und Aktenvorlageansprüchen bei öffentlichen oder gemischt-wirtschaftlichen Unternehmen auszuschöpfen und hierfür gesellschaftsrechtlich Vorsorge zu treffen. Bei Gesellschaften in der Form der GmbH sind Auskunftsansprüche des Gesellschafters gegen die Geschäftsführung durchzusetzen (§ 51 a GmbHG).[142] Der Untersuchungsausschuss ist auch zulässiger Adressat von Berichten aus Aufsichtsräten staatlich beherrschter Unternehmen nach § 394 Abs. 1 AktG.[143] Grenzen ergeben sich allenfalls aus einer ausnahmsweisen Grundrechtsfähigkeit des Unternehmens oder der gesellschaftsrechtlichen Treuepflicht gegenüber einem grundrechtsfähigen Mitgesellschafter. Rechte eines grundrechtsunfähigen Unternehmens kommen mangels verfassungsrechtlicher Verankerung zur Verkürzung des verfassungsrechtlichen Informationsanspruchs nicht in Betracht;[144] auch darf diesem Unternehmen keine Betroffenenstellung (§ 15 UAG) eingeräumt werden. 34

Das Recht zur Aktenvorlage ist nicht als **Minderheitsrecht** ausgestaltet. Dem Wortlaut nach erstreckt sich das Minderheitenrecht auf Beweiserhebung nicht auf die Kontrollrechte aus Art. 64 Abs. 4 ThürVerf. Wenn auch der Vergleich mit Art. 34 WRV eine erweiterte Auslegung nahe zu legen scheint, sprechen hiergeben Wortlaut und Systematik der Regelung.[145] Die Einführung von Informationen aus Aktenvorlagen und Auskünften der Landesregierung in das Untersuchungsverfahren geschieht im Wege der Verlesung der Urkunden aufgrund eines Beweisbeschlusses gemäß § 24 UAG oder im Wege des Aktenvorhalts. Die sächliche Grundlage hierzu kann durch Beschlagnahme auf der Grundlage der StPO von der Minderheit unter den dort gegebenen Voraussetzungen verlangt werden. Eine Anerkennung eines Minderheitenrechts auf Aktenvorlage aus Art. 64 Abs. 4 ThürVerf liefe auf eine – mit der rechtstaatlichen Leitbildfunktion der Verweisung auf die StPO unvereinbare – Umgehung der insoweit bestehenden Voraussetzungen hinaus. Auch ohne ein Minderheitenrecht auf Aktenvorlage ist eine sachgerechte Erfüllung des vom Landtag beschlossen Untersuchungsauftrags möglich und für die Minderheit verfassungsprozessual[146] auch durchsetzbar. Die von der Minderheit gegebene Begründung ist für die Beurteilung der Rechtmäßigkeit der beabsichtigten Aktenvorlage oder Auskunftserteilung entsprechend § 13 Abs. 2 Satz 4 Nr. 2 Halbsatz 2 UAG[147] bedeutsam. Grds. 35

142 *David*, Art. 26 Rn. 86 ff.

143 Vgl. David, Art. 26 Rn. 92 – 101 mwN.

144 *Brocker*, in: Caesar/Grimm, Art. 91 Rn. 26.

145 Vgl. zum Verhältnis von Art. 44 Abs. 2 Satz 1 GG zu Abs. 3 *Stern*, AöR 109 (1984), 199 (242 ff.).

146 In Prozeßstandschaft für den Untersuchungsausschuss gem. Art. 80 Abs. 2 ThürVerf i.V.m. §§ 11 Nr. 9, 51 ThürVerfGHG (vgl. auch BVerfGE 113, 113 (120) als gegenüber dem Organstreitverfahren nach Art. 80 Abs. 1 Nr. 3 ThürVerf spezielleren Verfahren, dazu *Plattner (Fn. 13)* S. 221, 232 f.

147 Vgl. BVerfG, NJW 2002, 1936 (1938).

trägt der Antragsteller die Begründungslast für die Bedeutsamkeit des Antrags für die Erfüllung des Untersuchungsauftrags. Durch einen substantiierten Antrag kann sich die Untersuchungspflicht des Ausschusses aber zu einer Zustimmungspflicht verdichten; ein „Leerlaufen“ des Aktenvorlagerechts wird so vermieden.

36 Die Aktenvorlage bezieht sich auf Originale (i.d.R. werden die Untersuchungsausschüsse i. S. der Arbeitsfähigkeit der Verwaltung auch Kopien, ggf. Farbkopien akzeptieren) und auch auf elektronische Akten. Die Vollständigkeit der Aktenvorlage ist durch geeignete Gliederungs- und Sachverzeichnisse nachzuweisen. Im Bedarfsfall (bspw. bei größeren Aktenmengen) kann auch eine digitale Vorlage verlangt werden; dabei sind der Grundsatz der **Effektivität** der parlamentarischen Untersuchung und der Wahrung der **Funktionsfähigkeit der Landesregierung** im Sinne der praktischen Konkordanz in Übereinstimmung zu bringen.

37 Die Auskunfts- und Aktenvorlagepflicht wird nicht aufgehoben, weil ihr Gegenstand dem Datenschutz unterfällt, grundrechtssensibel ist, Staatswohlinteressen betrifft oder den Arkanbereich der Landesregierung[148] tangiert Das **Auskunftsverweigerungsrecht** nach Art. 67 Abs. 3 ThürVerf findet nach Art. 64 Abs. 4 Satz 4 ThürVerf nur Anwendung, wenn das Bekanntwerden geheimhaltungsbedürftiger Daten (Art. 67 Abs. 3 Satz 1 Nr. 1 ThürVerf) in der Öffentlichkeit nicht durch geeignete (Diskretionsschutz-)Vorkehrungen verhindert werden kann oder der unantastbare Bereich der Lebensgestaltung betroffen wird[149]. Soweit im Zuge von Kontrollenqueten gegen die öffentliche Hand Grundrechte privater Dritter (Art. 42 Abs. 1 ThürVerf) oder Staatswohlinteressen in Rede stehen, ist der Untersuchungsausschuss ebenso wie die Landesregierung zur Wahrung berufen. Der Ausschuss schließt daher die Verweigerungsrechte aus Art. 64 Abs. 4 Satz 3 ThürVerf bereits dann wirksam aus, wenn er die notwendigen Voraussetzungen für eine zunächst diskretionsgeschützte Beratung schafft und sich eine eigene Entscheidung über die Einführung in die öffentliche Beweisaufnahme unter Berücksichtigung der tatsächliche Eingriffsschwere, der Beweisbedeutung und der Anonymisierungsmöglichkeit vorbehält.[150]

IV. Bericht und Abschluss der Untersuchung (Abs. 6)

38 **1. Inhalt und Funktion des Abschlussberichts.** Die Pflicht des Untersuchungsausschusses zur Erstellung eines Abschlussberichts ergibt sich aus Art. 64 Abs. 6 UAG, § 28 Abs. 1 Satz 1 UAG iVm dem jeweiligen Einsetzungsbeschluss. Zusätzlich ist auch möglich, Zwischenberichtspflichten zu bestimmten Zeiten oder zu einem begrenzten Untersuchungskomplex im Einsetzungsbeschluss zu verankern.[151] Mit der Entgegennahme des Abschlussberichts und – auf gesonderten Antrag – seiner Beratung durch den Landtag ist die Untersuchung beendet, so-

148 Nach BVerfGE 124, 78 (137) nimmt der Schutz mit der Verlagerung der Entscheidung ins Vorfeld des Kabinetts ab.

149 Vgl. BVerfGE 67, 100 (122 ff.); 124, 78 (125); *Feuchte*, in: Feuchte, Art. 35 Rn. 23. Eine Verweigerung wird sich danach nur noch selten rechtfertigen lassen, BVerfGE 124, 78 (124).

150 UA 3/2, LT-Drs. 3/4135, S. 15; UA 4/1, LT-Drs. 4/5306, S. 19 f., 26, LT-Drs. 4/5470, S. 29; UA 4/2, LT-Drs. 4/5462, S. 36 ff.; UA 4/3, LT-Drs. 4/5283, S. 36; UA 4/4, LT-Drs. 4/5454, S. 37.

151 *Glauben*, in: Hdb UA. § 29 Rn. 2.

fern der Landtag nicht eine weitere Untersuchung anordnet.[152] Der Bericht wird vom **Vorsitzenden** entworfen und von der **Mehrheit** des Ausschusses beschlossen. In der Darstellung sind die wesentlichen ermittelten Tatsachen und das Ergebnis der Beratung darzustellen; dies umfasst auch die in den Beratungen vorgebrachten Argumente und Gegengründe.[153] In der Beweiswürdigung sind die Mitglieder im Rahmen der Denkgesetze frei; der Bewertung dürfen nur ermittelte Tatsachen zu Grunde gelegt werden. Verfassungsrechtlich nicht ausdrücklich verankert ist das Recht jedes Mitglieds auf Abgabe einer abweichenden Stellungnahme und ihrer Beifügung zum Abschlussbericht (im Text oder als Anhang). Ein solches **Minderheiten- oder Sondervotum** (vgl. § 28 Abs. 4 UAG) stellte sich aber als verfassungskonforme Verlängerung des Beweisführungsrechts der Minderheit und ihrer Beweiswürdigungsfreiheit dar und dient der vollständigen Information des Landtags und der Öffentlichkeit. Das Minderheitenvotum unterliegt den gleichen rechtlichen Grenzen wie der Bericht; über deren Einhaltung wacht die Mehrheit.

2. Sachstandsberichte bei unvollständiger Untersuchung. Der Fall, dass ein Un- 39
tersuchungsausschuss Teile des Untersuchungsauftrages nicht mehr bis zum Ende der Wahlperiode abschließen kann, ist im UAG nicht gesondert geregelt. Demgegenüber sieht das zeitlich jüngere Untersuchungsrecht des Bundes in § 33 Abs. 3 PUAG für diesen Fall verpflichtend einen entsprechenden **Sachstandsbericht** des Untersuchungsausschusses vor.[154] Die Untersuchungspflicht des Ausschusses und die Angewiesenheit des Parlaments auf seinen Bericht sprechen für eine entsprechende verfassungsrechtliche Verpflichtung auf Landesebene. Der Sachstandbericht erschöpft sich nicht in einer formalen Abbildung des bisherigen Verfahrensverlaufs, sondern schließt auch die hierbei **ermittelten Ergebnisse** ein. Ermittelte Ergebnisse in diesem Sinne sind die tatsächlichen Feststellungen und das Ergebnis der Untersuchung. Die Ergiebigkeit des Sachstandsberichts hängt somit vom erreichten Stand der Ermittlungen und ihrem Abschluss ab. Letzteres Kriterium ergibt sich aus der Verweisung auf die entsprechende Geltung der strafprozessualen Grundsätze (§ 31 UAG). Hinweise auf eine noch nicht abgeschlossene Untersuchung zu einem bestimmten Komplex könnten etwa umfangreiche noch nicht erledigte Beweisanträge zu einem bestimmten Thema sein. Zum Zeitpunkt eines Sachstandsberichts bestimmt § 33 Abs. 3 PUAG die rechtzeitige Vorlage, wenn abzusehen ist, dass der Untersuchungsausschuss seinen Untersuchungsauftrag nicht vor Ende der Wahlperiode erledigen kann. Gleichwohl bestehe die Pflicht, beschlossene Ermittlungsmaßnahmen möglichst durchzuführen; eine Vorverlagerung der Sachberichtserstattung scheide grundsätzlich aus. Die Rechtzeitigkeit sei auch nicht in dem Sinne zu verstehen, dass der Bericht noch in einer regulären Plenarsitzung zwingend beraten werden könne. Vielmehr sei die Pflicht zur rechtzeitigen Berichterstattung systematisch auf das Ende der **Wahlperiode** und damit auf den Eintritt der **Diskontinuität** bezogen.[155] Ein absoluter Vorrang der Beweiserhebung vor der Feststellung des (Teil-) Ergebnisses der Untersuchung und damit der Beantwortung gestellter Fragen erscheint allerdings mit dem Recht des Landtags zur politischen Schlussfolgerung unvereinbar, insb. wenn der Bericht in Teilen nicht öffentlich bleibt

152 *Glauben*, in: Hdb UA, § 29 Rn. 17; *Möstl*, in: Lindner/Möstl/Wolf, Art. 25 Rn. 20.
153 Vgl. für die Berichterstattung § 77 Abs. 3 Satz 2 ThürGOLT.
154 BVerfGE 113, 113 (126 f.).
155 BVerfGE 113, 113 (126).

(§ 28 Abs. 2 UAG). Grds. ist die Minderheit angemessen am Fortgang der Beweiserhebung zu beteiligen.[156]

40 **3. Abschlussbericht und gerichtliche Kontrolle.** Art. 64 Abs. 6 ThürVerf ordnet vor dem Hintergrund der Eigenständigkeit der Staatsfunktionen die wechselseitige Unabhängigkeit von Untersuchungsausschuss und Judikative an;[157] weder sind die Gerichte durch die Würdigung des Abschlussbericht in ihrer Bewertung gebunden (vgl. Art. 86 Abs. 2 ThürVerf) noch unterliegt der Abschlussbericht – anders als einzelne Beschlüsse des Untersuchungsausschusses – der gerichtlichen Kontrolle.[158] Diese Durchbrechung der Rechtschutzgarantie gegen die öffentliche Gewalt (Art. 42 Abs. 5 ThürVerf) ist eng auszulegen und im Hinblick auf die unverbrüchliche Garantie der Rechtsstaatlichkeit (vgl. Poschmann, Art. 83 Rn. 12, 15) nur zulässig, soweit das Verfahren des Untersuchungsausschusses einer gerichtlichen Kontrolle gleichwertig ist.[159] Nach Sinn und Zweck geht es um die Freiheit der inhaltlichen Bewertung. Soweit das Untersuchungsrecht ausdrückliche Verfahrensrechte einräumt, bspw. das Recht Betroffener zur Stellungnahme zu ihn belastenden Tatbeständen (§ 15 Abs. 5 UAG),[160] steht die Bewertungshoheit der gerichtlichen Durchsetzung grundrechtssichernder Verfahrensansprüche nicht entgegen.

41 Untersuchungsausschüsse unterfallen der **Diskontinuität.**[161] Ob zur gleichen Thematik in einer folgenden Wahlperiode eingesetzte Untersuchungsausschüsse auf die Materialien vollumfänglich zurückgreifen können, erscheint angesichts der zu fordernden verfahrensrechtlichen Standards zweifelhaft,[162] ist aber für Aktenvorlage, Auskünfte und Urkundenbeweiserhebungen im Sinne der parlamentarischen Effektivität zu bejahen. IÜ durfte eine eigene Überzeugungsbildung durch den neuen Untersuchungsausschuss geboten sein.

Artikel 65 [Petitionsausschuß]

(1) [1]Der Landtag bestellt einen Petitionsausschuß, dem die Entscheidung über die an den Landtag gerichteten Eingaben obliegt. [2]Der Landtag kann die Entscheidung des Petitionsausschusses aufheben.

(2) Artikel 64 Abs. 4 Satz 1 und 2 sowie Artikel 67 Abs. 3 gelten entsprechend.

(3) Das Nähere regelt das Gesetz.

Vergleichbare Regelungen

Art. 45 c GG; Art. 35 a BWVerf; Art. 46 VvB; Art. 71 BbgVerf; Art. 105 Abs. 6 BremVerf; Art. 28 HambVerf; Art. 94 HessVerf; Art. 35 M-VVerf; Art. 26 NV; Art. 41 a Verf NW;

---

156 BVerfGE 105, 185 (Ls. 5, 226).

157 Vgl. *Magiera*, in: Sachs, GG, Art. 44 Rn. 28 ff. mwN.

158 Wie hier *Glauben*, in: Hdb UA § 29 Rn. 32; *Klein*, in: Maunz/Dürig, Art. 44 Rn. 234; *Achterberg/Schulte*, in: v. Mangoldt/Klein/Starck, Art. 44 Rn. 187. AA *Linck*, in: Linck/Jutzi/Hopfe, Art. 64 Rn. 31; *Plattner* (Fn. 13) S. 137.

159 Vgl. zum Ausschluss des Rechtsweges bei Telekommunikationsüberwachungsmaßnahmen nach Art. 10 GG zu Gunsten einer vom Parlament bestellten Kommission etwa *Pagenkopf*, in: Sachs, GG, Art. 10 Rn. 49. Die dort geforderte Gleichwertigkeit des Schutzes ist hier durch Art. 64 Abs. 3 Satz 2 ThürVerf gewährleistet.

160 Vgl. *Achterberg/Schulte*, in: v. Mangoldt/Klein/Starck, Art. 44 Abs. 1 Rn. 187.

161 *Achterberg/Schulte*, in: v. Mangoldt/Klein/Starck, Art. 44 Abs. 1 Rn. 101; *Geis*, in: HStR III § 55 Rn. 61.

162 Bejahend aber *Geis*, in: HStR III § 55 Rn. 61.

Art. 90, 90 a Verf Rh-Pf; Art. 78 SaarlVerf; Art. 53 SächsVerf; Art. 61 LVerf LSA; Art. 19 SchlHVerf;

Ergänzungsnormen im sonstigen thüringischen Recht

ThürPetG v. 15.05.2007 (ThürGVBl. S. 57)) zuletzt geändert durch Gesetz v. 06.03.2013 (ThürGVBl. S. 59); ThürBübG v. 15.05. 2007 (ThürGVBl. S. 54); §§ 94, 94 a, 100, 103 ThürGOLT idF der Bek. v. 19.07.2012 (LT-Drs. 5/4750); § 38 ThürGGO v. 31.08.2000 (ThürGVBl. S. 237) zuletzt geändert durch Beschl. v. 10.07.2008 (ThürGVBl. S. 307).

Dokumente zur Entstehungsgeschichte

§ 7 Vorl. LS; Art. 56 Abs. 5 VerfE CDU; Art. 42 VerfE F.D.P.; Art. 50 VerfE SPD; Art. 46 VerfE NF/GR/DJ; Art. 64 VerfE LL/PDS; Entstehung ThürVerf, S. 167 ff.

Literatur

Vgl. das Schrifttum zu Art. 14; ferner: *Anne Debus*, Thüringer Gesetz über den Bürgerbeauftragten, Kommentar, 2006; *dies*, Der Bürgerbeauftragte, ThürVBl. 2009, 77ff; *Thomas Hirsch*, Das parlamentarische Petitionswesen: Recht und Praxis in den Deutschen Landesparlamenten, 2007; *Andreas Jungherr/Pascal Jürgens*, E-Petitionen zwischen niedrigschwelligem Partizipationsangebot und quasi-plebiszitärer Nutzung, ZParl 2011, 523; *Joachim Linck*, Ein Plädoyer für starke Bürgerbeauftragte, ZParl 2011, 891 ff; *Rupert Schick*, Petitionen, Von der Untertanenbitte zum Bürgerrecht, 3. Aufl. 1996; *Thomas Würtenberger*, Massenpetitionen als Ausdruck politischer Diskrepanzen zwischen Repräsentanten und Repräsentierten, ZParl 1987, 383 ff.

Leitentscheidungen des BVerfG

BVerfGE 2, 225 ff (Bescheidungsanspruch); 49, 24 (Kontaktsperregesetz): BVerfG, Kammerbeschl. v. 17.07.1992 – 1 BvR 179/92 – NJW 1992, 2032 (Keine Begründungspflicht bei Petitionsbescheiden).

A. Überblick

1 Art. 65 verpflichtet den Landtag, einen Petitionsausschuss als **ständigen Pflichtausschuss** zu errichten und regelt die Behandlungs- und Entscheidungskompetenz des Petitionsausschusses für alle an den Landtag gerichteten Bitten und Beschwerden im Sinne des Art. 14. Dazu werden dem Petitionsausschuss in Absatz 2 **weitere Befugnisse zur rechtlichen und sachlichen Aufklärung** der Eingabe (Rechts- und Amtshilfeanspruch, Zutritts-, Auskunfts- und Akteneinsichtsrecht) eingeräumt, die über die Rechte der Fachausschüsse hinausgehen. Von der Ermächtigung des Absatzes 3, das Nähere zum Petitionsverfahren durch Gesetz zu regeln, hat der Landesgesetzgeber zunächst durch das Thüringer Petitionsgesetz von 1994[1] Gebrauch gemacht; im Jahr 2007 wurde es durch das Thüringer Gesetz über das Petitionswesen (ThürPetG)[2] abgelöst.

1 V. 28.06.1994, ThürGVBl. S. 797.
2 V. 15.05.2007, ThürGVBl. S. 57, geändert durch das Erste Gesetz zur Änderung des Thüringer Gesetzes über das Petitionswesen v. 06.03.2013, ThürGVBl. S. 59.

2 Obwohl der Landtag den an ihn gerichteten Bitten oder Beschwerden in aller Regel nicht selbst abhelfen kann, ist gerade das Recht zur Petition an das Parlament für die Umsetzung des individuellen Petitionsanspruchs aus Art. 14 von wesentlicher Bedeutung. Das Parlament verfügt zwar, sofern es sich nicht um eine die Gesetzgebung betreffende Eingabe handelt, sondern ein Handeln oder Unterlassen der Exekutive mit der Eingabe gefordert oder beanstandet wird, über **keine Abhilfekompetenz.**[3] Die Einlegung einer Petition an das Parlament verhindert auch nicht das Eintreten der Bestandskraft eines Verwaltungsakts oder des Fristablaufs für eine Klage vor den Gerichten. Da das Eingabewesen in der DDR oft als Ersatz für fehlende gerichtliche Kontrolle genutzt wurde und dabei im Einzelfall durchaus effektiv sein konnte,[4] war in den Anfangsjahren des Thüringer Landtags den Petenten das Verständnis dafür, dass sie mit einer Petition **keine Sachentscheidung des Parlaments an Stelle** der Behörden erzwingen können, teilweise schwer zu vermitteln. Auch ohne eigene Abhilfekompetenz kann das Parlament aber gleichwohl kraft seiner Autorität als Volksvertretung und u.a. durch Einsatz seiner Befugnisse aus Art. 65 Abs. 2 und 3 bei Petitionen gegen ein Verwaltungshandeln wirksam dafür sorgen, dass die zuständigen Stellen der Exekutive außerhalb eines förmlichen Verwaltungs- oder Gerichtsverfahrens die beanstandete Maßnahme auf ihre **Zweckmäßigkeit und Rechtmäßigkeit** hin überprüfen und dem Petitum im Rahmen des rechtlich Zulässigen nachkommen und damit für **Rechtsbefriedung** sorgen. Zugleich machen die an den Landtag gerichteten Petitionen den Gesetzgeber auf die beim Vollzug der Gesetze gegenüber dem Bürger entstehenden Probleme aufmerksam, verschaffen damit dem Parlament Informationen über die Details der Verwaltungsarbeit und ermöglichen eine stichprobenartige **Kontrolle der Exekutivtätigkeit.**[5]

B. Herkunft, Entstehung und Entwicklung

I. Historische Entwicklung

3 Schon im 17. Jahrhundert existierten Ausschüsse, die Bittgesuche entgegennahmen und prüften, bevor diese an den Fürsten weitergeleitet wurden. In der Zeit des Konstitutionalismus wurde die Einrichtung von Petitionskommissionen bei den Repräsentativversammlungen der Mitgliedsstaaten des Deutschen Bundes und später der Gliedstaaten des deutschen Reiches zur ständigen Praxis.[6] Eine verfassungsrechtliche Verpflichtung zur Einrichtung eines Petitionsausschusses enthielt aber weder die Verfassung des Deutschen Reiches von 1871 noch die Weimarer Reichverfassung.[7] Auch auf der Ebene des Grundgesetzes fand eine über die Geschäftsordnungsregelungen hinaus gehende verfassungsrechtliche Normierung des für die Bearbeitung von Eingaben zuständigen Petitionsausschusses und seiner Befugnisse erst im Jahr 1975 statt, um die als unzureichend angesehenen Befugnisse des Petitionsausschusses zur eigenen Sachaufklärung zu stärken.[8]

---

3 BVerfG, NJW 1992,3033; *Langenfeld*, in: HStR III, § 39 Rn. 43 f; *Vitzthum/März*, in: Schneider/Zeh, § 45 Rn. 12ff.

4 *Pagenkopf*, in: Sachs, GG Art. 17 Rn. 2.

5 *Stein*, in: AK.GG, Art. 45 c Rn. 2 f; *Achterberg/Schulte*, in: von Mangoldt/Klein/Starck, Art 45 c Abs. 1, Rn. 2.

6 *Klein*, in: Maunz/Dürig, Art. 45 c Rn. 1.

7 *Bauer*, in: Dreier, Art. 45 c Rn. 2.

8 *Achterberg/Schulte*, in: von Mangoldt/Klein/Starck, Art 45 c Abs. 1 Rn. 4.

Auch die Thüringer Verfassung von 1946 und die Verfassungen der DDR von 1949 und 1968 /1974 erwähnten zwar das Recht, Eingaben an die Volksvertretung zu richten, verpflichteten aber nicht zur Einrichtung eines Eingabenausschusses.[9] 4

Die **Vorläufige Landessatzung** für das Land Thüringen von 1990 enthielt in § 7 eine verfassungsrechtliche Verankerung des Petitionsausschusses und nahm eine Ausgestaltung seiner Befugnisse auf Verfassungsebene vor. § 7 Abs. 1 entsprach der jetzigen Regelung in Art. 65 Abs. 1 der Verfassung, die Absätze 2 und 3 des § 7 enthielten das Recht des Petitionsausschusses auf Zutritt, Auskunft und Akteneinsicht gegenüber der Landesregierung und staatlichen Einrichtungen und regelten diesen Rechten entgegen stehende Auskunftsverweigerungsrechte der Regierung einschließlich einer besonderen Konfliktbereinigungsinstanz aus Gerichtspräsidenten. 5

Die der Thüringer Verfassung von 1993 zugrunde liegenden **Verfassungsentwürfe** der 5 Fraktionen der ersten Wahlperiode des Thüringer Landtags sahen alle eine verfassungsrechtliche Absicherung des Petitionsausschusses vor. Die in vier der fünf Verfassungsentwürfe (mit Ausnahme des Entwurfs von NF/GR/DJ) beabsichtigte umfangreiche Regelung der besonderen Befugnisse des Petitionsausschusses auf Aktenvorlage, Zutritt, Auskunft und Amtshilfe wurde im Verlauf der Verfassungsberatungen durch einen Querverweis in Art. 65 Absatz 2 auf die entsprechenden Regelungen für Untersuchungsausschüsse (Art. 64 Abs. 4 Satz 1 und Art. 67 Abs. 3) ersetzt.[10] 6

II. Bürgerbeauftragter als Alternative/Ergänzung zum Petitionsausschuss

Die seit den 1960er Jahren in der Bundesrepublik diskutierte Einrichtung eines Bürgerbeauftragten als politische Alternative oder Ergänzung zur Bearbeitung von Bürgeranliegen fand während der Verfassungsberatungen in Thüringen zu Beginn der 1990er Jahre ihren Widerhall in zwei Verfassungsentwürfen.[11] Allerdings wurde der Thüringer Bürgerbeauftragte erst durch das Thüringer **Bürgerbeauftragtengesetz** vom 25.05.2000[12] ohne verfassungsrechtliche Verankerung auf der Ebene des einfachen Gesetzes geregelt. Der Bürgerbeauftragte war danach auch für die Bearbeitung von an ihn herangetragenen Petitionen im Sinne von Art. 14 zuständig und musste den Petitionsausschuss über deren Erledigung lediglich unterrichten. Nur wenn dem Bürgerbeauftragten eine einvernehmliche Erledigung der Petition nicht möglich war, sah das Gesetz die Weiterleitung der Petition an den Petitionsausschuss vor.[13] Diese im Hinblick auf die alleinige **Entscheidungszuständigkeit des Petitionsausschusses** nach Art. 65 Abs. 1 Satz 1 7

9 Zu dem vorübergehend mit Art. 105 der Verfassung der DDR von 1968 eingeführten Beschwerdeausschuss der zuständigen Volksvertretung, der bereits 1974 ersatzlos gestrichen wurde, und dem Eingabenrecht seit 1974 vgl. *Mampel*, Die sozialistische Verfassung der DDR, 3. Auflage 1997, Art. 103 Rn. 7 ff.

10 Art. 65 Textgenese, in: Entstehung ThürVerf, S. 169.

11 Art. 44 VerfE NF/GR/DJ und Art. 48 Abs. 3 VerfE LL-PDS.

12 ThürGVBl. S. 98; vgl. zur Entstehungsgeschichte und Ausgestaltung in Thüringen: *Debus*, Thüringer Gesetz über den Bürgerbeauftragten, Kommentar, 2006, Einleitung sowie diess., ThürVBl. 2009, 77, 79 ff.

13 § 1 Abs. 2 Nr. 3, § 5, § 6 Abs. 1 Nr. 3 ThürBüBG v. 25.05.2000 (ThürGVBl. S. 98); Vgl. *Linck*, ZParl 2011, 891, 892; *Debus* (Fn. 12) § 5 Anm. 1.3.

nicht unproblematische Aufgabenzuweisung[14] wurde im Jahr 2007 durch das ThürPetG[15] und das ThürBüBG[16] beseitigt. Seitdem ist der Bürgerbeauftragte nicht mehr für Petitionen im Sinne des § 1 ThürPetG zuständig.[17]

III. Die praktische Bedeutung des Petitionsrechts

8 Die Zahl der beim Thüringer Landtag **jährlich eingegangenen Petitionen** stieg seit der Arbeitsaufnahme des Petitionsausschusses Ende 1990 von 538 Petitionen im Jahre 1991 kontinuierlich an bis auf 1330 Eingaben im Jahr 1995, fiel dann bis 1999 auf 896 Petitionen und stabilisierte sich seitdem bei Werten zwischen 1097 Petitionen im Jahr 2007 und 850 Petitionen im Jahr 2009.[18] Im letzten Berichtsjahr 2011 wurden an den Petitionsausschuss 962 Petitionen gerichtet. Von den 797 Petitionen, die der Ausschuss im Jahr 2011 in 11 Sitzungen abschließend behandelt hat, stammen knapp 60 Prozent aus dem Jahr 2011, die übrigen aus den Vorjahren.[19] Die **Schwerpunkte** der eingegangenen Petitionen lagen im Jahr 2011 in den Bereichen Arbeit, Soziales und Gesundheit (20 Prozent), Rechtspflege (17 Prozent) und Wissenschaft, Bildung und Kultur (16 Prozent) und unterschieden sich damit kaum von den vorrangigen Sachgebieten der Vorjahre.[20] Die Anzahl der Petitionen an den Landtag, mit denen eine Gesetzesänderung oder Neuregelung gefordert wurde, betrug im Jahr 2011 42 **Legislativpetitionen**, allein 13 davon bezogen sich auf den Tier- und Artenschutz.[21] In den Vorjahren war eine derartige Häufung der Legislativpetitionen auf bestimmte Inhalte nicht anzutreffen; die Gesamtzahl der Legislativpetitionen bewegte sich zwischen 39 Legislativpetitionen im Jahr 2007,[22] 34 im Jahr 2008,[23] 15 im Jahr 2009[24] und 21 im Jahr 2010,[25] wobei die Einbringung der Legislativpetitionen durch Massen- oder Sammelpetitionen auf wenige Fälle (zwischen einem Fall im Jahr 2007 und vier Fällen 2011) beschränkt blieb.

---

14 Vgl. *Linck*, ZParl 2011, 891, 892 f; vgl. auch: *Brocker*, in: Grimm/Caesar, Art. 90 a Rn. 12 f, der aber beim Bürgerbeauftragtengesetz von Rheinland- Pfalz das Parlament als letzten Adressaten jeder Petition gewahrt sieht.

15 V. 15.05.2007,ThürGVBl. S. 57.

16 V. 15.05.2007,ThürGVBl. S. 54.

17 § 1 Abs. 2 ThürBüBG, § 8 ThürPetG. Zur – fortbestehenden – Abgrenzungsproblematik zwischen Bürgeranliegen i. S. d. ThürBüBG und Petitionen vgl. *Linck*, ZParl 2011, 891, 893.

18 LT-Drs. 4/1911, Arbeitsbericht des Petitionsausschusses für das Jahr 2005, S. 108 und LT-Drs. 5/4528, Arbeitsbericht des Petitionsausschusses für das Jahr 2011, S. 73.

19 LT-Drs. 5/4528, Arbeitsbericht des Petitionsausschusses für das Jahr 2011, S. 21, 72; in den Vorjahren waren die Überhänge aus den jeweils vorangegangenen Jahren noch größer.

20 LT-Drs. 5 /4528, Arbeitsbericht des Petitionsausschusses für das Jahr 2011 S. 77; LT-Drs. 5/2822, Arbeitsbericht des Petitionsausschusses für das Jahr 2010, S. 68, LT-Drs. 5/929, Arbeitsbericht des Petitionsausschusses für das Jahr 2009, S. 62; LT-Drs. 4/5127, Arbeitsbericht des Petitionsausschusses für das Jahr 2008, S. 74.

21 LT-Drs. 5/4528, Arbeitsbericht des Petitionsausschusses für das Jahr 2011, S. 80; Grund dafür war wohl die intensive öffentliche Diskussion über gesetzliche Regelungen für das Halten gefährliche Tiere.

22 LT-Drs. 4/4065 Arbeitsbericht des Petitionsausschusses für das Jahr 2007, S. 82.

23 LT-Drs. 4/5127, Arbeitsbericht des Petitionsausschusses für das Jahr 2008, S. 78.

24 LT-Drs. 5/929, Arbeitsbericht des Petitionsausschusses für das Jahr 2009, S. 66.

25 LT-Drs. 5/2822, Arbeitsbericht des Petitionsausschusses für das Jahr 2010, S. 72.

C. Verfassungsvergleichende Information

9 Die Verankerung des Petitionsausschusses unmittelbar in der Verfassung entspricht der Rechtslage in den meisten deutschen Ländern[26] und der im Jahr 1975 mit der Einfügung von Art. 45 c in das Grundgesetz geschaffenen Situation im Bund. Art. 65 Satz 1 überträgt dem Petitionsausschuss des Landtags im Unterschied zu Art. 45 c Abs. 1 GG aber nicht nur die Kompetenz zur Behandlung, sondern auch die **Zuständigkeit zur Entscheidung** aller an den Landtag gerichteten Eingaben. Die in Satz 2 enthaltene Befugnis des Thüringer Landtags, Entscheidungen des Petitionsausschusses im Einzelfall aufzuheben, findet im Grundgesetz keine Entsprechung, da dem Plenum des Bundestags die abschließende Entscheidung über alle Petitionen obliegt.

10 Die in Absatz 2 durch Verweisung auf die entsprechenden Verfassungsbestimmungen für Untersuchungsausschüsse geregelten **besonderen Informationsbefugnisse** des Petitionsausschusses werden im Grundgesetz und einigen Länderverfassungen nicht auf der Ebene der Verfassung normiert. Sie finden sich aber teilweise aufgrund einer Ermächtigung in der Verfassung in den jeweiligen Ausführungsgesetzen, wie bspw. in §§ 1 – 3, 7 des Gesetzes nach Art. 45 c GG.[27] Diese zusätzlichen Befugnisse des Petitionsausschusses gelten in Thüringen für sämtliche Eingaben, also **sowohl für Bitten als auch für Beschwerden**. Sie sind damit nicht, wie dies im Bund aufgrund des Wortlauts des Art. 45 c GG der Fall ist, auf Beschwerden über ein in der Vergangenheit stattgefundenes behördliches Handeln oder Unterlassen beschränkt, sondern erfassen mit den Bitten auch Wünsche und Forderungen nach einem bestimmten künftigen staatlichen Verhalten und damit auch rechtspolitische Anliegen zur Veränderung landesgesetzlicher Bestimmungen.

D. Erläuterungen

I. Rechtliche Stellung und Befugnisse des Petitionsausschusses

11 Indem die Verfassung vorschreibt, dass der Landtag einen Petitionsausschuss bestellen muss, ist die Entscheidung über dessen Einsetzung der Geschäftsordnungsautonomie des Landtags entzogen. Durch die Geschäftsordnung geregelt sind hingegen die Zusammensetzung der Mitglieder des Ausschusses nach der Stärke der einzelnen Fraktionen sowie die Bestimmung des **Ausschussvorsitzenden** und der Ausschussmitglieder durch die Fraktionen entsprechend dem Verfahren bei Fachausschüssen. Ein Parlamentsbrauch, nach dem der Vorsitz im Petitionsausschuss von einem Abgeordneten der Opposition geführt wird,[28] ist für Thüringen nicht feststellbar. Die Vorsitzenden des Petitionsausschusses des Thüringer Landtags gehörten bisher immer der stärksten die Regierung tragenden Landtagsfraktion an.

12 Von den aufgrund der Geschäftsordnungsautonomie eingerichteten Fachausschüssen unterscheidet sich der Petitionsausschuss durch seine ausschließliche Zuständigkeit für die Behandlung und Entscheidung über alle an den Landtag

26 Mit Ausnahme von Bayern und Hessen sowie Niedersachsen, das in Art. 26 NV auf den nach der Geschäftsordnung zuständigen Ausschuss verweist.

27 V. 19.07.1975, BGBl. I S. 1921.

28 So nach Schick, S. 44 ff wohl die überwiegende, aber nicht ausschließliche Praxis im Deutschen Bundestag und den Landtagen; vgl. *Klein*, in: Maunz/ Dürig, Art. 45 c Rn. 14; *Würtenberger*; BK, Art. 45 c Rn. 43.

gerichteten Petitionen und seine in Art. 65 Abs. 2 durch Verweis auf die Bestimmungen für Untersuchungsausschüsse geregelten **besonderen Befugnisse.** Dazu zählen der Anspruch des Petitionsausschusses auf Rechts- und Amtshilfe (Art. 64 Abs. 4 Satz 1) sowie die Pflicht der Landesregierung zur Auskunft, Vorlage von angeforderten Akten und zur Gewährung des Zutritts zu öffentlichen Einrichtungen sowie zur Erteilung der erforderlichen Aussagegenehmigungen (Art. 64 Abs. 4 Satz 2). Durch den Verweis auf Art. 67 Abs. 3 wird auch das Recht der Landesregierung zur Auskunftsverweigerung aus den in Art. 67 Abs. 3 genannten Gründen für entsprechend anwendbar erklärt (Vgl. dazu jeweils die Erläuterungen zu Art. 64 und Art. 67).

13 Das ThürPetG gestaltet diese Befugnisse des Petitionsausschusses in § 10 weiter aus und räumt in § 16 Abs. 1 ThürPetG dem Petitionsausschuss zur Sachaufklärung zusätzlich das Recht zur **Anhörung** von Zeugen und Sachverständigen ein, ohne dass er damit allerdings über die Möglichkeit zur Vereidigung oder zur Verhängung von Zwangsmitteln verfügt, mit denen er das Erscheinen und die Aussage erzwingen könnte.[29]

14 Anders als beim Untersuchungsausschuss sind beim Petitionsausschuss Minderheitenrechte zur Durchsetzung der genannten Befugnisse des Petitionsausschusses nicht vorgesehen. Der Petitionsausschuss entscheidet in Petitionsverfahren immer aufgrund von **Mehrheitsbeschlüssen**[30] über den Einsatz seiner Mittel zur Sachaufklärung. Die Wahrnehmung seiner Rechte steht dabei in seinem politischen Ermessen. Eine Verpflichtung zur Ausübung der Befugnisse kann auch aus dem Anspruch des Petenten auf sachgemäße Behandlung seiner Petition nicht hergeleitet werden.[31] In der Praxis des Thüringer Petitionsausschusses wird von den benannten besonderen Überprüfungsbefugnissen nur in wenigen Fällen Gebrauch gemacht.

15 Der Petitionsausschuss hat auch insofern eine Sonderstellung im Vergleich zu den anderen Ausschüssen, als er – im Gegensatz zu den Fachausschüssen – mit seinen Petitionsentscheidungen nicht nur Beschlussempfehlungen für das Plenum vorbereitet, sondern im Regelfall **endgültige Entscheidungen** über die Eingaben trifft.[32] Nach Art. 65 Abs. 1 Satz 2 kann der Landtag die Entscheidung des Petitionsausschusses im Einzelfall aufheben. Tatsächlich eingetreten ist dieser Fall bisher nicht.[33] Als Folge der Aufhebung müsste der Petitionsausschuss

29 Anders etwa der Petitionsausschuss des Berliner Abgeordnetenhauses, für den § 6 des dortigen Petitionsgesetzes die Verhängung von Zwangsmaßnahmen ausdrücklich vorsieht.

30 Hirsch, Das parlamentarische Petitionswesen: Recht und Praxis in den Deutschen Landesparlamenten, 2007, S. 107; soweit der Petitionsausschuss außerhalb von Petitionsverfahren wie ein Fachausschuss, bspw. bei der Beratung von Gesetzentwürfen tätig wird, finden Minderheitenrechte aus der ThürGOLT – wie § 79 Abs. 1 ThürGOLT auf schriftliche Anhörung – aber Anwendung.

31 *Achterberg/Schulte*, in: von Mangoldt Klein/Starck Art 45 c Abs. 2, Rn. 54; *Klein*, in: Maunz/Dürig Art. 45 c, Rn. 67; *Würtenberger*, in: BK Art. 45 c Rn. 134 ff.

32 *Linck*, in: Linck/Jutzi/Hopfe, Art. 65 Rn. 6; Weitere Ausnahme bilden der Europaausschuss bei seinen Entscheidungen über Stellungnahmen zur Erhebung der Subsidiaritätsrüge bzw. Subsidiaritätsklage nach § 54 b Abs. 2 ThürGOLT und der Justizausschuss bei seinen Entscheidungen in Immunitätsangelegenheiten nach Art. 55 Abs. 4 iVm. § 104 ThürGOLT.

33 Mit Drucksache 2/3211 wurde allerdings ein Antrag auf Aufhebung eines Beschlusses des Petitionsausschusses zu einer Petition gestellt, der vom Landtag mehrheitlich abgelehnt wurde, vgl. LT-Prot. 2/85 v. 12.11.1998, S. 7451 – 7461; Hirsch (Fn. 30) S. 180.

eine erneute Entscheidung über die Eingabe treffen, da nach Satz 1 von Art. 65 Abs. 1 dem Ausschuss die Entscheidung über die Eingaben obliegt, das Plenum mithin in der Sache keine neue, eigene Entscheidung treffen kann.[34]

Die Aussage, dass der Petitionsausschuss kein **Selbstbefassungsrecht** hat, weil er nur bei an den Landtag gerichteten Eingaben entscheidet,[35] erscheint dann fraglich, wenn damit generell die Möglichkeit verneint werden soll, dass sich der Ausschuss mit einem Thema befasst, das nicht Gegenstand einer Petition ist. Zwar sieht die Thüringer Verfassung – anders als etwa Art. 46 Abs. 1 Satz 2 VerfBerl – nicht vor, dass der Ausschuss auch tätig werden kann, „wenn ihm auf andere Weise Umstände bekannt werden". Er kann also nicht von sich aus, ohne dass eine Petition dazu vorliegt, im Petitionsverfahren über ihm bekannte gewordene Problemfälle entscheiden. Im Petitionsverfahren ist er an das konkrete Anliegen gebunden, das den Prüfungsrahmen festlegt.[36] Da § 15 Abs. 1 Satz 2 ThürPetG aber die Geltung der Bestimmungen der ThürGOLT über Fachausschüsse anordnet, soweit das ThürPetG keine abweichenden Bestimmungen enthält, ist auch für den Petitionsausschuss außerhalb eines Petitionsverfahrens die Möglichkeit der Selbstbefassung mit Problemen seines Aufgabenbereichs nach § 74 Abs. 2 ThürGOLT nicht grundsätzlich ausgeschlossen. Dass der Ausschuss insoweit nur – außerhalb eines Petitionsverfahrens und ohne die besonderen Befugnisse für die Petitionsbearbeitung aus Art. 65 Abs. 2 – beraten, aber keine Entscheidung treffen kann, steht der Selbstbefassung nicht entgegen; auch den Fachausschüssen sind in Selbstbefassungsangelegenheiten keine Sachbeschlüsse möglich.[37] 16

Ebenfalls wie ein Fachausschuss und außerhalb der parlamentarischen Petitionsbehandlung wird der Petitionsausschuss tätig, wenn er über **Gesetzentwürfe** mit Bezug zum Petitionswesen berät, die vom Plenum an ihn überwiesen wurden, um dazu eine Beschlussempfehlung für den Landtag zu erstellen.[38] 17

Bei Vorliegen einer auf die Einbringung oder Änderung eines Gesetzes abzielenden Legislativpetition kann der Petitionsausschuss als solcher keine **Gesetzesinitiative** zur Realisierung des Anliegens der Eingabe ergreifen.[39] Dazu sind nur die Träger des Gesetzesinitiativrechts in der Lage, d.h. die Mitglieder des Ausschusses können allein in ihrer Eigenschaft als Abgeordnete (mindestens 10 Abgeordnete als Gruppe) bzw. als Mitglieder einer Fraktion eine Gesetzesvorlage aus der Mitte des Landtags nach Art. 81 Abs. 1 i. V. m. § 51 Abs. 3 ThürGOLT einbringen. 18

34 Vgl. *Brocker*, in: Grimm/Caesar, § 90 a Rn. 2.
35 So aber: *Hirsch* (Fn. 30) S. 106; vgl. auch: *Linck*, in Linck/Jutzi/Hopfe, Art. 65 Rn. 8; *Brocker*, in: Grimm/Caesar, Art. 90 Rn. 3; *Vitzthum/März*, in: Schneider/Zeh, § 45 Rn. 21.
36 Vgl. *Vitzthum/März*, in: Schneider/Zeh, § 45 Rn. 21.
37 Ergänzend ist darauf hinzuweisen, dass in § 13 Abs. 2 Satz 3 ThürPetG für die Strafvollzugskommission, einen ständigen Unterausschuss des Petitionsausschusses, ausdrücklich vorgesehen ist, dass diese Kommission sich mit Angelegenheiten ihres Aufgabenbereichs befassen kann, auch wenn ihr dazu keine Petition überwiesen wurde.
38 So geschehen in LT-Drs. 1/3304, 3/660, 4/2994, 4/2995, 4/2996, 5/5496, 5/5704, 5/5705.
39 *Linck*, in: Linck/Jutzi/Hopfe, Art. 65 Rn. 13.

II. Der Ablauf des Petitionsverfahrens

19 Jede beim Landtag schriftlich oder auf elektronischem Weg eingereichte oder in Bürgersprechstunden mündlich vorgetragene Petition wird durch das bei der Landtagsverwaltung eingerichtete zuständige Ausschussreferat registriert, vorgeprüft und mit einer Petitionsnummer versehen. Neben den direkt an den Landtag oder den Petitionsausschuss gerichteten Eingaben werden auch die an andere Ausschüsse, Fraktionen oder einzelne Abgeordnete gerichteten und von diesen weitergeleiteten Eingaben registriert und bearbeitet, wenn durch Auslegung (und ggf. durch Rückfragen bei dem Absender) zur ermitteln ist, dass eine parlamentarische Überprüfung des vorgebrachten Anliegens gewünscht ist.[40] Der Petent erhält eine Eingangsbestätigung.

20 Auch **unzulässige Petitionen** im Sinne des § 5 ThürPetG werden dem Petitionsausschuss zur Entscheidung vorgelegt und nicht von der Landtagsverwaltung ausgesondert und erledigt. Dies gilt auch für Eingaben, denen ein konkretes Anliegen oder ein erkennbarer Sinnzusammenhang fehlt (§ 5 Nr. 3 ThürPetG) und solche, mit denen lediglich die Erteilung einer Auskunft begehrt wird (§ 5 Nr. 8 ThürPetG). Im Bundestag werden derartige Vorgänge bereits als **Nicht-Petitionen** von der Verwaltung aussortiert und nicht dem Ausschuss vorgelegt.[41] Zu den unzulässigen Petitionen, bei denen der Petitionsausschuss von einer sachlichen Prüfung absehen kann, zählen nach dem Thüringer Petitionsgesetz außerdem Petitionen, die an formalen Fehlern leiden (Fehlen der Unterschrift bei schriftlichen Petitionen oder des Internetformulars bei elektronischen Eingaben, unzureichende oder unleserliche Angaben von Namen oder Anschrift des Petenten, § 5 Nr. 2 und 3 ThürPetG) oder die aus inhaltlichen Gründen nicht zu beraten sind, weil sie einen beleidigenden, nötigenden, unsachlichen, Persönlichkeitsrechte Dritter beeinträchtigenden oder strafbaren Inhalt aufweisen (§ 5 Nr. 4, 5, 6 ThürPetG). Weiterhin kann der Petitionsausschuss von einer sachlichen Prüfung absehen, wenn die Petition gegenüber einer bereits beschiedenen Petition kein neues Vorbringen enthält (§ 5 Nr. 7 ThürPetG). Die Verwaltung ist allerdings nicht gehindert, im Vorfeld der Petitionsberatungen den Petenten auf die Zulässigkeitsmängel aufmerksam machen und ihn zur Mängelbeseitigung aufzufordern, um die sachliche Prüfung durch den Ausschuss zu ermöglichen.

21 Ist die **Petition zulässig**, wird vor Beginn der Ausschussberatungen über die Eingabe von der Landtagsverwaltung über die Staatskanzlei[42] eine Stellungnahme

40 *Linck*, in: Linck/Jutzi/Hopfe, Art. 65 Rn. 9.

41 Vgl. *Achterberg/Schulte*, in: von Mangoldt/Klein/Starck Art 45 c Abs. 1, Rn. 14; *Klein*, in: Maunz/Dürig, Art. 45 c Rn. 36 unter Verweis auf Ziffer 7.2 der Grundsätze des Petitionsausschusses des Deutschen Bundestags über die Behandlung von Bitten und Beschwerden (Verfahrensgrundsätze), abgedruckt unter Anlage 8 zu BT-Drs. 17/6250, S. 111 f; vgl. zur Delegation der Prüfung- und Bescheidungspflicht auf die Verwaltung: BVerfG, 1BvR 444/78, unveröffentlichter Kammerbeschl. vom 13.07.1981, Gründe abgedruckt bei *Bauer*, in Dreier, Art. 45 c Rn. 25 Fn. 104.

42 Nach § 10 Abs. 1 und 2 ThürPetG kann sich der Ausschuss auch direkt an die betroffene Stelle wenden; nach § 10 Abs. 1 Satz 5 ThürPetG ist dann die oberste Landesbehörde über das Auskunftsverlangen zu unterrichten.

der Landesregierung zu dem Anliegen des Petenten eingeholt,[43] die dem Petenten zur Kenntnisnahme mit der Möglichkeit der Rückäußerung übermittelt wird. Auf Grundlage der eingegangenen Stellungnahmen und ggf. weiterer Recherchen zur **Klärung der Sach- und Rechtslage** wird durch die Verwaltung ein Entscheidungs- bzw. Bearbeitungsvorschlag für den Berichtserstatter des Petitionsausschusses erstellt. Der Berichterstatter stellt die Petition in der Sitzung des Ausschusses vor und unterbreitet Vorschläge zum weiteren Umgang und zur Entscheidung über die Petition. Der Petitionsausschuss prüft die Eingabe in einer oder mehreren Sitzungen unter Beteiligung der fachlich befassten Mitarbeiter des zuständigen Ministeriums und macht dabei nach seinem Ermessen von seinem unmittelbar aus Art. 14 folgenden **Petitionsinformationsrecht** gegenüber der Landesregierung auf Erteilung von Auskünften zu der Petition sowie, wenn er dies für erforderlich hält, von seinen besonderen Befugnissen aus Art. 65 Abs. 2 Gebrauch. In dafür geeigneten Fällen kann auch ein Vor-Ort-Termin zu einer Eingabe stattfinden oder der für die Thematik der Petition zuständige Fachausschuss um Mitberatung ersucht werden. Hat der Petitionsausschuss seine Beratungen über die Eingabe abgeschlossen und eine abschließende Entscheidung dazu getroffen, so wird der Beschluss nach § 100 ThürGOLT in eine **Sammelübersicht** über die abschließend entschiedenen Petitionen aufgenommen, die an alle Abgeordneten des Landtags verteilt wird. Damit wird es jedem Abgeordneten ermöglicht, innerhalb von sieben Werktagen nach der Verteilung einen Antrag aus **Aufhebung** der Ausschussentscheidung durch das Plenum zu stellen (s. o. Rn. 15).

III. Der Inhalt des Petitionsbescheids

Dem Petenten wird die Entscheidung des Petitionsausschusses durch das Petitionsreferat in einem schriftlichen Petitionsbescheid mitgeteilt. Der Bescheid muss dabei den Anforderungen des Art. 14 Satz 2 an einen **begründeten Bescheid** in angemessener Frist entsprechen (vgl. dazu im Einzelnen Art. 14 Rn. 24 ff). 22

Die **Benachrichtigung** jedes einzelnen Petenten kann bei Massenpetitionen von mindestens 50 Petenten, bei denen keine bestimmte Person als Initiator in Erscheinung tritt, durch Pressemitteilungen oder öffentliche Bekanntmachungen ersetzt werden; auch bei Sammelpetitionen mit einem bekannten Initiator kann ab 50 Petenten die Einzelbenachrichtigung durch die Unterrichtung des Initiators bzw. des Erstunterzeichners bei Unterschriftenlisten ersetzt werden (vgl. § 14 ThürPetG). 23

In dem Petitionsbescheid ist dem Petenten mitzuteilen, wie der Petitionsausschuss die Eingabe abgeschlossen hat. Als Erledigungsarten für das Verfahren im Petitionsausschuss kommen dabei in der Regel die in § 17 ThürPetG genannten Beschlussarten in Betracht: 24

Mit einem **Petitionsüberweisungsbeschluss** kann die Petition der Landesregierung mit dem Bitte überwiesen werden, der Eingabe zu folgen (§ 17 Nr. 1 a 25

43 Vgl. § 38 Abs. 1 ThürGGO, danach ist dem Auskunftsverlangen unverzüglich von dem zuständigen Ministerium nachzukommen. Nach internen Absprachen zwischen dem Ausschuss und der Landesregierung wurde in den zurück liegenden Wahlperioden grundsätzlich von einer Stellungnahmefrist von 6 Wochen, bei Petitionen in kommunalen Angelegenheiten von 12 Wochen ausgegangen. § 10 Abs. 3 des Ersten Gesetzes zur Änderung des ThürPetG v. 06.03.2013 (ThürGVBl. S. 59) sieht künftig eine Stellungnahmefrist von in der Regel acht Wochen vor.

ThürPetG) und damit dem vom Petenten verfolgten Anliegen zu **entsprechen** oder den Einzelfall unter Beachtung der Auffassung des Petitionsausschusses erneut zu **prüfen** (§ 17 Nr. 1 b ThürPetG). Die Regierung kann weiterhin aufgefordert werden, die Petition bei der Ausübung ihrer Regierungsbefugnisse zu **berücksichtigen**, zu der die Einbringung von Gesetzen in den Landtag, die Stimmabgabe im Bundesrat oder der Erlass von Rechts- und Verwaltungsvorschriften zählen (§ 17 Nr. 1 c ThürPetG).

26 Ein Petitionsüberweisungsbeschluss nach § 17 Nr. 1 ThürPetG hat nur politische Bindungswirkung, stellt aber keine die Regierung rechtlich bindende Anweisung dar, wie sie mit dem Anliegen der Petition umzugehen hat, da rechtlich bindende Weisungen eines Parlamentsorgans an die Exekutive gegen das Gewaltenteilungsprinzip verstoßen würden. Als gesetzliche Folge eines Überweisungsbeschlusses trifft die Landesregierung aber nach § 18 Abs. 1 ThürPetG eine **Berichtspflicht** gegenüber dem Ausschuss über die Ausführung des Petitionsbeschlusses. Im Falle eines Überweisungsbeschlusses nach § 17 Nr. 1 a oder b ThürPetG kann von der Ausschussmehrheit außerdem eine **Beratung** im Landtag verlangt werden (§ 18 Abs. 2 ThürPetG), wenn die Landesregierung dem Überweisungsbeschluss nicht Folge leistet.

27 Der prozentuale Anteil der durch einen Überweisungsbeschluss an die Landesregierung in einem Jahr abgeschlossenen Petitionen lag für das Berichtsjahr 2011 unter 2 Prozent[44] der im Jahr 2011 abgeschlossenen 797 Petitionen und blieb auch in den Vorjahren unter 3 Prozent[45] der jährlich abgeschlossenen Eingaben.

28 Einen wesentlich größeren Anteil machen demgegenüber die vom Petitionsausschuss nach § 17 Nr. 2 ThürPetG **für erledigt erklärten Petitionen** aus. Ähnlich wie in den Vorjahren konnte bei ca. 10 Prozent der im Jahr 2011 entschiedenen Petitionen dem vorgebrachten Anliegen in Gänze (§ 17 Nr. 2 a) oder – in wenigen Einzelfällen – zumindest teilweise (§ 17 Nr. Nr. 3) **entsprochen** werden.

29 Die häufigste Entscheidungsform des Petitionsausschusses bildete mit knapp 50 Prozent im Jahr 2011[46] wie in den Vorjahren[47] die Erledigung der Petition aufgrund von dem Petenten erteilten **Auskünften** zur Sach- und Rechtslage oder wegen der **Rücknahme** der Petition oder der Erledigung in **sonstiger Weise** (§ 17 Nr. 2 b).

30 Bei ca. 10 Prozent der Petitionen, über die im Jahr 2011 entschieden wurde, wurde nach § 17 Nr. 9 ThürPetG festgestellt, dass dem vorgebrachten **Anliegen nicht abgeholfen** werden kann. Der Anteil der unzulässigen Petitionen, bei denen der Ausschuss von einer **sachlichen Prüfung absieht**, bewegt sich seit Jahren zwischen ca. 5 und 10 Prozent. Im Übrigen wurden Entscheidungen zur **Weiterleitung** an die jeweils zuständigen Stellen (§ 17 Nr. 4 ThürPetG), andere Landtagsausschüsse (§ 17 Nr. 5 ThürPetG) bzw., die Landtagsfraktionen(§ 17 Nr. 6 ThürPetG) getroffen oder dem Petenten anheim gegeben, zunächst von Rechtsbehelfen Gebrauch zu machen (§ 17 Nr. 8 ThürPetG).

---

44 LT-Drs. 5/4528, Arbeitsbericht des Petitionsausschusses für das Jahr 2011, S. 21, 75ff.

45 LT-Drs. 5/2822, Arbeitsbericht des Petitionsausschusses für das Jahr 2010, S. 66 f; LT-Drs. 5/929, Arbeitsbericht des Petitionsausschusses für das Jahr 2009, S. 60 f; LT-Drs. 4/5127, Arbeitsbericht des Petitionsausschusses für das Jahr 2008, S. 72 f; LT-Drs. 4/4065, Arbeitsbericht des Petitionsausschusses für das Jahr 2007, S. 77; LT-Drs. 4/2968, Arbeitsbericht des Petitionsausschusses für das Jahr 2006, S. 101 f.

46 Vgl. dazu und zu den Zahlen im Folgenden Fn. 44.

47 Vgl. dazu und zu den Zahlen im Folgenden Fn. 45.

Gegen den Petitionsbescheid, einen parlamentarischen Hoheitsakt ohne Verwaltungsaktqualität,[48] kann der Petent auf dem **Rechtsweg** vor dem Verwaltungsgericht vorgehen. Die gerichtliche Kontrolle bezieht sich bei Parlamentspetitionen wie bei Behördenpetitionen nur auf die ordnungsgemäße Behandlung und Bescheidung der Eingabe, nicht aber auf die materielle Erfüllung des Anliegens (Näheres bei Art. 14 Rn. 24 ff). 31

IV. Aktuelle Entwicklungen des parlamentsgerichteten Petitionsrechts

Zum Zeitpunkt der Abfassung dieses Kommentars war neben behindertenspezifischen Zugangserleichterungen bei der Petitionserstellung[49] insbesondere die Einführung der sog. **„öffentlichen Petition"** oder - bedeutungsgleich - der **„Petition zur Veröffentlichung"** in der parlamentarischen Diskussion.[50] Diese unterscheiden sich von herkömmlichen Petitionen nicht durch die Art ihrer Einbringung auf elektronischem Wege, die auch in Thüringen seit 2007 neben der schriftlichen und mündlichen Form möglich ist, sondern dadurch, dass der Landtag als Adressat der Petition die Petition auf seiner Internetseite veröffentlicht und die zeitlich befristete Möglichkeit der Unterstützung der Petition durch Dritte in Form der elektronischen Mitzeichnung eröffnet und – je nach Regelungsvorschlag[51] – zusätzlich die Gelegenheit zur Abgabe eines Diskussionsbeitrags hierzu in einem Internetforum[52] schafft. 32

Die Veröffentlichung erfolgt nur im Einverständnis mit dem Petenten und setzt die **Zulassung** der Eingabe **als öffentliche Petition/Petition zur Veröffentlichung** voraus, die nach den in Thüringen vorliegenden Regelungsvorschlägen nach Prüfung durch den Auschussdienst durch den Petitionsausschuss[53] erfolgen soll. Ein **Rechtsanspruch** auf die Veröffentlichung seiner Petition als öffentliche Petition wird dem Petenten nach den bereits bestehenden Regelungen auf Bundesebene,[54] bei der Bremer Bürgerschaft[55] und beim Landtag Rheinland-Pfalz[56] ausdrücklich nicht eingeräumt. Gegen die Einführung eines Rechtsanspruchs spricht (bei Anlehnung an die Richtlinie des Deutschen Bundestags für die Behandlung von öffentlichen Petitionen und dessen seit 2005 gemachte Erfahrun- 33

48 *Brocker*, in: Caesar/Grimm, Art. 90 a Rn. 21; *Linck*, in: Linck/Jutzi/Hopfe, Art. 65 Rn. 17; *Würtenberger*, in: BK Art. 45 c Rn. 193ff, 200 ff.

49 Vorgeschlagen wurde die Petitionseinlegung in Brailleschrift oder mittels Gebärdensprache.

50 Vgl. LT-Drs. 4/4676, Gesetz zur Änderung des Thüringer Gesetzes über das Petitionswesen und weiterer kommunalrechtlicher Regelungen, Gesetzentwurf der Fraktion DIE LINKE; LT-Drs. 5/ 2673, Gesetz zur Änderung des Thüringer Gesetzes über das Petitionswesen und weiterer kommunalrechtlicher Regelungen, Gesetzentwurf der Fraktion DIE LINKE; LT-Drs. 5/4360, Erstes Gesetz zur Änderung des Thüringer Gesetzes über das Petitionswesen, Gesetzentwurf der Fraktionen der CDU und SPD.

51 Vorgesehen in LT-Drs. 5/2673 in § 1 a Abs. 1 Satz 2, nicht aber in LT-Drs.5/4360; vgl. dazu auch Abg. Heym, LT-Prot. 5/91 v. 22.06.2012, S. 8567.

52 Die Gelegenheit zur Abgabe von Meinungsbeiträgen in entsprechenden Diskussionsforen besteht beim Deutschen Bundestag, der Bremer Bürgerschaft und beim Landtag Rheinland-Pfalz.

53 Vgl. § 1 a Abs. 4 in LT-Drs. 5/2673 und § 1 a Abs. 3 in LT-Drs. 5/4360.

54 Ziffer 1 der Richtlinie für die Behandlung von öffentlichen Petitionen des Deutschen Bundestages (öP) gem. Ziffer 7.1 (4) der Verfahrensgrundsätze des Petitionsausschusses, abgedruckt unter Anlage 8 zu BT-Drs. 17/6250, S. 111 f.

55 § 9 Abs. 1 Satz 3 des Gesetzes über die Behandlung von Petitionen durch die Bürgerschaft vom 24.11.2009 (BremGBl. S. 473).

56 § 103 Abs. 1 Satz 4 der Geschäftsordnung des Landtags Rheinland-Pfalz.

gen), dass die Eingabe inhaltlich ein „Anliegen von allgemeinem Interesse“ zum Gegenstand haben muss und dass das Anliegen und dessen Darstellung für „eine sachliche öffentliche Diskussion geeignet“ sein müssen. Außerdem müssen weitere – zum Tei relativ offen und unbestimmt formulierte – inhaltliche, formale und technische Voraussetzungen gegeben sein, zu denen u.a. auch Opportunitätserwägungen und Fragen der tatsächlich vorhandenen technischen und personellen Kapazitäten zählen,[57] die sich mit einem Rechtsanspruch auf Veröffentlichung kaum vereinbaren ließen.

34 Mit der Zulassung einer Petition als öffentliche Petition/Petition zur Veröffentlichung sind beträchtliche **Folgen** verbunden: Durch die Veröffentlichung im Internet wird es für die dazu ausgewählten Petitionen leichter, höhere Unterstützerzahlen zu erzielen und damit auch ein stärkeres politisches **Druckpotential** zu entfalten als für herkömmliche Petitionen.[58] Auch nach Abschluss der Mitzeichnungsfrist erfahren öffentliche Petitionen im Vergleich zu herkömmlichen Petitionen eine **Sonderbehandelung.** Denn die entsprechenden Regelungen bewirken, entweder mittelbar durch Anknüpfung an ein bestimmtes Unterschriftenquorum[59] (das die veröffentlichten Petitionen aufgrund ihrer Veröffentlichung leichter als herkömmliche Petitionen erreichen können) oder unmittelbar aufgrund der Zulassung als öffentliche Petition,[60] dass zu öffentlichen Petitionen (anders als bei nicht veröffentlichten „traditionellen“ Petitionen) öffentliche Ausschussberatungen und Anhörungen der Petenten durchgeführt werden. Durch seine Entscheidung über die Zulassung einer öffentlichen Petition/Petition zur Veröffentlichung hat der Petitionsausschuss es damit selbst in der Hand, welchen Eingaben er Publizität und besondere Resonanz verschafft[61] und welche Eingaben – über die herkömmliche, nicht öffentliche Sachprüfung hinaus – öffentlich wirksam unter Anhörung des Petenten mit besonderem Nachdruck beraten werden. Ob damit die Gefahr einer vom Petitionsrecht des Art. 14 nicht vorgesehenen Ungleichbehandlung zwischen traditionellen Petitionen und im In-

57 Vgl. § 1 a Abs. 2, 5 und 6 in LT-Drs. 5/2673, § 1 a Abs. 2, 4 und 5 in LT-Drs.5/4360, Ziffer 3 und 4 der Richtlinie für die Behandlung von öffentlichen Petitionen des Deutschen Bundestages. Dazu zählt u.a., dass kein Eingriff in fremde Persönlichkeitsrechte stattfindet, keine kommerziellen Interessen verfolgt werden, eine knappe und klare Darstellung erfolgt ist, kein sachgleiches Anliegen sich in der Prüfung befindet oder bereits beschieden wurde und die technischen oder personellen Kapazitäten für eine angemessene öffentliche Präsentation gewährleistet sind; zu den Anforderungen im Einzelnen: *Guckelberger*, Neue Erscheinungen des Petitionsrechts: E-Petitionen und öffentliche Petitionen, DÖV 2008, S. 85, 93.

58 *Bauer*, in: Dreier, Art. 45 c Rn. 27.

59 § 16 Abs. 1 des Gesetzentwurfs in LT-Drs. 5/2673 sieht die öffentliche Anhörung bei Mehrfachpetitionen mit mehr als 200 Unterstützern grundsätzlich vor, ohne zwischen traditionellen Mehrfachpetitionen und öffentlichen Petitionen zu unterscheiden. Nach Ziffer 10 der Richtlinie für die Behandlung von öffentlichen Petitionen beim Deutschen Bundestag erfolgt die Behandlung öffentlicher Petitionen zwar entsprechend den allgemeinen Verfahrensgrundsätzen für Petitionen; die Anhörung der Petenten in öffentlicher Sitzung ist nach Ziffer 8. 4 der Verfahrensgrundsätze aber von der Erreichung des Quorums von 50.000 Unterstützern abhängig.

60 Nach § 16 Abs.1 des Gesetzentwurfs in LT-Drs. 5/4360 soll die Vertrauensperson der Petenten einer öffentlichen Petition öffentlich angehört werden, wenn die öffentliche Petition das Quorum von 1500 Mitunterzeichnern erreicht. Nach § 10 Abs. 1 des Gesetzes über die Behandlung von Petitionen durch die Bürgerschaft in Bremen sind die Beratungen des Petitionsausschusses in der Regel nicht öffentlich, nach Absatz 3 werden aber öffentliche Petitionen und Anhörungen dazu in der Regel öffentlich beraten.

61 *Klein*, in: Maunz/Dürig, Art. 45 c Rn. 69.

ternet veröffentlichten Petitionen besteht und das Petitionsrecht einer schleichenden Veränderung hin zu einer Aufwertung des Petitionswesens in politischen – oder auch nur publikumswirksamen, Gruppeninteressen verfolgenden oder für die Internetdiskussion geeigneten[62] – Angelegenheiten unterworfen sein könnte, wird erst die künftige Praxis erweisen.

Auch wenn das Petitionsgrundrecht des Art. 14 kein Recht auf Teilhabe an der staatlichen Willensbildung beinhaltet,[63] ist nicht zu verkennen, dass an das Parlament gerichtete gemeinschaftliche Petitionen – bisher schon als traditionelle Massen- oder Sammelpetitionen, aber insbesondere künftig als öffentliche Petitionen/Petitionen zur Veröffentlichung – in der politischen Praxis **plebiszitäre Ersatzfunktionen** übernehmen können. Ein Anliegen, dass die Befassung des Landtags mit einer Gesetzesänderung zum Gegenstand hat, kann als öffentliche Petition mit der Möglichkeit der elektronischen Mitzeichnung und Stellungnahme ein Beitrag zur Artikulation des Volkswillens sein und faktisch erhebliches politisches Druckpotential entfalten. Die öffentliche Petition hat – neben der Pflicht des Landtags zur Befassung mit dem Anliegen zumindest im Petitionsausschuss – mit den nach den vorgelegten Gesetzentwürfen zu erwartenden verfahrensrechtlichen Folgen der öffentlichen Ausschussberatung und Anhörung der Petenten[64] nahezu die gleichen Wirkungen, die die Initiatoren über das plebiszitäre Verfahren eines **Bürgerantrags** nach Art. 68 nur mit erheblich größerem Aufwand und unter Überwindung höherer Hürden (Unterstützung durch mindestens 50.000 Stimmberechtigte in schriftlicher Unterschriftensammlung bei mehreren thematischen Ausschlusstatbeständen)[65] erzielen könnten. 35

Artikel 66 [Anwesenheitspflicht und Zutrittsrecht]

(1) Der Landtag und seine Ausschüsse können die Anwesenheit jedes Mitglieds der Landesregierung verlangen.

(2) [1]Die Mitglieder der Landesregierung und ihre Beauftragten haben zu allen Sitzungen des Landtags und seiner Ausschüsse Zutritt. [2]Den Mitgliedern der Landesregierung oder deren Stellvertretern ist im Landtag und seinen Ausschüssen auf Wunsch das Wort zu erteilen. [3]Regierungsmitglieder und ihre Beauftragten können durch Mehrheitsbeschluß für nichtöffentliche Sitzungen der Untersuchungsausschüsse, die nicht der Beweisaufnahme dienen, ausgeschlossen werden.

Vergleichbare Regelungen

Art. 43 GG; Art. 34 BWVerf; Art. 24 BayVerf; Art. 49 VvB; Art. 66 BbgVerf; Art. 98 BremVerf; Art. 23 HambVerf; Art. 91 HessVerf; Art. 38 M-VVerf; Art. 23 NV; Art. 45 Verf NW; Art. 89 Verf Rh-Pf; Art. 76 SaarlVerf; Art. 49 SächsVerf; Art. 52 LVerf LSA; Art. 21 SchlHVerf.

Ergänzungsnormen im sonstigen thüringischen Recht

§ 26 Abs. 2, § 29 Abs. 4, § 34, § 35 ThürGOLT idF der Bek. v. 19.07.2012 (LT-Drs. 5/4750).

---

62 Kritisch dazu: *Pagenkopf*, in: Sachs, GG Art. 17 Rn. 9.

63 Vgl. hierzu BVerfGE 8, 104,114ff; *Würtenberger*, ZParl 1987, 383, 388 f, *Würtenberger*, in BK Art. 45 c Rn. 20.

64 Vgl. insoweit die in Fn. 59 und Fn. 60 genannten Regelungen.

65 Vgl. dazu im Einzelnen die Kommentierung zu Art. 68 unter D. II.

Dokumente zur Entstehungsgeschichte

§ 6 Vorl.LS; Art. 59 VerfE CDU; Art. 40 VerfE F.D.P.; Art. 51 VerfE SPD; Art. 67 VerfE LL/PDS.[1] Entstehung ThürVerf S. 170 f.

Literatur

Joachim Linck, Zur Informationspflicht der Regierung gegenüber dem Parlament, DÖV 1983, 957 ff.; *Heinz-Wilhelm Meier*, Zitier- und Zutrittsrecht im parlamentarischen Regierungssystem, 1982; *Gert Schönfeld*, Das Zitier-, Zutritts- und Rederecht des Art. 43 GG, 1973.

Leitentscheidungen des BVerfG

BVerfGE 10, 4 (Rederecht); 96, 264 (Gruppenstatus).

A. Überblick

1 Das Recht des Landtags zur Herbeirufung von Regierungsmitgliedern nach Art. 66 Abs. 1 (**Zitierrecht**) sowie das **Zutritts- und Rederecht** der Regierung gegenüber dem Landtag nach Art. 66 Abs. 2 sind spezielle Ausprägungen des parlamentarischen Regierungssystems. Dabei liegt der funktionelle Schwerpunkt des **Zitierrechts** des Landtags auf der parlamentarischen Kontrolle i.w.S. und der Informationsgewinnung,[2] während das **Zutritts- und Rederecht** der Regierung bei den Landtags- und Ausschusssitzungen der in einem parlamentarischen Regierungssystem erforderlichen Kommunikation und Zusammenarbeit zwischen Regierung und Parlament dient.[3]

2 Im Hinblick auf die in **Untersuchungsausschüssen** üblicherweise bestehende Konfliktlage zwischen der Regierung und der Opposition kann das Zutritts- und Rederecht dort eingeschränkt werden (Rn. 34 ff.), was in § 10 Abs. 6 Satz 2 ThürUAG geschehen ist.

3 Das **allgemeine parlamentarische Fragerecht** ist nicht in Art. 66, sondern speziell in Art. 67 geregelt.[4]

1 Art. 48 Fn. 1.
2 *Achterberg/Schulte*, in: von Mangoldt/Klein/Starck, Art. 43 Rn. 1; *Brocker*, in: Epping/Hillgruber, Art. 43, Überblick; *Klein*, in: Maunz/Dürig, Art. 43 Rn. 36; *Magiera*, in: Sachs, GG, Art. 43 Rn. 1; *Morlok*, in: Dreier, Art. 43 Rn. 8.
3 *Achterberg/Schulte*, in: von Mangoldt/Klein/Starck, Art. 43 Rn. 34; *Klein*, in: Maunz/Dürig, Art. 43 Rn. 120; *Magiera*, in: Sachs, GG, Art. 43 Rn. 7; *Morlok*, in: Dreier, Art. 43 Rn. 17.
4 Vgl. dazu Art. 67 Rn. 17 ff.

B. Herkunft, Entstehung und Entwicklung

Die **historische Entwicklung des Zitierrechts** des Parlaments einerseits und des Zutritts und Rederechts der Regierung andererseits verlief – abgesehen von der vorbildlichen, beide Regelungen zusammenführenden belgischen Verfassung vom 7.2.1831[5] – sehr unterschiedlich. In den langen zähen Kämpfen der Parlamente, der widerstrebenden Krone Schritt für Schritt einzelne Kompetenzen, auch verfassungsrechtliche, abzuringen, gelang es lange Zeit nicht, das Zitierrecht des Parlaments gegenüber den Regierungen verfassungsrechtlich durchzusetzen. 4

Eine ganz andere Entwicklung nahm das Zutritts- und Rederecht der Regierung in den Parlamenten. Die Vertreter der Krone wollten sich damit über parlamentarische Aktivitäten informieren und darauf Einfluss nehmen. So sah erst die – nie in Kraft getretene – Paulskirchenverfassung von 1849 in § 122 erstmals ein Zitierrecht vor, aber es wurde erst in Art. 33 WRV – zusammen mit dem Zutritts- und Rederecht der Regierung – verfassungsrechtlich verbindlich verankert.[6] Diese Regelungen sind heute im Grundgesetz (Art. 43) und im Kern – wenn auch mit einer Reihe von Abweichungen – in allen Landesverfassungen enthalten (Rn. 7). 5

In den **Beratungen zur Thür. Verfassung** war man sich daher auch schnell einig, dieses insoweit bestehende gemeindeutsche Verfassungsrecht zum Zitier-, Zutritts- und Rederecht zu übernehmen. Umstritten waren nur folgende Fragen:[7] 6

- Sollte Art. 66 Abs. 1 als Minderheitenrecht eingeführt werden, wie dies von der Fraktion LL/PDS gefordert wurde (Rn. 18)?
- Sollten Regierungsmitglieder von bestimmten Ausschussberatungen ausgeschlossen werden können, insbesondere von Beratungen der Unterausschüsse (Rn. 37)?

Art. 66 wurde bisher nicht verändert; es gab auch keine dahingehenden Initiativen.

C. Verfassungsvergleichende Information[8]

Art. 66 unterscheidet sich von den einschlägigen Regelungen im GG und den Verfassungen anderer Länder in folgenden wesentlichen Punkten: 7

1) Das Zitierrecht ist in Art. 66 Abs. 1, anders als in folgenden Ländern, nicht als Minderheitenrecht konzipiert: Brandenburg (Art. 66); Mecklenburg-Vorpommern (Art. 38) und Schleswig-Holstein (Art. 21), wobei die Quoren jeweils unterschiedlich angesetzt werden.
2) Im Rahmen der Regelung über das Zutritts- und Rederecht der Regierungsmitglieder wird in der Hälfte der Länder hervorgehoben, dass sie insoweit der **Ordnungsgewalt des Präsidenten** unterstehen: Baden-Württemberg (Art. 34; Berlin (Art. 49); Hamburg (Art. 23); Hessen (Art. 91); Niedersach-

5 Vgl. dazu *Klein*, in: Maunz/Dürig, Art. 43 Rn. 4.
6 Zu dieser historischen Entwicklung: *Klein*, in: Maunz/Dürig, Art. 43 Rn. 2 ff.; *Morlok*, in: Dreier, Art. 43 Rn. 1 ff.; *Meier*, Zitier- und Zutrittsrecht, 1982, S. 58 ff.; *Schönfeld*, Das Zitier-, Zutritts- und Rederecht des Art. 43, S. 11 ff.
7 Vgl. dazu Entstehung ThürVerf, S. 171.
8 Vgl. dazu die eingehende Darstellung des einschlägigen Verfassungsrechts der Länder und deren teilweise voneinander abweichenden Regelungen bei *Klein*, in: Maunz/Dürig, Art. 43 Rn. 25 ff.

sen (Art. 23); Nordrhein-Westfalen (Art. 45); Rheinland-Pfalz (Art. 89); Sachsen (Art. 49).

3) Ebenso wie in Art. 66 Abs. 2 Satz 3 ist auch das Zutritts- und Rederecht in Untersuchungsausschüssen für Regierungsmitglieder in den meisten Ländern verfassungsrechtlich beschränkt oder einschränkbar: Baden-Württemberg (Art. 33); Brandenburg (Art. 66); Bremen (Art. 98); Hamburg (Art. 23); Niedersachsen (Art. 23); Nordrhein-Westfalen (Art. 45); Sachsen (Art. 49); Sachsen-Anhalt (Art. 52). Weitergehend als Art. 66 Abs. 2 sehen einige Verfassungen Zutrittsbeschränkungen auch bei anderen Ausschüssen und Wahlgremien (Art. 38 Abs. 2 HambVerf; Art. 38 Abs. 2 M-VVerf; Art. 23 Abs. 3 NV; Art. 52 Abs. 3 LVerf LSA) vor.

8 Im Vergleich zu Art. 43 GG sind noch folgende Besonderheiten in Art. 66 bemerkenswert:

- Das Zutrittsrecht steht zwar in beiden Bestimmungen nicht nur den Mitgliedern der Regierung, sondern auch ihren Beauftragten zu. Im Gegensatz zu Art. 43 Abs. 2 Satz 2 GG besitzen nach Art. 66 Abs. 2 Satz 2 jedoch nicht die Beauftragten der Regierungsmitglieder, sondern nur deren Stellvertreter, d.h. deren Staatssekretäre, ein Rederecht.
- Nach Art. 43 Abs. 2 Satz 2 GG ist den Mitgliedern der Regierung „jederzeit" das Wort zu erteilen; in Art. 66 Abs. 2 Satz 2 fehlt hingegen diese Privilegierung (Rn. 35).

9 Eine Übersicht zur Rechtslage in der EU, den Mitgliedsstaaten der EU und sonstigen ausländischen Staaten findet sich bei Klein.[9]

D. Erläuterungen

I. Zitierrecht (Art. 66 Abs. 1)

10 **1. Zweck und Bedeutung.** Ergänzend zu den obigen Ausführungen (Rn. 1) zur **Funktion des Zitierrechts** in einem parlamentarischen Regierungssystem ist darauf hinzuweisen, dass damit **die parlamentarische Verantwortlichkeit** von Mitgliedern der Landesregierung eingefordert werden soll: Sie sollen vor dem Parlament Rechenschaft über ihre Amtsführung ablegen; d.h., sie müssen ihre Politik darstellen, begründen und gegenüber eventueller Kritik rechtfertigen. Insofern ist das Zitierrecht auch ein Mittel der parlamentarischen Kontrolle (Art. 48 Rn. 58). Da sich die Vorgänge zudem in öffentlicher Sitzung vor den Augen des Volkes abspielen (Art. 60 Rn. 17 ff.) wird auch Rechenschaft vor dem Volk abgelegt. Insofern hat der über das Zitierrecht erzielbare Zwang zur öffentlichen Rechenschaftslegung auch **Bedeutung für die Funktionstüchtigkeit einer repräsentativen Demokratie** (Art. 48 Rn. 8 ff.). Obwohl von dem Zitierrecht in der parlamentarischen Praxis in Thüringen wenig Gebrauch gemacht wird,[10] sollte seine Bedeutung im Hinblick auf dessen **„fleet-in-being"-Funktion** nicht unterschätzt werden.[11] Allein dessen Existenz führt dazu, dass der für einen im Landtag zur Beratung aufgerufenen Tagesordnungspunkt zuständige Minister in aller Regel anwesend ist und dazu das Wort ergreift. Sollte er dazu erst zitiert werden müssen, löst das nämlich jedes Mal – selbst im Falle einer Ablehnung des An-

---

9 *Klein*, in: Maunz/Dürig, Art. 43 "Rechtsvergleichende Hinweise".

10 Von der 1. bis zur 4. Wahlperiode wurden insgesamt nur sieben Anträge auf Herbeirufung eines Ministers gestellt, von denen nur ein Antrag angenommen wurde.

11 In diesem Sinne auch *Klein*, in: Maunz/Dürig, Art. 43 Rn. 40.

trags – nicht nur im Landtag, sondern auch in den Medien – heftige Kritik und Häme, eventuell sogar einen politischen Imageverlust aus, den ein Minister tunlichst vermeiden möchte.

Zur relativ seltenen Anwendung des Zitierrechts trägt auch die parlamentarische Praxis bei, die Tagesordnung von Landtagssitzungen im Ältestenrat zuvor mit der Regierung in der Weise abzusprechen und entsprechend so zu terminieren, dass Minister im Hinblick auf zwingende exekutive Auswärtstermine, wie z.B. Ministerkonferenzen, sicherlich aber nicht zur Überreichung von Lottomitteln an Vereine, die Anwesenheit zu „ihren" Tagesordnungspunkten ermöglicht wird.[12] 11

Da alle Fraktionen im Ältestenrat vertreten sind und der Entwurf der Tagesordnung dort in aller Regel einvernehmlich beschlossen wird, ist die Gefahr missbräuchlicher Zitieranträge relativ gering. 12

2. Antragsrecht und Beschlussfassung. a) Antragsrecht. Art. 66 Abs. 1 enthält keine Vorgaben zur **Antragstellung** im Landtag und seinen Ausschüssen. Diese Regelungen sind aufgrund der Geschäftsordnungsautonomie des Landtags (Art. 57 Rn. 47) in dessen Geschäftsordnung getroffen worden. 13

Antragsberechtigt im Plenum sind eine Fraktion oder zehn Abgeordnete; diese Quoren sind nicht zu hoch und begegnen keinen verfassungsrechtlichen Bedenken. Im Hinblick auf den Zweck des Zitierrechts (Rn. 10) ist „über den Antrag sofort außerhalb der Tagesordnung zu entscheiden" (§ 34 Abs. 1 Satz 3 ThürGOLT). 14

Für die **Anträge in Ausschüssen** bedarf es nach § 76 Abs. 3 Satz 2 ThürGOLT keiner Unterstützung, daher ist jedes Ausschussmitglied antragsbefugt. 15

Zu den **Ausschüssen i.S. von Art. 66 Abs. 1** gehören alle vom Landtag eingesetzten **Fach- und Sonderausschüsse** (§ 70 ThürGOLT). Die Ausschüsse sind zur Herbeirufung von Regierungsmitgliedern zu allen bei ihnen auf der Tagesordnung stehenden Themen befugt, auch z. B. wenn es sich um sog. Selbstaufgriffsfälle nach § 74 Abs. 2 ThürGOLT handelt.[13] 16

Nicht erfasst werden, weil nicht vom Wortlaut und dem Zweck des Art. 66 Abs. 1 gedeckt, **Untersuchungsausschüsse,**[14] **Enquetekommissionen (siehe dazu bereits Art. 63 Rn. 15)** und der **Vorstand** und **Ältestenrat.**[15] 17

b) Beschlussfassung. Über die Herbeirufungsanträge wird **mit einfacher Mehrheit** sowohl im Plenum (Art. 61 Abs. 2 Satz 1) als auch in den Ausschüssen (§ 41 Abs. 2 Satz 1 GOLT) abgestimmt. Ob das Zitierrecht **verfassungspolitisch als Minderheitenrecht** ausgestaltet werden sollte, wie dies de lege lata in Brandenburg (Art. 66), Mecklenburg-Vorpommern (Art. 38) und Schleswig-Holstein (Art. 21) der Fall ist, ist insbesondere wegen des darin liegenden Obstruktions- 18

12 Das ist übrigens ein Grund, weshalb in Thüringen die Landesregierung, vornehmlich ein Vertreter der Staatskanzlei, im Ältestenrat Gastrecht genießt.

13 *Achterberg/Schulte*, in: von Mangoldt/Klein/Starck, Art. 43 Rn. 21;*Klein*, in: Maunz/Dürig, Art. 43 Rn. 46; *Magiera*, in: Schneider/Zeh, § 52 Rn. 7; *Morlok*, in: Dreier, Art. 43 Rn. 9.

14 *Achterberg/Schulte*, in: von Mangoldt/Klein/Starck, Art. 43 Rn. 21; *Morlok*, in: Dreier, Art. 43 Rn. 9; *Schneider*, in: AK-GG, Art. 43 Rn. 4; *aA Versteyl*, in: von Münch/Kunig, Art. 43 Rn. 7; differenzierend: *Klein*, in: Maunz/Dürig, Art. 43 Rn. 53; *Magiera*, in: Schneider/Zeh, § 52 Rn. 5.

15 *Brocker*, in: Epping/Hillgruber, Art. 43 Rn. 6; *Edinger*, in: Grimm/Caesar, Art. 89 Rn. 3; *Klein*, in: Maunz/Dürig, Art. 43 Rn. 59.

potentials umstritten.[16] Für ein Minderheitenrecht spricht dessen Kontrollfunktion – das dagegen ins Feld geführte Missbrauchspotential wird zu hoch eingeschätzt (siehe auch Rn. 6).

19 **3. Verpflichtete Adressaten des Zitierrechts.** Aufgrund entsprechender Beschlüsse des Landtags oder seiner Ausschüsse ist zur persönlichen **Anwesenheit „jedes Mitglied der Landesregierung“** verpflichtet. Staatssekretäre sind nach der Rechtslage in Thüringen keine Mitglieder der Landesregierung;[17] soweit sie ihre Minister im Falle deren Zitierung vertreten wollen, kann dies nur im Einvernehmen mit dem Plenum oder dem Ausschuss geschehen. Die Verpflichtung von Ministern, im Plenum oder in den Ausschüssen zu erscheinen, trifft nicht nur den jeweils für die gerade in der parlamentarischen Beratung befindliche Materie, sondern auch andere Minister, wenn deren Anwesenheit – sicherlich nur ausnahmsweise – vom Plenum oder einem Ausschuss verlangt wird. Dafür sprechen nicht nur der Wortlaut von Art. 66, sondern auch die ressortsübergreifende verfassungsrechtliche und politische Verantwortung von Ministern, wobei allerdings eine missbräuchliche Ausübung des Zitierrechts untersagt ist.[18]

20 Die Pflicht der Mitglieder der Landesregierung erschöpft sich jedoch nicht in ihrer bloßen Anwesenheit, vielmehr entspricht es nach der ratio von Art. 66 Abs. 1 zutreffend der ganz h.M., dass die Zitierten **„Rede und Antwort“** zu stehen und sich an den parlamentarischen Beratungen aktiv zu beteiligen haben.[19]

21 Der zitierte Minister darf sich in folgenden Fällen ausnahmsweise **weigern**, persönlich im Plenum oder in einem Ausschuss zu erscheinen:

- Wenn ihn eine Krankheit daran hindert.[20]
- Wenn das Zitierrecht missbräuchlich ausgeübt wird.[21]
- Wenn ihn vorrangige verfassungsrechtliche Pflichten am Erscheinen hindern.[22] Das kann der Fall sein, wenn z.B. in einer Bund-Länder-Konferenz, einer Sitzung des Bundesrats oder des Vermittlungsausschusses für den Freistaat wesentliche Entscheidungen auf der Tagesordnung stehen. „Welche Pflicht vorrangig ist, ist im Wege praktischer Konkordanz unter Beachtung des Prinzips der Verfassungstreue im Einzelfall zu bestimmen“.[23]

---

16 *Klein*, in: Maunz/Dürig, Art. 43 Rn. 44 f.; *Morlok*, in: Dreier, Art. 43 Rn. 13.

17 Anders die Rechtslage in Baden-Württemberg (Art. 34 Abs. 2; 45 Abs. 2 BWVerf) und Bayern (Art. 24 Abs. 1; 43 Abs. 2 BayVerf).

18 Ebenso: *Achterberg/Schulte*, in: von Mangoldt/Klein/Starck, Art. 43 Rn. 27; *Edinger*, in: Grimm/Casar, Art. 89 Rn. 6; *Klein*, in: Maunz/Dürig, Art. 43 Rn. 61; *Magiera*, in: Schneider/Zeh, § 52 Rn. 8 f.; *Morlok*, in: Dreier, Art. 43 Rn. 10; *Pieroth*, in: Jarass/Pieroth, Art. 43 Rn. 2; aA *Schneider*, in: AK-GG, Art. 43 Rn. 5; *Versteyl*, in: von Münch/Kunig, Art. 43 Rn. 23.

19 Vgl. z. B. BVerwGE 73, 9 (10); *Klein*, in: Maunz/Dürig, Art. 43 Rn. 69 ff.; *Linck*, DÖV 1983, 957 (960); *Magiera*, in: Schneider/Zeh, § 52 Rn. 12; *Morlok*, in: Dreier, Art. 43 Rn. 11; *Schneider*, in: AK-GG, Art. 43 Rn. 3; *Stern*, Bd. II, S. 52; *Versteyl*, in: von Münch/Kunig, Art. 43 Rn. 22; aA *Achterberg*, Parlamentsrecht, 1984, S. 462; *Meier*, Zitier- und Zutrittsrecht, S. 134 ff.

20 Allgemeine Meinung: *Brocker*, in: Epping/Hillgruber, Art. 43 Rn. 2; *Klein*, in: Maunz/Dürig, Art. 43 Rn. 66; *Morlok*, in: Dreier, Art. 43 Rn. 14; *Achterberg/Schulte*, in: von Mangoldt/Klein/Starck, Art. 43 Rn. 10.

21 *Klein*, in: Maunz/Dürig, Art. 43 Rn. 65; *Magiera*, in: Schneider/Zeh, § 52 Rn. 9.

22 *Brocker*, in: Epping/Hillgruber, Art. 43 Rn. 2; *Klein*, in: Maunz/Dürig, Art. 43 Rn. 67; *Magiera*, in: Schneider/Zeh, § 52 Rn. 9; Stern II, S. 54.

23 *Linck*, in: Linck/Jutzi/Hopfe, Art. 66 Rn. 5; vgl. auch *Magiera*, in: Schneider/Zeh, § 52 Rn. 9.

Die Frage einer verfassungsrechtlich zulässigen Verweigerung des Erscheinens stellt sich in der parlamentarischen Praxis jedoch kaum in dieser Schärfe, weil man das Problem in aller Regel schon im Ältestenrat entschärft hat (Rn. 11 ff.) oder die Mehrheitsfraktion ein konkretes Zitiergebot mehrheitlich ablehnt. 22

Die **Antwortpflicht** unterliegt in Art. 66 Abs. 1 den **verfassungsrechtlichen Grenzen,** wie sie allgemein für die Ausübung von parlamentarischen Kontrollrechten beschrieben worden sind (Art. 48 Rn. 70 ff.), oder wie sie sich speziell für die Beantwortung parlamentarischer Fragen ergeben.[24] 23

Weigern sich Regierungsmitglieder, entgegen eines Zitierbeschlusses vor dem Landtag oder einem seiner Ausschüsse zu erscheinen, dann stehen dem Landtag folgende **Durchsetzungsmöglichkeiten** zur Verfügung:[25] 24

- aus dem Arsenal der parlamentarischen Kontrollmittel ein Missbilligungsantrag (Art. 73 Rn. 4) oder, als schärfstes Schwert, ein Misstrauensantrag (Art. 73),
- als juristisches Mittel ein Organstreitverfahren nach Art. 80 Abs. 1 Nr. 3.

II. Zutritts- und Rederecht der Regierung (Art. 66 Abs. 2)

1. Zweck und Bedeutung. Die Funktion des Zutritts- und Rederechts der Regierung im Landtag und seinen Ausschüssen wurde bereits oben (Rn. 1) angesprochen. Diese Rechte dienen in einem parlamentarischen Regierungssystem der erforderlichen Zusammenarbeit zwischen der Regierung und dem Parlament (siehe Fn. 1); insofern wird auch von einem **„staatleitenden Dialog"** gesprochen.[26] Dieser Dialog soll die beiden auf Grund der Gewaltenteilung getrennten Staatsorgane zu einer übergreifenden, auf das gesamte Staatswohl zielenden Staatstätigkeit verpflichten. Das Rederecht der Regierung ist – auch im Interesse des Parlaments – von besonderer Bedeutung, damit sie im Parlament ihre Vorhaben, wie z.B. Regierungserklärungen oder Initiativen, für die es der Zustimmung des Parlaments bedarf, also insbesondere Gesetzesinitiativen der Regierung, begründen und um deren Zustimmung werben kann. 25

2. Zutrittsrecht (Art. 66 Abs. 2, Satz 1). Für Mitglieder der Landesregierung und ihre Beauftragten besteht das **Recht,** bei allen Sitzungen des Plenums und der Ausschüsse **anwesend zu sein.** Die Regierung hat damit die Möglichkeit, sich über das parlamentarische Geschehen zu informieren. In der **parlamentarischen Praxis** gibt es gelegentlich Kritik an einer mangelhaften Präsenz der Regierung und der darin zum Ausdruck kommenden Missachtung des Parlaments. Es gibt jedoch keine verfassungsrechtliche Präsenzpflicht der Regierung;[27] ihre Präsenz kann aber über das Zitierrecht (Art. 66 Abs. 1) erzwungen werden. 26

Seine besondere Bedeutung erhält das Zutrittsrecht der Regierung allerdings erst durch ihr **Rederecht** nach Art. 66 Abs. 2, Satz 2 (vgl. dazu Rn. 25). 27

Neben den Regierungsmitgliedern sind auch ihre **Beauftragten zutrittsberechtigt.** Wer darunter fällt, bestimmen die jeweils zuständigen Minister. Normative 28

24 *Klein*, in: Maunz/Dürig, Art. 43 Rn. 74; *Morlok*, in: Dreier, Art. 43 Rn. 15.

25 Vgl. dazu: *Achterberg/Schulte*, in: von Mangoldt/Klein/Starck, Art. 43 Rn. 31; *Klein*, in: Maunz/Dürig, Art. 43 Rn. 47 f.; *Morlok*, in: Dreier, Art. 43 Rn. 16.

26 *Klein*, in: Maunz/Dürig, Art. 43 Rn. 119; *Magiera*, in: Sachs, GG, Art. 43 Rn. 7.

27 Nach § 32 ThürGGO hat allerdings jedes Ministerium seine Präsenz zu den es berührenden Tagesordnungspunkten sicherzustellen, wobei die Vertretung grundsätzlich dem Minister oder Staatssekretär obliegt.

Voraussetzungen bestehen dafür nicht; es muss sich aber um Amtsträger aus dem Bereich der Regierung oder zumindest von Behörden handeln, über welche die Regierung die Rechts- und Fachaufsicht besitzt, um dem Sinn und Zweck des Zutrittsrechts gerecht werden zu können; weitere Qualifikationsvoraussetzungen bestehen nicht.[28]

29 Das Zutrittsrecht besteht zu allen Sitzungen von Ausschüssen, wie sie bereits oben (Rn. 26) definiert wurden; es gilt auch für vertrauliche oder geheime Sitzungen, soweit die Regierungsvertreter sicherheitsüberprüft sind (§ 115 ThürGOLT i.V.m. § 7 Geheimschutzordnung; vgl. auch BVerfGE 74, 7 (8 f). Nur für Untersuchungsausschüsse besteht eine Sonderregelung (siehe Rn. 37).

30 **3. Rederecht (Art. 66 Abs. 2, Satz 2.** Wie bereits oben (Rn. 25) hervorgehoben, liegt die besondere **Bedeutung des Rederechts** der **Regierungsvertreter darin, im Plenum und in den Ausschüssen** ihre Vorhaben, insbesondere wenn sie der Zustimmung des Landtags bedürfen, zu begründen und für deren Annahme zu werben. Darüber hinaus wird damit der Regierung die berechtigte Möglichkeit geboten, sich gegenüber parlamentarischen Attacken der Opposition zur Wehr zu setzen.

31 Rederecht besitzen – im Gegensatz zur Rechtslage im Bund und in anderen Ländern – **nur Mitglieder der Landesregierung und deren Stellvertreter**, nicht jedoch Beauftragte der Regierung (Rn. 8). Diese auf Bundesebene kritisch diskutierte Frage,[29] ist somit in Thüringen verfassungsrechtlich eindeutig entschieden, womit der parlamentarische Verfassungsgeber auch sein eigenes Selbstverständnis im Verhältnis Parlament-Regierung zum Ausdruck gebracht hat.

32 **Vom Rederecht nicht erfasst sind Anträge.**[30] Gegen ein Antragsrecht spricht nicht nur der Wortlaut von Art. 66 Abs. 2, Satz 2, sondern maßgeblich auch der Gesichtspunkt, dass die Befugnis zur Antragsstellung im Landtag in die verfassungsrechtliche Geschäftsordnungsautonomie des Parlaments fällt, die nur durch verfassungsrechtlich abgesicherte Ausnahmeregelungen, wie z.B. in Art. 57 Abs. 2 Satz 2, Art. 60 Abs. 2, Art. 74, Art. 81 Abs. 1, durchbrochen werden kann, was hier nicht geschehen ist.

33 Entgegen der h.M. gestattet das Rederecht Regierungsmitgliedern auch **Zwischenrufe von der Regierungsbank.**[31] Einerseits wird durch Zwischenrufe faktisch nicht zu Lasten des Parlaments in dessen Autonomie eingegriffen, andererseits wäre es ein die parlamentarische Debatte geradezu störender Formalismus, wenn ein Regierungsmitglied an Stelle eines kurzen Zwischenrufs unter Berufung auf sein Rederecht den Inhalt seines beabsichtigten Zwischenrufs in einem speziellen Debattenbeitrag einbringen müsste.

34 Mit dieser Kontroverse ist die Grundsatzfrage aufgeworfen, ob und ggf. das verfassungskräftige **Rederecht geschäftsordnungsrechtlichen Grenzen unterliegt**, die ja ihre verfassungsrechtliche Legitimation aus der Geschäftsordnungsautonomie des Parlaments beziehen. Da sich insoweit zwei sich widerstreitende Verfas-

28 Vgl. dazu *Klein*, in: Maunz/Dürig, Art. 43 Rn. 127; *Achterberg/Schulte*, in: von Mangoldt/Klein/Starck, Art. 43 Rn. 38.

29 Vgl. z.B. *Klein*, in: Maunz/Dürig, Art. 43 Rn. 127 f.

30 So die ganz hM, vgl. z.B. *Achterberg/Schulte*, in: von Mangoldt/Klein/Starck, Art. 43 Rn. 60; *Klein*, in: Maunz/Dürig, Art. 43 Rn. 145; *Magiera*, in: Sachs, GG, Art. 43 Rn. 12; *Morlok*, in: Dreier, Art. 43 Rn. 23; *Versteyl*, in: von Münch/Kunig, Art. 43 Rn. 36.

31 Zur hM. vgl. z.B. *Brocker*, in: Epping/Hillgruber, Art. 43 Rn. 29; *Klein*, in: Maunz/Dürig, Art. 43 Rn. 146.

sungspositionen gegenüberstehen, kann die Lösung nur darin bestehen, sie im Wege praktischer Konkordanz zum Ausgleich zu bringen.[32] Dieser Ausgleich ist in der Geschäftsordnung des Thür. Landtag in folgenden Fällen in befriedigender Weise vorgenommen:

- § 26 ThürGOLT begrenzt das Rederecht der Regierungsmitglieder insoweit, als sie Redebeiträge jeder Art beim Schriftführer anmelden müssen und dann gemäß verfassungskonformer Auslegung in die Rednerliste zwar nicht zwingend als nächster Redner, aber vorrangig aufgenommen werden.
- Auch für die von Regierungsmitgliedern beanspruchte Redezeit ist in § 29 Abs. 4 ThürGOLT nach denselben Prinzipien ein verhältnismäßiger Ausgleich gefunden worden: Sie „sollen" eine doppelte Grundredezeit (§ 29 Abs. 1, 2 ThürGOLT) nicht überschreiten, andernfalls wird die Grundredezeit der Fraktionen nach bestimmten Vorgaben verlängert.

Die in § 26 Abs. 2 ThürGOLT über Art. 66 Abs. 2 Satz 2 hinausgehende, der Regierung vom Landtag geschäftsordnungsrechtlich zugestandene Befugnis, dass Regierungsmitglieder **„jederzeit" gehört** werden müssen, darf von der Regierung hinsichtlich des Zeitpunkts und der Dauer ihrer Redebeiträge nicht unbegrenzt in Anspruch genommen werden, andernfalls wäre diese Privilegierung als ein überkommenes Relikt vorparlamentarischer Regierungssysteme[33] verfassungswidrig. 35

Wird der **Regierung das Zutritts- und Rederecht** nach Art. 66 Abs. 2 **verweigert,** kann sie sich dagegen mit einer Organklage nach Art. 80 Abs. 1 Nr. 3 zur Wehr setzen.[34] 36

4. Die Sonderregelung für das Zutritts- und Rederecht in Untersuchungsausschüssen (Art. 66 Abs. 2 Satz 3). Nach Art. 66 Abs. 2 Satz 3 kann **das Zutritts- und Rederecht** „durch Mehrheitsbeschluss für nicht öffentliche Sitzungen der **Untersuchungsausschüsse**, die nicht der Beweisaufnahme dienen, ausgeschlossen werden". Diese Einschränkungsmöglichkeit findet sich einfachgesetzlich auch in § 10 Abs. 6 Satz 2 ThürUAG wieder, ohne dass aber auch dort Kriterien genannt werden, unter denen ein Ausschluss zulässig oder sogar geboten ist. Diese Frage wird auf der Grundlage von Verfassungen, die für Untersuchungsausschüsse keine verfassungsrechtliche Ermächtigung zur Einschränkung des Zutrittsrechts für Regierungsmitglieder vorsehen, sowohl hinsichtlich des „ob" als auch des „wie" kontrovers behandelt.[35] 37

Daher ist es jedenfalls hilfreich, dass die Thür. Verfassung mit Art. 66 Abs. 2 Satz 3 eine grundsätzliche Ermächtigung für derartige Einschränkungen geschaffen hat. Das Problem ist damit allerdings noch nicht gelöst. Denn es stellt sich die weitergehende Frage, in welcher Weise Untersuchungsausschüsse ihr Ermessen verfassungskonform auszuüben haben. Viel spricht dafür, an den Ausschluss 38

---

32 Zu diesen in verfassungsrechtlichen Kollisionsfällen schon mehrfach in Bezug genommenen Verfahren vgl. Rn. 21.

33 *Lipphardt*, Die kontingentierte Debatte, 1976, S. 90 ff.; *Steiger*, Organisatorische Grundlagen des parlamentarischen Regierungssystems, 1973, S. 99 f.

34 *Achterberg/Schulte*, in: von Mangoldt/Klein/Starck, Art. 43 Rn. 74; *Klein*, in: Maunz/Dürig, Art. 43 Rn. 169.

35 *Achterberg/Schulte*, in: Mangoldt/Klein/Starck, Art. 43 Rn. 71 ff.; *Klein*, in: Maunz/Dürig, Art. 43 Rn. 138; Art. 44 Rn. 189 ff.

strenge Maßstäbe anzulegen;[36] auf dieses Problem wird näher eingegangen zu Art. 64 Rn. 32.

III. Ordnungsgewalt des Landtagspräsidenten gegenüber Mitgliedern der Landesregierung und ihren Beauftragten

39 Entgegen ausdrücklicher verfassungsrechtlicher Regelungen in einer Reihe anderer Landesverfassungen (Rn. 7) gibt die Thür. Verfassung keine eindeutige Antwort auf die Frage, ob und ggf. in welcher Art und Weise der **Landtagspräsident** gegenüber nach Art. 66 Abs. 1 Zitierten oder nach Art. 66 Abs. 2 berechtigten **Regierungsvertretern Ordnungsmaßnahmen ergreifen darf.** Hierzu wurde bereits im Rahmen der Kommentierung von Art. 57 mit dem Ergebnis Stellung genommen, dass sich die Ordnungsgewalt des Landtagspräsidenten auch auf die Mitglieder der Regierung, ihre Stellvertreter und ihre Beauftragten erstreckt.[37]

40 Bei der Frage, welche **konkreten Ordnungsmaßnahmen** der Landtagspräsident ihnen gegenüber ergreifen darf, sind allerdings deren verfassungsrechtliche Positionen nach Art. 66 Abs. 2 zu beachten. Der Landtagspräsident hat folglich zwischen der Funktionstüchtigkeit des Landtags und seinem Ansehen einerseits sowie zwischen dem Zutritts- und Rederecht andererseits im Wege praktischer Konkordanz unter Beachtung des Grundsatzes der Organtreue einen verhältnismäßigen Ausgleich beider Verfassungspositionen herbeizuführen.[38] Er kann damit gegenüber Berechtigten nach Art. 66 Abs. 2 z.B. Rügen und Missbilligungen aussprechen, allerdings kann er sie **nicht von der Sitzung ausschließen.**[39]

Artikel 67 [Anfragen; Unterrichtung]

(1) Parlamentarische Anfragen hat die Landesregierung unverzüglich zu beantworten.

(2) Jedes Mitglied eines Landtagsausschusses kann verlangen, daß die Landesregierung dem Ausschuß zum Gegenstand seiner Beratung Auskünfte erteilt.

(3) [1]Die Landesregierung kann die Beantwortung von Anfragen und die Erteilung von Auskünften ablehnen, wenn

1. dem Bekanntwerden des Inhalts gesetzliche Vorschriften, Staatsgeheimnisse oder schutzwürdige Interessen einzelner, insbesondere des Datenschutzes, entgegenstehen oder

2. die Funktionsfähigkeit und die Eigenverantwortung der Landesregierung nicht nur geringfügig beeinträchtigt werden.

[2]Die Ablehnung ist den Frage- oder Antragstellenden auf deren Verlangen zu begründen.

---

36 *Brocker*, in: Epping/Hillgruber, Art. 43 Rn. 19; *Kretschmer*, in: Schmidt-Bleibtreu/Hofmann/Hopfauf, Art. 43 Rn. 26; *Morlok*, in: Dreier, Art. 43 Rn. 20 mwN zu den verschiedenen Auffassungen; *Klein*, in: Maunz/Dürig, Art. 43 Rn. 138; Art. 44 Rn. 189 ff.

37 Art. 57 Fn. 34; ebenso: *Achterberg/Schulte*, in: von Mangoldt/Klein/Starck, Art. 43 Rn. 71; *Klein*, in: Maunz/Dürig, Art. 43 Rn. 165 f.; *Edinger*, in: Grimm/Caesar, Art. 89 Rn. 15; *Schröder*, in: Schneider/Zeh, § 53 Rn. 24.

38 *Klein*, in: Maunz/Dürig, Art. 43 Rn. 165.

39 *Achterberg/Schulte*, in: von Mangoldt/Klein/Starck, Art. 43 Rn. 72; *Schröder*, in: Schneider/Zeh, § 53 Rn. 25; *Klein* hält sogar zutreffend "in Fällen äußersten und eindeutigen Missbrauchs" einen Sitzungsausschluss für zulässig: *ders.*, in: Maunz/Dürig, Art. 43 Rn. 167.

(4) Die Landesregierung unterrichtet den Landtag rechtzeitig insbesondere über Gesetzentwürfe der Landesregierung, Angelegenheiten der Landesplanung und -entwicklung, geplante Abschlüsse von Staatsverträgen und Verwaltungsabkommen, Bundesratsangelegenheiten und Angelegenheiten der Europäischen Gemeinschaft, soweit diese für das Land von grundsätzlicher Bedeutung sind.

Vergleichbare Regelungen

Zum allgemeinen parlamentarischen Auskunfts- und Fragerecht gem. Art. 67 Abs. 1 – 3:

Art. 100 BremVerf; Art. 25 HambVerf; Art. 40 M-VVerf; Art. 24 NV; Art. 89 a Verf Rh-Pf; Art. 51 SächsVerf; Art. 53 LVerf LSA; Art. 23 SchlHVerf.

Zur Unterrichtungspflicht der Landesregierung gegenüber dem Landtag über staatsleitende Regierungsentscheidungen gem. Art. 67 Abs. 4:

Art. 23 Abs. 2 GG; Art. 34 a BWVerf; Art. 50 VvB; Art. 94 BbgVerf; Art. 79 BremVerf; Art. 31 HambVerf; Art. 39 M-VVerf; Art. 25 NV; Art. 89 b Verf Rh-Pf; Art. 76 a SaarlVerf; Art. 50 SächsVerf; Art. 62 LVerf LSA; Art. 22 SchlHVerf.

Ergänzungsnormen im sonstigen thüringischen Recht

§§ 85 – 91 ThürGOLT idF der Bek. v. 19.07.2012 (LT-Drs. 5/4750); § 21 Abs. 1 Satz 6, § 78 Abs. 3 a Nr. 3, 4, § 94, § 114 ThürGOLT; Vereinbarung über die Unterrichtung und Beteiligung des Landtags in Angelegenheiten der Europäischen Union v. 14.04.2011 (LT-Drs. 5/2587) und dazu die §§ 54 a, b ThürGOLT.

Dokumente zur Entstehungsgeschichte

Art. 52 und Art. 60 VerfE CDU; Art. 35 und Art. 64 VerfE NF/GR/DJ); Art. 53 VerfE LL/PDS;[1] Schriftwechsel zwischen dem Ministerpräsidenten und dem Landtagspräsidenten betr. Unterrichtungen (LT-Drs. 1/633; LT-Drs. 1/1467). Entstehung ThürVerf, S. 172 ff.

Literatur

Hermann Eicher, Der Machtverlust der Landesparlamente, 1988; *Paul J. Glauben/Florian Edinger*, Parlamentarisches Fragerecht in den Landesparlamenten, DÖV 1995, 941 ff.; *Sven Hölscheidt*, Frage und Antwort im Parlament, 1992; *Joachim Linck*, Zur Einflussnahme der Landesparlamente auf die Landesregierungen in Bundesratsangelegenheiten, DVBl. 1974, 861 ff.; *Siegbert Morscher*, Die parlamentarische Interpellation, 1973; *Holger Poppenhäger*, Parlamentarisches Fragerecht und Verantwortlichkeit der Landesregierung in Thüringen, ThürVBl 2000, 121 ff.; *Heinrich G. Ritzel/Joseph Bücker/Hermann J. Schreiner*, Handbuch für die Parlamentarische Praxis, mit Kommentar zur Geschäftsordnung des Deutschen Bundestages, Loseblattausgabe (St.d.B. 12.2011); *Stefan Storr*, Die Pflicht der Landesregierungen zur Unterrichtung der Landtage in parlamentarischen Regierungssystemen, ZG 2005, 45 ff.; *Gertrud Witte-Wegmann*, Recht und Kontrollfunktion der Großen, Kleinen und Mündlichen Anfragen im Deutschen Bundestag, 1972.

Leitentscheidungen des ThürVerfGH und des BVerfG

ThürVerfGH, LVerfGE 14, 437 (Parlamentarisches Fragerecht); 19, 513 (Parlamentarisches Fragerecht).

BVerfGE 13, 123 (Parlamentarisches Fragerecht); 57, 1 (Parlamentarisches Fragerecht); 67, 100 (Parlamentarische Informationsrechte, Grenzen); 70, 324 (Statusrechte Abg., Grenzen); 80, 188 (Statusrechte Abg.); 92, 130 (Statusrechte Abg.).

1 Art. 48 Fn. 1.

A. Überblick

1 In Art. 67 Abs. 1 und 2 sind **zwei Arten der parlamentarischen Kontrolle und Informationsgewinnung** geregelt.

- In Abs. 1 wird das **allgemeine parlamentarische Fragerecht** aus Art. 53 Abs. 2 konkretisiert und durch die Inpflichtnahme der Regierung in konsequenter Weise erweitert: Die Landesregierung ist verpflichtet auf – zulässige – parlamentarische Anfragen, deren unterschiedliche Arten in den §§ 85 – 91 ThürGOLT näher geregelt sind, unverzüglich zu antworten (Rn. 9 ff.).
- Nach Abs. 2 muss die Landesregierung in Ausschüssen zum Gegenstand der Beratungen auf Verlangen eines jeden Ausschussmitgliedes **Auskünfte** erteilen (Rn. 34 ff.).

2 Die **Kontrollfunktion** kann in beiden Fällen bereits in der Fragestellung selbst zum Ausdruck kommen, oder die erbetene Information kann Grundlage für weitere parlamentarische Initiativen sein. Die Informationspflicht der Landesregierung nach den Absätzen 1 und 2 wird jedoch durch die in Absatz 3 aufgeführten Gründe begrenzt.

3 In Absatz 4 ist auch eine Kontrollbefugnis des Landtags – wenn auch nur indirekt – geregelt: Die Landesregierung hat den Landtag „rechtzeitig" über in ihrer Kompetenz liegende beispielhaft aufgeführte **staatsleitende Vorhaben zu unter-**

richten, damit der Landtag auf die Willensbildung der Regierung noch vor deren konstitutiver Beschlussfassung politischen Einfluss nehmen kann.

B. Herkunft, Entstehung und Entwicklung

I. Zum allgemeinen parlamentarischen Auskunfts- und Fragerecht

Das allgemeine parlamentarische Auskunfts- und Fragerecht, das früher als „**Interpellationsrecht**" bezeichnet wurde, hat sich historisch aus dem Zitierrecht entwickelt.[2] Es konnte überhaupt erst Bedeutung erlangen, nachdem sich eine Verantwortlichkeit von Regierungen gegenüber Parlamenten herausbilden konnte.[3] 4

Das Interpellationsrecht erhielt jedoch keine spezielle verfassungs-, sondern – beginnend in der Geschäftsordnung des Reichstags von 1876 - nur jeweils eine geschäftsordnungsrechtliche Grundlage, wobei die Antwortpflicht der Regierung bis in die Weimarer Zeit umstritten blieb.[4] Auf Bundesebene ist das parlamentarische Auskunfts- und Fragerecht bis heute nicht ausdrücklich verfassungsrechtlich verankert; eine entsprechende Initiative scheiterte in der Gemeinsamen Verfassungskommission.[5] Es ist allerdings inzwischen in acht Landesverfassungen ausdrücklich aufgenommen worden (Rn. 9 ff.); Vorreiter war Hamburg.[6] 5

In den **Verfassungsberatungen des Thür. Landtags** war man sich von Beginn an über die Aufnahme eines Auskunfts- und Fragerechts des Landtags gegenüber der Regierung einig; umstritten war im Wesentlichen nur ein Recht auf **Akteneinsicht**, das schließlich abgelehnt wurde.[7] 6

II. Zur Unterrichtungspflicht der Landesregierung gegenüber dem Landtag über staatsleitende Entscheidungen

Die Landtage fühlten sich im Hinblick auf die zunehmende Verlagerung von Landeskompetenzen auf den Bund und den Trend zum Exekutivföderalismus **durch Entscheidungen der Exekutive** in vielfacher Hinsicht **präjudiziert**. Dieser Situation wollte man dadurch entgegenwirken, dass man rechtzeitig vor den abschließenden exekutiven Entscheidungen über die Vorhaben unterrichtet werden wollte, um sich darauf fußend mit geeigneten parlamentarischen Mitteln, insbesondere durch schlichte Parlamentsbeschlüsse (Art. 48 Rn. 23), politische Einwirkungsmöglichkeiten auf die Regierung zu eröffnen.[8] **Derartige Unterrichtungen** wurden, beginnend in den 70er Jahren, zwischen den Parlamenten und Regierungen in Schriftwechseln aufgrund entsprechender Empfehlungen der „Konferenz der deutschen Länderparlamente" vom 6./7. Mai 1976 vereinbart.[9] In Thüringen wurden derartige Vereinbarungen zu einer Information über Staats- 7

2 Zur historischen Entwicklung vgl. *Morscher*, Die parlamentarische Interpellation, S. 23 ff.; *Witte-Wegmann*, Recht und Kontrollfunktion der Großen, Kleinen und Mündlichen Anfragen im Deutschen Bundestag, S. 14 ff.
3 *Klein*, in: Maunz/Dürig, Art. 43 Rn. 2.
4 *Klein*, in: Maunz/Dürig, Art. 43 Rn. 15 ff.
5 Bericht, in: BT-Drs. 12/6000, 91 f.
6 *David*, Art. 25 Rn. 1.
7 Entstehung ThürVerf, S. 176 f.
8 Zu diesem Hintergrund: *Storr*, ZG 2005, 45 (48 f.).
9 *Eicher*, Der Machtverlust der Landesparlamente, 1988, S. 113 ff.; *Storr*, ZG 2005, 45 (48 f.).

verträge und Verwaltungsabkommen im Juli/August 1991 (siehe LT-Drs.1/633) und über Bundesratssachen sowie Beschlüsse von Fachministerkonferenzen im Juni/Juli 1992 (siehe LT-Drs. 1/1467) getroffen. Damit erhielt der damalige bereits zuvor in die erste „Vorläufige Geschäftsordnung" vom 25.10.1990 (LT-Drs. 1/20) aufgenommene § 52 wegen Fehlens einer verfassungsrechtlichen Grundlage eine halbwegs legitimierende, denn die Rechte und Pflichten zwischen Regierung und Parlament sind verfassungs- und nicht geschäftsordnungsrechtlich zu regeln.[10]

8 Wegweisend für eine verfassungskräftige Unterrichtungspflicht war im Jahr 1990[11] Schleswig-Holstein mit Art. 22 Abs. 1 SchlHVerf. Daran anknüpfend war man sich auch in den thüringischen Verfassungsberatungen einig, dass man das Anliegen der vorgenannten Briefwechsel, ergänzt durch **Informationen zur „Europäischen Gemeinschaft"** (so die damalige Bezeichnung), auf eine tragfähige verfassungsrechtliche Grundlage stellen sollte, was auch einvernehmlich geschah.[12]

Art. 67 wurde bisher nicht geändert; es gab auch keine dahingehenden Initiativen.

C. Verfassungsvergleichende Information

I. Zum allgemeinen parlamentarischen Auskunfts- und Fragerecht (Art. 67 Abs. 1 – 3)

9 Ein wesentlicher Unterschied zur Verfassungslage in Thüringen findet sich insofern in vier Landesverfassungen, als in ihnen neben den Informationspflichten ausdrücklich auch – ggf. mit Quoren – eine **Aktenvorlagepflicht** der Landesregierung vorgeschrieben ist (Art. 40 Abs. 2 M-VVerf; Art. 24 Abs. 2 NV; Art. 53 Abs. 3 LVerf LSA; Art. 23 Abs. 2 SchlHVerf).

10 Die Gründe für eine **Informationsverweigerung** sind in knapp der Hälfte der Landesverfassungen ausdrücklich aufgeführt.

11 Zu Art. 67 Abs. 3 ist umstritten, ob die Berufung auf Geheimschutzgründe entfällt, sofern ausreichende Vorkehrungen zu deren Schutz getroffen wurden (Rn. 46). Diese Frage wird in Art. 89 a Abs. 3 Satz 2 Verf Rh-Pf bejaht.

12 Eine **Aussprache** im Anschluss an die Beantwortung Mündlicher Anfragen ist in Art. 100 Abs. 2 BremVerf vorgesehen.

13 Die inzwischen verfassungsgerichtlich vorgeschriebene Pflicht, **Auskünfte unverzüglich und vollständig** zu geben (Rn. 35), wird in fünf Landesverfassungen ausdrücklich hervorgehoben (Art. 40 Abs. 1, Satz 1 M-VVerf; Art. 24 Abs. 1 NV; Art. 51 SächsVerf; Art. 53 Abs. 2 LVerf LSA; Art. 23 Abs. 1 SchlHVerf).

II. Unterrichtungspflicht der Landesregierung gegenüber dem Landtag über staatsleitende Regierungsentscheidungen (Art. 67 Abs. 4)

14 Eine Unterrichtungspflicht der Regierung gegenüber dem Landtag über staatsleitende Regierungsentscheidungen ist außer der punktuellen Regelung in Art. 23

10 Zur verfassungsrechtlichen Problematik derartiger Vereinbarungen: *Klaus-Eckart Gebauer*, Verfassungsergänzende Vereinbarungen zwischen Parlament und Regierung, in: FS Klaus König (2004), S. 341 ff.; *Storr*, ZG 2005, 45 (50).

11 *Storr*, ZG 2005, 45 (53).

12 Entstehung ThürVerf, S. 177.

Abs. 2 GG und in Art. 67 Abs. 4 in zwölf weiteren Landesverfassungen enthalten.

Die größten Unterschiede zwischen diesen Vorschriften und der thüringischen Regelung bestehen in der Umschreibung des Gegenstandes der Unterrichtung. In Art. 67 Abs. 4 werden die Gegenstände nur beispielhaft („insbesondere") aufgezählt; ähnlich ist die Rechtslage in Berlin (Art. 50 Abs. 1 Satz 1 VvB) und Sachsen-Anhalt (Art. 62 Abs. 1 Satz 2 LVerf LSA). Üblich ist hingegen eine enumerative Aufzählung, allerdings z.T. mit sehr allgemeinen, offenen Formulierungen.[13] Art. 34 a BWVerf und Art. 76 a SaarlVerf beschränken die Unterrichtungspflicht der Regierung hingegen klar, aber äußerst restriktiv, auf „Vorhaben im Rahmen der Europäischen Union". 15

Welche konkreten parlamentarischen Möglichkeiten den Parlamenten aufgrund der verschiedenen Informationen durch die Landesregierung konkret erwachsen, wird in keiner Verfassung geregelt; insofern greifen grundsätzlich alle parlamentarischen Mittel, allerdings unter Beachtung ihrer verfassungsrechtlichen Grenzen (Art. 48 Rn. 70 ff.). 16

D. Erläuterungen

I. Parlamentarische Anfragen und die Antwortpflicht der Regierung (Art. 67 Abs. 1)

1. Parlamentarische Anfragen. a) **Begriff.** In Art. 67 Abs. 1 wird der **Begriff der parlamentarischen Anfragen** nicht definiert, sondern vorausgesetzt. Art. 67 Abs. 2 deutet daraufhin, dass darunter nicht alle (z. B. auch informellen) Fragen von Abgeordneten im Verlauf parlamentarischer Beratungen an die Regierung zu verstehen sind, sondern die in der parlamentarischen Praxis üblichen förmlichen, in der Geschäftsordnung des Landtags geregelten Fragearten. Es handelt sich dabei um drei Arten: 17

Mündliche Anfragen (§ 91 ThürGOLT) können von jedem einzelnen Abgeordneten schriftlich über den Landtagspräsidenten vor jeder Landtagssitzung an die Landesregierung gestellt werden, jedoch nur eine Anfrage pro Sitzungswoche mit maximal vier Fragen. Sie werden von der Landesregierung im Plenum mündlich beantwortet. Im begrenzten Umfang sind Zusatzfragen zulässig. Bis zur Aufhebung von § 92 ThürGOLT (aF) am 17.05.2001 (LT-Drs. 3/1584) bestand die geschäftsordnungsrechtliche Möglichkeit (Rn. 7), zu der Antwort der Landesregierung eine Aussprache zu beantragen. 18

Die Fragen müssen kurz und auch kurz beantwortbar sein (§ 91 Abs. 1 ThürGOLT). Die Regierung ist jedoch im Hinblick auf ihr verfassungsrechtliches Rederecht (Art. 66 Abs. 2 Satz 2) grundsätzlich nicht zu einer kurzen Beantwortung verpflichtet; über die Geschäftsordnung des Landtags ist das Rederecht der Landesregierung nur im Wege praktischer Konkordanz in gewissem Umfang einschränkbar (siehe Art. 57 Rn. 46 und Art. 66 Rn. 34). Diesen Geboten hat die Landesregierung insoweit entsprochen, als sie sich in einem Schreiben an den Landtagspräsidenten vom 08.04.1993 eine politische Selbstverpflichtung zu kurzen Antworten auferlegt hat.

---

13 Vgl. z.B.: Die Informationspflicht der Landesregierung "über ihre Tätigkeit", soweit die Information zur parlamentarischen Aufgabenerfüllung erforderlich ist (Art. 50 SächsVerf).

19 **Kleine Anfragen** (§ 90 ThürGOLT) können schriftlich von jedem Abgeordneten über den Landtagspräsidenten an die Landesregierung gerichtet werden. Sie werden jedoch im Gegensatz zu den Mündlichen Anfragen von der Landesregierung nicht mündlich im Plenum, sondern schriftlich beantwortet. Die Frist zur Beantwortung beläuft sich auf sechs Wochen. Die Antwort der Landesregierung wird in einer Drucksache veröffentlicht.

20 **Große Anfragen** (§ 85 ff. ThürGOLT) unterscheiden sich von Kleinen Anfragen in erster Linie durch ihren Gegenstand. Sie behandeln im Gegensatz zu den Kleinen Anfragen nicht nur kurz beantwortbare Einzelfragen, sondern bedeutsame politische Problemkomplexe. Sie dienen somit der politischen Richtungskontrolle. Die Fragen und die Antworten sind daher z.T. recht umfangreich. Folglich ist ihre Einbringung – in zulässiger Weise – an ein Quorum von einer Fraktion oder mindestens zehn Abgeordneten gebunden; außerdem hat die Landesregierung auch eine längere Frist zur Beantwortung (drei Monaten), die schriftlich erfolgt und als Drucksache erscheint.

21 Über die Antwort der Landesregierung findet auf Antrag eine Beratung im Plenum oder in einem Ausschuss statt.

22 **b) Zulässigkeit parlamentarischer Anfragen.** Den Art. 53 Abs. 2 und Art. 67 können unmittelbar keine Voraussetzungen zur **Zulässigkeit parlamentarischer Anfragen** entnommen werden.[14] Der ThürVerfGH hat dennoch „aus allgemeinen Erwägungen betreffend den Zusammenhang von Frage und Antwort sowie aus der Verfassungsfunktion des parlamentarischen Fragerechts, Mittel zur Behebung von Informationsdefiziten auf Seiten des bzw. der Abgeordneten zu sein", folgende verfassungsrechtliche Zulässigkeitsvoraussetzungen herausgearbeitet: die Frage müsse „inhaltlich bestimmbar", sein, es müsse gewährleistet sein, „dass es zu diesem Inhalt eine Antwort gibt und die Frage müsse auf ein Themenfeld zielen, zu dem der Befragte, etwas zu sagen hat".[15]

23 Dem ThürVerfGH ist zuzustimmen, dass **Anfragen bestimmt oder zumindest „inhaltlich bestimmbar"** sein müssen. Es ist auch zutreffend, dass die Frage auf ein Themenfeld zielen muss, zu dem die Landesregierung „etwas zu sagen hat". Dieses sehr unscharf formulierte Erfordernis hat der ThürVerfGH in einer späteren Entscheidung dahingehend präzisiert, dass sich die Frage auf einen Gegenstand beziehen muss, der „in die **Verfassungskompetenz des Freistaats Thüringen** sowie in die **Organkompetenz der Landesregierung** als oberstes Organ der vollziehenden Gewalt (Art. 80 Abs. 1 ThürVerf)" fällt.[16] Daher sind auch **sog. Dreiecksfragen** unzulässig, in denen die Regierung - isoliert zu ihrem Kompetenzbereich – z.B. um eine Stellungnahme zu der Verlautbarung eines Abgeordneten, einer Partei oder einer Privatperson befragt wird.[17]

24 Die Zulässigkeit einer parlamentarischen Frage darf jedoch entgegen der Rechtsprechung des ThürVerfGH nicht davon abhängig gemacht werden, „dass es zu

14 Zur Rechtsfrage im Bund: *Ritzel/Bücker/Schreiner*, Vorbem. zu §§ 100 – 106 GOBT Anm. III.

15 ThürVerfGH, LVerfGE 14, 437, (446); 19, 513 (534).

16 ThürVerfGH, LVerfGE 19, 513 (535); vgl. dazu die grundsätzlichen Ausführungen zu den Grenzen der parlamentarischen Kontrolle unter Art. 48 Rn. 70 ff. und *Poppenhäger*, ThürVBl 2000, 121 ff.

17 *Edinger*, in: Grimm/Caesar, Art. 89 a Rn. 5; *Hölscheidt*, Frage und Antwort, S. 34 f.; *Ritzel/Bücker/Schreiner*, Vorbem. zu §§ 100 – 106 GOBT, Anm. III 3 d; *Glauben/Edinger*, DÖV 1995, 941 (943 f.); differenzierend *Klein*, in: Maunz/Dürig, Art. 43 Rn. 102.

diesem Inhalt eine Antwort gibt",[18] denn der Fragesteller kann das überhaupt nicht wissen, so z.B., ob der Landesregierung zu einem den Fragesteller interessierenden Thema Fakten oder Zahlen vorliegen; zumal die Landesregierung verpflichtet sein könnte, sie zu beschaffen (Rn. 36).

Das **Fragerecht bleibt** auch **zu Gegenständen zulässig,** die durch besondere Kontrollgremien, wie **Untersuchungsausschüsse oder die Parlamentarische Kontrollkommission, parallel behandelt werden.**[19] 25

Das Fragerecht kann auf Grund der Geschäftsautonomie des Landtags eingeschränkt und modifiziert werden,[20] wie dies in den §§ 85 ff. ThürGOLT geschehen ist. Problematisch ist allerdings die pauschale Feststellung des ThürVerfGH, dass parlamentarische Anfragen aller Art, also über § 91 Abs. 1 Satz 3 hinaus, **„keine unsachlichen Wertungen"** enthalten dürfen.[21] Da parlamentarische Anfragen auch ein Mittel der parlamentarischen Kontrolle sind (siehe Art. 48 Rn. 54 ff.), muss diese Zulässigkeitsvoraussetzung verfassungsrechtlich sehr eng und auf Missbrauchsfälle begrenzt werden. Im parlamentarischen Schlagabtausch wird mitunter mit harten Bandagen gekämpft, so dass es bei investigativen Fragen zwischen der Opposition und der Regierung regelmäßig streitig sein dürfte, was unter „Sachlichkeit" zu verstehen ist.[22] 26

c) **Gegenstand von parlamentarischen Anfragen.** Gegenstand von parlamentarischen Anfragen können sein:[23] 27

- Der **gesamte Regierungs- und sonstige Exekutivbereich,** die juristischen Personen des öffentlichen Rechts, sowie des privaten Rechts, soweit sie öffentliche Aufgaben wahrnehmen.
- Der **private Bereich,**[24] soweit Private z.B. öffentliche Subventionen erhalten, hinsichtlich deren zweckentsprechender Verwendung. Es dürfen auch private Daten erfragt werden, wenn sie z.B. zur Vorbereitung von Gesetzesinitiativen erforderlich sind – so z. B. über den Umfang von umweltgefährdenden Einleitungen von Industriebetrieben in öffentliche Gewässer. Tabu ist aus Grundrechtsgesichtspunkten der **unantastbare Bereich privater Lebensgestaltung.**[25]

Ob und in wieweit eine öffentliche Beantwortung der Fragen verlangt werden kann, ist eine andere, später zu erörternde Frage (Rn. 45). 28

Begleitend zu parlamentarischen Anfragen kann nach der thüringischen Rechtslage[26] keine **Vorlage von Akten** oder **Einblick** in Akten verlangt werden. Dafür gibt der Wortlaut von Art. 67 nichts her; im Übrigen ist die Problematik eines Akteneinsichtsrechts oder einer Aktenvorlagepflicht in den Verfassungsberatungen ausführlich kontrovers diskutiert, jedoch schließlich eindeutig abgelehnt worden.[27] Dagegen spricht schließlich, dass derartige Rechte – eben anders als 29

18 ThürVerfGH, LVerfGE 14, 437 (436).
19 BVerfGE 124, 161 (190, 192).
20 ThürVerfGH, LVerfGE 19, 513 (533); vgl. dazu grundsätzlich Art. 48 Rn. 58.
21 So aber auch die Rechtslage für den Bundestag, vgl. dazu *Ritzel/Bücker/Schreiner*, Vorbem. zu §§ 100 – 106 GOBT, Anm. III, 2 c.
22 Zurückhaltender gegenüber einem derartigen Zulassungskriterium auch *Tebben/Zapfe*, in: Litten/Wallerath, Art. 40 Rn. 11.
23 Vgl. bereits zum Gegenstand parlamentarischer Kontrolle Art. 48 Rn. 66 f.
24 Zu juristischen Personen des Privatrechts: *Poppenhäger*, ThürVBl 2000, 152 ff.
25 BVerfGE 67, 100 (144).
26 Zur Rechtslage in anderen Ländern vgl. Rn. 9 ff.
27 Entstehung ThürVerf, S. 176 f.; vgl. auch Rn. 6.

in Art. 67 – im Untersuchungs- und Petitionsrecht ausdrücklich aufgenommen worden sind (Art. 64 Abs. 4 Satz 2; Art. 65 Abs. 2).[28] Diese Rechtslage wird auch von H.H. Klein zum Grundgesetz vertreten.[29]

30 Die angesprochene Problematik erhält allerdings durch die neuen Informationsfreiheitsgesetze[30] eine neue Dimension.[31] Es wäre ein unerträglicher Wertungswiderspruch, wenn Bürger unter bestimmten Voraussetzungen einen Akteneinsichtsanspruch haben, Abgeordnete aufgrund ihrer Organstellung hingegen grundsätzlich nicht.

31 Die Anfrage muss nicht reale, sie kann auch **abstrakte und hypothetische Fragen** beinhalten,[32] z.B. zu einem voraussichtlichen Investitionsbedarf. Weiterhin darf auch die **Meinung** der Regierung zu einem bestimmten Thema erfragt werden.[33] Die Regierung kann aber, sofern sie sich noch keine Meinung gebildet hat, grundsätzlich nicht zur Bildung einer Meinung gezwungen werden, es sei denn, dass sie dazu ausnahmsweise aus anderen Gründen verpflichtet ist.[34]

32 **d) Funktion parlamentarischer Anfragen.** Die **Funktion parlamentarischer Anfragen** kann sehr unterschiedlich sein, wobei auch eine wesentliche Rolle spielt, ob sie von Abgeordneten der Opposition oder der Regierungsfraktion/en gestellt werden. Die Funktion deckt sich mit jener der allgemeinen parlamentarischen Kontrolle, wie sie bereits oben dargestellt worden ist (Art. 48 Rn. 54 ff.).

33 **e) Bedeutung der parlamentarischen Anfragen.** Von dem Recht, parlamentarische Anfragen an die Regierung zu richten, wird in der **parlamentarischen Praxis** häufig Gebrauch gemacht. So wurden in der 4. Wahlperiode (2004 – 2009) insgesamt[35] 936 Mündliche Anfragen, 2945 Kleine Anfragen und 22 Große Anfragen gestellt. Da Kleine und Mündliche Anfragen von jedem einzelnen Abgeordneten eingebracht werden können und keines Quorums bedürfen, sind sie ein bevorzugtes Mittel von Abgeordneten, um regionale Probleme ihres Wahlkreises zur Sprache zu bringen oder um vor Ort einen eigenen Aktivitätsnachweis zu erbringen.

34 **2. Auskunftspflicht der Regierung. a) Rechtsgrundlage. Eine verfassungsrechtliche Pflicht der Regierung zur Beantwortung parlamentarischer Anfragen** – auch ohne eine dahingehende ausdrückliche verfassungsrechtliche Regelung – wurde vom BVerfG bereits frühzeitig anerkannt, ohne dabei allerdings eine konkrete verfassungsrechtliche Grundlage zu nennen;[36] erst in seinem Urteil vom

---

28 Ebenso im Ergebnis: *Fibich*, S. 178 ff., allerdings mit kritischen recht politischen Anmerkungen.

29 *Klein*, in: Maunz/Dürig, Art. 43 Rn. 117 f.; Kretschmer stützt seine gegenteilige Auffassung fälschlicherweise auf das Bundesverfassungsgericht in BVerfGE 67, 100 (129); *Kretschmer*, in: Schmidt-Bleibtreu/Hofmann/Hopfauf, Art. 43 Rn. 24, dass sich gerade nicht auf das allgemeine parlamentarische Fragerecht, sondern auf das Untersuchungsrecht bezieht.

30 Vgl. für Thüringen: Thüringer Informationsfreiheitsgesetz (ThürIFG) v. 14.12.2012 (ThürGVBl. S. 464).

31 Worauf *Kretschmer*, in: Schmidt-Bleibtreu/Hofmann/Hopfauf, Art. 43 Rn. 24, zu Recht verweist.

32 ThürVerfGH, LVerfGE 19, 513 (534).

33 ThürVerfGH, LVerfGE 14, 437 (447).

34 ThürVerfGH, LVerfGE 14, 437 (451, 452).

35 Zur Aufteilung auf die Fraktionen vgl. *Linck*, in: Karl Schmitt (Hrsg.), Thüringen, 2. Aufl. 2011, S. 150.

36 BVerfGE 13, 123 (125).

14.01.1986 berief es sich dabei auf Art. 38 Abs. 1 GG.[37] Diese lange währende Streitfrage[38] ist für die thüringische Rechtslage ohne Bedeutung, da Art. 67 Abs. 1 die Antwortpflicht der Regierung ausdrücklich vorschreibt.

b) **Einzelheiten zur Antwortpflicht.** Die Landesregierung hat parlamentarische Anfragen nicht nur, wie in Art. 67 Abs. 1 vorgeschrieben, **„unverzüglich"** zu beantworten, also ohne schuldhaftes Zögern (§ 121 BGB), sondern auch **„substantiell, wahrheitsgemäß und vollständig"**.[39] Hinsichtlich des politischen Inhalts der Antwort im Übrigen besitzt die Landesregierung hingegen einen weiten Ermessensspielraum.[40] 35

c) **Informationsbeschaffungspflicht der Regierung.** Die Frage, ob die Regierung im Rahmen ihrer Antwortpflicht nur die ihr vorliegenden Informationen und Daten zu übermitteln hat – was unstreitig ist – oder darüber hinaus erfragte, aber ihr nicht vorliegende **Daten zu beschaffen** hat, wird verfassungsrechtlich nicht eindeutig beantwortet.[41] Einen Ansatzpunkt kann die allgemein angenommene Verpflichtung zu einer „vollständigen" Antwort (Rn. 35) bieten.[42] Eine **grundsätzliche**[43] **Informationsbeschaffungspflicht der Regierung** ist aus folgenden Gründen zu bejahen: 36

Die **Regierung** ist die **„informierte Gewalt"**,[44] welche – im Gegensatz zum Landtag – die Ressourcen besitzt, erforderliche Informationen in aller Regel verlässlich und zeitnah einzuholen. Soweit das Parlament oder Abgeordnete bei der Erfüllung ihrer Aufgaben auf Informationen der Regierung angewiesen sind,[45] hat die Regierung zur Erfüllung ihrer Antwortpflicht im Hinblick auf die ihr obliegende Organtreue auch eine Informationsbeschaffungspflicht.[46] 37

II. Auskunftsverlangen gegenüber der Regierung in Ausschüssen (Art. 67 Abs. 2)

In Art. 67 Abs. 2 ist ein weiteres Informationsrecht für Abgeordnete geregelt: Jeder Abgeordnete hat einen Anspruch darauf, dass er **in den Ausschussberatungen** von der Landesregierung zu den einzelnen Tagesordnungspunkten **Auskünfte** erhält. Dieses Auskunftsrecht unterscheidet sich von dem Zitierrecht nach Art. 66 Abs. 1 dadurch, dass der Auskunftsanspruch dem einzelnen Abgeordneten zusteht und es insofern keines Mehrheitsbeschlusses des Ausschusses bedarf. 38

37 BVerfGE 70, 324 (355).

38 *Klein*, in: Maunz/Dürig, Art. 43 Rn. 79 ff. mwN.

39 ThürVerfGH, LVerfGE 14, 437 (449); 19, 513 (535); vgl. auch BVerfGE 67, 100 (129); 70, 324 (355); 105, 252 (270); 105, 279 (306); 124, 161 (188); ebenso die ganz h.M. in der Literatur, vgl. z.B. *Klein*, in: Maunz/Dürig, Art. 43 Rn. 96; *Kretschmer*, in: Schmidt-Bleibtreu/Hofmann/Hopfauf, Art. 43 Rn. 20; *Schneider*, in: AK-GG, Art. 43 Rn. 3.

40 *Edinger*, in: Grimm/Caesar, Art. 89 a Rn. 7.

41 Zu verfassungspolitischen Diskussionen in Rheinland-Pfalz, diese Frage eindeutig zu klären, vgl. *Edinger*, in: Grimm/Caesar, Art. 89 a Rn. 7.

42 So BbgVerfG, LVerfGE 11, 166 (168).

43 Ausgenommen sind Fälle, in denen der Aufwand für die Informationsbeschaffung unverhältnismäßig wäre (SächsVerfGH, LKV 1998, 315) oder die Funktionstüchtigkeit der Regierung beeinträchtigt würde, so auch *Edinger*, in: Grimm/Caesar, Art. 89 a Rn. 7 und *Kretschmer*, in: Schmidt-Bleibtreu/Hofmann/Hopfauf, Art. 43 Rn. 21 a.

44 *Linck*, DÖV 1983, 957 (959); *Edinger*, in: Grimm/Caesar, Art. 89 a Rn. 7.

45 Vgl. dazu BVerfGE 13, 123 (125); 67, 100 (129); 70, 324 (355).

46 SächsVerfGH, LKV 1998, 315; BbgVerfG, LVerfGE 11, 166 (168); ebenso im Ergebnis: *David*, Art. 25 Rn. 38; *Edinger*, in: Grimm/Caesar, Art. 89 a Rn. 7; *Magiera*, in: Schneider/Zeh, § 52 Rn. 65.

In Art. 66 Abs. 1 trifft die Informationspflicht ein Mitglied der Landesregierung, in Art. 67 Abs. 2 nur die „Landesregierung", welche diese Verpflichtung auch durch einen Beauftragten, somit also auch einen Regierungsbeamten erfüllen kann.

39 Da sich der Auskunftsanspruch nur bei **Anwesenheit von Regierungsvertretern** realisieren lässt, impliziert Art. 67 Abs. 2 die Pflicht der Regierung, in den Ausschüssen zu den einzelnen Tagesordnungspunkten mit auskunftsfähigen Vertretern präsent zu sein.

40 Die Auskunftspflicht ist auf schriftliche oder mündliche Informationen begrenzt; sie erstreckt sich nicht auf die Vorlage von Akten oder einzelnen Unterlagen (Rn. 29).

41 Da die Pflicht besteht, dem Ausschuss zum Gegenstand seiner Beratung Auskünfte zu erteilen, besteht ein Anspruch darauf, die Auskünfte zeitlich unmittelbar zu der Beratung zu erhalten. Ist dies der Landesregierung nicht möglich, weil sie die gewünschten Informationen nicht besitzt oder nicht präsent hat, besteht eine entsprechende Informationsbeschaffungspflicht, damit der Anspruch unverzüglich erfüllt werden kann (Rn. 36).

III. Recht der Landesregierung zur Antwort- und Auskunftsverweigerung (Art. 67 Abs. 3)

42 **1. Weitere Verweigerungsgründe neben Art. 67 Abs. 3.** In Art. 67 Abs. 3 werden enumerativ die Fälle aufgelistet, in denen die Landesregierung berechtigt, („kann"), teilweise aber sogar verpflichtet ist (Rn. 34 ff.), auf parlamentarische Anfragen (Abs. 1) oder Auskunftsverlangen von Abgeordneten in Ausschüssen (Abs. 2) Auskünfte zu verweigern. Diese **Aufzählung der Verweigerungsfälle kann jedoch nicht abschließend** sein. Eine Antwortpflicht wird nur durch verfassungsrechtlich zulässige Fragen ausgelöst;[47] sind parlamentarische Anfragen nur geschäftsordnungswidrig, müssen sie von der Regierung wegen der Rechtsnatur der Geschäftsordnung als parlamentarischem Innenrecht (Art. 57 Rn. 44) dennoch beantwortet werden. Die Regierung ist nicht nur befugt, sondern sogar verpflichtet, Anfragen nicht zu beantworten, wenn sie kompetenzrechtlich unzulässig sind, weil damit z. B. in die **Kompetenzen des Bundes oder von Gerichten** eingegriffen würde.[48]

43 **2. Verweigerungsgründe nach Art. 67 Abs. 3 Nr. 1.** Zu der Informationsverweigerung nach Art. 67 Abs. 3 Nr. 1 zum **Schutz von Staatsgeheimnissen** und **grundrechtlichen Positionen Privater** ist bereits oben bei der Erläuterung der Grenzen der parlamentarischen Kontrolle das meiste gesagt worden (siehe Art. 48 Rn. 54 ff.). Im vorliegenden Zusammenhang taucht nur ein schwerwiegendes, auch in der parlamentarischen Praxis immer wieder relevantes Problem auf: Darf die Regierung, ggf. unter welchen Voraussetzungen, auch dann eine Antwort in öffentlichen oder privaten Angelegenheiten verweigern, wenn der Landtag ausreichende **Vorkehrungen zum Geheimschutz getroffen hat?**

44 Die verfassungsgerichtliche Rechtsprechung und die ganz h.M. in der Literatur versagen Regierungen in diesen Fällen das Recht, eine Antwort verweigern zu

47 ThürVerfGH, LVerfGE 19, 513 (535).
48 Poppenhäger, ThürVBl 2000,121 ff.; siehe bereits Art. 48 Rn. 74 ff..

dürfen.[49] Dieser allgemeinen Auffassung steht für die thüringische Verfassungslage entgegen, dass in Art. 67 Abs. 3 Nr. 1 eine entsprechende Ausnahmeregelung fehlt, wie sie in Art. 64 Abs. 4 Satz 3 und Art. 65 Abs. 2 ausdrücklich getroffen worden ist. Dabei handelt es sich nicht etwa um ein Redaktionsversehen. In den Beratungen des Verfassungsausschusses war eine derartige Ausnahmeregelung durchaus Gegenstand der Beratungen.[50] Sie ist dann jedoch bewusst nicht in die vom Landtag angenommene, und damit Gesetz gewordene Beschlussempfehlung des Verfassungs- und Geschäftsordnungsausschusses (LT-Drs. 1/2660) aufgenommen worden. Folglich wurde auch § 92 a[51] der Vorläufigen Geschäftsordnung des Thür. Landtags vom 25.10.1990 (LT-Drs.1/20) in der endgültigen Geschäftsordnung vom 07.07.1994 (LT-Drs.1/3550) im Hinblick auf Art. 67 Abs. 3 gestrichen.[52] Die Position des Landtags war also – entgegen gegenläufiger Interpretationsbemühungen von **Fibich**[53] – eindeutig: Die Landesregierung sollte sich uneingeschränkt auf eine Auskunftsverweigerung aus Geheimhaltungsgründen nach Art. 67 Abs. 3 Nr. 1 berufen dürfen.

Diese Rechtslage ist nur für die Beantwortung parlamentarischer Anfragen verständlich und verfassungskonform, da sie nach den einschlägigen geschäftsordnungsrechtlichen Regelungen öffentlich erfolgt. In diesen Fällen ist die Landesregierung nicht nur befugt („kann“), Informationen in öffentlicher Sitzung zu verweigern, sie ist dazu sogar verpflichtet; andernfalls würde sie verfassungswidrig handeln, wenn sie Staatsgeheimnisse verraten oder in unzulässiger Weise in Grundrechte eingreifen würde. Diese Rechtslage ist jedoch unverständlich und rechtswidrig, wenn Auskünfte – gerade auch in Fällen des früheren § 92 a a.F. ThürGOLT – verlangt werden und dazu in Ausschüssen eine vertrauliche oder sogar geheime Beratung beschlossen wird. Für ein Informationsverweigerungsrecht auch in diesen Fällen gibt es keine plausible Rechtfertigung. Dieses Auskunftsverweigerungsrecht würde andernfalls dazu führen, dass bestimmte staatliche Bereiche der parlamentarischen Informationsgewinnung und Kontrolle durch eine Entscheidung der Regierung entzogen würden. Die nach Absatz 3, Satz 2 vorgesehene Möglichkeit, eine Begründung der Informationsverweigerung verlangen zu können (Rn. 47), verbessert die Position des Landtags nur unwesentlich. Zwar kann der Landtag, hierauf gestützt, gegen die Informationsverweigerung Organklage vor dem Verfassungsgerichtshof (Art. 80 Abs. 1 Nr. 3) mit der Begründung erheben, dass die Voraussetzungen von Nummer 1 nicht 45

49 Vgl. z. B. BVerfGE 67, 100 (137 ff., 144); 70, 324 (359); 77, 1 (47); 124, 78 (124 ff.); *Caspar*, in: Caspar/Ewer/Nolte/Waack, Art. 23 Rn. 65 ff.; *Edinger*, in: Grimm/Caesar, Art. 89 a Rn. 12; *Klein*, in: Maunz/Dürig, Art. 43 Rn. 103; *Kretschmer*, in: Schmidt-Bleibtreu/Hofmann/Hopfauf, Art. 43 Rn. 216; *Linck*, DÖV 1983, 957 (963); *Tebben/Zapfe*, in: Litten/Wallerath, Art. 40 Rn. 40.

50 Entstehung ThürVerf, S. 175; 17. Sitzung des Verfassungs- und Geschäftsordnungsausschusses v. 05.02.1993, S. 105.

51 "§ 92 a: Schutz privater und sonstiger Geheimnisse Soweit die Landesregierung geltend macht, die Veröffentlichung der Antwort auf eine Anfrage oder die Beantwortung einer Anfrage in öffentlicher Sitzung des Landtags würde in unzulässiger Weise in Grundrechte eingreifen oder in sonstiger Weise gegen Geheimhaltungsbestimmungen verstoßen, erteilt sie die Antwort im zuständigen Ausschuss in nichtöffentlicher oder vertraulicher Sitzung; die Fragesteller sind berechtigt, an der Sitzung des Ausschusses teilzunehmen.".

52 Der Autor konnte sich mit seiner gegenteiligen Auffassung, die auch durch ein Gutachten von Wolfgang Zeh gestützt wurde, in den Beratungen des Verfassungsausschusses nicht durchsetzen – vgl. 31. Sitzung des Verfassungs-und Geschäftsordnungsausschusses v. 24.03.1994, S. 92-96.

53 *Fibich*, S. 170 ff.

vorliegen. Liegen sie jedoch vor, dürfte die Landesregierung Informationen verweigern, ohne dass sich dafür einsehbare legitimierende Gründe ergeben. **Diese Regelung verstößt gegen Art. 28 Abs. 1 Satz 1 GG**, da eine nicht gebotene Herausnahme von bestimmten Materien aus der parlamentarischen Kontrolle dem parlamentarisch-demokratischen Prinzip zuwiderläuft. Anstatt den Geheimhaltungsinteressen entgegen der absolut herrschenden, vom Bundesverfassungsgericht in ständiger Rechtsprechung vertretenen Meinung,[54] einseitig Vorrang vor der parlamentarischen Kontrollkompetenz zu geben, wäre es geboten gewesen, beide Prinzipien im Wege praktischer Konkordanz verhältnismäßig zum Ausgleich zu bringen,[55] wie dies durch geeignete Vorkehrungen zum Vertrauens- oder Geheimschutz geschehen kann.

46 **3. Verweigerungsgründe nach Art. 67 Abs. 3 Nr. 2.** Die Regierung darf nicht nur, sie muss Antworten und Auskünfte nach Absatz 3 Nr. 2 verweigern, wenn damit Sachverhalte publik würden, welche die **Funktionsfähigkeit und Eigenverantwortung der Landesregierung nicht nur geringfügig beeinträchtigten**. Es handelt sich hierbei vornehmlich um die verfassungsrechtliche Absicherung **des geheimen Initiativ- und Beratungsbereichs der Regierung,**[56] der im Gegensatz zu den Fällen in Nummer 1 grundsätzlich auch nicht gegenüber dem Parlament offengelegt werden darf. Solchen Schutzes bedarf die Regierungstätigkeit allerdings nicht mehr, soweit die Regierung ihre Beratungen, ggf. auch nur teilweise oder vorläufig abgeschlossen hat und ggf. sogar mit Ergebnissen an die Öffentlichkeit gegangen ist. Die Kontrollkompetenz erstreckt sich insofern nur auf bereits abgeschlossene Vorgänge.[57]

47 **4. Begründungspflicht für Informationsverweigerungen (Art. 67 Abs. 3 Satz 2).** Wenn die Regierung eine Antwort oder Auskunft verweigert – aus welchen Gründen auch immer – muss sie nach Art. 67 Abs. 3 Satz 2 ihre **Verweigerung den Frage- oder Antragstellern auf deren Verlangen begründen**. Diese Begründungspflicht, die allerdings im Einzelfall zumindest nicht detailliert in öffentlicher Sitzung erfüllt werden kann, hat den Sinn, den Auskunftsbegehrenden eine Grundlage für eine politische Auseinandersetzung über die Ablehnung[58] oder für eine Organklage nach Art. 80 Abs. 1 Nr. 3 zu schaffen.[59] Die Begründung muss daher substantiiert sowie nachvollziehbar und sie darf nicht nur formelhaft sein.[60] Der Regierung ist dabei allerdings in begrenztem Umfang eine gewisse Einschätzungsprärogative zuzugestehen.[61]

54 Vgl. Fn. 49.

55 *Linck*, ZParl 1992, 673 (687 ff.); *ders.*, in: Linck/Jutzi/Hopfe, Art. 67 Rn. 17; Bericht des Hess. Datenschutzbeauftragten, LT-Drs. 13/1756, 10 ff.; aA *Burkholz*, VerwArch 1993, 224 ff.

56 Vgl. dazu i.E. Art. 48 Rn. 67 sowie ThürVerfGH, LVerfGE 19, 513 (537).

57 ThürVerfGH, LVerfGE 19, 513 (538); BVerfGE 67, 100 (139); 110, 199 (225) mwN.

58 ThürVerfGH 19, 513 (536) mwN; vgl. auch 14, 437 (449).

59 Zu deren Zulässigkeit vgl. ThürVerfGH, LVerfGE 14, 437 (444); 19, 513 (530).

60 BVerfGE 67, 100 (138); 124, 161 (188, 193); *Kretschmer*, in: Schmidt-Bleibtreu/Hofmann/Hopfauf, Art. 43 Rn. 21 a.

61 Ablehnend BbgVerfG, LVerfGE 11, 166 (170) und SächsVerfGH, LKV 1998, 316 (317); zu weitgehend demgegenüber: VerfGH NW, DVBl. 1994, 48 (50 f.); vgl. zu diesem Problem auch *Klein*, in: Maunz/Dürig, Art. 43 Rn. 109 mwN.

IV. Unterrichtung des Landtags über staatsleitende Regierungsentscheidungen (Art. 67 Abs. 4)

1. Zum Hintergrund, Sinn und Zweck der Unterrichtung. Zum **Hintergrund und zum Sinn und Zweck** von Art. 67 Abs. 4 wurde bereits oben Stellung genommen (Rn. 7 f.): Der Landtag sollte auf bedeutsame Politikbereiche, die in der ausschließlichen Entscheidungskompetenz der Regierung liegen, zwar keinen rechtlichen, jedoch einen politischen Einfluss vornehmlich über schlichte Parlamentsbeschlüsse erhalten, deren realpolitisches Gewicht durchaus erheblich sein kann (Art. 48 Rn. 23). Diese **Einflussmöglichkeiten mit den Mitteln parlamentarischer Kontrolle** werden in Art. 67 Abs. 4 nicht ausdrücklich, sondern nur indirekt erwähnt („rechtzeitig" – vgl. Rn. 65) und im Übrigen vorausgesetzt. Art. 67 Abs. 4 schafft insoweit nur die Voraussetzungen für deren effektiven Einsatz. 48

Politische Einflussmöglichkeiten bieten zwar auch die traditionellen Mittel parlamentarischer Kontrolle (Anfragen, Berichtsersuchen, Zitierbeschlüsse, Entschließungen, vgl. Art. 48 Rn. 57 ff.). Sie sind jedoch dadurch gekennzeichnet, dass die Initiative dazu vom Parlament ausgehen muss und dass sie mangels ausreichender Kenntnis über einschlägige Regierungsvorhaben oft nicht rechtzeitig ergriffen werden können. Häufig können diese Kontrollmittel erst eingesetzt werden, wenn die politischen Entscheidungen bereits gefallen sind. Es galt somit, neben den traditionellen Mitteln parlamentarischer Kontrolle Verfahren zu entwickeln, mit denen die Landtage auf Initiative der Regierung rechtzeitig über anstehende staatsleitende Entscheidungen informiert werden konnten, um ihnen auf diese Weise frühzeitigere und effektivere politische Einflussmöglichkeiten auf staatsleitende Entscheidungen zu eröffnen. 49

Die auf Grund der Unterrichtung durch die Regierung eröffneten **Möglichkeiten parlamentarischer Einflussnahme sind in den §§ 54 – 54 b ThürGOLT** in den Grundzügen wie folgt geregelt: 50

Die schriftlichen Unterrichtungen (§ 50 a ThürGOLT) der Landesregierung über anstehende Regierungsentscheidungen werden auf die Tagesordnung des zuständigen Ausschusses gesetzt und beraten. Das Beratungsergebnis wird dem Landtag in einer Drucksache mitgeteilt. Eine Minderheit kann hierzu die Beratung im Plenum verlangen und damit auch Anträge zur Sache stellen, so z. B. Entschließungen mit politischen Aufforderungen an die Regierung. 51

2. Gegenstände der Unterrichtung. In Art. 67 Abs. 4 sind eine Reihe bedeutsamer politischer Vorhaben beispielhaft („insbesondere") aufgeführt, über welche die Regierung den Landtag zu unterrichten hat; es handelt sich somit um **keine abschließende Aufzählung**. 52

a) Gesetzentwürfe der Landesregierung. Wenn die Unterrichtung für **„Gesetzentwürfe der Landesregierung"** vorgeschrieben wird, dann ist diese Formulierung missverständlich. Der Landtag wird nicht über „Gesetzentwürfe der Landesregierung" unterrichtet, sondern diese werden in den Landtag eingebracht. Gemeint ist eine zeitlich vorangehende Unterrichtung über die Vorbereitung von Gesetzentwürfen.[62] Es geht dabei in erster Linie um die von der Landesregierung für die Anhörung von Verbänden durch Kabinettsbeschluss freigegebenen 53

62 In anderen Landesverfassungen wird daher zutreffend darauf abgestellt, dass die Regierung über "die Vorbereitung von Gesetzentwürfen" zu unterrichten hat – vgl. z.B. Art. 25 NV; Art. 39 M-VVerf oder Art. 22 SchlHVerf.

Referentenentwürfe. Die Abgeordneten sollen über Gesetzesvorhaben nicht später informiert sein als die Verbände. Richtigerweise heißt es daher auch in § 22 ThürGGO (ThürGVBl. 2000, S. 237): „Der Landtag ist über Referentenentwürfe zu Gesetzen, die den kommunalen Spitzenverbänden nach § 20 oder anderen Stellen nach § 21 zur Kenntnis gebracht werden, gleichzeitig und im gleichen Umfang zu unterrichten".

54 b) **Landesplanung.** Die Landesplanung „umfasst die übergeordnete, überörtliche und übergreifende Planung zur räumlichen Ordnung und Entwicklung des Landes" (§ 1 Abs. 2 Satz 2 ThürLPlG); sie wird maßgeblich durch das von der Landesregierung beschlossene Landesentwicklungsprogramm umgesetzt (§ 1 Abs. 2 Satz 4; § 2 Abs. 1 ThürLPlG). Da von dieser **Regierungsplanung präjudizielle Wirkungen** für das Land ausgehen,[63] ist es folgerichtig, dass „der von der Landesregierung gebilligte Entwurf des Landesentwicklungsprogramms dem Landtag mit der Gelegenheit zur Stellungnahme zugeleitet wird" (§ 10 Abs. 2 Satz 2 ThürLPlG).

55 c) **Staatsverträge und Verwaltungsabkommen.** Staatsverträge erlangen zwar nur mit Zustimmung des Landtags allgemeine Rechtsverbindlichkeit (Art. 77 Abs. 2), der Landtag darf jedoch keine Änderungen zum Staatsvertrag beschließen (§ 68 ThürGOLT), so dass eine **effektive Einflussmöglichkeit** insoweit nur im Stadium der **Vertragsverhandlungen** gegeben ist.[64] Eine ähnliche **Präjudizierung des Landtags** wie bei den **Staatsverträgen** tritt auch bei **Verwaltungsabkommen** ein,[65] so dass auch sie in den Katalog aufgenommen worden sind.

56 d) **Bundesratsangelegenheiten.** Die **Zulässigkeit der parlamentarischen Kontrolle der Regierung in Bundesratsangelegenheiten** und deren Grenzen sind bereits oben (Art. 48 Rn. 75 ff., 77) dargelegt worden. Mit Art. 67 Abs. 4 werden dem Landtag darüber hinaus zusätzliche **Einflussmöglichkeiten auf die Bundesratspolitik** der Landesregierung eröffnet, um deren Kompetenzverluste wenigstens teilweise zu kompensieren, die sie durch die Hochzonung von Landesaufgaben auf die Bundesebene und durch den Trend zum kooperativen Föderalismus sowie den Exekutivföderalismus erlitten hat (Art. 48 Rn. 27 f.).

57 Der Landesregierung obliegt die Pflicht, Bundesratsangelegenheiten daraufhin zu prüfen, ob sie „für das Land von grundsätzlicher Bedeutung sind" (Rn. 63) und bejahendenfalls hat sie den Landtag darüber zu informieren, der seinerseits die Landesregierung im Bundesrat zu einem bestimmten einschlägigen Tun oder Unterlassen **politisch verpflichten** kann (Rn. 60).

58 e) **EU-Angelegenheiten.** Die zuvor dargestellte Rechtslage zu der Unterrichtungspflicht der Landesregierung mit den korrespondierenden Einflussmöglichkeiten des Landtags stellt sich nicht nur für Bundesratsangelegenheiten, sondern im Grundsatz auch für „Angelegenheiten der Europäischen Gemeinschaft", wie die heutige EU damals noch bezeichnet wurde.

59 Die **Unterrichtung und Beteiligung des Landtags hat in EU-Angelegenheiten** mit dem **Vertrag von Lissabon** eine veränderte und stärkere Bedeutung erlangt. Die-

63 *Eicher*, Der Machtverlust der Landesparlamente, 1988, S. 98 ff.
64 *Eicher*, Der Machtverlust der Landesparlamente, 1988, S. 94 f.
65 *Eicher*, Der Machtverlust der Landesparlamente, 1988, S. 97 f.

ser Vertrag[66] eröffnet den Ländern Möglichkeiten, am **sog. Frühwarnsystem zur Subsidiarität** teilzunehmen. Auf dieser europarechtlichen Grundlage hat der Landtag mit der Landesregierung eine Vereinbarung geschlossen (LT-Drs. 5/2587 v. 14.04.2011), nach der sich die Landesregierung in acht Punkten zu einer weitgehenden Unterrichtung des Landtags in EU-Angelegenheiten verpflichtet. Folgende Verpflichtungen der Landesregierung aus dieser Vereinbarung sind dabei besonders bemerkenswert:

*„3. Die **Landesregierung berücksichtigt Stellungnahmen des Landtags bei ihrer Willensbildung.** In Fällen, in denen durch eine Gesetzgebungsinitiative der Europäischen Union Gesetzgebungsbefugnisse des Landes berührt werden, wird die Landesregierung – unbeschadet ihrer sich aus Bundes- und Landesverfassungsrecht ergebenden Rechtsstellung – nicht entgegen dem Parlamentsvotum entscheiden. Für Stellungnahmen des Landtags im Rahmen der Subsidiaritätsklage gegen Rechtsetzungsakte der Europäischen Union gilt dies entsprechend.*

*4. Hat der Landtag eine Stellungnahme abgegeben, **informiert ihn die Landesregierung über ihr Stimmverhalten im Bundesrat.** Weicht die Landesregierung von einer Stellungnahme des Landtags ab, teilt sie dem Landtag die maßgeblichen Gründe für ihr abweichendes Stimmverhalten mit. Sie informiert den Landtag, nach Möglichkeit bereits im Vorfeld der Bundesratssitzung, über ein beabsichtigtes abweichendes Stimmverhalten."*

Zu der entscheidenden Frage, welche **rechtliche Bindungswirkung Stellungnahmen des Landtags gegenüber der Regierung haben**, enthält die zitierte Vereinbarung einen Formelkompromiss, der aber letztlich aus verfassungsrechtlichen Gründen darauf hinausläuft, dass die Landesregierung – auch im Hinblick auf Art. 50 f GG – durch den Landtag nicht zu einem bestimmten Bundesratsverhalten rechtlich verpflichtet werden kann (Art. 48 Rn. 28). Auch wenn die politische Bedeutung politischer schlichter Parlamentsbeschlüsse im Allgemeinen nicht gering eingeschätzt werden darf (Art. 48, Rn. 23), erscheint der realpolitische Einfluss von Landtagen auf EU-Angelegenheiten ziemlich gering. Der politische Wille des Landtags muss bis zu seiner europarechtlichen Realisierung fünf Hürden überwinden: Jeweils Mehrheiten im Landtag, im Bundesrat, in der Bundesregierung und dann bedarf es auch noch Mehrheiten in der EU-Kommission und im EU-Parlament. Wer will da noch ernsthaft von einer politisch wirksamen Beteiligung des Thür. Landtags an der europäischen Willensbildung sprechen? 60

f) Sonstige unterrichtungspflichtige Regierungsentscheidungen. Der Verfassungsgeber hat nur einige unterrichtungspflichtige Regierungsentscheidungen ausdrücklich beispielhaft aufgeführt (Rn. 52 ff.), ohne sie unter einen Oberbegriff zu stellen. Aus der nur beispielhaften Aufzählung einiger bedeutsamer, den Landtag präjudizierender Regierungsentscheidungen lassen sich jedoch weitere vergleichbare Tatbestände ableiten, in denen ebenfalls eine Pflicht zur Unterrichtung des Landtags besteht. **Weitere Unterrichtungsfälle sind z.B.**: die Beteiligung des Landes an Entscheidungen über die Errichtung militärischer Großvorhaben, die Ansiedlung umweltgefährdender Großunternehmen, die Planung und Standortbestimmung von Energievorhaben, von überregionalen Entsorgungsein- 61

66 Art. 5 des Vertrags über die Europäische Union i.V.m. Art. 6 des Protokolls Nr. 2 über die Anwendung der Grundsätze der Subsidiarität und der Verhältnismäßigkeit zum Vertrag von Lissabon.

richtungen oder das Land präjudizierende Absprachen in Ministerpräsidenten- oder Fachministerkonferenzen oder haushaltsrelevante Tarifverträge.

62 Weiterhin sind **Verordnungen** von grundsätzlicher Bedeutung zu nennen, die in einer Reihe von Ländern ausdrücklich in den Katalog unterrichtungspflichtiger Regierungsvorhaben aufgenommen sind;[67] so können z.B. Standortentscheidungen für öffentliche Einrichtungen in Verordnungen von erheblicher regional- oder strukturpolitischer Bedeutung mit Ausstrahlung auf das Land sein.

63 **g) Vorhaben von „grundsätzlicher Bedeutung" für das Land.** Die Unterrichtungspflicht der Regierung über Entwürfe von Staatsverträgen, Verwaltungsabkommen sowie Bundesrats- und EU-Angelegenheiten bezieht sich **nur auf Vorhaben, die „für das Land von grundsätzlicher Bedeutung sind"**. Es muss sich also um Vorhaben handeln, deren Thematik Landesinteressen speziell und unmittelbar berühren.[68] So fehlt Bundesgesetzen dieser Bezug, wenn sie, wie z.B. Änderungen von Steuergesetzen, jeden Bürger in der Bundesrepublik Deutschland in derselben Weise betreffen. Anders sind hingegen Änderungen von Steuergesetzen zu beurteilen, wenn sie Subventionen für Industriezweige kürzen, die schwerpunktmäßig in Thüringen angesiedelt sind. Die Beurteilung dieser Frage kann je nach politischem Standort allerdings unterschiedlich ausfallen; daher ist der Regierung auch zwar keine absolute Einschätzungsprärogative, aber doch ein relativ weiter Ermessensspielraum einzuräumen.[69]

64 **h) Umfang und Zeitpunkt der Unterrichtung.** In Anlehnung an die ganz hM., dass die Landesregierung parlamentarische Anfragen „vollständig" zu beantworten hat (Rn. 35), muss diese Forderung auch für die Unterrichtungen nach Art. 67 Abs. 4 gelten, da sie ebenfalls die Voraussetzungen für den Landtag liefern, seine parlamentarischen Aufgaben erfüllen zu können.

65 Im Hinblick auf den Sinn und Zweck von Art. 67 Abs. 4, dem Landtag einen effektiven Einfluss auf die Willensbildung der Regierung zu ermöglichen, muss die **Unterrichtung „rechtzeitig" erfolgen**. Das heißt, die Unterrichtung muss vor einer endgültigen Entscheidung der Regierung beim Landtag eingehen und zwar so früh, dass er nach den üblichen parlamentarischen Verfahrensabläufen noch in der Lage ist, seine politische Position der Regierung nahe zu bringen.[70]

66 **i) Verweigerung der Unterrichtung.** In Art. 67 Abs. 4 ist **– ausdrücklich – kein Informationsverweigerungsrecht der Regierung** aufgenommen, wie dies in Art. 67 Abs. 3 für die Absätze 1 und 2 oder in Art. 64 Abs. 4 Satz 3 und Art. 65 Abs. 2 geschehen ist. Aus systematischen Gründen kann sich Absatz 3 nicht auch auf Absatz 4 beziehen. In anderen Landesverfassungen sind demgegenüber für vergleichbare Fälle Verweigerungsrechte – ähnlich dem Art. 67 Abs. 3 – ausdrücklich aufgenommen worden.[71]

---

67 Vgl. z.B. Art. 25 Abs. 2 NV; Art. 89 Abs. 3 Verf Rh-Pf; Art. 39 Abs. 1 M-VVerf.

68 Anders die Verfassungslage zur allgemeinen parlamentarischen Kontrollkompetenz, vgl. Art. 48 Rn. 75 ff.

69 Restriktiver hingegen: *Caspar*, in: Caspar/Ewer/Nolte/Waack, Art. 22 Rn. 6: "ein beschränkter Spielraum".

70 *Caspar*, in: Caspar/Ewer/Nolte/Waack, Art. 22 Rn. 4; *Edinger*, in: Grimm/Caesar, Art. 89 b Rn. 5; *Storr*, ZG 2005, 45 (56 ff.).

71 Art. 39 Abs. 2 M-VVerf; Art. 25 Abs. 2 i.V.m. Art. 24 Abs. 3 NV; Art. 89 b Abs. 2 Verf Rh-Pf; Art. 62 Abs. 2 iVm Art. 53 Abs. 4 LVerf LSA; Art. 22 Abs. 2 iVm Art. 23 Abs. 3 SchlHVerf.

In der parlamentarischen Praxis wird sich die Frage derartiger Informationsverweigerungen im Hinblick auf die Gegenstände der Unterrichtungspflicht, die als Regierungsentscheidungen in aller Regel publiziert werden, kaum einmal stellen, es sei denn, sie beträfe den Zeitpunkt einer Unterrichtung. So könnte es sich z.B. bei Verhandlungen um die Ansiedlung eines für das Land bedeutsamen Großunternehmens verbieten, mit dieser Information zu frühzeitig an den Landtag heranzutreten, selbst wenn dies vertraulich geschehen sollte. In derartigen Fällen lässt sich ein Informationsverweigerungsrecht der Regierung ausnahmsweise mit dem aus dem Gewaltenteilungsprinzip ableitbaren Schutz des geheimen Initiativ- und Beratungsbereichs der Regierung (Art. 48 Rn. 71 ff.) rechtfertigen.[72] **67**

j) **Organstreit.** Soweit die Regierung ihrer **Verpflichtung zur Unterrichtung** des Landtags nach Art. 67 Abs. 4 nicht oder nicht ausreichend nachkommen sollte, kann der Landtag versuchen, sie mit den Mitteln parlamentarischer Kontrolle (Rn. 16; Art. 48 Rn. 58) oder im Wege eines Organstreits (Art. 80 Abs. 1 Nr. 3) zu **erzwingen.** **68**

Artikel 68 [Bürgerantrag]

(1) [1]Die nach Artikel 46 Abs. 2 wahl- und stimmberechtigten Bürger haben das Recht, dem Landtag im Rahmen seiner Zuständigkeit bestimmte Gegenstände der politischen Willensbildung zu unterbreiten (Bürgerantrag). [2]Als Bürgerantrag können auch Gesetzentwürfe eingebracht werden.

(2) Bürgeranträge zum Landeshaushalt, zu Dienst- und Versorgungsbezügen, Abgaben und Personalentscheidungen sind unzulässig.

(3) Der Bürgerantrag muss landesweit von mindestens 50 000 Stimmberechtigten unterzeichnet sein.

(4) [1]Die Unterzeichner des Bürgerantrags können Vertreter bestellen. [2]Diese haben ein Recht auf Anhörung in einem Ausschuß.

(5) Das Nähere regelt das Gesetz.

Vergleichbare Regelungen

Art. 61 VvB; Art. 22 BbgVerf; Art. 87 Abs. 2 BremVerf; Art. 50 HambVerf; Art. 59 M-VVerf; Art. 47 NV; Art. 67 a Verf NW; Art. 108 a Verf Rh-Pf; Art. 71, 73 SächsVerf; Art. 80 LVerf LSA; Art. 41 SchlHVerf.

Ergänzungsnormen im sonstigen thüringischen Recht

ThürBVVG idF der Bek. v. 23.02.2004 (ThürGVBl. S. 237); Thüringer Verordnung zum Verfahren bei Bürgerantrag und Volksbegehren v. 29.06.2006 (ThürGVBl. S. 361) zuletzt geändert durch Verordnung v. 07.12.2011 (ThürGVBl. S. 561).

Dokumente zur Entstehungsgeschichte

Art. 55 VerfE SPD; Art. 51 VerfE NF/GR/DJ; Art. 85 Abs. 1 VerfE LL/PDS; Entstehung ThürVerf, S. 178 ff.

Literatur

Alexander von Brünneck, Zum Verfahren der Volksinitiative, NJ 1995, 125 ff.; *Andreas Grube,* Der Bürgerantrag gemäß Art. 68 der Verfassung des Freistaats Thüringen, ThürVBl 1998, 217 ff., 245 ff.; *Ulrich Preuß,* Plebiszite als Formen der Bürgerbeteiligung, ZRP 1993, 131 ff.; *Erich Röper,* Befassungspflicht des Landtages bei Volksinitiativen, ThürVBl 2003, 154 ff.

72 *Fibich,* S. 178.

Leitentscheidungen des ThürVerfGH und des BVerfG

ThürVerfGH, Urt. v. 16.09.2001 – 4/01 – ThürVBl 2002, 31 (Volksbegehren).

BVerfGE 8, 104 (Volksbefragung); 60, 175 (Startbahn West).

A. Überblick

1 Die Bestimmung zum Bürgerantrag steht in engem **Zusammenhang** mit den Regelungen zum **Volksbegehren** und **Volksentscheid** (Art. 82). Auch der Bürgerantrag dient dazu, Anliegen eines Teils der Bevölkerung in das Landesparlament zu transportieren, mithin eine Brücke von außerparlamentarischer zu parlamentarischer Willensbildung zu schlagen. Gelingt es, im Rahmen eines Bürgerantrags dem Landtag einen Gegenstand zu unterbreiten, so kann allerdings auf diesem Wege – anders als im Fall eines Volksbegehrens – **kein verbindlicher Gesetzesbeschluss** erzwungen werden. Der Landtag ist lediglich verpflichtet, sich mit dem unterbreiteten Gegenstand zu befassen; es steht ihm daher frei, ihn im Rahmen einer solchen Befassung auch zu verwerfen (dazu unten Rn. 9). Aus diesem Grund ist der Bürgerantrag weniger echtes Instrument direkter Demokratie als vielmehr **besondere Form einer Kollektivpetition.**[1] Für ein solches Verständnis des Bürgerantrags spricht auch Art. 45 Satz 2: Als Mittel der demokratischen Willensbildung des Volkes sind allein Wahlen, Volksbegehren und Volksentscheid genannt.

2 Demzufolge handelt es sich bei der Durchführung eines Bürgerantrags **nicht** um **Ausübung von Staatsgewalt** im Sinne von Art. 45 Satz 1. Die einzelnen Teilnehmer eines Antragsverfahrens betätigen sich nicht als Teile des Volkes, des souveränen Trägers aller Staatsgewalt, um mit anderen Bürgern die Gesetzgebungsgewalt des Volkes zu verwirklichen. Vielmehr steht den Teilnehmern eines Bürgerantragverfahrens lediglich ein Mittel individueller Einwirkung auf die politische Willensbildung zu, durch das dem jeweiligen Anliegen eine höhere Durchschlags- und Überzeugungskraft verliehen werden kann.[2] Dieses Mittel bietet die Chance, dem routinierten parlamentarischen Betrieb neue Ideen zuzuführen,

1 Ähnlich *Hopfe*, in: Linck/Jutzi/Hopfe, Art. 68 Rn. 1 („Massenpetition"); *Berlit*, NVwZ 1994, 11 (16): „qualifizierte (Sammel-)Petition"; vgl. auch *von Arnim*, DÖV 1990, 85 (88): „unechte Form unmittelbarer Demokratie". Zum Unterschied zwischen Petition und Bürgerantrag: *Grube*, ThürVBl 1998, 217 (221): im Rahmen einer Volksinitiative wird der Landtag nur im Rahmen seiner ihm durch die Verfassung zugewiesenen Funktion tätig, im Falle einer Petition besitzt er dagegen eine umfassende Behandlungs-, wenn auch keine Abhilfekompetenz; Träger des Petitionsrechts ist jedermann, Träger des Bürgerantragsrechts hingegen nur die Stimmberechtigten nach Art. 46 Abs. 2.

2 Vgl. ThürVerfGH, Urt. v. 16.09.2001 – 4/01 – S. 34 f. des Umdrucks (= ThürVBl 2002, 21 [34]).

eine intensivere Erörterung bestimmter politischer Fragen zu bewirken und den Druck zur Begründung politischer Entscheidungen zu erhöhen.[3]

B. Herkunft, Entstehung und Entwicklung

Die Regelung des Art. 68 verdankt sich der Entscheidung des Verfassungsgebers, 3
das in der Verfassung dominierende **Konzept repräsentativ-demokratischer Willensbildung** durch **direkt-demokratische Elemente zu ergänzen.** Dabei wurde in den Verfassungsberatungen die Frage, ob die Formen direkter Demokratie auf Volksbegehren und Volksentscheid beschränkt oder um ein drittes Element, nämlich um das Instrument der Volksinitiative, erweitert werden sollten, äußerst kontrovers diskutiert.[4] Die Volksinitiative - in den Beratungen später Bürgerantrag genannt - wurde dann unter anderem auch deshalb aufgenommen, um die Möglichkeit eines weiteren **Ventils** sowie eines schneller funktionierenden **Filters** für Anliegen und Probleme zu schaffen, die nicht über die Parteien in den Landtag gelangen.[5] Zudem sollte der Landtag in stärkerem Maße zur Behandlung von Anliegen *gezwungen* werden können als dies im Falle einer **Massenpetition** nach Art. 14 möglich ist.[6] Gleichwohl bestand in den Beratungen Einigkeit darüber, dass der Bürgerantrag nur als „formalisierte, etwas gewichtigere Form einer Petition“[7] zu verstehen sei bzw. allein ein „qualifiziertes Petitionsrecht“ begründe.[8]

Die ursprüngliche Fassung des Art. 68 war im Jahre 2000 u.a. Gegenstand eines 4
vom „Bündnis für mehr Demokratie in Thüringen“ getragenen Volksbegehrens, das auf eine Senkung des Unterzeichnerquorums zielte; ein Bürgerantrag sollte nur mehr „von mindestens 25.000 Stimmberechtigten unterzeichnet“ werden müssen.[9] Der daraufhin von der Thüringer Landesregierung angerufene Thüringer Verfassungsgerichtshof hielt diese **Absenkung des Zustimmungsquorums** für verfassungsrechtlich unbedenklich.[10] Dennoch trat die vorgesehene Neufassung des Art. 68 mit dieser Senkung des Quorums nicht in Kraft. Die Fraktionen von SPD und PDS legten im Jahr 2001 zwar den Entwurf eines Gesetzes zur Entwicklung direkter Demokratie im Freistaat Thüringen vor, das die vorgeschlagene Fassung des Volksbegehrens übernahm.[11] Konkurrierend schlug aber die Landesregierung 2002 eine Alternativ-Regelung vor, nach der ein Bürgerantrag „landesweit von mindestens 50.000 Stimmberechtigten unterzeichnet sein“ musste.[12] Der verfassungsändernde Gesetzgeber hat sich dann für die Übernahme dieser Regelung entschieden, die mit dem 2. Gesetz zur Änderung der Verfassung des Freistaats Thüringen vom 24.11.2003[13] in Kraft trat.

3 *Preuß*, ZRP 1993, 131 (137).
4 Entstehung ThürVerf, PW 1 VerfA 012 (26.09.1992) S. 11 ff. Zur Entstehungsgeschichte: *Grube*, ThürVBl 1998, 245 (245 ff.).
5 Diese Begriffe wurden in den Beratungen mehrfach verwendet: vgl. Entstehung ThürVerf, PW 1 VerfA 012 (26.09.1992), S. 20 ff.
6 Vgl. Entstehung ThürVerf, PW 1 VerfA 012 (26.09.1992) S. 17 ff.
7 *Jutzi*, in: Entstehung ThürVerf, PW 1 VerfA 012 (26.09.1992) S. 9.
8 *Grahn*, in: Entstehung ThürVerf, PW 1 VerfA 012 (26.09.1992) S. 9.
9 LT-Drs. 3/1449: Gesetzentwurf nach Art. 82 der Verfassung des Freistaats Thüringen – Volksbegehren „Mehr Demokratie in Thüringen“.
10 ThürVerfGH, Urt. v. 16.09.2001 – 4/01 – S. 34 f. des Umdrucks (= ThürVBl 2002, 21 [34]).
11 LT-Drs. 3/1911.
12 LT-Drs. 3/2237.
13 ThürGVBl. 2003 S. 493.

5 Vom Instrument des Bürgerantrags wird kaum Gebrauch gemacht. Im Zeitraum zwischen Inkrafttreten der Verfassung und dem Jahre 2011 wurde bislang nur einmal, und dies erfolglos, ein solcher Antrag gestellt.[14] Dies mag auch auf das hohe Zustimmungsquorum zurückzuführen sein, das zudem noch leicht durch die Möglichkeit einer gemeinschaftlichen Petition nach Art. 14 unterlaufen werden kann.

C. Verfassungsvergleichende Information

6 Regelungen, die Art. 68 ähneln, finden sich auch in den Verfassungen von Berlin, Bremen, Hamburg, Mecklenburg-Vorpommern, Niedersachsen, Nordrhein-Westfalen, Rheinland-Pfalz, Sachsen, Sachsen-Anhalt und Schleswig-Holstein.[15] **Unterschiede** bestehen dabei nicht nur in **terminologischer Hinsicht** – statt Bürgerantrag ist in anderen Landesverfassungen von „Volkspetition" oder „Volksinitiative" die Rede. Zudem bestehen Abweichungen hinsichtlich des **Zustimmungsquorums** sowie des so genannten **Finanzvorbehalts**. Den Verfassungen Niedersachsens, Nordrhein-Westfalens sowie Sachsen-Anhalts fehlt eine Regelung, nach der Volksinitiativen über den Haushalt, Dienst- und Versorgungsbezüge sowie Abgaben unzulässig sind. Einen Sonderfall stellt die sächsische Regelung insofern dar, als sie verlangt, dass einem Volksantrag ein **mit Begründung versehener Gesetzentwurf** zugrunde liegen muss.[16] Soweit andere Verfassungen sich überhaupt dazu äußern, eröffnen sie lediglich die Möglichkeit, einen Gesetzentwurf einzubringen, sehen eine Begründung aber nicht als obligatorisch vor.[17] Schließlich ist in der Thüringer Verfassung das **Bürgerantragsverfahren** vom **Volksgesetzgebungsverfahren getrennt**; anders als in einigen Verfassungen[18] endet der Bürgerantrag im Landtag und führt, sofern ihn der Landtag ablehnt, nicht zu einem Volksbegehren.[19]

D. Erläuterungen

I. Recht auf Befassung des Landtages

7 Art. 68 Abs. 1 Satz 1 statuiert ein **Bürgerantragsrecht.** Dabei handelt es sich um ein subjektives Recht der nach Art. 46 Abs. 2 wahl- und stimmberechtigten Bürger, dem Landtag Gegenstände der politischen Willensbildung zu unterbreiten. Neben diesem **Kollektivrecht** der Gesamtheit der Antragssteller[20] beinhaltet dieses Bürgerantragsrecht auch ein **Individualrecht** auf Einleitung eines solchen An-

14 Auskunft des Thüringer Innenministeriums vom 07.05.2012: Es handelte sich um einen Bürgerantrag von 2005 zur Errichtung einer „solidarischen und sozialen Bürgerversicherung".

15 Art. 61 VvB; Art. 22 BbgVerf; Art. 87 Abs. 2 BremVerf; Art. 50 HambVerf; Art. 59 M-VVerf; Art. 47 NV; Art. 67 a Verf NW; Art. 108 a Verf Rh-Pf; Art. 71, 73 SächsVerf; Art. 80 LVerf LSA; Art. 41 SchlHVerf. Kurzer verfassungsvergleichender Überblick bei *Grube*, ThürVBl 1998, 217 (223).

16 Art. 71 Abs. 1 SächsVerf.

17 Art. 50 Abs. 1 HambVerf; Art. 59 Abs. 1 M-VVerf; Art. 67 a Abs. 1 Verf NW; Art. 108 a Abs. 1 Verf Rh-Pf; Art. 80 Abs. 1 LVerf LSA; Art. 41 Abs. 1 SchlHVerf.

18 Vgl. Art. 50 Abs. 2 HambVerf; Art. 108 a Abs. 2 Verf Rh-Pf; Art. 42 SchlHVerf.

19 Eine Trennung von Bürgerantrag bzw. Volksinitiative vom Verfahren des Volksbegehrens findet sich indessen ebenso in den Verfassungen Berlins, Mecklenburg-Vorpommerns, Niedersachsens, Nordrhein-Westfalens, Sachsens und Sachsen-Anhalts.

20 Zutreffend *Grube*, ThürVBl 1998, 245 (252).

tragsverfahrens sowie darauf, an einem solchen Verfahren mitzuwirken. Bürger und Bürgerinnen werden sonach in ihrem status activus angesprochen.

Antragsberechtigt sind alle Deutschen, die das 18. Lebensjahr vollendet sowie seit mindestens drei Monaten in Thüringen ihren Wohnsitz haben und nicht vom Wahlrecht ausgeschlossen sind.[21] Das Bürgerantragsrecht umfasst auch die Möglichkeit, einen **Gesetzentwurf** einzubringen; der Wortlaut von Art. 68 Abs. 1 Satz 2 – es ist von „Gesetzentwürfe(n)" die Rede – schließt auch Entwürfe verfassungsändernder Gesetze nicht aus.[22] Ferner sind Erklärungen, Empfehlungen, Forderungen oder sonstige Beschlüsse denkbar. 8

Dem Bürgerantragsrecht korrespondiert die Pflicht des Landtags, den unterbreiteten Gegenstand bzw. den Gesetzentwurf zu behandeln.[23] Aus dem Wortlaut des Art. 68 Abs. 1 sowie dem durch die Beratungen des Verfassungsgebers belegbaren Zweck des Bürgerantrags (vgl. oben Rn. 3) ist auf eine **Befassungspflicht des Landtages** zu schließen. Das, was dem Landtag als Gegenstand der politischen Willensbildung unterbreitet wurde, ist vom Landtag zu erörtern.[24] Frei ist der Landtag hingegen, dem Antrag zu folgen oder ihn abzulehnen. Eine inhaltlich verpflichtende Wirkung geht von einem Bürgerantrag nicht aus. 9

II. Zulässigkeitsvoraussetzungen

1. Formelle Voraussetzungen. Der Gegenstand, der dem Landtag unterbreitet werden soll, muss in einem solchen Maße **bestimmt** und **konkretisiert** sein, dass seine parlamentarische Behandlung möglich ist. Handelt es sich um einen Gesetzentwurf, so besteht im Rahmen eines Bürgerantragsverfahrens keine verfassungsrechtliche Pflicht, ihn zu begründen[25] (anders als bei einem Gesetzentwurf im Rahmen eines Volksbegehrens, vgl. dazu Art. 82, Rn. 15). Denn der Gesetzentwurf, der nur „ausgearbeitet" sein muss, zielt im Rahmen eines Bürgerantragsverfahrens nicht auf die Herbeiführung eines verbindlichen Gesetzesbeschlusses, sondern nur darauf, dass der Landtag sich mit dem Gegenstand des Entwurfs befasst. Allerdings ist es potentiellen Antragstellern zu empfehlen, einen Gesetzentwurf mit Erläuterungen des eigenen Regelungskonzepts zu versehen, um dem Landtag eine taugliche Beratungsgrundlage zu liefern. Offensichtlich sinnwidrige Anträge oder solche, deren Inhalt strafbar ist oder mit einem Missbrauch des Verfahrens einher gehen, sind indessen unzulässig. 10

Art. 68 Abs. 3 fordert ferner ein **Unterstützerquorum** von **mindestens 50.000 Stimmberechtigten.** Zudem ist davon die Rede, dass der Antrag **„landesweit"** von dieser Anzahl Stimmberechtigten unterzeichnet sein muss. Die Bedeutung dieses Erfordernisses ist fraglich. Denn ursprünglich setzte Art. 68 Abs. 3 nicht nur das Zustimmungsquorum fest, sondern enthielt auch eine **Flächenklausel.** Der Bürgerantrag musste danach – so die ursprüngliche Fassung – zum einen „landesweit von mindestens sechs vom Hundert der Stimmberechtigten" unterzeichnet sein, zum anderen aber auch „wenigstens in der Hälfte der Zahl der 11

21 Vgl. Art. 68 Abs. 1 iVm Art. 46 Abs. 2 und 3, Art. 104 sowie § 13 f. ThürLWG.
22 Im Ergebnis ebenso: *Grube*, ThürVBl 1998, 245 (251).
23 Dem entspricht auch das einfach-gesetzliche Recht: § 8 ThürBVVG.
24 Im Ergebnis ebenso: *Huber*, ThürVBl 1993, B 12; *Hopfe*, in: Linck/Jutzi/Hopfe, Art. 68 Rn. 8. Zur Rechtslage nach sachsen-anhaltinischem Verfassungsrecht: *Röper*, ThürVBl 2003, 154 ff.
25 Zutreffend *Rux*, Direkte Demokratie in Deutschland, 2008, S. 699. AA *Grube*, ThürVBl 1998, 245 (248).

Landkreise und kreisfreien Städte jeweils von zumindest fünf vom Hundert der Stimmberechtigten.“ Diese in der zweiten Satzhälfte enthaltene **Flächenklausel** wurde zwar durch das 2. Änderungsgesetz vom 24.11.2003 (ThürGVBl. S. 493) aus Art. 68 Abs. 3 gestrichen. Das Adjektiv „landesweit“ blieb hingegen in der Verfassung.

12 Diese Änderung des Art. 68 wirft mithin die **Frage** auf, ob dem **Adjektiv „landesweit“** noch eine **eigenständige Bedeutung** zukommen soll, etwa dergestalt, dass doch eine gewisse, sich über den gesamten Freistaat erstreckende Verteilung der Stimmberechtigten nachgewiesen werden muss. Für diese Deutung könnte insbesondere angeführt werden, dass in dem Entwurf des Verfassungsänderungsgesetzes der Fraktionen von SPD und PDS[26] nicht nur die Flächenklausel, sondern ebenfalls das Adjektiv „landesweit“ gestrichen war. Demgegenüber war zwar im alternativen Gesetzentwurf der Landesregierung[27] die Flächenklausel ebenfalls herausgenommen, wohl aber enthielt dieser Entwurf im Unterschied zum Entwurf von SPD und PDS weiter den Satz, dass der Bürgerantrag „landesweit“ unterzeichnet sein müsse. Dennoch: Man wird annehmen müssen, dass die Streichung dieses Adjektivs schlichtweg vergessen wurde und mithin **ohne rechtliche Bedeutung** ist, auch nach Begründung des Gesetzentwurfs der Landesregierung sollte die Flächenklausel „ersatzlos entfallen“ und dies – gemeinsam mit der Verringerung des Zustimmungsquorums – das Zustandekommen eines Bürgerantrags „erleichtern“.[28]

13 **2. Materielle Voraussetzungen.** **a) Zuständigkeit des Landtages.** Der Gegenstand des Bürgerantrags muss in die **Zuständigkeit des Landtages** fallen (Art. 68 Abs. 1 Satz 1). Anträge, die sich auf Materien beziehen, die nicht in der Kompetenz des Landtages stehen, sind sonach unzulässig. Damit sind die Grenzen, die sich für die Kompetenz des Landtages aus der Landesverfassung, dem Grundgesetz, dem grundgesetzkonformen Bundesrecht oder dem Recht der Europäischen Union ergeben, auch die Grenzen eines Bürgerantrages.[29] Darüber hinausgehende verfassungsimmanente Grenzen bestehen nicht.[30] Auch etwa die Selbstauflösung des Landtages, Bereiche seines Geschäftsordnungsrechts oder das Abstimmungsverhalten der Landesregierung im Bundesrat können Gegenstände eines Bürgerantrages sein, handelt es sich bei diesen Gegenständen doch gerade um solche im Zuständigkeitsbereich des Landtages.[31] Da indessen ein Bürgerantrag nicht in einen rechtsverbindlichen Beschluss münden kann, obliegt es dem Landtag selbst, in Wahrnehmung seiner Kompetenzen einen Bürgerantrag umzusetzen oder abzulehnen.

14 **b) Ausschlusstatbestände des Abs. 2.** Unzulässig sind nicht nur Anträge zu Gegenständen *außerhalb* der Zuständigkeit des Landtages, sondern auch solche

26 „Gesetz zur Entwicklung direkter Demokratie im Freistaat Thüringen“, LT-Drs. 3/1911.

27 „Zweites Gesetz zur Änderung der Verfassung des Freistaats Thüringen“, LT-Drs. 3/2237.

28 LT-Drs. 3/2237, S. 5. Vgl. auch die Begründung der Beschlussempfehlung des Justizausschusses (LT-Drs. 3/3398), in dem die beiden Gesetzentwürfe zur Änderung der Verfassung zusammengeführt waren; darin wurde insoweit lediglich auf den „Wegfall der so genannten Flächenklausel“ hingewiesen (vgl. LT-Prot. 3/88 v. 03.07.2003, S. 7689; LT-Prot. 3/94 v. 13.11.2003 , S. 8178).

29 Vgl. dazu mit Beispielen: *Storr*, Staats- und Verfassungsrecht, 1998, Rn. 955 ff.

30 AA *Grube*, ThürVBl 1998, 245 (250).

31 Zur Frage, inwieweit dieses Abstimmungsverhalten ein zulässiger Beratungsgegenstand eines Landesparlaments sein kann: vgl. etwa BbgVerfG, NVwZ 1999, 868 (869).

zum Landeshaushalt, zu Dienst- und Versorgungsbezügen, Abgaben oder Personalentscheidungen (Art. 68 Abs. 2). Die Tatbestände dieser **Ausschlussklausel** sind wortlautidentisch mit denen eines Volksbegehrens (vgl. Art. 82 Abs. 2). Dennoch ist die Klausel des Art. 68 Abs. 2 eigenständig und **weniger extensiv zu interpretieren.**[32] Der Bürgerantrag ist nicht mit den plebiszitären Verfahren des Volksbegehrens und Volksentscheides verknüpft und kein Instrument unmittelbarer Demokratie (dazu oben Rn. 1). Zudem kann durch einen Bürgerantrag kein verbindlicher Rechtsakt, insbesondere kein Gesetzesbeschluss, herbeigeführt werden. Demzufolge können die Gründe, die gegebenenfalls für eine weite Auslegung der Ausschlusstatbestände des Art. 82 Abs. 2 sprechen, nicht für eine entsprechend weite Deutung des Art. 68 Abs. 2 geltend gemacht werden.[33]

Bürgeranträge mit Haushaltsrelevanz sind mithin nicht schon per se unzulässig, 15
sondern nur dann, wenn von ihnen *gravierende Wirkungen* auf den **Landeshaushalt** ausgehen können. Gleiches gilt für Anträge zu **Abgaben**, also zu den von einem Hoheitsträger kraft öffentlichen Rechts auferlegten Geldleistungspflichten zur Förderung öffentlicher Zwecke (Steuern, Gebühren, Beiträge, Sonderabgaben).[34] Unzulässig wären daher Anträge, die die Abschaffung der Kernelemente des überkommenen Abgabensystems forderten.

Zu den **Dienst- und Versorgungsbezügen** zählen die aktiven und passiven Bezü- 16
ge der Beamten sowie der Personen, die in einem besonderen öffentlich-rechtlichen Amtsverhältnis zum Land stehen, nicht aber etwa Abgeordnetendiäten.[35] Ein Bürgerantrag, der konkrete Höhen der Bezüge festsetzen wollte, würde gewiss gegen die Ausschlussklausel verstoßen, ein Antrag aber, der beamten- oder versorgungspolitische Leitlinien auf die Tagesordnung des Landtages zu setzen versuchte, wäre hingegen zuzulassen.

Ein Antrag zu **Personalentscheidungen** im Sinne des Art. 68 Abs. 2 wäre dann 17
unzulässig, wenn damit konkrete Personen für die vom Landtag zu besetzenden Ämter vorgeschlagen würden, etwa für das Amt des Landtagspräsidenten, des Ministerpräsidenten, des Präsidenten des Verfassungsgerichtshofs oder des Rechnungshofes. Im Einklang mit Art. 68 Abs. 2 stünden aber Anträge, die sich in allgemeiner Form zu den vom Landtag zu treffenden Entscheidungen äußerten, etwa ein Kriterienkatalog für die Personalauswahl aufstellten.

Art. 68 Abs. 2 könnte im Wege einer **Verfassungsänderung** aufgehoben oder ge- 18
ändert werden. Dem steht die Rechtsprechung des ThürVerfGH nicht entgegen, nach der eine Aufhebung bzw. Änderung des Finanzvorbehalts in Art. 82 Abs. 2 aufgrund der „Ewigkeitsgarantie" des Art. 83 Abs. 3 weitest gehend unzulässig ist (dazu Art. 82 Rn. 54 ff). Die Argumentation des VerfGH erfasst nämlich allein den für Volksbegehren und Volksentscheide geltenden Finanzvorbehalt, da

32 Gegen eine weite Auslegung zumindest des Finanzvorbehalts auch *Storr*, Staats- und Verfassungsrecht, 1998, Rn. 961.

33 Zutreffend *Grube*, ThürVBl 1998, 245 (250), der aus diesen Gründen den Zweck der Ausschlussklausel für fraglich hält.

34 So die Interpretation des Abgabenbegriffs in Art. 82 Abs. 2 durch ThürVerfGH, Urt. v. 05.12.2007 – 47/06 - S. 18 ff. des Umdrucks (= ThürVBl 2008, 56 [58 ff.]). Die Interpretation dieses Begriffs ist auf Art. 68 Abs. 2 übertragbar.

35 *Hopfe*, in: Linck/Jutzi/Hopfe, Art. 68 Rn. 4 unter Verweis auf Art. 82 Rn. 9. Dies ist aber umstritten: vgl. dazu etwa *Pestalozza*, Jahrbuch für Direkte Demokratie 2009 (2010), 295 (307).

am Ende dieser plebiszitären Verfahren verbindliche Gesetzesbeschlüsse stehen können. Bei einem Bürgerantrag ist dies aber gerade nicht der Fall.

III. Rechtsfolgen eines zulässigen Bürgerantrags

19 Wird ein zulässiger Bürgerantrag dem Landtag unterbreitet, so hat dieser sich mit dem Antrag zu befassen (dazu oben Rn. 9). Aus der Bedeutung, die der Verfassungsgeber dem Instrument des Bürgerantrags beigemessen hat (dazu oben Rn. 3 f.), ist zu folgern, dass das **Plenum des Landtages** über den Antrag **in angemessener Frist beraten und beschließen** muss. Unzulässig wäre es, ihn auf unbestimmte Zeit zu vertagen oder in einem Ausschuss „vertrocknen" zu lassen.[36] Die Beratung darf nicht mit dem Argument seiner vermeintlichen Verfassungswidrigkeit verweigert werden. Der Landtag hat die Frage der Verfassungsmäßigkeit im Rahmen seiner Beratung zu prüfen; ihm steht es frei, den Antrag entsprechend zu korrigieren.[37] Wird ein **Ausschuss** im Rahmen der Geschäftsordnung des Landtages mit dem Antrag befasst, so sind die **Vertreter der Unterzeichner** eines Bürgerantrages (Art. 68 Abs. 4) im Ausschuss zu hören, der wiederum dem Plenum innerhalb einer angemessenen Frist zu berichten hat. Der Bürgerantrag wird nicht vom Grundsatz der Diskontinuität erfasst, ist doch der Verpflichtete des Bürgerantragsrechts der Landtag und nicht das Parlament in der Zusammensetzung einer bestimmten Legislaturperiode.[38]

IV. Bürgerantragsverfahren

20 In Wahrnehmung des **Regelungsvorbehalts in Art. 68 Abs. 5** hat der Gesetzgeber das Bürgerantragsverfahren im Thüringer Gesetz über das Verfahren bei Bürgerantrag, Volksbegehren und Volksentscheid (**ThürBVVG**) näher ausgestaltet. Er hat dabei zum Teil die verfassungsgesetzlichen Regelungen wiederholt.[39] Darüber hinaus hat er u.a. Einzelheiten der Gestaltung des jeweiligen Unterschriftsbogens festgelegt, die Sammlungsfrist für die Unterschriftsleistungen bestimmt,[40] dem Präsidenten des Landtages ein Prüfungsrecht zugewiesen, dem Landtag eine Frist zur Behandlung des Antrags auferlegt und eine Zuständigkeit des Verfassungsgerichtshofs begründet.[41] Diese Regelungen bewegen sich allesamt innerhalb des verfassungsgesetzlichen Rahmens, mit Ausnahme der Bestimmung, die im Falle eines Gesetzentwurfs verlangt, dass der Entwurf „in vollständig ausgearbeiteter Form und mit einer Begründung versehen einzureichen" ist (dazu oben Rn. 10).

21 Das **Prüfungsrecht des Landtagspräsidenten** ist allein auf die formellen und materiellen Zulässigkeitsvoraussetzungen eines Bürgerantrags (dazu oben Rn. 10 ff., 13 ff.) beschränkt. Ein sich darüber hinaus erstreckendes Recht, eine umfassende Prüfung der Verfassungsmäßigkeit des Antrags vorzunehmen, be-

---

36 Der einfache Gesetzgeber hat eine Frist von vier Monaten vorgesehen (§ 8 Abs. 2 ThürBVVG). Diese Frist dürfte die verfassungsrechtlichen Vorgaben in zulässiger Weise konkretisieren; ebenso *Rux*, Direkte Demokratie in Deutschland, 2008, S. 702, Fn. 6.

37 Zutreffend *Grube*, ThürVBl 1998, 245 (249).

38 Ähnlich *Grube*, ThürVBl 1998, 245 (251).

39 §§ 1 Abs. 1, 1 Abs. 2, 7 Abs. 1 Satz 1, 7 Abs. 2 Satz 2 ThürBVVG.

40 Zu der nach brandenburgischem Recht betrachteten, aber verallgemeinerbaren Frage, ob Unterschriften berücksichtigt werden müssen, die schon bei einer früheren gleichlautenden, aber wegen Verfehlen des Quorums erfolglosen Initiative eingereicht worden waren: *von Brünneck*, NJ 1995, 125 ff.

41 Vgl. §§ 7 Abs. 2 bis 7 sowie 8 ThürBVVG.

steht nicht.[42] Lehnt der Präsident des Landtages es ab, die Zulässigkeit eines Bürgerantrags festzustellen, so kann die Vertrauensperson der Unterzeichner den **Verfassungsgerichtshof** anrufen. Antragsgegner im verfassungsgerichtlichen Verfahren ist der Präsident des Landtages; die Landesregierung ist äußerungs- und beitrittsberechtigt.[43] Die Vertrauensperson handelt in gesetzlich vorgesehener Prozessstandschaft, mithin in eigenem Namen für die Unterzeichner des Bürgerantrags.

Artikel 69 [Datenschutzbeauftragter]

Zur Wahrung des Rechts auf Schutz der personenbezogenen Daten und zur Unterstützung bei der Ausübung der parlamentarischen Kontrolle wird beim Landtag ein Datenschutzbeauftragter berufen.

Vergleichbare Regelungen

Art. 33 a BayVerf; Art. 47 VvB; Art. 74 BbgVerf; Art. 37 M-VVerf; Art. 62 NV; Art. 77 a Verf NW; Art. 57 SächsVerf; Art. 63 LVerf LSA; Art. 8 Abs. 3 EU-GRCh (Schutz personenbezogener Daten, Überwachung durch unabhängige Stelle); Art. 16 Abs. 2 Satz 2 AEUV (Schutz personenbezogener Daten, Überwachung durch unabhängige Behörden).

Ergänzungsnormen im sonstigen thüringischen Recht

Die einfachgesetzliche Umsetzung des Art. 69 ist in §§ 35 ff. ThürDSG[1] (Bestellung, Rechtsstellung des Landesbeauftragten für den Datenschutz) erfolgt. Geregelt ist im ThürDSG weiterhin die Bestellung eines Datenschutzbeauftragten bei Daten verarbeitenden Stellen, § 10 a ThürDSG.

Durch das ThürIFG[2] wurde in Thüringen die Stelle eines „Landesbeauftragten für die Informationsfreiheit" eingeführt (§ 12 Abs. 1 ThürIFG). Nach § 12 Abs. 2 ThürIFG wird die Aufgabe des Landesbeauftragten für die Informationsfreiheit vom Landesbeauftragten für den Datenschutz wahrgenommen.

Dokumente zur Entstehungsgeschichte

Art. 19 Abs. 3 VerfE SPD; Art. 44, 45 VerfE NF/GR/DJ; Art. 48, 66 VerfE LL/PDS; Entstehung ThürVerf, S. 182 ff.

Literatur

Alfred G. Debus, Die behördlichen Beauftragten für Datenschutz und Informationsfreiheit, DÖV 2012, 917; *Peter Gola/Christoph Klug*, Die Entwicklung des Datenschutzrechts in den Jahren 2011/2012, NJW 2012, 2489; *Lutz Hasse*, Das neue Thüringer Datenschutzgesetz, ThürVBl 2012, 25; *Johannes Keders/Christoph Spielmann*, Der Schutz der Justiz vor den Datenschützern – Zur Prüfungskompetenz der Datenschutzbeauftragten in strafrechtlichen Ermittlungsverfahren, DRiZ 2012, 347; *Kai von Lewinski*, Europäisierung des Datenschutzrechts, DuD 2012, 564; *Johannes Masing*, Herausforderungen des Datenschutzes, NJW 2012, 2305; *Alexander Roßnagel* (Hrsg.), Handbuch Datenschutzrecht, München 2003; *Wolfgang Ziebarth*, Demokratische Legitimation und Unabhängigkeit der deutschen Datenschutzbehörden, CR 2013, 60.

Leitentscheidungen des ThürVerfGH und des BVerfG

ThürVerfGH, Urt. v. 21.11.2012 – 19/09 – ThürVBl 2013, 55 (ThürPAG).

BVerfGE 27, 1 (Mikrozensus-Entscheidung); 65, 1 (Volkszählungsurteil); 67, 100 (Flick-Untersuchungsausschuss); 101, 361 (Caroline von Monaco); 113, 348 (Telekommunikationsüberwachung); 120, 274 (Schutz der Vertraulichkeit der Daten informationstechnischer Systeme); 126, 286 (Grundrecht auf freie Entfaltung der Persönlichkeit).

---

42 Ebenso *Grube*, ThürVBl 1998, 245 (249).
43 Vgl. § 7 Abs. 7 ThürBVVG.
1 Thüringer Datenschutzgesetz (ThürDSG) v. 10.10.2001 (ThürGVBl. S. 276) idF der Bek. v. 13.01.2012 (ThürGVBl. S. 27).
2 Thüringer Informationsfreiheitsgesetz (ThürIFG) v. 14.12.2012 (ThürGVBl. S. 464).

A. Überblick

1 Art. 69 enthält die verfassungsrechtliche Verpflichtung zur Einrichtung des Amtes eines **Datenschutzbeauftragten;** die **Anbindung beim Landtag** (und nicht bei der Exekutive) hat den Sinn, seine Unabhängigkeit zu gewährleisten.[3] Der Landesbeauftragte kontrolliert bei allen öffentlichen Stellen die Einhaltung der Bestimmungen des ThürDSG und anderer Rechtsvorschriften über den Datenschutz;[4] bei den nichtöffentlichen Stellen ist er Aufsichtsbehörde nach § 38 Abs. 6 BDSG sowie zuständige Behörde für die Verfolgung von Ordnungswidrigkeiten nach § 43 BDSG.[5]

B. Herkunft, Entstehung und Entwicklung

2 Von den fünf Vorentwürfen der Fraktionen sahen die Entwürfe der Fraktionen der SPD, NF/GR/DJ und LL/PDS die Stelle eines Datenschutzbeauftragten vor.[6] Die Gesetzentwürfe der Fraktionen der SPD und der LL/PDS sahen für die Wahl durch den Landtag eine Mehrheit von zwei Dritteln seiner Mitglieder vor.[7] Zunächst verständigte sich der VerfUA darauf, dass der Landtag für wichtige Aufgaben durch Gesetz Beauftragte bestellen könnte.[8]

3 In der 11. Sitzung am 25.09.1992 kam der VerfA dann überein, eine Bestimmung über die Berufung eines Datenschutzbeauftragten und dessen Aufgaben in die Verfassung aufzunehmen.[9] Der Sachverständige Prof. Steinberg plädierte nachdrücklich für die Einrichtung des **Datenschutzbeauftragten als Parlamentsbeauftragten.**[10] Der Vorschlag des Abg. Sonntag, die Formulierung der Sächsischen Verfassung zu übernehmen, wurde dann ohne Gegenstimmen bei einer Enthaltung angenommen.[11]

---

3 *Linck*, in: Linck/Jutzi/Hopfe, Art. 69 Rn. 2; vgl. nunmehr auch den Hinweis auf die institutionelle Garantie des Art. 69 ThürVerf in § 7 Abs. 4 ThürIFG.
4 § 37 Abs. 1 ThürDSG.
5 Vgl. § 42 Abs. 1 ThürDSG.
6 Entstehung ThürVerf, S. 182, 184.
7 Gesetzentwurf der Fraktion der SPD, LT-Drs. 1/590, Art. 19 Abs. 3; Gesetzentwurf der Fraktion LL/PDS, LT-Drs. 1/678, Art. 66 Abs. 1.
8 Entstehung ThürVerf, S. 187; VerfUA Vorlage 1/852.
9 Die Rechte des Datenschutzbeauftragten sollten durch den Gesetzgeber bestimmt werden, Entstehung ThürVerf, S. 187. Im Entwurf der Redaktionskommission war der Gesetzesvorbehalt dann allerdings nicht mehr enthalten, vgl. VerfA Vorlage 1/1180 v. 03.03.1993 (Art. 68).
10 PW1 VerfA011 (25.09.1992), S. 55.
11 PW1 VerfA011 (25.09.1992), S. 69, 72.

C. Verfassungsvergleichende Information

Nach **Art. 8 der EU-GRCh** hat jede Person das Recht auf Schutz der sie betreffenden personenbezogenen Daten. Art. 8 Abs. 3 EU-GRCh bestimmt, dass die Einhaltung der Vorschriften des Art. 8 von einer „unabhängigen Stelle" überwacht wird.[12] Soweit die Zuständigkeit der Länder reicht, stellen die Landesbeauftragten für den Datenschutz diese unabhängige Stelle zur Überwachung des Schutzes personenbezogener Daten dar.[13] 4

Art. 16 Abs. 2 Satz 2 AEUV[14] und **Art. 39 Satz 2 EUV** bestimmen, dass die Einhaltung der Datenschutzvorschriften von „unabhängigen Behörden" überwacht wird;[15] erfasst sind von Art. 16 Abs. 2 Satz 2 AEUV auch die Kontrollstellen in den Mitgliedsstaaten nach Art. 28 Abs. 1 RL 95/46/EG.[16] 5

Nach Art. 33 a BayVerf[17] wird ebenso wie nach Art. 62 NV, Art. 77 a Verf NW und Art. 63 Abs. 2 LVerf LSA der jeweilige Landesbeauftragte für den Datenschutz durch den Landtag auf Vorschlag der Landesregierung gewählt; Art. 47 VvB,[18] Art. 74 BbgVerf, Art. 37 M-VVerf[19] und Art. 57 SächsVerf bestimmt lediglich die Wahl durch den Landtag.[20] 6

D. Erläuterungen

I. Der Datenschutzbeauftragte

1. Rechtsstellung und Verschwiegenheitspflicht. a) Rechtsstellung. Art. 69 regelt die Berufung eines Datenschutzbeauftragten beim Landtag und legt dessen Aufgaben fest. Er ist in der Ausübung seines Amtes unabhängig und nur dem Gesetz unterworfen.[21] Im Interesse eines vorgezogenen Rechtsschutzes für die Bürger ist die Beteiligung unabhängiger Datenschutzbeauftragter von erhebli- 7

---

12 Nach Art. 24 ff. der VO EG Nr. 45/2001 ist für jedes Organ und jede Einrichtung der Gemeinschaft ein „behördlicher Datenschutzbeauftragter", nach Art. 41 ff. als unabhängige Kontrollbehörde ein „Europäischer Datenschutzbeauftragter" zu bestellen, *Bernsdorff,* in: Meyer, Art. 8 Rn. 24.

13 *Garstka/Gill,* in: Roßnagel (Hrsg.), Handbuch Datenschutzrecht, 2003, Kap. 5.2., Datenschutzbeauftragte der Länder, Rn. 8.

14 Ob Art. 16 Abs. 2 Satz 2 AEUV eine Institutsgarantie für die Überwachung durch eine unabhängige Behörde enthält, vgl. *Folz,* in: Vedder/Heintschel von Heinegg, Art. 15 AEUV Rn. 3 – unter Hinweis auf EuGH, Urt. v. 09.03.2010, Rs. C-518/07, Kommission/Deutschland, Rn. 16, ist streitig; aA *Bernsdorff,* in: Meyer, Art. 8 Rn. 24.

15 Dabei verweist der Begriff der unabhängigen Behörden in Art. 39 Satz 2 EUV neben dem Europäischen Datenschutzbeauftragten auch auf den Bürgerbeauftragten; die Weisungsfreiheit der Behörde muss gewährleistet sein, *Kugelmann,* in: Streinz, EUV, Art. 39 Rn. 8; EuGH, Urt. v. 09.03.2010, Rs. C-518/07, Kommission/Deutschland, Rn. 18, 25. Kritisch zum Urteil des EuGH unter dem Blickwinkel der demokratischen Legitimation der Datenschutzbeauftragten, vgl. *Kingreen,* in: Callies/Ruffert, Art. 16 AEUV, Rn. 8 mwN.

16 *Kingreen* (Fn. 15) Rn. 8.

17 Vgl. Art. 33 a Abs. 3 Satz 2 BayVerf. Art. 33 a BayVerf wurde durch Gesetz vom 20.02.1998 eingefügt. Die wesentliche Änderung bestand in der Zuordnung des Datenschutzbeauftragten zum Parlament, *Möstl,* in: Lindner/Möstl/Wolff, Art. 33 a Rn. 2.

18 Da Art. 47 VvB keine Regelung über ein besonderes Vorschlagsrecht enthält, hat jeder einzelne Abgeordnete und jede Fraktion das Recht, einen Wahlvorschlag zu machen, *Korbmacher,* in: Driehaus, Art. 47 Rn. 3.

19 Art. 37 Abs. 1 Satz 2 M-VVerf enthält die Möglichkeit der Abwahl mit zwei Dritteln der Mitglieder des Landtags. Vorschlagsberechtigt sind nur die Fraktionen, *Sauthoff,* in: Litten/Wallerath, Art. 37 Rn. 2.

20 Vgl. zu den einzelnen Regelungen der Länder: *Garstka/Gill* (Fn. 13) Rn. 11 und 23 ff.

21 § 36 Abs. 1 Satz 1 ThürDSG.

cher Bedeutung für einen effektiven Schutz des Rechts auf informationelle Selbstbestimmung.[22]

8 Auch die **Europäische Datenschutzrichtlinie** sieht in den Mitgliedstaaten Kontrollstellen vor, welche die ihnen zugewiesenen Aufgaben in völliger Unabhängigkeit wahrnehmen.[23] Die öffentliche Daten verarbeitenden Stellen der Länder werden durch die Landesbeauftragten für den Datenschutz kontrolliert.[24]

9 Die Stelle des Datenschutzbeauftragten geht auf das erste hessische Datenschutzgesetz von 1970 zurück und wurde später in das BDSG übernommen.[25] Der Thüringer Landesbeauftragte für den Datenschutz wird durch den Landtag mit absoluter Mehrheit gewählt – das ursprüngliche Vorschlagsrecht der Landesregierung ist nach einer Novellierung des Thüringer Datenschutzgesetzes entfallen – und vom Präsidenten des Landtags ernannt.[26]

10 Die **Dienstaufsicht** des Präsidenten des Landtags ist insoweit eingeschränkt, dass sie die Unabhängigkeit des Landesbeauftragten nicht beeinträchtigen darf.[27] Der Datenschutzbeauftragte kann sich jederzeit an den Landtag wenden[28] und unterstützt den Landtag (im Rahmen seiner Beratungsaufgabe) bei seinen Entscheidungen.[29] Er hat einen verfassungsrechtlichen Anspruch auf die für die Erfüllung seiner Aufgaben notwendige Personal- oder Sachausstattung.[30] Der Landesbeauftragte verfügt in Thüringen über einen Vertreter im Amt, der auf seinen Vorschlag vom Präsidenten des Landtags ernannt wird.[31]

11 Mit der Anbindung an den Landtag wird der Datenschutzbeauftragte dennoch nicht zu einem Organ des Landtags und seine Tätigkeit auch nicht zur parlamentarischen Kontrolle; vielmehr übt der Datenschutzbeauftragte bei der Datenschutzkontrolle eine exekutive Tätigkeit aus und wirkt auch bei der Unterstützung des Landtags nicht als dessen Teilorgan.[32]

---

22 BVerfGE 65, 1 (46); *Rudolph*, Recht auf informationelle Selbstbestimmung, in: Merten/Papier, Bd. IV, § 90 Rn. 57.

23 Art. 28 Abs. 1 EU-Datenschutzrichtlinie (95/46/EG) vom 24.10.1995 (ABl. EG L 381/31). Zur Entwicklung der Europäisierung des Datenschutzrechts im Zuge der geplanten Datenschutz-Grundverordnung, vgl. auch *von Lewinski*, DuD 2012, 8. Kritisch zu den Bestrebungen der EU-Kommission, (Fach-) Aufsicht über die nationalen Kontrollstellen zu werden, vgl. *Ziebarth*, CR 2013, 60 (66 f.) und BR-Drs. 52/12, S. 5 Nr. 8.

24 *Rudolph* (Fn. 22) § 90 Rn. 57; neben Thüringen haben auch Bayern, Berlin, Brandenburg, Mecklenburg-Vorpommern, Niedersachsen, Nordrhein-Westfalen, Sachsen und Sachsen-Anhalt den Landesbeauftragten für den Datenschutz verfassungsrechtlich verankert. Im Übrigen zeichnet sich ab, dass die Entwicklung des Datenschutzrechts zunehmend EU-geprägt sein wird, *Gola/Klug*, NJW 2012, 2489 ff.

25 Vgl. hierzu *Tettinger*, HStR V, § 111 Rn. 6 ff.; *Debus*, DÖV 2012, 911 (917 f.). *Garstka/Gill* (Fn. 13) Rn. 2, sprechen vom ersten Datenschutzgesetz der Welt; die später in das BDSG eingeführte Institution des Bundesbeauftragten für den Datenschutz sei der des Hessischen Datenschutzbeauftragten nachgebildet.

26 § 35 Abs. 1 ThürDSG. Der Gesetzgeber will mit derartig hohen Zustimmungsquoren zum Ausdruck bringen, dass der Beauftragte vom Vertrauen einer deutlichen Parlamentsmehrheit getragen ist, vgl. *Gola/Schomerus*, § 22 Rn. 3.

27 § 36 Abs. 1 Satz 3 ThürDSG; *Linck*, in: Linck/Jutzi/Hopfe, Art. 69 Rn. 4 f.

28 § 40 Abs. 6 Satz 1 ThürDSG.

29 § 40 Abs. 3 Satz 1 ThürDSG.

30 *Linck*, in: Linck/Jutzi/Hopfe, Art. 69 Rn. 4; die Personal- und Sachausstattung ist im Einzelplan des Landtags in einem eigenen Kapitel auszuweisen, § 36 Abs. 5 ThürDSG.

31 § 35 Abs. 4 ThürDSG.

32 *Linck*, in: Linck/Jutzi/Hopfe, Art. 69 Rn. 2 (mit kritischer Erörterung der einfachgesetzlichen Aktenauskunfts-, Einsichts- und Zutrittsrechte des Landesbeauftragten).

b) **Amtsverhältnis und Verschwiegenheitspflichten.** Der Landesbeauftragte steht zum Land in einem **öffentlich-rechtlichen Amtsverhältnis.**[33] Er kann – außer auf seinen eigenen Wunsch – nur unter den Voraussetzungen entlassen werden, die auch bei einem Richter auf Lebenszeit die Entlassung aus dem Dienst rechtfertigen.[34] 12

Wegen seiner weitreichenden Einsichtsrechte, die sich nahezu auf alle Dateien der Landesverwaltung erstrecken, kommt der **Verschwiegenheitspflicht** des Landesbeauftragten ein überragender Stellenwert zu. Sie bezieht sich auf sämtliche Angelegenheiten, die ihm im Verlauf seiner Amtstätigkeit bekannt geworden sind;[35] er ist auch nach Beendigung seines Amtsverhältnisses verpflichtet, über die ihm bei seiner Tätigkeit bekannt gewordenen Angelegenheiten Verschwiegenheit zu bewahren.[36] Ausnahmen von der Verschwiegenheitspflicht sind eng auszulegen.[37] 13

2. Aufgaben und Befugnisse. a) **Anrufung.** Jedermann kann sich, unbeschadet des Petitionsrechts oder anderer Rechte, unmittelbar an den Landesbeauftragten mit dem Vorbringen wenden, dass bei der Verarbeitung oder Nutzung seiner personenbezogenen Daten durch öffentliche Stellen seine schutzwürdigen Belange beeinträchtigt werden.[38] 14

b) **Öffentliche Stellen.** Der Landesbeauftragte für den Datenschutz kontrolliert bei allen öffentlichen Stellen des Landes (Behörden, Gerichte[39] und sonstige öffentliche Stellen, Gemeinden und Gemeindeverbände und die sonstigen der Aufsicht des Landes unterstehenden juristischen Personen des öffentlichen Rechts) die Einhaltung der Bestimmungen des ThürDSG und anderer Rechtsvorschriften über den Datenschutz.[40] Er ist von allen öffentlichen Stellen zur Erfüllung seiner Aufgaben zu unterstützen.[41] 15

Er kann bei datenschutzrechtlichen Verstößen von Behörden diese jedoch nicht selbst beheben oder die Behörden dazu anweisen; er ist darauf beschränkt, Verletzungen datenschutzrechtlicher Vorschriften zu **beanstanden;**[42] er fordert die öffentliche Stelle zur **Mängelbeseitigung** in angemessener Frist auf und infor- 16

33 § 36 Abs. 1 Satz 2 ThürDSG; vgl. *Gola/Schomerus*, § 22 Rn. 9. Der Landesbeauftragte kann daher auch die Tatbestände der Verletzung des Privat- und Dienstgeheimnisses nach den §§ 203 Abs. 2 und 353 b StGB verwirklichen, *Heil*, in: Roßnagel (Hrsg.), Handbuch Datenschutzrecht, 2003, Kap. 5.1., Bundesbeauftragter für den Datenschutz, Rn. 40.
34 § 35 Abs. 6 Satz 1 ThürDSG.
35 Vgl. *Heil* (Fn. 33) Rn. 43.
36 § 36 Abs. 3 ThürDSG.
37 *Heil* (Fn. 33) Rn. 43.
38 § 11 Abs. 1 ThürDSG.
39 Für die Gerichte und den Rechnungshof gelten die §§ 10 und 11 sowie der Fünfte Abschnitt des ThürDSG nur, soweit sie in Verwaltungsangelegenheiten tätig werden, § 2 Abs. 6 ThürDSG; vgl. *Garstka/Gill* (Fn. 13) Rn 13. Auch bei richterlich angeordneten Datenerhebungen kann aus datenschutzrechtlicher Sicht überprüft werden, ob die gerichtlichen Vorgaben beim Vollzug der Maßnahme beachtet wurden, *Keders/Spielmann*, DRiZ 2012, 347 (352) mit Darstellung des Streitstands zur sog. „Vollkontrolle" oder „eingeschränkten Kontrolle" der Ermittlungstätigkeit der Staatsanwaltschaften.
40 § 37 Abs. 1 ThürDSG. Die Kontrolle erstreckt sich jedoch nicht auf die Maßnahmen der G-10 Kommission des Landtags nach § 3 ThürAGG10, vgl. § 37 Abs. 3 ThürDSG. Zu juristischen Personen und sonstigen Vereinigungen des privaten Rechts, die Aufgaben der öffentlichen Verwaltung wahrnehmen, vgl. § 2 Abs. 2 ThürDSG.
41 § 38 Abs. 1 ThürDSG.
42 *Linck*, in: Linck/Jutzi/Hopfe, Art. 69 Rn. 7.

miert hierüber die nach § 34 ThürDSG verantwortliche Stelle und die Aufsichtsbehörde. Führt dies nicht zum Erfolg, informiert der Landesbeauftragte den Landtag und die Landesregierung.[43]

17 c) **Nichtöffentliche Stellen.** Bei nichtöffentlichen Stellen ist der Landesbeauftragte auch die **Aufsichtsbehörde** sowie die zuständige Behörde für die Verfolgung von Ordnungswidrigkeiten nach § 38 Abs. 6 und § 43 BDSG.[44] Anders als bei öffentlichen Stellen stehen dem Landesbeauftragten damit weitergehende Instrumente zur Verfügung.[45] Bei der Datenschutzkontrolle der nichtöffentlichen Stellen erscheint es fraglich, ob hier die gesamte Datenschutzaufsicht gegenüber Privaten in die Hand einer unabhängigen Sonderbehörde (ohne Unterbau) gelegt werden sollte; durch die Unabhängigkeit wird der Datenschutz auf ein „Sondergleis" geschoben und – anders als bei Behörden sonst – weitgehend der parlamentarischen oder ministeriellen Kontrolle entzogen.[46]

18 d) **Berichtspflichten.** Der Landesbeauftragte erstattet dem Landtag und der Landesregierung alle zwei Jahre einen **Bericht über seine Tätigkeit;** der Bericht ist im Beirat beim Landesbeauftragten für den Datenschutz vorzuberaten.[47] Der Ministerpräsident führt eine Stellungnahme der Landesregierung zu dem Bericht herbei und legt diese (innerhalb von drei Monaten) dem Landtag vor.[48]

II. Der Informationsfreiheitsbeauftragte

19 Mit dem ThürIFG[49] ist auch in Thüringen die Stelle eines **Landesbeauftragten für die Informationsfreiheit** eingeführt worden.[50] Jeder, der sich in seinem Recht auf Informationszugang nach dem ThürIFG verletzt sieht, kann den Landesbeauftragten anrufen. Damit wird den Antragstellern, deren Antrag auf Informationszugang abgelehnt wurde, die Möglichkeit eröffnet, unabhängig von den

---

43 § 39 Abs. 1 und 2 ThürDSG.

44 § 42 Abs. 1 Satz 1 ThürDSG. In Auslegung des Art. 28 Abs. 1 der EU-Datenschutzrichtlinie hatte der EuGH in seiner Entscheidung vom 09.03.2010 – EuGH, Rs. C–518/07 – gefordert, dass die Datenschutzkontrolle über nichtöffentliche Stellen von einer „völlig unabhängigen Stelle" ausgeübt wird; damit schied das Thüringer Landesverwaltungsamt als eine der Aufsicht unterstehende nachgeordnete Behörde aus, vgl. *Hasse*, ThürVBl 2012, 25 (30).

45 Nach § 42 Abs. 1 ThürDSG iVm § 43 BDSG ist der Landesbeauftragte z.B. befugt, Bußgelder bis zu einer Höhe von 300.000 Euro zu verhängen; nach § 44 Abs. 2 ThürDSG ist er strafantragsbefugt.

46 *Masing*, NJW 2012, 2305 (2311) hält dies, unabhängig von einer verfassungsrechtlich-dogmatischen Würdigung, für einen so weitgehenden Aufgabenbereich „zumindest im Blick auf die Idee der Demokratie" für bedenklich. Der Herauslösung aus den einzelstaatlichen Zusammenhängen folge nun die Zentralisierung; nach dem Entwurf der Datenschutz-Grundverordnung sollten nunmehr – an Stelle einer demokratisch gebundenen Kontrolle durch die Mitgliedstaaten – die Datenschutzbeauftragten engen Berichtspflichten an die EU-Kommission unterliegen, *Masing*, ebd.; kritisch auch *von Lewinski*, DuD 2012, 564 (567), der von einer Datenschutzaufsicht unter Führung der EU-Kommission spricht. Diese wiederum wird mit weitreichenden Normsetzungsermächtigungen ausgestattet, vgl. Art. 57 ff., Art. 62 Datenschutz-Grundverordnung, KOM (2012) 11 endgültig.

47 §§ 40 Abs. 4, 41 ThürDSG.

48 § 40 Abs. 1 ThürDSG.

49 ThürIFG vom 14.12.2012 (ThürGVBl. S. 464). Vgl. insoweit den Koalitionsvertrag der Landesverbände der CDU und der SPD Thüringens vom Oktober 2009, S. 49, in dem die Schaffung eines Informationsfreiheitsbeauftragten als Zielstellung vereinbart wurde.

50 Zu den unterschiedlichen Regelungen in den Informationsfreiheitsgesetzen der anderen deutschen Länder vgl. *Gola/Schomerus*, § 22 Rn. 14.

Möglichkeiten zur Einlegung förmlicher Rechtbehelfe,[51] den Landesbeauftragten anzurufen.[52]

Die Aufgabe des Landesbeauftragten für die Informationsfreiheit wird vom Landesbeauftragten für den Datenschutz wahrgenommen.[53] Damit liegen zwei Ämter vor, die in Personalunion wahrgenommen werden; gegen eine solche Verbindung der Funktionen wird angeführt, dass man nicht spannungsfrei den Datenschutz und die Informationsfreiheit kontrollieren könne;[54] andererseits wird eine Bündelung befürwortet, weil es sich bei der Informationsfreiheit und dem Datenschutz um „zwei Seiten einer Medaille“ handele.[55] 20

Bei Verstößen gegen das ThürIFG kann der Landesbeauftragte für die Informationsfreiheit ihre Behebung in angemessener Frist fordern. Über die **Beanstandung** ist die zuständige Aufsichtsbehörde zu unterrichten.[56] Sollen nach dem ThürIFG Geldbußen zur Ahndung von Ordnungswidrigkeiten verhängt werden, ist das Landesverwaltungsamt, nicht der Landesbeauftragte die zuständige Behörde.[57] 21

Der Landesbeauftragte für die Informationsfreiheit kann sich jederzeit an den Landtag wenden. Er unterstützt den Landtag bei seinen Entscheidungen und erstattet dem Landtag und der Landesregierung mindestens alle zwei Jahre einen **Bericht über seine Tätigkeit.** Der Ministerpräsident führt eine Stellungnahme zu dem Bericht herbei und legt diese innerhalb von drei Monaten dem Landtag vor.[58] 22

Dritter Abschnitt Die Landesregierung

Artikel 70 [Landesregierung]

(1) Die Landesregierung ist das oberste Organ der vollziehenden Gewalt.

(2) Sie besteht aus dem Ministerpräsidenten und den Ministern.

(3) [1]Der Ministerpräsident wird vom Landtag mit der Mehrheit seiner Mitglieder ohne Aussprache in geheimer Abstimmung gewählt. [2]Erhält im ersten Wahlgang niemand diese Mehrheit, so findet ein neuer Wahlgang statt. [3]Kommt die Wahl auch im zweiten Wahlgang nicht zustande, so ist gewählt, wer in einem weiteren Wahlgang die meisten Stimmen erhält.

(4) [1]Der Ministerpräsident ernennt und entläßt die Minister. [2]Er bestimmt einen Minister zu seinem Stellvertreter.

51 Nach § 12 Abs. 6 ThürIFG bleiben die Bestimmungen über den gerichtlichen Rechtsschutz unberührt.
52 Vgl. Begründung der LReg, Zu § 12: Zu Absatz 1, LT-Drs. 5/4986, S. 34.
53 § 12 Abs. 1 und 2 ThürIFG.
54 Vgl. *Debus,* DÖV 2012, 917 (918); *von Lewinski,* Jahrbuch Informationsfreiheit und Informationsrecht 2011, S. 265 (278); andererseits könne es sich in der behördlichen Praxis als Vorteil erweisen, wenn eventuelle Konflikte innerhalb einer Stelle geklärt werden müssen, weil davon auszugehen sei, dass die erforderliche Sachkunde für beide Bereiche gewährleistet sei, *Debus,* DÖV 2012, 917 (918).
55 *Debus,* DÖV 2012, 917 (919), mwN und Darstellung des Streitstands.
56 § 12 Abs. 3 Satz 3 und 4 ThürIFG.
57 § 13 Abs. 2 ThürIFG.
58 § 12 Abs. 4 und 5 ThürIFG.

Vergleichbare Regelungen

Art. 45 Abs. 2, 46 Abs. 1 Satz 2, 46 Abs. 3 BWVerf; Art. 43 Abs. 2, 44 Abs. 2 BayVerf; Art. 55 Abs. 2 VvB; Art. 33 Abs. 2 HambVerf; Art. 101 Abs. 4 HessVerf; Art. 41 Abs. 3 M-VVerf; Art. 28 Abs. 3 NV; Art. 86 SchlHVerf.

Dokumente zur Entstehungsgeschichte

Art. 61 VerfE CDU; Art. 49, 50 VerfE F.D.P.; Art. 60, 61 VerfE SPD; Art. 53 VerfE NF/GR/DJ; Art. 75, 76 VerfE LL/PDS; Entstehung ThürVerf S. 188 ff.

Literatur

Holger Fibich, Das Verhältnis zwischen Landtag und Landesregierung nach der Verfassung des Freistaats Thüringen vom 25. Oktober 1993, 2001.

A. Überblick

1 Art. 70 leitet die Vorschriften über die Landesregierung ein. Der Artikel regelt ihre grundsätzliche Stellung und Zusammensetzung sowie die Wahl des Ministerpräsidenten und die Ernennung und Entlassung der Minister.

B. Herkunft, Entstehung und Entwicklung

2 Art. 70 ist in seiner Entstehung unumstritten gewesen. Es gab auch keinen Anlass, zu Beginn der 1990er Jahre eine andere Struktur der Landesregierung zu beschließen. Der Vorschlag, im dritten Wahlgang den Ministerpräsidenten durch Losentscheid zu bestimmen,[1] hat sich zu Recht nicht durchgesetzt. Ebensowenig haben sich Überlegungen durchgesetzt, wonach die gesamte Landesregierung abschließend durch den Landtag zu bestätigen sei.[2] Damit liegt die politische Verantwortung für die gesamte Landesregierung beim Ministerpräsidenten.

C. Verfassungsvergleichende Information

3 Die Regelung der ThürVerf über Landesregierung und Ministerpräsidenten schert im Bundesvergleich nicht aus dem „Mainstream" aus. Anders als in manchen Ländern gibt es allerdings keine Höchstzahl der Minister in der Landesregierung.[3] Ebensowenig gehören in Thüringen die Staatssekretäre zur Landesregierung,[4] und diese wird auch nicht durch den Landtag bestätigt (siehe oben

1 PW 1 VerfUA 016 (14.07.1992), S. 87-95 (93 ff.).
2 PW 1 VerfUA016 (14.07.1992), S. 95-99.
3 Art. 43 Abs. 2 BayVerf; Art. 55 Abs. 2 VvB; Art. 33 Abs. 2 HambVerf.
4 Art. 45 Abs. 2 BWVerf; Art. 86 SchlHVerf.

Rn. 1).[5] Auch existiert kein verfassungsrechtliches Mindestalter[6] (auch kein Höchstalter) für den Ministerpräsidenten, und Mitglieder der zahlreichen Fürstenhäuser Thüringens sind ebensowenig von der Wahl ausgeschlossen[7] wie (kraft Landesrechts) Europaparlamentarier, Bundestagsabgeordnete und Landtagsabgeordnete aus anderen Ländern.[8] Thüringen hat die Gleichstellung im Amt des Ministerpräsidenten praktisch verwirklicht: Christine Lieberknecht (CDU) ist seit 2009 die zweite von mittlerweile fünf Ministerpräsidentinnen in der Bundesrepublik (nach Heide Simonis, 1993, aber vor Hannelore Kraft, 2010, Annegret Kramp-Karrenbauer, 2011, und Marie-Luise Dreyer, 2012). Dies ist auch ohne geschlechtsneutrale Formulierung der Vorschriften gelungen – anders als in Niedersachsen, wo es noch nie eine Ministerpräsidentin gab.

D. Erläuterungen

I. Aufgaben und Funktion der Landesregierung

1. Landesregierung als oberstes Organ vollziehender Gewalt. Die Landesregierung ist nach Art. 70 Abs. 1 ThürVerf oberstes Organ der vollziehenden Gewalt. Damit wird ihre Aufgabenzuordnung nicht inhaltlich, sondern funktional umschrieben. Was zur vollziehenden Gewalt gehört, steht nicht inhaltlich-abstrakt fest. Wichtige Anhaltspunkte liefert die Aufgliederung der vollziehenden Gewalt in Regierung und Verwaltung. 4

2. Vollziehende Gewalt I: Regierung. Auch der **Regierungsbegriff** ist nicht derart trennscharf, dass sich ein fester Aufgaben-„katalog" für die Landesregierung erstellen ließe.[9] Regierung ist Staatsleitung, und in institutioneller Hinsicht ist die Landesregierung das primär mit der Staatsleitung betraute Organ, während materiell grundsätzlich auch andere Staatsorgane in Thüringen Regierungsaufgaben wahrnehmen können. Im Land Thüringen ist hierbei im wesentlichen die partiell staatsleitende Tätigkeit des Landtags angesprochen; weitere Staatsorgane mit staatsleitenden Funktionen – wie etwa der Bundespräsident im Bund – gibt es in Thüringen nicht. 5

Anknüpfend an einige Grundsatzentscheidungen des Bundesverfassungsgerichts[10] wird die Existenz von Vorbehaltsbereichen der Regierung kraft Verfassungsrechts postuliert. In der parlamentarischen Demokratie ist es jedoch nur schwer vorstellbar, Politikbereiche zu ermitteln, die nicht auch dem Zugriff politischen Handelns des Landtages unterliegen. Soweit ein Vorbehaltsbereich für die politische Leitungstätigkeit und damit zusammenhängende Beratungs- und Initiativtätigkeit angenommen wird, lässt sich dies nur insoweit auf Art. 70 Abs. 1 stützen, als die Funktionsfähigkeit des Regierungshandelns beeinträchtigt wäre, wenn ein anderes Staatsorgan in die Regierungstätigkeit intervenierte. Entscheidend ist daher insgesamt, welche Aufgabenzuweisungen der Verfassung Kompetenzen gewissermaßen exklusiv verleihen.[11] 6

5 Art. 46 Abs. 3 BWVerf; Art. 101 Abs. 4 HessVerf.
6 Art. 46 Abs. 1 Satz 2 BWVerf; Art. 44 Abs. 2 BayVerf (jeweils 40 Jahre).
7 Anders in Hessen: Art. 101 Abs. 3 HessVerf.
8 So Art. 41 Abs. 3 M-VVerf; Art. 28 Abs. 3 NV.
9 *Schröder,* Aufgaben der Bundesregierung, in: HStR, Bd. III, § 64 Rn. 6 ff. für die Bundesregierung.
10 BVerfGE 9, 268 (281, 282, 285); 34, 52 (59 f.); 67, 100 (139).
11 Zum Ganzen siehe oben, Art. 48 Rn. 71 ff.

7 Solches gilt für die Antragsrechte im parlamentarischen Bereich, namentlich das Recht, den Landtag einzuberufen (Art. 57 Abs. 2 Satz 2) sowie das Recht, den Ausschluss der Öffentlichkeit zu beantragen (Art. 60 Abs. 2 Satz 2). Mit der Landtagstätigkeit verzahnt sind Zutritts- und Rederecht (Art. 66 Abs. 2) bzw. die Pflicht, im Landtag zu erscheinen (Art. 66 Abs. 1) und Fragen zu beantworten/Auskünfte zu erteilen (Art. 67). Das Gesetzesinitiativrecht der Landesregierung (Art. 81 Abs. 1) wird unmittelbar vom parlamentarischen Gesetzgebungsverfahren aufgegriffen. Ein Sonderrecht auf Beantragung der verfassungsgerichtlichen Kontrolle steht der Landesregierung bei der Volksgesetzgebung zu (Art. 82 Abs. 2 Satz 3). Eine besondere Antragsberechtigung kommt der Landesregierung generell vor dem Verfassungsgerichtshof zu, sei es im Organstreitverfahren (Art. 80 Abs. 1 Nr. 3) oder in der abstrakten Normenkontrolle (Art. 80 Abs. 1 Nr. 4). Überdies bringt die Landesregierung den Haushaltsentwurf ein (Art. 99 Abs. 3 Satz 1), verfügt über Nothaushaltsrechte (Art. 100) und ist zur Rechnungslegung verpflichtet (Art. 102). Die Regierungsfunktion wird schließlich in den besonderen Befugnissen des Ministerpräsidenten deutlich, Art. 76 ff., die auch nur teilweise parlamentarisch begleitet werden (s. etwa Art. 77 Abs. 2).

3. Vollziehende Gewalt II: Verwaltung

8 Zu den exekutiven Aufgaben gehören gerade in den Ländern mit begrenzter politischer Reichweite Verwaltungsaufgaben. In der Landesregierung ist die Spitze der **Landesverwaltung** gebündelt (s. auch Art. 47 Abs. 2); die Ministerien sind die obersten Landesverwaltungsbehörden. Die genaue Abschichtung der Verwaltungsorganisationsbefugnisse zwischen Regierung und Verwaltung leistet Art. 90.

II. Zusammensetzung, Wahl und Ernennung

9 **1. Die Landesregierung als Kollegialorgan unter Leitung des Ministerpräsidenten.** Die Landesregierung ist ein Kollegialorgan, das sich aus dem Ministerpräsidenten und den Ministern zusammensetzt, Art. 70 Abs. 2. Die Vorschrift geht davon aus, dass der Ministerpräsident Minister ernennen muss, auch wenn es zulässig ist, dass er einzelne Ministerämter selbst übernimmt.[12] Der Ministerpräsident hat innerhalb der Landesregierung eine besondere Stellung (s. Art. 76 ff.). Unter den Ministern ist der Stellvertreter des Ministerpräsidenten herausgehoben (Abs. 4); einige Minister verfügen innerhalb der Landesregierung über besondere Rechte (Rn. 16 f.). Ist in der Verfassung oder in einfachen Gesetzen von der Landesregierung die Rede, muss grundsätzlich davon ausgegangen werden, dass das Kollegium gemeint ist.[13]

10 **2. Der Ministerpräsident.** **a) Wahl.** Die Wahl des Ministerpräsidenten findet nach jedem Ende der Amtszeit der Landesregierung statt, siehe unten Art. 75 Rn. 4 ff. Der erste Ministerpräsident Thüringens nach der Wiedergründung des Landes 1990, Josef Duchač, wurde noch nach der vorläufigen Landessatzung gewählt; ebenso der zweite Ministerpräsident Bernhard Vogel für die erste Amtszeit (s. die Übergangsregelung in Art. 105 Satz 1).

11 Kreationsorgan für den Ministerpräsidenten ist – wie in allen Ländern der Bundesrepublik – der Landtag. Der Ministerpräsident wird nicht direkt vom Volk

12 *Linck*, in: Linck/Jutzi/Hopfe, Art. 70 Rn. 9.
13 Für die Bundesregierung BVerfGE 91, 148 (166).

gewählt. Auch in den Ländern ist die Bundesrepublik Deutschland parlamentarische Demokratie. Eine andere Regel könnte allerdings durch Verfassungsänderung geschaffen werden. Art. 83 Abs. 3 mit Art. 44 Abs. 1 und 45 stünden ebensowenig entgegen wie Art. 28 Abs. 1 GG. Für derartige Überlegungen gibt es jedoch momentan keinen verfassungspolitischen Anlass.

Der Landtag wählt den Ministerpräsidenten ohne Aussprache. Traditionell gibt es bei der Wahl des Regierungschefs in Deutschland keine Debatte, die angesichts ihrer Umstände (zumeist unmittelbar nach der Landtagswahl, vorhergehende Koalitionsverhandlungen) nicht zielführend wäre. 12

Die Abstimmung ist geheim. Auch diese verfassungsrechtliche Abstimmungsregelung könnte geändert werden. Eine solche Änderung wurde im Anschluss an die Wahl von Christine Lieberknecht zur Ministerpräsidentin (siehe unten Rn. 14) nach dem Scheitern der ersten beiden Wahlgänge diskutiert. Dagegen spricht, dass die Mehrheitsverhältnisse bei der Wahl des Ministerpräsidenten so klar sein sollten, dass die Regierungsmehrheit auch eine geheime Abstimmung überstehen können muss. 13

Die Wahl des Ministerpräsidenten erfolgt in bis zu drei Wahlgänge. In den ersten beiden Wahlgängen bedarf es der absoluten Mitgliedermehrheit. Gemäß § 1 Abs. 1 ThürLWG müssen also mindestens 45 Stimmen für den Kandidaten abgegeben werden (sofern es nicht zu einer Erhöhung der Anzahl der Sitze nach § 5 Abs. 6 ThürLWG – Überhangmandate – kommt). Im dritten Wahlgang ist die einfache Mehrheit der abgegebenen Stimmen ausreichend. Bei ihrer Wahl zur Ministerpräsidentin erreichte Christine Lieberknecht in den ersten beiden Wahlgängen nicht die erforderliche Mehrheit (lediglich 44 Stimmen), erst im dritten Wahlgang erhielt sie 55 Stimmen; der Gegenkandidat Bodo Ramelow[14] erhielt 27 Stimmen.[15] 14

b) Funktion. Der Ministerpräsident leitet die Landesregierung (siehe unten Art. 76, Rn. 4 ff.) und vertritt den Freistaat Thüringen nach außen (Art. 77 Abs. 1 Satz 1). Die Außenvertretung wird besonders auf Bundesebene sichtbar, namentlich in der Ministerpräsidentenkonferenz und im Bundesrat. Außerdem erlässt er Beamte und Richter und übt das Begnadigungsecht aus (Art. 78 Abs. 1 und 2). In der Summe kommt ihm die Funktion des Staatsoberhauptes des Freistaates Thüringen zu. 15

c) Stellvertretung. Einer der Minister der Landesregierung wird vom Ministerpräsidenten zum Stellvertreter bestimmt. Rechtlich ist der Ministerpräsident in der Bestimmung frei. Politisch ist die Ernennung des Stellvertreters in Koalitionsregierungen an die Absprachen in der Koalition,[16] bei absoluter Mehrheit der Regierungspartei ggf. an regionalen und inhaltlichen Proporz gebunden. 16

§ 1 Abs. 2 ThürGGO ordnet an: „Ist der Ministerpräsident an der Wahrnehmung der Geschäfte verhindert, so vertritt ihn sein Stellvertreter, ...“[17] In Thüringen hat die Stellvertretungsregelung 2009 Bedeutung erlangt: Infolge eines 17

14 LT-Drs. 5/45.

15 LT-Prot 5/2.

16 Siehe die gegenwärtige Regelung im Beschluss der Thüringer Landesregierung: Gegenseitige Vertretung der Mitglieder der Thüringer Landesregierung vom 01.12.2009 (ThürGVBl. S. 772).

17 Gemeinsame Geschäftsordnung für die Landesregierung sowie für die Ministerien und die Staatskanzlei des Freistaats Thüringen (ThürGGO) vom 31.08. (ThürGVBl. S. 237), letzte Änderung durch Beschl. v. 10.07.2008 (ThürGVBl. S. 307).

schweren Skiunfalls am Neujahrstag 2009 war der seinerzeitige **Ministerpräsident** Dieter Althaus nicht in der Lage, die Amtsgeschäfte wahrzunehmen. Bis zu seiner Rückkehr in das Amt am 20.04.2009 übernahm dies seine **Stellvertreterin** Birgit Diezel.

18 Kraft Verfassungsrechts ist der **Rücktritt** kein Verhinderungsfall (siehe unten Art. 75 Rn. 5, 9), so dass die Stellvertretungsregelung in diesem Fall nicht greift. Nach dem Rücktritt von Dieter Althaus am 03.09.2009 musste dieser selbst und nicht Birgit Diezel die Geschäfte des Ministerpräsidenten wahrnehmen.

19 **3. Die Minister.** a) **Ernennung.** Die **Minister** werden nach Art. 70 Abs. 4 Satz 1, 1. Alt. vom Ministerpräsidenten ernannt. Eine Wahl oder Bestätigung durch den Landtag findet nicht statt.[18] Sie können auch nicht einzeln durch den Landtag abgewählt werden. Der Ministerpräsident übernimmt mit der Ernennung die politische Verantwortung für den einzelnen Minister.

20 **b) Funktion.** Die Minister bilden (mit dem Ministerpräsidenten) das Kollegium der Landesregierung. Sie verantworten ihren Geschäftsbereich innerhalb der Richtlinien des Ministerpräsidenten selbständig, Art. 76 Abs. 1 Satz 2. Als „Hausspitze" stehen sie dem jeweiligen Ministerium vor und sind dafür politisch verantwortlich.

21 **c) Entlassung.** Der Ministerpräsident ist auch für die Entlassung der Minister zuständig, Art. 70 Abs. 4 Satz 1, 2. Alt. Die Entlassungsbefugnis ist Ausfluss der politischen Verantwortung des Ministerpräsidenten für die Landesregierung. Daher bedarf es keines förmlichen Entlassungsgrundes. Insbesondere ist kein (kritisches) Votum des Landtages erforderlich. Der Ministerpräsident ist also kraft Verfassungsrechts nicht gehindert, jederzeit die Regierung umzubilden.

Artikel 71 [Eid]

(1) Der Ministerpräsident und die Minister leisten bei der Amtsübernahme vor dem Landtag folgenden Eid: „Ich schwöre, daß ich meine Kraft dem Wohle des Volkes widmen, Verfassung und Gesetze wahren, meine Pflichten gewissenhaft erfüllen und Gerechtigkeit gegen jedermann üben werde."

(2) Der Eid kann mit einer religiösen Beteuerung geleistet werden.

Vergleichbare Regelungen

Art. 48 BWVerf; Art. 56 BayVerf; § 4 Senatorengesetz Berlin; Art. 88 BbgVerf; Art. 109 BremVerf; Art. 38 HambVerf; Art. 111 HessVerf; Art. 44 M-VVerf; Art. 31 NV; Art. 53 Verf NW; Art. 100 Verf Rh-Pf; Art. 89 SaarlVerf; Art. 61 SächsVerf; Art. 66 LVerf LSA; Art. 28 SchlH-Verf.

Dokumente zur Entstehungsgeschichte

Art. 63 VerfE CDU; Art. 51 VerfE F.D.P.; Art. 63 VerfE SPD; Art. 55 VerfE NF/GR/DJ; Art. 77 VerfE LL/PDS; Entstehung ThürVerf S. 191 f.

18 Vgl. *Fibich*, S. 69. Kritisch *Linck*, in: Linck/Jutzi/Hopfe, Art. 70 Rn. 18.

A. Überblick

Die Vorschrift regelt die Eidesleistung des Ministerpräsidenten und der Minister. 1

B. Herkunft, Entstehung und Entwicklung

Die Regelung über den Amtseid war bei Ausarbeitung der Thüringer Verfassung – bei minimalen Unterschieden hinsichtlich des Wortlauts im Einzelnen – vollkommen unumstritten.[1] 2

C. Verfassungsvergleichende Information

In allen Ländern der Bundesrepublik Deutschland leisten die Ministerpräsidenten bzw. Minister einen entsprechenden Amtseid (siehe die oben unter „Vergleichbare Regelungen“ aufgeführten Vorschriften). 3

D. Erläuterungen

Art. 71 Abs. 1 schreibt vor, dass der Ministerpräsident und die Minister bei der Amtsübernahme einen **Amtseid** leisten. Die Vorschrift enthält den verbindlichen Eidestext. Die Bestimmung des Zeitpunktes „… bei der Amtsübernahme …“ bedeutet, dass erst mit der Eidesleistung das Amt angetreten wird und Amtshandlungen vorgenommen werden können, wie dies generell den Regelungen im öffentlichen Dienstrecht entspricht.[2] Daher muss der Ministerpräsident auch vor Ernennung der Minister vereidigt werden. Die Eidesleistung erfolgt vor dem Landtag, d. h. in einer Plenarsitzung. 4

Gemäß Abs. 2 kann eine **religiöse Beteuerung** hinzugefügt werden. Die Freiheit, die Beteuerung zu gebrauchen oder nicht, ist Bestandteil der Religionsfreiheit des Eidesleistenden. Üblich ist die Formel „So wahr mir Gott helfe!“; auch eine andere Formel kann gewählt werden. 5

Artikel 72 [Amtsverhältnis]

(1) Die Mitglieder der Landesregierung stehen in einem besonderen öffentlich-rechtlichen Amtsverhältnis zum Land.

(2) Die Mitglieder der Landesregierung dürfen kein anderes besoldetes Amt, kein Gewerbe und keinen Beruf ausüben; sie dürfen ohne Zustimmung des Landtags weder der Leitung noch dem Aufsichtsgremium eines auf Erwerb gerichteten Unternehmens angehören.

Vergleichbare Regelungen

Art. 66 GG; Art. 53 Abs. 2 BWVerf; Art. 57 BayVerf; Art. 95 BbgVerf; Art. 108 Abs. 1 und 113 BremVerf; Art. 39 Abs. 1, 40 HambVerf; Art. 101 HessVerf; Art. 45 M-VVerf; Art. 34 NV; Art. 64 Verf NW; Art. 62 SächsVerf; Art. 67 LVerf LSA; Art. 34 SchlHVerf.

Ergänzungsnormen im sonstigen thüringischen Recht

ThürMinG idF der Bek.v. 14.04.1998 (ThürGVBl. 1998 S. 104) zuletzt geändert durch Gesetz v. 25.10.2011 (ThürGVBl. S. 265).

1 Siehe Entstehung ThürVerf, S. 192.
2 Siehe *Linck*, in: Linck/Jutzi/Hopfe, Art. 71 Rn. 2.

Dokumente zur Entstehungsgeschichte

Art. 65 VerfE CDU; Art. 56, 57 VerfE F.D.P.; Art. 64, 66 VerfE SPD; Art. 60, 61 VerfE NF/GR/DJ; Art. 83 VerfE LL/PDS; Entstehung ThürVerf S. 193 f.

A. Überblick

1 Die Vorschrift gibt in Abs. 1 die Grundlage für das Amtsverhältnis des Ministerpräsidenten und der Minister. Gleichzeitig sind verfassungsrechtliche Tätigkeitsbeschränkungen in Abs. 2 verankert.

B. Herkunft, Entstehung und Entwicklung

2 Vor allem Abs. 2 hat bei der Ausarbeitung der ThürVerf Anlass zu Diskussionen gegeben.[1] Der Wortlaut ist an Art. 66 GG angelehnt. Erörtert wurde der Umfang der Tätigkeitsbeschränkungen. Außerdem wurden in diesem Rahmen Inkompatibilitäten diskutiert. Die Auffassung, dass Ministeramt und Landtagsmandat unvereinbar seien, hat sich nicht durchgesetzt. Sie war namentlich von den Mitgliedern der Fraktion NF/GR/DJ vertreten worden.

C. Verfassungsvergleichende Information

3 Das Grundgesetz (Art. 66) und die Landesverfassungen der Bundesrepublik enthalten überwiegend ähnliche Regelungen. Teilweise ist die Tätigkeit in Unternehmensgremien ausnahmslos oder mit Ausnahmen für staatlich beeinflusste Unternehmen untersagt.[2] Andererseits sehen manche Länderverfassungen Inkompatibilitätsregelungen für die Tätigkeit in Regierung und Parlament vor.[3]

D. Erläuterungen

I. Amtsverhältnis des Ministerpräsidenten und der Minister

4 Art. 72 Abs. 1 regelt die Rechtsnatur des Amtsverhältnisses des Ministerpräsidenten und der Minister. Es ist eine Amtsbeziehung zum Freistaat Thüringen. Sie unterliegt öffentlichem, nicht privatem Recht. Sie ist auch kein gewöhnliches Beamtenverhältnis. Daher sind die Vorgaben des Art. 33 Abs. 5 GG nicht anwendbar. In praktischer Hinsicht zeigt sich dies bei der Auswahl, die nicht an die Kriterien von Eignung und Leistung gekoppelt ist, aber etwa auch an den Verboten des Abs. 2: Gewerbliche Tätigkeit ist Beamten in den Grenzen des Nebentätigkeitsrechts erlaubt.

5 Näher ausgestaltet ist das besondere öffentlich-rechtliche Amtsverhältnis im Ministergesetz.[4] Es enthält grundlegende statusrechtliche Regelungen zu Beginn

---

1 Siehe dazu PW 1 VerfA 012 (26.09.1992), S. 73-94, sowie PW 1 VerfUA 017 (01.09.1992), S. 45-62.

2 Siehe z. B. Art. 57 BayVerf; Art. 95 BbgVerf.

3 Siehe z. B. Art. 108 Abs. 1 BremVerf; Art. 39 Abs. 1 HambVerf.

4 Thüringer Gesetz über die Rechtsverhältnisse der Mitglieder der Landesregierung (Thüringer Ministergesetz – ThürMinG) idF der Bek. v. 14.04.1998 (ThürGVBl. S. 104).

und Ende des Amtsverhältnisses sowie zu Besoldung (einschließlich Kollisionsregeln) und Versorgung.

II. Tätigkeitsbeschränkungen

Abs. 2 enthält Tätigkeitsbeschränkungen, um Interessenkonflikte mit anderen öffentlichen oder privaten wirtschaftlichen Interessen zu vermeiden.[5] 6

Untersagt ist den Mitgliedern der Landesregierung die Ausübung eines anderen besoldeten Amtes. Minister, die aus dem Beamten- oder Richterverhältnis in das Ministeramt berufen werden, müssen aus diesem Amt ausscheiden (§ 14 ThürMinG). Ehrenämter sind nicht besoldet und daher verfassungsrechtlich zulässig, jedoch einfachgesetzlich nur ausnahmsweise (§ 5 Abs. 2 ThürMinG). Weil in der ThürVerf – wie in den meisten Landesverfassungen – keine Inkompatibilitätsregelung enthalten ist (siehe oben Rn. 3), dürfen Minister ihr Landtagsmandat behalten. Die Tätigkeitsbeschränkung erfasst diesen Gegenstand nicht.[6] Ein Bundestagsmandat soll nach verbreiteter Ansicht mit einer Tätigkeit als Landesminister vereinbar sein.[7] Das ist jedoch weder realistisch noch verfassungsrechtlich überzeugend, führt es doch zur Möglichkeit eines Doppelmandats in Bundestag und Bundesrat. 7

Auch eine gewerbliche Tätigkeit („Beruf" ist insoweit synonym) ist nicht erlaubt. Allein die Tätigkeit in der Geschäftsführung („Leitung") oder im Aufsichtsrat eines Wirtschaftsunternehmens kann vom Landtag genehmigt werden. Vergütungen aus solchen Tätigkeiten müssen an das Land abgeführt werden, soweit sie höher liegen als die Amtsbezüge (§ 5 Abs. 3 ThürMinG). Durch diese einfachgesetzliche Pflicht wird der eigentümliche Widerspruch zwischen Verbot gewerblicher Tätigkeit einerseits und nach Zustimmung möglicher Leitung einer Gesellschaft andererseits gemildert.[8] 8

Artikel 73 [Konstruktives Mißtrauensvotum]

[1]Der Landtag kann dem Ministerpräsidenten das Mißtrauen nur dadurch aussprechen, daß er mit der Mehrheit seiner Mitglieder einen Nachfolger wählt. [2]Den Antrag kann ein Fünftel der Abgeordneten oder eine Fraktion einbringen. [3]Zwischen dem Antrag und der Wahl müssen mindestens drei, dürfen jedoch höchstens zehn Tage liegen. [4]Die Wahl erfolgt in geheimer Abstimmung.

Vergleichbare Regelungen

Art. 67 GG; Art. 54, 56 BWVerf; Art. 44 Abs. 3 BayVerf; Art. 57 VvB; Art. 86 BbgVerf; Art. 110 BremVerf; Art. 35 HambVerf; Art. 114 HessVerf; Art. 50 Abs. 2 Satz 1 M-VVerf; Art. 32 NV; Art. 61 Verf NW; Art. 99 Verf Rh-Pf; Art. 88 Abs. 2 mit Art. 69 SaarVerf; Art. 69 SächsVerf; Art. 72 LVerf LSA; Art. 65 SchlHVerf.

Ergänzungsnormen im sonstigen thüringischen Recht

§ 117 Abs. 1 ThürGOLT idF der Bek. v. 19.07.2012 (LT-Drs. 5/4750).

---

5 *Linck*, in: Linck/Jutzi/Hopfe, Art. 72 Rn. 3.
6 Für das GG siehe *Epping*, in: von Mangoldt/Klein/Starck, Art. 66 Rn. 18 m. zahlr. w. N.
7 *Achterberg*, S. 232; *Achterberg/Schulte*, in: von Mangoldt/Klein/Starck, Art. 38 Rn. 82 Ziff. (3), daran anschließend *Linck*, in: Linck/Jutzi/Hopfe, Art. 72 Rn. 6; aA *Stern*, Status und Mandat des Abgeordneten, in: Stern, Bd. I, § 24 I 6 g; *Magiera*, in: Sachs, GG, Art. 38 Rn. 57 a.E.
8 Zu diesem *Linck*, in: Linck/Jutzi/Hopfe, Art. 72 Rn. 8.

Dokumente zur Entstehungsgeschichte

Art. 71 VerfE CDU; Art. 58 VerfE FDP; Art. 68 VerfE SPD; Art. 62 VerfE NF/GR/DJ; Art. 78 VerfE LL/PDS; Entstehung ThürVerf S. 195 f.

Literatur

Sven Leunig, Die Regierungssysteme der deutschen Länder im Vergleich, 2012.

A. Überblick

1 Die Vorschrift regelt die Abwahl des Ministerpräsidenten durch Wahl eines neuen (konstruktives Misstrauensvotum) einschließlich der Verfahrensvoraussetzungen.

B. Herkunft, Entstehung und Entwicklung

2 Es entspricht der verfassungsrechtlichen Tradition in der Bundesrepublik, dass ein von der Opposition betriebener Regierungswechsel nur durch konstruktives Misstrauensvotum herbeigeführt werden kann, nicht jedoch durch Abwahl und/oder Parlamentsauflösung. Darüber bestand in der Vorbereitung der ThürVerf rasch Einigkeit.[1]

C. Verfassungsvergleichende Information

3 Wie das Grundgesetz (Art. 67) kennen auch die meisten Länder das konstruktive Misstrauensvotum als Möglichkeit des Regierungswechsels bei politischem „Umschwung".[2] In Bayern ist für diese Situation eine Rücktrittsverpflichtung des Ministerpräsidenten (mit der Staatsregierung) vorgesehen.[3] In Baden-Württemberg, Bremen und Rheinland-Pfalz kann das Misstrauensvotum auch einzelne Mitglieder der Regierung betreffen,[4] in Hessen und im Saarland auch in eine Neuwahl münden.[5]

D. Erläuterungen

I. Konstruktives Misstrauensvotum

4 Das **Misstrauensvotum** nach Art. 73 ist ein konstruktives: Es setzt voraus, dass ein Nachfolger gewählt wird, und zwar ein anderer als der amtierende Ministerpräsident. Die alleinige Abwahl (und ggf. anschließende Landtagsauflösung) ist nicht vorgesehen. Hierdurch soll politische Stabilität erzeugt werden. Einfache Parlamentsbeschlüsse, in denen die Regierung (oder ein einzelnes Mitglied) „ge-

1 PW 1 VerfUA 016 (14.07.1992) S. 104-118.
2 Art. 54 BWVerf; Art. 57 VvB; Art. 86 BbgVerf; Art. 110 BremVerf; Art. 35 HambVerf; Art. 50 Abs. 2 Satz 1 M-VVerf; Art. 32 NV; Art. 61Verf NW; Art. 69 SächsVerf; Art. 72 LVerf LSA; Art. 65 SchlHVerf. Siehe die instruktive vergleichende Analyse bei *Leunig*, Die Regierungssysteme der deutschen Länder im Vergleich, 2012, S. 190 ff.
3 Art. 44 Abs. 3 BayVerf.
4 Art. 56 BWVerf; Art. 110 BremVerf; Art. 99 Verf Rh-Pf.
5 Art. 114 HessVerf; Art. 88 Abs. 2 mit Art. 69 SaarVerf.

tadelt“ und etwa zum Rücktritt aufgefordert werden, schließt die Vorschrift nicht aus.[6]

Dem gleichen Ziel dient es, dass das Misstrauensvotum nur gegen den Ministerpräsidenten gerichtet werden kann.[7] Das „Auswechseln“ einzelner Regierungsmitglieder durch Abwahl ist nicht möglich. Der Ministerpräsident steht damit in der Verantwortung für die gesamte Landesregierung. 5

II. Antrag

Das Verfahren zum Aussprechen des Misstrauens wird durch Antrag eingeleitet. Er muss von einem Fünftel der Abgeordneten (das sind gegenwärtig 18 Abgeordnete, § 1 Abs. 1 ThürLWG) oder einer Fraktion gestellt werden, Art. 73 Satz 2.[8] Mit dem Antrag beginnt die Frist nach Art. 73 Satz 3. 6

III. Wahl

1. Frist. Die Frist beträgt mindestens drei, höchstens zehn Tage. Dies soll einerseits eine überstürzte Abwahl, andererseits Zeiten einer längeren politischen Verunsicherung verhindern. Bei der Fristberechung wird der Tag der Verteilung des Antrags nicht mitgerechnet, § 117 Abs. 1 ThürGOLT. 7

2. Abstimmung. Die Wahl des neuen Ministerpräsidenten – und Abwahl des alten – erfolgt in geheimer Abstimmung, Art. 73 Satz 4. Erforderlich ist die Mehrheit der Mitglieder (Art. 73 Satz 1). Anders als bei der ursprünglichen Wahl des Ministerpräsidenten (siehe oben Art. 70 Rn. 12) ist eine Aussprache zulässig.

Artikel 74 [Vertrauensfrage]

[1]Über den Antrag des Ministerpräsidenten, ihm das Vertrauen auszusprechen, darf frühestens am dritten Tag nach Schluß der Aussprache und muß spätestens am zehnten Tag, nachdem er eingebracht ist, abgestimmt werden. [2]Der Antrag ist abgelehnt, wenn er nicht die Zustimmung der Mehrheit der Mitglieder des Landtags findet.

Vergleichbare Regelungen

Art. 68 Abs. 1 GG; Art. 57 VvB; Art. 86 BbgVerf; Art. 36 HambVerf; Art. 114 HessVerf; Art. 51 M-VVerf; Art. 88 SaarlVerf; Art. 73 LVerf LSA; Art. 36 SchlHVerf.

Dokumente zur Entstehungsgeschichte

Art. 71 VerfE CDU; Art. 63 VerfE NF/GR/DJ; Art. 79 VerfE LL/PDS; Entstehung ThürVerf S. 197 f.

Literatur

Holger Fibich, Das Verhältnis zwischen Landtag und Landesregierung nach der Verfassung des Freistaats Thüringen vom 25. Oktober 1993, 2001; *Christian Starck,* Die Verfassungen der neuen deutschen Länder, 1994.

Leitentscheidungen des BVerfG

BVerfGE 62, 1 (Bundestagsauflösung 1983); 114, 121 (Bundestagsauflösung 2005).

6 Allg.M. für Art. 67 GG, vgl. *Pieroth,* in: Jarass/Pieroth, Art. 67 Rn. 3 mwN.
7 *Linck,* in: Linck/Jutzi/Hopfe, Art. 73 Rn. 2.
8 Kritisch *Linck,* in: Linck/Jutzi/Hopfe, Art. 73 Rn. 4 – Unterlaufen des hohen Quorums, da Fraktion nur mindestens fünf Mitglieder haben muss.

A. Überblick

1 Die Vorschrift regelt die **Vertrauensfrage** des Ministerpräsidenten; dies unabhängig davon, ob gleichzeitig eine Sachabstimmung stattfindet. Sie steht in engem Zusammenhang zu Art. 75 Abs. 2 Satz 1, 3. Var., wonach das Amt der Mitglieder der Landesregierung nach einer erfolglosen Vertrauensabstimmung endet, und zu Art. 50 Abs. 2 Satz 1 Nr. 2, wonach der Landtag nach einer erfolglosen Vertrauensfrage neu gewählt wird.

B. Herkunft, Entstehung und Entwicklung

2 Über die Vorschrift, die in der Sache Art. 68 GG entspricht, bestand rasch Konsens. Fragen der Abstimmungsmodalitäten (vor allem bei Verbindung der Vertrauensfrage mit einer Sachabstimmung) wurden auf die Geschäftsordnung verlagert,[1] dort jedoch nicht wieder aufgegriffen.

C. Verfassungsvergleichende Information

3 Für den Bund ist die Vertrauensfrage in Art. 68 Abs. 1 GG geregelt. Bekanntermaßen hat sie sich dort auch zu einem Instrument entwickelt, bei Vorliegen einer „materiellen Auflösungslage" durch Stimmenthaltung der Mehrheitsfraktionen den Bundestag aufzulösen und Neuwahlen herbeizuführen (Helmut Kohl 1983 und Gerhard Schröder 2005).[2] Daneben kann der Bundeskanzler durch Verbindung der Vertrauensfrage mit einer Sachabstimmung die Kanzlermehrheit sicherstellen, weil die Abgeordneten der Regierungsfraktionen nicht durch Abstimmungsverlust eine Neuwahl des Bundestages (und damit ggf. den Verlust des eigenen Mandats) riskieren wollen.[3] Die Vertrauensfrage ist vergleichbar geregelt in Berlin,[4] Brandenburg,[5] Hamburg,[6] Hessen,[7] Mecklenburg-Vorpommern,[8] Saarland,[9] Sachsen-Anhalt,[10] Schleswig-Holstein.[11] Manche Länder kennen sie nicht (Baden-Württemberg, Bayern, Bremen, Niedersachsen, Nordrhein-Westfalen, Rheinland-Pfalz und Sachsen).

D. Erläuterungen

4 Die Vertrauensfrage wird vom Ministerpräsidenten gestellt. Von ihrem Ausgang ist der Fortbestand der gesamten Landesregierung (Art. 75 Abs. 2, 3. Var.) abhängig; außerdem muss gemäß Art. 50 Abs. 2 Satz 1 Nr. 2 der Landtag neu ge-

1 PW 1 VerfUA 016 (14.07.1992) S. 118-130.
2 BVerfGE 62, 1 (1); 114, 121 (121).
3 Allg.M., siehe *Pieroth*, in: Jarass/Pieroth, Art. 68 Rn. 1 mwN.
4 Art. 57 VvB.
5 Art. 86 BbgVerf.
6 Art. 36 HambVerf.
7 Art. 114 HessVerf.
8 Art. 51 M-VVerf.
9 Art. 88 SaarlVerf.
10 Art. 73 LVerf LSA.
11 Art. 36 SchlHVerf.

wählt werden, sofern der Landtag keinen neuen Ministerpräsidenten wählt.[12] Die Frist zwischen Antrag und Vertrauensabstimmung beträgt mindestens drei und maximal zehn Tage (zum verfassungspolitischen Grund und zur Fristberechnung siehe oben Art. 73 Rn. 7). Die Mitgliedermehrheit bestimmt sich nach § 1 Abs. 1 ThürLWG). Da nichts Abweichendes geregelt ist, erfolgt die Abstimmung offen (anders oben Art. 73 Rn. 7).

Die Vertrauensfrage kann vom Ministerpräsidenten mit einer Sachabstimmung verbunden werden, wenn er sich der Zustimmung „in den eigenen Reihen" versichern will.[13] Politisch lässt sich dieses Instrument allerdings nicht überstrapazieren, da der Ministerpräsident sonst nach außen Schwäche dokumentiert. 5

Während im Bund die Vertrauensfrage zweimal zum Einsatz gekommen ist, um die fehlende Möglichkeit für eine Bundestagsauflösung zu umgehen (siehe oben Rn. 3), besteht für ein solches Vorgehen („unechte Vertrauensfrage") in Thüringen nur ein geringeres rechtspolitisches Bedürfnis, denn Art. 50 Abs. 1 Satz 1 Nr. 1 ermöglicht Neuwahlen durch Beschluss mit Zweidrittelmehrheit. Nur dann, wenn eine solche nicht zustande kommt, d. h. wenn die auflösungswilligen Regierungsfraktionen nicht genügend Oppositionsabgeordnete gewinnen können, stellt sich die im Bund so stark diskutierte Frage, ob dann der Landtag auch aufgelöst werden kann, weil die einfache Mehrheit in der Vertrauensabstimmung nicht erreicht wird. Sie ist deswegen zu bejahen, weil das Abstimmungsverhalten im Landtag nur sehr begrenzt verfassungsgerichtlicher Kontrolle unterliegen kann und eine Ermessensentscheidung des Staatsoberhaupts wie nach Art. 68 Abs. 1 Satz 1 GG in Thüringen nicht vorgesehen ist: „Die Neuwahl *wird* vorzeitig *durchgeführt* ...". 6

Artikel 75 [Beendigung der Amtszeit]

(1) Die Landesregierung und jedes ihrer Mitglieder können jederzeit ihren Rücktritt erklären.

(2) [1]Das Amt der Mitglieder der Landesregierung endet mit dem Zusammentritt eines neuen Landtags, dem Rücktritt der Landesregierung oder nachdem der Landtag einen Vertrauensantrag des Ministerpräsidenten abgelehnt hat. [2]Das Amt eines Ministers endet auch mit dem Rücktritt oder jeder anderen Erledigung des Amtes des Ministerpräsidenten.

(3) Der Ministerpräsident und auf sein Ersuchen die Minister sind verpflichtet, die Geschäfte bis zum Amtsantritt ihrer Nachfolger fortzuführen.

Vergleichbare Regelungen

Art. 69 Abs. 2, 3 GG; Art. 55 BWVerf; Art. 44 Abs. 3, 4 BayVerf; Art. 56 Abs. 2 VvB; Art. 85 BbgVerf; Art. 37 HambVerf; Art. 113 HessVerf; Art. 50 Abs. 1, 4 M-VVerf; Art. 33 NV; Art. 62 Verf NW; Art. 98 Abs. 3 Verf Rh-Pf; Art. 87 Abs. 5 SaarlVerf; Art. 68 SächsVerf; Art. 71 LVerf LSA; Art. 28 SchlHVerf.

Ergänzungsnormen im sonstigen thüringischen Recht

§§ 3 und 4 ThürMinG idF der Bek.v. 14.04.1998 (ThürGVBl. 1998 S. 104) zuletzt geändert durch Gesetz v. 25.10.2011 (ThürGVBl. S. 265).

12 Unzutreffend daher: *Starck*, Die Verfassungen der neuen deutschen Länder, 1994, S. 26. Vergleichend-differenzierend *Fibich*, S. 237 f.

13 Illustrativ *Linck*, in: Linck/Jutzi/Hopfe, Art. 74 Rn. 1.

Dokumente zur Entstehungsgeschichte

Art. 62 VerfE CDU; Art. 59 VerfE F.D.P.; Art. 67 VerfE SPD; Art. 54 VerfE NF/GR/DJ; Art. 78 VerfE LL/PDS; Entstehung ThürVerf S. 199 ff.

Literatur

Holger Fibich, Das Verhältnis zwischen Landtag und Landesregierung nach der Verfassung des Freistaats Thüringen vom 25. Oktober 1993, 2001.

A. Überblick

1 Art. 75 normiert in Abs. 2 (mit Abs. 1) die vier Beendigungsgründe für das Amt der Landesregierung: Zusammentritt eines neuen Landtages, Rücktritt, gescheiterte Vertrauensabstimmung sowie andere Erledigung. Rücktritt und andere Erledigung sind auch mit Bezug auf das Amt einzelner Minister möglich. In Abs. 3 ist die Fortführung der Geschäfte bis zum Amtsantritt der Nachfolger geregelt.

B. Herkunft, Entstehung und Entwicklung

2 Die der geltenden Regelung vorangehenden Entwurfsfassungen haben im wesentlichen redaktionelle Änderungen erfahren. In der Diskussion im Unterausschuss des Verfassungs- und Geschäftsordnungsausschusses ist der Gedanke unterstrichen worden, dass die geschäftsführende Fortsetzung des Ministeramtes im Ermessen des Ministerpräsidenten liegen muss. In dieser Weise ist Abs. 3 formuliert worden.[1]

C. Verfassungsvergleichende Information

3 Das Grundgesetz enthält in Art. 69 Abs. 2 und 3 eine im Wesentlichen vergleichbare Regelung, abgesehen von der Mitwirkung des Bundespräsidenten. Vergleichbare Regelungen (zumindest teilweise) sind auch in den Landesverfassungen von Baden-Württemberg,[2] Berlin,[3] Brandenburg,[4] Hamburg,[5] Hessen[6] und Mecklenburg-Vorpommern,[7] Niedersachsen,[8] Nordrhein-Westfalen,[9] Rheinland-Pfalz,[10] Saarland,[11] Sachsen,[12] Sachsen-Anhalt[13] und Schleswig-Holstein[14] niedergelegt. In Bayern gibt es größere Abweichungen.[15]

1 PW 1 VerfUA 017 (01.09.1992).
2 Art. 55 BWVerf.
3 Art. 56 Abs. 2 VvB.
4 Art. 85 BbgVerf.
5 Art. 37 HambVerf.
6 Art. 113 HessVerf.
7 Art. 50 Abs. 1 und 4 M-VVerf.
8 Art. 33 NV.
9 Art. 62 Verf NW.
10 Art. 98 Abs. 3 Verf Rh-Pf.
11 Art. 87 Abs. 5 SaarlVerf.
12 Art. 68 SächsVerf.
13 Art. 71 LVerf LSA.
14 Art. 28 SchlHVerf.
15 Art. 44 Abs. 3 und 4 BayVerf.

D. Erläuterungen

I. Ende der Amtszeit des Ministerpräsidenten

Das Amt des Ministerpräsidenten endet mit dem Zusammentritt eines neuen Landtags, Art. 75 Abs. 1 Satz 1, 1. Var. Thüringen ist eine parlamentarische Demokratie. Mit der Amtsperiode des Landtags endet damit auch diejenige der Landesregierung. Dies gilt sowohl für die reguläre, fünfjährige Amtsperiode (Art. 50 Abs. 1 S. 1) als auch für die vorzeitige Landtagsauflösung nach Art. 50 Abs. 2 Satz 1. 4

Das Amt des Ministerpräsidenten endet außerdem durch Rücktritt, Art. 75 Abs. 2 Satz 1, 2. Var. Mit dem Rücktritt des Ministerpräsidenten ist die Amtszeit der gesamten Landesregierung beendet, Art. 75 Abs. 2 Satz 2. Die Rücktrittserklärung ist jederzeit möglich, Art. 75 Abs. 1. Sie erfolgt schriftlich gegenüber dem Landtagspräsidenten (§ 4 ThürMinG). Bis zum Amtsantritt des Nachfolgers muss allerdings die Regierung geschäftsführend fortgesetzt werden, Art. 75 Abs. 3. 5

Ferner endet das Amt des Ministerpräsidenten, wenn der Landtag einen Vertrauensantrag abgelehnt hat (siehe oben Art. 74 Rn. 1, 6). Wegen Art. 75 Abs. 2 Satz 2 betrifft dies die gesamte Landesregierung. 6

Art. 75 Abs. 2 Satz 2 erwähnt auch den Fall der anderweitigen Erledigung des Amtes des Ministerpräsidenten. Wenngleich § 4 Abs. 2 ThürMinG nur den Tod eines Ministers als Erledigungsgrund für dessen Amt erwähnt, gilt Gleiches auch für den Ministerpräsidenten. In der Geschichte der Bundesrepublik ist dies mehrfach vorgekommen (zuletzt Franz-Josef Strauß 1988). Wird der Ministerpräsident derart dienstunfähig, dass mit der Wiederaufnahme der Dienstgeschäfte nicht gerechnet werden kann, ist dies ebenfalls eine Situation der anderweitigen Erledigung. Die Verfassungspraxis zeigt, dass hiermit sehr zurückhaltend umgegangen wird. Obwohl sich Ministerpräsident Dieter Althaus bei seinem Skiunfall am Neujahrstag 2009 erheblich verletzt hatte und über längere Zeit nicht bei Bewusstsein war, konnte er die Amtsgeschäfte im April wieder aufnehmen. Er wurde durch seine Stellvertreterin Birgit Diezel vertreten (oben Art. 70 Rn. 17). (Theoretische) Verlustgründe liegen auch bei Verlust der Ernennungsvoraussetzungen vor: Verlust der deutschen Staatsangehörigkeit, Verlust der Fähigkeit zur Bekleidung öffentlicher Ämter (infolge strafgerichtlicher Verurteilung). Ein Wohnsitzerfordernis wie bei den Abgeordneten gibt es für die Minister nicht (zum Wohnsitzerfordernis der Abgeordneten siehe oben Art. 46 Rn. 48 ff.). Schließlich endet das Amt des Ministerpräsidenten nach einem erfolgreichen konstruktiven Misstrauensvotum, Art. 73. 7

II. Ende der Amtszeit der Minister

Endet das Amt des Ministerpräsidenten, so endet auch die Amtszeit jedes einzelnen Ministers, Art. 72 Abs. 2 Satz 2. Darüber hinaus kann jeder Minister durch schriftliche Erklärung gegenüber dem Ministerpräsidenten zurücktreten, Art. 75 Abs. 1 mit § 4 ThürMinG. Außerdem endet es durch Tod (§ 3 Abs. 2) sowie die anderen unter Rn. 4 ff. für den Ministerpräsidenten erörterten Erledigungsgründe. Schließlich kann der Ministerpräsident jeden Minister jederzeit entlassen, Art. 70 Abs. 4 Satz 1, 2. Var. Dies geschieht kraft einfachen Rechts durch Entlassungsurkunde, § 3 Abs. 2 Nr. 3 ThürMinG. 8

III. Pflicht zur Geschäftsführung

9 Nach Ende der Amtszeit – aus welchem Grund auch immer – darf keine regierungslose Zeit drohen. Daher muss der Ministerpräsident die Amtsgeschäfte bis zur Ernennung seines Nachfolgers ebenso fortsetzen wie – auf Ersuchen des Ministerpräsidenten (siehe oben Rn. 5) – jeder einzelne Minister.[16] Die verfassungsrechtlichen Befugnisse einer geschäftsführenden Regierung weichen nicht von denen der ordentlich ins Amt gewählten Regierung ab. Jedoch darf der geschäftsführende Ministerpräsident das Kabinett nicht umbilden (sog. Versteinerungsprinzip).[17]

Artikel 76 [Zuständigkeit des Ministerpräsidenten und der Landesregierung]

(1) [1]Der Ministerpräsident bestimmt die Richtlinien der Regierungspolitik und trägt dafür gegenüber dem Landtag die Verantwortung. [2]Innerhalb dieser Richtlinien leiten und verantworten die Minister ihren Geschäftsbereich selbständig.

(2) [1]Die Landesregierung beschließt insbesondere über die Abgrenzung der Geschäftsbereiche, die Einbringung von Gesetzentwürfen, den Abschluß von Staatsverträgen und die Stimmabgabe im Bundesrat. [2]Sie entscheidet bei Meinungsverschiedenheiten zwischen den Ministern.

(3) [1]Der Ministerpräsident führt den Vorsitz in der Landesregierung und leitet deren Geschäfte. [2]Die Landesregierung gibt sich eine Geschäftsordnung.

Vergleichbare Regelungen

Art. 65 GG; Art. 76 BWVerf; Art. 47 Abs. 2, 51 BayVerf; Art. 58 Abs. 2 bis 5 VvB; Art. 89 BbgVerf; Art. 115 Abs. 2, 120 BremVerf; Art. 42 HambVerf; Art. 102, 104, 106, 107 HessVerf; Art. 46 M-VVerf; Art. 37, 39 Abs. 2 NV; Art. 54 Verf NW; Art. 104 f. Verf Rh-Pf; Art. 90, 91 SaarlVerf; Art. 63, 64 SächsVerf; Art. 68 LVerf LSA; Art. 29 SchlHVerf.

Ergänzungsnormen im sonstigen thüringischen Recht

ThürGGO v. 31.08.2000 (ThürGVBl. S. 237) zuletzt geändert durch Beschl. v. 10.07.2008 (ThürGVBl. S. 307); Zuständigkeit der einzelnen Ministerien nach Artikel 76 Abs. 2 Satz 1 der Verfassung des Freistaats Thüringen, Beschluss der Thüringer Landesregierung (ThürMinZustBeschl) v. 15.03.2010 (ThürGVBl. S. 67) zuletzt geändert durch Beschl. v. 29.01.2013 (ThürGVBl. S. 61).

Dokumente zur Entstehungsgeschichte

Art. 64 VerfE CDU; Art. 55 VerfE F.D.P.; Art. 62, 65 VerfE SPD; Art. 56 VerfE NF/GR/DJ; Art. 80 VerfE LL/PDS; Entstehung ThürVerf S. 202 f.

Literatur

Holger Fibich, Das Verhältnis zwischen Landtag und Landesregierung nach der Verfassung des Freistaats Thüringen vom 25. Oktober 1993, 2001.

Leitentscheidung des BVerfG

BVerfGE 106, 310 (Zuwanderungsgesetz).

16 Zum Ganzen *Fibich*, S. 224 ff.
17 *Fibich*, S. 226.

A. Überblick

Art. 76 regelt – Art. 65 GG entsprechend – die Grundprinzipien der Arbeit der Landesregierung: Richtlinienkompetenz des Ministerpräsidenten, Ressortprinzip und Kollegialprinzip. Im Kontext des Kollegialprinzips erfolgt zugleich eine Zuständigkeitszuordnung bestimmter Gegenstände an die Landesregierung im Verhältnis zu anderen Verfassungsorganen. Schließlich enthält die Vorschrift die verfassungsrechtliche Grundlage für die Geschäftsordnungsautonomie der Landesregierung. 1

B. Herkunft, Entstehung und Entwicklung

Im Entstehungsprozess der ThürVerf war vor allem die genaue Formulierung der Vorschrift (mit der Anordnung der Absätze) in der Diskussion. Inhaltlich gab es an einer solchen Regelung jedoch keine Kritik. Es gibt Anzeichen in der Entstehungsgeschichte dafür, dass Art. 76 Abs. 2 einen Kernbereich der Exekutive umschreiben soll.[1] 2

C. Verfassungsvergleichende Information

Die Zuständigkeitsregelung entspricht – mit Abweichungen im Detail – derjenigen im Bund sowie allen Bundesländern.[2] 3

D. Erläuterungen

I. Zuständigkeitsverteilung innerhalb der Landesregierung

1. Richtlinienkompetenz. Die Richtlinienkompetenz des **Ministerpräsidenten** entspricht – wie in den anderen Ländern auch (siehe oben Rn. 1) – strukturell derjenigen des Bundeskanzlers auf Bundesebene. Sie ist durch zwei Merkmale gekennzeichnet: 4

Erstens bringt sie den Vorrang des Ministerpräsidenten im Regierungshandeln zum Ausdruck. Die wesentlichen Linien der Regierungspolitik werden vom Ministerpräsidenten gezogen. Er ist dem Landtag politisch verantwortlich für diese Richtlinien (Art. 76 Abs. 1 Satz 1), denn er ist es (nicht einzelne Minister oder die Landesregierung insgesamt), der vom Landtag gewählt wird (Art. 70 Abs. 3) und abgewählt werden kann (Art. 73 und 74). 5

Zweitens hat die Ausübung der Richtlinienkompetenz **Rahmencharakter.**[3] Der Ministerpräsident übt die Richtlinienkompetenz nicht aus, wenn es um Detailentscheidungen geht. Insoweit greift das Ressortprinzip (Art. 76 Abs. 1 Satz 2). Allerdings ist es zuvörderst Sache des Ministerpräsidenten, die Regelungstiefe 6

1 Siehe die Sachverständigen *Jutzi* und *Steinberg,* in: PW 1 VerfUA 012 (26.09.1992), S. 95 f.

2 Art. 65 GG; Art. 76 BWVerf; Art. 47 Abs. 2 und 51 BayVerf; Art. 58 Abs. 2 bis 5 VvB; Art. 89 BbgVerf; Art. 115 Abs. 2 und 120 BremVerf; Art. 42 HambVerf; Art. 102, 104, 106 und 107 HessVerf; Art. 46 M-VVerf; Art. 37 und 39 Abs. 2 NV; Art. 54 Verf NW; Art. 104 f. Verf Rh-Pf; Art. 90, 91 SaarlVerf; Art. 63 und 64 SächsVerf; Art. 68 LVerf LSA; Art. 29 SchlHVerf.

3 *Linck*, in: Linck/Jutzi/Hopfe, Art. 76 Rn. 3 ff. Für Art. 65 GG ausführlich *Schröder,* in: von Mangoldt/Klein/Starck, Art. 65 Rn. 14.

der Kompetenzausübung selbst zu bestimmen, denn seine parlamentarische Verantwortung erfasst auch die Frage, wie weit er innerhalb der Landesregierung politische Vorgaben macht. Daher ist eine Überschreitung der Richtlinienkompetenz mit Blick auf das Ressortprinzip so gut wie nicht justitiabel. Sie lässt sich bis zur (theoretischen) Missbrauchsgrenze ausüben.[4] Der Rahmencharakter ist Leitbild für die Richtlinienkompetenz, nicht zwingende rechtliche Schranke.

7 Die Ausübung der Richtlinienkompetenz muss nicht explizit in der Weise erfolgen, dass sich der Ministerpräsident bei ihrer Ausübung ausdrücklich darauf beruft. Allerdings muss erkennbar sein, dass er die Regierungspolitik durch eine Anordnung oder Handlung zu leiten beabsichtigt.

8 In formeller Hinsicht ist die Richtlinienkompetenz mit dem Vorsitz innerhalb der Landesregierung verbunden, Art. 76 Abs. 3 Satz 1. Die Geschäftsführung liegt nach dieser Vorschrift ebenfalls beim Ministerpräsidenten. Hierzu gehört die Worterteilung und Abstimmungsleitung sowie die Hinzuziehung weiterer Personen.[5]

9 **2. Ressortprinzip.** Das **Ressortprinzip** ermöglicht den Ministern eine eigenständige Politikformulierung und -verwirklichung im Rahmen der Richtlinien des Ministerpräsidenten. Es bezieht sich auf die Leitung des Geschäftsbereichs wie auch – im Sinne einer Organisationsverantwortung – auf die Verantwortung für das gesamte Ministerium. Die Verantwortung besteht gegenüber dem Ministerpräsidenten, der wiederum parlamentarisch verantwortlich ist und durch Entlassung eines Ministers (Art. 70 Abs. 4 Satz 1, 2. Alt.) seiner parlamentarischen Verantwortung gerecht werden kann, wenn innerhalb eines Ministeriums Mängel in der Leitung oder in der sonstigen Tätigkeit des Ministeriums wahrgenommen werden. Zu den besonderen Befugnissen des Finanzministers siehe Art. 101 und 102.

10 **3. Kollegialprinzip und Kabinettsangelegenheiten.** Art. 76 Abs. 2 ordnet eine Reihe von Gegenständen der Zuständigkeit des Kabinetts zu. Dies hat zur Folge, dass jene Gegenstände nicht vom Ministerpräsidenten oder den Ressortministern entschieden werden können, sondern nur vom **Kollegialorgan** Landesregierung (Art. 70 Abs. 2) insgesamt. Abweichungen wären verfassungswidrig und könnten im Organstreitverfahren gerügt werden. Im Einzelnen geht es um

11 ▪ die Abgrenzung der Geschäftsbereiche: Hierzu erlässt die Landesregierung nach ihrer oder auch während der laufenden Amtszeit einen entsprechenden Beschluss.[6] Aus der verfassungsrechtlichen Zuständigkeitsregelung in Art. 76 Abs. 2 Satz 1, die sich in diesem Beschluss verwirklicht, folgt, dass der Ministerpräsident in der Gestaltung des Ressortzuschnitts nicht von den Vorstellungen der übrigen Kabinettsmitglieder frei ist, wenngleich die Befugnis zur Regierungsbildung (Art. 70 Abs. 4) dem Gestaltungsanspruch Grenzen setzt.

4 Siehe auch *Maurer,* StaatsR, § 14 Rn. 47, mit dem zutreffenden Hinweis auf die Befugnis des Bundeskanzlers, einen Minister zu entlassen (entsprechend für den Ministerpräsidenten).

5 Siehe § 14 Abs. 3 ThürGGO sowie *Linck*, in: Linck/Jutzi/Hopfe, Art. 76 Rn. 17.

6 Zuständigkeit der einzelnen Ministerien nach Artikel 76 Abs. 2 Satz 1 der Verfassung des Freistaats Thüringen, Beschl. der Thüringer Landesregierung v. 15.03.2010 (ThürGVBl. S. 67) zuletzt geändert durch Beschl. v. 29.01.2013 (ThürGVBl. S. 61).

- die Einbringung von Gesetzentwürfen: Vorlagen nach Art. 81 Abs. 1, 2. Var. müssen im Kabinett verabschiedet werden. 12
- der Abschluss von Staatsverträgen: Zwar vertritt der Ministerpräsident den Freistaat nach außen (Art. 77 Abs. 1), doch müssen Staatsverträge das Kabinett passieren; sie bedürfen außerdem der Zustimmung des Landtags (Art. 77 Abs. 1; näher dort Rn. 8 ff.). 13
- die Stimmabgabe im Bundesrat: Diese Vorschrift korrespondiert mit Art. 51 Abs. 3 Satz 2 GG. Das BVerfG hat in der Entscheidung zum Zuwanderungsgesetz die Praxis landesautonom bestimmter Stimmführer akzeptiert, ohne Vorgaben aus dem Grundgesetz für das Landesverfassungsrecht zu formulieren.[7] Nach der ThürVerf gibt es keine „Stimmführerschaft" des Ministerpräsidenten im materiellen Sinn. Damit die Stimmen Thüringens bei der Zählung nach Art. 52 Abs. 3 Satz 1 GG für einen Bundesratsbeschluss Berücksichtigung finden können, bedarf es einer einheitlichen, vorher im Kabinett beschlossenen Meinungsbildung über die Stimmabgabe. Wie diese dann nach der Bundesratspraxis in der dortigen Sitzung transportiert wird, ist nicht Gegenstand von Art. 76 Abs. 2 Satz 1.[8] 14
- die Entscheidung bei Meinungsverschiedenheiten zwischen den Ministern (Art. 76 Abs. 3 Satz 2): Hier manifestiert sich das Kollegialprinzip in besonderer Weise. Meinungsverschiedenheiten werden nicht dem Ministerpräsidenten oder einem anderen Verfassungsorgan (z.B. dem Verfassungsgerichtshof) zur Entscheidung übertragen, sondern dem Ministerkollegium. 15

Soweit im Übrigen in der Verfassung Aufgaben der Landesregierung zugewiesen werden, ist das gesamte Kollegium gemeint (s. Art. 57 Abs. 2 – Antrag auf Einberufung des Landtags; Art. 60 Abs. 2 – Antrag auf Ausschluss der Öffentlichkeit bei Landtagssitzungen; 80 Abs. 1 Nr. 3 und 4 – Verfahren vor dem ThürVerfGH; Art. 100 Abs. 1 und 2 – Haushaltsrecht). 16

4. Geschäftsordnung. Gemäß Art. 76 Abs. 3 Satz 2 gibt sich die Landesregierung eine Geschäftsordnung. Sie wird mit einfacher Mehrheit beschlossen und regelt nur die Verhältnisse innerhalb der Landesregierung, nicht diejenigen zu anderen Verfassungsorganen.[9] 17

Die in Art. 76 Abs. 3 Satz 2 zum Ausdruck kommende Geschäftsordnungsautonomie findet ihre Grenzen allein im Verfassungsrecht sowie in verfassungsrechtlich ermächtigter bzw. ermöglichter Parlamentsgesetzgebung. Die gegenwärtige Geschäftsordnung stammt vom 31.08.2000.[10] Die Geschäftsordnung unterliegt grundsätzlich der Diskontinuität; allerdings ist eine konkludente Fortschreibung denkbar.[11] 18

II. Zuständigkeitsabgrenzung zu anderen Organen

Im Interorganverhältnis bewirkt die Aufzählung in Art. 76 Abs. 2 eine Kompetenzzuweisung zur Landesregierung, nicht zu anderen Verfassungsorganen. In- 19

7 BVerfGE 106, 310 (330).
8 Die entsprechende Richtlinie der Landesregierung ist unveröffentlicht.
9 Zu beidem *Linck*, in: Linck/Jutzi/Hopfe, Art. 76 Rn. 18.
10 Gemeinsame Geschäftsordnung für die Landesregierung sowie für die Ministerien und die Staatskanzlei des Freistaats Thüringen (ThürGGO) vom 31.08.2000 (ThürGVBl. S. 237) zuletzt geändert durch Beschl. v. 10.07.2008 (ThürGVBl. S. 307).
11 *Linck*, in: Linck/Jutzi/Hopfe, Art. 76 Rn. 18.

soweit wird der Kernbereich der Exekutive umschrieben.[12] Vor allem der Ressortzuschnitt wird von der Landesregierung und nicht von anderen Organen, namentlich dem Landtag, vorgenommen. Die Landesregierung insgesamt ist aber dem Landtag für die Qualität des Ressortzuschnitts politisch verantwortlich. Eine ähnliche Abgrenzung zum Landtag gilt für die Stimmabgabe im Bundesrat. Schon bundesrechtlich ist vorgegeben, dass die Stimmabgabe nicht durch den Landtag bestimmt werden kann, denn der Bundesrat ist ein Organ der Landesregierungen.[13] Davon unabhängig kann der Landtag aber versuchen, das Verhalten der Landesregierung im Bundesrat politisch zu beeinflussen, und die Landesregierung ist für ihr Stimmverhalten auch politisch verantwortlich.

Über Art. 76 Abs. 2 hinaus enthält Art. 76 allerdings keine Kompetenzzuweisung an die Landesregierung. Insbesondere bestimmt der Ministerpräsident nicht die Richtlinien der gesamten Politik, sondern nur der Regierungspolitik.[14]

Artikel 77 [Vertretung nach außen; Staatsverträge]

(1) [1]Der Ministerpräsident vertritt das Land nach außen. [2]Er kann diese Befugnis übertragen.

(2) Staatsverträge bedürfen der Zustimmung des Landtags.

Vergleichbare Regelungen

Art. 59 GG; Art. 50 BWVerf; Art. 47 Abs. 3, 72 Abs. 2 BayVerf; Art. 50, 58 Abs. 1 VvB; Art. 91 BbgVerf; Art. 103 HessVerf; Art. 47 M-VVerf; Art. 35 NV; Art. 57, 66 Verf NW; Art. 101 Verf Rh-Pf; Art. 95 SaarlVerf; Art. 65 SächsVerf; Art. 69 LVerf LSA; Art. 30 SchlH-Verf.

Dokumente zur Entstehungsgeschichte

Art. 66 VerfE CDU; Art. 52 VerfE F.D.P.; Art. 62 VerfE SPD; Art. 57 VerfE NF/GR/DJ; Art. 47, 81 VerfE LL/PDS; Entstehung ThürVerf S. 204 f.

Literatur

Holger Fibich, Das Verhältnis zwischen Landtag und Landesregierung nach der Verfassung des Freistaats Thüringen vom 25. Oktober 1993, 2001.

A. Überblick

1 Art. 77 Abs. 1 normiert die äußere Seite der Repräsentation Thüringens durch den Ministerpräsidenten. Abs. 2 schreibt die Parlamentsbeteiligung bei Staatsverträgen fest.

12 *Fibich*, S. 60. Siehe zum entstehungsgeschichtlichen Hintergrund oben Rn. 2, sowie allgemein oben Art. 48 Rn. 2.

13 Siehe oben „Landesverfassung und Europarecht", Rn. 71 ff.

14 Deutlich *Linck*, in: Linck/Jutzi/Hopfe, Art. 76 Rn. 2, der sogar dem Landtag einen Vorrang einräumen will, ihm folgend *Fibich*, S. 54 f.

B. Herkunft, Entstehung und Entwicklung

Die Norm, die sich an das im deutschen Verfassungsrechtsraum Übliche anlehnt, war im Entstehungsprozess der Verfassung nicht umstritten. 2

C. Verfassungsvergleichende Information

Die Repräsentationsfunktion des Staatsoberhaupts nach außen wie auch das Erfordernis zur parlamentarischen Zustimmung zu Staatsverträgen gehören zum Grundbestand des deutschen Staatsorganisationsrechts. Im Bund ist die Ausgangsregelung Art. 59 Abs. 1 und 2 GG. Alle Länder enthalten entsprechende Regelungen.[1] In Bremen,[2] Hamburg[3] und Nordrhein-Westfalen[4] vertritt der gesamte Senat das Land nach außen. 3

D. Erläuterungen

I. Vertretung des Freistaats nach außen

Anders als im Bund gibt es in den Ländern keine Aufspaltung der exekutiven Staatsleitung zwischen Staatsoberhaupt (Bundespräsident) und Regierungschef (Bundeskanzler). Daher obliegt dem Ministerpräsidenten auch die Funktion des Staatsoberhaupts.[5] 4

Art. 77 Abs. 1 Satz 1 markiert die äußere Seite der Stellung des Ministerpräsidenten als **Staatsoberhaupt** und korrespondiert insoweit mit Art. 78 für die Repräsentation nach innen. Begrenzt ist diese Repräsentationsfunktion nur durch Art. 57 Abs. 4 in Angelegenheiten des Landtags (siehe dort Rn. 35). 5

Der Ministerpräsident vertritt den Freistaat Thüringen nach außen. Dies gilt vor allem innerhalb der Bundesrepublik Deutschland im rechtlichen und politischen Verkehr mit anderen Ländern. Wegen der begrenzten Völkerrechtssubjektivität der Deutschen Bundesländer (Art. 32 Abs. 3 GG) bezieht sich die Vertretungsbefugnis aber auch auf die Vertretung außerhalb Deutschlands. Nicht angesprochen ist nach einhelliger Meinung indes die Vertretung Thüringens in privat- und prozessrechtlicher Hinsicht, denn dies ist keine Vertretung „nach außen".[6] Sie ergibt sich aus der Stellung der Landesregierung als oberstes Organ der vollziehenden Gewalt (Art. 70 Abs. 1) und der Leitungsfunktion des Ministerpräsidenten (Art. 70 Abs. 2 und 4). 6

Die Vertretungsbefugnis kann übertragen werden. Geregelt ist dies auch für die Außenvertretung im Beschluss der Thüringer Landesregierung – Gegenseitige Vertretung der Mitglieder der Thüringer Landesregierung vom 01.12.2009.[7] 7

---

1 Art. 50 BWVerf; Art. 47 Abs. 3 und 72 Abs. 2 BayVerf; Art. 50 und 58 Abs. 1 VvB; Art. 91 BbgVerf; Art. 103 HessVerf; Art. 47 M-VVerf; Art. 35 NV; Art. 57 und 66 Verf NW; Art. 101 Verf Rh-Pf; Art. 95 SaarlVerf; Art. 65 SächsVerf; Art. 69 LVerf LSA und Art. 30 SchlHVerf.

2 Art. 118 BremVerf.

3 Art. 43 HambVerf.

4 Art. 57 Verf NW.

5 *Linck*, in: Linck/Jutzi/Hopfe, Art. 77 Rn. 2.

6 Statt aller *Linck*, in: Linck/Jutzi/Hopfe, Art. 77 Rn. 3, ihm folgend *Fibich*, S. 132.

7 ThürGVBl. 2009, S. 772.

II. Staatsverträge

8 Art. 77 Abs. 2 schreibt die für eine parlamentarische Demokratie selbstverständliche Zustimmungspflicht für Staatsverträge vor. Dem entspricht ein Unterrichtungsrecht des Landtags im Vorfeld (Art. 67 Abs. 4), zumal der Landtag nicht die Möglichkeit hat, den ausgehandelten Vertrag zu ändern. Die Zustimmung muss vor Vertragsschluss (Ratifikation durch Urkundentausch bzw. Hinterlegung) erfolgen. Verwaltungsabkommen – d.h. solche Verträge, die allein exekutive Beziehungen regeln – sind in der ThürVerf anders als im Grundgesetz (Art. 59 Abs. 2 Satz 2) nicht erwähnt, aber möglich, sofern eine gesetzliche Regelung/Parlamentsbeteiligung nach dem Gegenstand nicht erforderlich ist, weil auch ein innerstaatlicher Rechtssetzungsakt keines Gesetzes bedürfte.

9 Bedeutung haben Staatsverträge vor allem im Geflecht des kooperativen Föderalismus, namentlich im Bildungswesen, im Rundfunksektor und anderen kulturpolitischen Bereichen. Daneben sind punktuelle Regelungen bei geringfügigen Gebietsänderungen (Flächentausch/Arrondierung) üblich.[8]

10 Außerdem können Staatsverträge mit auswärtigen Staaten und anderen Völkerrechtsubjekten (z.B. Heiliger Stuhl) in den Bereichen geschlossen werden, in denen Thüringen – wie die anderen Länder – nach Art. 32 Abs. 3 GG partiell völkerrechtsfähig und vertragsschlussbefugt ist, namentlich im Kultur- und Polizeibereich.

Artikel 78 [Weitere Zuständigkeiten des Ministerpräsidenten]

(1) Der Ministerpräsident ernennt und entläßt die Beamten und die Richter des Landes, soweit gesetzlich nichts anderes bestimmt ist.

(2) Er übt das Begnadigungsrecht aus.

(3) Er kann die Befugnisse nach den Absätzen 1 und 2 übertragen.

(4) Eine Amnestie bedarf eines Gesetzes.

Vergleichbare Regelungen

Art. 60 GG; Art. 51, 52 BWVerf; Art. 47 Abs. 4 BayVerf; Art. 81, 77 VvB; Art. 92, 93 BbgVerf; Art. 121 BremVerf; Art. 44, 45 HambVerf; Art. 108, 109 HessVerf; Art. 49, 78 M-VVerf; Art. 36 NV; Art. 58, 59 Verf NW; Art. 102, 103 Verf Rh-Pf; Art. 93 SaarlVerf; Art. 66, 67 SächsVerf; Art. 70 LVerf LSA; Art. 31, 32 SchlHVerf.

Ergänzungsnormen im sonstigen thüringischen Recht

Anordnung des Ministerpräsidenten über die Ausübung des Gnadenrechts v. 30.03.1994 (ThürGVBl. S. 405).

Dokumente zur Entstehungsgeschichte

Art. 68, 69 VerfE CDU; Art. 53, 54 VerfE F.D.P.; Art. 62 VerfE SPD; Art. 58, 59 VerfE NF/GR/DJ; Art. 61, 82 VerfE LL/PDS; Entstehung ThürVerf S. 206 f.

Literatur

Dieter Hömig, Gnade und Verfassung, DVBl. 2007, 1328; *Heiko Holste*, Die Begnadigung – Krönung oder Störung des Rechtsstaates?, Jura 2003, 738; *Friedhelm Hufen*, Verwaltungsprozessrecht, 8. Aufl. 2011; *Detlef Merten*, Rechtsstaatlichkeit und Gnade, 1978; *Wolf-Rüdiger Schenke*, Verwaltungsprozessrecht, 13. Aufl. 2012.

8 Noch auf Basis des Einigungsvertrages: Erster Staatsvertrag zwischen dem Freistaat Sachsen und dem Freistaat Thüringen über die Änderung der gemeinsamen Landesgrenze (BGBl. I 1993, S. 215, 216), Zweiter Staatsvertrag zwischen dem Freistaat Sachsen und dem Freistaat Thüringen über die Änderung der gemeinsamen Landesgrenze (BGBl. I 1994, S. 2855).

Leitentscheidungen des BVerfG

BVerfGE 25, 352 (Begnadigung); 30, 108 (Widerruf der Begnadigung).

A. Überblick

In Art. 78 wird erneut die Stellung des Ministerpräsidenten als Staatsoberhaupt deutlich. Während Art. 77 diese nach außen dokumentiert, schreibt Art. 78 sie für das Innenverhältnis im Land fest. Abs. 1 ordnet die Personalhoheit im Land dem Ministerpräsidenten zu, Abs. 2 verleiht ihm das traditionell dem Staatsoberhaupt zustehende Begnadigungsrecht. Abs. 3 und 4 enthalten Modalitäten und Grenzen dieser Rechte. 1

B. Herkunft, Entstehung und Entwicklung

Herkunft und Entstehungsgeschichte sind unkontrovers und liefern keine Anhaltspunkte für die Interpretation der Vorschrift. 2

C. Verfassungsvergleichende Information

Das Begnadigungsrecht liegt in den meisten Ländern beim Ministerpräsidenten;[1] nur in den Stadtstaaten sowie im Saarland beim Senat bzw. der Landesregierung.[2] Die Ernennung und Entlassung der Beamten erfolgt entweder durch die gesamte Landesregierung[3] oder durch den Ministerpräsidenten.[4] 3

D. Erläuterungen

I. Ernennung und Entlassung der Beamten

Die Befugnis zur **Ernennung und Entlassung der Beamten** betont die Stellung des Ministerpräsidenten als Staatsoberhaupt nach innen.[5] Von der Möglichkeit einer anderweitigen gesetzlichen Bestimmung ist indes aus praktischen Gründen umfassend Gebrauch gemacht worden. § 8 ThürBG (mit § 37 Abs. 3 ThürBG) überträgt die Ernennungsbefugnis (bzw. Entlassungsbefugnis) auf die jeweils gesetzlich zuständige Stelle. Richter des Verfassungsgerichtshofes (§ 5 Abs. 1 ThürVerfGHG) und Beamte des Landtags (§ 8 Abs. 2 ThürBG) werden vom Landtagspräsidenten ernannt. Richter und Staatsanwälte ernennt der Justizminister (§ 4 Satz 1 ThürRiG). Daneben besteht die Möglichkeit, verbliebene 4

1 Art. 52 BWVerf; Art. 47 Abs. 4 BayVerf; Art. 92 BgbVerf.; Art. 109 HessVerf; Art. 49 M-VVerf; Art. 36 NV; Art. 59 Verf NW; Art. 103 Verf Rh-Pf; Art. 67 SächsVerf; Art. 32 SchlHVerf.

2 Art. 81 VvB; Art. 121 BremVerf; Art. 44 HambVerf; Art. 93 SaarlVerf iVm § 3 SaarlGnadG.

3 Art. 77 VvB; Art. 93 BbgVerf; Art. 45 HambVerf; Art. 108 HessVerf.; Art. 58 Verf NW; Art. 93 SaarlVerf.

4 Art. 51 BWVerf; Art. 47 Abs. 4 BayVerf; Art. 78 M-VVerf; Art. 102 Verf Rh-Pf; Art. 66 SächsVerf; Art. 70 LVerf LSA; Art. 31 SchlHVerf.

5 Historie des Gnadenrechts: *Merten*, Rechtsstaatlichkeit und Gnade, 1978, S. 30 ff.

Ernennungsbefugnisse zu übertragen, Abs. 3. Weitere beamtenrechtliche Befugnisse kommen dem Ministerpräsidenten nicht zu.

II. Begnadigungsrecht und Amnestie

5 Relikt der historischen judikativen Funktion des Staatsoberhaupts („Richterkönig“) ist das Begnadigungsrecht. Es besteht in der Aufhebung der Wirkungen eines rechtskräftigen Urteils eines ordentlichen Gerichts in Strafsachen im Einzelfall. Es erstreckt sich auch auf Disziplinarangelegenheiten (§ 79 Satz 1 ThürDG).

6 Die Justiziabilität der **Begnadigung** bleibt umstritten. Geklärt ist bislang allein, dass der Widerruf der Begnadigung gerichtlicher Kontrolle unterliegt.[6] Darüber hinaus spricht viel dafür, sich im republikanisch-demokratischen Verfassungsstaat vom historischen „Gnade vor Recht“ (kirchliches und monarchisches Gnadenrecht) zu lösen und Begnadigungsentscheidung zumindest hinsichtlich grundlegender gesetzlicher und grundrechtlicher Bedingungen (Gleichheitssatz) einer gerichtlichen Kontrolle zu unterziehen.[7]

7 Kompetentiell ist das Begnadigungsrecht des Thüringer Ministerpräsidenten auf Urteile von Gerichten des Landes begrenzt. Sie sind allerdings in der überwiegenden Mehrzahl, denn das Gnadenrecht des Bundespräsidenten greift nur, wenn ein Verfahren in allen Instanzen bundesgerichtlich entschieden wurde, was in Strafsachen sehr selten vorkommt.[8] In praktischer Hinsicht sind Gnadensachen überwiegend dem Thüringer Justizministerium zugewiesen.[9]

8 Eine Amnestie, d.h. die generelle Aufhebung des Strafvollzuges für eine Gruppe von rechtskräftig verurteilten Straftätern bzw. das Absehen von Strafverfolgung bei bereits begangenen, strafbaren Taten, muss gesetzlich angeordnet werden, Abs. 4.[10] Da die Kompetenz für Amnestien dem Gegenstand „Strafrecht“ in Art. 74 Abs. 1 Nr. 1 GG zugeordnet ist,[11] muss jeweils geprüft werden, ob der Bund bereits von seiner konkurrierenden Straf(befreiungs)kompetenz Gebrauch gemacht hat. Dies wird einem Absehen von Strafverfolgung bei bereits begangenen Taten im Regelfall entgegenstehen, denn der Thüringer Gesetzgeber kann nicht den bundesgesetzlich verankerten Strafanspruch verwirken. Dagegen bestehen die kompetentiellen Bedenken bei Amnestien nach erfolgter Verurteilung nicht. Im Erlass eines Strafgesetzes durch den Bundesgesetzgeber liegt kein kompetenzsperrendes Amnestieverbot für die Länder.

9 Nicht möglich ist schließlich der Eingriff in ein laufendes Strafverfahren (**Abolition**).[12]

---

6 BVerfGE 30, 108 (110). Anders für die Begnadigung selbst noch BVerfGE 25, 352 (358 ff.) – allerdings mit Stimmengleichheit.

7 So überzeugend *Hufen*, Verwaltungsprozessrecht, 8. Aufl. 2011, § 11 Rn. 8; *Schenke*, Verwaltungsprozessrecht, 13. Aufl. 2012, Rn. 91; *Hömig*, DVBl. 2007, 1328 (1329 ff.); *Holste*, Jura 2003, 738 (740).

8 Siehe statt aller *Fink*, in: von Mangoldt/Klein/Starck, Art. 60 Rn. 24.

9 Siehe die Anordnung des Ministerpräsidenten über die Ausübung des Gnadenrechts vom 30.03.1994 (ThürGVBl. S. 405).

10 Zur Geschichte der Amnestien in Deutschland *Merten*, Rechtsstaatlichkeit und Gnade, 1978, S. 18 ff.

11 BVerfGE 2, 213 (220 ff.).

12 Siehe *Fink*, in: von Mangoldt/Klein/Starck, Art. 60 Rn. 27; *Herzog*, in: Maunz/Dürig, Art. 60 (St.d.B. 01.2009) Rn. 31. Zur Begründung im Rechtsstaatsprinzip: *Merten*, Rechtsstaatlichkeit und Gnade, 1978, S. 46 ff. (insbesondere 48).

Vierter Abschnitt Der Verfassungsgerichtshof

Artikel 79 [Rechtsstellung; Zusammensetzung; Unvereinbarkeiten]

(1) Der Verfassungsgerichtshof ist ein allen anderen Verfassungsorganen gegenüber selbständiges und unabhängiges Gericht des Landes.

(2) [1]Er besteht aus dem Präsidenten und acht weiteren Mitgliedern. [2]Der Präsident und zwei weitere Mitglieder müssen Berufsrichter sein. [3]Drei weitere Mitglieder des Verfassungsgerichtshofs müssen die Befähigung zum Richteramt haben.

(3) [1]Die Mitglieder des Verfassungsgerichtshofs dürfen weder dem Landtag oder der Landesregierung noch entsprechenden Organen des Bundes oder eines anderen Landes angehören. [2]Sie dürfen, außer als Richter oder Hochschullehrer, beruflich weder im Dienst des Landes noch einer Körperschaft, Anstalt oder Stiftung des öffentlichen Rechts unter Aufsicht des Landes stehen. [3]Sie werden durch den Landtag mit der Mehrheit von zwei Dritteln seiner Mitglieder auf Zeit gewählt.

Vergleichbare Regelungen

Art. 94 Abs. 1, 98 Abs. 2 und 5 GG; Art. 68 Abs. 1 Satz 1, Abs. 3 BWVerf; Art. 60, 68 BayVerf; Art. 84 Abs. 1 VvB; Art. 112 BbgVerf; Art. 139 BremVerf; Art. 65 Abs. 1 und 2 HambVerf; Art. 130 HessVerf; Art. 52 M-VVerf; Art. 55 NV; Art. 76 Verf NW; Art. 134 Verf Rh-Pf; Art. 96 SaarlVerf; Art. 81 Abs. 2 bis 4 SächsVerf; Art. 44 Abs. 1 Satz 3, Art. 74 LVerf LSA; Art. 44 Abs. 1, 3 und 4, Art. 59 b SchlHVerf.

Ergänzungsnormen im sonstigen thüringischen Recht

§§ 1 bis 10, 54 ThürVerfGHG v. 28.06.1994 (ThürGVBl. S. 781), zuletzt geändert durch Gesetz v. 04.12.2003 (ThürGVBl. S. 505); GO des ThürVerfGH v. 21.11.2005 (ThürGVBl. S. 411)[1].

Dokumente zur Entstehungsgeschichte

Art. 73, 75 VerfE CDU; Art. 84 VerfE F.D.P.; Art. 73 VerfE SPD; Art. 67 VerfE NF/GR/DJ; Art. 95 VerfE LL/PDS; Entstehung ThürVerf, S. 208 ff.

Literatur

Hans-Joachim Bauer, Der Thüringer Verfassungsgerichtshof, LKV 1996, 385; *Walter Bayer*, Bestellung und Amtsdauer der Mitglieder des ThürVerfGH – Korrekturbedarf für § 3 Abs. 2 Satz 2 ThürVerfGHG, ThürVBl 2006, 34; *Klaus Ferdinand Gärditz*, Landesverfassungsrichter. Zur personalen Dimension der Landesverfassungsgerichtsbarkeit, JöR N.F. 61 (2013), 449; *Peter M. Huber*, Die neue Verfassung des Freistaats, LKV 1994, 121; *ders.*, Vom Aufbau der Staats- und Verwaltungsorganisation in Thüringen, ThürVBl 1997, 49; *ders.*, in: Huber (Hrsg.), Thüringer Staats- und Verwaltungsrecht, 2000, 1. Teil: Staatsrecht (zit.: ohne Zusatz); *Helge Sodan*, Landesverfassungsgerichtsbarkeit in Berlin und den neuen Bundesländern, LKV 2012, 440; *Stefan Storr*, Staats- und Verfassungsrecht, 1998.

Leitentscheidungen des ThürVerfGH und des BVerfG

ThürVerfGH, Beschl. v. 13.06.2007 – 25/05 – JURIS (Ruhestand im richterlichen Hauptamt).

BVerfGE 69, 112 (Stellung der Landesverfassungsgerichte).

1 Abrufbar unter http://www.thverfgh.thueringen.de.

A. Überblick

1 Art. 79 Abs. 1 institutionalisiert ein Landesverfassungsgericht als **Verfassungsorgan** des Freistaats und betont dessen Selbständigkeit und Unabhängigkeit neben allen anderen Verfassungsorganen. Art. 79 Abs. 2 und 3 regelt die **Zusammensetzung** des ThürVerfGH nach Zahl und Befähigung seiner Mitglieder sowie deren **Wahl** und enthält **Beschränkungen der Wählbarkeit.**

B. Herkunft, Entstehung und Entwicklung

2 Die Verfassungsgesetzentwürfe aller Fraktionen des ersten Thüringer Landtags[2] sahen die Errichtung eines Landesverfassungsgerichts vor. Bezüglich der Besetzung sahen sämtliche Entwürfe neben Berufsrichtern auch Laien als Mitglieder vor und enthielten Inkompatibilitätsregelungen. Die Wahlmodalitäten stimmten nur partiell überein. Bei den insgesamt nicht sehr kontroversen Beratungen ging es im Wesentlichen um die Sicherung der Kontinuität der Rspr durch einen Kernbestand an Berufsrichtern bzw. zum Richteramt Befähigten und Befürchtungen einer Majorisierung des ThürVerfGH durch „Westjuristen".[3] Abweichend von den Gesetzentwürfen wurden im endgültigen Verfassungstext die Amtszeit der Richter und ihre Wiederwahl der Regelung durch den Gesetzgeber überlassen.[4]

3 Die Bestimmung ist seit Inkrafttreten der ThürVerf unverändert geblieben. Die Funktionsfähigkeit des ThürVerfGH konnte erst im September 1995 hergestellt werden.[5]

C. Verfassungsvergleichende Information

4 Nachdem Schleswig-Holstein nicht mehr von der Möglichkeit Gebrauch macht, das BVerfG im Wege der **Organleihe** mit landesverfassungsrechtlichen Streitigkeiten nach Art. 99 GG zu betrauen,[6] verfügen alle Länder der Bundesrepublik Deutschland über ein eigenes Landesverfassungsgericht (vgl. oben „Vergleichbare Regelungen"). Dies ist Ausdruck aktiv gestalteter **Verfassungsautonomie** der

2 Gesetzentwürfe der Fraktionen der CDU, LT-Drs. 1/285, F.D.P., LT-Drs. 1/301, SPD, LT-Drs. 1/590, NF/GR/DJ, LT-Drs. 1/659 und LL/PDS, LT-Drs. 1/678.
3 Zu den anfänglichen Schwierigkeiten bei der Besetzung des ThürVerfGH vgl. *Bauer*, LKV 1996, 385 (386 f.).
4 Vgl. näher Entstehung ThürVerf, S. 210 mwN.
5 Dazu *Bauer*, LKV 1996, 385 (387); zu daraus sich ergebenden Anfangsproblemen für Fristberechnungen vgl. ThürVerfGH, ThürVBl 1997, 69 f.; 1999, 13 ff.
6 Vgl. *Caspar*, NordÖR 2008, 193; *Sturm/Detterbeck*, in: Sachs, GG, Art. 99 Rn. 1 mwN.

Länder, deren Verfassungsraum neben der des Bundes prinzipiell eigenständig ist[7] – wie dies aus Art. 28 Abs. 1 GG folgt.

D. Erläuterungen

I. Stellung des ThürVerfGH (Art. 79 Abs. 1)

1. Stellung im Bundesstaat. Das Grundgesetz zwingt die Länder zwar nicht, eigene Verfassungsgerichte zu etablieren, wie aus Art. 99 GG folgt. Es geht jedoch eindeutig von der Möglichkeit einer Landesverfassungsgerichtsbarkeit aus. Dies ergibt sich nicht nur allgemein aus Art. 28 Abs. 1 GG, der die **Verfassungsautonomie** der Länder voraussetzt, sondern folgt sehr konkret neben Art. 99 GG insbesondere aus Art. 100 Abs. 3 GG, wonach ein Verfassungsgericht eines Landes unter bestimmten Voraussetzungen die Entscheidung des BVerfG einzuholen hat.[8] 5

Aus den genannten Normen folgt die **Gesetzgebungskompetenz der Länder**, eine eigene Verfassungsgerichtsbarkeit einrichten und deren Verfahrensordnung ausgestalten zu können. Das BVerfG beruft sich daher explizit auf die Staatlichkeit der Länder und verweist auf Art. 94 Abs. 2 Satz 1 GG, woraus folge, dass sich die konkurrierende Gesetzgebungskompetenz des Bundes für das gerichtliche Verfahren nach Art. 74 Abs. 1 Nr. 1 GG *nicht* auf deren Verfassungsgerichtsbarkeit erstrecke.[9] Im Übrigen ziehen die Kompetenzregelungen (insb. die Art. 70 ff. GG) nach zutreffender Auffassung dem Verfassungsrecht der Länder ohnehin keine Grenzen.[10] Einer Landesverfassung ist es lediglich verwehrt, Bundes*verfassungs*recht zu setzen; sie kann auch keine Gegenstände regeln, die ihrer Natur nach allein Sache des Bundes oder anderer Länder sind.[11] Auch **materiell-rechtliche Vorgaben**, die wie Art. 33 Abs. 2 und 5 GG für Richter allgemein gelten, finden auf die Auswahl von Verfassungsrichtern des Landes keine Anwendung, wiewohl insbesondere Eignung, Befähigung und Leistung iSd Art. 33 Abs. 2 GG schon aus Akzeptanzgründen eine Rolle spielen sollten.[12] 6

Der **ThürVerfGH steht selbstständig neben dem BVerfG.**[13] „Jedem Verfassungsgericht kommt in 'seinem' Rechtskreis die Funktion als oberster Hüter des 7

---

7 Vgl. nur BVerfGE 4, 178 (189); 36, 242 (357); 41, 88 (118 f.); 64, 301 (317); 96, 231 (243 f.); 103, 332 (350); ThürVerfGH, LVerfGE 9, 413 (429 und LS 1 Satz 1); *Bartlsperger*, HStR, Bd. VI, § 128; *Bethge*, in: Maunz/Schmidt-Bleibtreu, Vorbem. (2011) Rn. 230 ff.; *Dittmann*, HStR, Bd. VI, § 127; *Huber*, ThürVBl 1997, 49 (50 f., 54); *Sodan*, LKV 2010, 440 (442); *Stern*, Bd. I, 2. Aufl. 1984, § 19 III 2 a; *Storr*, Staats- und Verfassungsrecht, 1998, Rn. 112 ff.

8 Vgl. dazu insb. BVerfGE 96, 345 (359 f.).

9 BVerfGE 96, 345 (368); vgl. auch *Bethge*, in: Maunz/Schmidt-Bleibtreu, Vorbem. (St.d.B. 01/2011) Rn. 232, 287; *Gärditz*, JöR N.F. 61 (2013), 449 (457); *Hillgruber/Goos*, Rn. 917 ff.; *Schlaich/Korioth*, Rn. 347; *Huber*, ThürVBl 1997, 49 (54).

10 *Dreier*, in: Dreier, Art. 31 Rn. 29; *Tjarks*, Zur Bedeutung der Landesgrundrechte, 1999, S. 80 ff.; *Wermeckes*, Der erweiterte Grundrechtsschutz in den Landesverfassungen, 2000, S. 79 ff.; *Jutzi*, in: Grimm/Caesar, Einl. C Rn. 12 jeweils mwN; ähnlich *März*, in: von Mangoldt/Klein/Starck, Art. 31 Rn. 87; differenzierend *Huber*, in: Sachs, GG, Art. 31 Rn. 17; *Sachs*, ThürVBl 1993, 121 (122 f.); aA *Korioth*, in: Maunz/Dürig, Art. 31 Rn. 24; *Starck*, ThürVBl 1992, 10.

11 *Discher*, Die Landesverfassungsgerichte in der bundesstaatlichen Rechtssprechungskompetenzordnung, 1997, S. 64.

12 Dazu näher *Gärditz*, JöR N.F. 61 (2013), 449 (457 f.).

13 *Bryde*, NdsVBl 2005 (Sonderheft), 5 ff.; *Sodan*, LKV 2010, 440 (442 f.); *Voßkuhle*, in: von Mangoldt/Klein/Starck, Art. 93 Rn. 69.

Rechts und die Aufgabe dessen letztverbindlicher Auslegung zu; sie sollen den Maßstab 'ihrer' Verfassung auch dann noch zur Geltung bringen können, wenn ein anderes (Verfassungs-)Gericht diesen bereits angewendet hat."[14]

8 Zu Recht hat das BVerfG[15] daher bezogen auf die Landesverfassungsbeschwerde ausgeführt, diese gehöre **nicht** zum **Rechtsweg im Sinne von § 90 Abs. 2 Satz 1 BVerfGG.** Nicht nur die Verfassungsbeschwerde, auch alle anderen Verfahren des BVerfG und des ThürVerfGH stehen prinzipiell selbstständig nebeneinander,[16] wenngleich nicht alle parallel statthaft sind.[17] Jedoch kann das BVerfG im Wege der Verfassungsbeschwerde gegen Entscheidungen des ThürVerfGH angerufen werden, wenn Grundrechte verletzt sein können.[18]

9 **2. Stellung im Freistaat Thüringen.** Der ThürVerfGH ist, wie bereits dem Wortlaut des Art. 79 Abs. 1 („anderen") zu entnehmen ist, ein Verfassungsorgan, das als **ranghöchstes Gericht des Freistaats** Teil der dritten (rechtsprechenden) Gewalt[19] ist (vgl. auch Art. 86 Abs. 1) und dem neben Landtag (Art. 48 Abs. 1) und Landesregierung (Art. 70 Abs. 1) wegen seiner allen anderen Verfassungsorganen gegenüber bestehenden Selbständigkeit und seiner weitgehenden, ihm durch die Verfassung zugewiesenen Kompetenzen (Art. 80, 83 Abs. 3 GG)[20] der Rang eines **obersten Verfassungsorgans** zukommt. Aus dieser Funktionsbeschreibung ergeben sich indes keine konkreten Rechtsfolgen, insbesondere nicht die Befugnis, die eigenen Kompetenzen über die rechtsprechende Tätigkeit hinaus zu erweitern.[21]

10 Seinen **Sitz** hat der ThürVerfGH in Weimar (§ 1 Abs. 2 ThürVerfGHG). Zur Erledigung seiner Geschäfte kann sich der ThürVerfGH der Einrichtungen des ThürOVG bedienen (§ 10 Abs. 1 ThürVerfGHG).

II. Personelle Zusammensetzung des ThürVerfGH (Art. 79 Abs. 2 und 3)

11 **1. Anzahl und Befähigung der Richter (Art. 79 Abs. 2).** Der ThürVerfGH besteht aus dem **Präsidenten und acht weiteren Mitgliedern** (Art. 79 Abs. 2 Satz 1; § 2 Abs. 2 Satz 1 ThürVerfGHG).

12 Der Präsident und zwei weitere Mitglieder müssen **Berufsrichter** sein und drei weitere Mitglieder über die **Befähigung zum Richteramt** verfügen (Art. 79 Abs. 2 Satz 2 und 3; § 2 Abs. 1 Satz 2 und 3 ThürVerfGHG). Für jedes Mitglied des ThürVerfGH wird ein eigener **Stellvertreter** gewählt (§ 2 Abs. 2 Satz 1 ThürVerfGHG).[22]

---

14 BVerfGE 69, 112 (117).

15 BVerfG, NJW 1996, 1464; vgl. auch *Schlaich/Korioth*, Rn. 357 mwN.

16 Vgl. nur BVerfGE 41, 88 (118 f.); *Pestalozza*, § 21 Rn. 4 ff.

17 Vgl. z.B. Art. 93 Abs. 1 Nr. 4 und 4 b GG.

18 *Bethge*, in: Maunz/Schmidt-Bleibtreu, Vorbem. (St.d.B. 05.2011) Rn. 281 sowie § 90 (St.d.B. 2009) Rn. 49.

19 *Bauer*, LKV 1996, 385 (386); *Sodan*, LKV 2010, 440 (442 f.); *Wallerath*, NdsVBl 2005 (Sonderheft), 43 (47); zum BVerfG vgl. BVerfGE 7, 1 (14); 40, 356 (360); 65, 152 (154); *Benda/Klein*, Rn. 107 ff.; *Roellecke*, HStR, Bd. III, § 67 Rn. 16.

20 Vgl. auch *Sodan*, LKV 2010, 440 (442 f.); *Wallerath*, NdsVBl 2005 (Sonderheft), 43 (47); kritisch zu diesem Argument *Schlaich/Korioth*, Rn. 31 ff.

21 Zum BVerfG vgl. *Benda/Klein*, Rn. 110; *Meyer*, in: von Münch/Kunig, Art. 93 Rn. 6; *Roellecke*, HStR, Bd. III, § 67 Rn. 19; *Schlaich/Korioth*, Rn. 33 f. jeweils mwN; vgl. auch *Voßkule*, JZ 2009, 917 (918).

22 Zu den aus dieser Rechtslage sich ergebenden praktischen Schwierigkeiten *Bauer*, LKV 1996, 385 (387).

Die Mitgliedschaft von **Berufsrichtern** soll sicherstellen, dass „Personen, die aus berufsrichterlicher Alltagserfahrung schöpfen können, in ausreichender Zahl dem Gerichtshof angehören.“[23] Mit dem Begriff Berufsrichter wird offenbar auf das DRiG Bezug genommen, das in § 1 die rechtsprechende Gewalt (neben ehrenamtlichen Richtern) Berufsrichtern anvertraut.[24] Ein allein auf dienstrechtliche Begrifflichkeiten abstellendes Verständnis der Regelung berücksichtigte jedoch nicht hinreichend deren Verfassungsbezug. Den Sinn dieser Bestimmung aufnehmend dürften lediglich Richter gemeint sein, „denen die rechtsprechende Gewalt anvertraut ist und die **kein anderes Hauptamt** wahrnehmen als eines, in dem sie diese rechtsprechende Gewalt in richterlicher Unabhängigkeit auch ausüben.“[25] Davon ausgehend sind unzweifelhaft **Richter auf Lebenszeit** wählbar, die ihr Amt auch tatsächlich ausüben. Ein Berufsrichter, der beispielsweise an eine Behörde **abgeordnet** ist, kann jedoch nicht zugleich berufrichterliches Mitglied des ThürVerfGH sein.[26] Ob auch **Richter auf Probe** als berufsrichterliches Mitglied wählbar sind, steht danach noch nicht eindeutig fest. Der Erwägung, die Verfassung habe mit Rücksicht auf die Bedeutung des hohen Amtes und der notwendigen besonderen Unabhängigkeit der Mitglieder des ThürVerfGH auch § 28 (iVm § 2) DRiG inkorporiert[27] mit der Folge, dass nur Richter auf Lebenszeit als berufsrichterliche Mitglieder des ThürVerfGH wählbar wären, ist der Landesgesetzgeber nicht, jedenfalls nicht ausdrücklich gefolgt. Allerdings hat er in § 4 Abs. 1 ThürVerfGHG die **Wählbarkeit** der Richter generell von der Vollendung des 35. Lebensjahrs abhängig gemacht, was im Regelfall denselben Effekt hat. 13

Soweit Art. 79 Abs. 2 Satz 2 und § 2 Abs. 1 Satz 3 ThürVerfGHG bei drei weiteren Mitgliedern des ThürVerfGH, die nicht Berufsrichter sein müssen, die **Befähigung zum Richteramt** verlangt, wird auf § 5 DRiG[28] in der jeweils maßgeblichen Fassung zur Erlangung der Befähigung Bezug genommen. 14

Bezüglich der **übrigen drei Mitglieder des ThürVerfGH** enthalten weder Art. 79 noch das ThürVerfGHG bestimmte Anforderungen. Auch aus Art. 86 Abs. 3, wonach Männer und Frauen aus dem Volk an der Rspr mitwirken, folgt keine weitere Einschränkung der Auswahlfreiheit des Landtags, insbesondere besteht keine Verpflichtung, juristische Laien in den ThürVerfGH zu berufen.[29] Es können auch weitere Berufsrichter und sonstige Personen mit der Befähigung zum Richteramt als „Männer und Frauen aus dem Volk“ gewählt werden. 15

2. Wählbarkeit und Unvereinbarkeiten (Art. 79 Abs. 3 Satz 1 und 2). Nach Art. 79 Abs. 3 Satz 1 und § 4 Abs. 2 Satz 1 ThürVerfGHG dürfen Mitglieder des ThürVerfGH weder dem Landtag oder der Landesregierung noch entsprechenden Organen des Bundes oder eines anderen Landes angehören. Diese Regelun- 16

23 ThürVerfGH, Beschl. v. 13.06.2007 – 25/05 – JURIS, Rn. 16, unter Hinweis auf die Entstehungsgeschichte der Norm; ähnlich BVerfGE 65, 152 (157).

24 Nach § 84 DRiG bestimmt das Landesrecht, wieweit das Gesetz für die Mitglieder eines Verfassungsgerichts eines Landes gilt.

25 HessStGH, NJW 2001, 2010 (2011).

26 So mit ausführlicher Begründung HessStGH, NJW 2001, 2010 ff.

27 So *Jutzi*, in: Linck/Jutzi/Hopfe, Art. 79 Rn. 6; dazu auch *Gärditz*, JöR N.F. 61 (2013), 449 (471 Fn. 158).

28 Vgl. *Bauer*, LKV 1996, 385 (386), auch zur Unterscheidung zwischen der Befähigung zum Richteramt und der Befähigung zum Berufsrichter nach dem Recht der DDR.

29 *Jutzi*, in: Linck/Jutzi/Hopfe, Art. 79 Rn. 8; *Storr*, Staats- und Verfassungsrecht, 1998, Rn. 693 mwN; aA *Huber*, Rn. 201 f.; *ders.*, LKV 1994, 121 (129).

gen entspringen bezogen auf Thüringer Staatsorgane dem Grundsatz der **Gewaltenteilung**, sichern im Übrigen eine gewisse politische und funktionsbezogene Neutralität und stärken allgemein die Objektivität der richterlichen Kontrolle.[30] Die Regelung schließt lediglich Personen vom Richteramt aus, die als Abgeordnete einem Parlament oder als Regierungsmitglieder einer Regierung im Bund oder einem Land der Bundesrepublik Deutschland angehören. Nicht erfasst werden **Abgeordnete des Europäischen Parlaments**, die auch nicht nach § 6 d EuWG[31] gehindert wären, ein Richteramt im ThürVerfGH zu bekleiden.

17 Weiter dürfen Richter des VerfGH, „außer als Richter oder Hochschullehrer, beruflich weder im Dienst des Landes noch einer Körperschaft, Anstalt oder Stiftung des öffentlichen Rechts unter Aufsicht des Landes stehen“ (Art. 79 Abs. 3 Satz 2, § 4 Abs. 2 Satz 2 ThürVerfGHG). Damit werden nicht nur **Beamte**, sondern auch **Beschäftigte des öffentlichen Dienstes** vom Richteramt ausgeschlossen. Erfasst werden alle dem Land zuzurechnenden Organisationseinheiten, unabhängig davon, ob sie der Rechts- oder der Fachaufsicht des Landes unterstehen. Insbesondere können Bedienstete kommunaler Körperschaften des Freistaats nicht Mitglied im ThürVerfGH sein. Anders verhält es sich mit Richtern, Beamten und Beschäftigten des Bundes sowie anderer Länder. Deren Wählbarkeit wird von der *Verfassung* nicht beschränkt (vgl. jedoch nachstehend Rn. 18).

18 Mitglied des ThürVerfGH kann schließlich nur sein, **„wer das 35., aber noch nicht das 68. Lebensjahr vollendet hat und zum Thüringer Landtag wählbar ist“** (§ 4 Abs. 1 ThürVerfGHG). Letzteres setzt u. a. mindestens einen einjährigen Wohnsitz, Lebensmittelpunkt (§ 13 Abs. 1 Satz 2 und 3 ThürLWG)[32] oder dauernden Aufenthalt im Freistaat voraus (§ 16 Satz 1 Nr. 2 ThürLWG). Damit hat der Landesgesetzgeber sich bewusst gegen **„Import-“Richter** aus anderen Bundesländern, aber auch Thüringer Richter mit Wohnsitz in einem Nachbarland, entschieden.[33] Diese Regelung steht jedoch einer Wahl zum Verfassungsrichter nicht entgegen, wenn eine im Freistaat wohnende Person, die zum Landtag wählbar ist, z.B. Richter am EuGH, an einem Bundesgericht oder in einem benachbarten Bundesland ist. Etwas anderes folgt auch nicht aus § 2 Abs. 1 Satz 2 ThürVerfGHG, wonach der Präsident und zwei weitere Richter „aus dem Kreis der Berufsrichter gewählt“ werden. Wie sich aus der Entstehungsgeschichte der Norm deutlich ergibt, soll mit dieser Regelung lediglich gewährleistet werden, „daß ausreichend juristischer Fachverstand im Verfassungsgerichtshof

30 Ähnlich zu Art. 94 Abs. 1 Satz 3 GG *Sturm/Detterbeck*, in: Sachs, GG, Art. 94 Rn. 5.

31 Vgl. auch Art. 7 Beschluss und Akt zur Einführung allgemeiner unmittelbarer Wahlen der Mitglieder des Europäischen Parlaments v. 20.09.1976, ABl. Nr. L 278 S. 1, ber. ABl. Nr. L 326 S. 32, zuletzt geändert durch Art. 1 ÄndBeschl. 2002/772/EG, Euratom v. 25.06.2002, ABl. Nr. L 283 S. 1.

32 § 13 Abs. 1 Satz 2 und 3 ThürLWG: "Bei Inhabern von mehreren Wohnungen iSd Melderechts wird der Ort der Hauptwohnung als Wohnsitz vermutet. Personen nach Satz 2, deren Hauptwohnung nach § 15 Abs. 2 Satz 2 des Thüringer Meldegesetzes nicht innerhalb Thüringens liegt, sind auf Antrag wahlberechtigt, wenn sie am Ort der Nebenwohnung in Thüringen seit mindestens drei Monaten ihren Lebensmittelpunkt haben und dies glaubhaft machen."

33 Bei der ersten Wahl nach Inkrafttreten des ThürVerfGHG genügte die Wählbarkeit zum BT (§ 54 ThürVerfGHG).

vertreten ist."[34] Die regionale Anbindung wird allein über § 4 Abs. 1 ThürVerfGH gesichert.

Ob die genannten Bestimmungen lediglich als **Inkompatibilitätsregelungen** zu verstehen sind, wie dies z.B. für die Wahl der Bundesverfassungsrichter gilt,[35] ist zweifelhaft. Das ThürVerfGHG scheint auf den ersten Blick eine **Ineligibilität** vorzusehen, da § 4 ThürVerfGHG mit „Voraussetzungen der Wählbarkeit" überschieben ist und im Übrigen nach § 6 Abs. 1 ThürVerfGHG ein Mitglied des ThürVerfGH kraft Gesetzes aus dem Amt scheidet, wenn es die „Voraussetzungen der Wählbarkeit (§ 4)" verliert. Andererseits schließt der Wortlaut des Gesetzes es nicht ausdrücklich aus, ein Mitglied, das (noch) ein inkompatibles Mandat oder Amt bekleidet, zu wählen. Eine Wahl liefe in diesem Fall (lediglich) ins Leere, wenn das gewählte Mitglied das inkompatible Mandat oder Amt nicht vor Beginn des Richteramtes niederlegte, da das Richteramt kraft Gesetzes mit Amtsbeginn sofort endete.[36] 19

3. Wahl der Richter (Art. 79 Abs. 3 Satz 3). Alle Mitglieder des ThürVerfGH werden „durch den **Landtag mit zwei Dritteln seiner Mitglieder** auf Zeit gewählt" (Art. 79 Abs. 3 Satz 3). Die Regelung ist lex specialis zu Art. 89 Abs. 2. Die verfassungsrechtlichen Vorgaben konkretisiert § 3 Abs. 1 Satz 1 ThürVerfGHG. Danach sind die Mitglieder einzeln und in geheimer Wahl ohne Aussprache auf **die Dauer von fünf Jahren** zu wählen. Eine **Wiederwahl** ist zulässig (§ 3 Abs. 2 Satz 1 ThürVerfGHG). Scheidet ein Mitglied vor Ablauf seiner Amtszeit aus, wählt der Landtag einen Nachfolger für eine volle Amtszeit (§ 3 Abs. 3 Satz 1 ThürVerfGHG). Die gewählten Mitglieder des ThürVerfGH werden vom Präsidenten des Landtags **ernannt** und vor Amtsantritt vor dem Landtag **vereidigt** (§ 5 ThürVerfGHG). Nach Ablauf ihrer Amtszeit führen die Mitglieder des ThürVerfGH die Amtsgeschäfte „bis zur Wahl des Nachfolgers" (§ 3 Abs. 2 Satz 2 ThürVerfGHG) fort; dies ist dahin auszulegen, dass das **kommissarische Amt** nicht schon mit der Wahl, sondern erst mit der Ernennung des Nachfolgers endet.[37] Die ergänzenden Regelungen sind, auch mit Blick auf die Genesis der Verfassungsnorm (oben Rn. 2), verfassungsrechtlich unbedenklich. 20

4. Beendigung des Amtes (§ 6 ThürVerfGHG). Den **Verlust des Amtes** regelt nicht die Landesverfassung, sondern § 6 ThürVerfGHG und dies abschließend.[38] 21

Nach § 6 Abs. 1 ThürVerfGHG scheiden die Mitglieder des ThürVerfGH „aus ihrem Amt aus, wenn sie die Voraussetzungen der Wählbarkeit (§ 4) verlieren oder ihre Amtszeit abgelaufen ist." Zu den **Voraussetzungen der Wählbarkeit** gehören nach § 4 ThürVerfGHG (siehe oben Rn. 18 f.) die Altersgrenze, die Wählbarkeit zum Thüringer Landtag sowie die Beachtung der Unvereinbarkeit mit bestimmten anderen Ämtern und Tätigkeiten. Da § 4 ThürVerfGHG die **Ei-** 22

34 Gesetzentwurf der LReg zum Gesetz über den ThürVerfGH, LT-Drs. 1/3205 v. 17.03.1994, Begr. zu § 2; in diesem Sinne auch ThürVerfGH, Beschl. v. 13.06.2007 – 25/05 – JURIS, Rn. 16.

35 Diese sind wählbar, auch wenn sie noch ein inkompatibles Mandat oder Amt innehaben. Dieses endet jedoch mit ihrer Ernennung (§ 3 Abs. 3 Satz 2 BVerfGG).

36 Die Rechtsfolge der Unvereinbarkeit wäre nach dem ThürVerfGHG sonach lediglich eine andere (kein Richteramt) als nach dem BVerfGG (kein inkompatibles Mandat oder Amt; vgl. oben Fn. 32).

37 ThürVerfGH, ThürVBl 2006, 36; zustimmend *Bayer*, ThürVBl 2006, 34 f.

38 ThürVerfGH, Beschl. v. 13.06.2007 – 25/05 – JURIS, Rn. 6.

genschaft als Berufsrichter nicht erwähnt, hat der ThürVerfGH unter Berufung auf die Entstehungsgeschichte der Norm und deren Zweck (Verfassungsrichter mit berufsrichterlicher Alltagserfahrung) entschieden, das Ausscheiden aus dem Amtsverhältnis als Berufsrichter auf Lebenszeit iSd. § 10 DRiG wegen Eintritts in den Ruhestand beende nicht die Amtszeit als Landesverfassungsrichter. Sei ein solcher Erfahrungsschatz zum Zeitpunkt der Wahl gewährleistet, verblasse er mit dem Eintritt in den Ruhestand nicht.[39] Dem ist zuzustimmen.

23 Dies gilt indes nicht in Bezug auf den etwas kryptischen Zusatz des ThürVerfGH, wonach der berufsrichterliche Blick jedenfalls solange erhalten bleibe, wie er nicht durch die **Aufnahme anderweitiger**, mit der Stellung als Richter auf Lebenszeit nicht vereinbarer **Tätigkeiten** gestört werde. Die Aufnahme einer anderweitigen Tätigkeit (z.B. als Rechtsanwalt) führt nicht eo ipso zum Verlust des berufsrichterlichen Blicks. Lässt der Eintritt in den Ruhestand als Berufsrichter das Amtsverhältnis des VerfGH-Mitglieds unberührt, dann bleibt es prinzipiell bis zum Ende seiner Amtszeit Verfassungsrichter. Das Amtsverhältnis kann nur unter den in § 6 ThürVerfGHG geregelten Voraussetzungen ein vorzeitiges Ende finden. Verliert ein Berufsrichter im („inaktiven") Ruhestand nicht seine Qualifikation als Verfassungsrichter, kann nichts anderes gelten, wenn er im Ruhestand (aktiv) seinen Horizont in anderer Funktion erweitert. Die **Abordnung eines Berufsrichters** an eine Behörde des Freistaats (vgl. auch oben Rn. 13) dürfte dagegen unter Berücksichtigung des Aspekts der Gewaltenteilung und des Grundgedankens von § 4 Abs. 2 Satz 2 ThürVerfGHG zum Amtsverlust als Mitglied des ThürVerfGH führen.

24 Als weitere Beendigungsgründe des verfassungsrichterlichen Amtsverhältnisses nennt § 6 ThürVerfGHG den **Antrag auf Entlassung durch das Mitglied** selbst (Abs. 2) sowie die **Abberufung auf Antrag des Präsidenten des Landtags** (Abs. 3). Die Abberufung eines Mitglieds ist nur zulässig, wenn es dauernd dienstunfähig ist, sich innerhalb oder außerhalb seiner richterlichen Tätigkeit einer so groben Pflichtverletzung schuldig gemacht hat, dass sein Verbleiben im Amt ausgeschlossen erscheint oder wissentlich als hauptamtlicher oder inoffizieller Mitarbeiter mit dem Ministerium für Staatssicherheit, dem Amt für Nationale Sicherheit oder Beauftragten dieser Einrichtungen zusammengearbeitet hat (§ 6 Abs. 3 ThürVerfGHG). Die Entlassung auf eigenen Antrag hat der Präsident des Landtags unverzüglich auszusprechen (§ 6 Abs. 2 Satz 2 ThürVerfGHG). Über die Abberufung aus dem Amt nach § 6 Abs. 3 ThürVerfGHG entscheidet der ThürVerfGH durch Beschluss, der der Zustimmung von sechs Mitgliedern des Gerichtshofs bedarf (§ 6 Abs. 4 ThürVerfGHG).

Artikel 80 [Zuständigkeit]

(1) Der Verfassungsgerichtshof entscheidet

1. **über Verfassungsbeschwerden, die von jedermann mit der Behauptung erhoben werden können, durch die öffentliche Gewalt in seinen Grundrechten, grundrechtsgleichen Rechten oder staatsbürgerlichen Rechten verletzt zu sein,**

39 ThürVerfGH, Beschl. v. 13.06.2007 – 25/05 – JURIS, Rn. 6.

2. über Verfassungsbeschwerden von Gemeinden und Gemeindeverbänden wegen der Verletzung des Rechts auf Selbstverwaltung nach Artikel 91 Abs. 1 und 2,
3. über die Auslegung dieser Verfassung aus Anlaß von Streitigkeiten über den Umfang der Rechte und Pflichten eines obersten Landesorgans oder anderer Beteiligter, die durch diese Verfassung oder in der Geschäftsordnung des Landtags oder der Landesregierung mit eigener Zuständigkeit ausgestattet sind, auf deren Antrag,
4. bei Meinungsverschiedenheiten oder Zweifeln über die förmliche oder sachliche Vereinbarkeit von Landesrecht mit dieser Verfassung auf Antrag eines Fünftels der Mitglieder des Landtags, einer Landtagsfraktion oder der Landesregierung,
5. über die Vereinbarkeit eines Landesgesetzes mit dieser Verfassung auf Antrag eines Gerichts, wenn es ein Landesgesetz, auf dessen Gültigkeit es bei der Entscheidung ankommt, für unvereinbar mit dieser Verfassung hält,
6. über die Zulässigkeit von Volksbegehren nach Artikel 82 Abs. 3 Satz 2,
7. über die Verfassungswidrigkeit des Untersuchungsauftrages nach Artikel 64 Abs. 1 Satz 2,
8. über die Anfechtung der Prüfung der Gültigkeit der Landtagswahl nach Artikel 49 Abs. 3.

(2) Dem Verfassungsgerichtshof können durch Gesetz weitere Angelegenheiten zur Entscheidung zugewiesen werden.

(3) Durch Gesetz kann für Verfassungsbeschwerden die vorherige Erschöpfung des Rechtsweges zur Voraussetzung gemacht, ein besonderes Annahmeverfahren eingeführt und vorgesehen werden, daß unzulässige oder offensichtlich unbegründete Beschwerden durch einen vom Gericht zu bestellenden Ausschuß zurückgewiesen werden können.

(4) Das Gesetz bestimmt, in welchen Fällen die Entscheidungen des Verfassungsgerichtshofs Gesetzeskraft haben.

(5) Das Nähere regelt das Gesetz.

Vergleichbare Regelungen

Art. 93, 94 Abs. 2 sowie Art. 18 Satz 2, Art. 21 Abs. 2 Satz 2, Art. 41 Abs. 2, Art. 61, 84 Abs. 4 Satz 2, Art. 99, 100, 126 GG; Art. 68 Abs. 1 Satz 2, Abs. 2 und 4 sowie Art. 31 Abs. 2, Art. 42, 57, 64 Abs. 1 Satz 2, Art. 76 BWVerf; Art. 60 bis 67, 69 sowie Art. 15 Abs. 2, Art. 33 Satz 2, Art. 48 Abs. 3, Art. 92, 98 Satz 4, Art. 120 BayVerf; Art. 84 Abs. 2 und 3 VvB; Art. 113 sowie Art. 6 Abs. 2, Art. 61, 63 Abs. 2 und 3, Art. 77 Abs. 2 BbgVerf; Art. 111, 140, 142 BremVerf; Art. 65 Abs. 3 bis 7 sowie Art. 9 Abs. 2, Art. 50 Abs. 6, Art. 64 Abs. 2 HambVerf; Art. 131 bis 133 sowie Art. 17 Abs. 2, Art. 146 Abs. 2 HessVerf; Art. 53, 54 sowie Art. 21 Abs. 2, Art. 60 Abs. 2 M-VVerf; Art. 54 sowie Art. 11 Abs. 4, Art. 17, 27 Abs. 7, Art. 40, 48 Abs. 2 NV; Art. 75 sowie Art. 32 Abs. 2, Art. 33 Abs. 3, Art. 63, 68 Abs. 1 Satz 3 Verf NW; Art. 130, 130 a, 131, 132, 135, 136 sowie Art. 82 Satz 3 Verf Rh-Pf; Art. 97 sowie Art. 75 Abs. 2, Art. 85, 94, 99 Abs. 3, Art. 101 Abs. 3, Art. 123 SaarlVerf; Art. 81 Abs. 1 sowie Art. 44 Abs. 2, Art. 71 Abs. 2 Satz 3, Art. 74 Abs. 1 Satz 3, Art. 90, 118 SächsVerf; Art. 75, 76 sowie Art. 44 Abs. 3, Art. 81 Abs. 2 Satz 1 LVerf LSA; Art. 44 Abs. 2 und 5 sowie Art. 23 Abs. 3 Satz 4, Art. 42 Abs. 1 Satz 3, Abs. 2 Satz 2 Nr. 2 SchlHVerf.

Ergänzungsnormen im sonstigen thüringischen Recht

§§ 11 bis 52 ThürVerfGHG v. 28.06.1994 (ThürGVBl. S. 781), zuletzt geändert durch Gesetz v. 04.12.2003 (ThürGVBl. S. 505); GO des ThürVerfGH v. 21.11.2005 (ThürGVBl. S. 411)[1].

---

1 Abrufbar unter http://www.thverfgh.thueringen.de.

Dokumente zur Entstehungsgeschichte

Art. 74, 75 VerfE CDU; Art. 83, 84 VerfE F.D.P.; Art. 72, 73 VerfE SPD; Art. 66, 67, 68 VerfE NF/GR/DJ; Art. 96 VerfE LL/PDS; Entstehung ThürVerf, S. 211 ff.

Literatur

Peter M. Huber, Die Landesverfassungsgerichtsbarkeit zwischen Anspruch und Wirklichkeit, ThürVBl 2003, 73 ff.; *ders.*, in: Huber (Hrsg.), Thüringer Staats- und Verwaltungsrecht, 2000, 1. Teil: Staatsrecht (zit.: ohne Zusatz); *Jörg Menzel*, Landesverfassungsrecht, 2002; *Hartmut Schwan*, Der Thüringer Verfassungsgerichtshof als „außerplanmäßige Revisionsinstanz", ThürVBl 2012, 121; *Stefan Storr*, Das Grundgesetz als „mittelbare Landesverfassung"?, ThürVBl 1997, 121, *ders.*, Staats- und Verfassungsrecht, 1998.

Leitentscheidungen des ThürVerfGH und des BVerfG

Individualverfassungsbeschwerde (Art. 80 Abs. 1 Nr. 1): ThürVerfGH, Beschl. v. 11.01.2001 – 3/99 – ThürVBl 2001, 129 (Kontrolle von Bundesrecht).

BVerfGE 96, 345 (Bundesprozessrecht und Landesverfassungsgerichtsbarkeit).

Kommunalverfassungsbeschwerde (Art. 80 Abs. 1 Nr. 2): ThürVerfGH, LVerfGE 5, 331 (Landkreiszugehörigkeit); LVerfGE 20, 479 (Zweckverbände).

Organstreit (Art. 80 Abs. 1 Nr. 3): ThürVerfGH, Urt. v. 25.05.2000 – 4/99 – LKV 2000, 449 (Mandatsverlust einer Abgeordneten); LVerfGE 14, 437 ; 19, 513 (Fragerecht eines Abgeordneten).

Abstrakte Normenkontrolle (Art. 80 Abs. 1 Nr. 4): ThürVerfGH, LVerfGE 8, 337 (Staatsvertrag MDR); 9, 413; 14, 458 (Abgeordnetenentschädigung); 11, 481 (Entzug des Abgeordnetenmandats); 15, 383 (Personalvertretungsgesetz); 16, 593 (kommunaler Finanzausgleich).

Konkrete Normenkontrolle (Art. 80 Abs. 1 Nr. 5): ThürVerfGH, LVerfGE 19, 495 (5 %-Sperrklausel im Kommunalwahlrecht).

BVerfGE, 129, 186 (Vorabentscheidungsverfahren nach Art. 267 Abs. 1 AEUV).

Zulässigkeit eines Volksbegehrens (Art. 80 Abs. 1 Nr. 6): ThürVerfGH, LVerfGE 12, 405 (Prävalenz parlamentarischer Gesetzgebung); 18, 609 (Abgabenverbot bei Volksgesetzgebung).

Wahlprüfungsverfahren (Art. 80 Abs. 1 Nr. 8 und Abs. 2): ThürVerfGH, LVerfGE 5, 356 (Wahlrechtsverletzung im Vorfeld der Wahl); 6, 387 (Wohnsitzbegriff).

A. Überblick

Art. 80 Abs. 1 weist dem ThürVerfGH bestimmte Entscheidungen kraft Verfassungsrechts zu. Art. 80 Abs. 2 eröffnet die Möglichkeit, dem Gerichtshof durch Gesetz weitere Angelegenheiten zur Entscheidung zuzuweisen, und der nach Art. 80 Abs. 5 zur Regelung des Näheren berufene Gesetzgeber wird ermächtigt, für Verfassungsbeschwerdeverfahren Entlastungsmöglichkeiten zugunsten des ThürVerfGH einzuführen (Art. 80 Abs. 3) sowie zu bestimmen, in welchen Fällen die Entscheidungen des ThürVerfGH Gesetzeskraft haben sollen (Art. 80 Abs. 4). 1

B. Herkunft, Entstehung und Entwicklung

Die Verfassungsgesetzentwürfe aller Fraktionen des ersten Thüringer Landtags[2] enthielten – im Einzelnen variierende – Bestimmungen über Zuständigkeiten eines Landesverfassungsgerichts. Die Genesis des Art. 80 ist aufgrund eines technischen Defekts nur teilweise dokumentiert.[3] Art. 80 wurde bisher einmal – lediglich redaktionell – geändert.[4] 2

2 Vgl. Nachweise bei Art. 79 Fn. 1.
3 Vgl. Entstehung ThürVerf, S. 214.
4 In Art. 80 Abs. 1 Nr. 6 wurde die ursprüngliche Verweisung auf Art. 82 Abs. 5 durch die Verweisung auf Art. 82 Abs. 3 Satz 2 ersetzt (Gesetz v. 24.11.2003, ThürGVBl. S. 493).

C. Verfassungsvergleichende Information

3 Inzwischen verfügen alle deutschen Länder über eine eigene Verfassungsgerichtsbarkeit (vgl. Art. 79 Rn. 4), deren Zuständigkeiten sich zum Teil erheblich unterscheiden. Zwar können sich alle Landesverfassungsgerichte mit klassischen staatsorganisationsrechtlichen Verfahren (insb. Organstreitigkeiten) und Normenkontrollen befassen. Jedoch gibt es in einigen Ländern (z.B. in Baden-Württemberg, Nordrhein-Westfalen, Schleswig-Holstein) bis heute keine **Individualverfassungsbeschwerden**[5] und Bayern verfügt sogar über eine sog. **Popularklage** (Art. 98 Satz 4 BayVerf).[6]

D. Erläuterungen

I. Individualverfassungsbeschwerde (Art. 80 Abs. 1 Nr. 1)

4 **1. Allgemeines.** Die Landesverfassungsbeschwerde ist ein **nicht-kontradiktorisches Verfahren**[7] und dient dem **Schutz der Grundrechte** der ThürVerf. Da alle Organe der Staatsgewalt (Art. 45 Satz 3) des Freistaats, insbesondere auch die Thüringer Instanzgerichte, diese Grundrechte zu beachten haben, hat die Verfassungsbeschwerde die Funktion einer zusätzlichen Absicherung des Grundrechtsschutzes.[8] Art. 80 Abs. 1 Nr. 1 weist diese Aufgabe dem ThürVerfGH zu (**Kompetenznorm**) und gewährt gleichzeitig den Bürgern ein **subjektives Recht.**[9] Neben dieser primären Funktion hat die Verfassungsbeschwerde auch „die Aufgabe, das **objektive Verfassungsrecht** zu wahren sowie seiner Auslegung und Fortbildung zu dienen."[10]

5 Die – der Bundesverfassungsbeschwerde ähnliche – Landesverfassungsbeschwerde ist ein **außerordentlicher Rechtsbehelf**, mit dem der Träger eines Grundrechts ungerechtfertigte Eingriffe der öffentlichen Gewalt abwehren kann.[11] Sie gehört nicht zum Rechtsweg der Fachgerichte[12] und entfaltet keinen Suspensiveffekt.[13] Einem Beschwerdeführer ist jedoch die Möglichkeit einzuräumen, Verfassungsbeschwerde (mit einstweiliger Anordnung, § 26 ThürVerfGHG; dazu unten XI. 2., Rn. 136 ff.) zu erheben, wenn nur so die Möglichkeit der **Gewährung effekti-**

5 Vor der Wiedervereinigung gab es die Verfassungsbeschwerde lediglich in drei Ländern (Bayern, Hessen, Saarland). Vgl. auch *Schneider*, NdsVBl 2005 (Sonderheft), 26 ff.; *Sodan*, ebd., 32 ff.; *Wallerath*, ebd., 43 (45 ff.).

6 Vgl. dazu *Wolff*, in: Lindner/Möstl/Wolff, Art. 98 Rn. 7 ff.; *Huber*, BayVBl 2008, 65 (68 ff.).

7 Eigentlicher Passivbeteiligter ist jedoch immer der Staat (Gesetzgeber, Behörden, Gerichte); vgl. BVerfGE 79, 365 (367 f.).

8 *Sachs*, VerfPR, Rn. 472.

9 *Bethge*, in: Maunz/Schmidt-Bleibtreu, § 90 (St.d.B. 10/2009) Rn. 7; *Pieroth*, in: Jarass/Pieroth, Art. 93 Rn. 45. Vgl. auch HessStGH, LVerfGE 13, 248 (251):kein Grundrecht.

10 BVerfGE 98, 163 (167); vgl. auch BVerfGE 79, 265 (367); 81, 278 (290); 85, 109 (113); *Benda/Klein*, Rn. 432 ff.; *Bethge*, in: Maunz/Schmidt-Bleibtreu, § 90 (St.d.B. 10/2009) Rn. 8 ff.; *Lechner/Zuck*, § 90 Rn. 9 ff.; *Löwer*, HStR, Bd. III, § 70 Rn. 171; *Marsch*, AöR 137 (2012), 592 ff.; *Storr*, Staats- und Verfassungsrecht, 1998, Rn. 758; *Sturm/Detterbeck*, in: Sachs, GG, Art. 93 Rn. 77 jeweils mwN.

11 Vgl. ThürVerfGH, NVwZ-RR 2011, 454 (457); vgl. auch BVerfGE 1, 4 (5); 115, 81 (92) mwN – st. Rspr; *Benda/Klein*, Rn. 430.

12 BVerfGE 79, 365 (367).

13 BVerfG, NVwZ 2009, 1430 mwN.

ven Rechtsschutzes (Art. 19 Abs. 4 GG, Art. 42 Abs. 5 ThürVerf) mit Blick auf Grundrechte oder grundrechtsgleiche Recht besteht.[14]

Die Individualverfassungsbeschwerde nach Landesrecht steht **selbständig neben der Verfassungsbeschwerde zum BVerfG** (vgl. auch § 90 Abs. 3 BVerfGG),[15] ein Subsidiaritätsverhältnis besteht nicht.[16] Dies folgt aus der prinzipiellen Eigenständigkeit der Verfassungsräume von Bund und Ländern[17] sowie dem Fehlen einer Gesetzgebungskompetenz des Bundes für das landesverfassungsgerichtliche Verfahren.[18] Allerdings dürfte nach einer erfolgreichen Verfassungsbeschwerde vor dem BVerfG regelmäßig der Beschwerdegegenstand vor dem ThürVerfGH und damit mangels fortdauernder gegenwärtiger Betroffenheit (siehe unten Rn. 32) die Beschwerdebefugnis bzw. das Rechtsschutzbedürfnis (dazu unten Rn. 42) entfallen.[19] 6

2. Zulässigkeit. a) Beschwerdefähigkeit. [20] Die Verfassungsbeschwerde kann „von jedermann“ (Art. 80 Abs. 1 Nr. 1; vgl. auch § 31 Abs. 1 VerfGHG) erhoben werden, der Träger eines landesverfassungsrechtlichen Grundrechts, grundrechtsgleichen Rechts oder staatsbürgerlichen Rechts sein kann. 7

Mit den landesverfassungsrechtlichen **Grundrechten** sind die im Ersten Teil der ThürVerf niedergelegten subjektiven Rechte angesprochen. Zu den **grundrechtsgleichen Rechten**[21] gehören insbesondere die justiziellen Rechte nach Art. 87 und 88. **Staatsbürgerliche Rechte**[22] finden sich vor allem in Art. 46, 51, 68 und 82.[23] Das Prozessrecht knüpft die Beschwerdefähigkeit prinzipiell an die **Grundrechtsberechtigung**[24] einschließlich der anderen genannten Rechte (zur Prozessstandschaft vgl. unten Rn. 31). Ob ein Träger eines solchen Rechts sich im konkreten Fall auf dieses berufen kann, ist eine Frage der Beschwerdebefugnis (unten Rn. 27 ff.).[25] 8

---

14 BVerfG, NJW-RR 2005, 998 (999); NVwZ 2007, 1178; 2008, 70; 2009, 1430; BVerwGE 138, 102 (112).

15 Dazu *Enders*, JuS 2001, 462 ff.; *Degenhart*, Rn. 867 f.

16 Vgl. ThürVerfGH, ThürVBl 2007, 215 (216); kritisch zu dieser Entscheidung *Storr*, ThürVBl 2007, 232 ff.; vgl. auch *Schlaich/Korioth*, Rn. 347; *Storr*, Staats- und Verfassungsrecht, 1998, Rn. 783; zum Verhältnis bei der Kommunalverfassungsbeschwerde vgl. unten Rn. 54.

17 BVerfGE 4, 178 (189); ThürVerfGH, LVerfGE 9, 413 (429 und LS 1 Satz 1); kritisch *Huber*, ThürVBl 2003, 73 f.; vgl. auch Art. 79 Rn. 5.

18 Dazu *Schlaich/Korioth*, Rn. 347 sowie Art. 79 Rn. 6.

19 Vgl. *Degenhart*, Rn. 868; *Storr*, ThürVBl 2007, 232 (233); aA ThürVerfGH, ThürVBl 2007, 215 (216).

20 Zur Terminologie (auch Beteiligten- oder Parteifähigkeit, Beschwerde- oder Antragsberechtigung; prozessuale Grundrechtsfähigkeit) vgl. *Benda/Klein*, Rn. 507; *Bethge*, in: Maunz/Schmidt-Bleibtreu, § 90 (St.d.B. 03/2010) Rn. 127; *Löwer*, HStR, Bd. III, § 70 Rn. 174; *Manssen*, Rn. 838; *Meyer*, in: von Münch/Kunig, Art. 93 Rn. 82; *Sachs*, VerfPR, Rn. 478; *Schlaich/Korioth*, Rn. 206; *Voßkuhle*, in: von Mangoldt/Klein/Starck, Art. 93 Rn. 173; wie hier ThürVerfGH, NVwZ-RR 2005, 145 (146); vgl. aber auch ThürVerfGH, ThürVBl 1996, 234 (235) – Parteifähigkeit.

21 Vgl. auch *Dreier*, in: Dreier, Vorbem. vor Art. 1 Rn. 63; *Hillgruber/Goos*, Rn. 119 ff.; *Jarass*, in: Jarass/Pieroth, Vorbem. vor Art. 1 Rn. 1.

22 Dazu *Dreier*, in: Dreier, Vorbem. vor Art. 1 Rn. 80.

23 Zum Verhältnis der Verfassungsbeschwerde zur Wahlprüfungsbeschwerde vgl. *Bethge*, in: Maunz/Schmidt-Bleibtreu, § 90 (St.d.B. 03/2010) Rn. 448 a und unten Rn. 126 sowie zum Organstreit unten Rn. 70 f.

24 *Bethge*, in: Maunz/Schmidt-Bleibtreu, § 90 (St.d.B. 03/2010) Rn. 127.

25 *Pieroth*, in: Jarass/Pieroth, Art. 93 Rn. 48.

9 Beschwerdefähig sind zunächst – unabhängig von Alter und Fähigkeiten[26] – alle **natürlichen Personen.** Soweit ungeborene Kinder grundrechtsfähig sind, sind sie auch beschwerdefähig.[27] Mit dem Tod endet die Beschwerdefähigkeit grundsätzlich.[28] Sind Grundrechte lediglich Deutschen vorbehalten (sog. **Deutschengrundrechte**),[29] spielt dies für die prozessuale Beschwerdefähigkeit – zumindest regelmäßig – keine Rolle, da Nicht-Deutsche sich durchweg auf andere Grundrechte, insbesondere die allgemeine Handlungsfreiheit stützen können.[30]

10 Bei **inländischen juristischen Personen** kommt es darauf an, ob die Grundrechte ihrem Wesen nach auf diese anwendbar sind (Art. 42 Abs. 2).[31] Auch eine **Gesellschaft bürgerlichen Rechts** kann beschwerdefähig sein.[32] „Treuhandbeschwerden" zugunsten der Mitglieder eines Verbandes sind jedoch unzulässig.[33] Überträgt man die Rspr des BVerfG zum **Grundrechtsschutz juristischer Personen aus Mitgliedstaaten der EU** auf das Landesverfassungsrecht, sind diese ebenfalls grundrechtsberechtigt.[34] **Juristische Personen des öffentlichen Rechts,** die staatliche Funktionen ausüben, werden dagegen nach st. Rspr des BVerfG und hM der Lit. im Grundsatz nicht erfasst.[35] Zu Verfassungsbeschwerden **politischer Parteien** vgl. unten Rn. 70.

11 **b) Prozessfähigkeit.** [36] Bei der Prozessfähigkeit geht es darum, ob eine parteifähige Personen die erforderlichen **Verfahrenshandlungen** im Verfassungsbe-

26 Die umstrittenen Fragen nach der Grundrechtsträgerschaft vor der Geburt und nach dem Tod können auch prozessrechtlich relevant werden (vgl. *Benda/Klein*, Rn. 510 ff.; *Sachs*, VerfPR, Rn. 479 sowie oben Art. 1 Rn. 17).

27 *Hillgruber/Goos*, Rn. 111; *Meyer*, in: von Münch/Kunig, Art. 93 Rn. 52; offengelassen in BVerfGE 39, 1 (41 f.).

28 *Hillgruber/Goos*, Rn. 112 ff., 249 ff.; *Meyer*, in: von Münch/Kunig, Art. 93 Rn. 52; vgl. auch *Löwer*, HStR, Bd. III, § 70 Rn. 177 ("eine Frage nach der Erledigung der Verfassungsbeschwerde").

29 Vgl. Art. 5 Abs. 1, Art. 10 Abs. 1 und Art. 13 Abs. 1 iVm Art 104.

30 Ebenso *Pieroth*, in: Jarass/Pieroth, Art. 93 Rn. 48; *Sachs*, VerfPR, Rn. 480; dogmatisch aA *Benda/Klein*, Rn. 509, wonach dies bereits eine Frage der Beschwerdefähigkeit (und nicht nur der Beschwerdebefugnis) ist (dazu auch *Sachs*, VerfPR, Rn. 480). Die Frage ist für das Ergebnis der Zulässigkeit der Verfassungsbeschwerde irrelevant. Speziell zu Unionsbürgern vgl. *Jarass*, in: Jarass/Pieroth, Art. 19 Rn. 12 mwN.

31 Vgl. näher oben Art. 42 Rn. 14 ff. sowie *Dreier*, in: Dreier, Art. 19 III Rn. 43 ff.; *Jarass*, in: Jarass/Pieroth, Art. 19 Rn. 17 ff.; *Löwer*, HStR, Bd. III, § 70 Rn. 179; *Ruppert*, in: Umbach/Clemens/Dollinger, § 90 Rn. 41 ff.; *Schlaich/Korioth*, Rn. 208 ff. mwN.

32 Vgl. ThürVerfGH, ThürVBl 2005, 61 und LS 1; zu politischen Parteien vgl. unten Rn. 70.

33 ThürVerfGH, ThürVBl 1996, 234 (235).

34 BVerfGE 129, 78; so schon früher z.B. *Jutzi*, in: Linck/Jutzi/Hopfe, Art. 42 Rn. 28 und Vorbem. Rn. 25 f.; *Löwer*, HStR, Bd. III, § 70 Rn. 179; kritisch *Benda/Klein*, Rn. 521; *Hillgruber*, JZ 2011, 1118 ff.

35 Vgl. näher Art. 42 Rn. 17; *Jarass*, in: Jarass/Pieroth, Art. 19 Rn. 24 ff.; *Manssen*, Rn. 73 ff.; *Sachs*, in: Sachs, GG, Art. 19 Rn. 89 ff. jeweils mwN zur Rspr, auch zu den Ausnahmen – insb. Universitäten, öffentlich-rechtlichen Rundfunkanstalten sowie Justizgrundrechten; kritisch bzw. aA *Hufen*, Staatsrecht II, Grundrechte, 3. Aufl. 2011, § 6 Rn. 38 ff.; *Schnapp*, in: Merten/Papier, Bd. II, § 52 mwN.

36 Vielfach auch als Verfahrensfähigkeit bezeichnet; vgl. z.B. *Benda/Klein*, Rn. 531; *Bethge*, in: Maunz/Schmidt-Bleibtreu, § 90 (St.d.B. 03/2010) Rn. 169; *Hillgruber/Goos*, Rn. 127; *Schlaich/Korioth*, Rn. 212; *Sturm/Detterbeck*, in: Sachs, GG, Art. 93 Rn. 83; *Voßkuhle*, in: von Mangoldt/Klein/Starck, Art. 93 Rn. 174; wie hier *Manssen*, Rn. 841; *Pieroth*, in: Jarass/Pieroth, Art. 93 Rn. 49, *Ruppert*, in: Umbach/Clemens/Dollinger, § 90 Rn. 49; *Sachs*, VerfPR, Rn. 483; wohl überwiegend auch das BVerfG, vgl. BVerfGE 10, 302 (306); 28, 243 (254); 72, 122 (132 f.); vgl. jedoch auch BVerfGE 1, 87 (88 f.); 51, 405 (407).

schwerdeverfahren selbst oder durch ein Prozessvertreter vornehmen kann. Da weder die ThürVerf noch das ThürVerfGHG zu dieser Frage Regelungen enthalten, kann sich die Antwort lediglich aus der Rechtsordnung insgesamt (z.B. §§ 51 ff. ZPO, 62 VwGO)[37] unter besonderer Berücksichtigung der Eigenart des Verfassungsbeschwerdeverfahrens ergeben.

Ging der Verfassungsbeschwerde ein fachgerichtliches Verfahren voraus, orientiert sich die Prozessfähigkeit **Minderjähriger** an der Rechtslage im Ausgangsverfahren. In anderen Verfahren wird vielfach auf die Einsichtsfähigkeit der Minderjährigen und damit auf die tatsächlichen Voraussetzungen der Grundrechtsausübung (sog. **Grundrechtsmündigkeit**) abgestellt.[38] Dagegen wird eingewandt, die Grundrechtsmündigkeit sei schwer zu fassen und die natürliche Fähigkeit, Grundrechtsfreiheit eigenverantwortlich ausüben zu können, sei kein geeigneter Bezugspunkt für die eigenständige prozessuale Handlungsfähigkeit, die ganz unterschiedliche Fähigkeiten voraussetze.[39] Danach wären grundrechtsmündige Minderjährige weiterhin auf die rechtsgeschäftliche und prozessuale Wahrnehmung ihrer Interessen durch ihre gesetzlichen Vertreter angewiesen, ggfls. wäre ein Ergänzungspfleger zu bestellen. Letzteres hat – unabhängig von dem geschilderten Streit – bei einem Interessengegensatz zwischen Minderjährigem und Erziehungsberechtigten in jedem Fall zu erfolgen.[40] 12

Die Prozessfähigkeit einer **juristischer Person** hängt davon ab, ob sie von dem gesetzlich vorgeschriebenen Organ vertreten wird. 13

Ein Beschwerdeführer kann die Verfassungsbeschwerde selbst erheben und diese auch selbst vertreten (**Postulationsfähigkeit**). § 17 Abs. 1 ThürVerfGHG lässt es auch zu, sich in jeder Lage des Verfahrens durch einen bei einem deutschen Gericht zugelassenen Rechtsanwalt oder durch einen Rechtslehrer an einer deutschen Hochschule vertreten zu lassen. 14

c) **Beschwerdegegenstand.** aa) **Öffentliche Gewalt des Landes.** Die Verfassungsbeschwerde richtet sich gegen die „öffentliche Gewalt" (Art. 80 Abs. 1 Nr. 1). „Gegenstand von Verfassungsbeschwerden können grundsätzlich alle Maßnahmen öffentlicher Gewalt, unabhängig davon, in welcher Form sie ergehen, sein".[41] Damit sind – anders als (nach im Einzelnen umstritterner Auffassung) in Art. 42 Abs. 5 (vgl. dort Rn. 41 ff.) – eindeutig alle drei Staatsgewalten, **Gesetzgebung,**[42] **Verwaltung und Rspr,** angesprochen.[43] Auch Akte der kommunalen Gebietskörperschaften, anderer juristischer Personen des öffentlichen Rechts sowie kraft Landesrechts Beliehener gehören dazu. 15

Der weite Wortlaut des Art. 80 Abs. 1 Nr. 1, der pauschal von öffentlicher Gewalt spricht, ist dahin zu präzisieren, dass nur grundrechtsgebundene Maßnah- 16

---

37 Vgl. z.B. BVerfGE 72, 122 (132 f.); *Pieroth*, in: Jarass/Pieroth, Art. 93 Rn. 49 ("behutsame Analogie").

38 *Löwer*, HStR, Bd. III, § 70 Rn. 176; *Schlaich/Korioth*, Rn. 212; *Sturm/Detterbeck*, in: Sachs, GG, Art. 93 Rn. 83; *Voßkuhle*, in: von Mangoldt/Klein/Starck, Art. 93 Rn. 174.

39 *Sachs*, VerfPR, Rn. 487 f.; zustimmend *Hillgruber/Goos*, Rn. 131; vgl. auch *Bethge*, in: Maunz/Schmidt-Bleibtreu, § 90 (St.d.B. 03/2010) Rn. 171.

40 Vgl. BVerfGE 107, 150 (167 f.); *Ruppert*, in: Umbach/Clemes/Dollinger, § 90 Rn. 49 mwN.

41 ThürVerfGH, ThürVBl 1996, 234; vgl. auch ThürVerfGH, NVwZ-RR 2003, 249 (250); *Sodan*, LKV 2012, 440 (446).

42 Vgl. auch § 33 Abs. 3 ThürVerfGHG.

43 Zur Bundesebene vgl. *Hillgruber/Goos*, Rn. 141 ff.; *Sturm/Detterbeck*, in: Sachs, GG, Art. 93 Rn. 87; *Voßkuhle*, in: von Mangoldt/Klein/Starck, Art. 93 Rn. 175.

men von Trägern **öffentlicher Gewalt des Freistaats** iSd Art. 42 Abs. 1 (vgl. dort Rn. 5 ff.) erfasst werden. Das Verfassungsrecht des Landes kann weder den Bundesgesetzgeber verpflichten noch steht es prinzipiell – von Art. 99 GG abgesehen – Bundesgerichten als Maßstab zur Verfügung.[44] Die Bundesexekutive kann zwar nach umstrittener Auffassung[45] gehalten sein, Verfassungsrecht des Landes zu beachten. Daraus folgt jedoch nicht die Gesetzgebungskompetenz des Landes, diese der Jurisdiktionsgewalt eines Landesverfassungsgerichts zu unterstellen.[46] § 31 Abs. 1 ThürVerfGHG fokussiert sonach zu Recht die Verfassungsbeschwerde ausdrücklich auf Grundrechtsbeeinträchtigungen durch „die **öffentliche Gewalt des Landes**".[47] Entsprechendes gilt für Maßnahmen **supranationaler Organisationen.**[48]

17 Gegenstand der Verfassungsbeschwerde können grundsätzlich nur **nach außen wirkende rechtliche Maßnahmen** sein.[49] Ein Gesetz muss indes noch nicht in Kraft getreten sein.[50] Die Zustimmung des Landtags zu einem **Staatsvertrag**[51] nach Art. 77 Abs. 2, auch wenn sie lediglich durch Beschluss erfolgt und der Vertrag noch nicht wirksam geworden ist, oder schlichte **Parlamentsbeschlüsse**[52] können angegriffen werden; nicht dagegen **Gesetzentwürfe.**[53]

18 Ein **Unterlassen** des Normgebers wegen Verletzung eines Verfassungsauftrags[54] kann ebenso angegriffen werden wie ein Unterlassen anderer Staatsorgane, etwa wegen Verletzung grundrechtlicher Schutzpflichten.[55] Davon geht auch § 36 Abs. 2 ThürVerfGHG aus.

19 Keine Akte öffentlicher Gewalt i. S. des Art. 80 Abs. 1 Nr. 1 sind **innerkirchliche Maßnahmen,**[56] wohl aber **kirchliche Steuerbescheide.**[57] Eine **Entscheidung des**

---

44 *Voßkuhle*, in: von Mangoldt/Klein/Starck, Art. 93 Rn. 69 mwN.

45 Dazu *Graf Vitzthum*, VVDStRL 46 (1988), 34; *Hillgruber/Goos*, Rn. 925; *Jutzi*, Landesverfassungsrecht und Bundesrecht, 1982, S. 37; *ders.*, DÖV 1983, 836 (838 f.); *Pietzcker*, HStR IV, § 134 Rn. 81; *Riegler*, Konflikte zwischen GG und Länderverfassungen, 1996, S. 146; *Sachs*, DÖV 1985, 469 (474 f.); *Sobota*, DVBl. 1994, 793 (801).

46 *Schlaich/Korioth*, Rn. 351; vgl. auch *Möstl*, AöR 130 (2005), 350 (362 ff.).

47 Vgl. auch ThürVerfGH, NVwZ-RR 2011, 545 (546).

48 Vgl. in Bezug auf die Bundesebene hierzu *Sturm/Detterbeck*, in: Sachs, GG, Art. 93 Rn. 85; *Voßkuhle*, in: von Mangoldt/Klein/Starck, Art. 93 Rn. 175.

49 *Benda/Klein*, Rn. 537; *Sturm/Detterbeck*, in: Sachs, GG, Art. 93 Rn. 85.

50 Vgl. ThürVerfGH, LVerfGE 5, 343 (349); 6, 373 (377) sowie Urt. v. 01.03.2001 – 20/00 – JURIS, Rn. 66: "mit der Verkündung des Gesetzes im Gesetz- und Verordnungsblatt ... ist die Verfassungsbeschwerde zulässig geworden"; vgl. auch BVerfGE 11, 339 (342); 125, 385 (393); *Bethge*, in: Maunz/Schmidt-Bleibtreu, § 90 (St.d.B. 03/2010) Rn. 209 mwN. In Ausnahmefällen kann eine Verfassungsbeschwerde gegen ein Gesetz auch vor dessen Verkündung erhoben werden, wenn effektiver Grundrechtsschutz andernfalls nicht gewährleistet werden könnte; vgl. BVerfG, NJW 2012, 1941 (LS 1 und 1942) mwN.

51 Dazu BVerfGE 89, 155 (171); 123, 148 (170); *Benda/Klein*, Rn. 544; *Hillgruber/Goos*, Rn. 147.

52 Zur Kontrolle im Rahmen anderer verfassungsgerichtlicher Verfahren vgl. unten Fn. 219.

53 Vgl. BVerfGE 68, 143 (150); *Benda/Klein*, Rn. 543.

54 Vgl. BVerfGE 6, 257 (263 ff.); *Löwer*, HStR, Bd. III, § 70 Rn. 189; *Sturm/Detterbeck*, in: Sachs, GG, Art. 93 Rn. 86; offen gelassen von ThürVerfGH, ThürVBl 2011, 223 (225); zu teilweiser Untätigkeit vgl. *Pieroth*, in: Jarass/Pieroth, Art. 93 Rn. 50 a mwN.

55 Zum Unterlassen gerichtlicher Tätigkeit ThürVerfGH, ThürVBl 2011, 58 mwN; allgemein dazu *Sachs*, VerfPR, Rn. 499; *Sturm/Detterbeck*, in: Sachs, GG, Art. 93 Rn. 85 mwN.

56 BVerfGE 18, 285 (386); *Sturm/Detterbeck*, in: Sachs, GG, Art. 93 Rn. 85.

57 BVerfGE 19, 288 (289).

ThürVerfGH kann grundsätzlich[58] nicht erneut Gegenstand einer Verfassungsbeschwerde sein.

bb) Sonderfall: Bundesprozessrechtliche Kompetenzgrenzen. Wenngleich es nicht Aufgabe der Landesverfassungsgerichte ist, Maßnahmen der Bundesstaatsgewalt auf ihre Übereinstimmung mit dem Landesverfassungsrecht zu überprüfen (vgl. oben Rn. 16), ergeben sich aus dem Umstand, dass die Rechtsordnungen des Bundes und der Länder oftmals ineinander verwoben sind, Probleme. Insbesondere[59] wenn fachgerichtliche Verfahren Akte der Landesstaatsgewalt zum Gegenstand haben, stellt sich die Frage nach den **Kompetenzgrenzen der Landesverfassungsgerichte.** 20

Zunächst folgt aus dem Umstand, dass Entscheidungen der Gerichte des Landes durchweg in einem bundesrechtlich geregelten Verfahren ergehen, noch kein prinzipieller Ausschluss landesverfassungsgerichtlicher Kontrolle,[60] da der Zugang zum ThürVerfGH kein Rechtsmittel iSd Prozessrechts darstellt (dazu unten Rn. 35). Lange Zeit besonders umstritten war jedoch, wie zu verfahren ist, wenn in einem gerichtlichen Verfahren bereits ein Bundesgericht entschieden hat,[61] da die Kontrollbefugnis des Landesverfassungsgerichts einschließlich der Befugnis, eine landesgerichtliche Entscheidung aufheben zu können (Kassationsbefugnis), den **Kompetenzbereich des Bundes** (Art. 74 Abs. 1 Nr. 1 GG) berührt. 21

Nach einer die Verfassungsgerichte der Länder bindenden[62] (§ 31 Abs. 1 BVerfGG) Entscheidung des BVerfG[63] gilt Folgendes: Ein Landesverfassungsgericht ist nicht gehindert, bei der Anwendung von Bundesverfahrensrecht (z.B. VwGO, ZPO) durch ein Gericht des Landes Grundrechte der Landesverfassung als Maßstab heranzuziehen, wenn diese den gleichen Inhalt wie entsprechende Grundrechte des GG haben.[64] Als Prüfungsmaßstäbe bei der Kontrolle gerichtli- 22

58 Zum ungeschriebenen Instrument der Selbstkorrektur aufgrund von Gegenvorstellungen vgl. jedoch BVerfG, NJW 2012, 1065 (irrtümliche Annahme einer Fristversäumung durch das BVerfG); VerfGH Rh-Pf, AS 31, 85 (87 ff. mwN).

59 Außerdem ist problematisch – richtigerweise zu bejahen –, ob Landesexekutive und -judikative bei der Ausführung von Bundesrecht an die Landesverfassung überhaupt gebunden sein können. Dazu Nachweise oben Fn. 45.

60 Vgl. nur ThürVerfGH, ThürVBl 2001, 129 (130); 2005, 61 ff.; 2011, 58 (59); HessStGH, ESVGH 31, 161 (164); BayVerfGHE 33, 165 (167); *Clausen*, Landesverfassungsbeschwerde und Bundesstaatsgewalt, 2000, S. 54 ff.; *Jutzi*, NJ 1998, 253 f.; *ders.*, NJ 2001, 251; *ders.*; ThürVBl 1993 (Sonderheft), B 15 (B 19 f.); *ders.*, in: Linck/Jutzi/Hopfe, Art. 80 Rn. 8; *Kunig*, NJW 1994, 687 (688); *Menzel*, Landesverfassungsrecht, 2002, S. 300; *Sodan*, NdsVBl 2005 (Sonderheft), 32 (33); *ders.*, LKV 2012, 440 (447); *Storr*, Staats- und Verfassungsrecht, 1998, Rn. 735 ff. jeweils mwN.

61 Vgl. dazu *Schlaich/Korioth*, Rn. 351 mwN.

62 Vgl. dazu ThürVerfGH, LVerfGE 14, 458 (466).

63 BVerfGE 96, 345; vgl. auch *Bethge*, in: Maunz/Schmidt-Bleibtreu, Vorbem. (St.d.B. 01/2011) Rn. 277 ff.; *Hain*, JZ 1998, 620 ff.; *Klein/Haratsch*, JuS 2000, 209 ff.; *Menzel*, NVwZ 1999, 1314 ff.; *Schwan*, ThürVBl 2012, 121 (123 f.) jeweils mwN.

64 Vgl. auch die sog. Bundesrechtsklausel in § 44 Abs. 2 VerfGHG Rh-Pf.

cher Verfahren kommen vor allem die **Justizgrundrechte**[65] sowie das **Willkürverbot** des Art. 2 Abs. 1[66] in Betracht.

23 Die **Kassationsbefugnis eines Landesverfassungsgerichts** stellt zwar einen Eingriff in den Kompetenzbereich des Bundes zur Regelung des gerichtlichen Verfahrens dar, er ist jedoch zulässig, soweit er zur Verwirklichung des Zwecks der Landesverfassungsbeschwerde unerlässlich ist.[67]

24 Der Eingriff ist unerlässlich, wenn der **Rechtsweg erschöpft** wurde und die verbleibende Beschwer nicht auch auf der Ausübung der Staatsgewalt des Bundes beruht. Die nach der Entscheidung des Bundesgerichts verbleibende **Beschwer muss sonach ausschließlich auf der Ausübung bzw. Nichtbeachtung von Landesrecht** beruhen.[68]

25 Das Prozessrecht des Bundes steht einer Entscheidung eines Landesverfassungsgerichts nicht entgegen, wenn und soweit ein Bundesgericht die Entscheidung des Landesgerichts nicht ganz oder teilweise in der Sache bestätigt hat.[69] So hat der ThürVerfGH[70] zu Recht entschieden, Entscheidungen von Bundesgerichten im Verfahren der **Nichtzulassungsbeschwerde** hinderten regelmäßig seine Sachprüfung nicht, da das Revisionsgericht in diesem Verfahren grundsätzlich keine rechtliche Prüfung des Sachverhalts des Ausgangsverfahrens vornimmt, sondern lediglich untersucht, ob die geltend gemachten Gründe für die Zulassung der Revision vorliegen. Dies gilt regelmäßig hinsichtlich der Revisionszulassungsgründe, ob die Rechtssache grundsätzliche Bedeutung hat, eine Divergenz vorliegt oder ein Verfahrensmangel geltend gemacht wird und vorliegt,[71] auf dem die Entscheidung beruhen kann. Weist das Bundesgericht die Beschwerde gegen die Nichtzulassung der Revision jedoch zurück und bestätigt dabei mit seinen Ausführungen das Urteil der Vorinstanz in der Sache, ist dem ThürVerfGH eine Überprüfung insoweit verwehrt.[72] Die Überprüfungskompetenz des ThürVerfGH scheitert schließlich nicht daran, dass das BVerfG eine Entscheidung ohne Begründung nach § 93 a BVerfGG nicht angenommen hat.[73]

26 Wenn der ThürVerfGH einen **Maßstab anzulegen hat, der dem Bundesgericht nicht zur Verfügung stand**, kann er ebenfalls in der Sache die Entscheidung eines Landesgerichts überprüfen, da es in einem solchen Fall nicht zu einer „Kon-

65 Art. 86 bis 88 und 42 Abs. 5 (Justizgewährungsanspruch) sowie aus dem Rechtsstaatsprinzip abgeleitete Verfahrensgrundsätze; vgl. z.B. zu Art. 87 Abs. 3 (*gesetzlicher Richter*) ThürVerfGH, ThürVBl 2007, 215 (216); zu Art. 88 Abs. 1 Satz 1 (*rechtliches Gehör*) ThürVerfGH, LVerfGE 10, 479 (487); ThürVBl 2001, 129 (130); LVerfGE 13, 495 (413); Beschl. v. 29.07.2004 – 17/02 – JURIS, Rn. 27; ThürVBl 2005, 61 (63); Beschl. v. 28.09.2010 – 27/09 – JURIS, Rn. 57 ff.; ThürVBl 2012, 31 ff.; zu Art. 42 Abs. 5 Satz 1 (*effektiver Rechtsschutz*) ThürVerfGH, ThürVBl 2011, 58 (59); zu Art. 44 Abs. 1 Satz 2 (*Rechtsstaatsprinzip, faires Verfahren*) ThürVerfGH, LVerfGE 13, 415 (420, 422 und LS 3); ThürVBl 2004, 116 (118); 2011, 58 (59); 2012, 31 (32).

66 ThürVerfGH, LVerfGE 13, 415 (420) mwN; kritisch zur Beschränkung auf Willkürkontrolle *Sodan*, LKV 2012, 440 (448) mwN.

67 BVerfGE 96, 345 (370 und LS 3 b).

68 BVerfGE 96, 345 (371 und LS 3 b).

69 Für eine gleichwohl erhobene Landesverfassungsbeschwerde fehlt bzw. entfällt das Rechtsschutzbedürfnis; vgl. ThürVerfGH, Beschl. v. 10.05.2005 – 10/06 – JURIS, Rn. 19.

70 ThürVerfGH, ThürVBl 2004, 88 (89 und LS 1).

71 Vgl. z.B. § 132 Abs. 2 VwGO.

72 ThürVerfGH, Beschl. v. 29.10.1999 – 23/97 – JURIS; NJ 2004, 261 (263); Beschl. v. 24.02.2007 – 5/07 – JURIS; NVwZ-RR 2011, 545 (546).

73 ThürVerfGH, ThürVBl 2012, 31.

trolle" des Bundesgerichts durch ein Landesverfassungsgericht kommen kann.[74] Praktisch relevant kann dies werden, wenn ein Landesgrundrecht weiter als das GG reicht und nicht in Kollision mit Bundesrecht gerät, weil das Bundesrecht Raum für die Anwendung des Landesgrundrechts lässt.[75] Der ThürVerfGH kann die Entscheidung eines Landesgerichts auch in diesen Fällen erst nach Erschöpfung des Rechtswegs[76] überprüfen.

d) **Beschwerdebefugnis.** Art. 80 Abs. 1 Nr. 1 und § 31 Abs. 1 ThürVerfGHG verlangen lediglich die **„Behauptung" einer (Grund-)Rechtsverletzung.** Dies bedeutet jedoch, der Beschwerdeführer hat „substantiiert darzulegen, warum die Verletzung des Grundrechts zumindest möglich erscheint".[77] Lässt sich die behauptete Verletzung ihm zustehender subjektiver Verfassungsrechte „von vornherein ausschließen",[78] ist die Verfassungsbeschwerde unzulässig. „Die Anforderungen an die Substantiierung sinken jedoch in dem Maße, in dem sich ein Verfassungsverstoß aufdrängt".[79] 27

aa) **Rügefähige Rechte.** Der Beschwerdeführer muss sich auf ein Grundrecht, grundrechtsgleiches Recht oder staatsbürgerliches Recht stützen können, das – wie § 31 Abs. 1 ThürVerfGHG zutreffend konkretisiert – in der ThürVerf enthalten ist (zum in die ThürVerf hineinwirkenden Bundesverfassungsrecht vgl. unten Rn. 45). **Keine rügefähige Rechte** sind sonach **Grundrechte des GG, unionsrechtliche Grundfreiheiten und Grundrechte** sowie Gewährleistungen der **EMRK**[80] und sonstige Verletzungen von **Völkerrecht.**[81] 28

Auch **objektives Verfassungsrecht** ist unmittelbar nicht rügefähig. Überträgt man jedoch die Rspr des BVerfG insbesondere[82] zur allgemeinen Handlungsfreiheit des Art. 2 Abs. 1 GG[83] auf Art. 3 Abs. 2 ThürVerf,[84] kann jedes die allgemeine Handlungsfreiheit beschränkende Gesetz auf seine formelle und materielle Verfassungsmäßigkeit überprüft werden.[85] 29

74 Vgl. dazu VerfGH Rh-Pf, NJW 1995, 444 (445); BayVerfGH, BayVBl 2002, 492 (493); NVwZ-RR 2010, 132; *v. Coelln*, BayVBl 2002, 261; *Jutzi*, in: Hendler/Hufen/Jutzi, Landesrecht Rh-Pf, 6. Aufl. 2012, § 1 Rn. 160; *Lindner*, BayVBl 2004, 648 ff.

75 Nicht überzeugend *Schwan*, ThürVBl 2012, 121 (125), wonach es bei der Anwendung von Bundesrecht "keine – je nach Bundesland – unterschiedlichen Maßstäbe" geben könne.

76 Dazu noch unten Rn. 34 ff.

77 ThürVerfGH, Beschl. v. 23.04.2008 – 11/07 – JURIS; Beschl. v. 08.08.2007 – 8/07 und 9/07 – JURIS; Beschl. v. 28.09.2010 – 27/09 – JURIS; NVwZ-RR 2011, 545 (547); vgl. auch BVerfGE 64, 367 (375); 89, 155 (171); 114, 258 (274); *Pieroth*, in: Jarass/Pieroth, Art. 93 Rn. 52 mwN.

78 ThürVerfGH, ThürVBl 2011, 223 (225); vgl. auch *Hillgruber/Goos*, Rn. 168 ff.

79 ThürVerfGH, Beschl. v. 28.09.2010 – 27/09 – JURIS.

80 *Voßkuhle*, in: von Mangoldt/Klein/Starck, Art. 93 Rn. 179 mwN zur Rspr des BVerfG. Die Rspr des EGMR ist jedoch bei der Auslegung des nationalen Rechts zu beachten; dazu BVerfGE 128, 326 (367 ff.) mwN; die Rspr des ThürVerfGH, ThürVBl 2004, 116 (118 und LS 4), ist insofern überholt.

81 ThürVerfGH, ThürVBl 2011, 223 (225).

82 Diese Verfahrensweise ist auch auf andere (Grund-)Rechte übertragen worden; vgl. z.B. BVerfGE 51, 166 (173 f. – Berufsfreiheit); 62, 169 (181 ff. – Eigentum); 115, 25 (41 ff. – Sozialstaatsprinzip).

83 BVerfGE 6, 32, 41 – st. Rspr.

84 Dazu *Jutzi*, in: Linck/Jutzi/Hopfe, Art. 3 Rn. 33 ff. sowie oben Art. 3 Rn. 27.

85 Vgl. auch *Sturm/Detterbeck*, in: Sachs, GG, Art. 93 Rn. 89; *Voßkuhle*, in: von Mangoldt/Klein/Starck, Art. 93 Rn. 180.

30 **bb) Möglichkeit der Verletzung.** Die Zulässigkeit der Verfassungsbeschwerde erfordert außerdem, dass der Beschwerdeführer geltend machen kann, durch die angegriffene Maßnahme (bzw. eine Unterlassung) möglicherweise **selbst, gegenwärtig und unmittelbar** in einem rügefähigen Recht verletzt zu sein.[86]

31 Die **Selbstbetroffenheit** des Beschwerdeführers liegt vor, wenn er in eigenen Rechten betroffen ist. Eine gewillkürte **Prozessstandschaft** ist daher nicht zulässig;[87] eine gesetzliche kommt jedoch in Betracht,[88] wenn diese im fachgerichtlichen Verfahren durch den Gesetzgeber zugelassen worden ist.[89]

32 **Gegenwärtig** ist die Betroffenheit, wenn der Beschwerdeführer von einer Maßnahme bereits betroffen ist, und dies bis zur Entscheidung des ThürVerfGH.[90] Es genügt nicht, dass ein Beschwerdeführer irgendwann einmal von einer Maßnahme betroffen werden könnte.[91] Etwas anderes gilt ausnahmsweise dann, wenn ein Gesetz die Normadressaten bereits gegenwärtig zu später nicht mehr korrigierbaren Entscheidungen zwingt oder von später nicht mehr korrigierbaren Dispositionen abhält.[92]

33 Das Erfordernis der **unmittelbaren Betroffenheit** des Beschwerdeführers spielt in der Regel nur eine Rolle, wenn die Verfassungsbeschwerde sich direkt gegen eine Rechtsnorm richtet. Eine unmittelbare Betroffenheit lösen Rechtsnormen dann aus, wenn sie ohne weiteren vermittelnden Akt in den Rechtskreis des Beschwerdeführers einwirken.[93] An dieser Voraussetzung fehlt es grundsätzlich, wenn die angegriffene Rechtsnorm zu ihrer „Durchführung rechtsnotwendig oder auch nur nach der tatsächlichen Verwaltungspraxis einen besonderen, vom Willen der vollziehenden Gewalt beeinflussten Vollziehungsakt"[94] erfordert. Dies gilt auch, wenn die Rechtsnorm keinen Auslegungs-, Ermessens- oder Beurteilungsspielraum zulässt.[95] Der Beschwerdeführer muss bei Rechtsnormen grundsätzlich den Vollzugsaktakt abwarten und den Rechtsweg beschreiten, um sich dann eventuell gegen die letztinstanzliche Entscheidung mit der Verfassungsbeschwerde zur Wehr setzen zu können. Anderes gilt, wenn dem Beschwerdeführer das Abwarten auf den Vollzugsakt nicht zuzumuten ist, insbe-

---

86 Vgl. ThürVerfGH, ThürVBl 2011, 58 (59); 2013, 55 (56); *Löwer*, HStR, Bd. III, § 70 Rn. 193 f.

87 ThürVerfGH, LVerfGE 20, 479 (497); vgl. auch *Voßkuhle*, in: von Mangoldt/Klein/Starck, Art. 93 Rn. 183 mwN.

88 ThürVerfGH, LVerfGE 20, 479 (497); vgl. zur Rspr des BVerfG (die terminologisch nicht durchweg klar ist, aber in der Sache so verfährt) und zu differenzierenden Ansichten *Benda/Klein*, Rn. 558; *Cornils*, AöR 125 (2000), 45 ff.; *Hillgruber/Goos*, Rn. 195 ff.; *Löwer*, HStR, Bd. III, § 70 Rn. 200 jeweils mwN.

89 Vgl. z.B. BVerfGE 51, 405 (409); 65, 182 (190) – Insolvenzverwalter; BVerfGE 77, 263 (269 f.); zweifelnd BVerfGE 79, 1 (19) – Verwertungsgesellschaft; VerfGH Rh-Pf, AS 29, 75 (78) – Gemeinderat gegen Entscheidung der Aufsichtsbehörde.

90 Vgl. BVerfGE 106, 210 (214).

91 ThürVerfGH, ThürVBl 1996, 234 (235); LVerfGE 7, 392 (401) betr. eine bevorstehende Eingliederungen einer Kommune; vgl. auch BVerfGE 60, 360 (371); 114, 258 (277); *Pieroth*, in: Jarass/Pieroth, Art. 93 Rn. 55; *Voßkuhle*, in: von Mangoldt/Klein/Starck, Art. 93 Rn. 183 jeweils mwN.

92 Vgl. ThürVerfGH, LVerfGE 7, 392 (401); BVerfGE 60, 360 (372 f.); 75, 256 (263); 102, 197 (207 f.).

93 Vgl. BVerfGE 90, 128 (135 f.).

94 BVerfGE 1, 97 (102); vgl. auch BVerfGE 122, 342 (355 f.) – st. Rspr; *Schlaich/Korioth*, Rn. 238 ff.; *Sturm/Detterbeck*, in: Sachs, GG, Art. 93 Rn. 94 f.; *Voßkuhle*, in: von Mangoldt/Klein/Starck, Art. 93 Rn. 185 jeweils mwN.

95 BVerfGE 58, 81 (104 f.); BVerfG, NJW 2010, 359 mwN.

sondere wenn die angegriffene Normen den Adressaten zu später nicht mehr korrigierbaren Entscheidungen zwingt,[96] wenn der Beschwerdeführer von der Maßnahme keine Kenntnis erlangt, weil sie heimlich erfolgt,[97] oder wenn Vorschriften eine Verpflichtung begründen, die unmittelbar als solche mit einer Geldbuße oder Strafe bewehrt ist.[98]

e) **Rechtswegerschöpfung (Art. 80 Abs. 3 Var. 1), Subsidiarität.** Von der Ermächtigung in Art. 80 Abs. 3, bei Verfassungsbeschwerden die **vorherige Erschöpfung des Rechtswegs** zur Voraussetzung machen zu können, hat der Gesetzgeber in § 31 Abs. 3 Satz 1 ThürVerfGHG Gebrauch gemacht.[99] Der ThürVerfGH „kann jedoch über eine vor Erschöpfung des Rechtswegs eingelegte Verfassungsbeschwerde sofort entscheiden, wenn sie von allgemeiner Bedeutung ist und wenn dem Beschwerdeführer ein schwerer und unabwendbarer Nachteil entstünde, falls er zunächst auf den Rechtsweg verwiesen würde“ (§ 31 Abs. 3 Satz 2 ThürVerfGHG).[100] Das Gebot der Rechtswegerschöpfung betont den **Nachrang der Verfassungsbeschwerde** und ihre Funktion als außerordentlicher Rechtsbehelf.[101] 34

Zum **Rechtsweg** gehört „jede gesetzlich normierte Möglichkeit der Anrufung eines Gerichts“.[102] Darunter fallen auch[103] Nichtzulassungsbeschwerden[104] sowie Rechtsbehelfe, die keinen Devolutiveffekt haben.[105] Auch Normenkontrollen gemäß § 47 VwGO[106] und Verfahren der Anhörungsrüge (z.B. §§ 321 a ZPO, 152 a VwGO)[107] gehören dazu. **Kein Rechtsweg** in diesem Sinne sind Amtshaftungsklagen,[108] Klageerzwingungs- und Wiederaufnahmeanträge[109] sowie die mögliche Anrufung des BVerfG.[110] Auch von der Rspr außerhalb des geschriebenen Rechts entwickelte außerordentliche Rechtsbehelfe gehören nicht zum Rechtsweg, da sie den verfassungsrechtlichen Anforderungen an die Rechtsmittelklarheit nicht genügen.[111] 35

Die **Erschöpfung** des Rechtswegs verlangt „grundsätzlich den gesamten Instanzenzug zu durchlaufen, den die jeweilige Verfahrensordnung vorsieht.“[112] Legt der Beschwerdeführer ein Rechtsmittel zu spät ein oder wird sein Rechtsmittel 36

96 Dazu bereits oben Rn. 32 sowie Fn. 92.
97 BVerfGE 30, 1 (16 f.); 122, 342 (356) mwN.
98 BVerfGE 20, 283 (290); 46, 246 (256); 122, 342 (356) mwN.
99 Dazu ThürVerfGH, LVerfGE 15, 462 (484) zur kommunalen Verfassungsbeschwerde.
100 Dazu ThürVerfGH, LVerfGE 6, 365 (369); Beschl. v. 16.12.1998 – 20/96 – JURIS, Rn. 16.
101 *Sturm/Detterbeck*, in: Sachs, GG, Art. 93 Rn. 15.
102 BVerfGE 67, 157 (170).
103 Zu weiteren Bespielen siehe *Pieroth*, in: Jarass/Pieroth, Art. 93 Rn. 59 f.; *Voßkuhle*, in: von Mangoldt/Klein/Starck, Art. 93 Rn. 187.
104 BVerfGE 16, 1 (2 f.); 47, 1 (17); 107, 257 (268).
105 BVerfG, NVwZ 2009, 908 (909) zum Nachverfahren nach § 93 a Abs. 2 VwGO.
106 BVerfGE 70, 35 (53 f.); 76, 107 (114 f.).
107 ThürVerfGH, Beschl. v. 14.06.2004 – 16/04 – JURIS, Rn. 9; Beschl. v. 28.09.2010 – 27/09 – JURIS, Rn. 40 ff. – im konkreten Fall nicht zumutbar; vgl. näher *Detterbeck*, AöR 136 (2011), 222 (238 ff.); *Schwan*, ThürVBl 2012, 121 (124 f.) jeweils mwN.
108 BVerfGE 20, 162 (173).
109 BVerfGE 22, 42 (46 f.).
110 Vgl. oben Rn. 5 f.; vgl. auch BVerfGE 6, 445 (449); 60, 175 (298); NJW 1996, 1464.
111 ThürVerfGH, ThürVBl 2005, 61 (62); 2011, 58 (59) unter Hinweis auf BVerfGE 107, 395 (416 f.).
112 ThürVerfGH, NVwZ-RR 2011, 545 (546); vgl. auch BVerfG, NJW 1997, 46 (47) mwN.

aus anderen formellen Gründen als unzulässig zurückgewiesen, ist der Rechtsweg in diesem Sinne nicht erschöpft.[113] Eine Verfassungsbeschwerde kann jedoch zulässig sein, wenn das Rechtsmittel nicht offensichtlich unzulässig war[114] oder das Rechtsmittelgericht überzogene Anforderungen an die Zulässigkeit gestellt hat.[115] War der Rechtsweg bei Einlegung der Verfassungsbeschwerde nicht vollständig durchschritten, wird dieser Zulässigkeitsmangel geheilt, wenn nachträglich eine den fachgerichtlichen Rechtsweg abschließende Entscheidung ergeht.[116]

37 Neben der formellen Erschöpfung des Rechtswegs muss ein Beschwerdeführer darüber hinaus, dem **Grundsatz der Subsidiarität**, der unter Nutzung der Ermächtigung des Art. 80 Abs. 3 in § 31 Abs. 3 Satz 1 ThürVerfGHG ebenfalls enthalten ist,[117] Rechnung tragen und „alle nach Lage der Sache zur Verfügung stehenden prozessualen Möglichkeiten ... ergreifen, um eine Korrektur der geltend gemachten Verfassungsverletzungen zu erwirken".[118] Der Grundsatz der Subsidiarität sichert damit zugleich die verfassungsrechtliche Kompetenzverteilung im Verhältnis des Verfassungsgerichts zu den Fachgerichten.[119] Besondere praktische Relevanz[120] entfaltet der Grundsatz der Subsidiarität bei **Verfassungsbeschwerden gegen Rechtsnormen,** wenn man der Rspr des BVerfG folgt, wonach ein Beschwerdeführer verpflichtet ist, anstelle einer nicht eröffneten Normenkontrollklage nach § 47 VwGO vor der Verfassungsbeschwerde eine Feststellungsklage zu erheben.[121]

38 In **Verfahren des vorläufigen Rechtsschutzes** (z.B. § 80 Abs. 5, 7, § 123 VwGO) gehört das Verfahren der Hauptsache nicht zum Rechtsweg gegen die letztinstanzliche Entscheidung im vorläufigen Rechtsschutzverfahren. Jedoch kann der Grundsatz der Subsidiarität es gebieten, vor Anrufung des ThürVerfGH zunächst das Verfahren in der Hauptsache zu betreiben, wenn dieses die hinreichende Möglichkeit bietet, der drohenden Grundrechtsverletzung abzuhelfen und dieser Weg dem Beschwerdeführer zumutbar ist.[122] „Dies ist regelmäßig anzunehmen, wenn mit der Verfassungsbeschwerde Grundrechtsverletzungen gerügt werden, die sich auf die Hauptsache beziehen".[123] Da der ThürVerfGH den Grundsatz „in gleicher Weise wie das BVerfG die wortgleiche Bestimmung des

113 BVerfGE 1, 12 (13); 1, 13 (14); 34, 204 (205); 70, 180 (186); 91, 93 (107).
114 Offensichtlich unzulässige Rechtsmittel müssen selbstverständlich nicht versucht werden; vgl. BVerfGE 5, 17 (19); 107, 299 (308) mwN – st. Rspr.
115 Vgl. *Schlaich/Korioth*, Rn. 246 mwN, auch zum daraus resultierenden Dilemma, mit einer Verfassungsbeschwerde entweder wegen fehlender Erschöpfung des Rechtswegs oder der Nichteinhaltung der Verfassungsbeschwerdefrist zu scheitern.
116 ThürVerfGH, Beschl. 22.04.2003 – 20/01 – JURIS; NJ 2004, 261 (263); NVwZ-RR 2011, 545 (546); aA BbgVerfG, NVwZ-RR 2010, 338.
117 ThürVerfGH, Beschl. v. 12.11.2002 – 12/02 – JURIS, Rn. 17; NVwZ-RR 2003, 249 (252); ThürVBl 2005, 11 (13); NVwZ-RR 2007, 545 (547); ThürVBl 2012, 31 (33).
118 ThürVerfGH, NVwZ-RR 2003, 249 (252); ThürVBl 2005, 61 (62); vgl. auch BVerfGE 112, 50 (60) mwN in Bezug auf Art. 94 Abs. 2 Satz 2 GG und § 90 Abs. 2 BVerfGG.
119 Vgl. BVerfGE 107, 395 (414); vgl. auch BVerfGE 114, 258 (279); 120, 274 (300).
120 Zu weiteren Anwendungsfällen vgl. *Sturm/Detterbeck*, in: Sachs, GG, Art. 94 Rn. 20 mwN.
121 Vgl. BVerfGE 115, 81 (91 ff.); *Hopfauf*, in: Schmidt-Bleibtreu/Hofmann/Hopfauf, Art. 93 Rn. 192.
122 Vgl. ThürVerfGH, LVerfGE 6, 365 (369); Urt. v. 16.12.1998 – 20/96 – JURIS, Rn. 16; vgl. auch BVerfGE 93, 1 (12); 104, 65 (70 f.); *Hillgruber/Goos*, Rn. 851, 855; *Sachs*, VerfPR, Rn. 535; *Schlaich/Korioth*, Rn. 250 jeweils mwN.
123 BVerfGE 104, 65 (71).

§ 90 Abs. 2 BVerfGG" versteht, lässt „er eine Verfassungsbeschwerde gegen die letztinstanzliche Versagung vorläufigen Rechtsschutzes unter Rückgriff auf § 31 Abs. 3 Satz 2 ThürVerfGHG jedoch dann zu, wenn die Entscheidung von keiner weiteren tatsächlichen Aufklärung abhängt und wenn die Verfassungsbeschwerde entweder von allgemeiner Bedeutung ist oder dem Beschwerdeführer im Falle der Verweisung auf den Rechtsweg ein schwerer und unabwendbarer Nachteil entsteht."[124] Ein Beschwerdeführer darf auch dann nicht „auf das Hauptsacheverfahren verwiesen werden, wenn die Verletzung von Grundrechten durch die Eilentscheidung selbst geltend gemacht wird".[125]

f) Form, Begründung, Frist. Die Verfassungsbeschwerde ist **schriftlich**[126] einzureichen und zu begründen (§ 18 Abs. 1, § 33 Abs. 1 Satz 1 ThürVerfGHG). In der **Begründung** sind das Recht, das verletzt sein soll – jedenfalls in seinen Grundzügen, seinem Rechtsinhalt nach[127] – und die Handlung oder Unterlassung des Organs oder der Behörde, durch die der Beschwerdeführer sich verletzt fühlt, zu bezeichnen (§ 32 ThürVerfGHG). Bei Urteilsverfassungsbeschwerden erfordert dies i.d.R. eine ins Einzelne gehende, argumentative Auseinandersetzung mit den Gründen der angefochtenen Entscheidung.[128] 39

Die **Frist** zur Erhebung und Begründung der Verfassungsbeschwerde beträgt bei der sog. **Urteilsverfassungsbeschwerde** einen Monat nach Bekanntgabe der Entscheidung (§ 33 Abs. 1 ThürVerfGHG).[129] Ist der Rechtsweg zum Bundesgericht zu beschreiten (vgl. oben Rn. 24 und 26), wird die Frist durch die Entscheidung des Bundesgerichts erneut in Lauf gesetzt.[130] Eine nicht zum Rechtsweg gehörende Gegenvorstellung hindert den Fristablauf nicht.[131] Richtet sich die **Verfassungsbeschwerde gegen ein Gesetz** oder gegen einen **sonstigen Hoheitsakt**, gegen den ein Rechtsweg nicht offen steht, beträgt die Frist ein Jahr seit Inkrafttreten des Gesetzes oder dem Erlass des Hoheitsaktes (§ 33 Abs. 3 ThürVerfGHG). Wird ein **Gesetz geändert**, läuft eine neue Jahresfrist für den geänderten Teil[132] sowie für die in ihrem Wortlaut unverändert gebliebenen Vorschriften des Gesetzes, wenn das Änderungsgesetz deren materiellen Regelungsgehalt verän- 40

124 ThürVerfGH, Urt. v. 16.12.1998 – 20/96 – JURIS, Rn. 16; vgl. auch *Pieroth*, in: Jarass/Pieroth, Art. 93 Rn. 62 mwN.
125 BVerfGE 93, 1 (12).
126 Das Schriftlichkeitsprinzip wird auch durch Einlegung per Telegramm und Telefax gewahrt, vgl. BVerfGE 32, 365 (368); BVerfG, NJW 2002, 955. Eine E-Mail reicht nach wohl überwiegender Auffassung nicht; vgl. *von Coelln*, in: Maunz/Schmidt-Bleibtreu, § 23 (St.d.B. 05/2009) Rn. 46; *Voßkuhle*, in: von Mangoldt/Klein/Starck, Art. 93 Rn. 193, Fn. 494; *Pieroth*, in: Jarass/Pieroth, Art. 93 Rn. 67 jeweils mwN.
127 Vgl. ThürVerfGH, Beschl. v. 21.10.2003 – 12/03 – JURIS, Rn. 21 f.; ThürVBl 2004, 88 (90 und LS 4); 2009, 54 (55); 2013, 55 (56 f.) sowie "Merkblatt über die Verfassungsbeschwerde", abrufbar unter: http://www.thverfgh.thueringen.de.
128 ThürVerfGH, Beschl. v. 28.09.2010 – 27/09 – JURIS, Rn. 48; ThürVBl 2011, 58 (59); 2012, 31 (32).
129 Mangels näherer Regelung dürfte sich die Fristberechnung nach den §§ 187 ff. BGB richten, vgl. auch Gemeinsamer Senat der obersten Gerichtshöfe des Bundes, BGHZ 59, 396 (397); BVerfGE 102, 254 (295). Ein gerichtlicher Vermerk über das Absenden der angefochtenen Entscheidung reicht für den Zugang beim Beschwerdeführer nicht aus; vgl. ThürVerfGH, Beschl. v. 29.08.2005 – 30/04 – JURIS, Rn. 67.
130 Vgl. BayVerfGH, BayVBl 2002, 365; VerfGH Rh-Pf, AS 27, 199 (202); *von Coelln*, BayVBl 2002, 261; tendenziell aA *Menzel*, Landesverfassungsrecht, 2002, S. 303.
131 ThürVerfGH, Beschl. v. 14.06.2004 – 16/04 – JURIS, Rn. 9 f.
132 ThürVerfGH, ThürVBl 1996, 234 (235); 2013, 55 (56); Beschl. v. 08.08.2007 – 07/06 – JURIS, Rn. 17.

dert.[133] Ist dem Gesetzgeber ein sog. echtes **Unterlassen** – dauerhaftes Untätigbleiben trotz ausdrücklichen Verfassungsauftrags oder trotz geänderter rechtlicher oder tatsächlicher Umstände, die eine Nachbesserung notwendig machen – vorzuwerfen, greifen die Fristregelungen regelmäßig nicht.[134]

41 Eine **Wiedereinsetzung in den vorigen Stand** bezogen auf die Monatsfrist von § 33 Abs. 1 ThürVerfGHG ist möglich (§ 33 Abs. 2 ThürVerfGHG),[135] nicht jedoch bezüglich der Ausschlussfrist des § 33 Abs. 3 ThürVerfGHG, wie aus der systematischen Stellung und dem Wortlaut des § 33 Abs. 2 Satz 1 ThürVerfGHG („dieser“) folgt.[136]

42 **g) Rechtsschutzbedürfnis.** Wie in anderen gerichtlichen Verfahren ist auch im Verfassungsbeschwerdeverfahren **ungeschriebene Sachentscheidungsvoraussetzung**, dass dem Beschwerdeführer ein schutzwürdiges Interesse an der gerichtlichen Klärung einer streitigen Frage zusteht. Das Rechtsschutzbedürfnis fehlt insbesondere, wenn die Sachprüfungskompetenz des ThürVerfGH nach einer Sachentscheidung eines Bundesgerichts nicht mehr gegeben ist[137] oder der Beschwerdeführer nicht mehr beschwert ist.[138] Anderes gilt, wenn Wiederholungen zu besorgen sind, verfassungsgerichtlicher Rechtsschutz nicht erreichbar wäre[139] oder die Klärung einer verfassungsgerichtlichen Frage von grundsätzlicher Bedeutung unterbliebe und der gerügte Grundrechtseingriff besonders schwer wiegt.[140]

43 **h) Sonstiges.** Nach § 36 ThürVerfGHG erhalten u.a. bestimmte Verfassungsorgane Gelegenheit, sich zu einer Verfassungsbeschwerde **zu äußern** und dem **Verfahren beizutreten**. Ein Beschwerdeführer kann die Verfassungsbeschwerde auch nach mündlicher Verhandlung **zurücknehmen** oder **für erledigt erklären.**[141] Erledigung tritt regelmäßig, jedoch nicht ausnahmslos, mit dem Tod ein.[142] Auf der Basis der Rechtsprechung des BVerfG[143] könnte die Rücknahmebefugnis wegen der auch objektiven Funktion der Verfassungsbeschwerde eingeschränkt sein.

44 **3. Begründetheit.** Als **Prüfungsmaßstab** steht dem ThürVerfGH das **Landesverfassungsrecht** zur Verfügung. Hierzu gehören vor allem die rügefähigen Grundrechte, grundrechtsgleichen Rechte und staatsbürgerlichen Rechte einschließlich des davon miterfassten objektiven Verfassungsrechts des Freistaats (vgl. oben Rn. 29).

---

133 ThürVerfGH, NVwZ-RR 2003, 249 (250 und LS 2) mwN zur Rspr des BVerfG.

134 ThürVerfGH, ThürVBl 2013, 55 (57); ThürVBl 2011, 58 (58 f.); vgl. auch BVerfGE 77, 170 (214); *Schlaich/Korioth*, Rn. 243; ; *Voßkuhle*, in: von Mangoldt/Klein/Starck, Art. 93 Rn. 194 jeweils mwN.

135 Dazu ThürVerfGH, ThürVBl 1999, 13 (14 f.).

136 ThürVerfGH, ThürVBl 2005, 40.

137 Vgl. ThürVerfGH, Beschl. v. 10.05.2005 – 10/06 – JURIS, Rn. 19 ff.; ThürVBl 2007, 215 (216) sowie oben Rn. 22 ff.

138 Vgl. auch oben Rn. 6.

139 Z.B. bei Klärung der Verfassungsgemäßheit einer abgeschlossenen Freiheitsentziehung; vgl. BVerfGE 105, 239 (246) mwN.

140 Vgl. *Pieroth*, in: Jarass/Pieroth, Art. 93 Rn. 66 f. mwN.

141 Vgl. BVerfGE 85, 109 (113); 106, 210 (213).

142 Vgl. BVerfGE 124, 300 (318) mwN.

143 BVerfGE 98, 218 (243); vgl. auch *Löwer*, HStR, Bd. III, § 70 Rn. 173.

Darüber hinaus prüft der ThürVerfGH, ob dem Landesgesetzgeber nach Maßgabe des GG die **Gesetzgebungskompetenz** zusteht.[144] Dies lässt sich über die sog. Gliedstaatsklausel (Art. 44 Abs. 1 Satz 1) rechtfertigen, wonach der Freistaat Thüringen ein Land der Bundesrepublik Deutschland ist. Sieht man mit dem BVerfG und Teilen der Lit.[145] bestimmte Normen des GG als ungeschriebene Bestandteile der ThürVerf an (sog. **Bestandteilsnormen**), kommen auch diese – z.B. Art. 21 GG, wenn nicht das Organstreitverfahren insoweit als ausschließlich angesehen wird (dazu unten Rn. 70)[146] – als Prüfungsmaßstab in Betracht. Abgelehnt hat es der ThürVerfGH, Art. 33 Abs. 2 GG als Maßstab heranzuziehen.[147] 45

Schließlich hält der ThürVerfGH sich in st. Rspr für befugt, eine auf **bundesrechtlicher Grundlage** ergangene Entscheidung eines Thüringer Gerichts daraufhin zu überprüfen, „ob der Richter das Willkürverbot beachtet hat oder ihm Fehler unterlaufen sind, die darauf beruhen, dass Bedeutung und Tragweite eines Grundrechts grundsätzlich verkannt werden".[148] 46

Richtet sich die **Verfassungsbeschwerde gegen ein Gesetz**, *kann* der ThürVerfGH die Vereinbarkeit der Norm mit der Verfassung in vollem Umfang in formeller und inhaltlicher Hinsicht überprüfen.[149] Bei **Urteilsverfassungsbeschwerden** beschränkt sich der ThürVerfGH auf die Prüfung, ob „das gerichtliche Urteil Landesverfassungsrecht verletzt, was vor allem dann der Fall ist, wenn es auf einer grundsätzlich unrichtigen Anschauung von der Bedeutung und Reichweite eines Landesgrundrechts beruht oder wenn das Auslegungsergebnis mit den Grundrechtsnormen der Verfassung des Freistaats Thüringen 47

144 ThürVerfGH, ThürVBl 2005, 11 (12); 2009, 54 (55); 2011, 53 (56); 2011, 223 (225); 2013, 55 (57); ebenso VerfGH Rh-Pf, AS 28, 440 (443 f.); 31, 348 (352); 32, 74 (79); HessStGH, ESVGH 32, 20 (24); SächsVerfGH, NVwZ-RR 2012, 873 (874); VerfGH NW, NVwZ 1993, 57 (59); BayVerfGHE 45, 33 (41); 51, 94 (99 f.); *Caspar*, NordÖR 2008, 193 (194 ff.); *Jutzi*, LKRZ 2011, 286 (287, 288 f.); aA BVerfGE 103, 332 (356 ff. – als Verfassungsgericht für Schleswig-Holstein nach Art. 99 GG) – anders noch BVerfGE 60, 175, (205 f. - im Hinblick auf Art. 153 HessVerf); *Nierhaus*, in: Sachs, GG, Art. 28 Rn. 6; *Starcke*, SächsVBl. 2004, 49 ff.

145 BVerfGE 1, 208 (232); 27, 44 (55); 103, 332 (352 f.) mwN; *Caspar*, NordÖR 2008, 193 (194); *Nierhaus*, in: Sachs, GG, Art. 28 Rn. 5; vgl. auch *Henneke*, in: Schmidt-Bleibtreu/Hofmann/Hopfauf, Art. 28 Rn. 9 (Teil der Verfassung des Gliedstaats als verfassungsrechtliches Bundesrecht); *Rozek*, Das GG als Prüfungs- und Entscheidungsmaßstab der Landesverfassungsgerichte, 1993, S. 285 f. (im Ergebnis ablehnend).

146 Vgl. für das Organstreitverfahren ThürVerfGH, Urt. v. 18.07.2006 – 8/05 – JURIS, Rn. 23; vgl. auch BVerfGE 103, 332 (353); *Bethge*, in: Starck/Stern, Bd. II, S. 28 ff.

147 ThürVBl 2007, 215 (217); kritisch zu dieser Entscheidung *Storr*, ThürVBl 2007, 193 (194).

148 ThürVerfGH, NJW 2013, 151; NVwZ-RR 2011, 545 (547); vgl. auch ThürVerfGH, ThürVBl 2001, 129 (130 und LS 1); 2004, 88 (90); 2004, 116 (118); Beschl. v. 29.07.2004 – 17/02 – JURIS, Rn. 27 und LS 1; ThürVBl 2007, 215 (217); Beschl. v. 02.07.2008 – 14/06 –; vgl. auch BayVerfGHE 41, 59 (65); 45, 33 (30 f.); BayVerfGH, BayVBl 2012, 531; 2013, 269 – st. Rspr; *Hillgruber/Goos*, Rn. 923; *Huber*, 1. Teil, Rn. 206 ff.; *Schwan*, ThürVBl 2012, 121 (123 ff.); *Storr*, Staats- und Verfassungsrecht, 1998, Rn. 706 ff.; *ders.*, ThürVBl 2007, 232 ff.

149 Zur nicht ganz einheitlichen Rspr des BVerfG *Benda/Klein*, Rn. 495 ff.

und der in ihnen aufgerichteten Wertordnung nicht vereinbar ist",[150] ob also eine **spezifische Verfassungsrechtverletzung**[151] vorliegt.

48 Wird der Verfassungsbeschwerde stattgegeben, ist in der **Entscheidung** festzustellen, welche Bestimmung der Verfassung und durch welche Handlung oder Unterlassung sie verletzt wurde (§ 37 Abs. 2 Satz 1 ThürVerfGHG). Eine **gerichtliche Entscheidung** hebt der ThürVerfGH auf oder weist die Sache an ein zuständiges Gericht zurück (§ 37 Abs. 3 ThürVerfGHG). Abweichend von seiner bisherigen Rspr beschränkt der ThürVerfGH nunmehr den **Rechtsfolgenausspruch** einer Verfassungsbeschwerde, die sich gegen einen Beschluss über eine **Anhörungsrüge** richtet, auf die Aufhebung dieses Beschlusses. Im Gegensatz zu anderen Verfassungsgerichten ist er der Auffassung, die Aufhebung der Entscheidung, auf die sich die Anhörungsrüge bezieht, sei nicht mehr von der föderalen Kompetenzordnung des GG gedeckt.[152] Zur Frage der **Gesetzeskraft** der Entscheidung, soweit der ThürVerfGH eine Rechtsvorschrift für mit der Verfassung unvereinbar oder nichtig erklärt (vgl. unten Rn. 132 ff.).

49 Das Verfahren vor dem ThürVerfGH ist grundsätzlich **kostenfrei** (§ 28 Abs. 1 ThürVerfGHG). Ausnahmen bestehen bei unzulässigen oder offensichtlich unbegründeten (§ 28 Abs. 2 ThürVerfGHG) sowie missbräuchlichen Beschwerden (§ 28 Abs. 4 ThürVerfGHG). Dem erfolgreichen Beschwerdeführer werden die notwendigen **Auslagen** ganz oder teilweise erstattet (§ 29 Abs. 1 ThürVerfGHG).

50 **4. Annahme- und Ausschussverfahren (Art. 80 Abs. 3).** Auf der Grundlage der Ermächtigung in Art. 80 Abs. 3 bestimmt § 34 Abs. 1 ThürVerfGHG, dass Verfassungsbeschwerden durch einstimmigen Beschluss eines vom ThürVerfGH für die Dauer eines Geschäftsjahrs bestellten Ausschusses zurückgewiesen werden können, wenn sie unzulässig oder offensichtlich unbegründet sind. Anders als der vergleichbare § 15 a BVerfGG[153] schreibt das Gesetz nicht selbst die Institutionalisierung eines Ausschlusses vor, sondern stellt die Entscheidung darüber in das **Ermessen des ThürVerfGH.** Dies ist vor dem Hintergrund der verfassungsrechtlichen Ermächtigung unbedenklich. Der ThürVerfGH macht von der Ermächtigung regelmäßig Gebrauch.[154]

51 Die **Zusammensetzung des Ausschusses** regelt § 34 Abs. 2 Satz 1 ThürVerfGHG. Ein Ausschuss besteht aus dem Präsidenten, einem Mitglied, das Richter sein oder die Befähigung zum Richteramt haben muss, und einem weiteren Mitglied des ThürVerfGH. Die Bestellung mehrerer Ausschüsse ist zulässig (§ 34 Abs. 2 Satz 2 Halbs. 1 ThürVerfGHG).

---

150 ThürVerfGH, LVerfGE 10, 479 (487) betr. ein verwaltungsgerichtliches Verfahren; vgl. auch – z.T. kritisch, weil der ThürVerfGH seine Kontrollkompetenz bei der Anwendung von Landesrecht teilweise, wie auch des BVerfG, überdehne – *Schwan*, ThürVBl 2012, 121 (126 ff.) mwN zu unveröffentlichter Rspr des ThürVerfGH.

151 Dazu *Bethge*, in: Maunz/Schmidt-Bleibtreu, § 90 (St.d.B. 03/2010) Rn. 315 ff.; *Detterbeck*, AöR 136 (2011), 222 (228 ff.); *Löwer*, HStR, Bd. III, § 70 Rn. 205; *Meyer*, in: von Münch/Kunig, Art. 93 Rn. 60; *Schlaich/Korioth*, Rn. 280 ff. jeweils mwN. Der Begriff wird – soweit ersichtlich – nur in ThürVerfGH, LVerfGE 10, 479 (487) verwendet.

152 ThürVerfGH, ThürVBl 2012, 31 (33) mwN.

153 Dazu *Dollinger*, in: Umbach/Clemens/Dollinger, § 15 a Rn. 11.

154 Im Jahr 2013 bestanden vier Ausschüsse. Die jeweilige Geschäftsverteilung ist abrufbar unter: www.thverfgh.thueringen.de.

Die **Kompetenzen des Ausschusses**, der lediglich unzulässige oder offensichtlich unbegründete Verfassungsbeschwerden zurückweisen kann, reichen nicht so weit wie diejenigen der Kammern des BVerfG nach § 15 a BVerfGG, die nicht nur die Annahme der Verfassungsbeschwerde ablehnen,[155] sondern bei offensichtlicher Begründetheit der Verfassungsbeschwerde auch stattgeben können (§ 93 c BVerfGG). Eine **Missbrauchsgebühr** nach § 28 Abs. 2 Satz 1 ThürVerfGHG kann ein Ausschuss jedoch festsetzen.[156] 52

II. Kommunale Verfassungsbeschwerde (Art. 80 Abs. 1 Nr. 2)

1. Allgemeines. Art. 80 Abs. 1 Nr. 2 räumt den Gemeinden und Gemeindeverbänden, die als juristische Personen des öffentlichen Rechts grundsätzlich **keine Grundrechtsträger**[157] sind, wegen der Verletzung des Rechts auf Selbstverwaltung nach Art. 91 Abs. 1 und 2[158] die Möglichkeit der Verfassungsbeschwerde ein. Die Regelungen des Ersten Kapitels, Zweiter Abschnitt des ThürVerfGHG (§§ 31 ff.) finden daher auch auf die kommunale Verfassungsbeschwerde Anwendung. Diese ist durch Elemente des **individuell-subjektiven Rechtsschutzes** geprägt, weist aber auch **objektive Bezüge**[159] (Beachtung der institutionellen Garantie der kommunalen Selbstverwaltung) sowie eines **Normenkontrollverfahrens** auf.[160] 53

Während die landesverfassungsrechtliche Individualverfassungsbeschwerde prinzipiell selbstständig, aber neben derjenigen zum BVerfG steht (vgl. oben Rn. 6), ist dies bei der kommunalen Verfassungsbeschwerde anders. Die **Entscheidungszuständigkeit des BVerfG** bei Kommunalverfassungsbeschwerden nach Art. 93 Abs. 1 Nr. 4 b GG bezieht sich zum einen nur auf Rechtsnormen[161] und kommt zum anderen, soweit es um Landesgesetze geht, lediglich **subsidiär** zum Zuge, wenn beim Landesverfassungsgericht keine Beschwerde erhoben werden kann.[162] Da das Thüringer Landesrecht[163] die kommunale Verfassungsbeschwerde umfassend – also gegenüber landesrechtlichen Normen und sonstigen Hoheitsakten (vgl. unten Rn. 56) – vorsieht, sind die Gemeinden und Gemeindeverbände primär auf das Verfahren nach Art. 80 Abs. 1 Nr. 2 verwiesen und können das BVerfG wegen Beeinträchtigung ihres Selbstverwaltungsrechts nur anrufen, soweit sie sich gegen ein Bundesgesetz wenden. 54

2. Zulässigkeit. a) Beschwerdefähigkeit. Beschwerdefähig sind lediglich die **Gemeinden**[164] **und Gemeindeverbände** (insbesondere die Kreise). Eine Kommune, die sich gegen ihre Auflösung wehrt, bleibt beschwerdefähig.[165] Andere Kör- 55

155 Vgl. dazu näher *Sperlich*, in: Umbach/Clemens/Dollinger, § 93 b Rn. 8 ff.
156 ThürVerfGH, Beschl. v. 15.07.2004 – 21/03 – JURIS.
157 Vgl. oben Rn. 10 sowie Art. 42 Rn. 17.
158 Vgl. dort Rn. 13 ff.
159 Vgl. insoweit zur Individualverfassungsbeschwerde oben Rn. 4.
160 Zum GG vgl. nur *Sturm/Detterbeck*, in: Sachs, GG, Art. 93 Rn. 100; *Voßkuhle*, in: von Mangoldt/Klein/Starck, Art. 93 Rn. 196.
161 BVerfGE 76, 107 (114); 107, 1 (8).
162 Vgl. dazu nur *Sturm/Detterbeck*, in: Sachs, GG, Art. 93 Rn. 104; *Voßkuhle*, in: von Mangoldt/Klein/Starck, Art. 93 Rn. 200.
163 Zur Rechtslage in anderen Ländern vgl. *Bethge*, in: Maunz/Schmidt-Bleibtreu, § 91 (St.d.B. 09/2011) Rn. 72 ff.
164 Gemeinden sind die kreisangehörigen Gemeinden sowie die kreisfreien Städte (§ 6 Abs. 1 ThürKO).
165 Vgl. ThürVerfGH, LVerfGE 6, 381 (384); vgl. auch *Bethge*, in: Maunz/Schmidt-Bleibtreu, § 91 (St.d.B. 09/2011) Rn. 31.

perschaften (z.B. Zweckverbände),[166] Anstalten und Stiftungen des öffentlichen Rechts, denen durch das Gesetz das Recht auf Selbstverwaltung eingeräumt wird, steht lediglich der Rechtsweg nach Art. 42 Abs. 5 offen.[167]

56 b) **Beschwerdegegenstand.** „Nach Art. 80 Abs. 1 Nr. 2 ThürVerf ist die Verfassungsbeschwerde gegen jede der Staatsgewalt des Freistaats Thüringen zuzurechnende Maßnahme eröffnet, mithin auch gegen ein **Landesgesetz** (vgl. § 33 Abs. 3 ThürVerfGHG)",[168] aber auch gegen andere Akte, wie insbesondere **gerichtliche Entscheidungen.**[169] Die Frage nach dem zulässigen Beschwerdegegenstand hängt nicht davon ab, ob die behauptete Rechtsverletzung (z.B. verfassungswidrige Unterfinanzierung) „zum inhaltlichen Gegenstand einer Kommunalverfassungsbeschwerde nach Art. 80 Abs. 1 Nr. 2 ThürVerf gemacht werden kann, denn diese Frage betrifft den Prüfungsmaßstab, nach dem die Verfassungswidrigkeit zu beurteilen ist."[170] Ob ein Unterlassen Gegenstand einer kommunalen Verfassungsbeschwerde sein kann, ist bei Art. 93 Abs. 1 Nr. 4 b GG zwar besonders umstritten,[171] aber für die kommunale Verfassungsbeschwerde nach Art. 80 Abs. 1 Nr. 2 wegen des Gleichklangs mit der Individualverfassungsbeschwerde (oben Rn. 3 f.) und der umfassenderen Erfassung aller staatlichen Verhaltensweisen zu bejahen.[172]

57 c) **Beschwerdebefugnis.** Für die Beschwerdebefugnis gelten die Ausführungen zur Individualverfassungsbeschwerde (oben Rn. 27 ff.) entsprechend. Allerdings kann sich die beschwerdeführende Kommune lediglich auf ihr **Recht auf Selbstverwaltung nach Art. 91 Abs. 1 und 2** berufen. Auf **Art. 91 Abs. 4,** der die **Anhörung der Kommunen** zu Gesetzesvorhaben vorschreibt, können sich die Kommunen jedoch berufen, wenn in der Verletzung der Bestimmung zugleich eine Verletzung des kommunalen Selbstverwaltungsrechts liegen könnte, was der ThürVerfGH für Regelungen, die in die Personal- und Organisationshoheit eingreifen, bejaht hat.[173] Entsprechendes gilt für **Art. 92 (Gebietsänderungen)** und **Art. 93 (angemessene Finanzausstattung; Recht auf Steuern und Abgaben),** die als Teil und Konkretisierung des kommunalen Selbstverwaltungsrechts begriffen werden können.[174] Auch auf das aus dem Rechtsstaatsprinzip folgende **Rückwirkungsverbot**[175] und das rechtsstaatliche **allgemeine Willkürverbot**[176] können sich Kommunen berufen.

---

166 ThürVerfGH, LVerfGE 20, 479 (495 ff. und LS 1). Kommunalen Arbeitsgemeinschaften fehlt bereits die Rechtspersönlichkeit (§ 2 Abs. 2 ThürKGG).
167 Vgl. auch *Voßkuhle*, in: von Mangoldt/Klein/Starck, Art. 93 Rn. 197.
168 ThürVerfGH, NVwZ-RR 2003, 249 (250); vgl. auch oben Rn. 15 ff.
169 *Jutzi*, in: Linck/Jutzi/Hopfe, Art. 80 Rn. 14.
170 ThürVerfGH, NVwZ-RR 2003, 249 (250).
171 Vgl. BVerfG, NVwZ 2001, 66 f. mwN.
172 Generell offen gelassen von ThürVerfGH, ThürVBl 2011, 223 (225).
173 ThürVBl 2005, 11 (14 ff.); andeutungsweise schon für das Recht auf Anhörung nach Art. 92 Abs. 2 Satz 3 ThürVerfGH, LVerfGE 4, 426 (435). Einen Verstoß gegen Vorschriften der ThürGOLT im Rahmen des Gesetzgebungsverfahrens begründet dagegen nicht die Beschwerdebefugnis, ThürVerfGH, Urt. v. 01.03.2001 – 20/00 – JURIS, Rn. 68.
174 Zu Neugliederungen ThürVerfGH, LVerfGE 7, 361 (375 f.); zur Finanzausstattung vgl. ThürVerfGH, ThürVBl 2005, 11 (13 ff.); 2012, 55 (56 ff.).
175 ThürVerfGH, LVerfGE 20, 479 (499); vgl. auch VerfGH Rh-Pf, LKRZ 2007, 345 (346).
176 Vgl. BVerfGE 21, 362 (372); 89, 132 (141); *Jarass*, in: Jarass/Pieroth, Art. 20 Rn. 31 c mwN.

Wie bei der Individual- ist auch bei einer Kommunalverfassungsbeschwerde gegen ein Gesetz eine Kommune nur beschwerdebefugt, wenn sie durch die angegriffene Norm **selbst, gegenwärtig und unmittelbar** insbesondere in ihrem Selbstverwaltungsrecht betroffen sein kann.[177] Eine **gesetzliche Prozessstandschaft** kommt in Betracht.[178] Wegen der notwendigen Selbstbetroffenheit können Kommunen nicht die Rechte ihrer Einwohner oder anderer Gemeinden oder der Gesamtheit aller Thüringer Kommunen geltend machen.[179] Eine gegenwärtige Rechtsbetroffenheit scheidet grundsätzlich aus, wenn eine Regelung sich erst in der Zukunft auswirkt.[180] An der Unmittelbarkeit der Beschwer fehlt es, „wenn nicht schon das angefochtene Gesetz den Verfassungsverstoß bewirken kann, sondern erst ein weiterer vermittelnder, rechtsnotwendiger oder in der Verwaltungspraxis üblicher Vollzugsakt".[181] 58

d) Sonstige Voraussetzzungen. Wegen weiterer Voraussetzungen kann auf die Ausführungen zur Individualverfassungsbeschwerde verwiesen werden. Auch die Kommunen müssen den **Rechtsweg** vor Erhebung der Verfassungsbeschwerde grundsätzlich erschöpfen sowie den **Subsidiaritätsgrundsatz**[182] und die **Fristenregelungen** beachten. Ein **Rechtsschutzbedürfnis** an der Durchführung eines Verfahrens besteht bereits, wenn sich beim Erfolg für die beschwerdeführende Kommune die Chance eines weniger schwerwiegenden Eingriffs in ihre kommunale Selbständigkeit eröffnet.[183] 59

3. Begründetheit. Prüfungsmaßstab ist primär (vgl. auch oben Rn. 57) das Recht auf Selbstverwaltung nach Art. 91 Abs. 1 und 2.[184] Kommunale Verfassungsbeschwerden sind daher – anders als Normenkontrollverfahren (Art. 80 Abs. 1 Nr. 4 und 5; vgl. unten Rn. 96 und 111) – nicht auf eine umfassende Prüfung einer angegriffenen Norm gerichtet. Jedoch beschränkt sich der ThürVerfGH nicht darauf, ein Gesetz nur auf seine materielle Unvereinbarkeit mit dieser Gewährleistung zu untersuchen, sondern prüft – wie auch das BVerfG[185] – ob ein Gesetz unter Verstoß gegen Verfassungsnormen zustande gekommen ist, die ihrem Inhalt nach das verfassungsrechtliche Bild der Selbstverwaltung mitzubestimmen geeignet sind, wie etwa die Regelung der Gesetzgebungskompetenzen nach Art. 70 ff. GG oder ob eine Rechtsverordnung einer gültigen Ermächtigungsgrundlage entbehrt.[186] 60

177 ThürVerfGH, ThürVBl 2005, 11 f.; zu einer bevorstehenden Eingliederung einer Kommune vgl. ThürVerfGH, LVerfGE 7, 392 (401).
178 ThürVerfGH, LVerfGE 20, 479 (497); vgl. auch VerfGH Rh-Pf, AS 29, 75 (78) – Gemeinderat in Bezug auf das Selbstverwaltungsrecht der Kommune gegen eine Entscheidung der Aufsichtsbehörde; vgl. auch oben Rn. 31.
179 ThürVerfGH, LVerfGE 20, 479 (498); ThürVBl 2010, 152 (LS 1).
180 ThürVerfGH, ThürVBl 2005, 11 (12 f.). Etwas anderes gilt u.a., wenn die Regelung schon gegenwärtig zu kaum mehr korrigierbaren Entscheidungen zwingt; ThürVerfGH, LVerfGE 7, 392 (401).
181 ThürVerfGH, NVwZ-RR 2003, 249 (251) unter Hinweis auf BVerfGE 53, 366 (389); vgl. auch ThürVerfGH, LVerfGE 15, 462 (481 f.); 20, 479 (498).
182 ThürVerfGH, LVerfGE 15, 462 (488).
183 ThürVerfGH, Urt. v. 01.03.2001 – 20/00 – JURIS, Rn. 69.
184 Vor Inkrafttreten der ThürVerf wendete der ThürVerfGH Art. 28 Abs. 2 GG iVm Art. 3 Einigungsvertrag (BGBl. II 1990 S. 888) an; vgl. ThürVerfGH, LVerfGE 5, 391 (409 f.); 7, 361 (375); 7, 389 (390 ff.); kritisch dazu *Storr*, ThürVBl 1997, 121 (123 ff.); *Schwan*, ThürVBl 2012, 121 (123).
185 Vgl. BVerfGE 1, 167 (173); 6, 273 (282); 56, 298 (310 f.); 71, 25 (36 f.); 76, 107 (113).
186 ThürVerfGH, LVerfGE 15, 462 (481 f.); ThürVBl 2010, 152 (198 f.).

61 Zur **inhaltlichen Kontrolle** vgl. Art. 91 Rn. 63 ff. sowie Art. 92 Rn. 17 ff. Zur Frage der **Gesetzeskraft** der Entscheidung, soweit der ThürVerfGH eine Rechtsvorschrift für mit der Verfassung unvereinbar oder nichtig erklärt, vgl. unten Rn. 132 ff.

III. Organstreit (Art. 80 Abs. 1 Nr. 3)

62 **1. Allgemeines.** Der Organstreit[187] ist ein **kontradiktorisches Verfahren,**[188] in dem der ThürVerfGH über die Auslegung der Verfassung aus Anlass von Streitigkeiten über den Umfang der Rechte und Pflichten eines obersten Verfassungsorgans oder anderer Beteiligter, die durch die ThürVerf oder in der ThürGOLT oder der ThürGGO mit eigener Zuständigkeit ausgestattet sind, entscheidet. Präziser ausgedrückt, geht es um **die Auslegung der Verfassung, die Abgrenzung von Zuständigkeiten und Kompetenzen** von Organen oder deren Teile, die demselben Rechtsträger, dem Freistaat, angehören,[189] wenngleich am Ende des Verfahrens darüber hinaus die Feststellung der Verfassungswidrigkeit einer Maßnahme oder Unterlassung (§ 41 Satz 1 ThürVerfGHG) erfolgen kann.[190]

63 Der Organstreit dient primär[191] der Durchsetzung subjektiver, organbezogener Rechte sowie darüber hinaus der Wahrung und Klärung des **objektiven Verfassungsrechts.** „Subjektiv bestimmter Verfahrensgegenstand einerseits und überwiegend objektiv definierter Verfahrensweg andererseits ergänzen sich und haben prozessuale Konsequenzen."[192]

64 Das Organstreitverfahren nach Landesrecht ist – jedenfalls prinzipiell – ein **eigenständiges Verfahren** und **schließt daneben ein Verfahren vor dem BVerfG aus.**[193] Nach Art. 93 Abs. 1 Nr. 4 Var. 3 GG besteht lediglich eine subsidiäre Zuständigkeit des BVerfG „in anderen öffentlich-rechtlichen Streitigkeiten ... innerhalb eines Landes, soweit nicht ein anderer Rechtsweg gegeben ist." Der Rechtsweg zum BVerfG ist daher prinzipiell eröffnet, wenn das Landesrecht dem Landesverfassungsgericht überhaupt keine Organstreitigkeiten zuweist. Umstritten ist jedoch der Umfang der Verdrängung, wenn das Landesrecht den Kreis der Antragsberechtigten enger als das Bundesrecht zieht. Das BVerfG[194] hält ein Verfahren nach Art. 93 Abs. 1 Nr. 4 Var. 3 GG in diesem Fall für statthaft. Demgegenüber wird verbreitet darauf hingewiesen, diese konkrete Betrachtung gehe zu weit, weil sie die Verfassungsautonomie der Länder und den Ausnahmecharakter dieser Vorschrift nicht hinreichend berücksichtige.[195] Für

187 Zur Terminologie vgl. *Pestalozza,* § 7 Rn. 1.
188 Vgl. nur BVerfGE 20, 18 (23 f.); *Hillgruber/Goos,* Rn. 328; *Sachs,* VerfPR, Rn. 284; *Schlaich/Korioth,* Rn. 79; *Sturm/Detterbeck,* in: Sachs, GG, Art. 93 Rn. 4; kritisch *Meyer,* in: von Münch/Kunig, Art. 93 Rn. 24 (objektives Verfahren zur Klärung der Kompetenzordnung).
189 Vgl. auch zu unterschiedlichen Deutungen der Funktion des Verfahrens *Benda/Klein,* Rn. 984 ff.; *Löwer,* HStR, Bd. III, § 70 Rn. 9 ff., 13 ff.; *Schlaich/Korioth,* Rn. 80 ff.
190 Vg. dazu *Sturm/Detterbeck,* in: Sachs, GG, Art. 93 Rn. 43; vgl. auch unten Rn. 85.
191 "Für eine allgemeine, von eigenen Rechten des Antragstellers losgelöste, abstrakte Kontrolle der Verfassungsmäßigkeit einer angegriffenen Maßnahme ist im Organstreit kein Raum" (BVerfGE 118, 227 [319] mwN).
192 *Benda/Klein,* Rn. 991 a.E.
193 Vgl. nur BVerfGE 93, 195 (202); 102, 224 (231 ff.); 102, 245 (250 f.).
194 BVerfGE 60, 319 (323 ff.); 93, 195 (202); 99, 1 (17); 102, 224 (231); 102, 245 (250); zustimmend *Sturm/Detterbeck,* in: Sachs, GG, Art. 93 Rn. 75.
195 Vgl. *Hopfauf,* in: Schmidt-Bleibtreu/Hofmann/Hopfauf, Art. 93 Rn. 144; *Voßkuhle,* in: von Mangoldt/Klein/Starck, Art. 93 Rn. 159; *Zierlein,* AöR 118 (1993), 66 (98 ff.).

das Thüringer Landesrecht ist diese Streitfrage irrelevant, da § 38 i.V.m. § 11 Nr. 3 ThürVerfGHG den Kreis der Antragsberechtigten nicht enger zieht als § 71 Abs. 1 Nr. 3 BVerfGG.[196]

2. Zulässigkeit. a) **Beteiligten-/Parteifähigkeit.**[197] Nach § 38 ThürVerfGHG können Antragsteller und Antragsgegner nur die in § 11 Nr. 3 ThürVerfGHG genannten Beteiligten sein. § 11 Nr. 3 ThürVerfGHG nennt die **obersten Verfassungsorgane** sowie andere Beteiligte, die durch die Verfassung oder in der ThürGOLT oder der ThürGGO mit eigener Zuständigkeit ausgestattet sind. 65

Als **oberste Verfassungsorgane** des Landes bezeichnet die ThürVerf ausdrücklich nur den **Landtag** (Art. 48 Abs. 1) und die **Landesregierung** (Art. 70 Abs. 1). Dem **ThürVerfGH** kommt zwar ebenfalls die Qualität eines obersten Verfassungsorgans zu,[198] er kann jedoch als Garant des Rechtsschutzes nicht selbst Partei in dem Verfahren sein.[199] 66

Auch **andere Beteiligte**, die durch die Verfassung oder in der ThürGOLT oder der ThürGGO mit eigener Zuständigkeit ausgestattetet sind, sind parteifähig. Dazu gehören der **Ministerpräsident**, ein **Minister**[200] als Mitglied der Landesregierung, **Abgeordnete**[201] – allerdings nur aus ihrem bereits erworbenen Status[202] –, **Fraktionen** des Landtags,[203] **Ausschüsse** des Landtags sowie **Fraktionen im Untersuchungsausschuss.**[204] 67

Auch sog. **qualifizierte** oder **konstituierende Minderheiten**[205] nach Art. 57 Abs. 2 Satz 2 (Einberufung des Landtags), Art. 60 Abs. 2 (Antrag auf Ausschluss der Öffentlichkeit) und Art. 64 Abs. 1 Satz 1 (Antrag auf Einsetzung eines Untersuchungsausschusses)[206] sind parteifähig, im Gegensatz zu reinen **Abstim-** 68

196 Dies war unter Geltung der Vorläufigen Landessatzung für das Land Thüringen v. 07.11.1990 noch nicht der Fall; vgl. BVerfGE 102, 224 (231).

197 Der ThürVerfGH, LVerfGE 17, 511 (515); ThürVBl 2011, 131, verwendet den Begriff „beteiligtenfähig", wie dies der Diktion des Art. 80 Abs. 1 Nr. 3 sowie § 11 Nr. 3 und § 38 ThürVerfGHG entspricht. In der Sache geht es jedoch um die Parteifähigkeit (so BVerfGE 118, 277 [317]; vgl. auch *Pestalozza*, § 7 Rn. 10) von Antragsteller und Antragsgegner, nicht aber z.B. um Beitrittsberechtigte (§ 40 ThürVerfGHG), die der Bezeichnung "Beteiligte" ebenfalls unterfallen (vgl. *Hillgruber/Goos*, Rn. 329 Fn. 34).

198 Vgl. Art. 79 Rn. 9.

199 *Jutzi*, in: Linck/Jutzi/Hopfe, Art. 80 Rn. 16; vgl. auch *Pieroth*, in: Jarass/Pieroth, Art. 93 Rn. 7 mwN.

200 Ein Organstreitverfahren bei Meinungsverschiedenheiten zwischen zwei Ministern scheidet jedoch aus. Insoweit ist Art. 76 Abs. 2 Satz 2 lex specialis; vgl. *Geis/Meier*, JuS 2011, 699 (701) mwN.

201 ThürVerfGH, LVerfGE 7, 337 (350) betr. Überprüfung von Abgeordneten auf Zusammenarbeit mit MfS/AfNS; LKV 2000, 499 zum Mandatsverlust von Abgeordneten; LVerfGE 14, 437 (444); 19, 513 (530) zum Fragerecht nach Art. 53 Abs. 2; dazu auch *Jutzi*, ZParl 2003, 478 ff.

202 Vgl. *Benda/Klein*, Rn. 1012; *Schlaich/Korioth*, Rn. 91.

203 ThürVerfGH, LVerfGE 11, 481 (490); ThürVBl 2011, 131; OVG Greifswald, BeckRS 2012, 45671; zur Prozessstandschaft für den LT vgl. unten Rn. 76.

204 Zum GG vgl. BVerfGE 113, 113 (120 f.); *Benda/Klein*, Rn. 1023; *Voßkuhle*, in: von Mangoldt/Klein/Starck, Art. 93 Rn. 105 jeweils mwN.

205 Vgl. BVerfGE 113, 113 (120).

206 Zum (selbständigen) Verfahren nach Art. 64 Abs. 1 Satz 1 (Antrag über die Verfassungswidrigkeit eines Untersuchungsauftrags) vgl. unten Rn. 118 ff.

mungsquoren im Übrigen (z.B. Zweidrittelmehrheit bei Verfassungsänderung, Art. 83 Abs. 2 Satz 1).[207]

69 Da Aufgaben und Stellung des Rechnungshofs in der Verfassung (Art. 102) geregelt sind und Art. 80 Abs. 1 Nr. 3 die Beteiligtenfähigkeit nicht von der Verfassungsorganqualität abhängig macht, ist auch der **Rechnungshof** – unabhängig davon, ob man ihn als oberstes Verfassungsorgan ansehen kann[208] – parteifähig.[209]

70 Parteifähig sind weiter **politische Parteien** (§ 3 Satz 2 PartG),[210] auch deren Landesverbände,[211] „wenn und soweit sie um Rechte kämpfen, die sich aus ihrem besonderen verfassungsrechtlichen Status ergeben."[212] Zwar entbehrt die ThürVerf einer Art. 21 GG entsprechenden Bestimmung. Art. 21 GG wirkt jedoch auch in die Verfassungsordnung der Länder hinein.[213] Auf der Basis der Rspr, insbesondere des BVerfG, kommt eine **Verfassungsbeschwerde** einer Partei nur dann in Betracht, wenn es um Grundrechtsverletzungen durch Träger öffentlicher Gewalt geht, die in einem Organstreit nicht parteifähig sind[214] oder die zwar (Teil-) Verfassungsorgane sind, jedoch nicht in Ausübung ihrer Organstellung tätig wurden.

71 **Nicht parteifähig** ist der **einzelne Bürger**.[215] Auch das **Staatsvolk** in seiner Gesamtheit ist als unmittelbarer Träger der Staatsgewalt kein Organ des Freistaates.[216] Für den ein Volksbegehren anstrebenden **Teil des Volkes** kommt das Verfahren nach Art. 80 Abs. 1 Nr. 6 zum Zuge (unten Rn. 112 ff.).

---

207 *Hopfauf*, in: Schmidt-Bleibtreu/Hofmann/Hopfauf, Art. 93 Rn. 86; *Löwer*, HStR, Bd. III, § 70 Rn. 19; *Meyer*, in: von Münch/Kunig, Art. 93 Rn. 28; *Schlaich/Korioth*, Rn. 88 f. jeweils mwN.

208 Mangels Aufgaben und Befugnissen im Bereich der politischen Staatsgestaltung ist dies zu verneinen; vgl. BbgVerfG, NVwZ-RR 1998, 209; *Huber*, ThürVBl 1993 (Sonderheft), B 4 (B 12); *Siekmann*, in: Sachs, GG, Art. 114 Rn. 25 mwN. sowie unten Art. 103 Rn. 4.

209 Vgl. zum Streit insb. bzgl. des Bundesrechnungshofs *Bethge*, in: Maunz/Schmidt-Bleibtreu, § 71 (St.d.B. 04/1997) Rn. 178; *Hillgruber/Goos*, Rn. 339; *Löwer*, HStR, Bd. III, § 70 Rn. 18; *Meyer*, in: von Münch/Kunig, Art. 93 Rn. 27; *Pieroth*, in: Jarass/Pieroth, Art. 93 Rn. 6 a und 40; *Voßkuhle*, in: von Mangoldt/Klein/Starck, Art. 93 Rn. 102 mwN; offen gelassen von BVerfGE 92, 130 (133); BbgVerfG, NVwZ-RR 1998, 209.

210 ThürVerfGH, LVerfGE 17, 511 (515); vgl. auch BVerfGE 44, 125 (137); 82, 322 (335); 84, 290 (298); 85, 264 (284); 103, 164 (168); 110, 403 (405) – st. Rspr; generell äußerst kritisch dazu das Schrifttum, vgl. nur *Pieroth*, in: Jarass/Pieroth, Art. 21 Rn. 44; *Schlaich/Korioth*, Rn. 92; *Voßkuhle*, in: von Mangoldt/Klein/Starck, Art. 93 Rn. 106; vgl. aber auch *Bethge*, in: Maunz/Schmidt-Bleibtreu, § 63 (St.d.B. 07/2002) Rn. 58; *Löwer*, HStR, Bd. III, § 70 Rn. 20, die für mehr Gelassenheit gegenüber einer jahrzehntelangen st. Rspr plädieren.

211 Wäre man aA – so *Storr*, Staats- und Verfassungsrecht, 1998, Rn. 788 – griffe die subsidiäre Zuständigkeit des BVerfG nach Art. 93 Abs. 1 Nr. 4 Var. 3 GG; vgl. *Pieroth*, in: Jarass/Pieroth, Art. 20 Rn. 44 und Art. 93 Rn. 40 mwN.

212 BVerfGE 44, 125 (137).

213 ThürVerfGH, Urt. v. 18.07.2006 – 8/05 – JURIS, Rn. 23 sowie oben Rn. 45.

214 Vgl. BVerfGE 1, 208 (223 ff.); 121, 30 (56 f.) mwN; *Pieroth*, in: Jarass/Pieroth, Art. 21 Rn. 44.

215 Vgl. BVerfGE 60, 175 (200 f.); *Löwer*, HStR, Bd. III, § 70 Rn. 18; *Meyer*, in: von Münch/Kunig, Art. 93 Rn. 28.

216 Vgl. BVerfGE 13, 54 (85); *Meyer*, in: von Münch/Kunig, Art. 93 Rn. 28 mwN.

Maßgeblicher Zeitpunkt für die Beurteilung der Parteifähigkeit im Organstreit ist der Status des Antragstellers zu dem Zeitpunkt, zu dem er den Verfassungsstreit anhängig gemacht hat.[217] 72

b) **Antragsgegenstand.** Gegenstand eines Organstreitverfahrens kann nur eine konkrete Maßnahme oder Unterlassung des Antragsgegners sein (§ 39 Abs. 1 ThürVerfGHG). Unter **Maßnahmen** sind alle rechtserheblichen Akte zu verstehen, auch Realakte, schlichte Parlamentsbeschlüsse[218] und der Erlass von Gesetzen – nicht das Gesetz selbst – oder die Mitwirkung an einem Normsetzungsakt.[219] Die Rechte und Pflichten müssen sich aus einem Verfassungsrechtsverhältnis ergeben. Dieses liegt vor, „wenn auf beiden Seiten des Streits Verfassungsorgane oder Teile von Verfassungsorganen stehen und um verfassungsrechtliche Positionen streiten."[220] Ein lediglich einfach-gesetzliches oder geschäftsordnungsrechtliches Rechtsverhältnis genügt nicht. Eine **Unterlassung** des Antragsgegners kann Gegenstand eines Organstreits sein, soweit es um eine unterlassene Handlung geht, für die eine verfassungsrechtliche Pflicht bestand.[221] Die Maßnahme oder Unterlassung muss **rechtserheblich** sein.[222] Ein **Gesetzentwurf** genügt noch nicht.[223] Dem **VerfGH** als dem den Rechtsschutz garantierenden obersten Verfassungsorgan fehlt bereits die Parteifähigkeit (vgl. oben Rn. 66); seine Handlungen können auch grundsätzlich nicht (erneut) Gegenstand eines Organstreits sein.[224] 73

c) **Antragsbefugnis.** Ein Ast. muss geltend machen, „dass er oder das Organ, dem er angehört, durch eine Maßnahme oder Unterlassung des Antragsgegners in seinen ihm durch die Verfassung übertragenen Rechten verletzt oder unmittelbar gefährdet ist (§ 39 Abs. 1 ThürVerfGH)."[225] Anders als bei der Parteifähigkeit geht es nicht darum, ob ein Antragsteller an sich ein Organstreitverfahren führen dürfen, sondern um die Frage, ob konkret die **Möglichkeit einer Verfassungsrechtsverletzung,** die dem Antragsgegner zurechenbar ist, besteht. 74

Macht ein Antragsteller **eigene** Rechte oder Pflichten geltend, die unmittelbar aus der Verfassung folgen, müssen diese ihm „zur ausschließlich eigenen Wahrnehmung oder zur Mitwirkung übertragen ... oder deren Beachtung erforder- 75

---

217 Vgl. ThürVerfGH, LKV 2000, 449 (450); vgl. auch BVerfGE 4, 144 (152); 92, 74 (79); 102, 224 (231).

218 Vgl. ThürVerfGH, LVerfGE 7, 337 (350 f.). Eine davon zu unterscheidende Frage ist es, ob und inwieweit ein schlichter Parlamentsbeschluss die Landesregierung binden kann; vgl. ThürVerfGH, ThürVBl 2011, 131 ff.; zur Zulässigkeit gesellschaftlich bedeutsamer, durch Mitglieder im Rundfunkrat vertretener Gruppen durch einfachen Parlamentsbeschluss zu bestimmen vgl. ThürVerfGH, LVerfGE 8, 337 (361 ff.).

219 Vgl. BVerfGE 118, 277 (317); *Benda/Klein*, Rn. 1032; *Voßkuhle*, in: von Mangoldt/Klein/Starck, Art. 93 Rn. 107 jeweils mwN.

220 BVerfGE 118, 277 (318). Vgl. z.B. OVG Greifswald, BeckRS 2012, 45671 (= NVwZ-RR 2012, 183 – nur LS): Gegen die Aufforderung der Landtagspräsidentin gegenüber einer Landtagsfraktion, den Umzug der Fraktion in andere Räume vorzubereiten, ist der Verwaltungsrechtsweg nicht eröffnet.

221 ThürVerfGH, ThürVBl 2011, 131; vgl. auch *Benda/Klein*, Rn. 1033.

222 Vgl. *Benda/Klein*, Rn. 1037; *Voßkuhle*, in: von Mangoldt/Klein/Starck, Art. 93 Rn. 107.

223 BVerfGE 80, 188 (212); weitere Bespiele bei *Sturm/Detterbeck*, in: Sachs, GG, Art. 93 Rn. 50 mwN.

224 Vgl. jedoch zum ungeschriebenen Instrument der Selbstkorrektur aufgrund von Gegenvorstellungen oben Fn. 58.

225 ThürVerfGH, ThürVBl 2011, 131; vgl. auch ThürVerfGH, LVerfGE 17, 511 (515 f.); 19, 513 (531).

lich" sein, „um die Wahrnehmung seiner Kompetenzen und die Gültigkeit seiner Akte (...) zu gewährleisten."[226]

76 § 39 Abs. 1 ThürVerfGHG lässt es jedoch auch zu, dass ein Antragsteller geltend macht, das Organ, dem er angehört, werde in verfassungsmäßigen Rechten verletzt oder unmittelbar gefährdet. Es handelt sich hierbei um eine **gesetzliche Prozessstandschaft,** die es dem Antragsteller erlaubt, ein fremdes Recht in eigenem Namen geltend zu machen.[227] Eine **Landtagsfraktion** kann daher im Wege der Prozessstandschaft eine Verletzung der Rechte des Landtags geltend machen.[228] In diesem Fall muss dem Organ, dem der Antragsteller angehört, ein verfassungsrechtlich fundiertes Recht zustehen. Umstritten ist, ob die Möglichkeit der gesetzlichen Prozessstandschaft eng auszulegen ist. Das BVerfG verweigert beispielsweise dem einzelnen **Abgeordneten** die Möglichkeit, Rechte seiner Fraktion oder Rechte des Bundestages geltend zu machen.[229]

77 Weiter hat ein Antragsteller „die **Möglichkeit einer Rechtsverletzung oder Gefährdung** aufzuzeigen."[230] Es darf sonach nicht von vornherein auszuschließen sein, „dass der Antragsgegner aus dem verfassungsrechtlichen Rechtsverhältnis zwischen den Beteiligten erwachsene Rechte des Antragstellers durch die beanstandete rechtserhebliche Maßnahme verletzt oder unmittelbar gefährdet hat".[231] An der Antragsbefugnis fehlt es auch, wenn der Antragsgegner ein (Teil-)Verfassungsorgan in Anspruch nimmt, das offensichtlich nicht passivlegitimiert ist.[232]

78 **d) Form, Begründung, Frist.** Der Antrag ist **schriftlich** und mit **Begründung** beim ThürVerfGH einzureichen (§ 18 Abs. 1 ThürVerfGHG), die Bestimmung der Verfassung, gegen welche die beanstandete Maßnahme oder Unterlassung des Antragsgegners verstößt, ist zu bezeichnen (§ 39 Abs. 2 ThürVerfGH).[233]

79 Die **Antragsfrist** beträgt grundsätzlich[234] sechs Monate, nachdem die beanstandete Maßnahme oder Unterlassung dem Antragsteller bekannt geworden ist (§ 39 Abs. 3 Satz 1 ThürVerfGHG). Bei Gesetzen kommt es auf den Zeitpunkt der Verkündung,[235] bei sonstigen Maßnahmen auf den Zeitpunkt der eindeutig

226 BVerfGE 68, 1 (73); vgl. auch *Benda/Klein*, Rn. 1022; *Pieroth*, in: Jarass/Pieroth, Art. 93 Rn. 10 jeweils mit Beispielen aus der Rspr des BVerfG.

227 Vgl. auch *Benda/Klein*, Rn. 1021 ff.; *Pieroth*, in: Jarass/Pieroth, Art. 93 Rn. 11; *Voßkuhle*, in: von Mangoldt/Klein/Starck, Art. 93 Rn. 110.

228 ThürVerfGH, ThürVBl 2011, 131.

229 BVerfGE 70, 324 (354); 123, 267 (337) mwN; zustimmend *Löwer*, HStR, Bd. III, § 70 Rn. 21; kritisch *Voßkuhle*, in: von Mangoldt/Klein/Starck, Art. 93 Rn. 110.

230 ThürVerfGH, ThürVBl 2011, 131; vgl. auch *Löwer*, HStR, Bd. III, § 70 Rn. 22.

231 BVerfGE 99, 19 (28); vgl. auch BVerfGE 121, 135 (150).

232 BVerfGE 2, 143 (166 f.); BVerfG, Beschl. v. 09.04.2013 – 2 BvE 10/12 – JURIS (Antrag politischer Parteien gegen alle Fraktionen des BT). Eine passive Prozessstandschaft ist ausgeschlossen; vgl. *Pieroth*, in: Jarass/Pieroth, Art. 93 Rn. 13.

233 Dazu auch ThürVerfGH, LVerfGE 19, 513 (531).

234 Die Zweimonatsfrist nach § 39 Abs. 3 Satz 2 ThürVerfGHG (dazu ThürVerfGH, LKV 2000, 449) bezüglich eines Beschlusses des Landtags nach § 8 ThürAbgÜpG läuft mit Außerkrafttreten des Gesetzes mit Ablauf der fünften Wahlperiode (§ 10 Satz 2 des Gesetzes) ins Leere.

235 Vgl. BVerfGE 114, 107 (116) mwN; kritisch *Benda/Klein*, Rn. 1046.

erkennbaren Durchführung der Maßnahme[236] oder der ernstlichen und eindeutigen Verweigerung der Erfüllung einer Handlungspflicht[237] an. Die Frist ist eine Ausschlussfrist,[238] bei der eine Wiedereinsetzung in den vorigen Stand ausscheidet.[239]

e) **Rechtsschutzbedürfnis.** Ungeschriebene Verfahrensvoraussetzung für das 80
kontradiktorische Organstreitverfahren ist in Anlehnung an allgemeine Grundsätze des Prozessrechts, dass dem Antragsteller ein Rechtsschutzbedürfnis zusteht.[240] Von dieser Voraussetzung ist bei der Rüge der Verletzung eigener Rechte grundsätzlich auszugehen, weswegen die Antragsbefugnis in älterer Rspr[241] zum Teil mit dem Rechtschutzinteresse gleichgesetzt wurde. Richtigerweise wird das Rechtsschutzbedürfnis **durch das Vorliegen der Antragsbefugnis** lediglich **indiziert.**[242]

Das Rechtsschutzbedürfnis ist nach **Sinn und Zweck des Organstreitverfahrens** 81
zu bestimmen (vgl. oben Rn. 63). Eine Antragsabweisung kommt daher nur ausnahmsweise in Betracht, wenn eine Sachentscheidung weder zur Wahrung und Klärung des objektiven Verfassungsrechts noch zur Durchsetzung subjektiver Rechte oder Pflichten eines Antragstellers angebracht erscheint.[243] Das Rechtsschutzinteresse fehlt nicht allein deshalb, weil eine beanstandete Rechtsverletzung in der Vergangenheit liegt und bereits abgeschlossen ist.[244]

f) **Antragsgegner.** Der Antrag ist gegen das (Teil-)Organ zu richten, welches für 82
die beanstandete Maßnahme **rechtlich verantwortlich** ist.[245] Antragsgegner betreffend die vom **Ältestenrat** des Landtags durch Ermächtigung des Gesetzgebers erlassenen Ausführungsbestimmungen zum Thüringer Abgeordnetengesetz ist der Landtag selbst, da in diesem Fall nicht die Entscheidungsbefugnisse des Ältestenrats nach der ThürGOLT im Streit sind, sondern die ihm vom Landtag übertragene Zuständigkeit.[246]

236 Z.B. bei Ausführungsbestimmungen zu einem Gesetz mit ihrer endgültigen Beschlussfassung; ThürVerfGH, LVerfGE 10, 500 (513 ff. und LS 2 und 3); bei Antwortverweigerung auf eine parlamentarische Anfrage ThürVerfGH, LVerfGE 14, 437 (444 f.); bei der Aufhebung der Immunität mit der Beschlussfassung, vgl. BVerfGE 104, 310 (323); bei Unterrichtung des Plenums des Parlaments oder seiner Ausschüssen durch die Regierung mit der Unterrichtung; bei der Ausschussbehandlung wird die Kenntnis der in einen Ausschuss entsandten Mitglieder einer Parlamentsfraktion der Fraktion zugerechnet; BVerfG, NVwZ 2012, 294; dazu *Heise*, DVBl. 2012, 1290.

237 Vgl. BVerfG, NVwZ 2012, 954 (956).

238 ThürVerfGH, LVerfGE 10, 500 (513); vgl. auch BVerfGE 118, 277 (320) mwN. Zur Fristberechung vgl. oben Fn. 129.

239 ThürVerfGH, LVerfGE 10, 500 (513); vgl. auch BVerfGE 24, 252 (257 f.); *Voßkuhle*, in: von Mangoldt/Klein/Starck, Art. 93 Rn. 113 mwN.

240 ThürVerfGH, LVerfGE 19, 513 (532); vgl. auch *Umbach*, in: Umbach/Clemens/Dollinger, §§ 63, 64 Rn. 168 ff.

241 Vgl. BVerfGE 2, 347 (365 f.).

242 Vgl. BVerfGE 68, 1 (77); *Löwer*, HStR, Bd. III, § 70 Rn. 24; *Pieroth*, in: Jarass/Pieroth, Art. 93 Rn. 14; *Voßkuhle*, in: von Mangoldt/Klein/Starck, Art. 93 Rn. 114 mwN.

243 Vgl. auch BVerfG, NVwZ 2012, 954 (956); *Hillgruber/Goos*, Rn. 387.

244 ThürVerfGH, LVerfGE 19, 513 (532); vgl. auch BVerfGE 121, 135 (152); *Bethge*, in: Maunz/Schmidt-Bleibtreu, § 64 (St.d.B. 07/2002) Rn. 99 jeweils mwN.

245 ThürVerfGH, Urt. v. 01.07.2009 – 21/06 – JURIS, Rn. 38 unter Hinweis auf BVerfGE 61, 1 (33); 67, 100 (126); vgl. auch *Pieroth*, in: Jarass/Pieroth, Art. 93 Rn. 13; *Voßkuhle*, in: von Mangoldt/Klein/Starck, Art. 93 Rn. 112; vgl. auch oben Rn. 77.

246 ThürVerfGH, LVerfGE 10, 500 (508 und LS 1).

83 g) **Sonstiges.** Dem Antragsteller und Antragsgegner können in jeder Lage des Verfahrens andere in § 11 Nr. 3 ThürVerfGHG genannte Antragsberechtigte **beitreten**, wenn die Entscheidung auch für die Abgrenzung ihrer Zuständigkeit von Bedeutung ist (§ 40 Abs. 1 ThürVerfGHG).

84 Eine **Rücknahme des Antrags** ist möglich, dürfte aber wegen der auch objektiven Funktion des Organstreits – jedenfalls nach mündlicher Verhandlung – eingeschränkt sein.[247]

85 3. **Begründetheit. Prüfungsmaßstab** für die Entscheidung des Gerichtshofs ist die ThürVerf.[248] Der ThürVerfGH stellt in seiner Entscheidung fest, ob die beanstandete Maßnahme oder Unterlassung des Antragsgegners gegen eine Bestimmung der Verfassung verstößt. Er kann in der **Entscheidungsformel** zugleich eine für die Auslegung der Bestimmung der Verfassung erhebliche Rechtsfrage entscheiden, von der die Feststellung abhängt (§ 41 Satz 1 und 3 ThürVerfGHG).

IV. Abstrakte Normenkontrolle (Art. 80 Abs. 1 Nr. 4)

86 1. **Allgemeines.** Die abstrakte Normenkontrolle gewährleistet – unabhängig von einem konkreten Rechtsstreit (dazu unten Rn. 98 ff.) – „in Zweifelsfragen die Klärung der verfassungsrechtlichen Lage und dient damit dem Rechtsfrieden, weil sie Rechtssicherheit und Gewissheit schafft".[249] Das Verfahren ist zwar antragsabhängig, seinem Wesen nach jedoch ein von subjektiven Berechtigungen oder Kompetenzen unabhängiges **objektives Verfahren** zum Schutz der ThürVerf. Das Verfahren ist kein kontradiktorisches und kennt **keinen Antragsgegner**,[250] hat aber als „natürlichen Antragsgegner" oftmals die Regierung und die Parlamentsmehrheit.[251]

87 2. **Zulässigkeit.** a) **Antragsberechtigung.** Antragsberechtigt sind ein **Fünftel der Mitglieder des Landtags** – das „als Einheit auftreten und identische Zwecke verfolgen muss"[252] –, eine **Landtagsfraktion**[253] und die **Landesregierung** (Art. 80 Abs. 1 Nr. 4; § 42 ThürVerfGHG). Der Kreis der Antragsberechtigten ist abschließend[254] beschrieben; **politische Parteien** scheiden danach aus.[255]

88 b) **Antragsgegenstand.** Gegenstand der Prüfung ist das **Landesrecht schlechthin**, unabhängig von seinem Rang. Zum Landesrecht in diesem Sinne gehören

247 Vgl. BVerfGE 24, 99 (300); 83, 175 (181: offen gelassen); *Benda/Klein*, Rn. 1058; *von Coelln*, in: Maunz/Schmidt-Bleibtreu, § 23 (St.d.B. 05/2009) Rn. 13, *Lechner/Zuck*, § 23 Rn. 18.

248 Einschließlich sog. Bestandteilsnormen (dazu oben Rn. 45).

249 BVerfGE 119, 247 (258).

250 Vgl. BVerfGE 122, 1 (17); *Benda/Klein*, Rn. 662; *Hillgruber/Goos*, Rn. 492 f.; *Löwer*, HStR, Bd. III, § 70 Rn. 62; *Meyer*, in: von Münch/Kunig, Art. 93 Rn. 32; *Sturm/Detterbeck*, in: Sachs, GG, Art. 93 Rn. 52 f.

251 Dazu *Voßkuhle*, in: von Mangoldt/Klein/Starck, Art. 93 Rn. 119.

252 BVerfGE 68, 346 (350).

253 ThürVerfGH, LVerfGE 15, 383 (423); 16, 593 (617). Eine Fraktion muss das Verfahren ordnungsgemäß auf der Grundlage eines Beschlusses ihrer Mitglieder einleiten; vgl. ThürVerfGH, Urt. v. 01.07.2009 – 38/06 – JURIS, Rn. 64 ff. Hierbei ist es unerheblich, dass der Beschluss weiter formuliert wurde als der Antrag, der vor dem ThürVerfGH gestellt wird. Entscheidend ist allein, dass dieser Antrag vom Willen der Fraktion gedeckt ist. Der Beschluss der Fraktion kann auch vor Abschluss des Gesetzgebungsverfahrens gefasst werden; vgl. ThürVerfGH, ThürVBl 2012, 55 (56).

254 Vgl. auch BVerfGE 21, 52 (53 f.); 68, 346 (349); *Löwer*, HStR, Bd. III, § 70 Rn. 60.

255 Ebenso BVerfGE 21, 52 (53 f.).

verfassungsändernde Gesetze (wegen Art. 83), Parlamentsgesetze einschließlich der Haushaltsgesetze,[256] Rechtsverordnungen und Satzungen.[257] Auch **Parlamentsbeschlüsse** können zulässiger Prüfungsgegenstand sein, soweit sie funktionell an die Stelle eines Gesetzes treten, wie bei der Zustimmung zu Staatsverträgen nach Art. 77 Abs. 2.[258] **Verwaltungsvorschriften**[259] als Innenrecht unterfallen dem Begriff des Landesrechts **nicht**, dasselbe gilt grundsätzlich für **Geschäftsordnungsrecht**.[260] Auch Normen der **öffentlich-rechtlichen Religionsgemeinschaften** gehören nicht zum Landesrecht.[261] Wegen des objektiv-rechtlichen Charakters des Verfahrens (vgl. oben Rn. 86) ist der ThürVerfGH nicht gehindert, seine Prüfungs- und Entscheidungskompetenz auch auf eine nicht ausdrücklich angegriffene Bestimmung, die im inneren Zusammenhang mit dem angegriffenen Prüfungsgegenstand steht, zu erstrecken.[262]

Das zu überprüfende Recht muss **grundsätzlich existent** sein. Dabei kommt es nicht auf den Zeitpunkt des Inkrafttretens, sondern der Verkündung an.[263] Eine Ausnahme gilt für die **parlamentarische Zustimmung zu Staatsverträgen** (Art. 77 Abs. 2); wegen des drohenden Auseinanderfallens von vertraglichen Verpflichtungen und verfassungsrechtlichen Pflichten können diese auch vor ihrer Verkündung überprüft werden.[264] Art. 105 Satz 2 eröffnet auch die Möglichkeit, das vor der ThürVerf in Geltung gekommene Landesrecht (sog. **vorkonstitutionelles Recht**) an der Landesverfassung zu messen.[265] Auch **außer Kraft getretene Normen** können der abstrakten Normenkontrolle zugeführt werden, wenn sie noch Rechtswirkungen entfalten können.[266] 89

Umstritten ist, ob und inwieweit ein **Unterlassen des Gesetzgebers** Gegenstand einer abstrakten Normenkontrolle sein kann. Soweit es sich um ein sog. unechtes Unterlassen handelt, bei dem eine existente Norm lückenhaft ist, wird die Lücke ganz allgemein nicht isoliert, sondern als Teil des Gesetzes gesehen und ist damit überprüfbar.[267] Bei sog. echtem Unterlassen soll dies jedoch anders sein. Dagegen wird überzeugend eingewandt, die Entwicklung grundrechtlicher Schutzpflichten mit daraus resultierender Gesetzgebungspflicht lege es nahe, die 90

256 Vgl. BVerfGE 119, 96 (117).

257 Vgl. BVerfGE 10, 20 (54); 101, 1 (30); 106, 1 (12); *Storr*, Staats- und Verfassungsrecht, 1998, Rn. 803.

258 Vgl. oben Art. 77 Rn. 8; vgl. auch BVerfGE 90, 60 (85 f.); *Clemens*, in: Umbach/Clemens, Art. 93 Rn. 39 a; *Schlaich/Korioth*, Rn. 127; *Voßkuhle*, in: von Mangoldt/Klein/Starck, Art. 93 Rn. 122.

259 Dazu BVerfGE 12, 180 (190); *Benda/Klein*, Rn. 678.

260 *Jutzi*, in: Linck/Jutzi/Hopfe, Art. 80 Rn. 22. Etwas anderes mag für Geschäftsordnungen von Verfassungsorganen gelten; vgl. BVerfGE 1, 144 (148); *Hillgruber/Goos*, Rn. 502; *Hopfauf*, in: Schmidt-Bleibtreu/Hofmann/Hopfauf, Art. 93 Rn. 100 mwN.

261 *Hopfauf*, in: Schmidt-Bleibtreu/Hofmann/Hopfauf, Art. 93 Rn. 102 mwN.

262 ThürVerfGH, LVerfGE 9, 413 (427 ff.); vgl. auch BVerfGE 1, 14 (41); 93, 37 (65); 128, 1 (32); *Graßhof*, in: Umbach/Clemens/Dollinger, § 76 Rn. 21 mwN.

263 Vgl. BVerfGE 1, 396 (410); 104, 23 (29).

264 Vgl. BVerfGE 1, 396 (413); 36, 1 (15); *Hopfauf*, in: Schmidt-Bleibtreu/Hofmann/Hopfauf, Art. 93 Rn. 103; *Löwer*, HStR, Bd. III, § 70 Rn. 65 jeweils mwN.

265 ThürVerfGH, LVerfGE 8, 337 (346 f.); zustimmend *Jutzi*, NJ 1998, 531.

266 Vgl. ThürVerfGH, LVerfGE 8, 337 (347); ThürVBl 2012, 55 (56) zum ThürFAG; vgl. auch BVerfGE 5, 25 (28); 100, 249 (257).

267 Vgl. *Hillgruber/Goos*, Rn. 507; *Pestalozza*, § 8 Rn. 10; *Rozek*, in: Maunz/Schmidt-Bleibtreu, § 76 (St.d.B. 06/2001) Rn. 19; *Sachs*, VerfPR, Rn. 133; vgl. auch BVerfGE 116, 327 (375 ff.); eher distanziert *Pieroth*, in: Jarass/Pieroth, Art. 93 Rn 21.

abstrakte Normenkontrolle auch als Schutz gegen den untätigen Gesetzgeber einzusetzen.[268]

91 c) **Antragsbefugnis/-grund.** [269] Während Art. 80 Abs. 1 Nr. 4 „**Meinungsverschiedenheiten**" oder „**Zweifel**" über die Vereinbarkeit von Landesrecht mit der Verfassung verlangt, konkretisiert § 42 ThürVerfGHG diese Voraussetzung einengend dahin, dass einer der Antragsberechtigten das Landesrecht „wegen seiner förmlichen oder sachlichen Unvereinbarkeit mit der Verfassung für nichtig hält" (Nr. 1) oder „für gültig hält, nachdem ein Gericht, eine Verwaltungsbehörde oder ein Organ des Landes das Recht als unvereinbar mit der Verfassung nicht angewendet hat" (Nr. 2; sog. **Normbestätigungsverfahren**).[270] Diese einfachgesetzliche Einschränkung, die sich auch auf Bundesebene findet (§ 76 Abs. 1 BVerfGG), ist verfassungsrechtlich bedenklich.[271] Zu Recht hat der ThürVerfGH daher auch einen Antrag für zulässig erachtet, der auf eine **verfassungskonforme Auslegung** einer Norm zielte.[272]

92 Keine Bedenken bestehen dagegen, vom Antragsteller ein **objektives Klarstellungsinteresse** an der Gültigkeit der Norm zu verlangen.[273] Ein subjektiv motiviertes Rechtsschutzbedürfnis oder ein besonderes Klarstellungsinteresse ist indes nicht erforderlich,[274] ebenso wenig muss ein Antragsberechtigter sich bereits während des Gesetzesgebungsverfahrens schlüssig werden, ob er später eine abstrakte Normenkontrolle herbeiführen will.[275] Solche Anforderungen ließen „den objektiven Charakter der abstrakten Normenkontrolle außer Acht."[276] Ein objektives Klarstellendinteresse liegt vor, wenn von einer Norm – und sei es von einer aufgehobenen[277] – (noch) Rechtswirkungen ausgehen können. Ein Antragsteller kann nicht auf den Weg einer Gesetzesinitiative zur Änderung der Norm verwiesen werden.[278]

93 d) **Form, Begründung, Frist.** Der Antrag ist **schriftlich** und mit **Begründung** beim ThürVerfGH einzureichen (§ 18 Abs. 1 ThürVerfGHG). Eine **Frist** ist gesetzlich nicht bestimmt. Der Antrag ist daher solange zulässig, wie die betreffende Norm noch Rechtswirkungen zeitigt.[279]

---

268 *Graßhof*, in: Umbach/Clemens/Dollinger, § 76 Rn 20 mwN.
269 Zur Terminologie: *Antragsbefugnis* in Anlehnung an andere Verfahren, vgl. BVerfGE 96, 133 (137); *Pieroth*, in: Jarass/Pieroth, Art. 93 Rn. 24; *Antragsgrund*, da es nicht um die Verletzung eigener Rechte oder Kompetenzen geht, vgl. *Benda/Klein*, Rn. 686; *Schlaich/Korioth*, Rn. 13; *Voßkuhle*, in: von Mangoldt/Klein/Starck, Art. 93 Rn. 123.
270 Vgl. z.B. BVerfGE 119, 247.
271 So die hM, vgl. z.B. *Graßhof*, in: Umbach/Clemens/Dollinger, § 76 Rn. 23; *Löwer*, HStR, Bd. III, § 70 Rn. 61 f.; *Voßkuhle*, in: von Mangoldt/Klein/Starck, Art. 93 Rn. 123 mwN; für verfassungskonforme Auslegung *Benda/Klein*, Rn. 688 f.; ähnlich *Sturm/Detterbeck*, in: Sachs, GG, Art. 93 Rn. 58.
272 ThürVerfGH, LVerfGE 15, 383 (423 f.); vgl. auch *Pestalozza*, § 8 Rn. 4.
273 So BVerfGE 88, 203 (334); 106, 244 (250) – st. Rspr; *Meyer*, in: von Münch/Kunig, Art. 93 Rn. 33.
274 Vgl. BVerfGE 73, 118 (150); 103, 111 (124).
275 Vgl. BVerfGE 122, 1 (17).
276 ThürVerfGH, ThürVBl 2012, 55 (56).
277 BVerfGE 100, 249 (257).
278 BVerfGE 116, 327 (375); zu weiteren Fällen vgl. *Pieroth*, in: Jarass/Pieroth, Art. 93 Rn. 25.
279 Vgl. BVerfGE 119, 96 (116).

e) **Sonstiges.** Der ThürVerfGH hat dem Landtag und der Landesregierung, sofern sie den Antrag nicht selbst gestellt hat, **Gelegenheit zur Äußerung** zu geben (§ 43 ThürVerfGHG). 94

Auf der Basis der Rspr des BVerfG[280] kommt dem Antrag nur **Anstoßfunktion** in einem objektiven Verfahren zu. Davon ausgehend kann ein Verfahren trotz Rücknahme aus Gründen des öffentlichen Interesses fortgeführt werden. Dies stößt in der Lit.[281] auf Kritik. Das **Antragsprinzip** sei Ausdruck der **Dispositionsmaxime** und die Entscheidung über das Ob der Durchführung des Verfahrens sollte in den Händen der Antragsberechtigten verbleiben. Durch die **Beendigung einer Legislaturperiode** des Landtags während des Verfahrens wird die Zulässigkeit eines Normenkontrollantrags einer Fraktion nicht berührt.[282] 95

3. **Begründetheit. Prüfungsmaßstab** für die Entscheidung des Gerichts ist die ThürVerf einschließlich der **Gesetzgebungskompetenz** des Landes sowie sog. **Bestandteilsnormen** (vgl. oben Rn. 45). Geprüft wird die Norm unter allen verfassungsrechtlichen Gesichtspunkten. Ist Antragsgegenstand ein **verfassungsänderndes Gesetz**, bildet Art. 83 den Prüfungsmaßstab. Bei der Kontrolle einer **Rechtsverordnung** ist auch zu prüfen, ob deren gesetzliche Ermächtigung gültig und ihr Inhalt von dieser gedeckt ist.[283] Bei Rechtsvorschriften, die durch Anwendung primären **Unionsrechts** bedingt sind oder die sekundäres Unionsrecht umsetzen, kann die ThürVerf wegen des Anwendungsvorrangs des Unionsrechts nicht als Maßstab herangezogen werden.[284] 96

Kommt der ThürVerfGH zu der Überzeugung, das Landesrecht widerspreche der Verfassung, erklärt er die Rechtsvorschrift für **nichtig oder mit der Verfassung für unvereinbar** (§ 44 Satz 1 ThürVerfGHG). Er kann seine Prüfungs- und Entscheidungskompetenz auf eine nicht ausdrücklich angegriffene Bestimmung erstrecken (§ 44 Satz 2 ThürVerfGHG).[285] Zur Frage der **Gesetzeskraft** der Entscheidung, soweit der ThürVerfGH eine Rechtsvorschrift für mit der Verfassung unvereinbar oder nichtig erklärt, vgl. unten Rn. 132 ff. 97

V. Konkrete Normenkontrolle (Art. 80 Abs. 1 Nr. 5)

1. **Allgemeines.** Als Pendant zu Art. 100 Abs. 1 GG und neben dieser Bestimmung[286] verpflichten Art. 80 Abs. 1 Nr. 5 und § 45 Abs. 1 ThürVerfGHG ein Gericht des Freistaats, das ein Landesgesetz, auf dessen Gültigkeit es bei der Entscheidung ankommt, mit der Landesverfassung für unvereinbar hält, das fachgerichtliche Verfahren auszusetzen und die Entscheidung des VerfGH einzu- 98

280 BVerfGE 1, 369 (414 f.); 87, 152 (153); 89, 327 (328); vgl. auch *Benda/Klein*, Rn. 713; *von Coelln*, in: Maunz/Schmidt-Bleibtreu, § 23 (St.d.B. 05/2009) Rn. 11; *Lechner/Zuck*, Vor § 17 Rn. 20 ff.; § 23 Rn. 18

281 Vgl. nur *Sturm/Detterbeck*, in: Sachs, GG, Art. 93 Rn. 34 und 53; *Voßkuhle*, in: von Mangoldt/Klein/Starck, Art. 93 Rn. 119; *Wieland*, in: Dreier, Art. 93 Rn. 55 f. jeweils mwN.

282 ThürVerfGH, LVerfGE 11, 481 (490).

283 Die verfassungsrechtliche Erheblichkeit dieser Fragen folgt aus Art. 84; vgl. auch BVerfGE 101, 1 (30); 106, 1 (12); *Hillgruber/Goos*, Rn. 526.

284 Vgl. BVerfGE 118, 79 (95 f.); 122, 1 (20 f.); *Pieroth*, in: Jarass/Pieroth, Art. 93 Rn. 27.

285 ThürVerfGH, LVerfGE 9, 413 (427) mwN. Zur vergleichbaren Bestimmung des § 78 Satz 2 BVerfGG (im Rahmen einer konkreten Normenkontrolle iVm § 82 BVerfGG) vgl. BVerfG, NJW 2012, 2719 (2721, Rn. 50).

286 Art. 100 Abs. 1 Satz 1 Alt. 1 GG enthält bereits für Verstöße gegen Landesverfassungsrecht die Art. 80 Abs. 1 Nr. 5 entsprechende Verpflichtung.

holen. Damit begründet die Verfassung ein **Verwerfungsmonopol** des ThürVerfGH für Parlamentsgesetze und sichert auf diese Weise die Autorität des konstitutionellen Gesetzgebers, indem nicht jedes Gericht sich über dessen Willen hinwegsetzen kann.[287]

99 Wenngleich die Verfahrensbeteiligten des Ausgangsverfahrens die Vorlage nicht erzwingen können, hat die konkrete Normenkontrolle neben der **objektiven Funktion**, das Verfassungsrecht durchzusetzen, mittelbar auch **individualrechtsschützenden Charakter.**[288]

100 Die **Vorlagepflicht** bindet bei Vorliegen der Voraussetzungen (unten Rn. 102 ff.) jeden Richter und begründet ein zwingendes Verfahrenshindernis für das Gericht.[289] Es kommt nicht darauf an, ob ein Prozessbeteiligter die Nichtigkeit der entscheidungserheblichen Rechtsvorschrift rügt (§ 45 Abs. 3 ThürVerfGHG). Die Nichteinhaltung der Vorlagepflicht verstößt zugleich gegen Art. 101 Abs. 1 Satz 2 GG und Art. 87 Abs. 3 (**gesetzlicher Richter**).[290] Die Pflicht entfällt nur ausnahmsweise, so insbesondere in **einstweiligen Rechtsschutzverfahren** der Fachgerichte, wenn dies nach den Umständen des Falles im Interesse eines effektiven Rechtsschutzes geboten erscheint und die Hauptsacheentscheidung dadurch nicht vorweggenommen wird.[291]

101 Die Verfahren vor dem BVerfG nach Art. 100 Abs. 1 GG und vor dem ThürVerfGH nach Art. 80 Abs. 1 Nr. 5 stehen **selbständig nebeneinander.** Eine Reihenfolge ist nicht vorgeschrieben, unabhängig davon, ob die Maßstabsnorm im GG und der ThürVerf inhaltsgleich ist oder nicht.[292] Dies folgt aus der prinzipiellen Eigenständigkeit der Verfassungsräume von Bund und Ländern[293] sowie dem Fehlen einer Gesetzgebungskompetenz des Bundes für das landesverfassungsgerichtliche Verfahren.[294] Auch die Anrufung des **EuGH** nach Art. 267 AEUV hindert eine Vorlage an den ThürVerfGH nicht, wenn die verfassungsrechtlichen Fragen unabhängig von der Vereinbarkeit des Gesetzes mit Unionsrecht beantwortet werden können.[295]

102 **2. Zulässigkeit. a) Vorlageberechtigung.** Vorlageberechtigt ist **jedes staatliche Gericht** des Freistaats. Das sind „Spruchstellen, die sachlich unabhängig, in einem formell gültigen Gesetz mit den Aufgaben eines Gerichts betraut und als Gerichte bezeichnet sind."[296] Die Stellung im Instanzenzug ist unerheblich.

---

287 Vgl. BVerfGE 1, 184 (197 f.); 97, 117 (122); *Meyer*, in: von Münch/Kunig, Art. 100 Rn. 3; *Sieckmann*, in: von Mangoldt/Klein/Starck, Art. 100 Rn. 4; *Sturm/Detterbeck*, in: Sachs, GG, Art. 93 Rn. 2; kritisch *Löwer*, HStR, Bd. III, § 70 Rn. 79; *Schlaich/Korioth*, Rn. 138.

288 *Hillgruber/Goos*, Rn. 571 f.

289 BVerfGE 69, 112 (117).

290 *Benda/Klein*, Rn. 770; *Sieckmann*, in: von Mangoldt/Klein/Starck, Art. 100 Rn. 12.

291 Vgl. BVerfGE 86, 382 (389); *Hillgruber/Goos*, Rn. 606 f.; *Sieckmann*, in: von Mangoldt/Klein/Starck, Art. 100 Rn. 9 ff. jeweils mwN.

292 Vgl. BVerfGE 2, 380 (388 f.); 55, 207 (224 f.); VerfGH Rh-Pf, AS 3, 1 (4 ff.); *Benda/Klein*, Rn. 772.

293 BVerfGE 4, 178 (189); vgl. auch oben Art. 79 Rn. 5.

294 Dazu *Schlaich/Korioth*, Rn. 347 sowie oben Art. 79 Rn. 6.

295 Vgl. BVerfGE 106, 275 (294 ff.); 116, 202 (214 f.); *Sturm/Detterbeck*, in: Sachs, GG, Art. 100 Rn. 6; vgl. aber unten Rn. 105 und 108, insbesondere Fn. 318.

296 BVerfGE 6, 55 (63); 30, 170 (171); vgl. näher, auch zu Einzelfällen *Löwer*, HStR, Bd. III, § 70 Rn. 82 ff.; *Meyer*, in: von Münch/Kunig, Art. 100 Rn. 11 mwN. Rechtspfleger gehören dazu nicht (BVerfGE 101, 397 [405] – st. Rspr), ebenso wenig Kirchengerichte oder private Schiedsgerichte (*Benda/Klein*, Rn. 767).

b) **Vorlagegegenstand.** Gegenstand der Vorlage können nur Gesetze sein. Darunter sind ausschließlich Gesetze im formellen Sinn (**Parlamentsgesetze**) zu verstehen.[297] Auch ein **verfassungsänderndes Gesetz** gehört im Hinblick auf Art. 83 dazu. Unter Gesetz ist nicht die Vorschrift in toto zu verstehen, sondern lediglich die Normen, die das vorlegende Gericht im Falle ihrer Gültigkeit anzuwenden hätte, bei zusammenhängendem, nicht trennbarem Normenkomplex auch dieser.[298] 103

Umstritten ist die Einordnung eines **Gesetzes nach Art. 80 Abs. 4 GG**, wonach die Länder zu einer Regelung „auch durch Gesetz befugt" sind, soweit bundesrechtlich Landesregierungen ermächtigt sind, Rechtsverordnungen zu erlassen. Zutreffenderweise handelt es sich dabei um echte, originär-eigene Rechtsetzung des Landesgesetzgebers,[299] welche die Vorlagepflicht auslöst.[300] Anderes gilt indes für **durch den Gesetzgeber geänderte Verordnungen**. Diese stellen kein förmliches – folglich nicht vorlagepflichtiges – Gesetzesrecht dar.[301] 104

Die Rspr des BVerfG, wonach es seine Gerichtsbarkeit über **Unionsrecht** – jenseits des Ultra-vires- und Verfassungsidentitätsvorbehalts[302] – zurücknimmt und nicht nur dieses Recht,[303] sondern auch eine innerstaatliche Rechtsvorschrift, die eine Richtlinie oder einen Beschluss in deutsches Recht umsetzt, nicht an den Grundrechten des GG misst, soweit das Unionsrecht keinen Umsetzungsspielraum lässt, sondern zwingende Vorgaben macht,[304] hat auch für die Verfassungsgerichte der Länder – ebenso wie für die fachgerichtlichen Instanzgerichte – Bedeutung. Soweit danach die nationale Jurisdiktionsgewalt im Verhältnis zum EuGH zurückgenommen wird bzw. aufgrund der Übertragung nach Art. 23 Abs. 1 GG (früher: Art. 24 Abs. 1 GG) eo ipso entfällt, gilt dies auch für die Verfassungsgerichte der Länder. Über den Umfang der auf der Grundlage von Art. 23 Abs. 1 GG erfolgten Übertragung nationaler Hoheitsgewalt und den daraus resultierenden Rechtsfolgen kann auf nationaler Ebene nur das BVerfG abschließend befinden.[305] 105

Das **Verwerfungsmonopol des BVerfG nach Art. 100 Abs. 1 GG** besteht nur für **nachkonstitutionelle Gesetze**, worunter solche zu verstehen sind, die nach In- 106

297 Vgl. BVerfGE 1, 184 (189 ff.); 71, 305 (337) – st. Rspr; vgl. auch *Meyer*, in: von Münch/Kunig, Art. 100 Rn. 15.

298 Dazu BVerfGE 99, 165 (177); 107, 59 (86).

299 Nach inzwischen gefestigter Meinung gibt es keinen inhaltlich vorgegebenen Gesetzesbegriff; vgl. BVerfGE 18, 389 (391); *Roellecke*, Der Begriff des positiven Gesetzes und das GG, 1969, S. 278 ff.; *Franz*, ZG 2008, 140 ff.

300 *Brenner*, in: v. Mangoldt/Klein/Starck., Art. 80 Rn. 111 ff., insb. 118, 121 ff.; *Bryde*, in: von Münch/Kunig, 5. Aufl., Bd. II (2001), Art. 80 Rn. 34; *Clemens*, in: Umbach/Clemens, Art. 100 Rn. 54; *Jutzi*, ZG 1999, 243; *ders.*, NVwZ 2000, 1390 ff.; *Löwer*, HStR, Bd. III, § 70 Rn. 86; *Maurer*, StaatsR, § 17 Rn. 148; *Sommermann*, JZ 1997, 759; *Rubel*, in: Umbach/Clemens, Art. 80 Rn. 43; *Pieroth*, in: Jarass/Pieroth, Art. 80 Rn. 7 a; *Wallrabenstein*, in: von Münch/Kunig, Art. 80 Rn. 65; *aA Nierhaus*, BK, Art. 80 (St.d.B. 12/1998) Rn. 882 ff.; *Schütz*, NVwZ 1996, 38 ff.; *Sieckmann*, in: v. Mangoldt/Klein/Starck, Art. 100 Rn. 25; *Wagner/Brocker*, NVwZ 1997, 759 ff.

301 Vgl. BVerfGE 114, 196 ff.; 114, 303 (311 f.).

302 Dazu BVerfGE 123, 267 (353 f.); 126, 286 (302).

303 Solange die EU einen wirksamen Schutz der Grundrechte gegenüber der Hoheitsgewalt der EU generell gewährleistet; vgl. BVerfGE 73, 339 (387); 102, 147 (162 ff.); 118, 79 (95); 129, 186 (189 f.).

304 BVerfGE 118, 79 (95 f.); 125, 260 (306 f.); 129, 186, (189 f.).

305 Bei einer gleichwohl erfolgenden Vorlage eines Instanzgerichts fehlt es an der Entscheidungserheblichkeit (unten Rn. 108).

krafttreten des GG[306] beschlossen wurden. Als nachkonstitutionell gelten auch vorkonstitutionelle Normen, soweit der nachkonstitutionelle Gesetzgeber diese in seinen Willen aufgenommen hat.[307] In Ländern, in denen das GG später in Kraft getreten ist, kommt es auf diesen Zeitpunkt an. Dies bedeutet für die **neuen Länder** auf dem Gebiet der ehemaligen DDR, dass Gesetze nachkonstitutionell sind, wenn sie nach dem 03.12.1990 beschlossen wurden.[308] Die Einschränkung des Verwerfungsmonopols des BVerfG rechtfertigt sich aus dem damit verfolgten Autoritätsschutz des Gesetzgebers, der lediglich für Gesetze angezeigt erscheint, die unter „der Herrschaft des Grundgesetzes"[309] beschlossen wurden.

107 Überträgt man die Rspr des BVerfG zu Art. 100 Abs. 1 GG auf Art. 80 Abs. 1 Nr. 5, stellt sich die Frage, was für Gesetze zu gelten hat, die nach dem 03.12.1990, aber vor (vorläufigem) Inkrafttreten der ThürVerf am 30.10.1993 (vgl. unten Art. 106 Rn. 1) erlassen worden, mithin **aus landesverfassungsrechtlicher Sicht vorkonstitutionell** sind. Obwohl bei solchen Gesetzen der Gesetzgeber die ThürVerf nicht berücksichtigen konnte, wird man das Verwerfungsmonopol des ThürVerfGH unter Berücksichtigung des Art. 105 Satz 2 auch auf solche Gesetze zu erstrecken haben.[310]

108 c) **Entscheidungserheblichkeit.** Eine Vorlage an den ThürVerfGH ist nur zulässig, wenn es auf die Gültigkeit der vom Instanzgericht vorgelegten Norm „bei der Entscheidung ankommt" (Art. 80 Abs. 1 Nr. 5). Die Frage der Gültigkeit der Norm muss das **Ergebnis der Entscheidung** beeinflussen.[311] Dies ist auch der Fall, wenn sich die Notwendigkeit einer weiteren Aussetzung des Verfahrens bei einer Unvereinbarkeitserklärung ergibt.[312] Für die Beurteilung der Entscheidungserheblichkeit kommt es auf die **Rechtsauffassung des vorlegenden Gerichts** an, es sei denn, dessen rechtliche oder tatsächliche Würdigung ist offensichtlich unhaltbar oder verfassungsrechtliche Vorfragen spielen eine Rolle.[313] An der Entscheidungserheblichkeit fehlt es, wenn die vorgelegte Norm wegen des Vorrangs des **Unionsrechts** keinen Raum für das Landesverfassungsrecht

306 23.05.1949, 24.00 Uhr; vgl. Art. 145 Abs. 2 GG sowie zum im Ergebnis irrelevanten Streit um die Auslegung (24.05.1945, 0.00 Uhr) *von Campenhausen/Unruh*, in: von Mangoldt/Klein/Starck, Art. 145 Rn. 8.

307 Vgl. BVerfGE 6, 55 (65); *Meyer*, in: von Münch/Kunig, Art. 100 Rn. 8; *Pieroth*, in: Jarass/Pieroth, Art. 100 Rn. 8 jeweils mwN.

308 Art. 1, 3 Einigungsvertrag (BGBl. II 1990 S. 888); vgl. auch *Voßkuhle*, in: von Mangoldt/Klein/Starck, Art. 93 Rn. 26, Fn. 126.

309 BVerfGE 2, 124 (131); *Benda/Klein*, Rn. 781; zum Autoritätsschutz auch ThürVerfGH, LVerfGE 19, 45 (503).

310 Dazu näher *Jutzi*, in: Linck/Jutzi/Hopfe, Art. 80 Rn. 27 ff.; aA *Storr*, Staats- und Verfassungsrecht, 1998, Rn. 812 ff.; zur Anwendung von Art. 28 Abs. 2 GG iVm Art. 3 Einigungsvertrag (BGBl. II 1990 S. 888) bei kommunalen Neugliederungen vor Inkrafttreten der ThürVerf vgl. ThürVerfGH, LVerfGE 5, 391 (409 f.); 7, 361 (375).

311 Vgl. ThürVerfGH, ThürVBl 2011, 53 (56); *Benda/Klein*, Rn. 815; *Hillgruber/Goos*, Rn. 601 ff.; *Meyer*, in: von Münch/Kunig, Art. 100 Rn. 26 f.; *Schlaich/Korioth*, Rn. 146 ff.; *Sieckmann*, in: von Mangoldt/Klein/Starck, Art. 100 Rn. 36 ff. jeweils mwN.

312 BVerfGE 99, 69 (77).

313 Vgl. BVerfGE 2, 181 (190 f.); 99, 280 (288); 102, 99 (112); *Benda/Klein*, Rn. 830 ff.; *Hillgruber/Goos*, Rn. 608 f.; *Sieckmann*, in: von Mangoldt/Klein/Starck, Art. 100 Rn. 49 ff. jeweils mwN.

lässt.[314] Die Entscheidungserheblichkeit kann auch im Laufe des Verfahrens entfallen, so etwa durch **Wegfall des Rechtsschutzinteresses** oder **Außerkrafttreten eines Gesetzes**.[315]

d) Darlegungserfordernisse. Nach § 45 Abs. 2 ThürVerfGHG muss das Gericht 109
bei seiner Vorlage – **schriftlich**[316] – angeben, inwiefern seine Entscheidung von der Gültigkeit des Landesgesetzes abhängig ist und mit welcher Verfassungsnorm es unvereinbar sein soll. Die Akten sind beizufügen. Das BVerfG stellt an die **Begründungspflichten** strenge Anforderungen.[317] Ein Vorlagebeschluss muss ohne Beiziehung der Akten aus sich heraus verständlich sein, den Sachverhalt und die rechtlichen Erwägungen erschöpfend darlegen,[318] insbesondere ist eine Auseinandersetzung mit Rspr und Lit. erforderlich[319] und eine verfassungskonforme Auslegung muss ausgeschlossen werden.[320] Diese aus der Belastungssituation des BVerfG möglicherweise verständliche Rspr muss sich der ThürVerfGH nicht notwendiger Weise und in jeder Hinsicht zu eigen machen. So verlangt der ThürVerfGH vom vorlegenden Gericht nur, sich „mit naheliegenden tatsächlichen und rechtlichen Gesichtspunkten" auseinanderzusetzen.[321] Das vorlegende Gericht kann seinen Vorlagebeschluss noch bis zu der Entscheidung des ThürVerfGH abändern bzw. ergänzen.[322]

e) Sonstiges. Der ThürVerfGH hat dem Landtag und der Landesregierung **Ge-** 110
legenheit zur Äußerung zu geben. Sie können dem Verfahren jederzeit **beitreten** (§ 46 Abs. 1 ThürVerfGHG). Außerdem gibt der ThürVerfGH den Beteiligten des Verfahrens vor dem vorlegenden Gericht Gelegenheit zur Äußerung (§ 46 Abs. 2 ThürVerfGHG). Schließlich kann er oberste Landesgerichte u.a. um Mitteilung ersuchen, wie und aufgrund welcher Erwägung sie die Verfassung in der streitigen Frage bisher ausgelegt haben (§ 46 Abs. 3 Satz 1 ThürVerfGHG).

3. Begründetheit. Der ThürVerfGH entscheidet nur über die **Rechtsfrage** (§ 47 111
Abs. 1 ThürVerfGHG). Im Übrigen gilt § 44 ThürVerfGHG entsprechend (§ 47 Abs. 2 ThürVerfGHG); auf die Ausführungen zur abstrakten Normenkontrolle

---

314 So zu Art. 100 Abs. 1 GG BVerfGE 118, 79 (95 f.); 125, 260 (306 f.). Ein vorlegendes Gericht muss daher – um die Entscheidungserheblichkeit darlegen zu können – erst klären, ob das von ihm als verfassungswidrig beurteilte Gesetz in Umsetzung eines dem Landtag durch das Unionsrecht verbleibenden Gestaltungsspielraums ergangen ist. Hierfür hat es ggf. ein Vorabentscheidungsverfahren zum EuGH nach Art. 267 Abs. 1 AEUV einzuleiten, unabhängig davon, ob es ein letztinstanzliches Gericht ist; vgl. BVerfGE 129, 186 ff.; kritisch dazu *Foerster*, JZ 2012, 515 ff.

315 Vgl. ThürVerfGH, ThürVBl 2011, 53 (56) – verneint –; weitere Beispiele bei *Sieckmann*, in: von Mangoldt/Klein/Starck, Art. 100 Rn. 63 mwN.

316 Wenn das Formerfordernis nicht bereits § 45 Abs. 2 ThürVerfGHG zu entnehmen ist, folgt es aus § 18 Abs. 1 Satz 1 ThürVerfGHG.

317 Vgl. zu allem, auch zu ausnahmsweise abgeschwächten Anforderungen *Hillgruber/Goos*, Rn. 610 ff.; *Löwer*, HStR, Bd. III, § 70 Rn. 90 ff.; *Pieroth*, in: Jarass/Pieroth, Art. 100 Rn. 16 f.; *Sieckmann*, in: von Mangoldt/Klein/Starck, Art. 100 Rn. 58 ff. jeweils mwN; kritisch zur Rspr des BVerfG *Lechner/Zuck*, § 80 Rn. 31: "bis an die Grenze der Unerfüllbarkeit verschärft"; ähnlich *Benda/Klein*, Rn. 856.

318 BVerfGE 69, 185 (187); 83, 111 (116); 129, 186 (205).

319 BVerfGE 97, 49 (60); 105, 48 (65); so auch ThürVerfGH, LVerfGE 19, 495 (503).

320 BVerfGE 90, 145 (170).

321 ThürVerfGH, LVerfGE 19, 495 (503); ThürVBl 2011, 53 (56).

322 Vgl. ThürVerfGH, LVerfGE 19, 495 (499 und 503); NVwZ-RR 2011, 180 (181); vgl. auch BVerfGE 37, 328 (335); 102, 147 (159 f.); 127, 224 (241); *Dollinger*, in: Umbach/Clemens/Dollinger, § 80 Rn. 79; *Ulsamer/Müller-Terpitz*, in: Maunz/Schmidt-Bleibtreu, § 81 (St.d.B. 05/2009) Rn. 29;

(oben Rn. 96) kann verwiesen werden. Zur Frage der **Gesetzeskraft** der Entscheidung, soweit der ThürVerfGH eine Rechtsvorschrift für mit der Verfassung unvereinbar oder nichtig erklärt, vgl. unten Rn. 132 ff.

VI. Entscheidung über die Zulässigkeit von Volksbegehren (Art. 80 Abs. 1 Nr. 6)

112 **1. Allgemeines.** Nach Art. 82 Abs. 3 Satz 2 haben die Landesregierung oder ein Drittel der Mitglieder des Landtags den ThürVerfGH anzurufen, wenn sie die Voraussetzungen für die Zulassung eines Volksbegehrens nicht für gegeben oder das Volksbegehren für mit höherrangigem Recht nicht vereinbar halten. Es handelt sich dabei um eine **„vorbeugende" abstrakte Normenkontrolle.**[323]

113 Das Verfahren vor dem ThürVerfGH richtet sich nach den allgemeinen Verfahrensvorschriften des ThürVerfGHG sowie nach dem Thür. Gesetz über das Verfahren bei Bürgerantrag, Volksbegehren und Volksentscheid (ThürBVVG).[324]

114 **2. Zulässigkeit. a) Antragsberechtigung.** Als Antragsberechtigte weist die Verfassung lediglich die **Landesregierung** oder **ein Drittel der Mitglieder des Landtags** aus. Wegen des in §§ 10, 11 ThürBVVG vorgesehenen Zulassungsverfahrens[325] bestimmt § 12 Abs. 1 ThürBVVG darüber hinaus, dass eine **Vertrauensperson** (§ 3 ThürBVVG) als Vertreter des Volksbegehrens gegen eine ablehnende Entscheidung des Präsidenten des Landtags den ThürVerfGH anrufen kann. Dieses Recht steht der Vertrauensperson auch zu gegen einen Bescheid des Präsidenten, wonach ein Volksbegehren nicht zustande gekommen ist (§ 17 Abs. 4 ThürBVVG), sowie gegen die einen Einspruch gegen das Abstimmungsergebnis eines Volksentscheids zurückweisende Entscheidung des Landtags (§ 27 Abs. 4 ThürBVVG). Die Regelungen sind durch **Art. 80 Abs. 2** gedeckt.[326]

115 Für die Landesregierung oder ein Drittel der Mitglieder des Landtags besteht nach § 11 Abs. 2 ThürBVVG nicht nur die Berechtigung, sondern sogar die **Verpflichtung**[327] den ThürVerfGH anzurufen, wenn sie die Voraussetzungen für die Zulassung des Volksbegehrens für nicht gegeben oder das Volksbegehren mit höherrangigem Recht für unvereinbar halten.[328]

116 **b) Sonstiges.** Die Antragsteller können **binnen eines Monats** nach Zustellung bzw. Bekanntgabe der Entscheidung des Präsidenten des Landtags den ThürVerfGH anzurufen.[329] Der Antrag ist gegen den Präsidenten des Landtags zu richten. Ist die Landesregierung nicht selbst Antragsteller, erhält sie Gelegenheit,

---

323 ThürVerfGH, LVerfGE 12, 405 (420); 18, 609 (617 und LS 1).

324 Gesetz idF der Bek. v. 23.02.2004 (ThürGVBl. S. 237).

325 Die Zulässigkeit ergibt sich aus Art. 82 Abs. 8 iVm der Entstehungsgeschichte: Nach Art. 82 Abs. 6 Satz 1 aF hatte der Landtag nur über "zulässige" Volksbegehren zu entscheiden.

326 AA *Storr*, Staats- und Verfassungsrecht, 1998, Rn. 823 f., der von einem Organstreit ausgeht. Dagegen spricht indes die fehlende Organeigenschaft des Volkes (vgl. oben Rn. 71). Vgl. – auch zum Bürgerantrag nach Art. 68 – noch unten Rn. 131.

327 ThürVerfGH, LVerfGE 12, 405 (420); 18, 609 (617); *Storr*, Staats- und Verfassungsrecht, 1998, Rn. 821.

328 Vgl. ThürVerfGH, Urt. v. 19.09.2001 – 4/01 – JURIS, Rn. 110 zur früheren Rechtslage in Bezug auf die Landesregierung.

329 Zur Fristberechnung vgl. oben Rn. 129.

sich zu **äußern**, und kann dem Verfahren **beitreten** (§ 12 ThürBVVG). Weitere Zulässigkeitsvoraussetzungen bestehen nicht.[330]

3. Begründetheit. Der ThürVerfGH entscheidet über die **verfassungsrechtlichen (Art. 82) und einfachgesetzlichen (ThürBVVG) Voraussetzungen der Zulässigkeit des Volksbegehrens**[331] umfassend und abschließend. Er hält es außerdem für geboten, von Amts wegen auch Bestandteile eines Gesetzentwurfs in die Überprüfung einzubeziehen, die nicht Gegenstand des Antrags sind.[332] 117

VII. Entscheidung über die Verfassungswidrigkeit eines Untersuchungsauftrags (Art. 80 Abs. 1 Nr. 7)

1. Allgemeines. Nach Art. 64 Abs. 1 Satz 2 entscheidet der ThürVerfGH über die **Verfassungswidrigkeit eines Untersuchungsauftrags** auf Antrag von einem Fünftel der Mitglieder des Landtags. Dieser **speziell geregelte Fall eines Organstreits** (oben Rn. 62 ff.) dient der Durchsetzung subjektiver, organbezogener Rechte und gleichermaßen der Wahrung des objektiven Verfassungsrechts (dazu oben Rn. 63). 118

§ 51 (Verweigerung von Aktenvorlage und Aussagegenehmigung) und § 52 ThürVerfGHG (Beschwerde gegen gerichtliche Entscheidungen im Untersuchungsverfahren) begründen **weitere Zuständigkeiten** des ThürVerfGH nach **Art. 80 Abs. 2** (dazu unten Rn. 130 f.) im Rahmen von Untersuchungsverfahren. 119

Ein **Verfahren vor dem BVerfG** ist neben diesen Verfahren **ausgeschlossen** (vgl. oben Rn. 64). 120

2. Zulässigkeit. Die **Beteiligten-/Parteifähigkeit**[333] steht nach Art. 64 Abs. 1 Satz 2 **einem Fünftel der Mitglieder des Landtags** zu. Sie ist nicht exklusiv auf die Antragsteller nach Art. 64 Abs. 1 Satz 1, deren Einsetzungsantrag vom Plenum des Landtags abgelehnt wird (**Minderheitsantrag**, vgl. § 50 Abs. 1 Nr. 2 ThürVerfGHG – klassischer Fall eines Organstreits) beschränkt, sondern jedes beliebige Fünftel des Landtags ist befugt, die Verfassungsgemäßheit eines Untersuchungsauftrags überprüfen zu lassen (§ 50 Abs. 1 Nr. 1 ThürVerfGHG). 121

Der Antrag ist innerhalb einer **Frist** von drei Monaten seit der Beschlussfassung des Landtags einzureichen und zu begründen (§ 50 Abs. 1 ThürVerfGHG).[334] Die **Formerfordernisse** im Übrigen ergeben sich aus § 18 Abs. 1 ThürVerfGHG. **Beteiligte** des Verfahrens sind die Antragsteller und der Landtag. Die Landesregierung erhält **Gelegenheit zur Stellungnahme** (§ 50 Abs. 3 ThürVerfGHG). 122

3. Begründetheit. Der ThürVerfGH entscheidet darüber, ob die **formalen Voraussetzungen** der Einsetzung des Untersuchungsausschusses vorliegen und der Untersuchungsgegenstand den **parlamentarischen Kompetenzbereich** nicht überschreitet (dazu oben Art. 64 Rn. 9, 12 ff.). 123

330 Dazu näher im Vergleich zur früheren Rechtslage ThürVerfGH, LVerfGE 18, 608 (618).
331 Vgl. ThürVerfGH, LVerfGE 12, 405 (422 ff.); LVerfGE 18, (57) = NJ 2008, 72 ff. mit Anm. *Jutzi*.
332 ThürVerfGH, LVerfGE 12, 495 (423); 18, 609 (619).
333 Zum Begriff vgl. oben Fn. 197.
334 Zur Fristberechnung vgl. unten Rn. 129.

VIII. Wahlprüfungsverfahren (Art. 80 Abs. 1 Nr. 8)

124 **1. Allgemeines.** Nach Art. 49 Abs. 3 und § 64 ThürLWG prüft der Landtag die **Gültigkeit der Wahl** und entscheidet, ob ein Mitglied seinen Sitz im Landtag verloren hat. Damit folgt die Verfassung der historisch gewachsen Kompetenz des Parlaments, über die Legitimation seiner Mitglieder selbst entscheiden zu können. Art. 80 Abs. 1 Nr. 8 weist jedoch das **Letztentscheidungsrecht** „über die Anfechtung der Prüfung der Gültigkeit der Landtagswahl" dem ThürVerfGH zu, da die Wahlprüfung keine politische, sondern eine rechtliche Entscheidung ist (sog. Mischsystem).[335] § 48 Abs. 1 Satz 1 ThürVerfGHG erstreckt die Zuständigkeit des ThürVerfGH auch auf den **Verlust der Mitgliedschaft im Landtag.** Da es insoweit nicht um „die Prüfung der Gültigkeit der Landtagswahl" geht, basiert die Kompetenz des ThürVerfGH verfassungsrechtlich auf **Art. 80 Abs. 2.**[336]

125 Die **Funktion des Wahlprüfungsverfahrens** wurde früher vom BVerfG[337] ausschließlich objektiv rechtlich bestimmt. Inzwischen geht das Gericht zu Recht davon aus, Wahlprüfungsverfahren dienten auch der Verwirklichung des subjektiven aktiven und passiven Wahlrechts.[338]

126 Entscheidungen und Maßnahmen, die sich unmittelbar auf das Wahlverfahren beziehen, können nur mit den Rechtsbehelfen, die im ThürLWG und in den aufgrund dieses Gesetzes erlassenen Rechtsverordnungen vorgesehen sind, sowie im Wahlprüfungsverfahren (vgl. auch § 64 ThürLWG) angefochten werden (§ 50 ThürLWG). Die Anfechtungsgründe ergeben sich aus § 54 ThürLWG. Dieser **Ausschließlichkeitscharakter** des Wahlprüfungsverfahrens, von dem auch das BVerfG[339] ausgeht, dürfte aus verfassungsrechtlichen Gründen (**effektiver Rechtsschutz**) strikt auf die zu prüfenden Gegenstände zu beschränken sein.[340]

127 **2. Zulässigkeit. Beschwerdeberechtigt** sind nach § 48 Abs. 1 Satz 1 ThürVerfGHG der **Abgeordnete,** dessen Mitgliedschaft bestritten ist, ein **Wahlberechtigter,** dessen Einspruch vom Landtag verworfen worden ist, wenn ihm

335 *Magiera*, in: Sachs, GG, Art. 41 Rn. 1; zur geschichtlichen Entwicklung und anderen Systemen vgl. *Glauben*, BK, Art. 41 (St.d.B. 12.2008) Rn. 11 ff.; vgl. auch oben Art. 49 Rn. 13 ff.

336 Vgl. auch ThürVerfGH, LVerfGE 6, 387 (393).

337 BVerfGE 1, 208 (238); 40, 11 (29); 66, 369 (378).

338 BVerfGE 85, 148 (159); 99, 1 (18); vgl. auch VerfGH Rh-Pf, AS 29, 207 ff.

339 Vgl. z.B. BVerfGE 11, 329; 14, 154 (155); 16, 128 (130); 66, 232 (234); 74, 96, (101); 83, 156 (157 f.). Die teilweise unbefriedigenden Folgen für zu Unrecht vor der Wahl nicht als wahlvorschlagsberechtigte Partei anerkannte Vereinigungen wurden auf Bundesebene im Jahr 2012 durch Art. 93 Abs. 1 Nr. 4 c GG sowie § 13 Nr. 3 a, §§ 96 a ff. BVerfGG beseitigt.

340 In diesem Sinn *Glauben*, BK, Art. 41 (St.d.B. 12/2008) Rn. 52 ff.; *Meyer*, HStR III, § 46 Rn. 103; *Pieroth*, in: Jarass/Pieroth, Art. 41 Rn. 5 f. jeweils mwN; vgl. auch SaarlVerfGH, LKRZ 2011, 154 zur Zulässigkeit der Verfassungsbeschwerde, wenn der Landtag die Wahlanfechtung nicht mit der gebotenen Zügigkeit betreibt.

mindestens 100 Wahlberechtigte beitreten,[341] eine **Fraktion** oder eine **Minderheit des Landtags**, die wenigstens ein Zehntel der gesetzlichen Mitgliederzahl umfasst.

Beschwerdegegenstand ist der **Beschluss des Landtags**. Eine **Beschwerdebefugnis**, die sich für den Wahlberechtigten, dessen Einspruch vom Landtag verworfen worden ist, aus der ablehnenden Entscheidung ergibt, ist im Übrigen **nicht erforderlich.** Mit Ablauf der Wahlperiode wird eine Beschwerde grundsätzlich gegenstandslos.[342] Die **Frist** für die Einlegung und Begründung der Beschwerde beträgt zwei Monate[343] seit der Beschlussfassung des Landtags. Die **Formerfordernisse** im Übrigen ergeben sich aus § 18 Abs. 1 ThürVerfGHG.[344] Die erforderliche Begründung lässt sich nach Ablauf der Frist von zwei Monaten nicht nachholen.[345] Trotz **Antragsrücknahme** wird der ThürVerfGH bei öffentlichem Interesse eine Sachentscheidung treffen können.[346] 128

3. Begründetheit. Als Maßstab stehen dem ThürVerfGH **alle Normen** (Gesetze und untergesetzliche Vorschriften) zur Verfügung, welche die **Wahl** und das **Prüfungsverfahren** betreffen.[347] Die Entscheidungsmöglichkeiten des Landtags, die Gegenstand der Kontrolle des ThürVerfGH sind, ergeben sich aus § 63 ThürLWG. 129

IX. Sonstige Verfahren (Art. 80 Abs. 2)

1. Allgemeines. Der Katalog der Verfahren des Art. 80 Abs. 1 ist nicht abschließend. Durch Gesetz können dem ThürVerfGH weitere Angelegenheiten zur Entscheidung zugewiesen werden. Wo die **Grenzen der Ermächtigung** liegen, ist nicht exakt zu bestimmen. Der Gesetzgeber wird nur solche Streitigkeiten zuweisen dürfen, die mit der Verfassungsorganstellung des ThürVerfGH vereinbar sind, also in einem Zusammenhang mit dem Verfassungsrechtskreis stehen und die Funktionsfähigkeit des Gerichts nicht beeinträchtigen.[348] 130

2. Weitere Verfahren. Der Gesetzgeber hat von der Ermächtigung des Art. 80 Abs. 2 maßvoll Gebrauch gemacht. Neben den bereits erwähnten Fällen im Zusammenhang mit **Volksbegehren und Volksentscheid** (§ 17 Abs. 4 und § 27 131

341 Gruppen von Wahlberechtigten einschließlich der politischen Parteien und Gruppen von Kandidaten sind nicht berechtigt, eine Wahlprüfungsbeschwerde zu erheben; vgl. ThürVerfGH, LVerfGE 5, 356 (269 f.). Zur Verfassungsmäßigkeit dieser Anforderung vgl. BVerfGE 66, 232 (233); 66, 311 (312); 79, 47 (48); *Pieroth*, in: Jarass/Pieroth, Art. 41 Rn. 4 jeweils mwN; vgl. auch BVerfG, NVwZ 2012, 556 f., woraus geschlossen werden kann, "dass zur Verteidigung subjektiver Rechte im Wahlverfahren das Beitrittserfordernis oder die Exklusivität des Wahlprüfungsverfahrens gegenüber anderweitigen Rechtsschutzmöglichkeiten überdacht werden könnte" (*Sachs*, JuS 2012, 1147 [1148]).

342 BVerfGE 22, 277 (280); 34, 201 (203); anders jedoch, wenn eine zulässigerweise erhobene Rüge die Verfassungswidrigkeit von Rechtsnormen und wichtige wahlrechtliche Zweifelsfragen betrifft; vgl. BVerfGE 122, 304 (306).

343 Es handelt sich um eine Ausschlussfrist; vgl. *Pieroth*, in: Jarass/Pieroth, Art. 41 Rn. 4 mwN. Zur Fristberechnung vgl. oben Rn. 129.

344 ThürVerfGH, Beschl. v. 30.11.2011 – 7/10 – JURIS, Rn. 29.

345 ThürVerfGH, Beschl. v. 30.11.2011 – 7/10 – JURIS, Rn. 35.

346 Vgl. BVerfGE 89, 291 (299).

347 Zu einer Wahlprüfung vgl. ThürVerfGH, LVerfGE 5, 356 (371 ff.).

348 Vgl. z.B. *Meyer*, in: von Münch/Kunig, Art. 93 Rn. 64; *Pieroth*, in: Jarass/Pieroth, Art. 93 Rn. 1; *Sturm/Detterbeck*, in: Sachs, GG, Art. 93 Rn. 112; *Voßkuhle*, in: von Mangoldt/Klein/Starck, Art. 93 Rn. 216 jeweils mwN; offen gelassen für die vergleichbare Ermächtigung in Art. 93 Abs. 3 GG in BVerfGE 31, 371 (377).

Abs. 4 ThürBVVG)[349] ist noch § 7 Abs. 7 ThürBVVG zu nennen bzgl. des einen **Bürgerantrag** nach Art. 68 ablehnenden Bescheids des Landtagspräsidenten. Auf die Zuständigkeitserweiterungen nach § 48 Abs. 1 Satz 1 (**Verlust der Mitgliedschaft im Landtag**) [350] sowie §§ 51, 52 ThürVerfGHG (**Untersuchungsverfahren**)[351] wurde ebenfalls schon hingewiesen. Schließlich ist noch § 31 **ThürVerfSchutzG** zu erwähnen, wonach aus Anlass von Streitigkeiten über Rechte und Pflichten aus den Vorschriften dieses Gesetzes auf Antrag der Landesregierung oder der Parlamentarischen Kontrollkommission der VerfGH entscheidet. Zur **Abberufung eines Mitglieds des VerfGH** auf Antrag des Präsidenten des Landtags nach § 6 Abs. 3 ThürVerfGHG vgl. Art. 79 Rn. 24. Das Verfahren der **einstweiligen Anordnung** nach § 26 ThürVerfGHG ist kein sonstiges Verfahren iSd Art. 80 Abs. 2, sondern folgt aus Art. 80 Abs. 5 (vgl. unten Rn. 136).

X. Entscheidungen mit Gesetzeskraft (Art. 80 Abs. 4)

132 Nach Art. 80 Abs. 4 bestimmt das Gesetz, „in welchen Fällen die Entscheidung des Verfassungsgerichtshofs Gesetzeskraft haben." Wie der entsprechenden Vorschrift des Art. 94 Abs. 2 Satz 1 GG kann dieser Bestimmung nicht nur eine **Kompetenzzuweisung**, sondern auch ein **Regelungsauftrag** entnommen werden,[352] dem der Gesetzgeber mit § 25 Abs. 2 Satz 1 ThürVerfGHG nachgekommen ist. Danach hat die Entscheidungsformel Gesetzeskraft, „soweit der Verfassungsgerichtshof in den Fällen des § 11 Nr. 1, 2, 4 und 5 (ThürVerfGHG) eine Rechtsvorschrift für mit der Verfassung unvereinbar oder nichtig erklärt." Dies betrifft die Verfahren der **Verfassungsbeschwerde** einschließlich der **kommunalen Verfassungsbeschwerde** sowie der **abstrakten** und **konkreten Normenkontrolle**.

133 Über den **Sinn einer solchen Regelung** wird nach wie vor gestritten bis hin, ihr Sinn sei dunkel[353] und die Formulierung „Gesetzeskraft" ein „leeres Wort",[354] u.a. weil die Gesetzeskraft nicht erforderlich ist, soweit ein Verfassungsgericht eine Norm für nichtig erklärt; schließlich tritt diese Rechtsfolge ipso jure ein,[355] so dass deren Feststellung genügte. Da die ThürVerf die „Gesetzeskraft" vorsieht und der Gesetzgeber eine entsprechende Regelung getroffen hat, wird dies nicht völlig negiert werden können. Gesetzeskraft[356] bedeutet zunächst mehr als **Rechtskraft**,[357] in der jede nicht mehr angreifbare gerichtliche Entscheidung erwächst. Sie ist jedoch nicht gleichbedeutend mit Gesetzesqualität. Die Entscheidung des Gerichts bleibt ein Richterspruch (keine negative Gesetzgebung), dessen Rechtskraft jedoch nicht auf die Parteien des Verfahren beschränkt bleibt,

349 Vgl. oben Rn. 114.
350 Vgl. oben Rn. 124.
351 Vgl. oben Rn. 119.
352 Vgl. *Löwer*, HStR, Bd. III, § 70 Rn. 112 f.; *Meyer*, in: von Münch/Kunig, Art. 94 Rn. 3; *Pieroth*, in: Jarass/Pieroth, Art. 94 Rn. 2; *Voßkuhle*, in: von Mangoldt/Klein/Starck, Art. 94 Rn. 17 jeweils mwN.
353 *Pestalozza*, § 20 Rn. 98.
354 *Schlaich/Korioth*, Rn. 497 mwN.
355 Vgl. *Hopfauf*, in: Schmidt-Bleibtreu/Hofmann/Hopfauf, Art. 94 Rn. 65; *Wieland*, in: Dreier, Art. 94 Rn. 23.
356 Zum historischen Hintergrund vgl. *Benda/Klein*, Rn. 1436; *Schlaich/Korioth*, Rn. 498 f.; *Wieland*, in: Dreier, Art. 94 Rn. 23 ff.
357 Vgl. *Sachs*, VerfPR, Rn. 598 ff.

sondern – und darin ist der substanzielle Regelungsgehalt zu sehen – sich auf alle (**inter et erga omnes**) erstreckt.[358]

Die Auslegungsunsicherheiten werden verstärkt durch die in § 25 Abs. 1 ThürVerfGHG angeordnete **Bindungswirkung** der Verfassungsorgane des Landes sowie aller Thüringer Gerichte und Behörden an Entscheidungen des ThürVerfGH. Selbst die Rspr innerhalb des BVerfG zur vergleichbaren Regelung des § 31 BVerfGG ist nicht einheitlich.[359] Dabei geht es um die Fragen, ob die Bindungswirkung neben dem Tenor auch die tragenden Gründe der Entscheidung erfasst[360] und wen sie verpflichtet. Außerdem wird problematisiert, inwieweit ein Normwiederholungsverbot für den Gesetzgeber besteht.[361] Auf diese Fragen ist vorliegend nicht weiter einzugehen, da die Bindungswirkung nicht durch die Verfassung vorgeschrieben ist.[362] In der Staatspraxis empfiehlt es sich ohnehin, die verfassungsgerichtlichen Ausführungen – jedenfalls neuerer Entscheidungen – ohne neue gewichtige Umstände, die eine Änderung der Rechtsprechung bewirken könnten, ernst zu nehmen, um sich nicht (erneut) eine Beanstandung „einzuhandeln". 134

XI. Gesetzgebungsauftrag (Art. 80 Abs. 5)

1. Allgemeines. Art. 80 Abs. 5 enthält einen **bindenden Gesetzgebungsauftrag**, das Nähere zu regeln. Der Gesetzgeber ist danach verpflichtet, ergänzende Regelungen zu treffen, die ein geordnetes Prozessieren für die Verfahren nach Art. 80 Abs. 1 und 2 ermöglichen. Diesen Auftrag hat der Gesetzgeber mit dem ThürVerfGHG prinzipiell erfüllt. Den §§ 97 b ff. BVerfGG vergleichbare Regelungen zum **Rechtsschutz gegen überlange Verfahrensdauer**[363] – die nicht unmittelbar der ThürVerf zu entnehmen sind – stehen noch aus. 135

2. Einstweilige Anordnung (§ 26 ThürVerfGHG). a) Grundlagen. Der ThürVerfGH kann „im Streitfall einen Zustand durch einstweilige Anordnung vorläufig regeln, wenn dies zur Abwehr schwerer Nachteile, zur Verhinderung drohender Gewalt oder aus einem anderen wichtigen Grund zum gemeinen Wohl dringend geboten ist" (§ 26 Abs. 1 ThürVerfGHG). Eine einstweilige Anordnung soll „die Effektivität der künftigen Entscheidung in der Hauptsache sichern"[364] (**Sicherungszweck**) und bis zur Entscheidung effektiven Rechtsschutz gewährleisten („**interimistische Befriedungsfunktion**").[365] Obwohl die einstweilige Anordnung im Prinzip ein selbstständiges Verfahren mit eigenem Verfahrensgegenstand[366] ist, ergibt sich die Ermächtigung zur Regelung dieses Verfahrens nicht aus Art. 80 Abs. 2, wonach dem ThürVerfGH weitere Verfahren zu- 136

358 *Benda/Klein*, Rn. 1439; *Bethge*, in: Maunz/Schmidt-Bleibtreu, § 31 (St.d.B. 10/2008) Rn. 122 ff., 152; *Hopfauf*, in: Schmidt-Bleibtreu/Hofmann/Hopfauf, Art. 94 Rn. 65 f.; *Meyer*, in: von Münch/Kunig, Art. 94 Rn. 23; *Pestalozza*, § 20 Rn. 105; *Sachs*, VerfPR, Rn. 606.

359 Dazu ausführlich *Heusch*, in: Umbach/Clemens/Dollinger, § 31 Rn. 57 ff. mwN.

360 Dazu BVerfGE 40, 88 (93 f.); 112, 268 (277 f.); HessStGH, DVBl. 2012, 1499 ff.

361 Vgl. *Benda/Klein*, Rn. 1444 ff.; *Heusch*, in: Umbach/Clemens/Dollinger, § 31 Rn. 57 ff.; *Sturm/Detterbeck*, in: Sachs, GG, Art. 94 Rn. 10 ff.; *Sachs*, VerfPR, Rn. 603 f.

362 Ebenso zum GG *Wieland*, in: Dreier, Art. 94 Rn. 26.

363 Dazu *Zuck*, NVwZ 2012, 265 ff.

364 BVerfGE 105, 235 (238); vgl. auch *Sachs*, VerfPR, Rn. 580.

365 Dazu *Benda/Klein*, Rn. 1313; *Hillgruber/Goos*, Rn. 803 ff.

366 Dazu *Benda/Klein*, Rn. 1320.

gewiesen werden können, sondern wegen der „Akzessorietät“ zum jeweiligen Hauptsacheverfahren aus Art. 80 Abs. 5.[367]

137 Trotz der Formulierung „Streitfall“ in § 26 Abs. 1 ThürVerfGHG ist eine einstweilige Anordnung nicht nur in kontradiktorischen, sondern **in allen Verfahren**, die dem ThürVerfGH zugewiesen sind, **statthaft.**[368] Aufgrund des eindeutigen – insoweit von § 32 BVerfGG[369] abweichenden – Wortlauts kann eine einstweilige Anordnung nicht nur **auf Antrag**, sondern auch **von Amts wegen** ergehen. Die **Anhängigkeit eines Hauptverfahrens** ist nicht erforderlich. Voraussetzung ist allerdings, dass ein Hauptsacheantrag gestellt werden könnte, der nicht von vornherein unzulässig oder offensichtlich unbegründet wäre.[370]

138 **b) Zulässigkeit.** Die Zulässigkeit orientiert sich an den **Voraussetzungen des jeweiligen Hauptsacheverfahrens.** Ergänzend ist dabei „hinreichend substantiiert“[371] vorzutragen, dass eine einstweilige Anordnung „zur Abwehr schwerer Nachteile, zur Verhinderung drohender Gewalt oder aus anderen wichtigen Grund zum gemeinen Wohl dringend geboten ist“ (§ 26 Abs. 1 ThürVerfGHG). Die **Hauptsache** darf – nach der anfechtbaren hM – grundsätzlich **nicht vorweggenommen** werden.[372] Käme eine Entscheidung in der Hauptsache im Falle des Erfolgs ihrer Verfassungsbeschwerde jedoch zu spät und kann in anderer Weise ausreichender Rechtsschutz nicht gewährleistet werden, ist der Antrag auf Erlass einer einstweiligen Anordnung auch dann zulässig, wenn die Entscheidung in der Hauptsache (teilweise) vorweggenommen wird.[373]

139 **c) Begründetheit.** Bei der Begründetheitsprüfung geben die Verfassungsgerichte – anders als die Verwaltungsgerichte zu § 80 Abs. 5, § 123 VwGO, die primär die Erfolgsaussichten in der Hauptsache summarisch bewerten[374] – grundsätzlich einer isolierten **Interessen- und Folgenabwägung** den Vorzug. Die Folgenprognose basiert auf einer Doppelhypothese.[375] Die Folgen, die einträten, wenn eine einstweilige Anordnung nicht erginge, der Hauptsacheantrag aber Erfolg hätte, sind gegenüber den Nachteilen abzuwägen, die entstünden, wenn die begehrte einstweilige Anordnung erlassen würde, der Hauptsacheantrag aber der Erfolg versagt bliebe.[376] Auf das rechtliche Ergebnis wird abgestellt, wenn sich das Hauptsacheverfahren als unzulässig oder offensichtlich unbegründet erweist oder wenn „verwaltungsgerichtliche Beschlüsse betroffen sind, die im Verfahren des einstweiligen Rechtsschutzes ergangen sind und die Entscheidung in der Hauptsache vorwegnehmen.“[377] Ein besonders strenger Prüfungsmaßstab ist

---

367 Ebenso für Art. 94 Abs. 2 GG *Sachs*, VerfPR, Rn. 579.
368 Zu § 32 BVerfGG vgl. *Benda/Klein*, Rn. 1325; *Berkemann*, in: Umbach/Clemens/Dollinger, § 32 Rn. 46 f.
369 Zum Streit dazu vgl. *Benda/Klein*, Rn. 1317 f.; *Berkemann*, in: Umbach/Clemens/Dollinger, § 32 Rn. 60 ff. mwN.
370 Vgl. BVerfGE 113, 113 (119 f.); *Benda/Klein*, Rn. 1319.
371 ThürVerfGH, LVerfGE 5, 343 (348).
372 Dazu *Benda/Klein*, Rn. 1329 ff.; *Hillgruber/Goos*, Rn. 837 ff.; *Schlaich/Korioth*, Rn. 464 jeweils mwN.
373 Vgl. BVerfG, NJW 2012, 1941 (1942); BVerfGE 108, 34 (40) mwN.
374 Vgl. nur *Hufen*, Verwaltungsprozessrecht, 8. Aufl. 2011, § 32 Rn. 39 und § 33 Rn. 16.
375 ThürVerfGH, LKV 1997, 412 (413); vgl. auch *Lechner/Zuck*, § 32 Rn. 22 und 41 ff.; *Löwer*, HStR, Bd. III, § 70 Rn. 219 jeweils mwN.
376 Vgl. BVerfGE 77, 130 (134 f.); 80, 74 (79); 81, 53 (54); 91, 140 (144); 99, 57 (66); 103, 41 (42); 113, 113 (124).
377 BVerfGE 111, 147 (153) bzgl. Versammlungsverbot.

anzulegen, wenn eine gesetzliche Regelung außer Kraft gesetzt werden soll[378] oder es um den Vollzug von sonstigen Maßnahmen eines Verfassungsorgans geht.[379] Der Maßstab ist noch weiter zu verschärfen, wenn eine einstweilige Anordnung begehrt wird, durch die der Vollzug einer Rechtsnorm ausgesetzt wird, soweit sie zwingende Vorgaben des Unionsrechts in das deutsche Recht umsetzt.[380]

Fünfter Abschnitt Die Gesetzgebung

Artikel 81 [Zuständigkeiten]

(1) Gesetzesvorlagen können aus der Mitte des Landtags, durch die Landesregierung oder durch Volksbegehren eingebracht werden.

(2) Gesetze werden vom Landtag oder vom Volk durch Volksentscheid beschlossen.

Vergleichbare Regelungen

Art. 76 Abs. 1, Art. 77 Abs. 1 Satz 1 GG; Art. 59 BWVerf; Art. 71, 72 Abs. 1 BayVerf; Art. 59 Abs. 2, Art. 60 Abs. 1, Art. 63 Abs. 1 und 2 VvB; Art. 2 Abs. 4 Satz 1, Art. 75 BbgVerf; Art. 101 Abs. 1 Nr. 1, 123 Abs. 1 und 2 BremVerf; Art. 48 HambVerf; Art. 116 f. HessVerf; Art. 55, 60 Abs. 4 M-VVerf; Art. 42 Abs. 1 und 3 NV; Art. 65, 66 Satz 1, Art. 68 Abs. 1, 2 und 4 Verf NW; Art. 107 f. Verf Rh-Pf; Art. 65 Abs. 2 Satz 1, Art. 98, 99 Abs. 4, Art. 100 Abs. 3 SaarlVerf; Art. 70 SächsVerf; Art. 77 LVerf LSA; Art. 37 SchlHVerf.

Ergänzungsnormen im sonstigen thüringischen Recht

ThürBVVG idF der Bek. v. 23.02.2004 (ThürGVBl. S. 237); Thüringer Verordnung zum Verfahren bei Bürgerantrag und Volksbegehren v. 29.06 2006 (ThürGVBl. S. 361) geändert durch VO v. 07.12.2011 (ThürGVBl. S. 561); §§ 50 ff., 110, 119 Abs. 1 Satz 1 ThürGOLT idF v. 19.07.2012 (LT-Drs. 5/4750); §§ 19 ff. ThürGGO v. 31.08.2000 (ThürGVBl. S. 237) zuletzt geändert durch Beschl. v. 10.07.2008 (ThürGVBl. S. 307).

Dokumente zur Entstehungsgeschichte

Art. 76 VerfE CDU; Art. 60 VerfE F.D.P.; Art. 54 VerfE SPD; Art. 47 VerfE NF/GR/DJ; Art. 84 VerfE LL/PDS; Entstehung ThürVerf, S. 215 f.

Literatur

Brun-Otto Bryde, Geheimgesetzgebung: Zum Zustandekommen des Justizmitteilungsgesetzes und Gesetzes zur Änderung kostenrechtlicher Vorschriften und anderer Gesetze, JZ 1998, 115 ff.; *Andreas Grube*, Der Bürgerantrag gemäß Artikel 68 der Verfassung des Freistaats Thüringen, ThürVBl 1998, 217 ff., 245 ff.; *Gerhard Hoffmann*, Das verfassungsrechtliche Gebot der Rationalität im Gesetzgebungsverfahren, ZG 1990, 97 ff.; *Peter M. Huber*, Staatsrecht, in: Huber, 1. Teil, S. 21 ff.; *ders.*, Die neue Verfassung des Freistaats Thüringen, LKV 1994, 121 ff.; *Siegfried Jutzi*, Besprechung von ThürVerfGH, Urt. v. 19.09.2001 – 4/01, NJ 2001, 644 ff.; *ders.*, Besprechung von ThürVerfGH, Urt. v. 05.12.2007 – 47/06, NJ 2008, 72 ff.; *ders.*, Föderale Grenzen des Befassungsrechts der Landesparlamente, NJ 1999, 243 ff.; *Michael H. Koch/Stefan Storr*, Das Plebiszit in Thüringen – eine Erfolgsgeschichte? Zur Entwicklung der sachunmittelbaren Demokratie in Thüringen, ThürVBl 2009, 5 ff.; *Joachim Linck*, Zulässigkeit von Volksbegehren zur Einführung einer verfassungsrechtlichen Schuldenbremse in Thüringen, ThürVBl 2011, 145 ff.; *Jörg Menzel*, Das „allgemeinpolitische Mandat" der Landesparlamente, DVBl. 1999, 1385 ff.; *Michael Sachs*, Besprechung von ThürVerfGH, Urt. v. 18.07.2006 – VerfGH 8/05, JuS 2007, 77 ff.; *Dietrich Stöffler*, „Die explo-

---

378 ThürVerfGH, LKV 1997, 412 (413); vgl. auch BVerfGE 83, 162 (171); 104, 51 (55) mwN; kritisch *Hillgruber/Goos*, Rn. 858; *Lechner/Zuck*, § 32 Rn. 19.

379 BVerfGE 112, 321 (331); 113, 113 (124).

380 BVerfGE 121, 1 (18).

dierte Zeitbombe" – oder die Anhörungsrechte der Kommunen im parlamentarischen Gesetzgebungsverfahren nach dem Urteil des Thüringer Verfassungsgerichtshofs vom 12.10.2004, ThürVBl 2006, 121 ff.; *Stefan Storr*, Staats- und Verfassungsrecht, 1998; *Klaus Vetzberger*, Kommunales Anhörungsrecht, gesetzgeberischer Eingriff in die kommunale Personal- und Organisationshoheit sowie besondere Finanzgarantie (Konnexität) im Falle der Übertragung staatlicher Aufgaben, LKV 2005, 246 f.

Hinsichtlich der Volksgesetzgebung und ihres Verhältnisses zur parlamentarischen Gesetzgebung wird ergänzend auf die Literaturangaben in der Kommentierung zu Art. 82 verwiesen.

Leitentscheidungen des ThürVerfGH und des BVerfG

ThürVerfGH, Urt. v. 19.09.2001 – 4/01 – ThürVBl 2002, 31 (Volksgesetzgebung); Urt. v. 14.07.2003 – 2/01 – NVwZ-RR 2003, 793 (Transparenz bei der Diätengesetzgebung); Urt. v. 12.10.2004 – 16/02 – ThürVBl 2005, 11 (Anhörung von Gemeinden); Urt. v. 18.07.2006 – 8/05 – ThürVBl 2006, 229 (Überprüfungspflichten des Gesetzgebers); Urt. v. 05.12.2007 – 47/06 – ThürVBl 2008, 56 (Volksbegehren zu Abgaben); Urt. v. 02.11.2011 – 13/10 – ThürVBl 2012, 55 (Transparenz beim Finanzausgleich).

BVerfGE 1, 144 (Geschäftsordnung und Gesetzgebungsverfahren); 80, 188 (Abgeordnetenstatus und Geschäftsordnung – Wüppesahl); 84, 304 (Gruppenstatus PDS/Linke Liste).

A. Überblick

1 Der Fünfte Abschnitt der Thüringer Verfassung (Art. 81 bis 85) behandelt die **Gesetzgebung**. Wie Art. 47 Abs. 1 und Art. 81 Abs. 2 zeigen, geht der Verfassungsgeber dabei von einem formalen Gesetzesbegriff aus.[1] Unter einem **Gesetz** versteht er einen Hoheitsakt, den der Landtag oder das Volk durch Volksentscheid nach Maßgabe des Fünften Abschnitts beschlossen hat. Art. 81 Abs. 1 bestimmt, wer die Befugnis zu einer **Gesetzesinitiative** hat. Genauere Vorgaben zum Volksbegehren und zum Volksentscheid enthält Art. 82. In Art. 83 sind die Anforderungen für eine Verfassungsänderung durch Parlamentsgesetz oder Volksentscheid festgelegt. Art. 84 regelt, wie eine gesetzliche Ermächtigung zum Erlass einer Rechtsverordnung auszusehen hat. In Art. 85 geht es schließlich um die Ausfertigung und Verkündung von Gesetzen und ihr Inkrafttreten.

1 Zu den dogmatischen Fragen des Gesetzesbegriffs *Bryde*, in: von Münch/Kunig, Art. 76 Rn. 2; *Kersten*, in: Maunz/Dürig, Art. 76 Rn. 23.

Das parlamentarische **Gesetzgebungsverfahren**[2] gliedert sich in drei Abschnitte. 2
Es beginnt mit dem Initiativverfahren. Ihm folgt das Beratungs- und Beschlussstadium. Abgeschlossen wird es durch die Ausfertigung und Verkündung des vom Landtag oder vom Volk beschlossenen Gesetzes.

Der Verfassungsgeber hat die Gesetzgebung im Fünften Abschnitt nur in Grund- 3
zügen geregelt. Verfahrensregelungen für Gesetzesinitiativen hat er dort lediglich für die Volksgesetzgebung (Art. 82) getroffen. Weitere Bestimmungen, die das Gesetzgebungsverfahren betreffen, finden sich an anderen Stellen der Verfassung. Zu denken ist an die **Einbringungsmonopole** der Landesregierung nach Art. 77 Abs. 2 und 99 Abs. 3, die Regelungen zur Beschlussfassung des Landtags (Art. 61 Abs. 2 Satz 1) oder an die in Art. 91 Abs. 4 und Art. 92 Abs. 2 und 3 festgelegten Stellungnahme- und Anhörungsrechte. Ergänzend sind außerdem die Vorschriften der Geschäftsordnung des Landtags heranzuziehen, die das Parlament nach Art. 57 Abs. 5 erlassen hat.[3]

Dem Gesetzgebungsverfahren ist das **Gesetzentwurfsverfahren** vorgeschaltet.[4] 4
Hier werden Gesetzentwürfe vorbereitet. Der Fünfte Abschnitt der Thüringer Verfassung verhält sich hierzu nicht. Hingegen verpflichtet Art. 67 Abs. 4 die Regierung, das Parlament über „Gesetzentwürfe der Landesregierung" zu unterrichten. Weitere Anforderungen enthalten die §§ 19 ff. ThürGGO.

B. Herkunft, Entstehung und Entwicklung

Nach § 2 Abs. 3 der Vorläufigen Landessatzung für das Land Thüringen vom 5
7. November 1990 konnten Gesetzesvorschläge nur von der Landesregierung und aus der Mitte des Landtags eingebracht werden. Die Verfassungsentwürfe der Fraktionen der CDU (LT-Drs. 1/285), SPD (LT-Drs. 1/590), NF/GR/DJ (LT-Drs. 1/659) und LL/PDS (LT-Drs 1/678) gingen darüber hinaus. Sie sahen für das Gesetzgebungsverfahren auch plebiszitäre Bestandteile vor. Allein die F.D.P.-Fraktion verzichtete in ihrem Verfassungsentwurf (LT-Drs 1/301) auf Elemente der Volksgesetzgebung. Bei den Verfassungsberatungen zu den Themen „Gesetzesinitiative" und „Gesetzgeber" ging es vorrangig um die Frage, ob und unter welchen Voraussetzungen **plebiszitäre Elemente** in die Verfassung aufgenommen werden.[5] Ebenso wurde die Reihenfolge der Initiativberechtigten erörtert.[6]

C. Verfassungsvergleichende Information

Strukturell weist Art. 81 gegenüber den Parallelbestimmungen des Grundgeset- 6
zes und der anderen Landesverfassungen keine Besonderheiten auf. Auffällig ist jedoch die deutlich größere Offenheit der Thüringer Verfassung gegenüber di-

2 Die verfahrensrechtlichen Besonderheiten bei der Volksgesetzgebung werden in der Kommentierung zu Art. 82 behandelt.
3 Vgl. BVerfGE 1, 144 (153 f.), unter ergänzendem Hinweis auf die parlamentarische Praxis.
4 *Mann*, in: Sachs, GG, Art. 76 Rn. 2.
5 Siehe PW 1 VerfUA 013 (04.06.1992) S. 16 ff.; PW 1 VerfA 10 (24.09.1992) S. 41 ff.
6 PW 1 VerfUA 013 (04.06.1992), S. 16 ff.; PW 1 VerfA 020 (20.03.1993), S. 14 f.

rektdemokratischen Elementen als es beim Grundgesetz[7] der Fall ist.[8] Dies entspricht der Situation in den anderen Bundesländern. Sämtliche Landesverfassungen sehen – allerdings in unterschiedlicher Ausprägung – plebiszitäre Elemente im Gesetzgebungsverfahren vor.

D. Erläuterungen

I. Art. 81 Abs. 1

7 Absatz 1 beinhaltet das **Gesetzesinitiativrecht.** Es ermächtigt die dort genannten Berechtigten, Gesetzesvorlagen einzubringen. Der Landtag, vertreten durch den Landtagspräsidenten (Art. 57 Abs. 4 Satz 1), wird hingegen als Adressat nicht ausdrücklich genannt.

8 **1. Gesetzesvorlage.** Unter einer **Gesetzesvorlage**[9] versteht man einen ausformulierten Gesetzentwurf.[10] Da er auf einen Gesetzesbeschluss abzielt, muss sein Text – in Form eines Stammgesetzes[11] oder Änderungsgesetzes – beschlussreif sein.[12] Dementsprechend unterfällt eine schlichte Aufforderung an die Landesregierung, einen Gesetzentwurf vorzulegen, nicht dem Art. 81 Abs. 1.

9 Art. 81 Abs. 1 enthält zunächst die formelle Befugnis, eine eigene Gesetzesvorlage in den Landtag einzubringen. Damit die Norm nicht leerläuft, beinhaltet sie aber gleichzeitig auch einen materiellen Anspruch gegenüber dem Parlament. Dieses ist gehalten, sich mit dem Gesetzentwurf zu befassen, ihn zeitnah zu beraten und über ihn auch in angemessener Zeit zu entscheiden.[13]

10 Eine aus der **Mitte des Landtags** oder von der **Landesregierung** eingebrachte Gesetzesvorlage wird nicht nur durch eine Beschlussfassung des Parlaments erledigt. Vielmehr wird sie auch dann hinfällig, wenn es zur Neuwahl des Landtags kommt und der alte Landtag bis zur Konstituierung des neuen Landtags nicht über die Vorlage entschieden hat (§ 119 Abs. 1 Satz 1 ThürGOLT). Auch insoweit gilt der Grundsatz der (sachlichen) **Diskontinuität.**[14] Anders stellt sich die Situation dar, wenn der Gesetzentwurf durch Volksbegehren in das Parlament eingebracht ist. In dieser Konstellation ist der nächste Landtag gehalten, über die Vorlage zu entscheiden.[15]

---

7 Obwohl Art. 20 Abs. 2 Satz 2 GG davon spricht, dass das Volk die Staatsgewalt auch durch Abstimmungen ausübt, finden sich entsprechende Mitwirkungsrechte nur, soweit es um eine Neugliederung des Bundesgebietes (Art. 29, 118, 118 a GG) oder die Verabschiedung einer neuen Verfassung (Art. 146 GG) geht.

8 Siehe vor allem Art. 47 Abs. 1, Art. 81, 82 und 83 Abs. 2 Satz 2.

9 Anders als beim Grundgesetz (Art. 76 Abs. 1 GG) und den meisten Landesverfassungen, die ebenfalls den Begriff „Gesetzesvorlage" verwenden, wird in mehreren anderen Landesverfassungen (Art. 117 HessVerf, Art. 55 Abs. 1 Satz 1 M-VVerf, Art. 42 Abs. 3 NV, Art. 65 Verf NW, Art. 77 Abs. 2 LVerf LSA und Art. 37 Abs. 1 SchlHVerf) mit dem Terminus „Gesetzentwurf" gearbeitet. Diese unterschiedlichen Begrifflichkeiten wurden bei den Verfassungsberatungen thematisiert, PW 1 VerfUA 013 (04.06.1992) S. 21 f.

10 *Kersten*, in: Maunz/Dürig, Art. 76 Rn. 19; *Bryde*, in: von Münch/Kunig, Art. 76 Rn. 4.

11 Mit ihm wird erstmalig ein Sachverhalt geregelt, *Mann*, in: Sachs, GG, Art. 76 Rn. 4 Fn. 5.

12 *Mann*, in: Sachs, GG, Art. 76 Rn. 4.

13 BVerfGE 1, 144 (154); 84, 304 (329); *Pieroth*, in: Jarass/Pieroth, Art. 76 Rn. 4. Im Verhältnis zwischen Landtag und Landesregierung ergibt sich diese Verpflichtung auch aus dem Gebot der Verfassungsorgantreue, siehe *Hoffmann*, ZG 1990, 97 (103).

14 *Kloepfer*, Bd. I, § 15 Rn. 75; *Kersten*, in: Maunz/Dürig, Art. 76 Rn. 116.

15 Vgl. unten Art. 82 Rn. 39; *Hopfe*, in: Linck/Jutzi/Hopfe, Art. 82 Rn. 15; vgl. auch *Grube*, ThürVBl 1998, 245 (251 f.) für den Bürgerantrag.

Grundsätzlich erschöpft sich mit der Einbringung des Gesetzentwurfs in das Parlament das Initiativrecht. Der Verfasser ist nicht berechtigt, den Entwurf nach der Einbringung abzuändern oder zu ergänzen. Hingegen hat der Einbringende jederzeit die Möglichkeit, den Entwurf vor der abschließenden Entscheidung über die Vorlage zurückzuziehen.[16] Die ThürGOLT bringt dies in § 52 Abs. 4 zum Ausdruck. 11

2. Initiativberechtigung. Art. 81 Abs. 1 kennt drei verschiedene **Vorlageberechtigungen.** Die Reihenfolge („aus der Mitte des Landtags, durch die Landesregierung oder durch Volksbegehren") entspricht nur insoweit den tatsächlichen Verhältnissen, als **Volksbegehren** selten vorkommen. Hingegen stammt die überwiegende Zahl der Gesetzesvorlagen von der Landesregierung.[17] Dementsprechend wurde im Rahmen der Verfassungsberatungen der Vorschlag erörtert, in Art. 81 Abs. 1 die Landesregierung an erster Stelle der Vorlageberechtigten zu nennen,[18] wie es auch in anderen Landesverfassungen und in Art. 76 Abs. 1 GG der Fall ist. Da man die Bedeutung parlamentarischer Initiativen jedoch besonders hervorheben wollte, wurde diese Anregung nicht aufgegriffen. 12

Der **Bürgerantrag,**[19] der in Art. 68 geregelt ist, unterfällt nicht den Initiativrechten im Sinne des Art. 81 Abs. 1. Zwar räumt Art. 68 Abs. 1 Satz 2 die Möglichkeit ein, auch Gesetzentwürfe als Bürgerantrag einzubringen, jedoch löst der Bürgerantrag – anders als das Volksbegehren – keinen Akt der Volksgesetzgebung aus.[20] Denn der Bürgerantrag wird weder in Art. 81 Abs. 1 genannt[21] noch wird er von Art. 82 erfasst, der die Volksgesetzgebung zum Gegenstand hat. Der Bürgerantrag hat eine andere Funktion. Er ist „Mittel zur individuellen Einwirkung auf die politische Willensbildung".[22] 13

a) Vorlage aus der Mitte des Landtags. Art. 81 Abs. 1 nennt außer der Landesregierung keinen konkret Berechtigten. Vielmehr bedient er sich hinsichtlich innerparlamentarischer Initiativen des Begriffs „aus der Mitte des Landtags". Da der Landtag der Adressat der Gesetzesvorlage ist und die Vorlage aus seiner Mitte stammen muss, wird deutlich, dass es sich hierbei um ein **Abgeordnetenrecht** handelt.[23] Allerdings hat der Verfassungsgeber davon abgesehen, ausdrücklich dem einzelnen Abgeordneten bzw. Zusammenschlüssen von Abgeordneten das Initiativrecht einzuräumen. Hier weicht die Thüringer Verfassung von mehreren anderen Landesverfassungen ab, in denen der einzelne Abgeordnete, Fraktionen oder Gruppen als Träger des Einbringungsrechts genannt sind. In den Verfassungsentwürfen der Fraktionen NF/GR/DJ (Art. 47 Abs. 2, LT-Drs 14

16 *Sannwald*, in: Schmidt-Bleibtreu/Hofmann/Hopfauf, Art. 76 Rn. 37 und 40; *Mann*, in: Sachs, GG, Art. 76 Rn. 37.

17 Laut Auskunft der Landtagsverwaltung (Stand: 14.09.2012) wurden in der 1. bis 5. Wahlperiode 61,1 % der Gesetzentwürfe von der Landesregierung in den Landtag eingebracht. Von den in diesem Zeitraum angenommenen Gesetzentwürfen stammten 85,5 % von der Landesregierung. Siehe auch – für den Bundestag – die Angaben im Statistischen Jahrbuch für die Bundesrepublik Deutschland 2011, hrsg. vom Statistischen Bundesamt, Wiesbaden 2011, S. 110.

18 PW 1 VerfA 020 (20.03.1993), S. 14 f.

19 Dazu *Grube*, ThürVBl 1998, 217 ff., 245 ff.; siehe auch *Koch/Storr*, ThürVBl 2009, 5 (6).

20 ThürVerfGH, ThürVBl 2002, 31 (34); siehe auch *Huber*, LKV 1994, 121 (128).

21 Anders hingegen Art. 123 Abs. 1 BremVerf.

22 ThürVerfGH, ThürVBl 2002, 31 (34); *Huber*, in: Huber, 1. Teil, Rn. 182; *ders.*, LKV 1994, 121 (128); siehe auch die Unterscheidung bei *Grube*, ThürVBl 1998, 217 (220).

23 BVerfGE 1, 144 (153).

1/659) und der LL/PDS (Art. 84 Abs. 2, LT-Drs. 1/678) waren solche Rechte ausdrücklich genannt. Diese Ansätze konnten sich bei den Verfassungsberatungen aber nicht durchsetzen.

15 Die Thüringer Verfassung legt nicht weiter fest, welche Anforderungen erfüllt sein müssen, um von einer zulässigen Initiative „aus der Mitte des Landtags" sprechen zu können. Sie überlässt dies der **Geschäftsordnungsautonomie** des Landtags.[24] Dieser hat in § 51 Abs. 3 seiner Geschäftsordnung festgelegt, dass „Vorlagen aus der Mitte des Landtags [...] nur von einer Fraktion oder von zehn Abgeordneten eingebracht werden" können. Auch wenn diese Beschränkung des Gesetzesinitiativrechts in einem Spannungsverhältnis zu Art. 53 Abs. 2 steht, ist sie verfassungsrechtlich zulässig. Die Einführung dieser **Quoren** ist der Arbeitsfähigkeit des Parlaments geschuldet.[25] Der Landtag hat den ihm im Rahmen des Art. 57 Abs. 5 eingeräumten weiten Gestaltungsspielraum[26] nicht überschritten. Da der Verfassungsgeber – wie oben dargelegt – Vorschläge nicht aufgegriffen hat, dem einzelnen Abgeordneten ein Initiativrecht einzuräumen, stellt sich für Thüringen auch nicht die Frage, ob sich aus dem Terminus „aus der Mitte des Landtags" ein solches Initiativrecht herleiten lässt.[27]

16 Den **Parlamentsausschüssen** ist es verwehrt, eine Gesetzesinitiative einzuleiten.[28] Es handelt sich bei ihnen nicht um Zusammenschlüsse von Landtagsabgeordneten, die dem Begriff „aus der Mitte des Landtags" zuzuordnen sind, sondern um vorbereitende interne Hilfsorgane der Volksvertretung.[29] Ist allerdings in einem Ausschuss die nötige Anzahl von Landtagsabgeordneten bereit, eine Gesetzesinitiative zu unterstützen, die in dem Ausschuss erarbeitet wurde, kann auf diesem Wege eine Gesetzesvorlage auf den Weg gebracht werden.[30]

17 **b) Gesetzentwurf der Landesregierung.** An zweiter Stelle nennt Art. 81 Abs. 1 die Landesregierung als Initiativberechtigte. Die Befugnis liegt beim Kabinett als Ganzem, nicht beim Ministerpräsidenten oder einzelnen Ministern. Der Verfassungsgeber hat sich hier für das **Kabinettsprinzip** entschieden, wie sich auch aus Art. 76 Abs. 2 Satz 1 ergibt. Gleichwohl wird der **Referentenentwurf** im federführenden Ressort erarbeitet und dann nach den Vorgaben der ThürGGO weiter behandelt (siehe im Einzelnen §§ 19 bis 25 ThürGGO).

18 **c) Volksbegehren.** Als dritte Möglichkeit, eine Gesetzesinitiative einzuleiten, sieht die ThürVerf das **Volksbegehren** vor. Während das parlamentarische Gesetzgebungsverfahren – wie ausgeführt – im Fünften Abschnitt der Verfassung nur ansatzweise geregelt ist, enthält Art. 82 detaillierte Regelungen zum Volksbegehren, die durch das ThürBVVG, dort insbes. §§ 9 bis 18, noch einmal konkretisiert werden.

---

24 Vgl. BVerfGE 1, 144 (153).

25 *Masing*, in: von Mangoldt/Klein/Starck, Art. 76 Rn. 35. Siehe zum Meinungsstreit um die Höhe solcher Quoren *Mann*, in: Sachs, GG, Art. 76 Rn. 10.

26 Vgl. BVerfGE 80, 188 (218 ff.); siehe auch ThürVerfGH, ThürVBl 2006, 229 (230).

27 So aber – entgegen der hM – *Kersten*, in: Maunz/Dürig, Art. 76 Rn. 48, für die Parallelbestimmung des Art. 76 Abs. 1 GG. Gegen diesen Ansatz schon BVerfGE 1, 144 (153), wonach das Initiativrecht „nicht dem Bundestag, sondern den Abgeordneten in einer zahlenmäßig bestimmten Gruppierung" zustehe.

28 *Linck*, in: Linck/Jutzi/Hopfe, Art. 81 Rn. 6.

29 *Achterberg/Schulte*, in: von Mangoldt/Klein/Starck, Art. 42 Rn. 14.

30 *Versteyl*, in: von Münch/Kunig, Art. 43 Rn. 15; *Linck*, in: Linck/Jutzi/Hopfe, Art. 81 Rn. 6.

Der Verfassungsgerichtshof hat sich in mehreren Entscheidungen mit dem Verhältnis zwischen der parlamentarischen Gesetzgebung und der Volksgesetzgebung auseinandergesetzt[31] und ist dabei von einem **Vorrang** (**Prävalenz**) der parlamentarischen Gesetzgebung gegenüber der Volksgesetzgebung ausgegangen.[32] Hinsichtlich der Einzelheiten wird auf die Kommentierung zu Art. 82 verwiesen.[33] 19

3. Einbringungsvarianten. Die Einbringungsrechte bestehen unabhängig voneinander. Ein Regierungsentwurf kann mit einem oder mehreren Gesetzentwürfen, die aus der Mitte des Landtags stammen, konkurrieren. Folglich entfaltet die Einbringung einer Vorlage keine **Sperrwirkung** für andere Initiativberechtigte.[34] Es ist auch möglich, dass die Landesregierung und eine Fraktion jeweils einen inhaltsgleichen Entwurf einbringen. Ferner ist es zulässig, dass eine Fraktion den Entwurf, der von der Landesregierung bzw. einem Ressort erarbeitet worden ist, unter eigenem Namen einbringt.[35] Verfassungswidrig wäre es hingegen, wenn die Landesregierung und eine oder mehrere Fraktionen gemeinsam, d.h. in einer einzigen Vorlage einen Gesetzentwurf einbringen würden.[36] Dies würde die Verantwortlichkeiten verwischen,[37] zumal es dem Initianten – wie bereits oben angesprochen – möglich ist, den Gesetzentwurf bis zu seiner Erledigung durch Beschlussfassung oder Neuwahl des Landtags wieder zurückzuziehen. Bei einem Gemeinschaftsentwurf würde die Zurücknahme auch insoweit ein gemeinsames Vorgehen erfordern. 20

4. Initiativmonopole. Bei **Haushaltsgesetzen** und bei **Staatsverträgen** besteht ein **Einbringungsmonopol** der Landesregierung. Für die Haushaltsgesetzgebung ist dies in Art. 99 Abs. 3 angelegt, wonach die Landesregierung den Entwurf des Haushaltsgesetzes mit Haushaltsplan sowie Entwürfe zu deren Änderung einbringt. Es handelt sich einerseits um eine Einbringungspflicht, andererseits aber auch um ein Einbringungsmonopol.[38] 21

Bei Staatsverträgen, die nach Art. 77 Abs. 2 der Zustimmung des Landtags bedürfen, folgt das Initiativmonopol[39] daraus, dass das Aushandeln und der Abschluss von Staatsverträgen zum **Aufgabenbereich der Exekutive** gehört, der Landtag insoweit nur einen Unterrichtungsanspruch (Art. 67 Abs. 4) hat.

5. Initiativpflichten. Art. 81 Abs. 1 spricht im Gegensatz zu Art. 76 Abs. 1 GG und zahlreichen Landesverfassungen, in denen davon die Rede ist, dass die Gesetzesvorlagen bzw. Gesetzentwürfe eingebracht „werden", davon, dass die Vorlagen eingebracht werden „können". Aus dieser unterschiedlichen Wortwahl folgen aber keine abweichenden Maßstäbe. Grundsätzlich haben die Initiativberechtigten die freie Wahl, ob sie ein Gesetzesvorhaben in das Parlament einbringen oder nicht. Von daher gibt Art. 81 Abs. 1 ThürVerf dieses Ermessen 22

31 ThürVerfGH, ThürVBl 2002, 31 ff.; ThürVBl 2008, 56 ff.
32 ThürVerfGH, ThürVBl 2002, 31 (37).
33 Vgl. unten Art. 82 Rn. 47 ff.
34 *Achterberg*, S. 350.
35 Vgl. *Ossenbühl*, in: HStR V, § 102 Rn. 24.
36 *Sannwald*, in: Schmidt-Bleibtreu/Hofmann/Hopfauf, Art. 76 Rn. 43; aA *Pieroth*, in: Jarass/Pieroth, Art. 76 Rn. 3; *Stern*, Bd. II, S. 619.
37 *Masing*, in: von Mangoldt/Klein/Starck, Art. 76 Rn. 49.
38 BVerfGE 45, 1 (46).
39 *Linck*, in: Linck/Jutzi/Hopfe, Art. 81 Rn. 7; *Bryde*, in: von Münch/Kunig, Art. 76 Rn. 5; *Stettner*, in: Dreier, Art. 76 Rn. 7; aA *Pieroth*, in: Jarass/Pieroth, Art. 76 Rn. 3 mwN.

klarer wieder als die Verfassungsbestimmungen, die von „werden eingebracht" sprechen.

23 Es gibt jedoch auch **Initiativpflichten**. In diesen Fällen wird aus dem „Können" ein „Müssen". Bereits erwähnt wurde die aus Art. 99 Abs. 3 Satz 1 folgende Pflicht der Landesregierung, Haushaltsgesetze einzubringen. Eine Einbringungspflicht kann sich aber auch aus **Gesetzgebungsaufträgen** ergeben, etwa wenn eine EU-Richtlinie in Landesrecht umgesetzt werden muss und es hierfür eines Parlamentsgesetzes bedarf. Auch **Staatszielbestimmungen** können ein Gesetz erforderlich machen. Gleiches gilt, wenn das Bundesverfassungsgericht oder das Landesverfassungsgericht den Gesetzgeber verpflichtet, normsetzend bzw. -korrigierend tätig zu werden.

24 Sofern sich der Adressat der Initiativpflicht nicht wie bei Art. 99 Abs. 3 Satz 1 unmittelbar aus dem Verfassungstext ergibt, stellt sich die Frage, an wen sie sich richtet. In Betracht kommt hier grundsätzlich nur die Landesregierung. Nur sie wird in Art. 81 Abs. 1 als Träger des Initiativrechts namentlich genannt. Schwerlich ließe sich auch konkretisieren, wer zu einer Gesetzesvorlage aus der Mitte des Landtags verpflichtet sein sollte. Für die Volksgesetzgebung kommt sie schon per se nicht in Betracht. Geht es um eine komplexe Regelungsmaterie, wird im Übrigen oftmals nur die Landesregierung mit ihrer **Ministerialbürokratie** in der Lage sein, binnen angemessener Frist einen Gesetzentwurf vorzulegen[40] oder einem anderen Initiativberechtigten, dem hierfür die erforderlichen Kapazitäten fehlen, ihre Ressourcen zur Verfügung zu stellen.[41]

Geht es jedoch um einen Gegenstand, der in den **Kernbereich des Landtags** fällt – zu denken ist hier zum Beispiel an die **Diätenfestsetzung** –, scheidet eine Initiativpflicht der Landesregierung aus. Dies gebietet der Grundsatz der **Gewaltenteilung.**[42] Dementsprechend kann die Regierung hier allenfalls gehalten sein, auf ein entsprechendes Ersuchen unterstützend tätig zu werden.

25 **Beschlüsse** des Landtags, **die die Landesregierung auffordern**, einen **Gesetzentwurf vorzulegen**, binden die Regierung nicht.[43] Eine solche Bindung widerspräche Art. 81 Abs. 1, denn das Initiativrecht beinhaltet auch eine Initiativfreiheit. Sie wäre auch mit der Eigenverantwortung der Landesregierung nicht zu vereinbaren.[44]

26 **6. Inhaltliche Schranken des Einbringungsrechts.** Das Initiativrecht ist insoweit beschränkt, als es nicht über die **Regelungskompetenz des Landtags** als Gesetzgeber hinausreichen kann, wie sich auch Art. 48 Abs. 2 („behandelt die in die Zuständigkeit des Landes gehörenden öffentlichen Angelegenheiten") entnehmen lässt.[45] Von daher sind Gesetzesinitiativen unzulässig, die sich mit Materien befassen, für die der Landesgesetzgeber unzuständig ist, wie es bei völker- und europarechtlichen Themen sowie bei Gegenständen der Bundesgesetzgebung der Fall ist.[46] Für die Volksgesetzgebung ist zusätzlich Art. 82 Abs. 2 zu

40 Vgl. BVerfGE 25, 167 (185 ff.) und 33, 1 (12 f.), wo dementsprechend bei Gesetzgebungsaufträgen auf das Verhalten der Regierung abgestellt wird.
41 *Bryde*, in: von Münch/Kunig, Art. 76 Rn. 6.
42 Vgl. *Masing*, in: von Mangoldt/Klein/Starck, Art. 76 Rn. 71.
43 *Schmidt-Jortzig/Schürmann*, in: BK, Art. 76 Rn. 164 ff. mwN.
44 Siehe dazu *Fibich*, S. 82 ff.
45 *Huber*, in: Huber, 1. Teil, Rn. 159.
46 *Menzel*, DVBl. 1999, 1385 (1389); siehe auch *Jutzi*, NJ 1999, 243 f.

beachten.[47] Zudem findet eine Gesetzesinitiative dort ihre Grenze, wo die **Ewigkeitsgarantie** des Art. 83 Abs. 3 berührt ist.[48]

7. Formale Anforderungen an den Gesetzentwurf. Art. 81 Abs. 1 äußert sich nicht dazu, wie eine Gesetzesvorlage auszusehen hat. Gleichwohl sind bestimmte formale Anforderungen an sie zu stellen. So ist der Gesetzentwurf mit einer **Begründung** zu versehen. Für einen Gesetzentwurf, der von der Landesregierung in den Landtag eingebracht werden soll, sieht dies § 25 Abs. 1 ThürGGO vor. Auch § 51 Abs. 2 ThürGOLT verlangt, dass Gesetzentwürfe der Landesregierung schriftlich zu begründen sind, wobei die Begründung zudem eine Kurzfassung des wesentlichen Inhalts des Gesetzes, eine Übersicht über seine finanziellen Auswirkungen sowie eine Erläuterung der verwaltungsmäßigen Abwicklung des entstehenden Verwaltungsaufwands enthalten soll. 27

Die Bestimmung des § 51 Abs. 2 ThürGOLT vermag die Landesregierung freilich nicht unmittelbar zu verpflichten. Denn es handelt sich bei dieser Vorschrift um eine Binnennorm, die der Landtag aufgrund seiner **Geschäftsordnungsautonomie** erlassen hat. Ein anderes Verfassungsorgan kann hierdurch nicht gebunden werden.[49] Gleichwohl ist eine Gesetzesvorlage schriftlich einzureichen und zu begründen.[50] Die entsprechende Verpflichtung ergibt sich unmittelbar aus der Verfassung. Sie ist dem Art. 81 Abs. 1 ThürVerf immanent und folgt auch aus Art. 60 Abs. 1 („verhandeln"). Eine sachgerechte Beratung und Entscheidung über einen Gesetzentwurf ist regelmäßig nur dann möglich, wenn der Vorlage auch eine Gesetzesbegründung beigefügt ist.[51] Vor diesem Hintergrund ist § 51 Abs. 3 Satz 3 der Geschäftsordnung des Landtags zu sehen, wonach Gesetzentwürfe aus der Mitte des Landtags schriftlich begründet werden sollen. Bei einer verfassungskonformen Auslegung verdichtet sich dieses Sollen in der Regel zu einem Müssen. Allerdings beinhaltet die Begründungspflicht nicht zugleich die Pflicht, auch einen **Deckungsvorschlag** zu unterbreiten. Denn damit würde dem Initianten – wenn auch nur abstrakt – vorgeschrieben, welchen Inhalt die Gesetzesvorlage zumindest haben muss. Dies würde zu einer sachlichen Beschränkung des Initiativrechts führen, die mit Art. 81 Abs. 1 nicht vereinbar wäre.[52]

Für Volksbegehren folgt der Schriftform- und Begründungszwang aus Art. 82 Abs. 1 („ausgearbeitete Gesetzentwürfe").[53] Das ThürBVVG sieht ihn in § 6 Abs. 1 Satz 2, § 13 Abs. 1 vor. Konkretisiert wird diese Vorgabe durch § 3 der Thüringer Verordnung zum Verfahren bei Bürgerantrag und Volksbegehren in Verbindung mit deren Anlage 4. 28

47 Siehe dazu ThürVerfGH, ThürVBl 2002, 31 ff.; ThürVBl 2008, 56 ff.; jeweils kritisch z.B. *Jutzi*, NJ 2001, 644 (645 f.) und NJ 2008, 72 (73 f).

48 Zur Frage, ob das Budgetrecht des Landtags Art. 83 Abs. 3 unterfällt, ThürVerfGH, ThürVBl 2002, 31 (39 ff.); kritisch hierzu Linck, ThürVBl 2011, 145 (147 ff.).

49 BVerfGE 1, 144 (148); *Linck*, in: Linck/Jutzi/Hopfe, Art. 57 Rn. 31.

50 Im Ergebnis ebenso *Linck*, in: Linck/Jutzi/Hopfe, Art. 81 Rn. 12, der allerdings davon ausgeht, dass die Regierung der geschäftsordnungsmäßigen Begründungspflicht unterliegt; generell eine Begründungspflicht ablehnend *Kersten*, in: Maunz/Dürig, Art. 76 Rn. 22; *Pieroth*, in: Jarass/Pieroth, Art. 76 Rn. 3 mwN.

51 Im Einzelnen *Fibich*, S. 90 f., unter Bezugnahme auf BVerfGE 70, 324 (355). *Mann*, in: Sachs, GG, Art. 76 Rn. 7 mwN, leitet eine eingeschränkte Begründungspflicht aus der Verfassungsbindung (Art. 20 Abs. 3 GG) her.

52 Siehe BVerfGE 1, 144 (158 ff.).

53 Siehe dazu im Einzelnen unten Art. 82 Rn. 15.

29 **8. Beteiligungspflichten.** Art. 81 Abs. 1 schweigt auch darüber, ob der Urheber einer Gesetzesinitiative gehalten ist, Dritte vor der Einbringung der Vorlage in den Landtag zu beteiligen. Soweit es das Verhältnis zwischen der Landesregierung und dem Landtag betrifft, kommt insoweit Art. 67 Abs. 4 zum Tragen. Die dort verankerte **Unterrichtungspflicht der Landesregierung** bezieht sich auf Referentenentwürfe, die den **ersten Kabinettdurchgang** (§ 19 Abs. 2 ThürGGO) durchlaufen haben.[54] Denn vorher kann noch nicht von einem Gesetzentwurf der Landesregierung gesprochen werden.[55]

30 **Beteiligungspflichten der Landesregierung** ergeben sich zudem aus Art. 91 Abs. 4[56] sowie Art. 92 Abs. 2 und 3. Sie können aber auch einfach-gesetzlich begründet sein.[57] Die ThürGGO behandelt die Beteiligung Dritter in den §§ 20 bis 22.

31 Während Art. 67 Abs. 4 eine Unterrichtung des Landtags vorsieht, enthält die Verfassung keine Bestimmung, wonach umgekehrt die Landesregierung über Gesetzesvorhaben aus der Mitte des Landtags zu beteiligen ist. Dies ist vor dem Hintergrund eines parlamentarischen Regierungssystems folgerichtig. Zwischen der Landesregierung und den Regierungsfraktionen herrscht ohnehin eine intensive Zusammenarbeit. Hingegen würde es nicht angehen, wenn die Opposition verpflichtet wäre, im Vorfeld der Einbringung einer Gesetzesinitiative die Landesregierung über das Vorhaben zu unterrichten.

II. Art. 81 Abs. 2

32 Der Fünfte Abschnitt der Thüringer Verfassung schweigt darüber, wie der Landtag eine eingebrachte Gesetzesinitiative bis zu einer Beschlussfassung zu behandeln hat. Auch dies hat der Verfassungsgeber der **Geschäftsordnungsautonomie** des Parlaments überlassen.[58] Die Einzelheiten hierzu finden sich in den §§ 55 ff. der Geschäftsordnung.[59]

33 **1. Gang der Beratungen.** Die Bestimmung des § 55 ThürGOLT sieht zunächst eine **erste Beratung**[60] im Plenum vor.[61] Entgegen dem Begriff „Beratung", der eine Erörterung der Vorlage nahe legt, findet eine Aussprache über den Entwurf

54 *Storr*, Staats- und Verfassungsrecht, S. 192; *Linck*, in: Linck/Jutzi/Hopfe, Art. 67 Rn. 21.

55 Weitergehend zur Pflicht der Landesregierung, über ein Gesetzesvorhaben zu unterrichten, *Fibich*, S. 84 ff.

56 *Stöffler*, ThürVBl 2006, 121 (122 f.). Siehe zudem ThürVerfGH, ThürVBl 2005, 11 (14 f.), der klargestellt hat, dass Art. 91 Abs. 4 auch für den Erlass von förmlichen Gesetzen gilt.

57 Siehe z.B. die Beteiligung der Gewerkschaften, Berufsverbände und kommunalen Spitzenverbände nach § 98 ThürBG. Der ThürVerfGH hat in seinem Beschluss vom 08.10.1996 – 18/96 - ThürVBl 1997, 13 (15), ausdrücklich offen gelassen, ob sich aus Art. 37 Abs. 1 ein Beteiligungsanspruch berufsständischer Spitzenorganisationen gegenüber der Landesregierung oder dem Landtag herleiten lässt; dazu *Storr*, Staats- und Verfassungsrecht, S. 256 f.

58 Vgl. BVerfGE 1, 144 (153); siehe auch ThürVerfGH, NVwZ-RR 2003, 793 (794), wonach sich die „verfassungsrechtliche Verantwortung des Gesetzgebers [...] auf den Gesetzesbeschluss als das Ergebnis des Gesetzgebungsverfahrens [konzentriere]. Der dorthin führende Weg [sei], sofern es nicht um die Beachtung der notwendigen Formalitäten geh[e], in diese Verantwortung nicht einbezogen".

59 Siehe zum Ablauf der Beratungen *Masing*, in: von Mangoldt/Klein/Starck, Art. 77 Rn. 21 ff.; *Ossenbühl*, in: HStR V, § 102 Rn. 31 ff.

60 Gebräuchlich ist auch der Begriff „Lesung".

61 Verfassungsrechtlich ist die erste Lesung nicht zwingend geboten, vgl. BVerfGE 1, 144 (151).

meist nicht statt. Vielmehr wird der Gesetzentwurf sofort in den zuständigen Ausschuss überwiesen. Findet hingegen eine Aussprache über den Entwurf statt, beschränkt sie sich auf die Grundzüge der Gesetzesinitiative.[62]

Sind mehrere **Ausschüsse** mit dem Gesetzentwurf zu befassen, erhält ein Ausschuss die Federführung zugewiesen. Die anderen Ausschüsse sind beratend tätig. Im Rahmen der Ausschussarbeit wird die Gesetzesvorlage geprüft und erörtert. Den Ausschüssen ist es dabei verwehrt, die Vorlage verzögert zu behandeln oder selbst über sie zu entscheiden. Denn Adressat der Gesetzesinitiative und Organ der Gesetzgebung ist das Plenum des Parlaments. Ihm obliegt es, den Entwurf abschließend zu beraten und über ihn zu entscheiden.[63] 34

Die Phase der Ausschussarbeit endet mit einer **Beschlussempfehlung** samt **Abschlussbericht.** Die entsprechende Landtagsdrucksache enthält die Fassung, die der Gesetzentwurf infolge der Ausschussbefassung erlangt hat. Auf ihrer Grundlage erfolgt die **zweite Beratung** im Plenum. Eine **dritte Beratung** sieht die ThürGOLT nur vor, wenn die Verfassung geändert werden soll (§ 55 Abs. 1). Von Verfassungs wegen ist eine solche dritte Lesung nicht geboten.[64]

2. Beteiligung Dritter. Soweit es um die Beteiligung Dritter im parlamentarischen Gesetzgebungsverfahren geht, sind insbes. die Art. 91 Abs. 4 und 92 Abs. 2 und 3 zu beachten, durch die die Belange der **Gemeinden** und Gemeindeverbände geschützt werden sollen. Die Geschäftsordnung des Landtags berücksichtigt dies in § 79 Abs. 2 und 3. Verstößt der Gesetzgeber gegen Art. 91 Abs. 4, führt dies zur Nichtigkeit des Gesetzes.[65] 35

Anders als es Art. 67 Abs. 4 für die Landesregierung vorschreibt, sieht die Thüringer Verfassung für das Parlament keine Verpflichtung vor, die Regierung über Gesetzentwürfe aus der Mitte des Landtags zu unterrichten. Die Geschäftsordnung des Landtags enthält hingegen eine entsprechende Regelung in § 52 Abs. 1 Satz 1. 36

3. Abänderungsbefugnis des Landtags. Der Landtag darf eine Gesetzesvorlage abändern. Mit der Einbringung der Vorlage in den Landtag unterliegt die Vorlage der **Dispositionsbefugnis des Parlaments.** Der Landtag ist nicht nur frei in seiner Entscheidung, ob er das Gesetz erlässt oder nicht, vielmehr kann er die Vorlage auch in abgeänderter Form beschließen. Dies folgt zum einen aus der Funktion des Landtags als **Gesetzgebungsorgan** (Art. 47 Abs. 1 und Art. 48 Abs. 2), mit der eine inhaltliche Bindung an den Gesetzentwurf nicht vereinbar wäre. Zum anderen setzt das „**Verhandeln**" im Sinne des Art. 60 Abs. 1 die Gestaltungsfreiheit des Parlaments voraus. Besonderheiten ergeben sich lediglich bei der Haushaltsgesetzgebung und beim Abschluss von Staatsverträgen.[66] 37

Eine vollständige Umgestaltung der Vorlage ist freilich nicht zulässig. Wenigstens in seinen Grundzügen muss der Gesetzentwurf des Initiativberechtigten noch erkennbar sein.[67] Bei den Beratungen in den Landtagsausschüssen muss zudem § 74 Abs. 1 der Geschäftsordnung des Landtags berücksichtigt werden.

---

62 § 56 Satz 1 ThürGOLT; vgl. *Ossenbühl*, HStR V, § 102 Rn. 32.

63 BVerfGE 1, 144 (154).

64 BVerfGE 1, 144 (151); 29, 221 (234); *Linck*, in: Linck/Jutzi/Hopfe, Art. 81 Rn. 16.

65 ThürVerfGH, ThürVBl 2005, 11 (15 f.); dazu *Vetzberger*, LKV 2005, 246 f.; *Stöffler*, ThürVBl 2006, 121 ff.; siehe auch ThürVerfGH, ThürVBl 1997, 13 (15), zu den Beteiligungsansprüchen berufsständischer Spitzenverbände.

66 Zum Ganzen *Fibich*, S. 92 ff. mwN.

67 *Bryde*, JZ 1998, 115 (117).

Die **Ausschüsse** haben sich mit den ihnen überwiesenen Vorlagen zu befassen. Damit ist es schwerlich vereinbar, wenn sie die Gesetzesvorlage um Regelungen ergänzen wollen, die mit dem Ausgangsentwurf nicht in einem unmittelbaren Sachzusammenhang stehen. Eine zu weitgehende Änderungs- oder Ergänzungskompetenz würde ansonsten auf ein von der Verfassung nicht vorgesehenes eigenes Initiativrecht der Ausschüsse hinauslaufen.[68]

38 **4. Überprüfungs- und Begründungspflichten des Landtags.** Der Gesetzgeber kann unter Umständen verpflichtet sein zu überprüfen, ob die Umstände, die ihn zur Einführung einer bestimmten Regelung bewogen haben, noch fortgelten. Namentlich stellt sich diese Frage etwa bei **Sperrklauseln** im Wahlrecht. Im Gegensatz zu den Verfassungsgerichten anderer Bundesländer[69] vertritt der Thüringer Verfassungsgerichtshof hier eine restriktive Linie. Er verneint eine Pflicht des Landtags zur ergebnisoffenen **Überprüfung der Verfassungsmäßigkeit von Gesetzen.** Würden bestehende Gesetze durch spätere Entwicklungen verfassungswidrig, läge in der Untätigkeit des Gesetzgebers „hinsichtlich des Ergebnisses des Gesetzgebungsverfahrens, nicht jedoch im unterlassenen Verfahren allein“ ein Verfassungsverstoß.[70]

39 Bei bestimmten Regelungsgegenständen ist der Gesetzgeber gehalten, das Gesetzgebungsverfahren besonders transparent zu gestalten. Ein solches **Transparenzgebot** gilt für die Festsetzung der Diäten.[71] Es ist auch bei der Finanzausstattung der Gemeinden (Art. 93 Abs. 1) zu beachten.[72]

40 **5. Beschlussfassung.** Nach der abschließenden Beratung entscheidet der Landtag über die Gesetzesinitiative. Die **Beschlussfassung** richtet sich nach Art. 61 Abs. 2 Satz 1. Grundsätzlich genügt die einfache Mehrheit. Eine Ausnahme gilt für **verfassungsändernde Gesetze.** Hier ist eine 2/3-Mehrheit erforderlich (Art. 83 Abs. 2 Satz 1).

41 Ist der Gesetzesbeschluss gefasst, ist es dem Landtag verwehrt, ihn wieder aufzuheben oder abzuändern. Vielmehr bedarf es hierzu einer gesonderten neuen Gesetzesinitiative. Ähnlich wie bei Gerichtsurteilen (vgl. § 319 Abs. 1 ZPO) ist es allerdings gestattet, **offensichtliche Fehler** zu **berichtigen** (§ 110 Abs. 2 ThürGOLT).[73]

42 **6. Abschluss des Gesetzgebungsverfahrens.** Beschließt der Landtag ein Gesetz, ist es vom Landtagspräsidenten **auszufertigen** und von ihm zu **verkünden** (Art. 85 Abs. 1). Es tritt dann nach Maßgabe des Art. 85 Abs. 2 in Kraft.

43 Endet die Wahlperiode, bevor das beschlossene Gesetz verkündet ist, unterfällt das Gesetz gleichwohl nicht dem Grundsatz der **Diskontinuität.**[74] Denn wenn das Gesetz im bisherigen Landtag das Gesetzgebungsverfahren vollständig durchlaufen hat, handelt es sich nicht mehr um eine Vorlage im Sinne des § 119 Abs. 1 Satz 1 ThürGOLT, die mit dem Ende der Wahlperiode als erledigt gelten könnte.[75]

---

68 Siehe *Masing*, in: von Mangoldt/Klein/Starck, Art. 77 Rn. 33.
69 Siehe etwa VerfGH NW, NVwZ-RR 2003, 83 f.
70 ThürVerfGH, ThürVBl 2006, 229 (230); zu dieser Entscheidung *Sachs*, JuS 2007, 77 ff.
71 Zu den Anforderungen, die an das diätenrelevante Gesetzgebungsverfahren zu stellen sind, ThürVerfGH, NVwZ-RR 2003, 793 ff.
72 Siehe dazu im Einzelnen ThürVerfGH, ThürVBl 2012, 55 ff.
73 BVerfGE 48, 1 (18 f.); 105, 313 (334); *Kloepfer*, Bd. I, § 21 Rn. 266 ff.
74 Vgl. *Achterberg*, S. 211.
75 Vgl. *Maunz/Klein*, in: Maunz/Dürig, Art. 39 Rn. 54.

7. **Besonderheiten beim Volksbegehren.** Ist ein Volksbegehren zustande gekommen, hat der Landtag es innerhalb von sechs Monaten nach der Feststellung seines Zustandekommens abschließend zu behandeln (Art. 82 Abs. 7 Satz 1). Wegen der Einzelheiten und des weiteren Verfahrens wird auf die Kommentierung zu Art. 82 verwiesen. 44

Artikel 82 [Volksbegehren; Volksentscheid]

(1) Die nach Artikel 46 Abs. 2 wahl- und stimmberechtigten Bürger können ausgearbeitete Gesetzentwürfe im Wege des Volksbegehrens in den Landtag einbringen.

(2) Volksbegehren zum Landeshaushalt, zu Dienst- und Versorgungsbezügen, Abgaben und Personalentscheidungen sind unzulässig.

(3) [1]Der Antrag auf Zulassung des Volksbegehrens muss von mindestens 5 000 Stimmberechtigten unterzeichnet sein. [2]Halten die Landesregierung oder ein Drittel der Mitglieder des Landtags die Vorraussetzungen für die Zulassung des Volksbegehrens für nicht gegeben oder das Volksbegehren für mit höherrangigem Recht nicht vereinbar, haben sie den Verfassungsgerichtshof anzurufen.

(4) [1]Die Antragsteller des Volksbegehrens können Vertreter bestellen. [2]Diese haben ein Recht auf Anhörung in einem Ausschuss.

(5) [1]Mit der Vorlage des Antrags auf Zulassung des Volksbegehrens entscheiden die Antragsteller darüber, ob die Sammlung durch Eintragung in amtlich ausgelegte Unterschriftsbögen oder in freier Sammlung erfolgen soll. [2]Ein Volksbegehren ist zustande gekommen, wenn ihm durch Eintragung in die amtlich ausgelegten Unterschriftsbögen acht vom Hundert der Stimmberechtigten innerhalb von zwei Monaten zugestimmt haben oder in freier Sammlung mindestens zehn vom Hundert der Stimmberechtigten innerhalb von vier Monaten zugestimmt haben.

(6) [1]Die freie Sammlung der Unterschriften für ein Volksbegehren kann durch Gesetz für bestimmte Orte ausgeschlossen werden. [2]Die Unterschrift zur Unterstützung eines Volksbegehrens kann vom Unterzeichner ohne Angabe von Gründen bis zum Ablauf der Sammlungsfrist widerrufen werden.

(7) [1]Der Landtag hat ein Volksbegehren innerhalb von sechs Monaten nach der Feststellung seines Zustandekommens abschließend zu behandeln. [2]Entspricht der Landtag einem Volksbegehren nicht, findet über den Gesetzentwurf, der Gegenstand des Volksbegehrens war, ein Volksentscheid statt; in diesem Fall kann der Landtag dem Volk zusätzlich auch einen eigenen Gesetzentwurf zur Entscheidung vorlegen. [3]Über die Annahme des Gesetzes entscheidet die Mehrheit der abgegebenen Stimmen; es ist im Wege des Volksentscheids jedoch nur beschlossen, wenn mehr als ein Viertel der Stimmberechtigten zustimmt.

(8) Das Nähere regelt das Gesetz.

Vergleichbare Regelungen

Art. 60 BWVerf; Art. 74 BayVerf; Art. 62 f. VvB; Art. 22 BbgVerf; Art. 87 Abs. 2 BremVerf; Art. 50 HambVerf; Art. 124 HessVerf; Art. 60 M-VVerf; Art. 48 f. NV; Art. 68 Verf NW; Art. 109 Verf Rh-Pf; Art. 99 f. SaarlVerf; Art. 72 SächsVerf; Art. 81 LVerf LSA; Art. 42 SchlHVerf.

Ergänzungsnormen im sonstigen thüringischen Recht

ThürBVVG idF der Bek. V. 23.02.2004 (ThürGVBl. S. 237); Thüringer Verordnung zum Verfahren bei Bürgerantrag und Volksbegehren vom 29.06.2006 (ThürGVBl. S. 361) zuletzt geändert durch Verordnung v. 07.12.2011 (ThürGVBl. S. 561).

Dokumente zur Entstehungsgeschichte

Art. 55 VerfE SPD; Art. 51 VerfE NF/GR/DJ; Art. 85 VerfE LL/PDS; Entstehung ThürVerf, S. 217 ff.

Literatur

Martin Borowski, Parlamentsgesetzliche Änderungen volksbeschlossener Gesetze, DÖV 2000, 481 ff.; *Christoph Degenhart,* Volksbegehren und überholendes Parlamentsgesetz, in: FS Wilfried Fiedler (2011), S. 35 ff.; *Horst Dreier,* Landesverfassungsänderung durch quorenlosen Volksentscheid aus der Sicht des Grundgesetzes, BayVBl 1999, 513 ff.; *Klaas Engelken,* Kann ein Volksbegehren Sperrwirkung für Gesetzgebung und Regierung haben?, DVBl. 2005, 415 ff.; *Tim Fellmann/Marco Naujoks,* Zur Entwicklung der direkten Demokratie in Thüringen in den Jahren 2000 bis 2003 – ein chronologischer und inhaltlicher Überblick, ThürVBl 2005, 78 ff.; *Rolf Gröschner,* Unterstützungsquoren für Volksbegehren: eine Frage des Legitimationsniveaus plebiszitärer Gesetzesinitiativen, ThürVBl 2001, 193 ff.; *Lutz Hasse,* Volksbegehren in guter Verfassung!, ThürVBl 2009, 73 ff.; *Peter-Michael Huber,* Volksgesetzgebung und Ewigkeitsgarantie. Zur Verfassungsmäßigkeit des Volksbegehrens „Mehr Demokratie in Thüringen“, 2003; *ders.,* Die Vorgaben des Grundgesetzes für kommunale Bürgerbegehren und Bürgerentscheide, AöR 126 (2001), 165 ff.; *Otmar Jung,* Direkte Demokratie in Thüringen: Der Freistaat im Ranking der Bundesländer, ThürVBl 2002, 269 ff.; *Jessica Kertel/Stefan Brink,* Quod licet jovi – Volksgesetzgebung und Budgetrecht, NVwZ 2003, 435 ff.; *Michael Kloepfer/Florian Schärdel,* Die Perspektiven der Volksgesetzgebung, DVBl. 2008, 1333 ff.; *Michael H. Koch,* Anmerkung zum Urteil des Thüringer Verfassungsgerichtshofs vom 15.8.2001 – VerfGH 4/01 – verkündet am 19.9.2001, ThürVBl 2002, 46 ff.; *Michael H. Koch/Stefan Storr,* Das Plebiszit in Thüringen – eine Erfolgsgeschichte? Zur Entwicklung der sachunmittelbaren Demokratie in Thüringen, ThürVBl 2009, 5 ff.; *Oliver Lembcke/Enrico Peuker/Dennis Seifarth,* Finanzwirksame Volksbegehren im Verfassungsstaat – Das Beispiel der Initiative „Für eine bessere Familienpolitik in Thüringen“, ThürVBl 2007, 129 ff.; *Joachim Linck,* Zulässigkeit von Volksbegehren zur Einführung einer verfassungsrechtlichen Schuldenbremse in Thüringen, ThürVBl 2011, 145 ff.; *Ernst Gottfried Mahrenholz,* Zur Änderung des durch Volksbegehren angenommenen Hamburgischen Wahlrechts in derselben Wahlperiode, NordÖR 2007, 11 ff.; *Sebastian Müller-Franken,* Plebiszitäre Demokratie und Haushaltsgewalt. Zu den verfassungsrechtlichen Grenzen finanzwirksamer Volksgesetzgebung, Der Staat 2005, 19 ff.; *Peter Neumann* (Hrsg.), Sachunmittelbare Demokratie im Freistaat Thüringen, 2002; *ders.,* Sachunmittelbare Demokratie im Bundes- und Landesverfassungsrecht unter besonderer Berücksichtigung der neuen Länder, 2009; *Holger Obermann,* Entwicklung direkter Demokratie im Ländervergleich, LKV 2012, 241 ff.; *Ulrich K. Preuß,* Plebiszite als Formen der Bürgerbeteiligung, ZRP 1993, 313 ff.; *Matthias Rossi/Sophie-Charlotte Lenski,* Treuepflichten im Nebeneinander von plebiszitärer und repräsentativer Demokratie, DVBl. 2008, 416 ff.; *Johannes Rux,* Weitere Anmerkung zu ThürVerfGH, Urteil vom 15.8.2001 – VerfGH 4/01 – verkündet am 19.9.2001, ThürVBl 2002, 48 ff.; *ders.,* Direkte Demokratie in Deutschland, 2008; *Michael Sachs,* Ewigkeitsgarantie für Grenzen der Volksgesetzgebung?, LKV 2002, 249 ff.; *Dietrich Stöffler,* Kann über ein Volksbegehren zur Änderung der Landesverfassung der Weg zum finanzwirksamen Volksbegehren eröffnet werden?, ThürVBl 1999, 33 ff.; *Fabian Wittreck,* Direkte Demokratie und Verfassungsgerichtsbarkeit. Eine kritische Untersuchung zur deutschen Verfassungsrechtsprechung in Fragen der unmittelbaren Demokratie von 2000 bis 2002, JöR N.F. 53 (2005), 111 ff.; *ders.* (Hrsg.), Volks- und Parlamentsgesetzgeber: Konkurrenz oder Konkordanz? Dokumentation eines Thüringer Verfassungsstreits, 2012.

Leitentscheidungen des ThürVerfGH und des BVerfG

ThürVerfGH, Urt. v. 16.09.2011 – 4/01 – ThürVBl 2002, 31 (Volksbegehren); Urt. v. 05.12.2007 – 47/06 – ThürVBl 2008, 56 – (Finanzvorbehalt); Urt. v. 10.04.2013 – 22/11 (Kommunalabgaben).

BVerfGE 102, 176 (Volksinitiative).

A. Überblick

1 Die Bestimmung des Art. 82 knüpft unmittelbar an die Fundamentalnorm des Art. 45 Satz 1 an, nach der alle Staatsgewalt vom Volk ausgeht. Das in Art. 45 Satz 1 verankerte **Prinzip der Volkssouveränität** verlangt, dass das **Volk** die **Quelle aller staatlichen Gewalt** ist, mithin allen amtlichen Handelns mit Entscheidungsgewalt.[1] Die Rückführung aller staatlichen Gewalt auf das Volk verleiht staatlichem Handeln Legitimation. Die Frage nach dem **Willen des Volkes**, der sich auf dieses Handeln bezieht und ihm zugrunde liegt, beantwortet Art. 45 Satz 2 in Verbindung mit Art. 47 Abs. 1, 48 Abs. 1, 81 Abs. 1, 82 und 106: Das Volk verwirklicht seinen Willen durch **Wahl des Landtages** sowie durch **Gesetzgebung im Wege von Volksbegehren und Volksentscheid**. Die Volksgesetzgebung ist damit eine Erscheinungsform des Prinzips der Volkssouveränität.[2]

2 Die Bestimmung des Art. 45 Satz 3, wonach das Volk *mittelbar* durch die verfassungsmäßig bestellten Organe der Gesetzgebung, der vollziehenden Gewalt und der Rechtsprechung handelt, erfährt mithin mit Blick auf die Art. 47 Abs. 1, 81 Abs. 2 und 82 eine bedeutende Einschränkung: Im Feld der Gesetzgebung handelt das Volk *auch unmittelbar*. Damit besteht ein **Nebeneinander** von **Parlaments- und Volksgesetzgeber** (zur Frage ihres Verhältnisses unten Rn. 47 ff.).

3 Art. 82 regelt im Einzelnen die **materiellen und formellen Voraussetzungen**, die erfüllt sein müssen, damit das Volk im Wege eines Volksbegehrens und Volks-

1 BVerfGE 93, 37 (68).
2 ThürVerfGH, Urt. v. 19.09.2001 – 4/01 – S. 29, 45 des Umdrucks (= ThürVBl 2002, 31 [33, 37]): Art. 45 Satz 2 nenne „die beiden Verwirklichungsformen der Volkssouveränität“. Demzufolge ist das Volk als ursprüngliche Gewalt legitimierende, delegierende und – im Rahmen von Volksbegehren und Volksentscheiden – auch selbst gesetzgebende Gewalt.

entscheids selbst gesetzgebend tätig werden kann. Sodann legt Art. 82 fest, welches **Verfahren** dabei einzuhalten ist, einschließlich der Möglichkeit, die zu beachtenden Voraussetzungen eines Volksbegehrens einer **verfassungsgerichtlichen Kontrolle** zu unterwerfen.

4 Das **Homogenitätsgebot des Art. 28 Abs. 1 GG** steht Volksgesetzgebungsverfahren in den Ländern nicht entgegen. Die Gestaltungsfreiheit der Länder, die weder durch Art. 28 Abs. 1 Satz 1 und 2 GG noch durch andere Vorschriften des Grundgesetzes beschränkt wird, erstreckt sich auch auf die landesrechtlichen Bestimmungen über Voraussetzungen und Inhalte von Volksbegehren und Volksentscheiden.[3] Allerdings soll nach Sicht des Thüringer Verfassungsgerichtshofs aus Art. 28 GG ein verpflichtender Vorrang der repräsentativ-parlamentarischen Demokratie abzuleiten sein.[4]

B. Herkunft, Entstehung und Entwicklung

5 Nicht alle **Verfassungsentwürfe** der am Verfassungsgebungsprozess beteiligten Parteien sahen das Instrument der Volksgesetzgebung vor, so dass in den **Verfassungsberatungen** das Für und Wider unmittelbarer Demokratie intensiv diskutiert wurde.[5] Das Meinungsspektrum reichte von grundsätzlicher Ablehnung der Volksgesetzgebung – unter Verweis auf das Argument der demagogischen Gefahr, eines Defizits an Sachkompetenz sowie einer Zementierung der Politik – bis hin zu ihrer engagierten Bejahung als punktuelle Ergänzung einer prinzipiell repräsentativ gestalteten demokratischen Entscheidungsfindung.[6] Am Ende konnten die grundsätzlichen Argumente gegen die Volksgesetzgebung nicht überzeugen, so dass der Verfassungsgeber sich für eine entsprechende Regelung in der Verfassung entschied. Neben dieser prinzipiellen Frage zählte die Zwei- oder Dreistufigkeit des Verfahrens[7] sowie die Problematik der Abstimmungsquoren zu den kontrovers behandelten Themen.[8]

6 Die dann durch die Mitglieder des Landtages beschlossene und durch Volksentscheid über die Verfassung gemäß Art. 106 in Kraft getretene Bestimmung des Art. 82 war im Jahre 2000 **Gegenstand eines** vom „Bündnis für Mehr Demokratie in Thüringen“ getragenen **Volksbegehrens**, das den Entwurf eines verfassungsändernden **„Gesetzes zur Stärkung der Rechte des Bürgers“** vorlegte. Mit diesem Begehren wurde mehreres erstrebt: eine verfassungsgesetzliche Festlegung des Unterzeichnerquorums in Höhe von fünf Tausend für einen Antrag auf

3 BVerfGE 60, 175 (208). Aus der Literatur zur „Offenheit des Grundgesetzes“ für plebiszitäre Formen der Willensbildung auf Länderebene: *Storr*, Verfassungsgebung in den Ländern, 1995, S. 256 ff., insbes. S. 264 f.; *Stöffler*, ThürVBl 1999, 33 (34) mwN; *Huber*, AöR 126 (2001), 165 (176 f.); *Rux,* Direkte Demokratie in Deutschland, 2008, S. 242 ff.

4 ThürVerfGH, Urt. v. 19.09.2001 – 4/01 – S. 47 des Umdrucks (= ThürVBl 2002, 31 [38]). Ausführlichere Darstellung der Diskussion dieser Frage bei *Huber*, AöR 126 (2001), 165 (193 ff.).

5 Vgl. Entstehung ThürVerf, S. 217 ff. mwN; ausführliche Aufarbeitung der Beratungen bei *Neumann*, Sachunmittelbare Demokratie, 2009, S. 585 ff.

6 Vgl. Entstehung ThürVerf, Verfassungs- und Geschäftsordnungsausschuss, Sitzung vom 26.09.1992, PW1 VerfA 012 (26.09.1992) S. 13 bis 26.

7 Zweistufigkeit: Volksbegehren mit vorgeschaltetem Antrag auf Zulassung und Volksentscheid; Dreistufigkeit: zwingende Verknüpfung von Volksinitiative/Bürgerantrag, Volksbegehren und Volksentscheid.

8 Entstehung ThüriVerf, S. 218 f. mwN. Ausführlichere Darstellung der Diskussion der Quoren-Frage bei *Gröschner*, ThürVBl 2001, 193 (197 f.); *Degenhart*, ThürVBl 2001, 201 (205).

Zulassung eines Volksbegehrens, die Absenkung des Quorums für das Zustandekommen eines Volksbegehrens („fünf vom Hundert der Stimmberechtigten innerhalb von sechs Kalendermonaten“), eine Einschränkung des Finanzvorbehalts, eine Regelung, dass Volksentscheide grundsätzlich mit der jeweils nächsten Wahl der Gemeindevertretungen, des Deutschen Bundestages oder des Europäischen Parlaments stattfinden sollten, die Festlegung, dass bei einem Volksentscheid bei einem einfachen Gesetz allein die Mehrheit der abgegebenen Stimmen entscheidet und dass bei einem verfassungsändernden Gesetz mehr als 25 vom Hundert der Stimmberechtigten zustimmen müssen.[9] Dieses Volksbegehren wurde von mehr als 360.000 Thüringer Bürgerinnen und Bürgern unterstützt. Der **Thüringer Verfassungsgerichtshof** erklärte es jedoch für unzulässig, nachdem er von der Landesregierung angerufen worden war.[10] Diese Entscheidung hat erhebliche Kritik auf sich gezogen.[11]

Nach dieser Entscheidung des Thüringer Verfassungsgerichtshofs legten die Fraktionen von SPD und PDS sowie die Landesregierung **Gesetzentwürfe** für eine **Änderung verschiedener Regelungen des Art. 82** vor.[12] Alle an der Verfassungsänderung beteiligten politischen Kräfte verfolgten das Ziel, die Volksgesetzgebung weiter zu entwickeln und zu verbessern, ohne dabei die vom Verfassungsgerichtshof festgelegten, wenn auch zum Teil deutlich kritisierten[13] Grenzen zu missachten und den grundsätzlichen Vorrang des Parlamentsgesetzgebers in Frage zu stellen.[14] Den politischen Kräften gelang es schließlich, ihre abweichenden Grundhaltungen gegenüber der Volksgesetzgebung nach einem langen Diskussionsprozess[15] anzunähern und ihre Entwürfe zu *einem* Gesetzentwurf zusammenzufassen. Dieser Entwurf wurde dann im Jahre 2003 in der Fassung des **„Zweiten Gesetzes zur Änderung der Verfassung des Freistaats Thüringen“** einstimmig beschlossen.[16] 7

9 LT-Drs. 3/1449. Darstellung des Verfahrens bis zur Entscheidung des ThürVerfGH bei *Neumann*, Reform der Volksgesetzgebung im Freistaat Thüringen, in: Neumann (Hrsg.), Sachunmittelbare Demokratie im Freistaat Thüringen, 2002, S. 21 ff.

10 ThürVerfGH, Urt. v. 19.09.2001 – 4/01 – (= ThürVBl 2002, 31).

11 Vgl. etwa *Jutzi*, NJ 2001, 755 (757): Der ThürVerfGH betreibe eine Zementierungsrechtsprechung und ihm erscheine das Volk eher als Gefahr, denn als sinnvolles Korrektiv gegenüber dem Parlament; *Koch*, ThürVBl 2002, 46 (47): Zementierung des Status quo, ohne überzeugende Begründung; *Rux*, JA 2002, 287 (380): in der Entscheidung werde ein Misstrauen des Gerichts gegenüber der Entscheidungskompetenz der Bürger sichtbar, die im Spannungsverhältnis zum demokratischen Prinzip stehe; *ders.*, ThürVBl 2002, 48: Entscheidung könne weder in der Begründung, noch in der Sache überzeugen – das Gericht spreche Bürgern jede Fähigkeit zur verantwortungsvollen Selbstbestimmung in der Gemeinschaft mit anderen ab; *Sachs*, LKV 2002, 249 (251): bei antiplebiszitärer Grundstimmung werde dem idealisierten Parlamentarismus in ängstlich-düsteren Farben gehaltene Impression eigennützig partikularer und unüberlegter Volksbegehren gegenübergestellt; *Wittreck*, JöR N.F. 53 (2005), 111 (151 ff.): Der ThürVerfGH treibe die methodischen Unzulänglichkeiten der anderen Verfassungsgerichte zur Volksgesetzgebung „gleich mehrfach auf die Spitze“ (151); *Linck*, ThürVBl 2011, 145 (148 f.).

12 LT-Drs. 3/1911; 3/2237.

13 In den Plenardebatten des Landtages wurde etwa von einer „bewundernswert ahnungs- und kenntnislosen verklärenden Sicht der Verfassungsrichter auf die Parlamente und Abgeordnete gesprochen“; vgl. LT-Prot. 3/52 v. 09.11.2001, S. 4333.

14 Unklar insoweit blieb allerdings die Position der an der Verfassungsänderung beteiligten PDS: vgl. LT-Prot. 3/94 v. 13.11.2003, S. 8180 (einerseits), 8181 (andererseits).

15 Der Prozess wurde wesentlich geprägt durch das informelle Gremium der Parteivorsitzenden und Fraktionsvorsitzenden sowie den Justizausschuss; vgl. LT-Prot. 3/88 v. 03.07.2003, S. 7688. Darstellung bei *Fellmann/Naujoks*, ThürVBl 2005, 78 ff.

16 Vgl. LT-Drs. 3/3398 sowie LT-Prot. 3/94 v. 13.11.2003, S. 8187 f.

8 Gegenüber der ursprünglichen Fassung enthält die **geänderte Fassung von Art. 82** nun ein Quorum für einen Antrag auf Zulassung eines Volksbegehrens (Art. 82 Abs. 3 Satz 1) sowie Regelungen über die Bestellung von Vertretern (Art. 82 Abs. 4), verschiedene Formen der Sammlung von Unterschriften (Art. 82 Abs. 5 und Abs. 6 Satz 1), die Möglichkeit ihrer befristeten Rücknahme (Art. 82 Abs. 6 Satz 2) sowie die ausdrückliche Pflicht des Landtages, innerhalb einer bestimmten Frist das Volksbegehren abschließend zu behandeln (Art. 82 Abs. 7 Satz 1). Zudem wurden die Zustimmungsquoren für ein Volksbegehren (Art. 82 Abs. 5 Satz 2) wie auch für Volksentscheide gesenkt (vgl. Art. 82 Abs. 7 Satz 3, 2. Halbsatz bezüglich einfacher und Art. 83 Abs. 2 Satz 2 für verfassungsändernde Gesetze). Schließlich verpflichtet die neue Fassung des Art. 82 die Landesregierung wie auch den Landtag bei Zweifeln über die Verfassungsmäßigkeit eines Volksbegehren vor Beginn der Unterschriftensammlung den Verfassungsgerichtshof anzurufen; auch nennt die neue Fassung einen weiteren Grund, den die Landesregierung oder die Mitglieder des Landtages zum Anlass nehmen können, eine Kontrolle durch den Verfassungsgerichtshof herbeizuführen (Art. 82 Abs. 3 Satz 2).

9 Seit Inkrafttreten der ThürVerf gab es in Thüringen mehrere Volksbegehren. Es scheiterten die Begehren „Für Verbesserung des Mieterschutzes“, „Für Arbeit in Thüringen“ und „Für eine bessere Familienpolitik“. Erfolgreich waren dagegen die Begehren „Mehr Demokratie in Thüringen“ sowie „Mehr Demokratie in Thüringer Kommunen“.[17] 'Das Volksbegehren „Für gerechte und bezahlbare Kommunalabgaben“ wurde vom ThürVerfGH jüngst für unzulässig erklärt (Urt. v. 10.04.2013 – 22/11).

C. Verfassungsvergleichende Information

10 Während das **Grundgesetz** kein Verfahren der Volksgesetzgebung[18] kennt und Akte unmittelbarer Demokratie nur bei einer Neugliederung des Bundesgebietes (Art. 29) sowie beim Beschluss einer neuen Verfassung vorgesehen sind (Art. 146),[19] enthalten inzwischen alle **Landesverfassungen** plebiszitäre Verfahren.[20] Dabei zeigen sich allerdings zum Teil **deutliche Unterschiede** vor allem im Hinblick auf die Frage der Zwei- oder Dreigliedrigkeit eines solchen Verfahrens – nicht in allen Ländern kann sofort mit einem Antrag auf Zulassung eines Volksbegehrens eingesetzt werden –, den verschiedenen Abstimmungsquoren,[21] den Gegenständen, die durch Volksbegehren und Volksentscheid beschlossen

17 Weitere Informationen dazu bei *Rux*, Direkte Demokratie in Deutschland, 2008, S. 713 ff.; *Neumann*, Sachunmittelbare Demokratie, 2009, S. 770 ff.

18 Zur Diskussion um Plebiszite auf bundesverfassungsrechtlicher Ebene: *Bugiel*, Volkswille und repräsentative Entscheidung, 1991; *v. Danwitz*, DÖV 1992, 601 ff.; *Degenhart*, Der Staat 1992, 77 ff.; *Jung*, Grundgesetz und Volksentscheid, 1994; *Meyer*, JZ 2012, 538 ff.

19 Dazu BVerfGE 123, 267 (332, 343).

20 Umfassende Darstellung der direktdemokratischen Verfahren in den älteren und jüngeren Landesverfassungen bei *Rux*, Direkte Demokratie in Deutschland, 2008, S. 259 ff., 404 ff.; 718 ff.

21 Verfassungsvergleichende Informationen dazu bei *Gröschner*, ThürVBl 2001, 193 (200), die sich allerdings auf die Rechtslage vor der Verfassungsänderung im Jahr 2003 beziehen.

werden können[22] sowie das Verfahren der verfassungsgerichtlichen Kontrolle.[23] Von 1946 bis 2011 wurden in den Ländern insgesamt 269 Verfahren eingeleitet; davon gelangten 75 zu einem Volksbegehren und davon wiederum 19 zum Volksentscheid.[24] Mithin dürfte die Zahl der Gesetze, die seit 1949 im Wege direkt-demokratischer Verfahren in Kraft getreten sind, im Promillebereich liegen.

D. Erläuterungen

I. Recht auf Einbringung von Gesetzentwürfen durch Volksbegehren (Abs. 1)

Das **Recht**, ein **Volksbegehren in Gang zu bringen**, weist Abs. 1 den **nach** 11
Art. 46 Abs. 2 wahl- und stimmberechtigten Bürgern zu, mithin Deutschen, die das achtzehnte Lebensjahr vollendet und ihren Wohnsitz seit mindestens drei Monaten in Thüringen haben und nicht vom Wahlrecht ausgeschlossen sind.[25] Nicht berechtigt sind damit Ausländer sowie Deutsche, die diese Voraussetzungen nicht erfüllen. Ebenso wie Art. 68 Abs. 1 (dazu unten Rn. 7) statuiert auch Abs. 1 ein **Kollektivrecht** einer Gesamtheit von Bürgern, die ein Volksbegehren zu initiieren beabsichtigen, zudem ein **Individualrecht** auf **Teilnahme** an einem solchen **Verfahren staatlicher Willensbildung.**[26] Die Bürgerinnen und Bürger werden in ihrem aktiven Status angesprochen: Sie verwirklichen ihre Freiheit durch Teilhabe an staatlichen Vorkehrungen und Verfahren und nehmen zudem Rechtsmacht zur aktiven Einwirkung auf staatliche Entscheidungen wahr.[27]

Die **Initiatoren eines Volksbegehrens** und der **Personenkreis**, die diesen Entwurf 12
durch formelle **Zustimmung** befürworten und so eine Gesetzesinitiative zum Volksbegehren erheben, sind nicht als „Volk" und damit als Träger der Staatsgewalt zu verstehen. Sie handeln auch nicht als dessen Repräsentant. Gleichwohl ist den Trägern eines Begehrens eine **Funktion im Verfassungsleben** verliehen. Wenn sie das Volk auch nicht repräsentieren, so bringen sie doch **Staatsgewalt** zur Geltung.[28] Dabei verfügen sie allein über eine durch die Thüringer Verfassung (Art. 45 und Art. 82) begründete funktionelle, nicht jedoch über eine personelle oder inhaltliche Legitimation.[29]

II. Voraussetzungen eines Volksbegehrens

1. „Ausgearbeitete Gesetzentwürfe" (Abs. 1). Im Wege eines Volksbegehrens 13
können nur „ausgearbeitete Gesetzentwürfe" in den Landtag eingebracht werden. Mithin können Rechtsakte, die nicht „**Gesetzgebung**" im Sinne des fünften Abschnitts der Verfassung (Art. 81 ff.) sind, auch nicht Gegenstand eines Volksbegehrens sein. So scheiden etwa Beschlüsse zur Auflösung des Landtages, sonstige Beschlüsse, die der Landtag treffen kann,[30] oder administrative Akte aus.

---

22 In Brandenburg kann im Wege eines Plebiszits sogar der Landtag aufgelöst werden; vgl. Art. 21 BbgVerf.

23 Vgl. etwa die verfassungsvergleichenden, sich allerdings auf die Rechtslage vor der Verfassungsänderung im Jahre 2003 beziehenden Informationen bei *Starck*, Die Verfassungen der neuen deutschen Länder, 1994, 26 ff.; *Jung*, ThürVBl 2002, 269 ff.

24 Vgl. Mehr Demokratie e.V. (Hrsg.), Volksbegehrensbericht 2011, S. 5.

25 Vgl. Art. 46 Abs. 2 iVm Art. 104, Art. 46 Abs. 3 sowie § 13 f. ThürLWG.

26 Zutreffend: *Storr*, Staats- und Verfassungsrecht, 1998, Rn. 994.

27 Vgl. dazu auch *Preuß*, ZRP 1993, 131 (131 f.).

28 ThürVerfGH, Urt. v. 19.09.2001 – 4/01 – S. 38 des Umdrucks (= ThürVBl 2002, 31 [35]). Der ThürVerfGH orientiert sich insoweit an BVerfGE 96, 231 (240 f.).

29 Zutreffend: *Gröschner*, ThürVBl 2001, 193 (195, 200).

30 Vgl. Art. 55 Abs. 2, 55 Abs. 4, 57 Abs. 5, 60 Abs. 2, 62, 63, 64, 102 Abs. 3.

14 Die Gesetzentwürfe können auf den erstmaligen Erlass eines Gesetzes, dessen Änderung oder Aufhebung zielen. Art. 83 Abs. 2 Satz 2 unterstreicht, dass ein Volksbegehren auch auf die **Änderung der geltenden Verfassung** zielen kann.[31] Unzulässig ist allerdings, ein verfassungsänderndes und ein darauf beruhendes einfaches Gesetz in einem Entwurf zusammenzufassen.[32] Eine **Koppelung selbständiger Gesetzesvorhaben** dürfte hingegen zulässig sein, sofern bei einem etwaigen Volksentscheid eine getrennte und unterschiedliche Behandlung möglich ist.[33]

15 Da Abs. 1 **„ausgearbeitete" Entwürfe** fordert, muss der jeweilige Entwurf mit Überschrift, Eingangsformel und genauem Inhalt formuliert sein. Nicht ausreichend sind politische Stellungnahmen oder programmatische Texte. Auch sind gewisse Rationalitätsanforderungen an den Entwurf zu richten. So darf sein Inhalt nicht offen widersprüchlich oder gar unsinnig sein. Aus dem Erfordernis, dass es sich um einen „ausgearbeiteten" Entwurf handelt, ergibt sich noch nicht, dass er mit einer **Begründung** versehen sein muss; diese Begründungspflicht dürfte jedoch daraus abzuleiten sein, dass nur dann, wenn der Entwurf mit einer erklärenden Begründung versehen ist, sich die Abstimmungsberechtigten ein genaueres Bild von den Konsequenzen ihres Abstimmungsverhaltens machen können.[34]

16 **2. Beachtung der Ausschlusstatbestände (Abs. 2). a) Landeshaushalt.** Der Ausschlusstatbestand **„Volksbegehren zum Landeshaushalt"** wirft die Frage auf, ob damit nur Begehren mit *unmittelbar* haushaltsgesetzlichen Regelungen unzulässig sind. Hingegen dürfte es zu einer **Erkenntnis gemeindeutschen Landesverfassungsrechts** zählen, von diesem Tatbestand alle Gesetze erfasst zu sehen, die unmittelbar oder auch mittelbar gewichtige Einnahmen und Ausgaben zur Folge haben und damit den Haushalt *wesentlich* beeinträchtigen.[35]

17 Für diese Sicht spricht auch der **systematische Zusammenhang** der Art. 81, Art. 82 Abs. 2 und Art. 99 Abs. 1 und 3: Gesetzentwürfe können zwar auch durch Volksbegehren eingebracht und durch Volksentscheid beschlossen wer-

---

31 Beim Volksbegehren „Gesetz zur Stärkung der Rechte des Bürgers" aus dem Jahre 2000 war genau dies der Fall.

32 Vgl. BVerfGE 34, 9 (23 f.).

33 Vgl. *Hopfe*, in: Linck/Jutzi/Hopfe, Art. 82 Rn. 7.

34 Eine Begründung fordert auch § 6 Abs. 1 ThürBVVG, 13 Abs. 1 sowie § 3 Thüringer Verordnung zum Verfahren bei Bürgerantrag und Volksbegehren iVm mit Anlage 3. Gegen die Pflicht zur Begründung eines Entwurfs allerdings: *Hopfe*, in: Linck/Jutzi/Hopfe, Art. 82 Rn. 8. Vgl. dagegen auch: BayVerfGH, BayVBl 1977, 143 (145); 1978 334 (335 f.); BremStGH, DÖV 1986, 792 (793); SaarlVerfGH, NVwZ 1998, 245 (248): Durch die Begründung werden Inhalt und Tragweite der angestrebten gesetzlichen Regelung offengelegt und die Abstimmungsberechtigten können erkennen, was ihre Stimmabgabe bedeutet. Zur Frage nach Grund und Umfang einer Begründungspflicht nun auch ThürVerfGH, Urt. v. 10.04.2013 – 22/11.

35 Vgl. etwa BayVerfGH, BayVBl 1995, 205 (206); NVwZ-RR 2000, 401 (403); BremStGH, NVwZ 1988, 388, (390 ff.); NVwZ 1998, 297 (299); VerfGH NW, NVwZ 1982, 188 (189); BVerfGE 102, 176 (186); ebenfalls auf dieser Linie, aber um einen etwas weicheren Ansatz bemüht: BbgVerfG, Urt. v. 20.09.2001 – 57/00 – LVerfGE 12, 119 (129 ff.). Von dieser Linie weicht der SächsVerfGH (NVwZ 2003, 472 ff.) ab, wobei allerdings zu berücksichtigen ist, dass die sächsische Verfassung Volksbegehren zum „Haushaltsgesetz" untersagt (Art. 73 Abs. 1 SächsVerf), mithin der Tatbestand der Ausschlussklausel schon enger gefasst ist. Würdigungen dieser Rechtsprechung bei *Kertels/Brink*, NVwZ 2003, 435 ff.; *Obermann*, LKV 2012, 241 (243 f.).

den (Art. 81). Für den speziellen Fall von Haushaltsgesetzen ordnet dagegen die Verfassung an, dass sie von der Landesregierung einzubringen und vom Landtag zu beschließen sind (Art. 99 Abs. 1 und 3). Angesichts dieser speziellen Regelung wäre Art. 82 Abs. 2 nur von deklaratorischer Bedeutung, falls diese Norm sich allein auf das Haushalts*gesetz* beziehen würde.[36]

Mithin unterfällt jedes finanzwirksame Volksbegehren dem Ausschlusstatbestand „Landeshaushalt“, sofern es geeignet ist, den **Gesamtbestand des Haushalts** auch mit Blick auf den Anteil bestehender Ausgabenverpflichtungen **wesentlich zu beeinflussen.** In der Regel ist dies der Fall, wenn das Begehren zu einer Störung des Gleichgewichts des gesamten Haushalts führen würde, weil das Volksgesetz den Landtag nötigt, das geltende Recht in wichtigen Regelungsfeldern der neuen Ausgabensituation nachhaltig anzupassen; wann diese Grenze überschritten ist, ist eine **Frage des Einzelfalls.**[37] Bei einer solchen **wertenden Gesamtbetrachtung** des jeweiligen Falles können etwa die absolute und relative Höhe der mit dem Gesetzentwurf verbundenen finanziellen Belastungen, ihre Art und Dauer oder auch die aktuelle Haushaltslage berücksichtigt werden.[38] 18

b) Dienst- und Versorgungsbezüge. Der Ausschlusstatbestand der **Dienst- und Versorgungsbezüge** erfasst nicht nur die aktiven und passiven Bezüge der Beamten, sondern auch die Bezüge der Personen, die in einem besonderen öffentlich-rechtlichen Amtsverhältnis zum Land stehen, also etwa Mitglieder der Landesregierung.[39] Im Hinblick auf die vom BVerfG vorgenommene Umdeutung der **Abgeordnetenentschädigung** in eine Alimentation als Entgelt für eine Inanspruchnahme durch das zur Hauptbeschäftigung gewordene Mandat[40] dürften Gesetze über die Abgeordnetenentschädigung den Besoldungsgesetzen gleichzustellen und damit dem Volksentscheid ebenfalls entzogen sein.[41] 19

c) Abgaben. Nach Auffassung des Thüringer Verfassungsgerichtshofs geht der Abgabenbegriff in Art. 82 Abs. 2 vom **herkömmlichen Abgabenbegriff** (Steuern, 20

36 ThürVerfGH, Urt. v. 19.09.2001 – 4/01 – S. 53 f., 56 des Umdrucks (= ThürVBl 2002, 31 [39 f.]); der ThürVerfGH übernimmt dabei zum Teil die Argumentation des BVerfG in BVerfGE 102, 176 (189) zur schleswig-holsteinischen Verfassungslage. Darstellung der Verfassungsberatungen zu Abs. 2 der ThürVerf bei *Stöffler*, ThürVBl 1999, 33 (35, Fn. 26). Dazu, dass in den Verfassungsberatungen die Mehrheit des Verfassungs- und Geschäftsordnungsausschusses eine weite, nicht auf das „Landeshaushaltsgesetz“ beschränkte Deutung der Ausschlussklausel präferierte, auch *Lembcke/Peuker/Seifarth*, ThürVBl 2007, 129 (131).

37 ThürVerfGH, Urt. v. 19.09.2001 – 4/01 – S. 57 des Umdrucks (= ThürVBl 2002, 31 [39]). Für ein engeres Verständnis der Ausschlussklausel: *Lembcke/Peuker/Seifarth*, ThürVBl 2007, 129 (135 f.): Zulässigkeit finanzwirksamer Volksbegehren bei Zusammenspiel „republikanischer Gemeinwohltauglichkeit“ und „übergreifender Unterstützung durch alle Schichten der Bevölkerung“.

38 Vgl. BVerfGE 102, 176 (188); BayVerfGHE 47, 276 (306); ThürVerfGH, Urt. v. 19.09. 2001 – 4/01 – S. 57 des Umdrucks (= ThürVBl 2002, 31 [39]); BbgVerfG, Urt. v. 20.09.2001 – 57/00 – LVerfGE 12, 119 (142 f.); HambVerfG, NVwZ-RR 2006, 370 (373). Kritisch zu dieser Methode der wertenden Gesamtbetrachtung SächsVerfGH, NVwZ 2003, 472 (476). Aus der Literatur: *Kertels/Brink*, NVwZ 2003, 435 (438); *Wittreck*, JöR N.F. 53 (2005), 111 (119); *Lembcke/Peuker/Seifarth*, ThürVBl 2007, 129 (130).

39 *Hopfe*, in: Linck/Jutzi/Hopfe, Art. 82 Rn. 9.

40 BVerfGE 40, 296 (316 f., 327).

41 *Starck*, Die Verfassungen der neuen deutschen Länder, 1994, S. 29 f. Im Ergebnis ebenso: *Hopfe*, in: Linck/Jutzi/Hopfe, Art. 82 Rn. 9. AA *Storr*, Staats- und Verfassungsrecht, 1998, Rn. 963 zu Bürgeranträgen über Abgeordnetendiäten; vgl. zu dieser Streitfrage auch *Pestalozza*, Jahrbuch für Direkte Demokratie 2009 (2010), 295 (307).

Gebühren, Beiträge, Sonderabgaben) aus. Auch Kommunalabgaben wie etwa Elternbeiträge für Kindertagesstätten sind davon erfasst.[42] Der Gerichtshof sieht den Sinn und Zweck des Ausschlusses der Volksgesetzgebung zu Abgaben darin, die Leistungsfähigkeit des Staates zu gewährleisten und einen Missbrauch der Volksgesetzgebung zu verhindern; wegen der fehlenden „repräsentativen Distanz" bestehe die Gefahr, dass das Volk seine finanziellen Lasten ohne Rücksicht auf den Haushalt herabsetze.[43] Diese Argumentation des Gerichts dürfte jedoch auf einer letztlich unbewiesenen Sachverhaltsannahme beruhen.[44]

21 d) **Personalentscheidungen.** Nicht recht verständlich ist, warum Abs. 2 auch Volksbegehren zu **Personalentscheidungen** für unzulässig erklärt. Nach Abs. 1 können durch Volksbegehren nur Gesetzentwürfe eingebracht werden, Personalentscheidungen werden hingen nicht im Gesetzgebungsverfahren getroffen. Zudem regelt die Verfassung jeweils speziell, wer Personalentscheidungen zu treffen hat.[45]

22 **3. Vereinbarkeit mit höherrangigem Recht (Abs. 3 Satz 2).** Die Regelung des Abs. 3 Satz 2 statuiert eine materielle Voraussetzung für den Gesetzentwurf eines Volksbegehrens: Er muss **mit höherrangigem Recht vereinbar** sein. Gefordert ist damit zunächst eine Vereinbarkeit mit der **Thüringer Verfassung.** Handelt es sich um einen Entwurf zur Änderung der Thüringer Verfassung, so bedarf es aufgrund der zweistufigen Legalität auch des Thüringer Verfassungsrechts der Vereinbarkeit mit Art. 83 Abs. 3.

23 Darüber hinaus muss ein Gesetzentwurf auch mit dem **Grundgesetz** vereinbar sein. Daraus folgt zum einen, dass der Gesetzentwurf in die Gesetzgebungszuständigkeit der Länder (Art. 70 ff. GG) fallen muss. Aber auch die grundrechtlichen Vorgaben des Grundgesetzes (Art. 1 Abs. 3, 142 GG) müssen beachtet sein. Da das Grundgesetz ferner durch Art. 23 GG dazu ermächtigt, das Recht der Europäischen Union mit Anwendungsvorrang auszustatten[46] und diese Ermächtigung durch die Zustimmungsgesetze des Deutschen Bundestages und Bundesrates zum EUV und AEUV auch wahrgenommen wurden, dürfen Volksbegehren ferner nicht dem **Unionsrecht** widersprechen. **Völkerrecht**, das durch Zustimmungsgesetze im Wege des Art. 59 Abs. 2 GG oder aber gemäß Art. 25 GG inkorporiert wurde, ist ebenfalls höherrangiges Recht, mit dem ein im Wege eines Volksbegehrens eingebrachter Gesetzentwurf vereinbar sein muss.

24 Umstritten ist, ob ein Volksbegehren darauf gerichtet sein kann, die **Landesregierung** zu einer **Bundesratsinitiative** zu verpflichten, die auf eine Änderung von höherrangigem Bundesrecht zielt.[47] Durch die frühere Rechtsprechung des Bundesverfassungsgerichts zu konsultativen Volksbefragungen dürfte diese Frage

42 So die Interpretation des Abgabenbegriffs in Art. 82 Abs. 2 durch ThürVerfGH, Urt. v. 05.12.2007 – 47/06 – S. 18 ff. des Umdrucks (= ThürVBl 2008, 56 [58 ff.]).

43 ThürVerfGH, Urt. v. 05.12.2007 – 47/06 – S. 23 des Umdrucks (= ThürVBl 2008, 56 [59]).

44 Zu Recht kritisch und ablehnend: *Wittreck*, JöR N.F. 53 (2005), 111 (174 f.); *Lembcke/Peuker/Seifarth*, ThürVBl 2007, 129 (134 f.).

45 Vgl. etwa: Art. 57, 63, 64, 65, 70 Abs. 3, 78, 79 Abs. 3, S. 3, Art. 103 Abs. 2.

46 BVerfGE 123, 267 (354).

47 Verneinend: *Huber*, ThürVBl 1993, Sonderheft, B4 (B11): Die Sperrwirkung des Bundesrechts sei weit zu fassen; zudem habe die Thüringer Verfassung das Abstimmungsverhalten im Bundesrat in den Kernbereich der Regierungsgewalt verwiesen. AA *Erbguth/Wiegand* DÖV 1992, 770 (776 ff.) insoweit, als sie von einer Pflicht zu landesverfassungskonformer Bundesratspolitik ausgehen.

noch nicht entschieden sein.[48] Ihre Beantwortung hängt davon ab, ob und in welchem Maße das Grundgesetz der verfassunggebenden Gewalt der Länder Raum gewährt, um durch Landesverfassungsrecht die Möglichkeit zu eröffnen, die Ländervertreter im Bundesrat per Landesgesetz zu binden.[49]

III. Einbringungsverfahren (Abs. 3 bis Abs. 6)

1. Unterzeichnung und Einreichung eines Antrags auf Zulassung eines Volksbegehrens. Ein ausgearbeiteter Gesetzentwurf, der mit höherrangigem Recht zu vereinbaren ist und nicht unter die Ausschlusstatbestände des Abs. 2 fällt, muss mit einem Antrag auf Zulassung des Volksbegehrens versehen und von fünf Tausend Stimmberechtigten unterzeichnet sein (Abs. 1 mit Abs. 3 Satz 1). Diese Regelung über das **Unterzeichnerquorum** war bis zur Änderung von Art. 82 im Jahre 2003 lediglich im ThürBVVG enthalten und wurde in der Sache unverändert übernommen. Dieses Quorum, das nicht zu verwechseln ist mit den Zustimmungsquoren in Abs. 5, kann damit nicht mehr durch einfaches Gesetz verändert werden. 25

Der unterzeichnete Antrag ist **beim Präsidenten des Landtages**, der zur Neutralität verpflichteten Instanz, einzureichen, nicht bei der Landesregierung.[50] Dies ergibt sich aus Abs. 1.[51] Der Antrag ist sodann der Landesregierung zuzuleiten, ebenso den Mitgliedern des Landtages. Diese sind dadurch imstande zu prüfen, ob die Voraussetzungen der Zulassung eines Antrags oder die Vereinbarkeit mit höherrangigem Recht gegeben sind und ob, je nach Ergebnis dieser Prüfung, der Verfassungsgerichtshof anzurufen ist. 26

2. Bestellung von Vertretern (Abs. 4). Nach Abs. 4 können die Antragsteller **Vertreter** bestellen. Diese Regelung war in den Entwürfen zur Änderung des Art. 82 noch nicht enthalten.[52] Sie kam erst während des Gesetzgebungsverfahrens im Jahre 2003 hinzu. Ohne die Bestellung von Vertretern wäre eine auf ein **Volksbegehren** gerichtete Initiative nicht **artikulations- und handlungsfähig**, das Verfahren mithin faktisch nicht durchführbar. Der einfache Gesetzgeber hat im ThürBVVG daher – in Abweichung vom Wortlaut des Abs. 4 Satz 1 – angeordnet, dass die Antragsteller nicht nur Vertreter bestellen *können*, sondern dies sogar müssen: Im Antrag auf Zulassung eines Volksbegehrens sind als Vertreter eine Vertrauensperson und eine stellvertretende Vertrauensperson zu benennen.[53] Diese Personen sind zudem berechtigt, verbindliche Erklärungen abzugeben und verpflichtet, solche Erklärungen entgegen zu nehmen.[54] Der einfache 27

48 Vgl. BVerfGE 8, 104 (120 f.): Die Entscheidung ist in der These der Grundgesetzwidrigkeit einer solchen Befragung klar, nicht aber in ihrer Begründung. AA *Korioth*, in: von Mangoldt/Klein/Starck, Bd. II, Art. 51 Rn. 24.

49 Vgl. zu dieser Diskussion: *Korioth*, in: von Mangoldt/Klein/Starck, Bd. II, Art. 51 Rn. 25. Die baden-württembergische Verfassung ordnet inzwischen eine Bindung der Landesregierung an Stellungnahmen des Landtages bei einer Betroffenheit von Gesetzgebungszuständigkeiten der Länder durch Vorhaben der Europäischen Union in Art. 34 a Abs. 2 inzwischen ausdrücklich an.

50 Konkret ist dies in § 10 Abs. 2 ThürBVVG geregelt.

51 So auch *Hopfe*, in: Linck/Jutzi/Hopfe, Art. 82 Rn. 12. Vgl. auch die Beratungen des Verfassungs- und Geschäftsordnungsausschusses vom 05.02.1993, in: Entstehung ThürVerf, PW1 VG 017 (05.02.1993) S. 138 ff.

52 Vgl. LT-Drs. 3/1449, 3/1991 und 3/2237.

53 § 3 Abs. 1 ThürBVVG.

54 § 3 Abs. 2 ThürBVVG.

Gesetzgeber konnte sich durch Abs. 4 verfassungsgesetzlich ermächtigt sehen, den Vertrauenspersonen eine solche **Vertretungsmacht** zuzuweisen.[55]

28 Problematischer erscheint hingegen auf den ersten Blick, dass die **Bestellung von Vertretern** nach der verfassungsgesetzlichen Regelung fakultativ, der einfach-gesetzlichen Bestimmung nach aber obligatorisch ist. Es besteht eine **Differenz** von **einfachem Recht** und **Verfassungsrecht:** Das nachrangige Recht gebietet mehr als das höherrangige verlangt. Jedoch wegen des Zwecks des Art. 82, ein geordnetes Verfahren besonderer staatlicher Willensbildung und die Durchsetzung des Volkswillens im Rahmen einer alternativen Gesetzgebung zu ermöglichen, ist die einfach-gesetzliche Pflicht zur Vertreterbestellung verfassungsrechtlich unbedenklich. Die Vertrauensperson und die stellvertretende Vertrauensperson haben überdies **Anwesenheits- und Rederecht** in den **Ausschuss-Sitzungen des Landtages,** in denen das Volksbegehren beraten wird.[56]

29 **3. Entscheidung über Sammlungsart (Abs. 5 Satz 1, Abs. 6 Satz 1).** Bei Antragstellung haben die Initiatoren eines Volksbegehrens die **Wahl,** ob die Sammlung durch Eintragung in **amtlich ausgelegte Unterschriftsbögen** erfolgen oder ob eine **freie Sammlung** durchgeführt werden soll. Diese Wahloption geht zurück auf einen Kompromiss zwischen den an der Änderung des ursprünglichen Art. 82 beteiligten politischen Kräften. Die Landesregierung votierte für eine ausschließlich amtliche Sammlung und verwies dabei u.a. auf die höhere Legitimationswirkung dieser Sammlungsart;[57] außerdem sei sie in den meisten Bundesländern vorgesehen und führe zu einer organisatorischen Entlastung der Initiatoren.[58] Die Ausschließlichkeit der amtlichen Sammlung wurde hingegen von den anderen für eine Verfassungsänderung notwendigen Fraktionen von SPD und PDS abgelehnt, so dass am Ende beide Sammlungsarten Eingang in die neue Regelung des Volksbegehrens fanden. Bei der Wahl zwischen den unterschiedlichen Sammlungsarten ist freilich zu beachten, dass auch **unterschiedliche Unterzeichnerquoren** sowie **Fristen** gelten, innerhalb derer die Zustimmung zu dem Volksbegehren erfolgen muss (dazu unten Rn. 37).

30 Teil dieses Kompromisses war auch die Regelung in Abs. 6 Satz 1, durch die der Gesetzgeber ermächtigt wird, die **freie Sammlung** für **bestimmte Orte** auszuschließen. Von dieser Ermächtigung hat der Gesetzgeber Gebrauch gemacht:[59] Die freie Sammlung darf nicht in Behörden, Gerichten Arztpraxen, Kanzleien von Rechtsanwälten, Steuerberatern und Notaren durchgeführt werden; gleiches gilt für Betriebe des Beherbergungs- und Gaststättengewerbes, es sei denn, dass dort eine Veranstaltung zum Volksbegehren stattfindet. Zu beachten ist schließlich, dass eine geleistete **Unterschrift** bis zum Ablauf der Sammlungsfrist **widerrufen** werden kann, gleichgültig, ob eine Sammlung durch Eintragung in amtlich ausgelegte Unterschriftsbögen oder frei erfolgte (Abs. 6 Satz 2).[60]

31 **4. Entscheidung über die Zulässigkeit des Antrags auf Zulassung.** Der **Präsident des Landtages** trifft die **Entscheidung** über die **Zulässigkeit des Antrags auf**

55 AA, allerdings mit Blick auf die Rechtslage vor Änderung des Art. 82 im Jahre 2003: *Storr*, Staats-und Verfassungsrecht, 1998, Rn. 993 ff.

56 Vgl. Art. 82 Abs. 4 Satz 2 ThürVerf, § 3 Abs. 3 ThürBVVG.

57 Zu den Unterschieden der Sammlungsarten und ihrer differierenden Bewertung: ThürVerfGH, Urt. v. 19.09.2001 – 4/01 – S. 42 f. des Umdrucks (= ThürVBl 2002, 31 [36 f.]).

58 LT-Drs. 3/2237, S. 7.

59 § 16 Abs. 2 ThürBVVG.

60 Zu den Einzelheiten der Unterschriftsleistung: § 6 Abs. 3 und 4 ThürBVVG.

Zulassung eines Volksbegehrens.[61] Die Zulässigkeit ist festzustellen, wenn die formalen Voraussetzungen (dazu oben Rn. 25 ff.) gegeben sind. Darüber hinaus fordert das einfache Recht, dass der Landtag nicht innerhalb der letzten zwei Jahre vor Eingang des Antrags mit einem Volksbegehren des sachlich gleichen Inhalts befasst war.[62] Diese Regelung dürfte von verfassungsrechtlicher Warte aus nicht zu beanstanden sein. Sie ist gerechtfertigt aus Gründen des immensen Ressourcenaufwandes, den ein Volksgesetzgebungsverfahren erfordert, sowie mit Blick auf mögliche missbräuchliche und querulatorische Nutzungen dieses Instruments.[63] Hält der Präsident des Landtages den Antrag auf Zulassung für unzulässig, kann die Vertrauensperson den **Verfassungsgerichtshof** anrufen.[64]

5. Anrufung des Verfassungsgerichtshofs (Abs. 3 Satz 2). Dem Wortlaut von Abs. 3 Satz 2 nach besteht eine **Pflicht**, den **Verfassungsgerichtshof** anzurufen, wenn die Landesregierung oder ein Drittel der Mitglieder des Landtages die Voraussetzungen für die Zulassung eines Volksbegehrens für nicht gegeben sieht oder sie das Begehren für unvereinbar mit höherrangigem Recht hält. Dass durch diese Regelung eine Pflicht begründet werden sollte, wurde in den Verfassungsberatungen deutlich zum Ausdruck gebracht.[65] Diese Regelung über die Anrufung des Verfassungsgerichtshofs beruht auf der Überlegung, dass es weder für die Initiatoren und Unterzeichner eines Volksbegehrens noch für die öffentliche Hand zumutbar ist, die mit der Unterschriftensammlung für ein Volksbegehren verbundenen Anstrengungen zu unternehmen sowie die Kosten zu tragen, ohne zuvor ein rechtlich umstrittenes Volksbegehrens gerichtlich klären zu lassen.[66] 32

Wird der Verfassungsgerichtshof angerufen, handelt es sich bei seiner Entscheidung um eine „**'vorbeugende' abstrakte Normenkontrolle**", bei der ein „'im Werden' befindliches Gesetz" überprüft wird, das durch das Volk im Rahmen der Volksgesetzgebung demokratisch noch nicht legitimiert ist und das noch keine Rechtsfolgen zeitigt.[67] Dabei nimmt der Verfassungsgerichtshof ein **umfassendes** und **uneingeschränktes Prüfrecht** in Anspruch, u.a. weil nur so vermieden werden könne, dass ein aufwendiges und kostenintensives Verfahren stattfinde und die Bevölkerung unnötigerweise zu den Urnen gerufen werde.[68] Dieses Prüfrecht erstrecke sich auch darauf, abzuschätzen, wohin die Gesetzesinitiative sich im Rechtsgeltungsprozess entwickeln kann; eine Einschätzungsprärogative der Beteiligten verneint der Thüringer Verfassungsgerichtshof.[69] 33

Prüfmaßstab des Verfassungsgerichtshofs ist zunächst die Thüringer Verfassung.[70] Durch den Verweis auf „höherrangiges Recht" hat der Verfassungsgeber 34

61 § 11 Abs. 1 ThürBVVG.
62 § 11 Abs. 2 Nr. 2 ThürBVVG.
63 *Grube*, ThürVBl 1998, 245 (249); *Huber*, in: Schmitt, S. 69 ff. (91).
64 § 12 ThürBVVG.
65 Vgl. auch die Beratungen des Verfassungs- und Geschäftsordnungsausschusses vom 05.02.1993, in: Entstehung ThürVerf, PW1 VG 017 (05.02.1993) S. 156 ff.
66 LT-Drs. 3/2237, S. 6.
67 ThürVerfGH, Urt. v. 19.09.2001 – 4/01 – S. 19, 74 des Umdrucks (= ThürVBl 2002, 31 [45]).
68 ThürVerfGH, Urt. v. 19.09.2001 – 4/01 – S. 20, 24 des Umdrucks (= ThürVBl 2002, 31 [31]).
69 ThürVerfGH, Urt. v. 19.09.2001 – 4/01 – S. 31 f. des Umdrucks (= ThürVBl 2002, 31 [33 f.]).
70 ThürVerfGH, Urt. v. 19.09.2001 – 4/01 – S. 25 des Umdrucks (= ThürVBl 2002, 31 [32]).

indessen deutlich gemacht, dass das Grundgesetz hier – ganz unabhängig von der **„Hineinwirkungslehre“** [71] – Maßstab für die Überprüfung des im Volksgesetzgebungsverfahren eingebrachten Gesetzentwurfs ist. Durch den Verweis in der Thüringer Verfassung wird die Bundesverfassung hier nicht mittelbar über Art. 28 GG, sondern unmittelbar zum Prüfmaßstab.

35 Sind einzelne Teile des Gesetzentwurfs verfassungswidrig, so führt dies zur **Verfassungswidrigkeit des gesamten Entwurfs**, wenn die einzelnen Teile mit den übrigen Bestimmungen so verflochten sind, dass sie eine untrennbare Einheit bilden. Eine **teilweise Aufrechterhaltung** eines Gesetzentwurfs ist daher möglich; sie darf aber nicht dazu führen, dass die gesetzgeberische Idee[72] bzw. der objektivierte Wille der Unterstützer verfälscht wird,[73] wenn ein Teil des Gesetzes wirksam bleibt. Der Thüringer Verfassungsgerichtshof fordert zudem, dass ein volksinitiierter Gesetzentwurf überhaupt änderbar ist, mithin das Landesverfassungsrecht für das Volksgesetzgebungsverfahren ein Abänderungsverfahren bereithält.[74] Diese Voraussetzung ist nach Ansicht des Verfassungsgerichtshofs bislang nicht erfüllt.[75]

36 Das **Verfahren endet**, wenn die Anrufung des Verfassungsgerichtshofs durch die Antragsteller nach einer Nicht-Zulassungsentscheidung des Präsidenten des Landtages (dazu oben Rn. 31) unterbleibt oder der Verfassungsgerichtshof nach Anrufung durch die Landesregierung oder einem Drittel der Mitglieder des Landtages feststellt, dass die Voraussetzungen für die Zulassung eines Volksbegehrens nicht gegeben sind oder es mit höherrangigem Recht unvereinbar ist. Ein Verfahren mit einem Volksbegehren gleichen Inhalts kann erst nach Ablauf von zwei Jahren nach Eingang des Antrags auf Zulassung des gescheiterten Volksbegehrens[76] angestrengt werden (dazu oben Rn. 31).

37 **6. Zustandekommen des Volksbegehrens (Abs. 5 Satz 2).** Erfolgt eine Sammlung durch Eintragung in **amtlich ausgelegte Unterschriftsbögen**, so ist das Volksbegehren dann zustande gekommen, wenn acht Prozent der Stimmberechtigten innerhalb von zwei Monaten zugestimmt haben. Bei einer **freien Sammlung** ist ein höheres Unterzeichnerquorum zu erzielen: Zehn Prozent der Stimmberechtigten müssen sich für den Entwurf aussprechen. Allerdings ist dafür ein Zeitraum von vier Monaten eingeräumt. Diese unterschiedliche Regelung geht auf den politischen Kompromiss der Kräfte zurück, die die Änderung des Art. 82 im Jahre 2003 getragen haben (dazu oben Rn. 7 ff.).

38 Der einfache Gesetzgeber hat dem **Präsidenten des Landtages** die Befugnis zugewiesen, das **Zustandekommen** eines Volksbegehrens **festzustellen**.[77] Sollte der Präsident des Landtages entscheiden, dass das Volksbegehren nicht zustande ge-

71 Dazu ThürVerfGH, Urt. v. 02.11.2011 – 13/10 – S. 31 f. des Umdrucks; oben: „Landesverfassungsrecht und Bundesverfassungsrecht“, Rn. 5 ff.
72 ThürVerfGH, Urt. v. 19.09.2001 – 4/01 – S. 72 f. des Umdrucks (= ThürVBl 2002, 31 [45]).
73 ThürVerfGH, Urt. v. 05.12.2007 – 47/06 – S. 29 des Umdrucks (= ThürVBl 2008, 56 [61]).
74 ThürVerfGH, Urt. v. 05.12.2007 – 47/06 – S. 24 des Umdrucks (= ThürVBl 2008, 56 [60]). Kritisch dazu: *Jutzi*, NJ 2008, 72 (73).
75 ThürVerfGH, Urt. v. 05.12.2007 – 47/06 – S. 25 f. des Umdrucks (= ThürVBl 2008, 56 [60]).
76 Vgl. § 11 Abs. 2 Nr. 2 ThürBVVG.
77 § 17 Abs. 2 ThürBVVG.

kommen ist, kann die Vertrauensperson des Volksbegehrens binnen eines Monats den **Verfassungsgerichtshof** anrufen.[78]

7. Behandlung im Landtag (Abs. 7 Satz 1 und 2). Der Landtag hat ein Volksbegehren innerhalb von sechs Monaten nach der Feststellung durch den Präsidenten des Landtages (dazu oben Rn. 31) **abschließend zu behandeln.** Ist es dem Landtag wegen Ablaufs der Legislaturperiode nicht möglich, binnen dieses Zeitraums über das Volksbegehren zu befinden, ist der nächste Landtag zur Behandlung des Begehrens verpflichtet. Der vom Volk eingebrachte Gesetzentwurf unterfällt **nicht** dem **Grundsatz der Diskontinuität**, da das Volk im Gegensatz zum Landtag eine kontinuierliche Größe ist.[79] Die Zeitspanne zwischen der Feststellung des Zustandekommens des Begehrens und dem Ende der ablaufenden Legislaturperiode sowie dem Zusammentritt des neuen Landtages und der in ihm durchzuführenden abschließenden Behandlung darf dann insgesamt sechs Monate nicht überschreiten. 39

Der Landtag **entspricht** dem Volksbegehren, wenn er dem Gesetzentwurf mit den für Gesetzentwürfe geltenden Mehrheiten (vgl. Art. 61, Art. 83 Abs. 2 Satz 1) **zustimmt.** Erhält ein Gesetzentwurf, der im Wege des Volksbegehrens eingebracht wurde, im Landtag keine Mehrheit, findet ein **Volksentscheid** statt. 40

Nach dem Wortlaut von Art. 7 Abs. 2 Satz. 2, 2. Halbsatz liegt der **Fall**, dass einem **Volksbegehren nicht entsprochen** wird, auch dann vor, wenn der Landtag dem Gesetzentwurf nur mit Änderungen, wenn auch geringfügigen, zustimmt: Denn dem Landtag wird kein Änderungsrecht zugewiesen; vielmehr kann er im anschließenden Volksentscheid einen „eigenen Gesetzentwurf zur Entscheidung vorlegen". Zudem sind Parlament und Volk grundsätzlich voneinander zu trennende Gesetzgeber. Allerdings ist **einfach-gesetzlich** vorgesehen, dass der Landtag den begehrten Gesetzentwurf in veränderter Form annehmen und die Erledigung des Volksbegehrens dann feststellen kann, wenn die Annahme des Gesetzentwurfs in veränderter Form dem **Grundanliegen des Volksbegehrens** entspricht **und** die **Vertrauensperson** einen entsprechenden **Antrag** stellt.[80] Dass die Vertrauensperson im Falle eines solchen Antrags rechtsverbindlich für die Unterstützer und Unterzeichner des Volksbegehrens handelt, ist verfassungsgesetzlich durch Abs. 4 Satz 1 sanktioniert (vgl. dazu oben Rn. 27 f.). Überdies ist diese einfach-gesetzliche Möglichkeit, den begehrten Gesetzentwurf in veränderter Form anzunehmen, durch den Zweck des Art. 82 gerechtfertigt, die Durchsetzung des Volkswillens in einem besonderen Gesetzgebungsverfahren zu ermöglichen – zumal diese Annahme des Gesetzentwurfs verlangt, den wesentlichen Regelungsabsichten des Volksbegehrens zu entsprechen und sie zudem die Zustimmung der Vertrauensperson voraussetzt, welche die Unterzeichner repräsentiert. 41

Entspricht der **Landtag** dem Gesetzentwurf **nicht** und legt er dem Volk zusätzlich einen eigenen Gesetzentwurf zur Entscheidung vor, darf er für „seinen" Entwurf auch werbend eintreten, sofern dies auf sachliche Art und Weise geschieht; die Freiheit der Entscheidung muss indessen sichergestellt sein.[81] 42

78 § 17 Abs. 4 ThürBVVG.
79 *Hopfe*, in: Linck/Jutzi/Hopfe, Art. 82 Rn. 15.
80 § 19 Abs. 2 ThürBVVG.
81 Vgl. BayVerfGH, BayVBl 1994, 203 (204); BremStGH, NVwZ 1994, 264 (266).

IV. Volksentscheid (Abs. 7 Satz 2 und 3, Art. 83 Abs. 2 Satz 2)

43 **1. Abstimmung.** Hat der Landtag dem Gesetzentwurf des Volksbegehrens nicht zugestimmt, findet über diesen Gesetzentwurf ein **Volksentscheid** statt. Bei einer Abstimmung über ein Volksgesetz im Rahmen eines Volksentscheids handelt das Volk als Souverän und übt wie bei Wahlen Staatsgewalt aus.[82] Der Landtag hat das Recht, bei diesem Volksentscheid auch einen eigenen, alternativen Gesetzentwurf vorzulegen (Abs. 7 Satz 2).

44 Die Annahme eines Entwurfs fordert nicht nur die **Mehrheit** der **abgegebenen Stimmen**; zudem muss diese Mehrheit mindestens ein **Viertel der Stimmberechtigten** ausmachen. Dadurch ist ausgeschlossen, dass bei einer nur geringen Beteiligung an der Abstimmung über einen Gesetzentwurf ein Beschluss gefasst wird, der nur von einer kleinen Minderheit getragen wird. Im Falle einer **Abstimmung** über ein **verfassungsänderndes Gesetz** muss die Mehrheit sogar mindestens vierzig Prozent der Stimmberechtigten betragen (Art. 83 Abs. 2 Satz 2).

45 Die **Abstimmung** über den Gesetzentwurf muss **allgemein, unmittelbar, frei, gleich** und **geheim** sein (Art. 46 Abs. 1). Art. 46 Abs. 1 verweist zwar auf Art. 82 Abs. 6 und nicht, wie es richtig wäre, auf Art. 82 Abs. 7. Dies erklärt sich daraus, dass bei der Änderung des Art. 82 im Jahre 2003 offenbar vergessen wurde, die Verweisung in Art. 46 Abs. 1 anzupassen. In der ursprünglichen Fassung des Art. 82 war die Abstimmung über einen Gesetzentwurf im Rahmen eines Volksentscheids in Abs. 6 geregelt.

46 Das Abstimmungsergebnis wird vom **Landeswahlausschuss** festgestellt. Der Landeswahlleiter teilt das Ergebnis dem Landtag und der Landesregierung mit und macht es im Gesetz- und Verordnungsblatt bekannt.[83] Gegen das Ergebnis kann Einspruch beim Präsidenten des Landtages eingelegt werden; wird er zurückgewiesen, besteht die Möglichkeit, den **Verfassungsgerichtshof** anzurufen.[84]

47 **2. Verhältnis von Volksgesetz und Parlamentsgesetz.** Der Thüringer Verfassungsgerichtshof geht von einer **Prävalenz der parlamentarischen Gesetzgebung vor der Volksgesetzgebung** aus; die Gesetzgebungsbefugnis des Volkes habe eine eher ergänzende, das Parlament punktuell stimulierende Funktion.[85] Der Gerichtshof stützt diese Bestimmung des Verhältnisses von Parlaments- und Volksgesetzgebung auf eine wortlautbezogene und systematische Auslegung des Art. 45 Satz 2, die Genese der Thüringer Verfassung sowie darauf, dass aus Art. 28 GG ein verpflichtender Vorrang der repräsentativ-parlamentarischen

82 ThürVerfGH, Urt. v. 19.09.2001 – 4/01 – S. 44 des Umdrucks (= ThürVBl 2002, 31 [37]).

83 § 24 Abs. 3 ThürBVVG.

84 § 27 ThürBVVG.

85 ThürVerfGH, Urt. v. 19.09.2001 – 4/01 – S. 45 f., 47 („Regel-Ausnahmeverhältnis"), 51 (parlamentarische Gesetzgebung als Regelfall, Volksgesetzgebung als Ergänzung) des Umdrucks (= ThürVBl 2002, 31 [37 f., 39]). In der Literatur ähnlich: *Huber*, ThürVBl 1993, Sonderheft, B4 (B10); *Linck*, in: Linck/Jutzi/Hopfe, Art. 44 Rn. 23 („Präferenz für eine repräsentative Demokratie"); *Gröschner*, ThürVBl 2001, 193 (199). Kritisch und ablehnend gegenüber der Prävalenzthese des ThürVerfGH: *Rux*, JA 2002, 287 (380); *ders.*, ThürVBl 2002, 48 (50); *Sachs*, LKV 2002, 249 (251); *Wittreck*, JöR N.F. 53 (2005), 111 (164 f.). Andere Verfassungsgerichte gehen dagegen von der Gleichrangigkeit und Gleichberechtigung von Volksgesetzgebung und Parlamentsgesetzgebung aus: BayVerfGH, NJW 1988, 242 (243); BayVBl 1994, 203 (206); NVwZ-RR 2000, 401 (402); SächsVerfGH, NVwZ 2003, 472 (473).

Demokratie abgeleitet werden müsse.[86] Diese Prävalenz sei dadurch abzusichern, dass nicht eine verhältnismäßig geringe Zahl von Stimmberechtigten Gesetze schaffe oder Neuerungen in bestehende Gesetze aufnehmen könne.[87]

Der parlamentarische Gesetzgeber kann auch einen beschlossenen Volksentscheid durch ein eigenes Gesetz aufheben („**Volksentscheid-Aufhebungsgesetz**").[88] **Volksgesetze** und **Parlamentsgesetze** stehen in **gleichem Rang.**[89] Insoweit gelten im Falle von Abweichungen und Widersprüchen zwischen Volks- und Parlamentsgesetz die für ranggleiche Gesetze üblichen Kollisionsnormen, nämlich der Vorrang des jeweils spezielleren bzw. jüngeren Gesetzes.[90] Allerdings kann die nachträgliche gezielte Aufhebung eines Volksgesetzes durch ein Parlamentsgesetz die beiden demokratischen Gesetzgeber in eine beträchtliche Konfliktlage bringen und eine politische Krise hervorrufen.[91] Der auch im Verhältnis zwischen Parlamentsgesetzgeber und Volksgesetzgeber geltende **Grundsatz der Organtreue** und das daraus fließende **Gebot der Rücksichtnahme** (dazu unten Rn. 51) verlangen in diesem Fall, dass das Parlament bei einer späteren Beschlussfassung über ein Gesetz nicht leichtfertig über den im Volksentscheid geäußerten Willen des Volkes hinweggehen darf, sondern diesen würdigen und bei seiner Abwägung berücksichtigen muss.[92] 48

Unzulässig ist es, das jeweilige Gesetz mit einer **Sperrklausel** zu versehen. Eine Sperrklausel ist auch dann nicht zulässig, wenn bei einem Volksgesetz auf ein angemessen hohes Beteiligungsquorum abgestellt wird und die Sperrfrist maßvoll ist.[93] Der Verfassung ist keine Ermächtigung des Volksgesetzgebers zu entnehmen, ein Gesetz zu erlassen, dass dem Parlamentsgesetzgeber zumindest für eine bestimmte Zeit die Wahrnehmung seiner Gesetzgebungsbefugnis untersagt. Ansonsten würde dem Parlamentsgesetzgeber auch die Möglichkeit genommen, zeitnah auf neue Problemlagen reagieren zu können. 49

Demgegenüber geht von einem Volksgesetzgebungsverfahren grundsätzlich eine **Sperrwirkung** insoweit aus, als der Parlamentsgesetzgeber während eines **laufenden Volksgesetzgebungsverfahrens** nicht befugt ist, mit einem eigenen Gesetz 50

86 ThürVerfGH, Urt. v. 19.09.2001 – 4/01 – S. 45 ff. des Umdrucks (= ThürVBl 2002, 31 [37 ff.]).

87 ThürVerfGH, Urt. v. 19.09.2001 – 4/01 – S. 45, 48 des Umdrucks (= ThürVBl 2002, 31 [37 f.]).

88 ThürVerfGH, Urt. v. 19.09.2001 – 4/01 – S. 51, 66 des Umdrucks (= ThürVBl 2002, 31 [39, 43]).

89 Vgl. SächsVerfGH, NVwZ 2003, 472 (473). Zur Gleichrangigkeit von Volks- und Parlamentsgesetz in der Literatur: *Huber*, ThürVBl 1993, Sonderheft, B4 (B12): aus Art. 81 Abs. 2 und 82 Abs. 7 sei zu schließen, dass der Verfassungsgeber von der Gleichrangigkeit und Austauschbarkeit parlamentarisch und plebiszitär beschlossener Gesetze ausgegangen sei; *Starck*, Die Verfassungen der neuen deutschen Länder, 1994, S. 30; *Hopfe*, in: Linck/Jutzi/Hopfe, Art. 82 Rn. 19.

90 Zum Vorrang des jüngeren Gesetzes ausdrücklich: BayVerfGH, Entscheidung v. 19.01.1994 – Vf 89-III-92 – JURIS, Rn. 93; HambVerfG, Entscheidung v. 15.12.2004 – 6/04 – JURIS, Rn. 71.

91 ThürVerfGH, Urt. v. 19.09.2001 – 4/01 – S. 51, 66 des Umdrucks (= ThürVBl 2002, 31 [39, 43]).

92 Vgl. HambVerfG, Entscheidung v. 15.12.2004 – 6/04 – JURIS, Rn. 76; VerfGH Berl, Entscheidung v. 27.10.2008 – 86/08 – JURIS, Rn. 76 f., 79.

93 So aber *Storr*, Staats- und Verfassungsrecht, 1998, Rn. 988.

das Regelungsziel des Volksbegehrens zu vereiteln.[94] Für den Zeitraum **nach** der **Feststellung**, dass ein **Volksbegehren zustande gekommen** ist, ergibt sich dies **unmittelbar aus Abs. 7**: Der Parlamentsgesetzgeber wird durch diese Bestimmung der Verfassung in das Volksgesetzgebungsverfahren allein mit der Kompetenz eingebunden, dem Volk einen eigenen Gesetzentwurf vorzulegen.[95] Abs. 7 verlöre seinen Sinn, wenn es dem Parlamentsgesetzgeber nach dem Zustandekommen eines Volksbegehrens frei stünde, das Regelungsziel eines Volksbegehrens durch ein viel leichter herbeizuführendes Parlamentsgesetz zu konterkarieren.

51 Aber auch **vor Zustandekommen eines Volksbegehrens** ist der Parlamentsgesetzgeber grundsätzlich gehalten, das Regelungsziel des Volksbegehrens nicht zu durchkreuzen. Eine ausdrückliche verfassungsgesetzliche Bestimmung existiert insoweit gewiss nicht. Der **Grundsatz der Verfassungsorgantreue** und das daraus fließende **Gebot der wechselseitigen Rücksichtnahme** der Verfassungsorgane[96] gelten aber auch im Verhältnis von Parlaments- und Volksgesetzgeber.[97] Zudem muss der **Regelungsgehalt** von Gesetzentwürfen, die im plebiszitären Verfahren verabschiedet werden sollen, für die abstimmenden Bürger und Bürgerinnen eindeutig und **klar erkennbar**, die Bedeutung und Tragweite ihrer Entscheidung mithin überschaubar sein.[98] Dies ist aber dann nicht mehr gewährleistet, wenn während eines laufenden Volksgesetzgebungsverfahrens dessen Regelungen durch ein zwischenzeitlich erlassenes Parlamentsgesetz in einen neuen und damit anderen Regelungszusammenhang treten. Die **Gefahr** einer Verwirrung und **Rechtsunsicherheit der Abstimmenden**, die Bedeutung und Folgen ihrer Stimmabgabe nicht mehr absehen können, begründet ebenfalls die Pflicht des Parlamentsgesetzgebers, kein eigenes, auf den Regelungsgehalt des Volksgesetzes einwirkendes und ihn modifizierendes Gesetz zu beschließen. Die vom Thüringer Verfassungsgerichtshof angenommene Prävalenz des repräsentativ-parlamentarischen Verfahrens (dazu oben Rn. 47) zwingt nicht zu einer anderen

94 Diese Rechtsfrage stellte sich in Thüringen erstmalig im Jahre 2009. Der Verfassungsstreit um das Volksbegehren „Mehr Demokratie in Thüringer Kommunen" endete in einem Einstellungsbeschluss des ThürVerfGH (Beschl. v. 29.04.2009 – 53/08 –), nachdem die Antragsteller ihren Antrag auf Durchführung eines Organstreitverfahrens wieder zurückgenommen und der Thüringer Verfassungsgerichtshof ein öffentliches Interesse an der Durchführung des Verfahrens verneint hatte. Der Rücknahme des Antrags ging wiederum der Beschluss eines Parlamentsgesetzes voraus, das den Gesetzentwurf des Volksbegehrens aufgenommen hatte. Der Vorgang ist umfangreich dokumentiert in: *Wittreck* (Hrsg.), Volks- und Parlamentsgesetzgeber, 2012.

95 AA *Koch/Storr*, ThürVBl 2009, 5 (9); Vgl. auch *Degenhart*, FS Wilfried Fiedler (2011), S. 35 ff.

96 Vgl. BVerfGE 95, 1 (15) mwN. Aus der Literatur etwa: *Schenke*, Verfassungsorgantreue, 1977, S. 41 ff.; *Degenhart*, Staatsrecht, 22. Aufl. 2006, Rn. 707.

97 Vgl. SächsVerfGH, Entscheidung v. 17.07.1998 – Vf 32-I-98 – S. 9; HambVerfG, Entscheidung v. 15.12.2004 – 6/04 – JURIS, Rn. 76; Entscheidung v. 31.03.2006 – 2/05 – JURIS, Rn. 86; Entscheidung v. 27.04, 2007 – 3/05 – JURIS, Rn. 89; Entscheidung v. 27.04.2007 – 4/06 – JURIS, Rn. 95; VerfGH Berl, Entscheidung v. 27.10.2008 – 86/08 – JURIS, Rn. 76 f., 79. Aus der Literatur: *Przygode*, Die deutsche Rechtsprechung zur unmittelbaren Demokratie, 1995, S. 423; *Borowski*, DÖV 2000, 481 (489); *Engelken*, DVBl. 2005, 415 (418); *Kloepfer/Schärdel*, DVBl. 2008, 1333 (1338); *Rossi/Lenski*, DVBl. 2008, 416 (421 f.); *Hasse*, ThürVBl 2009, 73 (75 ff.).

98 BayVerfGH, BayVBl 1977, 143 (145, 147), 1978, 334 (335 f.); BremStGH, DÖV 1986, 792 (793); HambVerfG, Entscheidung v. 30.11.2005 – 16/04 – JURIS, Rn. 79, 82; SaarlVerfGH, NVwZ 1988, 245 (246); Entscheidung v. 23.01.2006 – Lv 3/05 – JURIS, Rn. 66 ff.

Folgerung. Diese Prävalenzthese wurde bei der Ausdeutung des durch Art. 83 Abs. 3 geschützten Grundsatzes der Demokratie gewonnen und erfasst nicht die Frage, inwieweit das Parlament auf den Volksgesetzgeber Rücksicht nehmen muss.[99]

Das so begründete **Ingerenzverbot des Parlamentsgesetzgebers** besteht nicht erst 52
im Falle eines offensichtlichen Missbrauchs des parlamentarischen Gesetzgebungsrechts,[100] sondern immer dann, wenn ein Parlamentsgesetz das Regelungsziel eines Volksgesetzes objektiv, also ganz unabhängig von den Absichten und Motiven der Abgeordneten, zu vereiteln geeignet ist. Allerdings findet dieses Ingerenzverbot dann eine **sachliche Grenze**, wenn etwa in Ausnahmesituationen ein dringliches Handeln des parlamentarischen Gesetzgebers geboten ist[101] oder der Parlamentsgesetzgeber sein Gesetzgebungsverfahren schon vor dem Volksgesetzgebungsverfahren begonnen hat. Die Pflicht des Parlaments, den Beschluss eines eigenen Gesetzes zu unterlassen, **beginnt** dann, wenn ein in Gang gesetztes Volksgesetzgebungsverfahren das Stadium einer Gesetzesinitiative erreicht, wenn also die Sammlung eines zugelassenen Volksbegehrens startet; in diesem Augenblick ist das Volk als Gesetzgeber aktiviert. Die Unterlassungspflicht des Parlaments **endet** mit dem Inkrafttreten des Volksgesetzes.[102]

V. Regelungsvorbehalt (Abs. 8)

Abs. 8 ermächtigt den einfachen Gesetzgeber, das Volksgesetzgebungsverfahren 53
näher zu regeln. Diese Ermächtigung hat der einfache Gesetzgeber durch Erlass des ThürBVVG wahrgenommen und damit das in Abs. 1 bis 7 nur rudimentär ausgestaltete Verfahren weiter konkretisiert und ergänzt. Angesichts des hohen Aufwandes, der bei einem Volksgesetzgebungsverfahren betrieben werden muss, gebietet staatspraktische Vernunft, klare und praktikable verfahrensrechtliche Vorgaben zu statuieren. Dies ist – ebenso wie der Zweck des Art. 82, eine staatliche Willensbildung im Wege des Volksgesetzgebungsverfahrens zu ermöglichen – auch angesichts der Frage zu berücksichtigen, inwieweit das ThürBVVG mit den Regelungen in Abs. 1 bis 7 zu vereinbaren ist.[103]

VI. Volksgesetzgebungsverfahren und „Ewigkeitsgarantie" (Art. 83 Abs. 3)

Nach der Rechtsprechung des Thüringer Verfassungsgerichtshofs fordert die 54
„Ewigkeitsgarantie" des Art. 83 Abs. 3, dass die **Initiatoren und Unterstützer** eines Volksgesetzgebungsverfahrens der **materiellen Legitimation** bedürfen, da nur dann die Gemeinwohlorientiertheit der durch die Initiatoren und Unterstützer erfolgende Ausübung von Staatsgewalt (dazu oben Rn. 1, 11 ff.) sicherge-

99 ThürVerfGH, Urt. v. 19.09.2001 – 4/01 – S. 45 f. des Umdrucks (= ThürVBl 2002, 31 [37 f.]).

100 So aber offenbar *Borowski*, DÖV 2000, 481 (490 f.); *Koch/Storr*, ThürVBl 2009, 5 (9).

101 *Borowski*, DÖV 2000, 481 (484 mwN); *Kloepfer/Schärdel*, DVBl. 2008, 1333 (1338 mwN); *Mahrenholz*, NordÖR 2007, 11 (17).

102 Eine weitergehende Beschränkung des Parlamentsgesetzgebers nehmen an: *Kloepfer/Schärdel*, DVBl. 2008, 1333 (1338): Sperre für laufende Legislaturperiode; *Bull*, NordÖR 2005, 99 (101); *Mahrenholz*, NordÖR 2007, 11 (17): nur Änderungskompetenz bei Gemeinwohlwidrigkeit des Volksgesetzes.

103 Vgl. dazu etwa oben bei Rn. 28.

stellt sei.[104] Vermittelt werde den Initiatoren und Unterstützern diese materielle Legitimation durch die Zustimmungsfähigkeit des sachlich-inhaltlichen Programms des konkreten Gesetzentwurfs, sofern dieses auf das Volk und auf dessen mutmaßliche Akzeptanz des Entwurfs ausgerichtet sei. Unterschritten werde das von Art. 83 Abs. 3 geforderte **Niveau der materiellen Legitimation** etwa dann, wenn niedrige Unterstützungsquoren mit freier Sammlung und einer Ausdehnung der Sammlungsfrist kombiniert würden.[105]

55 Art. 83 Abs. 3 gebietet nach der Rechtsprechung des Thüringer Verfassungsgerichtshofs überdies, das **Recht des Landtages** nicht zu beschränken, alleine über **Gesetze mit erheblicher Ausgabenrelevanz** und mit Auswirkungen auf das wirtschaftliche Gleichgewicht zu entscheiden; als **Teil der „Ewigkeitsgarantie"** des Art. 83 Abs. 3 sei dieses Recht jeglichem Zugriff durch Verfassungsänderung verschlossen. Der Gerichtshof sieht im Budgetrecht einen tragenden Bestandteil des Demokratieprinzips; würde es plebiszitären Elementen geöffnet, bestünde die Gefahr, dass durch solche Eingriffe die politische Führungs- und Funktionsfähigkeit sowohl des Parlaments als auch der Exekutive Schaden nähme. Nur ein umfassender Schutz des parlamentarischen Gesetzgebungsrechts sichere die Allgemeinwohlorientierung finanzwirksamer Gesetzgebung.[106]

56 Schließlich, so der ThürVerfGH, fordere das in der „Ewigkeitsgarantie" des Art. 83 Abs. 3 enthaltene Rechtsstaatsprinzip in Gestalt des Vorrangs der Verfassung auch, dass der Volksgesetzgeber die **Verfassung** nur unter **erschwerten Bedingungen** aufheben oder ändern könne, so dass etwa eine Absenkung des Zustimmungsquorums bei Verfassungsänderungen auf 25 % verfassungswidrig wäre.[107]

Artikel 83 [Verfassungsänderung]

(1) Diese Verfassung kann nur durch ein Gesetz geändert werden, das ihren Wortlaut ausdrücklich ändert oder ergänzt.

---

104 Kritisch gegenüber der These des Gerichts, dass für alle im Wege des Volksgesetzgebungsverfahrens initiierten Gesetzentwürfe ein Gemeinwohlbezug bestehen müsse: *Rux*, JA 2002, 378 (380); *ders.*, ThürVBl 2002, 48 (48 f.); *Wittreck*, JöR N.F. 53 (2005), 111(157 f.).

105 ThürVerfGH, Urt. v. 19.09.2001 – 4/01 – S. 38 f., 42 f. des Umdrucks (= ThürVBl 2002, 31 [35, 36]). Ablehnend und kritisch dazu: *Degenhart*, ThürVBl 2001, 201 (211); *Koch*, ThürVBl 2002, 46 (47); *Huber*, Volksgesetzgebung und Ewigkeitsgarantie, 2003, S. 90; *Wittreck*, JöR N.F. 53 (2005), 111 (158 ff.).

106 ThürVerfGH, Urt. v. 19.092001 – 4/01 – S. 58, 62 (weitere Ausführungen zur Annahme einer Gefahr für die Funktionsfähigkeit des Parlamentarismus bei Beseitigung des Finanzvorbehalts) des Umdrucks (= ThürVBl 2002, 31 [41 f.]). Ablehnend gegenüber der Auffassung, der Ausschlusstatbestand „Landeshaushalt" sei durch die „Ewigkeitsgarantie" des Art. 83 Abs. 3 gegen eine Änderung geschützt: *Stöffler*, ThürVBl 1999, 33 (37 f.); *Degenhart*, ThürVBl 2001, 201 (211); *Rux*, ThürVBl 2002, 48 (50); *Huber*, Volksgesetzgebung und Ewigkeitsgarantie, 2003, S. 83 f.; *Wittreck*, JöR N.F. 53 (2005), 111 (167 f.); mit Blick auf die Einführung einer verfassungsgesetzlichen Schuldenbremse im Wege eines Volksbegehrens: *Linck*, ThürVBl 2011, 145 (148 ff.).

107 ThürVerfGH, Urt. v. 19.09.2001 – 4/01 – S. 68 f. des Umdrucks (= ThürVBl 2002, 31 [43 f.]). Ablehnend bzw. kritisch gegenüber einer solchen Argumentation, zum Teil auch mit Verweis auf den BayVerfGH, der ein Quorum von 25 % für zulässig erachtet hat: *Dreier*, BayVBl 1999, 513 (519 ff.); *Jutzi*, NJ 2001, 755 (757); *Sachs*, LKV 2002, 249 (252); *Rux*, ThürVBl 2002, 48 (50); *Huber*, Volksgesetzgebung und Ewigkeitsgarantie, 2003, S. 94; *Wittreck*, JöR N.F. 53 (2005), 111 (169 f.).

(2) [1]Der Landtag kann ein solches Gesetz nur mit einer Mehrheit von zwei Dritteln seiner Mitglieder beschließen. [2]Zu einer Verfassungsänderung durch Volksentscheid bedarf es der Zustimmung der Mehrheit der Abstimmenden; diese Mehrheit muss mindestens 40 vom Hundert der Stimmberechtigten betragen.

(3) Eine Änderung dieser Verfassung, durch welche die in den Artikeln 1, 44 Abs. 1, Artikeln 45 und 47 Abs. 4 niedergelegten Grundsätze berührt werden, ist unzulässig.

Vergleichbare Regelungen

Art. 79 GG; Art. 64 BWVerf; Art. 75 BayVerf; Art. 100, 62 Abs. 5 VvB; Art. 79, 78 Abs. 3 BbgVerf; Art. 20, 125 BremVerf; Art. 51 HambVerf; Art. 123, 150 HessVerf; Art. 56,60 Abs. 4 Satz 2 M-VVerf; Art. 46, 49 Abs. 2 Satz 2 NV; Art. 69 Verf NW; Art. 129 Verf Rh-Pf; Art. 101, 100 Abs. 4 SaarVerf; Art. 74 SächsVerf; Art. 78, 81 Abs. 5 LVerf LSA; Art. 40, 42 Abs. 4 Satz 2 SchlHVerf.

Ergänzungsnormen im sonstigen thüringischen Recht

ThürBVVG idF der Bek. v. 23.02.2004 (ThürGVBl. S. 237); ThürGOLT idF der Bek. v. 19.07.2012 (LT-Drs. 5/4750).

Dokumente zur Entstehungsgeschichte

Art. 80 VerfE CDU; Art. 62 VerfE F.D.P.; Art. 58 VerfE SPD; Art. 52 VerfE NF/GR/DJ; Art. 59, 86, 87 VerfE LL/PDS; Entstehung ThürVerf, S. 220 f.

Literatur

Brun-O. Bryde, Verfassungsentwicklung, 1982; *Christof Bushart,* Verfassungsänderung in Bund und Ländern, 1989; *Horst Ehmke,* Verfassungsänderung und Verfassungsdurchbrechung, AöR Bd. 79 (1954/55), S. 385 ff.; *Burkhard Even,* Die Bedeutung der Unantastbarkeitsgarantie des Artikels 79 Abs. 3 GG für die Grundrechte, 1988; *Rolf Gröschner,* Unterstützungsquoren für Volksbegehren: eine Frage des Legitimationsniveaus plebiszitärer Gesetzesinitiativen, ThürVBl. 2001, S. 193 ff.); *Karl-E. Hain,* Die Grundsätze des Grundgesetzes, 1999; *Thomas Holzer,* Verfassungsänderung in Bayern? Anmerkungen zur Direktwahl des Ministerpräsidenten und zur Rückbindung von Mitgliedern des Bundesrats an Weisungen des Landtags, BayVBl. 2012, 677 ff.; *Andreas Horsch,* Die Integrationsverantwortung der Länderparlamente – Möglichkeiten der Einflussnahme auf die Exekutive, ThürVBl. 2012, S. 241 ff.; *Peter M Huber,* Volksgesetzgebung und Ewigkeitsgarantie. Zur Verfassungsmäßigkeit des Volksbegehrens „Mehr Demokratie in Thüringen", unter Mitarbeit vom Stefan Storr und Michael Koch, in. Jenaer Schriften zu Recht Band 30, 2003; *Ulrich Hufeld,* Die Verfassungsdurchbrechung, 1997; *Otmar Jung,* Das Finanztabu in der Volksgesetzgebung, NVwZ 1998, S. 372 ff.; *ders.*, Unverdient höchster Segen – Das Bundesverfassungsgericht folgt der (wenig überzeugenden) Rechtsprechung der Landesverfassungsgerichte zum Finanztabu bei der Volksgesetzgebung, NVwZ 2002, 41 ff.; *Andreas Kost* (Hrsg.), Direkte Demokratie in den neuen Ländern – Eine Einführung, 2005; *Joachim Linck,* Zulässigkeit von Volksbegehren zur Einführung einer verfassungsrechtlichen Schuldenbremse in Thüringen, ThürVBl. 2011, S. 145 ff.; *Sebastian Müller-Franken,* Plebiszitäre Demokratie und Haushaltsgewalt – Zu den verfassungsrechtlichen Grenzen finanzwirksamer Volksgesetzgebung, Der Staat 2005 (Band 44), S. 19 ff.; *Neuhaus* (Hrsg.), Verfassungsänderungen, Tagung der Vereinigung für Verfassungsgeschichte in Hofgeismar vom 15. – 17. März 2012, Beihefte zu der Staat, Heft 20, 2012; *Holger Obermann,* Entwicklung direkter Demokratie im Ländervergleich, LKV 2012, S. 241 ff.; *Hans-J. Papier,* Bundesstaatlichkeit und Europäische Integration – Die Rolle er Deutschen Bundesländer, ThürVBl. 2011, S. 49 ff.; *Bodo Pieroth,* Der Gesetzesvorbehalt für die Zahl und die Standtorte von Polizeidirektionen, in: Staat, Verwaltung und Rechtsschutz, FS für Wolf-Rüdiger Schenke zum 70. Geburtstag, hrsg. v. Peter Baumeister, Wolfgang Roth u. Josef Ruthig, 2011; *Johannes Rux,* Anmerkung zum Beschluss des BVerfG vom 3.7.2000 (2 BvK 3/98), DVBl. 2001, S. 549 ff.; *ders.*, Die Haushaltsvorbehalte in Bezug auf direktdemokratische Verfahren in den Verfassungen der neuen Bundesländer, LKV 2002, S. 252 ff.; *Dietrich Stöffler,* Kann über ein Volksbegehren zur Änderung der Landesverfassung der Weg zum finanzwirksamen Volksbegehren eröffnet werden, ThürVBl. 1999, S. 33 ff.; *Stefan Storr,* Staats- und Verfassungsrecht, 1998; *Thüringer Landtag* (Hrsg.), Zehn Jahre Thüringer Landesverfassung (1993 – 2003), in: Schriften zur Geschichte des Parlamentarismus in Thüringen, Red. Mittelsdorf, Bd. 22, 2004; *Erich Tosch*, Die Bindung des verfassungsändernden Gesetzgebers an den Willen des historischen Verfassungsgebers, 1979.

Leitentscheidungen des ThürVerfGH und des BVerfG

ThürVerfGH, LVerfGHE, 11, 481 (Mandatsverlust); 12, 405 (Verfassungsänderndes Volksbegehren).

BVerfGE 30, 1 (Abhörurteil); 34, 9 (Beamtenbesoldungsstruktur); 84, 90 (Enteignungen); 89, 155 (Maastricht); 94, 49 (sichere Drittstaaten); 109, 279 (Großer Lauschangriff); 123, 267 (Vertrag von Lissabon); 129, 124 (Euro-Rettungsschirm/Griechenlandhilfe).

A. Überblick

1 Innerhalb der durch die verfassungsgebende Gewalt konstituierten Staatlichkeit vollzieht sich eine formelle Änderung der Verfassung im Wege der Gesetzgebung. Als **Verfassungsrevisionsklausel** kommt Art. 83 ThürVerf dabei in dreifacher Hinsicht eine herausragende Bedeutung zu.[1] Erstens positiviert die Norm die kategoriale Unterscheidung zwischen einfacher und verfassungsändernder Gesetzgebung und schließt damit Verfassungsdurchbrechungen,[2] nicht aber einen **Verfassungswandel** aus. Durch die Anforderungen an den verfassungsändernden Gesetzgeber – sei es der Landtag oder das Volk – beschreibt und begrenzt die Norm zweitens den politischen Gestaltungsspielraum des Gesetzgebers und vice versa die Identität und Stabilität der – Verfassung. Drittens beugt die Änderungsmöglichkeit der Gefahr einer Erstarrung der Verfassung vor.[3]

B. Herkunft, Entstehung und Entwicklung

2 Nach deutscher Verfassungstradition unterliegt der verfassungsändernde Gesetzgeber traditionell besonderen formellen Schranken. Oftmals erforderte eine Änderung der Verfassung im Wege **parlamentarischer Gesetzgebung** eine Kombination aus einer qualifizierten absoluten Mehrheit der Anwesenden zusammen mit einer qualifizierten relativen Mehrheit der Zustimmenden.[4] In den Beratun-

1 Vgl. dazu *Sachs*, in: Sachs, GG, Art. 79 Rn. 1 ff.
2 BVerfGE 30, 1 (24).
3 Zur Bewährung der Thüringer Verfassung vgl. oben „Entwicklung des Landesverfassungsrechts von 1994 bis 2012“, Rn. 15.
4 So etwa § 196 RV 1849, Art. 76 WRV. Vgl. *Sachs*, in: Sachs, GG, Art 79 Rn. 1 m.w.N. Ebenso § 14 Satz 3 ThürVerf 1921.

gen zur ThürVerf wurden neben einer Verschärfung der Mehrheitsanforderungen auch eine kumulative Mitwirkung des Volkes im Wege eines Volksentscheids vorgeschlagen.[5] Im Ergebnis der Beratungen zu den Themenkomplexen „Inkraftsetzung der Verfassung und Plebiszite“ kam der VerfA in seiner 17. Sitzung am 5.02.1993 überein, Verfassungsänderungen nur durch eine qualifiziert absolute Mehrheit (Art. 83 Abs. 2 Satz 1 ThürVerf) zuzulassen.

Bereits in seiner 16. Sitzung am 20.11.1992 hatte sich der VerfA dazu verständigt, neben der Inkraftsetzung der Verfassung durch einen **Volksentscheid** auch eine spätere Änderung im Wege der Volksgesetzgebung mit der Mehrheit der Stimmberechtigten zuzulassen (Art. 83 Abs. 2 Satz 2 ThürVerf). Hinsichtlich der **Ewigkeitsgarantie** – obschon vom VerfUA noch abgelehnt – beschloss der VerfA am 20.11.1992, eine Art. 79 Abs. 3 GG entsprechende Regelung aufzunehmen und billigte den Wortlaut des Art 83 Abs. 3 ThürVerf in seiner 20. Sitzung am 20.03.1993.[6] Demgegenüber erzielte der VerfA bereits in seiner 15. Sitzung am 13.07.1992 Einigkeit über das Bekenntnis zum Grundsatz der Einheit der Verfassung (Gebot der **Änderung im Wortlaut**, Art. 83 Abs. 1 ThürVerf).[7]

C. Verfassungsvergleichende Information

Art. 83 ThürVerf enthält wie Art. 79 GG formelle (Gebot der **Änderung im Wortlaut**, Erfordernis **qualifizierter Mehrheiten**) und mit der Ewigkeitsgarantie (Abs. 3) auch materielle Grenzen für den verfassungsändernden Gesetzgeber. Abweichend vom Grundgesetz und anknüpfend an die Verfassung Thüringens von 1921[8] kennt die Thüringer Verfassung auch die **verfassungsändernde Volksgesetzgebung**. Für beide Wege der Verfassungsänderung werden in Art. 83 Abs. 2 ThürVerf[9] besondere Quoren bestimmt; für die verfassungsändernde Volksgesetzgebung wurden sie zwischenzeitlich gesenkt (vgl. oben „Entwicklung des Landesverfassungsrechts von 1994 bis 2012“, Rn. 7). 3

D. Erläuterungen

I. Authentizität des Verfassungstextes (Art. 83 Abs. 1)

Art. 83 Abs. 1 ThürVerf verlangt im Interesse der Rechtssicherheit und –klarheit sowie zur Ermöglichung einer bewussten (**Warn- und Besinnungsfunktion**) und durch die Öffentlichkeit kontrollierbaren Entscheidung,[10] dass jede formelle Änderung der Verfassung durch ein Gesetz erfolgt, das ihren Wortlaut ausdrück- 4

5 Art. 52 VerfE/GR/DJ, LT-Drs. 1/659 und Art. 87 VerfE LL-PDS, LT-Drs. 1/678.

6 Diskutiert wurde die Frage einer möglichen Erstreckung der Ewigkeitsgarantie auf alle Grundrechte, PW 1 VerfA 020 (20.03.1993) S. 22.

7 Zum Beratungsverlauf vgl. Entstehung ThürVerf S. 220 – 221; *Franke-Polz*, Direkte Demokratie in Thüringen, in: Kost (Hrsg.), Direkte Demokratie in den neuen Ländern – Eine Einführung, 2005, S. 294 ff.

8 Gem. § 14 Satz 3 ThürVerf 1921 bedarf eine Verfassungsänderung im Wege der Parlamentsgesetzgebung der Anwesenheit von mindestens zwei Dritteln der gesetzlichen Zahl der Abgeordneten und der Zustimmung von mindestens zwei Dritteln der Abgeordneten. Für eine Änderung der Verfassung im Wege der Volksgesetzgebung bedarf es der Zustimmung der Mehrheit der Stimmberechtigten (§ 27 Abs. 3 ThürVerf 1921). Zusätzlich ist für jeden Volksentscheid die Beteiligung der Hälfte der Stimmberechtigten und die Mehrheit der Abstimmenden erforderlich (§ 27 Abs. 2 ThürVerf 1921).

9 *Sachs*, in: Sachs, GG, Art. 79 Rn. 21 ff.

10 *Vismann*, AK-GG., Art. 79 Rn. 28; *Sauthoff*, in: Litten/Wallerath, Art. 56 Rn. 1; *Mann*, in: Löwer/Tettinger, Art. 69 Rn. 10; *Storr*, Staats- und Verfassungsrecht, 1998, Rn. 904.

lich ändert oder ergänzt.[11] Ein Verfassungswandel oder ggf. die Entstehung von ergänzendem Verfassungsgewohnheitsrecht werden hierdurch nicht gehindert.[12] Erforderlich und auch genügend ist für eine Änderung die Einfügung (Inkorporationsgebot) in den Text der Thüringer Verfassung, auch wenn die materiell angetastete Bestimmung nicht selbst im Wortlaut geändert wird, sondern durch eine textliche Neufassung an anderer Stelle eine inhaltliche Änderung erfährt (Ausdrücklichkeitsgebot).[13]

5 Ob die Ergänzung der Verfassung neben der Änderung für ausdrückliche Regelungen außerhalb des Verfassungstextes eine eigenständige Fallgruppe bildet, ist fraglich[14] und bei strenger Anwendung des Inkorporationsgebots zu verneinen. Art. 83 Abs. 1 ThürVerf enthält seinem Wortlaut nach keine Art. 79 Abs. 1 S 2 GG entsprechende Ausnahme (Klarstellungsermächtigung).[15] Auf Grund der Klarstellungsermächtigung wäre es bereits ausreichend, dass die Änderung des Wortlauts in dem Vertragswerk enthalten wäre,[16] dort als solche ausdrücklich hervorgehoben würde[17] und durch das Zustimmungsgesetz in das Verfassungsrecht transformiert würde.[18] Eine entsprechende Regelung hat der Thüringer Verfassungsgeber allerdings auch hinsichtlich der seit 1992[19] möglichen Verfassungsänderung durch völkerrechtlichen Vertrag der Länder gem. Art. 24 Abs. 1 a GG (Übertragung von Hoheitsgewalt auf zwischenstaatliche Einrichtungen) und trotz einer Art. 24 Abs. 1 GG vergleichbaren Konstellation nicht vorsehen. Ohne ausdrückliche Verankerung in der Verfassung kann eine solche, mit einer Einbuße an Rechtsklarheit für Fälle der Verfassungsänderung verbundene Möglichkeit auf der Ebene des Landesrechts nicht Platz greifen. Dasselbe gilt für Änderungen durch Staatsvertrag.[20]

6 Das Gebot einer Änderung im Wortlaut zieht einer möglichen Änderung der Verfassung keine quantitativen Grenzen; soweit die Ewigkeitsgarantie (vgl. Rn 16 ff.) gewahrt wird, steht die Verfassung einer sog. **Gesamt- oder Totalrevision** nicht im Wege.[21] Die Annahme eines solchen Verbots verbietet sich schon vor der Hintergrund fehlender quantitativer oder zeitlicher Schranken (Morato-

---

11 Vgl. zur Problematik bzgl. des insoweit unklaren Art. 76 WRV *Gusy*, in: Neuhaus (Hrsg.), Beihefte zu „Der Staat", Heft 20, S. 159 (169).

12 *Wolff*, S. 351 ff., 363 ff; vgl. *Dreier*, in: Dreier, Art. 79 Abs. 1 Rn. 38 ff. m.w.N.

13 *Dreier*, in: Dreier, Art. 79 Abs. 1 Rn. 22. Zur Terminologie vgl. *Frey*, in: Grimm/Caesar, Art. 129 Rn. 21 f.

14 Abl. für Art. 79 GG etwa *Sachs*, in: Sachs, GG, Art. 79 Rn. 12 da jede Ergänzung im Text zugleich eine Änderung desselben sei.

15 Zur Funktion der Regelung vgl. *Sachs*, in: Sachs, GG, Art. 44 Rn. 18.

16 Krit. *Hufeld*, Die Verfassungsdurchbrechung, 1997, S. 102.

17 *Vismann*, in: AK-GG, Art. 79 Rn. 32; *Dreier*, in: Dreier, Art. 79 Abs. 1 Rn. 28.

18 *Sachs*, in: Sachs, GG, Art. 79 Rn. 15.

19 BGBl. I, 1992 S. 2086.

20 So *Neumann Nds*, Art. 46 Rn. 7. Anders bspw. für die im Einigungsvertrag vereinbarten Grundgesetzänderungen BVerfGE 84, 90 (119). Nach *Günther*, in: Heusch/Schönenbroicher, Art. 69 Rn. 8 genügt dagegen ein mit der qualifizierten Mehrheit beschlossenes Zustimmungsgesetz, wenn dem Ausdrücklichkeitsgebot im Vertragstext Rechnung getragen ist. Diese Argumentation ist allerdings vor dem Hintergrund des Demokratieprinzips jedenfalls dann verfehlt, wenn der Vertragstext Organkompetenzen des LTs oder grundrechtswesentliche Neugestaltungen betrifft. In diesen Fällen trägt der Hinweis von *Günther* auf Außenvertretungsbefugnis der LReg zur Behebung der fehlenden parlamentarischer Mitwirkung bei Staatsverträgen.

21 *Vismann*, in: AK-GG, Art. 79 Rn. 25 mwN.

rium) für Initiativen zur Verfassungsänderung.[22] Auch ohne Änderung im Wortlaut können einzelne Verfassungsbestimmungen auf Grund vorrangigen Verfassungsrechts des Bundes, einfachen Bundesrechts (Art. 31 GG), neuen Völkerrechts (Art. 25 GG) sowie in Folge der Rechtssetzung der EU nichtig oder unanwendbar werden.[23] In diesem Fällen wirkt der Freistaat im Bundesrat vertreten durch die Landesregierung mit (Art. 50 GG). Im Hinblick auf die Stellung des Landtags als Verfassungsgesetzgeber und seine unmittelbare demokratische Legitimation durch das Volk (Art. 48 Abs. 1 ThürVerf) bedarf es hier grundsätzlich einer vorherigen Unterrichtung des Landtags durch die Landesregierung (Art. 67 Abs. 4 ThürVerf)[24] Diese ist in der Staatspraxis beispielhaft in der Vereinbarung über die Unterrichtung und Beteiligung des Landtags in Angelegenheiten der Europäischen Union anerkannt.[25]

II. Änderung durch förmliche Gesetzgebung (Art. 83 Abs. 2)

1. Parlamentsgesetzgebung. Für Verfassungsänderungen im Wege der Parlamentsgesetzgebung gilt grundsätzlich das übliche Gesetzgebungsverfahren einschließlich der Anhörungsberechtigung der Gemeinden und Landkreise bzw. ihrer jeweiligen Spitzenverbände (Art. 91 Abs. 4 ThürVerf iVm § 79 Abs. 2 GOLT). Initiativen zur Änderung können sich aber auch aus einem **Bürgerantrag,** dem ein ausformulierter Gesetzentwurf zu Grunde liegt (Art. 68 Abs. 1 Satz 2 ThürVerf)[26] oder aus der Übernahme eines **Volksbegehrens** durch den Landtag (Art. 82 Abs. 7 ThürVerf)[27] ergeben. Zu einer Verfassungsänderung bedarf es – abweichend von Art. 61 Abs. 2 Satz 1 ThürVerf – nach Art. 83 Abs. 2 Satz 1 ThürVerf einer **Mehrheit** von zwei Drittel der Mitglieder des Landtags gem. § 1 Abs. 1 ThürLWahlG (z.Z. 66 Abgeordnete). Das erhöhte Zustimmungsquorum gilt dem Wortlaut nach für jede Änderung der Verfassung im Wege der Parlamentsgesetzgebung.[28] Die Beratung von Verfassungsänderungen erfolgt in drei Lesungen an verschiedenen Tagen (§§ 55 Abs. 1, 66 Abs. 3 GOLT). Mit diesen Regelungen schützt die Geschäftsordnung vor einer übereilten und intransparenten Beratung. 7

2. Volksgesetzgebung. Das Verfahren zur Verfassungsänderung im Wege Volksgesetzgebung richtet sich nach Art. 82 ThürVerf i.V.m. dem ThürBVVG. Danach bestehen weder für ein Antrag auf Zulassung des verfassungsändernden **Volksbegehrens** noch für das Zustandekommen besondere Zulassungsvoraussetzungen mehr (§§ 10 Abs. 1, 17 Abs. 1 ThürBVVG). Lediglich für den Gesetzesbeschluss (**Volksentscheid**) sind die Anforderungen erhöht; die relative Zustimmungsmehrheit muss zusätzlich absolut mindestens 40 statt 25 vom 100 der Stimmberechtigten betragen (Art. 83 Abs. 2 Satz 2 ThürVerf i.V.m. § 28 ThürBVVG).[29] Dieses Quorum gilt auch für die Annahme des vom Landtag dem Volksbegehren nach Art. 82 Abs. 7 Satz 2 Halbs. 2 ThürVerf zur Seite ge- 8

22 Vgl. etwa das Verbot wiederkehrender Anträge zur Volksgesetzgebung mit sachlich gleichem Inhalt innerhalb von 2 Jahren gem. § 11 Abs. 2 Nr. 1 ThürBVVG.
23 *Linck*, in: Linck/Jutzi/Hopfe, Art 83 Rn. 5.
24 Vgl. für die Unterrichtung des Bundestages BVerfG, DVBl 2012, 894 (Ls. 2).
25 Abgedruckt als Anlage 3 ThürGOLT.
26 Dazu *Grube*, ThürVBl. 1998, 245 (251).
27 Vgl dazu *Röper*, ThürVBl. 2003, 154 ff.
28 *Feuchte*, in Feuchte, Art. 64 Rn. 14.
29 Zur Frage der Einordnung der Quoren im Ländervergleich siehe *Obermann*, LKV 2012, 241 ff. m.w.N.; *Franke-Polz*, in: Kost (Hrsg.) (Fn. 7) S. 294 (305 f.).

stellten Gesetzentwurfs.[30] Nicht abschließend geklärt ist die Gewährleistung des Anhörungsrechts der Gemeinden und Landkreise nach Art. 91 Abs. 4 ThürVerf. Grds. tritt das Anhörungsrecht auf Grund der Gleichrangigkeit beider Gesetzgebungsverfahren jedenfalls nicht zurück. Soweit die Initiatoren des Volksbegehens die Stellungnahme nicht ermöglicht und hierüber informiert haben (§ 79 Abs. 3 Satz 2, 3. Var. ThürGÖLT analog), ist der Landtag im Rahmen seiner Beratung zur Gewährleistung des Anhörungsrechts berufen; er kann dies mit der Anhörung zu seinem „Gegenentwurf" verbinden.

9 **3. Verkündung und Inkrafttreten.** Auch das verfassungsändernde Gesetz wird nach Art. 85 Abs. 1 Satz 1 ThürVerf vom **Präsidenten des Landtags** ausgefertigt und innerhalb eines Monats im ThürGVBl verkündet und tritt gem. Art. 85 Abs. 2 ThürVerf in Kraft. Besteht zwischen einem einfachen Gesetz und einem parallel beratenen verfassungsändernden Gesetz ein notweniger inhaltlicher Zusammenhang, so dass der Gesetzgeber ohne Verfassungsänderung das einfache Gesetz nicht erlassen könnte, genügt es, wenn das einfache Gesetz zu einem späteren Zeitpunkt beschlossen, ausgefertigt und verkündet wird.[31] Für den Fall der Abhängigkeit einer Änderung der Thüringer Verfassung von einer vorgreiflichen Änderung des Bundesrechts genügt das lediglich vorherige Inkrafttreten der bundesrechtlichen Norm nur dann, wenn die Änderung des Bundesrechts nicht kompetenzrechtliche Voraussetzung für die Landesgesetzgebung ist;[32] sonst steht die fehlende Gesetzgebungskompetenz nicht erst der Ausfertigung, sondern bereits jeder Gesetzesinitiative im Wege.[33]

III. Ewigkeitsgarantie (Art. 83 Abs. 3)

10 **1. Begriff der Grundsätze und das Berührungsverbot.** Art. 83 Abs. 3 ThürVerf verbietet eine die Grundsätze der Artikel 1, 44 Abs. 1, 45, 47 Abs. 4 ThürVerf berührende Verfassungsänderung. Gleichwohl erlassene Gesetze sind nichtig.[34] Das BVerfG hatte in einer von Anbeginn an umstrittenen Rechtsprechung mit Blick auf die Funktion der Regelung, einen formal legalen Umsturz der Verfassungsordnung zu verhindern und im Blick auf die angebliche Parallelbestimmung des Art. 19 Abs. 1 Satz 2 GG, die den Wesensgehalt der Grundrechte garantiert,[35] den Begriff der Grundsätze und das Berührungsverbot — restriktiv als äußerste Schranke ausgelegt. Die genannten "Grundsätze" würden von vornherein nicht berührt, wenn Ihnen im allgemeinen Rechnung getragen und sie nur für eine Sonderlage entsprechend ihrer Eigenart aus evident sachgerechten

---

30 Vgl. *Schweiger*, in: Nawiasky, Art. 75 Rn. 5.

31 BVerfGE 32, 199 (212); 34, 9 (23 f.). Vgl. *Nierhaus*, in: Sachs, GG, Art 82 Rn. 26. Da Thüringen keine Kompetenz-Kompetenz besitzt, tritt der Fall einer erst durch die Verfassungsänderung zu erreichenden Verbandkompetenz zum Erlass des einfachen Gesetzes nicht auf.

32 *Hain*, in: v. Mangoldt/Klein/Starck, Art. 79 Rn. 20 – 23.

33 Grundlegend BVerfGE 8, 104 (Ls. 7). In der Staatspraxis werden Ausnahmen bei Verfassungsänderungen im Wege des kooperativen Föderalismus zugelassen, soweit in anderer Weise das Inkrafttreten kompetenzwidrigen Rechts verhindert wird, bspw. durch Nichthinterlegung der Ratifikationsurkunden zu einem Länderstaatsvertrag trotz vorheriger gesetzlicher Zustimmung des Landtags für den Fall des Ausbleibens der mit dem Bund vereinbarten Grundgesetzänderung innerhalb einer bestimmten Frist.

34 *Stern* I, S. 167; *Sachs*, in: Sachs, GG, Art. 79 Rn. 83; *Hoffmann*, in: BK, Art. 79 Rn. 37 ff.

35 Krit. zu diesem Argument, da die sog. Wesensgehaltsgarantie nicht den verfassungsändernden Gesetzgeber bindet, aber bereits BVerfGE 109, 279 (311); vgl. auch *Sannwald*, in: Schmidt-Bleibtreu/Klein, Art. 79 Rn. 39.

Gründen modifiziert würden; unzulässig sei nur ihre völlige Preisgabe.[36] Dabei seien Grundsätze i.S.d. Ewigkeitsgarantie nicht die genannten Staatsstrukturprinzipien in ihrer Gesamtheit.[37] Diese (rein rückwärtsgewandte)[38] Auffassung wird dem Wortlaut (verboten ist bereits das bloße Berühren nicht erst die Preisgabe von Grundsätzen) ebenso wenig gerecht wie der Funktion der Ewigkeitsgarantie, bereits unterhalb der Schwelle eines „Umsturzes" die Verfassungsordnung zu stabilisieren (Schutz der **Verfassungsidentität**).[39]

Die in Art. 83 Abs. 3 ThürVerf genannten Grundsätze sind nach Auffassung des ThürVerfGH im Sinne eines identitätsstiftenden Bestands- und Erosionsschutzes bereits dann berührt, wenn der verfassungsändernde Gesetzgeber sie ganz oder in einem Teilbereich außer Acht lässt, sofern dieser Teilbereich zu seinen konstituierenden Elementen gehört und wenn seine Außerachtlassung den Grundsatz einem allmählichen Verfall aussetzt.[40] Die Bestimmung der konstituierenden Elemente der Grundsätze und die Prüfung der Verfallseignung sind damit die zentralen Fragen.[41] Zur Achtung des Gestaltungsraums des verfassungsändernden Gesetzgebers kommt auch eine geltungserhaltende „ewigkeitsklauselkonforme" Auslegung von Änderungen in Betracht.[42] Für die Auslegung der landesverfassungsrechtlichen Ewigkeitsgarantie ist auch bedeutsam, dass Thüringen zwar nach Art. 23 a.F. GG dem Grundgesetz beigetreten ist und sich damit auf eine dem **Homogenitätsprinzip** nach Art. 28 Abs. 1 GG[43] entsprechende Verfassung verpflichtet hat, zugleich aber in Ausgestaltung des eigenständigen Verfassungsraums die geschützten Bereiche um besonderen Emanationen der Menschenwürde (Schutz Sterbender gem. Art. 1 Abs. 1 Satz 2 ThürVerf) und Staatsziele (Umweltschutz gem. Art 44 ThürVerf) erweitert wurden. 11

2. Geschützte Grundsätze. a) Menschenwürdeorientierte Grundsätze (Art. 1). 12
Die Würde des Menschen ist als Grundsatz absolut geschützt.[44] Verfassungsrechtlich verboten ist damit eine Einschränkung des personalen Geltungsbereichs der Menschenwürde,[45] ebenso (trotz des Fehlens einer Art. 1 Abs. 3 GG

36 BVerfGE 30, 1 (24); 84, 90 (121), 89, 155 (208); 94, 12 (Ls. 4 a). So auch *Storr* (Fn. 10) Rn. 905. Krit. Sondervoten Geller/ v. Schlabrendorff/Rupp in: BVerfGE 30, 1 (38); Jaeger/Hohmann-Dennhardt in: BVerfGE 109, 279 (382).

37 BVerfGE 30, 1 (25). Zust. *Braun*, Art. 64 Rn. 23.

38 *Vismann*, in: AK-GG, Art. 79 Rn. 43.

39 BVerfGE 123, 267 (343) sieht die Demokratie als nicht abwägungsfähigen Bestandteil deutscher Verfassungsidentität und verortet sie als für den verfassungsändernden Gesetzgeber unantastbar in der Würde des Menschen (Art. 1 Abs. 1 Satz 1 ThürVerf). Mit dem Identitätsziel wäre es kaum vereinbar, dem verfassungsändernden Gesetzgeber gerade für die „Neujustierung" zwischen den geschützten Grundsätzen einen erweiterten Ermessensspielraum zuzubilligen, so *Huber,* Volksgesetzgebung und Ewigkeitsgarantie. Zur Verfassungsmäßigkeit des Volksbegehrens „Mehr Demokratie in Thüringen", unter Mitarbeit vom Stefan Storr und Michael Koch, in. Jenaer Schriften zu Recht Band 30, 2003, S. 52.

40 ThürVerfGH, LVerfGE, 12, 405 (Ls. 1, 425), Vgl. *Bryde*, Verfassungsentwicklung, 1982, S. 233, 241 f.; *Hain*, in: v. Mangoldt/Klein/Starck, Art. 79 Rn. 32; *Sachs*, in: Sachs, GG, Art. 79 Rn. 37.

41 *Linck*, in: Linck/Jutzi/Hopfe, Art. 83 Rn. 9.

42 BVerfGE 109, 279 (311); 123, 267 (369); *Bryde*, in: v. Münch/Kunig, Art. 79 Rn. 30 m.w.N; *Sachs*, in: Sachs, GG,Art. 79 Rn. 84.

43 Vgl. *Linck*, in: Linck/Jutzi/Hopfe, Art. 83 Rn. 8; *Storr* (Fn. 10) Rn. 908. Das Homogenitätsgebot markiert eine weitere Schranke der verfassungsändernden Gewalt in Thüringen.

44 Zur sog. Objektformel vgl. BVerfGE 30, 1 (25 f.); 102, 347 (367); 109, 279 (312).

45 Vgl. BVerfGE 39, 1 (41).

entsprechenden Regelung im Kanon der genannten Grundsätze)[46] eine Beeinträchtigung der unmittelbaren Geltung der Grundrechte.[47] Gleichfalls zwingend ist ihr Charakter als **subjektiv-öffentliche Rechte.**[48] Mit der absoluten Geltung der Menschenwürde unvereinbar wäre eine Relativierung des Abwägungsverbots[49] und eine Außerachtlassung des Gebots der **körperlichen Integrität,**[50] gerade auch im Hinblick auf das besondere Gebot zum **Schutz Sterbender** (Art. 1 Abs. 1 Satz 2 ThürVerf).[51] Verfassungsrechtlich nicht geschützt sind Emanationen der Menschenwürde in besonderen Grundrechten[52] (bspw. Art. 6 ThürVerf). Unzulässig ist nicht die Beseitigung besonderer Freiheitsrechte, sondern eine Regelung, die dem Menschenwürdekern dieser Bestimmungen zuwiderliefe[53] oder Grundrechte insoweit beseitigte, als sie zum Erhalt einer öffentlichen Ordnung i.S. der in den geschützten Artikel genannten Grundsätze unverzichtbar sind[54] (vgl. *Baldus*, Art. 1 Rn. 26). Generell werden Garantien für die personelle Autonomie und die staatliche Partizipation sowie justizielle Garantien[55] unentbehrlich sein.[56] Mit der Garantie der **Menschenrechte** in Art. 1 Abs. 2 Halbs. 1 ThürVerf ist im Zuge des erreichten Menschenrechtsstandards die Existenz von Freiheits- und Gleichheitsrechten als verfassungsrechtliche Verbürgungskategorien sakrosankt, ungeachtet der Möglichkeit der Beseitigung einzelner Grundrechte.[57] Mit der Garantie von Frieden und Gerechtigkeit in Art. 1 Abs. 2 Halbs. 2 ThürVerf ist das **Rechtsstaatsprinzip** in seiner materiellen Ausprägung anerkannt und in der Würde des Menschen verankert.[58] Inwieweit diese Grundsätze im konkreten Einzelfall in einer verfallbedrohenden Art und Weise angetastet werden, ist im Einzelfall unter Berücksichtigung der jeweiligen Eingriffsschwere zu ermitteln.[59]

13 **b) Staatsstrukturorientierte Grundsätze (Art 44 Abs. 1, 45, 47 Abs. 4).** Nach Art. 44 Abs. 1 ThürVerf sind neben der **Gliedstaatlichkeit**[60] Thüringens die so genannten **Staatsstrukturprinzipien (Republikprinzip,**[61] Demokratie, **Sozial-**

46 Die unmittelbare Geltung der Grundsätze ist in Art. 42 Abs. 1 ThürVerf verbürgt. Die Nichterstreckung der Ewigkeitsklausel kann vor dem Hintergrund der Entstehungsgeschichte vgl. oben Rn. 2) und der rein redaktionellen Trennung der Materien des Art. 1 GG als Redaktionsversehen gedeutet werden.

47 *Even*, Die Bedeutung der Unantastbarkeitsgarantie des Artikels 79 Abs. 3 GG für die Grundrechte, 1988, S. 110, 112 f.

48 *Sachs*, in Sachs, GG, Art. 79 Rn. 56. *Dreier*, in: Dreier, Art. 79 Abs. 3 Rn. 29 leitet dies erst aus der Verbindung mit der Garantie von Menschenrechten ab (vgl. Art. 1 Abs. 2 ThürVerf).

49 BVerfG, NJW 2005, 656 (657); BVerfGE 115, 118 (158).

50 BVerfGE 115, 118 (154).

51 Vgl. Bericht der Enquetekommission 3/1 „Wahrung der Würde in Grenzsituationen", LT-Drs. 3/3854.

52 *Vismann*, in: AK-GG, Art 79 Rn. 54; *Sachs*, in: Sachs, GG, Art. 79 Rn. 51 f.

53 *Sachs*, in: Sachs, GG, Art. 79 Rn. 52.

54 BVerfGE 84, 90 (121).

55 BVerfGE 9,89 (95). Anders für das Gebot effektiven Rechtsschutzes BVerfGE 30, 1 (25).

56 *Dreier*, in: Dreier, Art. 79 Abs. 3 Rn. 32 m.w.N.; *Vismann*, in: AK-GG, Art. 79 Rn. 56.

57 *Hain*, S. 302 ff.; *Sachs*, in: Sachs, GG, Art 79 Rn. 54; vgl. auch *Vismann*, in: AK-GG, Art 79 Rn. 55.

58 Vgl zum Verhältnismäßigkeitsgrundsatz *Dreier*, in: Dreier, Art. 79 Abs. 3 Rn. 53.

59 *Linck*, in: Linck/Jutzi/Hopfe, Art. 83 Rn. 9;.

60 Daraus folgt die Verpflichtung zur Wahrung eines eigenständigen Verfassungsraumes ebenso wie die Pflicht zur Bundestreue, vgl. *Sachs*, in: Sachs, GG, Art 79 Rn. 62.

61 Zum engen Aussagegehalt des Freistaatsbegriffs ThürVerfGH, LVerfGE, 12, 405 (429 f.). Krit. dazu *Gröschner*, Art. 44 Rn. 15 ff.

staatlichkeit,[62] Rechtsstaatsprinzip) verfassungsrechtlich unabänderlich, ebenso die Verpflichtung auf einen anthropozentrisch verstandenen **Umweltschutz** als Schutz der natürlichen Lebensgrundlagen des Menschen.[63]

Das **Demokratieprinzip** verlangt nach Art. 45 Satz 1 ThürVerf zwingend die Rückführbarkeit aller staatlichen Gewalt auf das Staatsvolk; hierzu werden neben dem repräsentativen System (Wahlen) auch **Volksbegehren und Volksentscheid** in ihrer Existenz verfassungsrechtlich verbürgt (Art. 45 Satz 2 ThürVerf).[64] Das Rückführbarkeitsgebot zieht der Verlagerung von Entscheidungen auf supranationale oder zwischenstaatliche Ebenen Grenzen.[65] Dem **Budgetrecht** des Parlaments (Art. 99 ThürVerf) kommt aufgrund der zentralen Stellung des Haushalts überragende Bedeutung zu.[66] Zur demokratischen Identität gehört die freie und gleiche Teilhabe des Einzelnen an der Legitimation öffentlicher Gewalt; das Gebot wird ergänzt durch die Notwendigkeit einer sichtbaren politischen Alternative in einem Raum freier Meinungsbildung, in dem eine Opposition wirksam und bei der späteren Wahlen zur Mehrheit werden kann.[67] 14

Art. 45 Satz 3 ThürVerf konkretisiert das **Rechtsstaatsprinzip** über Art. 44 Abs. 1 ThürVerf hinaus durch die Garantie verfassungsgemäß bestellter Organe der Gesetzgebung, der vollziehenden Gewalt und der Rechtsprechung mit dem Grundsatz der **Gewaltenteilung.** In Art. 47 Abs. 4 ThürVerf treten der **Vorrang der Verfassung** in Form der Verfassungsbindung der Gesetzgebung sowie der **Vorrang und Vorbehalt des Gesetzes** hinzu.[68] Die Gewaltenteilung schließt die Eigenständigkeit der Exekutive im Verhältnis zum Landtag ein. Dies äußert sich bspw. in der Anerkennung eines für die parlamentarische Kontrolle nicht erschließbaren Arkanbereich (Art. 67 Abs. 3 Satz 1 Nr. 2 ThürVerf),[69] ihrer Prärogative bei der Haushaltsaufstellung (Art. 99 Abs. 3 ThürVerf)[70] sowie der Entscheidung über die konkrete Einrichtung von Behörden (Art. 90 Satz 3 ThürVerf).[71] Ebenso zählt dazu die Unverbindlichkeit schlichter Parlamentsbeschlüsse,[72] sofern diese nicht an die Stelle dem Landtag sonst möglichen legislativen Handelns treten; in diesen Fällen rechtfertigt die Mitwirkung der der parlamentarischen Kontrolle unterliegenden Landesregierung am Entzug der legislativen Gestaltungsmacht der Länder schon unter dem Gesichtspunkt der Verfassungs- 15

62 Vgl. *Dreier*, in: Dreier, Art. 79 Abs. 3 Rn. 45.
63 Nicht unabänderlich ist mithin die Garantie einer der Ökologie verpflichteten Marktwirtschaft (Art. 38 ThürVerf). Siehe auch *Gröschner*, Art. 44 Rn. 11, 60 ff.
64 *Linck*, ThürVBl. 2011, 145 (146, Fn. 10) insbes. zur „Gleichrangigkeit" beider Verfahren.
65 Vgl. BVerfGE 123, 267 (Ls. 7).
66 BVerfGE 129, 124 (Ls. 2 u. 3); ThürVerfGH, LVerfGE, 12, 405 (Ls. 6, 444 ff.).
67 Art. 59 ThürVerf. Vgl. auch BVerfGE 123, 267 (341 f.); Vismann, in: AK-GG, Art 79 Rn. 57.
68 Vgl. auch *Sachs*, in: Sachs, GG, Art. 79 Rn. 75.
69 Vgl. auch BVerfG, DVBl 2012, 894 (896).
70 ThürVerfGH, LVerfGE, 12, 405 (446).
71 Zur Reichweite von Gesetzes- und Parlamentsvorbehalt siehe *Pieroth*, Der Gesetzesvorbehalt für die Zahl und die Standtorte von Polizeidirektionen, in: Staat, Verwaltung und Rechtsschutz, FS für Wolf-Rüdiger Schenke zum 70. Geburtstag, hrsg. v. Peter Baumeister, Wolfgang Roth u. Josef Ruthig, 2011, S. 467 ff.
72 ThürVerfGH, ThürVBl. 2011, 131 (Ls. 2, 131 ff.). Vgl. auch *Holzner*, BayVBl. 2012, 677 (681).

organtreue eine verfassungsrechtliche Bindung der Exekutive bei der Vertretung des Landes im Bundesrat.[73]

16 c) **Sonstige Verfassungsrevisionsschranken. aa) Ewigkeitsgarantie (Art. 83 Abs. 3).** Aus der Funktion der Ewigkeitsgarantie als äußerster materieller Grenze des verfassungsändernden Gesetzgebers wird heute zu recht die Unabänderlichkeit auch dieser Norm im Wege der Verfassungsänderung gefolgert.[74] Dabei ist Art. 83 Abs. 3 ThürVerf in toto, nicht nur in seinen Grundsätzen geschützt.[75] Auch eine Erweiterung der geschützten Grundsätze scheidet aus; der aktuell verfassungsändernde Gesetzgeber kann sich von seiner ihm durch den Verfassungsgeber eingeräumten rechtlichen Gestaltungsmacht nicht zu Lasten künftiger Gesetzgeber befreien.[76]

17 **bb) Formelle Schranken der Verfassungsänderung (Art. 83 Abs. 1 und 2).** Die Existenz besonderer formeller Schranken der Verfassungsänderung ist unabänderlich, ihre konkrete Ausgestaltung ist disponibel;[77] die formellen Schranken der Verfassungsänderung sind nach Maßgabe des Art. 83 Abs. 3 ThürVerf in ihren Grundzügen geschützt. Das **Inkorporationsgebot** (Art. 83 Abs. 1) schließt für bestimmte abgrenzbare Fälle (Staatsverträge, Art. 24 Abs. 1 a GG) Ausnahmen unter Beachtung des **Ausdrücklichkeitsgebots** nicht aus, da hierdurch weder ein allmählicher Verfallsprozess der textlichen Authentizität noch eine Zersplitterung des Verfassungsrechts als eigener Normebene zu besorgen sind.[78] Ebenso können die **Mehrheitserfordernisse** für Verfassungsänderungen nach Art. 83 Abs. 2 ThürVerf modifiziert werden, sofern hierdurch weder eine tatsächliche Versteinerung eintritt noch das Erfordernis tatsächlicher und hoher demokratische Legitimation verfehlt wird.[79] Das Erfordernis erhöhter demokratischer Legitimation von Verfassungsänderungen entspricht gemeindeutscher Verfassungstradition,[80] dem Sinne einer als Rahmenordnung[81] konzipierten

---

73 Vgl. Nr. II 3 Satz 2 der Vereinbarung über die Unterrichtung des Landtags in Angelegenheiten der Europäischen Union (abgedruckt als Anlage 3 GOLT); siehe dazu *Papier*, ThürVBl. 2011, 49, (52). AA *Horsch*, ThürVBl. 2012, 241 (245).

74 *Dietlein*, in: Epping/Hillgruber, Art. 79 Rn. 19; *Sachs*, in: Sachs, GG, Art. 79 Rn. 80; *Linck*, in: Linck/Jutzi/Hopfe, Art. 83 Rn. 7; *Isensee*, in: Wendt/Rixecker, Art. 101 Rn. 27 m.w.N.

75 BVerfGE 84, 90 (121); *Dietlein*, in: Epping/Hillgruber, Art. 79 Rn. 20.

76 *Dietlein*, in: Epping/Hillgruber, Art. 79 Rn. 16; *Hain*, in: v. Mangoldt/Klein/Starck, Art. 79 Abs. 3 Rn. 40.

77 So hat ThürVerfGH, LVerfGE 12, 405 (Ls. 6, 457 f.) die Absenkung der formellen Anforderung für die verfassungsändernde Volksgesetzgebung zugelassen, dies aber materiell an den Grundsätzen des Rechtsstaatsprinzips gemessen; vgl. auch *Isensee*, in: Wendt/Rixecker, Art. 101 Rn. 30; Tosch, Die Bindung des verfassungsändernden Gesetzgebers an den Willen des historischen Verfassungsgebers, 1979, S. 114 ff; enger *Dreier*, in: Dreier, Art. 79 Abs. 3 Rn. 14. Diese Argumentation gilt ihrem Sinn nach auch für die Verfassungsänderung durch Parlamentsgesetz; aA *Sachs*, in: Sachs, GG, Art. 79 Rn. 81 m.w.N.

78 *Ehmke*, AöR 79, 385 (410 ff.); A.A. *Dreier*, in: Dreier, Art. 79 Abs. 1, 37 mwN, soweit in den externen Texten eine Klarstellung erfolgt; *Vismann*, in; AK-GG, Art. 79 Rn. 36. Vgl. dazu *Bushart*, Verfassungsänderung in Bund und Ländern, 1989, S. 35 ff.

79 ThürVerfGH, LVerfGE, 12, 405 (Ls. 7, 459 f.). Zur Änderung von Art. 83 Abs. 2 Satz 2 ThürVerf vgl. oben „Entwicklung des Landesverfassungsrechts von 1993 bis 2012", Rn. 7. Für nur begrenzte Änderbarkeit im Sinne der Erhöhung der Anforderungen *Dreier*, in: Dreier, Art. 79 Abs. 2 Rn. 23; *Vismann*, in: AK-GG, Art. 79 Rn. 40; *Pieroth*, in: Jarass/Pieroth, Art 79 Rn. 14. Gegen eine Festlegung auf erhöhte Quoren *Koch*, ThürVBl. 2002, 46 (46); *Rux*, ThürVBl. 2002, 47 ff.

80 Ebenso *Mann*, in: Löwer/Tettinger, Art. 69 Rn. 19.

81 ThürVerfGH, LVerfGE, 11, 481 (Ls. 3, 497).

Verfassung,[82] dem Gedanken der Identität der Verfassung und der prinzipiellen zeitlichen Begrenztheit und politischer Herrschaft.[83]

cc) **Besondere Schranken der Volksgesetzgebung.** Der Thüringer Verfassungsgerichtshof hat für Verfassungsänderungen im Wege der Volksgesetzgebung zwei weitere Schranken aus dem **Demokratieprinzip** abgeleitet. Er geht zum einen von einer „Prävalenz" der repräsentativ-parlamentarischen Entscheidungsform, d.h. einem Regel – Ausnahme – Verhältnis aus.[84] Diese sei durch „Verlangsamung" der Volksgesetzgebung und eine materielle, d. h. gemeinwohlorientierte Legitimation des – nicht von legitimierten Repräsentanten des Volkes getragenen – Vorhabens[85] zu sichern. Dabei seien neben dem Zustimmungsquorum auch das Antrags- und Unterstützungsquorum sowie die Verfahrensregeln (Amtstubensammlung) einzubeziehen.[86] Zum anderen sei die Einführung einer Volksgesetzgebung zum **Haushalt** nach Art. 83 Abs. 3 ThürVerf untersagt.[87] Gegenstand dieses Finanzvorbehalts seien alle auch mittelbar haushaltswirksamen Gesetze.[88] Der Verfassungsgerichtshof begründet dies im Ergebnis wenig schlüssig mit dem historischen Argument der Entstehung des Ausnahmetatbestands des Art. 82 Abs. 2 ThürVerf sowie einer systematischen Auslegung von Bestimmungen zum Haushaltsrecht.[89] Zentrales Argument ist der Sinn und Zweck des Budgetrechts: „Würde das Budgetrecht, mit dem auch die Haushaltsverantwortung verbunden ist, plebiszitären Elementen geöffnet, so bestünde die Gefahr, dass durch solche Eingriffe die politische Führungs- und Funktionsfähigkeit sowohl des Parlaments als auch der Exekutive, d.h. insbesondere der Landesregierung Schaden leide. Nur ein angemessener Schutz des parlamentarischen Gesetz- 18

82 So auch Thiel/Pirsch/Wedemeyer, Art. 48 Satz 171; *Mann*, in: Löwer/Tettinger, Art. 69 Rn. 19.

83 BVerfGE 89, 155 (162); 123, 267 (341 ff.); Sachs, in: Sachs, GG, Art. 79 Rn. 65 f.

84 ThürVerfGH, LVerfGE, 12, 405 (Ls. 5, 439 ff.) mit dem verfassungssystematischen Argument der Ersterwähnung des Landtags vor dem Staatsvolk als Gesetzgeber in Art. 81 ThürVerf. Ähnlich im Ergebnis *Isensee*, in: Wendt/Rixecker Art. 101 Rn. 22; *ders.*, DVBl., 2001, 1161 (1166). Krit. *Degenhart*, ThürVBl. 201 (204 ff.). Soweit mit der „Prävalenztheorie" Rücksicht auf die tatsächlich größere Leistungsfähigkeit parlamentarischer Verfahren zur quantitativen Entscheidungsfindung und zur Integrationsleistung genommen wird, ist es m. E. vertretbar, die Rückwirkungen sachdemokratischer Entscheidungsverfahren auf die Funktionsfähigkeit parlamentarischen Entscheidungsfindung in die Prüfung möglicher Verfahrenserleichterungen bei Volksbegehren und Volksentscheiden einzubeziehen. Das „gebotene" Regel – Ausnahme – Verhältnis dürfte allerdings allein auf Grund der Langsamkeit des Verfahrens von Volksbegehren und Volksentscheid ohnehin gewährleistet sein (so bereits *Stöffler*, ThürVBl. 1999, 33 (35).

85 ThürVerfGH, LVerfGE, 12, 405 (434 ff.).

86 ThürVerfGH, LVerfGE, 12, 405 (434 ff.); dazu *Gröschner*, ThürVBl. 2001, 193 ff. m.w.N.; *Degenhart*, ThürVBl. 2001, 201 (204 ff.).

87 ThürVerfGH, LVerfGE, 12, 405 (444 ff.). Krit etwa *Degenhart*, ThürVBl. 2001, 201 (2109). *Isensee*, DVBl 2001, 1161 (1164) sieht im Haushaltsvorbehalt auch ein Medium des rechtsstaatlichen Prinzips.

88 ThürVerfGH, LVerfGE, 12, 405 (447).

89 ThürVerfGH, LVerfGE, 12, 405 (446 f.). Das historische Argument bezogen auf Art. 82 Abs. 2 ThürVerf besagt nichts für die Änderungsfestigkeit. Das systematische Argument bezieht sich auf die notwendige Beteiligung der Regierung durch ihre Haushaltsinitiative (Art. 99 Abs. 3 ThürVerf) und das austarierte Zusammenwirken von Regierung und LT bei der Aufstellung und Durchführung des Haushalts (Über- und außerplanmäßige Mittel, Mitteilungspflichten) und auch im Entlastungsverfahren. Der Annahme eines verfassungsfesten Haushalts im materiellen Sinne steht allerdings sogar im Widerspruch zur selbständigen Erwähnung des Verbots abgabenbezogener Volksentscheide neben dem Verbot von Entscheidungen zum Landeshaushalt.

gebungsrechts sichert die Allgemeinwohlorientierung der finanzwirksamen Gesetzgebung.".[90]

19 Das Ergebnis bedarf gemessen an der o. a. Auffassung des Gerichts (vgl. Rn. 18; dazu Blanke, Art. 45 Rn. 29 ff.) zur Frage des unzulässigen Berührens der geschützten Grundsätze einer Modifikation. Zuzustimmen ist der Grundannahme, dass das Budgetrecht als Teil demokratischer verfasster Staatlichkeit besonderen Schutz genießt, ebenso, dass aufgrund der besonderen Funktionsbedingung des Haushaltsrechts (Langsamkeit, komplexe Aufstellung) notwendig dem parlamentarischen Gesetzgeber der erste und regelmäßige Zugriff zukommt und daher eine vollständige und abgewogene Regelung durch den Landtag ermöglicht werden muss . Insofern gehört das parlamentarische Budgetrecht zu den konstituierenden Elementen des Demokratieprinzips. Einer verfassungsrechtlichen Änderung verschlossen ist es allerdings nur dann, wenn es ganz oder in einem Teilbereich außer Acht gelassen würde, der zu den konstituierenden Elementen gehört und seine tatsächliche Außerachtlassung den Grundsatz einem allmählichen Verfall aussetzen könnte.[91] Eine verfassungsrechtliche Suspendierung des parlamentarischen Budgetrechts wäre damit verfassungswidrig. Modifikationen wie etwa eine partielle Öffnung der Volksgesetzgebung für Finanzfragen sind es nur dann, wenn eine parlamentarische Budgetverantwortung und auch die Verantwortlichkeit der Landesregierung nicht mehr gewahrt bleiben.[92] Bei den Auswirkungen einer plebiszitären Mitverantwortung ist zu beachten, dass die Stellung der Landtags hinsichtlich des Haushaltsgesetzes im Verhältnis zur übrigen Gesetzgebung geschwächt und die der Landesregierung gestärkt ist. Das Haushaltsgesetz, für das die Landesregierung ein Einbringungsmonopol besitzt, ermächtigt sie lediglich, erzwingt aber keine von ihr für verfehlt gehaltene Ausgabe; umgekehrt bleibt die Landesregierung zu Ausgaben sine lege (Nothaushaltsrecht gem. Art. 100 ThürVerf) und Ausgaben präter legem (über- und außerplanmäßige Ausgaben gem. Art. 101 ThürVerf) ermächtigt. Mit diesen Maßgaben erschienen bspw. eine Beschränkung der Volksgesetzgebung auf die Verhinderung von Ausgabeermächtigungen und ausgabenwirksame Gesetze[93] oder eine Beschränkung auf bloß mittelbar haushaltswirksame Gesetze[94] und kommunale Abgabengesetze[95] unter Beachtung der strikten Verpflichtungen zur Angabe der Deckungsfähigkeit (Art. 99 Abs. 3 Satz 2 i.V.m. Art. 82 Abs. 3 Satz 2 ThürVerf) denkbar.[96] Insofern verdient das Erforderniß einer sachlichen und die vorgeschlagene Regelung angemessen erläuternden Begründung besondere Be-

90 ThürVerfGH, LVerfGE, 12, 405 (449).

91 Vgl. *Stöffler*, ThürVBl. 1999, 33 (38).

92 Gegen ein Verkürzung dieser Prüfung auf Grund eines, die Grundentscheidung für plebiszitäre Gesetzgebung nivellierenden Misstrauens etwa *Rux*, ThürVBl. 2002, 48 (51).

93 Einsparungen, nicht Ausweitung öffentliche Leistungen gelten empirisch als zu erwartende Folgen plebiszitärer Haushaltsmitverantwortung, so *Degenhart*, ThürVBl. 2001, 201 (210). *Linck*, ThürVBl. 2011, 145 (146) weist zu Recht darauf hin, dass die Einführung verfassungsrechtlicher Schuldenbremsen eine vergleichbare Beschränkung des parlamentarischen Haushaltsgesetzgebers darstellt (Art. 109 Abs. 3 GG).

94 So BayVerfGH, BayVBl. 2012, 170 (Ls. 1, 172 f.).

95 Insofern wäre ein Hinweis in der Begründung auf etwaige Folgen etwa für den kommunalen Finanzausgleich zu fordern. Eine sachliche Information der Stimmberechtigten ist über die vom Präsidenten des Landtags zu übermittelnde Abstimmungsbroschüre gem. Art. 20 Abs. 3 ThürBVVG gewährleistet.

96 Eine allgemeine Bindung an die Wahrung des gesamtwirtschaftlichen Gleichgewichts genügt nicht, so ThürVerfGH, LVerfGE 12, 405 (451).

achtung[97]. Soweit den Initiatoren eines Volksbegehrens die dazu notwendigen Detailkenntnisse der finanzwirksamen Auswirkungen fehlen[98], könnte die Exekutive zur Auskunft verpflichtet werden. und haushaltswirksame Gesetze zur Erhöhung des Legitimationsniveaus an höhere Verfahrens- bzw. Zustimmungshürden gekoppelt werden.

Artikel 84 [Rechtsverordnungen]

(1) [1]Die Ermächtigung zum Erlaß einer Rechtsverordnung kann nur durch Gesetz erteilt werden. [2]Es muß Inhalt, Zweck und Ausmaß der erteilten Ermächtigung bestimmen. [3]In der Verordnung ist die Rechtsgrundlage anzugeben.

(2) Ist durch Gesetz vorgesehen, daß die Ermächtigung zum Erlaß einer Rechtsverordnung weiter übertragen werden kann, so bedaf es zu ihrer Übertragung einer Rechtsverordnung.

Vergleichbare Regelungen

Art. 80 Abs. 1 GG; Art. 61 BWVerf; Art. 55 Nr. 2 BayVerf; Art. 64 VvB; Art. 80 BbgVerf; Art. 124 BremVerf; Art. 53 HambVerf; Art. 118 HessVerf; Art. 57 M-VVerf; Art. 43 NV; Art. 70 Verf NW; Art. 110 Verf Rh-Pf; Art. 104 SaarlVerf; Art. 75 SächsVerf; Art. 79 LVerf LSA; Art. 38 SchlHVerf.

Ergänzungsnormen im sonstigen thüringischen Recht

ThürVerkG v. 30.01.1991 (ThürGVBl. S. 2); §§ 10, 26, 27 ThürGGO v. 31.08.2000 (ThürGVBl. S. 237) zuletzt geändert durch Beschl. v. 10.07.2008 (ThürGVBl. S. 307).

Dokumente zur Entstehungsgeschichte

§ 2 Abs. 4 Vorl.LS; Art. 79 VerfE CDU; Art. 63 VerfE F.D.P.; Art. 53 VerfE SPD; Art. 49 VerfE NF/GR/DJ; Art. 88 VerfE LL/PDS; Entstehung ThürVerf S. 222 f.

Literatur

Vgl. grundsätzlich Kommentierungen zu Art. 80 Abs. 1 GG; *Frauke Brosius-Gersdorf*, Der Gesetzgeber als Verordnungsgeber, ZG 2007, 305 ff.; *Wolfram Cremer*, Art. 80 Abs. 1 Satz 2 GG und Parlamentsvorbehalt, AöR 122 (1997), 248 ff.; *Thomas von Danwitz*, RVOen, JURA 2002, 93 ff.; *Bernhard Frye*, Verwaltungsvorschriften - Begriff, Funktion, Art und Wirkung, ThürVBl 2012, 73 ff.; *Andreas Horsch*, Anpassung des nationalen Rechts an Gemeinschaftsrecht – Wie weit darf die Ermächtigung der Exekutive gehen?, ZRP 2009, 48 ff.; *Michael Kotulla/Michael Rolfsen*, Zur Begründbarkeit von Zustimmungsvorbehalten zu Gunsten des Bundestages beim Erlass von RVOen, NVwZ 2010, 943 ff.; *Anna Leisner*, Verwaltungsgesetzgebung durch Erlasse, JZ 2002, 219 ff.; *Josef Franz Lindner*, Zeitgleiches Inkrafttreten von Gesetz und RVO?, BayVBl 2011, 193 ff., 626 f.; *Ralf Müller-Terpitz*, RVOen auf dem Prüfstand des BVerfG, DVBl 2000, 232 ff.; *Fritz Ossenbühl*, Gesetz und Verordnung im gegenwärtigen Staatsrecht, ZG 1997, 305 ff.; *Klaus Rennert*, Beleihung zur Rechtsetzung, JZ 2009, 976 ff.; *Nicole Rütz*, Unwirksamkeit von RVOen nach Wegfall ihrer Ermächtigungsgrundlage?, JURA 2005, 821 ff.; *Matthias Ruffert*, in: Hoffmann-Riem/Schmidt-Aßmann/Voßkuhle, Grundlagen des Verwaltungsrechts, Bd. I, 2. Aufl. 2012, § 17 Rn. 58–63; *Simon Schnelle*, Eine Fehlerfolgenlehre für RVOen, 2006; *Klaus Schönenbroicher*, Einige Bemerkungen zum Verhältnis von Gesetz und RVO, BayVBl 2011, 624 ff.; *Thomas Schwarz*, Das Zitiergebot bei RVOen, DÖV 2002, 825 ff.; *Sabine Seidel*, Die Praxis der Verordnungsgebung, 2004; *Karl-Peter Sommermann*, Verordnungsermächtigung und Demokratieprinzip, JZ 1997, 434 ff.; *Dietrich Stöffler*, „Die explodierende Zeitbombe“, ThürVBl 2006, 121 ff.; *Stefan Studenroth*, Einflussnahme des Bundestages auf Erlass, Inhalt und Bestand von RVOen, DÖV 1995, 525 ; *Silke Thomsen*, RVOen unter Änderungsvorbehalt des Bundestages, DÖV 1995,

---

97 Zu den Anforderungen vgl. ThürVerfGH, Urt. v. 10.04.2013, VerfGH 22/11, S. 11 ff. des Umdrucks.

98 Zur Problematik ThürVerfGH, LVerfGE 12, 405 (447); *Koch*, ThürVBl. 2002, 46 (47).

989 ff.; *Britta Wiegand*, Die Beleihung des VpK mit Normsetzungskompetenzen durch das GKV-Wettbewerbsstärkungsgesetz, GesR 2008, 237 ff.

Leitentscheidungen des ThürVerfGH und des BVerfG

ThürVerfGH, Urt. v. 21.06.2005 – 28/03 – ThürVBl 2005, 228 (Auftragskostenpauschale).

BVerfGE 1, 14 (59) (Südwest); 8, 274 (307, 319) (Preisbildung); 58, 257 (274, 277) (Schulentlassung); 78, 249 (272) (Fehlbelegungsabgabe); 101, 1 (31, 41) (Hennenhaltungsverordnung); 114, 196 (Parlamentsverordnung).

A. Überblick

1 Im Sinne des Gewaltenteilungsprinzips weist Art. 47 Abs. 1 die Gesetzgebung dem Landtag und dem Volk zu; Art. 48 Abs. 2 bestimmt die Ausübung der gesetzgebenden Gewalt als Kernaufgabe des Landtags. Art. 84 durchbricht dieses strikte Prinzip zugunsten der Exekutive; auch sie kann durch Erlass von RVOen Recht setzen. Dies ist jedoch immer nur eine vom Parlamentsgesetz abgeleitete, nie originäre Rechtsetzungsmacht. Diese Abhängigkeit stellt Art. 84 durch formelle und materielle Anforderungen sowohl an das Ermächtigungsgesetz wie auch an die RVO sicher.

B. Herkunft, Entstehung und Entwicklung

2 Art. 84 Abs. 1 entspricht § 2 Abs. 4 Vorl.LS, bestimmt aber in Abs. 2 darüber hinaus Anforderungen an die weitere Übertragung der Verordnungsermächtigung (Subdelegation). Die Verfassungsentwürfe stimmten in den Regelungen zur RVO im Wesentlichen überein. Ein Antrag auf Textergänzung, nach der im Falle der Ermächtigung die Auswirkungen auf Grundrechte vorhersehbar sein mussten, wurde zurückgezogen.[1]

3 Der ThürVerfGH schließt sich in der Auslegung des Art. 84 Abs. 1 der Rechtsprechung des BVerfG zu Art. 80 Abs. 1 GG an, so zum Parlamentsvorbehalt und Bestimmtheitsgebot, bejaht jedoch deutlicher als das BVerfG die Zulässigkeit parlamentarischer Zustimmungsvorbehalte zum Erlass von RVOen im Interesse erhöhter demokratischer Legitimation.[2]

4 Art. 80 Abs. 1 GG und dem folgend Art. 84 sind Ergebnis einer spezifischen deutschen verfassungsgeschichtlichen Entwicklung.[3] Im Konstitutionalismus wurde die Gesetzgebung zwar dem Parlament zugeordnet, dem Gesetzgeber war

1 Entstehung ThürVerf S. 222 f.
2 ThürVerfGH, Urt. v. 21.06.2005 – 28/03 – ThürVBl 2005, 228 (236 ff.).
3 Gesamtdarstellung: *Nierhaus*, in: BK, Art. 80 (St.d.B. 02.1999) Rn. 21 ff.; *Brenner*, in: von Mangoldt/Klein/Starck, Art. 80 Rn. 1 ff.

es aber – auch später unter Geltung der WRV – von Verfassung wegen nicht verwehrt, in erheblichem Ausmaß Rechtsetzungsbefugnisse auf die Exekutive zu delegieren. Unter dem Eindruck des auch darauf begründeten Machtmissbrauchs des NS-Regimes will das GG vor allem durch das Bestimmtheitsgebot das Parlament daran hindern, sich seiner Verantwortung als bestimmende gesetzgeberische Körperschaft zu entäußern.[4]

C. Verfassungsvergleichende Information

Art. 84 knüpft an Art. 80 Abs. 1 GG an, benennt jedoch nicht den Kreis möglicher Ermächtigungsadressaten. Insofern folgt Art. 84 einer Vielzahl anderer Landesverfassungen, die nach dem GG erlassen wurden und deren Aussagen zum Gesetzesvorbehalt, Bestimmtheits- und Zitiergebot sowie zur Subdelegation weitgehend identisch sind. Lediglich die vor 1949 erlassenen Verfassungen von Bayern, Bremen und Hessen weisen größere Abweichungen auf.[5] 5

D. Erläuterungen

I. Allgemeines

Die **exekutive Rechtsetzungsbefugnis** und die dadurch bedingte Durchbrechung des Gewaltenteilungsprinzips ist im Interesse staatlicher Funktionserhaltung gerechtfertigt. Der Landtag wäre angesichts seiner begrenzten zeitlichen, personellen und sachlichen Ressourcen und des schwerfälligen und zeitaufwendigen Gesetzgebungsverfahrens allein nicht in der Lage, den hohen Normbedarf des auf rechtliche Regelungen begründeten Staates moderner Prägung in seiner gesamten Vielfalt und Tiefe zu befriedigen. Die Verordnungsgebung entlastet den Landtag von Detailarbeit, sichert damit zugleich dessen Arbeitsfähigkeit und bietet die Möglichkeit, wesentlich flexibler Recht an die sich ändernden Verhältnisse anzupassen.[6] 6

Der Aspekt effektiver Gesetzgebung darf jedoch nicht zu einer Selbstentmachtung des allein unmittelbar demokratisch legitimierten Landtags in seiner ureigensten Aufgabe der Gesetzgebung führen. Art. 84 beschränkt daher im rechtsstaatlichen und demokratischen Interesse die exekutive Rechtsetzungsmacht formell durch das Erfordernis eines ermächtigenden Gesetzes zum Verordnungserlass und durch das Zitiergebot sowie materiell durch das Bestimmtheitsgebot.[7] Landtag und Verordnungsgeber stehen so in einem arbeitsteiligen Prozess der Gesetzgebung:[8] Das Monopol politischer Leitentscheidungen verbleibt beim Landtag; dem Verordnungsgeber obliegt in diesem Rahmen die nähere Ausgestaltung. 7

Gleichwohl ist auch Landesgesetzgebung in Thüringen quantitativ überwiegend Verordnungsgebung;[9] dies umso mehr als die LReg nicht nur RVOen aufgrund 8

4 BVerfGE 1, 14 (59 f.); 7, 282 (301); 78, 249 (272).
5 Zu rechtsvergleichenden Aspekten: *Bauer*, in: Dreier, Art. 80 Fn. 50.
6 *Mann*, in: Sachs, GG, Art. 80 Rn. 4; *Brenner* (Fn. 3) Rn. 7; *Ossenbühl*, in: HStR V, § 103 Rn. 2 f.
7 BVerfGE 1, 14 (60); 58, 257 (277); 78, 249 (272); *Brenner* (Fn. 3) Rn. 9.
8 *Mann* (Fn. 6) Rn. 24.
9 Nach der Bereinigten Sammlung des Thüringer Landesrechts gab es zum Stand 16.08.2012: 237 Gesetze und 1019 RVOen; vgl. im Übrigen für Bund: *Brenner* (Fn. 3) Rn. 12.

landesgesetzlicher Ermächtigungen, sondern vielfach auf bundesgesetzlicher Grundlage nach Art. 80 Abs. 1 GG erlässt.

9 Art. 84 entspricht den Vorgaben des GG. Der weitgehend wort- und bedeutungsgleiche Art. 80 Abs. 1 GG gilt nicht unmittelbar für die Landesgesetzgebung. Das BVerfG betont aber, dass das Bestimmtheitsgebot als aus dem Rechtsstaats- und Demokratiegebot folgender Grundsatz für die Landesgesetzgebung verbindlich ist.[10]

II. Rechtsverordnung

10 Art. 84 setzt den Begriff der RVO voraus. Die RVO enthält materiell als Rechtsetzungsakt wie das Parlamentsgesetz allgemeine, für jedermann verbindliche Regelungen. Der Unterschied ist formeller Art: Die RVO wird nicht im formellen Gesetzgebungsverfahren erlassen, sondern aufgrund gesetzlicher Ermächtigung von der Exekutive. RVOen sind demnach von der Exekutive erlassene gesetzesabhängige Rechtsnormen mit regelmäßig materieller Außenwirkung.[11] Sie sind **materielle**, aber keine **formellen Gesetze**. Erkennbar ist eine RVO an der Bezeichnung, Ausfertigung und Verkündung als RVO und durch den in der Zitierung zum Ausdruck gebrachten Bezug auf die gesetzliche Ermächtigung.[12] Hingegen weist nicht schon der abstrakt-generelle Inhalt einer untergesetzlichen Norm diese als RVO aus, wie auch umgekehrt nicht jede Bestimmung einer RVO einen solchen Inhalt aufweisen muss. Ebenso wie bei Parlamentsgesetzen sind auch bei RVOen Bestimmungen mit Einzelaktcharakter zulässig und häufig anzutreffen.[13]

11 Abzugrenzen sind RVOen[14] von **Satzungen**, die nicht von Art. 84 erfasst werden. Zwar besitzen beide Rechtssatzqualität und werden von Stellen der Exekutive erlassen. Satzungen sind jedoch Rechtssätze, die von einer juristischen Person des öffentlichen Rechts im Rahmen der ihr gesetzlich verliehenen Autonomie mit Wirksamkeit für die ihr angehörigen und unterworfenen Personen erlassen werden.[15] Die Rechtsetzungsbefugnis beruht mithin nicht auf einer spezifischen gesetzlichen Grundlage, sondern auf der Verleihung von Autonomie.[16]

12 Weiterhin sind RVOen von **Verwaltungsvorschriften**[17] abzugrenzen, auf die Art. 84 ebenfalls keine Anwendung findet. Auch ohne Erwähnung setzt die Verfassung dieses originäre Handlungsinstrument der Verwaltung voraus, nämlich Anordnungen zu erlassen, die die Verwaltungsorganisation oder das Verhalten der Verwaltung bestimmen. Sie sind von übergeordneten Verwaltungsinstanzen oder Behörden an nachgeordnete Behörden oder von Vorgesetzten an ihre Bediensteten gerichtet. VVen bedürfen keiner besonderen gesetzlichen Ermächti-

10 BVerfGE 55, 207 (226); 58, 257 (277); 107, 1 (15).
11 *Brenner* (Fn. 3) Rn. 14 ff.; *Mann* (Fn. 6) Rn. 13; *Bauer* (Fn. 5) Rn. 15; *Ruffert*, in: Hoffmann-Riem/Schmidt-Aßmann/Voßkuhle, Grundlagen des Verwaltungsrechts, Bd. I, 2. Aufl. 2012, § 17 Rn. 60; *Nierhaus* (Fn. 3) Rn. 137 ff.
12 BVerfGE 2, 307 (312); *Brenner* (Fn. 3) Rn. 15.
13 Z.B. § 13 Abs. 3 ThürLPlG (Landesentwicklungsplan); § 12 Abs. 1 ThürNatG (Naturschutzgebiete); *Ossenbühl* (Fn. 6) Rn. 47 ff.
14 Zu weiteren Abgrenzungen, wie Kirchensteuerregelungen, Allgemeinverbindlichkeitserklärungen von Tarifverträgen u.a.: *Bauer* (Fn. 5) Rn. 16.
15 BVerfGE 10, 20 (49 f.); 32, 346 (361); 33, 125 (156).
16 *Brenner* (Fn. 3) Rn. 17; *Nierhaus* (Fn. 3) Rn. 164 ff.
17 Hierzu grundsätzlich: *Frye*, ThürVBl 2012, 73.

gung,[18] besitzen aber auch keine Rechtssatzqualität.[19] Hiervon ist die Frage zu unterscheiden, ob und inwieweit der verwaltungsintern wirkenden VV ausnahmsweise über die Selbstbindung der Verwaltung auf Grundlage des Gleichbehandlungsgrundsatzes Außenwirkung zukommt.[20] Allein dies macht die VV jedoch nicht zur RVO.

III. Ermächtigungsvorbehalt (Abs. 1 Satz 1)

1. Gesetzesvorbehalt. Art. 84 Abs. 1 Satz 1 postuliert einen umfassenden **Gesetzesvorbehalt** für alle RVOen, ungeachtet deren Grundrechtsrelevanz und inhaltlicher Bedeutung. Ein originäres, d.h. nicht von einer gesetzlichen Ermächtigung abgeleitetes Verordnungsrecht der Exekutive kennt die ThürVerf ebenso wie das GG[21] nicht. Der Landtag bzw. das Volk besitzen das Gesetzgebungsmonopol; Rechtsetzung anderer Stellen kann nur von einer gesetzlichen Ermächtigung abgeleitet werden.[22] Unabgeleitete RVOen, also Rechtssätze, die an die Stelle von formellen Gesetzen treten (sog. „**gesetzesvertretende RVO**"), sind ausnahmslos – auch im Notstand – unzulässig.[23] 13

Der Erlass **gesetzesändernder RVOen**, das sind RVOen, die auf einer gesetzlichen Ermächtigung gestützt, nicht den Text, aber den Inhalt eines formellen Gesetzes modifizieren,[24] ist verfassungsrechtlich möglich, wenn der Gesetzesvorbehalt gewahrt ist. Die gesetzesverdrängende Wirkung muss auf einem ausdrücklich zugunsten der RVO reduzierten – subsidiären – Geltungsanspruch des Gesetzes beruhen. Die RVO kann also nur eine ihr aufgrund der gesetzlichen Ermächtigung gestattete Möglichkeit zur Gesetzesausführung nutzen und es müssen dafür sachliche Gründe bestehen.[25] 14

2. Parlamentsvorbehalt. Der Landtag ist in seiner Entscheidung, ob er Rechtsetzung delegieren will, rechtlich gebunden. Formuliert die Verfassung, dass etwas „durch Gesetz" zu regeln ist, liegt hierin ein **Parlamentsvorbehalt**; nur der Landtag bzw. das Volk und nicht der Verordnungsgeber ist zur Regelung berufen. Anderes gilt, wenn die Verfassung eine Regelung „aufgrund eines Gesetzes" vorsieht; dies ermöglicht beide Formen der Rechtsetzung.[26] 15

Eine ungeschriebene **Delegationssperre** resultiert aus der **Wesentlichkeitstheorie.**[27] Der aus dem Rechtsstaatsprinzip und dem Demokratiegebot hergeleitete 16

18 Daher ohne konstitutive Bedeutung, aber unschädlich gesetzliche Hinweise wie z.B. in § 51 ThürStrG.

19 *Brenner* (Fn. 3) Rn. 16; *Mann* (Fn. 6) Rn. 12 f.; *Bauer* (Fn. 5) Rn. 16; *Ossenbühl* (Fn. 6) Rn. 7.

20 Kritisch: *Leisner*, JZ 2002, 219 ff.

21 *Brenner* (Fn. 3) Rn. 24; *Mann* (Fn. 6) Rn. 6; *Bauer* (Fn. 5) Rn. 19; *Nierhaus* (Fn. 3) Rn. 176 ff.; kritisch: *Ossenbühl* (Fn. 6.) Rn. 16, 19.

22 Kritisch: *Ruffert* (Fn. 11) Rn. 61.

23 *Fibich*, S. 100; *Brenner* (Fn. 3) Rn. 31; *Mann* (Fn. 6) Rn. 10.

24 Z.B. § 4 Abs. 1 Satz 2 ThürHG (Erprobungsklausel im Hochschulbereich), § 84 Abs. 2 ThürBG (Sonderregelung Polizei).

25 BVerfGE 2, 307 (313); 8, 155 (169 ff.); *Fibich*, S. 114; *Ruffert* (Fn. 11) Rn. 63; *Mann* (Fn. 6) Rn. 11; *Ossenbühl* (Fn. 6) Rn. 27; zum besonderen Fall der Umsetzung von EU-Recht: *Horsch*, ZRP 2009, 48 ff.

26 Vgl. zur Formulierung: ThürVerfGH, Urt. v. 21.06.2005 – 28/03 – ThürVBl 2005, 228 (237).

27 Vgl. hierzu oben Art. 47 Rn. 33; BVerfGE 49, 89 (126); 61, 260 (275); 80, 124(132); 83, 124 (132); 83, 130 (142, 151 f.); 101, 1 (35); ThürVerfGH, Urt. v. 21.06.2005 – 28/03 – ThürVBl 2005, 228 (237).

Grundsatz gibt nicht nur den Maßstab vor, was „aufgrund des Gesetzes", sondern auch „durch Gesetz" zu regeln ist. Allein dem Parlament sind danach normative Regelungen von grundlegender Bedeutung für die Verwirklichung und Ausübung von Grundrechten vorbehalten, insbesondere im Falle der Kollision verschiedener Grundrechtspositionen, sowie Regelungen von besonderer Gewichtigkeit für das Gemeinwesen.[28] Der ThürVerfGH sieht für den Bereich der Leistungsverwaltung als wesentlich solche Regelungen an, welche strukturelle Entscheidungen über staatliche Leistungen enthalten.[29]

17 **3. Zuweisungswirkung.** Der Landtag bleibt auch mit Erlass des ermächtigenden Gesetzes Herr der Gesetzgebung. Die Ermächtigung führt nicht zum Kompetenzverlust des Landtags. Das Gesetz hat **zuweisende,** aber **keine abschiebende Wirkung.**[30] Das Parlament bleibt weiterhin regelungsbefugt und behält sein Zugriffsrecht auf die von der Ermächtigung umfasste Materie. Es bleibt ihm unbenommen, jederzeit die Ermächtigung durch eine Novelle zu ändern, aufzuheben oder die Sachmaterie selbst zu regeln; weiterhin kann es die RVO aufheben.[31]

18 Diese Befugnisse des Landtags ändern jedoch nicht die verfassungsrechtlichen Vorgaben für das Verfahren zum Erlass förmlicher Gesetze. Der Landtag setzt Recht durch das Parlamentsgesetz, die Exekutive durch den Erlass einer RVO. Diese **Formenstrenge** begründet sich darin, dass Voraussetzungen und Folgen der Rechtsetzungsakte verschieden sind und Verantwortlichkeiten klar zugewiesen werden.[32] Die Staatspraxis, RVOen durch förmliches Gesetz zu ändern, muss daher als eine in der Verfassung nicht vorgesehene Mischform auf Bedenken stoßen. Das BVerfG hat diese Praxis letztlich mit Maßgaben gutgeheißen:[33] Ändert das Parlament eine RVO, so ist das dadurch entstandene Normgebilde („**Parlamentsverordnung**") aus Gründen der Normklarheit insgesamt als RVO zu qualifizieren. Zulässig ist dies, wenn es sich um eine Anpassung im Rahmen einer Änderung eines Sachbereichs durch den Gesetzgeber handelt. Die isolierte Novellierung einer RVO durch den Landtag ist damit unzulässig. Das Änderungsgesetz selbst ist im parlamentarischen Gesetzgebungsverfahren zu beschließen. Das Parlament ist bei der Änderung einer RVO jedoch an die Grenzen der Ermächtigung gebunden. Die im Verfahren der förmlichen Gesetzgebung in eine RVO eingefügten Teile können jederzeit durch die Exekutive geändert werden, die dabei allein an die Ermächtigung gebunden ist. Es bedarf weder einer Herabstufung der durch die Änderung eingefügten Teile noch einer besonderen, weiteren Ermächtigung der Exekutive, diese Teile erneut zu ändern. Die auch in Thüringen früher verwandte **Entsteinerungsklausel**, mit der der Gesetzgeber eine spätere Änderung der von ihm geänderten Verordnung durch den Verordnungsgeber sicherstellen wollte, hatte insoweit nur deklaratorische Bedeutung.

---

28 *Brenner* (Fn. 3) Rn. 32 f.; *Mann* (Fn. 6) Rn. 21 f.; *Bauer* (Fn. 5) Rn. 20; *Nierhaus* (Fn. 3) Rn. 89 ff.

29 ThürVerfGH, Urt. v. 21.06.2005 – 28/03 – ThürVBl 2005, 228 (237).

30 BVerfGE 114, 196 (232); *Brenner* (Fn. 3) Rn. 25.

31 BverfGE 22, 330 (346); ThürVerfGH, Urt. v. 30.07.1999 – 38/97 – LKV 2000, 38; *Fibich,* S. 106; *Brenner* (Fn. 3) Rn. 25; *Mann* (Fn. 6) Rn. 8; *Nierhaus* (Fn. 3) Rn. 170 ff.

32 *Ruffert* (Fn. 11) Rn. 63.

33 BVerfGE 114, 196 (233 ff.); als pragmatische, jedoch dogmatisch kaum befriedigend begründete Lösung kritisiert von: *Mann* (Fn. 6) Rn. 9; *Bauer* (Fn. 5) Rn. 49 ff.; *Brosius-Gersdorf*, ZG 2007, 305 ff.

Neben dem inhaltlichen Zugriff auf die RVO kann sich der Landtag durch verschiedene **Beteiligungsformen** seine Einwirkung auf den Erlass einer RVO sichern.[34] In der Thüringer Staatspraxis ist dies vor allem der **Anhörungs- und Zustimmungsvorbehalt.**[35] Weitere Formen sind denkbar; so bestehen im Bund **Aufhebungs- oder Änderungsvorbehalte** zugunsten des Bundestages.[36] Verfassungsrechtlich sind Beteiligungen, mit denen keine Entscheidungsbefugnisse verbunden sind, unproblematisch. Zustimmungs- und auch Aufhebungsvorbehalte stoßen als Ausdruck verfassungsrechtlich unerwünschter Vermischungen von Verfahren und Verantwortlichkeiten auf Bedenken, werden jedoch mit dem Argument gerechtfertigt, dass solche Beteiligungen im Vergleich zur vollen Delegation der Rechtsetzung auf die Exekutive ein verfassungsrechtlich hinnehmbares Minus enthalten.[37] Sie sind jedenfalls für solche Sachbereiche hinnehmbar, für die ein legitimes Interesse der Legislative anerkannt werden muss, zwar einerseits die Rechtsetzung auf die Exekutive zu delegieren, sich aber andererseits wegen der Bedeutung der zu treffenden Regelung entscheidenden Einfluss auf Erlass und Inhalt der RVO vorzubehalten.[38] Der ThürVerfGH geht weiter und sieht solche Zustimmungsvorbehalte im Interesse einer höheren demokratischen Legitimation in bestimmten Fällen als zwingend an, wie z.B. bei der durch RVO erfolgenden Festsetzung der Pauschale, die die Kommunen als Ausgleich für die Wahrnehmung der ihnen übertragenen staatlichen Aufgaben erhalten.[39] 19

Änderungsvorbehalte zugunsten des Landtags stoßen hingegen auf Ablehnung.[40] Sie sind kein Minus, sondern ein Aliud gegenüber der ansonsten dem Landtag zustehenden Möglichkeit der Gestaltung der Ermächtigung. Dieser Vorbehalt zielt unmittelbar auf eine Modifizierung des Inhalts der Vorschrift vor dessen Erlass und führt mithin zu einer verfassungsrechtlich nicht gewollten Mischung der Gesetzgebungsformen und Verantwortlichkeiten.[41] 20

Problematisch ist die **Beteiligung von Landtagsausschüssen** am Erlass von RVOen in Form von Zustimmungs- oder Aufhebungsvorbehalten.[42] Versteht man die Zustimmungsvorbehalte des Landtags als Minus zu dessen ansonsten bestehender Rechtsetzungsbefugnis, so ist eine solche Kompetenz auf die Ausschüsse des Landtags nicht übertragbar. Rechtsetzung steht nur dem Landtag als Ganzes, nicht jedoch seinen Ausschüssen zu.[43] Deren Beteiligung lässt sich nur damit rechtfertigen, dass ihnen mit dem Zustimmungsvorbehalt keine vollständige 21

34 *Fibich,* S. 108.

35 Z.B. § 6 Abs. 4 Satz 3 ThürKO (Große kreisangehörige Stadt), § 26 Abs. 1 Satz 2 ThürFAG (Auftragskostenpauschale).

36 *Brenner* (Fn. 3) Rn. 25; *Mann* (Fn. 6) Rn. 40 ff.; *Bauer* (Fn. 5) Rn. 27 ff.; *Nierhaus* (Fn. 3) Rn. 185 ff.; *Ossenbühl* (Fn. 6) Rn. 58 f.

37 BVerfGE 8, 274 (321); *Brenner* (Fn. 3) Rn. 25; *Mann* (Fn. 6) Rn. 41; *Bauer* (Fn. 5) Rn. 29; *Nierhaus* (Fn. 3) Rn. 217 ff.; ablehnend: *Kotulla/Rolfsen*, NVwZ 2010, 943 ff.

38 BVerfGE 8, 274 (321); *Fibich*, S. 108 f.

39 ThürVerfGH, Urt. v. 21.06.2005 – 28/03 – ThürVBl 2005, 228 (237); einen parlamentarischen Zustimmungsvorbehalt als Ausgleich notwendiger Unbestimmtheit des Ermächtigungsgesetzes bejahend: *Ossenbühl* (Fn. 6) Rn. 63.

40 *Fibich,* S. 109 ff.; *Brenner* (Fn. 3) Rn. 103; *Studenroth*, DÖV 1995, 525 ff.; *Thomsen*, DÖV 1995, 989 ff.; *Sommermann*, JZ 1997, 434 ff.

41 *Brenner* (Fn. 3) Rn. 27; *Mann* (Fn. 6) Rn. 43; *Bauer* (Fn. 5) Rn. 30; *Nierhaus* (Fn. 3) Rn. 190 ff.

42 Z.B. § 33 ThürSÜG; zustimmend: *Ruffert* (Fn. 11) Rn. 62; *Ossenbühl* (Fn. 6) Rn. 65; ablehnend: *Fibich*, S. 112 f.; *Nierhaus* (Fn. 3) Rn. 224 ff.; *Studenroth*, DÖV 195, 525 ff.

43 Zum Bundesrecht: BVerfGE 4, 193 (203); BVerfG, NVwZ 2012, 495; *Fibich*, S. 112 f.

Rechtsetzungsbefugnis ermöglicht wird, sondern nur ein Weniger, nämlich die Befugnis, den Erlass einer bestimmten RVO zu verhindern.

22 **4. Ermächtigungsadressaten. a) Erstdelegation.** Art. 84 gibt den Kreis der Ermächtigungsadressaten (**Delegatare**) nicht vor. Da der Erlass von RVOen als exekutive Rechtsetzung zu verstehen ist, wird der Adressatenkreis auf Verwaltungsorgane zu beschränken sein. Ermächtigt werden können einzelne, aber auch mehrere Stellen gemeinsam. Die Auswahl hat sich von dem auch im Rechtsstaatsprinzip wurzelnden Grundsatz leiten zu lassen, dass staatliche Entscheidungen möglichst richtig, d.h. von den Organen getroffen werden, die dafür nach ihrer Organisation, Zusammensetzung, Funktion und Verfahrensweise über die besten Voraussetzungen verfügen.[44]

23 Für RVOen als Akt der politischen Regierungsarbeit kommen vorrangig die LReg und die Minister als Delegatare in Betracht. Ist die LReg ermächtigt, entscheidet sie in der Zusammensetzung nach Art. 70 Abs. 2 als Kollegialorgan.[45] Einzelheiten regelt die ThürGGO. Ist ein (oder mehrere) Minister ermächtigt, so ist diesem und nicht der LReg eine originäre Rechtsetzungsbefugnis übertragen. Um Probleme zu vermeiden, die durch die genaue Bezeichnung eines Ressorts im Gesetz, dessen Bezeichnung oder Zuständigkeitsbereich sich später ändern kann,[46] eintreten können, wird in der Thüringer Staatspraxis regelmäßig nicht ein Ministerium mit seiner konkreten Bezeichnung, sondern das für ein bestimmtes Sachgebiet zuständige Ministerium ermächtigt. Die Verordnungbefugnis wird also dem übertragen, der nach dem Zuständigkeitsbeschluss der Landesregierung nach Art. 76 Abs. 2 für das betreffende Sachgebiet zuständig ist.

24 Über diesen Kreis hinaus benennt das – vorkonstitutionelle – Verkündungsgesetz als weitere potentielle Delegatare Landesbehörden, die einem Minister nachgeordnet sind, den Landrat als untere staatliche Verwaltungsbehörde, kommunale Gebietskörperschaften sowie Körperschaften, selbständige Anstalten und Stiftungen des öffentlichen Rechts, die der Aufsicht des Landes unterstehen.[47] Die Übertragung von Rechtsetzungsbefugnissen als staatliche Kernaufgabe auf Private, auch als Beliehene, ist ausgeschlossen.[48]

25 **b) Subdelegation (Abs. 2).** Die Ermächtigung zum Erlass der RVO kann von dem Delegatar weiter übertragen werden (**Subdelegation**). Art. 84 Abs. 2 erfordert allerdings im Sinne des Gesetzesvorbehalts, dass dies durch das Parlamentsgesetz vorgesehen ist und im Interesse der Rechtssicherheit und Rechtsklarheit die Weiterübertragung selbst einer RVO bedarf.

26 Fehlen anderweitige gesetzliche Vorgaben, steht es im Ermessen des Erstdelegatars, ob und in welchem Umfang er von der Möglichkeit der Subdelegation Gebrauch macht. In sein Ermessen kann es auch gestellt sein, welcher Stelle er die Ermächtigung weiter überträgt. Für die rechtlichen Grenzen und fachlichen Erwägungen zur Auswahl des Zweitdelegatars gelten die Grundsätze für die Auswahl des Erstdelegatars entsprechend. Der Erstdelegatar ist nicht gehindert, die Subdelegation jederzeit zu ändern oder aufzuheben.

44 BVerfGE 68, 1 (89); *Nierhaus* (Fn. 3) Rn. 237.
45 Zum Bundesrecht: BVerfGE 91, 148 (160).
46 *Fibich*, S. 102 ff.; vgl. zum Bund: *Nierhaus* (Fn. 3) Rn. 249.
47 *Fibich*, S. 101 f., auch zur Kollision zwischen Rechtsetzungsbefugnis und Aufsicht.
48 *Brenner* (Fn. 3) Rn. 61; *Nierhaus* (Fn. 3) Rn. 259; *Ossenbühl* (Fn. 6) Rn. 36; *Renner*, JZ 2009, 976 ff.; aA: *Wiegand*, GesR 2008, 237 ff.

c) **Weitere Beteiligungsformen.** Neben der Beteiligung des Landtags und seiner Ausschüsse (vgl. hierzu Rn. 19 ff.) kennt die Thüringer Staatspraxis eine **Vielzahl von Beteiligungsformen** sonstiger öffentlicher oder privater Stellen bei dem Erlass von RVOen, die die Berücksichtigung besonderen Sachverstandes und spezifischer Gemeinwohlbelange sicherstellen sollen. Diese Beteiligungen reichen von unverbindlichen Anhörungs- und Benehmensregelungen bis hin zu Zustimmungserfordernissen.[49] Art. 84 steht solchen Verfahrensgestaltungen nicht entgegen. Sie können von der Verfassung vorgegeben sein, wie die Beteiligung der Kommunen und deren Spitzenverbände nach Art. 91 Abs. 4.[50] Sie sind unproblematisch hinsichtlich solcher Stellen, die selbst als Delegatare in Betracht kommen. Verfassungsrechtlich hinnehmbar ist auch im Interesse einer optimierten Gesetzgebung die Beteiligung Sonstiger – auch Privater – unterhalb der Schwelle der Mitentscheidungsbefugnisse. Eine Mitentscheidung an dem Gesetzgebungsakt demokratisch nicht legitimierter Stellen ist aber ausgeschlossen.[51] Bei der Beteiligung nichtstaatlicher Stellen ist immer die Gefahr zu gewichten, dadurch bestimmten Interessengruppen einen unangemessen großen Einfluss auf die Rechtsetzung zu ermöglichen.[52] 27

5. Bestimmtheitsgebot (Abs. 1 Satz 2). Inhaltlich fordert Art. 84 Abs. 1 Satz 2, dass das Gesetz Inhalt, Zweck und Ausmaß der erteilten Ermächtigung bestimmen muss. Darin finden zum einen der allgemeine Bestimmtheitsgrundsatz und zum anderen das Wesentlichkeitsprinzip ihren spezifischen Ausdruck.[53] Dieses Prinzip gibt nicht nur die Maßstäbe zur Bestimmung der Reichweite des allgemeinen Gesetzesvorbehalts und des besonderen Parlamentsvorbehalts vor; es verlangt auch, dass der Gesetzgeber, wenn er Gesetzgebungsaufgaben delegiert, wesentliche Eckpunkte des Gestaltungsspielraums des Verordnungsgebers selbst zu bestimmen hat. Das **Bestimmtheitsgebot** gewinnt damit zentrale Bedeutung, einer Selbstentmachtung des Parlaments entgegenzutreten.[54] 28

Die Verfassung stellt Anforderungen an die Bestimmtheit anhand qualitativer (Inhalt, Zweck) und quantitativer (Ausmaß) Kriterien. Der Gesetzgeber hat selbst darüber zu entscheiden, welche Fragen durch die RVO geregelt werden sollen (**Inhalt**); er muss die Grenzen einer solchen Regelung festsetzen (**Ausmaß**) und angeben, welchem Ziel die Regelung dienen soll (**Zweck**).[55] Die einzelnen Kriterien sind nicht scharf voneinander zu trennen, sie überschneiden sich.[56] 29

49 Vgl. z.B. § 61 Abs. 5 ThürWaldG mit verschiedenen Anhörungs- und Zustimmungspflichten in einer Norm.
50 Vgl. ThürVerfGH, Urt. v. 12.10.2004 – 16/02 – ThürVBl 2005, 11 (14 ff.).; *Stöffler*, ThürVBl 2006, 121 ff.
51 *Ossenbühl* (Fn. 6) Rn. 67; vgl. im Übrigen oben Rn. 24.
52 *Linck*, in: Linck/Jutzi/Hopfe, Art. 84 Rn. 9.
53 *Brenner* (Fn. 3) Rn. 34; *Mann* (Fn. 6) Rn. 23; *Nierhaus* (Fn. 3) Rn. 89 ff.
54 BVerfGE 1, 14 (60); *Fibich*, S. 104 f.
55 BVerfGE 2, 207 (334); 5, 71 (77); 19, 354 (361); 20, 257 (268); 23, 62 (72).
56 BVerfGE 38, 348 (358); *Brenner* (Fn. 3) Rn. 35; *Mann* (Fn. 6) Rn. 25; *Bauer* (Fn. 5) Rn. 32; *Nierhaus* (Fn. 3) Rn. 266.

30 Ergänzt hat das BVerfG[57] diese **Selbstentscheidungsformel** um die sog. **Programm-**[58] und **Vorhersehbarkeitsformeln.**[59] Der ThürVerfGH fasst dies so zusammen:[60] Aus dem Gesetz muss sich ermitteln lassen, welches vom Gesetzgeber gesetzte Programm durch die RVO erreicht werden soll bzw. in welchen Fällen und mit welcher Tendenz von der Ermächtigung Gebrauch gemacht werden wird und welchen Inhalt die aufgrund der Ermächtigung erlassene RVO haben kann. **Global-, Blanko- und Pauschalermächtigungen**, also Ermächtigungen ohne gegenständliche oder inhaltliche Begrenzung sind in jedem Fall unzulässig.[61]

31 Der Grad der innerhalb dieser Grenzen zu fordernden Bestimmtheit an das Ermächtigungsgesetz wird durch die Umstände des Einzelfalls geprägt. Entscheidend sind die Eigenart des Regelungsgegenstandes und der Konkretisierungsmöglichkeit sowie die Bedeutung der Regelungsmaterie:[62] Je wesentlicher die Materie ist, desto größer muss die Bestimmtheit von Inhalt, Zweck und Ausmaß der erteilten Ermächtigung sein. So sind höhere Anforderungen bei Grundrechtsbeeinträchtigungen und bei Straftatbeständen zu stellen, während die Anforderungen an Normen ohne Grundrechtsrelevanz, wie verwaltungsinterne Regelungen, geringer sind.[63] Die Anforderungen hängen davon ab, in welchem Umfang der zu regelnde Sachverhalt einer genaueren begrifflichen Umschreibung überhaupt zugänglich ist.[64] Dabei ist es dem Gesetzgeber erlaubt, Generalklauseln und unbestimmte Rechtsbegriffe zu verwenden.[65] Verlangt wird, dass das Ermächtigungsgesetz nicht so bestimmt wie irgend möglich sein muss, vielmehr genügt es, wenn es hinreichend bestimmt ist.[66]

32 Die Bestimmtheit muss sich nicht allein aus der Ermächtigungsnorm ergeben. Ausreichend ist, wenn sich diese durch Auslegung ermitteln lässt, dabei sind der Sinnzusammenhang der Norm mit anderen Bestimmungen, das Ziel, das die gesetzliche Regelung insgesamt verfolgt, und die Vorgeschichte zu berücksichtigen.[67] Es können auch Rechtsakte außerhalb der eigentlichen Verordnungsermächtigung herangezogen werden, insbesondere auch Rechtsakte anderer

57 Kritisch zur Rechtsprechung: *Nierhaus* (Fn. 3) Rn. 274; *Ossenbühl* (Fn. 6) Rn. 22; *Cremer*, AöR 122 (1997), 248 ff.
58 BVerfGE 5, 71 (77); 8, 274 (307); 19, 354 (361); 20, 296 (305); 28, 66 (85); 33, 358 (365); 38, 61 (83); 58, 257 (268); 68, 319 (332); 80, 1 (20).
59 BVerfGE 1, 14 (60); 7, 281 (301); 19, 354 (361); 23, 62 (72); 24, 1 (19); 41, 251 (266); 45, 400 (420); 56, 1 (12); 58, 257 (278); 62, 169 (183); zur Rechtspr: *Brenner* (Fn. 3) Rn. 35 f.
60 ThürVerfGH, Urt. v. 21.06.2005 – 28/03 – ThürVBl 2005, 228 (237).
61 *Mann* (Fn. 6) Rn. 25 f.; *Nierhaus* (Fn. 3) Rn. 264; *Ossenbühl* (Fn. 6) Rn. 20.
62 BVerfGE 58, 257 (277); 62, 203 (209); 113, 167 (269); 120, 274 (315 f.); *Ruffert* (Fn. 11) Rn. 62; *Brenner* (Fn. 3) Rn. 37 ff.; *Mann* (Fn. 6) Rn. 29; *Bauer* (Fn. 5) Rn. 35; *Nierhaus* (Fn. 3) Rn. 290 ff.
63 Zur Vielfalt der Aspekte: BVerfGE 8, 274 (326); 11, 234 (237); 19, 17 (21); 21, 1 (4); 28, 175 (183); 41, 251 (266); 48, 210 (222); 58, 257 (277 f.); 62, 203 (210).
64 BVerfGE 38, 348 (363); 62, 203 (210).
65 BVerfGE 48, 210 (222); 56, 1 (12); 106, 1 (19).
66 BVerfGE 8, 274 (312); 26, 228 (241); 55, 207 (226); 58, 257 (277); 68, 319 (332); *Brenner* (Fn. 3) Rn. 76.
67 BVerfGE 1, 117 (127, 134 f.); 7, 267 (272 f.); 7, 282 (291); 8, 274 (307); 19, 354 (362); 28, 66 (85); 33, 358 (365); 55, 207 (226 f.); 58, 257 (277); 62, 203 (209 f.); 68, 319 (332); 80, 1 (20 f.); 106, 1 (19); zu den Grenzen: BVerfGE 65, 248 (263).

Normgeber, namentlich Normen und Begriffe des Rechts der EU,[68] nicht jedoch die RVO[69] selbst.

6. Geltungsdauer der Ermächtigung. Der Gesetzesvorbehalt bedingt, dass das Ermächtigungsgesetz zum **Zeitpunkt des Erlasses** der RVO in Kraft getreten sein muss. Streitig ist, ob das Gesetz zum Zeitpunkt der Ausfertigung oder der Verkündung der RVO gelten muss. Dies gewinnt Bedeutung für die in der Staatspraxis erhebliche Frage, ob Ermächtigungsgesetz und RVO gleichzeitig verkündet werden können. In entsprechender Anwendung der Rechtsprechung des BVerfG[70] zum Verhältnis zwischen kompetenzbegründender Verfassungsänderung und Ausnutzung dieser Kompetenz durch Erlass eines Gesetzes ist zu fordern, dass zum Zeitpunkt der Ausfertigung der RVO eine wirksame Rechtsgrundlage bestehen muss.[71] Dies ist der entscheidende Akt, in der der Delegatar Gewissheit über die Geltung der Rechtsgrundlage haben muss. 33

Hingegen berührt die Änderung oder Aufhebung des Ermächtigungsgesetzes nicht unmittelbar den Bestand der darauf erlassenen RVO.[72] Etwas anderes gilt jedoch dann, wenn zwischen Ermächtigungsgesetz und RVO ein solcher Funktionszusammenhang besteht, dass ohne das Ermächtigungsgesetz die RVO sinnlos ist. Weiterhin hat eine Gesetzesänderung Auswirkungen auf die RVO, wenn diese mit der neuen Rechtslage unvereinbar ist. 34

Zu welchem, auch rückwirkenden Zeitpunkt, die RVO in Kraft treten kann, wird über die allgemeinen verfassungsrechtlich zu beachtenden Grundsätzen hinaus durch das Ermächtigungsgesetz und dessen Auslegung bestimmt.[73] 35

IV. Zitiergebot (Abs. 1 Satz 3)

Die Forderung, in der RVO die Rechtsgrundlage anzugeben, stellt ein rechtsstaatliches Formerfordernis auf, das dem Zweck dient, die Delegation von Rechtsetzungskompetenz auf die Exekutive verständlich und kontrollierbar zu machen. Das **Zitiergebot** soll intern sicherstellen, dass sich die Exekutive selbst des ihr aufgegebenen Normsetzungsprogramms vergewissert und sich darauf beschränkt. Extern soll dem Adressaten der RVO die Kontrolle ermöglicht werden, ob die RVO mit dem Ermächtigungsgesetz übereinstimmt.[74] 36

Üblich ist es in der Thüringer Staatspraxis, die gesamten Rechtsgrundlagen in einer Präambel dem Verordnungstext voranzustellen und hierin auch die erforderlichen Beteiligungen anzuführen. 37

Dem Zitiergebot ist dabei genügt, wenn möglichst genau die einzelnen Vorschriften des Gesetzes genannt werden, in welcher die Ermächtigung enthalten 38

68 BVerfGE 19, 17 (31); 29, 198 (210); vgl. insgesamt zu den europarechtlichen Vorgaben: *Brenner* (Fn. 3) Rn. 39; *Mann* (Fn. 6) Rn. 30; *Bauer* (Fn. 5) Rn. 36; *Ossenbühl* (Fn. 6) Rn. 25.

69 BVerfGE 7, 282 (294).

70 BVerfGE 34, 9 (23).

71 *Brenner* (Fn. 3) Rn. 74; *Mann* (Fn. 6) Rn. 7; *Schönenbroicher*, BayVBl 2011, 624; aA: *Bauer* (Fn. 5) Rn. 41; *Nierhaus* (Fn. 3) Rn. 392; *Lindner*, BayVBl 2011, 193 und 626.

72 BVerfGE 9, 3 (12); 12, 341 (347); 14, 245 (249); 25, 216 (226); *Brenner* (Fn. 3) Rn. 76; *Mann* (Fn. 6) Rn. 5; *Bauer* (Fn. 5) Rn. 53; *Nierhaus* (Fn. 3) Rn. 172; kritisch: *Rütz*, JURA 2005, 821 ff.

73 BVerfGE 45, 142 (163).

74 BVerfGE 101, 1 (42); *Brenner* (Fn. 3) Rn. 47 f.; *Schwarz*, DÖV 2002, 852.

ist.[75] Zu fordern ist daher eine detaillierte Bezeichnung. Die Angabe der Fundstelle dient der Rechtsklarheit, ist jedoch nicht zwingend. Erforderlich ist weiter, dass eine RVO, die auf mehreren Ermächtigungsgrundlagen beruht, diese vollständig zitieren und bei inhaltlicher Überschneidung mehrerer Ermächtigungsgrundlagen diese gemeinsam angeben muss.[76] Nicht erforderlich ist, zu jeder Bestimmung der RVO im Einzelnen anzugeben, auf welche der Ermächtigungen sie beruht.[77] Im Falle der Subdelegation ist nicht nur das formelle Ermächtigungsgesetz, sondern auch die weiter übertragende RVO als maßgebliche Rechtsgrundlage zu benennen.

V. Erlassverfahren

39 Die Thüringer Verfassung enthält bis auf die Regelung zu Verkündung und Inkrafttreten von RVOen (Art. 85) keine weiteren Bestimmungen zum Erlassverfahren.

40 Ob der Verordnungsgeber von der Ermächtigung Gebrauch macht, steht grundsätzlich in seinem **Ermessen**. Allerdings kann sich eine **Pflicht zum Erlass** der RVO bereits unmittelbar aus dem Ermächtigungsgesetz ergeben, wofür Formulierungen wie „hat durch Rechtsverordnung Bestimmungen zu erlassen", „erlässt durch Rechtsverordnung" oder „bestimmt durch Rechtsverordnung" stehen, sowie durch Auslegung oder anderen verfassungsrechtlichen Postulaten ergeben.[78]

41 Die **inhaltliche Ausgestaltung der RVO** ist durch den Rahmen des hinreichend bestimmten Ermächtigungsgesetzes und die Anforderungen der Rechtsordnung im Übrigen vorgegeben.[79] Namentlich in der Normierung von Tatbeständen und Rechtsfolgen darf die RVO nicht über das hinausgehen, was das Ermächtigungsgesetz an Freiraum gewährt, und hat im Übrigen die Geltung höherrangigen Rechts zu beachten.

42 Eine **Begründungspflicht** fordert die ThürVerf nicht. Art. 84 sieht vorrangig in dem Zitiergebot das Instrument zur internen und externen Kontrolle des Verordnungsgebers. Eine auf Grundlage allgemeiner Verfassungsprinzipien entwickelte Begründungspflicht ist weder in der Rechtsprechung noch in der Staatspraxis anerkannt.[80] In Thüringen ist dem Verlangen insoweit genüge getan, als jedenfalls RVOen der Landesregierung und der Ministerien nach der ThürGGO zu begründen sind.

43 Maßgaben für die Gestaltung des Erlassverfahrens kann wiederum das Ermächtigungsgesetz vor allem in Hinblick auf die Beteiligung sonstiger staatlicher und privater Stellen enthalten.[81]

75 BVerfGE 101, 1 (42); bei Umsetzung von EU-Normen nur Zitat der nationalen Ermächtigungsnorm erforderlich: BVerfG Kammerbeschl., RdL 2011, 357; *Brenner* (Fn. 3) Rn. 43.
76 BVerfGE 101, 1 (42); kritisch: *Müller-Terpitz*, DVBl. 2000, 232.
77 BVerfGE 20, 283 (292); 101, 1 (42).
78 BVerfGE 13, 248 (254); 16, 332 (338); 78, 249 (272); 79, 174 (194); *Fibich,* S. 101; *Brenner* (Fn. 3) Rn. 70 f.; *Ossenbühl* (Fn. 6) Rn. 50.
79 BVerfGE 13, 248 (255); 16, 332 (338); 42, 374 (387); *Brenner* (Fn. 3) Rn. 68 f.; *Ossenbühl* (Fn. 6) Rn. 40 ff. „Verordnungsermessen".
80 Zur Diskussion vgl.: *Brenner* (Fn. 3) Rn. 64 ff.; *Ossenbühl* (Fn. 6) Rn. 72 ff.
81 Z.B. § 21 ThürNatG (Auslegungsverfahren bei Schutzgebieten), § 13 Abs. 2 ThürBG (Kollisionsverfahren).

Grundsätzlich zulässig sind die in der Staatspraxis häufig anzutreffenden **Sammel- und Mischverordnungen**, mit denen ein oder mehrere Delegatare ein zusammenhängendes Sachgebiet auf Grundlage verschiedener Ermächtigungen in einer Verordnung regeln.[82] 44

VI. Fehlerfolgen und Rechtsschutz

Leidet das **Ermächtigungsgesetz** an einem **Fehler**, wird es insbesondere den Anforderungen des Art. 84 nicht gerecht, führt dies zu der vom ThürVerfGH festzustellenden Nichtigkeit. 45

Die RVO als Gesetz im materiellen Sinn bindet die vollziehende Gewalt und die Rechtsprechung nach Art. 47 Abs. 4 und kann im Außenverhältnis Rechte und Pflichten des Bürgers begründen.[83] Als Rechtssatz unterliegt sie im Falle ihrer Fehlerhaftigkeit nicht den Fehlerfolgen sonstiger exekutiver Maßnahmen, wie sie im VwVfG geregelt sind. **Fehler der RVO** führen grundsätzlich zu deren Nichtigkeit.[84] Solche Fehler können formeller Art sein, so wenn sie den spezifischen Anforderungen des Art. 84 nicht gerecht wird, weil überhaupt ein Ermächtigungsgesetz fehlt, dieses nichtig ist, dem Zitiergebot nicht genüge getan wurde,[85] die Subdelegation Mängel aufweist, Verfahrensbestimmungen, vor allem Beteiligungsrechte, nicht beachtet wurden. Daneben können materielle Mängel bestehen, die aus der Verletzung des durch das Ermächtigungsgesetz gesteckten Rahmens oder sonstigen höherrangigen Rechtes resultieren können. Die Rechtsprechung des BVerfG gelangt allerdings bei bloßen Verfahrensverstößen zu einer differenzierten Sichtweise: Die Nichtigkeit soll nur bei wesentlichen Verfahrensfehlern eintreten.[86] Gesichtspunkte der Rechtssicherheit wägt das Gericht hierbei mit dem Aspekt der rechtsstaatlichen Bedeutung der jeweiligen Verfahrensvorschrift ab. 46

Anders als bei Gesetzen im formellen Sinne liegt die **Verwerfungskompetenz** bei Fehlerhaftigkeit der RVO bei jedem Gericht. Dieses kann inzidenter selbst die Nichtigkeit feststellen. Darüber hinaus ist in Thüringen die Möglichkeit eröffnet, sich im Wege der abstrakten Normenkontrolle nach § 47 VwGO, § 4 ThürAGVwGO an das OVG gegen eine RVO zu wenden. Ferner kann der Weg zum VerfGH im Rahmen des Verfahrens der Verfassungsbeschwerde oder des Normenkontrollantrags eröffnet sein. 47

Ob darüber hinaus auch eine Verwerfungsbefugnis der Exekutive besteht, ist streitig.[87] Jedenfalls dürfte eine solche Befugnis nicht jedem Amtsträger zustehen; er ist im Falle der Zweifel über die Rechtmäßigkeit einer RVO auf das Remonstrationsverfahren verwiesen, so dass letztendlich die oberste Landesbehörde zu einer Entscheidung, gegebenenfalls auch der Änderung der von ihr oder einer anderen Landesbehörde erlassenen RVO, angehalten sein wird. 48

82 *Brenner* (Fn. 3) Rn. 50 f.; kritisch: *Ossenbühl* (Fn. 6) Rn. 24.
83 BVerfGE 18, 52 (59).
84 *Brenner* (Fn. 3) Rn. 78; *Bauer* (Fn. 5) Rn. 55; *Nierhaus* (Fn. 3) Rn. 405 ff.
85 BVerfGE 101, 1 (42).
86 BVerfGE 91, 148 (175).
87 Vgl. zur Diskussion: *Nierhaus* (Fn. 3) Rn. 443 ff.

Artikel 85 [Verkündung; Inkrafttreten]

(1) [1]Der Präsident des Landtags fertigt die verfassungsmäßig zustandegekommenen Gesetze aus und verkündet sie innerhalb eines Monats im Gesetz- und Verordnungsblatt. [2]Rechtsverordnungen werden vorbehaltlich anderweitiger gesetzlicher Regelung im Gesetz- und Verordnungsblatt verkündet.

(2) Gesetze und Rechtsverordnungen treten, wenn nichts anderes bestimmt ist, mit dem 14. Tag nach Ablauf des Tages in Kraft, an dem sie verkündet worden sind.

Vergleichbare Regelungen

Art. 82 Abs. 1 GG; Art. 63 BWVerf; Art. 762 BayVerf; Art. 60 Abs. 2, 3 VvB; Art. 81 BbgVerf; Art. 123 Abs. 2, 3, Art. 126 BremVerf; Art. 52, 54 HambVerf; Art. 120 – 123 HessVerf; Art. 58 M-VVerf; Art. 45 NV; Art. 71 Verf NW; Art. 113; Verf Rh-Pf; Art. 102, 103 SaarlVerf; Art. 76 SächsVerf; Art. 82 LVerf LSA; Art. 39 SchlHVerf.

Ergänzungsnormen im sonstigen thüringischen Recht

ThürVerkG v. 30.01.1991 (ThürGVBl. S. 2); § 110 ThürGOLT idF der Bek. v. 19.07.2012 (LT-Drs. 5/4750); §§ 27, 28 ThürGGO v. 31.08.2000 (ThürGVBl. S. 237) zuletzt geändert durch Beschl. v. 10.07.2008 (ThürGVBl. S. 307).

Dokumente zur Entstehungsgeschichte

§ 2 Abs. 5 Vorl.LS; Art. 81 VerfE CDU; Art. 64 VerfE F.D.P.; Art. 59 VerfE SPD; Art. 50 VerfE NF/GR/DJ; Art. 89 VerfE LL/PDS; Entstehung ThürVerf S. 224 f

Literatur

Vgl. grundsätzlich Kommentierungen zu Art. 82 GG; *Thomas Blome/Thomas Grosse-Wilde*, Zur „Prüfungs“-Kompetenz bei der Ausfertigung von Landesgesetzen, DÖV 2009, 615 ff.; *Marcus Höreth*, Das Amt des Bundespräsidenten und sein Prüfungsrecht, Das Parlament Beilage 2008, Nr. 16, 32 ff.; *Jürgen Jekewitz*, Der Bundespräsident und die Gesetzgebung des Bundes, RuP 2007, 11 ff.; *Tobias Linke*, Der Bundespräsident als Staatsnotar oder das vermeintliche „formelle“ und „materielle“ Prüfungsrecht, DÖV 2009, 434 ff.; *Hans Meyer*, Das Prüfungsrecht des Bundespräsidenten, JZ 2011, 602 ff.; *Friedrich Schoch*, Prüfungsrecht und Prüfungspflicht des Bundespräsidenten bei der Gesetzesausfertigung, ZG 2008, 209 ff.

Leitentscheidungen des BVerfG

BVerfGE 16, 6 (16 ff.) (Verkündungszeitpunkt); 18, 389 (391) (Neubekanntmachung); 34, 9 (21 ff.) (Ausfertigung und Verkündung von Gesetzen, die Verfassungsänderung voraussetzen); 42, 263 (282 ff.) (Bestimmtheit des Zeitpunktes des Inkrafttretens); 47, 85 (Anforderungen an Zeitpunkt des Inkrafttretens); 65, 283 (291) (Anforderung an Verkündung).

A. Überblick

1 Art. 85 enthält zwei verschiedene Regelungsmaterien: Während Abs. 1 die Verkündung und Ausfertigung von Gesetzen und RVOen und somit den förmlichen Abschluss des Rechtsetzungsverfahrens regelt, ist Abs. 2 materieller Natur: Mit den Bestimmungen zum Inkrafttreten bezieht er sich auf den Inhalt des Rechtsetzungsaktes.

B. Herkunft, Entstehung und Entwicklung

Art. 85 knüpft an § 2 Abs. 5 Vorl.LS an und enthält weitergehend Regelungen zur Verkündung von RVOen. In den Verfassungsberatungen konnte im Wesentlichen eine schnelle Einigung zum Inhalt der Norm gefunden werden; umfassend diskutiert wurde der Umfang des Prüfungsrechts des Landtagspräsidenten, ohne dass die Diskussion ein eindeutiges Ergebnis erkennen lässt. Verzichtet wurde in den Beratungen letztlich auch auf eine Regelung zur Ausfertigung von RVOen; diese wurde als selbstverständlich vorausgesetzt. 2

In der Staatspraxis wirft die Verfassungsnorm – bis auf die Frage der materiellen Prüfungskompetenz des Landtagspräsidenten (vgl. unten Rn. 10 f.) - kaum Probleme auf. In der ersten Legislaturperiode hat der Landtagspräsident in zwei Fällen zunächst die Ausfertigung von Gesetzen wegen Verstoßes gegen das Zitiergebot verweigert, sie jedoch nachgeholt, nachdem der Landtag ein diesen Mangel behebendes Änderungsgesetz beschlossen hatte (vgl. Rn. 11, Fn. 13).

Insgesamt knüpft Art. 85 in seiner Grundstruktur an Art. 82 GG an, der mit der Regelung zur Ausfertigung von Gesetzen Resultat einer Rechtsentwicklung seit dem 19. Jahrhundert ist. Eine Bestimmung über die Ausfertigung und Verkündung von RVOen findet sich erstmalig im GG. Die Regelung zum Inkrafttreten geht wiederum auf ältere verfassungsrechtliche Traditionen zurück.

C. Verfassungsvergleichende Information

Art. 84 entspricht weitgehend Art. 82 GG und den entsprechenden Verfassungsartikeln der übrigen Länder, unterscheidet sich jedoch in zwei wesentlichen Punkten: Zum einen wird – wie in Berlin, Brandenburg, Niedersachsen, Sachsen und Sachsen-Anhalt – nicht der exekutiven Spitze, also dem Ministerpräsidenten, die Aufgabe der Ausfertigung übertragen, sondern dem Parlamentspräsidenten. Zum anderen enthält die ThürVerf, insoweit bundesweit einmalig, keine Bestimmung über die Ausfertigung der RVOen. Von wenig praktischer Bedeutung ist der Umstand, dass nach der ThürVerf keine ausdrückliche Verpflichtung des Gesetzgebers normiert ist, den Inkrafttretenszeitpunkt zu bestimmen. Streitig ist bundesweit die Prüfungskompetenz des jeweils zuständigen Ausfertigungsorgans (vgl. unten Rn. 10 f.). 3

D. Erläuterungen

I. Allgemeines

Beide Absätze des Art. 85 dienen rechtsstaatlichen Forderungen. Erst der interne Akt der **Ausfertigung** und der externe Akt der **Verkündung** ermöglichen es dem Rechtsunterworfenen, den verbindlichen Bestand von Rechten und Pflichten festzustellen und sich darüber zu informieren. Die Regelung über das **Inkrafttreten** muss hinreichend sicher erkennen lassen, ab wann die Wirkungen des Gesetzes eintreten sollen. Zusammen sind dies Grundvoraussetzungen jeder wirksamen Rechtsordnung.[1] 4

Art. 85 erfasst zum einen die vom Landtag oder durch Volksentscheid beschlossenen Landesgesetze, und zum anderen RVOen, auch solche, die die LReg auf 5

1 Vgl. zum entsprechenden Bundesrecht: *Brenner*, in: von Mangoldt/Klein/Starck, Art. 82 Rn. 10 ff.; *Nierhaus*, in: Sachs, GG, Art. 82 Rn. 4; *Bauer*, in: Dreier, Art. 82 Fn. 8 f.; *Maurer*, in: BK, Art. 82 Rn. 1 ff.

bundesgesetzlicher Ermächtigungsgrundlage erlässt.[2] Sonstige Rechtsakte, wie Satzungen, fallen nicht in den Anwendungsbereich der Norm. Allerdings kann Art. 85 als Ausdruck eines allgemeinen Rechtsgedankens verstanden werden, dass der Abschluss des Rechtsetzungsverfahrens zu dokumentieren und publizieren ist und die Geltungsdauer der Norm hinreichend bestimmt sein muss. Insoweit gleicht der Regelungsinhalt auch Art. 82 GG, der für das Landesrecht nicht – auch nicht mittelbar – Anwendung findet.[3]

II. Ausfertigung von Gesetzen

6 Die Ausfertigung besteht in der Herstellung der Originalurkunde des Gesetzes, die Grundlage der nachfolgenden Verkündung ist. Mit ihr wird zum einen dokumentiert, dass der zur Veröffentlichung gegebene Wortlaut der vom Landtag (oder dem Volk) beschlossenen Fassung des Gesetzes entspricht (**Authentizität des Textes**) und zum anderen das Gesetz verfassungsgemäß zustande gekommen ist (**Legalität des Verfahrens**).[4] Die Ausfertigung trägt in sich die allerdings widerlegbare Vermutung der Authentizität des Gesetzes und der Legalität des Verfahrens.[5]

7 Konkret besteht die Ausfertigung darin, dass der Präsident des Landtags die Urschrift des Gesetzes mit seinem Namen eigenhändig unterzeichnet. Das von ihm angegebene Datum entspricht dann dem **Zitierdatum** des Gesetzes, welches wiederum von dem Verkündungsdatum und dem Datum des Inkrafttretens des Gesetzes zu unterscheiden ist.[6]

8 Anders als in der Mehrzahl der anderen deutschen Länder obliegt die **Ausfertigung** der Gesetze dem Präsidenten des Landtags. Diese Entscheidung des Verfassungsgebers in Fortführung der Bestimmung der Vorl.LS ist folgerichtig. Die Ausfertigung als abschließender interner Akt des Gesetzgebungsverfahrens wird konsequent dem Vertreter der Legislative übertragen.[7] Darin kommt auch zum Ausdruck, dass dem Ministerpräsidenten auf Landesebene nicht im selben Umfang wie dem Bundespräsidenten die Funktion eines Staatsoberhauptes zukommt.

9 Der Verfassung ist lediglich zu entnehmen, dass das Gesetz innerhalb eines Monats nach Ausfertigung zu verkünden ist; sie schweigt jedoch zum **Zeitraum zwischen Gesetzesbeschluss und Ausfertigung**. Im Sinne einer effektiven Gesetzgebung und aus Gründen der Verfassungsorgantreue wird man aber verlangen müssen, dass die Ausfertigung unverzüglich, d.h. ohne schuldhaftes Verzögern erfolgt.[8] Die Ausfertigung eines Gesetzes, das eine Verfassungsänderung voraussetzt, wird allerdings erst dann möglich sein, wenn die Verfassungsänderung selbst in Kraft getreten ist.[9]

2 Solche RVOen sind Landesrecht: BVerfGE 18, 407.
3 BVerwGE 88, 204 (208).
4 *Brenner* (Fn. 1) Rn. 15; *Nierhaus* (Fn. 1) Rn. 3; *Maurer* (Fn. 1) Rn. 19 ff.
5 *Maurer* (Fn. 1) Rn. 21.
6 *Nierhaus* (Fn. 1) Rn. 3; *Maurer* (Fn. 1) Rn. 78 ff.
7 *Linck*, in: Linck/Jutzi/Hopfe, Art. 85 Rn. 3; *Fibich*, S. 96; zur Diskussion, ob auch auf Bundesebene die Ausfertigung dem Bundestagspräsidenten übertragen werden sollte: *Maurer* (Fn. 1) Rn. 23 ff.
8 *Brenner* (Fn. 1) Rn. 16; *Nierhaus* (Fn. 1) Rn. 4; *Bauer* (Fn. 1) Rn. 21; *Maurer* (Fn. 1) Rn. 69 ff.
9 BVerfGE 34, 9 (23).

Nicht nur auf Bundesebene, sondern auch auf Landesebene stellt sich die viele Juristengenerationen beschäftigende Frage des Umfangs der **Prüfungskompetenz** desjenigen, der das Gesetz ausfertigt. Unstreitig ist auch bezogen auf Art. 85, dass der Präsident des Landtags eine **formelle Prüfungskompetenz** hat, also prüft, ob das Gesetz in dem dafür vorgesehenen Verfahren und unter Einhaltung sonstiger Formerfordernisse zustande gekommen ist. Ebenso ist unstreitig, dass dem Präsidenten des Landtags kein **politischer Vorbehalt** zusteht.[10] 10

Streitig ist ein zwischen diesen beiden Polen stehendes **materielles Prüfungsrecht**, 11
also die Prüfung der Vereinbarkeit eines beschlossenen Gesetzes mit den materiellen Anforderungen der Verfassung, vor allem den Grundrechten. Der Wortlaut des Art. 85 Abs. 1 steht der Annahme eines solchen weitreichenden Rechtes entgegen. Er spricht lediglich davon, dass der Präsident des Landtags die „verfassungsgemäß zustande gekommenen Gesetze" auszufertigen hat. Neben der Dokumentation des authentischen beschlossenen Gesetzestextes soll also mit der Ausfertigung das ordnungsgemäße Verfahren der Gesetzgebung nach Artikel 81 ff. attestiert werden (vgl. oben Rn. 6). Eine darüber hinausgehende materielle Prüfungspflicht ist dieser Norm unmittelbar nicht zu entnehmen. Ein solches Prüfungsrecht lässt sich auch nicht ohne weiteres aus der Diskussion über entsprechende Befugnisse des Bundespräsidenten übertragen.[11] Dessen erweiterte Prüfungsbefugnis wird begründet mit seiner Stellung als Staatsoberhaupt, dem besonderen Amtseid und seiner Distanz zu den am Gesetzgebungsverfahren im Übrigen beteiligten Organen auf Bundesebene. Der Präsident des Landtags ist aber kein Staatsoberhaupt und legt auch keinen dem Bundespräsidenten vergleichbaren Amtseid ab. Er ist als Leiter der Legislative ein unmittelbar am Gesetzgebungsverfahren beteiligtes Organ, steht diesem Verfahren also nicht unabhängig distanziert gegenüber.[12] In dieser Funktion ist er grundsätzlich an den Willen der Mehrheit des Landtags gebunden. Die Zubilligung eines materiellen Prüfungsrechtes bedarf es darüber hinaus nicht, da der Landtagspräsident – unterstützt durch die ihm zuarbeitende Landtagsverwaltung – jederzeit im Gesetzgebungsverfahren seine Bedenken geltend machen kann. Hierzu hat er die Möglichkeit, in die Debatten einzugreifen oder auch an den Ausschusssitzungen beratend teilzunehmen. Folgt das Plenum den vom Präsidenten geäußerten verfassungsrechtlichen Bedenken nicht, käme ihm im Falle der dennoch verweigerten Ausfertigung eine politische Funktion zu, die ihm die Verfassung grundsätzlich nicht zuerkennt. Gegen die Annahme einer materiellen Prüfungskompetenz im Rahmen der Volksgesetzgebung spricht auch Art. 82 Abs. 3. Halten danach die Landesregierung oder ein Drittel der Mitglieder des Landtags die Voraussetzungen für die Zulassung des Volksbegehrens für nicht gegeben oder das Volksbegehren für mit höherrangigem Recht nicht vereinbar, haben sie den ThürVerfGH anzurufen. Die Verfassung konzentriert also die Befugnis zur materiellen Prüfung auf die Landesregierung oder die Mitglieder des Landtags, nicht je-

10 *Linck*, in: Linck/Jutzi/Hopfe, Art. 85 Rn. 6; zum insoweit vergleichbaren Bundesrecht: *Brenner* (Fn. 1) Rn. 22 f.; *Nierhaus* (Fn. 1) Rn. 5 f.; *Bauer* (Fn. 1) Rn. 12; *Maurer* (Fn. 1) Rn. 28.

11 Übersicht: *Brenner* (Fn. 1) Rn. 24 ff.; *Nierhaus* (Fn. 1) Rn. 7 ff.; *Bauer* (Fn. 1) Rn. 13; *Maurer* (Fn. 1) Rn. 28 ff.; im Übrigen: *Höreth*, Das Parlament Beilage 2008, Nr. 16, 32 ff.; *Jekewitz*, RuP 2007, 11 ff.; *Linke*, DÖV 2009, 434 ff.; Meyer, JZ 2011, 602 ff.; *Schoch*, ZG 2008, 209 ff.

12 *Blome/Grosse-Wilde*, DÖV 2009, 615 ff.; *Hoffmann*, in: Epping/Butzer, Art. 45 Rn. 19 ff.; *Lieber/Iwers/Ernst*, Art. 81, 1.1.

doch auf den Landtagspräsidenten. Diesem obliegt es in diesem Verfahren nur, die formellen Voraussetzungen der Volksinitiative zu prüfen. Das etwas anderes für den Bereich der Gesetzgebung durch den Landtag zu gelten hat, ist sachlich kaum zu begründen. Darüber hinaus ist Art. 82 Abs. 3 ThürVerf aber gerade Ausdruck dafür, dass nach der Verfassung die Frage der verbindlichen Feststellung der Verfassungswidrigkeit einer Norm beim ThürVerfGH konzentriert sein soll. Ihm soll im System der ThürVerf die Kompetenz der Normverwerfung zukommen. Eine Notwendigkeit, darüber hinausgehende Kompetenzen des Landtagspräsidenten im Ausfertigungsverfahren anzuerkennen, besteht nicht. Auch gewohnheitsrechtlich ist in der Staatspraxis kein unbeschränktes materielles Prüfungsrecht des Landtagspräsidenten anerkannt. Der Präsident des Landtags hat in der 1. Wahlperiode zwei Gesetzen die Ausfertigung verweigert, denen kurz nach Inkrafttreten der Verfassung die notwendige Zitierung nach Art. 42 Abs. 3 Satz 2 fehlte, es war also formelles Recht verletzt. Der Landtag ist den Bedenken des Landtagspräsidenten nachgekommen, in dem er den Mangel durch ein Änderungsgesetz behob; der Landtagspräsident hat sodann gleichzeitig das fehlerhafte Ausgangs- und das korrigierende Änderungsgesetz ausgefertigt und verkündet.[13]

Argumentativ bleibt daher für die Begründung eines materiellen Prüfungsrechts allein die auch den Landtagspräsidenten treffende Bindung nach Art. 42 Abs. 1 an die in der Verfassung niedergelegten Grundrechte bzw. nach Art. 47 Abs. 4 an die verfassungsmäßige Ordnung. Die Verletzung dieser Rechtsbindung setzt jedoch voraus, dass die Verfassung gerade ein Prüfungsrecht anerkennt. Dies ist aber wie aufgezeigt nicht der Fall. Gerade in den häufig vorkommenden Fällen, dass die Verfassungswidrigkeit eines Gesetzes streitig ist, lässt die Verfassung nicht erkennen, dass dem Landtagspräsidenten in diesen Fällen ein Entscheidungsrecht zukommen soll. Etwas anderes wird man nur in den allerdings äußerst seltenen Fällen eines evidenten Verfassungsbruchs annehmen können.[14] Verweigert der Landtagspräsident die Ausfertigung, kann dies im Organstreitverfahren nach Art. 80 Abs. Nr. 3 überprüft werden.

III. Verkündung von Gesetzen

12 Mit der **Verkündung** des Gesetzes – dem letzten Akt des Gesetzgebungsverfahrens – wird dieses erst rechtlich existent. Davon zu unterscheiden ist die Frage des zeitlichen Geltungsbereichs des Gesetzes, also seine durch die Bestimmung des Inkraft- und ggf. Außerkrafttretens bestimmte Wirksamkeit. Das Rechtsstaatsprinzip gebietet, dass förmlich gesetzte Rechtsnormen verkündet werden. Die Verkündung ist Bedingung der Geltung einer Rechtsnorm. Das Gesetz ist der Öffentlichkeit in einer Weise förmlich zugänglich zu machen, dass die Betroffenen sich verlässlich Kenntnis von seinem Inhalt verschaffen können. Geset-

13 Thüringer Spielbankgesetz v. 10.05.1994 (ThürGVBl. S. 478) und 1. Gesetz zur Änderung des Thüringer Spielbankgesetzes v. 10.05.1994 (ThürGVBl. S. 480), hierzu: LT-Drs. 1/3227; Thüringer Wassergesetz v. 10.05.1994 (ThürGVBl. S. 445) und 1. Gesetz zur Änderung des Thüringer Wassergesetzes v. 10.05.1994 (ThürGVBl. S. 478), hierzu: LT-Drs. 1/3245.

14 So auch: *Linck*, in: Linck/Jutzi/Hopfe, Art. 85 Rn. 6; zum Bundesrecht: *Bryde*, in: von Münch/Kunig, Art. 82 Rn. 7.

ze ohne Publizität können von vornherein keinen Geltungsanspruch besitzen.[15] Allein der Gesetzesbeschluss durch den Landtag ist noch nicht geeignet, Rechte und Pflichten zu begründen.[16]

Die Verkündung eines Gesetzes besteht in dessen Abdruck und damit einhergehender amtlicher Bekanntgabe in einem dafür bestimmten, laufend erscheinenden und jedermann zugänglichen **Publikationsorgan**.[17] Art. 85 legt dafür ein Publikationsmonopol des Gesetzes- und Verordnungsblattes fest. Die Verkündung ist abgeschlossen mit der Ausgabe der vom Landtag herausgegebenen Publikation.[18] 13

Nach den Prinzip der formellen Publizität gilt das an die Allgemeinheit gerichtete Gesetz in dem Augenblick als verkündet, in dem die Möglichkeit der Kenntnisnahme gegeben ist; eine tatsächliche Kenntnis ist nicht entscheidend.[19] Nach der in der Literatur herrschenden **Zugangstheorie**[20] ist dies der Zeitpunkt, zu dem das GVBl. an die Mehrzahl der Bezieher ausgeliefert ist. Auch wenn hierfür spricht, dass erst zu diesem Zeitpunkt die Möglichkeit für die Öffentlichkeit besteht, von dem Gesetz Kenntnis zu nehmen, folgt das BVerfG[21] zu Art. 82 GG der **Entäußerungstheorie**. Danach ist das Gesetz zu dem Zeitpunkt verkündet, in dem die Äußerung des Verkündungswillens unwiderruflich wirkt. Das ist der Zeitpunkt, in dem das erste Stück der betreffenden Nummer des Gesetzesblatts „in Verkehr gebracht“ wird, d.h. aus der Verfügungsmacht des für die Ausgabe verantwortlichen Verfassungsorgans an die Öffentlichkeit gelangt. Es entspricht in Thüringen der Staatspraxis, dass dies das Datum ist, unter dem das GVBl. erscheint. Diese amtliche Angabe hat die Vermutung ihrer Richtigkeit für sich.[22] Im Allgemeinen ist deshalb vom **Ausgabedatum des GVBl.** auszugehen, wenn z.B. der Zeitpunkt des Inkrafttretens eines Gesetzes vom Zeitpunkt der Ausgabe des GVBl. abhängig ist. Wird die Unrichtigkeit der Angabe geltend gemacht, so muss diese nachgewiesen werden; bloße Zweifel oder Bedenken gegen die Richtigkeit der Angabe genügen nicht.[23] 14

Art. 85 geht von dem GVBl. als **Druckwerk** aus. Die Publizierung in elektronischer Form kennt die Verfassung nicht; sie setzt eine Verfassungsänderung voraus.[24] 15

Anders als für die Ausfertigung benennt Art. 85 Abs. 1 eine Frist von einem Monat, beginnend ab dem Zeitpunkt der Ausfertigung, in dem das Gesetz zu publizieren ist. 16

15 BVerfGE 7, 330 (337 f.); 16, 6 (16, 18); 40, 237 (255); 44, 322 (350); 63, 343 (353); 65, 283 (291); *Brenner* (Fn. 1) Rn. 29; *Nierhaus* (Fn. 1) Rn. 27; *Bauer* (Fn. 1) Rn. 16 f.; *Maurer* (Fn. 1) Rn. 88 f.

16 Vgl. allerdings zur Begründung bzw. Erschütterung von Vertrauen allein durch Gesetzesbeschluss: BVerfGE 30, 272 (287); 72, 220 (261); 97, 67 (79); 127, 1 (17); BVerfG, NJW 2012, 1941.

17 *Nierhaus* (Fn. 1) Rn. 20; *Maurer* (Fn. 1) Rn. 86.

18 BVerfGE 16, 6 (16); 87, 48 (60).

19 BVerfGE 16, 1 (16); *Brenner* (Fn. 1) Rn. 16; *Nierhaus* (Fn. 1) Rn. 20; *Bauer* (Fn. 1) Rn. 17; *Maurer* (Fn. 1) Rn. 90 f.

20 Vgl. nur mwN: *Brenner* (Fn. 1) Rn. 30; *Nierhaus* (Fn. 1) Rn. 20; *Bauer* (Fn. 1) Rn. 18; *Maurer* (Fn. 1) Rn. 98 ff.

21 BVerfGE 16, 6 (16).

22 BVerfGE 16, 6 (17); 81, 70 (83); 87, 48 (60).

23 *Brenner* (Fn. 1) Rn. 30; *Nierhaus* (Fn. 1) Rn. 18; *Bauer* (Fn. 1) Rn. 18; *Maurer* (Fn. 1) Rn. 100.

24 Vgl. Art. 81 Abs. 4 BbgVerf und Art. 102 Satz 2 SaarlVerf.

17 Zu publizieren ist das Gesetz in seiner vollständigen vom Landtag beschlossenen Fassung (**Vollständigkeitsgebot**).[25] Eine Ausnahme hiervon ist für das Haushaltsgesetz anerkannt;[26] nur der Gesamtplan ist zu veröffentlichen, nicht jedoch die Einzelpläne, die außerhalb des GVBl. der Öffentlichkeit zugänglich gemacht werden müssen.

18 Ob und inwieweit im Gesetz **Verweisungen** zulässig sind, ist weniger eine Frage der Vollständigkeit der Publikation als vielmehr eine Frage der zulässigen inhaltlichen Gestaltung des Gesetzes.[27] Der Gesetzgeber muss nicht stets selbst die gesetzlichen Tatbestände umschreiben, sondern kann im Wege der Verweisung auf andere Vorschriften des Landes-, Bundes- oder Europarechts und selbst auf private Rechtsquellen Bezug nehmen. Voraussetzung ist, dass die Verweisungsnorm hinreichend klar erkennen lässt, welche Vorschriften im Einzelnen gelten sollen und die in Bezug genommenen Vorschriften dem Adressaten durch eine frühere ordnungsgemäße Veröffentlichung zugänglich sind.[28] Die Norm, auf die verwiesen wird, wird Teil des verweisenden Gesetzes und teilt dessen Rang als landesrechtliche Norm.[29] Rechtlich unproblematisch sind **statische Verweisungen,** d.h. Verweisungen auf eine Norm in ihrer derzeitigen oder zu einem bestimmten Zeitpunkt geltenden Fassung.[30] Ändert sich das in Bezug genommene Recht des anderen Kompetenzbereichs, hat dies keinen Einfluss auf den Inhalt der Verweisungsnorm. Zurückhaltung ist hingegen bei **dynamischen Verweisungen** geboten, also bei Verweisungen auf eine Norm in ihrer jeweiligen Fassung, also einschließlich zukünftiger Änderungen. Sie sind zwar nicht schlechthin ausgeschlossen, ihnen können jedoch Bedenken unter bundesstaatlichen, rechtsstaatlichen und demokratischen Gesichtspunkten entgegenstehen.[31] So darf die Landesgesetzgebung nicht in verfassungsrechtlich bedenklicher Weise auf andere als die von der ThürVerf bestimmten Organe verlagert werden.[32] Eine dynamische Verweisung ist umso fragwürdiger, je intensiver grundrechtliche Gesetzesvorbehalte betroffen sind.[33] Verfassungsrechtlich bedenklich ist sie jedenfalls dann, wenn es sich um grundrechtsrelevante Regelungen handelt, bei denen der Gesetzesvorbehalt eine eigenverantwortliche Prüfung durch den zuständigen Gesetzgeber erfordert, oder wenn die verweisende und die in Bezug genommene Vorschrift zu ganz verschiedenen Rechtsgebieten gehören.[34]

19 Zu unterscheiden ist die Ausfertigung und Verkündung eines Gesetzes von der, auch in der Thüringer Staatspraxis bekannten, Ermächtigung zur **Neubekanntmachung** eines Gesetzes. Diese wird regelmäßig dem Präsidenten des Landtags erteilt. Sie ist kein selbständiger gesetzgeberischer Akt. Sie erfolgt nur zu dem Zweck, einen nach einer Novellierung unübersichtlich gewordenen Gesetzestext

25 *Brenner* (Fn. 1) Rn. 31; *Nierhaus* (Fn. 1) Rn. 22; *Bauer* (Fn. 1) Rn. 19; *Maurer* (Fn. 1) Rn. 101.
26 BVerfGE 20, 56 (93); *Maurer* (Fn. 1) Rn. 102.
27 *Maurer* (Fn. 1) Rn. 106 f.
28 BVerfGE 5, 25 (31); 26, 338 (365); 47, 285 (311); 60, 135 (155); BVerwGE 55, 255 (264); ThürVerfGH, Urt. v. 12.06.1997 – 5/96 – NJ 1997, 445; *Brenner* (Fn. 1) Rn. 32; *Nierhaus* (Fn. 1) Rn. 22; *Bauer* (Fn. 1) Rn. 19; *Maurer* (Fn. 1) Rn. 105.
29 *Maurer* (Fn. 1) Rn. 103.
30 BVerfGE 47, 285 (311); 78, 32 (36).
31 BVerfGE 47, 285 (312); 60, 135 (155); 67, 348 (363); 78, 32 (36).
32 ThürVerfGH, Urt. v. 20.04.2004 – 14/02 – LKV 2004, 461.
33 BVerfGE 47, 285 (311); 78, 32 (36).
34 ThürVerfGH, Urt. v. 12.06.1997 – 5/96 – NJ 1997, 445; BVerfGE 67, 348 (363).

im Interesse der Rechtsicherheit redaktionell klarzustellen.[35] Eine Änderung der Rechtslage bewirkt die Neufassung nicht.[36] Weicht der neu bekannt gemachte Gesetzestext von dem vom Parlament beschlossenen und verkündeten Gesetz ab, bleibt dieses maßgeblich.

Grundsätzlich kann der Präsident des Landtags nur den Text ausfertigen und verkünden, der dem Gesetzesbeschluss des Landtags entspricht. Änderungen im Wortlaut des Gesetzes bedürfen stets der Durchführung des Gesetzgebungsverfahrens. Die von der Rechtsprechung[37] anerkannte Staatspraxis lässt es jedoch zu, dass Druckfehler oder andere offenbare Unrichtigkeiten vor der Ausfertigung und Verkündung des Gesetzes durch den Präsidenten des Landtags zu berichtigen sind (vgl. § 110 Abs. 2 ThürGOLT). Solche nur in engen Grenzen zulässigen **Berichtigungen** setzen nicht nur die Offensichtlichkeit des Fehlers, sondern auch die Offensichtlichkeit dessen voraus, was der Gesetzgeber gewollt hat.[38] Die Berichtigung eines bereits verkündeten Gesetzes erfolgt im GVBl. 20

IV. Ausfertigung und Verkündung von RVO

Art. 85 Abs. 1 Satz 2 bestimmt, dass vorbehaltlich anderer gesetzlicher Regelungen RVOen im GVBl. verkündet werden. Wesentliches wird allerdings verschwiegen: Weder schreibt die Verfassung ausdrücklich eine Ausfertigung vor, noch sagt sie, welche Stelle die RVO ausfertigt und verkündet. Schon aus Gründen der Rechtssicherheit[39] ist eine **Ausfertigung einer RVO** – also die Erstellung einer Urschrift – erforderlich. In den Verfassungsberatungen[40] ging man ohne Weiteres davon aus, dass die Ausfertigung und Verkündung, wie in Art. 82 GG und in den übrigen Landesverfassungen bestimmt, der Stelle obliegt, die die RVO erlässt. Der Verfassungsgeber wollte jedoch in den Fällen, in denen Kollegialorgane, wie die LReg, die RVO erlässt, es diesen überlassen, wer konkret die RVO ausfertigt. In Ausfüllung dieses Gestaltungsfreiraums sieht § 27 ThürGGO vor, dass nach Beschlussfassung der LReg die Urschrift der RVO zuerst vom zuständigen Fachminister und anschließend vom Ministerpräsidenten unterzeichnet wird. Ministerverordnungen werden hingegen allein vom zuständigen Minister unterzeichnet; sind mehrere zuständig, obliegt die Ausfertigung ihnen gemeinsam. Entsprechend offen ist die Verfassung auch hinsichtlich der Zuständigkeit für die Verkündung. Auch diese obliegt grundsätzlich der erlassenden Stelle; für den Bereich der LReg bestimmt auch hier § 27 ThürGGO, dass die Verkündung sowohl der Regierungs- als auch der Ministerverordnungen durch die Staatskanzlei veranlasst wird. 21

Art. 85 Abs. 1 Satz 2 erfasst nicht nur RVOen auf landesgesetzlicher Grundlage, sondern auch die RVO der Landesregierung oder der von ihr delegierten Stellen auf bundesgesetzlicher Grundlage, da diese Landesrecht sind.[41] 22

---

35 *Brenner* (Fn. 1) Rn. 34; *Nierhaus* (Fn. 1) Rn. 28; *Bauer* (Fn. 1) Rn. 20; *Maurer* (Fn. 1) Rn. 111 ff.

36 BVerfGE 14, 245 (250); 17, 364 (368 f.); 18, 389 (391); 23, 276 (285 f.); 64, 217 (221); ThürVerfGH, Urt. v. 06.06.2002 – 14/98 – NVwZ-RR 2003, 249.

37 BVerfGE 48, 1 (18); 105, 313 (334).

38 *Brenner* (Fn. 1) Rn. 33; *Nierhaus* (Fn. 1) Rn. 23; *Bauer* (Fn. 1) Rn. 20; *Maurer* (Fn. 1) Rn. 115 f.

39 Vgl. Rn. 4.

40 Vgl. Rn. 2; Entstehung ThürVerf S. 224 f.

41 BVerfGE 18, 407 (413 ff.); *Maurer* (Fn. 1) Rn. 134.

23 Die Ausfertigung einer RVO und die spätere Verkündung kann grundsätzlich erst nach Inkrafttreten des ermächtigenden Gesetzes erfolgen (vgl. oben Art. 84 Rn. 33).

24 Die **Verkündung** erfolgt ebenfalls durch Publizierung der RVO im GVBl. Die in den ersten Monaten nach Wiedergründung des Landes erfolgte Publizierung in einem eigenständigen Verordnungsblatt wurde aufgegeben; seit dem 31.01.1991 erscheint sowohl die Verkündung von Gesetzen als auch von RVOen im einheitlichen GVBl. Hieran knüpft die Verfassung an.

25 Art. 85 Abs. 1 Satz 2 lässt gesetzlich **abweichende Regelungen** zu. Dies bezieht sich nur auf die Möglichkeit, ein anderweitiges Publikationsorgan zu wählen. Gesetzlich kann nicht davon abgesehen werden, die RVO überhaupt zu verkünden.[42] In diesem Sinne zulässige anderweitige gesetzliche Regelungen enthält das – vorkonstitutionelle – Verkündungsgesetz. Danach werden RVOen von Landesbehörden, die einem Minister nachgeordnet sind, im Thüringer Staatsanzeiger verkündet. Dort werden, wiederum vorbehaltlich anderweitiger gesetzlicher Regelungen, ebenfalls RVOen der mittelbaren Landesverwaltung verkündet. RVOen der Kommunen wie auch der Landräte als unterer staatlicher Verwaltungsbehörde werden in der für die Bekanntmachung von Satzungen der jeweiligen Gebietskörperschaft festgelegten Form verkündet. Die Verkündung von Plänen, Karten und anderen zeichnerischen Darstellungen als Anlagen von RVOen kann durch kostenlose Einsicht für jedermann während der Sprechzeiten ersetzt werden. Kann das für die Verkündung oder öffentliche Bekanntmachung bestimmte Blatt wegen eines Naturereignisses oder wegen anderer besonderer Umstände nicht rechtzeitig erscheinen, so genügt jede andere Art der Veröffentlichung. Die vorgeschriebene Verkündung oder öffentliche Bekanntmachung ist unverzüglich nach Beseitigung des Hindernisses nachzuholen.

V. Inkrafttreten von Gesetzen und RVOen

26 Wird mit der Verkündung das Gesetz oder die RVO überhaupt erst existent, regelt das **Inkrafttreten** den Zeitpunkt des Beginns des zeitlichen Anwendungsbereichs des Gesetzes. Das verkündete, aber noch nicht in Kraft getretene Gesetz ist zwar rechtlich existent, übt jedoch noch keine Wirkung aus; ihm fehlt die Kraft, das Rechtsleben zu gestalten.[43] Erst das Inkrafttreten verhilft der Geltungsanordnung zur Wirksamkeit und bestimmt den zeitlichen Geltungsbereich der Vorschrift, d. h. von welchem Zeitpunkt ab die Rechtsfolgen des Gesetzes für die Normadressaten eintreten und seine Bestimmungen von den Behörden und Gerichten anzuwenden sind.

27 Art. 85 Abs. 2 besagt hierzu lediglich, dass bei Fehlen einer abweichenden gesetzlichen Bestimmung ein Gesetz oder eine Verordnung mit dem 14. Tage nach Ablauf des Tages in Kraft tritt, an dem sie verkündet worden ist. Dem Thüringer Gesetzgeber ist es – anders als nach Art. 82 GG dem Bundesgesetzgeber – freigestellt, das Wirksamwerden eines Gesetzes nach dieser verfassungsrechtlichen Regelung automatisch eintreten zu lassen oder den Zeitpunkt – sei es durch Bestimmung eines bestimmten Kalendertages oder in Anknüpfung an ein

42 *Bauer* (Fn. 1) Rn. 24; *Maurer* (Fn. 1) Rn. 142.

43 BVerfGE 34, 9 (22); 42, 263 (283); *Brenner* (Fn. 1) Rn. 40; *Nierhaus* (Fn. 1) Rn. 37; *Bauer* (Fn. 1) Rn. 20; *Maurer* (Fn. 1) Rn. 117 ff.

bestimmtes Ereignis wie die Verkündung des Gesetzes – selbst zu bestimmen.[44] In der Staatspraxis wird jedoch in jedem Gesetz und jeder RVO der Zeitpunkt des Inkrafttretens bestimmt, so dass die Regelung des Art. 85 Abs. 2 kaum zur Anwendung kommt. Der Gesetzgeber kann den Beginn des zeitlichen Anwendungsbereichs einheitlich oder unterschiedlich für einzelne Bestimmungen des jeweiligen Gesetzes bzw. der RVO festlegen.[45] Da die Bestimmung des Gesetzesinhalts ausschließlich dem demokratischen Gesetzgebungsorgan vorbehalten ist, kann die Bestimmung des Inkrafttretens jedoch nur durch den Gesetzgeber selbst erfolgen und darf grundsätzlich nicht der Exekutive übertragen werden.[46]

Regelmäßig bedarf die Bestimmung des **Zeitpunktes des Inkrafttretens** durch den Gesetzgeber keiner besonderen Rechtfertigung; diese Befugnis ergibt sich aus der Aufgabe des Gesetzgebers, Recht mit Wirkung zu einem bestimmten Zeitpunkt zu setzen.[47] Grenzen können sich bei der Wahl des Zeitpunktes ausnahmsweise etwa aus der Verpflichtung des Gesetzgebers zur Erfüllung eines Verfassungsauftrages oder zur Bereinigung einer verfassungswidrigen Rechtslage ergeben.[48] In besonderen Lagen kann sich die Notwendigkeit stellen, die generelle Durchsetzung einer belastenden Regelung durch Gewährung von Übergangszeiten abzumildern.[49] Darüber hinaus sind die allgemeinen verfassungsrechtlichen Anforderungen, wie z. B. aus dem allgemeinen Gleichheitssatz, zu beachten. Das Willkürverbot ist jedoch nur dann verletzt, wenn für den gewählten Zeitpunkt sachlich einleuchtende Gründe nicht mehr erkennbar sind.[50] Häufig anzutreffen ist, dass die Bestimmungen des Inkrafttretens des Gesetzes mit dem Zeitpunkt der Verkündung verknüpft werden. 28

Dem Gesetzgeber steht es jedoch unter den verfassungsrechtlichen Anforderungen auch frei, ein Gesetz **rückwirkend** in Kraft zu setzen. Hierbei ist das öffentliche Interesse, an in der Vergangenheit liegende Tatbestände anzuknüpfen und durch Änderung der künftigen Rechtsfolgen dieser Tatbestände auf veränderte Gegebenheiten zu reagieren, regelmäßig mit den Belangen des Vertrauensschutzes abzuwägen. Der ThürVerfGH hat sich insoweit der Rechtsprechung des BVerfG (konkreter: des 1. Senats) angeschlossen und hierzu ausgeführt, dass aus dem Rechtsstaatsprinzip der ThürVerf (Art. 44 Abs. 1, 47 Abs. 4 ThürVerf) wie auch aus dem jeweils betroffenen Grundrecht – auch aus dem Recht auf kommunale Selbstverwaltung (Art. 91 Abs. 1 ThürVerf) - sich verfassungsrechtliche Grenzen für rückwirkende Gesetze ergeben. Greift ein Gesetz nachträglich ändernd in abgewickelte, bereits vollständig abgeschlossene, der Vergangenheit angehörende Tatbestände ein, ist eine sogenannte **echte Rückwirkung** gegeben, die grundsätzlich unzulässig ist und nur unter bestimmten, engen Voraussetzungen ausnahmsweise erlaubt sein kann. Knüpft ein Gesetz an einen noch nicht abgeschlossenen Sachverhalt an und ordnet für die Zukunft geänderte Rechtsfolgen hierfür an (sogenannte **unechte Rückwirkung**), sind solche Gesetze 29

44 BVerfGE 42, 263 (283); *Brenner* (Fn. 1) Rn. 42 f.; *Nierhaus* (Fn. 1) Rn. 37; *Bauer* (Fn. 1) Rn. 20; *Maurer* (Fn. 1) Rn. 118 ff.

45 BVerfGE 63, 343 (354).

46 BVerfGE 42, 263 (283); 45, 297 (326); 87, 48 (60).

47 BVerfGE 42, 263 (282); 47, 85 (93); *Brenner* (Fn. 1) Rn. 41; *Nierhaus* (Fn. 1) Rn. 37; *Bauer* (Fn. 1) Rn. 26; *Maurer* (Fn. 1) Rn. 111 ff.

48 BVerfGE 33, 1 (13); 33, 303 (348); 47, 85.

49 BVerfGE 21, 173 (184); 47, 85 (93 f).

50 Vgl. entsprechend Rechtsprechung zu Stichtagsregelungen: BVerfGE 13, 31 (18); 24, 220 (228); 29, 245 (258); 36, 174 (192); 47, 85 (94).

grundsätzlich zulässig und nur ausnahmsweise unter bestimmten Voraussetzungen verfassungswidrig.[51]

30 Der Zeitpunkt des Inkrafttretens muss jedenfalls hinreichend bestimmbar sein. Zwingend ist es, dass sich der Termin nach allgemeinen Auslegungsgrundsätzen zweifelsfrei ermitteln lässt.[52] Einer solchen Bestimmbarkeit steht entgegen, wenn der Gesetzgeber das Inkrafttreten von einer Bedingung abhängig macht.[53] Dies wird nur im Ausnahmefall anzuerkennen sein, regelmäßig bei den Zustimmungsgesetzen zu Staatsverträgen oder anderen völkerrechtlichen Verträgen. Soweit der Vertrag transformierbares Recht enthält, erlangt dieses die Qualität innerstaatlichen Rechts durch das Zustimmungsgesetz. Sein Inkrafttreten ist jedoch aufschiebend bedingt und hängt davon ab, ob und wann der Vertrag selbst verbindlich wird. Erst mit dem Inkrafttreten des Vertrages werden seine Bestimmungen als innerstaatliches Recht wirksam.[54]

31 Wird eine bestimmte Frist nach der Verkündung als Inkrafttretenszeitpunkt bestimmt, dann ist entsprechend § 187 Abs. 1 BGB der Tag der Verkündung nicht mitzuzählen. Wird ein bestimmter Kalendertag als Zeitpunkt gewählt, tritt der Rechtssatz mit Beginn des Tages in Kraft.[55]

Sechster Abschnitt Die Rechtspflege

Artikel 86 [Gerichtsvorbehalt; Unabhängigkeit; Laienrichter]

(1) Die Rechtsprechung wird im Namen des Volkes durch den Verfassungsgerichtshof und die Gerichte ausgeübt.

(2) Die Richter sind unabhängig und nur dem Gesetz unterworfen.

(3) An der Rechtsprechung wirken Frauen und Männer aus dem Volk mit.

Vergleichbare Regelungen

Art. 92 Hs. 2, 97 Abs. 1 GG; Art. 65, 66 Abs. 1 BWVerf; Art. 85, 87 Abs. 1, 88 BayVerf; Art. 79, 80 VvB; Art 108 BbgVerf.; Art. 135 BremVerf; Art. 62, 64 Abs. 1 HambVerf; Art. 126 HessVerf; Art. 76 Abs. 1 und 2 M-VVerf.; Art. 51 Abs. 1, 2 und 4 NV; Art. 72 VerfNW; Art. 121, 123 Abs. 1 Verf Rh-Pf; Art. 109 Abs. 1, 110 SaarlVerf; Art. 77 SächsVerf; Art. 83 Abs. 1, 2 LVerf LSA; Art. 43 Abs. 1 SchlHVerf.

Ergänzungsnormen im sonstigen thüringischen Recht

§ 1 Satz 2 ThürRiG v. 17.05.1994 (ThürGVBl. S. 485) zuletzt geändert durch Gesetz v. 20.03.2009 (ThürGVBl. S. 238).

Dokumente zur Entstehungsgeschichte

Art. 98 VerfE CDU; Art. 79 VerfE F.D.P.; Art. 70 VerfE SPD; Art. 65 Abs. 1 Satz 1 und 2 VerfE NF/GR/DJ; Art. 90 Abs. 1 Satz 1 und 2 VerfE LL/PDS; Entstehung ThürVerf, S. 226 f.

---

51 ThürVerfGH, Urt. v. 23.04.2009 – 32/05 – ThürVBl 2009, 197 (201) mwN bezugnehmend auf: BVerfGE 11, 139 (148 f.); BVerfGE 109, 133 (180 ff.); vgl. insgesamt zu den Fragen des Inkrafttretens von Gesetzen mit Rückwirkung – auch zur divergierenden Begrifflichkeit zwischen den Senaten des BVerfG -: *Grzeszick,* in: Maunz/Dürig, Art. 20 VII Rn. 72 ff.

52 BVerfGE 15, 313 (320); 42, 263 (285).

53 Unklar: BVerfGE 42, 263 (283 ff.); *Brenner* (Fn. 1) Rn. 44; *Nierhaus* (Fn. 1) Rn. 38; *Bauer* (Fn. 1) Rn. 26; *Maurer* (Fn. 1) Rn. 131.

54 *Maurer* (Fn. 1) Rn. 130.

55 *Maurer* (Fn. 1) Rn. 123 ff.

Literatur

Norbert Achterberg, Die richterliche Unabhängigkeit im Spiegel der Dienstgerichtsbarkeit, NJW 1985, 3041; *Peter-Alexis Albrecht*, Die Kriminalisierung der Dritten Gewalt, ZRP 2004, 259; *Andrea* Baer, Die Unabhängigkeit der Richter in der Bundesrepublik Deutschland und in der DDR, 1999; *Uwe Berlit*, Modernisierung der Justiz, richterliche Unabhängigkeit und RichterInnenbild, KritJ 1999, 58; *Peter* Caesar, Richterliche Unabhängigkeit und öffentliche Meinung, DRiZ 1994, S. 455; *Hans Dahs*, Die Stellung des Richters im Bonner Grundgesetz, NJW 1949, 688; *Wilhelm Dütz*, Richterliche Unabhängigkeit und Politik, JuS 1985, 745; *Wolfgang Durner*, Verfassungsrechtliche Grundlagen und Grenzen des Richterrechts, JA 2008, 7; *Willi Geiger*, Die Unabhängigkeit des Richters, DRiZ 1979, 65; *Rolf Gröschner*, Iudex inamovibilis – wie unversetzbar ist der deutsche Richter?, NJW 2005, 3691; *Stephan Haberland*, Problemfelder für die richterliche Unabhängigkeit, DRiZ 2002, 301; *Peter M. Huber*/ *Stefan Storr*, Gerichtsorganisation und richterliche Unabhängigkeit in Zeiten des Umbruchs, ZG 2006, 105; *Stefan Kaufmann*, Wer bestimmt über richterliche Berufsethik in: Rom, Recht, Religion, Symposion für Udo Ebert zum siebzigsten Geburtstag, 2011, S. 167; *Elisabeth Kreth*, Zur Ethik richterlichen Verhaltens, KritV 2008, 475; *dies.*, Ethischer Anspruch an den Richterberuf im 21. Jahrhundert, Wahrnehmung von Innen und Außen, Rede anlässlich des Amtsrichtertages des Landesverbandes Nordrhein-Westfalen in Mülheim an der Ruhr am 7. Mai 2009 www.drb.de/cms/fileadmin/docs/ethik _rede_kreth_090507.pdf (Stand: 29.3.2013); *Jürgen Kühling*, Richter und Justiz, in: Däubler-Gmelin, Herta (Hrsg.), FS Ernst Gottfried Mahrenholz (1994), 831; *Rolf Lamprecht*, Vom Mythos der Unabhängigkeit. Über das Dasein und Sosein der deutschen Richter; *ders.* Unabhängigkeit auf der Waage, DRiZ 1995, 333; *Frank Lansnicker*, Richteramt in Deutschland: Im Spannungsfeld zwischen Recht und Politik, Diss. Iur. Münster 1995; *Kai v. Lewinski*, „Völlige Unabhängigkeit" von Aufsichts- und Regulierungsbehörden – Umsetzungsmöglichkeiten für ministerialfreie Eingriffsverwaltung im deutschen Verwaltungsrecht –, DVBl, 2013, 339; *Jutta Limbach*, DRiZ 1995, 425; *dies.*, „Im Namen des Volkes". Macht und Verantwortung der Richter, Stuttgart 1999; *Ernst Gottfried Mahrenholz*, Kritik an der Justiz gehört zur Sache, Interview, DRiZ 1995, 35; *Petra Michaelis-Merzbach*, Der unabhängige Richter, in: FS Hans-Joachim Driehaus (2005), 537; *Robin Mishra*, Zulässigkeit und Grenzen der Urteilsschelte, 1997; *Hans-Jürgen Papier*, Richterliche Unabhängigkeit und Dienstaufsicht, NJW 1990, 8; *Karl Friedrich Piorreck*, Politische Einflußnahme auf die Justiz im demokratischen Rechtsstaat, DRiZ 1993, 109; *Eberhard Schilken*, Die Sicherung der Unabhängigkeit der Dritten Gewalt, JZ 2006, 860; *Jörg Schmidt*, Der Schutz der persönlichen Unabhängigkeit des Richters bei Personalentscheidungen und dienstlichen Beurteilungen, DRiZ 1981, 81; *Gerd Seidel*, Die Grenzen der richterlichen Unabhängigkeit, AnwBl 2002, 325; *Horst Sendler*, Unabhängigkeit als Mythos?, NJW 1995, S. 2464; *Rainer Voss*, Ins Gerede gekommen. Die richterliche Unabhängigkeit. Anmerkungen zu einem aktuellen Thema, DRiZ 1994, S. 445; *Albrecht Weber*, Richterliche Unabhängigkeit in menschenrechtlicher Perspektive, DRiZ 2012, 16, 59; *Konrad Zweigert*, Zur inneren Unabhängigkeit des Richters, in: Esser, Josef (Hrsg.): Festschrift für Fritz von Hippel zum 70. Geburtstag, Tübingen 1967.

Leitentscheidungen des ThürVerfGH und des BVerfG

ThürVerfGH, Beschl. v. 18.06.1998 – 19/95 – ThürVBl 1999, 13 (Konstituierung des VerfGH).

BVerfGE 87, 68 (Richterbild des Grundgesetzes und Rechtstellung der Richter der ehemaligen DDR).

A. Überblick

1 Art. 86 steht als bedeutende Vorschrift für die Rechtsprechung am Anfang des mit „Die Rechtspflege“ überschriebenen Sechsten Abschnitts. Freilich wäre der Titel „Die Rechtsprechung“ zutreffender gewesen, da sich der Abschnitt ausschließlich mit der richterlichen Gewalt im engeren Sinn und nicht beispielsweise mit der freiwilligen Gerichtsbarkeit und auch nicht mit der Anwaltschaft befasst.[1] Der Art. 92 GG nachgebildete Abs. 1 konkretisiert die **Jurisdiktionsgewalt** als dritte Säule der in Art. 45 aus der Volkssouveränität begründeten Gewalten. **„Im Namen des Volkes“** Recht zu sprechen, wie die Norm ausdrücklich vorschreibt, ist daher mehr als eine bloße Formel, mit der Urteile einzuleiten sind. Es wird klargestellt, dass die Aufgabe der Rechtsprechung den Richtern vom Volk anvertraut ist.[2] Die Vorschrift stellt weiterhin klar, dass die Rechtsprechung durch staatliche Gerichte, namentlich den bereits durch Art. 79 vorgeschriebenen Verfassungsgerichtshof ausgeübt wird. Dennoch wird dadurch **private Gerichtsbarkeit** nicht ausgeschlossen; im Rahmen der Privatautonomie sind private Schieds-, wie Vereins-, Verbands-, und Parteigerichte zulässig, soweit die Kontrolle der Einhaltung notwendiger Schranken durch staatliche Gerichte möglich bleibt.[3]

2 Der mit Art. 97 Abs. 1 GG wortgleiche Abs. 2 begründet die herkömmlich in sachliche und persönliche zu differenzierende[4] **Unabhängigkeit des Richters als Amtsträger** bei gleichzeitiger Bindung an das Gesetz. Die Vorschrift korrespondiert insoweit mit Art. 47 Abs. 3, der sich mit Blick auf die Gewaltenteilung allerdings mehr auf die Unabhängigkeit der Gerichte als Institution bezieht. Die durch Abs. 2 garantierte **richterliche Unabhängigkeit** gehört zu den hergebrachten Grundsätzen des Berufsbeamtentums in Form des **Richteramtsrechts gem. Art. 33 Abs. 5 GG.**[5] Zudem ist die richterliche Unabhängigkeit unverzichtbar, um den Justizgewährungsanspruch der Art. 44 Abs. 1 ThürVerf und 20 GG und den effektiven Rechtsschutz nach Art. 42 Abs. 5 ThürVerf und 19 Abs. 4 GG zu gewährleisten.[6] Wenn die richterliche Unabhängigkeit auch kein Grundrecht[7] darstellt, räumt sie Richtern doch ein subjektiv-öffentliches Recht ein, das sie gerichtlich durchsetzen können.[8]

---

1 Vgl. *Neuhäuser,* in: Epping/Butzer, Art. 51 Rn. 4.
2 So etwa *Kreth*, Rede anlässlich des Amtsrichtertages NRW am 07.05.2009, www.drb.de/cms/fileadmin/docs/ethik_rede_kreth_090507.pdf (Stand: 29.03.2013).
3 *Meyer,* in: von Münch/Kunig, Art. 92 Rn. 11; *Jutzi,* in: Linck/Jutzi/Hopfe, Art. 86 Rn. 2.
4 *Kaufmann*, Wer bestimmt über richterliche Berufsethik in: Rom, Recht, Religion, Symposion für Udo Ebert zum siebzigsten Geburtstag, 2011, 167 f.
5 BVerfGE 12, 81 (88); 55, 372 (392); *Michaelis-Merzbach,* in: Driehaus, Art. 79, Rn. 9; *Pieroth* in: *Jarass/Pieroth*, Art. 97 Rn. 1.
6 *Papier*, NJW 1990, 8, (9 f.); *Pieroth* in: *Jarass/Pieroth*, Art. 97 Rn. 1.
7 BVerfGE 27, 211 (217).
8 BVerfG DRiZ 1996, 372; *Jutzi,* in: Linck/Jutzi/Hopfe, Art. 86 Rn. 3; *Michaelis-Merzbach,* in: Driehaus, Art. 79 Rn. 9; gegen die Herleitung subjektiver Rechte aus Art. 33 Abs. 5 GG *Kunig,* in: von Münch/Kunig, Art. 33 Rn. 55; restriktiv *Masing,* in: Dreier, Art. 33 Rn. 71.

Abs. 3, der im Grundgesetz keine Entsprechung findet, gewährleistet die Mitwirkung ehrenamtlicher Richter an der Rechtsprechung und sichert so das **Laienelement.**[9] 3

B. Herkunft, Entstehung und Entwicklung

Schon §§ 48 bis 54 der **Verfassung des Landes Thüringen vom 11.03.1921**[10] regelten Stellung und Verfahren vor dem Verfassungsgerichtshof. Interessant ist, dass § 49 außer drei Berufsrichtern (Präsident und ein Mitglied des Oberlandesgerichts sowie ein Mitglied des Oberverwaltungsgerichts) auch vier Laien vorsah. Der Verfassungs- und Gesetzgebungsausschuss hatte sich im Gegensatz zu ursprünglichen Entwürfen ausdrücklich dafür eingesetzt, dass die Zahl der Laien die der Berufsrichter überwiegen sollte.[11] 4

Auch Art. 44 und 46 der **Verfassung des Landes Thüringen vom 20.12.1946** bestimmte, dass die Rechtsprechung durch Berufs- und Laienrichter ausgeübt werden sollte. Art. 47 dieser Verfassung ordnete an: „die Richter sind in ihrer Rechtsprechung unabhängig und nur dem Gesetz unterworfen.[12] 5

In Art. 127 der **Verfassung der DDR vom 07.10.1949** hieß es: „Die Richter sind in ihrer Rechtsprechung unabhängig und nur der Verfassung und dem Gesetz unterworfen."[13] Art. 96 Abs. 1 der **Verfassung der DDR vom 06.04.1968** lautete: „Die Richter, Schöffen und Mitglieder der gesellschaftlichen Gerichte sind in ihrer Rechtsprechung unabhängig."[14] Demgegenüber war den weiteren, in Art. 92 genannten Gerichten, wie Kreis- und Bezirksgerichten sowie dem Obersten Gericht, keine Unabhängigkeit zugebilligt. Vielmehr bestimmte Art. 93 Abs. 3: „Das Oberste Gericht ist der Volkskammer und zwischen ihren Tagungen dem Staatsrat verantwortlich."[15] 6

Wortlaut sowie Sinn und Zweck des Art. 86 der heute geltenden **Verfassung vom 25.10.1993** waren im VerfUA und VerfA weitgehend unstreitig und wurden lediglich marginal verändert.[16] 7

C. Verfassungsvergleichende Information

Das Grundgesetz und alle Landesverfassungen enthalten vergleichbare Regelungen zur Ausübung der rechtsprechenden Gewalt durch Gerichte und deren Besetzung mit unabhängigen Berufsrichtern. Weder das GG noch die Verfassungen der Länder Baden-Württemberg, Saarland und Schleswig-Holstein regeln die Beteiligung von Laienrichtern. Art. 127 Abs. 5 HessVerf anerkennt zwar Laien- 8

9 *Jutzi*, in: Linck/Jutzi/Hopfe, Art. 86 Rn. 1.
10 GTh 2 (1921), Nr. 10, S. 57 – 64.
11 Drucksache des Volksrats, S. 130.
12 RTh 3 (1947), T. I, Nr. 1 S. 1 – 17.
13 Die Verfassung der Deutschen Demokratischen Republik (07.10.1949), in: documentArchiv.de [Hrsg.], URL: http://www.documentArchiv.de/ddr/verfddr1949.html, Stand: 29.03.2013.
14 Verfassung der Deutschen Demokratischen Republik (06.04.1968, Fassung: 07.10.1974), in: documentArchiv.de [Hrsg.], URL: http://www.documentArchiv.de/ddr/verfddr.html, Stand: 29.03.2013.
15 Siehe dazu *Kaufmann*, (Fn. 5) S. 167, der daraus zutreffend folgert, dass die ehemalige DDR schon deshalb kein Rechtsstaat war; vgl. zur Rechtsstellung der Richter in der DDR *Roggemann*, Die DDR-Verfassungen – Einführung in das Verfassungsrecht der DDR, 4. Aufl. 1989, S. 296 ff.
16 Vgl. Entstehung ThürVerf, S. 227.

richter, ordnet ihre Einbindung in die Rechtsprechung jedoch nicht an. Deren Mitwirkung ist damit ebenso in das Ermessen des einfachen Gesetzgeber gestellt, wie dies nach Art. 76 Abs. 2 M-VVerf, Art 52 Abs. 2 NV, Art. 123 Abs. 1 Verf Rh-Pf und Art. 83 Abs. 1 LVerfLSA der Fall ist.

D. Erläuterungen

I. Rechtsprechung durch Gerichte im Namen des Volkes (Abs. 1)

9 Zunächst garantiert die Norm die Stellung der Rechtsprechung als selbstständige (dritte) Staatsgewalt und die Gerichte als organisatorische Erscheinungsform dieser Jurisdiktionsgewalt.[17]

10 **1. Begriff der Rechtsprechung.** Wie im GG wird der Inhalt des Begriffs der Rechtsprechung von der Verfassung vorausgesetzt.[18] Er ist identisch mit dem in Art. 42 Abs. 1 verwendeten Begriff der „Rechtsprechung" und dem der „rechtsprechenden Gewalt" i.S.d. Art. 47 Abs. 3.[19] Über einen formellen oder rein organisatorischen Begriff hinaus, der lediglich an eine ausdrückliche Zuweisung oder eine bestimmte Organisationsform anknüpft, ist der Begriff materiell zu bestimmen.[20] So ist für das BVerfG entscheidend, ob die konkrete Tätigkeit durch die Verfassung Richtern zugewiesen wurde oder zum traditionellen Kernbereich der Aufgaben der Rechtsprechung gehört.[21] Funktional betrachtet wird Rechtsprechung typischerweise dadurch geprägt, dass ein Rechtsstreit im Rahmen eines besonders geregelten Verfahrens durch einen neutralen und unabhängigen grundsätzlich hoheitlichen Dritten letztverbindlich geklärt wird.[22] Kennzeichnend ist zudem, dass jede Rechtsprechung die Anrufung durch andere voraussetzt.[23] Zu unterscheiden von der dem effektiven Rechtsschutz dienenden, meist nachträglichen Rechtsprechung, sind Richtervorbehalte. Diese verlangen, beispielsweise bei Freiheitsbeschränkungen gemäß Art. 4 Abs. 3 und 4 ThürVerf und 104 GG, dass ausschließlich der Richter über bestimmte Sachverhalte entscheidet.[24]

11 Abzugrenzen ist die Judikative zunächst von der Legislative. Während der Gesetzgeber Sachverhalte abstrakt-generell regelt, entscheidet der Richter den Einzelfall. Allerdings kann auch der Gesetzgeber unter Umständen einen Einzelfall normativ regeln und damit entscheiden.[25] Andererseits kann auch die Rechtsprechung durch richterliche Rechtsfortbildung quasi Normen setzen. Unstrittig zulässig ist dies, um Lücken des geltenden Rechts zu schließen.[26] Begrenzt wird diese Möglichkeit durch den eindeutigen Wortlaut und den Sinn und Zweck einer Vorschrift und ist jedenfalls dann unzulässig, wenn vom Gesetz gewährte Rechtspositionen verkürzt werden.[27]

17 Vgl. *Neuhäuser,* in: Epping/Butzer, Art. 51 Rn. 9.
18 *Wilke*, HStR V, § 112 Rn. 14.
19 *Jutzi,* in: Linck/Jutzi/Hopfe, Art. 86 Rn. 5.
20 *Neuhäuser*, in: Epping/Butzer, Art. 51, Rn. 11.
21 BVerfGE 22, 49 (76 ff.); 64, 175 (179); 76, 100, (106); 103, 111 (136 f.).
22 BVerfGE 103, 111 (136 f.); *Wilke,* HStR V, § 112 Rn. 60 ff; differenzierend *Meyer,* in: von Münch/Kunig, Art. 92 Rn. 16 ff.
23 *Meyer,* in: von Münch/Kunig, Art. 92 Rn. 3.
24 *Pieroth*, in: Jarass/Pieroth, Art. 92 Rn. 2.
25 Vgl. *Jutzi,* in: Linck/Jutzi/Hopfe, Art. 42 Rn. 33 mwN.
26 BVerfGE 34, 269 (286 ff.).
27 BVerfGE 65, 182 (194); *Michaelis-Merzbach,* in: Driehaus, Art. 80 Rn. 2.

Da auch die Exekutive Einzelfallentscheidungen trifft, ist dieses Merkmal zur Abgrenzung von der Judikative nicht geeignet.[28] Maßgeblich ist, dass die Rechtsprechung „das letzte Wort" hat, also „keine rechtliche Appellation an eine andere Staatsfunktion möglich" ist.[29] 12

Rechtsprechung ist lediglich ein Teilbereich der Rechtspflege, die noch andere Organe umfasst, wie Staatsanwaltschaften, freiwillige Gerichtsbarkeit oder Anwaltschaft.[30] 13

2. „Ausübung" durch Verfassungsgerichtshof und Gerichte. Die Formulierung „Rechtsprechung wird ausgeübt" in Art. 86 Abs. 1 ist insoweit wortgleich mit Art. 92 HS 2 GG. Damit wird klargestellt, dass die öffentliche Aufgabe der Rechtsprechung institutionell von Gerichten als organisierter Spruchkörper wahrzunehmen ist.[31] Der bereits durch Art. 79 vorgeschriebene Verfassungsgerichtshof wird an dieser Stelle lediglich der Vollständigkeit halber erwähnt. Innerhalb der Gerichte ist die Rechtsprechung ausschließlich Richtern übertragen. Im Gegensatz zu Art. 92 HS 2 GG fehlt zwar die ausdrückliche Formulierung, dass die Rechtsprechung den Richtern „anvertraut" ist. Dass Gerichte mit Richtern besetzt sind, ist selbstverständlich und lässt sich zudem ohne weiteres aus dem Gesamtzusammenhang und insbesondere aus Abs. 2 herleiten.[32] In Übereinstimmung mit Art. 92 GG wird durch Art. 86 Abs. 1 damit ein **Rechtsprechungsmonopol** der Richter und Gerichte statuiert und damit das Gewaltenteilungsprinzip konkretisiert und garantiert.[33] 14

3. „Im Namen des Volkes". Abs. 1 gebietet zudem, dass die Rechtsprechung **„Im Namen des Volkes"** auszuüben ist. Dies knüpft historisch an die bereits im Mittelalter entwickelte Tradition an, die Verbindung zwischen dem Träger der Justizhoheit und konkreter Einzelfallentscheidung durch einen Vorspruch zu vermitteln.[34] Die heutige Urteilsformel findet sich erstmals in Art. 8 Abs. 2 der Preußischen Verfassung vom 30.11.1920.[35] Sie ersetzte die Formel „Im Namen des Königs"[36] und brachte so die demokratische Neuordnung auch in der Rechtsprechung zum Ausdruck.[37] 15

Die Vorschrift hat zum einen eine formelle Komponente, die sich zwingend kraft Bundesprozessrechts (vgl. etwa § 117 Abs. 1 VwGO, § 268 Abs. 1 StPO, § 311 Abs. 1 ZPO) auch für die Instanzgerichte der Länder ergibt: Urteile, also i.d.R. die eine Instanz in der Hauptsache nach mündlicher Verhandlung abschließenden Entscheidungen, werden mit der Formel „Im Namen des Volkes" eingeleitet. Damit ist im Umkehrschluss wohl bundesrechtlich auch geklärt, dass andere Entscheidungen nicht, jedenfalls nicht zwingend, mit dieser Phrase einzuleiten sind. Bedeutung hat die Frage damit vor allem für den Verfassungsge- 16

28 BVerfGE 7, 183 (188 f.).
29 *Jutzi,* in: Linck/Jutzi/Hopfe, Art. 86 Rn. 7.
30 *Jutzi,* in: Linck/Jutzi/Hopfe, Art. 86 Rn. 8.
31 *Sodan*, HStR V, § 113, Rn. 14; *Neuhäuser,* in: Epping/Butzer, Art. 51 Rn. 13.
32 Vgl. zum Richterbild auch *Hillgruber,* in: Maunz/Dürig, Art. 97 Rn. 19 f.
33 Vgl. *Michaelis-Merzbach,* in: Driehaus, Art. 79 Rn. 12; vgl. auch *Hillgruber,* in: Maunz/Dürig, Art. 92 Rn. 50 (Doppelfunktion des Art. 92 GG).
34 Vgl. *Müller-Graff*, ZZP 88 (1975), 442 ff.; *Kilian,* in: Sodan/Ziekow, § 117 Rn. 20 ff.
35 PrGS S. 543.
36 Vgl. Art. 86 Abs. 2 der (revidierten) Verfassungsurkunde für den Preußischen Staat (31.01.1850), in: documentArchiv.de [Hrsg.], URL: http://www.documentArchiv.de/nzjh/verfpr1850.html, Stand: 30.03.2013.
37 *Müller-Graff*, ZZP 88 (1975), 442 (448); *Kronisch* in: Litten/Wallerath, Art. 76 Rn. 6.

richtshof.[38] § 20 Abs. 4 ThürVerfGHG schreibt daher auch folgerichtig vor, dass Entscheidungen des Verfassungsgerichtshofs „Im Namen des Volkes" ergehen.

17 Über diese formelle Bedeutung hinaus hat die Anordnung, „im Namen des Volkes" Recht zu sprechen einen inhaltlichen Wert: Die Richterinnen und Richter sollen ermahnt werden, nicht quasi als privilegierte Kaste, sondern als demokratisch legitimierte Amtsträger ihres ihnen vom Volk „anvertrauten" Amtes zu walten. Damit wird von ihnen eine anspruchsvolle Geisteshaltung, ein **wertorientiertes Richterethos,** (s.a. unten Rn. 19 und 23) verlangt.[39]

II. Richterliche Unabhängigkeit und Gesetzesbindung (Abs. 2)

18 **1. Begriff des Richters.** **Richter** i.S.d. Abs. 2 sind alle Personen, die (alleinig) Rechtsprechung ausüben,[40] also Berufsrichter und ehrenamtliche Richter (vgl. dazu auch Abs. 3),[41] Bundes- wie Landesrichter,[42] Fach- wie Verfassungsrichter.[43] Es handelt sich um unbeteiligte und unparteiische (natürliche) Personen.[44] Keine Richter sind andere Amtsträger, denen durch die Verfassung ebenfalls richterliche Unabhängigkeit gewährt wird, wie etwa den Mitgliedern des Thüringer Rechnungshofs durch Art. 103 Abs. 1 Satz 2[45] (vgl. dazu auch Art. 103 Rn. 6 f.).

19 **2. Sachliche Unabhängigkeit.** **Sachliche Unabhängigkeit** heißt, dass der Richter bei seiner Entscheidungsfindung einschließlich der Führung des Verfahrens[46] weisungsfrei ist.[47] Im Sinne einer Staatsunabhängigkeit ist jede Form der Beeinflussung durch andere Staatsgewalten unzulässig.[48] Diese Unabhängigkeit verlangt jedoch, wie oben (Rn. 17) bereits dargelegt, vom Richter spiegelbildlich einen **geistigen und ethischen Habitus**[49] sowie ein Verhalten, das keinen Zweifel an seiner **inneren Unabhängigkeit** erweckt.[50] So muss der Richter sich, auch wenn er von Herkunft, Konfession und Werdegang geprägt wurde, um innere Unabhängigkeit, um „Einflussresistenz" bemühen.[51] Er muss einerseits „mit beiden Beinen im Leben stehen", andererseits Bindungen vermeiden, die ihn äußer-

38 *Jutzi,* in: Linck/Jutzi/Hopfe, Art. 86 Rn. 9.
39 Vgl. *Michaelis-Merzbach,* in: Driehaus, Art. 79 Rn. 13; *Limbach*, DRiZ 1995, 425 ff.; *Kaufmann (Fn. 4)* S. 167 (170 ff. passim).
40 Vgl. *Meyer,* in: von Münch/Kunig, Art. 92 Rn. 12.
41 BVerwGE 93, 90 (91 f.); BAGE 40, 75 (85).
42 BVerfGE 26, 186 (201).
43 Vgl. BVerfGE 40,356 (367); *Pieroth,* in: Jarass/Pieroth, Art. 97 Rn. 2.
44 BVerfGE 21, 139 (146); *Jutzi,* in: Linck/Jutzi/Hopfe, Art. 86 Rn. 11; vgl. zum Verständnis des Richterbegriffs auch *Hillgruber,* in: Maunz/Dürig, Art. 97 Rn. 19 f.
45 *V. Lewinski*, DVBl., 2013, 339 betont: „Für den Gesetzgeber ist die Unabhängigkeit der Rechnungshöfe so selbstverständlich, dass sie in § 42 HGrG nur vorausgesetzt und nicht ausdrücklich angesprochen ist".
46 *Neuhäuser,* in: Epping/Butzer, Art. 51 Rn. 45.
47 BVerfG LKV 2007, 79 f.; BVerfGE 31, 137 (140); *Umbach,* in: Umbach/Clemens/Dollinger, vor §§ 58 ff. Rn. 20; *Neuhäuser,* in: Epping/Butzer, Art. 51 Rn. 42.
48 *Lansnicker*, Richteramt in Deutschland: Im Spannungsfeld zwischen Recht und Politik, 1995, S. 94.
49 *Geiger*, DRiZ 1979, 65 (66); weiterführend und mit beispielhaften Verhaltensregeln *Michaelis-Merzbach,* in: FS Hans-Joachim Driehaus (2005), S. 537 (545 ff.).
50 BVerfG NJW 1989, 93 f.; *Umbach,* in: Umbach/Clemens/Dollinger, vor §§ 58 ff. Rn. 16.
51 *Neuhäuser,* in: Epping/Butzer, Art. 52 Rn. 2, der von einer „einflussresistenten Persönlichkeit" spricht.

lich als abhängig und innerlich als voreingenommen erscheinen lassen.[52] Zudem muss sich der Richter auch mit allen zulässigen Mitteln gezielten Angriffen auf seine Unabhängigkeit widersetzen;[53] Unabhängigkeit ist kein Privileg, sondern Verpflichtung.[54] Diese „**richterliche Ethik**" trägt außerdem dazu bei, dass die richterliche Unabhängigkeit nicht zur **Unantastbarkeit**[55] verkommt.[56]

Bedeutsam ist vor allem die Unabhängigkeit gegenüber der **Exekutive**. Untersagt sind Einzelweisungen wie generelle Weisungen etwa durch Erlasse, Verwaltungsvorschriften oder sonstige Maßnahmen.[57] Zur Sicherung ihrer Unabhängigkeit dürfen Richtern daher andere als rechtsprechende Tätigkeiten lediglich durch Gesetz übertragen werden (§ 4 DRiG).[58] Justizverwaltungsangelegenheiten fallen jedoch nicht in den Anwendungsbereich der Vorschrift.[59] 20

Abs. 2 schützt ebenfalls vor Zugriffen der **Legislative.**[60] So könnte es etwa einen Eingriff in die richterliche Unabhängigkeit (und deren Ansehen) darstellen, wenn der Gesetzgeber ein Gesetz erlässt oder unterlässt, um einen Richter oder einen anderen Inhaber richterlicher Unabhängigkeit wegen seiner Amtsführung zu disziplinieren.[61] Bedenken begegnet deswegen auch die Möglichkeit der **Wiederwahl der Mitglieder des Verfassungsgerichtshofs** gemäß § 3 Abs. 2 Satz 1 ThürVerfGHG. Da diese gemäß § 3 Abs. 1 Satz 1 ThürVerfGHG lediglich auf die Dauer von fünf Jahren gewählt werden, wird deren Unabhängigkeit, zumindest deren Anschein, dadurch geschwächt. Das **Ansehen der Unabhängigkeit** der Richter, die das verfassungsmäßige Handeln des Kreativorgans kontrollieren, durch das sie ggf. wieder gewählt werden (wollen), unterliegt jedenfalls gewissen Zweifeln. Eben um bereits den gefährlichen Anschein einer Schwächung der Unabhängigkeit zu vermeiden, wurde die Amtszeit der Richter des Bundesverfassungsgerichts durch das Vierte Gesetz zur Änderung des Gesetzes über das Bundverfassungsgericht vom 21.12.1970 (BGBl. I S. 1765) auf zwölf Jahre ver- 21

52 *Sendler*, NJW 1995, 2464; *Michaelis-Merzbach*, in: Driehaus, Art. 79 Rn. 11.
53 *Kaufmann* (Fn. 4) S. 167 (170), mit Hinweis in Fn. 21 auf *Feuerbach* (1833, S. 128), der in seiner Antrittsrede als Präsident des Ansbacher Appellationsgerichts am 21.04.1817, Hist. Bibl. OLG Jena H1 (05.01) ausführte: „Der Ungehorsam ist dem Richter eine heilige Pflicht, wo der Gehorsam Treubruch sein würde gegen die Gerechtigkeit, in deren Dienst allein er gegeben ist."
54 *Sendler*, NJW 1995, 2464 (2465 f.).
55 Vgl. *Prantl*, Süddeutsche Zeitung vom 09.03.1995: „Die Justiz hat es verstanden, aus der Unabhängigkeit [...] einen undurchdringlichen Panzer zu machen. Aus der Unabhängigkeit wurde so eine Unantastbarkeit."
56 Vgl. zur richterlichen Ethik ausführlich auch *Kaufmann (Fn. 4)* S. 167 (173 ff.).
57 BVerfGE 14, 56 (69); 26, 79 (93 ff.); 27, 312 (322); 36, 174 (185); 55, 372 (389); 60, 175 (214); 87, 68 (85); vgl. auch *Pieroth*, in: Jarass/Pieroth, Art. 97 Rn. 3 mit zahlreichen Beispielen.
58 *Jutzi*, in: Linck/Jutzi/Hopfe, Art. 86 Rn. 12.
59 BVerfGE 38, 139 (152 f.).
60 Vgl. BVerfGE 12, 67 (71).
61 Vgl. bezüglich der richterlich unabhängigen Mitglieder des Rechnungshofs etwa *Otto*, Thüringer Landeszeitung vom 14.12.2011, http://www.tlz.de/web/zgt/politik/detail/-/specific/CDU-Fraktion-versucht-Sebastian-Dette-zu-disziplinieren-27741789; Stand: 30.03.2013; vgl. auch *Debes*, Thüringer Allgemeine vom 11.01.2013, http://www.thueringer-allgemeine.de/web/zgt/politik/detail/-/specific/Thueringer-Rechnungshof-fuerchtet-um-Unabhaengigkeit-1847262141; Stand: 30.03. 2013); in diesem Sinne mahnend: Stellungnahme des Thüringer Rechnungshofs zum Gesetzentwurf der Fraktionen der CDU, DIE LINKE und der SPD (Drucksache 5/5603) Gesetz zur Änderung des Gesetzes über den Thüringer Rechnungshof http://www.thueringen.de/imperia/md/ content/rechnungshof/ veroeffentlichungen/ sonstige/ stellungnahme_rhg.pdf (Stand: 28. 04.2013).

längert und eine Wiederwahl ausgeschlossen.[62] Obwohl die Mitglieder des Thüringer Verfassungsgerichtshofs gemäß § 9 Abs. 1 Satz 1 ThürVerfGHG ehrenamtlich tätig sind, sollte zur Stärkung ihrer Unabhängigkeit (und deren Anschein) erwogen werden, ihre Amtszeit zu verlängern und eine Wiederwahl auszuschließen.

22 Umstritten ist, ob Abs. 2 auch Schutz gegen die **Judikative** gewährt.[63] Hier ist zu differenzieren, ob beispielsweise Entscheidungen übergeordneter Instanzen oder solche des BVerfG oder des Verfassungsgerichtshofs Bindungswirkung entfalten.[64] Jedenfalls ist eine Bindung der Gerichte an die Entscheidungen des Bundesverfassungsgerichts in § 31 Abs. 1 BVerfGG vorgeschrieben. Da § 31 Abs. 2 BVerfGG den Entscheidungen des Bundesverfassungsgerichtes in bestimmten Fällen Gesetzesrang zuspricht, obliegt den Gerichten eine Beachtungspflicht bereits von Verfassungs wegen, Art. 20 Abs. 3 2. HS. GG und Art. 86 Abs. 2 ThürVerf. Für die Entscheidungen des Thüringer Verfassungsgerichtshofs gilt selbiges gem. § 25 ThürVerfGHG. Grundsätzlich wirkt die Unabhängigkeit jedoch auch innerhalb der Gerichtsbarkeit und auch im **Innenverhältnis eines Spruchkörpers.**[65] Die Unabhängigkeit gilt für alle Richter eines Spruchkörpers gleich, Vorsitzende Richter genießen keine Sonderrechte.[66] Diese können zwar Einfluss auf die Stetigkeit und Güte der Rechtsprechung ihres Spruchkörpers nehmen. Einzelrichterentscheidungen dürfen Vorsitzende jedoch nicht ohne Einwilligung des Einzelrichters ändern.[67] Um zu verhindern, dass Vorsitzende und dienstältere Mitglieder eines Spruchkörpers die dienstjüngeren ungebührlich beeinflussen, wird deswegen auch bei Beratungen und Abstimmungen im Spruchkörper aufsteigend nach Dienstalter plädiert und abgestimmt.[68]

23 Es mag im Einzelfall vorkommen, dass die Unabhängigkeit eines Richters aufgrund einer **„systembedingten Abhängigkeit"** gefährdet wird, weil über die Karriere durch die Justizverwaltung entschieden wird.[69] So wird pointiert dahingehend formuliert: "Wirklich unabhängig ist lediglich der Präsident des Bundesverfassungsgerichts und der Richter am Amtsgericht, der es bleiben will."[70] Das mit der richterlichen Unabhängigkeit korrespondierende, bereits dargelegte (s.o. Rn. 17 und 19) richterliche Amtsethos sollte jedoch eine von Karrierezielen fehlgeleitete Unterwerfung unter ein „Anreiz- und Belohnungssystem" verhindern. Zudem ist die Rechtsprechung selbst zur **Durchsetzung der Bestenauslese nach Art. 33 Abs. 2 GG** inzwischen sehr entschieden gegen falsch motivierte Auswahlentscheidungen vorgegangen.[71]

24 Zwischen richterlicher Unabhängigkeit und der zweifellos zulässigen und notwendigen **Dienstaufsicht** besteht naturgemäß ein Spannungsverhältnis. Es geht

62 Vgl. zur Begründung: BT-Drs. VI/388 S. 6; vgl. zu der Problematik ausführlich BVerfGE 40, 356 (364 ff.).
63 *Jutzi,* in: Linck/Jutzi/Hopfe, Art. 86 Rn. 13; *Pieroth,* in: *Jarass/Pieroth,* Art. 97 Rn. 8 mwN.
64 *Pieroth,* in: Jarass/Pieroth, Art. 97 Rn. 7 mwN.
65 *Michaelis-Merzbach,* in: Driehaus, Art. 79 Rn. 6.
66 BGH NJW 1991, 426 (426).
67 BVerfG Kammerbeschl. v. 29.02.1996 – 2 BvR 136/96 –, JURIS, Rn. 17 f.
68 Vgl. etwa § 197 GVG; s.a. BVerfG Kammerbeschl. v. 29.02.1996 – 2 BvR 136/96 –, JURIS, Rn. 18.
69 *Piorreck*, DRiZ 1993, 109 (111 ff.); *Michaelis-Merzbach,* in: Driehaus, Art. 79 Rn. 5.
70 Vgl. *Kaufmann (Fn. 4) S.* 167 (171).
71 Vgl. BVerwGE 138, 102 (102 ff.).

um die schwierige Aufgabe, den anderen Anforderungen der Justizgewährungspflicht gerecht zu werden, ohne die richterliche Unabhängigkeit zu beeinträchtigen. Hauptaugenmerk liegt hierbei auf dem Gebot einer richterlichen Entscheidung in angemessener Zeit.[72] § 26 Abs. 2 DRiG erlaubt es ausdrücklich, dem Richter die ordnungswidrige Art der Ausführung eines Amtsgeschäfts vorzuhalten und ordnungsgemäße, unverzögerte Erledigung der Amtsgeschäfte anzumahnen. Nach der Rechtsprechung der gemäß § 26 Abs. 3 DRiG zuständigen Richterdienstgerichte unterliegt die richterliche Amtsführung insoweit der Dienstaufsicht, als es sich um die Sicherung eines ordnungsgemäßen Geschäftsablaufs, die äußere Form der Erledigung der Amtsgeschäfte und um solche Fragen geht, die dem Kernbereich der eigentlichen Rechtsfindung so weit entrückt sind, dass sie nur noch als zur äußeren Ordnung gehörig anzusehen sind.[73]

Sozialadäquate Reaktionen der anderen Staatsgewalten sind indessen nicht aus- 25
geschlossen, selbst wenn es sich um scharfe sachliche Kritik handeln sollte.[74] Ob bereits ein Eingriff in die richterliche Unabhängigkeit vorliegt, ist daher von deren Sinn und Zwecke her zu bestimmen.[75] Die persönliche Ehre der betroffenen Richter dürfte aber jedenfalls die Grenze der zulässigen Kritik darstellen.[76] Richterliche Tätigkeit ist Teil der Gesellschaft und spielt sich nicht losgelöst „gleichsam hinter Mauern" ab.[77] Aufgrund dieses sozialen Kontextes sind Richter erst recht nicht von der Ausübung kommunikativer Grundfreiheiten durch Dritte frei.[78] Verbände, Presse Funk und Fernsehen haben daher die richterliche Unabhängigkeit keineswegs so zu achten, wie die anderen Gewalten.[79] Vielmehr ist die durch **Medien unterstützte öffentliche Diskussion** von Gerichtsurteilen als notwendiges Korrelat der richterlichen Unabhängigkeit zu sehen; die Richter müssen also die Ausübung dieser Freiheiten in Form von Kritik ertragen und aushalten.[80]

3. Persönliche Unabhängigkeit. Der Begriff der richterlichen Unabhängigkeit 26
des Abs. 2 umfasst auch die **persönliche Unabhängigkeit,** wenn auch ein Pendant zu Art. 97 Abs. 2 GG nicht ausdrücklich gewährleistet wird. Sachliche Unabhängigkeit setzt nämlich persönliche Unabhängigkeit voraus.[81] Wie Art. 97 Abs. 2 ausdrücklich anordnet, dürfen die hauptamtlichen und planmäßig endgültig angestellten Richter gegen ihren Willen nur kraft richterlicher Entscheidung und nur aus Gründen und unter Formen, welche die Gesetze bestimmen, vor Ablauf ihrer Amtszeit entlassen oder dauernd oder zeitweise ihres **Amtes enthoben** werden.[82]

72 *Michaelis-Merzbach,* in: Driehaus, Art. 79 Rn. 7.
73 *Kaufmann (Fn. 4) S.* 167 (170); kritisch dazu: *Michaelis-Merzbach,* in: FS Hans-Joachim Driehaus (2005), 542 ff. u.a. mit dem Vorschlag, feste Dienststunden oder zumindest Kernzeiten einzuführen.
74 *Mahrenholz,* DRiZ 1995, 35 (35).
75 *Neuhäuser,* in: Epping/Butzer, Art. 51 Rn. 44.
76 *Lansnicker (Fn. 48)* S. 94; *Hillgruber, in: Maunz/Dürig,* Art. 97 Rn. 93 zu den korrespondierenden staatlichen Schutzpflichten; vgl. auch *Mahrenholz,* DRiZ 1995, 35 (37 ff.).
77 *Seidel,* AnwBl 2002, 325 (330).
78 *Sodan,* HStR V, § 113 Rn. 27.
79 *Geiger,* DRiZ 1979, 65 (66); vgl. auch *Dütz,* JuS 1985, 745 (749) mwN.
80 *Voss,* DRiZ 1994, 444 (446); vgl. auch *Mahrenholz,* DRiZ 1995, 35 (35 ff.).
81 *Michaelis-Merzbach,* in: Driehaus, Art. 79 Rn. 8.
82 *Pieroth,* in: *Jarass/Pieroth,* Art. 97, Rn. 10 ff.; *Michaelis-Merzbach,* in: Driehaus, Art. 79, Rn. 8.

27 Aus Art. 33 Abs. 5 GG ergibt sich auch für Richter auf Zeit, auf Probe, kraft Auftrags, im Nebenamt sowie für ehrenamtliche Richtern ein Mindestmaß an garantierter persönlicher Unabhängigkeit.[83]

28 Sachliche und persönliche Unabhängigkeit schließen **Verantwortlichkeit** des Richters für sein Tun nicht aus. Vielmehr werden die Grenzen durch disziplinarrechtliche, strafrechtliche (vgl. etwa § 339 StGB) und zivilrechtliche (vgl. § 839 Abs. 2 BGB) Verantwortung konkretisiert.[84]

29 **4. Gesetzesbindung.** Pendant der richterlichen Unabhängigkeit ist die Unterwerfung des Richters unter das Gesetz.[85] Unter Gesetz sind sämtliche Rechtsnormen,[86] Gesetze im formellen Sinn (Parlamentsgesetze) und materielle, mit verbindlicher Rechtswirkung ausgestattete Rechtssätze[87] einschließlich des Unionsrechts und des Gewohnheitsrechts zu verstehen. Gleichwohl muss der Richter stets prüfen, ob die anzuwendende Norm mit höherrangigem Recht vereinbar ist, obwohl ihm für förmliche nachkonstitutionelle Gesetze keine Verwerfungskompetenz zukommt. Aufgrund des Verwerfungsmonopols des BVerfG gemäß Art. 100 GG wird die Gesetzesbindung der Fachgerichtsbarkeiten insoweit gefestigt.[88]

30 Die Unterwerfung der Richter unter das Gesetz durch Abs. 2 korreliert mit der Bindung aller Gewalten durch Art. 47 Abs. 4 sowie durch Art. 20 Abs. 3 GG. Die bereits dort geregelte Bindung der Jurisdiktion an „Gesetz und Recht" wird durch Abs. 2 lediglich klarstellend unterstrichen.[89]

III. Besetzung der Gerichte (Abs. 3)

31 **1. Berufsrichterinnen und Berufsrichter.** Die Norm ordnet an, dass Laien an der Rechtsprechung „mitwirken". Daraus folgt, dass die Gerichte primär mit Berufsrichterinnen und Berufsrichtern als Regeltypus besetzt sind.[90] Dazu gehören alle im Landesdienst stehenden Richter auf Lebenszeit, auf Zeit, auf Probe oder kraft Auftrags.[91] Art 79 Abs. 2 ordnet für den Verfassungsgerichtshof zudem ausdrücklich an, dass ihm drei Berufsrichter angehören müssen. Da der Sinn dieser Norm darin besteht, die Professionalität des Gerichts zu erhöhen, führt der Eintritt in den Ruhestand im richterlichen Hauptamt nach der Wahl zum Mitglied des Verfassungsgerichtshofs nicht zum Verlust dieses Amtes.[92] Auch ordentliche Professoren des Rechts können im Nebenamt zu Richtern bestellt werden. Gemeinsam ist diesem Personenkreis, dass sie grundsätzlich die

---

83 *Schulze-Fielitz,* in: Dreier, Art. 97 Rn. 60; *Detterbeck* in: Sachs, GG, Art 97 Rn 31 f; *Pieroth,* in: *Jarass/Pieroth,* Art. 97 Rn. 10; a.A. *Hillgruber,* in: Maunz/Dürig, Art. 97 Rn. 101, der dies aus der sachlichen Unabhängigkeit ableitet.

84 *Michaelis-Merzbach,* in: Driehaus, Art. 79 Rn. 10.

85 *Sodan*, HStR V, § 113 Rn. 24; *Durner*, JA 2008, 7 (8).

86 *Wilke*, HStR V, § 112 Rn. 49.

87 *Sodan*, HStR V, § 113 Rn. 29.

88 *Durner*, JA 2008, 7 (8).

89 Vgl. *Neuhäuser,* in: Epping/Butzer, Art. 51 Rn. 48.

90 *Classen,* in: von Mangoldt/Klein/Starck, Art. 97 Rn. 40; *Schulze-Fielitz,* in: Dreier, Art. 97 Rn. 49; *Detterbeck*, in: Sachs, GG, Art. 97 Rn. 29.

91 Vgl. §§ 8-14 DRiG. Das ThürRiG greift diese Kategorien in §§ 6 Abs. 2, 23, 28 Abs. 1 und 68 auf.

92 Vgl. ThürVGH, Zwischenbesch. v. 13.06.2007 – 25/2005 – (Umdruck wohl nicht veröffentlicht).

Befähigung zum Richteramt gemäß § 5 DRiG besitzen, da Rechtsprechung die notwendige Fachkunde voraussetzt.[93]

2. Ehrenamtliche Richterinnen und Richter („Frauen und Männer aus dem Volk“). Durch Abs. 3 wird verbindlich vorgeschrieben, dass neben den Berufsrichtern „Frauen und Männer aus dem Volk“ an der Rechtsprechung mitwirken.[94] Anders als nach dem Grundgesetz[95] und anderen Verfassungen[96] steht die Mitwirkung von Laien in Thüringen daher nicht im legislativen Ermessen.[97] Ob und inwieweit dem innerhalb der einzelnen Gerichtszweige Rechnung getragen werden kann, richtet sich nach den vorrangigen bundesrechtlichen Regelungen des GVG und der jeweiligen Prozessordnung. Deswegen ist die Bedeutung der Norm zunächst darin zu sehen, dass der Landesgesetzgeber überall dort Laienrichter vorzusehen hat, wo ihm wie beispielweise bei § 34 VwGO für die zweite Instanz der Verwaltungsgerichtsbarkeit bundesrechtlich ein solches Ermessen eingeräumt ist.[98] 32

Die Beteiligung von Laien in der Rechtsprechung ist sinnvoll und hat sich bewährt. Deswegen ist sie auch vielfach bundesrechtlich vorgeschrieben (z.B. §§ 29 ff.; 76 f.; 105; 107 ff. GVG; § 5 VwGO), so dass Absatz 3 insoweit keine Bedeutung zukommt.[99] Die ehrenamtlichen Richter stellen quasi die Verbindung zwischen der Jurisdiktionsgewalt und dem Volk her. Sie nehmen wichtigen Einfluss, in dem sie ihre Erfahrungen, ihr Hintergrundwissen und ihr Verständnis gesellschaftlicher Zusammenhänge einbringen und zwingen zudem die Juristen, sich allgemein verständlich auszudrücken.[100] Dadurch stärken sie das Vertrauen in die Justiz und helfen, das aus den Erfahrungen mit den früheren Diktaturen herrührende Misstrauen der Bevölkerung gegenüber der Justiz zu verringern.[101] Freilich ist nicht geboten, dass die Laien bei sämtlichen Entscheidungen etwa auch bei prozessleitenden Verfügungen mitwirken. Das würde das Verfahren erheblich verkomplizieren. Es dürfte genügen, wenn sie bei wesentlichen Entscheidungen, namentlich den Entscheidungen in der Hauptsache beteiligt sind.[102] 33

Für den **Verfassungsgerichtshof** schreibt Art. 79 Abs. 2 vor, dass lediglich der Präsident und zwei Mitglieder Berufsrichter sein müssen und drei weitere Mitglieder die Befähigung zum Richteramt haben müssen. Auch wenn die Mitglieder mit Befähigung zum Richteramt keine „reinen“ Laien sind, kann das Gericht so immerhin zu zwei Dritteln mit Frauen und Männern aus dem Volk besetzt werden, da die drei verbleibenden „Plätze“ keine juristische Ausbildung erfordern. Solange das Laienelement innerhalb der nicht berufsrichterlichen Gruppen letztlich gewahrt ist, wird man jeweils weitere Berufsrichter oder sonstige Personen mit Befähigung zum Richteramt wählen können.[103] Aber aus Abs. 3 ist zu folgern, dass eine Besetzung ausschließlich mit Berufsrichtern unzulässig wäre. 34

93 Vgl. *Meyer,* in: von Münch/Kunig, Art. 92 Rn. 5.
94 Vgl. zum nicht eindeutigen Begriff „Volk“ *Jutzi,* in: Linck/Jutzi/Hopfe, Art. 86 Rn. 18.
95 BVerfG, NJW 2008, 2568 (2569).
96 Vgl. etwa *Neuhäuser,* in: Epping/Butzer, Art. 51, Rn. 22.
97 *Jutzi,* in: Linck/Jutzi/Hopfe, Art. 86 Rn. 17.
98 *Michaelis-Merzbach,* in: Driehaus, Art. 79 Rn. 14.
99 *Jutzi,* in: Linck/Jutzi/Hopfe, Art. 86 Rn. 17.
100 *Michaelis-Merzbach,* in: Driehaus, Art. 79 Rn. 15.
101 Vgl. *Neuhäuser,* in: Epping/Butzer, Art. 51 Rn. 24.
102 *Jutzi,* in: Linck/Jutzi/Hopfe, Art. 86 Rn. 16.
103 *Jutzi,* in: Linck/Jutzi/Hopfe, Art. 86 Rn. 8.

Artikel 87 [Sondergerichte; Ausnahmegerichte; gesetzlicher Richter]

(1) Gerichte für besondere Sachgebiete können nur durch Gesetz errichtet werden.

(2) Ausnahmegerichte sind unzulässig.

(3) Niemand darf seinem gesetzlichen Richter entzogen werden.

Vergleichbare Regelungen

Art. 101 GG; Art. 86 BayVerf; Art. 15 VvB; Art. 52 BbgVerf; Art. 6 BremVerf; Art. 20 HessVerf; Art. 6 Verf Rh-Pf; Art. 14 und 109 SaarlVerf; Art. 78 SächsVerf; Art. 21 LVerf LSA.

Ergänzungsnormen im sonstigen thüringischen Recht

ThürAGVwGO v. 15.12.1992 (ThürGVBl. S. 576) zuletzt geändert durch Gesetz v. 21.12.2011 (ThürGVBl. S. 531); Thüringer Gesetz zur Ausführung des Sozialgerichtsgesetzes (ThürAGSGG) v. 16.08.1993 (ThürGVBl. S. 489) zuletzt geändert durch Gesetz v. 23.11.2005 (ThürGVBl. S. 359); Thüringer Gesetz zur Ausführung der Finanzgerichtsordnung (ThürAGFGO) v. 18.06.1993 (ThürGVBl. S. 334) zuletzt geändert durch Gesetz v. 10.11.1995 (ThürGVBl. S. 346); Thüringer Gesetz zur Ausführung des Arbeitsgerichtsgesetzes (ThürAGArbGG) v. 22.12.1992 (ThürGVBl. 1993 S. 1) zuletzt geändert durch Gesetz v. 21.12.2011 (ThürGVBl. S. 531).

Dokumente zur Entstehungsgeschichte

Art. 27 VerfE CDU; Art. 81 VerfE F.D.P.; Art. 74 VerfE SPD; Art. 18 VerfE NF/GR/DJ; Entstehung ThürVerf S. 228 f.

Literatur

GG-Kommentare zu Art. 101 GG; *Christoph Degenhart,* in: HStR V, § 114 S. 725 ff.; *Klaus Ferdinand Gärditz*, Gesetzlicher Richter, richterliche Arbeitsteilung und Vorsitzendenfunktion: Der Beschluss des BVerfG v. 23.5.2012 zur Besetzung der Strafsenate des BGH, DVBl. 2012, 966 ff.; *Christian Gloria,* Verfassungsrechtliche Anforderungen an die gesetzlichen Geschäftsverteilungspläne, DÖV 1988, 849 ff.; *Wolfgang Roth*, Verfassungsgerichtliche Kontrolle der Vorlagepflicht an den EuGH, NVwZ 2009, 345 ff.; *Helge Sodan*, in: HStR V, § 113 S. 681 ff.; *Bernhard Werner*, Ordnungsgemäße Besetzung eines Spruchkörpers bei Vakanz der Vorsitzendenstelle, NJW 2007, 2671 ff.

Leitentscheidungen des ThürVerfGH und des BVerfG

ThürVerfGH, Beschl. v. 23.05.2006 – 33/05 – (Richterablehnung und gesetzlicher Richter).

BVerfGE 17, 294 (Geschäftsverteilungsplan); 82, 159 (EuGH als gesetzlicher Richter); 95, 322 (Überbesetzung eines Spruchkörpers); BVerfG, DVBl. 2012, 963 (Doppelvorsitz beim BGH).

A. Überblick

1 Art. 87 statuiert wie Art. 101 GG ein **grundrechtsgleiches Recht**, ein **Justizgrundrecht**, dessen Verletzung mit der **Verfassungsbeschwerde** gerügt werden

kann (Art. 80 Abs. 1 Nr. 1, § 11 Nr. 1 ThürVerfGHG).[1] Das gilt für alle drei Ausprägungen dieses Rechts, also die Errichtung besonderer Gerichte nur durch Gesetz (Absatz 1), das Verbot von Ausnahmegerichten (Absatz 2) und die Garantie des gesetzlichen Richters (Absatz 3).

Der Kern der Bestimmung ist das Recht auf den gesetzlichen Richter, Art. 87 Abs. 3. Der Gesetzesvorbehalt für die Errichtung von Gerichten für besondere Sachgebiete (Art. 87 Abs. 1) und das Verbot von Ausnahmegerichten (Art. 87 Abs. 2) sind Ausprägungen dieses Rechts.[2] Nach deutscher Verfassungstradition ist die Gewährleistung des gesetzlichen Richters mit ihren Ausprägungen auch ein **rechtsstaatliches Erfordernis.**[3] Das Verbot von Ausnahmegerichten ergibt sich zudem schon aus dem allgemeinen Gleichheitssatz mit dem Anspruch auf gleichen Rechtsschutz.[4] 2

Zweck des Art. 87 ist es, **der Gefahr einer möglichen Einflussnahme auf den Inhalt einer gerichtlichen Entscheidung vorzubeugen** und dadurch **die Unabhängigkeit der Rechtsprechung zu wahren** und **das Vertrauen der Rechtsuchenden und der Öffentlichkeit in die Unparteilichkeit und Sachlichkeit der Gerichte zu sichern.**[5] Als objektives Verfassungsrecht[6] schützt Art. 87 vor Beeinträchtigungen durch alle drei Gewalten, also Legislative, Exekutive und Judikative.[7] 3

Art. 101 GG und Art. 87 enthalten identische Gewährleistungen und sind nebeneinander anwendbar. Der Rechtssuchende, der sich in seinem Recht aus Art. 101 GG und Art. 87 verletzt sieht, hat die Wahl, nach Erschöpfung des fachgerichtlichen Rechtsweges das BVerfG oder den ThürVerfGH anzurufen.[8] Der ThürVerfGH kann auch bei Anwendung von bundesrechtlich geregeltem Verfahrensrecht prüfen, ob das von Art. 87 Abs. 3 inhaltsgleich mit Art. 101 Abs. 1 Satz 2 GG gewährleistete Recht auf den gesetzlichen Richter gewahrt ist.[9] Hauptquelle der Rechtsprechung ist diejenige des BVerfG; der ThürVerfGH hat die Rechtsprechung des BVerfG zum gesetzlichen Richter aufgenommen und für seine Rechtsprechung fruchtbar gemacht. 4

B. Herkunft, Entstehung und Entwicklung

Die Vorl.LS enthielt keine dem Art. 87 entsprechenden Regelungen. 5

1 *Jutzi*, in: Linck/Jutzi/Hopfe, Art. 87 Rn. 2; *Degenhart*, in: Sachs, GG, Art. 101 Rn. 1.
2 *Degenhart*, in: Sachs, GG, Art. 101 Rn. 1.
3 Vgl. *Dennhardt*, in: Grimm/Caesar, Art. 6 Rn. 7 und 19.
4 *Müller-Terpitz*, in: Schmidt-Bleibtreu/Hofmann/Hopfauf, Art. 101 Rn. 28.
5 ThürVerfGH, Beschl. v. 23.05.2006 – 33/05 – S. 12; ThürVBl 2007, 215 (216); BVerfGE 2, 307 (319 f.); 4, 412 (416 ff.); 10, 200 (212 f.); 17, 294 (299); 19, 52 (60); 21, 139 (145); 48, 246 (254); 82, 286 (296); 95, 322 (327 f.); DVBl. 2012, 963 Rn. 11; *Müller-Terpitz*, in: Schmidt-Bleibtreu/Hofmann/Hopfauf, Art. 101 Rn. 2.
6 BVerfGE 40, 356 (361); *Müller-Terpitz*, in: Schmidt-Bleibtreu/Hofmann/Hopfauf, Art. 101 Rn. 2.
7 BVerfGE 3, 364; *Gloria*, DÖV 1988, 849 (857); *Müller-Terpitz*, in: Schmidt-Bleibtreu/Hofmann/Hopfauf, Art. 101 Rn. 2 mwN; *Gloria*, DÖV 1988, 849 (850 und 857) weist darauf hin, dass das Gebot des gesetzlichen Richters ursprünglich nur vor Maßnahmen von außen, insbesondere vor Kabinettsjustiz, schützen sollte.
8 Zur Kompetenz eines Landesverfassungsgerichts zur Prüfung eines bundesrechtlich geregelten Verfahrens am Maßstab eines mit dem GG inhaltsgleichen Landesverfassungsrechts vgl. BVerGE 96, 345 (363 ff.) und das Kapitel „Thüringer Verfassungsrecht und Bundesverfassungsrecht“, Rn. 62 ff.
9 ThürVerfGH, Beschl. v. 23.05.2006 – 33/05 – S. 11 ff.

6 Art. 87 entspricht dem Vorentwurf der CDU-Fraktion.[10] Der Vorentwurf der Fraktion NF/GR/DJ sah zusätzlich noch einen Jedermann-Anspruch auf ein faires, zügiges und öffentliches Verfahren vor einem unabhängigen Gericht und die Gleichheit aller vor Gericht vor.[11] Der VerfUA erörterte die Erforderlichkeit einer Regelung in der ThürVerf angesichts der schon bestehenden Regelung im Grundgesetz und bejahte diese mehrheitlich.[12] Der VerfA billigte den vom VerfUA vorgeschlagenen Wortlaut ohne weitere Aussprache, sah aber eine gesonderte Garantie der Gleichheit aller vor dem Gesetz im Hinblick auf den allgemeinen Gleichheitssatz als überflüssig an. [13]

C. Verfassungsvergleichende Information

7 Art. 87 entspricht wörtlich dem Art. 101 GG, lediglich in umgekehrter Reihenfolge zu den drei Regelungsgegenständen Gesetzesvorbehalt für die Errichtung von Gerichten für besondere Sachgebiete, Verbot von Ausnahmegerichten, Garantie des gesetzlichen Richters. Die Traditionslinie der Normierung begann in Deutschland mit der **Paulskirchenverfassung von 1849** und wurde fortgeführt in vielen Landesverfassungen des 19. Jahrhunderts sowie in der **Weimarer Reichsverfassung von 1919** (Art. 105). Das Verbot von Ausnahmegerichten in Art. 101 Abs. 2 GG nimmt die traumatischen Erfahrungen der NS-Schreckensherrschaft auf, die zur Herbeiführung genehmer Gerichtsentscheidungen vor allem die Strafgerichtsbarkeit zunehmend auf Sondergerichte wie insbesondere den Volksgerichtshof verlagerte.[14]

8 Im internationalen Vergleich ist die Garantie des gesetzlichen Richters **in Deutschland besonders ausgeprägt**. Das Unionsrecht kennt den gesetzlichen Richter nicht. Gemeinsame Verfassungstradition der Mitgliedstaaten ist das Verbot des *gezielten* Eingriffs in die Justiz zur Beeinflussung des Verfahrens, nicht jedoch die weitergehende Gewährleistung der generell-abstrakten Vorausbestimmbarkeit des zur Entscheidung berufenen Richters nach deutschem Verfassungsrecht.[15] Der gesetzliche Richter klingt allerdings nunmehr in Art. 47 Satz 2 der EU-Grundrechte-Charta[16] an, der – anders als Art. 101 GG und Art. 87[17] – jedoch nicht vor judikativen Eingriffen schützt.[18]

9 Mit Art. 101 GG und Art. 87 vergleichbare Regelungen finden sich in der Mehrzahl der Landesverfassungen.[19]

---

10 LT-Drs. 1/285.
11 LT-Drs. 1/659.
12 PW 1 VerfUA 019 (12.09.1992); VerfUA Vorlage 1/886 vom 12.09.1992 (Nr. 13 – 15).
13 Entstehung ThürVerf S. 229 mwN.
14 Instruktiv zur Kodifikationsgeschichte des Art. 101 GG: *Müller-Terpitz*, in: Schmidt-Bleibtreu/Hofmann/Hopfauf, Art. 101 Rn. 3.
15 *Degenhart*, in: Sachs, GG, Art. 101 Rn. 3.
16 „Jede Person hat ein Recht darauf, dass ihre Sache von einem unabhängigen, unparteiischen und zuvor durch Gesetz errichteten Gericht... verhandelt wird.", in Anlehnung an Art. 6 Abs. 1 Satz 1 EMRK.
17 Vgl. Rn. 3.
18 *Müller-Terpitz*, in: Schmidt-Bleibtreu/Hofmann/Hopfauf, Art. 101 Rn. 3. mwN.
19 Vgl. Art. 86 BayVerf; Art. 15 VvB; Art. 52 BbgVerf; Art. 6 BremVerf; Art. 20 HessVerf; Art. 6 Verf Rh-Pf; Art. 14 und 109 SaarlVerf; Art. 78 SächsVerf; Art. 21 LVerf LSA.

D. Erläuterungen

I. Der Gesetzesvorbehalt für die Errichtung von Gerichten für besondere Sachgebiete (Absatz 1)

Im Unterschied zu den unzulässigen Ausnahmegerichten (Art. 87 Abs. 2) werden Gerichte für besondere Sachgebiete nicht für ein konkretes oder mehrere konkrete Verfahren (also letztlich für bestimmte Personen), sondern **im Vorhinein für bestimmte Sachgebiete und damit für eine unbekannte Vielzahl gleichartiger Fälle errichtet.** 10

Die Errichtung von Gerichten für besondere Sachgebiete steht unter **Gesetzesvorbehalt.** Dieser **schützt vor etwaigen unlauteren Verschiebungen in der Rechtspflege durch die Exekutive.**[20] Er erstreckt sich auf die **grundlegenden Fragen** der „Richterfindung" für eine Rechtsangelegenheit wie Zuständigkeiten, Instanzenzug, Zusammensetzung der Spruchkörper sowie Auswahl und Ernennung der Richter.[21] Notwendig ist ein **Parlamentsgesetz**, eine Rechtsverordnung genügt nicht[22] und ihrer bedarf es auch nicht angesichts des überschaubaren Regelungsumfangs solcher Normierungen und der nur seltenen und in der Regel nicht kurzfristigen Änderungsnotwendigkeit. 11

Gerichte für besondere Sachgebiete sind insbesondere die **Berufsgerichte**, z.B. die Anwaltsgerichte, die Berufsgerichte für Heilberufe (Ärzte, Zahnärzte, Tierärzte und Apotheker) und die Berufsgerichte für Steuerberater. Berufsgerichte ahnden Berufspflichtverletzungen und üben deshalb disziplinarrechtliche Funktionen aus. Gerichte für besondere Sachgebiete sind außerdem **Jugendgerichte, Richterdienstgerichte, Disziplinargerichte** und **Flurbereinigungsgerichte.**[23] 12

Keine Gerichte für besondere Sachgebiete sind Spezialspruchkörper innerhalb eines Gerichts, wie z.B. die Familiengerichte nach § 23 b GVG oder die Wirtschaftsstrafkammern nach § 74 c GVG;[24] gleiches gilt für die Gerichte der Fachgerichtsbarkeiten, also Arbeits-, Verwaltungs-, Sozial- und Finanzgerichte, da diese schon durch Art. 95 GG vorgegeben sind. Art. 101 Abs. 2 GG, der die Errichtung von Gerichten für besondere Sachgebiete erlaubt, hat im Übrigen nur Bedeutung für die Landesebene, da Art. 92 GG iVm Art. 95 GG und Art. 96 GG den Kreis der Bundesgerichte abschließend normieren.[25] 13

II. Das Verbot von Ausnahmegerichten (Absatz 2)

Das Verbot von Ausnahmegerichten soll Umgehungen der Garantie des gesetzlichen Richters entgegenwirken.[26] 14

Im Unterschied zu den zulässigen und lediglich einem Gesetzesvorbehalt unterliegenden Gerichten für besondere Sachgebiete (Absatz 1) sind Ausnahmegerichte **Gerichte, „die in Abweichung von der gesetzlichen Zuständigkeit besonders** 15

20 BayVGH, NJW 1962, 790; *Müller-Terpitz*, in: Schmidt-Bleibtreu/Hofmann/Hopfauf, Art. 101 Rn. 28.
21 BVerfGE 18, 241 (257); 22, 42 (48); 22, 254 (259); *Jutzi*, in: Linck/Jutzi/Hopfe, Art. 87 Rn. 7; *Degenhart*, in: Sachs, GG, Art. 101 Rn. 24.
22 *Jutzi*, in: Linck/Jutzi/Hopfe, Art. 87 Rn. 6; *Degenhart*, in: Sachs, GG, Art. 101 Rn. 24.
23 *Müller-Terpitz*, in: Schmidt-Bleibtreu/Hofmann/Hopfauf, Art. 101 Rn. 27; *Degenhart*, in: Sachs, GG, Art. 101 Rn. 25.
24 *Degenhart*, in: Sachs, GG, Art. 101 Rn. 24.
25 *Jutzi*, in: Linck/Jutzi/Hopfe, Art. 87 Rn. 6; *Müller-Terpitz*, in: Schmidt-Bleibtreu/Hofmann/Hopfauf, Art. 101 Rn. 27; *Degenhart*, in: Sachs, GG, Art. 101 Rn. 24.
26 *Degenhart*, in: HStR V, § 114 Rn. 34 und 48.

gebildet und zur Entscheidung einzelner konkreter oder individuell bestimmter Fälle berufen sind".[27] Mit anderen Worten: Ausnahmegerichte werden **ad hoc oder ad personam** gebildet.[28] Ausnahmegerichte entziehen den gesetzlichen Richter, sie sind **ausnahmslos unzulässig**; auch ihre Einrichtung durch Gesetz wäre unzulässig, denn die Gewährleistung des gesetzlichen Richters in ihren verschiedenen Ausprägungen schützt auch vor Eingriffen der Legislative.[29]

16 Da sich das Verbot des Art. 87 Abs. 2 nur auf *Gerichte* bezieht, sperrt es nicht die Einrichtung von Sonderstaatsanwaltschaften, Sonderermittlungskommissionen oder sonstigen besonderen **Behörden** auch nach Kriterien, die Gerichte zu unzulässigen Ausnahmegerichten machen würden.[30]

III. Die Garantie des gesetzlichen Richters (Absatz 3)

17 **1. Grundsätzliches.** Die Garantie des gesetzlichen Richters ist der Kern der Gewährleistung des Art. 87. Sie erfordert, **dass in jedem Einzelfall nur der Richter tätig werden und entscheiden darf, der in den allgemeinen Regelungen der Gesetze und der gerichtlichen Geschäftsverteilungspläne und Mitwirkungspläne im Vorhinein dafür vorgesehen ist**, also **der durch Rechtssatz bestimmte Richter.**[31] Damit soll vermieden werden, dass durch eine auf den konkreten Einzelfall bezogene Auswahl der zur Entscheidung berufenen Richter die Entscheidung beeinflusst werden kann.[32] „Gesetzlicher Richter i.S.v. Art. 87 Abs. 3 ThürVerf ist der Richter, der sachlich, örtlich und instanziell zur Entscheidung berufen ist."[33]

18 Der Begriff des gesetzlichen **Richters** ist weit zu verstehen. Er erfasst das Gericht als organisatorische Einheit, den Spruchkörper und den Richter selbst.[34] Soweit Anlass zu Zweifeln besteht, hat jedes Gericht seine sachliche, örtliche, funktionelle und geschäftsplanmäßige Zuständigkeit und die ordnungsgemäße Besetzung der Richterbank von Amts wegen zu prüfen.[35]Kein Richter im Sinne des Art. 87 Abs. 3 sind der Richter bei Justizverwaltungstätigkeiten, der Staatsanwalt und der Rechtspfleger.[36]

---

27 BVerfGE 3, 213 (223); 8, 174 (182); 10, 200 (212 ff.); *Müller-Terpitz*, in: Schmidt-Bleibtreu/Hofmann/Hopfauf, Art. 101 Rn. 4; *Degenhart*, in: Sachs, GG, Art. 101 Rn. 23.

28 *Degenhart*, in: Sachs, GG, Art. 101 Rn. 23.

29 *Degenhart*, in: Sachs, GG, Art. 101 Rn. 23; *Müller-Terpitz*, in: Schmidt-Bleibtreu/Hofmann/Hopfauf, Art. 101 Rn. 4.

30 BVerfGE 27, 88 (103); *Müller-Terpitz*, in: Schmidt-Bleibtreu/Hofmann/Hopfauf, Art. 101 Rn. 4.

31 BVerfGE 95, 322 (329); *Degenhart*, in: Sachs, GG, Art. 101 Rn. 6 a; *Wolff*, in: Lindner/Möstl/Wolff, Art. 86 Rn. 7; *Sodan*, in: HStR V, § 113 Rn. 64 mwN; *Gloria*, DÖV 1988, 849 (851 mwN).

32 BVerfGE 95, 322 (327) mwN zur Rspr des BVerfG; *Degenhart*, in: HStR V, § 114 Rn. 35.

33 ThürVerfGH, 26/06, Beschl. v. 02.07.2008, S. 7 unter Hinweis auf *Jutzi*, in: Linck/Jutzi/Hopfe, Art. 87 Rn. 10.

34 BVerfGE 17, 294 (298 f.); 18, 344 (349); 31, 181 (184); 40, 356 (361); *Müller-Terpitz*, in: Schmidt-Bleibtreu/Hofmann/Hopfauf, Art. 101 Rn. 7.

35 *Müller-Terpitz*, in: Schmidt-Bleibtreu/Hofmann/Hopfauf, Art. 101 Rn. 7.

36 *Müller-Terpitz*, in: Schmidt-Bleibtreu/Hofmann/Hopfauf, Art. 101 Rn. 7; *Jutzi*, in: Linck/Jutzi/Hopfe, Art. 87 Rn. 11.

Art. 87 beinhaltet auch eine **materielle Gewährleistung** des Inhalts, dass der Richter tatsächlich unabhängig und unparteiisch ist und so die Gewähr für Neutralität und Distanz gegenüber den Verfahrensbeteiligten bietet.[37] 19

2. Persönlicher Schutzbereich („Niemand"). Art. 87 Abs. 3 gewährt ein **Jedermann-Recht**, ein subjektives Recht auf eine Entscheidung durch den gesetzlichen Richter. In Anspruch nehmen können es außer natürlichen auch juristische Personen, und zwar solche des privaten wie des öffentlichen Rechts, einerlei ob inländischer oder ausländischer Herkunft.[38] Auf Art. 87 Abs. 3 kann sich jeder Verfahrensbeteiligte berufen, also Kläger und Beklagter, Haupt- und Nebenintervenient, Beigeladener, im Strafverfahren der Angeklagte, der Privat- und Nebenkläger, nicht aber Zeugen, Sachverständige und Verteidiger sowie der Richter selbst.[39] 20

3. Anforderungen an die Legislative. Der durch Art. 87 Abs. 3 begründete Anspruch auf den gesetzlich determinierten Richter ist nur mit einem **System von Rechtssätzen** zu gewährleisten, **das im Grundsatz für jeden denkbaren Streitfall im Vorhinein den für die Entscheidung zuständigen Richter festlegt.**[40] Das Fehlen eines solchen Regelwerks oder eines notwendigen Bestandteils dieses Regelwerks wäre ein Verstoß gegen Art. 87 Abs. 3. Die **grundsätzlichen Regelungen** müssen durch **Parlamentsgesetz** erfolgen.[41] Angesichts der Vielgestaltigkeit der Gerichtslandschaft und der Fallgestaltungen kann der Parlamentsgesetzgeber keine vollständigen und abschließenden Regelungen treffen. Grundsätzlich dem Gesetzgeber vorbehalten sind die Errichtung der Gerichte und die Bestimmung der Gerichtsbezirke;[42] Einzelfragen wie z.B. die Konzentration örtlicher Zuständigkeiten für bestimmte Sachgebiete[43] können auf die Exekutive delegiert werden.[44] **Ergänzend** zu den gesetzlichen Bestimmungen mit den fundamentalen Regelungen zur sachlichen, örtlichen und instanziellen Zuständigkeit legen deshalb die **Geschäftsverteilungspläne** der Gerichte (vgl. § 21 e GVG) die Zuständigkeiten der Spruchkörper in den Gerichten fest und regeln die **Mitwirkungspläne** der überbesetzten Spruchkörper (vgl. § 21 g GVG) die spruchkörperinterne Geschäftsverteilung.[45] 21

Art. 87 Abs. 3 schließt die Verwendung **unbestimmter Rechtsbegriffe** (z.B. Verhinderung eines Richters, Schwerpunkt der Angelegenheit, Sachzusammenhang 22

---

37 BVerfGE 4, 412 (416); 21, 139 (145 f.); 23, 321 (325); 82, 286 (298); 89, 28 (36); BVerfG, DVBl. 2012, 963 Rn. 12; *Müller-Terpitz*, in: Schmidt-Bleibtreu/Hofmann/Hopfauf, Art. 101 Rn. 5; *Degenhart*, in: Sachs, GG, Art. 101 Rn. 9.

38 *Müller-Terpitz*, in: Schmidt-Bleibtreu/Hofmann/Hopfauf, Art. 101 Rn. 6 mwN; *Degenhart*, in: Sachs, GG, Art. 101 Rn. 4.

39 *Müller-Terpitz*, in: Schmidt-Bleibtreu/Hofmann/Hopfauf, Art. 101 Rn. 6; *Degenhart*, in: Sachs, GG, Art. 101 Rn. 4.

40 BVerfGE 2, 307 (319 ff.); 19, 52 (60); 95, 322 (327 f.); ThürVerfGH, Beschl. v. 23.05.2006 – 33/05 – S. 12; *Müller-Terpitz*, in: Schmidt-Bleibtreu/Hofmann/Hopfauf, Art. 101 Rn. 9; *Degenhart*, in: Sachs, GG, Art. 101 Rn. 5; *Gloria*, DÖV 1988, 849 (852).

41 BVerfGE 19, 52 (60); 95, 322 (328); BVerfG, NJW 1995, 2703; *Müller-Terpitz*, in: Schmidt-Bleibtreu/Hofmann/Hopfauf, Art. 101 Rn. 9; *Degenhart*, in: Sachs, GG, Art. 101 Rn. 6 a; *Gloria*, DÖV 1988, 849 (852).

42 BVerfGE 2, 307 (319 f.); 95, 322 (328); *Degenhart*, in: Sachs, GG, Art. 101 Rn. 6 a; *Jutzi*, in: Linck/Jutzi/Hopfe, Art. 87 Rn. 15; *Wolff*, in: Lindner/Möstl/Wolff, Art. 86 Rn. 18.

43 BVerfGE 27, 18 (34 ff.); *Degenhart*, in: Sachs, GG, Art. 101 Rn. 6 a.

44 BVerfG, NVwZ 1993, 1079 (1080); *Degenhart*, in: Sachs, GG, Art. 101 Rn. 6 a.

45 Vgl. insgesamt BVerfGE 2, 307 (319 f., 326); 17, 294 (299 f.); 19, 52 (60); 27, 18 (34 f.); 95, 322 (328); BVerfG, NJW 1995, 2703 (2704); *Müller-Terpitz*, in: Schmidt-Bleibtreu/Hofmann/Hopfauf, Art. 101 Rn. 9 und Rn. 27 f. dieser Kommentierung.

mit anderen Verfahren) nicht aus.[46] Allerdings darf der Normgeber **nicht mehr als nach dem Regelungskonzept notwendig** auf solche Begriffe zurückgreifen.[47] Unvermeidbare Ungewissheiten – aber eben auch nur solche – sind hinzunehmen.[48] Ebenso wenig steht Art. 87 Abs. 3 der **Auslegung** von Zuständigkeitsregelungen entgegen.[49] Schließlich folgt aus Art. 87 Abs. 3 angesichts der niemals auszuschließenden Lückenhaftigkeit von Regelungen und der andernfalls eintretenden Rechtsschutzverweigerung auch kein generelles **Analogie**verbot für Zuständigkeitsregelungen; die Lücke muss durch anerkannte Methoden der richterlichen Rechtsfindung geschlossen werden.[50]

23 Aus dem materiellen Gehalt der Garantie des gesetzlichen Richters ergeben sich auch Anforderungen an den Gesetzgeber. „Der Gesetzgeber ist deshalb dazu verpflichtet, Regelungen vorzusehen, die es ermöglichen, einen Richter, der im Einzelfall nicht die Gewähr der Unparteilichkeit bietet, von der Ausübung seines Amtes auszuschließen."[51]

24 **4. Anforderungen an die Exekutive.** Neben der beschriebenen Verpflichtung der Legislative zur Normierung der fundamentalen Zuständigkeitsregelungen folgen aus Art. 87 Abs. 3 auch Pflichten für die **Exekutive.** Die Exekutive ist normativ zu diversen Einflussnahmen auf die gesetzliche Zuständigkeitsregelungen befugt, sei es durch die Einrichtung oder Auflösung von Spruchkörpern oder die Wahl bzw. Ernennung von Richtern, und verstößt durch die rechtmäßige Ausübung dieser Befugnisse nicht gegen Art. 87 Abs. 3. Allerdings muss die Exekutive bei der Ausübung dieser Befugnisse legitime sachliche Interessen verfolgen, sie darf damit **keinen einzelfallbezogenen Einfluss auf die Rechtsprechung** ausüben.[52] Die **Nichtbesetzung einer vakanten Vorsitzendenstelle in angemessener Zeit** verstößt zwar in der Regel nicht gegen die Garantie des gesetzlichen Richters, wohl aber gegen die sich aus dem Rechtsstaatsprinzip ergebende Justizgewährleistungspflicht, wenn das Gericht deshalb seine Aufgaben nicht mehr sachgerecht, das heißt in angemessener Zeit und mit der gebotenen Sorgfalt, erfüllen kann.[53] Bei der Vakanz einer Vorsitzendenstelle wegen eines **Konkurrentenstreitverfahrens** rechtfertigen die Verfassungsgarantien des effektiven Rechtsschutzes, Art. 19 Abs. 4 GG, und der Bestenauswahl bei der Besetzung öffentlicher Ämter, 33 Abs. 2 GG, im Einzelfall auch längere Vakanzen.[54]

---

46 BVerfGE 95, 322 (332); *Müller-Terpitz*, in: Schmidt-Bleibtreu/Hofmann/Hopfauf, Art. 101 Rn. 10; *Degenhart*, in: Sachs, GG, Art. 101 Rn. 16.

47 BVerfGE 82, 286 (301); 95, 322 (331 ff.); *Müller-Terpitz*, in: Schmidt-Bleibtreu/Hofmann/Hopfauf, Art. 101 Rn. 10; *Gloria,* DÖV 1988, 849 (853).

48 BVerfGE 18, 423 (425 f.); *Degenhart*, in: Sachs, GG, Art. 101 Rn. 6.

49 BVerfGE 48, 246 (253 ff.); BVerfG, NJW 1995, 2703; *Müller-Terpitz*, in: Schmidt-Bleibtreu/Hofmann/Hopfauf, Art. 101 Rn. 11.

50 BVerfGE 82, 286 (304 f.); ThürVerfGH, Beschl. v. 23.05.2006 – 33/05 – S. 12; *Müller-Terpitz*, in: Schmidt-Bleibtreu/Hofmann/Hopfauf, Art. 101 Rn. 11; *Sodan*, in: HStR V, § 113 Rn. 64 mwN; *Degenhart*, in: HStR V, § 114 Rn. 42; *Gloria,* DÖV 1988, 849 (852 mwN).

51 ThürVerfGH, Beschl. v. 23.05.2006 – 33/05 – S. 12 f.; vgl. auch ThürVerfGH, ThürVBl 2007, 215 (216).

52 *Müller-Terpitz*, in: Schmidt-Bleibtreu/Hofmann/Hopfauf, Art. 101 Rn. 17.

53 Vgl BVerfGE 18, 423 (426); BVerfG, NJW 1983, 1541; BVerwG, NJW 2001, 3493 ff.; BayVGH, NJW 1986, 1326; *Müller-Terpitz*, in: Schmidt-Bleibtreu/Hofmann/Hopfauf, Art. 101 Rn. 17; vgl. auch *Wolff*, in: Lindner/Möstl/Wolff, Art. 86 Rn. 19.

54 BVerwG, NJW 2001, 3493 ff.; *Gärditz,* DVBl. 2012, 966 (969).

5. **Anforderungen an die Judikative.** Die praktisch wichtigsten Verpflichtungen aus der Garantie des gesetzlichen Richters treffen die **Judikative** selbst. 25

Art. 87 Abs. 3 verlangt, dass gerichtliche Geschäftsverteilungspläne **im Voraus generell-abstrakt** die Zuständigkeit der Spruchkörper und die Zuweisung der Sache regeln, damit die einzelne Sache „blindlings" aufgrund allgemeiner, vorab festgelegter Merkmale an den entscheidenden Richter gelangt und so der Verdacht einer Manipulation der Recht sprechenden Gewalt ausgeschlossen wird;[55] der zur Entscheidung zuständige Richter darf deshalb nicht einzelfallbezogen, d.h. ad hoc oder ad personam, ausgewählt werden.[56] Das verbietet Eingriffe aller drei Gewalten, auch der Judikative.[57] 26

Geschäftsverteilungspläne (§ 21 e GVG) sind ein Teil des Regelwerks, welches das Recht auf den gesetzlichen Richter sicherstellt. Sie müssen deshalb im Voraus abstrakt-generell die Zuständigkeit der Spruchkörper und die Zuweisung der einzelnen Richter zu diesen regeln, damit die einzelne Sache „blindlings" auf Grund allgemeiner, vorab festgelegter Merkmale (wie Aktenzeichen, Eingangsdatum oder Rechtsgebiet) an den entscheidenden Richter gelangt.[58] Geschäftsverteilungspläne dürfen **keinen vermeidbaren Ermessensspielraum und keine unnötige Unbestimmtheit** belassen.[59] Die Geschäftsverteilung muss so exakt wie möglich erfolgen und auch absehbare Entwicklungen (Veränderungen der Zahl der Richter, der Zahl der Spruchkörper, der Geschäftsbelastung) bereits berücksichtigen. Während des laufenden Geschäftsjahres darf der Geschäftsverteilungsplan nur wegen zwingender Gründe geändert werden, die in § 21 e Abs. 3 GVG konkretisiert sind: Überlastung oder ungenügende Auslastung eines Richters oder Spruchkörpers sowie Wechsel oder dauernde Verhinderung eines Richters.[60] Die Umverteilung bereits anhängiger Verfahren ist zulässig, wenn sie die Erhaltung oder Wiederherstellung der Effizienz des Geschäftsablaufs, letztlich also die Gewährung von Rechtsschutz in angemessener Zeit, bezweckt.[61] Die Anforderungen an den **Mitwirkungsplan** (§ 21 g GVG) entsprechen denjenigen an den Geschäftsverteilungsplan. Er muss die aus einem überbesetzten Spruchkörper für ein bestimmtes Verfahren zu bildende Sitzgruppe generell und im Voraus nach objektiven Merkmalen bestimmbar machen. Die Bestimmung des Berichterstatters ist nur dann eine Frage des gesetzlichen Richters, wenn – wie regelmäßig bei überbesetzten Spruchkörpern – die Sitzgruppe davon abhängt.[62] Nach einer Beratung sind die gesetzlichen Richter eines Spruchkörpers diejeni- 27

55 ThürVerfGH, ThürVBl 2007, 215 (216) unter Hinweis auf BVerfG, Kammerbeschluss v. 30.10.2002 – 2 BvR 1827/00 – n.v.

56 *Müller-Terpitz*, in: Schmidt-Bleibtreu/Hofmann/Hopfauf, Art. 101 Rn. 5; *Jutzi*, in: Linck/Jutzi/Hopfe, Art. 87 Rn. 16.

57 BVerfGE 17, 294 (299); 48, 246 (254); 82, 286 (296); 95, 322 (327); *Müller-Terpitz*, in: Schmidt-Bleibtreu/Hofmann/Hopfauf, Art. 101 Rn. 5; *Jutzi*, in: Linck/Jutzi/Hopfe, Art. 87 Rn. 13.

58 BVerfGE 4, 412 (416); 17, 294 (299); 18, 344 (349); 82, 286 (298); 95, 322 (328); *Müller-Terpitz*, in: Schmidt-Bleibtreu/Hofmann/Hopfauf, Art. 101 Rn. 25; *Degenhart*, in: Sachs, GG, Art. 101 Rn. 7.

59 *Degenhart*, in: Sachs, GG, Art. 101 Rn. 14.

60 *Müller-Terpitz*, in: Schmidt-Bleibtreu/Hofmann/Hopfauf, Art. 101 Rn. 25.

61 *Müller-Terpitz*, in: Schmidt-Bleibtreu/Hofmann/Hopfauf, Art. 101 Rn. 25.

62 ThürVerfGH, ThürVBl 2007, 215 (217) unter Hinweis auf BVerfGE 95, 322 ff.; *Degenhart*, in: Sachs, GG, Art. 101 Rn. 15.

gen, die an der Beratung teilgenommen haben, einerlei ob und wann „an sich" ein Vertretungsfall eintritt oder endet.[63]

28 Der Inhalt von Geschäftsverteilungsplänen und Mitwirkungsplänen ist anders als die fallbezogene Anwendung nicht lediglich einer Willkür-, sondern einer unmittelbaren verfassungsgerichtlichen Vollkontrolle unterworfen.[64]

29 Während rechtsfehlerhaftes Handeln der Legislative oder der Exekutive im Schutzbereich der Garantie des gesetzlichen Richters stets eine Verletzung dieses grundrechtsgleichen Rechts zur Folge hat, ist dies nach der Rechtsprechung des BVerfG und des ThürVerfGH bei der Judikative nicht ohne Weiteres der Fall.[65] *„Eine „Entziehung" des gesetzlichen Richters durch die Rechtsprechung, der die Anwendung der Zuständigkeitsregeln und die Handhabung des Ablehnungsrechts im Einzelfall obliegt, kann dabei nicht in jeder fehlerhaften Rechtsanwendung gesehen werden; andernfalls müsste jede fehlerhafte Handhabung des einfachen Rechts zugleich als Verfassungsverstoß angesehen werden. Die Grenzen zum Verfassungsverstoß sind aber jedenfalls dann überschritten, wenn die Auslegung einer Zuständigkeitsnorm oder ihre Handhabung im Einzelfall **willkürlich** oder **offensichtlich unhaltbar** ist oder wenn die richterliche Entscheidung **Bedeutung und Tragweite der Verfassungsgarantie grundlegend verkennt**.*"[66] Ein **error in procedendo**, also die schlicht fehlerhafte Anwendung von Verfahrensbestimmungen, genügt mithin nicht.[67] Ob Willkür vorliegt, ist nach objektiven Maßstäben zu bestimmen,[68] sie erfordert kein vorsätzliches oder sonst schuldhaftes Verhalten.[69] Andererseits führt selbst eine willkürliche Handhabung von Zuständigkeits- und Verfahrensnormen nur dann zur verfassungsgerichtlichen Aufhebung der gerichtlichen Entscheidung, wenn die Entscheidung auf diesem Mangel **beruht**; dies ist dann der Fall, wenn die Möglichkeit besteht, dass der willkürliche Rechtsanwendungsfehler den Inhalt der Entscheidung beeinflusst hat.[70]

30 Die **fehlerhafte Anwendung von Zuständigkeits- und Verfahrensnormen** kann in bestimmten Fällen gegen Art. 87 Abs. 3 verstoßen. Die Entscheidung des Spruchkörpers statt des zuständigen Einzelrichters ist mit Art. 87 Abs. 3 nicht vereinbar.[71] Übt eine auf die Rechtsprüfung beschränkte Rechtsmittelinstanz der Tatsacheninstanz vorbehaltene Befugnisse selbst aus, statt das Verfahren zurückzuverweisen, verstößt sie gegen Art. 87 Abs. 3.[72] Ebenso kann auch die

---

63 ThürVerfG, ThürVBl 2007, 215 (217).
64 BVerfG, DVBl. 2012, 963 Rn. 12; *Gärditz*, DVBl. 2012, 966 (967).
65 Zum BVerfG vgl. *Müller-Terpitz,* in: Schmidt-Bleibtreu/Hofmann/Hopfauf, Art. 101 Rn. 20.
66 ThürVerfGH, Beschl. v. 23.05.2006 – 33/05 – S. 13; vgl. auch BVerfGE 3, 359 (364 f.); 29, 45 (49); 29, 198 (207); 58, 1 (45); 82, 286 (299); 87, 282 (284 f.); *Degenhart*, in: Sachs, GG, Art. 101 Rn. 17 f.; ausführlich und mit weiteren Konkretisierungen zur Rechtsprechung des BVerfG *Müller-Terpitz,* in: Schmidt-Bleibtreu/Hofmann/Hopfauf, Art. 101 Rn. 20.
67 *Degenhart*, in: HStR V, § 114 Rn. 44; *Jutzi*, in: Linck/Jutzi/Hopfe, Art. 87 Rn. 18 mwN.
68 *Jutzi*, in: Linck/Jutzi/Hopfe, Art. 87 Rn. 18.
69 *Müller-Terpitz*, in: Schmidt-Bleibtreu/Hofmann/Hopfauf, Art. 101 Rn. 20 mwN.
70 *Müller-Terpitz*, in: Schmidt-Bleibtreu/Hofmann/Hopfauf, Art. 101 Rn. 24; *Degenhart*, in: Sachs, GG, Art. 101 Rn. 21.
71 BVerfG, NVwZ-RR 2010, 268 (269); *Müller-Terpitz*, in: Schmidt-Bleibtreu/Hofmann/Hopfauf, Art. 101 Rn. 19.
72 BVerfGE 31, 145 (165); 54, 100 (115); *Müller-Terpitz*, in: Schmidt-Bleibtreu/Hofmann/Hopfauf, Art. 101 Rn. 19.

Nichtzulassung einer Berufung oder Revision – etwa wegen Verkennung der grundsätzlichen Bedeutung einer Rechtsfrage – die Prozessbeteiligten in ihrem Recht auf den gesetzlichen Richter verletzen.[73]

Auch die **Verletzung einer Vorlagepflicht** an ein anderes Gericht verstößt gegen Art. 87 Abs. 3: Gesetzlicher Richter ist nämlich auch der ThürVerfGH bei einer Vorlagepflicht nach Art. 80 Abs. 1 Nr. 5, wenn ein (Fach)Gericht ein entscheidungserhebliches Landesgesetz für unvereinbar mit der ThürVerf hält. Gleiches gilt für das BVerfG bei einer Vorlagepflicht nach Art. 100 Abs. 1 GG, also wenn das Gericht eine entscheidungserhebliche nachkonstitutionelle Norm für verfassungswidrig hält.[74] Auch der EuGH ist bei einer Vorlagepflicht nach Art. 267 AEUV gesetzlicher Richter.[75] Eine Prozesspartei kann bei einem Verstoß gegen die Vorlagepflicht nicht den EuGH anrufen, wohl aber wegen Verletzung des rechtlichen Gehörs Verfassungsbeschwerde erheben. Beim angesichts der fortschreitenden Durchdringung des nationalen Rechts durch das Unionsrechts zunehmend praktisch bedeutsamen Fall der Vorlagepflicht nach Art. 267 AEUV ist nach der Rechtsprechung des BVerfG Willkür anzunehmen, **wenn eine Vorlagepflicht besteht und diese vom Gericht in offensichtlich unhaltbarer Weise gehandhabt worden ist.**[76] Fallgruppen sind: **grundsätzliche Verkennung der Vorlagepflicht**, d.h. ein letztinstanzliches Hauptsachegericht zieht trotz der aus seiner Sicht bestehenden Entscheidungserheblichkeit der unionsrechtlichen Frage eine Vorlage an den EuGH nicht in Erwägung, obwohl es selbst Zweifel hinsichtlich der richtigen Beantwortung der Frage hat; **bewusstes Abweichen ohne Vorlagebereitschaft**: das letztinstanzliche Hauptsachegericht weicht in seiner Entscheidung bewusst von der Rechtsprechung des EuGH zu einer entscheidungserheblichen Frage ab und legt dennoch nicht oder nicht erneut vor; **unvertretbare Überschreitung des Beurteilungsrahmens bei Unvollständigkeit der Rechtsprechung**: gegenüber der vom letztinstanzlichen Hauptsachegericht vertretenen Rechtsmeinung zu einer entscheidungserheblichen Frage ist eine Gegenauffassung eindeutig vorzuziehen. Bei dieser praktisch wichtigsten letzten Fallgruppe kommt es darauf an, ob das Gericht sich hinsichtlich des Unionsrechts ausreichend kundig gemacht und seine Nichtvorlage ausreichend begründet hat.[77] 31

Der Willkürmaßstab gilt nicht nur bei der Handhabung von Zuständigkeitsnormen, sondern auch bei der Anwendung des **Befangenheitsrechts**:[78] Jeder Spruchkörper hat in Zweifelsfällen von Amts wegen die ordnungsgemäße Besetzung seiner Richterbank zu prüfen und darüber grundsätzlich ohne die Mitwirkung 32

73 BVerfG, VIZ 2004, 355; *Müller-Terpitz*, in: Schmidt-Bleibtreu/Hofmann/Hopfauf, Art. 101 Rn. 19.

74 *Müller-Terpitz*, in: Schmidt-Bleibtreu/Hofmann/Hopfauf, Art. 101 Rn. 19.

75 BVerfGE 73, 339 (366 ff.); 82, 159 (192); *Roth*, NVwZ 2009, 345 (347).

76 BVerfGE 82, 159 (195); BVerfG, NVwZ 2004, 1224 (1227); NJW 2005, 737 (738); *Müller-Terpitz*, in: Schmidt-Bleibtreu/Hofmann/Hopfauf, Art. 101 Rn. 20; *Degenhart*, in: Sachs, GG, Art. 101 Rn. 19; *ders.*, in: HStR V, § 114 Rn. 45; strenger: *Roth*, NVwZ 2009, 345 (349 ff.).

77 BVerfGE 75, 223 (245); 82, 159 (195 f.); BVerfG, NVwZ 2007, 197 (198); NVwZ-RR 2008, 658 (659); Degenhart, in: Sachs, GG, Art. 101 Rn. 19; Müller-Terpitz, in: Schmidt-Bleibtreu/Hofmann/Hopfauf, Art. 101 Rn. 20, der die Rechtsprechung des BVerfG zur letzten Fallgruppe für zu großzügig hält.

78 BVerfGE 31, 145 (164); 37, 67 (75); BVerfG, NJW 2004, 2514; ausführlich *Müller-Terpitz*, in: Schmidt-Bleibtreu/Hofmann/Hopfauf, Art. 101 Rn. 23.

des insoweit fraglichen Richters zu entscheiden.[79] Der Anspruch auf den gesetzlichen Richter kann nicht nur durch die Mitwirkung eines befangenen Richters, sondern auch durch die Nichtmitwirkung des an sich berufenen Richters wegen fehlerhafter Annahme seiner Befangenheit verletzt sein: Der an sich zuständige, also gesetzliche Richter, darf nicht ohne triftigen Grund ausgeschlossen werden.[80] Die Entscheidung über den Befangenheitsantrag ist vor der Entscheidung in der Sache zu treffen;[81] dies gilt auch nach verfahrensbeendenden Erklärungen. Die Festlegung eines Beratungstermins, die den Zweck verfolgt, die Entscheidung über das Ablehnungsgesuch gegen ein Mitglied des Spruchkörpers zu vermeiden, verstößt gegen das Recht auf den gesetzlichen Richter.[82]

33 Bei der **Vakanz einer Vorsitzendenstelle** verbietet das Recht auf den gesetzlichen Richter eine Dauervertretung durch ein anderes Mitglied des Spruchkörpers. Verzögert sich die Nachbesetzung, ohne dass ein Ende der Vakanz absehbar ist, muss das Präsidium nach § 21 e Abs. 1 Satz 4 GVG den Vorsitz in diesem Spruchkörper dem Vorsitzenden eines anderen Spruchkörpers zusätzlich übertragen.[83] Die Zuweisung eines Doppelvorsitzes, um eine Vakanz im Falle eines Konkurrentenstreitverfahrens zu überbrücken, beeinträchtigt das Recht auf den gesetzlichen Richter auch dann nicht, wenn damit eine Überbeanspruchung des Vorsitzenden Richters verbunden ist.[84]

Artikel 88 [Justizgrundrechte]

(1) [1]Vor Gericht hat jedermann Anspruch auf rechtliches Gehör. [2]Das Recht auf Verteidigung darf nicht beschränkt werden. [3]Jeder kann sich eines rechtlichen Beistandes bedienen.

(2) Eine Tat kann nur bestraft werden, wenn die Strafbarkeit gesetzlich bestimmt war, bevor die Tat begangen wurde.

(3) Niemand darf wegen derselben Tat aufgrund der allgemeinen Strafgesetze mehrmals bestraft werden.

Vergleichbare Regelungen

Art. 103 GG; Art. 91, 104 BayVerf; Art. 15 Abs. 1-3 VvB; Art. 52 Abs. 3, 53 Abs. 1, 3, 4 BbgVerf; Art. 5 Abs. 6, 7 Abs. 1, 2 BremVerf; Art. 22 Abs. 1, 3 HessVerf.; Art. 6 Verf Rh-Pf; Art. 14 Abs. 3, 15 SaarlVerf; Art. 78 SächsVerf.; Art. 21 Abs. 4, 22 LVerf LSA.

Dokumente zur Entstehungsgeschichte

Art. 28 VerfE CDU; Art. 82 VerfE F.D.P.; Art. 74 VerfE SPD; Art. 18 VerfE NF/GR/DJ; Entstehung ThürVerf, S. 226 f.

Literatur

Zu Art. 88 insgesamt: *Christoph Degenhart*, Gerichtsverfahren, HStR V, 2007, § 115; *Hermann Hill*, Verfassungsrechtliche Gewährleistungen gegenüber der Staatlichen Strafgewalt, HStR VI, 1989, § 156.

---

79 BVerfGE 46, 34 (35 f.); 65, 152 (154); 82, 286 (298); *Müller-Terpitz*, in: Schmidt-Bleibtreu/Hofmann/Hopfauf, Art. 101 Rn. 23.

80 BVerfG, NJW 2004, 3550 (3551); *Degenhart*, in: Sachs, GG, Art. 101 Rn. 9; *ders.*, in: HStR V, § 114 Rn. 46.

81 BVerfG, NVwZ 2007, 691 (693); *Degenhart*, in: Sachs, GG, Art. 101 Rn. 22.

82 BVerfG, DÖV 2007, 610 (611 f.); *Müller-Terpitz*, in: Schmidt-Bleibtreu/Hofmann/Hopfauf, Art. 101 Rn. 19.

83 *Werner*, NJW 2007, 2671 (2672 f.) mit Nachweisen zur Rspr.

84 Ausführlich BVerfG, DVBl. 2012, 963 ff. mwN; *Gärditz*, DVBl. 2012, 966 ff.

Zu Abs. 1: *Hanns Dünnebier*, Ausschließung von Verteidigern und Beschränkung der Verteidigung, NJW 1976, 1; *Dieter Kley*, Zur Fachgerichtliche Selbstkorrektur bei Verstößen gegen Recht auf rechtliches Gehör, Anm. zu BVerfGE 107, 395 in DVBl. 2003, 1160; *Franz-Ludwig Knemeyer*, Rechtliches Gehör im Gerichtsverfahren, HStR VIII, 2010, § 178; *Ferdinand O. Kopp*, Das rechtliche Gehör in der Rechtsprechung des Bundesverfassungsgerichts, AöR 106 (1981), 604; *Peter Lerche*, Dunklere und hellere Seiten des Anspruchs auf rechtliches Gehör, FS Heldrich, 2005, 1283; *Hans Meyer-Mews*, Rechtsschutzgarantie und rechtliches Gehör im Strafverfahren, NJW 2004, 716; *Konrad Redeker*, Verfahrensgrundrechte und Justizgewährungsanspruch, NJW 2003, 2956; *Indra Spiecker*, Verletzung rechtlichen Gehörs in der Rechtsmittelinstanz, NVwZ 2003, 1464; *Andreas Voßkuhle*, Bruch mit einem Dogma: Die Verfassung garantiert Rechtsschutz gegen den Richter, NJW 2003, 2193; *Andreas Wacke*, Audiatur et altera pars, JA 1980, 594; *ders.*; Audiatur et altera pars. Zum Rechtlichen Gehör im römischen Zivil- und Strafprozeß, in: Ars boni et aequi, FS W. Waldstein, Stuttgart 1993, S. 369; *Wolfram Waldner*, Anspruch auf rechtliches Gehör, 2. Aufl. 2000; *Raimund Wimmer*, Die Wahrung des Grundsatzes des rechtlichen Gehörs, DVBl. 1985, 773; *Karl-Georg Zierlein*, Die Gewährleistung des Anspruchs auf rechtliches Gehör (Art. 103 Abs. 1 GG) nach der Rechtsprechung und Spruchpraxis des Bundesverfassungsgerichts, DVBl. 1989, 1169; *Rüdiger Zuck*, Rechtliches Gehör in Zivilprozessen – Die anwaltlichen Sorgfaltspflichten nach dem In-Kraft-Treten des Anhörungsrügengesetzes, NJW 2005, 1226.

Zu Abs. 2: *Ivo Appel*, Grundrechtsgleiche Rechte, Prozessgrundrechte oder Schranken-Schranken?, Jura 2000, 571; *Dominik Best*, Das Rückwirkungsverbot nach Art. 103 Abs. 2 GG und die Maßregeln der Besserung und Sicherung (§ 2 Abs. 6 StGB), ZStW 2002, 88; *Reinhard Birkenstock*, Die Bestimmtheit von Straftatbeständen mit unbestimmten Gesetzesbegriffen, 2004; *Claus Dieter Classen*, Art. 103 Abs. 2 GG – ein Grundrecht unter Vorbehalt?, GA 1998, 215; *Gerhard Dannecker*, Das intertemporale Strafrecht, 1993; *Horst Dreier*, Gustav Radbruch und die Mauerschützen, JZ 1997, 421; *Gerald Grünwald*, Die Entwicklung der Rechtsprechung zum Gesetzlichkeitsprinzip, FS Arthur Kaufmann, 1993, 433; *Rolf Dietrich Herzberg*, Wann ist die Strafbarkeit „gesetzlich bestimmt“ (Art. 103 Abs. 2 GG)?, Symposium Schünemann, 2005, 31; *Markus Kenntner*, Der deutsche Sonderweg zum Rückwirkungsverbot, NJW 1997, 2298; *Matthias Krahl*, Die Rechtsprechung des Bundesverfassungsgerichts und des Bundesgerichtshofs zum Bestimmtheitsgrundsatz im Strafrecht (Art. 103 Abs. 2 GG), 1986; *Volker Krey*, Keine Strafe ohne Gesetz, 1983; *Lothar Kuhlen*, Zum Verhältnis von Bestimmtheitsgrundsatz und Analogieverbot, FS Otto, 2007, 89; *Henning Rosenau*, Tödliche Schüsse im staatlichen Auftrag, 2. Aufl. 1998; *Friedrich-Christian Schroeder*, Der BGH und der Grundsatz: nulla poena sine lege, NJW 1999, 89; *Uwe Volkmann*, Qualifizierte Blankettnormen, ZRP 1995, 220; *Gerhard Werle*, Rückwirkungsverbot und Staatskriminalität, NJW 2001, 3001.

Zu Abs. 3: *Ortlieb Fliedner*, Die verfassungsrechtlichen Grenzen mehrfacher staatlicher Bestrafungen aufgrund desselben Verhaltens, AöR 99 (1974), 242; *Dierk Helmken,* Strafklageverbrauch: Rechtssicherheit contra Einzelfallgerechtigkeit, MDR 1982, 715; *Rolf Herzberg*, Ne bis in idem – Zur Sperrwirkung des rechtskräftigen Strafurteils, JuS 1972, 113; *Britta Specht*, Die zwischenstaatliche Geltung des Grundsatzes „ne bis in idem“, 1999; *Friedrich-Christian Schroeder*, Die Rechtsnatur des Grundsatzes „ne bis in idem“, JuS 1997, 227; *Herbert Thomas*, Das Recht auf Einmaligkeit der Strafverfolgung, 2002.

Leitentscheidungen des ThürVerfGH

ThürVerfGH, Beschl. v. 07.01. 2011 – 13/09- ThürVBl 2012, 31 (Rechtliches Gehör im Berufungsverfahren ohne mündliche Verhandlung); Beschl. v. 21.12.2004 – 29/03- ThürVBl 2005, 61 (Verletzung der richterlichen Hinweispflicht); Beschl. v. 11.01.2001 – 3/99- (Rechtliches Gehör bei Zustellung eines Vollstreckungsbescheids); Beschl. v. 28.09.2010 – 27/09 – JURIS (Rechtliches Gehör im Prozesskostenhilfeverfahren); Beschl. v. 28.09.2010 – 9/10 – (Vorweggenommene Beweiswürdigung durch Internetsuche des Gerichts).

A. Überblick

1 Art. 88 gewährleistet verschiedene – letztlich mit der Verfassungsbeschwerde durchsetzbare – grundrechtsgleiche **Rechte der Beteiligten eines Gerichtsverfahrens.** Auf diese kann sich jeder insoweit Involvierte berufen, also nicht nur natürliche Personen, ohne Rücksicht auf ihre Staatsangehörigkeit und ihre Prozessfähigkeit,[1] sondern auch juristische Personen des In- und Auslands sowie solche des Privatrechts- wie des öffentlichen Rechts.[2]

2 Der Art. 103 Abs. 1 GG nachgebildete Abs. 1 Satz 1 gewährt Anspruch auf **rechtliches Gehör (audiatur et altera pars)** im Gerichtsverfahren. Über die Regelung im GG hinaus wird der Anspruch noch um ein Recht auf Verteidigung und Zuziehung eines rechtlichen Beistandes verstärkt.[3]

3 Abs. 2 normiert den im Strafrechtsverfahren fundamentalen Gesetzlichkeitsgrundsatz: **Verbot des Strafens ohne Gesetz (nulla poena sine lege)** und das **Verbot eines rückwirkenden Strafgesetzes (nulla poena sine lege praevia).**

4 Abs. 3 regelt das **Verbot mehrfacher Bestrafung** wegen desselben Delikts (**ne bis in idem**). Dabei scheint weniger die jedem einleuchtende Grundaussage des Verbots der mehrfachen Bestrafung belangreich. Vielmehr wird aus diesem Verbot letztlich auch der Strafklageverbrauch abgeleitet, der nach einem Freispruch eine erneute Anklage mit anschließender Verurteilung verbietet. Aufgrund des Fortschritts der Kriminaltechnik hat dieser Grundsatz insoweit an Bedeutung gewonnen.

B. Herkunft, Entstehung und Entwicklung

5 Schon Art. 51 Abs. 1 der **Verfassung des Landes Thüringen vom 20.12.1946** bestimmte: „Vor Gericht hat jedermann Anspruch auf rechtliches Gehör".[4]

6 Wortlaut sowie Sinn und Zweck der Vorschrift in Abs. 1 Satz 1, Abs. 2 und 3 der heutigen Verfassung waren im VerfUA und VerfA weitgehend unstreitig. Intensiver wurde jedoch über die mehrfach geänderte Formulierung des Abs. 1 Satz 2 debattiert: Ziel war eine Regelung, durch die einerseits kein Anspruch auf Stellung eines „rechtlichen Beistands" begründet werden sollte, ohne andererseits das Recht auf einen solchen zu beschränken.[5]

C. Verfassungsvergleichende Information

7 Die Gewährleistung der in Art. 88 verbürgten, dem Art. 103 GG nachgebildeten Prozessgrundrechte findet nur in einigen Landesverfassungen Niederschlag. Im Hinblick auf die Bundeskompetenz zum Erlass von Prozessvorschriften, vgl. Art. 74 Abs. 1 Nr. 1 GG, fehlen dem Art. 88 vergleichbare Verfassungsregelun-

---

1 BVerfGE 75, 1 (15 ff).
2 BVerfGE 60, 7 (13); 65, 227.(233); 75, 201 (215); *Jutzi,* in: Linck/Jutzi/Hopfe, Art. 88 Rn. 1 und 4.
3 *Jutzi,* in: Linck/Jutzi/Hopfe, Art. 88 Rn. 2 und 5.
4 RTh 3 (1947), T. I, Nr. 1 S. 1 – 17.
5 Vgl. Entstehung ThürVerf, S. 231.

gen in Baden-Württemberg, Hamburg, Mecklenburg-Vorpommern, Niedersachsen, Nordrhein-Westfalen und Schleswig-Holstein.

D. Erläuterungen

I. Anspruch auf rechtliches Gehör (Abs. 1 Satz 1)

Die Vorschrift stellt klar, dass vor Gericht **jedermann** das rechtliche Gehör zusteht, wobei der Begriff weit zu verstehen ist.[6] Damit wird das **„prozessuale Urrecht** der Menschen"[7] konkretisiert; es wird gesichert, dass der Prozessbeteiligte nicht bloß Objekt ist, sondern sich vor einer ihn betreffenden Entscheidung in tatsächlicher und rechtlicher Hinsicht äußern und damit auf die Entscheidung Einfluss nehmen kann.[8] Dieses Verfahrensgrundrecht ist ein objektivrechtliches Verfahrensprinzip, das für ein rechtsstaatliches Verfahren im Sinne der Thüringer Verfassung wie des Grundgesetzes schlechthin konstitutiv ist.[9] Somit wird zugleich die „Achtung der Würde des Menschen" gewährleistet".[10] Eine mündliche Verhandlung ist jedoch nicht obligatorisch.[11] 8

Im **Verwaltungsverfahren** oder anderen Verfahren vor staatlichen Stellen, die keine Gerichte sind, gilt die Vorschrift nicht, auch nicht analog:[12] Freilich können vergleichbare Rechte aus dem Rechtsstaatsprinzip oder der Menschenwürdegarantie herzuleiten sein.[13] 9

Der Anspruch auf rechtliches Gehör ist in den einzelnen **Verfahrensordnungen** näher ausgestaltet[14] und gilt für alle gerichtlichen Verfahren und Instanzen.[15] „Gerichte" sind alle staatlichen Gerichte i.S.d. Art. 86 und Art. 92 GG[16] einschließlich der Landesverfassungsgerichte.[17] Die Verletzung von Bestimmungen des Verfahrensrechts stellt nicht generell zugleich einen Verstoß gegen Art. 88 Abs. 1 Satz 1 dar. Eine Verletzung spezifischen Verfassungsrechts liegt erst dann vor, wenn das Gericht bei der Auslegung oder Anwendung der Verfahrensvorschriften die Bedeutung oder Tragweite des Anspruchs auf rechtliches Gehör verkannt hat.[18] Da die das rechtliche Gehör in verfassungsrechtlich zulässiger Weise einschränkenden Formvorschriften in gleicher Weise wie Fristvorschriften einschneidende Folgen für die Parteien nach sich ziehen und sich regelmäßig im grundrechtsrelevanten Bereich bewegen, ist die Auslegung und Anwendung dieser, das rechtliche Gehör beschränkenden Vorschriften durch die Fachgerichte einer strengeren verfassungsgerichtlichen Kontrolle zu unterziehen, als dies üblicherweise bei der Anwendung einfachen Rechts geschieht.[19] Art. 88 Abs. 1 Satz 1 ist daher nicht nur dann verletzt, wenn die Entscheidung einer bloßen 10

6 BVerfGE 101, 397 (404).
7 BVerfGE 55, 1 (6); siehe auch 107, 395 (408).
8 BVerfGE 1, 418 (429); 81, 123 (126).
9 Vgl. BVerfGE 55, 1 (6).
10 BVerfGE 55, 1 (6).
11 BVerfGE 54, 117 (122 ff.).
12 *Sodan,* in: Sodan, Art. 103 Rn. 8.
13 *Hill*, HStR VI, 1989, § 156, Rn. 35 ff.; *Sodan,* in: Sodan, Art. 103 Rn. 8; *Degenhart,* in: Sachs, GG Art. 103 Rn 8; vgl. BVerfGE 101, 397 (405 f).
14 BVerfGE 67, 208 (211); 69, 145 (148); 74, 228 (233 f.).
15 BVerfGE 7, 53 (57).
16 BVerfGE 101, 397 (404 f.).
17 BVerfGE 13, 132 (140).
18 Vgl. BVerfGE 60, 305 (310 f.); 74, 228 (233); 75, 302 (312).
19 Vgl. BVerfGE 75, 302 (312).

Willkürkontrolle nicht standhält, sondern auch dann, wenn die Rechtsanwendung offenkundig unrichtig ist.[20]

11 Es genügt nicht, dass die Beteiligten sich äußern können. Aus dem **Rechtsstaatsprinzip**[21] folgt vielmehr die Pflicht, einem wirkungsvollen Rechtsschutz gerecht zu werden. Dazu müssen die Beteiligten effektiv die Möglichkeit haben, sich im Prozess mit tatsächlichen und rechtlichen Argumenten zu behaupten.[22] So muss das Gericht den Prozessbeteiligten die **entscheidungserheblichen Tatsachen und Ansichten zur Kenntnis geben,**[23] sowie deren Vorbringen bei der Entscheidungsfindung berücksichtigen, also **zur Kenntnis nehmen und in Erwägung ziehen.**[24] Mitgeteilt werden müssen namentlich alle rechtlich erheblichen Umstände, auf die es für die Entscheidung ankommen kann,[25] maßgeblicher Tatsachenvortrag,[26] Beweismittel,[27] gerichtliche Entscheidungen sowie verfahrensbezogene Handlungen anderer Beteiligter und deren Schriftsätze.[28]

12 Auf eine bestimmte **Rechtsauffassung des Gerichts** ist allerdings nur dann hinzuweisen, wenn das Gericht auf einen rechtlichen Gesichtspunkt abstellen will, mit dem ein gewissenhafter und kundiger Prozessbeteiligter selbst unter Berücksichtigung der Vielfalt vertretbarer Rechtsauffassungen nicht zu rechnen braucht; das käme nämlich der Verhinderung eines **Vortrags zur Rechtslage** gleich.[29] So muss das Berufungsgericht etwa einen Hinweis geben, wenn es im Gegensatz zum erstinstanzlichen Gericht die Klage für unschlüssig hält.[30] Dies gilt erst recht, wenn das Gericht einen rechtlichen Hinweis zu einer entscheidungserheblichen Frage erteilt und im Urteil entgegengesetzt entscheidet, ohne die Verfahrensbeteiligten auf die Änderung der rechtlichen Beurteilung hingewiesen und ihnen Gelegenheit zur Stellungnahme gegeben zu haben.[31] Ein Beispiel für eine gesetzlich konkretisierte Hinweispflicht ist § 265 StPO (Änderung des rechtlichen Gesichtspunkts).

13 In Verbindung mit den Grundsätzen des einschlägigen Prozessrechts gebietet Art. 88 Abs. 1 Satz 1, erhebliche Beweisanträge zu berücksichtigen. Wird ein erhebliches Beweisangebot abgelehnt, verstößt das demzufolge dann gegen Art. 88 Abs. 1 Satz 1, wenn das im Prozessrecht keine Stütze mehr findet.[32]

14 Eingriffe in den **Schutzbereich** sind sämtliche Beeinträchtigungen des rechtlichen Gehörs, auf denen eine Entscheidung (kausal) **beruht**, bei denen also nicht ausgeschlossen werden kann, dass die Entscheidung bei ordnungsgemäßer Anhörung anders ausgefallen wäre.[33] So kann etwa aus der Tatsache, dass das Ge-

20 Vgl. BVerfGE 75, 302 (312); BverfG, Kammerbeschl. 23.06.2004 – 1 BvR 496/00 – JURIS Rn. 8 mwN.
21 Vgl. BVerfGE 54, 277 (291).
22 BVerfG Kammerbeschl. v. 23.06.2004 – 1 BvR 496/00 –, JURIS, Rn. 8 f. mwN.
23 BVerfGE 89, 28 (35).
24 BVerfGE 42, 364 (367 f.); 58, 353 (356).
25 BVerfGE 89, 28 (35).
26 BVerfGE 89, 28 (35); 109, 13 (38).
27 BVerfGE 109, 279 (370 f.).
28 BVerfGE 50, 280 (284); 55, 95 (98).
29 BVerfGE 86, 133 (144 f.).
30 ThürVerfGH, ThürVBl 2005, 61(63 f.).
31 BverfG, Kammerbeschl. v. 15.08.1996 – 2 BvR 2600/95 – JURIS.
32 BverfG, Kammerbeschl. v. 20.02.2008 – 1BvR 2722/06 – JURIS Rn. 9 mwN.
33 ThürVerfGH, Beschl. v. 28.09.2010 – 27/09 – S. 21 f. des Umdrucks; Beschl. v. 28.09.2010 – 9/10 – S. 22 des Umdrucks; BVerfGE 7, 95 (99); 13, 145; 60, 313 (318); 62, 392 (396); 81, 123 (131); 86, 133 (147).

richt ein zentrales und nicht abseitiges Argument nicht behandelt hat, darauf geschlossen werden, dass es dieses Argument nicht zur Kenntnis genommen und berücksichtigt hat.[34] Auch müssen die wesentlichen, der Rechtsverfolgung dienenden Tatsachen in den Entscheidungsgründen verarbeitet werden.[35]

Andererseits muss das Fachgericht nicht jedes Vorbringen ausdrücklich beschei- 15
den.[36] Ein Verstoß gegen die **Berücksichtigungspflicht** ist daher lediglich dann anzunehmen, wenn im Einzelfall besondere Umstände deutlich machen, dass tatsächliches Vorbringen gar nicht zur Kenntnis genommen oder ersichtlich nicht erwogen worden ist.[37] Besondere Umstände liegen etwa vor, wenn das Gericht auf den wesentlichen Kern des Vortrags einer Partei zu einer zentralen Frage des Verfahrens nicht in den Entscheidungsgründen eingeht, obwohl dazu Anlass bestanden hätte.[38] Problematisch ist, welche Sichtweise maßgeblich ist, um einen solchen Anlass anzunehmen: die subjektive des Fachgerichts, das sich für eine bestimmte Auslegung entschieden hat, oder die objektive Betrachtung des Verfassungsgerichts. Für den subjektiven Maßstab spricht zwar, dass es bei dem Gehörsanspruch nicht um materielle Richtigkeit geht und der objektive Maßstab eben im Rahmen der Willkürkontrolle angelegt wird. Allerdings geht es hierbei um Kontrolle unterhalb einer Willkürverletzung und Zweck des Gehörsschutzes ist eben Rechtsschutz und nicht Verfahrensgerechtigkeit. Dafür spricht zudem, dass es ansonsten auf das Beruhen der Entscheidung auf der Rechtsverletzung überhaupt nicht ankommen könnte.[39]

Keineswegs genügt vor dem Verfassungsgericht allein die pauschale Behaup- 16
tung, die Entscheidung sei nach einfachem Recht fehlerhaft oder das Gericht habe einem tatsächlichen Umstand nicht die richtige Bedeutung für weitere tatsächliche oder rechtliche Folgerungen beigemessen oder das Gericht habe es versäumt, Beweis zu erheben.[40] Vielmehr muss substantiiert dargelegt werden, in wie fern die angegriffene Entscheidung Sachvortrag nicht zur Kenntnis genommen hat und wie sich dieser Fehler auf die Entscheidung ausgewirkt hat.[41] Die Anforderungen an die Substantiierungspflicht sinken jedoch in dem Maße, in dem sich ein Verfassungsverstoß aufdrängt.[42]

Immerhin ist eine **Heilung** auch noch in der Rechtsmittelinstanz möglich,[43] ins- 17
besondere in der Rechtsbeschwerdeinstanz,[44] nicht jedoch in einem anderen Verfahren.[45]

34 ThürVerfGH, Beschl. v. 28.09.2010 -27/09 – S. 21 f. des Umdrucks; Beschl. v. 28.09.2010 – 9/10 – S. 22 des Umdrucks BVerfGE 94, 166 (221).
35 BVerfGE 47, 182 (189); 54, 43 (46).
36 BVerfGE 80, 366 (375).
37 BVerfGE 65, 293 (295 f.); 87; 363 (392 f.); 96, 205 (216 f.).
38 BVerfGE 86, 133 (145 f.); 94, 166 (220); NJW 1999, 1387 (1388); NVwZ-RR 2002, 802, (803); DVBl. 2007, 253 (254); NJW 2009, 1584 (1585); BGHZ 173, 40 (43); vgl. auch BVerfG Kammerbeschl. v. 14.03. 2013 – 1 BvR 1457/12 –, JURIS Rn. 10 ff.
39 Vgl. ThürVerfGH, Beschl. v. 28.09.2010 – 27/09 – S. 21 f. des Umdrucks; Beschl. v. 28.09.2010 – 9/10 – S. 22 des Umdrucks.
40 Vgl. BVerfGE 11, 343 (349); 18, 85 (92); 22, 267 (273); 25, 137 (140); 27, 248 (251).
41 BverfG, Kammerbeschluss vom 09.12.2008, 2 BvR 2386/08, JURIS Rn. 11.
42 ThürVerfGH, Beschl. v. 28.09.2010 – 27/09 – S. 15 f. des Umdrucks; Beschl. v. 28.09.2010 – 9/10 – S. 16 des Umdrucks.
43 BVerfGE 5, 22 (24); 8, 184 (185 f.); 62, 392 (397).
44 BGHZ 156, 279 (283).
45 BVerfGE 42, 172 (175).

18 Auch wenn das rechtliche Gehör nach Abs. 1 Satz 1 vorbehaltlos gewährt wird, sind jedoch **Präklusionsvorschriften** zulässig, insbesondere um den Rechtsschutz im Hinblick auf Art. 19 Abs. 4 GG effektiv zu gestalten.[46]

19 Der Anspruch auf rechtliches Gehör ist als grundrechtsgleiches Recht verfassungsbeschwerdefähig.[47] Allerdings wurde mit dem **Anhörungsrügengesetz** vom 9. Dezember 2004 (BGBl. I, 3220) eine fachgerichtliche **Abhilfemöglichkeit** geschaffen, damit nicht bei jeder Gehörsverletzung der Weg zum Verfassungsgericht beschritten werden muss.[48] Ob der erstrebte Zweck tatsächlich erreicht wurde, ist zweifelhaft, da die mit der Anhörungsrüge angerufenen Richter quasi in eigener Sache entscheiden.[49] Die Unstatthaftigkeit der sog. „sekundären Gehörsrüge" stellt ihrerseits keinen Verfassungsverstoß dar.[50]

II. Recht auf Verteidigung (Abs. 1 Satz 2)

20 Auch wenn man sich sowohl in zivilrechtlichen wie öffentlich-rechtlichen Streitigkeiten ebenfalls „zur Wehr setzt", folgt aus dem Ausdruck **„Verteidigung"**, dass damit das **Strafverfahren** gemeint ist.[51] Über den Anspruch auf rechtliches Gehör hinaus gewährleistet Abs. 1 Satz 2, sich persönlich ohne Dritte zu verteidigen.[52] Da die Beiziehung eines Beistands gemäß Abs. 1 Satz 3 auch die Beauftragung eines Verteidigers umfasst, folgt dieses Recht nicht aus Abs. 1 Satz 2.[53]

21 Wortlaut und systematischer Zusammenhang mit Abs. 1 Satz 1 sprechen dagegen, dass sich das Recht auf Verteidigung aus Abs. 1 Satz 2 auch auf das **staatsanwaltliche Ermittlungsverfahren** bezieht.[54] Ein solches Recht ist freilich aus dem allgemeinen Rechtsstaatsprinzip und zwar dem Recht auf ein faires Verfahren herzuleiten.[55]

22 Bundesrecht setzt dem nach seinem Wortlaut nicht beschränkbaren Recht aus Abs. 1 Satz 2 **Schranken.** Beispielsweise ist die Verhandlung in Abwesenheit des Angeklagten unter bestimmten Kautelen erlaubt (§§ 231 a, 231 b StPO).[56]

III. Recht auf Beiziehung eines rechtlichen Beistands (Abs. 1 Satz 3)

23 Im Gegensatz zu Abs. 1 Satz 2 gilt das Recht, sich eines rechtlichen Beistandes zu bedienen, für alle gerichtlichen Verfahren, also nicht nur für Strafverfahren (s. dazu § 137 Abs. 1 Satz 1 StPO).[57] Der verfassungsrechtliche Streit, ob sich das Recht auf Verteidigung durch einen Anwalt aus Art. 103 Abs. 1 GG ergibt[58] oder aus dem Rechtsstaatsprinzip,[59] ist aufgrund der Regelung in Abs. 1 Satz 2

46 *Sodan,* in: Sodan, Art. 103 Rn. 13; vgl. auch BVerfGE 101, 106 (129 f.).
47 *Sodan,* in: Sodan, Art. 103 Rn. 14.
48 *Sodan,* in: Sodan, Art. 103 Rn. 14; vgl. zur Vorgeschichte: BVerfGE 107, 395 (408ff., 411ff. und 416ff.) sowie BVerfGE 108, 341 (345ff.).
49 Krit. auch *Kley*, Anm. zu BVerfGE 107, 395 in DVBl. 2003, 1160 ff.
50 *Sodan,* in: Sodan, Art. 103 Rn. 14; vgl. auch BVerfG NJW 2008, 2635 f. mit Anm. *Zuck*.
51 *Jutzi,* in: Linck/Jutzi/Hopfe, Art. 88 Rn. 15.
52 *Jutzi,* in: Linck/Jutzi/Hopfe, Art. 88 Rn. 18.
53 *Jutzi,* in: Linck/Jutzi/Hopfe, Art. 88 Rn. 16.
54 *Jutzi,* in: Linck/Jutzi/Hopfe, Art. 88 Rn. 17.
55 Vgl. *Knemeyer*, HStR VIII, § 178 Rn. 41.
56 *Jutzi,* in: Linck/Jutzi/Hopfe, Art. 88 Rn. 19 mit ergänzendem Hinweis auf die Möglichkeit, den Verteidiger auszuschließen (§ 138aff.StPO).
57 *Jutzi,* in: Linck/Jutzi/Hopfe, Art. 88 Rn. 20.
58 Dafür etwa *Pieroth*, in Jarass/Pieroth:, Art. 103 Rn. 10; dagegen BVerfGE 9, 132; 39, 168.
59 BVerfGE 66, 313 (318 ff.); vgl. auch 68, 237 (255).

für Thüringen obsolet. Bundesrechtlich gibt es namentlich im Strafverfahren verfassungsrechtlich nicht zu beanstandende Einschränkungen. Zu nennen ist etwa die Beschränkung auf drei Verteidiger (§ 137 StPO) sowie die Möglichkeit, Verteidiger auszuschließen (§ 138 a StPO). Im Extremfall kann sogar der Kontakt zu inhaftierten Mandanten unterbunden werden (sog. Kontaktsperre gemäß § 31 GVG).[60] Die Bedeutung der Vorschrift liegt insbesondere darin, dass wegen der Verkomplizierung des Rechts einzelne Bürger ohne rechtskundigen Beistand ihr Recht gar nicht zu Gehör bringen könnten.[61]

IV. Verbot gesetzlosen und rückwirkenden Strafens (Abs. 2)

Aus Abs. 2 ergibt sich einerseits die klare Verpflichtung, jegliche **Strafbarkeit** gesetzlich zu bestimmen; ohne gesetzliche Bestimmung kann es keine **Straftat** (nullum crimen sine lege)[62] und keine **Strafe** (nulla poena sine lege)[63] geben. Die daraus folgenden Rechte werden vorbehaltlos gewährt und sind keiner relativierenden Abwägung zugänglich.[64] Gleichzeitig wird ein absolutes Rückwirkungsverbot konstituiert. Niemand darf aufgrund eines Gesetzes bestraft werden, das im Zeitpunkt der Tat noch nicht in Kraft war (nulla poena sine lege praevia).[65] Indirekt ist Abs. 2 zu entnehmen, dass Strafen nur für Handlungen und nicht etwa für eine reine Gesinnung ausgesprochen werden dürfen.[66] 24

Mit „Strafe“ sind allerdings nicht lediglich **Kriminalstrafen**[67] im engeren Sinn gemeint. Erfasst werden vielmehr sämtliche staatliche, zum Zweck des Schuldausgleichs verhängte Übel, die eine missbilligende hoheitliche Reaktion auf ein rechtswidriges und schuldhaftes Verhalten darstellen.[68] So werden aufgrund von Ordnungswidrigkeiten verhängte **Bußgelder**[69] und mit gewissen Einschränkungen **ehrengerichtliche und Disziplinarstrafen**[70] erfasst. Wie Art. 103 Abs. 2 GG bezieht sich Abs. 2 sowohl auf den Straftatbestand als auch auf die Strafandrohung.[71] 25

Wegen des fehlenden Strafcharakters sollen nach Auffassung des BVerfG rein präventive Maßnahmen wie hauptsächlich **Maßregeln der Besserung und Sicherung** gemäß §§ 61 ff. StGB und damit namentlich die **Sicherungsverwahrung** nicht von der Vorschrift erfasst werden.[72] Demgegenüber sieht der EGMR in der Sicherungsverwahrung eine als „Strafe“ einzustufende Maßnahme.[73] Trotz dieser Auffassung des EGMR hält das BVerfG systematisch zu Recht ausdrücklich an seiner Auffassung fest.[74] Es kommt jedoch zu einem vergleichbaren Er- 26

60 Vgl. dazu BVerfGE 49, 24 (52 ff.).
61 *Nolte,* in: von Mangoldt/Klein/Starck, Art. 103 Rn. 66; *Schmidt-Aßmann,* in: Maunz/Dürig, Art. 103 Rn. 103.
62 *Jutzi,* in: Linck/Jutzi/Hopfe, Art. 88 Rn. 22.
63 *Sodan,* in: Sodan, Art. 103 Rn. 16.
64 Vgl. BVerfGE 109, 133 (172); *Sodan,* in: Sodan, Art. 103 Rn. 26.
65 *Jutzi,* in: Linck/Jutzi/Hopfe, Art. 88 Rn. 22.
66 *Sodan,* in: Sodan, Art. 103 Rn. 17 mwN.
67 BVerfGE 26, 186 (203).
68 BVerfGE 109, 133 (167).
69 BVerfGE 97, 399 (411); BVerfG [K] NJW 2010, 754.
70 BVerfGE 26, 186 (203 f.).
71 BVerfGE 25, 269 (286); 86, 288 (311).
72 BVerfGE 109, 133 (167 ff.); BVerfG NJW 2010, 1514 (1515).
73 EGMR NJW 2010, 2495 (2497 ff.) im Hinblick auf Art. 7 Abs. 1 EMRK; zustimmend *Möllers* ZRP 2010, 153 ff.
74 BVerfGE 128, 326 (390).

gebnis, indem es die nachträgliche Anordnung oder Verlängerung der Sicherungsverwahrung wegen des hierdurch bewirkten schwerwiegenden Eingriffs in das durch Art. 2 Abs. 2 Satz 2 GG geschützte Grundrecht der Freiheit der Person verfassungsrechtlich lediglich noch „nach Maßgabe strikter Verhältnismäßigkeitsprüfung und zum Schutz höchster Verfassungsgüter" für zulässig erachtet. Voraussetzung ist demnach, dass „der gebotene Abstand zur Strafe gewahrt wird, eine hochgradige Gefahr schwerster Gewalt- oder Sexualstraftaten aus konkreten Umständen in der Person oder dem Verhalten des Untergebrachten abzuleiten ist" und die Voraussetzungen des Art. 5 Abs. 1 Satz 2 lit. e EMRK (insbesondere psychische Störung) vorliegen.[75]

27 Abs. 2 erfasst nicht Beuge- und Ordnungsmittel[76] oder Strafverfolgungsvoraussetzungen wie z.B. Verjährung,[77] aber auch nicht das Strafverfahrensrecht als solches.[78] Auch nicht erfasst sind an ein Verschulden anknüpfende zivilrechtliche Pflichten wie etwa Schadensersatz.[79] Demgegenüber gilt unter Umständen etwas anderes, wenn Schadensersatzansprüche nicht bloß der Vermögensrestitution dienen, sondern echten Sanktionscharakter aufweisen (sog. **punitive damages**).[80]

28 Abs. 2 schützt alle Personen, die durch den Staat bestraft werden können.[81] Die Vorschrift konkretisiert das rechtsstaatliche **Prinzip des Gesetzesvorbehalts** in einer besonders „strengen" Form.[82] Strafe und deren Androhung müssen stets auf einem **formellen Gesetz** beruhen. **Gewohnheitsrecht, Analogien** oder **richterliche Rechtsfortbildung** sind unzulässig (nulla poena sine lege scripta).[83] Freilich können **Rechtsverordnungen** oder sonstiges untergesetzliches Recht Strafbestimmungen enthalten, wenn formelle Gesetze dazu den Voraussetzungen des Art. 80 Abs. 2 GG gemäß ermächtigen.[84] Dabei gilt für die Regelungsdichte dieser formellen Gesetze ein „strenger Parlamentsvorbehalt".[85] Lediglich bestimmte Spezifizierungen des Straftatbestandes dürfen dem Verordnungsgeber überlassen bleiben,[86] wobei eine das **Blankettstrafgesetz** ausfüllende Rechtsverordnung ihrerseits dem Bestimmtheitsgebot des Art. 88 Abs. 2 genügen muss. Bereits das förmliche Gesetz muss die möglichen Fälle der Strafbarkeit erkennbar festlegen sowie Art und Maß der Strafe bestimmen.[87]Gemäß Art. 4 Abs. 1 ist stets ein förmliches Gesetz erforderlich, wenn Freiheitsstrafe angedroht wird (s. dazu o. Art. 4 Rn. 11 ff.).

75 BVerfGE 128, 326 (389 und 399).
76 Vgl. BVerfGE 84, 82 (87ff.).
77 BVerfGE 25, 269 (286ff.).
78 BVerfGE 112, 304 (315).
79 BVerfGE 34, 269 (293); siehe auch 84, 82 (87ff.).
80 *Sodan,* in: Sodan, Art. 103 Rn. 16 am Ende.
81 *Nolte,* in: von Mangoldt/Klein/Starck, Art. 103 Rn. 162.
82 BVerfGE 73, 206 (235).
83 BVerfGE 14, 175 (185).
84 BVerfGE 14, 175 (185); BVerfGE 32, 346 (362).
85 So ausdrücklich BVerfGE 95, 96 (131).
86 BVerfGE 75, 329 (342); *Sodan,* in: Sodan, Art. 103 Rn. 18.
87 BVerfGE 14, 245 (252); siehe auch BVerfGE 78, 374 (383); *Jutzi,* in: Linck/Jutzi/Hopfe, Art. 88 Rn. 27.

Im Kern geht es also bei dem **Bestimmtheitsgebot** und dem damit verbundenen **Analogieverbot**[88] wie dem **Verbot der erweiternden Auslegung**[89] um die Vorhersehbarkeit der Strafe für den Bürger.[90] Äußerste Grenze der zulässigen Auslegung ist der Wortsinn, wobei die Sicht des Bürgers (Parallelwertung in der Laiensphäre) maßgeblich ist.[91] So sollen etwa „Sitzblockaden" keine „Gewalt" i.S.v. § 240 StGB sein,[92] während „Drängeln" im Straßenverkehr darunter fallen kann.[93] „Der Gesetzgeber muss die Strafbarkeitsvoraussetzungen umso genauer festlegen und umso präziser bestimmen, je schwerer die angedrohte Strafe ist. Das Gebot der Bestimmtheit des Gesetzes darf allerdings nicht überspannt werden; die Gesetze würden sonst zu starr und kasuistisch und könnten den Wandel der Verhältnisse oder der Besonderheit des Einzelfalls nicht mehr gerecht werden."[94] 29

Wegen des aus Abs. 2 zu schließenden absoluten **Rückwirkungsverbots** darf weder eine Strafbarkeit rückwirkend begründet noch eine Strafe rückwirkend verschärft werden.[95] Aufgrund seines Zwecks, vor nachträglicher Strafbarkeit zu schützen, gilt Abs. 2 auch für gesetzliche Rechtfertigungsgründe bzw. deren nachträgliche Beseitigung.[96] Vom Rückwirkungsverbot nicht erfasst werden **Verjährungsfristen**, da sie nicht die Strafbarkeit sondern die Verfolgbarkeit betreffen.[97] Umstritten ist, ob das Rückwirkungsverbot des Abs. 2 auch eine Änderung der Rechtsprechung verbietet.[98] Dagegen spricht, dass dann Gerichte an eine Rechtsprechung gebunden wären, die sich angesichts des Wandels der gesellschaftlichen Verhältnisse als nicht mehr haltbar erweist.[99] Allenfalls völlig unvorhersehbare Änderungen einer gefestigten Rechtsprechung dürften daher gegen Abs. 2 verstoßen.[100] Sachgerechte Lösungen sollten daher eher über das aus dem allgemeinen Gleichheitssatz (Art. 2 Abs. 1 und Art. 3 Abs. 1 GG) folgenden Willkürverbot oder eine Auslegung des § 17 StGB im Lichte des Abs. 2 angestrebt werden.[101]

V. Verbot mehrfacher Bestrafung (Abs. 3)

Ähnlich wie das Institut der Verjährung hat Abs. 3 den Zweck, für Rechtssicherheit und -frieden zu sorgen, auch wenn dadurch im Einzelfall die **materielle Gerechtigkeit** zurückzutreten hat.[102] Aufgrund von Erfahrungen mit Unrechtsregimen, in denen willkürlich wiederholte und uferlos verschärfte Bestrafungen er- 30

88 Vgl. BVerfGE 87, 209 (224) – st. Rspr.
89 D.h. über die äußerste Grenze des möglichen Wortsinns hinausgehend, BVerfG 92, 1 (12); 126, 170 (197); BVerfG NJW 2008, 3346 (3346 f.).
90 Vgl. dazu etwa BVerfGE 126, 170 (194ff.).
91 BVerfGE 71, 108 (115); siehe auch *Sodan,* in: Sodan, Art. 103 Rn. 19.
92 BVerfG 92, 1 (14ff.); vgl. aber auch BVerfGE 104, 92 (101ff.).
93 BVerfG NJW 2007, 1669 (670).
94 BVerfGE 14, 245 (251); 75, 329 (342 f.) – st. Rspr.
95 BVerfGE 25, 269 (285 f.); 30, 367 (385); 46, 192; 81, 132 (135); 95, 96 (131); 109, 133 (172).
96 BVerfG 95, 96 (131ff.); *Sodan,* in: Sodan, Art. 103 Rn. 22.
97 BVerfGE 25, 269 (287); *Jutzi,* in: Linck/Jutzi/Hopfe, Art. 88 Rn. 27 mwN.
98 Dafür wohl *Schmidt-Aßmann,* in: Maunz/Dürig, Art. 103 Rn. 240 f.
99 BVerfGE 18, 224 (240 f.).
100 Vgl. *Nolte,* in: von Mangoldt/Klein/Starck, Art. 103 Rn. 120.
101 *Sodan,* in: Sodan, Art. 103 Rn. 23.
102 *Jutzi,* in: Linck/Jutzi/Hopfe, Art. 88 Rn. 29; *Sodan,* in: Sodan, Art. 103 Rn. 27.

folgten,[103] gewährleistet die Norm, dass niemand wegen derselben Tat mehrmals bestraft werden kann (**ne bis in idem**).[104]

31 Unter „**Tat**" zu verstehen ist – im Hinblick auf das einschlägige Prozessrecht – „der geschichtliche Vorgang, auf welchen Anklage und Eröffnungsbeschluss hinweisen und innerhalb dessen der Angeklagte als Täter oder Teilnehmer einen Straftatbestand verwirklicht haben soll".[105] Da dieser Tatbegriff des Abs. 3 die Grenzen der materiellen Rechtskraft kennzeichnet,[106] ist er von dem strafrechtlichen Begriff der Tateinheit (§ 52 StGB)[107] zu unterscheiden. Auch wenn später erschwerende Umstände hinzutreten, bleibt es ebenso bei einer Tat i.S.d. Abs. 3,[108] wie wenn mehrere Tatbestandsverwirklichungen im Verhältnis der Tatmehrheit (§ 53 StGB) stehen.[109]

32 Der Begriff „**allgemeine Strafgesetze**" ist unter Berücksichtigung der Entstehungsgeschichte des Art. 103 Abs. 3 GG, an den Abs. 2 angelehnt ist, auszulegen.[110] Daher zählen zwar das Kriminalstrafrecht, nicht jedoch das Dienst-, Ordnungs- und Polizeistrafrecht,[111] eben so wenig das Berufsstrafrecht und das Disziplinarrecht[112] zum Schutzbereich der Norm.[113] Zu Recht werden Ordnungswidrigkeiten von Abs. 3 erfasst, weil sie sich von Straftaten eher quantitativ als qualitativ unterscheiden.[114]

33 Über den Wortlaut hinaus folgt aus dem Verbot der Mehrfachbestrafung auch das Verbot, eine Strafe nach einem rechtskräftigen **Freispruch** zu verhängen, sowie überhaupt ein Strafverfahren einzuleiten (**Strafklageverbrauch**).[115] Entscheidungen der Staatsanwaltschaft, namentlich Absichtsbekundungen zur Verfolgungsabsicht, führen dagegen nicht zum Strafklageverbrauch.[116] Bei anderen gerichtlichen Entscheidungen ist maßgeblich, inwieweit sie mit Rechtskraftwirkung einen Vorgang vollständig erfassen und abschließend entscheiden.[117] Beschlüsse nach § 211 StPO, durch die die Eröffnung der Hauptverhandlung abgelehnt wird, haben deswegen allenfalls eingeschränkte Sperrwirkung.[118] Anzunehmen ist demgegenüber ein Strafklageverbrauch bei gerichtlichen Einstel-

103 Vgl. BVerfGE 56, 22 (32).
104 *Jutzi*, in: Linck/Jutzi/Hopfe, Art. 88 Rn. 29; *Sodan*, in: Sodan, Art. 103 Rn. 27.
105 BVerfGE 23, 191 (202).
106 *Sodan, in*: Sodan, Art. 103 Rn. 28.
107 BVerfGE 45; 435 f.; 56, 22 (29 f.).
108 BVerfGE 45; 435 f.; 56, 22 (31).
109 *Jutzi*, in: Linck/Jutzi/Hopfe, Art. 88 Rn. 30; *Sodan*, in: Sodan, Art. 103 Rn. 28.
110 *Jutzi*, in: Linck/Jutzi/Hopfe, Art. 88 Rn. 31.
111 BVerfGE 27, 180 (185).
112 BVerfGE 66, 337 (357).
113 *Sodan*, in: Sodan, Art. 103 Rn. 29.
114 *Nolte*, in: von Mangoldt/Klein/Starck, Art. 103 Rn. 215; *Sodan*, in: Sodan, Art. 103 Rn. 28; für zumindest analoge Anwendung *Schmidt-Aßmann*, in: Maunz-Dürig, Art. 103 Rn. 296.
115 BVerfGE 12, 62 (66); 65, 377 (381); *Nolte*, in: von Mangoldt/Klein/Starck, Art. 103 Rn. 217; *Schmidt-Aßmann*, in: Maunz-Dürig, Art. 103 Rn. 295; *Pieroth*, in: Jarass/Pieroth, Art. 103 Rn. 76.
116 BGHSt 28, 119 (121); 29, 288 (292); 37, 10ff.; *Pieroth*, in: Jarass/Pieroth, Art. 103 Rn. 78.
117 BVerfGE 94, 351 (364); BGHSt 48, 331 (336 f.); *Zierlein*, in: Umbach/Clemens, Art. 103, Rn. 173; *Rüping*, in: BK, Art. 103 Rn. 61; *Pieroth*, in: Jarass/Pieroth, Art. 103 Rn. 76.
118 *Schulze-Fielitz*, in: Dreier, Art. 103 Rn. 27; *Nolte*, in: von Mangoldt/Klein/Starck, Art. 103 Rn. 217.

lungsentscheidungen gemäß § 153 Abs. 2 StPO, sofern nicht die Tat später wegen neuer Tatsachen oder einer anderen rechtlichen Bewertung als Verbrechen verfolgt wird.[119]

Nicht mehr umstritten ist die **Rechtskraftwirkung des Strafbefehls**, nachdem das BVerfG seine frühere Rechtsprechung[120] mit Blick auf Art. 3 Abs. 1 GG revidiert hat. Danach stehe die Rechtskraft des Strafbefehls einer erneuten Verfolgung entgegen, wenn ein die Bestrafung des Täters wegen einer schwereren Straftat begründender Umstand erst nach rechtskräftiger Erledigung des Strafbefehlsverfahrens eingetreten sei.[121] Inzwischen ist die Wiederaufnahme des Verfahrens für Strafbefehle in § 373 a StPO entsprechend § 153 a Abs. 2 StPO geregelt und nur noch zulässig, wenn neue Umstände die Verurteilung wegen eines Verbrechens begründen würden.[122] 34

Auch der **Wiederaufnahme eines Verfahrens zuungunsten des Angeklagten** gemäß § 362 StPO dürfte Abs. 3 wie Art. 103 Abs. 3 GG entgegenstehen.[123] Ein solches Ergebnis muss selbst bei einem „schlechthin unerträglichen Ergebnis"[124] im Interesse der Rechtssicherheit hingenommen werden.[125] 35

Das Verbot der Mehrfachbestrafung verbietet nicht die erneute Verfolgung eines bereits im **Ausland** Verurteilten; die Norm erfasst lediglich Entscheidungen deutscher Gerichte, wobei verbüßte Strafen jedoch zu berücksichtigen sind.[126] 36

Artikel 89 [Rechtsstellung und Anklagen der Richter]

(1) Die Rechtsstellung der Richter wird durch ein besonderes Gesetz geregelt.

(2) [1]Über die vorläufige Anstellung der Richter entscheidet der Justizminister, über deren Berufung auf Lebenszeit entscheidet er mit Zustimmung des Richterwahlausschusses. [2]Zwei Drittel der Mitglieder des Richterwahlausschusses werden vom Landtag mit Zweidrittelmehrheit gewählt. [3]Jede Landtagsfraktion muß mit mindestens einer Person vertreten sein.

(3) [1]Verstößt ein Richter im Amt oder außerhalb des Amtes gegen die Grundsätze des Grundgesetzes oder dieser Verfassung, so kann auf Antrag der Mehrheit der Mitglieder des Landtags das Bundesverfassungsgericht mit Zweidrittelmehrheit anordnen, daß der Richter in ein anderes Amt oder in den Ruhestand zu versetzen ist. [2]Im Falle eines vorsätzlichen Verstoßes kann auf Entlassung erkannt werden.

(4) Das Nähere regelt das Gesetz.

---

119 BGHSt 48, 331 (335ff.); *Schmahl*, in: Schmidt-Bleibtreu/Hofmann/Hopfauf, Art. 103 Rn. 43.
120 BVerfGE 3, 248 (252).
121 BVerfGE 65, 377 (382ff.).
122 *Pieroth*, in: Jarass/Pieroth, Art. 103 Rn. 77.
123 *Nolte*, in: von Mangoldt/Klein/Starck, Art. 103 Rn. 222; *Sodan*, in: Sodan, Art. 103 Rn. 32.
124 Dafür aber *Jutzi*, in: Linck/Jutzi/Hopfe, Art. 88 Rn. 32; *Schmidt-Aßmann*, in: Maunz-Dürig, Art. 103 Rn. 270; *Schmahl*, in: Schmidt-Bleibtreu/Hofmann/Hopfauf, Art. 103 Rn. 43 mwN.
125 *Sodan*, in: Sodan, Art. 103 Rn. 32 mwN und Erwägungen zu einer „immanenten Schranke".
126 S. näher BVerfGE 75, 1 (15 f.); *Jutzi*, in: Linck/Jutzi/Hopfe, Art. 88 Rn. 33.

Vergleichbare Regelungen

Art. 98 GG; Art. 66 BWVerf; Art. 87 BayVerf; Art. 69 und 70 VvB; Art. 109 und 111 BbgVerf; Art. 136 und 138 BremVerf; Art. 63 HambVerf; Art. 127 und 128 HessVerf; Art. 76 und 77 M-VVerf; Art. 51 und 52 NV; Art. 73 Verf NW; Art. 122, 132 und 133 Verf Rh-Pf; Art. 111 SaarlVerf; Art. 79 und 80 SächsVerf; Art. 83 und 84 LVerf LSA; Art. 43 SchlHVerf.

Ergänzungsnormen im sonstigen thüringischen Recht

ThürRiG v. 17.05.1995 (ThürGVBl. S. 485), zuletzt geändert durch Gesetz v. 20.03.2009 (ThürGVBl. S. 238).

Dokumente zur Entstehungsgeschichte

Art. 98, 99 VerfE CDU; Art. 79, 80 VerfE F.D.P.; Art. 71 VerfE SPD; Art. 65 VerfE NF/GR/DJ; Art. 91, 93 VerfE LL-PDS; Entstehung ThürVerf S. 232 ff.

Literatur

GG-Kommentare zu Art. 101 GG; *Günther Burmeister*, Die Richteranklage im Bundesstaat – Verschuldenserfordernis, Verfahrensvorgaben und landesrechtliche Gestaltungsspielräume, DRiZ 1998, 518 ff.; *Klaus Ferdinand Gärditz*, Richterwahlausschüsse für Richter im Landesdienst – Funktion, Organisation, Verfahren und Rechtsschutz, ZBR 2010, 109 ff.; *Ernst Gottfried Mahrenholz*, Über Richterwahlausschüsse in den Ländern – Erwägungen zu deren Einführung in Niedersachsen, NdsVBl 2003, 225 ff.; *Helge Sodan*, in: HStR V, § 113 S. 681 ff.; *Rudolf Wassermann*, Richteranklage im Fall Orlet?, NJW 1995, 303 f.; *Jan Ziekow/Annette Guckelberger*, Die Wahl von Richtern in den Ländern: Verfassungsrechtliche Vorgaben, Auswahlmaßstäbe und Rechtsschutz, NordÖR 2000, 13 ff.

Leitentscheidungen des BVerfG

BVerfGE 26, 141 (Richterbesoldung-I); 55, 372 (Richterbesoldung-II).

A. Überblick

1 Art. 89 enthält drei Regelungen: den **Gesetzgebungsauftrag für ein Richtergesetz** (Absatz 1), **Einrichtung, Kompetenzen und Zusammensetzung eines Richterwahlausschusses** (Absatz 2) und die **Richteranklage** (Absatz 3), außerdem ergänzend eine Ermächtigung an den einfachen Gesetzgeber zur Regelung des Näheren (Absatz 4).

2 Grundgesetzlicher Rahmen für Art. 89 ist **Art. 98 GG**. Er enthält einen Gesetzgebungsauftrag für die Regelung der Rechtsstellung der Richter in den Ländern durch besonderes Landesgesetz (Absatz 3), die Ermächtigung der Länder zu bestimmen, dass über die Anstellung der Richter der Justizminister gemeinsam mit einem Richterwahlausschuss entscheidet (Absatz 4) sowie die Ermächtigung der Länder zur Regelung der Richteranklage nach dem Muster der entsprechenden Regelung auf Bundesebene (Absatz 5 iVm Absatz 2).

3 Soweit Art. 98 GG und Art. 89 identische Gewährleistungen enthalten, sind sie nebeneinander anwendbar. Landesverfassungsgerichtliche Rechtsprechung zu Art. 89 gibt es nicht.

B. Herkunft, Entstehung und Entwicklung

Die Vorl.LS enthielt keine dem Art. 89 entsprechenden Regelungen. 4

Art. 89 Abs. 1 mit der Wiederholung des **Verfassungsauftrags** aus dem Grundgesetz **zur Regelung der Rechtsstellung der Richter** in den Ländern **durch besonderes Landesgesetz** (Art. 98 Abs. 3 GG) war in den Vorentwürfen aller Fraktionen mit Ausnahme der SPD-Fraktion enthalten und im Verlauf der Beratungen unumstritten.[1] 5

Art. 89 Abs. 2 mit der Regelung der Kompetenzen und Zusammensetzung des **Richterwahlausschusses** konkretisiert die Ermächtigung in Art. 98 Abs. 4 GG. Den sich hiernach ergebenden Spielraum hinsichtlich der **Kompetenzen** wollten die Fraktionen in ihren Vorentwürfen in unterschiedlichem Umfang nutzen, aber alle weitergehend als der spätere Verfassungstext in Art. 89 Abs. 2 **Satz 1**, weil sie auch die Einstellung, also die Berufung zum Richter auf Probe, in die gemeinsame Verantwortung von Justizminister und Richterwahlausschuss stellen wollten. Im Verlauf der Beratungen wurde das Zwischenergebnis, dass über die Berufungen ins Richterverhältnis auf Lebenszeit der Justizminister *auf Vorschlag* des Richterwahlausschusses entscheiden sollte, zugunsten des bloßen *Zustimmung*serfordernisses seitens des Richterwahlausschusses korrigiert.[2] Hinsichtlich der **Zusammensetzung** setzte sich im Wesentlichen der Vorschlag von CDU und NF/GR/DJ durch: Wahl von zwei Dritteln des Richterwahlausschusses mit einer Zwei-Drittel-Mehrheit des Landtags, Art. 89 Abs. 2 **Satz 2**.[3] 6

Die in **Art. 89 Abs. 3** geregelte **Richteranklage** entspricht dem Entwurf der FDP-Fraktion, der wiederum den keinen Spielraum lassenden Vorgaben des Grundgesetzes (Art. 98 Abs. 2 und 5 GG) entsprach. Die hiervon abweichenden Vorschläge insbesondere hinsichtlich einer Zuständigkeit des Thüringer Verfassungsgerichtshofs statt des Bundesverfassungsgerichts waren mangels Vereinbarkeit mit dem Grundgesetz nicht konsensfähig.[4] 7

Die Erforderlichkeit der gesonderten Regelung des Gesetzgebungsauftrags zur **Regelung des Näheren** in **Art. 89 Abs. 4** wurde im Verlauf der Beratungen unterschiedlich beurteilt, aber letztlich entsprechend der Mehrheit der Vorentwürfe der Fraktionen Verfassungstext.[5] 8

C. Verfassungsvergleichende Information

Art. 89 Abs. 1 erfüllt den Gesetzgebungsauftrag des Art. 98 Abs. 3 GG. Mit Art. 89 Abs. 2 und 3 macht der Landesverfassungsgeber von den Ermächtigungen des Art. 98 Abs. 4 GG und des Art. 98 Abs. 5 iVm Abs. 2 GG Gebrauch, im ersteren Fall mit einem kleinen Gestaltungsspielraum, im zweiten Fall ohne jeglichen Gestaltungsspielraum. 9

1 Entstehung ThürVerf S. 232 ff.
2 Entstehung ThürVerf S. 232 ff.
3 Entstehung ThürVerf S. 232 ff.
4 Entstehung ThürVerf S. 232 ff.
5 Entstehung ThürVerf S. 232 ff.

10 Mit Art. 98 GG und Art. 89 vergleichbare Regelungen finden sich in allen Landesverfassungen.[6] Unterschiedlich ist im Wesentlichen, ob und ggf. in welcher Weise das Landesverfassungsrecht Richterwahlausschüsse vorsieht oder ermöglicht.

D. Erläuterungen

I. Der Gesetzgebungsauftrag für ein Richtergesetz (Absatz 1)

11 Richter sind keine Beamte. Anders als Beamte, die weisungsabhängig und in die jeweilige Behördenhierarchie eingebunden sind, sind Richter „unabhängig und nur dem Gesetze unterworfen" (Art. 97 Abs. 1 GG, Art. 86 Abs. 2). Dieser besonderen Rechtsstellung trägt der Gesetzgebungsauftrag für ein gesondertes Richtergesetz („**Trennungsprinzip**") Rechnung. Die Rechtsverhältnisse der Richter dürfen also nicht in einem primär Anderes regelnden Gesetz mitgeregelt werden, sondern müssen zumindest ihrem wesentlichen Inhalt nach in einem besonderen Gesetz, eben einem Richtergesetz, geregelt werden. Damit wird die Sensibilität des Gesetzgebers für die besondere Rechtsstellung der Richter erhöht. Wichtiger noch als die *formelle* Trennung des Richterrechts vom Beamtenrecht ist die *materielle* Bedeutung des Trennungsprinzips: Die gesetzliche Regelung muss das Richterrecht unter Beachtung der besonderen Rechtsstellung der Richter inhaltlich eigenständig ausgestalten. Beachtet der Gesetzgeber diese inhaltliche Komponente, ist eine Teilverweisung auf in den Beamtengesetzen enthaltene Regelungen zulässig. Voraussetzung ist also, dass diese Teilverweisung im konkreten Fall nicht mit der Sonderstellung der Richter, also ihrer **Unabhängigkeit**, kollidiert.[7] Ebenfalls nicht erforderlich ist eine formellgesetzliche Vollregelung; vielmehr genügt es, wenn der Parlamentsgesetzgeber die wesentlichen Regelungen – insbesondere zu Anstellung, Beförderung, Entlassung, Altersgrenzen – selbst trifft und weniger gewichtige Detailregelungen (z.B. Einzelheiten des Beihilferechts und des Sonderurlaubsrechts)[8] an den Verordnungsgeber delegiert.

12 Art. 89 Abs. 1 verspricht bei isolierter Wortlautinterpretation mehr als er kompetenzrechtlich halten kann. Da Art. 89 Abs. 1 im grundgesetzlichen Kontext des Art. 98 Abs. 3 GG steht, der an die Landesgesetzgeber den Regelungsauftrag für die Rechtsstellung der Landesrichter nur enthält, „soweit Artikel 74 Abs. 1 Nr. 27 nichts anderes bestimmt", sind wesentliche Teile des Landesrichterrechts, nämlich das Richterstatusrecht, **bundesrechtlich** geregelt. Mit dieser im Zuge der Föderalismusreform I im Jahre 2006 neu gefassten Bestimmung ist die frühere Rahmengesetzgebungskompetenz des Bundes zur Regelung der Rechtsstellung der Landesrichter durch die konkurrierende Gesetzgebungskompetenz zur Regelung der landesrichterlichen Statusrechte und -pflichten mit Ausnahme der

---

6 Vgl. Art. 66 BWVerf; Art. 87 BayVerf; Art. 69 und 70 VvB; Art. 109 und 111 BbgVerf; Art. 136 und 138 BremVerf; Art. 63 HambVerf; Art. 127 HessVerf; Art. 76 und 77 M-VVerf; Art. 51 und 52 NV; Art. 73 Verf NW; Art. 122 und 133 Verf Rh-Pf; Art. 111 SaarlVerf; Art. 79 und 80 SächsVerf; Art. 83 und 84 LVerf LSA; Art. 43 SchlHVerf.

7 *Detterbeck*, in: Sachs, GG, Art. 98 Rn. 6.

8 Nicht das *gesamte* Beihilferecht; vgl. zum Gesetzesvorbehalt im Beamtenrecht und entsprechend auch im Richterrecht: BVerwGE 121, 103 (108 f. mwN).

Laufbahnen,[9] Besoldung und Versorgung abgelöst worden.[10] Richterliche Statusrechte und -pflichten sind: Wesen, Voraussetzungen, Rechtsform der Begründung, Arten, Dauer sowie Nichtigkeits- und Aufhebungsgründe des Dienstverhältnisses, Abordnungen und Versetzungen zwischen den Ländern und zwischen Bund und den Ländern, Voraussetzungen und Formen der Beendigung des Dienstverhältnisses, wesentliche Rechte und statusprägende Pflichten einschließlich der Folgen ihrer Nichterfüllung, Bestimmung der Dienstherrnfähigkeit;[11] die hiernach kompetenzrechtlich vorgesehene bundesgesetzliche Regelung des Statusrechts der Landesrichter bedarf zwar der Zustimmung des Bundesrates (Art. 74 Abs. 2 GG), aber ohne dass die Voraussetzungen des Art. 72 Abs. 2 GG (Erforderlichkeit einer bundesgesetzlichen Regelung) erfüllt sein müssten und ohne dass die Länder eine Abweichungskompetenz nach Art. 72 Abs. 3 GG hätten. Der Gesetzgebungsauftrag des Art. 89 Abs. 2 erfasst mithin lediglich die sonstigen, nicht statusbezogenen Rechtsverhältnisse der Landesrichter, insbesondere auch die Besoldung und Versorgung.[12] Die zentralen Bestimmungen des Richterrechts finden sich nach wie vor im bundesgesetzlichen Deutschen Richtergesetz und die in der Regel weniger bedeutsamen weiteren Regelungen in den Richtergesetzen der Länder, so auch im ThürRiG.[13]

Art. 33 Abs. 5 GG, wonach das Recht des öffentlichen Dienstes unter Beachtung der hergebrachten Grundsätze des Berufsbeamtentums zu regeln ist, entfaltet Rechtswirkungen nicht nur für das Beamtenrecht, sondern – hinsichtlich der hergebrachten Grundsätze des richterlichen Amtsrechts – auch für das Richterrecht.[14] Das ist allerdings nicht dahingehend misszuverstehen, dass die hergebrachten Grundsätze des Berufsbeamtentums schematisch beim Richteramtsrecht zur Anwendung gelangen; vielmehr ist das Richterrecht unter Beachtung der hergebrachten Grundsätze des richterlichen Amtsrechts zu regeln. Das gilt insbesondere für den – allerdings in Art. 97 GG und Art. 86 Abs. 2 speziell geregelten – Grundsatz der sachlichen und persönlichen Unabhängigkeit des Richters.[15] Soweit der (Bundes- oder Landes)Gesetzgeber bei der Regelung der Rechtsverhältnisse der Landesrichter die verfassungsrechtlichen Vorgaben des Art. 33 Abs. 5 GG nicht beachtet, kann der hiervon in seiner Rechtsstellung be- 13

9 Die richterliche Unabhängigkeit (Art. 97 GG, Art. 86 Abs. 2) verbietet eine hierarchisch geprägte Strukturierung der Richterämter und damit auch die Schaffung von Beförderungsämtern nach Art des Laufbahnrechts für Beamte, schließt aber eine unterschiedliche Besoldung der verschiedenen Richterämter, insbesondere eine instanzorientierte Besoldungsregelung, nicht aus, vgl. *Detterbeck*, in: Sachs, GG, Art. 98 Rn. 9 mit Nachweisen auch zur Gegenauffassung.

10 *Heusch*, in: Schmidt-Bleibtreu/Hofmann/Hopfauf, Art. 98 Rn. 2; *Detterbeck*, in: Sachs, GG, Art. 98 Rn. 10.

11 Gesetzentwurf der Fraktionen der CDU/CSU und der SPD (BT-Drs. 16/813 vom 07.03.2006, S. 14 der Einzelbegründung); *Detterbeck*, in: Sachs, GG, Art. 98 Rn. 10.

12 *Detterbeck*, in: Sachs, GG, Art. 98 Rn. 10.

13 Vgl. das ThürRiG von 1994; auf die aktuelle Debatte um den Entwurf des Thüringer Justizministeriums zur Novellierung des Thüringer Richtergesetzes aus dem Jahr 2012 kann an dieser Stelle nicht eingegangen werden.

14 BVerfGE 12, 81 (87).

15 BVerfGE 23, 288 (321); 26, 141 (158); 55, 372 (392); zuletzt BVerfG (K), Beschl. v. 17.01.2013 – 2 BvR 2576/11 – JURIS; *Heusch*, in: Schmidt-Bleibtreu/Hofmann/Hopfauf, Art. 98 Rn. 3.

troffene Richter dies mit der Verfassungsbeschwerde zum Bundesverfassungsgericht rügen.[16]

II. Der Richterwahlausschuss (Absatz 2)

14 **1. Der Rahmen des Art. 98 Abs. 4 GG.** Die landesverfassungsrechtliche Ausgestaltung des Richterwahlausschusses bewegt sich im Rahmen des Art. 98 Abs. 4 GG, ohne diesen auszuschöpfen.

15 Nach Art. 98 Abs. 4 GG können die Länder bestimmen, dass über die Anstellung der dortigen Richter der Justizminister gemeinsam mit einem Richterwahlausschuss entscheidet.[17] **Zweck** des Art. 98 Abs. 4 GG ist vor allem, **sicherzustellen, dass die Länder entsprechende Richterwahlausschüsse einrichten können** und hieran nicht durch abweichende Vorgaben des Bundes, die dieser ansonsten aufgrund seiner Gesetzgebungskompetenz zur Regelung des Dienstrechts treffen könnte, gehindert werden.[18] **Motiv** für die Ermöglichung der Einführung von Richterwahlausschüssen war nach der Entstehungsgeschichte das Ziel, der in der Weimarer Zeit und unter der NS-Diktatur diskreditierten Richterschaft wieder **Vertrauen in der Bevölkerung** zu verschaffen; der primäre Zweck der Richterwahlen sollte also darin bestehen, Kandidaten für ein Richteramt auf ihre Eignung, insbesondere ihren Charakters und ihre **Verfassungstreue** zu prüfen, um die Wiederholung vergangenen Unheils zu verhindern[19] und durch eine Parlamentarisierung der Richterwahl einer Selbstergänzung der Justiz entgegenzuwirken, was eine parlamentarische Besetzung des Ausschusses voraussetzt.[20]

16 Aus der Ermächtigung des Art. 98 Abs. 4 GG folgt, dass der Landesminister kraft Bundesverfassungsrechts bei der Anstellung von Richtern immer (mit)entscheiden muss, während die Einrichtung und Ausgestaltung von Richterwahlausschüssen Sache des Landesrechts sind, wobei sich die Ausgestaltung in den Grenzen des Art. 98 Abs. 4 GG bewegen muss.[21] **Justizminister** in diesem Sinne ist funktional zu verstehen, also das für Justizangelegenheiten oder – bei Aufspaltung der Zuständigkeiten – für die jeweilige Gerichtsbarkeit zuständige Kabinettsmitglied (vgl. Art. 76 Abs. 2, wonach die Landesregierung u.a. – regelmäßig zu Beginn einer Wahlperiode, bei Bedarf auch später – über die Abgrenzung der Geschäftsbereiche beschließt).[22] Der Justizminister muss also neben dem Richterwahlausschuss zumindest gleichberechtigt an der Personalentscheidung mitwirken, darf also nicht gezwungen werden, einen Richter zu ernennen, den

16 *Heusch*, in: Schmidt-Bleibtreu/Hofmann/Hopfauf, Art. 98 Rn. 3; *Detterbeck*, in: Sachs, GG, Art. 98 Rn. 22 ff.

17 Zur Entstehungsgeschichte dieser Norm vgl. *Mahrenholz,* NdsVBl 2003, 225 (226 ff.); *Ziekow/Guckelberger,* NordÖR 2000, 13 ff.

18 *Gärditz,* ZBR 2010, 109 mwN.

19 *Ziekow/Guckelberger,* NordÖR 2000, 13 (17 mwN); *Gärditz,* ZBR 2010, 109 (110 mwN) kritisch und mit Nachweisen zum in Rechtsprechung und Literatur zum Teil auch als Zweck genannten Gesichtspunkt der Stärkung der demokratischen Legitimation der gewählten Richter.

20 *Gärditz,* ZBR 2010, 109.

21 Str; wie hier: *Detterbeck*, in: Sachs, GG, Art. 98 Rn. 22 mwN; *Heusch*, in: Schmidt-Bleibtreu/Hofmann/Hopfauf, Art. 98 Rn. 7; aA *Wassermann*, in: AK-GG, Art. 98 Rn. 32, wonach auch eine alleinige Richterwahl ohne Mitentscheidungsbefugnis des Justizministers zulässig ist; weitere Nachweise bei *Detterbeck*, in: Sachs, GG, Art. 98 Fn. 33 und *Heusch*, in: Schmidt-Bleibtreu/Hofmann/Hopfauf, Art. 98 Rn. 7.

22 *Detterbeck*, in: Sachs, GG, Art. 98 Rn. 27; *Heusch*, in: Schmidt-Bleibtreu/Hofmann/Hopfauf, Art. 98 Rn. 10.

er selbst für fachlich oder persönlich ungeeignet hält; er darf jedoch insoweit gebunden werden, als er ohne Zustimmung des Richterwahlausschusses keinen Richter ernennen darf.[23] Die Letztverantwortung für die Ernennung zum Richter muss trotz der nach Art. 98 Abs. 4 GG zulässigen Mitentscheidungsbefugnis von Richterwahlausschüssen beim Landesjustizminister liegen; das Demokratieprinzip erfordert insoweit die parlamentarische Verantwortlichkeit.[24]

Unter der Geltung des Art. 89 Abs. 2 ist jedoch unerheblich, ob man die Reich- 17
weite des Art. 98 Abs. 4 GG wie dargestellt versteht. Denn der klare Wortlaut von Art. 89 Abs. 2 sichert dem Justizminister stets die zumindest gleichberechtigte Mitwirkung auch im Falle des Zusammenwirkens mit dem Richterwahlausschuss.

Der Richterwahlausschuss ist durch **Parlamentsgesetz** zu errichten. Dies be- 18
stimmt zwar Art. 98 Abs. 4 GG nicht ausdrücklich, ergibt sich aber aus dem Gewicht der Beschränkung der Exekutivgewalt durch eine parlamentarische Mitwirkung.[25]

Der Begriffsinhalt von „**Anstellung**" in Art. 98 Abs. 4 GG ist nicht ganz eindeu- 19
tig. In der beamten- und richterrechtlichen Terminologie ist Anstellung die Ernennung auf Lebenszeit unter erster Verleihung eines Amtes.[26] Ämter sind bei Richtern nur die grundsätzlich auf Lebenszeit zu übertragenden Ämter bei den einzelnen Gerichten, also etwa das Amt eines Richters am Amtsgericht; ein Proberichter hat noch kein Amt. Einstellung ist demgegenüber die Berufung ins Proberichterverhältnis, Beförderung ist die Verleihung eines höheren Richteramts. Danach wäre Anstellung nur die Berufung ins Lebenszeitrichterverhältnis unter Verleihung des ersten Richteramts.[27] Allerdings wird zum Teil angenommen, dass Art. 98 Abs. 4 GG nicht nur die Anstellung, also die Berufung in das Richterverhältnis auf Lebenszeit, sondern auch die Ernennung bei Verleihung eines anderen Richteramtes infolge Beförderung erfasst.[28] Zur Begründung wird entweder der verfassungsrechtliche Begriff der Anstellung weiter verstanden als der einfachrechtliche Begriff der Anstellung in den Beamten- und Richtergesetzen oder Art. 98 Abs. 4 GG wird analog auf Einstellungen und Beförderungen angewendet.[29] In jedem Fall kann landesrechtlich nicht nur völlig auf die Einrichtung eines Richterwahlausschusses verzichtet, sondern erst recht auch dessen Mitwirkung nur für einen oder zwei der Akte (Einstellung, Anstellung, Be-

23 *Jutzi*, in: Linck/Jutzi/Hopfe, Art. 89 Rn. 8; *Gärditz,* ZBR 2010, 109 mwN.

24 BVerfG (K), NJW 1998, 2590 (2592) zur Mitentscheidungsbefugnis des Richterwahlausschusses bei der Ernennung früherer DDR-Richter zu Proberichtern nach den Maßgaben des Einigungsvertrags, zugleich Billigung von ThürOVG, ThürVGRspr. 1997, 1 ff ; vgl. zu den Anforderungen an die demokratische Legitimation der Ausübung von Staatsgewalt auch hinsichtlich staats- und verwaltungsinterner Mitbestimmungserfordernisse ausführlich BVerfGE 9, 268 (280 ff.) zum Personalvertretungsgesetz Bremen und BVerfGE 93, 37 (72 f.) zum Mitbestimmungsgesetz Schleswig-Holstein; vgl. außerdem *Gärditz,* ZBR 2010, 109 (110).

25 *Mahrenholz,* NdsVBl 2003, 225 (228).

26 Vgl. etwa § 125 a Abs. 1 BRRG.

27 In diesem Sinne mit ausführlicher Begründung *Mahrenholz,* NdsVBl 2003, 225 (229 f.), der es angesichts der abweichenden Staatspraxis in sieben Bundesländern gleichwohl für zulässig hält, die Kompetenz des Richterwahlausschusses durch Landesverfassungsrecht auch für Beförderungen vorzusehen.

28 *Detterbeck*, in: Sachs, GG, Art. 98 Rn. 26.

29 *Heusch*, in: Schmidt-Bleibtreu/Hofmann/Hopfauf, Art. 98 Rn. 9.

förderung) vorgesehen werden, so dass dem zuständigen Minister im Übrigen die alleinige Entscheidungsbefugnis überlassen bleibt.[30]

20 Hinsichtlich der **Zusammensetzung des Richterwahlausschusses** enthält Art. 98 Abs. 4 GG keine Vorgaben. Hier sind die Länder in der Ausgestaltung frei und müssen lediglich die sich aus dem Demokratieprinzip ergebenden Grenzen beachten.[31] Die Regelungen in den Ländern sind sehr vielfältig und unterschiedlich.[32]

21 Entscheidungsmaßstab für die Auswahl der Richter bleibt auch bei einem Richterwahlausschuss **Art. 33 Abs. 2 GG.**[33] Die sich aus der Existenz eines Richterwahlausschusses ergebenden Einschränkungen der gerichtlichen Überprüfung der Auswahlentscheidung und damit des effektiven Rechtsschutzes eines Betroffenen (Art. 19 Abs. 4 und Art. 33 Abs. 2 GG) sind angesichts des Umstandes, dass die Verfassung selbst die Mitwirkung eines Richterwahlausschusses vorsieht bzw. ermöglicht, verfassungsrechtlich hinzunehmen.[34] Im Übrigen ist der Rechtsschutz gegen eine unter Mitwirkung des Richterwahlausschusses zustande gekommene Entscheidung zwar begrenzt und erschwert, aber nicht unmöglich.[35]

22 Art. 98 Abs. 4 GG gilt nur für **Berufsrichter**, nicht für ehrenamtliche Richter und für Landesverfassungsrichter.[36] Bezüglich der Landesverfassungsrichter folgt die Befugnis der Länder zur eigenständigen Festlegung des Wahlverfahrens aus der Verfassungsautonomie der Länder.[37]

23 **2. Die Ausfüllung des Rahmens in Art. 89 Abs. 2.** Über die **„vorläufige Anstellung"** der Richter entscheidet nach Art. 89 Abs. 2 Satz 1 der Justizminister alleine, ohne Mitwirkung des Richterwahlausschusses. „Anstellung" ist nach beamtenrechtlichem Sprachgebrauch die Lebenszeiternennung, vgl. Rn. 19. Es kann dahinstehen, ob der verfassungsrechtliche Begriff der „Anstellung" weiter ist als

30 *Heusch*, in: Schmidt-Bleibtreu/Hofmann/Hopfauf, Art. 98 Rn. 9.

31 *Jutzi*, in: Linck/Jutzi/Hopfe, Art. 89 Rn. 10.

32 Vgl. ausführlich *Mahrenholz*, NdsVBl 2003, 225 ff., der fordert, dass *alle* Mitglieder des Richterwahlausschusses, auch die richterlichen, vom Landtag zu wählen sind, weil Richter nur für ihre Tätigkeit in der Rechtsprechung demokratisch legitimiert seien, die Ausübung der Staatsgewalt aber demokratischer Legitimation in ihrer jeweiligen Funktion bedürfe (aaO S. 228 f. mwN und unter Hinweis auf BVerfGE 93, 37 [68]); *Gärditz*, ZBR 2010, 109 ff.

33 BVerwGE 105, 89 (92); OVG Hamburg, NordÖR 2013, 21 (22 mwN); *Heusch*, in: Schmidt-Bleibtreu/Hofmann/Hopfauf, Art. 98 Rn. 11.

34 BVerwGE 105, 89 (92); OVG Hamburg, NordÖR 2013, 21 (22 mwN); *Heusch*, in: Schmidt-Bleibtreu/Hofmann/Hopfauf, Art. 98 Rn. 11; vgl. insbesondere BGH Dienstgericht des Bundes, LKV 1999, 156 zur Entscheidung des Richterwahlausschusses u.a. nach § 13 ThürRiG bei der erstmaligen Berufung in ein Richteramt auf Lebenszeit; bemerkenswert und auch für andere Länder erwägenswert die Regelung in § 22 des rheinland-pfälzischen Richtergesetzes, wonach der Berichterstatter im Richterwahlausschuss die tragenden Gründe für die Wahl formuliert und der Ausschuss darüber abstimmt, so auch *Gärditz*, ZBR 2010, 109 (117); *Mahrenholz*, NdsVBl 2003, 225 (232) hält eine Begründungspflicht wegen Art. 19 Abs. 4 GG sogar für zwingend geboten; nach BVerfGE 24, 268 (276 f.) und BVerwGE 70, 270 (275) ist allerdings eine Begründung der Entscheidung des Richterwahlausschusses entbehrlich.

35 BVerfGE 24, 268 (275 ff.); BVerfG (K), NJW 1998, 2592; vgl. auch BVerwGE 70, 270 (275); 102, 174 (177); 105, 89 (92 ff.).

36 *Detterbeck*, in: Sachs, GG, Art. 98 Rn. 25; *Heusch*, in: Schmidt-Bleibtreu/Hofmann/Hopfauf, Art. 98 Rn. 9.

37 *Heusch*, in: Schmidt-Bleibtreu/Hofmann/Hopfauf, Art. 98 Rn. 9.

der beamtenrechtliche.[38] Mit „vorläufiger Anstellung“ jedenfalls kann nur ein der Lebenszeiternennung vorausgehender anderer Akt als der der „endgültigen Anstellung“ gemeint sein, also die Ernennung eines Richters auf Probe (§§ 8, 12 DRiG), eines Richters kraft Auftrags (§ 14 DRiG) und eines Richters auf Zeit (§ 11 DRiG).[39] Richter im Sinne des Art. 89 Abs. 2 ist nur der Berufsrichter, nicht der ehrenamtliche Richter.[40]

Über die **„Berufung auf Lebenszeit“** entscheidet nach Art. 89 Abs. 2 Satz 1 der Justizminister mit Zustimmung des Richterwahlausschusses. Gemeint ist damit nur die erstmalige Berufung in das Richterverhältnis auf Lebenszeit, nicht also Beförderungen oder Versetzungen innerhalb Thüringens, bei denen dem Richter ein anderes Richteramt auf Lebenszeit übertragen wird. Dies ergibt sich aus der Formulierung „Berufung auf Lebenszeit“, die eben nur einmal nach erfolgreicher Absolvierung der Probezeit erfolgt.[41] Dementsprechend spricht § 13 Abs. 1 ThürRiG klarstellend von der *erstmaligen* Berufung in ein Richteramt auf Lebenszeit. Zulässig ist auch die Begründung eines Zustimmungserfordernisses des Richterwahlausschusses für Versetzungen in den Thüringer Landesdienst; die Übernahme eines Lebenszeitrichters in den Thüringer Landesdienst steht insoweit der Berufung eines Thüringer Proberichters in ein Lebenszeitrichterverhältnis gleich. 24

Dass der Justizminister **„mit Zustimmung des Richterwahlausschusses“** entscheidet bedeutet zum einen, dass der Justizminister das Initiativrecht gegenüber dem ebenfalls zur Mitwirkung berufenen Richterwahlausschuss hat, der Richterwahlausschuss aber nicht umgekehrt die Initiative für die Berufung eines Proberichters zum Richter auf Lebenszeit ergreifen darf. Und es bedeutet zum anderen, dass ohne – vorherige – Zustimmung des Richterwahlausschusses die Berufung ins Richterverhältnis auf Lebenszeit nicht erfolgen darf.[42] 25

Art. 89 Abs. 2 legt nicht die Größe des Richterwahlausschusses, also die Anzahl seiner Mitglieder fest, sondern bestimmt lediglich den **Anteil der vom Landtag –** mit Zweidrittelmehrheit **– zu wählenden Mitglieder** (Satz 2) sowie die **Zusammensetzung dieses Anteils** insoweit, als jede Fraktion mit mindestens einer Person im Richterwahlausschuss vertreten sein muss (Satz 3). Damit stellt die ThürVerf die notwendige demokratische Legitimation des Richterwahlausschusses sicher. Wortlaut und Zweck der Norm verlangen nicht, dass über die Mindestzahl der sich aus Art. 89 Abs. 2 Satz 3 ergebenden Abgeordneten hinaus auch die übrigen vom Landtag zu wählenden Mitglieder des Richterwahlausschusses Abgeordnete sein müssen; der Landtag kann also auch Nicht-Abgeordnete in den Richterwahlausschuss wählen.[43] Hinsichtlich des Drittels der Mitglieder des Richterwahlausschusses, das nach Art. 89 Abs. 2 Satz 2 nicht vom Landtag zu wählen ist, enthält Art. 89 Abs. 2 keine Vorgaben; hier ist der Landesgesetzge- 26

38 Vgl. die Ausführungen oben Rn. 19.
39 *Jutzi*, in: Linck/Jutzi/Hopfe, Art. 89 Rn. 12.
40 *Jutzi*, in: Linck/Jutzi/Hopfe, Art. 89 Rn. 12.
41 AA *Jutzi*, in: Linck/Jutzi/Hopfe, Art. 89 Rn. 12, der annimmt, dass „Berufung auf Lebenszeit“ auch Beförderungen und Versetzungen meint, weil sonst der „Regelzustand“ der eigenständigen Ressortverantwortlichkeit des Ministers zum Tragen käme, aber nicht anzunehmen sei, dass die ThürVerf bei im Übrigen präziser Regelung gerade diesen nicht unwichtigen Bereich „ausdrücklich“ ungeregelt gelassen haben sollte.
42 *Jutzi*, in: Linck/Jutzi/Hopfe, Art. 89 Rn. 14.
43 *Jutzi*, in: Linck/Jutzi/Hopfe, Art. 89 Rn. 15.

ber in den Grenzen des Demokratieprinzips frei, eine ihm sachgerecht erscheinende Zusammensetzung zu bestimmen.[44]

27 Für **Staatsanwälte** enthalten die Art. 98 Abs. 4 GG und Art. 89 Abs. 2 keine Vorgaben. Ihre Einbeziehung in eine Regelung zu Richterwahlausschüssen ist ohne Weiteres zulässig.

III. Die Richteranklage (Absatz 3)

28 Nach Art. 98 Abs. 5 GG können die Länder für ihre Richter eine dem Art. 98 Abs. 2 GG entsprechende Regelung treffen, wobei die Entscheidung über eine Richteranklage dem BVerfG zusteht.[45] Art. 98 Abs. 2 GG bestimmt, dass dann, wenn ein Bundesrichter im Amt oder außerhalb des Amtes gegen Grundsätze des Grundgesetzes oder gegen die verfassungsmäßige Ordnung eines Landes verstößt, das BVerfG mit Zweidrittelmehrheit auf Antrag des Bundestages anordnen kann, ihn in ein anderes Amt oder in den vorzeitigen Ruhestand zu versetzen; bei einem vorsätzlichen Verstoß kann auf Entlassung erkannt werden. Somit kann nach **Art. 98 Abs. 5 iVm Art. 98 Abs. 2 GG** Landesrecht bestimmen, dass das BVerfG mit Zweidrittelmehrheit auf Antrag des Landesparlaments anordnen kann, einen Landesrichter in ein anderes Amt oder in den vorzeitigen Ruhestand zu versetzen sowie im Falle eines vorsätzlichen Verstoßes zu entlassen, wenn er im Amt oder außerhalb des Amtes gegen Grundsätze des Grundgesetzes oder gegen die verfassungsmäßige Ordnung dieses Landes verstößt. Auf Landesebene gibt es deshalb nur die Möglichkeit, genau diese oder gar keine Regelung zur Richteranklage zu treffen; Handlungsspielraum besteht also nur bezüglich des Ob, nicht des Wie der Regelung.[46] Die ThürVerf hat sich in Art. 89 Abs. 3 für das Institut der Richteranklage entschieden.

29 **Zweck** der Richteranklage ist es, nach der Erfahrung, dass sich Teile der Richterschaft unter der Geltung der Weimarer Reichsverfassung – die ein vergleichbares Instrument nicht kannte – gegenüber der demokratischen Ordnung reserviert oder gar feindselig verhielten und sich später bereitwillig in den Dienst der nationalsozialistischen Diktatur stellten,[47] **die Verfassungstreue der Richter sicherzustellen.**[48] Sie ist deshalb wie Art. 9 Abs. 2, 18, 20 Abs. 4 und 21 Abs. 2 GG Ausdruck des Prinzips der **streitbaren Demokratie.**[49]

---

44 *Jutzi*, in: Linck/Jutzi/Hopfe, Art. 89 Rn. 15; *Detterbeck*, in: Sachs, GG, Art. 98 Rn. 28; kritisch *Heusch*, in: Schmidt-Bleibtreu/Hofmann/Hopfauf, Art. 98 Rn. 10, der nicht genügen lässt, dass bei gemischt parlamentarisch-richterlichen Wahlausschüssen die parlamentarisch bestellten Mitglieder eine ausschlaggebende Mehrheit haben, sondern für die volle demokratische Legitimation des Gewählten außerdem fordert, dass auch die einzelne Wahlentscheidung von einer solchen Mehrheit getragen ist („doppelte Mehrheit").

45 Ausführlich zur Entstehungsgeschichte des Art. 98 Abs. 2 GG *Burmeister,* DRiZ 1998, 518 ff.

46 Angesichts des Wortlauts der Norm zweifelhaft, aber für Art. 89 Abs. 3 irrelevant ist die Ansicht, Art. 98 Abs. 5 iVm Abs. 2 GG verbiete nur eine *weniger strenge*, nicht aber eine *strengere* landesgesetzliche Regelung der Richteranklage, so dass etwa die Bestimmung einer (über die einfache oder absolute Mehrheit hinausgehenden) qualifizierten Parlamentsmehrheit für die Erhebung der Richteranklage zulässig sei; so *Heusch*, in: Schmidt-Bleibtreu/Hofmann/Hopfauf, Art. 98 Rn. 5 und *Sodan*, in: HStR V, § 113 Rn. 7 Fn. 26; vgl. zum Streitstand auch *Burmeister,* DRiZ 1998, 518 (523 mwN).

47 *Mann*, in: Löwer/Tettinger, Art. 73 Rn. 4.

48 *Detterbeck*, in: Sachs, GG, Art. 98 Rn. 12.

49 *Detterbeck*, in: Sachs, GG, Art. 98 Rn. 12; *Heusch*, in: Schmidt-Bleibtreu/Hofmann/Hopfauf, Art. 98 Rn. 4; *Mann*, in: Löwer/Tettinger, Art. 73 Rn. 4.

Die Begriffe von „**Grundsätze des Grundgesetzes**" und „**verfassungsmäßige Ordnung des Landes**" in Art. 98 Abs. 2 GG sind inhaltlich identisch mit dem Begriff der **freiheitlichen demokratischen Grundordnung** in Art. 10 Abs. 2, 11 Abs. 2, 18, 21 Abs. 2 und 91 Abs. 1 GG.[50] Die „verfassungsmäßige Ordnung des Landes" erweitert die „Grundsätze des Grundgesetzes" letztlich nicht, weil beide Begriffe im Hinblick auf die Homogenitätsklausel des Art. 28 Abs. 1 GG letztlich deckungsgleich mit letzterer auszulegen sind.[51] Der Begriff der „**Grundsätze**" bringt zum Ausdruck, dass es sich um die grundlegenden Verfassungsentscheidungen des Grundgesetzes handeln muss, die dort mit der freiheitlichen demokratischen Grundordnung umschrieben werden, also insbesondere die in Art. 20, 28 Abs. 1 Satz 1 GG erfolgte Festlegung auf einen republikanischen, demokratischen und sozialen Rechtsstaat und die daraus folgenden Einzelableitungen, z.B. der Ausschluss jeglicher Gewalt- und Willkürherrschaft.[52] Eine kritische Haltung zu einzelnen Verfassungsbestimmungen reicht also für die Erhebung der Richteranklage nicht aus. Aus Gründen der **Verhältnismäßigkeit** wird man – wie beim Parteienverbot nach Art. 21 GG[53] und bei anderen, ebenfalls dem Interesse einer streitbaren Demokratie dienenden Vorschriften[54] – eine aggressiv-kämpferische Haltung gegen die freiheitliche demokratische Grundordnung fordern müssen;[55] Äußerungen eines Richters oder ihm zurechenbare Formulierungen in einer Entscheidung unterhalb dieser Schwelle genügen nicht (Fall Orlet-Deckert).[56] Beim Urteil eines Kollegialgerichts ist eine Zurechnung an einen einzelnen Richter grundsätzlich nicht möglich.[57] Im Hinblick auf die besondere Regelung der Sanktion bei vorsätzlichen Verstößen in Art. 98 Abs. 2 Satz 2 GG, Art. 89 Abs. 3 Satz 2 liegt gesetzessystematisch der Schluss nahe, dass die unterhalb der Schwelle der Entlassung vorgesehenen Sanktionen auch bei fahrlässigen oder ggf. sogar schuldlosen Verstößen zur Anwendung gelangen können. Im Hinblick auf den Verhältnismäßigkeitsgrundsatz[58] ist das allerdings kaum vorstellbar;[59] wenn man – wie hier – eine aggressiv-kämpferische Haltung verlangt, ist es ausgeschlossen. 30

Richter im Sinne der Bestimmungen zur Richteranklage sind nur Richter auf Lebenszeit. In anderen Fällen bedarf es des komplizierten Verfahrens der Richteranklage nicht, weil eine Reaktion auf Verfassungsfeindlichkeit leichter möglich 31

50 *Detterbeck*, in: Sachs, GG, Art. 98 Rn. 13; *Heusch*, in: Schmidt-Bleibtreu/Hofmann/Hopfauf, Art. 98 Rn. 4.

51 Vgl. *Mann*, in: Löwer/Tettinger, Art. 73 Rn. 11.

52 *Mann*, in: Löwer/Tettinger, Art. 73 Rn. 11; *Detterbeck*, in: Sachs, GG, Art. 98 Rn. 14; *Heusch*, in: Schmidt-Bleibtreu/Hofmann/Hopfauf, Art. 98 Rn. 4; *Jutzi*, in: Linck/Jutzi/Hopfe, Art. 89 Rn. 19.

53 BVerfGE 5, 85 (141).

54 Nachweise bei *Mann*, in: Löwer/Tettinger, Art. 73 Fn. 21.

55 Wie hier *Detterbeck*, in: Sachs, GG, Art. 98 Rn. 14 f. mwN; aA *Heusch*, in: Schmidt-Bleibtreu/Hofmann/Hopfauf, Art. 98 Rn. 4.

56 *Mann*, in: Löwer/Tettinger, Art. 73 Rn. 4; *Wassermann*, NJW 1995, 303 (304); *Burmeister*, DRiZ 1998, 518 (519 mwN).

57 *Detterbeck*, in: Sachs, GG, Art. 98 Rn. 145; *Heusch*, in: Schmidt-Bleibtreu/Hofmann/Hopfauf, Art. 98 Rn. 4.

58 Vgl. auch *Jutzi*, in: Linck/Jutzi/Hopfe, Art. 89 Rn. 21.

59 *Heusch*, in: Schmidt-Bleibtreu/Hofmann/Hopfauf, Art. 98 Rn. 4; ähnlich *Mann*, in: Löwer/Tettinger, Art. 73 Rn. 18.

ist, etwa bei einem Richter auf Probe durch Entlassung nach allgemeinem Dienstrecht.[60]

32 **Antragsbefugt** bei der Richteranklage ist nach Art. 89 Abs. 3 die „Mehrheit der Mitglieder des Landtags". Eine relative Mehrheit nur der anwesenden Abgeordneten genügt mithin nicht.[61]

33 Die **Rechtsfolgen** eines Urteils im Verfahren der Richteranklage regelt § 59 Abs. 1 BVerfGG: Das BVerfG erkennt auf eine der in Art. 98 Abs. 2 GG vorgesehene Maßnahmen – Versetzung in ein anderes Amt, Versetzung in den Ruhestand, Entlassung – oder auf Freispruch.

34 Erkennt das BVerfG auf **Entlassung**, so hat der Ausspruch rechtsgestaltende Wirkung, d.h. der Amtsverlust tritt unmittelbar mit der Verkündung des Urteils ein.[62] Da das BVerfG eine Versetzung in ein **anderes Amt** oder in den **Ruhestand** lediglich „anordnet" (allerdings im Urteil auch abschließend konkretisieren kann), bedarf es der anschließenden exekutiven Umsetzung der Anordnung.[63] Dass das BVerfG eine Verurteilung bei der Richteranklage nur mit Zweidrittelmehrheit beschließen kann,[64] bedeutet, dass sich hierzu **sechs von acht Richtern** des zur Entscheidung befugten Senats entschließen müssen. Bei entsprechender Verurteilung in diesem Verfahren ebenfalls nicht vorgesehen und damit unzulässig ist eine Aufhebung oder Änderung einer gerichtlichen Entscheidung, die Anlass der Richteranklage ist.[65]

35 Nach § 59 Abs. 1 BVerfG erkennt das BVerfG „auf eine der in Art. 98 Abs. 2 GG vorgesehenen Maßnahmen oder auf **Freispruch**"; die Feststellung eines nach Art. 98 Abs. 2 GG qualifizierten Verfassungsverstoßes ohne Sanktion – etwa wegen Fehlens der aggressiv-kämpferischen Haltung oder bloßer Fahrlässigkeit – ist in § 59 Abs. 1 BVerfG nicht vorgesehen und wäre als verfassungsrechtlich nicht legitimierter Eingriff in den Richterstatus auch unzulässig.[66]

36 Neben den Regelungen zur Richteranklage sind auch die Regelungen des **Straf-**[67] **und des Disziplinarrechts** anwendbar. Nach § 60 BVerfGG wird ein Disziplinarverfahren wegen desselben Sachverhalts ausgesetzt, solange ein Verfahren der Richteranklage anhängig ist, und eingestellt, wenn das BVerfG eine der in Art. 98 Abs. 2 GG vorgesehenen Sanktionen ausspricht.[68]

37 Die Regelungen zur Richteranklage in Art. 98 Abs. 2 GG und in den Landesverfassungen sind **noch nie praktisch geworden.**[69] Gleichwohl ist es richtig, sie als

60 *Jutzi*, in: Linck/Jutzi/Hopfe, Art. 89 Rn. 18; teilweise abweichend *Mann*, in: Löwer/Tettinger, Art. 73 Rn. 9; für die Möglichkeit der landesrechtlichen Einbeziehung auch der ehrenamtlichen Richter *Burmeister*, DRiZ 1998, 518 (525 ff. mwN).

61 *Jutzi*, in: Linck/Jutzi/Hopfe, Art. 89 Rn. 20.

62 *Mann*, in: Löwer/Tettinger, Art. 73 Rn. 17.

63 *Mann*, in: Löwer/Tettinger, Art. 73 Rn. 17.

64 Eine Parallele findet dieses Erfordernis gemäß § 15 Abs. 4 BVerfGG nur bei stattgebenden Entscheidungen des BVerfG über die Verwirkung von Grundrechten (Art. 18 GG, §§ 13 Nr. 1, 36 ff. BVerfGG), die Verfassungswidrigkeit von Parteien (Art. 21 Abs. 2 GG, §§ 13 Nr. 2, 43 ff. BVerfGG) und die Bundespräsidentenanklage (Art. 61 GG, §§ 13 Nr. 4, 49 ff. BVerfGG), vgl. *Mann*, in: Löwer/Tettinger, Art. 73 Rn. 15.

65 *Mann*, in: Löwer/Tettinger, Art. 73 Rn. 16.

66 *Detterbeck*, in: Sachs, GG, Art. 98 Rn. 17 auch mit Nachweis zur Gegenauffassung.

67 Insbesondere wegen Rechtsbeugung, § 336 StGB; vgl. auch die Schadensersatzpflicht des Richters nach § 839 Abs. 2 BGB bei Straftaten im Amt.

68 *Mann*, in: Löwer/Tettinger, Art. 73 Rn. 416; *Heusch*, in: Schmidt-Bleibtreu/Hofmann/Hopfauf, Art. 98 Rn. 4.

69 *Detterbeck*, in: Sachs, GG, Art. 98 Rn. 12; *Mann*, in: Löwer/Tettinger, Art. 73 Rn. 4.

Teil der Normen zur streitbaren Demokratie aufrechtzuerhalten – sowohl im Hinblick auf die wohl nur in ganz seltenen Fällen erforderliche „Abschreckungswirkung" als auch und mehr noch im Hinblick auf das auch angesichts historischer Erfahrungen gebotene Signal an die Gesellschaft, dass Verfassungsfeinde in Richterrobe nicht geduldet werden. Dabei ist auch zu beachten, dass die missverständliche Signalwirkung einer Abschaffung der Regelungen zur Richteranklage über diejenige ihrer Nichteinführung, wenn es sie denn noch nicht gäbe, deutlich hinausginge.

IV. Die Befugnis des einfachen Gesetzgebers zur Regelung des Näheren (Absatz 4)

Art. 89 Abs. 4 bezieht sich nach seiner systematischen Stellung auf alle vorangehenden Absätze der Norm. Beim Gesetzgebungsauftrag des Art. 89 Abs. 1 für ein Richtergesetz hat er jedoch von vornherein keine eigenständige Bedeutung. Bei der Richteranklage nach Art. 89 Abs. 3 ist er mangels inhaltlicher Gestaltungsfreiheit des einfachen Gesetzgebers nach den Vorgaben aus Art. 98 Abs. 5 iVm Abs. 2 GG und Art. 89 Abs. 3 (absolute statt relative Mehrheit bei der Antragstellung) ebenfalls bedeutungslos. Bleibt also als Anwendungsbereich Art. 89 Abs. 2 mit den Regelungen zum Richterwahlausschuss. Hierfür hat der einfache Gesetzgeber in §§ 13 ff. ThürRiG[70] entsprechende Regelungen getroffen.[71] 38

Siebter Abschnitt Die Verwaltung

Artikel 90 [Verwaltungsorganisation]

[1]Die Verwaltung des Landes wird durch die Landesregierung und die ihr unterstellten Behörden ausgeübt. [2]Aufbau, räumliche Gliederung und Zuständigkeiten werden auf Grund eines Gesetzes geregelt. [3]Die Errichtung der staatlichen Behörden im einzelnen obliegt der Landesregierung. [4]Sie kann einzelne Minister hierzu ermächtigen.

Vergleichbare Regelungen

Art. 86 f. GG; Art. 69 f. BWVerf; Präambel, Art. 77 BayVerf; Art. 66 f. VvB; Art. 96 BbgVerf; Art. 55, 57 HambVerf; Art. 69 f. M-VVerf; Art. 56 NV; Art. 77 Verf NW; Art. 112 SaarlVerf; Art. 82 f. SächsVerf; Art. 86 LVerf LSA; Art. 45 SchlHVerf.

Ergänzungsnormen im sonstigen thüringischen Recht

Entscheidung der Landesregierung über den Fortbestand und die Abwicklung von Einrichtungen des Landes Thüringen v. 11.12.1990 (ThürVBl. S. 13) auf der Grundlage von Art. 13 Abs. 1 Satz 4 EinigungsV; Anordnung der Landesregierung und Verordnung des Innenministers über die Errichtung von Behörden und Einrichtungen des Landes Thüringen vom 18.06.1992 (ThürGVBl. S. 188); Zweite Thüringer Verordnung zur Bestimmung von Zuständigkeiten im Geschäftsbereich des Thüringer Innenministeriums vom 12.02.1992 (ThürGVBl. S. 66).

Dokumente zur Entstehungsgeschichte

Art. 82 VerfE CDU; Art. 34 VerfE F.D,P; Art. 75 VerfE SPD; Art. 109 VerfE LL/PDS; Entstehung ThürVerf, S. 236.

70 Vgl. auch §§ 18 ff. des vom Thüringer Justizministerium 2012 vorgelegten Novellierungsentwurfs zum ThürRiG.

71 Vgl. zu Art. 89 Abs. 4: *Jutzi*, in: Linck/Jutzi/Hopfe, Art. 89 Rn. 22.

Literatur

Michael Brenner, Die Polizeireform im Freistaat Thüringen im Lichte der Organisationsgewalt der Landesregierung, ThürVBl 2008, 97 ff.; *Peter M. Huber*, Vom Aufbau der Staats- und Verwaltungsorganisation in Thüringen, ThürVBl 1997, 49 ff.; *Michael König*, Bildung, Errichtung und Einrichtung von Behörden – am Beispiel des Thüringer Polizeiorganisationsgesetzes, VerwArch 2009, 214 ff.; *Bodo Pieroth*, Der Gesetzesvorbehalt für die Zahl und die Standorte von Polizeidirektionen, in: FS Wolf-Rüdiger Schenke (2011), S. 465 ff.

Leitentscheidungen des ThürVerfGH und des BVerfG

Leitentscheidungen des ThürVerfGH oder des BVerfG zu den durch Art. 90 aufgeworfenen organisationsrechtlichen Fragen existieren nicht. Allenfalls zur Problematik des institutionellen bzw. organisatorischen Gesetzesvorbehalts[1] finden sich in der Rechtsprechung des BVerfG hin und wieder knappe Ausführungen.[2]

A. Überblick

1 Satz 1 bestimmt, wer die **Verwaltung** im Freistaat ausübt. Die Sätze 2 bis 4 verteilen die **Kompetenzen** hinsichtlich der **Verwaltungsorganisation** zwischen Landtag und Landesregierung. Das Thema dieser Bestimmungen ist der so genannte institutionelle oder organisationsrechtliche Gesetzesvorbehalt.

B. Herkunft, Entstehung und Entwicklung

2 Die erste Fassung des **Satzes 1**, auf den sich die Mitglieder des Verfassungsunterausschusses im Rahmen der Verfassungsberatungen einigten, lautete: „Die Verwaltung wird durch die Landesregierung, die ihr unterstellten Behörden, die kommunalen Gebietskörperschaften und die Körperschaften, Anstalten und Stiftungen des öffentlichen Rechts, die unter Aufsicht des Landes stehen, ausgeübt".[3] Später wurde „Verwaltung" durch „Verwaltung des Landes" ersetzt und nun mehr allein die „Landesregierung und die ihr unterstellten Behörden" genannt.

3 Als **Satz 2** schlug der Verfassungsunterausschuss folgende Fassung vor: „Aufbau, räumliche Gliederung und Zuständigkeiten werden durch Gesetz oder aufgrund eines Gesetzes geregelt".[4] Nach intensiven Debatten im Verfassungs- und Geschäftsordnungsausschuss[5] wurde dann aber der Passus „durch Gesetz" gestrichen.

1 Zum Begriff: BVerfGE 106, 1 (22).
2 BVerfGE 49, 89 (125); 68, 1 (109): kein allgemeiner Vorbehalt des Parlaments für *alle* grundlegenden Fragen im organisationsrechtlichen Bereich; 111, 191 (217 f.): grundrechtlicher Gesetzesvorbehalt kann organisationsrechtliche Regelungen verlangen. Vgl. auch VerfGH NW, NJW 1999, 1243 ff.: Notwendigkeit parlamentsgesetzlicher Regelung bei Zusammenlegung von Ministerien.
3 Entstehung ThürVerf, S. 236.
4 Entstehung ThürVerf, S. 236.
5 Entstehung ThürVerf, PW 1 VerfA 013 (16.10.1992) S. 90 ff.

In den ursprünglichen Entwürfen war indessen keine Rede davon, dass – wie es in **Satz 3 und 4** nun heißt – die Errichtung der staatlichen Behörden im einzelnen der Landesregierung obliegt und sie einzelne Minister hierzu ermächtigen kann. Die jetzige Fassung verdankt sich einer Intervention der Landesregierung im Verlauf der Verfassungsberatungen. Ihre Begründung: Ohne eine solche Regelung ergäbe sich angesichts der bestehenden Aufbauphase eine problematische Verlängerung der Verfahren; der Landtag würde durch Satz 3 und 4 allerdings keine Kompetenzen abgeben.[6] 4

In den vergangenen Jahren stand Art. 90 im Mittelpunkt der Auseinandersetzungen um die **Neuorganisation der Thüringer Polizei.** Eine Neuregelung, die die Festlegung von Anzahl und Standorten der Polizeidirektionen betraf,[7] wurde im Jahre 2009 von der SPD-Fraktion im Thüringer Landtag im Rahmen eines Normenkontrollantrages vor dem Thüringer Verfassungsgerichtshof angegriffen. Der Antrag wurde aber nach der Landtagswahl vom 31.08.2009 wieder zurückgenommen, das Verfahren daraufhin eingestellt. 5

C. Verfassungsvergleichende Information

Die Thüringer Verfassung steht nicht allein mit ihrer **Regelung**, die bestimmt, **wer** die **Verwaltung ausübt**. Eine ähnliche Regelung enthält die Verfassung Niedersachsens, nach der das Land seine Verwaltung durch „die Landesregierung und die ihr nachgeordneten Behörden“ ausübt.[8] Andere Verfassungen gehen darüber sogar hinaus und nennen neben den jeweiligen Landesregierungen und den ihr unterstellten Behörden auch die „Träger der Selbstverwaltung“.[9] 6

Demgegenüber lassen einige Verfassungen die Frage unbeantwortet, welche **Aspekte der Verwaltungsorganisation** dem **parlamentarischen Gesetzgeber** und welche der **Exekutive** überlassen sind.[10] Manche Verfassungen enthalten wiederum einen ausdrücklichen Regelungsvorbehalt, der sich allgemein auf die Organisation der Landesverwaltung bezieht.[11] Mitunter ist als Gegenstand dieses Gesetzesvorbehalts die „allgemeine Staatsverwaltung“ (Bayern, Saarland), ein anderes Mal die „staatliche“ (Brandenburg), die „Landesverwaltung“ (Nordrhein-Westfalen, Sachsen), die „öffentliche Verwaltung“ (Mecklenburg-Vorpommern, Sachsen-Anhalt) oder nur die „Verwaltung“ (Baden-Württemberg, Schleswig-Holstein) genannt. In sämtlichen der genannten Verfassungen ist zudem der Regierung die Kompetenz zur „Einrichtung der Behörden“ zugewiesen. 7

---

6 Entstehung ThürVerf, PW 1 VerfA 026 (17.09.1993) S. 61 ff.

7 Vgl. *Brenner*, ThürVBl 2008, S. 97 ff.; *Pieroth*, in: FS Wolf-Rüdiger Schenke (2011), S. 465 ff.

8 Art. 56 Abs. 1 NV.

9 Art. 69 BWVerf; Art. 69 M-VVerf; Art. 82 Abs. 1 SächsVerf; Art. 86 Abs. LVerf LSA.

10 Dies gilt für das Grundgesetz sowie für die Verfassungen von Bremen, Hessen und Rheinland-Pfalz.

11 Vgl. Art. 70 Abs. 1 BWVerf; Art. 77 Abs. 1 Satz 1 BayVerf; Art. 96 Abs. 1 Satz 1 BbgVerf; Art. 70 Abs. 2 Satz 1 M-VVerf; Art. 56 Abs. 2 NV; Art. 77 Satz 1 Verf NW; Art. 112 Satz 1 SaarlVerf; Art. 83 Abs. 1 Satz 1 SächsVerf; Art. 86 Abs. 2 LVerf LSA; Art. 45 Abs. 2 SchlHVerf.

D. Erläuterungen

I. Ausübung der Verwaltung des Landes (Satz 1)

8 Das bundestaatliche Modell des Grundgesetzes verteilt in den Art. 83 ff. GG die **Verwaltungszuständigkeiten** zwischen **Bund** und **Ländern**, denen zudem die Kommunen zugeordnet sind.[12] Satz 1 knüpft daran an und legt fest, wer im Freistaat Thüringen die durch das Grundgesetz zugewiesenen Verwaltungszuständigkeiten wahrnimmt.

9 Satz 1 spricht allerdings davon, dass die „Verwaltung des Landes" von der **„Landesregierung"** und den ihr **„unterstellten Behörden"** ausgeübt wird. **Kommunen** und sonstige **Träger der Selbstverwaltung** sind nicht genannt. Dies ist nicht ohne Bedeutung. Bei einer verfassungsgenetischen und verfassungsvergleichenden Betrachtung (dazu oben Rn. 2 ff., 6 f.) zeigt sich, dass „Verwaltung des Landes" gerade nicht unter Abweichung vom Wortlaut als „Verwaltung des Freistaates" gelesen werden kann.[13] Daraus ist zu schließen, dass im Freistaat Thüringen nicht nur durch die Landesregierung und die ihr unterstellten Behörden, sondern auch durch **Gemeinden und Gemeindeverbände** (Art. 91 ff.) verwaltet wird, die überdies keinesfalls der Regierung unterstellt sind, sondern allein der Aufsicht des Landes unterliegen (Art. 94). Verwaltung außerhalb des Bereichs der Regierung und der ihr zugeordneten Behörden geschieht zudem im **Landtag** (Art. 57 Abs. 4), im **Thüringer Verfassungsgerichtshof** als ein gegenüber den anderen Verfassungsorganen selbständiges und unabhängiges Gericht (Art. 79 Abs. 1) sowie im **Landesrechnungshof** als selbständige und nur dem Gesetz unterworfene oberste Landesbehörde (Art. 103). Diese Verwaltung außerhalb des Bereichs der Regierung und der ihr unterstellten Behörden fällt nicht in den Anwendungsbereich von Satz 1.

II. Aufbau, räumliche Gliederung, Zuständigkeiten und Errichtung der Behörden (Satz 2 bis 4)

10 **1. Verwaltungsorganisation unter Parlamentsvorbehalt.** Die traditionelle **Lehre vom Gesetzesvorbehalt**, wonach Eingriffe in Freiheit und Eigentum einer gesetzlichen (Parlamentsgesetz, Rechtsverordnung, Satzung) Grundlage bedurften, wurde vom Bundesverfassungsgericht zur Lehre vom **Parlamentsvorbehalt im Sinne eines Delegationsverbotes** weiterentwickelt. Der parlamentarische Gesetzgeber muss „in grundlegenden normativen Bereichen, zumal im Bereich der Grundrechtsausübung, soweit dieser staatlicher Regelung zugänglich ist, alle wesentlichen Entscheidungen selbst" treffen.[14] Daraus ist zu folgern, dass auch **wesentliche Entscheidungen**, soweit sie die **Organisation der Verwaltung** betreffen, dem **Parlament vorbehalten** und allein von ihm zu treffen sind, mithin nicht an die Regierung delegiert werden dürfen.[15] Konkret wird eine formell-gesetzliche Regelung jedenfalls auch insoweit für erforderlich gehalten, als es um Grundfragen des Verwaltungsaufbaus geht. Dies betrifft die Schaffung und Auflösung eigenständiger Verwaltungsträger oder Regelungen, die für den Grund-

---

12 BVerfGE 39, 96 (109); 86, 148 (215); 119, 331 (364 f.).
13 AA *Huber*, LKV 1994, 121 (130).
14 BVerfGE 61, 260 (275); 88, 103 (116).
15 Vgl. BVerfGE 40, 237 (247 ff.): Behördenzuständigkeit; 83, 130 (152 ff.): Verwaltungsverfahren; 106, 1 (22): Ausnahmen vom generellen Delegationsverbot; 111, 191 (217 f.): organisationsgesetzliche Regelungen aufgrund Grundrechtsrelevanz.

rechtsschutz und die Grundrechtsausübung entscheidend sind, insbesondere die Festlegung der dafür relevanten Zuständigkeiten der Behörden, der Verfahrensstruktur und der Verfahrensrechte der Beteiligten.[16]

Es lassen sich mehrere Gründe dafür anführen, dass Satz 2 bis 4 diese **Lehre vom Parlamentsvorbehalt** für die Organisation der Verwaltung **in der Thüringer Verfassung verankern** wollte. Zunächst darf davon ausgegangen werden, dass diese Lehre dem **bundesverfassungsrechtlichen Rahmen** der landesverfassungsgebenden Gewalt (Art. 28 Abs. 1 GG) zuzurechnen ist, den der Thüringer Verfassungsgeber nicht überschreiten wollte. Auch die **Gegenüberstellung** der in Satz 2 genannten Regelungskomplexe „Aufbau, räumliche Gliederung und Zuständigkeiten" mit der „Errichtung der Behörden im einzelnen" (Satz 3) lässt darauf schließen, dass Organisationsfragen von allgemeiner und grundlegender Bedeutung vom Parlament und nicht von der Regierung zu entscheiden sind. Diese Sichtweise hat zudem die **Verfassungsberatungen** geprägt. Selbst mit der Streichung des Passus „durch Gesetz" sollte keinesfalls die Möglichkeit eröffnet werden, wesentliche verwaltungsorganisatorische Regelungen allein durch Rechtsverordnung oder Satzung zu erlassen. Vielmehr zielte diese Streichung sowie die Einfügung von Satz 3 und 4 darauf, der Landesregierung aus Gründen sachlich gebotener Flexibilität überhaupt gewisse eigene Regelungskompetenzen zu sichern.[17] 11

2. Umfang des Parlamentsvorbehalts. Der **Aufbau** der Verwaltung (Satz 2), der demzufolge durch Parlamentsgesetz geregelt werden muss, umfasst den Instanzenzug der Behörden, die damit verbundenen Über- und Unterordnungsverhältnisse, die Bildung von Behördentypen (z.B. Landesoberbehörde, allgemeine oder besondere Verwaltungsbehörden) oder die Bildung einer neuen Behördenart innerhalb eines Behördentyps (z.B. Bildung einer neuen Landesoberbehörde).[18] 12

Unter **räumlicher Gliederung** (Satz 2) ist die Festlegung der Bezirke der staatlichen Verwaltungsbehörden zu verstehen.[19] Daraus ist abzuleiten, dass der Gesetzgeber in Bezug auf die jeweils fraglichen Behörden eine territorialbezogene Regelung treffen muss. Er muss mithin regeln, *dass* es, bezogen auf das Territorium des Freistaates, eine oder aber auch mehrere Behörden geben soll, sodann, falls eine Entscheidung für eine Mehrzahl von Behörden gefallen ist, *wie* diese Behörden auf die Gesamtfläche des Territoriums verteilt werden sollen. Das parlamentarische Gesetz hat zumindest eine Zuordnung von Behörden und Flächen vorzunehmen, die allerdings nicht gleichzusetzen ist mit der Bestimmung konkreter Grenzverläufe zwischen den aufgeteilten Flächen. Auch die Bestimmung des konkreten Sitzes der Behörde fällt nicht unmittelbar unter den Begriff der räumlichen Gliederung. 13

16 Vgl. etwa *Schmidt-Aßmann*, Verwaltungsorganisation zwischen parlamentarischer Steuerung und exekutivischer Organisationsgewalt, in: FS Hans Peter Ipsen (1977), S. 333 (342 f. mwN); *Gross*, Das Kollegialprinzip in der Verwaltungsorganisation, 1999, S. 239 ff.; *Maurer*, Allg. VerwR, 16. Aufl. 2006, § 6 Rn. 23; *Ehlers*, in: Erichsen/Ehlers, 13. Aufl. 2006, § 2 Rn. 45; *Sommermann*, in: von Mangoldt/Klein/Starck, Bd. II, Art. 20 Rn. 238.
17 Entstehung ThürVerf, VerfA 013 (16.10.1992) S. 90 ff.; VerfA 026 (17.09.1993) S. 61 ff.
18 Vgl. *Hopfe*, in: Linck/Jutzi/Hopfe, Art. 90 Rn. 7; *Fibich*, S. 119.
19 Vgl. *Hopfe*, in: Linck/Jutzi/Hopfe, Art. 90 Rn. 7; *Fibich*, S. 119.

14 Der Terminus „**Zuständigkeiten**" (Satz 2) meint sachliche und örtliche Zuständigkeit.[20] Dieses Verständnis lässt sich damit begründen, dass die Verfassung den Plural verwendet und damit offenbar unterschiedliche Zuständigkeitsarten erfasst. Da die instanzielle Zuständigkeit schon vom Begriff des Aufbaus erfasst ist, bleiben daher nur die sachliche und örtliche Zuständigkeit übrig. Die **örtliche Zuständigkeit** betrifft den einer Behörde zugewiesenen räumlichen Tätigkeitsbereich, die **sachliche Zuständigkeit** die ihr übertragenen Verwaltungsaufgaben. Art. 97 regelt den besonderen Fall, dass der Landtag von Verfassung wegen verpflichtet ist, eine Landesbehörde mit konkret benannter sachlicher Zuständigkeit („Schutz der verfassungsmäßigen Ordnung") zu schaffen.

15 Die der Landesregierung obliegende „**Errichtung der staatlichen Behörden im einzelnen**" (Satz 3) beinhaltet die **detailbezogene Binnen- und Feinsteuerung** von Einrichtungen, die Aufgaben der öffentlichen Verwaltung wahrnehmen. Die Landesregierung besitzt insoweit eine Regelungskompetenz hinsichtlich der Schaffung – und damit auch Aufhebung – einer bestimmten Behörde, ihrer Ausstattung mit Sachmitteln und Personal, die Festlegung des Behördensitzes sowie die Ordnung ihrer inneren Verhältnisse. Diese Deutung lässt sich auf den Wortlaut („im einzelnen") wie auch auf die Verfassungsberatungen stützen. Satz 3 und 4 wurden auf Bitten der Landesregierung in die Verfassung aufgenommen, diese Bitte aber mit der Erklärung versehen, dass der Landtag damit jedoch keine wesentlichen Kompetenzen aufgebe. [21]

Artikel 91 [Kommunale Selbstverwaltung]

(1) Die Gemeinden haben das Recht, in eigener Verantwortung alle Angelegenheiten der örtlichen Gemeinschaft im Rahmen der Gesetze zu regeln.

(2) [1]Weitere Träger der Selbstverwaltung sind die Gemeindeverbände. [2]Das Land gewährleistet ihnen das Recht, ihre Angelegenheiten im Rahmen der Gesetze unter eigener Verantwortung zu regeln.

(3) Den Gemeinden und Gemeindeverbänden können auf Grund eines Gesetzes staatliche Aufgaben zur Erfüllung nach Weisung übertragen werden.

(4) Bevor auf Grund eines Gesetzes allgemeine Fragen geregelt werden, die die Gemeinden und Gemeindeverbände betreffen, erhalten diese oder ihre Zusammenschlüsse grundsätzlich Gelegenheit zur Stellungnahme.

Vergleichbare Regelungen

Art. 28 Abs. 2 GG; Art. 71 – 75 BWVerf; Art. 10, 11, 83 BayVerf; Art. 66 Abs. 2 Satz 1 VvB; Art. 97 BbgVerf; Art. 143, 144 BremVerf; Art. 137 Abs. 1 – 4 HessVerf; Art. 72 M-VVerf; Art. 57 NV; Art. 78 Verf NW; Art. 49 Verf Rh-Pf; Art. 117, 118, 120, 124 SaarlVerf; Art. 82, 84, 85 SächsVerf; Art. 2 Abs. 3, 86, 87 LVerf LSA; Art. 46 SchlHVerf.[1]

Ergänzungsnormen im sonstigen thüringischen Recht

ThürKO idF. der Bek. v. 28.01.2003 (ThürGVBl. S. 41) zuletzt geändert durch Gesetz v. 06.03.2013 (ThürGVBl. S. 49), ThürKGG idF. der Bek. v. 10.10.2001 (ThürGVBl. S. 290) zuletzt geändert durch Gesetz v. 31.01.2013 (ThürGVBl. S. 22), ThürKWG v. 16.08.1993 (ThürGVBl. S. 530) zuletzt geändert durch Gesetz v. 09.09.2010 (ThürGVBl. S. 291).

---

20 Ebenso *Hopfe*, in: Linck/Jutzi/Hopfe, Art. 90 Rn. 7; *Fibich*, S. 119.

21 Entstehung ThürVerf, PW 1 VerfA 026 (17.09.1993) S. 63.

1 Aufgeführt sind die Gesamtregelungen über die kommunale Selbstverwaltung, i.d.R. mit Ausnahme verfassungsprozessualer Vorschriften. Vgl. den kommentierenden Überblick bei *Burgi*, Kommunalrecht, 3. Aufl. 2010, § 7 Rn. 9 ff.

Dokumente zur Entstehungsgeschichte

Art. 82, 85, 87 VerfE CDU; Art. 65, 68, 70 VerfE F.D.P.; Art. 75, 76VerfE SPD; Art. 71 VerfE NF/GR/DJ; Art. 2, 97, 101, 109 VerfE LL/PDS; Entstehung ThürVerf S. 237 ff.

Literatur

Martin Burgi, Kommunalrecht, 3. Aufl., München 2010; *Stefanie Engel-Boland,* Gemeindliches Satzungsrecht und Gesetzesvorbehalt, Baden-Baden 1998; *Alfons Gern*, Deutsches Kommunalrecht, 3. Aufl., Baden-Baden 2003; *ders.*, Sächsisches Kommunalrecht, 2. Aufl., München 2000; *Jörn Ipsen*, Kommunalrecht, 3. Aufl., Stuttgart 2006; *ders.*, Schutzbereich der Selbstverwaltungsgarantie und Einwirkungsmöglichkeiten des Gesetzgebers, ZG 1994, 194 ff.; *Franz-Ludwig Knemeyer,* Bayerisches Kommunalrecht, 11. Aufl., Stuttgart 2004; *Uwe Lübking/Klaus Vogelgesang*, Die Kommunalaufsicht, Berlin 1998; *Ute Lusche*, Die Selbstverwaltungsaufgaben der Landkreise, Stuttgart 1998; *Hartmut Maurer*, Verfassungsrechtliche Grundlagen der kommunalen Selbstverwaltung, DVBl. 1995, 1037 ff.; *ders.*, Verfassungsrechtliche Grundlagen der kommunalen Selbstverwaltung, in: Friedrich Schoch (Hrsg.), Selbstverwaltung der Kreise in Deutschland, Köln 1996, S. 1 ff.; *Karl-Ulrich Meyn,* Gesetzesvorbehalt und Rechtsetzungsbefugnis der Gemeinden, Göttingen 1977; *Albert von Mutius*, Kommunalrecht, 1996; *Günter Püttner*, Kommunalrecht Baden-Württemberg, 3. Aufl., Stuttgart 2004; *Matthias Ruffert*, Verfassungsrechtlicher Rahmen für eine Gebiets- und Funktionalreform im Freistaat Thüringen, ThürVBl 2006, 265 ff.; *Eberhard Schmidt-*Aßmann/*Hans Christian Röhl*, Kommunalrecht, in: Schmidt-Aßmann, S. 9 ff.; *Bernhard Joachim Scholz,* Der Rechtsschutz der Gemeinden gegen fachaufsichtliche Weisungen, Stuttgart 2002; *Meinhard Schröder*, Kommunalverfassungsrecht, in: Norbert Achterberg/Günter Püttner/Thomas Würtenberger, Besonderes Verwaltungsrecht, 2. Aufl. 2000; *Otfried Seewald*, Kommunalrecht, in: Udo Steiner (Hrsg.), Besonderes Verwaltungsrecht, 8. Aufl., Heidelberg 2006; *Rolf Stober*, Kommunalrecht, 3. Aufl., Heidelberg 1996; *Welf Sundermann/Thomas Miltkau*, Kommunalrecht Brandenburg, Hamburg 1995; *Bernd Wiegand/Michael Grimberg*, Gemeindeordnung für das Land Sachsen-Anhalt. Kommentar, 2. Aufl., München 1997.

Leitentscheidungen des ThürVerfGH und des BVerfG

ThürVerfGH, Urt. v. 18.12.1996 – 2/95, 6/95 – NVWZ-RR 1997, 639 ff. (kreisfreie Stadt und Eingemeindung); Urt. v. 23.05.1996 – 12/96 – LVerfGE 4, 426; Urt. v. 20.02.1997 – 24/96 u.a. – LKV 1997, 412 ff. (Eingemeindung und Verwaltungsgemeinschaft); Urt. v. 18.09.1998 – 1/97, 4/97 – NVwZ-RR 1999, 55 ff. (Auflösung von Gemeinden).

BVerfGE 50, 50 ff. (Anhörung, Systemgerechtigkeit, Sachverhaltsermittlung, Verhältnismäßigkeit); 58, 177 (196) (Ergänzungs- und Ausgleichsfunktion der Gemeindeverbände); 83, 363 (383) (Selbstverwaltungsaufgaben der Kreise); 86, 90 (107) (Rückgliederung, Vertrauensschutz); 91, 228 (Organisationshoheit / Gleichstellungsbeauftragte).

A. Überblick

1 Anders als im GG, in dem die kommunalverfassungsrechtlichen Vorschriften von Art. 28 GG in den allgemeinen Abschnitt über den Bund und die Länder eingeordnet sind, finden sich die Regelungen über den rechtlichen Status von Gemeinden und Gemeindeverbänden im siebten Abschnitt der Verfassung, dem über die Verwaltung. Damit wird zum Ausdruck gebracht, dass Gemeinden und Kreise, obwohl sie wie Bund und Länder Gebietskörperschaften sind, als dem Freistaat Thüringen als einem Land der Bundesrepublik Deutschland eingeordnet gelten. Wohl auch aus solchen Gründen wird von einem "zweistufigen Staats- und damit auch Verwaltungsaufbau" gesprochen.[2] Dass die Kommunen keine Staaten sind, wird nicht bestritten. Selbst wenn man mit der h. L. die Länder als Staaten ansieht,[3] bedarf diese Kennzeichnung aber der Differenzierung. Nur die Kreise und Gemeinden sind verfassungsrechtlich garantiert und bilden jedenfalls insofern eine dritte und eine vierte Stufe des Staatsaufbaus.[4] So wie die Länder nach Art 83 ff. GG Gesetze des Bundes entweder als eigene Angelegenheit oder im Auftrag des Bundes durchzuführen haben, so haben die Kommunen neben den in Abs. 1 und Abs. 2 angesprochenen Selbstverwaltungsangelegenheiten die in Abs. 3 als staatliche Aufgaben zur Erfüllung nach Weisung bezeichneten Auftragsangelegenheiten.[5] Wie die Länder haben also die Kommunen neben den eigenen Angelegenheiten, in denen ihnen schon aus der Verfassung die Befugnis zur Rechtsetzung zukommt, Materien zu regeln bzw. zu verwalten, die als fremde gekennzeichnet werden können.

2 *So von Mutius*, Kommunalrecht, 1996, § 2 Rn. 13; aA *Stern*, in: BK, Art. 28 Rn. 78; *Maurer*, Allgemeines Verwaltungsrecht, 1997, § 23 Rn. 5; *Scholz*, Der Rechtsschutz der Gemeinden gegen fachaufsichtliche Weisungen, 2002, S. 80 f.

3 Das bereitet wegen des Merkmals der Souveränität bei den Ländern konstruktive Schwierigkeiten, die die hL mit der Annahme einer Teilsouveränität zu lösen versucht. Andererseits soll die Souveränität aber unteilbar sein. Zurückhaltend deshalb auch *Zippelius*, Allgemeine Staatslehre, 12. Aufl. 1994, § 9 II (S. 54 ff.); vgl. auch *Meyn*, in: Huber, 3. Teil, Rn. 15 mwN.

4 BVerfGE 79, 127 (148) spricht insofern von einem „nach Verwaltungsebenen gegliederten, auf Selbstverwaltungskörperschaften ruhenden Staatsaufbau“.

5 Die Überschriften der §§ 2, 3 ThürKO für die Gemeinden und der §§ 87, 88 ThürKO für die Kreise spiegeln diese verfassungsdogmatische Lage, indem sie einerseits von „eigenen Aufgaben“ und andererseits von „übertragenen Aufgaben“ sprechen; vgl. dazu *Meyn* (Fn. 3) Rn. 46.

B. Herkunft, Entstehung und Entwicklung

Die moderne kommunale Selbstverwaltung geht auf die **Stein-Hardenberg-Reformen** zurück,[6] die mit der preußischen Städteordnung von 1808 den Gemeinden die Selbstverwaltung zurückgaben, die in der Zeit des Absolutismus verloren gegangen war.[7] Diese wurde als die Selbstorganisation einer dem Staat entgegengesetzten (bürgerlichen) Gesellschaft angesehen. Diese verfassungstheoretische Position hielt sich im 19. Jahrhundert durchgehend. Bezeichnend war es, dass die sog. **Paulskirchenverfassung** von 1849 die Selbstverwaltung in § 184 „jede(r) Gemeinde ... als Grundrechte ihrer Verfassung" konstruierte. An dieser grundrechtlichen Sicht änderte sich auch nichts in der **Weimarer Reichsverfassung**, die mit Art 127 die gemeindliche Selbstverwaltung ebenfalls in ihrem Grundrechtsteil[8] regelte.[9] Auf der Zentralebene beendete erst das **Grundgesetz** mit Art. 28 Abs. 2 diese verfassungsdogmatische Einordnung.[10] 2

Dogmengeschichtlich irrelevant ist die Zeit des Nationalsozialismus von 1935 an (Herrschaft des Führerprinzips)[11] und die Zeit der DDR (Prinzip des demokratischen Zentralismus).[12] 3

Die **kommunalverfassungsrechtliche Entwicklung Thüringens** verläuft im Wesentlichen parallel zu der in anderen Ländern Deutschlands[13], ohne dass es zunächst zu einer verfassungsrechtlichen Absicherung der Kommunen gekommen wäre. In der Verfassung des Landes Thüringen v. 11.03.1921[14] war in § 63 immerhin in Bezug auf die aufgelösten und inkorporierten ehemaligen Fürstentümer von „Kommunalverbänden höherer Ordnung" die Rede, so dass diese Verfassung jedenfalls mittelbar die Existenz von Kommunen anerkannte.[15] Die kommunalverfassungsrechtlichen Vorschriften der ThürVerf sind deshalb ohne 4

6 Vgl. dazu *Gönnenwein*, Gemeinderecht, Tübingen 1963, S. 12 ff.; zu den Wurzeln der Selbstverwaltungsidee vgl. auch *von Unruh*, in: HKWP I, S. 58 f. mit zahlreichen Nachweisen.

7 Vgl. dazu *Kluth*, in: Wolff/Bachof/Stober/Kluth, Verwaltungsrecht, Bd. III, 5. Aufl. 2004, § 80 Rn. 122 ff., § 94 Rn. 9 ff.; gleichartige Regelungen ergaben sich für andere deutsche Staaten; vgl. speziell für Bayern *Seydel*, Bayerisches Staatsrecht, Bd. 1, München 1887, S. 248 (251 ff.); vgl. zur Geschichte speziell der Landkreise *Schmidt*, in: Rücker, § 86 Einleitung (St.d.B. 03.2009), S. 1 f.; zur Geschichte der kommunalen Selbstverwaltung unter besonderer Berücksichtigung der Aufsichtsregelungen *Lübking/Vogelgesang*, Die Kommunalaufsicht, 1998, S. 35 ff.

8 Aus Art. 17 Abs. 2 Satz 1 WRV, mit dem die Wahlrechtsgrundsätze auch für Gemeindewahlen in Geltung gesetzt werden, hätte eine Hinwendung zu einer staatsorientierten Sicht der Kommunen folgen können; vgl. aber die seinerzeit noch selbstverständliche Betonung des Unterschiedes von Staat und Gesellschaft bei *Bühler*, Handbuch des Deutschen Staatsrechts, Bd. 1, 1930, S. 697 ff.; noch deutlicher *Anschütz*, Die Verfassung des Deutschen Reiches, Kommentar, 14. Aufl. 1933, Art. 127 Anm. 1: „leerlaufender` Grundrechtsartikel".

9 Die weiterhin geltenden Bestimmungen der WRV büßten in der Nazi-Zeit unter der faktischen Geltung des Führerprinzips natürlich ebenso ihre faktische Wirkung ein, vgl. dazu *Matzerath*, Nationalsozialismus und kommunale Selbstverwaltung, 1979, passim; *ders, in:*. HKWP, Bd. I, 3. Aufl. 2007, S. 119 ff.

10 Vgl. *Meyn* in: Huber, 3. Teil, Rn. 1, 24.

11 Vgl. dazu *Matzerath* (Fn. 9), passim; *ders.*, in: HKWP, Bd. I, 3. Aufl. 2007, S. 119 ff.

12 Vgl. dazu *Kluth* (Fn. 7), § 96 Rn. 21.

13 Vgl. *Meyn*, in: Huber, 3. Teil, Rn. 2 ff.

14 GTh 1921, S. 57.

15 Zur einfachgesetzlichen Regelung vgl. *Meyn* (Fn. 13) Rn. 3.

landesverfassungsrechtliche Vorgänger, denn auch die VorlLS vom 07.11.1990 [16] enthielt keine Vorschrift zur kommunalen Selbstverwaltung.

5 Vor der ThürVerf mit ihren kommunalverfassungsrechtlichen Bestimmungen wurde die ThürKO [17] verkündet, die insbesondere in ihrem § 1 bereits die wesentlichen Garantien aus Art. 28 Abs. 2 GG umsetzte.[18] Deren Vorgängerin war wiederum die Vorläufige Kommunalordnung für das Land Thüringen (ThürV-KO) vom 24.07. 1992.[19]

6 Während der **Verfassungsberatungen** im Plenum des Landtages wurde Art. 91 nur wenig angesprochen. Von verfassungspolitischer Bedeutung war immerhin im Vorfeld der Beratungen ein Hinweis auf den Antrag, eine „Kommunalkammer" als 2. Kammer neben dem Landtag einzurichten.[20] In der 1. Lesung des Verfassungsentwurfes wies der Abg. Kniepert darauf hin, dass „sich erfolgreich entwickelnde Kommunen ... Grundlage des Staates" seien.[21] Ähnliches gilt zunächst für die Beratungen des VerfA.[22] So wurde die endgültige Fassung von Art. 91 Abs. 1 ohne weitere Aussprache erarbeitet. Von Bedeutung für die Interpretation der Vorschrift ist allerdings, dass die ursprüngliche Einbeziehung „andere(r) öffentlich-rechtliche(r) Körperschaften, Anstalten und Stiftungen" in Abs. 2 gestrichen wurde. Daraus geht das Bewusstsein und die Absicht des Verfassunggebers hervor, dass es sich bei den Kommunen als Gebietskörperschaften um weitere Ebenen des Staatsaufbaus neben Bund und Ländern mit besonderer Stellung handelt und nicht nur um Körperschaften der mittelbaren Staatsverwaltung.[23]

Abs. 4 wurde im VerfA kontrovers diskutiert. Über die Ansicht, man solle die Frage der Anhörung der einfachgesetzlichen Regelung überlassen,[24] wurde vom Ausschuss gegenteilig entschieden.[25] Die ursprüngliche Fassung des Gesetzesvorbehalts, welche lautete „durch Gesetze oder auf Grund eines Gesetzes" wurde offenbar von der Redaktionskommission geändert und dann nicht mehr diskutiert. Eine ändernde Regelungsabsicht des Verfassungsgebers ist darin nicht zu erkennen.

16 ThürGVBl. 1990, S. 1.
17 16.10.1993 (ThürGVBl. 1993, S. 501).
18 In Kraft getreten nach § 131 Abs. 1 ThürKO allerdings erst am Tag nach der ersten Kommunalwahl (12.06. / 27.06.1994).
19 ThürGVBl. 1992, S. 383 ff. Einzelne Vorschriften kommentiert durch *Gnauck/Höhlein Steenbock*, Thüringer Kommunalverfassung, Loseblattausgabe, abgeschlossen mit Stand: 6. Erg. 1996. – Zur Entwicklung der Kommunalverfassung der DDR vgl. auch den knappen Überblick bei *Meyn*, LKV 1995, 265 f. mwN.
20 So der fraktionslose Abg. Geißler in der 2. Lesung v. 21.04.1993 (LT-Prot. 1/79, S. 29). Vgl. auch die Äußerung von *Franzen*, PW 1 VerfA 013 (16.10.1992) S. 120.
21 LT-Prot. 1/28, S. 12.
22 Vgl. Entstehung ThürVerf, S. 239 f.
23 Vgl. dazu die Diskussion PW 1 VerfUA 017 (01.09.1992) S. 87 ff., in der eine Gleichbehandlung mit anderen Körperschaften und Anstalten abgelehnt wurde.
24 So Sachverständiger Jutzi, PW 1 VerfA 013 (16.10.1992) S. 120 f.
25 Vgl. PW 1 VerfA 013 (16.10.1992) S. 123. Vgl. auch die Darstellung in Entstehung ThürVerf, S. 240, Anm. 20, in der allerdings fälschlich davon ausgegangen wird, dass „auf Grund eines Gesetzes" die umfassendere Regelung sei. Sie bedeutet eigentlich, dass eine Rechtsverordnung ausreicht, wird allerdings auch zu einzelnen Vorschriften des GG so gedeutet, dass ein formelles ermächtigendes Gesetz erforderlich ist; vgl. *Kunig*, in: von Münch/Kunig, Art. 2 Rn. 80.

C. Verfassungsvergleichende Information

7 Die **kommunalverfassungsrechtlichen Vorschriften der anderen Bundesländer**[26] sind im Wesentlichen an Art. 28 Abs. 2 GG und seiner Auslegung durch das BVerfG orientierte Regelungen. Sie sind enthalten in folgenden Vorschriften: Art. 71 – 76 BWVerf.; Art. 10, 11 BayVerf; Art. 97 – 100 BbgVerf; Art. 137, 138 HessVerf; Art. 72 – 75 M-VVerf; Art. 57 – 59 NV; Art. 78 – 79 Verf NW; Art. 49 – 50 VerfRh-Pf; Art. 117 – 124 SaarlVerf; Art. 82 – 89 SächsVerf; Art. 2 Abs. 3, 86 – 90 LVerf LSA; Art. 46 SchlHVerf. Besonderheiten gelten für die **Stadtstaaten** Berlin (Art. 66, 67 VvB) und Hamburg (Art. 4 HambVerf), die lediglich Regelungen über die selbständige Verwaltung in Bezirken enthalten und Bremen, wo Bremen und Bremerhaven als Gemeinden statuiert sind (Art. 147 BremVerf).

D. Erläuterungen

I. Allgemeines

8 Wie bei anderen Vorschriften der Verfassung auch, steht die Regelung von Art. 91 im Kontext mit Regelungen des GG. Seiner systematischen Stellung nach enthält Art. 28 GG in seinem Abs. 2 – wie in seinem Abs. 1 auch – eine sog. **Homogenitätsklausel**, also ein Gebot an die Länder, das Recht der kommunalen Selbstverwaltung in seinem (Mindest-)Gehalt so zu regeln, wie es das GG vorsieht.[27] Darüber hinaus hat Art. 28 Abs. 2 GG aber auch unmittelbare rechtliche Wirkung, z.B. gegenüber Bundesgesetzen.

9 Art. 28 Abs. 2 GG ist dagegen nicht etwa Element eines **„gemeindeutschen Verfassungsrechts"**, so dass die Vorschrift selbst gleichzeitig Landesverfassungsrecht wäre.[28] Der ThürVerfGH hat in einer besonderen verfassungsrechtlichen und verfassungsprozessualen Situation zu der Hilfskonstruktion eines solchen "gemeindeutschen Verfassungsrechts" gegriffen – das in Art. 28 Abs. 2 GG enthalten sei und deshalb als Landesverfassungsrecht gelte[29] –, weil die damals noch geltende VorlLS keine Garantie der kommunalen Selbstverwaltung enthielt. Der ThürVerfGH sah sich zu diesem Kunstgriff gezwungen, weil das von thüringischen Gemeinden gegen die Gebietsreform angerufene BVerfG die kommunalen Verfassungsbeschwerden unter Berufung auf die Subsidiaritätsklausel von Art. 93 Abs. 1 Nr. 4 b GG, § 91 Satz 2 BVerfGG zurückgewiesen hatte. Das BVerfG scheint dabei entweder übersehen zu haben, dass jene seinerzeit noch geltende Landesverfassung keine dem Art. 28 Abs. 2 GG entsprechende Vorschrift enthielt, oder aber angenommen, dass die ThürVerf vom 25.10.1993 bereits auf diese Fälle anwendbar sei. Andererseits durfte der ThürVerfGH den

---

26 Rechtsvergleichende Hinweise auf europäische und außereuropäische Staaten gibt *Dreier*, in: Dreier, Art. 28 Rn. 40 ff.

27 *Ipsen*, NV, Art. 57 Rn. 13 mwN.

28 So aber: ThürVerfGH, Urt. v. 23.05.1996 – 12/95 – unter B I. 2, Umdruck S. 10, = ThürVBl 1996, 209(209 f.); ThürVerfGH, Urt. v. 18.12.1996 – 2/95 u.a.- Umdruck S. 19 f.; ThürVerfGH, Beschl. v. 12.07.1996 – 4/95 – Umdruck S. 11= ThürVBl 1996, 281; ThürVerfGH Urt. v. 06.09.1996 – 4/95 – Umdruck S. 11 = LVerfGE 5, 331 (338 f.); als „nicht ganz unanfechtbar" bezeichnet die Konstruktion *Huber*, in: Wandel als Konstante : Festschrift zum 75-jährigen Bestehen des Richard-Boorberg-Verlags, 2003, S. 142,; vgl. zum Folgenden auch *Meyn*, in: Huber, 3. Teil, Rn. 22.

29 ThürVerfGH, Urt. v. 23.05.1996 – 12/95 – unter B I. 2, Umdruck S. 10 = ThürVBl 1996, 209.

Prüfungsmaßstab des Art. 91 Abs. 1 u. 2 ThürVerf, den es nach Art. 80 Abs. 1 Nr. 2 ThürVerf, § 31 Abs. 2 ThürVerfGHG im Rahmen einer kommunalen Verfassungsbeschwerde allein heranziehen konnte, noch nicht anwenden, weil er seinerzeit noch nicht gegolten hatte. In dieser Situation sah sich der ThürVerfGH befugt, Art. 28 Abs. 2 GG als gemeindeutsches Verfassungsrecht anzusehen, das als solches auch in den Bundesländern gelte. Das Gericht will "diese Befugnis allerdings nur in einer singulären, eng begrenzten Sondersituation" in Anspruch nehmen.[30] Eine solche Konstruktion widerspricht dem grundlegenden Verhältnis zwischen GG und Landesverfassungen, wie es in Art. 28 GG geregelt ist. Sie würde eine dreigliedrige Struktur des Bundesstaates über der Kommunalebene voraussetzen mit einer zusätzlichen Verfassungsebene, für die sich im GG kein Anhaltspunkt findet.[31] Sie ist aber ohnehin auf Altfälle beschränkt, also auf solche Fälle, die vor dem Inkrafttreten der gegenwärtig geltenden ThürVerf lagen.

10 Dem Gewährleistungsgebot des Art. 28 Abs. 2 GG hat der Verfassunggeber in vollem Umfang entsprochen. Abs. 1 entspricht dabei weitgehend Art. 28 Abs. 2 Satz 1 GG. Während das GG aber nur formuliert, dass den Gemeinden das Recht der Selbstverwaltung „gewährleistet sein (muss)", „haben" die Gemeinden der ThürVerf zufolge „das Recht, in eigener Verantwortung alle Angelegenheiten der örtlichen Gemeinschaft" zu regeln. Auch wenn der Unterschied gering ist, so wird die **Ranghöhe der gemeindlichen Selbstverwaltung** vom Thüringer Verfassungsgeber doch besonders betont. Diese hohe Wertung schon dem Wortlaut nach wird in Abs. 2 ebenfalls deutlich, indem für die Gemeindeverbände nicht von einem gesetzlichen Aufgabenbereich gesprochen wird, der gemäß Art. 28 Abs. 2 Sstz 2 GG erst vom Landesgesetzgeber festgelegt werden müsste; die Gemeindeverbände werden als „Träger der Selbstverwaltung" unmittelbar von der Verfassung mit dem Selbstverwaltungsrecht ausgestattet.

11 Im GG finden sich über Art. 28 Abs. 2 hinaus – neben dem Gebot einer demokratischen Verfassung in Art. 28 Abs. 1 Satz 3 – weitere Garantien für Gemeinden und Gemeindeverbände: die Finanzgarantien aus Art. 106 Abs. 5 – 7 GG und die Garantie der Lebensfähigkeit im Verteidigungsfall gemäß Art. 105 c Abs. 3 GG. Von besonderer Bedeutung ist Art. 106 Abs. 6 Satz 2 GG, der vom BVerfG als geeignet bezeichnet wurde, „das verfassungsrechtliche Bild der Selbstverwaltung mitzubestimmen".[32]

12 Mit Abs. 3 wird das klassische **dualistische System** der Aufgaben von Gemeinden und Gemeindeverbänden begründet.[33] Dabei beruht der Begriff der „staatlichen" Aufgaben auf einer überholten Vorstellung des Neben- bzw. auch Gegeneinanders von Staat und Gesellschaft. Waren ursprünglich, nämlich zu Beginn des 19. Jahrhunderts, die Kommunen außerhalb der monarchisch-staatlichen Organisation als demokratisch legitimierte Selbstorganisation der Gesellschaft verfasst, also dem monarchischen Legitimationsprinzip entgegengesetzt, so kann

30 Noch nicht so einschränkend ThürVerfGH, Beschl. v. 12.07.1996 – 4/95 – Umdruck S. 11 = ThürVBl 1996, 209 f.; ThürVerfGH Urt. v. 06.09.1996 – 4/95 – Umdruck S. 11 = ThürVBl 1996, 281 f.; ThürVerfGH Urt. v. 18.12.1996 – 2/95, 6/95 – Umdruck S. 19 f. = ThürVBl 1997, 105.

31 Kritisch zu der Konstruktion auch *Storr*, ThürVBl 1997, 121 (123 f.).

32 BVerfGE 125, 141 (158).

33 So ThürVerfGH, NVwZ-RR 2005, 665 (667) auch für die kommunale Aufgabenbelastung.

das in einer Verfassungsordnung, die insgesamt auf dem Prinzip demokratischer Volkssouveränität beruht, nicht mehr die dogmatische Grundlage kommunaler Selbstverwaltung sein.[34] Bezeichnend dafür ist, dass Art. 28 Abs. 1 Satz 2 GG die Wahlrechtsgrundsätze für die Volksvertretungen für Länder, Kreise und Gemeinden gleichermaßen und in einem Atemzug nennt. Die ThürVerf vollzieht dies in Art. 45, 46 und 95 nach. Die Gemeinden und Gemeindeverbände sind deshalb nichts vom Staat Wesensverschiedenes, sondern Teil der durchgehend demokratisch legitimierten Staatsorganisation.[35]

II. Die Selbstverwaltungsgarantie von Abs. 1 und Abs. 2

1. Grundlagen. Übereinstimmend mit der Regelung des GG handelt es sich 13 trotz der Formulierung „Recht" bei Art. 91 Abs. 1 und 2 nicht um ein Grundrecht. Die **Gemeinden und** die **Kreise** sind nicht mehr Institutionen der dem Staat entgegengesetzten (bürgerlichen) Gesellschaft, sondern wie Bund und Land **Teile der Staatsorganisation.**[36] Es handelt sich deshalb bei dem **Selbstverwaltungsrecht** um eine **Kompetenzzuweisung** wie sie insbesondere in den Abschnitten über die Gesetzgebung, die Verwaltung und die Rechtsprechung (Art. 70 ff., Art. 83 ff., 92 ff. GG) enthalten sind, mit dem Unterschied, dass zum einen nicht zwischen Rechtsetzung und Verwaltung unterschieden wird und zum anderen Rechtsprechungskompetenzen nicht enthalten sind.

Dieser Einordnung wird entgegengehalten, dass die Zuständigkeit für die Ange- 14 legenheiten der örtlichen Gemeinschaft unter dem Vorbehalt des „Rahmens der Gesetze" steht, und dass die begriffliche Trennung dieser Angelegenheiten von den Materien ohne relevanten örtlichen Charakter oft Schwierigkeiten bereitet.[37] Der Gewährleistungsgegenstand hänge deshalb von der gesetzgeberischen Ausgestaltung ab.[38] Hielte man diesen Einwand für durchschlagend, müsste man auch davon Abschied nehmen, die Gesetzgebungskompetenzen der Länder als solche zu verstehen. Sie sind im Bereich der konkurrierenden Gesetzgebung vollkommen abhängig von Entscheidungen des Bundes.

Das gilt grundsätzlich – wenn auch graduell unterschiedlich – ebenso für die 15 Kreise, obwohl die Kompetenzbestimmung im Einzelnen vom Gesetzgeber vorzunehmen ist.[39] Dieser ist aber von Verfassung wegen verpflichtet, ein Mindestmaß an Materien als eigene Angelegenheiten zuzuweisen, ist also letztlich gezwungen, ähnliche Kernzuweisungen vorzunehmen, wie sie für die Gemeinden auf der Verfassungsebene geschehen sind. Bezeichnend dafür ist § 86 Abs. 1

34 Der Widerstreit dieser Legitimationsprinzipien beherrschte auch die Debatten in der Frankfurter Paulskirche 1848/49 und endete in einem nicht ganz deutlichen Kompromiss; vgl. dazu *Meyn*, Kontrolle als Verfassungsprinzip, 1982, S. 53 ff.

35 Bezeichnend BVerfGE 73, 118 (191): die Gemeinden sind „selbst ein Stück Staat" (zitiert von ThürVerfGH, Urt. v. 19.06.1996 – 10/96 – Umdruck, S. 18, abweichende Meinung *Meyn*, S. 39 f.); BVerfGE 83, 37 (54): Gemeinden und Kreise sind „in den staatlichen Aufbau integriert"; sie „üben ... hoheitliche Gewalt und damit Staatsgewalt aus..."; BVerfGE 83, 238 (330): „Zur Staatsgewalt zählen ... auch die Gemeinden"; BVerfGE 107, 1 (11): „Teil des Staates"; ähnlich BVerfGE 47, 253 (272): für die Gemeinden ebenfalls vorgeschrieben ist „die demokratische Organisation der Staatsgewalt".

36 Vgl. oben Rn 1.

37 *Lusche*, Die Selbstverwaltungsaufgaben der Landkreise, 1998, S. 34.

38 *Lusche*, Die Selbstverwaltungsaufgaben der Landkreise, 1998, S. 35.

39 Vgl. dazu unten Rn 79.

ThürKO, der dies als „überörtliche(n) Angelegenheiten" kennzeichnet, „die über das Kreisgebiet nicht hinausgehen".

16 Die Einordnung als **Kompetenzzuweisung** ist auch verfassungsstrukturell geboten, weil die Kommunen durch Art. 28 Abs. 2 GG / Art. 91 Abs. 1 ThürVerf ebenso vom Demokratieprinzip geprägt sind[40] wie Bund und Länder. Die gegensätzlichen **Legitimationsprinzipien der Entstehungszeit kommunaler Selbstverwaltung**[41] sind dieser einheitlichen Struktur gewichen, die sich auch in der Gewährleistungskompetenz des Bundes aus Art. 28 Abs. 3 GG niederschlägt. Obwohl diese weitgehende strukturelle Gleichheit nicht mehr ausdrücklich bestritten wird, sind in der Dogmatik des Kommunalrechts weiterhin überflüssige Reste des Denkens in Gegensätzen zwischen Staat und Kommunen enthalten.[42] Das gilt auch für die Rechtsprechung des BVerfG. So hat das Gericht schon früh davon gesprochen, dass bei der Ermächtigung zum Erlass von Satzungen „die Rechtsetzungsbefugnis innerhalb der Legislative (sic!) nur auf andere demokratische Gremien und nicht auf die Exekutive verlagert" werde,[43] zieht daraus in seiner Terminologie aber keine Konsequenzen.[44]

17 **2. Die kommunale Selbstverwaltung als Einrichtungsgarantie.** Ebenfalls in Übereinstimmung mit Art. 28 Abs. 2 GG enthalten Art. 91 Abs. 1 und 2 eine Einrichtungsgarantie, die vielfach als institutionelle Garantie bezeichnet wird. Zwar ist nicht jede einzelne Gemeinde und jeder Kreis in ihrer / seiner Existenz garantiert. Einzelne Gemeinden und Kreise können aufgelöst werden. Es muss aber Gemeinden und Kreise geben; sie können nicht als solche gänzlich beseitigt und z.B. durch hierarchisch dem Land untergeordnete Behörden ersetzt werden. Die bloße Eigenschaft als Einrichtungsgarantie lässt die einzelne Gemeinde aber, auch was ihr Weiterbestehen angeht, nicht vollkommen schutzlos. In ihren Bestand darf nur nach Maßgabe der Regeln über Gebiets- und Bestandsänderungen eingegriffen werden (Art. 92). Der ThürVerfGH spricht insofern von einer „(relativierten) beschränkt-individuellen Rechtssubjektsgarantie".[45] Das gilt in eingeschränktem Maße auch für die Landkreise. Während sich bei den Gemeinden die jeweils neue Struktur und ein neuer Typus auch an dem Begriff der Angelegenheiten der örtlichen Gemeinschaft zu orientieren hat, ist der Gesetzgeber bei den Landkreisen räumlich-gegenständlich deutlich weniger eingeschränkt.

18 Das rein institutionelle Verständnis findet in der Literatur Kritik.Die rechtliche Bedeutung des Art. 28 Abs. 2 Satz 1 GG bestehe gerade darin, dass die Wahrnehmung der Angelegenheiten der örtlichen Gemeinschaft als subjektives Recht ausgestaltet sei. Das GG bringe in der Vorschrift ein „Staatsorganisationsprin-

40 Vgl. BVerfGE 47, 253 (272 f., 275 ff.), 91, 228 (244).
41 Vgl. Rn 12.
42 Vgl. zur Strukturgleichheit zwischen Bund und Ländern einerseits und Kommunen andererseits *Meyn*, Gesetzesvorbehalt und Rechtsetzungsbefugnis der Gemeinden, 1977, S. 30 ff.; kritisch auch *Kluth* (Fn. 7) § 94 Rn. 17.
43 BVerfGE 21, 54 (63); ähnlich 32, 346 (361). Noch früher hat BVerwGE 6, 247 (251) die Gemeindevertretungen als „örtliche Volksvertretungen" gekennzeichnet.
44 Vgl. z.B. BVerfGE 79, 127 (146); vgl. dagegen die Formulierungen in BVerfGE 73, 118 (191); 83, 37 (54).
45 ThürVerfGH, Urt. v. 18.12.1996 – 2/95, 6/95 –, Ls. 1 u. Umdruck S. 21 = NVwZ-RR 1997, 639.

zip" zum Ausdruck, demzufolge die Gemeinden Verwaltungsträger seien.[46] Darüber hinausgehend wird Art. 28 Abs. 2 GG in die Nähe einer Grundrechtsgewährleistung gerückt.[47] Die Selbstverwaltungsgarantie habe in den kommunalen Gebietskörperschaften einen Rechtsträger, in Aufgaben und Modus einen Rechtsinhalt sowie in dem Staat einen Adressaten der Gewährleistung. Da mit der kommunalen Verfassungsbeschwerde auch eine Verfahrensart zur Geltendmachung dieser Rechtspositionen zu Gebote stehe, seien alle Merkmale eines subjektiven Rechts erfüllt.[48] Wollte man dies als durchschlagend ansehen, so wären mit Blick auf Art. 93 Abs. 1 Nr. 3 GG, demzufolge bei „Meinungsverschiedenheiten über *Rechte und Pflichten* des Bundes und der Länder" auch die Kompetenzen der Länder, die im Bund einen Adressaten haben, ebenso in subjektiv-öffentliche Rechte umzudeuten wie vice versa die Kompetenzen des Bundes gegenüber den Ländern.

Diese **grundrechtlich orientierte Theorie** fußt letztlich auf der überholten Vor- 19
stellung von einer besonderen Wesensart der Kommunen im Staatsaufbau. Die Kommunen sind in einem demokratisch verfassten Gemeinwesen nicht mehr einem gesellschaftlichen Bereich zuzurechnen, in dem bürgerliche Selbstregierung jenseits des Staates stattfindet. Sie haben vielmehr öffentlich-rechtliche Kompetenzen wahrzunehmen, die ihnen von der Verfassung selbst, wenn auch z.T. in konkretisierungsbedürftiger Form, zugewiesen sind. Mit einer Parallele zur Grundrechtsdogmatik unvereinbar ist vor allem die auch von dieser Lehre nicht bestrittene Zulässigkeit der Beseitigung des Rechtssubjekts,[49] wie sie in Art. 92 Abs. 2 Satz 2 niedergelegt ist und ebenfalls zum traditionellen Gehalt von Art. 28 Abs. 2 GG gehört.

Erhellend ist auch die **Parallele** von kommunalen Gebietsreformen **mit** der vom GG vorgesehenen **Neugliederung der Länder** in Art. 29 GG. Auch sie sind nicht etwa in ihrer je individuellen Existenz garantiert; es muss nur überhaupt Länder geben, wobei von einer Mindestzahl von nur drei Ländern ausgegangen wird. Es ist sicher unbestritten, dass hier nicht etwa eine grundrechtsverwandte Rechtsposition der Länder angenommen werden kann. Die Anklänge an subjektivrechtliche Positionen, die aus dem Begriff „Recht" folgen,[50] lassen sich also besser als Trägerschaft von Kompetenzen deuten – was gleichzeitig Pflichten beinhalten kann –, die mit der mangelnden individuellen Existenzgarantie besser vereinbar ist.

Auch die Auffassung, dass es sich zwar nicht um ein Grundrecht handele, son- 20
dern nur um ein einem Grundrecht „strukturell vergleichbares Verfassungsrecht"[51] unterliegt diesen Einwänden. Immerhin weist die inhaltliche Bestimmung, dass dieses Verfassungsrecht objektive und subjektive Garantien enthalte,[52] in die richtige Richtung.

---

46 *Maurer*, DVBl. 1995, 1037 (1041 f.); *Maurer*, Verfassungsrechtliche Grundlagen der kommunalen Selbstverwaltung, in: Schoch (Hrsg.), Selbstverwaltung der Kreise in Deutschland, 1996, S. 11 ff.

47 So *Ipsen*, ZG 1994, 194 ff. (zusammenfassend S. 211); *Ipsen, NV*, Art. 57 Rn. 29.

48 *Ipsen*, NV, Art. 57 Rn 28.

49 Vgl. nur *Ipsen*, NV, Art. 59, Rn. 12.

50 Vgl. dazu besonders *Maurer* (Fn. 46), S. 11 f.

51 ThürVerfGH, Urt. v. 12.10.2004 – 16/02 – Umdruck S. 36 = ThürVBl 2005, 11 (16) im Anschluss u.a. an *Pieroth*, in: Jarass/Pieroth, 6. Aufl. 2002, Art. 28 Rn. 11.

52 ThürVerfGH, Urt. v. 12.10.2004 – 16/02 – Umdruck S. 36 = ThürVBl 2005, 11 (16).

21 **3. Judizielle Abwehrrechte.** Ihr Recht auf Selbstverwaltung können Gemeinden und Gemeindeverbände nach Art. 80 Abs. 1 Nr. 1 mit der **kommunalen Verfassungsbeschwerde** beim ThürVerfGH geltend machen. Das schließt die Verfassungsbeschwerde gemäß Art. 93 Abs. 1 Nr. 4 b GG nur dann aus, wenn es um ein Gesetz des Landes Thüringen geht. Trotz der Bezeichnung als Verfassungsbeschwerde, die Art. 93 Abs. 1 Nr. 4 b GG nachgebildet ist, ist das Recht auf kommunale Selbstverwaltung kein Grundrecht, sondern hat die Rechtsnatur einer Kompetenzbestimmung.[53] Die Kommunen sind auch im Übrigen grundsätzlich keine Grundrechtsträger. Das würde ihrer Eigenschaft als Träger staatlicher bzw. quasi-staatlicher Kompetenzen widersprechen.[54] Dennoch können sie sich hinsichtlich einer Vielzahl von Eingriffen aus der Bundes- und der Landesebene vor den Verwaltungsgerichten wehren.[55]

22 **4. Europarecht und internationale Beziehungen.** Das Recht der kommunalen Selbstverwaltung ist nicht „europafest“, d.h. es schützt nicht gegenüber dem Recht der EU.[56] Vielmehr haben die Kommunen wegen des sog. Anwendungsvorrangs selbst dann europäische Rechtsvorschriften umzusetzen, wenn sie deutschem (Bundes- oder Landes-)Recht widersprechen.[57] Dagegen schützt auch die Europäische Charta der kommunalen Selbstverwaltung[58] nicht, die lediglich einen völkerrechtlichen Vertrag im Rahmen des Europarates, nicht der EU darstellt und deren Rechtsverbindlichkeit als solche sogar in Frage gestellt wird.[59] Im Übrigen entspricht die Charta in ihren Art. 2 – 5 weitgehend Art. 28 Abs. 2 GG,[60] so dass die Kommunen daraus noch nicht einmal mittelbar zusätzliche Rechtspositionen gewinnen.[61] Der EuGH hält es sogar für eine Pflicht der Kommunen, bei einer evidenten Diskonformität von Gemeinschaftsrecht und nationalem Recht das letztere unangewendet zu lassen.[62]

III. Die Gemeinden als Grundtypus kommunaler Selbstverwaltung

23 **1. Die Selbstverwaltungsangelegenheiten als Kernkompetenz.** Die Vorschrift kennzeichnet in ihrem Abs. 1 mit der Regelung über die Gemeinden den Grundtypus der kommunalen Selbstverwaltung.[63] Die Gemeinden haben in Gestalt des Rechts, alle Angelegenheiten der örtlichen Gemeinschaft in eigener Verantwortung zu regeln, eine inhaltlich spezifizierte Kompetenzzuweisung.

24 **a) Der Vorrang gegenüber den Gemeindeverbänden.** Das gilt für die Gemeindeverbände nach Abs. 2 nicht so deutlich, weil hier nur von „ihren Angelegenheiten“ die Rede ist. Während die Gemeinden das Recht der kommunalen

53 Vgl. *Meyn*, in: Huber, 3. Teil, Rn. 25, 49; *Burgi* (Fn. 1), § 7 Rn. 3; BVerfGE 62, 82 (101).
54 BVerfGE 62, 82 (101); *Krebs*, in: von Münch/Kunig, Art. 19 Rn. 41 ff. mwN.
55 Vgl. dazu *Burgi*, (Fn. 1), § 9 Rn. 7 ff.
56 *Ruffert*, in: HKWP, Bd. I, 3. Aufl. 2007, § 38 Rn. 5 f. mwN; *Nierhaus*, in: Sachs, GG, Art. 28 Rn. 36 f., mwN.
57 Vgl. dazu *Rojahn*, in: von Münch/Kunig, Art. 24 Rn. 74 ff.
58 BGBl. II 1987, S. 65.
59 *Nierhaus*, in: Sachs, GG, Art. 28 Rn. 36 mN von Gegenpositionen. Vgl. auch *Burgi* (Fn. 1), § 4 Rn. 3; *Ruffert* (Fn. 56), Rn. 10.
60 *Burgi* (Fn. 1), § 4 Rn. 3.
61 Vgl. zur mangelnden Rechtsverbindlichkeit auch *Löwer*, in: von Münch/Kunig, Art. 28 Rn. 115.
62 EuGH, Slg. 1989, 1839.
63 Das ergibt sich insbesondere aus der kommunalen Dogmengeschichte. So nennt § 184 der Paulskirchenverfassung mit seiner grundrechtlichen Garantie nur die Gemeinde, nicht aber den Kreis.

Selbstverwaltung „haben“, findet sich in Abs. 2 nur die Formulierung „gewährleistet“. Auch wenn der sachliche Unterschied gering ist, macht der Verfassunggeber doch auf diese Weise klar, dass die Gemeinden der Grundtypus kommunaler Selbstverwaltung sind, was sich auch daraus ergibt, dass für die Gemeindeverbände der Bereich der eigenen Angelegenheiten durch den Gesetzgeber bestimmt werden darf und muss,[64] für die Gemeinden dagegen der Umfang durch Art. 28 Abs. 2 Satz 1 GG bzw. Art. 91 Abs. 1 definiert, und damit ein **Kernbereich** fassbarer geschützt ist.[65]

b) Die Allzuständigkeit der Gemeinden. Das BVerfG hat dazu in Rücknahme älterer Erkenntnisse in seiner Rastede-Entscheidung[66] betont, dass die Kreise an dem Gehalt der Selbstverwaltungsgarantie der Gemeinden nicht teilhaben. Das Gericht hat zwar auch davon gesprochen, dass sich die Aufgaben von Gemeinden und Landkreisen trotz der sog. **Allzuständigkeit der Gemeinden** eng berühren, so dass den Gemeindeverbänden eine Ergänzungs- und Ausgleichsfunktion zukomme.[67] Damit ist aber nicht eine nebeneinander stehende, gleichwertige Aufgabenträgerschaft zwischen Gemeinden und Kreisen verbunden,[68] bei der es sekundär wäre, ob Aufgaben von den Gemeinden oder den Kreisen erledigt werden.[69] 25

Am Grundsatz der Allzuständigkeit der Gemeinden für die Angelegenheiten der örtlichen Gemeinschaft ändert auch nichts, dass z.B. eine kreisfreie Stadt Aufgaben als Angelegenheiten der örtlichen Gemeinschaft erledigt, die bei einer kreisangehörigen Gemeinde nicht mehr als solche angesehen werden, sondern vom Landkreis zu erledigen sind. Bei diesen Unterschieden handelt es sich vielmehr lediglich um faktische Vorfindlichkeiten, auf die das Verfassungsrecht gewissermaßen flexibel reagieren muss, weil die örtliche Gemeinschaft nicht überall denselben Gehalt oder Umfang aufweist. Der Gesetzgeber ist deshalb im Rahmen von typisierenden Regelungen zwar befugt, zu generalisierenden Lösungen zu kommen,[70] muss aber berücksichtigen, dass die Garantie der Selbstverwaltung der Gemeinden auch gegenüber den Gemeindeverbänden wirkt.[71] Man mag darin eine Erscheinungsform des Grundsatzes der Subsidiarität sehen,[72] kann aber nicht aus diesem Grundsatz selbst ohne begrifflichen Bezug auf die Angelegenheiten der örtlichen Gemeinschaft eigenständig Ergebnisse ableiten. 26

Da die Allzuständigkeit der Gemeinden – ein prima vista missverständlicher Begriff – sich nur auf die Angelegenheiten der örtlichen Gemeinschaft bezieht, muss der Kanon an Aufgaben aus diesem Begriff heraus entwickelt werden. Nur insoweit können die Gemeinden auch bisher nicht wahrgenommene, neue Aufgaben an sich ziehen.[73] Die Allzuständigkeit ist auf das Gemeindegebiet be- 27

64 BVerfGE 83, 363 (383).
65 Vgl. BVerfGE 83, 363 (383); 110, 370 (400); BVerfGE 119, 331 (355) scheint allerdings auch für die Kreise von einem „Kernbereich oder Wesensgehalt“ zu sprechen, auch wenn nur von „der Selbstverwaltung“ die Rede ist.
66 BVerfGE 79, 127 (152).
67 BVerfGE 58, 177 (196), infrage gestellt in BVerfGE 79, 127 (150).
68 So aber BVerwGE 67, 321 (324).
69 Vgl. dazu oben Rn 24.
70 BVerfGE 83, 363 (382 f.); 107, 1 (21); 119, 331 (363).
71 BVerfGE 79, 127 (150); ebenso, wie der Gesamtzusammenhang ergibt, BVerfGE 119, 331 (363).
72 So aber *Nierhaus*, in: Sachs, GG, Art. 28 Rn. 68.
73 BVerfGE 79, 127 (146).

schränkt. Die Gemeinden haben grundsätzlich keine Kompetenzen, die ihr Gebiet im räumlichen Sinne überschreitet. Das ergibt sich aus dem Begriff der „örtlichen“ Gemeinschaft und gilt für die Gemeindeverbände entsprechend, weil auch sie als Gebietskörperschaften zu begreifen sind.

28 **c) Die Eigenverantwortlichkeit.** Da die Gemeinden ihre Angelegenheiten „in eigener Verantwortung“ zu regeln haben, haben sie die Kompetenz, grundsätzlich über das Ob, Wie und Wann der Aufgabenwahrnehmung frei zu entscheiden.[74] Diese Eigenverantwortlichkeit bezieht sich, wie sich aus dem Wortlaut ergibt, auf den gesamten Bereich gemeindlicher Tätigkeit, soweit sie sich auf die Angelegenheiten der örtlichen Gemeinschaft bezieht.[75]

29 Gelegentlich wird die Eigenverantwortlichkeit zwar lediglich als die freie Entscheidung über „die Art und Weise“ der Aufgabenerledigung beschrieben,[76] ohne dass klar würde, ob damit eine Einschränkung verbunden sein soll. Wenn GG und ThürVerf von eigener Verantwortung sprechen, dann ist darunter grundsätzlich sowohl die Entscheidung zum Handeln als auch die Befugnis zum Unterlassen zu verstehen. Das bildet § 2 Abs. 3 ThürKO mittelbar dadurch ab, dass es die sog. pflichtigen Selbstverwaltungsangelegenheiten vorsieht. Nur bei ihnen ist die Entscheidung über das Ob nicht in der Hand der Gemeinde. Dafür bedarf es ebenso rechtfertigender Gründe des öffentlichen Wohls wie bei der Übertragung des Vollzugs von Entscheidungen der Gemeinde auf eine Verwaltungsgemeinschaft. Gerade letzteres kann die gemeindliche Selbstverwaltung in ihrer Umsetzungskraft schwächen, zumal eine solche Übertragung zu einer Konzentration der Verwaltungstätigkeiten am Sitz der Verwaltungsgemeinschaft führt, sodass damit eine Schwächung bürgerschaftlicher Teilhabe in entfernten Gemeinden verbunden sein kann.[77]

30 Es handelt sich bei diesen Pflichtaufgaben nicht um eine in Art. 91 Abs. 1 enthaltene eigene Form zwischen den örtlichen Angelegenheiten und den Auftragsangelegenheiten von Art. 91 Abs. 3, sondern lediglich um einen Unterfall der Selbstverwaltungsangelegenheiten. Dementsprechend hat § 2 ThürKO diese Form unter die eigenen Aufgaben eingeordnet.[78] Der Gesetzgeber ist schon von Verfassung wegen nicht vollkommen frei, Angelegenheiten der örtlichen Gemeinschaft zu Pflichtaufgaben zu erklären. Die Bindung an die „Gründe des öffentlichen Wohls“ liegt in jedem Fall vor, in dem der „Rahmen der Gesetze“ als Eingriffsbefugnis genutzt wird. Das gilt auch, wenn die Entscheidung über das Ob der Aufgabenerledigung eingeschränkt wird.[79]

31 **2. Die Rechtssubjektivität in Auftragsangelegenheiten.** Die Gemeinden werden auch im Bereich der Auftragsangelegenheiten nicht zu Behörden des Landes, sondern haben selbst insofern den Charakter von Gebietskörperschaften mit ei-

---

74 *Löwer*, in: von Münch/Kunig, Art. 28 Rn. 69; *Pieroth*, in: Jarass/Pieroth, GG, 9. Aufl. 2007, Art. 28 Rn. 16; *Nierhaus*, in: Sachs, GG, Art. 28 Rn. 52.

75 So auch *Burgi* (Fn. 1), § 6 Rn. 32, allerdings in unzutreffender Berufung auf „drei neuere Entscheidungen“ des BVerfG; es hat dies in BVerfGE 83, 363 (382); 107, 1 (14); 119, 331 (362) lediglich für die Organisationsgewalt ausgesprochen.

76 BVerfGE 107, 1 (14); ThürVerfGH, Urt. v. 23.04.2009 – 32/05 – Umdruck S. 30 = DVBl. 2009, 794 (nur LS).

77 Vgl. BVerfGE 107, 1 (21).

78 Beiläufig erwähnt von ThürVerfGH, Urt. v. 21.06.2005 – 28/03 – Umdruck S. 33 = NVwZ-RR 2005, 665 (666).

79 Vom „Rechtssubjekt“ Gemeinde spricht auch ThürVerfGH, Beschl. v. 12.09.1997 – 31/96 – Umdruck S. 6 = LKV 1997, 412; vgl. dazu auch Rn 70.

gener Rechtssubjektivität in Gestalt eines Trägers von Kompetenzen, der gleichzeitig Träger von Pflichten ist.[80] Deshalb formuliert § 3 ThürKO auch zu Recht, dass die Gemeinden „*verpflichte*t werden (können), bestimmte öffentliche Aufgaben ...zu erfüllen". Verpflichtet werden kann nur ein Subjekt des Rechts. Das findet sich z.B. in der Rechtsprechung des BVerfG zur organisatorischen Autonomie wieder. Es hat dazu ausgesprochen, dass sie weitergreift als die inhaltliche. Die in der Autonomie enthaltene Selbstbestimmung setzt aber auch bei der Erledigung von übertragenen Angelegenheiten schon begrifflich ein Rechtssubjekt voraus. Solche inhaltlichen Regelungen des Landes kann die Gemeinde in vollem Umfang nur für den Umkreis ihrer örtlichen Angelegenheiten, beschränkter hingegen hinsichtlich der ihr übertragenen Angelegenheiten abwehren. Das Recht zur Organisation der eigenen Verwaltung erstreckt sich aber nicht nur auf die Selbstverwaltungsangelegenheiten, sondern auf die „gesamte Verwaltung".[81]

3. Aufgaben und Befugnisse der Gemeinden. Mit dem Begriff der „Angelegenheiten der örtlichen Gemeinschaft" beschreibt Abs. 1 in Übereinstimmung mit Art. 28 Abs. 2 Satz 1 GG das Prinzip der entsprechenden Allzuständigkeit.[82] Diese Angelegenheiten dürfen „in eigener Verantwortung" erledigt werden. Das wird in der Rechtsprechung als eigenverantwortliche Führung der Geschäfte umschrieben.[83] Für die Gemeinden beinhaltet es die Befugnis, sich aller Angelegenheiten annehmen zu dürfen, die nicht durch Gesetz anderen Trägern öffentlicher Gewalt zulässig zugewiesen sind.[84] Es sind dies auch im Verhältnis zu den Kreisen solche Gegenstände, die in der örtlichen Gemeinschaft wurzeln oder auf sie einen spezifischen Bezug haben.[85] 32

Das Merkmal der örtlichen Gemeinschaft bedeutet aber auch, dass es sich um Gegenstände handeln muss, die sich tatsächlich auf diese Gemeinschaft beziehen. Es muss sich um Angelegenheiten handeln, die den Bewohnern der jeweiligen Gemeinde als solchen gemeinsam sind, weil sie das Zusammenleben der Gemeindebürger betreffen.[86] Allgemein für alle Gemeinden geltende Agenden lassen sich nicht aufstellen. Das Kriterium dafür ist, was die Gemeinde eigenverantwortlich und selbständig wahrnehmen kann.[87] Es kommt deshalb u.a. auf die Einwohnerzahl, die Ausdehnung und die Struktur der Gemeinde an.[88] 33

a) Die Regelungsgewalt der Gemeinden (Gemeindehoheiten). Während bei Bund und Ländern die hoheitlichen Befugnisse und ihre Ausprägungen in Gesetzgebung, Verwaltung und Rechtsprechung in den Verfassungen ausdrücklich geregelt sind, finden sich weder in Art. 28 Abs. 2 noch in Art. 91 ff. ThürVerf zu den Hoheitsgewalten der Kommunen ausdrückliche Regelungen. Aus dem Wortlaut von Art. 91 Abs. 1, demzufolge die gemeindlichen Angelegenheiten zu „regeln" sind, geht jedoch hervor, dass nicht nur das Verwalten im Sinne der Gewaltenteilungslehre gemeint ist, sondern umfassendere hoheitliche Befugnisse 34

80 Vgl. dazu oben Rn 17.
81 BVerfGE 83, 363 (382); 107, 1 (15).
82 BVerfGE 79, 127 (147).
83 BVerwGE 6, 19 (22).
84 BVerfGE 79, 127 (153).
85 BVerfGE 8, 122 (134); 50, 195 (201); 52, 95 (120); 110, 370 (400).
86 BVerfGE 79, 127 (152).
87 BVerfGE 52, 95 (120).
88 BVerfGE 110, 370 (401).

verfassungskräftig übertragen werden. So gehört zu den traditionellen Formen gemeindlicher Aufgabenerledigung die Rechtsetzung durch Satzung.[89]

35 **aa) Die Theorie von den Gemeindehoheiten.** Darüber hinaus haben Rechtsprechung und Literatur eine Reihe weiterer hoheitlicher Befugnisse, sog. **Gemeindehoheiten** herausgearbeitet. Nicht immer werden sie aus einzelnen Elementen der kommunalen Selbstverwaltungsgarantie hergeleitet, sondern einfach als „Ausprägung der Selbstverwaltungsgarantie“ bezeichnet.[90] Soweit eine begriffliche Einordnung vorgenommen wird, ist nach wie vor manches unklar bzw. es finden sich unterschiedliche Zuordnungen.

36 So soll die Reihe der „Hoheiten“ besondere „Problemfelder für Eingriffe in die Eigenverantwortlichkeit“ bezeichnen,[91] z.T. werden sie aber als deren institutionelle Voraussetzungen angesehen.[92] Andererseits wird davon gesprochen, dass die Gemeindehoheiten der Bestimmung der „sachlichen Reichweite“ der kommunalen Selbstverwaltung dienen. Sie hätten allerdings keine definitorische Bedeutung, sondern höben nur einzelne wichtige, traditionell verselbständigte Aspekte des gemeindlichen Wirkungskreises und der gemeindlichen Eigenverantwortlichkeit hervor.[93] Das BVerfG leitet die Gemeindehoheiten sowohl aus der Allzuständigkeit als auch aus der Eigenverantwortlichkeit her.[94]

37 Selbst wenn man mit dem BVerfG und der h.M. die Garantie aus Art. 28 Abs. 2 GG bzw. Art. 91 Abs. 1 ThürVerf lediglich als dezentral organisierte und bürgerschaftlich getragene Verwaltung bezeichnen würde, so ist kommunale Selbstverwaltung doch ein wesentlicher Bestandteil der staatlichen Gesamtorganisation und damit **„Teil des Staates“**.[95] Kennzeichen des Staates ist u.a. die Ausübung hoheitlicher Gewalt. Die Gemeinde muss deshalb mit hoheitlichen Befugnissen versehen sein, die mindestens für den Rechts- bzw. Gesetzesvollzug den Erlass von Verwaltungsakten beinhaltet. Mehr lässt sich unmittelbar aus dem Begriff Verwaltung nicht herleiten.

38 **bb) Die Verteilung der Staatsgewalt und die Gemeinden.** Deshalb ist der Gehalt an Regelungsgewalt der kommunaler Selbstverwaltung im Lichte der historischen Entwicklung zu deuten. Diese Entwicklung ist geprägt vom schrittweisen Abschied von einer besonderen, rein „bürgerschaftlichen“ Legitimation der Selbstverwaltung.[96] Als „Teil des Staates“ ist die kommunale Selbstverwaltung geprägt vom Prinzip der demokratischen Legitimation. Sie weist deshalb übereinstimmend mit Bund und Ländern die gleiche **staatsgewaltlich geprägte Wesensart** auf.

39 Diese Sichtweise ist bei näherer Betrachtung auch kongruent mit der **Verteilung der Staatsgewalt durch das GG.** Es hat die Wahrnehmung der drei Formen von hoheitlicher Gewalt unterschiedlich zugeordnet. Dabei ist die **Rechtsprechung** nach Art. 92 GG nur Organen bzw. Behörden des Bundes und der Länder an-

89 Dazu näher unten Rn 46 – 49.
90 So *Schönenbroicher*, in: Heusch/Schönenbroicher, Art. 78 Rn. 15 ff.
91 *Waechter*, in: Epping/Butzer, Art. 57 Rn. 64; ähnlich *Burgi* (Fn. 1), § 6 Rn. 31 und *Nierhaus*, in: Sachs, GG, Art. 28 Rn. 53 mit besonders umfangreichem Katalog von Gemeindehoheiten.
92 *Loewer*, in: von Münch/Kunig, Art. 28 Rn. 69.
93 *Hellermann,* in: Epping/Hillgruber, Art. 28 Rn. 40.
94 So etwa BVerfGE 56, 298 (312); 83, 363 (382).
95 Vgl. dazu oben Rn. 12, Fn. 35.
96 Vgl. dazu oben Rn. 6.

vertraut. Was die **Exekutive** angeht, so haben Art. 83 ff. GG nur die Ausführung der Bundesgesetze und die Bundesverwaltung geregelt, so dass hier die generelle Regel des Art. 30 GG eingreift. Verwaltung ist danach im Übrigen Sache der Länder. Das gilt aber nur, soweit das GG keine andere Regelung trifft. Diese ist nach der oben dargestellten, grundsätzlich anderen Sicht als die der h.M. durch Art. 28 Abs. 2 Satz 1 GG für die Angelegenheiten der örtlichen Gemeinschaft angeordnet worden, die die Gemeinden in Eigenverantwortlichkeit regeln können und sollen. Das Land muss in diesem Umfang Staatsgewalt an die Gemeinden durch eigene verfassungsrechtliche Gewährleistungen abgeben. Das gilt auch für die **Rechtsetzung** gemäß Art. 70 ff. GG. Denn Art. 28 Abs. 2 Satz 1 garantiert in Gestalt des „Regelns" die Befugnis zur Rechtsetzung auch den Gemeinden und schneidet damit einen Teil der Rechtsetzungsgewalt sowohl mit Wirkung gegenüber den Ländern als auch gegenüber dem Bund aus deren Gesetzgebungsgewalt heraus. Mit den Worten des BVerfG wird damit aber nicht etwa der Gewaltenteilungsgrundsatz durchbrochen, sondern die Rechtsetzungsbefugnis innerhalb der Legislative nur auf andere demokratische Gremien verlagert.[97]

Die damit anerkannte strukturelle Gleichheit der Kommunalebene für Rechtsetzung und Verwaltung hat Konsequenzen für die Einordnung der sog. Gemeindehoheiten. Sie stellen letztlich nur begriffliche Einzelausprägungen der gemeindlichen Regelungshoheit dar, die allerdings im Hinblick auf ihre Einschränkbarkeit unterschiedlich zu gewichten sind. Obwohl die Einschränkungen bei einzelnen Ausprägungen der **Regelungsgewalt** differenziert ausfallen können, muss bei jedem Eingriff der Blick auf das Gesamt dieser Regelungsgewalt erhalten bleiben. Einschränkungen müssen sich rechtfertigen nicht allein dadurch, dass z.B. ein Minus an Planungshoheit noch so viel an Planungshoheit übrig lässt, dass diese nicht als ausgehöhlt erscheint. Vielmehr muss nach der Rechtsprechung von der Selbstverwaltung erst nach einer Gesamtschau auf alle einschränkenden Regelungen noch so viel übrig bleiben, dass sie weder „rechtlich oder faktisch beseitigt würde". Erst wenn also die Regelungen die gemeindliche Selbstverwaltung innerlich aushöhlten, so dass die gemeindliche Selbstverwaltung „die Gelegenheit zur kraftvollen Betätigung verlöre und nur noch ein Schattendasein führen könnte",[98] wäre der Eingriff unzulässig. Ob die gegenwärtigen vielfältigen Regelungen diese Lage in vielen Ländern nicht bereits streifen, wird durchaus diskutiert. 40

Dass die in Rechtsprechung und Literatur genannten einzelnen Hoheiten nicht für sich stehende einzelne Rechtspositionen sind, sondern nur je einzeln genannte Ausschnitte aus einer eigentlich einheitlichen Regelungsgewalt, zeigt sich auch in den **unterschiedlichen Katalogen einzelner Gemeindehoheiten**, die dazu aufgeführt werden. Sie bewenden es vielfach bei der Nennung von Gebietshoheit, Finanzhoheit, Personalhoheit, Organisationshoheit und Satzungshoheit.[99] Gelegentlich werden aber zusätzlich Kooperationshoheit,[100] Sparkassenhoheit und 41

97 BVerfGE 32, 346 (362).

98 ThürVerfGH, Urt. v. 23.04.2009 – 32/05 – Umdruck S. 28 = DVBl.2009, 794 (nur LS), im Anschluss an BVerfGE 79, 127 (146, 155).

99 So BVerfGE 52, 98 (117).

100 Auch genannt von *Hellermann*, in: Epping/Hillgruber, Art. 28 Rn. 40.1.

Abgabenhoheit genannt,[101] während die Betätigung der Sparkassen vom BVerfG bei der kommunalen Daseinsvorsorge eingeordnet wird.[102] Zu den Gemeindehoheiten kann man letztere schon deshalb nicht rechnen, weil nicht mehr die Gemeinde als solche handelt, sondern nur der Gewährträger einer rechtlich selbständigen Einrichtung ist.[103] Auch das Recht zur Führung eines Namens lässt das BVerfG eine einzelne Gemeindehoheit sein.[104] Das ist recht eigentlich schon begrifflich verfehlt, weil in der Nutzung eines Namens keinerlei hoheitliche Gewalt liegt. Dieses Recht wird deshalb besser aus der Eigenschaft der Gemeinde als Rechtssubjekt hergeleitet.[105] Mit den sog. Hoheiten werden also z.T. tatsächlich Teilaspekte der Staatsgewalt beschrieben (z.B. Gebietshoheit, Satzungshoheit), z.T. aber auch lediglich einzelne Betätigungsfelder (Sparkassenhoheit). Diese Inkonsistenzen werden vermieden, wenn aus „den Angelegenheiten der örtlichen Gemeinschaft", die zu „regeln" sind, eine umfassende Regelungsgewalt rechtsetzender und vollziehender Art abgeleitet wird, die nur durch den „Rahmen der Gesetze" beschränkt wird.

42 cc) **Eingriffe in die Einzelhoheiten?** Die Eigenart der hoheitlichen Befugnisse der Gemeinden wird auch verkannt, wenn die Regelungen des Landes (oder des Bundes) als Eingriffe in die „Hoheiten" als solche dargestellt werden. Das „Regeln", die Regelungsgewalt als solche, kann den Gemeinden ohnehin nicht genommen werden. Entscheidend ist aber, dass Eingriffe ihre Rechtfertigung immer aus dem jeweiligen sachbezogenen Ziel des zuständigen Gesetzgebers finden müssen.[106]

43 Wenn der Gesetzgeber in das kommunale Selbstverwaltungsrecht eingreift, nimmt er nämlich jeweils einzelne Angelegenheiten der örtlichen Gemeinschaft aus der Regelungsgewalt der Gemeinden heraus. Auch die Rechtsprechung des BVerfG spricht dann zwar z.B. davon, dass in den Kernbereich der Planungshoheit eingegriffen werde. Hinter den entsprechenden Entscheidungen stehen aber immer Sachziele und- zwecke,[107] weil die sog. Hoheiten lediglich die Formen sind, in denen einzelnen Angelegenheiten der örtlichen Gemeinschaft verfolgt werden.[108]

---

101 Vgl. *Nierhaus*, in: Sachs, GG, Art. 28 Rn. 53; vgl. auch *Loewer*, in: von Münch/Kunig, Art. 28 Rn. 69 ff.; *Hellermann*, in: Epping/Hillgruber, Art. 28 Rn. 40.1; *Burgi*, (Fn. 1) § 6 Rn. 33 ff.; *Neumann* Nds, Art. 57 Rn. 4, *Wiegand/Grimberg*, Gemeindeordnung für das Land Sachsen-Anhalt. Kommentar, 2. Aufl.1997, § 1 Rn. 24 ff.; kritisch zum Begriff der „Hoheiten" *Ipsen*, KommunalR, § 2 Rn. 97 f.

102 BVerfGE 75, 192 (197 ff.).

103 Den Begriff Gemeindehoheit vermeidet für die Sparkassen auch *Henneke*, in: HKWP II, § 53 a Rn. 40 ff.

104 BVerfGE 59, 216 (226).

105 So *Schmidt-Aßmann/Röhl*, in: Schmidt-Aßmann, 1. Kap. Rn. 12.

106 Als Beispiel aus der Rechtsprechung des ThürVerfGH sei das Ziel genannt, Grundstückseigentümer finanziell zu entlasten; vgl. ThürVerfGH, Urt. v. 23.04. 2009 – 32/05 – Umdruck S. 31 = DVBl. 2009, 794 (nur LS).

107 So in BVerfGE 76, 107: die Standortsicherung am seeschifftiefen Fahrwasser (vgl. S. 110).

108 So lag z.B. in ThürVerfGH, Urt. v. 23.04. 2009 – 32/05, – DVBl. 2009, 794 (nur LS) mit dem Verbot, bestimmte Gebühren für die Wasserversorgung zu erheben, ein Eingriff in die Aufgabe der Wasserversorgung vor, dem als sachlicher Eingriffszweck die finanzielle Entlastung der Grundstückseigentümer entsprach.

Auf dem richtigen Wege scheint der ThürVerfGH zu sein, der in seiner Entscheidung zum ThürKAG,[109] in der es um die finanzielle Entlastung der Grundstückseigentümer von Gebühren ging, nicht einen Eingriff in die Finanzhoheit[110] zum Ausgangspunkt der entsprechenden Abwägungen nimmt, sondern den Sachgegenstand Wasserversorgung als Teil der Angelegenheiten der örtlichen Gemeinschaft.[111] Ohne entsprechende Begründungsnot greift das Gericht dann leider auf die herkömmliche Redeweise von den Hoheiten zurück,[112] allerdings ohne diese Hoheiten bei der späteren Abwägung im Rahmen der Verhältnismäßigkeit zu erwähnen. Es bezieht diese also in die Abwägung nicht ein. Es wird dort vielmehr nur pauschal vom Recht auf kommunale Selbstverwaltung gesprochen.[113] Der Ausgangspunkt allerdings ist, anders als beim BVerfG, zutreffend gewählt, auch wenn statt des Sachgegenstandes von der „Eigenverantwortlichkeit der Aufgabenerledigung"[114] die Rede ist, was wegen des Bezugs auf die Aufgaben aber keinen Unterschied macht. Es hätte also lediglich zu prüfen gehabt, ob angesichts des gesetzgeberischen Ziels der finanziellen Entlastung der Grundstückseigentümer in die Regelungsgewalt der Gemeinden im Hinblick auf die Wasserversorgung eingegriffen werden durfte. Dass es dabei um Gebühren ging, bedeutet keine weitere Schwierigkeit, weil diese einen Ausschnitt aus dem Sachbereich Wasserversorgung darstellen. 44

dd) Gemeindehoheiten in Auftragsangelegenheiten. Sachlich-inhaltlich nutzbar scheinen die „Hoheiten" aber zu sein, soweit sie dazu dienen sollen, das Handeln der Gemeinden auf dem Gebiet der Auftragsangelegenheiten partiell gegen Eingriffe zu schützen. So sollen Organisationshoheit, Personalhoheit und Finanzhoheit weiterreichen als die inhaltliche Autonomie, die Angelegenheiten der örtlichen Gemeinschaft.[115] Handeln die Gemeinden auf der Basis dieser „Hoheiten", so handeln sie stets im Bereich ihrer eigenen Angelegenheiten, selbst dann wenn in concreto Auftragsangelegenheiten erledigt werden.[116] Es erscheint zwar keineswegs zwingend, dass sich gemäß Art. 28 Abs. 2 Satz 1 GG diese Hoheitsbefugnisse auch auf die Auftragsangelegenheiten beziehen. Dieser Auffassung liegt aber eine ständige Praxis zugrunde, die nach der hier vertretenen Deutung aber aus der Rechtssubjektivität der Gemeinde hergeleitet werden kann. So stellt eine Aufgabenzuweisung durch den Gesetzgeber einen Eingriff in das Selbstverwaltungsrecht der Gemeinden dar.[117] Ein Eingriff setzt aber nun einmal eine rechtliche Sphäre eines Rechtsträgers voraus. 45

---

109 ThürVerfGH, Urt. v. 23.04. 2009 – 32/05 – Umdruck S. 27 ff. = DVBl. 2009, 794 (nur LS).

110 Ein Eingriff in die Finanzhoheit als Ausschnitt aus einer einheitlichen Regelungsgewalt kann auch in dem Einsichtsrecht in Bücher und sonstige Unterlagen der gemeindlichen Finanzverwaltung liegen; offen gelassen von BVerfGE 127, 165 (208).

111 ThürVerfGH, Urt. v. 23.04. 2009 – 32/05 – Umdruck S. 28 = DVBl. 2009, 794 (nur LS).

112 ThürVerfGH, Urt. v. 23.04. 2009 – 32/05 – Umdruck S. 29 = DVBl. 2009, 794 (nur LS), führt Organisationshoheit, Personalhoheit, Finanzhoheit, Abgabenhoheit, Planungshoheit und Satzungshoheit an, obwohl es nur um die Finanzhoheit geht.

113 ThürVerfGH, Urt. v. 23.04. 2009 – 32/05 – Umdruck S. 33 f., = DVBl. 2009, 794 (nur LS).

114 ThürVerfGH, Urt. v. 23.04. 2009 – 32/05 – Umdruck S. 30 = DVBl. 2009, 794 (nur LS).

115 BVerfGE 83, 363 (382); 107, 1 (14) für die Organisationshoheit.

116 ThürVerfGH, Urt. v. 12.10. 2004 – 16/02 – Umdruck S. 13 = ThürVBl. 2005, S. 11 (LS 1) für Organisations-, Personal- und Finanzhoheit.

117 BVerfGE 119, 331 (354).

46 ee) **Einzelne Ausprägungen der einheitlichen Regelungsgewalt.** Die **Satzungshoheit** ist die einzige der „Hoheiten“, die auf den Wortlaut von Art. 28 Abs. 2 GG bzw. Art. 91 Abs. 1 ThürVerf zurückgeführt werden kann. Die Gemeinde ist befugt zu „regeln“, was neben dem Erlass von Verwaltungsakten auch Rechtsetzung beinhaltet.[118] Die inhaltliche Begrenzung der Satzungshoheit ist, wie bei allen anderen „Hoheiten“ auch, geprägt durch den Begriff der Angelegenheiten der örtlichen Gemeinschaft.

47 Die **Legitimation zur Rechtsetzung** folgt also unmittelbar aus der Verfassung. Einer einfachgesetzlichen Delegation der Satzungsbefugnis bedarf es nicht. Sie rechtfertigt sich aus der unmittelbar demokratischen Legitimation der kommunalen Volksvertretungen, die gemäß Art. 28 Abs. 1 Satz 2 / Art. 95 Satz 1 ThürVerf nach denselben verfassungsrechtlichen Wahlrechtsprinzipien gewählt werden, wie Bundestag und Landtag. §§ 19 Abs. 1 Satz 1, 98 Abs. 1 Satz 1 ThürKO haben deshalb lediglich deklaratorischen Charakter.[119] Wenn das BVerfG die Kette demokratischer Legitimation nur auf das Bundes- oder das Landesvolk zurückführen will,[120] dann vernachlässigt es die Entscheidung des Verfassungsgebers, der eine gleichwertige Legitimation für Gemeinden und Kreise vorgeschrieben hat, denn das war keine unbedachte Änderung gegenüber der Rechtslage nach der WRV, sondern eine bewusste Abwendung.[121]

48 Die insofern wohl immer noch herrschende Meinung besteht aber weiterhin darauf, dass diese Satzungsermächtigung nicht zu **Eingriffen in Grundrechte** befugt, sondern dass dafür – obwohl Einigkeit darüber besteht, dass Art. 80 Abs. 1 GG für Satzungen nicht gilt – besondere gesetzliche Ermächtigungen erforderlich sind.[122] Gestützt wird diese Auffassung auf die Geltung des Gesetzesvorbehalts und die Eingriffsermächtigungen (Schranken) bei den Grundrechten. Das BVerfG hat aber – allerdings ohne dass es die Frage unmittelbar beantwortet hätte – erkannt, dass bei Satzungsermächtigungen die Rechtsetzungsbefugnis nicht von der Legislative auf die Exekutive verlagert wird, sondern nur auf andere Legislativorgane.[123] Damit entfällt aber auch der rechtsstaatlich-demokratische Regelungshintergrund für die Geltung des Gesetzesvorbehalts für den genannten Anwendungsbereich. Die Satzungsermächtigung aus den Verfassungen richtet sich von vornherein an die in Art. 28 Abs. 1 Satz 2 GG in einem Atemzug mit den Parlamenten genannten und damit als gleichwertig anerkannten unmit-

---

118 *Hendler*, HKWP, Bd. I, 3. Aufl. 2007, S. 13, mwN; vgl. auch *Loewer*, in: von Münch/Kunig, Art. 28 Rn. 78; von einem bloßen Entscheidungsmittel spricht *Leisner*, in: Sodan, Art. 28 Rn. 19 unter unzutreffender Berufung auf BVerfGE 65, 283 (289); anders offenbar OVG Münster, OVGE 12, 202 (206).

119 So auch *Engel-Boland,* Gemeindliches Satzungsrecht und Gesetzesvorbehalt, 1998, S. 92 f. mwN; vgl. zur Entwicklung der Dogmatik der „Satzungsermächtigung“ *Meyn*, in: Huber, 3. Teil, Rn. 113; vgl. auch *Bussalb*, Gilt der Vorbehalt des Gesetzes auch für die Rechtsetzungsbefugnis der Gemeinden?, Diss. jur. Jena, 2002, passim.

120 So BVerfGE 83, 60 (74 f.); 107, 59 (87). Das BVerfG kommt auch in terminologische Schwierigkeiten. So spricht es in E 83, 37 (50), auf die in E 83, 60 (74 f.) ausdrücklich Bezug genommen wird, sowohl für Art. 20 Abs. 2, als auch für Art. 28 Abs. 1 Satz 2 GG vom Volk und zieht daraus Konsequenzen für das Ausländerwahlrecht.

121 Vgl. die Darstellung der intensiven Diskussion im Parlamentarischen Rat in JöR N.F. 1 (1951), 244 ff.

122 So *von Mutius*, Kommunalrecht, 1996; Rn. 337; *Loewer*, in: von Münch/Kunig, Art. 28 mwN.

123 BVerfGE 6, 104 (116), sprach noch davon, dass ein Gemeinderat gesetzgeberische Funktionen im eigentlichen Sinn nicht habe. Seit BVerfGE 21, 54 (63); 32, 346 (361) wird aber die Eigenschaft als demokratisch legitimierte Legislative anerkannt.

telbar gewählten Volksvertretungen auf der Kommunalebene. Ihr Verfahren entspricht im Hinblick auf die Mindestbedingungen von Debatte und Öffentlichkeit dem jener Parlamente. Deshalb werden sie von der Aktivbürgerschaft auch als diesen gleichwertig angesehen. Es ist kein Grund ersichtlich, warum die freiheitssichernde Funktion des Rechtssetzungsverfahrens der Kommunalparlamente eine geringerwertige sein sollte.[124] Man wird im Gegenteil sagen könne, dass die Schutzwirkung zugunsten des Freiheitsraums der Bürger wegen der örtlich näheren Beziehungen zwischen Gemeindevertreter und Bürger intensiver ist als bei den „großen“ Parlamenten. Nur dann, wenn die Grundrechte selbst ein formelles Gesetz (von Bund oder Land) als Voraussetzung für einen Eingriff verlangen, reicht die Satzungshoheit aus Art. 28 Abs. 2 GG / Art. 91 I, II ThürVerf nicht aus. Auch insofern ist aber zu prüfen, was die Schrankenbestimmung des Grundrechts der Sache nach will. Nicht überall, wo ein formelles Gesetz als erforderlich genannt wird, muss es eines der "großen" Parlamente sein. Es wäre auch zu fragen, ob der Begriff des formellen Gesetzes nicht auf die Satzung von Kommunen (nicht auch einer solchen von einfachgesetzlich errichteten Körperschaften und Anstalten des öffentlichen Rechts) erstreckt werden könnte. Die herrschende Auffassung, die immer noch von der Vorstellung bestimmt wird, dass es sich bei allen kommunalen Organen um Exekutivorgane handele, muss einer differenzierteren Betrachtungsweise weichen. Es ist immer danach zu fragen, ob die Handlungsform als solche Verwaltung oder Rechtsetzung beinhaltet.

Die Satzungsbefugnis enthält eine abschließende Regelung für die Rechtsetzung der Gemeinde in Selbstverwaltungsangelegenheiten. Es ist also einerseits entbehrlich, für diese Materien Ermächtigungen auszusprechen, andererseits unzulässig, zum Erlass von Rechtsverordnungen zu ermächtigen.[125] 49

Die Gemeinden haben neben ihrer Eigenschaft als Mitgliedsverband ihrer Gemeindebürger auch die Eigenschaft einer Gebietskörperschaft. Die Grenzen der Gemeinde beschreiben auch die räumliche Erstreckung der **Gebietshoheit** und enthalten deshalb eine Garantie der örtlichen Zuständigkeit der Gemeinde.[126] Gebietshoheit bedeutet, dass alle Personen und Gegenstände, die sich in dem Gebiet aufhalten bzw. auf ihrem Gebiet befinden, der Regelungsgewalt bzw. Herrschaftsmacht der Gemeindeorgane und -behörden unterworfen sind.[127] 50

Ein anderes Verständnis der Gebietshoheit will diese auf ihren räumlichen Aspekt beschränken und dementiert, dass es dabei auch um Herrschaft und d.h. Regelungsgewalt geht. Beeinträchtigungen der Gebietshoheit seien im Wesentlichen nur als neue Begrenzungen des Gemeindegebiets denkbar.[128] Diese Auffassung würde – konsequent zu Ende geführt – die Gemeinde auf die Eigenschaft 51

124 Dass im übrigen die "großen" Parlamente im Vergleich zur Exekutive keineswegs diejenigen Verfassungsorgane sind, die ein höheres Maß an Grundrechtsbeachtung an den Tag legen, hat schon *Rauschning*, Die Sicherung der Beachtung von Verfassungsrecht, 1969, passim, gezeigt.

125 Vgl. dazu *Meyn*, LKV 1995, 270 f.

126 *Stober*, Kommunalrecht, 3. Aufl.1996, § 7 II 2 a.

127 BVerfGE 52, 95 (118); *Seewald*, in: Steiner (Hrsg.), Besonderes Verwaltungsrecht, 8. Aufl. 2006, Rn. 121.

128 *Waechter*, in: Epping/Butzer, Art. 57 Rn. 65, unter unzutreffender Bezugnahme auf BVerfGE 50, 50 (52): gemeint vermutlich S. 51, aber auch dort ist von einer Beschränkung auf den räumlichen Aspekt nicht die Rede.

einer Personalkörperschaft reduzieren, die Hoheitsbefugnisse nur gegenüber ihren Bürgern, aber nicht gegenüber Einwohnern[129] ausüben dürfte.

52 Unter der **Organisationshoheit** werden die Befugnisse zusammengefasst, die die Gemeinde befähigen, in eigener Verantwortung den Aufbau und das Verfahren innerhalb der eigenen Verwaltungsorganisation sowie die Wahl der jeweiligen Form der Organisation zur Durchführung der jeweiligen Aufgaben zu bestimmen.[130] Die Organisationshoheit ist allerdings in besonderer Weise mit dem Begriff der Eigenverantwortlichkeit verknüpft und weniger mit der sog. Allzuständigkeit.[131] Die kommunalen Organisationsbefugnisse ergeben sich nicht aus einem Prinzip der Eigenorganisation, demgegenüber jede landesgesetzliche Regelung einer besonderen Rechtfertigung bedürfte. Auch wenn die Gemeinde eine eigenständige Ebene des Staatsaufbaus darstellt,[132] so fehlt ihr doch die Verfassungsautonomie, die etwa Art. 28 Abs. 1 GG den Ländern einräumt. Der Landesgesetzgeber hat mithin die Aufgabe aber eben auch die Befugnis, die Grundstrukturen der Organisation von Gemeinden (und Gemeindeverbänden) festzulegen.[133]

53 Dennoch verbleiben den Gemeinden nach der Rechtsprechung des BVerfG weitreichende Befugnisse der Eigenorganisation, weil gemäß Art. 28 Abs. 2 GG der garantierte Kernbereich der kommunalen Selbstverwaltung Regelungen verbiete, die eine eigenständige organisatorische Gestaltungsfähigkeit der Kommunen ersticken würden.[134] Das Gericht nennt als Beispiel, „eine Regelungsdichte, die den Gemeinden die Möglichkeit nähme, eine Hauptsatzung zu erlassen".[135] Als weitere Gegenstände wären zu nennen die Organisation der Arbeit der Gemeindeorgane, die Bestimmung der Rechtsformen, in denen die Gemeinde sich wirtschaftlich betätigt, die Einrichtung von Beratungsstellen und von Gleichstellungsbeauftragten u.a.m.

54 Eingriffe des Gesetzgebers jenseits des Kernbereichs der Selbstverwaltungsgarantie müssen dem Prinzip der Verhältnismäßigkeit Rechnung tragen.[136] Dabei ist allerdings wie auch bei anderen Ausprägungen des Selbstverwaltungsrechts zwischen den örtlichen Angelegenheiten und den Auftragsangelegenheiten zu unterscheiden. In letzteren darf die Regelungsdichte schon deshalb größer sein, weil es sich eigentlich um Angelegenheiten des Landes handelt. Für keinen der beiden Aufgabenkreise darf jedoch ausgeschlossen werden, dass die Gemeinden jedenfalls im Bereich der inneren Organisation selbst auf besondere Bedingungen am Ort durch eigene organisatorische Maßnahmen reagieren können.[137] Selbst im übertragenen Wirkungskreis wäre es unzulässig, einen numerus clausus der Ämterstruktur vorzusehen und damit andere als gesetzlich vorgesehene Ämter zu verbieten.[138]

129 Vgl. § 10 Abs. 1 u. 2 ThürKO.
130 *Burgi* (Fn. 1) § 6 Rn. 33.
131 BVerfGE 91, 228 (LS 1, 240).
132 Anders die hM; vgl. *Waechter* (Fn. 128), Rn. 72.
133 Vgl. auch BVerfGE 107, 1 (19).
134 BVerfGE 91, 228 (239).
135 BVerfGE 91, 228 (239); 107, 1 (13).
136 *Waechter* (Fn. 128), Rn. 73.
137 BVerfGE 91, 228 (241).
138 BVerfGE 91, 228 (239).

Zum Entscheidungsspielraum des Landesgesetzgeber gehört hingegen, welchen Typ von Gemeindeverfassung er wählt. Ob die Gemeinden z.B. nach dem Vorbild der Magistratsverfassung, der Bürgermeisterverfassung oder der süddeutschen Ratsverfassung organisiert werden, liegt in seiner Kompetenz. Dasselbe gilt für die auf einer anderen Ebene angesiedelte Entscheidung für eine Ämterverfassung.[139] 55

Aus dem Recht der Selbstverwaltung folgt auch die **Personalhoheit.**[140] Sie umfasst vor allem die Befugnis, die Gemeindebeamten und -angestellten auszuwählen, anzustellen, zu befördern und zu entlassen.[141] Gerade die Personalhoheit ist aber traditionell zahlreichen Beschränkungen durch das Beamtenrecht unterworfen, obwohl gerade hier die differenzierte gesellschaftliche Wirklichkeit zwischen gemeindlichem Handeln in der Großstadt und dem Dorf auch differenziertere Regelungen nahe legen würde. Zu den herkömmlichen Einschränkungen gehört z.B., disziplinarrechtliche Entscheidungen von staatlichen Behörden fällen zu lassen.[142] 56

Der Begriff der **Finanzhoheit** beschreibt die eigenverantwortliche Einnahmen- und Ausgabenwirtschaft im Rahmen eines geordneten Haushaltswesens.[143] Das ergibt sich mittelbar auch aus Art. 106 Abs. 5 Satz 1 GG, demzufolge die Gemeinden einen Anteil an dem Aufkommen für die Einkommensteuer erhalten. Ohne die Befugnis, damit selbständig verfahren zu dürfen, wäre ein Herausschneiden des entsprechenden Betrages aus dem Länderanteil rechtlich nicht sinnvoll. Die Finanzhoheit ist Bestandteil der Selbstverwaltungsgarantie von Art. 28 Abs. 2 Sätze 1, 3 GG / Art. 91 Abs. 1.[144] Zu ihr gehört u.a. die Steuer- und Abgabenhoheit, die den Gemeinden erlaubt, ihre Einwohner aus eigenem Recht zu den aus der Aufgabenerfüllung resultierenden Lasten heranzuziehen.[145] 57

Eigenverantwortliche Einnahmenwirtschaft beinhaltet u.a., dass die Gemeinden die ihnen vom Staat eingeräumten Einnahmequellen frei ausschöpfen dürfen. Sie können also Abgaben erheben und Gebühren festsetzen.[146] Schon aus Art. 28 Abs. 2 Satz 1 GG folgt zusätzlich, dass die Grundlage der finanziellen Eigenverantwortung der Gemeinden gesichert sein muss. Das beinhaltet eine aufgabenadäquate Finanzausstattung. Art. 93 enthält dazu die näheren Regelungen. Die Finanzhoheit ist aber bereits im Selbstverwaltungsrecht von Art. 91 enthalten. 58

Auch die **Planungshoheit** der Gemeinden ist nur, aber auch immerhin so weit verfassungskräftig gegeben, als die Angelegenheiten der örtlichen Gemeinschaft jeweils reichen. Jedenfalls aber gehören die ohnehin auf der Finanzhoheit beruhende Haushaltsplanung einschließlich einer mittelfristigen Finanzplanung, die Infrastrukturplanung, die Entwicklungsplanung sowie die Bauleitplanung zu 59

139 BVerfGE 52, 95 (116) zur Schleswig-Holsteinischen Landessatzung; von *Burgi* (Fn. 1) § 6 Rn. 33, fälschlich als Beispiel für die Organisationshoheit der Gemeinden genannt.
140 St. Rspr seit BVerfGE 1, 167 (175); vgl. BVerfGE 91, 228 (245).
141 BVerfGE 17, 172 (182); 91, 228 (245).
142 Vgl. BVerfGE 7, 358 (364).
143 *Burgi* (Fn. 1), § 6 Rn. 33; BVerfGE 26, 228 (244); 125, 141 (159).
144 BVerfGE 125, 141 (159).
145 BVerfGE 125, 141 (159) mN aus der Literatur.
146 BVerfGE 26, 228 (244); 71, 25 (36); ThürVerfGH, Urt. v. 23.04.2009 – 32/05 – Umdruck S. 29 = DVBl. 2009, 794 (nur LS); *Stober*, Kommunalrecht, 3. Aufl. 1996, § 7 II 2 d.

diesen Angelegenheiten.[147] Letztere soll nur betroffen sein, wenn sie als Institution der kommunalen Selbstverwaltung eingeschränkt wird, nicht aber wenn nur ausnahmsweise Einschränkungen „einzelner Gemeinden in räumlich streng abgegrenzten Gebieten" vorgenommen werden.[148]

60 **b) Die Angelegenheiten der örtlichen Gemeinschaft.** Mit den Gemeindehoheiten sind aber noch nicht die Sachgegenstände der Gemeinden beschrieben. Die Angelegenheiten der örtlichen Gemeinschaft, also diejenigen, die in der Gemeinde wurzeln oder auf sie einen spezifischen Bezug haben, lassen sich nicht abschließend aufzählen. Auf der Verfassungsebene hat nur Bayern versucht, durch Art. 83 Abs. 1 BayVerf jene Angelegenheiten in der Form von Beispielen zu benennen. Auch der Gesetzgeber der ThürKO hat sich mit einer beispielhaften Aufzählung beholfen. Selbst diese Aufzählung bedarf der Anpassung auf den Einzelfall, denn was in der Gemeinde „wurzelt", hängt auch von der Größe der Gemeinde ab.[149] Die in der Literatur gegebenen Aufzählungen differieren bis zu einem gewissen Grade, sind aber in der Regel ebenfalls beispielhaft gefasst.[150]

61 Von genereller Bedeutung ist die dogmatische Figur der Universalität des gemeindlichen Wirkungskreises.[151] Sie ist das Korrelat zu der Unmöglichkeit, einen numerus clausus der gemeindlichen Aufgaben aufzustellen; denn „zum Wesensgehalt der gemeindlichen Selbstverwaltung (gehört) kein gegenständlich bestimmter oder nach feststehenden Merkmalen bestimmter Aufgabenkatalog".[152] Der Grundsatz der Universalität ist aber missverständlich beschrieben, wenn er als kommunales Zugriffs- und Aufgabenerfindungsrecht bezeichnet wird.[153] Es muss sich immer um Aufgaben der örtlichen Gemeinschaft handeln, die einerseits aus den traditionellen Strukturen örtlicher Gemeinschaft zu bestimmen sind, andererseits offen sind für neuere Entwicklungen. Dabei muss vor allem der örtliche Bezug erhalten bleiben.

62 So dürfen die Gemeinden sich durch ihre Organe nicht zu allgemeinpolitischen Fragen äußern, auch dann nicht, wenn die Bevölkerung mittelbar von bestimmten Entscheidungen betroffen wird. So wäre die Erklärung einer atomwaffenfreien Zone durch den Gemeinderat unzulässig,[154] weil es sich nicht um einen Gegenstand handelt, der in der Gemeinde „wurzelt". Das ebenfalls darauf gegründete Verbot, sich zu Fragen der Außenpolitik zu äußern, ergibt sich außerdem aus Art. 32 Abs. 1 GG, demzufolge die Pflege der Beziehungen zu auswärtigen Staaten Sache des Bundes ist. Die h.M. stützt das Verbot im Übrigen auf die Einordnung der Kommunen in die Länder. Diese grundsätzlich geltende Begrenzung betrifft aber nicht die kommunalen Außenkontakte mit „Verwaltungsträ-

---

147 Vgl. *Stober* (Fn. 146) § 7 II 2 e; streitig für Flächennutzungsplanung *Nierhaus*, in: Sachs, GG, Art. 28 Rn. 56 mwN.

148 BVerfGE 56, 298, (313); im Übrigen offen gelassen von BVerfGE 56, 298 (313); 76,107 (118 f.); 103, 332 (366); vgl. auch *Nierhaus*, in: Sachs, GG, Art. 28 Rn. 57.

149 BVerfGE 8, 122 (134); 52, 95 (120), hoben auch auf die Leistungs- und Verwaltungskraft ab; BVerfGE 79,127 (153) nennt nur noch die Größe.

150 Vgl. z.B. *Pieroth*, in: Jarass/Pieroth, Art. 28 Rn. 13; *Waechter*, in: Epping/Butzer, Art. 57 Rn. 81; *Knemeyer*, Bayerisches Kommunalrecht, 11. Aufl. 2004, Rn. 154; *Gern*, Deutsches Kommunalrecht, 3. Aufl.2003, Rn. 231; *ders*, Sächsisches Kommunalrecht, 2. Aufl. 2000, Rn. 237.

151 BVerfGE 79, 127 (146).

152 BVerfGE 79, 127 (146).

153 Vgl. *Nierhaus*, in: Sachs, GG, Art. 28 Rn. 48 mwN, der den begrenzten Spielraum des Gesetzgebers bei der Bestimmung einer örtlichen Angelegenheit hervorhebt.

154 Vgl. dazu BVerfGE 8, 122 (134).

gern der gleichen Stufe in anderen Ländern".[155] Anderenfalls wären u.a. die vielfältig gepflogenen Beziehungen zu ausländischen Gemeinden unzulässig.

4. Der „Rahmen der Gesetze". Obwohl die Gemeinden in Gestalt der Angelegenheiten der örtlichen Gemeinschaft einen gegenständlichen Bereich eigener Kompetenz und Aufgabe zugewiesen bekommen, steht diese Zuweisung unter dem Vorbehalt des Gesetzes. Angesichts der Offenheit des Begriffs der örtlichen Angelegenheiten, der anders als die Kompetenzbestimmungen des GG nicht nach spezifischen Sachbereichen unterscheidet, muss es zu rechtspolitischen Konfliktlagen zwischen Kompetenzen und Aufgaben des Landes und den Selbstverwaltungsangelegenheiten der Gemeinden kommen. Deshalb greifen sowohl der Bund als auch das Land bei der Wahrnehmung ihrer Aufgaben notwendigerweise in das Aufgabenfeld der Kommunen ein. So gehört z.B. zur Satzunggebung durch die Gemeinden auch die Bestimmung, wann die erlassenen Vorschriften in Kraft treten. Wenn aber der Bund im Rahmen seiner Befugnis zur Regelung des Bodenrechts gemäß Art. 74 Nr. 18 GG Regeln über den Zeitpunkt des Inkrafttretens eines Bebauungsplanes trifft, dann wird damit in den jeweiligen Sachgegenstand der Planungs- und Rechtsetzungshoheit der Kommune eingegriffen und es bedarf deshalb der Rechtfertigung durch das gebotene öffentliche Wohl.[156] 63

Bei dem durch den Rahmen der Gesetze gegebenen Gesetzesvorbehalt ist eine formelle und eine materielle Komponente zu unterscheiden. 64

a) **Formelle Voraussetzungen.** Die formellen Voraussetzungen beinhalten nicht einen rigiden Parlamentsvorbehalt. Zwar bedarf es zunächst einer Entscheidung des unmittelbar demokratisch legitimierten Gesetzgebers, wenn die ihrerseits demokratische Verantwortlichkeit der Selbstverwaltung beschränkt werden soll. Der parlamentarische Gesetzgeber darf aber zum Erlass von Rechtsverordnungen ermächtigen,[157] die bei Landesgesetzen einer Art. 84 entsprechenden Ermächtigung bedürfen.[158] Das gilt auch, wenn sog. Pflichtaufgaben ohne Weisung (§ 2 Abs. 3 ThürKO) bestimmt werden.[159] 65

Zum anderen darf nur der zuständige Gesetzgeber Einschränkungen vorsehen. Das ist in aller Regel der Landesgesetzgeber, da im Kommunalrecht dem 66

155 *Tomuschat*, HStR VII, 1992, § 172 Rn. 69 (unter Hinweis auf BVerfGE 2, 347 [374]), mit Bedenken im Hinblick auf mögliche Konflikte mit der jeweiligen Politik des Bundes.

156 BVerfGE 65, 283 (290) sieht allerdings die genannten Hoheiten „nicht berührt", schränkt also von vornherein den Schutzbereich ein.

157 So für Art. 91 Abs. 4 ThürVerfGH, Urt. v. 12.10.2004 – 16/02 – Umdruck S. 31 = ThürVBl 2005, 11 (14 f.) für das Anhörungsgebot; BVerfGE 26, 228 (237); 56, 298 (309); 76, 107 (117 f.): auch andere untergesetzliche Rechtsnormen, z.B. Raumordnungsprogramme; 107, 1 (15).

158 Art. 84 ThürVerf enthält eine Art. 28 Abs. 1 Satz 1 GG und damit die Gewaltenteilung umsetzende Vorschrift (vgl. BVerfGE 34, 52 [58 f.]); zusätzlich ist der Landesverfassungsgeber an die Grundsätze des Art. 80 Abs. 1 Satz 2 gebunden (BVerfGE 107, 1 [15]); eine landesverfassungsrechtliche Konkretisierung ist zulässig: BVerfGE 34, 52 (58 f.); sie kann auch durch richterliche Interpretation vorgenommen werden.

159 *Wachsmuth/Oehler*, § 2 ThürKO (St.d.B. 11.2003) Anm. 3.1 meinen die Erforderlichkeit eines förmlichen Gesetzes auf Vorschriften der ThürKO zurückführen zu müssen bzw. zu können; das würde eine Selbstbindung des Gesetzgebers im Wege einfacher Gesetzgebung voraussetzen.

Bund[160] jede ausdrückliche umfassende Kompetenz fehlt und nur einzelne Befugnisse wie z.B. Art. 105 Abs. 2 GG bestehen. Der Bundesgesetzgeber soll aber im Rahmen von Ergänzungskompetenzen (Annex, Sachzusammenhang, Natur der Sache) ausnahmsweise für Eingriffe in das Selbstverwaltungsrecht in Frage kommen.[161] Bei seinen vielfältigen Gesetzgebungskompetenzen ist dann immer wieder mindestens die Planungshoheit der Kommunen berührt. Als Beispiele seien Energieversorgung, Bauplanungsrecht und Umweltrecht genannt. Klar gestellt durch Einfügung eines Satzes 2 in Art. 85 Abs. 1 GG ist zusätzlich, dass der Bund weder den Gemeinden noch den Gemeindeverbänden Aufgaben übertragen kann.[162] Vor diesem Zeitpunkt liegende Entscheidungen des BVerfG sind deshalb insofern überholt.[163]

67 **b) Materielle Voraussetzungen.** Geht man von dem Bild des „Rahmens“ aus, so liegt von vornherein nahe, dass die Gesetze um die Angelegenheiten der örtlichen Gemeinschaft herum bestimmte Begrenzungen regeln dürfen und gfls. zu regeln haben.

68 **aa) Der Kernbereich der Selbstverwaltung.** Diesen materiellen oder gegenständlichen Bereich fasst das BVerfG im Begriff des **Kernbereichs der Selbstverwaltung.** Dieser Kernbereich soll unantastbar sein,[164] wird aber vom BVerfG andererseits relativiert bzw. flexibilisiert, indem bei der Bestimmung dessen, was als Wesensgehalt dazu gehört, der geschichtlichen Entwicklung und den verschiedenen historischen Erscheinungsformen der Selbstverwaltung Rechnung getragen werden soll.[165] Außerdem gibt es keinen absoluten Schutz der Kernbereichsgarantie für jede der einzelnen Ausformungen.[166] Das bedeutet, dass es – jenseits der oben genannten „Hoheiten“ – keinen gegenständlich bestimmten oder nach feststehenden Merkmalen bestimmbaren Aufgabenkatalog für die Kommunen geben kann.[167] Der Grund für diese verfassungsrechtliche Aporie, die durch die bisherigen Versuche dogmatischer Korrekturen nicht beseitigt werden konnte, liegt letztlich in der begrifflichen Inkongruenz zwischen den gegenständlich beschriebenen Kompetenzkatalogen der Art. 72 ff. GG und der überwiegend räumlichen Kategorie der örtlichen Angelegenheiten.[168]

69 Eine weitere Relativierung des Kernbereichs in seiner Schutzfunktion hat das BVerfG dadurch vorgenommen, dass es die Eigenschaft der Selbstverwaltungsgarantie als bloße institutionelle Garantie der Bestimmung des Kernbereichs zu-

160 Vgl. zum Schutz der Gemeinden vor einem Zusammenwirken von Bundes- und Landesbehörden BVerfGE 119, 331 (366 f.).

161 BVerfGE 1, 167 (176) verwendete den Begriff „Sondergesetzgebungskompetenz“; ähnlich BVerfGE 56, 298 (310).

162 52. ÄndG v. 28.06.2006, BGBl. I, 2034.

163 So etwa BVerfGE 77, 288 (299); zur „Altrechtslage“ *Löwer*, in: von Münch/Kunig, Art. 28 Rn. 62 ff.

164 St. Rspr; vgl. BVerfGE 11, 266 (274); 17, 172 (182); 21, 117 (130); 26, 172 (180); 38, 258 (278 f.); 56, 298 (315); 79, 127 (143); 91, 228 (238); 107, 1 (2); 119, 331 (362); 125, 141 (167).

165 BVerfGE 50, 195 (201); 59, 216 (226); 76, 107 (118); 79, 127 (146); 91, 228 (238); 125, 141 (167); was mit dem Nebeneinander der Begriffe Kernbereich und Wesensgehalt gewonnen ist, bleibt unklar; von „Kernbereich oder Wesensgehalt“ spricht BVerfGE 119, 331 (355); kritisch auch *Nierhaus*, in: Sachs, GG, Art. 28 Rn. 64.

166 BVerfGE 103, 332 (366); 125, 141 (168).

167 BVerfGE 79, 127 LS 2 (146); vgl. dazu *Hellermann*, in: Epping/Hillgruber, Art. 28 Rn. 40; *Gern*, Sächsisches Kommunalrecht, 2. Aufl. 2000, Rn 237.

168 Vgl. dazu *Löwer*, in: von Münch/Kunig, Art. 28 Rn. 60.

grunde legt.[169] Danach ist auch eine völlige Entziehung bestimmter Aufgaben einzelner Gemeinden zulässig, wenn andere Gemeinden die Aufgabe behalten.[170]

Eine weitere Begrenzung für den Gesetzgeber stellt das Prinzip der Verhältnismäßigkeit dar, das vom BVerfG ohne nähere Begründung z.T. zusätzlich herangezogen wird;[171] z.T. bewendet es in dieser Rechtsprechung bei der Kernbereich / Wesensgehalt-Sperre.[172] Die gelegentlich geäußerte Kritik[173] an der Anwendung der Verhältnismäßigkeit erscheint unberechtigt. Zwar ist das Verhältnis zwischen Bund und Ländern einerseits und den Gemeinden andererseits nicht ein solches, das grundrechtlich geprägt wäre,[174] sondern eines der Abgrenzung hoheitlicher Kompetenzen. Wegen des offenen Begriffes der Angelegenheiten der örtlichen Gemeinschaft, die ein Einfallstor für Eingriffe darstellt, muss aber die Eigenschaft der Gemeinde als Rechtssubjekt herangezogen werden. Eine allgemeine Güterabwägung zwischen den Zielen des Gesetzgebers ist dafür nicht so anwendungsgenau wie das Prinzip der Verhältnismäßigkeit mit seinen drei Elementen. Zumindest eine entsprechende Anwendung dieser Grundsätze erscheint deshalb geboten. 70

Der ThürVerfGH hat sich dieser Rechtsprechung angeschlossen, indem er ebenfalls von einem Kernbereich ausgeht, der unangetastet bleiben muss. Allerdings ist in den Kernbereich auch nach dieser Rechtsprechung nur dann eingegriffen, wenn durch die regelnde Norm des Gesetzgebers das Recht auf Selbstverwaltung „rechtlich oder faktisch beseitigt würde, wenn also das Gesetz die gemeindliche Selbstverwaltung innerlich aushöhlte, so dass sie die Gelegenheit zur kraftvollen Betätigung verlöre und nur noch ein Schattendasein führen könnte".[175] Wie auch beim BVerfG findet sich in der Rechtsprechung des ThürVerfGH kein Hinweis darauf, wann eine „kraftvolle Betätigung" nicht mehr vorliegt und die Gemeinden im „Schattendasein" vor sich hin kümmern. 71

Diese Zurückhaltung ist sicher darauf zurückzuführen, dass für die Annahme einer „kraftvollen Betätigung" bei einer größeren Einheitsgemeinde andere Maßstäbe anzulegen sind als z. B. für eine Gemeinde, die einer Verwaltungsgemeinschaft angehört und zusätzlich einer Reihe von Zweckverbänden die Erledigung von Aufgaben überlassen hat.[176] Auch der Begriff der örtlichen Gemeinschaft bestimmt sich nach je spezifischen Verhältnissen und ist nicht stringent mit je spezifischen Aufgaben korreliert.[177] Die Rechtsprechung muss deshalb bei ihrer Aufgabe, den Kernbereich (mit seinem Wesensgehalt) in Abgrenzung zum (überörtlichen) Gemeinwohl zu bestimmen, letztlich Einzelfallentscheidungen dezisionistischen Charakters treffen. Angesichts der vergleichsweise geringen Zahl an 72

169 BVerfGE 56, 298 (313): Kernbereich nicht betroffen, wenn keine Einschränkung „der kommunalen Planungshoheit als Institution".

170 BVerfGE 56, 298 (313).

171 So BVerfGE 56, 298 (315), wo es zwar nur einzelne Gemeinden geht, deren Kernbereich aber doch betroffen sein dürfte; 125, 141 (168).

172 So z.B. BVerfGE 79, 127 (146 ff.); vgl. auch BVerfGE 91, 228 (238 ff.): Entscheidungen zur Organisationshoheit.

173 Vgl. dazu *Burgi* (Fn. 1) § 6 Rn. 40.

174 Vgl. oben Rn. 19.

175 ThürVerfGH, Urt. v. 23.4.2009 – 32 /05 – Umdruck S. 28 = DVBl. 2009, 794 (nur LS), im Anschluss an BVerfGE 79, 127 (146, 155).

176 Vgl. BVerfGE 110, 370 (401).

177 Vgl. BVerfGE 79, 127 (153 f.).

Judikaten des ThürVerfGH ist es für eine induktive Analyse der Rechtsprechung noch zu früh.

73 **bb) Der sog. Randbereich.** Das gilt auch für die Rechtsprechung zum sog. **Randbereich** der kommunalen Selbstverwaltungsgarantie, der u.a. betroffen ist, wenn die Eigenverantwortlichkeit der Aufgabenerledigung eingeschränkt wird. Eigenverantwortlichkeit bedeutet nach absolut h.M. die Entscheidungsfreiheit der Gemeinde hinsichtlich des Ob, Wann und Wie der Erfüllung ihrer Aufgaben.[178] Unklar ist, ob der ThürVerfGH hier eine Einschränkung vornehmen möchte, wenn er unter Eigenverantwortlichkeit lediglich die Freiheit versteht, ohne staatliche Reglementierung über „die Art und Weise der Aufgabenerledigung zu entscheiden".[179] Damit wäre die Entscheidung ausgeblendet, ob eine Aufgabe überhaupt angepackt werden soll. Das Gericht hält dann aber das an die Gemeinden gerichtete gesetzliche Verbot, bestimmte Beiträge zu erheben, für einen Eingriff in die kommunale Selbstverwaltung. Damit wird aber schon die Entscheidung über das Ob entzogen.[180]

74 Jeder Eingriff in die aus der Selbstverwaltungsgarantie folgenden Kompetenzen der Gemeinden bedarf der **verfassungsrechtlichen Rechtfertigung**. Hier stehen sich das Gemeinwohl, das der Landtag als Gesetzgeber zu verfolgen hat und die Angelegenheiten der örtlichen Gemeinschaft gegenüber, die bei ihrer Behandlung ebenfalls unter dem Gebot des Gemeinwohls stehen. Es ist also ein überörtliches Gemeinwohl mit einem örtlichen Gemeinwohl abzuwägen. Daraus ergibt sich, dass der Landtag nicht nur über das überörtliche Gemeinwohl zu befinden hat.[181] Damit würde nämlich aus dem Gesamt des Gemeinwohls, dessen örtliche Ausprägung in Gestalt der Regelung der „Angelegenheiten der örtlichen Gemeinschaft" durch die Organe der Gemeinde vollzogen wird, ein wesentlicher Teil herausgeschnitten. Der Landtag hat vielmehr abzuwägen, auf welcher Ebene des Staatsaufbaus durch welche Organe die jeweilige Materie verfassungsrechtlich zulässig am besten zu regeln ist.[182] Dabei wird vielfach nicht berücksichtigt, dass auch die Kommunalebene in vollem Umfang demokratisch legitimiert ist (Gemeinderat § 23 Abs. 2 Satz 1 ThürKO; Bürgermeister § 28 Abs. 3 Satz 1). Die häufig zitierte Forderung nach Bürgernähe als Element in der Abwägung u.a. mit der Leistungsfähigkeit der Verwaltung enthält also nicht nur ein Betroffenheitselement aus Sicht der Bürger, sondern auch das der direkten, ortsnäheren demokratischen Legitimation der für sie handelnden Organe.

178 *Löwer*, in: von Münch/Kunig, Art. 28 Rn. 69; *Pieroth*, in: Jarass/Pieroth, Art. 28 Rn. 16; *Nierhaus*, in: Sachs, GG, Art. 28 Rn. 52.

179 ThürVerfGH, Urt. v. 23.04.2009 – 32 /05 – Umdruck, S. 32. = DVBl. 2009, 794 (nur LS); bei der Subsumtion wird allerdings das gesetzliche Verbot, überhaupt tätig zu werden – nämlich Beiträge im Bereich der Wasserversorgung zu erheben – als Eingriff gewertet (S. 34). Das ist die Entscheidung über das Ob. Vgl. auch BVerfGE 107, 1 (14); 119, 331 (362).

180 ThürVerfGH, Urt. v. 23.04.2009 – 32 /05 – Umdruck S. 34, DVBl. 2009, 794 (nur LS) – Beiträge im Bereich der Wasserversorgung. Die Zulässigkeit, das Ob der Entscheidung durch sog. Pflichtaufgaben zu entziehen, ist unbestritten, aber ebenfalls verfassungsrechtlich rechtfertigungsbedürftig.

181 So im begrifflichen Ausgangspunkt aber wohl ThürVerfGH, Urt. v. 23.04.2009 – 32 /05 – Umdruck S. 30= DVBl. 2009, 794 (nur LS), wo lediglich von einer Abwägung zwischen dem überörtlichen Gemeinwohl und den „örtlichen Belangen" die Rede ist.

182 Das gilt auch für Bundestag und Bundesrat, soweit der Bund ausnahmsweise kommunalrechtlich regelungsbefugt ist.

Legt man allerdings die h.M. zugrunde, die bei den Kommunen nach wie vor von rein exekutiver Tätigkeit ausgeht,[183] dann liegt der Schluss nahe, dass dem Landtag als Gesetzgeber die höhere Legitimation eignet. Das wäre aber ein Fehlschluss, denn selbst bei der Annahme, dass z.B. die kommunale Satzunggebung trotz ihres parlamentsgeprägten Verfahrens Verwaltungshandeln darstellt, bliebe das Handeln der Gemeinde auf der gleichen Stufe demokratischer Legitimation wie die Entscheidung des Landtages. 75

Der ThürVerfGH hat sich dieser Position zwar nicht ausdrücklich angeschlossen, hat aber in einer im Übrigen etwas sprunghaften Begründungssequenz erkennen lassen, dass es die Einwirkung des Demokratieprinzips auf allen Ebenen des Staatsaufbaus als bedeutsam ansieht: Die Thüringer Verfassung gehe davon aus, dass das Gemeinwohl „erst durch einen vielfältigen politischen Prozess, *auch in Volksvertretungen*",[184] gefunden werden müsse. Das Gericht schließt dann aber etwas unvermittelt eine Untersuchung zum Gebot vollständiger Sachverhaltserfassung[185] an, das es für die Bestimmung der gerichtlichen Kontrolldichte heranzieht.[186] Der zutreffende demokratieorientierte Ansatz für die erforderlichen Wertungen im Rahmen der Abwägung zwischen den vom Gesetzgeber verfolgten Zielen und dem Selbstverwaltungsrecht, wird also nicht detailliert verfolgt. Zutreffend wird aber betont, dass das Gericht sich bei der Prüfung von Wertungen und Prognosen darauf zu beschränken hat, ob diese offensichtlich fehlerhaft oder eindeutig widerlegbar sind oder der Verfassung widersprechen.[187] Bei der Prüfung dieser Wertungen sollte das Gericht aber immer auch untersuchen, ob der Gesetzgeber des Landes die Fähigkeit der Kommunen, auf der Basis ihrer demokratischen Legitimation sachgerechte Entscheidungen über den jeweiligen Gegenstand zu treffen, hinreichend beachtet hat.[188] Anderenfalls wäre die Redeweise vom vielfältigen politischen Prozess, in dem auch „die" Volksvertretungen das Gemeinwohl suchen, obsolet. 76

Der Prüfung der **verfassungsrechtlichen Rechtfertigung des Eingriffs** legt der ThürVerfGH das rechtsstaatlich gebotene **Prinzip der Verhältnismäßigkeit** zugrunde und verbindet es begrifflich einerseits mit dem zu verfolgenden Gemeinwohl, andererseits auch in Anleihe an grundrechtsdogmatische Erkenntnisse mit der Frage nach dem „zulässigen gesetzgeberischen Ziel".[189] Dabei ist allerdings Vorsicht geboten, weil bei Eingriffen in das kommunale Selbstverwaltungsrecht eine grundlegend andere Konstellation gegeben ist, als bei Grundrechtseingriffen. Es geht nicht um Einschränkungen einer individuellen Freiheit, die in der Zivilgesellschaft ausgeübt wird, sondern um den Entzug oder die Einschränkung von Kompetenzen einer Institution des verfassungsrechtlich geregelten Staatsaufbaus. Dabei darf die gebotene richterliche Zurückhaltung gegenüber dem Landtag als Gesetzgeber nicht dazu führen, unter Verwendung der Formel vom „eingeschränkten gerichtlichen Überprüfungsspielraum" auf eine nähere Be- 77

183 Vgl. *Scholler/Scholler, in:* HKWP I, S. 555.
184 ThürVerfGH, Urt. v. 23.04.2009 – 32 /05 – Umdruck S. 32 = DVBl. 2009, 794 (nur LS); kursive Hervorhebung durch Verf.
185 Kritik an der Umsetzung des Gebotes durch das Gericht im Sondervotum Baldus, ThürVerfGH, Urt. v. 23.04.2009 – 32 / 05 – Umdruck S. 51 ff = DVBl. 2009, 794 (nur LS.).
186 ThürVerfGH, Urt. v. 23.04.2009 – 32 / 05 – Umdruck S. 32.
187 ThürVerfGH Urt. v. 23.04.2009 – 32 / 05 – Umdruck S. 32.
188 Hier stehen nämlich die im Allgemeinen nur den „großen" Parlamenten eingeräumten Einschätzungsprärogativen denen der Kommunalvertretungen gegenüber.
189 ThürVerfGH, Urt. v. 23.04.2009 – 32 /05 – Umdruck S. 30 ff.

gründung des vom Gericht gefundenen Ergebnisses zu verzichten. Vielmehr muss die Rechtsprechung den hohen Wert, den die Verfassung den Gemeinden als Basis des demokratischen Aufbaus des Staatswesens zugemessen hat, in wertenden Argumentationslinien berücksichtigen. Dabei müssen im Rahmen der sog. Proportionalität oder Verhältnismäßigkeit i.e.S. die Folgen des Eingriffs für die Gemeinden mit dem Gewicht des Zieles, das der Landtag mit seinem Gesetz verfolgt, verglichen und hinreichend abgewogen werden.[190]

78 Eine besondere Art, den „Rahmen der Gesetze" herzustellen, ist die Rechtsform der pflichtigen Selbstverwaltungsaufgaben. Hier wird den Gemeinden mindestens die Entscheidung über das Ob der Aufgabenerfüllung genommen.

IV. Die Gemeindeverbände (Abs. 2)

79 Auch die Gemeindeverbände haben gemäß Art. 28 Abs. 2 Satz 2 GG das Recht der Selbstverwaltung. Das stellt sie prima vista den Gemeinden gleich. Die Vorschrift verweist aber in doppelter Weise auf den Gesetzgeber. Das Selbstverwaltungsrecht ist nämlich nur im Rahmen des gesetzlichen Aufgabenbereichs nach Maßgabe der Gesetze garantiert. Dementsprechend hat das BVerfG entschieden, dass den Landkreisen gerade kein bestimmter Aufgabenbereich zugewiesen ist,[191] sondern der Gesetzgeber erst die Selbstverwaltungsaufgaben zu definieren hat. Art. 91 Abs. 2 weicht im Wortlaut aber nicht unwesentlich von der entsprechenden Vorschrift des GG ab. Dabei folgen Unterschiede nicht aus der in Satz 1 genannten Bezeichnung als „Träger der Selbstverwaltung". Ein gewisser Unterschied liegt aber in der Formulierung des Satzes 2, dass die Gemeindeverbände „*ihre* Angelegenheiten" im Rahmen der Gesetze unter eigener Verantwortung zu regeln haben. Zwar handelt es sich dabei nicht um einen gegenständlich (relativ) bestimmten Begriff, wie er in den Angelegenheiten der „örtlichen Gemeinschaft" enthalten ist. Wenn die Gemeindeverbände aber „ihre" Materien zu regeln haben, dann ist darin zumindest eine abstrakt-possessive Zuweisung enthalten.[192]

80 **1. Der Begriff des Gemeindeverbandes (Abs. 2 Satz 1).** Bei den in Art. 91 Abs. 2 genannten Gemeindeverbänden als weiteren Trägern der Selbstverwaltung handelt es sich neben den **Landkreise und kreisfreien Städten**[193] um **alle weiteren kommunalen Gebietskörperschaften.** Der Gesetzgeber ist frei darin, zwischen den Kreisen und der Landesebene weitere Selbstverwaltungskörperschaften einzurichten. Hätte der Verfassunggeber dies ausschließen wollen, so hätte er den Begriff Gemeindeverband durch den des Kreises ersetzen können, wie es in Art. 92 geschehen ist.[194] Diese Gebietskörperschaften müssen dann als solche

---

190 Daran fehlt es beim ThürVerfGH, Urt. v. 23.04.2009 – 32 / 05 – Umdruck S. 30 ff.; es werden die Entlastung der Grundeigentümer (Umdruck S. 31) einerseits und die Belastungen und Alternativen der Gemeinden (Umdruck S. 34) lediglich nebeneinander geschildert.

191 BVerfGE 79, 127 (150); 83, 363 (383); andeutend schon BVerfGE 21, 117 (128 f.); 23, 253 (363).

192 AA *Hopfe*, in: Linck/Jutzi/Hopfe, Art. 91 Rn. 10; vgl. dazu näher oben Rn. 10

193 Auch kreisfreie Städte muss der Gesetzgeber nicht einrichten. Der (gehobene) Status einer Gemeinde ist verfassungsrechtlich nicht geschützt; vgl. für die sog. selbständige Gemeinde in Niedersachsen BVerfGE 78, 331 (340).

194 Verkannt bei *Wachsmuth/Oehler*, § 86 ThürKO (St.d.B. 01.2008) Anm. 1: Art. 91 Abs. 2 beziehe sich nur auf die Landkreise. Für Art. 94 ausdrücklich in den Verfassungsberatungen von StS Gasser ausgeführt, PW 1 VerfUA 018 (11.9.1992) S. 60.

identifizierbare nicht nur überörtliche, sondern auch überkreisliche Angelegenheiten zur eigenständigen Erledigung, also als Selbstverwaltungsangelegenheiten, erhalten. Dabei muss der Gesetzgeber allerdings sowohl den Vorrang der Gemeindeebene als auch den der Kreisebene berücksichtigen.[195]

Solche **höheren Gemeindeverbände** sind schon deshalb **nicht von gleichem Rang**, weil der einfache Gesetzgeber sie jederzeit wieder beseitigen kann. Sie stehen deshalb letztlich nicht unter dem Schutz der Verfassung und können nicht schon dann als Gebietskörperschaften angesehen werden, wenn ihnen für ihre Aufgaben die Gebietshoheit gegeben ist. Vielmehr muss es sich um Körperschaften des öffentlichen Recht handeln, bei denen sich die Mitgliedschaft aus dem Wohnsitz im Gebiet der Körperschaft ergibt. Wesentlich ist deshalb das unmittelbare Verhältnis, welches zwischen Personen, dem Gebiet und der darauf ausgeübten hoheitlichen Gewalt besteht.[196] Zusätzlich zu diesen vom BVerfG genannten Voraussetzungen muss hinzukommen, dass diese Gebietskörperschaft eine nach den Wahlrechtsgrundsätzen von Art. 95 Satz 1 gewählte Volksvertretung hat. Das ergibt sich schon aus dem mit Art. 91 insofern gleichbedeutend verwendeten Begriff des Gemeindeverbandes. 81

Der ThürVerfGH will allerdings unter Gemeindeverbänden zusätzlich solche kommunalen Zusammenschlüsse verstehen, die nach Gewicht und Umfang denen der Gemeinde vergleichbar sind. Damit wird auf die Eigenschaft als Gebietskörperschaft verzichtet, obwohl das Gericht nur solche Körperschaften als Gemeindeverbände ansehen will, die sowohl in rechtlicher als auch in tatsächlicher Hinsicht mit Gemeinden vergleichbar sind.[197] Das erscheint ohne Gebietshoheit und die Mitgliedstellung natürlicher Personen nicht angängig.[198] Schon deshalb sind sowohl die Verwaltungsgemeinschaften nach § 46 ThürKO als auch die Zweckverbände nach dem ThürKGG nicht als Gemeindeverbände i.S. d. Art. 91 anzusehen.[199] 82

2. Die Aufgaben der Gemeindeverbände. Auch wenn das Schwergewicht an Aufgaben faktisch bei den übertragenen Angelegenheiten liegt, würde ein nach 83

195 Zum Vorrang der Gemeinden vgl. BVerfGE 110, 370 (400).

196 BVerfGE 52, 95 (117 f.).

197 ThürVerfGH, Urt.v. 23.04.2009 – 32/05 – Umdruck S. 2 = DVBl. 2009, 794 (nur LS 1). Zusammenfassend LS 1: Satzungsmäßig begrenzter Aufgabenkreis; das lediglich von den Mitgliedern abgeleitete Satzungsrecht und die Organisationsform – auch juristische Personen des Privatrechts können Mitglieder sein – sprechen danach gegen die Eigenschaft als Gemeindeverband.

198 Die Bezugnahme des ThürVerfGH, Urt. v. 23.04.2009 – 32 / 05 – Umdruck S. 2, auf BVerfGE 52, 95 lässt – obwohl es die Natur jener Entscheidung als schleswig-holsteinische (Art. 99 GG iVm § 13 Nr. 10 BVerfGG) nennt – unberücksichtigt, dass die Entscheidung sich nur auf die Landessatzung Schleswig-Holsteins (jetzt Verfassung), nicht aber auf das GG bezieht. Es ging in jener Entscheidung im Übrigen auch nur um die Frage, ob die Ämter in Schleswig-Holstein wegen des Gewichts ihrer Kompetenzen eine gewählte Volksvertretung haben müssen, was verneint wurde (BVerfGE aaO S. 120). Das GG unterscheidet in Art. 109 Abs. 4 Satz 1 Nr. 1 zwischen Gebietskörperschaften und Zweckverbänden.

199 Im Ergebnis so auch ThürVerfGH, Urt. v. 23.04.2009 – 32/05 – Umdruck S. 23 = DVBl. 2009, 794 (nur LS), stellt aber auf die Tatsache ab, dass bei den Zweckverbänden auch juristische Personen des Privatrechts Mitglieder sein können. – Vgl. zum Begriff des Gemeindeverbandes noch *Meyn*, LKV 1995, 268; *Schmidt*, in: Rücker, § 86 ThürKO (St.d.B. 03.2009) Anm. 1; *Wachsmuth/Oehler*, § 86 ThürKO (St.d.B. 01.2008) Anm. 2.

Bedeutung und Umfang nur nebensächlicher Bestand an Selbstverwaltungsaufgaben die Garantien aus Art. 28 Abs. 2 Satz 2 GG / Art. 91 Abs. 2 verletzen.[200]

V. Die Auftragsangelegenheiten

84 Dass Bund und Länder den Kommunen jenseits der örtlichen bzw. kreiskommunalen Angelegenheiten Aufgaben zur Erledigung zuweisen, ist herkömmlicher Bestandteil des Status der kommunalen Selbstverwaltung. Streitig ist die dogmatische Einordnung der Auftragsangelegenheiten. Die wohl noch immer h.L. betrachtet sie in überholtem Festhalten an alten Vorstellungen über das grundsätzliche Verhältnis der Kommunen zum übrigen Staat (in Gestalt von Bund und Ländern) als übertragene Aufgaben ohne jede Selbständigkeit.[201] Die Erledigung von Aufgaben für eine andere juristische Person kann aber an der Eigenschaft als Rechtssubjekt, das Träger von Kompetenzen ist,[202] nichts ändern. Werden die Aufgaben der Gemeinde oder dem Gemeindeverband als solchem übertragen,[203] was der Regelfall sein dürfte, dann verbleibt es bei der Eigenschaft als Gebietskörperschaft. Das BVerfG spricht ausdrücklich davon, dass die Gemeinden keine dezentralen Verwaltungsuntergliederungen sind, sondern „selbständige Gemeinwesen“.[204]

Nur wenn Gesetze die Kommunen ausdrücklich als staatliche Behörden qualifizieren, werden sie für diesen Aufgabenbereich in die Landesverwaltung selbst integriert. Das unterscheidet die Auftragsangelegenheiten grundlegend vom Fall der sog. Organleihe, bei der die Zuständigkeit eines bestimmten Amtes für eine bestimmte Aufgabe begründet wird. In einem solchen Fall findet ein Auftrag statt, „einen Aufgabenbereich eines anderen Rechtsträger wahrzunehmen“,[205] nämlich den Aufgabenbereich des Landes oder des Bundes. Richtig gesehen, wird erst in einem solchen Fall die Kommune mit einem Teil ihrer Organisation zur „unteren staatlichen Verwaltungsbehörde“,[206] eine Klassifizierung, die die h.M. den normalen Auftragsangelegenheiten zukommen lässt. Auch hier ist eine dogmatische Inkonsequenz zu beobachten, denn die h.M. lässt bei der Auftragsverwaltung für den Bund gem. Art. 85 GG die Länder keineswegs zu (auch nur mittelbaren) Bundesbehörden werden.[207] Da dies aber für das Verhältnis der Kommunen zum Land so konstruiert wird, greifen entsprechende Gesetze den

---

200 Vgl. BVerfGE 119, 331 (353).

201 *Seewald*, in: Steiner (Hrsg.), Besonderes Verwaltungsrecht, 8. Aufl. 2006, I. Rn. 110 f.; *Sundermann/Miltkau*, Kommunalrecht Brandenburg, 1995, S. 65; *Püttner*, Kommunalrecht Baden-Württemberg, 3. Aufl. 2004, Rn. 347; ambivalent z.B. *Burgi* (Fn. 1), § 6 Rn. 31; § 8 Rn. 16.

202 Vgl. dazu oben Rn. 13.

203 Umfassend dazu *Nadim Hermes*, Maßstab und Grenzen der Übertragung staatlicher Aufgaben auf die Gemeinden und Landkreise, Diss. jur. Jena 2006 (MS).

204 BVerfGE 107, 1 (14).

205 BVerfGE 63, 1 (31 f.) unter Hinweis auf unklare Abgrenzungen; *Seewald* (Fn. 207), I. , Rn. 117, 232: „…als ob dieses Organ als untere staatliche Verwaltungsbehörde in die staatliche Verwaltungshierarchie eingegliedert wäre.“; kritisch zur Organleihe *Püttner* (Fn. 207) Rn. 352.

206 So z.B. *Burgi* (Fn. 1), § 2 Rn. 16; § 8 Rn. 16; wohl auch *Gern*, Deutsches Kommunalrecht, 3. Aufl. 2003, Rn. 239; nicht eindeutig *Nierhaus*, in: Sachs, GG, Art. 28 Rn. 71.

207 Dass dies nicht auf die gemeinsame Eigenschaft als Staaten gegründet werden kann, wurde oben Rn. 17 f. dargelegt; vgl. zur hM im Hinblick auf Art. 85 GG *Dittmann*, in: Sachs, GG, Art. 85 Rn. 7; *Broß*, in: von Münch/Kunig, Art. 85 Rn. 1, 7; BVerfGE 63, 1 (42) verneint deshalb die Eigenschaft "als einer (der) Bundesbehörde nachgeordneten Landesbehörde“.

Kommunen mit Ausnahme ihrer Organisationsgewalt aus dieser Sicht nicht generell in das Selbstverwaltungsrecht ein,[208] obwohl sie, die als Gebietskörperschaften mit Rechtssubjektivität verfasst sind, entsprechend in die Pflicht genommen werden.

Schon aus dem Wortlaut von Abs. 3 ergibt sich andererseits, dass weder die Gemeinden noch die Gemeindeverbände z.B. im Verhältnis zu Verwaltungsgemeinschaften einen verfassungsrechtlichen Anspruch auf die Zuweisung von Auftragsangelegenheiten haben.[209] 85

VI. Das Recht der Stellungnahme

Art. 28 Abs. 2 GG enthält seinem Wortlaut nach weder ein Recht zur Stellungnahme noch eines der Anhörung in Angelegenheiten von Bund oder Ländern, bei denen eine Regelung die Kommunen in relevanter Weise betrifft. Das BVerfG hat aber aus Anlass von Gebietsänderungen bzw. zum FlugLG den Kommunen ein Anhörungsrecht zugemessen. In beiden Fällen stand dies im Zusammenhang mit der Pflicht des Gesetz- bzw. Verordnunggebers, den zu regelnden Sachverhalt umfassend zu ermitteln und die entsprechenden Abwägungen vorzunehmen. Das könne sachgerecht nicht ohne Beteiligung der Betroffenen erfolgen. Während es zum FlugLG, in dem es um die Planungshoheit[210] ging, das BVerfG aber jegliche Begründung unterließ,[211] bezog es sich für den Fall der Gebietsänderung neben den – den Stand der historischen Entwicklung des Selbstverwaltungsrechts wiedergebenden – Gemeindeordnungen auch auf das **Rechtsstaatsprinzip.**[212] Mit dieser Rechtsprechung ist das Mindestmaß dessen gekennzeichnet, was auch in den Landesverfassungen enthalten sein muss. Nur wenige Länder haben ein solches **Recht auf Anhörung** vorgesehen.[213] 86

Art. 91 Abs. 4 spricht zwar nur von der Gelegenheit zu einer **Stellungnahme.** Aus der Entstehungsgeschichte ergibt sich aber kein Hinweis auf einen fassbaren Unterschied zum Recht auf Anhörung.[214] Welche Intensität die entsprechende Beteiligung der Anhörungsberechtigten haben muss, ergibt sich insbesondere aus der Pflicht des Gesetzgebers zur Ermittlung des jeweiligen Sachverhaltes und der Intensität der Betroffenheit der Kommunen. Nicht erforderlich ist, dass es 87

208 Das zeigt sich bei den diskutierten Klagearten gegen fachaufsichtliche Weisungen. Nähme man generell bei den Weisungen einen Eingriff in die aus dem Selbstverwaltungsrecht folgende Rechtssubjektivität an, wären die Erörterungen über je verschiedene Klagearten (vgl. *Schröder*, in: Achterberg/Püttner/Würtenberger, Besonderes Verwaltungsrecht, 2. Aufl. 2000, § 16 Rn. 129; *Stober*, Kommunalrecht, 3. Aufl.1996, § 9 III 2 b) gegenstandslos; wie hier für Bayern *Knemeyer*, Bayerisches Kommunalrecht, 11. Aufl. 2004, Rn. 431 f. (in der 9. Aufl. 1996 noch unter Hinweis auf die auch in Art. 8 Abs. 1 BayGO aufgenommene Formulierung von Art. 83 Abs. 4 BayVerf, dass die Gemeinde „namens des Staates" tätig wird [jetzt für die Gemeindeverbände Art. 10 Abs. 3 BayVerf]).

209 Vgl. BVerfGE 107, 1 (18).

210 Vgl. BVerfGE 56, 298 (320).

211 BVerfGE 56, 298 (321).

212 BVerfGE 50, 50 (50 f.); 50, 195 (202 f.); 107, 1 (24).

213 Art. 71 Abs. 4 BWVerf, Art. 97 Abs. 4 BbgVerf, Art. 57 Abs. 6 NV, Art. 124 SaarlVerf, Art. 84 Abs. 2 SächsVerf, Art. 90 Satz 2 LVerf LSA (nur für Gebietsänderung).

214 Vgl. PW 1 VerfA 013 (16.10. 1992) S. 127 f.; vgl. auch ThürVerfGH, Urt. v. 12.10.2004 – 16/02 – Umdruck S. 31 = ThürVBl 2005, 11 (14 f.).

sich um Eingriffe in die Rechte auf Selbstverwaltung handelt. Ausreichend ist ein rechtlich geschütztes Interesse.[215]

88 Allerdings besteht das Anhörungsrecht nur für „allgemeine Fragen". Was darunter zu verstehen ist, lässt sich begrifflich nur schwer fassen. Nur so viel lässt sich feststellen, dass das „allgemein" eine Absage an Spezielles enthält, andererseits im Zusammenhang mit dem sehr weiten Begriff „Fragen" eine allzu starke Verengung verbietet. Klar ist, dass die Forderung nach Allgemeinheit einer Regelung nicht auf die Eigenschaft des Gesetzes als abstrakt-generelle Regelung zielt. Auch ein Einzelfallgesetz kann – im Rahmen seiner ausnahmsweisen Zulässigkeit – die Kommunen relevant betreffen.[216] Aus dem zweifachen Regelungsgehalt des „allgemein" und der mit dem bestimmten Artikel versehenen Pluralfassung „die Gemeinden und Gemeindeverbände" folgt, dass das beabsichtigte Gesetzesvorhaben nicht nur einzelne Gemeinden bzw. Gemeindeverbände betreffen darf; deren Rechte bzw. rechtlich geschützte Interessen lassen sich mit einer Einzelanhörung ermitteln. Zum anderen darf es sich nicht um reine Detailregelungen handeln, denen eine generelle Bedeutung für die kommunale Selbstverwaltung fehlt.

89 Die Vorschrift des Abs. 4 nimmt nach ihrem Wortlaut nicht Bezug auf die Selbstverwaltung. Die Gesetze müssen die Gemeinden oder Gemeindeverbände nur „betreffen". Deshalb liegt Betroffenheit mit den Worten des ThürVerfGH auch dann vor, wenn es um Rechtspositionen geht, „die in keinem direkten Zusammenhang mit der Garantie der kommunalen Selbstverwaltung stehen."[217] Auch Gesetze, die die Auftragsverwaltung betreffen, unterliegen also grundsätzlich dem Recht der Stellungnahme.

90 Die Offenheit des Regelungsgehaltes wird noch dadurch erweitert, dass das Recht zur Stellungnahme nur „grundsätzlich" besteht. Das bedeutet in der Rechtssprache bekanntlich, dass Ausnahmen möglich sind. Diese sind allerdings eng zu fassen. In den Verfassungsberatungen kam dazu zum Ausdruck, dass es „wichtige, überzeugende Gründe geben (muss), um im Einzelfall einmal anders zu verfahren."[218] Auch in dieser Hinsicht lassen sich Parallelen zum Umfang der Pflicht zur Ermittlung des Sachverhalts ziehen. Das BVerfG hat bezeichnenderweise das Recht zur Anhörung aus Art. 28 Abs. 2 GG aus diesen Pflichten des Gesetzgebers hergeleitet.[219]

215 Insofern waren sich die Sachverständigen Schneider und Würtenberger einig. Widerspruch erhob sich dagegen nicht; vgl. PW 1 VerfA 013 (16.10.1992) S. 114. Weitergehend für Niedersachsen *Waechter*, in: Epping/Butzer, Art. 57 Rn. 108: ausreichend sei faktische Betroffenheit.

216 So für Niedersachsen *Waechter*, in: Epping/Butzer, Art. 57 Rn. 106.

217 ThürVerfGH, Urt. v. 12.10.2004 – 16/02 – Umdruck S. 32 = ThürVBl 2005, 11 (15) bezieht sich offenbar – indem PW 1 VerfA 013 (16.10.1992) S. 120 f. zitiert wird – auf den Sachverständigen Jutzi, der aber eine Anhörungsregelung insgesamt ablehnte. Daraus entspann sich eine kontroverse Debatte, die der Ausschuss zugunsten einer Aufnahme entschied (aaO S. 120 – 123).

218 Vgl. PW 1 VerfA 013 (16.10.1992) S. 124. Diskutiert – aber verworfen – wurde auch eine Fassung als Soll-Vorschrift, vgl. aaO S. 126; ThürVerfGH, Urt. v. 12.10. 2004 – 16/02 – Umdruck S. 32 = ThürVBl 2005, 11 (15) nennt als wichtigen Grund die Eilbedürftigkeit.

219 Vgl. dazu oben Rn. 86.

Anhörungsberechtigt sind die Gemeinden und Gemeindeverbände nach Maßgabe ihrer Betroffenheit sowie ihre „Zusammenschlüsse“. Darunter sind die sog. kommunalen Spitzenverbände zu verstehen.[220] 91

Fraglich erscheint, ob der Gesetzgeber befugt ist, nach eigener Entscheidung nicht den genannten Anhörungsberechtigten Gelegenheit zur Stellungnahme zu geben, sondern die Bevölkerung der betroffenen Kommunen zu befragen. Auf Art. 68 kann eine solche Anhörung nicht gestützt werden, weil das Initiativrecht hier ausschließlich bei der Aktivbürgerschaft liegt. Auch eine analoge Anwendung von Art. 92 Abs. 2 Satz 3 kommt nicht in Betracht, denn dort findet sich für die Landkreise eine andere Regelung als für die Gemeinden, während Abs. 4 die Gemeinden und die Gemeindeverbände gleich behandeln will. Der Verfassunggeber hat sich anders als für Art. 92 auch nur mit der Frage nach der Beteiligung der Gemeinden nicht aber mit einer Anhörung der Bevölkerung beschäftigt.[221] Verfassungsstrukturell kommt hinzu, dass es bei einer Wahlfreiheit dem Gesetzgeber möglich wäre, das Repräsentationsprinzip auf Kommunalebene zu umgehen, demzufolge die gewählten kommunalen Volksvertretungen und die Bürgermeister bzw. Landräte für das Kommunalvolk handeln. 92

Ebenfalls fraglich erscheint im Lichte der Rechtsprechung des BVerfG zu Art. 28 Abs. 2 GG, ob das Land wegen des „oder“ in Art. 91 Abs. 4 ein Wahlrecht zwischen den Gemeinden und den Gemeindeverbänden einerseits und deren Zusammenschlüssen andererseits hat. Dafür lässt sich die in den Verfassungsberatungen zum Ausdruck gekommene Wertung in Gestalt von wichtigen und überzeugenden Gründen heranziehen. Nur dann, wenn derartige Gründe vorliegen, kann es bei einer Stellungnahme der Spitzenverbände bewenden; das Selbstverwaltungsrecht liegt schließlich nur bei den Kommunen selbst. 93

Das Recht zur Stellungnahme gilt nicht nur, wie der Wortlaut „auf Grund Gesetzes“ nahe legen könnte, für Rechtsverordnungen.[222] Wollte man die Formulierung so ausdeuten, bliebe es immer noch bei der Festlegung der grundlegenden Inhalte durch das ermächtigende Parlamentsgesetz (Art. 84). Die Anhörung müsste dann zwar erst nachträglich, nämlich vor dem Erlass der Rechtsverordnung vorgenommen werden. Jedenfalls wenn der Gesetzgeber seiner Ermittlungspflicht in der Form des Einholens von Stellungnahmen nicht nachgekommen wäre, käme es u.U. aber zur Notwendigkeit einer Gesetzesänderung. Deshalb wäre eine solche Interpretation funktional inadäquat. 94

Sofern der Bund ausnahmsweise in die Gemeinden hineinwirken darf, entfällt das Anhörungsrecht keineswegs. Die Stellungnahmen der Kommunen hat in diesem Fall das Land einzuholen und in das Rechtsetzungsverfahren des Bundes einzubringen.[223] Dabei soll ausreichend sein, die Stellungnahme erst am Ende des Rechtsetzungsverfahrens einzubringen, also beim Bundesrat.[224] Das dürfte aber wenig wirksam sein und kann deshalb nur für Fälle besonderer Eilbedürftigkeit gelten. 95

220 ThürVerfGH, Urt. v. 12.10.2004 – 16/02 – Umdruck S. 32 = ThürVBl 2005, 11 (15).
221 Vgl. PW 1 VerfA 013 (16.10.1992) S. 115 ff. im Unterschied zu S. 169 ff.
222 Vgl. zur ursprünglichen Fassung „durch Gesetz und auf Grund eines Gesetzes“ oben Rn. 6.
223 BVerfGE 56, 298 LS 3 (320 f.).
224 BVerfGE 56, 298 (321).

96 Rechtsfolge einer unterbliebenen oder fehlerhaften Anhörung ist die Nichtigkeit des Gesetzes, die als Bestandteil des Rechts auf Selbstverwaltung mit der kommunalen Verfassungsbeschwerde geltend gemacht werden kann.[225]

Artikel 92 [Gebietsänderungen]

(1) Das Gebiet von Gemeinden und Landkreisen kann aus Gründen des öffentlichen Wohls geändert werden.

(2) [1]Das Gemeindegebiet kann durch Vereinbarung der beteiligten Gemeinden mit staatlicher Genehmigung oder auf Grund eines Gesetzes geändert werden. [2]Die Auflösung von Gemeinden bedarf eines Gesetzes. [3]Vor einer Gebietsänderung oder einer Auflösung müssen die Bevölkerung und die Gebietskörperschaften der unmittelbar betroffenen Gebiete gehört werden.

(3) [1]Das Gebiet von Landkreisen kann auf Grund eines Gesetzes geändert werden. [2]Die Auflösung von Landkreisen bedarf eines Gesetzes. [3]Die betroffenen Gebietskörperschaften sind zu hören.

Vergleichbare Regelungen

Art. 74 BWVerf; Art. 98 BbgVerf; Art. 59 NV; Art. 88 SächsVerf; Art. 90 LVerf LSA.

Ergänzungsnormen im sonstigen thüringischen Recht

§§ 8, 9, 91, 92 ThürKO idF. der Bek. v. 28.01.2003 (ThürGVBl. S. 41) zuletzt geändert durch Gesetz v. 06.03.2013 (ThürGVBl. S. 49); ThürNGG v. 16.08.1993 (ThürGVBl. S. 545).

Dokumente zur Entstehungsgeschichte

Art. 89 VerfE CDU; Art. 79 VerfE SPD; Art. 106 VerfE LL/PDS; Entstehung ThürVerf S. 241 ff.

Literatur

Walter Bogner, in: HKWP I, 245 ff.; *Wilfried Erbguth*, Modellvorhaben Verwaltungsreform Mecklenburg-Vorpommern, LKV, 2004, 1 ff.; *Herbert-Fritz Mattenklodt*, in: HKWP I, 2. Aufl. 1981, S. 154 ff.; *Karl-Ulrich Meyn*, Gesetzesvorbehalt und Rechtsetzungsbefugnis der Gemeinden, Göttingen 1977; *Janbernd Oebbecke*, Kommunale Gemeinschaftsarbeit, in: HKWP I, S. 843 ff.; *Matthias Ruffert*, Verfassungsrechtlicher Rahmen für eine Gebiets- und Funktionalreform im Freistaat Thüringen, ThürVBl 2006, 265 ff.; *Eberhard Schmidt*-Aßmann/*Hans Christian Röhl*, Kommunalrecht, in: Schmidt-Aßmann, S. 9 ff.; *Werner Thieme*, in: HKWP I, S. 147 ff.

Leitentscheidungen des ThürVerfGH und des BVerfG

ThürVerfGH, Urt. v. 18.12.1996 – 2/95, 6/95 – NVwZ-RR 1997, 639 ff. (kreisfreie Stadt und Eingemeindung); Urt. v. 18.09.1998 – 1/97, 4/97 – NVwZ-RR 1999, 55 ff. (Auflösung von Gemeinden).

BVerfGE 50, 50 ff. (Anhörung, Systemgerechtigkeit, Sachverhaltsermittlung, Verhältnismäßigkeit); 86, 90 (107) (Rückgliederung, Vertrauensschutz).

225 ThürVerfGH, Urt. v. 12.10 2004 – 16/02 – Umdruck S. 34 =ThürVBl 2005, 11 (15).

A. Überblick

Art. 28 Abs. 2 GG enthält, wie auch die meisten Landesverfassungen, keine Regelung über Gebietsänderungen oder die Auflösung von Gemeinden und Gemeindeverbänden. Sein Gewährleistungsgehalt umfasst dagegen nach ständiger Rechtsprechung des BVerfG die „Garantie der Einrichtung gemeindliche Selbstverwaltung".[1] Dies hat das BVerfG ohne nähere Normanalyse, sondern unter Rückgriff auf die niedersächsische Gemeindeordnung, den Niedersächsischen Staatsgerichtshof und Stimmen aus der Wissenschaft entwickelt. Die sog. institutionelle Garantie der kommunalen Selbstverwaltung enthält aber keine Garantie für die einzelne Kommune, stellt also keine individuelle Rechtssubjektsgarantie dar, sondern gewährleistet nur, dass es überhaupt Gemeinden in dem jeweiligen Land gibt. Wie Art. 29 GG zeigt, teilen die Kommunen diese mangelnde Rechtssubjektsgarantie mit den Ländern. Da Art. 28 Abs. 2 GG den Mindestgehalt kommunaler Selbstverwaltung umschreibt,[2] stellt die Rechtsprechung des BVerfG auch für die Fragen der Gebietsreform von Kommunen die Untergrenze dessen dar, was die Landesverfassungen zu garantieren haben. Dies ist durch Art. 94 ersichtlich geschehen. Die Vorschrift geht z.T. über diese Mindestgarantie sogar hinaus. 1

Absatz 1 bindet im Anschluss an jene Rechtsprechung Gebietsänderungen an Gründe des öffentlichen Wohls. Das ist schon wegen der Rechtsprechung des BVerfG, die den Gesetzgeber nicht nur bei **Gebietsänderungen** auf das **Gemeinwohl** verpflichtet,[3] als Obersatz für die folgenden Regelungen zu verstehen. Gründe des öffentlichen Wohls müssen vorliegen, wenn gemäß Absatz 2 Satz 1 das Gemeindegebiet entweder durch den Gesetzgeber oder durch Vereinbarung der beteiligten Gemeinden geändert werden soll. Darüber hinaus gilt es auch für die **Auflösung** einer Gemeinde, die nur durch ein Gesetz erfolgen darf (Absatz 2 Satz 2). Über die Rechtsprechung des BVerfG geht die Vorschrift des Absatzes 2 Satz 3 hinaus, indem nicht nur die Gebietskörperschaften in Gestalt ihrer Organe, sondern auch die Bevölkerung vorher angehört werden müssen.[4] Absatz 3 ist der Landkreisebene gewidmet. Hier ist eine Gebietsänderung nur auf Grund Gesetzes vorgesehen. Eine Änderung durch Vereinbarung ist unzulässig. 2

1 BVerfGE 50, 50 (51); 56, 298 (312); 59, 216 (227); andeutend schon BVerfGE 1, 167 (173).
2 Vgl. dazu Rn 8 zu Art. 91.
3 BVerfGE 50, 50; 50, 195 (204); 86, 90 (107).
4 Zur Anhörung vgl. BVerfGE 86, 90 (107).

B. Herkunft, Entstehung und Entwicklung

3 Im 19. Jahrhundert finden sich in den verfassungsrechtlichen Regelungen zur kommunalen Selbstverwaltung auf Reichsebene keine Vorschriften zur Auflösung oder Zusammenlegung von Kommunen. Das gilt für die sog. **Paulskirchenverfassung** von 1849 wie auch für die **Reichsverfassung von 1871**. Selbst die recht detaillierte Regelung durch die **Preußische Verfassung von 1848** enthielt keine solche Vorschrift. Auch die **Weimarer Verfassung von 1919** widmete sich diesem Thema nicht.

4 Zu Art. 28 Abs. 2 GG, der ebenfalls in dieser Tradition steht, wurden aber vom BVerfG Grundsätze zur kommunalen Gebietsreform mit Blick auf das historisch gewachsene Bild der kommunalen Selbstverwaltung entwickelt.[5] Danach beeinträchtigen Auflösungen von Gemeinden, Gemeindezusammenschlüsse, Eingemeindungen und sonstige Gebietsänderungen den verfassungsrechtlich geschützten Kernbereich des Selbstverwaltungsrechts grundsätzlich nicht. Dem sind die nach dem GG entstandenen Landesverfassungen einschließlich der dazu ergangenen Rechtsprechung gefolgt.[6]

5 In den Verfassungsberatungen zur ThürVerf wurde Art. 92 vom VerfUA ausführlich behandelt.[7] Dabei wurde vor allem für Abs. 2 die Rolle eines Gesetzesvorbehaltes intensiv diskutiert. Der Ausschuss entschied sich zu Abs. 2 Satz 1 für die Formulierung „durch Gesetz oder auf Grund Gesetzes". Die Redaktionskommission nahm nur die Formulierung „auf Grund Gesetzes" auf. Diese Änderung wurde im VerfA ohne Diskussion angenommen.[8] Ein gegenüber dem VerfUA ändernder Regelungswille ist aber nicht erkennbar.

6 Der besondere Fall der Auflösung einer Gemeinde nach Abs. 2 Satz 2 wurde nicht als solcher, sondern nur im Zusammenhang mit der Frage nach der Anhörung diskutiert. Aber auch diese Vorschrift (Abs. 2 Satz 3) wurde im VerfUA nur wenig erörtert. Die Gebietskörperschaften als solche wurden noch nicht einmal erwähnt; sie sind deshalb in der Vorlage an den VerfA auch nicht enthalten.[9] Dieser hat dann aber auf Vorschlag des Sachverständigen Jutzi und nach längerer Diskussion, in der mehrfach zum Ausdruck kam, dass damit auch die Landkreise einbezogen werden,[10] den Begriff in die Vorschrift aufgenommen.[11]

7 Bei den Beratungen zu Abs. 3 wurde im VerfA deutlich, dass die Idee der Selbstverwaltung der Gemeinden höher als die der Landkreise gewertet wurde. Das zeigte sich darin, dass der Vorschlag, auch bei einer Gebietsänderung der Landkreise nicht nur die betroffenen Gebietskörperschaften (durch ihre Organe) anzuhören, sondern auch die Bevölkerung selbst, abgelehnt wurde.[12] Dagegen er-

---

5 Vgl. dazu oben Rn. 1 Vgl. allgemein zur kommunalverfassungsrechtlichen Entwicklung Rn. 3–8 zu Art. 91.

6 Vgl. *Bogner*, HKWP I § 13 Rn. 12; zu den Fakten *Thieme*, HKWP I § 9 Rn. 70 ff.; zu den Gebietsreformen in den alten Bundesländern *Mattenklodt*, HKWP I S. 166 ff.

7 Vgl. Entstehung ThürVerf, S. 242.

8 PW 1 VerfA 020 (20.03.1993) S. 99.

9 Vorlage 1 /866 v. 12.09.1992 Nr. 8.

10 Vgl. die unwidersprochen gebliebenen Äußerungen des Abg. Meyer (PW 1 VerfA 013 (16.10.1992) S. 166) und des Sachverständigen Schneider (aaO, S. 169: „Landrat oder Bürgermeister").

11 PW 1 VerfA 013 (16.10.1992) S. 173; Vorlage 1 /955 v. 19.10.1992, Nr. 30.

12 Entstehung ThürVerf, S. 242 f. Neben den dort genannten Teilnehmern kam das auch bei einer Reihe von Mitgliedern des VerfA zum Ausdruck (vgl. PW 1 013 (16.10.1992) S. 173 ff.).

gibt sich aus dieser Diskussion, dass nicht nur die Landkreise, sondern auch die Gemeinden – soweit sie unmittelbar betroffen sind – zu hören seien. War nämlich zunächst nur die Rede davon, ob überhaupt eine Anhörung vorzusehen sei[13], so wurde die Frage vom Vorsitzenden des Ausschusses, dem Abgeordneten Stauch, über die Kreise hinaus auf die Gemeinden ausgedehnt.[14] Ein weiterer Sachverständiger betonte ausdrücklich, dass es wichtig sei, auch jene betroffenen Gemeinden zu hören, die die Kreiszugehörigkeit wechseln.[15] Die in diesem Sinne noch einmal durch den Vorsitzenden erläuterte und zur Abstimmung gestellte Formulierung des Abs. 3 Satz 3 fand dann einhellige Zustimmung.[16]

Im Plenum des verfassunggebenden Landtags wurden die kommunalverfassungsrechtlichen Bestimmungen insgesamt nur wenig angesprochen. Zu Art. 92 findet sich keine Äußerung.[17] 8

C. Verfassungsvergleichende Information

Bei Unterschieden in Einzelheiten des Wortlauts ist die Regelung weitgehend identisch mit Art. 74 BWVerf, Art. 98 BbgVerf, Art. 88 SächsVerf. Art. 90 LVerf LSA ist bei ähnlichem Gehalt knapper formuliert. 9

D. Erläuterungen

I. Allgemeines

1. Art. 28 Abs. 2 GG und Art. 92. Art. 92 konkretisiert die in Art. 91 enthaltene Beschränkung des kommunalen Selbstverwaltungsrechts auf eine institutionelle Garantie der Kommunen und bestätigt damit die von Rechtsprechung und Schrifttum entwickelte bedingt individuelle Rechtssubjektsgarantie.[18] Auf den insbesondere vom BVerfG verwendeten Rückgriff auf historisch Überkommenes muss und kann nicht mehr unmittelbar zurückgegriffen werden, da Art. 92 eine spezielle Regelung darstellt und zum anderen nicht hinter der Garantie von Art. 28 Abs. 2 GG zurückbleibt. Da diese Rechtsprechung im Übrigen aber bundesweit die Dogmatik insbesondere des Rechts von Gebietsreformen geprägt hat und im Sinne eines Mindeststandards auch weiterhin gilt, kann sie trotz der normativen Geltung von Art. 92 nach wie vor auch für die Interpretation der Verfassungsrechtslage in Thüringen nutzbar gemacht werden, soweit es eine Weiterentwicklung angeht; die politisch-historische Entwicklung der kommunalen Selbstverwaltung steht wie die Fortbildung des Verfassungsrechts insgesamt ja nicht etwa still. 10

In diesem Sinne bestimmt sich für Thüringen der Eingriff in die Garantie der kommunalen Selbstverwaltung bei Gebiets- und Bestandsänderungen als bedingte individuelle Rechtssubjektsgarantie ausschließlich aus Art. 92, der aber seinerseits auf Art. 91 aufbaut. Jedenfalls gegenwärtig ist es eine eher theoretische Frage, ob Gesamtentwicklungen in anderen Ländern dazu führen könnten, dass Art. 28 Abs. 2 GG wegen seiner Offenheit für die historische Weiterent- 11

13 PW 1 VerfA 013 (16.10.1992) S. 175 ff.
14 PW 1 VerfA 013 (16.10.1992) S. 183; Stauch reagierte damit auf die Problematisierung der Frage durch den Sachverständigen Würtenberger.
15 So der Sachverständige Jutzi; vgl. PW 1 VerfA 013 (16.10.1992) S. 183.
16 PW 1 VerfA 013 (16.10.1992) S. 184.
17 Vgl. allgemein zu der Behandlung in den Verfassungsberatungen Rn. 6 – 8 zu Art 91.
18 Vgl. dazu oben Rn. 1 sowie Rn. 17 – 20 zu Art. 91.

wicklung neu interpretiert werden müsste mit der Folge, dass sein Mindestgehalt auf die ThürVerf zurückwirken würde.

12 **2. Art. 92 als Eingriffsnorm.** Seiner Rechtsnatur nach ist Art. 92 eine Ermächtigung an den Gesetzgeber, in das Gebiet und in den Bestand, d.h. die Existenz von Kommunen einzugreifen und enthält als milderes Verfahren zusätzlich die Ermächtigung an die Gemeinden, Gebietsänderungen durch Vereinbarung vorzunehmen, bei der dem Land lediglich die Genehmigung vorbehalten ist. Da die Vorschrift keinen allgemeinen Regelungsvorbehalt aufweist, müssen die in ihr enthaltenen Voraussetzungen als abschließend angesehen werden.

13 Anders gewendet enthält Art. 92 im Ausgangspunkt selbst keine Rechtsposition der Kommunen, sondern enthält die Voraussetzungen, unter denen in bestimmte Inhalte des Selbstverwaltungsrechts aus Art. 91, nämlich in den Gebietsbestand und im äußersten Fall in das Existenzrecht der einzelnen Kommune, eingegriffen werden darf.[19] Abs. 2 Satz 1 ist mit seiner Ermächtigung zur vertraglichen Lösung auf der Gleichordnungsebene[20] als Ausdruck des besonderen verfassungsrechtlichen Gewichts der Gemeinden zu sehen, denn den Landkreisen ist eine solche Möglichkeit nicht eröffnet worden.

14 Bei einem Vergleich des Wortlauts mit dem der Art. 91 und Art. 94 fällt auf, dass in Art. 92 nicht von Gemeinden und Gemeindeverbänden, sondern von Gemeinden und Landkreisen die Rede ist. Dies reflektiert die Gewährleistungslage, die aus Art. 28 Abs. 2 GG folgt. Das GG garantiert nur die Kreise. Ob ein Land sog. höhere Gemeindeverbände einrichten will, liegt in der Entscheidungsfreiheit seines einfachen Gesetzgebers.[21] Deshalb bedarf es für diese keiner besonderen Ermächtigung zum Eingriff in Bestand und Gebiet. Da die ThürVerf keine weitere Bestimmung enthält, liegt es in der Hand des Landtages, die Bestimmungen über Größe und Struktur solcher höheren Gemeindeverbände zu schaffen. Er könnte sie dann aber auch jederzeit wieder beseitigen. Die institutionelle Garantie gilt also nur für Gemeinden und Landkreise.

II. Die Gründe des öffentlichen Wohls (Abs. 1)

15 Grundlage jeder gesetzlichen Regelung zur Auflösung von Gemeinden, Gemeindezusammenschlüssen, Eingemeindungen und von weiteren Gebietsänderungen ist nicht nur nach Art. 92 Abs. 1, sondern auch nach der Rechtsprechung zu Art. 28 Abs. 2 GG die Orientierung am öffentlichen Wohl,[22] die allerdings ohnehin „selbstverständliche Voraussetzung jeder verfassungsrechtlich gebundenen Gesetzgebung" ist.[23] Dabei darf zwar die dem Gesetzgeber zukommende politische Entscheidungsbefugnis und Gestaltungsfreiheit nicht geschmälert werden,[24] zum auch grundgesetzlich garantierten Kernbereich des Selbstverwaltungsrechts gehört aber auch, dass die betroffenen Kommunen angehört wer-

19 So auch ThürVerfGH, Urt. v. 18.09.1998 – 1/97, 4/97 – Umdruck S. 25 = NVwZ-RR 1999, 55 (56), und Umdruck S. 40 f. = NVwZ-RR 1999, 55 (59), wo als Recht, in das eingegriffen wird, dann zutreffend nur Art. 91 genannt wird.

20 *Hopfe*, in Linck/Jutzi/Hopfe, Art. 92 Rn. 6; *Braun*, Art. 74, Rn. 13: koordinationsrechtlicher Vertrag.

21 21Vgl. dazu auch Rn. 80 zu Art. 91.

22 BVerfGE 50, 50; 50, 195 (204); 86, 90 (107).

23 BVerfGE 50, 50 (51).

24 BVerfGE 50, 50 (51).

den. Dieses Gebot der Anhörung fordert u.a., dass die Kommune Kenntnis vom wesentlichen Inhalt des gesetzgeberischen Vorhabens erlangt.[25]

1. Ziele von Bestands- und Gebietsänderungen. Als Ziele für Eingriffe in Bestand oder Gebiet einer Kommune können genannt werden:

- Erhöhung des Leistungsvermögens der Kommunen
- Steigerung der Wirtschaftlichkeit der Verwaltung
- Verringerung von Leistungsgefälle zwischen Kommunen
- Förderung der Ziele von Landesplanung und Raumordnung.

Ein solcher Katalog kann nicht abschließend sein,[26] weil es weder nach dem GG noch nach der Landesverfassung einen numerus clausus der Staatsziele gibt. Im Übrigen sind dies alles Ziele jenseits des Verfassungswertes der „örtlichen Gemeinschaft". Sie müssen deshalb abgewogen werden mit der Wahrung der örtlichen Verbundenheit der Einwohner und der Bürgernähe.[27] Wegen des Fehlens eines abschließenden Kataloges an Staatszielen ist auch der von der Rechtsprechung gelegentlich verwendete Begriff des „legitimen" Zieles irreführend. Legitim sind alle Ziele, die von der Verfassung nicht untersagt sind. Das sind insbesondere Verstöße gegen die Grundrechte. Der Begriff der Legitimität ist zu ersetzen durch Erwägungen zur Einschätzungsprärogative des Gesetzgebers. Sie geht so weit, wie Einschätzungen und Prognosen nicht so fehlerhaft sind, dass sie in die Nähe willkürlicher oder grob fehlerhafter Annahmen geraten.[28] Dann aber ist schon die Sphäre des öffentlichen Wohls ersichtlich verlassen.

2. Die Sachverhaltsermittlung. Besonders bedeutsam und eine offene Flanke 16
für gerichtliche Angriffe durch die Betroffenen ist der vom BVerfG entwickelte und vom ThürVerfGH übernommenen Prüfungsmaßstab der zutreffenden und vollständigen Sachverhaltsermittlung. Dabei hat der Gesetzgeber alle Gemeinwohlgründe einschließlich der Vor- und Nachteile der gesetzlichen Regelung umfassend und in nachvollziehbarer Weise abzuwägen und den Grundsatz der Verhältnismäßigkeit zu beachten. Zusätzlich sind Sach- und Systemgerechtigkeit zu wahren. Allerdings will das Gericht sich nicht an die Stelle des Gesetzgebers setzen, sondern, was die Zielvorstellungen, Sachabwägungen, Wertungen und Prognosen des Gesetzgebers angeht, die verfassungsrechtliche Prüfung darauf beschränken, ob die Einschätzungen und Entscheidungen offensichtlich fehlerhaft oder eindeutig widerlegbar bzw. offenbar ungeeignet oder unnötig sind.[29] Auch die verfassungsrechtliche Wertordnung ist danach Prüfungskriterium.[30]

3. Die richterliche Kontrolldichte. Wurden ursprünglich die in Abs. 1 genann- 17
ten Gründe des öffentlichen Wohls, die dem Begriff des Gemeinwohls gleichgesetzt werden, als voll nachprüfbarer Rechtsbegriff angesehen, so hat sich nun die Einsicht durchgesetzt, dass dieser unbestimmte Begriff der Verfassung im

25 BVerfGE 50, 195 (203); BVerfGE 86, 90 (107 f.).

26 In diesem Sinne wohl auch *Kluth*, in: Wolff/Bachof/Stober/Kluth, Verwaltungsrecht, Bd. II, 7. Aufl. 2010, § 96 Rn. 115, dessen Katalog an Zielen nicht abschließend wirkt.

27 *Kluth* (Fn. 26), § 94 Rn. 115, führt sie unter den Zielen auf.

28 BVerfGE 77, 84 (106 mwN) lässt die Einschätzungsprärogative dann enden, wenn die Erwägungen des Gesetzgebers „so offensichtlich fehlsam sind, dass sie vernünftigerweise keine Grundlage für gesetzgeberische Maßnahmen abgeben können".

29 BVerfGE 50, 50 (51); 86, 90 (108 f.); vgl. ThürVerfGH, Urt. v. 18.12.1996 – 2/95, 6/95 – Umdruck S. 41 f. = NVwZ-RR 1997, 644 f.; ThürVerfGH, Urt. v. 18.09.1998 – 1/97, 4/97 – Umdruck S. 43 = NVwZ-RR 1999, 55 (59).

30 So BVerfGE 50, 50 (51); BVerfGE 86, 90 (108 f.).

Lichte des grundlegenden Prinzips der demokratischen Legitimation gesehen werden muss. Dem ist auch der ThürVerfGH gefolgt, indem er feststellt, dass die Bestimmung von Gründen des öffentlichen Wohls „vorrangig Sache des demokratisch legitimierten Parlaments" ist.[31]

18 Da es dabei um die Frage der Nachprüfbarkeit durch die Gerichte geht, in Sonderheit durch die Verfassungsgerichte, wäre diese Feststellung noch genauer zu formulieren gewesen. Auch die Dritte Gewalt verdankt nämlich ihre Legitimation einem ununterbrochenen Strang von Amtseinsetzungen vom Parlament über die Regierung bzw. über einzelne Regierungsmitglieder (mittelbare Legitimation) zur noch mittelbareren Legitimation der Ernennung der Richter. Nur das Parlament aber verfügt über die unmittelbare Legitimation durch Volkswahl.

19 Auch der ThürVerfGH, der zwar gemäß Art. 79 ein allen anderen thüringischen Verfassungsorganen gegenüber selbständiges Gericht ist, verfügt – wie die Landesregierung – nur über die mittelbare demokratische Legitimation der Wahl durch den Landtag. Dem gegenüber verfängt die Eigenschaft als Verfassungsorgan nicht, da auch der Landtag und die Regierung als solche zu qualifizieren sind. Deshalb obliegt es dem parlamentarischen Gesetzgeber, die – nicht nur „für ihn",[32] sondern verbindlich für die ganze Rechtsgemeinschaft – maßgeblichen Gemeinwohlgründe zu bestimmen. Vollkommen frei ist der Gesetzgeber dennoch nicht, da er an gewisse „verfassungsrechtliche Vorgaben" gebunden ist.[33]

20 **4. Das Spannungsverhältnis zwischen Bürgernähe und Leistungsfähigkeit.** Im Bereich der verfassungsrechtlichen Garantie der kommunalen Selbstverwaltung, die von der Eigenschaft als bloße Einrichtungsgarantie geprägt wird, hat der parlamentarische Gesetzgeber das Gemeinwohl im Spannungsverhältnis zwischen der insbesondere räumlichen Bürgernähe und der Leistungsfähigkeit bzw. Verwaltungseffizienz der Kommunen zu bestimmen. Dabei weist die Bürgerorientierung in diesem Spannungsverhältnis ihrerseits nicht nur in eine Richtung, denn einerseits soll die kommunale Selbstverwaltung zwar möglichst bürgernah sein, was für einen eher kleinräumigen Zuschnitt der Gemeinden spräche, andererseits müssen die Kommunen aber ein hinreichendes Maß an Substanz und Ressourcen aufbringen können, damit am Bürger orientierte und von ihm mitbestimmte Verwaltung überhaupt erbracht werden kann.[34]

21 Dabei ist es ungenau, wenn der ThürVerfGH diese Bürgernähe als die (einzige) Möglichkeit „wirksamer Teilnahme an den Angelegenheiten des Gemeinwesens" charakterisiert.[35] Wirksame Teilnahme an den Angelegenheiten kann im parteienstaatlichen parlamentarischen Regierungssystem auf allen Ebenen des Staatsaufbaus geschehen, z.B. durch Teilnahme an den Wahlen, durch Mitwirkung in politischen Parteien und gfls. durch die Wahrnehmung plebiszitärer In-

31 ThürVerfGH, Urt. v. 18.12.1996 – 2/95, 6/95 – Umdruck S. 28 = NVwZ-RR 1997, 639 (641).

32 So aber ThürVerfGH, Urt. v. 18.12.1996 – 2/95, 6/95 Umdruck S. 28 = NVwZ-RR 1997, 639 (641).

33 ThürVerfGH, Urt. v. 18.12.1996 – 2/95, 6/95 – Umdruck S. 28 = NVwZ-RR 1997, 639 (641).

34 Von einem solchen Spannungsverhältnis spricht auch ThürVerfGH, Urt. v. 18.12.1996 – 2/95, 6/95 -Umdruck S. 28 = NVwZ-RR 1997, 639 (641).

35 So aber ThürVerfGH, Urt. v. 18.12.1996 – 2/95, 6/95 - Umdruck S. 28 = NVwZ-RR 1997, 639 (641) im Anschluss an BVerfGE 79, 127 (150).

strumente. Sie kann aber in den im wesentlichen als Repräsentativsystem gestalteten Willensbildungs- und -entscheidungsprozessen umso direkter ausfallen, je zahlenmäßig geringer und räumlich überschaubarer der jeweilige Teil des Gemeinwesens ist. Nur insofern ist Bürgernähe ein spezifisches Element kommunaler Selbstverwaltung. Das spricht dann zunächst nicht für die Großgemeinde, sondern für kleinere Einheiten.

Auf der anderen Seite steht das Interesse an möglichst leistungsfähigen Einheiten 22
des Staatsaufbaus. Diese Leistungsfähigkeit muss gerade in den Bereichen gegeben sein, in denen die ureigenen Handlungsfelder der Kommunen liegen. Für die Gemeinden sind dies die Aufgaben des örtlichen Wirkungskreises , ohne verfassungsrechtliche Verbindlichkeit beispielhaft aufgezählt in § 2 Abs. 2 ThürKO.[36] Für die Landkreise ergeben sich „ihre Angelegenheiten" (Art. 91 Abs. 2 Satz 2) ebenfalls aus einer beispielhaften Zuweisung (§ 87 Abs. 2 ThürKO), die einen Ausschnitt aus den kreiskommunalen Angelegenheiten (BVerfG) darstellen, ein Begriff, der gleichbedeutend ist mit den in § 87 Abs. 1 ThürKO genannten überörtlichen Angelegenheiten. Aber auch für die Gemeindeebene findet sich kein fester Maßstab für die zutreffende Struktur und Größe der Gemeinden. Zu wenig beachtet ist bisher nämlich die zentrale Funktion des Begriffs der örtlichen Gemeinschaft für den Inhalt des Selbstverwaltungsrechts. So wird für die Frage der Zulässigkeit von Gebiets- und Bestandsänderungen nicht gründlich genug danach gefragt, ob eine örtliche Gemeinschaft vorliegt, weil die Gemeinde ihre je konkrete Gestalt hat oder ob anders herum eine soziologisch feststellbare örtliche Gemeinschaft über die Größe und den Zuschnitt einer Gemeinde befindet. In der Gesetzgebungspraxis dürfte zwar ein Hin- und Herblicken zwischen Beidem obwalten. Es darf dabei aber gerade für die Gemeindeebene bei der Frage nach der Leistungsfähigkeit nicht allein nach der Verwaltungskraft und -fähigkeit für die Auftragsangelegenheiten gesehen werden.

Auch wenn das Gebot der „Gründe(n) des öffentlichen Wohls" allumfassend 23
gilt, kann man zwischen allgemeinen, umfassenden Gemeindereformen und einzelnen Gebiets- und Bestandsreformen unterscheiden.[37]

a) **Allgemeine Gemeindereformen.** Der ThürVerfGH will für die erforderliche 24
inhaltliche Bestimmung des Gemeinwohls bei „umfassenderen" Gemeindegebietsreformen **drei Stufen** unterscheiden; das Gericht spricht dabei von „Gemeinwohlkonkretisierung".[38]

Dabei überprüft das Gericht auf einer **ersten Stufe** zunächst, ob die Zielvorstellungen des Gesetzgebers am öffentlichen Wohl orientiert sind.[39] Besondere Maßstäbe jenseits dieser Zielvorstellungen bringt es dabei nicht zur Anwendung und prüft sodann, ob eine solche Reform überhaupt notwendig ist. Dabei wer-

36 Vgl. dazu Rn. 60 – 62 zu Art. 91.

37 Einen Katalog von Fallgestaltungen stellen auf *Uckel/Hauth/Hoffmann*, § 9 ThürKO (St.d. B. 10.2008), Anm. 1; ausführlicher *Rücker*, in: Rücker, § 9 ThürKO (S. d. B. 07.2005) Anm. 2; *Wachsmuth/Oehler*, § 9 ThürKO (St.d.B. 11. 2003) Anm. 1.

38 ThürVerfGH, Urt. v. 18.12.1996 – 2/95, 6/95 – Umdruck S. 32 = NVwZ-RR 1997, 639 (642).

39 Zwar sieht es in der zusammenfassenden Darstellung der drei Stufen so aus, als ob auf der ersten Stufe lediglich der Entschluss geprüft werden soll, ob „überhaupt eine grundlegende Umgestaltung der kommunalen Ebene vorzunehmen" ist (vgl. ThürVerfGH, Urt. v. 18.12.1996 - 2/95, 6/95 - Umdruck S. 32 = NVwZ-RR 1997, 639 [642]), bei der Entfaltung der zu prüfenden Gesichtspunkte spricht das Gericht aber neben der Motivation des Gesetzgebers vom Ziel und den Zielvorstellungen (aaO, S. 32 f.).

den die tatsächlichen Gegebenheiten betrachtet wie z.B. die Zahl der Gemeinden und der Prozentsatz von Gemeinden bestimmter Größe. Als Kriterium für die Notwendigkeit gilt dann die Leistungsfähigkeit der Gemeinden. Das Gericht hält sich dabei, was eine Einzelprüfung angeht, sehr zurück. So unterbleibt eine denkbare Untersuchung der Aufgaben der Gemeinden nach Maßgabe der einfachrechtlichen Aufgabenzuweisung im Vergleich mit deren Finanz- und Personalkraft. Dabei würde man sich allerdings auch in Unwägbarkeiten verlieren. Der Gesetzgeber hat es ja selbst in der Hand, die Leistungsfähigkeit durch entsprechende Ausstattung der Gemeinden in ihrer Höhe und in ihrem Ausmaß zu bestimmen. Je besser die Ausstattung, desto eher wäre also z.B. die Auflösung einer Gemeinde verfassungswidrig. Das Kriterium der Leistungsfähigkeit erzeugt also – auf dieser Stufe geprüft – eine Aporie. Da der Gesetzgeber im Rahmen der Definition dessen, was eine Gemeinde nach Art. 28 Abs. 2 GG / Art. 91 Abs. 1 ThürVerf ausmacht, befugt ist, eine eigene u.U. landesspezifische Struktur und (Mindest-)Größe der kommunalen Selbstverwaltung zu bestimmen, wäre diese Prüfung auf der zweiten Stufe besser aufgehoben.

25 Dem **Gesetzgeber** steht nämlich hinsichtlich des Ob einer Maßnahme eine **Einschätzungsprärogative** zu, die ihre Grenzen lediglich in einer Art Willkürverbot finden kann, mit den Worten des BVerfG, bei offensichtlicher Fehlerhaftigkeit oder eindeutiger Widerlegbarkeit. Der ThürVerfGH will dagegen der Konkretisierung des öffentlichen Wohls „verfassungsrechtliche Direktiven"[40] zugrundelegen. Diese Rechtsposition findet er zwar zutreffend in der Selbstverwaltungsgarantie[41], befindet sich damit aber wieder am Ausgangspunkt der verfassungsrechtlichen Problematik, nämlich ob diese Garantie verletzt ist oder nicht. Die Feststellung, dass „die Kontrollbefugnis des Verfassungsgerichtshofs" so weit reicht, wie „die kommunale Selbstverwaltung der einzelnen Selbstverwaltungskörperschaft (Bestands-)Schutz bietet"[42], ist die nach Art. 80 Abs. 1 Nr. 2 sich stellende Ausgangsfrage.

Der Sache nach bewendet es auch beim ThürVerfGH deshalb auf der ersten Stufe bei einer durch die Einschätzungsprärogative des Gesetzgebers stark eingeschränkten Plausibilitätsprüfung der von ihm vorgenommenen Sachverhaltsermittlung,[43] die erst in der dritten Stufe verdichtet wird.

26 Eine **zweite Stufe** sieht das Gericht darin, dass der Gesetzgeber im Zuge der Reform die künftige Struktur der Selbstverwaltungskörperschaften bestimmt. Das Gericht spricht in diesem Zusammenhang von **Leitbildern** und **Leitlinien** der jeweiligen Neuordnung, aus denen eine Selbstbindung des Gesetzgebers folge. Das damit verbundene Gebot der Systemgerechtigkeit und Systemtreue begrenze die

40 ThürVerfGH, Urt. v. 18.12.1996 – 2/95, 6/95 – Umdruck S. 28 = NVwZ-RR 1997, 639 (641).

41 ThürVerfGH, Urt. v. 18.12.1996 – 2/95, 6/95 – Umdruck S. 31 = NVwZ-RR 1997, 639 (642).

42 ThürVerfGH, Urt. v. 18.12.1996 – 2/95, 6/95 – Umdruck S. 31 = NVwZ-RR 1997, 639 (641).

43 Vgl. ThürVerfGH, Urt. v. 18.9.1998 – 1/97 – Umdruck S. 32 – 34 = NVwZ-RR 1999, 55 (56 f.); besonders deutlich für die Eingemeindung in eine kreisfreie Stadt; hier wird das Vorliegen einer in der Entwicklung befindlichen Stadt-Umland-Problematik einfach festgestellt; vgl. dazu ThürVerfGH, Urt. v. 18.12.1996 – 2/95, 6/95 – zur 1. Stufe Umdruck S. 32 ff.= NVwZ-RR 1997, 639 (642 f.); von den „verfassungsrechtlichen Direktiven", die bei der Entwicklung der Prüfungsmaßstäbe (vgl. bei Fn. 40) genannt werden, ist bei der Subsumtion nicht mehr die Rede.

Entscheidungsfreiheit bei der Umsetzung, es sei denn besondere Fallgestaltungen eröffneten dem Gesetzgeber wieder einen weiten Spielraum. Der ThürVerfGH prüft insofern nur, „ob das Leitbild und die Leitlinien mit der Verfassung vereinbar sind, ob der Gesetzgeber bei der Bestimmung des Leitbildes und der Leitlinien sich aufdrängende Gemeinwohlaspekte übersehen hat, ob die dem Leitbild und den Leitlinien zugrundeliegenden Erkenntnisse nicht unzutreffend und die Leitlinien nicht offensichtlich ungeeignet sind und ob sie der Verwirklichung des gesetzgeberischen Reformzieles dienen."[44]

Das **Leitbild** soll nach dieser Rechtsprechung die grundlegenden Aussagen zur Struktur der Selbstverwaltungskörperschaft (Leistungsfähigkeit, Größe, Gebietszuschnitt u.ä.) umfassen. „Mit dem Leitbild setzt der Gesetzgeber" aber auch „eine Zielvorstellung",[45] die aber doch auch der Entscheidung über das Ob zugrunde liegt. Hier zeigt sich, dass das Gericht keineswegs eine trennscharfe Abgrenzung der Stufen vornimmt. Erste und zweite Stufe gehen ineinander über. 27

Das Leitbild muss auch nicht einen einzigen Typus der Selbstverwaltungskörperschaft enthalten. Vielmehr ist der Gesetzgeber befugt, eine differenzierte Struktur zu schaffen, die unterschiedlichen örtlich-räumlichen Gegebenheiten Rechnung trägt. So soll das Nebeneinander von (a) Einheitsgemeinden von einer bestimmten Mindestgröße mit (b) Gemeinden in einer Verwaltungsgemeinschaft sowie (c) erfüllenden Gemeinden zulässig sein.[46] 28

Mit den **Leitlinien** soll der Gesetzgeber ein System entwickeln, das die Zielvorstellungen des Leitbildes umsetzt.[47] Dabei gilt zunächst, dass grundsätzlich Lösungen zugunsten der Existenzwahrung von Gemeinden vorrangig sind.[48] Ein solcher Vorrang ergibt sich insbesondere dann, wenn das Leitbild aus jenem Nebeneinander verschiedener Typen besteht und diese Typen nach der Vorstellung des Gesetzgebers gleichwertig sind. Dann greift nämlich der Grundsatz des geringstmöglichen Eingriffs zugunsten eines möglichst hohen Maßes an Selbständigkeit. Dies spricht dann z.B. im Zweifel für die Eingliederung in eine Verwaltungsgemeinschaft und nicht eine solche in eine Einheitsgemeinde, die zwingend mit der Auflösung der einzugliedernden Gemeinde verbunden ist. 29

Zu kurz kommt in der Rechtsprechung des ThürVerfGH die „örtliche Gemeinschaft". Das ist erstaunlich, weil sie einen Kernbegriff von Art. 91 Abs. 1 darstellt. Der Gesetzgeber kann nur bis zu einem gewissen Grade durch den Zuschnitt der jeweiligen Gemeinde eine neue örtliche Gemeinschaft herstellen, wenn diese nicht zur bloßen Worthülse ohne Bezug zur Realität verkommen soll. Die Komponenten, die zu einer örtlichen Gemeinschaft beitragen, sind sicher nicht in einem numerus clausus darstellbar, da gesellschaftspolitische Entwicklungen darauf einwirken. Jedenfalls wird man aber dazu zu zählen haben: 30

---

44 ThürVerfGH, Urt. v. 18.12.1996 – 2/95, 6/95 – Umdruck S. 35 = NVwZ-RR 1997, 639 (643).

45 ThürVerfGH, Urt. v. 18.12.1996 – 2/95, 6/95 – Umdruck S. 34 = NVwZ-RR 1997, 639 (643).

46 ThürVerfGH, Urt. v. 18.9.1998 – 1/97 – Umdruck S. 37 = NVwZ-RR 1999, 55 (58); für die seinerzeitige Gebietsreform muss die kreisfreie Stadt als Typus hinzugenommen werden, wie ThürVerfGH, Urt. v. 18.12.1996 – 2/95, 6/95 – Umdruck S. 32 = NVwZ-RR 1997, 639 (643) wegen der Doppelnatur als Kreis und Gemeinde zeigt.

47 ThürVerfGH, Urt. v. 18.12.1996 – 2/95, 6/95 – Umdruck S. 34 = NVwZ-RR 1997, 639 (643); ThürVerfGH, Urt. v. 18.9.1998 – 1/97 – Umdruck S. 34 ff.= NVwZ-RR 1999, 55 (57) wiederholt diese Begriffsbestimmung nicht ausdrücklich.

48 ThürVerfGH, Urt. v. 18.9.1998 – 1/97 – Umdruck S. 39 f. = NVwZ-RR 1999, 55 (58).

Wirtschaftliche und gesellschaftliche Verflechtungsräume, Entfernungen und Überschaubarkeit, (straßen-)bauliche und topographische Verhältnisse, örtliche Verbundenheit und – gegenläufig – traditionelle Differenzen zwischen Nachbargemeinden.[49]

31 Für die Akzeptanz[50] einer kommunalen Gebietsreform wäre es sicher dienlich, wenn bei Einsatz verschiedener solcher Gliederungselemente[51] die Einzelfallentscheidungen auf Grund von abstrakt-generellen Kriterien getroffen würden. Das soll eigentlich die Aufgabe der genannten Leitlinien sein. Es reicht dem ThürVerfGH in concreto – wohl ausnahmsweise – aber aus, wenn der Gesetzgeber „trotz des Fehlens einer abstrakt-generellen Abgrenzungsregelung zu den verschiedenen Gliederungsinstrumenten" grundsätzlich die Möglichkeit hat, mit Hilfe der von ihm angewandten Leitbilder und Leitlinien der Reform sachgerechte Einzelfallentscheidungen zu treffen.

32 Hier deutet der ThürVerfGH eine Intensivierung der Kontrolldichte für mögliche künftige Gebietsreformen an, die aber eine überzogene verfassungsgerichtliche Kontrolle bedeuten würde. Man muss sich dafür vergegenwärtigen, welche sachfremden Motivationen den Gesetzgeber treiben könnten, mit insbesondere ungleichen Maßstäben zu agieren. Es dürften das die Bevorzugung bestimmter Regionen gegenüber anderen Gebieten des Landes sein, es besteht aber vor allem die Gefahr, dass wegen des Machterhaltungstriebs im parlamentarischen Mehrheitssystem parteipolitische Egoismen durchschlagen. Mit der Erhöhung der Anforderungen an die schriftliche Niederlegung der jeweiligen Konzeption ist da nichts gewonnen. Ob die vom BVerfG geforderte Systemgerechtigkeit gewahrt wurde, lässt sich ohne weiteres – vielleicht sogar besser – mit einem Blick auf das Gesamtergebnis bewerten. Letztlich scheint das auch der ThürVerfGH so zu sehen, wenn er z.B. für die Frage, ob ein bestimmtes Strukturelement der Reform Vorrang vor anderen Formen haben sollte, auch die „tatsächliche Umsetzung der Reform" als Beurteilungsmerkmal heranzieht.[52]

33 In diese Richtung weist auch, dass das Gericht der Prüfung auf der **dritten Stufe** nur die Umsetzung der „allgemeinen" Leitbilder und Leitlinien[53] zugrundelegt. Auf dieser „Ebene"[54] der Prüfung soll der Gesetzgeber „insbesondere hinsichtlich der Ermittlung des für seine Entscheidung erheblichen Sachverhalts ... einer intensiveren verfassungsgerichtlichen Kontrolle" unterliegen.[55] Diese Kontrolle der Sachverhaltsermittlung ist allerdings insofern eine formale, als das Gericht sich nicht etwa eine eigene Tatsachenermittlung im Rahmen z.B. eines Beweisverfahrens zumutet. So genügt es z.B. zu Recht, wenn der Gesetzgeber eine um-

49 Teilweise genannt auch von ThürVerfGH, Urt. v. 18.09.1998 – 1/97 – Umdruck S. 35 = NVwZ-RR 1999, 55 (57); diese Belange werden aber nur als Bestandteile der vom Gesetzgeber zugrunde gelegten Leitlinien und nicht als verfassungsrechtlich vorgegeben registriert.

50 Zur Relevanz dieses Gesichtspunkts vgl. ThürVerfGH, Urt. v. 18.09.1998 – 1/97 – Umdruck S. 33 = NVwZ-RR 1999, 55 (57).

51 Das Gericht spricht insofern von Gliederungsformen, Gliederungsinstrumenten und Regelungsinstrumenten; vgl. ThürVerfGH, Urt. v. 18.09.1998 – 1/97 – Umdruck S. 34 ff. NVwZ-RR 1999, 55 (57).

52 ThürVerfGH, Urt. v. 18.09.1998 – 1/97 – Umdruck S. 41 = NVwZ-RR 1999, 55 (59).

53 ThürVerfGH, Urt. v. 18.09.1998 – 1/97 – Umdruck S. 42 = NVwZ-RR 1999, 55 (59).

54 So die Wortwahl von ThürVerfGH, Urt. v. 18.09.1998 – 1/97 - Umdruck S. 34, 42 = NVwZ-RR 1999, 55 (57, 59).

55 ThürVerfGH, Urt. v. 18.09.1998 – 1/97 – Umdruck S. 43 = NVwZ-RR 1999, 55 (59).

fangreiche schriftliche und mündliche Anhörung der betroffenen Gemeinden vorgenommen hat. Insbesondere ist es grundsätzlich nicht erforderlich, wissenschaftliche Untersuchungen in Auftrag zu geben.

34 Aus den gesetzgeberischen Unterlagen muss aber hinreichend deutlich hervorgehen, dass das Parlament die z.T. ja widersprüchlichen Gesichtspunkte einem gründlichen Abwägungsvorgang unterworfen hat. Welches Gewicht er den einzelnen Gesichtspunkten zumisst, liegt aber weitgehend in der Prärogative des Gesetzgebers. Detaillierte Maßgaben gibt auch der ThürVerfGH nicht vor. Es bewendet insofern bei Hinweisen auf einzelne Grundsätze des Prinzips der Verhältnismäßigkeit.[56] Wie weit die Entscheidungsfreiheit im Rahmen der vom Gericht als Leitbild und Leitlinien bezeichneten Konzeption geht, zeigt das "Kleinwechsungen-Urteil" des ThürVerfGH. Hätte der Gesetzgeber im Rahmen der drei Strukturelemente: erfüllende Gemeinde, Verwaltungsgemeinschaft und Einheitsgemeinde der letzteren der Vorrang eingeräumt, wäre die Entscheidung des Gerichts anders ausgefallen.[57]

35 **b) Besonderheiten der Stadt-Umland-Problematik.** Für die Stadt-Umland-Problematik größerer Städte führt das Gericht im Rahmen seiner Stufenlehre für deren erste Stufe fast unmerklich ein zusätzliches Zulässigkeitskriterium ein. Den in dieser Hinsicht bestehenden Entwicklungen beim Gebietszuschnitt von kreisfreien Städten Rechnung zu tragen, wird als „eine legitime Zielsetzung" des Gesetzgebers bezeichnet.[58] In der Rechtsprechung des BVerfG findet sich der Begriff der Legitimität, der nicht mit der Legalität verwechselt werden darf, bei der Prüfung von Fragen der Verhältnismäßigkeit.[59] Er dient dort als Zusammenfassung der auch sonst dem Gesetzgeber zustehenden Einschätzungsprärogative, was Ziele und Zwecke betrifft. Damit wird aber nur verdeckt, dass das GG (und die Landesverfassungen) keine allgemeine Begrenzung der Staatsziele und -zwecke kennt; vielmehr muss die Verfassungswidrigkeit von Zielen im Einzelnen aus Bestimmungen des GG belegt werden, wozu vor allem die Grundrechte dienen können. Die Einschätzungsprärogative endet erst dort, wo die Erwägungen, Sachverhaltseinschätzungen und Prognosen „so offensichtlich fehlsam sind, dass sie vernünftigerweise keine Grundlage für gesetzgeberische Maßnahmen abgeben können".[60] Das sind aber die Maßstäbe, die auch bei der Anwendung des Begriffs des öffentlichen Wohls gelten.

36 **c) Einzelne Gebiets- oder Bestandsänderungen.** Für einzelne Gebietsänderungen gelten die o.g. Voraussetzungen grundsätzlich entsprechend. Sie können sowohl durch den Gesetzgeber, als auch durch Vereinbarung von Gemeinden herbeigeführt werden (Abs. 2 Satz 1). Die Auflösung einer Gemeinde kann aber nur durch Gesetz erfolgen (Abs. 2 Satz 2).[61]

37 Die einzelne Gebiets- und Bestandsänderung setzt nicht voraus, dass der Gesetzgeber eine neues Leitbild der Struktur der kommunalen Selbstverwaltung

56 ThürVerfGH, Urt. v. 18.09.1998 – 1/97 – Umdruck S. 43 = NVwZ-RR 1999, 55 (59).
57 ThürVerfGH, Urt. v. 18.09.1998 – 1/97 – Umdruck S. 45, NVwZ-RR 1999, 55 (59 f.).
58 ThürVerfGH, Urt. v. 18.12.1996 – 2/95, 6/95 – Umdruck S. 34 = NVwZ-RR 1997, 639 (643); in anderen Entscheidungen findet sich der Begriff der Legitimität zu Recht nicht, z.B. ThürVerfGH, Urt. v. 18.09.1998 – 1/97 – NVwZ-RR 1999, 55; vgl. auch oben Rn. 15.
59 BVerfGE 125, 141 (168).
60 So BVerfGE 77, 84 (106) mwN.
61 Näher dazu unten Rn. 48 f.

schafft. Fraglich ist dann aber, ob er unter dem Gesichtspunkt der Systemgerechtigkeit an die bestehenden Strukturen gebunden ist. Auch hier können nur die Gründe des öffentlichen Wohls eine entsprechende Rechtfertigung ergeben. Ausgeschlossen erscheint ein Abweichen von der je gegebenen Struktur schon deshalb nicht, weil selbst im Rahmen einer großen Gemeindereform das auf der Selbstbindung beruhende Gebot der Systemgerechtigkeit im Einzelfall Ausnahmen erlaubt. Sie müssen nur auf besonders gewichtigen Gründen des Gemeinwohls beruhen.

III. Gemeinden und Bevölkerung als Beteiligte (Abs. 2)

38 Abs. 2 regelt die Beteiligung der betroffenen Gebietskörperschaften und der entsprechenden Bevölkerung für die Fälle der Gebietsänderung, der Auflösung einer Gemeinde sowie die Freiwilligkeitsform der Vereinbarung.

39 **1. Wege der Gebietsänderung (Abs. 2 Satz 1).** Die Gebietsänderung unterliegt nicht der exklusiven Initiative des Gesetzgebers. Art. 92 Abs. 2 Satz 1 sieht wie andere Landesverfassungen auch[62] nämlich zwei Wege der Gebietsänderung vor. Die beteiligten Gemeinden können eine Vereinbarung schließen, die staatlicher Genehmigung bedarf. Auch dies ist Ausdruck ihrer Rechtssubjektivität.[63] Bei großen Reformen steht natürlich der Gesetzgeber des Landes im Vordergrund, obwohl auch dabei in der Praxis die übliche sog. Freiwilligkeitsphase die Gemeinden als aktiv Handelnde sieht.

40 **a) Gebietsänderung durch Vereinbarung.** Der Grundsatz der Kommunalfreundlichkeit[64] lässt die freiwillige Gebietsänderung als vorrangig vor einer zwangsweisen Gebietsänderung durch den Gesetzgeber erscheinen.[65] In eilbedürftigen Fällen ist der Gesetzgeber aber berechtigt, auch ohne eine Freiwilligkeitsphase Regelungen zu treffen. Besteht eine besondere Dringlichkeit nicht, hat er einen hinreichenden Zeitraum für den Abschluss einer Vereinbarung einzuräumen.

41 Die freiwillige Gebietsänderung von Gemeinden durch Vereinbarung stellt einen öffentlich-rechtlichen Vertrag dar. Das Verfahren setzt eine förmliche Vereinbarung voraus, die – auch wenn das nicht ausdrücklich vorgeschrieben ist – in schriftlicher Form zu erfolgen hat.[66] Erst wenn eine solche Vereinbarung vorliegt, kann die „staatliche Genehmigung" erfolgen. Für eine Vereinbarung nicht ausreichend ist ein je von den einzelnen Gemeinden der Genehmigungsbehörde gegenüber erklärtes Einverständnis, auch wenn die beiden oder mehreren Einverständnisse einen übereinstimmenden Gehalt ergeben.[67] Eine Vereinbarung setzt voraus, dass die entsprechenden Erklärungen bewußt koordiniert erfolgen und eine einheitliche Form aufweisen.

---

62 Art. 74 Abs. 2 Satz 1 BWVerf; Art. 98 Abs. 2 Satz 1 BbgVerf; Art. 59 Abs. 2 Satz 2 NV; Art. 88 Abs. 2 Satz 1 SächsVerf; Art. 90 LVerf LSA.

63 So im Zusammenhang der Anhörung auch ThürVerfGH, Urt. v. 18.12.1996 – 2/95, 6/95 – Umdruck S. 23 = NVwZ-RR 1997, 639 (640).

64 Zum Grundsatz des gemeindefreundlichen Verhaltens vgl. *Nierhaus*, in: Sachs, GG, Art. 28 Rn. 77 mwN.

65 So schon *Hopfe*, in: Linck/Jutzi/Hopfe, Art. 92 Rn. 6.

66 Zum Mindestinhalt vgl. § 9 Abs. 4 Satz 1 ThürKO.

67 Zumindest missverständlich *Wachsmuth/Oehler*, § 9 ThürKO (St.d.B.: 11.2003) Anm. 2.1.

Die „staatliche Genehmigung“ stellt einen Verwaltungsakt dar,[68] bei dessen Erlass die Genehmigungsbehörde nicht auf eine rechtliche Prüfung beschränkt ist. Anderenfalls hätte eine Regelung wie die in Art. 94 Satz 2 mit ihrer Beschränkung auf die Prüfung der Gesetzmäßigkeit erfolgen müssen. Der Prüfung ist als Kriterium für die Ermessensausübung sowohl bei einer vereinzelten Vereinbarung wie auch im Rahmen einer umfassenden Gebietsreform der Begriff des öffentlichen Wohl (Abs. 1) zugrundezulegen, so dass bei einer denkbaren Ermessensreduzierung auf Null auch ein Anspruch der vertragschließenden Gemeinden auf Genehmigung in Betracht kommen kann.[69] Genehmigungsfähig ist grundsätzlich nur eine Vereinbarung, deren Inhalt sich in die kommunale Struktur insgesamt einpasst.[70] Dabei ist aber ein großzügiger Maßstab anzulegen, soweit die o.g. Belange wie wirtschaftliche und gesellschaftliche Verflechtungsräume, Entfernungen und Überschaubarkeit, bauliche und topographische Verhältnisse sowie die örtliche Verbundenheit berücksichtigt sind. Die Gemeinden sind nicht befugt, durch Vereinbarung Großgemeinden zu bilden, wenn z.B. weder eine entsprechende Verflechtung noch eine örtliche Verbundenheit gegeben oder in Zukunft herstellbar erscheint. Es würde dann an der örtlichen Gemeinschaft fehlen. 42

Der Vereinbarung offen stehen im Übrigen alle Arten von Gebietsänderung, so etwa Gebietsaustausch, Gebietszuwachs und Gebietsverlust, nicht jedoch, wie sich aus Satz 2 ergibt, die Auflösung von Gemeinden. Nicht der Vereinbarung geöffnet sind Gebietsänderungen, die über das Gebiet eines Landkreises hinausgehen (§ 9 Abs. 2 Satz 1 ThürKO). Das ergibt sich aus einem Rückschluss aus Abs. 2, demzufolge das Gebiet eines Landkreises nur auf Grund eines Gesetzes geändert werden kann. 43

Zuständig für die Genehmigung wäre bei fehlender gesetzlicher Regelung das Ministerium, in dessen Geschäftsbereich (Art. 76 Abs. 2 Satz 1) die Kommunalangelegenheiten fallen. §§ 9, 118 Abs. 1 ThürKO haben aber die Zuständigkeit des jeweils örtlich zuständigen Landratsamts als untere staatliche Verwaltungsbehörde begründet. Das erscheint nicht unbedenklich, weil das öffentliche Wohl nicht nur die Gemeinwohlbelange der je betroffenen Gemeinden beinhaltet, sondern auch räumlich und sachlich darüber hinausgehende Gesichtspunkte, darunter insbesondere die Strukturelemente, die oben genannt wurden.[71] 44

b) Gebietsänderung „auf Grund eines Gesetzes“. Maßnahmen der Gebietsänderung werden in aller Regel zwar durch Parlamentsgesetz erfolgen, für das weitgehend dieselben Maßgaben gelten wie für eine große Gemeindereform. Auch dafür hat der Gesetzgeber nach sorgfältiger Sachverhaltsermittlung, für die der ThürVerfGH die Kriterien der dritten Stufe[72] anlegen dürfte, die Gemeinwohlgründe darzulegen, die ihn zu der Regelung veranlassen. 45

Zweifelhaft erscheint, ob der Gesetzgeber gehalten ist, eine einzelne Maßnahme – die ein Beispiel für das ansonsten in seiner Zulässigkeit engen Voraussetzungen folgende Einzelfallgesetz ist – nahtlos in die je gegebene Struktur der kommunalen Selbstverwaltung mit seinen verschiedenen Gliederungsinstrumenten 46

68 *Hopfe*, in: Linck/Jutzi/Hopfe, Art. 92 Rn. 6.
69 Anders wohl *Hopfe*, in: Linck/Jutzi/Hopfe, Art. 92 Rn. 6.
70 Für Ausnahmen gelten die oben Rn. 37 genannten Maßstäbe.
71 Vgl. Rn. 27
72 Vgl. oben Rn. 33 – 35.

einzupassen. Zu berücksichtigen ist dabei, dass eine Selbstbindung jedenfalls eines neu gewählten Parlamentes nicht in Betracht kommt. Das verbietet sich aus dem Prinzip, das demokratischen Wahlen zugrunde liegt, die lediglich eine Herrschaft auf Zeit gestatten und der Minderheit die jederzeitige Chance des Gewinns der Mehrheit und damit der Neugestaltung der Verhältnisse einräumt. Andererseits bedarf es guter Gründe, ein partielles Aussteigen aus der allgemeinen Struktur vornehmen zu dürfen. Hier sind ähnliche Maßstäbe anzulegen, wie sie der ThürVerfGH für Einzelfallausnahmen im Rahmen einer großen Gemeindereform für zulässig gehalten hat.[73]

47 Aus der Formulierung „auf Grund eines Gesetzes" darf wie zu Abs. 2 Satz 1 nicht geschlossen werden, dass eine ermächtigungslose Rechtsverordnung ausreichend wäre. Vielmehr müssen die wesentlichen Regelungen im Parlamentsgesetz selbst enthalten sein. Soweit allerdings der Grundsatz der Wesentlichkeit beachtet wird, dessen Folgerungen im Lichte der hohen Bedeutung des Selbstverwaltungsrechts zu bestimmen sind, können Detailregelungen in einer Rechtsverordnung erfolgen. Das wird auch durch Satz 2 nahe gelegt, der mit der Auflösung von Gemeinden den gravierendsten Fall nennt, und dafür ausdrücklich ein (Parlaments-)Gesetz fordert.[74]

48 **2. Die Auflösung von Gemeinden (Abs. 2 Satz 2).** Die Auflösung einer Gemeinde ist derjenige Vorgang, bei dem die Selbstverwaltungsgarantie ihre bloße Eigenschaft als Garantie der Einrichtung von Kommunen, die nur begrenzte Rechtssubjektsgarantie, zeigt. Auch sie steht zwar nur unter dem Gebot des öffentlichen Wohls. Die Gemeinwohlgründe müssen aber von besonderem Gewicht sein, weil dem Erhalt der jeweiligen Gemeinde ein gewisser Vorrang bei der Abwägung der verschiedenen Belange zukommt. Dabei ist es grundsätzlich ohne Bedeutung, ob die Gemeinde ganz in einer anderen oder einer neu gebildeten Gemeinde aufgeht, weil in beiden Fällen die örtliche Gemeinschaft, wenn auch als Teil einer neuen, größeren Gemeinschaft erhalten bleibt. Tendenziell anders verhält es sich aber, wenn das Gemeindegebiet auf verschiedene andere oder neue Gemeinden verteilt wird, weil in einem solchen Fall die Auflösung alter örtlicher Verbundenheit einen besonders gravierenden Eingriff darstellt.

49 Eine Auflösung „bedarf eines Gesetzes". Vom Wortlaut her würde dies nicht ausschließen, dass die Auflösung auf der Basis eines ermächtigenden Gesetzes durch Rechtsverordnung erfolgt. Ein Vergleich mit Satz 1 zeigt aber, dass der Verfassunggeber jedenfalls hier den sog. Parlamentsvorbehalt macht.[75] Die Auflösung ist auch weit in Einzelheiten hinein im Gesetz selbst zu regeln.[76]

50 **3. Die Anhörung der Betroffenen (Abs. 2 Satz 3).** Die Anhörung von Gemeinden gehört nach der Rechtsprechung des BVerfG zur Garantie des Rechts der kommunalen Selbstverwaltung nach Art. 28 Abs. 2 GG.[77] Art. 92 Abs. 2 Satz 3

---

73 Vgl. dazu ThürVerfGH, Urt.v. 18.09.1998 – 1/97 – Umdruck S. 41 = NVwZ-RR 1999, 55 (59).

74 Der im PW 1 VerfUA 019 (12.09.1992) S. 33, geäußerten gegenteiligen Auffassung ist der Verfassunggeber nicht gefolgt.

75 So schon *Hopfe*, in: Linck/Jutzi/Hopfe, Art. 92 Rn. 8.

76 § 9 Abs. 5 ThürKO regelt die Folgen für die Zusammensetzung des Gemeinderates. Nicht ersichtlich ist, warum dies fakultativ dahin geregelt ist, dass die Zahl der neu hinzukommenden Mitglieder entweder durch Gesetz (über die Bestandsänderung?) oder durch Rechtsverordnung erfolgen darf (*Wachsmuth/Oehler* [Fn. 67] Anm. 4). Kritisch auch *Rücker*, § 9 ThürKO (St.d.B.: 07.2005) Anm. 9.

77 BVerfGE 50, 195 (202); 56, 298 (320 f.); vgl. auch Art. 91 Rn. 86 – 96.

regelt dies näher dahin, dass sowohl bei Gebietsänderungen als auch bei der Auflösung von Gemeinden die Bevölkerung und die Gebietskörperschaften gehört werden müssen.

Träger des Anhörungsrechts sind nicht nur die Gemeinden und ihre Bevölkerung, sondern auch die Landkreise.[78] Dafür spricht schon der Vergleich mit den Sätzen 1 und 2, in denen nur die Gemeinden angesprochen werden. Es hätte bei einer beabsichtigten Beschränkung auf die Gemeinden nichts dagegen gesprochen, das auch ausdrücklich zu formulieren. In den Verfassungsberatungen kam vielmehr gerade zum Ausdruck, dass auch die Kreise einzubeziehen sind.[79] Nicht anhörungsberechtigt sind Verwaltungsgemeinschaften gemäß § 46 ThürKO oder Zweckverbände gemäß § 16 ThürGKG; bei beiden handelt sich nur um einfache Körperschaften des öffentlichen Rechts.[80] Zweifelhaft erscheint, ob gfls. höhere Gemeindeverbände, sofern sie als Gebietskörperschaften konstruiert wären, einzubeziehen sind. Da sie aber Einrichtungen des einfachen Gesetzgebers wären, wäre dieser nicht gezwungen aber auch nicht gehindert,[81] ihnen das Anhörungsrecht zuzuschreiben. 51

Unter **Bevölkerung** könnten einschränkend nur die wahlberechtigten Bürger verstanden werden. Es hätte dann aber näher gelegen, wie in anderen Vorschriften der Verfassung auch den Begriff der Bürger zu verwenden.[82] Die Erweiterung auf alle Einwohner der jeweiligen Gebietskörperschaft ist funktional angemessen, weil damit der Kreis derjenigen, die Belange und Aspekte zum jeweiligen Vorhaben beitragen können, umfassend ist. § 9 Abs. 2, 3 ThürKO i.d. F. v. 16.08.1993 enthielt noch eine Einschränkung auf die wahlberechtigten (§ 10 Abs. 2 ThürKO a.F.) Bürger. Die geltende Fassung hat das Anhörungsrecht verfassungskonform auf die Einwohner erstreckt. 52

Dass zu den Trägern des Anhörungsrechts nur solche der „unmittelbar" betroffenen Gebiete gehören, löst im Einzelfall durchaus Zweifelsfragen aus. So liegt § 9 Abs. 2 ThürKO die Auffassung zugrunde, dass nur für diejenigen Einwohner unmittelbare Betroffenheit vorliegt, deren gemeindliche Zugehörigkeit wechselt. Danach würden die Einwohner der aufnehmenden Gemeinde nicht gehört werden müssen. Dies entspricht im Extremfall nicht dem Begriff der örtlichen Gemeinschaft, nämlich u.a. dann nicht, wenn es traditionelle Spannungen zwischen der Bevölkerung der aufnehmenden Gemeinde und der Bevölkerung des aufzunehmenden Gemeindeteils gäbe. Ein solcher Fall müsste in die Abwägung durch das Land eingestellt werden. Ob unmittelbare Betroffenheit vorliegt, lässt sich deshalb nicht abstrakt-generell entscheiden, sondern hängt von den Gesamtumständen insbesondere den Zielen ab, die mit der jeweiligen Maßnahme verfolgt werden.[83] 53

78 AA ThürVerfGH, Urt. v. 12.07.1996 – 4/95 – Umdruck S. 10 = ThürVBl 1996, 281.
79 Vgl. zur Entstehungsgeschichte oben Rn. 3 – 8.
80 Vgl. zum Zweckverband *Oebbecke*, HKWP I, § 29 Rn. 29.
81 Vgl. dazu auch *Hopfe*, in: Linck/Jutzi/Hopfe, Art. 92 Rn. 13.
82 Vgl. auch *Hopfe*, in: Linck/Jutzi/Hopfe, Art. 92 Rn. 10.
83 AA wohl *Wachsmuth/Oehler* (Fn. 67) Anm. 2.3.

54 Die **Anhörung** muss nicht durch das Parlament selbst geschehen.[84] Zum einen schweigt Satz 3 zu dieser Frage, so dass eine Zuordnung zu einem bestimmten Verfassungsorgan fehlt. Zum anderen ist aber für das moderne Gesetzgebungsverfahren zu berücksichtigen, dass die Vorbereitungen gerade wichtigster Vorhaben im parlamentarischen Regierungssystem durch die fachlich dafür ausgestatteten Ministerien und letztlich durch einen Kabinettsbeschluss vorgenommen werden. Deshalb reicht eine Anhörung durch das federführende Ministerium oder eine nachgeordnete Behörde aus, wenn die Grundzüge und wesentlichen Inhalte des Gesetzes der Anhörung zugrundelagen. Ändert der Landtag in diesem Sinne wesentliche Gehalte, so wird eine erneute Anhörung erforderlich.[85]

55 Der **Anhörung** muss ein **Verfahren** zugrundegelegt werden, das es den betroffenen Gebietskörperschaften und seiner Bevölkerung faktisch ermöglicht, die eigenen Interessen und Argumente wirksam zur Geltung zu bringen. Das gilt insbesondere im Hinblick auf leistungsschwächere Gemeinden auch für eine hinreichende Zeit[86] der Vorbereitung einer Stellungnahme.[87] Ob dafür ein Monat als Frist ausreichend ist, erscheint zweifelhaft.[88] Es wird dafür u.a. darauf ankommen, ob im Vorfeld bereits informelle Informationen vorliegen, die eine allgemeine Beschäftigung mit dem Vorhaben des Gesetzgebers vor Beginn der Frist ermöglichen. Zu berücksichtigen ist aber vor allem die Komplexität der beabsichtigten Regelung.[89] Für die Anhörung der Bevölkerung soll nach der Rechtsprechung des ThürVerfGH genügen, dass die entsprechenden Unterlagen zur Einsichtnahme ausliegen und dass in ortsüblicher Weise bekannt gemacht wird.[90]

56 Das Gebot der Anhörung gilt auch für den in Satz 1 genannten Fall der Vereinbarung zwischen Gemeinden. Über die Frage, wer die Anhörung durchzuführen hat, ist vom Gesetzgeber im Gefolge von Entscheidungen des ThürVerfGH durch § 9 Abs. 3 Satz 3 ThürKO befunden worden (Rechtsaufsichtsbehörde).

IV. Landkreise und Neugliederung (Abs. 3)

57 Inwieweit die Voraussetzungen für eine Gebietsreform der Gemeinden auf die Kreise übertragbar sind, ist streitig. Es hängt von der Frage ab, ob die Kreise ih-

84 ThürVerfGH, Urt. v. 18.12.1996 – 2/95 – Umdruck S. 23 = NVwZ-RR 1997, 639 (640) will ausdrücklich „andere ...Formen der Übermittlung einer Stellungnahme der anzuhörenden Selbstverwaltungskörperschaft“ zulassen; ähnlich wohl SächsVerfGH, SächsVBl 1995, 131 (135) bei leicht unterschiedlichem Wortlaut von Art. 88 Abs. 2 SächsVerf.

85 In diesem Sinne auch BbgVerfG, LKV 2004, 317 (318 f.), zur inhaltlich identischen Regelung von Art. 98 Abs. 2 Satz 3 BbgVerf.

86 Vgl. ThürVerfGH, Urt. v. 18.12.1996 – 2/95, 6/95 – Umdruck S. 22, 24 = NVwZ-RR 1997, 639 (640); vgl. auch *Waechter*, in: Epping/Butzer, Art. 59 Rn. 38.

87 Zweifelhaft erscheint, ob auf Anhörungsergebnisse zurückgegriffen werden darf, die außerhalb des konkreten Gesetzgebungsverfahrens (einschließlich der Gesetzesinitiative) erzielt worden sind; so aber SächsVerfGH, LKV 1995, 402. Jedenfalls dürfte es sich nicht nur um einen identischen Anhörungsgegenstand gehandelt haben, sondern die Anhörung müsste für die Neugliederung bei identischen Zielen und Grundzügen der Maßnahmen erfolgt sein.

88 Von ThürVerfGH, Urt. v. 18.12.1996 – 2/95, 6/95 – Umdruck S. 24 = NVwZ-RR 1997, 639 (640) wg. Dringlichkeit als „knapp, aber noch ausreichend“ bezeichnet; vgl. auch ThürVerfGH, Urt. v. 18.09. 1998 1/97, 4/97 – Umdruck S. 26.

89 Vgl. für Niedersachsen *Waechter*, in: Epping/Butzer, Art. 59 Rn. 38.

90 ThürVerfGH, Urt. v. 18.09. 1998 – 1/97, 4/97 – Umdruck S. 29.

rer Rechtsnatur nach durch die Selbstverwaltungskompetenz geprägt sind. So wird die Auffassung vertreten, dass die „Kreise keine originären Selbstverwaltungsträger“ sind.[91] Für die Rechtslage nach der ThürVerf kann dies nicht gelten, da Art. 91 Abs. 2 zwar nur von „weitere(n)“ Trägern der Selbstverwaltung spricht, mit der Zuweisung „ihre(r)“ Angelegenheiten aber genuine überörtliche kreiskommunale Aufgaben statuiert.[92]

Auch das Gebiet der Landkreise steht also unter dem Schutz des Selbstverwaltungsrechts, das für sie Art. 91 Abs. 2 gewährleistet. Die Vorschrift über die Gebietsänderung gemäß Abs. 3 ist also wie die des Abs. 1 eine Eingriffserlaubnis. Für sie gilt grundsätzlich das, was oben zu den Voraussetzungen festgestellt werden konnte, unter denen der Gesetzgeber Regelungen für die Gemeinden treffen darf. Einen gewissen Unterschied macht es aber aus, dass die Gemeinden als Grundtypus der kommunalen Selbstverwaltung in ihrem verfassungsrechtlich garantierten Wert in einem gewissen Ausmaß einen höheren Schutz genießen, der sich insbesondere in einem Vorrang vor den Belangen der Landkreise ausdrückt.[93] 58

1. Wege der Gebietsänderung. Dem Wortlaut nach kann eine Gebietsänderung bei Landkreisen nur durch den Gesetzgeber erfolgen. Anders als für die Gemeinden ist eine vertragliche Lösung nicht vorgesehen. Auch eine analoge Anwendung jener Vorschrift ist nicht zulässig. In den Verfassungsberatungen wurde diese Lösung trotz der Regelung, die die Fraktion der LL/PDS vorgeschlagen hatte,[94] nicht diskutiert. Angesichts der Tatsache, dass umstritten war, wie es um die emotionale Zugehörigkeit der Bevölkerung zum Landkreis bestellt ist,[95] bedeutet der Unterschied zur Regelung des Abs. 2 Satz 2, dass nicht von einer unbeabsichtigten Lücke ausgegangen werden kann.

2. Gebietsänderung „auf Grund eines Gesetzes“ (Abs. 3 Satz 1). Auch Gebietsänderungen der Landkreise müssen sich rechtfertigen durch Gründe des öffentlichen Wohls. Hierfür gilt das zu den Gemeinden Ausgeführte entsprechend.[96] 59

Die Formulierung „auf Grund eines Gesetzes“ bedeutet i.d.R., dass eine Rechtsverordnung ausreicht. Immer aber bedarf es eines ermächtigenden Gesetzes, das das Wesentliche hinsichtlich Inhalt, Zweck und Ausmaß der Ermächtigung regelt (Art. 84).[97] Indem § 92 Abs. 1 ThürKO nur die Gründe des öffentlichen Wohls nennt, erscheint diese Anforderung gegenwärtig nicht erfüllt. Daran kann auch das in § 92 Abs. 2 ThürKO vorgesehene Einverständnis nichts ändern. Dieses Einverständnis liegt in der Nähe der Möglichkeit einer vertraglichen Vereinbarung, die für die Landkreise gerade nicht eröffnet ist und ersetzt die durch Art. 84 konkretisierte Verantwortung des Parlaments für die Verfolgung des öffentlichen Wohls nicht. Auch in den Fällen, in denen z.B. Gemeinden 60

91 So *Erbguth*, LKV 2004, 1 (2); von identischer Struktur der beiden Selbstverwaltungsgarantien spricht aber *Kluth* (Fn. 26) § 96 Rn. 82; vgl. auch *Ruffert*, ThürVBl 2006, 265 (267): die Grundzüge der Rechtsprechung zur Gemeindegebietsreform lassen sich übertragen.

92 Vgl. Rn. 83 zu Art. 91 (Aufgaben der Gemeindeverbände).

93 Vgl. dazu Rn. 24 zu Art. 91.

94 In deren Art. 106 Abs. 2 war die Vereinbarungslösung für Gemeinden und Gemeindeverbände gleichermaßen vorgesehen; vgl. Entstehung ThürVerf, S. 241.

95 Vgl. PW 1 VerfA 013 (16.10.1992) S. 174.

96 Vgl. dazu oben Rn. 45–47

97 Vgl. dazu oben Rn. 47.

den Landkreis wechseln, sind Gründe des (Landes-)Gemeinwohls mit den von Gemeindeorganen formulierten Gründen des örtlichen Wohls abzuwägen.

61 **3. Die Auflösung von Landkreisen (Abs. 3 Satz 2).** Für die Auflösung von Landkreisen gilt auf Grund des mit Abs. 2 Satz 2 identischen Wortlauts weitgehend das zu den Gemeinden Ausgeführte. Allerdings ist wegen des nicht gleichermaßen hohen Ranges der Landkreise der Gesetzgeber bei der Abwägung der Gemeinwohlgründe mit dem relativierten Existenzrecht der Kreise freier in seiner Einschätzung.

62 **4. Die Anhörungsberechtigten (Abs. 3 Satz 3).** Während sich die Sätze 1 und 2 ausdrücklich nur auf die Landkreise beziehen, wird das Anhörungsrecht des Satzes 3 sprachlich umfassender auf die Gebietskörperschaften erstreckt. Schon der Wortlaut spricht also dafür, dass auch die betroffenen Gemeinden zu hören sind. Demgegenüber können die Erwägungen zur Systematik, die der ThürVerfGH zur Begründung seiner gegenteiligen Ansicht[98] anstellt, nicht durchschlagen. Das Gericht geht selbst davon aus, dass der Begriff Gebietskörperschaften in Art. 95 als Oberbegriff zu den Begriffen Gemeinden und Landkreise zu verstehen ist, meint aber für Art. 92 von einem anderen Begriffsverständnis ausgehen zu müssen. Dafür äußert es zu Unrecht die Auffassung, dass der Begriff Gebietskörperschaften sich in Art. 92 Abs. 2 ausschließlich auf die Gemeinden bezieht[99] und deshalb systematische Auslegung dafür spreche, dass auch in Abs. 3 nur die Landkreise gemeint seien. Fehlt also schon dafür die Voraussetzung, so kommt noch hinzu, dass die Entstehungsgeschichte eine eindeutig andere Sprache spricht. Die einstimmige Zustimmung des VerfA zur Vorschrift über die Anhörung erfolgte nach der Erläuterung, dass unter den betroffenen Gebietskörperschaften sowohl der Landkreis als auch die Gemeinden zu verstehen seien.[100]

Artikel 93 [Kommunale Finanzausstattung; Steuern]

(1) [1]Das Land sorgt dafür, daß die kommunalen Träger der Selbstverwaltung ihre Aufgaben erfüllen können. [2]Führt die Übertragung staatlicher Aufgaben nach Artikel 91 Abs. 3 zu einer Mehrbelastung der Gemeinden und Gemeindeverbände, so ist ein angemessener finanzieller Ausgleich zu schaffen.

(2) Die Gemeinden und Landkreise haben das Recht, eigene Steuern und andere Abgaben nach Maßgabe der Gesetze zu erheben.

(3) Die Gemeinden und Gemeindeverbände werden unter Berücksichtigung der Aufgaben des Landes im Rahmen des Gemeindefinanzausgleichs an dessen Steuereinnahmen beteiligt.

Vergleichbare Regelungen

Art. 73 BWVerf; Art. 83 Abs. 2 und 3 BayVerf; Art. 97 Abs. 3 Satz 2 und 3, Art. 99 BbgVerf; Art. 137 HessVerf; Art. 72 Abs. 3 und Art. 73 M-VVerf; Art. 57 Abs. 4 Satz 2-4 und Art. 58 NV; Art. 78 Abs. 3 und Art. 79 Verf NW; Art. 49 Abs. 5 und 6 Verf Rh-Pf; Art. 119 und 120 SaarlVerf; Art. 85 Abs. 2 und Art. 87 SächsVerf; Art. 87 Abs. 3 Satz 2 und 3, Art. 88 LVerf LSA; Art. 48 und 49 SchlHVerf.

---

98 ThürVerfGH, Urt. v. 12.07.1996 – 4/95 – Umdruck S. 10 = ThürVBl 1996, 281.

99 Vgl. dazu oben Rn. 50–56

100 PW 1 VerfA 013 (16.10.1992) S. 184; vgl. dazu auch oben Rn. 6

Ergänzungsnormen im sonstigen thüringischen Recht

ThürFAG v. 20.12.2007 (ThürGVBl. S. 259), zuletzt geändert durch Gesetz v. 31.01.2013 (ThürGVBl. S. 10).

Dokumente zur Entstehungsgeschichte

Art. 88 VerfE CDU; Art. 71 VerfE F.D.P.; Art. 76 Abs. 3 Sätze 2 und 3, 78 VerfE SPD; Art. 71 Abs. 5, 72 Abs. 2 VerfE NF/GR/DJ; Art. 101 Abs. 2, 105 VerfE LL/PDS; Entstehung ThürVerf S. 244 f.

Literatur

Thomas Ammermann, Das Konnexitätsprinzip im kommunalen Finanzverfassungsrecht, 2007; *Dirk Ehlers / Walter Krebs* (Hrsg.), Grundfragen des Verwaltungsrechts und des Kommunalrechts, 2000; *Hans-Günter Henneke,* Die Kommunen in der Finanzverfassung des Bundes und der Länder, 5. Aufl., 2012; *ders.*, Aufgabendifferenzierte Bemessung des finanzausgleichsrelevanten kommunalen Aufwands bei Bevölkerungsrückgang bzw. unterschiedlicher Gemeindegröße, Der Landkreis 2012, 608; *ders.*, Die Kommunen in der Finanzverfassung des Bundes und der Länder – Entwicklungen 2011/12, Der Landkreis 2012, 309; *ders.*, Wer der Bestellung zustimmt, muss sie adressieren und bezahlen, DVBl. 2011, 125; *ders. / Hermann Pünder / Christian Waldhoff* (Hrsg.), Recht der Kommunalfinanzen, 2006; *Michael Inhester*, Kommunaler Finanzausgleich im Rahmen der Staatsverfassung, 1998; *Ferdinand Kirchhof / Hubert Meyer* (Hrsg.), Kommunaler Finanzausgleich im Flächenbundesland, 1996; *Rene Laier*, Der kommunale Finanzausgleich, Diss. Leipzig 2008; *Anna Leisner-Egensperger*, Die Finanzausgleichsgesetze der Länder und das kommunale Selbstverwaltungsrecht, DÖV 2010, 705; *Frank Lohse*, Kommunale Aufgaben, kommunaler Finanzausgleich und Konnexitätsprinzip, 2006*; Thorsten Ingo Schmidt*, Die Grundlagen des kommunalen Finanzausgleichs, DÖV 2012, 8; *Olaf Schmitt*, Der kommunale Finanzausgleich aus verfassungsrechtlicher Sicht, DÖV 2013, 452; *Susanne Schmitt*, Inhalt, verfassungsrechtliche Stellung und Bedeutungsgehalt der kommunalen Finanzhoheit, 1996*; Friedrich Schoch,* Verfassungsrechtlicher Schutz der kommunalen Finanzautonomie, 1997; *ders.,* Die finanzverfassungsrechtlichen Grundlagen der kommunalen Selbstverwaltung, in: Ehlers/Krebs, S. 92; *ders. / Joachim Wieland*, Finanzierungsverantwortung für gesetzgeberisch veranlasste kommunale Aufgaben, 1995 *Kyrill-Alexander Schwarz,* Finanzverfassung und kommunale Selbstverwaltung, 1996; *Matthias Wohltmann*, Der kommunale Finanzausgleich 2009/2010 unter besonderer Berücksichtigung der Landkreise: Rechtliche Grundlagen, Der Landkreis 2010, 464; *ders.*, Bemessung und Ausstattung des kommunalen Finanzausgleichs: Prozedurale Flankierung, ZG 2011, 377; *ders.*, Der kommunale Finanzausgleich 2011/2012 unter besonderer Berücksichtigung der Landkreise: Rechtliche Grundlagen, Der Landkreis 2012, 406; *ders.* Der kommunale Finanzausgleich 2011/2012 unter besonderer Berücksichtigung der Landkreise: (Fiskalische) Entwicklung in den Ländern, Der Landkreis 2012, 441.

Leitentscheidungen des ThürVerfGH und des BVerfG

ThürVerfGH, Urt. v. 06.06.2002 – 14/98 – NVwZ-RR 2003, 249 (Unzulässige Kommunalverfassungsbeschwerde gegen Finanzausgleich); v. 12.10.2004 – 16/02 – ThürVBl 2005, 11, 13 f. (Kommunalisierung, Finanzhoheit); v. 21.06.2005 – 28/03 – ThürVGRspr. 2005, 165 = ThürVBl 2005, 228 = NVwZ-RR 2005, 665 (Grundsatzentscheidung zu Art. 93 Abs. 1 Satz 1 und 2); v. 18.03.2010 – 52/08 – ThürVGRspr. 2011, 153 = ThürVBl 2010, 152 = LKV 2010, 220 (Unzulässige Kommunalverfassungsbeschwerde gegen Finanzausgleich); v. 02.11.2011 – 13/10 – ThürVBl 2012, 55 = KommJur 2012, 14 (Bestätigung und Fortführung der Rspr.).

BVerfGE 125, 141 (Gewährleistung des kommunalen Hebesatzrechts).

A. Überblick

1 **Art. 93** konkretisiert und ergänzt die Gewährleistung der kommunalen Selbstverwaltung in **Art. 91**, indem er das Land verpflichtet, den Gemeinden und Gemeindeverbänden die Einnahmen und Einnahmequellen zur Verfügung zu stel-

len, die sie für die Erfüllung ihrer Selbstverwaltungsaufgaben und der ihnen übertragenen staatlichen Aufgaben benötigen. Die grundlegende, **allgemeine Finanzgarantie** folgt aus **Abs. 1 Satz 1.** Danach wird den kommunalen Selbstverwaltungskörperschaften eine angemessene, aufgabengerechte Finanzausstattung gewährleistet. **Abs. 1 Satz 2** gewährleistet dagegen eine **besondere,** ausschließlich den **übertragenen Wirkungskreis** der Gemeinde betreffende Finanzgarantie. Wenn die Übertragung staatlicher Aufgaben (Art. 91 Abs. 3) zu einer Mehrbelastung der Gemeinden und Gemeindverbände führt, hat das Land einen angemessenen finanziellen Ausgleich (**Mehrbelastungsausgleich**) zu schaffen.

Art. 93 Abs. 2 gewährleistet den Gemeinden und Landkreisen bestimmte **eigene** 2 **Einnahmequellen,** mit denen die Kommunen einen Teil ihres Finanzbedarfs selbst decken können (Rn. 74 ff.). Dazu gehören die örtlichen Verbrauch- und Aufwandsteuern (§ 5 ThürKAG), Beiträge (§§ 7, 7 a, 8 und 9 ThürKAG), Verwaltungsgebühren und Benutzungsgebühren (§§ 10-12 ThürKAG) und sonstige Abgaben.

Art. 93 Abs. 3 bezieht die Steuereinnahmen des Landes insgesamt in den Ge- 3 meindefinanzausgleich ein. Die Bedeutung der Vorschrift erschließt sich aus Art. 106 Abs. 7 GG. Während Satz 1 die Einbeziehung des Länderanteils am Gesamtaufkommen der Gemeinschaftssteuern zwingend vorschreibt, überlässt Satz 2 dies für die Landessteuern im Übrigen der Bestimmung durch die Landesgesetzgebung. Art. 93 Abs. 3 geht insoweit über Art. 106 Abs. 7 Satz 2 GG hinaus, indem er die **Beteiligung an den Landessteuern** anordnet.

Zur Gewährleistung einer aufgabengerechten Finanzausstattung der Kommunen 4 gemäß Abs. 1 Satz 1 ist in jeder Haushaltsperiode ein **Finanzausgleich** durchzuführen.[1] Der kommunale Finanzausgleich ist in den 13 deutschen Flächenländern unterschiedlich geregelt. Insbesondere unterscheiden sich die methodischen Ansätze zur Ermittlung der Finanzausgleichsmasse erheblich (s. unter C. Rn. 9 ff.). Der Finanzausgleich erfolgt in zwei Schritten: Im ersten Schritt wird die zur Verfügung stehende Verteilungsmasse zwischen dem Land und der Gesamtheit der Kommunen aufgeteilt (**vertikaler Finanzausgleich**). Im zweiten Schritt wird die auf die Gesamtheit der Kommunen entfallende Verteilungsmasse nach bestimmten Verteilungsschlüsseln auf die einzelnen kommunalen Selbstverwaltungskörperschaften verteilt (**horizontaler Finanzausgleich**). Der gebotene Umfang der Finanzausstattung der Kommunen insgesamt und in den Einzelansätzen ist politisch und verfassungsrechtlich regelmäßig hoch umstritten.[2]

Der kommunale Finanzausgleich stellt ein **ergänzendes Finanzierungssystem** 5 dar. Er soll die Differenz zwischen der durch die Aufgabenerfüllung entstehenden Kostenlast und den Einnahmen und Einnahmemöglichkeiten der Kommunen ausgleichen. Art. 93 knüpft damit an einen komplexen **Rahmen** von Normen des GG und der Landesverfassung an, aus dem sich ergibt, welche **Aufgaben** die Gemeinden zu erfüllen haben, welche **Kostenbelastung** mit der Aufgabenerfüllung verbunden ist und welche **originären Einnahmen und Einnahmequellen** die Kommunen haben. Im Folgenden wird daher auch dieser Bezugsrah-

1 Eine Darstellung des Finanzausgleichs in Thüringen findet sich bei *Wohltmann*, Der Landkreis 2012, 441 (489 ff.) mit einer schematischen Übersicht in Abb. 57, S. 490.

2 Dazu *Henneke*, Der Landkreis 2012, 309 ff.; *ders.*, Die Kommunen in der Finanzverfassung des Bundes und der Länder, 5. Aufl. 2012, S. 137 ff.

men des kommunalen Finanzausgleichs in den Grundzügen erläutert (s. unten Rn. 14 ff.).

Der **ThürVerfGH** hat im **Urteil vom 21. Juni 2005** – 28/03 –[3] die verfassungsrechtlichen Grundlagen des kommunalen Finanzausgleichs und des besonderen Mehrbelastungsausgleichs in Thüringen umfassend behandelt und den Gesetzgeber zu einer grundlegenden Neuordnung des kommunalen Finanzausgleichs verpflichtet (s. unten Rn. 43). Mit **Urteil vom 02.11.2011 – 13/10 –**[4] hat er diese Rechtsprechung bestätigt und fortgeführt (s. unten Rn. 44 ff.).

Nach dieser Rechtsprechung ist das **„Bedarfsmodell"** des kommunalen Finanzausgleichs, das bis dahin noch in keinem Bundesland praktiziert worden war (zu den unterschiedlichen Modellen für den Finanzausgleich s. unten Rn. 9 ff.), in Thüringen **verfassungsrechtlich geboten**. Der Thüringer Landesgesetzgeber hat daraufhin den kommunalen Finanzausgleich im **Finanzausgleichsgesetz 2007 und 2010** neu geregelt und die Vorgaben des ThürVerfGH umgesetzt. Mit **Urteil vom 02.11.2011** hat der ThürVerfGH das **ThürFAG 2010** als **verfassungsgemäß** bestätigt. Dabei hat er sowohl die Verfahrensanforderungen als auch die Spielräume des Gesetzgebers nochmals deutlich akzentuiert. Mit dem Thüringer Gesetz zur Änderung der Finanzbeziehungen zwischen Land und Kommunen vom 31.01.2013 (ThürGVBl. S. 10) hat der Gesetzgeber den kommunalen Finanzausgleich umfassend neu geregelt.

B. Herkunft, Entstehung und Entwicklung

6 Art. 93 Abs. 1 unterscheidet schon im Wortlaut unmissverständlich zwischen allgemeiner Finanzgarantie (Satz 1) und besonderem Mehrbelastungsausgleich bei Übertragung staatlicher Aufgaben (Satz 2) und normiert damit eine dualistische Finanzgarantie, die dem dualistischen Konzept von eigenen Selbstverwaltungsaufgaben und übertragenen staatlichen Aufgaben entspricht. Der Wortlaut des Abs. 1 Satz 2 wurde vom Verfassungsausschuss vorgeschlagen, nachdem die Sachverständigen darauf hingewiesen hatten, dass der finanzielle Ausgleich durch das Land bei übertragenen Sonderaufgaben stärker zu betonen sei.[5] Damit hat Art. 93 Abs. 1 Satz 2 von Beginn an das strikte Konnexitätsprinzip eingeführt.

7 Der Wortlaut des Art. 93 ist unverändert geblieben. Neue Akzente hat aber der ThürVerfGH mit den Urteilen vom 21.06.2005 und vom 02.11.2011 gesetzt, indem er die Bedeutung der Unterscheidung zwischen Kernbereich und Randbereich der Selbstverwaltungsgarantie für die Auslegung der Finanzgarantie des Abs. 1 Satz 1 fruchtbar gemacht und daraus einen Anspruch auf eine finanzielle Mindestausstattung der Kommunen abgeleitet hat, die nicht unterschritten werden darf, und indem er die Verfassungsmäßigkeit der Festlegung der Finanzausgleichsmasse an ein nachvollziehbares und rationales Verfahren der Ermittlung des (ungedeckten) Finanzbedarfs der Kommunen gebunden hat (s. unten Rn. 43 f.).

3 ThürVGRspr. 2005, 165 = ThürVBl 2005, 228 = NVwZ-RR 2005, 665.
4 ThürVBl 2012, 55.
5 PW 1 VerfA 013 (16.10.1992) S. 138 – 142, vgl. Entstehung ThürVerf, S. 245 mit Fn. 6; *Schneider*, Verfassungszeit: Ortstermine von Jena bis Tripolis, 2012, S. 217.

C. Verfassungsvergleichende Information

Beim Ausgleich der durch die Übertragung von staatlichen Aufgaben bedingten Mehrbelastungen (**Mehrbelastungsausgleich**) ist das **strikte Konnexitätsprinzip** inzwischen in allen Flächen-Bundesländern anerkannt.[6] Danach erhalten die Gemeinden und Landkreise einen **vollen Ausgleich** der unter Beachtung des Gebots sparsamer und wirtschaftlicher Haushaltsführung anfallenden Mehrkosten aus der Erfüllung der übertragenen staatlichen Aufgaben.[7] 8

Erhebliche Unterschiede, die einen länderübergreifenden Vergleich der Finanzausgleichssysteme erschweren, bestehen – trotz vergleichbarer Verfassungsbestimmungen – im grundlegenden Ansatz zur **Bemessung der Finanzausgleichsmasse.**[8] Die **Mehrzahl der Länder** (Baden-Württemberg, Bayern, Hessen, Niedersachsen, Nordrhein-Westfalen, Saarland und Schleswig-Holstein) folgt weiterhin dem **Verbundquoten-Modell.**[9] Rechtlicher Anknüpfungspunkt ist Art. 106 Abs. 7 GG. Nach Art. 106 Abs. 7 Satz 1 GG fließt den Gemeinden und Gemeindeverbänden insgesamt von dem Länderanteil am Gesamtaufkommen der Gemeinschaftssteuern (Art. 106 Abs. 3 GG) ein von der Landesgesetzgebung zu bestimmender Hundertsatz (**Verbundquote**) zu (**obligatorischer Steuerverbund**).[10] Nach Art. 106 Abs. 7 Satz 2 GG kann die Landesgesetzgebung bestimmen, dass auch die Landessteuern (Art. 106 Abs. 2 GG) in den Steuerverbund einbezogen werden (**fakultativer Steuerverbund**).[11] Die im obligatorischen und im fakultativen Steuerverbund zusammengefassten Einnahmen der Länder bilden die **Verbundgrundlagen,** aus denen sich mittels der Verbundquote der Gesamtbetrag der Beteiligung der Kommunen an den Landeseinnahmen bemisst. Während der Steuerverbund in allen Finanzausgleichsmodellen eine Rolle spielt, liegen die Unterschiede zwischen den Modellen in der Rolle, die die Verbundquote spielt. Das Verbundquotenmodell zeichnet sich dadurch aus, dass die Verbundquote nicht aus dem Finanzbedarf der Kommunen abgeleitet, sondern schlicht vom Landesgesetzgeber festgesetzt wird. Bei gleichbleibender Quote schwankt der Finanzausgleich ausschließlich mit den Einnahmen des Landes. Schwankungen des Aufgabenbestands und der Kostenlast der Kommunen spielen dagegen keine Rolle. 9

Das **Bedarfsmodell** setzt dagegen systematisch an den Aufgaben und der daraus resultierenden Ausgabenlast der Kommunen an und leitet daraus unter Berücksichtigung der originären Einnahmen und Einnahmemöglichkeiten der Kommu- 10

6 *Henneke*, DVBl. 2011, 125 (131) mwN; zur früheren Sondersituation in Rheinland-Pfalz, Hessen und Nordrhein-Westfalen: *Lohse*, Kommunale Aufgaben, kommunaler Finanzausgleich und Konnexitätsprinzip, 2006, S. 157 ff.

7 ThürVerfGH, ThürVGRspr. 2006, 165 (176 ff.); VerfGH NW, NVwZ-RR 2010, 705 (707); DVBl. 2010, 1561 (1562); HessStGH, NVwZ-RR 2012, 625 ff.; zu den Unterschieden im Detail: *Henneke*, DVBl. 2011, 125 (131 ff.).

8 Dazu: *Wohltmann*, Der Landkreis 2012, 406.

9 *Wohltmann*, Der Landkreis 2012, 406 (408); für Hessen s. aber jetzt HessStGH, Urteil vom 21.05.2013 – P.St. 2361 – HGZ 2013, 21 (210).

10 Zum obligatorischen Steuerverbund, insbesondere zur unterschiedlichen Praxis der Bundesländer hinsichtlich der den Gemeinden entstehenden Aufkommensverluste an der Einkommensteuer aus der Neuregelung des Familienlastenausgleichs: *Wohltmann*, Der Landkreis 2012, 406 (411).

11 Einen Überblick über die unterschiedlichen Regelungen des fakultativen Steuerverbunds gibt *Wohltmann*, Der Landkreis 2012, 406 (411 ff.) mit einer tabellarischen Übersicht (Tabelle 19).

nen die Höhe der Finanzausgleichsmasse ab.[12] Dies ist nach dem Urteil des ThürVerfGH vom 21.06.2005 der verfassungsrechtlich gebotene grundsätzliche Ansatz zur Ermittlung der Verteilungsmasse für den vertikalen Finanzausgleich zwischen dem Land und den Kommunen. Das Bedarfsmodell liegt dem **Thüringer Finanzausgleichsgesetz seit 2007** zugrunde. Einwände gegen dieses Modell betreffen zum einen den enormen Ermittlungsaufwand und zum anderen das Argument, einen einzig richtigen Finanzausgleich könne es nicht geben. Beide Einwände sind entkräftet. Der Ermittlungsaufwand hat sich als machbar erwiesen. Die Rechtsprechung des ThürVerfGH hat einerseits den weiten politischen Gestaltungsspielräumen des Gesetzgebers Rechnung getragen, andererseits den Weg zu einer effizienten verfassungsgerichtlichen Kontrolle der Verfahrensanforderungen gewiesen. Seit **2010** folgt auch **Sachsen-Anhalt** dem Bedarfsmodell.[13] In **Hessen** zeichnet sich nach dem Urteil des HessStGH vom 21.05.2013 (Az.: P.St. 2361, HGZ 2013, 210) ebenfalls ein Wechsel zum Bedarfsmodell ab.

11 Zwischen diesen Polen haben sich in der Praxis der vergangenen Jahre verschiedene Mischmodelle etabliert.[14] Brandenburg modifiziert das **Verbundquotenmodell mit einer Aufgabenanpassungsklausel,** wonach die Angemessenheit der Verbundquote in regelmäßigen Abständen mittels eines Symmetrieberichts überprüft wird. Dieses Modell folgt grundsätzlich weiterhin der Logik des Verbundquotenmodells. Es sieht zwar ergänzend eine aufgabenorientierte Nachsteuerung vor, bei der die Veränderung der Ausgabenlasten und der Einnahmen innerhalb eines bestimmten Zeitraums betrachtet wird, aber keine umfassende Ermittlung der kommunalen Aufgaben. Sachsen und Mecklenburg-Vorpommern folgen dem **Modell des Gleichmäßigkeitsgrundsatzes mit Aufgabenanpassungsklausel.** Dieses Modell orientiert sich an dem Ziel einer gleichmäßigen Entwicklung der Gesamteinnahmen der Kommunen und des Landes. Es setzt damit ebenfalls grundsätzlich bei den Einnahmen an und orientiert sich nicht am Ziel einer aufgabenrechten Finanzausstattung. Letztlich bewirkt der Gleichmäßigkeitsgrundsatz, dass vom Zeitpunkt seiner Gültigkeit an die in der Vorperiode bestehende Aufteilung der Gesamteinnahmen auf Land und Kommunen für die Zukunft festgeschrieben wird. Die Aufgabenanpassungsklausel ersetzt wiederum nicht die umfassende Analyse der kommunalen Aufgaben.[15] Schließlich stellt auch das in Rheinland-Pfalz praktizierte **Verstetigungsmodell** nicht auf eine Bedarfsanalyse ab. Mit diesem Modell garantiert das Land den Kommunen ein konstant wachsendes Volumen der Finanzausgleichsmasse. Die Leistungen des Landes schwanken nur noch innerhalb eines Korridors, der sich aus dem fortgeschriebenen Trend der Landesleistungen der vergangenen neun Haushaltsjahre mit maximalen Ausschlägen von 3 % unter oder über diesem Trend ergibt. Den Kommunen ist dabei ein jährliches Mindestwachstum der Verstetigungssumme um 1 % garantiert. In schlechten Zeiten stockt das Land die Landesleistungen durch Darlehen auf oder entnimmt dem sog. Stabilisierungsfonds Rücklagen. In guten Zeiten werden diese Darlehen von den Kommunen aus den überdurchschnittlichen Einnahmen getilgt und darüber hinaus wieder Rücklagen im Stabilisierungsfonds angespart.[16] In diesem Modell tritt zwar die Ver-

12 *Wohltmann*, Der Landkreis 2012, 406 (409).
13 Dazu: LVerfG LSA, DVBl. 2012, 1560; *Wohltmann*, Der Landkreis 2012, 406 (409).
14 *Wohltmann*, Der Landkreis 2012, 406 (410).
15 *Wohltmann*, Der Landkreis 2012, 406 (410).
16 *Wohltmann*, Der Landkreis 2012, 406 (410) mit weiteren Einzelheiten.

bundquote zugunsten einer garantierten, fortgeschriebenen Mindestausstattung zurück. Allerdings ist diese Mindestausstattung auch hier nicht das Resultat einer Bedarfsanalyse.

Diese Unterschiede müssen – neben den unterschiedlichen Formulierungen der kommunalen Finanzgarantien in den Landesverfassungen – bedacht werden, wenn die Rechtsprechung anderer Landesverfassungsgerichte herangezogen wird.[17]

D. Erläuterungen

I. Gewährleistung einer aufgabengerechten Finanzausstattung der Kommunen (Art. 93 Abs. 1 Satz 1)

Art. 93 Abs. 1 Satz 1 konkretisiert und ergänzt die Gewährleistung des Selbst- 12
verwaltungsrechts der Gemeinden und Gemeindeverbände[18] in Art 91 Abs. 1 und 2 (siehe dazu die Kommentierung von *Meyn* zu Art. 91) um die Gewährleistung einer **aufgabengerechten Finanzausstattung.**[19] Die Landesverfassung knüpft damit an die Gewährleistungen des Grundgesetzes an. Das Grundgesetz erkennt in Art. 28 Abs. 2 Satz 3 ausdrücklich an, dass die Gewährleistung der gemeindlichen Selbstverwaltung auch die **Grundlagen der finanziellen Eigenverantwortung** der Kommunen umfasst.[20] Wesentlicher Bestandteil und Ausdruck des Selbstverwaltungsrechts der kommunalen Gebietskörperschaften ist danach die auf eine eigenverantwortliche Einnahmen- und Ausgabenwirtschaft einschließlich der entsprechenden Ausgabenbefugnisse gerichtete **Finanzhoheit** (zu den Gemeindehoheiten *Meyn*, Art. 91 Rn. 34 ff.).[21] Mit der Ausgabenbefugnis allein ist es aber nicht getan. Die Gemeinden und Gemeindeverbände müssen auch tatsächlich über die finanziellen Mittel verfügen, die erforderlich sind, um die bei der Erfüllung ihrer Aufgaben anfallenden Personal- und Sachkosten zu bestreiten. Deshalb umfasst der Schutzbereich des Art. 28 Abs. 2 Satz 3 GG mit der Gewährleistung der Grundlagen der finanziellen Eigenverantwortung auch das **Recht** der Gemeinden und Gemeindeverbände **auf eine angemessene Finanzausstattung.**[22] Während der Anspruch auf angemessene Finanzausstattung in quantitative Richtung zielt, verlangt die **eigenverantwortliche** Aufgabenerfül-

---

17 Für einen Überblick über die Entwicklung der Rechtsprechung der Landesverfassungsgerichte bis 2005: *Henneke*, in: Henneke/Pünder/Waldhoff (Hrsg.), § 24; zur aktuellen Rechtsprechung: *Henneke*, Der Landkreis 2012, 309.

18 Zum Begriff der Gemeindeverbände: ThürVerfGH, ThürVGRspr. 2011, 49 (54) im Anschluss an BVerfGE 52, 95; Zweckverbände fallen danach nicht unter den Begriff der Gemeindeverbände.

19 ThürVerfGH, ThürVGRspr. 2006, 165 (174).

20 Der jetzige 1. Halbsatz des Satz 3 wurde eingefügt durch Gesetz zur Änderung des GG vom 30.08.1994 (BGBl. I 2245); zur historischen Entwicklung BVerfGE 125, 141 (160 f.).

21 BVerfGE 26, 228 (244); 71, 25 (36); 104, 60 (66); *von Zezschwitz*, in: Zinn/Stein, Art. 137 Abs. 5 (Stand: 1999) Rn. 197; *Schmitt*, Inhalt, verfassungsrechtliche Stellung und Bedeutungsgehalt der kommunalen Finanzhoheit, 1995, S. 51 ff.

22 ThürVerfGH, ThürVGRspr. 2006, 165 (174); grundlegend BayVerfGH, DÖV 1997, 639 und NdsStGH, DVBl. 1998, 185; dazu: *Henneke* (Fn. 17) § 24 Rn. 186 ff. (191 ff., 204 ff.); vgl. auch VerfGH Rh-Pf, NVwZ 2012, 1034; VerfGH NW, OVGE 47, 249 (251); NVwZ-RR 2003, 612; BbgVerfG, LVerfGE 10, 237 (240); LVerfG LSA, LVerfGE 10, 440 (463 f.); LVerfG M-V, LVerfGE 17, 297 (317 ff.); BVerwGE 106, 280 (287); *Pieroth*, in: Jarass/Pieroth, Art. 28 Rn. 14; offen gelassen: BVerfGE 71, 25 (36 f.); 83, 363 (386); NVwZ-RR 2007, 435; dazu *Pünder/Waldhoff*, in: Henneke/Pünder/Waldhoff, § 1 Rn. 9.

lung im finanzwirtschaftlichen Bereich, dass die Kommunen die Einwohner aus eigenem Recht zu den aus der Aufgabenerfüllung resultierenden Lasten heranziehen können.[23] Zur Finanzhoheit gehört daher auch die **Steuer- und Abgabenhoheit.**[24] Finanzzuweisungen und die Beteiligung an den Landessteuern dürfen nicht die einzigen kommunalen Einnahmequellen sein. Den Gemeinden sind damit **eigene Finanzierungsquellen,** auch in der Form eigenverantwortlich auszuschöpfender Steuerquellen, gesichert.[25] Dieser Gewährleistungsgehalt der Finanzautonomie wird verstärkt durch **Art. 106 Abs. 6 Satz 2 GG,** der den Gemeinden das Recht zusichert, die **Hebesätze** der Grundsteuer und der Gewerbesteuer im Rahmen der Gesetze festzusetzen.[26] Darüber hinaus wird die Gewährleistung der Finanzautonomie der Gemeinden im Grundgesetz verstärkt durch den 1997 in Art. 28 Abs. 2 Satz 3 eingefügten 2. Halbsatz, nach dem zu den Grundlagen der finanziellen Eigenverantwortung eine den Gemeinden mit Hebesatzrecht zustehende **wirtschaftsbezogene Steuerquelle** gehört.[27] Die Finanzhoheit bildet – zusammen mit den weiteren Gemeinde- und Kreishoheiten wie Satzungshoheit und Planungshoheit – eine der wichtigsten Grundbedingungen dafür, dass Gemeinden und Landkreise ihre Angelegenheiten eigenverantwortlich wahrnehmen können.[28]

13 Die **Finanzierungsverantwortung** für die Finanzausstattung der Gemeinden und Gemeindeverbände trifft in erster Linie die Länder, denen die kommunalen Gebietskörperschaften im Verfassungsraum des Bundesstaates staatsorganisationsrechtlich zugeordnet sind. Das Land trifft insoweit auch eine Mitverantwortung für die Kosten aus Aufgabenzuweisungen durch den Bund.[29] **Art. 93 Abs. 1 Satz 1** gewährleistet für den Freistaat Thüringen das Recht der Gemeinden und Gemeindeverbände auf eine **aufgabengerechte Finanzausstattung** und erlegt die daraus resultierende Finanzierungsverantwortung dem Land auf. Aus ihr folgt die Verpflichtung des Landes zur Durchführung des **Finanzausgleichs.** Dabei handelt es sich um ein **ergänzendes Finanzierungssystem** (so ausdrücklich § 2 Abs. 1 ThürFAG), das an die im Grundgesetz geregelte originäre Verteilung von Finanzquellen und Finanzmitteln zwischen dem Bund, dem Land und seinen kommunalen Gebietskörperschaften anknüpft und die danach verbleibenden Finanzierungslücken ausgleicht.[30] Außerhalb des Finanzausgleichs im engeren Sinne tragen auch die Regelungen der Thüringer Verfassung über den **Mehrbelastungsausgleich** bei der Übertragung staatlicher Aufgaben (**Art. 93 Abs. 1 Satz 2**), das Recht der Gemeinden und Landkreise, eigene Steuern und Abgaben nach Maßgabe der Gesetze zu erheben (**Art. 93 Abs. 2**) und die Beteiligung der Gemeinden und Gemeindeverbände an den Steuereinnahmen des Landes (**Art. 93 Abs. 3**) zu einer angemessenen Finanzausstattung der kommunalen Gebietskörperschaften bei.

23 *Pünder/Waldhoff* (Fn. 22) § 1 Rn. 10; *Schoch*, Verfassungsrechtlicher Schutz der kommunalen Finanzautonomie, 1997, S. 137 ff.
24 BVerfGE 125, 141 (159) – Verfassungsmäßigkeit der Festlegung eines Mindesthebesatzes bei der Gewerbesteuer – mwN; *Pünder/Waldhoff* (Fn. 22) § 1 Rn. 10.
25 BVerfGE 125, 141 (159).
26 BVerfGE 125, 141 (159 f.).
27 Gesetz zur Änderung des GG vom 20.10.1997 (BGBl. I 2470).
28 Zum Verhältnis von Art. 28 Abs. 2 Satz 3, 2. Halbsatz und Art. 106 Abs. 6 Satz 2 GG: BVerfGE 125, 141 (160 f.).
29 VerfGH Rh-Pf, NVwZ 2012, 1034 (1038).
30 ThürVerfGH, ThürVGRspr. 2006, 165 (173).

Als ergänzendes Finanzierungssystem hängt der Finanzausgleich auf der einen Seite davon ab, welche **originären Finanzquellen und Finanzmittel** den Gemeinden vorab zur Verfügung stehen, und zum anderen davon, welche **Aufgaben** die Gemeinden zu erfüllen haben und welche **Kostenlasten** ihnen durch die Erfüllung ihrer Aufgaben entstehen. Nur dann lässt sich ermitteln, in welcher Höhe eine **Lücke zwischen Ausgabenlast und eigenen Finanzmitteln** der Kommunen besteht, die durch das Land im Wege des Finanzausgleichs zu schließen ist. Aufgaben, Ausgabebefugnisse und -lasten und eigene Finanzmittel der Kommunen hängen wiederum von einem komplexen Rahmen von Normen des Grundgesetzes und der Thüringer Verfassung ab. Der folgende Überblick beschreibt den normativen Rahmen der Aufgaben (1.), der Ausgabenlast (2.) und der eigenen Finanzmittel der Gemeinden und Gemeindeverbände (3.) in den Grundzügen. 14

1. Aufgaben der Gemeinden. **a) Aufgabenzuweisung im GG.** **Art. 28 Abs. 2 GG** gewährleistet den Gemeinden und Gemeindeverbänden das Selbstverwaltungsrecht. Es umfasst **alle Angelegenheiten der örtlichen Gemeinschaft** (Allzuständigkeit).[31] Die Angelegenheiten der örtlichen Gemeinschaft sind diejenigen Bedürfnisse und Interessen, die in der örtlichen Gemeinschaft wurzeln oder auf sie einen spezifischen Bezug haben.[32] Nach diesen Kriterien sind Selbstverwaltungsangelegenheiten von staatlichen Aufgaben abzugrenzen.[33] Den Gemeinden wird mit dem Selbstverwaltungsrecht nicht nur die Aufgabe garantiert, sondern auch die Befugnis zu eigenverantwortlicher Führung der Geschäfte in diesem Bereich.[34] 15

Für die **staatlichen Aufgaben** regelt das Grundgesetz die vertikale Kompetenzverteilung zwischen Bund und Ländern. Im Grundsatz weist es die staatlichen Aufgaben den Ländern zu, während die Kompetenzen des Bundes jeweils ausdrücklich bestimmt werden. Nach **Art. 30 GG** ist die Ausübung der staatlichen Befugnisse und die Erfüllung der staatlichen Aufgaben Sache der Länder, soweit das GG keine andere Regelung trifft oder zulässt. Nach **Art. 70 GG** haben die Länder das Recht der Gesetzgebung, soweit das GG nicht dem Bund Gesetzgebungsbefugnisse verleiht. Für die Verwaltung schließlich bestimmt **Art. 83 GG,** dass die Länder auch die Bundesgesetze als eigene Angelegenheiten ausführen, soweit das GG nichts anderes bestimmt oder zulässt. Die Gemeinden sind staatsorganisationsrechtlich den Ländern zugewiesen. Ob und unter welchen Voraussetzungen sich die Länder die Verwaltungskraft der Gemeinden zunutze machen und ihnen staatliche Aufgaben übertragen können, ist im GG nicht geregelt. Dies ist Sache der Länder, insbesondere der Länderverfassungen. 16

Bis zur **Föderalismusreform I** war es dem Bundesgesetzgeber nach Art. 84 Abs. 1 GG a.F. nicht von vornherein untersagt, kostenintensive Aufgaben insbesondere im Bereich der öffentlichen Fürsorge zur Ausführung und Finanzierung unmittelbar auf die kommunale Ebene zu übertragen.[35] Zwar bedurfte dies der Zustimmung der Länder im Bundesrat. Die Länder waren aber in diesen Fällen nicht unmittelbar verpflichtet, den Kommunen den Mehraufwand zu erstatten. Die auf Landesverfassungsrecht beruhenden Regelungen zum Mehrbelastungsausgleich galten für diese Fälle nicht. Dieser Strukturfehler hat – nicht nur aus 17

31 BVerfGE 83, 37 (54).
32 BVerfGE 79, 127 (151); 110, 370 (400).
33 *Tettinger*, in: von Mangoldt/Klein/Starck, Art. 28 Rn. 168.
34 BVerfGE 91, 228 (236); 107, 1 (11); 119, 331 (362).
35 *Henneke*, DVBl. 2011, 125 f.

der Sicht der Kommunen – wesentlich zur gegenwärtigen **desolaten Lage der Kommunalfinanzen** beigetragen.[36] Dieses strukturelle Defizit ist mit der Föderalismusreform I zum 1. September 2006 für die Zukunft beseitigt worden (vgl. die Übergangsregelung in Art. 125 a Abs. 1 GG). Durch Bundesgesetz dürfen den Gemeinden und Gemeindeverbänden Aufgaben nicht mehr übertragen werden (Art. 84 Abs. 1 Satz 7 GG; siehe auch Art. 85 Abs. 1 Satz 2 und Art. 104 a Abs. 4 GG).[37]

18 b) **Aufgabenzuweisung im Freistaat Thüringen.** Die Thüringer Verfassung greift den im Grundgesetz angelegten **Dualismus** von staatlichen Aufgaben und Selbstverwaltungsangelegenheiten auf (siehe dazu aber *Meyn*, Art. 91 Rn. 12, 84). In Übereinstimmung mit den Vorgaben des Art. 28 Abs. 2 GG gewährleistet **Art. 91 Abs. 1 und 2** den Gemeinden und Gemeindeverbänden das Recht der kommunalen Selbstverwaltung. Es umfasst alle Angelegenheiten der örtlichen Gemeinschaft und weist den Kommunen die Befugnis zur eigenverantwortlichen Führung der Geschäfte in diesen Angelegenheiten zu.

19 Nach **Art. 91 Abs. 3** können den Gemeinden und Gemeindeverbänden aber auch durch Gesetz staatliche Aufgaben zur Erfüllung nach Weisung **übertragen** werden. Grundsätzlich wird die Verwaltung des Landes nach **Art. 90 Satz 1** durch die Landesregierung und die ihr unterstellten Behörden ausgeübt. Diese unmittelbare Verwaltung durch eigene Landesbehörden wird ergänzt durch die mittelbare Verwaltung durch selbständige juristische Personen, z.B. Körperschaften und Anstalten des öffentlichen Rechts, die staatliche Aufgaben unter Aufsicht des Landes wahrnehmen. Die Übertragung staatlicher Aufgaben zur Erfüllung nach Weisung auf der Grundlage eines Gesetzes ist ein Fall der mittelbaren Landesverwaltung.

20 Dieser in Art. 91 vorgegebene Dualismus von Selbstverwaltungsaufgaben und übertragenen staatlichen Aufgaben der Gemeinde wird in **§§ 2 und 3 ThürKO** im Einzelnen ausgestaltet. Die ThürKO unterscheidet zwischen den Aufgaben des eigenen Wirkungskreises (§ 2 ThürKO) und den Aufgaben des übertragenen Wirkungskreises (§ 3 ThürKO). Eine entsprechende Unterscheidung treffen die §§ 87 und 88 ThürKO für die Landkreise.

21 aa) **Aufgaben des eigenen Wirkungskreises.** Der **eigene Wirkungskreis** umfasst alle Angelegenheiten der örtlichen Gemeinschaft, die in der Gemeinde wurzeln oder auf sie einen spezifischen Bezug haben, also die Selbstverwaltungsangelegenheiten im Sinne des Art. 28 Abs. 2 GG und des Art. 91 Abs. 1 und 2. § 2 Abs. 2 ThürKO enthält einen – nicht abschließenden – Katalog von Regelbeispielen für Angelegenheiten des eigenen Wirkungskreises. Grundsätzlich ist die Erfüllung von Selbstverwaltungsaufgaben **freiwillig**. Die Gemeinde entscheidet eigenverantwortlich sowohl ob als auch wie sie eine ihrer Selbstverwaltung unterliegende Aufgabe erfüllt. Bestimmte Aufgaben des eigenen Wirkungskreises können jedoch durch Gesetz zu **Pflichtaufgaben** erklärt werden, wenn dies aus Gründen des öffentlichen Wohls erforderlich ist (§ 2 Abs. 3 ThürKO).[38] Entsprechendes gilt für die **Landkreise** nach **§ 87 Abs. 2 ThürKO**, der darüber hi-

36 Vgl. VerfGH Rh-Pf, NVwZ 2012, 1034 (1038); *Henneke*, DVBl. 2011, 125 (126) mwN.

37 Zum Mehrbelastungsausgleich im Fall einer erstmals landesrechtlichen Zuweisung der Aufgaben der Kinder- und Jugendhilfe auf die Kreise und kreisfreien Städte, die an die Stelle einer bundesgesetzlichen Zuständigkeitsbestimmung tritt und diese wiederholt: VerfGH NW, DVBl. 2010, 1561 – KiföG –; dazu *Henneke*, DVBl. 2011, 125 (132 ff.).

38 Eine Übersicht findet sich bei *Uckel/Hauth/Hoffmann*, § 2 ThürKO Rn. 4.

naus unmittelbar Pflichtaufgaben bestimmt (überörtlicher öffentlicher Personennahverkehr, Gesundheitswesen, Sozialhilfe und Abfallentsorgung). Daraus ergibt sich innerhalb der Aufgaben des eigenen Wirkungskreises die Unterscheidung zwischen freiwilligen Aufgaben und Pflichtaufgaben. Dabei müssen die Kommunen die Pflichtaufgaben in jedem Fall erfüllen, auch vorrangig vor ihren freiwilligen Aufgaben. Im eigenen Wirkungskreis unterliegen die Gemeinden und Landkreise nur einer Rechtsaufsicht des Landes (Art. 94 Satz 2 ThürVerf).

bb) Aufgaben des übertragenen Wirkungskreises. Der **übertragene Wirkungskreis** umfasst die öffentlichen Aufgaben des Staates oder anderer Körperschaften des öffentlichen Rechts, zu deren Erfüllung die Gemeinden und Landkreise durch Gesetz oder aufgrund eines Gesetzes verpflichtet werden. Dazu gehört auch die **Ausführung von Bundesgesetzen** unter den Voraussetzungen des § 3 Abs. 1 a ThürKO und des § 88 Abs. 1 a ThürKO. In Thüringen sind durch das Gesetz zur **Kommunalisierung** staatlicher Aufgaben vom 13.6.1997 (ThürGVBl. S. 207) und weitere Gesetze zahlreiche Aufgaben, die bis dahin dem Landratsamt in seiner Eigenschaft als untere staatliche Verwaltungsbehörde zugewiesen waren, in den übertragenen Wirkungskreis der Landkreise überführt worden. Eine Unterscheidung zwischen Pflichtaufgaben und freiwilligen Aufgaben findet hier nicht statt: Übertragene Aufgaben sind stets Pflichtaufgaben.[39] Bei der Erfüllung übertragener Aufgaben unterliegen die Gemeinden und Landkreise der Fachaufsicht des Landes, die die Kontrolle sowohl der Rechtsmäßigkeit als auch der Zweckmäßigkeit umfasst (Art. 94 Abs. 1). 22

2. Ausgabenlast der Gemeinden. a) Art. 104 a GG. Art. 104 a GG trifft Bestimmungen über die Verteilung der Ausgabenlasten zwischen Bund und Ländern. Abs. 1 gilt auch zwischen Bund und Gemeinden.[40] Er gilt aber nicht zwischen Ländern und Gemeinden.[41] Er bestimmt, dass der Bund und die Länder gesondert die Kosten tragen, die sich aus der Wahrnehmung ihrer Aufgaben ergeben, soweit das GG nichts anderes bestimmt. Er enthält damit den Grundsatz, dass die Körperschaft, die die Verwaltungskompetenz besitzt, auch die Ausgaben trägt (**Konnexität von Aufgaben- und Ausgabenverantwortung**). Aufgaben im Sinne dieser Vorschrift sind Verwaltungsaufgaben. Maßgeblich ist nicht, wer die kostenverursachende Regelung getroffen oder veranlasst hat (Gesetzeskausalität), sondern die Verwaltungskompetenz gem. Art. 30, 83 ff. GG (**Vollzugskausalität**). Art. 104 a Abs. 2 bis 4 enthalten aber **Ausnahmen** vom Grundsatz der Vollzugskausalität zugunsten des Verursacherprinzips bei der Bundesauftragsverwaltung und bei Bundesgesetzen, die Geldleistungen gewähren oder Pflichten der Länder zur Erbringung von Geldleistungen, geldwerten Sachleistungen oder vergleichbaren Dienstleistungen gegenüber Dritten begründen. Ferner sieht **Art. 106 Abs. 8 GG** eine Regelung über den Ausgleich von unzumutbaren Sonderbelastungen vor, die einzelnen Ländern, Gemeinden oder Gemeindverbänden unmittelbar dadurch entstehen, dass der Bund dort besondere Einrichtungen veranlasst. Dieser **Sonderlastenausgleich** stellt – wie der Mehrbelastungsausgleich nach Art. 93 Abs. 1 Satz 2 – eine Ausnahme vom Grundsatz der Vollzugskausalität dar. 23

39 *Uckel/Hauth/Hoffmann*, § 3 ThürKO Rn. 4.

40 BVerfGE 86, 148 (215); BVerwGE 44, 351 (364); 98, 18 (21); 100, 56 (59); aA: *Schneider*, in: AK-GG, Art. 104 a Rn. 6; *Hellermann*, in: von Mangoldt/Klein/Starck, Art. 104 a Rn. 56.

41 BWStGH, LVerfGE 10, 3 (23 f.); *Hellermann* (Fn. 40) Rn. 56.

24 **b) Verteilung der Kostenlast zwischen dem Land und den Gemeinden und Landkreisen.** Eine ausdrückliche Regelung zur Verteilung der Kostenlast zwischen dem Land einerseits und den Gemeinden und Landkreisen andererseits findet sich nur in Art. **93 Abs. 1 Satz 2**. Er betrifft den Fall, dass das Land von der ihm in Art. 91 Abs. 3 eingeräumten Möglichkeit Gebrauch macht, den Gemeinden und Gemeindeverbänden auf Grund eines Gesetzes staatliche Aufgaben zur Erfüllung nach Weisung zu übertragen. Wenn dies zu einer **Mehrbelastung** der Gemeinden und Gemeindeverbände führt, ist nach Art. 93 Abs. 1 Satz 2 ein **angemessener finanzieller Ausgleich** zu schaffen (zum Mehrbelastungsausgleich im Einzelnen unten Rn. 61 ff.) Diese Regelung stellt eine Ausnahme vom Grundsatz der Vollzugskausalität dar, weil kraft des angeordneten Mehrbelastungsausgleichs in dessen Umfang letztlich nicht die Gemeinden und Gemeindeverbände, die die übertragenen Aufgaben ausführen, die Kosten tragen, sondern das Land, in dessen Verwaltungskompetenz diese Aufgaben nach der Kompetenzverteilung des GG ursprünglich gefallen sind. Im Übrigen geht die Thüringer Verfassung davon aus, dass die Gemeinden und Gemeindeverbände entsprechend dem Grundsatz der Vollzugskausalität die Kostenlast für die von ihnen wahrgenommenen Aufgaben zu tragen haben. Insbesondere fallen den Gemeinden und Gemeindeverbänden die Kosten der Wahrnehmung ihrer Selbstverwaltungsaufgaben zur Last (vgl. § 1 Abs. 1 ThürFAG).

25 **3. Eigene finanzielle Mittel der Gemeinden und Landkreise. Art. 106 GG** regelt im Rahmen der Finanzverfassung die vertikale Verteilung der steuerlichen Erträge zwischen Bund, Ländern und Gemeinden. Obwohl die Gemeinden und Gemeindeverbände nach Art. 106 Abs. 9 GG als Teil der Länder anzusehen sind, regelt Art. 106 GG in den Absätzen 5 bis 7 die **Ertragshoheit der Gemeinden.**[42] Eine Steuererfindungsbefugnis steht den Gemeinden – außerhalb der Einführung neuer örtlicher Verbrauch- und Aufwandsteuern auf der Grundlage eines Landesgesetzes – ebenso wenig zu wie dem Bund und den Ländern.[43] Nach Art. 106 Abs. 5 bis 7 stehen den Gemeinden die folgenden eigenen Einnahmequellen zu:

26 **a) Unmittelbare Beteiligung an den Gemeinschaftssteuern.** Die ertragsstärksten Steuern (Einkommensteuer, Körperschaftssteuer und Umsatzsteuer) stehen nach Art. 106 Abs. 3 Satz 1 GG dem Bund und den Ländern gemeinsam zu (**Gemeinschaftssteuern**). An den Gemeinschaftssteuern sind die Gemeinden und Gemeindeverbände beteiligt. Die Gemeinden erhalten Anteile am Aufkommen der Einkommensteuer (Art. 106 Abs. 5 GG) und – seit 1998 – der Umsatzsteuer (Art. 106 Abs. 5 a GG), die von den Ländern an ihre Gemeinden auf der Grundlage der Einkommensteuerleistungen ihrer Einwohner (Einkommensteuer) bzw. auf der Grundlage eines orts- und wirtschaftsbezogenen Schlüssels (Umsatzsteuer) weiterzuleiten sind. Das Nähere wird durch Bundesgesetze bestimmt (Art. 106 Abs. 5 Satz 2 und Abs. 5 a Satz 3 GG).

27 **aa) Beteiligung an der Einkommensteuer.** Die Beteiligung der Gemeinden an der **Einkommensteuer** ist geregelt im Gesetz zur Neuordnung der Gemeindefinanzen – **Gemeindefinanzreformgesetz (GFRG)** in der Fassung der Bekanntmachung vom 10.03.2009 (BGBl I 502), zuletzt geändert durch Art. 1 des Gesetzes vom 08.05.2012 (BGBl. I 1030). Nach § 1 Satz 1 GFRG erhalten die Gemeinden 15 % des Aufkommens an Lohnsteuer und an veranlagter Einkommensteuer so-

42 Dazu *Pieroth*, in: Jarass/Pieroth, Art. 106 Rn. 12.
43 *Pieroth*, in Jarass/Pieroth, Art. 28 Rn. 12.

wie 12 % des Aufkommens an Kapitalertragssteuer. Dieses Steueraufkommen wird sodann zunächst nach Satz 2 entsprechend Art. 107 Abs. 1 GG auf die einzelnen Bundesländer im Verhältnis zu den jeweils dort vereinnahmten Steuerbeträgen verteilt. Schließlich erfolgt die Aufteilung an die Gemeinden nach einem Schlüssel, der nach den Vorgaben des § 3 GFRG von den Ländern auf Grund der Bundesstatistiken über die Lohnsteuer und die veranlagte Einkommensteuer nach § 1 des Gesetzes über Steuerstatistiken ermittelt und durch Rechtsverordnung der Landesregierung festgesetzt wird (für Thüringen durch die Thüringer Verordnung zur Ausführung des Gemeindefinanzreformgesetzes vom 25.07.2012, ThürGVBl. S. 366).

bb) Beteiligung an der Umsatzsteuer. Die Beteiligung der Gemeinden am **Umsatzsteueraufkommen** ist geregelt im Gesetz über den Finanzausgleich zwischen Bund und Ländern – Finanzausgleichsgesetz (FAG) – vom 20.12.2001 (BGBl I 3955).[44] Nach § 1 Satz 3 FAG steht den Gemeinden vom Aufkommen der Umsatzsteuer nach Abzug der dem Bund zustehenden Anteile (ab 2009 vorab 4,45 %) einschließlich eines Anteils als Belastungsausgleich aufgrund eines zusätzlichen Bundeszuschusses an die Rentenversicherung der Arbeiter und Angestellten (ab 2008 vom verbleibenden Aufkommen 5,05 %) ein Anteil von 2,2 % zu. Die Aufteilung dieses Gemeindeanteils auf die Länder und innerhalb der Länder auf die einzelnen Gemeinden richtet sich nach den Vorgaben des Art. 106 Abs. 5 a GG und ist im Einzelnen geregelt in §§ 5 a bis c GFRG und in der Thüringer Verordnung zur Ausführung des Gemeindefinanzreformgesetzes vom 25.07.2012 (ThürGVBl. S. 366). 28

b) Mittelbare Beteiligung am Landesanteil der Gemeinschaftssteuern. Nach Art. 106 Abs. 7 Satz 1 GG fließt den Gemeinden und Gemeindeverbänden ein von der Landesgesetzgebung zu bestimmender Hundertsatz (sog. **Verbundquote**) von dem Länderanteil am Gesamtaufkommen aller drei Gemeinschaftssteuern, also einschließlich der Körperschaftssteuer, zu. Diese Bestimmung verpflichtet die Länder im Grundsatz zur Durchführung eines kommunalen Finanzausgleichs auf Kosten ihres Anteils am Gesamtaufkommen der Gemeinschaftssteuern. 29

c) Beteiligung an Landessteuern. Nach **Art. 106 Abs. 7 Satz 2 GG** kann die Landesgesetzgebung bestimmen, ob und inwieweit das Aufkommen der **Landessteuern** (Art. 106 Abs. 2 GG) den Gemeinden und Gemeindeverbänden zufließen soll. Diese Bestimmung überlässt es den Ländern, über den obligatorischen Finanzausgleich hinaus, den Art. 106 Abs. 7 Satz 1 GG den Ländern vorschreibt, einen **fakultativen Finanzausgleich** auf Kosten ihrer ausschließlichen Landessteuern durchzuführen. Hier liegt die Bedeutung des Art. 93 Abs. 3 ThürVerf. Danach werden alle Steuereinnahmen des Landes in den Finanzausgleich einbezogen 30

d) Gemeindesteuern und Kommunalabgaben. Den Gemeinden stehen mit den Gemeindesteuern und den Kommunalabgaben aber auch eigene Einnahmequellen zur Verfügung. Diese Einkommensquellen sind den Kommunen zum Teil im 31

44 Das Gesetz wurde als Art. 5 des Gesetzes zur Fortführung des Solidarpaktes, zur Neuordnung des bundesstaatlichen Finanzausgleichs und zur Abwicklung des Fonds „Deutsche Einheit" (SFG) vom 20.12.2001 vom Bundestag mit Zustimmung des Bundesrates beschlossen und ist gem. Art. 12 Abs. 2 dieses Gesetzes am 01.01.2005 in Kraft getreten. Gem. seinem § 20 tritt es mit Ablauf des 31.12.2019 außer Kraft.

GG, im Übrigen in Art. 93 Abs. 2 gewährleistet. Auf die Erläuterung unter III. (Rn. 74 ff.) wird verwiesen.

32 **4. Die Gewährleistung des Finanzausgleichs in Art. 93 Abs. 1 Satz 1. a) Aufgabengerechte Finanzausstattung.** In Übereinstimmung mit den Vorgaben des GG gewährleistet auch die Thüringer Verfassung mit Art. 93 Abs. 1 Satz 1 eine aufgabengerechte Finanzausstattung der Gemeinden und Gemeindeverbände als notwendige Grundlage des kommunalen Selbstverwaltungsrechts. Sie stellt so klar, dass mit der eigenen Aufgabenkompetenz der Kommunen nicht nur entsprechende Ausgabenbefugnisse, sondern auch Finanzierungsmöglichkeiten verbunden sein müssen.[45] Die Selbstverwaltungsgarantie umfasst auch den aus der Wahrnehmung eigener Sachaufgaben entstehenden **Finanzbedarf.**[46] Indem Art. 93 Abs. 1 Satz 1 ganz allgemein auf die zur Erfüllung der Aufgaben erforderlichen Mittel abstellt, begründet die Vorschrift eine generelle Verpflichtung des Landes zur Gewährleistung einer **angemessenen Finanzausstattung** der Kommunen. Danach hat der Freistaat dafür zu sorgen, dass die Finanzausstattung der Gemeinden und Gemeindeverbände so bemessen ist, dass sie die Personal- und Sachausgaben für die **Pflichtaufgaben** im **eigenen und übertragenen Wirkungskreis** (s. oben Rn. 21 f.) bestreiten können und ihnen darüber hinaus ein gewisser **finanzieller Spielraum** für Maßnahmen im Bereich der **freiwilligen Selbstverwaltungsangelegenheiten** (s. oben Rn. 18 ff.) verbleibt.[47] Der Verfassungsgerichtshof Rheinland-Pfalz hat unterstrichen, dass das Land auch verpflichtet ist, einen spürbaren Beitrag zur Bewältigung der kommunalen Finanzkrise zu leisten, zu der maßgeblich die hohen Ausgaben für bundesgesetzlich zugewiesene Sozialleistungen beigetragen haben.[48]

33 **b) Allgemeine Finanzgarantie (Art. 93 Abs. 1 Satz 1) und spezieller Mehrbelastungsausgleich (Art. 93 Abs. 1 Satz 2).** In Ergänzung zur allgemeinen Gewährleistung einer aufgabengerechten Finanzausstattung in Art. 93 Abs. 1 Satz 1 ordnet Art. 93 Abs. 1 Satz 2 einen **speziellen Mehrbelastungsausgleich** bei der Übertragung staatlicher Aufgaben auf die Gemeinden und Gemeindeverbände nach Art. 91 Abs. 3 an. Die allgemeine Finanzgarantie des Art. 93 Abs. 1 Satz 1 und der besondere Mehrbelastungsausgleich nach Art. 93 Abs. 1 Satz 2 müssen klar unterschieden werden.[49] Die Thüringer Verfassung knüpft damit an den **Aufgabendualismus** von Selbstverwaltungsaufgaben und staatlichen Aufgaben (dazu aber *Meyn,* Art. 91 Rn. 12, 84) an und normiert eine dem entsprechende **dualistische Finanz- bzw. Einnahmengarantie,** die im Gegensatz zu einer allgemeinen – monistischen – Finanzgarantie ohne besonderen Abgeltungsanspruch für die Wahrnehmung staatlicher Aufgaben steht.[50] Seinem Schutzzweck nach ordnet Art. 93 Abs. 1 Satz 2 grundsätzlich einen **vollen Kostenausgleich** an. In Thüringen gilt damit das Prinzip der **strikten Konnexität** zwischen Aufgabenverant-

45 ThürVerfGH, ThürVGRspr. 2006, 165 (174).
46 ThürVerfGH, ThürVGRspr. 2006, 165 (174).
47 ThürVerfGH, ThürVGRspr. 2006, 165 (174); NVwZ-RR 2003, 249 (252); ThürVGRspr. 2005, 233 (240) = ThürVBl 2005, 11 (13); vgl. auch VerfGH Rh-Pf, NVwZ 2012, 1034 (1035); HessStGH, HGZ 2013, 210.
48 VerfGH Rh-Pf, NVwZ 2012, 1034 (1038).
49 ThürVerfGH, ThürVGRspr. 2006, 165 (174); VerfGH NW, NVwZ-RR 2010, 705 (707); DVBl. 2010, 1561 (1562).
50 Zur früheren Sondersituation in Rheinland-Pfalz und Hessen sowie in Nordrhein-Westfalen: *Lohse* (Fn. 6) S. 157 ff.

wortung und Kostenlast (zu Einzelheiten unten Rn. 61 ff.).[51] Der Anspruch auf Ausgleich der Mehrbelastung ist damit **aufgabenorientiert.** Er ist dagegen **unabhängig von der Finanzkraft der Kommune.** Er kann von finanzstarken Kommunen ebenso und in gleicher Höhe beansprucht werden wie von finanzschwachen Kommunen, und er besteht **unabhängig von der Leistungskraft des Landes.** Er sorgt dafür, dass die Zuweisung staatlicher Aufgaben an die Kommunen nach Art. 91 Abs. 3 im Interesse einer funktionsfähigen Landesverwaltung aus sachlichen Gründen (z.B. größere Sach- oder Bürgernähe, Synergieeffekte) erfolgt und nicht von haushaltspolitischen Interessen des Landes geleitet wird. Indirekt beugt der volle Mehrbelastungsausgleich für übertragene staatliche Aufgaben aber auch einer Aushöhlung der kommunalen Selbstverwaltung über die Aufgaben- bzw. die Ausgabenseite entgegen, indem er verhindert, dass die für Aufgaben des eigenen Wirkungskreises verfügbaren Mittel für die Wahrnehmung übertragener staatlicher Aufgaben eingesetzt werden. Zwar bestünde auch die Möglichkeit, auf einen solchen Mehrbelastungsausgleich zu verzichten und den Gemeinden die fehlenden Mittel über den Finanzausgleich (im engeren Sinne) wieder zur Verfügung zu stellen. Das ist aber nicht die Konzeption der Thüringer Verfassung. Vielmehr wird der Finanzausgleich im engeren Sinne vom Ausgleich der Mehrbelastung durch übertragene staatliche Aufgaben entlastet. Diese Konzeption ist transparenter und sichert die Finanzhoheit der Gemeinden zuverlässiger als ein monistisches Konzept.

c) **Konstitutive Merkmale des kommunalen Finanzausgleichs im Sinne des Art. 93 Abs. 1 Satz 1.** Die Abgrenzung und Unterscheidung des speziellen Mehrbelastungsausgleichs nach Art. 93 Abs. 1 Satz 2 von der allgemeinen Gewährleistung einer aufgabengerechten Finanzausstattung in Art. 93 Abs. 1 Satz 1 verdeutlicht die konstitutiven Merkmale des kommunalen **Finanzausgleichs im engeren und eigentlichen Sinne,** zu dem **Art. 93 Abs. 1 Satz 1** das Land verpflichtet. Der ThürVerfGH hat dies im Urteil vom 21.06.2005 – 28/03 – wie folgt formuliert: „Damit regelt die Vorschrift [sc.: Art. 93 Abs. 1 Satz 1] den kommunalen Finanzausgleich im eigentlichen Sinne, welcher in seiner vertikalen, d.h. auf die Verteilung der Finanzmittel zwischen Land und Kommunen bezogenen Funktion die Aufgabe hat, die Finanzkraft der Kommunen, die ihre finanzielle Leistungsfähigkeit widerspiegelt und ihrem aus ihrer Aufgabenbelastung resultierenden Finanzbedarf gegenübersteht, so zu ergänzen und aufzustocken, dass ihnen die finanzielle Möglichkeit zu einer eigenverantwortlichen und sachgerechten freiwilligen Verwaltungstätigkeit gegeben ist (...). Dementsprechend ist der auf eine den Anforderungen des Art. 93 Abs. 1 Satz 1 ThürVerf genügende Finanzausstattung gerichtete kommunale Finanzausgleich grundsätzlich *finanzkraftabhängig* und *aufgabenorientiert:* Einerseits zielt er als Komplementärsystem auf eine insgesamt – d.h. unter Berücksichtigung der kommunalen Steuereinnahmen nach Art. 106 Abs. 3, 5, 5 a und 6 GG – angemessene kommunale Finanzausstattung ab und kommt daher nur finanzschwachen Gemeinden zugute, die nicht schon aufgrund eigener – originärer – Einnahmen über entsprechende finanzielle Mittel verfügen (...). Andererseits soll er eine finanzielle Ausstattung der Kommunen gewährleisten, die ihrer jeweiligen Aufgabenbelastung angemessen ist.“[52] Daraus folgt im Einzelnen: 34

51 ThürVerfGH, ThürVGRspr. 2006, 165 (176); VerfGH NW, DVBl. 2010, 1561 (1562).
52 ThürVerfGH, ThürVGRspr. 2006, 165 (175).

35 aa) **Anspruch der Kommunen auf eine finanzielle Mindestausstattung.** Das Recht auf kommunale Selbstverwaltung und auf eine **aufgabengerechte Finanzausstattung** ist jedenfalls dann nicht mehr gewahrt, wenn den Kommunen die Wahrnehmung freiwilliger Selbstverwaltungsaufgaben infolge einer unzureichenden Finanzausstattung unmöglich ist, wenn also ein finanzieller Spielraum für diese Aufgaben, bei denen die Kommunen autonom entscheiden können, ob und wie sie wahrgenommen werden, gar nicht mehr besteht.[53] Daraus ergibt sich eine **absolute Untergrenze** der kommunalen Finanzausstattung. Der unantastbare **Kernbereich** des kommunalen Selbstverwaltungsrechts (dazu *Meyn*, Art. 91 Rn. 68 ff.) ist verletzt, wenn die finanzielle Ausstattung der Kommunen nur die Wahrnehmung der eigenen und übertragenen Pflichtaufgaben abdeckt und ein finanzieller Spielraum für die Wahrnehmung **freiwilliger Selbstverwaltungsaufgaben** nicht besteht. Ohne einen solchen Spielraum kann von einer kommunalen Selbstverwaltung im eigentlichen Sinne nicht mehr die Rede sein. Zur verfassungsrechtlich garantierten Selbstverwaltung gehört unabdingbar, dass die Gemeinden über die Wahrnehmung ihrer Pflichtaufgaben im eigenen und übertragenen Wirkungskreis hinaus autonom entscheiden können, ob und wie sie Angelegenheiten der örtlichen Gemeinschaft aufgreifen, echte Initiativen entwickeln und Betroffene und Bürger zur Beteiligung an ihren eigenen Angelegenheiten aktivieren.[54] Die besondere Bürgernähe, die die kommunale Selbstverwaltung auszeichnet, erweist sich nicht zuletzt darin, dass die Gemeinden und Landkreise reagieren können, wenn sich zeigt, wo die Bürger „der Schuh drückt", und wenn die Bürger mit Wünschen und Erwartungen an die Verwaltung ihrer Kommunen herantreten. Müsste die Gemeinde in solchen Fällen ihren Bürgern stets erklären, dass ihre finanziellen Möglichkeiten mit der Wahrnehmung ihrer Pflichtaufgaben erschöpft seien und sie deshalb keinerlei Handlungsspielraum hätten, wäre das vom GG und der Thüringer Verfassung gewährleistete Institut der kommunalen Selbstverwaltung aufgeben; die Gemeinden würden letztlich zu staatlichen Filialunternehmen degradiert.[55]

36 Diese finanzielle Mindestausstattung ist als absolut geschützte Untergrenze nicht „verhandelbar" und unterliegt keinen Relativierungen durch andere öffentliche Belange, weil sie dem Kernbereich des Selbstverwaltungsrechts zuzuordnen ist. Insbesondere kann sich das Land nicht ohne Weiteres unter Hinweis auf seine eigene fehlende finanzielle **Leistungsfähigkeit** seiner Pflicht zur finanziellen Mindestausstattung der Kommunen entziehen. Die Gewährleistung der Mindestausstattung steht deshalb nach der Auffassung des **ThürVerfGH**, der sich allerdings insoweit kein anderes Landesverfassungsgericht angeschlossen hat, nicht unter dem Vorbehalt der Leistungskraft des Landes, sondern ist **leistungskraftunabhängig.**[56] Übereinstimmung besteht insoweit, als ein Land, das die Mindestausstattung seiner Kommunen mangels eigener Leistungsfähigkeit nicht gewährleis-

---

53 ThürVerfGH, ThürVGRspr. 2006, 165 (175).

54 ThürVerfGH, ThürVGRspr. 2006, 165 (175); *Inhester*, Kommunaler Finanzausgleich im Rahmen der Staatsverfassung, 1998, S. 82 f.; *Schoch/Wieland*, Finanzierungsverantwortung für gesetzgeberisch veranlasste kommunale Aufgaben, 1995, S. 181.

55 ThürVerfGH, ThürVGRspr. 2006, 165 (175).

56 ThürVerfGH, ThürVGRspr. 2006, 165 (175); aA insoweit die anderen Landesverfassungsgerichte; vgl. zuletzt LVerfG LSA, DVBl. 2012, 1560 (1561 f. mwN); VerfGH Rh-Pf, NVwZ 2012, 1034 (1035); vgl. auch zur Unterscheidung zwischen einer notleidenden Haushaltslage des Landes und einem das gesamte Land betreffenden Haushaltsnotstand BVerwG, Der Landkreis 2013, 139 (140 f.).

ten kann, zunächst gehalten ist, die Kommunen von bereits auferlegten Aufgaben zu **entlasten**, gesetzlich vorgegebene und kostentreibende **Standards** der Aufgabenerfüllung durch die Kommunen abzusenken und auf die Erledigung neuer Aufgaben trotz „politischer Wünschbarkeit"zu verzichten oder den Kommunen neue Steuer- bzw. Einnahmequellen zu erschließen.[57] Soweit die Reduzierung von Aufgaben oder Standards der Aufgabenerfüllung eine Änderung von **Bundesgesetzen** erfordert, ist das Land allerdings darauf beschränkt, das Gesetzgebungsverfahren etwa über den Bundesrat entsprechend zu beeinflussen.[58] Dem Anliegen des ThürVerfGH, einen wirksamen Kernbereichsschutz zu gewährleisten, wäre wohl auch dann gedient, wenn Kürzungen des Finanzausgleichs unter das Niveau der Mindestausstattung nur als ultima ratio zulässig sind, wenn alle Einnahmen und Einnahmequellen auf kommunaler und staatlicher Ebene und alle vertretbaren Möglichkeiten der Entlastung von Aufgaben und der Senkung von Aufgabenstandards ausgeschöpft sind.[59]

bb) Darüber hinausgehender Anspruch auf eine angemessene Finanzausstattung. 37
Das aus Art. 93 Abs. 1 Satz 1 folgende Recht auf eine aufgabengerechte Finanzausstattung der Kommunen gewährleistet über die finanzielle Mindestausstattung hinaus eine **angemessene Finanzausstattung**. Während aber die finanzielle Mindestausstattung der Kommunen zum unantastbaren Kernbereich der Selbstverwaltungsgarantie gehört und deshalb uneingeschränkt gewährleistet ist, gehört der darüber hinausgehende Anspruch auf eine angemessene Finanzausstattung zum **Randbereich der Selbstverwaltungsgarantie** (dazu *Meyn*, Art. 91 Rn. 73 ff.), in den der Gesetzgeber unter bestimmten Voraussetzungen bei Wahrung des Grundsatzes der Verhältnismäßigkeit und des Willkürverbots eingreifen darf.[60] Hier hat der Gesetzeber das **Gebot der Verteilungssymmetrie** zu beachten, das grundsätzlich von der Gleichwertigkeit der Aufgaben von Land und Kommunen in dem Sinne ausgeht, dass die Aufgaben des eigenen Wirkungskreises ihrer Art nach ebenso Angelegenheiten der „res publica" sind wie die Landesaufgaben, die ihrerseits ihre „Wertigkeit" nicht deshalb verlieren, weil sie den Kommunen zur Erledigung übertragen sind.[61] Welche Finanzausstattung der Gemeinden und Gemeindeverbände angemessen ist, richtet sich einerseits nach der Aufgabenbelastung und der Finanzkraft der Kommunen, andererseits nach der Leistungsfähigkeit des Landes.[62] Der nach Art. 93 Abs. 1 Satz 1 gebotene, am Grundsatz der Verteilungssymmetrie orientierte Finanzausgleich setzt deshalb die **Beobachtung** aller Determinanten des jeweiligen Finanzbedarfs voraus, des Aufgabenbestands und der daraus resultierenden Ausgabenlast der Gemeinden sowie ihrer Finanzkraft auf der einen und der Leistungskraft des Landes auf der anderen Seite, um den Finanzausgleich an Veränderungen einer oder mehrerer dieser Determinanten anpassen zu können.

57 ThürVerfGH, ThürVGRspr. 2006, 165 (175); dazu auch NdsStGH, LVerfGE 12, 255 (283); LVerfG LSA, DVBl. 2012, 1560 (1562 f.); VerfGH Rh-Pf, NVwZ 2012, 1034 (1041).
58 NdsStGH, LVerfGE 12, 255 (283).
59 In diesem Sinne wohl BVerwG, Der Landkreis 2013, 139 (140 f.).
60 ThürVerfGH, ThürVGRspr. 2006, 165 (175); zur Unterscheidung zwischen dem unantastbaren Kernbereich und dem Randbereich der kommunalen Selbstverwaltungsgarantie: BVerfGE 79, 127 (147 ff.) – Rastede-Urteil.
61 ThürVerfGH, ThürVGRspr. 2006, 165 (175); VerfGH Rh-Pf, NVwZ 2012, 1034 (1035 mwN); NdsStGH, DVBl. 1998, 185 (187).
62 Vgl. auch LVerfG LSA, DVBl. 2012, 1560 (1561 ff.).

38 d) **Grenzen der verfassungsgerichtlichen Kontrolle des Finanzausgleichs.** Bei der am Grundsatz der Verteilungssymmetrie orientierten Abwägung von Aufgabenbestand, Ausgabenbelastung und Finanzkraft der Kommunen und Leistungsfähigkeit des Landes als Grundlage für die Ermittlung der Ausgleichsmasse steht dem Gesetzgeber ein **weiter Abwägungs- und Einschätzungsspielraum** offen. In die Ermittlung des angemessenen Finanzausgleichs fließt eine Vielzahl von Erwägungen ein, die weitgehend Resultate politischer Entscheidungen sind. Erforderlich sind etwa Aussagen zur Entwicklung von Steuereinnahmen und Personalausgaben, zum Mindestbestand freiwilliger Selbstverwaltungsaufgaben, zur Erhöhung von Hebesätzen und Umlagen, zur Kreditaufnahme und Verschuldung öffentlicher Haushalte, zu ungenutzten Einsparpotentialen bei Land und Kommunen, zu Investitionen und praktisch zu allen Politikbereichen.[63] Aus dem **Demokratieprinzip** und dem **Grundsatz der Gewaltenteilung** folgt, dass in erster Linie der Gesetzgeber zur Konkretisierung der Verfassung berufen ist und dass ihm insbesondere bei politischen Einschätzungen und Prognosen eine **Einschätzungsprärogative** zusteht, die von der Verfassungsgerichtsbarkeit zu respektieren ist. Das Verfassungsgericht kann deshalb das **Ergebnis** des vom Gesetzgeber festgelegten Finanzausgleichs nicht selbst und unmittelbar kontrollieren. Aus der Struktur und dem Inhalt der Finanzgarantie des Art. 93 Abs. 1 Satz 1 lassen sich allerdings Vorgaben für das der Normierung oder Änderung kommunaler Finanzausgleichsgesetze vorausgehende **Gesetzgebungsverfahren** ableiten, die dieses Verfahren strukturieren und inhaltlich bestimmen, so dass der gesetzgeberische **Entscheidungsprozess** und damit letztlich auch dessen Ergebnis im Sinne einer gerichtlichen Nachprüfbarkeit **rational nachvollziehbar** sind.[64] Diese Vorgaben sind uneingeschränkt justiziabel. Mit der **Entscheidungfindung** werden wesentliche Determinanten des **Entscheidungsergebnisses indirekt überprüft,** ohne dass deshalb nur ein einziges richtiges Ergebnis in der Sache denkbar wäre.[65] Diese unmittelbar aus der Verfassung abzuleitenden verfahrensmäßigen Vorgaben kann der Gesetzgeber schlicht praktizieren, ohne sie zuvor – etwa durch ein Maßstäbegesetz – noch einmal gesetzlich institutionalisieren zu müssen. Bei dem eigentlichen Finanzausgleich im Sinne des Art. 93 Abs. 1 Satz 1 (zu den teilweise abweichenden Vorgaben für den Mehrbelastungsausgleich nach Art. 93 Abs. 1 Satz 2 siehe unten Rn. 61 ff.) hat der Gesetzgeber die folgenden Vorgaben zu beachten:

39 aa) **Feststellung der kommunalen Aufgaben- und Kostenbelastung.** Der Gesetzgeber hat die kommunale **Aufgaben- und Kostenbelastung** insgesamt festzustellen. Dabei sollte die Ermittlung der Kosten der jeweils durch Bundes- und Landesgesetze festgeschriebenen übertragenen staatlichen und pflichtigen Selbstverwaltungsaufgaben keine unüberwindbaren Schwierigkeiten bereiten. Dagegen sind die freiwilligen Selbstverwaltungsaufgaben im Hinblick auf die kommunale Allzuständigkeit für Angelegenheiten der örtlichen Gemeinschaft nur einer **typisierenden Betrachtung** zugänglich. Im Übrigen genügt es, wenn sich der Gesetzgeber einen **ungefähren Überblick** über die von den Kommunen tatsächlich aufzuwendenden Kosten des eigenen Wirkungskreises verschafft. Damit ist auch den Erkenntnisschwierigkeiten Rechnung zu tragen, die sich daraus ergeben

63 ThürVerfGH, ThürVGRspr. 2006, 165 (178).
64 ThürVerfGH, ThürVGRspr. 2006, 165 (178).
65 Zur dienenden Funktion der Verfahrensanforderungen auch: ThürVerfGH, ThürVBl 2010, 152 f.

können, dass die einzelnen kommunalen Gebietskörperschaften die pflichtigen Selbstverwaltungsaufgaben aufgrund weiter gesetzlicher Spielräume hinsichtlich des „Wie" der Aufgabenerfüllung möglicherweise mit unterschiedlicher Intensität wahrnehmen.[66]

bb) **Beobachtungs- und Anpassungspflicht.** Da weder die originären Einnahmen der Kommunen noch der Gesamtbestand kommunaler Aufgaben, die für ihre Erledigung aufzubringenden Finanzmittel noch die gesetzlichen Vorgaben für die Erfüllung der Pflichtaufgaben konstante Größen sind, hat der Gesetzgeber insoweit eine **Beobachtungs- und Anpassungspflicht**. Danach kann das Finanzausgleichsgesetz Geltung nur „auf Zeit" beanspruchen.[67] Aus der Abhängigkeit finanzausgleichsrechtlicher Vorschriften von der Einnahmesituation der Kommunen und des Landes folgt, dass der Gesetzgeber seiner Überprüfungspflicht jedenfalls in zeitlichem Zusammenhang mit der Normierung des Landeshaushalts, also in jährlichen oder – bei Doppelhaushalten – zweijährigen Abständen nachkommen muss.[68] 40

Das Verfassungsgericht des Landes Sachsen-Anhalt hat sich im Urteil vom 09.10.2012 grundsätzlich zu den Auswirkungen des **Bevölkerungsrückganges** auf den Finanzausgleich geäußert. Danach ist es vom Grundsatz her verfassungsrechtlich nicht zu beanstanden, dass der Gesetzgeber vom Rückgang der Bevölkerungszahlen auf einen Rückgang des Aufwands für die Erledigung der kommunalen Aufgaben schließt und den Bevölkerungsrückgang in seiner Berechnung des Aufwands bedarfsmindernd einsetzt. Dabei darf der Aufwand aber nicht proportional zum Bevölkerungsrückgang verringert werden. Ferner darf der Bevölkerungsrückgang für die einzelnen kommunalen Aufgaben nicht einheitlich, sondern nur differenziert angesetzt werden.[69] 41

cc) **Zeitlicher Zusammenhang der Zuwendungen mit den zu deckenden Aufgaben.** Aus dem Schutzzweck der Bestimmungen des Art. 93 Abs. 1 ergibt sich, dass das Land den Kommunen die finanziellen Zuwendungen, die ihnen die effektive Wahrnehmung ihres Selbstverwaltungsrechts erlauben sollen, in **zeitlichem Zusammenhang** zu den zu deckenden Aufwendungen gewähren muss. Dies setzt Prognosen etwa über die im Haushaltsjahr zu erwartenden Steuereinnahmen des Landes und der Kommunen sowie über die Entwicklung der für die Erledigung der freiwilligen und pflichtigen Selbstverwaltungsaufgaben aufzubringenden Mittel voraus. Sind diese Prognosen in einem fehlerfreien Verfahren erstellt worden, bewahrheiten sie sich aber später nicht, bewirkt dies grundsätzlich nicht die Verfassungswidrigkeit der auf dieser Grundlage getroffenen Regelungen.[70] Den Gesetzgeber trifft in diesem Fall aber spätestens bei der im Zusammenhang mit der Beratung des nächsten Haushalts anstehenden Revision dieser Vorschriften eine **Nachbesserungspflicht.**[71] 42

e) **Verfassungswidrigkeit der Festlegung der Verteilungsmasse im ThürFAG für 2003 und 2004.** Auf der Grundlage dieser verfassungsrechtlichen Maßstäbe 43

---

66 ThürVerfGH, ThürVGRspr. 2006, 165 (179).
67 ThürVerfGH, ThürVGRspr. 2006, 165 (179); VerfGH NW, OVGE 38, 301 (311).
68 ThürVerfGH, ThürVGRspr. 2006, 165 (179).
69 LVerfG LSA, DVBl. 2012, 1560 (1564 f.) mit Anmerkung *Henneke*, DVBl. 2012, 1560 (1565); *ders.*, Der Landkreis 2012, 608.
70 ThürVerfGH, ThürVGRspr. 2006, 164 (180); BWStGH, DVBl. 1998, 1276 (1279); BbgVerfG, DÖV 2002, 522 (524).
71 ThürVerfGH, ThürVGRspr. 2006, 165 (180).

hat der ThürVerfGH durch Urteil vom 21.06.2005[72] festgestellt, dass die Regelungen des Thüringer Finanzausgleichsgesetzes[73] über die Bildung und Verwendung der Finanzausgleichsmasse im Rahmen des Finanzausgleichs im engeren Sinne für die Jahre 2003 und 2004 nicht den Anforderungen des Art. 93 Abs. 1 Satz 1 entsprechen. Zur Begründung wird in dem Urteil im Wesentlichen ausgeführt, der Gesetzgeber habe bei der Bildung der Finanzausgleichsmasse, die die vertikale Finanzverteilung zwischen Land und kommunalen Gebietskörperschaften bestimmt, zwar offenbar die finanzielle Leistungskraft des Landes, nicht aber den durch die Aufgabenbelastung und die Finanzkraft vorgezeichneten **Finanzbedarf der Gemeinden und Landkreise** in objektiv erkennbarer Weise berücksichtigt. Damit liege ein **Abwägungsausfall** vor, der sich im Ergebnis dahin auswirke, dass eine gegen Art. 93 Abs. 1 Satz 1 verstoßende „unangemessene" Finanzverteilung zwischen Land und Kommunen festzustellen sei. Der aus dem fehlerhaften Verfahren resultierende Abwägungsausfall führe zur Verfassungswidrigkeit der betreffenden gesetzlichen Regelungen, ohne dass es darauf ankäme, ob das dem Finanzausgleich insgesamt zur Verfügung gestellte Finanzvolumen im Ergebnis „zufällig" eine ausreichende Grundlage für eine adäquate Mittelausstattung der Gesamtheit der Kommunen im Freistaat Thüringen bildet oder gar deren Finanzbedarf übersteigt.[74] Damit hat der ThürVerfGH für Art. 93 Abs. 1 Satz 1 das „Verbundquotenmodell" verworfen, das den geprüften Vorschriften zugrunde gelegen hat (s. dazu oben Rn 9). Der ThürVerfGH sieht dagegen eine **nachvollziehbare Ermittlung des kommunalen Finanzbedarfs** als verfassungsrechtlich geboten an. Zugleich verdeutlicht er, dass die auf das Gesetzgebungsverfahren bezogenen verfassungsrechtlichen Kontrollmaßstäbe mittelbar auch eine Kontrolle des Verteilungsergebnisses ermöglichen, zugleich aber dem Gesetzgeber die notwendigen politischen Gestaltungs- und Prognosespielräume belassen. Diese Rechtsprechung trägt aber auch dem gegen das Bedarfsmodell vorgebrachten Einwand Rechnung, dass sich die einzig richtige Finanzausstattung nicht bestimmen lasse, und trägt damit wesentlich zur praktischen Umsetzbarkeit des Bedarfsmodells bei.[75]

44 **f) Verfassungsmäßigkeit des § 3 Abs. 1 ThürFAG 2010.** Der Thüringer Landesgesetzgeber hat den kommunalen Finanzausgleich nach dem Urteil des ThürVerfGH vom 21.06.2005 im Thüringer Finanzausgleichsgesetz vom 20.12.2007[76] grundlegend neu geregelt und dabei entsprechend den Vorgaben des Urteils vom 21.06.2005 die Finanzausgleichsmasse, die in § 3 Abs. 1 festgestellt wird, bedarfsbezogen ermittelt. § 3 Abs. 1 ThürFAG 2010[77] war erneut Gegenstand der verfassungsrechtlichen Prüfung im Wege einer abstrakten Nor-

72 Az.: 28/03, ThürVGRspr. 2006, 165 (183 ff.) = ThürVBl 2005, 228 (238 ff.).

73 ThürFAG in der zum Zeitpunkt des Eingangs des Normenkontrollverfahrens am 15.10.2003 maßgeblichen Fassung der Bek. v. 09.02.1998 (ThürGVBl. S. 15), zuletzt geändert durch Art. 2 des Gesetzes zur Änderung des Thüringer Haushaltsgesetzes 2001/2002 sowie des Thüringer Finanzausgleichsgesetzes v. 11.02.2003 (ThürGVBl. S. 92). Die maßgeblichen Vorschriften sind im Urteil wiedergegeben (ThürVGRspr. 2006, 165 (166 f.). Betroffen sind, soweit es um den Finanzausgleich nach Maßgabe des Art. 93 Abs. 1 Satz 1 geht, die §§ 3 Abs. 2 und 3, 4 Abs. 1 und 7 Abs. 1 ThürFAG.

74 ThürVerfGH, ThürVGRspr. 2006, 165 (184).

75 *Wohltmann*, Der Landkreis 2010, 464 (466).

76 ThürGVBl. S. 259, zuletzt geändert durch Gesetz v. 31.01.2013 (ThürGVBl. S. 10).

77 ThürFAG v. 20.12.2007 (ThürGVBl. S. 259) idF des Gesetzes v. 04.05.2010 (ThürGVBl. S. 113).

menkontrolle vor dem ThürVerfGH. Mit Urteil vom 02.11.2011[78] hat der ThürVerfGH die Vereinbarkeit dieser Vorschrift mit der Thüringer Verfassung festgestellt. In den Gründen seiner Entscheidung bestätigt der Gerichtshof im Wesentlichen das Urteil vom 21.06.2005 und stellt fest, dass der Gesetzgeber die Ausgleichsmasse entsprechend den verfassungsrechtlichen Anforderungen nach der **Kostenbelastung** und **Finanzkraft** der Kommunen sowie der **Leistungskraft** des Landes bestimmt habe. Bei der Berechnung dieser Parameter habe der Gesetzgeber sein Ermessen in verfassungsgemäßer Weise ausgeübt und die Anforderungen an ein **transparentes und nachvollziehbares Verfahren** beachtet.[79] Das Urteil entwickelt den verfahrensbezogenen Ansatz des Urteils vom 21.06.2005 weiter. Es konkretisiert und ergänzt in einzelnen Punkten die Anforderungen an ein transparentes und nachvollziehbares Verfahren der Ermittlung des Finanzbedarfs der Kommunen, und dabei akzentuiert es deutlich die Beurteilungs- und Prognosespielräume des Finanzausgleichsgesetzgebers.

aa) Beobachtungs- und Prognosepflichten des Gesetzgebers. Bei der Feststel- 45
lung der Kostenbelastung der Kommunen trifft den Gesetzgeber eine besondere **Beobachtungspflicht.** Es reicht nicht aus, den jeweiligen Änderungen des Finanzausgleichsgesetzes einen einmal festgestellten Bestand an kommunalen Aufgaben zugrunde zu legen. Werden die Kommunen verpflichtet, neue Aufgaben wahrzunehmen oder werden die gesetzlichen Standards erhöht, führt dies in der Regel unmittelbar zu einer steigenden Belastung.[80] Der kommunale Finanzausgleich ist Teil der Haushaltsplanung und legt die Ausgleichsmasse für einen zukünftigen Zeitraum fest. Diese Zukunftsbezogenheit verlangt, die Entwicklung allgemeiner Kostenfaktoren, wie etwa steigende Verbraucherpreise oder Änderungen von Tarifverträgen, in den Blick zu nehmen. Zudem stehen bei der Festlegung der Ausgleichsmasse die Kosten neu hinzugekommener Aufgaben oder die Auswirkungen veränderter Standards regelmäßig nicht fest. Auch diese Mehrbelastungen sind abzuschätzen und in die Berechnung einzubeziehen.[81]

bb) Durchschnittsbildung, Prüfung der Angemessenheit, Korridor. Soweit der 46
Gesetzgeber **Durchschnitte** bildet, ist er befugt, die von ihm ermittelten Aufwendungen auf ihre **Angemessenheit** zu prüfen. Dabei ist das Gebot einer sparsamen **und wirtschaftlichen Haushaltsführung** (§ 53 Abs. 2 Satz 1 ThürKO) zu beachten.[82] Der Gesetzgeber darf sich zur Prüfung der Angemessenheit der Durchschnittskosten an den wirtschaftlicher arbeitenden Kommunen orientieren und davon ausgehen, dass nur die Aufwendungen einer wirtschaftlichen und sparsamen Haushaltsführung entsprechen, die innerhalb eines **Korridors** von 50 bis 100 % der durchschnittlichen Kosten liegen.[83] Die Thüringer Verfassung gibt dem Gesetzgeber nicht vor, nach welcher Methode er die Aufwendungen der Kommunen auf ihre Angemessenheit zu prüfen hat. Es liegt im **Ermessen des Gesetzgebers**, welchen Ansatz er für die Verwirklichung des Wirtschaftlichkeitsgebots wählt. So kann die Grenze einer wirtschaftlichen und sparsamen Verwaltung weitgehend **pauschalierend** bestimmt werden, indem Synergieeffekte ge-

78 Az.: 13/10, ThürVBl 2012, 55.
79 ThürVerfGH, ThürVBl 2012, 55 (57).
80 ThürVerfGH, ThürVBl 2012, 55 (57).
81 ThürVerfGH, ThürVBl 2012, 55 (57); VerfGH NW, DVBl. 2011, 1155 (JURIS Rn. 64); BayVerfGH, ZFSH/SGB 2008, 82 (JURIS Rn. 218 f.).
82 ThürVerfGH, ThürVBl 2012, 55 (58).
83 ThürVerfGH, ThürVBl 2012, 55 (58); vgl. auch LVerfG LSA, DVBl. 2012, 1560 (1561).

schätzt werden, die aus der Wahrnehmung einer Vielzahl von Aufgaben folgen (**Auftragskostenpauschale**). Darüber hinaus ist es möglich, die Angemessenheit der Aufwendungen anhand konkreter Einsparmöglichkeiten zu prüfen. Dabei sind die Potenziale für Kostensenkungen desto genauer zu ermitteln und zu begründen, je höher sie eingeschätzt werden. Grenze einer jeden Kürzung bleibt, dass die Kommunen die Einsparungen durch eigene zumutbare Anstrengungen erreichen können.[84]

47 Auch die vom Gesetzgeber hier angewandte Methode des **Korridors** ist nach Auffassung des ThürVerfGH mit den Gewährleistungen des Art. 93 Abs. 1 Satz 1 zu vereinbaren.[85] Es ist nicht ersichtlich, dass den überdurchschnittlich teuer arbeitenden Kommunen die Senkung ihrer Kosten nicht möglich und zumutbar wäre. Mit der Bildung des Korridors werden zwei Ziele verfolgt. Einerseits sichert er die **statistische Validität** der gemeldeten Daten, indem offensichtlich fehlerhafte Angaben („Ausreißer") aus der Berechnung ausgeschlossen werden. Andererseits ist er **Teil der Angemessenheitsprüfung**, indem die Kosten der wirtschaftlicher arbeitenden Kommunen den Maßstab für die Bedarfsermittlung bilden. Es liegt innerhalb des gesetzgeberischen Ermessens, diese beiden Verfahrensschritte zusammenzufassen. Das von der Antragstellerin geltend gemachte Verbot der Nivellierung beansprucht Geltung bei der Verteilung der Ausgleichsmasse auf die einzelnen Kommunen. Danach darf der Finanzausgleich nicht dazu führen, dass die Unterschiede in der Finanzkraft der Gemeinden eingeebnet oder gar überkompensiert werden. Das hindert den Gesetzgeber aber nicht, die Aufwendungen der Kommunen auf ihre Angemessenheit zu prüfen. Ebenso wenig ergeben sich Bedenken aus dem Grundsatz der Systemgerechtigkeit. Schließlich hat der Gesetzgeber auch die Bedeutung der Organisationshoheit der Kommunen hinreichend in seine Abwägung einbezogen. Den Kommunen ist es weiterhin möglich, ihr Ermessen auszuüben und Prioritäten bei der Wahrnehmung ihrer Pflichtaufgaben zu setzen.[86]

48 Der Korridor ist bei den kommunalen Landesverbänden auf scharfe Kritik gestoßen. Das ist nachvollziehbar, bewirken doch die ungleichen Abschneidegrenzen im Ergebnis einen Abzug von ca. 15 % bei der Finanzbedarfsermittlung.[87] Das ist nur gerechtfertigt, wenn und solange realistische und zumutbare durchschnittliche **Einsparpotentiale** in dieser Größenordnung angenommen werden können. Insbesondere bei der wiederholten Anwendung im Verlaufe mehrerer Haushaltsperioden kann nicht ohne nähere Prüfung vorausgesetzt werden, dass in jedem Jahr immer wieder solche Einsparmöglichkeiten bestehen. Zudem ist Folgendes zu bedenken: Die Kommunen sind zu einer **sparsamen und wirtschaftlichen Haushaltsführung** verpflichtet. Diese Gebote sind nicht deckungsgleich. Die sparsamste Variante ist nicht notwendig auch die wirtschaftlichste Lösung. Eine aufwändigere Variante kann im Hinblick auf ihre Vorteile auf Dauer die bessere Kosten-Nutzen-Relation aufweisen.[88] Wenn im Finanzausgleich über mehrere Haushaltsperioden derselbe Korridor in Ansatz gebracht wird, könnte das dazu führen, dass der Spielraum für eine wirtschaftlich sinn-

84 ThürVerfGH, ThürVBl 2012, 55 (58).
85 ThürVerfGH, ThürVBl 2012, 55 (58 f.).
86 ThürVerfGH, ThürVBl 2012, 55 (59).
87 *Wohltmann*, Der Landkreis 2012, 406 (489, 490).
88 Zum Verhältnis der Gebote der Sparsamkeit und Wirtschaftlichkeit – im Kontext der Fernstraßenplanung – instruktiv: BVerwGE 139, 150 (178).

volle Aufgabenerfüllung zunehmend eingeengt wird, weil der Korridor einseitig die **Sparsamkeit auf Kosten der Wirtschaftlichkeit** präferiert. Zwar kann es in der Abwägung durchaus geboten sein, auf eine wirtschaftlich an sich sinnvolle Maßnahme wegen der Knappheit der zur Verfügung stehenden Haushaltsmittel zu verzichten.[89] Wenn aber der Finanzausgleich den Kommunen keinerlei **Spielraum für Wirtschaftlichkeitserwägungen** mehr belässt, ohne dies mit einer entsprechenden Haushaltsnotlage begründen zu können, dürfte ein verfassungswidriger Eingriff in die Finanzhoheit der Kommunen vorliegen.

cc) **Anrechnung realisierbarer Einnahmemöglichkeiten.** Die Anrechnung reali- 49
sierbarer Einnahmemöglichkeiten bei der Festlegung der Finanzkraft der Gemeinden ist mit Art. 93 Abs. 1 Satz 1 (und Absatz 2) vereinbar.[90] Es entspricht allgemeiner Auffassung, dass die Finanzkraft der Gemeinden nicht nur die tatsächlich erzielten Einnahmen umfasst, sondern auch das Aufkommen, das aus eigener Entscheidung unter Berücksichtigung struktureller Gegebenheiten rechtlich **erreichbar** ist. Soweit die Höhe der Abgaben auf einer autonomen Entscheidung der Gemeinde beruht, sind weiter zu erzielende Einnahmen grundsätzlich hinzuzurechnen.[91] Dieses Verständnis der Finanzkraft ist auch der Bestimmung der Ausgleichsmasse in § 3 Abs. 1 ThürFAG zugrunde zu legen. Die Gemeinden und Landkreise sind verpflichtet, ihren Bedarf so weit wie möglich aus eigenen Kräften zu decken. Hierzu haben sie die gesetzlichen und organisatorischen Möglichkeiten **auszuschöpfen.** Eröffnet der Gesetzgeber den Kommunen diese Einnahmequellen, kann er sie gleichzeitig verpflichten, diese auch zu nutzen. Derartige Verpflichtungen lassen sich vor der Garantie der kommunalen Selbstverwaltung rechtfertigen.[92]

Auch die **Anrechnung fiktiver Hebesätze** berührt nicht das Recht der Kommu- 50
nen, eigene Steuern nach Maßgabe der Gesetze zu erheben. Dabei kann offen bleiben, ob das Recht, den Hebesatz einer bundesrechtlich geregelten Steuer festzusetzen, von Art. 93 Abs. 2 erfasst wird. Die dort gewährleistete Abgabenhoheit garantiert den Kommunen zunächst nur, dass der Landesgesetzgeber eine Ermächtigung zur Erhebung kommunaler Abgaben schafft. Dies hat er mit dem ThürKAG getan. Unabhängig davon greift § 3 Abs. 1 ThürFAG nicht in das Hebesatzrecht der Gemeinden ein. Die Norm bestimmt lediglich den Betrag, der in einem Haushaltsjahr im Rahmen des Finanzausgleichs zur Verfügung steht. Sie ist Teil der Landeshaushaltsgesetzgebung und begründet gemäß § 3 Abs. 2 Haushaltsgrundsätzegesetz[93] keine Rechte und Pflichten.[94] Der Verfassungsgerichtshof hat auch offen gelassen, inwieweit Art. 28 Abs. 2 Satz 3 GG und Art. 106 Abs. 6 Satz 1 und 2 GG in einem Verfahren vor dem ThürVerfGH Prüfungsmaßstab sein können. Ein Verstoß gegen diese Gewährleistungen durch § 3 Abs. 1 ThürFAG ist ausgeschlossen. Die eigenverantwortliche Einnahmen- und Ausgabenwirtschaft der Gemeinden wird von der Anrechnung möglicher Steuereinnahmen nicht berührt. Unabhängig von dem fiktiven Hebesatz, der bei der

89 BVerwGE 139, 150 (179).
90 ThürVerfGH, ThürVBl 2012, 55 (59).
91 BVerfGE 86, 148; VerfGH NW, DÖV 1999, 300.
92 ThürVerfGH, ThürVBl 2012, 55 (59); zur Verpflichtung der Gemeinden zur Erhebung von Straßenausbaubeiträgen für die Erweiterung, Verbesserung und Erneuerung von Ortsstraßen nach § 7 Abs. 1 Satz 3 ThürKAG: ThürOVG, ThürVBl 2006, 63.
93 BGBl. I 1969 S. 1273.
94 ThürVerfGH, ThürVBl 2012, 55 (60).

Berechnung der Ausgleichsmasse angewendet wird, verbleiben die tatsächlich erhobenen Steuern bei den Gemeinden. Ihnen wird auch nicht vorgeschrieben, einen bestimmten Hebesatz festzulegen.[95]

51 **dd) Keine Verpflichtung zur Ausweisung der gesamten Ausgleichsmasse in einer Quote.** Das ThürFAG 2010 weist in § 3 Abs. 1 Satz 3 den Teil der Ausgleichsmasse, der über die finanzielle Mindestausstattung hinausgeht und an die Leistungskraft des Landes gekoppelt ist, als Betrag und als Quote (2,25 %) der Verbundgrundlagen auf der Basis der November-Steuerschützung des Jahres 2009 aus. Dagegen enthält das Gesetz keine Quote, die die gesamte Beteiligung der Kommunen an dem Landesanteil der Gemeinschaftssteuern ausweist. Damit verstößt das Gesetz nicht gegen die Thüringer Verfassung.[96] Art. 93 Abs. 3 schreibt nur vor, dass ein Gemeindefinanzausgleich stattzufinden hat. Zu der Frage, ob diese Beteiligung in einer **absoluten Zahl** oder einer **Quote** wiederzugeben ist, enthält die Norm keine Aussage. Auch aus den verfahrensbezogenen Anforderungen zur Bildung der Ausgleichsmasse, die in Art. 93 Abs. 1 Satz 1 verankert sind, lässt sich **keine Verpflichtung zur Angabe einer Verbundquote** herleiten. Im bedarfsorientierten Modell besteht für sie keine Notwendigkeit. Zur Verdeutlichung der über die finanzielle Mindestausstattung hinausgehenden dynamischen Komponente reicht es aus, den Teil der Ausgleichsmasse, der von der Leistungskraft des Landes abhängig ist, in einem Prozentsatz anzugeben. Im Übrigen lässt sich die Verbundquote in einem einzigen Schritt selbst errechnen, falls dafür ein Bedürfnis bestehen sollte.[97]

52 Mit diesen Erwägungen dürfte auch die – vom ThürVerfGH mangels Zuständigkeit offen gelassene – Frage zu beantworten sein, ob **Art. 106 Abs. 7 Satz 1 GG** den Gesetzgeber verpflichtet, den Betrag, der aus dem Landesanteil an den Gemeinschaftssteuern den Kommunen zufließt, in einer Quote festzulegen. Beim **Bedarfsmodell** reicht es aus, dass eine Verteilungsmasse festgelegt wird, die sich durch eine einfache Rechenoperation als Vomhundertsatz des Landesanteils an den Gemeinschaftssteuern ausdrücken lässt.[98]

53 **g) Verwendung der Finanzausgleichsmasse.** Die Finanzausgleichsmasse wird für allgemeine Finanzzuweisungen (Schlüsselzuweisungen) und zweckgebundene Finanzzuweisungen (Sonderlastenausgleiche) an die einzelnen Gemeinden und Landkreise verwendet (vgl. §§ 4, 6 ff., 16 ff. ThürFAG 2013). Auf die vertikale Verteilung zwischen dem Land und der Gesamtheit der Kommunen folgt die **horizontale Verteilung** der für den kommunalen Finanzausgleich verfügbaren Verteilungsmasse auf die einzelnen Kommunen.

54 **aa) Allgemeine Schlüsselzuweisungen.** Der überwiegende Teil der Finanzausgleichsmasse wird als allgemeine, nicht zweckgebundene Finanzzuweisung in Form von Schlüsselzuweisungen auf die Gemeinden und Landkreise verteilt. Nach § 6 Abs. 2 ThürFAG werden Schlüsselzuweisungen nach Steuer- oder Umlagekraft berechnet und sollen die Unterschiede in der Finanzstärke zwischen den einzelnen Gebietskörperschaften verringern. Die Thüringer Verfassung ent-

95 ThürVerfGH, ThürVBl 2012, 55 (60); zur Vereinbarkeit der Festlegung eines Mindesthebesatzes bei der Gewerbesteuer durch Bundesgesetz mit Art. 28 Abs. 2 Satz 3 und Art. 106 Abs. 6 GG: BVerfGE 125, 141, 158 ff.
96 ThürVerfGH, ThürVBl 2012, 55 (60).
97 ThürVerfGH, ThürVBl 2012, 55 (60).
98 *Leisner-Egensperger*, DÖV 2010, 705 (709); zum Problem auch: *Wohltmann*, Der Landkreis 2010, 464 (466).

hält – ebenso wie die anderen Landesverfassungen – keine ausdrücklichen Bestimmungen über die Verteilungsmaßstäbe. Insofern hat der Gesetzgeber grundsätzlich einen weiten Spielraum bei der Festlegung der Verteilungsmaßstäbe. Dabei ist er aber an das **Gebot der interkommunalen Gleichbehandlung** gebunden; er darf also nicht willkürlich, d.h. ohne zureichenden sachlichen Grund einzelne Kommunen bevorzugen oder benachteiligen.[99] Mit der Verringerung der Unterschiede in der Finanzstärke zwischen den einzelnen Gebietskörperschaften verfolgt der Gesetzgeber grundsätzlich ein legitimes Ziel, die Schaffung gleichwertiger Lebensverhältnisse. Die Finanzkraftunterschiede dürfen dabei aber im Finanzausgleich grundsätzlich nur abgemildert, nicht aber nivelliert oder gar übernivelliert werden (**Nivellierungsverbot**), damit die Eigenverantwortlichkeit der Kommunen nicht unterlaufen wird und Raum für den Wettbewerb unter den Kommungen bleibt.[100]

Die Forderung des ThürVerfGH nach einer strikten Ausrichtung des kommunalen Finanzausgleichs an der Aufgabenbelastung und Finanzkraft der Gemeinden, der schon für die Ermittlung der Finanzausgleichsmasse bei der vertikalen Verteilung zwischen dem Land und der Gesamtheit der Kommunen maßgeblich ist, gilt in gleicher Weise auch für die horizontale Verteilung der Finanzausgleichsmasse auf die einzelnen Gemeinden und Landkreise.[101] Sie ist die Grundlage für die Sicherung eines gerechten, transparenten und rationalen Systems der Finanzverteilung, das nicht bloß politischem Belieben unterliegt.[102] Der ThürVerfGH hat deshalb auch die auf die horizontale Verteilung zwischen den einzelnen Kommunen bezogenen Vorschriften des ThürFAG 2003 über die Verwendung der Finanzausgleichsmasse – insbesondere § 7 Abs. 1 – für verfassungswidrig erklärt, weil der aus der fehlenden Bedarfsermittlung folgende **Abwägungsausfall** bei der vertikalen Verteilung sich in den Regelungen über die **horizontale Verteilung** zwischen den einzelnen Kommunen gleichsam fortsetzt.[103] Wegen dieses grundlegenden Mangels auch der horizontalen Verteilung hat der ThürVerfGH im Urteil vom 21.06.2005 offen gelassen, ob und wie der Gesetzgeber den kommunalen Finanzbedarf der einzelnen Kommunen im horizontalen Gemeindefinanzausgleich unter Beachtung des allein auf dieser Ebene wirkenden **Verbots der Übernivellierung** vorhandener Unterschiede in der gemeindlichen Finanzkraft zu beachten gehabt hätte.[104] Auch im Urteil vom 02.11.2011 hatte der ThürVerfGH keinen Anlass, zu Fragen des horizontalen Gemeindefinanzausgleichs Stellung zu nehmen.[105] 55

Auch für Thüringen bedeutsam ist die Frage, in welcher Weise der **Bevölkerungsrückgang** insbesondere im ländlichen Raum im kommunalen Finanzausgleich zu berücksichtigen ist. Dazu hat – allerdings im Zusammenhang des vertikalen Finanzausgleichs – das Verfassungsgericht des Landes Sachsen-Anhalt im 56

99 VerfGH NW, DVBl. 2010, 970; DVBl. 2011, 1155 (JURIS Rn 78); LVerfG M-V, NVwZ-RR 2012, 377 (379); VerfGH Rh-Pf, NVwZ 2012, 1034 (1039 ff.: Verletzung des Gebots interkommunaler Gleichbehandlung, weil es infolge der hohen Sozialausgaben zu erheblichen finanziellen Ungleichgewichten zwischen den Landkreisen und kreisfreien Städten und den Gebietskörperschaften unterhalb der Kreisebene gekommen ist).
100 VerfGH NW, DVBl. 2011, 1155 (JURIS Rn 61); VerfGH Rh-PF, DÖV 1998, 505.
101 ThürVerfGH, ThürVGRspr. 2006, 165 (184).
102 ThürVerfGH, ThürVGRspr. 2006, 165 (184).
103 ThürVerfGH, ThürVGRspr. 2006, 165 (185).
104 ThürVerfGH, ThürVGRspr. 2006, 165 (185).
105 ThürVerfGH, ThürVBl 2012, 55.

Urteil vom 09.10.2012 Stellung genommen.[106] Seine Erwägungen dürften Im Wesentlichen auch für den horizontalen Gemeindefinanzausgleich gelten. Danach kann der Bevölkerungsrückgang zwar in die Bedarfsermittlung einbezogen werden. Verfassungsrechtlich zu beanstanden ist indes, wenn der Gesetzgeber den Aufwand einfach **proportional** zur Bevölkerungsentwicklung kürzt und die Kürzung einheitlich ohne **Differenzierung** nach einzelnen Aufgaben vornimmt. Eine solche schematische Kürzung der Bedarfsansätze ist nicht bedarfsgerecht, weil auch bei einem Bevölkerungsrückgang **Fixkosten** bestehen bleiben können, die nur mit Verzögerung oder gar nicht (z.B. beim Straßennetz) zurückgeführt werden können.[107]

57 Im Übrigen entspricht es dem strikt bedarfsbezogenen Grundansatz in der Rechtsprechung des ThürVerfGH beim vertikalen Finanzausgleich, dass der Gesetzgeber auch beim horizontalen Gemeindefinanzausgleich **beobachten** und prüfen muss, ob die bisher zugrunde gelegten **typisierenden Annahmen** den tatsächlichen Gegebenheiten noch gerecht werden. So hat das BVerfG bereits 1992 – im Zusammenhang des Länderfinanzausgleichs – angemahnt, der Gesetzgeber sei verpflichtet zu prüfen, ob **Gemeindegröße** und **Siedlungsdichte** unter heutigen Bedingungen noch zu einem erhöhten Bedarf führen und ob stattdessen oder zusätzlich andere Strukturmerkmale als Bedarfsindikatoren zu berücksichtigen sind. Die Geltung des vom Gesetzgeber zugrunde gelegten Brecht/Popitzschen Gesetzes der überproportionalen Kostensteigerung der Aufgabenerledigung durch **Agglomeration** werde immer mehr in Zweifel gezogen. Die Prüfung des Gesetzgebers habe sich zum einen darauf zu erstrecken, wie weit die von ihm zugrunde gelegten Kriterien angesichts der heutigen Verhältnisse noch tragfähig sind oder einer Modifizierung oder Fortentwicklung bedürfen, zum anderen darauf, ob und inwieweit andere strukturelle Merkmale, wie etwa **Deglomerationsnachteile**, die Zahl der Arbeitslosen, der Anteil von alten Menschen und Kindern sowie von Sozialhilfeempfängern geeignet sind, zu einem abstrakten Mehrbedarf bei der Erledigung der Aufgaben zu führen.[108] Entsprechende Prüfungen hat der Gesetzgeber auch beim horizontalen Gemeindefinanzausgleich vorzunehmen.[109]

58 **bb) Zweckgebundene Finanzzuweisungen.** Neben die Schlüsselzuweisungen treten zweckgebundene Zuweisungen, insbesondere als Sonderlastenausgleiche (§§ 16 ff. ThürFAG 2013). Grundsätzlich darf der Finanzausgleichsgesetzgeber im Rahmen des ihm zukommenden weiten Gestaltungsspielraums einen Teil der Finanzausgleichsmasse auch für **zweckgebundene Finanzzuweisungen** verwenden, die als staatliche Lenkungsmittel darauf angelegt sind, die kommunalen Gebietskörperschaften zu Investitionen zu veranlassen. Damit bringt das Land struktur- und konjunkturpolitische Ziele auf der Kommunalebene ein, um dort gleichwertige Leistungs- und Ausstattungsstandards sowie besondere landespolitisch motivierte Anliegen durchzusetzen.[110] Dabei muss der Gesetzgeber aller-

106 LVerfG LSA, DVBl. 2012, 1560 (1564 f.).

107 *Henneke*, DVBl. 2012, 1565 (1566).

108 BVerfGE 86, 148 (233 ff.); vgl ferner BVerfGE 101, 158 (227 ff.); dazu *Henneke* in: Henneke/Pünder/Waldhoff, § 24 Rn. 350 ff.

109 NdsStGH, DVBl. 1998, 185 (188); vgl. auch BbgVerfG, NVwZ-RR 2000, 129 (132 f.) zur „Einwohnerveredelung"; zur Zahl der Hartz-IV-Bedarfsgemeinschaften als Indikator für die gesamten kommunalen Soziallasten: VerfGH NW, DVBl. 2011, 1155 (JURIS Rn 79).

110 ThürVerfGH, ThürVGRspr. 2006, 165 (186).

dings **Zurückhaltung** üben, da der Einsatz dieser Verteilungsinstrumente sich nicht vorrangig nach der kommunalen Bedarfslage richtet und deshalb tendenziell selbstverwaltungsfeindlich ist. Im Hinblick darauf ist es nicht mit Art. 93 Abs. 1 Satz 1 zu vereinbaren, wenn die Bestimmung der Höhe der im ThürFAG vorgesehenen Zweckzuweisungen vollständig und ohne weitere finanzausgleichsrechtliche Vorgaben der nicht auf die Feststellung des kommunalen Finanzbedarfs gerichteten Haushaltsplanung des Landes überlassen ist.[111]

cc) **Finanzzuweisungen außerhalb des ThürFAG.** Der Gesetzgeber ist bei der 59
Regelung des allgemeinen Finanzausgleichs von Verfassungs wegen nicht verpflichtet, sämtliche Bestimmungen in einem einheitlichen Finanzausgleichsgesetz zu treffen. Es ist ihm grundsätzlich unbenommen, auch **außerhalb des Finanzausgleichsgesetzes** Mittelzuweisungen vorzusehen. Solche „externen" Mittelzuweisungen müssen allerdings in die nach Art. 93 Abs. 1 Satz 1 erforderliche Gesamtabwägung der kommunalen Aufgabenbelastung und Finanzkraft mit der Leistungskraft des Landes einbezogen bzw. bei der Festlegung der Auftragskostenpauschale für den Mehrbelastungsausgleich berücksichtigt werden.[112]

h) **Kreisumlage im Finanzausgleich.** Auf die finanzielle Ausstattung der Kom- 60
munen wirken sich auch die **Umlagen** (Kreisumlage, Schulumlage und Finanzausgleichsumlage, §§ 25 ff. ThürFAG 2013) aus. Die **Kreisumlage** (§ 25 ThürFAG 2013) ist ein zulässiges Instrument zur Finanzierung der Kreise. Sie entzieht zugleich den kreisangehörigen Gemeinden Finanzmittel und zählt insofern zu den Instrumenten, die in ihrem Zusammenwirken die Finanzausstattung der Gemeinden festlegen. Als solches muss sie den Anforderungen entsprechen, die Art. 93 Abs. 1 Satz 1 für die Finanzausstattung der Gemeinden vorgibt.[113] Da die verschiedenen Instrumente zur Gestaltung der Finanzausstattung der Gemeinden weder allein noch in ihrem Zusammenwirken dazu führen dürfen, dass die verfassungsrechtlich gebotene finanzielle **Mindestausstattung** der Gemeinden unterschritten wird, zieht Art. 93 Abs. 1 Satz 1 auch der Erhebung der Kreisumlage eine absolute Grenze.[114] Darüber hinaus muss in der Gesamtbetrachtung aller Instrumente des kommunalen Finanzausgleichs einschließlich der Kreisumlage gewährleistet sein, dass den Gemeinden eine ihren Aufgaben **angemessene Finanzausstattung** zur Verfügung steht. Dabei gilt das **interkommunale Gleichbehandlungsgebot** auch im vertikalen Verhältnis zwischen Kreis und Gemeinden, so dass Aufgaben und Finanzbedarf von Kreis und kreisangehörigen Gemeinden grundsätzlich gleichrangig sind.[115]

II. Mehrbelastungsausgleich (Art. 93 Abs. 1 Satz 2)

1. **Striktes Konnexitätsprinzip.** Während Art. 93 Abs. 1 Satz 1 eine aufgabenge- 61
rechte Finanzausstattung für alle Aufgaben der Gemeinde gewährleistet, gilt die Verpflichtung zum **Mehrbelastungsausgleich** nach Art. 93 Abs. 1 Satz 2 aus-

111 ThürVerfGH, ThürVGRspr. 2006, 165 (186).
112 ThürVerfGH, ThürVGRspr. 2006, 165 (186).
113 BVerwG, Der Landkreis 2013, 139; zur Unzulässigkeit einer Kommunalverfassungsbeschwerde unmittelbar gegen gesetzliche Bestimmungen zur Kreisumlage ThürVerfGH, NVwZ-RR 2003, 249; zur Zulässigkeit der Anfechtungsklage gegen den Kreisumlagebescheid auch ThürOVG, ThürVGRspr. 2009, 173 = ThürVBl 2009, 179.
114 BVerwG, Der Landkreis 2013, 139 (140).
115 BVerwG, Der Landkreis 2013, 139 (141).

schließlich für die Aufgaben des übertragenen Wirkungskreises.[116] Art. 93 Abs. 1 Satz 2 stellt im Verhältnis zu Art. 93 Abs. 1 Satz 1 eine **spezielle Regelung** dar (zum Verhältnis von Art. 93 Abs. 1 Satz 1 und Satz 2 s. oben Rn. 33).[117] Der besondere Schutzzweck des Art. 93 Abs. 1 Satz 2 ergibt sich aus folgenden Erwägungen: Die Aufgaben des übertragenen Wirkungskreises sind ihrer Substanz nach **staatliche Aufgaben**. Sie beziehen sich auf den Vollzug von Landes- oder Bundesgesetzen, für den an sich das Land im Rahmen seiner Verwaltungskompetenz zuständig ist und dessen Kosten nach dem in Art. 104 a Abs. 1 GG zum Ausdruck kommenden **Prinzip der Vollzugskausalität** (s. oben Rn. 23 f.) das Land sowohl im Verhältnis zum Bund als auch zu seinen Kommunen selbst zu tragen hätte. Würde das Land diese Aufgaben unmittelbar durch eigene Behörden, mit eigenen Sachmitteln und eigenem Personal ausführen, würden ihm die dadurch entstehenden Kosten in vollem Umfang zur Last fallen. Wenn das Land von der Möglichkeit Gebrauch macht, diese staatlichen Aufgaben nach Art. 91 Abs. 3 auf die Gemeinden und Gemeindeverbände zu übertragen, fallen sowohl die Zweckausgaben, die unmittelbar durch die Erfüllung der Aufgabe entstehen, als auch die durch die Erfüllung staatlicher Aufgaben bedingten Verwaltungsausgaben, die als Sach- und Personalkosten für die Unterhaltung und den Betrieb des Verwaltungsapparates anfallen, den Kommunen zur Last. Wenn dies ohne eine finanzielle Kompensation bliebe, würde dies dazu führen, dass die finanziellen Mittel, die den Kommunen zur Erledigung ihrer originären Selbstverwaltungsaufgaben zur Verfügung stehen, geschmälert würden.[118] Dadurch würde mittelbar die Finanzhoheit der Kommunen belastet. Diesem **Substanzverlust** an kommunaler Eigenverantwortlichkeit wirkt Art. 93 Abs. 1 Satz 2 entgegen. Aus diesem Schutzzweck folgt, dass Art. 93 Abs. 1 Satz 2 grundsätzlich einen **vollen Kostenausgleich** anordnet. Nach Thüringer Verfassungsrecht gilt somit für den Mehrbelastungsausgleich nach Art. 93 Abs. 1 Satz 2 ein **striktes Konnexitätsprinzip.**[119]

62 Eine **strikte Konnexität** zwischen Aufgabenverantwortung und Ausgabenlast stellt sicher, dass die Zuweisung staatlicher Aufgaben an die Kommunen aus sachlichen Gründen wie einer größeren Sach- und Bürgernähe oder aufgrund von Synergieeffekten und nicht allein aus haushaltspolitischen Erwägungen erfolgt. Nur bei vollständiger finanzieller Kompensation bleibt die Übertragung staatlicher Aufgaben für die kommunalen Haushalte neutral.[120]

63 Aus der Sicht der Kommunen und der ihnen gewährleisteten Finanzhoheit ist es auch keineswegs gleichgültig, ob die Kommunen für die Mehrkosten aus der Erfüllung übertragener staatlicher Aufgaben einen vollen Kostenausgleich erhalten oder ob gar kein Mehrbelastungsausgleich oder nur ein eingeschränkter Mehrbelastungsausgleich erfolgt und die infolgedessen zwangsläufig vergrößerte Gesamtbedarfslücke im Rahmen des Finanzausgleichs nach Art. 93 Abs. 1 Satz 1

116 Zu der insoweit abweichenden Verfassungsrechtslage in Sachsen-Anhalt: LVerfG LSA, DVBl. 2012, 1560 (1565).

117 ThürVerfGH, ThürVGRspr. 2006, 165 (176).

118 ThürVerfGH, ThürVGRspr. 2006, 165 (176).

119 ThürVerfGH, ThürVGRspr. 2006, 165 (176); vgl. auch VerfGH NW, DVBl. 2010, 1561 (1562); NVwZ-RR 2010, 705 (707); HessStGH, NVwZ-RR 2012, 625 ff.; zur insoweit übereinstimmenden Verfassungsrechtslage in allen Flächenbundesländern: *Henneke*, DVBl. 2011, 125 (131) mwN; zur früheren Sondersituation in Rheinland-Pfalz, Hessen und Nordrhein-Westfalen: *Lohse* (Fn. 6) S. 157 ff.

120 ThürVerfGH, ThürVGRspr. 2006, 165 (176).

geschlossen wird. Dies ist schon deshalb nicht gleichwertig, weil der Finanzausgleich im engeren Sinn von der Leistungskraft des Landes abhängig ist. Jedenfalls entspricht eine Verschiebung des Mehrbelastungsausgleichs für die übertragenen staatlichen Aufgaben in den allgemeinen Finanzausgleich nicht der Konzeption der Thüringer Verfassung. Vielmehr wird der zur Gewährleistung einer insgesamt angemessenen Finanzausstattung durchzuführende Finanzausgleich vom Ausgleich der Mehrbelastung durch übertragene staatliche Aufgaben entlastet. Diese **dualistische Konzeption des Finanzausgleichs** ist transparenter und sichert die Finanzhoheit der Gemeinden besser und zuverlässiger als ein monistisches Konzept.

2. „Angemessener" Ausgleich. Die Annahme, dass Art. 93 Abs. 1 Satz 2 einen vollen Kostenausgleich anordnet, wird nicht dadurch in Frage gestellt, dass nach der Vorschrift ein **„angemessener"** finanzieller Ausgleich zu schaffen ist.[121] Art. 93 Abs. 1 Satz 2 regelt die **vertikale** Finanzverteilung zwischen dem Land und seinen Kommunen und ist damit auf die Gesamtheit aller Kommunen des Landes und die ihnen entstandenen Kosten und nicht auf die bei der jeweiligen Gemeinde tatsächlich angefallenen Kosten bezogen. Damit knüpft die Pflicht des Landes zum Mehrbelastungsausgleich zwingend an die **Durchschnittskosten** der kommunalen Aufgabenerfüllung an. Die zulässige Anknüpfung an die Durchschnittskosten verhindert, dass das Land für eine finanziell besonders aufwändige und verschwenderische Aufgabenerfüllung durch einzelne Kommunen einstehen muss. Allein die Anknüpfung an die ermittelten Durchschnittswerte schließt aber nicht aus, dass die Gesamtheit aller Gemeinden des Landes die übertragenen Aufgaben zu aufwändig und zu „teuer" erfüllt. Für solche Fälle dient das vom Gesetzgeber näher zu bestimmende Kriterium der **„Angemessenheit"** zur Begrenzung der Erstattungspflicht des Landes. 64

3. Unabhängigkeit von Finanzkraft der Gemeinde und Leistungsfähigkeit des Landes. Der Anspruch auf Ausgleich der Mehrbelastung ist damit **aufgabenorientiert.** Er ist aber, insoweit anders als die allgemeine Finanzgarantie des Art. 93 Abs. 1 Satz 1, **unabhängig von der Finanzkraft der Kommune.** Er kann von finanzstarken Kommunen ebenso und in gleicher Höhe beansprucht werden wie von finanzschwachen Kommunen. Und er ist **unabhängig von der Leistungskraft des Landes.**[122] Dies trägt dazu bei, dass die Zuweisung staatlicher Aufgaben an die Kommunen nach Art. 91 Abs. 3 nicht von haushaltspolitischen Interessen des Landes geleitet wird, sondern ausschließlich im Interesse einer funktionsfähigen Landesverwaltung aus sachlichen Gründen erfolgt. Indirekt beugt der volle Mehrbelastungsausgleich für übertragene staatliche Aufgaben aber auch einer Aushöhlung der kommunalen Selbstverwaltung über die Aufgaben- bzw. die Ausgabenseite entgegen, indem er verhindert, dass die für Aufgaben des eigenen Wirkungskreises verfügbaren Mittel für die Wahrnehmung übertragener staatlicher Aufgaben eingesetzt werden. 65

In systematischer Hinsicht liegt es zwar grundsätzlich nahe, in einem einheitlichen Finanzausgleichsgesetz eine **Gesamtausgleichsmasse** für alle nach Art. 93 Abs. 1 und 2 zu leistenden Transferzahlungen festzusetzen. Dabei müssen jedoch die Finanzmittel, die dem finanzkraftunabhängigen, vorab zu gewährleistenden Mehrbelastungsausgleich dienen, durch einen **eigenen Ansatz** gekenn- 66

121 ThürVerfGH, ThürVGRspr. 2006, 165 (177).
122 ThürVerfGH, ThürVGRspr. 2006, 165 (177).

zeichnet werden, um sie von der finanzkraftabhängig zu verteilenden Schlüsselmasse zu unterscheiden und auf diese Weise die Einhaltung des Konnexitätsprinzips überprüfen zu können.[123] Die für den Mehrbelastungsausgleich zur Verfügung stehende Verteilungsmasse ist unabhängig von der Entwicklung der im Rahmen des Finanzausgleichs im eigentlichen Sinne nach Art. 93 Abs. 1 Satz 1 zu verteilenden Schlüsselmasse. Eine Erhöhung der für den Mehrbedarfsausgleich zur Verfügung stehenden Finanzmasse führt nicht zu einer Verringerung der für den Finanzausgleich im eigentlichen Sinne bestimmten und von der Leistungsfähigkeit des Landes abhängigen Verteilungsmasse. Anderenfalls würde letztlich doch eine kommunale Selbstfinanzierung staatlich auferlegter Aufgaben stattfinden, weil das, was mit der einen Hand beim Mehrbelastungsausgleich gegeben wird, mit der anderen Hand bei der Schlüsselmasse für den Finanzausgleich im eigentlichen Sinne wieder genommen würde.[124] Eine Anrechnung der Ausgleichsmasse für den übertragenen Wirkungskreis wäre mit Blick auf das allgemeine Finanzausstattungsgebot des Art. 93 Abs. 1 Satz 1 nicht gerechtfertigt, da eine Erstattung nach dem strikten Konnexitätsprinzip **zur Kostenneutralität** der übertragenen Aufgabe sowohl auf Seiten des Landes als auch auf Seiten der Kommunen führt mit der Folge, dass die Erstattung dieser Kosten als „durchlaufender Posten" weder die Leistungskraft des Landes schmälert noch die Finanzkraft der Kommunen erhöht.[125]

67 **4. Verfassungsmäßigkeit des Mehrbelastungsausgleichs im ThürFAG 2003.** Nach diesen Maßstäben hat der ThürVerfGH im Urteil vom 21.06.2005[126] die den Mehrbelastungsausgleich bei der Übertragung staatlicher Aufgaben regelnden Vorschriften des ThürFAG[127] für vereinbar mit der Landesverfassung erklärt.

68 a) **Die Regelungen des Mehrbelastungsausgleichs im ThürFAG 2003.** Die gesetzliche Regelung des Mehrbelastungssausgleichs sah zunächst vor, dass den Gemeinden und Landkreisen als Ersatz für den Verwaltungsaufwand im übertragenen Wirkungskreis und als untere staatliche Verwaltungsbehörde die **festgesetzten Kosten (Gebühren und Auslagen), Ordnungsgelder, Bußgelder und Zwangsgelder** als eigene Einnahmen zustehen (§ 1 Abs. 2). Insoweit hat der Gesetzgeber einen Teil des Mehrbelastungsausgleichs selbst abschließend geregelt. Weiterhin erhielten Landkreise und Gemeinden für Aufgaben des übertragenen Wirkungskreises und der unteren staatlichen Verwaltungsbehörde eine **Auftragskostenpauschale**; dabei wurden die vorgenannten Einnahmen sowie Einnahmen aus sonstigen gesetzlichen Erstattungsregelungen berücksichtigt (§ 23 Abs. 1 Satz 1). Die Auftragskostenpauschale wurde durch **Rechtsverordnung** des für den kommunalen Finanzausgleich zuständigen Ministeriums im Einvernehmen mit dem für den Landeshaushalt zuständigen Ministerium mit Zustimmung des Landtags so bestimmt, dass ein angemessener finanzieller Ausgleich im Wege einer Pauschalabgeltung für die bei der Wahrnehmung der übertragenen Auf-

123 ThürVerfGH, ThürVGRspr. 2006, 165 (177 f.).
124 NdsStGH, LVerfGE 12, 255 (276); *Schoch*, Die finanzverfassungsrechtlichen Grundlagen der kommunalen Selbstverwaltung, in: Ehlers/Krebs (Hrsg.), S. 92 (112).
125 ThürVerfGH, ThürVGRspr. 2006, 165 (178).
126 Az.: 28/03, ThürVGRspr. 2006, 165 (180 ff.) = ThürVBl 2005, 228 (235 ff.).
127 §§ 1 Abs. 2 und 232 Abs. 1 ThürFAG in der zum Zeitpunkt des Eingangs des Normenkontrollverfahrens am 15.10.2003 maßgeblichen Fassung der Bek. v. 09.02.1998 (ThürGVBl. S. 15), zuletzt geändert durch Ges. v. 11.02.2003 (ThürGVBl. S. 92) im Folgenden ThürFAG 2003.

gaben und der Wahrnehmung der Aufgaben der unteren staatlichen Verwaltungsbehörde entstehenden ungedeckten Kosten erfolgte (§ 23 Abs. 1 Satz 2).

Soweit mit diesen Regelungen auch die Aufwendungen der **Landratsämter als untere staatliche Verwaltungsbehörden** in den Mehrbelastungsausgleich einbezogen wurden, ging dies über die Verpflichtung zum Mehrbelastungsausgleich nach Art. 93 Abs. 1 Satz 2 hinaus, der nur die Aufgaben des übertragenen Wirkungskreise einbezieht, nicht aber den Bereich der unmittelbaren Landesverwaltung. 69

b) **Auftragskostenpauschale.** Die Regelung des Mehrbedarfsausgleichs im ThürFAG 2003 ist nach Auffassung des ThürVerfGH verfassungsrechtlich nicht zu beanstanden. Insbesondere verstößt die Durchführung des Mehrbelastungsausgleichs mittels einer durch **Rechtsverordnung** zu bestimmenden **Auftragskostenpauschale** nicht gegen Landesverfassungsrecht. Gegen die – auch in anderen Bundesländern übliche – pauschalierte Abgeltung des Mehrbedarfs für alle oder mehrere übertragene Aufgaben anstelle gesonderter Erstattungen für jede einzelne Aufgabe bestehen keine grundsätzlichen Bedenken. Das strikte Konnexitätsprinzip zwingt den Gesetzgeber nicht, jeweils zugleich mit der Übertragung einzelner Aufgaben dezidierte Kostenerstattungsregelungen außerhalb des Finanzausgleichsgesetzes zu treffen oder sogar im Finanzausgleichsgesetz selbst zu normieren. Die erforderliche **zeitliche Nähe** zwischen dem Wirksamwerden der Aufgabenübertragung und der Gewährung des Kostenersatzes ist gewahrt, wenn eine flexible Anpassung der Auftragskostenpauschale an Veränderungen des Aufgabenbestandes möglich ist – was für deren Festsetzung im Verordnungswege spricht – und der Gesetzgeber, soweit erforderlich, die Erstattung für noch nicht in die Auftragskostenpauschale einbezogene Aufgaben übergangsweise regelt.[128] 70

c) **Rechtsverordnung und Parlamentsvorbehalt.** Insbesondere ist die Ermächtigung zur Bestimmung der Auftragskostenpauschale durch **Rechtsverordnung** mit dem aus Art. 47 Abs. 4 ThürVerf folgenden Gesetzesvorbehalt, dem **Parlamentsvorbehalt** bei wesentlichen Fragen des Gemeinwesens[129] und dem **Bestimmtheitsgebot** für Verordnungsermächtigungen (Art. 84 ThürVerf) vereinbar. Da der Gesetzgeber die grundlegenden Entscheidungen zur Struktur des Mehrbelastungsausgleichs selbst getroffen und die Bestimmung der Auftragskostenpauschale dem Verordnungsgeber unter Bezugnahme auf das in Art. 93 Abs. 1 Satz 2 vorgegebene Regelungsprogramm überlassen hat, aus dem Inhalt, Ausmaß und Zweck der zu treffenden Regelung und die mit ihr verfolgten Ziele eindeutig zu entnehmen sind, hat er sowohl den formellen Anforderungen des Art. 84 Abs. 1 Satz 2 genügt als auch den im Sinne eines Parlamentsvorbehalts zu verstehenden Vorbehalt des Gesetzes gewahrt. Im Hinblick auf den erheblichen und mindestens mit jeder neuen Haushaltsperiode zu wiederholenden empirischen Ermittlungsaufwand mit regelmäßigen Bestandsaufnahmen der Aufgaben des übertragenen Wirkungskreises und der damit verbunden Aufwendungen durfte der Gesetzgeber diese Ermittlungstätigkeit auf die Exekutive delegieren und sich darauf beschränken, nur das Ermittlungsergebnis zur Kenntnis zu nehmen und gegebenenfalls zu billigen.[130] 71

128 ThürVerfGH, ThürVGRspr. 2006, 165 (181).
129 BVerfGE 40, 237 (248); 49, 89 (126); 98, 218 (251).
130 ThürVerfGH, ThürVGRspr. 2006, 165 (182).

72 Der Gesetzgeber war aufgrund des Parlamentsvorbehalts auch nicht verpflichtet, die Angemessenheit der Durchschnittskosten der Aufgabenerfüllung durch Vorgabe einer feststehenden Quote („**Interessenquote**") im Gesetz zu bewerten. Eine solche Interessenquote steht als pauschaler Abschlag nur dann in Übereinstimmung mit Art. 93 Abs. 1 Satz 2, wenn und soweit sich Einsparungen bei den Aufwendungen tatsächlich realisieren lassen. Sie kann daher nur auf der Grundlage der vom Verordnungsgeber angestellten Ermittlungen festgelegt werden. Dem Bedürfnis nach demokratischer Legitimation der mit der Bestimmung der Interessenquote im Hinblick auf die damit verbundenen Wertungen und ihre Bedeutung für die Verwirklichung des strikten Konnexitätsprinzips wird der Gesetzgeber mit dem Erfordernis der **Zustimmung des Landtags** hinreichend gerecht.[131]

73 Der Gesetzgeber hat schließlich auch nicht in verfassungswidriger Weise die normative Eigenständigkeit der unterschiedlichen Finanzgarantien des Art. 93 Abs. 1 Satz 1 und 2 dadurch außer Acht gelassen, dass er im ThürFAG nur die insgesamt zur Verteilung stehende Finanzausgleichsmasse, nicht aber die speziell für den Mehrbelastungsausgleich zur Verfügung stehende Finanzmasse ausgewiesen hat.[132] Da die Höhe der Auftragskostenpauschale nach der Konzeption des Gesetzes erst durch Verordnung bestimmt wird, kommt eine gesonderte betragsmäßige Festschreibung dieser Finanzmasse im ThürFAG nicht in Betracht. Die **Eigenständigkeit der beiden Finanzgarantien** gebietet dem Landesgesetzgeber nicht, das aus der Rechtsverordnung folgende Gesamtvolumen der Auftragskostenpauschale gerade im Finanzausgleichsgesetz deklaratorisch zu beziffern. Es ist nicht zu beanstanden, wenn er die für den Mehrbelastungsausgleich bestimmte Finanzmasse – wie es der Gesetzgebungspraxis in Thüringen entspricht – in den Haushaltsgesetzen, konkret in den Einzelplänen der allgemeinen Finanzverwaltung, jeweils in einem eigenen Ansatz ausweist.

III. Gemeindesteuern und Kommunalabgaben (Art. 93 Abs. 2)

74 **1. Gemeindesteuern.** **Art. 93 Abs. 2** gewährleistet den Gemeinden und Landkreisen das Recht, **eigene Steuern und Abgaben** nach Maßgabe der Gesetze zu erheben (zur Abgrenzung unten Rn. 76). Auf bundesverfassungsrechtlicher Ebene sind die Voraussetzungen für die Erhebung von Gemeindesteuern in Art. 106 GG geregelt. Art. 106 Abs. 6 Satz 1 GG weist das Aufkommen der **Grundsteuer** und **Gewerbesteuer** (früher: Realsteuern) den Gemeinden und das Aufkommen der **örtlichen Verbrauch- und Aufwandsteuern** den Gemeinden oder nach Maßgabe der Landesgesetzgebung den Gemeindeverbänden zu. Den Gemeinden ist das Recht einzuräumen, die **Hebesätze** der Grundsteuer und Gewerbesteuer im Rahmen der Gesetze festzusetzen (Art. 106 Abs. 6 Satz 2 i.V.m. Art. 28 Abs. 2 Satz 3 GG; § 25 GrStG, § 16 GewStG).[133] Zwar garantieren weder Art. 28 Abs. 2 Satz 3 GG noch Art. 106 Abs. 6 Satz 2 GG die Existenz dieser Steuerarten. Art. 28 Abs. 2 Satz 3, 2. Halbsatz GG gewährleistet aber, dass die **wirtschaftskraftbezogene Gewerbesteuer** nicht abgeschafft werden kann, ohne dass die Gemeinden an ihrer Stelle eine andere wirtschaftskraftbezogene Steuerquelle

131 ThürVerfGH, ThürVGRspr. 2006, 165 (183).
132 ThürVerfGH, ThürVGRspr. 2006, 165 (183).
133 Zum Verhältnis von Art. 28 Abs. 2 Satz 3 und Art. 106 Abs. 6 GG und zur Verfassungsmäßigkeit der Festlegung eines Mindesthebesatzes für die Gewerbesteuer durch Bundesgesetz: BVerfGE 125, 141 (158 ff.).

mit Hebesatzrecht erhalten.[134] Nach Art. 106 Abs. 6 Satz 4 GG können Bund und Länder durch eine **Umlage** an dem Aufkommen der **Gewerbesteuer** beteiligt werden. Das Nähere über die Umlage wird nach Art. 106 Abs. 6 Satz 5 GG durch ein Bundesgesetz bestimmt, das der Zustimmung des Bundesrates bedarf. Die Gewerbesteuerumlage ist in § 6 GFRG geregelt.

Die Befugnis zur Gesetzgebung über die örtlichen Verbrauch- und Aufwand- **75** steuern steht nach Art. 105 Abs. 2 a GG den Ländern zu, solange und soweit sie nicht bundesgesetzlich geregelten Steuern gleichartig sind. Für Thüringen ermächtigt **§ 5 Abs. 1 des Thüringer Kommunalabgabengesetzes (ThürKAG)** die Gemeinden, örtliche Verbrauch- und Aufwandsteuern zu erheben, solange und soweit diese nicht bundesrechtlich geregelten Steuern gleichartig sind. Wo kreisangehörige Gemeinden von dieser Ermächtigung keinen Gebrauch machen, können die Landkreise dort solche Steuern erheben (§ 5 Abs. 2 ThürKAG). **Örtliche Verbrauch- und Aufwandsteuern** sind z.B: die Hundesteuer, die Vergnügungssteuer, die Zweitwohnungssteuer[135] und die Übernachtungssteuer.[136] Die örtlichen Verbrauch- und Aufwandsteuern werden von den Gemeinden und Landkreisen gemäß § 2 Abs. 1 i.V.m. § 1 Abs. 2 ThürKAG aufgrund einer besonderen **Satzung** erhoben, die den Bestimmtheitsanforderungen des § 2 Abs. 2 ThürKAG genügen muss und nach § 2 Abs. 4 der Genehmigung der Rechtsaufsichtsbehörde bedarf.

2. Kommunalabgaben. Weiterhin haben die Gemeinden und Landkreise das **76** Recht, **„andere" – also nicht-steuerliche – „Abgaben"** nach Maßgabe des ThürKAG zu erheben. „Andere Abgaben" sind **Beiträge und Gebühren.**[137] Dabei handelt es sich um **Abgaben mit Entgeltcharakter** und deshalb nicht um Steuern, für die der Bund nach Maßgabe des Art. 105 GG das Gesetzgebungsrecht hat. Für Beiträge und Gebühren gelten u.a. das **Äquivalenzprinzip**, das **Vorteilsprinzip** und das **Kostenüberschreitungsverbot**. Nach dem **Steuerbegriff des Grundgesetzes,** mit dem der Steuerbegriff des Art. 93 Abs. 2 ThürVerf übereinstimmt, sind Steuern dagegen einmalige oder laufende Geldleistungen, die nicht eine Gegenleistung für eine besondere Leistung darstellen und von einem öffentlich-rechtlichen Gemeinwesen zur Erzielung von Einkünften allen auferlegt werden, bei denen der Tatbestand zutrifft, an den das Gesetz die Leistungspflicht knüpft. Für eine Steuer ist also wesentlich, dass sie ohne Gegenleistung erhoben wird. Legitimierender Grund für den Beitrag und die Gebühr im abgabenrechtlichen Sinn ist dagegen der **Ausgleich von besonderen Vorteilen.** Kennzeichnend für nichtsteuerliche Abgaben ist der Gesichtspunkt der **Gegenleistung.** Derjenige, der aus einer öffentlichen Einrichtung besonderen wirtschaftlichen Nutzen zieht, soll auch zu deren Kosten beitragen.[138]

Im kommunalen Finanzausgleich müssen sich die Kommunen nicht nur die tat- **77** sächlich erzielten Einnahmen, sondern auch **zumutbare Einnahmemöglichkeiten** anrechnen lassen. Insofern kommt dem Umstand Bedeutung zu, dass nicht wenige Thüringer Gemeinden in den 1990er Jahren für den Ausbau von Gemeindestraßen keine Beiträge erhoben und keine entsprechenden Beitragssatzungen

---

134 BVerfGE 125, 141 (161).
135 Dazu BVerfGE 65, 325.
136 Zur Übernachtungssteuer („Bettensteuer") einschränkend: BVerwG, ZKF 2012, 235.
137 ThürVerfGH, ThürVBl 2008, 56 (JURIS Rn. 69 ff.) zu Art. 82 Abs. 2 ThürVerf.
138 BVerfGE 42, 223 (227) mwN; ThürVerfGH, ThürVBl 2008, 56 (JURIS Rn. 71); ThürOVG, ThürVBl 2008, 8 (12).

erlassen haben. Nach wie vor wollen zahlreiche Gemeinden auch unter dem Druck örtlicher Bürgerinitiativen auf die Erhebung der umstrittenen **Straßenausbaubeiträge** verzichten. Die Frage lautet, ob sie dies auch im Rahmen des kommunalen Finanzausgleichs zu Lasten ihrer Finanzkraft und damit zum Nachteil des Landes geltend machen können. Nachdem das ThürOVG mit Urteil vom 31.05.2005[139] entschieden hatte, dass die Kommunen grundsätzlich zur Erhebung von Straßenausbaubeiträgen verpflichtet sind und ihnen nur ein sehr eng begrenzter Ermessensspielraum bleibt, der ein Absehen von der Erhebung von Straßenausbaubeiträgen nur unter atypischen Umständen erlaubt, hat der Landesgesetzgeber mit dem 7. KAG-Änderungsgesetz vom 29.03.2011[140] diesen Spielraum näher ausgestaltet.[141] Dabei hat er die Grundsätze einer sparsamen und wirtschaftlichen Haushaltsführung mit den Ausnahmegründen abgewogen. Damit hat er zugleich die Maßstäbe vorgegeben, nach denen auch im Rahmen des kommunalen Finanzausgleichs zu beurteilen ist, ob tatsächlich nicht erzielte Einnahmen aus der Erhebung von Straßenausbaubeiträgen als zumutbare Einnahmemöglichkeiten angerechnet werden können.

78 Auch die Finanz- und Abgabenhoheit wird in Art. 93 Abs. 2 nur „im Rahmen der Gesetze" gewährt. Der **Kernbereich** dieser Gewährleistung wäre allerdings verletzt, wenn der Gesetzgeber den Kommunen die Möglichkeit zur Erhebung eigener Steuern und anderer Abgaben vollständig entziehen oder in der Substanz aushöhlen würde. Daran würde auch ein Ausgleich über eine erhöhte Beteiligung an den Einnahmen des Landes nichts ändern. Die konkrete Ausgestaltung kommunaler Steuern und Abgaben gehört dagegen zum **Randbereich der Selbstverwaltungsgarantie**, in den der Gesetzgeber zum Schutz überörtlicher Gründe des Gemeinwohls nach Maßgabe des Verhältnismäßigkeitsgrundsatzes eingreifen darf.

79 Um die Grenzen dieser Eingriffsbefugnis ging es im Urteil des ThürVerfGH vom 23.04.2009.[142] Gegenstand des Urteils waren Regelungen des Gesetzes zur Änderung des ThürKAG vom 17.12.2004 (ThürGVBl. S. 889). Das Gesetz statuiert ein **Beitragserhebungsverbot für Wasserversorgungsbeiträge** (§ 7 Abs. 2 Satz 2 ThürKAG) und ordnet die **Rückzahlung bereits gezahlter Beiträge** an. Die Finanzierung erfolgt danach ausschließlich über Gebühren. Im Bereich der **Abwasserentsorgung** hat das Gesetz die Beitragserhebungsmöglichkeit grundsätzlich beibehalten, aber die Entstehung der sachlichen Beitragspflicht durch die Einführung von **Privilegierungstatbeständen** neu geregelt. Zum Beispiel sieht das Gesetz vor, dass sachliche Abwasserbeitragspflichten für unbebaute Grundstücke erst entstehen, sobald und soweit das Grundstück bebaut und tatsächlich angeschlossen wird (§ 7 Abs. 7 Satz 2 Nr. 1 ThürKAG). Der ThürVerfGH hat das Verbot der Erhebung von **Wasserbeiträgen** einschließlich der Rückzahlungsanordnung für vereinbar mit der Selbstverwaltungsgarantie des Art. 91 erklärt. Der Gesetzgeber habe die Grundstückseigentümer insgesamt finanziell entlasten wollen, um sie vor einer befürchteten finanziellen Überforderung zu schützen.

139 Az.: 4 KO 1499/04, ThürVBl 2006, 63 = ThürVGRspr. 2007, 52.
140 ThürGVBl. S. 61.
141 § 7 Abs. 1 Satz 4 und 5 ThürKAG; vgl. auch die Regelungen zur Erhöhung des Eigenanteils der Gemeinde in § 7 Abs. 4 a ThürKAG.
142 ThürVerfGH, ThürVGRspr. 2011, 49, allerdings nur mit Bezug auf Art. 91 und ohne Erwähnung des Art. 93 Abs. 2. Zur Unterscheidung von Aufgaben- und Finanzierungsverantwortung vgl. ThürOVG, ThürVGRspr. 2013, 93.

Damit habe er **überörtliche Belange des Gemeinwohls** verfolgt, die mit der politischen Wende der Jahre 1989/1990 zusammenhängen. Die Einschätzung der maßgeblichen Umstände und Interessen sei in erster Linie Sache des Gesetzgebers. Verfassungsrechtlich erhebliche Einschätzungsfehler seien nicht erkennbar.[143] Dagegen hat derThürVerfGH die Regelungen, die die **Abwasserbeiträge** betreffen, wegen Verstoßes gegen Art. 91 Abs. 1 für nichtig erklärt, weil sie bei den kommunalen Einrichtungsträgern zu einer **Unterdeckung** führen, die durch die kompensierenden Erstattungsregelungen nicht hinreichend ausgeglichen wird.[144]

Gegenüber der Begründung des ThürVerfGH für die Verfassungsmäßigkeit des Verbots der Erhebung von Wasserbeiträgen ist kritisch anzumerken, dass sie der spezifischen Gewährleistungsfunktion des **Art. 93 Abs. 2** (der im Urteil keine Erwähnung findet, obwohl er als spezielle Ausprägung der Finanzhoheit einschlägig war) nicht überzeugend gerecht wird. Das BVerfG hat aus Art. 28 Abs. 2 GG auch außerhalb des Kernbereichs der Garantie ein verfassungsrechtliches **Aufgabenverteilungsprinzip** zugunsten der dezentralen kommunalen Entscheidungsebenen abgeleitet.[145] Aus diesem Aufgabenverteilungsprinzip ergeben sich entsprechende **Begründungslasten** für einen Aufgabenentzug. Das bloße Ziel der Verwaltungsvereinfachung oder der Zuständigkeitskonzentration und auch Gründe der Wirtschaftlichkeit und Sparsamkeit der öffentlichen Verwaltung rechtfertigen eine „Hochzonung" nicht schon aus sich heraus, sondern erst dann, wenn ein Belassen der Aufgabe bei den Gemeinden zu einem unverhältnismäßigen Kostenanstieg führen würde.[146] Das verfassungsrechtliche Aufgabenverteilungsprinzip zugunsten der jeweils dezentralen kommunalen Ebenen setzt den ökonomischen Erwägungen den politisch-demokratischen Gesichtspunkt der **Teilnahme der örtlichen Bürgerschaft** an der Erledigung ihrer öffentlichen Aufgaben entgegen.[147] Dieses auf die Aufgabenzuständigkeit bezogene dezentrale Verteilungsprinzip wäre auch für die **Finanz- und Abgabenhoheit** fruchtbar zu machen. Das würde bedeuten, dass auch die Entscheidung über die Art und Weise der Finanzierung kommunaler Aufgaben grundsätzlich bei der **sach- und bürgernäheren kommunalen Ebene** anzusiedeln ist und ein Entzug dieser Befugnis einer entsprechenden Begründungslast unterliegt. Unter dem spezifischen Aspekt der kommunalen Finanz- und Abgabenhoheit hätte sich dann die Frage gestellt, ob nicht die kommunalen Einrichtungsträger angesichts der örtlich sehr unterschiedlichen Verhältnisse die größere Sach- und Bürgernähe hatten, um Lösungen zu finden, die den **örtlichen Verhältnissen und Erfahrungen** einschließlich des bereits erreichten **Standes der Beitragserhebung** und der jeweiligen **Akzeptanz** bei den Betroffenen gerecht werden. Die aus der Finanz- und Abgabenhoheit und aus einem entsprechenden Prinzip der dezentralen Finanzierungsverantwortung folgende **Vermutung zugunsten der kommunalen Ebene** hätte sich insbesondere auf die Prüfung der **Erforderlichkeit** eines landesweit einheitlichen Verbots der Erhebung von Wasserbeiträgen zur Entlastung 80

143 ThürVerfGH, ThürVGRspr. 2011, 49 (56 ff.); Letzteres bestreiten die Sondervoten von Baldus (S. 61 ff.) und Schwan (S. 64).

144 ThürVerfGH, ThürVGRspr. 2011, 49 (59 ff.). Der Gesetzgeber hat diesen Mangel mit dem Beitragsbegrenzungsgesetz vom 18.08.2009 (ThürGVBl. S. 646) rückwirkend geheilt.

145 BVerfGE 79, 127 (147 ff., 150) – Rastede –.

146 BVerfGE 79, 127 (153) – Rastede –.

147 BVerfGE 79, 127 (147 ff., 153) – Rastede –.

der Grundstückseigentümer auswirken müssen. Dabei hätte sich möglicherweise herausstellen können, dass es **weniger eingreifende Alternativen** gegeben hätte, etwa indem das Land den kommunalen Einrichtungsträgern einen erweiterten rechtlichen Rahmen und finanzielle Entlastungen für die zinslose Stundung und den Erlass von Wasserbeiträgen bereitgestellt und auf diese Weise den Einrichtungsträgern eine zielgenauere und den örtlichen Verhältnissen angepasste Entlastung von überforderten Grundstückseigentümern ermöglicht hätte.

IV. Beteiligung an den Steuereinnahmen des Landes (Art. 93 Abs. 3)

81 Erst in Abs. 3 taucht das Wort **„Gemeindefinanzausgleich"** auf. Abs. 3 enthält aber keine umfassende Regelung des kommunalen Finanzausgleichs. Die landesverfassungsrechtlichen Maßstäbe und Anforderungen an den kommunalen Finanzausgleich ergeben sich vielmehr weitgehend aus Abs. 1. Eigenständige Bedeutung hat Abs. 3 insofern, als er die nach Art. 106 Abs. 7 GG nur fakultative Beteiligung der Kommunen am Aufkommen der **Landessteuern** (Art. 106 Abs. 2 GG) zwingend vorschreibt (s. oben Rn. 3, 30).

V. Verfassungsprozessuale Fragen

82 Die Verfassungsgerichte erklären verfassungswidrige finanzausgleichsrechtliche Bestimmungen regelmäßig **nicht ex tunc** für nichtig, sondern nur für unvereinbar mit der Verfassung.[148] Eine rückwirkende Nichtigerklärung kommt aus Gründen der **Rechtssicherheit** nicht in Betracht. Ein sofortiges Außerkrafttreten der Vorschriften wäre mit den Erfordernissen einer geordneten Finanz- und Haushaltswirtschaft unvereinbar.[149] Wirksamen Rechtsschutz können die Kommunen daher in diesem Bereich letztlich nur erlangen, indem die verfassungsgerichtliche Entwicklung und Kontrolle verfahrensbezogener rechtlicher Maßstäbe zu einer Versachlichung der künftigen Finanzausgleichsgesetzgebung führt.[150]

83 Bei kommunalen Verfassungsbeschwerden gegen den kommunalen Finanzausgleich stellt sich im Hinblick auf den Umstand, dass der Finanzausgleich in Thüringen in einem auf Dauer angelegten Gesetz geregelt ist, das im Bedarfsfall **punktuell geändert** wird, das Problem, ob und unter welchen Voraussetzungen auch für die Anfechtung einer in ihrem Wortlaut **nicht geänderten Vorschrift** die **Jahresfrist** neu beginnen kann. Grundsätzlich ist dies nach der Rechtsprechung des ThürVerfGH im Anschluss an die Rechtsprechung des BVerfG der Fall, wenn der Gesetzgeber durch die Änderung anderer Bestimmungen, etwa durch die Präzisierung darin enthaltener Begriffe, auch den Anwendungsbereich der nicht geänderten Vorschrift eindeutiger als bisher begrenzt, erweitert oder sonst festlegt und ihr dadurch einen neuen Inhalt gibt.[151] Gleiches gilt, wenn die in Rede stehende Vorschrift durch die Änderung anderer Bestimmungen einen neuen oder erweiterten Inhalt erhält, eine neue belastende Wirkung entfaltet, sich ihr materielles Gewicht verändert oder sie sich als erhebliche Verschlechterung

148 ThürVerfGH, ThürVGRspr. 2006, 165 (178) mwN.
149 VerfGH Rh-Pf, NVwZ 2012, 1034 (1041) unter Hinweis auf BVerfGE 111, 191 (224 f.) und 119, 331 (382 ff.).
150 ThürVerfGH, ThürVGRspr. 2006, 165 (178).
151 ThürVerfGH, NVwZ-RR 2003, 249 (250); BVerfGE 11, 351 (359 f.); 12, 10 (24); 74, 69 (73).

gegenüber der bisherigen Rechtslage darstellt.[152] Diese Voraussetzungen hätten aber bei den angefochtenen Bestimmungen des ThürFAG 1995 nicht vorgelegen; auch die Änderungen in ihrer Gesamtheit hätten nicht derart gewirkt, dass von einer Änderung des Systems des kommunalen Finanzausgleichs in Thüringen die Rede sein könne.[153]

Für eine kommunale Verfassungsbeschwerde gegen die Regelungen über die **Kreisumlage** im ThürFAG fehlt es an der **Unmittelbarkeit der Beschwer.** Den beschwerdeführenden Gemeinden ist es zuzumuten, die ihnen gegenüber ergehenden Kreisumlagebescheide[154] abzuwarten und diese sodann im Wege der verwaltungsgerichtlichen Anfechtungsklage überprüfen zu lassen.[155] 84

Eine Gemeinde kann mit einer kommunalen Verfassungsbeschwerde geltend machen, dem Gesetzgeber seien bei der Berechnung der Finanzausgleichsmasse **Verfahrens- oder Abwägungsfehler** unterlaufen, die sich auf ihre verfassungsrechtlich garantierte Finanzausstattung negativ auswirkten. Zur Begründung einer derartigen Rüge gehört eine **Darlegung** ihrer konkreten Haushaltslage sowie der Begrenzungen, denen sie sich bei ihrer Aufgabenerfüllung gegenüber sieht. Nur so kann der Verfassungsgerichtshof prüfen, ob trotz eines etwaigen Verfahrensverstoßes eine Verletzung des Selbstverwaltungsrechts ausgeschlossen ist. Die Gemeinde hat deshalb anzugeben, welche Finanzmittel ihr zur Verfügung stehen, ob die Erfüllung der pflichtigen Aufgaben gesichert ist, in welchem Umfang sie Finanzmittel für freiwillige Aufgaben nutzt sowie in welcher Weise sie sich durch die mangelnde Finanzausstattung beengt sieht.[156] 85

Artikel 94 [Aufsicht]

[1]Die Gemeinden und Gemeindeverbände unterstehen der Aufsicht des Landes. [2]In Selbstverwaltungsangelegenheiten ist die Aufsicht auf die Gewährleistung der Gesetzmäßigkeit beschränkt.

Vergleichbare Regelungen

Art. 75 BWVerf; Art. 83 BayVerf; Art. 67 Abs. 2 Satz 3 VvB; Art. 147 BremVerf; 137 Abs. 3 Satz 2 HessVerf; Art. 72 Abs. 4 M-VVerf; Art. 57 Abs. 5 NV; Art. 78 Abs. 4 Verf NW; Art. 49 Abs. 3 Satz 2 Verf Rh-Pf; Art. 122 SaarlVerf; Art. 89 Abs. 1 SächsVerf; Art. 87 Abs. 4 LVerf LSA; Art. 46 Abs. 3 SchlHVerf.

Ergänzungsnormen im sonstigen thüringischen Recht

§§ 116 – 123 ThürKO idF. der Bek. v. 28.01.2003 (ThürGVBl. S. 41) zuletzt geändert durch Gesetz v. 06.03.2013 (ThürGVBl. S. 49)

Dokumente zur Entstehungsgeschichte

Art. 90 VerfE CDU; Art. 72 VerfE F.D.P.; Art. 80 VerfE SPD; Art. 102 VerfE LL/PDS; Entstehung ThürVerf S. 246.

Literatur

Dirk Ehlers, Kommunalaufsicht und europäisches Gemeinschaftsrecht, DÖV 2001, 412 ff.; *Wolfgang Kahl*, Die Staatsaufsicht, Tübingen 2000; *Franz-Ludwig Knemeyer*, Die Staatsaufsicht über die Gemeinden und Kreise (Kommunalaufsicht), in: HKWP I, S. 218 ff.; *Uwe Lüb-*

152 ThürVerfGH, NVwZ-RR 2003, 249 (250); BVerfGE 43, 108 (116); 45, 104 (119); 79, 1 (14); 26, 100 (109).
153 ThürVerfGH, NVwZ-RR 2003, 249 (250 f.) mwN zur Rechtsprechung anderer Landesverfassungsgerichte.
154 Dazu: ThürOVG, ThürVBl 1999, 40 (41).
155 ThürVerfGH, NVwZ-RR 2003, 249 (251).
156 ThürVerfGH, ThürVBl 2010, 152 f.; NVwZ-RR 2003, 249 (251 f.).

king/Klaus Vogelgesang, Die Kommunalaufsicht, Berlin 1998; *Karl-Ulrich Meyn*, Gesetzesvorbehalt und Rechtsetzungsbefugnis der Gemeinden, Göttingen 1977; *Bernhard Joachim Scholz*, Der Rechtsschutz der Gemeinden gegen fachaufsichtliche Weisungen, Stuttgart 2002; *Kay Waechter*, Kommunalrecht, 3. Aufl., Köln 1997; *Hans J. Wolff/Otto Bachof/Rolf Stober/Winfried Kluth (Hrsg.)*, Verwaltungsrecht II, 7. Aufl., München 2010.

Leitentscheidungen des ThürVerfGH und des BVerfG

ThürVerfGH, Urt. v. 21.06.2005 – 28/03 – NVwZ-RR 2005, 665 ff. (dualistische Struktur).

BVerfGE 6, 104 (Kommunale Sperrklausel); 78, 331 (Aufsicht als Korrelat der Selbstverwaltung).

A. Überblick

1 Während Art. 28 Abs. 2 GG keine ausdrückliche Regelung zur Aufsicht über die Kommunen enthält, sondern den bundesverfassungsrechtlichen Zuschnitt der Kommunalaufsicht der Rechtsprechung des BVerfG verdankt, regelt Art. 94 die entsprechenden Befugnisse des Landes ausdrücklich. Die Interpretation kommunalaufsichtlicher Kompetenzen orientiert sich aber – wie das im Selbstverwaltungsrecht auch sonst festzustellen ist – dennoch in gewissem Ausmaß an deren traditionellem Bestand. Beachtet werden muss dabei aber, dass der sog. Anwendungsvorrang des europäischen Gemeinschaftsrechts Kommunen und Kommunalaufsicht vor neuartige Probleme stellt.[1]

2 Wie für die Aufsicht des Bundes gegenüber den Ländern gemäß Art. 84 Abs. 3 Satz 1 GG einerseits und Art. 85 Abs. 4 Satz 1 GG andererseits wird auch für die Kommunalaufsicht zwischen Rechts- und Fachaufsicht unterschieden.[2] Die Unterscheidung findet sich in Art. 94 nur mittelbar wieder, indem Satz 1 die Gemeinden und Gemeindeverbände unter Aufsicht stellt, ohne hinsichtlich des Ausmaßes der Aufsicht zu differenzieren. Durch Satz 2 wird die Kommunalaufsicht in Selbstverwaltungsangelegenheiten aber auf die Gesetzmäßigkeit beschränkt. Das gilt gleichermaßen für Gemeinden und Gemeindeverbände. Daraus ergibt sich, dass für die Auftragsangelegenheiten gemäß Art. 91 Abs. 3 die sog. Fachaufsicht vorgesehen ist.[3]

1 Die Kommunen haben bei Konflikten zwischen nationalem Recht und europäischem Gemeinschaftsrecht wegen des Anwendungsvorrangs ein Verwerfungsrecht und eine Verwerfungspflicht, die in ihrem Umfang ungeklärt sind; vgl. dazu *Ehlers*, DÖV 2001, 412 (413 f.) mwN.

2 Vgl. dazu *Kluth*, in: Wolff/Bachof/Stober/Kluth, Verwaltungsrecht II, 7. Aufl. 2010, § 94, Rn. 128.

3 Einen allgemeinen Überblick über die „Staatsaufsicht" geben *Lübking/Vogelgesang*, Die Kommunalaufsicht, 1998, S. 49 ff.

B. Herkunft, Entstehung und Entwicklung

Während Art. 28 Abs. 2 GG keinerlei Regelung bezüglich der sog. staatlichen Aufsicht über die Kommunen enthält, war die Kommunalaufsicht als Staatsaufsicht seit den **Stein-Hardenberg-Reformen** in Preußen, durch die die kommunale Selbstverwaltung als Selbstorganisation der dem Staat entgegengesetzten Gesellschaft konzipiert war, gewissermaßen selbstverständlich.[4] Der seinerzeit lediglich aus dem monarchischen Prinzip heraus legitimierte Staat beanspruchte für die Abgabe von Regelungsgewalt ein Recht der u.U. umfassend eingreifenden Aufsicht. Die sog. Paulskirchenverfassung von 1849 enthielt in ihrem § 184, in dem die Gemeinden „Grundrechte ihrer Verfassung" garantiert wurden, in dieser Tradition auch die „gesetzlich geordnete Oberaufsicht des Staates".[5] An dieser grundrechtlichen Sicht, die noch nicht die des GG war, änderte sich auch nichts in der Weimarer Reichsverfassung, die mit Art. 127 die gemeindliche Selbstverwaltung in ihrem Grundrechtsteil regelte,[6] nun aber die offenbar weiterhin selbstverständliche „staatliche Aufsichtsgewalt"[7] in den „Schranken der Gesetze" unterbrachte, die sich in Art. 28 Abs. 2 Satz 1 als der „Rahmen der Gesetze" wiederfindet. 3

Eine besondere Diskussion der Natur von Kommunalaufsicht fand in den Verfassungsberatungen zur ThürVerf nicht statt. Lediglich Details zur Formulierung von Art. 94 wurden erörtert. So enthielt die Vorschrift nach intensiver Diskussion im VerfUA[8] eine ausdrückliche Regelung, nach der das Land bei übertragenen staatlichen Aufgaben auch die Fachaufsicht hat.[9] Dieser Satz wurde später auf den Hinweis eines juristischen Sachverständigen aus Gründen der Straffung der Verfassung gestrichen.[10] Im Plenum des verfassunggebenden Landtags wurden die kommunalverfassungsrechtlichen Bestimmungen nur wenig angesprochen.[11] 4

C. Verfassungsvergleichende Information

In den anderen Landesverfassungen finden sich zahlreiche, sehr unterschiedlich formulierte Bestimmungen. Der Sache nach gleichinhaltliche Regelungen enthalten die Verfassungen Bremens (Art. 147 BremVerf), Hessens (Art. 137 Abs. 3), Mecklenburg-Vorpommerns (Art. 72 Abs. 4), von Rheinland-Pfalz (Art. 49 Abs. 3 Satz 2), dem Saarland (Art. 122), Sachsen (Art. 89 Abs. 1), Sachsen-An- 5

4 Zur Geschichte der kommunalen Selbstverwaltung unter besonderer Berücksichtigung der Aufsichtsregelungen *Lübking/Vogelgesang* (Fn. 3) S. 35 ff.

5 Vgl. zum Oberaufsichtsrecht des Staates umfassend *Kahl*, Die Staatsaufsicht, 2000, S. 45 ff.

6 Immerhin ergibt sich aus Art. 17 Abs. 2 S. 1 WRV, mit dem die Wahlrechtsgrundsätze auch für Gemeindewahlen in Geltung gesetzt werden, eine Hinwendung zu einer dem Staat gleichgearteten Sicht der Kommunen. Anders offenbar *Waechter*, in: Epping/Butzer, Art. 57 Rn. 122.

7 So *Gerhard Anschütz*, Die Verfassung des Deutschen Reiches, Kommentar, 14. Aufl., Bad Homburg 1933, Art. 127 Anm. 1. Vgl. auch Rn. 2 zu Art. 91.

8 PW 1 VerfUA 018 (11.09.1992) S. 53 – 60.

9 Vorlage VerfA 1 / 884 v. 11.09.1992, Nr. 16 lautete: „Die Gemeinden und Gemeindeverbände unterstehen der Aufsicht des Landes. In Selbstverwaltungsangelegenheiten ist die Aufsicht auf die Gewährleistung der Gesetzmäßigkeit beschränkt. Bei übertragenen staatlichen Aufgaben hat das Land auch die Fachaufsicht."

10 So der Sachverständige Jutzi; vgl. PW 1 VerfA 013 (16.10. 1992) S. 157; ebenso schon StS Gasser; vgl. PW 1 VerfUA 018. (11.09.1992) S. 54. f.

11 Vgl. Rn. 6 zu Art 91.

halt (Art. 87 Abs. 4) und Schleswig-Holstein (Art. 46 Abs. 3), insofern in diesen Vorschriften bestimmt wird, dass die Aufsicht sich auf die Gesetzmäßigkeit gemeindlichen Handelns beschränkt. Die Regelung des Saarlandes ist im Wortlaut sogar fast identisch. Art. 83 Abs. 4 BayVerf legt ausdrücklich fest, dass die Kommunalaufsicht durch staatliche Behörden wahrzunehmen ist.

D. Erläuterungen

6 Die Kommunen sind in ihrer Eigenschaft als Selbstverwaltungskörperschaften Teile eines mindestens vierstufigen Staatsaufbaus[12] und verfassungsrechtlich garantierte Träger von Hoheitsgewalt und hoheitlichen Kompetenzen. Als reine Verwaltungseinheiten im engeren Sinne dieses Begriffes kann man sie schon deshalb nicht ansehen, weil jedenfalls die Gemeinden über eine von GG und ThürVerf unmittelbar zugewiesene Rechtsetzungskompetenz verfügen.[13] Dennoch wird die sog. Staatsaufsicht über die Gemeinden, die besser als Kommunalaufsicht zu bezeichnen ist,[14] auch verfassungsdogmatisch als unbedenklich angesehen, weil sie in gewisser Weise die natürliche – wenn auch einschränkende – Ergänzung zur Institutionalisierung der Kommunen durch den Verfassunggeber ist. Wollte man dem Land bei Rechtsverstößen der Kommunen kein Aufsichtsrecht geben, so müsste man es auf den Weg zu den Gerichten verweisen. Das ist auch im Verhältnis zwischen Bund und Ländern nicht so geregelt. Deshalb ist diese Konstruktion in der Dogmengeschichte des Kommunalrechts – soweit ersichtlich – nie erwogen worden. Vielmehr geht das BVerfG in einer seiner ersten Entscheidungen zu Art. 28 Abs. 2 GG ausdrücklich davon aus, dass die Kommunalaufsicht ein Korrelat der Selbstverwaltung ist.[15] Daraus darf aber nicht geschlossen werden, dass Selbstverwaltung ohne Aufsicht ihr Wesen verliert. Vielmehr sind aufsichtliche Maßnahmen immer auch vor dem Recht auf Selbstverwaltung rechtfertigungsbedürftig. Am deutlichsten wird das Verfehlte der herrschenden Meinung in der Formulierung von Kahl, der die Aufsicht als „ein für alle selbständigen Verwaltungsträger begriffsnotwendiges Element" bezeichnet.[16] Dahinter steht die Vorstellung von einer aus der Staatsgewalt herausgetrennten hoheitlichen Befugnis, die für das GG, das die Kommunen als genuinen Bestandteil der Staatsorganisation verfasst hat, in die Irre geht.

7 Gelegentlich wird die Kommunalaufsicht auch aus dem Rechtsstaatsprinzip hergeleitet,[17] dessen Element Gesetzmäßigkeit der Verwaltung (Art. 20 Abs. 3) als speziell heranzuziehen wäre. Das ist für die Rechtslage nach der ThürVerf aber ebenso entbehrlich wie der Rückbezug auf das Demokratieprinzip[18], da Art. 94 eine ausdrückliche Regelung enthält.

---

12 Vgl. Rn. 1, 6, 19, 52, 76 zu Art. 91.

13 So schon *Anschütz* (Fn. 7); vgl. auch Rn. 46 – 49 zu Art. 91.

14 Zu Wortwahl und Begrifflichkeit vgl. *Knemeyer*, in: HKWP I, § 12 Rn. 1 ff.

15 BVerfGE 6, 104 (118); bestätigend BVerfGE 78, 331 (341). Diese Konstruktion ist angesichts der gleichartigen demokratischen Legitimation der Organe der kommunalen Selbstverwaltung nicht überzeugend. Zutreffend *Kluth*, (Fn. 2) § 94 Rn. 127. Eine Analyse der einschlägigen älteren, im Grundsatz aber unverändert gebliebenen Rspr. des BVerfG bei *Meyn*, Gesetzesvorbehalt und Rechtsetzungsbefugnis der Gemeinden, 1977, S. 30 ff.

16 *Kahl* (Fn. 5), S. 498 f.

17 So *Wachsmuth/Oehler*, § 116 ThürKO (St.d.B. 11.2001) Anm. 2.

18 *Kahl* (Fn. 5) S. 498 f. Dazu treffend *Kluth* (Fn. 2), Rn. 127.

I. Der beschränkte Regelungsgehalt von Art. 94

1. Der Gesetzesvorbehalt aus Art. 91. Der Wortlaut von Art. 94 beschränkt sich auf die einheitliche Behandlung von Gemeinden und Gemeindeverbänden und die Funktion der Kommunalaufsicht als Rechtsaufsicht in Selbstverwaltungsangelegenheiten. Die Regelung gibt damit für die Kommunalaufsicht den Gewährleistungsinhalt von Art. 28 Abs. 2 GG wieder bzw. – richtiger formuliert – den Umfang an Einschränkung der Selbstverwaltung. Die einfachgesetzliche Konturierung muss aus dem „Rahmen der Gesetze" von Art. 91 Abs. 1 gewonnen werden, denn Art. 94 selbst enthält keinen Gesetzesvorbehalt oder Regelungsauftrag. Gäbe es die Vorschrift nicht, so wäre ihr Regelungsgehalt unmittelbar aus Art. 91 zu entwickeln, so wie das BVerfG dies zu Art. 28 Abs. 2 GG vorgenommen hat. Seiner Rechtsnatur nach ist Art. 94 eine Eingriffsnorm in den Schutzbereich von Art. 91 Abs. 1.[19] 8

Die Vorschrift überlässt die Regelung von Inhalt, Zuständigkeiten und Aufsichtsmitteln dem Gesetzgeber. Dessen Vorschriften in Gestalt der §§ 116 ff. ThürKO bewegen sich im Rahmen des kommunalverfassungsrechtlich Üblichen. 9

2. Die Fachaufsicht aus Umkehrschluss. Die Vorschrift des Art. 94 ist auch insofern von juristisch-spartanischer Kürze, als sie der Sache nach den Unterschied zwischen Rechtsaufsicht einerseits und Fachaufsicht andererseits regeln will, dies aber nur verdeckt formuliert. Zunächst stellt Satz 1 Gemeinden und Gemeindeverbände pauschal unter die Aufsicht des Landes. Satz 2, der die Aufsicht in Selbstverwaltungsangelegenheiten auf die Gewährleistung der Gesetzmäßigkeit beschränkt, erscheint deshalb wie eine Ausnahmevorschrift. Wie sich aus der Entstehungsgeschichte ergibt,[20] darf daraus aber nicht auf eine Vermutung für eine besonders umfassende Fachaufsicht geschlossen werden. Das ließe sich aus der Struktur der Vorschrift zwar prima vista schließen. Die ursprüngliche Formulierung, die in einem Satz 3 nur für die übertragenen Aufgaben die Fachaufsicht vorsah, wurde aber nur aus Gründung der Straffung der Verfassung gestrichen.[21] Der Regelungsgehalt dieses Satzes ergibt sich nunmehr aus einem Umkehrschluss.[22] 10

3. Der Kreis der Beaufsichtigten. Die Regelung von Art. 94 macht keinen Unterschied zwischen Gemeinden und Gemeindeverbänden, würde also bei Einführung von höheren Gemeindeverbänden[23] auch für diese gelten. Der Gesetzgeber wäre aber nicht gehindert, für sie intensivere Aufsichtsmaßnahmen vorzusehen, da er schon den Inhalt ihres Selbstverwaltungsrechts berechtigt ist zu definieren. Neben den Gemeinden, Landkreisen und kreisfreien Städten können auch Verwaltungsverbünde wie Verwaltungsgemeinschaften und Zweckverbände der Aufsicht unterstellt werden (vgl. § 118 ThürKO), da sie weder Art 91 noch Art. 94 unterfallen. 11

---

19 Zutreffend bezieht sich deshalb ThürOVG, Beschl. v. 16.11.2001 – 4 EO 221/96 – Umdruck S. 11, 20 = DÖV 2002, 712 (nur LS) auf Art. 91 Abs. 1 als potentiell verletzte Norm.

20 Vgl. dazu schon oben Rn. 3 f.

21 PW 1 VerfA 013 (16.10. 1992) S. 157; dem entspricht die Vorlage VerfA 1/955 v. 19.10.1992, Nr. 25.

22 Vgl. Entstehung ThürVerf, S. 246.

23 Deshalb wurde statt „Landkreise" der Begriff „Gemeindeverbände" gewählt; vgl. PW 1 VerfUA 018 (11.09.1992); vgl. auch Rn. 80 zu Art. 91.

12 **4. Das Land als Träger der Aufsicht.** Die Aufsicht über die Kommunen ist ausschließlich Sache der Länder. Satz 1 gibt insoweit nur das Kompetenzgefüge des GG zutreffend wieder. Eine Bundeskompetenz in Fragen der Aufsicht gibt es weder als spezielle Zuweisung[24] noch aus einer allgemeinen Kompetenzbestimmung.[25] Greifen aber Kommunen in Zuständigkeiten des Bundes ein, so ist das Land aus dem Grundsatz der Bundestreue u.U. verpflichtet, selbst aufsichtlich tätig zu werden. Das BVerfG hat dies jedenfalls für eine „empfindliche, schwerwiegende Störung der grundgesetzlichen Ordnung" angenommen.[26] Dafür wird z.B. die Beanstandung allgemeiner außenpolitischer Äußerungen eines Kommunalorgans genannt.[27] Darüber hinausgehend wird man aber eine Pflicht des Landes in dem Umfang anzunehmen haben, wie es in gleich gewichtigen Fällen im Rahmen des Landesrechts und des Vollzugs von Bundesgesetzen handelt. Hinsichtlich des Ob eines Einschreitens wird man dabei nicht von einem Ermessen des Landes ausgehen können, da Art. 94 von der Gewährleistung der Gesetzmäßigkeit spricht.[28]

13 Da nach dem Wortlaut der Vorschrift die Aufsicht dem Land obliegt, ist der Gesetzgeber gehindert, die Rechtsaufsicht auf den Landkreis als Selbstverwaltungskörperschaft zu übertragen.[29] Da das Landratsamt nicht so sehr als Organisationsform des Landkreises, sondern als untere staatliche Verwaltungsbehörde angesehen wird (§ 111 Abs. 2 und 4, § 118 Abs. 1 ThürKO), ist eine andere Zuständigkeit – z.B. beim Landesverwaltungsamt – offenbar nicht in Erwägung gezogen worden.[30]

II. Allgemeines zum Inhalt von Kommunalaufsicht

14 Aufsicht ist nicht etwa als Kontrolle im Sinne ständiger Steuerung[31] zu verstehen. Eine ständig dirigierende Einwirkung des Landes bricht sich mit der Eigenverantwortlichkeit der Kommunen. Das gilt nicht nur für Art. 28 Abs. 2 GG,[32] sondern auch für ein zutreffendes Verständnis von Art. 94 als Eingriffsnorm. Aufsicht muss Distanz zu dem zu Beaufsichtigenden wahren und ihm Entscheidungsspielräume belassen. Das hat der Verfassunggeber für die Selbstverwaltungsangelegenheiten durch die Beschränkung der Aufsicht auf die Gesetzmäßigkeit deutlich gemacht (Satz 2). Selbst bei den sog. pflichtigen Selbstverwaltungsangelegenheiten (§ 2 Abs. 3 ThürKO) beschränkt sich diese Aufsicht auf das Ob des Handelns.[33]

15 **1. Das Distanzgebot.** Das Distanzgebot gilt auch für die übertragenen staatlichen Aufgaben.[34] Insofern besteht zwischen Art. 94 und Art. 91 Abs. 3, der bei

24 BVerfGE 8, 122 (137 f.) – Volksbefragung zur Atombewaffnung.
25 BVerfGE 26, 172 (181).
26 BVerfGE 8, 122 (139); OVG Lüneburg, NVwZ 1988, 464 (465).
27 *Kluth* (Fn. 2), § 94 Rn. 132.
28 Vgl. *Kluth* (Fn. 2), § 96 Rn 135; OVG Lüneburg, NVwZ 1988, 464, nimmt lediglich eine Ermessensreduzierung auf Null bei „entsprechender Schwere" des Verstoßes an; gegen eine Pflicht zum Einschreiten *Ehlers*, DÖV 2001, 412 (415) mwN.
29 So auch *Wachsmuth/Oehler*, § 118 ThürKO (St.d.B. 11.2003) Anm. 1.
30 Vgl. auch § 111 Abs. 2 und 4 ThürKO.
31 Zu weitgehend als „Kooperationsverhältnis" interpretiert *Kluth* (Fn. 2), § 94 Rn. 130, den Begriff „Aufsicht".
32 Vgl. *Löwer*, in: von Münch/Kunig, Art. 28 Rn. 70.
33 Vgl. *Rücker*, in: Rücker, § 2 ThürKO (St.d.B. 05.2001) Anm. 4; *Wachsmuth/Oehler*, § 2 ThürKO (St.d.B. 06.2000) Anm. 3.2.
34 Vgl. dazu unten Rn. 23.

den übertragenen Aufgaben die Möglichkeit von Weisungen vorsieht, ein Spannungsverhältnis. Es ist dahin zu lösen, dass die Weisungen im Regelfall nur generellen Charakter tragen dürfen und nur in Einzelfällen nach Maßgabe des Prinzips der Verhältnismäßigkeit die Entscheidung „vor Ort" auf den reinen Nachvollzug beschränkt. Die §§ 119 ff. ThürKO lassen sich in dieser Hinsicht verfassungsrechtlich unbedenklich anwenden.

Indem Satz 1 anordnet, dass die Gemeinden und Gemeindeverbände der Auf- 16
sicht des Landes unterstehen, begründet die Vorschrift in Verbindung mit Art. 91 Abs. 1 nicht nur eine Befugnis des Landes, sondern zugleich eine Pflicht. Das Land hat dabei wegen der Geltung des Gesetzesvorbehalts in Art. 91 Abs. 1 keine Wahl, ob es gesetzliche Regelungen vornimmt oder etwa nur im Erlasswege „regiert".

Allerdings soll das auf den Bereich der Selbstverwaltungsangelegenheiten be- 17
schränkt sein.[35] Für diese Beschränkung gibt es aber keinen Anlass. Die Kommunen werden auch im Bereich der Auftragsangelegenheiten nicht zu Behörden des Landes, sondern haben auch insofern den Charakter von Gebietskörperschaften mit eigener Rechtssubjektivität.[36] Deshalb hat die Aufsicht auch insofern den Grundsatz der Kommunalfreundlichkeit zu beachten,[37] dem andererseits die Verpflichtung der Kommunen zu landes(und bundes-)freundlichem Verhalten entspricht. Dieser Grundsatz verdichtet sich in Selbstverwaltungsangelegenheiten zum Verbot der „Einmischungsaufsicht".[38] Eine permanente begleitende Aufsicht ist deshalb in der Regel ausgeschlossen.

2. Präventive und repressive Aufsicht. Neben die repressive tritt sowohl für die 18
Rechtsaufsicht wie auch für die Fachaufsicht die präventive Aufsicht,[39] deren Schutzfunktion zum grundgesetzlich vorausgesetzten Bild kommunaler Selbstverwaltung gehört. Das gilt ebenso für die ThürVerf, die insofern den Kommunen nicht weniger Freiraum einerseits und Förderung andererseits angedeihen lassen wollte. Anderenfalls wäre es zu einer inhaltlich ausführlicheren Regelung gekommen.[40]

Die einfachgesetzliche Umsetzung ist durch § 116 ThürKO hinreichend gesche- 19
hen, indem den Aufsichtsbehörden Beratung, Förderung und Unterstützung von Gemeinden und Landkreisen zur Pflicht gemacht wird. Unglücklich erscheint dabei die Eigenschaft als Soll-Vorschrift. Sie ist ebenso verfassungskonform auszulegen, wie z.B. das Informationsrecht aus § 119 ThürKO. Ein freies Ermessen kann hier nicht eingeräumt sein.[41] Zu berücksichtigen ist nämlich auch insofern die Rechtssubjektivität der Kommunen, denn nicht nur rechtsaufsichtliche Maß-

35 HM; vgl. für Niedersachsen *Waechter*, in: Epping/Butzer, Art. 57, Rn. 124.

36 Vgl. *Wachsmuth/Oehler*, § 116 ThürKO (St.d.B.: 11.2001) Anm. 1: „dritte Stufe im Staatsaufbau"; zur verfassungsstrukturellen Begründung vgl. *Meyn* (Fn. 15) S. 31 – 38; *ders.*, in: Huber, 3. Teil Rn. 49; so im Ansatz auch *Kluth* (Fn. 2), § 94 Rn. 50: Kommunen als „rechtsfähige Einheiten".

37 *Waechter*, in: Epping/Butzer, Art. 57 Rn. 124 unter unzutreffender Berufung auf BVerfGE 8, 122 (136).

38 BVerfGE 78, 331 (341).

39 Vgl. dazu *Waechter*, Kommunalrecht, 3. Aufl. 1997, Rn. 202 ff.

40 Die Beratungen des VerfUA durchzieht das Bemühen, die Selbstverwaltungsangelegenheiten vor allzuviel Ingerenz zu schützen; vgl. PW 1 VerfUA 018 (11.09.1992) S. 53 – 60. Der VerfA hat dazu nicht ausführlich diskutiert.

41 So aber wohl *Schmidt*, in: Rücker, § 119 ThürKO (St.d.B.: 10.2004) Anm. 2.

nahmen wirken mittelbar immer in das Selbstverwaltungsrecht hinein.[42] Die in jener Vorschrift genannten Befugnisse dürfen deshalb keineswegs anlasslos ausgeübt werden.[43] Ihre Anwendung ist gegenüber den betroffenen Kommunen zu begründen. Die Gesetze müssen das Ausmaß und die Mittel der Aufsicht hinreichend bestimmt beschreiben.

20 Zur präventiven Aufsicht ist trotz aller Schutzorientiertheit zu beachten, dass die Intensität von „Beratung und Unterstützung“ die Grenzen zur repressiven Aufsicht verunklaren kann. So kann angesichts der zweifellos bestehenden Abhängigkeit der Kommunen vom „schützenden“ Land die Stärkung der „Entschlusskraft“ zu Entscheidungen führen, die die Kommune eigentlich nicht oder so nicht treffen wollte. Das gilt insbesondere deshalb, weil präventive Maßnahmen nicht unbedingt dem Rechtsschutz vor Gerichten zugänglich sind. Deshalb muss die Aufsichtsbehörde in ihrer Eigenschaft als (präventive) Rechtsberatungsbehörde ebenso sorgfältig handeln wie bei der repressiven Aufsicht in Gestalt der Beanstandung (§ 120 ThürKO).

21 Bei Verstößen der Kommunen insbesondere gegen den Grundsatz der Gesetzmäßigkeit der Verwaltung gibt es auch im Rahmen der Fachaufsicht kein Ermessen, ob gehandelt werden soll.[44] Für das fachliche Wie des Handelns haben die Aufsichtsbehörden aber entsprechende Spielräume.

III. Die Kommunalaufsicht in Selbstverwaltungsangelegenheiten

22 In Selbstverwaltungsangelegenheiten, die von §§ 2, 87 ThürKO als Aufgaben des eigenen Wirkungskreises bezeichnet werden, hat die Kommunalaufsicht gemäß Satz 2 lediglich die „Gesetzmäßigkeit“ des Handelns der Kommunen zu überwachen. Das gilt auch für die in § 2 Abs. 3 ThürKO geregelten pflichtigen Selbstverwaltungsangelegenheiten.[45] Zutreffend ist, hier von Rechtsaufsicht zu sprechen, weil die Kontrolle nicht auf die Einhaltung und Durchführung von Parlamentsgesetzen beschränkt sein soll. Die Vorschrift verwendet hier den materiellen Gesetzesbegriff, umfasst also auch Rechtsverordnungen. Selbst Satzungen der Landkreise sollen dazugehören. Die Rechtsaufsicht erfasst nicht nur den Bereich öffentlich-rechtlicher Tätigkeit, sondern auch privatrechtliches Handeln der Kommune.[46]

IV. Die Kommunalaufsicht in Auftragsangelegenheiten

23 Neben die Rechtsaufsicht tritt in übertragenen Angelegenheiten die Fachaufsicht. Sie ist dadurch gekennzeichnet, dass die Aufsichtsbehörden auch die Zweckmäßigkeit kommunalen Handelns überprüfen dürfen und zu überprüfen haben.[47] Auch in den übertragenen Angelegenheiten behalten die Kommunen aber ihre Eigenschaft als öffentlich-rechtliche Gebietskörperschaften und damit ihre Rechtssubjektivität. Deshalb muss auch hier den Kommunen grundsätzlich

42 Vgl. *Knemeyer,* in: HKWP I, § 12 Rn. 86; wie hier wohl auch *Löwer*, in: von Münch/Kunig, Art. 28 Rn. 67, im Rahmen der „dritten Stufe“.
43 Ähnlich für Sachsen-Anhalt: *Reich*, Art. 87 Rn. 6.
44 So aber für Niedersachsen *Waechter*, in: Epping/Butzer, Art. 57 Rn. 124.
45 ThürVerfGH, Urt. v. 21.06.2005 – 28/03 – Umdruck S. 33 = NVwZ-RR 2005, 665 (666).
46 So für Sachsen-Anhalt *Reich,* Art. 87 Rn. 6.
47 *Kluth* (Fn. 2) § 94 Rn. 125; ThürVerfGH, Urt. v. 21.06.2005 – 28/03 – Umdruck S. 33 = NVwZ-RR 2005, 665 (666).

ein eigener Gestaltungsraum zuerkannt werden. Die Regelungsdichte kommunalaufsichtlicher Maßnahmen darf nicht zu hoch angesetzt werden. Insbesondere wenn umzusetzende Vorschriften von Bundes- oder Landesrecht Ermessen einräumen, ist die Aufsichtsbehörde nicht befugt, in jedem Einzelfall ihr Ermessen an die Stelle des Ermessens der zuständigen Kommunalbehörde zu setzen.[48] So hat das BVerfG für die Organisationshoheit ausgesprochen, dass „ein Gesetz, das Verwaltungsbehörden im Rahmen der Fachaufsicht umfassend ... ein jederzeit aktualisierbares Weisungsrecht einräumte",[49] Bedenken ausgesetzt wäre. Das ist auf die gesetzesumsetzende Tätigkeit der Kommunen zu übertragen. Dafür spricht vor allem, dass der Gesetzesvollzug durch die Kommunen u.a. auch den Sinn hat, örtliche Umstände und Verhältnisse berücksichtigen zu können. Hier kommt es auf Ziel und Zweck der je einzelnen, das Ermessen einräumenden Vorschrift an.

Artikel 95 [Gemeindevertretung]

[1]In den Gemeinden und Gemeindeverbänden muß das Volk eine Vertretung haben, die aus allgemeinen, unmittelbaren, freien, gleichen und geheimen Wahlen hervorgegangen ist. [2]An die Stelle einer gewählten Vertretung kann nach Maßgabe des Gesetzes eine Gemeindeversammlung treten. [3]In Gemeindeverbänden, die nicht Gebietskörperschaften sind, kann das Volk auch eine mittelbar gewählte Vertretung haben.

Vergleichbare Regelungen

Art. 28 Abs. 1 GG; Art. 72 BWVerf; Art. 12 und 14 BayVerf; Art. 138 HessVerf; Art. 72 M-VVerf; Art. 57 NV; Art. 72 Verf NW; Art. 50 und 76 Verf Rh-Pf; Art. 64 SaarlVerf; Art. 4 und 86 SächsVerf; Art. 89 LVerf LSA; Art. 3 SchlHVerf.

Ergänzungsnormen im sonstigen thüringischen Recht

ThürKWG v. 16.08.1993 (ThürGVBl. S. 530) zuletzt geändert durch Gesetz v. 09.09.2010 (ThürGVBl. S. 291); ThürKWO v. 02.03.2009 (ThürGVBl. S. 65) zuletzt geändert durch VO v. 30.04.2010 (ThürGVBl. S. 175).

Dokumente zur Entstehungsgeschichte

Art. 86 VerfE CDU; Art. 69 VerfE F.D.P.; Art. 77 VerfE SPD; Art. 98 VerfE LL/PDS; Entstehung ThürVerf S. 247 f.

Literatur

GG-Kommentare zu Art. 28 GG.

Leitentscheidungen des ThürVerfGH und des BVerfG

ThürVerfGH, Urt. v. 11.03.1999 – 30/97 – ThürVBl 1999, 188 (Wahlanfechtung Kreistagswahl 1994); Urt. v. 11.04.2008 – 22/05 – ThürVBl 2008, 174 (Fünf-Prozent-Sperrklausel bei Kommunalwahlen-II).

BVerfGE 83, 24 (Kommunalwahlrecht für Ausländer – Schleswig-Holstein); 83, 60 (Wahlrecht für Ausländer – Bezirksversammlungen Hamburg).

48 Vgl. dazu – wenn auch wohl allzu weit gehend – Kluth (Fn. 2) § 94 Rn. 130 f.; die Gesetzmäßigkeit der Verwaltung kann nicht einem „ungeschriebenen Tatbestandsmerkmal öffentliches Interesse" unterstellt werden.

49 BVerfGE 91, 228 (239).

A. Überblick

1 Art. 28 Abs. 1 Satz 2 GG enthält Vorgaben für Regelungen zur demokratischen Repräsentation und zum Wahlrecht, insbesondere zu den Wahlrechtsgrundsätzen, auf Landesebene und auf kommunaler Ebene. Auch wenn er das Wahlsystem als solches nicht festlegt, begrenzt Art. 28 Abs. 1 Satz 2 GG den Gestaltungsspielraum für Regelungen in der ThürVerf und im einfachen Recht für die Landesebene und die kommunale Ebene gleichermaßen. Wie Art. 46 Abs. 1 für die Landesebene wiederholt **Art. 95 Satz 1** die Vorgabe des Art. 28 Abs. 1 Satz 2 GG für die kommunale Ebene. Die Festlegung in Art. 49 Abs. 1 auf ein mit der Personenwahl verbundenes Verhältniswahlrecht für die Landtagswahlen hingegen entfaltet keine Wirkung auf die Ausgestaltung der Kommunalwahlen; der einfache Gesetzgeber ist hier frei, ein Verhältniswahlrecht, ein Mehrheitswahlrecht oder Mischformen vorzusehen und auch unterschiedliche Regelungen für die kommunalen Vertretungen zu treffen.

2 Art. 28 Abs. 1 Satz 4 GG erweitert den Spielraum bei landesrechtlichen Regelungen für die kommunale Ebene durch die Befugnis, für Gemeinden statt einer gewählten Körperschaft eine Gemeindeversammlung vorzusehen, genauer: Art. 28 Abs. 1 Satz 4 GG nimmt einen (kleinen) Teil der den Ländern durch Art. 28 Abs. 1 Satz 2 GG vorgegebenen Einschränkungen der Gestaltungsfreiheit für Regelungen auf kommunaler Ebene wieder zurück. Von dieser grundgesetzlich zugelassenen Ermöglichung eines plebiszitären Gestaltungselements macht der Thüringer Verfassungsgeber in **Art. 95 Satz 2** Gebrauch, indem er es dem einfachen Gesetzgeber überlässt, entsprechende Regelungen zu schaffen. Allerdings hat der (Kommunalwahl)Gesetzgeber in Thüringen – wie in allen anderen Ländern auch – von der Möglichkeit, eine Gemeindeversammlung vorzusehen, keinen Gebrauch gemacht.

3 Art. 95 Satz 3 ermöglicht dem einfachen Gesetzgeber, für Gemeindeverbände, die nicht Gebietskörperschaften sind, auch eine (nur) mittelbar gewählte Vertretung vorzusehen. Diese Ausnahme vom Wahlrechtsgrundsatz der Unmittelbarkeit ist mit Art. 28 Abs. 1 Satz 2 GG vereinbar, da der Unmittelbarkeitsgrundsatz nur für Kreise und Gemeinden, also die Gebietskörperschaften, gilt.

B. Herkunft, Entstehung und Entwicklung

4 Die Vorl.LS enthielt keine Regelungen zur verfassungsmäßigen Ordnung auf kommunaler Ebene.

5 Angesichts der zwingenden Vorgaben in Art. 28 Abs. 1 Satz 2 und 3 der damaligen Fassung (= Art. 28 Abs. 1 Satz 2 und 4 der jetzigen Fassung; Art. 28 Abs. 1 Satz 3 mit der Erstreckung des Wahlrechts auf Staatsangehörige eines EG-Mit-

gliedstaates ist am 25.12.1992 in Kraft getreten)[1] sah man bei den Beratungen zu Art. 95 kaum eigenen Gestaltungsspielraum. Entsprechend gering war das Konfliktpotential. Die Aufnahme einer dem späteren Art. 28 Abs. 1 Satz 3 GG entsprechenden Regelung für Angehörige eines EG-Mitgliedstaates in den Verfassungstext „im vorauseilenden Gehorsam" wurde bei den Beratungen mehrheitlich ebenso abgelehnt[2] wie die Ergänzung der Vorschrift um einen in den Vorentwürfen von CDU und LL/PDS vorgesehenen Gesetzesvorbehalt.[3]

Die Erweiterung des Wahlrechts auf Unionsbürger[4] durch **Art. 28 Abs. 1 Satz 3 GG ergänzt Art. 95 Satz 1.** Eine bundes(verfassungs)rechtskonforme Auslegung des Art. 95 Satz 1 durch ergänzende Heranziehung des Art. 28 Abs. 1 Satz 3 GG ist ohne weiteres möglich; eines Rückgriffs auf Art. 31 GG („Bundesrecht bricht Landesrecht.") bedarf es nicht. Eine Änderung des Art. 95 ist nicht erforderlich; es reicht aus, dass die Vorgaben des Unionsrechts durch den Landesgesetzgeber umgesetzt werden.[5] Der einfache Gesetzgeber hat dem Art. 28 Abs. 1 Satz 3 GG in § 1 Abs. 2 ThürKWG Rechnung getragen, indem er dort bestimmt, dass Unionsbürger nach denselben Maßgaben wie Deutsche (kommunal)wahlberechtigt sind. 6

C. Verfassungsvergleichende Information

Art. 95 Satz 1 nimmt die Vorgabe des Art. 28 Abs. 1 Satz 2 GG auf, wonach das Volk nicht nur in den Ländern, sondern auch in den Kreisen und Gemeinden eine Vertretung haben muss, die aus allgemeinen, unmittelbaren, freien, gleichen und geheimen Wahlen hervorgegangen ist. Statt „Kreise und Gemeinden" wie in Art. 28 Abs. 1 Satz 2 GG heißt es in Art. 95 Satz 1 „Gemeinden und Gemeindeverbände". Ein Gemeindeverband in diesem Sinne ist nicht identisch mit einem Kreis. Vielmehr ist ein Kreis ein Unterfall eines Gemeindeverbandes, wie Art. 95 Satz 3 zeigt, wonach Gemeindeverbände nicht zwingend Körperschaften sein müssen. 7

D. Erläuterungen

I. Die Vertretung des Volkes auf kommunaler Ebene, Wahlrechtsgrundsätze (Satz 1)

Art. 95 Satz 1 erklärt entsprechend der Vorgabe in Art. 28 Abs. 1 Satz 2 GG die Wahlrechtsgrundsätze der Allgemeinheit, Unmittelbarkeit, Freiheit, Gleichheit und Geheimheit auch für die Vertretung des Volkes in den Gemeinden und Gemeindeverbänden für verbindlich. Obwohl Art. 95 ThürVerf inhaltlich wiederholt, was auch Art. 28 Abs. 1 Satz 2 GG für die Kommunalvertretungen vorschreibt, entfaltet er seine Bedeutung vor dem Hintergrund der Systematik der 8

1 BGBl. I 1992 S. 2086; BT-Drs. 12/3338.

2 PW 1 VerfA 020 (20.03.1993), S. 115.

3 LT-Drs. 1/285 (Art. 86 Abs. 2); LT-Drs. 1/678 (Art. 98 Abs. 2); PW 1 VerfA 020 (20.03.1993), S. 119 f.

4 Unionsbürger ist, wer die Staatsangehörigkeit eines Mitgliedstaates der Europäischen Gemeinschaft besitzt, vgl. Art. 20 Abs. 1 Satz 2 AEUV. Mit Art. 28 Abs. 1 Satz 3 GG wurde Art. 17 Abs. 2, 19 Abs. 1 EGV aF (jetzt Art. 20, 22 AEUV) in nationales (Verfassungs)Recht umgesetzt, vgl. *Nierhaus*, in: Sachs, GG, Art. 28 Rn. 24.

5 *Ipsen*, Art. 57 Rn. 33.

Landesverfassung und ist in Bezug zu den sonstigen Normen dieser Verfassung auszulegen.[6]

9 *„Die **Ordnung des kommunalen Wahlrechts** obliegt dem **Landesgesetzgeber**. Dabei kommt ihm ein **Gestaltungsspielraum** zu, der seine **Grenzen** insbesondere in den verfassungsrechtlich gewährleisteten **Wahlrechtsgrundsätzen** findet. Die Wahlrechtsgrundsätze gelten allerdings nicht schrankenlos. Die Natur der Sache bringt es mit sich, dass nicht jeder der verfassungsrechtlich festgelegten Wahlrechtsgrundsätze in voller Reinheit verwirklicht werden kann (vgl. BVerfGE 59, 119, 124). **Abweichungen** von einzelnen Wahlrechtsgrundsätzen können aus zwingenden Gründen, insbesondere im Interesse der Einheitlichkeit des gesamten Wahlsystems und zur Sicherung der mit ihm verfolgten demokratischen Prinzipien entsprechenden staatspolitischen Zielen, zulässig bzw. geboten sein.“*[7]

10 Art. 95 Satz 1 bindet zunächst nur den Gesetzgeber. Als Ausprägung des demokratischen Prinzips gelten die in Art. 46 Abs. 1, 95 Satz 2 umschriebenen Wahlrechtsgrundsätze als **allgemeine Rechtsprinzipien für politische Wahlen zu allen demokratischen Repräsentativorganen im staatlichen und im kommunalen Bereich.**[8] Nach der Rechtsprechung des ThürVerfGH binden insoweit die Wahlrechtsgrundsätze nicht nur – als objektives Recht – die Gesetzgebung, die Verwaltung und die Rechtsprechung, sondern sind auch subjektiv-öffentliche Rechte der Wähler und Wahlbewerber.[9] Zu der Einordnung dieser Rechtsprechung vgl. Art. 49 Rn. 18.

11 **1. Die Wahlrechtsgrundsätze.** Die Wahlrechtsgrundsätze in Art. 95 Satz 1 sind identisch mit denen in Art. 46 Abs. 1. Insoweit kann auf die Kommentierung zu Art 46 Bezug genommen werden, vgl. Art. 46 Rn. 12 ff.

12 In der Rechtsprechung des ThürVerfGH ist die Entscheidung vom 11.04.2008 zur Verfassungswidrigkeit der **Fünf-Prozent-Sperrklausel bei Kommunalwahlen** hervorzuheben: Insbesondere die Funktionsfähigkeit der zu wählenden Kommunalvertretungen rechtfertigt nicht die mit dieser Sperrklausel verbundene Einschränkung der Wahlgleichheit. Insbesondere angesichts des Aufgabenkreises von Gemeinderäten und Kreistagen, der unmittelbaren Wahl von Bürgermeistern und Landräten sowie den Erfahrungen in anderen Ländern nach Abschaffung der Sperrklausel gibt es keine Rechtfertigung für die Sperrklausel (mehr).[10]

13 Eine **Abschaffung der Stichwahl bei Bürgermeister- und Landratswahlen** ist vom Gestaltungsspielraum des Kommunalwahlgesetzgebers gedeckt. Die Direktwahl der Bürgermeister und Landräte in nur einem Wahlgang mit relativer Mehrheit, wie sie in Nordrhein-Westfalen geregelt ist und in Thüringen in der 4. Wahlperiode eingeführt und zu Beginn der 5. Wahlperiode wieder abgeschafft worden

6 ThürVerfGH, ThürVBl 2008, 174 (177).
7 ThürVerfGH, ThürVBl 1999, 188 (189).
8 BVerfGE 47, 276 ff. mwN; vgl. auch Art. 46 Rn. 8.
9 ThürVerfGH, Beschl. v. 11.03.1999 – 30/97 – JURIS, Rn. 44, insoweit nicht veröffentlicht in ThürVBl 1999, 188 (189).
10 ThürVerfGH, ThürVBl 2008, 174 (176 ff.); vgl. auch ThürVerfGH, ThürVBl 2006, 229 ff. (Fünf-Prozent-Klausel Kommunalwahlrecht – I, Organstreitverfahren von Bündnis 90/Die Grünen gegen den Landtag auf Feststellung, dieser habe dadurch gegen die ThürVerf verstoßen, dass er es unterlassen habe, die Voraussetzungen für die Aufrechterhaltung der Fünf-Prozent-Klausel bei Gemeinderatswahlen zu überprüfen; als unzulässig verworfen).

ist, trägt dem Erfordernis demokratischer Legitimation hinreichend Rechnung; sie verstößt weder gegen die Wahlrechtsgrundsätze der Gleichheit noch der Unmittelbarkeit und auch nicht gegen den Grundsatz der Chancengleichheit im politischen Wettbewerb.[11] Auch die **Abschaffung der Briefwahl** wäre zulässig.[12]

Die Begriffe „Verhältniswahl" und „Mehrheitswahl" sind solche des Bundesverfassungsrechts, an das der Landesgesetzgeber nach Art. 28 Abs. 1 Satz 2 GG bei der Ausgestaltung des Kommunalwahlrechts gebunden ist.[13] 14

Der ThürVerfGH leitet aus dem Grundsatz der Gleichheit der Wahl Schlussfolgerungen für die Notwendigkeit und Ausgestaltung einer **Wahlprüfung bei Kommunalwahlen** ab: Dem Grundsatz der Wahlgleichheit *„wird der Gesetzgeber bei der Ausgestaltung des Kommunalwahlrechts nicht schon dadurch gerecht, dass er von Regelungen absieht, die einen unterschiedlichen Zähl- bzw. Erfolgswert der abgegebenen Stimmen vorsehen oder im Ergebnis zur Folge haben. Dem Anspruch des Wählers bzw. Wahlbewerbers auf Wahlgleichheit drohen nämlich Gefahren auch durch **Wahlfälschung** und – mehr noch – durch **ungewollte Fehler** bei der Stimmenauszählung und Ermittlung des Wahlergebnisses. Auch Regelungen, die geeignet sind, den typischen Ursachen von Fehlern bei der Ermittlung des Wahlergebnisses entgegenzuwirken, können keinen vollkommenen Schutz davor bieten, dass das Wahlergebnis von den zuständigen Wahlorganen im Einzelfall gleichwohl nicht zutreffend ermittelt wird und die Sitzverteilung den Wählerwillen nicht widerspiegelt. Daher gebietet der Grundsatz der Wahlgleichheit die Einrichtung einer **Wahlprüfung**, die sich auch auf die Ermittlung des Wahlergebnisses erstreckt. Der Gesetzgeber ist dabei gehalten, ein Verfahren zu schaffen, das es erlaubt, Zweifeln an der Richtigkeit der von den Wahlorganen vorgenommenen Stimmenauszählung nachzugehen und erforderlichenfalls das Wahlergebnis richtigzustellen sowie die Sitzverteilung zu korrigieren."*[14] 15

Der Gesetzgeber darf nicht nur eine **Wahlanfechtungsfrist** vorsehen, sondern auch eine **Begründungspflicht** innerhalb der Anfechtungsfrist mit der Folge einer **materiellen Präklusion** für verspätet vorgebrachte Einspruchsgründe.[15] Nach Ablauf der Anfechtungsfrist kann dann nur noch ergänzendes und erläuterndes Vorbringen berücksichtigt werden.[16] Das gilt grundsätzlich selbst dann, wenn die Versäumung auf eine unrichtige Angabe der Rechtsaufsichtsbehörde zurückzuführen ist.[17] 16

---

11 VerfGH NW, NVwZ 2009, 1096 ff.; *Henneke*, in: Schmidt-Bleibtreu/Hofmann/Hopfauf, Art. 28 Rn. 28 f.; *Nierhaus*, in: Sachs, GG, Art. 28 Rn. 19.

12 *Nierhaus*, in: Sachs, GG, Art. 28 Rn. 19; vgl. ThürOVG, ThürVBl 2010, 10 zu einem Wahlrechtsverstoß bei der Briefwahl.

13 BVerwGE 118, 345 (348).

14 ThürVerfGH, Beschl. v. 11.03.1999 - 30/97 – JURIS, Rn. 46, insoweit nicht veröffentlicht in ThürVBl 1999, 188 (189); instruktiv zum Wahlanfechtungsverfahren, zu möglichen Wahlrechtsverstößen und zum Prüfungsmaßstab in diesem Verfahren: ThürOVG, ThürVBl 1997, 110 ff.

15 ThürVerfGH, ThürVBl 1999, 188 (189).

16 ThürVerfGH, ThürVBl 1999, 188 (190) unter Hinweis auf BVerwG, NVwZ-RR 1989, 486 f. mwN.

17 ThürVerfGH, ThürVBl 1999, 188 (190) unter Hinweis auf BayVGH, BayVGHE 20, 122.

17 Im Falle der **Ungültigerklärung** der Wahl muss es auch einen **Rechtsbehelf** für eine hiervon belastete wahlanfechtungsberechtigte Partei geben.[18]

18 Art. 137 Abs. 1 GG ermächtigt den Landesgesetzgeber unmittelbar, d.h. ohne vorherige Umsetzung durch den Landesverfassungsgeber, zum Erlass wahlrechtsbeschränkender Bestimmungen für Angehörige des öffentlichen Dienstes. Eine solche Bestimmung ist § 28 Abs. 4 iVm § 23 Abs. 4 Satz 1 Nr. 1 ThürKO für den hauptamtlichen Beamten der Verwaltungsgemeinschaft, der zum ehrenamtlichen Bürgermeister einer Mitgliedsgemeinde gewählt wird.[19]

19 Der Landesgesetzgeber darf die **Wählbarkeit von Bürgermeisterkandidaten** an die **allgemeinen Voraussetzungen für die Berufung in das Beamtenverhältnis** knüpfen.[20]

20 Organe der Gemeindeverwaltung, die die Wahl zu einer Gemeindevertretung in erheblicher Weise beeinflussen, verstoßen gegen die Grundsätze der Freiheit und Gleichheit der Wahl. Entsprechendes gilt für Einflussnahmen auf die Willensbildung des Wählers mit Mitteln des **Zwangs oder Drucks**. Allerdings kann der Schutz insbesondere der „freien" Wahl nicht so weit gehen, dass er Wähler von jeglicher Beeinflussung abschirmen müsste, die Einfluss auf seine Wahlentscheidung haben kann, also auch von einer solchen, die den vom Recht akzeptierten Grundgegebenheiten in Staat und Gesellschaft entspricht. In der modernen Demokratie ist Wahlwerbung als wesentliches Moment der politischen Meinungsäußerung Ausfluss des Rechts der freien Meinungsäußerung (Art. 5 Abs. 1 GG) sowie des Rechts der Parteien, bei der politischen Willensbildung des Volkes mitzuwirken (Art. 21. Abs. 1 GG), von daher also erlaubt und im Interesse einer umfassenden Information des Wählers auch erwünscht. Insofern ist mit der Wahlfreiheit die Freiheit der Wahlbeeinflussung untrennbar verbunden. Nicht jede **„Täuschung"** des Wählers kann deshalb ausschlaggebend sein, soweit es ihm nur zumutbar war, sich aufgrund der Gegebenheiten des öffentlichen Meinungskampfes in einer offenen Gesellschaft über die Hintergründe der Beeinflussung Rechenschaft abzulegen. Der Schutz kann daher nicht gleichsam an einem diesen Hintergründen fremd gegenüberstehenden Wähler, sondern nur an dem mündigen Wahlbürger orientiert werden. Weil die demokratische Rechtsordnung eine gewisse Reife des Wählers voraussetzt, beeinträchtigen „Wahlmanöver" in aller Regel die Gültigkeit einer Wahl nicht. Deshalb ist die **Scheinkandidatur**[21] eines Bürgermeisters für eine Gemeinderats- oder Stadtratswahl und die eines Landrats für eine Kreistagswahl mit der Absicht, ein gewonnenes Mandat nicht anzunehmen, solange sie nicht im Kommunalwahlrecht untersagt ist, auch keine unzulässige Wahlbeeinflussung, gerade weil solche Scheinkandidaturen ein bekanntes Phänomen sind und im konkreten Fall in der Regel auch zum Gegenstand des Kommunalwahlkampfs gemacht werden. In der Rechtsprechung ist insbesondere geklärt, dass der Grundsatz der Unmittelbarkeit der

---

18 BVerwG, NVwZ 2012, 969 (970 Rn. 20 ff.).

19 ThürOVG, ThürVBl 2004, 91 (93); vgl. auch Art. 46 Rn. 54.

20 BVerwG, ThürVBl 1996, 279 ff.; *Nierhaus*, in: Sachs, GG, Art. 28 Rn. 18; zum Spezialfall von ehemaligen MfS-Mitarbeitern vgl. VG Weimar, LKV 2004, 94 ff.; ThürOVG, LKV 2004, 569 ff.

21 Vgl. zur Scheinkandidatur BVerfGE 103, 111 (130); HessVGH, ESVGH 29, 171 ff. und 31, 161 ff.; ausführlich OVG Rheinland-Pfalz, NVwZ-RR 1992, 255 ff.; *Glauben*, Die Scheinkandidatur, Diss. Mainz 1990.

Wahl nicht dadurch verletzt wird, dass der Gewählte in freier Entscheidung die Wahl nicht annimmt.[22]

Aus dem Grundsatz der freien Wahl folgt für den **Bürgermeister** eine **Neutralitätspflicht;**[23] **Wahlempfehlungen** zugunsten einer Partei oder eines Wahlbewerbers, die ein Bürgermeister in amtlicher Eigenschaft abgibt, werden nicht durch das Grundrecht auf freie Meinungsäußerung (Art. 5 Abs. 1 GG) gedeckt. Nach dem Grundsatz der freien Wahl muss der Wähler in einem freien und offenen Prozess der Meinungsbildung ohne jede unzulässige Beeinflussung von staatlicher oder nichtstaatlicher Seite zu seiner Wahlentscheidung finden können. Deshalb ist es staatlichen und gemeindlichen Organen untersagt, sich in amtlicher Funktion vor Wahlen mit politischen Parteien oder Wahlbewerbern zu identifizieren und sie als Amtsträger zu unterstützen oder zu bekämpfen. Zulässige amtliche Öffentlichkeitsarbeit findet ihre Grenze dort, wo offene oder versteckte Wahlwerbung beginnt. Nur Wahlen, die ohne Verstoß gegen das Gebot strikter staatlicher und gemeindlicher Neutralität und ohne Verletzung der Integrität der Willensbildung des Volkes und der Wahlbürger erfolgt sind, können demokratische Legitimation verleihen.[24] Verstöße gegen die Neutralitätspflicht des Bürgermeisters sind Wahlfehler und können im Wahlanfechtungsverfahren geltend gemacht werden. 21

2. Das Volk. Der Begriff des „Volkes" in Art. 95 ist identisch mit demjenigen in Art. 45 Abs. 1. Gemeint ist das Staatsvolk, das begrifflich demjenigen in Art. 20 Abs. 2 Satz 1 GG entspricht.[25] Darunter ist das **deutsche Volk** zu verstehen, vgl. auch Art. 104 und Art. 46 Rn. 22. Das Wahlrecht auch auf kommunaler Ebene kommt deshalb an sich nur Deutschen zu.[26] Allerdings erstreckt Art. 28 Abs. 1 Satz 3 GG das Kommunalwahlrecht auf **Unionsbürger** und ergänzt damit die Regelung in Art. 95 Satz 1.[27] Eine bundes(verfassungs)rechtskonforme Auslegung des Art. 95 Satz 1 durch ergänzende Heranziehung des Art. 28 Abs. 1 Satz 3 GG ist ohne weiteres möglich;[28] eines Rückgriffs auf Art. 31 GG („Bundesrecht bricht Landesrecht.") bedarf es nicht. Der einfache Gesetzgeber hat Art. 28 Abs. 1 Satz 3 GG in § 1 Abs. 2 ThürKWG Rechnung getragen, indem er dort bestimmt, dass Unionsbürger nach denselben Maßgaben wie Deutsche (kommunal)wahlberechtigt sind. 22

Eine Erweiterung des Kommunalwahlrechts auf *alle* in den Kommunen wohnende **Ausländer** wäre verfassungsrechtlich unzulässig.[29] Die Unionsrecht geschuldete Erweiterung des Kommunalwahlrechts auf Unionsbürger ohne Änderung des Begriffs „Volk" öffnet keine zuvor nicht bestehenden Spielräume für eine umfassende Ausdehnung des Wahlrechts.[30] Würden gleichwohl landesrechtliche Regelungen – einerlei ob auf der Ebene der Verfassung oder des einfachen Rechts – zur Einführung eines umfassenden Kommunalwahlrechts für Aus- 23

22 BVerfGE 3, 45 (50); 47, 253 (281); vgl. zum Ganzen: BVerfGE 103, 111 (130).
23 BVerwGE 104, 323 (327); BVerwG, DVBl. 2001, 1278; VG Gera, ThürVBl 2002, 240 ff.; *Nierhaus*, in: Sachs, GG, Art. 28 Rn. 22.
24 BVerwGE 104, 323 (327 mwN).
25 Vgl. Art. 46 Rn. 45.
26 BVerfGE 83, 37 (51 ff.); 83, 60 (71 ff.); *Henneke*, in: Schmidt-Bleibtreu/Hofmann/Hopfauf, Art. 28 Rn. 25.
27 Ausführlich: *Engelken*, in: Ergänzungsband zu Braun, Art. 72 Rn. 9 ff.
28 HambVerfG, LVerfGE 20, 173 ff.
29 *Nierhaus*, in: Sachs, GG, Art. 28 Rn. 26.
30 *Hopfe*, in: Linck/Jutzi/Hopfe, Art. 95 Rn. 7.

länder erlassen, wären diese wegen Verstoßes gegen vorrangiges Bundes(verfassungs)recht nach Art. 31 GG **nichtig**; außerdem wäre dies ein Fall des Art. 28 Abs. 3 GG, wonach der Bund gewährleistet, dass die verfassungsmäßige Ordnung der Länder u.a. dem Art. 28 Abs. 1 GG entspricht. Wird der Kreis der Wahlberechtigten über die Angehörigen des deutschen Volkes, auf kommunaler Ebene ergänzt durch den Kreis der Unionsbürger, hinaus ausgedehnt und wird auf dieser Grundlage gewählt, dann ist das Wahlvolk und damit der Ausgangspunkt aller demokratischen Legitimation falsch bestimmt.[31] Eine entsprechende landesverfassungsrechtliche Bestimmung würde an der Ewigkeitsgarantie des Art. 83 Abs. 3 und an der Homogenitätsvorgabe des Art. 28 Abs. 1 Satz 1 und 2 GG scheitern.[32]

24 **3. Die Vertretung.** Gemeint sind Gemeinderäte (einschließlich der Stadträte) und Kreistage. So wie nach dem Grundgesetz die Kommunen keine Staaten, sondern Teile der Länder sind,[33] sind Gemeinderäte und Kreistage keine Volksvertretungen im staatsrechtlichen Sinne, also keine Parlamente, da sie nicht Teil der Legislative, sondern Teil der Exekutive sind. Allerdings haben sie in der Exekutive aufgrund ihrer unmittelbaren Wahl durch das Volk eine besondere Legitimation. Diese rechtfertigt es, auf sie wichtige, aus dem Demokratieprinzip folgende Grundsätze anzuwenden, wie etwa den Grundsatz der Periodizität der Wahlen und den Grundsatz des freien Mandats.[34]

II. Die Gemeindeversammlung (Satz 2)

25 Auf der Gemeindeebene kann nach Art. 95 Satz 2 – anders als auf Kreisebene – an die Stelle der (Gemeinde)Volksvertretung die Versammlung des (Gemeinde)Volks selbst treten, sofern das einfache Recht dies vorsieht. Das Thüringer Kommunalwahlrecht sieht eine Gemeindeversammlung nicht vor. In Zeiten größer werdender Gemeinden – sei es durch freiwillige Zusammenschlüsse oder durch Gebietsreformen – gibt es ohnehin kein praktisches Bedürfnis für Gemeindeversammlungen mehr. Dementsprechend sind in allen Ländern die Vorschriften über Gemeindeversammlungen inzwischen abgeschafft worden.[35] Art. 28 Abs. 1 Satz 4 GG und Art. 95 Satz 2 haben **keine praktische Bedeutung** mehr.

26 Zu unterscheiden von einer *Gemeinde*versammlung im Sinne des Art. 28 Abs. 1 Satz 4 GG und Art. 95 Satz 2 ist eine ***Einwohner*versammlung,** die im Kommunalrecht der Länder (vgl. für Thüringen § 15 Abs. 1 ThürKO) zur Erörterung gemeindlicher Angelegenheiten vorgesehen ist. Sie tritt – anders als die Gemeindeversammlung – nicht an die Stelle des Gemeinde- bzw. Stadtrats, sondern ist ein ergänzendes Informations- und Beratungsinstrument für die Gemeindeorgane Bürgermeister und Gemeinde- bzw. Stadtrat. Ihre landesrechtliche Einführung bedarf deshalb keiner verfassungsrechtlichen Legitimation im Hinblick auf

31 *Henneke*, in: Schmidt-Bleibtreu/Hofmann/Hopfauf, Art. 28 Rn. 21.

32 *Meyer*, in: HStR III, § 46 Rn. 8, hält eine Ausdehnung des Wahlrechts auf alle Ausländer durch Grundgesetzänderung für mit der Ewigkeitsgarantie des Art. 79 Abs. 3 GG vereinbar.

33 BVerfGE 39, 96 (109); 86, 148 (215); BVerwGE 96, 45 (56); *Henneke*, in: Schmidt-Bleibtreu/Hofmann/Hopfauf, Art. 28 Rn. 4.

34 *Hopfe*, in: Linck/Jutzi/Hopfe, Art. 95 Rn. 10 f.

35 *Henneke*, in: Schmidt-Bleibtreu/Hofmann/Hopfauf, Art. 28 Rn. 29; *Nierhaus*, in: Sachs, GG, Art. 28 Rn. 23.

die Homogenitätsvorgaben des Art. 28 Abs. 1 GG, sondern ist ohne Weiteres zulässig.

III. Ausnahme vom Erfordernis der Unmittelbarkeit der Wahl bei Gemeindeverbänden, die keine Gebietskörperschaften sind (Satz 3)

Gemeindeverbände können Gebietskörperschaften oder Verbandskörperschaften sein. Für Gebietskörperschaften gelten sämtliche Wahlrechtsgrundsätze, einschließlich des Unmittelbarkeitsgrundsatzes, uneingeschränkt. Für Verbandskörperschaften ermöglicht Art. 95 Satz 3 dem Landesgesetzgeber, eine Ausnahme vom Unmittelbarkeitsgrundsatz vorzusehen. Gebietskörperschaften sind in erster Linie die im GG und in der ThürVerf auch institutionell gewährleisteten Gemeinden und Landkreise, aber nach Maßgabe der einfachgesetzlichen Ausgestaltung auch andere Körperschaften. Das Thüringer Kommunalrecht sieht keine weiteren Gebietskörperschaften vor. **Verwaltungsgemeinschaften** (§§ 46 ff. ThürKO) und **Zweckverbände** (§§ 16 ff. ThürKGG) sind Verbandskörperschaften, deren Mitglieder die jeweiligen Gemeinden bzw. (nur bei Zweckverbänden möglich) Landkreise sind; für beide Institute macht das einfache Recht von der durch Art. 95 Satz 3 eröffneten Möglichkeit Gebrauch: vgl. für die Gemeinschaftsversammlung § 48 ThürKO und für die Verbandsversammlung § 28 ThürKGG. 27

Artikel 96 [Pflichten und Eignung der Verwaltungsangehörigen]

(1) Die Beamten und sonstigen Verwaltungsangehörigen haben ihr Amt und ihre Aufgaben unparteiisch und nur nach sachlichen Gesichtspunkten wahrzunehmen.

(2) Die Eignung zur Einstellung und zur Weiterbeschäftigung im öffentlichen Dienst fehlt grundsätzlich jeder Person, die mit dem früheren Ministerium für Staatssicherheit/Amt für Nationale Sicherheit zusammengearbeitet hat oder für dieses tätig war.

Vergleichbare Regelungen

Regelungen zum öffentlichen Dienst (Art. 33 GG) finden sich nach Art und Umfang unterschiedlich in allen Verfassungen der Bundesländer: Art. 77, 78 BWVerf; Art. 94 bis 97, 107 Abs. 3 und 4, 116 iVm Art. 8 BayVerf; Art. 19 Abs. 2 VvB; Art. 21, 96 Abs. 3 BbgVerf; Art. 128 BremVerf; Art. 58, 59 HambVerf; Art. 29, 134 bis 135 HessVerf; Art. 9 Abs. 1 M-VVerf iVm Art. 136 WRV und Art. 71 M-VVerf; Art. 38, 60 und 61 NV; Art. 80 Verf NW; Art. 19, 125 bis 127 Verf Rh-Pf; Art. 113 bis 116 SaarlVerf; Art. 91 und 92, 119 SächsVerf, Art. 109 Abs. 4 SächsVerf iVm Art. 136 Abs. 1 WRV; Art. 8 LVerf LSA, Art. 32 Abs. 5 LVerf LSA iVm Art. 136 Abs. 1 WRV, Art. 91 LVerf LSA; Art. 31 SchlHVerf; Art. 10 und 11 EMRK.

Ergänzungsnormen im sonstigen thüringischen Recht

ThürBG v. 20.03.2009 (ThürGVBl. S. 238); ThürKWBG v. 16.08.1993 (ThürGVBl. S. 540); ThürLbVO v. 07.12.1995 (ThürGVBl. S. 382); ThürBesG v. 24.06.2008 (ThürGVBl. S. 134); ThürBeamtVG v. 22.06.2011 (ThürGVBl. S. 99).

Dokumente zur Entstehungsgeschichte

§ 14 Vorl.LS; Art. 92 VerfE SPD; Entstehung ThürVerf, S. 249 f.

Literatur

Ulrich Battis, Bundesbeamtengesetz, Kommentar, 4. Aufl. 2009; *ders.*, Reform des Beamtenrechts – Eine Zwischenbilanz, ZBR 2010, 21; *Hans-Peter Bull*, Vom Staatsdiener zum öffentlichen Dienstleister, 2006; *Otto Depenheuer*, Das öffentliche Amt, in: HStR, Bd. IV § 36; *An-*

ja Dillenburger, Das Beamtenstatusgesetz als neues Beamtenbundesrecht für die Beamtinnen und Beamten der Länder, NJW 2009, 1115; Gesamtkommentar öffentliches Dienstrecht (GKÖD), Teil I; *Hans Hattenhauer*, Geschichte des deutschen Beamtentums, 2. Aufl. 1993; *Wolfram Höfling/Christian Burkiczak*, Die Garantie der hergebrachten Grundsätze des Berufsbeamtentums unter Fortentwicklungsvorbehalt, DÖV 2007, 328; *Josef Isensee*, Öffentlicher Dienst, in: HVerfR § 32; *Monika Jachmann*, Die Quotenregelung im öffentlichen Dienst, ZBR 1996, 161; *Jörn Axel Kämmerer*, Deutsches Beamtenrecht und Verbot der Altersdiskriminierung: Zwischen Irrelevanz und Ignoranz, ZBR 2008, 325; *Markus Kenntner*, Sinn und Zweck der Garantie des hergebrachten Berufsbeamtentums, DVBl. 2007, 1321; *ders.*, Aktuelle Rechtsprechung des Bundesverfassungsgerichts zum Beamtenrecht, JZ 2008, 340; *Hartmut Krüger*, Die Wiedereinführung des Berufsbeamtentums nach Maßgabe des Einigungsvertrages, ThürVBl 1992, 193; *Matthias Mahlmann*, Gleichbehandlungsschutz im öffentlichen Dienstrecht – ein Überblick, ZBR 2007, 325; *Nicolai Panzer*, Die aktuelle Rechtsprechung des Bundesverfassungsgerichts zum öffentlichen Dienstrecht zwischen Bewährung und Fortentwicklung, DÖV 2008, 707; *Ernst Plog/Alexander Wiedow* (Begr.), Bundesbeamtengesetz. Kommentar, Loseblattausgabe; *Barbara Remmert*, Warum muss es Beamte geben?, JZ 2005, 53; *Michael Sachs*, Besondere Gleichheitsgarantien, in: HStR Bd. V § 126; *Jörg Schumacher*, Der Leistungsgrundsatz aus Art. 33 Abs. 2 und Abs. 5 GG – Individualleistungs- und Organisationsprinzip, in: BVerfG, Linien der Rspr, Bd. 1, 2009, 227; *Hans-Heinrich Trute*, Organisation und Personal der DDR, in: HStR Bd. IX, 1./2. Aufl. 1997, § 215; *Ulrich Widmaier*, Zur Bedeutung der EMRK – insbesondere aus der Sicht der Rechtsprechung des EGMR zu öffentlichen Bediensteten, ZBR 2002, 244; *Jan Ziekow*, Die Fortentwicklung des Dienstrechts der Bundesbeamten, DÖV 2008, 569.

Literaturnachweise: *Peter Badura*, in: Maunz/Dürig, Art. 33 GG, vor der Gliederungsübersicht; *Wilhelm Dollinger/Dieter C. Umbach*, in: Umbach/Clemens Bd. I Art. 33 GG, nach der Inhaltsübersicht; *Wolfram Höfling*, in: BK, Art. 33 Abs. 1 bis 3 GG, nach der Kommentierung; *Monika Jachmann*, in: von Mangoldt/Klein/Starck, Art. 33 GG Rn. 55; *Johannes Masing*, in: Dreier, Art. 33 GG, vor der Gliederung.

Leitentscheidungen des ThürVerfGH und des BVerfG

ThürVerfGH, Beschl. v. 26.03.2007 – 52/06 – ThürVBl 2007, 215 = NVwZ 2007, 950 (Auswahlentscheidung, Richterplanstelle).

Zu Art. 33 Abs. 2 bis 5 GG: BVerfGE 3, 58 (Erlöschen der NS-Beamtenverhältnisse); 9, 268 (Bremer Personalvertretung); 39, 334 (Radikale im öffentlichen Dienst); 44, 249 (Alimentation); 70, 251 (Schulleiterfunktion); 81, 363 (Beamtenbaby); 88, 103 (Beamteneinsatz bei Streik); 92, 140 (Übernahme des DDR-Personals – Sonderkündigung); 96, 171 (Stasi-Unterlagen, Eignungsüberprüfung); 96, 189 (Fink-Kündigung); 99, 300 (familiengerechte Besoldung); 105, 73 (Rentenbesteuerung); 106, 225 (Krankenhausversorgung für Beamte I); 108, 282 (Kopftuch für Lehrerinnen); 110, 353 (Dienstrechtsreform, Grundgehaltsstufen); 114, 258 (Versorgungsreform); 117, 330 (Ballungsraumzulage für Beamte); 119, 247 (Teilzeitbeamter, Zwangsteilzeit); 121, 205 (Führungsämter auf Zeit); 130, 263 (Professorenbesoldung).

A. Überblick

1 Die Verfassung regelt zum **öffentlichen Dienst** zunächst in Art. 96 Abs. 1 die allgemeine Pflichtenstellung der Beamten und der weiteren Verwaltungsangehörigen, indem die Betroffenen zur unparteilichen Erfüllung der Aufgaben nur nach sachlichen Gesichtspunkten verpflichtet werden. Die Bestimmung richtet sich damit zugleich an alle Personen, die in einem privatrechtlichen Beschäftigungsverhältnis mit einem Arbeitgeber der öffentlichen Hand im Freistaat stehen. Mit Abs. 2 greift die Verfassung die Eignungsfrage für Personen auf, die mit dem früheren Ministerium der Staatssicherheit/dem Amt für Nationale Sicherheit der ehemaligen DDR zusammengearbeitet haben oder für diese Stellen tätig gewesen sind. Diesem Personenkreis wird grundsätzlich die Eignung zur Einstellung in den öffentlichen Dienst und zu einer etwaigen Weiterbeschäftigung abgesprochen. Die Vorschrift steht in untrennbarem Zusammenhang mit der Aufdeckung der vielfältigen auch heimlichen Formen der Zusammenarbeit von DDR-Bürgern mit den Sicherheitsorganen, die im Zuge der friedlichen Revolution 1989 aufgedeckt wurden und in der politischen Öffentlichkeit eine massive Missbilligung erfahren haben.

Art. 78 Abs. 1 ThürVerf überträgt die Befugnis zur Ernennung und Entlassung der Beamten dem Ministerpräsidenten, soweit gesetzlich nichts anderes bestimmt wird (vgl. dazu § 8 ThürBG).

B. Herkunft, Entstehung und Entwicklung

2 Die Struktur des öffentlichen Dienstes mit geschulten Staatsbeamten geht im Wesentlichen auf Entwicklungen des Rechts- und Verfassungsstaates in den deutschen Staaten im 18. und 19. Jahrhundert zurück. Weisungsunterworfenheit, rechtliche Absicherung, Gemeinwohlverpflichtung, Verschwiegenheitspflicht, Unparteilichkeit und Unbestechlichkeit kennzeichnen den Amtswalter in den territorialen Vorläuferstaaten Deutschlands.[1] In Preußen gab es schon im frühen 18. Jahrhundert den geschulten Staatsbeamten; das Allgemeine Preußische Landrecht von 1794 enthielt bereits einen eigenen Abschnitt von den Rechten und Pflichten der Staatsdiener. Kontinuität dokumentieren insoweit das Reichsbeamtengesetz von 1873, die Weimarer Reichsverfassung von 1919 (Art. 128 bis 130, 136) und für Thüringen das Staatsbeamtengesetz von 1923,[2] aber auch Art. 5 der Verfassung des Landes Thüringen von 1946.[3]

3 Die Entfernung von Personen jüdischen Glaubens und/oder mit demokratischem Profil aus dem öffentlichen Dienst war Ziel des NS-Gesetzes „zur Wiederherstellung des Berufsbeamtentums“ von 1933. Nach dem Ende des 2. Weltkriegs ermöglichte das wieder in Kraft gesetzte Staatsbeamtengesetz von 1923 in Thüringen zunächst die Beschäftigung von Beamten. Die DDR-Verfassung war hingegen in Art. 18 auf ein einheitliches Arbeitsrecht hin angelegt. Für die in den Einrichtungen des Staates Tätigen galt die Verordnung über die Pflichten, die Rechte und die Verantwortlichkeit der Mitarbeiter in den Staatsorganen.[4] Der Einigungsvertrag regelt zu den Rechtsverhältnissen im öffentlichen Dienst in

1 *Jachmann*, in: von Mangoldt/Klein/Starck, Art. 33 Abs. 5 GG, Rn. 39.
2 Vgl. jeweils nur den Überblick bei *Dörig*, in: Huber, S. 525 und *Summer*, Betrachtungen zur Geschichte des deutschen Beamtentums, PersV 2005, 84 ff.
3 Abgedruckt in *Schmitt*, S. 202 ff.
4 Vgl. Fn. 2.

Art. 20 Abs. 2, dass die Wahrnehmung öffentlicher Aufgaben im Sinne von Art. 33 Abs. 4 GG sobald wie möglich Beamten zu übertragen ist und sieht darüber hinaus vor, dass das Beamtenrecht nach näheren Maßgaben des Einigungsvertrages eingeführt wird.[5]

4 In den Verfassungsberatungen zur Thüringer Verfassung hat die Ausgestaltung des Zugangsrechts, des Funktionsvorbehalts und der institutionellen Gewährleistung des **Berufsbeamtentums** (Art. 33 Abs. 2, 4 und 5 GG) keine Rolle gespielt. Die Materialien belegen nicht, dass insoweit vergleichbar mit anderen Landesverfassungen grundlegende Regelungen beabsichtigt gewesen sein könnten. Allein die SPD-Fraktion im Landtag hatte zur fehlenden Eignung von Personen mit MfS-Hintergrund einen Vorschlag eingebracht.[6] Die in die Verfassung sodann aufgenommene Regelung zur allgemeinen Pflichtenstellung der Beamten und der sonstigen Angehörigen des öffentlichen Dienstes geht auf einen Vorschlag der Redaktionskommission zurück; Ziel sei es gewesen, zunächst „etwas Positives" der singulären Regelung zur fehlenden Eignung wegen MfS-Vergangenheit voranzustellen;[7] zum Pflichtenkreis habe man sich an der Verfassung für das Land Nordrhein-Westfalen orientiert.[8] Dieser Vorschlag ist in den weiteren Beratungen nicht mehr modifiziert worden.[9]

5 Zu Art. 96 Abs. 2 standen nicht die Regelung selbst, sondern die Frage der Abgrenzung des zu erfassenden Personenkreises sowie die Maßstäbe selbst im Mittelpunkt der Verfassungsberatungen. B90/Grüne-Neues Forum wollte zusätzlich Personen aus dem öffentlichen Dienst ausgeschlossen sehen, die in der DDR gegen Grundsätze der Menschlichkeit oder Rechtsstaatlichkeit verstoßen haben.[10] Die FDP-Fraktion wollte erreichen, dass die Eignung im einzelnen Fall gesondert festzustellen ist.[11] Darüber hinaus sollte mit der Festlegung auf die „grundsätzliche" Eignung sowohl eine Einzelfallprüfung ermöglicht als auch der Entscheidungsspielraum für die öffentlichen Arbeitgeber betont werden.[12] Die LL/PDS hingegen sprach sich gegen diese Norm aus, weil sie das Recht auf freien Zugang zum öffentlichen Dienst einschränke.[13] Eine Anregung, nähere Maßgaben für die Ausnahmen von der grundsätzlichen Nichteignung vorzusehen, etwa durch einen Zusatz „der im öffentlichen Dienst nicht tragbar ist", wurde nicht aufgegriffen, sondern dies sollte dem allgemeinen Beamtenrecht des Landes vorbehalten bleiben.[14]

---

5 BGBl. II 1990, S. 889, 895; vgl. Anl. I Kap XIX Sachgebiet A: zum Übergangsrecht, S. 1139 ff.
6 Drs. 1/590.
7 Entstehung ThürVerf, S. 249; PW 1 VerfA 020 (20.03.1993) S. 120 (Redaktionskommission).
8 PW 1 VerfA 020 (20.03.1993) S. 125 ff.
9 Entstehung ThürVerf, S. 250; Vorlage 1/1180 (03.03.1993) S. 40 zu Art. 94; Vorlage 1/1220 (18.03.1993) S. 40 zu Art. 95; Beschlussempfehlung Drs. 1/2106 S. 26.
10 Entstehung ThürVerf, S. 250; Vorlage 1/952 und PW 1 VerfA 013 (16.10.1992) S. 67.
11 Änderungsantrag der Fraktion F.D.P., Vorlage 1/1653 (15.09.1993).
12 PW 1 VerfA 026 (17.09.1993) S. 76 f.; PW 1 VerfUA 029 (16.09.1993) S. 12 ff.
13 Änderungsantrag der Fraktion LL/PDS, Vorlage 1/1637 (15.09.1993); PW 1 VerfA 026 (17.09.1993) S. 74; PW 1 VerfUA 019 (12.09.1992) S. 13.
14 PW 1 VerfA 013 (16.10.1992) S. 61, 63.

C. Verfassungsvergleichende Information

Die deutschen Landesverfassungen vermitteln ein sehr unterschiedliches Bild zu Regelungen für den öffentlichen Dienst. Normen nur zu Einzelfragen stehen neben mehr oder weniger umfangreichen Verfassungsbestimmungen. Den **gleichen Zugang zu öffentlichen Ämtern** (Art. 33 Abs. 2 GG) greift die Mehrzahl der Landesverfassungen auf (Art. 94 Abs. 2 BayVerf, Art. 19 Abs. 2 VvB, Art. 21 Abs. 2 BbgVerf, Art. 128 Abs. 1 BremVerf, Art. 59 Abs. 1 HambVerf, Art. 134 HessVerf, Art. 71 Abs. 1 M-VVerf, Art. 19 Verf Rh-Pf, Art. 91 Abs. 2 SächsVerf und Art. 8 Abs. 2 LVerf LSA). Zur religiösen und weltanschaulichen Gleichbehandlung im Sinne des Art. 33 Abs. 3 GG verhalten sich Art. 107 Abs. 3 und 4 BayVerf, Art. 9 Abs. 1 M-VVerf iVm Art. 136 Abs. 2 WRV, Art. 8 Abs. 2 Verf Rh-Pf, Art. 32 Abs. 5 LVerf LSA iVm Art. 136 Abs. 2 WRV und Art. 109 Abs. 4 SächsVerf iVm Art. 136 Abs. 2 WRV. Das Diskriminierungsverbot – in der Parallele zu den besonderen Gleichheitssätzen des Art. 3 Abs. 3 GG – beziehen auf den Zugang zum öffentlichen Dienst Art. 19 Abs. 2 VvB, Art. 134 HessVerf und Art. 19 Verf Rh-Pf. 6

Der Funktionsvorbehalt des Art. 33 Abs. 4 GG findet sich in folgenden Landesverfassungen: Art. 77 Abs. 1 BWVerf, Art. 71 Abs. 4 M-VVerf, Art. 60 S. 1 NV, Art. 125 Verf Rh-Pf, Art. 113 SaarlVerf und Art. 91 Abs. 1 SächsVerf. Zur institutionellen **Gewährleistung des Berufsbeamtentums** – in Art. 33 Abs. 5 GG – verhalten sich ausdrücklich Art. 95 Abs. 1 BayVerf und Art. 114 Abs. 1 SaarlVerf. Mit der Ausgestaltung des Beamtenverhältnisses befasst sich ebenso die Mehrzahl der Landesverfassungen. Dies gilt zunächst für die Führung des Amtes (Art. 77 Abs. 2 BWVerf, Art. 96 BayVerf, Art. 96 Abs. 3 BbgVerf, Art. 58 HambVerf, Art. 71 Abs. 2 M-VVerf, Art. 60 S. 2 NV, Art. 80 S. 1 Verf NW, Art. 19 Verf Rh-Pf, Art. 115 Abs. 1 SaarlVerf, Art. 92 Abs. 1 SächsVerf und Art. 91 LVerf LSA); insoweit gibt es die Parallele zu Art. 96 Abs. 1 ThürVerf. Gegenstand von landesverfassungsrechtlichen Regelungen sind darüber hinaus Maßgaben zur **Ausgestaltung der Beamtenverhältnisse** (Ernennungsbefugnis, Anstellung auf Lebenszeit, Amtseid, Amtspflichtverletzung, Disziplinarbefugnisse, Rechtswegfragen) (vgl. Art. 78 BWVerf, Art. 94 Abs. 1, 95 Abs. 1 und 97 BayVerf, Art. 126 bis 128 Verf Rh-Pf, Art. 59 Abs. 2 HambVerf, Art. 115 Abs. 2 bis 4 und Art. 116 SaarlVerf, Art. 92 Abs. 2 SächsVerf und Art. 31 SchlHVerf). Eine Sonderrolle nimmt Hessen ein, das neben einem einheitlichen Arbeitsrecht für den öffentlichen Dienst auch das Streikrecht vorsieht (Art. 29 Abs. 1 und 4 HessVerf; gegenläufig zum Streikrecht Art. 115 Abs. 5 SaarlVerf).[15] Eine Regelung vergleichbar mit Art. 96 Abs. 2 ThürVerf zur Eignung von Personen, die mit dem MfS/AfNS zusammengearbeitet haben, enthält nur Art. 119 SächsVerf.

D. Erläuterungen

I. Vorbemerkung

Die beiden Regelungen zu den allgemeinen Pflichten und zur persönlichen Eignung der Beamten bedürfen der Einordnung in das öffentliche Dienstrecht der Beamten, das bundesverfassungsrechtlich durch Art. 33 GG vorgegeben wird und weiter für die Länder durch das auf der bundesstaatlichen **Gesetzgebungs-** 7

15 Zur neu entfachten Diskussion um das Streikrecht der Beamten: vgl. nur *Hebeler*, ZBR 2012, 325.

zuständigkeit nach Art. 74 Abs. 1 Nr. 27 GG beruhende Beamtenstatusgesetz[16] ausgestaltet wird; im Übrigen bleibt dieses Recht Gegenstand der **Landesgesetzgebung** entsprechend der grundsätzlichen Kompetenzverteilung in Art. 30 GG.[17] Für die Arbeiter und Angestellten im öffentlichen Dienst sind die Verfassungsbestimmungen Vorgaben für den Inhalt der Beschäftigungsverhältnisse, ohne dass damit entschieden ist, ob und inwieweit sie selbständig binden können. Einschlägig ist insoweit deren Arbeitsrecht, das durch bürgerlich-rechtliche Vorschriften (§§ 611 ff. BGB) sowie durch einer Vielzahl von Einzelgesetzen zum Sonderrecht der Arbeitnehmer[18] und durch Tarifverträge (das Tarifrecht für den öffentlichen Dienst)[19] geprägt wird.

II. Die Grundpflichten für Beschäftigte im öffentlichen Dienst

8 Die Verfassungsnorm umschreibt für die Beamten die allgemeine Dienst- und Treuepflicht und verbindet sie mit den Anforderungen an die Amtsführung, einem **Pflichtenkreis,** der bundesrechtlich durch § 33 Abs. 1 BeamtStG vollständig umschrieben wird. Danach dienen die Beamtinnen und Beamten dem ganzen Volke, nicht einer Partei. Sie haben ihre Aufgaben unparteiisch zu erfüllen und ihr Amt zum Wohl der Allgemeinheit zu führen. Beamtinnen und Beamte müssen sich durch ihr gesamtes Verhalten zu der freiheitlich-demokratischen Grundordnung im Sinne des Grundgesetzes bekennen und für deren Erhaltung eintreten. Nach § 34 BeamtStG haben sie sich darüber hinaus mit vollem persönlichen Einsatz ihrem Beruf zu widmen und die ihnen übertragenen Aufgaben uneigennützig nach bestem Gewissen wahrzunehmen. Zugleich muss ihr Verhalten der Achtung und dem Vertrauen gerecht werden, die ihr Beruf erfordert. Die darin zum Ausdruck kommende **Pflichtenstellung gehört zur Eignung im Sinne von Art. 33 Abs. 2 GG,** die sich mit anderen Worten auch mit der Fähigkeit und Bereitschaft umschreiben lässt, dienstliche Aufgaben nach den Grundsätzen der Verfassung wahrzunehmen, insbesondere die Freiheitsrechte der Bürger zu wahren und rechtsstaatliche Regeln einzuhalten; dies schließt ein die Bereitschaft, dem ganzen Volk und nicht einer Partei zu dienen und die Aufgaben unparteiisch und gerecht zu erfüllen.[20] Für die politische Treuepflicht hat das Bundesverfassungsgericht deren Grundierung in den hergebrachten Grundsätzen des Berufsbeamtentums im Sinne des Art. 33 Abs. 5 GG für das Verhältnis zur freiheitlichen demokratischen Grundordnung besonders hervorgehoben.[21]

9 Wegen dieses bundesverfassungsrechtlich und einfach bundesrechtlich ausgefüllten Rahmens kann die Umschreibung der **Grundpflichten** des Beamten in der Thüringer Verfassung nur **deklaratorische Bedeutung** haben. Eine selbständige normative Bindung der Adressaten kann von ihr nicht ausgehen. Art. 33 GG ist

16 Vom 17.06.2008 (BGBl. I S. 1010).

17 *Pieroth,* in: Jarass/Pieroth, Art. 30 GG, Rn. 1, 4; *Leisner,* in: Sodan, Art. 30 Rn. 1 ff.; vgl. zum Landesbeamtenrecht das ThürBG, das ThürBesG und das ThürBeamtVG.

18 Konkurrierende Zuständigkeiten zur Gesetzgebung des Bundes gemäß Art. 74 Abs. 1 Nr. 1 und Nr. 12 GG; anschaulich die Übersicht der einschlägigen Arbeits- und Arbeitsschutzgesetze in: ErfK – Inhaltsverzeichnis –.

19 Basisverträge: Tarifvertrag für den öffentlichen Dienst v. 13.09.2005 – TVöD – (für Bund und Gemeinden) und Tarifvertrag für den öffentlichen Dienst der Länder vom 19.06.2006 – TV-L.

20 *Badura,* in: Maunz/Dürig, Art. 33 GG Rn. 33.

21 BVerfGE 39, 334 (346) – zugleich zu deren historischer Einordnung und zur Verfassungstreue des Beamten; *Battis*, in: Sachs, GG Art. 33 Rn. 32 ff.

eine **Durchgriffsnorm**; die Landesstaatsgewalt – mithin auch der Landesgesetzgeber – wird unmittelbar dadurch gebunden, ohne damit zugleich formelles Verfassungsrecht des jeweiligen Landes zu werden.[22] Eine Kollision zwischen dem einfachen Bundesrecht des BeamtStG und der Landesverfassung in diesem Punkte iSv Art. 31 GG könnte sich schon wegen der insoweit bestehenden **Inhaltsgleichheit** nicht ergeben.[23]

Die Grundaussage des Art. 96 Abs. 1 bleibt gleichwohl von Belang; sie liegt da- 10
rin, dass die Verfassung das **Amtsethos** für die in der öffentlichen Verwaltung Tätigen hervorhebt. Man mag dies auch einen indikativen Imperativ nennen, um den Aufforderungscharakter, gerichtet an alle Verwaltungsangehörigen, hervorzuheben.[24] Vergleichbar mit Art. 96 Abs. 1 heben auch eine Reihe anderer Landesverfassungen diese **Inpflichtnahme der Beamtinnen und Beamten** hervor.[25]

Für die **Angestellten und Arbeiter**, an die ebenso diese Pflichtenumschreibung 11
adressiert wird, ergeben sich ihre Pflichten einfachrechtlich aus Elementen ihrer Nebenpflichten des Arbeitsvertrags/Dienstvertrags gemäß § 611 BGB, die als allgemeine Pflichten zur Rücksichtnahme aus § 241 Abs. 2 BGB herzuleiten sind, soweit sie nicht auf § 3 TV-L/§ 3 TVöD (Regelungen zu den Allgemeinen Arbeitsbedingungen) für nicht hoheitlich tätige Arbeitnehmer des öffentlichen Dienstes gestützt werden können.[26] Für die Arbeitnehmer, die öffentlich-rechtliche Aufgaben erledigen, wird ihre Pflicht zur **Unparteilichkeit und Sachlichkeit** aus den Verhaltenspflichten im Arbeitsverhältnis herzuleiten sein. Angestellte schulden dem Dienstherrn (Arbeitgeber) Loyalität und gewissenhafte Erfüllung ihrer dienstlichen Obliegenheiten.[27] Ersteres wird nicht gleichermaßen für Arbeiter zu gelten haben; vielmehr ist das Maß der geforderten Loyalität von der Art der Tätigkeit abhängig.[28] Alle Angestellten des öffentlichen Dienstes, in deren Aufgabenbereich auch hoheitliche Tätigkeiten wahrgenommen werden, haben sich durch ihr gesamtes Verhalten zur freiheitlichen demokratischen Grundordnung im Sinne des Grundgesetzes zu bekennen.[29]

III. Überblick zum Verfassungsrecht des öffentlichen Dienstes

1. Vorbemerkung. Aufgrund der bundesverfassungsrechtlichen Prägung des 12
Dienstrechts durch Art. 33 GG musste sich für den Thüringer Verfassungsgeber nicht aufdrängen, eigenständige Regelungen zu treffen. In den Beratungen hat es

22 Vgl. dazu *Nierhaus*, in: Sachs, GG Art. 28 Rn. 4 und BVerfGE 4, 115 (135); *Dreier*, in: Dreier, Art. 28 GG Rn. 57, 53, 54; *Stern*, Bd. I, 2. Aufl. 1984, § 19 III. 5. „Das Homogenitätsprinzip" und oben E5, Thüringer Landesverfassungsrecht und Bundesverfassungsrecht, Rn. 3, 25 ff.

23 Vgl. oben E5, Thüringer Landesverfassungsrecht und Bundesverfassungsrecht, Rn. 42 ff., 47.

24 Vgl. *Heusch*, in: Heusch/Schönenbroicher, Art. 80 Rn. 2; *Ennuschat*, in: Löwer/Tettinger, Art. 80 Rn. 6 und 7.

25 Art. 77 Abs. 2 BWVerf, Art. 96 Abs. 3 BbgVerf, Art. 58 HambVerf, Art. 71 Abs. 2 M-VVerf, Art. 60 Satz 2 NV, Art. 80 Abs. 1 Verf NW, Art. 127 Abs. 1 Verf Rh-Pf, Art. 115 Abs. 1 SaarlVerf, Art. 92 Abs. 1 SächsVerf, Art. 91 Abs. 1 LVerf LSA.

26 BAGE 132, 72; *Linck*, in: Schaub, Arbeitsrechtshandbuch, 14. Aufl. 2011, § 53 Rn. 8.

27 BVerfGE 39, 334 LS 7; vgl. auch *Linck*, in: Schaub, Arbeitsrechtshandbuch, § 53 Nebenpflichten im Arbeitsverhältnis, Rn. 1, 6, 51.

28 *Müller-Glöge*, in: ErfK, § 626 BGB Rn. 126.

29 *Müller-Glöge*, in: ErfK, § 626 BGB Rn. 126 mwN.

keine weitergehende Rolle gespielt.[30] An dieser Stelle ergibt sich deshalb nur das Bedürfnis für einen Überblick.

13 **2. Das Zugangsrecht.** Art. 33 Abs. 2 GG gewährleistet das Recht auf gleichen Zugang zu jedem **öffentlichen Amt** nach Eignung, Befähigung und fachlicher Leistung des Bewerbers.[31] Dieses Zugangsrecht wird Deutschen, über Art. 45 Abs. 4 EUV mit Einschränkungen auch bestimmten Gruppen von Arbeitnehmern in der EU, gewährleistet.[32] Zum öffentlichen Amte gehört der **gesamte öffentliche Dienst.** Das Amt kann berufs- oder ehrenamtlich ausgeübt und mit Beamten, Angestellten oder Arbeitern zu besetzen sein.[33]

14 Die Norm enthält damit die verfassungsrechtliche Anerkennung des **Leistungsprinzips** für das Recht des öffentlichen Dienstes und zugleich eine **besondere Ausprägung des allgemeinen Gleichheitssatzes.**[34] Diesen allgemeinen Gleichheitsanspruch als Grundrecht gewährleistet auch Art. 2 Abs. 1 ThürVerf. Vor diesem Hintergrund dürfte nicht ohne weiteres davon zu sprechen sein, dass die Landesverfassung kein dem Art. 33 Abs. 2 GG entsprechendes „Pendant“ enthalte.[35]

15 **3. Die Auswahl nach dem Leistungsprinzip.** Die Norm fordert, dass die öffentlichen Ämter nach dem **Leistungsprinzip** und dem Grundsatz der **Bestenauslese** zu besetzen sind.[36] Gegenstand des durch Art. 33 Abs. 2 gewährten grundrechtsgleichen Rechts ist eine an den inhaltlichen Anforderungen des Leistungsprinzips und der Bestenauslese orientierte (chancen)gleiche, beurteilungsfehlerfreie und faire Verfahrensgestaltung, für die sich der Rechtsbegriff des **Bewerberverfahrensanspruchs** durchgesetzt hat.[37] Bezogen auf das konkrete Amt hat sich die **Auswahl** an Eignung, Befähigung und fachlicher Leistung zu orientieren. Darin kommen Teilaspekte der nach dem Leistungsprinzip für das zu besetzende Amt erforderlichen Qualifikation zum Ausdruck,[38] die ebenso für Beförderungen aus Art. 33 Abs. 2 GG herzuleiten sind.[39] Sowohl das nach Art. 33 Abs. 3 GG verbotene Kriterium des religiösen Bekenntnisses[40] wie die **Diskriminierungsverbote** des Art. 3 Abs. 3 GG (= Art. 2 Abs. 3 ThürVerf) scheiden in der Regel für Differenzierungen aus.[41] Ob und in welchem Umfang Durchbrechungen des Leistungsprinzips im Hinblick auf das verfassungsrechtliche Ziel der **Geschlechtergleichstellung** möglich sind, wird kontrovers diskutiert. So sollen etwa weder

---

30 Vgl. oben Rn. 4.
31 BVerfGE 108, 282 (295).
32 Vgl. für EU-Bürger auch § 7 Abs. 2 BeamtStG.
33 BVerwGE 81, 212 (214 ff.); BAGE 124, 80 (84).
34 *Badura*, in: Maunz/Dürig, Art. 33 GG Rn. 20; vgl. zu den Gleichheitsgarantien von Art. 33 Abs. 1 bis 3 auch *Grigoleit*, in: Stern/Becker, Art. 33 GG Rn. 12, 21.
35 So aber ThürVerfGH, Beschl. v. 25.03.2007 – 52/06 – NVwZ 2007, 950 (952) = ThürVBl 2007, 215 (217) iA an den Beschl. v. 07.03.2002 – 5/00 - S. 6 des Umdrucks, n.v.; Bspr. von *Storr*, ThürVBl. 2007, 232 (234); vgl. BVerfGK 10, 474 = NVwZ 2007, 691.
36 Näher dazu: *Badura*, in: Maunz/Dürig, Art. 33 GG Rn. 25 ff.
37 BVerfGE 39, 334 (354); BVerwGE 101, 112 (114); BVerfG, NVwZ 2012, 368; *Jachmann*, in: von Mangoldt/Klein/Starck, Art. 33 Abs. 2 GG Rn. 12, 22.
38 *Jachmann*, in: von Mangoldt/Klein/Starck, Art. 33 Abs. 2 GG Rn. 17.
39 BVerfGE 117, 372 (382).
40 BVerfGE 108, 282 (297 f.).
41 *Battis*, in: Sachs, GG Art. 33 Rn. 42 ff.; zu den Diskriminierungsverboten des Gemeinschaftsrechts, des AGG und des Beamtenrechts vgl. die Übersicht bei *Jachmann*, in: von Mangoldt/Klein/Starck, Art. 33 Abs. 2 GG Rn. 18 und oben Art. 2 Rn. 8, 15, 17.

starre Frauenquoten noch leistungsabhängige Quotenregelungen für den öffentlichen Dienst zulässig sein, die bei gleicher Qualifikation automatisch Frauen in Bereichen, wo sie unterrepräsentiert sind, den Vorrang einräumen.[42]

4. Der Funktionsvorbehalt des Art. 33 Abs. 4 GG. Die Verfassungsnorm verbindet die Wahrnehmung wesentlicher **Staatsfunktionen** mit der besonderen statusrechtlichen Absicherung als Beamter; sie will dauerhaft hoheitliche Aufgaben[43] von Personen wahrnehmen lassen, die in einem öffentlich-rechtlichen Dienst- und Treueverhältnis stehen. Art. 20 Abs. 2 Satz 1 EinigungsV schreibt diesen Grundsatz auch für die Länder der ehemaligen DDR fest. Der **Funktionsvorbehalt** gewährleistet, dass die Ausübung hoheitlicher Befugnisse als ständige Aufgabe regelmäßig den von Art. 33 Abs. 5 GG für das **Berufsbeamtentum** institutionell garantierten besonderen Sicherungen qualifizierter loyaler und gesetzestreuer Aufgabenerfüllung unterliegt.[44] 16

5. Die hergebrachten Grundsätze des Berufsbeamtentums und deren Fortentwicklung. Diese herkömmlichen Grundsätze lassen sich mit dem Bundesverfassungsgericht dahin umschreiben: Art. 33 Abs. 5 GG soll die Institution des **Berufsbeamtentums** in ihrer Funktionsfähigkeit und im Interesse der Allgemeinheit erhalten und gewährleisten, dass der Bedienstete in rechtlicher und wirtschaftlicher Unabhängigkeit zur Erfüllung der dem Berufsbeamtentum vom Grundgesetz zugewiesenen Aufgabe, im politischen Kräftespiel eine stabile, gesetzestreue Verwaltung zu sichern, beitragen kann. Zu diesem Zweck schützt die Norm einen Kernbestand von Strukturprinzipien der Institution des Berufsbeamtentums. Jeder einzelne hergebrachte Grundsatz ist in seiner Bedeutung für die Institution des Berufsbeamtentums in der freiheitlichen, rechts- und sozialstaatlichen Demokratie zu würdigen. Von dieser Würdigung hängt ab, in welcher Weise und in welchem Ausmaß der Gesetzgeber dem einzelnen Grundsatz bei seiner Regelung Rechnung tragen, insbesondere, inwieweit er ihn „beachten" muss.[45] Neben dieser objektiv-rechtlichen Regelungsaussage enthält die Norm zugleich eine **grundrechtsähnliche Individualgarantie**, d. h. ein subjektives Recht des Beamten, dass seine individuelle Rechtsstellung den Anforderungen des Art. 33 Abs. 5 genügt.[46] 17

Das Bundesverfassungsgericht zählt dazu – wie bereits unter der WRV – die Pflicht zu Treue und Gehorsam gegenüber dem Dienstherrn, die unparteiische Amtsführung, die fachliche Vorbildung, die hauptberufliche Tätigkeit, die le- 18

42 Vgl. zum Diskussionsstand *Jachmann*, in: von Mangoldt/Klein/Starck, Art. 33 Abs. 2 Rn. 21 und Art. 33 Abs. 3 Rn. 26 f.; *Dieterich/Schmidt*, in: ErfK, Art. 3 GG, II Benachteiligung von Frauen, III Frauenförderung; *Battis*, in: Sachs, GG, Art. 33 GG Rn. 37; EuGH, NJW 1997, 3429.

43 Vgl. zum strittigen Begriff der hoheitlichen Befugnisse: *Battis*, in: Sachs, GG, Art. 33 GG Rn. 55 f.; allgemein zum Funktionsvorbehalt: *Peine*, in: DV 1984, 415 ff.

44 BVerfG, NJW 2012, 1563.

45 Zusammenfassung aus BVerfGE 56, 146 (162) und BVerfGE 64, 367 (379).

46 BVerfGE 106, 225 (231 f.); *Jachmann*, in: von Mangoldt/Klein/Starck, Art. 33 Abs. 5 GG Rn. 40; *Battis*, Bundesbeamtengesetz, 3. Aufl. 2004, § 2 BBG Rn. 12.

benslängliche Anstellung, den Rechtsanspruch auf Gehalt, Ruhegehalt und die Witwen- und Waisenversorgung.[47]

19 Die **Fortentwicklungsklausel** des Art. 33 Abs. 5 GG, eingefügt durch Änderungsgesetz zum Grundgesetz vom 28.08.2006 (BGBl. I S. 2034), soll einen **legislativen Handlungsspielraum** umschreiben.[48] Sie verwehrt tiefgreifende strukturelle Veränderungen, gestattet aber einzelne Ausprägungen veränderten Umständen anzupassen; etwaige Änderungen müssen mit den Grundstrukturen des geschützten Leitbildes des Berufsbeamtentums in Einklang gebracht werden können.[49]

IV. Beschäftigte mit MfS-Vergangenheit

20 Die Verfassungsbestimmung des Art. 96 Abs. 2 schließt an den **Sonderkündigungstatbestand** im Einigungsvertrag für Rechtsverhältnisse im öffentlichen Dienst an. Art. 20 i.V.m. Anlage I Kapitel XIX Sachgebiet A Abschnitt III Nr. 1 Abs. 5 EinigungsV sieht einen wichtigen Grund für eine außerordentliche Kündigung insbesondere dann als gegeben an, soweit es um Tätigkeiten für das Ministerium für Staatssicherheit/Das Amt für Nationale Sicherheit der DDR geht. Nr. 3 d) sah vor, dass Beamte auf Probe entlassen werden können, wenn Voraussetzungen vorliegen, die bei einem Arbeitnehmer im öffentlichen Dienst eine Kündigung des Arbeitsverhältnisses rechtfertigen würden. **Die Bedeutung der Norm** in der Landesverfassung liegt in der Grundaussage, beim Neuaufbau der öffentlichen Verwaltung in dieser Weise belastete Personen nicht einstellen zu müssen und sich von diesen trennen zu können, wie dies schon der Einigungsvertrag für alle Gruppen von Beschäftigten im öffentlichen Dienst zum Ausdruck bringt.[50] Unmittelbare verfassungsrechtliche Ansprüche verbinden sich damit nicht. Die Zulässigkeit der damit vorgenommenen Beschränkungen der „Eignung" hängt davon ab, dass sie durch Bundesrecht abgedeckt ist und bleibt.[51]

21 **1. Die Gruppe der Beamten.** Die persönliche Nichteignung für Beamte aus dieser spezifischen Systemnähe ist in das einfache Landesrecht bereits unmittelbar nach der staatlichen Einheit umgesetzt worden.[52] Das geltende ThürBG v. 20.03.2009 (ThürGVBl. S. 209) regelt in § 6 Abs. 2 zur Eignung: Bei hauptamtlichen und inoffiziellen Mitarbeitern des Ministeriums für Staatssicherheit/Amt für Nationale Sicherheit sowie für eine Reihe von weiteren systemnahen Personen wird vermutet, dass sie die für die Berufung in das Beamtenverhältnis erforderliche Eignung nicht besitzen. Bundesrechtlich war diese Eig-

47 BVerfGE 9, 268 (286) – zugleich zur Regierungsverantwortung hinsichtlich der Entscheidung über personelle Angelegenheiten der Beamten; vgl. auch die Auswertung der Verfassungsrechtsprechung bei *Hopfe*, in: Linck/Jutzi/Hopfe, Art. 96 Rn. 4 und die Übersichten aus der Rechtsprechung des Bundesverfassungsgerichts bei *Lecheler*, Die "hergebrachten Grundsätze des Berufsbeamtentums" in der Rechtsprechung des Bundesverfassungsgerichts und des Bundesverwaltungsgerichts, AöR 103 (1978), 349 (354 f.); *Jachmann*, in: von Mangoldt/Klein/Starck, Art. 33 Abs. 5 GG Rn. 53.

48 *Jachmann*, in: von Mangoldt/Klein/Starck, Art. 33 Abs. 5 GG Rn. 54.

49 BVerfGE 119, 247 (261 f., 272); vgl. den Überblick zu Reformen des öffentlichen Dienstes bei *Battis*, in: Sachs, GG, Art. 33 GG Rn. 59 ff.

50 Vgl. Anl. I Kapitel XIX Abschnitt III Nr. 3 d).

51 Vgl. *Kunzmann/Haas/Baumann-Hasske,* Die Verfassung des Freistaates Sachsen, 2. Aufl. 1997, Art. 119 Rn. 6.

52 § 5 beamtenrechtliches Vorschaltgesetz v. 17.06.1991 (ThürGVBl. S. 217); §§ 6 Abs. 1 Nr. 3, 8 Abs. 3, 13 Abs. 1 Nr. 3 ThürBG v. 10.06.1994 (ThürGVBl. S. 589).

nungsschranke durch das **Sonderrecht des Einigungsvertrags** – wie oben zitiert – gerechtfertigt.[53] Ob § 6 Abs 2 ThürBG als spezielle Regelung zur persönlichen Eignung einer verfassungsrechtlichen Überprüfung standhalten würde, kann fraglich erscheinen. **§ 9 BeamtStG** gibt **bundesrechtlich verbindlich** die Kriterien für die Ernennung nach Eignung, Befähigung und fachlicher Leistung vor; er enthält darüber hinaus die **anerkannten Diskriminierungsverbote**, eine negative Eignungsvermutung wegen Tätigkeit für das MfS/AfNS fehlt.[54]

2. Die weiteren Beschäftigtengruppen. Für die Angestellten und Arbeiter (Tarifbeschäftigten) im öffentlichen Dienst im Beitrittsgebiet ist nach wie vor der **Sonderkündigungstatbestand** nach Art. 20 Kap. XIX Sachgebiet A Abschnitt III Nr. 1 Abs. 5 EinigV geltendes Bundesrecht; diese Regelung ist eigenständig und abschließend. Danach ist eine **außerordentliche Kündigung** wegen Verstoßes gegen die Grundsätze der Menschlichkeit oder Rechtsstaatlichkeit oder Tätigkeit für das MfS/AfNS möglich.[55]

3. Zum Bedeutungswandel. Die seit der staatlichen Einheit verstrichene Zeit 22
kann für Art und Umfang der für die persönliche Eignung von Personen aus diesen Betätigungen für die Sicherheitsorgane herleitbaren Bedenken nicht unberücksichtigt bleiben. Wie das Bundesverfassungsgericht ausgesprochen hat, verliere sich auch die gesellschaftliche Ächtung von **Fehlverhalten.** Vor 1970 abgeschlossene Tätigkeiten für das MfS könnten deshalb nur noch dann Bedeutung haben, wenn die Vorgänge **besonders schwer wiegen** oder wenn **spätere Verstrickungen** für sich genommen noch keine eindeutige Entscheidung zuließen. Erweisliche Schlüsse auf die heutige Einstellung des Betroffenen zur freiheitlichen und demokratischen Verfassung könnten daraus für ein Arbeitsverhältnis nicht mehr hergeleitet werden. Entsprechende Fragen dürften deshalb wegen der unverhältnismäßigen Beschränkung des allgemeinen Persönlichkeitsrechts verneint werden.[56] Generell sei zu fordern, dass der Arbeitgeber für die **Zumutbarkeit der Weiterbeschäftigung** die Umstände des Einzelfalles zu würdigen habe. Dabei könne neben dem konkreten Fall des Betroffenen auch die Herausgehobenheit der von ihm im Zeitpunkt der Kündigung inne gehabten Stellung berücksichtigt werden.[57]

Die **obersten Bundesgerichte** sind dem gefolgt. Nach der Rechtsprechung des 23
Bundesarbeitsgerichts kann die wahrheitswidrige Beantwortung auch vor 1970 abgeschlossener Tätigkeiten für das Ministerium für Staatssicherheit die Anfechtung des Arbeitsvertrages wegen arglistiger Täuschung gemäß § 123, 142 BGB

53 Bei Beamten auf Probe, für die nach dem Einigungsvertrag zunächst Vorschriften des Beamtenrechtsrahmengesetzes und des Bundesbeamtengesetzes mit Maßgaben anzuwenden waren, ist die Entlassung aus den Gründen des Sonderkündigungstatbestandes nicht mehr möglich; Nr. 3 d der Anlage I Kap XIX Abschnitt III ist aufgrund des Gesetzes vom 02.12.2006 (BGBl. I S. 2674) nicht mehr anzuwenden; vgl. BVerwG, LKV 2001, 370 = ZBR 2002, 48.

54 Das ThürOVG hat allerdings zur Vermutung der Ungeeignetheit in § 8 Abs. 3 S. 2 ThürBG aF entschieden, dass diese Bestimmung nicht gegen Art. 33 Abs. 2 GG verstoße. Zu den Eignungsanforderungen gehöre die demokratische Zuverlässigkeit als überragend wichtiges Gemeinschaftsgut; bei einem ehrenamtlichen Bürgermeister sei die Vermutung der persönlichen Ungeeignetheit nicht widerlegbar; ThürOVG, Urt. v. 14.10.2003 – 2 KO 495/03 – JURIS Rn. 50, 53.

55 *Müller-Glöge,* in ErfK, § 626 BGB Rn. 6; BAGE 70, 309 (320) – zugleich zur Eignung iSd Art. 33 Abs. 2 GG.

56 BVerfGE 96, 171 (188).

57 BVerfGE 96, 189, LS 1 und 2.

rechtfertigen, wenn diese Tätigkeiten besonders schwer wiegen.[58] Nach wie vor kann wegen einer früheren Tätigkeit für den MfS je nach den Umständen des Einzelfalles auch außerordentlich gekündigt werden.[59] Wegen **arglistiger Täuschung** sowohl vor der Ernennung zum Beamten auf Probe als auch und vor der Ernennung zum Beamten auf Lebenszeit kann ein Beamter wegen einer früheren Tätigkeit für die Staatssicherheitsorgane entlassen werden.[60] Das Bundesverwaltungsgericht lässt ebenso den **Zeitfaktor nicht unberücksichtigt**, obgleich die Beschäftigung eines früher in die Machenschaften des **MfS** verstrickten Beamten im öffentlichen Dienst berechtigte Zweifel an dessen rechtsstaatlicher und demokratischer Integrität begründen kann. Namentlich ein längerer Zeitablauf nach Beendigung dieser Tätigkeit kann Eignungszweifel indessen zurücktreten und deshalb das Festhalten am Beamtenverhältnis zumutbar erscheinen lassen.[61]

Artikel 97 [Verfassungsschutz]

[1]Zum Schutz der verfassungsmäßigen Ordnung ist eine Landesbehörde einzurichten. [2]Polizeiliche Befugnisse und Weisungen stehen dieser Behörde nicht zu. [3]Ihre Tätigkeit wird durch eine parlamentarische Kontrollkommission überwacht.

Vergleichbare Regelungen

Art. 87 Abs. 1 Satz 2 GG; Art. 11 Abs. 3 BbgVerf.

Ergänzungsnormen im sonstigen thüringischen Recht

ThürVerfSutzG v. 30.07.2012 (ThürGVBl. 346); Thüringer Gesetzes zur Ausführung des Artikel 10-Gesetzes v. 16.07.2008 (ThürGVBl. 245).

Dokumente zur Entstehungsgeschichte

Art. 82 VerfE SPD; Art. 2 VerfE LL/PDS; Entstehung ThürVerf S. 251 f.

Literatur

Michael Brenner, Bundesnachrichtendienst im Rechtsstaat, 1990; *ders.*, Abgeordnetenstatus und Verfassungsschutz, in: FS für Badura, 2004, 25 ff.; *Bundesministerium des Innern* (Hrsg.), Verfassungsschutz und Rechtsstaat, 1981; *Bundesamt für Verfassungsschutz* (Hrsg.), Verfassungsschutz in der Demokratie, 1990; *Alexander Dorn,* Das Trennungsgebot in verfassungshistorischer Perspektive, 2004; *Bernadette Droste*, Handbuch des Verfassungsschutzrechts, 2007; *Christoph Gröpl*, Die Nachrichtendienste im Regelwerk der deutschen Sicherheitsverwaltung, 1993; *Christoph Gusy*, Parlamentarische Kontrolle der Nachrichtendienste im demokratischen Rechtsstaat, ZRP 2008, 36; *Alexander Hirsch,* Die Kontrolle der Nachrichtendienste, 1996; *Peter M. Huber*, Vom Aufbau der Staats- und Verwaltungsorganisation in Thüringen, ThürVBl 1997, 49; *ders.*, Verdeckte Datenerhebung, präventive Telekommunikationsüberwachung und der Einsatz technischer Mittel in Wohnungen nach dem Thüringer Verfassungsschutzgesetz und dem Thüringer Polizeiaufgabengesetz, ThürVBl 2005, 1, 33; *Marco König,* Trennung und Zusammenarbeit von Polizei und Nachrichtendiensten, 2005; *Dieter Kugelmann/Elena Rüden*, Die Änderungen des thüringischen Polizei- und Verfassungsschutzrechts vor dem Hintergrund der verfassungsgerichtlichen Rechtsprechung, ThürVBl 2009, 169; *Torsten Meisel/Lothar Seel*, Die Beobachtung der Organisierten Kriminalität durch den Verfassungsschutz in Thüringen – große Aufgabe mit kleinen Befugnissen?, ThürVBl 2005, 169; *Markus Bernd Rödder,* Verfassungsschutz im föderalen Gefüge der Bundesrepublik Deutschland, 2010; *Helmut Roewer/Petra Höhn*, Verfassungsschutz, ThürVBl

58 BAG, NJW 2001, 701.

59 BAG, Urt. v. 25.10.2001 – 2 AZR 559/00 – JURIS; *Müller-Glöge*, in: ErfK, § 626 BGB Rn. 134.

60 BVerwG, ZBR 2002, 48.

61 BVerwG, Urt. v. 27.04.1999 – 2 C 26/98 – JURIS, Rn. 19, insoweit nicht abgedruckt in BVerwGE 109, 59.

1997, 193; *Wolfgang Schatzschneider,* Ermittlungstätigkeit der Ämter für Verfassungsschutz, 1979.

Leitentscheidungen des BVerfG

BVerfGE 2, 1 (SRP-Verbotsurteil); 5, 85 (KPD-Verbotsurteil); 30, 1 (Strategische Überwachung); 65, 1 (Volkszählungsgesetz).

A. Überblick

1 Die Bestimmung enthält **grundlegende Aussagen zum Verfassungsschutz** im Freistaat Thüringen. Damit unterscheidet sie sich von anderen Landesverfassungen, die sich im Hinblick auf diese Thematik zurückhalten.

2 Art. 97 ThürVerf verpflichtet den Freistaat Thüringen zur Errichtung einer Verfassungsschutzbehörde, deren Aufgabe im Schutz der verfassungsmäßigen Ordnung besteht. Dieser Behörde dürfen jedoch keine polizeilichen Befugnisse oder Weisungen zukommen; mit diesem **verfassungsrechtlich abgesicherten Trennungsgebot** sollen mit geheimdienstlichen Methoden durchgeführte Vorfeldermittlungen und polizeiliche Befugnisse strikt voneinander getrennt werden, und zwar organisatorisch wie auch funktionell. Eine in geheimdienstlichen Sphären handelnde Polizei soll auf diese Weise ebenso ausgeschlossen werden wie ein sich polizeiliche Befugnisse aneignender Verfassungsschutz. Zudem wird durch Art. 97 die Kontrolle der Verfassungsschutzbehörde durch die Parlamentarische Kontrollkommission angeordnet, um zum einen zu **verhindern**, dass **geheimhaltungsbedürftige Informationen an die Öffentlichkeit gelangen** und damit die Arbeit des Verfassungsschutzes erschwert oder gar unmöglich gemacht wird, zum anderen aber ein **hinreichende parlamentarische Kontrolle** sicherzustellen.

B. Herkunft, Entstehung und Entwicklung

3 In der Verfassung des Jahres 1921 war weder eine Bestimmung über den – seinerzeit in der heutigen Ausformung ohnehin nicht bekannten – Verfassungsschutz noch über einen Geheimdienst enthalten. Auch die Verfassung des Landes Thüringen aus dem Jahr 1946 enthielt keine diesbezüglichen Bestimmungen.

4 Auch in der Vorläufigen Landessatzung für das Land Thüringen des Jahres 1990 fand sich keine Bestimmung zum Verfassungsschutz. In den Verfassungsberatungen im Zusammenhang mit der Ausarbeitung der Verfassung des Freistaats Thüringen war dann heftig umstritten, ob das Land überhaupt eine Verfassungsschutzbehörde errichten und ob dem Verfassungsschutz Verfassungsrang eingeräumt werden sollte. So sah etwa der Gesetzentwurf der Fraktion der LL/PDS[1] vor, dass im Land Thüringen kein im Auftrag oder in der Verantwortung des Landes tätiger Geheimdienst erlaubt ist – was seine Erklärung im Lichte der umfassenden geheimdienstlichen Tätigkeit des MfS findet. Nach längeren

1 Drs. 1/678.

Diskussion fand sich dann doch – trotz des Hinweises, dass von der Verankerung einer Verfassungsschutzbehörde in der Verfassung aufgrund bundesgesetzlicher Regelungen an normativem Gewinn wenig zu erwarten sei[2] – eine Mehrheit für die Aufnahme einer Bestimmung, die die Einrichtung einer Verfassungsschutzbehörde in der ThürVerf vorsah und zugleich deren parlamentarische Kontrolle regelte.

C. Verfassungsvergleichende Information

5 Sämtliche Bundesländer haben Gesetze über den Verfassungsschutz erlassen; neben dem aus der Verfassungsautonomie der Länder fließenden Recht, eigene Behörden errichten zu können, ergibt sich dies aus der **grundgesetzlich in Art. 73 Abs. 1 Nr. 10 lit. b GG verankerten Pflicht zur Zusammenarbeit von Bund und Ländern in Angelegenheiten des Verfassungsschutzes**, die eine wechselseitige ist und daher eigene Landesverfassungsschutzbehörden voraussetzt.[3]

6 Indes sind in den Landesverfassungen regelmäßig keine Aussagen über Errichtung von Landesverfassungsschutzbehörden und deren Aufgaben enthalten; insoweit üben sich die Landesverfassungen in Zurückhaltung.

D. Erläuterungen

I. Der Schutz der Verfassung im Bundesstaat

7 Art. 73 Abs. 1 Nr. 10 lit. bb GG weist dem **Bund** die **ausschließliche Gesetzgebungskompetenz** im Hinblick auf die Regelung der Zusammenarbeit des Bundes und der Länder zum Schutze der freiheitlichen demokratischen Grundordnung, des Bestandes und der Sicherheit des Bundes oder eines Landes und damit auf dem Gebiet des Verfassungsschutzes zu. Aus diesem Grund ist auch die Zusammenarbeit der Länder in Angelegenheiten des Verfassungsschutzes einer bundesrechtlichen Regelung unterworfen,[4] die im **Gesetz über die Zusammenarbeit des Bundes und der Länder in Angelegenheiten des Verfassungsschutzes und über das Bundesamt für Verfassungsschutz** (BVerfSchG) ihre nähere Ausformung erfahren hat. Nach Maßgabe dieses Gesetzes sind Bund und Länder zur Zusammenarbeit in Angelegenheiten des Verfassungsschutzes verpflichtet, § 1 Abs. 2 BVerfSchG, wobei die Zusammenarbeit auch in **gegenseitiger Unterstützung und Hilfeleistung** besteht, § 1 Abs. 3 BVerfSchG. Darüber hinaus sind die Länder aufgrund von § 2 Abs. 2 BVerfSchG verpflichtet, eigene Verfassungsschutzbehörden unterhalten, und zwar für die Zusammenarbeit der Länder mit dem Bund, § 2 Abs. 3 BVerfSchG. In diesen Rahmen hat sich auch die Ausgestaltung des Verfassungsschutzes im Freistaat Thüringen einzufügen, was im Hinblick auf mögliche organisatorische Neuausrichtungen bedeutsam ist. Über diese bundesrechtlich vorgegebenen Verpflichtungen hinaus ist es dem Freistaat Thüringen jedoch unbenommen, dem von ihm einzurichtenden Landesamt für Verfassungsschutz weitere Aufgaben zu übertragen, was im Hinblick auf die Bekämp-

2 So der Hinweis des Sachverständigen *Prof. Dr. Würtenberger*, Entstehung ThürVerf S. 252.

3 Vgl. die Auflistung der Landesverfassungsschutzgesetze bei *Droste*, Handbuch des Verfassungsschutzrechts, 2007, Anhang 10 (S. 728 ff.). Überblick über die Änderungen der Landesverfassungsschutzgesetze ebenfalls bei *Droste*, Handbuch des Verfassungsschutzrechts, 2007, S. 23, Fn. 67.

4 BVerwG, JZ 1984, 737.

fung der Organisierten Kriminalität auch geschehen ist; insoweit kommt die den Ländern zustehende Organisationshoheit zum Tragen.

Durch diese **Aufgabenzuweisung** wird den Verfassungsschutzbehörden des Bundes und der Länder der Schutz der Verfassung, aber auch der Staatlichkeit von Bund und Ländern aufgegeben,[5] und damit zugleich das Konzept der **wehrhaften bzw. abwehrbereiten Demokratie** umgesetzt.[6] Der Schutz der Wertgebundenheit und Werthaftung der Verfassungsordnung in Bund und Ländern, deren Substanz sich letztlich in Art. 79 Abs. 3 GG wiederfindet, ist damit den Verfassungsschutzbehörden des Bundes und der Länder zur Aufgabe gemacht worden, auf Bundesebene zudem dem Bundesnachrichtendienst (BND) und dem Militärischen Abschirmdienst (MAD) Die freiheitliche demokratische Grundordnung soll nicht den Feinden der Verfassung ausgeliefert werden; der Staat soll sich vielmehr gegen solche Kräfte wehren und wirksam verteidigen können, nicht nur mit Hilfe des im StGB umgesetzten strafrechtlichen Staatsschutzes, sondern bereits im Vorfeld durch den Einsatz nachrichtendienstlicher Mittel durch die Behörden des Verfassungsschutzes. Frühzeitig mögliche Gefahren für den Verfassungsstaat zu erkennen und den sachlich zuständigen Behörden, insbesondere den Polizeibehörden, rechtzeitig zur Kenntnis zu bringen, damit diese die notwendigen exekutiven Maßnahmen ergreifen können, stellt damit eine wesentliche Aufgabe des Verfassungsschutzes dar. Wirksamer Verfassungsschutz ist jedenfalls unter der Geltung des Trennungsgebots[7] stets auf eine effiziente Zusammenarbeit von Verfassungsschutz- und Polizeibehörden angewiesen. 8

II. Die Einrichtung einer Landesverfassungsschutzbehörde

Die Vorgabe des Satz 1 **verpflichtet den Freistaat** zwingend, zum Schutz der verfassungsmäßigen Ordnung eine **Landesbehörde einzurichten**; im Hinblick auf das „Ob“ dieser Einrichtung kommt dem Freistaat **kein Ermessen** zu. Freilich wird damit lediglich die bundesrechtliche, im BVerfSchG enthaltene Verpflichtung zur Einrichtung einer Landesbehörde im Zusammenhang mit Angelegenheiten des Verfassungsschutzes wiederholt; letztlich kommt Satz 1 daher nur deklaratorische Bedeutung zu. 9

Beim **Landesamt für Verfassungsschutz** handelt es sich um eine **Landesoberbehörde**, mithin eine Behörde, die einem Ministerium – hier dem Innenministerium – unmittelbar nachgeordnet ist. Bemerkenswert ist, dass das Landesamt für Verfassungsschutz die einzige staatliche Behörde ist, deren Errichtung unmittelbar durch die ThürVerf vorgegeben ist. Ungeachtet dessen wird man diese ausdrückliche Vorgabe der ThürVerf weniger als Institutionalisierung des Verfassungsschutzes anzusehen haben; vielmehr kommt im Zusammenhang mit der verfassungsrechtlichen Zuweisung der Aufgabe des Verfassungsschutzes an das Landesamt – und nicht an andere Behörden – der **verfassungsrechtlichen Veran-** 10

5 Hierzu auch *Gröpl*, Die Nachrichtendienste im Regelwerk der deutschen Sicherheitsverwaltung, 1993, S. 82 ff.

6 Näher hierzu z. B. Bundesministerium des Innern (Hrsg.), Abwehrbereite Demokratie und Verfassungsschutz, 1989; Bundesministerium des Innern (Hrsg.), Streitbare Demokratie – Neue Herausforderungen – Neue Antworten?, 1991; *Stern*, Der Schutz der Verfassung der Bundesrepublik Deutschland, in: Bundesministerium des Innern (Hrsg.), Verfassungsschutz und Rechtsstaat, 1990, 12 ff.; *Brenner*, Die wehrhafte Demokratie: Eine Lehre aus Weimar?, in: Eichenhofer (Hrsg.), 80 Jahre Weimarer Reichsverfassung – Was ist geblieben?, 1999, S. 95.

7 Hierzu näher unten, Rn. 14 ff.

kerung und Absicherung des Trennungsgebots vorrangige Bedeutung zu, wird auf diese Weise doch verfassungskräftig der Zusammenlegung des Landesamtes für Verfassungsschutz mit anderen, namentlich Polizeibehörden ein Riegel vorgeschoben – ein verfassungsrechtliche Vorgabe, die nicht nur mit Blick auf die Gestapo im Dritten Reich, sondern auch im Hinblick auf die leidvollen Erfahrungen, die die Menschen in den neuen Ländern und insbesondere auch im Freistaat Thüringen mit dem Ministerium für Staatssicherheit gemacht haben, ihre Rechtfertigung in sich trägt.

III. Die verfassungsmäßige Ordnung

11 Der **Schutz der verfassungsmäßigen Ordnung** – woraus der Begriff des Verfassungsschutzes abgeleitet ist – stellt die überkommene und zugleich **zentrale Aufgabe sämtlicher Verfassungsschutzbehörden** in Deutschland dar, auch des Thüringer Landesamtes für Verfassungsschutz. Vom Begriff der verfassungsmäßigen Ordnung ist die **freiheitliche demokratische Grundordnung** umfasst, wie sie in Art. 73 Abs. 1 Nr. 10 b GG legaldefiniert ist; sie stellt letztlich die Kurzbezeichnung für die Staatsidee der Bundesrepublik Deutschland dar[8] und umschließt derjenigen **Strukturprinzipien**, die sowohl das Grundgesetz als auch die Thüringer Verfassung kennzeichnen und letztlich deren Substanz darstellen. Hierzu zählen seit dem SRP-Verbotsurteil des Bundesverfassungsgerichts die Achtung vor den im Grundgesetz konkretisierten Menschenrechten, die Volkssouveränität, die Gewaltenteilung, die Verantwortlichkeit der Regierung, die Gesetzmäßigkeit der Verwaltung, die Unabhängigkeit der Gerichte, das Mehrparteienprinzip, die Chancengleichheit für alle politischen Parteien und das Recht auf verfassungsmäßige Bildung und Ausübung einer Opposition.[9] Damit ist die freiheitliche demokratische Grundordnung als eine Ordnung zu begreifen, „die unter Ausschluss jeglicher Gewalt- und Willkürherrschaft eine **rechtsstaatliche Herrschaftsordnung** auf der Grundlage der **Selbstbestimmung des Volkes** nach dem Willen der jeweiligen Mehrheit und der Freiheit und Gleichheit darstellt";[10] deren Schutz ist den Verfassungsschutzbehörden aufgegeben.

12 Der Gesetzgeber des **ThürVerfSchutzG** hat die Aufgabe des Landesamtes für Verfassungsschutz über die verfassungsmäßige Ordnung hinaus ausgeweitet – was ihm verfassungsrechtlich nicht verwehrt ist und letztlich auch den Gleichlauf mit den Aufgaben herstellt, die dem Bundesamt und den anderen Landesämtern für Verfassungsschutz aufgegeben sind – und klargestellt, dass das Landesamt für Verfassungsschutz neben dem **Schutz der freiheitlichen demokratischen Grundordnung, des Bestandes und der Sicherheit des Bundes und der Länder** auch zum **Schutz vor Organisierter Kriminalität** errichtet wird (§ 1 Abs. 1 Satz 1 ThürVerfSchutzG); der letztgenannte Aspekt jedenfalls dürfte nicht zu den „klassischen" Aufgaben der Ämter für Verfassungsschutz zählen,[11] auch wenn aus praktischer Sicht vieles dafür spricht, auch diese Aufgabe in die Hände von Verfassungsschutzbehörden zu legen.

---

8 *Stern* Bd. I, 1977, 417.
9 BVerfGE 2, 1, (12 f.); bestätigt in E 5, 85, 140 – KPD-Verbotsurteil.
10 BVerfGE 2, 1, (12).
11 So findet sich in der in § 3 BVerfSchG enthaltenen Aufgabenbeschreibung des Bundesamtes und der Landesämter für Verfassungsschutz auch kein Hinweis auf die organisierte Kriminalität; siehe insoweit auch *Droste,* Handbuch des Verfassungsschutzrechts, 2007, S. 86 ff.

Diese sämtlichen Aufgaben sind mit **nachrichtendienstlichen Mitteln** zu erfüllen. Hierunter ist die **verdeckte Informationsbeschaffung** zu verstehen, die insbesondere mit Hilfe des Einsatzes von Vertrauensleuten und Gewährspersonen, der Observation, durch Bild- und Tonaufzeichnungen sowie durch die Verwendung von Tarnpapieren und Tarnkennzeichen erfolgt;[12] die nachrichtendienstlichen Mittel sind in einer vom Innenministerium zu erlassenen Dienstvorschrift zu benennen, § 6 Abs. 1, 2 ThürVerfSchutzG. Für den Fall, dass gegen ein Mitglied des Landtags nachrichtendienstliche Mittel eingesetzt werden, ist der Präsident des Landtags und der Vorsitzende der Parlamentarischen Kontrollkommission unverzüglich zu benachrichtigen, § 6 Abs. 4 ThürVerfSchutzG. Das Abgeordnetenmandat steht jedenfalls der Beobachtung von Abgeordneten durch Behörden des Verfassungsschutzes nicht entgegen,[13] im Gegenteil: Das parlamentarische Mandat darf nicht zum Kampf gegen die freiheitliche demokratische Grundordnung instrumentalisiert werden. 13

IV. Das Trennungsgebot

Der Ausschluss polizeilicher Befugnisse und Weisungen nimmt inhaltlich Bezug auf den sog. **Polizeibrief der Alliierten Militärgouverneure** vom 14.04.1949. In diesem Polizeibrief war unter anderem der Bundesregierung zwar gestattet worden, eine Stelle zur Sammlung und Verbreitung von Auskünften über umstürzlerische, gegen die Bundesregierung gerichtete Tätigkeiten einzurichten; doch sollte diese Stelle keine Polizeibefugnisse haben.[14] Mit diesem Polizeibrief wollten die Alliierten das Wiederaufleben einer geheimen Staatspolizei unter der Geltung des Grundgesetzes verhindern; die Errichtung einer politischen Polizei sollte mithin für die Zukunft unmöglich gemacht werden.[15] 14

Indessen kommt dem Polizeibrief nach Erlöschen der alliierten Vorbehaltsrechte keine Rechtsverbindlichkeit mehr zu, geschweige denn, jedenfalls auf Bundesebene, Verfassungsrang. Insbesondere wird man nicht davon ausgehen können, dass es ein grundgesetzliches, die Länder verpflichtendes Gebot des Inhalts gibt, dass Polizei und Verfassungsschutzbehörden organisatorisch und funktional getrennt sein müssen.[16] Ein solches **Trennungsgebot** lässt sich jedenfalls dem **Grundgesetz nicht entnehmen.**[17] Da im Übrigen auch Verfassungsschutzbehörden bei ihrer Tätigkeit dem Vorbehalt des Gesetzes unterliegen, würde die Zusammenfassung von Exekutiv- und Informationsbefugnissen in einer einzigen Behörde keinen durchgreifenden rechtsstaatlichen Bedenken begegnen, sofern die jeweiligen Aufgaben und Befugnisse im Gesetz hinreichend bestimmt und detailliert niedergelegt wären.[18] Eine hiervon zu trennende Frage ist die, ob eine 15

12 Ausführlich zu den nachrichtendienstlichen Mitteln *Droste,* Handbuch des Verfassungsschutzrechts, 2007, S. 222 ff. S. auch *Schatzschneider,* Ermittlungstätigkeit der Ämter für Verfassungsschutz und Grundrechte, 1979, S. 202 ff.

13 In diesem Sinn ausführlich *Brenner,* Abgeordnetenstatus und Verfassungsschutz, in: FS für Badura, 2004, 25 ff.

14 Abgedruckt bei *Huber,* Quellen zum Staatsrecht der Neuzeit II, 1951, 216, und bei *Droste,* Handbuch des Verfassungsschutzrechts, 2007, Anhang 1 (S. 660 f.). Näher zum Folgenden *Brenner*, Bundesnachrichtendienst im Rechtsstaat, 1990, 45 ff.

15 Einzelheiten bei *Brenner,* Bundesnachrichtendienst im Rechtsstaat, 1990, S. 45 ff.

16 AA etwa *Denninger,* ZRP 1981, 231 (232).

17 Ausführlich zum Trennungsgebot auch *König*, Trennung und Zusammenarbeit von Polizei und Nachrichtendiensten, 2005.

18 *Brenner,* Bundesnachrichtendienst im Rechtsstaat, 1990, S. 50 f.

solche Zusammenfassung von geheimdienstlichen und polizeilichen Befugnissen überhaupt praktikabel wäre; und insoweit sind doch erhebliche Bedenken anzumelden, da bei einem Tätigwerden einer solchen Behörde ganz unterschiedliche rechtliche Maßstäbe gelten würden, je nachdem, ob die Tätigkeit in der polizeilichen Sphäre oder der Sphäre der Vorfeldermittlung angesiedelt wäre – was im Übrigen zahlreiche Abgrenzungsfragen nach sich ziehen würde. Zudem würden mit Blick auf die Überwachung einer solchen Behörde ganz unterschiedliche Kontrollmechanismen für die verschiedenen Tätigkeitssphären greifen – hie verwaltungsgerichtliche Kontrolle, dort Parlamentarische Kontrollkommission –, was eine institutionelle Zusammenlegung beider Sphären ebenfalls als wenig sinnvoll erscheinen lässt.

16 Indes war es ungeachtet dieses bundesverfassungsrechtlichen Befundes dem Thüringer Verfassungsgeber selbstverständlich unbenommen, ein **landesverfassungsrechtliches Trennungsgebot** in die ThürVerf aufzunehmen.[19] Dieses zielt auf eine **Trennung geheimdienstlicher Informationsbeschaffungsbefugnisse von polizeilichen Exekutivbefugnissen,**[20] und zwar auf eine Trennung in funktionaler wie auch in organisatorischer Hinsicht; insoweit gilt das Gebot einer **„institutionellen Abschottung“**,[21] das auch ein gemeinsames Behördendach von Verfassungsschutz- und Polizeibehörden ausschließt.[22] Vorfeldbeobachtung und polizeiliche Intervention sollen mithin strikt voneinander getrennt sein; daher sind das Landesamt für Verfassungsschutz und die Polizeibehörden wie auch die Staatsanwaltschaften für ihre Zusammenarbeit auf die Regeln der Amtshilfe angewiesen – die, wie die Pannen im Zusammenhang mit den Straftaten des NSU gezeigt haben –, jedenfalls in der Vergangenheit mehr als unzulänglich zur Anwendung gebracht worden sind.[23]

17 Den Verfassungsschutzbehörden müssen damit **sämtliche polizeilichen Befugnisse versagt** bleiben. Sie dürfen mithin weder Personen festnehmen noch diese anhalten, durchsuchen, verhaften und vorführen; auch weitere Polizei(standard-)maßnahmen, wie etwa die Durchführung erkennungsdienstlicher Maßnahmen, die Ausübung unmittelbaren Zwangs oder Maßnahmen, die auf die polizeiliche Generalklausel gestützt sind, sind dem Landesamt für Verfassungsschutz untersagt. Zudem scheidet eine Beschlagnahme von Gegenständen aus. Ferner sind durch das Trennungsgebot sämtliche **Aufsichts- und Weisungsbefug-**

19 Diesem Beispiel folgen auch die anderen Bundesländer, die das Trennungsgebot in ihren Verfassungsschutzgesetzen niedergelegt haben.

20 Ausführlich hierzu *König*, Trennung und Zusammenarbeit von Polizei und Nachrichtendiensten, 2005, mit Blick auf das einfache Recht insbes. S. 221 ff.

21 *Denninger,* Amtshilfe im Bereich der Verfassungsschutzbehörden, in: Bundesministerium des Innern (Hrsg.), Verfassungsschutz und Rechtsstaat, 1981, 19 (37 f.).

22 *Roewer,* DVBl. 1986, 205 ff.

23 Vgl. Schäfer/Wache/Meiborg, Gutachten zum Verhalten der Thüringer Behörden und Staatsanwaltschaften bei der Verfolgung des „Zwickauer Trios“, erstellt im Auftrag des Freistaats Thüringen, vertreten durch den Thüringer Innenminister, 2012; selbstredend auch der Untersuchungsauftrag des Untersuchungsausschusses 5/1 des Thüringer Landtags: „Mögliches Fehlverhalten der Thüringer Sicherheits- und Justizbehörden, einschließlich der zuständigen Ministerien unter Einschluss der politischen Leitungen, sowie der mit den Sicherheitsbehörden zusammenarbeitenden Personen (so genannte menschliche Quellen) im Zusammenhang mit Aktivitäten rechtsextremer Strukturen, insbesondere des „Nationalsozialistischen Untergrunds“ (NSU) und des „Thüringer Heimatschutzes“ (THS), und seiner Mitglieder sowie mögliche Fehler der Thüringer Sicherheits- und Justizbehörden bei der Aufklärung und Verfolgung der dem NSU und ihm verbundener Netzwerke zugerechneten Straftagen, LT-Drs. 5/5810.

nisse der Verfassungsschutzbehörden gegenüber Polizeidienststellen **ausgeschlossen**, da diesen ansonsten mittelbar Polizeibefugnisse zukämen.[24] Insbesondere die – auch nur vorübergehende – **Inkorporierung von Polizeikräften** in das Landesamt ist durch das Trennungsgebot **untersagt.**[25] Diese Vorgaben umgehende Amtshilfeersuchen würden das verfassungsrechtlich statuierte Trennungsgebot unterlaufen und sind daher unzulässig, da insoweit, jedenfalls mittelbar, hoheitliche Polizeibefugnisse durch Verfassungsschutzbehörden wahrgenommen werden würden.[26]

Diesen verfassungsrechtlichen Vorgaben trägt das **ThürVerfSchutzG** Rechnung, 18
indem es in § 5 Abs. 3 statuiert, dass dem Landesamt für Verfassungsschutz polizeiliche Befugnisse oder Weisungsbefugnisse nicht zustehen; zudem darf es die Polizei auch nicht im Wege der Amtshilfe um Maßnahmen ersuchen, zu denen es selbst nicht befugt ist.[27]

Allerdings haben verschiedene Vorkommnisse in der Vergangenheit auch ge- 19
zeigt, dass die Trennung der Informationsbeschaffungs- von den polizeilichen Exekutivbefugnissen zu Versäumnissen mit weit reichenden Folgen führen kann, insbesondere dann, wenn bei den Verfassungsschutzbehörden vorhandene Informationen nicht, nicht vollständig oder nicht rechtzeitig an die Polizeibehörden weitergeleitet werden, damit diese aufgrund der ihnen nach Maßgabe des ThürPAG zukommenden Befugnisse Gefahren für die öffentliche Sicherheit oder Ordnung verhindern können.[28] Zugleich haben diese **Pannen** auch deutlich gemacht, dass die Polizei gerade in verfassungsschutzrelevanten Sphären zur Erfüllung der ihr zugewiesenen Aufgaben auf rechtzeitige, zuverlässige und vollständige Informationen über verfassungsfeindliche Bestrebungen angewiesen ist, Informationen, die sich vielfach mit den überkommenen polizeilichen Befugnissen nicht bekommen lassen. Da die Polizei mithin in der Sphäre verfassungsfeindlicher Bestrebungen für eine effiziente Arbeit in erheblichem Maße auf die Weitergabe von durch die Verfassungsschutzbehörden gesammelten Informationen angewiesen ist, ist der **Gesetzgeber** gehalten, insoweit effiziente Wege der Zusammenarbeit zwischen den Verfassungsschutzbehörden des Bundes und der Länder wie auch zwischen dem Landesamt für Verfassungsschutz und den Polizeibehörden des Freistaats wie auch anderer Bundesländer vorzusehen.

---

24 Einfachgesetzliche Regelungen, wonach zur Erfüllung der den Landesämtern für Verfassungsschutz übertragenen Aufgaben polizeiliche Befugnisse wie auch Weisungsbefugnisse gegenüber Polizeibehörden vorenthalten sind, finden sich in sämtlichen Landesverfassungsschutzgesetzen, vgl. § 5 Abs. 3 1 BwLVSG; Art. 1 Abs. 4 3 BayVSG; § 8 Abs. 7 VSG Bln; § 6 Abs. 4 BbgVerfSchG; § 6 Abs. 4V BremVerfSchG; § 2 Abs. 2 2 HmbVerfSchG; § 3 Abs. 4 VerfSchutzG HE; § 8 LVerfSchG M-V; § 5 Abs. 4 NVerfSchG; § 5 Abs. 6 VSG NRW; § 8 Abs. 3 RpfVSG; § 2 Abs. 3 SVerfSchG; § 4 Abs. 3 SächsVSG; § 7 V VerfSchG-LSA; § 9 ShVerfSchG.

25 Siehe insoweit nur *Borgs-Maciejewski,* in: Borgs/Ebert, Das Recht der Geheimdienste, 1986, § 3, Rn. 138.

26 So mit Recht *Hopfe,* in: Linck/Jutzi/Hopfe, Art. 97 Rn. 4.

27 Ausführlich insoweit auch *König,* Trennung und Zusammenarbeit von Polizei und Nachrichtendiensten, 2005, im Hinblick auf die Vorgaben des einfachen Rechts insbes. S. 221 ff.

28 Siehe hierzu insbes. *Schäfer/Wache/Meiborg,* Gutachten (oben, Fn. 24), zum Verhalten der Thüringer Behörden und Staatsanwaltschaften bei der Verfolgung des „Zwickauer Trios“, 2012, sowie den Zwischenbericht des Untersuchungsausschusses 5/1 des Thüringer Landtags, LT-Drucks. 5/5810 (oben, Fn. 24).

V. Die Überwachung durch die Parlamentarische Kontrollkommission

20 Geheimdienstliche Tätigkeit als exekutive Tätigkeit unterliegt **parlamentarischer Kontrolle**, im Freistaat Thüringen mithin der Kontrolle durch den Landtag, Art. 48 Abs. 2 ThürVerf. Um indes zu verhindern, dass aufgrund dieser Kontrolle sensible Daten und geheimzuhaltende Sachverhalte einer größeren Öffentlichkeit bekannt werden, hat der Verfassungsgeber –ausgerichtet am Beispiel des Bundes – die Kontrolle des Landesamtes für Verfassungsschutz der **Parlamentarischen Kontrollkommission** übertragen. Diese überwacht die Tätigkeit des Landesamtes und nimmt diese Kontrolle anstelle des Landtags vor; aus diesem Grund muss sie auch aus Abgeordneten bestehen. Die verfassungsrechtlich zwingende Anordnung der Überwachung der Tätigkeit des Landesamtes für Verfassungsschutz durch die Parlamentarische Kontrollkommission schließt eine Überwachung der Tätigkeit des Landesamtes für Verfassungsschutz durch den Landtag freilich nicht aus; dessen Rechte sowie die Rechte seiner Ausschüsse bleiben durch die Einrichtung der PKK unberührt, § 18 Abs. 1 Satz 3 ThürVerfSchutzG. Dies bedeutet auch, dass der Landtag in Ausübung seines **Enqueterechts** Missstände im Zuständigkeitsbereich des Landesamtes zum Untersuchungsgegenstand eines Untersuchungsausschusses machen kann. Dessen Untersuchung ist freilich eine sich an politischen Maßstäben ausrichtende; sie stellt keine gerichtliche Kontrolle dar.

21 Da die ThürVerf im Hinblick auf die Tätigkeit des Landesamts und dessen Aufgaben keine näheren Leitlinien vorgegeben hat, kommt dem Gesetzgeber im Hinblick auf die Ausgestaltung des Aufgabenbereichs ein **weiter Gestaltungsspielraum** zu. Aufgrund der Tatsache, dass die Parlamentarische Kontrollkommission die Kontrolle des Landesamtes stellvertretend für das Gesamtorgan Landtag vornimmt, hat der Gesetzgeber bei der Regelung der Zusammensetzung der Kommission jedoch dem **Grundsatz der Spiegelbildlichkeit** und damit der politischen Zusammensetzung des Landtags Rechnung zu tragen; insbesondere darf die Opposition nicht aus der Parlamentarischen Kontrollkommission ferngehalten werden.[29] Nach welchem mathematischen System die Umrechnung erfolgt, z. B. nach dem System d'Hondt oder dem System Hare/Niemeyer, liegt in den Händen des Gesetzgebers.

22 Da Art. 97 Satz 3 ThürVerf der Parlamentarischen Kontrollkommission lediglich allgemein die **Überwachung der Tätigkeit des Verfassungsschutzes** zugewiesen hat, ist hierunter sowohl das allgemeine als auch das einzelfallbezogene Wirken des Verfassungsschutzes zu verstehen, vgl. § 21 Abs. 1 ThürVerfSchG („Vorgänge von besonderer Bedeutung"). Insoweit obliegt der Landesregierung eine gegenüber der Parlamentarischen Kontrollkommission bestehende **Unterrichtungspflicht**, da diese ansonsten ihrer Überwachungsaufgabe in effizienter Weise nicht oder nur unvollständig nachkommen könnte. Die Informationspflicht erstreckt sich jedoch nur auf Informationen und Gegenstände, die der Verfügungsberechtigung des Landesamtes für Verfassungsschutz unterliegen, § 19 Abs. 3 ThürVerfSchutzG.

23 Die Parlamentarische Kontrollkommission besteht aus **fünf Mitgliedern**; diese werden zu Beginn jeder Wahlperiode vom Landtag aus seiner Mitte nach dem mathematischen Verfahren nach d´Hondt gewählt, § 19 Abs. 1 ThürVerfSchutzG.

29 Siehe insoweit auch BVerfGE 70, 365 f.

Zu unterscheiden ist die durch die Parlamentarische Kontrollkommission ausgeübte parlamentarische Kontrolle von der speziellen Befugnis zur **Post-, Brief- und Fernmeldekontrolle.** Beschränkungsmaßnahmen, die im Freistaat Thüringen nach Maßgabe von § 10 Abs. 1 des Thüringer Gesetzes zur Ausführung des **Artikel 10-Gesetzes** durch den Thüringer Innenminister angeordnet werden, unterliegen aufgrund von § 2 des Gesetzes der parlamentarischen Kontrolle durch eine besondere Kommission, die sog. **G 10-Kommission.** Die G 10-Kommission besteht aus drei Mitgliedern, die vom Landtag aus dessen Mitte nach Maßgabe des d'Hondt'schen Höchstzahlverfahrens gewählt werden. Nach Maßgabe von § 3 des Gesetzes hat der zuständige Minister die Kommission über Beschränkungsmaßnahmen zu unterrichten. Die Kommission entscheidet dann von Amts wegen oder aufgrund von Beschwerden über die Zulässigkeit und Notwendigkeit von Beschränkungsmaßnahmen. Anordnungen, die die Kommission für unzulässig oder nicht notwendig erklärt, hat der zuständige Minister unverzüglich aufzuheben; die bereits erhobenen Daten dürfen nicht verwendet werden und sind unverzüglich zu löschen. 24

Achter Abschnitt Das Finanzwesen

Artikel 98 [Haushaltsplan]

(1) [1]Alle Einnahmen und Ausgaben sowie Verpflichtungsermächtigungen des Landes sind in den Haushaltsplan einzustellen. [2]Bei Landesbetrieben und bei Sondervermögen brauchen nur die Zuführungen und die Ablieferungen eingestellt zu werden. [3]Der Haushaltsplan ist in Einnahmen und Ausgaben auszugleichen.

(2) [1]Die Aufnahme von Krediten sowie die Übernahme von Bürgschaften, Garantien oder sonstigen Gewährleistungen, die zu Ausgaben in künftigen Haushalten führen können, bedürfen einer der Höhe nach bestimmten oder bestimmbaren Ermächtigung durch Gesetz. [2]Die Einnahmen aus Krediten dürfen die Summe der im Haushaltsplan veranschlagten Ausgaben für Investitionen nicht überschreiten. [3]Ausnahmen sind nur zulässig zur Überwindung einer schwerwiegenden Störung der Wirtschafts- und Beschäftigungsentwicklung des Freistaats unter Berücksichtigung des gesamtwirtschaftlichen Gleichgewichts sowie zur Abwehr einer Störung dieses Gleichgewichts. [4]Das Nähere regelt das Gesetz.

(3) Die Summe der im Haushaltsplan veranschlagten Personalausgaben darf grundsätzlich höchstens 40 vom Hundert der Summe der Gesamtausgaben des Haushalts betragen.

Vergleichbare Regelungen

Art. 110 Abs. 1 GG, Art. 115 GG; §§ 8 ff. HGrG; Art. 79, 84 BWVerf; Art. 78, 82 BayVerf; Art. 85, 87 VvB; Art. 101, 103 BbgVerf; Art. 131, 131 a BremVerf, Art. 66, 72 HambVerf; Art. 139, 141 HessVerf; Art. 61, 65 M-VVerf; Art. 65, 71 NV; Art. 81, 83 Verf NW; Art. 116, 117 Verf Rh-Pf; Art. 105 Abs. 1 und 2, 108 SaarlVerf; Art. 93, 95 SächsVerf; Art. 93, 99 LVerf LSA; Art. 50 Abs. 1, 53 SchlHVerf.

Ergänzungsnormen im sonstigen thüringischen Recht

§§ 11, 18, 26 ThürLHO idF. der Bek. v. 19.09.200 (ThürGVBl. S. 282) zuletzt geändert durch Gesetz v. 31.01.2013 (ThürGVBl. S. 22).

Dokumente zur Entstehungsgeschichte

§ 16 Vorl.LS; Art. 91, 92 VerfE CDU; Art. 74 VerfE F.D.P.; Art. 85 VerfE SPD; Art. 77 VerfE NF/GR/DJ; Art. 115 VerfE LL/PDS; Entstehung ThürVerf, S. 253 ff.

Literatur

Stefan Bajohr, Zu einer Aufnahme des Instruments der globalen Minderausgabe in das Haushaltsrecht, DÖV 2004, S. 949 ff.; *Norbert Dittrich*, Bundeshaushaltsordnung, Loseblatt (St.d.B.: 03/2012); *Klaus-Peter Dolde/Winfried Porsch*, Die globale Minderausgabe zwischen Budgethoheit des Parlaments, Haushaltsgrundsätzen und flexiblem Haushaltsvollzug, DÖV 2002, S. 232 ff.; *Christoph Gröpl*, Staatseinnahmen und Staatsausgaben im demokratischen Verfassungsstaat, AöR 2008, S. 1 ff.; ders. (Hrsg.), BHO/LHO, 2011; *ders.*, Die „Schuldenbremse" in Hessen, Rheinland-Pfalz und im Saarland, LKRZ 2010, S. 401 ff.; *Ulrich Häde*, Einführung in das Haushaltsverfassungsrecht, JA 1994, S. 80 ff.; *Lars Hummel*, Verfassungsrechtsfragen der Verwendung staatlicher Einnahmen, 2008; *Maxi Koemm*, Eine Bremse für die Staatsverschuldung?, 2011; *Hanno Kube*, Schattenhaushalte im Verfassungsstaat, ZG 2010, S. 105 ff.; *Christofer Lenz/Ernst Burgbacher*, Die neue Schuldenbremse im Grundgesetz, NJW 2009, S. 2561 ff.; *Joachim Linck*, Zulässigkeit von Volksbegehren zur Einführung einer verfassungsrechtlichen Schuldenbremse in Thüringen, ThürVBl 2011, S. 145 ff.; *Markus Möstl*, Globale Minderausgaben in Zeiten angespannter öffentlicher Haushalte, ZG 2005, S. 144 ff.; *Andreas Musil*, Steuerbegriff und Non-Affektationsprinzip, DVBl. 2007, S. 1526 ff.; *Christoph Ohler*, Maßstäbe der Staatsverschuldung nach der Föderalismusreform II, DVBl. 2009, S. 1265 ff.; Erwin Piduch (Hrsg.), Bundeshaushaltsrecht, Loseblatt (St.d.B.: 07/2012); *Christoph Ryczewski*, Die Schuldenbremse im Grundgesetz, 2011; *Christian Seiler*, Konsolidierung der Staatsfinanzen mithilfe der neuen Schuldenregel, JZ 2009, S. 721 ff.

Leitentscheidungen des BVerfG

Zu Abs. 1: BVerfGE 101, 141 (Ausgleichsfonds nach Hessischem Sonderurlaubsgesetz); 108, 186 (Altenpflege-Ausbildungsabgabe).

Zu Abs. 2: BVerfGE 79, 311 (Bundeshaushaltsplan 1981); 119, 96 (Bundeshaushaltsplan 2004).

A. Überblick

1 Die Vorschrift bildet die zentrale Regelung für das Haushalts- und Finanzwesen des Freistaats Thüringen.[1] Wie aus der ausdrücklichen Bezugnahme auf das „Land" in Abs. 1 Satz 1 folgt, gilt Art. 98 ebenso wie die weiteren Bestimmungen einschließlich des Art. 102 nur für das Land selbst, nicht aber für andere, juristisch selbständige Personen des Landesrechts oder juristische Personen des

1 Vgl. BVerfGE 79, 311 (329) zu Art. 110 Abs. 1 GG: „Kernbestimmung des Haushaltsverfassungsrechts".

Privatrechts unter der Kontrolle des Freistaats. In Hinblick auf die Gemeinden und Gemeindeverbände ergibt sich die Trennung aus ihrer durch Art. 91 und 93 gewährleisteten kommunalen Finanzhoheit. In Hinblick auf sonstige juristische Personen ist das Trennungsgebot ihrer rechtlichen und organisatorischen Autonomie gegenüber dem Rechtskreis des Landes geschuldet. Art. 98 Abs. 1 Satz 2 bezieht nur die rechtlich unselbständigen Landesbetriebe und Sondervermögen des Freistaats partiell in das staatliche Haushaltswesen ein.

Aus der bundesstaatlichen Perspektive ist Art. 98 Ausdruck der **Haushaltshoheit** 2
des Freistaats Thüringen. Dieses Recht bildet ein wesentliches, auch durch Art. 79 Abs. 3 GG geschütztes Element seiner Staatlichkeit.[2] Der Freistaat übt seine Haushaltswirtschaft selbständig und unabhängig von anderen Ländern und dem Bund aus, wie aus Art. 109 Abs. 1 GG folgt, was das Recht einschließt, frei von Einwirkungen oder der Zustimmung anderer staatlicher Hoheitsträger über Einnahmen und Ausgaben zu entscheiden.[3] Aufgrund der bundesstaatlichen Verflechtungen ist die Haushaltsautonomie des Landes aber erheblich eingeschränkt,[4] faktisch beschränkt sie sich auf die Ausübung der Ausgabenhoheit. Die Einnahmenhoheit des Freistaats wird dagegen von vornherein durch die bundesverfassungsrechtlichen Vorschriften zur Steuerertragsverteilung zwischen Bund und Ländern (primärer Finanzausgleich) in Art. 106 GG, die Zerlegung unter den Ländern nach Art. 107 Abs. 1 GG und den sekundären Finanzausgleich nach Art. 107 Abs. 2 GG weitgehend determiniert.[5] Bei allen anderen Einnahmeformen, insbesondere Gebühren, Beiträgen, Sonderabgaben und Einnahmen aus wirtschaftlicher Tätigkeit, verfügt der Freistaat dagegen, vorbehaltlich materieller bundesverfassungsrechtlicher Vorgaben, noch über eine weitgehend eigenständige Einnahmenhoheit.

Das durch Art. 98 ff. geregelte Finanzwesen ist zudem der Bereich, in dem Land- 3
tag und Landesregierung in ihren verfassungsrechtlichen Funktionen sowohl miteinander konkurrieren wie kooperieren. Im Rahmen der damit verbundenen **Gewaltenteilung wie Gewaltenverschränkung** müssen widerstreitende Verfassungsprinzipien in der politischen Wirklichkeit zum Ausgleich gebracht werden. Durch das Budgetrecht des Landtags in Gestalt des Haushaltsgesetzes verwirklicht sich die dem Demokratieprinzip innewohnende Steuerung und Kontrolle wesentlicher politischer Prozesse. In der Aufstellung und im Vollzug des Haushaltsplans nimmt die Landesregierung, vorbehaltlich der gesetzgeberischen Eingriffe des Landtags, die Aufgaben exekutiver Eigenverantwortung wie politischer Gesamtsteuerung wahr.

Art. 98 enthält in Abs. 1 schließlich wesentliche **Haushaltsgrundsätze**, die durch 4
weitere geschriebene Grundsätze in Art. 99 sowie ungeschriebene Haushaltsprinzipien mit Verfassungsrang ergänzt werden. Ihre Beachtung bildet die Voraussetzung für eine rationale, geordnete und sparsame Wirtschaftsführung des Landes. Sie binden nicht nur die Exekutive bei der Budgetplanung und im an-

2 *Heun*, in: Dreier, GG, Bd. 3, Art. 109 Rn. 14; *Ohler*, DVBl. 2009, 1265 (1273); *Siekmann*, in: Sachs, GG, Art. 109 Rn. 4.

3 *Jarass*, in: Jarass./Pieroth, Art. 109 Rn. 2; *Kube*, in: Maunz/Dürig, Art. 109 (St.d.B.: 05/2011) Rn. 38 ff.

4 BVerfGE 101, 158 (220).

5 *Heun*, in: Dreier, GG, Bd. 3, Art. 109 Rn. 20; *Kube*, in: Maunz/Dürig, Art. 109 (St.d.B.: 05/2011) Rn. 51 ff.

schließenden Vollzug, sondern auch die Legislative selbst,[6] die über diese Grundsätze nicht verfügen, sondern sie lediglich ausgestalten kann. Auf die landesverfassungsrechtlichen Grundsätze wirken überdies die bundesrechtlichen Vorgaben des HGrG ein, die ihre Grundlage im Gesetzgebungsauftrag des Art. 109 Abs. 4 GG haben. Im Konfliktfall gehen sie aufgrund der durch diese Vorschrift geregelten Geltungsanordnung dem gesamten Landesrecht vor,[7] wobei eine Verdrängung von Landesrecht mit entsprechender Nichtigkeitsfolge aber nur in Betracht kommt, wenn das Landesrecht nicht im Lichte des HGrG auslegungsfähig ist.

5 Zu **Einnahmen aus Krediten** enthält Art. 98 Abs. 2 eine Regelung, die dem bundesverfassungsrechtlichen Rechtsstand vor der Föderalismusreform II aus dem Jahr 2009 entspricht. Wiewohl die Vorgaben der sog. Schuldenbremse aufgrund des neuen Art. 109 Abs. 3 GG mit Wirkung ab 1. Januar 2020 auch in Thüringen gelten (Art. 143 d Abs. 1 Satz 3 GG),[8] wurden bislang auf landesverfassungsrechtlicher Ebene keine Anpassungen vorgenommen. Lediglich in § 18 ThürLHO erfolgte eine Korrektur, wonach ab 2011 eine Verschuldung nur unter den dort genannten, wesentlich engeren Voraussetzungen möglich ist.

6 Die Regelung des Art. 98 Abs. 3 stellt eine Sondervorschrift dar, die darauf zielt, die Höhe der **Personalausgaben** zu begrenzen, um den Spielraum bei den Sachausgaben zu sichern.

B. Herkunft, Entstehung und Entwicklung

7 Der gesamte Art. 98 gehört zum ursprünglichen Bestand des Verfassungstextes vom 25. Oktober 1993. Materielle Änderungen ergeben sich zwar nicht aus dem Wortlaut selbst, folgen aber aus den Wirkungen des Bundesverfassungsrechts und des Europarechts. Das betrifft vor allem den Fragenkreis zulässiger staatlicher Verschuldung, wo der im Jahr 2009 reformierte Art. 109 Abs. 3 GG Vorwirkungen bereits vor dem Jahr 2020 auslöst. Auch aus dem Europarecht, insbesondere den Vorgaben der Art. 121 und Art. 126 AEUV, sowie aus Art. 3 Vertrag über Stabilität, Koordinierung und Steuerung in der Wirtschafts- und Währungsunion[9] ergeben sich zumindest mittelbar Beschränkungen für künftige Verschuldung und den Umgang mit bestehenden Schulden.

C. Verfassungsvergleichende Information

8 Art. 98 Abs. 1 entspricht weitgehend der Regelung des Art. 110 Abs. 1 GG. Vorbild für die Verschuldungsregeln nach Art. 98 Abs. 2 war der frühere Art. 115 GG, der aber seit Inkrafttreten der Föderalismusreform II zum 1. August 2009 dem Modell einer numerischen Schuldenbremse folgt. Im Verfassungsrecht anderer Länder finden sich durchweg zu Art. 98 Abs. 1 und 2 identische oder vergleichbare Regelungen. Eine Schuldenbremse wurde bislang nur in den Ländern Hessen, Mecklenburg-Vorpommern, Rheinland-Pfalz und Schleswig-Holstein in die Verfassung aufgenommen. Dagegen ist die Vorschrift des

6 Vgl. BVerfGE 119, 96 (118 f.).
7 *Heun*, in: Dreier, GG, Bd. 3, Art. 109 Rn. 34; *Siekmann*, in: Sachs, GG, Art. 109 Rn. 99; im Ergebnis ebenso *Rodi*, in: BK, Art. 109 (St.d.B.: 11/2004) Rn. 348 unter Verweis auf Art. 31 GG.
8 BGBl. 2009 I, S. 2248.
9 BGBl. 2012 II, S. 1006.

Art. 98 Abs. 3 ohne Vorbild im Bundesverfassungsrecht oder im Verfassungsrecht anderer Länder.

D. Erläuterungen

I. Bedeutung des Haushaltsplans (Abs. 1)

Der Haushaltsplan spielt für das staatliche Finanzwesen eine zentrale Rolle, da nach Art. 98 Abs. 1 Satz 1 erst auf seiner Grundlage die Finanzierung von Ausgaben für die verschiedenen Politikbereiche des Landes möglich ist. Nach st. Rspr. des Bundesverfassungsgerichts ist er ein **Wirtschaftsplan** und, aufgrund der Feststellung durch das Haushaltsgesetz, ein staatsleitender Hoheitsakt in Gesetzesform.[10] Wie § 2 HGrG/§ 2 ThürLHO auf einfachgesetzlicher Ebene vorbildhaft formuliert, dient der Haushaltsplan der Feststellung und Deckung des Finanzbedarfs, der zur Erfüllung der Aufgaben des Landes im Bewilligungszeitraum voraussichtlich notwendig ist. In seiner Gesamtheit bildet er die finanziellen Konsequenzen politischer Entscheidungen für einen begrenzten Zeitraum als zusammenhängendes Zahlenwerk ab. Die Verknüpfung von Haushaltsplan und Haushaltsgesetz nach Art. 99 Abs. 1 ermöglicht schließlich eine geordnete Haushalts- und Wirtschaftsführung in parlamentarischer Verantwortung.[11] Im laufenden Vollzug und nach Abschluss des Haushaltsjahres stellt er den Maßstab für das finanzwirksame Handeln der Exekutive und die darauf bezogene Kontrolle durch den Landtag dar. 9

Der Haushaltsplan erstreckt sich nur auf die Einnahmen und Ausgaben des Landes selbst,[12] nicht aber auf die der Gemeinden und Gemeindeverbände in Thüringen. Auch andere, rechtlich selbständige juristische Personen des öffentlichen oder privaten Rechts in Thüringen erfasst der Haushaltsplan nicht.[13] Das gilt unbeschadet dessen, dass das Land möglicherweise die staatliche Aufsicht oder eine gesellschaftsrechtliche Kontrolle ausübt. Für juristische Personen des öffentlichen Rechts, die der Aufsicht des Landes unterstehen, besteht vielmehr die Pflicht, einen eigenständigen Haushalt aufzustellen, §§ 105 ff. ThürLHO. Die in Art. 98 Abs. 1 Satz 2 erwähnten Landesbetriebe und Sondervermögen sind dagegen durch ihre rechtliche Unselbständigkeit gekennzeichnet,[14] so dass ihre Wirtschaftskreisläufe an sich im Haushaltsplan des Landes erfasst werden müssten. Die Verfassung erlaubt aus Praktikabilitätsgründen hier aber eine reine Nettobetrachtung (siehe unten Rn. 18). 10

1. Einnahmen. Im grundgesetzlichen Gefüge, das dem **Prinzip des Steuerstaats** verpflichtet ist,[15] bilden Steuern die Haupteinnahmequelle von Bund und Ländern. Andere Einnahmearten sind demgegenüber in ihrer rechtlichen und faktischen Bedeutung nachgelagert. Art. 98 will und kann aber insoweit nicht regeln, über welche steuerlichen und nicht-steuerlichen Einnahmen der Freistaat verfügt, d.h. für welche Einnahmen er die Gesetzgebungs- und Ertragszuständigkeit 11

10 BVerfGE 45, 1 (32); 70, 324 (355); 79, 311 (329).

11 Zu den Funktionen des Haushaltsplan näher *Heun*, in: Dreier, GG, Bd. 3, Art. 110 Rn. 11 f.; *Hillgruber*, in: von Mangold/Klein/Starck, Bd. 3, Art. 110 Rn. 5 ff.

12 Das entspricht der Rechtslage nach Art. 110 GG, siehe *Heintzen*, in: von Münch/Kunig, Bd. 2, Art. 110 Rn. 5; *Hillgruber*, in: von Mangold/Klein/Starck, Bd. 3, Art. 110 Rn. 17; *Jarass*, in: Jarass./Pieroth, Art. 110 Rn. 1.

13 Vgl. zum Bundesrecht *Heintzen*, in: von Münch/Kunig, Bd. 2, Art. 110 Rn. 5.

14 Vgl. *Heun*, in: Dreier, GG, Bd. 3, Art. 110 Rn. 19.

15 BVerfGE 78, 249 (267).

besitzt. Aufgrund des bundesstaatlichen Zusammenhangs folgt die **Gesetzgebungszuständigkeit** für die steuerlichen Einnahmen aus Art. 105 GG, die mit Ausnahme der Steuern nach Abs. 2 a vollständig dem Bund zugewiesen ist. Das bedeutet praktisch, dass der wesentliche Teil der Einnahmen, die aus Steuern fließen, bundesrechtlich determiniert ist. Gleiches gilt für die **Ertragszuständigkeit** aus bundesrechtlich geregelten Steuern, die durch Art. 106 GG abschließend festgelegt wird.

12 Die Zuständigkeit für die Regelung **nichtsteuerlicher Abgaben** (Vorzugslasten und Sonderabgaben) bestimmt sich dagegen anhand der Verteilung der Sachkompetenzen nach Art. 30 iVm Art. 73 ff. GG. Nach allgemeinen Grundsätzen folgt in diesen Fällen aus der Gesetzgebungs- bzw. Verwaltungszuständigkeit des Landes zugleich seine Ertragszuständigkeit.[16] Aus bundes- und landesverfassungsrechtlicher Perspektive gelten schließlich Mittel aus dem horizontalen und vertikalen Finanzausgleich nach Art. 107 Abs. 2 GG als Einnahmen des Landes. Verfassungsrechtlich steht es dem Freistaat ferner offen, Einnahmen aus der **Veräußerung von Vermögenswerten** sowie aus erwerbswirtschaftlicher Tätigkeit zu erzielen.[17] Insbesondere kann er Einnahmen aus Unternehmensbeteiligungen beziehen, wie sich aus dem Hinweis auf Landesbetriebe in Art. 98 Abs. 1 Satz 2 ergibt. Als Einnahmen im haushaltsrechtlichen Sinne gelten auch die **Einnahmen aus Krediten**, die das Land aufnimmt, wobei aber Art. 98 Abs. 2 Satz 2 und 3 hier Grenzen der Höhe nach zieht. Nicht zu den haushaltswirksamen Einnahmen zählen dagegen die sog. Kassenverstärkungskredite, die allein der Sicherung kurzfristiger Liquiditätsbedürfnisse dienen, vgl. § 18 Abs. 5 Satz 1 Nr. 3 ThürLHO. Sie fallen aber unter den Gesetzesvorbehalt nach Art. 98 Abs. 2 Satz 1.

13 Keine Einnahmen im haushaltsrechtlichen Sinne sind **durchlaufende Posten**, selbst wenn sie durch die Finanzverwaltung des Landes vereinnahmt werden.[18] Sie sind dadurch gekennzeichnet, dass sie von vornherein nicht dem Land für die endgültige Vereinnahmung zustehen, sondern von ihm nur erhoben und sodann weitergeleitet werden. Hierzu zählen z.B. steuerliche Einnahmen, die bundesverfassungsrechtlich den Gemeinden in eigener Ertragszuständigkeit zugewiesen sind, wie die Grundsteuer und die Gewerbesteuer, vgl. Art. 106 Abs. 5 GG. Vielfach fließen auch Sonderabgaben im engeren Sinne von vornherein anderen Rechtsträgern zu. (Zu den damit verbundenen, haushaltsrechtlichen Dokumentationspflichten siehe Rn. 19).

14 **2. Ausgaben.** Ausgaben sind Geldzahlungen, die voraussichtlich im Haushaltsjahr fällig und in diesem Zeitraum auch kassenwirksam sind. Die Ausgaben lassen sich einerseits in **Verwaltungsausgaben** und andererseits in **Zweckausgaben** unterteilen.[19] Zu den Verwaltungsaufgaben zählen Personalausgaben für den öffentlichen Dienst des Landes (Beamte, Angestellte, Richter) sowie für die politischen Funktionsträger in Landesregierung und Landtag. Auch Ausgaben, die unmittelbar der sächlichen Erfüllung von Verwaltungsaufgaben dienen, fallen unter diese Kategorie. Hierzu gehören Miet- und Kaufpreiszahlungen, Werklöhne und andere Ausgaben für den Bezug von Gütern und Dienstleistungen, die die Voraussetzung für die Ausübung staatlicher Verwaltungstätigkeit bilden.

16 *Jarass*, in: Jarass./Pieroth, Art. 106 Rn. 2; *Heun*, in: Dreier, GG, Bd. 3, Art. 106 Rn. 8.
17 Vgl. *Hillgruber*, in: von Mangold/Klein/Starck, Bd. 3, Art. 110 Rn. 15.
18 BVerfGE 4, 7 (14, 26); *Jarass*, in: Jarass./Pieroth, Art. 110 Rn. 3.
19 *Gröpl*, AöR 2008, 1 (6 f.); *Waldhoff*, Grundzüge des Finanzrechts des Grundgesetzes, in: HStR, Bd. V, § 116 Rn. 126.

Hiervon zu unterscheiden sind die Zweckausgaben, mit deren Hilfe das Land bestimmte inhaltlich definierte Sachpolitiken finanziert. Dazu zählen soziale Transferzahlungen, Beihilfen (Subventionen) an Unternehmen sowie andere Zuwendungen an Stellen außerhalb der Landesverwaltung, öffentliche Investitionen in die allgemeine Infrastruktur und alle sonstigen Leistungen (Zinsen, Tilgungen, Entschädigungszahlungen, Zahlungen im Rahmen des Bundes- und Landesfinanzausgleichs). Verfassungsrechtlich zulässige Konkretisierungen der verschiedenen Ausgabenkategorien erfolgen durch § 13 Abs. 3 Nr. 2 ThürLHO.

Art. 98 nennt nicht die **Planstellen** für Beamte als eigenständige haushaltsrechtliche Kategorie. Sie bilden gleichwohl den wichtigsten Bezugspunkt für eine vorausschauende Personalwirtschaft und werden entsprechend fachrechtlich gesondert gewürdigt (§ 17 Abs. 5, § 49 Abs. 1, § 115 ThürLHO).[20] Haushaltsverfassungsrechtlich fallen sie unter die Kategorie der Ausgaben. Ihre Bedeutung wird aber mittelbar über die Personalkostenbeschränkung nach Art. 98 Abs. 3 erfasst. 15

3. Verpflichtungsermächtigungen. Im Haushalt dürfen aufgrund des Fälligkeitsprinzips nach § 8 HGrG, § 11 ThürLHO nur die Ausgaben veranschlagt werden, die im Haushaltsjahr voraussichtlich fällig und damit kassenwirksam werden. Hiervon bilden Verpflichtungsermächtigungen eine praktisch bedeutsame Ausnahme, um gleichwohl eine zukunftsgerichtete, vorausschauende Haushaltswirtschaft betreiben zu können.[21] **Verpflichtungsermächtigungen** führen daher per definitionem nicht zu Ausgaben in der aktuellen Haushaltsperiode, sondern erst in künftigen Jahren, § 6 ThürLHO. Neben ihrer ermächtigenden Funktion ziehen sie zugleich den haushaltswirtschaftlichen Rahmen, innerhalb dessen die Verwaltung zukunftsbelastende vertragliche Bindungen eingehen darf. Nach einfach-rechtlicher Lage dürfen überdies nur solche Verpflichtungsermächtigungen in den Haushaltsplan aufgenommen werden, die für die Erfüllung der Aufgaben des Landes notwendig sind, § 5 HGrG, § 6 ThürLHO. Nach § 16 ThürLHO sind Verpflichtungsermächtigungen bei den jeweiligen Ausgaben gesondert zu veranschlagen. Belastungen, die für mehrere Haushaltsjahre veranschlagt werden, müssen, soweit vorhersehbar, gesondert nach Jahresbeträgen angegeben werden. 16

II. Haushaltsgrundsätze (Abs. 1)

1. Vollständigkeit und Einheit. Nach Art. 98 Abs. 1 Satz 1 sind alle Einnahmen und Ausgaben sowie Verpflichtungsermächtigungen in den Haushaltsplan einzustellen, womit der Grundsatz der Vollständigkeit des Haushaltsplans angesprochen ist. Namentlich gilt dieser Grundsatz für das dem Land zustehende Steueraufkommen.[22] Er zielt darauf ab, das gesamte staatliche Finanzvolumen der Budgetplanung und Budgetentscheidung von Landesregierung und Landtag zu unterstellen.[23] Diese Vorgabe sichert überdies den verfassungsrechtlichen Grundsatz der **Haushaltsklarheit und Haushaltswahrheit** und verwirklicht über die Ermächtigungsfunktion des Haushaltsgesetzes die regelmäßige parlamentarische Kontrolle über das gesamte Finanzgebaren der Exekutive.[24] Zugleich schützt dieser Grundsatz die Gleichheit der Bürger bei der Auferlegung öffentli- 17

20 *Gröpl*, in: Gröpl, BHO/LHO, § 3 Rn. 16.
21 *Gröpl*, in: Gröpl, BHO/LHO, § 3 Rn. 15.
22 Vgl. BVerfGE 82, 159 (178).
23 BVerfGE 82, 159 (179); 108, 186 (216).
24 BVerfGE 82, 159 (179); 108, 186 (216); 110, 370 (388); 119, 96 (118 f.).

cher Lasten,[25] wenngleich dieser Zusammenhang mangels Gesetzgebungszuständigkeit der Länder auf deren Ebene keine Rolle spielt und auch in der Verfassungsrealität der Bundesebene nur mittelbare Steuerungswirkungen auslöst.

18 Der Grundsatz der Einheit des Haushaltsplan rührt daher, dass alle staatlichen Einnahmen und Ausgaben in einen („den") Haushaltsplan und nicht in mehrere, voneinander getrennte Pläne eingestellt werden müssen. Ziel ist es, ein intransparentes Finanzgebaren zu verhindern, das entstünde, wenn mehrere Haushalte nebeneinander geführt würden.[26] In eigener Zuständigkeit darf die Verwaltung daher keine sog. **schwarzen Kassen** errichten,[27] d.h. verwaltungsinterne Wirtschaftskreisläufe außerhalb von Haushaltsplan und Haushaltsgesetz.[28] Aus Art. 98 Abs. 1 Satz 2 lässt sich aber entnehmen, dass eigene Wirtschaftspläne für **Landesbetriebe**, d.h. erwerbswirtschaftlich ausgerichtete Landesunternehmen,[29] und **Sondervermögen** geschaffen werden dürfen, solange die Zuführungen und Ablieferungen in den Haushalt eingestellt werden. Die Schaffung solcher rechtlich unselbständigen Landesbetriebe und Sondervermögen unterliegt haushaltsverfassungsrechtlich keinen weiteren Beschränkungen, vielmehr lässt die Verfassung hierfür bloße Zweckmäßigkeitsüberlegungen genügen.

19 Der Grundsatz der Vollständigkeit des Haushaltsplans ist auch berührt, wenn der Gesetzgeber Einnahmen- und Ausgabenkreisläufe außerhalb des Haushalts organisiert.[30] Dies betrifft vor allem die **Sonderabgaben** im engeren Sinne, für die einheitlich für Bund und Länder strenge verfassungsrechtliche Voraussetzungen gelten,[31] aber auch die **Vorzugslasten** in Gestalt von Gebühren und Beiträgen.[32] Bei Einnahmen aus Sonderabgaben mit Finanzierungsfunktion, die außerhalb des staatlichen Haushalts erhoben und verwendet werden, verlangt das BVerfG zumindest eine angemessene, d.h. vollständige Dokumentation in einer dem Haushaltsplan beigefügten Anlage.[33] Für Gebühren und Beiträge, die bei Behörden der unmittelbaren Staatsverwaltung eingenommen werden, bedarf es jedoch zwingend der Einstellung in den Haushaltsplan.[34]

20 Für andere **Nebenhaushalte** fehlt es an klaren verfassungsrechtlichen Grenzen.[35] Praktisch betrifft das aber nur die Wirtschaftskreisläufe innerhalb von rechtlich selbständigen Verwaltungsträgern,[36] die zur mittelbaren Staatsverwaltung des Freistaats zählen. Art. 98 gilt für diese Einrichtungen nicht (siehe Rn. 10). § 108 ThürLHO sieht insoweit nur vor, dass das zuständige Ministerium die Genehmigung für den jeweiligen Haushaltsplan einer nach Landesrecht errichteten juristischen Person des öffentlichen Rechts erteilen muss. Problematisch ist zwar, dass durch die Schaffung solcher Einrichtungen die Steuerungs- und Kontrollfunktion des staatlichen Haushaltsverfahrens umgangen werden könnte.

25 Vgl. BVerfGE 82, 159 (179).
26 *Siekmann*, in: Sachs, GG, Art. 110 Rn. 53.
27 *Heun*, in: Dreier, GG, Bd. 3, Art. 110 Rn. 14; *Jarass*, in: Jarass./Pieroth, Art. 110 Rn. 3.
28 Zu einem solchen Fall („Schuletat") OVG Weimar, ThürVBl. 2007, 108 (111).
29 Zum Begriff des Bundesbetriebs BVerwGE 129, 219 (221).
30 BVerfGE 82, 159 (179); 108, 186 (216).
31 BVerfGE 92, 91 (115 f.); 108, 186 (217 f.).
32 BVerfGE 108, 1 (16 f.); OVG Weimar, ThürVBl. 2007, 108 (112).
33 BVerfGE 108, 196 (219).
34 OVG Weimar, ThürVBl. 2007, 108 (112).
35 *Heintzen*, in: von Münch/Kunig, Bd. 2, Art. 110 Rn. 14; *Jarass*, in: Jarass./Pieroth, Art. 110 Rn. 4.
36 *Hillgruber*, in: von Mangoldt/Klein/Starck, Bd. 3, Art. 110 Rn. 21.

Die Verfassung zieht insoweit aber keine materiellen Schranken.[37] Sie legt allerdings die Zuständigkeit für die Errichtung juristischer Personen des öffentlichen Rechts in die Hand des Landtags, der hierfür die gesetzliche Grundlage bereitstellen muss. Die Begründung dieses Gesetzesvorbehalts folgt entweder aus dem institutionellen Vorbehalt des Gesetzes[38] oder aus der Funktion des Art. 98.[39] Damit besteht eine vorweggenommene parlamentarische Kontrolle, die zugleich die Einnahmen- und Ausgabenbefugnis des rechtlich selbständigen Verwaltungsträgers umfasst. Die laufende Staatsaufsicht durch die Landesregierung dient nicht nur der Erfüllung der Anforderungen aus dem Demokratieprinzip des Art. 44 Abs. 1, sondern verwirklicht über die Haushaltsaufsicht (vgl. § 108 ThürLHO) auch den Schutzzweck des Art. 98.

2. Bruttoprinzip; Schätzgenauigkeit; Einzelveranschlagung. Aus dem Grundsatz der Vollständigkeit folgt ferner, dass die Einnahmen und Ausgaben in voller Höhe und getrennt voneinander zu veranschlagen sind.[40] Dieses sog. **Bruttoprinzip** verbietet es, Ausgaben und Einnahmen miteinander zu verrechnen. Damit dient es zugleich dem Grundsatz der Haushaltsklarheit und Haushaltswahrheit und genießt wie dieser Verfassungsrang.[41] Zur Haushaltswahrheit gehört schließlich die Pflicht zur **Schätzgenauigkeit** der Einzelansätze, was bedeutet, dass die Schätzungen ex ante sachgerecht und vertretbar ausfallen müssen.[42] Unzulässig sind damit realitätsfremde oder „gegriffene" Haushaltsansätze.[43] 21

Diese Anforderungen werden durch den Grundsatz der **Einzelveranschlagung** (Spezialität) notwendig ergänzt, der verfassungsrechtlichen Charakter hat[44] und in § 12 Abs. 4 HGrG, § 17 Abs. 1 ThürLHO seinen einfachrechtlichen Ausdruck findet. Er begründet die Pflicht zur Spezifizierung der einzelnen Haushaltsansätze und dient damit sowohl dem Budgetrecht des Parlaments als auch der Selbstkontrolle der Verwaltung. Grundsätzlich gilt: Je ausgeprägter die Einzelveranschlagung ist, desto stärker kann das Parlament seinen Einfluss auf die Haushaltsplanung geltend machen und im Anschluss die Haushaltskontrolle ausüben. Eine Grenze ist aber dort erreicht, wo die Einzelveranschlagung zu einer nicht mehr überschaubaren Zahl kleinteiliger Einzelinformationen führt, die wiederum die parlamentarische Kontrolle erschweren.[45] Umgekehrt wächst die Verfügungsmacht der Exekutive an, je globaler Haushaltsansätze festgelegt werden. Welches Maß an Spezialität, d.h. inhaltlicher Genauigkeit, aber von Verfassungs wegen zu fordern ist, lässt sich abstrakt-generell nicht sagen,[46] sondern hängt vom Volumen des Haushaltsansatzes und bei Ausgaben maßgeblich von deren Sachzweck und Bedeutung ab. Auch Geheimhaltungserwägungen aus 22

37 *Hillgruber*, in: von Mangold/Klein/Starck, Bd. 3, Art. 110 Rn. 22 ff.
38 *Ohler*, AöR 131 (2006), 336 (358 ff.).
39 Vgl. *Hillgruber*, in: von Mangoldt/Klein/Starck, Bd. 3, Art. 110 Rn. 25.
40 *Siekmann*, in: Sachs, GG, Art. 110 Rn. 49.
41 *Jarass*, in: Jarass./Pieroth, Art. 110 Rn. 4; *Siekmann*, in: Sachs, GG, Art. 110 Rn. 49, 55.
42 BVerfGE 119, 96 (129 f.).
43 BVerfGE 119, 96 (130).
44 *Hillgruber*, in: von Mangoldt/Klein/Starck, Bd. 3, Art. 110 Rn. 77; *Siekmann*, in: Sachs, GG, Art. 110 Rn. 62.
45 Vgl. *Heintzen*, Staatshaushalt, in: HStR, Bd. V, § 120 Rn. 32.
46 Ebenso *Heintzen*, Staatshaushalt, in: HStR, Bd. V, § 120 Rn. 33; *Heun*, in: Dreier, GG, Bd. 3, Art. 110 Rn. 23.

zwingenden Gründen des Allgemeinwohls können es rechtfertigen, eine detaillierte Offenlegung zu unterlassen.[47]

23 Der **Spezialitätsgrundsatz** enthält im Übrigen eine sachliche und zeitliche Komponente, § 45 ThürLHO, die beide Verfassungsrang haben.[48] In sachlicher Hinsicht sind Einnahmen nach ihrem Entstehungsgrund und ihrer Höhe, Ausgaben und Verpflichtungsermächtigungen nach Zweck und Höhe getrennt zu veranschlagen und, soweit erforderlich, zu erläutern. Die von § 20 ThürLHO vorgesehene **Deckungsfähigkeit** bestimmter Ausgaben greift zwar in den Grundsatz der sachlichen Spezialität ein. Verfassungsrechtlich ist diese als Ausnahme zu behandelnde Regelung jedoch durch die Notwendigkeit einer effizienten Mittelbewirtschaftung nach dem Grundsatz der Wirtschaftlichkeit gerechtfertigt.[49]

24 In zeitlicher Hinsicht müssen die Ausgaben im Haushaltsjahr fällig sowie bis zu seinem Ende auch geleistet werden. Zu diesem Grundsatz findet sich eine Durchbrechung in den Vorschriften über die Übertragbarkeit nach § 19 ThürLHO. Diese Ausnahmeregelung ist verfassungsrechtlich unbedenklich, solange sie einer sparsamen Bewirtschaftung der Haushaltsmittel dient.

25 Das Haushaltsinstrument der **globalen Minderausgabe**, das bislang gesetzgeberisch nicht geregelt ist, steht zu diesen Grundsätzen in einem erheblichen Spannungsverhältnis.[50] Es verlagert Entscheidungsspielräume weg vom Landtag auf die Exekutive und bedarf verfassungsrechtlich daher sowohl der Rechtfertigung wie auch der Grenzziehung. Die Rechtfertigung liegt im Ziel einer wirtschaftlichen und sparsamen Haushaltsführung, da die Verwaltung verpflichtet wird, Ausgaben („global") in bestimmter Höhe nicht zu tätigen. Als unproblematisch ist die globale Minderausgabe anzusehen, wenn sie sich auf den bloßen „Bodensatz" bezieht, der erfahrungsgemäß im Haushaltsvollzug nicht verausgabt wird.[51] Darüber hinausgehende, quantitative Beschränkungen müssen ihre Rechtfertigung in verfassungsrechtlich legitimen Erwägungen der Wirtschaftlichkeit und Sparsamkeit finden. Hierzu kann die Vorbeugung gegen drohende steuerliche Mindereinnahmen gehören oder die Suche nach Einsparpotentialen, die erst im Haushaltsvollzug sichtbar werden können.[52] Unabhängig davon muss die globale Minderausgabe als vorübergehende Ausnahme behandelt werden,[53] denn die ihr zugrunde liegenden wirtschaftlichen Erwägungen müssen an sich bereits bei der Aufstellung des Haushaltsplans bewältigt werden. Auch darf die globale Minderausgabe nicht dazu führen, dass wesentliche Richtungsentscheidungen im Haushaltsbereich nicht mehr vom Parlament verantwortet werden.[54]

26 **3. Haushaltsausgleich; Gesamtdeckung.** Der Haushaltsplan ist in Einnahmen und Ausgaben auszugleichen, Art. 98 Abs. 1 Satz 3. Damit ist ein rein formaler numerischer Ausgleich gemeint,[55] bei dem der Haushalt weder einen positiven

47 Vgl. BVerfGE 70, 324 (358).
48 *Siekmann*, in: Sachs, GG, Art. 110 Rn. 62. Nur die verfassungsrechtliche Bindung durch den Vorrang des Haushaltsgesetzes anerkennt *Tappe*, in: Gröpl, BHO/LHO, § 45 Rn. 11.
49 *Tappe*, in: Gröpl, BHO/LHO, § 20 Rn. 5.
50 Ablehnend daher *Siekmann*, in: Sachs, GG, Art. 110 Rn. 63.
51 *Heintzen*, in: von Münch/Kunig, Bd. 2, Art. 110 Rn. 25; *Möstl*, ZG 2005, 144 (147).
52 *Möstl*, ZG 2005, 144 (150).
53 *Möstl*, ZG 2005, 144 (150).
54 *Möstl*, ZG 2005, 144 (151).
55 BVerfGE 119, 96 (118 f.); *Heun*, in: Dreier, GG, Bd. 3, Art. 110 Rn. 25.

noch einen negativen Finanzierungssaldo aufweist. Als Deckung sind auch Einnahmen aus Krediten im Rahmen des Art. 98 Abs. 2 zulässig. Haushaltswirtschaftlich erfolgt die Deckung grundsätzlich für den Gesamtbetrag der eingestellten Ausgaben, da ansonsten der Haushaltsplan nicht uneingeschränkt vollzugsfähig wäre. Dieser Grundsatz der **Gesamtdeckung**, der in § 7 Satz 1 HGrG, § 8 Abs. 1 ThürLHO seinen Niederschlag findet, bedeutet mithin, dass alle Einnahmen für alle Ausgaben zur Verfügung stehen müssen. Allerdings hat der Grundsatz der Gesamtdeckung nach der Rechtsprechung des BVerfG nicht ohne Weiteres Verfassungsrang.[56] Praktisch bedeutet das, dass die Zweckbindung von Einnahmen verfassungsrechtlich zulässig ist, was sich einfachgesetzlich in § 7 Satz 2 HGrG, § 8 Abs. 2 ThürLHO spiegelt. Die Zweckbindung kann entweder durch ein Fachgesetz oder im Haushaltsplan erfolgen.[57] Indes ist zu beachten, dass durch eine übermäßige Zweckbindung der Einnahmen nicht nur der Planungsspielraum der Exekutive, sondern auch das Budgetrecht des Landtags massiv eingeschränkt wird. Sollten Zweckbindungen in unvertretbarem Ausmaße auftreten, könnte diese Praxis möglicherweise als verfassungswidrig anzusehen sein, da sie die Dispositionsfreiheit des Parlaments beschränkt,[58] die ihre Wurzel im Demokratieprinzip hat.

4. Grundsätze der Wirtschaftlichkeit und Sparsamkeit. Verfassungsrechtlichen 27
Charakter haben auch die Grundsätze der Wirtschaftlichkeit und Sparsamkeit,[59] wiewohl sie einen textlichen Niederschlag nur in § 6 HGrG, § 7 BHO/ThürLHO gefunden haben. Die verfassungsrechtliche Rückbindung folgt zum einen aus Art. 103 Abs. 3 Satz 2,[60] zum anderen aus dem **Grundsatz der Steuerstaatlichkeit**. Zum Schutz der Steuerpflichtigen sind Exekutive und Legislative verpflichtet, die Einnahmen so zu bewirtschaften, dass die Belastungen für die betroffenen Bürger tragbar bleiben. Durch wirtschaftliches und sparsames Verhalten können die Steuerpflichtigen mithin am wirkungsvollsten vor übermäßigen finanziellen Belastungen bewahrt werden, womit indirekt ein grundrechtlicher Schutz verwirklicht wird. Das Schrifttum zieht aus diesem Grunde auch den rechtsstaatlichen Grundsatz der **Verhältnismäßigkeit** heran.[61] Schließlich dient der einheitlich zu verstehende Grundsatz der Rationalität und schlechthin der Effizienz der staatlichen Haushaltswirtschaft, um eine finanziell angemessene Gemeinwohlverwirklichung zu ermöglichen. Regierung und Landtag genießen indes weite Einschätzungs- und Beurteilungsspielräume, wie sie bei der Aufstellung des Haushaltsplans diese Vorgaben in den einzelnen Ansätzen konkretisieren.[62] Dieser Spielraum erstreckt sich vor allem auf die Frage, *ob* ein Ausgabenansatz in den Haushaltsplan aufgenommen wird. Hinsichtlich der Höhe einzelner Ansätze gebietet das Wirtschaftlichkeitsgebot die strikte Beachtung der Zweck-Mittel-Relation im Sinne einer Kosten-/Leistungsrechnung.[63] Wichtige Vorgaben für den wirtschaftlichen Haushaltsvollzug ergeben sich aus § 19 HGrG. Eingeschränkt ist jedoch die Justiziabilität dieser Pflichten. Die ver-

56 BVerfGE 110, 274 (294).
57 Siehe *Gröpl*, in: Gröpl, BHO/LHO, § 8 Rn. 13 ff.
58 BVerfGE 93, 319 (348); 110, 274 (294 f.).
59 Zweifelnd *Siekmann*, in: Sachs, GG, Art. 110 Rn. 67.
60 So zum Bundesrecht *Gröpl*, in: Gröpl, BHO/LHO, § 7 Rn. 15; *Heintzen*, Staatshaushalt, in: HStR, Bd. V, § 120 Rn. 48.
61 *P. Kirchhof*, NVwZ 1983, 505 (514).
62 *Heintzen*, Staatshaushalt, in: HStR, Bd. V, § 120 Rn. 48.
63 Näher hierzu *Gröpl*, in: Gröpl, BHO/LHO, § 7 Rn. 24 ff.

fassungsgerichtliche Überprüfung von Einzelfällen muss wegen des Grundsatzes der Gewaltenteilung und des Beurteilungsspielraums von Exekutive und Legislative an Grenzen stoßen, so dass grundsätzlich nur eine Vertretbarkeits- bzw. Willkürprüfung in Betracht kommt. Zu beachten ist auch, dass andere verfassungsrechtliche Gesichtspunkte, insbesondere aus dem **Sozialstaatsprinzip**, Art. 44 Abs. 1 Satz 2, eine punktuelle Abweichung vom Wirtschaftlichkeitsgrundsatz rechtfertigen können, z.B. bei der Veräußerung von Landesvermögen zu sozialen Zwecken.

III. Aufnahme von Krediten (Abs. 2)

28 **1. Kredite und Bürgschaften.** Unter **Krediten** im Sinne von Art. 98 Abs. 2 sind meist privatrechtliche Rechtsgeschäfte zu verstehen, bei denen das Land als Schuldner auftritt und von einem Gläubiger finanzielle Mittel aus einem Darlehen, einer Schuldverschreibung („Anleihe“) oder einem wirtschaftlich vergleichbaren Geschäft erlangt, die rückzahlbar sind.[64] Ein verfassungsrechtlicher numerus clausus besteht insoweit nicht, ebenso wenig eine Begrenzung auf den Zweck oder die Laufzeit, so dass auch die Kassenverstärkungskredite hierunter fallen. Umstritten ist jedoch die rechtliche Einordnung moderner bzw. **alternativer Finanzierungsinstrumente** wie das Finanzierungsleasing oder das sale and lease back.[65] Weitgehend unbehilflich sind insoweit die Kategorien „Finanzschulden“ und „Verwaltungsschulden“, die nur typologische, aber keine interpretative Hilfe für das Verständnis des Art. 98 Abs. 2 geben. Da der Kreditbegriff genuin verfassungsrechtlich zu verstehen ist, bedarf es einer funktionalen Auslegung unter Berücksichtigung des wirtschaftlichen Gehalts des jeweiligen Rechtsgeschäfts. Lässt man es darauf ankommen, ob dem Land ein konkreter wirtschaftlicher Vorteil – auch in Gestalt einer Ausgabenersparnis – zufließt, dem eine zeitlich nachgelagerte Zahlungsverpflichtung gegenübersteht, so würde eine Vielzahl von Geschäften unter den verfassungsrechtlichen Kreditbegriff fallen.[66] Dagegen spricht, dass die Kreditaufnahme funktionell dem Haushaltsausgleich zwischen ordentlichen Einnahmen und Ausgaben dient, so dass Kredite nur vorliegen können, wenn dem Land tatsächlich Geldmittel zufließen, die später rückzahlbar sind.[67] Die Maßgeblichkeit der Deckungsfunktion liegt auch der Staatspraxis als entscheidendes Kriterium zugrunde, vgl. § 18 Abs. 5 Satz 1 Nr. 1 ThürLHO. Finanzierungsgeschäfte mit zeitlich nachgelagerten Zahlungsverpflichtungen sind daher im jeweiligen Haushaltsjahr mit den fälligen Ausgaben einzustellen, ohne dass es einer gesonderten Kreditermächtigung bedarf. Der Umstand, dass es hierbei zu künftig wiederkehrenden Belastungen kommt, ist keine Besonderheit dieser Verträge, sondern beispielsweise auch bei klassischen Mietverträgen gegeben.

29 Unter **Bürgschaften, Garantien und sonstigen Gewährleistungen** sind zumeist privatrechtliche Rechtsgeschäfte zu verstehen, bei denen der Freistaat als

64 Vgl. *Heun*, in: Dreier, GG, Bd. 3, Art. 115 Rn. 11; *Höfling/Rixen*, in: BK, Art. 115 (St.d.B.: 07/2003) Rn. 124; *Siekmann*, in: Sachs, GG, Art. 115 Rn. 14.

65 Vgl. *Höfling/Rixen*, in: BK, Art. 115 (St.d.B.: 07/2003) Rn. 132 ff.; *Kube*, in: Maunz/Dürig, Art. 115 (St.d.B.: 05/2011) Rn. 128.

66 So *Jarass*, in: Jarass/Pieroth, Art. 115 Rn. 3; *Kube*, in: Maunz/Dürig, Art. 109 (St.d.B.: 05/2011) Rn. 135; *Reimer*, in: Epping/Hillgruber, Art. 115 Rn. 16; *Siekmann*, in: Sachs, GG, Art. 115 Rn. 21; hiergegen *Heun*, in: Dreier, GG, Bd. 3, Art. 115 Rn. 13.

67 So im Ergebnis auch *Höfling/Rixen*, in: BK, Art. 115 (St.d.B.: 07/2003) Rn. 137.

Schuldner (Bürge, Garantiegeber, Gewährleistungsgeber) und eine andere Person als Gläubiger (Bürgschaftsnehmer, Garantienehmer, Gewährleistungsnehmer) auftritt. Wirtschaftlich dienen solche Geschäfte der Übernahme von finanziellen Risiken des Gläubigers, die durch einen Dritten ausgelöst werden.[68] Der wesentliche Vertragsinhalt der Verpflichtung lautet auf die Zahlung eines Geldbetrages an den Gläubiger bei Eintritt einer im jeweiligen Vertrag genannten Bedingung, regelmäßig der Zahlungsunfähigkeit oder des Zahlungsverzugs des Drittschuldners oder eines vergleichbaren Ereignisses. Diese Rechtsgeschäfte stellen Eventualverbindlichkeiten dar, wobei sich die Unterschiede zwischen den Vertragsformen aus den zivilrechtlichen Kategorien ergeben, auf die Art. 98 Abs. 2 verweist.[69] Aus verfassungsrechtlicher Sicht können diese Gewährleistungen als Einzelgewährleistungen oder im Rahmen von Programmen übernommen werden. Sie sind damit vor allem wichtige Instrumente der Wirtschaftsförderung,[70] ohne dass die Verfassung besondere Voraussetzungen für die Eingehung dieser Verpflichtungen aufstellt. Ihre haushaltsrechtliche Relevanz folgt daraus, dass eine bedingte Verbindlichkeit des Landes künftig zu Ausgaben führen und den Haushalt entsprechend belasten kann.

2. Formelle Anforderungen. Die Aufnahme von Krediten und die Übernahme von Bürgschaften, Garantien und sonstigen Gewährleistungen bedarf einer ausdrücklichen Ermächtigung durch Gesetz. In formeller Hinsicht wird diese Anforderung durch das Haushaltsgesetz nach Art. 99 Abs. 2 gewahrt. Allerdings muss in das Haushaltsgesetz eine ausdrückliche Regelung aufgenommen werden, wonach der Landtag die Landesregierung zur Eingehung dieser Verbindlichkeiten ermächtigt. Die Ermächtigung muss zudem für die einzelnen Verpflichtungen der Höhe nach bestimmt oder bestimmbar sein. Der Schutzzweck des Art. 98 Abs. 2 Satz 1 gebietet es hierbei, die Verpflichtungen so präzise zu veranschlagen, dass der Zusammenhang zwischen dem Rechtsgrund der Verpflichtung und dem damit begründeten haushälterischen Risiko zweifelsfrei klar wird. Bei Bürgschaften, Garantien und sonstigen Gewährleistungen kommt es darauf an, ob sie „zu Ausgaben in künftigen Haushalten“ führen können, also in Haushaltsjahren, die auf den aktuellen Haushaltsplan folgen, vgl. § 39 Abs. 1 ThürLHO. Ist die Ausgabe dagegen bereits im laufenden Haushaltsjahr zu erwarten, muss sie entsprechend eingestellt werden. 30

In Hinblick auf die Aufnahme von Krediten erfolgt die Ermächtigung als Kreditrahmen für den Gesamtbetrag der Verbindlichkeiten, die das Land im Haushaltsjahr begründen darf. Diese Summe muss wiederum in verschiedene Positionen aufgeschlüsselt werden, zu denen vorrangig der Betrag der zulässigen **Nettoneuverschuldung** und der Refinanzierungsbedarf für die Tilgung von **Altschulden** zählen. Unter der Nettoneuverschuldung ist der Kreditbedarf zur Deckung des negativen Finanzierungssaldos als Unterschiedsbetrag zwischen ordentlichen Haushaltseinnahmen und veranschlagten Ausgaben („Defizit“) zu verstehen. Der zweite Posten umfasst den voraussichtlichen Kreditfinanzierungsbedarf für die Revolvierung von Altschulden. Hierbei dient die Kreditaufnahme der Tilgung der im Haushaltsjahr fällig werdenden Altschulden des Landes. Beide Positionen zusammen werden auch mit dem Begriff der Bruttoneuverschuldung um- 31

68 *Wendt*, in: von Mangoldt/Klein/Starck, Bd. 3, Art. 115 Rn. 26.
69 *Rossi*, in: Gröpl, BHO/LHO, § 39 Rn. 7ff.
70 *Rossi*, in: Gröpl, BHO/LHO, § 39 Rn. 6.

schrieben.[71] Schließlich muss im Haushaltsgesetz noch ein Kreditrahmen für **Kassenverstärkungskredite** aufgenommen werden. Zulässig und geboten ist es, in das Haushaltsgesetz auch Ermächtigungen für die Eingehung von Verbindlichkeiten zur Deckung von Zins- und Fremdwährungsrisiken einzubeziehen. Hierbei handelt es sich um **Derivate**, die verfassungsrechtlich unbedenklich sind, solange sie auf eine Reduzierung der Haushaltsrisiken zielen und hierfür auch objektiv geeignet sind.

32 **3. Materielle Anforderungen an die Kreditaufnahme.** Der Betrag der Nettoneuverschuldung („Einnahmen aus Krediten")[72] wird in der **wirtschaftlichen Normallage** einerseits durch die Erfordernisse des gesamtwirtschaftlichen Gleichgewichts[73] und andererseits durch den Umfang der im Haushaltsplan veranschlagten **Investitionen** des Landes begrenzt, Art. 98 Abs. 2 Satz 2. Dagegen besteht keine verfassungsrechtliche Grenze für die revolvierende Kreditaufnahme zur Tilgung von Altschulden. Die Bindung der Nettoneuverschuldung an die Höhe der im Haushaltsplan veranschlagten Investitionen ist von der Vorstellung geprägt, dass diese Ausgaben zukunftsbegünstigenden Charakter haben.[74] In wirtschaftlicher, nicht aber zwingend verfassungsrechtlicher Hinsicht bedeutet dies: Investive Ausgaben stehen im Gegensatz zu konsumtiven Ausgaben und Personalausgaben,[75] weil sie nicht auf den sofortigen Verbrauch, sondern auf die Anschaffung von langlebigen Anlagegütern zielen. In der Haushaltspraxis wird der Investitionsbegriff jedoch außerordentlich weit verstanden,[76] wobei eine gesetzgeberische Konkretisierung auf Bundesebene[77] (und folgend auf Länderebene) erst auf die Mahnung des Bundesverfassungsgerichts hin erfolgte. Nach wie vor sind die Investitionsformen, die § 13 Abs. 3 Nr. 2 Satz 2 ThürLHO erfasst, rein formal zu verstehen, ungeachtet der Frage, ob das konkrete Wirtschaftsgeschäft tatsächlich langfristig Renditen abwirft oder zu einer produktiven Nutzung führt. Das Bundesverfassungsgericht ging in Hinblick auf die bundesrechtliche Rechtslage, der Art. 98 Abs. 2 entspricht, lediglich davon aus, dass der verfassungsrechtliche Begriff nicht weiter gezogen werden durfte als das Verständnis in der Staatspraxis.[78]

33 Die von Art. 98 Abs. 2 Satz 2 vorgesehene Bindung der Nettokreditaufnahme an die Höhe der Investitionen gilt unzweifelhaft für die Aufstellung des Haushaltsplans, nach dem Wortlaut aber nicht für die Exekutive im Rahmen des Haushaltsvollzugs.[79] Dies hat zur Folge, dass sich bei einer rückblickenden Betrachtung die Höhe der realen Einnahmen aus Krediten und die Höhe der realen Aus-

71 *Heun*, in: Dreier, GG, Bd. 3, Art. 115 Rn. 16.
72 *Heun*, in: Dreier, GG, Bd. 3, Art. 115 Rn. 20; *Kube*, in: Maunz/Dürig, Art. 109 (St.d.B.: 05/2011) Rn. 129.
73 Zu dieser Grenze explizit BVerfGE 79, 311 (334).
74 BVerfGE 79, 311 (334); 119, 96 (138).
75 *Heun*, in: Dreier, GG, Bd. 3, Art. 115 Rn. 22.
76 Zur Kritik siehe *Gröpl*, Die Verwaltung 2006, 215 (222); *F. Kirchhof*, DVBl. 2002, 1569 (1575).
77 BGBl. 1990 I, S. 1447.
78 BVerfGE 79, 311 (337); 119, 96 (139 f.).
79 Die verfassungsrechtliche Beurteilung ist strittig. Für eine fehlende Bindung im Haushaltsvollzug etwa *Siekmann*, in: Sachs, GG, Art. 115 Rn. 53; *Wendt*, in: von Mangoldt/Klein/Starck, Bd. 3, Art. 115 Rn. 47; a.A. *Birk*, Sparen auf Pump? – Darf der Staat Kredite zur Verwendung in späteren Haushaltsjahren aufnehmen?, in: FS Selmer, 2004, S. 589 (596 f.); *Isensee*, Schuldenbarriere für Legislative und Exekutive – Zu Reichweite und Inhalt der Kreditkautelen des Grundgesetzes, in: FS Friauf, 1996, S. 705 (722 ff.).

gaben für Investitionen nicht vollständig decken. Verfassungsrechtlich ist dies solange hinzunehmen, als bei der Aufstellung des Haushaltsplans das Gebot der Schätzgenauigkeit sorgsam beachtet wurde.

Die Grenze der im Haushaltsplan veranschlagten Investitionen darf der Haushaltsgesetzgeber unter den Voraussetzungen einer **wirtschaftlichen Störungslage** im Sinne von Art. 98 Abs. 2 Satz 3 überschreiten. Die Bedeutung dieser ursprünglich als Ausnahme[80] gedachten Kategorien liegt darin, dass mit ihrer Hilfe die Verschuldung auch zugunsten rein konsumtiver Ausgaben erfolgen kann.[81] Hinter diesem konjunkturpolitischen Konzept steht der bundesrechtliche Auftrag aus der früheren Fassung des Art. 109 Abs. 2 GG, der verlangte, dass Bund und Länder bei ihrer Haushaltswirtschaft den Erfordernissen des gesamtwirtschaftlichen Gleichgewichts Rechnung tragen. Diese Formel wiederum findet ihre rechtliche Konkretisierung in § 1 Satz 2 Stabilitätsgesetz von 1967. 34

Art. 98 Abs. 2 Satz 3 regelt zwei Tatbestandsalternativen zur Rechtfertigung einer höheren Nettoneuverschuldung. Zum einen kommt sie in Betracht, wenn speziell im Freistaat Thüringen eine negative **konjunkturelle Sonderentwicklung** mit entsprechenden schwerwiegenden Folgen für Wirtschaft und Arbeitsmarkt eintritt. Zum anderen soll die Nettoneuverschuldung höher ausfallen dürfen, wenn es insgesamt in Deutschland eine **Störung des gesamtwirtschaftlichen Gleichgewichts** abzuwenden gilt. Mehr als 20 Jahre nach der Wiedervereinigung und einer intensiven Einbindung der Thüringer Wirtschaft in die gesamtstaatlichen Verhältnisse dürfte das Risiko einer negativen konjunkturellen Sonderentwicklung auf Landesebene zunehmend seltener werden. In gleichem Umfang wachsen verfassungsrechtlich die Begründungsanforderungen an den Haushaltsgesetzgeber, das Vorliegen dieser landesspezifischen Kriterien darzulegen und die Erforderlichkeit einer höheren Verschuldung zu begründen. Faktisch dürfte daher der zweiten Tatbestandsalternative der Abwehr einer Störung des gesamtwirtschaftlichen Gleichgewichts, die sich auf die gesamtdeutsche Wirtschaftslage bezieht, zunehmende Bedeutung zukommen. 35

In der verfassungsrechtlichen Praxis bereiten Definition und Anwendung dieser Tatbestandsmerkmale erhebliche Schwierigkeiten. Nach der Rechtsprechung des Bundesverfassungsgerichts liegt eine Störung des gesamtwirtschaftlichen Gleichgewichts nicht erst im extremen Notstandsfall vor, sondern bereits bei einem „Konjunkturabfall".[82] Die Störung des Gleichgewichts muss allerdings ernsthaft und nachhaltig sein bzw. unmittelbar drohen.[83] Ob dies der Fall ist, unterliegt indes einem Einschätzungs- und Beurteilungsspielraum des Haushaltsgesetzgebers, der den verfassungsrechtlichen Anforderungen genügt, wenn er nachvollziehbar und vertretbar die schwerwiegende Störung darlegt.[84] Eine Konkretisierung der Kategorien steht dem einfachen Gesetzgeber nach Art. 98 Abs. 2 Satz 4 zu. 36

4. Verhältnis zu Art. 109 Abs. 3 GG. Die Erwartungen an das in Art. 109 Abs. 2 und Art. 115 Abs. 1 Satz 2 GG a.F. zum Ausdruck kommende Steuerungskonzept, das auch Art. 98 Abs. 2 zugrunde liegt, hatten sich in der Verfas- 37

80 Entstehung ThürVerf, S. 255.
81 BVerfGE 79, 311 (341).
82 BVerfGE 119, 96 (138 f.); vgl. bereits BVerfGE 79, 311 (334 f.).
83 BVerfGE 119, 96 (140).
84 BVerfGE 119, 96 (140). Hiergegen sehr kritisch *Heun*, in: Dreier, GG, Bd. 3, Art. 115 Rn. 28.

sungsrealität nicht erfüllt. Der vom Verfassungsgeber vorgesehen Ausnahmecharakter der Verschuldung zur Abwehr konjunktureller Störungen geriet zur Regelbegründung für eine Verschuldung jenseits der Grenze der Investitionssumme. In seiner Entscheidung vom 9. Juli 2007 konnte das Bundesverfassungsgericht zum früheren Bundesrecht feststellen: „Das Regelungskonzept des Art. 115 Abs. 1 Satz 2 GG hat sich als verfassungsrechtliches Instrument rationaler Steuerung und Begrenzung staatlicher Schuldenpolitik in der Realität nicht als wirksam erwiesen."[85]

38 Vor diesem Hintergrund und unter dem Eindruck der Finanzkrise der Jahre 2008/2009 gelang dem verfassungsändernden Gesetzgeber auf Bundesebene die Neuregelung der Bestimmung zur öffentlichen Verschuldung in Art. 109 und Art. 115 GG. Die Vorgaben der sog. **Schuldenbremse** nach Art. 109 Abs. 3 GG gelten mit Wirkung ab 1. Januar 2020 auch in den Ländern, Art. 143 d Abs. 1 Satz 3 GG. Der Landesgesetzgeber hat dieser Rechtslage bislang nur durch die Neufassung des § 18 ThürLHO Rechnung getragen, der die Haushaltsrealität aber zunächst zu prägen vermochte. Die neue Vorschrift erlaubt die Neuverschuldung nur unter Voraussetzungen, die wesentlich enger sind als nach Art. 98 Abs. 2.

39 Art. 109 Abs. 3 GG entfaltet ab 1. Januar 2020 unmittelbare Rechtswirkungen im Freistaat Thüringen.[86] Ungeachtet der erheblichen Ausgestaltungsspielräume[87] sieht Art. 109 Abs. 3 GG zwingende Mindestanforderungen vor, von denen die Länder nicht abweichen dürfen. Das bedeutet, dass entgegenstehende, landesrechtliche Regelungen wie Art. 98 Abs. 2 von diesem Zeitpunkt an nichtig sind.[88] Im Übrigen besteht aufgrund Art. 109 Abs. 3 Satz 5 GG eine Pflicht zur Ausgestaltung der Vorgaben des Art. 109 Abs. 3 Satz 1-3, die aber nicht auf Ebene der Landesverfassung erfolgen muss, sondern auch einfachgesetzlich vorgenommen werden kann.[89]

40 Inhaltlich schreibt Art. 109 Abs. 3 Satz 1 GG zunächst vor, dass der Landeshaushalt grundsätzlich ohne Einnahmen aus Krediten ausgeglichen werden muss. Anders als der Bund dürfen die Länder keine **strukturelle Verschuldung** zulassen, Art. 109 Abs. 3 Satz 5 GG.[90] Eine wirtschaftspolitische Steuerung mittels Kreditaufnahme kommt nur bei einer von der Normallage abweichenden konjunkturellen Entwicklung in Betracht (sog. **Konjunkturkomponente**). Von dieser Möglichkeit kann das Land Gebrauch machen, verpflichtet ist es hierzu nicht. Verbunden mit der Inanspruchnahme dieser Gestaltungsmöglichkeit ist die Pflicht zur konjunkturgerechten Rückführung der Verschuldung. Ausnahmen sind nach Art. 109 Abs. 3 Satz 2 GG zur Bekämpfung von **Naturkatastrophen** und **außergewöhnlichen Notsituationen**, die sich der Kontrolle des Landes entziehen und die staatliche Finanzlage erheblich beeinträchtigen, zulässig. Auch in diesen Fällen bedarf es einer verfassungsrechtlichen oder einfachgesetzlichen Tilgungsregelung. Anders als nach bisherigem Recht gelten die Verschuldungs-

85 BVerfGE 119, 96 (142). Zustimmend etwa *Waldhoff*, JZ 2008, S. 200 (201).
86 *Gröpl*, LKRZ 2010, 401 (402). Wohl ebenso *Kube*, in: Maunz/Dürig, Art. 143 d (St.d.B.: 05/2011) Rn. 16.
87 Zu diesen Spielräumen siehe *Lenz/Burgbacher*, NJW 2009, 2561 (2564 f.).
88 *Gröpl*, LKRZ 2010, 401 (404).
89 *Reimer*, in: Epping/Hillgruber, Art. 109 Rn. 80. Eine Zweckerfüllung nur durch Verfassungsrecht nimmt *Siekmann*, in: Sachs, GG, Art. 109 Rn. 78 an.
90 *Kube*, in: Maunz/Dürig, Art. 109 (St.d.B.: 05/2011) Rn. 150.

schranken sowohl für die Haushaltsaufstellung als auch den Haushaltsvollzug.[91] Die Vorgaben des Art. 109 Abs. 3 GG verstoßen in ihrer Gesamtheit nicht gegen die durch Art. 79 Abs. 3 GG garantierte Eigenstaatlichkeit der Länder.[92] Durch die Beschränkung der Spielräume bei der Verschuldung zielen diese Regeln gerade auf die langfristige Sicherung der Haushaltsautonomie der Länder.[93] Die (problematische) Ungleichbehandlung gegenüber dem Bund in Hinblick auf die Strukturkomponente ist durch die erhebliche Reichweite der Bundeszuständigkeiten und die damit verbundene gesamtstaatliche Verantwortung des Bundes gerechtfertigt.[94]

IV. Personalkostenbeschränkung (Abs. 3)

Die Beschränkung der im Haushaltsplan veranschlagten **Personalkosten** auf 41
grundsätzlich höchstens 40 % der Summe der Gesamtausgaben des Haushalts stellt zwingendes Recht dar. Die Vorschrift dient der langfristigen Sicherung von Gestaltungsspielräumen im Haushalt, die schrumpfen würden, wenn die Personalkosten anstiegen.[95] Da Beamtenverhältnisse und Arbeitsverhältnisse zu langfristigen rechtlichen Bindungen des Landes führen, würden die damit verbundenen finanziellen Verpflichtungen zulasten anderer Ausgaben gehen. Der Haushaltsgesetzgeber darf mithin einem Haushaltsplan nicht zustimmen, der diese Grenze missachtet. Art. 98 Abs. 3 formuliert indes nur einen Grundsatz, von dem Ausnahmen zulässig sind. Sie sind nach der Funktion der Vorschrift allein in zeitlich kurzfristigen Abweichungen von der Haushaltsgrenze zu sehen.[96] Eine sich über mehrere Haushaltsjahre hinziehende Überschreitung wäre dagegen verfassungswidrig, selbst wenn sie nur geringfügig über die 40 %-Grenze hinausginge. Verstöße gegen die Verpflichtung aus Art. 98 Abs. 3 berühren allerdings die Wirksamkeit bestehender Beamtenverhältnisse und Arbeitsverträge nicht. Vielmehr sind bei einem Verstoß Landesregierung und Landtag gemeinsam dazu verpflichtet, strukturelle Maßnahmen zu treffen, um so rasch wie möglich wieder die Haushaltsgrenze einzuhalten. Dazu können Haushaltssperren ebenso eingesetzt werden wie die endgültige Streichung von Planstellen und anderen Stellen.

Artikel 99 [Aufstellung des Haushaltsplans]

(1) [1]Der Haushaltsplan wird vor Beginn der Rechnungsperiode für ein oder mehrere Rechnungsjahre, nach Jahren getrennt, durch das Haushaltsgesetz festgestellt. [2]Für Teile des Haushaltsplans kann vorgesehen werden, daß sie, nach Rechnungsjahren getrennt, für unterschiedliche Zeiträume gelten.

(2) [1]In das Haushaltsgesetz dürfen nur Vorschriften aufgenommen werden, die sich auf die Einnahmen und Ausgaben des Landes und auf den Zeitraum beziehen, für den das Haushaltsgesetz beschlossen wird. [2]Das Haushaltsgesetz kann

91 *Kube*, in: Maunz/Dürig, Art. 109 (St.d.B.: 05/2011) Rn. 190 ff.; *Lenz/Burgbacher*, NJW 2009, 2561 (2564); *G. Kirchhof*, in: von Mangoldt/Klein/Starck, Bd. 3, Art. 109 Rn. 80.
92 Str., wie hier *Gröpl*, LKRZ 2010, 401 (403); *Kube*, in: Maunz/Dürig, Art. 109 (St.d.B.: 05/2011) Rn. 118; *Siekmann*, in: Sachs, GG, Art. 109 Rn. 81.
93 Vgl. BVerfGE 129, 124 (170); BVerfG, NJW 2012, 3145 (3150) Rn. 224.
94 Im Ergebnis ebenso *G. Kirchhof*, in: von Mangoldt/Klein/Starck, Bd. 3, Art. 109 Rn. 107 ff.; *Reimer*, in: Epping/Hillgruber, Art. 109 Rn. 17.
95 *Hopfe*, in: Linck/Jutzi/Hopfe, Art. 98 Rn. 19.
96 *Hopfe*, in: Linck/Jutzi/Hopfe, Art. 98 Rn. 20.

vorschreiben, daß die Vorschriften erst mit der Verkündung des nächsten Haushaltsgesetzes oder bei Ermächtigung nach Artikel 98 Abs. 2 Satz 1 zu einem späteren Zeitpunkt außer Kraft treten.

(3) [1]**Der Entwurf des Haushaltsgesetzes mit Haushaltsplan sowie Entwürfe zu deren Änderung werden von der Landesregierung eingebracht.** [2]**Der Landtag darf Mehrausgaben oder Mindereinnahmen gegenüber dem Entwurf der Landesregierung oder dem festgestellten Haushaltsplan nur beschließen, wenn Deckung gewährleistet ist.**

Vergleichbare Regelungen

Art. 110 GG; § 4 HGrG; Art. 79 Abs. 1 und 2 BWVerf; Art. 78 Abs. 3 und 5 BayVerf; Art. 89 VvB; Art. 103 Abs. 3, 104 BbgVerf; Art. 131 BremVerf; Art. 66 Abs. 2 HambVerf; Art. 139 und 142 HessVerf; Art. 61 Abs. 2 und 4 M-VVerf; Art. 65 Abs. 4 und 5, Art. 68 Abs. 2 NV; Art. 81 Abs. 3, 84 Verf NW; Art. 116 Abs. 2 und 3, 118 Verf Rh-Pf; Art. 105 Abs. 1 und 2, 107 Abs. 2 SaarlVerf; Art. 93 Abs. 2 und 3, 97 Abs. 1 SächsVerf; Art. 93 Abs. 2 bis 4, 96 Abs. 1 LVerf LSA; Art. 50 Abs. 2 bis 4, 54 SchlHVerf.

Ergänzungsnormen im sonstigen thüringischen Recht

§§ 12, 27 ff. ThürLHO idF. der Bek. v. 19.09.2000 (ThürGVBl. S. 282) zuletzt geändert durch Gesetz v. 31.01.2013 (ThürGVBl. S. 22).

Dokumente zur Entstehungsgeschichte

§ 16 Vorl.LS; Art. 91, 93 VerfE CDU; Art. 73, 75 VerfE F.D.P.; Art. 83, 87 VerfE SPD; Art. 74, 78 VerfE NF/GR/DJ; Art. 112, 113 VerfE LL/PDS; Entstehung ThürVerf, S. 257 f.

Literatur

Eike Michael Frenzel, Haushaltsrecht und verfassungsrechtliches Koppelungsverbot: auch eine Frage des Gesetzgebungsverfahrensrechts, DÖV 2006, S. 158 ff.; *Alexander v. Portatius*, Das haushaltsrechtliche Bepackungsverbot, 1974; *Henning Tappe*, Das Haushaltsgesetz als Zeitgesetz, 2008; *Johanna Wolff*, Parlamentarisches Budgetrecht und Wirksamkeit zivilrechtlicher Verträge, NJW 2012, S. 812 ff.; *Ferdinand Wollenschläger*, Budgetöffentlichkeit im Zeitalter der Informationsgesellschaft, AöR 2010, S. 363 ff.; vgl. im Übrigen die Angaben zu Art. 98.

Leitentscheidungen des BVerfG

Siehe die Angaben zu Art. 98.

A. Überblick

1 Art. 99 ergänzt die haushaltsverfassungsrechtlichen Vorgaben des Art. 98. Zu diesem Zweck ordnet die Vorschrift in Abs. 1 die Vorherigkeit und Periodizität des Haushaltsplans an. Den Kern des Art. 99 Abs. 1 bildet aber die Normierung des parlamentarischen **Budgetrechts.** Die Budgethoheit berechtigt den Landtag zur umfassenden Kontrolle der Verwaltung im Bereich der Haushaltswirtschaft und begründet zugleich die sachliche Legitimation für das gesamte staatliche

Haushaltsgebaren.[1] Der Landtag hat damit die prinzipiell ausschließliche Befugnis, über alle staatlichen Ausgaben zu entscheiden, die in der folgenden Haushaltsperiode getätigt werden dürfen.[2] Das Instrument zur Ausübung des Budgetrechts ist das Haushaltsgesetz, durch das der Landtag den Haushaltsplan in seinen Willen aufnimmt. Vor diesem Hintergrund lässt sich von der Einheit von Haushaltsplan und Haushaltsgesetz sprechen.[3] Art. 99 Abs. 2 enthält in Übereinstimmung mit Art. 110 Abs. 4 GG das sog. **Bepackungsverbot** für das Haushaltsgesetz, durch das Haushalts- und Sachgesetzgebung voneinander getrennt werden. Wesentliche verfahrensrechtliche Regeln für die Aufstellung des Haushaltsplans und die parlamentarische Bewilligung durch das Haushaltsgesetz finden sich in Art. 99 Abs. 3.

Insofern regelt Art. 99 freilich nur einen Ausschnitt aus dem mehrphasigen **Haushaltskreislauf**. Dieser besteht darin, dass sich an die Bewilligung des Haushalts durch den Landtag der Vollzug durch die Exekutive anschließt. Nach Abschluss des Haushaltsjahres erfolgen die Rechnungslegung durch die Landesregierung nach Art. 102 Abs. 1 und die Rechnungsprüfung durch den Rechnungshof nach Art. 102 Abs. 2. Der Haushaltskreislauf schließt sich mit der Entlastung der Landesregierung durch den Landtag nach Art. 102 Abs. 3. 2

B. Herkunft, Entstehung und Entwicklung

Der gesamte Art. 99 gehört zum ursprünglichen Bestand des Verfassungstextes vom 25. Oktober 1993. Weder aus dem Bundesrecht noch dem Europarecht ergeben sich bislang direkte, materielle Änderungen der Bestimmung. Mittelbare Einwirkungen auf das Haushaltsverfahren kann aber die Überwachung der Haushaltslage durch den Stabilitätsrat nach § 3 StabiRatG, der auf der Grundlage von Art. 109 a GG geschaffen wurde, auslösen. Zudem ist nicht auszuschließen, dass sich die sog. Six-Pack-Reformen der EU aus dem Jahr 2011, in deren Rahmen das Europäische Semester eingeführt wurde,[4] zumindest mittelbar auf den Freistaat auswirken. Wiewohl diese Vorgaben den Gesamtstaat Bundesrepublik Deutschland verpflichten, ist das Land gegenüber dem Bund aufgrund des Gebots der Bundestreue verpflichtet, zur Erfüllung der europarechtlichen Vorgaben beizutragen. Eine darüber hinausgehende Verpflichtung bedürfte einer bundesrechtlichen Regelung, die auf der Grundlage des Art. 109 Abs. 4 GG ergehen könnte. 3

C. Verfassungsvergleichende Information

Art. 99 entspricht im Wesentlichen Art. 110 Abs. 2-4 GG. Auch die Verfassungen der anderen Länder kennen durchweg identische oder vergleichbare Regelungen. 4

---

1 *Heintzen*, in: von Münch/Kunig, Bd. 2, Art. 110 Rn. 31; *Hillgruber*, in: von Mangold/Klein/Starck, Bd. 3, Art. 110 Rn. 3 f.; vgl. auch BVerfGE 79, 311 (344): „Kontroll- und Legitimationsfunktion von Haushaltsberatung und -verabschiedung".

2 VerfGH NW, Urt. v. 30.10.2012 – 12/11 –, S. 21 = NVwZ 2013, 503 ff.

3 BVerfGE 20, 56 (91); 38, 121 (126); *Reimer*, in: Epping/Hillgruber, Art. 110 Rn. 8.

4 Art. 2-a VO (EG) Nr. 1466/97 in der Fassung der Änderung durch VO (EU) Nr. 1175/2011, ABl. 2011 L 306, S. 12.

D. Erläuterungen

I. Weitere Anforderungen an den Haushaltsplan (Abs. 1)

5 **1. Vorherigkeit.** Art. 99 Abs. 1 enthält Anforderungen an den Haushaltsplan, die die Vorgaben des Art. 98 Abs. 1 ergänzen. Hierzu zählt zunächst das Gebot der **Vorherigkeit**, das besagt, dass der Haushaltsplan vor Beginn der Rechnungsperiode (d.h. des Haushaltsjahrs) durch Haushaltsgesetz festgestellt werden muss. Es dient der wirksamen Ausgestaltung des Budgetrechts des Parlaments, sichert seine Budgethoheit in zeitlicher Hinsicht und gewährleistet insofern die Leitungsfunktion des Haushalts für das gesamte Haushaltsjahr.[5] Insofern ist es keine bloße Sollvorschrift, sondern eine zwingende Verpflichtung,[6] die einen klaren und bestimmten verfahrensrechtlichen Inhalt hat.[7] Seine Adressaten sind gleichermaßen Landesregierung wie Landtag, die beide verpflichtet sind, an seiner Erfüllung mitzuwirken.[8] Der Landesregierung obliegen Recht und Pflicht, den Haushaltsplan sowie den Entwurf des Haushaltsgesetzes so rechtzeitig einzubringen, dass der Landtag vor Ablauf des vorangegangenen Haushaltsjahres noch über ausreichende Zeit für gründliche parlamentarische Beratungen verfügt. Das schließt die Pflicht der Landesregierung ein, noch im laufenden Haushaltsjahr die Vorbereitungen für die Aufstellung der neuen Einzelpläne und des Gesamtplanes zu treffen.[9] Säumnisse des nach § 28 ThürLHO zuständigen Finanzministeriums sind verfassungsrechtlich der Landesregierung zuzurechnen.[10] Ein Verfassungsverstoß scheidet nur ausnahmsweise aus, etwa wenn es der Landesregierung objektiv unmöglich ist, ihre Verpflichtung zur Einbringung des Haushalts rechtzeitig zu erfüllen.[11]

6 Der Grundsatz der Vorherigkeit bindet aber auch den Landtag. Das Haushaltsgesetz muss vor Beginn des Rechnungsjahres verabschiedet[12] und im Gesetz- und Verordnungsblatt verkündet worden sein.[13] Unterlegt wird diese Pflicht auch durch den Rechtscharakter des Haushaltsgesetzes als Zeitgesetz, das nur in dem von ihm bestimmten Haushaltsjahr gilt. Für den Landtag bedeutet dies, dass er den Haushaltsplan und den Entwurf des Haushaltsgesetzes nicht säumig behandeln darf. Vielmehr gilt grundsätzlich eine Beschleunigungspflicht für die parlamentarischen Beratungen. Sie dürfen nur ausnahmsweise und kurzfristig in das folgende Haushaltsjahr erstreckt werden.[14] Zu diesen Ausnahmen gehört, dass die Landesregierung ihrerseits den Entwurf so spät vorgelegt hat, dass die rechtzeitige Verabschiedung nicht mehr möglich ist. Verzögerungen können schließlich aufgrund von Neuwahlen des Landtags in Betracht kommen.

7 Ein Verstoß der Verfassungsorgane gegen das Gebot der Vorherigkeit, der nicht von einem Verschulden abhängig ist,[15] kann im Wege des Organstreitverfahrens nach Art. 80 Abs. 1 Nr. 3 geltend gemacht werden. Dagegen löst er nicht die

5 BVerfGE 119, 96 (120); *Siekmann*, in: Sachs, GG, Art. 110 Rn. 56.
6 Vgl. VerfGH NW, Urt. v. 30.10.2012 – 12/11 –, S. 23 = NVwZ 2013, 503 ff.
7 BVerfGE 119, 96, 122.
8 BVerfGE 45, 1 (33); 66, 26 (38); 119, 96 (120); *Siekmann*, in: Sachs, GG, Art. 110 Rn. 56.
9 BVerfGE 119, 96 (120 f.).
10 Vgl. VerfGH NW, Urt. v. 30.10.2012 – 12/11 –, S. 20 = NVwZ 2013, 503 ff.
11 Vgl. VerfGH NW, Urt. v. 30.10.2012 – 12/11 –, S. 28 = NVwZ 2013, 503 ff.
12 BVerfGE 66, 26 (38).
13 Vgl. VerfGH NW, Urt. v. 30.10.2012 – 12/11 –, S. 22 = NVwZ 2013, 503 ff.
14 BVerfGE 45, 1 (33); 66, 26 (38).
15 BVerfGE 119, 96 (123).

Verfassungswidrigkeit eines verspätet verabschiedeten Haushaltsgesetzes aus.[16] In der Übergangszeit tritt die Ermächtigung nach Art. 100 in Kraft, die es der Landesregierung ermöglicht, einen **Nothaushalt** zu führen. Dadurch wird das Haushaltsgesetz durch eine verfassungsunmittelbare Ermächtigung ersetzt, die mit dem rückwirkenden Inkrafttreten des verspäteten Haushaltsgesetzes absorbiert oder, bei mangelnder Übereinstimmung zwischen Nothaushalt und Haushaltsgesetz, nur für die Zukunft abgelöst wird.[17] Wie das BVerfG hervorgehoben hat, folgt aus dem Zusammenwirken von Vorherigkeitsprinzip und Nothaushaltsrecht die Pflicht der Verfassungsorgane, das noch fehlende Haushaltsgesetz so zügig wie möglich zu verabschieden, um mit dessen rückwirkender Inkraftsetzung die Rechte des Parlaments wiederherzustellen.[18] Mit anderen Worten lässt das Nothaushaltsrechts die Verbindlichkeit des Vorherigkeitsgebots unberührt.[19]

Das Vorherigkeitsgebot gilt nicht für **Nachtragshaushalte**, die zwangsläufig erst 8 im Laufe des Haushaltsjahres eingebracht werden können.[20] Das BVerfG hält allerdings eine entsprechende Anwendung aufgrund des Schutzzwecks zumindest für möglich, wobei es darauf ankäme, ob die Korrektur durch den Nachtragshaushalt rechtzeitig erfolgt und nicht willkürlich verzögert wird, um ursprünglich oder nachträglich realitätsfremde Haushaltsansätze zu korrigieren oder anzupassen.[21] Eine justiziable Verfassungspflicht hat das BVerfG indes bislang noch nicht erkannt.[22]

2. Periodizität; zeitliche Geltung. Der Haushaltsplan wird nach Art. 99 Abs. 1 9 Satz 1 für ein oder mehrere Rechnungsjahre, nach Jahren getrennt, aufgestellt. Unter Rechnungsjahr ist das Haushaltsjahr zu verstehen, vgl. § 4 BHO, das seinerseits mit dem Kalenderjahr identisch ist.[23] Die Jährlichkeit (oder Periodizität) des Haushalts hat mehrere Funktionen. Aufgrund des Zukunftscharakters des Haushalts muss der Zeitraum der damit verbundenen Prognosen überschaubar sein, damit die Ansätze überhaupt schätzgenau sein und eine realistische Grundlage der auf ihnen beruhenden politischen Entscheidungen bilden können. Insofern steht der Grundsatz der **Jährlichkeit** auch in Wechselwirkung mit dem Grundsatz der Spezialität (Art. 98 Rn. 22). Die Jährlichkeit des Haushalts dient überdies einer regelmäßigen, wirksamen Kontrolle des Haushaltsgebarens durch das Parlament, da auf diese Weise der Haushaltszyklus (oben Rn. 2) zeitlich überschaubar bleibt.

Durch die Jährlichkeit des Haushalts werden indes die Planung und Durchfüh- 10 rung langfristiger politischer Ziele erschwert. Die Vorstellung vom Haushalt als in Zahlen gegossenes Regierungsprogramm zerfällt in der Wirklichkeit in einzelne, zeitlich voneinander getrennte Blöcke, die die Gefahr der Diskontinuität bilden. Um dieser Gefahr zu begegnen, kann der Haushaltsplan auch für mehrere Rechnungsjahre festgestellt werden. In der Praxis des Freistaats wie auch ande-

16 Offen gelassen in BVerfGE 119, 96 (122).
17 BVerfGE 119, 96 (121); VerfGH NW, Urt. v. 30.10.2012 – 12/11 –, S. 24 = NVwZ 2013, 503 ff.
18 BVerfGE 119, 96 (121); VerfGH NW, Urt. v. 30.10.2012 – 12/11 –, S. 24 f. = NVwZ 2013, 503 ff.
19 VerfGH NW, Urt. v. 30.10.2012 – 12/11 –, S. 25 = NVwZ 2013, 503 ff.
20 BVerfGE 119, 96 (122).
21 BVerfGE 119, 96 (122).
22 BVerfGE 119, 96 (123).
23 *Gröpl*, in: Gröpl, BHO/LHO, § 4 Rn. 6.

rer Länder sind insoweit Doppelhaushalte möglich (vgl. § 12 Abs. 1 ThürLHO) und verfassungsrechtlich unbedenklich zulässig. Nach dem Wortlaut des Art. 99 Abs. 1 kämen sogar längerfristige („mehrere Rechnungsjahre") Planungen in Betracht. Dieser Möglichkeit sind jedoch verfassungsimmanente Grenzen gezogen. So würde der Grundsatz der Haushaltswahrheit in seiner Ausprägung als Gebot der Schätzgenauigkeit verletzt, da das Prognoserisiko umso mehr steigt, je weiter der Haushalt in die Zukunft weist.[24] Ein solcher Haushalt hätte mithin keine solide tatsächliche Grundlage und würde die Funktion des parlamentarischen Budgetrechts verfehlen.[25] Das Budgetrecht künftiger Landtage zieht dagegen keine Grenze für die Feststellung mehrjähriger Haushalte.[26] Ein künftiger Landtag kann Haushaltsgesetze, die in seiner Legislaturperiode noch in Geltung sind, im Verfahren des Art. 99 abändern. Auch der verfassungsrechtliche Grundsatz der Diskontinuität erstreckt sich nur auf Gesetzesvorlagen, nicht aber auf geltende Gesetze.

11 Art. 99 Abs. 1 Satz 2 ermöglicht es dem Haushaltsgesetzgeber, für Teile des Haushaltsplans eine unterschiedliche zeitliche Geltung vorzusehen. Der Haushaltsausgleich ist dabei für jedes Haushaltsjahr getrennt vorzunehmen.[27]

12 **3. Gliederung.** Art. 99 enthält keine Vorgaben, wie der Haushaltsplan zu gliedern ist. Eine rationale, berechenbare Haushaltsführung erfordert allerdings zwingend die sachliche Gliederung des Haushalts. Die Anforderungen aus dem Grundsatz der Haushaltsklarheit bedürfen insoweit aber der Konkretisierung nach Zweckmäßigkeitsgesichtspunkten. Diese Entscheidung obliegt entweder dem Gesetzgeber, der hiervon in § 13 ThürLHO Gebrauch gemacht hat, oder der Exekutive. Die Unterscheidung in Einzelpläne und die Unterteilung in Kapitel und Titel folgt jedoch aus der aufgrund von Art. 109 Abs. 4 GG verbindlichen Vorgabe des § 10 HGrG.

II. Haushaltsgesetz (Abs. 1)

13 **1. Budgetrecht und Budgetpflicht.** Der Landtag übt sein Budgetrecht in parlamentarischer Eigenverantwortung aus. Insofern disponiert er frei über alle Einnahmen und Ausgaben des Landeshaushalts. Mit dieser Aufgabe ist jede Form der förmlichen Delegation auf einen anderen Entscheidungsträger unvereinbar. Das parlamentarische Budgetrecht, das im Haushaltsgesetz seinen Niederschlag findet, hat eine doppelte Funktion. Es bildet zunächst die Grundlage für die demokratische Legitimation des gesamten staatlichen Finanzgebarens auf Landesebene.[28] Die umfassende Zuständigkeit und das Verfahren des Landtags sichern überdies die Transparenz der Entscheidungsprozesse sowie die Information der Öffentlichkeit[29] und ermöglichen damit die vorbeugende Kontrolle der Exekutive.

14 Die Autonomie, die der Landtag dabei genießt, unterliegt indes zwei Grenzen. Die erste Grenze ergibt sich in der Verfassungsrealität aus dem Umstand, dass die Parlamentsmehrheit zugleich die Landesregierung trägt. Das Ziel, die Politik

24 *Siekmann*, in: Sachs, GG, Art. 110 Rn. 61.
25 *Heun*, in: Dreier, GG, Bd. 3, Art. 110 Rn. 28.
26 A.A. *Siekmann*, in: Sachs, GG, Art. 110 Rn. 61.
27 *Hillgruber*, in: von Mangoldt/Klein/Starck, Bd. 3, Art. 110 Rn. 86.
28 Vgl. BVerfGE 119, 96 (118 f.); *Hillgruber*, in: von Mangoldt/Klein/Starck, Bd. 3, Art. 110 Rn. 56.
29 BWStGH, NVwZ 2012, 300 (301).

der Landesregierung finanziell zu unterlegen, schränkt in der Praxis den Spielraum des Landtags ein. Die zweite Grenze folgt daraus, dass der Landtag nach Art. 99 nicht nur das Budgetrecht ausübt, sondern, wegen der zentralen Bedeutung des Haushaltsplans für das gesamte staatliche Geschehen, auch einer Budgetpflicht unterliegt.[30] Über das „Ob“ eines Haushaltsgesetzes kann der Landtag mithin nicht verfügen. Ein Verstoß gegen diese Pflicht bleibt freilich folgenlos: Unterlässt es der Gesetzgeber, das Haushaltsgesetz zu beschließen, kommt es zur vorläufigen Haushaltsführung nach Art. 100. Das enthebt den Landtag aber nicht davon, über den Entwurf eines neuen Haushaltsplans erneut durch Gesetz zu beschließen.

2. Wirkungen des Haushaltsgesetzes. Nach dem Wortlaut des Art. 99 Abs. 1 **15**
Satz 1 dient das Haushaltsgesetz allein dem Zweck, den Haushaltsplan festzustellen. Funktional geht das Gesetz aber über eine bloße Feststellung hinaus, weil es den Haushalt inhaltlich bewilligt.[31] Soweit es sich in der Zustimmung zum Haushaltsplan erschöpft, kann es als ein Gesetz im formellen Sinne angesehen werden.[32] In der staatlichen Praxis enthalten die Haushaltsgesetze jedoch weitere, haushaltsbezogene Regelungen, was verfassungsrechtlich unbedenklich ist, solange die Grenze des Bepackungsverbots nach Art. 99 Abs. 2 beachtet wird. Aus anderer Perspektive lässt sich von einem „Organgesetz“ sprechen,[33] da es nur das Rechtsverhältnis zwischen den beiden Haushaltsorganen Landtag und Landesregierung regelt. Das Haushaltsgesetz entfaltet seine Rechtswirkungen jedenfalls nur innerhalb des Rechtskreises der beiden Verfassungsorgane.[34]

Die Landesregierung und die ihr nachgeordneten Behörden erlangen aufgrund **16**
des Haushaltsgesetzes die verfassungsmäßige Berechtigung („Bewilligung“), den mit diesem Inhalt und Umfang genehmigten Haushaltsplan zu vollziehen, d.h., nach Zweck und Höhe bestimmte Ausgaben zu leisten und Verpflichtungen zu begründen,[35] § 3 Abs. 1 ThürLHO. Eine Verpflichtung zum Vollzug der einzelnen Haushaltsansätze entsteht dadurch jedoch nicht, da das Haushaltsgesetz für die Landesregierung nur ermächtigenden, nicht aber verpflichtenden Charakter hat.[36] Hiervon bestehen Ausnahmen, sofern Ausgaben zweckgebunden sind und die Zweckbindung eine Pflicht zur Verausgabung der Mittel umfasst.[37] Die Bewilligung hat aber auch begrenzenden Charakter, denn nicht im Haushaltsplan vorgesehene Ausgaben dürfen nicht getätigt und ohne entsprechende Verpflichtungsermächtigungen dürfen keine zukünftig ausgabenwirksame Rechtsgeschäf-

30 *Stern*, Staatsrecht, Bd. II, S. 1216; angedeutet auch bei BVerfGE 79, 311 (328): „Budgetpflicht des Parlaments“; a.A. *Hillgruber*, in: von Mangoldt/Klein/Starck, Bd. 3, Art. 110 Rn. 99; *Heintzen*, Staatshaushalt, in: HStR, Bd. V, § 120 Rn. 60: reine Bemühenspflicht.

31 BVerfGE 20, 56 (90).

32 Gegen diesen Begriff *Heun*, in: Dreier, GG, Bd. 3, Art. 110 Rn. 9.

33 *Gröpl*, in: Gröpl, BHO/LHO, § 1 Rn. 22; *Hillgruber*, in: von Mangoldt/Klein/Starck, Bd. 3, Art. 110 Rn. 63; *Jarass*, in: Jarass./Pieroth, Art. 110 Rn. 15; *Siekmann*, in: Sachs, GG, Art. 110 Rn. 36.

34 BVerfGE 38, 121 (125); 79, 311 (327); BVerwGE 104, 220 (222); *Hillgruber*, in: von Mangoldt/Klein/Starck, Bd. 3, Art. 110 Rn. 63; *Siekmann*, in: Sachs, GG, Art. 110 Rn. 24.

35 BVerfGE 20, 56 (90); *Heintzen*, Staatshaushalt, in: HStR, Bd. V, § 120 Rn. 56.

36 *Hillgruber*, in: von Mangoldt/Klein/Starck, Bd. 3, Art. 110 Rn. 61; *Jarass*, in: Jarass./Pieroth, Art. 110 Rn. 15; *Siekmann*, in: Sachs, GG, Art. 110 Rn. 28; grds. auch *Heun*, in: Dreier, GG, Bd. 3, Art. 110 Rn. 30.

37 *Gröpl*, in: Gröppl, BHO/LHO, § 3 Rn. 9.

te abgeschlossen werden.[38] Der Vorrang des Gesetzes gilt insofern auch für das Haushaltsgesetz.[39] Insgesamt sind aufgrund dieser Rechtswirkungen Haushaltsplan und Haushaltsgesetz als „Einheit"[40] und zwingend wechselbezüglich zu verstehen.

17 Das Haushaltsgesetz ist schließlich **Zeitgesetz** in dem Sinne, dass seine Geltung auf das von ihm geregelte Haushaltsjahr beschränkt ist.[41] Nach Ablauf des Haushaltsjahrs (bei Doppelhaushalten: der beiden Haushaltsjahre) muss nach Art. 99 Abs. 1 ein neues Haushaltsgesetz in Kraft treten, ansonsten kommt es verfassungsunmittelbar zu den Übergangsermächtigungen nach Art. 100. Mit der Eigenschaft als Zeitgesetz unvereinbar ist die Aufnahme von Vorschriften mit Dauerrechtscharakter, was auch durch das zeitliche Bepackungsverbot nach Art. 99 Abs. 2 Satz 1 untersagt wird.[42]

18 Rechtliche Außenwirkungen gegenüber dem Bürger löst der durch das Haushaltsgesetz festgestellte Haushaltsplan nicht aus, so dass auf seiner Grundlage weder Rechte noch Pflichten begründet werden können.[43] Die praktische Bedeutung liegt zunächst darin, dass der einzelne Bürger aus dem Haushaltsplan keine Ansprüche auf staatliche Leistungen ableiten kann,[44] was § 3 Abs. 2 ThürLHO deklaratorisch bestätigt. Aufgrund der haushaltsverfassungsrechtlichen Einheit von Haushaltsplan und Haushaltsgesetz betrifft die fehlende Außenwirkung aber nicht nur den Haushaltsplan, sondern auch das Haushaltsgesetz.[45] Davon zu unterscheiden ist die Frage, ob ein Haushaltstitel als Rechtsgrundlage für die Vergabe einer Subvention ausreicht.[46] Dabei geht es aber ausschließlich darum, ob für solche Maßnahmen überhaupt der Vorbehalt des Gesetzes zum Tragen kommt, was im Ergebnis zu verneinen ist.

19 Umgekehrt gilt aber, dass Haushaltsgesetz und Haushaltsplan dem Bürger nicht entgegengehalten werden können, wenn er auf einer anderen Rechtsgrundlage Ansprüche oder Leistungen erworben hat. Rechtsgeschäftliche Verpflichtungen des Landes, die keine Grundlage im Haushaltsplan haben, bleiben wirksam, da das Haushaltsgesetz kein gesetzliches Verbot im Sinne von § 134 BGB darstellt.[47] Ebenso sind auch gesetzliche Leistungspflichten zu erfüllen, selbst wenn sie haushaltsmäßig nicht unterlegt sind.[48] Ausgaben, die nicht durch einen Haushaltstitel gedeckt sind (oder aufgrund eines falschen Titels getätigt wurden), können nicht aus diesem Grund zurückgefordert werden.

20 Die gesetzliche Feststellung des Haushalts schließt nicht aus, dass der Haushalt mit einfachen **Sperrvermerken** versehen wird, § 22 Satz 1 ThürLHO. Die Aufhebung des Sperrvermerks kann zwar nur durch den Finanzminister erfolgen, § 36

38 *Hillgruber*, in: von Mangoldt/Klein/Starck, Bd. 3, Art. 110 Rn. 59.
39 *Tappe*, in: Gröpl, BHO/LHO, § 45 Rn. 11.
40 BVerfGE 20, 56 (91); 38, 121 (126).
41 *Siekmann*, in: Sachs, GG, Art. 110 Rn. 26.
42 LVerfG M-V, LKV 2006, 26 (29).
43 *Hillgruber*, in: von Mangoldt/Klein/Starck, Bd. 3, Art. 110 Rn. 64.
44 BVerfGE 38, 121 (126); BVerwGE 104, 220 (222); *Gröpl*, in: Gröpl, BHO/LHO, § 3 Rn. 27; *Siekmann*, in: Sachs, GG, Art. 110 Rn. 37.
45 A.A. *Gröpl*, in: Gröpl, BHO/LHO, § 3 Rn. 29; *Heun*, in: Dreier, GG, Bd. 3, Art. 110 Rn. 31.
46 Siehe hierzu *Jarass*, in: Jarass/Pieroth, Art. 110 Rn. 16 mwN.
47 A.A. *Wolff*, NJW 2012, 812 (816).
48 *Hillgruber*, in: von Mangoldt/Klein/Starck, Bd. 3, Art. 110 Rn. 66; *Jarass*, in: Jarass/Pieroth, Art. 110 Rn. 16; *Siekmann*, in: Sachs, GG, Art. 110 Rn. 38.

Satz 1 ThürLHO, jedoch führt das nicht zu einer Delegation vom Landtag auf die Regierung.[49] Das Haushaltsgesetz stellt eine Ermächtigung und keine Verpflichtung der Verwaltung dar, so dass die Ermächtigung ihrerseits mit Vorbehalten zugunsten des Finanzministers verbunden werden kann. Ihre sachliche Rechtfertigung müssen die Sperrvermerke allerdings im Grundsatz der Wirtschaftlichkeit finden. Mit dem Budgetrecht des Parlaments ohne weiteres vereinbar sind die qualifizierten Sperrvermerke nach § 22 Satz 3 ThürLHO.[50]

3. Bepackungsverbot (Abs. 2). Die reinen Binnenwirkungen des Haushaltsgesetzes sowie sein Charakter als Zeitgesetz werden durch das sog. **Bepackungsverbot** des Art. 99 Abs. 2 Satz 1 gesichert. Nach dieser Vorschrift dürfen in das Haushaltsgesetz nur Vorschriften aufgenommen werden, die sich auf die Einnahmen und Ausgaben des Landes (sachliches Bepackungsverbot) und auf den Zeitraum beziehen, für den das Haushaltsgesetz beschlossen wird (zeitliches Bepackungsverbot). Die Funktion beider Elemente des Bepackungsverbots besteht darin, das Gesetzgebungsverfahren thematisch auf den Haushalt zu konzentrieren. Das Haushaltsgesetz soll zudem vor inhaltlicher Überfrachtung und Unübersichtlichkeit bewahrt werden.[51] Insofern dient das Bepackungsverbot sowohl der Verfahrensbeschleunigung als auch der Normenklarheit.[52] Die Trennung zwischen Haushalts- und Sachgesetzgebung schützt schließlich die Transparenz des parlamentarischen Prozesses.[53] Ein Verstoß hiergegen führt nicht lediglich zur formellen Verfassungswidrigkeit, sondern regelmäßig zur Nichtigkeit der Vorschriften.[54] 21

In Hinblick auf das sachliche Bepackungsgebot liegt die praktische Konsequenz darin, dass die Änderung von Gesetzen, die durch den Haushalt ausgelöst wird, in getrennten Haushaltsbegleitgesetzen beschlossen werden muss.[55] Artikelgesetze, die das Haushaltsgesetz einschließen, kommen hierfür nicht in Betracht.[56] 22

Vom zeitlichen Bepackungsverbot bestehen enge Ausnahmen nach Abs. 2 Satz 2. So kann das Haushaltsgesetz vorschreiben, dass die Vorschriften übergangsweise erst mit der Verkündung des nächsten Haushaltsgesetzes außer Kraft treten, um die weitere Haushaltswirtschaft reibungslos auch über das laufende Haushaltsjahr hinaus zu ermöglichen.[57] Bei Ermächtigungen nach Art. 98 Abs. 2 Satz 1 dient die zeitliche Ausdehnung der flexiblen Bewirtschaftung von Einnahmen aus Krediten. 23

III. Haushaltsverfahren (Abs. 3)

1. Aufstellung des Haushaltsplans; Gesetzgebungsinitiative (Satz 1). Für das Haushaltsverfahren gilt abweichend von Art. 81 das besondere Verfahren nach 24

49 A.A. *Hillgruber*, in: von Mangoldt/Klein/Starck, Bd. 3, Art. 110 Rn. 70.
50 *Hillgruber*, in: von Mangoldt/Klein/Starck, Bd. 3, Art. 110 Rn. 71.
51 LVerfG M-V, LKV 2006, 26 (29).
52 *Heun*, in: Dreier, GG, Bd. 3, Art. 110 Rn. 41.
53 SaarlVerfGH, Beschl. v. 13.03.2006 – Lv 5/05 –, Rn. 73 – JURIS; *Siekmann*, in: Sachs, GG, Art. 110 Rn. 87.
54 LVerfG M-V, LKV 2006, 26 (30); *Heun*, in: Dreier, GG, Bd. 3, Art. 110 Rn. 41; *Jarass*, in: Jarass/Pieroth, Art. 110 Rn. 9; *Siekmann*, in: Sachs, GG, Art. 110 Rn. 87.
55 *Hillgruber*, in: von Mangoldt/Klein/Starck, Bd. 3, Art. 110 Rn. 108.
56 LVerfG M-V, LKV 2006, 26 (29); SaarlVerfGH, Beschl. v. 13.03.2006 – Lv 5/05 –, Rn. 74 – JURIS.
57 LVerfG M-V, LKV 2006, 26 (29).

Art. 99 Abs. 3 als lex specialis.[58] Mit der verfassungsrechtlichen Vorgabe, wonach der Haushaltsplan durch die Landesregierung im Landtag eingebracht wird, ist das komplizierte Procedere indes nur teilweise beschrieben. Zunächst formulieren die Fachministerien aufgrund der Vorlagen nachgeordneter Dienststellen eigene Voranschläge, die dem Finanzminister zugeleitet und von ihm geprüft werden, §§ 27, 28 ThürLHO. Auf der Grundlage der Voranschläge stellt der Finanzminister den Entwurf des Haushaltsplans auf, der dann vom Kabinett beschlossen werden muss, § 29 ThürLHO. Diesen Entwurf bringt die Landesregierung zusammen mit dem Entwurf des Haushaltsgesetzes im Landtag ein, Art. 99 Abs. 3 Satz 1. Das Initiativrecht der Landesregierung erstreckt sich ebenfalls auf Ergänzungshaushalte (§ 32 ThürLHO) und Nachtragshaushalte (§ 33 ThürLHO), wie aus der Formulierung „Entwürfe zu deren Änderung" folgt.[59] Anders als im Bereich der materiellen Gesetzgebung ist das Initiativrecht aber zugleich eine Initiativpflicht.[60]

25 **2. Budgetrecht des Landtags (Satz 2).** Der Landtag nimmt sein Budgetrecht aufgrund der hohen Bedeutung des Haushalts durch Verhandlung und Beschlussfassung im Plenum und nach Maßgabe der Geschäftsordnung auch in Ausschüssen wahr.[61] Erst durch das Plenum wird auch die notwendige **Budgetöffentlichkeit** hergestellt, die als Verfassungsgebot unmittelbar aus dem Demokratieprinzip folgt.[62] Damit verbunden ist ein Informations-, Prüfungs- und Beteiligungsrecht jedes einzelnen Abgeordneten.[63] Die Budgetöffentlichkeit kann jedoch sowohl nach außen eingeschränkt als auch im Innenverhältnis auf einzelne Abgeordnete eines Ausschusses beschränkt werden, um verfassungsrechtlich relevanten Geheimhaltungsgründen Rechnung zu tragen.[64]

26 Inhaltlich stehen der Entwurf von Haushaltsplan und Haushaltsgesetz vollständig zur Disposition des Landtags, wie auch aus Art. 99 Abs. 3 Satz 2 folgt. Das bedeutet, dass der Landtag jeden Einzelansatz hinsichtlich Zweck und Höhe ändern kann, was faktisch vor allem für die Ausgabenseite relevant ist. Entsprechend der Vorgaben der ThürLHO sind Sperrvermerke oder ihre Aufhebung, Regeln zur Übertragbarkeit und Deckungsfähigkeit sowie Wegfall- und Umwandlungsvermerke ebenso möglich. Der Landtag ist indes durch die ThürLHO nicht gebunden, sondern kann im Haushaltsgesetz auch abweichende Regeln treffen. Auf der Einnahmenseite kann der Landtag aufgrund der bundesstaatlich determinierten Einnahmensituation jedenfalls bei den steuerlichen Einnahmen praktisch keine Änderung vornehmen (Art. 98 Rn. 2). Im Rahmen des Art. 109 Abs. 3 GG sind Variationen auf der Einnahmenseite daher überwiegend nur bei Einnahmen aus Krediten und Veräußerungsgeschäften möglich. Dieses Recht findet seine Schranken darin, dass die Deckung des Haushalts insgesamt sichergestellt sein muss, wenn der Landtag Mindereinnahmen oder Mehrausgaben beschließt, Art. 99 Abs. 3 Satz 2.

58 *Siekmann*, in: Sachs, GG, Art. 110 Rn. 70.
59 *Heintzen*, in: von Münch/Kunig, Bd. 2, Art. 110 Rn. 38; a.A. *Heun*, in: Dreier, GG, Bd. 3, Art. 110 Rn. 34: nur Nachtragshaushalte.
60 BVerfGE 70, 324 (355); *Heun*, in: Dreier, GG, Bd. 3, Art. 110 Rn. 34; *Hillgruber*, in: von Mangoldt/Klein/Starck, Bd. 3, Art. 110 Rn. 90.
61 BVerfGE 70, 324 (356).
62 BVerfGE 70, 324 (358).
63 BVerfGE 70, 324 (356).
64 BVerfGE 70, 324 (358 f.).

Das Haushaltsgesetz bedarf schließlich der Verkündung im Gesetz- und Verordnungsblatt nach Art. 85 Abs. 1 Satz 1. Der dabei in Bezug genommene Haushaltsplan muss zumindest mit dem Gesamtplan, nicht aber zwingend mit allen Einzelplänen veröffentlicht werden.[65] 27

Artikel 100 [Übergangsermächtigung]

(1) Kann der Haushaltsplan nicht vor Beginn eines Rechnungsjahres durch Gesetz festgestellt werden, so ist die Landesregierung bis zum Inkrafttreten des Gesetzes ermächtigt, alle Ausgaben zu leisten oder Verpflichtungen einzugehen, die nötig sind, um

1. gesetzlich bestehende Einrichtungen zu erhalten und gesetzlich beschlossene Maßnahmen durchzuführen,
2. die rechtlich begründeten Verpflichtungen des Landes zu erfüllen sowie
3. Bauten, Beschaffungen und sonstige Leistungen fortzusetzen oder Beihilfen für diese Zwecke weiter zu gewähren, sofern durch den Haushaltsplan eines Vorjahres bereits Beträge bewilligt worden sind.

(2) Soweit der Geldbedarf aus Steuern, Abgaben und sonstigen Einnahmen nicht gedeckt werden kann, um die nach Absatz 1 zulässigen Ausgaben zu decken, darf die Landesregierung die zur Aufrechterhaltung der Wirtschaftsführung erforderlichen Mittel bis zur Höhe eines Viertels der Endsumme der im Haushaltsplan des Vorjahres veranschlagten Einnahmen im Wege des Kredits beschaffen.

Vergleichbare Regelungen

Art. 111 GG; Art. 80 BWVerf; Art. 78 Abs. 4 BayVerf; Art. 89 VvB; Art. 102 BbgVerf; Art. 132 a BremVerf; Art. 67 Abs. 1 HambVerf; Art. 140 HessVerf; Art. 62 M-VVerf; Art. 66 NV; Art. 82 Verf NW; Art. 116 Abs. 4 und 5 Verf Rh-Pf; Art. 105 Abs. 3 und 4 SaarlVerf; Art. 98 SächsVerf; Art. 94 LVerf LSA; Art. 51 SchlHVerf.

Dokumente zur Entstehungsgeschichte

§ 16 Abs. 5 und 6 Vorl.LS; Art. 91 VerfE CDU; Art. 73 VerfE F.D.P.; Art. 84 VerfE SPD; Art. 75 VerfE NF/GR/DJ; Art. 112 VerfE LL/PDS; Entstehung ThürVerf, S. 259 f.

Literatur

Roger Fischer, Handeln in fremdem Interesse, VerwArch 2007, S. 543 ff.; *Thorsten Kroll*, Das Teilhaushaltsgesetz: Ein verfassungskonformes Instrument im Zusammenspiel zwischen exekutivischem Gestaltungsdrang und parlamentarischem Budgetrecht, DÖV 2004, S. 986 ff.; *Matthias Rossi*, Unzulässigkeit von Haushaltsvorschaltgesetzen, DÖV 2003, S. 313 ff.

Leitentscheidung des BVerfG

BVerfGE 119, 96 (Bundeshaushaltsgesetz 2004).

65 *Heun*, in: Dreier, GG, Bd. 3, Art. 110 Rn. 39; *Jarass*, in: Jarass/Pieroth, Art. 110 Rn. 13; a.A. *Siekmann*, in: Sachs, GG, Art. 110 Rn. 85.

A. Überblick

1 Das **Nothaushaltsrecht** nach Art. 100 bildet die Rechtsfolge eines Verstoßes gegen das Vorherigkeitsgebot nach Art. 99 Abs. 1. In der Übergangszeit bis zur Verabschiedung des Haushaltsgesetzes tritt die Ermächtigung nach Art. 100 in Kraft, die es der Landesregierung ermöglicht, den etatlosen Zustand zu überbrücken.[1] Insoweit ersetzt eine verfassungsunmittelbare Ermächtigung das Haushaltsgesetz.[2] Sie wird mit dem rückwirkenden Inkrafttreten des verspäteten Haushaltsgesetzes absorbiert oder, bei mangelnder Übereinstimmung zwischen Nothaushalt und Haushaltsgesetz, nur für die Zukunft abgelöst.[3]

2 Das Nothaushaltsrecht hat den Zweck, eine **vorläufige Haushaltsführung** zu ermöglichen,[4] um im Wesentlichen den status quo aufrechterhalten zu können.[5] Damit soll in der etatlosen Zeit die staatliche Handlungsfähigkeit gesichert werden. Nach diesem Grundkonzept ermöglicht Art. 100 folglich, alle bestehenden gesetzlichen und sonstigen rechtlichen Verpflichtungen des Landes zu erfüllen und Ausgaben für bereits im Vorjahr bewilligte Leistungen fortzusetzen. In diesem Rahmen berechtigt die Vorschrift überdies zur Begründung von Verpflichtungen, die für spätere Haushaltsjahre wirksam sind (Verpflichtungsermächtigungen).[6] Schließlich ermächtigt Art. 100 Abs. 2 zur Erhebung von Einnahmen, wobei das Recht zur Kreditaufnahme praktisch bedeutsam ist.

3 Die Zwecksetzung des Art. 100 erfordert es, dass die Landesregierung anhand eines vorläufigen Haushaltsplan für eine ordnungsgemäße Bewirtschaftung von Einnahmen und Ausgaben sorgt.[7] Denn Art. 100 ersetzt nur das Erfordernis eines Haushaltsgesetzes, dispensiert aber die Landesregierung nicht von der Pflicht zu einer planvollen, zeitlich und sachlich geordneten Haushaltswirtschaft. Eine Bewirtschaftung nach Maßgabe eines Haushaltsplans ist auch deshalb geboten, um mit möglichst geringen Reibungsverlusten den Übergang zu einem durch Haushaltsgesetz bewilligten Haushalt sicherzustellen. Praktisch erfordert dies die Fortschreibung des bisherigen Haushaltsplans, für den aber Art. 100 den maximalen Rahmen zieht.

4 Systematik und Zweck des Haushaltsverfassungsrechts erfordern es schließlich, dass die Landesregierung im Anwendungsbereich des Art. 100 alle sonstigen haushaltsverfassungsrechtlichen Pflichten, insbesondere die Haushaltsgrundsätze, beachtet. Lediglich die verfassungsrechtlichen Vorgaben, die zwangsläufig an das Bestehen des Haushaltsgesetzes anknüpfen, bleiben im Rahmen der vorläufigen Haushaltsführung außer Betracht. Art. 101 findet auch während der Zeit

1 *Heintzen*, in: von Münch/Kunig, Bd. 2, Art. 111 Rn. 5; *Reimer*, in: Epping/Hillgruber, Art. 111 Rn. 1.
2 BVerfGE 20, 56 (90); relativiert in BVerfGE 45, 1 (33).
3 BVerfGE 119, 96 (121); VerfGH NW, Urt. v. 30.10.2012 – 12/11 –, S. 24 = NVwZ 2013, 503 ff ; *Stern*, , Bd. II, S. 1218.
4 BVerfGE 45, 1 (33).
5 *Stern*, Bd. II, S. 1219; ferner *Heintzen*, in: v Münch/Kunig, Bd. 2, Art. 111 Rn. 2; *Schwarz*, in: von Mangoldt/Klein/Starck, Bd. 3, Art. 111 Rn. 1.
6 *Heintzen*, in: von Münch/Kunig, Bd. 2, Art. 111 Rn. 2; *Schwarz*, in: von Mangoldt/Klein/Starck, Bd. 3, Art. 111 Rn. 22; a.A. *Gröpl*, in: BK, Art. 111 (St.d.B.: 09/2002) Rn. 33.
7 Die Existenz eines Haushaltsplans bestreitet *Gröpl*, in: BK, Art. 111 (St.d.B.: 09/ 2002) Rn. 36.

eines Nothaushalts Anwendung, um aus zwingenden Gründen einen unvorhergesehenen Finanzbedarf decken zu können.[8]

B. Herkunft, Entstehung und Entwicklung

Der gesamte Art. 100 gehört zum ursprünglichen Bestand des Verfassungstextes vom 25. Oktober 1993. Weder aus dem Bundesrecht noch dem Europarecht ergeben sich bislang direkte, materielle Änderungen der Bestimmung. 5

C. Verfassungsvergleichende Information

Die Vorschrift entspricht dem inhaltsgleichen Art. 111 GG, auf den zur Auslegung uneingeschränkt zurückgegriffen werden kann. Auch die Verfassungen der anderen Länder kennen durchweg identische oder vergleichbare Regelungen. 6

D. Erläuterungen

I. Anwendungsbereich

Art. 100 kommt zur Anwendung, wenn das Haushaltsgesetz nicht rechtzeitig vor Beginn des Haushaltsjahres verabschiedet und im Gesetz- und Verordnungsblatt nach Art. 85 Abs. 1 verkündet wurde. Auf die Gründe für das verspätete Inkrafttreten des Haushaltsgesetzes und ein mögliches Verschulden der beiden Verfassungsorgane Landesregierung und Landtag kommt es dabei nicht an.[9] Das Nothaushaltsrecht bleibt solange anwendbar, bis das Haushaltsgesetz verkündet ist.[10] Eine zeitliche Grenze wohnt Art. 100 trotz seines Ausnahmecharakters daher nicht inne,[11] jedoch sind Landtag und Landesregierung aufgrund von Art. 99 Abs. 1 verpflichtet, so rasch wie möglich den Haushalt wirksam zu beschließen.[12] In zeitlicher Hinsicht muss das verspätet beschlossene Haushaltsgesetz aufgrund von Art. 99 Abs. 1 das gesamte Haushaltsjahr umfassen, d.h. auch den Zeitraum, während dessen das Nothaushaltsrecht bestand. Es hat daher zwingend rückwirkenden Charakter.[13] 7

Das Verhältnis zwischen Haushaltsmaßnahmen in Ausübung des Nothaushaltsrechts und später in Kraft getretenem Haushaltsgesetz bestimmt sich nach dem Maß der sachlichen Übereinstimmung. Soweit diese Übereinstimmung besteht, umfasst das Haushaltsgesetz auch die vor seinem Inkrafttreten erhobenen Einnahmen und geleisteten Ausgaben. In dem Maße, in dem es zu sachlichen Abweichungen kommt, legitimiert Art. 100 unmittelbar die vor Inkrafttreten des Haushaltsgesetzes erhobenen Einnahmen (Abs. 2) und geleisteten Ausgaben (Abs. 1) der Landesregierung. Das abweichende Haushaltsgesetz ist im Umfang 8

8 BVerfGE 45, 1 (37); *Siekmann*, in: Sachs, GG, Art. 111 Rn. 4; a.A. *Gröpl*, in: BK, Art. 111 (St.d.B.: 09/ 2002) Rn. 36.

9 *Heun*, in: Dreier, GG, Bd. 3, Art. 111 Rn. 6; *Jarass*, in: Jarass./Pieroth, Art. 111 Rn. 1; *Reimer*, in: Epping/Hillgruber, Art. 111 Rn. 13; *Siekmann*, in: Sachs, GG, Art. 111 Rn. 5.

10 *Gröpl*, in: BK, Art. 111 (St.d.B.: 09/2002) Rn. 55; *Heintzen*, in: von Münch/Kunig, Bd. 2, Art. 111 Rn. 8; *Schwarz*, in: von Mangoldt/Klein/Starck, Bd. 3, Art. 111 Rn. 14.

11 *Kube*, in: Maunz/Dürig, Art. 111 ((St.d.B.: 12/2007) Rn. 38; *Stern*, Bd. II, S. 1218; *Siekmann*, in: Sachs, GG, Art. 111 Rn. 7; *Schwarz*, in: von Mangoldt/Klein/Starck, Bd. 3, Art. 111 Rn. 13.

12 BVerfGE 119, 96 (121); *Heintzen*, in: von Münch/Kunig, Bd. 2, Art. 111 Rn. 3.

13 *Kube*, in: Maunz/Dürig, Art. 111 (St.d.B.: 12/2007) Rn. 8; *Schwarz*, in: von Mangoldt/Klein/Starck, Bd. 3, Art. 111 Rn. 14.

der Abweichung nicht verfassungswidrig,[14] sondern wird durch die Rechtswirkungen des Art. 100 verdrängt.

9 Im Schrifttum wird diskutiert, in welchem Verhältnis ein mögliches **Nothaushaltsgesetz** bzw. **Teilhaushaltsgesetz** des Landtags und das Nothaushaltsrecht nach Art. 100 stehen.[15] Die Frage muss insoweit zunächst lauten, ob das konkrete Haushaltsgesetz formell und materiell verfassungskonform ist und auch verkündet wurde. In diesem Fall ist der Anwendungsbereich des Art. 100 grundsätzlich überhaupt nicht eröffnet.[16] Gleiches gilt aus Gründen der Rechtssicherheit für ein formell oder materiell fehlerhaftes Haushaltsgesetz, solange es in Kraft ist. Art. 100 kommt erst dann wieder zur Anwendung, wenn das Haushaltsgesetz wegen verfassungsrechtlicher Mängel vor Ablauf des Haushaltsjahres vom Verfassungsgerichtshof nach Art. 80 Abs. 1 Nr. 4 für nichtig erklärt wurde.[17] Auch in dem Fall, in dem der Landtag im Haushaltsgesetz bewusst nur eine Teilregelung geschaffen hat, kann auf Art. 100 zurückgegriffen werden.[18]

II. Zulässige Ausgaben (Abs. 1)

10 Die Landesregierung darf im etatlosen Zustand generell nur die nötigen Ausgaben leisten. Das zieht eine strikte Prüfungspflicht nach sich, ob die Ausgaben tatsächlich gesetzlich oder in sonstiger rechtlich verpflichtender Weise geboten sind. Eine Erweiterung der Ausgabenbefugnis über die in Nr. 1 bis 3 genannten Fälle hinaus ist damit indes nicht verbunden.[19] Neben der sachlichen Notwendigkeit müssen die Ausgaben auch zeitlich unaufschiebbar sein,[20] wobei hierfür aber keine verfassungsrechtlich eindeutigen Maßstäbe bestehen.[21]

11 Im Einzelnen erlaubt Art. 100 Abs. 1 Nr. 1 Ausgaben zur Erhaltung gesetzlich bestehender Einrichtungen und Durchführung gesetzlich beschlossener Maßnahmen. Der Tatbestand der gesetzlich bestehenden Einrichtungen wird aus funktionalen Gründen weit verstanden.[22] Ein besonderes praktisches Bedürfnis besteht zunächst zur Fortführung sächlicher Verwaltungsausgaben, die getätigt werden dürfen, um den Bestand an Verwaltungsgebäuden, Fahrzeugen, Technik etc. zu erhalten und ihre Nutzbarkeit sicherzustellen. Bestehende Planstellen dürfen wiederbesetzt, neue dagegen nicht geschaffen werden.[23] Den Maßstab für „gesetzlich beschlossene Maßnahmen" bilden zunächst die fachgesetzlichen Verpflichtungen zur Leistung. Stehen Leistungen nach der gesetzlichen Regelung im Ermessen der Verwaltung, so darf das Ermessen entsprechend der bisherigen Praxis weiterhin gehandhabt werden.

14 A.A. *Reimer*, in: Epping/Hillgruber, Art. 111 Rn. 17.
15 Siehe *Heintzen,* in: v Münch/Kunig, Bd. 2, Art. 111 Rn. 5 mwN.
16 *Reimer*, in: Epping/Hillgruber, Art. 111 Rn. 11.
17 *Heun*, in: Dreier, GG, Bd. 3, Art. 111 Rn. 6; *Kube*, in: Maunz/Dürig, Art. 111 (St.d.B.: 12/2007) Rn. 28; vgl. auch *Reimer*, in: Epping/Hillgruber, Art. 111 Rn. 12.
18 *Kube*, in: Maunz/Dürig, Art. 111 (St.d.B.: 12/2007) Rn. 17.
19 A.A. *Stern*, Bd. II, S. 1219.
20 *Jarass*, in: Jarass./Pieroth, Art. 111 Rn. 3; *Reimer*, in: Epping/Hillgruber, Art. 111 Rn. 34; *Siekmann*, in: Sachs, GG, Art. 111 Rn. 12; *Schwarz*, in: von Mangoldt/Klein/Starck, Bd. 3, Art. 111 Rn. 18.
21 In der Sache ebenso *Heintzen*, in: v Münch/Kunig, Bd. 2, Art. 111 Rn. 9.
22 Vgl. *Kube*, in: Maunz/Dürig, Art. 111 (St.d.B.: 12/ 2007), Rn. 41 ff.; *Reimer*, in: Epping/Hillgruber, Art. 111 Rn. 21 ff.
23 *Heintzen*, in: von Münch/Kunig, Bd. 2, Art. 111 Rn. 9.

Nr. 2 ermächtigt die Landesregierung zur Erfüllung der rechtlich begründeten Verpflichtungen des Landes. Hierzu zählen vor allem die durch zivilrechtlichen und öffentlich-rechtlichen Vertrag oder Verwaltungsakt begründeten Leistungspflichten. Praktisch handelt es sich vor allem um die Personalausgaben für Beamte und Bedienstete, Zinsausgaben, Tilgungsaufgaben etc. Auch durch Urteil festgestellte Schadensersatz- und Entschädigungsansprüche fallen hierunter.[24] 12

Nr. 3 ermöglicht es, Ausgaben für Bauten, Beschaffungen und sonstige Leistungen fortzusetzen oder Beihilfen für diese Zwecke weiter zu gewähren, sofern durch den Haushaltsplan eines Vorjahres bereits Beträge bewilligt worden sind. Im Umkehrschluss darf die Landesregierung keine Ausgaben für neue Projekte leisten, d.h. solche, die in der Vergangenheit noch keine Bewilligung erfahren haben.[25] Zudem ist zu verlangen, dass die Verwaltung bereits mit der Ausführung begonnen haben muss.[26] In der praktischen Konsequenz darf die Verwaltung im Zusammenhang mit bereits begonnenen Projekten auch neue Verträge mit entsprechenden Zahlungspflichten schließen, jedenfalls soweit dies zur Fortsetzung des Vorhabens nötig ist. 13

Nach h.M. sollen wegen des Grundsatzes der **Organtreue** Ausgaben unzulässig sein, die dem vermuteten Willen des Parlaments widersprechen.[27] Eine Einschränkung der Haushaltsermächtigung aus Art. 100 kommt indes nur in Betracht, wenn das Verhalten der Landesregierung als rechtsmissbräuchlich gegenüber dem Budgetrecht des Landtags anzusehen wäre.[28] 14

III. Einnahmen; Kreditaufnahme (Abs. 2)

Das Nothaushaltsrecht ermächtigt die Landesregierung, die ordentlichen Einnahmen aus Steuern und anderen Abgaben zu erheben. Davon umschlossen sind auch Einnahmen aus vergangenen Vermögensveräußerungen und Entnahmen aus Rücklagen. Die besondere Bedeutung des Art. 100 Abs. 2 liegt jedoch in der Ermächtigung zur Beschaffung von Einnahmen aus Krediten. Diese Ermächtigung tritt an die Stelle der gesetzlichen Ermächtigung nach Art. 98 Abs. 2 Satz 1.[29] Ihre Ausübung knüpft Art. 100 aber an mehrere, kumulativ zu erfüllende Voraussetzungen. So kommt die Kreditaufnahme nur zur Deckung von Lücken zwischen regulären Einnahmen und Ausgaben in Betracht. Die Mittel müssen zur Aufrechterhaltung der Wirtschaftsführung erforderlich sein und sind der Höhe nach auf ein Viertel der im Vorjahreshaushalt veranschlagten (nicht der tatsächlichen) Einnahmen beschränkt.[30] Angesichts des reinen Überbrückungscharakters der Kreditermächtigung einerseits, ihrer beträchtlichen Höhe andererseits muss die Landesregierung das Kreditmanagement daher mit beson- 15

24 *Kube*, in: Maunz/Dürig, Art. 111 (St.d.B.: 12/2007) Rn. 47.

25 *Kube*, in: Maunz/Dürig, Art. 111 (St.d.B.: 12/ 2007) Rn. 53 f.; *Siekmann*, in: Sachs, GG, Art. 111 Rn. 13.

26 *Kube*, in: Maunz/Dürig, Art. 111 (St.d.B.: 12/2007) Rn. 54.

27 *Siekmann*, in: Sachs, GG, Art. 111 Rn. 14; vgl. auch *Jarass*, in: Jarass./Pieroth, Art. 111 Rn. 4; *Reimer*, in: Epping/Hillgruber, Art. 111 Rn. 16; zweifelnd *Heun*, in: Dreier, GG, Bd. 3, Art. 111 Rn. 10.

28 Zu diesem allgemeinen Grundsatz im Haushaltsrecht vgl. BVerfGE 119, 96 (125).

29 *Heintzen*, in: v Münch/Kunig, Bd. 2, Art. 111 Rn. 11.

30 *Kube*, in: Maunz/Dürig, Art. 111 (St.d.B.: 12/ 2007) Rn. 71.

derer Sorgfalt betreiben. Beschränkungen ergeben sich überdies aus der entsprechend anzuwendenden Verschuldungsgrenze des Art. 98 Abs. 2 Satz 2 und 3.[31]

Artikel 101 [Haushaltsüberschreitungen]

(1) [1]Überplanmäßige und außerplanmäßige Ausgaben bedürfen der vorherigen Zustimmung des Finanzministers. [2]Sie darf nur im Falle eines unvorhergesehenen und unabweisbaren Bedürfnisses erteilt werden.

(2) Über derartige Zustimmungen ist dem Landtag für jedes Vierteljahr nachträglich zu berichten.

Vergleichbare Regelungen

Art. 112 GG; Art. 81 BWVerf; Art. 88 VvB; Art. 105 BbgVerf; Art. 101 Abs. 1 Nr. 5 BremVerf; Art. 68 HambVerf; Art. 143 HessVerf; Art. 63 M-VVerf; Art. 67 NV; Art. 85 Verf NW; Art. 119 Verf Rh-Pf; Art. 107 Abs. 1 SaarlVerf; Art. 96 SächsVerf; Art. 95 LVerf LSA; Art. 52 SchlHVerf.

Ergänzungsnormen im sonstigen thüringischen Recht

§ 37 ThürLHO idF. der Bek. v. 19.09.200 (ThürGVBl. S. 282) zuletzt geändert durch Gesetz v. 31.01.2013 (ThürGVBl. S. 22).

Dokumente zur Entstehungsgeschichte

§ 16 Abs. 7 Vorl.LS; Art. 94 VerfE CDU; Art. 76 VerfE F.D.P.; Art. 86 VerfE SPD; Art. 76 VerfE NF/GR/DJ; Art. 114 VerfE LL/PDS; Entstehung ThürVerf, S. 261 f.

Literatur

Roger Fischer, Handeln in fremdem Interesse, VerwArch 2007, S. 543 ff.; *Nico Gumboldt*, Zu den Grenzen des Notbewilligungsrechts des Finanzministers nach Art. 112 GG, LKV 2007, S. 356 ff.; *Christian Jahndorf*, Das Notbewilligungsrecht des Bundesministers der Finanzen nach Art. 112 GG, DVBl. 1998, S. 75 ff.; *Moritz Kalb/Sebastian Roßner*, Das Notbewilligungsrecht des Finanzministers als Mittel der Gouvernementalisierung von Budgetentscheidungen, NVwZ 2012, S. 1071 ff.; *Hans-Bodo Leibinger/Bernd Jordan*, Das Notbewilligungsrecht des Bundesministers der Finanzen nach Art. 112 GG, DÖV 1989, S. 16 ff.; *Michael Noll*, Die haushaltsrechtliche Verantwortung des Finanzministers nach der Verfassung in Abgrenzung zur allgemeinen Ressortverantwortung nach der Landeshaushaltsordnung am Beispiel des § 37 ThürLHO, ThürVBl 2006, S. 1 ff.

Leitentscheidungen des ThürVerfGH und des BVerfG

ThürVerfGH, Urt. v. 10.07.2013 –10/11; BVerfGE 45, 1 (Haushaltsüberschreitung).

A. Überblick

1 Art. 101 ermächtigt den Finanzminister unter engen Voraussetzungen, Abweichungen vom Haushaltsplan während des Haushaltsvollzugs zu genehmigen. Die Vorschrift bildet eine Ausnahme vom Grundsatz, dass das gesamte Budget der Kontrolle des Landtags unterliegt,[1] und ist mithin als subsidiäre Notkompetenz zu verstehen.[2] Unter Berücksichtigung der Budgethoheit des Landtags muss

31 *Heun*, in: Dreier, GG, Bd. 3, Art. 111 Rn. 12; *Kube*, in: Maunz/Dürig, Art. 111 (St.d.B.: 12/2007) Rn. 75.

1 BVerfGE 45, 1 (31); *Gröpl*, in: Gröpl., BHO/LHO, § 37 Rn. 5; *Heun*, in: Dreier, GG, Bd. 3, Art. 112 Rn. 4; *Siekmann*, in: Sachs, GG, Art. 112 Rn. 2.

2 BVerfGE 45, 1 (38); ThürVerfGH, Urt. v. 10.07.2013 –10/11 –, Umdruck, S. 13.

Art. 101 entsprechend restriktiv gehandhabt werden.[3] Wie Art. 100 dient die Vorschrift vor allem dem Zweck, die Handlungsfähigkeit der Exekutive auf haushaltswirtschaftlichem Gebiet zu sichern.[4] § 37 ThürLHO konkretisiert den verfassungsrechtlichen Rahmen.

B. Herkunft, Entstehung und Entwicklung

Der gesamte Art. 101 gehört zum ursprünglichen Bestand des Verfassungstextes 2
vom 25. Oktober 1993. Weder aus dem Bundesrecht noch dem Europarecht ergeben sich bislang direkte, materielle Änderungen der Bestimmung.

C. Verfassungsvergleichende Information

Die Vorschrift entspricht in Abs. 1 dem inhaltsgleichen Art. 112 GG, auf den 3
zur Auslegung uneingeschränkt zurückgegriffen werden kann. Auch die Verfassungen der anderen Länder kennen durchweg identische oder vergleichbare Regelungen.

D. Erläuterungen

Aufgrund von Art. 99 darf die Verwaltung nur die Ausgaben leisten und die 4
Verpflichtungsermächtigung ausüben, die der Landtag in Ausübung seiner Budgethoheit bewilligt hat. Das Budgetrecht zielt darauf, das vollständige staatliche Finanzvolumen der Kontrolle des Landtags zu unterstellen.[5] Wegen des Grundsatzes der Vorherigkeit können allerdings die Haushaltsansätze von der realen Entwicklung abweichen.[6] Erweisen sich die Veranschlagungen als zu niedrig oder sachlich unvollständig, hat die Landesregierung nach Art. 99 Abs. 3 die Pflicht, eine Ergänzungsvorlage (§ 32 ThürLHO) oder eine Änderungsvorlage für einen Nachtragshaushalt aufzustellen und in den Landtag einzubringen.[7] Subsidiär hierzu lässt Art. 101 unter engen Voraussetzungen die Möglichkeit zu, dass der Finanzminister die Zustimmung für höhere oder neue Ausgaben erteilt. Diese Zustimmung tritt dann an die Stelle des Haushaltsgesetzes[8] und soll kurzfristig die Handlungsfähigkeit der Exekutive sichern.[9] Art. 101 ist im Übrigen auch während einer etatlosen Zeit nach Art. 100 anwendbar,[10] wobei sich der Maßstab aus dem durch Art. 100 gezogenen Rahmen ergibt.[11] Für diesen Rahmen bildet jedoch der zurückliegende Haushaltsplan den notwendigen Bezugspunkt.

Unter Ausgaben versteht Art. 101 Geldleistungen, die im Haushaltsjahr noch 5
kassenwirksam werden sollen. Für die Anwendbarkeit des Art. 101 genügt es,

---

3 ThürVerfGH, Urt. v. 10.07.2013 –10/11 –, Umdruck, S. 13 f.; *Siekmann*, in: Sachs, GG, Art. 112 Rn. 2; vgl. auch *Schwarz*, in: von Mangoldt/Klein/Starck, Bd. 3, Art. 112 Rn. 11.

4 *Schwarz*, in: von Mangoldt/Klein/Starck, Bd. 3, Art. 112 Rn. 23.

5 BVerfGE 119, 96, 118 f.; BWStGH, NVwZ 2012, 300 (301).

6 BWStGH, NVwZ 2012, 300 (302); ThürVerfGH, Urt. v. 10.07.2013 –10/11 –, Umdruck, S. 13; *Gröpl*, in: Gröpl, BHO/LHO, § 37 Rn. 5.

7 BVerfGE 45, 1 (34); *Gröpl*, in: Gröpl, BHO/LHO, § 37 Rn. 5.

8 *Heun*, in: Dreier, GG, Bd. 3, Art. 112 Rn. 5; *Siekmann*, in: Sachs, GG, Art. 112 Rn. 26.

9 BWStGH, NVwZ 2012, 300 (302).

10 BVerfGE 45, 1 (37); *Jarass*, in: Jarass/Pieroth, Art. 112 Rn. 1; a.A. *Gröpl*, in: BK, Art. 112 (St.d.B.: 03/2003) Rn. 104.

11 *Gröpl*, in: Gröpl, BHO/LHO, § 37 Rn. 23; *Heun*, in: Dreier, GG, Bd. 3, Art. 112 Rn. 10; *Kube*, in: Maunz/Dürig, Art. 112 (St.d.B.: 12/2007) Rn. 34.

dass Ausgaben im Haushaltsplan veranschlagt sind. Mithin kommt es nicht darauf an, ob es sich um einen Einzelplan der Exekutive handelt.[12] Das bedeutet, dass auch Haushaltsüberschreitungen im Bereich der Einzelpläne des Landtags oder anderer Verfassungsorgane der Zustimmung des Finanzministers bedürfen. Die Vorschrift findet ferner Anwendung auf überplanmäßige und außerplanmäßige Verpflichtungsermächtigungen,[13] einschließlich selbständiger Garantieversprechen, Schuldbeitritte und Schuldübernahmen, die unmittelbar im Haushaltsjahr zu Zahlungsverpflichtungen führen können.[14] Dagegen kann der Finanzminister nach Art. 101 nicht über die Übernahme von Bürgschaften, Garantien oder sonstigen Gewährleistungen entscheiden, die unter den Anwendungsbereich des Art. 99 Abs. 2 Satz 1 fallen, da für diese Rechtsgeschäfte der Gesetzesvorbehalt zwingend ist. Um einen engen Anwendungsbereich des Art. 101 sicherzustellen, ist die Bewilligung von Planstellen ausgeschlossen,[15] zumal es regelmäßig an einem unabweisbaren Bedürfnis fehlt. Auch die Überschreitung von Ausgaben ohne nähere Angabe des Verwendungszwecks ist unzulässig, vgl. § 37 Abs. 4 ThürLHO, da es ansonsten zu einer Blankettermächtigung käme.[16]

6 **Überplanmäßige Ausgaben** im Sinne von Art. 101 sind solche, die dem Grunde nach im Haushaltsplan vorgesehen sind, die aber der Höhe nach überschritten werden sollen.[17] Dagegen sind **außerplanmäßige Ausgaben** dadurch gekennzeichnet, dass sie bislang im Haushaltsplan keinen Niederschlag gefunden haben.[18] Den Maßstab für die Anwendung des Art. 101 bildet mithin in allen Fällen der durch Gesetz festgestellte Haushaltsplan. Er ist grundsätzlich auslegungsfähig, ob die bestehenden Ansätze die gewünschten Ausgaben decken. Lässt der Haushaltsplan diese Schlussfolgerung nicht zu, unterfallen zusätzliche Ausgaben dem Verfahren des Art. 101.

7 Art. 101 ist nicht auf außer- oder überplanmäßige **Einnahmen** anwendbar.[19] Zwangsläufig umfasst er aber die Gegenfinanzierung von Ausgaben, die nach Art. 101 zulässig sind, da ansonsten das verbindliche Ziel eines ausgeglichenen Haushalts nicht erreicht werden könnte. Haushaltsverfassungsrechtlich besteht indes keine Vorgabe, wie die erhöhten Ausgaben gedeckt werden sollen. Praktisch bedeutet das, dass die Gegenfinanzierung in das Ermessen des Finanzministers gestellt werden muss, der entweder zusätzliche Einnahmen mobilisiert (z.B. aufgrund unerwartet höherer Steuereinnahmen), deckungsfähige Ausgabenreste einsetzt, an anderer Stelle einspart oder ggf. zusätzliche Kredite aufnimmt. Der Gesetzgeber hat in § 37 Abs. 3 ThürLHO eine verfassungskonforme Regelung dahingehend getroffen, dass die Gegenfinanzierung durch Einsparun-

12 A.A. *Schwarz*, in: von Mangoldt/Klein/Starck, Bd. 3, Art. 112 Rn. 2.

13 *Gröpl*, in: Gröpl, BHO/LHO, § 37 Rn. 22; *Kube*, in: Maunz/Dürig, Art. 112 (St.d.B.: 12/2007) Rn. 33; *Reimer*, in: Epping/Hillgruber, Art. 112 Rn. 10; *Siekmann*, in: Sachs, GG, Art. 112 Rn. 9.

14 BWStGH, NVwZ 2012, 300 (303).

15 *Heun*, in: Dreier, GG, Bd. 3, Art. 112 Rn. 10; *Kube*, in: Maunz/Dürig, Art. 112 (St.d.B.: 12/2007) Rn. 33.

16 *Heintzen*, in: von Münch/Kunig, Bd. 2, Art. 112 Rn. 3, 12.

17 *Heun*, in: Dreier, GG, Bd. 3, Art. 112 Rn. 10; *Jarass*, in: Jarass/Pieroth, Art. 112 Rn. 1; *Siekmann*, in: Sachs, GG, Art. 112 Rn. 7.

18 *Heun*, in: Dreier, GG, Bd. 3, Art. 112 Rn. 10; *Jarass*, in: Jarass/Pieroth, Art. 112 Rn. 1; *Siekmann*, in: Sachs, GG, Art. 112 Rn. 7.

19 *Gröpl*, in: Gröpl, BHO/LHO, § 37 Rn. 10; *Jarass*, in: Jarass/Pieroth, Art. 112 Rn. 1; *Kube*, in: Maunz/Dürig, Art. 112 (St.d.B.: 12/2007) Rn. 36; *Siekmann*, in: Sachs, GG, Art. 112 Rn. 1.

gen in demselben Einzelplan erfolgen „soll". Eine zusätzliche Verschuldung kommt jedenfalls nur in Betracht, soweit der bisherige Rahmen der gesetzlichen Ermächtigung nach Art. 98 Abs. 2 Satz 1 noch nicht ausgeschöpft wurde. Soll dieser Rahmen überschritten werden, bedarf es zwingend einer gesetzlichen Ermächtigung.

Eine Abweichung vom Haushaltsplan kommt nach Art. 101 Abs. 1 überhaupt 8
nur in Betracht, wenn ein unvorhergesehenes und unabweisbare Bedürfnis für diese Ausgaben besteht. Diese Voraussetzungen sind restriktiv zu handhaben, da sie in einem Wechselverhältnis zu der Möglichkeit bestehen, einen **Nachtragshaushalt** in den Landtag einzubringen, über den dieser durch Gesetz entscheidet. Das Gebrauchmachen von Art. 101 darf mithin nicht die Budgethoheit des Landtags beeinträchtigen.[20] Entsprechend unterliegen die Kategorien „unvorhergesehen und unabweisbar" einer gerichtlichen Kontrolle, da sie zur Kompetenzverschiebung auf den Finanzminister führen,[21] während das Vorliegen eines Bedürfnisses im Wesentlichen politisch beurteilt werden muss und nur auf seine offensichtliche Unvertretbarkeit hin überprüft werden kann.[22]

Unvorhergesehen ist jedes Bedürfnis, das bei der Aufstellung des Haushaltsplans 9
weder vom Finanzminister, der Landesregierung oder vom Gesetzgeber tatsächlich vorhergesehen wurde sowie jedes Bedürfnis, dessen gesteigerte Dringlichkeit aufgrund einer Veränderung der Sachlage nicht vorhergesehen wurde.[23] Damit soll ausgeschlossen werden, dass der Finanzminister beim Haushaltsvollzug Ausgaben zustimmt, deren Notwendigkeit im vergangenen Verfahren der Haushaltsaufstellung bereits geprüft und verneint worden ist.[24]

Unabweisbar ist ein Bedürfnis, wenn die vorhergesehene Aufgabe sachlich unbe- 10
dingt notwendig und zugleich zeitlich unaufschiebbar ist.[25] Aufgrund des Budgetrechts des Landtags muss Art. 101 folglich so verstanden werden, dass der Finanzminister nur dann die Zustimmung erteilen darf, wenn in zeitlicher Hinsicht die Ausgabe so dringend ist, dass ein Nachtragshaushalt nicht mehr rechtzeitig im parlamentarischen Verfahren festgestellt werden kann oder eine Verschiebung bis ins nächste Haushaltsjahr ausgeschlossen ist.[26] Wegen des Grundsatzes der Organtreue muss der Landtag im Zweifelsfalle konsultiert werden, ob in Hinblick auf die zeitliche Dringlichkeit noch eine gesetzliche Bewilligung in Betracht kommt.[27] Neben der zeitlichen Komponente ist ein sachliches Element zu beachten: Die Ausgabe muss aufgrund erheblicher staatlicher Interessen des Landes so wichtig sein, dass vom regulären Haushaltsverfahren abgesehen wer-

20 BVerfGE 45, 1 (34).
21 BVerfGE 45, 1 (39); BWStGH, NVwZ 2012, 300 (302).
22 BVerfGE 45, 1 (39); BWStGH, NVwZ 2012, 300 (302); ThürVerfGH, Urt. v. 10.07.2013 –10/11 –, Umdruck, S. 14; *Reimer*, in: Epping/Hillgruber, Art. 112 Rn. 7.
23 BVerfGE 45, 1 (35); BWStGH NVwZ 2012, 300 (302); *Gröpl*, in: Gröpl, BHO/LHO, § 37 Rn. 15.
24 BWStGH, NVwZ 2012, 300 (302); ThürVerfGH, Urt. v. 10.07.2013 –10/11 –, Umdruck, S. 14.
25 BVerfGE 45, 1 (36); ThürVerfGH, Urt. v. 10.07.2013 –10/11 –, Umdruck, S. 15; *Gröpl*, in: Gröpl, BHO/LHO, § 37 Rn. 16; *Heun*, in: Dreier, GG, Bd. 3, Art. 112 Rn. 13.
26 BVerfGE 45, 1 (37); vgl. auch BWStGH, NVwZ 2012, 300 (302); ThürVerfGH, Urt. v. 10.07.2013 –10/11 –, Umdruck, S. 15; *Siekmann*, in: Sachs, GG, Art. 112 Rn. 14.
27 BVerfGE 45, 1 (39).

den kann.[28] Das zieht eine strenge und justiziable Begründungspflicht der Exekutive nach sich.[29]

11 Diese verfassungsrechtliche Lage spiegelt sich in § 37 Abs. 1 Satz 3 und 4 ThürLHO nur eingeschränkt wider. Während gegen die Einführung von Bagatellgrenzen keine Bedenken bestehen,[30] sind die durch § 37 Abs. 1 Satz 4 ThürLHO erlaubten Ausnahmen (Erfüllung von Rechtspflichten; Mittel von dritter Seite) zumindest problematisch.[31] Hier bedarf es im Einzelfall der sorgsamen Prüfung, ob die Voraussetzungen nach Art. 101 Abs. 1 tatsächlich erfüllt sind.

12 Die Zustimmung des **Finanzministers**, die an die Stelle der Ermächtigung durch das Haushaltsgesetz tritt, muss vor Leistung der Ausgaben erfolgen, wie aus dem ausdrücklichen Wortlaut des Art. 101 folgt.[32] Die Ausnahmeregelung des § 116 Abs. 2 ThürLHO für Notfälle ist verfassungsrechtlich nur für schwere Gefahren, die das Gesamtinteresse des Staates erheblich beeinträchtigen, hinnehmbar.

13 Für die Erteilung der Zustimmung ist nach dem Wortlaut des Art. 101 Abs. 1 allein der Finanzminister zuständig. Wegen der Haushaltsverantwortung der Landesregierung kann er jedoch nicht an ihr vorbei im Haushaltsplan nicht vorgesehene Ausgaben bewilligen und damit eine eigenständige Ausgabenpolitik betreiben.[33] Im Einzelnen bedeutet das: Ohne die Zustimmung des Finanzministers kann auch die Landesregierung nicht die Ausgaben über den Haushaltsplan hinaus ausweiten. Die Landesregierung kann den Finanzminister insoweit nicht verpflichten, die Zustimmung zu erteilen.[34] Will der Finanzminister die Zustimmung erteilen, bedarf es hierfür eines entsprechenden politischen Konsenses in der Landesregierung, jedenfalls, wenn es sich um Maßnahmen allgemeiner, politischer oder grundsätzlicher Natur handelt oder Haushaltsmittel erheblichen Umfangs in Rede stehen.[35] Dem korrespondiert die Pflicht des Finanzministers, die Landesregierung über erübrigte Mittel zu informieren, damit über ihre Verwendung eine politische Entscheidung getroffen werden kann.[36]

14 Die nachträgliche, vierteljährliche Berichtspflicht gegenüber dem Landtag nach Abs. 2 dient dem Zweck, die parlamentarische Kontrolle auch über solche Ausgaben zu eröffnen. Zudem ermöglicht sie die Prüfung, ob der Finanzminister die Voraussetzungen nach Art. 101 Abs. 1 eingehalten hat. Der Gesetzgeber hat in § 37 Abs. 4 Satz 1 ThürLHO eine Einschränkung der Mitteilungspflicht dahingehend vorgesehen, dass im Haushaltsgesetz eine betragsmäßige Grenze gezogen werden kann. Diese Möglichkeit zielt darauf, die Befassung des Landtags mit

---

28 Vgl. ThürVerfGH, Urt. v. 10.7.2013 – 10/11 –, Umdruck, S. 16. Von einer bloßen Ausprägung des Wirtschaftlichkeitsgebots spricht dagegen BWStGH, NVwZ 2012, 300 (302 f.), so auch *Schwarz*, in: von Mangoldt/Klein/Starck, Bd. 3, Art. 112 Rn. 27; a.A. wiederum *Reimer*, in: Epping/Hillgruber, Art. 112 Rn. 18: Vermeidung der Rechtswidrigkeit.

29 Vgl. ThürVerfGH, Urt. v. 10.7.2013 –10/11 –, Umdruck, S. 16 u. 20.

30 BVerfGE 45, 1 (39).

31 *Gröpl*, in: Gröpl, BHO/LHO, § 37 Rn. 20. Von der Verfassungswidrigkeit geht *Kube*, in: Maunz/Dürig, Art. 112 (St.d.B.: 12/2007) Rn. 88 aus.

32 *Heun*, in: Dreier, GG, Bd. 3, Art. 112 Rn. 14; *Jarass*, in: Jarass/Pieroth, Art. 112 Rn. 2.

33 BVerfGE 45, 1 (47, 49); *Heun*, in: Dreier, GG, Bd. 3, Art. 112 Rn. 4, 8.

34 BVerfGE 45, 1 (49); *Reimer*, in: Epping/Hillgruber, Art. 112 Rn. 33.

35 BVerfGE 47, 1 (47); a.A. *Siekmann*, in: Sachs, GG, Art. 112 Rn. 24.

36 BVerfGE 45, 1 (47 f.).

bloßen Bagatellen auszuschließen.[37] Der Haushaltsgesetzgeber handhabt sie aber nur dann verfassungskonform, wenn die Betragsgrenze in angemessener Relation zum Umfang des Gesamthaushalts steht.

Artikel 102 [Rechnungslegung und Rechnungsprüfung]

(1) [1]Die Landesregierung hat durch den Finanzminister dem Landtag über alle Einnahmen und Ausgaben sowie die Inanspruchnahme der Verpflichtungsermächtigungen jährlich Rechnung zu legen. [2]Sie hat die Haushaltsrechnung mit einer Übersicht über das Vermögen und die Schulden des Landes im nächsten Rechnungsjahr dem Landtag vorzulegen.

(2) Der Landesrechnungshof berichtet dem Landtag und der Landesregierung unmittelbar zur Haushaltsrechnung.

(3) Der Landtag beschließt über die Entlastung der Landesregierung aufgrund der Haushaltsrechnung und der Berichte des Landesrechnungshofes.

Vergleichbare Regelungen

Art. 114 Abs. 1 GG; Art. 83 BWVerf; Art. 80 BayVerf; Art. 94 VvB; Art. 106 BbgVerf; Art. 133 a BremVerf; Art. 70 HambVerf; Art. 144 HessVerf; Art. 67 M-VVerf; Art. 69 NV; Art. 86 Verf NW; Art. 120 Verf Rh-Pf; Art. 106 SaarlVerf; Art. 99 SächsVerf; Art. 97 LVerf LSA; Art. 55 SchlHVerf.

Ergänzungsnormen im sonstigen thüringischen Recht

§§ 80 ff., 114 ThürLHO idF. der Bek. v. 19.09.200 (ThürGVBl. S. 282) zuletzt geändert durch Gesetz v. 31.01.2013 (ThürGVBl. S. 22).

Dokumente zur Entstehungsgeschichte

§ 16 Abs. 10 Vorl.LS; Art. 95 VerfE CDU; Art. 77 VerfE F.D.P.; Art. 88 VerfE SPD; Art. 79 VerfE NF/GR/DJ; Art. 117 VerfE LL/PDS; Entstehung ThürVerf, S. 263 f.

A. Überblick

1 Mit den Verfahrensschritten aufgrund von Art. 102 schließt sich der **Haushaltskreislauf**, der seinen Anfang in der Aufstellung des Haushalts und der Bewilligung durch den Landtag nahm.[1] Durch die Rechnungslegung der Landesregierung und den Bericht des Landesrechnungshofs wird der Landtag in die Lage versetzt, die Ordnungsmäßigkeit des Haushaltsvollzugs zu beurteilen. Mit der Entlastung der Landesregierung verfügt der Landtag über ein parlamentarisches Kontrollrecht, das sachlich der Überprüfung dient, ob die Vorgaben des durch das Haushaltsgesetz bewilligten Haushaltsplans und ggf. die Ausnahmen nach Art. 101 und 102 beachtet wurden. Die Entlastung bildet aber ein rein politisches Instrument, an deren Erteilung oder Verweigerung keine weiteren Rechtsfolgen anknüpfen.

37 Vgl. *Siekmann*, in: Sachs, GG, Art. 112 Rn. 18.

1 *Heun*, in: Dreier,Bd. 3, Art. 114 Rn. 9, 33; *Schwarz*, in: von Mangoldt/Klein/Starck, Bd. 3, Art. 114 Rn. 2.

B. Herkunft, Entstehung und Entwicklung

2 Der gesamte Art. 102 gehört zum ursprünglichen Bestand des Verfassungstextes vom 25. Oktober 1993. Weder aus dem Bundesrecht noch dem Europarecht ergeben sich bislang direkte, materielle Änderungen der Bestimmung.

C. Verfassungsvergleichende Information

3 Die Vorschrift entspricht im Wesentlichen dem Art. 114 Abs. 1 GG, auf den zur Auslegung zurückgegriffen werden kann. Auch die Verfassungen der anderen Länder kennen durchweg identische oder vergleichbare Regelungen.

D. Erläuterungen

4 Die **Rechnungslegungspflicht** nach Art. 102 Abs. 1 trifft die Landesregierung als Ganze, muss aber nach außen vom Finanzminister gegenüber dem Landtag wahrgenommen werden. Sie erfolgt jährlich nach Abschluss der Haushaltsperiode, wobei die Jährlichkeit auch für Doppelhaushalte gilt. Hiervon lässt allerdings § 37 Abs. 1 Satz 2 HGrG Ausnahmen zu. Art. 102 Abs. 1 Satz 2 gibt keinen Zeitpunkt vor, sondern verlangt, dass die Haushaltsrechnung „im nächsten Rechnungsjahr" vorzulegen ist. Zum Schutz des Budgetrechts des Landtags, das die Kehrseite der Rechnungslegungspflicht bildet,[2] hat der Finanzminister seiner Rechnungslegungspflicht innerhalb dieser Frist ohne schuldhaftes Zögern nachzukommen. Sie besteht aus einer Dokumentations-, Berichts- und Nachweispflicht gegenüber dem Landtag. Dem Zweck der Rechnungslegungspflicht entsprechend muss sie vollständig, wahrheitsgemäß und sachlich nachvollziehbar erfüllt werden.[3]

5 Inhaltlich erstreckt sich die Rechnungslegungspflicht auf alle Einnahmen und Ausgaben des Landes einschließlich der in Anspruch genommenen Verpflichtungsermächtigungen der vergangenen Haushaltsperiode. Die Rechnungslegungspflicht umfasst daher den gesamten staatlichen Haushaltsvollzug, wobei es aber im Sinne einer ex post-Betrachtung auf die realen Einnahmen und Ausgaben ankommt. Der Haushaltsplan und das Haushaltsgesetz als Maßstab des Haushaltsvollzugs spielen insoweit eine Rolle, als auch die Soll-/Ist-Abweichungen darzustellen sind.[4] Wurde der Haushalt nach Maßgabe des Art. 100 vollzogen, genügt grundsätzlich die Angabe der Ist-Werte. In die Haushaltsrechnung sind schließlich die Haushaltsüberschreitungen nach Art. 102 aufzunehmen.[5]

6 Nach Art. 101 Abs. 1 Satz 2 muss der Haushaltsrechnung eine Übersicht über das Vermögen und die Schulden des Landes beigefügt werden. Unter Vermögen ist nur das Aktivvermögen zu verstehen, was an sich eine sachgerechte, realistische Bewertung der einzelnen Vermögenspositionen erfordern würde. Die Staatspraxis lässt wegen des erheblichen Aufwands für eine kaufmännische Bewertung bislang einen rein mengenmäßigen Nachweis genügen. Dies ist verfas-

---

2 Vgl. *Kube*, in: Maunz/Dürig, Art. 114 (St.d.B.: 10/2008) Rn. 1; *Schwarz*, in: von Mangoldt/Klein/Starck, Bd. 3, Art. 114 Rn. 1.

3 *Schwarz*, in: von Mangoldt/Klein/Starck, Bd. 3, Art. 114 Rn. 21.

4 *Jarass*, in: Jarass./Pieroth, Art. 114 Rn. 1; *Kube*, in: Maunz/Dürig, Art. 114 (St.d.B.: 10/2008) Rn. 19; *Reimer*, in: Epping/Hillgruber, Art. 114 Rn. 1.

5 *Kube*, in: Maunz/Dürig, Art. 114 (St.d.B.: 10/2008) Rn. 20.

sungsrechtlich hinzunehmen,[6] solange die Landesverwaltung noch nicht durchgängig die Doppik eingeführt hat. Neben den Bestandswerten müssen Veränderungen der Aktiva und Passiva während des Haushaltsjahrs berichtet werden,[7] was im Übrigen auch einfachrechtlich vorgegeben ist (§ 86 ThürLHO).

Die Haushaltsrechnung muss zunächst dem Landesrechnungshof zur Kontrolle vorgelegt werden, damit dieser seine Prüfung vornehmen und gemäß Art. 102 Abs. 2 dem Landtag und der Landesregierung unmittelbar berichten kann. Der Umfang des Prüfungsrechts des Landesrechnungshofs ergibt sich dabei aus Art. 103 Abs. 3. Sein Bericht dient der Unterstützung des Parlaments bei der Ausübung seiner Kontrollaufgabe.[8] 7

Die **Entlastung** der Landesregierung nach Art. 102 Abs. 3 kann der Landtag erst aussprechen, nachdem er selbst die Haushaltsrechnung des Finanzministers und den Bericht des Landesrechnungshofs zur Kenntnis genommen hat. Aus dem Budgetrecht des Landtags folgt dabei, dass er neben dem Landesrechnungshof über ein eigenständiges Prüfungsrecht verfügt und seine Beurteilung unabhängig von Landesregierung und Landesrechnungshof vornimmt.[9] Gleichwohl besteht ein Anspruch auf Entlastung, wenn der Haushalt ordnungsgemäß vollzogen wurde.[10] Die Entlastung ergeht als Beschluss des Landtags nach Art. 61 und kann nur im Ganzen erteilt werden.[11] Eine verweigerte Entlastung führt nicht zur Verfassungswidrigkeit oder Unwirksamkeit von Maßnahmen des Haushaltsvollzugs und löst auch nicht die Haftung einzelner Amtsträger aus. Sie bildet vielmehr ein politisches Signal,[12] an das – im Falle ihrer Verweigerung – weitere verfassungsrechtliche Schritte wie das konstruktive Misstrauensvotum (Art. 73) oder die Vertrauensfrage (Art. 84) anknüpfen können. Die erteilte Entlastung schließt den Haushaltszyklus ab, indem sie den Haushaltsvollzug billigt und das Vertrauen der Parlamentsmehrheit in die Regierungsarbeit zum Ausdruck bringt. Ungeachtet dessen darf der Landtag zu einzelnen Punkten eine Missbilligung aussprechen,[13] vgl. § 114 Abs. 5 ThürLHO. 8

Artikel 103 [Landesrechnungshof]

(1) [1]Der Landesrechnungshof ist eine selbständige, nur dem Gesetz unterworfene oberste Landesbehörde. [2]Seine Mitglieder besitzen richterliche Unabhängigkeit.

(2) [1]Der Landesrechnungshof besteht aus dem Präsidenten, einem oder mehreren Vizepräsidenten und weiteren Mitgliedern. [2]Präsidenten und Vizepräsidenten werden vom Landtag mit der Mehrheit von zwei Dritteln seiner Mitglieder gewählt. [3]Die weiteren Mitglieder werden auf Vorschlag des Präsidenten des

6 *Kube*, in: Maunz/Dürig, Art. 114 (St.d.B.: 10/2008) Rn. 21; *Schwarz*, in: von Mangoldt/Klein/Starck, Bd. 3, Art. 114 Rn. 27.
7 *Jarass*, in: Jarass./Pieroth, Art. 114 Rn. 1.
8 *Kube*, in: Maunz/Dürig, Art. 114 (St.d.B.: 10/2008) Rn. 2; *Siekmann*, in: Sachs, GG, Art. 114 Rn. 2.
9 *Schwarz*, in: von Mangoldt/Klein/Starck, Bd. 3, Art. 114 Rn. 40; vgl. auch *Jarass*, in: Jarass./Pieroth, Art. 114 Rn. 2.
10 *Schwarz*, in: von Mangoldt/Klein/Starck, Bd. 3, Art. 114 Rn. 45 mwN; a.A. *Heun*, in: Dreier, GG, Bd. 3, Art. 114 Rn. 34.
11 *Kube*, in: Maunz/Dürig, Art. 114 (St.d.B.: 10/2008) Rn. 41.
12 BVerfGE 45, 1 (50); *Jarass*, in: Jarass./Pieroth, Art. 114 Rn. 2; *Schwarz*, in: von Mangoldt/Klein/Starck, Bd. 3, Art. 114 Rn. 41; *Siekmann*, in: Sachs, GG, Art. 114 Rn. 21.
13 *Jarass*, in: Jarass./Pieroth, Art. 114 Rn. 2.

Landesrechnungshofs mit Zustimmung des Landtags vom Ministerpräsidenten ernannt.

(3) [1]Der Landesrechnungshof überwacht die gesamte Haushalts- und Wirtschaftsführung des Landes. [2]Er überprüft auch die bestimmungsmäßige und wirtschaftliche Verwaltung und Verwendung von Landesvermögen und Landesmitteln durch Stellen außerhalb der Landesverwaltung. [3]Der Landesrechnungshof übermittelt jährlich das Ergebnis seiner Prüfung gleichzeitig dem Landtag und der Landesregierung.

(4) Das Nähere über Stellung, Aufgaben, Prüfungskompetenzen und Arbeitsweise des Landesrechnungshofs regelt ein Gesetz; insbesondere kann dem Landesrechnungshof auch die Überwachung der Haushalts- und Wirtschaftsführung der kommunalen Gebietskörperschaften übertragen werden.

Vergleichbare Regelungen

Art. 114 Abs. 2 GG; Art. 83 BWVerf; Art. 80 BayVerf; Art. 95 VvB; Art. 107 BbgVerf; Art. 133 a BremVerf; Art. 71 HambVerf; Art. 144 HessVerf; Art. 68 M-VVerf; Art. 70 NV; Art. 87 Verf NW; Art. 120 Verf Rh-Pf; Art. 106 SaarlVerf; Art. 100 SächsVerf; Art. 98 LVerf LSA; Art. 56, 57 SchlHVerf.

Ergänzungsnormen im sonstigen thüringischen Recht

§§ 88 ff. ThürLHO idF. der Bek. v. 19.09.200 (ThürGVBl. S. 282) zuletzt geändert durch Gesetz v. 31.01.2013 (ThürGVBl. S. 22; Gesetz über den Thüringer Rechnungshof (ThürRHG) v. 31.07.1991 (ThürGVBl. S. 282) zuletzt geändert durch Gesetz v. 31.01.2013 (ThürGVBl. S. 22).

Dokumente zur Entstehungsgeschichte

§ 16 Abs. 11 Vorl.LS; Art. 96, 97 VerfE CDU; Art. 77, 78 VerfE F.D.P.; Art. 89, 90 VerfE SPD; Art. 80, 81 VerfE NF/GR/DJ; Art. 118, 119 VerfE LL/PDS; Entstehung ThürVerf, S. 265 ff.

Literatur

Hans Blasius, Der Rechnungshof als körperschaftlich-kollegial verfasste unabhängige Einrichtung, JZ 1990, S. 954 ff.; *Hans Blasius/Burkhard Stadtmann*, Justiz und Finanzkontrolle, DÖV 2002, S. 12 ff.; *Christoph Degenhart*, Kontrolle der Verwaltung durch Rechnungshöfe, VVDStRL 55 (1996), S. 190 ff.; *Thomas Groß*, Exekutive Befugnisse der Rechnungshöfe, VerwArch 2004, S. 194 ff.; *Norbert Hauser*, Die Stellung des Bundesrechnungshofs im System der Gewaltenteilung und in der öffentlichen Verwaltung, DVBl. 2006, S. 539 ff.; *Manuel Kamp*, Finanzkontrolle durch den Landesrechnungshof im Verfassungsstaat, NWVBl. 2010, S. 86 ff.; *Winfried Kluth*, Rechnungslegung, Rechnungsprüfung und Rechnungshofkontrolle der Kammern, WiVerw 2006, S. 227 ff.; *Matthias Knauff*, Hochschulautonomie unter Rechnungshofkontrollvorbehalt, WissR 2011, S. 355 ff.; *Helmut Schulze-Fielitz*, Kontrolle der Verwaltung durch Rechnungshöfe, VVDStRL 55 (1996), S. 231 ff.; *Kyrill-Alexander Schwarz*, Finanzkontrolle im föderalen Mehrebenensystem, DVBl. 2011, S. 135 ff.; *Andreas Reus/Peter Mühlhausen*, Prüfungsrechte der Rechnungshöfe bei berufsständischen Einrichtungen, DÖV 2010, S. 170 ff.; *Klaus Stern*, Bundesrechnungshof und Finanzkontrolle aus verfassungsrechtlicher Sicht, DÖV 1990, S. 261 ff; *Joachim Wieland*, Rechnungshofkontrolle im demokratischen Rechtsstaat, DVBl. 1995, S. 894 ff.

Leitentscheidung des BVerfG

BVerfGE 127, 165 (Prüfungsrecht des Bundesrechnungshofs - Zukunftsinvestitionsgesetz).

A. Überblick

Art. 103 regelt in Grundzügen die Rechtsstellung, Aufgaben und Befugnisse des Landesrechnungshofs. Um die Finanzkontrolle des staatlichen Haushalts- und Wirtschaftsgebarens geschützt vor politischer Einflussnahme ausüben zu können, genießt der Landesrechnungshof sachliche Unabhängigkeit, seinen Mitgliedern kommt überdies persönliche Unabhängigkeit zu. Die Zuständigkeit zur Finanzkontrolle ist umfassend zu verstehen und erstreckt sich auf den gesamten staatlichen Bereich des Landes, die mittelbare Staatsverwaltung, Landesbeteiligungen an privaten Unternehmen und die Verwendung staatlicher Mittel durch private Unternehmen. Gegenüber den kommunalen Gebietskörperschaften übt er kraft einfachgesetzlicher Regelung nur die überörtliche Prüfung aus. 1

B. Herkunft, Entstehung und Entwicklung

Der gesamte Art. 103 gehört zum ursprünglichen Bestand des Verfassungstextes vom 25. Oktober 1993. Weder aus dem Bundesrecht noch dem Europarecht ergeben sich bislang direkte, materielle Änderungen der Bestimmung. 2

C. Verfassungsvergleichende Information

Die Vorschrift entspricht im Wesentlichen dem Art. 114 Abs. 2 GG, auf den zur Auslegung zurückgegriffen werden kann. Auch die Verfassungen der anderen Länder haben durchweg unabhängige Rechnungshöfe mit vergleichbaren Aufgaben und Befugnissen geschaffen. 3

D. Erläuterungen

I. Rechtsstellung des Landesrechungshofs (Abs. 1)

Nach Art. 103 Abs. 1 Satz 1 handelt es sich beim Landesrechnungshof um eine selbständige, oberste Landesbehörde. Der Landesrechnungshof ist, wiewohl die Zuordnung bis heute umstritten geblieben ist, verfassungsrechtlich ein Bestandteil der Exekutive.[1] Von Verfassung wegen genießt er aber eine organisatorische Sonderstellung, die funktional seiner Kontrollaufgabe geschuldet ist. Er steht als oberste Landesbehörde gleichrangig, aber organisatorisch getrennt neben der Landesregierung, ohne dadurch selbst zum Verfassungsorgan zu werden.[2] Um die Prüfungsaufgabe, die Art. 103 Abs. 3 ihm zuweist, ungehindert erfüllen zu können, garantiert Art. 103 Abs. 1 ihm und seinen Mitgliedern zudem eine Unabhängigkeit von Landesregierung und Landtag, die ansonsten Behörden und ihren Bediensteten nicht zukommt. 4

Die sachliche Unabhängigkeit des Landesrechnungshofs kommt in der Formulierung zum Ausdruck, dass er nur an das Gesetz gebunden ist, d.h. an die Vorgaben der Verfassung, der ThürLHO und des ThürRHG sowie die fachgesetzlichen Regelungen, die zum rechtlichen Maßstab seiner Prüfungstätigkeit gehören. Im Umkehrschluss ist es sowohl dem Landtag als auch der Landesregierung sowie sonstigen Behörden verwehrt, Weisungen an den Landesrechnungshof zu 5

1 Offen gelassen in BVerfGE 127, 165 (211); a.A. *Heun*, in: Dreier, GG, Bd. 3, Art. 114 GG Rn. 20; *Schwarz*, in: von Mangoldt/Klein/Starck, Bd. 3, Art. 114 Rn. 47, 75 f.; *Siekmann*, in: Sachs, GG, Art. 114 Rn. 24; älterer Streitstand bei *Stern*, Bd. II, S. 444 f.

2 *Jarass*, in: Jarass/Pieroth, Art. 114 Rn. 4; *Schwarz*, in: von Mangoldt/Klein/Starck, Bd. 3, Art. 114 Rn. 77; *Siekmann*, in: Sachs, GG, Art. 114 Rn. 25.

richten.[3] Der Landesrechnungshof darf seinerseits keine Weisungen von diesen Stellen erbitten oder entgegennehmen.

6 In Ergänzung der sachlichen Unabhängigkeit garantiert Art. 103 Abs. 1 Satz 2 den Mitgliedern des Landesrechnungshofs richterliche Unabhängigkeit, d.h. den Rechtsstatus, den Art. 86 Abs. 2 den Richtern zuweist. Unter Mitgliedern ist nur der Personenkreis nach Art. 103 Abs. 2 zu verstehen, nicht aber die weiteren Bediensteten („Prüfungsbeamte") des Landesrechnungshofs, deren Status sich nach Landesbeamtenrecht richtet. Im Unterschied zu ihnen genießen die Mitglieder des Landesrechnungshofs persönliche Unabhängigkeit, deren Inhalt und Umfang sich in entsprechender Anwendung der gesetzlichen Garantien für auf Lebenszeit ernannte Berufsrichter ergibt, vgl. § 6 ThürRHG. Hierzu rechnen namentlich die Unversetzbarkeit und die Unabsetzbarkeit.[4]

7 Die Unabhängigkeit des Landesrechnungshofs steht nicht im Widerspruch zum Demokratieprinzip nach Art. 45. Zwar erstreckt sich das parlamentarische Kontrollrecht des Landtags nicht auf den Landesrechnungshof. Der Landesrechnungshof ist aber seinerseits kraft Art. 103 unmittelbar institutionell legitimiert. Die persönliche Legitimation ziehen die Mitglieder des Landesrechnungshofs aus dem Ernennungsverfahren des Art. 103 Abs. 2. Die Begrenzung der Kontrollrechte des Parlaments folgt im Übrigen unmittelbar aus Art. 103 Abs. 1 und wird durch die Erwägung getragen, dass die Prüfungsaufgabe des Landesrechnungshofs seine allseitige Unabhängigkeit erfordert. Da der Landtag als Haushaltsgesetzgeber selbst Akteur des Haushaltsgeschehens ist, kann eine wirksame, externe Kontrolle des gesamten Haushaltsgebarens nur dann erfolgen, wenn der Kontrolleur auch vor Einflussnahmen seitens des Landtags geschützt ist.

8 Die Unabhängigkeit des Landesrechnungshof schließt es nicht aus, dass gegen seine Maßnahmen Rechtsschutz gesucht werden kann. Die Rechtsweggarantie des Art. 42 Abs. 5 wird durch Art. 103 nicht beschränkt. Regelmäßig ist gegen Maßnahmen des Landesrechnungshofs der Verwaltungsrechtsweg nach § 40 Abs. 1 VwGO eröffnet.[5] Der Landesrechnungshof ist seinerseits in Organstreitverfahren nach Art. 80 Abs. 1 Nr. 3 beteiligtenfähig, um seine verfassungsmäßigen Rechte durchsetzen zu können.[6]

II. Mitglieder des Landesrechungshofs (Abs. 2)

9 Mitglieder des Landesrechnungshofs sind von Verfassungs wegen der Präsident, ein oder mehrere Vizepräsidenten sowie „weitere Mitglieder". Dieser Personenkreis bildet zusammen das Kollegium des Landesrechnungshofs, dem die Führungsaufgaben nach § 10 ThürRHG obliegen. Zuständig für die Wahl von Präsident und Vizepräsidenten ist nach Art. 103 Abs. 2 Satz 2 der Landtag, der damit zugleich entscheidet, wie viele Vizepräsidenten neben dem Präsidenten gewählt werden sollen. Die Ernennung der gewählten Mitglieder erfolgt durch den Ministerpräsidenten, § 5 Abs. 1 Satz 2 ThürRHG. Der Präsident kann nach Art. 103 Abs. 2 Satz 3 dem Ministerpräsidenten vorschlagen, weitere Mitglieder zu ernennen. Der Ministerpräsident ist für diese Ernennung wiederum auf die

3 *Heintzen*, in: von Münch/Kunig, Bd. 2, Art. 114 Rn. 18; *Jarass*, in: Jarass/Pieroth, Art. 114 Rn. 4; *Siekmann*, in: Sachs, GG, Art. 114 Rn. 32.
4 *Heun*, in: Dreier, GG, Bd. 3, Art. 114 Rn. 22; *Siekmann*, in: Sachs, GG, Art. 114 Rn. 33.
5 BVerfGE 74, 69 (75 f.); *Schwarz*, in: von Mangoldt/Klein/Starck, Bd. 3, Art. 114 Rn. 117.
6 Vgl. *Heintzen*, in: von Münch/Kunig, Bd. 2, Art. 114 Rn. 17; *Heun*, in: Dreier, GG, Bd. 3, Art. 114 Rn. 19.

Zustimmung des Landtags angewiesen. Die übrigen Beamten und Bediensteten ernennt der Präsident des Landesrechnungshofs, § 5 Abs. 3 ThürRHG.

III. Aufgaben und Befugnisse (Abs. 3)

Nach Art. 103 Abs. 3 Satz 1 überwacht der Landesrechnungshof die gesamte Haushalts- und Wirtschaftsführung des Landes. Seine Prüfungszuständigkeit, die auch mit dem Begriff der Finanzkontrolle umschrieben wird,[7] ist umfassend angelegt, bei ihrer Ausübung verfügt der Landesrechnungshof allerdings über ein Ermessen, § 89 Abs. 2 ThürLHO. Prüfungsadressat ist zunächst das Land, wozu auch die rechtlich unselbständigen Landesbetriebe und Sondervermögen zählen, wie sich aus dem systematischen Zusammenhang mit Art. 98 Abs. 1 Satz 2 ergibt. Aus der Bezugnahme auf das Land folgt ferner, dass neben der Exekutive auch die anderen Verfassungsorgane, einschließlich des Landtags,[8] und deren Untergliederungen geprüft werden können.[9] Den Prüfungsgegenstand umschreibt die Verfassung mit den beiden Kategorien der Haushalts- und Wirtschaftsführung, was neben dem Vollzug des Haushaltsplans das sonstige finanzwirtschaftliche Gebaren umfasst.[10] Im Einzelnen rechnen hierzu die Einnahmen, Ausgaben, Leistungsverpflichtungen, Verbindlichkeiten (Schulden) und das aktive Vermögen des Landes sowie finanziell wirksame Maßnahmen, vgl. § 89 Abs. 1 ThürLHO. Der Prüfungsmaßstab (Prüfungsinhalt) ergibt sich aus den Haushaltsplänen und den Haushaltsgesetzen, den Haushaltsgrundsätzen nach Art. 98 und 99 sowie den Vorgaben der ThürLHO und des HGrG. Eine zentrale Rolle spielt dabei die Wirtschaftlichkeitsprüfung bei der Bewirtschaftung der Ausgaben, § 90 Nr. 3 ThürLHO.[11] Zudem kann der Landesrechnungshof die Ordnungsmäßigkeit der Kassenführung und der Buchführung am Maßstab der §§ 70 ff. ThürLHO prüfen. Dagegen ist ihm die Prüfung genuin politischer Entscheidungen[12] ebenso verwehrt wie der Inhalt der materiellen Gesetzgebung.[13] 10

Seine Zuständigkeit umfasst ferner die Prüfung der Stellen, die Landesvermögen verwalten oder Landesmittel verwenden, Art. 103 Abs. 3 Satz 2. Ziel der Vorschrift ist es, prüfungsfreie Räume zu vermeiden.[14] Zu den zu prüfenden Stellen zählen insbesondere die Rechtsträger der mittelbaren Staatsverwaltung, d.h. die durch Landesrecht errichteten („landesunmittelbaren") juristischen Personen des öffentlichen Rechts. Diese Zuständigkeit schließt die Prüfung der Kammern wie auch der Hochschulen im Bereich ihrer staatlichen Aufgaben und ihrer Selbstverwaltungsaufgaben ein.[15] Der Grund für die Erstreckung der Zuständigkeit auf die Selbstverwaltungstätigkeiten liegt darin, dass die hierfür erforderli- 11

---

7 *Heun*, in: Dreier, GG, Bd. 3, Art. 114 Rn. 20; *Schwarz*, in: von Mangoldt/Klein/Starck, Bd. 3, Art. 114 Rn. 50.
8 Zur Prüfung der Fraktionen siehe BVerfGE 80, 188 (214).
9 *Heintzen*, in: von Münch/Kunig, Bd. 2, Art. 114 Rn. 30; *Heun*, in: Dreier, GG, Bd. 3, Art. 114 Rn. 23.
10 *Kube*, in: Maunz/Dürig, Art. 114 (St.d.B.: 10/2008) Rn. 74 f.; *Schwarz*, in: Gröpl, BHO/LHO, § 90 Rn. 3.
11 Zu ihrem Inhalt *Gröpl*, Wirtschaftlichkeit und Sparsamkeit staatlichen Handelns, in: HStR, Bd. V, § 121 Rn. 48 ff.; *Kube*, in: Maunz/Dürig, Art. 114 (St.d.B.: 10/2008) Rn. 100 ff.
12 *Schwarz*, in: von Mangoldt/Klein/Starck, Bd. 3, Art. 114 Rn. 50.
13 BVerfGE 127, 165 (213 f.).
14 *Heun*, in: Dreier, GG, Bd. 3, Art. 114 Rn. 24; *Schwarz*, in: von Mangoldt/Klein/Starck, Bd. 3, Art. 114 Rn. 52; *Siekmann*, in: Sachs, GG, Art. 114 Rn. 29.
15 *Heintzen*, in: von Münch/Kunig, Bd. 2, Art. 114 Rn. 32.

chen Ausgaben aus Mitteln des Landes stammen oder durch öffentliche Abgaben (Gebühren, Beiträge) finanziert werden. Die kommunalen Gebietskörperschaften sind hiervon jedoch nicht erfasst, wie sich aus der ausdrücklichen Regelung in Art. 103 Abs. 4 ergibt (Rn. 14). Weitere Zuständigkeiten in Anwendung des Art. 103 Abs. 3 Satz 2 sieht § 91 Abs. 1 Satz 1 und 2 vor. Hervorzuheben ist hierbei die Prüfungsberechtigung gegenüber juristischen Personen des Privatrechts, an denen das Land unmittelbar und mittelbar beteiligt ist, § 91 Abs. 1 Satz 1 Nr. 5 ThürLHO. In allen vorgenannten Fällen ergibt sich der Prüfungsmaßstab aus der bestimmungsgemäßen und wirtschaftlichen Verwendung der Landesmittel, Art. 103 Abs. 3 Satz 2, § 91 Abs. 2 ThürLHO.

12 Das Prüfungsrecht des Landesrechnungshofs umfasst das Recht, Auskünfte von den seiner Zuständigkeit unterfallenden öffentlichen und privaten Stellen zu verlangen, § 95 ThürLHO. Die Auskünfte müssen rechtzeitig, vollständig und wahrheitsgemäß erfolgen. Gegenüber privaten Prüfungsadressaten ordnet der Landesrechnungshof die Prüfung und einzelne Auskunftsersuchen durch Verwaltungsakt an. Er darf örtliche Erhebungen durch Beauftragte vornehmen, § 94 Abs. 1 ThürLHO, was speziell bei privaten Stellen das Recht beinhaltet, Geschäftsräume betreten zu dürfen. Strittig ist, ob der Landesrechnungshof nur abgeschlossene Vorgänge prüfen darf.[16] Indes regelt § 94, dass der Landesrechnungshof Zeit und Art der Prüfung bestimmt, was das Recht einschließt, auch laufende Vorgänge zu untersuchen.[17] In diesen Fällen kann das Prüfungsergebnis naturgemäß nur vorläufig sein.

13 Der Landesrechnungshof übermittelt das Ergebnis seiner Prüfung einmal jährlich gleichzeitig dem Landtag und der Landesregierung, Art. 103 Abs. 2 Satz 3. Dieser Prüfbericht umfasst den Bericht über die Haushaltsrechnung nach Art. 102 Abs. 2, geht aber sachlich über ihn hinaus. Ferner darf der Landesrechnungshof Landtag und Landesregierung beraten und zu Fragen, die seinen Zuständigkeitsbereich betreffen, gutachtlich Stellung nehmen, § 88 Abs. 2 und 3 ThürLHO. Diese Tätigkeit ist vor allem für die Gesetzesfolgenabschätzung von hohem Belang.[18] Alle seine Berichte und Stellungnahmen sind rechtlich unverbindlich und entfalten ihre politische Wirkung allein kraft der Sachautorität, die der Landesrechnungshof genießt.

VI. Ausführungsgesetzgebung (Abs. 4)

14 Art. 103 Abs. 4 ermächtigt den Landtag, Stellung, Aufgaben usw. des Landesrechnungshofes durch Gesetz zu regeln. Hiervon hat der Landtag im ThürRHG und in der ThürLHO Gebrauch gemacht. Die Ermächtigung zur Übertragung der Prüfungszuständigkeit auf die Haushalts- und Wirtschaftsführung der kommunalen Gebietskörperschaften hat der Gesetzgeber nur partiell genutzt. Sie erfolgt nur als überörtliche Prüfung aufgrund von § 83 ThürKO und des Thüringer Gesetzes zur überörtlichen Prüfung der Haushalts- und Wirtschaftsführung.[19] Die örtliche Prüfung üben die Gebietskörperschaften selbst nach §§ 82, 114 ThürKO aus.

16 Hierzu *Siekmann*, in: Sachs, GG, Art. 114 Rn. 27 mwN.
17 *Heun*, in: Dreier, GG, Bd. 3, Art. 114 Rn. 26.
18 BVerfGE 127, 165 (215).
19 ThürGVBl. 2001, 66.

Dritter Teil Übergangs- und Schlußbestimmungen

Artikel 104 [Bürger]

Bürger im Sinne dieser Verfassung ist, wer die deutsche Staatsangehörigkeit besitzt oder als Flüchtling oder Vertriebener deutscher Volkszugehörigkeit oder als dessen Ehegatte oder Abkömmling in dem Gebiet der Bundesrepublik Deutschland Aufnahme gefunden hat.

Vergleichbare Regelungen

Art. 116 GG; Art. 6 BayVerf; Art. 3 BbgVerf; Art. 115 SächsVerf.

Ergänzungsnormen im sonstigen thüringischen Recht

§§ 10, 12, 17, 17 a, 17 b, 22, 28 ThürKO idF der Bek. v. 28.01.2003 (ThürGVBl. S. 41) zuletzt geändert durch Art. 2 ÄndG v. 06.03.2013 (ThürGVBl. S. 49).

Literatur

Volker Epping/Christian Hillgruber, Grundgesetz, BeckOK, Edition 15, 2012; *Rolf Grawert*, Staat und Staatsangehörigkeit, 1973; *Kay Hailbronner*, Die Reform des deutschen Staatsangehörigkeitsrechts, NVwZ 1999, 1273 ff.; *Stephan Hobe*, Die Unionsbürgerschaft nach dem Vertrag von Maastricht, Der Staat, 32 (1993), 245 ff.; *Peter M. Huber/Kirsten Butzke*, Das neue Staatsangehörigkeitsrecht und sein verfassungsrechtliches Fundament, NJW 1999, 2769 ff.; *Dietrich Murswiek*, Die verfassungsgebende Gewalt nach dem Grundgesetz für die Bundesrepublik Deutschland, 1978; *Michael Sachs*, Das Staatsvolk in den Ländern, AöR 108 (1983), 68 ff.; *Christoph Schönberger*, Unionsbürger: Europas föderales Bürgerrecht in vergleichender Sicht, 2005; *Susanne Stewen*, Die Entwicklung des allgemeinen Freizügigkeitsrechts der Unionsbürger und seiner sozialen Begleitrechte, 2011; *Astrid Wallrabenstein*, Das Verfassungsrecht der Staatsangehörigkeit, 1999; *Albrecht Weber*, Das neue Staatsangehörigkeitsrecht, DVBl. 2000, 369 ff.

A. Überblick

Art. 104 vervollständigt die staatskonstituierenden Normen der Verfassung 1
(Art. 45: Staatsgewalt, Art. 44 Abs. 1, Art. 92 Abs. 1: Staatsgebiet) durch eine Definition des in dieser Verfassung an verschiedenen Stellen gebrauchten Begriffs des „Bürgers". Der Verfassungsgeber hat damit bewusst auf die ihm durch die Staatsqualität der deutschen Länder eingeräumte Möglichkeit verzichtet, eine „thüringische Staatsangehörigkeit" zu begründen.[1] Der Begriff des „Bürgers" ist mit demjenigen des „Deutschen" identisch, wie er in Art. 116 GG verwendet wird.

1 Vgl. etwa die bayrische Staatsangehörigkeit nach Art. 6 BayVerf.

B. Herkunft, Entstehung und Entwicklung

2 Die in den vorherigen Thüringer Verfassungen verwendeten Begriffe des „Landeseinwohners“[2] oder des „Bürgers“[3] bezeichnen den in Thüringen wohnenden und zur staatlichen Willensbildung berechtigten deutschen Staatsbürger. In dieser Verfassunggebung wurde bisher auf eine **Legaldefinition verzichtet**. In der Verfassung vom 25. Oktober 1993 wurde der Begriff des „Bürgers“ somit erstmalig definiert.

C. Verfassungsvergleichende Information

3 Art. 116 GG normiert eine einheitliche deutsche Staatsangehörigkeit, die die Identität des deutschen Staatsvolkes und dessen Kontinuität verbürgt.[4] Nach Art. 73 Abs. 1 Nr. 2 GG regelt der Bund die „Staatsangehörigkeit im Bunde“ ohne damit eine Landesstaatsangehörigkeit auszuschließen. Sie rechtlich zu verankern, fällt in die ausschließliche Gesetzgebungskompetenz der Länder.[5] Hierauf haben die Landesgesetzgeber mehrheitlich verzichtet. Lediglich der bayerische Verfassungsgeber hat von dieser Zuständigkeit Gebrauch gemacht und in Art. 6 BayVerf. die bayerische Staatsbürgerschaft institutionalisiert.[6] In den Ländern Brandenburg[7] und Sachsen[8] wurde ebenso wie in der Regelung des Art. 104 zur Definition des „Bürgers“ auf Art. 116 GG verwiesen.

D. Erläuterungen

I. Der Begriff des Bürgers in der Thüringer Verfassung

4 Die Thüringer Verfassung knüpft in verschiedenen Bestimmungen bei der Gewährung von Rechten und der Statuierung von Pflichten an den Rechtsstatus des „**Bürgers**“ an (namentlich in Art. 5, 10, 13, 35, 46, 53 Abs. 1 und 3, 68 Abs. 1, 82). Den Begriff „Bürger“ definiert die Verfassung in Art. 104, der sich an der Definition des „**Deutschen**“ in Art. 116 GG orientiert. Vor diesem Hintergrund gehören zu den Bürgern iSd Art. 104 die Personen, die die deutsche Staatsangehörigkeit besitzen, und die sog. **Statusdeutschen**. Der Erwerb der deutschen Staatsangehörigkeit bestimmt sich nach § 3 StAG.[9]

5 Als Statusdeutsche gelten diejenigen Personen, die als **Flüchtlinge und Vertriebene** deutscher Volkszugehörigkeit im Gebiet des ehemaligen Deutschen Reiches Aufnahme gefunden haben; ihnen gleichgestellt sind ihre Ehegatten und Abkömmlinge. Damit wird die besondere historische Situation bei der Gründung der Bundesrepublik berücksichtigt. Um die Folgen der nationalsozialistischen Willkürherrschaft sowie die Flucht und Vertreibung von Millionen Deutschstämmiger als Folgen dieses Unrechts zu überwinden, verleiht Art. 116

---

2 Verfassung des Landes Thüringen v. 11.03.1921; Verfassung des Landes Thüringen v. 20.12.1946.

3 Verfassung des Landes Thüringen v. 20.12.1946.

4 *Hillgruber*, in: Epping/Hillgruber, Art. 116 Rn 1.

5 *Uhle*, in: Maunz/Dürig, Art. 73 Rn. 54 f.

6 Aufgrund der fehlenden Existenz eines normkonkretisierenden Gesetzes iSd Art. 6 Abs. 3 BayVerf läuft die Norm derzeit leer.

7 Art. 3 BbgVerf.

8 Art. 115 SächsVerf.

9 Staatsangehörigkeitsgesetz v. 22.07.1913 (RGBl. S. 583), idF. v. 01.06.2012 (BGBl. I S. 1224). Zur Reform des deutschen StAG vgl. *Hailbronner*, NVwZ 1999, 1273 ff.; *Huber/ Butzke*, NJW 1999, 2769 ff.; *Weber*, DVBl. 2000, 369 ff.

Abs. 1 GG ihnen sowie ihren Ehegatten und Nachkommen den Rechtsstatus des Deutschen.[10]

Als Flüchtling oder Vertriebener deutscher **Volkszugehörigkeit** gilt nach § 6 Abs. 1 BVG, wer sich in seiner Heimat zum deutschen Volkstum bekannt hat, sofern dieses Bekenntnis durch bestimmte Merkmale wie Abstammung, Sprache, Erziehung, Kultur bestätigt wird.[11] Flüchtlinge und Vertriebene erhalten nach Art. 104, vermittelt über Art. 116 Abs. 2 GG, die deutsche Staatsangehörigkeit, wenn ihnen zwischen dem 30. Januar 1933 und dem 8. Mai 1945 die Staatsangehörigkeit aus politischen, rassischen oder religiösen Gründen entzogen wurde und sie nach dem 8. Mai 1945 ihren Wohnsitz in Thüringen genommen und nicht zu erkennen gegeben haben, dass sie die deutsche Staatsangehörigkeit nicht besitzen wollen. 6

Im Gegensatz zur Formulierung in Art. 116 Abs. 1 GG wählt der Thüringer Verfassunggeber mit Blick auf das Aufnahmegebiet eine **abweichende Formulierung** und bezieht sich auf das „Gebiet der Bundesrepublik Deutschland". Damit weicht er von der Fiktion des Gebiets des Deutschen Reichs „nach dem Stande vom 31.12.1937" ab und redigiert die Landesverfassung gemäß den Gegebenheiten der am 3. Oktober 1990 errungenen staatlichen Einheit Deutschlands. 7

Mit der Qualifizierung als Bürger nach Art. 104 ist eine Reihe von Rechten und Pflichten verbunden. So sind ausschließlich die Bürger des Freistaats Thüringen, also die in Thüringen lebenden Deutschen,[12] wahl- und stimmberechtigt und haben Zugang zu öffentlichen Ämtern und Mandaten.[13] In ihrer Gesamtheit bilden sie das **Thüringer Landesvolk**, das berechtigt ist, die Willensbildung im Freistaat aktiv zu betreiben (**Aktivbürgerschaft**)[14] und über die Legitimation der Staatsgewalt Einfluss auf die Art und Weise der Herrschaftsausübung zu nehmen.[15] Im Ergebnis vermittelt das personale Band der Staatsangehörigkeit die Mitgliedschaft im Landesvolk, das das demokratische Legitimationssubjekt bildet. Die Souveränität des Volkes bei der Legitimation der Staatsgewalt erfolgt im Rahmen der repräsentativen Demokratie durch die Teilnahme am Wahlakt.[16] 8

II. Der Bürger in der Thüringer Gemeinde- und Landkreisordnung

Die Bürger des Freistaats Thüringen leben in Städten und Gemeinden. Sie bilden in diesen Zusammenschlüssen keine selbständigen **„Kommunalvölker"**, sondern stellen einzelne Ausschnitte aus dem Thüringer Landesvolk dar.[17] Auch die Thüringer Gemeinde- und Landkreisordnung (ThürKO)[18] zentriert im Begriff des Bürgers (§ 10 Abs. 2) und verweist dabei auf Art. 116 Abs. 1 GG. Nach der 9

10 *Wallrabenstein*, Das Verfassungsrecht der Staatsangehörigkeit, S. 192 f.
11 Bundesvertriebenengesetz v. 10.08.2007 (BGBl. I S. 1902), zuletzt geändert am 04.12.2011 (BGBl. I S. 2426).
12 Zur Abgrenzung von Landesvölkern und Bundesvolk vgl. *Michael Sachs*, AöR 108 (1983), 68 (77 ff.).
13 *Grawert*, in: HStR I, § 14 Rn. 25.
14 *Murswiek*, Die verfassungsgebende Gewalt nach dem Grundgesetz für die Bundesrepublik Deutschland, S. 59.
15 Vgl. oben Art. 45 Rn. 5 f.
16 Vgl. oben Art. 45 Rn. 23 ff.
17 Vgl. zum Begriff des „Volkes" in Bund, Ländern und Kommunen *Grawert*, in: HStR I, § 14 Rn. 25.
18 Thüringer Gemeinde- und Landkreisordnung.

Definition des § 10 Abs. 2 ThürKO gelten als Bürger die **Einwohner einer Gemeinde, die als Deutsche iSd Art. 116 Abs. 1 GG wahlberechtigt sind.** Insofern knüpft die Regelung an Art. 104 an, die ihrerseits für Teilnahme an der politischen Willensbildung und die Legitimation der Herrschaftsausübung die deutsche Staatsangehörigkeit nach Art. 116 Abs. 1 GG voraussetzt.

10 Mit dem Rechtsstatus des Bürgers sind auch im Kommunalrecht **Rechte und Pflichten** verbunden. Hierzu gehören insbesondere die Übernahme von Ehrenämtern (§ 12 ThürKO), das Wahlrecht für Repräsentativorgane (Gemeinderat, Bürgermeister)[19] und die Möglichkeiten direktdemokratischer Beteiligung (Bürgerbegehren, Bürgerentscheid).[20]

11 Erweitert wurde der Begriff des Bürgers in der Thüringer Gemeinde- und Landkreisordnung durch die Einführung eines kommunalen Ausländerwahlrechts. Die **Unionsbürgerschaft** (Rn. 12) ermöglicht, entgegen der Definition des Bürgers in § 10 Abs. 2 ThürKO Personen, die die Staatsangehörigkeit eines Mitgliedstaates der Europäischen Union besitzen, das Recht auf Wahl in den Kommunen und den Zugang zu politischen Ämtern und Mandaten.

III. Der Bürger des Freistaats als Unionsbürger im Staatenverbund

12 Der Unionsvertrag von Maastricht (1992) führte das Institut der **Unionsbürgerschaft** ein (Art. 9 Satz 2 und 3 EUV, Art. 20 AEUV nach dem Vertrag von Lissabon). Die Unionsbürgerschaft weist den Unionsbürgern Rechte und Pflichten zu, die im nicht abschließend normierten Katalog des Art. 20 Abs. 2 AEUV niedergelegt sind. Die Unionsbürgerschaft tritt zur nationalen Staatsbürgerschaft hinzu, ersetzt sie aber nicht.[21] Die Bürger des Freistaats sind damit – vermittelt durch die deutsche Staatsbürgerschaft nach Art. 116 GG – auch Unionsbürger.

13 Die Vermittlung der Unionsbürgerschaft durch die Staatsangehörigkeit eines Mitgliedstaates ist mit dem gemeinsamen "Indigenat" nach Art. 3 der Reichsverfassung von 1871 vergleichbar. Dieses Rechtsinstitut knüpfte an die Unterschiedlichkeit der landesrechtlich begründeten Rechtspositionen der Landesangehörigen in den einzelnen Bundesstaaten an.[22] Im Hinblick auf bestimmte Rechte bewirkte es jedoch, dass der Angehörige jedes Bundesstaates in jedem anderen Bundesstaat die gleichen staatsbürgerlichen Rechte und Pflichten hat, insoweit also wie ein Einheimischer behandelt wird (Art. 33 Abs. 1 GG).[23] Um die mit der Unionsbürgerschaft verbundenen Rechte und Pflichten für die Staatsangehörigen aller Mitgliedstaaten anwendbar zu machen, wird Art. 104 (ebenso wir Art. 116 GG) insoweit geöffnet, als die Verknüpfung von staatsbürgerlichen Rechten mit der deutschen Staatsangehörigkeit im Bereich des Kommunalwahlrechts aufgehoben wird (Rn. 11). Staatsbürger der Mitgliedstaaten der Europäischen Union erhalten mit der Zuerkennung des aktiven und passi-

---

19 Vgl. §§ 22, 28 ThürKO.

20 Vgl. §§ 17, 17 a, 17 b ThürKO.

21 Zur Unionsbürgerschaft als Ergänzung der Staatsbürgerschaft vgl. *Stewen*, Die Entwicklung des allgemeinen Freizügigkeitsrechts der Unionsbürger und seiner sozialen Begleitrechte, S. 27 ff.; *Schönberger*, Unionsbürger: Europas föderales Bürgerrecht in vergleichender Sicht, S. 275 ff.

22 *Hobe*, Der Staat, Bd. 32 (1993), 245 (252 f.).

23 *Grawert*, Staat und Staatsangehörigkeit, S. 200 f.

ven Kommunalwahlrechts an ihrem Wohnsitz[24] spezifische staatsbürgerliche Rechte, die sie berechtigen, an den Entscheidungsprozessen im Rahmen der kommunalen Selbstverwaltung teilzunehmen, die ihren unmittelbaren Lebensraum betreffen. Im Ergebnis ist der Bürger im Sinne des Art. 104 ThürVerf also *zugleich* Bürger einer Gemeinde im Freistaat Thüringen, deutscher Staatsbürger und Unionsbürger.

Artikel 105 [Gültigkeit früherer Wahlen]

[1]Die während der Geltung der Vorläufigen Landessatzung für das Land Thüringen vom 7. November 1990 (GBl. S. 1), zuletzt geändert durch Gesetz vom 15. Dezember 1992 (GVBl. S. 575), durchgeführten Wahlen bleiben wirksam. [2]In dieser Zeit gesetztes Recht tritt, soweit es im Widerspruch zu dieser Verfassung steht, spätestens am 31. Dezember 1997 außer Kraft.

Vergleichbare Regelungen

Art. 123 – 129 GG; Art. 160 HessVerf; Art. 120 SächsVerf; Art. 101 LVerf LSA.

Dokumente zur Entstehungsgeschichte

Art. 103 VerfE CDU; Art. 120 VerfE LL/PDS; Entstehung ThürVerf S. 270 f.

Literatur

GG-Kommentare zu Art. 123 GG; *Joachim Linck*, Die Vorläufige Landessatzung für das Land Thüringen, ThürVBl 1992, 1 ff.; *Ulrich Rommelfanger*, Die Verfassung des Freistaats Thüringen des Jahres 1993, ThürVBl 1993, 145 ff., 173 ff.

A. Überblick

1 Art. 105 Satz 1 bestätigt – deklaratorisch – die Gültigkeit der während der Geltung der Vorl.LS durchgeführten Wahlen, insbesondere die Gültigkeit der Wahl des Ministerpräsidenten. Art. 105 Satz 2 regelt die Fortgeltung von in dieser Zeit gesetztem und im Widerspruch zur neuen ThürVerf stehendem Recht, bestimmt aber zugleich dessen Außerkrafttreten spätestens am 31.12.1997.

B. Herkunft, Entstehung und Entwicklung

2 Der Vorentwurf der CDU-Fraktion enthielt eine Regelung, wonach die bei Inkrafttreten der ThürVerf im Amt befindliche und nach der Vorl.LS gebildete Landesregierung als Landesregierung im Sinne der ThürVerf gelten sollte.[1] Der Vorentwurf der Fraktion der LL/PDS sah vor, dass im Widerspruch zur ThürVerf stehendes Recht innerhalb von vier Jahren vom Landtag außer Kraft ge-

24 Art. 22 Abs. 1 AEUV iVm RL 94/80/EG des Rates v. 19.12.1994 über die Einzelheiten der Ausübung des aktiven und passiven Wahlrechts bei den Kommunalwahlen für Unionsbürger mit Wohnsitz in einem Mitgliedstaat, dessen Staatsangehörigkeit sie nicht besitzen, ABl. Nr. L 368 S. 38.

1 LT-Drs. 1/285 Art. 103.

setzt wird.[2] Art. 105 Satz 1 sollte vorsorglich den Bestandsschutz der gewählten Landesregierung auch unter der neuen ThürVerf sichern. Bei Art. 105 Satz 2 entschied man sich im Ergebnis der Beratungen für ein automatisches Außerkrafttreten von verfassungswidrig gewordenem Recht zu einem festen Zeitpunkt. Im Hinblick darauf, dass das Demokratieprinzip die Verlängerung einer Wahlperiode verbietet, wurde eine Regelung zur Dauer der ersten Wahlperiode nicht in den Verfassungstext aufgenommen.[3]

C. Verfassungsvergleichende Information

3 Die Landesverfassungen von Hessen, Sachsen und Sachsen-Anhalt enthalten dem Art. 105 S. 1 vergleichbare Regelungen zur Gültigkeit vorher durchgeführter Wahlen und zur befristeten Fortgeltung von mit der neuen Verfassung nicht vereinbarem vorkonstitutionellem Recht. Die Art. 123 – 129 GG regeln für die Bundesebene die Fortgeltung alten Rechts.

D. Erläuterungen

I. Die Wirksamkeit von vorher durchgeführten Wahlen (Art. 105 Satz 1)

4 Art. 105 Satz 1 erfasst nach seinem Wortlaut alle *während* der Geltung der Vorl.LS durchgeführten Wahlen, meint aber lediglich die *aufgrund* der Vorl.LS durchgeführten Wahlen, insbesondere die **Wahl des Ministerpräsidenten** nach § 11 Abs. 1 Vorl.LS (konkret die Wahl von Bernhard Vogel zum Ministerpräsidenten im Februar 1992). Damit sollte Bedenken Rechnung getragen werden, ohne eine dies ausdrücklich ausschließende Regelung womöglich den Ministerpräsidenten nach der Verabschiedung der ThürVerf neu wählen müssen.[4]

II. Die befristete Fortgeltung von im Widerspruch zur ThürVerf stehendem Recht (Art. 105 Satz 2)

5 Art. 105 Satz 2 trifft nur eine Regelung hinsichtlich des während der *Geltung der Vorl.LS*, also ab dem 07.11.1990, gesetzten Rechts. Hinsichtlich des vorher gesetzten Rechts der ***DDR*** regelt Art. 9 des Einigungsvertrages, unter welchen Voraussetzungen dieses Recht als Bundesrecht oder als Landesrecht in Kraft bleibt und somit auch in Thüringen rechtsgültig ist.[5]

6 Der befristete Bestandsschutz des Art. 105 Satz 2 bezieht sich nur auf im Zeitpunkt des Inkrafttretens der ThürVerf **geltendes Recht**, nicht hingegen auf zu diesem Zeitpunkt bereits außer Kraft getretenes oder nicht wirksam zustande gekommenes, weil gegen Bundesrecht oder die Vorl.LS verstoßendes Recht.[6] „Recht" im Sinne des Art. 105 Satz 2 meint alle Außenrechtsnormen, also formelle Gesetze, Rechtsverordnungen und Satzungen.[7] Nicht mehr von Art. 105 Satz 2 erfasst und damit dauerhaft gültig sind Rechtsnormen, die unter der Gel-

2 LT-Drs. 1/678 Art. 120.
3 Vgl. zu den Beratungen Entstehung ThürVerf S. 271.
4 *Linck*, in: Linck/Jutzi/Hopfe, Art. 105 Rn. 3.
5 *Linck*, in: Linck/Jutzi/Hopfe, Art. 105 Rn. 4; der Zeitraum zwischen dem Ende der DDR am 03.10.1990 und dem Geltungsbeginn der Vorl.LS am 07.11.1990 hat mangels Normsetzung keine praktische Bedeutung.
6 *Linck*, in: Linck/Jutzi/Hopfe, Art. 105 Rn. 5.
7 *Linck*, in: Linck/Jutzi/Hopfe, Art. 105 Rn. 5.

tung der ThürVerf in den Willen des (nachkonstitutionellen) Gesetzgebers aufgenommen wurden.[8]

Die Rechtsfolge des Art. 105 Satz 2 des Außerkrafttretens der im Widerspruch zur ThürVerf stehenden Norm am 31.12.1997 trat nur bei einem Widerspruch zur ***materiellen*** **Verfassungslage** ein. Bei einem Widerspruch zu lediglich *formellem* Verfassungsrecht hingegen blieb die Norm dauerhaft gültig.[9] 7

Art. 105 Satz 2 ThürVerf eröffnet die Möglichkeit, das vor der Landesverfassung in Geltung gesetzte Landesrecht (vorkonstitutionelles Recht) an der Landesverfassung zu messen. Art. 105 Satz 2 ThürVerf verlangt und gestattet eine verfassungsrechtliche Prüfung dieses vorkonstitutionellen Landesrechts. Gestattungsadressat ist der ThürVerfGH im Rahmen seiner Zuständigkeit nach Art. 80 ThürVerf. Dabei ist ein Normenkontrollantrag auch nach dem Außerkrafttreten eines Gesetzes solange zulässig, wie Regelungen des Gesetzes noch Rechtswirkungen haben. Dass eine Norm weiterhin als gültig angesehen und angewandt wird, kann den Rechtsschein ihrer Wirksamkeit begründen; dies eröffnet die Möglichkeit der verfassungsgerichtlichen Überprüfung im Wege eines Normenkontrollantrags. Der ThürVerfGH hat über die Verfassungswidrigkeit vorkonstitutionellen Thüringer Landesrechts mit der Maßgabe zu entscheiden, dass er gegebenenfalls das Außerkrafttreten einer Rechtsnorm zum 31.12.1997 feststellt.[10] 8

Die Übergangsvorschrift des Art. 105 Satz 2 ist nicht Gegenstand streitiger gerichtlicher Verfahren geworden. Ihre von Anfang an begrenzte praktische Bedeutung nimmt mit zunehmendem zeitlichem Abstand zum Geltungszeitraum der Vorl.LS weiter ab. 9

Artikel 105 a [Entschädigung der Abgeordneten]

[1]Abweichend von Artikel 54 Abs. 2 Halbsatz 1 verändert sich die Höhe der Entschädigung der Abgeordneten bis zum 31. Oktober 2006 nicht. [2]Bei der nächsten Veränderung wird die 2003 wirksam gewordene Festlegung der Entschädigungshöhe und die allgemeine Einkommensentwicklung im Freistaat im letzten dieser Veränderung vorausgehenden Jahr zugrunde gelegt.

Ergänzungsnormen im sonstigen thüringischen Recht

§ 60 a ThürAbgG v. 09.03.1995 (ThürGVBl. S. 121) zuletzt geändert durch Gesetz v. 09.10.2008 (ThürGVBl. S. 374).

Dokumente zur Entstehungsgeschichte

LT-Drs. 4/211.

Literatur

Joachim Linck, Initiativen zur Änderung der Landesverfassung, in: Thüringer Landtag (Hrsg), Zehn Jahre Thüringer Landesverfassung, 2004, S. 85 ff.

8 *Linck*, in: Linck/Jutzi/Hopfe, Art. 105 Rn. 5.
9 *Linck*, in: Linck/Jutzi/Hopfe, Art. 105 Rn. 6.
10 ThürVerfGH, LVerfGE 8, 337 (346 f.).

A. Überblick

1 Art. 54 Abs. 2 schreibt eine jährliche Indexierung der Abgeordnetenentschädigung vor: Das Einkommen verändert sich jährlich entsprechend der allgemeinen Einkommensentwicklung und die Aufwandsentschädigung entsprechend der allgemeinen Preisentwicklung (Art. 54 Rn. 25 ff.). Diese Regelung wurde zweimal durch ein Moratorium bezüglich der Einkommensanpassung zeitlich ausgesetzt (Rn. 2). Der 2004 in die Landesverfassung eingefügte Art. 105 a (ThürGVBl. 2004, S. 745) schrieb einen Verzicht auf eine Anpassung der Grundentschädigung für zwei Jahre vor.

B. Herkunft, Entstehung und Entwicklung

2 Die **Indexregelung** hatte einen Geburtsfehler: Der ursprüngliche Sockel, auf dem die Indexregelung aufbaute, war zu hoch angesetzt. Bei den hohen allgemeinen Einkommenszuwächsen unmittelbar nach der Wiedervereinigung war absehbar, dass sich die Schere hinsichtlich der Einkommenszuwächse zwischen Abgeordneten und Arbeitnehmern – in absoluten Beträgen – überproportional zugunsten der Abgeordneten entwickeln würde. Die Einkommen der Thüringer Abgeordneten enteilten auch zunehmend den Einkommen von Abgeordneten in anderen, insbesondere den neuen Ländern. Diesen Trends hat das erste Moratorium im Jahr 1997 (ThürGVBl. 1997, S. 525), mit dem die Indexregelung bis zum Ende der zweiten Wahlperiode ausgesetzt wurde, erfolgreich entgegen gewirkt. Für dieses erste Moratorium gab es also durchaus sachlich überzeugende Gründe.[1] Das zweite, hier kommentierte Moratorium aus dem Jahr 2004, dem ein Gesetzentwurf aller damals im Landtag vertretenen Fraktionen (CDU, PDS, SPD) zugrunde lag (LT-Drs. 4/211), war mit Blick auf die nächste Landtagswahl stark parteitaktisch bestimmt: Niemand wollte beabsichtigte entsprechende Initiativen allein dem politischen Gegner überlassen. Dieses Moratorium konterkarierte auch den Sinn und Zweck der verfassungsrechtlichen Indexregelung (Art. 54 Rn. 25 ff.).

Weitere Moratorien hat es nicht gegeben.

C. Verfassungsvergleichende Information

3 Im Hinblick darauf, dass nur Bremen (Art. 82 Abs. 2) hinsichtlich der Abgeordneteneinkommen eine Art. 54 Abs. 2 vergleichbare Regelung besitzt und das auch erst seit dem Jahr 2012, gibt es keine vergleichbaren Moratorien im Bund und in anderen Ländern.

D. Erläuterungen

4 Art. 105 a ist inzwischen obsolet und hat keine normative Bedeutung mehr, weil damit, abweichend von Art. 54 Abs. 2, im Jahr 2004 die Grundentschädigung nur für zwei Jahre bis zum 31.10.2006 ausgesetzt wurde.

Das **Moratorium** bezog sich nur auf die Indexregelung nach „Artikel 54 Abs. 2 Halbsatz 1" und somit nur auf das Einkommen der Abgeordneten und nicht auch auf die Aufwandsentschädigung. Der Verzicht auf die jährliche Diätenanpassung war endgültig. Der Einkommensverlust sollte nicht etwa später wieder

1 *Linck*, in: Thüringer Landtag (Hrsg), Zehn Jahre Thüringer Landesverfassung, 2004, S. 89.

ausgeglichen werden; dazu enthielt der auch insoweit obsolete § 60 a ThürAbgG eine klarstellende, konkretisierende Regelung.

Artikel 106 [Inkrafttreten]

(1) [1]Diese Verfassung wird mit der Mehrheit von zwei Dritteln der Mitglieder des Landtags beschlossen und durch Volksentscheid bestätigt. [2]Sie ist nach ihrer Annahme durch den Landtag vom Präsidenten des Landtags auszufertigen und im Gesetz- und Verordnungsblatt zu verkünden.

(2) Diese Verfassung tritt am Tag nach der Verkündung[1] vorläufig in Kraft.

(3) [1]Am Tag der ersten Landtagswahl nach der Verkündung dieser Verfassung ist ein Volksentscheid über diese Verfassung durchzuführen. [2]Stimmt ihr dabei die Mehrheit der Abstimmenden zu, ist sie endgültig in Kraft getreten. [3]Dies ist vom Präsidenten des Landtags im Gesetz- und Verordnungsblatt bekanntzumachen.

(4) Wird diese Verfassung durch den Volksentscheid abgelehnt, tritt die Vorläufige Landessatzung für das Land Thüringen vom 7. November 1990 (GBl. S. 1), zuletzt geändert durch Gesetz vom 15. Dezember 1992 (GVBl. S. 575), erneut in Kraft.

Erläuterungen

Art. 106 hat heute keine normative, sondern nur noch historische Bedeutung. 1
Die Thüringer Verfassung wurde am 25.10.1993 vom Thüringer Landtag beschlossen. Am 30.10.1993 trat sie zunächst vorläufig (ThürGVBl. 1993, S. 625) und am 16.10.1994 endgültig in Kraft, nachdem sie in einem Volksentscheid mit 70,1 % der gültigen Stimmen bestätigt worden war (ThürGVBl. 1994, S. 1194).[2]

1 Verkündet am 29.10.1993.
2 Vgl. die Kommentierung zu Art. 106 von *Linck*, in: Linck/Jutzi/Hopfe.

Stichwortverzeichnis

Fette Zahlen beziehen sich auf die Kapitel, magere auf die Randnummern.